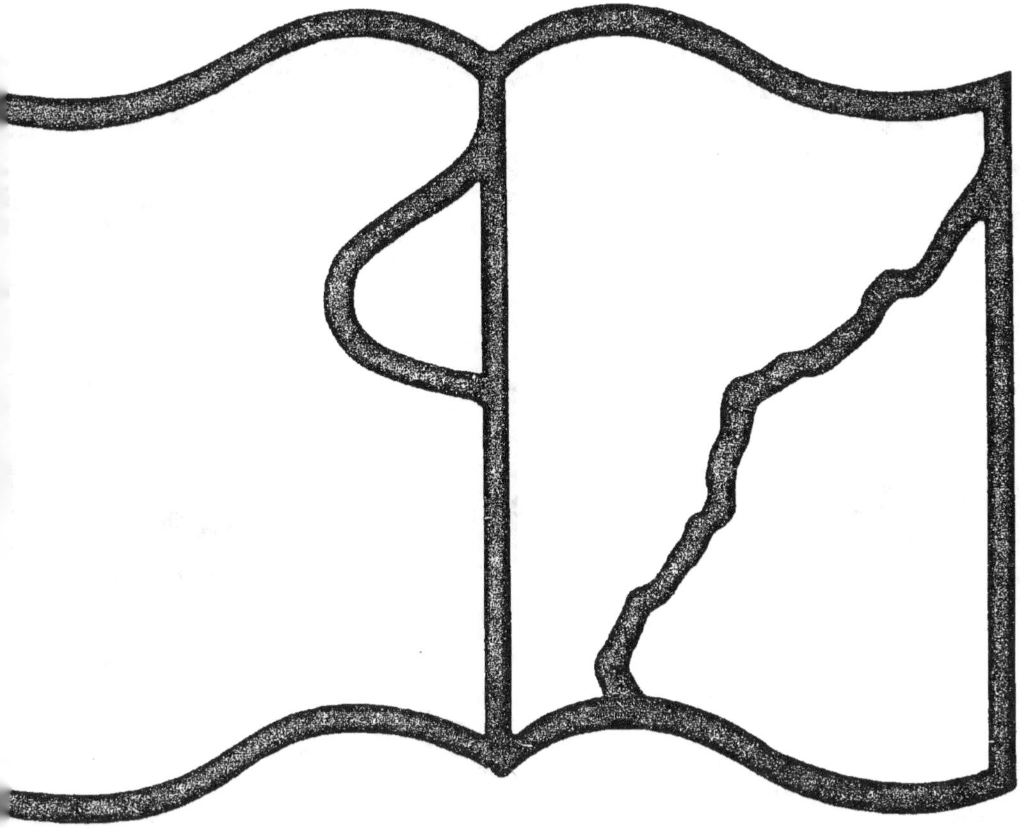

Texte détérioré — reliure défectueuse

NF Z 43-120-11

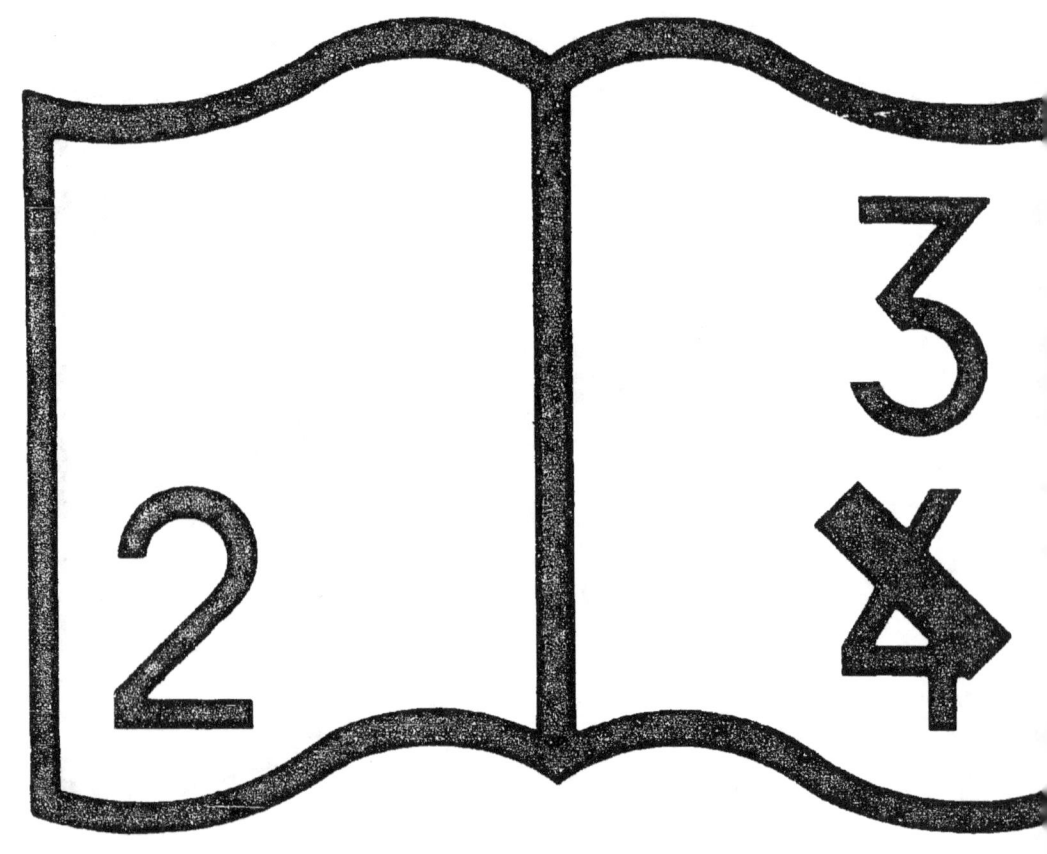

Pagination incorrecte — date incorrecte

NF Z 43-120-12

L¹ 35
   42
A.

LES
Annales & Croniques de France,

depuis la destruction de Troye iusques au
téps du Roy Louis onziéme, iadis com-
posees par feu maistre Nicole Gilles,
en son viuant Secretaire & Indi-
ciaire du Roy, & Contrerolleur de son Tresor.

Imprimees nouuellement sur la correction du Signeur Denis Sauuage de Fontenailles en Brie, & additionnees, selon les modernes Historiens, iusques à cest an Mil cinq cens cinquante trois.

A PARIS

Pour Iean Macé, libraire, demourant à l'enseigne de l'escu
de Bretaigne, pres sainct Hilaire.

1 5 5 3

L'IMPRIMEVR
AVX LECTEVRS.

IE vous offre de rechef ces presentes Annales, Lecteurs, sur la correction du Signeur Denis Sauuage: qui parauant vous addrecoit vne epistre: de laquelle m'a semblé bon vous coucher icy la substance: afin de vous faire entendre que, combien qu'il eust recouuré plusieurs vieux exemplaires d'icelles Annales, &, entre autres, vn, qui faisoit quelque foy d'estre de la main de l'Auteur, neantmoins il les trouua tels qu'il luy fut besoing de recourir aux autres bōs Auteurs, desquels le sien se pouuoit estre aidé. Car certainement ceux, à qui estoyent ces exemplaires ou copies à la main, curieux d'auoir en vn seul liure tout ce qui pouuoit auoir esté faict en tous païs (au moins en beaucoup) par chacune annee, auoyent entremeslé, chacun à par soy, sur la marge de leurs liures, plusieurs choses, non accordantes à son principal: qui estoit aussi pour la pluspart accoustré de mesme les autres. Et depuis, ceux qui premierement l'imprimerent, sans discerner ce qui pouuoit estre d'ailleurs, meirent tout en vn: tellement que pour la diuersité de tant, qui y auoyent mis la main, vous n'eussiez sceu trouuer fueillet, ou il n'y eust quelque cōtrarieté, ou, pour le moins, redicte. Ce qu'il redrecea (sans toutesfois rien oster) suyuant ce qu'il peut veoir estre du corps de son vieil Exemplaire, & selon les autres bōs liures qu'il auoit ensuyuis: entre lesquels la Cronique Latine d'vn frere Guillaume de Nangis, non iamais imprimee, luy aida grandement, auec Sigisbert. Il est bien vray que vous trouuerez quelquefois, cy dedās, aucunes choses qui ne s'accordēt pas auec iceux, n'auecques plusieurs autres: mais, quand il ne contredit point à soymesme, il luy laisse auoir son oppinion. Quant au stile, & maniere descrire, de l'Auteur (qui à la verité sent vn peu son vieillard) fit grande consciēce d'y rien changer: afin de laisser veoir aux lecteurs la difference qu'il y a entre les antiques & modernes. Touchāt les quotatiōs, qui sont sur la marge, ainsi marquees † *, elles sont d'iceluy Sauuage, pour quelquefois aduertir les lecteurs de la diuersité de lecon, ou pour chose qu'il pensoit ne leur deuoir estre cachee: mais les autres, non marquees, sont les vieilles, qu'il y laissa pour ceux, qu'y sont accoustumez: combien que le plus souuent ne luy semblassent que trop longues, & aucunesfois superflues. Pour l'egard des additions, il n'y a rien du sien, sinon la correction, là ou elles pouuoyent estre deprauees: comme vous pourrez trouuer au second Volume, ou il est question du droit que pretend la maison d'Orleans à la Duché de Milan. Au surplus, voyant que pour lors (comme encor il se voyt auiourd'huy) chacun vouloit auoir son Orthographe à part, les vns voulans renger l'escripture à la prolation, & les autres au contraire, il ne se y formalisa gueres plus pour l'vne partie, que pour l'autre: ains en vsa presque indifferemment: excepté qu'il tira vn peu plus sur la vieille mode: estant le liure d'Auteur vieil: aussi qu'elle luy sembloit auoir en aucunes choses quelque raison pour soy, comme vne autresfois il esperoit le deduire. Surquoy il faisoit fin à ses auertissemens: comme ie feray semblablement pour ne vous retarder d'entrer en pleine lecture de la matiere que ie vous presente. A Paris ce douziéme iour de May mil cinq cens cinquante & trois.

Proeme à treshaut, magnanime, & illustre
Prince, monseigneur Charles, Duc de Vendosmois, Comte de
Marle, de Conuersan & de Soissons, Vicomte de Meaux
Gouuerneur & Lieutenant general pour le Roy
es païs de Picardie, Salut.

Entre les anciens, tresillustre & tresinclit Prince, a esté fort debatue question, lequel des deux fait plus à priser, ou celuy qui par victorieuses armes amplifie & dilate l'Empire de la chose publique, ou celuy qui par prudent conseil obuie aux entreprinses d'icelle. Ceste question voulut terminer en sa faueur le treseloquent Ciceron, lequel, apres auoir par clere preuoyance descouuerte & rompue la conspiration Catilienne, iaçoit que Marc Antoine debella les armes des conspirateurs, vsurpa neantmoins la totale gloire pour luy, en proferant sa sentence, que les armes deuoyent donner lieu à la toge Consulaire: mais Saluste, voulant à l'vn & à l'autre fauoriser, dit, que ceulx qui conseillent, & ceulx qui les conseils executent, tous deux sont à louer. Quant à moy, Prince inuictissime, i'ensuys l'Edict & Arrest diffinitif du tresiuste Iustinian, qui au commencement de ses Institutes dit estre tresnecessaire que l'Imperiale maiesté non seulement soit decoree d'armes, mais aussi armee par bonnes loix, à ce que l'vn & l'autre temps, de paix & de guerre, soyent bien regis & gouuernez. Certes, Prince tresnoble, ie voy cest Arrest executé en ta celsitude: laquelle, apres auoir tousiours hardiment resisté aux armes des ennemis, & quelque victoire que fortune leur ait baillee alencontre des autres, tadicte celsitude par prudence leur resiste & nous deffend, qui est chose, selon mon iugement, qui n'aduint oncques ou bien peu de fois. Le grand Pompee triumpha maintesfois. Les Scipions feirent sentir leurs armes par l'vniuersel monde. Alexandre le grand mit soubs ses pieds le circuit de l'Occean. Le dictateur Cesar fit voler les Aigles Rommaines à son proffit: mais quand fortune leur a tourné le doz, ils sont succombez. Le prudent Caton, pour bien côseiller la chose publique entre les Rommains, merita nom de Sainct: mais il ne peut porter la Cesarienne violence. Ta seule vertu à côcueilly le loz de victoire, non seulement contre les hommes, mais d'abondant contre fortune. Qui pourra doncques, tresauguste Prince, par condigne stile assez louer, extoller, celebrer, magnifier, & rememorer tes immortels & imperissables gestes? A la verité la tube Homerique, le cleron Virgilian, la faconde Liuiane, & la maiesté Salustienne y perdroit le pied: & ie imbecille, & ieune de tout sçauoir, entreray-ie en la spacieuse mer de tes louenges? ce seroit trop entrepris, & ne pourrois euiter le vice d'oultrecuidance de vouloir si haut voler. Parquoy ie lairray ceste entreprinse à Paul Emile, ou au condigne de toute science Budé: & croy que leurs forces seront trop debilles pour y paruenir. Assez me sera de pouuoir adorer ta vertu: & si ie ne luy puis offrir encens d'eloquence, & condigne louenge de luy, tout treshumble & tresloyal seruice & obeissance. Et d'auantage, puis que ie ne puis, obstant la pauureté de mon esprit, te presenter du mien, i'emprunte les richesses d'autruy à merueilleuse & fort proffitable vsure: d'autant que celuy, dont i'emprunteray, y acquerra perpetuel honneur, & i'y pourray acquerir, soubs le renom d'autruy, quelque peu de future memoire, & si ne viendray les mains vuides deuant ta sublimité. Mais quel condigne present pourray-ie trouuer en ce monde qui te puisse estre agreable? De te presenter Noblesse, les Dieux ont extraict ton excellence du Treschrestien, tresnoble & immaculé tige des diuines fleurs de Lys, ansquelles autre Noblesse ne se peut equiparer. Quant à vertu i'ay desia confessé, & cy dessus preuué, toutes vertus estre en toy concueillies. De richesses, fortune est assez encline & studieuse t'en eslargir. Que me reste il ce monde ne peut choses contenir qui merite soustenir le pied de ta hautesse, si du tien mesme ie n'emprunte. Or ay-ie recourre les viues images de tes tresinclites predecesseurs Roys de France, lesquelles vn vray peintre Francois, Notaire & Secretaire du Roy nostre sire, & Contrerolleur de son tresor, feu maistre Nicole Gilles, a au vif pourtraictes par ses treseloquentes Annales. Là tu verras triompher Clouis, imperer Charles le Grand, les Louis & Charles dominer, les Philippes heureusement regner. Brief tu pourras veoir les viues faces de tes tresillustres progeniteurs, te monstrant chacun son immortelle vertu, se resiouyssans aussi d'en veoir en toy les vestiges imprimez & assemblez. Il te plaira donc, Prince treshumain, benignemét les receuoir, & tenir, au nombre de tes treshumbles & tresobeissans seruiteurs, celuy qui autre desir n'a que veoir ta celsitude florir & amplifier en toute prosperité, haut renom & beatitude eternelle: laquelle Dieu tout puissant te vueille de plus en plus octroyer.

TABLE DV PREMIER VOLVME

Briefue recollection des matieres contenues en ce present volume des Annales & Croniques de France.

Et premierement.

LE Prologue de l'Auteur. fueillet.j.
Du premier aage : & combien il dura. f.ij.
Du second aage: & combien il dura. f.iij.
Du tiers aage: & combien il dura. f.iii.
Du quatriéme aage: & combien il dura. f.iii.
Du cinquiéme aage: & combien il dura. f.iiii.
Du sixiéme aage. f.iiii.
Dont vindrent ceulx qui premierement fonderent & habiterent Troye la grand'. f.vj.
De la naissance des Francois, & de la fondation de Paris. f.vii.
De quelques Ducs qui gouuernerent les Sicambriens : & pourquoy ils furent appelez Francois. f.viii.
Incidét de la donation de Constantin: & comment il transporta l'Empire de Romme à Constantinoble. f.viii.
De l'inuention de la saincte croix nostre seigneur Iesus Christ. f.viii.
De Marchomires, successeur d'Imbros, Duc des Francois : & de la mutation du nom du Gaulle en France, & de Lutece à Paris. f.ix.
De Pharamond, premier que les Francois esleurent pour leur Roy. f.ix.
Du roy Clodio, second Roy, payen. f.xi.
Description & diuision des Gaulles. f.xi.
De Meronee, tiers Roy, payen. f.xii.
De Childeric, quatriéme Roy, payen, qui fut dechacé du royaume, puis rappelé. f.xii.
De Gillon le Rommain, qui regna durãt l'absence dudict Childeric. f.xii.
De la vision du roy Childeric, le iour qu'il espousa la royne Basine. f.xii.
De Clouis, cinquiéme Roy de France, & premier Chrestien. f.xiii.
Du premier fils de Clouis, qui fut baptisé, & puis mourut. f.xiii.
Commét & pourquoy Clouis se fit baptiser: & de la saincte Ampole qui fut apportee du ciel, & de la mission des fleurs de lys. f.xiii.
De la guerre que fit Clouis à Alaric, roy des Vuisigoths: & du merueilleux iugement que fit le roy d'Italie contre Alaric. f.xv.
Cóment Clouis occist Alaric deuant Poitiers: & des murs d'Angoulesme qui tomberent deuant luy miraculeusement. f.xv.
Comment Clouis fut retenu Senateur à Romme, & appelé Auguste. f.xv.
Comment Clouis rachepta son cheual qu'il auoit donné à S. Martin de Tours. f.xvi.
Du concile d'Orleans que Clouis fit assembler. f.xvi.
Du trespas du roy Clouis. f.xvi.
Des quatre fils Clouis qui partirent le royaume apres sa mort. f.xvi.
De la guerre que feirent les enfans de Clouis au roy de Bourgongne, à l'appetit de leur mere. f.xvi.
De la mort de Clodomires, roy d'Orleans. f.xvi.
De la guerre q́ Clotaire & Theodoric firét en Bourgongne : & de Childebert qui apporta d'Espaigne la coste sainct Vincent. f.xvii.
Comment Theodoric, roy de Mets, print la cité de Clermont sur Childebert, roy de Paris, ce pendant qu'il estoit allé faire la guerre en Espaigne. f.xvii.
Comment Theodoric voulut par trahison faire mourir son frere Clotaire, roy de Soissons. f.xvii.
Comment les deux roys Childebert & Clotaire tuerent deux de leurs nepueux, enfans de Clodomires, roy d'Orleans, & comment le tiers, nómé Cloud, eschapa, & se fit moyne. f.xviii.
Comment Theodebert, fils de Theodoric, espousa la fille au Roy de Lombardie, puis fit guerre aux Goths: & de la mort dudict Theodoric. f.xviii.
Comment la royne Deuthere fit noyer sa fille dedans vn char, parquoy le Roy la repudia. f.xviii.
De l'appoinctement des Roys de France, par miracle. f.xix.
Du voyage des Roys de France en Espaigne: & de la fondatió de l'Abbaye de sainct Vincét, dicte à present sainct Germain des prez, lez Paris. f.xix.
Comment Theodebert, roy de Mets, conquesta partie d'Italie, puis mourut. f.xix.
De Thibault, roy de Mets, fils de feu Theodebert : & comment luy & Childebert, roy de Paris, moururent sans hoirs. f.xix.
Du roy Clotaire, qui espousa saincte Radegonde. f.xx.
De la guerre que fit le roy Clotaire aux Sesnes & aux Lorrains. f.xx.
De Crainus, fils de Clotaire, qui s'esleua contre son pere : & comment il mourut miserablement. f.xx.
De la mort de Clotaire. f.xx.
Cóment Sigisbert, roy de Mets print à femme Brunehault, fille du Roy d'Espaigne. f.xx.
Du roy Chilperic, premier de ce nom. f.xxi.
Comment le roy Chilperic laissa la royne Sordoreé, & espousa Fredegonde. f.xxi.
Des guerres qui furét entre les freres, Roys de France:

France: & comment Fredegonde fit tuer Sigifbert, roy de Mets. f.xxi.
Comment Brunehault fut enuoyee en exil à Rouen: & comment Merouee, fils de Chilperic, l'espousa. f.xxii.
Comment Merouee laissa l'habit de religion, & comment il se fit tuer par vn sien vallet. f.xxiii.
Comment Gontran, roy d'Orleans, adopta son nepueu Childebert, roy de Mets. f.xxiii.
Comment les enfans de Chilperic & de Fredegonde moururent: & comment Fredegonde fit tuer Clodouee, ou Clouis, fils dudict Chilperic, & Sordoree, sa seconde femme. fueillet. f.xxiii.
De la beste qui fut veue entrer & issir en la bouche du roy Gontran. f.xxiii.
De la malice de la royne Fredegonde. fueillet xxiiii.
Comment la royne Fredegonde fit tuer le roy Chilperic, son mary, en reuenant de la chace. f.xxiii.
Du roy Clotaire, deuxième, & de sa mere Fredegonde. f.xxiiii.
De la royne Fredegonde, qui portoit en guerre son fils en maillot: & comment elle obuia aux entreprinses que l'on vouloit faire sur son royaume. f.xxv.
De la mort du Roy Gontran d'Orleans. fueillet.xxv.
De la mort de Childebert, Roy de Mets, & de sa femme, qui moururent en vn mesme iour. f.xxv.
De la guerre que Fredegonde fit aux enfans de Theodebert: & de la mort de ladicte Fredegonde. f.xxv.
Des inhumanitez que faisoit faire la royne Brunehault. f.xxvi.
De l'appoinctement faict entre le roy Theodebert & Theodoric. f.xxvi.
De la guerre que Theodoric, roy d'Orleans, fit de rechef à Theodebert, roy de Mets, son frere, qui fut desconfit, & s'enfuyt à Mets, ou ceulx de la cité luy copperent la teste. fueillet.xxvi.
Comment Theodoric, roy d'Orleans, voulut prendre à femme la fille de feu Theodebert, son frere: & comment Brunehault le fit mourir par venin en vn baing. f.xxvii.
Comment Brunehault voulut faire regner aucuns bastards de feu Theodoric, roy d'Orleans & de Mets. f.xxvii.
De la bataille qu'eut le roy Clotaire contre les bastards du roy Theodoric de Mets, que Brunehault vouloit faire regner: & comment ladicte Brunehault fut prinse, & amenee au roy Clotaire. f.xzvii.
Comment Clotaire recita à Brunehault, presens ses Barons, les crudelitez qu'elle auoit commises, & leur demanda conseil de quelle mort elle deuoit mourir. f.xxviii.
Comment la royne Brunehault mourut, attachee à la queue d'vn ieune cheual. f.xxviii.
Comment toute la monarchie du royaume de France vint à Clotaire: & comment il quitta le tribut que luy deuoyent des Lombards. f.xxviii.
Du cerf que chacea Dagobert, qui se sauua en la chapelle des martyrs S.Denis, S.Rustic, & S.Eluthere. f.xxix.
Comment Dagobert, ayant coppé la barbe à son gouuerneur, courut à refuge aux trois Martyrs, pour euiter la fureur de son pere. fueillet.xxix.
De la vision qui aduint à Dagobert. fueillet.xxix.
Comment Clotaire donna à Dagobert le royaume d'Austrasie. f.xxix.
Comment Clotaire desconfit les Saxons: & comment il fit tuer tous ceulx qui estoyent plus gras que son espee. f.xxix.
Des bonnes meurs du roy Dagobert: & comment il fit son frere roy d'Aquitaine. fueillet.xxx.
Comment Dagobert fonda l'Abbaye de sainct Denis en France. f.xxx.
De la dedicace de l'Eglise sainct Denis, faicte par nostre seigneur Iesus Christ. f.xxxi.
De Sigisbert, fils Dagobert, qui respondit, en le baptizant, amen. f.xxxi.
De la vengeance que fit Dagobert côtre les Esclauons, qui auoyent desrobé aucuns marchás de son royaume. f.xxxi.
Comment & pourquoy le Roy Dagobert destruisit Poitiers, & fit apporter le corps sainct Hylaire, à sainct Denis en France. fueillet.xxxi.
De la grád' bataille qui fut à Lyhoms en Sangters, contre les Huns. f.xxxi.
Bretaigne du temps Dagobert est tenue en fief de la couronne de France. f.xxxii.
De la mort du roy Dagobert. f.xxxii.
De la vision qui aduint à l'heure du trespas de Dagobert. f.xxxii.
De sainct Pharon, saincte Phare, & sainct Fiacre. f.xxxiii.
Du roy Clouis, deuxième, qui espousa saincte Bauldour: & comment il fit descouurir l'argent que Dagobert son pere auoit mis sur l'eglise sainct Denis. f.xxxiii.
Comment les deux premiers enfans dudict Clouis chacerent leur mere la royne Bauldour du gouuernement du royaume: & de la mort dudict Clouis. f.xxxiii.
Du roy Clotaire, troisième de ce nom. fueillet.xxxiiii.

TABLE DV PREMIER VOLVME

Du roy Theodoric, premier de ce nom, qui fut faict moyne, & depuis Roy. f.xxxiiii.
Comment le roy Childeric fut tué: & commēt les Francois rappelerent Theodoric. fueillet.xxxiiii.
Comment Ebroin, maistre du Palais, fit martirizer S. Liger, & son frere, & fit plusieurs autres grands maulx. f.xxxiiii.
Du roy Clouis, troisiéme du nom. f.xxxv.
Du roy Childebert, deuxiéme du nom. fueillet.xxxv.
Du roy Dagobert, deuxiéme du nom. fueillet.xxxvi.
Comment Charles Martel eschapa de prison: & comment il fit couronner Clotaire, oncle dudict Dagobert. f.xxxvi.
De la guerre qu'eut Charles Martel contre le roy Chilperic, & Rainfroy, Maire du Palais: & comment il les desconfit. f.xxxvi.
Du roy Clotaire, quatriéme du nom. fueillet.xxxvi.
Du roy Chilperic, deuxiéme du nom, parauant nommé Daniel. f.xxxvi.
Du roy Theodoric, ou Thierry, deuxiéme du nom. f.xxxvii.
De la grand' occision que fit Charles Martel des Sarrazins, venans d'Espaigne es païs de France. f.xxxvii.
Du roy Childeric, troisiéme, qui fut moyne: & de la mort de Charles Martel. f.xxxviii.
Comment Karloman, frere de Pepin se fit moyne. f.xxxviii.

¶Fin de la premiere lignee des
Roys de France.

Cy apres s'ensuyt la seconde lignee, à Pepin, fils de Charles Martel.

DV roy Pepin, fils de Charles Martel: & coment il fut esleu Roy sur les Frācois. fueillet.xxxix.
De l'aide que Pepin fit au Pape contre le Roy des Lombards : & comment ledict Pape couronna Roys les deux fils dudict Pepin. fueillet.xl.
Comment Pepin retourna pour la seconde fois contre le Roy des Lombards, qui faisoit guerre au Pape: & de l'hommage que le Duc de Bauiere fit au roy Pepin. f.xl.
De la guerre que fit le roy Pepin à Gaifier, Duc d'Aquitaine. f.xl.
De la mort du roy Pepin. f.xli.
De Robert le Diable. f.xli.
Du grand roy Charlemagne. f.xli.
Des meurs, stature & maniere de viure du grād Roy & Empereur Charlemagne. f.xli.
Comment Charlemagne fut appelé par le Pape en l'aide de l'Eglise contre le Roy des Lombards. f.xlii.
Du priuilege donné à Romme à l'Empereur Charlemagne d'eslire & ordonner les Papes, Archeuesques & Euesques : & comment il abolit du tout le royaume de Lōbardie. fueillet.xlii.
De la guerre que fit l'Empereur Charlemagne contre les Sesnes : & comment il retourna en Lombardie, ou il fit decapiter vn Capitaine Lombard, qui auoit conspiré contre luy. fueillet.xlii.
De la grand' guerre que fit Charlemagne en Espaigne. f.xliii.
Comment l'Empereur Charlemagne alla à Rōme : & comment le Pape couronna ses deux fils Roys de Lombardie & d'Aquitaine. fueillet.xliiii.
De la desconfiture que les Sesnes feirent sur les gens de Charlemagne, & comment Charlemagne fit copper la teste à quatre mil hōmes, sur vn fleuue. f.xliiii.
De la mort de la royne Hildegarde, & de la royne Berthe, mere dudict Empereur Charlemagne, & d'aucuns Bretons rebelles subiuguez. f.xliiii.
Comment Charlemagne alla de rechef à Romme. f.xliiii.
Comment l'Emperiere de Constantinoble fit guerre à Charlemagne : & comment le Duc de Bauiere fut condamné à estre decapité. f.xliiii.
Des guerres que fit Charlemagne contre les Esclauons : & de la condemnation de l'heresie Felicienne. f.xlv.
Comment Aldagise, fils de feu Disier, Roy des Lombards, s'esleua contre l'Empereur Charlemagne. f.xlv.
Comment l'Empereur Charlemagne enuoya son fils Louis prendre possession de Barcelonne: & des maulx que les Rommains feirent au pape Leon. f.xlv.
Comment de rechef plusieurs Bretons furent reduicts à la subiection du roy Charlemagne: & comment Dieu luy pardōna vn peché qu'il n'osoit confesser, à la requeste de sainct Gilles. f.xlvi.
De l'Empereur Leon, qui fit brusler les images : & comment, apres, la veneration d'iceulx fut approuuee. f.xlvi.
Comment Charlemagne fut par le Pape & les Rommains esleu & sacré Empereur de Romme. f.xlvi.
Des Legats que l'Empereur Charlemagne enuoya par toute l'Empire, pour administrer iustice : & dont sont descenduz les Flamens. f.xlvi.
Comment Charlemagne fit mettre par ordre la
Legende

Legende des Sainɛts : & de la difputation de la progreffion du S.Efprit. f.xlvii.
Les noms des prouinces que Charlemagne tint, ou conquit deuant & apres qu'il fut Empereur. f.xlvii.
Comment Charlemagne alla fecourir l'Empereur de Conftantinoble contre les Sarrazins : & du petit oyfeau qui monftra le chemin à Charlemagne & à fes gens, qui eftoyent efgarez. fueillet.xlvii.
Des fainɛtes reliques que Charlemagne apporta de Conftantinoble en retournant en Hierufalé. f.xlviij.
Des loix qu'ordonna l'Empereur Charlemagne, & fingulierement touchāt les benefices eleɛtifs. f.xlviij.
Comment les moynes de fainɛt Martin de Tours furent tuez par vn Ange, pour les grandes diffolutions qu'ils faifoyent. f.xlviij.
Des deux moynes qui crioyent par tout qu'ils auoyent fcience à vendre : & commēt l'Vniuerfité de Paris fut par lediɛt Charlemagne premierement erigee. f.xlix.
Comment fainɛt Iaques apparut à Charlemagne, & luy requift qu'il deliuraft des mains des Sarrazins le royaume de Galice, ou eftoit fon corps. f.xlix.
Comment les murs de la cité de Pampelune & de Luferne tōberent miraculeufemēt deuant Charlemagne. f.xlix.
Comment Charlemagne alla vifiter le Sepulchre de monfeigneur S.Iaques en la cité de Compoftele : & d'vn grand idole qui eft en la mer. fueillet.xlix.
Des eglifes & Abbayes que Charlemagne fit edifier. f.xlix.
De la bataille qui fut entre les ofts de Charlemagne & Aygoland, & des lances de ceulx qui deuoyent mourir, qui florirent miraculeufement. f.xlix.
De la grand' armee que fit Aygoland pour venir en France : & comment Charlemagne l'alla veoir en Agen, en habit diffimulé. fueillet.l.
Comment Charlemagne afsiegea Aygoland en la cité d'Agen, lequel efchappa, & f'en fuyt à Xainɛtes, ou Charlemagne le fuyuit, afsiegea & defconfit, & des lances qui florirent. fueillet.l.
De la grand' armee que fit Charlemagne pour aller en Efpaigne. fueil.l.
Du parlement que Charlemagne & le Roy Aygoland eurent enfemble, touchāt leurs loix. fueillet.lj.
Comment Aygoland promeit qu'il feroit baptizé: & comment il laiffa à l'eftre, par ce qu'il veit les pauures de Iefufchrift eftre mal, & pauurement traiɛtez en la court de l'Empereur Charlemagne. fueillet.lj.

De la bataille & mort du Roy Aygoland : & de ceulx que Charlemagne auoit gardé d'aller en la bataille, qui furent trouuez mors. fueillet.lj.
Du grand Geant, nommé Ferragut. f.lj.
Comment Roland, nepueu de Charlemagne, tua & occift le Geant. f.lj.
De la bataille d'entre le Roy Charlemagne & le Roy de Sebille & l'Aumatour de Corde, Sarrazins, qui feirent porter à leurs gens des habits de Diables, pour efpouenter les cheuaux des Chreftiens. f.lij.
De la grand' trahyfon que fit Gannes, nepueu de Charlemagne. f.lij.
De la defconfiture que feirent les Sarrazins fur les Chreftiens, par la trahyfon de Gannes, à Ronceuaux. f.lij.
Des regrets que fit Roland, auant mourir. fueillet.liij.
De la mort de Roland : & comment Charlemagne & fon oft retournerent. f.liij.
Des regrets que fit Charlemagne de la mort de Roland, fon nepueu : & comment le Soleil fe tint l'efpace de trois iours à l'endroit du Midy, fans bouger, durant que les Chreftiens chacerent les Sarrazins. f.liij.
Comment Charlemagne fit amener les corps de Roland & Oliuier, fes nepueux, & enterrer en l'Abbaye de fainɛt Romain de Blaye, pres Bordeaux. f.liij.
Des prieres q̄ le Roy Charlemagne fit faire pour les ames des trefpaffez, puis f'en retourna en Frāce, & fit mettre en accord le feruice de l'Eglife. fueil.liiij.
De la vifion qui aduint à l'Archeuefque Turpin, des Diables qui alloyēt au trefpas de Charlemagne. f.liiij.
Les noms des Archeuefchez eftans foubs l'Empire de Charlemagne. f.lv.
Du Roy Louis Debonnaire, fils de Charlemagne. fueil.lv.
Comment & pourquoy Louis Debōnaire fit creuer les yeux, & apres decapiter fon nepueu Bernard, Roy de Lombardie. f.lv.
De l'exces qui fut faiɛt par les Rommains à aucuns des bien vueillans de l'Empereur, dont on donnoit charge au pape Pafcafe. fueillet lvj.
Comment le Roy Louis Debonnaire fit rapporter à Soiffons le corps fainɛt Sebaftien : & de la guerre qu'il fit contre les Sarrazins en Efpaigne. fueil.lvj.
De le cōfpiration qui fut faiɛte contre le Roy Louis le Debonnaire. f.lvij.
De la captiuité ou le Roy Louis Debonnaire fut tenu par fes enfans : & comment il fut deftitué de fon Empire. f.lvij.

TABLE DV PREMIER VOLVME

Comment Louis le Debonnaire fut par les Francois deliuré, & restitué en son royaume & Empire. f.lvij.
Comment le Roy Louis Debonnaire contraignit ses fils venir à luy à mercy. f.lviij.
De la mort du Roy Louis Debonnaire. fueillet.lviij.
Du Roy Lotaire, Louis & Charles le Chauue, freres. f.lix.
Comment Charles le Chauue fut creé Empereur de Romme. f.lx.
Comment Charles le Chauue alla à Romme, & cõment en retournant fut empoisonné, dont il mourut. f.lx.
Commét le corps sainct Martin de Tours fut porté à Auxerre, pour la doubte des Normans : & du grand miracle qu'il fit en ladicte ville d'Auxerre. f.lx.
Comment le païs de Flandres fut erigé en Comté: & des sainctes reliques que Charles le Chauue feit apporter à sainct Denis en France. fueillet.lxi.
D'vne femme, qui par inconuenient fut esleue Pape. f.lxi.
Du Roy Louis le Balbe, auquel le pape Iehan vint à refuge : & comment la femme dudict Louis demoura grosse, apres son trespas, d'vn fils. fueillet.lxij.
Commét, apres le trespas de Louis le Balbe, aucuns Francois feirent couronner Louis & Karloman, ses bastards, & aucuns autres Barons feirent couronner le Comte Boson. fueillet.lxij.
Comment le Roy de Germanie vint en France, cuidant estre Roy: & de la mort de Louis & Karloman, bastards. f.lxij.
De Louis Fayneant, & de Charles, Empereur de Romme, qui fut faict Roy en son lieu, & regna cinq ans. f.lxiij.
Comment ledict Roy Charles, Empereur, fut porté en esprit en Paradis, & en Enfer. f.lxiij.
De Eude, Comte de Paris, qui teint le royaume de France. f.lxiij.
Incident, qui parle de la constitution des Electeurs de l'Empire : & d'vn miracle de sainct Martin. f.lxiiij.
Du Roy Charles le Simple. f.lxiiij.
Des maulx que feirent les Normans en France : & de la mort d'Eude, Comte de Paris, qui auoit esté couronné Roy, apres lequel Robert, son frere, se fit couronner : & de ce qui en aduint. fueillet.lxiiij.
Comment le Roy Charles le Simple fit appoinctement à Roul, & luy donna le païs de Neustrie. f.lxv.
Comment Charles le Simple deffit en bataille Robert, frere d'Eude : & comment le Comte Hebert de Vermandois retint ledict Roy Charles prisonnier à Peronne, ou il mourut: & de Roul de Bourgongne couronné Roy apres luy. f.lxv.
Du Roy Louis, qui fit pendre le comte Hebert, qui auoit fait mourir Charles le Simple son pere. f.lxvi.
Des Hongres qui vindrent en France: & comment plusieurs des Princes de France s'esleuerent contre le Roy. f.lxvi.
Comment Arnoul, comte de Flandres, fit en trahison tuer le Duc de Normandie. fueillet lxvij.
Comment le Roy voulut saisir Normandie apres le trespas du duc Guillaume: & comment le comte de Flandres s'excusa de la mort du duc Guillaume. f.lxvij.
Des rigoureux termes que le Roy teint au ieune duc Richard, parquoy son maistre l'en emporta secretement en Normandie. fueillet.lxvij.
De la promesse que fit le Roy à Hue le Grand, de quelques villes de la Duché de Normãdie. fueillet.lxvij.
Comment le roy Louis fut arresté par les Normãs à Rouen, & apres mis es mains de Hue le Grand, comte de Paris. f.lxviij.
Comment Hue le Grand maria sa fille au duc Richard de Normãdie, dõt le Roy ne fut point content. f.lxviij.
Comment Hue le Grand courut la terre du Roy iusques à Poitiers : & de la mort du roy Louis troisiéme. f.lxix.
Du roy Lotaire, enuers lequel Thibault, comte de Chartres, accusa faulsement Richard duc de Normandie. f.lxix.
De la guerre que fit le roy Lotaire au duc Richard de Normandie. f.lxx.
De l'appoinctement d'entre le Roy & ledict Richard. f.lxx.
De la guerre d'entre le roy Lotaire & Othon Empereur, lequel vint deuãt Paris, & brusla les faulxbourgs. f.lxx.
Du roy Louis, quatriéme, auquel faillit la lignee de sainct Charlemagne. f.lxx.
De l'apparition de S.Riquier & S.Valery à Hue le Grand, comte de Paris, pere de Hue Capet. fueillet.lxxj.
Comment Hue Capet estoit aucunement du lignage du grand roy Charlemagne de par sa mere. fueillet. lxxj.
Du roy Hue Capet, auquel commence la tierce lignee des Roys de France. f.lxxj.
Du roy Robert, qui fut grand clerc, & de bonnes meurs. f.lxxij.
Du Roy Henry, auquel Constance, sa mere, contraria, voulant faire Roy vn sien autre fils. fueillet.lxxiij.
De Philippe, premier du nom, qui gist à sainct Benoist sur Loire. f.lxxv.

Du voyage

Du voyage, & de la prinſe de la ſainte cité de Hieruſalem, par Godefroy de Buillon. fueillet.lxxvi.

Du comte de Maſcon, qui fut perſecuteur des egliſes, lequel le diable emporta viſiblement. f.lxxvii.

Du roy Louis le Gros. f.lxxvii.

Comment les Princes & Seigneurs de France s'eſleuerent contre le roy Louis le Gros. fueillet.lxxviii.

De la guerre que les Comtes de Corbeil & de Montlehery, & autres, feirent au roy Louis. f.lxxviii.

De la guerre que Louis le Gros fit au Seigneur de Pomponne, pour les exactions qu'il faiſoit aux marchans. f.lxxviii.

Incident du pape Gelaſius. f.lxxviii.

Du ieune roy Philippe, fils de Louis le Gros, que vn pourceau tua en cheuauchant par la ville de Paris. f.lxxix.

Du roy Louis ſeptiéme: de la belle lignee du comte Thibault de Champaigne, & autres matieres. f.lxxx.

Comment le Roy conquiſt Normandie, & la bailla à Henry, fils du comte d'Angers, qui auoit eſpouſé Mathilde l'Empericre, fille du feu Roy d'Angleterre. f.lxxxi.

De la ſeparation du mariage du roy Louis, dict le Piteux, & d'Alienor Ducheſſe de Guyenne: & comment Henry, Duc de Normandie, l'eſpouſa. f.lxxxi.

Comment le roy Louis le Piteux eſpouſa Aeliz, fille du comte de Champaigne, & en elle engendra Philippe Dieudonné, autrement dict le Conquerant. f.lxxxii.

Du roy Philippe Dieudonné, qui eſt appelé le Conquerant. f.lxxxiii.

Comment le roy Philippe fit chacer les Iuifs hors du royaume. f.lxxxiii.

Comment le roy Philippe Dieudonné fut marié à la fille du comte de Henault. f.lxxxiii.

Comment le roy Philippe puniſſoit ceulx qui perſecutoyent les egliſes. f.lxxxiiii.

De pluſieurs choſes, dignes de memoire, que fit le roy Philippe Auguſte. f.lxxxiii.

Des inhumanitez que faiſoyent les Cotereaux en Berry: & des heretiques qui furent bruſlez en Flandres. f.lxxxiiii.

De la guerre que fit le Roy au Comte de Flandres, pour ce qu'il detenoit la Comté de Vermandois. f.lxxxiiii.

Des meſſagers de Hieruſalem, qui apporterent au roy Philippe les clefs du ſainct Sepulchre. fueillet.lxxxiiii.

Cóment le Roy ordonna que la cité de Paris fuſt pauee: & de la guerre qu'il fit au duc de Bourgógne, qui opprimoit le ſeigneur de Vergy, ſon vaſſal. f.lxxxv.

De l'eſmotion de guerre que fit le roy Philippe, contre le roy Richard d'Angleterre, & du miracle noſtre Dame du Bourg dieux en Berry. f.lxxxv.

De la prinſe de Hieruſalem. f.lxxxv.

De l'appointement du Roy de France & d'Angleterre: & comment ils ſe croiſerent pour aller au voyage d'oultre mer. f.lxxxv.

Comment le voyage fut rompu par la mauuaiſtié du Roy d'Angleterre: & d'vne ſourſe d'eaue, qui aduint en l'oſt du Roy. f.lxxxvj.

Comment Richard, comte de Poitiers, fils du roy Henry d'Angleterre, s'allia au Roy de France, & luy fit hommage. f.lxxxvj.

Comment le roy Philippe Auguſte paſſa à gué la riuiere de Loire deuant Tours, miraculeuſemét auec ſon armee: & de la mort du Roy Héry d'Angleterre. f.lxxxvj.

De l'appointemét faict entre le roy Philippe Auguſte, & le nouueau roy Richard d'Angleterre: & comment leſdicts deux Roys entreprindrent le voyage de Hieruſalem. f.lxxxvij.

Du voyage de Hieruſalem, que fit Philippe le Conquerant: & des belles ordonnaces qu'il fit auant ſon partement: & comment il ordóna faire clorre Paris du coſté de ſaincte Geneuieſue. fueillet lxxxvij.

De la queſtion qui fut en l'iſle de Cecille entre les Roys de France & d'Angleterre, touchant le paſſage d'oultre mer. f.lxxxvij.

Comment le roy Philippe print d'aſſault la cité d'Aſcalon, ſans l'aide du Roy d'Angleterre. fueil.lxxxviij.

De la mort de l'Empereur Federic, & de ſon fils, & de pluſieurs Princes d'oultre mer. fueillet lxxxviij.

Comment le Roy partit d'oultre mer, pour retourner en France, & paſſa par Romme, pour veoir le Pape: & comment les Iuifs furent de rechef banniz de France. f.lxxxviij.

Comment le Roy d'Angleterre fut prins priſonnier en retournant d'oultre mer: & du Comte de Champaigne qui fut faict Roy de Hieruſalem. f.lxxxvij.

De la guerre ḡ fit le Roy de France, au Roy d'Angleterre. f.lxxxix.

D'aucunes exactions que fit le roy Philippe Auguſte. f.lxxxix.

Guerre entre Francois & Anglois. f.lxxxix.

Commét le Roy d'Angleterre meit ius les armes, & fit hommage au Roy de France. f.xc.

Commét le Roy ſe fit ſeparer de madame Iſamberge, ſoeur du Roy de Hongrie, dont le royaume fut interdict. f.xc.

Comment le Roy d'Angleterre rompit l'appointement qu'il auoit iuré au Roy de Fráce. fueillet xc.

De l'Euefque de Paris, nommé Maurice, du temps

TABLE DV PREMIER VOLVME

duquel fut edifiee l'eglife noftre Dame de Paris. f.xc.

Comment les Comtes de Flandres, de Boulongne, & autres, s'efleuerent contre le Roy. fueillet.xci.

Guerre entre Francois & Anglois. f.xci.

Du grãd threfor trouué en Limofin: & de la mort du roy Richard d'Angleterre. f.xci.

Comment Iehan fans terre fut Roy d'Angleterre. f.xci.

Cõment le royaume de France fut interdict pour le faict du mariage du roy Philippe. f.xci.

D'vn appoinctement final faict entre le roy Philippe Augufte, & Iehan d'Angleterre. fueillet.xcii.

Commét le roy Philippe reprint Ifamberge fa feconde femme, quil auoit repudiee. f.xcii.

De la venue du Roy d'Angleterre à Paris: & comment tantoft apres il refufa à faire hommage au Roy des Duchez d'Aquitaine & Côtez de Poitiers & Angers. f.xcii.

D'vn Legat qui vint en France pour faire paix: & comment le Comte de Bretaigne fit hommage au Roy. f.xcii.

Comment le Roy d'Angleterre fit tuer fon nepueu Artus, Comte de Bretaigne: & cõment fon fucceffeur fit hommage au Roy dudict Duché. f.xcii.

De la prinfe de Conftantinoble par les Francois: & comment Baudouin, Comte de Flandres, en fut faict Empereur. f.xciii.

De la prinfe & deftruction de Tours: & comment les Barons d'Aquitaine vindrent à plaincte au Roy de France. f.xciii.

De la fentence de priuation qui fut donnee côtre le roy Iehan d'Angleterre: par l'affemblee des Pers en l'an mil deux cens & trois. f.xciii.

De la confpiration faicte contre le Roy par plufieurs princes de France. f.xciiii.

Des remonftrances que fit le Roy à Regnault, Comte de Boulongne. f.xciiii.

De la reception du roy Philippe le conquerant, apres la victoire qu'il eut en Flandres: & des derifions que l'on difoit par les chemins à Baudouin, comte de Flandres. f.xcv.

Declaration des païs & feigneuries que le Roy Philippe Augufte conquit, & ioignit à la couronne de France. f.xcv.

Comment le roy Iehan d'Angleterre fit fon royaume & la feigneurie d'Ibernie tributaires au Pape en mil marcs d'argent chacun an. fueillet.xcv.

Comment les Nobles d'Angleterre appelerent en leur aide monfeigneur Louis, fils de Philippe, contre leur roy Iehan : & de la mort dudict roy Iehan. f.xcvi.

Comment monfeigneur Louis fe partit d'Angleterre pour retourner en France. f.xcvi.

Comment le roy Philippe exhereda le Côte d'Auergne, pour les maux qu'il faifoit. fueillet.xcvj.

De la guerre que fit ledict roy Philippe, contre les heretiques d'Albigeois. f.xcvj.

Commét le Pape enuoya excommunier le Comte de Toulouze, par vn Legat, que ledict Comte fit tuer. f.xcvij.

De la croyfee qui fut prefchee côtre les heretiques d'Albigeois, & le Comte de Toulouze. fueillet xcvij.

D'aucuns heretiques qui s'efleuerent à Paris, lefquels furent bruflez, & leur autheur deterré & bruflé. f.xcvij.

De la mort de meffire Simon de Montfort, deuant Toulouze. f.xcviij.

Du trefpas du roy Philippe Augufte, & des belles ordonnances & teftament qu'il fit. fueillet.xcviij.

Incident de la prinfe & deftruction de Hierufalem. f.xcviij.

Du Roy Louis, huictiéme du nom, dict de Montpenfier. f.xcviij.

D'vn homme qui fe faignoit & difoit eftre Baudouin, Comte de Flandres, lequel la Comteffe fit pendre & eftrangler. f.xcix.

De la guerre que fit le Roy aux heretiques : & comment il print la cité d'Auignon par force. fueil.xcix.

Le trefpas du Roy Louis à Montpenfier. Du bon Roy fainct Louis: & comment il fut facré à xiiij. ans. f.c.

Comment plufieurs Princes de France s'efleuerẽt contre le ieune Roy S. Louis, incontinent apres fon Sacre. f.c.

De la guerre que les Comtes de Bretaigne, & de la Marche feirent au Comte de Champaigne. fueillet.cj.

Comment Pierre Mauclerc fit venir le Roy d'Angleterre en France. f.cj.

Comment & pourquoy le Pape excõmunia l'Empereur Federic. f.cj.

Comment ceulx de l'Vniuerfité voulurent abandonner Paris: & du blafon des armes de France. fueillet cj.

De l'eglife de fainct Denis en France, qui fut de nouuel reedifiee. f.cij.

Du mariage fainct Louis, auec madame Marguerite, fille du Comte de Prouence. f.cij.

Comment aucuns Arfacides vindrent en France, pour tuer le Roy S. Louis. f.cij.

D'vn voyage que feirent aucuns Princes de France oultre mer. f.cij.

Comment le Roy S. Louis fit edifier la faincte Chapelle du Palais à Paris, & y aporta la faincte couronne d'efpines de noftre Seigneur Iefus-Chrift. f.ciij.

Comment le Roy fainct Louis racheta des mains

des Venitiens la vraye Croix, l'Esponge, le fer de la Lāce de nostre Seigneur Iesus Christ, que l'Empereur de Côstantinoble auoit engagees, & les fit apporter en ladicte saincte Chapelle. fueil. ciii.

Comment les heretiques d'Albigeois, s'esleuerent, ou le Roy enuoya grosse armee qui les fit reduire. f. ciii.

De la disputation qui fut faicte à Paris contre ceulx qui tiennent plusieurs benefices. f. ciii.

De l'acquisition faicte par le Roy de la comté de Mascon: & comment l'Empereur tint lōg tēps prisonniers plusieurs des Prelats de France. fueil. ciii.

Comment S. Louis bailla à son frere Alphons la comté de Poitou, & le maria à la fille du côte de Toulouze: & comment le comte de la Marche refusa à faire hommage audict Alphons, dont s'esmeut grand' guerre. f. ciiii.

De la guerre que fit l'Empereur au pape Innocēt, lequel s'en vint en France, & l'excommunia, & priua de l'Empire: & comment S. Louis voua le voyage de Hierusalem. f. ciiii.

Comment S. Louis se meit à chemin pour aller oultre mer, & arriua en Cypre. f. cv.

Comment le roy de Tharse fit sçauoir à S. Louis qu'il s'estoit faict chrestien: & comment sainct Louis arriua oultremer, & print d'arriuee la cité de Damiette. f. cv.

Cōment le Roy sainct Louis & ses deux freres furent prins deuant la cité de Massere: & de la natiuité de Iehan Tristan, fils dudict sainct Louis. f. cvi.

Comment sainct Louis & ses gens furent mis à rançon. f. cvi.

De maistre Vngarie qui donnoit à entendre que Dieu & nostre Dame s'estoyent apparuz à luy, pour la deliurance du Roy sainct Louis, & de la mort de la Royne Blanche, mere de sainct Louis. f. cvi.

Des enfans de la Comtesse de Flādres, qui s'esleuerent contre leur mere, laquelle appela mōseigneur Charles, comte d'Angers, à son aide, & luy donna la comté de Henault. f. cvi.

Du retour de sainct Louis en France. f. cvii.

De la prinse du Caliphe de Baudas. f. cvii.

De la bonne iustice & belles ordonnances que fit sainct Louis apres son retour du voyage d'oultremer. f. cvii.

De trois ieunes enfans Flamens, que messire Enguerrand, seigneur de Coucy, fit pendre: & de l'amende en quoy il fut condāné, dont fut edifié l'hostel Dieu de Pontoise. f. cvii.

D'vne remission que S. Louis auoit accordee à vn malfaicteur, laquelle il reuocqua: & des bōnes vertus qui estoyent en luy touchant la iustice. f. cviii.

Des belles fondatiōs que fit S. Louis. f. cviii.

Du signe de la croix que sainct Louis adioignit à faire la guerison de la maladie des Escrouelles. f. cviii.

De l'ordonnance que fit S. Louis touchāt les electeurs des benefices, & exactiōs qui se faisoyēt sur l'Eglise. f. cviii.

Comment le Roy Henry d'Angleterre renonca au droit qu'il pretendoit au royaume de Frāce: & comment il fit hommage de la Duché d'Aquitaine au Roy sainct Louis. f. cix.

D'vne motion d'Anglois contre leur Roy. f. cix.

Cōment messire Charles, comte d'Angers, frere de S. Louis, fut faict Senateur de Rōme: & cōment le Pape luy donna le royaume de Cecille. f. cix.

Du pardon que donna le Pape, à la requeste de sainct Louis: & de la confederation des Suisses. fueil. cx.

Comment sainct Louis fit son fils, mōseigneur Philippe cheualier: & commēt il fit mettre par ordre les sepultures des Roys en l'eglise de S. Denis en France. f. cx.

De la grand' guerre qu'esmeut Henry d'Espaigne contre monseigneur Charles, Roy de Cecille. f. cx.

Comment sainct Louis alla pour la seconde fois oultre mer. f. cxi.

De l'armee de sainct Louis deuant Thunes, ou il mourut: & de la mort de Iehan Tristan son fils. f. cxi.

Les beaux enseignemens que le Roy S. Louis fit à son fils auant sa mort. f. cxi.

Comment monseigneur Charles, frere de sainct Louis arriua à Thunes à l'heure du trespas S. Louis. f. cxii.

De plusieurs miracles que fit S. Louis. f. cxii.

Du Roy Philippe fils de sainct Louis. f. cxiii.

De la descōfiture que feirent Chrestiens sur Sarrazins, apres la mort de sainct Louis: & cōment le Roy de Thunes fut faict tributaire. f. cxiii.

De la guerre que fit le Prince de Galles, oultre mer. f. cxiii.

Du retour du Roy Philippe, apres le trespas de son pere: & de la mort de mōseigneur Alphōs, comte de Poitiers, & de sa femme. f. cxiii.

Du Sacre du Roy Philippe, fils de sainct Louis: & de la guerre qu'il fit au comte de Foix. fueil. cxiii.

Du second mariage du Roy Philippe: & de la mort du Roy de Nauarre, comte de Champaigne. f. cxiiii.

De la trahison de Pierre la Breche. f. cxiiii.

De la question qui fut entre les Roys de France & d'Espaigne. f. cxiiii.

Comment ceulx du royaume de Cecille tuerent tous les Francois, & feirent plusieurs inhumanitez. f. cxv.

Du Roy Philippe le Bel. f. cxv.

LA TABLE DV PREMIER VOLVME

Du comte de Henault qui s'esleua côtre le Roy. fueil.cxvii.

De la descente que feirent les Anglois en Fráce: & d'vne grand' desconfiture que fit sur eulx monseigneur Charles de Vallois. f.cxvii.

Côment les côtes de Flandres & de Bar s'esleuerent côtre le Roy, qui leur fit guerre. f.cxviii.

Du discord qui fut entre le pape Boniface huictiéme, & le Roy Philippe le Bel. f.cxix.

De la mort du pape Boniface. f.cxix.

Comment le Roy fit mettre prisonniers le comte de Flandres & ses deux fils. f.cxx.

De la bataille de Courtray. f.cxx.

D'vne grád' desconfiture de Flamens, pres la ville de sainct Omer, & ailleurs. f.cxx.

Comment le Roy Philippe le Bel retourna contre les Flamés: & de la grand' descôfiture qu'il en fit à Monts en Pouille. f.cxxi.

De la mort du comte de Fládres, & du mariage de la fille du Roy au ieune Edouard d'Angleterre. f.cxxi.

D'vne assemblee d'Euesques & Prelats, touchant vn dixiéme octroyé au Roy par le Pape. f.cxxi.

De l'appoinctement faict auec les Flamens: & de l'election du pape Clement, qui fut sacré à Lió, present le Roy: & y mourut par accidét le Duc de Bretaigne. f.cxii.

De l'abbus que faisoyent aucuns Iacobins, qui estoyét vers Toulouze, touchant le faict des heresies. f.cxxii.

D'vne grand' cômotion du peuple de Paris, pour la mutation des monnoyes. f.cxxii.

Comment Louis Hutin, fils de Philippe le Bel, fut couronné Roy de Nauarre : & des Templiers. f.cxxiii.

Commét le Roy Philippe le Bel, deux de ses fils, plusieurs grands Seigneurs, & autres, se croiserent pour aller oultre mer. f.cxxiii.

D'vne grand' taille, qui fut mise au royaume par l'enhortement d'Enguerrand de Marigny : & trespas du Roy Philippe le Bel. f.cxxiiii.

Pourquoy & côment Enguerrand de Marigny fut pendu au gibet de Paris. f.cxxiiii.

Du Roy Louis Hutin, dixiéme du nó: & de son trespas. f.cxxv.

Du Roy Philippe le Long. f.cxxv.

De l'appoinctemét faict entre le Roy & les Flamens. f.cxxv.

D'vn Preuost de Paris qui fut pendu & estráglé. fueil.cxxvi.

De l'esmeute des pastoureaux. f.cxxvi.

Comment par mauuais conseillers le Roy voulut faire de grandes exactions au royaume de France. f.cxxvi.

De plusieurs Seigneurs d'Angleterre, qui furent decapitez par le moyen de Hue le Despensier. fueil.cxxvi.

Du Roy Charles, fils de Philippe le Bel. f.cxxvii.

Comment la comté de Flandres fut adiugee au comte de Neuers. f.cxxvii.

De Iourdain de l'Isle, qui fut pendu au gibet de Paris: lequel auoit espousé la mere du pape Iehan. f.cxxvii.

Comment le Roy Charles esmeut guerre côtre le Roy d'Angleterre. f.cxxviii.

Comment la Royne d'Angleterre, sœur du Roy qui estoit venue en France, y fut long téps, & ne s'en osoit retourner en Angleterre. f.cxxviii.

De la guerre d'entre le Comte de Flandres & les Flamens: & de la mort de monseigneur Charles de Vallois. f.cxxviii.

Du retour de la Royne d'Angleterre, & côment elle print prisonnier son mary, & fit couronner son fils Roy. f.cxxix.

De la mort du Roy Charles le Bel, & comment sa femme demoura grosse. f.cxxix.

De la mort de Pierre Remy, Gouuerneur des finances de France, qui fut pendu & estranglé. fueil.cxxx.

Fin de la table du premier Volume des Annales de France.

LE PROLOGVE.   Fueillet.j.

PROLOGVE SVR LES CRONIQVES ET AN-
nales de France, par feu noble homme & sage maistre Nicole Gilles, en son viuant Notaire & Secretaire du Roy
nostre sire, & contrerolleur de son Thresor.

Pource que tous nobles, honnestes, & bons courages desirent scauoir & ouyr reciter des choses passees, qui sont dignes de memoire, & du temps d'icelles (dont la recordation est honneste & profitable) combien que par cy deuant par plusieurs grands clercs & hystoriographes ayent esté redigez & mis en escript les faicts & gestes des treshaults, glorieux, & victorieux Princes, les Roys de Fråce, qui ont esté par cy deuant: toutesfois leur haultesse, resplendissant par dessus tous mortels en clarté & noblesse d'estrace de lignee, merite bien que ceulx qui le peuuent, s'estudient à la conseruation de leur renommee. Principalement à cause que de leur pouuoir ils ont tousiours esté vrays protecteurs & deffenseurs de la Foy Catholique: tellemēt que pour les haults, magnanimes, vertueux, louables, & honorables faicts, & seruices grands, qu'ils ont tousiours faicts, à l'augmentation & accroissement d'icelle Foy, & du sainct siege Apostolique, toutes & quantesfois que le besoing est venu, & que requis en ont e-sté, sont aucunement par gloire de louenge veus viure apres leur mort: comme ceulx qui se trouuent auoir extirpé & estainct vingt & trois scismes en l'Eglise de Romme. Ce qu'Empereurs, Roys, ny autres Princes, ou nations Chrestiennes, oncques ne feirēt. A cause dequoy ils sont aussi par singuliere preeminēce, dicts, nommez, & appelez Tres-chrestiens, & le bras dextre de l'Eglise Catholique & militante. Quoy considerant,

Les Roys de France sur tous autres Princes ont esté deffen-seurs de la Foy Catholique, et propulseurs des heresies.

a

LE PROLOGVE.

i'eſtime, que ſi leurs faicts & geſtes euſſent eſté mis par eſcrit, & en langage eloquent, ainſi qu'ont eſté les faicts des Rōmains & d'autres, on trouueroit que leur vertu, vaillance, & proueſſe precederoit & ſurmonteroit les faicts des Atheniēs, Grecs, Troyēs, & autres natiōs, & meſmes ceulx des Rōmains, qui plus ont fait de langue que d'eſpee. Mais ils ont eu ce malheur que leurs hyſtoriographes n'ont peu attaindre à ceſte eloquence des Rommains: & encores ce qui eſt eſcript d'eulx, meſmement es grādes Croniques de Frāce, eſt ſi fort meſlé parmy les faicts & geſtes de pluſieurs autres Princes & Seigneurs eſtrangiers, & auec tel nombre d'incidens, qui ſont aduenus durant leurs temps & regnes, tant en ce royaume qu'ailleurs, que la multitude & confuſiō des matieres qui y ſont recitees, garde les liſans de cōceuoir & mieulx retenir les lignees. A ceſte cauſe ie nagueres en liſant leſdictes Croniques & autres traictez de ce faiſant mētion, pour euiter oyſiueté, me ſuis deliberé d'extraire & rediger en brief d'ou ſont venues & procedees les lignees deſdicts treſnobles Roys de France, mettant leurs noms par ordre, & cottant le tēps de leurs regnes. Auec auſſi reciter aucun peu de leurs principaulx faicts, geſtes, & autres choſes qui ſont bien à recorder & ſcauoir, & dignes de memoire, tant pour mouuoir les courages à bien faire à l'exemple des bons, que pour eſcheuer & ſoy garder des inconueniens ou pluſieurs par cy deuant ſont trebuchez, par leurs deffaultes & inaduertances (nam, vt ait quidam ſapiens, vita aliena nobis eſt magiſtra: & qui ignarus eſt præteritorum, quaſi cæcus in futurorū prorumpit euentus) & auſſi pour aucunement mieulx ſcauoir raiſonner hōneſtement, & parler des choſes qui ont eſté faictes & aduenues en ce royaume Treſchreſtien, depuis que le nom de France a commencé à fleurir, & de la creation d'iceluy nom: & ſemblablement de la cité de Paris, ou mōſeigneur ſainct Denys, Apoſtre de Frā

Le temps que ſainct Denys apporta la foy en France.

ce, apporta premieremēt la foy de noſtre ſeigneur Ieſus Chriſt, des l'an de ſon incarnation iiij.xx.xvi. proteſtāt qu'en ceſte matiere n'a choſe qui procede de mon entendemēt, & ſuppliant à ceulx qui liront ce petit abregé (pluſieurs deſquels l'euſſent trop mieulx ſceu faire que moy, s'ils y euſſent prins leur plaiſir & occupation) que s'il y a aucune faulte, erreur, ou omiſſion, il leur plaiſe benignement l'excuſer. Et pour entendre le cōmencement de ceſte matiere, eſt bien conuenable de ſcauoir que depuis la creation du mōde, iuſques au deluge, y eut d'eſpace de temps deux mil deux cens quarāte deux ans: & du deluge iuſques à la fondation de la treſnoble cité de Troye la grād', iadis fondee en Frigie, en la partie d'Aſie (qui eſt la principale partie du monde) il y eut mil ſix cens ans: & ladicte cité dura en ſon eſtre neuf cens ſeptante deux ans, auāt qu'elle fuſt dernierement deſtruicte: & depuis ladicte deſtruction de Troye iuſques à l'incarnation de Ieſus Chriſt, eut de temps enuiron neuf cens ans: combien que pluſieurs hyſtoriēs, qui en ont eſcript, ſont de differente opinion de la date deſdicts temps. Puis qu'ainſi eſt qu'il eſt à preſent queſtion de parler des faicts & geſtes des Roys, & que ie vien à cotter le temps de l'incarnation de Ieſus Chriſt, qui eſt le ſouuerain Roy des Roys, il eſt bien conuenable de dire & reciter aucune des choſes qui aduindrent durant les cinq premiers aages qui precederent ſa ſaincte Natiuité, pour puis apres parler d'icelle, & des choſes aduenues depuis iuſques au temps de Pharamond, Roy des Francoys, auquel nous continuerons noz Annales iuſques à noſtre temps.

Fin du Prologue.

Du premier aage : & combien il dura.

Le premier aage fut depuis Adam iusques à Noe.

LE premier defdicts aages commenca à Adam, & à la creatiõ du monde, & dura iufques à Noe, qui fut au temps du deluge: auant laquelle creation du monde, ainfi que dit Innocent, & que les fainctes Efcriptures tefmoignent, il eſt vray que Dieu eſtoit en luy mefmes vray Dieu pardurable, fans mefure, non muable, tout puiſſant, Pere, Fils, & Sainct Efprit, trois perfonnes en vne eſſence, en vne fubſtance, & en vne nature. Le Pere n'eſt de nul, le Fils eſt du Pere tout feul, le Sainct Efprit procede du Pere & du Fils, fans diuiſion, fans commencement, & fans fin. Ces trois perfonnes eſtoyent, font, & feront enſemble fubſtantiales, pardurables & efgales l'vne à l'autre : & chacune eſt toute puiſſante, & vn commencement de toutes choſes : vn Dieu createur de toutes creatures viſibles & inuiſibles, ſpirituelles & corporelles. Ouide Naſo dit en ſon premier liure de la Metamorphoſe, qu'au parauant la creation du monde, tous les elemens eſtoyent meſlez enſemble en vne maſſe confuſe, que Dieu feit & nomma Chaos: & en creant les cieulx, la terre, & la mer, Dieu feit feparations diuerſes deſdicts elemens. Au premier iour il feit & fepara la lumiere, & auec celle lumiere, le premier iour il crea les Anges.

La ruine de Lucifer, & des mauuais Anges in profundum abyſſi.

Le ſecond iour il feit le firmament au meilleu des eaues : & dient aucuns qu'en ce iour l'Ange Lucifer, *qui per ſuperbiam par eſſe Deo voluit*, & les mauuais Anges, *qui ſuo nefando conſilio conſenſerunt, à cælorum ſedibus ſunt eiecti*. Autres dient le iour meſmes de leur creatiõ, *iuxta illud Eſaiæ 13.cap. Quomodo cecidiſti Lucifer de cælo, qui mane oriebaris?* Le troiſieme iour il diuiſa les elemens l'vn de l'autre : *& terra apparuit arida, & produxit herbam virentem*. Le quatriéme iour il aorna le ciel d'eſtoilles, & y meit le ſoleil, la lune, & autres planettes, les douze ſignes, & autres eſtoilles, pour rendre lumiere. Le cinquiéme iour il forma les oyſeaux & poiſſons, & leur donna nature: aux oyſeaux de voller en l'air, & aux poiſſons de nager en l'eaue. Le ſixiéme iour il crea de toutes eſpeces qui ſont ſur terre: & en ce meſme iour forma & crea l'homme à ſa ſemblãce & image, *de limo terræ*: & luy donna entendement & raiſon participant à la nature angelique : & appela le premier homme Adam, & le forma *in loco qui Damaſcenus vocatur, cui omnia animantia terræ, aeris & aquæ ſubiecit, & adiecit vt eis nomen imponeret*. Et luy dõna ſeigneurie & puiſſance ſur toutes choſes, pour bien en vſer. Apres ce, Dieu tranſporta Adam en Paradis terreſtre: *& conſtituit eum dominum domus ſuæ & principem omnis poſſeſſionis ſuæ*: & à fin qu'il euſt plus grand' felicité, luy voulut bailler compaignie. *Et fecit Euam Dominus de coſta Adæ dormientis, vt eſſet ei adiutorium*. Il defendit à Adam de non manger du fruict de l'arbre de ſcience de bien & de mal : mais à la perſuaſion d'Eue, qui auoit eſté ſeduicte d'vn Diable qui eſtoit entré au corps d'vn ſerpent, & à laquelle le Diable auoit donné à entendre, que ſi Adam mangeoit dudict fruict de l'arbre de ſcience de bien & de mal, il ſeroit pareil à Dieu, il en mangea. Et tãtoſt apres la ſixiéme heure dudict ſixiéme iour, Dieu veint en Paradis terreſtre : & quand Adam & Eue l'apperceurent, ils s'allerent cacher: & lors Dieu increpa Adã, qui s'excuſa ſur la perſuaſion du ſerpent, & de ſa femme: parquoy Dieu maudit le ſerpent, & dit à Adam, *In ſudore vultus tui, veſceris pane tuo*: Et à Eue, *In dolore paries*: & les feit par ſon Ange deiecter & mettre hors Paradis terreſtre : & deſlors conuient à Adam & Eue viure du labeur de leurs mains. On dit qu'Adam engendra à ſa femme trente fils, & autant de filles: deſquels il veint moult de generations, dont Cain fut le premier qui tua ſon ſecond frere, nommé Abel, par enuie qu'il auoit conceue contre luy, dont Dieu luy dõna malediction: depuis laquelle tous les membres de ſon corps ne ceſſerẽt de trembler, & s'en alloit par les chãps, bois & buiſſons, comme vne beſte ſauuage. Puis mourut Adam, apres qu'il eut veſcu neuf cens trente ans.

Adam veſcut neuf cens trente ans.

& dient aucuns qu'il fut enterré & inhumé auec ſa femme, en la vallée d'Ebron. Les autres dient qu'il fut enterré au mont de Caluaire, au lieu ou Abraham ſacrifia, & ou Ieſus Chriſt fut crucifié: & qu'à ce propos dit l'Apoſtre, *Surge qui dormis, & illuminabit te Chriſtus*. Durant ce premier aage, il ne fut point d'hiuer, & ne pleut point ſur terre: *Et erat omni tempore temperies, & abundantia rerum*. Quand veint à approcher à la fin de ceſt aage les hommes deueindrent ſi mauuais, *quod (præter dictum Noe) nullus inuentus eſt domino placuiſſe. Omnis quippe caro corruperat viam ſuã ſuper terram. Nam primo filij Cain vxoribus fratrum ſuorum mutuis fornicationibus abuſi fuerant, & mulieres in veſaniam verſæ, ſupergreſſæ viros, turpiter egerunt: tandem exardeſcentes homines in alterutrum coierunt: Vnde omnis illa generatio per aquam diluuij poſtmodum eſt deleta*. Et pource qu'à la fin du monde abondera couuoitiſe, qui eſt or & argent, elle ſera purgee par feu.

Du ſecond

Du second aage, qui commença à Noe: & combien il dura.

E second aage du monde commença à Noe (qui fut hôme iuste, & craignant Dieu) & dura iusques à Abraham. Noe vesquit neuf cens cinquãte ans: & par le commandement de Dieu il edifia l'arche, & meit cent ans à la faire. Icelle parfaicte Dieu luy commanda qu'il entrast dedans, luy, sa femme, & ses enfans, & leurs femmes, & de chacune espece de bestes, masle & femelle. Il eut trois fils: Sem, Cham, & Iaphet, desquels issirent plusieurs generations. Et pource que ceulx qui descendirent d'eulx, doubtoyent que le deluge deust encores retourner, *Dominus pepigit securitatis fœdus, in cuius signum posuit arcum pluuialem*, qui fut le signe de paix entre Dieu & le peuple. Noe fut celuy qui premier planta la vigne: & apres qu'il eut beu du vin, il s'endormit, sa nature secrette à descouuert, dont Cham son fils se mocqua, & par derision se print à rire: mais ses autres fils, Sem & Iaphet, par honnesteté le couurirent: & quand Noe fut resueillé *pro impudenti irrisione maledixit Cham: & Sem & Iaphet, pro honesta verecundia, quàm de ipso habuerunt, benedixit.* Et sur ce pas dit sainct Augustin, que deslors commença noblesse & seruitude. Sem vesquit six cens ans, & engendra Arphaxat: & dit on que ce fut Melchisedech, lequel apres le deluge commença la cité de Salem, qui de present est appellee Hierusalem: & en cest aage fut Nembroth, qui feit commencer la tour de Babylonne, dont s'ensuyuit la confusion & diuersité des langages: car parauant n'auoit que langue Hebraique. Icelluy Nembroth trouua, & escripuit premierement, les sciences d'Astrologie & Geometrie.

Noe edifia l'arche par le commādemēt de Dieu.

Melchisedech edifia la cité de Hierusalē, qu'il appella Salem.

Du tiers aage, qui commença à Abraham: & combien il dura.

E tiers aage, commença à Abraham (qui fut especial amy de Dieu) & dura iusques à Dauid, qui furent neuf cens xl. ans. En cest aage commença premierement idolatrie, par Ninus, fils de Belus, Roy des Assyriens, & des Babyloniens: lequel apres la mort de son pere feit faire vn image à sa semblance, & donna franchise & liberté à tous ceulx qui l'adoreroyent: & à l'exemple de luy plusieurs feirent le semblable de leurs parens: en quoy la maiesté diuine fut offenseegrandement. Icelluy Ninus trouua premier les harnoys & habillemens de guerre, & feit construire la cité de Niniue, qui contenoit trois iournees de circuit, & la nomma de son nom: & fut la royne Semiramis femme d'icelluy, laquelle apres la mort de son mary conquist les Indes, & repara la grand' cité de Babylonne: & à la fin fut tuee par le second Ninus, son fils, qu'elle prouocquoit à lord peché de luxure, côme racompte sainct Augustin, en son liure de la cité de Dieu: toutesfois le Maistre des hystoires dit, qu'elle en eut vn enfant, qui fut roy de Babylonne. Au temps d'Abraham estoit Melchisedech, qui estoit prestre du treshault Dieu, & faisoit son sacrifice de pain & de vin, & non pas de bestes, *Genesis 14*. Abraham luy donna premierement, la decime des despouilles qu'il auoit conquestees sur ses aduersaires: & de la vindrent premieremēt les decimes, que les prestres ont tousiours depuis leuees, & leuent sur les gens chacun an. Ledict Abraham *accepit præceptum à domino, vt se, cum sua sobole, circumcideret*: & à ladicte circuncision furent les noms d'Abraham & de sa femme muez: car parauant il estoit appellé Abram, & il fut depuis appellé Abraham: & sa femme, qui auoit nom Sarray, fut appellee Sarra. Et note que selon sainct Augustin, en ceste aage *nõ erat peccatum habitare cum pluribus vxoribus, causa prolis: sed hoc facere causa libidinis semper fuit peccatum*: car la loy naturelle ne permet point *voluptatem carnis relaxari, nisi ad propagationem vel conseruationē generis humani.* Des ce temps fut edifiee la cité de Rhodes. Vers la fin de ce tiers aage fut le sainct prophete Moyse, iusques auquel dura la loy de nature, & luy bailla Dieu la loy escripte, & ses cōmandemēs, en deux tables de pierre: *Et locutus est ei facie ad faciem in humana effigie.* Les Hebreux, que nous appellōs les enfans d'Israel, se plaignirent à Dieu, de la persecution que leur faisoyent les Egyptiens, desquels Pharaon estoit Roy: Dieu enuoya deuers ledict Pharaon, Moyse & Aaron, pour le mettre hors de son idolatrie, & luy cõmander de par luy qu'il cessast de le persecuter: & feirēt deuāt luy plusieurs signes merueilleux, de par Dieu tout puissant: *Sed induratum est cor Pharaonis*, & ne voulut croire à chose qu'ils dissent, & ne cessa point de persecuter les enfans d'Israel, & les chacea auec cinq cens chariots, & cinquante mil hommes à cheual, & deux cens mil hommes à pied

Ninus edifia la grand' cité de Niniue, qu'il nomma par son nom.

Cōmencement des decimes, que les prestres leuēt de presēt.

Le sainct prophete Moyse estoit en ce tēps.

LES CHRONIQVES ET ANNALES

armez, iusques à l'extremité des aspres montaignes, & au riuage de la mer rouge: & ce voyāt Moyse, vsa de la puissance à luy dónee de Dieu, *& ractu virgæ* feit diuiser & arrester la mer, en telle maniere que lesdicts enfans d'Israel la passerent *siccis vestigiis*. Ledict Pharaon, auec ses gens & chariots, voulant passer & aller apres eulx, entra dedans les limites de la mer, iusques au myllieu : *& subitò excreuerunt aquæ*, & furent luy & ses gens tous noyez.

Apres la mort de Moyse, les enfans d'Israel furent gouuernez par iuges : & fut Iosué le premier : & durerent iusques à Saul, qui fut le premier roy d'Israel : & fut ledict Iosué l'vn, & le premier, des neuf, qui entre les hommes ont esté dicts preux & vaillans hommes, & gouuerna moult bien le peuple de Dieu. En cest aage les citez de Sodome & Gomorre perirent en abysme, pour l'horribilité des pechez des habitans, qui ne sont à descripre : & ne fut trouué esdictes citez quelque homme iuste, que Loth & ses enfans, ausquels Dieu manda par l'Ange qu'ils s'en allassent, & ne regardassent derriere eulx: & pource que la femme dudict Loth y regarda, contre le commandement de Dieu, elle fut muee en vne statue de pierre de sel, que les bestes lechent. En ce mesme aage fut la cité de Treues en Alemaigne fondee, sur la riuiere de Meuse, mil trois cens ans deuant la fondation de Romme : & quelque temps apres la noble cité de Troye fut destruicte, ainsi qu'il a esté dict cy deuant.

Fondatiō de la cité de Treues sur la riuiere de Meuse.

Du quatriéme aage, qui commença à Dauid: & combien il dura.

LE quatriéme aage commença à Dauid : & dura iusques à la transmigration de Babylonne. Iceluy Dauid fut moult grand enuers Dieu : & dist Dieu de luy, *Inueni hominem secundum cor meum*. Luy estant ieune enfant, tua d'vne fonde le grand geant Golias. Depuis il fut esleu Roy, & par Samuel le prophete, oingt & sacré sur le peuple d'Israel. *Hic autem Dauid, qui fuit pius & iustus rex, etiam hostibus fidem seruans, eorum necem iniustam vindicauit: fuitque vir bellicosus, & contra hostes nunquam bellum intulit, nisi prius consulto domino. prudentiam in prælio comitem habuit: ideo in omnibus victor extitit. Hic dicitur eximius prophetarum: quia non solùm futura de Christo prædixit, sed etiam ipsum sibi de semine suo nasci promissum annunciauit.* Iceluy Dauid commit adultere en Bersabee, femme d'Vrie, vn de ses cheualiers, & commit trahyson : car il fut cause de faire occire ledict Vrie: *sed posteà, se humilians, diuinam misericordiam obtinuit:* & à ceste heure là feit le Pseaume de Miserere mei Deus secundum, &c. Apres la mort d'Vrie Dauid espousa ladicte Bersabee, laquelle de luy enfanta Salomon, qui fut Roy apres luy: auquel Salomon Dieu donna l'esprit de Sapience. Il feit edifier le temple de Dieu en Hierusalem, du plus riche, sumptueux & magnifique ouurage, que iamais n'auoit esté faict, ne edifié: *sed maculam habuit in gloria sua.* Car on lit qu'il eut sept cens femmes, & trois cens concubines: *tamen pœnituit ante mortem, sicut dicunt Hebræi: & propter hoc librum, qui Ecclesiastes dicitur composuit.*

Salomō eut sept cens femmes espousées, & trois cens concubines.

Apres luy regna Roboam son fils, lequel par vser du conseil des ieunes, qui estoyent autour de luy, qui luy donnoyent entendre choses plaisantes à sa volonté, il perdit son regne & sceptre, & mourut paouure & miserable. Enuiron ce temps furent les prophetes Helie, Ionas, Helisee, & autres, comme on lit en la Bible. En cest aage Nabugodonosor, Roy de Babylonne, print la cité de Hierusalem, apres ce qu'il l'eut tenue assiegee par quatorze moys, tellement que par faulte de viures les meres mangerent leurs enfans, & print Sedechie, qui estoit Roy, & luy feit creuer les yeux, & mourir prisonnier: & lors faillit le royaume des Iuifs, qui auoit duré depuis le temps de Saul, cinq cens quatorze ans, selon Iosephe. Vn Prince de la cheualerie de Babylonne, nommé Nabusardam, print & pilla les tresors & vaisseaux d'or, d'argent, & de pierres precieuses, & autres richesses qui estoyent au temple de Dieu, qu'auoit fait faire Salomon, & pilla & brusla toute la cité, & abbatit les murs & maisons : & à ceste captiuité finit le quart aage.

Nabusardā pil la les tresors du temple de Salomon.

Du cinqiéme aage, qui commença à la captiuité de Hierusalem: & combien il dura.

Le cinquiéme

DE FRANCE.

E cinquième aage du monde commença à ceste captiuité de Hierusalem, ou à la transmigration du peuple de Dieu en Babylonne, qui fut en l'an de la creatiō du mōde trois mil ccccl xxviij. Tantost apres, le prophete Hieremie, qui estoit encores demeuré en Hierusalé apres ladicte captiuité, fut lapidé par le peuple de Iudee, par ce qu'il les reprenoit de leur idolatrie. Ledict Hieremie, en prophetizant de l'aduenement de Iesus Christ, bailla aux Egyptiens vn signe, disant que leurs idoles trebucheroyēt quand vne Vierge enfanteroit: & à ceste cause les prestres de leur loy faisoyēt faire en vn lieu secret, en leur temple, vn image d'vne Vierge tenant vn enfant, & l'adoroyent secretement. En ce tēps fut en Babylonne Daniel le prophete, lequel estāt ieune, deliura Susanne de mort, & feit brusler les deux vieillars, ses faulx accusateurs. Nabugodonosor l'honnora fort, & bailla le gouuernement de ses prouinces à luy, & à trois de ses compaignons : c'est à sçauoir, Sydrac, Misaac & Abdenago, lesquels, par l'enuie des princes, & pource qu'ils ne voulurent adorer l'image d'or, que Nabugodonosor auoit fait faire, il les feit ietter en vne grand' fournaise toute ardante, & eulx diuinement deliurez, il les restitua en leur dignité & gouuernement. Ledict Nabugodonosor par son orgueil, fut par la puissance de Dieu, par sept moys transformé en beste, & mangeoit de l'herbe comme vn beuf: *sed oratione Danielis ad Deum fusa pro eo, sanatus est, & pœnitentiam egit, Deíque mirabilia in se facta prædicauit.* Cyrus roy de Perse, qui auoit vaincu Astiages roy de Mede, & translaté la monarchie d'Orient en Perse, veint assieger Babylonne la grand', dont estoit le Roy Balthasar: laquelle cité estoit la plus grande, & la plus large que iamais fut au monde. Sainct Hierosme dit qu'elle estoit assise en pleine terre, & parmy passoit vn grand fleuue, nommé Eufrates, lequel emplissoit tous les fossez, & qu'elle estoit carree, & auoit d'vn bout à l'autre seize mils de long, qui sont aualuez à dix mils pour lieue: & ainsi les quatre murs auoyent lxiiij. mils de circuit, qui sont xxxij. lieues. Il y auoit cent portes, & y auoit plusieurs des murs & maisons qui resplendissoyent d'or & d'argent, & de pierres precieuses, & autres richesses. Au mylieu estoit vne haulte tour, qui estoit celle que Nembroth & les enfans de la generation de Noé, apres le deluge auoyent edifiee, dont vint la confusion des langages, comme dict a esté: laquelle tour auoit de haulteur cinq mil pas, & cent. lx. & xiij. de large. De celle cité sont dictes choses merueilleuses, mais en vne nuyt elle fut prinse & mise en cendre par ledict roy Cyrus: qui est pour monstrer que deuant l'ire & la puissance de Dieu, puissance terrienne n'est & ne peult riens: & lors faillit le grand royaume de Babylonne. Les Iuifs, qui estoyent venuz demourer en Babylonne du temps de la subuersion de Hierusalem, dirent à Cyrus que Hieremie auoit prophetizé qu'il deuoit refaire le temple de Dieu, & la cité de Hierusalem: & pource il les deliura de la captiuité ou ils estoyent, & les renuoya en Hierusalem, ou ils reédifierent la cité & le temple. Ledict Cyrus aucun temps depuis, fut, apres plusieurs batailles, prins par la royne Thamiris, auec son ost, qui estoyent bien deux cens mil hommes: & luy fit ladicte royne Thamiris copper la teste, & mettre en vn vaisseau plain de sang humain en disant: Saoulle toy du sang des hommes, que tant as desiré respandre. Peu de temps apres Cambises roy de Perse fcit escorcher vif vn iuge de sa terre, qui auoit fait faulx iugement, & donna l'office de iuge à son fils: & à fin qu'il doubtast à faire comme son pere, feit couurir la chaire ou il seoit de la peau de son pere, *ne simile iudicium pateretur.* Aussi en cest aage aduint que le fils Tarquin l'orgueilleux, roy des Rommains, força vne noble damoyselle de Romme, nommee Lucresse, laquelle en la presence de son mary, de son pere, & de ses parens, se tua de dueil: & quand Tarquin retourna de la guerre ou il estoit allé, les Rommains luy fermerent les portes, & le chacerent, luy, sa femme, & ses enfans: & ordonnerent qu'ils n'auroyent plus de roys, & créerent deux Consuls, pour gouuerner leur chose publique, & lors faillit le royaume des Rommains. Enuiron cccc. ans auant l'incarnation Iesus Christ, trois cens mil * Francoys se partirent de France, de la prouince de Sens, soubs vn nommé Brennus, *ad nouas sedes quærendas,* par ce qu'audict pays auoit tant de peuple qu'il n'y pouoit plus viure n'y habiter: & allerent en Italie, & prindrent d'assault la cité de Romme, & tuerent plusieurs Rommains. Et apres mirent le siege deuāt le Capitole, ou s'estoyent retraits les principaulx de la seigneurie des Rommains, auec tous leurs tresors, & y demourerent longuement, tellement que lesdicts Rommains assiegez perissoyēt de faim: lesquels, à fin que lesdicts Francoys se departissent & leuassent leur siege, leur donnerent mil

Hieremie fut le premier qui prophetiza l'aduenement de Iesus Christ.

Daniel prophete.

La cité de Babylonne auoit trētedeux lieues de circuit.

al. Tomiris

D'un iuge qui fut tout uif escorché, pour auoir donē faux iugement.

Il prend Frācoys pour Gauloys, & France pour Gaulle.

a iiij

LES CHRONIQVES ET ANNALES

besans d'or. Puis se departirent lesdicts Francoys, & s'en allerent les aucuns en Trace, & les autres en Grece, les autres en Asie, & conquirent plusieurs terres qu'ils habiterent: tellement que la vaillante audace & felicité des Francoys fut lors si publiee par toutes terres, que toutes nations estranges n'osoyent faire guerre, s'ils n'auoyent des Frácoys auec eulx, de sorte qu'vn Roy de Bithinie les appella en son ayde: & pource qu'ils luy ayderent à recouurer son royaume, il leur en donna la moytié, dont leur portion est encores à cause d'eulx appellee Gallogrecia.

Alexandre le grand eut en sa subiection toute la monarchie paisible.

Enuiron ce temps fut Alexandre le grand, fils de Philippes Roy de Macedoine (lequel comme on dit) par le conseil d'Aristote son maistre & principal côseiller, meit en sa subiection toute la monarchie du monde : mais il ne dura gueres, car il fut empoisonné par vn sien medecin, nommé Thessalus à la persuasion d'Antipater, qu'Alexandre auoit faict gouuerneur pour luy en Macedoine, & mourut au trentequatriéme an de son aage, & au * premier de son regne.

* il entend du premier an de sa monarchie paisible.

Enuiron.xlvij.ans auant l'incarnation Iesus Christ, pource que les Rommains, par le conseil de Pompee, refuserent à Iules Cesar le triomphe qu'il demandoit à son retour de la victoire des Gaulles, ou il auoit esté enuoyé, ledict Cesar asiegea & print Romme, & en chaça ledict Pompee, & les autres Consuls qui estoyent au gouuernement de la seigneurie: & departit à sa volonté les tresors publiques, qui estoyent au Capitolle, à ses cheualiers qui l'auoyent seruy à ladicte conqueste. Puis alla apres Pompee, & le vainquit en bataille. Pompee trouua façon d'eschaper par fuyte, & passa la mer, & s'en alla à refuge vers Ptolomæus roy d'Egypte, cuidant estre à seureté auec luy, par ce qu'il l'auoit au parauant restitué en son royaume, apres ce qu'il l'auoit vaincu : mais iceluy Ptolomæus, qui sceut la victoire que Iules Cesar auoit eue contre ledict Pompee, *fortunam magis quàm amicitiam est secutus*. Car pour prendre la beniuolence de Cesar, il feit copper la teste à Pompee, sur le bout de son bateau, auant qu'il arriuast à luy, & enuoya la teste & l'anneau d'iceluy à Cesar: *Quo conspecto Iulius Cesar lachrymas fudisse dicitur, tanti viri, & generi quondam sui, intuens caput.* Apres plusieurs batailles Iules Cesar retourna à Romme, & commenca à ordonner de l'estat de la chose publique, & departir les honneurs & offices à sa volonté, *contra consuetudinem Romanorum*: & print le premier le nom & tiltre d'Empereur, dont les Senateurs, & ceulx de Romme, furent mal contens. Et apres ce qu'il eut regné cinq ans, ils feirent conspiration contre luy de le tuer, de laquelle furent principaulx autheurs Brutus & Cassius: & vn iour ainsi que Cesar partit de son Palais, pour aller au Senat, luy furent baillees vnes lettres, par lesquelles on l'aduertissoit qu'il se donnast garde, & qu'on le vouloit ce iour tuer. Il ne print pas loysir de lire lesdictes lettres, & les tint en sa main, & entra dedans le Senat : & tantost il fut par ses conspirateurs assailly, & luy baillerent de poinssons, & de couteaux, plusieurs coups, dont y auoit xxiiij. playes mortelles. Apres qu'il fut mort, lesdictes lettres luy furêt trouuees en sa main toutes closes, & mourut an.lvj. an de son aage, & v. de son Empire. Le peuple des Rommains emporterent le corps à grand honneur, & le meirent en cendres *super columnam, seu lapidem marmoream, quàm Iuliam vocant*. Apres sa mort, Octauian son nepueu, qu'il auoit adopté fils, fut Empereur, & tint l'Empire.lvj.ans. Au.xlij. an de l'Empire dudict Octauian, nasquit Iesus Christ: & lors finit le cinquiéme aage du monde.

Du sixiéme aage, qui est depuis la Natiuité de nostre seigneur Iesus Christ, iusques à la fin du monde: & des choses qui aduindrent le iour d'icelle natiuité.

Le comencemêt du sixiéme aage du monde.

LE sixiéme aage est celuy auquel sommes de present, & dont nul ne cognoist le terme, fors Dieu seul : & le septiéme aage sera la vie eternelle, apres la generale resurrection, & le grand iugement de Dieu : & lors *qui bona egerint, ibunt in vitam æternam: qui vero, mala in ignem æternum*. Ainsi donc le sixiéme aage du monde commenca au temps de celle saincte natiuité de nostre seigneur Iesus Christ, fils de Dieu le pere, nostre naturel & souuerain Roy & Seigneur, qui pour la redemption de l'humain lignage, apres l'annonciation de l'Ange Gabriel, descendit au ventre virginal de la glorieuse vierge Marie (laquelle, & Ioseph son espoux, estoit descendue de Royale lignee, ainsi qu'est à plain recité en l'Euangile sainct Matthieu) regnant lors à Rôme l'Empereur Octauian Cesar, premier de ce nom, nepueu & fils adoptif de Iules Cesar (qui fut premier Empereur de Romme, & duquel tous les Empereurs ont esté dicts Cesars Augustes) &

DE FRANCE.

eſtãt ledict Octauian, au quarãtedeuxiéme an du regne de ſon Empire. Et dit on qu'au dimẽche xxiiii. iour de la douzieme calende du moys de Decembre, à heure de minuict, cinq mil deux cens ans, vn moins, apres la creation du monde ſelon Bede. *Vnde Verſus,*
Vnum tolle, datis ad miſſia quinque, ducentis
Naſcenti domino tot Beda dat à prothoplauſto: & ſelon Metheodore cinq mil ans iuſtement: & ſelon S. Hieroſme, & la verité Hebraique quatre mil neuf cens ſoixãte & trois: ſelon Iſidore & Pierre le mengeur, ſix mil ſix cens ſix ans: & ſelon Oroſe cinq mil cẽt quatre vingts dixneuf ans, ledict ſeigneur Ieſus Chriſt, noſtre Sauueur, en la cité de Bethleem en Iudee, naſquit & iſſit, ſans fraction, ne pollutiõ, du ventre Virginal de ſa glorieuſe Mere, auquel il auoit eſté conceu par l'infuſion du S. Eſprit, ſans ſemẽce d'homme: *quia qui in cælis patrem habuit ſine matre, in terris habuit matrem ſine patre.* Quand l'enfant Ieſus fut né, *Maria eum pannis inuolutũ reclinauit in præſepio: quia non erat ei locus in diuerſorio:* & à l'heure au iour d'icelle ſaincte Natiuité, ou cõmence le ſixieme aage du monde, aduindrent & apparurent en diuers lieux pluſieurs grands ſignes & merueilles, dignes de memoire, qui ſont biẽ à reciter. Car premierement (ainſi que recite Innocentius tertius) pour la paix & tranquillité qui auoit eſté au monde, & eſtoit au temps que Ieſus Chriſt naſquit (lequel pource qu'il venoit faire la paix de l'humain lignage enuers Dieu ſon pere, veulut qu'à ſon aduenement fuſt paix vniuerſelle par tout le monde) les Rõmains, qui long temps parauant auoyẽt fait edifier vn moult beau tẽple, de merueilleux edifice, & en iceluy mis l'image de Romulus, premier fondateur de la cité de Rõme, & auoyent eu reſponce de l'idole Apolin, à qui ils auoyent demãdé conſeil cõbien leur temple deuoit durer, qu'iceluy temple dureroit iuſques à ce qu'vne Vierge enfanteroit, par ce qu'il leur ſembloit eſtre choſe impoſſible q̃ Vierge enfantaſt, auoyent concludé que ledict tẽple ſeroit eternel: ayant fait eſcripre ſur le portail d'iceluy temple en groſſe lettre d'or *Templũ pacis æternum:* mais à l'heure que Ieſus Chriſt naſquit, iceluy temple trebucha: & au lieu ou il eſtoit, eſt de preſent fondee vne moult belle Egliſe de noſtre Dame, qui ſ'appelle noſtre Dame la noue. Secondement, l'image ou ſtatue d'or q̃ ledict Romulus auoit premieremẽt fait mettre en ſon Palais, & fait attacher par merueilleux art, diſant qu'elle ne trebucheroit iuſques à ce que Vierge enfanteroit, à l'heure de la ſaincte Natiuité de Ieſus Chriſt trebucha. Tiercement, toutes les idoles de la terre d'Egypte trebucherent, ainſi q̃ Hieremie l'auoit prophetizé: & cõme apres la mort de Godolye auoit dit & baillé aux Roys & preſtres d'Egypte ſigne, q̃ leurs idoles trebucheroyent, lors qu'vne Vierge enfanteroit. Quartement, l'eaue d'vne belle & grande fontaine, qui eſtoit à Romme, tout le long du iour de ladicte ſaincte Natiuité de Ieſus Chriſt fut conuertie, & tranſmuee en liqueur d'huylle, & couroit en ſi grand' abondance que l'eaue de la riuiere du Tybre en eſtoit toute couuerte: *vt Euſebius, aliique multi teſtantur:* & ainſi l'auoit vaticiné la ſage Sybille Tiburtine. Quintement, les vignes d'Angady, en ce meſme iour florirent, & produiſirent liqueur de Baulme en grand' abondance. Sextement, vne moult belle, claire & reſplandiſſant eſtoille ſ'apparut à trois Roys d'Arrabie, leſquels eſtoyent Gaſpar, Balthaſar, & Melchior, qui eſtoyent les plus grãs Aſtrologiens du mõde: & par l'apparition d'icelle eſtoille, iugerent & congnurẽt que le ſouuerain Roy des Roys, qui deuoit naiſtre pour la redemption de l'humain lignaige, eſtoit né: & par ce, non ſcachans rien l'vn de l'autre, ſe meirent en chemin, & en allant ſe rencontrerent: & par la conduicte de ladicte eſtoille vindrent tout droit en Bethleem, viſiter l'enfant Ieſus, qu'ils trouuerent auec ſa mere & Ioſeph, en lieu public, vile, & pauure, nud & pauurement atourné, ſans lict, ſans couche, & ſans drapeaux: à quoy ils n'eurent pas regard, mais de coeur parfaict l'adorerent, & luy preſenterent de moult riches dons: c'eſt à ſcauoir, or, myrrhe, & encens en grand' abondance.

Septiémement, ainſi que racompte Oroſius, les Rommains qui lors eſtoyent payens & idolatres, & n'auoyent pas vraye congnoiſſance de Dieu, voyans la grand' paix & tranquillité ou ils viuoyent lors, & auoyent ia veſcu des xlii. ans, ſoubs l'Empereur Octauian lors regnant, penſerent & creurent en eulx que ledict Octauian fuſt deifié, & que ladicte paix procedaſt de ſa vertu & puiſſance, & le voulurent adorer: mais ledict Octauian, qui eſtoit ſage, cõgnoiſſant qu'il eſtoit homme mortel cõme les autres, demanda conſeil à la ſage Sybille Tiburtine, pour ſcauoir ſi au monde deuoit naiſtre plus grand que luy: laquelle Sybille, eſtant en la chambre dudict Empereur, vaticina, predit, & feit de moult beaux mettres, parlans de Ieſus Chriſt, & de ſon aduenement & iugement, leſquels ſe commencent ainſi: *Iudicij ſignum tellus ſudore madeſcet. Ex cœlo rex aduēniet per ſecla futurus, &c.* ainſi q̃ recité eſt plus à plain, par S. Auguſtin au xxiij. chapitre du xviij. liure de la cité de Dieu. Et monſtra ladicte Sybille à l'Empereur, en l'air, vne moult belle Vierge ſur vn autel, laquelle tenoit vn enfant enuironné & enluminé d'vn ſoleil d'or, ayant vne lune ſoubs les pieds, & en ſa teſte vne couronne de douze e-

La natiuité de noſtre ſeigneur Ieſus Chriſt.

De pluſieurs beaux miracles qui aduindrent au temps de la Natiuité de noſtre ſeigneur Ieſus Chriſt.

Des trois Roys qui congneurẽt par l'eſtoille que noſtre ſeigneur Ieſus Chriſt eſtoit né.

La ſybille Tiburtine vaticina à l'empereur Octauian la Natuité de Ieſus Chriſt.

stoilles: difant ladicte Sibille audict Empereur, que celle Vierge deuoit enfanter vn enfant qui seroit Roy, & seigneur du ciel & de la terre: & lors ledict Empereur l'adora, & depuis ne voulut souffrir q̃ les Rõmains luy feissent quelque chose d'adoration, quelque requeste qu'ils luy en feissent: & au luy, ou fut faicte ladicte apparition, est de present edifiee à Romme vne belle Eglise, qui encores est appellee nostre Dame d'Aracoeli. Huitiémemẽt, vn asne & vn bœuf, qui sont bestes brutes, & irraisonnables, qui auoyent esté amenez par Ioseph, au lieu ou Iesus Christ nasquit en Bethleem, c'est à sçauoir, l'asne pour porter la vierge Marie, sa femme, & le bœuf pour le vendre à payer leur tribut, & auoir leurs menues necessitez, miraculeusement s'agenoillerent, & adorerent l'enfant Iesus, & luy feirent le seruice qu'ils peurent: car de leur alaine ils luy donnerent chaleur (par ce qu'il faisoit froid) ainsi que l'Euangile fait mention, *Cognouit bos possessorẽ suum, & asinus præsepe domini sui.* Neufiémement, ainsi que recite S. Hierosme, le iour de ladicte Natiuité, il aduint q̃ miraculeusement tous ceulx qui estoyẽt au mõde, entachez du peché de Sodomie, furent tous mors & estaincts subitement: & ce feit nostre Seigneur *ne natura humana, quàm assumpserat, tãta de cætero immũditia fœdaretur.* Car c'est vn vice si execrable, & si abominable à Dieu, que S. Augusti dit q̃ nostre seigneur Iesus Christ, voyant vn si detestable peché, cõtre nature, estre faict en nature, *ferè desũt incarnari.* Aussi ledict iour furent veuz sus Rõme trois soleils au ciel, lesquels tantost apres s'assembleret en vn.

Du peché de sodomie moult abhominable, et execrable enuers Dieu.

Semblablement, à la denunciation de l'Ange, les pastoureaux, qui celle nuict veilloyent sur leurs tropeaux, l'allerent adorer. Et plusieurs autres choses merueilleuses & miraculeuses aduindrent au mõde en ce iour, qui sont laissees pour cause de brieuté. Au viij. iour de la natiuité de l'enfant Iesus, il fut par Simeon le iuste (circonciz) selon la loy ancienne: laquelle circoncision estoit la figure du sacremẽt de baptesme: & cõbien qu'il ne fust poinct subiect à loy, toutesfois il luy pleut ainsi le faire: car il n'estoit pas descendu pour destruire la loy, mais pour l'accomplir & amplier. Octauian, qui lors estoit Empereur de Rõme, auoit donné à Herode le royaume de Iudee: & pource que par les signes qui estoyent apparuz le iour de ladicte Natiuité, courut tantost par toute Iudee vn bruit, qu'il estoit né vn enfant, qui seroit le plus grand & souuerain Roy des autres, ledict Herode, doubtãt qu'apres que ledict enfant seroit parcreu, ne le deiectast de son royaume, cuydant le faire mourir, cõmãda que tous les enfans innocens

Le nombre des innocẽs qui furẽt mis à mort apres la natiuité de nostre sei-gneur Iesus Christ.

fussent tuez: & par son commandemẽt en fut bien faict mourir xliiij. mil, dont mal luy print. Car tãtost apres, par punitiõ diuine, iceluy Herode deuint si mesel & si pouacre & pourry, que les ots luy tomberent des pieds & des mains. Le bon sainct Ioseph, qui auoit espousé la vierge Marie, *non vt maritus, sed vt esset testis fidelis,* & pour couurir à l'ennemy le secret de l'incarnation du fils de Dieu, par l'enhortement & admonition de l'Ange, & pour la doubte d'Herode, print la mere & l'enfant Iesus, & les emmena en la terre d'Egypte, ou ils se tindrent par vij. ans: & lors qu'ils y arriuerent trebucherent les idoles des temples, ainsi que ladicte Sibille l'auoit parauant vaticiné & predit: & illec l'enfant Iesus, quand il sceut aller, seruit sa mere & Ioseph en toutes choses: & là furent durant son enfance par luy faict plusieurs miracles (*prout fertur*) lesquels sont contenuz au liure, *Qui de infantia Saluatoris intitulatur,* iacoit ce que l'Euangile n'en face aucune mention: & aussi *ille liber iãdiu apocriphiæ deputatus est, & nil auctoritatis affert.* Apres la mort dudict roy Herodes, Ioseph & Marie ramenerẽt l'enfant Iesus en Iudee: & n'est point faicte mention en l'Euangile, q̃ trespeu, de ce que feit Iesus Christ durãt l'age de son enfance (sinon de la disputation qu'il feit au teple contre les docteurs de la loy des Iuifs) iusques à ce qu'il fust paruenu en l'aage de xxx. ans, auquel temps regnoit l'Empereur à Rõme Tibere, qui ia estoit au xvj. an de son empire: lequel, comme recite Iosephus en son liure *Antiquitatũ, morosus erat. Et cum statueret procuratores & officiarios in prouinciis, vix, aut nunquam, mutabat eos:* qui est vne grand' louenge & recõmendation à vn Prince. Aucuns de ses cõseilliers le voulurẽt induire & inciter à leuer sur ses subiects plus grãds tributs qu'il n'auoit accoustumé, disans qu'ils le pourroyent bien porter, mais il respõdit qu'à bon pasteur appartenoit de tõdre ses brebis, & non pas de les escorcher. Au xxx. an de l'aage de Iesus Christ, vint sainct Iehan Baptiste, son cousin, des deserts, & cõmença à prescher & baptizer *in regione Iordanis fluminis,* ou Iesus alla, & par luy fut baptizé audict fleuue. Et en y allãt (cõme on dit) les mõtaignes & boys par ou il passoit trepidoyent, cõme si elles dansassent par ioye, selõ qu'il estoit prophetizé par Dauid, ou il dit: *Tunc exultabunt montes, & omnia ligna siluarum, in conspectu domini.* Et ainsi q̃ sainct Iehan le baptisoit, le sainct Esprit descẽdit visiblement sur luy, en espece d'vne colombe, & fut ouye vne voix disant: *Hic est filius meus dilectus, in quo mihi bene cõplacui, ipsum audite.* Et audict baptesme fut la premiere apparitiõ de la benoiste Trinité: c'est à sçauoir, *Pater in voce, Filius in carne, Spiritussanctus in specie columbæ.* Et lors sainct Iehan Baptiste, en le monstrant du doigt dist, *Ecce agnus Dei: ecce qui tollit peccata*

Sainct Iehã baptiste uint des deserts, ou il estoit à nostre seigneur Iesus Christ.

peccata mundi. Apres ce que Iesus Christ fut baptizé, il s'en alla au desert, & ieusna xl. iours & xl. nuyctz. Ce faict, il eut faim: *& ductus est à spiritu, vt tentaretur à diabolo.* Tātost apres ceste ieusne, il appela ses disciples, qui furent en tout lxxij. autant qu'il y eut de langages: & entre iceulx en esleut xij. qu'il appela Apostres, dont il en y eut aucuns qu'il appela de son lignage. Et l'annee ensuyuant, pource que sainct Iehan reprenoit Herode de ce qu'il maintenoit Herodiade, la fēme de Philippes, son frere, il le feit emprisonner, *& circa dies azimorum* le feit decoler, & en donna la teste à la fille de ladicte Herodiade, qui dansoit deuāt luy, & deuāt les Princes de Galilee, à vne grande feste & assemblee que faisoit ledict Herode: à laquelle fille il promit donner ce qu'elle demanderoit, & à la persuasion de sa mere, elle demanda la teste de sainct Iehan. Toutesfois Iosephus y appose autres raisons. Aucuns dient, qu'icy commence le sixieme miliaire du monde, & est terminee la circōsion. Tantost apres que sainct Iehan fut decolé, Iesus appela ses disciples, & alla preschāt par le pays (car parauant il n'auoit point presché) & faisoit plusieurs beaux miracles: comme de resusciter les mors, guerir les malades, enluminer les aueugles, & autres beaux miracles (cōme plus à plain est contenu es euāgiles) dont les Scribes, Pharisiés, & maistres de la loy des Iuifs conceuoyent grand' hayne contre luy, & machinoyent de le faire mourir, & conuindrēt auec Iudas, vn de ses disciples, qu'ils luy dōneroyēt trente deniers, & qu'il leur liurast. ce qu'il feit traystreusemēt, dont mal luy en print: car tantost apres qu'il l'eut trahy & liuré, cognoissant le grand mal qu'il auoit faict, retourna aux Iuifs, en leur disant qu'il auoit peché, & leur rēdit & restitua les trente deniers, qu'ils luy auoyent baillez, desquels ils acheterent *agrum figuli, in sepulturam peregrinorum.* Et apres ladicte restitution, iceluy Iudas, non ayāt regard à la misericorde de Dieu, qui luy pouoit pardonner, s'il se fust retourné à luy, & cryé mercy, se desespera & precipita, & luy mesmes *laqueo se suspēdit.* Quād les Iuifs & les prestres de la loy eurēt Iesus Christ en leurs mains, ils le menerēt premier à Anne, frere de la femme de Cayphe, qui estoit euesque de leur loy en ceste annee: & apres le menerent à Pōce Pilate (qui estoit iuge, & commis de par l'Empereur Tibere Cesar à gouuerner les Iuifs au royaume de Hierusalem: & lequel Ponce Pilate, comme recite le maistre des sentēces, estoit natif de Gaulle, de la prouince de Lyon sur le Rosne, laquelle cité de Lyon fut enuirō ce tēps la fondee par vn nōmé Munacius grand orateur, qui fut disciple de Ciceron) & cōtre luy par faulx tesmoings feirent proposer plusieurs faulses accusatiōs: & en la maison dudict Pilate fut mocqué, batu de verges, couronné d'espines, deturpé, craché, & colaphizé. Et combié qu'iceluy Pilate sceust & cōgneust veritablemēt que Iesus Christ fut bon, vray, iuste, pur, & innocēt, ainsi que luy mesmes dist & profera aux Iuifs, qui poursuyuoyēt sa mort, par diuerses fois, & qu'il ne trouuoit en luy cause pour laquelle il le deust faire mourir, & qu'il n'auoit faict aucun mal, ce neātmoins à la parfin par sa lascheté & pusillanimité, craignāt perdre son office, le cōdāna à mourir en croix. Et recite Eusebius dudict Pilate, qu'apres la mort de Iesus Christ il cōgneut biē qu'il auoit failly, & meit peine de soy excuser enuers l'Empereur Tibere, vers leql il fut accusé par les Iuifs: & tellemēt q ledict Tibere le deschargea & desappoincta de son office, & l'ēuoya en exil à Lyō, au lieu de sa natiuité, en opprobre de luy & des siēs, & la receut plusieurs grādes iniures: & apres plusieurs calamitez, cōme on dit, se tua luy mesmes: cōbiē qu'aucūs diēt qu'il eut repētēce de son peché, & requist pardō à Dieu, qui le luy octroya. Apres la sentēce dudict Pilate proferee cōtre Iesus Christ, & plusieurs grāds maulx, tourmēs & batemēs q les Iuifs luy eurēt fait souffrir: ils le menerēt au mont de Caluaire, hors la cité de Hierusalē, & illec ignominieusemēt & violētemēt à l'heure de sixte le crucifierēt, & feirent mourir en croix, entre deux larrons: & luy estant en la croix dist, entre autres, sept belles paroles de grand' efficace à nostre introductiō, cōme recite le venerable Bede. Et apres q tout ce qui auoit esté predict de luy par les saincts peres & prophetes fut accōply, il rendit son esprit à Dieu le pere: & à celle heure *sol defecit, terræ motus factus est, petræ scissæ sunt, monumenta aperta sunt: & multa corpora sanctorū surrexerūt & apparuerūt multis, velū templi, quo tegebantur sancta sanctorū, diuisum est.* Depuis qu'il fut mort les Iuifs meirēt es mains d'vn vieil cheualier, nōmé Lōgis, natif de Forest pres Lyō, vne lāce qui luy afficherēt cōtre le costé dextre du corps Iesus Christ, & le feirēt bouter, tellemēt qu'il luy feit vne grād' playe: de laquelle degouta par grād' effusiō sang & eaue, dōt tous les sacremēs de nostre salut ont prins leur cōmencemēt. Tātost apres, à l'heure de vespres, il fut descēdu de la croix, & mis au monumēt, & son esprit descēdit es enfers, pour deliurer les ames des saincts peres anciēs, qui estoyēt en voye de saluatiō aux lībes des peres. Et au iij. iour, *superata morte,* il resuscita, cōme il auoit promis à ses Apostres: & s'apparut premieremēt à sa mere, aps à la Magdalene, à S. Pierre, & à ses autres Apostres & disciples. Depuis sa resurrectiō fut xl. iours sur terre, durāt lesqls il s'apparut souuēt, & p plusieurs & diuerses fois à eulx: beut & māgea aueques eulx, & feit tous actes d'hōme vif, affin qu'ils n'eussent imaginatiō que ce fust

Nostre seigneur appela auec luy lxxij. disciples.

Nostre seigneur Iesus Christ cōmēca à prescher tātost apres que sainct Iehan baptiste fut decolé.

Pilate estoit natif de Gaulle, en la prouince de Lyon, sur le Rosne.

Le mystere de la passiō de nostre seigneur Iesus Christ.

Lōgis estoit natif du pais de Forest pres Lyō

L'ascension de nostre seigneur Iesus Christ.

illusion. Et apres lesdicts quarante iours passez, il assembla ses Apostres & disciples, & les reprint de leur incredulité: & apres les instruict & enseigna, & leur commanda qu'ils aymassent l'vn l'autre, & allassent prescher son Euangile *per vniuersam terram*. Et, ce dict, *nubes suscepit eum, & gloriose in cælum ascendit cum potestate magna*, le voyant sa mere, ses Apostres, & ses disciples, lesquels l'vnziéme iour apres il visita, par l'infusion du sainct Esprit, qui leur enseigna parler tous langages. Et, ce faict, ils se disperserent par toutes terres, preschant, baptizant, & enseignant le peuple en la saincte loy de Iesus Christ. *Et hæc, quæ de vita Iesu Christi regis & pontificis nostri ex sacra Euangelij hystoria, quàm breuissimé perscribenda duximus, nostræ salutis æternæ sunt sacramenta. Beatus qui versatur in his, quia fructum percipiet sempiternum. Iosephus, qui fuit Iudæorum vernaculus scriptor, in libro suo antiquitatum escrit de Iesus Christ* entre autres choses vn article tel qui s'ensuyt: *His autem temporibus fuit Iesus sapiens vir: si tamen eum virum nominare fas est. Erat enim mirabilium operum effector, & doctor eorum hominum, qui libenter ea quæ vera sunt audiunt. Et multos quidem Iudæorum, multos etiam ex Gentibus sibi adiunxit. Christus hic erat. Hunc, accusatione primorum nostræ gentis virorum, cùm Pilatus in crucem agendum esse decreuisset, tamen non deseruerunt hi qui ab initio eum dilexerant. Apparuit enim eis iterum viuens, secundum quod diuinitus inspirati prophetæ, vel hæc, vel alia de eo innumera mirabilia futura esse prædixerant. Sed & in hodiernum diem Christianorum, qui ab ipso nuncupati sunt, & nomen perseuerat & genus.*

D'ou vindrent ceulx qui premierement fonderent & habiterent Troye la grand'.

Des Troyens sont descendus les Francoys.

Pour venir à nostre propos, & prendre fondement en ceste matiere, est à sçauoir que Iupiter, ancien chef de Noblesse, entre les autres eut deux fils pricipaux: l'vn nommé Danus, & l'autre Dardanus. De Danus vindrent les Grecs, dont la lignee, quant à la noblesse, est faillie: quoy que soit, grandemét diminuee. De Dardanus, qui fut Roy du païs de Frigie, vindrent les Troyens: dont sont descendus Francoys, Veniciens, Rommains, Angloys, Normans, Turcs, & ceulx d'Austriche, dont la noble lignee dure encores. Cil Dardanus eut vn fils, nommé Erichtonius, lequel engendra Tros, qui premier fonda la cité de Troye la grand', au païs d'Asie, & la nomma, de son nom, Troye. Son peuple l'ayma tant, & luy fut si obeissant, que pour l'amour de luy se nommerent Troyens, mil six cens ans apres le deluge: & dura ladicte cité ains qu'elle fust destruicte (ainsi que mettent aucuns hystoriens) neuf cens lxxij. ans. & selon aucuns autres hystoriens, ne dura que ccxlij. ans: & à ceste oppinion adhere Vincent de Beauuais, en son miroer hystorial, au xvj. chapitre du second liure: & ceste semble la meilleure oppinion: car Troye ne dura que depuis le temps de Tros, qui premier la fonda, iusques à Priam (au temps duquel fut la derniere destruction) entre lesquels eut deux Roys seulemét: c'est à sçauoir, Illus, qui fonda, & ferma de murs Illyon la belle forteresse, & fut Ganimedes son frere. Ledict Illus engendra Laomedon qui fut pere du noble Roy Priam.

Du voyage de Iason & Hercules en l'isle de Colcos, pour cõquerre la toyson d'or.

Au temps de ce Laomedon, Roy de Troye, Iason & Hercules, deux Ducs de Grece, se meirét sur mer, auec assemblee de nefs & de gens, pour aller en l'isle de Colcos, dont estoit roy Oetes, pere de Medee, pour aller conquerir la Toyson d'or. Et en y allant voulurent prendre terre, pour eulx r'afreschir & auitailler, audict païs d'Asie, à vn port pres ladicte cité de Troye. Ce que leur reffusa le roy Laomedon, soy confiant en sa force & puissance, & les en feit chacer, tellement qu'ils furent contraincts eulx en departir hastiuement, dont ils furent moult courroucez, & delibererét leur en venger au retour de leur voyage.

La cité de Troye la grãd fut premierement destruicte par Iason & Hercules.

Et apres qu'ils eurent accomply leur conqueste, par le moyen de ladicte Medee (qui trahit son pere, par ce qu'elle s'estoit enamouree dudict Iason, qui la print & l'espousa, & en eut deux fils, & apres l'abandonna, & la laissa seulle en vne isle de mer, ou elle tua ses deux enfans) ainsi que ledict Iason & Hercules s'en retournoyent, ils descendirent audict païs d'Asie, en terre dudict Laomedon, & asiegerent ladicte cité de Troye, & la prindrét, ardirent, & du tout destruisirent: & tuerent ledict roy Laomedon & tous les siens: & entre leurs autres proyes, ils prindrent & emmenerent auec eulx en Grece prisonniere, vne sienne fille, nommee Hesionne, qui estoit de moult grand' beauté: de laquelle le roy Thelamon de Grece s'enamoura, & la tint longuement sans loy de mariage. Au temps de ceste destruction le noble Priã, fils de Laomedon, maintenoit & conduisoit guerre ailleurs, pour la querelle de son pere: & à son retour trouua ladicte cité de Troye destruicte, son pere, ses parens, & tous les habitans mors, & sa sœur Hesionne emmence en seruage, dont il fut moult desplaisant, & delibera de s'en venger, si tost qu'il auroit puissance & faculté de ce faire. Il s'ensaisina du royaume de

son pere,

son pere, & en bref temps feit reedifier & refaire ladicte cité de Troye, & le chastel d'Illion de *Le regne de* trop plus bel, grand, fort & sumptueux ouurage, & edifice, qu'ils n'auoyent iamais esté: & re- *Priam, rey de* gnoit en l'an de la creation du monde trois mil neuf cés.iiij.xx. Il eut à femme vne moult belle *Troye la grád.* & noble dame, qui eut nom Hecuba: de laquelle il engendra plusieurs enfans, & entre autres cinq enfans masles, qui tous furét moult beaux, nobles, preux, sages & vaillans cheualiers, dôt l'aisné eut nom Hector, qui est mis au nombre, & le premier de tous les neuf preux. Paris fut le second: Deyphebus, le tiers: Helenus, le quart: & Troylus, le quint. Et si engendra trois filles, dont la premiere eut nom Creusa, qui fut femme d'Enee: la secóde Cassandra, & la tierce eut nom Polixene. Il eut aussi de ses concubines trente fils bastards, qui tous furent cheualiers moult preux, & vaillans hommes. Quand ledict Roy Priam se veit ainsi haultement esleué, & enlignagé, & sa cité de Troye reedifiée, & son royaume remis sus & en nature, il delibera soy venger de la honte & dommage qui luy auoyent esté faicts par les Grecs, & enuoya som- mer les Grecs, mesmement ledict Roy Thelamon, de luy rendre sa sœur Hesionne, qu'il te- noit par concubinage, & luy reparer la mort de son pere & de ses parens, & les autres griefs & dommages qu'ils auoyent faicts en sa terre, dont ils furent refusans: & par ce enuoya Pa- ris, son second fils, auec grand' armee de nauires & de gens, en Grece, pour les greuer, & leur faire guerre: & arriuerét ledict Paris & sa compagnie en l'isle Citheree, dont estoit Roy Me- *De la prinse & nelaus, frere dudict Roy Agamenon: en laquelle isle ils trouuerent Helene, femme dudict rauissement de* Menelaus, qui la estoit venue, pour solenniser la feste de la deesse Venus: de laquelle Helene, *la belle Helene* si tost que Paris l'eut veue, il fut esprins de son amour: & soubs vmbre de dire qu'en la prenant *faict par Paris* prisonniere on luy rendroit pour elle sa tante Hesionne, il la print, & l'emmena à Troye, & la print à femme: dont Menelaus fut moult courroucé: & pour la r'auoir, & soy venger, deman- da ayde & secours à tous les Roys, Ducs, & Princes de Grece, ses alliez & bien vueillans: & à son secours vindrent xlvij. que Roys que Ducs, qui amenerent douze cens nauires, & grand nombre de gens, qui tous passerent la mer d'Asie, & meirent le siege deuant Troye: & à l'ayde *seconde destru-* & deffence du Roy Priam vindrent xxxiij. que Roys que Ducs, & Panthasilee, Royne des A- *ction de Troye* mazones, qui suruint durant ledict siege: laquelle feit de moult beaux faicts d'armes, & estoit *la grand, par* femme de moult grand & magnanime courage. Le siege dura deuant ladicte cité de Troye *les Grecs.* dix ans huict moys douze iours, pendant lequel temps y eut treue par vnze fois. A la parfin fut le noble Roy Priam faulsement trahy par Anchises, Anthenor, Enee & Polydamas: & la- dicte cité de Troye par eulx baillee & liurée es mains desdicts Grecs, qui toute la destruisirét, ardirent, & demolirent. Durant ledict siege furent occis du party desdicts Grecs huict cés iiij.xx.mil hommes: & du party des Troyens tous les enfans masles legitimes dudict Priam (reserué Helenus) & tous ses bastards: & iusques au iour de ladicte trahison d'icelle cité cinq cens lxvj. mil hommes: & apres ladicte trahison furent tuez ledict Roy Priam, la Royne He- cuba, sa femme, Cassandra sa fille, & cc.lxxvj. mil hommes, ainsi que le relate Dares Phrigius, cheualier, grand historiographe, qui estoit lors en ladicte cité de Troye, lequel a escrit la verité de l'hystoire: & comme recite Vincent de Beauuais au lxxiij. chapitre de son troisiéme liure. La renommee dudict Roy Priam est si congnue, & si publiee par toutes terres, qu'il ne se trou ue pas que nul autre homme mortel, qui ayt esté par cy deuant, soit si cógnu par escript, es an- ciennes hystoires, que luy. Apres ladicte subuersion de Troye, les Grecs, à l'augmentation de leur gloire, *cœperunt computare annos à captiuitate Troiæ*: & ainsi le compterent iusques à l'Olimpiade.

De la naissance des Francoys: & de la fondation de la ville de Paris, selon aucuns.

Aistre Huges de sainct Victor en sa Cronique, & celuy qui feit les Croniques de *la totalle de-* France, & la diuision du monde, en son liure qui se commence *In oxordiis, &c.* *struction de* racomptent de la naissance des Francoys, & dient en ceste maniere, qu'apres la *Troye.* subuersion & totale destruction de la tresnoble cité de Troye (qui fut enuiron trois mil neuf cens lxxviij. ou iiij.xx. ans apres la creation du monde, & vnze cés iiij.xx. & x. ans auant l'incarnation Iesus Christ, enuiron deux ans auant le trespas de Sanson le fort, iuge d'Israel) vn nommé Francio & ses freres, enfans d'Hector aisné fils du Roy Priam, & Turcus qui estoit fils de Troylus, qui semblablemét fut fils de Priam, & en leur compaignie Helenus leur oncle (lequel Helenus estoit aussi fils du Roy Priam, & estoit grand deuineur & Astrologien) s'en fuyrent & eschaperent cautement & subitement auec grand' multitude de gens: & semblablement aussi s'en partirent Enee, fils d'Anchises, Anthenor le ieune, Priam,

b

illusion. Et apres lesdicts quarante iours passez, il assembla ses Apostres & disciples, & les reprint de leur incredulité: & apres les instruict & enseigna, & leur commanda qu'ils aymassent l'vn l'autre, & allassent prescher son Euangile *per vniuersam terram*. Et, ce dict, *nubes suscepit eum, & gloriose in cælum ascendit cum potestate magna*, le voyant sa mere, ses Apostres, & ses disciples, lesquels l'vnziéme iour apres il visita, par l'infusion du sainct Esprit, qui leur enseigna parler tous langages. Et, ce faict, ils se disperserent par toutes terres, preschant, baptizant, & enseignant le peuple en la saincte loy de IesusChrist. *Et hæc, quæ de vita Iesu Christi regis & pontificis nostri ex sacra Euangelij hystoria, quàm breuißime perscribenda duximus, nostræ salutis æternæ sunt sacramenta. Beatus qui versatur in his, quia fructum percipiet sempiternum.* Iosephus, qui fuit Iudæorum vernaculus scriptor, in libro suo antiquitatum escrit de IesusChrist entre autres choses vn article tel qui s'ensuyt: *His autem temporibus fuit Iesus sapiens vir: si tamen eum virum nominare fas est. Erat enim mirabilium operum effector, & doctor eorum hominum, qui libenter ea quæ vera sunt audiunt. Et multos quidem Iudæorum, multos etiam ex Gentibus sibi adiunxit. Christus hic erat. Hunc, accusatione primorum nostræ gentis virorum, cùm Pilatus in crucem agendum esse decreuisset, tamen non deseruerunt hi qui ab initio eum dilexerant. Apparuit enim eis iterum viuens, secundum quod diuinitus inspirati prophetæ, vel hæc, vel alia de eo innumera mirabilia futura esse prædixerant. Sed & in hodiernum diem Christianorum, qui ab ipso nuncupati sunt, & nomen perseuerat & genus.*

L'ascension de nostre seigneur Iesus Christ.

D'ou vindrent ceulx qui premierement fonderent & habiterent Troye la grand'.

Pour venir à nostre propos, & prendre fondement en ceste matiere, est à sçauoir que Iupiter, ancien chef de Noblesse, entre les autres eut deux fils pricipaux: l'vn nommé Danus, & l'autre Dardanus. De Danus vindrent les Grecs, dont la lignee, quant à la noblesse, est faillie: quoy que soit, grandemét diminuee. De Dardanus, qui fut Roy du pais de Frigie, vindrent les Troyens: dont sont descendus Francoys, Veniciens, Rommains, Angloys, Normans, Turcs, & ceulx d'Austriche, dont la noble lignee dure encores. Cil Dardanus eut vn fils, nommé Erichtonius, lequel engendra Tros, qui premier fonda la cité de Troye la grand', au pais d'Asie, & la nomma, de son nom, Troye. Son peuple l'ayma tant, & luy fut si obeissant, que pour l'amour de luy se nommerent Troyens, mil six cens ans apres le deluge: & dura ladicte cité ains qu'elle fust destruicte (ainsi que mettent aucuns hystoriens) neuf cens lxxij. ans. & selon aucuns autres hystoriens, ne dura que ccxlij. ans: & à ceste oppinion adhere Vincent de Beauuais, en son miroer hystorial, au xvj. chapitre du second liure: & ceste semble la meilleure oppinion: car Troye ne dura que depuis le temps de Tros, qui premier la fonda, iusques à Priam (au temps duquel fut la derniere destruction) entre lesquels eut deux Roys seulemét: c'est à sçauoir, Illus, qui fonda, & ferma de murs Illyon la belle forteresse, & fut Ganimedes son frere. Ledict Illus engendra Laomedon qui fut pere du noble Roy Priam. Au temps de ce Laomedon, Roy de Troye, Iason & Hercules, deux Ducs de Grece, se meirét sur mer, auec assemblee de nefs & de gens, pour aller en l'isle de Colcos, dont estoit roy Oetes, pere de Medee, pour aller conquerir la Toyson d'or. Et en y allant voulurent prendre terre, pour eulx r'afreschir & auitailler, audict pais d'Asie, à vn port pres ladicte cité de Troye. Ce que leur reffusa le roy Laomedon, soy confiant en sa force & puissance, & les en feit chacer, tellement qu'ils furent contraincts eulx en departir hastiuement, dont ils furent moult courroucez, & delibererét leur en venger au retour de leur voyage. Et apres qu'ils eurent accomply leur conqueste, par le moyen de ladicte Medee (qui trahit son pere, par ce qu'elle s'estoit enamouree dudict Iason, qui la print & l'espousa, & en eut deux fils, & apres l'abandonna, & la laissa seulle en vne isle de mer, ou elle tua ses deux enfans) ainsi que ledict Iason & Hercules s'en retournoyent, ils descendirent audict pais d'Asie, en terre dudict Laomedon, & asiegerent ladicte cité de Troye, & la prindrét, ardirent, & du tout destruisirent: & tuerent ledict roy Laomedon & tous les siens: & entre leurs autres proyes, ils prindrent & emmenerent auec eulx en Grece prisonniere, vne sienne fille, nommee Hesionne, qui estoit de moult grand'beauté: de laquelle le roy Thelamon de Grece s'enamoura, & la tint longuement sans loy de mariage. Au temps de ceste destruction le noble Priã, fils de Laomedon, maintenoit & conduisoit guerre ailleurs, pour la querelle de son pere: & à son retour trouua ladicte cité de Troye destruicte, son pere, ses parens, & tous les habitans mors, & sa sœur Hesionne emmenee en seruage, dont il fut moult desplaisant, & delibera de s'en venger, si tost qu'il auroit puissance & faculté de ce faire. Il s'ensaisina du royaume de son pere,

Des Troyens sont descendus les Francoys.

Du voyage de Iason & Hercules en l'isle de Colcos, pour cõquerre la toyson d'or.

La cité de Troye la grãd' fut premierement destruicte par Iason & Hercules.

son pere, & en bref temps feit reedifier & refaire ladicte cité de Troye, & le chastel d'Ilion de *Le regne de* trop plus bel, grand, fort & sumptueux ouurage, & edifice, qu'ils n'auoyent iamais esté: & re- *Priam, roy de* gnoit en l'an de la creation du monde trois mil neufcés. iiij.xx. Il eut à femme vne moult belle *Troye la grād.* & noble dame, qui eut nom Hecuba: de laquelle il engendra plusieurs enfans, & entre autres cinq enfans masles, qui tous furét moult beaux, nobles, preux, sages & vaillans cheualiers, dōt l'aisné eut nom Hector, qui est mis au nombre, & le premier de tous les neuf preux. Paris fut le second: Deyphebus, le tiers: Helenus, le quart: & Troylus, le quint. Et si engendra trois filles, dont la premiere eut nom Creusa, qui fut femme d'Enee: la secōde Cassandra, & la tierce eut nom Polixene. Il eut aussi de ses concubines trente fils bastards, qui tous furent cheualiers moult preux, & vaillans hommes. Quand ledict Roy Priam se veit ainsi haultement esleué, & enlignagé, & sa cité de Troye reedifiee, & son royaume remis sus & en nature, il delibera foy venger de la honte & dommage qui luy auoyent esté faicts par les Grecs, & enuoya som- mer les Grecs, mesmement ledict Roy Thelamon, de luy rendre sa sœur Hesionne, qu'il te- noit par concubinage, & luy reparer la mort de son pere & de ses parens, & les autres griefs & dommages qu'ils auoyent faicts en sa terre, dont ils furent refusans: & par ce enuoya Pa- ris, son second fils, auec grand' armee de nauires & de gens, en Grece, pour les greuer, & leur faire guerre: & arriueret ledict Paris & sa compagnie en l'isle Citheree, dont estoit Roy Me- *De la prinse & rauissement de* nelaus, frere dudict Roy Agamenon: en laquelle isle ils trouuerent Helene, femme dudict *la belle Helene* Menelaus, qui la estoit venue, pour solennizer la feste de la deesse Venus: de laquelle Helene, *faict par Paris* si tost que Paris l'eut veue, il fut esprins de son amour: & soubs vmbre de dire qu'en la prenant prisonniere on luy rendroit pour elle sa tante Hesionne, il la print, & l'emmena à Troye, & la print à femme: dont Menelaus fut moult courroucé: & pour la r'auoir, & soy venger, deman- da ayde & secours à tous les Roys, Ducs, & Princes de Grece, ses alliez & bien vueillans: & à son secours vindrent xlvij. que Roys que Ducs, qui amenerent douze cens nauires, & grand nombre de gens, qui tous passerent la mer d'Asie, & meirent le siege deuant Troye: & à l'ayde *seconde destru-* & deffence du Roy Priam vindrent xxxiij. que Roys que Ducs, & Panthasilee, Royne des A- *ction de Troye* mazones, qui suruint durant ledict siege: laquelle feit de moult beaux faicts d'armes, & estoit *la grand, par* femme de moult grand & magnanime courage. Le siege dura deuant ladicte cité de Troye *les Grecs.* dix ans huict moys douze iours, pendant lequel temps y eut treue par vnze fois. A la parfin fut le noble Roy Priam faulsement trahy par Anchises, Anthenor, Enee & Polydamas: & la- dicte cité de Troye par eulx baillee & liuree es mains desdicts Grecs, qui toute la destruisirēt, ardirent, & demolirent. Durant ledict siege furent occis du party desdicts Grecs huict. cēs iiij.xx.mil hommes: & du party des Troyens tous les enfans masles legitimes dudict Priam (reserué Helenus) & tous ses bastards: & iusques au iour de ladicte trahison d'icelle cité cinq cens lxvj. mil hommes: & apres ladicte trahison furent tuez ledict Roy Priam, la Royne He- cuba sa femme, Cassandra sa fille, & cc.lxxvj.mil hommes, ainsi que le relate Dares Phrigius, cheualier, grand historiōgraphe, qui estoit lors en ladicte cité de Troye, lequel a escrit la verité de l'hystoire: & comme recite Vincent de Beauuais au lxxiij. chapitre de son troisiéme liure. La renommee dudict Roy Priam est si congnue, & si publiee par toutes terres, qu'il ne se trou ue pas que nul autre homme mortel, qui ayt esté par cy deuant, soit si cōgnu par escript, es an- ciennes hystoires, que luy. Apres ladicte subuersion de Troye, les Grecs, à l'augmentation de leur gloire, *cœperunt computare annos à captiuitate Troiæ:* & ainsi le compterent iusques à l'Olimpiade.

De la naissance des Francoys: & de la fondation de la ville de Paris, selon aucuns.

Aistre Huges de sainct Victor en sa Cronique, & celuy qui feit les Croniques de *La totalle de-* France, & la diuision du monde, en son liure qui se commence *In oxordiis, &c.* *struction de* racomptent de la naissance des Francoys, & dient en ceste maniere, qu'apres la *Troye.* subuersion & totale destruction de la tresnoble cité de Troye (qui fut enuiron trois mil neuf cens lxxviij. ou iiij.xx. ans apres la creation du monde, & vnze cēs iiij.xx. & x. ans auant l'incarnation Iesus Christ, enuiron deux ans auant le trespas de Sanson le fort, iuge d'Israel) vn nommé Francio & ses freres, enfans d'Hector aisné fils du Roy Priam, & Turcus qui estoit fils de Troylus, qui semblablemēt fut fils de Priam, & en leur compaignie Helenus leur oncle (lequel Helenus estoit aussi fils du Roy Priam, & estoit grand deuineur & Astrologien) s'en fuyrent & eschaperent cautement & subitement auec grand' multitude de gens: & semblablement aussi s'en partirent Enee, fils d'Anchises, Anthenor le ieune, Priam,

nepueu d'Enee, & plusieurs autres qui peurent euader. Ledict Helenus s'en alla auec mil &
deux cens hommes en la region & païs de Caonie, & y feit plusieurs chasteaux, villes & citez,
& y demeura luy & sa posterité. Enee & Ascanius son fils, Anthenor, & le ieune Priā, s'en vindrent en Italie. Ledict Enee espousa la fille du Roy Latin, qui tenoit le païs ou est de present la
cité de Romme, & desconfit & chaça Brutus, qui estoit Roy des Rutuliens, & se feit Roy. A-
pres ce que ledict Brutus fut chacé, & desconfit, d'Italie, il monta sur mer, & en sa compagnie
estoit Turnus son nepueu, & vindrent arriuer auec leurs gens à Nantes en Bretaigne, & entra
en la terre de Poictou, & desconfit Grofarius, Roy de Poictou. Quand Grofarius fut descon-

Les douze Pers de France souloyent gouuerner le royaume — fit de Brutus, il s'en vint en France pour querir secours : & dit on que lors en France y auoit
douze, qui se nommoyent Pers, qui gouuernoyent le païs, & estoyent pareils en dignitez, com-
me Monumetensis dit. Ce qui fut du temps d'Hely. Puis monta ledict Brutus contremont la
riuiere de Loire, iusques au lieu ou est de present la cité de Tours, ou estoit vne petite ville : &
là eut bataille contre lesdicts Pers, qui gouuernoyent France, & les vainquit, & feit edifier &

La ville & cité de Tours fut cloſe par Turnus — clorre la cité de Tours & le chastel: toutesfois à la parfin fut tué ledict Turnus son nepueu, & la
ensepuely: & dudict Turnus tient ladicte cité de Tours, le nom de Tours. Apres ce, ledict Bru-
tus passa la mer Occeane, en l'isle qui lors estoit appelee Albion, & la conquit. De son temps,
& de son nom Brutus, fut appelee Bretaigne, de present Angleterre : & fonda la cité de Lon-

Fondation de la ville & cité de Venise. — dres, qu'il nomma pour lors Troye neufue. Semblablement en Italie descendirent dudict E-
nee, par diuerses generations, Remus & Romulus, qui fonderent la cité de Rôme, cccc.xxxiij.
ans apres l'euersiō & destruction de Troye. Lesdicts Anthenor & Priam, auec deux mil cinq
cens hommes, allerent en la marche de Venise, & là fonderent la cité de Venize, en la mer d'entre Padoue & le païs de Tuscane, ou est la cité de Florence. Lesdicts Fracion & Turcus se diuiserent en deux parties. Vne partie de leurs gens suyuit Francion, & l'autre Turcus : & feirēt
chacune partie leur Duc, les vns de Francion, & les autres de Turcus. Turcus alla en Scitie,
& y demeura & habita: & pource de son nom sont les gens audict païs encores appelez Turcs,

Nul homme ne doibt estre dict cheualier, s'il n'est Turc, ou Francoys. — & le païs, Turquie. Lesdicts Turcs, qui se representent de la lignee des Francoys, dient qu'à nul
n'appartient estre cheualier, s'il n'est Turc, ou Francoys. Francion & sa gent s'en vindrent
en vne contree, qui lors estoit appelee Pannonie, qui à iourd'huy est appelee Hongrie, ou ils e-
difierent vne cité qu'ils nommerent Sicambre, laquelle long temps apres fut destruicte, & aupres du lieu ou elle estoit, est vne belle cité, qui de present est appelee Bude, du costé des paluz

† al. Tanais. — ou marets Meotides, entre les fleuues du † Rin & la Dunoe: & s'appelerēt lesdicts Sicambriēs,
Francoys, à cause dudict Francion, qui premier les auoit là menez, & fut au temps que Dauid
regnoit en Iudee. Et quād ils eurent là demeuré enuiron cc.xxx.ans, leur peuple creut & mul-
tiplia par telle maniere qu'il n'y auoit pas assez païs ne terre pour leur habiter: si s'en partirent

† al. Ybor. — de la enuiron xxij.mille hommes soubs vn Duc, nommé † Ybros, pour querir lieu conuenable pour habiter, & passerent le païs de Germanie, qui de present est appelé Alemaigne, & iusques oultre les fleuues du Rin & de Marne, & vindrent iusques sur la riuiere de Seine, dont le

Cōſtruction de la ville & cité de Paris, capitalle du royaume de France. — païs estoit appelé Gaule, & aduiserēt le lieu ou est de present asſiſe la cité de Paris, qui estoit vne
isle, dedās la riuiere de Seine, inhabitee: & pource que le lieu & païs d'enuiron leur sembla bel
& delectable pour habiter, fertil & plantureux de biés, plus que nul autre qu'ils eussent veu, ils
entrerent en ladicte isle, & y fonderent vne cité, laquelle ils appelerent Luteee, à luto : c'est à dire, pour la gresse de la terre: & fut edifiee celle cité au tēps d'Amasias, Roy de Iuda, & de Hiero-

† al. sept cēs quatre vigs dixhuict. — boā Roy d'Israel, † huict cens trente ans auant l'incarnation Iesus Christ: & disent aucuns que
deflors s'appelerent Parisiens, ou pour l'amour & memoire de Paris le fils du noble Roy Priā
de Troye, ou de *Parresia* en Grec, qui vault autant à dire, comme hardiesse ou ferocité en latin. Et portoyent en leurs enseignes, de gueulles à vn pal d'or au mylieu, qui auoit esté le bla-
son des armes dudict Paris, fils du Roy Priam. Et à ceste oppiniō de la premiere venue desdicts
Sicambriens en Gaule, s'accorde Guillermus Armoritanus en sa cronique qu'il feit du Roy
Philippes, le hardy, autrement dict Dicudonné, ou le conquerant, ou il dit ainsi: *Et se Parisios
dixerunt nomine Franci, Quod sonat audaces*: & par traict de temps à l'enuiron de ladicte ville de Paris edifierent semblablement plusieurs petites villes pour habiter, qu'ils appelerent de
ce nom Parisi: cōme Rueil en Parisi (qui deflors fut chastel royal & chef de chastellenie) Cor-
meilles, Louures, Gonnesse, Roissy en Parisi, & autres qui toutes sont nommees en Parisi, &
ville Parisis, & en retiennent encores de present le nom. Et quand leurs villes furent parfaictes
& accomplies, ils vesquirent franchement, faisant leurs labeurs, mestiers & marchandises plus
de huict cens ans, faisans & elisans tous les ans sages hommes leurs Conseillers, Ducs & gouuerneurs de leur chose publique: & au regard de leurs Ducs & gouuerneurs, ils n'auoyēt seulement qu'obeissance & nom de Ducs : mais apres aucun temps, que Romme fut fondee &
esleuee

esleuee en puissance, ils furent subiects aux Rommains à payer chacun an certain tribut: & ainsi demeurerent par long temps.

De quelques Ducs, qui gouuernerent les Sicambriens: & comment ils chacerent les Alains, dont furent appelez Francois, selon aucuns.

Pres le trespas dudict Francion, lesdicts Sicambriens ne voulurent plus auoir de Roy, & voulurent auoir Duc, qu'ils appelerent Priam, pour l'amour du feu noble Roy Priam de Troye, dont ils estoyent descenduz: & apres ledict Priam regna sur eulx cōme Duc de Sicambre, vn nōmé Torchot, qui fut moult bō cheualier: & aps ledict Torchot regna vn autre nōmé Duc Priã. Lesdicts Sicābriēs se multiplierēt grādemēt, & eurent plusieurs batailles, tāt cōtre les Rōmains qu'autres, tellemēt que par leurs prouesses & vaillāces ils se dilaterēt & eslargirēt en diuerses contrees, & mesmes iusques au pais de Gaulle, qui pour lors estoit subiect & tributaire aux Rōmains: & faisoyēt lesdicts Sicābriés chacū an nouueaux Conseilliers de ceulx qu'ils scauoient estre des plus sages, pour mieulx conduire & gouuerner la chose publique de leur seigneurie: & leur Duc ne auoit qu'obeissance, & nō de Duc. Depuis le tēps dudict Frāciō, ceste maniere de gēs habiterent en ladicte cité de Sicābre, & par succession de tēps deuindrent subiects & tributaires aux Rommains, & eurent plusieurs Ducs, iusques au temps de Valentinian, Empereur de Romme (qui imperoit & regnoit l'an apres l'incarnation Iesus Christ, trois cens soixantesept) qu'vne autre maniere de gens appelez Alains se rebellerent contre la seigneurie Rommaine, qui estoit moult foible. Et pource que ledict Valentinian, Empereur de Rōme, n'en pouoit venir à chef, ne les subiuguer, & que lesdicts Francois par le commādement dudict Empereur Valentinian remeirent & subiuguerent à la subiection de l'Empire lesdicts Alains, ledict Empereur leur quitta le tribut qu'ils deuoyent à l'Empire de Rōme, iusques à x. ans lors ensuyuant. Et quād vint au bout des dix ans, l'Empereur enuoya sommer lesdicts Francois de payer leur tribut, cōme deuant. Ce qu'ils luy denierent, disans qu'ils en deuoyēt estre quittes perpetuellement, & qu'ils l'auoyēt acquité & achepté au trauail de leurs corps, & par le pris de leur sang, & que plus n'en payeroyent, & ne seroyent iamais subiects à luy n'a autres. Parquoy ledict Empereur assembla grād ost, & vint contre eulx: & pource que les Frācois veirent que lors n'estoyēt qu'enuiron. xxiij. mil hommes, & n'estoient pas puissans pour resister à si grand' puissance, comme celle de l'Empereur, ils aymerent mieulx habandonner leur cité & leurs biens qu'estre tributaires aux Rommains, n'a autres, & s'en allerent demourer le lōg de la riuiere du Rin: parquoy deslors fut publiee & exaltee par toutes terres la magnanimité, noblesse, & franchise de courage des Francois. Sur ledict fleuue du Rin es parties de Germanie, lesdicts Francois demeurerent enuiron. xlv. ans, & eurent trois Ducs sur eulx pour les gouuerner. L'vn eut nom Sunnō, l'autre Genebauld, & l'autre Marchomires. Illec multiplierent tant qu'ils conquirent plusieurs citez, villes, & chasteaux es Alemaignes, & es enuirons. Lors regnoit empereur à Romme vn nommé Theodosius, lequel par diuerses fois enuoya sur lesdicts Frācois, qui habitoient sur le fleuue du Rin, grād' cheualerie de Rōmais, desquels estoyent gouuerneurs, & Ducs, vn nommé Quintin, & vn autre appelé Heracle, pour les contraindre à payer leur tribut: & à la derniere bataille lesdicts Francois feirent si grand' occision desdicts Rommains, qu'onques puis nul ne s'osa entremettre de leur demander tribut. Apres celle desconfiture les Francois ne demourerent pas tous en iceluy pais, pour la grand' multitude du peuple qu'ils estoyent ia, ains se dilaterent ca & la en diuers lieux: & vne partie d'entre eulx esleut vn Duc nommé †Imbros, & s'en vindrēt en Gaulle, ou le pais leur pleut moult, & y trouuerent bonnes gens, qui mesmes estoyent venus de leur generation, & embellirent moult la cité de Lutece: & onques puis qu'iceulx Frācois furent retournez, l'Empereur ne leur osa demander tribut.

Frācois anciēnemēt estoyent gouuernez par les plus sages qu'on eslisoit chacū an pour ce faire.

ccc. lxvij. ans apres l'incarnation de Iesus-Christ.

Frācois ne veulurēt pl⁹ payer de tribut aux Rommains.

Francois vainquirent l'empereur Theodosius, qui les voulo't rendre tributaires aux Rommains.
† al. Ybros

Incident, qui parle de la donation que feit Constantin le grand à l'eglise de Rōme: & cōment il transporta l'Empire en Constantinoble, parauant nōmee Brizantiū.

Nuiron quatre vingts ans deuant que ledict Theodosius tint l'Empire estoit Empereur de Romme Constātin, surnommé le grād, qui commença son Empire en l'an trois cens & huict: au commencement duquel il estoit Payen, & grand persecuteur de la Chrestienté: & aduint qu'il fut grieuement esprins de la maladie de lepre, dont il ne pouoit trouuer guerison. Les prestres du temple de ses idoles luy dirent, qu'il conuenoit qu'il fust baigné en vne cuue plaine de sang de petis

LES CHRONIQVES ET ANNALES

enfans innocens. Si en feit affembler & amener à Romme grand' quantité: & au iour qu'on les deuoit decoler pour faire le baing, ledict Constantin ouit de son lict la grand' clameur que faifoit la grãd' multitude des meres des petis enfans, qu'on auoit amenez pour auoir leur sang. Il demanda que c'eftoit, & on luy dist. Lors fut efprins de fi trefgrand' pitié en courage, qu'il dist, que pour la guerifon d'vn feul homme, fi grand peuple ne deuoit perir, ne mourir: mefmemẽt par celuy qui les deuoit garder & deffendre des autres: & commanda qu'on deliurast & réuoyast les meres & les enfans, & qu'on leur liurast argẽt & nourriture pour les faire retourner. La nuict enfuyuant ledict Cõftantin, par diuine admonition, & par l'apparition des Apostres S. Pierre & S. Paul, qui vifiblement s'apparurent à luy, fe conuertit à la foy de Iefus Chrift: & feit r'appeler Pape Siluestre, qu'il auoit enuoyé en exil: lequel Siluestre, & fes preftres, eftoit muffé entre les pierres fur le mont de Soracte, pour la doubte dudict Empereur, & par luy fe feit baptifer: & incontinent par la vertu de Iefus Chrift il receut guerifon de fa maladie, qui eftoit incurable, ainfi qu'on lit plus au long en ce qu'ont efcrit de fes faicts & geftes Eufebius, Orofius, & autres. En recongnoiffance duquel benefice ledict Conftantin donna à l'eglife S. Pierre, & S. Paul, & audict Siluestre Pape de Romme, & à fes fucceffeurs, qui tiédroyẽt la chaire fainct Pierre, la temporalité & Empire de Romme: & luy mefmes luy en bailla la poffeffion actuelle, en le menant honorablement atourné en proceffion par toute la cité. Par fon commandement les temples des idoles furent aboliz, & les facrifices prohibez par toute fa terre, comme auoit efté prophetizé par Efaie, que les dieux qui n'ont fait le ciel, foyẽt effacez de la terre. C'eftoit vne chofe incredible que le nom de ces faulx dieux, qui auoit duré depuis Ninus, premier Roy des Affiriens, iufques à celuy tẽps, peut eftre effacé. Iceluy Conftantin feit edifier l'eglife S. Iehan à Rome, au palais de Latran, & par grand' deuotion porta fur fes efpaules douze hottees de terre en l'honneur des douze Apoftres, & affit la premiere pierre des fondemens, & ordonna icelle eglife eftre le chef de toutes autres eglifes de Chreftieté: & pour celle caufe feit efcrire ces vers fur la principale porte: *Dignitate & Papali, & simul Imperiali, Vt sim cunctarum mater, & caput ecclesiarum.* Il feit auffi femblablemẽt edifier l'eglife fainct Pierre & fainct Paul, au temple Apolin: & feit mettre les corps defdicts Apoftres en chaffes, & leurs chefs en reliquaires, qu'il aorna moult richement d'or, d'argẽt, & de pierres precieufes. Puis s'en alla ledict Conftantin en Grece, en vne cité, qui pour lors auoit nom Bifance, laquelle il feit clorre & accroiftre de haux murs, & beaux edifices, & la nomma par fon nom Conftantinoble: & par ainfi fut translaté l'Empire des Rommains aux Gregeois. Il feit auffi conftruire à Conftantinoble, au lieu ou eftoit le temple de Venus, l'eglife faincte Sophie, & plufieurs autres: toutesfois il fe lit *In historia tripertita*, que ledict Conftantin fe feit depuis baptizer fur la fin de fa vie, par Eufebe, Euefque de Nicodeme, par ce que parauãt il auoit delaiffé la Chreftienté: mais on tient que ce fut mal dict, & controuué par aucuns aduerfaires de la foy. Quoy qu'il en foit, pour les bonnes œuures & grands biens qu'il feit en fon temps aux eglifes, les Grecs le mettent au cathalogue des Saincts, & en font fefte & folennité le xxj. iour de May. En ce temps les Prelats & gens d'eglife commencerent à auoir & poffeder terres & poffeffions temporelles, dont par plufieurs & diuerfes fois fe font meues grãdes altercatiõs entre les Docteurs: par ce que les vns difoyent *quod iustum & vtile esset vt Ecclesia in temporalibus abundaret, & honorẽ terrenum haberet. Alij econtra quod non: nec mirum. Quicquid enim Ecclesia facit, vel dicit, aut habet, signum est cui contradicitur. Elegit diuin paupertate & penuria viuere, &c.*

L'Empereur Cõftantin dõna au Pape Siluestre la temporalité de Romme.

L'eglife fainct Iehan de Latrã est le chef de toutes les eglifes de la Chreftienté.

La cité de Bifance à prefent est nommee Cõftantinoble.

Gens d'Eglife commencerent à auoir temporalité, terres, et poffeffions.

De l'inuention de la saincte Croix nostre seigneur Iesus Christ.

Avcun temps apres, Helene, mere dudict Constantin le grand, laquelle fut fille de Coil, † Roy des Bretons, comme est recité en la legende de l'inuention saincte Croix, *mulier sancta, & admirandæ deuotionis, diuinis visionibus admonita*, alla en Hierufalem, & s'enquit ou eftoit l'endroit du lieu de Caluaire, *vbi sacrum Christi corpus pependerat affixum*. Lequel lieu fut moult difficile à trouuer, par ce que les Sarrazins l'auoyent du tout aboly, & y auoit l'Empereur Adrian fait conftruire vn temple en l'honneur de la deeffe Venus, affin que les Chreftiens, qui là iroyent pour adorer Iefus Chrift, fuffent veus adorer l'idole de Venus, & auffi fuffent fruftrez & deceuz de leur intention. Toutesfois ladicte Helene feit tant que par le moyen d'vn Iuif, nommé Iudas, *qui posteà nominatus Quiriacus episcopus Ielinorum † fuit*, elle trouua le lieu ou la croix de Iefus Chrift auoit efté affichee: & illec feit tant fouir qu'elle y trouua trois croix, c'eft à fcauoir celle de Iefus Chrift, & celle des deux larrons qui furent crucifiez auec luy: & lors iffit de la foffe vne merueilleufement bonne & fouefue odeur. Et pource que l'on ne congnoiffoit la croix de Iefus-

† al. Cohel.

† al. Hierofolymorum.

LES CHRONIQVES ET ANNALES DE FRANCE.

de Iesus Christ d'entre celles des deux larrons, qui furent crucifiez auec luy, on print toutes les trois croix, & les feit porter ladicte Helene *ad quandam mulierem, quæ in Vrbe laborabat graui incommodo*: & illec, present Machaire, Euesque de Hierusalé, & grãd' multitude de peuple, feit sur icelle femme toucher deux desdictes croix, mais riens ne luy proffiterent. Puis luy feit toucher la tierce, qui estoit celle de Iesus Christ, & tout incontinent *sana & hylaris surrexit*: & par ce fut congnu que celle estoit la croix ou nostre seigneur Iesus Christ auoit este crucifié : & ce voyant grand' multitude tant de Iuifs que de Payens, qui presens estoyent, se conuertirent à la foy Chrestienne (toutesfois S. Ambroise dit, que ladicte croix fut congnue au tiltre que Pilate auoit escrit, qui auoit esté ataché & mis dessus) & ce faict ladicte Helene feit incõtinent abatre & demolir ledict temple de Venus, & y feit faire & consacrer vn beau temple en l'honneur de Iesus Christ. Puis feit faire de la croix de Iesus Christ deux parties: l'vne elle feit aorner & decorer richemẽt, & la laissa & mit audict temple de Hierusalé, & l'autre partie elle apporta en Cõstãtinoble: laquelle y a depuis tousiours esté iusques au temps de sainct Louis, qui l'apporta en France. Semblablemẽt ladicte Helene apporta en Constãtinoble les cloux dequoy Iesus Christ fut crucifié (*Nonnulli verò asserunt quatuor clauos in diuino corpore fuisse*) desquels ladicte Helene feit faire audict Empereur Constantin, son fils, vn frein à son cheual, & vn heaume pour mettre en sa teste quand il iroit en guerre. Ce qu'elle ne feit pas pour les prophaner ny cõtemner: mais elle auoit si grãd' fiance en la vertu de Iesus Christ qu'il luy sembloit que quand sondict fils les porteroit sur luy qu'il ne seroit iamais vaincu de ses ennemis.

La croix de nostre seigneur Iesus Christ fut cõgnue entre celles d s deux larrons.

ENuiron ce temps florirent en saincteté plusieurs saincts & deuots hommes: & mesmement en l'an trois cẽs vingt & vn estoit S. Nicolas, Euesque de Mirre, *vir sanctus per omnia, & venerabilis*: lequel est par singularité dict & nommé *honor sacerdotum : & eum dominus innumerabilibus decorauit miraculis*. En l'an trois cens trente & sept, viuoit en vn hermitage, moult sainctemẽt & religieusemẽt, le glorieux amy de Dieu, mõseigneur S. Antoine. En l'an trois cẽs quarante & vn, sainct Athanase souffrit moult de persecutions & tribulatiõs pour la foy de Iesus Christ, pour combatre contre l'erreur Arrian: & luy estant detenu prisonnier en vn puits, en la cité de Treues, feit plusieurs beaux volumes de liures: & entre autres choses composa le Symbole, qui se commence: *Quicunque vult saluus esse,&c.* En l'an trois cens † septante & quatre, estoit cardinal à Romme sainct Hierosme: lequel trãslata la Bible d'Hebreu en Latin, & feit plusieurs autres beaux traictez & liures, tãt en Grec, en Hebreu qu'ẽ Latin: & trespassa en Bethleẽ, en l'an † septante & huict de son aage. Et aussi estoit lors sainct Hilaire Euesque de Poitiers: lequel fut appelé en assemblee d'vn Concile de l'Eglise, & confondit par argumens vne heresie q̃ tenoit Leon, lors Pape de Romme : lequel Leon, quand il le veit entrer au Concile, par ce que ledict Hilaire estoit des parties de Gaulle, luy dist par derision: *Tu es Gallus, sed non galina*: & ledict Hilaire luy respondit: *Tu es Leo, sed non è tribu Iuda*. Et pource que tous les sieges du consistoire estoyent pleins, lors que sainct Hilaire entra dedãs, & que nul ne luy presentoit lieu ou il se peust seoir, il se voulut seoir à terre: mais la terre s'esleua deuant tous miraculeusement soubs luy, & luy feit siege pour soy seoir: & ledict Pape, qui fort menassoit sainct Hilaire, se leua de son siege pour aller à son retraict: auquel lieu sans retourner il mourut subitement & miserablement: car cõme l'on dit, luy tomberent les boyaux hors dn ventre par le fondement. En l'an trois cens septãte & † quatre sainct Martin, qui estoit fils du Roy de Hongrie, fut faict Archeuesque de Tours, *non sponte, sed coactus: & vir fide catholicus, charitate ineffabili, populũ Galliæ ab errore gentilitatis, & hæretica prauitate liberauit*: & S. Seurin estoit aussi lors Archeuesque de Coulongne: lequel Seurin, à l'heure du trespas de sainct Martin, estant à Coulongne, veit par reuelation les Anges qui emportoyent son ame en Paradis.

De plusieurs saincts d'enuiron & depuis ce temps là.

† al. 69.

† al. 91. & 98

La bonne respõce que feit sainct Hilaire au Pape Leon lors heretique.

† al. six

s. Martin Archeuesque de Tours.

En l'an trois cens quatre vingts & deux, estoit sainct Ambroise, Archeuesque de Milan: lequel vn iour que l'Empereur Theodosius, qui lors estoit, voulut entrer en la maistresse eglise de Milan, ledict sainct Ambroise luy feit fermer les portes au visage, par ce qu'il auoit faict faire plusieurs oppressions & iniures aux Prelats & ministres de l'Eglise: & lors iceluy Theodosius congnoissant son peché, se confessa, & print penitence telle que ledict sainct Ambroise luy voulut bailler. Tantost apres ledict Empereur alla en Constantinoble : & pource que les processions, & gens d'eglise, alloyent au deuant de luy, il dist, que c'estoit flaterie, & qu'il n'auoit veu ne trouué vray Euesque qu'Ambroise de Milan. *Hæc in historia tripertita*. En l'an trois cens quatre vingts & † trois fut sainct Augustin conuerty à la loy de Iesus Christ, & baptisé par ledict sainct Ambroise, & trespassa l'an quatre cens xlj. ayant faict & composé à l'introductiõ des Chrestiens si grãd quantité de liures, qu'à peine se pourroit faire qu'vn homme en toute sa vie les peust seulement lire: & dit on, qu'il en composa mil & trente volumes: & fut Euesque d'Hipone en Aphrique, ou il publia premier la loy de Iesus Christ: & sont lesdicts saincts Hierosme, Ambroise, & Augustin, trois des docteurs de saincte eglise. Et combien que ce ne touche

L'an trois cens iiii.xx. & ii.

De S. Ambroise & l'Empereur Theodosius.

† al. neuf

S. Augustĩ baptisé par S. Ambroise.

b iij

aucunement la matiere, dont cy est traicté, toutesfois pour l'excellence de leurs sainctes vies, & des grands faicts, & belles escriptures qu'ils ont faictes à nostre introduction, est bien honneste, puis qu'il vient à memoire que de leurs temps soit cy faicte aucune mention, & de quelques autres qui les ont suyuis aussi peu apres: comme de S. Brice, qui en l'an quatre cens & deux fut faict Archeuesque de Tours: enuiron lequel téps S. Iehan Chrysostome estoit Euesque de Costantinoble, qui pour l'excellece des belles & saictes escriptures qu'il feit, est apelé S. Ieã bouche d'or: mais pource qu'il reprenoit Archadius, lors Empereur de Rôme, & de Constâtinoble, & sa femme, de leur vices, & pechez, fut par eulx enuoyé en exil. Pour laquelle cause Innocent, lors Pape, premier de ce nom, excommunia ledict Empereur. Ledict Pape Innocent tint le siege Papal quinze ans deux moys & vingt iours. *Hic decreuit ad missam pacis osculum dari*: & ordonna

Heresie de Pelagius.

la saincte vnction des malades, Il condamna Pelagius Britannus, qui auoit semé vne grand' heresie en la grand Bretaigne, dicte Angleterre, & ceulx de sa secte aussi, qui tenoyent que les hommes pouuoyent estre sauuez par leurs merites, sans la grace de Dieu, & que les enfans ne naissoyent point en peché originel: & par cósequent que par baptesme ils n'estoyét purgez de coulpe originelle. Iceluy Pelagius corrompit plusieurs personnes, tát par raison d'apparéce de saincteté, en conuersation, & en habit religieux, que par sa literature, si que plusieurs en sont damnez. *Hæc de Lyra super illud Apocalipsis: Et tertius Angelus tuba cecinit, & cecidit de cœlo.*

S. Germaĩ d'Auxerre contre les Pelagiẽs en Angleterre.
† *polid. Verg. n'é parle point*

Pour laquelle heresie extirper de ladicte isle d'Angleterre, sainct Germaĩ, Euesque d'Auxerre, & sainct Loup, Euesque de Troyes, y allerent: & pendant le temps qu'ils y furent, ledict sainct Germain chaca & priua du royaume & pais d'Angleterre le Roy qui lors estoit corrompu de ladicte heresie, † & feit son hoste, par permissio diuine, Roy d'Angleterre: duquel la lignee dura iusques au temps de Guillaume le bastard, Duc de Normandie. En l'an quatre cens & cinq estoit sainct Alexis, ieune damoiseau, fils d'Eufemius, Senateur, & hôme de grand renom à Rôme: lequel Alexis ses parens marierent à vne belle & noble damoiselle de Romme: mais le iour de ses nopces il s'absenta, & mussa secrettement, & abandonna pere, mere, femme, & tous biés, pour mener vne chaste, & contemplatiue vie: & vescut sainctement en grande austerité, cóme on lit en sa legende. En ce mesme temps estoit Orose, grand historiographe.

De S. Alexis.

De Marchomires, successeur d'Imbros, Duc des Francois: & de la mutation du nom de Gaulle en France, & de Lutece à Paris.

L'an trois cens iiii.xx. & neuf

LE Duc Imbros, duquel nous auõs dernierement parlé, comença à seigneurier sur ses gés, l'an de grace trois cés quatre vigts & neuf, & gouuerna la seigneurie, cóme Duc, dix ans. Apres sa mort, qui fut en l'an trois cés quatre vigts dix neuf, Machomires, qui estoit venu de la lignee des Troyés, & estoit lors Duc sur les Sicãbriens, entra en Gaulle: & pource qu'il estoit vaillant & hardy Cheualier, & qui moult scauoit du faict des Armes, les Francois, qui pour lors n'auoyent point de seigneur, le retindrét pour Duc, & gouuerna la seigneurie sur eulx, cóme Duc, enuiron xx. ans, ayant ia seigneurie sur les Sicambriens, enuiron quatorze ans. Ledict Marchomires, Duc des Francois, les gouuerna moult bien & sagement durant son téps, & leur feit de grands biens: car il leur feit clorre leurs citez & chasteaux, de fortes murailles, pour obuier aux assauts des larrons, leur enseignant l'vsage des armes. Ce fut il qui premier mua le nom du royaume de Gaulle en France, pour l'amour de Francion, dont il estoit descendu: & mua le nó de Lutece au nom de Paris, pour l'amour du beau Paris, fils du Roy Priã de Troye. Il y auoit ia treze cés ans & plus, que ladicte cité de Lutece estoit encommécee, & y auoit eu plusieurs Ducs qui de Gaulle auoyent tenu la seigneurie: mais à cause de ceste mutatió & translation de noms de Gaulle & Lutece, qui furent trasmuez en France & Paris, on dit communément que c'est le commencement desdicts France & Paris.

Marchomires enseigna aux Francois, l'vsage des armes.

Comment les Francois voulurent auoir Roy, & comment ils esleurent & couronnerent Pharamond.

Pharamond fut esleu premier Roy de France.

DEluy Marchomires, Duc des Frácois, auoit vn fils, nommé Pharamõd, qui fut vn hardy Cheualier & preux aux armes. Les Frácois, qui encores habitoyent es parties de Germanie, le long des riuages de la riuiere du Rin, & encores ne s'estoyét espanduz iusques es Gaulles, voyant les autres nations estre gouuernees soubs preeminence de dignité Royale, voulurent auoir Roy: & d'vn commun assentement esleurent Pharamond, fils dudict Marchomires, pour leur Roy, ainsi que recite Vincent de Beauuais en son liure Historial.

PHARAMOND PREMIER ROY DE FRANCE PAYEN.

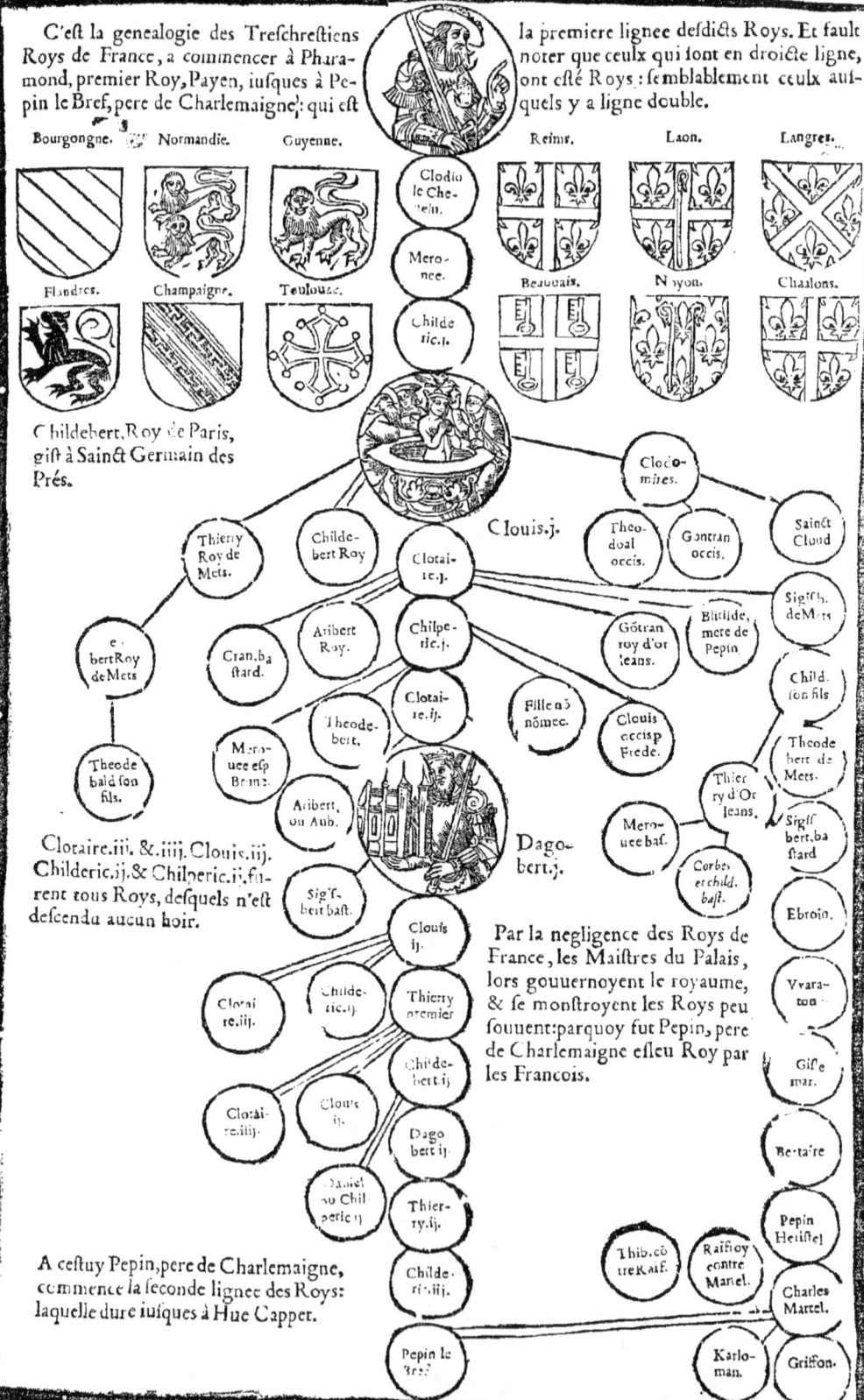

LES CHRONIQVES ET ANNALES

L'an de grace cccc.xix.

PHaramond, qui fut fils du Duc Marchomires, fut le premier Roy de France, & fut Payen : commença à regner l'an de grace quatre cens xix. & deceda le xj. an de son regne, l'an de grace quatre cens trente, & fut moult vaillant cheualier en ses affaires, selon la loy Payenne qu'il tenoit : car en ce temps le peuple de France communement ne croyoit point en Iesus Christ, & adoroyent les Idoles.

Les Francois iugeoyent ancienemēt leurs causes & quereles par quatre barons, sages & prudens.

Soubs luy commencerent les Francois à vser de loix, & iugerent leurs causes par quatre Barons, sages & esleuz de leurs gens, selon & en ensuyuant la loy Salique qu'ils acceptertent. Les quatre premiers auditeurs † de ceste loy Salique, furent nommez Visogast, Bosogast, Salagast, & Vuidagast. Apres la mort de Sunnon, Marchomires, & Genebauld, qui estoyent trois Ducs, qui regentoyent sur les Francois, lesdicts Francois voulurent auoir vn Roy, ainsi que les autres nations leurs voisines : & esleurent pour leur Roy, contre le vouloir de l'Empereur, ledict Pharamōd, qui estoit fils de Marchomires, l'vn desdicts Ducs. Cedict Pharamōd, ne voulut à nul Prince estre subiect, & constitua loix à ses subiects, & les gouuerna tresbien tant qu'il vesquit. Aucunes croniques dient que lesdicts Francois habitoyent enuiron oultre le fleuue du Rin en Alemaigne, & qu'encores n'estoyēt point descēduz en Gaulle, de present appelee Frāce. Et ce est asez croyable : car par le liure mesme d'icelle loy Salique, il appert qu'elle fut faicte en Alemaigne : *& inde, secundum aliquos, elle est dicte Salica, à ciuitate Salichaim, quæ est vltra Rhenum, eo quòd in dicta ciuitate primi auctores eam initiarunt. Tamē vera interpretatio quæ viget, à sale, quod interpretatur condimentum, & licita deriuatur, quasi licitum condimentum, vel lex licite condita.* Icelle loy Salique fut la premiere dont les Francois vserent onques, & est cōforme à vne autre loy, qui s'appelle Vaconia, à cause de celuy qui la feit, qui s'appeloit Vaconius : par laquelle, entre autres cōstitutions, est expressément dict que nulle fille ne viendra à succession de pere ne de mere, supposé ores qu'il n'y eust autres enfans. Et en ensuyuant icelle loy, ordonnerent des lors lesdicts Francois, que iamais femme ne succederoit au royaume, ny à la couronne de France. Maistre Raoul de Praelles, qui translata de Latin en Francois le liure de S. Augustin, de la cité de Dieu, sur l'exposition des vingt & vnieme chapitre du troisieme liure, & xxv. chapitre du cinquieme liure, parlant de ceste matiere, dit q̃ monseigneur S. Augustin dit qu'il n'estoit nulle autre loy plus inique, qu'icelle loy qui priuoit les filles de la succession de leurs peres & meres : mais il dit que depuis, & apres, mondict seigneur S. Augustin s'excusa, en disant que quand il le disoit, il entendoit, à proprement parler des successions des menues & priuees personnes plebeiques, & non pas des successions des royaumes, principautez, & grands seigneuries, qui ont le regard, gouuernement, & administration de la chose publique, sicomme dit Thomas Valencis. A quoy s'accorde Franciscus de Maronis : & soult l'obiection qu'on pourroit faire des filles de Salphard (dont la Bible parle au xxvj. chapitre du liure des Nombres) & dira que le royaume n'est pas proprement heredité, mais est dignité, regardāt l'administration de toute la chose publique. Or est il certain que les femmes ne sont pas capables de dignité, ne de telle administration, comme est le gouuernement d'vn tel royaume, & par consequent, ne doyuent pas succeder à royaume. Et le preuue en l'ancien testament, par la dignité de prestrise : car, combien que la dignité de prestrise descendist par succession de l'homme, toutesfois n'y succedoit, n'y succeda onques femme. Et semblablement ne se treuue point en tout le vieil testament, qu'onques femme succedast au royaume de Iudee, qui fut le premier royaume, estably de Dieu sur le peuple d'Israel. Et supposé qu'on trouue escript qu'Athalie l'vsurpast aucun peu de temps contre raison, & tuast tout le sang royal (excepté celuy qui y deuoit succeder, qui fut mucé) toutesfois ne l'eut elle pas de raison, mais par vsurpation : ausi n'y demeura elle pas longuement, mais ainsi comme elle y estoit entree mauuaisement, ausi en fut elle deboutee honteusement, & mise hors du temple, & tuee, sicomme est faicte mention en l'onzieme chapitre du quart liure des Roys. Monseigneur sainct Gregoire, au vingtcinquieme liure de ses Morales, dit que l'vsage de la vie ancienne n'estoit point que femmes hereditassent auecques les masles : pource que, sicomme il dit, la seuerité de la loy, qui a tousiours accoustumé d'eslire les fortes choses, s'estudia plus à mettre auant, & à sentir les plus aigres choses que les benignes : c'est à dire, les hommes qui sont plus habiles, plus aigres & robustes à deffendre, que les femmes qui sont molles, & fresles, de leur propre nature. Et se doit tenir ceste conclusion ès personnes de telle dignité, comme ceulx qui sont oingts & sacrez, comme les Roys, mesmement ceulx de ce noble royaume de France. Ladicte loy Salique a depuis esté tenue & confermee par le grand Clouis, premier Roy Chrestien, & par le grād Roy & Empereur S. Charlemaigne, & par plusieurs autres Roys, ainsi qu'il est contenu ès anciens liures qui sont en l'abbaye de sainct Denis en France, & ailleurs. Et encores le voit on tenir, tant par la loy, que par coustume, entre moindres princes & personnes que les Roys & Princes en plusieurs parties,

† al. auteurs

La loy Salique fut faicte en Alemaigne, en la uille & cité de salichaim.

Vn royaume n'est pas heritage, mais est une dignité & administration de la chose publique.

ties,tant du royaume de France,que d'ailleurs. Car entre les nobles,les filles ne succedēt point, mais ont tant seulement mariage d'argent. En Bretaigne,l'aisné prend tout. En Vermādois, les maisnez tous ensemble ne prennent que le tiers.Et encores de raison escripte, nulle femme ne succede en chose feodale, si comme il se trouue en la dixiéme Collation,au commencement, & au tiltre *de feudo fœminco*, & ailleurs en plusieurs lieux. *Confirmatur etiam & probatur per ea quæ Baldus de Perusio, vtriusque iuris doctor illustris,decidit in propriis terminis,in lege prima.ff.de Senatoribus.* Et la raison y est bonne:car tousiours la loy,a voulu eslire les plus fors & les plus puissans,à tenir les grands choses, qui ont besoing de garde & de deffence.

Les femmes ne succedent point es choses feodales.

En l'an cccc.xxiij.les Bretons de la grand' Bretaigne, à present nommee Angleterre, furent fort infestez des Escossois & Poiteuins:& pource qu'ils ne pouoyent plus resister à leur puissance,ils enuoyerent deuers les Rommains,demander ayde, & se remeirent en leur subiection. L'empereur Honorius leur enuoya grand' puissance de gens,qui les deliurerent de leurs ennemis, & baillerent le royaume à gouuerner à vn moyne, Duc de Cornouaille: mais apres le departement desdicts Rommains,leurs ennemis se remeirent sus, & les persecuterēt plus que deuant,& tuerent ledict moyne.Et ce voyant Ambrosius & Vter ses freres, s'enfuirēt deuers Budic,Roy de la petite Bretaigne, qui estoit leur parent:lequel les feit cheualiers, & les nourrit par long temps:& estoit lors son pais appelé Armorique.

L'an de grace quatre cēs xxiii les Anglois se meirēt en la subiection des Rōmains, pour subiuguer les Escossois.

De Clodio,second Roy de France, Payen, surnommé le Cheuelu.

CLodio, fils de Pharamond, second Roy de France, fut Payen,premier de ce nom,& surnommé Cheuelu:& cō mença à regner l'an cccc.xxxj. Cestuy fut appelé le Cheuelu,par ce qu'il portoit longue cheuelure en la teste, & aussi qu'il estoit fort velu par toutes les parties de son corps:& fut moult hardy & vaillant.Luy & ses Francois commencerent à enuahir les terres,qui à eulx marchissoyent, & destruisirēt & soubsmeirent la terre des Turingiens, qui est vne partie d'Alemaigne, & là en vn chastel, nommé Dispargun, ledict Clodio establit par aucun temps,le siege de son royaume.Puis vint à grand' armee deuant Cábray, & la print à force,ayant eu bataillé contre les Rōmains, sur la riuiere du Rin,ou il les desconsit.Apres auoir passé ladicte riuiere, & la forest de la Charbonniere, print la cité de Tournay,& y seiourna par aucun temps:& illec ceulx de Paris vindrent deuers luy, & y fut auec leur alliance, & à leur ayde,desconfit grand nombre desdicts Rommains, qui là estoyent venuz pour le pais deffendre,& les chaca de toutes les forteresses qu'ils tenoyent es marches d'enuiron : & deslors l'Empire de Romme commença fort à s'abbaisser. Car les Bourguignons auoyent ia pris sur eulx la prouince de Lion, iusques à Marseilles:& les Gots celle d'Aquitaine, laquelle est encores de present appelee Gascoigne,à cause desdicts Gots.

L'an cccc.xxxi Clodio second Roy de France, cōquit Cābray, & Tournay.

Apres celle victoire, qui fut deuant ladicte cité de Tournay, ledict Clodio ordonna que les Francois portassent longue cheuelure, en signe de plaine liberté & franchise, contre le decret de l'Empereur:& dura ceste difference des cheuelures de Frācois & des Gaullois, iusques au tēps de Pierre Lombard,Euesque de Paris,à l'instance duquel elle fut delaissee.

En l'an quatre cens trente trois Supthard, Roy des Huns, opprimoit fort par guerre ceulx du pais de Bourgongne:& eulx estans comme au desespoir,sans esperance d'aide, meirēt leur fiance au dieu qu'adoroyent les Chrestiens, & requirent estre baptisez, & le furent: & tātost paruindrent au dessus desdicts Huns,leurs ennemis, & en tuerent plusieurs milliers.

L'ā cccc.xxxiii

Item en l'an quatre cens quarāte, sainct Germain, Euesque d'Auxerre, & sainct Seuere, Euesque de Treues,furent par le Pape enuoyez en Angleterre,lors appelee la grand' Bretaigne,pour confuter & abbatre l'erreur Pelagien:& eulx estans illec s'assemblerēt plusieurs incredules, qui tenoyent ladicte heresie,pour courir sus ausdicts Euesques, & aux vrais Chrestiens:mais sainct Germain anima tant lesdicts Chrestiens, qu'ils coururent sus ausdicts heretiques, faisans leur conducteur dudict sainct Germain, lequel quand il approcha de ses ennemis, cōmença à chanter à haulte voix.*Alleluia*, & semblablemēt tous ceulx de sa compaignie : & de ce chant lesdicts heretiques furent si espouentez qu'ils s'enfuirent, & furent tous desconfits, & ainsi en fut le pais deliuré.

L'an cccc.xl.

En l'an quatre cens quarante & vn, mourut sainct Augustin, Euesque d'Hippone, au quatre vingt troisiéme an de son aage, & quarantiéme de son pontificat.   Mais puis qu'il est nàgueres venu à propos de nommer deux des principales prouinces de Gaulle, mainte-

L'ā cccc.x

LES CHRONIQVES ET ANNALES

nant nommee France, il ne sera point mauuais, deuāt que passer plus oultre, de mettre la description & diuision d'icelle, à de que les lisans puissent mieulx entendre ce qui sera dict & escript cy apres desdictes prouinces.

Description & diuision des Gaulles.

Description des prouinces du royaume de France.

IVles Cesar, qui conquit tous les pais de Gaulle, la descrit & diuise en ses Cōmentaires, en trois parties, & prouinces principales: & à luy s'accorde Pline, & maints autres hystoriographes. La premiere prouince de France est nommee Celtique, ou Lyonnoise : la seconde est nommee Belgique: & la tierce, est nōmee Aquitanique. La premiere prouince doncques, est celle de Lyon, qui cōmence à la riuiere du Rosne, & finit à celle de Garūne, ou Gironde, & à la mer Occeane: & contiēt maintes nobles citez, desquelles sont cy nōmees aucunes des principales (car par icelles seront mieulx entendues) c'est à scauoir Lyon, Macon, Othun, Sens, Troyes, Auxerre, Meaulx, Paris, Orleans, Chartres, Rouen, Eureux, Lisieux, Auranches, le Mans, Nantes, Renes, Angers, Neuers, Tours & Bourges: desquelles, Sens & Othun furent anciennement les plus renommees, pource que du temps que les Rommains tenoyēt le pais de Gaulle : ils obeissoyent volontiers aux Empereurs. Toutesfois Orose, qui fait description desdictes prouinces de Gaulle, dit ḡ Tours & Bourges ne sont pas en la Prouince de Lyon, mais sont de celle d'Aquitaine: & est ladicte cité de Bourges dicte Metropolitaine, *& primas Galliarum.*

Descriptiō des citez qui sont soubs la prouīce de Belges.

La seconde prouince de Gaulle, ou France, est celle qui est dicte Belgique: & commēce es dernieres parties de Frāce, deuers le Rin, & dure iusques à la cité de Paris, & y sont cōprinses toutes les citez de Coulōgne, Tongres, Arenes, Mets, Tou, Verdun, Reims, Soissons, Amyens, Noyon, Beauuais, Vermādois, Arras, Tournay, Cābray, & autres. Par icelle courent maits beaux fleuues: dōt le Rin, Marne, & Meuze, sont les principaux: & y a maintes riches forests, dōt Ardenne est la principale, laquelle (cōme l'on dit) dure bien cinq cens lieues, de circuit.

Description des citez qui sont soubs la prouīce d'Aquitaine.

La tierce prouince de France, est Aquitaine, qui commence au fleuue de Gironde, d'vne part, iusques au mont de Montieu, & d'autre part iusques à l'entree d'Espaigne: & y a maintes belles citez, dōt les principales sont, Toulouze, Rodes, Lymoges, Perigort, Poitiers, Bordeaux, Xainctes, Angoulesme: & entre les autres y a deux principaux fleuues: c'est à scauoir, Gironde, & Dordonne. Et est celle prouince, nommee Aquitaine *ab aquis*, car elle est plus abondante de fleuues & de fontaines, que nulle des autres.

Or maintenant, pour retourner au propos principal, cestuy Clodio, duquel nous auons parlé, eut à femme la fille du Roy d'Austrasie, & de Turinge, dōt il eut quatre fils. Il feit deux pars de son royaume, l'vne qui est oultre le Rin, encōtre Austrasie, l'autre deca nōmee Neustrie. Quand il fut vieil, il feit maistre de sa cheualerie Meronee, noble cheualier, descendu des Toyens. Vn iour tenāt siege deuant Soissons, mourut son fils aisné, dont de dueil luy prit vne fieure, dont il mourut, & fut enterré à Cambray. Il laissa sa femme, & trois autres enfans, au gouuernement dudict Meronee, qui en la presence des Princes, leur iura loyauté: mais tost apres le trespas dudict Clodio, il les dechaca, & se feit eslire Roy, par aucuns des Francois. Quand lesdicts enfans furent grands, ils luy feirent guerre, & reprindrent sur luy tout le royaume d'Austrasie. Lesdicts trois enfans, qui estoyēt nōmez Auberon, Regnault, & Ranchaire, furent tous trois Roys, chacun en sa terre, dont sont descendus ceulx de Henault, Lorraine, Braban, & Namur.

Meronee se feit eslire Roy de Frāce, apres la mort de Clodio.

L'an de grace cccc. quarante six.

En l'an cccc.xlvj. Aurelius Ambrosius, & Vterpandragon, qui apres la mort de leur frere, Roy de la grand' Bretaigne, dicte Angleterre, nommé le Moyne, des l'an cccc.xxiij. s'en estoyent fuyz & retirez en la petite Bretaigne, lors appelee Armorique, se meirent sus à grād' armee, & passerent en Angleterre, & assiegerent le Roy Vortiger dedās sa tour, & le bruslerent, luy & ceulx qui estoyēt dedās, ainsi que parauant luy auoit esté dict par Merlin, & ietterent hors du pais tous les Saxons: & apres lesdicts Bretons establirēt ledict Aurelius, leur Roy, lequel regna quatre ans: & apres luy regna sondict frere Vterpandragon, qui engendra le Roy Artus, en vne dame nommee Ygerne, par le moyen & enchātement dudict Merlin, comme on lit es faicts qui d'eulx sont escripts, *quamuis fabulose*, comme il semble.

Artus de Bretaigne fut engendré par l'enchantement de Merlin.

Enuiron ce temps mourut sainct Brice, Archeuesque de Tours. En ce temps estoit sainct Patrice, qui lors resuscita .xl. mors, comme on dit, & conuertit ceulx d'Irlande à la foy Chrestienne. Dieu luy reuela vn purgatoire, pour la conuersion de ceulx du pais. En ce purgatoire auec le sainct homme entrerent plusieurs gens, qui en reuindrent, & racompterent les grands & merueilleux tourmens qu'ils auoyent veux, dont les ames estoyent trauaillees.

Du purgatoire sainct Patrice.

De Meronee

De Meronee, tiers Roy, Payen.

MEronee fut troisiéme Roy de Fráce, Payé: & ne fut pas fils de Clodio, mais bien eſtoit de ſa parenté & lignage, combien qu'aucunes croniques diét qu'il fut ſon fils. Ceſtuy fut par les anciens Francoys eſleu, & faiét Roy de France, l'an de grace quatre cens xlviij. & deceda au dixiéme an de ſon regne. A ceſtuy comméce la generation des Roys de France, qui dura en droiéte ligne, iuſques au Roy Pepin, fils de Charles Martel. En l'an cccc.xlix. deſcendit en France vne grande multitude de gens, qui eſtoyent appelez Huns, à preſent nommez Hongres, deſquels eſtoit chef & conduéteur, vn nommé Attila, frere du Roy Bleda, & gaſterent & ardirent les citez de Coulongne, Treues, & grand' partie des citez & forterelles, & pais d'enuiron le Rin. Lediét Meronee alla au deuant, mais ils le chacerent iuſques à Orleans, ou ils meirent le ſiege, & par les prieres & merites de ſainét Aignen, qui lors eſtoit Eueſque de ladiéte cité, lediét Meronee, à l'ayde d'aucuns Rommains de ſon alliance, les deſcofit, & en fut bien tué cent quatre vingts mil hommes: le demourát ſe meit en fuyte & deſarroy, & ne ſceut on qu'ils deuindrent, ne ou ils allerent: & depuis ne ſe raſſemblerent ceulx de ceſte compagnie. Lediét Meronee fut viétorieux, ſage, & bon iuſticier. Les croniques de la grand' Bretaigne dient qu'il feit mourir & getter en vn feu, vn ſien fils, qui auoit tué le Roy de Cornouaille, qui venoit d'vne feſte: & Cornouaille eſtoit deſlors tributaire à France.

En ce temps eut en Bourgongne quatre freres, c'eſt à ſcauoir, Gódebault, Godegiſille, Childeric, ou Chilperic, & Gondemar, enfans de feu Gundioch, Roy dudiét pais, & parent d'Alaric, en ſon viuant Roy des Gots, leſquels apres le treſpas de leur pere, partirent lediét pais de Bourgongne, & en feirent quatre royaumes. Lediét Gondebault tua lediét Chilperic, ou Childeric, ſon frere, pour auoir ſon royaume, & feit lyer vne pierre au col de ſa femme, & la feit noyer en vn fleuue, & retint, & feit nourrir vne fille qu'ils auoyent, nommée Clotilde, laquelle fut depuis femme du grand Roy Clouis, comme ſera diét cy apres. Et en ce temps, le pais de Bourgongne (qui eſtoit ainſi appelé, à cauſe des Bourguignons, qui y eſtoyent venuz habiter) comprenoit depuis le fleuue d'Arare, qui eſt à preſent nommé la Saoſne, iuſques le long du fleuue du Roſne, & iuſques à Marſeille, Tholouze, & Arle en Prouuence.

En ce temps fut faiét Roy d'Angleterre, lors appelee Bretaigne, Artus, fils d'Vterpandragon, des faiéts duquel on racompte merueilles, *licet plura fabuloſa videantur*. Il auoit pluſieurs bós cheualiers en ſa cópagnie, leſquels aux iours des feſtes ſolénelles il faiſoit ſeoir en vne table róde, à ce qu'aucune enuie ne ſe meuſt entre eulx, pour la priorité ou poſterioritié: & de là furét apelez les cheualiers de la table ronde. Lediét Attila deſſus nómé, Roy des Huns, feit lors martirizer les vnze mil' vierges, en la cité de Coulongne, comme eſt contenu en leur legende.

De Childeric, quatriéme Roy de France, Payen, qui fut dechacé du regne, & puis rapelé.

CHilderic, quatriéme Roy de France, Payé, premier de ce nom, fils de Meronee, commenca à regner, l'an cccc.lviij. & treſpaſſa au xxvj. an de ſon regne, l'an cccc.iiij.xx. & iiij. Ceſtuy Childeric en l'an cccc.lxj. pour ſon inſolence, & pour la lubricité effrenée, luxurieuſe & mauuaiſe vie qu'il menoit au commencemét de ſon regne, en quoy il employoit tout ſon temps, & prenoit les femmes & les filles des nobles, bourgeois, marchás, & autres du royaume qui luy plaiſoyent, pour en faire ſa volonté, enquoy il employoit & cóſommoit tout ſon temps & ſa cheuance, & pour y fournir leuoit grandes tailles, emprunts, & exactions indeues, ſur ſon peuple: & ne prenoit point garde aux affaires de ſon royaume, cheut en la haine, & mal vueillance des Francoys, qui ſont gens d'auſtere courage, leſquels delibererent enſemble de le prendre, & le mettre en tutelle, & punir, & chacer aucuns ieunes & mauuais Conſeillers qu'il auoit autour de luy. Et quand il apperceut qu'ils luy vouloyent courir ſus, il demanda conſeil à vn ſien baron & amy familier, nommé Guynemault, qui luy conſeilla qu'il ſ'euadaſt, & donnaſt lieu à l'ire des Francoys. A ceſte cauſe, lediét Childeric ſ'en alla à Mets, & ſe retira deuers Baſin, Roy de Thoringe, à preſent nommee Lorraine, qui le receut honneſtemét, & entretint amyablement. Auant le partemét dudiét Childeric, lediét Guynemault luy promit que ſ'il pouuoit il appaiseroit l'ire des Francoys, & le feroit rappeler: & partit vn anneau d'or en deux parties, & en bailla la moytié audict Childeric: & luy dist, que quand il luy enuoyeroit l'autre moytié d'anneau, qu'il retournast hardiment, & que ce seroit signe de sa reconciliation.

De Gillon le Rommain, qui regna durant l'absence du Roy Childeric.

Quand ledict Childeric s'en fut party de France, les Francoys feirent, & esleuerent Roy sur eulx, vn Duc Rommain, nommé Gillon, que l'Empereur, & les Rommains enuoyerét en Gaule, pour deffendre le pais, & se tenoit à Soissons, & auoit la charge d'aucun nombre de Rommains, & la garde de plusieurs citez & places qu'ils tenoyent encores en Frãce: lequel Gillon appela, & entretint autour de luy, ledict Guynemault, & tint le royaume de France, durant l'absence dudict Childeric, neuf ans. Et pource que les Frãcoys faisoyét beaucoup, par le conseil dudict Guynemault, en l'an cccc. lxix. iceluy Guynemault (qui desiroit singulierement faire retourner ledict Roy Childeric, son maistre) à fin que les Francoys se peussent ennuyer dudict Gillon, luy donna à entendre que les Francoys se vouloyent traicter en grand' subiection, & ne les laisser trop enrichir; & disoit qu'ils valloyent mieulx pauures que riches. Et à icelle cause, iceluy Gillion, le croyant, comme fol, feit de grandes exactions sur eulx: & feit occire plusieurs des grands hommes de France, par lesquels ledict Roy Childeric auoit esté exilé: dont lesdicts Frãcoys (qui sont gens d'austere courage, quand ils sont animez) furent tantost ennuyez: & secrettemét, par le conseil dudict Guynemault, qui conduysoit toute la besongne, renuoyerent querir ledict Childeric (auquel iceluy Guynemault enuoya la moytié de l'anneau, pour enseigne) & le rappelerent, & restablirent au royaume: & allerent au deuant de luy, iusques à Bar, ou il fut receu moult honnorablement: & pour recongnoissance, il les affranchit du grand tribut qu'ils luy deuoyent tous les ans. Iceluy Childeric, depuis qu'il fut rappelé, se gouuerna bien & sagement, & fut vaillant & cheualeureux: car tantost apres son retour, il alla auec grand' compagnie de Frãcoys, apres ledict Gillon, son ennemy, qui auoit vsurpé, & encores s'efforcoit tenir le royaume par force, & le suyuit iusques à la cité de Coulongne, & l'asiegea: & en l'an cccc. lxxv. print ladicte cité à force, & occist grand nombre de ses gens: mais ledict Gillon eschappa, & s'en fuyt iusques à Treues, ou ledict Childeric en l'an cccc. lxxvj. l'alla de rechef asieger, & print ladicte cité, & gasta le pais, & ledict Gillon eschapa, & s'en vint retirer en la cité de Soissons, ou il se tint iusques à son trespas, qui fut l'an cccc. iiij. xx. Apres la mort duquel, aucuns Francoys voulurent esleuer Roy sur eulx, en son lieu, Siagre, son fils: lequel Siagre, les Rommains auoyent substitué au lieu dudict Gillon, son pere, à gouuerner les pais de France. En l'an de grace cccc. lxxvij. le Roy Childeric eut vne bataille, pres Orleans, contre Audoachre, Duc des Saxons, & le desconfit, print & gasta la cité d'Orleans. Ledict Audoachre eschapa, & s'en alla à Angers, vers le comte Paul, lequel estoit Rommain, & en estoit Seigneur: & en l'an cccc. iiij. xx. & vn, ledict Childeric print & brusla ladicte cité d'Angers, & tua ledict Paul: & eslargit ledict Childeric fort le royaume: car il conquist Orleans, & tout le pais, le long de Loire, iusques à Angers. Apres il feit alliance audict Audoachre, Duc des Saxons: & à son aide, il conquist les Alemans, & print la cité du Tret, & tout le pais le long de la riuiere du Rin, qui s'estoyent rebellez contre luy. Iceluy Childeric eut vn fils nommé Clouis, qui fut Roy apres luy: & deux filles, l'vne nommee Alboflede, ou Andeflede, & l'autre Andechilde, ou Lanthielde.

L'an quatre cés lxix.

Childeric, qui s'estoit absenté du royaume, fut rappelé des Francoys.

L'an quatre cés septante cinq.

L'an quatre cés septante six.

L'an quatre cés septante sept.

L'an quatre cés iiij. xx. & vn. Childeric conquist Aniou, et accreut grandement le royaume de France.

De la vision du Roy Childeric, le iour qu'il espousa la Royne Basine.

Durant le temps que ledict Childeric fut deiecté du royaume de France, & qu'il estoit auec Basin, Roy de Thoringe, qui l'auoit recueilly, il s'amoura de sa femme, nommee Basine: & apres que ledict Childeric fut rappelé à son regne, ladicte royne Basine, qui moult estoit assotee de luy, abandonna ledict Basin, Roy de Thoringe, son seigneur & mary, & s'en vint deuers ledict Childeric, qui luy demanda pourquoy elle l'auoit suiuy, & abandonné son mary: & elle luy respondit: Pour ta proesse & vertu. Iceluy, qui fut *immemor beneficiorum*, la receut, l'espousa, & print à femme (car par la loy Payenne, qu'ils tenoyét, les hõmes pouuoyét auoir plusieurs femmes) & en elle engendra Clouis, qui fut le premier Roy Chrestien de Frãce: & aduint que la premiere nuict de leurs nopces, quand ils furent couchez, ladicte Basine pria ledict Childeric, qu'il s'abstint celle nuict d'auoir sa compagnie, & qu'il se leuast & allast à la porte du Palais, & luy rapportast ce

Les Frãcoys du rant la loy payenne pouuoyét auoir plusieurs femmes.

DE CLOVIS, PREMIER ROY CHRESTIEN. Fueil.xiij.

raft ce qu'il verroit. Il y alla, & veit en la court de grands beftes, comme Licornes, Liepards, & Lyons: & ce faict il f'en retourna en fa chambre, tout efmeu & efpouenté, & racompta à la Royne fa vifion. Elle luy pria qu'il retournaft la feconde fois: & luy dift, qu'il fuft affeuré, & n'euft point de paour de ce qu'il verroit. Il y retourna, & veit de grãds Ours, Loups, & autres beftes rauiffantes, courans fus, les vnes aux autres. Il reuint cõpter la feconde vifion à la Royne, laquelle le feit retourner la tierce fois, ou il veit petites figures de chiẽs, chats, & vne grãde turbe d'autres petites beftes legieres, qui f'entredefpecoyent, batoyẽt & defchiroyent toutes. Il f'en retourna vers la Royne, & fe coucha, & fut toute celle nuict tout penfif, fans auoir fa compaignie. Quand vint au point du iour, il luy pria qu'elle luy expofaft la fignificatiõ de fon aduifion, & elle luy dift, que la premiere vifion fignifioit que l'hoir, qui d'eulx viendroit, feroit homme de treshaulte puiffance & proeffe. Les Loups & les Ours, qui font beftes rauiffantes, fignifioyent que ceulx qui viendroyent, & defcenderoyent de la lignee, feroyent rapineurs, & f'entrecourroyent fus, les vns aux autres. Les chiens, chats, & autres petites beftes legieres, & fans vertu, fignifioyẽt la mauuaiftié, enuie, & auarice de ceulx qui vers la fin du regne tiendroyent le fceptre de la couronne de France: & la turbe des petites beftes fignifioit le menu peuple qui f'entr'occiroit, pource qu'il feroit fans cremeur de Prince.

L'expofition et interpretation d'aucunes vifions merueilleufes au Roy Cilderic par Bafine fa femme.

De Clouis, cinqiéme Roy de France, & premier Roy Chreftien.

Clouis, cinqiéme Roy de France, premier Roy Chreftien, & premier de ce nom, fils de Childeric, commenca à regner l'an de grace cccc.iiij.xx. & iiij. & regna trẽte ans, c'eft à fcauoir quinze ans payen, & quinze ans Chreftien: & trefpaffa l'an cinq cens treze. Ceftuy au cõmencement (combien qu'il fuft payen) eftoit beau, vaillant, noble de coeur, & fage cheualier, fort, hardy, & cheualereux, de toutes gens aymé, crainct & redoubté, plus que nul de fes predeceffeurs n'auoit efté. Quand il fut venu au regne, il eut toufiours en fon coeur ceulx qui auoyent deiecté fon pere hors de fon regne: & pource la premiere chofe qu'il feit, il alla à

L'an cccc. quatre uingts & quat e. Clouis premier Roy chreftiẽ, regna quinze ans payen & quize an. Chreftien.

Soiffons, & par force le print, & en chaca hors Siagre, qui eftoit fils de Gillon le Rommain, qui auoit occupé le regne contre ledict feu Childeric fon pere: & à fon retour print Meleun, & en chaca les Rommains.

Audict an cccc.iiij.xx. & iiij. volonté print audict Clouis d'eftre marié: parquoy il enuoya Aurelien, qui eftoit fon chambellan, & feal confeiller, par deuers Gõdemar, l'vn des Roys de Bourgongne, luy dire, qu'il luy enuoyaft fa niepce Clotilde, fille de feu Childeric, fon frere, parauãt Roy de Bourgongne, en partie, pource qu'il auoit ouy reciter icelle eftre de grãd beauté, & plufieurs grands biens & vertuz eftre en elle, & luy enuoya vn anneau, & autres bagues, ioyaux, & aornemens d'efpoufee. Et eft à fcauoir que ledict Gondemar auoit tué ledict Childeric, pere de ladicte Clotilde, pour le debat qui eftoit entr'eulx, à caufe du royaume de Bourgongne. Auffi auoit efté noyee fa femme, & iettee en la riuiere, vne pierre au col, comme deffus a efté dict. Iceluy Gondemar feit aucunes difficultez d'enuoyer ladicte Clotilde, fa niepce, & f'excufoit, difant, qu'elle eftoit Chreftienne, & que ledict Clouis eftoit payen, & qu'il n'appartenoit pas qu'vn hõme payen efpoufaft vne femme Chreftienne: toutesfois il ne le faifoit pas pour celle caufe, mais pour la crainete qu'il auoit que ledict Clouis, qui eftoit grand & puiffant Roy, ne le deiettaft de fon royaume, quand il auroit efpoufé fa niepce, à laquelle il deuoit appartenir, & qu'il voulfift venger la mort de fes pere & mere. Parquoy ledict Clouis, qui ne fut pas content de celle refponce, y enuoya de rechef ledict Aurelien, & luy chargea dire audict Gondemar, que f'il ne luy enuoyoit ladicte Clotilde, qu'il iroit cõtre luy en bataille. Lequel Aurelien à fon arriuuee en Bourgongne, trouua que ledict Gondemar vouloit marier ladicte Clotilde, fa niepce, à vn autre, à fin que ledict Clouis ne la peuft plus auoir. Quoy voyant ledict Aurelien, & qu'il ne pouuoit auoir acces de parler à ladicte Clotilde, par vn dimenche qu'elle alloit à la meffe, fe meit en eftat & habillement d'vn pauure homme mendiant, & fe meit à la porte du mouftier, entre les autres pauures, demandans l'aumofne: & ainfi que ladicte Clotilde luy dõnoit l'aumofne (comme aux autres) il luy print la main, & la luy baifa, & luy meit vn anneau d'or au doigt, & luy tira fon manteau, dont elle fut vn peu honteufe, *pudore puella*. Quand elle fut à l'hoftel, elle feit appeler ledict Aurelien, ainfi habillé qu'il eftoit, & luy demanda qu'il eftoit, & qu'il queroit, & pourquoy il luy auoit fait tels fignes: & lors ledict Aurelien, qui parauant n'auoit fceu trouuer facon de

L'an cccc. quatre uingts & qu. tr. Clouis enuoya Aurelien vers le Roy de Bourgongne, pour auoir fa niepce à femme.

c

LES CHRONIQVES ET ANNALES DE FRANCE

parler à elle, luy dist que Clouis, le puissant Roy de Frāce, l'auoit enuoyé deuers elle, & la vouloit auoir en mariage, & luy monstra l'anneau & les ioyaux nuptiaux qu'il luy enuoyoit, lesquels elle receut: & ce sachant ledict Gondemar, pour doubte dudict Clouis, & par le conseil des Bourguignons, il changea sa volonté, & en muant le mariage qu'il auoit encommencé, bailla Clotilde sa niepce audict Aurelien, qui l'emmena en France à son seigneur le Roy Clouis: lequel, quand elle fut venue, l'espousa en grand' ioye & solennité: & depuis ce que ladicte Clotilde eut espousé ledict Clouis par tous les moyens & façons qu'elle peut, elle l'incitoit & l'enhortoit à soy faire Chrestien: mais il n'y vouloit entendre, disant que pour riens ne laisseroit la loy que ses predecesseurs auoyent tenue, & en laquelle il auoit esté nourry.

Clotilde, fille du Roy de Bourgōgne, fut mariee au Roy Clouis.

Du premier fils de Clouis, qui fut baptisé, & puis mourut.

L'an cccc. quatre uingts et six Les enfans du Roy Clouis furēt baptisez, nō obstāt qu'il fust payen.

EN l'an de grace quatre cens quatre vingts & six, ladicte Clotilde eut vn fils, lequel du consentement dudict Clouis, qui encores estoit payen, elle feit baptizer & nommer Yngomire, mais tantost il mourut: & dist ledict Clouis que ses dieux estoyēt courroucez, & que sondict fils estoit mort, par ce que ladicte Clotilde l'auoit faict baptiser, & qu'il cognoissoit que Iesus Christ, auquel elle croyoit, estoit vil, & non puissant, puis qu'il n'auoit sceu garder celuy par qui sa loy pouuoit estre exaulcé en France. A quoy la Royne respondit sagement, qu'elle estoit bien heureuse de ce que la volonté de son Dieu auoit esté de prendre le premier fruict de son ventre. Aucun temps apres elle eut vn autre fils, lequel elle feit semblablement baptizer, y consentant son mary à tresgrand' difficulté, & fut nommé Clodomires: & tātost apres qu'il fut baptizé, il deuint malade, & cuyda mourir: & par ce dist ledict Clouis qu'il en aduiendroit comme de l'autre, & qu'autant qu'elle en auroit qui fussent baptisez, que tous mourroyent, & que ses dieux en estoyēt courroucez. Toutesfois par les prieres de ladicte Clotilde, Dieu permit q̄ ledict enfant vint à conualescence, & ne mourut pas. *Nec tamen propter hæc rex ab infidelitate recedit.*

L'an cccc. iiii. xx. & ix.

En l'an quatre cens quatre vingts & neuf, ledict Clouis alla en bataille contre Siagre, fils dudict Gillon, qui s'estoit esleué pendant qu'il faisoit guerre ailleurs, & l'asiegea dedās la cité de Soissons, & le vainquit, & destruisit ladicte cité: mais ledict Siagre s'eschappa, & s'en alla à Thoulouze, par deuers Alaric Roy des Vvisigots, lequel le feit tuer, pour la doubte qu'il auoit dudict Roy Clouis. En l'an quatre cens quatre vingts seize, ledict Clouis submit à luy toutes les citez & villes que les Rōmains tenoyent entre le fleuue du Rin, & Seine: & en l'annee ensuyuant, quatre cens quatre vingts & dixsept, il submit toutes celles qui estoyent entre la riuiere de Seine & de Loire. En l'an quatre cens quatre vingts & dixhuit, il print par force tout le chastel de Melun sur Seine, dont le Seigneur s'estoit esleué contre luy, & le donna, auec toute la terre & seigneurie, à Aurelien son cōseiller, qui luy auoit emmené la Royne Clotilde, en faueur des seruices qu'il luy auoit faicts.

L'an ccccliiii. xx. & seize. L'an cccc. & dixsept xx. & dixsept L'an cccc. iiii. uingts & dixhuict.

Comment, & pourquoy le Roy Clouis se feit baptiser: & de la saincte Ampolle qui fut apportee du ciel, & de la mission des fleurs de Liz.

DE CLOVIS, PREMIER ROY CHRESTIEN. Fueil.xiiij.

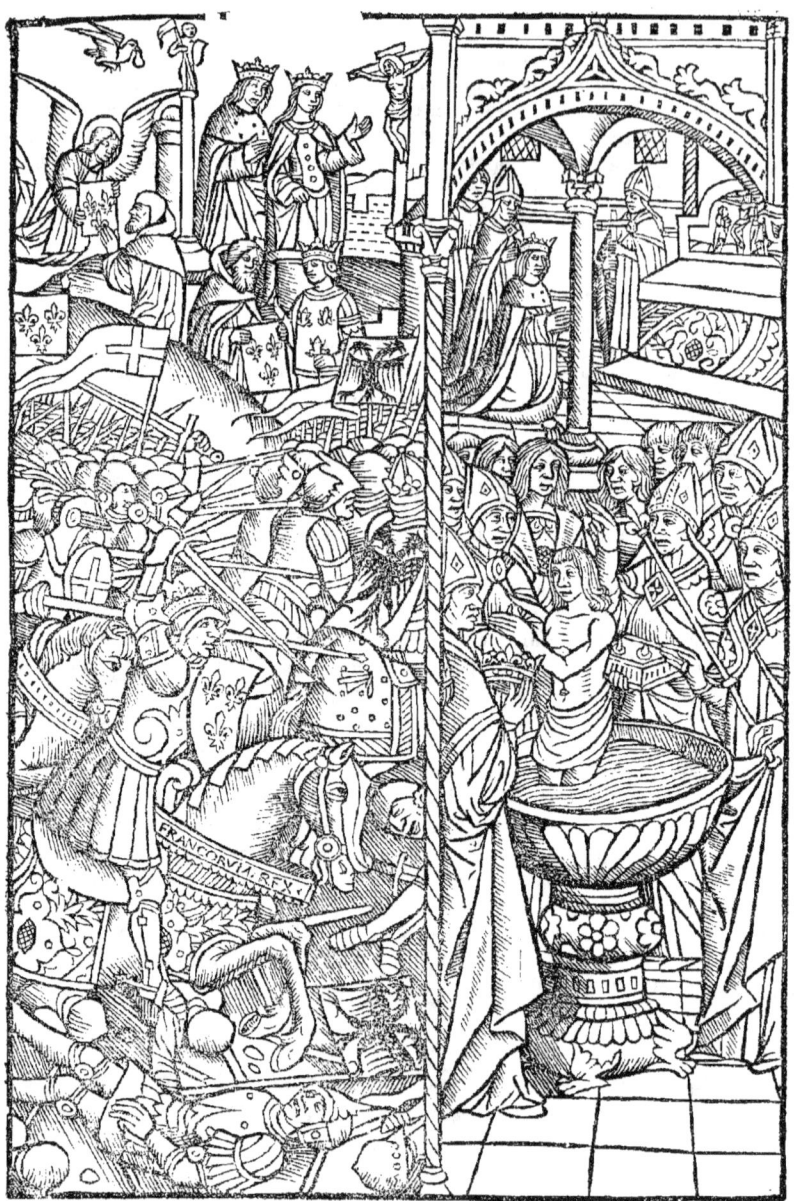

LAdicte Royne Clotilde, qui estoit vne bonne catholique, vaillante & saincte dame, mettoit toute son estude, & la peine qu'elle pouuoit, à induire ledict Roy Clouis, à soy faire chrestienner, mais riens n'y proffitoit : toutesfois aduint qu'en l'an cccc.quatre vingts dixneuf, iceluy Clouis, estant en vne bataille contre les Alemans, se trouua fort pressé entre ses ennemis. Lors luy souuint des admonitions que luy auoit faictes la Royne Clotilde, sa femme, & leua les yeulx au ciel, & dist ainsi : Sire Dieu Iesus Christ, que la Royne Clotilde, ma femme, croit & adore, deliurez moy de ce peril ou ie suis, & me donnez victoire contre mes ennemis, & ie croiray en vostre nom, & seray doresenauant vostre seruiteur:& tous ceulx de mon royaume, qui n'y vouldront croire, seront exilez, ou occis. Et incontinent aduint que par la grace de Dieu, il fut deliuré de ce peril, & eut victoire de ses ennemis, & s'en retourna triumphant : & en s'en retournant il passa par la cité de Thou, ou il trouua sainct Vvast prestre, qui apres fut Euesque d'Arras, lequel l'introduisit & enseigna en la

L'an cccc.quatre vinges xix. la belle victoire que Dieu enuoya au Roy Clouis, contre les Alemans.

c ij

LES CHRONIQVES ET ANNALES DE FRANCE.

foy Chrestienne, & s'en vint auec luy iusques à Reims, ou il trouua la Royne Clotilde, sa femme (qui estoit allee au deuāt de luy, par ce qu'elle auoit ouy reciter la belle victoire qu'il auoit eue) à laquelle il compta ce qui luy estoit aduenu, dont elle fut moult ioyeuse. Et apres ce, à sa tresgrand' requeste, sainct Remy lors Archeuesque de ladicte cité de Reims, qui estoit fils du Duc de Laon, & de Soissons, le baptisa audict an cccc.iiij.xx.xix. l'an xvj. de son regne. Auec ledict Clouis furent baptisees ses deux sœurs, Alboflede, & Andechilde, & plus de trois mil de ses gens des plus nobles Francois, sans les femmes & enfans: & en les baptisant, ainsi que l'vn des Prestres de l'eglise, qui apportoit le cresme pour l'oindre, ne pouuoit passer pour la multitude du peuple qui là estoit, & demouroit le Roy tout nud dedans les sons trop longuemēt, dont il estoit aucunemēt vergongneux, de se voir nud entre tant de peuple, aduint, ainsi qu'on trouue es hystoires de France, qu'vn coulomb blanc descendit, & apporta visiblement deuant tous, en son bec, vne Ampolle, pleine de liqueur celestielle, de laquelle luy & ses successeurs Roys de France, ont depuis esté oingts & sacrez: qui est vne digne & sacree decoration celestielle au tresnoble diademe & couronne de France: & est ladicte saincte Ampolle honorablement gardee en l'Eglise & abbaye sainct Remy de Reims.

Clouis & grād nombre de ses gens, furent baptisez par s. Remy de Reims.

La saincte Ampolle, qui fut enuoyee diuinement du ciel, pour oindre le Roy Clouis, et ses successeurs Roys de France.

Quand ledict Clouis fut esté baptisé, il donna plusieurs grans dons, terres, seigneuries, & rentes à l'eglise de Reims. A l'exemple & commandement dudict Clouis, se feirent apres baptiser tous les nobles & populaires de France. Depuis ce temps, ledict sainct Remy, Archeuesque de Reims, eut grand' authorité, & fut principal conseiller dudict Roy Clouis. Il feit edifier l'eglise de Laon, & eriger en Euesché, qui parauant estoit de l'Archeuesché de Reims: & y donna sa Duché de Laon, que les Euesques tiennent encores. Il eut vn frere nommé Principe, qui estoit Comte de Soissons, lequel abandonna le siecle, & fut esleu Euesque de Soissons, & donna à l'eglise sa Comté, que les Euesques tiennent encores de present. On lit aussi en aucunes escriptures qu'en ce temps auoit vn hermite, preud'homme & de saincte vie, qui habitoit en vn boys, pres d'vne fontaine, au lieu qui de present est appelé Ioye-en-val, en la chastellenie de Poissy, pres Paris: auquel hermite ladicte Clotilde, femme dudict Roy Clouis, auoit grande fiance, & pour sa sainteté le visitoit souuent, & luy ministroit ses necessitez. Et aduint vn iour que ledict hermite, estant en oraison, vn Ange s'apparut à luy, en luy disant qu'il feist raser les armes des trois croissans, que ledict Clouis portoit en son escu (combien qu'aucuns dient que c'estoyent trois crapaux) & au lieu d'iceulx portast vn escu, dont le champ fust d'azur, semé tout de fleurs de liz d'or: & luy dist que Dieu auoit ordonné que les Roys de France portassent doresenauant telles armes. Ledict hermite reuela à la femme dudict Clouis son apparition: laquelle incontinēt feit effacer lesdicts trois croissans, ou crapaux, & y feit mettre lesdictes fleurs de liz, & les enuoya audict Clouis son mary, qui pour lors estoit en guerre contre le Roy Andoc, sarrazin, qui estoit venu d'Alemaigne à grand' multitude de gens es parties de France, & auoit son siege deuant la place de Conflans saincte Honorine, pres Pontoise. Clouis se combatit, & eut victoire: & combien que la bataille commencast en la ville, toutesfois fut elle acheuee en la montaigne, en laquelle est à present la tour de Montioye: & là fut prins premierement, & nommé le cry des Francois, & les armes, c'est à scauoir, Montioye: & depuis y a esté adiousté sainct Denis. Et en la reuerence de la mission desdictes fleurs de liz, fut illec en la valee fondé vn monastere de religieux, qui fut, & encores est appelee l'abbaye de Ioye-en-Val, pour la mission de la saincte Ampolle, & desdictes fleurs de liz, qui furent enuoyees à ce grand Roy Clouis, premier Roy Chrestiē: en quoy appert euidemment que Dieu nostre pere, & sauueur, a singulieremēt aymé les Roys de France, & les a voulu decorer & garnir de singulieres graces & preeminences par dessus tous autres Roys & Princes terriens, & d'iceulx faire les deffenseurs de la saincte foy & loy de Iesus Christ. Ce qui appert par l'interpretation desdictes fleurs de liz qu'il leur transmit: car par icelles bien entendues peult on veoir qu'en vne fleur de liz y a trois fleurons, vn grand hault au meillieu, & deux moyens d'vne pareille haulteur aux deux costez. Le hault fleuron au meillieu, signifie la saincte foy & loy de Iesus Christ: & les deux de moyenne haulteur, qui sont l'vne à dextre, & l'autre à senestre, signifient sapience & noblesse: lesquels sont ordonnez pour soustenir, garder, & deffendre le hault fleuron, qui est entre eulx deux, qui signifie la foy. L'vn, c'est à scauoir, sapience, par argumens & raisons (ce sont les Docteurs & clercs des vniuersitez, dont le royaume est plus decoré que nul autre royaume) & l'autre par force & puissance d'armes: ce sont les Princes, barons, cheualiers, & autres plusieurs nobles, dont y a grand' multitude en cedict royaume de France. En l'an de grace cinq cens & vn, apres que ledict Roy Clouis fut baptisé, à la requeste de ladicte Clotilde sa femme, il feit grand' guerre à Gondemar, Roy de Bourgongne, oncle d'icelle Clotilde: lequel auoit tué son pere, & faict noyer sa femme, mere de ladicte Clotilde, & tāt le fatiga qu'il se rendit à luy, & se feit

Des trois fleurs de liz qui furēt diuinement apportees par l'Ange, au lieu dict Ioye-en-Val.

L'exposition et interpretation des fleurs de lis & armoirie de France.

L'an cinq cens & vn, le Roy de Bourgongne aduoua tenir sa terre du Roy de France.

feit tributaire, & aduoua tenir de luy sa terre de Bourgongne. Mais apres ce que Clouis fut retourné, & qu'il eut laissé Godegisille, pour gouuerner ledict païs de Bourgongne, auec six mil Francois, ledict Gondemar afsiegea ledict Godegisille en la cité de Vienne, & le print & le tua, & tous lesdicts Francois, & refaisit de sa terre.

De la guerre que feit Clouis à Alaric Roy des Vvisigots, & du merueilleux iugement que feit le Roy d'Italie contre Alaric.

EN l'an de grace cinq cens & six, ledict Clouis, voyant que les Vvisigots, qui tenoyent l'heresie Arrienne, occupoyent grand' partie des païs de Gaulle, c'est à sçauoir, tout les païs du long de la riuiere de Loire, depuis Orleans iusques aux monts Pyrenés (qui font la separation de France & des Espaignes) & les païs de Berry, Auuergne, Lymosin, Quercy, Perigort, Angoulmois, Agenois, Languedoc, Prouence, & autres circonuoysins: lesquels païs ils auoyent conquis, & enchacé d'iceulx les Rommains, qui parauant les possedoyent, enuoya vn sien conseiller, nommé Paterne, deuers Alaric, Roy desdicts Vvisigots, pour auoir auec luy alliance de paix: lequel Alaric faindement feit alliance auec luy, & par l'attouchement de sa barbe, selon la coustume ancienne, l'adopta son fils, & l'instituta son heritier, parce qu'il n'auoit nul enfant. Mais tantost apres ledict Alaric rompit les alliances, & eurent aucunes guerres & questions l'vn contre l'autre, pour lesquelles appaiser fut deliberé qu'ils auroyent parlement ensemble, à petite compaignie de gens: & l'annee cinq cens & huict ledict Clouis alla en Guyenne, pour parler audict Alaric: mais iceluy Alaric, qui auoit dict & promis qu'il n'y viendroit qu'à petite compaignie, & sans armeures, feit secretement apporter à ses gens, grands bastons de fer. Le messager q Clouis auoit enuoyé deuers luy, qui ce veit en aduertit son Seigneur: parquoy il n'y alla point: & de ce sourdit entr'eulx grand' contumelie, & grand' guerre, qui longuement dura. A la parfin de leur debat se submirent à Thierry, Roy des Ostrogots, en Italie, qui auoit espousé la sœur de Clouis, & estoit pere de la femme dudict Alaric, lequel apres ce qu'il eut ouy les raisons que les Orateurs & Legats desdicts deux Roys alleguerent, appoincta p sa sentéce & iugemét qu'vn des cheualiers du Roy Clouis ficheroit vne lance deuāt le Palais d'Alaric, & qu'iceluy Alaric & ses Vvisigots ietteroyét tant de deniers d'argét sur ladicte lance, qu'elle en seroit toute couuerte, tellement qu'on n'en verroit plus de poincte: lesquels deniers seroyent audict Clouis, Roy de France: lequel iugement (qui fut merueilleux) despleut moult ausdicts Alaric & ses Vvisigots, & n'en voulurent riens faire, disans qu'ils ne sçauroyent accoplir, & feirent moult d'iniures aux messagiers dudict Clouis, lesquels à grand' peine peurent eschaper vifs. Toutesfois ils s'en retournerent sans rien faire, & feirent leur rapport audict Clouis, lequel fut de ce moult courroucé: parquoy il assembla grāde puissance de gés: & en l'an cinq cens & neuf, il meut son ost pour aller contre ledict Alaric, & passa la riuiere de Loire: & quand il vint pres de Tours, il enuoya messagiers faire ses offrandes à Dieu, & au glorieux corps monseigneur sainct Martin, requerant luy ayder contre lesdicts Vvisigots, qui estoyent infideles, comme dict est: & aduint ainsi que les messagiers de Clouis entrerét en l'eglise sainct Martin de Tours, ils ouyrent que les prestres chantoyent ce verset du Psaultier: *Præcinxisti me domine virtute ad bellum, & supplantasti insurgentes me subtus me, & inimicorum meorum dedisti mihi dorsum, & odientes me disperdidisti.* Quand les messagiers eurent ce ouy, ils furent moult ioyeux: & apres qu'ils eurent accóplies leurs oraisons, deuant le corps sainct Martin, & faictes leurs offrandres, ils s'en retournerent deuers leur Seigneur, luy signifiant par ce, qu'ils auoyent ouy, signe de victoire: dont il se mit en voye, & vint iusques au fleuue de Vienne, lez Chinon: & pource que les eaues estoyent si grandes qu'elles estoyent toutes desriuees hors bort, il ne peut passer: si s'y arresta, & se logea là: & de l'autre part de la riuiere estoit ledict Alaric. Ledict Clouis se meit en oraison, & ainsi que les Francois regardoyét à trouuer passage, se va illec pres leuer vn cerf, qui sortit hors de la forest de Chinon, & se meirent les Francois à le chacer: & tant le poursuyuirent que ledict cerf fut si mal mené qu'il fut contrainct se mettre en la riuiere, & la trauersa p vn endroit tout à pied, sans nager, & à celle heure les Francois conclurent que c'estoit *quid diuini auxilij*, & que Dieu leur auoit miraculeusement enuoyé ledict cerf, pour leur monstrer le chemin & passage. Si le laisserent aller, & tous passerent ladicte riuiere de Vienne, à l'endroit ou ledict cerf l'auoit trauersee. Parquoy ledict Alaric, qui en fut aduerty, se retira à Poitiers.

L'an cinq cens & six.

Des Vvisigots qui tenoyét l'heresie Arrienne.

L'an cinq cens & huict.

Du iugemét que feit le Roy d'Italie, entre le Roy Clouis & Alaric Roy des Vvisigots.

Le Roy Clouis pria S. Martin qu'il luy dōnast ayde contre les Gots.

Du miracle que Dieu feit par le moyé d'vn cerf qui sortit de la forest de Chinō.

c iij

Comment Clouis combatit, & tua de sa main Alaric, Roy des Vvisigots, deuāt Poitiers: & comment les murs d'Angoulesme tombirent deuant luy miraculeusement.

TAnt cheuaucha le Roy Clouis, & ceulx de sa compaignie, qu'ils vindrent deuant la cité de Poitiers, ou estoit ledict Alaric, & feit le Roy tēdre ses pauillons pres de l'eglise sainct Hilaire: & aduint q̃ la nuict entour minuict, fut veu par plusieurs vn estourbillō de feu, qui sortit de l'Eglise sainct Hilaire, & vint descēdre droict sur la tente ou le Roy dormoit. Aucūs qui ce signe veirent, le tindrent à grād si-gnifiance. Si feit le Roy faire deffence à ses gens, que nul ne print aucune chose sans payer. Le lendemain ledict Clouis ordonna ses batailles noblement, contre ledict Alaric & ses Gots, qui vindrent à l'encontre, & s'assemblerent à bataille en vn champ nommé Nagladiense, ou Vogladense, pres la riuiere du Clin. Quand ledict Alaric & ses Gots approcherent, & ils

Clouis descōfit le Roy Alaric, et les Gots, deuāt Poitiers.

veirent les estandars & bannieres des Francois desployees, semees de fleurs de liz, ils furent tous esbahis que ce pouuoit estre: car ils sçauoyent bien que les armes que les Francois portoyent parauant, estoyent de trois croissans ou crapaux. La bataille commença, & fut aspre & cruelle: mais par la grace de Dieu tous les Gots furent desconfits, morts, ou en fuite. Ledict

Le Roy Clouis occist Alaric Roy des Gots.

Clouis en icelle bataille se porta moult vaillamment, & se meit si auant, qu'il trouua façon de rencontrer ledict Roy Alaric, au meillieu de ses gens, & se combatit à luy corps à corps. Finalement de son espee le rua mort par terre. Almaury fils dudict Alaric s'eschappa d'icelle bataille, & s'en alla en Espaigne, ou il fut seize ans. Apres ladicte victoire ledict Clouis enuoya son fils bastard, nommé Theodoric, en Guyenne, auec grand' armee: lequel luy soubmit en sa seigneurie ceulx de Rouergue, Rhodes, Albic, Auuergne & Lymosin, Quercy, Agenois, & tous les pais iusqu'en Bourgongne, par ce que les habitans dudict pais estoyent venuz à l'aide dudict Alaric, soubs Apolinaire leur Duc, qui estoit mort en ladicte bataille. Le Roy passa oultre les riuieres de Gironne, & de Dordonne, & s'en alla yuerner en la cité de Bordeaux: & l'annee ensuyuant retourna deuers luy ledict Theodoric, son fils bastard. Puis

Le Roy Clouis print la cité de Toulouze.

alla le Roy à Thoulouze: la cité print, & y trouua les thresors dudict feu Roy Alaric, qui moult estoyent grands, & print & subiugua à luy tous les pais circonuoysins. A son retour il passa par Angoulesme, que lesdicts Gots tenoyent: & quand il fut deuant, & eut asis son siege, *nu tu diuino* les murs de la cité tōberent deuant luy. Si fut prinse la cité, & tous les Gotiens tuez: & semblablement tous ceulx qui estoyēt es citez voysines, toutes lesquelles ledict Clouis submit à sa seigneurie depuis ladicte riuiere de Loire, iusques ausdicts monts Pirenés, qui separent France des Espaignes: & deslors commença fort le royaume des Francois à accroistre, esleuer & fleurir, & celuy des Rommains à abbaisser.

Comment Clouis fut retenu Senateur à Romme, & appelé Auguste.

L'an cinq cens & dix.

L'An de grace cinq cens & dix, apres q̃ ledict grād Roy Clouis eut deietté & chacé tous lesdicts Gots arriere de tous les pais dessusdicts, il s'en retourna en France, & vint à Tours, pour rendre graces à Dieu, & à monseigneur sainct Martin, de la victoire qu'il auoit eue. Et luy estant en la cité de Tours, luy vindrent messagers de par Anastasie, qui estoit empereur de Romme, & de par les Rommains, qui luy apporterent lettres, par lesquelles estoit contenu que ledict empereur, & les Rommains, pour la grand' cheualerie, sens & vaillance qu'ils auoyent ouy racōpter dudict Clouis, ils le retenoyent leur amy alié, Conseiller & Senateur de Romme, & luy feirent de moult beaux, riches, & grands presens: & entre autres choses luy apporterent des robbes, telles q̃ les Senateurs les portoyent lors à Rōme, lesquelles il vestit: & ausi luy apporterent vne couronne d'or, garnie de moult riches pierres precieuses, laquelle il meit sur son chef, & monta sur son cheual, en son Palais, qui estoit entre la cité & l'Eglise sainct Martin de

Clouis feit ietter force or & argent au peuple

Tours: & donna de grands dons d'or & d'argent, qu'il feit ietter au peuple, qui cria largesse au grand Roy Clouis de France, Auguste & Consul des Rommains. Puis renuoya ledict Clouis offrir ladicte couronne en l'Eglise sainct Pierre de Romme, par l'admonnestemēt de sainct Remy: & feit de grands presens aux ambassadeurs dudict Empereur. Ces choses faictes, ledict Clouis feit ses offrandes, & de grands dons à sainct Martin de Tours. Puis s'en retourna à Paris, & constitua que là seroit le principal siege de son royaume: & à la poursuyte de Clotilde sa femme, pour recongnoissance de la victoire qu'il auoit eue, feit faire hors les murs de Pa-

La fōdatiō de sainte Geneuiefue, au mōt de Paris.

ris, à l'hōneur de sainct Pierre & sainct Paul, vne eglise, qui de present est appelee saincte Geneuiefue, au mont de Paris, qui parauant estoit appelee, le mont sainct Pierre: & lors commença la ville de Paris à croistre de ce costé là.

Comment

DE CLOVIS, PREMIER ROY CHRESTIEN.

Comment Clouis rachepta son cheual qu'il auoit donné à S. Martin.

ENtre autres dons q̃ feit ledict Clouis à l'eglife fainct Martin de Tours, il y offrit & dõna son palefroy, sur quoy il estoit monté en faisant ses victoires, & depuis le voulut rachepter, & r'auoir, en donnãt le prix qui luy sembloit qu'il pouuoit valoir: & enuoya deuant la chasse du corps dudict sainct Martin, cent sols d'or de la monnoye lors courãt. Puis voulut monter dessus, mais pourtãt ledict cheual ne se voulut mouuoir, & sembloit qu'il eust les pieds atachez en terre: & alors ledict Clouis augmenta d'autres cent sols, vne fois, deux fois, trois fois, & iusques à la cinquième fois, & alors ledict cheual se meut: & ce voyãt ledict Clouis dist que sainct Martin estoit bon en ayde, mais il estoit cher en pris. *Bonus in adiutorio Martinus, sed charus precio.* Tantost apres ledict Roy Clouis fut si griefuement malade qu'on cuidoit qu'il deust mourir, parquoy il manda S. Seuerin, qui lors estoit abbé de l'abbaye de Chabliz, en Bourgongne: lequel vint deuers luy, & se meit en oraison, & tãtost par ses prieres fut le Roy guery, & depuis ledict sainct Seuerin ne partit plus de France, & vsa le demourant de ses iours au pais de Gastinois, en vn lieu apelé Chasteaulandõ. En l'an v.c. & xj. ledict Theodore Roy des Ostrogots, qui regnoit en Italie, estant courroucé de la mort d'Alaric son gendre, que Clouis auoit tué deuãt Poitiers, enuoya vn de ses comtes, nommé Ibba, auec grand nõbre de gens en Aquitaine, pour faire guerre aux Francois, que le Roy Clouis y auoit laissez, pour la garde du pais, & en tuerent bien trete mil. En ce temps florissoit en bonnes oeuures S. Arnoul, lequel auoit esté baptizé par S. Remy: & en preschant la foy de Iesus Christ, en vne forest pres Paris, nommee Yueline, fut martirisé, & là ensueuly par Stasiberge sa femme: & est de present appelé le lieu S. Arnoul en Yueline.

Sainct Seuerin vsa sa vie au Chasteaulandõ en Gastinois.

L'an cinq cens & vnze.

sainct Arnoul.

Du concile que Clouis feit assembler à Orleans, auquel furent ordonnees les elections des benefices.

EN l'an de grace cinq cens & douze, par l'ordonnance & commandement du Roy Clouis, fut en la cité d'Orleans assemblé le premier concile, qui fut tenu de l'Eglise Gallicane, auquel auoit trente deux Euesques, & plusieurs autres Prelats en grand nõbre: entre lesquels estoit sainct Melone, Euesque de Redon, qui estoit grand conseiller dudict Clouis. Auquel concile furent statuez & ordõnez plusieurs beaux decrets, & entre autres, que les elections & confirmations des dignitez, & autres benefices electifs, seroyent faicts en ce royaume selon les anciens Canons, *Vt narrat Vincentius, in Speculo historiali libro xxii*. En ceste annee mourut à Paris saincte Geneuiesue, pleine de vertuz & merites, aagee de quatre vingts ans: & fut enterree en l'eglise S. Pierre & S. Paul, que Clouis auoit fondee: & depuis, à cause de ladicte Saincte, icelle eglise a esté & est appelee saincte Geneuiesue.

L'an cinq cens & douze.

saincte Geneuiesue mourut à Paris l'an de grace v.c.xii. & de son daage iiii.xx.ans.

De la mort du Roy Clouis.

EN l'an de grace cinq cens & treze, ledict Clouis, aduerty qu'vn mauuais & tyranique Duc de Cambray, nommé Raniere, qui estoit de sa lignee, & vn sien frere, pour la mauuaise tyranique & luxurieuse vie qu'ils menoyent, estoyẽt en la haine de leurs subiects, esleut guerre contre eulx. Ils vindrent au deuant de luy, pour le combattre, mais ils furent tuez & desconfits par leurs gens mesmes, qui les liurerent: & s'ensaisina ledict Clouis, de leur terres & thresors. En l'annee ensuyuãt cinq cẽs quatorze print vne maladie audict Clouis, de laquelle il trespassa, & fut enterré en ladicte eglise S. Pierre & S. Paul, qu'il auoit fondee au mont pres Paris, à present appelee saincte Geneuiesue.

L'an de grace. v.c. xiii.

L'an cinq cens xiiii.

Des quatre fils de Clouis, qui partirent le royaume.

LEdict Clouis eut de Clotilde sa féme trois fils & deux filles: & semblablement il eut vn autre fils, nommé Theodoric, d'vne féme qu'il ayma par amours auãt qu'il espousast ladicte Clotilde, lequel herita auec ses autres freres, pource qu'il estoit vaillant cheualier, & si auoit fait partie des grands conquests du temps de feu son pere. Lesquels fils, apres son trespas, partirent le royaume, & fut chascun d'eulx appelé Roy en sa portion, ainsi qu'il s'ensuyt: Clotaire eut Vermandois, Picardie, Flãdres, & Normandie, & meit le siege de sõ royaume à Soissons. Clodomires eut les pais de Bourgongne, Dauphiné, & toute Prouéce, iusques à la mer, & meit son

c iiij

siege à Orleans: & Childebert regna, & eut Paris, Poitou, Touraine, le Maine & Aquitaine. Theodoric, qui estoit bastard, eut Lorraine, & les païs deca & dela la riuiere du Rin, iusques à Reims, & mit son siege à Mets. L'vne desdictes filles, nommee Clotilde, fut mariee à Almaury Roy des Vvisigots: & l'autre nommee Tichilde, vescut en virginité, en l'abbaye de sainct Pierre de Sens, qu'elle fonda: & Clotilde leur mere vescut depuis solitairement, & se tint par deuotion au sepulchre de sainct Martin de Tours, ou auoit moynes de sainct Benoist. Icelle Clotilde fonda premierement vne eglise au lieu ou est de present l'abbaye de Chelles, pres Paris, en l'honneur nostre Dame: & cõbien que lors, & depuis, ayt eu plusieurs Roys qui ayent regné en France en diuers lieux: toutesfois ne met la Cronique au rang ny au nõbre des Roys de France, que ceulx qui ont regné & tenu leur siege à Paris: & ce qu'est escript des autres n'est que par incidence, ou pour seruir à propos & r'amener à memoire, & donner entendre les faicts & gestes de ceulx qui regnoyent à Paris: & par ce est cy cõmencé le regne de Childebert.

Vn bastard nõmé Theodoric succeda en partie à la courõne de France.

En l'an de grace cinq cens & seize, vne maniere de gens, qu'on appeloit Danois, s'esleuerẽt, & vindrent par la haulte mer, & enuahirent du costé d'Alemaigne la terre de Theodoric, Roy de Mets, & la depopulerent par feu & par glaiue. Parquoy il enuoya vn sien fils, nommé Theodebert, auec grand ost au deuant d'iceulx Danois, & les chaca & desconfit, & leur osta toutes les richesses & prisonniers qu'ils auoyent amassez, & tua leur Roy nommé Clochilaic. Puis s'en retourna ledict Theodebert triumphant & victorieux vers ledict Theodoric son pere à Mets. En l'an de grace cinq cens dixhuit ledict Theodoric Roy de Mets, fut appelé en ayde par Ermenfroy, Roy de Thoringe, à present nommee Lorraine, qui auoit guerre contre son frere Bertaire: & luy promit ledict Ermenfroy la moytié dudict royaume: lequel Theodoric y alla, & tua ledict Bertaire, & ainsi cõquit la moytié dudict royaume de Thoringe. Iceluy Ermenfroy auoit à femme Mauberge, fille du Roy Thierry d'Italie, & de la sœur du feu Roy Clouis, laquelle estoit moult orgueilleuse, pour son hault lignage: & par son conseil ledict Roy Ermenfroy feit occire deux freres qu'il auoit, pource qu'elle les hayoit.

L'an cinq cens & seize.

De la guerre que les trois fils Clouis feirent au Roy de Bourgongne, à la requeste de leur mere Clotilde.

L'an cinq cens & vingt.

EN l'an de grace cinq cens & vingt, la Royne Clotilde, veufue du feu Roy Clouis, manda ses autres trois fils, Childebert, Clodomire & Clotaire, & les pria & admonnesta qu'ils vẽgeassent sus les Bourguignons la mort de ses pere & mere, que Gõdebault, son oncle, auoit fait mourir, & recourassent la terre qui luy deuoit appartenir, combien que ledict Gõdebault, son oncle, fust ia mort, laissez deux fils, vn nommé Sigismond, & l'autre Gondemar, qui tenoyent ledict royaume de Bourgongne, qui luy deuoit appartenir. Les trois Roys, à la requeste de leur mere, assemblerẽt leur ost en Bourgongne, entrerent, & se combatirent contre Sigismond l'vn desdicts fils de Gondebault, ou les Francois eurent victoire, & ledict Sigismond s'enfuyt, pour soy cuider sauuer en l'abbaye de Chablis, qu'il auoit fondee & fait edifier. Clodomire, Roy d'Orleans, le suyuit & le print, luy, sa femme & enfans, & les mena à Orleans prisonniers. Sainct Auit, qui lors estoit abbé d'vne abbaye pres Orleans, feit plusieurs fois requeste audict Clodomire qu'il leur voulsist sauuer la vie, mais il n'en voulut rien faire, & les feit tous ietter & aggrauanter dedans vn puits.

sainct Auit d'Orleans.

De la mort de Clodomire Roy d'Orleans, qui fut tué en champ de bataille.

L'an cinq cens vingt & vn.

EN l'annee ensuyuant, qui fut l'an de grace cinq cens xxj. ledict Roy Clodomire, à la requeste de sa mere, retourna de rechef auec sa grand' armee en Bourgongne, pour gaster la terre. Le Roy Gondemar de Bourgongne, frere de feu Sigismõd, qui auoit esté tué l'annee precedente, vint au deuant de luy à grand ost, iusques & aupres de Vienne en Dauphiné, & là se combattirent moult cruellemẽt en vn lieu appelé Murosance, ou Viseronte. Mais les Bourguignõs ne peurent endurer l'impetuosité des Frãcois, & se meirent en fuyte. Ledict Clodomire, Roy d'Orleãs, voyant que ses ennemis s'enfuyoyent, cõme hõme de hault & fier courage, se meit en la chace apres eulx, tant que le dextrier le peut porter, frappant à dextre & à senestre, & abbatant ce qu'il rencontroit: mais il fut plus vaillant que sage. Car il cheuaucha si indiscretement sans prendre garde à ses gens, qu'il passa tous ceulx de sa cõpaignie: & ce voyãt les Bourguignons, ses ennemis, au meillieu desquels il se trouua seul, & qu'il ny auoit nul de ceulx de sa compaignie auec, ne pres de luy, se retournerent, & le recommencerent à assaillir en iettant dards sur luy, qui se deffendit vaillamẽt, & moult en tua, mais à la fin il fut tué. Quand ses gens sceurẽt qu'il fut mort ils furẽt moult troublez, mais ce neãt-

Le Roy Clodomire par son imprudence fut tué de ses ennemis en champ de bataille.

moins

DES ENFANS DE CLOVIS. Fueil.xvij.

moins ne laisserent pas à poursuyure leurs ennemis, & tellement qu'ils les tuerent, & desconfirent presque tous. Puis s'en retournerent en France : & en leur retournant, coururent toute la terre de Bourgongne, & tuerent hommes, femmes, & petis enfans, de quelque aage ou sexe qu'ils fussent, & bruslerent villes, citez, & chasteaux. Iceluy feu Clodomire laissa de la Royne Goldeacque, sa femme, trois enfans, l'vn nommé Theodoal, l'autre Gontran, & le tiers Cloud. Ladicte Royne Clotilde veufue de Clouis, qui estoit leur ayeulle, print la garde desdicts trois fils, & les feit nourrir moult soueuemét : & le Roy Clotaire de Soissons s'ensaisina dudict royaume d'Orleans, & print à femme ladicte Goldeacque leur mere, qui femme auoit esté de son frere.

Les François tuerēt en Bourgongne hōmes, femmes, & enfans.

De la guerre que Clotaire & Theodoric feirent en Bourgongne: & de Childebert, qui apporta d'Espaigne la coste sainct Vincent.

Vād le Roy Clodomire fut ainsi tué, ses deux freres, Clotaire & Childebert, assemblerent de rechef leur ost en Bourgongne, & y entrerent, & chacerent ledict Roy Gondemar, & prindrent sa femme prisonniere. La terre destruisirent, & meirent à leur subiection. Ledict Gondemar auoit vn serourge de par sa femme, nommé Amaulry, qui estoit fils de feu Alaric, Roy des Vvisigots, que le Roy Clouis auoit tué deuāt Poitiers, lequel Amaulry s'en estoit allé en Espaigne apres la mort de sondict pere, comme a esté dict cy deuant, & tenoit encore vne partie du regne de son pere, es parties de Lāguedoc, & ne s'estoit point les annees precedentes voulu entremettre de la guerre de ses freres, contre les Francois. Celuy Amaulry en l'an cinq cens xxiij. enuoya ses messagers & ambassadeurs, pour faire alliance ausdicts Childebert & Clotaire, Roys de France, & leur demāda Clotilde vne de leurs sœurs, en mariage, qu'ils luy octroyerēt. Mais quand il l'eut espousee, il luy mena moult laide vie, & luy faisoit plusieurs rudesses : & souuentesfois la battoit, tellement qu'elle vomissoit le sang : & quand elle alloit à l'eglise, & qu'elle estoit en oraison, il luy faisoit ietter sur elle plusieurs ordures & infections : par ce qu'elle estoit bonne chrestienne, & il estoit corrompu de l'heresie Arrienne.

L'an cinq cens xxiij.

En l'an cinq cens xxiiij. Theodoric Roy de Mets, enuoya sommer Ermenfroy, Roy de Thoringe, qu'il luy baillast & deliurast la moytié dudict royaume de Thoringe, ou Lorraine, qu'il luy auoit promis, comme dict a esté dessus : & pour ce qu'il delayoit de ce faire, luy & ledict Clotaire, Roy de Soissons, son frere, luy feirent guerre, & le desconfirent luy & ses gens, & meirent toute sa terre à leur subiection. Tant mourut de Thoringiens sur le riuage d'vne riuiere, qu'on passoit par dessus les corps mors, comme sur vn pont: toutesfois iceluy Ermenfroy eschapa de la bataille, & se retrahit en vn fort chastel, ou ledict Theodoric luy manda qu'il vint parler à luy à seureté, en vne ville, qui estoit pres dudict chastel : lequel Ermenfroy y alla, & vn iour iceluy Theodoric, faignant de le vouloir entretenir par belles parolles, le mena sur les murs de ladicte ville, qui estoyent haulx & larges, & se pourmenoyent ensemble l'vn aupres de l'autre : & subitement ledict Theodoric bouta ledict Ermenfroy, tellement qu'il le feit cheoir du hault des murs à bas, & se rompit & froissa le corps, & mourut. Et apres ce ledict Theodoric feit estrangler ses enfans, & s'ensaisina de tout ledict royaume de Thoringe. Et entre autre proye que ledict Clotaire emmena de ladicte guerre de Thorīge, dicte Lorraine, il emmena vne ieune fille, nommee Radegonde, qui fille auoit esté du feu Roy Bertaire, frere dudict Ermenfroy, laquelle il espousa & print à femme, comme dict sera cy apres.

L'an cinq cens xxiiij.

Theodoric feit mourir Ermenfroy Roy de Lorraine.

saīcte Radegōde.

En l'annee cinq cens xxv. Childebert, le Roy de Paris, se delibera d'aller faire guerre aux Sarrazains en Espaigne, il se meit en voye, & alla en la cité de Cleremont en Auuergne, pour assembler son ost. Luy estāt en ladicte cité, Clotilde sa sœur, qui femme estoit d'Amaulry, Roy des Vvisigots, luy feit à sçauoir qu'à l'occasion de ce qu'elle estoit Chrestiēne, ledict Amaulry son mary, luy tenoit moult rudes termes, & luy faisoit de tant grandes rudesses, qu'elle ne pouoit plus endurer, luy suppliant qu'il la voulsist deliurer de la peine ou elle estoit, & venger sa honte: parquoy ledict Childebert fut moult courroucé, & quand son armee fut assemblee au pais d'Auuergne, il se meit en chemī, & entra en la terre dudict Amaulry, son serourge: lequel quand il sceut sa venue, alla contre luy, & se combatirent cruellemēt: mais à la fin ledict Childebert eut victoire contre ledict Amaulry, lequel pour soy cuider garantir, en s'enfuyant, se voulut mettre dedans vne eglise, mais en y voulant entrer vn Francois luy bailla d'vne lance au trauers du corps, & le tua. Apres ladicte bataille iceluy Childebert passa oultre, & s'en alla en Espaigne, ou il print la cité de Thelete, & plusieurs autres citez, & passa tout le pais, & apporta de ladicte conqueste, entre les autres choses singulieres, vne des costes sainct Vincent martir, que ceulx de Sarragoce luy dōnerent, à fin qu'il leuast son siege qu'il auoit mis deuāt

L'an cinq cens vingt & cinq.

Childebert apporta du païs d'Espaigne vne des costes s. Vincent.

ladicte cité, & plusieurs autres beaux reliquaires, calices d'or, liures d'Eglise, chasses de corps saincts, moult aornez, d'or, d'argent, & de pierres precieuses. Toutes lesquelles choses il donna, & feit departir aux eglises de France, sans rien en retenir, & principalement à l'eglise S. Pierre, dicte à present saincte Geneuiesue à Paris.

Comment Theodoric, Roy de Mets, print la cité de Clermont sur Childebert, Roy de Paris, son frere, ce pendant qu'il estoit allé faire guerre en Espaigne, dont apres son retour se meut grand' guerre entre eulx.

L'an cinq cens vingt & sept.

EN l'an cinq cens xxvij. pendãt que ledict Childebert estoit occupé à faire guerre en Espaigne, son frere Theodoric, Roy de Mets, reprint sur luy la cité de Clermont, & plusieurs autres qui estoyẽt des limites du royaume, lesquelles auoyẽt esté baillees par trahison audict Childebert, d'vn nommé Archades, Senateur d'icelle ville, pẽdant que Theodoric faisoit la guerre en Thoringe: & disoit iceluy Theodoric, qu'elles luy deuoyent appartenir, & qu'il les auoit premierement conquises sur les Gots, des le viuãt du Roy Clouis leur pere. De ladicte prinse fut ledict Childebert fort indigné contre son frere. Si s'en partit d'Espaigne, & se mit à chemin pour retourner: & en

Clotilde femme d'Amaulry

s'en retournant print & se saisit des terres & thresors de feu Amaulry, Roy des Gots, son serourge, qu'il auoit tué & desconfit, & voulut amener Clotilde sa sœur, veusue dudict Amaulry, mais elle mourut en chemin: dont feit apporter le corps d'elle, & le feit enterrer en l'eglise saincte Geneuiesue, à Paris, pres son pere. Pendant qu'il estoit là, comme nous auons dit, estant la ville reprise, & Theodoric empesché aux autres villes prochaines, vn nommé Munderic, ou Merich, qui se disoit leur parent, s'esleua contre luy: mais en fin fut contraint s'en fuyr, & se retira en vn fort chastel, nommé Vitry, ou ledict Theodoric le feit assieger. Mais quand il veit qu'il ne le pourroit auoir de long temps, il le feit mander à seureté malicieusement par vn de ses cheualiers, nommé Argesille, lequel feit tant par belles parolles qu'il issit hors du chastel: & quand il fut hors ledict Argesille du commandement dudict Theodoric son seigneur, feit signe à ses gens qu'ils le tuassent: & ce voyãt ledict Merich tira l'espee, en disant audict Argesille, trahistre tu m'as ta foy faulsee: mais iamais ne la faulseras à autre. Si le fiert de ladicte

Trahison commise par Childebert en la personne de Merich.

espee, & le tua: & apres ce, luy & ceulx qui estoyent saillis dudict chastel, auecques luy, tuerent moult de gens dudict Argesille: mais en la fin ils furent tous tuez, & ledict Archades, qui estoit vn des traditeurs de Clermont, eschapa & s'en vint en la cité de Bourges, qui estoit au Roy Childebert, & furẽt sa femme & ses filles faictes prisonnieres en la cité de Cahors, & enuoyees en exil. Et tantost apres lesdicts deux freres Roys s'appoincterent, & s'en alla ledict Theodoric en Lorraine, & pour seureté dudict appointement furent baillez, d'vne part & d'autre, les enfans d'aucuns grands seigneurs en ostage.

Comment Theodoric voulut par trahison faire mourir son frere Clotaire, Roy de Soissons.

L'an cinq cens xxix.

EN l'an cinq cens vingt & neuf, ledict Theodoric, Roy de Mets, qui s'en estoit allé en Lorraine, qu'il auoit nouuellemẽt conquise comme dict a esté: combien qu'ils eussent luy & son frere Clotaire fait paix & appoinctement ensemble, sur leurs differens, neantmoins *suasionibus quorundam hominum nephandorum, qui assiduis gaudent mutationibus rerum*, hayoit mortellement sondict frere Clotaire le Roy de Soissons, & cherchoit tous les moyens qu'il pouoit de le faire mourir. Vn iour aduint qu'il luy mãda qu'il vint parler à luy: mais auant qu'il fust venu, il auoit fait tendre vne courtine en la salle ou il estoit, & derriere icelle courtine feit cacher grand nombre de cheualiers armez, ausquels il auoit commandé que si tost que ledict Clotaire, son frere, seroit entré, qu'ils le tuassent. Si vint ledict

De la trahison de Theodoric enuers sõ frere.

Clotaire, qui pas ne se doubtoit de sa machination, deuers ledict Theodoric: & quãd il entra en la chambre, par dessoubs la courtine, il veit les pieds des cheualiers armez: si eut doubte, & se recula, & s'en retourna en son logis, & feit armer vn nombre de ses gens, & leur commanda qu'ils allassent deuãt luy pour plus seurement parler à son frere. Quand ledict Theodoric veit qu'il estoit descouuert, & que son frere auoit apperceu son barat, il luy feit beau semblãt, & le mercia du secours & ayde qu'il luy auoit fait à la conqueste dudict pais de Thoringe, cõtre ledict Ermenfroy: & en signe d'amytié luy donna vn beau plat d'argent.

Comment

DE CHILDEBERT ET CLOTAIRE, FRERES.

Comment les deux Roys, Childebert & Clotaire, tuerent deux de leurs nepueux, enfans de leur feu frere, le Roy Clodomires, Roy d'Orleans: & coment le tiers desdicts enfans, qui fut faict Cloud, s'eschappa de leur presence, & se feit moyne.

EN l'an de grace cinq cens xxxj. la bonne dame Clotilde, veufue dudict Roy Clouis, mere desdicts Roys, demouroit lors à Paris, & nourrissoit tendrement & en grand' amour ses petis fils Theodoald, Gontran, & Cloud, lesquels estoyent enfans de feu Clodomires son fils, Roy d'Orleans, qui auoit esté tué en Bourgongne à la chace de ses ennemis. Ledict Childebert, Roy de Paris, qui estoit homme moult cruel, lequel auoit plus son entendemét & affection aux choses terriénes, qu'aux celestielles, eut enuie de l'amour que ladicte Clotilde, sa mere, portoit aux enfans de sondict feu frere Clodomires, Roy d'Orleans, & auoit grād' doubte, que sadicte mere les voulsist faire regner en France. Si manda Clotaire Roy de Soissons son frere, venir à luy: & quand il fut venu ils machinerent ensemble coment ils pourroyent faire mourir lesdicts trois enfans, leurs nepueux. Si māderét à ladicte Clotilde qu'elle leur enuoyast lesdicts enfans: & disoyét qu'ils les vouloyét veoir, & leur bailler la portion du royaume qui leur deuoit appartenir. Soubs ceste couleur ladicte Clotilde, qui de ceste nouuelle fut bien ioyeuse, les leur enuoya: & quād ils furent venuz deuers eulx, ils enuoyerét par vn messager vnes forces & vne espee à ladicte Clotilde, & luy feirét demāder leql elle vouloit mieulx ou q̄ lesdicts enfans fussent tōduz desdictes forces, & mis en religion, ou qu'ils fussent tuez de ladicte espee. Ladicte Clotilde, qui moult tēdremét aymoit lesdicts enfans, fut merueilleusemét troublee de ceste nouuelle, & disoit. He Dieu se mes petis enfans ne regnent au royaume qui leur doit appartenir, i'ay bien perdu mon temps & ma peine, de les auoir nourris, & esleuez iusques à present: & il me semble que leur meilleur seroit mourir, que d'estre tōduz. Et ce disoit elle, cuidant que lesdicts Childebert & Clotaire, ses enfans, & oncles desdicts ieunes enfans, n'eussent point la cruauté en eulx de les vouloir faire mourir. Le messager retourna & r'apporta que ladicte Clotilde disoit & auoit fait respōce, qu'elle auroit plus cher q̄ lesdicts enfans fussent mors, qu'ils fussent tonduz, ne faicts moynes en abbaye: & cela ouy, ledict Clotaire, en la presence de plusieurs, prend vne espee, & tue le plus grād desdicts enfans.

Quoy voyant le second, & qu'iceluy Clotaire, son oncle, auoit tué son frere aisné, il se retira deuers ledict Childebert son oncle, & se ietta à ses pieds en pleurāt & criant: Mon oncle & pere, mon amy, sauuez moy la vie. Lequel Childebert, meu de pitié, supplia audit Clotaire qu'il amollist son courage, & que pour l'amour de luy il respitast la vie dudict enfant leur nepueu. Et en ce disant il le tenoit embrassé, & ledict enfant luy auoit aussi embrassé les iambes, tellemét qu'il ne les pouoit lascher: mais iceluy Clotaire, meu de felon courage, dist audict Childebert: Toy mesmes as conspiré & consenty leur mort come moy, & maintenāt tu fains de n'en estre pas contét: Laisse l'aller & le recule de toy, ou soyes certain que ie te tueray toy mesmes. Et ce voyāt ledict Childebert, craignāt la chaleur & fureur de sondict frere, recula de luy ledict enfant, lequel ledict Clotaire tua incontinent de sadicte espee, comme il auoit fait le premier. Le tiers desdicts enfans, qui estoit le plus ieune, & auoit nom Cloud, par le moyen d'aucuns qui la estoyent presens, lesquels luy feirent passage entre eulx pendant la question du second frere, s'enfuit, & euada de la presence dudict Clotaire: & aucuns temps apres luy mesmes se tondit, & rendit religieux, & vescut tressainctement, tellemét qu'apres sa mort il fut canonizé, & fut son corps enterré en vne ville sur la riuiere de Seine, appelee Nogent, à deux lieues pres Paris: laquelle à cause de luy est à present appelee sainct Cloud. Quand les deux enfans furent mors, ce ne suffist pas audict Clotaire, car il tua leurs nourrices & seruiteurs, qui là estoyent presens. Et ce faict, il monta à cheual, & s'en alla hors Paris. Ladicte Clotilde, leur mere, quand elle sceut le cas ainsi aduenu, fut moult troublee de telle cruauté & felonnie, comise par ses propres enfans à ses petis enfans leurs nepueux: si feit recueillir leurs corps, & les feit enterrer en l'eglise saincte Geneuiefue, à Paris, aupres du feu Roy Clouis, leur grand pere: & apres, ce retourna à Tours, pour visiter le corps sainct Martin.

En l'an de grace cinq cens xxxiij. aduint que ledict Clotaire, Roy de Soissons, auoit en sa maison vn cheualier du païs de Neustrie, à present appelé Normandie, du païs de Caulx, nōmé Gaultier d'Iuetot, lequel estoit son chābellan: vaillāt & hardy en armes, *& maximè contra aduersarios Christianitatis*, & l'aymoit moult le Roy pour sa preud'hōmie: toutesfois aucuns par enuie, qui tousiours regne en la court des prīces, & par faulx rapports, le meirét en l'indignation dudict Clotaire, tellement qu'il iura sa mort: parquoy ledict Gaultier, congnoissant la fureur dudict Clotaire, pour sa seureté fut cōtrainct soy absenter, & s'enfuit, & s'en alla par mer hors le royaume, ou il fut l'espace de dix ans ou enuiron: pendāt lequel tēps il feit moult grād'

L'an cinq cens xxxi.

De la grande cruauté & inhumanité de Clotaire contre ses nepueux.

sainct Cloud pres Paris souloit estre nōmé Nogent.

L'an cinq cens trente trois.

LES CHRONIQVES ET ANNALES

guerre aux Sarrazains, par mer & par terre, & sur eulx eut plusieurs victoires *in incrementũ & honorem Christianæ fidei*. Apres il s'en alla à Romme, ou le Pape le receut ioyeusemẽt, & à grand honneur, pour la bonne renommee qu'il auoit ouye de luy: & pource que ledict Gaultier desiroit moult naturellement s'en retourner au pais de sa natiõ, à sa requeste le Pape escriuit au Roy lettres en sa faueur, qu'attendu qu'il auoit esté exilé par faulx rapports, & consideré la fidelité & preud'hõmie qui estoit en sa personne, & les seruices qu'il auoit faicts en la Chrestienté, qu'il le vousist r'appeller en sa grace, & le vouloir souffrir demourer en son royaume. Ledict Gaultier apporta lesdictes lettres, & s'en vint vers ledict Roy Clotaire, qui estoit à Soissons ou il arriua le iour du vẽdredy Sainct: & ainsi que le Roy estoit en sa chapelle, oyant le seruice, voulant adorer la croix, *sicut moris est illo die apud fideles*, iceluy Gaultier entra en ladicte chapelle, & presenta au Roy les lettres du Pape. Le Roy de prime face ne congnut point iceluy Gaultier, *propter moram quam fecerat*, si print, & leut les lettres: & apres ce qu'il les eut leues, *absque deliberatione, quasi furibundus accepit gladium cuiusdam militis assistentis*, & frappa ledict Gaultier à mort. Et ce venu à la congnoissance dudict Pape & des Cardinaux, *indignè tulerunt duram tanti militis necem in die sanctæ veneris factam*: & escriuirẽt au Roy, qu'il amẽdast le forfaict enuers Dieu, l'Eglise, & les hoirs dudict Gaultier, *alias poneretur interdictum in regno suo*: parquoy ledict Roy Clotaire, par la deliberatiõ de son conseil, statua & ordonna, que deslors en auant les seigneurs d'Iuetot, & leurs hoirs, seroyent quittes, *de homagio, seruitio, & seruitute ratione terræ totalis d'Iuetot, regi debitis: maximè cum ius ciuile & commune habeant, & concordent ad hoc*. Et de ce furent par ledict Roy Clotaire faictes & seellees lettres *liberantes dictũ dominũ* d'Iuetot, *successoresque suos*.

Pourquoy fut erigé le royaume d'Iuetot.

Comment Theodebert, le fils Theodoric, espousa la fille au Roy de Lombardie, puis feit guerre aux Gots: & de la mort dudict Theodoric.

THeodebert, fils de Theodoric, Roy de Mets, par l'ordonnance de son pere espousa Vvisegarde, la fille de Vvaton, Roy des Lombars: & pource que les Gots des le temps du feu Roy Clouis auoyent perdu plusieurs terres qu'ils tenoyent en Frãce, & depuis estoyent venuz plusieurs voyages pour les cuider recouurer, & en auoyent aucunes conquises sur ledict Theodoric, Roy de Mets, iceluy Theodoric enuoya contre eulx ledict Theodebert son fils, auec grand ost, lequel alla iusques à Besiers. Quand il fut là, il manda aux bourgeois d'vn chastel, appelé Caprarie, qu'ils luy rendissent le chastel. Lors vne dame nommee Deuthere, qui estoit du lignage de Romme, & estoit dame de Besiers, laquelle s'estoit retraicte dedans ledict chastel auec son mary, luy manda qu'il allast seurement audict chastel, & qu'il seroit receu en paix. Quand il approcha dudict chastel, elle sortit au deuant hors de la place: mais si tost qu'il la veit, pour la grãd' beauté qui estoit en elle, il fut esprins de son amour: si l'emmena, & aucun tẽps apres l'espousa, & print à femme, & habandonna ladicte Vvisegarde, fille dudict Vvaton, Roy des Lõbars, qu'il auoit premierement espousee. Ceste Deuthere auoit vne moult belle ieune fille de son pmier mary, qu'elle emmena auec elle. Pendant que ledict Theodebert estoit en guerre, ledict Theodoric, Roy de Mets, son pere, feit tuer Siginault son parent, qu'il auoit pieça laissé à la garde du pais d'Auuergne: & manda audict Theodebert son fils, qu'il feist mourir Ginault fils dudict Seignault, qui auec luy estoit allé en la guerre: mais Theodebert n'en feit riens, par ce q ledict fils estoit son filleul, & il en eut pitié, & luy dist qu'il s'euadast iusques apres la mort de son pere, qui entreuint tãtost apres: c'est à sçauoir l'an cinq cens xxxvij. & apres luy regna à Mets ledict Theodebert, qui fut en son temps sage, attrempé, debonnaire, & grand iusticier. Lesdicts Childebert Roy de Paris, & Clotaire Roy de Soissons, oncles dudict Theodebert luy voulurẽt tollir son royaume de Mets: mais par discretion il les supplia, en soy humiliant vers eulx, & par belles parolles amollit leur felon courage, en telle maniere qu'ils le laisserent paisible en son royaume. En ce temps aduint le miracle de Theophile. En l'an de grace cinq cens trente & huict trespassa le glorieux amy de Dieu monseigneur sainct Benoist: & fut son corps esepuely en l'abbaye du mont de Cassin, en Lombardie, la veille de Pasques, douziéme Calende d'Auril.

Theodebert repudia sa femme, & espousa Deuthere, dame de Besiers, qui estoit mariée.

L'an cinq cens trente & sept.

L'an cinq cens trẽte & huict mourut sainct Benoist.

Comme la Royne Deuthere feit noyer sa fille à vn char à beufs, parquoy le Roy la repudia.

EN l'an de grace cinq cẽs xxxviij. Childebert Roy de Paris, qui tousiours mal pẽsoit, veit bien qu'il ne pourroit venir à bout, ne mal faire à Theodebert Roy de Mets, son nepueu, lequel estoit sage, & moult aymé de ses subiects: si meit peine, par faulx semblant,

L'an cinq cens trẽte & huict.

DE CHILDEBERT ET CLOTAIRE, FRERES.

llant, de l'entretenir en amour, & le manda venir vers luy, & luy feit de grãds dons & prefens. Iceluy Theodebert, Roy de Mets, eftant à Paris auec fon oncle, manda à Deuthere, fa derniere femme efpoufee, qu'il eftoit à Verdun, & qu'elle vint vers luy: laquelle voyant la grand' beauté qui eftoit en fa fille, qu'elle auoit eue de fon premier mary, eut crainte que ledict Theodebert, fon mary, ne la couuoitaft: fi la feit mettre en vn chariot, ou auoit deux bœufs, qui iamais n'auoyent efté domptez, n'acouftumez au labeur, lefquels du hault du pont de la ville de Verdun la feirent tomber dedans le fleuue de Meuze, & fut noyee. Quand ledict Roy Theodebert, fon mary, qui eftoit fage, & de bonnes meurs, fceut les nouuelles de cefte cruauté, abandonna ladicte Deuthere, & ne la voulut depuis veoir, & reprint ladicte Vvifegarde fa femme, fille dudict Vvaton, Roy de Lõbardie. En cefte annee apparurent en France, en diuers lieux, plufieurs fignes & prodiges: car le iour de Pafques apparut vne eftoille cheuelue, & fembloit que le ciel ardift, & plut vne vndee de fang. En ce temps floriffoyent en France fainct Medard & fainct Gildard freres, lefquels nafquirent tous deux en vn mefme iour, & à vn mefme iour furent facrez: c'eft à fçauoir fainct Medard, Euefque de Noyõ, & fainct Gildard, Archeuefque de Rouẽ. Et quand ils eurent longuement vefcu ils trefpafferẽt en vn mefme iour, & feit le Roy Clotaire honnorablement enterrer ledict fainct Medard à Soiffons, & en l'honneur de luy feit edifier vne moult belle abbaye de grand' edifice, nommee fainct Marc, & la doua & enrichit de grãds dons, ioyaux, threfors & rentes.

Deuthere fẽme de Theodebert feit cruellement noyer fa fille.

Sainct Medard & S. Gildard freres.

De l'appoinctement des Roys de France, par vn miracle diuin.

EN l'an de grace. v. c. xl. Childebert, Roy de Paris, commanda audict Theodebert, Roy de Mets, fon nepueu, qu'il meift fus fon oft, pour luy aider contre Clotaire, fon frere, auquel il auoit difcord pour les limites de leur royaume, & le feit ledict Theodebert, cõme par force. Et voyant ledict Clotaire qu'il n'eftoit pas puiffant pour leur refifter, recommanda fon faict à Dieu & à noftre dame, & s'en alla à Orleãs, & affembla tãt de gẽs qu'il peut, & furent les deux ofts prefts à eulx mefler & combatre: & la bõne dame Clotilde leur mere, qui encores viuoit, en fut aduertie, & eftoit defplaifante du difcord de fes enfans, & eftoit cõtinuellement en prieres & oraifons. Elle alla en pelerinage en l'eglife fainct Martin de Tours deuant fon fepulchre, & par fes prieres aduint qu'au iour & lieu ou ils eftoyent affemblez, & deuoyent combatre, s'efleua fubitement fur l'oft defdicts Childebert & Theodebert vn fi grand orage de temps, de fouldre, tempefte, vents, pluye & grefles, qui tomberent du ciel, qu'ils cuidoyent tous mourir & fondre en abifme, & furent leurs tentes & leurs pauillons arrachez, & emportez loing: qui leur feit telle frayeur, qu'ils retournerent leurs cœurs à Dieu, & penferẽt q̃ ce leur eftoit aduenu miraculeufement, & par punition de Dieu, *eo quod contra fratrẽ fanguineum talia agere voluiffent*. Mais fus l'oft & les gẽs dudict Clotaire ne cheut vne feule goutte d'eaue, ny ne fut ouy ne vent, ne fouldre, ne tonnoirre: Si requirẽt lefdicts Childebert, & Theodebert auoir paix auec ledict Clotaire: laquelle par le moyen de ladicte Clotilde leur mere, ils feirent & appointerent fans combatre, & s'en retournerent chacun en fon pais. Il aduint lors à fainct Germain de Paris vne aduifion qui luy fembloit qu'vn vieil homme luy tendift les clefs de la cité de Paris, & affez toft apres il fut efleu Euefque de Paris.

L'ã cinq cẽs xl.

Miracle qui aduit par le moyẽ de fainct Martin de Tours.

S. Germaĩ, euefque de Paris.

Du voyage des Roys de France en Efpaigne: & de la fondation de l'abbaye fainct Vincent, dicte à prefent fainct Germain des prez, lez Paris.

L'An cinq cẽs xlij. apres l'appoincteméet faict defdicts deux Roys, freres, Childebert & Clotaire, d'vn commun accord affemblerent leurs ofts, & allerent en Efpaigne contre les Sarrazins: ou ils conquirent, ardirent, & bruflerent maintes villes & grands pais fur lefdicts Sarrazins, & meirent le fiege deuant la cité de Cefar Augufte (laquelle fut ainfi nommee, par ce que Cefar la feit edifier, quand il conquit les Efpaignes, mais de prefent par corruptelle de langage eft appelee Saragoce) & en apporta ledict Childebert l'eftolle & la tunique de fainct Vincent martyr, que les habitans de ladicte ville luy donnerent, affin qu'il feift leuer ledict fiege: duquel fainct Vincent il auoit parauant en vn autre voyage apporté la cofte. Et quand il fut retourné à Paris, par le confeil fainct Germain, qui fut Euefque de Paris, il fonda en l'honneur dudict S. Vincent l'abbaye des prez, hors les murs de Paris, laquelle eft de prefent appelee fainct Germain des prez, à caufe dudict fainct Germain qui y fut enterré: & y donna lefdictes cofte, eftolle & tunique fainct Vincent, auec plufieurs beaux reliquaires, calices d'or, textes d'euangiles, liures, & autres chofes qu'il apporta defdicts pais d'Efpaigne, & aufsi plufieurs rentes, reuenus, & domaines qu'ils pof-

L'ã cĩq cẽs xlij.

Childebert Roy de Paris.

d

sedent encores de present. Iceluy Childebert fonda semblablement l'eglise & abbaye du mont

L'abaye du mōt sainct Michel fondee par Childebert. sainct Michel, qui est *in periculo maris*, & aussi l'eglise sainct Germain de Lauxerrois à Paris, & plusieurs autres.

Comment Theodebert, Roy de Mets, conquesta partie d'Italie, & peu apres alla de vie à trespas.

CE pendant que lesdicts deux Roys estoyent en Espaigne, ledict Theodebert, leur nepueu, Roy de Mets, auec grand nombre de gens d'armes alla en Italie, pendant que les Ostrogots la deffendoyent contre l'Empereur Iustinian: ou il en conquesta grande partie, & feit à luy tributaire, depuis les monts des Alpes, autrement dicts de Montieu, iusques à la mer. Et pource que plusieurs de ses gens furent malades de fieures, il s'en retourna, & laissa vn duc nommé Bucelin, son lieutenant, & grand nombre de ses gens, qui passerent & conquirent Sicile, & autres terres: & enuoya ledict Bucelin l'annee ensuyuant les tribuz desdicts pais, & grands richesses qu'il y auoit conquises. Et celle mesme annee mourut sainct Remy Archeuesque de Reims. En ce temps sainct Mor, disciple de sainct

Fondation de l'abbaye S. Mor des fossez. Benoist, qui lors viuoit en France, & florissoit en bonnes œuures, en vne terre qui est en Aniou, lors appelee en latin *Gannasolium*, que luy donna le Roy Theodebert, fonda vne moult belle abbaye, qui est appelee sainct Mor des fossez, à laquelle le Roy donna de grands rentes & dommaines, & y alloit souuent visiter ledict sainct Mor.

L'an v.c.xlv. En l'an cinq cens xlv. aduint audict Roy Theodebert, qui lors estoit en la ville, ou village de Celles sur Seine, pres du lieu ou la riuiere d'Ionne chet en Seine, vne griefue maladie: parquoy il manda sainct Germain, lors Euesque de Paris, qu'il allast deuers luy: & combien que le Roy fust si griefuement malade qu'il fust abandonné des medecins, & hors d'esperance de guerison, toutesfois ledict sainct Germain fut toute la nuict en oraison: & le lendemain par l'attouchement de ses mains, sur ledict Roy, il receut guerison: & pour recongnoissance de ce ledict Roy donna à l'eglise de Paris ladicte ville & seigneurie de Celles & ses appendances. Apres ce que le Roy fut guery, ledict S. Germain print congé de luy, & luy dist qu'il trespasseroit, en l'admonnestant qu'il pourueust au salut de son ame: & tātost apres, c'est à sçauoir l'an cinq cens xlix. alla

L'an cinq cens quaranteneuf. iceluy Theodebert de vie à trespassement, & luy succeda vn sien fils nommé Thibault, qui fut moult debonnaire & bon catholique. Iceluy Theodebert à la requeste de sainct Ligier, euesque de Verdun, quitta à ceulx de ladicte cité de Verdun huict mille francs d'or, qu'ils luy deuoyent

Porcheres gouuerneur du Roy Theodebert. chacun an, de rente, ou tribut. Lors fut lapidé de pierres en la cité de Treues, vn nōmé Porcheres, qui auoit esté gouuerneur dudict Theodebert, pource qu'il auoit fait moult greuer le peuple d'exactions, emprunts & tailles. Semblablement mourut lors la bonne & vaillante Royne Clotilde, qui femme auoit esté du feu Roy Clouis, & estoit mere desdicts Roys regnās en Frāce, & trespassa en la ville de Tours. Ses enfans, Childebert & Clotaire, feirent reueremmēt apporter le corps d'elle à Paris, & enterrer en ladicte eglise S. Pierre, à present dicte saincte Geneuiesue, pres son feu mary Clouis.

De Thibault, Roy de Mets, fils de feu Theodebert: & comme luy, & Childebert, Roy de Paris, son oncle, moururent sans hoirs.

L'an cinq cens cinquantesix. TAntost apres que ledict Thibault, fils dudict feu Theodebert Roy de Mets, fut venu au regne de son pere, il espousa Vualderarde, fille du Roy Vvaton de Lombardie, laquelle estoit sœur de Guysegarde sa marastre. Son royaume gouuerna sagement par huict ans, puis de ce siecle trespassa l'an cinq cens lvj. A son oncle Clo-

A Clotaire Roy de Soissons reuint la totalité du royaume de France. taire, Roy de Soissons, laissa ses thresors & son royaume, par ce qu'il n'auoit nuls enfans. Et semblablement mourut ledict Childebert, Roy de Paris, sans enfans: & fut son corps enterré en l'eglise S. Germain des prez, qu'il auoit fondee en l'hōneur de sainct Vincent. Et par ainsi toutes les portions du royaume de France, qui apres le trespas de Clouis auoit esté party & diuisé en quatre royaumes, reuindrent audict Clotaire, lequel au commencement n'estoit Roy que de Soissons.

D'un enfāt Iuif qui receut le s. sacrement de l'autel auec les autres Chrestiēs & du miracle qui en aduint. En ce temps demouroyent & conuersoyent au royaume de France plusieurs Iuifs, auec les Chrestiens: & aduint en la cité de Bourges, qu'vn ieune enfant, fils d'vn Iuif, le iour de Pasques entra en vne eglise de nostre Dame, auec les autres enfans des Chrestiens, de son aage, & auec eulx vint à la table du Sacrement de l'autel, & le prestre qui cuidoit qu'il fust Chrestiē luy bailla l'hostie sacree. Son pere le Iuif sceut qu'il l'auoit prinse & mangee, & feit incōtinent allumer vn grand feu dedās vn four, & y meit & ietta dedās sondict fils. Aucūs Chrestiēs le sceurēt, & entrerent en la maison dudict Iuif, & trouuerent ledict enfant tout vif, qui se iouoit dedās ledict four: si le tirerēt, & luy demāderent s'il auoit point senty de mal: & **il dist que la femme qui**

estoit

DV ROY CLOTAIRE, FILS DE CLOVIS.

estoit painéte en l'eglise des Chrestiens, qui tenoit vn enfant en ses bras, l'auoit gardé, & qu'elle euentoit de son manteau les flammes & le feu, qu'ils ne luy feissent mal. Et au lieu, ou ce fut, est de present edifiee vne eglise nostre Dame, qui en memoire de ce est de present encores appelee nostre Dame du Fourchauld.

Hildebert, fils de Clouis, qui apres le trespas de son pere eut en sa portion le royaume de Paris, regna auec Clotaire son frere. xlv. ans, & trespassa l'an cinq cés lix. & gist à S. Germain des prez, pres Paris, qu'il auoit fondee en l'honneur de sainét Vincent, comme diét a esté. Les faicts & gestes aduenues durant son regne sont cy deuant bien au long recitees, & par son trespas reuint son royaume à Clotaire son frere, Roy de Soissons, par ce qu'il mourut sans hoir de sa chair, comme diét est.

L'an cinq cés lix.

Du Roy Clotaire, quatriéme, fils de Clouis, qui espousa saincte Radegonde.

Clotaire, premier de ce nó, ausi fils de Clouis, regna à Soissons, durant la vie desdicts feuz Childebert & Theodoric, ses freres, xlv. ans : & depuis le trespas dudict Childebert regna à Paris cinq ans. Ainsi il regna en tout cinquante ans, & trespassa l'an cinq cés lxiiij. A cestuy Clotaire, auát son trespas, aduint & escheut toute la monarchie du royaume de France (qui apres le trespas de Clouis auoit esté diuisé en quatre royaumes) par ce q tous ses freres moururent sans hoirs. Il eut premierement à femme saincte Radegóde, fille de Bertaire, Roy de Thoringe, comme diét a esté cy dessus: laquelle du consentement de sondiét mary abandonna le siecle, pour viure solitairemét, & s'en alla à l'abbaye de saincte croix, à Potiers, ou y a nónains: & là vesquit sainétement, & fonda vne eglise pres ladiéte abbaye de saincte croix, à Poitiers, nommee saincte Radegonde, ou elle meit chanoines, & là est enterree. On lit d'elle, qu'elle estant vne fois en oraison, à genoulx, sur vne grád' pierre en oratoire, nostre Seigneur s'apparut à elle visiblemét : & quand il s'esuanouit de ses yeulx, la longueur & largeur de son pied demoura imprimee & enfoncee en ladiéte pierre: & la peut l'on encores veoir par chacun iour en ladiéte abbaye saincte croix: & en signe de ce audiét lieu y a vne petite chapelle, qui s'appelle le pas Dieu. Apres ce que ladiéte Radegonde eut abandóné le siecle, lediét Clotaire eut deux autres femmes desquelles il eut sept fils & vne fille. Les sept fils eurent nom Gontier, Childeric, Aribert, Gontran, Sigisbert, Chilperic, & Crainus (lequel Crainus fut fils d'vne cócubine) & la fille eut nom VIcite †, qui fut mariee à vn senateur, nommé Aubert, de laquelle descendit le Roy Pepin, fils de Charles Martel, comme sera diét cy apres. Lediét Clotaire apres ce qu'il fut demouré seul Roy de France, commanda que les Eglises luy rendissent la tierce partie des fruicts de leurs reuenuz : mais les Euesques vertueusement le contredirent & empescherent, & n'en voulurent riens faire, doubtrans encores les fulminations qui sont declairees, tant contre ceulx qui les leuent, que contre ceulx qui les payent.

saincte Radegonde, féme du Roy Clotaire.

† al. Blitilde

Clotaire voulut leuer des eglises la tierce partie de leurs reuenuz.

De la guerre que feit le Roy Clotaire aux Sesnes, & aux Lorrains.

EN l'an de grace cinq cens cinquante six, pource que les Sesnes se rebellerent, & enuahirent le royaume dudiét Clotaire, il y alla à grand ost, & eut bataille côntre eulx, & les desconfit sur vn fleuue, que l'on appele Lysaire †, & depopula la terre. Puis apres alla contre les Thoringiens, qu'on appele de present Lorrains, pource qu'ils auoyent fauorizé & aydé ausdiéts Sesnes, ses ennemis, à l'encontre de luy. Auec lesquels Lorrains se ioignirent & esleuerent de rechef lesdicts Sesnes, autrement dicts Saxons, qui estoyent eschapez de la bataille, que lediét Clotaire auoit eue contre eulx: mais quand ils sceurent la grand' puissance dudiét Clotaire, ils demanderent pardon & misericorde, par appoinétement, & ne demandoyent auoir que leurs corps sauues. Ce que les François par orgueil leur refuserent : & par ce ils prindrent en eulx courage de batailler, & se deffendirent tellement & si vertueusement qu'ils desconfirent les François, en sorte qu'il n'en demoura que petit nombre qui s'en fuyrent auec le Roy : lequel à bien grand' peine & difficulté peut eschaper de la bataille.

L'an cinq cens cinquantesix.

† al. Vuisaire

Les Lorrains & les sesnes debellerent le Roy Clotaire & toutes ses gens.

De Crainus, fils de Clotaire, qui s'esleua contre son pere: & comme il mourut miserablement.

d iij

L'an cinq cens cinquante sept.

EN l'an cinq cens cinquante sept, ledict Roy Clotaire enuoya Crainus, l'vn de ses fils bastards, qu'il auoit engendré en vne concubine qu'il maintenoit, en luy baillant grand' armee, & le faisant son lieutenant, es marches d'Aquitaine, pour aller contre Vvlcaire, duc d'Aquitaine, lequel opprimoit moult les subiects dudict pais: mais iceluy Crainus, quand il fut sur les champs, commença luy & ses gens à faire moult de maulx. Quand le Roy Clotaire, qui faisoit la guerre contre les Saxons, en fut aduerty, il manda audict Crainus, qu'il s'en retournast, & qu'il vinst vers luy: mais il n'en voulut rien faire, & feit pis que parauāt. Et à ceste cause le Roy enuoya côtre luy deux de ses enfans legitimes, c'est à sçauoir Aribert & Gontran, auec grand' armee, & allerent par Auuergne. Puis allerēt asieger ledict Crainus en vn chastel en Limosin, appelé le Mont noir: mais iceluy Crainus feit par interposees personnes dire contre verité à sesdicts freres, que ledict Roy Clotaire, leur pere, auoit perdu la bataille contre lesdicts Saxōs, & auoit esté tué. Parquoy lesdicts Aribert & Gontran se leuerent de leur siege, pour aller contre lesdicts Saxōs: & ledict Crainus les suyuit vers Bourgōgne, & print la cité de Chalons, & asiegea le chastel de Dyion: & pource qu'il sceut que ledict Clotaire, son pere, venoit contre luy, il leua ledict siege, & s'en alla en Aquitaine, s'allia audict duc d'Aquitaine Vvlcaire, & espousa sa fille.

L'an cinq cens cinquanteneuf.

En l'an cinq cens cinquante neuf, lesdicts Crainus & Vvlcaire vindrēt enuahir la terre dudict Roy Clotaire, & marcherent iusques à Tours: lequel Clotaire hastiuemēt alla contre eulx: mais quand ledict Vvlcaire, duc d'Aquitaine, pere de la femme dudict Crainus, sceut sa venue, il eut grand' paour, & se retira dedās le monstier de S. Martin de Tours, ou ledict Clotaire l'asiegea. Et pource qu'il veit qu'il ne le pouoit auoir de long temps, il feit tost ledict monstier enuironner de boys, & mettre le feu dedans: & par ainsi brusla tout iceluy mōstier, & semblablement ledict duc d'Aquitaine, & grāde partie de ses gens dedās. Puis apres ledict Clotaire suyuit ledict Crainus son fils, qui se retira en Bretaigne deuers Conoure, Roy de Bretaigne, qui le recueillit, & deffendit par l'espace de quatre ans: mais ledict Clotaire les guerroya tellement qu'il descōfit, & tua ledict Conoure, & print ledict Crainus son fils, sa femme, & ses filles, ainsi qu'ils vouloyent monter en vne nauire, pour eulx ensuyr par la mer, & les feit attacher de cordes sus vne selle dedans vne maison, & feit mettre le feu dedans, & ainsi furent bruslez. *Sic ergo exoluit pœnas vltionis insidiator patris.* Apres ces choses ledict Clotaire feit refaire ledict monstier S. Martin de Tours, plus beau que deuant, & le feit tout couurir d'estaing.

Clotaire brusla l'eglise sainct Marti de Tours & le duc d'Aquitaine qui estoit dedans.

D'une mōtagne sur le Rosne, qui feit grand clameur & gemissement.

En l'an cinq cens soixante & deux, vne montaigne, estant sur la riuiere du Rosne, rendit grands clameurs & mugissemens, & puis se rompit & separa de l'autre montaigne: & auec plusieurs eglises, maisons, hommes, femmes & bestes, se precipita & tomba.

De la mort de Clotaire, lequel gist à sainct Marc de Soissons.

Lā cīq cēs lxiiii.

EN l'an de grace cinq cens soixante & quatre, apres que ledict Clotaire fut retourné en Frāce de faire guerre, luy estant à Compiegne, ou est la belle forest, combien qu'il fust vieil & plain d'ans, il luy print volonté d'aller à la chace, & vn iour y alla, & tant courut & trauailla oultre la possibilité de son aage, que quand fut retourné il luy print vne maladie de ficures, de laquelle il fut longuement malade en ladicte ville de Compiegne. Et luy estant ainsi detenu de maladie, voyant qu'il s'approchoit de sa mort, reduisant à sa memoire les grands maulx qu'il auoit faicts & esté cause de faire, faisoit de moult grands souspirs & cris, souuentesfois disoit ses parolles: Vvah, Vvah, comment est grand ce Roy du ciel, qui ainsi tue & fait mourir les plus grands Roys & princes terriens? Finalement tant fut trauaillé de maladie qu'il luy conuint mourir: & laissa quatre fils, qui feirent son corps porter & enterrer honorablement en l'eglise S. Marc de Soissons, qu'il auoit fondee, & là esleut sa sepulture. Ledict Clotaire laissa quatre fils, nōmez Chilperic, Aribert, Gontran, & Sigisbert.

Des paroles que profera le Roy Clotaire, luy estāt au lict mortel, en parlant de Dieu.

Apres les obseques dudict Clotaire parfaictes, ledict Chilperic, qui estoit plus prompt & plus subtil que ses autres freres, print les thresors de leurdict pere, & en donna à plusieurs Francois, pour les attraire à luy, pour soy ensaisiner seul de tout le royaume: parquoy sesdicts freres s'assemblerent & esmeurent contre luy, & luy coururent sus, tellement qu'il fut cōtrainct venir à appoinctemēt, par le conseil & ordōnance des gēs des trois estats de Frāce, pour ce assemblez: & partirent le royaume en quatre parties, & tous regnerent & s'appelerent Roys chacun en la portion qui luy estoit escheue. C'est à sçauoir, Chilperic à Soissons, Aribert à Paris, Gontran à Orleans, & Sigisbert à Mets. En l'an cinq cens soixante & cinq, ledict Aribert, Roy de Paris, espousa vne femme qui auoit nom Ingobergue, laquelle auoit auec elle, pour l'accōpaigner & seruir, deux ieunes pucelles de moult grand' beauté, lesquelles estoyent filles d'vn pauure homme laboureur. Iceluy Aribert en deuint si amoureux qu'il en cuyda laisser ladicte Ingobergue sa femme:

Lā cīq cēs lxv.

sa femme: dõt sainct Germain, lors Euesque de Paris, le blasma & reprint fort: mais neātmoins il ne s'en voulut abstenir: & aduint, comme par punition diuine, que lesdictes deux filles, & vn fils qu'il auoit de l'vne d'elles, moururent de mort soubdaine, dont ledict Aribert fut moult desconforté & dolent: & de desplaisir qu'il eut s'en alla en Aquitaine, ou il mourut au chastel de Blaye sur Gironde, sans laisser aucuns enfans, en l'an cinq cens soixante & cinq : † & fut enterré en l'eglise & abbaye de sainct Rommain, pres ledict chastel de Blaye. Ledict Gontran, Roy d'Orleans, eut quatre fils de diuerses femmes, qui tous moururent tantost apres qu'elles eurent enfanté, comme par punition diuine. Car combien qu'il fust sage & vaillant cheualier, en autre chose aymant paix & iustice, toutesfois il estoit trop lubrique.

De l'impudicité du Roy Aribert, & de Gōtran, son frere, Roy a'Orleās.
† al. 57.

En l'an cinq cens soixante & sept Sigisbert, le Roy de Mets, alla à tout grand ost contre les Huns, qui gastoyent son royaume, du costé de Thoringe, ou Lorraine, & les desconfit, & dōna leurs terres à habiter aux Senes ou Saxons: & ce pendant qu'il estoit en celle guerre, Chilperic son frere Roy de Soissons, entreprint sur luy la cité de Reims : & courut & gasta toute la terre de Champaigne.

L'an cinq cens lxvii.

Comment Sigisbert, Roy de Mets, print à femme Brunehault, fille du Roy d'Espaigne.

L'An de grace cinq cés soixāte & neuf, apres ce que ledict Sigisbert, Roy de Mets, fut retourné de la victoire qu'il auoit eue contre les Huns, voyāt que ses freres estoyent en reproche & opprobre de Dieu & du monde, pour les concubines qu'ils entretenoyent, & n'estoyent point mariez, par le conseil de † Godonne, maire de son palais, qui preud'hōme estoit, se delibera d'estre marié. Si enuoya deuers † Achatilde, Roy d'Espaigne, dont il estoit lors moult grand' renommee, pource qu'il auoit chacé les Rommains, & eu de belles victoires sur eulx, & luy feit demander par mariage vne sienne fille, nōmee Brunehault, ou Brunechilde, laquelle estoit moult belle: mais trop subtile, ingenieuse & malicieuse estoit. Ledict Achatilde tresuolontiers la luy enuoya, honnestement accompaignee, & luy donna de grands richesses & ioyaux. Quand elle fut venue ledict Sigisbert, pource qu'elle estoit de la loy Arrienne (car Espaignols n'estoyēt pas lors Chrestiens) il la feit introduire à la foy Chrestienne, & la feit baptiser, puis l'espousa. Ceste Brunehault, quand elle se vit ainsi esleuee en si hault honneur, comme estre Royne de France, elle deuint moult orgueilleuse & cruelle, & print en indignatiō ledict Godonne, maire du palais, qui l'auoit emmenee d'Espaigne, & luy auoit fait tout l'honneur qu'il auoit peu, & tant feit auec son mary qu'il fut estranglé & meurtry inhumainement.

L'an cinq cens lxix.

Princes et Roys concubinaires sont en l'opprobre de Dieu et du monde.
† al. Gogō.
† al. Athanagilde.

Du Roy Chilperic, premier de ce nom.

CHilperic, fils de Clotaire, & Roy de Soissons, cōmenca à regner l'an de grace cinq cés soixante & quatre: & trespassa au vingt & deuxiéme an de son regne, cinq cés quatre vingts & sept, & gist à sainct Germain des prez. Cestuy fut si addonné à luxure & lasciuité, qu'il menoit tousiours auec luy grand' turbes de femmes concubines, & en espousa plusieurs cōtre l'hōnesteté de son estat. Aucun temps apres luy print volōté d'estre marié, & print à femme la fille d'Achatilde, Roy d'Espaigne, nommee Galsonde, laquelle estoit sœur de ladicte Brunehault, femme de son frere Sigisbert, Roy de Mets : & son pere la luy enuoya, moyennant qu'il iurast qu'il ne l abandonneroit point, dont il se pariura tost apres. Il la feit baptiser : car elle estoit nourrie en la loy Arrienne. Tantost apres qu'il l'eut espousee il s'amoura d'vne ieune damoyselle, appelee Fredegonde, qui estoit femme de chambre, & en la cōpaignie de la Royne Galsonde sa femme, laquelle Fredegonde estoit de grand' beauté, & bien enlangagee & emparlee. Tant en fut le Roy amoureux & forcené, par lasciuement & luxure, qu'elle fut cause qu'il commenca à hair sadicte femme: *& fertur ipsam noctu iugulasse: & piè creditur quòd sit sancta*, comme recite *Fasciculus temporum*: qui fut grand' cruauté & inhumanité faicte d'vn Roy. Aussi luy en print il mal: car ladicte Fredegonde le feit mourir, comme sera veu cy apres. Les freres dudict Chilperic, qui sceurent la grand' inhumanité & felonnie qu'il auoit commise en la mort de sa femme Galsonde, dirent & conclurent que si felon & tyran, reproué de si villain cas, comme il estoit, ne seroit ia leur compaignon à succeder au royaume de leur pere, & n'estoit pas digne de porter couronne. Si esmeurent guerre

L'an cinq cens lxiiii.

Childeric eut plusieurs concubines.

Chilperic estrāgla & occist sa femme nōmee Galsonde.

contre luy, & moult luy feirent de dómage & vitupere: mais à la fin il leur cria mercy, & les pacifica tellement qu'ils n'eurent point de bataille pour cefte fois. Aucun temps apres ledict Chilperic efpoufa vne autre femme, qui eut nom † Sordoree, & d'elle eut trois fils, Theodebert, Merouee, & Clouis. En l'an cinq cens feptate trefpaffa fainct Vvaft, Euefque d'Arras.

† al. Andouere.
L'an cinq cens lxx.

Comment le Roy Chilperic laiffa la Royne Sordoree, & efpoufa Fredegonde.

L'an cinq cens lxxi.
† al. Cacanus.

N l'an cinq cens feptante & vn, le Roy Chilperic de Soiffons, & Sigifbert Roy de Mets fon frere, qui s'eftoyent appoinctez enfemble, affemblerent leur oft, & allerent côtre † Cathenus, Roy des Huns, qui auoit rompu l'alliance & confederation qu'ils auoyēt auec les Francois, & auoit ia enuahy la terre de France, du coſté de la part dudict Sigifbert, & affemblerent leurs batailles, mais lefdicts Hús, *magicis artibus pene victoriam adepti funt*, & par aucuns fantofmes qu'ils feirent, les Francois fe meirēt en fuyte, mais ils fe rallierent, & prindrent le Roy des Huns, nommé Cathenus, en ladicte bataille: lequel tantoft apres fut deliuré par appointement, & foubs condition qu'il promift nō iamais faire guerre aux Francois. Et eft vray que ledict Chilperic, Roy de Soiffons, à fon partement auoit laiffé la Royne Sordoree, fa femme, groffe d'enfant: laquelle au temps de fon terme enfanta d'vne fille: & ladicte Fredegonde, que ledict Chilperic aymoit par amours, eftoit demouree auec la Royne Sordoree, ainfi qu'vne damoyfelle feruante: laquelle Fredegonde eftoit fubtile & malicieufe, & auoit grand' haine contre ladicte Sordoree fa maiftreffe. parquoy quád la Royne fut accouchee, elle s'aduifa d'vne grand' malice, en luy difant: Ma dame ie fuis d'oppinion que diligemment vous faciez baptizer voftre fille, car quand le Roy fera venu il en aura double ioye. Ladicte Royne Sordoree, qui eftoit fimple & debonaire, dift à ladicte Fredegonde, qu'elle difoit bien. Si la chargea qu'elle pourueuft d'vne marraine, pour la leuer fur les fons. Lors ladicte Fredegonde luy dift: Ma dame on ne pourroit trouuer plus noble dame que vous, pour celle chofe faire, & tant incita & admonnefta, que ladicte Royne s'y confentit, & leua fadicte fille deffus les fons, & ainfi fut fa mere corporelle & fpirituelle, dont ladicte Fredegonde, qui tendoit à fes fins, fut bien ioyeufe. Quand le Roy Chilperic retourna, & ladicte Fredegonde fentit qu'il approchoit, elle alla au deuant de luy, & luy dift: Comme eft le Roy Chilperic heureux, qui retourne de la victoire de fes ennemis, & qui a vne nouuelle fille, qui Childerade † eft appelee: mais ce fera grand' douleur fi ma dame la Royne Sordoree couche encores auec le Roy Chilperic: & le Roy lors luy demanda pour quelle caufe elle difoit telles parolles: & la faulce & malicieufe Fredegonde, qui faifoit femblant d'eftre courroucee, luy dift qu'elle eftoit fa cōmere, & qu'elle auoit leué fa fille de deffus les fons. Le Roy luy dift & promift que fi ladicte Sordoree eftoit de luy feparee pour celle caufe, il la prendroit par mariage: dont elle fut fort ioyeufe, car c'eftoit la fin ou elle tendoit. Lors entra le Roy en fon palais, & la bonne dame Sodoree luy vint deuant, portant fa fille entre fes bras, pour luy en cuider faire fefte, & luy complaire: mais quand le Roy la veit approcher de luy, il luy monftra faulx femblāt, & luy dift telles parolles: Or ca Sordoree tu as faict chofe dont tu te repentiras qui as leué ta propre fille fur les fons de baptefme, & pour cefte caufe que tu es ma commere, ie ne te puis plus tenir en mariage. Le Roy, faignant d'en eftre courroucé, enuoya l'Euefque de Paris, qui auoit baptifé l'enfant, en exil, & meit ladicte Sordoree & fa fille en vn monaftere, en la cité du Mans, puis efpoufa ladicte Fredegonde, qui eftoit fille d'vn pauure laboureur, née d'vn village nommé Brabancourt en Artois: lequel village eft du domaine de l'abbaye fainct Vvaft d'Arras, comme recite en fa Cronique Gregore, Archeuefque de Tours.

Le Roy des Huns fut prins des Francois en bataille.

La Royne Sordoree par la malice de de Fredegonde leua fur les fons fon propre enfant.

† al. Childefinde.

Chilperic efpoufa Fredegōde, fille d'un pauure homme de labeur.

Des guerres que lefdicts Roys de France eurent les vns contre les autres: & comment Fredegonde feit tuer Sigifbert Roy de Mets.

AVcun temps deuāt cefte alliance defdicts deux Roys, freres, fe meurent aucús debats entre eulx, pour les limites de leurs royaumes: car ce pendāt que ledict Sigifbert de Mets, auoit efté occupé en fa premiere guerre, cōtre les Hús, le Roy Chilperic auoit prins fur luy la cité de Reims, & autres de fes villes: mais quand ledict Sigifbert fut retourné il f'en vengea biē: car il print femblablement fur luy la cité de Soiffons, qui eftoit le chef de fon royaume, & dedans icelle print fon fils, nommé Theodebert, lequel il feit mettre en prifon, & l'enuoya en exil. Puis feit guerre audict Chilperic, lequel il vainquit, mais il efchapa par fuyte: & quād il eut recouuré de fon royaume ce que fon frere luy auoit ofté, il deliura, & enuoya à fondict frere ledict Theodebert, fō fils, & luy dōna de grās dons,

DE CHILPERIC, ET SES FRERES. Fueil.xxij.

dons, accepto prius ab ipso Theodeberto iuramento, ne quid in posterum contra se molietur: mais ne tarda gueres qu'il se pariura, & eurét plus grád' guerre q̃ deuant. La cause de ceste guerre fut, cóme on peult voir par l'hystoire de Gregoire, archeuesque de Tours, qu'apres la mort de Cherebert ou Aribert, Roy de Paris, ayát Chilperic enuahy Tours & Poitiers, qui estoyét escheues, entre autres villes, à Sigisbert pour sa part, apres q̃ ledict Sigisbert eut enchacé, par ses capitaines, Clouis, ou Clodouee, fils de Chilperic, qui vsurpoit sur luy Tours, ledict Clouis s'en alla assieger Bordeaux, qui appartenoit audict Sigisbert, son oncle: mais vn des capitaines d'iceluy Sigisbert, nomé Sigilphe, vint contre luy, & le rechaca honteusemét, en le suyuant iusqu'à Paris, & tuát grand'quátité de ses gens. Quoy sachát Chilperic, y renuoya son autre fils, nomé Theodebert (qui parauát auoit iuré audict Sigisbert, son oncle, de ne luy faire iamais guerre) auec grand'armee, & alla au pais de Neustrie, qui est de present appelé Normandie, ou il prit le pais qui pouuoit appartenir au Roy Sigisbert, & les citez de Tours, Poitiers, Cahors, Limoges, & grand'partie d'Aquitaine, & Prouence, gastát le pais par feu & par glaiue, *monasteria, seruorũ & ancillarum Dei deuastans, monachos, siue clericos tormẽtis, sanctimoniales vero turpibus dohonestamentis afficiens, vt talis visus sit Aquitanicis, qualis quõdam Diocletianus fuit catholicis*, & se gouuernant cóme tyran, nõpas cóme fils de Roy, pendát que son pere d'autre costé poursuyuoit fort le Roy Sigisbert, iusques à luy courir & gaster toute la cápaigne de Reims. A cause dequoy Sigisbert amassa grand nõbre de Frãcois Austrasiens, pour les venir rencontrer, & d'autre part, vn nómé Gondebauld, capitaine pour iceluy Sigisbert, feit tant par ruses & finesses de guerre, qu'il deffeit la compaignie de Theodebert, & fut ledict Theodebert tué, cuidant eschaper, & depuis ensepuely en la ville d'Angoulesme. Ce qui fut cause que Chilperic feit paix & accord auec Sigisbert, son frere: & puis eulx deux (de cõmun consentement) se meurent contre leur frere Gontran, Roy d'Orleans, pour quelques causes, non assez bien declarees par les autheurs. Toutesfois on peult bié presumer qu'elles estoyét legeres, pource que legerement la guerre fut rompue, & la paix accordee & iuree en l'oratoire de sainct Loup de Troyes. Neantmoins, incontinent apres lesdicts deux Roys, Chilperic & Sigisbert, *quorundam suggestionibus & persuasionibus*, eurent de rechef grandes guerres ensemble. Car lesdicts Francois Austrasiens presserent ledict Sigisbert de faire la guerre à Chilperic, son frere, luy remonstrant qu'ils n'auoyent rien gaigné en son seruice, auquel il les auoit fait venir, soubs promesse de proye & de pillage, & qu'il les recompensast de ce qu'ils eussent peu gaigner contre l'ennemy, ou bien qu'il les meist en besongne contre iceluy. Ainsi fut contraint de poursuyre son frere, qui desia s'estoit desemparé, ayant donné congé à ses gens d'aller yuerner: & tellemét le poursuyuit, que ledict Chilperic se retira en sauueté à Tournay. Et aduindrét ces choses l'an cinq cés lxxvij. & lxxxviij. auquel an dernier Sigisbert cheuaucha par la plusp part des villes de son frere Chilperic, les prenant & mettát soubs sa main, & en son obeissance. Puis tira vers Tournay, ou ledict Chilperic, son frere, & Fredegonde, sa femme, s'en estoyét fuys, voyans que leurs gens les auoyét abandónez, & illec les assiegea: dõt ledict Chilperic se trouua moult esbahy & perplex, voyát la grád'puissance qu'auoit ledict Sigisbert son frere: sachát aussi la grand cruauté qui estoit en luy, eut moult grand'paour: & pensa comme il pourroit eschaper du peril de mort, luy, sa femme, & ses enfans, & estoit au bout de son sens, & ne scauoit plus q̃ faire, quand ladicte Fredegonde, voyant la perplexité en laquelle estoit son mary, & elle & ses enfans, elle, qui estoit moult subtile & malicieuse (en ensuyuãt la nature feminine, qui tousiours est plus prompte à faire & trouuer quelq̃ cautelle & malice q̃ n'est celle de l'homme) print deux hómes de ses seruiteurs, ausquels elle feit de grads remonstráces: & par belles parolles, ainsi qu'elle scauoit bié faire, les suborna tellemét qu'ils luy promirét qu'ils feroyent sa volonté. Si leur dist qu'ils sortissent hors ladicte cité de Tournay, & allassent à la tête du Roy Sigisbert, & soubs ombre de dire qu'ils le vouloyét seruir, & estre de son party, le tuassent. Et leur dist qu'en ce feisant ils se royét chose meritoire, & à Dieu aggreable, en leur demonstrãt la cruauté dont il estoit plain, & cóment il ne taschoit qu'à destruire le Roy Chilperic, son frere, & espádre son sang humai. Et leur dist oultre, q̃ s'ils retournoyent, elle leur feroit de moult grãds biens: & s'il aduenoit qu'ils fussent tuez, elle feroit tát prier pour leurs ames, & donneroit tát d'aumosnes à Dieu, aux saincts, qu'ils auroyent remission de leurs pechez. Les messagers entreprindrent à faire le voyage, & issirent hors la cité, & tát feirét qu'ils vindrét iusques à la tente dudict Sigisbert: & quand ils veirent leurs poincts, le frapperent de leurs espees parmy le corps, si qu'il cheut mort subitement à terre: laquelle mort sembloit auoir esté prophetisee par S. Germain, Euesque de Paris, lequel vn iour, ainsi q̃ ledict Sigisbert estoit à Paris, & qu'il deliberoit de faire la guerre à Chilperic, luy dist telles parolles: O tu Sigisbert, tu desire à espándre le sang de ton frere Chilperic, & luy prepares sa fosse, mais ie te dy, que tu trouueras que tu'auras appareil-

La tirannie de Theodebert, fils de Chilperic.

L'an cinq cens septante sept, et septante huict.

Malice de Fredegonde contre Sigisbert.

Mort de Sigisbert.

Prophetie de S. Germain Euesque de Paris.

d iiij

lee pour toy, & que tu trebucheras dedans: toutesfois iceluy Sigisbert n'en auoit tenu compte, pensant que ledict sainct Germain fauorisast audict Chilperic. Quand lesdicts deux satalites eurent tué ledict Sigisbert, l'on leur courut incontinent sus, & en peu d'heure furent tuez, & tous vifs destranchez, membres l'vn apres l'autre. Tantost apres ladicte mort, se leua grand cry & grand'tumulte, en l'ost des gens Sigisbert, dont ledict Chilperic, qui en ladicte cité de Tournay estoit enclos, quand il ouit le bruit s'esmerueilla moult que ce pouuoit estre (car il ne sçauoit rien de l'entreprinse qu'auoit faict ladicte Fredegonde, sa femme) & eut imagination que ses ennemis eussent assailly, & prins la ville par aucun endroict, & vouloit tascher à s'en fuir, & soy sauuer par dessus les murs: mais ladicte Fredegonde, sa femme, vint à luy, & luy compta tout le cas, & comme il estoit aduenu de la besongne. Le lendemain ledict Chilperic issit de la cité, & à luy vindrent les Barons & Cheualiers de son royaume, qui deuant l'auoyent laissé & abandonné, & il les reprint & receut en sa grace. Le corps dudict Sigisbert, son frere, fut enterré en vne ville qui a nom Lembrus, & depuis le feit apporter à sainct Marc † de Soissons, & enterrer moult honnorablement, aupres de Clotaire leur pere.

† al. S. Medard

En celle annee mourut ledict sainct Germain, Euesque de Paris, qu'on dict maintenant sainct Germain des prez.

La mort de S. Germain Euesque de Paris.

Comment Brunehault fut enuoyee en exil à Rouen: & comment Merouee, fils de Chilperic, l'espousa.

Avant le partement dudict Sigisbert, Roy de Mets, pour aller contre ledict Chilperic, il auoit mandé à Brunehault, sa femme, qu'elle vint à Paris, & que là il la trouuast à son retour: laquelle y vint, auec vn petit fils qu'elle auoit de luy, nommé Childebert, & tantost apres qu'elle y fut arriuee, luy vindrent les nouuelles de la mort dudict Sigisbert, son mary, dont elle fut moult courroucee, & paoureuse, doubtant la cruauté dudict Chilperic. Si commença à penser comment elle pourroit eschaper le peril de la mort, d'elle, & de son fils: & en vne nuict, vn de ses gens, qui auoit nom Gondebault, print l'enfant, & par vne fenestre, en vne corbeille, le meit hors du Palais, & de la ville de Paris, & par aucuns de ses gens le feit transporter à Mets, ou les barons le receurent comme leur Seigneur, à grãd' ioye. Puis par le conseil dudict Gondebault, le couronnerent au royaume de son Pere: & ladicte Brunehault demoura à Paris, en grand' crainte de sa personne. Quand le Roy Chilperic fut retourné à Paris, il trouua encores ladicte Brunehault, laquelle ne s'en estoit peu aller, n'eschapper, par ce qu'on s'estoit donné garde d'elle: & sans autre mal luy faire, l'enuoya en exil' à Rouen, & feit prendre & saisir ses ioyaux & richesses, & enuoya ses filles pour estre gardees à Meaulx.

L'an cinq cens quatre uingts.

En l'an cinq cens quatre vingts, ledict Chilperic enuoya Merouee, qui estoit son fils, de Sordoree sa seconde femme, qu'il auoit laissee pour prendre ladicte Fredegonde, pour saisir aucunes villes, qui estoyent au pais de Berry, & le long de la riuiere de Loire: mais quand ledict Merouee fut party de son pere, il ne tint pas grand compte d'accomplir son commandement, ains s'en alla au Mans, pour veoir sa mere Sordoree, que sondict pere y auoit enuoyee en exil, & fait religieuse. Quand il eut visité sadicte mere, il s'en alla à Rouen, ou estoit aussi Brunehault, semblablemẽt enuoyee en exil, laquelle auoit esté femme de son oncle Sigisbert, Roy de Mets, & la print iceluy Merouee à femme, & les espousa Pretexte, Archeuesque de Rouen. Quand son pere le sceut, il en fut moult dolent & courroucé, & conceut grand' haine contre ledict Pretexte, Archeuesque de Rouen: car on luy rapporta qu'il auoit esté cause de faire ledict mariage. Incontinent ledict Chilperic alla à Rouen, pour empescher s'il eust peu, le mariage dudict Merouee, son fils, & de ladicte Brunehault. Les habitans luy fermerent la porte, & deffendirent la cité. Merouee & ladicte Brunehault furent si pressez qu'ils se meirent dedans le monstier sainct Martin, qui estoit fort, & assez pres des murs de la ville. Quand ledict Chilperic veit qu'il ne les auroit point de long temps, que par famine, il leur feit dire qu'ils vinssent à luy, à seureté: mais auant qu'ils voulissent sortir, il fallut qu'il promist & iurast, qu'il ne les destruiroit, & n'empescheroit point leur mariage. Quand il eut esté dix iours auec eulx, il s'en retourna, & emmena ledict Merouee, son fils, auec luy. Ainsi qu'il s'en retournoit, luy vindrent nouuelles que les barons de Champaigne auoyent, pour Childebert, le ieune Roy de Mets, prins la cité de Reims & de Soissons: parquoy alla contre eulx, & les vainquit, & en feit mourir grand nombre des plus grands des citez, lesquelles il restablit à sa seigneurie. Quand il eut ce faict, il eut suspition que ledict Merouee, son fils, tint le party dudict ieune Roy Childebert, fils de ladicte Brunehault, sa femme, & le feit faire (cõtre le sermẽt qu'il auoit faict) tondre & faire prestre en religion, par la persuasion & instigation de ladicte Fredegõde, sa femme,

Sordoree femme de Chilperic, fut religieuse au Mans.

Merouee fut faict prestre, et mis en religion.

sa femme. Enuiron ce temps estoit mort Achatilde, Roy d'Espaigne, pere de ladicte Brunehault: & apres luy tenoit le regne vn nommé Leuuigilde, qui espousa la veufue dudict Achatilde, nommee Galine, ou Gadianide, mere de ladicte Brunehault.

Commment Merouee laissa l'habit de religion, & comment il se feit tuer par vn sien vallet.

Endant que Merouee estoit ainsi moyne, vn nommé Gontran Boso, qui s'estoit retiré en franchise à l'eglise S. Martin de Tours, craignāt la fureur de Chilperic, qui le souspeconnoit d'auoir tué Theodebert, son fils (car il estoit vn des capitaines de Sigisbert, au temps de la defaicte d'iceluy Theodebert) feit tant qu'il persuada audict Merouee de laisser l'habit de religion, & se venir ioindre à luy, pour apres tascher à leuer quelques gens, & rentrer en leur premier estat. Ce que feit Merouee, s'habillāt de l'habit d'vn sien vallet: & s'en alla de son abbaye ou il estoit pres du Mans, iusques à S. Martin de Tours, ou il trouua ledict Gontran Boso, & se feit absouldre, à force, par Gregoire, lors Archeuesque de Tours, comme luy mesme dit. Quoy sçachant Chilperic, par le recit du mary d'vne niepce dudict Gregoire, & par vn sien diacre (lesquels il enuoya en exil, à la suasiō de Fredegonde, sa femme, disant qu'ils estoyent espies de Merouee) manda audict Archeuesque Gregoire qu'il iettast hors de l'Eglise S. Martin, c'est apostat Merouee (le nommant ainsi) ou bien qu'il enuoyeroit brusler toute la contree. A quoy ne voulant obeir, & s'excusant ledict Archeuesque, le Roy Chilperic se resolut faire, selon qu'il auoit mādé: & de faict feit assembler gēs pour enuoyer là: dont Merouee se trouuāt estonné, delibera plustost d'en partir, que d'estre cause que l'eglise, ou la contree fust destruicte. Mais ce pendant il fut en grand danger d'estre tué, par la trahison de Gontran, auquel il se fioit. Car Fredegonde auoit trouué moyen de le pratiquer, luy promettant de grands dons, s'il vouloit faire sortir ledict Merouee, à certain iour hors de l'eglise, & le mener en lieu ou elle enuoyeroit gens attiltrez pour le tuer. Ce que feit ledict Gontran: mais ceulx qui se debuoyent trouuer là, ne s'y trouuerēt pas pour l'heure. Neātmoins il ne vescut pas long temps apres, pource qu'estant sorty de S. Martin, selon sa deliberation, auec Gontran, & ce peu de gens qu'ils pouuoyēt auoir, & se voulant retirer par deuers Brunehault, que Chilperic (comme disent aucuns) auoit rendue à son fils Childebert, Roy de Mets, voyāt que les Austrasiens ne le voulurent receuoir, s'en reuint cacher en Champaigne, es enuirons de Reims, ou il fut trahy, & assiegé en quelque bourgade, par ceulx d'vne ville, qui se disoyent le vouloir receuoir pour leur Seigneur, & illec se feit tuer, par vn sien vallet, nommé Gailde, ou Gailene, de paour de tomber vif entre les mains de son pere. Puis fut pris son vallet, qui pour punition eut les pieds, les mains, le nez, & les oreilles coppees: & aduindrent ces choses en l'an cinq cens quatre vingts & deux, & quatre vingts & trois.

L'an cinq cens iiii.xx.& iiet iiii.xx.& iii.

Enuiron ce temps, ledict Roy Chilperic, par l'enhortemēt de Fredegonde, sa femme, feit exiller Pretexte, Archeuesque de Roué, par ce qu'elle disoit que la Royne Brunehault vsoit de son conseil, & aussi qu'il auoit fait le mariage d'elle & dudict feu Merouee, son fils: & aussi auoit esté cause que ledict Merouee s'en estoit issu hors de la religion, & plusieurs autres choses, qu'elle luy imposoit, combien que les Prelats de France, qui pour ceste cause furent assemblez en la cité de Paris, ne consentissent en riens audict bannissement, mais le contredisoyēt, & empeschoyent de toute leur puissance.

Comment Gontran, Roy d'Orleans, adopta son nepueu Childebert, Roy de Mets.

Ontran, Roy d'Orleans, ayant fait tuer deux fils de Macaire, ou Magnachar, son serourge, ou pere de sa femme, comme disent aucuns, par ce qu'ils auoyent mal parlé de la Royne Austrigile, & apres leur mort confisqué leurs biens à soy, se voyant sans enfans aucuns (car les siens luy estoyent morts, peu apres les deux autres tuez) manda à son nepueu Childebert, le ieune Roy de Mets, fils de feu son frere Sigibert, & de Brunehault, qu'il vint deuers luy, & qu'il le feroit son heritier. Les barons du royaume de Mets, dont le Roy estoit encores ieune, comme dict est, sçachant la cause pour laquelle on mandoit leur Seigneur, l'amenerent deuers ledict Gontran, Roy d'Orleans: lequel l'adopta pour fils, & l'ordonna heritier de son royaume, & de ses thresors. Et en l'an cinq cens quatre vingts & trois, lesdicts deux Roys, Gontran d'Orleans, & Childebert de Mets, oncle & nepueu, manderent audict Chilperic, Roy de Soissons, qu'il leur restituast tout ce qu'il auoit prins de leurs terres, ou qu'ils iroyent en bataille contre luy: lequel Roy Chilperic, eut de ce mandemēt grand despit: toutesfois, doubtant leur puissance, feit appoinctemēt auec eulx.

L'an cinq cens iiii.xx.& iii.

LES CHRONIQVES ET ANNALES DE FRANCE.

Et en ceste annee, Ermiuigilde, fils de Leuigilde, Roy des Vuisigots, print à femme l'vne des filles de feu Sigisbert, Roy de Mets, & de ladicte Brunehault: dont il encourut l'indignation de sondict pere, par ce qu'elle estoit Chrestienne, & il estoit de la loy Arrienne.

Comment les enfans de Chilperic & de Fredegonde moururent: & comment ladicte Fredegõde feit tuer Clodouee, ou Clouis, fils dudict Chilperic, & pareillement Sordoree, sa seconde femme, mere dudict Clodouee.

L'an cinq cens iiii.xx.& iiii.

Chilperic à l'instigation de Fredegonde, sa femme, feit plusieurs exactions sur son peuple.

EN l'an cinq cens quatre vingts & quatre, moururent trois fils, que ledict Chilperic auoit euz de ladicte Fredegonde: & disoit on que c'estoit aduenu par punition diuine, & pour les grandes charges, & exactiõs de tailles & emprunts, q ledict Chilperic, à la persuasion de ladicte Fredegonde, sa femme, faisoit leuer sur les Francois, ses subiects. car à cause d'icelle, plusieurs habitans abandonnerẽt leurs maisons, & heritages, qu'ils auoyent au lieu de leur nation, & allerẽt demourer ailleurs: & deuint iceluy Roy tout aliené, & troublé de son entendement. Si ne luy demoura enfans qu'vn, nommé Clodouee, qui estoit fils de Sordoree, sa seconde femme, laquelle il auoit enuoyee en exil: lequel Clodouee ladicte Fredegõde faisoit tenir prisonnier: mais pour s'en deffaire, l'enuoya au chasteau de Brayne, en Champaigne, ou regnoit & couroit vne maladie pestilencieuse, tendant à fin qu'il mourust de ladicte peste: toutesfois il en eschapa, & ne mourut point. Et quand il congneut la cause pour laquelle sadicte marastre Fredegonde l'auoit là enuoyé, & soy voyant estre là demouré seul, pour succeder au royaume de son pere, il conceut grand'haine contre sadicte marastre, & cõmenca à la despriser & menacer: & fut rapporté à ladicte Fredegonde, q ledict Clodouee auoit dit d'elle plusieurs malles parolles, & oultre luy fut dict qu'on auoit sceu par vne ieune meschine ou chamberiere, qui couchoit auec luy, & par la mere de ladicte meschine, que ledict Clodouee auoit esté cause de la mort des enfans de ladicte Fredegonde, dont toutesfois n'estoit riens. Parquoy ladicte meschine fut par le commandement d'icelle Fredegonde, prinse, batue, & tourmentee, tant que (fust à droict, fust à tort) on luy feit confesser ce qu'on luy mettoit à sus. Et par ce elle fut percee d'vn pal par le fondemẽt, tout le long du corps, & puis fut dressé le pal tout droict, & ainsi mourut: & la mere de ladicte meschine fut arse & bruslee. Apres ce ladicte Fredegõde demãda audict Chilperic, son mary, vengeance contre ledict Clodouee, son fils, de la mort de ses enfans: & par ce ledict Chilperic manda audict Clodouee, son fils, aller deuers luy, en vn boys ou il estoit allé chacer, & là le feit prẽdre & lier, puis l'enuoya & meit es mains de ladicte Fredegonde, sa femme: laquelle le tempta & interroga dudict cas, par plusieurs manieres, mais riens n'en confessa (& aussi disoit on qu'il n'en estoit riẽs) & par ce l'enuoya prisonnier en vn chastel. Et apres mãda à ceulx à qui elle en auoit baillé la garde, qu'ils le perceassent d'vn cousteau au trauers du corps, & des entrailles, & le luy laississsent sans retirer. Ce que lesdictes gardes feirent, comme mãdé leur auoit esté, & ainsi mourut: & puis icelle Fredegonde, donna à entẽdre audict Chilperic, son mary, qu'iceluy Clodouee, son fils, s'estoit precipité, & luy mesmes tué dudict couteau. Et apres ce ladicte Fredegõde, feit tuer ladicte Sordoree, premiere femme de son mary, laquelle par sa malice, auoit esté separee, & mise en religion. Et semblablement, la fille d'icelle Sordoree, que le Roy auoit engendree en elle, fut par les sergens d'icelle Fredegonde, honnye & corrompue, & puis mise en reclusage, en vn monstier.

De la beste qui fut veue entrer & yssir en la bouche du Roy Gontran.

L'an cinq cens iiii.xx. & cinq

EN l'an cinq cens iiij.xx. & v. le Roy Gontran d'Orleans (lequel, cõme on dit, estoit moult piteux aux pauures) vn iour estant allé à la chace, fut trauaillé de courir apres la beste: tellemẽt q volonté luy prít de dormir. Si se descẽdit de dessus son cheual, & se coucha à terre, au giron de l'vn de ses cheualiers, & s'endormit au pres d'vn petit ruisseau: & luy dormant, le cheualier apperceut vne petite bestelette, qui sortit de la bouche du Roy, & s'approcha dudict ruisseau, faisant semblant de le vouloir passer, mais elle ne pouuoit ne n'osoit. Et ce voyant ledict cheualier tira son espee, & la meit au trauers du ruisseau, & incontinent ladicte bestelette passa par dessus, & entra en vn petit pertuis, qui estoit au pied d'vne montaigne, & tãtost apres ladicte beste retourna par dessus l'espee, & rentra de rechef en la bouche dudict Gontran: lequel tantost s'esueilla tout effrayé, & dist qu'il auoit songé qu'il auoit passé vne grand'riuiere, par dessus vn pont de fer, & estoit entré en vne caue, au pied d'vne montaigne, ou il y auoit veu de grands thresors. Et pour experimenter son sõge, alla en ladicte montaigne, ou il auoit veu merueilleusement de grands thresors. Lors le cheualier luy dist ce qu'il auoit veu: parquoy il feit cauer ladicte montaigne, & y trouua de moult grands thre-

Du thresor que le Roy Gontrã trouua, par le moyen d'vne petite beste.

sors

fors d'or & d'argent, lesquels il print & apporta, & tous les departit aux pauures & eglises : & entre autres choses, il en feit couurir d'or, toute la chasse de sainct Martial, dõt il auoit fondé vn prieuré en Bourgongne, pres Challon sur la Sosne.

De la malice de la Royne Fredegonde.

Oult estoit belle femme & attrayante, par blandiement de langage, ceste Royne Fredegonde: mais cauteleuse & subtile en tricherie, & en malice, estoit plus qu'autre qui fust viuante apres Brunehault. Le Roy mesmes, son mary Chilperic, elle auoit si aueuglé, par la lasciueté de sa luxure (ainsi que telles femmes sçauent bien faire, à ceulx à qui elles s'abandonnent) que luy mesmes la seruoit comme vn vallet, tant en estoit abusé ou assotté. Par le moyen d'elle, ledict Chilperic feit & exigea de grandes tailles, & exactions de malletostes, sur les Francois: parquoy aucuns saincts hommes luy donnerent à entendre que ce pouuoit auoir esté cause de courroucer Dieu, & que par ce luy auoit osté ses enfans. Et ainsi ledict Chilperic abbatit lesdictes malletostes & tailles: car toutes manieres de gens, qui tenoyẽt heritages, estoyent contraincts à payer, pour arpent de vigne, chacun an, *amphoram vini*, & à l'equipolant de leurs autres terres & biens. Et tantost apres qu'il les eut abbatues, c'est à sçauoir l'an cinq cens quatre vingts & sept †, Dieu luy enuoya vn fils, lequel eut nom Clotaire: & pour la ioye qu'il eut de la naissance dudict fils, il feit deliurer tous les prisonniers, estans en toutes les prisons de son royaume.

Le Roy Chilperic seruoit Fredegonde, cõme vn vallet.

† al. 86.

Comment la Royne Fredegonde feit tuer le Roy Chilperic, son mary, en retournant de la chace.

Vdict an, cinq cens quatre vingts & sept, aduint qu'vn iour ledict Roy Chilperic s'appareilla pour aller à la chace: si alla auec luy ladicte Fredegonde, sa femme, & Landry, qui estoit maire & gouuerneur de son Palais, en vn lieu qui est sur la riuiere de Marne, à quatre lieues pres de Paris, à present appelé Chelle saincte Bauldour. Quand le Roy eut là disné auec sa femme, assez matin, il descendit de sa chambre, en l'estable ou estoyent les cheuaulx, cuidant les trouuer prests, pour monter à cheual, & aller à la chace. Et quand il fut descendu, ladicte Fredegonde s'en entra en vne arriere chambre, pour soy coiffer & peigner ses cheueulx, qui moult estoyent beaulx & longs. Le Roy qui ne trouua pas ses cheuaulx prests, les attendit deuant l'huis de son logis, aucune espace de temps, tellement qu'il luy ennuyoit de la longue demeure de ses gens, & par ennuy s'en remonta en la salle, ou il auoit disné, & laissé la Royne Fredegonde. Et quand il veit qu'elle n'estoit pas en icelle salle, il entra en ladicte arriere chambre, ou elle estoit entrée, & la trouua qu'elle estoit adentée, & assise sur vn banc, sur oreillers & sur carreux, & qu'elle pignoit ses cheueulx, qui luy couuroyent tous les yeux & le visage. Quand le Roy la veit en cest estat, en soy iouant à elle, luy bailla vn petit coup par derriere, sur le dos, d'vne petite verge blanche qu'il tenoit en sa main: mais elle ne se retourna point pour le regarder, car elle cuidoit que ce fust Landry, maire du Palais, *cum quo adulterabatur*. Si dist la Royne: Tenez vous coy, Landry, comment osez vous se faire? car le Roy ne s'en est pas encores allé. Quand le Roy, qui paruant auoit eu aucune suspition de ladicte Fredegonde, & dudict Landry, eut ouy ceste parolle, il fut courroucé, & deuint comme forcené, & s'en saillit de sa chambre, moult iré & courroucé, sans mot dire: & fut si angoisseux, & si serré de son cœur, que plus ne pouuoit, & ne sçauoit que dire: toutesfois pour cuider oublier son ennuy & son courroux, descendit, & monta à cheual, & s'en alla au boys à la chace. Ladicte Fredegonde, congnoissant la ialousie & forcenerie, en laquelle son mary estoit entré, à cause des paroles qu'elle auoit proferees, fut moult troublee & courroucee. Quand le Roy fut monté à cheual, elle enuoya incontinent querir ledict Landry: & quand il fut venu, elle luy compta la cause de son meschef, en disant, que luy & elle estoyent perduz, s'ils ne trouuoyent aucun expedient. Quand ledict Landry eut ce ouy, il fut esbahy & courroucé, & commença à soy dolorer, deliberant de s'enfuir & absenter. Lors luy dist ladicte Fredegonde: Escoute Landry, se tu veulx faire ce que ie te diray, nous serons toy & moy hors du danger: & il luy dist, qu'il n'estoit riens qu'il ne voulsist faire pour soy sauuer. Il fault, dist elle, quand le Roy reuiendra de chacer, sur le soir, cõme il a de coustume, qu'il vient de nuict le plus souuent, que tu t'apareilles & attrayes gens, ausquels tu feras grands dons & promesses, en sorte que pour les dons que tu leur feras, ils mettent leurs corps & biens en danger, & que si tost que le Roy sera descendu de cheual, ils le tuent: & quand ainsi le feras, nous serons hors du danger, & regnerons auec Clotaire, nostre petit fils. Landry loua

Chilperic fut ialoux de sa femme Fredegonde & nõ sans cause.

Fredegõde & Landry conspirerent la mort du Roy Chilperic.

LES CHRONIQVES ET ANNALES DE FRANCE.

moult ce conseil:toutesfois en son courage s'esmerueilla il moult de la cruauté de la Royne. Il se pourueut de son cas, pour mettre le conseil de la Royne Fredegonde à execution. Bien tard fut quand le Roy retourna. Quand il fut arriué deuant son logis, ses seruiteurs qui auec luy retournoyent de la chace, n'entendirent pas à leur maistre: si s'en alla l'vn ça, l'autre la, ainsi qu'est la coustume des chaceurs, & aussi pource qu'il leur sembla bien, qu'il y auoit assez gens pour receuoir & descendre le Roy, mais ils ne sçauoyent, & ne voyoyent pas quelles gens y estoyent, car il estoit tard. Quand le Roy fut descendu, incontinent les meurtriers, qui entour luy furent appareillez, le ferirent de cousteaux, & de poinssons, plusieurs coups par la gorge, & parmy le corps, tellement qu'il cheut mort à terre. Lors commencerēt ceulx mesmes qui l'auoyent occis, à eulx reculler loing du corps, & à faire grand' clameur & bruit, & à crier, hay, hay, le Roy est mort, son nepueu Childebert, le Roy de Mets, l'a fait tuer par ses espies, qui incontinent se mirent en fuite. Lors s'assemblerent tous autour du corps du Roy. Aucuns en y eut qui monterent sur leurs cheuaulx, faignans d'aller apres les meurtriers: mais ils n'allerent pas loing, ains s'en retournerent, car ils sceurent bien que la chose alloit autre-

Chilperic fut enterré à S. Germain des prez.

ment. Le corps dudict Chilperic, fut par Mandulphe, Euesque de Senlis, qui lors estoit audict lieu de Chelles, orné d'habillemens royaux, & mis en vn bateau, sur la riuiere de Marne, & amené à Paris: puis enterré en l'eglise sainct Vincent, à present nommee sainct Germain des prez: & en memoire de ce, sur sa fosse, à la difference des autres Roys qui y sont enterrez, est mis & posé sur sa representation ou sepulture, vn Roy qui tient sa main à sa gorge, en demonstrant qu'il fut tué, cōme on peult voir à l'oeil. Et est à noter qu'iceluy Chilperic, apres sa mort, ne fut gueres plainct: & disoit on, que ce estoit aduenu par vray iugement de Dieu, car il auoit esté homme de mauuaise vie, & du tout adonné à luxure. Il auoit estranglé Galsonde, sa premiere femme, qui fille estoit du Roy d'Espaigne: & puis apres repudia & abandonna Sordoree, se seconde femme, qui estoit vne moult bonne dame, de laquelle il auoit eu trois fils,

Chilperic en son uiuāt auoit esté grand exacteur sur le peuple de France.

& vne fille, & la feit mettre en religion, & elle viuant, espousa ladicte Fredegonde, sa cubine: & toute sa vie, durant son regne, auoit prins & leué plusieurs grandes tailles, & exactions indeues, & non accoustumees, sur les Francois, dont il auoit encouru leur indignation. Et aussi dit on, que peu de gens clercs furent mis de son temps es dignitez & prelatures de France: car il les faisoit donner à sa plaisance, à gens indignes, & si auoit les gens d'eglise en hayne & derision: & dit on de luy, qu'il n'ayma oncques homme, fust priué ou estrange: parquoy il n'estoit point digne d'estre aymé.

En ce tēps estoit saincte Marie l'Egyptienne.

En ce temps fut Marie l'Egyptienne, qui fut grand' pecheresse: puis vesquit en grand' austerité & penitence, comme on lit en sa legende.

Du Roy Clotaire, & de la Royne Fredegonde sa mere.

L'an cinq cens quatre uingts & sept.

CLotaire deuxiéme de ce nom, fils de Chilperic, commença à regner l'an cés cinq iiii.xx. & vij. & regna xliiij. ans, & trespassa l'an six cens xxxj. & gist à sainct Germain des prez. Iceluy Clotaire, au temps que son pere fut tué (comme a esté dict dessus) il estoit au berceau & n'auoit d'aage que quatre moys. La garde des thresors & ioyaux dudict Chilperic, son pere, prindrēt ce qu'ils trouuerent audict lieu de Chelles, & s'en allerent deuers Childebert, Roy de Mets, & ladicte Fredegonde s'en vint à Paris, & se meit, elle, son fils, & ses thresors, en l'eglise & hostel de l'Euesque de Paris, pour estre à sauueté, elle, & son fils. Cela faict *prudēti vsa consilio*, manda à Gontran, Roy d'Orleans oncle dudict Clotaire, son fils, qu'elle vouloit mettre en sa garde, elle, son fils, & son royaume. Si vint tantost & legerement ledict Gontran à Paris, ou il fut receu, & print & receut, comme ayant la garde de son nepueu, les sermens & hommages des barons du royaume: & commit ledict Landry, maire du Palais, tuteur dudict Clotaire. Et ce faict, feirent par aucuns des Princes de France, porter ledict ieune Roy Clotaire, par plusieurs des citez & villes, qui le receurent, & d'eulx prindrent

Du debat qui fut pour auoir le gouuernemēt du petit enfans Clotaire entre ses oncles.

les sermens. En l'an cinq cens iiij.xx. & viij. vonlut venir à Paris, ledict Childebert, Roy de Mets pour auoir le gouuernement du royaume dudict petit Clotaire: mais ladicte Royne Fredegonde, sa mere, & les bourgeois de Paris luy fermerent les portes, & luy refuserent l'entree: & ce voyant ledict Childebert, qui en fut courroucé, par le conseil de Brunehault, sa mere, manda audict Gontran, son oncle, qu'il luy deliurast le royaume de Paris, qu'auoit tenu feu Aribert, son oncle, & aussi qu'il luy enuoyast ladicte Royne Fredegonde, laquelle auoit fait mourir son pere, & son oncle, pour la tourmenter & punir, selon ses demerites:

rites: mais il n'en voulut riens faire, & luy manda que de ceste matiere, & autres, ils parleroyēt vne autrefois ensemble: & fut audict Landry, Maire du Palais, baillee la charge & le gouuernemēt, comme tuteur, dudict petit Roy Clotaire, & de son royaume, auec ladicte Fredegonde.

En l'an cinq cēs quatre vingts & huict ledict Roy de Mets, Childebert, receut grād' finance de Maurice l'Empereur de Romme, à ce qu'il chaçast les Lōbars hors d'Italie, ou ils s'estoyent embatus. Si alla contre eulx à grand' armee, mais ils se deffendirent fermement. Parquoy feit appoinctement auec eulx, moyennant grand tribut qu'ils luy promirent payer chacun an.

De la Royne Fredegonde, qui portoit en guerre entre ses bras son fils en maillot: & comme elle obuia aux entreprinses que l'on vouloit faire sur le royaume d'iceluy.

L'An cinq cens iiij.xx.ix. ledict Childebert, Roy de Mets & d'Austrasie, par le cōseil de ladicte Brunehault sa mere, vint en France à grād ost cōtre la Royne Fredegōde, pour venger la mort de son pere & de son oncle, lesquels elle auoit fait mourir: & print & se saisit de la cité de Soissons: Mais ladicte Fredegonde, cōme femme de grād & austere courage, assembla tous ceulx des Frācois, qu'elle pēsoit qui estoyent de son party, en les persuadant & exhortant par parolles, & par dons, qu'ils vinssent garder leur petit Roy & seigneur Clotaire son fils, & sa terre: & alla ledict Landry, Maire du palais, & tuteur dudict Clotaire, auec grand' armee au deuant dudict Childebert: & ladicte Fredegonde elle mesmes estoit en l'ost, en propre personne. Et quand vint à combattre, elle portoit son fils entre ses bras, affin d'animer & dōner courage à ses gens de soustenir & garder la querelle de son fils, en leur disant: Mes amys voicy vostre ieune Roy & seigneur, qui ne se peult deffendre, si vueillez le garder, ainsi qu'estes tenuz, & faire le deuez En ladicte bataille ledict Childebert, Roy de Mets, fut desconfit & mis en fuyte. Puis alla ladicte Fredegonde reprendre la cité de Soissons, & mettre le siege à Reims, & courut & gasta par feu & par glaiue tout le pais de Champaigne: & apres s'en retourna auec grandes proyes en la cité de Soissons. En l'an cinq cēs iiij.xx. & xiij. aduint en Frāce qu'vn hōme qui coppoit du boys en vne forest, fut tellemēt infesté de mouches, qu'il deuit fol par deux ans: & aps il prit vn habit de religion, & se disoit Prophete, & deuit magiciē & inuocateur, & guerissoit aucuns malades. A la fin il se voulut nōmer Christus, & pour tel se faire adorer, & ceulx qui refusoyent à l'adorer, il les persecutoit, & faisoit persecuter par grād' multitude de peuple qui les suyuoyēt & adoroyent auec luy. A la parfin *à quodam fideli occisus est: & ita sequaces eius dispersi sunt.*

L'an cinq cens iiii.xx. & ix.

L'an cinq cens quatre uigts et treze.

De la mort de Gontran, Roy d'Orleans.

EN l'an de grace cinq cens iiij.xx. & xvj. ou xvij. mourut Gontran Roy d'Orleans, seigneur de Bourgongne & de Prouence. Il fut en son viuāt hōme qui ayma l'Eglise, loyauté, droicture, paix & cōcorde: mais trop estoit abandonné à lubricité. Il eut quatre fils de quatre femmes: mais cōme par diuine punitiō tous moururēt: & escheut son royaume audict Childebert, Roy de Mets, sō nepueu, qu'il auoit adopté pour fils. Iceluy Gōtrā entre les choses qu'il chargea audict Childebert, luy pria qu'il se gardast de la malice & des aguets de Brunehault sa mere, & de Gillon, l'Archeuesque de Reis. Le corps dudict Gōtran fut ensepulturé en l'Abbaye de S. Marc lez Chaalōs, qu'il auoit grandement fondee & fait edifier.

L'an cinq cens iiii.xx. et seize ou dixsept.

S. Augustin fut par s. Gregoire enuoyé en Angleterre.

En l'an cinq cens quatre vingt & dixneuf, sainct Augustin fut par sainct Gregoire, lors Pape de Romme, enuoyé en Angleterre, pour prescher & publier la foy de Iesus Christ: & à sa predicatiō se feirēt baptiser Eldret, ou Edilbert, Roy d'Angleterre, & sa gent: & aduint que ledict S. Augustin alla pour prescher en vn territoire qu'on appelle Doroceftre, auquel lieu les gens d'iceluy territoire, par moquerie & derision, luy attacherent à ses habillemens des reines, ou grenoilles: & depuis ce temps, par punition diuine, ceulx qui naissent audict territoire, ont des queues par derriere, comme bestes brutes, & les appelle on Anglois quouez.

Nota des Anglois quouez.

De la mort de Childebert, roy de Mets, & de sa fēme, qui moururēt en vn mesme iour.

L'An de grace six cēs, ledict Childebert Roy de Mets, auql ledict Gōtran auoit laissé son royaume d'Orleās, mourut luy & sa fēme en vn mesme iour: & disoit on qu'ils auoyēt esté empoisonnez en vn bain, par la Royne Brunehault sa mere, affin qu'elle eut le gouuernemēt de ses royaumes: & laissa iceluy Childebert deux enfans, l'vn nommé Theodebert, & l'autre Theodoric. Theodebert eut le royaume d'Austrasie, duql le principal siege estoit à Mets, & s'estendoit iceluy

L'an de grace six cens.

royaume par tous les pais de Chāpaigne, Lorraine, & biē auant es Alemaignes: & Theodoric le ieune eut le regne que tenoit feu Gotran, lequel cōprenoit Orleans, & toute la Bourgongne, Dauphiné, & Prouence: & demourerent foubs la tutelle de ladicte Brunehault, leur ayeulle.

De la guerre que Fredegonde feit aux enfans de Theodebert: & de la mort de ladicte Fredegonde.

L'an fix cens.

L'an fix cens & un.

† al. Quintrius.

Brunehault pour fa grand' cruauté fut deiectee & chaccee du royaume par le Roy Theodebert fō fils.

† al. Katinus.
† al. Egila.

De la merueilleufe bataille et occifion de gēs fur la riuiere d'Aifne.

† al. Ifara, maintenāt Oyfe.

† al. Genial.

† al. Protadie.

Vn Lōbard, ou Rōmain, maire du palais de Theodoric, par Brunehault.

EN l'an premier du regne defdicts deux ieunes Roys, freres, ladicte Fredegōde, qui eftoit moult fiere & orgueilleufe de la victoire qu'elle auoit eue es annees precedentes fur le feu Roy Childebert leur pere, quand elle fceut qu'il eftoit trefpaffé affembla grand oft qu'elle enuoya contre lefdicts enfans, & feirent les gens de ladicte Fredegonde moult grand' occifion de leurs gens. Et tātoft apres ladicte victoire, icelle Fredegonde trefpaffa en l'an fix cens & vn: & fut fon corps enterré en l'eglife fainct Vincent, à prefent appelé fainct Germain des prez, lez Paris. En celle mefme annee vn grand prince, nommé † Gemorties, fut occis par le commandemēt de Brunehault: laquelle, cōme femme trefcruelle, feit faire plufieurs autres meurtres: & voyant ledict Theodebert, Roy de Mets, fon arriere fils, l'infolence, malice & grand' cruauté d'icelle Brunehault, la feit par le confeil, & à la grand' priere & requefte de ces Nobles, deietter & bannir hors de fon royaume, & de toute fa terre, pour les defloyaultez & homicides qu'elle auoit faict faire. Icelle Brunehault, ainfi abandonnee & deiectee fut trouuee toute feule & efgaree par les champs, par vn pauure hōme, auquel elle pria tant qu'il la mena iufques à fon autre arriere fils Theodoric, Roy d'Orleans: lequel, pource qu'elle eftoit fon ayeule, la receut & l'entretint, dont mieulx luy vaufift qu'il n'en euft riens fait. Quand elle fut deuers ledict Theodoric, elle feit dōner au pauure hōme qui l'auoit amenee, pour le recōpenfer de fon feruice, l'Euefché d'Auxerre, cōbien qu'il ne fut homme lettré, ne capable pour le tenir. Le Duc † Ratinus, & vn autre nommé † Gilles, furent occis par le commandement de ladicte Brunehault.

En l'an de grace fix cens & cinq, par l'enhortement de ladicte Brunehault, ledict Theodoric, Roy d'Orleās, courut fus au Roy d'Clotaire fon coufin: lequel vint contre luy à grād' armee, & affemblerent leur bataille au diocefe de Sens, aupres d'vne groffe riuiere, nommee Aifne: & y eut fi grand' occifion de gens, rāt d'vn cofté que d'autre, que la multitude des corps mors empefchoit le cours de ladicte riuiere d'Aifne, fi qu'elle regorgeoit & f'efpandoit par deffus les bors: & durant ladicte bataille, fut veu au deffus vn Ange tenant vn glaiue nud: & y mourut plus de trente mil hommes. Et quand ledict Roy Clotaire veit la grand' occifiō & defconfiture de fes gens, il f'en retira à Melun, & de là à Paris. Sondict coufin le pourfuyuit, & gafta grand' partie des terres de fon regne, & en r'apporta grand proyes & richeffes. parquoy fut contrainct pacifier auec luy, & par l'appoinctemēt faict entre eulx, ledict Clotaire luy delaiffa de fa terre tout le pais qui eft entre Seine & Loire, & auffi celuy qui eft entre le fleuue de † Lifaire, & la mer.

En l'an de grace fix cens & fept, lefdicts Theodebert, Roy de Mets, & Theodoric, Roy d'Orleans, affemblerent grand' armee, & allerent contre les Gafcons, qui f'eftoyent rebellez, & les fubiuguerent, & eftablirent & inftituerent fur eulx vn nommé † Gemaulx. En cefte annee vn nōmé Adoaldus fut efleué Roy fur les Lombars, en la prefence d'Agilulphe fon pere, en la cité de Milan: deuers lequel ledict Childebert enuoya fes Ambaffadeurs, qui traicterent le mariage de fa fille auec ledict ieuue Roy des Lombars: & par ainfi fut traictee la paix entre Frācois & Lōbars. Lors eftoit Maire du palais dudict Theodoric, Roy d'Orleans, vn moult loyal Cheualier, nommé Berthouault: & y auoit vn nommé † Proclaide qui eftoit Rommain de nation, qui comme on difoit maintenoit ladicte Brunehault, & par ce luy auoit elle feit donner vne Duché. Et ainfi que l'accouftumance du peché croiffoit entre Brunehault & Proclaide, tāt plus croiffoit à ladicte Brunehault la volonté de l'aduancer: & affin qu'elle le peuft faire Maire du palais, trouua facon de faire tuer ledict Berthouault en la bataille, qui fut contre le Roy Theodoric, d'Orleans, & Clotaire, Roy de Paris, fur la riuiere d'Eftampes. Quand ce Proclaide eut efté faict Maire du palais du Roy Theodoric, d'Orleās, il deuint moult fier & orgueilleux: & entre les autres vices qui eftoyent en luy, il fut plus auaricieux que nul autre, felon la nature des Lombars, & trauailloit moult les Princes & fubiects du royaume dudict Theodoric, fi qu'il entra en la haine de tous. En l'an de grace fix cens & neuf, le foixante cinq ou foixante neufiéme Pape de Romme, nommé Boniface quatriéme, obtint don de l'Empereur Phocas, lors regnant, d'vn temple qui eftoit confacré au nō de tous les dieux idoles, nōmé Pātheon, en la cité de Rōme: & le cōfacra en l'hōneur de tous les Saincts, ordonnāt la fefte de Touffaincts eftre celebree es calendes de Nouēbre, comme on lit en la legende de ladicte fefte.

En l'an

En l'an de grace six cens & dix, la desloyalle Brunehault, qui pas n'auoit oublié la honte & la vergongne que luy auoit faict son fils Theodebert, Roy de Mets, qui l'auoit, par ce qu'elle estoit desloyalle, chacee, & bannie de son royaume, se pourpensa comment elle s'en pourroit venger. Si conseilla audict Theodoric, Roy d'Orleans, qu'il mandast audict Theodebert, Roy de Mets, son frere, qu'il luy enuoyast sa portion des thresors de son pere, qu'il auoit prins seul. Si donna à entendre audict Theodoric, que ledict Theodebert son frere, estoit bastard, & fils d'vne concubine, & qu'il n'auoit oncques esté engendré du Roy Childebert, son pere, mais d'vn cordelier, & que par ce ne deuoit estre son heritier. Proclaide, Maire du palais, conseilloit pareillemét audict Theodoric qu'il vsast du conseil d'icelle Brunehault son ayeule, & tellement le persuaderét qu'il se consentit à leur malice. Si assembla grand armee pour aller contre ledict Theodebert son frere. Lesdicts deux Roys, Theodoric d'Orleans, & Theodebert de Mets, qui se preparoyent à bataille l'vn contre l'autre, enuoyerent chacun leurs Ambassadeurs deuers Clotaire, Roy de Paris, leur cousin, pour auoir de luy aide: mais iceluy Clotaire par le conseil de sainct Columbain, qui estoit son conseiller, ne se voulut entremettre de leur question: & luy dist ledict sainct Columbain, que dedans deux ans les Royaumes de sesdicts cousins viendroyent en ses mains. Ledict Theodebert, Roy de Mets, semblablemét pour soy deffendre assembla les Nobles & subiects de son royaume, & vint contre son frere, iusques à vn lieu qui à nom Carisi. Là se logerét lesdicts osts, & delibererent de batailler au lendemain: mais les bons Cheualiers, & haults hómes, & Barons du royaume Theodoric, voyans que la guerre qui estoit entre les deux Roys, freres, n'estoit pas honneste, & qu'il n'y auoit point d'occasion, conseillerent à leur seigneur, qu'il pacifiast à son frere, & qu'il ne brisast pas l'honneur & l'amour fraternelle, qui deuoit estre entre eulx, par conuoitise & mauuais conseil: mais ledict Proclaide, Maire du Palais, qui là estoit, fut d'oppinion contraire. Tous les Barons veirent bien que ledict Proclaide leur estoit contraire à faire la paix, & au proffit du royaume. Si commencerent à dire entre eulx que mieulx seroit que ledict Proclaide mourust, que tant de haulx hommes & gens de bien, qui estoyent es deux osts, fussent en peril de mort. Le Roy Theodoric, qui estoit sorty de sa tente, pour visiter son ost, congnut bien par aucunes parolles qu'il ouyt, la volonté desdicts Barons, & qu'ils vouloyent occire ledict Proclaide, & que ia s'assembloyent autour sa tente, en laquelle estoit iceluy Proclaide. Si voulut retourner vers sadicte tente, & mettre peine de les empescher: mais ses gés le retindrent à force. Si appela vn Cheualier nommé Vtile, & luy commanda qu'il allast deffendre de par luy ausdicts Barons, qu'ils ne meffissent audict Proclaide, en aucune maniere. Ledict Vtile, qui hayoit ledict Proclaide, alla deuers les Barons, & tourna la parolle du Roy tout au contraire: & leur dist que le Roy leur mandoit & commandoit, que ledict Proclaide fust incontinent mis à mort. Lors entrerent les Barons en la tente du Roy, ou Proclaide iouoit aux tables, auec vn Phisicien, qui Pierre auoit nom, & le tuerent, comme ennemy de paix & de concorde. Puis s'en retournerent deuers le Roy, & le r'appaiserét le plus beau qu'ils peurent, & firent tant vers luy, qu'il se consentit à faire paix auec son frere: & quand l'appoinctemét fut conclud, chacun s'en retourna en sa terre.

L'an six cés & dix.

La malice de Brunehault.

† al. Vncelé.

Des inhumanitez que faisoit faire la Royne Brunehault.

AV lieu dudict Proclaide fut faict Maire du palais de Theodoric vn autre, nómé Clodie, semblablemét Rómain de nation, qui estoit moult ioyeux, sage, & loyal Cheualier, & vsoit de belles paroles & amiables à tous: mais moult il estoit gras & pesant. Vtile, le Cheualier qui auoit esté cause de la mort de Proclaide, par le rapport qu'il auoit fait, ne se garda pas bien de la malice, ne des aguets de Brunehault: car elle luy feit copper vn des pieds, & oster tous ses biens, si qu'il demoura en peine & grád pauureté. Seblablement en l'an six cens & douze feit elle occire en vn isle, vn autre riche Cheualier, nommé † Bolfus, qui auoit conseillé & consenty la mort dudict Proclaide. Icelle Brunehault feit tát de maulx & inhumanitez, & fut de si peruerses & mauuaises meurs, *vt merito crederetur Sibillam de ea vaticinatá esse*: laquelle Sibille dit ainsi: *Veniet Brunta de partibus Hispaniæ, ante cuius conspectum gentes, vel gentiú reges peribunt: ipsa verò calcibus equorú dirupta peribit.*

En l'an que dessus six cens & douze, ledict Theodoric, par les persuasiós de Brunehault, son ayeule, & d'Aride, Archeuesque de Lion, r'enuoya querir S. Disier, Archeuesque de Vienne, de l'exil ou il l'auoit enuoyé l'an six cens & huict: & quand il fut retourné Brunehault le feit lapider: *ad cuius tumulum miracula creberrime facta sunt.* En ce mesme téps ledict Theodoric enuoya Aride, Archeuesque de Lion, & vn nommé † Thorin, qui estoyent deux de ses grands conseillers en son palais deuers Bertrich, roy des Vuisigots en Espaigne, luy demander en mariage vne sienne fille, nommee Hermemberge. Ledict Bertrich en fut moult ioyeux, & luy prepara &

L'an six cens & douze.

† al. Volsus.

Vne sibille vaticina & prophetiza de la peruersité de Brunehault, & sa mort.

† al. Ebroin.

donna ioyaux & thresors: Puis la bailla aux messagers de Theodoric, & d'iceulx print sermēt, q̄ ledict Theodoric la tiēdroit cōme sa femme, & qu'elle seroit Royne tous les iours de sa vie. Les messagers l'amenerēt deuers Theodoric, qui la receut honnorablement, puis l'espousa, & moult l'ayma par aucun tēps: mais la desloyalle Brunehault en fut enuieuse & desplaisante, & tant feit enuers ledict Roy par ses persuasions & mauuais rapports, qu'il ne la cognut † plus, & la print en si grād' haine qu'il la rēuoya en Espaigne audict Roy Bertrich, son pere, *thesauris expoliatam*: lequel Bertrich en fut moult desplaisant: & par ce enuoya incontinent messagers deuers Clotaire, Roy de Paris, cousin dudict Theodoric, luy mandat que s'il se vouloit venger des dōmages & deshonneurs que ledict Theodoric, son cousin, luy auoit faicts, de luy tollir sa terre, que volontiers s'allieroit auec luy, pour semblablement venger la honte de sa fille. Le Roy Clotaire à ce s'accorda. Puis r'enuoya ledict Bertrich, Roy d'Espaigne, ses mesmes messagers deuers Theodebert, Roy de Mets, pour sçauoir s'il seroit de leur alliance contre ledict Theodoric, son frere: lequel s'y accorda. Aussi feit le Roy Agon de Lombardie. Ledict sainct Colombain, qui estoit conseiller dudict Theodoric, reprint par moult de fois iceluy Theodoric, de ce qu'il auoit ainsi laissee & abandonnee ladicte Hermemberge, son espouse, & par le conseil de Brunehault vsoit sa vie mauuaisement en luxure & dissolution, auec mechines & meschātes femmes: & semblablement blasma moult ladicte Brunehault, des grands maulx & inhumanitez qu'elle auoit esté cause de faire en Frāce, & ailleurs. Icelle Brunehault voulut que ledict sainct Colombain donnast sa benediction à deux enfans bastards, qu'auoit ledict Theodoric euz de ses mechines, mais il n'en voulut riens faire: & luy dist que iamais lesdicts enfans ne tiendroyent sceptre royal, & que ce n'estoit pas raison, pource qu'ils estoyent de concubinage & bastards. Et pour ceste cause, aussi affin que par son admonnestemēt ledict Theodoric n'abandonnast les mechines qu'il tenoit, elle le feit enuoyer en exil, ou il mourut tantost apres.

† al. point, Theodoric par les persuasions de Brunehault delaissa sa femme, la fille du roy d'Espaigne.

s. Colōbain fut enuoyé en exil, par le commandement de Brunehault.

De l'appointement qui fut faict entre les Roys, Theodebert & Theodoric.

Theodebert, Roy de Mets, auquel Theodoric, Roy d'Orleans, son frere, auoit fait plusieurs griefs & dommages, par l'enhortement de Brunehault, cuidant aucune chose recouurer de ce qui luy auoit esté tolu, feit guerre audict Theodoric: & s'assemblerent les deux osts, mais il ne bataillerent point: car aucuns furent qui s'entremirent de faire la paix. Et pour icelle conclure, s'assemblerent en vn lieu, qui à nom † Falaise, & fut dict que les Roys se trouueroyent à peu de compagnie des plus grands de leur party. Le Roy Theodoric y amena dix mil hōmes: mais ledict Theodebert trop plus grād nombre, en propos de troubler la paix. Quand Theodoric sceut la volonté, & veit la puissance de son frere Theodebert, il fut contraint à consentir tel appointement qu'il voulut demander, mais non pas de bōne volonté. L'accord fut tel, que ledict Theodebert auroit les côtez de Touraine & de Champaigne, qui estoyent du royaume de Theodoric: & à tant se departirent. En celle mesme annee iceluy Theodebert occist † Belchide, sa fēme, qu'il auoit pieca espousee, par l'enhortement de Brunehault, laquelle l'auoit achetee des marchās, par ce qu'elle estoit moult belle, puis l'auoit fait espouser audict Theodebert. Vne autre en espousa apres sa mort, qui eut nom † Cheutilde, dont il eut vn fils, qui eut nom Aubert: & si eut sept bastards de plusieurs concubines.

† al. Saloisse ou Salese.

Theodebert occist & tua sa femme nommee Belchide.
† al. Bilechilde.
† al. Teudechilde.

De la guerre que Theodoric, Roy d'Orleans, feit de rechef à Theodebert, Roy de Mets, son frere, qui fut desconfit, & s'en fuit à Coulongne, ou ceulx de la cité luy copperent la teste, & l'enuoyerent audict Theodoric.

L'an six cens & dixsept.

EN l'an de grace six cens & dixsept, Theodoric, Roy d'Orleans, pensa moult comment il pourroit prendre vengeāce de l'iniure que son frere Theodebert, Roy de Mets, luy auoit faicte, de luy tollir sa terre: & auec ce ladicte Brunehault, *peiora peioribus consilia dans*, dist audict Theodoric (en le blasmāt qu'il estoit lasche & negligent qu'il ne requeroit auoir les tresors de son pere, que luy detenoit ledict Theodebert son frere) qu'elle sçauoit certainement qu'il estoit fils d'vne ribaulde, concubine, & né en adultere. Pour lesquelles causes ledict Theodoric manda à Clotaire, Roy de Paris, que s'il luy vouloit promettre qu'il n'ayderoit point audict Theodebert contre luy, il feroit guerre audict Theodebert: & s'il aduenoit qu'il eust victoire, il luy rēdroit les terres, qu'il luy auoit baillees par l'appointement qu'ils auoyent par auant faict ensemble. A quoy le Roy Clotaire se consentit: & par ce ledict Theodoric assembla grand nombre de Barons & Cheualiers,

&

DES ROYS THEODEBERT, ET THEODORIC.

& gensd'armes,& alla contre son frere le Roy de Mets:& eurét bataille pres la ville de Thoul, ou ledict Theodoric eut victoire,& fut ledict Theodebert desconfit,& s'enfuyt jusques à Mets: mais ledict Theodoric,son frere, le suyuit,& le chaca tellemét & de si pres qu'il s'en alla à Coulongne, ou iceluy Theodoric le suyuit & l'assiegea dedans. Ceulx de la cité vindrent à l'encontre dudict Theodoric, pource qu'il gastoit leur païs : lequel Theodoric leur dist qu'il n'estoit pas là venu pour leur mal faire, ne gaster leur païs, mais pour poursuyuir son frere,& que s'ils vouloyent sa grace qu'ils luy rendissent en ses mains, ou qu'ils luy apportassent son chef. Les messagers retournerent en la cité,& dirent au Roy Theodebert: Ton frere te mande que se tu luy veux rédre sa partie des thresors de son pere, que tu as saisiz, il s'en retournera en son païs, & te laissera ceste contree: si te prions qu'ainsi le faces,& que tu ne seuffres pas que nostre païs soit gasté & destruit. A ceste occasion ledict Theodebert cuida qu'ils luy dissent verité,& les mena au lieu ou estoyent ses thresors & richesses : & ce pendant qu'il pensoit qu'il pourroit à son frere bailler, en maniere qu'il ne fust trop dommagé, l'vn d'eulx, qui aupres luy estoit, tira son espee,& le tua,& luy coppa la teste. Apres le ietta hors de la cité par dessus les murs. Tantost apres que ce fut dict audict Theodoric, il entra dedans la cité,& print tous les thresors dudict Theodebert,& de son pere, qui de long temps y estoyent,& manda les Nobles du païs, en l'eglise de sainct Gereon, qui tous luy feirent hommage. Et ainsi qu'il receuoit les sermens d'eulx, il luy fut aduis qu'aucun luy bailla vn grand coup au costé, si qu'il cuyda estre blecé. Si feit fermer les portes, à fin que nul ne peust sortir,& fut despouillé par ses chambellans : mais on n'y trouua point de coup de couteau, fors seulement que la chair estoit vn peu rouge à l'endroit du lieu ou il luy sembloit auoir esté frappé:& ce fut seulement demonstrance que de bref deuoit mourir. Apres ladicte victoire,& les sermens des Nobles du païs ainsi receuz par ledict Theodoric, il s'en retourna,& emmena auec luy trois des fils bastards,& vne fille legitime,qu'auoit ledict Theodebert: laquelle fille estoit à merueilles de grand' & excellente beauté. Ladicte Brunehault print lesdicts enfans,& en tua les deux,& le tiers, qui estoit en aulbe, elle le print par le pied,& le frappa la teste contre la muraille, tellement qu'elle en feit voller la ceruelle,& retint ladicte fille. Et apres ces choses rendit ledict Theodoric audict Roy Clotaire, les terres que ledict feu Theodebert,Roy de Mets, luy auoit tollues,cóme promis luy auoit:mais ce neantmoins tantost apres, par le conseil de Brunehault, il luy manda qu'il les luy rebaillast, ou qu'il auroit guerre à luy,& le greueroit par tous les moyens qu'il pourroit.

Theodebert fut tué & occis par ses subiects mesmes.

La peruerse Brunehault tua trois des enfans de Theodebert.

Comment Theodoric, Roy d'Orleans, voulut prendre à femme la fille de feu Theodebert son frere: & comme ladicte Brunehault feit mourir ledict Theodoric, par venin en vn baing.

Pres ces choses ainsi faictes iceluy Theodoric, Roy d'Orleans,& de Mets, pour la grande & excellente beauté, qui estoit en sa niepce, fille dudict feu Theodebert, Roy de Mets, laquelle il auoit amenee auec luy de Coulongne, la voulut prendre à femme & l'espouser: mais ladicte Brunehault luy deffendit & desconseilla. Et quand il luy demanda quel mal,& quelle offence il feroit s'il la prenoit en mariage, elle luy respondit qu'il ne deuoit pas espouser sa niepce, la fille de son frere. Quand ledict Theodoric ouyt ces parolles il fut merueilleusement courroucé contre elle,& luy dist telles parolles: O toy trescruelle & desloyalle femme, enuieuse, ennemie de Dieu,& du monde, controuuerresse de tous maulx, contraire à tous biens, ne m'as tu pas autresfois dit & donné à entendre,que Theodebert,Roy de Mets, n'estoit pas mon frere,& qu'il estoit bastard, fils d'vne concubine,& d'vn cordelier? & pourquoy m'as tu mis en voye de commettre tel peché, que ie l'ay occis,& suis homicide de mon frere,& de mon sang. Quand eut ce dit, il tira son espee, & luy courut sus, pour la vouloir occire : mais ceulx qui là estoyent presens, se meirent au deuant,& la destournerent de sa presence,& ainsi eschapa de mort celle fois. Apres ceste chose aduenue ladicte Brunehault, qui moult en fut courroucee, se pourpésa comment elle se pourroit venger dudict Theodoric, son fils. Elle regarda son poinct qu'vn iour que ledict Theodoric se baignoit, elle deceut ceulx qui le seruoyent par promesses & par dons qu'elle leur feit,& leur bailla vn breuuage enuenimé, qu'ils luy feirent boire au sortir du baing. Quand il eut beu le venin tantost cheut mort à terre, sans confession & sans repentance des grands maulx & pechez qu'il auoit faicts tout le temps de sa vie,& fut son corps enterré à sainct Martin d'Autun. Iceluy Theodoric laissa seulement quatre fils bastards, qu'il auoit euz de paures mechines: dont les noms estoyent Sigisbert,Corbes, Childebert & Merouee, lesquels ne luy succederent aucunement : & par ainsi reuint toute la monarchie du Royaume à Clotaire, Roy de Paris.

Des reproches que feit le Roy Theodoric à la peruerse Brunehault son ayeulle.

e iij

LES CHRONIQVES ET ANNALES DE FRANCE.

Comment Brunehault voulut faire regner aucuns bastards de feu Theodoric, Roy de d'Orleans & de Mets.

Brunehault vouloit estre gouuernäte du royaume de Mets.

QVand les Roys, & ceulx qui de la lignee du feu Roy Clouis estoyent descenduz, en directe lignee, eurent ainsi esté mors & occis, & qu'ils eurent regné depuis le temps dudict Clouis leur ayeul, ou eut de temps enuiron cent sept ans, & que n'y auoit plus de droit heritier, fors & excepté ledict Clotaire, Roy de Paris, toute la monarchie des quatre royaumes reuint en sa main. Toutesfois ladicte Brunehault, qui toute sa vie ne songea que mal faire, tendit & se perforça moult comment Sigisbert, aisné fils bastard du Roy Theodoric, peust auoir le royaume de Mets. Et ce faisoit elle à fin que elle fust par dessus au royaume gouuernante: mais les Nobles & Barons du royaume, qui la congnoissoyent, ne voulurent pas estre gouuernez par les mains d'vne telle femme, n'auoir seigneur qui ne fust de droicte ligne, & legitime. Si manderent audict Roy Clotaire qu'il allast au royaume de Mets, & qu'ils luy liureroyent le pais. Si assembla son ost & se meit en voye. Quand ladicte Brunehault sceut que ledict Clotaire estoit entré au pais, elle luy manda & coniura qu'il issit hors du royaume de Mets, qui auoit esté audict feu Roy Theodoric, lequel l'auoit laissé à son fils Sigisbert. Lors ledict Clotaire luy manda que ledict Sigisbert estoit bastard, & ne pouoit succeder audict Theodoric, & que de ceste matiere elle se cöseillast aux Princes & aux Barons du pais, & qu'il estoit content d'en ester & accepter iugement à leur dict & ordonnance. Brunehault apperceut bien lors qu'elle n'auoit pas bonne cause, s'elle s'en rapportoit ausdicts Barons (car elle scauoit bien qu'ils la hayoient) si enuoya oultre le Rin ledict Sigisbert, fils bastard audict Theodoric, & Garnier, Maistre du Palais d'Austrasie, & vn autre nommé Albon, pour prendre alliance à ceulx du pais contre ledict Roy Clotaire: mais tantost apres elle eut souspecon contre ledict Garnier, qu'il ne fust fauorable audict Clotaire: & par ce enuoya audict Albon lettres, & luy manda qu'incontinent feist occire ledict Garnier. Ledict Albon, quand il eut receu & leu les lettres de ladicte Royne Brunehault, les deschira en pieces. Là fut quelcun des amys dudict Garnier, lequel d'auenture en amassa les pieces & les assembla, & par icelles sceut le contenu: & quand il les eut veues il en aduertit ledict Garnier: lequel pour soy sauuer commença à penser cöment ledict Sigisbert, fils bastard du feu Theodoric, pourroit estre occis, & comment il se pourroit sauuement retirer deuers ledict Roy Clotaire. Quand lesdicts Sigisbert, Garnier, & Albon furent deuers ceulx ou ils alloyent pour prendre ladicte alliance, iceluy Garnier feit tout le contraire de ce que ladicte Brunehault luy auoit chargé, & les destourna qu'ils ne prinssent alliance auec ladicte Brunehault, ny a ses nepueux. Apres que ledict Garnier fut retourné au pais de Bourgongne, qui estoit des appartenances dudict royaume de Mets, il conuertit secretement ceulx du pais, tellement qu'ils furent du party dudict Clotaire, contre ladicte Brunehault: laquelle il hayoient forment pour sa cruauté, & pour son orgueil. Quand ledict Garnier eut ainsi appoincté la chose, il manda audict Clotaire qu'il vint hardiment, & qu'il luy rendroit entierement ledict royaume de Mets & pais de Bourgongne, & toute la Baronnie à luy subiecte. Lors ledict Clotaire, auec grand' compagnie de gens d'armes, alla iusques aupres d'Auxerre, & ia auoit en sa compagnie plusieurs des Princes du royaume de Mets, qui s'estoyent rendus à luy: & les Bourguignons & Austrasiens vindrent au deuant de luy, pour luy ayder, à grand' compagnie: & ladicte Brunehault assembla tout ce qu'elle peut de gens de guerre, pour le venir cöbatre, & tant errerent & cheuaucherent qu'ils furent pres les vns des autres.

De la bataille qu'eut le Roy Clotaire contre les bastards du Roy Theodoric de Mets, que Brunehault vouloit faire regner: & comment ladicte Brunehault fut prise & amenee au Roy Clotaire.

Brunehault fut prise auec trois fils bastards de Theodoric.

QVand les batailles furent approchees, ledict Garnier, & la plus part des Princes du royaume de Mets, d'Austrasie, & de Bourgögne, qui estoyent de leur entreprinse, se retirerent tout bellement en arriere. Aussi feirent leurs gens qui les veirent reculer. Ledict Clotaire & ses gens, qui entendoyent bien leurs fainctes, les suyuirët tout bellement sans mal leur faire (car il s'attendoit qu'ils seroyent tous

† al. Axone, maintenant Sosne.

à vn) & ainsi allerent iusques aupres d'vne eaue, qui est nommee † Segöne: & fut lors prinse ladicte Brunehault, & trois des fils bastards dudict feu Theodoric, Roy de Mets: c'est à sçauoir Sigisbert, Corbes, & Merouee: mais Childebert le maisné, qui estoit monté sur vn bon cheual, s'eschapa, s'eschapa,& s'enfuyt,& oncq puis ne sceut on qu'il deuint. Tantost apres furent amenez deuers ledict Clotaire ladicte Brunehault & † Endeliue, qui estoit sœur dudict feu Theodoric, que Garnier, & ceulx de son accord auoyent prinses. Lors feit ledict Clotaire occire en sa presence, Sigisbert & Corbes, deux desdicts enfans bastards : & pource que Merouee estoit son filleul,il le respita de mort,& commanda qu'il fust nourry cherement.

† al. Theudeline.

Comment Clotaire recita à Brunehault, present ses Barons, les crudelitez qu'elle auoit commises: & leur demanda conseil de quelle mort' elle deuoit mourir.

LE Roy Clotaire comanda lors que ladicte Brunehault fust amenee deuãt luy, en la presence de toute la baronnie de France, de Bourgongne, de Normãdie, d'Austrasie,& autres pais, qui là estoit assemblee. Lors eut il opportunité de descouurir le maltalent, que pour plusieurs iustes causes il auoit conceu côtre elle. Par quatre fois la feit batre & tourmenter de verges. Apres la feit monter sur vn vieil cheual, & la feit mener en vn spectacle, & villenner par tout l'ost: & quand elle fut r'amenee,il luy reprocha, voyant & oyant toute la barõnie, les grãds maleficees, cruautez, & inhumanitez qu'elle auoit faictes & cõmises, & esté cause de faire,en disant: O femme mauldicte entre toutes les autres femmes, subtile engineresse à trouuer art & engin pour le monde deceuoir, cõment peut oncques entrer en ton courage si grand' desloyauté, ne si grand' & demesuree cruauté, que tu n'as eu honte ne doubtance d'occir, d'empoisonner, ne de meurtrir si noble generation qu'est celle des Roys de Frãce, que tu as fait mourir iusques à dix Roys: dont les vns sont morts par ton cõseil, par glaiue: & les autres par tes mains, & les autres par'poisons, sans les autres Ducs, Comtes, Barons, Prelats, & grands hõmes que tu as fait mourir par ta malice. C'est bien raison que tu doyues mourir, pour dõner exemple au monde, toy qui es bien coulpable de si grandes felonnies. Nous sçauons bien que le Roy Sigisbert (qui fut mon oncle, & ton Seigneur & mary) par ton conseil s'esleua contre son frere, dont il souffrit mort. Merouee, mon frere, par ton conseil fut en la hayne de nostre pere, dõt il mourut de cruelle mort. Le Roy Chilperic, mon pere, feis tu meurtrir en trahison par tes meurtriers: laquelle mort ie ne puis compter sans larmoyer, car par sa mort ie suis demeuré orphelin,& sans gouuernemẽt. Moult seroyent longues à racõpter les guerres que tu as suscitees entre les freres charnels, Roys & Princes de France, & les batailles mortelles des prochains amis, les mortelles haynes que tu as semees & suscitees es cœurs des Princes, & des Barons. Ne meuz tu pas la guerre, entre tes enfans & nepueux, si que l'vn en fut occis? car Theodoric, qui tes parolles croyoit, occist le Roy Theodebert, pour ce que tu luy feis entendre, qu'il ne luy appartenoit en riens, & qu'il estoit bastard. Son propre fils Merouee occist il de ses propres mains, par toy. Bien sçait l'on que les aisnez des fils Theodebert, ton nepueu, furent par toy occis: & le maisné qui nouuellement estoit né & baptizé, frappas de tes propres mains, si durement la teste contre vn pillier, en le tenant par vn pied, que tu luy feis la ceruelle voller par terre. Puis encores Theodoric, qui estoit fils de ton fils, empoisonnas tu nouuellement. Ses fils, qui bastards sont, & ne doiuent heritier à son royaume, as tu esmeus contre moy à bataille: desquels les trois sont ia prins, & les deux mors, sans en ce cõprendre les autres homicides des haults & grãds hõmes, qui sont mors par toy, & à tõ occasiõ & poursuyte.

Brunehault feit mourir dix Roys en Frãce, sans les autres Ducs, Comtes, Barõs & grãds seigneurs.

Comment la Royne Brunehault fut faicte mourir attachee à la queue d'vn ieune cheual.

ET quand le Roy Clotaire eut ces choses recitees, en la presence des haults hommes & Barons qui là estoyent, il se tourna deuers eulx, & leur dist: Seigneurs, Nobles, Princes & Barons de France, mes cõpaignons & mes Cheualiers, freres & amys, iugez de quelle mort, & par quel tourmẽt doit perir femme si cruelle, & si desloyalle comme elle est. Ils s'escrierent tous qu'elle deuoit mourir de la plus cruelle mort que l'on sçauroit pourpenser. Lors commanda le Roy Clotaire qu'elle fust lyee par les bras, & par les cheueulx, à la queue d'vn ieune cheual (qui n'auoit esté cheuauché ne dõpté) & trainee parmy l'ost. Ainsi que le Roy le commãda, il fut faict: & au premier coup que celuy qui sur le cheual estoit monté heurta des esperons, il lancea les pieds de derriere si rudement cõtre la teste d'icelle Brunehault, qu'il luy rõpit le test, & feit voller la ceruelle par terre. Le corps fut trainé par hayes & buyssons, par espines, montaignes & vallees, tant qu'elle fut toute derompue & dissipee de membres, & ce qui en demoura feit le Roy brusler, & la cendre ietter & mettre au vent: & ainsi fina miserablement ses iours.

De la cruelle mort de Brunehault qui de tãt de maulx auoit esté cause.

Combien que ladicte Brunehault eust esté en son viuant cause de plusieurs grands maulx & inhumanitez, toutesfois ne fut elle pas du tout si effrenee, qu'elle n'eust aucune reuerēce à Dieu, & aux Saincts & Sainctes, & à leurs eglises, que les preud'hommes auoyent parauant fondees, & elle mesmes en fonda plusieurs. Elle fonda l'Abbaye d'Aynay, qui est hors les murs de la ville de Lion, à la poincte de la riuiere de Sosne, en l'honneur de sainct Pierre. Vne autre en la cité d'Autun, en l'honneur de sainct Martin, auquel elle auoit plus singuliere confiance qu'en nul des autres Saincts : & dient aucuns que son corps est là enterré, & qu'il ne fut pas bruslé : & ne croiroit on pas legieremēt qu'vne seule femme eust fondé & edifié si grand nombre d'eglises comme elle en fonda, tant en France, en Bourgongne, en Austrasie, qu'ailleurs : lesquelles elle fonda & doua, & aorna moult richement.

Fondations faictes par Brunehault.

Comment toute la monarchie du royaume de France vint à Clotaire: & comment il quitta le tribut que deuoyent les Lombards.

Le Roy Clotaire regna Roy de France quarāte quatre ans.

Apres le trespas desdicts Roys, qui auoyent regné en France, & de leurs enfans qui moururent (ainsi que dessus a esté recité) toute la monarchie du royaume de Frāce escheut audict Roy Clotaire, apres ce qu'il eut regné à Paris trente ans, & depuis regna quatorze ans : ainsi il regna en tout quarante quatre ans, ayant vn nōmé Karloman, pour Maire de son Palais, en Austrasie. Cestuy Clotaire eut d'vne noble Dame, nommee Bertrude, sa femme espousee, vn beau fils, qui fut Roy apres luy, & fut nommé Dagobert. Iceluy Clotaire fut gracieux, sage, & bien moriginé, doubtant Dieu, & enrichit moult les eglises : noble combateur, & hardy aux armes. Il prenoit tout son deduit au boys, & à la chace. En l'an de grace six cens dixneuf, il quitta aux Lombards douze mil liures, qu'ils payoyent chacun an de truage aux Frācois, par composition qu'ils auoyent pieca faicte, pour auoir l'alliance du feu Roy Gontran d'Orleans.

L'an six cens dixneuf.

Du cerf qui chaca Dagobert, qui se sauua en la chapelle des martyrs sainct Denis, sainct Rustic, & sainct Eluthere.

L'an six cens dixneuf.

Qvand Dagobert, fils dudict Roy Clotaire, fut parcreu en l'aage de puerilité, son pere le bailla pour introduire en bonnes meurs, & aprendre lettres, à sainct Arnoul, lors Euesque de Mets : & puis le feit venir en sa court, en l'an de grace six cens xix. Vn iour aduint, ainsi que l'enfant deuint grand, il alla chacer en vn boys, pres Paris, ainsi que volontiers les Francois ont de coustume d'eulx porter en tel deduit. Vn cerf esmeut, qui assez legierement fut trouué, lequel fut si longuement suiuy par Dagobert, & par ses veneurs & chiens, que le pauure cerf fut si lassé, & malmené, qu'il ne pouuoit plus aller auant. Il print son erre, & se print à courir le long d'vne grand' rue, qui lors estoit appelee la rue Catullienne, à cause d'vne bonne Dame qui auoit nom Catulle, qui là auoit demouré long temps parauāt : & fut celle qui recueillit les corps des glorieux saincts martyrs Denis Ariopagite, Rustic, & Eleuthere : lesquels tantost apres l'Ascension nostre Seigneur, furent par les Apostres enuoyez en Frāce, lors nōmee Gaulle, pour y prescher la foy de Iesus Christ : & y souffrirent martire soubs l'Empereur Domitian, premier de ce nom, l'an de grace quatre vingts apres l'incarnation Iesus Christ, en la montaigne de Montmartre, pres Paris : ainsi qu'on lit en la legende desdicts saincts.

D'un cerf, qui miraculeusemēt s'apparut à Dagobert pres s. Denis, en Frāce.

S. Denis & ses cōpaignōs furēt enuoyez pour prescher en France.

Au lieu ou ladicte Catulle auoit ensepuely lesdicts corps saincts, auoit vne petite chapelle, laquelle saincte Geneuiefue (elle viuant) y auoit fait edifier par deuotion, & est le lieu ou est de present l'eglise que l'on appelle sainct Denis de l'Estree. Le cerf, qui longuement auoit couru le long de la rue Catullienne, quand il se veit si malmené & pressé de chiens, il vint à l'endroit de ladicte chapelle, ou il trouua l'entree ouuerte, & se meit dedans : & comme celuy qui tant estoit las & malmené, que plus ne pouuoit, se coucha sur vne tumbe de pierre plate, qui estoit sur lesdicts corps saincts, pour soy reposer & rafreschir. Tantost vindrent les veneurs, & la route des chiens, qui l'auoyent longuement chacé & poursuyuy, huyans & glatissans : & combien que l'entree de ladicte chapelle fust ouuerte, & tout ainsi comme le cerf l'auoit trouuee, si n'entrerent point les chiens dedans, ains alloyent & venoyent tout autour de ladicte chapelle, sans y pouuoir ne sçauoir entrer, par les merites des benoists martyrs, qui voulurēt garder le pauure cerf, qui s'estoit voulu rendre à eulx à garād. Lors arriua Dagobert, suyuant la route desdicts chiens, qui veit la contenance du cerf & des chiens, dont il fut moult esmerueillé : & commanda qu'on laissast ester le cerf, & qu'on ostast les chiens d'entour, & ainsi eschapa le cerf.

En l'an

DV ROY CLOTAIRE, SECOND DE CE NOM. Fueil.xxix.

En l'an de grace six cens xxij.ledict Clotaire, *Consilio prauorum deceptus*, enuoya en exil S. Loup, Archeuesque de Sens: mais depuis le r'appela, & aduint qu'vn iour, ainsi qu'il celebroit, vne belle marguerite, ou pierre precieuse, tomba du ciel au calice: laquelle fut apportee audict Clotaire, & la feit enchasser en vn beau reliquaire. En l'an six cés xxiij. mourut la Royne Bertrude, femme dudict Clotaire, & mere de Dagobert: si en espousa vne autre, qui eut nom † Sigilde, & en eut vn fils, nômé † Aubert. En l'an de grace six cens xxv. fut Pepin, fils de Karloman, faict Maire du Palais, au royaume d'Austrasie, & sainct Arnoul, arriere fils d'Arisber † senateur, & de Blitilde, fille du premier Roy Clotaire, fut Maire du Palais en France.

En celle annee mourut sainct Claude, en l'abbaye ou gist de present son corps, au diocese de Lion, en chair & en os, *quod alias venerando vidi*: & estoit de la lignee des Prices & seigneurs de Salins, en Bourgongne.

L'á six cés xxii.

L'an six cens xxiij.

L'á six cés xxv. t al. Sichilde † al. Aribert † al. Aulbert & Anselbert.

Cóment Dagobert, ayát coppé la barbe de son gouuerneur, courut à refuge sur la tumbe des martyrs S. Denys, Rustic, & Eleuthere, pour euiter la fureur du Roy son pere.

EN l'an de grace six cens xxvj. voyant le Roy Clotaire que l'enfant Dagobert, qui moult estoit bel & aduenant iouuencel, croissoit tous les iours en bonnes meurs, luy bailla vn maistre ou gouuerneur, nommé Sadregesille, pour l'enseigner & endoctriner, selon la coustume des haults Princes: auquel Sadregesille, il feit merueilleusement de grands biens, & entre autres luy donna la duché d'Aquitaine. Quand Sadregesille se veit ainsi esleué en si grands biens & honneurs, il deuint orgueilleux, & commença à soy descongnoistre, & à contemner & gourmander de parolles, & de faict, l'enfant Dagobert: lequel, combien qu'il fust ieune d'aage, si estoit il meur d'entendement, & consideroit & apperceuoit bien les rudes termes que luy tenoit Sadregesille, & l'outrecuidance ou il estoit entré, & ne les prenoit pas bien en gré. Et pour l'experimenter, vn iour, ainsi que l'enfant Dagobert estoit assis seul à sa table (comme il est de coustume aux enfans des Roys) au Palais de son pere, qui ce iour estoit allé esbatre au deduit de la chace, il dist audict Sadregesille, pour esprouuer sa contenance, qu'il se seist & mangeast auec luy à sa table. Lequel Sadregesille, qui estoit plein d'outrecuidance, ne pensant pas moins que de trouuer moyé de paruenir à soy faire Roy de France, incontinent s'assist en la table, tout à l'endroict dudict Dagobert: lequel Dagobert par trois fois luy bailla & présenta la couppe pour boire, & ledict Sadregesille la print, ainsi qu'on la prendroit d'vn sien compaignon ou seruiteur, & ne luy portoit pas l'honneur qu'il deuoit. Lors congnut Dagobert appertement l'outrecuidance dudict Sadregesille: si le print Dagobert par la barbe, & de son cousteau, qu'il tenoit en sa main, la luy trencha si pres qu'il coppa auec aucun peu du menton: car en ce temps c'estoit le plus grand despit & deshonneur, que l'on peust faire à vn homme, que de luy copper la barbe. Lors peut bien Sadregesille entendre, comment il estoit loing de ce qu'il auoit demandé & pensé. Au soir retourna le Roy Clotaire, pere de Dagobert, & incontinent Sadregesille vint deuant luy, soy complaignant de ce que luy auoit fait Dagobert, son fils. Moult en fut le Roy Clotaire courroucé contre son fils, & le print à menacer, & commanda & ordonna qu'on le luy amenast: mais l'enfant, aduerty des grands menaces que luy faisoit son pere, s'euada: & lors luy souuint en son coeur que le cerf, qui estoit allé à refuge en la chapelle sainct Denis, & ses compaignons, auoit par leurs merites esté sauué. Si s'en alla droict en ladicte chapelle, en la rue Catullienne. Le Roy Clotaire, son pere, sceut qu'il y estoit allé: si y enuoya incontinent ses sergens & ses seruiteurs, & leur commanda qu'ils le luy amenassent. Ceulx y allerent, mais quand ils furent à demie lieue pres, ils ne peurent plus auant aller. Si s'en retournerent, & compterent au Roy ce qui leur estoit aduenu: dont il ne les creut pas, & se courrouça à eulx, & y en enuoya d'autres, ausquels il aduint comme aux premiers. Si reuindrent & le compterent au Roy, qui fut plus q̃ deuant courroucé contre eulx, mais pourtant ne refrena point l'ire de son coeur, qu'il auoit contre son fils Dagobert.

Le Roy Clotaire dôna au gouuerneur de son fils Dagobert, la duché d'Aquitaine.

Dagobert coppa à son gouuerneur la barbe pres le menton.

De la vision ou apparition qu'il aduint à Dagobert.

CE pendant que ces choses aduindrent, l'enfant Dagobert, qui estoit en oraison sur la tumbe des Martyrs, s'endormit: & en s'endormant s'apparurent à luy trois hômes de moult belles & venerables statures, & tresplendissans, dont l'vn auoit blâcs cheueulx, & sembloit de plus grand' auctorité que les autres. Cestuy l'araisonna, & dist: O toy iouuencel, qui cy gis, saches que nous sommes ceulx de qui tu as ouy parler, Denis, Rustic, & Eleuthere, qui souffrismes martyre, en preschant la foy de Iesus Christ.

S. Denis & ses côpagnons s'apparurent à Dagobert: & des paroles que luy dist S. Denis.

Cy gisent dessoubs toy noz corps en sepulture: mais la vilité & pauureté de ceste maisonnette a abaissé & estainct nostre memoire. Se tu voulois vouer que tu releuerois & aornerois noz sepultures, nous te deliurerions de la mesaise que tu seuffres, pour la paour de ton pere: & si t'ayderions en toutes tes besongnes, par la volonté de nostre seigneur Iesus Christ. Et affin que tu ne cuides pas que ce soit illusion, ou fantosme, qui aduient souuent aux gens, en dormant, nous te donnerons certains signes de verité: car si tu fais cy endroit fouyr en terre, tu trouueras noz serceuils, & lettres escriptes dessoubs chacun, qui deuisent qui sont ceulx qui dedans gisent. A tant s'esueilla l'enfant Dagobert, & retint bien en son cœur les nõs de ceulx qu'il auoit ouy nõmer. Moult fut ioyeux Dagobert de la parole & du cõfort de celle aduisiõ: si feit deslors veu, à Dieu, & aux martyrs, de faire releuer leurs corps, & decorer leurs sepultures: lequel veu comme sera dict cy apres, il accomplit moult bien & noblement. Le Roy Clotaire, qui moult estoit irrité cõtre son fils Dagobert, luy mesmes alla au lieu ou estoit la chapelle, & auec luy plusieurs de ses gens, & en voulut chacer & faire mettre hors ledict Dagobert, son fils: mais il ne fut en la puissance de luy, ne de ses gens, de sçauoir approcher ne le mettre hors, non plus qu'auoyēt fait les messagers qu'il y auoit enuoyez parauant: dont il fut moult esmerueillé, & pensa bien que ce venoit de la puissance diuine, qui aussi bien fait sa volonté des Roys comme des autres hõmes: & entendoit bien par ce faict, que iaçoit ce qu'il fust puissant, il luy conuenoit obeir à plus puissant que luy. Si appaisa son cœur, & meit hors sa grãd'ire: & apres approcha son fils, & le r'appela & attrahit en amour de pere, & son maltalent luy pardonna. Lors l'enfant Dagobert issit hors, & s'en vint auec son pere.

Comment Clotaire donna à Dagobert le royaume d'Austrasie.

Pepin fils de Karloman fut fut faict Maire du Palais, & gouuerneur de Dagobert, Roy d'Austrasie.

L'An de grace six cens xxviij. le Roy Clotaire, voyant que son fils Dagobert croissoit en perfection de vertu, beauté, & bonnes meurs, luy donna le royaume d'Austrasie: & pour le cõseiller & conduire en ses affaires, luy bailla sainct Arnoul, lors Euesque de Mets, & Pepin dessusdict, qu'il feit Maire de son Palais, & l'enuoya à moult belle compagnie, en Austrasie, pour prendre & receuoir les sermens & hõmages des barons & vassaux. Là fut le nouueau Roy Dagobert, iusques en l'an six cens & trente. Son pere le manda, & il vint deuers luy, bien accompagné des Barons de sa terre: & par le commandement de son pere, espousa à Clicy la Garenne, pres Paris, Gomatrude sœur de la Royne Sigilde, sa marastre. Enuiron trois iours apres les nopces sourdit aucun content entre ledict Dagobert & son pere: par ce que ledict Dagobert requeroit que son pere le laissast iouyr entierement des appartenances du royaume d'Austrasie, & luy baillast aucunes terres qu'il en auoit reseruees deça la forest d'Ardenne.

Comment Clotaire, pere de Dagobert, desconfit les Saxons: & comment il feit tuer tous ceulx qui estoyent plus grands que son espee, pour venger l'outrage qu'ils auoyent faicte à Dagobert son fils.

L'ã six cẽs xxx.

D'un merueilleux coup d'espee que Dagobert receut d'ũ saxon.
† al. Atila.

AVdict an six cens trente, les Saxons, du païs desquels furent les Anglois, qui conquirent l'isle de Bretaigne, s'assemblerent en moult grand nombre de gens de diuerses nations, desquels estoit chef, vn nommé Berthoüault, & vindrēt courir sus en Austrasie, au royaume de Dagobert. Iceluy Dagobert assembla ses gens, & vertueusement alla contre eulx, passant le Rin. Si s'assemblerent les deux osts à bataille, qui fut moult cruelle. Dagobert se meit si auant entre ses ennemis qu'il receut vn tel coup d'espee qu'il luy pourfendit son heaume, & luy abbatit & coppa vne piece de la teste toute ius auec les cheueulx, en telle maniere que du grand coup qu'il eut cheut à terre. Vn sien escuyer, nommé † Acilla, le releua, & retira de la presse, & ses gens furent moult dommagez. Tantost apres ledict Dagobert enuoya ledict Acilla, son seruiteur, deuers le Roy Clotaire, son pere, qui pour lors estoit en la forest d'Ardenne, & luy porta la piece qui auoit esté abbatue de la teste de son fils Dagobert, en laquelle les cheueulx tenoyent encores, & luy compta comment il estoit allé de la bataille. Incontinent Clotaire assembla ses gens en grand'diligence, pour aller secourir son fils Dagobert: & à son arriuee feirent leurs gens moult grand'ioye, & feirent sonner trompettes & clerons. Quand Berthoüault, qui estoit de l'autre part de la riuiere, ouit le bruit qu'on faisoit en l'ost des François, il demanda que c'estoit: & ses gens luy dirent que c'estoit Clotaire, pere de Dagobert, qui là estoit arriué, pour le venir secourir. Berthoüault leur dist qu'ils auoyent menty, & qu'il auoit sceu que ledict Clotaire estoit mort, mais ce disoyent ils de paour qu'ils auoyent. Clotaire, qui sceut que Berthoüault auoit dit ces parolles, osta
son

son heaulme, & s'approcha du riuage de la riuiere, à l'endroit de la tente de Berthouault, ayāt la teste nue, affin qu'il le peust congnoistre, & choisir entre les autres. Quand Berthouault l'eut apperceu, il se commenca à soubzrire, & à luy dire: Et es tu là, vieille iument chauue? Clotaire, qui eut ouyes ces parolles, en fut despit & courroucé: si fiert son cheual des esperons, tout au trauers de la riuiere, qu'il passa, & aucuns de ses gens le suyuirent: mais quand ledict Berthouault le veit passé, il se meit à la fuyte: & lors ledict Dagobert, voyant que son pere estoit passé oultre la riuiere, passa, & alla apres semblablement, luy & ses gens. Clotaire suyuit tellement Berthouault, qu'il vint iusques à luy:& tant le combatit, main à main (combien qu'il fut vieil & ancien, & que ses armes fussent appesanties & remplies de l'eaue de la riuiere qu'il auoit passee à gué) qu'il feit tant qu'il abbatit ledict Berthouault de son cheual, & luy coppa la teste, & l'apporta, & s'en retourna deuers ses gens: & furent tous les Saxons desconfits, mors, & en fuyte. Apres ladicte bataille, ledict Clotaire passa oultre, & alla en Saxonne, ou toute la terre gasta par feu, & par occision, & n'y laissa hoir masle viuāt, qui fut plus lōg que son espee: laquelle en signe de memoire perpetuelle, il laissa en celle region, affin que ceulx, qui viendroyent apres luy, sceussent par ce faict la desloyauté desdicts Anglois, ou Saxons, leurs predecesseurs, & la hardiesse, & magnanimité du courage des Francois, quand à prendre vengeance de leurs ennemis. Et comme recite *Facisculus temporum*, ceste crudelité fut cause premiere de la haine & discention que les Anglois eurent contre les Francois, qui a duré iusques auiourd'huy. Dieu vueille enuoyer bonne paix entre eulx, par sa pitié. Tantost apres deuint le Roy Clotaire malade d'vne maladie de fieure: de laquelle, par la volonté de nostre Seigneur, & l'intercession de sainct Sulpice, qui lors estoit Archediacre de Bourges, il fut guery: mais auant il luy conuint ieusner, & estre en oraison par trois iours.

En l'an six cens xxxj. reprint audict Clotaire vne autre griefue maladie, de laquelle il luy conuint mourir. Si fut enterré à grand' honneur en l'eglise S. Vincent, à present dicte sainct Germain des prez, lez Paris. Deux fils laissa de deux meres, c'est à sçauoir, Dagobert & † Aubert. En ce temps fut sainct Austregesile, Archeuesque de Bourges: & soubs luy estoit Archediacre sainct Sulpice, qui fut Archeuesque apres luy. En ce temps regnoit sur les Arabes le faulx prophete Mahommet, *qui ex orphano & inopine ad regnum prouectus est*. Il s'acointa d'vne sienne parente, qui estoit riche, & de la lignee d'Ismael. Au commencement il fut son seruiteur: apres elle le print à mary, & puis il se dist estre Messias, que les Iuifs attendent encores en leur loy. La renommee de luy courut par plusieurs pais, & grand nombre, tant de Sarrazains, que de Iuifs, en furent deceuz. Il commenca à leur faire vne nouuelle loy, meslee de l'ancien & nouuel testament, & promettoit à ceulx qui la tiendroyent, qu'en Paradis ils auroyent toutes viandes de chairs, poissons, & autres choses qu'ils sçauroyent souhaitter: & auroyent fleuues de vin, de laict, & de miel; & auroyent belles filles & femmes, & toutes autres charnalitez, qui leur seroyent administrez par les Anges. Sa femme, qui le congnoissoit estoit toute esbahye de l'abbus du peuple qui le suyuoit, & sçauoit, & voyoit souuentesfois, que ledict Mahommet tomboit de maladie d'Epilepsie, qu'on appelle hault mal, si se repentoit de l'auoir espousé: mais luy desirant l'appaiser, par doulces parolles, luy disoit que souuent l'Ange Gabriel parloit à luy de par Dieu: & pource que l'oeil charnel ne pouuoit endurer sa grand' lumiere, tous les membres de son corps luy deffailloyent, & tomboit. Il establit au royaume desdicts Sarrazins quatre Admiraux: lesquels commencerent à enuahir le royaume de Perse, à l'ayde des Arabes, qui se ioignirent auec eulx. Et mourut ledict Mahommet, l'an de grace, six cens trente deux: & apres luy vn nommé † Hester, tint la principauté desdicts Sarrazins & Arabes.

Le Roy Clotaire desconfit les saxons & n'y laissa hōme plus lōg que sō espee.

L'ancienne inimitié des Anglois & Francois.

L'an six cens trente & vn.

† *Aribert.*

Le tēps auquel Mahommet le faux prophete regnoit.

Mahōmet mourut l'an six cens trente deux.

† *al. Ebubeher.*

Des bonnes meurs du Roy Dagobert: & comme il feit son frere Roy d'Aquitaine.

Dagobert, premier de ce nom, fils de Clotaire, commenca à regner l'an six cens trentedeux, & trespassa le xiiij. an de son regne, l'an six cens xlv. Cestuy Dagobert fut remply de bonnes & vertueuses meurs, aymant & craingnant Dieu, honnorant l'eglise, & les ministres d'icelle: & sur toutes choses il croyoit le conseil des Sages. De sa personne, il estoit moult prux, hardy, courageux, cheualeureux, & puissant ....rrisseur, garde & deffenseur des femmes veufues, orphelins, & des eglises, doicturier en iugement, tresdebonnaire aux Francois ses subiects, crainct & redoubté par toutes les regions voisines de France. Au temps du trespas du Roy Clotaire, pere Dagobert, iceluy Dagobert estoit en son royaume d'Austrasie. Quand il sceut les nouuelles de la mort de son pere, il enuoya aucuns de

Icy sont descriptes les meurs et conditions du Roy Dagobert fils du Roy Clotaire.

LES CHRONIQVES ET ANNALES DE FRANCE.

ſes gens à grand' compagnie deuant, pour ſaiſir les villes du regne de ſon pere, par ce qu'on luy r'apporta qu'vn nommé Brunulphes, qui frere eſtoit de la Royne Sigilde, ſa maraſtre, vouloit mettre en poſſeſſion du royaume Aubert, fils dudiĉt Clotaire & d'icelle Sigilde, & frere de Dagobert, de par ſon pere. Pour occaſió de laquelle choſe lediĉt Dagobert feit mourir par iuſtice lediĉt Brunulphes. Puis vint lediĉt Dagobert en la cité de Reims. Là vindrent deuers luy les Princes & Prelats, qui le receurent & feirent ſacrer Roy: & apres par leur conſeil il feit ſondiĉt frere Aubert Roy en Aquitaine: & luy donna les païs de Thoulouze, Agenois, Perigort, Poitou, Xaintonge, Thouars, & les autres païs adiacens, qui ſont iuſques aux monts Pirenés, & luy eſtablit ſon ſiege à Thoulouze, par telle códition qu'il renonçaſt à tout le demourant du royaume: & le Roy Dagobert tint toute France & Neuſtrie (qui eſt maintenant ap-

† al. Auanterre.

pelee Normandie) Bourgongne & Auſtraſie (qui contient Lorraine) † Anenterre (que l'on appelle de preſent Lãguedoc, & Prouéce) & la premiere partie d'Alemaigne iuſques au Rin.

Comment Dagobert fonda l'Abbaye S. Deniſe en France.

L'an ſix cens trentedeux.

s. Denis fut le premier Eueſque de Paris.

† al. dix

S. Eloy, orfeure feit les chaſſes de monſeigneur S. Denis & ſes cópagnons.

EN l'an ſix cens xxxij. apres que Dagobert eut receu le regne de France, il ne meit pas en oubly le veu & la promeſſe qu'il auoit faiĉte aux ſainĉts martyrs, Denis l'Ariopagite, premier Eueſque de Paris, Ruſtic, & Eleuthere ſes cópagnons, qui l'auoyent preſerué de la fureur de ſon pere. Si alla au lieu là ou eſtoyent leurs ſepultures, qui s'appeloit l'Eſtree, en la rue Catulliane: & en grãd deuotion feit fouïr ſi auant qu'on trouua les ſercueils, ou giſoyent les ſainĉts corps, aueceques les lettres qui deuiſoyent leurs noms, le temps, comment, & par qui ils auoyent là eſté mis, & repoſé l'eſpace de cinq cens trẽte ſix ans, des le temps que regnoit l'Empereur Domician, *ſub quo paſſi ſunt martyrium*. Et en grand' reuerence & aſſemblee de proceſſions, prieres, oraiſons, & ieuſnes, le † ſixiéme iour des Calendes de May, les feit leuer du lieu ou ils eſtoyẽt, & feit faire par S. Eloy, qui lors viuoit, & eſtoit orfeure, de moult belles & riches chaſſes, toutes couuertes d'or fin, & enrichies de pierres precieuſes, & les feit mettre dedans: & illec aupres du lieu ou ils auoyent eſté longuement, feit conſtruire & edifier moult noblement & de ſumptueux & riche ouurage, l'egliſe & Abbaye S. Denis, en France: en laquelle il meit moynes de l'ordre ſainĉt Benoiſt, & feit couurir ladiĉte egliſe de fin argent, à l'endroit ou eſtoyẽt leſdiĉts corps ſainĉts. Et n'eſt pas legere choſe à croire du grand nõbre de richeſſes d'or, d'argent, pierres precieuſes, & auſſi des villes, chaſteaux, places, terres, pres, boys, riuieres, rentes, poſſeſſions, & autres biens qu'il donna à ladiĉte egliſe, leſquelles ils tiennẽt & poſſedent encores de preſent. Sainĉt Denis fut né d'Athenes, & naſquit le ſixiéme an du ſixiéme aage du monde. Il fut grand clerc, & meſmes en l'art d'Aſtrologie. Il auoit xxvj. ans lors que noſtre ſeigneur Ieſus Chriſt ſouffrit mort & paſſion, en l'arbre de la croix, pour la redemption de l'humain lignaige. Il fut conuerty par ſainĉt Paul, pour le miracle que Dieu feit quand il enlumina vn aueugle, par les parolles que lediĉt ſainĉt Denis profera, luy eſtant encores Payẽ,

S. Denis fut diſciple de ſainĉt Paul.

telles que lediĉt ſainĉt Paul luy nommoit. Il fut diſciple dudiĉt ſainĉt Paul par trois ans, & puis Eueſque d'Athenes. Puis alla à Rome, pour viſiter ſainĉt Pierre & ſainĉt Paul, leſquels il trouua priſonniers ſoubs Neró, ſixiéme Empereur. Apres fut enuoyé en Frãce, auec ſainĉt Ruſtic, & ſainĉt Eleuthere ſes compagnons, par le Pape Clement, premier de ce nom, pour preſcher premieremẽt la foy catholique: & par ce eſt appelé l'Apoſtre de France. Il fut decolé au pied de la montaigne de Montmartre, pres Paris, en l'aage de quatre vingts ans, le xiij. an de l'Empire Domician: & le feit decoler vn tyran, nommé Siſinus, Preuoſt de la prouince, l'an de la natiuité noſtre Seigneur quatre vingts ſeize: & de ſa paſſion ſoixante & trois.

De la dedicace de l'egliſe ſainĉt Denis, faiĉte par noſtre ſeigneur Ieſus Chriſt.

QVand l'egliſe fut paracheuee d'edifier, & qu'on auoit preparé tout ce qui eſtoit beſoing pour la dedier & conſacrer, & que là eſtoit venue grand' multitude de peuple, pour voir le myſtere de la dedication, qui le lendemain ſe deuoit faire, par l'Eueſque de Paris, & autres Eueſques en ſa compagnie, qui pource eſtoyent aſſemblez, il aduint qu'vn pauure Ladre, ſi malade & deffaiĉt de ſa face que plus ne pouuoit, qui auoit ſinguliere deuotion & deſir de voir le myſtere de la dedicace d'icelle egliſe, ſachant que le lendemain quand il ſeroit iour, on ne le laiſſeroit point entrer auec les autres, pour cauſe de ſa maladie, des le ſoir precedant ſe muſſa derriere vne des portes d'icelle egliſe, tellement qu'on ne l'apperceut poĩt, & fut enfermé dedãs: & en icelle nuiĉt lediĉt Ladre *propriis oculis veit*

DV ROY DAGOBERT, PREMIER DE CE NOM. Fueil. xxxj.

veit venir nostre seigneur Iesus Christ, tout habillé de blancs vestemés, accōpaigné de ses Apostres, & de grand' multitude de Martyrs, d'Anges & Archanges, qui luy mesmes consacra & dedia ladicte Eglise, & contre les parois d'icelle eglise, il imprima le signe euident de ladicte dedication & cōsecration. Et ce faict dist nostre Seigneur audict Ladre qu'il r'apportast & denoncast le lendemain ce qu'il auoit veu, & qu'il dist aux Euesques & Prelats qu'il n'estoit plus de besoing de la consacrer. Lors ledict Ladre luy dist: Sire ie suis vne pauure, simple, & miserable personne, malade & deffaict de membres & de face, ils ne m'en vouldront point croyre: & adonc nostre seigneur Iesus Christ, affin qu'ils l'en voulsissent croyre, s'approcha de luy, & luy passa la main par dessus le visage, & luy osta vne raphe de la maladie de lepre qu'il auoit au visage, si que la face luy demoura belle, clere & nette, & le restitua en santé: laquelle raphe est encores gardee en vn reliquaire, en ladicte eglise sainct Denis. Ledict Dagobert fonda aussi l'Abbaye de sainct Amand en Pouille, pres Tournay, & y donna moult de rentes & reuenus: & fut le premier des Roys de France qui departist & donnast aux eglises des terres qui estoyent du dommaine de la couronne. Il eut au commencement espousé vne dame, qui auoit nom Gomatrude: laquelle par le conseil de ses Barons il delaissa, par ce qu'elle estoit brehaigne. Vne autre espousa, nommee Nanthilde qui estoit de moult grand' beauté & grād' noblesse. Des le commencement de son regne il se gouuerna tousiours par le cōseil de S. Arnoul, Euesque de Mets, & de Pepin, Maire du palais, que son pere luy auoit baillé. Apres le trespas dudict S. Arnoul, il appela en son cōseil Cōbert, Archeuesque de Coulongne. Par leur conseil furent les royaumes de Dagobert gouuernez en grand prosperité & iustice, si que pour la bōne iustice qui se faisoit au temps de Dagobert, tous ses subiects l'auoyent en singuliere amour & obeissance, plus que Roy qui iamais eust esté parauant.

La dedication de l'eglise S. Denis en France, a esté par nostre seigneur Iesus Christ.

Dagobert fut le premier qui dōna du patrimoine de la couronne de France aux eglises.

De Sigisbert, fils de Dagobert, qui respondit, en le baptisant, Amen.

Moult estoit dolent le Roy Dagobert, de ce qu'il ne pouuoit auoir lignee de ses femmes espousees: parquoy en l'an six cens trente trois il feit coucher auec luy vne ieune noble pucelle, qui auoit nom Rantrude, en esperance d'auoir lignee. La dame conceut, & enfanta vn fils, lequel sainct Amand, quarante iours apres sa natiuité, baptiza, & eut nō Sigisbert: & ainsi que ledict Sainct Amā le baptisoit, & qu'il eut proferé les parolles, disant: Enfant ie te baptise au nom du Pere, & du Fils, & du sainct Esprit, iceluy enfant à haulte voix, oyans tous ceulx qui là estoyent presents, en grād nombre, respondit Amen.

L'an six cens trente trois.

De la vengeance que Dagobert feit contre les Esclauons, qui auoyent desrobé aucuns marchans de son royaume.

L'An six cens xxxiiij. aucuns marchans de France allerent en Esclauonie, pour le faict de leurs marchandises, mais ils furent desrobez par aucuns Esclauons Sarrazins. Quand Dagobert le sceut, il enuoya messagers par deuers Samon, Roy d'Esclauonie, luy dire qu'il en feist faire la reparation. Ledict Samon dist que si Dagobert vouloit, il fermeroit amytié & alliance auec luy. Les messagers respondirent que ce n'estoit pas chose conuenable q̄ les Chrestiēs, qui sont seruans & enfans de Dieu, eussent alliance auecques chiens Sarrazins: & par ce ledict Samon dist, que puis qu'ils estoyent chiens, ils penseroyent d'eulx reuancher. Ceste responce fut r'apportee à Dagobert, qui en fut moult courroucé. Si assembla ses osts au royaume d'Austrasie, & les enuoya contre les Esclauons, à l'ayde desquels vindrent les Lombards, & Robert vn Duc d'Alemaigne, auec plusieurs Alemans. Ils se combatirent, & eurent les Esclauons victoire. Enuiron cinq milles hommes Francois, des Austrasiens, se retirerent en vn chastel, ou les Esclauons les asiegerent. Vn iour les Francois veirent que leurs aduersaires estoyent en aucun desarroy, s'aillirent sur eulx, & les desconfirent & meirent en fuyte. Apres la victoire qu'auoyent eue lesdicts Esclauons, il s'en respandit grand nombre par le pais de Thoringe, qui est maintenant appelé Lorraine, & en aucunes autres terres voysines qui marchissoyent aux Francois. Le Roy Dagobert les suyuit, & chercha toutes les citez d'Esclauonie, & des Esclauons feit toute telle & semblable vengeance qu'auoit fait son pere Clotaire sur les Anglois, lors appelez Saxons: car il tua tous ceulx qui estoyent plus grands que son espee. Les Huns & les †Vulgues habitoyent lors soubs vn mesme Roy. Ils se discorderent, par ce que les Huns vouloyent eslire Roy de leur nation à leur appetit, & les Vulgues semblablement. Ils eurent bataille, & furent les Vulgues d'esconfits. Ceulx qui eschaperent vindrent deuers Dagobert luy demāder terre

L'an six cens trente quatre.

†tal. Bulgeres.

f

pour habiter foubs luy. Il leur dift qu'ils allaſſent au païs de Bauiere, qui eſtoit du royaume d'Auſtraſie, & q̃ là ils demouraſſent ceſt hiuer, iuſques à ce qu'il euſt aduiſé qu'il feroit d'eulx: ſi y allerent. Le Roy en eut conſeil à ſes Barons: & pource qu'il eſtoyent heretiques, & gẽs qui ne gardoyent foy ne loy de choſe qu'ils promiſſent, commanda à ceulx de Bauiere qu'ils tuaſſent hommes, femmes & enfans deſdicts Vulges, qui eſtoyent auec eulx: & ainſi fut faict tout en vne nuict. † En ce temps mourut Sadregeſille, qui auoit eſté gouuerneur dudict Dagobert en ſa ieuneſſe, & auquel il auoit coppé la barbe, comme dict a eſté deſſus. Le Roy Clotaire, pere de Dagobert, luy auoit parauant donné la Duché d'Aquitaine, dont il iouyt du conſentement de Dagobert, iuſques à ſa mort. Deux fils laiſſa: mais pource qu'ils eſtoyent mauuais, & qu'il fut trouué qu'ils auoyent deliberé, & ſ'eſtoyent vantez de prendre vengeance contre le Roy Dagobert, de l'iniure qu'il auoit faicte à leurdict feu pere, il fut iugé ſelon les loix qu'ils n'auroyent riens en l'heritaige de leurdict pere: & par ce ledict Dagobert reprint la Duché d'Aquitaine en ſes mains.

† Bouchet dit ſix cens quarãte quatre.

La Duché d'Aquitaine, reuint és mains de Dagobert.

Comment & pourquoy le Roy Dagobert deſtruiſit Poitiers, & feit apporter le corps ſainct Hilaire à ſainct Denis en France.

L'an ſix cens trentecinq.

EN l'an de grace ſix cens trente cinq les Gaſcons ſ'eſleuerent & rebellerent contre Dagobert: parquoy il alla contre eulx à grand nombre de genſd'armes, qui prindrẽt & pillerẽt tout le païs par ou ils paſſoyẽt, & le deſtruiſirent par feu & par glaiue. Quand les Gaſcons veirent la vaillance des François, ils vindrent à mercy, & ſe meirent en la ſubiection de Dagobert, & mercy luy crierent. Et pource que les Poiteuins, qui eſtoyent de la ſubiection de Dagobert, auoyent donné ſecours & ayde de gens & d'argent auſdicts Gaſcons, contre ledict Dagobert, leur Seigneur, en ſ'en retournant de Gaſcongne il paſſa par Poitiers, & print & deſtruſit par feu & par glaiue la cité, & feit abbatre & raſer les murs & egliſes, & meſmement l'egliſe ſainct Hilaire: & feit apporter le corps dudict ſainct Hilaire, & pluſieurs autres beaux reliquaires qui eſtoyent en ladicte cité: c'eſt à ſçauoir, vn moult belle image de cuyure d'vn Ange qui eſtoit ſur l'egliſe, les fons de marbre, les portes de cuyure de ladicte egliſe ſainct Hilaire, qui moult eſtoyent belles & riches, & le tout donna & feit mettre en l'Abbaye ſainct Denis: meſmemẽt ledict corps S. Hilaire. Toutesfois, ainſi qu'on amenoit leſdictes portes par la mer, iuſques à la gueulle de Seine, & qu'on les mõtoit le long de ladicte riuiere de Seine, il en tõba les vnes dedãs icelle riuiere, qui oncques puis ne peurent eſtre peſchees, pour la peſanteur d'icelles. Et fut ladicte cité de Poitiers tellement raſee & demolie que ledict Dagobert auant qu'il en partiſt la feit arer & laboureur à bœufs, & y ſemer du ſel, en ſigne de maledictiõ & perpetuelle memoire. Et qu'il ſoit vray, *adhuc veſtigia reſtant*, par aucunes vieilles murailles qui encores apparent au lieu, qui encores de preſent eſt appelé le vieil Poitiers: car la cité n'eſtoit pas droictement aſſiſe au lieu ou elle eſt de preſent.

Dagobert feit apporter à S. Denis en France le corps S. Hilaire.

En ce temps Eracle, Empereur de Conſtãtinoble, enuoya audict Dagobert vn des os de l'eſpaule ſainct Iehan baptiſte, à demy bruſlé: lequel il receut à grand ioye & reuerence, & l'enrichit & feit mettre en vn beau reliquaire qu'il donna à l'Abbaye de ſainct Denis.

Iceluy Eracle, qui eſtoit à merueilles grand aſtrologien, congnut par ſon aſtrologie que ſon Empire luy deuoit eſtre gaſté & tollu *à circonciſa gente*, c'eſt à dire par les Iuifs: & pource que lors y auoit grand quantité de Iuifs qui habitoyent en France, iceluy Empereur enuoya audict Dagobert ſes meſſagers, luy prier qu'il les vouſfiſt dechacer, & n'en ſouffrir plus nuls en ſon royaume: & en obtemperãt à ſa requeſte, iceluy Dagobert feit ietter & bannir de ſon royaume tous ceulx deſdicts Iuifs, qui ne ſe voulurent baptizer. En l'an grace ſix cens quarãte, ledict Roy Dagobert donna à Sigiſbert, fils de luy & de Rantrude, qui pas n'eſtoit ſa femme eſpouſee, le royaume de Mets, & l'y enuoya pour en prẽdre poſſeſſion, luy baillant pour le gouuerner & conduire, Pepin, & Gombert, Eueſque de Coulongne, qui moult eſtoyent ſages hommes. En ce temps mourut ſainct Arnoul Eueſque de Mets, lequel par auant auoit eſté Maire du Palais de France, & apres d'Auſtraſie: & apres luy fut Eueſque de Mets ſon fils Clodulphes, *qui ſanctitatem patris imitatur*. Ledict ſainct Arnoul eut vn autre fils, nommé † Ancegiſt, lequel fut Maire du Palais, & gouuerneur dudict royaume d'Auſtraſie. Dode, mere dudict Clodulphes, *Treueris incluſa, Chriſto ancillatur*.

Dagobert feit deietter de Frãce tous les Iuifs.

L'an ſix cens quarãte.

† al. Anſigis ou Anchiſes.

De la grand' bataille qui fut à Lyhoms en Sangters, au païs de Picardie.

En l'an

DV ROY DAGOBERT, PREMIER DE CE NOM. Fueil.xxxij.

EN l'an de grace six cens quarāte & vn, vne maniere de gēs, qu'on appeloit Hūs, pour eulx cuider venger de l'iniure & dommage que leur auoit fait Dagobert, par le conseil & ayde des bourgeois & habitans d'Amyens, qui leur donnerent passage, entrerent en France, à merueilleuse puissance & assemblee de gens, & gasterent & destruisirent tout le pais ou ils passerent. Si tost que Dagobert le sceut, il alla contre eulx, & eurēt bataille au païs de Picardie, ou ledict Dagobert en feit si grād' occisiō, qu'au lieu ou fut la bataille sembloit que ce fust vn estang de sang, & y estoyent les cheuaux au sang iusques aux vētres en aucuns endroicts: & ce lieu, qui estoit appelé Lyon, fut lors nommé Lyhoms en Sangters. Apres celle desconfiture le Roy Dagobert tira vers ceulx d'Amyens, *qui Hunnorum tyrannidi consentierant.* Quand ceulx de la cité sceurent sa venue & sa grand' puissance, ils se retrahyrent, & porterent le corps de sainct Fremin, & leurs autres reliquaires & tresors, en vn fort chastel, nōmé Picqueny, enuiron † cinq ou six lieues pres de la cité d'Amyens. Quand le Roy vint deuant Amyens, ceulx de la ville ne feirent pas grande resistence: parquoy il entra dedans, & en feit mourir aucuns des coulpables: les autres furent prins prisonniers. Puis alla deuant ledict chastel de Picqueny. Ceulx de la place se rendirent à sa volonté: & entra ledict Roy dedans, & print ledict corps sainct Fremin & les autres reliquaires & thresors qu'il apporta, & les donna à l'Abbaye S. Denis, ou ils sont encores de present. Par tous les lieux ou ledict Dagobert pouuoit auoir & recouurer aucunes reliques, & corps saicts, il les prenoit & faisoit prendre, pour les mettre en l'eglise S. Denis, pour la decorer & enrichir tellement que pour ceste cause on l'appeloit le rauisseur & larron des sainctes reliques & des corps saincts. Audict an six cens † quarante & vn mourut le Roy Aribert, frere de Dagobert, auquel il auoit baillé le royaume d'Aquitaine, es marches de Toulouze. Vn ieune fils laissa, nōmé Chilperic, lequel tantost mourut: & par ce ledict royaume reuint es mains de Dagobert: lequel enuoya vn sien Duc, nommé Barunce, pour reprendre les pais en ses mains, & luy apporter les thresors, ce qu'il feit: & entre autres choses apporta de Thoulouze le corps sainct Saturnin, martyr, q̄ ledict Dagobert dōna à S. Denis: mais apres, ceulx de Toulouze, qui auoyēt leur singuliere deuotion audict sainct Saturnin, par ce que ce auoit esté le premier qui auoit apporté la foy Chrestienne en leur prouince, & disoyent que depuis qu'il auoit esté emporté de ladicte cité, plusieurs accidens leur estoyent aduenuz, & entre autres choses, que leurs femmes ne pouuoyent enfanter leurs enfans, & fruicts croistre ne venir à sa maturité, impetrerēt que ledict corps sainct Saturnin leur fut rendu, moyennant qu'ils bailleroyent en recompense les corps sainct Patrocle, Euesque de Grenoble, sainct Rommain, moyne de Blaye, & sainct Hylaire de Grenoble: lesquels du consentement dudict Dagobert furent mis en ladicte eglise sainct Denis. Iceluy Dagobert auoit en si grand' reuerence le corps sainct Hylaire, de Poitiers, que quand il alloit en bataille, il le faisoit porter auec luy, esperant que par ses merites il auroit victoire de ses ennemis, mais tousiours le faisoit r apporter en ladicte eglise sainct Denis, ou il estoit encores de present. En l'an six cēs quarante & deux, le Roy Dagobert octroya à ceulx de Saxonie cinq cens vaches de tribut chacun an, pource qu'ils luy auoyent aydé en sa guerre contre les † Vvandes.

L'an de grace six cens quarā-te & vn.

Icy appert pour quoy Lyhés en Sāgters est aisi appelé.
† *al. trois*

Dagobert estoit appelé le laron des sainctes reliques.
† *al. 40.*

Dagobert faisoit porter auec luy en bataille le corps S. Hilaire.

† *al. Vvinides.*

Comment des le temps de Dagobert Bretaigne est tenue en fief de la couronne de France.

L'An six cens quarante trois le Roy Dagobert s'en retourna en France, & se tenoit & habitoit en son Palais de Clichy la Garēne, pres Paris: & pource qu'on luy r'apporta que les Bretons de la petite Bretaigne auoyent fait & cōmis vn grand exces contre luy & les Francois, combien que l'hystoire taist quel fut ledict exces (toutesfois aucuns dient que c'estoit pource qu'ils auoyent fait ayde aux Gascōs & Poiteuins, contre luy) il enuoya deuers Iudicael, lors Roy de la petite Bretaigne: auquel il manda qu'il feit reparer ledict exces, autrement il en prendroit vēgeance contre luy. Quand ledict Iudicael eut ouy les messagers du Roy Dagobert, il doubta moult le Roy & les Francois, sachant que nagueres il auoit seruy & secouru lesdicts Gascons & Poiteuins. Si vint incontinent deuers ledict Roy Dagobert, audict lieu de Clichy, en grād humilité, & l'amolia & adoulcist par dōs & presens qu'il luy feit, & amēda les tors faicts à la volōté du Roy, tellemēt qu'il mitiga son ire: & feit iceluy Iudicael hōmage lige audict Dagobert, dudict païs de Bretaigne, & promit pour luy & ses successeurs le tenir en fief des Roys de France: & par ce fut aboly le nom de Roy de Bretaigne. *Fuit autem dictus Iudicael, Britāniæ rex, virtutibus plenus, & religionis Christianæ zelator feruentissimus,* comme recite l'hy-

L'an six cens quarante trois

A Clichy la Garenne, pres Paris estoit le Palais de Dagobert.

Hommage de Bretaigne faict au Roy Dagobert.

f ij

stoire: & fut pere de S. Iosse & S. Vvinoth, qui sont canonisez & saincts en Paradis. Ledict Iudicael fut fils d'Inhael, lequel estoit Roy de Bretaigne, & engendra † quinze fils, & quinze filles.

En l'an de grace six cens quarante quatre, pource que Sentille, Roy des Vvisigots, en Espaigne, faisoit plusieurs tors & tyrannies à ses subiects, vn Prince dudict païs, nommé Sisenandus,
vint deuers Dagobert, luy requerir ayde contre ledict Sentille. Dagobert luy bailla deux de
ses Cheualiers, l'vn nommé † Yuon, & l'autre Veneand, *cum suo exercitu*, de Toulouze &
de Bourgongne seulement, qui le menerent iusques à Sarragoce: & quand ceulx d'Espaigne, qui hayoyent leur Roy, sceurent que l'ost des François estoit en l'ayde dudict Sisenand,
ils se meirent en ses mains, & le feirent Roy, & chacerent ledict Sentille: & ce faict les François
s'en retournerent, & enuoya ledict Sisenand à Dagobert grand' somme d'argent, qu'il donna à l'eglise sainct Denis: & ordonna ledict Dagobert en ladicte annee, que quiconque criminel se retireroit dedans l'eglise sainct Denis, il seroit à saueté de sa personne, comme ayant pardon & remission de quelque cas qu'il eust commis. Et veult on dire que les Abbé &
conuent d'icelle eglise, par priuilege dudict Dagobert, auoyent puissance de donner graces &
remissions de tous crimes commis en leur terre.

† al. seize fils & six filles.

† al. Abundant, & Venerand,

Priuilege otroyé par le roy Dagobert aux Religieux, Abbé & conuent de S. Denis en France.

Du trespas du Roy Dagobert.

L'an six cens quarante cinq.
† al. Ega,

'An six cens quarante & cinq vne griefue maladie print à Dagobert: & pource qu'il congnut que la fin de ses iours approchoit, il appela † Egna, qui estoit son principal Conseiller, & Maire du Palais, natif du païs de Neustrie, à present appelé Normandie, & luy bailla en garde sa femme Nanthilde, & son fils Clouis: car il congnoissoit ledict Egna preud'homme. Puis manda aucuns Princes
& Seigneurs du royaume, & leur feit faire serment qu'ils garderoyent la Roy-
ne Nantilde, sa femme, & seruiroyent & obeiroyent à son fils Clouis. Et apres ce, luy ayant
Dieu deuant ses yeulx, congnoissant la fragilité d'humaine nature, & que tous conuient mourir, feit & ordonna son testament & derniere volonté. Et combien qu'en son viuant il eust
fait moult grands dons, tant de rentes, terres & thresors d'or & d'argent, que de pierres precieuses, encores par son testament donna il plusieurs villes, terres & rentes à plusieurs eglises, & principalement à ladicte eglise sainct Denis, qu'il auoit fondée, & en icelle esleue sa
sepulture. Puis il mourut au lieu d'Espinay, sur Seine, pres sadicte eglise sainct Denis, la † quatriéme Calende de Feurier, audict an six cens quarante & cinq, au quatorziéme an de son regne: en laquelle eglise il fut honnorablement enterré, comme à luy appartenoit, à la dextre
du grand hostel d'icelle eglise. Il aymoit tant ladicte eglise sainct Denis, qu'il l'eust volontiers faicte son heritier, s'il l'eust peu faire. Quatre ans vesquit ladicte Royne Nantilde apres
ledict Dagobert, puis trespassa, & fut enterree & mise au mesme sercueil dudict Dagobert, en
ladicte eglise sainct Denis.

† al. xiiij.
Le Roy Dagobert mourut à Espinay, prés S. Denis, l'an de grace six cens quarante cinq.

De la vision qui aduint à l'heure du trespas du Roy Dagobert.

N lit qu'à l'heure de la mort dudict Dagobert, aduint vne vision à vn sainct homme, auquel fut reuelee l'heure de ladicte mort: & luy sembla qu'il veit en vne
nef sur la mer l'ame dudict Dagobert dedans, & y auoit plusieurs saincts, comme sainct Hilaire, sainct Fremin, & autres qui se plaignoyent & demandoyent
vengeance contre luy, de l'expoliation qu'il auoit faicte de leurs corps, & de leurs eglises &
reliquaires: & ainsi qu'vne grand' turbe & multitude de Diables voulurent prendre ladicte ame de Dagobert, pour l'emporter en la chaudiere de Vulcan, vindrent sainct Denis A-
riopagite, premier Euesque de Paris, sainct Rustic, & sainct Eleuthere, ses compaignōs, sainct
Martin & sainct Morice, & autres saincts qu'il appela à son ayde, en l'honneur & reuerence
desquels il auoit fondé & enrichy moult d'eglises en son royaume, & auoit enuers eulx singuliere confiance: & tant debatirent iceulx saincts contre les autres, qui demandoyent vengeance, qu'ils deliurerent l'ame dudict Dagobert des mains des Diables, & l'en apporterent les Anges es cieulx: & lors la multitude desdicts Diables s'esuanouit.

L'an six cens quarante & six.

En l'an six cens quarante & six Rodoald, frere d'Icte, femme de Pepin, fils de Karloman, Mai-
re du palais d'Austrasie, & oncle de saincte Getruz, estoit Archeuesque de Treues, & saincte
Seuere, son autre sœur, estoit Abbesse d'vne Abbaye en ladicte cité. En ce temps estoit sainct
† Ouan, Archeuesque de Rouen.

† al. Audoē

De sainct

DV ROY CLOVIS, SECOND DE CE NOM.

De sainct Pharon, saincte Phare, & sainct Fiacre.

AV temps dudict Dagobert, mourut vn vaillant Prince, nommé Agarich, qui estoit Comte de Meaulx, laissant vn fils & vne fille, ses heritiers. Le fils eut nom Pharon, & la fille Phare. Ladicte Phare se feit religieuse, & vesquit sainctement, & fonda l'Abbaye de Champeaulx, & vne autre, laquelle à cause d'elle est appelee Pharesmonstier. Ledict Pharon fut Comte de Meaulx, apres son pere Agarich, & lors vint du païs d'Escosse, vn sainct & deuot homme, nommé Fiacre: lequel s'adressa en la terre dudict Pharon, Comte de Meaulx, qui luy donna vn lieu en sa terre, qui est en Brie, lequel estoit lors appelé le Breux: auquel lieu ledict Fiacre vesquit solitairement & sainctemet le cours de sa vie: puis mourut & fut enterré là: & en iceluy lieu nostre Seigneur a fait, & fait chacu iour plusieurs grands & euidens miracles. Tantost apres sainct Pharon, Comte de Meaulx, abandonna le siecle, & se feit clerc: & depuis fut par sa saincteté esleu *per clerum & populum*, Euesque de Meaulx: & est canonizé, & nommé sainct Pharon. En ce temps aussi viuoit au diocese de Beauuais vne saincte vierge, nommee Agadieme: à la priere de laquelle nostre Seigneur a fait plusieurs grands & euidens miracles: & la tiennent & reputent ceulx de ladicte cité, pour leur garde & protectrice, apres Dieu & nostre Dame.

S. Pharon, Comte de Meaulx, fut esleu Euesque dudict Meaulx.

Du Roy Clouis, deuxiéme de ce nom, qui espousa saincte Bauldour: & comment il feit descouurir l'argent que Dagobert, son pere, auoit mis sur l'eglise sainct Denis en France.

CLouis, deuxiéme de ce nom, legitime fils de Dagobert, commença à regner l'an six cens xlv. & deceda le dixseptiéme an de son regne, l'an six cens soixante & deux, & gist à sainct Denis en France. Cestuy, au temps du trespas de son pere, demoura ieune enfant, & laissa Dagobert en la garde d'Egna, maire du Palais, qui estoit de grand lignage, & l'vn des plus nobles Princes de Neustrie, sage en parole, & en responce, & droicturier en iustice, mais trop estoit auaricieux. Tantost apres Sigisbert, le Roy d'Austrasie, fils dudict Dagobert, enuoya Pepin, Maire de son Palais, & Gombert, Archeuesque de Coulongne, ses principaulx Conseillers, deuers ledict Clouis, son frere, pour auoir sa portion des thresors de Dagobert, leur pere: lequel Clouis luy enuoya sa legitime portion, telle qu'elle luy deuoit appartenir. En l'an de grace six cens quarante & sept, ledict Pepin Maire du palais de Austrasie, mourut: & en son lieu fut faict Maire du palais d'Austrasie Grimoald, qui gueres ne vesut. Tantost apres mourut semblablement Egna, Maire du palais de France, au lieu duquel Egna fut faict Maire son fils, nommé † Berthinaux, qui cousin auoit esté de Dagobert, & de par sa mere: lequel estoit moult bon & vaillant Cheualier: & au lieu dudict Berthinaux, apres son trespas fut faict Maire du palais de France, vn nommé Ebroyn, *qui tyrannus fuit*.

L'an six cens quarante cinq.

L'an six cens quarante sept.

† al. Erchinoald, & Ercembauld.

Au temps dudict Clouis aduint en France vne merueilleuse & grand' famine: à l'occasion de laquelle iceluy Clouis feit descouurir & prendre l'argent que son pere auoit fait mettre sus l'eglise sainct Denis, à l'endroit des corps saincts, & le feit departir aux pauures, qui en auoyēt necessité: toutesfois dient aucuns qu'il le feit par volonté desordonnee, & qu'il descouurit aussi & feit prendre l'or & richesses qui estoyent sur les chasses ou estoyent les corps sainct Denis, & ses compagnons: & si arracha & feit rompre l'os de l'vn des bras de monseigneur S. Denis: & que pour ceste cause, comme l'on dit, il deuint aucunement alienè de son entendement: mais apres fut l'os dudict bras S. Denis richement enchassé en or, & garny de pierres precieuses, & rapporté en ladicte eglise S. Denis, & lors fut le Roy aucunement restitué en son entendement. Il aduint que ledict Berthinaux, Maire de son palais, alla en guerre contre les Saxons, & en amena comme esclaue, vne ieune fille, nommee Bauldour, laquelle on disoit estre de royale lignee. Il la feit nourrir en sa maison, & le seruoit: & voyant les bonnes meurs & vertus, dōt elle estoit remplie, apres le trespas de sa femme la voulut espouser, mais elle se mucea: parquoy il se maria à vne autre femme: & aucun temps apres la feit prendre à femme audict Roy Clouis, qui comme dict est, estoit de simple entendement: & fut icelle Bauldour femme de bonne & saincte vie. Elle fonda les Abbayes de Chelles saincte Bauldour, pres Paris, ou elle gist, & S. Pierre de Corbie, pres Amyens, & meit à Chelles nonnains, & à Corbie moynes de S. Benoist. Toutesfois ladicte Abbaye de Chelles auoit esté premierement fondee en l'honneur de nostre Dame,

Famine en France.

saincte Bauldour fonda les Abbayes de Chelles, & Corbie.

f iij

par Clotilde, femme de Clouis, premier Roy Chreſtien.

S. Bauldour eut cinq fils de Clouis.

Ladicte Bauldour eut dudict Clouis cinq fils, dont la Cronique ne fait nulle mention : des deux premiers toutesfois eſt parlé cy apres. Les trois derniers furent apres luy ſubſecutiuemēt Roys de France: c'eſt à ſcauoir, Clotaire, Theodoric, & Childeric. En l'an ſix cens cinquante & vn, ledict Sigiſbert, Roy d'Auſtraſie, frere de Dagobert, voyant qu'il n'auoit nuls enfans, n'eſperance d'en auoir, feit edifier & fonder douze Abbayes, ou monaſteres. En l'annee enſuyuant, adopta pour ſon fils, & heritier de ſon royaume, Childebert, fils de Grimoald, Maire de ſon palais.

L'an ſix cens cinquāte et vn.

Du corps s. Benoiſt qui fut ap porté par un religieux à l'Abbaye s. Benoiſt ſur Loire.

Audict an Leodebault, Abbé de ſainct Aignan, hors les murs d'Orleans, edifia l'Abbaye de Fleury, à preſent appelee ſainct Benoiſt ſur Loire, & y meit moynes, & aucun temps apres, vn des moynes de ladicte Abbaye qui eſtoit allé à Romme, trouua façon d'apporter du mont de Caſsin, en Italie, audict lieu de Fleury, le corps ſainct Benoiſt, & ſaincte Scolaſtique, & fut mis ledict corps ſainct Benoiſt audict lieu de Fleury, & le corps de ladicte ſaincte Scolaſtique porté au Mans, ou ils ſont encores de preſent. En ce temps fut martyriſé ſainct Foillan, & en giſt le corps en l'Abbaye ſainct Mor des foſſez, pres Paris.

Comment les deux premiers enfans dudict Clouis, deuxiéme, chacerent la Royne Bauldour, leur mere, du gouuernement du royaume, pendant que ledict Clouis eſtoit oultre mer: & de la mort dudict Clouis.

Le Roy Clouis cōquit la S. cité de Hieruſalem. † al. des nós deſquels.

LEdict Clouis, du conſeil de la Royne Bouldour, alla oultre mer, pour cōquerir la ſaincte terre de Hieruſalem, & la cōquit, & y fut ſept ans: & ce pendāt auoit laiſſé au gouuernement du royaume ladicte Royne Bauldour, ſa femme, & deux ieunes enfans, ſes premiers nays († deſquels la Cronique ne parle point) leſquels quand ils furent parcreuz, par l'enhortement d'aucuns qui eſtoyent autour d'eulx, qui leur donnoyēt à entendre choſes plaiſantes à leur volonté, en diſant que les Francois eſtoyent ennuyez & courroucez d'eſtre gouuernez par vne femme, entreprindrent le gouuernement du royaume, & des Francois, & en meirent hors ladicte Bauldour, leur mere : laquelle fut de ce fort irritee contre eulx, & le feit ſcauoir audict Clouis, ſon mary, qui eſtoit oultre mer: lequel, ſi toſt qu'il en ſceut la nouuelle, ſe meit à chemin, pour retourner, & ſ'en vint en France. Quand ſes deux fils ſceurent qu'il venoit, doubtāt qu'il les puniſt, voulurent empeſcher qu'il n'entraſt au royaume, & aſſemblerent grand' armee, & allerent contre, & au deuant de leur pere, & eurent bataille: mais leurdict pere, à l'ayde d'aucūs du royaume, ſes amys, & des diligences que feit ladicte Bauldour, d'aſſembler gens, les deſconfit, & print priſonniers. Et pource que les gens des eſtats de France ne les voulurent condamner rigoreuſement à mort, ladicte Bauldour, leur mere (laquelle ayma mieulx que ſeſdicts enfans portaſſent penitence corporelle en ce ſiecle, qu'en l'autre ils euſſent la mort & peine eternelle) comme femme vertueuſe & de hault courage, par ſa ſentence qu'elle profera, en la preſence des gens deſdicts trois eſtats de France, les priua du droict du royaume, & de toute la ſucceſsion de leur pere, & d'elle, & les feit enerugr, & bouillir les iambes, ſi qu'ils ne ſe peurent plus ayder. Puis les feit garder aucun temps, & iuſques à ce que ledict Clouis, qui eſtoit ennuyé de veoir ſes enfans en ceſt eſtat, luy diſt qu'elle les feit mettre ailleurs, hors de ſa preſence, & qu'il luy greuoit moult de les veoir en ceſt eſtat. A ceſte cauſe, elle les feit mettre en vn baſteau, & vn homme ſeulement auec des viures, ſans auiron ne gouuernail, ſur la riuiere de Seine, & les laiſſa aller à l'aduenture, & deffendit qu'on n'y touchaſt. Tant alla le baſteau, qu'il arriua en Normandie, & d'aduenture ſ'arreſta en vn riuage pres d'vn lieu ou habitoit vn hermite, lequel en ſe pourmenant ſur le riuage, diſant ſes heures les apperceut, & auec vne longue perche les retira au riuage, & leur demanda qu'ils eſtoyent, & ils luy compterent leur aduenture. Quand il les eut interroguez, & qu'il ſceut quels ils eſtoyent, il manda à ladicte Royne Bauldour leur mere, que ſeſdicts enfans eſtoyent là arriuez : laquelle y enuoya & les feit faire moynes en l'Abbaye de Iumieges, en Normandie, qu'elle fonda pour eulx : & à cauſe d'eulx eſt appelee l'Abbaye des Enerucz, & là veſcurēt le demourāt de leurs iours, & apres moururent. Et combien que (comme dict eſt) la Cronique ne face point de mention de ce que dict eſt, ne des noms deſdicts enfans, toutesfois ce peut eſtre veu & ſceu par la legēde de ladicte Bauldour, qui ſe trouue eſdictes Abbayes de Chelles & Corbie.

La royne Bauldour dōna ſentence contre ſes propres enfans

Fondation de l'Abbaye de Iumieges, en Normādie, appelee l'Abbaye des Eneruez.

En ce temps fut fondee l'Abbaye de Laigny, par ſainct Fourcy, qui eſtoit d'Ybernie, & eſtoit venu en France comme pelerin : & tantoſt apres, S. Selonnes, & ſainct Foltain, ſes freres, qui vindrent auſsi en France, comme pelerins, fonderent le monaſtere de ſaīct Mor des foſſez, pres

DV ROY CLOTAIRE, TIERS DE CE NOM. Fueil.xxxiiij.

pres Paris: ou parauant auoit esté vne eglise fondee en l'honneur de sainct Pierre l'Apostre, par le don & admonnestement d'vne noble saincte vierge, qui auoit nom Gertrus, à laquelle la proprieté dudict lieu appartenoit de son patrimoine: & y furent lesdicts Selonnes & Foltain martyrisez & enterrez. Aussi estoit lors sainct Landry Euesque de Paris. Semblablement sanctus Iodocus, fils de Iudicael Roy de Bretaigne, habandonna lors le regne de son pere, & le monde, pour viure solitairement: & alla en vn hermitage, ou est de present l'Abbaye S. Esme de Pontigny. *Fõdatiõ de l'Abbaye s. Mor des fussez, pres Paris. L'Abbaye de s. Esme de Pontigny.*

L'an six cës lvj. Sigisbert Roy d'Austrasie, mourut: & laissa vn ieune fils, nommé Dagobert, lequel il auoit eu depuis qu'il auoit adopté & faict son heritier Childebert, le fils de Grimoald. Il luy recommanda ledict ieune Dagobert, & luy chargea qu'il le feist regner apres luy: mais ce nonobstant iceluy Grimoald le feit tondre moyne, par Dodon Euesque de Poitiers, & l'enuoya en exil en Escosse, pour faire regner audict royaume ledict Childebert son fils, que Sigisbert auoit parauant adopté, & faict son heritier, auant la natiuité dudict Dagobert: dont les Francois Austrasiens ne furent pas contens, & en vindrent à plainte au Roy Clouis: lequel à ceste cause, en l'an six cens cinquante & huyct, feit guerre audict Grimoald & son fils, & les print & feit prisonniers à Paris, au chasteau du Louure: & feit Roy d'Austrasie son fils Childeric. En l'an six cens soixante & deux mourut ledict Clouis: & laissa trois fils de luy & de ladicte Royne Bauldour: c'est à scauoir Clotaire, Theodoric, & Childeric le ieune, qu'il auoit fait Roy d'Austrasie. *L'an cinq cens lvi. En l'an six cens lxii. trespassa le roy Clouis deuxieme.*

Du Roy Clotaire, troisiéme de ce nom.

CLotaire, troisiéme de ce nom, fils de Clouis deuxiéme, commença à regner l'an six cens soixante & deux, & regna quatre ans incluz, & trespassa l'an six cés soixante & six, & gist en l'Abbaye de Chelles pres Paris, que sa mere saincte Bauldour auoit fondee. Celuy Clotaire, auec ladicte Bauldour sa mere, gouuerna le royaume trois ans: & pour lors estoit mort Berthinaulx, ou Ercébault, qui auoit esté Maire du palais de France, du temps dudict feu Clouis son pere: au lieu duquel fut faict Maire dudict Palais, vn nómé Ebroyn, duquel sera plus amplement parlé cy apres. En ce têps les Roys de France deuindrent paresseuz, lasches, pusillanimes, & pleins de lasciueté: parquoy n'auoyent pas si grand' auctorité que leurs predecesseurs auoyent eu, & que leurs successeurs ont de present, & n'auoyent seulement que le nom & tiltre de Roy: mais les Maires du palais, qui estoyent comme Connestables & gouuerneurs, auoyent administration de tous les faicts du royaume, tant de finances comme de la guerre, & ce faisoit tout par leur commandement & ordonnance: & vne fois l'an, es calendes de May, les Roys, qui continuellement se tenoyent en aucun lieu sans eulx de riens entremettre, venoyent en vne assemblee qui se faisoit chacun an à Paris, des gens des trois estats du royaume, pour conseiller & ordonner des faicts de la chose publique du royaume: & se faisoyent lesdicts Roys mener en grãs chariots, pour eulx monstrer au peuple, & aux gens desdicts estats, qui estoyent assemblez: & estoyent asis en vne haulte chaire, la barbe longue sur la poictrine, les cheueux espars sur les espaules: & ainsi presidoyent & saluoyent ceulx qui venoyent à l'assemblee, & estoyent saluez de leurs subiects, & les nourrissoit le peuple, & leur faisoyent de grans dons & seruices. Et quand il venoit aucuns Ambassades deuers eulx, il faisoyent telle response qu'on leur enseignoit, & nõ autrement: puis s'en retournoyent au lieu de leur demourance iusques à l'annee ensuyuant. Et en ceste facon les gouuernoyent lesdicts Maires & gouuerneurs, affin qu'ils n'eussent n'entreprinssent congnoissance des affaires de leur royaume. *L'an de grace six cens lxii. Les Roys de Frãce deuindrés pusillanimes, lasches & pleins de lasciueté. Les Roys de Frãce anciennement ne se mesloyent de riés, touchãt les affaires du royaume.*

Du Roy Theodoric, premier de ce nom, lequel fut faict moyne, & depuis Roy.

THeodoric ou Thierry, premier de ce nom, fils de Clouis, frere dudict feu Clotaire, Roy de France, & de Childeric Roy d'Austrasie, commêca à regner l'an six cês lxvj. & trespassa au xxvj. an de son regne, en l'an de grace six cens iiij.xx. & xij. Apres son aduenement à la couronne, par l'insolence & importunité d'Ebroyn, Duc & Maire du Palais, qui gouuernoit les faicts du royaume, & faisoit de grãdes exactions sur le peuple, au nom dudict Roy, & soubs ombre de ce qu'on disoit que ledict Theodoric estoit homme lubrique & de petite efficace, & n'estoit pas capable de gouuerner le royaume, fut iceluy Theodoric par les Francois repudié, & mis hors du regne: & fut faict *Theodoric faict moyne, pour sa lubricité.*

f iiij

LES CHRONIQVES ET ANNALES DE FRANCE.

moyne en l'Abbaye de sainct Denis en France, & ledict Ebroyn aussi faict moyne en l'Abbaye de Lucon en Bourgongne. Et, ce faict, les Francois appelerent ledict Childeric, Roy d'Austrasie, frere dudict Theodoric : & le couronnerent Roy, & regna sur eulx douze ans. Puis au lieu dudict Ebroyn, feirent Maire du Palais de France vn Duc d'Austrasie, nommé † Vvalfroy: lequel fonda S. Michel de Verdun, sur la riuiere de Meuse. Iceluy Childeric, pour la legiereté de ses meurs, entra en la haine des Francois, pourtant qu'il faisoit toutes choses sans prudence, & opprimoit trop le peuple Francois : & en l'an six cens lxxvj. feit deiecter sainct Ligier Euesque d'Autun, & le feit coffrer & enfermer au monastere de Lucon, pource qu'il luy contrarioit & remôstroit ses faultes. En l'an six cens † lxxvj. fut faict mourir par iustice Hector Patrice de Marseille, pour les iniustices & griefs qu'il faisoit aux eglises, mesmement à l'eglise de Clermont: en haine dequoy les habitans de ladicte cité de Clermont martyriserét sainct Priet leur Euesque, par ce qu'ils disoyent qu'il en auoit fait la poursuyte.

† al. Vvlfoald:

† autres 70. & autres 71

Cōment le Roy Childeric fut tué: & cōment les Francois rappelerent Theodoric.

Le Roy Childeric, & sa femme qui estoit grosse d'enfant, furent tuez & occis.

EN l'an de grace six cens lxxix. vn Francois, nommé Bodile, que ledict Childeric auoit fait batre de verges sans iugement, espia le Roy & la Royne sa femme, qui estoyent allez à la chace en la forest de Bondis, pres Paris, en vn lieu pres Chelles sainte Bauldour: & quand ils vindrent sur le soir qu'il estoit ia tard, luy & ses complices leur coururent sus, & tuerent ledict Roy & la Royne sa femme, qui estoit grosse d'enfant. Et ce voyant ledict Vvalfroy, Maire du Palais, de paour s'euada, & s'en retourna en Austrasie, dont il estoit venu. Apres que ledict Childeric & sa femme furent tuez, comme dict est, les Francois r'appelerent Theodoric, qu'ils auoyent fait moyne à sainct Denis, & le refirent Roy : & par le conseil de sainct Ligier, Euesque d'Autun, que ledict Ebroyn (lors qu'il estoit Maire du Palais, auant que ledict Theodoric eust esté repudié) auoit fait deiecter hors de sondict Euesché, feirent Maire du Palais Landesie, fils de Bertinaux. En l'an six cens iiij.xx. apres que ledict Ebroyn sceut que ledict Theodoric estoit restitué, & r'appelé au royaume, & que l'on auoit fait Landesie Maire du Palais, il abandonna ladicte Abbaye: & par l'ayde d'aucuns des Nobles de France, qui adhererent à luy, se meit sus en grand'armee contre ledict Theodoric, Roy, & Landesie Maire du Palais, & leur courut sus: mais quand ils sceurent sa venue il s'en fuirent. parquoy ledict Ebroyn print les thresors du Roy : & pource qu'il voyoit qu'il ne pouoit auoir ledict Landesie, il le manda à seureté venir deuers luy, lequel y vint: mais si tost qu'il fut venu ledict Ebroyn le tua, & par ainsi reprint la Mairie du Palais, & gouuernement du royaume.

L'an six cens quatre vingts

Comment Ebroyn, Maire du Palais, feit martyrizer S. Ligier & son frere, & feit faire plusieurs autres grans maulx en France à toutes manieres de gens.

L'an sizces iiij.xx. & cinq.

EN l'an de grace six cens quatre vingts & cinq, ledict Ebroyn se reconcilia auec ledict Roy Theodoric: parquoy fut remis en la Mairie: & si tost qu'il y fut, feit prendre ledict sainct Ligier, Euesque d'Autun, & Guerin son frere, & feit lapider iceluy Guerin. Il feit mettre & detenir ledict sainct Ligier en moult estroicte prison, sans riens luy donner à manger: & quand il eut esté si longuement qu'il cuidoit bien qu'il deust estre mort de faim, il enuoya veoir en la prison, ou il fut trouué tout sain. Lors le feit prendre & luy peler la plante des pieds, creuer les yeulx, copper la langue & les leures, qui luy reuindrét miraculeusement: & ce voyant ledict Ebroyn luy feit copper la teste. Audict an six cens iiij.xx.v. le Roy Theodoric, par le conseil d'Ebroyn, feit assembler vn conseil de tous les Euesques du royaume: & par la sentence dudict Ebroyn en furent deiectez & exillez plusieurs : & entre autres sainct Lambert Euesque du Tret, & sainct Amand, Archeuesque de Sens.

Ebroyn, Maire du Palais, feit creuer les yeulx à sainct Ligier.

L'an six cens iiij.xx. & sept

En l'an six cens iiij.xx. & sept, apres la mort de Vvalfroy, qui estoit Maire du Palais en Austrasie, fut faict Maire en Austrasie Pepin Heristel, fils du Duc Ancigis, fils de sainct Arnoul: lequel Pepin gouuerna en Austrasie auec le Duc Martin, qui lors estoit : mais iceluy Ebroyn alla contre eulx à grand ost, & les desconfit, & feit vne moult grand'occision de leurs gens, & gasta la pluspart des pais, par feu & par glaiue. Toutesfois ledict Pepin & Martin eschaperent, & s'en vint ledict Martin à Laon, ou il se feit religieux, pour la doubte dudict Ebroyn: & ledict Pepin se sauua en vn autre part: & ledict Ebroyn en s'en retournant manda audict Martin (qui comme dict est, s'estoit faict religieux à Laon) qu'il vint à seureté deuers ledict Roy Theodoric & luy : & il y vint comme simple : car tantost qu'il y fut venu ledict Ebroyn le feit tuer par ses gens ses gens. Iceluy Ebroyn opprima & feit moult de griefs en France, à toutes manieres de gens, tant d'Eglise, Nobles, qu'autres: parquoy Dieu, qui fait à chacun selon la desserte, ne voulut plus endurer sa crudelité: & aduint qu'en l'an six cens iiij.xx. & viij. vn Francois nommé Hermenfroy, qui estoit du lignage de sainct Ligier, tant pour se venger de la mort dudict sainct Ligier, son parent, que pour autres griefs qu'il luy auoit faicts, trouua facō d'entrer en la maison ou estoit couché ledict Ebroyn, & le trouua en son lict, ou il luy coppa la gorge: & ce faict ledict Hermenfroy s'enfuyt deuers Pepin en Austrasie. Iceluy Ebroyn, combien qu'il fust mauuais, toutesfois feit en ce royaume beaucoup de biens, & fonda plusieurs eglises & abbayes de grand magnificence: & entre autres fonda l'Abbaye nostre Dame de Soissons, ou il meit nōnains, ausquelles il donna grands rêtes du dommaine de la couronne de Fráce: & (peult estre) trop largement: car on voit souuent que la trop grand' abondance de biens rend gens de religiō à irregularité: & mesmemét es religiōs de femme. A ma volonté qu'il n'en fust nulles qui ne fussent encloses, & viuant obseruamment. Il faudra bien que les Prelats respondent de celles qui sont en leurs dioceses, tant hommes que de femmes.

L'an six cens quatre uigts et huict Ebroyn fut tué en son lict par Herme froy.

Que fait trop grand' abōdāce de biēs aux gēs de religion.

Audict an six cens quatre vingts & huict, apres la mort dudict Ebroyn, les Francois feirét Maire du Palais de France, soubs ledict Theodoric, vn nommé Vvarato: lequel enuoya deuers Pepin en Austrasie, & feit paix auec luy: mais tantost apres s'esleua cōtre ledict Vvarato, Gislemaire son fils, & luy feit guerre, & le desconfit deuant Namur, & destitua sondict pere de l'honneur de la Mairie du palais: mais tantost apres, comme par punition diuine, mourut ledict Gislemaire, & refut Maire dudict palais ledict Vvarato son pere: qui mourut l'annce ensuyuant, six cens quatre vingts & neuf. Apres la mort duquel fut faict Maire Berthaire son gendre: à l'encontre duquel ledict Pepin, Maire d'Austrasie, à la suggestion d'aucuns Francois feit guerre, & print iceluy Pepin ledict Roy Theodoric, auec lequel il feit appoinctement: & par ce moyen fut faict Maire du palais de France, & ameliora moult l'estat du Roy, & de la chose publique du royaume, & y meit bon ordre, & restablit ledict S. Lambert en l'Euesché du Tret, dont ledict feu Ebroyn l'auoit deietté. Iceluy Pepin Heristel eut deux fils: vn nōmé † Drogues, qui estoit aisné, lequel fut Comte de Champaigne, & Maire du palais d'Austrasie, & l'autre estoit nommé Grimoald. Quand ledict Pepin eut receu les thresors du palais, il repaira en Austrasie, ou Ebroyn auoit exilé sa mere.

L'an six cens quatre uigts et neuf.

† *al. Druon*

En l'an six cens quatre vingts & douze, mourut le Roy Theodoric, au vingtsixéme an de son regne: & laissa † deux fils, l'vn nōmé Clouis, & l'autre Childebert. Clouis fut courōné Roy de France, & Childebert fut Roy d'Austrasie. Soubs ledict Childebert, Drogues Duc de Champaigne, fils dudict Pepin, fut Maire d'Austrasie. Le corps dudict feu Theodoric fut porté & inhumé honorablement en l'abbaye de sainct Vvast d'Arras, qu'il auoit en son viuant fondee, & en icelle mis moynes de l'ordre de sainct Benoist: & y auoit esleu sa sepulture, & dōné de grands biens & dommaines.

† *aucūs disēt trois, & luy mesme cy apres y accorde.*

Du Roy Clouis, troisiéme de ce nom.

CLouis troisiéme de ce nom, premier fils de Theodoric, cōmēca à regner l'an six cens quatre vingts & douze, & regna quatre ans incluz, & trespassa sans hoir, l'an six cens quatre vingts & dixsept. Au temps de la mort dudict feu Theodoric estoit, comme dessus est dict, ledict Pepin Heristel Maire du palais: & tātost apres qu'il eut fait couronner ledict Clouis, c'est à sçauoir l'an de grace six cés quatre vingts & treze, il feit guerre à Radbod, Duc de Frise, qui estoit Sarrazin, & le desconfit en bataille luy & sa gent: & à sa poursuite Pape Clement enuoya Vvilbroth, vn souuerain clerc & homme de bien, bon Chrestien, audict pais de Frise, pour prescher & publier la foy de Iesus Christ, & par luy furent faicts ceulx de Frise Chrestiens, & fut ledict Vvilbroth premier Euesque du pais: & gouuerna ledict Pepin, durant qu'il fut Maire du palais, moult sagement, & meliora grādemēt le faict de la chose publique du royaume. Toutesfois pource que sainct Lambert, que ledict Pepin auoit restitué en l'Euesché du Tret, reprit iceluy Pepin de ce qu'il maintenoit vne dame nommee Alpayde, en delaissant Plectrude sa loyalle espouse, pour icelle cause Dodon, frere de ladicte Alpayde, en l'an six cens quatre vingts & dixhuict, occist ledict sainct Lambert: & fut son corps enterré en la cité du Tret, mais depuis il fut, comme l'on dit, par sainct Hubert, son successeur Euesque du Liege, apporté au Liege, ou il feit moult de miracles. Et l'annee ensuyuant, six cens quatre vingts & dixneuf, ledict Dodon (qui auoit tué ledict sainct Lambert) fut malade d'vne griefue maladie, dont il deuint si

L'an six cés qua tre vingts & douze.

puant & plain de vers, que pour la grand' infection & puantife qui iffoit de luy (laquelle eftoit intollerable à ceulx qui eftoyent pres de luy) furent contraincts de le fubmerger & noyer en la riuiere de Meuze:& tous fes complices moururent auant qu'il fuft le bout de l'an. Ledict Pepin eut de ladicte Plectude fa femme, deux fils, dont l'vn fut nommé, Drogues ou Droun, & l'autre Grimoald, & d'Alpayde, fa concubine, Charles Martel, qui engendra Pepin le Bref, pere de Charlemaigne, & de Carloman qui fe feit moyne, comme fera dict cy apres.

Incident.

EN ce temps à la requefte dudict Pepin Heriftel, Maire du palais, fut tranflaté le chef de monfeigneur fainct Iehan baptifte, & apporté en Aquitaine:& pour l'hōneur dudict chef ledict Pepin feit edifier & fonder l'Abbaye de fainct Iehā d'Angely. Sainct Vvandrille fut nepueu dudict Pepin: lequel apres qu'il eut efté longuement nourry au palais Royal, abandonna le fiecle pour mener vie folitaire: & fut natif de Verdun, & fonda premierement les Abbayes de Fefcamp & Fontenelles, en Normandie. Enuiron celle faifon fainct Gilles vint de Grece en Prouence, ou il vefcut moult fainctemēt iufques au tēps de Charles le grand. Lors eftoit fainct Aubin, Euefque d'Angiers. En ce temps mefmes eftoit le venerable prebftre & Docteur du pais d'Angleterre, Bede: leql fut le plus grand expofiteur des fainctes efcriptures, qui eut iamais efté, apres monfeigneur fainct Gregoire: & eft ledict Bede nommé venerable pour deux raifons. La premiere, car cōme il fuft aueugle de fa natiuité, & fon clerc le conduifift es lieux ou il alloit prefcher, aduint vne fois que par derifion ledict clerc le mena prefcher en vn lieu ou il n'y auoit fors vn tas de pierres, & prefcha longuement cuydant eftre entre les gens:& quand il eut finy fa predicatiō les pierres miraculeufement refpōdirent en luy difant, *Bene dixifti venerabilis Beda*:& la deuxiéme fut qu'apres fon trefpas fut efcript par les Anges de paradis fur la tombe ce vers, *Continet hæc foffa Bedæ venerabilis offa*. Et mourut le iour de l'Afcétion noftre Seigneur en difant cefte anthienne: *O rex gloria domine*, &c.

S. Gilles.

Du venerable docteur Bede, natif d'Angleterre.

Du Roy Childebert, deuxiéme de ce nom.

CHildebert, frere puifné dudict Thierry, ou Theodoric, commenca à regner l'an fix cens quatre vingts & dixfept: & regna dixhuict ans, & trefpaffa l'an fept cens & quinze: & gift à fainct Eftienne de Nancy. En l'an fix cens quatre vingts & dixneuf mourut Drogues, l'aifné fils de Pepin, qui eftoit Duc de Champaigne, & Maire du palais d'Auftrafie:& en fō lieu fut Maire Grimoald, l'autre fils dudict Pepin: qui en celle annee fut maryé à la fille de Radbod, Duc de Frife. En l'an fept cens & treze ledict Pepin Heriftel, Maire du palais, eftant en la cité du Liege, deuint malade d'vne griefue maladie: parquoy Grimoald, fon fils, Duc de Champaigne & Maire d'Auftrafie (qui eftoit homme de bonne vie, & auoit efpoufee la fille de Radbod, Duc de Frife, q̄ fon pere auoit defconfit en bataille) alla en ladicte cité du Liege vifiter ledict Pepin, fon pere, qui eftoit malade:& aduint qu'vn iour il alla faire fes oraifons deuant le corps fainct Lambert:& luy eftant à genoulx deuant le grand autel, vn nommé † Racagoire Sarrazain, qui eftoit des gens dudict feu Radbod fon beau pere, vint par derriere, & le tua en trahifon: parquoy ledict Pepin ordonna que † Thibault, qui eftoit fils d'iceluy Grimoald d'vne autre femme, apres luy fut Maire du palais d'Auftrafie. En l'an grace fept cens xiiij. ledict Pepin Heriftel fut fi griefuement malade qu'il luy conuint mourir:& ordonna par fon teftament que Charles, qui apres fut furnommé Martel (lequel eftoit fon fils, de ladicte Alpayde fa concubine) fuft fon heritier, & Maire du palais de Frāce & d'Auftrafie: dōt ladicte Plectrude, qui eftoit fa femme efpoufee, & de luy auoit eu deux fils, les deffufdicts, c'eft à fcauoir Drogues & Grimoald, pere de Thibault, fut cou roucee. Et pour empefcher que ledict Charles Martel, qu'elle hayoit moult, ne recueillift la fuc cefsion dudict Pepin, elle le feit prēdre & mettre prifonnier en la cité dte Coulōgne fur le Rin: & gouuerna ladicte Plectrude le royaume par aucun temps, auec Dagobert, fils de Childebert, & ledict Thibault Maire du palais. Car tantoft apres, c'eft à fcauoir l'an fept cens & quinze, mourut ledict Roy Childebert, au dixhuitiéme an de fon regne: le corps duquel fut enterré en l'eglife de Nancy.

L'an fix cēs quatre vingts & dixneuf.

† al. Ranigar
† al. Theodoal,
Mort de Pepin Heriftel.

Au temps que ceftuy Childebert tenoit le regne de France, fainct Michel Archange apparut par deux fois à Aubert, Euefque d'Auranches, en l'admonneftant que fur vn grād roc, qui eftoit appelé peril de mer, au riuage de la mer de Normandie pres Tombellaine, à deux lieues d'Auranches, il fondaft en l'honneur de luy vne eglife:& pour ce que ledict Euefque doubtoit du lieu

Fondation du mōt S. Michel.

DV ROY DAGOBERT, PREMIER DE CE NOM. Fueil.xxxvj.

du lieu où il deuoit edifier ladicte eglise, ledict S. Michel s'apparut à luy la tierce fois, & luy dist qu'il l'edifiast au lieu ou il trouueroit vn thoreau, & feist les fondemés du tour de l'eglise, à l'endroit ou il verroit que ledict thoreau auroit houé & fossoyé des pieds. Ce que feit faire ledict Euesque en grand' diligence: & depuis ya tousiours eu, & a continuellemét audict lieu vn moult grand apport de pelerins, en l'honneur de mondict seigneur sainct Michel Archange.

Du Roy †Dagobert, deuxiéme de ce nom.

†Sigisb.le nommé Clodouée.

Dagobert, deuxième de ce nom, fils de Childebert, commença à regner, l'an sept cens xv. & regna quatre ans incluz, & trespassa l'an sept cens dixneuf. Cestuy cy eut à femme vne noble dame, nómee Clotilde, de laquelle il eut quatre fils. Durant quelque temps du regne dudict Dagobert, Charles Martel estoit par sa marastre detenu prisonnier à Coulongne, comme dict a esté: & gouuernoyét le royaume ladicte Plectrude & ledict Thibault, Maire du Palais. Audict an sept cens & xv. s'esleuerent aucuns des nobles de France, soubs couleur & occasion de ce qu'ils disoyent qu'ils ne vouloyent point estre gouuernez soubs la conduicte d'vne femme: & partie d'eulx constituerent à Roy Chilperic, autrement nommé Daniel, frere de Dagobert selon aucuns, & feirent grand' guerre, & y eut vne bataille en laquelle eut moult de gens tuez d'vne part & d'autre: mais ledict Thibault, Maire du Palais, se sauua par fuyte, & au lieu de luy les François esleurent Maire du palais vn nommé Rainfroy: & aussi destituerent ledict Dagobert Roy, & au lieu de luy feirent Roy son frere Daniel, & le nommerét Chilperic, Roy, & Rainfroy Maire. Tantost apres assemblerent grand' armee, & passerent la forest de la Charbonniere, iusques au fleuue de Meuze, gastant & destruisant toute le pais: & feit ledict Chilperic alliance auec Radbod, Duc de Frise, qui encores estoit Payen.

François n'ont voulu souffrir estre gouuernez par la conduicte d'vne feme.

Comment Charles Martel eschapa de prison: & comment il feit couronner Clotaire, oncle dudict Dagobert.

EN l'an de grace sept cens seize ledict Charles Martel eschapé, cóme par miracle, de la prison ou sa marastre Plectrude le faisoit detenir à Coulongne, peu de téps apres pourchaça tant qu'il peut, pour rauoir la seigneurie & Mairie du Palais, & la succession que son pere Pepin Heristel luy auoit laissee, & pensa comment il en pourroit mettre hors ledict Rainfroy, qui en auoit esté faict Maire, & assembla grand' armee pour venir en France: mais le Roy Chilperic, & ledict Rainfroy, Maire du palais, allerent contre luy à bataille, iusques au fleuue de Meuze, & en leur aide vint Radbod, Duc de Frise, à grand' compagnie, & là eurent bataille: en laquelle ledict Charles Martel perdit moult de ses gens, mais il eschapa par fuyte. En l'an ensuyuant, sept cens xvij. lesdicts Roy Chilperic & Rainfroy, assemblerent de rechef leur ost, pour aller contre ledict Charles Martel. La Forest d'Ardenne passerent, & allerét iusques à Coulongne: mais ladicte Plectrude, qui auoit esté femme dudict Pepin Heristel, affin qu'ils n'exillassent la terre les feit retourner par grands dons qu'elle leur feit. En l'an sept cés dixhuict, ledict Charles Martel sceut que lesdicts Chilperic, & Rainfroy, retournoyent contre luy. Si vint au deuant d'eulx auec grand' armee qu'il auoit assemblee, & à vn estroict passage tua moult de leurs gens. Apres ils se r'assemblerent, & vindrent contre luy à bataille. Il les requit de paix, mais ils n'y voulurent entendre: parquoy il reprint courage, & les receut & combatit vigoureusement, & les desconfit en vn lieu qui a nom Vinciac, pres Cambray. Lesdicts Chilperic Roy, & Rainfroy Maire, eschaperent par fuite, mais il les suyuit iusques à Paris. Ledict Charles Martel gaigna moult de biens & despouilles, à celle desconfiture, & contraignit ladicte Plectrude, sa marastre, à luy rendre les thresors de feu Pepin Heristel, son pere. Ledict Charles Martel se fust volontiers faict Roy, s'il eust peu: mais il sçauoit bien que les François ne l'eussent pas souffert, par ce qu'il n'estoit pas de la lignee des Roys: & à ceste cause, apres la mort dudict Dagobert, qui fut en l'an sept cens dixneuf, il feit couronner Roy par dessus luy, Clotaire, fils de Theodoric premier, & oncle dudict Dagobert, & l'emmena à Coulongne, & print la cité.

L'an sept cens seize.

L'an sept cens dixsept.

L'an sept cens dixhuict.

Charles Martel desconfit Chilperic & Raisfroy

Charles Martel feit couronner Clotaire Roy de France.

En l'an de grace sept cens xviij. Radbod Duc de Frise, dont dessus a esté parlé, par la predication de †Vualefroy Archeuesque de Sens, delibera de soy faire baptizer: & quand les fons furent preparez, & luy despouillé tout nud, & que ia il auoit vn pied dedans l'eaue des fons, il

†al.Vulfrá.

s'aduisa, & demanda ou il y auoit plus de ses parens, & amys, ou en paradis, ou en enfer: & on luy dist q̃ c'estoit en enfer, par ce qu'ils n'auoyent point esté baptisez: & lors il retira son pied, & dist qu'il vouloit aller là ou il auoit plus d'amys, & ainsi il ne fut point baptisé: mais par diuine punition, au troisiéme iour ensuyuant, il mourut subitement.

De la guerre qu'eut Charles Martel contre le Roy Chilperic, & ledict Rainfroy, Maire du palais: & comment il les desconfit.

Charles Martel desconfit Chilperic, & le Duc d'Aquitaine.

PEndant que ledict Charles Martel demouroit ainsi en Austrasie, ledict Roy Chilperic, & ledict Rainfroy, Maire de son palais, assemblerent grand ost, & appelerent en leur ayde Eude, Duc d'Aquitaine, qui emmena grand nõbre de Gascons, & vindrent contre ledict Charles Martel, lequel semblablement vint contre eulx roidement. Puis se combatirent, & y eut moult cruelle bataille, & en mourut grand nombre d'vne part & d'autre: & demoura victeur ledict Charles Martel. Iceluy Roy Chilperic & ledict Eude, Duc d'Aquitaine, s'enfuyrent iusques à Paris. Seine passerent, & allerent à Orleans. Là n'osa demourer ledict Eude: & par ce print ledict Roy Chilperic, & l'emmena luy en sa terre d'Aquitaine, tout ioyeux de ce qu'il estoit peu eschaper. Charles Martel les suyuit longuement, pour les cuider prendre, mais il ne les peut raconsuyure ne rattaindre, & se meit à la chace apres Rainfroy Maire du palais, & le suyuit iusques à Angiers, & print la cité, & ledict de Rainfroy qui estoit dedãs: mais ledict Charles Martel, qui estoit debonnaire, par pitié le laissa & luy donna ladicte cité d'Angiers, pour viure. Apres celle victoire Charles Martel s'en retourna en France, & entra au gouuernement du royaume sans contredict: & fut faict & cree grand maistre & gouuerneur de France.

Du Roy Clotaire, quatriéme de ce nom.

Charles Martel prit entierement le gouuernemẽt du royaume du France.

CLotaire, quatriéme de ce nom, dont cy deuant est parlé, fils de Theodoric, & frere des feuz Roys Clouis & Childebert, & oncle dudict feu Dagobert, commença à regner l'an sept cens xix. & regna deux ans, & trespassa l'an sept cens xxj. Cestuy fut faict Roy par Charles Martel, comme dict a esté cy deuant: & ne feit pas de grands choses, par ce qu'il ne regna gueres: & aussi que durant son regne le royaume estoit en grand' diuision, à l'occasion de ceulx qui pretendoyent le gouuernement de la Mairie du palais, comme il est declairé cy deuãt: & aussi que durant son regne ledict Charles Martel eut & entreprint tout le gouuernement du royaume, & n'en auoit ledict Clotaire, que le nom de Roy.

Du Roy Chilperic, deuxiéme de ce nom, parauant nommé Daniel.

CHilperic, deuxiéme de ce nom, qui parauant estoit nommé Daniel, qui estoit frere de Dagobert, regna apres Clotaire, son oncle, cinq ans: & trespassa l'an sept cens xxvj. Cestuy Chilperic, cõme dessus a esté dict, viuãt ledict feu Clotaire auoit esté chacé par ledict Charles Martel, tellement qu'Eude, Duc de Guyéne, l'en auoit emmené en Guyéne: mais apres la mort dudict Clotaire, ledict Charles Martel (qui bõnement ne pouoit entretenir ne garder son auctorité, ne le gouuernement du royaume de France, sans ce qu'il y eust aucũ qui soubs luy portast le nõ de Roy) enuoya deuers ledict Eude, Duc de Guyéne, qui auoit en ses mais ledict Chilperic, & le cõtraignit à le luy rendre, & tous ses thresors. Et quãd ledict Chilperic fut retourné, il le feit couroner Roy de Frãce, & soubs luy gouuerna le royaume. En l'an sept cẽs xxij. ledict Charles Martel combattit, vainquit & subiugua par armes les Saxons, qui s'estoyent rebellez à la courõne de France. En l'an sept cens xxiij. il vainquit & subiugua semblablemẽt ceulx de Bauiere. En celle annee ledict Charles Martel deiecta l'Archeuesque de Reims, qui estoit son parrain, par ce qu'il ne luy auoit pas voulu ouurir les portes de la cité, pour la crainte dudict Rainfroy: & pour semblable cause exila Euthere, Euesque d'Orleãs, & l'enuoya en Espaigne. En l'an sept cens xxiiij. il alla contre Lanfroy, Duc des Alemans, & le combatit & subiuga. Puis en l'an sept cens xxv. il passa la riuiere du Rin, & submeit à sa ditiõ tout le pais d'Alemaigne, iuques au fleuue Danube. & finalement feit toute l'Alemaigne tributaire à la couronne de France: & en s'en retournant emmena auec luy Plectrude, sa marastre, vefue de feu Pepin Heristel & † Genechilde sa niepce: lesquelles s'en estoyẽt fuyes audict pais pour la paour qu'elles auoyent de luy.

L'an sept cens xxij.

L'an sept cens xxiij.

L'an sept cens uingt quatre.

† al. Sonichilde.

Enuiron

DV ROY THEODORIC, DEVXIEME DE CE NOM.   Fueil.xxxvij.

Enuiron ce téps l'Empereur Leon feit deffendre la veneration des images:& pource que plu- — L'Empereur
fieurs ne ceſſoyent point, il les feit batre & trauailler, & en feit aucuns mourir & martyrizer en Leon deffendit
la cité de Conſtantinoble, & feit deietter & bannir S.Germain, Eueſque de ladicte cité, & y feit la ueneration
mettre vn clerc, nommé Anaſtaſe, qui eſtoit *hæretica prauitate infectus*. Mais depuis, en l'an des images.
ſept cés xxxiij.pape Gregoire, troiſiéme, aſſembla vn Concile à Romme, ou auoit quatre vingts
& xiij.Eueſques, & conferma la veneration deſdictes images, & anathematiza ceulx qui iroyent
au contraire. Apres la mort dudict Leon Empereur, regna Conſtantin, qui fut mauuais homme, & grand tyrant, & perſecuta moult l'Egliſe.

Du Roy Theodoric, ou Thierry, deuxiéme de ce nom.

L'An de grace ſept cens xxvj. mourut ledict Chilperic: & apres luy, Charles Mar- — L'an ſept cens
tel feit couronner Roy de France Theodoric, ou Thierry, deuxiéme de ce nom, fils uingtſix.
de Dagobert le ieune, & regna apres Chilperic ſecond, ſon oncle, enuiron quinze
ans, & treſpaſſa l an ſept cens xlj. De ceſtuy Theodoric, ne de ſes faicts, n'eſt faict es
Chroniques que bien peu de mention: par ce qu'il eſtoit de petit entendement, &
auſſi que durant ſon regne, Charles Martel, comme Maire du palais, gouuerna tous les faicts
& affaires du royaume: & meſmes des l'an ſept cens xxvij.prenāt auſſi ſur le xxviij.ledict Char
les Martel combatit & ſubiugua les Saxós, & ceulx de Bauiere, qui s'eſtoyét de rechef contre luy
rebellez. Et l'an ſept cens vingt & neuf, ledict Eude, Duc d'Aquitaine, qui auoit eſté ainſi villainement oultragé par ledict Charles Martel, lequel l'auoit contrainct à rendre & mettre hors
de ſes mains ledict Chilperic Roy, & ſes threſors, fut moult courroucé: & pour ſ'en venger &
auoir ayde à faire guerre audict Charles Martel, ſ'allia aux Sarrazins & infideles, qui eſtoyent
en Eſpaigne, dont eſtoit guide & Duc vn nommé Abidirame: & par ſon moyen en vint en Frā
ce grand nombre, deliberez d'y demourer & habiter: & pour ce faire y amenoyent femmes, enfans, & meſnage, en ſi grand nombre que nul ne les pouoit nombrer.

Des Sarrazins qui venoyent d'Eſpaigne pour habiter en France: & de la grand' occiſion qu'en feit Charles Martel.

EN l'an de grace ſept cens trente, à Bordeaux vindrent leſdicts Sarrazins: ou ils prin- L'an ſept cens
drent & deſtruiſirent la cité, prindrent, pillerent & bruſlerent l'egliſe ſainct Andry, trente.
& les autres egliſes. Puis paſſerent la riuiere de Girōde, & vindrent à Poitiers qu'ils
prindrent ſemblablement, & deſtruiſirent la cité & l'egliſe ſainct Hilaire, pillerent
& bruſlerent tous les païs ou ils paſſerent. Puis vindrent vers la cité de Tours, en intention de
piller & bruſler le monſtier ſainct Martin. Ceulx de la ville & du païs ſ'aſſemblerent, & allerent à l'encontre: & quand ledict Charles Martel ſceut que leſdicts Sarrazins eſtoyent en ſi
grand nombre, & auoyent ia ſi auant marché dedans la terre de France, il amaſſa premierement ſes gens, & alla de vertueux courage en l'ayde de ceulx de Tours. Et quand les Sarra- Grand nombre
zins veirent qu'ils ne pouuoyent auoir ladicte cité de Tours, & qu'ils ſceurent la venue dudict de ſarraziſs uin
Charles Martel, & de ſa puiſſance, ils abandonnerent ladicte cité, & ſe meirent à chemin pour drent iuſques à
vouloir aller vers la cité de Bourges. Mais le victorieux prince Charles Martel, qui ſceut leur la cité de Tours
entrepriſe & volonté, leur trencha chemin, & alla au deuant d'eulx, à coſté, pour les combatre: & les trouua en vn lieu, qui eſt appelé en Latin *Sanctus Martinus de bello*, & en Francois, *lingua corrupta*, ſainct Martin le bel, à cauſe de la bataille qui lors y aduint. Ledict Char
les Martel les aſſaillit & combatit vertueuſement, & ſi puiſſamment qu'en la fin de la bataille fut trouué, par compte faict, qu'il y eſtoit mort trois cens quatre vingts & cinq mil Sarrazins, ſans les femmes & enfans: & n'y fut tué qu'enuiron mil cinq cens des gens dudict Charles Martel.   Apres ladicte bataille ledict Eude, Duc de Guyenne, par le moyen d'aucuns
ſes amys, trouua façon de ſoy reconcilier & pacifier audict Charles Martel: & apres, luy meſmes print toutes les places que les Sarrazins tenoyent, & les feit demolir & abbatre, & feit
mourir tous ceulx qui eſtoyent dedans.   Pour fournir aux fraiz & deſpenſes qu'il conuenoit faire pour leſdictes guerres, que ledict Charles Martel auoit contre les Sarrazins, ennemis de la Chreſtienté, ledict Charles Martel, par le conſeil des Princes, donna & bailla aucunes des diſmes que tenoyent les egliſes, à ſes genſdarmes, moyennāt qu'il promit que ſi Dieu † al. Dren
luy donnoit vie, & grace de venir au deſſus deſdicts Sarrazins, il les reſtitueroit, & plus grands Ruz, c'eſt à
biens y donneroit. dire face ver-
Audict an ſept cens trente, mourut Daniel † Diurais, qui ſe diſoit Roy de Bretaigne: & a- meille. cro.
pres ſa mort, les Princes du païs de Bretaigne ſe diuiſerent en ſept parties, & ſe nommerent Bret.

g

est le lieu ou ledict S.Siluestre s'alla mucer au temps de la persecution de l'Empereur Constantin) & illec demoura par aucun temps. Mais, pource que ledict lieu estoit pres du grand chemin de Romme, & que les Francois qui alloyent à Romme le visitoyent trop souuent à son gré,& qu'il ne vouloit plus auoir congnoissance des choses terriennes, mais vouloit vaquer à contemplation, il laissa iceluy monstier, & s'en alla à l'Abbaye du mont de Cassin viure auecques les autres moynes:& en cestedicte annee Pepin se saisit du gouuernement du royaume d'Austrasie.

L'an sept cens quarantesept. En l'an de grace sept cens quarante sept, ledict Pepin mit hors de prison ledict Griffon, son frere : & combien qu'il luy entretint son estat grandement & honnorablement, toutesfois il luy ennuyoit d'estre en la subiection dudict Pepin:& pour tascher à auoir le gouuernemēt du royaume se departit de luy, & s'en alla secrettement en Saxonne, & assembla grand ost de gens, & entra en France. Ledict Pepin alla contre luy à grand nombre de Francois, & passa Thoringe. Quand ledict Griffon sceut sa venue à si grand' puissance il s'enfuyt, & s'en alla en Bauiere :

L'an sept cens quarantehuict. & en l'annee ensuyuant sept cens quarante huict, ledict Griffon feit guerre au Duc Thasille, qui estoit fils de la soeur de Pepin, & luy osta ladicte Duché de Bauiere.Quand Pepin le sceut il y alla auec grand' armee, & print ledict Griffon, son frere, & ses gens, & restitua ladicte Duché de Bauiere audict Thasille, son nepueu. A sondict frere Griffon feit appointement, & luy donna douze Comtez au royaume:mais ce ne luy suffit pas, & ne fut point cōtent, ains en celle mesme annee s'en alla vers Gaifier & Vvalde, enfans de feu Eude, Duc d'Aquitaine, prendre alliance auec eulx contre ledict Pepin, son frere, en intention de luy nuyre.

Cy deffault & finit la premiere generation des Roys de France:
qui dura trois cens trente & vn an, & desquels les noms cy deuant sont mis en la figure du fueillet dixiéme.

DE PEPIN, FILS DE CHAR-
les Martel, auquel commence la seconde generation
desdicts Roys de France.

CHARLEMAGNE, ROY ET EMPEREVR. Fueil.xxxix.

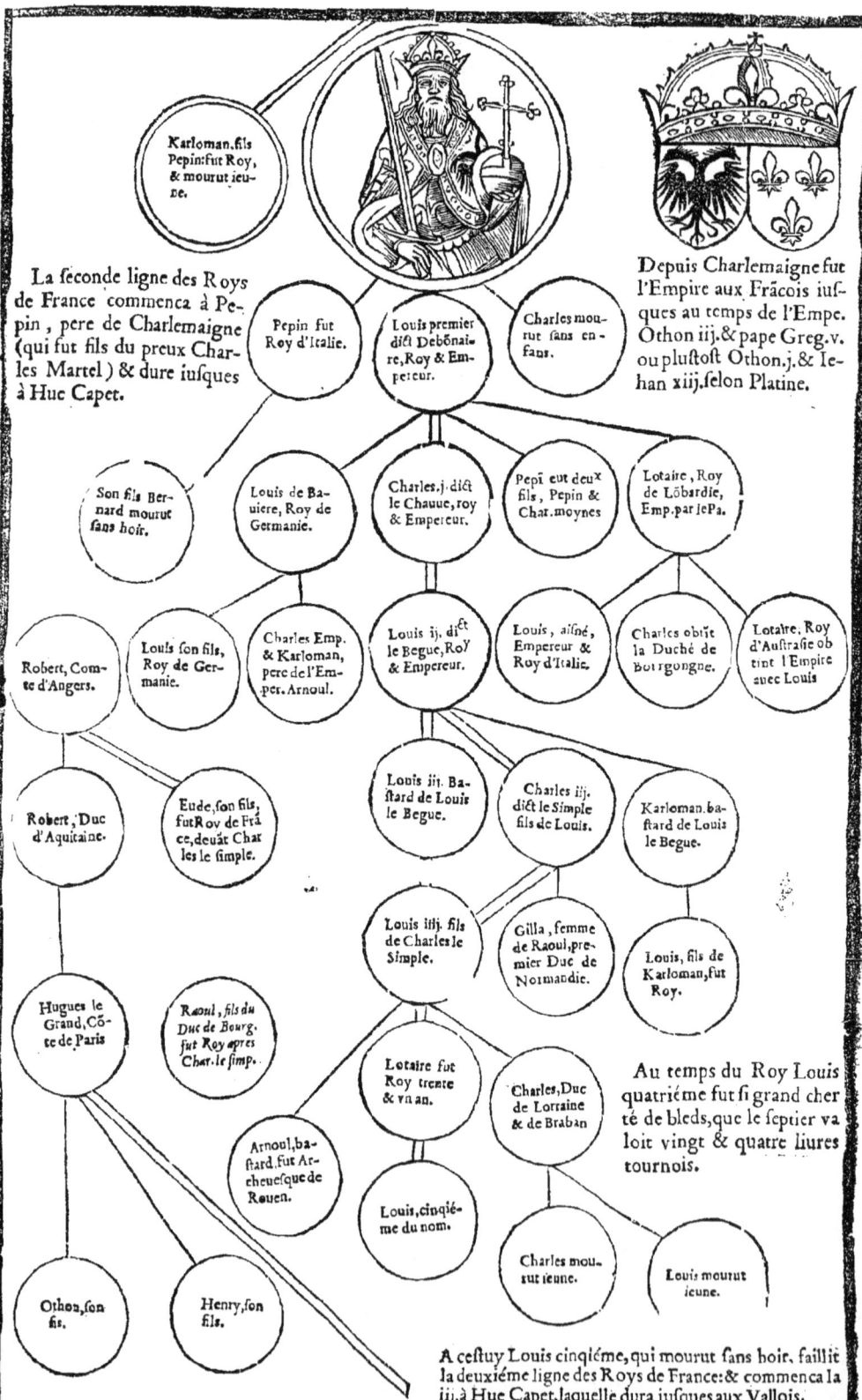

s'aduifa, & demanda ou il y auoit plus de fes parens, & amys, ou en paradis, ou en enfer: & on luy dift q̃ c'eftoit en enfer, par ce qu'ils n'auoyent point efté baptifez: & lors il retira fon pied, & dift qu'il vouloit aller là ou il auoit plus d'amys, & ainfi il ne fut point baptizé: mais par diuine punition, au troifiéme iour enfuyuant, il mourut fubitement.

De la guerre qu'eut Charles Martel contre le Roy Chilperic, & ledict Rainfroy, Maire du palais: & comment il les defconfit.

Charles Martel defcõfit Chilperic, & le Duc d'Aquitaine.

E pendant que ledict Charles Martel demouroit ainfi en Auftrafie, ledict Roy Chilperic, & ledict Rainfroy, Maire de fon palais, affemblerent grand oft, & appelerent en leur ayde Eude, Duc d'Aquitaine, qui emmena grand nõbre de Gafcons, & vindrent contre ledict Charles Martel, lequel femblablement vint contre eulx roidement. Puis fe combatirent, & y eut moult cruelle bataille, & en mourut grand nombre d'vne part & d'autre: & demoura victeur ledict Charles Martel. Iceluy Roy Chilperic & ledict Eude, Duc d'Aquitaine, s'enfuyrent iufques à Paris. Seine pafferent, & allerent à Orleans. Là n'ofa demourer ledict Eude: & par ce print ledict Roy Chilperic, & l'emmena auec luy en fa terre d'Aquitaine, tout ioyeux de ce qu'il eftoit peu efchaper. Charles Martel les fuyuit longuement, pour les cuider prendre, mais il ne les peut raconfuyure ne rattaindre, & fe meit à la chace apres Rainfroy Maire du palais, & le fuyuit iufques à Angiers, & print la cité, & ledict de Rainfroy qui eftoit dedãs: mais ledict Charles Martel, qui eftoit debonnaire, par pitié le laiffa & luy donna ladicte cité d'Angiers, pour viure. Apres celle victoire Charles Martel s'en retourna en France, & entra au gouuernement du royaume fans contredict: & fut faict & cree grand maiftre & gouuerneur de France.

Du Roy Clotaire, quatriéme de ce nom.

Charles Martel prit entieremẽt le gouuernemẽt du royaume du France.

Lotaire, quatriéme de ce nom, dont cy deuant eft parlé, fils de Theodoric, & frere des feux Roys Clouis & Childebert, & oncle dudict feu Dagobert, commença à regner l'an fept cens xix. & regna deux ans, & trefpaffa l'an fept cens xxj. Celtuy fut faict Roy par Charles Martel, comme dict a efté cy deuant: & ne feit pas de grands chofes, par ce qu'il ne regna gueres: & aufi que durant fon regne le royaume eftoit en grand' diuifion, à l'occafion de ceulx qui pretendoyent le gouuernement de la Mairie du palais, comme il eft declaré cy deuãt: & aufi que durant fon regne ledict Charles Martel eut & entreprint tout le gouuernement du royaume, & n'en auoit ledict Clotaire, que le nom de Roy.

Du Roy Chilperic, deuxiéme de ce nom, parauant nommé Daniel.

Chilperic, deuxiéme de ce nom, qui parauant eftoit nommé Daniel, qui eftoit frere de Dagobert, regna apres Clotaire, fon oncle, cinq ans: & trefpaffa l'an fept cens xxvj.Ceftuy Chilperic, cõme deffus a efté dict, viuãt ledict feu Clotaire auoit efté chacé par ledict Charles Martel, tellement qu'Eude, Duc de Guyéne, l'en auoit emmené en Guyéne: mais apres la mort dudict Clotaire, ledict Charles Martel (qui bõnement ne pouoit entretenir ne garder fon auctorité, ne le gouuernement du royaume de France, fans ce qu'il y euft aucũ qui foubs luy portaft le nõ de Roy) enuoya deuers ledict Eude, Duc de Guyéne, qui auoit en fes mais ledict Chilperic, & le cõtraignit à le luy rendre, & tous fes threfors. Et quãd ledict Chilperic fut retourné,

L'an fept cens xxij.
il le feit courõner Roy de Frãce, & foubs luy gouuerna le royaume. En l'an fept cẽs xxij. ledict Charles Martel combattit, vainquit & fubiugua par armes les Saxons, qui s'eftoyent rebellez à la courõne de France.

L'an fept cens xxiij.
En l'an fept cens xxiij. il vainquit & fubiugua femblablemẽt ceulx de Bauiere. En celle annee ledict Charles Martel deietta l'Archeuefque de Reims, qui eftoit fon parrain, par ce qu'il ne luy auoit pas voulu ouurir les portes de la cité, pour la crainte dudict Rainfroy: & pour femblable caufe exila Euthere, Euefque d'Orleãs, & l'enuoya en Espaigne.

L'an fept cens uĩgt quatre.
En l'an fept cens xxiiij. il alla contre Lanfroy, Duc des Alemans, & le combatit & fubiuga. Puis en l'an fept cens xxv. il paffa la riuiere du Rin, & fubmeit à fa ditiõ tout le païs d'Alemaigne, iuques au fleuue Danube. & finalement feit toute l'Alemaigne tributaire à la couronne de France: & en s'en retournant emmena auec luy Plectrude, fa maraftre, veufue de feu Pepin Heriftel & † Genechilde fa niepce: lefquelles s'en eftoyẽt fuyes audict païs pour la paour qu'elles auoyent de luy.

† al. Sonichilde.

Enuiron

DV ROY THEODORIC, DEVXIEME DE CE NOM. Fueil. xxxvij.

Enuiron ce téps l'Empereur Leon feit deffendre la veneration des images:& pource que plusieurs ne cessoyent point,il les feit batre & trauailler, & en feit aucuns mourir & martyrizer en la cité de Constantinoble, & feit deietter & bannir S. Germain, Euesque de ladicte cité, & y feit mettre vn clerc,nommé Anastase,qui estoit *hæretica prauitate infectus*. Mais depuis, en l'an sept cés xxxiij. pape Gregoire, troisiéme, assembla vn Concile à Romme,ou auoit quatre vingts & xiij. Euesques, & conferma la veneration desdictes images, & anathematiza ceulx qui iroyent au contraire. Apres la mort dudict Leon Empereur, regna Constantin, qui fut mauuais homme, & grand tyrant, & persecuta moult l'Eglise.

L'Empereur Leon deffendit la ueneration des images.

Du Roy Theodoric, ou Thierry, deuxiéme de ce nom.

L'An de grace sept cens xxvj. mourut ledict Chilperic: & apres luy, Charles Martel feit couronner Roy de France Theodoric, ou Thierry, deuxiéme de ce nom, fils de Dagobert le ieune, & regna apres Chilperic second, son oncle, enuiron quinze ans, & trespassa l an sept cens xlj. De cestuy Theodoric, ne de ses faicts, n'est faict es Chroniques que bien peu de mention: par ce qu'il estoit de petit entendement, & aussi que durant son regne, Charles Martel, comme Maire du palais, gouuerna tous les faicts & affaires du royaume: & mesmes des l'an sept cens xxvij. prenāt aussi sur le xxviij. ledict Charles Martel combatit & subiuga les Saxōs, & ceulx de Bauiere, qui s'estoyēt de rechef contre luy rebellez. Et l'an sept cens vingt & neuf, ledict Eude, Duc d'Aquitaine, qui auoit esté ainsi villainement oultragé par ledict Charles Martel, lequel l'auoit contrainct à rendre & mettre hors de ses mains ledict Chilperic Roy, & ses tresors, fut moult courroucé: & pour s'en venger & auoir ayde à faire guerre audict Charles Martel, s'allia aux Sarrazins & infideles, qui estoyent en Espaigne, dont estoit guide & Duc vn nommé Abidirame: & par son moyen en vint en France grand nombre, deliberez d'y demourer & habiter: & pour ce faire y amenoyent femmes, enfans, & mesnage, en si grand nombre que nul ne les pouoit nombrer.

L'an sept cens uingt six.

Des Sarrazins qui venoyent d'Espaigne pour habiter en France: & de la grand' occision qu'en feit Charles Martel.

EN l'an de grace sept cens trente, à Bordeaux vindrent lesdicts Sarrazins: ou ils prindrent & destruisirent la cité, prindrent, pillerent & bruslerent l'eglise sainct Andry, & les autres eglises. Puis passerent la riuiere de Giróde, & vindrent à Poitiers qu'ils prindrent semblablement, & destruisirent la cité & l'eglise sainct Hilaire, pillerent & bruslerent tous les pais ou ils passerent. Puis vindrent vers la cité de Tours, en intention de piller & brusler le monstier sainct Martin. Ceulx de la ville & du pais s'assemblerent, & allerent à l'encontre: & quand ledict Charles Martel sceut que lesdicts Sarrazins estoyent en si grand nombre, & auoyent ia si auant marché dedans la terre de France, il amassa premierement ses gens, & alla de vertueux courage en l'ayde de ceulx de Tours. Et quand les Sarrazins veirent qu'ils ne pouuoyent auoir ladicte cité de Tours, & qu'ils sceurent la venue dudict Charles Martel, & de sa puissance, ils abandonnerent ladicte cité, & se meirent à chemin pour vouloir aller vers la cité de Bourges. Mais le victorieux prince Charles Martel, qui sceut leur entreprinse & volonté, leur trencha chemin, & alla au deuant d'eulx, à costé, pour les combatre: & les trouua en vn lieu, qui est appelé en Latin *Sanctus Martinus de bello*, & en François, *lingua corrupta*, sainct Martin le bel, à cause de la bataille qui lors y aduint. Ledict Charles Martel les assaillit & combatit vertueusement, & si puissamment qu'en la fin de la bataille fut trouué, par compte faict, qu'il y estoit mort trois cens quatre vingts & cinq mil Sarrazins, sans les femmes & enfans: & n'y fut tué qu'enuiron mil cinq cens des gens dudict Charles Martel. Apres ladicte bataille ledict Eude, Duc de Guyenne, par le moyen d'aucuns ses amys, trouua facon de soy reconcilier & pacifier audict Charles Martel: & apres, luy mesmes print toutes les places que les Sarrazins tenoyent, & les feit demolir & abbatre, & feit mourir tous ceulx qui estoyent dedans. Pour fournir aux fraiz & despenses qu'il conuenoit faire pour lesdictes guerres, que ledict Charles Martel auoit contre les Sarrazins, ennemis de la Chrestienté, ledict Charles Martel, par le conseil des Princes, donna & bailla aucunes des dismes que tenoyent les eglises, à ses gensdarmes, moyennāt qu'il promit que si Dieu luy donnoit vie, & grace de venir au dessus desdicts Sarrazins, il les restitueroit, & plus grands biens y donneroit.

Audict an sept cens trente, mourut Daniel †Diurais, qui se disoit Roy de Bretaigne: & apres sa mort, les Princes du pais de Bretaigne se diuiserent en sept parties, & se nommerent

l'an sept cens trente.

Grand nombre de sarrazis uindrent iusques à la cité de Tours

† al. Dren Ruz, c'est à dire face vermeille. cro. Bret.

g

LES CHRONIQVES ET ANNALES DE FRANCE.

chacun Roy en ſa portion:& ainſi demourerent eſtriuant entre eulx par pluſieurs batailles ciuiles,iuſques au regne de Charlemagne,qui les aſſaillit,& dura la guerre entre luy & les Bretons trente ans.Mais comme dit Sigiſbert en ſa Cronique,l'an huict cens vingt, ils furēt vaincus par le Duc † Gourdon, Conneſtable dudict Charlemagne:lequel luy porta à Aix la chapelle,les noms des Ducs & Princes deſdicts Bretons,qui à luy ſ'eſtoyent renduz:& lors fut du tout aboly le nom des Roys dudict païs de Bretaigne.

† al.Vvidon
Abolitiō du nō
& des Roys de
Bretaigne.

En l'annee ſept cens trente & vn,pource que Girard de Rouſſillon, Comte de Bourgongne, eſtoit deſobeiſſant à la couronne de France,iceluy Charles Martel enuoya grand côtre luy, & print Rouſſillon,& toute la terre de Bourgõgne:parquoy ledict Girard de Rouſſillon ſ'enfuyt iuſques à Lyõ,& de là à Marſeille & en Arle:& à ceſte cauſe ledict Charles Martel enuoya ſes gens vers Languedoc,qui y conquirent toutes les terres & les citez,c'eſt à ſçauoir Marſeille,Arle,& toute Prouence,Niſmes,Beſiers & Montpellier,qui eſtoyẽt de la Comté dudict Girard de Rouſſillon.Puis ſ'en retournerent ſes gens auec grands richeſſes.

L'an ſept cens trente deux.

En l'annee ſept cens trentedeux,ledict Charles Martel eut nouuelles que ledict Eude, Duc de Guyenne,ſ'eſtoit de rechef eſleué contre luy:parquoy il alla en Guyenne,& le tua & deſconfit,puis ſ'en retourna. Iceluy Eude laiſſa deux fils,c'eſt à ſçauoir Gaiſier & † Vvalde. Ledict Gaiſier fut Duc de Guyenne,& aſſembla grand nombre de gens,& l'annee enſuyuant ſept cens trente trois,reprint pluſieurs des places que ledict Charles Martel auoit prinſes ſur ſon pere:parquoy ledict Charles Martel,par le conſeil des Barons du royaume,aſſembla ſon oſt,& alla en Guyenne. La cité de Bordeaux print,le chaſtel de Blaye ſur Gironde,& toutes les autres villes & chaſteaulx de Guyenne,& les ſubmit à la couronne de France,& en chacea leſdicts Gaiſier & Vvalde,freres.

† al.Huuald

L'an ſept cens trente trois.

En ladicte annee ſept cens trente trois,ledict Charles Martel alla en Friſe,& deſconfit Popon, Duc de Friſe,& toute ſa gent,& ſubmit la terre à la couronne de France.Les Seſnes commencerent lors à eulx eſleuer du coſté du fleuue du Rin. Charles Martel le ſceut, le Rin paſſa,& vne partie du païs degaſta,& l'autre meit en ſa ſubiection,& en print bons hoſtages,puis retourna en France. En l'an ſept cens trente quatre, à la pourſuyte & inſtigation de Marunce, Duc de Prouence,vne maniere de gens,qu'on appelle Gots,qui eſtoyent Sarrazins,vindrent des parties d'Eſpaigne vers Languedoc,& gaſterent tout le païs d'entour Auignon,& leur fut ladicte cité d'Auignon liurée par trahiſon, par ledict Maruce.Charles Martel le ſceut:ſon oſt eſmeut:droict là enuoya:& feit chef de l'armee le Duc Childebrant,ſon oncle,qui aſſaillit la cité d'Auignon. Tantoſt alla en perſonne au ſiege ledict Charles Martel.A ſon arriuee euſſiez ouy trompettes & clerons ſonner & faire grand'tumulte,dont ceulx de dedans furent ſi eſpouentez qu'à celle heure fut la cité prinſe d'aſſault,& tous les Sarrazins qui eſtoyent dedans furent tuez. Apres tira ledict Charles Martel & ſa compagnie vers Narbonne (ou eſtoit vn Roy Sarrazin, nommé Anthimes,auec grãd planté de gens) & la cité aſſiegea & enuirõna.Quand les autres Roys & Princes Sarrazins d'Eſpaigne le ſceurent,ils aſſemblerent grand oſt,& vindrẽt par mer pour ſecourir ledict Anthimes.Quand Charles Martel ſceut leur venue, il alla au deuant,& vaillamment les combatit, en vne plaine place pres le fleuue de † Briſe : & furent tuez deux des plus grands des Roys deſdicts Sarrazins. Les autres ſe meirent en fuyte, & furent tous leurs gens mors, deſconfits & prins. Ceulx qui peurent eſchaper ſ'enfuyrent vers le riuage du fleuue & de la mer, pour eulx cuyder ſauuer en leurs galees : mais les Francois les ſuyuirent, & en fuyant les tuerent, & grand nombre en feirent noyer es eſtangs, & en la mer. Là gaignerent Francois moult de biens: & toutes les citez qui eſtoyent habitees des Sarrazins, comme Narbonne, Niſmes, Agaſts, Haultmur, Subſtancion, qui eſt de preſent apelé Montpellier, Arle le blanc,Beſiers,& autres,bruſlerent & raſerent iuſques aux fondemens.Puis ſ'en retourna en grand'triumphe & honneur ledict vaillant prince Charles Martel,glorieux & victorieux en France:mais l'annee enſuyuant ſept cens xxxviij.pource qu'il ſceut que ledict Marunce, Comte de Prouence,eſtoit retourné auec autres nouueaux Sarrazins,appela en ſon ayde Liuthprand, Roy des Lôbards,pour courir ſus aux Sarrazins qui gaſtoyent le païs d'entour Auignon, & auoyẽt reprins la cité d'Arle. Il y retourna & les chacea iuſques au riuage de la grãd'mer, & cercha toutes villes, chaſteaulx & places, montaignes & vallees,& deſtruiſit & feit mourir tous les Sarrazins qui y eſtoyent. Et ainſi ledict Charles Martel treſglorieux & victorieux Prince,par l'ayde de Dieu, de ſon induſtrie,& par la force des Frãcois,chacea tous les Sarrazins qui y eſtoyent, & leur oſta toute l'eſperãce de iamais habiter au royaume de France. Apres ces victoires,ledict vaillant prince Charles Martel ſ'en retourna en France:& de là en auant, pour les grands trauaux qu'il auoit prins, commença à affoiblir & deuenir malade. En l'an ſept cẽs xl. Gregoire,pape de Rome, enuoya Legats en France:& par eulx il trãſmit audict Charles Martel les clefs du ſainct Sepulchre,les lyens ſainct Pierre,& pluſieurs autres beaux reliquaires,en luy requerant qu'il vouluſt ſecourir & ayder à

L'an ſept cens trente huyct.

Charles Martel
deſconfit grand
nombre de ſarrazins, vers le
païs de Narbône

† al. Birſe.

L'ã ſept cẽs xl.

l'egliſe

l'eglise de Romme, que les Lombards opprimoyent. Ce qu'il promit faire en l'annee enfuyuant: mais il ne peut fa promeffe accomplir à l'occafion de fa maladie. Il feit departir les reliquaires, dons, & prefens que le Pape luy auoit enuoyez, aux eglifes du royaume.

En l'an fept cens quarate & vn, les Sarrazins gafterent & deftruifirent la cité d'Aix en Prouence: parquoy Girad de Rouffillon, Comte de Bourgongne & de Prouence feit tranflater le corps de la benoifte Marie Magdeleine, qui pieça auoit efté mis par fainct Maximian l'vn des feptante deux difciples de Iefus Chrift en la cité d'Aix en Prouence, & le feit apporter ledict de Rouffillon, en l'eglife de Vezelay qu'il auoit fondee, & fait edifier: & toutesfois ceulx de fainct Maximian en Prouence volurent dire, & tefmoignerent qu'ils ont encores ledict corps. Ie m'en rapporte à ce qui en eft. En ce mefme an trefpaffa le Roy Theodoric, ou Thierry, & luy fucceda Childeric, troifiéme de ce nom.

L'an fept cens xli.

La traflatiõ du corps de Marie Magdeleine à Vezelay.

Du Roy Childeric, troifiéme, qui fut faict moyne : & de la mort de Charles Martel.

CHilderic, troifiéme de ce nom, frere dudict Theodoric, commença à regner l'an de grace fept cens quarante & vn, & regna neuf ans, & trefpaffa l'an fept cens cinquante. Ceftuy, du viuant dudict Theodoric, auoit efté faict moyne: & pource que fondict frere eftoit mort fans hoirs, ledict Charles Martel & les Francois le retirerent de la religion, & le feirent Roy : mais aucun temps apres, quand ils eurent congnu qu'il eftoit de petite efficace, & abandonné à oyfiueté, luxure & lafciuité, de l'auctorité du pape Zacharie ils le depoferent, & le refeirent moyne, & le nommerent Childeric l'infenfé, comme difent les autheurs. A ceftuy Childeric deffaillit la premiere generation des Roys de France, comme fera veu cy apres. Audict an fept cens quarante & vn, tantoft apres le trefpas dudict Theodoric, & que ledict Childeric, moyne, euft efté faict Roy, ledict vaillant prince Charles Martel, Maire du palais, & gouuerneur de France, alla de vie à trefpaffement: & fut fon corps enterré en l'eglife fainct Denis en France. Et pource qu'il n'auoit point encores reftitué les difmes qu'il auoit prinfes des eglifes, pour departir à fes Cheualiers, qui combatoyent pour le zele de la foy Chreftienne, & pour la deffence du royaume, aucuns ont voulu dire qu'il fut reuelé à Eutherius, Euefque d'Orleans, qu'il auoit enuoyé en exil, que fon ame eftoit en enfer tourmentee: mais qu'il en eft, *nefcio : Deus fcit*. Combien que ledict Charles Martel ne fuft point couronné, ny ne print iamais de fon viuant le nom, ne tiltre de Roy de France, ce neantmoins eft il enterré en l'Abbaye de fainct Denis, qui eft le cimetiere des Roys, & eft couroné en habit royal, au renc & auec les Roys, comme on peut encores veoir à l'œil. Iceluy Charles Martel laiffa trois fils, c'eft à fcauoir, Griffon, Karloman & Pepin. Il departit fa feigneurie aufdicts Karloman & Pepin feulement, & audict Griffon n'ordonna point de terre, dont fe meut grand difcétion apres fa mort. Car ledict Griffon, qui eftoit puifné, par la perfuafion de fa mere, laquelle eftoit niepce d'Odille, Duc de Bauiere, voulut entreprendre fur le gouuernement & faifine de tout le royaume que tenoyent fes freres: parquoy lefdicts freres le guerroyerent, & le prindrent en la cité de Laon, qu'il auoit ia prinfe par force, & le feirent prifonnier en bonne garde, en vn chaftel qui eft pres la foreft d'Ardenne, ou il fut iufques à ce que ledict Karloman alla à Romme : & gouuernerent ce pendant lefdicts Pepin & Karloman le royaume enfemble.

Les Frãcois depoferent le Roy Childeric, & le refeirẽt moyne

Charles Martel fut enterré au nõbre des Roys à fainct Denis, combiẽ qu'il ne fuft point Roy

L'an fept cens quarante deux lefdicts Karloman & Pepin, voulans recouurer Aquitaine, contre Vvalde, fils d'Eude, qui l'auoit reprinfe, affemblerent leurs ofts, & allerent contre luy, & en reprindrent partie: puis f'en retournerent, & receurent chacun fa part du royaume pour iceluy deffendre, c'eft à fcauoir Pepin en France, & Karloman en Auftrafie. Apres cela Karloman alla contre les Saxons, & printle chaftel d'Hofcoburch, deftruifant toutes les contrees d'Alemagne, qui f'eftoyent rebellees contre le royaume de France. En cefte mefme annee fept cens quarante trois, lefdicts Pepin & Karloman, ioincts enfemble, affemblerent grand armee, & allerent cõtre Odille, Duc de Bauiere, qui auoit rauy leur fœur, & le fuppediterent, & le feirent venir à mercy: mais apres ils luy laifferent leurdicte fœur à femme, & feirent alliance enfemble.

L'an fept cens xlii.

L'an fept cens xliii.

Comment Karloman, frere de Pepin, fe feit moyne.

EN l'an de grace fept cens quarante fix, ledict Karloman, en delaiffant la gloire feculiere de ce monde, fe delibera de viure folitairement: & à cefte caufe f'en alla à Romme deuers le pape Zacharie, qui le feit moyne: & pour vfer folitairement fes iours, fonda en l'honneur de fainct Silueftre, vn monftier, en vn lieu nommé Soracte (qui

L'an de grace fept cens quarantefix.

g ij

CHARLEMAGNE, ROY ET EMPEREVR. Fueil.xxxix.

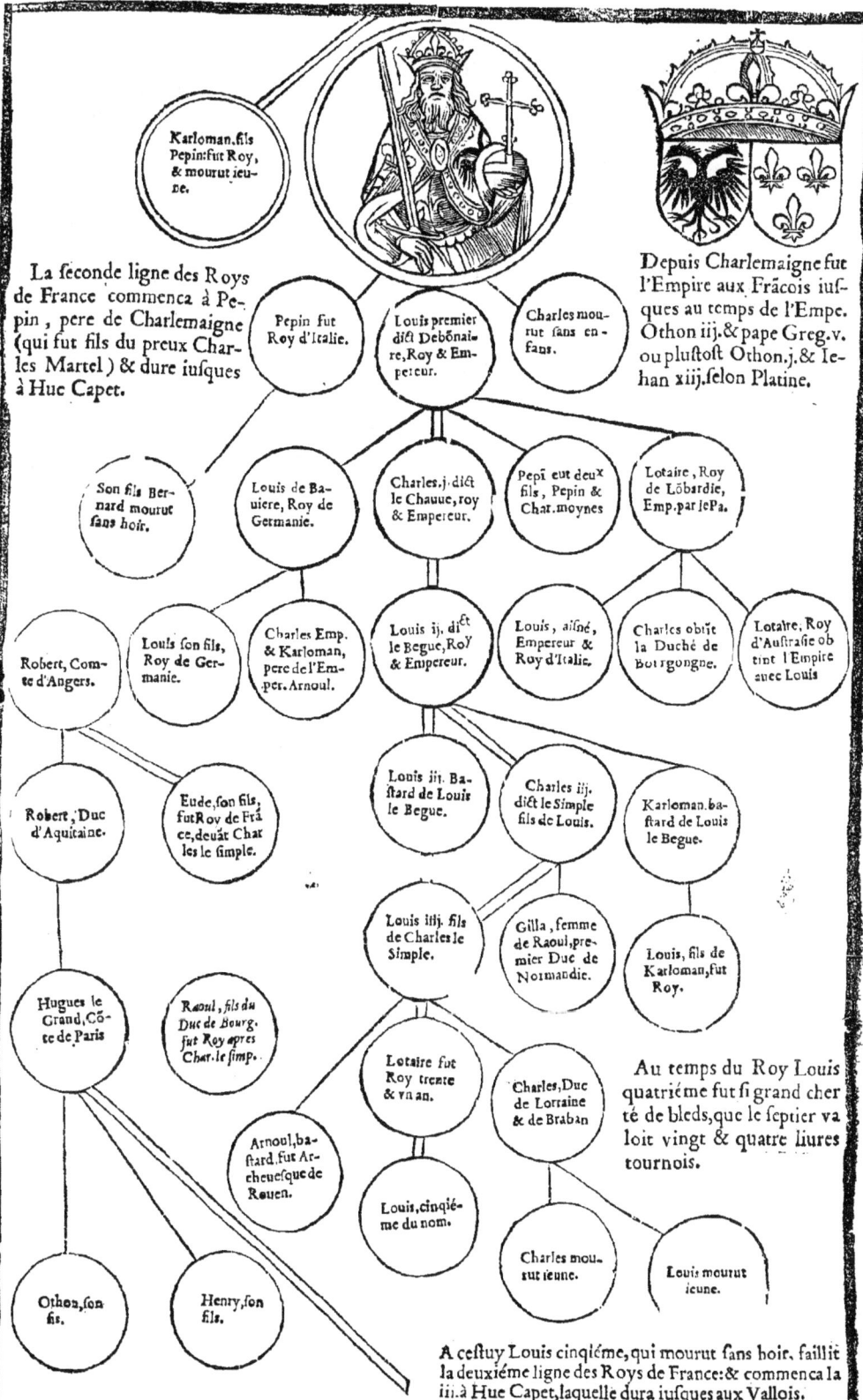

LES CHRONIQVES ET ANNALES DE FRANCE

est le lieu ou ledict S.Siluestre s'alla mucer au temps de la persecution de l'Empereur Constantin) & illec demoura par aucun temps. Mais, pource que ledict lieu estoit pres du grand chemin de Romme, & que les Francois qui alloyent à Romme le visitoyent trop souuent à son gré, & qu'il ne vouloit plus auoir congnoissance des choses terriennes, mais vouloit vaquer à contemplation, il laissa iceluy monstier, & s'en alla à l'Abbaye du mont de Cassin viure auecques les autres moynes: & en cestedicte annee Pepin se saisit du gouuernement du royaume d'Austrasie.

L'an sept cens quarantesept. En l'an de grace sept cens quarante sept, ledict Pepin mit hors de prison ledict Griffon, son frere: & combien qu'il luy entretint son estat grandement & honnorablement, toutesfois il luy ennuyoit d'estre en la subiection dudict Pepin: & pour tascher à auoir le gouuernemēt du royaume se departit de luy, & s'en alla secrettement en Saxonne, & assembla grand ost de gens, & entra en France. Ledict Pepin alla contre luy à grand nombre de Francois, & passa Thoringe. Quand ledict Griffon sceut sa venue à si grand' puissance il s'enfuyt, & s'en alla en Bauiere:

L'an sept cens quarantehuict. & en l'annee ensuyuant sept cens quarante huict, ledict Griffon feit guerre au Duc Thasille, qui estoit fils de la sœur de Pepin, & luy osta ladicte Duché de Bauiere. Quand Pepin le sceut il y alla auec grand' armee, & print ledict Griffon, son frere, & ses gens, & restitua ladicte Duché de Bauiere audict Thasille, son nepueu. A son dict frere Griffon feit appointement, & luy donna douze Comtez au royaume: mais ce ne luy suffit pas, & ne fut point cōtent, ains en celle mesme annee s'en alla vers Gaifier & Vvalde, enfans de feu Eude, Duc d'Aquitaine, prendre alliance auec eulx contre ledict Pepin, son frere, en intention de luy nuyre.

Cy deffault & finit la premiere generation des Roys de France: qui dura trois cens trente & vn an, & desquels les noms cy deuant sont mis en la figure du fueillet dixiéme.

DE PEPIN, FILS DE CHAR-
les Martel, auquel commence la seconde generation
desdicts Roys de France.

LES CHRONIQVES ET ANNALES DE FRANCE.

L'an sept cens cinquante.

* Notez qu'Eracle fut faict Empereur l'an 612. l'an mourut l'an 642. selon sigisbert.

Berthe au grãd pied, femme de Pepin.

PEpin, fils de Charles Martel, en son viuant Maire du Palais, fut issu de la lignee du Roy Clotaire, deuxiéme de ce nom : mais non pas en ligne masculine : & fut faict Roy par les Francois l'an sept cens cinquante, & trespassa l'an sept cés soixante & huict : & regna Roy de France dixhuict ans. Il eut à femme Berthe, fille * d'Eracle, Empereur de Constantinoble, laquelle estoit grande & de belle stature : mais elle auoit vn pied plus grand que l'autre, & par ce la nommoit l'on Berthe au grand pied.

En l'an de grace sept cens cinquante, les Francois, voyans que cestuy Pepin, comme dict est cy deuant, auoit le gouuernement & la charge des faicts & affaires de la chose publique du royaume de France, comme Maire du palais, & considerans que ledict Childeric, lors Roy de France, estoit homme adonné à luxure & lasciuité, imbecille, de nul effect & efficace, & qu'il ne donnoit ordre ne prouision aux faicts & affaires du royaume, ne de ses subiects, mais luy suffisoit de viure en sa voluptuosité & plaisance, & que pour ce faire luy conuenoit fournir plusieurs grands deniers, à la charge & foulle de ses subiects, dont il estoit encouru en l'indignation des Francois, & aussi qu'aucuns de ses predecesseurs Roys auoyent esté gens putiers, lasches, & pusillanimes, sans faire ne porter fruict au royaume : considerans aussi la peine & le trauail que Pepin Heristel, & Charles Martel, ses ayeul & pere, auoyent euz pour la garde & deffense du royaume, & que ledict Pepin en prenoit lors grand' peine, charge & sollicitude, & qu'ennuyeuse chose estoit qu'il eust le trauail & peine, & que ledict Childeric, qui riens ne scauoit faire, eust la dignité & nom de Roy, par le conseil & aduis de plusieurs des haulx Princes, Seigneurs, Barons, Prelats, & autres du royaume de France, enuoyerent à Romme Bouchard, Archeuesque d'Vvisebourg, & † Fulques, Abbé de sainct Denis en France, & autres solennels messagers, deuers le pape Zacharie, qui lors estoit, pour luy remonstrer les choses dessusdictes, à fin de scauoir & auoir conseil à luy, lequel de raison deuoit mieulx estre dict & appelé Roy, & porter le sceptre & la couronne, ou celuy qui n'auoit pas la science & entendement de scauoir garder & deffendre la chose publique du royaume, & n'en portoit fors seulement que le nom, ou celuy qui auoit l'entendement, sens & vaillance de le scauoir gouuerner, conduire, garder, deffendre & augmenter, & des faicts & affaires d'iceluy auoir la charge & sollicitude. Lequel pape Zacharie manda, & feit responce, que celuy deuoit estre Roy, qui auoit le pouuoir & scauoir de gouuerner, garder & deffendre le royaume : & deslors iceluy Pape, du vouloir des Francois donna sa sentence, que ledict Pepin fust couronné Roy de France : & pour ceste cause, inconcinent ladicte responce ouye, fut ledict Childeric, qui lors auoit seulemét le nom de Roy, destitué, & fut de rechef tondu & faict moyne : & ledict Pepin fut par les Francois esleu & ordonné Roy de France & fut sacré en l'eglise de Soissons, par les mains de sainct Boniface, lors Euesque de Mayence, à ce commis & delegué du Pape. Tantost apres trespassa ledict pape Zacharie, & fut faict pape Estienne, deuxiéme de ce nom. On se pourroit aucunement esmerueiller qui meut ce Roy Pepin qui estoit homme de pauure & petite corpulence, c'est à scauoir de quatre pieds & demy de hault seulement, & comme vn monstre entre les hommes, osa entreprendre soy faire Roy de France, luy qui n'estoit heritier de la couronne de France, mais vassal & seruiteur, comme Maire du Palais. A cela respódre ie ne scay, sinó que la magnanimité de son courage excedoit la grandeur de son corps, pour laquelle il ne pouuoit veoir la ruyne de la tresnoble Monarchie de France (dont il estoit l'vn des Princes & des Piliers) laquelle il voyoit aneátir par la negligence du Roy, inutile, lubrique & non sachant : & en ce l'excuse, quand au monde, l'election du peuple, & quant à Dieu, l'auctorité, translation, & confirmation du pape Zacharie : ioinct aussi qu'il estoit descendu par diuerses generations de la lignee des Roys. Par ladicte translation il appert comme la puissance de l'eglise est grande, & comme elle estoit bien obeye : veu que par elle le regne d'vn si grand royaume fut translaté & mis hors de la lignee des vrays & droicts heritiers de la generation des Roys. Ce qui fut faict pour cause legitime, comme il appert xv. q. iiij. c. Alius. Et pour monstrer que ledict Pepin estoit descendu de royale lignee, il est vray que Clotaire, Roy de France, premier de ce nõ, eut vne fille nommee † Vlcide : laquelle fut mariee à † Aubert, Duc & Senateur d'Austrasie : qui d'elle eut vn fils nommé Arnoul, & cestuy eut vn fils aussi nommé Arnoul, qui fut sainct & Euesque de Mets. Ledict sainct Arnoul engendra Ancigise : ledict Ancigise engendra Pepin Heristel, qui fut Duc de Braban, & Maire du Palais. Ledict Pepin engendra Charles Martel, qui fut pere de cedict Roy Pepin, surnommé le Bref. Toutesfois Pierre Damian, docteur, dit que ledict Pepin fut fils de sainct Arnoul Euesque de Mets, & qu'iceluy S. Arnoul auoit esté marié, & tenoit vne Duché de Lorraine, laquelle il abandonna apres le trespas de sa femme,

† al. Fulrad ou Vvolrad son chapelain.

Pepĩ fut estably Roy de France, & le Roy Childeric debouté par l'auctorité du Pape Zacharie.

Icy est descripte la genealogie du Roy Pepĩ, fils de Charles Martel.

† al. Biltilde
† al. Anseibert.

sa femme, pour viure solitairement: & pour la saincte vie qu'il menoit fut esleu Euesque de Mets, & ainsi le lit on en sa legende.

En l'annee ensuyuant sept cens cinquante & vn, ledict Pepin sceut que les Sesnes s'estoyent rebellez, si alla contre eulx en Saxoigne à grand ost, & les desconfit, combien qu'ils se deffendissent par aigre bataille: & en s'en retournant luy vindrent nouuelles que son frere Griffon, lequel s'en estoit allé deuers Gaifier en Aquitaine, estoit mort, & auoit esté tué.

L'an sept cens cinquāte et un. La mort de Griffon, frere du roy Pepin.

De l'ayde que ledict Pepin feit au Pape contre Astulphe, Roy des Lombards: & comment ledict Pape couronna Roys les deux fils d'iceluy Pepin.

EN l'an sept cens cinquante & deux, ledict pape Estienne vint en France deuers le Roy Pepin, qui estoit à Paris: lequel Pepin quād il sceut sa venue, & qu'il approchoit, alla au deuant de luy, & Berthe sa femme, & ses deux fils, & le receurent en grand' reuerence & honneur, puis l'amenerent loger au palais à Paris: & là ledict Pape luy remonstra, en pleurs & larmes, les grands maulx, inconueniens, & dommages qu'Astulphe, Roy des Lombards, faisoit à l'Eglise, & à la chose publique de Romme, qu'il vouloit assubiectir à luy par tribut, luy requerant qu'il la voulsist garder & deffendre. Ce que ledict Pepin luy promit faire: puis alla ledict Pape visiter les corps de sainct Denis & ses compagnons en leur eglise: & en icelle fut malade par aucun temps. Apres sa guerison ledict pape Estienne oignit & sacra de rechef ledict Roy Pepin: & semblablement ses deux fils Charles, & Karloman, furent sacrez Roys: & donna ledict Pape benediction perpetuelle ausdicts Roys, & à leurs successeurs issans de leurs lignees qui regneroyent en France, & malediction à ceulx qui les vouldroyent contrarier. Audict an sept cens cinquante & deux ledict Astulphe, Roy des Lombards, sachant la cause de la venue dudict Pape en France, enuoya Karloman frere dudict Roy Pepin, lequel estoit moyne de l'ordre S. Benoist à Montcassin, par deuers ledict Roy Pepin son frere, pour cuider empescher que ledict Pepin ne feist l'ayde que ledict pape Estienne demandoit contre luy: mais quand ledict Karloman fut en Frāce, & qu'il veit la disposition en quoy estoyent lors les matieres, il veit bien qu'il ne pourroit riens faire de la charge pour laquelle il estoit venu: si pria au Pape & au Roy son frere que le corps sainct Benoist, lequel auoit esté prins, comme on disoit, par vn religieux furtiuement en ladicte Abbaye de Montcassin, & apporté en l'Abbye de Fleury sur Loire, pres Orleans, luy fust baillé & restitué pour reporter audict Montcassin. Ce que luy fut octroyé tant par lettres du Pape que du Roy: mais quād on le voulut emporter aduindrēt aucuns miracles, par lesquels apparut que le plaisir de Dieu & dudict sainct Benoist n'estoit pas qu'il fust trāsporté du lieu ou il estoit: & par ce les moynes de ladicte Abbaye de Fleury, & plusieurs Francois, l'empescherent.

L'an sept cens cinquante deux pape Estienne vint à Paris.

Pape Estienne donna malediction cōtre ceux qui uoudroyent nuire aux Roys de France.

Du corps S. Benoist qu'on uouloit transporter de Fleury à Montcassin.

En l'an de grace sept cēs cinquante & trois ledict pape Estienne, & le Roy Pepin, auec grād' armee partirent de France: & se meirent en voye pour aller à Romme: & ledict Karloman, moyne, frere dudict Roy Pepin, demoura malade de fieures à Vienne au Dauphiné, auec la Royne Berthe, femme de Pepin. Quand Astulphe, Roy des Lombards, sceut la venue du Pape & du Roy Pepin, il vint à grand ost contre eulx, pour leur garder les passages des montaignes de Sauoye. Tant feirent qu'ils passerent, mais non pas sans grand dommage & perte de leurs gens & biens: & quand ils furent passez, ledict Astulphe n'osa attendre l'armee des Francois, & s'enfuyt à Pauie. Le Pape & le Roy passerent la plaine de Lombardie, & s'en alla le Pape à Romme, & le Roy le feit conduire en seureté par l'Abbé de sainct Denis en France, & par grand' compagnie de Francois. Quand le Pape fut party d'auec le Roy, il alla assieger ledict Astulphe à Pauie, & l'assaillit, & tint si à destroit que ledict Astulphe fut contrainct à faire paix au Pape, & les Barons de sa terre iurerent & promirent restituer tout ce qu'ils auoyent prins de l'Eglise de Romme: & bailla ledict Astulphe, pour seureté, ostages iusques au nombre de quarante des grands hommes de sa terre: & ce faict ledict Pepin s'en retourna en France, & à son retour trouua que ledict Karloman son frere, moyne, estoit mort à Vienne, ou il estoit demouré malade, & feit emmener son corps honnorablement en ladicte Abbaye de Montcassin, ou il auoit esleu sa sepulture.

Pepin assiegea Pauie, là ou se estoit retiré Astulphe Roy des Lombards.

En l'an sept cens cinquante & cinq, Constantin assembla à Constantinoble vn Cōcile de trois cens trēte Euesques: auquel par edict la veneration des images fut deffendue, & declairé qu'ils seroyent ostez des eglises.

Veneration des images deffendues à Constantinoble.

LES CHRONIQVES ET ANNALES DE FRANCE.

Comment Pepin retourna la seconde fois contre Astulphe Roy des Lombards, qui faisoit guerre au Pape : & de l'hōmage que le Duc de Bauiere feit au Roy Pepin.

L'an sept cens cinquante cinq.

L'An de grace sept cens cinquante & cinq, apres que le Roy Pepin fut retourné de Lombardie en Fráce, ledict Astulphe Roy des Lombards, n'accomplit point la promesse que luy & les Barōs de sa terre auoyent faicte & iuree de restituer au Pape & à l'Eglise de Romme ce qu'ils luy auoyent tollu (combien que de ce faire il eust baillé hostages) mais feit plus grand guerre au Pape que deuant. Il assiegea Romme, & gasta la terre d'enuiron. A ceste cause ledict Pepin, à la requeste du Pape, retourna de rechef en Lombardie, & assiegea ledict Astulphe, à Pauie, ou il estoit, & le contraignit par effect à rendre audict Pape Panthapole & Rauenne, & leurs appartenances: & promit & iura ledict Astulphe audict Pepin, qu'il restitueroit le demourant. puis s'en retourna ledict Pepin en France: mais quand il fut retourné, ledict Astulphe de rechef ne tint conte de tout ce qu'il auoit promis: & en l'annee ensuyuant aduint, comme par diuin iugemēt,

Astulphe par diuin iugement se rompit le col

qu'en allant à la chace, iceluy Astulphe tomba de dessus son cheual, & se rompit le col, & ainsi mourut miserablement. Le royaume de Lombardie print apres vn Prince de son palais, nommé Disier, qui estoit Duc en Tuscane.

L'an sept cens cinquante six.

En l'an sept cens cinquante & six, apres le retour dudict Pepin, il assembla parlement des gēs des trois estats de son royaume, luy estant en la ville de Compiengne. Là vindrent deuers luy les messagers de l'Empereur de Constantinoble: qui luy apporterent de moult beaux & riches

Le chef sainct Iehan Baptiste fut apporté en France de Constantinoble.

presens : & entre autres choses luy enuoya ledict Empereur le chef de monseigneur sainct Iehan Baptiste, lequel le receut moult honnorablement. Là vint aussi deuers luy son nepueu Thassille, Duc de Bauiere, qui deuint son homme, & luy feit hommage en la presence de plusieurs des seigneurs de sa terre, iurant loyauté à luy & à ses enfans, & à leurs successeurs Roys de France: puis alla iurer ladicte fidelité sur le corps sainct Denis & sainct Germain, à Paris, & apres sur le corps sainct Martin à Tours.

L'an sept cens cinquante sept.

En l'an sept cens cinquāte & sept, ledict Roy Pepin alla faire guerre aux Saxonniens, qui s'estoyent rebellez contre luy, lesquels se deffendirent moult vertueusement: mais à la parfin il les subiugua, & furent contraincts de venir vers luy à mercy. Il leur pardonna, moyennant qu'ils seroyent subiects & tributaires enuers luy, & ses successeurs Roys de France, en trois cens coursiers ou cheuaux de parement qu'ils luy ameneroyent chacun an, & viendroyent deuers luy en France pour l'honnorer & faire reuerence. Audict an mourut Pape Estienne, & luy succeda en la papaulté son frere, qui fut nómé Paul.

De la guerre que feit le Roy Pepin à Gaifier, Duc d'Aquitaine.

L'an sept cens cinquantehuict.

EN l'an sept cens lviij. pource que le Duc Gaifier d'Aquitaine, qui ennemy estoit de Pepin, prenoit & faisoit receuoir les deniers des terres des eglises, & couroit les terres de France, il esmeut le maltalent dudict Roy Pepin. Apres ce que le Roy l'eut fait sommer de les rēdre & reparer, & qu'il n'en voulut riēs faire, le Roy Pe-

† *al. Childoac. Theodoad.*

pin assembla son ost, à † Thouars, côtre luy, & le contraignit à rendre tout ce qu'il en auoit prins, dont il fut moult courroucé: toutesfois il feit & iura appoinctement & obeissance audict Roy Pepin faincctement, pour le faire retourner en France : mais en son courage

L'an sept cens cinquanteneuf.

il delibera de s'en venger. En l'annee ensuyuant sept cens cinquante & neuf iceluy Gaifier s'esleua contre ledict Roy Pepin : lequel retourna contre luy, & print & destruisit la cité d'Auuergne, qui de present est appelee Clermōt: & en icelle print vn des Ducs dudict Gaifier

L'an sept cens soixante.

nommé Blandin, & plusieurs autres qu'il emmena prisonniers. Et l'annee ensuyuant, sept cēs lx. ledict Pepin retourna en Aquitaine pour la tierce fois, & print ledict Gaifier la cité de Bourges, le chastel de Thouars, & autres fortes places: puis s'en retourna à Neuers, & là tint son parlement. Quand le Roy fut retourné dudict voyage, deliberant d'aller contre les Sesnes, qui de rechef s'estoyent rebellez, ledict Gaifier, Duc d'Aquitaine, enuoya ses gens courir & gaster les pais du Roy iusques à Chaalons: & quand le Roy en fut aduerty, il s'en retourna de

Le quatriéme voyage de Pepi en Aquitaine.

son voyage, & alla en Aquitaine, pour la quatrième fois, & passa par Auuergne & Bourbonnois, ou il print d'assault les villes de Bourbon, Chantelle, & plusieurs autres iusques à Lymoges, en gastant le pais par feu & par glaiue: puis s'en retourna pour yuerner. En l'an de gra-

L'an sept cens soixante & vn.

ce sept cens soixante & vn, de l'ordonnāce dudict Roy Pepin, le chef sainct Iehan Bapiste fut porté es parties d'Aquitaine, deuant luy en bataille: & à son arriuee ressusciterent plusieurs des amys dudict Pepin, qui auoyent esté tuez en ladicte bataille, dont il fut moult ioyeux, & en

signe

signe de ce il feit conftruire vne moult belle eglife, au lieu de prefent nommé S. Iehan d'Ange- *Le chef s. Iehā*
ly, & en icelle feit honnorablement mettre ledict chef, & y mit moynes pour Dieu prier. *baptifte fut mis*
  En l'annee fept cens foixāte & deux, ledict Gaifier, Duc d'Aquitaine, foy deffiant de fes fub- *à S. Iehā d'An-*
iects feit abatre les murs de toutes les citez & villes de fondict Duché d'Aquitaine: parquoy le- *gely par le Roy*
dict Pepin y retourna, la cité de Bourges reprint, & plufieurs autres en Berry & en Poitou, & *Pepin.*
iufques à la cité de Cahors, & les mit en fon obeiffance, & les feit reparer. De celle armee
Thaffille, Duc de Bauiere, qui eftoit allé auec le Roy en Aquitaine, fe partit, faignant qu'il eftoit
malade, & f'en retourna en fon pais. Au Roy Pepin manda tantoft apres qu'il fe departoit de
l'hommage de fidelité & alliāce qu'il luy auoit fait & iurees, & delibera de iamais ne venir à fa
court. L'annee enfuyvant, qui fept cens foixante & trois, ledict Pepin retourna de rechef, *L'an fept cens*
pour le cinquiéme voyage, en Aquitaine, es parties de Limofin. Limoges & plufieurs autres vil- *foixante trois.*
les & citez print d'affault, & les deftruifit & defola par feu & par glaiue. En l'annee fept cēs *L'an fept cens*
foixante & cinq ledict Roy Pepin alla pour le fixiéme voyage contre ledict Gaifier, & print *foixante cinq.*
fur luy Agen, Perigort, Angoulefme: & gafta & meit en fa fubiection tout le pais deca la riuiere de Garonne. Et en l'annee fept cens foixāte & fix, il y retourna pour le feptiéme voyage, *L'an fept cens*
& print plufieurs places. En ladicte annee fept cens lxvj. fut grand' queftiō entre l'eglife d'O- *foixante fix.*
rient & celle d'Occident: c'eft à fcauoir des Grecs & des Latins, touchant la Trinité & la veneration des images des Saincts, & eftoit la queftion de la Trinité *Vtrum fpiritus fanctus, ficut*
procedit à patre, ita procedat à filio: celle des images des Saincts, *Vtrum igne comburendæ,*
aut pingendæ effent in ecclefiis. Et pour icelle queftion vuyder, feit ledict Roy Pepin affembler
vn grand confeil de clercs & prelats, vne fois en la ville de Gentilly, & vne autrefois à Aix la
chapelle: & celle annee on n'oftoya point pour celle caufe. En l'annee enfuyvant fept cens *L'an fept cens*
foixante fept, ledict Pepin fe delibera de mettre fin en la guerre d'Aquitaine, qu'il auoit cōtre le *foixante fept.*
Duc Gaifier. Son oft tira vers la cité de Toulouze, & la print, puis vint à Xainctes, & l'affiegea.
En icelle furent prinfes la mere, la fœur, & les niepces dudict Gaifier, lefquelles furent amenees deuers le Roy Pepin, qui les receut debonnairement: & commanda qu'elles fuffent bien
traictees, honorees & penfees. Puis vn des Cheualiers dudict Gaifier, nommé Eronique, fe vint
rendre au Roy Pepin, & luy amena vne autre fœur dudict Gaifier. Le Roy mena Berthe fa
femme, & fes enfans, en ladicte cité de Xainctes, & là les laiffa, fe deliberant de ne retourner dudict voyage, iufques il fuft venu au deffus dudict Gaifier (car c'eftoit la neufiéme fois qu'il y
eftoit allé ou enuoyé) & tellement le pourchaca qu'il eut bataille contre luy en Perigort, vers
la cité d'Angoulefme, ou ledict Gaifier fut tué, combien qu'aucuns dient que ce fut par fes gens *Gaifier Duc de*
mefmes, cuydans par ce moyen captiuer la beneuolence dudict Roy Pepin. En ladicte bataille *Aquitaine occis*
fut aufi prins Remiftā, frere de feu Eude, Duc d'Aquitaine, & oncle dudict Gaifier: vers lequel
iceluy Gaifier f'eftoit plufieurs fois retiré, & luy auoit toufiours aydé à conduire & entretenir
fa guerre. Si le feit ledict Pepin pendre & eftrangler: & ainfi la longue guerre & contention, qui
auoit efté entre ledict Pepin & Gaifier fut finee en l'an fept cens foixante & huict. Toutesfois
aucuns difent que ledict Remiftan fut prins deux ans pluftoft, en vne autre bataille: & comptēt
les voyages dudict Pepin vn peu d'autre forte.

De la mort du Roy Pepin le Bref.

APres celle victoire, & en figne d'icelle, ledict Pepin fonda & feit edifier l'eglife ca- *L'eglife de Xai-*
thedrale de fainct Pierre de Xainctes, & y meit chanoines, aufquels il donna de *cte conftruicte*
grandes rentes & reuenus: & apres f'en retourna en France, & feit amener mere, *par le Roy Pe-*
fœurs & niepces dudict Gaifier, lefquelles il feit toufiours bien & honneftement *pin.*
traicter, & entretenir. A fon retour il donna à l'eglife de S. Denis vn aornement
de pierres precieufes, que ledict Gaifier portoit en fes bras aux feftes folennelles: & les feit pendre derriere le grand autel, & les appele on les dons Gaifier. Audict an de l'incarnation Iefus-
Chrift fept cens lxviij. print vne maladie audict Roy Pepin, de laquelle il alla de vie à trefpas, *Le Roy Pepin*
au xviij. an de fon regne: & fut enterré honnorablemēt en l'eglife S. Denis en France, ou il gift: *mourut l'an de*
& ordonna qu'on meit en fon fercueil deffus fa face vne croix, & le chef deuers Orient. Ledict *grace fept cens*
Pepin auoit eu de fa fēme Berthe, qu'on dit au grād pied, deux fils: c'eft à fcauoir Charles, lequel *foixante huict.*
pour fa grāde felicité fut nōmé Charles le Grand, & Karloman fon frere: lefquels par le cōfeil,
& affentement des Francois, apres le trefpas dudict Pepin, furent tous deux couronnez Roys.

De Robert le Diable.

EN ce mefme temps auoit vn Duc en Normandie (lors appelee Neuftrie) qui a- *Robert le Dia-*
uoit nom Aubert, & eut vn fils, nommé Robert, lequel eftoit mal conditionné, *ble.*
& à l'occafion de fa diuerfité, & mauuaife vie, on l'appeloit Robert le Diable.

LES CHRONIQVES ET ANNALES DE FRANCE.

Pour les plainctes que ledict Duc son pere en auoit chacun iour, il feit crier que qui le pourroit tuer, le luy pardonnoit & l'abandonnoit : & ce sachant ledict Robert, feit pis que deuant, & tua le fils du Vicomte de Constances, qu'il trouua à la chace. Pourquoy ledict Vicomte, qui sçauoit que le Duc son pere l'auoit abandonné à mort, assembla gens pour le tuer. Robert, qui fut fort nauré, pour se sauuer se tira à vn hermitage, qui estoit en vne forest, & se confessa à l'hermite qui là demouroit. L'hermite luy conseilla soy retourner à Dieu par penitence. Quand il fut guery il s'en alla à Romme, & se confessa au Pape, qui luy bailla en penitence de ne parler de sept ans. ce qu'il feit, & le tenoit on à Rôme pour fol. Il couchoit soubs vn degré en la maison de l'Empereur, auec vn leurier, & ne mangeoit autre chose que ce qu'il pouoit oster audict leurier. Puis se mit en religion, ou il vescut moult sainctement, tellement qu'on dit qu'il est sanctifié.

En ce temps *corpus sancti Viti martyris* fut par Subeart, Abbé de sainct Denis, apporté de Romme en France. Enuiron ce temps, apres la mort du pape Paul, vn nommé Constantin, qui estoit homme lay, fut soubdainement faict prebstre, & par ambition & simonie Pape par force, au grand scandale de l'Eglise : & contre luy aucuns Rommains constituerent Pape vn autre, nommé Philippes, qui tost apres fut deposé, & ne sont point mis au cathalogue des Papes, & fut faict pape Estienne troisiéme.

Estienne Pape troisiéme de ce nom.

Du grand Roy Charlemagne, Empereur.

L'an sept cens soixante huict. Le Roy Charlemagne regna quarâte six ans, & mourut en l'aage de septâte deux ans

CHarles le grand, dict Charlemagne, Roy de France, & apres Empereur de Romme, commença à regner l'an de grace sept cens soixante & huict, & regna Roy de France, auant qu'il fust faict Empereur de Romme trente deux ans: & depuis qu'il fut couronné & sacré Empereur, il regna quatorze ans. Ainsi regna en tout quarâte six ans: & trespassa l'an de grace huict cés quatorze ans, en l'aage de septâte deux ans. Cestuy Charles, que nous croyons estre sainct, pour la grand' felicité de luy, eut en luy toutes les graces & vertuz qui rendent vn Prince louable: & à peine est homme qui les peust suffisamment, de bouche, ne par escript reciter ne declarer : car depuis le commencement de son regne, iusques à la fin, furêt moult grands guerres & tempestes en son royaume, esquelles il se gouuerna si louablement, vertueusement, & magnifiquement, qu'à peine est il qui le sceust reprendre d'aucun vice : & la diuine vertu l'a tousiours protegé & deffendu, tant comme il a vescu. Pour les haults & grands faicts d'armes que feit ledict Charlemagne, & pour les biens & vertuz qui furent en luy, il est mis au nombre des neuf preux & vaillans hommes.

Des mœurs, stature, & maniere de viure du grand Roy Charlemagne.

† al. Eginhart.

TVrpin, l'Archeuesque de Reims, qui fut son principal Conseiller, & qui plus a cognu de ses faicts, vertus, & merites, & aussi † Eginaux, qui fut son chapelain, & tousiours fut nourry en son palais, redigea & mit par escript les faicts & gestes dudict Charlemagne: & dient iceulx autheurs qu'il estoit de belle & grande stature, bien formé de corps, & auoit huict pieds de hault, la face d'vn espan & demy de long, & le front vn pied de large, le chef gros, le nez petit & plat, les yeulx gros, vers & estincelans, côme escharboucles, terrible & cruel en increpation à ceulx qu'il regardoit de felon courage quand il estoit courroucé, & aux autres bening, large, & liberal en donner à ses cheualiers & seruiteurs, & aussi aux estrangiers. Il mangeoit petit de pain, & vsoit volontiers de chair de venaison. Il mangeoit bien à son disner vn quartier de mouton, ou vn paon, ou vne grue, ou deux poullailles, ou vne oye, ou vn lieure, sans les autres seruices d'entree & issue de table. Il beuuoit peu de vin, & y mettoit beaucoup d'eaue, & le plus souuent ne beuuoit que trois fois à son repas. Quand il disnoit ou soupoit il faisoit lire deuant luy aucunes hystoires, & le plus souuent du liure de S. Augustin de la cité de Dieu, ou il prenoit singuliere delectatiô. Il s'habilloit tousiours à la mode Francoise, & tousiours portoit vn couteau ou espee pendue à sa ceincture. Il auoit la voix claire & deliee, plus ce sembloit, qu'il n'afferoit à son corsage : la barbe large, & d'vn pied de long. Il auoit vne façon que le plus souuent il interrompoit son somme & se leuoit par nuict, & faisoit ses memoires pour besongner es grands affaires de son royaume, & tousiours entre deux sommes disoit vne diete ou nocturne du Psaultier. Quand il estoit couché

DV GRAND ROY CHARLEMAGNE, EMPEREVR.   Fueil.xlij.

ché par nuict & dormoit, tousiours veilloyẽt autour de luy quatre vingts Cheualiers tous ar- *De la garde du*
mez: c'est à sçauoir quarante deuant minuict, & quarante apres: & y en auoit dix à son che- *Roy Charlema-*
uet, dix à ses pieds, dix à dextre, & dix senestre: & tenoyent chacun vne espee nue en leur dex- *gne, luy estant*
tre main, & vn cierge ardant à la senestre. Il portoit honneur & reuerence aux gens d'eglise,& *couché.*
estoit liberal pour dõner aux pauures à l'honneur de Dieu. Il estoit zelateur & deffenseur de
la foy catholique, des droicts des eglises, & des femmes vefues & orphelins. Il chantoit volõtiers en cheuauchant par les champs à la coustume des Francois, & chantoit tresbien. Il se baignoit volõtiers es bains chaulx, & nageoit mieulx qu'autre. Il sçauoit trebien & eloquemment
parler Latin, Hebreu, Arabic, Francois, Escossois, Alemant, Flamant, & plusieurs autres langages: & estoit instruit es sept ars liberaux. Il estoit de si grand' force qu'il leuoit facilement de sa
main vn Cheualier tout armé de terre, aufsi hault que sa teste. Il esiongeoit & estendoit facilement à ses mains quatre fers de cheual ensemble, & tous neufs. Il pourfendoit de son espee
vn Cheualier tout armé & son cheual. S'il n'estoit en la guerre, il estudioit & vaquoit volontiers à bonnes œuures, & iamais n'estoit oysif. Si tost que ses fils estoyent en aage il les faisoit
apprendre aux armes & aller à cheual: & ses filles faisoit apprẽdre à ouurer de soye & de lay-
ne, & autres ouurages honnestes, pour euiter oysiueté. Si grande estoit la stature de son corps
& de sa face corporelle, trop plus grande estoit la force, haultesse & magnanimité de son courage, comme ses faicts le demonstrent bien: lesquels ouyr reciter toutes nations se delectent:&
par iceulx apert qu'il ne monta pas les haulx degrez de la chaire de l'Empire, ne par fortune, ne
par richesse, ne puissance de ses amys, n'autrement, fors par la sente de vertu & magnanimité
de son courage, auec la grace de Dieu.

Apres le trespas dudict Roy Pepin, lesdicts Charlemagne & Karlomã, freres, ses en- *Karloman &*
fans furent courõnez Roys: c'est à sçauoir ledict Charles à Noyon, & ledict Kar- *Charlemagne*
loman à Soissons: puis partirent le royaume par le cõseil de Berthe leur mere, & des *partirent le roy-*
Barons: & eut ledict Charlemagne à sa portion France & Aquitaine: mais il ne *aume de Frãce*
pouoit bonnement iouyr d'Aquitaine: car Hunault, Cõte de Prouence,† fils du feu Duc Gai- † *al. frere*
fier d'Aquitaine, que le feu Roy Pepin auoit desconfit & tué en l'an sept cens soixante & neuf,
esmeut guerre contre ledict Charlemagne, & print aucunes places en Aquitaine. Et tantost
apres Charlemagne assembla grand ost & alla iusques en Angoulesme: mais quand ledict Hunault sceut la venue & la puissance d'iceluy Charlemagne, il s'enfuyt deuers le Duc de Gascõgne, nommé Loup, cuidant estre en seureté, lequel le receut. Quand ledict Charlemagne sceut
qu'il s'estoit là retraict, il mãda audict Loup qu'il luy enuoyast, ou qu'il iroit à bataille contre
luy. Ce qu'il feit par crainte, auec sa femme & enfans: lesquels ledict Charlemagne feit amener
en France, & les feit tenir prisonniers: & par ainsi fut cessee la guerre d'Aquitaine.
En celle annee feit ledict Charlemagne edifier vne moult forte place sur le fleuue de Dor- *L'an sept cens*
donne, pres Liborne en Bourdelois, pour tenir frontiere contre les Sarrazains, qui lors habi- *lxx.*
toyent oultre le fleuue de Gironde, & Dordonne: & la nomma Fronssac, qui vault au- *L'an sept cens*
tant à dire, comme *Frons Saracænorum*. En l'an sept cens septante ladicte Berthe, mere de *lxxi.*
Charlemagne, feit l'appoinctement d'entre ses fils & Thassille, Duc de Bauiere: puis s'en alla
à Romme, tant pour deuotion, que pour requerir en mariage vne des filles de Disier, Roy des
Lombards, qu'elle emmena pour ledict Charlemagne son fils, lequel l'espousa. En l'an de grace sept cens septante & vn ledict Karlomã, frere de Charlemagne, qui auoit eu en sa portion le
royaume de Soissons, mourut: & par ainsi reuint toute la Monarchie du royaume à Carlemagne: & fut ledict Karloman enterré auprés de Pepin à sainct Denis. Apres son trespas vn Francois, nommé † Antoine, emmena sa vefue & ses enfans deuers Disier, Roy des † *al. Anthar*
Lombards, duquel Charlemagne auoit espousé la fille, qui les receut, dõt ledict Charlemagne
fut courroucé: & pour ceste cause & autres raisonnables, laissa sadicte femme, fille dudict Disier, Roy des Lombards, & en print vne autre, nommee Hildeberge, qui estoit de la lignee des
† Sesnes. En l'an de grace sept cens septante & deux, pource que ceulx Saxonne se rebellerẽt † *al. Sueues.*
contre Charlemagne, il alla contre eulx, & à grand' puissance print & destruisit Heresbourg,
& plusieurs villes: & aduint qu'vn iour les gens & cheuaux de l'ost de Charlemagne auoyent
grand' deffaulté d'eaue, pour la seicheresse. Si feit fouyr en vn ruysseau pres d'vne roche, & tãtost par miracle en sortit grand' abondance d'eaue, pour suffire aux gens dudict ost. Apres ce
ledict Charlemagne feit appoinctement ausdicts Saxons, qui se meirent en sa subiection, & prit
d'eulx ostages, & s'en retourna en France.

Comment

Comment Charlemagne fut appelé par le Pape, en l'ayde de l'Eglise de Romme, contre les Lombards.

L'an sept cens lxxiii.

EN l'an sept cens septante & trois iceluy Charlemagne fut appelé en ayde, par Adrian, Pape de Romme, à l'encontre dudict Disier, Roy des Lōbards, qui persecutoit l'Eglise de Rōme, & la Chrestieté: & à ceste cause Charlemagne se partit de France, & s'en alla à grand ost, les monts des Alpes passant, & entra en la plaine de Lombardie. Ledict Disier vint au deuant de luy à grand' puissance, & eurent bataille, ou ledict Disier fut desconfit: mais il eschapa, & s'en alla retraire à Pauie, ou ledict Charlemagne alla mettre le siege deuant. Et pource que ledict Charlemagne ne pouoit assez tost à son gré prendre ladicte cité, à la persuasion du Pape il laissa illec son siege & ses gēs: & *orationis causa*, s'en alla à Romme: & quand il fut à vn mil pres de la cité, il se descendit de cheual, & alla iusques à la cité tout à pied. Il feit là sa feste de la Resurrectiō: & durāt la sepmaine saincte visita les eglises & saincts lieux, ou sont les pardons & stations, en baisant toutes les portes des eglises, & y donna de moult beaux & riches dons. Il conserua tout ce que Pepin son pere auoit donné à l'eglise sainct Pierre, & y employa & donna de nouueau les Comtez de Spolette & de Beneuent. Il aduint en ce temps que Hunault, fils de feu Gaisier, Duc d'Aquitaine, que Charlemagne tenoit prisonnier en France, trouua moyen de soy eschaper de prison, & s'en alla à refuge deuers ledict Disier, Roy des Lombards: & là deuint Apostat, & renya la foy Chrestienne, & peu de temps apres fut lapidé & accrauanté de pierres.

Le fils de gaisier d'Aquitaine renya la foy Chrestienne.

Comment au Concile tenu à Romme, fut donné puissance au grand Roy Charlemagne d'eslire & ordonner les Papes, Archeuesques & Euesques, & non pas à autre: & comment il abbolit du tout le Royaume de Lombardie.

APres la feste de Pasques de l'an commençant sept cens lxxiiij. ledict Charlemagne estant encores à Romme, fut tenu vn Concile par ledict Pape Adrian: auquel Concile iceluy Charlemagne fut present: & y auoit cent cinquante & trois, tant Archeuesques, qu'Euesques & Abbez. Et par l'assentement de tout le Concile le Pape donna audict Charlemagne, & à ses successeurs Roys de France, tel priuilege & dignité qu'il eust pouoir luy seul d'eslire le Pape, & ordonner du siege de Romme, toutes & quantesfois qu'il seroit vacquant: & le feit Prince & deffenseur de tous les royaumes & terres de l'eglise de Romme: & ordonna que les Archeuesques, Euesques, Abbez, & Prelats de toute Chrestienté fussent par luy, & non par autres, instituez en leurs benefices: & que si aucuns y vouloyent entrer sans son congé & consentement, qu'ils ne fussent de nully sacrez: & que ledict Charlemagne peust saisir leurs biens: & excommunia le Pape, de l'auctorité S. Pierre & sainct Paul, ceulx qui viendroyent au contraire de ce decret & priuilege. *Sed inde Ludouicus imperator, eius filius huiusmodi priuilegio gratis renunciauit Ca. Ego Ludouicus, &c. lxiij. distictione.* Au retour de Rōme ledict Charlemagne reuint deuant Pauie, ou il auoit laissé ses gēs, qui auoyent tenu ledict siege par six moys, & print la cité: & fut pris ledict Disier, Roy des Lōbards, sa femme & ses enfans, dedans vne eglise ou ils s'estoyent retraits: car ils estoyent excōmuniez du Pape. Aussi y furēt pris la veufue & enfās du feu Roy Karlomā, frere de Charlemagne, qui là s'estoyēt fuys. Mais vn des fils dudict Disier, nōmé Adalgisus, auquel estoit l'esperance desdicts Lōbards, eschapa, & s'en alla à Cōstātinoble deuers l'Empereur, qui le receut, & le feit Patrice. Puis ledict Charlemagne restitua à l'eglise de Rōme tout ce q̄ ledict Disier en auoit vsurpé: & apres print Verōne, & tout le pais de Lōbardie, & le mit à sa seigneurie & subiection, & abolit du tout le royaume des Lōbards, qui auoit duré deux cens quatre ans: & dōna ledict royaume à Pepin son fils. Puis quand il y eut mis gens & officiers de par luy, il s'en retourna en Frāce. Entre autres il feit gouuerneur & Patrice dudict pais de Lōbardie, vn nōmé Rotgād, Lōbard, & amena auecques luy en Frāce ledict Disier, sa femme & ses enfans, & tous les grands Princes de Lombardie, & apres les enuoya en exil au pais de Lombardie, & ailleurs.

La grand prerogatiue qui fut donnee au Roy Charlemagne.

Le Roy Charlemagne abolit du tout le royaume des Lōbards.

Des guerres que feit Charlemagne contre les Sesnes Sarrazins: & comment il retourna en Lōbardie, & feit decapiter Rotgand Lōbar, qui auoit conspiré cōtre luy.

L'an sept cens sept.re quatre.

AVdict an sept cēs septante & quatre pendant que le Roy Charlemagne faisoit guerre en Lōbardie pour l'eglise de Rōme, les Sesnes rompirent l'alliance qu'ils auoyēt iurée auecques luy, & entrerēt en France, & y feirēt moult de maulx. Et ainsi que
lesdicts

DV GRAND ROY CHARLEMAGNE, EMPEREVR. Fueil.xliij.

lefdicts Sefnes tenoyent le fiege deuant vn chaftel, nommé Buriabourg, & vouloyent mettre le feu, & brufler vne eglife qui eftoit pres & hors la porte dudict chaftel (laquelle fainct Boniface martyr, & Euefque de Mayence, auoit parauant dediee) fubitement s'apparurent deux ieunes enfans, *miræ claritatis*, qui deffendirent ladicte eglife du feu. *Igitur aspectu iuuenum terribilis Saxones perterriti, in fugam versi sunt*, & par ainfi fut deliuree la ville. Si toft que Charlemagne fut retourné il alla contre lefdicts Sefnes: & affaillit leurs gens par trois diuers lieux, fi qu'il gafta leurs terres: & f'en retourna auec grãds threfors luy & fes gens. En l'annee enfuyuant fept cens lxxv.ledict Charlemagne retourna contre lefdicts Sefnes, qui fecondement f'eftoyent rebellez contre luy. Vn des grands Princes dudict pais de Soiffonge: nommé † Helftis, vint au deuãt de luy, & fe meit, luy, fes gens, & fa terre, & vne autre maniere de gens qu'on appeloit Oftphalois, en la fubiection de Charlemagne, & luy iurerent loyauté, & de ce baillerent oftages: & auffi feirent plufieurs autres Seigneurs & communitez dudict pais. — L'an fept cens feptante cinq. † al. Heſsis,

En † celle annee Conftantin l'Empereur, qui auoit deffendu la veneration des images, fut diuinement efpris d'vne maladie de feu inextinguible: & en grand clameur mourut miferablement, & luy fucceda audict Empire Leon, fon fils, qui regna cinq ans. — † al. 776.

En l'annee enfuyuant fept cens feptante & fix, quand le printemps fut reuenu, Charlemagne retourna en Saxonne, par ce qu'il congnoiffoit la defloyauté des Sefnes, & qu'il n'y auoit point de feurté en leurs promeffes. A celle fois il en trouua plufieurs humbles, par fiction. Il quift tout le pais de Saxongne iufques à la fontaine, dont fourd le fleuue de † Lipre. Tous les Princes vindrent deuers luy, referué † Clechin de Saxongne, qui eftoit vn des Princes des Vveftphalois, qui n'ofa venir, pource qu'il eftoit coulpable, & s'enfuyt à Sigefroy, Roy de Dannemarche. Vne partie en feit le Roy baptifer, qui requirent baptefme, plus pour cõplaire au Roy, que pour le falut de leurs ames: mais nonobftant ce, & plufieurs grands promeffes & fermens faicts, & oftages baillez, de non eulx departir de la foy des Chreftiens, & de la fidelité des Francois, fur peine de perdre tout ce qu'ils auoyent: lefdicts Sefnes toufiours fe rebellerent contre ledict Charlemagne: pourquoy il leur feit longuement guerre, & toufiours les defconfit. — L'an fept cens feptante fix. † al. Lippie. † al. Vvitichind

Audict an fept cens lxxvj. ainfi que ledict Charlemagne f'en retournoit de faire guerre aux Saxons, luy vindrent nouuelles que Rotgand, qu'il auoit laiffé pour gouuerner en Lombardie, & auquel il auoit donné la Duché de Foriules ou Friol, faifoit aucunes noualitez & monopoles contre luy audict pais de Lombardie, & fe vouloit faire Roy, & que ia auoit attrait de fon party aucunes citez, qui f'eftoyent departies de la fidelité de Charlemagne: & pour à ce donner prouifion ledict Charlemagne affembla promptement fes gensd'armes, & alla en Lombardie, & chacea & tua ledict Rotgand, & reprint lefdictes citez, & y commit Ducs & gardes de la nation de France: puis fe meit en chemin pour f'en retourner en France. En f'en retournant, & eftant es montaignes des Alpes, luy vindrent nouuelles que les Sefnes f'eftoyẽt de rechef rebellez, & ia auoyent prins, les villes d'Herefbourg & autres, & affiegé Sigibourg. Si alla contre eulx, & les cõbatit, & defconfit lefdicts Sefnes. Tenant le fiege deuant ladicte place de Sigibourg, f'apparut fur la couuerture de l'eglife deux efcuz de couleur rouge, flamboyãs en femblance de feu, dont iceulx Sefnes furent fi efpouentez qu'ils f'enfuyrent, & en eulx enfuyant tuoyent l'vn l'autre. En l'an de grace fept cens feptãte & fept, pendant que ledict Charlemagne faifoit la guerre aufdicts Sefnes, vindrent deuers luy les Ambaffadeurs d'vn nommé † Ybereau l'Arabic, & d'autres Princes & communitez Sarrazines des parties d'Efpaigne: lefquels fe donnerent, eulx, leurs citez, & pais audict Charlemagne: parquoy en diligence il alla droit en Efpaigne, & en paffant par Nauarre, print la cité de Pampelune, & le pais. Apres paffa les monts Pirenés, & prindrent la cité de Sarragoce: & pour empefcher le paffage des gens de Charlemagne, ceulx de Nauarre & de Gafcongne auoyent mis efpies fur fon auãtgarde: mais les Francois qui en furent aduertis, les combatirent, defconfirent, & prindrent fur eulx les citez de Toulouze, Bordeaux, Narbonne, & toute Prouence, que les Sarrazins occupoyent lors. — L'an fept cens feptante fept. † al. Ibnalarabi & Ibnabala.

En celle mefme annee lefdicts Sefnes fachans que ledict Charlemagne eftoit loing d'eulx, faifant la guerre en Efpaigne, à la perfuafion d'vn nommé Vvitichind f'efleuerẽt & coururent fur fes pais: parquoy il enuoya grand nombre de gensd'armes, qui les combatirent & chacerent, & à la chace les tuerent prefque tous. En l'an de grace feptcens feptante huict, ledict Charlemagne alla de rechef cõtre les Sefnes, & fubiugua ceulx de la region d'Vveftfalle, & paffa le fleuue de † Mufare, & fubmit à luy les Hongres & les Efclauons: puis repaffa le fleuue du Rin, pour yuerner en la terre de Vvormes. En ce temps vn Gafcon Sarrazin, nõmé Terfinus, qui eftoit feigneur de Toulouze, vint deuers Charlemagne, & fe feit baptizer: & par ainfi ledict Charlemagne luy reftitua les citez & feigneuries de Toulouze, Bordeaux, Narbonne & Prouence, que fes predeceffeurs (qui eftoyẽt Sarrazins) auoyent poffedees, & lefquelles fes gens auoyent prinfes fur luy: & erigea ladicte feigneurie de Thoulouze en Comté: & fut ledict Terfinus le — L'an fept cens feptante huict. † al. Vvifure,

h

LES CHRONIQVES ET ANNALES DE FRANCE.

Les armes des Roys de Nauarre apportees par un Ange. premier Comte Chrestien: lequel Tersinus alla mettre le siege deuant Bayonne: & vne nuyt vn Ange s'apparut à luy, & luy dist qu'il changeast les armes qu'il portoit parauāt qu'il fust Chrestien (lesquelles estoyent de trois moutons, que ses predecesseurs auoyent portees par idolatrie) & portast deslors en auant douze pommes d'or en croix. ce qu'il feit: & sont les armes que portent à present les Roys de Nauarre, qui sont descenduz desdicts Comtes de Toulouze.

De la grand' guerre que feit Charlemagne en Espaigne.

EN ce temps la Royne Hildegarde, femme de Charlemagne, accoucha en vn chastel qui est en Aquitaine, en la marche de Poictou, d'vn fils qui eut nō Louis: & tantost apres, le Roy, par l'enhortement d'Ybereau l'Arabic, assembla son ost, pour retourner en Espaigne. En Gascongne entra, le fleuue de Gironde passa, & les monts Pirenés: puis alla en Espaigne, & y print plusieurs villes & citez, & feit raser les murs d'icelles villes. Puis se meit à chemin pour retourner en France: mais les Gascons de rechef auoyent fait vne embusche es destroicts desdicts monts Pirenés, ou il conuenoit que l'armee de Charlemagne passast pour retourner en France: & quand les Francois, qui rien n'en sçauoyent, furent à demy passez, ils frapperent sur la queue de l'arrieregarde, & moult en tuerent: puis se retirerent les Gascons es forteresses qui sont es montaignes. Quand les Sesnes sceurent la nouuelle de celle desconfiture, ils cuyderent bien que l'ost de Charlemagne eust receu plus grand dommage qu'il n'auoit: dont s'esmeurent de rechef contre luy: mais ils ne peurent passer le Rin. Si gastoyent & destruisoyent tout le pais, par feu & par glaiue, & tuoyent hommes, femmes, & petits enfans, de quelque aage ou sexe qu'ils fussent, sans y faire difference. Charlemagne en sceut les nouuelles, & vint iusques en la cité d'Auxerre: & de là enuoya sur les Sesnes les Francois Austrasiens, & les Alemans, qui les poursuyuirent iusques au fleuue de † Hermez. Là les acconsuyuirent, & combatirent si roidement qu'il en demoura peu qui ne fussent tuez ou noyez. Les autres *solita fictione* se feirent baptizer. En l'an sept cens septante & neuf, apres celle victoire le Roy Charlemagne yuerna à Compiegne, & y assembla les estats de son royaume, & tint parlement de ses Barons. Puis mena son ost en Saxongne: le Rin passa, & les Sesnes vindrent contre luy à vn lieu nommé † Brunelot: mais ils furent desconfits, & depuis encores par diuerses fois & en diuers lieux. Celle mesme annee eut ledict Charlemagne contre eulx de grandes victoires, si que la pluspart des Princes fut par necessité contraincte à venir vers luy à mercy, & eulx faire baptizer. ce qu'ils feirent plus par craincte qu'autrement. Et apres ces choses faictes le Roy donna ordre aux affaires du païs, & s'en retourna en France. En celle annee Childerant, Duc de Spolette, se submit & reconcilia audict Roy Charlemagne, & tant feit par grands dons & presens qu'il recouura sa grace. En l'an de grace sept cēs quatre vingts, Thassile, Duc de Bauiere, par l'enhortement de sa femme, qui estoit fille de feu Disier, Roy de Lombardie, s'esleua contre ledict Charlemagne, & luy feit guerre: & se pourchaçoit ladicte femme, pour cuider estre vengee dudict Charlemagne, qui auoit deffaict & tué son pere.

En celle annee l'Empereur Leon, qui estoit moult auaricieux, & curieux de pierres precieuses, print la grand' couronne qui estoit en l'eglise de Romme, & la porta sur son chef: & tantost luy vindrent & saillirent de gros charbons & apostumes en la teste, puis fut prins d'vne fieure, dont il mourut. Apres luy tint & gouuerna l'Empire † Hyrienne, sa femme, dix ans, auec Cōstantin, son fils, qui estoit ieune.

Charlemagne en retournant d'Espaigne fut guetté & assailly par les Gascōs, qui tuerent grand nōbre de Frācois.

† al. Aterne.

L'an sept cens septante neuf.

† al. Burcholt.

L'an sept cens quatre uingts.

† al. Hirene.

Comment Charlemagne alla à Romme: & comment le Pape couronna ses deux fils Roys de Lombardie & d'Aquitaine.

L'An de grace sept cēs iiij.xx. & vn, ledict roy Charlemagne par deuotiō se meut pour aller à Romme, & mena auec luy la Royne Hildegarde, sa femme, & ses fils Pepin & Louis. Il seiourna aucun temps à Pauie, puis alla à Rommē: ou le pape Adrian le receut moult honnorablement, & couronna sesdicts deux fils Roys: c'est à sçauoir Pepin Roy de Lombardie, & Loys Roy d'Aquitaine: puis s'en retourna Charlemagne à Milan, & la Royne Hildegarde eut vne fille que l'Euesque dudict lieu baptiza, & eut nom Gille: puis s'en retourna ledict Charlemagne en France, & vint à Cōpiegne. Auant son partemēt de Rōme le Pape & luy deuiserent cōment ils se feroyēt de la besongne de Thassille, Duc de Bauiere, qui auoit promis au feu Roy Pepin sō pere, & à luy, foy & loyauté, & ce neātmoins il s'estoit par diuerses fois departy de sa fidelité, & l'annee precedente s'estoit esleué cōtre luy, par l'enhortemēt de sa femme, qui estoit fille de Disier,

Hildegarde fēme de Charlemagne.

Roy de

Roy de Lombardie. Si ordonnerent qu'ils l'enuoyeroyent admonnester qu'il tint sa promesse. Si fut Thassile admonesté, & vint deuers ledict Roy Charlemagne, à Compiegne, ou il tenoit son Parlement en l'an sept cens †iiij.xx.iiij. & luy feit pareilles promesses & serment de fidelité qu'il auoit fait parauant au feu Roy Pepin, son pere, & à luy: & pour seureté de la tenir, bailla ostages douze Barons de Bauiere: mais quand il fut retourné en sa maison, il ne garda gueres la foy qu'il auoit promise.

†al. Vvorson mes, †al. iiij.xx. & vn.

De la desconfiture que les Sesnes feirent des gens de Charlemagne: & comme Charlemagne feit copper la teste à quatre mil hommes, sur vn fleuue.

Vand Vvitichind, qui estoit vn des Princes de Saxonne, lequel n'estoit osé venir deuers le Roy Charlemagne, sceut qu'il estoit allé vers Romme, il reuint de Dannemarche, ou il s'estoit retiré, & s'en alla à son pais: & tant feit que les Sesnes rompirent l'appoinctement qu'ils auoyent fait au Roy Charlemagne, & s'esleuerent contre luy. Entre ces choses, nouuelles vindrent à Charlemagne que les †Albiés & Esclauons, qui habitoyent entre les fleuues d'Albe & Salen, estoyent entrez en la terre des Thoringiens. Le Roy y enuoya aucuns Princes, qui premierement rencontrerent les Saxons, & les combatirent si indiscretement par enuye, qui se meit entre les Princes de l'ost, pour l'affection d'auoir l'honneur & la gloire de la bataille, que les gens Fraçois furent desconfits, & moult en mourut. Puis apres le Roy y alla en personne, entra en Saxogne, & interrogua par quel moyen lesdicts Sesnes s'estoyent esleuez. Si luy fut dit que c'estoit par Vvitichind: mais ils ne le peurent liurer: car il s'en estoit fuy. Si luy baillerent quatre mil cinq cens hommes, qui de la trahison estoyent consentans auec luy: lesquels il feit mener sur vn fleuue, nommé Alara, en vn lieu qui a nom Fridi, & là les feit tous decapiter.

†al. Sorabes Esclauons. L'enuie & dissentiõ des Capitaines d'un ost tourne souuent à confusion.

De la mort de la Royne Hildegarde, & de la Royne Berthe, mere de Charlemagne: de Vvitichind, le Saxon, baptisé: & d'aucuns Bretons, rebelles, subiuguez.

N l'an sept cens iiij.xx.iij. mourut la Royne Hildegarde, femme de Charlemagne, de laquelle iceluy Charlemagne auoit eu trois fils: c'est à sçauoir Pepin, qui fut Roy de Lombardie, Louis Roy d'Aquitaine, & vn autre nommé Charles, & trois filles *Bertrude, Berthe, & Gisle. Et pource qu'il eut nouuelles que les Sesnes s'estoyent de rechef rebellez contre luy, plus fierement que deuant, il alla côtre eulx, & les combatit en vn lieu qui auoit nom †Charmel, si q̃ peu en demoura: puis se partit du champ de la bataille, & alla à vn autre lieu, qui à nom Pederammy, & de rechef les combatit & desconfit. Puis s'en retourna en France: & espousa vne autre femme, nommee Fastrade, qui Françoise estoit de nation: & en eut deux filles. En l'an sept cẽs iiij.xx.iiij. trespassa la Royne Berthe, qui estoit dicte au grand pied, mere de Charlemagne, qui femme auoit esté du feu Roy Pepin: & fut ensepulturee à sainct Denis, aupres dudict Pepin. On lit d'elle, q̃ pour euiter oysiueté elle s'occupa moult de temps à filler & à tixtre de ses propres mains grandes quantitez de linges, dont elle faisoit faire des aornemens pour seruir aux eglises.

*Cy apres les nõme Theodore, Hirtrude, et Richarde. †al. Thietmel ou Theothimel.

Apres ces choses Charlemagne meit sus son ost, pour de rechef aller en Saxongne, & cheuaucha par tout le pais, puis ça puis là, si que peu en demoura qui ne fust gasté, destruit, & mis à cõfusion. Le Roy sceut que Vvitichind & †Albien: deux des Ducs & Princes de Saxongne, qui moult de dommages luy auoyent faicts, estoyent en vn lieu nommé †Hardougrat, il les feit admonnester qu'ils delaissassent leur desloyauté, & vinssent à luy à mercy. Ils n'oserent venir deuers luy, iusques à ce qu'ils eurẽt ostages pour la seureté de leurs personnes. Si les leur enuoya: & quand ils furent venuz deuers luy, ils se reconcilierent, & il leur pardonna, moyennãt qu'ils se feirent baptizer, & iurerent feaulté: & par ce moyen l'esmeute desdicts Saxons cessa par long temps. En l'an de grace sept cens iiij.xx.vj. Charlemagne enuoya Adulphe, son Seneschal, auec ses osts, en la petite Bretaigne, ainsi appelee à cause d'aucuns Barons & peuples de la grãd' Bretaigne, qui iadis passerent la mer, & s'en vindrent habiter au pais, nõmé Armorique, en la derniere partie de France, du costé de la grand' mer d'Occident: & combien que Iudicael, Roy des Bretons de la petite Bretaigne, eust des le temps de Dagobert fait hommage, & aduoué tenir sa seigneurie de la couronne de France: toutesfois, pource que lors ils estoyẽt rogues & rebelles, & ne vouloyent plus obeyr à ses mandemẽs, Charlemagne y enuoya Adulphe auec son armee: lequel refraignit & abbaissa leur presumption & orgueil, tellemẽt qu'ils furent côtraincts de venir à mercy & à subiectiõ. Si print Adulphe deux ostages, & amena deuers Charlemagne plusieurs des Barons & Nobles du pais, qui tous luy feirent hommage.

†al. Adbion †al. Bardengos.

L'an sept cens iiij.xx. & vi.

Bretons subiuguez.

Comment Charlemagne alla de rechef à Romme.

L'an sept cens iiii.xx.& sept.

Charlemagne submist à son obeïssance toutes les nations voysines du royaume de France.

L'An de grace sept cens quatre vingts & sept, voyant Charlemagne qu'il auoit à luy submis toutes les nations de luy voysines & prochaines, qui luy auoyent esté rebelles, & mis son royaume en paix, se delibera & appareilla pour aller à Romme, tant par deuotion, pour visiter les Apostres & sainćts lieux, que pour acheuer de remettre à sa subieċtion ce qui restoit du royaume de Lombardie, mesmement la Duché de Beneuent. Quand il fut à Romme, il demanda conseil au Pape & aux Barons de Romme, de ce qu'il auoit à besongner: & quand Aragise, Duc de Beneuent, sceut qu'il vouloit entrer en sa terre, il s'en alla vers Salerne, & enuoya deux de ses fils vers Charlemagne, pour ostages, auec grands dons: & luy manda qu'il estoit prest de faire ses commandemens. Et à ceste cause le Roy differa de luy faire guerre. Il enuoya l'aisné desdićts enfans, nommé Rumold deuers son pere, & retint le moindre, auec douze Barons en ostage: & laissa vn sien Prince, nommé Theodore, pour gouuerner le païs.

Les Hongres furent desconfits, et mis en fuyte par le roy Charlemagne.

En celle annee les Auares, à present dićts Hongres, par l'enhortement de Thassille, Duc de Bauiere, s'esleuerent contre Charlemagne, & par deux lieux enuahirent sa terre: mais en tous lesdićts deux lieux furent vaincus, & mis en fuyte. Ledićt Thassille, Duc de Bauiere, voyant qu'ils n'estoyent pas puissans pour resister à Charlemagne, enuoya lors deuers le Pape, luy supplier qu'il feit sa paix vers Charlemagne, offrant tenir sadićte Duché en foy & hommage dudićt Charlemagne. Le Pape l'admonnesta de faire paix: & il s'y accorda, pourueu que ledićt Thassille (qui l'auoit plusieurs fois trompé) luy baillast ostages, & seureté de tenir ladićte paix. Le Pape demanda aux messagers de Thassile quels ostages ils bailleroyent: mais ils feirent responce qu'ils n'auoyent point charge de ce faire, ains seulement d'ouyr la responce dudićt Charlemagne. De celle responce fut le Pape moult courroucé: si les excommunia, & s'en retournerent sans riens faire.

Comment l'Emperiere de Constantinoble feit guerre à Charlemagne, pource qu'il luy refusa sa fille pour son fils: & comment Thassille, Duc de Bauiere, fut condamné à estre decapité.

L'an sept cens iiii.xx.& viii.

L'An sept cens quatre vingts & huićt, Charlemagne estant à Romme, vindrent deuers luy les messagers d'Hirienne, Emperiere de Constantinoble, requerans vne de ses filles en mariage, pour Constantin, son fils, Empereur de Constantinoble: mais le Roy sachant que ladićte Hirienne & sondićt fils sentoyent mal de la foy, la leur refusa, dont ladićte Hirienne fut moult courroucee. Et pource assembla ses osts, & les feit passer à guerroyer es Comtez de Beneuent & de Spolete, dont les Ducs s'estoyent mis en la subieċtion de Charlemagne, qui y auoit laissé Theodore pour garder le païs: mais les gens de ladićte Hirienne furent tuez & desconfits en la Calabre, par les gens dudićt Charlemagne. puis apres Charlemagne se meit à chemin pour retourner en France, & passa par la cité d'Vvormes, ou il auoit laissé sa femme & ses fils: là tint Parlement, pour sçauoir qu'il auoit à faire du faićt de Thassille, Duc de Bauiere, gendre du Roy Diser de Lombardie: & enuoya sçauoir s'il vouloit entendre à tenir les offres qu'il auoit faićtes. Et pource qu'il ne faisoit que faindre & dissimuler, il assembla ses osts, & l'assaillit par trois costez: & lors ledićt Thassille vint à mercy deuers le Roy, & luy feit hommage: lequel Roy de sa clemence luy pardonna, & bailla ledićt Thassille son fils Theodoric, & douze autres Barons en ostage: mais ce neantmoins l'annee mesme, iceluy Thassille conspira & s'esleua contre ledićt Charlemagne: & fut accusé à son Parlement de plusieurs grands cas, crimes, & pariuremés qu'il confessa: & par les Pers & Barons de France, fut condamné, luy & Theodoric son fils, à auoir les chefs trêchez:

Thassille, Duc de Bauiere, & son fils faićts moynes.

mais le Roy, de sa bonté & clemence, ne voulut pas qu'ils mourussent, & les feit seulement tondre, & mettre en religion: & ceulx de son païs, qui estoyent de sa machination, furent enuoyez en exil. Ce faićt, ledićt Charlemagne alla en Bauiere, & print tout ledićt païs à sa subieċtion, & y meit gardes de par luy. Tantost apres, vne maniere de gent, qui habitent sur la mer,

† al. Vvilzes ou Vvilces.

qui sont appelez † Vvalaches ou Esclauons, pres Bauiere (lesquels sont grands belliqueux) entrerent par diuers lieux audićt païs de Bauiere, & par deux fois le gasterent. Charlemagne le sceut, & ne voulut pas endurer leur orgueil. Il alla contre eulx iusques au fleuue d'Albe, &

† al. Dragamutine.

entra en la contree d'Esclauonie, iusques à vne cité qui à nom † Diagentre: mais le gouuerneur & les habitans d'icelle cité vindrent vers luy paisiblement, & se meirent en sa subieċtion: & apres, à l'exemple d'eulx, les autres Princes du païs luy vindrent tous faire hommage. Puis donna ordre au faićt de ce païs, & s'en retourna en France. En celle mesme annee fut faiċte vne

DV GRAND ROY CHARLEMAGNE, EMPEREVR.

cte vne grande conspiration contre Charlemagne, par les Francois Austrasiens, de laquelle estoit principal autheur vn Comte, nommé Ardric: & quand elle fut descouuerte, ledict Ardric fut detrenché par les membres: & semblablement tous ses complices detrenchez ou exilez.

D'une grād conspiratiō, que les Francois Austrasiens feirēt cōtre Charlemagne.

Des guerres que feit Charlemagne contre les Esclauons: & de la condemnation de l'heresie Felicienne.

EN ladicte annee sept cens quatre vingts & huict, Charlemagne assembla ses osts, & les meit en deux parties, pour aller sur les Esclauons, residans sur le riuage de la mer, oultre le fleuue d'Albe (qui est vne gent mauldicte) & par diuerses fois & en diuers lieux, les combatit & desconfit par mer & par terre. Quand il eut mis le pais en sa subiection, il s'en retourna. Lors luy vindrent nouuelles que les Sesnes s'estoyent du tout releuez contre luy, & ausi que les Sarrazains estoyent entrez en sa terre du costé d'Espaigne, & auoyent moult de ses gens, & s'en estoyent retournez auec grāds richesses: mais pour celle annee il ne peut aller contre eulx à l'occasion de l'yuer & du mal téps: & ce pendant il assembla vn Parlement de ses Barons & du peuple: & apres ledict Parlement il assembla à † Mayence vn Concile de tous les Euesques de France, pour les erreurs Feliciennes, ainsi appelez à cause de leur autheur qui auoit nom Felix, qui disoit que Iesus Christ estoit seulement fils adoptif de Dieu le pere, & y auoit audict Concile deux Legats de par le pape Adrian, & fut ladicte heresie condamnee. En ladicte annee sept cens quatre vingts & huict, à l'instigation de Thiriase, Archeuesque de Constantinoble, fut assemblé à Nice vn Cōcile de ccc.l. Euesques, auquel en la presence de Hirienne, Emperiere de Constantinoble, & de Constantin, son fils, la foy catholique fut confermee, & la veneration des images approuuee. Quand la nouuelle saison fut venue, le Roy Charlemagne assembla ses osts, & les meit en deux parties: l'vne pour aller contre les Sesnes, qui s'estoyent assemblez en moult grand nombre, es marches de Germanie, le long du riuage de la mer Occeane, & l'attendoyēt pour le veoir partir en vn champ, en moult grand' esperance de victoire: mais quand ils sceurent la grand' puissance de Charlemagne, qui venoit les assaillir de deux costez, le courage leur faillit, & vindrent à luy à mercy, & il leur pardonna, & print d'eulx ostages, & s'en retournerent en leurs contrees: mais ce neantmoins lesdicts Sesnes ne tindrent riens de chose qu'ils eussent promis: parquoy le Roy alla de rechef contre eulx, & gasta tout le pais. L'autre partie de l'ost de Charlemagne alla contre les Esclauons, ou ses gens eurent de moult cruelles batailles: mais à la fin ils desconfirent les Esclauons, & s'en retournerent en grand' triumphe en France.

L'an sept cens iiii. xx. & viii.

† al. Fracofurd.

cōcile cōtre l'heresie Felicienne

Concile de Nicene, auquel la veneration des images fut approuuee, & la foy Catholique confermee.

Comment Aldagise, fils de feu Disier Roy des Lombards, s'esleua contre Charlemagne.

L'An sept cens quatre vingts & neuf, Aldagise, fils de feu Disier Roy des Lombards, lequel apres la desconfiture de son pere, l'an sept cens lxxiiij. s'en estoit allé en Constantinoble vers l'Empereur qu'il auoit fait Patrice, vint auec grand nōbre de gens en Lombardie, pour venger la mort, & recouurer le royaume dudict Disier son pere: mais il fut par les Francois, que le Roy Charlemagne auoit là laissez, incontinent desconfit & tué. En l'an sept cens quatre vingts & douze, Pepin le fils de Charlemagne qu'il auoit engendré en vne concubine, par la persuasion d'aucuns Francois s'esleua & feit conspiration contre ledict Charlemagne, son pere: parquoy il le feit tondre & rendre moyne, & y fut iusques à la fin de sa vie: & de ceulx qui estoyent de ladicte conspiratiō il en feit aucūs decapiter, & les autres exiler. En ce temps, & l'annee sept cēs quatre vingts & treize, les Saxōs denierent la foy qu'il auoyent promise à Charlemagne: & coururent sus à ses gēs qui retournoyēt de guerroyer de Panonnie, & en tuerēt plusieurs. Quand Charlemagne le sceut, pource qu'il auoit de grāds affaires, il dissimula ceste grād' perte iusques à vne autrefois. En l'annee sept cēs quatre vingts quatorze, Frastrade, Royne, femme de Charlemagne, trespassa: & fut son corps enterré en l'eglise sainct Albin de Mayence. En l'an sept cens quatre vingts xv. vn nommé Vvithan, Roy des Abrodites, qui s'en venoit à Charlemagne fut tué par lesdicts Saxons: & pour ceste cause, & aussi pour estre vengé de ce qu'ils luy auoyent tué ses gens, qui reuenoyent de Panonnie l'an sept cens quatre vingts & treize, ledict Charlemagne leur feit guerre, & les assaillit par deux costez: & combien que lesdicts Saxons fussent grand nombre de gens, toutesfois leur esperance fut perdue:

L'an sept cens iiii. xx. & ix.

L'an sept cens iiii. xx. & xii. Pepin, bastard de Charlemagne moyne.

L'an sept cens iiii. xx. & xiii. Saxons rebelles de rechef.

L'an sept cens iiii. xx. & xiiii. Fastrade Royne mourut.

Saxōs subiuguez.

h iij

& à ceste cause ils vindrent deuers Charlemagne, & tous se rendirent en sa subiection, & bailleréc ostages:&,ce faict,Charlemagne s'en retourna en France. En l'an sept cens quatre vingts & seize mourut pape Adrian, qui auoit esté Pape † vingt quatre ans & dix iours : & apres luy tint le siege vn autre nommé Leon : lequel incontinent qu'il fut sacré enuoya audict Charlemagne les clefs de l'eglise sainct Pierre, auec la banniere de la cité de Romme : & luy manda qu'il enuoyast aucuns pour receuoir les sermens & obeissance du peuple. Ce qu'il feit:puis en l'an sept cens quatre vingts dixsept, manda ledict Charlemagne à Pepin son fils, Roy de Lombardie, qu'il assemblast son ost, & allast contre les Huns en Panonie : lequel y alla auecques Henry, Duc de Foriules, ou de Friol, & courut & gasta tout le pais du long du fleuue de Danube, & les desconfit,leurs champs gasta,leurs thresors print, & puis s'en reuint en France deuers son pere,amenant prisonnier vn de leurs Princes, nommé Yringo,lequel il presenta au Roy son pere, auec les thresors qu'il auoit conquis:dont le Roy en enuoya partie à l'eglise de Romme, & l'autre partie departit en grand'liberalité à ses Barons & Cheualiers. Puis l'annee ensuyuant vn des Princes desdicts Huns, nommé Tudon, vint deuers le Roy, & se feit baptiser : puis luy feit hommage : & par ce le Roy l'honnora moult : mais il ne se tint pas longuement en sa foy, n'en sa loyauté.

† al. 23. ans 10. moys 18 iours,
L'an sept cens quatre uingts et dixsept.

L'an sept cens quatre uingt et dixhuict.

Comment Charlemagne enuoya son fils Louis prendre possession de Barcelonne: & comment ledict Charlemagne alla venger le Pape Leon, auquel les Rōmains auoyent fait quelque iniure.

Barcelōne mise en la possession de Charlemagne.

BArcelonne est vne cité es marches d'Espaigne, qui quelquefois estoit entre les mains des Chrestiens, & l'autrefois entre les mains des Sarrazains, à qui prendre la pouuoit. Lors la tenoit vn Prince Sarrazain, qui auoit nom Zaton, lequel alla deuers,le Roy Charlemagne, à Aix la chapelle, & de sa propre volonté la luy bailla, & meit en sa subiection ladicte ville. Le Roy à ceste cause y enuoya Louis, son fils, Roy d'Aquitaine, auec vne partie de ses gens : lequel en print possession : & son pere retourna en Saxongne, pour refraindre la mauuaistié d'icelle peruerse gent:& moult en tua. Tātost apres le retour dudict Louis, ledict Zaton se retourna : & tua lesdicts Francois qui y estoyent demourez : parquoy Charlemagne y enuoya de rechef ses gens, qui y tindrent deux ans le siege. A la fin la prindrent, & amenerent ledict Zaton prisonnier deuers Charlemagne, qui l'enuoya en exil. Ce pendant vindrent Ambassades de diuerses & estranges natiōs, pour auoir la bienvueillance & amytié du Roy Charlemagne, & luy apporterent de moult beaux presens, & aussi leur donna il de ses richesses:& principalement à Hildefons, ou Adelphons, Roy de Galice, qui en l'an sept cens quatre vingts dixhuict luy en enuoya de tresbeaux, lesquels il auoit gaignez à la prinse de Lisbonne, en Espaigne.

L'an sept cens quatreuingts et dexneuf.
Miracle faict sur le Pape Leō.

En l'an sept cens quatre vingts dixneuf aduint vn moult laid cas à Romme : car vn iour ainsi que le pape Leon alloit de l'eglise sainct Iehan de Latran en l'eglise sainct Laurés, en procession, chantant la Letanie, aucuns Rommains, par malice & enuie l'espierent & le prindrent, luy copperent la langue, luy creuerent les yeulx, le despouillerent tout nud, & le laisserent là comme mort. Il fut emporté par aucun de ses amys (entre lesquels fut le Duc Vvinigis de Spolette) & dient aucunes Croniques que Dieu miraculeusement luy rendit la langue & les yeulx. Quand ledict Roy Charlemagne sceut l'exces qui auoit esté faict au Pape, il en fut moult courroucé, & delibera d'en faire faire la reparation : & aucun téps apres, quād il eut dōné ordre à ses affaires, il se meit à chemin pour aller à Rōme. Quād il fut es plaines de Lōbardie, il bailla son ost à Pepin son fils, & s'en alla à Rōme. Le pape Leon de paour des Rōmains vint aucunes iournees secrettement au deuant de Charlemagne, qui le receut en grand'ioye:& quand ils eurent mangé, & parlé ensemble, le Pape s'en retourna deuant à Romme:& le lendemain le Roy entra en la cité, & le Pape & les Cardinaux luy vindrent au deuant iusques sur les degrez de l'eglise, ou le Roy descendit de son cheual. Aucuns iours apres le Roy Charlemagne feit assembler le Pape, les Cardinaux, & les autres Prelats, & leur dist la cause de sa venue. Entre autres choses qu'il estoit là venu pour aucūs cas, & crimes, dōt on auoit voulu charger le Pape:mais il n'y eut nul qui s'aduenceast de l'accuser:parquoy le Pape se purgea par sermét sur les sainctes escriptures. Ce faicts ledict Charlemagne le restablit en son siege : puis feit faire le Roy enqueste de ceulx qui auoyēt oultragé le Pape, & furent condānez, selon les loix, à mourir: mais le Pape pria pour eulx, tāt qu'il leur respita la vie, & furēt seulemét ēuoyez en exil: ce faict ledict Carlemagne s'en retourna en France. En celle annee les Auares s'esleuerent de rechef contre Charlemagne: & tuerent Henry Duc du Friol, qui estoit en la cité de † Cesaree

Charlemagne restablit le papecē son siege.

† al. Tharsatique.

ſaree au païs de Liburnie, pource qu'il tenoit le party dudict Charlemagne: dont iceluy Charlemagne fut moult courroucé: & meſmes en icelle annee, ou l'annee ſuyuante, comme diſent aucuns, tueret auſſi Girad, Duc de Bauiere: auquel Charlemagne auoit baillé la charge de ſa guerre, es marches de Pannonie, & dit on qu'il eſt au nombre & Cathalogue des S. Martyrs.

Comment de rechef pluſieurs villes & Princes de Bretaigne furent reduicts à la ſubiection de Charlemagne: & d'vn peché que Dieu luy pardonna, à la requeſte de S. Gilles.

EN l'an de grace huict cens, vn des Comtes de Charlemagne, nommé Guy †, qui gardoit pour luy les marches de la petite Bretaigne, print toutes les villes, citez & places dudict païs, auquel pour ce temps là, auoit pluſieurs Roys: & par ainſi fut tout le païs mis en la dition, ſubiection, & puiſſance des François. Ce que n'auoit iamais eſté faict: & furent audict Charlemagne portez les noms & armes de ceulx qui s'eſtoyent rendus à luy. En celle annee ceulx des iſles Baleares, qui auoyent eſté priſes & pillees par les Maures & Sarrazins, demanderent ayde à Charlemagne: laquelle il leur feit, & au moyen de ce les chacerent: & pour ceſte cauſe ſe donnerent audict Charlemagne. Au renouuellement de la ſaiſon, le Roy ſe partit d'Aix, ou il auoit yuerné, & illec auoit fait edifier vne moult belle egliſe: pour laquelle faire & decorer feit amener de Romme des pilliers & des coulonnes de marbre & de porphire: & cheuaucha, ainſi comme à demy ſon armee, le long du riuage de la mer de Flandres, tirant vers Neuſtrie, à preſent nommee Normandie, & feit la ſolennité de Paſques à S. Riquier en Ponthieu: puis alla à Rouen. En la mer meit garniſon contre les Normans Sarrazins, qui luy faiſoyent ſouuent de griefs aſſaulx. Puis tira droict à Tours, pour faire ſes offrandes à S. Martin, & là demoura pour vne maladie qu'il eut. Apres le Roy s'en vint à Orleans, & à Paris. puis alla viſiter les Martyrs S. Denis & ſes compagnons, & leur rendre graces de ſa gueriſon: & trouua S. Gilles, qu'il auoit mandé venir deuers luy, pour la grand'renommee qui couroit de ſa ſainteté, & luy requiſt qu'il priaſt Dieu pour luy (car on dit qu'il auoit commis vn ſi grief & enorme peché qu'oncques il ne l'oſa confeſſer à homme, & luy ſembloit que iamais Dieu ne luy pardonneroit) & le dimenche enſuyuant q̃ ledict S. Gilles celebroit meſſe au grand autel de S. Denis, & qu'il prioit Dieu pour le Roy, luy preſent, vn Ange apporta vne cedulle ſur l'autel: en laquelle eſtoit eſcript le peché du Roy, qui par les prieres de S. Gilles luy eſtoit de par Dieu pardonné: laquelle cedulle ſainct Gilles bailla au Roy, qui confeſſa ſon peché, & demanda pardon: & apres s'en retourna ledict ſainct Gilles en ſon monaſtere: & le Roy s'en retourna à Aix la chapelle, & tint ſon Parlement à Mayence.

tal. Vuidon
L'an huict cẽs.

Pardõ de Dieu, à Charlemagne pour la priere de S. Gilles.

De l'Empereur Leon, qui feit bruſler les images: & comment, apres la veneration d'iceulx fut approuuee par le Concile: & comment Hirienne, mere de l'Empereur Conſtantin, feit creuer les yeulx audict Conſtantin, & à ſon enfant.

EN ce temps auoit ia regné Charlemagne xxxij. ans Roy de France: & fault icy noter que des l'an ſept cens xviij. ou enuiron, eſtoit Empereur de Romme & de Conſtantinoble, vn nommé Leon: lequel auoit mis hors de l'Empire, vn nommé Theodoſe. Ceſtuy Leon fut ſeduit par vn apoſtat, & oſta & feit bruſler tous les images: parquoy le Pape l'excommunia, & luy oſta le regne ou Empire qu'il tenoit en Occidẽt, c'eſt à dire, à Rõme, & es parties de par deça, & manda en Grece qu'on ne luy obeyſt point: & à ceſte occaſion, & auſſi que les ſainctz hommes luy contrediſoyent à ſon hereſie, il en feit mourir pluſieurs: parquoy le Pape aſſembla lors vn Concile, auquel fut approuuee la veneration deſdicts images: puis enuiron ſept ans apres ledict Leon mourut, & fut Empereur apres luy Cõſtantin, ſon fils: qui fut du tout peruers & heretique, ſacrifiant aux Diables, & perſecutant les Chreſtiens: & ne pourroit on dire de luy que tout mal: & ſembloit que ce fuſt vn autre Neron. Il feit iurer tous ſes ſubiects, qu'ils n'honnoreroyent n'adoreroyent plus nuls images, fuſt de Dieu, de la vierge Marie, ne de ſes Saincts: & ceulx qui eſtoyent Chreſtiens, & faiſoyent au contraire, les condemnoit & prenoit leurs biens, & les tourmentoit: & aux gens honneſtes & venerables les faiſoit mettre en de la poix & de la cire, & mettre le feu dedans. Mais vn iour aduint qu'il ſe print ſubitement à crier, diſant qu'il eſtoit en vn feu merueilleux & inextinguible, & ainſi mourut miſerablement: & apres luy fut Empereur, ſon fils, nommé Leon, comme ſon ayeul, qui tint l'Empire de Conſtantinoble cinq ans: & luy mort l'Empire vint à Cõſtantin, ſon fils, qui eſtoit ieune, & le tint & gouuerna auec Hirienne, ſa mere, dix ans. Apres les dix ans paſ-

Leon heretique

fez, c'est à sçauoir l'an sept cens quatre vingts & douze, iceluy Constantin recula sa mere du gouuernement de l'Empire, affin qu'elle vaquast seulement aux besongnes qui appartiennent aux femmes: dont ladicte Hirienne fut moult courroucee, & conceut grand haine contre ledict Constantin son fils. Neantmoins elle fut contraincte de dissimuler. Il tint seul l'Empire six ans. Il fut aduerty qu'aucuns Princes ses subiects auoyent faict conspiration contre luy, & vouloyent faire Empereur Christofle son frere. Il les feit prendre, & à plusieurs feit creuer les yeulx, & copper les langues: & contraignit sa femme, nommee Marie, à soy faire religieuse, & print & espousa vne de ses femmes de chambre, nommee Theodete. Mais quelque temps apres, c'est à sçauoir l'an sept cens quatre vingts & dixhuict, sadicte mere trouua son poinct. Si feit prendre iceluy Constantin son fils, & vn fils qu'il auoit, & leur feit creuer les yeulx, & tantost apres mourut de dueil: & ladicte Hirienne gouuerna trois ans seule, apres la mort de sondict fils, l'Empire de Constantinoble.

Comment le grand Roy Charlemagne fut par le Pape & par les Rommains esleu, & sacré Empereur de Romme.

L'an huict cens & vn.

L'An de grace huict cens & vn, ledict Roy Charlemagne par deuotion alla à Rómme, ou le Pape & les Rommains le receurent honnorablemét. Et ce pendát qu'il fut là, le Pape & les Rommains, qui ne vouloyent plus endurer d'estre en la subiection d'vne femme, c'est à sçauoir de ladicte Hirienne (laquelle auoit fait creuer les yeulx de son fils l'Empereur, & de son petit fils, dont ils estoyent mors, & elle seule tenoit & gouuernoit l'Empire) prierent Charlemagne, qu'il voulsist

Charlemagne sacré Empereur & appelé Cesar Auguste.

accepter la seigneurie de l'Empire de Romme, & tant feirent qu'il si accorda: & le iour de la natiuité nostre Seigneur, ledict Charlemagne fut par le Pape Leon, sacré & couronné Empereur de Romme, & nommé & appelé Cesar Auguste: & lors commença le peuple des Rommains à crier en telle maniere: Au grand Charlemagne Cesar Auguste, couronné de Dieu, grád & paisible Empereur des Rommains, soit vie & victoire: & d'illec en auát laissa ledict Charlemagne le nom & tiltre de Roy, & fut appelé Cesar Auguste, & Empereur. Auec ledict Charlemagne fut sacré, & couronné Roy d'Italie, Pepin son fils. Tout celuy yuer demoura l'Empereur Charlemagne en la cité de Romme, pour ordonner des besongnes qui appartenoyent à la ville, & de celles qui appartenoyent au Pape, & à toute la terre d'Italie: & depuis ce temps Charlemagne fut dict & appelé Roy de France, & Empereur des Rommains: & fut distinct & separé du tout l'Empire de Romme, & celuy de Constantinoble: lequel Empire de Constantinoble auoit esté

Constantinoble anciennement estoit nommé Bisance.

esleué par Constantin le grand, & par luy de nouuel edifiee la cité de Constantinoble, au pais de Thrace, & nommee de ce nom (car parauant estoit nommee Bisance) & fut ledict Charlemagne depuis ledict temps, le premier Roy des Rommains de la nation de France. En ce mesme an Amimurlin, Roy de Perse, enuoya deuers luy pour auoir alliáce, luy faisant present d'vn elephant, & d'autres dons & richesses.

Des Legats que l'Empereur Charlemagne enuoya par tout l'Empire, pour administrer iustice: & de plusieurs autres faicts dudict Charlemagne: & dont vindrent les Flamens & Brabancons.

L'an huict cens & deux.

EN l'an de grace huict cés & deux, tost apres que Charlemagne eust esté faict Empereur, il enuoya plusieurs Legats & messagers, gens notables & feaulx, par toutes les prouinces de son Empire, pour faire & administrer iustice, & reparer les abuz & tors faicts, & institua xxiij. chapitre de loix. En ce temps Aaró, Admiral des Sarrazins, enuoya ses Ambassades & lettres d'amitié audict Empereur Charlemagne, & luy enuoya de beaulx, riches, & estranges presens: & entre les autres choses luy enuoya le corps sainct Cyprian, & sainct Separat, & le chef de Sainct Panthaleon: lesquels il feit apporter en France. En ladicte annee, vn nommé Niceforus deiecta Hirienne l'Emperiere de Constantinoble, & l'enuoya en exil, en l'isle de Lesbos, & tint & se saisit de l'Empire viij. ans. En l'an de grace huict cens & trois, ledict Empereur Charlemagne feit de rechef guerre aux Sesnes, oultre le fleuue d'Albe: & tellement les chaça, qu'il contraignit tous ceulx qui estoyent demourez oultre le fleuue d'Albe, & leurs femmes & enfans, à venir en Fráce: & leur donna pour habiter le pais qu'on appele de present Flandres & Braban: ou les habi-

Aucuns Sesnes transportez au pais de Fládres, & Braban.

tans parlent encores le langage de Saxoigne à peu apres: & quand au pais qu'ils auoyent laissé, Charlemagne le donna aux Abroditiens, ses alliez. En l'an de grace huict cens & trois

† al. Roy

ledict Aaron, † Admiral de Perse, auec trois cens mille hommes, feit guerre à Niceforus Empereur

DV GRAND ROY CHARLEMAGNE, EMPEREVR.

pereur de Constantinoble: lequel Empereur feit paction, & promit audict Aaron de luy donner chacun an, pour son chef, trois pieces de certaine monnoye en tribut, & autant pour son fils: sans trois cens miles pieces qu'il luy donna pour les frais de la guerre. Quelque temps apres ledict Niceforus, Empereur de Constantinoble, feit couronner Empereur sondict fils nómé Stauratius (*quanuis esset inutilis & ineptus*) leql feit alliáce aux Sarrazaís, dót s'ensuyuit grád dómage aux Chrestiés. En l'an de grace huict ces & iiij. le Pape Leó vint deuers l'Empereur en France, iusques en la ville de Reims: & feirent la solennité de la feste de la Natiuité nostre Seigneur, en la ville de Carisi, puis le Pape s'en retourna à Romme: & à la requeste de l'Empereur passa par la cité d'Aix, & par Bauiere, ou l'Empereur le feit conuoyer, & luy feit plusieurs grands dós. En celle annee l'Empereur Charlemagne de rechef feit guerre aux Auares (qui sont autrement nommez Hongres) & les vainquit, & illec fut perdue toute leur gloire & noblesse: & n'est pas memoire que les Francois gaignassent iamais tant de thresors & de richesses qu'ils feirent contre eulx à celle desconfiture: mais peu apres vn de leurs Princes, nommé Theodore, s'estant faict Chrestien, obtint de Charlemagne paix, & lieu pour habiter seurement luy & ses gens. En l'an de grace huict cens & cinq, lesdicts Empereurs de Constátinoble, pere & fils, eurét grand' enuye contre Charlemagne, qui auoit esté faict Empereur de Romme, & leur estoit bien grief à porter de veoir que Francois eussent le nom d'Empereur, & qu'ils eussét separé l'Empire: mais ledict Charlemagne en dissimula, & le porta patiemmét: si feit confederation & alliance à eulx. En celle mesme annee de huict cens & cinq, Charles, fils de l'Empereur Charlemagne, desconfit les Boesmes, qu'on appeloit Esclauons, qui s'estoyent rebellez contre l'Empereur son pere, & tua leur Duc nommé Lethon: & en l'an huict cens & six de rechef les desconfit du tout. En celle annee ledict bon Roy & Empereur Charlemagne, qui se sentoit affoiblir de sa personne, pour les grands trauaux qu'il auoit prins, feit son testament, & partit & diuisa ses seigneuries à ses enfans, & feit auctoriser sondict testamét & ordonnance par le Pape Leó. En l'an de grace huict ces & sept, le Roy de Perse enuoya ses Ambassadeurs deuers Charlemagne, & luy enuoya de moult beaux dons & presens: & entre autres choses luy enuoya des tentes & pauillons tous faicts de soye artificiellement, grand' quantité de draps de soye de diuerses couleurs, & vaisseaux plains de baulme, ongnemens precieux, & bonnes odeurs, & vne horologe moult subtilement faict, & n'auoit l'on iamais veu le pareil en France. † al. Bechó

En l'an huict cens & huict Eardulphus Roy d'vne des parties d'Angleterre, qui auoit esté deietté de son regne, vint à refuge vers Charlemagne, qui le receut benignement: & peu apres le restitua en sa seigneurie. En l'an de grace huict cens & huict, † les Sarrazins descédirent en grád' multitude au pais de Sardaigne: mais Pepin, Roy d'Italie, fils de Charlemagne, alla contre eulx, & les desconfit. puis allerent en l'isle de Corsegue, ou il alla apres, & les desconfit, & print toutes leurs nefs & galees. En l'an de grace huict cens & neuf, ledict Pepin alla sur les Venitiens, qui ne luy vouloyent obeyr, & la print & subiuga leur ville par puissance d'armes: mais aucun temps apres ledict Charlemagne la bailla à Niceforus, Empereur de Constantinoble, par certain appoinctement de paix qu'ils feirent ensemble. Tantost apres la prinse de ladicte cité de Venise, ledict Roy Pepin, fils de Charlemagne, mourut en la cité de Milan. En celle mesme annee Godefroy, Roy des Danois, fut tué par vn sien satalite: & luy succeda † Eumugius, son fils, qui requit auoir paix & alliance à Charlemagne, laquelle il luy octroya. En ce téps fut vn nommé † Vulcan, Euesque du Liege, lequel fonda le monastere ou est de present le corps S. Hubert en Ardenne. En l'an de grace huict ces & dix, ledict Charlemagne qui desiroit moult à mettre fin à ses guerres, assebla moult grád armee, & la met en trois parties: l'vne enuoya oultre le fleuue d'Albe, contre vne maniere de gent *qui Heliones vocabantur*: l'autre en Pannonie, contre les Hongres & les Esclauons: & la tierce contre les Bretós & Anglois, & par tout eut victoire. En celle annee mourut Charles, aisné fils dudict Charlemagne. *L'an huict cens & huict.* † al. sept. *L'an huict cens & ix.* *La uille de Venise fut prinse par Pepin fils de Charlemagne.* † al. Hemingus, † al. Vuachand.

En ce mesme an ledict Niceforus, Empereur de Constantinoble, eut bataille cótre † Criminin, Roy des Bulgres: & fut ledict Niceforus desconfit: & luy coppa l'on la teste, qui fut mise au bout d'vne lance pour la monstrer au peuple. Son fils fut fort blecé au col: mais il eschapa, & s'en alla en Constantinoble, & depuis tint l'Empire vn an seulement: puis mourut, & apres luy fut Empereur vn nommé Michel, lequel estoit gendre, & auoit espousé la fille dudict Niceforus. Il enuoya Ambassadeurs deuers Charlemagne, pour confermer alliances qu'ils obtindrent. Puis s'en retournerent ses messages, & passerent par le Pape, qui conferma lesdictes alliances. Paix & alliances furent semblablement faicte entre Charlemagne & † Zabulon, vn Roy des Sarrazains, & Grimoald, Duc de Beneuent, par tel couenant qu'ils payeroyent chacun an de truage xxv. mil sols d'or audict Charlemagne. † al. Crunus *Alliance entre Charlemagne et autres Price* † al. Abulaz

Comment Charlemagne feit mettre par ordre les legendes des saincts: & de la disputation de la procession du sainct Esprit.

†al.sept

EN l'an de l'incarnatiō nostre Seigneur huit cens & douze †l'Empereur Charlemagne qui moult estoit curieux d'accroistre l'honnesteté de saincte eglise, feit cercher les escriptures des saincts peres anciens, & feit accomplir les lecons & legendes qui affierent & se chantent à chacune feste de l'an, par vn nommé Paul, son diacre. Puis feit assembler vn general parlement à Aiz la chapelle, & feit disputer de la procession du sainct Esprit: lequel ainsi, que la reigle de Chrestienté le tesmoigne, procede du Pere & du Fils egalement, sans creation, & sans generation, d'vne consubstantialité, & d'vne eternalité.

Les noms des prouinces que Charlemagne teint ou conquit deuant & apres qu'il fut faict Empereur.

† al.Iber,ou Ebro.
† al.Nauarre,

LEdict Charlemagne, auant qu'il fust faict Empereur de Romme tenoit les prouinces d'Aquitaine, de Gascongne, tout le pais des Gaulles, tous les monts Pirenés, iusques au fleuue de † Stibye, qui commence au mont de † Montieu. puis conquit Germanie, qui est dicte Alemaigne, Angleterre, Bretaigne, toutes les Espaignes iusques à la terre de Galice: Lōbardie, Italie, depuis la cité d'Ast iusques aux tours de Calabre: Frise, Saxongne, Bauiere, Esclauōnie, Venise, & les terres qui sont entre leurmer, & la Dunoé, & toutes les isles, qui sont depuis la mer de Germanie, iusques aux bornes d'Espaigne, & les pais qui sont depuis la mer de Bretaigne iusques aux bords de Hongrie: & contraignit tous les habitās d'iceulx pais à eulx faire Chrestiēner. En faisāt lesdictes cōquestes il eut de moult grādes & merueilleuses batailles, & principalement contre les Sesnes: mais tousiours par la vertu de Dieu, en qui il auoit toute sa confiance, il eut victoire de ses ennemis: si que par son moyen le nom des Francois triumpha sur toutes nations deca & dela les monts & les mer. Et sy ses faicts & gestes eussent bien esté deduicts & redigez par escript, on trouueroit qu'il a fait de plus grand choses que ne feirent oncques les Rommains: car leurs faicts ont esté plus magnifiez par paroles escriptes eloquemment, que par leurs vaillances, ou prouesses.

Charlemagne à fait plus grands faicts d'armes que ne feirēt ia mais les Rommains.

Comment Charlemagne alla secourir l'Empereur de Constantinoble contre les Sarrazins: & du petit oyseau qui monstra le chemin à Charlemagne & à ses gens, qui estoyent esgarez.

DVrant le temps de Constantin, Empereur de Constantinoble, qui par sept fois auoit debouté les Sarrazins hors de la terre de Sirie, & de la cité de Hierusalem (lesquels ce neantmoins l'auoyent de rechef prinse & la detenoyent) iceluy Cōstantin admonnesté par diuine vision enuoya le Patriarche de Hierusalem, & autres ses Legats deuers Charlemagne, lors estant à Paris, pour luy demander secours & ayde pour la recouurance de ladicte saincte cité, & luy escriuit vne moult piteuses lettres des maulx que lesdicts Sarrazins faisoyent aux Chrestiés, & à la terre saincte. Et quād ledict Charlemagne les eut leues il se print à plorer, & les feit par l'Archeuesque Turpin exposer deuant le peuple. Apres feit mettre sus la plus grande armee qu'il eust iamais faicte: & quād il eut faict ses appareils il passa la mer: & aduint vne quand il fut à deux iournees pres Hierusalem, ou il y auoit vn grand boys, au pais de desert, auquel lors habitoyent Griffons, Lions, Ours, Tigres, & autres furieuses bestes sauuages, ledict Charlemagne, pour euiter le danger desdictes bestes, voulut & cuida passer ledict boys en vn iour: mais luy & ses gens s'esgarerent, & furent surprins de la nuict. parquoy ils ne peurent oultre passer, & leur conuint demourer & coucher audict boys. Et en ladicte nuict ledict Charlemagne se leua cōme il auoit de coustume chacune nuict: & apres qu'il eut besongné, & faict aucūs memoires de ses affaires, se meit à dire ses heures & son psaultier, ainsi qu'il auoit de bōne coustume d'en dire chacun iour vne nocturne: & ainsi qu'il estoit à dire ce verset *Deduc me domine in semitā mandatorū tuorū, quia ipsam volui*, fut par luy, & par ceulx qui estoyent en sa compaignie en sa rete, veu & ouy vn petit oyselet, qui dist & profera telles paroles: Francois ta voix est ouye, dont ils furent moult esmerueillez. Et apres ledict oyseau s'esuanouyt de leur yeulx: & ledict Charlemagne continua de dire son psaultier iusques à vn autre vers, qui dit ainsi: *Educ de custodia animam meam, &c.* Et ainsi qu'il le disoit le petit oyseau retourna de rechef, & dist par deux fois: Francois que dis tu, Francois que dis tu? Et à celle heure, qui estoit enuiron le point du iour, ledict Charlemagne & ceulx de sa cōpaignie cuidans prendre ledict oyseau, se leuerent & le suyuirent, & en le

pour-

DV GRAND ROY CHARLEMAGNE, EMPEREVR. Fueil.xlviij.

Poursuyuant il les adreſſa par vne petite ſente qui les amena à leur grand chemin. Et dient aucuns pelerins qui ont eſté en Hieruſalem, que depuis ce temps la on a accouſtumé ouir en ceſt endroit au boys de petis oyſeaulx de ſemblable eſpece, qui en chantant dient, Fuyez Payens: Fuyez Payens. Quand ledict Charlemagne fut arriué en Hieruſalem, il print par force d'armes la cité, & en bouta hors les Sarrazins, & de tout le pais auſſi.

Charlemagne coquiſt la ſaincte cité de Hieruſalem.

Des ſainctes reliques que Charlemagne apporta de Conſtantinoble, en retournant de Hieruſalem.

EN retournant de Hieruſalem ledict Charlemagne paſſa par Conſtantinoble, & luy feit ledict Conſtantin, Empereur, offrir de grands preſens, & threſors d'or, d'argent, & pierres precieuſes: mais ledict Charlemagne, qui auoit entreprins ledict voyage pour l'honneur de noſtre ſeigneur Ieſuſchriſt, ne voulut auoir de ſon trauail & labeur nulle remuneration temporelle, & n'en voulut rien prendre, ains demanda ſeulement audict Empereur, & requiſt qu'il luy donnaſt aucunes reliques de la paſſion de Ieſuſchriſt, & des ſaincts. A ceſte cauſe ledict Empereur de Conſtantinoble luy donna vn des cloux dequoy noſtre ſeigneur Ieſuſchriſt fut crucifié, des eſpines de la couronne, laquelle en la preſence floriſt miraculeuſement, & grand' partie du fuſt de la vraye croix. Le Roy de Perſe luy donna ſemblablement le ſuaire de Ieſuſchriſt, la chemiſe noſtre Dame, le bras S. Simeon, & pluſieurs autres belles reliques, leſquelles il receut deuotement & à grand' ioye, & reuerence: & auant que les receuoir il ſe confeſſa, & furent luy & ſes gens par trois iours en ieuſnes, prieres & oraiſons: & apres les feit apporter en France en grand' reuerence, & les meit en ſa chapelle d'Aix: & furent veuz en chemin, par ou paſſoyent leſdictes reliques, pluſieurs beaulx grands & euidens miracles, qui ſeroyent longs à reciter, & entre autres fut reſuſcité vn mort. Ledict Charlemagne fut touſiours moult accointé des plus grands ſeigneurs du mõde, & meſmement des Payens & Sarrazins, à fin que pour l'amour de luy ils fuſſent plus fauorables aux Chreſtiens, qui viuoyent en leur ſubiection & ſeigneurie, & leur enuoyoit ſouuent de beaulx & grands dons, & preſens.

Des ſainctes reliques que Charlemagne apporta de conſtantinoble.

Des loix qu'ordonna l'Empereur Charlemagne, & ſingulierement touchant les benefices electifs.

LEdict Charlemagne feit & ordonna en ſon temps pluſieurs chapitres de loix: & entre autres ſur la prouiſion des Eueſchez, dignitez, & benefices de ſon royaume. Il feit l'ordonnance qui ſ'enſuyt: *Sacrorum Canonũ non ignari, vt in Dei nomine ſancta Eccleſia ſuo liberius potiatur honore, acceſſum ordini eccleſiaſtico præbemus: vt ſcilicet Epiſcopi, per electionem cleri & populi, ſecundum ſtatuta Canonum, de propria diœceſi, remota omni munerum, & perſonarum acceptione, debite ob vitæ meritum, & ſapientiæ donum eligantur, vt exemplo & verbo ſibi ſubiectis vſquequaque prodeſſe valeant.* Laquelle ordonnance les ſaincts Peres ont de mot à mot approuuee & canoniſee, & en ont fait decret, incorporé *in volumine aureo Decretorum, capitulo ſacrorum, ſexageſima tertia diſtinctione.* Iceluy Charlemagne enuoyoit ſouuent Legats & commiſſaires, prudens gens, par les prouinces de ſon royaume, pour faire & adminiſtrer iuſtice à ſes ſubiects, & reformer & punir les faultes & abuz. Si le Seneſchal de ſon pais auoit deuant luy aucune matiere de grand' conſequence, ou entre grands parties qu'il ne peuſt vuyder, luy meſmes faiſoit venir les parties en ſa preſence, & prenoit congnoiſſance de la cauſe, & les appointoit, ou donnoit ſa ſentence. Il fut moult charitable aux paures, amyable & courtois en parolles, en iugement certain, & en luy eſtoyent toutes les vertus & graces que Prince louable peult, & doit auoir.

Charlemagne ſouuẽt exercoit luy meſmes les actes de iuſtice.

De deux moynes qui crioyent par tout qu'ils auoyent ſcience à vendre: & comment l'vniuerſité de Paris fut par ledict Charlemagne premierement erigee.

EN ſon temps vindrent d'Irlande, en France, deux moynes qui eſtoyent d'Eſcoſſe, moult grands clercs & de ſaincte vie: leſquels par les citez & pais preſchoyent & crioyent qu'ils auoyent ſcience à vendre, & qui en vouldroit achapter vint à eulx. Ce qui vint à la congnoiſſance de l'Empereur Charlemagne, qui les feit venir deuers luy, & leur demanda s'il estoit vray qu'ils eussent science à vendre: lesquels respondirent que voyrement ils l'auoyent par don de grace de Dieu, & qu'ils estoyent venuz en France pour la prescher & enseigner, à qui la vouldroit apprendre. L'Empereur leur demanda quel loyer ils vouldroyent auoir pour la monstrer, & ils respondirent qu'ils ne vouloyent riens fors lieux conuenables à ce faire, & la substance de leurs corps tant seulement, & qu'on leur administrast gens & enfans ingenieux pour la receuoir. Quand l'Empereur les eut ouiz, il fut bien ioyeux, & les tint auecques luy iusques à ce qu'il luy conuint aller en guerre: & lors commanda à l'vn d'eulx, nommé Clement, qu'il demourast à Paris, & luy feit bailler des enfans de gens de tous estats, les plus ingenieux qu'on sceust trouuer: & feit faire lieux & escoles conuenables pour apprendre, & commanda qu'on leur administrast tout ce qu'il leur seroit besoing, & leur donna de grans priuileges, franchises, & libertez: & de là vint la premiere institution du corps de l'vniuersité de Paris. L'autre moyne fut par luy enuoyé en Lombardie, & luy donna vne Abbaye de sainct Augustin, pres la cité de Pauie, à fin que ceulx du païs qui vouldroyent auoir sapience, allassent apprendre à luy. Lors auoit en Angleterre vn moult grand clerc, Theologien & Philosophe, nommé Alcuinus, lequel estoit † Alain de nation, & auoit esté disciple du venerable Bede, & estoit remply de toutes sciences, tant en Grec qu'en Latin. Quand il sceut que ledict Empereur Charlemagne recueilloit les sages hommes & grands clercs, qui auoyent vouloir de monstrer & enseigner sciences, il passa en France, & vint deuers ledict Empereur, qui le receut honnorablement, & le tint auecques luy tant qu'il vesquit, & l'appeloit son maistre. Toutesfois quand il alloit en guerre il le laissoit, & ne menoit pas auec luy, & ordonna qu'il demourast en l'Abbaye de sainct Martin de Tours: & par le moyen desdicts maistres fut multiplice science à Paris & en France: & là, à la requeste dudict Alcuinus, translata (comme dict est) ledict Charlemagne l'vniuersité, qui estoit à Romme, & laquelle parauant y auoit esté translatee d'Athenes, & la feit venir à Paris: & furent fondateurs dudict estude & vniuersité quatre grands clercs, qui auoyent esté disciples de Bede, c'est à sçauoir ledict Alcuinus, Rabanus, Claudius, & Iohannes, tellement que la vraye source & fontaine de science y a tousiours depuis esté: & quand y a aucun erreur, ou doubte, touchant la foy catholique, ou autrement, procedant de ce royaume, & d'autres de la Chrestienté, elle a esté vuidee par les sages clercs de l'vniuersité de Paris & de France. Iceluy Alcuinus à la requeste de Boniface, Euesque de Mayence, refit les oraisons de la messe, & plusieurs belles homelies sur les Euangiles, & autres sermons qui se chantent es eglises: car lors tous les liures auoyent esté perduz & bruslez par les grands guerres que Goths & Sarrazins auoyent faictes à la Chrestienté.

premiere institution du corps de l'vniuersité de Paris.

† al. Anglois.

Les erreurs touchant la foy ont accoustumé d'estre vuidez par l'vniuersité de Paris.

Comment les moynes de sainct Martin de Tours furent tuez par vn Ange, pour les grands dissolutions qu'il faisoyent.

EN ce temps auoit moynes de sainct Benoist en l'eglise sainct Martin de Tours: & veult on dire que pour la grand' abondance & superfluité de biés mondains, que lesdicts moynes auoyent, ils viuoyent trop lubriquement & desordonéement, & portoyent habillemens de soye, & leurs souliers dorez, & autres habits dissoluz, & irreguliers à leur religion: & comme recite Eude, Abbé de Clugny: pour les execrables vices dont lesdicts religieux estoyent pleins, nostre Seigneur, & le benoist sainct Martin, en l'honneur duquel ladicte eglise & Abbaye estoit construicte, se courroucerent: & vne nuict mondict seigneur sainct Martin s'apparut au dortouer de ladicte Abbaye, & monstroit à vn Ange, qui le suyuoit, ceulx desdicts moynes qu'il deuoit ferir, lequel Ange les tuoit: & ainsi furent lesdicts moynes tuez, reserué vn nommé Yter, qui fut trouué estudiant es epistres S. Paul: & disoit ledict S. Martin audict Ange: Sauue moy le fils S. Paul. Le lendemain furent trouuez mors tous lesdicts moynes, reserué ledict Yther, qui fut sauué, s'en alla à vn desert pres Tours, en vn lieu ou ledict Charlemagne, pour l'amour de luy, fonda tantost apres vn moult belle Abbaye, en l'honneur de sainct Paul, qui l'auoit sauué: laquelle Abbaye est de present appelee Cormery: & leur ordonna partie des rentes que tenoyent les moynes dudict sainct Martin de Tours, & en fut ledict Yther le premier Abbé. Apres, ledict Charlemagne impetra que les prebstres de ladicte eglise sainct Martin de Tours desormais seroyent chanoynes, & n'y auroit plus de moynes: & dôna icelle eglise de sainct Martin audict Alcuin, qu'il appeloit son maistre, parce qu'il estoit vieil, affin qu'il se reposast & enseignast là ceulx qui de luy vouldroyent apprendre.

S. Martin de Tours, qui estoit eglise reguliere a esté conuertie en eglise seculiere.

Comment

DV GRAND ROY CHARLEMAGNE, EMPEREVR. Fueil.xlix.

Comment sainct Iaques s'apparut à Charlemagne, & luy requist qu'il deliurast des mains des Sarrazins le royaume de Galice, ou estoit son corps.

L'An de grace huict cens & *treize, apres que ledict Charlemagne eut conquis & mis en sa subiection toutes les Gaulles, Italie, Alemagne, Germanie, Angleterre, Bretaigne, Frise, Hongrie, Saxongne, Bauiere, Esclauonnie, Venise, Dannemarche, & plusieurs autres grands royaumes, prouinces, terres & seigneuries estranges & voysines, comme il est assez donné à congnoistre par ce qui est dict cy deuant, delibera de soy reposer des lors en auant, pour seruir à Dieu, & viure paisiblement. Il auoit de coustume de soy leuer par nuict, quand il ne dormoit pas, & par plusieurs fois, en soy pourmenant la nuict, & regardant au ciel, pensa moult de fois que pouuoit signifier vne grand' voye blanche qui apparoist au ciel entre les estoilles, tirant des marches de France vers Espaigne, & le pais de Galice, ou lors estoit incongneu, & en nulle reuerence le corps du glorieux Baron, monseigneur sainct Iaques, cousin germain, & Apostre de Iesus Christ. Or aduint vne fois que ledict Charlemagne regardant, & contemplant sur ladicte voye blanche, s'apparut à luy en l'air vn homme de moult belle & venerable stature: auquel ledict Charlemagne demanda qui il estoit, & il luy dist qu'il estoit Iaques, cousin germain & Apostre de Iesus Christ, & estoit fils Zebedee & frere de sainct Iehan l'Euangeliste. oultre ce qu'il estoit moult esmerueillé que luy, qui auoit tant prins de peine & de sollicitude à conquerir tant de terres & citez en estranges nations qu'il auoit conquises, mettoit si longuement à conquerir la terre de Galice, ou gisoit son corps incongnu, & sans estre reueré. La voye (dist il) que tu voys au ciel, demonstre que Dieu t'a esleu pour deiecter la gent Sarrazine, qui occupe ledict pais de Galice, & deliurer la voye en maniere que les Chrestiens puissent desormais aller visiter mon corps & mon sepulchre. & en signe de ce, ladicte voye apparoistra à toy & à tous autres perpetuellement, iusques en la fin du siecle: & pource aduance toy, & ie seray en ton ayde en toutes ces choses: & pour les labeurs de toy, & de ceulx qui t'ayderont, pour retribution ie vous ay impetré la couronne celestielle: & par trois fois aduint audict Charlemagne ladicte vision.

autres dixit toutesfois le vieil exep. ne quotte point le temps aussi ne faut Turpin, duquel ont pris tous ceulx qui ont escript ce qui s'ensuyt de Charlemagne.

Le chemi de s. Iaques en Gali ce fut mõstré au ciel à Charlemagne par ledict s. Iaques.

Comment les murs des citez de Pampelune & de Luserne tomberent miraculeusement deuant Charlemagne.

Bien tost apres ladicte vision ainsi veue, & paroles ouyes par ledict Charlemagne, il delibera d'aller conquerir ledict pais de Galice: & assembla grand ost en grand' diligence, & tira droict en Espaigne, ou il print plusieurs villes & citez, & asiegea la cité de Pampelune, ou il fut longuement. Apres ce qu'il eut par l'espace de trois moys tenu siege deuant ladicte cité de Pampelune, & qu'il ne la pouuoit auoir pour la force des murs, qui estoyent comme inexpugnables, il pria sainct Iaques, & luy requist qu'il luy aydast: & tantost apres lesdicts murs tomberent miraculeusement iusques aux fondemens, & fut prinse ladicte cité: & les Sarrazins qui estoyent dedans, qui se vouloyent baptizer, furent sauuez de mort, & les autres furent tous tuez. Veues & ouyes, lesquelles choses ainsi miraculeusemẽt aduenues, toutes les autres citez de la terre de Galice, d'vne mer iusques à l'autre, se rendirent tributaires, & en la subiection dudict Roy Charlemagne, fors la cité de Luserne, qui est assise au val † Berte, laquelle il ne peut prendre, par ce qu'elle estoit moult forte & bien garnie. A la fin quand il eut tenu le siege quatre moys deuant ladicte cité de Luserne, & qu'il veit qu'il ne la pouuoit auoir par force, il feit sa priere à S. Iaques, & tantost les murs, & toute la cité & habitans fondirent en abysme: & y sourdit vn grand lac d'eaue obscure & noire, & dedãs on voyoit nager grands poissons noirs & horribles, & les voit on encores de present. Quatre autres citez y eut qu'il mauldist semblablement: lesquelles demourerent, & sont encores sans habitans.

Pampelune fut prinse par l'Empereur Charlemagne.

† al. Verd,

La cité de Luserne & les habitans d'icelle tomberent en abysme.

Comment Charlemagne alla visiter le sepulchre de monseigneur sainct Iaques, en la cité de Compostelle: & d'vn grand idole qui est en la mer.

Apres ces choses faictes ledict Charlemagne alla visiter le sepulchre de monsieur S. Iaques, en la cité de Compostelle: & apres alla iusques au port de mer, qui est oultre, & là ficha sa lance dedans la mer, en rendant graces & louenges à Dieu, & à sainct Iaques, qui l'auoyent amené iusques là. Puis cheuaucha toute la terre d'Espaigne, laquelle submist à luy, & toutes les citez du pais, les aucunes

i

LES CHRONIQVES ET ANNALES DE FRANCE.

D'vn idole faict par art magique par Mahomet auquel estoit enclose vne legion de Diables.

par puissance d'armes, & les autres sans batailler: & destruisit tous les idoles du païs, reserué vn qui est en la terre de Landaluf, qui à nom Salancadis, qui vault autant à dire comme le Dieu de Cadis. Car ce mot Cadis est mis pour le propre nom du lieu, & Salan en langue Arabique vault autant à dire comme sire Dieu. Et disoyent les Sarrazins que leur prophete Mahomet feit celle image par art magique quand il viuoit, & encloit & seella dedans vne legion de Diables, par art de nigromance, qui celle image tiennent en si grand' force que nul ne la peut briser. Ledict idole est sur le riuage de la mer, assis sur vne haulte pierre, bien ouuree d'aucun ouurage Sarrazinois, large & carree par dessus, & par dessoubs estroicte, haulte autant qu'vn corbeau peut voller hault. Sur ceste haulte coulomne est celle idole droict sur les pieds en forme d'homme, la face tournee deuers midy, & en sa dextre main tient vne clef. Si auoyent les Sarrazins tel sort que celle clef luy deuoit cheoir de la main en celle annee qu'vn Roy seroit né en France, es derniers iours de ce siecle, qui toute la terre d'Espaigne conuertiroit en la foy Chrestienne: & quand aucuns Chrestiens s'en approchoyent incontinent perissoyent, & non pas les Sarrazins qui y alloyent pour l'aorer: car ils n'auoyent nul mal. Ainsi alla Charlemagne iusques aux derniers limites d'Espaigne, & ficha sa lance en la mer.

Des eglises & Abbayes que Charlemagne feit edifier.

Charlemagne fonda l'eglise S. Iaques en Galice.

Es thresors que ledict Charlemagne auoit euz des Roys & Princes d'iceulx païs, il decora & enrichit moult l'eglise S. Iaques: & en ladicte eglise fonda & meit chanoines de la reigle sainct Ysidore: & ce faict, il s'en retourna en France: & du reste des thresors, qu'il auoit gaignez en Espaigne, il edifia plusieurs eglises, en l'honneur & reuerence de mondict seigneur sainct Iaques, auquel il eut depuis toute sa vie singuliere deuotion & reuerence. Et entre autres il edifia la chapelle de nostre dame d'Aix, en Alemaigne, ou il est enterré: & sainct Iaques à Bourges, sainct Iaques à Toulouze, sainct Iaques qui est entre Agde, & sainct Iehan de Sorde, sainct Iaques entre Paris &

S. Iaques de l'hopital, à Paris.

Montmartre (lequel est de present enclos dedans Paris, & nommé sainct Iaques de l'Hospital) sainct Philebert, sainct Iosse, pres Montereul sur la mer, sainct Florent pres Saumur, sainct Maixant, & Charrois en Poitou, Conches, Menat Mainlieu en Auuergne, Moissac, sainct Sauin en Poitou, Noillac, sainct Tiensioy, sainct Paizant, saincte Croix à Poitiers, sainct Aignen d'Orleans, & plusieurs autres Abbayes, colleges, & autres eglises, comme en nombre non croyable: & toutes les decora & enrichit moult, tant en edifices, en rentes & reuenuz, que d'or, argent, pierres precieuses, aornemens & reliquaires, & leur donna de grands & beaulx priuileges: & meit en chacune eglise vne lettre d'or vallant cent liures, en laquelle estoit escripte l'annee de la fondation d'icelle, en memoire perpetuelle, & s'en treuue encores en aucunes desdictes eglises & Abbayes.

De la bataille qui fut entre les osts Charlemagne & Aygoland: & des lances de ceulx qui deuoyent mourir, qui florirent miraculeusement.

Les gens d'Aygoland furent tous tuez, ou mis en fuyte, par les gens de Charlemagne.

Antost apres que ledict Charlemagne fut retourné en France, vn Roy Payen des marches d'Afrique, nommé Aygoland, assembla grand' armee, & entra en Espaigne: & à luy submit le païs que Charlemagne y auoit conquesté, & tua toutes les gardes & gouuerneurs que Charlemagne auoit laissez au païs l'annee precedente, & recouura la plus grand' partie des Espaignes. Si tost que ce vint à la congnoissance dudict Charlemagne, il retourna en Espaigne à grand ost: & y estoit Miles, le Duc d'Angiers, pere de Roland, lequel auoit espousé Berthe, soeur dudict Charlemagne, ducteur & conduyseur de l'armee Charlemagne. Quand iceluy Charlemagne approcha ledict Aygoland luy manda que (s'il vouloit) pour leur question, ils feroyent combatre de leurs cheualiers de chacun costé, vingt contre vingt, quarante contre quarante, ou cent contre cent: & fut accordé que de chacun costé seroyent enuoyez cent Cheualiers, & furent les cent du party dudict Aygoland tous tuez. Apres en fut enuoyé de chacun costé deux cens, & furent ceulx dudict Aygoland semblablement tuez: & apres mil, & apres deux mil, dont la pluspart de ceulx dudict Aygoland furent tuez, & les autres s'enfuyrent. Quoy voyant iceluy Aygoland demanda audict Charlemagne pleine bataille au lendemain, laquelle Charlemagne luy accorda: & ainsi que les gens dudict Charlemagne preparoyent leurs harnoys & habillemens, en vne prairie qui est pres d'vn fleuue, pour le lendemain combatre, il y en eut plusieurs qui fichoyent leurs lances en terre, pour les tenir debout, affin qu'elles n'empeschassent à passer eulx & leurs cheuaux: & aduint que le lendemain matin, ainsi qu'ils cuidoyent prédre

leursdictes

DV GRAND ROY CHARLEMAGNE, EMPEREVR. Fueil.I.

leursdictes lances, ils trouuerent qu'elles auoyent toutes prins racines en terre, & escorce sur le boys, & par hault estoyent branchues & vertes de fueilles: dont ils furent moult esmerueillez, & les copperent pres de terre: mais les racines qui demourerét engendrerent grands boys, qui encores apparét. Le lendemain les osts s'assemblerent, & y eut moult cruelle bataille, en laquelle mourut bien quarante mil Chrestiens: & y fut tué le Duc Miles, pere de Roland, & le cheual dudict Charlemagne tué entre ses iambes: & lors quand il se veit à terre, & autour de luy, bien deux mil Chrestiens seulement qui estoyent à pied, de grand' ire il tira son espee, qu'il appeloit ioyeuse, & en pourfendit moult de Sarrazins. Tantost apres la nuict vint, & se retirerét les deux osts. Le lendemain de ladicte bataille vindrent en l'ayde de Charlemagne quatre Marquis d'Italie: lesquels amenerent en leur compagnie bien quatre mil combatans: & ce venu à la cognoissance dudict Aygoland, il se retira, & s'enfuyt: parquoy ledict Charlemagne auec son ost s'en retourna en France pour yuerner.

Des lances des gens de Charlemagne qui prindrent racines et fueilles en terre

De la bataille qu'eut Charlemagne contre Aygoland.

De la grand' armee que feit Aygoland, pour venir en France: & comment Charlemagne l'alla veoir à Agen, en habit dissimulé.

Cependant que Charlemagne demoura en France, Aygoland assembla grand ost, & gens de toutes pars, & de diuerses nations: comme Sarrazins, Turcs, Arabiens, Ethiopiens, Afriquans, Persans: & vindrét à son ayde en personnes Theresin, Roy d'Arabie, Burrabel, Roy d'Alexádrie, Auyt, Roy de Bugie, Hopin, Roy d'Agabe, Facin, Roy de Barbarie: les † Marquis de Maroch, de Mecque, de Sebille, l'Aumatour de † Corde, & autres grands Roys, Ducs, Comtes, Princes & Seigneurs: tellement qu'il auoit ost de gens comme innombrable: & vint, & traversa les Espaignes, & entra en France par le païs d'Aquitaine, & vint iusques en la cité d'Agen, & par force la print. De là manda à Charlemagne, qui estoit venu au deuant de luy à grand' armee, qu'il vint à luy parler à petite compagnie, & qu'il iroit semblablement au deuant de luy, & qu'il luy donneroit quarante cheuaulx chargez d'or & de richesses, s'il vouloit estre subiect à luy. Pource le mádoit il, affin de le veoir, & qu'il eust de luy congnoissance, pour l'occire en trahison, quand il le trouueroit à point: mais Charlemagne, qui semblablement auoit grand desir de le veoir & congnoistre, entendit bien sa malice: & print secretement deux mil hommes de ses gens, qu'il mena auec luy iusques à vn boys, ou il les laissa en embusche, en prenant seulement soixante, qu'il mena iusques aupres de ladicte cité d'Agen sur vne montaigne, dont il pouuoit veoir plainement toute la cité. Là les laissa, & chágea son habit, & se meit en guyse de messager. son bouclier bouta sur son dos, ainsi que messagers auoyent en ce temps accoustumé de faire: & s'en alla auec vn de ses gens, qu'il print comme son compagnon, & tirerent vers ladicte cité. Aucuns des Sarrazins issirent contre eulx, & leur demanderent qu'ils queroyent: & ils dirent qu'ils estoyent messagers du grand Roy Charlemagne, qui les enuoyoit deuers Aygoland, parler à luy. Si furent menez deuant Aygoland, & luy dirent ainsi: Charlemagne te mande qu'il vient parler à toy, auec soixante Cheualiers seulement, pour faire ton commandement, & veult cheuaucher auec toy & deuenir ton homme, se tu veulx accomplir ce que tu luy as promis. Pource te mande que tu viennes au deuant de luy, à tout soixáte de tes hommes, si parlerez ensemble paisiblement. Lors leur dist Aygoland qu'ils retournassent à Charlemagne, luy dire qu'il l'attendist: & par ceste maniere ledict Charelmagne veit & congnut ledict Aygolád, & les Roys qui estoyét auec luy: & en s'en retournant regarda l'asiete de la cité, & le lieu par ou elle seroit plus aysee à asieger & à prendre.

† al. Roys.
† al. Cordube.

Aygoland vint en France iusques à Agen, lequel il print.

Charlemagne alla parler à Aygoland en habit dissimulé en la cité d'Agen.

Comment Charlemagne asiegea Aygoland en la cité d'Agen, lequel eschapa & s'enfuyt à Xainctes, ou Charlemagne le suyuit, asiegea & desconfit: & des lances qui florirent.

Charlemagne retourna aux lx. Cheualiers qu'il auoit laissez en la montaigne, & puis hastiuement s'en alla aux deux mil qu'il auoit laissez plus loing: & Aygoland le suyuit à tout sept mil Sarrazins, pour l'occire, s'il l'eust peu acconsuyuir: mais ils s'aduancerent si tost de cheuaucher, qu'Aygoland ne les peut attaindre. Adonc Charlemagne, qui eut congnue la trahyson d'Aygoland, assembla ses osts & s'en retourna, & vint iusques deuant ladicte cité d'Agen, ou Aygoland estoit. Le siege y meit, & y fut six ou sept moys. A la parfin il donna si dur assault, qu'Aygoland ne peut plus soustenir le faix: & pourtant luy, & autres des Roys & Princes qui estoyent auec luy, voyans qu'ils ne pouuoyét plus resister, par nuict saillirent par aucuns pertuys de latrines, & autres eschapatoires qu'ils

i ij

LES CHRONIQVES ET ANNALES DE FRANCE.

Charlemagne reconquesta la cité d'Agen.

trouuerent descloz:& par la riuiere de Gironde, qui passe pres ladicte cité, descendirent & s'en allerent iusques en la cité de Xainctes, qui estoit lors es mains des Sarrazins : parquoy le lendemain Chrestiens entrerent dedans Agen, & y furent tuez plus de dix mil Sarrazins : & les autres s'en fuyrent par ladicte riuiere, & allerent apres ledict Aygoland. Charlemagne les suyuit, & manda à Aygoland qu'il luy rédist la cité de Xainctes. ce qu'il ne voulut faire. Parquoy fut prins iournee pour combatre entre les deux osts, par tel conuenant que ladicte cité de Xainctes, ou ledict Charlemagne auoit mis le siege, demourroit au vainqueur. Le iour precedent la bataille, ainsi que Chrestiens preparoyent leurs habillemens de guerre, en vne prayrie, qui est entre ladicte cité de Xainctes & vn chastel appelé Taillebourg, assis sus la riuiere de Charente, les aucuns d'eulx ficherent leurs lances en terre : mais il aduint pareil miracle qu'il estoit aduenu l'annee precedente en Espaigne : car lesdictes lances prindrēt racines & escorces, & par hault rendirent branches & fueilles. ce qui fut signification que ceulx, à qui estoyent lesdictes lances, deuoyent florir le lendemain par martyre, pour la foy de Iesus Christ. Le lendemain y en mourut plusieurs en la bataille : & fut ledict Roy Charlemagne bien empressé, & en danger de sa personne, & luy fut son cheual tué. A la parfin Chrestiens se r'allierent, tellement que les Sarrazins ne peurent porter les durs assaults des Chrestiens : parquoy s'enfuyrent & se retirerent dedans la cité de Xainctes : & le lendemain, ledict Aygoland &

Deux Roys & quatre mil Sarrazis, furēt tuez par les Francois au siege de Xainctes.

ses gens sortirent secretement hors la cité, du costé de la riuiere. Les Chrestiens, qui les apperceurent, les chacerent, & à ladicte chace furent tuez les Roys d'Agabe & de Bugie, & bien quatre mil Sarrazins. Lors delaissa Aygoland la terre de Gascongne, & en Espaigne s'en alla iusques à Pampelune, qu'il feit refaire : & assembla si grand'armee qu'il auoit bien cent trente mil hommes : & de là manda à Charlemagne que s'il le vouloit attendre qu'il auroit à luy pleine bataille : mais Charlemagne voyant sa gent moult lassee & appetissee, & que la saison de l'annee estoit ia basse pour ostoyer, s'en retourna en France, & feit assembler plus grand'armee que deuant.

De la grand'armee que feit Charlemagne, pour aller en Espaigne, contre le Roy Aygoland.

Charlemagne affranchit de toutes exactions ceulx qui luy tindrēt compagnie contre les Sarrazins.

QVand les gens de Charlemagne furent assemblez, l'ost de sa propre terre fut nombré à cent trente mil hommes armez, sans la gent à pied, qui estoit innombrable, & se meit à voye pour aller en Espaigne : mais auant son partemēt il donna ordre aux affaires de son royaume, & feit moult de biens. Il affranchit & quitta tous ceulx qui allerent auec luy, & leurs heritiers, de toutes exactions & seruitudes capitaulx, Il donna grands finances aux paoures : il vestit les nuds : il meit d'accord & pacifia ceulx qui auoyent debat, proces, & question en son royaume. Auec ledict Charlemagne vindrent les haux Princes & Seigneurs qui s'ensuyuent : c'est à sçauoir Roland, Comte du Mans, & Seigneur de Blaye, nepueu dudict Charlemagne, fils de Berthe sa sœur, & de Miles d'Angers, auec quatre mil hommes (toutesfois aucuns dient qu'il y auoit vn autre Roland, que ledict Charlemagne auoit engendré en vne sienne sœur, & estoit Comte de Gastinois, & que c'est celuy qui dōna à sainct Denis la seigneurie de Beaulne en Gastinois) Oliuier, Comte de Gennes, aussi nepueu de Charlemagne, & fils de René, auec trois mil hommes : Arastanus, Roy de Bretaigne, auecques six mil hommes, lequel Arastanus mourut à Ronceuaux (toutesfois y auoit lors vn autre Roy en Bretaigne) Angelier, Duc d'Aquitaine, auec quatre mil hommes † Gadifer, Roy de Bordeaux, auec quatre mil hommes : † Genenus, Salomon, † Gillemer, † Lescot & Baudouyn freres de Roland. Tous ceulx cy y amenerent dix mil hommes. Gondebeuf, Roy de Frise, auec quatre mil hommes : Brielles, Comte de Nantes, auec deux mil hommes : Naymes, Duc de Bauiere, auec deux mil hommes : Constantin le Preuost de Romme, auec vingt mil hommes : Oliuier, Roy de Dannemarche, auec dix mil hommes : Ogier, Duc de Dace : Lambert, Prince de Bourges, auec deux mil hommes : Sanson, Duc de Bourgōgne, auec dix mil hommes : Regnault d'Aubespin, Gaultier de Termes, † Guillin guerin, Duc de Lorraine, auec quatre mil hommes : † René aubery, & plusieurs autres y amenerent grands osts. L'Archeuesque de Reims Turpin, & Ganes le trahystre, qui estoit nepueu dudict Charlemagne (lequel trahit & liura les douze Pers au Roy Marsillon) y amenerent aussi grand ost : tellement & en si grand'multitude que toute la terre estoit couuerte de gens, tant à pied qu'à cheual. La Gironde passerent à Bordeaux, puis passerent les lances, & les † ports de Cesaree, & vindrent deuant la cité de Pampelune, ou estoit Aygoland : & lors Charlemagne luy manda qu'il luy rendist la cité, ou qu'il iroit à luy en bataille.

† al. Gaifer,
† al. Geler,
† al. Gelin,
† al. Estalius

† al. guillaulme Guerin

† al. René Aulbery.

† al. ports de Ciseree ou Ciseriens.

Du parlement

DV GRAND ROY CHARLEMAGNE, EMPEREVR.

Du parlement que Charlemagne & le Roy Aygoland eurent ensemble, touchant leurs loix.

Qvand Aygoland sceut la grand' armee qu'auoit ledict Charlemagne, il requist tresues pour parlementer auec luy: lesquelles Charlemagne luy octroya. Le lendemain Aygoland vint auec quarante cheualiers deuers Charlemagne, qui estoit hors la cité. Les osts des deux parties tenoyent bien six lieues de pais en long, & en estoit la terre couuerte de gens. Là parlerét ensemble, & dist ledict Charlemagne audict Aygolád en langage Arabic, lequel il auoit apprins de ieunesse en la cité de Tholette: Es tu Aygoland, qui en mon absence as tollu par tricherie, & par malice, la terre que i'auoye conquise à l'ayde de Iesus Christ, & de sainct Iaques l'Apostre? c'est à sçauoir Gascongne & Espaigne, que i'auoys conuerties à la foy Chrestienne, & les Princes submis à mon Empire. As tu mes Chrestiens occis, & mes citez, chasteaux & places prins, pendant que i'estoye retourné en France? Quand Aygoland entendit que Charlemagne entendoit & parloit Arabic, il en fut moult esmerueillé & ioyeux, affin de le pouoir mieulx entendre, & parler à luy: & lors dist à Charlemagne: Ie te prie que tu me die pourquoy tu as premierement tollu la terre à noz gés de nostre loy? laquelle ne t'appartient point par droict d'hoirie, & n'y eurent onc rien tes predecesseurs. Charlemagne luy dist que nostre seigneur Iesus Christ, Roy du ciel & de la terre, à esleu la gent Chrestienne pour dominer sur tous autres: & Aygoland luy dist: Et nous auons Mahommet, messager de Dieu, qui nous a esté enuoyé, duquel nous tenons les commandemens, & si adorons les tous puissans Dieux, qui nous manifestent & dient les choses qui sont à aduenir. A quoy Charlemagne respondit: Aygoland, tu erres, car nous autres Chrestiens tenós les cómandemens de Dieu, & vous tenez ceulx d'vn homme: nous adorós Dieu, Pere, & Fils, & S. Esprit: & vous adorez & croyez aux Diables, en voz simulachres & idoles & pource ie te prie, Aygoland, que toy & ta gent receuez baptesme, affin que vous viuez & soyez sauuez, ou sois certain que ie te combatray & occiray, & apres tu auras la mort eternelle. Aygoland luy dist: Ia ne m'aduiendra que ie recoiue baptesme, & que ie renonce mon Dieu omnipotent Mahommet: & te dy que ie te combatray toy & ta gent, par tel conuenant qu'il sera dict que celuy qui aura victoire, aura la meilleure loy. Ainsi par appoinctemét faict entre eulx furent enuoyez vingt Chrestiens pour combatre contre vingt Sarrazins. Les xx. Chrestiens eurent victoire. Apres furent enuoyez cent Chrestiens contre cent Sarrazins: mais Chrestiens à celle fois furent lasches, & s'en fuirent. Apres en furent enuoyez deux cens contre deux cens, & puis mil contre mil: & depuis tousiours les Chrestiens eurent victoire.

Disputation qui fut entre l'Empereur Charlemagne & Aygoland.

Comment Aygoland promit qu'il seroit baptizé: & comment il refusa de l'estre par ce qu'il veit les paures de Iesus Christ estre mal & paurement traictez en la court de Charlemagne.

Lors requist Aygoland à Charlemagne tresues: & confessa que la loy Chrestienne valoit mieulx que la loy Sarrazine, declarant qu'il vouloit estre baptizé: & commanda à tous ses gens qu'ils se preparassent de receuoir baptesme. ce que les aucuns refuserent. Au lendemain vint Aygoland vers Charlemagne, pour receuoir baptesme: & le trouua à table assis au disner: & veit qu'en sa salle auoit diuerses tablees de gens de diuers estats: es vnes auoit Barons & Cheualiers, es autres Euesques, Prelats, & autres gens ses seruiteurs, qui estoyét plantureusemét seruis de viádes & de vins, puis veit qu'au bout de sa chambre auoit treize paures mal habillez, qui mangeoyent à terre sans nappe, & n'estoyent pas seruis de mesme comme ses autres gens. Il demanda que signifioyent ces treze paures si mal accoustrez. Charlemagne luy dist que c'estoyent les gens & messagers de nostre seigneur Iesus Christ, lesquels tous les iours il repaissoit en l'hónneur de ses treize Apostres. Lors luy respódit Aygoland que cela luy sembloit bien estrange q̃ ses gens & seruiteurs, qui estoyent autour de luy, estoyent si precieusement habillez, & mangeoyent si plantureusement, & ceulx, que tu dis estre messagers de ton Dieu, sont si paurement vestuz & repeuz, & asis loing de toy à terre, & sans nappe. Grand' honte (dist il) fait à son seigneur qui ses messagers recoit & traicte si laidement. Ta loy (dist il) que tu disois estre si bonne, monstre bien, par ce que fais, qu'elle est faulse: & soubs celle couleur & occasion Aygoland refusa, & ne voulut estre baptizé, & s'en retourna: dót Charlemagne fut desplaisant, & luy sembla qu'il y auoit en cela faulte, & estoit cause de la perte d'Aygoland & de ses gens: & de la en auant eut les paures en recommandation, & en plus grand' reuerence qu'il n'auoit eu parauant.

De la reproche que feit Aygoland à Charlemagne.

i iij

De la bataille & mort du Roy Aygoland: & de ceulx que Charlemagne auoit gardez d'aller en la bataille, qui furent trouuez morts.

†al. Arnault de Bellande
Charlemagne de son espee ioyeuse tua le Roy Aygoland.

LEndemain Aygoland manda la bataille à Charlemagne, & s'assemblerent les deux osts. † Eruault de Beaulande, qui conduisoit vne partie des gens de la bataille, & Charlemagne en ferirent tant à dextre & à senestre, & se feirent tellement faire place qu'ils vindrent iusques là ou estoit Aygoland, au meilleu de ses batailles: & Charlemagne de son espee ioyeuse, luy trauersa le corps, tellement qu'il le tua sur le champ. Grand' clameur se leua en l'ost des Sarrazins: & quand ils veirent leur Seigneur mort, le courage leur faillit, & se meirent à la fuite: & furent tous occis, fors les Roys de Sebille, & de Cordube, autrement nommé l'Aumatour de Corde, & aucun peu de gens qui s'en fuirent. La cité fut prinse: & y eut si grand' occision de Sarrazins, que les gés de pied baignoyent en sang iusques au gros des iambes. Charlemagne, ioyeux de si belle victoire, assem

*Turpi dit oultre les ports de Arges, sans parler de la ville S. Iaques.

bla ses gens, & alla *iusques au pont d'Orge, qui est en la ville de S. Iaques. Là feit ses trefs & pauillons tendre pour soy heberger: mais aucuns des Chrestiens par couuoitise retournerent la nuict au champ de la bataille, pour recueillir la despouille des Sarrazins morts: mais les Roys de Sebille & de Cordube, nommé l'Aumatour de Corde, & aucuns Sarrazins qui s'estoyent eschapez, & se mussoyent par les montaignes, en occirent iusques à mil. Le lende-

†al. Forre ou Furre,
†al. Gazin, Iardin, & dorigni.

main de ladicte victoire, vn Prince de Nauarre, nommé †Surre, qui estoit Seigneur des monts de †Garzizin manda à Charlemagne qu'il iroit à luy en bataille. Charlemagne se prepara, & feit requeste à nostre Seigneur qu'il luy demonstrast ceulx qui deuroyent mourir en ceste bataille: & le lendemain quand ils furent tous armez, apparut sur aucuns des croix rouges comme sang: & lors ledict Charlemagne, congnoissant que c'estoit signifiance que ceulx là deuoyét mourir en la bataille, les enferma en son oratoire. Puis alla combatre ledict Surre, & le vain-

*Turpin et autres disent qu'il fut tué.

quit, & tua tous ses gens: mais ledict Surre *eschapa, & s'en fuyt auec trois Cheualiers seulement. Apres la bataille paracheuee Charlemagne retourna à son oratoire, ou il trouua ceulx qu'il auoit enclos à demy morts. Si print ledict Charlemagne, & s'ensaisina de toute la seigneurie de Garzizin, & de toute la terre des Nauarrois.

D'vn grand geant, nommé Ferragut.

†al. vj. vigts mil.
De la haulteur & grosseur de Ferragut.

APres la dessusdicte victoire vindrent nouuelles à Charlemagne que de la cité de Nadres, es parties de Surie, estoit venu vn grand geant nommé Ferragut, de la lignee de Golias, & l'auoit enuoyé l'Admiral de Babylonne, & en sa compagnie bien †xxij. mil Turcs, pour deffendre contre Charlemagne la terre d'Espagne. L'hystoire dit que ce grand Ferragut auoit douze couldees de hault, sa face vne couldee, son nez vn espan, & ses cuisses quatre couldees, & en luy auoit la force & la puissance de quarante des plus puissans hommes qui se peussent trouuer: & ne doubtoit coup d'armes, de lances, ne de sayette: & iettoit & dardoit vne lance comme vn autre homme feroit vne sayette. Charlemagne alla au deuant de luy: & quand le geant sceut qu'il venoit, il demanda bataille d'vn seul Cheualier corps à corps. Charlemagne bailla pour le combatre Ogier le Dannois, vn moult vaillant Cheualier. Quand Ferragut le veit venir, il alla tout bellement pres de luy, & le print par la main, l'embrassa, & l'emporta à tout ses armes prisonnier au chasteau. Apres ledict Ogier alla pour combatre le geant, Regnault d'Aubespine. Puis en furent enuoyez deux, lesquels Ferragut emporta tous armez en ses mains, l'vn deca, l'autre dela: & les vns apres les autres y allerent iusques à vingt Cheualiers, que ledict geant emporta tous prisonniers au chasteau. Quand Charlemagne veit sa force, il n'y osa plus enuoyer. Si en estoit tout esbahy.

Comment Roland, nepueu de Charlemagne, vainquit & tua le geant Ferragut.

De la bataille de Roland contre Ferragut le geant.

ROland, nepueu de Charlemagne, qui iamais homme ne doubta, requist à Charlemagne, son oncle, qu'il luy voulsist permettre qu'il allast combatre le geant. ce que ledict Charlemagne craignoit luy octroyer: toutesfois à la parfin luy octroya. Lors Roland vint de grand courage vers le geant: & quand ledict Ferragut le veit, il s'approcha de luy, & le print de sa main dextre, & le tira sur son cheual deuant luy, comme il auoit fait les autres. Ainsi qu'il l'emportoit vers le chasteau, Roland ayant confiance en Dieu reprint force & vertu, & de grand courage se retourna deuers

deuers luy, & le print par le menton & le renuersa de si grand' force qu'ils tôberent tous deux à terre: & incontinent se releuerent, & monterent sur leurs cheuaux. Lors Roland tira son espee, & vint côtre Ferragut, & le cuida ferir & abbatre: mais l'espee coula, & fendit son cheual tout au trauers, d'vn seul coup. Ferragut regarda lors Roland, & fut moult esmerueillé qu'vn si petit corps auoit frappé vn si grand & merueilleux coup. Quand le geant se veit à pied, & son cheual mort, il fut moult courroucé, & esbahy. Il se releua, & marcha vers Roland, & le cuida frapper de son espee: mais Roland luy bailla de la sienne sur le bras, tellement qu'il luy feit voler l'espee à terre. Lors le geant lieue le bras, & le cuida frapper le poing clos: mais il assena le cheual de Roland sur le fronc, & luy bailla vn tel coup qu'il le rua mort à terre. Roland se relieue, & se combatirent longuement ensemble des poings, & de pierres qui estoyent au châp, tellement que le geant fut lassé de trauail, & auoit si sommeil qu'il demanda tresues pour reposer & dormir: ce que Roland luy octroya. Et apres qu'il eut dormy, ils entrerent en parlement ensemble, & luy demanda Roland comment il pouuoit estre si fort: & le geant, comme fol, luy dist qu'il ne pouoit estre nauré ne tué que par le nombril. Roland ne feit pas semblant de l'auoir entendu: & appoincterent ensemble à la requeste dudict Ferragut, de combatre le lendemain, soubs telle condition qu'il seroit dict que le vainqueur auroit la meilleure loy, & les gens du vaincu s'en retourneroyent. Apres ledict appoinctement ils s'en allerent chacun à son logis. Le lendemain reuindrent Roland & le geant au champ de bataille, & eurent ensemble plusieurs disputations de la foy. Finalement apres que Roland eut appelé & requis Iesuschrist, & la vierge Marie en son ayde, & apres plusieurs grands coups & faicts d'armes dônez d'vne part & d'autre, quand il veit son aduantage frappe le geant par le nombril, dont il cheut à terre, & mourut, en criant & inuocant à haulte voix son Dieu Mahommet. Ses gens sortirent de la cité pour venir emporter le corps: & ainsi qu'ils le portoyent, Chrestiens se mirent auec eulx, & entrerêt dedans, & prindrent la cité & le chastel: & furent les Sarrazins tuez, & les prisonniers Chrestiens deliurez.

Roland & le geant Ferragut disputerêt ensêble de la foy de Iesuschrist.

De la bataille d'entre le Roy Charlemagne & Roy de Sebille & l'Aumatour de Corde, Sarrazins, qui feirent porter à leurs gens des habits de Diables, pour espouenter les cheuaux des Chrestiens.

APres ces choses, le Roy de Sebille & l'Aumatour de Corde, qui (comme dict a esté) s'estoyent eschappez de la bataille de Pampelune, amasserent grand ost de gens. Quand Charlemagne le sceut il vint contre eulx, & assiegea la cité de Corde. Sarrazins sortirent au deuant des Chrestiens: & pour les cuider malitieusement mettre en fuyte, & desarroy, feirent grand' quantité de leurs gens habiller d'habits noirs estranges, en leurs teste faulx visages, & ayans grands cornes noires, comme Diables, & tenoyent des clochettes en leurs mains. Et quand les Chrestiês, gens de cheual, s'approcherent pour batailler, lesdicts Sarrazins commencerent à sonner chacun leurs clochettes, & crier & hurler horriblement, si que c'estoit chose espouétable de les ouyr: tellement que les cheuaux des Chrestiens furent si espouentez qu'ils commencerent à fuyr, & ne voulurent approcher, & ne fut pas grande la bataille pour celle iournee. Le lendemain Charlemagne ordonna que les cheuaux de ses gens auroyent la veue & la teste couuerte, & les oreilles estouppees, affin qu'ils ne veissent n'oyssent point: & en bataille vindrent le lendemain, & furent Sarrazins desconfits, & le Roy de Sebille mort. Plusieurs desdicts Sarrazins s'assemblerent tousiours aupres de leur enseigne, qui estoit portee sur vn grand & large chariot, que huict beufs trainoyêt (car leur coustume estoit que iamais ne s'en fuyoyent de la bataille tant qu'ils veoyent leur enseigne droicte) & ce voyant Charlemagne passa au trauers d'eulx, & de son espee trencha leurdicte enseigne: & lors tous s'enfuyrêt, & y en eut huict mil de tuez. L'Amatour se sauua, & se retira dedans la cité: laquelle le lendemain il liura audict Charlemagne, & eut la vie & sa terre sauue, par telle paction qu'il seroit baptizé, & tiendroit sadicte cité en hommage de Charlemagne. Ces choses faictes Charlemagne, voyant qu'il auoit submis à luy toutes les Espaignes, alla en la cité de Compostelle, rendre graces à Dieu, & à sainct Iaques, & donna la terre de Galice à l'Eglise sainct Iaques, & aussi en departit à ses Cheualiers: & ordôna que tous les Euesques & seigneurs d'Espaigne seroyent subiects à l'eglise sainct Iaques: & delibera de s'en retourner en France: mais auant il feit & ordonna que les eglises, que les Sarrazins auoyent demolies, fussent réedifiees: & tous les apostats feit mourir, ou les enuoya en exil, si que nul n'en demoura au pais.

Charlemagne desconfit l'ost des Sarrazins, qui s'estoyent habillez en diables.

De la grand' trahison que feit Ganes, nepueu de Charlemagne.

Ainsi que Charlemagne estoit sur son partement, il s'aduisa qu'en la cité de Sarragoce estoyent demourez deux Roys, qui encores tenoyent la loy Payenne: l'vn nommé Marsillon, & l'autre Balligant, freres, que le Souldan de Babylonne auoit parauant enuoyez, pour deffendre la terre d'Espaigne contre Charlemagne : & lesquels par appointement s'estoyent submis à luy, & luy obeissoyent faintement. Charlemagne, qui se doubta qu'ils ne luy seroyent point loyaux, ne voulut pas qu'ils demourassent ainsi en la terre, s'ils n'estoyent Chrestiens, ou tributaires. A ceste cause leur manda par Ganes, son nepueu, qu'ils receussent baptesme, ou qu'ils luy enuoyassent tribut. Quand Ganes le trahistre fut arriué par deuers eulx, les deux Roys, qui estoyent riches & puissans, parlerent auec luy secrettement: & luy feirent grands dons & promesses, & tellement le subornerent que ledict Ganes leur promist liurer Roland & Oliuier ses cousins, & les autres combatans de l'ost: & ainsi lesdicts deux Roys, pour deceuoir Charlemagne, & pour le faire mettre en voye de retour en France, luy enuoyerent trente cheuaux chargez d'or & d'argent, & autres richesses: quarante chargez de trespur vin, & mille belles filles Sarrazines: & audict trahistre Ganes, affin qu'il executast sa trahison, presenterent vingt cheuaux chargez d'or & d'argét, & de draps de soye. Lequel Ganes s'en retourna deuers Charlemagne son oncle, & les richesses que les deux Roys enuoyoyent presenta: & luy dist que Marsillon desiroit moult à estre Chrestien, & qu'il s'appareilloit pour venir apres luy en France, pour baptesme receuoir, & pour luy faire hommage de toute sa terre. Charlemagne creut qu'ainsi fust, & ordonna comment il passeroit les ports de Cesaree, pour retourner en France. Par le conseil de Ganes commanda à Roland, Comte du Mans & seigneur de Blaye, & à son cousin Oliuier, Comte de Gennes, ses nepueux, & aux combatans, qu'ils demourassent à Ronceuaux, auec vingt mil hommes, en attendant que luy & son ost fussent passez lesdicts ports: & ainsi fut faict. Les plus grands Barós receurent le vin, & l'autre peuple receut les femmes: & ainsi pecherent en yuresse & en luxure: car ils eurent communication auec lesdictes filles Sarrazines, qui despleut moult à Dieu. Le lendemain matin Charlemagne, en sa cõpaignie Ganelon, l'Archeuesque Turpin, & plusieurs autres Princes auec leur ost passerent les ports de Cesaree.

Commencemēt de la trahisõ de Ganes cõtre son oncle Charlemagne.

De la desconfiture que feirent les Sarrazins sur les Chrestiens par la trahison de Ganes, à Ronceuaux.

Ainsi que Roland & Oliuier, & leurs osts, qui estoyent demourez pour faire l'arriere garde, attendoyent que Charlemagne & ses gens fussent passez, lesdicts deux Roys Marsillon & Balligant, qui par le conseil de Ganes s'estoyent mis en embusches es boys & vallees pres Ronceuaux, & en leur compagnie bien † soixante mil hommes combatans, issirent de leurs embusches espessement: & feirent deux batailles, chacune de trente mil hommes, & vindrent frapper sur la compaignie de Roland & Oliuier, qui se deffendirent vaillamment, & desconfirent la premiere bataille des Sarrazins. L'autre bataille de trente mil Sarrazins qui estoyent tous fraiz, vindrent auant, & frapperent sur les Chrestiens, qui estoyent las & trauaillez : car ils auoyent combatu contre la premiere bataille, depuis le matin iusques à l'heure de tierce. Tous les Chrestiens, par la volonté de Dieu furent desconfits, & n'en demoura que ceulx des compaignies de † Thierry & Baudouyn. Roland, qui en ladicte bataille fut moult trauaillé, voyant ses gens ainsi desconfits, mors & en fuyte, se retrahit en vn boys au mieulx qu'il peut, & monta sur vne montaigne pour veoir le lieu ou estoyent les Sarrazins, & veit qu'ils estoyent grand' multitude. Lors sonna son cor d'oliphant, qu'il portoit auec luy de coustume: & aucuns Chrestiens qui illec estoyent prochains mucez emmy les boys, au son du cor se retrahirent à luy enuiron cent. Auec luy les mena, & vint à vn Sarrazin qu'il auoit prins & attaché à vn arbre, & tira son espee, en luy disant que s'il n'alloit auecques luy, & luy monstrast Marsillon, qu'il le tueroit: & s'il vouloit ce faire, il le laisseroit aller vif. Le Sarrazin alla auecques luy, & luy monstra Marsillon entre les Sarrazins, monté sur vn cheual rouge, & ayant vn escu rond: & lors Roland laissa aller le Sarrazin, ainsi qu'il luy auoit promis. Lors se ferit, auec si peu de gens qu'il auoit, de grand courage entre les Sarrazins: vn en choysit qui estoit plus grand que les autres: vers luy alla, & de son espee Durandal le pourfendit de la teste iusques à la selle, tellement qu'il le coppa tout oultre luy & le cheual. Quand Sarrazins veirent ferir si grand coup, ils furent esbahis, & luy feirent voye, & se mirent en fuyte. Moult en tua Roland & sa gent, & tant feit qu'il vint iusques là ou estoit Marsillon: lequel commença à fuyr quand il veit venir Roland : mais Roland le suyuit de pres, & de vertueux & grand courage

† al. ciquāte

† Turpin dit un peu autrement & nommé ce Thierry theodoc

Rolãd soy voiãt oppressé des sarrazins sonna sõ cor, affin d'auoir ayde.

courage,& de son espeele tua. En celle bataille furent tous les compagnons de Roland tuez, & luy nauré de quatre lances, & griefuement feru de perches & pierres: mais toutesfois par l'ayde de nostre Seigneur, il eschapa vif d'entre les Sarrazins.

Des regrets que feit Roland auant que mourir.

Antost que Balligāt sceut la mort de son frere Marsillon, il s'enfuyt luy & ses Sarrazains. Baudouyn & Thierry, & aucun peu de Chrestiens, estoyent ce pendant parmy les boys, & se mussoyent pour la paour des Sarrazins: & Charlemagne & ses gens, qui riens ne sçauoyent de l'occasion des Chrestiens, passerent les ports de Cesaree. Lors commença Roland, ainsi blecé qu'il estoit à aller parmy le chāp de la bataille, dolent de la mort de tant de nobles hommes qu'il voyoit, & s'en alla droict à la voye tirant apres Charlemagne parmy les boys. Tant alla qu'il vint iusques au pied de la montaigne de Cesaree, au dessoubs de la vallee de Ronceuaux, ou il trouua vn beau preau d'herbe verd, auquel auoit vn bel arbre, & vn grand perron de marbre. Là descendit de son cheual, & s'assist pour soy reposer (car il estoit si las des grands coups qu'il auoit donnez & receuz, qu'il se trouua si malade que plus ne se pouoit soustenir) & se mit le visage vers Espaigne, en faisant de griefues complainctes: & sur toutes choses regrettoit son oncle Charlemagne, & dist que pour le reconforter il vouloit qu'il le trouuast mort le visage deuers ses ennemis, affin qu'il ne dist pas qu'il eust fuy: & lors tira son espee Durandal, toute nue: & apres ce qu'il l'eut longuement regardee, il commença à la regretter comme en plorant & disant: O espee tresbelle, clere & flamboyant, remplie de biens & de vertu, celuy qui te portera ne sera iamais vaincu, esbahy, ne surprins de ses ennemis, ne deceu par fantosme, n'illusion, ains aura en son ayde la diuine vertu: par toy ont esté maīts Sarrazins vaincus, & la foy chrestienne exaulcee: ô quantesfois ay ie par toy vengé le sang de Iesus Christ, & quants milliers des ennemis de la foy ay ie par toy occis, tant Sarrazins que Iuifs, i'auray trop grand' douleur se mauuais ou paresseux Cheualier te possede apres moy: ie seroye trop courroucé se Sarrazin, Iuif, ou autre ennemy de la foy Iesus Christ t'eust en sa possession: & en ce disant la leua contremont, & en frappa trois coups sur le perron qui là estoit, pour la cuider briser & rompre, de paour qu'elle ne vinst es mains des infideles, & frappa de telle puissance qu'il brisa ledict perron de marbre tout au trauers, & demoura l'espee saine & entiere. Quād il veit qu'il ne la peut briser, son cor d'yuoire mit en sa bouche, & commença à corner de si grand' force comme il peut, affin que s'il y auoit illec pres au boys aucuns Chrestiens mussez, qu'ils allassent à luy, & que ceulx qui auoyent ia passé les ports, retournassent & prissent son espee & son cheual: & sonna sondict cor de si grād' force & vertu qu'il se fendit par la force du vent: & tant s'efforca de souffler qu'il se rompit les nerfs & veines du col. Le son & la voix du cor de Roland alla miraculeusement iusques à l'ouye de Charlemagne, par le conduyt de l'Ange: & auoit ledict Charlemagne ia logé son ost en vne vallee deca les ports, qui encores est appelee le vau de Charlemagne.

Rolād derechef corna de son cor tellement qu'il se rompit les ueines du col.

De la mort de Roland: & comment Charlemagne & son ost retournerent.

INcontinēt que Charlemagne eut entendu le son du cor de Roland, il se doubta bien qu'il auoit aucun inconuenient & besoing d'ayde, & voulut retourner, cōbien qu'il fust ia loing de Roland de huict lieues: mais le trahistre Ganes, qui estoit cause de ceste malle aduēture, & entēdoit biē le cas, dist audict Charlemagne: Sire, il n'est ia besoing que vous retournez pour paour que vous ayez de Rolād: car il a de coustume de sonner son cor à petite occasion, & croy qu'il va de ceste heure chaceāt & cornant apres aucune beste en ce boys. Quand Roland eut ainsi sonné son cor, & que les nerfs & veines luy furent rompues, il commença à affoiblir, & auoir merueilleusement grand soif, pour le grand trauail qu'il auoit prins: & se sang qu'il auoit perdu, par les playes qu'il auoit receues. A Baudouyn, son frere, qui à luy estoit suruenu au son du cor, feit signe, par ce qu'il estoit si alteré de la peine, chaleur & traueil qu'il auoit soustenu, & perdu tant de son sang qu'il ne pouoit plus parler, qu'il luy donnast à boire. En grand'peine se meit d'en cercher, mais trouuer n'en peut: & quand il retourna à luy, il le trouua presque mort. Il beneīst l'ame de luy. Son cor, son cheual & son espee print, & s'en alla droict à l'ost de Charlemagne. Thierry semblablement suruint là ou Roland estoit auant qu'il mourust: forment le commença à plaindre & regretter, & luy dist qu'il garnist son corps & son ame de confession à Dieu. Ce iour mesme auant la bataille s'estoit le bon Roland confessé, & receut le corps de Iesus Christ, ainsi que de coustume estoit lors aux vaillans batailleurs. Lors Roland leua les yeulx vers le

Ganes ēpescha que Charlemagne n'alla secourir Roland son nepueu.

ciel, à Dieu se confessa & cria mercy : & sa benoiste ame partit de son corps, & l'emporterent les Anges en pardurable repos, ou elle est en ioye sans fin, par la dignité de ses merites, en la compaignie des glorieux Martyrs. Ce mesme iour Turpin, l'Archeuesque de Reims, chantant vne messe des trespassez deuant Charlemagne, eut en aduision la mort dudit Roland : & le denonca à Charlemagne, en luy disant qu'il auoit ouy vn chant melodieux d'Anges qui montoyent en hault, & portoyent l'ame de Roland & autres Cheualiers, & vne multitude de Diables qui emportoyent les ames de Marsillon & ses compagnõs. Tantost apres vint Baudouyn sur le cheual de Roland, qui racompta tout comme les choses auoyent esté, & comment il auoit laissé Roland mort, dont se sourdit moult grand cry en l'ost de Charlemagne: lequel & sa compaignie, bien courroucez & desplaisans, repasserent les ports, & retournerent vers Ronceuaux. Au lieu vindrent ou Roland gisoit mort, & là trouuerent le corps à l'enuers, & les mains croisees sur son estomach.

Le preux & uaillant Rolãd rendit l'ame à Dieu.

Des regrets que feit Charlemagne de la mort de Roland son nepueu : & comment le soleil se tint l'espace de trois iours, à l'endroit du midy, sans bouger, durant que les Chrestiens chacerent les Sarrazins.

Vand Charlemagne veit sondict nepueu Roland mort, de dueil & de pitié qu'il eut se laissa cheoir sur luy, & par moult de fois le baisa, & moult griefuement commença à plorer & gemir ses. Ses mains detordoit: sa face derompoit aux oncles: ses cheueulx, & sa barbe tiroit & arrachoit à pongnees, si que nul ne le pouoit appaiser. Et quand il peut parler il dist par maniere de lamentation telles parolles: O Roland mon doulx nepueu, dextre bras de ma puissance, honneur de France, espee de iustice, prouesse comparee à Iudas Machabeus, semblable à Samson le fort, *à Saul & à Ionas comparé par fortune de mort en bataille, Cheualier tressage, & tresaymé deffenseur des Chrestiens, destruiseur de la gent Sarrazine, lignee royal, guide & conduicte des osts & batailles, deffenseur des veufues & orphelins, sage en iugement, pourquoy t'amenay ie oncques en ces contrees? pourquoy ne suis ie mort auec toy? Tous les iours de ma vie me conuiendra plorer l'ame de toy, combien qu'elle soit auecques les Anges en la compagnie des saincts Martyrs. Quand Charlemagne eut ainsi regretté Roland, il feit là tendre ses pauillons, pour reposer ses gens celle nuict. Chacun alla par la vallee de Ronceuaux, entre les mors recongnoistre ses parens & ses amys. Là furent trouuez de moult nobles Princes & Cheualiers, leurs freres, leurs fils, nepueux, cousins, & parens mors & occis. Car tous ieunes cheualiers Francois, qui desiroyent valloir, & paruenir à honneur, suyuoyent Roland, pour la grand' prouesse & cheualerie qui estoit en luy. Là fut trouué le corps du noble Oliuier mort estendu enuers, comme en croix lyé, & attaché de hars à quatre fors pieux fischez en terre, escorché de cousteaux depuis la teste iusques aux pieds, percé & detrenché d'espees & de bastons. L'nystoire dit que Roland le veit mourir, qui fut vne chose ou il eut moult de regret, pource qu'il ne le pouoit recourre. Lors Charlemagne iura par le Dieu tout puissant qu'il ne cesseroit iamais de courir apres ses ennemis iusques à ce qu'il les eust trouuez & destruis. Luy & ses gens se rassemblerent, & se meirent à la chace apres Sarrazins, qui s'en commencerent à fuyr. Tant firent qu'ils les acconsuyuirent pres d'vn fleuue, nommé Ebra, pres Sarragoce, ou ils en tuerent bien * trente mil, & plusieurs qui se noyerent audict fleuue. L'Empereur Charlemagne tua de sa main le Roy Balligant : & print la cité de Sarragoce d'assault, & tout le pais: & ce iour aduint vn merueilleux miracle, que Dieu feit en faueur de Charlemagne & de ses gens: car le soleil se tint en estat immobile, à l'endroit du lieu qu'il est à heure de midy, l'espace de trois iours entiers, sans qu'il obscurfist ne feist nuict, durãt le temps que Chrestiens chaceoyent Sarrazins : & ce faict s'en retournerent Chrestiens vers Ronceuaux.

Lamentatiõ de charlemagne.

Turpin dit: et pareil à Ionathas, fils de Saul par la fortune de ta iuste mort

quatre mil Turp.

Comment Charlemagne feit amener les corps de Roland & Oliuier, ses nepueux, & enterrer en l'abbaye de sainct Rommain de Blaye, pres Bordeaux.

Harlemagne feit prendre les corps de Roland & Oliuier, iceulx ouurir & embasmer, & richement parer, ainsi qu'il appartient à funerailles de si vaillans & grands Princes. amener & enterer les feit à † Blaye sur Gironde, pres Bordeaux, en l'Abbaye de sainct Rommain, à laquelle il feit de grands dons. Aupres de Roland feit pendre Durandal son espee, & son cor d'oliphant : lequel, comme on dit, est encores de present en l'eglise sainct Seuerin pres Bordeaux. Grand'partie des autres Princes & Seigneurs furent portez & enterrez es cimetieres d'Arle & de Bordeaux, que les saincts Apostres

† al. Blene

stres & disciples, qui premierement furent enuoyez pour prescher en France la foy de Iesus Christ, auoyent consacrez & beniz.

Des prieres & aulmosnes que Charlemagne feit faire pour les ames des trespassez: & apres s'en retourna en France, & feit mettre par ordre, & en chant concordant, le seruice de l'Eglise.

Quand les corps furent enterrez, Charlemagne feit faire de grands aulmosnes aux pauures de Iesus Christ, affin qu'il priassent pour les trespassez : & leur feit faire robes & habillemens, & departir entre eulx douze mil onces d'argent, & autant de †besans d'or: & pareillement feit faire à Arle semblables aulmosnes. Ces cho- †al. talents ses accomplies, l'Empereur Charlemagne se mit à chemin pour retourner en France: & vint par les marches de Languedoc: & print la cité de Narbonne, que tenoit le Roy Balaac Sarrazin. L'Empereur l'admonnesta de soy faire baptiser, & il luy laisseroit sa terre, mais riens n'en voulut faire: parquoy l'Empereur le feit pendre à vn gibet : & tous ses Sarrazins furent tuez. Apres, l'Empereur s'en vint deuers la cité de Laon: & en s'en venant se feit enquerir s'il estoit vray que Ganes eust commis la trahison : car plusieurs l'en vouloyent excuser. Le cas fut aueré: si fut Ganes prins prisonnier, & amené deuers l'Empereur, à Laon. Thierry l'Ardenois, cousin d'Ogier, & de l'Archeuesque Turpin, qui scauoit comme tout en alloit, poursuyuit la matiere: & vn nommé Pinabel, nepueu de Ganes, l'en voulut excuser par son corps. Si se combatirent en champ de bataille soubs ladicte cité de Laon. Ledict Thierry vainquit Pinabel, qui confessa ladicte trahison (car il auoit aydé à la faire) si fut pendu : & ledict Ganes fut iugé par Naymes de Bauiere, Ogier, & les Pers de France, à estre desmembré & tiré par cheuaux. Ainsi fut executé le trahistre & ignominieux, en opprobre de luy & de sa lignee perpetuellement: & fut ladicte execution faicte aupres de ladicte cité de Laon. Ledict Charlemagne Empereur donna en vn gentil Cheualier, nommé Emery, qui estoit fils d'Eruault de Beaulande, qui estoit en bataille quand Charlemagne ocist Aygoland, & nepueu de Girard de Vienne, la cité de Narbonne, qu'il auoit prinse sur le Roy Balaac Sarrazin, dont iceluy Emery auoit esté cause: & en demoura seigneur: & eut à femme Emengarde, † fille de Boniface, Roy de †Ie ne trouué Pauie, dont il eut sept fils, & cinq filles: l'aisné fut Connestable de France, Guillaume au court point cecy au nez, qui conquist la cité d'Orenge, le Puys, Prouence, & autres sur les Sarrazins, & tua le grand vieil exéplaire, Geant Ysore deuant Paris: & son aisnee sœur fut Royne de France, mariee à Louis le Debon- & ne scay dont naire, fils de Charlemagne. Ces choses faictes, Charlemagne qui estoit moult affoibly, tant il est pris. pour les trauaulx qu'il auoit prins, que pour le dueil & ennuy qu'il auoit de Roland, s'en retourna à Paris: & rendit graces à Dieu & aux glorieux martyrs sainct Denis & ses compaignons, de la victoire qu'il auoit eue. En ladicte eglise sainct Denis feit de beaux & riches dōs: & entre autres à son arriuee y donna quatre besans d'or, in signum quod regnū Franciæ à Deo solo, & ab ipso sancto Dionysio tenebat. Et tous les iours de sa vie depuis pleura & regretta son nepueu Roland, & les autres Princes & Barons qui estoyent mors à Ronceuaux. Ledict Charlemagne Empereur, qui tousiours estoit curieux & attentif d'adresser & accroistre l'honnesteté de saincte Eglise, enuoya par tout le monde pour cercher & enquerir les noms & obits des saincts martyrs & confesseurs: & les feit mettre & inscripre en vn martyrologue, par vn moyne, nōmé Ysinard, combien que ce eust autrefois esté faict par sainct Hierosme, & par le venerable Bede: & se treuue par chacun iour cōcurrēt plus de trois cens festes de diuers saincts & sainctes. Apres feit sur les escriptures des saincts peres anciens faire par vn nommé Paul, Charlemagne son diacre, les legendes & lecons par ordre qui se chantent à l'Eglise tout au long de l'annee : & fut cause d'apauec ce, luy congnoissant la discordance qui estoit en la maniere de chanter & psalmodier en prehendre à chāl'eglise de France, qui n'estoit pas lors melodieuse, enuoya clercs à Romme pour apprendre ter de musique leur maniere de chāter & psalmodier: & par eulx feit instruire les Frācois en l'art de Musique, en France. dont ils vsent iusques à present. Les ministres de l'Eglise admōnestoit souuent qu'ils ne fussent point souffrans faire à leur eglise chose deshonneste ne scandaleuse. Il eut quatre femmes: la †al.Thedra premiere fut fille à Disier, Roy de Lōbardie, laquelle il repudia, dont sa mere ne fut pas cōten- de, Hildrute, par ce qu'elle la luy auoit faict espouser. Sa seconde femme fut nommee Hildegarde, femme de, Rothaide grādᵉ noblesse estant du lignage de Sueue, trois fils en eut: Pepin, Louis, & Charles : & trois de. filles nommees †Theodore, Hirtrurde, & Richarde. Sa tierce femme fut Frastrade, neée de †Ger- †al. Frācōmanie, dont il eut deux filles: & vne autre fille eut d'vne meschine. Sa quarte femme fut †Leo- nie, degarde, mais d'elle n'eut nuls enfans. En l'an de grace huict cens douze ledict Charlemagne, †al. Luidsoy sentant affoibly, & trauaillé pour les peines & trauaulx qu'il auoit portez, feit son testa- garde. ment: & par iceluy bailla & transporta le royaume de France, & l'Empire de Romme & bailla ladicte couronne imperiale à Louis son fils, qui fut surnommé le Debonnaire, auquel parauant il auoit donné le royaume d'Aquitaine: & feit & ordonna Roy d'Italie Bernard, fils de feu Pepin, son premier fils, qui estoit mort. Par la diuision & partage qu'il feit entre ses enfans de l'Empire, le royaume de France fut diuisé & exempté de l'Empire, & faict Empire, par soy: & depuis iceluy temps il ne recongnoist aucun souuerain en terre, comme il est recité au chapitre *Venerabilem. Qui filij sunt legitimi.*

De la vision qui aduint à l'Archeuesque Turpin des Diables, qui alloyent au trespas Charlemagne.

AVant le trespas dudict Charlemagne, luy & ledict Turpin, Archeuesque de Reims, deuot & sainct homme, qui estoit son principal amy & conseiller, en prenant congé l'vn de l'autre promirent que s'ils estoyét en lieu ou ils eussent pouoir, celuy qui mourroit le premier en feroit sçauoir les nouuelles à l'autre. Iceluy bon & sainct Empereur Charlemagne, par qui France fut tant honoree & exaulcee, & sera perpetuellement tant que le siecle durera, rendit son esprit à Dieu en la ville & cité d'Aix en Alemagne, l'an huict cens quatorze, la cinquieme Calende de Feurier, au quaranteseptiéme an de son regne, & septante deuxiéme an de son aage: & certifia & afferma ledict Turpin, qui estoit vn sainct & deuot homme, qu'à l'heure du trespas dudict Charlemagne, luy apparut ainsi qu'il commencoit à dire son psaultier, luy estant lors à Vienne, vne grand' turbe & multitude de Diables, qui en grand' tumulte & impetuosité passoyent par là: lesquels il adiura, & leur commanda de par Dieu qu'ils eussent à leur arrester. ce qu'ils feirent: & lors il leur demanda ou ils alloyent, & l'vn d'eulx respondit qu'ils alloyent à Aix en Alemagne, au trespas de l'Empereur Charlemagne, qui grieuement estoit malade: & lors ledict Turpin de rechef les adiura, & leur commanda de par nostre seigneur IesusChrist, qu'à leur retour ils passassent par deuers luy, & luy en dissent des nouuelles: & auant qu'il eust paracheué son psaultier, lesdicts Diables retournerent tous tristes & desplaisans, ausquels ledict Turpin demanda comment en estoit aduenu, & ils respondirent ainsi: L'Empereur selon ses merites estoit à nous, mais il est là venu vn Galicien sans teste, qui a tant mis de boys & de pierres en la balance, que les vices que nous mettions & arguyons contre, ne poisoyent riens au pris: & ainsi est eschapé de noz mains, & en ont les Anges emporté l'ame en paradis. cela dict incontinent ladicte turbe de Diables s'esuanouyt: & est à entendre que ledict Galicien sans teste estoit sainct Iaques, en l'honneur duquel ledict Charlemagne auoit fait edifier l'eglise de Compostelle, & plusieurs autres, & deliuré le royaume de Galice des mains des Sarrazins à grands labeurs & despens. Apres le trespas dudict Charlemagne, fut son corps enterré à grand honneur en l'eglise nostre Dame d'Aix, en Alemagne, que, comme dict est, il auoit fait edifier. A la sepulture duquel fut le Pape Leon, & grand nombre de Cardinaux, Archeuesques, Euesques, Prelats, Princes, Seigneurs, & gens de tous estats. Ledict Pape Leon conferma, ratifia, & approuua ledict testamét de l'auctorité du sainct siege Apostolique: & en la voulte ou il fut mis, fut son corps assis en vne chaire d'or, vestu & habillé d'habillemens royaux, & sa teste attachee à vne chayne d'or fin, affin qu'elle se tint droicte: & luy fut mis sur ses genoux vn liure, auquel estoit escript en lettre d'or le texte des Euangiles qu'il tenoit à sa dextre main, & en la senestre luy fut mis vn sceptre d'or: en sa teste, sa couronne, & le dyademe imperial: & deuát luy fut mis son escu, que les Rommains luy auoyét estably & faict faire de grāde richesse & sumptuosité. Et estoit ladicte voulte toute painćte & enrichie de fin or, & fut remplie toute de bonnes odeurs aromatisans, & apres ce le monumét bien clos & seellé. Moult fut ce noble Empereur plainćt & regretté par toute France, Alemagne, & generalement par toute la Chrestienté, voire mesmement par les infideles, pour les grands vertus & vaillances qui estoyent en luy. Il feit edifier deux ponts de grand & merueilleux edifice sur la riuiere du Rin, ou iamais n'en auoit eu. Il feit aussi à Boulongne sur la mer, pres le riuage de la mer, restaurer & refaire vne moult belle tour de moult durable edifice, laquelle on dit que Iules Cesar auoit premierement fait faire: & commanda que par chacune nuićt le feu fust allumé au fest de ladicte tour, pour donner adresse aux nauires estás sur la mer: & est appelee ladicte tour, la tour d'Ordre. Auant son trespas s'apparurent plusieurs signes & prodiges, faisans signification de sa mort. Par son testament il appela les quatres Archeuesques principaux de son Empire, & mit en leurs mains tous ses thresors pour diuiser en trois parties: c'est à sçauoir en donner l'vne aux pauures, l'autre pour la redemptió des prisonniers Chrestiens estans en estranges contrees, & l'autre pour reparer & edifier des eglises.

L'an de grace huict cens xiiii. Charlemagne rendit son ame à Dieu, le lxxii. an de son aage.

L'ame du Roy Charlemagne fut recousse des diables, & en paradis colloquee.

De la sumptuosité et richesse du sepulchre de Charlemagne.

De la tour d'Ordre estát à Boulongne sur la mer, bastie par Charlemagne.

DE LOVIS DEBONNAIRE, ROY ET EMPEREVR. Fueil.lv.

Les noms des Archeueschez qui estoyent soubs l'Empire Charlemagne.

SOubs l'Empire de Charlemagne estoyent les Archeueschez qui s'ensuyuent:Rauenne,Aquilee,Milan,Grade,Suriane,Tarête,Coulongne,Mayence,Salebers, Treues,Sects,Bezancon,Lion,Vienne,Ambrun,Aix en Prouence,Rouen,Arle, Bourges,Reims,Tours,Bordeaux,Auchs,Toulouze,Florence,& plusieurs autres qui sont de present, lesquelles estoyent lors destruictes par les Sarrazins, ou n'estoyent encores erigees en Archeuesché, & les Eueschez suffragans d'icelles. Il feit en son temps,pour le bien & direction de l'estat de l'Eglise,assembler cinq Conciles en France:le premier à Mayence,le second à Reims,le tiers à Tours,le quart à Chaalon,le quint à Arle.

Du Roy Louis le Debonnaire, fils de Charlemagne.

LOuis,dict le Debōnaire,premier de ce nom,fils de Charles le grād,Roy de France,& Empereur de Rōme,& de Hildegarde,sa femme,commēca à regner & imperer l'an de grace huict cens quatorze, & trespassa au xxvj.an de son regne,l'an huict cens quarante, & gist en l'eglise S. Arnoul de Mets,en Lorraine. Cestuy fut homme de grand'pitié & clemence, patient en aduersité, & deuot enuers Dieu & ses saincts:& par ce il fut surnommé Debonnaire. A cestuy roy Louis,des son ieune aage,auoit dōné le roy Charlemagne, son pere,le royaume d'Aquitaine,par ce qu'il auoit esté né en iceluy pais,c'est à scauoir en Poitou:& pour le gouuernement & conduicte des pais, à l'occasion de son ieune aage, commit & ordonna sages Cheualiers es citez dudict royaume, comme à Bourges,Poitiers,Perigeux,Cahors,Auuergne,Velay,Toulouze, Bordeloys & Limosin : lesquels estoyent appelez Ducs, & s'appellent de present Baillifs, ou Seneschaux desdicts lieux. Quand Charlemagne alla premierement à Romme, il feit porter ledict Louis ieune en vn berceau,ou en vne litiere : & fut par le Pape sacré & couronné Roy, comme dict a esté dessus. Apres ce que ledict Charlemagne fut retourné en France, il l'enuoya en Aquitaine, ou il fut grandement receu par toutes les villes & citez : & en commit & bailla la garde à vn preud'homme, nommé Arnoul, & à autres sages hommes. Quatre ans y demoura sans bouger:apres lesquels le Roy l'enuoya querir pour le veoir, & fut aucun temps aueques luy, puis le renuoya en Aquitaine.

L'annee ensuyuant ledict Charlemagne luy manda qu'il meist sus grand'armee, & allast ayder à Pepin, son frere, en Italie, contre aucuns qui le guerroyoyent. Si y alla ledict Louis à grand'puissance, & eurent les deux freres victoire:& à son retour alla & passa par deuers son pere qui estoit en Bauiere, auec lequel il fut long temps. Apres, du congé de son pere, il s'en retourna en son royaume d'Aquitaine, ou il se gouuerna moult sagement. Là vindrent deuers luy les messagers d'Alphons, Roy de Galice, & de plusieurs Princes Sarrazins, pour paix & alliance auoir auec luy. Il ayma moult le peuple qu'il auoit à gouuerner, & le tint en franchise. Il leur quitta de grands tributs de bleds qu'ils payoyent, dont ils estoyent fort trauaillez, & de tous autres truages, & ne leur faisoit nulles exactiōs sur eulx par impósts,n'emprunts: & par ce estoit aymé de Dieu & du monde, & bien renommé par toutes terres:& auoit tousiours sages & anciens Conseillers preud'hōmes aupres de luy, par qui se gouuernoit. Par le conseil de Charlemagne, son pere, il espousa vne noble dame, nommee † Armenias, fille du Comte Hildegran. Il feit reedifier plusieurs villes & chasteaux en ses pais, que les Sarrazins auoyent destruicts, & en feit faire de nouueaulx. Il conquit & print par armes la cité de Barcelonne, & se rendirent les habitans corps & biens à sa volonté:& apres s'en retourna hiuerner en Aquitaine. L'annee ensuyuant il retourna de rechef à Barcelonne, & passa oultre, & print Tharascon & Tortouse. Les Sarrazins qui estoyent dedans occit, les aucuns s'enfuyrent, le pais degasterent ses gens : mais apres Sarrazins Mores s'assemblerent en grand nombre, & vindrent contre luy, qui toutesfois furent desconfits, & là eurent Francois victoire. Vne fois les Gascons & Biernois d'oultre la riuiere de Gironde s'esleuerent contre luy, mais il les submit vaillamment à luy, & en assiegea plusieurs dedans la cité d'Acqs oultre Bordeaux, qui à la fin se rendirent à luy, & à sa volonté. Apres passa les monts Pirenés iusques à Pampelune, & ordonna des besongnes du pais, puis se meit au retour : mais les Gascons & Biernois, qui par nature sont legiers & peu stables, feirent embusches es destroicts des montagnes Pirenés, pour l'ost de leur Roy destruire, dont il fut aduerty : & les aucuns des Gascons : qui

L'an huict cens quatorze.

Baillifs & Seneschaux du pais d'Aquitaine, souloyent estre appelez Ducs.

Le roy Louis le Debonnaire estoit aymé de Dieu et du monde par son bon gouuernement.

† al.Irmingarde, ou Emégarde.

Les Gascons et Biernois sont legiers & peu stables.

k

allerent cõtre luy, furent prins & penduz. Ledict Roy Louis auoit de coustume de se seoir trois fois la sepmaine publiquement en personne en son Palais, pour ouir les plainctes & doleances de ses subiects : & estoit la chose publique en son temps si bien gouuernee qu'on trouuoit peu de gens qui se plaignissent de tors faicts. Lors q̃ Charlemagne, son pere, se sentit affoiblir, mãda ledict Louis, son fils, qui alla vers luy, & à grand' ioye le receut. Auec luy le retint tout vn esté, & l'introduisit & enseigna comment apres sa mort il deuoit tenir & gouuerner son royaume & Empire: & apres ce le couronna Empereur, & deslors luy bailla du tout l'Empire à gouuerner. Apres ce ledict Louis retourna en Aquitaine, ou tantost apres luy vindrent nouuelles de la mort de Charlemagne, son pere: & luy manderent les Barons qu'il se hastast de venir, pour aucunes doubtes qu'ils auoyent. Il s'aduança de venir, & luy feirẽt ses Barons hommage. Apres il alla à Aix, visiter le sepulchre de son pere, & là assembla general Parlemẽt, pour ordonner des besongnes de l'Empire & du royaume de France. Il feit entierement accomplir le testament de son pere, & payer ses officiers de tout ce qu'il leur estoit deu, & toutes ses autres debtes.

L'an huict cens quinze. En l'an de grace huict cẽs quinze, qui fut le premier an entier de l'Empire dudict Louis, Hariold, Roy des Danois, qui auoit esté expulsé de son pais, vint deuers luy demander secours, & par son ayde fut restitué.

L'an huict cens seize. En l'an huict cens seize, Loup, Duc des Gascons, s'esleua contre l'Empereur: parquoy il y enuoya Pepin, son fils, auec grãd' armee, qui le combatit, desconfit & exila. En celle mesme annee ledict Empereur enuoya vne autre armee contre lesdicts Danois, qui de rechef s'estoyent esleuez contre luy, & chacea les deux fils de feu † Godefroy, qui estoit leur Duc, & print ostages de ceulx des villes, qui tous se meirent à son obeissance.

† al. Gotric

L'an huict cens dixsept. En l'an de grace huict cens dixsept, pource que ledict Empereur Louis osta & debouta vn nommé Sigiuin, ou Sigin, qui estoit gouuerneur en Gascõgne, pour son insolence & mauuaises meurs, les Gascons d'oultre la riuiere de Garumne, & iusques aux monts Pirenés, s'esleuerent contre luy: parquoy il y enuoya son armee, & les feit assaillir par deux costez, & les pressa & dompta tellement qu'il leur fut bien tard de venir à mercy deuers luy.

Comment & pourquoy le Roy Louis le Debonnaire feit creuer les yeulx, & apres decapiter son nepueu Bernard, Roy de Lombardie.

L'an huict cens dix huict. EN l'an de grace huict cens dix huict, Bernard le Roy de Lombardie, fils de feu Pepin, aisné fils de Charlemagne, & nepueu dudict Empereur Louis Debonnaire (lequel par son moyen auoit esté couronné Roy viuant ledict Charlemagne) remply du vice d'ingratitude s'esleua contre ledict Louis, son oncle : & de sa conspiration furent consentans plusieurs du royaume, & aussi en furent consentans l'Archeuesque de Milan, & les Euesques de Cremonne & d'Orleans, que l'Empereur cuidoit estre ses amys: & vindrent à grand' compagnie de Francois, Lombards, Alemans, & autres, iusques en la cité de Chaalons en Champaigne. L'Empereur, qui en fut aduerty, assembla son ost, les assiegea & assaillit si virilement qu'il les print, & prisonniers les feit detenir. Et aucun temps apres, combien que ledict Bernard & ses complices eussent desseruy mort, & à ce fussent condamnez par le iugement des Barons de France, toutesfois il leur sauua la vie, & leur feit seulemẽt creuer les yeulx, priuãt ledict Bernard de son royaume: mais pource que ledict Bernard & aucuns autres portoyent trop impaciemment ce qu'ils estoyent aueuglez, il les feit decapiter : & les Archeuesques & Euesques feit seulement degrader, & apres tondre & mettre en religion. A ce doibuent prendre exemple les Princes & Seigneurs du sang, & de la noble maison de France, qui ont pour chef Roy singulierement honnoré de ce tresnoble mot de Treschrestien. Car on a tres souuent veu qu'à tous ceulx, qui ont fait aucunes machinations & entreprinses contre les Roys & la couronne de France, est mescheu & mal prins de leurs besongnes.

Louis Debonnaire feit creuer les yeulx à son nepueu, roy des Lombards.

L'an huict cens dixneuf. A l'Empereur Louis Debonnaire vindrent nouuelles en l'an de grace huict cens dixneuf, que les Bretons s'estoyent diuertis de sa subiectiõ, & auoyent ia fait vn Roy d'vn Seigneur du pais, nommé † Murmuncium. Incontinent l'Empereur assembla son ost, & enuoya contre eulx Charles son Connestable, qui les desconfit & submit à son obeissance : & fut ledict Murmuncium leur Duc, qui auoit vsurpé le nom de Roy, prins prisonnier: mais le Roy, qui debõnaire estoit, luy rendit sa terre, moyennant qu'il se meist à sa subiection, & renoncast au nom & tiltre de Roy. Ce neantmoins tantost apres il print guerre à ses voisins, qui loyaument obeissoyent à l'Empereur. A la fin les gens du comte Lambert le tuerent en sa maison mesmes. Apres ce l'Empereur retourna en France, & passa par Angiers. Là estoit sa Royne Armenias, sa femme, fort malade: laquelle trespassa deux iours apres q̃ l'Empereur y fut arriué. Il eut de ladicte Armenias trois fils: c'est à sçauoir Lotaire, Pepin & Louis. Apres ce ledict Empereur s'en passa par Rouen, & par Amiens, & s'en alla à Aix, pour soy yuerner. Audict lieu d'Aix il assembla

† al. Murmanus, Normanus & Vinomarchus.

DV ROY CHARLES, DEVXIEME DE CE NOM. Fueil.lxvj.

sembla vn Concile de plusieurs Euesques & Prelats, auquel furent faictes & adioustees plusieurs belles escriptures, à l'vsage de l'Eglise & des religieux. Audict an huict cens dixneuf, Hariod le Roy des Danois fut par ledict Empereur Louis, Roy de France, restitué en son royaume, duquel il auoit esté deietté par ses subiects, pource qu'il tenoit son party. Et l'an huict cens & vingt, le Roy des Abrodiciens, nõmé † Secloamur, fut à l'Empereur amené prisonnier, & deuant luy accusé de plusieurs crimes, desquels il ne se sceut purger : & par ce il fut enuoyé en exil, & donna l'Empereur son royaume à vn nommé † Cadragus. En ce temps l'Empereur n'auoit point de femme: & pource qu'il viuoit deuotement & menoit saincte vie, ses Barons doubterent qu'il abandonnast l'Empire, pour entrer en religion. Ils l'admonnesterent de soy marier, & tellement le persuaderent qu'il s'y consentit. Plusieurs pucelles luy amenerent, vne en print qui auoit nom Iudich, fille du Comte † Baudouin. Il eut de ladicte Iudich vn fils, nommé Charles, qui fut surnommé le Chauue, & fut Roy de France, & apres Empereur de Romme, ainsi qu'il sera veu cy apres. Entre autre chose aduint que les Gascons, qui sont legiers d'esprit, & s'estoyent esleuez contre l'Empereur, furent en peu de temps si bien chastiez par Pepin, son fils, qu'oncques depuis ne se rebellerent cõtre luy, & enuoya Loup leur Duc, en exil, comme dict est. En l'an de grace huict cens vingt & vn, ledict Empereur Louis Debonnaire partit & diuisa son royaume entre ses enfans, par le conseil de ses Barons. A Lotaire bailla le royaume d'Italie : à Pepin le royaume d'Aquitaine : & à Louis le royaume de Bauiere & Germanie, qui est dicte Alemagne: & voulut & ordonna que ledict Lotaire fust appelé Empereur : & l'enuoya en Italie, affin que le peuple sceust en la subiection duquel il deuoit estre & obeir. Et ledict partage & diuision feit iurer & confermer par ses Barons, affin que chacun sceust auquel desdicts enfans il deuoit estre subiect & obeir.

En l'an huict cens vingt & deux, † Lindemut, Duc de la basse Pannonie, se departit de la fidelité de l'Empereur: parquoy l'Empereur en l'annee ensuyuant meit sus grand' armee, & feit assaillir sa terre par trois diuerses parties: & ce sachant ledict Lindemut, se retrahit luy & aucuns de ses gens en vn fort chastel, sur vne montaigne, ne daignant aller, n'enuoyer deuers ledict Empereur pour paix auoir. Quoy voyant les gens dudict Empereur, coururent & gasterent toute sa terre par feu & par glaiue: & tantost apres iceluy Lindemut secretement trouua façó d'eschaper dudict chastel, & s'enfuyt à garand à vn Prince de Dalmacie, qui le receut: mais il luy en redit mauuais guerdon: car il le tua & se saisit de sa terre: & apres enuoya Ambassadeurs deuers les gens de l'ost de l'Empereur, & promist qu'il viendroit deuers luy. Audict an huict cens vingt & deux, pource que ledict Cadragus s'esleua contre l'Empereur, fut par iceluy chacé hors du royaume des Abrodiciens, & en son lieu fut restitué Secloamur, moyennãt qu'il se feit baptizer: & tantost apres qu'il fut Chrestien, luy print vne maladie dont il mourut.

Concile celebré à Aix par le Roy Louis Debonnaire.

† *al. Cloamir & Milegast.*

† *al. Celeadrogus.*

† *al. Vvelphon.*

L'empereur Louis fut marié à Iudith.

L'an huict cens vingt & deux

† *al. Lindevvir.*

De l'exces qui fut faict par les Rommains, à aucuns des bien vueillans de l'Empereur, dont on donnoit charge au Pape Pascase.

EN l'an de grace huict cens vingt & trois le Pape Pascase enuoya prier Lotaire, fils de l'Empereur (que son pere auoit enuoyé en Lombardie, pour prendre possession de l'Empire, & du royaume qu'il luy auoit donné) de l'aller veoir à Rõme. ce qu'il feit: & ledict Pape le receut moult honnorablement à son arriuee: & le iour de Pasques l'oignit & sacra Roy de Lõbardie, & Empereur de Romme, luy mettant la couronne Imperiale sur la teste: & fut appelé Auguste. Apres ce il print congé du Pape, & s'en vint à Pauie, ou il seiourna quelque temps, & puis s'en retourna en France vers son pere. En celle annee Drogo, frere naturel † de l'Empereur Louis le Debonnaire, fut faict Euesque de Mets. Tantost apres vindrent nouuelles audict Empereur que Theodore, secretaire de l'Eglise de Romme, Leon Donaires, & autres nobles de Romme auoyent esté occis, & leur auoit on creué les yeulx, & apres coppé les testes, en la maison du Pape Pascase: & disoit on que ce auoit fait faire le Pape, par enuie de ce qu'ils estoyent loyaux, & amys de Lotaire Roy de Lombardie, dont l'Empereur Louis fut moult courroucé. Et pour sçauoir s'il estoit vray, enuoya ses Legats l'Abbé de sainct Vuast d'Arras, & le Comte † Haffroy, à Romme: & lors ledict Pape Pascase se purgea par serment, deuant le peuple & lesdicts Legats, & deuant grand' multitude de Cardinaux & Euesques: & apres ce enuoya s'excuser deuers ledict Empereur Louis, & luy remonstrer que ce luy faisoit mettre sus, à tort & sans cause, vn nommé Leon, qui auoit enuie sur luy. Et tantost apres les messagers de l'Empereur s'en retournerent, qui certifierent que ledict Pape Pascase n'estoit point coulpable de la mort des dessus nõmez: & disoit on qu'ils auoyent tres bien deseruy la mort. Tantost apres l'Empereur fut aduerty que par les gens officiers de Rõme se faisoyẽt plusieurs iniustices au populaire des

L'an huict cens vingt & trois.

† *al. bastard*

En la maison du Pape furẽt tuez aucuns bienueillans de France.

† *al. Hufroy*

k ij

LES CHRONIQVES ET ANNALES DE FRANCE.

Rommains. Son fils Lotaire, Roy de Lombardie, & Empereur de Romme, y alla: qui leur feit tout reparer, & y meit d'autres officiers: dont le peuple de Romme fut moult ioyeux & bien content. Apres ce ledict Lotaire s'en retourna en France, & compta à son pere ce qu'il auoit faict à Romme: dont il fut bien ayse. Audict an huict cens vingt & trois, apres la mort de Secloamur, Roy des Abrodiciens, Cadragus qu'il l'annee precedente auoit esté chacé du royaume desdicts Abrodiciens, vint vers l'Empereur, qui tenoit son Parlement à † Compiegne: & combien qu'il fust coulpable de plusieurs crimes, toutesfois par le moyen de ses amys, qui estoyent en la court de l'Empereur, il feit sa paix: & luy fut permis s'en retourner en son royaume. En celle annee aduindrent plusieurs prodiges: car en Saxongne vingt & trois † villes furent bruslees du feu celestiel, & gens & bestes tuees de fouldres, & tous les blés & bleds de sur la terre fouldroyez de gresle: auecques laquelle cheurent grand nombre de vrayes pierres de grãd' longueur, grosseur & pesanteur: & apres ces prodiges s'ensuyuit grosse mortalité de gẽs. En celle annee aduint au territoire de Toul, en vne ville appelee Commercy, qu'vne ieune pucelle, apres la communion du corps de Iesus Christ s'abstint de manger pain, l'espace de dix moys, & apres de tout boire & manger l'espace de trois ans: puis retourna à la vie coustumiere des hommes. En celuy an mourut le pape Pascase: & fut faict pape Eugene, deuxième de ce nom. En l'an de grace huict cens vingt quatre, Michel, Empereur de Constantinoble, enuoya ses Ambassadeurs deuers l'Empereur Louis le Debonnaire, pour confermer paix & alliance. ce qui fut faict: & enuoya ledict Michel audict Louis plusieurs grans dons: & entre autres les liures que feit sainct Denis, escripts de sa main, de la Hierarchie des Anges, & autres, que ledict Louis receut à grand' ioye & reuerence, & les donna à l'Abbaye sainct Denis en France. En celle annee † Vulcanus, euesque du Liege, translata le corps sainct Hubert, qui estoit au Liege, ad * Andigium monasterium, qui est en la forest d'Ardenne. En celle mesme annee, deuant le Solstice d'esté cheut en Gaulle vn gros glasson, par vne tempeste, qui auoit quinze pieds de long, six de large, & deux d'espesseur.

† al. Francofurd:

† al. mestayries ou fermes.

De la grande abstinence d'vne pucelle.

L'an huict cens xxiiii.

† al. Vulcandus,

* al. Andagiũ

Comment le Roy Louis Debonnaire feit apporter à Soissons le corps S. Sebastien: & de la guerre qu'il feit contre les Sarrazins, en Espaigne.

L'an huict cens vingt & cinq.

EN l'an huict cens vingt & cinq, Hariol, Roy des Danois, auec sa femme & grand' multitude de ses subiects, qui estoyent Sarrazins, vindrent deuers ledict Empereur Louis le Debonnaire: & se feirent baptizer en l'eglise sainct Aulbin, en la cité de Mayence, ou estoit allé ledict Empereur: lequel luy donna de beaux dons, & puis le renuoya. En ladicte annee iceluy Empereur Louis le Debonnaire enuoya Hilduinus, Abbé de sainct Denis, deuers le pape Eugene, à Romme, luy requerir le corps sainct Sebastien: lequel il luy enuoya, & le receut l'Empereur à grand' reuerence, le faisant mettre en l'eglise sainct † Marc de Soissons: & à son arriuee & translation furent faicts, à l'intercession dudict glorieux martyr, plusieurs beaux miracles euidens: lesquels à racompter seroyent difficiles à croyre, sinon que Dieu, pour lequel ledict martyr a souffert tant de maux, peult tout faire, & ne luy est riens impossible. *En ce temps nouuelles vindrent à l'Empereur, qu'vn nommé Azon, qui s'estoit retiré de sa court, & fuy en Espaigne, auoit assemblé grand nombre de Sarrazins, & les auoit fait descendre en Espaigne, pour enuahir la terre dudict Empereur par ce costé là: parquoy l'Empereur enuoya son ost contre luy, auec Pepin son fils, Roy d'Aquitaine: mais les capitaines, qu'il auoit enuoyez auec luy, cheuaucherent si lentement & si paresseusement que ledict Azon print les citez de Barcelonne & de † Gironne, auant qu'ils arriuassent: dont l'Empereur fut mal content. Et ce faict en l'an huict cens vingt & six: auquel an fut apporté semblablement de Romme en France, à la requeste de l'Empereur, le corps de sainct Gregoire, Pape: & iceluy mis en ladicte Abbaye de Soissons. En celle annee mourut aussi pape Eugene, & fut faict pape Valentin, qui ne vescut que quarante iours: apres lequel fut faict pape Gregoire, quatrième de ce nom. L'an d'apres, qui fut huict cens vingt & sept, pource que l'an deuant les Bulgares auoyent gasté le païs de Pannonie, par la paresse & lascheté de Baldric, Duc de Foriules, maintenant Friol, l'Empereur Louis le deietta de sa Duché, la diuisant & donnant à quatre Comtes. Par mesme moyen furent aussi desappointez les capitaines qu'il auoit enuoyez en Aquitaine auec son fils Pepin, contre Azon, & leur osta l'honneur ou il les auoit mis, dont ils furent moult despitez contre l'Empereur, & penserent comme ils s'en pourroyent venger. Enuiron ce mesme temps, pource que l'Empereur Louis fut aduerty que les Sarrazins vouloyent de rechef descendre en Espaigne, il manda à son fils Lotaire, Roy de Lombardie, qu'il assemblast grand nombre de François Austrasiens, pour aller contre eulx. Ce qu'il

Le corps sainct Sebastien est à sainct Marc de Soissons.

† al. Medard

* P. Emil. semble mettre cecy parauant, & au lieu de loup de Gascongne.

† al. Geronde,

L'an huict cens vingt & six.

L'an huict cens vingt & sept.

DE LOVIS DEBONNAIRE, ROY ET EMPEREVR. Fueil.lvij.

qu'il feit: & les mena iufques à Lion, ou il attendit vn meffager qu'il auoit enuoyé en Efpaigne pour fcauoir de la venue des Sarrazins. Ce pendant veint parler à luy à Lion Pepin, fon frere, Roy d'Aquitaine: & lors arriua le meffager de Lotaire, qui eftoit allé vers Efpaigne: lequel rapporta que Sarrazins eftoyent venuz & entrez bien auant en Efpaigne, mais ils s'eftoyent retraicts, & ne vouloyent plus tirer auant, comme on difoit: parquoy les deux freres fe departirent:& s'en alla Pepin en Aquitaine, & Lotaire retourna deuers fon pere. En ce mefme an de huict cens vingt & fept Theodulphe, Euefque d'Orleans, qui eftoit prifonnier à Angiers, & plufieurs autres, qui auoyent efté fauteurs & caufe de la confpiration de feu Bernard, Roy d'Italie, nepueu de l'Empereur, ainfi que l'Empereur eftoit à la proceffion, le iour de Pafques flories, en paffant auprés de la chartre, ou eftoit ledict Theodulphe, commença à chanter ces verfets *Gloria, laus, & honor tibi fit, &c.* Et quand l'Empereur l'ouyt, il s'arrefta & le feit deliurer:& ordonna que lefdicts verfets fuffent chantez chacun an, le iour des Rameaulx, à la proceffion. En l'annee huict cens vingt & huict Boniface, Comte de l'Ifle de Corfegue, ayant la charge de l'oft de l'Empereur en Italie, paffa en Afrique, & eut bataille contre les Sarrazins, & en feit grand' occifion: puis s'en retourna à grád' gloire, & auec grand' proye.

pourquoy on chante Gloria laus, &c. à Pafques flories.

L'an 828.

De la confpiration qui fut faicte contre l'Empereur Louis le Debonnaire.

L'An de grace huict cens vingt & neuf, les capitaines que l'Empereur auoit dechargez de l'honneur ou il les auoit mis, confpirerent contre luy, & en l'an fuyuant s'en allerent deuers fon fils Pepin, Roy d'Aquitaine. A luy fe complaignirent de ce que l'Empereur les auoit defappoinctez:& difoyent qu'il fe gouuernoit du tout par vn nommé Bernard ou Berard, & eftoit des marches d'Efpaigne, & l'auoit fait Maire du palais, lequel pour cefte caufe eftoit monté en grád orgueil:& luy donnerent entendre contre verité, que ledict Bernard l'auoit enforcelé, & qu'il difpofoit du tout des befongnes du royaume à fon plaifir. Et auec ce qu'il honniffoit & entretenoit l'Emperiere Iudich, fa femme, & plufieurs autres chofes luy donnerent à entendre: & tellement perfuaderent ledict Pepin, qui eftoit ieune, qu'il les creut, & s'affentit à eulx, & s'efleua contre fon pere: & vindrent luy & lefdicts confpirateurs iufques à Orleans auec grand' armee, & ofterent Odon, que l'Empereur y auoit commis pour gouuerner le pais. Apres cheuaucherent oultre Paris, & vindrent iufques à Verberie, pres Compiegne. L'Empereur, qui fut aduerty de ladicte confpiration, dift audict Bernard qu'il s'enfuyft, affin que les trahiftres ne le trouuaffent autour de luy. A Iudich, fa femme, commanda qu'elle s'en allaft à Laon, & fe tint en l'eglife noftre Dame. Ce qu'elle feit: & l'Empereur s'en alla à Compiegne. Les trahiftres fceurent bien ces chofes, & enuoyerent à Laon aucuns d'eulx qui tirerent ladicte Emperiere à force hors de l'eglife de Laon, & luy feirent fouffrir moult de peines, & faignirent de la vouloir faire mourir:& apres ils la menerent à Compiegne deuers l'Empereur, pour le perfuader de laiffer les armes, & depofer les aornemens imperiaulx, & foy faire tondre & entrer en religion. Ladicte Iudich en parla à l'Empereur fecretement: il print terme d'y penfer. Et eulx voyans que ladicte Iudich n'y pouuoit autre chofe faire, ils la feirent voiler, & l'enuoyerent en religion en l'Abbaye fainct † Croix de Poitiers. Ils voulurent eulx mefmes contraindre l'Empereur à foy faire tondre en religion, & mettre ius les armes. Il leur dit, comme deuant, qu'il auroit fur ce confeil. Toutesfois ils ne feirent nulle villennie à fa perfonne. A vn nommé Hubert, ou Heribert, frere dudict Bernard, feirét creuer les yeulx, dont l'Empereur fut moult courroucé. Quand Lotaire, Roy de Lombardie, fut aduerty des chofes qu'on faifoit contre fon pere l'Empereur, il vint deuers luy à Compiegne, & là luy fut compté comment toute la befongne en eftoit allee: neantmoins il ne feit lors nulle aide à fondict pere: & par ce approuua taifiblement ce qui luy auoit efté faict.

L'an 829.

Confpiratiō contre l'Empereur Louis.

† tal. Radegōde

De l'Empereur Louis Debonnaire qu'on vouloit faire religieux.

De la captiuité ou le Roy Louis Debonnaire fut tenu par fes enfans: & comment il fut deftitué de fon Empire.

L'An de grace huict cens xxx. ledict Empereur demoura en celle tribulation tout le temps d'efté:& n'auoit que le nom d'Empereur, fans adminiftration nulle. Sur ces difcords fut affemblé vn Parlement à † Mayence: & vindrent tous les François Auftrafiens, & Alemans, à l'aide dudict Empereur: & fut iceluy Empereur mis hors de fubiection, & à fon liberal arbitre, & les principaux de la trahifon furét * penduz, & les aucuns exilez. Apres ce enuoya l'Empereur querir ladicte Iudich, fa femme,

L'an 830.
* autres difent Necmagus, en Latin.

* autres difent tonduz & mis en monafteres.

k iij

qui eſtoit à ſainđe Croix de Poitiers: laquelle ſe purgea honneſtement du blaſme que les trahiſtres luy auoyent impoſé. Puis apres l'Empereur de ſa debonnaireté donna la vie ſauue aux autres coulpables de ladiđe trahiſon, leſquels par iugement eſtoyent condamnez à mourir: & ſes fils, qui eſtoyent venuz vers luy, enuoya en leurs contrees, c'eſt à ſcauoir Lotaire en Italie, Louis en Bauiere, & Pepin en Aquitaine. En l'an huiđ cens trente & vn, l'Empereur tint vn autre Parlement: auquel Bernard ſe trouua preſt à ſe deffendre des crimes à luy impoſez, par armes, ou autrement: mais nul ne ſe preſenta contre luy: & meſmement Pepin, Roy d'Aquitaine, auquel l'Empereur auoit mandé, ne faillir de venir audiđ Parlement, ne ſe trouua point deuers l'Empereur, ſon pere, à ladiđe aſſemblee (combien qu'il euſt mandé & promis de ſ'y trouuer) iuſques à ce que le Parlement fut failly, dont ſon pere ne fut pas content. Et quand il fut deuers luy, il luy en feit pluſieurs remonſtrances, que Pepin ne print pas en gré, & ſ'en partit mal content, ſans le congé de ſon pere, & ſ'en retourna en Aquitaine. L'an d'apres qui fut huiđ cens xxxij. pource que lediđ Pepin faiſoit pluſieurs choſes contre la volonté de ſondiđ pere, il l'enuoya predre, & le feit mettre en priſon à Treues, pour le chaſtier de ſes mauuaiſes meurs: mais, par la faulte de ceulx qui le gardoyent, il eſchapa. L'Empereur l'enuoya querir, & luy manda qu'il vint à luy, mais il n'en voulut riés faire. Audiđ an huiđ cēs xxxij. lediđ Empereur, Louis le Debonnaire, voulut bailler vne portiō du royaume à ſon ieune fils Charles, qu'il auoit eu de ladiđe Iudich, ſa femme, & voulut faire mettre bournes entre ſon royaume & les royaumes de Lotaire, & Louis, ſes fils: mais la beſongne ne fut pas acheuee: car ſoubs ceſte occaſion pluſieurs trahiſtres du royaume cōſpirerent cōtre l'Empereur, & feirent tant qu'ils ſ'eſleuerent, & derechef: & eurent de leur party les trois fils de l'Empereur: & gaignerēt auſſi le pape Gregoire, qui lors eſtoit: lequel en l'an huiđ cēs xxxiij. par malice, & ſoubs ombre de faire la paix, vint en Frāce: mais il eſtoit formellement fauorable aux conſpirateurs, & contraire à l'Empereur. Ce neātmoins lediđ Empereur aſſembla ſon oſt: mais ſes enfans, & leurs trahiſtres, luy ſubtrahirent ſes gens, & le trahirēt. Finalemēt il fut contrainđ aller vers eulx: & ſi toſt qu'il fut à leurs tentes, incontinent luy furēt ſa femme & ſon petit fils Charles oſtez, & menez es tentes de Louis & de Lotaire: & apres lediđ Lotaire enuoya ladiđe Iudich en exil, en Italie, en vne cité qui a nō Tortōne: & ſon petit fils Charles enuoyerēt priſonnier au chaſtel de Prouīs en Brie. Lors les trahiſtres prindrēt les ſermens du peuple, & departirēt l'Empire aux trois freres. Lotaire prinſt l'Empereur, ſon pere, & l'enuoya en l'Abbaye S. † Marc de Soiſſons, ou il le feit tenir en eſtroiđe garde. Aucun temps apres lediđ Lotaire mena ſon pere à Compiegne: & par l'enhortement de aucuns trahiſtres, ſans cauſe le depoſerent de l'honneur d'Empereur. Puis le remenerent à Soiſſons, & le contraignirēt à mettre ius le Baudrier de cheualerie, & mettre les armes imperiaux ſur l'autel S. Sebaſtien, & luy baillerent habit de moyne: & apres le feirēt encores garder eſtroiđement en ladiđe Abbaye S. Marc de Soiſſons, ou il fut aucun temps.

L'empereur feit prēdre ſon fils Pepin, & met tre en priſon.

L'an huiđ cens trente deux.

L'an huiđ cens trente trois.

Conſpiratiō des trois fils de l'empereur contre leur pere.

†al. Medard

L'ēpereur Louis fut faiđ moyne par ſes enfans.

Comment le Roy Louis le Debonnaire fut par les Francois deliuré, & reſtitué en ſon royaume & Empire.

L'an huiđ cens trente quatre.

Toute celle ſaiſon fut l'Empire & le royaume moult troublé: parquoy en l'an viij. cens trente quatre les Nobles & le peuple de France, d'Alemagne, de Bourgongne, & d'Aquitaine, par diuine admonition conuertis à penitence, congnoiſſans les griefs & la honte qu'on auoit faiđs à l'Empereur Louis le Debonnaire, leur ſouuerain & naturel Seigneur, ſ'en complaignoyent forment, & leur eſtoit grief à porter. Aucuns Seigneurs & Nobles, qui eſtoyent bien vueillans de l'Empereur, ſe trauaillerent de ſa deliurance, & attrahirent le peuple à eulx. Louis, l'vn des fils de l'Empereur, qui demouroit en Alemagne, & tenoit le royaume de Bauiere, ſ'eſtoit ia tourné du party de ſon pere: ſemblablement Drogo, l'Eueſque de Mets, qui eſtoit frere baſtard de l'Empereur: lequel ils enuoyerent deuers Pepin, ſon autre fils, Roy d'Aquitaine, * pour l'attraire du party de ſon pere. Ce qu'ils feirent, & aſſemblerent & meirent ſus grands oſts. A Lotaire, Roy de Lombardie, manderent qu'il leur rendiſt l'Empereur, & qu'ils feroyent tant que ſon pere luy pardonneroit ſon maltalent: & auec ce manderēt audiđ Lotaire qu'il ne fuſt ſi hardy de ſaillir, ne mener hors de France, l'Empereur, ſon pere. Lors Lotaire, voyant la grand' puiſſance qui eſtoit eſmeue contre luy, pour la deliurance de l'Empereur, ſon pere, leur manda qu'il n'y auoit nul qui fuſt plus dolent de la honte de ſon pere, ne qui fuſt plus ioyeux de ſa deliurance que luy, & que de ce qui luy auoit eſté faiđ n'en deuoit on à luy ſeul mettre le blaſme: Car ce auoit eſté faiđ d'vn commun accord. Les meſſagers ſ'en retournerent dire leur reſponce: & cependant lediđ Lotaire alla querir ſon pere à Soiſſons, & l'amena à ſainđ Denis en France, & là le laiſſa, doubtant la fureur des Francois: & ſ'en alla ſecretement en Bourgongne, ou il

aucuns cōptēt cecy vn peu autrement.

laiſſa

DE LOVIS DEBONNAIRE, ROY ET EMPEREVR. Fueil.lviij.

laissa de ses gens pour garder le païs: puis s'en alla en Lombardie. Ceulx qui auec l'Empereur estoyent luy conseillerent & l'admonnesterent qu'il reprint le sceptre & la couronne imperiale, & laissast l'habit de religion. Ce qu'il ne voulut faire sans estre reconcilié à saincte eglise. Ce qui fut faict par plusieurs Euesques & Prelats deuant le grand autel de sainct Denis: & luy fut de rechef mise la couronne imperiale sur la teste, & ceingt le baudrier de Cheualerie, comme au commencement auoit esté: dont les François furent moult ioyeux. Les autres enfans de l'Empereur vindrent à luy, & luy crierent mercy, & il leur pardonna son maltalét. Tous les Nobles & Seigneurs du royaume, qui là estoyét venus, remercia l'Empereur de l'ayde qu'ils luy auoyent faicte. Puis à Aix s'en alla: & là receut la Royne Iudich sa femme, qui luy fut amenee de Lombardie, ou elle auoit esté enuoyee en exil: & Charles, son petit fils, qui estoit prisonnier à Prouins, luy fut semblablement amené. *Les gés, que Lotaire auoit laissez en Bourgongne, ne voulurent obeyr à l'Empereur: parquoy il enuoya contre eulx: mais la besongne fut indiscretement conduicte: car les gens de l'Empereur Louis entrerent dedans la cité de Chaalons, & mirét hors les gés dudict Lotaire. Iceluy Lotaire retourna d'Italie, & vint à leur secours, & assiegea Chaalons, & par force le print, & le destruisit par feu & par glaiue, & tua les gens de l'Empereur son pere: & n'y eut sauué de ladicte ville qu'vne petite eglise, qui est dediee en l'honneur de sainct George, ou le feu ne print point, comme par miracle. En ladicte annee huict cés trete *quatre à l'admonitió du Pape Gregoire, & du cósentemét des Euesques ledict Empereur Louis le Debonnaire ordóna en Fráce & Germanie la feste de toussaincts estre solennizee es Calendes de Nouembre: laquelle feste les Rommains seulement solennisoyent parauant de l'institution du pape Boniface, comme on lit en la legende de ladicte feste. En *celle annee les reliques de sainct Vit martyr, qui du temps de Charlemagne auoyét esté apportees à Paris, furent translatees en Saxongne en Alemagne: & dit on que depuis l'Empire ne prospera es mains des François.

*Cecy est aussi un peu autrement conté par aucuns.

L'Empereur Louis le Debonnaire fut deliuré de la subiection de ses enfans.

*sigif. dit 36 & P.Em.30. Institutió de la feste de tous Saincts.
*sig.côe dessus

Comment Louis le Debonnaire contraignit deux de ses fils à venir à luy à mercy, l'vn apres l'autre.

PEndant que ces choses se faisoyent en Bourgógne, l'Empereur & son fils Louis, Roy de Bauiere, s'en allerent à Langres: & là leur vindrét nouuelles de la desconfiture qu'auoit faicte Lotaire, sur les gens de l'Empereur, & comme il auoit pris Chaalons. Quand Lotaire sceut que son pere estoit en Bourgongne il partit de Chaalons ou il estoit, & passa par Authun, & tira droict à Orleans, & de là au Mans: puis se retira vers la riuiere de Loire. L'Empereur le suyuit iusques pres & au dessoubs de Bloys, ou ledict Lotaire s'arresta: & se logerent les deux osts sur vne petite riuiere, nommee la †Chize, qui chet en Loire, ou ils furent quatre iours pour les messagers qui alloyét de l'vn à l'autre, pour paix trouuer. Là arriua Pepin, Roy d'Aquitaine, auec l'Empereur son pere à tout grand ost de gés qu'il amena d'Aquitaine. Quand Lotaire veit qu'il ne pourroit resister à la puissance de son pere & de ses freres, il vint en humilité vers sondict pere: & le bon Empereur le receut, & autre punition ne luy feit que le reprendre de paroles, en luy remonstrát la grand'faulte qu'il auoit commise à l'encontre de luy. Là print les sermens & seureté de sondict fils Lotaire & de ses Barons, puis le renuoya en Lombardie. De là l'Empereur alla à Orleans, & donna congé à Louis Roy de Bauiere son fils, & aux autres, d'eulx en retourner chacun en sa terre.

†al. Tize.

En l'an de grace huict cens †xxxvij. vne maniere de gens que lors on appeloit Danois, & que de present on appelle Normás, par ce qu'ils vindrét des parties du Nort, infesterét grieuement les païs des François par feu & par glaiue iusques au fleuue de Meuze: & contraignirent ceulx du païs de Frise à leur faire & payer tribut. En l'an de grace huict cés xxxviij. Iudich l'Emperiere, qui bien veit que l'Empereur affoiblissoit, se doubta moult que s'il mouroit qu'elle & Charles son fils seroyent en peril, s'ils n'auoyent l'alliance des autres enfans de l'Empereur: & aucun temps apres, c'est à scauoir l'an huict cens xxxix. l'Empereur dóna Fráce, Bourgongne, & Neustrie, à present appelé Normandie, audict Charles son fils, & l'en feit couronner Roy, dont ses autres enfans ne furent pas contens, disans qu'il luy bailloit trop grand'portion: mais quand ils veirent qu'ils ne le pourroyent empescher ils dissimulerent, & faignirent d'en estre contens. Tantost apres mourut ledict Pepin Roy d'Aquitaine, & fut enterré en l'eglise saincte Radegonde de Poitiers: lequel Pepin laissa deux fils, dót l'aisné eut nó Pepin, lequel les Barons dudict royaume voulurent couronner sans le congé de l'Empereur Louis le Debonnaire: parquoy il y alla, & saisit le royaume, & à la poursuyte de ladicte Iudich sa femme, donna iceluy royaume d'Aquitaine audict petit Charles son ieune fils, & manda à

†al. 36.

k iiij

LES CHRONIQVES ET ANNALES DE FRANCE.

Lotaire Roy de Lôbardie son aisné fils, que s'il se vouloit aymer & garder ledict petit Charles son ieune frere, il luy pardonneroit tout ce qu'il luy auoit mesfait, & d'auantage luy döneroit la moytié de l'Empire, fors Bauiere. Lotaire voyant l'offre de si grands dôs vint deuers l'Empereur son pere, qui le receut à ioye, & feit deux partages de l'Empire, au mieulx qu'il peut, & audict Lotaire donna le royaume d'Austrasie, comme il se comporte iusques à la riuiere de Meuze, & l'autre partie vers occident donna à Charles son petit fils: & admonnesta lesdicts enfans qu'ils s'entreaymassent: & dist à Lotaire qu'il aymast sondict petit frere Charles, & print la cure de luy & de ses faicts, & luy souuint qu'il estoit son pere: & à Charles, qui estoit ieune, commanda qu'il obeist audict Lotaire son frere, comme à luy mesmes. Apres ce l'Empereur donna congé à Lotaire de retourner en Italie. L'an de grace huict cens xl. Louis Roy de Bauiere, fils de l'Empereur, porta moult grief le partage que son pere auoit fait à ses autres freres sans luy. Ost assembla, & saisit aucunes des terres de l'Empereur, en Alemagne. Sô pere l'Empereur le sceut, qui alla au deuant de luy à grand' puissance. Lors ledict Louis, qui veit qu'il n'estoit pas puissant pour resister à si grand' puissance, vint en humilité vers sondict pere, qui luy remonstra, qu'il l'auoit mal fait: puis luy donna congé de s'en retourner en Bauiere, & l'Empereur s'en retourna en France. Tantost apres son retour luy vindrent nouuelles, que ledict Louis, son fils, s'estoit de rechef releué & entré en Alemagne auec grâd ost, & gastoit le pais, dont l'Empereur fut desplaisant. Si alla de rechef contre luy, & passa le Rin: mais son fils ne l'osa entendre, & se mit en fuyte par Esclauonie, & s'en retourna en Bauiere.

L'an huict cēs quarante.

De la mort de l'Empereur Louis le Debonnaire.

Louis Debônaire tôba en une griefue maladie dont il mourut tantost apres.

DV trauail & ennuy que l'Empereur eut des troubles q̃ luy faisoit ledict Louis, son fils, & que parauant luy auoyent fait ses autres enfans, luy print vne maladie dont il perdit du tout le boire & le manger. Quâd il se sentit affoiblir il feit tendre ses pauillons en vne isle delez la cité de Mayence, & chacun iour se cōfessoit, & par quatre iours ne print autre viande ne refectiô que le corps de Iesus Christ. Lors feit apporter tous ses ioyaulx & thresors pour les departir aux paures & aux eglises. A Lotaire donna son espee & sa couronne Imperiale, par telle condition qu'il tiendroit & garderoit loyauté à Iudich sa femme, & à Charles son ieune frere, & luy laisseroit & deffendroit la portion du royaume qu'il luy auoit donnee, ainsi qu'il auoit promis faire. Les Prelats & les Barons qui estoyent autour de l'Empereur estoyent moult dolens de ce qu'il failloit qu'ils le perdissent: mais toutesfois estoyēt ils ioyeux de la belle fin & patiēce qu'ils luy voyoyēt auoir. Ils amenerent deuant luy son fils Louis, Roy de Bauiere, * qui là vint: & admonnesterēt l'Empereur qu'il luy pardonnast son maltalent. Ce qu'il feit, en luy remonstrant les maulx & griefs qu'ils luy auoit faicts, au moyē desquels, & de la maladie qu'il en auoit prise par courroux, il luy conuenoit mourir. Apres ces choses le bon Empereur rendit son ame à Dieu. Le corps fut prins & ambaulmé, & richement atourné, ainsi qu'il appartenoit à Empereur: & fut par Drogo, Euesque de Mets, son frere naturel, mené enterrer en l'eglise sainct Arnoul de Mets, ou il auoit esleue sa sepulture: & apres luy ledict Lotaire, son fils, tint l'Empire entierement. Deux ou trois ans deuant la mort dudict Louis aucuns Sarrazins des marches d'Afrique s'esleuerent, passerent deca la mer, & vindrent à Romme, & pillerent, bruslerent, & destruisirent toutes les eglises & edifices de Romme & des enuirons: mais en eulx retournant furent eulx, & tout leur pillage, submergez en la haulte mer. Peu apres le regne dudict Louis le Debonnaire Roy & Empereur, fut vn Pape qui fut nommé Sergius, lequel parauant estoit appelé groing de porc: & pourtant que son nom estoit inhonneste & non conuenable à la dignité Papale, il le mua, & voulut estre appelé Sergius: & à l'exemple de cestuy les autres Papes depuis tousiours ont mué leurs noms. Mais pource que ceste raison ne plaist pas à aucuns ils dient qu'ils font ceste mutation à l'exemple de Iesus Christ, qui imposa nouueaux noms à ses Apostres, & mesmement à sainct Pierre, qui fut le premier Pape, lequel parauant auoit nō Simon. Durant les diuisions qui furent entre Louis le Debonnaire Empereur, & ses enfans, & Princes de son royaume, Numeneus ou Neomenius l'vn des Princes de Bretaigne, qui estoit venu de la lignee des Roys precedens, s'esleua contre ledict Empereur, & s'exempta de luy: & apres qu'il eut fait occire tous les gouuerneurs du pais, q̃ ledict Empereur y auoit cōmis, il s'en feit & nomma Roy, * & regna vingt & vn an: puis, selon la Chronique de Sigisbert & Vincent de Beauuais il mourut en l'an de grace huict cens soixante: & regna apres luy Herispous ou Heruspogius, lequel Salomon son cousin feit occire l'an huict cens soixante & six, & ledict Salomon regna dix ans. Puis l'an huict cens septante & six fut occis par les Bretons auec son fils, nōmé Albigeō, & apres sa mort cessa en Bretaigne la dignité royale: car les Bretōs pour la contention de regner commirent de rechef entre eulx batailles intestines, comme dit Sigisbert.

autres disent que non.

La mort de l'Empereur Louis le Debonnaire.

Les sarrazins vindrent à Rōe & pillerent et bruslerent les eglises.

* la Cro. de Bretaigne accorde pas à tous lesdites suyuans.

Du Roy

DV ROY CHARLES, DEVXIEME DE CE NOM. Fueil.lix.

Du Roy Lotaire, Louis, & Charles le Chauue, freres, & enfans de Louis le Debonnaire.

CHarles, deuxiéme de ce nom, dict le Chauue, Roy de France, & puis Empereur de Romme, fils de Louis le Debonnaire, comméca à regner l'an huict cens xlij.& impera comme Roy de France xxxviij.ans, & trespassa l'an huict cens lxxviij. Il fut surnommé le Chauue, pource qu'il auoit peu de cheueulx en sa teste. Sigisbert racompte en sa Chronique, que cestuy Charles se gouuerna moult estrangemét quant à la facon d'habillemens, & estoit en sa maniere moult haultain, & côtemnoit de viure, & de soy habiller à la maniere des Fráçois, & se gouuernoit à la maniere des Gregeois. Il auoit volontiers vestu vne grád' Dalmatique, qui luy venoit iusques aux talons: & auoit la teste enuelopee d'vn couurechef de soye, ainsi comme on painct le grand Souldan de Babylonne, & portoit vne couronne dessus, & tousiours auoit à son costé vn grand Badelaire turquois. En l'an huict cens xlij. Lotaire, Empereur, & Roy de Lôbardie, nonobstant les promesses par luy faictes à feu son pere, voulut luy seul prendre, & soy ensaisiner de tous les royaumes & empire que tenoit son pere:parquoy ledict Charles le Chauue, & Louis, roy de Germanie, freres, luy feirent guerre:& eurent vne bataille contre luy en vn lieu qui a non Fontenay, en l'Euesché d'Auxerre, & eurét victoire, & fut ledict Empereur Lotaire desconfit:& n'est pas memoire qu'on veist onques en Fráce si grand' occision qu'il y eut en ladicte bataille:dont les forces des Francois furent tellement diminuees qu'à peine de long téps eurent ils puissance de deffendre les termes & limites de leurs royaumes:toutesfois ledict Lotaire eschapa & s'enfuyt iusques à Aix. En l'annee ensuyuát huict cens xliij.lesdicts Charles & Louis r'assemblerent leurs osts pour aller contre ledict Lotaire. Quand iceluy Lotaire sceut leur puissance, de paour qu'il eut s'enfuyt, auec sa femme & enfans, bien hastiuement iusques à Vienne: & là pres assemblerent lesdicts Roys Charles & Louis grands osts. Finalement par le conseil des grands Seigneurs & Nobles du royaume, qui estoyent mediateurs de la paix, furent esleuz d'vn costé & d'autre des plus grands, lesquels diuiserent le royaume egalement entre les freres : & demoura audict Charles le Chauue toute la terre depuis la mer Occeane, qui est en Bretaigne, iusques au fleuue de Meuze, soubs le nom & tiltre de Roy de France. Louis eut toute Germanie & Alemagne, oultre & iusques au Rin:& ledict Lotaire, qui estoit l'aisné eut l'Empire de Romme & tous les royaumes de Lombardie, Prouence, & vne portion de France, qui est entre les fleuues de Lescau & le Rin:laquelle portion de royaume tient de present le nom de Lorraine, à cause dudict Lotaire. / Apres ladicte diuision & partage ainsi faicts, lesdicts freres s'assemblerent à Verdun:& apres ledict Lotaire, Empereur & Roy, s'en retourna en Italie, & les autres en leurs terres. En l'an huict cens quarante quatre ledict Lotaire, Empereur & Roy de Lombardie enuoya à Romme Louis, son aisné fils deuers le Pape Sergius, pour auoir & obtenir la confirmation des partages & diuisions qui auoyent esté faicts de l'Empire, & des royaumes entre luy & ses freres:lequel Sergius côferma lesdicts appoinctement & partages:& oignit & sacra ledict Louis en Roy des Lôbards. L'an huict cens xlv. les Abrodiciens se voulurent departir de la fidelité qu'ils auoyent enuers Louis, Roy de Germanie, & s'esleuerent contre luy : parquoy il alla à bataille contre eulx, & les desconfit, & submit à sa Seigneurie, & tua le Roy, & meit des Ducs pour gouuerner la terre de par luy. En l'an huict cens xlvj. ledict Louis, Roy de Germanie, contraignit douze Ducs des Boesmes, & leurs subiects, à eulx faire baptizer. En † celle annee le corps sainct Helene, qui fut mere de l'Empereur Constantin, & qui en Hierusalem trouua la croix de Iesus Christ, lequel corps de saincte Helene estoit à Romme, fut apporté en France au diocese de Reims, & mis *in coenobio Altauillacensi* à grand' reuerence & hôneur. En celle mesme annee les Danois Normans feirent moult de maulx en France, soubs deux Ducs, l'vn nómé Hastingo, & l'autre Hier coste de fer : & entrerét par nauires le long de la riuiere de Seine, & vindrent iusques à Paris, gastant le pais:& si eurent trois batailles contre les Frisons, dont à la premiere ils furent vaincus, & les autres deux ils eurent victoire. En l'an huict cens cinquante † Adulphe, Roy des Anglois, alla à Romme, & pour l'amour de Dieu, & pour la reparation des eglises, il côsentit la decime estre leuee sur toute sa terre:& puis l'annee ensuyuant huict cens cinquáte & vn, en s'en retournant de Rôme passa par Fráce, ou il espousa Iudich, fille dudict Roy Charles le Chauue, laquelle estoit ieune enfant. L'hystoire dit q ledict Adulphe, roy d'Angleterre, auoit parauát esté d'eglise, & estoit Arheuesque de Vvincestre:& apres la mort d'Egbret

Accoustremens du Roy Charles le Chauue.

Lorraine pour quoy elle fut ainsi nommee.

† al.849.

† al.Biergost, ou biercotte de fer:

* Polid. Verg. le nomme Ethelwolphe & date l'an 847.

son pere, par necessité, & faulte de lignee, les Anglois le contraignirent à estre Roy, & espouser femme, de laquelle il eut quatre fils, qui tous furent Roys apres luy: mais de ladicte Iudich il n'eut nuls enfans, & côme l'on dit ne coucha point auec elle, par ce qu'elle estoit trop ieune.

D'un Diable qui tuoit les Francois. Audict an huict cens cinquante les Francois, qui estoyent soubs Louis Roy de Germanie, eurêt grand' guerre contre les Boesmes: & en vne bataille fut veu le Diable qui faisoit grand' occision desdicts Francois, & dist que Dieu l'auoit permis pour les pechez, orgueil, & desordre qui estoit entre eulx. En l'an huict cens cinquante & vn fut si grand' famine par toutes terres, mesmement es Alemagnes, que l'enfant s'efforca de deuorer le pere: & lors estoit Rabanus Archeuesque de Mayence, qui durant icelle feit moult de biens aux paures.

L'an huict cens cinquante & deux. En l'an huict cens cinquante & deux, Charles & Pepin, enfans du feu roy Pepin d'Aquitaine, en son viuant frere dudict Charles le Chauue, voulans recouurer le royaume de leur pere, luy feirêt forte guerre, mais il les desconfit & feit prendre, & les feit tondre & mettre en religiô.

L'an huict cens cinquante trois En l'an de grace huict cens cinquante trois, lesdicts Danois, à present Normans, vindrent de rechef en France, soubs lesdicts deux Ducs Hier coste de fer & Hastingo, & y feirêt moult de maulx, & entrerent par la mer de Bretaigne. La veille de pasques ils prindrent la cité de Ven-

† al. Nantes nes, & tuerent l'Euesque d'icelle cité, qui faisoit le seruice. Ils tuerent aussi tous les prestres & clercs, hômes & femmes, par ladicte cité. Puis passerent oultre, contremont la riuiere de Loire: & prindrent les citez d'Angers & de Tours, & bruslerent l'eglise sainct Martin: qui lors estoit hors la cité.

L'an huict cens cinquante & quatre. En l'an de grace huict cens cinquante quatre le Pape Benoist, troisième de ce nom, par la conspiration d'aucuns mauuais hommes fut deposé, & en son lieu fut mis vn nômé Anastase: parquoy ledict Lotaire, Empereur, enuoya à Romme ses Legats, par lesquels ledict Anastase fut reiecté, & emprisonné, & ledict Benoist reintegré honnorablement.

En celle annee lesdicts Hastingo & Hier coste de fer, Ducs des Normans, feirent grand' guerre aux Francois, & assiegerent la cité de Tours: mais ceulx de Tours, qui estoyent hors d'esperance de secours, porterent sur les murs de ladicte cité le corps monsieur S. Martin, *sainct Martin protecteur des habitans de Tours.* par les merites duquel ils s'enfuyrent, & la cité fut sauuee. Ledict roy Charles le Chauue côbatit si roidement par diuerses fois lesdicts Normâs, que peu en demoura. Les autres s'enfuyrent en Bretaigne, & de là en leur pais: auquel se sourdit si aigre guerre entre eulx qu'ils furêt presque tous morts, & n'en demoura qu'vn enfant de la lignee de leurs Roys & Ducs.

L'an huict cens cinquâte cinq. En l'an huict cens cinquante & cinq, ledict Lotaire, Empereur, & Roy de Lôbardie, partit & diuisa son royaume & Empire entre ses enfans, puis renonca le siecle, & se feit moyne. Il mourut tantost apres. Louis, son aisné fils, eut l'Empire & Lombardie, ayant ia esté sacré Roy par le pape Sergius: & Lotaire, second fils, eut le royaume de Lorraine: & Charles le plus ieune, *L'an huict cens cinquante & neuf.* eut le royaume de Prouence, & partie de Bourgongne. En l'an de grace huict cens cinquâte & neuf, Louis, Roy de Germanie, eut grand' guerre contre les Escauons ou Vuinides, & print Rastrix, leur Roy, prisonnier: & luy feit creuer les yeux, pource qu'il auoit trop de fois sa foy faulcee. En celle annee les Bretons, voyans plusieurs des Princes de France, que Charles le Chauue auoit mis sur les frontieres de France & de Bretaigne estre en discord, s'esleuerent contre ledict Charles le Chauue, auec Neomenius, qui parauant s'estoit fait Roy, comme dict est: & voyans lesdicts Bretons que la terre de France, du costé de Bretaigne, n'estoit point gardee, par ce discord, ils enuahirent les pais du Roy, & gasterent tout iusques à Poitiers. Quand le Roy le sceut il alla contre eulx pour les chacer: parquoy ils se meirent à retourner en *Bretons eurent victoire contre Francois.* leurs pais: & ledict Roy les suyuit iusques en leur terre, & les combatit: mais les Bretons eurent victoire & gaignerent moult de biens sur les Francois: par ce que les Francois y allerent indiscretement. En l'an huict cens soixante mourut ledict Neomenius, Roy des Bretons, estant deuant la cité d'Angers qu'il tenoit assiegee: & luy fut aduis que S. Maurice, ou Maurille, iadis euesque d'Angers, luy resistoit: duquel il receut vn coup de baston sur la teste, & sentit l'ire de Dieu, dont il mourut: & luy succeda son fils Herispous, qui se reconcilia, & feit appoinctement & hommage audict Charles le Chauue en l'an huict cens soixante & vn.

En l'an de grace viij.c.lxij. Lotaire, Roy de Lorraine, repudia Theodeberge, sa femme, & en print vne autre, nômee Vvaldrade: & à ce consentirent les Archeuesque de Coulongne, de Treues, & autres: dont il acquist grosse calamité, & incita quasi toute l'Eglise contre luy. Car pour ladicte repudiation lesdicts Lotaire & Vvaldrade furent par pape Nicolas excommuniez, & les Archeuesques degradez en l'annee ensuyuât, huict cens soixante & trois: & aussi Hubert Abbé & Duc, qui frere estoit de la Royne Theodeberge, s'esleua, & feit forte guerre contre ledict Lotaire. En l'annee huict cens soixante quatre, voyant ledict Lotaire q̃ pour ladicte repudiatiô luy, & ladicte Vvaldrade, & son royaume, estoyent excommuniez, & en scandale de Dieu, & monde, il fut contrainct, auant qu'obtenir le benefice d'absolution, reprendre ladicte Theodeberge

DV ROY CHARLES, DEVXIEME DE CE NOM. Fueil.lx.

berge ſa femme, & abandonner ladicte Vvaldrade : mais ce ne ſeruit de gueres. car tantoſt apres il la reprint, ne pour nulle autre correction ne remonſtrance qu'on luy ſceut faire, ne la voulut abandonner. En ladicte annee Charles le ieune, roy de Bourgongne, frere de Louis l'Empereur & dudict Lotaire, qui nepueux eſtoyent de Charles le Chauue, mourut en la ville de Lion ſur le Roſne, ſans laiſſer enfans : & fut enterré en l'Abbaye des Nonnains, fondee de noſtre Dame, à preſent nommee S. Pierre, en ladicte ville : parquoy ledict Empereur Louis, & Lotaire roy de Lorraine, partirent ſon royaume, & eut ledict Louis le païs de Bourgongne du long de la riuiere du Roſne, Dauphiné & Prouence, & Lotaire eut le ſurplus.

En l'an huict cens ſoixante ſix, apres la mort d'Heriſpons, commença à regner en Bretaigne Salomon, qui delors feit alliance auec Charles le Chauue, moyennant qu'il luy feit hommage dudict païs de Bretaigne. *L'an huict cens ſoixante & ſix*

Comment le corps ſainct Martin de Tours fut porté à Auxerre pour la doubte des Normans : & du grand miracle qu'il feit en ladicte ville d'Auxerre : auec autres matieres.

AVdict an huict cens ſoixante & ſix les Normans Danois deſcendirent en France à grand' puiſſance, & deſtruiſirent & depopulerent les enuirons de Nantes, Angiers, Poitiers, & Tours, & bruſlerent l'Abbaye de Marmonſtier pres Tours, tuant l'Abbé & les moynes d'icelle : parquoy les chanoines de ſainct Martin emporterent le corps dudict Sainct à Orleans : & pource que leſdicts Normãs, ayans tué Ranulphe Duc d'Aquitaine, & Robert le fort : Marquis ou Comte d'Aniou en bataille, auec pluſieurs autres, ſ'approchoyét d'Orleans, ils le porterét à Auxerre, ou ils le tindrent long temps au monſtier ſainct Germain. Et aduint que pour les grands miracles qui ſe faiſoyent audict monſtier, les chanoines dudict ſainct Germain, & ceulx qui auoyent porté & gardoyét le corps ſainct Martin, eurent debat & altercation, pour les oblations qui y eſtoyent offertes par pluſieurs pelerins, qui alloyent viſiter le corps ſainct Martin : & diſoyét ceulx de ſainct Germain que les miracles procedoyent à l'interceſſion dudict ſainct Germain : & ceulx de S. Martin au contraire : & fut appoincté qu'entre les deux corps ſaincts ſeroit mis vn Ladre. ce qui fut faict : & tantoſt ledict Ladre fut guery du coſté dudict corps ſainct Martin : & la nuict enſuyuant ledict Ladre fut retourné, & tantoſt fut du tout guery : non pas pourtant qu'on vouliſt conclure que ledict Ladre n'euſt bien eſté guery par les merites, & à l'interceſſion de S. Germain : mais iceluy S. Germain vouloit faire & attribuer l'honneur à ſon hoſte S. Martin, qui l'eſtoit venu viſiter : & par ce furent les oblations adiugees aux chanoines de S. Martin.

Aucuns mettét cecy du temps de Rolo, premier Duc de Normandie.

Miracle,

ſainct Germain d'Auxerre feit hõneur à ſainct Martin ſon hoſte.

En l'an huict cens ſoixante ſept les Sarrazins, deſcendirent, & coururent en la contree de Beneuent, au royaume d'Italie : & lors l'Empereur Louis alla contre eulx, pour les combatre, & à ſon ayde y alla ſon frere Lotaire, Roy de Lorraine : mais la mortalité ſe meit en ſon oſt, tellement qu'il fuſt contraint de ſ'en retourner. En l'an huict cens ſoixante neuf le corps S. Maur, diſciple de S. Benoiſt, fut apporté de Gannoſol, ou Glanfueil, pour la doubte des Normans, en Bourgongne, & mis en vne Abbaye qu'auoit fait edifier S. Babolin, diſciple de ſainct Coulumbain. En l'an huict cens ſeptante Lotaire, Roy de Lorraine, ſ'en alla excuſer à Rome vers le Pape Adrian, ſucceſſeur de Nicolas premier du nom, de la repudiation qu'il auoit faicte de ſa femme : & ſur ſon innocence luy & autres Barons de ſon royaume furét examinez & interroguez ſur le corps de Ieſus Chriſt qu'ils prindrent : & vouloit on dire qu'ils ſ'eſtoyent pariurez, & que par punition diuine tous ceulx qui auoyét pris le corps de Ieſus Chriſt moururent auant vn an paſſé : meſmement ledict Lotaire mourut tantoſt apres, en ſ'en venant par Lombardie, en vne cité, qui a nom Plaiſance : & y fut enterré en l'egliſe ſainct Antoine. Apres la mort dudict Lotaire Charles le Chauue, Roy de France, ſe mit en voye pour aller prendre poſſeſſion de ſon royaume de Lorraine. Semblablement, Louis, ſon frere, Roy de Germanie, quãd il en ſceut nouuelle, pour empeſcher ledict Charles, y enuoya par deux voyages ſes deux fils, auec grand oſt : mais leſdicts enfans, voyans qu'ils n'eſtoyent pas puiſſans contre leur oncle, ne le combatirent point, & ſ'en retournerent ſans riens faire : & ce voyant ledict Louis aſſembla grand oſt, & courut ſus, & gaſta partie du royaume de France, par le moyen d'aucuns des plus grãds qu'il attira à luy, & puis ils ſ'appaiſerét, & diuiſerent ledict royaume entre eulx. En ce temps fut le Roy Charles le Chauue en grand' peine & calamité de ſes enfans : car l'vn qui auoit nom Karloman, lequel eſtoit clerc, & ia pourueu à l'ordre de Diacre, feit pluſieurs griefs & oppreſſiõs aux egliſes & Abbayes qu'il tenoit ẽ cõmãde, tellemẽt qu'il eſtoit deuenu cõme vn autre Iuliã Apoſtat, parquoy ſon pere le feit mettre priſonnier : mais par le moyẽ d'aucuns Seigneurs de Frãce, il ſ'eſchapa, & ſ'en alla deuers Louis le Roy de Germanie, ſon oncle,

L'an huict cens ſeptante.

& feit,

alliance à luy contre son pere: auquel il feit guerre & gasta de ses terres. Son pere, le cuydant attraire par doulceur, le manda venir par deuers luy: mais il n'en tint conte: parquoy sondict pere feit tant qu'il fut prins, & luy fut amené, & luy furent les yeulx creuez: & apres fut mené à l'Aabbaye de Corbie, pour illec viure le demourant de ses jours. Semblablement vn autre, nōmé Charles, vint indiscretement à vn nōmé Albuyn, cheualier, & le print par derriere, voulant sur luy experimenter sa force: lequel Albuyn, non cōgnoissant qui c'estoit, & cuydant que ce fust quelqu'vn qui le voulsist oultrager, luy bailla par derriere vn coup de cousteau, & le tua.

L'an huict cens septante trois.
L'an huict cens septante quatre
L'an huict cens septante cinq.
L'ame du Roy Louis Debonnaire s'apparut au Roy Louis de Germanie son fils.

En l'an huict cens septante trois, Charles, fils de Louis, Roy de Germanie, fut infesté & trauaillé du Diable en la presence de son pere & des Barons de son palais: & luy, estant en celle vexation, disoit que ce luy estoit aduenu par ce qu'il auoit voulu machiner, & faire conspiration contre son pere. En l'an huict cens septante quatre, les Normans feirét grand' guerre audict Louis, Roy de Germanie, & vouloyét de luy exiger tribut: mais il les combatit & chacea vaillamment. En l'an huict cens septante cinq, s'apparut en dormant audict Louis, Roy de Germanie, l'esprit de son pere, Louis le Debonnaire, en luy adiurant & requerant en l'honneur de la saincte Trinité qu'il luy voulsist ayder à mettre hors des peines de Purgatoire ou il estoit detenu: lequel Louis à ceste cause feit de grands dons & aulmosnes aux eglises & Abbayes, & ailleurs pour prier Dieu pour l'ame de sondict ayeul. En celle annee vindrent en Fráce les Normans, & prindrét la cité d'Angiers, & y amenerent femmes & enfans pour y demourer. Quand le Roy Charles le Chauue le sceut il y alla, accompagné de Salomon, soy disant Roy de Bretaigne, & les assiegea par long temps. A la fin, moyennant grand' finance qu'ils luy payerent, il leur permit qu'ils s'en peussent aller par la mer, leurs corps saues, luy promettant que iamais ne feroyent mal à son royaume. Apres ladicte composition luy requirent qu'ils peussent habiter iusques au moys de Feurier, en vne isle qui est en Loire, & qu'ils peussent auoir viures en les payant: & durant ledict temps ceulx qui vouldroyent estre Chrestiens le seroyent, & les autres s'en iroyent. Le Roy le leur accorda, & de ce print ostages & fermances. Quand les Normās furét vuidez hors de la cité d'Angers, le Roy feit remettre les corps sainct Aulbin & sainct Lucian, en leurs fiertes, & enchasser es lieux dont ils auoyent esté ostez pour la doubte desdicts Normans: & quand il eut ce faict, il s'en retourna en France, & tira vers Amiens.

Comment Charles le Chauue fut faict Empereur de Romme.

L'an huict cens septante six.

EN l'an de grace huict cens septāte six, ledict Louis Empereur de Rōme, & Roy de Lombardie, nepueu de Charles le Chauue, Roy de France, mourut: dont ledict Charles le Chauue fut ioyeux: & alla en Lombardie, & manda les Barōs dudict pais, qui allerent à luy, & le receurent honorablement en leur Roy. puis à Romme s'en alla: & le pape Iehan le couronna Empereur, & fut appelé Auguste. De Romme s'en partit, & vint à Pauie. Là tint Parlement, & ordonna des besongnes du pais, & en laissa la garde à Boson, frere de † Rixant l'Emperiere sa femme. Ledict Roy Charles le Chauue à son retour feit apporter le corps

† al. Rihilde, ou Richent.
Le corps sainct Maur, apporté en l'Abbaye des fossez, pres Paris.

sainct Maur, & le feit mettre en l'Abbaye des fossez pres Paris, ou il fut porté en grand' reuerence & assemblee de gens & processions. Louis, Roy de Germanie, frere dudict Charles le Chauue, ne fut pas content de ce que ledict Charles le Chauue, son frere, auoit luy seul prins la possession de tout l'Empire, & s'estoit fait sacrer Empereur: & à ceste cause se preparoit à luy faire guerre: mais en ce faisant il mourut, & laissa trois fils: c'est à sçauoir Charles, qui depuis fut Empereur, vn nommé Louis, & vn autre nommé Karlomā, qui fut pere d'Arnoul, lequel fut depuis Empereur. Ledict Charles le Chauue, qui auoit preparé sa guerre, pour aller contre son frere, fut ioyeux de sa mort: & alla contre ses fils iusques à Coulongne, auec bien *soixante mille hommes. Lors Louis, son nepueu, vn desdicts fils, enuoya deuers luy pour paix auoir: mais il n'y voulut entendre: parquoy iceluy Louis delibera de soy deffendre, & eurent bataille, ou furent les gens dudict Empereur desconfits, & luy fut cōtraint de s'enfuyr & retourner en France. Audict an huict cens septante six, ledict Charles le Chauue feit edifier la ville de Compiengne à la semblance & au plus pres qu'il peut de celle de Constantinoble: & la nomma par son nom Carlopis,, & y fonda l'Abbaye de nostre Dame, à present dicte sainct Cornille. Là vindrent deuers luy les messagers du pape Iehan, qui luy mādoit qu'il allast secourir l'eglise de Romme contre les Sarrazins qui la persecutoyent, ainsi qu'il auoit promis: ausquels messagers il feit responce qu'il iroit: & fut ordōné que Louis, son fils, gouuerneroit le royaume de France, par le conseil des Barons, iusques à ce qu'il fust retourné de Romme.

* sig. cinquāte

La uille de Cōpiengne fut bastie à la semblace de Constantinoble.

DV ROY CHARLES DEVXIEME, EMPEREVR. Fueil.lxj.

En *celle annee fut tué Salomon, Roy de Bretaigne, en vne eglise, par ses gens mesmes: & a- *cro.Bre.884. pres sa mort sourdit grād' guerre entre les Bretōs, pour le debat du royaume de Bretaigne. En fin Alain & Pastnetenus, freres, nepueux dudict Roy Salomon (au moins les plus prochains heritiers des Roys precedens) qui parauant estoyent Comtes de Broheret, c'est à dire de Vennes, se nommerent Ducs royaulx de Bretaigne. Apres Pastnetenus trespassa sans enfans, ou comme disent aucuns fut occis par les Noruegiens, & demoura ledict Alain seul au gouuernement de Bretaigne certain temps, auquel temps les historiographes varient vn peu: & pource le laisserons, comme ne seruant pas trop à nostre propos principal.

Comment l'Empereur Charles le Chauue alla à Romme: & comment en retournant il fut empoisonné, dont il mourut.

APres ce que l'Empereur Charles le Chauue eut ordonné de ses besongnes, en l'an huict cens †lxxviij. il se meit en voye pour retourner à Romme : & auec luy me- †al.77. na ma dame Rixant, sa femme. les monts passa, & vint iusques en la plaine de Lombardie, ou luy vindrent nouuelles que le Pape venoit au deuant de luy, iusques à Pauie. Là se rencontrerent le Pape & l'Empereur, & se receurent moult honnorablement: & conferma ledict Charles le Chauue le mariage de Boson, frere de Rixant, sa femme, & d'Emengard, sa niepce, fille de feu son frere Louis, Empereur & Roy de Lombardie: & luy donna par ledict mariage le royaume de Prouence, & l'en feit & couronna Roy: Boson fut faict dont ses nepueux Charles & Karloman, cousins de ladicte Emengard ne furent pas contens: Roy de Prouēce & furent contre luy à grand ost, parquoy il s'en retourna iusques à †Cordonne. Là fut cou- †al. Cardōronnee la Royne Rixant Emperiere: & ce faict, ladicte Rixant print grands thresors qu'ils a- ne & Taruoyent portez, & s'en retourna au pais de Moriane, qui est à costé des mōts S. Bernard. L'Em- dune. pereur manda audict Boson, frere de l'Emperiere, qu'il auoit laissé en Lombardie, & autres Barons de Lombardie, qu'ils veinssent deuers luy à Cordonne: mais ils n'y voulurent point venir : car ils auoyent ia fait conspiration contre luy, en la faueur de sesdicts nepueux, qui deuoyent estre Roys de Lombardie, & venoyent contre luy à grand' armee: parquoy il laissa là le Pape, lequel s'en alla à Romme. Sesdicts nepueux receurent nouuelles contre verité, par vn message qu'il leur mentit, que le Pape & l'Empereur venoyent contre eulx à grand' puissance: & de paour qu'ils eurent ils s'enfuyrent, & retournerent par la mesme voye qu'ils estoyent venuz, & par ce n'eurent point de bataille. L'Empereur se meit à chemin pour retourner en France, & en s'en venant luy print vne maladie de fieure. De luy estoit moult accointé vn Iuif, qui Sedechias estoit appelé, & estoit son medecin. Vne pouldre luy bailla à boire, en laquelle, comme l'on dit, auoit poison, & luy faisoit entendant qu'elle le gueriroit: tantost qu'il l'eut beue, il se pasma & euanouyt, & perdit tout appetit. En celle maniere passa le mont Cinis, & veint iusques en vn lieu qui se nommoit †Brios. A l'Emperiere Rixant, sa †al. Natua: femme, qui estoit en la Moriane, entre les montaignes qui separent France & Lombardie, mā- & autres dida qu'elle allast à luy. Tantost qu'elle fut deuers luy arriuee il trespassa. Son corps fut ouuert, sent qu'il & embaulmé, pour apporter en France : mais il commença à fleurer mal: parquoy ils l'en- mourut à terrerent en la cité de Verseil, en l'eglise sainct Eusebe, ou il fut certain temps: & apres fu- Mantoue. rent apportez ses ossemens en l'eglise sainct Denis. Apres le trespas dudict Charles le Chauue, Charles, son nepueu, fils de Louis, Roy de Germanie, à l'ayde d'aucuns des grands de Romme, s'ensaisina de l'Empire de Romme. A quoy contraria le Pape Iehan, tant qu'il peut, en esperance de faire iouyr de l'Empire Louis le Balbe, fils dudict feu Charles le Chauue: mais il ne peut.

Comment le pais de Flandres fut erigé en Comté: & des sainctes reliques que Charles le Chauue feit apporter à sainct Denis.

AV temps dudict Charles le Chauue, le pais de Flandres n'estoit pas de si grand nom & opulence qu'il est de present, & auoit nom en Latin Silua Carbonaria, qui vault autant à dire, comme forest au charbonnier, ou du charbon, & estoit terre sterile, brehaigne & infertile: & parauant se gouuernoit par ceulx qui estoyent commis de par le Roy, & estoyēt appelez Forestiers. Le premier Forestier fut Luderic, auquel le Roy Charlemagne donna ledict pais, reseruee à soy la foy, hommage & souueraineté en sa court souue- raine, qui pour lors s'appeloit la court des Pers. Ce Luderic fut marié à la fille du Duc de Bra- Flandres pourban, qui auoit nom Flandrine: & pour faire honneur & plaisir à sadicte femme, & à sa lignee, quoy fut ainsi nomma ladicte seigneurie Flandres, à cause d'elle: & en icelle engendra plusieurs enfans, & nommé.

l

entre autres vn nommé Ingecame, qui fut second Forestier. Apres luy tint ladicte Forest, pour troisiéme, Andaquier, son fils, qui engendra Baudouyn, surnommé Bras de fer. Ce Baudouyn fut si aduantureux, que voyant Iudich, fille du Roy Charles le Chauue, aller, ou comme disent plusieurs, reuenir d'Angleterre, ou elle auoit esté mariee au Roy Adulphe, comme dessus a esté touché, là print & rauit & l'en emmena de force, ou de son gré (comme l'on dit) en Flandres, & ne la pouuoit le Roy Charles r'auoir ne recouurer : parquoy il fut excommunié par toute l'Eglise. Aucun temps apres ledict Roy du conseil des Euesques, Princes & Barons de son royaume, là donna en mariage audict Baudouyn, Bras de fer:& luy donna de rechef ledict païs de Flandres, qu'il erigea en Comté, aux reseruations dessusdictes.

Iceluy Charles le Chauue fonda plusieurs belles & grandes Abbayes : & entre autres en allant à Romme fõda vne Abbaye au lieu de Nantua, qui est dedans les monts de Bresse & de Sauoye, & y donna la temporalité & seigneurie du lieu. Il feit apporter en l'Abbaye sainct Denis l'vn des clouz dequoy nostre seigneur Iesus Christ fut crucifié, grand' partie du fust de la vraye Croix, & des espines de la couronne, & les autres reliques que Charlemagne, son ayeul, auoit apportees de Constantinoble, & mises en sa chapelle d'Aix, ou il est enterré : reserué le sainct Suaire qu'il feit mettre en l'Abbaye de sainct Cornille de Compiegne qu'il auoit fondee, & feit à ladicte Abbaye sainct Denis plusieurs beaux grands & riches dons. Il *La foire nõmee* translata l'indition que ledict Charles le Grand auoit establi à Aix en Alemaigne, qui est la *le Lèdit fut trãs* foire qu'on appelle de present le Lendit, qui se commence chacun an, le second mercredy de *laté d'Aix en* Iuing, laquelle se tient de present pres sainct Denis en France : & affin que les marchans *Alemaigne, à S.* fussent plus curieux d'y venir, il impetra pardon general à ceulx qui y viendroyent confes, *Denis en Frãce.* pour exercer le faict de marchandise : & en donna le reuenu à ladicte Abbaye sainct Denis, auecques sept lieues le long de la riuiere de Seine, à commencer au pont sainct Cloud, tirant à l'endroict de sainct Germain en Laye. Aussi y donna la terre de Rueil, & ses appartenances, pour recompense de ce qu'il auoit leans prins de grandes richesses, pour fournir à ses guerres. Il feit apporter & mettre en l'Abbaye de Charrots en Poitou, que Charlemagne auoit fondee, le circoncis de nostre seigneur Iesus : & inde ladicte Abbaye est nommee en Latin *Caro filij*. Il eut *de ladicte Rixant, sa femme, vn fils, qui fut nommé Louis

*Autres disent le Balbe : auquel l'Empire de Romme, & le royaume de France, il laissa par son testament, *de sa premiere* & ordonna qu'il en fust reuestu : & pour ce faire luy enuoya par Rixant, sa femme, & par *femme, & est* les Barons, la couronne Imperiale, les royaux vestemens, & son espee, appelee l'espee sainct *plus uray semb.* Pierre. Il donna à l'eglise nostre Dame de Chartres, la chemise nostre Dame : & aduint vn *La chemise no* beau miracle, qui est bien digne de memoire : car aucun temps apres les Normans Sarrazins *stre Dame fut* assaillirent si cruellement la cité de Chartres que les habitans estoyent hors d'esperance *apportee à Char-* de secours : lors porterent ladicte chemise nostre Dame, sur les murs de la cité : & incontinent *tres.* Sarrazins furent tous espouentez, excequez & aueuglez : & se meirent en fuyte, & furent desconfits par les habitans de la ville, qui les suyuirent, & en tuerent grand nombre par les champs.

D'vne femme qui par inconuenient fut esleue Pape.

EN ce mesme temps & regne dudict Chauue aduint vn grand scandale en l'eglise de Romme : car en Angleterre auoit vne ieune fille de merueilleuse beaulté & grand engin, de laquelle vn ieune Escolier s'en amoura, & en habit d'homme la mena iusques à Athenes, ou il alla estudier. Ladicte fille, estant auecques ledict Escolier, comprenoit toutes sciences, dont elle luy oyoit parler & lire. A la parfin ils s'en vindrent à Romme, ou icelle estant, comme dict est, en habit d'homme, tint positions & argumentations de diuerses sciences à l'encontre de plusieurs grãds clercs : en quoy elle acquist moult grand bruyt & honneur entre clercs : & tellement que vacant le siege Papal, par le deces de Leon, Pape quatriéme de ce nom, ladicte fille (croyans les *vne fẽme pape* Cardinaulx que ce fust vn homme) fut par eulx esleue concordamment en Pape, & fut sacree *†Pl. vn mois* & nommee Iehan, & tint le siege deux ans † cinq moys & quatre iours. Cependant s'accointa d'vn sien cubiculaire qui l'engrossa : mais Dieu, qui ne voulut longuement souffrir vn tel opprobre en son Eglise, permit qu'en allant & cheuauchant par la ville de Romme, elle enfanta publiquement en la rue, & illec mourut : n'est point ledict Iehan, pour la detestation de ce faict, & deformité du sexe, mis au cathalogue des Papes : & est escript d'elle ce ** Pla. Benoist 3.* verset, dont tous les mots se commencent par p, qui fut faict & composé par vn des Cardi- *& que Nic. fut* naulx de Romme *Papa pater patrum, Papissa peperit partum*. Apres luy fut faict Pape *Nico- *pap.6. ans 9.* las, premier du nom, de la nation de Romme, qui tint le siege neuf ans deux moys vingt iours: *moys 13. iours.* & fut

DV ROY LOVIS, SVRNOMME LE BEGVE. Fueil.lxij.

& fut homme de grand' sainteté, tellement qu'apres Gregoire le Grand, n'a esté trouué son pareil à presider au sainct siege Apostolique. En ce temps estoit homme de grand' vertu Iehan l'Escot: qui est appelé entre les clercs le Docteur subtil: lequel, à la requeste du Roy Charles le Chauue, translata la Hierarchie sainct Denis, de Grec en Latin: & feit plusieurs autres belles escriptures. *Docteur subtil Iehan l'Escot.*

Du Roy Louis le Balbe ou Begue, auquel Pape Iehan vint à refuge, pource que les Rommains le persecutoyent: & comment la femme dudict Louis demoura grosse d'vn fils, apres son trespas.

Louis, deuxiéme de ce nom, dict le Balbe, ou le Begue, fils de Charles le Chauue, Roy & Empereur, comméça à regner l'an huict cens septante & huict, & trespassa le deuxiéme an de son regne, l'an huict cens quatre vingts, & gist en l'eglise sainct Cornille de Compiengne, que son pere auoit fondee. Cestuy Louis fut surnommé le Balbe, pource qu'il auoit la langue vn peu courte, & balbucioit en parlant. Apres le trespas de son pere Charles le Chauue, la Royne Rixant sa *mere, & les Barons qui auoyent esté à la mort de son pere, qui estoit mort en retournant de Lombardie, vindrent deuers luy à Compiengne, ou le trouuerent: & luy apporterent l'espee sainct Pierre, la couronne Imperiale, & les aornemens royaux que son pere par testament auoit laissez, & ordonné luy estre baillez & apportez: & fut couronné à Reims, le iour de Noel l'an huict cens septante & huict. Apres son sacre, il s'en partit pour aller guerroyer contre les Normans, qui gastoyent tous ses pais du long des riuieres de Seine & Loire: & en vne bataille en tua cinq mil & plus: & alla iusques à Tours, ou il fut si malade qu'il cuida mourir. En l'an de grace huict cens septante & neuf, Pape Iehan fut fort persecuté par aucuns des Princes de Romme, qui le constituerent prisonnier, par ce qu'il ne vouloit fauoriser ne couronner ledict Charles, nepueu de Charles le Chauue, qu'ils vouloyent faire Empereur: toutesfois ledict Pape feit tant qu'il eschapa de prison: mais il fut contrainct s'absenter. Il se meit sur mer, & vint iusques à Arles le blanc, & enuoya deuers Boson, frere de l'Emperiere Iudich, qui estoit Roy de Prouence: lequel luy enuoya gens pour le conduire iusques à Lion. De là manda au Roy Louis le Balbe, ou le Begue, qu'il vint au deuant de luy, iusques ou il pourroit: mais le Roy, qui estoit encores foible d'vne maladie qu'il auoit eue, n'y peut aller, & luy pria qu'il vint iusques à Troyes: & enuoya au deuant de luy plusieurs Euesques & Seigneurs de France, & ordonna que les Euesques luy feissent ses despens. Quand le Roy fut guery, il alla deuers luy iusques à Troyes, le plus tost qu'il peut. Là tindrent conseil d'aucunes matieres. Apres allerent à Soissons, ou ledict Pape Iehan couronna ledict Louis, en l'eglise sainct Marc, Roy & Empereur: & fut ledict Pape pres d'vn an en France. Ledict Louis le Balbe, qui encores n'auoit nuls enfans de la femme qu'il auoit espousee, & auoit seulement d'vne concubine deux bastards, l'vn nommé Louis & l'autre Karloman, pria le Pape qu'il les voulsist couronner Roys: mais le Pape ne le voulut pas faire. Apres ces choses ledict Pape s'en retourna à Romme, & l'enuoya ledict Boson, Roy de Prouence, iusques en Lombardie: & meit ledict Pape grád' peine de cuyder faire iouyr ledict Louis le Balbe de l'Empire de Romme: mais aucuns des Princes & Seigneurs de l'Empire de Romme, qui ia auoyent fait couronner Charles, fils de feu Louis, Roy de Germanie, luy contrarierent: & pour ladicte cause feirent plusieurs griefs & iniures audict Pape: & depuis ce temps les Roys de Fráce n'ont point iouy de l'Empire de Romme. Apres le partement du Pape feit ledict Louis le Balbe le mariage de Louis, son fils bastard, à la fille de Boson, Roy de Prouence: & incontinent iceluy Louis le Balbe fut surprins d'vne griefue maladie, de laquelle il alla de vie à trespas en l'an huict cens quatre vingts, en la ville de Compiengne, ou il fut enterré, en l'eglise sainct Cornille. Il laissa sa femme, qui soeur estoit du Roy d'Angleterre, grosse d'vn fils, qui long temps apres fut Roy de France, & appelé Charles le Simple: laquelle Royne, apres le trespas de son mary, se retira auecques son frere en Angleterre, par ce qu'autres surprindrent le royaume: & y auoit grand' controuerse en Fráce, pour auoir le royaume. Car les vns vouloyent que lesdicts Louis & Karlomá fussent Roys, les autres vouloyent que Boson, Roy de Prouence, le fust, & les autres vouloyent que le royaume fust reioinct & vny au royaume de Germanie, que tenoit Louis, fils de feu Louis, Roy de Germanie.

L'an huict cens septante huict.

* Autres disent marastre.

L'an huict cens septáte et neuf.

Le Pape Iehan vint en France.

Depuis quel temps les Roys de France n'ont point iouy de l'Empire.

l ij

LES CHRONIQVES ET ANNALES DE FRANCE.

Comment apres le trespas de Louis le Balbe, aucuns Francois feirent couronner Louis & Karloman, ses bastards, & aucuns autres Barons feirent couronner Boson de Prouence.

Bien tost apres le trespas dudict Roy Louis le Balbe, aucuns des Barons de France s'assemblerent, & enuoyerent querir Louis & Karloman, enfans bastards dudict Louis le Balbe & de sa concubine: & les feirent tous deux couronner Roys de France, en l'eglise sainct Pierre de Ferrieres, en Gastinois: & semblablement ledict Boson, Roy de Prouence, dont cy deuant a esté parlé, se feit couronner Roy d'Aquitaine, & se voulut faire Roy de France, & assembla grand ost, & entra en France, deuers le païs de Bourgongne, ou il feit de grands maulx.

Apres le couronnement desdicts Louis & Karloman, nouuelles leur vindrēt que les Danois Normans couroyent, pilloyent, & gastoyent les païs de France: & auoyent ia gasté par feu & par glaiue les païs & terres d'Artois, Flandres, Hainault, Liege, Coulongne, & autres, & vindrent iusques en Touraine. Incontinent lesdicts deux Roys allerent contre eulx à grand' armee: *Les Normās fu-* & les desconfirent, & en tuerent bien neuf mil en vne bataille, en vn lieu pres Chinon, sur la ri- *rent de rechef* uiere de Vienne, en laquelle il s'en noya grand' quantité: & apres s'en retournerēt iceulx Louis *desconfits par* & Karloman, à grand triumphe de leurdicte victoire. *les Francois.*

L'an huict cens En l'annee ensuyuant huict cens quatre vingts & vn, lesdicts Normans meirent sus grands *iiii. xx. & vn.* nauires & plusieurs gens sur mer, & coururent les païs d'Angleterre: puis vindrent en France, ou ils feirent moult d'inhumanitez, & se vindrent eulx arrester en la coste de Flandres, & prindrent & occuperent la ville de Gand, ou ils seiournerent. En celle annee vn nommé Hugues, qui estoit fils de feu le ieune Lotaire, Roy de Lorraine, & de Vvaldrade sa concubine, qu'il auoit prinse à femme quand il eut repudié la sienne, amassa plusieurs larrons & gens vagabonds, pour cuider recouurer le royaume de Lorraine: mais lesdicts Roys Louis & Karloman allerēt contre luy, & luy tuerent tous ses gens.

Comment le Roy de Germanie vint en France, en intention d'estre Roy: & de la mort desdicts Louis & Karloman, bastards de Louis le Balbe.

Deux Princes de France, l'vn nommé Gosselin, & l'autre Conrad, enuoyerēt deuers Louis, Roy de Germanie, cousin de feu Louis le Balbe, & luy promettoyēt le faire iouyr du royaume de Frāce, s'il y vouloit venir. A ceste cause ledict Roy de Germanie & sa femme, à tout grand nombre de gens, vindrent en France, & marcherent iusques à Verdon & à Ribemont: mais ils congnurēt tantost, que les dessusdicts Gosselin & Conrad ne leur scauroyent tenir ce qu'ils leur auoyent mandé & promis: parquoy ils s'en retournerent, & confermerent paix auec lesdicts Roys Louis & Karlo- ** Autres vn* man. L'an huict cens quatre vingts & *trois, apres ce que lesdicts Roys Louis & Karloman *& deux.* eurent donné ordre à la guerre contre les Normans, qui estoyent en Flādres & à Gand, esmeurent guerre contre ledict Boson, par ce qu'il estoit ia entré en Bourgongne auecques grand' **Autres disēt* excercite, là ou il tyrannisoit: & estoit venu à *son ayde Charles, Empereur de Romme. Les- *qu'il estoit pour* dicts Louis & Karloman, Roys, chacerēt hors de la cité de Mascon ledict Empereur & Boson, *eulx.* & donnerent icelle cité auecques tout le païs adiacent, qui estoit du royaume de Prouence, à vn de leurs Cheualiers, nommé Bernard Plantepelose: pourquoy ledict Empereur s'en retourna à Romme, auecques sa courte honte, & ledict Boson s'enfuyt à Vienne, ou lesdicts Louis & Karloman le suyuirent, & allerent apres, & l'assiegerēt auecques sa femme, sa fille, & autres ses gēs: & fut la cité prinse, & ceulx qui estoyent dedans tuez: toutesfois ledict Boson eschapa, & s'en fuyt es montaignes.

* Autres deux En l'an huict cens quatre vingts *& iiii. pource que durant ledict siege de Vienne lesdicts *& trois.* deux freres, Roys, eurent nouuelles que les Normans estoyēt soubs Godefroy & Sigifroy, leurs Roys, de rechef entrez en France, & ia auoyent gasté, prophané, & destruict par feu & par glaiue plusieurs citez, eglises, & Abbayes, tuez les Euesques & prestres de Treues, Coulongne, du Liege, Amiens, Arras, Therouenne, Peronne, Cambray, Reims, & gasté tout les païs du long des riuieres de Lescau & de Somme, & estoyent iusques à Moson: ledict Roy Louis laissa *Les Normās ui* ledict Karloman audict siege de Vienne, & s'en vint en France, pour faire guerre ausdicts *drent de rechef* Normans, & eut bataille contre eulx, mais il fut desconfit: & tantost apres luy print vne ma- *en France.* ladie, durant laquelle il se feit apporter à sainct Denis, ou il mourut: & fut enterré en l'eglise S. Denis en France, comme Roy couronné au rang des Roys de France, combien qu'en aucunes Chroniques les acteurs desdaignēt luy & ledict Karloman, son frere, mettre au nombre des

Roys,

DV ROY LOVIS, SVRNOMME FAYNEANT. Fueil.lxiij.

Roys, par ce qu'ils eſtoyent baſtards. Quand ledict Karloman, qui eſtoit au ſiege de ladicte cité de Vienne, ſceut la mort de ſon frere Louis, il s'en vint pour faire guerre aux Normans.

En l'annee enſuyuant huict cens quatre vingts & cinq mourut en la ville de Tours ledict Roy Karloman, & fut enterré à S.Denis, comme Roy couronné, aupres dudict Louis, ſon frere. Pour la doubte deſdicts Normans, qui auoyent deſtruict le monaſtere de S.Vvalery & S.Riquier, les corps dudict S.Vvalery & S.Riquier furent transportez au chaſtel de S.Omer lez Flandres, & y furent iuſques au temps de Hue Capet. *L'an huict cens quatre vingts & cinq.*

De Louis Fayneant, & de Charles Empereur de Romme, qui fut faict Roy en ſon lieu, & regna cinq ans.

APres la mort deſdicts Louis & Karloman tint aucun peu de temps le regne Louis, fils d'iceluy Karlomã, qui fut ſurnommé Fayneant: & fut ainſi nommé par ce qu'il fut homme de peu d'efficace, adonné à lubricité: & pour entretenir ſes paillardiſes & plaiſances deſordonnees, fit de grandes exactions ſur les ſubiects du royaume, par le conſeil des ieunes gens eſtans auec luy, qui luy obtemperoyent à ſes volontez: & cõme on dit, de ſa malheureté il eſpouſa vne nonnain qu'il tira de l'Abbaye de Chelles ſaincte Bauldour, pres Paris. qui eſt vn des grands pechez que homme peut faire, & abominable à Dieu & aux hommes. Iceluy Louis Fayneant par ſa laſcheté & puſillanimité, combien qu'il euſt grand' puiſſance de gens, que ſon pere auoit aſſemblez pour faire guerre auſdicts Normans, & que leſdicts Normans fuſſent deſconfits, ce neantmoins il fit paix à eulx, & leur promit payer chacun an *douze mil liures d'argent iuſques à douze ans: parquoy les Francois, qui ne voulurent ſouffrir eſtre tributaires auſdicts Normans, voyans ſa laſcheté & puſillanimité, le depoſerent, & le mirét hors du regne, & le firent tondre moyne à ſaint Denis: & en ſon lieu, par neceſſité, & pour obuier à l'oppreſſion deſdicts Normans, les aucuns appelerent en leur aide, & firent couronner Roy de France, Charles Empereur de Romme, qui fils auoit eſté de Louis, Roy de Germanie, & nepueu de Charles le Chauue. Lors eſtoyent de rechef deſcenduz en France grand' quantité de Danois Normans Sarrazins, qui eſtoyent venuz de deuers Louuain, & gaſtoyent tout le païs, & vindrent iuſques deuant Paris, & l'aſſiegerent auec bien quarante mil hommes: mais †Caſſelin, qui Eueſque eſtoit de la cité de Paris, l'Abbé de ſaict Germain, & Eude, Comte de Paris, qui apres fut couronné Roy de France, la deffendirent & garderét ſi bien, par les merites de noſtre Dame & des benoiſts corps ſaincte Geneuieſue, ſainct Germain, & S.Marcel, qu'ils ne la peurent prendre, & ſe departirent: mais auant leur partement, ils bruſlerent & deſtruiſirét les egliſes & monaſteres de ſainct Germain des prez, & ſaincte Geneuieſue hors Paris, dont les corps ſaincts auoyent eſté retirez dedans la cité: & deſdicts Normans n'en eſchapa vn ſeul: qui fut grand' grace de Dieu, car à l'occaſion de celle belle victoire ſe tindrent longuement de venir en France. Ledict Charles Empereur tint & poſſeda le royaume de France, l'eſpace de cinq ans: & treſpaſſa l'an huict cens quatre vingts & dix. Et combien qu'il ne ſoit point compté au nombre des Roys, toutesfois il fit pluſieurs biens en France, & eut pluſieurs victoires contre les Danois Normans. En l'an huict cens quatre vingts & cinq, voyant qu'il ne les pouuoit expulſer, il fit appointemét auec deux de leurs Roys ou Ducs. L'vn fut nommé Godefroy, auquel il donna en mariage *Gaybe, fille du feu Roy Lotaire, & luy donna le païs de Friſe, moyennant que luy & ſes gés fuſſent baptiſez. L'autre eſtoit nommé Sigifroy, auquel, & à ſes cõplices, il fit de grands dons: c'eſt aſſauoir douze milliures d'argent, pour les faire vuyder hors de la terre de France, & prindrent trèues iuſques à douze ans: mais ce nonobſtãt apres le treſpas dudict Empereur Charles, ils refeirét guerre aux Francois, & diſoyent qu'ils auoyét fait appointement auecques le feu Empereur Charles, mais non pas auecques les Francois.

En l'an huict cens quatre vingts & ſept mourut Baudouyn le Chauue, fils de Baudouyn bras de fer, Comte de Flandres, dont deſſus a eſté parlé, qui auoit eu à femme Iudich, fille de Charles le Chauue: & fut enterré à Gand. Il laiſſa deux fils. L'aiſné, nommé Arnoul, qui fut Comte de Flandres, donna à ſon frere Adalin la terre de Boulongne ſur la mer, & Therouenne: & eſpouſa la fille de Hebert, Comte de Vermandois, de laquelle il eut vn fils, nommé Baudouyn, qui apres fut Comte de Flandres, ſurnommé le ieune.

Louis Fayneans Roy de France eſpouſa une nõnain de Chelles.

Aucuns attribuent cecy à Karloman ſon pere.

tal. Goſelin

Normans furẽt deſcõfits deuãt Paris, & n'en eſchapa un ſeul

L'an huict cens iiii.xx.& cinq

ſig. & autres la nõment Gille, et diſent que ce fut l'an 884

L'an huict cens iiii.xx. & ſept.

l iij

LES CHRONIQVES ET ANNALES DE FRANCE.

Comment ledict Charles, Roy & Empereur, fut porté en esprit en Paradis & en Enfer.

Vincent de Beauuais en son liure historial, recite qu'vn iour de Dimenche à heure de minuict, ainsi que ledict Charles, Roy & Empereur, retournoit de matines, vne voix & vn esprit s'apparut à luy, tenāt vn ploton de fil de lin, & luy dist: Charles, pren le bout de ce fil, & le noe à ta main. Ce qu'il fit: & par cedict fil fut l'esprit d'iceluy Charles descendu es enfers, ou il veit ses grands peres & oncles en diuers tourmens: ausquels il demanda pourquoy ils souffroyent telles peines, lesquels luy respondirent que c'estoit pour les guerres & discords qu'ils auoyent faicts entre leurs freres & le peuple, pour acquerir possessions, terres, & biens mondains. Apres ce ledict Charles fut mené en vne montaigne pleine de feu, ou auoit toutes manieres de metaux bouillans: & dedans y auoit vn merueilleux nombre des ames des Capitaines de ses ancestres tourmentez de diuers tourmens, selon les maulx & rapines qu'ils auoyent faicts en leur temps: lesquels feirent audict Charles de diuerses complainctes. Puis apres fut mené en vne valee, qui d'vn costé estoit doulce & resplendissant, & d'autre part toute ardant & bouillāt: & se tira deuers le costé bouillant ou il trouua deux fontaines: l'vne estoit trop chaude: l'autre estoit clere, mais fort impetueuse: & là estoyent deux vaisseaux, en l'vn desquels estoit son pere Louis, Roy de Germanie & Empereur de Romme, dont il fut moult espouenté: lequel parla à luy, & luy dist: Charles n'aye point de paour, ie scay qu'à present ton esprit est transporté, & tu retourneras au monde en ton propre corps (car ainsi Dieu l'a permis, affin que tu veisses pour quels pechez moy & les autres sommes tourmentez) vn iour ie suis en baing bouillant, l'autre iour ie suis en baing qui n'est pas si chault, par les merites de sainct Pierre & de S. Remy, par lesquels noz predecesseurs ont regné: & si tu me veulx aider de prier & faire prier Dieu pour moy, ie seray incontinēt deliuré, car mon frere Lotaire & son fils sont ia deliurez, & sont en Paradis par leurs prieres. Et apres luy dist: tourne toy, voyla deux vaisseaux qui sont appareillez pour toy, si tu ne t'amendes, dont ledict Charles fut moult esbahy: & quand celuy qui le menoit veit qu'il estoit en si grand'terreur, il le mena en Paradis, ou il trouua en grand honneur Lotaire son oncle, & aupres de luy son fils Louis. Ledict Lotaire luy dist: Charles mon successeur vien à moy: ie scay que tu as passé de mauuais passages pour venir icy, & as veu ton pere en peine, de laquelle par la grace de Dieu il sera deliuré comme nous auons esté: & si scay que ta puissance te sera de brief ostee, & peu de temps viuras apres: & semblablement luy dist ledict Louis, fils de Lotaire: Charles, mon cousin, tu tiens de present mon Empire, que de droict heredital deuoit auoir Louis, fils de ma fille. Et ce dict sembla audict Charles qu'il veit venir là present ledict Louis, petit enfant, & que celuy qui le menoit par la main, luy vint desuoer le bout du fil qu'il tenoit en sa main, dōt luy fut aduis qu'il laissoit le regne Imperial. Apres ce fut retourné l'esprit dudict Charles en son propre corps, & vescut deux ans apres. En l'an huict cens quatre vingts & huict, ledict Empereur Charles, voyāt qu'il ne pouuoit venir à bout desdicts Danois Normans, pour demourer en paix auecques eulx leur donna vne partie du pais de Neustrie, oultre la riuiere de Seine, dont les habitans d'icelle s'estoyent cōtre luy rebellez, & laquelle partie *à Normanis Normania denominata est.*

En l'an huict cens quatre vingts & neuf ledict Charles, affin qu'il peust viure plus solitairement, il se fit par l'Archouesque de Verseil separer d'auec sa femme, & afferma que iamais il n'auoit eu compaignie charnelle d'elle: & sadicte femme, qui de ce fut contente, afferma qu'elle estoit encores pucelle, laquelle se meit en religion. Depuis les Rommains le deposerēt de l'Empire, & feirent Empereur Arnoul, qui estoit son nepueu, fils du feu Roy Karloman de Germanie, qui tint l'Empire douze ans.

De Eude, Comte de Paris, qui tint le regne de France.

EN l'an huict cēs quatre vingts & dix, apres le trespas dudict Charles Empereur de Romme, qui auoit regné en France cinq ans, aucuns des Francois qui ne tenoyent encores compte du petit Charles, fils de Louis le Balbe (duquel la mere, qui estoit sœur du Roy d'Angleterre, estoit demouree grosse, & depuis s'estoit tousiours tenue en Angleterre, & lequel petit Charles auoit ia x. ans ou enuirō) esleurēt & feirēt couronner Roy Eude Comte de Paris (lequel estoit fils de Robert, Côte d'Angers, que les Normās auoyēt tué en vne bataille, & frere de Robert *, Duc d'Aquitaine) & fut couronné Roy de France iceluy Eude: & cōmenca à tenir le regne l'an de grace huict cēs quatre vingts & vnze, & fit grand' guerre aux Danois Normans, & les desconfit plusieurs fois.

En la

marginalia:
De plusieurs merueilleuses visiōs qui furēt mōstrees à l'esprit du Roy Charles.

L'an huict cēs iiii.xx. & viii.

L'an huict cens iiii.xx. & ix.

L'an huict cens iiii.xx. & x.

* Bouchet ne le tiēt pas pour tel
L'an huict cens iiii.xx. & xi.

DV ROY CHARLES, LE SIMPLE.

En la premiere annee qu'il fut couronné Roy lesdicts Danois Normans vindrent iusques deuant Paris:& pourcc qu'ils ne peurent entrer dedans,ils allerent afsieger la cité de Sens:mais ils ne le peurent prendre:& par ce tirerent vers Bourgongne.Richard Duc de Bourgongne, qui en fut aduerty,vint au deuant à grand' armee iusques à S.Florentin:& les combatit,& en tua grand nombre,& les autres chaça. En l'annee enfuyant huict cens quatre vingts & xij. lesdicts Danois Normans retournerent de rechef deuant Paris:& n'y peurent riens faire pour la resistance qu'y fit le Roy Eude,& ceulx de la cité.Si s'en retournerent le long de la riuiere de Marne:& allerent gastant le païs de Champaigne,la cité de Troyes, & plusieurs autres destruisirent par feu & par glaiue iusques à Verdun. Vne partie desdicts Danois Normás retournerent de rechef deuers Paris,en l'anne huict cens quatre vingts & xiiij. & allerent deuers Bretaigne. Les Bretons vindrent au deuant, & les combatirent,& fur eulx eurent deux victoires, ou ils en tuerent bien douze mil. Ledict Eude auoit vn frere(comme dict est) qui estoit nómé Robert,comme leur pere: lequel fut Duc d'Aquitaine, & fut ayeul du Roy Hue Capet: & eut ledict Robert vn fils de la sœur de Hebert Comte de Vermendois, qui fut appelé Hue le Grand, & fut Comte de Paris, & pere dudict Hue Capet, dont sera parlé cy apres.

En l'an huict cens quatre vingt & *xv. Raoul, fils de Roson, Roy de Prouence *corona sibi imposita Rex Transiurensis Burgundiæ statuitur*: & dura ledict royaume de Bourgógne par long temps.   En l'an huict cens quatre vingts & seize, Berno fils d'vn Comte en Bourgógne se fit moyne:& fut Abbé de Gigny, qu'il auoit fondé:& semblablement du don de la Comtesse Yne,fonda premierement l'Abbaye de Clugny. Aucun temps apres mourut ledict Louis, que l'histoire appelle Fayneant,qui auoit esté faict moyne.

L'an huict cens iiii.xx. & xi.
L'an huict cens iiii.xx. & xii.
L'an huict cens iiii.xx.et xiiii.
* sig. & autres disent dix.
L'an huict cens quatre uingt et seize.

Incident qui parle de la constitution des Electeurs de l'Empire:& d'vn miracle de sainct Martin.

Depuis le temps que les ossemens de sainct Vit Martir furent transferez,comme nous auons dit, de Paris & mis au monastere †d'Orbine en Saxongne, le presage fut que la gloire des Frãçois, qu'ils auoyent à l'Empire, seroit transferee aux Saxons:& aussi depuis le trespas dudict Louis le Balbe, il ne se treuue point que les Roys de France ayent tenu l'Empire de Romme, ains fut translaté à ceulx de Saxongne,apres que les Berengers eurent quelque téps vsurpé l'Italie, & quelques Germains, le royaume de Germanie : & le tindrent lesdicts Saxons subsecutiuement l'vn apres l'autre par succession de temps iusques au nombre de trois, qui tous eurent nom Othon : & apres le trespas du dernier Othon fut faict vn statut à Aix la chapelle par les Princes d'Allemaigne, que la seigneurie de l'Empire ne viendroit plus par succession:mais que par sept qui seroyent officiers de l'Empire,les Empereurs seroyent desiors en auant esleuz & establiz. Desquels sept Electeurs y en auroit trois d'Eglise, qui seroyent dicts Chanceliers de l'Empire, & quatre laiz. Ceulx d'Eglise sont l'Archeuesque de Mayance, Chancelier pour Germanie, ou Allemaigne: l'Archeuesque de Coulongne, Chancelier pour Gaule, ou Frãce, & l'Archeuesque de Treues, Chancelier pour les Italies. Les quatre electeurs laiz sont le Marquis de Brandebourg, qui est grand Chambellam de l'Empire:le Comte Palatin, grand maistre d'hostel de l'Empire : le Duc de Saxongne, Connestable de l'Empire, & le Roy de Boesme, grand Eschancon de l'Empire:lequel Roy entre lesdicts Electeurs est comme neutre & mediateur: *Vnde versus:*

Maguntinensis, Treuerensis, Coloniensis:
Quilibet imperij fit cancellarius horum:
Et Palatinus dapifer, Dux portitor ensis,
Marchio præpositus cameræ, pincerna Bohemus:
Hi statuunt dominum cunctis per secula summum.

Entre lesquels Electeurs se sont plusieurs fois trouuez de grands differens, & ensuyuis guerres, dont le faict de l'Empire est fort diminué : & à ceste cause dit on que l'Aigle a perdu plusieurs de ses plumes, & à la fin elle demourera toute nue. Le premier Empereur,qui fut esleu, fut nommé Henry, & estoit Duc de Bauiere. Il eut vne sœur nommee Gille, qui fut mariee auec Estienne, Roy de Hongrie:& demourerent elle & sondict mary en virginité & chasteté: & sont tous deux sanctifiez : & fut ladicte Gille cause de la conuersion des Hongres à la foy Chrestienne. En celuy temps fut rapporté à Tours le corps S.Martin, qui auoit esté porté à Auxerre, pour la doubte des Normans:& ainsi qu'on alla predre la chasse dudict corps sainct, la chasse du corps de monseigneur S.Germain d'Auxerre, qui estoit pres, & ioignant, se leua, & sans aide de personne conuoya la chasse S.Martin iusques à la porte de ladicte eglise, puis s'en retourna en sa place:& en amenãt ledict corps S.Martin iusques à Tours furent veuz plu-

† al. Corbeie
Establissement faict touchant les Electeurs de l'Empire.
Les noms des Electeurs de l'Empire.
L'Aigle à la parfin perdra ses plumes.

De deux co-quins qui furẽt malgré eulx gueris par sainct Martin.
sieurs miracles: entre lesquels aduint que deux coquins contrefaicts, qui s'enfuyoyent (pource qu'ils ouirent dire qu'es lieux ou arriuoit & passoit le corps dudict S.Martin, tous malades estoyent gueris) & ne vouloyent pas estre gueris, affin d'auoir occasion de tousiours coquiner, en fuyant rencontrerent la chasse dudict corps au bout d'vne ruelle, & malgré eulx furẽt gueris. Les arbres florissoyent par ou le sainct corps passoit parmy les champs, cõbien que ce fust en yuer, & les lampes & cierges s'allumoyent es eglises miraculeusement.

Du Roy Charles le Simple, couronné à quatorze ans.

L'an huict cens iiii.xx. & xix.

CHarles troisiéme de ce nõ, dict le Simple, fils de Louis le Balbe, autremẽt dict le Begue, fut né l'an huict cẽs quatre vingts, & ne commença à regner Roy paisible ou seul qu'en l'an huict cens quatre vingts dix neuf: durant lequel temps aucuns de ses tuteurs gouuernerent le royaume pour sa minorité d'aage, & deceda le vingtseptiéme an de son regne. Apres la deposition de Louis Fayneant, dont parlé a esté cy dessus, & pendant que ledict Eude tenoit le royaume, & qu'il estoit allé en guerre guerroyer contre les Normans, aucuns des Barons de France, * à la persuasion &

* Ainsi dit il de Louis 3. et peut s'abuser icy.
* autres n'en comptent que douze, tãt pour la datte de l'an que pour l'aage

poursuyte du Roy d'Angleterre, qui estoit oncle dudict ieune Roy Charles de par sa mere, en l'an huict cens quatre vingts & quatorze l'enuoyerent querir en Angleterre, ou il auoit esté nourry: & , ou luy & sadicte mere s'estoyent tousiours tenuz depuis le trespas dudict Louis le Balbe son pere, & le feirent couronner Roy de France, estant encores en l'aage de *quatorze ans, en l'eglise de Reims, par Foulques Archeuesque de ladicte eglise: dõt ledict Eude fut moult courroucé & desplaisant, & fit & esmeut grande guerre audict ieune Roy Charles, laquelle dura longuement. Il semble que tous les dessus nommez, qui se sont dicts & nommez Roys, & qui ont tenu le regne depuis le trespas dudict Louis le Balbe iusques à ce ieune Roy Charles le Simple, ne doyuent point estre comptez, ne mis au nombre des Roys de France venus en directe ligne: car ils n'ont esté qu'vsurpateurs.

Des maulx que firent les Normans en France: & de la mort d'Eude Comte de Paris, qui auoit esté couronné Roy, apres lequel Robert, son frere, se fit couronner: & de ce qui en aduint.

PAr plusieurs fois estoyent les Danois Normans descendus en France: mais du temps de Charles le Simple ils y firent de plus grands maulx & inhumanitez qu'on ne sçauroit dire, si que peu demoura de villes & places entieres en Frãce, que toutes ne fussent destruictes, & le peuple tué & mort. En ce temps auoit vn Duc sur eulx, nommé Roul, lequel departit ses osts en trois: l'vn monta contremont la riuiere de Seine, l'autre le long de la riuiere de Loire, & l'autre par la riuiere de Gironde à Bordeaux: & ainsi s'espandirent par toute France. L'an huict cens quatre vingts dix & neuf mourut ledict Eude, Comte de Paris, qui auoit esté couronné Roy de Frãce: & fut enterré à sainct Denis. A son trespas il coniura tous les Barons de France qui estoyent auec luy, qu'ils obeissent au ieune Roy Charles le Simple, disant qu'il estoit & deuoit estre leur vray & naturel Roy & seigneur, & que luy, & tous ceulx qui auoyent occupé le royaume depuis la mort de Louis le Balbe son pere, auoyent esté tyrans & vsurpateurs de la couronne de France: mais ce neantmoins apres son trespas, Robert son frere, Duc d'Aquitaine & Comte de Paris (qui auoit espousé la sœur de Hebert, Cõte de Vermandois, en laquelle il auoit engendré Hue le Grand, qui apres fut Comte de Paris) voulant vsurper le royaume se fit couronner Roy de France: & troubla si fort le royaume, que plusieurs des grands Princes furent de son party, & contraires audict Charles le Simple: mais ceste temerité & presumption ne vint pas à bonne & ioyeuse fin, cõme nous verrons cy apres. En l'an neuf cens & deux print vne maladie à l'Empereur Arnoul, par laquelle deuit si plain de vermine de poulx, & en fut si affligé qu'il luy conuint mourir, & n'y sceurent medecins donner remede n'ayde. En l'an de grace neuf cens & *sept mourut Alain, Duc de Bretaigne: & luy succederent Iudicael & Colledoc ses fils, qui apres deffaillirẽt de vie, de pouoir & de lignée. Ces deux freres auoyent vne sœur, fille du Duc Alain le grand, laquelle fut femme de Matrudons, Comte de †Porhoet, qui d'elle eut vn fils appelé Alain Barbetorte: & s'enfuyrent lesdicts Matrudons & Alain, pour les persecutions des Normans, & Adelstan Roy d'Angleterre les receut (car il estoit parrain dudict Alain) & les entretint iusques à l'an ix.c.xxxvj. que ledict Alain Barbetorte retourna en Bretaigne: & cha-

L'an huict cens iiii.xx.et xix.

Robert Comte varis voulut vsurper la courõne de France

*La Cro.Bret. semble compter 882.

† al. Pohel.

ca

cea lesdicts Normans, & les desconfit en trois batailles: puis regna au pais, & print à femme la † fille de Thibault, Comte de Chartres, dont il eut vn fils appelé Drogo.

† al. sœur

Comment le Roy Charles le Simple feit appoinctement à Roul, & luy donna le pais de Neustrie, à present appelé Normandie.

Vrant lesdictes guerres & diuisions, iceluy Roy Charles le Simple, apres plusieurs batailles & rencontres qu'il feit contre les Danois Normans, & par longues & diuerses annees, qui longues seroyent à racompter, voyant qu'il ne pouoit venir à bout d'eulx, par le conseil & assentement des Princes & Barons du royaume, affin d'obuier aux grands maulx & inconueniens qu'ils faisoyent, par le moyen de Francon, l'Archeuesque de Rouen, feit appoinctemet & alliace auec Roul, ou Rolo, leur Duc. Et par iceluy appoinctement luy donna en mariage sa fille nommée Gille, auecques toute la terre depuis la riuiere d'Epte, qui passe à S. Cler, iusques à la mer: laqlle terre estoit lors appelee Neustrie, id est neufue Austrie: & dellors les Normãs l'appeleret de leur nõ Normãdie: & apres par corruptelle de lãgage a esté & est appelee Normadie: leql pais estoit l'ãcië heritage de la courône de Frãce. Et fut dict qu'iceluy pais seroit le propre heritage de ladicte Gille, & des enfãs qui istroyet de son mariage, & nõ autrement: & ledict pais erigea le Roy en Duché, moyënãt q̃ ledict Roul se feroit baptizer: & par ce moyen fut iceluy Roul baptizé en l'an ix. cens & douze, par Francon, Archeuesque de Rouen, & fut nommé Robert, par le Comte Robert de *Paris, qui le leua sur fons. A l'exemple dudict Roul, tous les Normans qui estoyent Payens se feirent baptizer: & apres ce iceluy Robert feit hommage audict Roy Charles le Simple d'iceluy pais de Neustrie, qui encores de present est appelé Normandie. Or aduint qu'apres ce que ledict Roul ou Rollo, eut la possession dudict pais & seigneurie de Normandie, & qu'il en fur paisible, il reiecta de luy sadicte femme Gille: & la feit mourir piteusement l'an neuf cës & treze, & n'en issirent aucuns enfans: & par consequent tant par droicte forfaicture, comme selon la conuenance du traicté dudict mariage, il est cler qu'apres la mort de Roul ladicte Duché de Normandie deuoit retourner de plain droict au Roy de France. Et est vray qu'auant qu'il fust Chrestien il s'estoit enamouré d'vne fille nommee Pompee, laquelle estoit fille de * Guy, Côte de Vvoysin, & estoit Chrestienne & luy Sarrazin, & eut sa compagnie, tellement qu'il en issit vn fils nommé Guillaume longue espee, lequel estoit *ex damnabili coitu. par ce qu'ils n'estoyët point mariez, & son pere estoit Sarrazain & sa mere Chrestienne: & l'Eglise deffend tous mariages & copulations charnelles, soit en mariage ou hors mariage, de Chrestien ou Chrestiëne auec Sarrazin, ainsi qu'il est traicté xxviij. q. ij. c. *Sic enim neque. §. his verbis, versi. cur fidelem, inde coitu, &c.* Et par consequent iceluy Guillaume estoit inhabile à succeder audict Duché. Ce neantmoins par la puissance & impetuosité desdicts Normans iceluy Guillaume s'ensaisina dudict pais: car les Roys de France estoyent lors pauures, & conuint qu'ils le souffrissent & passassent par dissimulation: parquoy appert que tous les successeurs dudict Roul ont possedé ledict pais à mauuais tiltre. Cestuy Robert, auant nommé Roul, fut si grand & si rigoureux iusticier que merueilles: & tellement que les Normans ont encores de coustume quãd on leur fait aucun grief, de l'appeler en ayde, & crier ha Roul. Ledict Robert, ou Roulf, on d a l'eglise nostre Dame de Rouen, & y est enterré en la chapelle sainct Romain, qui est la plus haulte, à la dextre partie de l'entree de la nef d'icelle eglise: & trespassa en l'an de grace neuf cens dixsept: & sont ces vers escripts sur sa representation:

Dux Normanorum, cunctorum norma bonorum
Rolo ferus, fortis, quem gens Normanica mortis
Inuocat articulo, hoc iacet in tumulo.
Ipsi prouideat tua sic clementia Christe,
Vt semper videat cum ceteris angelicis te.

*Cestuy Duc Roul, ou Robert, engendra de sa femme Pompee ledict Guillaume lõgue espee. Iceluy Guillaume engendra Richard, qui fut surnommé aux lõgues iambes. Richard engendra vn autre Richard. Ledict Richard vn tiers Richard, qui fut frere de Robert pere de Guillaume le bastard, qui conquist Angleterre: & par ainsi appert que dudict Roul sont descenduz les Ducs de Normandie, & les Roys d'Angleterre. En l'an neuf cens & treze Louis, fils de Boson, Roy de Prouence, fut pour la seconde fois appelé par les Princes d'Italie, & y fut couronné Roy: mais le deuxième an d'apres fut prins à Veronne par Berenger son competiteur, qui luy feit creuer les yeulx.

P. Em. & P. Ver. font bien entendre cecy autrement.

Roul Duc de Normandie espou. à Gille, fille du Roy Charles le simple.

L'an neuf cens & douze.
* autres disent de Poitiers.

* autres disent Berengier Côte de Beauuais, & le nõment Opis en latin, & Poupe en Francois.

* Ie remets ceste race selon les bons autheurs, par ce qu'elle estoit fort corropue, & au vieil exemplaire mesme.

Comment

LES CHRONIQVES ET ANNALES DE FRANCE.

Comment Charles le Simple deffit en bataille Robert Duc d'Aquitaine, frere du feu Roy Eude: & comment ledict Charles fut faict prisonnier à Peronne, ou il mourut: & de Roul de Bourgõgne courõné apres luy Roy de France.

L'an neuf cens seize.

EN l'an de grace neuf cens & seize Charles le Simple eut guerre contre Héry, Roy de Germanie, & print sur luy le royaume de Lorraine: mais l'an neuf cens vingt & deux ils feirent appoinctement ensemble, & luy rendit iceluy Charles ledict royaume. Audict an neuf cens vingt & deux Robert Duc d'Aquitaine, frere du Roy Eude, s'estant parauant faict couronner, comme nous auons dit, & ayant attiré à soy grande partie des principaux Barons de France, feit forte guerre audict Charles le Simple, iusques à se donner iournee pres la ville de Soissons: en laquelle Robert fut desconfit & tué, & plusieurs de ses gens aussi, à l'ayde du Roy Henry de Germanie. De sa mort & desconfiture fut Hebert, Comte de Vermandois, son serourge, molut courroucé & desplaisant, & delibera de s'en venger contre ledict Roy Charles: & de faict en l'an de grace neuf cens vingt & quatre, ou au mesme an que dessus, comme disent aucuns, il inuita par grand' semblace d'amytié ledict Roy Charles le Simple pour le festoyer: & feit tant qu'il le feit aller iusques à Peronne, & en sa cõpagnie plusieurs des grands Princes & Barõs de France. Quand il y fut, & qu'il le tint en sa puissance, il retint luy & plusieurs desdicts Barõs & Seigneurs qui estoyet en sa compagnie, & les mit prisonniers an chastel de Peronne: mais tantost il deliura les Princes & Barõs qui estoyent auec le Roy, moyennant qu'ils luy feirent serment que iamais pour

Le roy Charles le simple mourut cõme martir au chasteau de Peronne.

ladicte cause ne feroyent ne feroyent faire guerre contre luy: & retint seulement le Roy, lequel il tint si estroictement prisonnier, qu'en l'annee ix. cens xxvj. *Vt exul & martyr moritur:* & fut enterré en l'eglise collegial de sainct Fourcy, audict Peronne. En l'an neuf cens xxvij. apres la mort de Charles le Simple, vn Lorrain nommé Chrestien, qui se faignoit estre malade par cautelle trouua façon de prendre Gilbert, auquel deuoit appartenir le royaume de Lorraine, & l'enuoya à Henry Roy de Germanie, auquel Charles auoit transporté ledict païs de Lorraine: lequel Roy Henry quand il eut veu & ouy la prudence dudict Gilbert, luy donna sa fille nommee Gille, ou plustost Geberge, en mariage, & luy rendit ledict païs de Lorraine. Audict an Roul Roy de Bourgõgne d'oultre le mont Iura, ou est maintenãt la frãche Cõté, fut par les Italiens deiecté du royaume d'Italie, ou ils l'auoyent faict leur Roy, & esleurent en son lieu Hugues Comte d'Arle. Iceluy Charles le Simple auoit eu à femme Ogine, fille du Roy Edouard d'Angleterre, & d'elle auoit eu vn fils nommé Louis: lequel au trespas de

* v. Em. & autres ne font que un de cestuy, et l'autre d'icy dessus.

son pere demoura ieune: parquoy * Roul, fils du Duc Richard de Bourgõgne, q̃ ledict Charles le Simple auoit leué de fons, en la cité de Soissons se feit couronner Roy de France. A quoy ledict Roy de Charles, estant detenu prisonnier à Peronne, auant son trespas auoit donné son consentement, comme disoit ledict Roul: & à ce s'accorderent aucuns Barons de France, par ce qu'il n'y auoit lors homme plus propice pour gouuerner & deffendre le royaume. Et voyãt ladicte Royne Ogine, le grãd trouble qui estoit au royaume, & qu'elle n'y pouoit resister, s'en alla deuers Adelstã, lors Roy d'Angleterre, son frere: & emporta auec elle son petit fils Louis, & là fut enuiron treze ans. Ledict Roul, fils du Duc de Bourgongne, tint le regne de France iusques à l'an neuf cens trentesept, qu'il mourut en la ville d'Auxerre, & fut enterré à saincte Columbe de Sens. Durant son temps descendirent en Bourgongne grand quantité de Payens: & lors les François & Bourgongnons allerent à l'encontre, & les combatirent en vn lieu

* Anno. dit K a lomont.

qui a nom * Charolles, ou il en mourut plusieurs, & aussi y mourut grand' quantité de Chrestiens. Iceluy Roul fonda l'Abbaye de S. Lomer en la ville de Bloys sur Loire. Audict an ix. cens trentesept, apres le trespas dudict Roul, Adelstan, Roy d'Angleterre, manda à Guillaume longue espee, Duc de Normandie, qui fils estoit du Duc Roul, & le pryoit qu'il voulsist estre aydant à restituer Louis son nepueu au royaume de son pere, Roy de France, qui luy appartenoit par droicte succession. A la petition duquel tresvolontiers s'accorda: & auec l'ayde de

* Aucũs disent au 2. an du regne de Roul, et que ledict Roul mourut lors.

Hue le grand Comte de Paris, & aucuns Princes, Prelats & Barons de France, enuoyerent * querir en Angleterre ledict Louis, & ladicte Ogine sa mere: & quand il fut venu, ils le feirent couronner Roy de France solennellement en la cité de Laon. Tantost apres mourut ledict Adelstan Roy d'Angleterre: & apres luy succeda son fils nommé Emond, qui eut vne fille nommee Edich, qui fut mariee à Othon l'Empereur. En ce tẽps les Anglois faisoyent vne grãd' solennité le iour de la feste sainct Augustin, qui fut le premier Euesque d'Angleterre: & aduint qu'ainsi que ledict Emond, Roy d'Angleterre, tenoit court planiere, estant à table en sa salle de parement, vn larron paillard à qui il auoit sauué la vie, luy bailla d'vne espee & le tua:

&

DV ROY LOVIS, TROISIEME DE CE NOM.   Fueil.lvj.

& apres luy fut Roy son frere Eldret, qui fut moult vaillant & sage, & sceut moult d'escriptures. Il * translata en sa langue le liure d'Orose, le Pastoral de sainct Gregoire, les Croniques de
Bede, & Boece de Consolation: & auoit en sa chambre vne chandelle ardant, diuisee en vingt
& quatre parties, dont il employoit les huict à lire & escripre, autres huict en repos, les autres
huict à besongner es affaires de son royaume.   Enuiron ce temps fut la seigneurie de Bloys
sur Loire erigee en Comté, & en fut le premier Comte vn nommé Gillo, qui estoit de la lignee
des Danois Normans, c'est à sçauoir du Duc Raoul. Durant le regne de Charles le Simple en
peu d'espace de temps eut huict Papes à Romme, qui feirent plusieurs schismes & choses scan-
daleuses: & entre autres eut grand schisme entre Formosus & Sergius: & fut contrainct Formosus abadonner Romme, & s'en venir en France: puis trouua façon de retourner à Romme,
& print la Papaulté: & tantost apres mourut. parquoy ledict Sergius se remit au siege Papal: &
par * vengeace feit deterrer le corps dudict Formosus, qui estoit mort, & le feit habiller des aornemens pontificaulx, & mettre au siege Papal: & là luy feit coper la teste & iecter le corps en la
riuiere du Tibre, en laquelle aucuns pescheurs le trouueret, & fut apporté à l'eglise: & incontinent qu'il y entra miraculeusement les images visiblement s'enclinerent, & le saluerent vene-
rablement, presens plusieurs qui là estoyent.

*r.Verg. attri
bue cecy à Alu-
ret ayeul d'A-
delstan.
Bloys fut erigee
en Comté.

*Plat. dit que
ce fut Estien.6.

Du Roy Louis, fils de Charles le Simple, qui feit pendre le Comte Hebert, qui a-
uoit fait mourir Charles le Simple son pere.

Louis, troisieme de ce nom, fils de Charles le Simple, commença à regner seul l'an neuf cens trentesept, ou vingt
huict selon aucuns: & regna iusques en l'an neuf cens cinquante cinq, & fut couronné en la cité de Laon, & gist à S.
Remy de Reims. Cestuy Louis eut à femme Geberge ou
Engeberge, sœur du premier Othon Empereur, & tante du
second Othon aussi Empereur, lequel premier Othon auoit espousé Edith fille d'Emod, Roy d'Angleterre: & Hue le grad,
Comte de Paris, auoit espousé l'autre sœur dudict Empe-
reur, nommee † Haygonde, en laquelle il engendra Hue Capet, qui depuis fut Roy de France,
comme sera veu cy apres.   Ce Roy Louis ne mit pas en oubly l'iniure qui auoit esté faicte à
Charles le Simple son pere, par le Comte Hebert de Vermandois: toutesfois le dissimula il par
aucun temps: & comme ainsi fust que de tout son pouoir il trauaillast à entretenir en amour les
Princes, Barons & Seigneurs de son royaume, aduint qu'vn iour il les feit inuiter à vne solennelle feste, & tint court planiere en la cité de Laon. Là vindrent plusieurs grands Princes, Baros
& Cheualiers, qui estoyent mandez: & entre autres y vint ledict Hebert, Comte de Vermandois, qui y fut inuité. Et quand ils furent assemblez vn iour en la presence de tous, par fiction
vint deuant le Roy vn homme habillé comme vn courrier ou messager: lequel s'agenouilla à
ses pieds, faignant venir d'Angleterre, le salua, & luy presenta vnes lettres de par Emond Roy
d'Angleterre, son cousin. Le Roy qui cognoissoit le messager, qui estoit apelé Galopin, le salua
par son nom familierement: & print lesdictes lettres, & les feit lire par son Chancelier tout bas
deuant luy. Et quand il les eust leues le Roy se print à soubzrire, & à dire tout hault: Vrayement on dit bien vray quand on dit que les Anglois ne sont gueres sages: mais ce n'est pas de
merueilles: quia Anglia dicitur extra climata. Lors les Princes commencerent à le regarder,
& à demander & enquerir pourquoy c'estoit qu'il disoit telles parolles: & le Roy leur dist: C'est
mon cousin le Roy d'Angleterre qui me mande qu'il est aduenu en Angleterre qu'vn homme rustic de son pais à semons son seigneur, de qui il estoit subiect, à aller disner à sa maison,
& quand il y a esté il l'aprins & detenu, & puis apres là estranglé & faict mourir de mort villaine: & dit mon cousin qu'il veult auoir l'oppinion de vous autres Princes Seigneurs & Barons de France, & vous prie que vous le conseillez qu'il en doit faire. Et lors Thibault, Côte
de Bloys, qui estoit le plus ancien, & reputé le plus sage de la compagnie, par le commandemét
du Roy commença à parler, & dist: Ie suis d'oppiniô, & me semble que cestuy rustic qui ce a
faict, doit estre pendu & faict mourir ignominieusement, & tellement que ce soit en perpetuel opprobre & deshonneur de ses parés & amys: à l'exéple des autres de nó ainsi faire. Quâd le Côte de Bloys eut acheué de parler tous les autres Prices & Seigneurs qui là estoyét, & mesmemét
ledict Hebert, Côte de Vermadois, furét de son oppinió, & approuueret sa fetéce: & lors le Roy
adressa sa parolle audict Hebert, Côte de Vermadois, & luy dist: Ie te iuge & condamne par ta
bouche mesmes: tu sçais, Hebert, q̃ tu inuitas, & apelas feu moseigneur mô pere, q̃ Dieu absolue, par beau sêblât d'amytié, soubs ombre de le festoyer à aller mâger à ta maisô, & quâd il y fut

†al. Hacin-
de. P. Emil.
Auide.

Cauteleuse que
stion proposee
par le roy Louis
en la presence
de ses Barons.

LES CHRONIQVES ET ANNALES DE FRANCE

tu le retins & feiz mourir ignominieusement:& par ce ie te condamne à estre pendu & estrã-
glé:car tu receuras maintenant ce que tu as desseruy. Et ainsi fut ledict Hebert prins & mené
sur vn hault mont,lequel à cause de luy est encores de present appelé le mont Hebert.

Du môt Hebert & pourquoy il est ainsi appelé.

En l'an neuf cens xxxvj. mourut Raoul, Roy de Bourgongne *& omnis Cisalpinæ Galiæ*:& luy succeda Conrard,son fils,audict royaume.

Des Hongres qui vindrent en France:& comment plusieurs des Princes de Frãce s'esleuerent contre le Roy.

L'an neuf cens trentehuict.

LE secõd an du regne dudict roy Louis,qui fut neuf cẽs xxxviij. les Hõgres,qui estoyent encores Sarrazins,passerent par Alemagne,& Austrasie,& gasterent par feu & par glaiue les villes & citez,& passerent le fleuue du Rin, & vindrent en France : & commencerent à gaster Bourgongne, Champaigne, France, & trauerserent tous les pais iusques à la mer Occeane : & oultre ce ledict Hue le Grãd, Comte de Paris, serourge dudict Roy Louis, & plusieurs des Princes & Seigneurs de France, à la sugiestion de Henry Roy de Germanie,frere * de ladicte Engeberge Royne feirent conspiration,& s'esleuerent cõtre ledict Roy Louis. Quand il veit qu'il n'y pouoit bonnement resister il s'efforça de faire paix audict Henry, Roy de Germanie:mais iceluy Henry n'y voulut entendre:& par ce ledict Roy Louis alla à cõseil au Duc de Normãdie, Guillaume longue espee,qui le receut honnorablement comme son seigneur souuerain:& par son moyen ledict Henry de Germanie fut content de venir à appoinctement auec ledict Roy Louis,& allerent iusques sur la riuiere de Meuze. Là se trouuerent & assemblerent les deux Roys de France & de Germanie : & par le moyen dudict Duc Guillaume de Normandie,apres plusieurs allees & venues fermerent amytié & alliance. A leur retour de ladicte assemblee ledict Roy Louis eut nouuelles que la Royne Engeberge sa femme * auoit eu vn fils, dont il fut moult ioyeux. Il le feit leuer sur les fons par ledict Duc Guillaume de Normandie, & luy pria qu'il luy meist à nom Lotaire. ce qu'il feit : & fut l'enfant baptizé à Laon. De là ledict Guillaume s'en alla à Rouen: & aucun temps apres il fut espris de deuotion, & feit veu de soy mettre en religion. Il assembla vn Parlement de ses Barons de Normandie, & leur dist ce qu'il auoit deliberé & volonté de faire, & enuoya querir Richard son fils qu'il faisoit nourrir & apprendre en l'Abbaye de Fescamp:& le feit receuoir par les Barons en Duc de Normãdie: & est celuy qui fut appelé Richard aux longues iambes. Ledict Duc Gillaume feit restaurer & refaire les Abbayes de Fescamp & Iumieges, qui par les guerres precedẽtes des Danois Normans auoyent esté du tout demolies & destruictes, & estoit tout le pais d'enuiron inhabité, & en hayes & desers.

* autres disent pere, toutesfois selon sig. et autres fondict pere mourut l'an 937.

* sig. ne les marie qu'en l'an 943. et P. Em. 942.

Des Ducs de Bretaigne.

Enuiron ce temps le Duc Alain Barbetorte & son frere, que les Normans auoyent chacez de Bretaigne la petite, & s'estoyent retirez deuers Adelstan, Roy d'Angleterre,estans retournez en Bretaigne, en chacerent lesdicts Normans Sarrazins, & gaignerent trois batailles sur eulx.Ledict Barbetorte se feit Duc de Bretaigne,à cause de sa mere: & fonda l'eglise collegial nostre Dame de Nãtes, ou il est enterré. Il eut à femme la fille de Thibault, Comte de Chartres:& d'elle eut vn fils,nommé Drogo: & ordonna à sa mort qu'il regnast apres luy:mais sa femme,mere dudict Drogo,se remaria à Foulques, Comte d'Aniou, lequel par affection de regner en Bretaigne feit eschauder en vn baing ledict enfant par sa nourrice,tellemẽt qu'il mourut:mais ce neantmoins les Nantois refuserẽt ledict Foulques,& feirent seigneurs sur eulx les autres enfans dudict Alain Barbetorte, appelez Hoel & Guerech, que ledict Alain auoit engendrez en vne noble Dame,auant qu'il print la sœur dudict Comte Thibault de Chartres. Hoel l'aisné eut la principaulté, & assaillit par armes Conan de Renes, fils de Iuhael,fils du Cõte Beranger, qui estriuoit & contendoit par lignage auoir la seigneurie de Bretaigne:lequel Conan feit occire Hoel, par vn sien Cheualier nommé Galurõ. Apres sa mort Guerech, son frere,fut Duc de Nantes, & eut vn fils nommé Alain. Et pource que ledict Guerech feit guerre contre ledict Conan de Renes, qui auoit fait mourir son frere, iceluy Conan le feit empoisonner par son medecin, nommé Henricus, Abbé de Redon, & assez tost apres Alain,fils dudict Guerech,mourut par maladie:& ne demoura de toute la lignee de Barbetorte que deux fils, l'aisné nommé Iudicael, l'autre nommé Hoel, que ledict Hoel,fils aisné dudict Barbetorte, auoit engendré en vne concubine. Conan de Renes print adonques Nantes, & se feit Duc de toute Bretaigne : contre lequel le Vicomte Hemon,frere des Ducs Hoel & Guerech,de par Iudich leur mere,combatit par deux fois: & en la derniere bataille l'occist, en l'an neuf cens xlij. & restitua à Iudicael son nepueu la principaulté de Nantes.

Comment

DV ROY LOVIS, TROISIEME DE CE NOM:

Comment Arnoul, Comte de Flandres, feit en trahison tuer Guillaume, Duc de Normandie.

EN l'an de grace neuf cens xlij. Arnoul Comte de Flandres, qui faisoit moult de griefs à ses voysins, tollut au Côte Heloyn de Môstreul, le chastel de Môstreul. Ledict Heloyn vint à plaincte deuers Hue le Grand, Comte de Paris, duquel ledict chastel estoit tenu en hômage: mais ledict Hue luy feit respôce que pour vn chastel il ne prendroit pas guerre audict Arnoul, qui estoit grád & puissant Prince. Si alla apres ledict Heloyn deuers le roy Louis de France, qui estoit Seigneur souuerain: mais nulle ayde ne faueur n'en peut auoir: parquoy sachant que ledict Duc Guillaume de Normandie estoit puissant & charitable, se tira vers luy, & luy remonstra son piteux cas: & le bon Duc charitablement luy donna secours, & assembla ses gens. Le chastel qui estoit moult fort, asiegea, & par force le print: & puis le rendit audict Heloyn, qui le luy vouloit donner: dont ledict Arnoul, Comte de Flandres, fut moult courroucé contre luy: & machina de s'en venger, & de le faire mourir, & s'allia auecques aucuns des Barons de France.

En l'an neuf cens xliij. ledict Arnoul Comte de Flandres, côme desloyal & trahistre, mãda audict Duc Guillaume que volontiers auroit à luy parlement, & que pour l'amour de luy il pardonneroit son maltalent au Comte Heloyn. Le bon Duc, procedant de bonne foy, desirant bône paix auec ledict Comte de Flandres, s'accorda de parler à luy pour faire paix: & s'assemblerent en vn lieu ou il y a vne petite isle dedans la riuiere de Sôme, pres le chastel de Picquegny, ou ledict Arnoul l'entretint longuement de belles paroles & soubs beau semblant tout le long du iour, iusques à soleil couché. Et ainsi que ledict Guillaume, Duc de Normandie, entra au bateau pour sortir hors de l'isle, & soy retourner en son logis, les gés dudict Comte Arnoul luy vindrent dire que leur maistre auoit oublié à luy dire aucune chose, & qu'il luy prioit qu'il parlast encores à luy, pendant que ses gés passeroyent la riuiere. Si retourna le Duc Guillaume, non pensant à mal, soy fiant aux promesses dudict Comte: & si tost que ses gens qui estoyent au basteau pour passer, furent eslongnez du riuage, ils le tuerent tresinhumainement, par le cômandement dudict Arnoul, leur Seigneur: auquel Duc Guillaume, son fils Richard, qui estoit ieune succeda. Le corps dudict feu Duc fut prins, & emporté par ses gens, & enterré en l'eglise nostre Dame de Rouen, en la chapelle saincte Anne.

Comment le Roy voulut saisir Normandie apres le trespas du Duc Guillaume: par ce que son fils estoit soubs aage, mais les Normans ne le voulurent souffrir: & comment le Comte de Flandres s'excusa de la mort du Duc Guillaume.

TAntost apres le trespas dudict Duc Guillaume, ledict roy Louis, par le conseil & à la persuasion dudict Arnoul, Comte de Flandres, alla en Normandie, pour saisir & mettre la terre en sa main, & droict à Rouen s'en alla. Incontinent courut la nouuelle par la cité de Rouen, & par tout le païs de Normandie, que le Roy vouloit tollir la terre au petit Duc Richard: & deslors cuiderent les Normás de Roué prendre & oultrager le Roy, qui de ce eut grand' paour: & par le conseil de * Bernard le Danois, Comte de Senlis, il print l'enfant Richard entre ses bras, & ainsi parla au peuple de Normandie, en leur disant qu'il estoit là venu pour garder & deffendre ledict petit Duc Richard, & l'ensaisiner & vestir de sa terre, pour appaiser leur fureur. Quand ils veirent que le Roy tenoit ainsi l'enfant entre ses bras, ils s'appaiserent, moyennant qu'il saisist & vestist ledict petit Duc de la Duché, & l'en receust en garde & en foy & hommage: & promist aux Bourgeois de Rouen qu'il le feroit bien introduire & apprendre en la doctrine du Palais, & qu'il vengeroit la mort du Duc Guillaume, son pere: & soubs ombre de ce emmena auecques luy ledict enfant en France, en la cité de Laon. Auquel enfant les Normans bailleront, pour le conduire, gouuerner & introduyre, vn ancien & sage Cheualier, nommé † Currus: mais toutesfois ledict Roy porta bien mal paciemment la villennie & oultrage que les Normans luy auoyent faicte, ou voulu faire. En ces entrefaictes ledict Arnoul, Comte de Flandres, se doubta moult que le Roy apres son retour ne luy courust sus, pour raison de la mort dudict feu Guillaume, Duc de Normandie: & s'enuoya excuser deuers luy, & luy enuoya de tresgrands dons & presens, & promit qu'il luy liureroit & enuoyeroit ceulx qui auoyent fait l'homicide: & par ces messagers feit admonnester le Roy, & tel conseil luy dire secretement, que le meilleur estoit que l'enfant Richard eust les iaretts eneruez, & mis en maniere qu'il ne se peust ayder, & qu'il fust bien gardé en prison, & les Normans fussent contraincts à mettre ius l'armee qu'ils auoyent: & par ainsi le Roy se pourroit ensaisiner de sa terre, que son pere Charles

L'an neuf cens xlii.

Le chasteau de Monstreul, tenu en hommage de Hue le Grand Côte de Paris.

L'an neuf cens xliii.

Le Côte de Flãdres feit tuer le Duc de Normãdie en trahison.

Guag. en fait deux, Bernard le Danois, & Bernard, Comte de Senlis.

† al. Osmõd

Du faulx cõseil que le Côte de Flandres donna au Roy Louis.

m

le Simple auoit alienee de la couronne de France, comme par force, ainsi que vous auez veu cy deuant en ce qui est escript dudict Charles.

Des rigoreux termes que le Roy tint au ieune Duc Richard, parquoy son maistre l'en emporta secretement en Normandie.

LE Roy, qui fut suborné & aueuglé par les dons & malles parolles des messagers dudict Arnoul, le deliura du crime qu'il auoit commis en la mort dudict Duc Guillaume, & luy en bailla abolition. Lors que ce fut faict le Roy estoit à Laon. Vn iour aduint que l'enfant Richard estoit allé au gibier auecques son maistre, nommé Currus, lequel (comme dict a esté) auoit la charge & le gouuernement de sa personne, de par les Normans. Quand l'enfant fut retourné du gibier, il vint deuant le Roy: lequel sans grand' cause, couleur, n'occasion le print forment à menasser & iniurier, & l'appela fils de putain: & luy dist que s'il ne se chastioit & gouuernoit autrement il luy feroit oster les iarrets, & l'osteroit de tout honneur: & commanda qu'il fust bien gardé, en maniere qu'il ne peust eschaper. ce qui fut faict. Currus, le maistre de l'enfant, qui eut ouy ces parolles, & la griefue menasse du Roy, fut moult dolent, & s'esbahissoit dont ce pouuoit proceder. Si pensa comment il pourroit oster l'enfant de ce danger: & aucuns iours apres dist à l'enfant qu'il se couchast au lict, & faignist d'estre fort malade. L'enfant, qui estoit sage de son aage, contrefit tresbien le malade, & tellement que ses gardes, qui cuidoyent que ce fust à bon escient, ne feirent pas grand' force de le garder. Vn iour que le Roy faisoit feste solennelle s'en allerent lesdictes gardes en la salle, l'vn ça, l'autre là, pour voir la feste. Si aduint qu'en la chambre, ou l'enfant gisoit, auoit vn faisseau d'herbe verte, Currus print l'enfant, & le lya dedans l'herbe, & soubs vn manteau le porta hors, faignant qu'il portast ladicte herbe, pour faire manger à ses cheuaulx. A celle heure estoit le Roy au manger, & peu de gens estoyent par les rues. Lors Currus monta sur son cheual, & l'enfant deuant luy soubs vn manteau, & secretement le mena iusques à Coucy en Vallois. Là le meit & bailla en garde au Chastelain du lieu: car Bernard le Danois, Comte de Senlis, oncle dudict Richard, estoit seigneur dudict Coucy. Puis cheuaucha Currus seul iusques vers Bernard Comte de Senlis, & luy cōpta la besongne: dont ledict Bernard fut bien ioyeux: & allerent eulx deux querir l'enfant, bien accompaignez, & l'amenerent à Senlis: & quād il fut à seureté, lesdicts Bernard & Currus allerent à Paris deuers Hue le Grand, Comte de Paris, qui estoit fils du feu Comte Robert, que Charles le Simple, pere dudict roy Louis auoit tué deuant Soissons: & le persuaderent tellemēt qu'il fut de leur party, & promit ayder à l'enfant: & assemblerent & meirent sus grand' puissance de gens en armes, & emmenerent ledict petit Duc Richard en ses pais de Normandie.

Le petit Duc de Normandie fut deliuré, & mis à seurté par son maistre & gouuerneur.

De la promesse que feu le Roy à Hue le Grand de quelques villes de la Duché de Normandie.

QVand le Roy sceut ces choses, il manda à Hue le Grand qu'il luy renuoyast l'enfant Richard. Ledict Hue luy mandā qu'il ne le tenoit pas en sa possession, & qu'il estoit en la garde dudict Bernard Comte de Senlis: parquoy le Roy manda tantost le Cōte Arnoul de Flandres qu'il vint deuers luy: & quand il fut venu, il conseilla au Roy qu'il attrahist à luy ledict Hue le Grand. Lors manda le Roy audict Hue qu'il vint deuers luy, & promit luy donner les seigneuries d'Eureux & Bayeux, mais qu'il luy aydast à conquerir le surplus de la Duché de Normādie, depuis Seine iusques en Bretaigne, s'il vouloit adherer auec luy & estre de son party. Quand Hue ouyt parler de si grādes promesses, il fut aueuglé, & faulsa sa foy qu'il auoit promise aux oncles dudict petit Richard: & se ioignit au Roy & audict Arnoul, Cōte de Flandres. Grāds osts assemblerent le Roy & ses alliez, pour aller contre les Normās. Le Roy & le Cōte Arnoul entrerēt en Normandie, par le pais de Caulx, & assiegea Rouen. Ledict Hue le grād alla par la terre de Bayeux, & assiegea la cité, gastā tout le pais. Quād Bernard le Danois veit qu'ils gastoyēt ainsi tout le pais, par le conseil des Barōs il alla auec aucuns Bourgeois & messagers de Rouen deuers le Roy: & luy dirent que la cité de Rouen estoit à son commandemēt & à sa volonté, & luy supplierent que debonnairement il voulsist prēdre & retenir en sa main la seigneurie des Normans, & faire cesser le gast du pais: car on fait chāger seigneur fol, ieune & pauure, pour auoir seigneur sage & puissant: le pais retournera, dont il partit à voz predecesseurs: pour Dieu ne le destruysez pas sans cause. De ces nouuelles fut le Roy ioyeux, & mādā à ses gens qu'ils cessassēt de gaster le pais: puis s'en allā à Rouē, & le Cōte Arnoul de Flādres & sa compagnie, ou ils furent honnorablement receuz. Les Normans luy supplierēt qu'i voulsist

Hue le Grand faulsa sa foy, dōt il se repentit par apres.

De la paliation des Normans qu'ils feirent au Roy Louis.

voulsist tenir le païs en sa main, & luy promirent seaulté. Oultre luy dirent qu'ils s'esmerueilloyent bien comment il auoit ainsi attrait & alyé à luy ledict Hue le Grand, qui si long temps l'auoit trauaillé & esté son ennemy, & toutesfois il luy auoit baillé vingt mille hommes en sa puissance, dont apres il luy pourroit faire guerre & dommage. Par ces parolles fut le Roy appaisé contre les Normans, & pensa sur ce qu'ils luy auoyent dit: puis manda audict Hue le Grand, qui estoit vers Bayeux, qu'il cessast de faire le degast, & que tout incontinent il issist hors de Normandie. Moult fut Hue le Grand desplaisant de ceste nouuelle (car il attendoit bien d'auoir partie de la Duché de Normandie, ainsi que le Roy luy auoit promis) toutesfois il cessa de faire la guerre, & s'en retourna à Paris, & iura & fit serment qu'il courrouceroit le Roy. Tantost apres Bernard le Danois, Comte de Senlis, alla à Paris deuers luy: & quand il l'eut salué, se print à rire, & dist audict Hue: Or ça Seigneur, auez vous conquesté Normandie? comment va la besongne? vouldriez vous point ayder à Richard? Et lors ledict Hue luy respondit: Bernard, le Roy m'a fait despendre du mien, & m'a trauaillé, & failly de conuenant, mais si ie treuue opportunité ie m'en vengeray: mais Richard est de present trop pauure, & trop au bas. Par ma foy dist Bernard, si le Roy a les rentes de Normandie, il n'a pas le cœur des gens: la chose ira bien autrement. Or prenez garde dist Hue, comment nous nous pourrions venger: car i'ay grand desir de le faire. Peu de temps, comme enuiron trois moys apres, le Roy s'en partit de Rouen: & y ordonna officiers pour y receuoir les rentes de par luy. L'vn des Cheualiers du Roy vint à luy, & luy dist: Sire, Bernard le Danois est vieil, & encores vous donnera de la peine: plaise vous m'octroyer & donner sa femme & sa terre apres sa mort. Le Roy le luy accorda, quand il seroit retourné de Laon, ou il alloit. Plusieurs autres de ses gens luy demanderent chacun vne femme, & les terres de leurs mariz: ce que le Roy leur octroya semblablement à son retour: desquelles choses les Normans, tant hommes que femmes, furent fort irritez contre le Roy. Tantost apres ledict Bernard le Danois, par l'enhortement des Normans, alla deuers † Aigrot de Dannemarche, qui Payen estoit, & cousin dudict petit Duc Richard, à ce qu'il voulsist venir à l'aide de sondict cousin, que le Roy vouloit desheriter: ce que ledict Aigrot luy promit faire.

De la moquerie de Bernard, Comte de Senlis, contre Hue le grād Comte de Paris.

† al. Algrod

Comment le Roy Louis fut arresté par les Normans de Rouen, & apres mis es mains de Hue le Grand, Comte de Paris.

EN l'an de grace neuf cens quarante & sept, durant le temps que le Roy estoit à Laon, ledict Aigrot, Roy de Dannemarche, cousin dudict petit Duc Richard, par l'enhortement de Bernard le Danois, Comte de Senlis, & des Normans, qui tousiours auoyent paour que le Roy retournast en Normandie, vint auec vingt & quatre nefs, & grand' quantité de gens: & descendit en Normandie, à Cherebourg, anciennement nommé Cesarbourg, ou le Bourg Cesar, pource que Iules Cesar le fit construire. Ses nefs entrerent par la gueule de Seine au chef de Caux, & ses gens se meirent par terre, & commencerent à gaster les terres du Roy le long du riuage de la mer. De sa venue furent les Normans fort ioyeux, & se meirent ceulx de la basse Normandie tous en armes auecques luy. Quand le Roy en fut aduerty, il partit de Laon, & assembla ses gens-d'armes, & vint à Rouen, puis se meit sur les champs: & ainsi que les deux puissances estoyent à demie lieue l'vne de l'autre, par le moyen d'aucuns Normans qui auoyent preparé la fraude, le Roy fit sçauoir audict Aigrot que bon seroit qu'ils eussent parlement ensemble, & qu'ils appointassent: dont ledict Aigrot faignit d'estre bien ioyeux & content, disant qu'il auoit talent de venger la mort du Duc Guillaume, son oncle, contre Arnoul, Comte de Flandres. Quand les deux Roys furent assemblez, les Danois Normans, qui ne queroyent qu'occasion d'auoir debat, prindrent parolles aux Francois, tellement qu'ils vindrent *de verbis ad verbera*, & s'entretuerent plusieurs, & y eut quinze des plus grands Seigneurs du party du Roy de France qui furent tuez: & le Roy mesmes fut en grand danger de sa personne: mais il monta sur vn bon cheual, & ainsi qu'il s'enfuyoit vn Cheualier Normant le print & arresta, auquel il promit grands dons & qu'il le sauuast de la main de ses ennemis. ledict Cheualier, pour le cuider sauuer, le mena en vne maison qui estoit en vne isle, qui est en la riuiere de Seine. Bernard le Danois, qui en fut aduerty, print le Cheualier, & le fit mettre en prison, par ce qu'il ne vouloit bailler le Roy, n'enseigner ou il estoit: mais à la parfin iceluy Cheualier recongnut, & enseigna, par contraincte, le lieu ou il l'auoit mis: & incontinent ledict Bernard enuoya querir le Roy, & le fit amener à Rouen, & illec tenir soubs bonnes gardes. Quand la Royne Engeberge, sa femme, le sceut, elle fut moult courroucee: parquoy au Roy

L'an neuf cens quarante sept.

Cherebourg en Normandie estoit anciennement nommé Cesarbourg.

Le Roy mis entre les mains des Normans.

LES CHROIQVES ET ANNALES DE FRANCE.

Henry de Germanie, d'oultre le Rin, qui estoit son frere, alla demander secours pour la deliurance de son Seigneur & mary: mais ledict Henry luy fit responce qu'à bon droict il estoit arresté, & qu'il n'auoit pas gardé la foy qu'il auoit promise au feu Duc Guillaume, pere dudict Duc Richard, qui moult luy auoit fait de seruices & plaisirs: & que depuis son trespas il auoit mis son fils en prison: & luy dist que par ce ne luy feroit nulle ayde. Lors ladicte Engeberge s'en alla deuers ledict Hue le Grand Comte de Paris, qui auoit espousé * Haruide sa sœur: & luy pria qu'il trauaillast pour la deliuráce du Roy son seigneur. Ledict Hue le Grand fit tant que Robert le Danois, Comte de Senlis, alla deuers les Normans: & prindrent iour de parlementer, en vn lieu entre Paris & Rouen, appelé sainct Cler sur Epte, qui depart France & Normandie. Quand ils furent assemblez au iour ordonné, Hue le Grand fit tant par ses moyens que la personne du Roy luy fut baillee en ses mains, iusques à vn autre iour qui fut assigné à parlementer, moyennant qu'il baillast pour ostage Karloman vn des fils du Roy, & les Euesques de Beauuais & de Senlis: lequel Karloman mourut es mains des Normans, tenant ostage pour sondict pere. Quand ledict Hue le Grand eut le Roy en ses mains, il ne le deliura pas pourtant: mais l'en emmena en la cité de Laon, & le fit tenir soubs bonnes gardes. Au iour assigné pour retourner fut faict & traicté appoinctement final, moyennant lequel les Normans emmenerent franchement leur ieune Duc Richard: lequel tint depuis paisiblement sa Duché: & son cousin le Roy de Dannemarche s'en retourna en son païs: mais tousiours demoura le Roy es mains de Hue le Grand, qui l'enuoya à Laon: & là le faisoit garder moult estroictement, comme dict est. En l'an neuf cens quarante neuf, l'Empereur Othō, qui frere estoit de la Royne Engeberge, à la poursuite & requeste de sa sœur, vint en France à grand nombre de gens, pour mettre le Roy hors de seruitude: & pource qu'en chemin il sceut que Hue le Grand, qui l'auoit en ses mains, auoit expulsé l'Archeuesque de Reims, & y auoit mis vn sien nepueu, il passa par Reims, & en chacea ledict vsurpateur, & y restitua le vray Archeuesque: & aussi print par force toutes les villes & places que ledict Hue & ses complices auoyent prinses sur ledict Roy Louis, & les luy restitua: & quand ledict Hue le Grand sceut la venue dudict Empereur à si grand' puissance, il deliura le Roy: parquoy ledict Empereur, apres qu'il eut fait deliurer au Roy toutes les places que ledict Hue auoit prinses sur luy, s'en retourna en Saxongne: mais ce neantmoins en l'annee ensuyuant neuf cens cinquante, ledict Hue fit encores grand' guerre au Roy: parquoy ledict Empereur reuint en Fráce, & contraignit ledict Hue à faire appoinctement au Roy.

*parauant la nommee Haygonde.

Du parlement qui fut faict à S. Cler sur Epte entre les Roys.

L'an neuf cens quarante neuf.

L'empereur Othō vint en France, & fit deliurer le Roy de la captiuité ou il estoit à Laon.

Comment Hue le Grand maria sa fille au Duc Richard de Normandie: dont le Roy ne fut pas content.

*Quāg. la nōme Emma, & autres Aline.

Le Roy Louis delibera de destruire Hue le Grand Comte de Paris.

Les Normās chacerent de leur païs l'Empereur Othon, & le Roy de France.

Vcun temps apres ledict Hue le Grád, par le moyen de Bernard le Danois, Comte de Senlis, qui vint deuers luy, fiança sa fille, nommee * Eumacette, audict ieune Richard de Normandie, & fit alliance auec luy: dōt le Roy ne fut pas ioyeux ne content, doubtant que ces deux si grands Princes, ainsi alliez, ne luy feissent greuáce: & à ceste cause, par le conseil dudict Arnoul, Cōte de Flandres, enuoya le Roy iceluy Arnoul deuers ledict Othon, Empereur d'Alemaigne, frere de sa femme, pour auoir de luy aide & secours, affin de destruire du tout Hue le Grand, qui tant luy auoit fait & faisoit de griefs & dommages: & en ce faisant luy promit les païs de Normandie, & de Lorraine. Ledict Othon ioyeux de ceste besongne, aueuglé de si grands promesses, assembla grand ost, & ioignit ses gēs auec ceulx du Roy, qu'il trouua à sainct Denis: & feirēt plusieurs assaulx à la ville de Paris, mais riens n'y peurent faire. parquoy eulx & ledict Comte de Flandres gasterent & coururent toute la terre dudict Hue le Grand: puis allerent deuers Rouen. Quand ils furent à S. Cler sur Epte, ils s'arresterent & enuoyerent deuant Rouen vn nepueu dudict Empereur Othon, auec grád nōbre de gens d'armes, pour espouenter les Normans: mais les Normans saillirent contre eulx au champs, & les combatirent fermement, & tuerent ledict nepueu & tous ses gens: dont ledict Othon fut moult desplaisant, & maudict ledict Arnoul, Comte de Flandres, par l'induction duquel il estoit venu: & voyant la force de ladicte cité de Rouen, & le grand nombre de gens qui estoyent dedans, delibera de s'en retourner, & deliurer es mains des Normans ledict Comte de Flandres: lequel Comte estant aduerty de ce, s'en alla, & departit de l'armee secretement par nuict. Quand il s'en fut party les deux Roys feirent trousser leurs bagues, & s'en retournerent par ou ils estoyent venuz: mais ainsi qu'ils s'en retournoyent les Normans les chacerent tousiours par derriere, & moult tuerent & prindrent de leurs gens: & s'en retourna ledict Othon en Alemaigne, & le Roy s'en alla à Reims.

Comment

Comment Hue le Grand courut la terre du Roy iusques à Poitiers: & de la mort du Roy Louis troisiéme.

APres ces choses ledict Hue le Grand assembla plusieurs gens: & auec lesdicts Normans courut la terre du Roy, & alla iusques à Poitiers, ou il meit le siege: mais il ne la peut prendre: & luy tenant le siege se leua vn estourbillon de temps, d'escler & de tonnerre, qui tomba en l'ost dudict Hue, & pourfendit son pauillon d'amont iusques aual: dont luy & ses gens furent si espouentez qu'ils s'en partirent, & leur sembla qu'ils ne seroyēt iamais à heure hors de là: pour laquelle cause, ledict Hue trouua façon de faire paix, & se reconcilier au Roy. En l'an neuf cens cinquante & cinq, mourut ledict Roy Louis de France, en la cité de Reims: & fut enterré en l'eglise & Abbaye sainct Remy de Reims, ou il auoit esleu sa sepulture. Iceluy Roy eut en sa vie plusieurs peines, trauaux, & malles fortunes, comme on peut veoir par ce qui est dict cy dessus. Deux enfans laissa de sa femme Engeberge, soeur d'Othon l'Empereur: l'vn nommé Lotaire, qui fut Roy apres luy: l'autre nommé Charles, qui fut Duc de *Lorraine: lequel vsa sa vie en priuees besongnes, & ne s'en tremit aucunement des guerres ne des autres affaires du royaume. En l'an neuf cens cinquante & huict mourut Gilbert, Duc de Bourgongne, qui laissa sa Duché à Othon, fils de Hue le Grand, qui auoit espousé sa fille.

L'an neuf cens cinquante cinq.

N'entendez que d'vne partie.

Du Roy Lotaire, enuers lequel Thibault, Comte de Chartres, accusa faulsement Richard, Duc de Normandie.

LOtaire, fils de Louis, troisiéme de ce nom, commença à regner l'an neuf cens cinquante cinq: & trespassa au trente & vniéme an de son regne, l'an neuf cens quatre vingts & six, & gist à sainct Remy de Reims. Cestuy Lotaire bailla à son frere Charles, la Duché de Lorraine. L'an neuf cens cinquante & *huict mourut Hue le Grand, Comte de Paris, & fut enterré en l'eglise sainct Denis en France. Il laissa trois fils, qu'il auoit engendrez de Haruide, sa derniere femme, qui soeur auoit esté d'Othon l'Empereur, & d'Engeberge, femme dudict feu Roy Louis, mere de cedict Roy Lotaire: c'est à sçauoir Hue Capet, qui fut Comte de Paris, & apres Roy de France: lequel il laissa en la garde de Richard, Duc de Normandie, son gendre, iusques à ce qu'il fust en aage de terre tenir & gouuerner. Le second fut Othon, qui fut Duc de Bourgongne, à cause de sa femme. Le tiers fut Henry, qui fut aussi Duc de Bourgongne, apres le trespas d'Othõ & sa femme: & vne fille, nommee Eumacette, qu'il eut de sa premiere femme, laquelle estoit mariee audict Richard Duc de Normandie. En l'an neuf cens cinquante & neuf, Bruno Archeuesque de Coulongne, qui fut † Duc de Lorraine, apres le trespas d'vn nõmé Conrad (lequel Bruno estoit frere & Lieutenant d'Othon, Empereur de Germanie, qui estoit lors en Italie) feit guerre à Regnier, Comte de Mons en Henault, qu'on appeloit Regnier au long col: & le feit appeler à ban, en la ville de Vallencienne, & le condamna en exil perpetuel; & adioignit son fief à la Comté de Henault: *pro eo quòd regnum Germaniæ bellis inquietabat:* & aussi pource qu'apres la mort du Duc Gilbert de † Bourgongne, son cousin, il auoit osté à sa femme, veufue, qui soeur estoit de l'Empereur, les terres, que ledict Gilbert luy auoit laissees en douaire. Et apres ce, les deux fils qu'auoit ledict Regnier, Comte de Mons, s'enfuyrent, & vindrent à refuge en France, deuers le Roy Lotaire, qui les receut. En l'an neuf cens soixante & quatre Arnoul, Comte de Flandres, mourut: pour occasion dequoy le roy Lotaire infesta griefuement & gasta le pais de Flandres. Audict Arnoul succeda en la Comté de Flandres Baudouyn, son fils, qui eut à femme Mathilde, fille de Herman, Duc de Saxongne. En celle mesme annee mourut ledict Othon l'vn des fils de Hue le Grand, qui Duc estoit de Bourgõgne, à cause de sa femme: & semblablement mourut sadicte femme: parquoy ladicte Duché de Bourgongne vint es mains de Henry, frere dudict Othon.

Autres disent sept. Trespas de Hue le Grand Comte de Paris.

L'an neuf cẽs lix.

† al. Archeduc, Regnier au lõg col, fut Comte de Henault.

† al. de Lorraine,

L'an neuf cens lxiiii.

En celle mesme annee l'Empereur Othon retourna d'Italie, ou il estoit allé: & l'an d'apres seiourna à Aix la chapelle, ou il manda aller sa soeur Engeberge, qui estoit veufue Royne de Frãce, qui mere estoit dudict Lotaire, & son autre soeur Haruide, veufue de feu Hue le Grand, & mere de Hue Capet, & de Henry Duc de Bourgongne, & là les festoya grandement: & cependant ledict Bruno, Archeuesque de Coulongne, vint de par l'Empereur, son frere, deuers le Roy Lotaire & Hue Capet, Comte de Paris, ses nepueux, qui estoyent à Compiegne: & là print vne maladie audict Bruno, de laquelle en s'en retournāt il mourut à Reims: & fut son corps enterré à Coulongne, par Deoderic, Euesque de Mets, & donna tous ses biens aux pauures & aux eglises. Enuiron ce temps estoyent deux contendās à la Papauté: c'est à sçauoir vn nōmé Leon, & l'autre Benoist. L'Empereur Othon tenoit le party de Leon, & les Rommains celuy de Benoist, lequel ils auoyent esleu, sans le congé & sçeu de l'Empereur, en venant contre la promesse qu'ils luy auoyent paparauant faicte, de nom eslire Pape sans son gré, vouloir & consentemēt, & d'Othon, son fils. parquoy ledict Empereur alla à Romme, & assiegea la cité, & tellement les affligea de guerre & de famine, qu'ils furent contraincts receuoir à Pape ledict Leon: & ainsi ledict Benoist fut reietté *non solum à Papatu, sed etiam sacerdotio à Leone exordinatur.* Enuiron ce temps aduint que ledict Othon, ympereur, estant à Romme, en sa presence le Diable se meit au corps d'vn Comte de sa maison, tellemēt que luy mesme se descriroit & rongeoit des dents ses mains & ses bras. Il fut enuoyé au Pape pour estre ceinct de la chaisne sainct Pierre. Les clercs qui en auoyent la garde apporterent vne autre chaisne de semblable façon, que celle de S. Pierre, & la luy ceignirent au col, mais rien n'y proffita. Quand on apperceut leur malice, on feit apporter la vraye chaisne S. Pierre, & luy fut mise au col, & incontinēt le Diable escumāt & criāt s'enfuyt. En ce mesme temps estoyent deux Princes sur les Bulgres, l'vn nōmé Pierre, l'autre Baian. Ledict Baian estoit grand Nigromancien, & par son art magique il se trāsmuoit, tellement que quand il vouloit il sembloit estre loup, ou autre beste, ou en autre espece. En ce tēps estoit Empereur de Constantinoble, vn nommé Niceforus, lequel, pource qu'il estoit vieil, doubta q̄ ses enfans le voulsissent deietter de son Empire, & les vouloit faire chastrer: & voyant l'Emperiere, sa femme, leur mere, qu'autrement elle ne les en pourroit garantir, persuada à Iehan, l'aisné de ses enfans, de tuer son pere. Ce qu'il feit: & tint l'Empire apres luy six ans, & eut à femme *Tiphaine, niepce d'Othon, Empereur de Romme. En l'an neuf cens soixante & six, aduint qu'en vne grand' assemblee de Danois, *qui Christum Iesum, & idola simul colebant, cum Popone clerico in conuiuio altercabant super cultura Dei & Deorum,* & disoyent & affermoyent lesdicts Danois Iesus Christ estre vn Dieu, toutesfois y auoit il d'autres Dieux plus grands, & plus anciens, ledict Popon, soustenant le contraire, & affermant *Iesum Christum solum Deum verè esse, vnum in substantia, trinum in personis,* la chose venue à la congnoissance d'Araldus, Roy desdicts Danois, commanda, & contraignit ledict Popon *vt proposita à se probaret testimonio veritatis:* & pource ledict Popon va predre en sa main nue vn grand & pesant fer tout ardant & enflammé, & l'apporta deuant le Roy, & le tint si longuement que le Roy & ceulx qui estoyent presens le voulurent souffrir, sans ce que ledict fer ardāt luy feist aucun mal, ou lesion: & ce voyant ledict Araldus, Roy, & ses Danois, delaissa du tout son idolatrie, & luy & ses gens furent cōuertis à croire & adorer vn seul Dieu: & pour ceste cause fut ledict Popon pourueu, & esleué en Euesque.

En l'an de grace neuf cens soixante & sept, Thibault Comte de Chartres & de Blois, meut guerre contre le Duc Richard de Normandie: parquoy icelluy Duc assembla grand ost, & courut & gasta par feu & par glaiue les païs de Chartres & de Dunois. Semblablement ledict Thibault print sur ledict Duc la cité d'Eureux: parquoy ledict Duc s'en retourna de sa course, & sceut que ledict Thibault estoit venu sur sa terre, le long de la riuiere de Seine iusques à Rouen, & s'estoit logé du costé du pont, entre la ville & la forest de Rouuray. Si tira droict à luy, & eurent bataille, & fut ledict Thibault, & toute sa gent, desconfit: & en y eut sept cens quarante morts: mais il se sauua, & s'en fuyt iusques à Eureux, puis se retira en sa terre. Le Duc Richard feit guerir les naurez, & apres ce deliura tous les prisonniers sans rançon. Apres ceste victoire le Duc Richard, & ses gens, allerent courir deuant Chartres. Là estoit vn fils du Comte Thibault, qui saillit aux champs, pour cuider rebouter ledict Richard: mais ledict fils fut tué, & ses gens presque tous mors, ou prins: & bruslerent les gens dudict Richard les faulxbourgs, & tout le païs d'enuiron Chartres. Plusieurs Princes & Seigneurs feirent guerre audict Richard, en la faueur dudict Comte Thibault: & apres ce que la guerre eut duré long tēps, voyant ledict Thibault qu'il n'en pourroit venir à bout, par ce que ledict Duc estoit trop plus puissant que luy, accusa ledict Richard enuers ledict Roy Lotaire, & la Royne Engeberge, sa mere, disant qu'il machinoit contre eulx: & disoit iceluy Thibault que iamais ledict Lotaire ne tiendroit son royaume en paix, s'il ne destruisoit ledict Duc Richard: & tant les persuada par mauuaises paroles qu'ils cuiderent qu'il dist verité. Si manderent audict Duc Richard qu'il vint à parlemēt à eulx en vn lieu sur la riuiere d'Aise, pour faire l'hommage qu'il estoit tenu de faire à cause de sa Duché: & ce faisoyent ils affin qu'ils le peussent prendre. Le Duc qui n'y pensoit en nul mal, leur feit sçauoir qu'il y viendroit, & vint iusques à Pontoise, ou le Roy vint semblablement, & en sa compagnie estoyent Baudouyn, Comte de Flandres, Geoffroy Comte

Comte d'Angers, & Thibault Comte de Chartres: qui tous estoyent ennemis d'iceluy Duc Richard: mais ledict Duc fut par vn sien amy aduerty de la conspiration qui estoit machinee contre luy, & qu'on le deuoit tuer ou prendre: & par ce laissa de ses gens pour garder le passage de la riuiere d'Aise, affin qu'on ne le peust suyure, & s'en partit secretement & hastiuemēt, & retourna à Rouen: dont le Roy, & ceulx de sa compagnie qui auoyēt failly à leur entreprise, furent moult courroucez, & s'en retournerent, & s'en alla le Roy à Laon.

De la guerre que feit le Roy Lotaire au Duc Richard de Normandie.

Antost apres le Roy assembla grād ost de France & de Bourgongne, & entra en Normādie, & saisit grand' partie de la terre dudict Duc, du costé de Bayeux, qu'il bailla en garde audict Comte Thibault de Chartres: mais ledict Duc, tantost apres le partement du Roy, chacca ledict Thibault, & luy tua ses gens. Iceluy Duc Richard, voyant l'indignation, que le Roy auoit contre luy, par le faulx rapport dudict Thibault, enuoya deuers son cousin † Errad Roy de Dānemarche, pour auoir ayde: lequel Errad luy enuoya xl. nefs & vne grand' armee de gens par mer, & entrerent par la riuiere de Seine: puis descendirent en la terre dudict Comte de Chartres, & toute la gasterent auec le pais de Dunois, & prindrent la cité de Chartres, Chasteaudun, & les autres villes: bruslerent toutes les eglises & maisons, & tuerent hommes, femmes, & petis enfans. Apres entrerent en la terre du Roy de France, & moult la dommagerent. Les Princes & Prelats de France, à qui ceste guerre deplaisoit moult, par ce qu'il leur sembloit qu'il n'y auoit nulle occasion, assemblerent vn Parlemeut à Laon, & remōstrerent audict Roy Lotaire cōment il faisoit mal de faire guerre audict Duc Richard, & adherer audict Cōte Thibault, & qu'à ceste cause les Danois auoyent ia gasté & gastoyent sa terre: & fut conclud que l'Euesque de Chartres iroit deuers ledict Duc de Normandie, si y alla: & quād il eut fait son message, & entendu q̄ la faulte estoit, & procedoit du costé dudict Thibault, Comte de Chartres, furēt treues accordees soubs esperance d'appoinctement, & prins iour à parlementer entre le Roy & ledict Duc.

† al. Arald

De la grosse inhumanité que feirent les Normās cōtre ceulx de Chartres.

De l'appoinctement d'entre le Roy & le Duc Richard de Normandie.

Qvand le Comte Thibault sceut ceste nouuelle, & qu'il n'estoit point comprins en la treue, il fut moult esbahy: & doubtāt que toute la peine ne vint & tombast sur luy, enuoya premier deuers ledict Duc Richard de Normandie, pour auoir seureté de parler à luy: laquelle le Duc luy enuoya. Si alla le Comte à Rouen, & se humilia enuers luy, en disant qu'il se repentoit de ce qu'il auoit mespris vers luy, & qu'il luy pleust luy pardonner. Le Duc, qui estoit debonnaire, luy pardonna son maltalent, & luy rendit la cité de Chartres, & les autres villes qu'il auoit prinses sur luy. Apres ces choses le Roy se tira vers Normandie, & alla en l'ost ou estoyent les Danois Sarrazins, en vn lieu sur la riuiere d'Epte, & feirent appoinctement: par lequel le Duc feit hommage au Roy qui luy rendit la cité de Bayeux, & les autres terres qu'il auoit prinses sur luy, & fermerent ensemble paix & alliance. Apres le Roy s'en retourna, & le Duc demoura en son pais, & conuertit grand' planté desdicts Danois à la foy Chrestienne, puis les enuoya en Espaigne sur les Sarrazins, ou ils conquirent dixhuict citez. Lors mourut Eumacette femme dudict Richard, qui fille estoit de Hue le Grand, sans enfans. * Tantost apres son trespas ledict Duc espousa vne noble dame, nommee Gommor du lignage de Saxongne: de laquelle il engendra Richard le second son fils, qui luy succeda audict Duché, & Robert, qui fut Archeuesque de Rouen, & vn autre nommé Mauger, & deux autres, auec trois filles, dont l'vne nommee Emma, fut mariee à Eldret, roy d'Angleterre, l'autre nommee Adius, fut mariee à Geoffroy, Comte de Bretaigne: & la tierce, nommee Mahault, fut mariee à Eude Comte de Chartres. Celuy premier Duc Richard fonda l'Abbaye de Fescamp, & restaura celles de sainct Oué, & sainct Pierre à Rouen, & aussi celle du mont sainct, au mont Tuba, *in veneratione Michaelis Archangeli*: lesquelles Abbayes estoyent toutes demolies pour le faict des guerres, & les augmenta grandement de rentes, & y mit moynes de sainct Benoist. En l'an ix. c. lxxvij. ledict Roy Lotaire bailla à Charles son frere, pour son appennage, le pais & Duché de Lorraine: ou bien, selon aucuns luy fut donné par l'Empereur Othon secōd du nō, affin qu'il fust comme vne bourne entre l'Empire de Germanie, & le royaume de France, & qu'il feist teste à son frere Lotaire, dont vint la guerre suyuante, comme ils disent.

Hōmage de la Duché de Normandie au Roy de France.

* Les Autheurs parlēt diuersement de tout cecy.

Fondation de l'abbaye de Fescamp.

L'an neuf cens lxxvii.

De la guèrre d'entre le Roy Lotaire & Othon l'Empereur, qui vint iusques deuant Paris, & en bruſla les faulxbourgs.

L'an neuf cens lxxvij. & ſig. 78.

L'An neuf cens lxxvij. ſe pourpéſa le Roy Lotaire de retirer à luy le royaume de Auſtraſie, que ſes predeceſſeurs auoyent tenu, & que pour lors occupoit Othó, Empereur de Romme: lequel royaume tiét trois Archeueſchez ou prouinces: c'eſt à ſcauoir Mayence, Treues, & Coulongne, & les païs de Lorraine. Si aſſembla ſon oſt, & alla iuſques à Aix la chapelle, ou eſtoit l'Empereur & ſa femme, qui de luy ne ſe prenoyent garde: & vn iour, eulx eſtãs au palais d'Aix, ainſi qu'ils ſe vouloyent aſſeoir au manger, ſoubdainement lediét Roy Lotaire & ſes gens arriuerent, & entrerent dedans pour le cuider prendre: mais lediét Empereur & ſa femme eſchaperent, par la porte des champs. Lors les gens dudiét Lotaire ſe prindrent à piller le palais, la ville & la prouince, puis ſ'en retournerét en France, auec grandes richeſſes, ſans contredit: & lediét Othon fut moult courroucé de l'exces que le Roy Lotaire luy auoit fait: & feit veu de ſe venger, diſant que dedans brief temps il ficheroit ſa lance dedans la cité de Paris.

L'an neuf cens ſeptante huiét. L'Empereur Othon uint deuãt Paris dõt il fut chacé honteuſement.

En l'an neuf cens ſeptante & huiét, lediét Empereur aſſembla grand oſt & grand' puiſſance de gens, Rommains, Alemãs, & autres. En France entra & gaſta par feu & par glaiue les prouinces de Reims, Soiſſons, Laon, & autres d'enuiron, & vint iuſques deuant Paris, & bruſla les faulxbourgs: & deuant la porte fut occis vn ſien nepueu, & moult de ſes gens. Lediét Roy Lotaire, Hue Capet, Comte de Paris, & Henry Duc de Bourgongne, freres, enfans dudiét Hue le Grand, faillirent auec leur armee, & coururent ſus audiét Othon, & le deſconfirent & chacerent iuſques à Soiſſons. Là le combatirent ſur la riuiere d'Ayne, & y eut tant de corps mors, noyez & tuez, que la riuiere d'Ayne, qui eſt groſſe & parfonde, en perdit ſon droit cours en aucuns endroits: & demoura lediét Lotaire vainqueur: & chacea lediét Empereur & ſes gẽs par trois iours & trois nuiéts, iuſques à vn fleuue qui court pres la foreſt d'Ardenne, tuant les gens d'iceluy Empereur: lequel eſchapa & ſ'enfuyt à grand' confuſion, & lediét Lotaire ſ'en retourna à grãd' gloire: & depuis lediét Empereur Othon n'oſa luy faire guerre n'approcher de France, mais ſ'accorda à luy.

Edouard Roy d'Angleterre fut tué & occis par ſes ſubieéts.

En celle annee Edouard, Roy d'Angleterre, fut tué par ſes ſubieéts: & dit l'on qu'il eſt ſanétifié: & luy ſucceda Eldret ſon frere de par pere: & diſoit l'on que ſa maraſtre, mere dudiét Eldret, l'auoit fait tuer. On dit d'iceluy Eldret *quòd cùm baptizaretur* par ſainét Diuiſtan Eueſque, il piſſa dedans les fonts: parquoy lediét Eueſque diſt qu'il ſeroit mauuais, & que par luy les Anglois auroyent moult à ſouffrir: auſsi eurent ils.

L'an neuf cens quatre vingts.

En l'an de grace neuf cens quatre vingts fut certain appoinétement faiét en la cité de Reims entre lediét Roy Lotaire & l'Empereur Othon, qui illec eſtoit venu: par lequel iceluy Lotaire (ie ne ſcay qu'il le meut) donna & tranſporta audiét Othon lediét royaume d'Auſtraſie, qu'auoyent tenu ſes predeceſſeurs, contre le gré & volonté deſdiéts Hue Capet, Comte de Paris, & Henry ſon frere, Duc de Bourgongne, & de tous ſes princes & Barons, qui de leur pouoir l'en cuiderent empeſcher, & en furent moult courroucez, meſmes lediét Hue Capet.

L'an neuf cens quatre vingts et quatre.

En l'an de grace neuf cens quatre vingts & quatre, lediét Lotaire ſceut que lediét Empereur Othon eſtoit allé à Romme, & eſtoit empeſché contre l'Empereur de Grece, qui auoit eu aucunes viétoires contre luy: parquoy lediét Lotaire, ſcachant que ſes Barons eſtoyent mal contens du don & appoinétement qu'il auoit fait audiét Empereur, voulut reprendre ſur luy lediét païs de Lorraine: & de faiét print la cité de Verdun, & print priſonnier dedans icelle vn nommé Geoffroy, qui en eſtoit Comte: mais l'anne enſuyuant neuf cens quatre vingts & cinq pour la doubte du ieune Empereur Othon tiers du nom, & de ſes Cheualiers, qui venoyent contre luy à grand' puiſſance, il la reſtitua, & deliura lediét Geoffroy qu'il tenoit priſonnier.

L'an neuf cens quatre uingts et cinq.

En l'an de grace neuf cens quatre vingts & ſix print vne maladie audiét Roy Lotaire, dont il treſpaſſa, & en l'Abbaye de ſainét Remy de Reims à grand honneur fut enterré.

Griſelidis femme du Marquis de ſaluces.

En ce temps fut Griſelidis, femme de Gaultier Marquis de Saluces: de l'humilité de laquelle on dit merueilles, ainſi qu'on peut veoir par l'hyſtoire, qui d'elle eſt eſcripte.

Du Roy Louis, quatriéme, auquel faillit la lignee de ſainét Charlemagne.

Louis,

DV ROY LOVIS, QVATRIEME DV NOM. Fueil.lxxj.

Louis, quatriéme de ce nom, fils de Lotaire, commença à regner l'an de grace neuf cens quatre vingts & six, & trespassa sans hoir, par venī, au premier an de son regne, l'an neuf cens quatre vingts & sept: & gist en l'eglise S. Cornille de Cōpiegne. Cestuy fut le dernier de la lignee du bō Roy & Empereur Charlemagne: car il n'eut nuls enfans pour luy succeder: & par ce fut le royaume de Frāce hors de la lignee dudict S. Charlemagne, & translaté en la ligne de Hue le Grand, Comte de Paris, & vint à Hue Capet son fils, combien que les Chroniques de France dient que la lignee dudict Charlemagne ne deffaillit point du tout audict Hue Capet, & qu'il en estoit descendu. On dit que ce Roy Louis eut à femme vne nommee Blanche, fille du second Othon l'Empereur: laquelle il aymoit moult, & si n'en peut auoir nuls enfans: & semblablement aymoit moult ledict Hue Capet (qui estoit son cousin remué de germain, à cause de leurs meres) pour la grād' vaillance & conduicte qu'il congnoissoit estre en luy: & l'auoit fait Maire de sa maison royale: & aduint que ledict Roy Louis fut griefuement malade, & congnoissoit qu'il luy conuenoit mourir, & qu'il n'auoit nuls enfans, il donna le royaume à sa femme: & voulut qu'aprés sa mort elle print en mariage ledict Hue Capet. ce qu'elle fit: parquoy ledict Hue Capet fut faict Roy de France. A cestuy Roy, comme dict est, fut finie & terminee la lignee du grand Roy Charlemagne, commencant à Pepin son pere, qui auoit duré deux cens trente trois ans, ou enuiron: & commença la lignee dudict Hue Capet. qui dure encores de present. Aucunes Chroniques dient que cestuy Hue Capet fut le premier Duc, ou Comte de Paris: & pour la grand' vaillance qui estoit en luy, ledict Roy Louis le fit Duc de France, autrement dict Maire du Palais, & qu'il estoit fils d'vn nommé Robert, qui fut Tiran: & Dantes, poete Florentin, dit en son traicté qu'il a fait de Purgatoire, que le pere dudict Hue Capet fut boucher: mais il a menty. car il fut fils de Hue le Grand, Comte de Paris, qui estoit descendu de lignee royal. Apres le trespas dudict Roy Louis, aucuns Francois, sçachans que de droicte ligne le royaume deuoit appartenir à Charles, Duc de Lorraine, qui frere auoit esté du feu Roy Lotaire, & oncle dudict dernier Roy Louis, manderent audict Charles qu'il s'en vinst pour prendre possession du royaume, & soy faire couronner Roy: mais iceluy Charles, qui viuoit en son païs de Lorraine solitairement, & vsoit ses iours en priuees & menues besongnes, meit la matiere de son affaire en surceance, & ne se hasta pas de venir: & ce voyant ledict Hue Capet s'ensaisina du royaume de France, & regna par force: mais auant que nous racomptions de ses faicts sera dicte aucune autre chose: par laquelle il semble bien que la translation du royaume, qui fut faicte & mise hors de la ligne du grand Roy Charlemagne aduint par la volonté de nostre Seigneur, qui transfere les royaumes *de gente in gentem*, à son bon plaisir.

L'an neuf cens quatre vingts & sept.

La lignee de S. Charlemagne dura deux cens trente trois ans.

Hue Capet usurpa le royaume de France.

De l'apparition de sainct Riquier & sainct Valery à Hue le Grand, Comte de Paris, pere de Hue Capet.

Plusieurs causes sont asignees par les anciens historiographes de ladicte translation: & entre autres, l'vne pource qu'aucuns Roys qui estoyent descenduz de la generation de Pepin & Charlemagne, destruisoyent & ostoyent par force & autrement, illicitement les dotations, donations, & libertez faictes aux eglises de France: & n'auoyent nulle, ou au moins si grand' reuerence aux eglises ny aux ministres d'icelles, ainsi que leurs predecesseurs auoyent parauant eu, comme le recite Vincent de Beauuais, & qu'il est contenu & escript es gestes d'Aquitaine. On racompte aussi, si comme il est escript en la vie S. Riquier & S. Valery, que les corps de ces deux saincts auoyent, pour la doubte des Normans, esté transportez de leurs eglises de Ponthieu à S. Omer, les Flandres, qui lors estoit fort chastel, & furent mis en l'Abbaye S. Bertin, pour la paour des Normans, qui, auant que fussent Chrestiennez, gasterent moult de la terre de France, comme a esté dict l'an huict cens quatre vingts & quatre: & apres ce qu'ils furent Chrestiennez, au tēps de Hue le Grand, Comte de Paris, qui fut pere du Roy Hue Capet, Arnoul Comte de Flandres, qui en sa subiectiō auoit les corps des deuantdicts deux saincts, audict lieu de S. Omer, ne les voulut rendre à leurs eglises. Lesdicts S. Riquier & S. Valery s'apparurent audict Hue le Grand, Comte de Paris, & luy prierent qu'il fist rapporter leurs corps en leurs eglises de Ponthieu: laquelle chose, pource qu'il le fit volontiers & honnorablement, & les fit apporter de S. Omer à Ponthieu, les deux saincts

Sainct Riquier & S. Valery.

luy apparurent de rechef, & luy dirent: Pource que tu as fait nostre requeste, nous te faisons sçauoir que ta generation regnera au royaume de France, iusques à sept generations. Aucunes histoires mettent en perpetuelle generation: & par ce appert bien que la translation du royaume fut faicte par la volonté de nostre Seigneur, qui de sa puissance mue & transporte les royaumes de gent à gent, par les deffaultes & iniquitez des possesseurs: & ainsi peut on veoir que ceste vision fut vraye: car sept Roys regnerent en France, si cõme vous orrez, au dessoubs du Roy Hue Capet, qui fut fils de ce deuantdict Hue le Grand Comte de Paris, iusques au pere S. Louis, que nous disons qu'il descendit de la lignee Charlemagne, de par sa mere la Royne Ysabel, comme il est cõtenu cy apres. Mais il m'est aduis qu'iceluy Hue Capet peut estre, & fut en aucune maniere d'aucun costé, non pas directement en ligne masculine, du lignage de sainct Charlemagne, si comme vous orrez cy apres dire.

Comment Hue Capet estoit aucunement du lignage du grand Roy Charlemagne, de par sa mere.

La genealogie de Hue Capet.

IL est vray qu'Arnoul Empereur de Rôme, fils de Karloman, qui fut fils de Louis Roy de Germanie, frere de Charles le Chauue, Roy de France, & Empereur de Romme, engendra Louis le Ieune Empereur: lequel Louis Empereur eut seulement deux filles: c'estassauoir Plaisance & Mahault: desquelles filles, Plaisance fut mariee à Conrad, fils du Comte Conrad, qui apres iceluy Louis le Ieune fut Empereur à Romme: l'autre fille Mahault fut donnee à femme à Henry, fils d'Othon Duc de Saxongne: lequel Henry, quand l'Empereur Conrad & sa femme Plaisance furent morts sans hoirs, fut Empereur de Romme, auecques sa femme Mahault: de laquelle Mahault iceluy Héry Empereur de Romme engendra le premier Othon Empereur, & deux filles: c'estassauoir Geberge, ou Engeberge, qui fut femme du tiers Louis Roy de France, fils de Charles le Simple, & mere du Roy Lotaire, pere du Roy Louis quatriéme, qui mourut sans enfans, & l'autre nõmee Auide ou Haygonde, qui fut femme de Hue le Grand, Comte de Paris, pere de ce Roy Hue Capet. Parquoy il appert qu'iceluy Hue Capet Roy de France, peut estre en aucune maniere, du costé de sa mere, du lignage de Charlemagne, iadis glorieux Roy de France.

Du Roy Hue Capet, auquel commence la tierce lignee des Roys de France.

Fueil.lxxij.

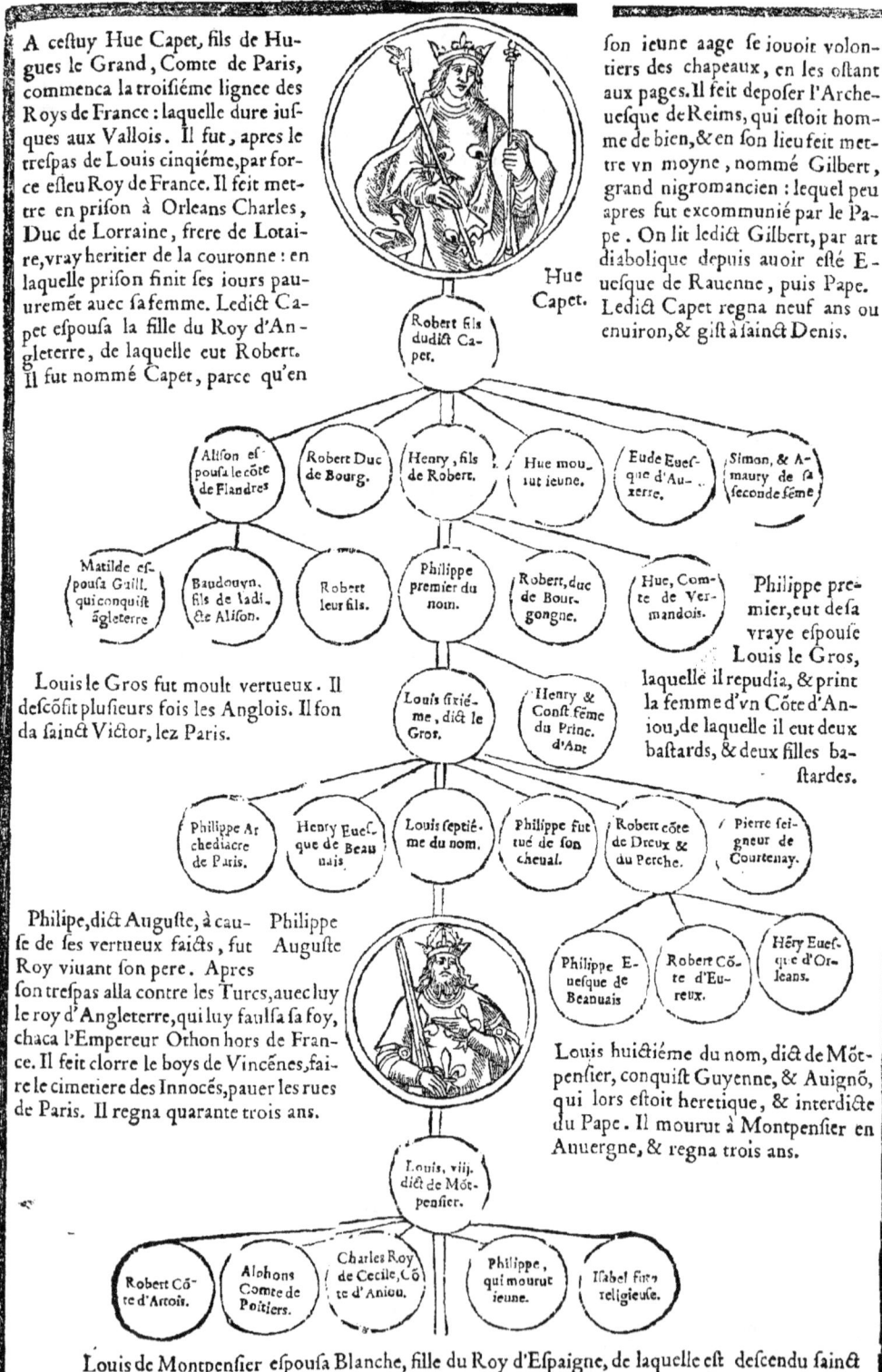

A cestuy Hue Capet, fils de Hugues le Grand, Comte de Paris, commença la troisiéme lignee des Roys de France: laquelle dure iusques aux Vallois. Il fut, apres le trespas de Louis cinqiéme, par force esleu Roy de France. Il feit mettre en prison à Orleans Charles, Duc de Lorraine, frere de Lotaire, vray heritier de la couronne: en laquelle prison finit ses iours pauuremēt auec sa femme. Ledict Capet espousa la fille du Roy d'Angleterre, de laquelle eut Robert. Il fut nommé Capet, parce qu'en son ieune aage se iouoit volontiers des chapeaux, en les ostant aux pages. Il feit deposer l'Archeuesque de Reims, qui estoit homme de bien, & en son lieu feit mettre vn moyne, nommé Gilbert, grand nigromancien: lequel peu apres fut excommunié par le Pape. On lit ledict Gilbert, par art diabolique depuis auoir esté Euesque de Rauenne, puis Pape. Ledict Capet regna neuf ans ou enuiron, & gist à sainct Denis.

Hue Capet.

Robert fils dudict Capet.

Alison espousa le côte de Flandres. — Robert Duc de Bourg. — Henry, fils de Robert. — Hue mourut ieune. — Eude Euesque d'Auxerre. — Simon, & Amaury de sa seconde feme.

Matilde espousa Guill. qui conquist ãgleterre. — Baudouyn, fils de ladi. & Alison. — Robert leur fils. — Philippe premier du nom. — Robert, duc de Bourgongne. — Hue, Comte de Vermandois.

Louis le Gros fut moult vertueux. Il descōfit plusieurs fois les Anglois. Il fonda sainct Victor, lez Paris.

Louis sixiéme, dict le Gros. — Henry & Const feme du Princ. d'Ant.

Philippe premier, eut de sa vraye espouse Louis le Gros, laquelle il repudia, & print la femme d'vn Côte d'Aniou, de laquelle il eut deux bastards, & deux filles bastardes.

Philippe Archediacre de Paris. — Henry Euesque de Beauuais. — Louis septiéme du nom. — Philippe fut tué de son cheual. — Robert côte de Dreux & du Perche. — Pierre seigneur de Courtenay.

Philipe, dict Auguste, à cause de ses vertueux faicts, fut Roy viuant son pere. Apres son trespas alla contre les Turcs, auec luy le roy d'Angleterre, qui luy faulsa sa foy, chaça l'Empereur Othon hors de France. Il feit clorre le boys de Vincēnes, faire le cimetiere des Innocēs, pauer les rues de Paris. Il regna quarante trois ans.

Philippe Auguste.

Philippe Euesque de Beauuais. — Robert Côte d'Eureux. — Hēry Euesque d'Orleans.

Louis huictiéme du nom, dict de Mōtpensier, conquist Guyenne, & Auignō, qui lors estoit heretique, & interdicte du Pape. Il mourut à Montpensier en Auuergne, & regna trois ans.

Louis, viij. dict de Mōtpensier.

Robert Côte d'Artois. — Alphons Comte de Poitiers. — Charles Roy de Cecile, Cōte d'Aniou. — Philippe, qui mourut ieune. — Isabel fut religieuse.

Louis de Montpensier espousa Blanche, fille du Roy d'Espaigne, de laquelle est descendu sainct Louis, duquel sont descendues plusieurs maisons de France, comme l'on pourra voir par l'hystoire ou figure subsequente, en laquelle sont mises & apposees les armes desdictes maisons.

LES CHRONIQVES ET ANNALES DE FRANCE.

L'an neuf cens quatre vingts & huict.

pourquoy Hue fut surnommé Capet.

L'an neuf cens iiii.xx. & ix.

L'an neuf cens iiii.xx. & x.

* *sigif.dit qu'il y mourut L'an 991. & nomme ce Louis Othon*

Hue Capet conquesta la Comté d'Artois.

L'an neuf cens iiii.xx. & xi.

Les Anglois tributaires aux Normans.

† *al. Seuin*

Hve Capet, fils de Hue le Grand, Comte de Paris, & Duc de France, fut en la cité de Noyon par aucuns Francois esleu, & apres en la cité de Reims de faict & par force couroné Roy de Frāce, & commença à regner l'an neuf cens quatre vingts & huict, & deceda le ix. an de son regne, l'an ix. cens quatre vingts & xvj. & gist à S. Denis en France. Il fut surnommé Capet, ainsi q̃ dient aucunes Chroniques, par ce que luy estāt ieune enfant il auoit par acoustumāce façon d'oster aux autres ieunes enfās leurs chaperōs.

En l'an de grace neuf cens quatre vingts & neuf, Charles, Duc de Lorraine, (qui comme dict est) estoit oncle de par pere dudict feu Roy Louis, & auquel le royaume de France deuoit appartenir, come plus prochain heritier en ligne masculine, sceut que ledict Hue Capet, qui estoit son cousin, s'estoit ensaisiné du royaume de France. Et à ceste cause esmeut grand' guerre contre luy, & print de prime face sur luy les citez de Reims, Laon & Soissons, & le chastel de Montagu : & fut ledict Hue Capet pressé de si pres qu'il s'enfuyt honteusement, & à peine peut il eschaper de la bataille : & puis ledict Charles s'en retourna à grand' proye en ladicte cité de Laon.

En l'annee ensuyuant neuf cens quatre vingts & dix ledict Hue Capet assembla grand' armee, pour aller mettre le siege deuant ladicte cité ne Laon, ou estoyent lors ledict Charles & sa femme : & y estoit ausi Anceline Euesque de ladicte cité : lequel par grand' trahison vne nuict mit ledict Hue Capet en la cité, & luy liura ledict Charles Duc de Lorraine & sa femme, en ses mains : lesquels ledict Hue Capet feit mener & tenir prisonniers à Orleans, ou ils furēt iusques à leurs trespas. Ce pendant que ledict Charles estoit ainsi * prisonnier il engendra de sa femme deux fils : l'vn nōmé Louis, qui depuis fut Duc de Lorraine, & l'autre Charles : & deux filles, l'vne nommee Haruide, & l'autre Emenarde, laquelle Emenarde fut mariee à vn Comte de Namur : & d'elle descedit Baudouyn, Comte de Namur, qui eut vne fille nommee Ysabeau, qui fut mariee à Philippe Auguste, dict Dieu donné, qui d'elle engendra Louis, pere de sainct Louis : lequel nous disons par celle maniere estre descendu de la lignee dudict Charlemagne.

A la nouuelleté que le Roy Hue Capet fut couronné, Arnoul, Comte de Flandres, ne luy vouloit obeir, ne faire hommage : parquoy ledict Hue assembla grand' armee, & tira vers Flandres : & print sur luy tout le pais d'Artois, & tous les chasteaux & forteresses qu'il tenoit le long de la riuiere du Liz. Lors ledict Arnoul, voyant qu'il estoit trop foible pour resister à sa puissance, se tira deuers le Duc Richard de Normandie, & luy pria qu'il feist sa paix enuers ledict Hue Capet : & le bon franc Duc, sans auoir regard à la desloyauté dudict Arnoul, par la trahison duquel le Duc Guillaume son pere auoit esté tué, traicta enuers le Roy, tellement qu'il luy pardonna son maltalent, & luy rendit sa terre. Apres que ledict Hue eut regné vn an, il feit Robert son fils, qui estoit clerc, laisser le clergé, & le feit couronner Roy, & sacrer à Reims, & regnerent ensemble.

En ce temps estoit Archeuesque de Reims vn preud'homme nommé Arnoul, qui estoit frere naturel du feu Roy Lotaire, & dudict Charles Duc de Lorraine, auquel porta ledict Hue grand' enuye, tāt pour ce qu'il portoit & fauorisoit ledict Charles Duc de Lorraine son frere, qu'aussi par ce qu'il estoit du lignage de Charles le Grand, lequel il vouloit du tout extirper & abolir : & à ceste cause, en l'an neuf cens quatre vingts & vnze assembla ledict Hue en la cité de Reims vn grand conseil d'Euesques & Prelats, à luy fauorables, pour le degrader : & fut degradé par l'oppinion de plusieurs desdicts Euesques de France, soubs ombre qu'il estoit bastard : & le feit ledict Hue Capet constituer prisonnier, & detenir par trois ans à Orleans auec son frere Charles, Duc de Lorraine : & en son lieu feit mettre vn nommé Gilbert, qui estoit grand Philosophe & nigromancien, & auoit esté maistre d'escolle de Robert, fils dudict Hue Capet, & d'Othon tiers Empereur de ce nom. De ladicte degradation ne fut point d'opinion ne d'accord Serges Archeuesque de Sens, lequel doubta plus le Roy celeste que le Roy terrien : & de ce reprint fort iceluy Serges ledict Hue Capet, qui en fut courroucé : & à ceste cause le feit emprisonner. En ce temps pourtant que les Danois Normans infestoyent & faisoyent moult de griefs aux Anglois, lesdicts Anglois leur ordonnerent dix mil liures de pension, à ce qu'ils cessassent de les infester.

En l'an neuf cens quatre vingts & douze quand le Pape Iehan sceut la maniere & la cause pourquoy ledict Arnoul Archeuesque auoit esté degradé, & ledict † Serges Archeuesque de Sens emprisonné, il excommunia tous les Euesques qui ce auoyent consenty : & feit ledict Pape assembler de rechef Concile à Reims, & fut ledict Arnoul honorablement r'estably en son siege : & en fut degradé & mis hors ledict Gilbert : leq̃l s'en alla deuers ledict Othō Empereur, duql il auoit esté maistre d'escolle, qui premieremēt le feit Archeuesque de Rauēne & depuis le

feit Pape

DV ROY ROBERT, PREMIER DE CE NOM.

feit Pape de Romme. En l'an neuf cens quatre vingts & quatorze fut bruslee par fortune de feu l'eglise sainct Martin de Tours:& fut le corps sainct Martin mis en vne petite eglise, qui est au cloistre, nommee sainct Venant, & y reposa vingt ans, iusques à ce que ladicte eglise fust refaicte. En ce temps le pais de Sauoye fut erigé en Comté, lequel parauant n'estoit que simple seigneurie. *L'an neuf cens iiii.xx.xiiii.*

En l'an de grace neuf cens quatre vingts & quinze, ledict Hue Capet fonda l'Abbaye sainct Magloire à Paris. *L'an neuf cens iiii.xx. & xv.*

En l'an neuf cens quatre vingts & seize, mourut Richard, Duc de Normandie: & luy succeda audict Duché Richard second, son fils: & tantost apres mourut ledict Hue Capet, & fut enterré à sainct Denis en France. *L'an neuf cens iiii.xx. et seize.*

Du Roy Robert, qui fut grand clerc, & de bonnes moeurs.

Robert, fils de Hue Capet fut couronné Roy du viuant de son pere, l'an neuf cens quatre vingts & dix, & regna seul xxxiiij. ans, & succeda à son pere l'an neuf cens quatre vingts & seize, & deceda l'an de grace mil & trente. Il fut plein de bonnes mœurs & conditions:& n'est pas trouué que iamais il destituast nul de ses officiers, s'il n'auoit forfait:qui est bien chose digne de grand' recommandation à vn Prince. Il ayma & honnora gens clercs & lettrez. Aussi il estoit vn tresbon clerc, & remply de bonnes moeurs, & feit & composa moult de beaulx dictez, & proses en Latin, que l'eglise a approuuez, & se chantent par toutes les eglises de Chrestienté: & entre autres feit vne prose du sainct Esprit, qui se commence *Sancti spiritus adsit nobis gratia*: vne de la natiuité nostre Seigneur, qui se commence *Iudæa & Hierusalem*: vne de sainct Pierre, *Cornelius Centurio*: l'oraison des martyrs, *Concede nobis domine, &c.* & semblablement à la requeste de sa femme, qui auoit nom Constance, surnommee Candide, & estoit fille de Guillaume, Comte d'Arle, & de Blanche *soeur de Geoffroy, Comte d'Aniou:laquelle oyant parler des choses que sondict mary faisoit en Latin, luy pria qu'il feist quelque beau dicté pour l'amour d'elle:& lors il feit vn respons en l'honneur de sainct Denis & ses compagnons, qui se commence *O constantia martyrum laudabilis, &c.* & cuidoit sadicte femme, qui pas latin n'entendoit, que ledict respons, lequel se commence par son nom, fust approprié en parlant seulement d'elle. Iceluy Robert eut de ladicte Constance, sa femme, quatre fils:c'est à scauoir *Hue, qu'il feit couronner Roy à Compiegne : mais il mourut auant son pere. Apres sa mort il feit couronner à Reims son second fils Henry, qui regna apres luy. Robert fut Duc de Bourgongne, & Eude fut euesque d'Auxerre : & vne fille nommee Alis, fut mariee à Baudouyn de l'Isle, fils de Baudouyn, surnommé Bellebarbe, Comte de Flandres, qui d'elle engendra Baudouyn, Comte de Mons, & Robert, Comte de Frise:& Mathilde, ou Mahault, qui fut femme de Guillaume le Bastard, Duc de Normandie, qui conquist Angleterre. Ledict roy Robert fut moult piteux & debonnaire, & ayma Dieu & l'Eglise:aux festes annuelles il tenoit le choeur habillé d'habits sacerdotaux, comme d'vne chappe ou autre aornement d'eglise. Il conferma la chartre & les priuileges & droicts que Dagobert auoit dónez à l'eglise S.Denis, & y en donna de nouueaux. On lit de luy que le iour d'vne feste sainct Hippolyte, auquel il auoit singuliere deuotion, luy tenant siege deuant le chastel de Meleun, il abandonna son armee, & s'en vint en l'Abbaye sainct Denis pour solenniser la feste, & luy habillé de chappe, estant au choeur, & chantant au seruice auecques les religieux, comme il auoit de coustume, ainsi qu'on disoit *Ite missa est*, on luy vint dire que les murs de la place estoyent miraculeusement tombez, & luy fut la place rendue. Ce roy Robert, ainsi qu'on lit en ce qui est escript de ses faicts, decora grandement son royaume d'eglises, & saincts edifices:entre lesquelles il fonda l'eglise sainct Nicolas des champs, lez son Palais: & estoit sondict Palais le lieu ou est de present le monastere & closture sainct Martin des champs. Il fonda aussi l'eglise nostre Dame des champs, pres Paris:à Orleans, l'eglise nostre Dame de bonnes nouuelles, & l'Abbaye sainct Aignen, pres les murs d'Orleans : sainct Hilaire à Poitiers:sainct Ligier en Nyueline:sainct Marc à Victry:& feit faire le chastel dudict lieu, & celuy d'Estampes : l'eglise nostre Dame audict lieu:l'eglise sainct Ricule à Senlis:à Ostun sainct Cassian, & plusieurs autres. Il enrichit moult l'Abbaye de sainct Denis en France, ou il gist : & Constance, sa femme, gist à l'eglise nostre Dame de Poissy, qu'elle fonda, & y meit moynes de l'ordre sainct Augustin:mais depuis, Philippe le Bel feit refaire l'eglise de nouuel edifice, & augmenta gra

L'an neufcens iiii.xx. & dix.

Des beaux dictez, proses, & oraisons que le roy Robert composa.

P.Em. dit fille

Le vieil exé. dit qu'il fut Euesque d'Auxerre, & Eude mourut ieune, sans parler de couronnement: les autres parlent diuersemét de toute la race suyuante.

Les eglises que fonda le Roy Robert.

le monastere, & y meit religieuses de l'ordre sainct Dominique.

L'an de grace mil, & mil un. En l'an de grace nostre Seigneur mil, aduindrent grands tremblemens de terre, cometes, & signes. Il scheut feu du ciel, & autres prodiges merueilleux. En l'an de grace mil & vn, mourut sans enfans Henry, Duc de Bourgongne, oncle du roy Robert, & par son trespas vint la Duché de Bourgongne au Roy: mais les Bourgongnons s'esleuerent contre luy, & print Landry, *L'ã mil & ii.* Comte de Neuers, la cité d'Auxerre. En l'an de l'incarnation nostre Seigneur mil & deux, ledict roy Robert assembla grand ost pour aller contre les Bourgongnons, & appela à son ayde le Duc Richard de Normandie, & print par force les citez d'Auxerre, que Landry, Côte de Neuers occupoit, & apres Prouins, Auallon, & plusieurs autres, & tout le pais & Duché: & y meit gardes & Capitaines, & en feit Duc Robert son fils.

L'an mil & quatre. En l'an de grace mil & quatre, mourut Louis Duc de Lorraine, qui fils auoit esté de Charles, frere du feu Roy Lotaire, qui mourut prisonnier à Orleans: & donna le Roy ladicte Duché à Geoffroy, fils de Godefroy, Comte d'Ardene, qui estoit nepueu dudict Louis.

L'ã mil & v. tal. Fromõt & regnault son successeur. En l'an de grace mil & cinq, mourut † Stomont, Comte de Sens, & luy succeda Rainard, son fils, qui commenca à faire de grandes persecutions aux eglises, & mesmement à Leotheric, Archeuesque de Sens: lequel se meit en oraison, priant nostre Seigneur qu'il voulsist faire ayde à son eglise: & subitement vint audict Rainard vne si grand' terreur & espouentement, qu'il s'enfuyt hors de la cité, & fut ladicte cité bruslee & mise es mains du Roy, *L'ã mil & six.* qui la ioignit à son dommaine. En l'an de grace mil & six, le Comte Baudouyn de Flandres, print le chastel de Vallenciennes. L'Empereur le vint afsieger dedans. Ledict roy Robert & Richard, Duc de Normandie, allerent à son ayde: & fut ledict Empereur contrainct à s'en retourner sans riens faire, dont il fut bien despit: & apres que lesdicts Roy & Duc furent retournez, ledict Empereur feit appoinctement audict Baudouyn, Comte de Flandres, & luy donna ledict chastel, pourueu qu'il seroit de son alliance & à son ayde. En celle annee & autres ensuyuans, * Sueue, Roy de Dace & des Danois, infesta tellement le pais d'An-

* p. Verg. dit sueno. gleterre, que toutes les villes se meirent en sa subiection: parquoy Eldred, Roy d'Angleterre, fut contrainct à s'en partir, & s'en venir, luy, sa femme & enfans en France deuers Richard, Duc de Normandie, duquel il auoit espousé la soeur: & en l'an mil & treize, ledict *L'ã mil et xiii.* Sueue, qui estoit allé à Londres, pour disposer des negoces & affaires du pais, mourut subi-

*p. ver. Canut, & compte ces choses un peu autrement. tement. Ses gens feirent & esleurent Roy * Cunet, son fils. Quand le Roy Eldred ouyt la mort dudict Sueue, il partit hastiuement de France, & s'en alla en Angleterre. Les Barons le receurent à grand' ioye, comme leur Roy: puis courut sus audict Cunet: lequel à la parfin fut contrainct s'en aller & retourner en Dace, dont son pere estoit venu: & l'an mil & *L'ã mil & xv.* quinze, Cunet retourna en Angleterre auecques grand nombre de gens & de nauires, & print la plus part du pais. Puis alla mettre le siege deuant la cité de Londres, en laquelle ledict Roy Eldred estoit mort de maladie, & luy auoit succedé Emond, son fils. Cunet trouua facon de tirer hors de Londres la Royne Emma, vefue dudict Eldred, soeur du Duc de Normandie, & l'espousa, & eut d'elle vn fils, nommé Hardecunet, & fut Roy des Danois, & vne fille nommee Gumilde, qui fut mariee à l'Empereur Henry. Ledict Emond, fils d'Eldred, feit forte guerre audict Cunet, & afsiegea dedans Londres: & à la fin ceulx de Londres, *longua obsidione fatigati*, partirẽt le royaume entre lesdicts deux Roys. Ledict Cunet demoura à Londres, & ledict Emond s'en alla en sa terre: & tantost apres par ses gens il fut tué en trahison. Apres sa mort ledict Cunet print toute sa terre, & regna xx. ans. Quand Edouard, frere dudict Emond, veit la mort de son frere, & que ledict Cunet auoit tout prins le royaume, il s'enfuyt en *Famine & mortalité vniuerselle.* France deuers ledict Richard, Duc de Normandie, son oncle. Enuiron ce tẽps fut vne si grãd' famine, & mortalité vniuerselle, & mourut tant de gens, que les viuans estoyent si lassez d'ensepuelir les morts, quils ensepuelissoyent & enterroyent les gens encores viuans. Durant ladicte famine vn pauure homme du pais du Liege, se partit par necesité, & s'en alla en Normandie mendiant sa vie, & chantant par les rues, ainsi qu'ont de coustume de faire ceulx du pais. Quand il fut en Normandie, il s'arresta en vne ville, & gaignoit sa vie à coudre, & sa femme & vne fille qu'ils auoyent filloyent, & demouroyent aupres de la maison d'vn riche Bourgeois, auecques lequel il print congnoissance & familiarité. Vn iour le Duc Richard de Normandie estoit allé à la chace, & à son retour se vint loger en l'hostel dudict Bourgeois: & veit & apperceut la fille dudict pauure pelerin, qui filloit en la rue, & luy sembla belle, & la couuoita. Le Duc, qui ne scauoit qui estoit ladicte fille, dist à son hoste qu'il trouuast facon de luy faire auoir ladicte fille pour coucher auecques luy, & il luy donneroit vn moulin qu'il luy demandoit. Iceluy hoste alla parler audict pauure homme & sa femme, pere & mere de ladicte fille, qui pour riens ne si vouloyent consentir: mais à la parfin pauureté si accorda, & furent

DV ROY ROBERT, PREMIER DE CE NOM. Fueil.lxxiiij.

& furent comme contrainéts de la bailler, par ce qu'ils deuoyent de l'argent audiét hoste, lequel de ceste cause les tenoit en subiection. Ladiéte fille fut paree: & luy fut diét qu'elle feignist si le Duc luy demandoit qui elle estoit, qu'elle luy respondist qu'elle estoit fille audiét Bourgeois. Si coucha la fille, qui moult estoit belle, auecques le Duc. Au matin quand le iour fut venu, le Duc la regardoit pres de luy, & elle se print à plorer. Le Duc luy demanda pourquoy elle ploroit: elle luy dist qu'elle se voyoit à celle heure heureuse d'estre en si noble compagnie, mais le lendemain seroit à tousiours deshonnoree, & qu'autre qu'elle prenoit le proffit de sa virginité. Le Duc l'interrogua, & elle luy compta tout le cas. Lors le Duc dist qu'il n'en iroit pas ainsi: & donna à icelle fille, & à son pere, non pas seulement lediét moulin, mais toute la terre & seigneurie du lieu: & fut long temps amoureux d'elle, & en engendra aucuns enfans. Aucun temps apres les Barons de Normandie prierent & persuaderent lediét Duc qu'il se voulsist marier: & luy pourchacerent de nobles Dames, mais il n'en voulut point prendre. A la parfin il espousa ladiéte fille pelerine, & d'elle eut tresbelle lignee, & feit mettre les enfans qu'elle auoit euz de luy soubs le poille: toutesfois aucunes Chroniques disent qu'il espousa Iudich, qui fonda l'Abbaye de Bernay, laquelle estoit sœur du Côte Geoffroy, † Comte de Bretaigne: & d'elle il engendra trois fils, c'est à sçauoir Richard, Robert, & Guillaume, qui fut moyne à Fescamp, & trois filles. † al. Duc

En l'an de grace mil & dixsept, le Roy des Hôgres & tous ses subiects renoncerét aux idoles, & se conuertirent à la foy de IesusChrist, & tous se feirent baptizer par l'admonnestement de Gisle sœur de l'Empereur, femme dudiét Roy: lequel Roy fut nômé en son baptesme Estiène. *L'an mil dixsept, le Roy de Hôgrie & ses subiects se feirent baptiser.*

Enuiron ce temps † Olanus, Roy de Noiresque, qui estoit Payen, vint en Normandie pour faire ayde au Duc Richard, contre Eude, Comte de Chartres, qui luy faisoit guerre, & par l'enhortement de Robert, Archeuesque de Rouen, lediét Olanus, & plusieurs autres de ses gens renoncerent aux idoles, & se feirent baptizer: mais quand il fut en sa terre, il fut tué de ses peruerses gens, & comme glorieux martyr il vola au royaume celestiel: & dit l'on que son corps est en l'eglise sainét Victor, pres Paris. † al. Olauus roy de Norueg̃ue,

En l'an mil vingt & quatre Raoul, *Rex Transiurensis Burgundiæ*, soy disant auoir ennuy des insolences des Bourgongnôs ses subiects, traiéta de donner lediét royaume à Henry l'Empereur: mais tost apres, *simulata Burgundionum satisfaétione*, il s'en reuoqua.

En l'an que dessus, ou mil vingt & six, comme veulent aucuns, mourut lediét secôd Richard, Duc de Normandie, & luy succeda son fils Richard le tiers, qui mourut deux ans apres, auquel succeda Robert, son frere, par ce qu'il n'auoit qu'vn fils, qui estoit Abbé de sainét Ouen à Rouë, & deux filles, l'vne mariee à Gaultier, seigneur de sainét Valery, & l'autre au Vicomte de Bayeux: parquoy Robert, son frere, luy succeda audiét Duché, & est celuy qui engendra Guillaume le Bastard, qui conquesta Angleterre.

En l'an mil vingt & neuf, mourut lediét Baudouyn, Comte de Flandres, surnommé Bellebarbe: & luy succeda Baudouyn, son fils, qui eut à femme Alis, fille dudiét Roy Robert, de laquelle il eut Baudouyn, qui fut Comte de Henault, & Robert, Comte de Frise, & vne fille nômee Mathilde, ou Mahault, qui fut mariee à Guillaume le Bastard, Duc de Normandie. *L'an mil xx. & ix.*

L'an mil trente mourut le bon roy Robert, bon catholique, & fut enterré à sainét Denis en France. En ce temps estoit Comte d'Aniou Geoffroy Martel, qui estoit vn sage cheualier: lequel fonda l'Abbaye de la sainéte Trinité de Vendosme, ou est la sainéte Larme de nostre seigneur IesusChrist. Il desconfit & print en bataille le Comte de Poitiers, & eut pour sa rancon Bordeaux, & le pais d'enuiron. Enuiron ce temps Eude, Comte de Champaigne, bailla & transporta la Comté de Beauuais à Roger, euesque dudiét Beauuais, qui estoit son frere, en recompense & contre eschange du chastel & ville de Sanxerre sur Loire en Berry, qui luy appartenoit de son patrimoine: lequel Euesque donna ladiéte Comté & seigneurie de Beauuais à l'eglise dudiét lieu, & à ses successeurs Euesques, pour la tenir perpetuellement. *L'an mil trente mourut le bõ Roy Robert. La Comté de Beauuais fut donnee à l'eglise dudiét Beauuais.*

En ce mesme temps fut par vn Italien, nommé Guido Aretinus, trouuee la science de Musique, & feit la game que les enfans apprennent sur les ioinétures de la main, & trouua les six notes, Vt, re, my, fa, sol, la. En ce temps vn religieux retournant de Hierusalem passa par Cecile, & se recrea & reposa par aucun temps auec vn recluz, ou hermite, qui luy dist & recita que aupres du lieu ou il habitoit auoit aucunes montaignes & lieux dont sailloyent continuellement grand feu & grandes flammes, & appelloit on iceulx lieux les Olles de Vulcan, & que là estoyent tourmentees les ames des trespassez de diuers tourmens, selon les pechez qu'ils auoyẽt faiéts, & souuent on oyoit grands cris & vrlemens de Diables, qui se plaignoyent que les ames leurs estoyent ostees & rauies de leurs mains, par aumosnes & prieres que faisoyent les bons Chrestiens, & principalemẽt par les oraisons des moynes de Clugny: & ce venu à la congnoissance d'Odille, lors Abbé de Clugny, il ordonna que par tous les monasteres de son ordre on *Inuention de Vt, re, my, fa, sol, la.*

n ij

Du Roy Henry, auquel, Conſtance ſa mere contraria, voulant faire Roy vn autre ſien fils.

L'an mil trẽte.

HEnry, fils de Robert, commença à regner l'an de grace mil trente, & regna trente ans entiers, puis treſpaſſa au xxxj. an de ſon regne, apres le couronnement de ſon fils Philippe, l'an mil lxj. & giſt à ſainct Denis en France. Ceſtuy eut à femme Anne, fille de George l'Eſclauon, *qui fuit Rex Ruſſorum*. & en eut trois fils: c'eſt à ſçauoir Philippe, qui fut Roy apres luy, Robert qui mourut ieune, & Hue qui fut Comte de Vermandois, à cauſe de la fille du feu Comte Hebert qu'il eſpouſa, & vne fille qui fut marie à Robert, Duc de Normandie. Il aduint que ledict Robert, *orationis cauſa*,

Robert, Duc de Normandie.

voulut aller en Hieruſalem, mais ſes Barons luy deſcõſeilloyent, & diſoyent qu'il n'auoit nul hoir né en mariage, & qu'ils demoureroyent ſans Duc: car Alain,

† *al. Boulongne*

Duc de Bretaigne, & le Comte de † Bourgõgne eſtoyent ia en queſtion qui ſeroit Duc apres luy. Si leur diſt le Duc qu'il auoit vn fils baſtard, nommé Guillaume, qui ſeroit bon & vaillant Cheualier, comme luy ſembloit, & le feroit ſon heritier, & le laiſſeroit en la garde du Roy de France, durant ſon voyage: dont les Barons & les Prelats furent contens, & receurent ledict Guillaume pour leur Duc, & luy feirent hommage. Si s'en alla ledict Duc Robert, du congé du Roy en ſon voyage de Hieruſalem, auec bien dix mil Normans: & y feirent de grands conqueſtes, & y furent iuſques à l'an mil trente cinq, que ledict Robert ſe meit à chemin pour retourner: & en s'en retournant il fut empoiſonné, & mourut, & fut enterré en la cité de Nice: & luy ſucceda ledict Guillaume, ſon fils baſtard, qui fut moult vaillant: car il conquiſt Angleterre, & ſubmiſt à luy le Roy d'Irlande, & Yon, Prince de Galles. Au temps du treſpas dudict Robert ledict Guillaume eſtoit encores ieune: ſi le laiſſa ſondict pere en la garde dudict roy Henry.

* *autres diſent ſa propre mere*

Contre ceſtuy roy Henry, la royne Conſtance, ſa *maraſtre, machina fort auec les plus grands Barons du royaume, pour cuider faire roy Robert, qui eſtoit Duc de Bourgongne, fils puiſné dudict feu roy Robert & d'elle: & entre autres attrahit à elle Eude, qui eſtoit Comte Palatin de Champaigne, de Brie, de Chartres, & de Touraine: auquel elle promit, & donna, affin

* *autres diſent de la uille de ſens.*

qu'il fuſt de ſon party, la moytié * de la Comté du Maine: mais iceluy roy Henry, qui eſtoit ſage, hardy, aſpre, & vaillant Cheualier, & lequel ledict roy Robert, ſon pere, auant ſon treſpas feit ſacrer & couronner Roy à Reims, de vertueux & grand courage, & à l'ayde de Robert, Duc de Normandie, & du Comte de Corbeil, qui eſtoit ſon oncle, reſiſta à leurs entrepriſes,

L'an mil trente & deux.

& contraignit les vaſſaulx de France à luy faire hommage. Et puis en l'an mil trente deux aſſembla ſon oſt, & alla contre ledict Comte de Champaigne, & luy oſta ladicte moytié du païs du Maine, que la royne Conſtance, ſa mere, luy auoit dõnee: & print ſur luy le chaſtel de Gour-

Eude, Cõte de Champaigne.

nay ſur Marne: & tantoſt apres ledict Eude, Comte de Champaigne, eut bataille contre Gothellon, Duc de Lorraine, ſur qui il auoit ſurprins la ville de Bar, & autres, & furent ſes gens deſconfits, & luy tué en s'en fuyant. Il laiſſa deux fils, l'vn nommé Thibault, qui fut Comte de Chartres & de Touraine, & l'autre nõmé Eſtienne, qui eut les Côtez de Meaux & de Troyes, qui eſt en Champaigne & Brie: & puis ledict Gothellon, Duc de Lorraine, mourut, & luy ſucceda Godefroy, ſon fils, & eut vn autre fils qui eut nom Federic, lequel fut Eueſque du Liege.

L'an mil trente & quatre.

L'an mil trente quatre les Bourgongnons ſe departirent de l'obeiſſance de leur Roy Roul, & ſe rendirent à l'Empereur Conrard: & depuis eſt ceſte partie de Bourgongne appelee Imperiale, que nous appelons la Franche Comté: & lors fut ſupprimé & aboly le royaume de Bourgongne, qui auoit duré depuis le temps d'Arnoul l'Empereur enuiron cent & trente ans.

L'an mil trente & ſix.

L'an mil trente & ſix mourut Cunet, roy d'Angleterre, de Dace, de d'Eſceſſe, & † Noi-

† *al. Noruuege:*

reſque: & luy ſucceda Harald, ſon fils, de ſa premiere femme, lequel regna quatre ans, & mourut l'an mil quarante: & apres luy ſucceda Hardecunet, qui regna deux ans, & mourut l'an mil quarante & deux: & luy ſucceda ſon frere, fils d'Eldred & d'Emna, fille du premier Richard, Duc de Normandie.

L'an mil quarante & un.

En l'an mil quarante & vn, pource que Galleran, Comte de Meulanc, eſtoit rebelle & deſobeiſſant au roy Henry, il alla contre luy, & le deſherita, & ioignit ſa terre à ſon dommaine.

L'an mil quarante & trois.

En l'an mil quarante & trois ſe meut guerre entre Geoffroy Martel, Comte d'Angers, & Thibault, Comte de Chartres: & fut ledict Thibault prins en la bataille: & eut ledict Comte d'Angers pour ſa rançon la cité de Tours, & pluſieurs chaſteaux. En l'an mil quarante & cinq, à Benoiſt, qui auoit inuadé par ſymonie la

Papauté

DV ROY PHILIPPE, PREMIER DE CE NOM. Fueil.lxxv.

Papauté de Romme, & qui estoit ignare des lettres latines, fut baillé coadiuteur vn nommé Siluestre, lequel fut sacré Pape: *quod cum multis non placeret, tertius superducitur, Gregorius no minatus*: & ainsi en vn mesme temps estoyent trois Papes à Romme. A ceste cause l'Empereur Henry alla à Romme:& par le conseil les feit canoniquement tous trois deposer: & y fut mis Suidiger Euesque de Babemberg, qui fut sacré & appelé Clement:& iurerent & promirent les Rommains de non iamais eslire Pape sans l'assentement de l'Empereur:mais deux ans apres, c'est à scauoir mil xlviij. ledict Clement mourut, & esleurent lesdicts Rommains vn nommé *Bruno,qui fut nommé Leon,qui fut sainct homme & bien lettré. On dit qu'vn iour voyant vn Ladre deuant sa porte, le feit secretement venir en sa chambre, & le coucha en son lit:auquel tantost apres il ne le trouua pas, & veit vne grand' clarté seulement. Ledict Henry Empereur ne fut pas content de son election, par ce qu'il n'auoit pas esté appelé, & le dechaca: parquoy en l'an mil quarante neuf, il s'en vint en France à refuge, & apres trouua façon de soy reconcilier à l'Empereur, & tint vn Concile à Aix, ou il reforma plusieurs grands abuz qui estoyent à l'Eglise. Apres s'en retourna à Romme. Il trouua Robert Guichard, qui faisoit la guerre, & auoit ia prins & conquesté tout les pais de la Pouille, Calabre, & Cecile : & pource que ledict Leon disoit que c'estoyent les terres de l'eglise, il les voulut defendre : & luy feit forte guerre, & prindrent ses gens plusieurs Normans:mais iceluy Robert *print ledict Pape prisonnier, & le detint iusques à ce qu'il eust fait rendre tous ses gens. Iceluy Robert Guichard eut deux fils, c'est à scauoir Boemond, & Roger, dont sera parlé cy apres. En l'an de grace mil *cinquante six le roy Henry de France, qui encores auoit en sa garde Guillaume le Bastard ieune enfant, auquel son pere auoit laissé la Duché de Normandie, pource qu'aucuns Normans ne le vouloyent receuoir, & le voulurent priuer de la Duché, alla auec trois mil hommes d'armes seulement contre lesdicts Normans, qui estoyent bien trente mil, & les desconfit, & establit ledict Guillaume Duc, & le meit en possession de la Duché. En l'an de grace mil cinquante neuf ledict roy Henry de France, se sentit affoibly . A ceste cause il feit couronner Philippe, son fils, Roy de France, en l'eglise de Reims, du consentement des Barons du royaume : & au deuxiéme an d'apres mil soixante & vn mourut:& fut son corps enterré en l'eglise sainct Denis en France : & laissa le ieune Roy Philippe, son fils, en la garde de Baudouyn, Comte de Flandres, qui auoit espousé la tante dudict Philippe . Audict an mil soixante & vn, ladicte * Auine, Royne de France, sa femme, fonda à Senlis vne belle eglise en l'honneur de sainct Vincent le martyr, & y meit chanoines : & ordonna qu'à la difference des autres ils portassent leurs robes & capuchons rouges de couleur de sang, pour memoire du martyr sainct Vincent : & parauant ledict roy Henry, son mary, auoit fondé l'eglise sainct Martin des champs, au lieu qui estoit lors son Palais, hors les murs de Paris, & y meit chanoines pour Dieu prier: & en ce mesme temps Geoffroy Martel, Comte d'Aniou, fonda l'Abbaye de Vendosme, en l'hóneur de la saincte Trinité, & y meit la saincte Larme de Iesus Christ, qu'il auoit apportee d'oultre mer.

* Plat. & autres mettent vn Damasus deuāt & cōptent vn peu autrement. L'an mil xlix.

* Les Ital. attribuēt cecy à un Cisolfo, Duc de Beneuen.
* Autres disent 46.et 47. & plus vray sem. L'an mil lx.

L'an mil lxi.
* Parauant la nommé Anne.

De Philippe, premier de ce nom, qui est enterré à sainct Benoist sur Loire.

PHilippe, premier de ce nom, ainsi couronné du viuant de son pere, demourant soubs la garde dudict Baudouyn, Cóte de Flandres, commenca à regner seul l'an mil soixante & vn, & trespassa au quarante & huictiéme an de son regne entier, & gist à S. Benoist sur Loire, apres auoir vescu fort en paix & en fortune moult debonnaire.

En l'an de grace mil soixante & trois fut enuoyee en Espaigne grand' cheualerie de France contre les Sarrazins qui gastoyēt la terre: mais par famine les Francois furent cōtraincts eulx en retourner sans riens faire. En celle annee le dessusdict Guillaume le Bastard, Duc de Normandie, alla en Flandres:& print à femme Mathilde, ou Mahault, fille de Baudouyn, dict le Piteux, ou de l'Isle, Comte de Flandres: de laquelle il engendra trois fils, & quatre filles: l'aisné fut Robert, qui fut Duc de Normandie apres luy, lequel alla à la conqueste de Hierusalem, auecques Godeffroy de Buillon : le second fut Guillaume le Roux, Roy d'Angleterre: & le tiers Henry, qui apres la mort dudict Guillaume le Roux fut ausi Roy d'Angleterre. La premiere fille fut Abbaïsse de Caen. La seconde fut mariee au Duc de Bretaigne. La tierce fut promise à Harald (qui se feit Roy d'Angleterre, & sur lequel ledict Guillaume conquist le royaume, qui de droicte succession luy appartenoit) mais il ne l'espousa pas: parquoy depuis elle fut mariee à Estienne, Comte de Chartres. La quatriéme fille fut ma-

L'an mil lxiii.

n iij

LES CHRONIQVES ET ANNALES DE FRANCE.

feit memoire & prieres pour les trespassez, le second iour de Nouembre, ainsi qu'on fait le premier iour dudict moys solennité de tous les Saincts & Sainctes.

Du Roy Henry, auquel, Constance sa mere contraria, voulant faire Roy vn autre sien fils.

L'an mil trête.

HEnry, fils de Robert, commença à regner l'an de grace mil trente, & regna trente ans entiers, puis trespassa au xxxj.an de son regne, apres le couronnement de son fils Philippe, l'an mil lxj. & gist à sainct Denis en France. Cestuy eut à femme Anne, fille de George l'Esclauon, *qui fuit Rex Russorum*. & en eut trois fils: c'est à scauoir Philippe, qui fut Roy apres luy, Robert qui mourut ieune, & Hue qui fut Comte de Vermandois, à cause de la fille du feu Comte Hebert qu'il espousa, & vne fille qui fut marie à Robert, Duc de Normandie. Il aduint que ledict Robert, *orationis causa*, voulut aller en Hierusalem, mais ses Barons luy descôseilloyent, &

Robert, Duc de Normandie.

† al. Boulongne

disoyent qu'il n'auoit nul hoir né en mariage, & qu'ils demoureroyent sans Duc: car Alain, Duc de Bretaigne, & le Comte de † Bourgôgne estoyent ia en question qui seroit Duc apres luy. Si leur dist le Duc qu'il auoit vn fils bastard, nommé Guillaume, qui seroit bon & vaillant Cheualier, comme luy sembloit, & le feroit son heritier, & le laisseroit en la garde du Roy de France, durant son voyage: dont les Barons & les Prelats furent contens, & receurent ledict Guillaume pour leur Duc, & luy feirent hommage. Si s'en alla ledict Duc Robert, du congé du Roy en son voyage de Hierusalem, auec bien dix mil Normans: & y feirent de grands conquestes, & y furent iusques à l'an mil trente cinq, que ledict Robert se meit à chemin pour retourner: & en s'en retournant il fut empoisonné, & mourut, & fut enterré en la cité de Nice: & luy succeda ledict Guillaume, son fils bastard, qui fut moult vaillant: car il conquist Angleterre, & submist à luy le Roy d'Irlande, & Yon, Prince de Galles. Au temps du trespas dudict Robert ledict Guillaume estoit encores ieune: si le laissa sondict pere en la garde dudict roy Henry.

* autres disent sa propre mere

Contre cestuy roy Henry, la royne Constance, sa * marastre, machina fort auec les plus grands Barons du royaume, pour cuider faire roy Robert, qui estoit Duc de Bourgongne, fils puisné dudict feu roy Robert & d'elle: & entre autres attrahit à elle Eude, qui estoit Comte Palatin de Champaigne, de Brie, de Chartres, & Touraine: auquel elle promit, & donna, affin

* autres disent de la ville de sens.

qu'il fust de son party, la moytié * de la Comté du Maine: mais iceluy roy Henry, qui estoit sage, hardy, aspre, & vaillant Cheualier, & lequel ledict roy Robert, son pere, auant son trespas feit sacrer & couronner Roy à Reims, de vertueux & grand courage, & à l'ayde de Robert, Duc de Normandie, & du Comte de Corbeil, qui estoit son oncle, resista à leurs entreprinses, & contraignit les vassaulx de France à luy faire hommage. Et puis en l'an mil trente deux as-

L'an mil trente & deux.
Eude, Côte de Champaigne.

sembla son ost, & alla contre ledict Comte de Champaigne, & luy osta ladicte moytié du pais du Maine, que la royne Constance, sa mere, luy auoit dônee: & print sur luy le chastel de Gournay sur Marne: & tantost apres ledict Eude, Comte de Champaigne, eut bataille contre Gothellon, Duc de Lorraine, sur qui il auoit surprins la ville de Bar, & autres, & furent ses gens desconfits, & luy tué en s'en fuyant. Il laissa deux fils, l'vn nommé Thibault, qui fut Comte de Chartres & de Touraine, & l'autre nômé Estienne, qui eut les Côtez de Meaux & de Troyes, qui est en Champaigne & Brie: & puis ledict Gothellon, Duc de Lorraine, mourut, & luy succeda Godefroy, son fils, & eut vn autre fils qui eut nom Federic, lequel fut Euesque du Liege.

L'an mil trente & quatre.

L'an mil trente quatre les Bourgongnons se departirent de l'obeissance de leur Roy Roul, & se rendirent à l'Empereur Cunrard: & depuis est ceste partie de Bourgongne appelee Imperiale, que nous appelons la Franche Comté: & lors fut supprimé & aboly le royaume de Bourgongne, qui auoit duré depuis le temps d'Arnoul l'Empereur enuiron cent & trente ans.

L'an mil trente & six.
† al. Noruuege:

L'an mil trente & six mourut Cunet, roy d'Angleterre, de Dace, de d'Escesse, & † Noiresque: & luy succeda Harald, son fils, de sa premiere femme, lequel regna quatre ans, & mourut l'an mil quarante: & apres luy succeda Hardecunet, qui regna deux ans, & mourut l'an mil quarante & deux: & luy succeda son frere, fils d'Eldred & d'Emna, fille du premier Richard, Duc de Normandie.

L'an mil quarante & vn.

En l'an de grace mil quarante & vn, pource que Galleran, Comte de Meulanc, estoit rebelle & desobeissant au roy Henry, il alla contre luy, & le desherita, & ioignit sa terre à son dommaine.

L'an mil quarante & trois.

En l'an mil quarante & trois se meut guerre entre Geoffroy Martel, Comte d'Angers, & Thibault, Comte de Chartres: & fut ledict Thibault prins en la bataille: & eut ledict Comte d'Angers pour sa rancon la cité de Tours, & plusieurs chasteaux. En l'an mil quarante & cinq, à Benoist, qui auoit inuadé par symonie la

Papauté

Thibault Côte de Chāpaigne. rice au Comte de Blois, & d'elle iſſit entre autres enfans Thibault, qui fut Comte de Champaigne, & Eſtienne, Comte de Mortaigne & de Boulongne, qui depuis fut Roy d'Angleterre. Ainſi que ledict Guillaume le baſtard s'en retournoit de Flandres, luy fut amené vn Seigneur d'Angleterre, nommé Harald, qui frere eſtoit de la Royne d'Angleterre, que la tempeſte de la mer auoit iecté au port de Boulongne, lequel le receut & feſtoya honnorablement: & promit & iura iceluy Harald audict Duc, qu'apres la mort d'Edouard, roy d'Angleterre, qui couſin eſtoit d'iceluy Duc Guillaume, il tiendroit ſon party, & luy ayderoit à conqueſter ledict royaume, & par ce luy feit iceluy Duc de grāds dons: mais quand il fut retourné en Angleterre, il ſe par-
L'an mil lxiiii. iura: & l'annee enſuyuant, mil ſoixante & quatre, ledict roy Edouard d'Angleterre treſpaſſa, & feit ledict Duc Guillaume ſon heritier, par ce qu'il n'auoit nuls enfans: mais ledict Harald, frere de la Royne, s'enſaiſina dudict royaume, & le tint deux ans.
L'an mil lxvii. En l'an mil ſoixante & ſept, vn nommé Guido, qui eſtoit Doyē de l'egliſe ſainct Quentin de Vermandois, fut eſleu apres le treſpas de Roger, Eueſque de Beauuais: & feit edifier en l'honneur dudict ſainct Quentin vne belle Abbaye, hors les murs de la cité de Beauuais, & y meit chanoines reiglez, de l'ordre de ſainct Auguſtin. Enuiron ce temps il aduint vne choſe merueilleuſe: car en vn village aupres
Merueilles d'vne bataille de couleures, pres la ville de Tournay. de la ville de Tournay s'aſſembla vne grand' multitude de couleuures, comme en nombre innumerable: & ſe ſeparerēt en deux parties, comme deux batailles, les vnes deca, les autres delà: puis ſe coururent ſus les vnes aux autres, & tant ſe combatirent & tuerent, que l'vne des parties commença à affoiblir: & lors celles qui reſtoyent s'allerent muſſer au creux d'vn arbre dedans terre: & l'autre partie, *more vincentium* demoura au champ, ſifflant & menāt grand bruyt: & y furent iuſques à ce qu'on y apporta grand' force de bois & de paille ou on meit le feu, & fu-
* pol. verg. dit 66. rent toutes bruſlees. Audict an mil *ſoixante & ſept, Edouard Roy d'Angleterre, qui eſtoit vn ſainct homme, treſpaſſa ſans heritiers: & par teſtament feit ſon heritier audict royaume Guillaume le Baſtard, Duc de Normandie, qui ſon couſin eſtoit, comme dict a eſté: parquoy ledict Guillaume paſſa en Angleterre auecques grand' armee de Normans, & à ſon ayde eſtoyēt pluſieurs Francois: à l'encontre duquel ledict Harald, fils du Comte Godon, & frere de la Royne d'Angleterre, qui s'eſtoit fait Roy d'Angleterre, feit forte guerre, combien que parauant il luy euſt promis eſtre de ſon party: & en vne bataille fut ledict Harald & ſes gens tous tuez & deſcōfits. Semblablement vn nommé Haruich, roy de Noruuegue, qui eſtoit de la lignee du feu roy Cunet, auecques trois cens nefs alla audict royaume d'Angleterre, pour ſoy enſaiſiner du royaume, & print aucunes villes: mais ledict Guillaume le Baſtard eut bataille contre luy, & tua & deſconfit luy & les ſiens: & ainſi demoura paiſible dudict royaume, & fut couronné Roy. En ce meſme temps les Eſcoſſois feirēt grandes guerres aux Anglois, tellement que le pais fut ſi perſecuté de famine qu'il y en eut pluſieurs qui mangeoyent la chair des humains.

* Autres diſent 1065. L'ā mil lxviii. En l'an * deſſuſdict mourut Federic, Duc de Lorraine, & luy ſucceda audict Duché Godefroy, Duc de Brahan. En l'an mil ſoixante & huict, le Roy Philippe print à femme Berthe, fille de Florent, Duc de Friſe, Comte de Holande, & ſoeur de Robert, Comte de Flandres, qui fut oultre mer auecques Godefroy de Buillon: en laquelle Berthe ledict Roy Philippe engendra Louis, qui fut ſurnommé le Gros, & Henry, & Conſtance, qui fut femme de Boemond, Prince d'Antioche: lequel Prince d'Antioche, & Robert Guichard, ſon pere, eurent en vn meſme iour deux belles & grandes victoires, qui ſont bien dignes de memoire. L'vne fut contre l'Empereur de Grece, & l'autre fut contre l'Empereur d'Alemagne.

L'an mil lxix. En l'an mil ſoixante & neuf mourut Baudouyn, Comte de Flandres, ſurnommé le Piteux, qui auoit eu à femme la fille du feu Roy de France Robert: & laiſſa Baudouyn, Comte de Mons, ſon fils aiſné (qui luy ſucceda audict Comté de Flandres, & fut Comte de Henault à cauſe de Richilde ſa femme) & vn autre fils, nommé Robert Friſon, & vne autre fille nommee Mathilde, qui eſtoit femme de Guillaume le Baſtard, Roy d'Angleterre.

L'an mil lxx. En l'an mil ſeptante mourut Godefroy, Duc de Braban & de Lorraine, & luy ſucceda ſon fils Geoffroy, ſurnommé le Boſſu: lequel combien qu'il fuſt de petit corſage, toutesfois
L'an mil lxxii. eſtoit de grand & magnanime courage. En l'an mil ſeptante & deux mourut Baudouyn, Comte de Flandres & de Henault, & laiſſa en la garde de Richilde ſa femme deux fils, qui luy deuoyent ſucceder: l'vn nommé Arnoul & l'autre Baudouyn: mais Robert Frizon, frere dudict feu Baudouyn, & oncle deſdicts enfans, du conſentement des Flamans ſe feit Comte de Flandres: parquoy ladicte Richilde s'en vint deuers le Roy de France requerir ayde: lequel aſſembla grand' armee, & alla contre ledict Robert: & eurent bataille que gaigna ledict Robert, & fut ledict Arnoul tué, ſadicte mere priſonniere, & le Roy eſchapa par fuyte: & tantoſt apres ladicte Richilde fut relaſchee en recompenſe d'aucuns priſonniers Flamans qui auoyent eſté prins.

En l'an

DV ROY PHILIPPE, PREMIER DE CE NOM. Fueil.lxxvj.

En l'an de grace mil septante & quatre, Pape Gregoire assembla vn Concile, auquel il excōmunia & anathematiza les simoniacles: & les Prestres qui estoyent mariez, osta du diuin seruice, c'est à dire de l'administration des sacremens de l'Eglise, & deffendit aux gens laiz de non ouyr leur messe. En l'an de grace mil quatre vingts, Robert Frison qui s'estoit ensaisiné de la Comte de Flandres, au preiudice de ses nepueux, dōt l'vn estoit ia mort en bataille, feit guerre à Baudouyn le ieune son nepueu, & le desconfit: & par ce iceluy Robert demoura paisible Comte de Flandres: & espousa Gertrude, veufue de feu Florent, Comte de Frise, & de Holande, & en eut deux fils, l'vn nommé Robert, & l'autre Philippe, & deux filles, dont l'vne fut mariee à Cunet Roy de Dannemarche, & l'autre à Theodoric, laquelle eut vn fils nommé Theodoric, qui apres fut Comte de Flandres. En l'an de grace mil quatre vingts & vn, guerre se meut entre Geoffroy le Barbu Comte d'Aniou, & Fouques Rechin son frere, qui estoit Comte de Gastinois, lesquels estoyent * enfans de feu Geoffroy Martel Comte d'Angers: & estoit la cause pource que ledict Fouques se plaignoit que son frere luy auoit baillé trop petite portion de terre: & vint iceluy Fouques deuers le Roy à plaincte : & luy promit qu'il luy lairroit & donneroit le pais de Gastinois, & qu'il ne luy nuysist point en la guerre qu'il vouloit mouuoir contre son frere. Ce que le Roy luy octroya volontiers: & apres ce ledict Fouques meut bataille contre sondict frere, & eut victoire: & print ledict Comte d'Aniou son frere, & le detint prisonnier iusques à ce qu'il mourut : & par ce vint ledict pais de Gastinois es mains du Roy Philippe.

L'an mil septāte quatre.

L'an mil quatre vingts.

* Cro. d'Aniou dit ne, que &c. Le pais de Gastinois: voir la coustume de Trace.

En l'an mil quatre vingts & deux, iceluy Philippe osta de l'eglise sainct Martin des chāps lez Paris, les chanoines que le roy Henry son pere y auoit mis, parce qu'il fut aduerty qu'ils viuoyent de mauuaise vie & lubrique, & faisoyent tresmal & irreuerēmēt le diuin seruice: & dōna ladicte eglise à Pierre, moyne de Clugny, qui feit leans venir moynes de l'Abbaye de Clugny, qui encores la possedent, & doyuent regulierement. Audict an mil quatre vingt & deux, pour aucuns griefs que Robert, surnommé Courbe cuisse, Duc de Normandie, fils de Guillaume le Bastard, Roy d'Angleterre, faisoit aux Normans, ils en allerēt à plaincte audict Guillaume Roy d'Angleterre, son pere, lequel luy auoit donné ladicte Duché. Il esmeut guerre contre sondict fils, & passa la mer luy & son autre fils nommé Guillaume, auec plusieurs Anglois, & eurent bataille: en laquelle ledict Robert rencontra ledict Guillaume son pere, & de sa lance l'abatit par terre: mais il fut secouru & n'eut nul mal: & sondict fils Guillaume fut blecé, & plusieurs de ses gens tuez: parquoy ledict Roy Guillaume s'en retourna en Angleterre, & mauldit ledict Robert son fils : & dit on que depuis ladicte malediction luy ne sa posterité ne prospererent.

L'an mil quatre vīgts et deux.

En l'an mil quatre vingts & sept les Veniciens voulurent faire emporter de la cité de Mirre, qui estoit en *la Pouille (laquelle pour lors auoit esté destruicte par les Sarrazins) le corps de monseigneur sainct Nicolas, Euesque de ladicte cité, & y enuoyerent gens: mais ceulx de la cité de Bar en Calabre le sceurent, & allerent audict Mirre: & leur fut par quatre religieux monstré le lieu ou estoit ledict corps sainct, qu'ils trouuerent, les os nageans & baignans en huylle: si les prindrent, & emporterent honnorablement en ladicte cité de Bar, ou ils sont encores de present. En l'an de grace mil quatre vingts & neuf, vn nommé Rotrod Comte de * Victry en Partois assembla plusieurs Francois, & alla en Espaigne faire guerre aux Sarrazins, & y conquist plusieurs villes, chasteaulx, & grands pais de longue estendue, qui depuis ont esté erigez en deux royaumes, c'est à sçauoir Nauarre & Arragon.

* autres disent en Licie.

* autres disent du Perche.

En l'an de grace mil quatre vingts & *vnze, le Roy Philippe de France, frappé de la suggestiō du Diable, prit en hayne la Royne Berthe sa femme, & la deiecta d'aupres de luy, & la feit tenir cōme prisonniere au chastel de Mōstereul sur la mer, ou il luy auoit asigné son douaire: & s'en amoura follement d'vne nommee Bertrade, qui femme estoit de Fouques Rechin, Cōte d'Angers, qui auoit donné Gastinois au Roy, & detenoit son frere prisonnier : & auec elle commit adultere par plusieurs ans. En elle eugendra deux fils, l'vn nommé Philippe, & l'autre Fleury, & deux filles, dont l'vne fut mariee au Comte d'Estampes. En l'an mil quatre vingts & douze mourut Guillaume le Bastard, Roy d'Angleterre, & fut Roy apres luy son fils Guillaume qui fut surnommé le Roux. Ledict Guillaume laissa deux autres fils: c'est à sçauoir Robert qui estoit Duc de Normandie, & Henry, qui apres fut Roy d'Angleterre, & vne fille, qui fut mariee à Estienne Comte de Blois, de laquelle vint le Comte de Thibault, lequel fut apres Comte de Champaigne.

* v.Em. dit six

L'an mil quatre vingts & douze.

En l'an mil quatre vingts & quinze eurent lesdicts enfans apres son trespas de grandes guerres ensemble : car ledict Guillaume le Roux, Roy d'Angleterre, vint descendre en Normandie, & print le chastel de sainct Vvalery : auquel estoyent plusieurs Cheualiers

L'an mil quatre vingts &

n iiij

Normans du party de son frere Robert Duc de Normandie: lesquels il feit tous brusler dedans & courir & piller toute la terre de Normandie. En l'an mil quatre vingts & quinze, Pape Vrbain vint en France, & assembla vn Concile à Clermont en Auuergne, auquel auoit trois cens & dix Prelats. Il excommunia publiquement le roy Philippe de France, par ce qu'il ne vouloit reprendre la Royne Berthe sa femme, & qu'il viuoit en luxure: parquoy ledict roy Philippe par crainste de ladicte excommunication, donnee contre luy, reprint ladicte Berthe sa femme, & abandonna ladicte Bertrade, femme dudict Comte d'Angers: & par tant ledict Pape l'absolut.

L'an mil iiii.xx. & quinze.

Du voyage, & de la prinse de la sainste cité de Hierusalem, par Godeffroy de Buillon.

La croisée fut faicte par toute la Chrestienté pour aller sur les Turcs & sarrazins.

AV dict Concile ledict Pape Vrbain remonstra la desolation de la terre Saincte, & les griefs & dommages qu'y auoyent faicts & faisoyent les Sarrazins, en persuadant toutes manieres de gens eulx mettre sus & en armes, pour aller venger l'iniure que lesdicts Sarrazins faisoyent à Iesus Christ, & à ceulx de sa loy Chrestienne: pour laquelle cause plusieurs Princes, Ducs, Comtes, Barons, Cheualiers, Nobles, roturiers, riches & pauures de toutes aages, tant de France, d'Aquitaine, Normandie, Bretaigne, Bourgongne, Lorraine, Prouence, Espaigne, Lombardie, Alemagne, Angleterre, Escosse, & d'autres païs & nations, se croiserent pour aller audict voyage. Là furent ceulx qui allerent audict voyage nombrez trois cens mil hommes de guerre: & feirent chef de ladicte armee & assemblee Godeffroy de Buillõ, Duc de Lorraine: qui pour fournir aux fraiz dudict voyage, vendit la cité de Mets aux habitans de ladicte ville. Auec luy allerent en personne des parties de France, ses freres Eustache & Baudoyn, Ancelien de Richemõt, Baudouyn Comte de Mons, Robert Comte de Flandres, Estienne Comte de Blois, Hue le Grand frere du roy Philippe de France, Comte de Vermandois, Robert Duc de Normandie, frere de Guillaume roy d'Angleterre, Raymond Comte de Toulouze, Boemond Duc de la Pouille, & Tancred

* Autres disent nepueu & fils de Roger son frere.

son *frere, enfans de feu Robert Guichard de Normandie, qui auoit conquis Calabre, la Pouille & Cecille. Aussi alla audict voyage monseigneur Herpin, Comte & Seigneur de Bourges: lequel pour fournir aux fraiz dudict voyage, vendit audict Philippe, Roy de France, ladicte ville de Bourges, & le païs de Berry, la somme de lx. mil sols d'or, & partirent pour aller audict voyage en l'an mil quatre vingts & dixsept. La premiere bataille qu'eurent les Chrestiens quand ils furent oultre mer, fut au port de Farfar, * & eurent victoire, & tuerent & desconfirent grand nombre de Sarrazins. La secõde fut à Nichee, & fut faicte ladicte bataille le.v. iour de Mars, & eurent les Chrestiens victoire, & combien que là ils fussent bien trois cẽs mil hommes d'armes, toutesfois eurent ils si grand marché de viures qu'vn mouton ne coustoit qu'vn denier, & vn bœuf xii. deniers, & grand' abondance de tous autres biens. Puis allerent Chrestiẽs mettre le siege deuãt la cité d'Antioche, & la prindrẽt, & dedãs se repatrierẽt: mais les Sarrazins les vindrent asieger à grand' puissance, & y furent longuement, tellement que les Chrestiens estoyent affamez de tous viures: mais nostre Seigneur les visita. En ladicte cité

* Sig. et autres disent pont du fleuue de Pharphar.

Inuention de la lance de quoy nostre seigneur fut percé en l'arbre de la croix.

fut miraculeusement trouuee la lance dequoy nostre Seigneur fut percé au costé en la croix, & sortirent sur les Sarrazins portans ladicte lance: & eurent grand' bataille, & par la grace de nostre Seigneur Chrestiens eurent victoire, & furent Sarrazins desconfits & mis en fuyte: & fut ladicte cité, & la principauté d'icelle, baillee & donnee à Boemond, Duc de la Pouille: lequel apres qu'il eut esté longuement en ladicte cité sans riens faire, & aussi qu'il n'auoit nuls viures, se mit luy & ses gens sur les champs, & alla es marches de Syrie, ou il print plusieurs villes & places. Les Sarrazins asiegerent vne place que tenoyent Chrestiens, en laquelle estoit Ancelin, Comte de Richemond, lequel fut frappé d'vne pierre par la teste: apres lequel coup il dist par trois fois, Dieu ayde moy: & en ce disant rendit l'esprit à Dieu. Apres ce que les Chrestiens eurent prins toutes les villes & places de Syrie, & icelles fait tributaires, ils allerent mettre le siege deuant la cité de Thir, & apres deuant la cité de Hierusalem: & l'asiegerent: & la

La saincte cité de Hierusalem fut prise par les Chrestiens.

prindrent le xxxix. iour apres le siege mis, au iour de vendredy, & entrerent par force. Lors Sarrazins, qui estoyent dedans en grand nombre, se retirerent au temple de Salomon, & autres lieux fors, ou les Chrestiens les assaillirent & tuerent, & y eut si grand occision qu'en plusieurs lieux les cheuaux estoyent en sang iusques aux genoulx. Apres ladicte prinse de Hierusalé, vn Roy des Sarrazins vint vers la cité d'Ascalon, pour courir sus à l'ost des Chrestiẽs, & auoit cent mil hommes de cheual, & quatre cens mil hommes de pied. Les Chrestiens allerẽt contre luy, & n'estoyent que cinq mil hommes de cheual, & xv. mil hommes de pied seulemẽt, & eurent bataille à vn iour que le soleil estoit moult chauld & luysant: mais nostre Seigneur durant

durant la bataille tint à l'endroit de l'ost des Chrestiens vne nuee qui leur feit ombre tant que la bataille dura. Lesdicts Sarrazins par la seule impetuosité des Chrestiens furent subitement si espouentez qu'ils iecterent toutes leurs armeures, & se meirent en fuyte. Les Chrestiens les suyuirent, & en tuerent bien cent mil: & ainsi que lesdicts Sarrazins se vouloyent retirer dedans la cité d'Ascalon, pres de laquelle fut ladicte bataille, à l'entree de la porte y en eut bien deux mil de suffoquez & estaincts de presse & de chaleur. Plusieurs autres en y eut de noyez, qui se vouloyent retirer en leurs nefs: & aussi par les hayes & buissons, dont on ne sçait le nombre. Ladicte cité d'Ascalon fut prinse: & en icelle fut, d'vn commun assentement de tous les Princes Chrestiens, faict & ordonné roy de Hierusalem & de toute Sirie ledict Godefroy de Buillon: lequel ne vesquit qu'vn an apres, & mourut l'an de grace mil cent. Apres sa mort fut faict Roy Baudouyn, son frere, qui regna dixsept ans: — Vnde versus, *La mort de Godefroy de Buillon Roy de Hierusalem.*

Virginis à partu, domini, qui claruit ortu,
Anno milleno centeno, quo minus vno,
Quindecies Iulio iam Phœbi lumine tacto,
Hierusalem Franci capiunt virtute potenti.

En l'an de grace mil cent, Guillaume le Roux, roy d'Angleterre, en allant à la chace fut tué d'vne saiette: & pource que Robert, Duc de Normandie, son frere, surnommé Courte cuisse, qui luy deuoit succeder audict royaume, estoit oultre mer au voyage de Hierusalem, Henry son ieune frere, qui estoit en Angleterre, se feit couronner Roy: parquoy ledict Robert, Duc de Normandie, retourna tantost apres, & voulut recouurer ledict royaume: mais ledict Henry, son frere, eut bataille contre luy, & le print prisonnier, & * à luy & aux principaux de ses adherens feit estaindre la veue à vn bassin chauld & ardant, & les feit mener ainsi aueugles par les villes d'Angleterre, pour espouenter les autres & donner exemple: puis les feit mettre & detenir prisonniers toute leur vie, & s'ansaisina de la Duché de Normandie. En l'an mil.c.j. Boudouyn, roy de Hierusalem, alla indiscretement assaillir vn nombre de Sarrazins, ou il perdit moult de ses gens: & en ce conflict furent tuez Estienne Comte de Blois, Estienne Comte de Bourgongne: & Boemond, Prince d'Antioche, fut prins prisonnier: & ledict Boudouyn se sauua par fuyte. En l'an de grace mil cent & cinq, les Chrestiens, qui estoyent oultre mer, eurent encores bataille contre Sarrazins, & en eurent glorieuse victoire: car ils en tuerent vn nõbre innumerable. Apres ladicte bataille Boemond, Prince d'Antioche, & Duc de la Pouille, qui estoit fils de Robert Guichart, descẽdu de Normandie, bailla en garde à Tancred son * frere ladicte cité d'Antioche, & les terres qu'il auoit oultre mer, & passa par la Pouille: puis vint en France, & espousa madame Constance, fille du Roy Philippe de France: puis s'en retourna, & feit grand' assemblee de gens pour enuahir l'Empire de Constantinoble, par ce que l'Empereur Alexis, qui hayoit les François, infestoit les pelerins qui alloyent oultre mer: & le contraignit à venir vers luy en appoinctement, & à promettre qu'il ne feroit plus nuls griefs ausdicts pelerins. En ce temps commencerent les ordres de Clereuaux, Premonstré, & Cisteaux. Semblablement en ce temps Bruno Alemant, homme de grand' science, chanoine de Reims, laissa le siecle, & fonda la religion Charthereuse, en vn hermitage pres la cité de Grenoble au Daulphiné: & à ce luy ayda Hugues, lors Euesque dudict Grenoble. Audict voyage de Hierusalem auec les autres Princes de France estoit Raymond, Comte de Toulouze, qui y fut vn an à grãds despens, & entretint presque toute l'armee: & apres son retour il feit apporter les corps sainct Iaques le maieur & mineur cousins, germains & Apostres de Iesus Christ, & le tiltre de la croix IesusChrist, auquel est escript de la main de Pilate en Hebreu, Grec, & Latin *Iesus Nazarenus Rex Iudæorum*: & les feit mettre en l'Abbaye de S. Saturnin de Toulouze: ou ils sont auec les corps des Apostres, sainct Simon & S. Iude, sainct Philippe, S. Barnabé, & plusieurs autres corps saincts. En l'an de grace mil.c.ix. le pape Pascal, qui fut apres ledict Vrbain, vint en France deuers le roy Philippe, & Louis son fils, qui estoit desia destiné Roy, pour demander ayde cõtre aucuns qui troubloyent l'eglise de Romme, & aussi pour donner ordre à aucuns desordres qui estoyent en l'eglise de France: & semblablement y vint l'Empereur Henry, que le Roy receut honnorablement: puis s'en retournerent: & en passant par la cité de Troyes, ils assemblerẽt vn Concile, auquel ledict Pape, en ensuyuant la constitution du pape Gregoire, son iiij. predecesseur, excommunia & anathematiza les Simoniacles, & les prestres maryez: & feit vn decret qui dit ainsi: *Si qui sint presbyteri, diaconi, aut subdiaconi, qui in crimine fornicationis iaceãt, interdicimus eis ex parte omnipotentis Dei, & sancti Petri authoritate, ecclesiæ introitum, vsque dum pœniteant & emendant. Si verò in peccato suo perseuerare voluerint, nullus vestrum eorum officium audire præsumat: quia benedictio eorum vertitur in maledictionem.* Audict an mil.c. & dix mourut ledict Roy Philippe: & fut son corps enterré en l'Abbaye de Fleury, dicte sainct Benoist sur Loire: & luy succeda son fils Louis, surnommé le Gros. En ce temps

L'an mil cent.

* Polid. Verg. compte cecy vn peu aultrement.

L'an mil cent & vn.

L'an mil cent & cinq.

* autres nepueu cõme nous auons dit.

De l'institution de l'ordre de Premonstré, de Clereuaux, & de Cisteaux.

Le tiltre de la croix de Iesus Christ est à Toulouze.

L'ã mil c. & ix.

L'ã mil c. & x.

LES CHRONIQVES ET ANNALES DE FRANCE.

L'inſtitution de la feſte de la cōception de la glorieuſe uierge Marie. fut inſtituee la feſte de la Conception de la glorieuſe vierge Marie, pour les cauſes au long contenues en la legende de ladicte ſolennité.

Du Comte de Maſcon, qui fut perſecuteur des egliſes, lequel le Diable emporta viſiblement, pour auoir pillé les egliſes & monaſteres.

ON lit en aucunes Chroniques & Hiſtoires anciennes, & meſmement le recite Pierre le venerable Abbé de Clugny, au ſecond liure de ſes Epiſtres, apres fame publique & commun dire de tous, qu'en la ville de Maſcon, qui eſt en la prouince de Lion, & aſſiſe ſur le fleuue d'Arar, à preſent appelé Soſne, auoit vn Cõte, qui eſtoit cruel & peruers tyran ſur toutes gens: & entre autres choſes exerçoit ſa malice & tyrãnie ſur gens d'Egliſe, & par violence leur oſtoit tous & chacuns leurs biens, & les biens des fondations des Egliſes: & vſurpoit, & appliquoit à ſon dommaine leurs terres, heritages, reuenus & poſſeſsions: & dechaçoit & mettoit hors les chanoines, religieux & religieuſes des egliſes & monaſteres, ſans point de miſericorde: tellement que grand' partie des egliſes & monaſteres de ſon païs deuindrent du tout en ruine & deſolation: & perſeueroit touſiours de mal en pis, tellement qu'il prouoqua & eſmeut l'ire de Dieu contre luy, qui par ſa iuſtice diuine, tout ainſi qu'iceluy mauuais tyran auoit exploicté publiquement ſa cruauté & malice, tout ainſi voulut & permit Dieu punition en eſtre faicte publiquement & viſiblement: qui eſt vn bel & grand exemple à tous Princes tyrans, & autres gens qui vouldroyent prendre & vſurper ſur l'Egliſe de Dieu. Car il aduint qu'vn iour ſolennel, ainſi que ledict Comte ſeoit en ſon palais à Maſcon, & qu'il auoit en ſa compagnie grand' multitude de Cheualiers, Eſcuyers, & autres gens de diuers eſtats, ſoubdainemẽt vn homme incongnu ſur vn cheual noir entra par la porte du palais: & preſens tous qui là eſtoyent, tous eſmerueillez, alla cheuauchant iuſques à la perſonne dudict Comte, diſant qu'il vouloit parler à luy: & quand il fut pres de ſa perſonne il l'admoneſta par commandement qu'il ſe leuaſt de là ou il eſtoit aſsis: & adonc iceluy Cõte, comme contrainct par puiſſance inuiſible, ſentant qu'il n'y pouoit reſiſter, ſe leua & deſcendit iuſques à la porte de ſon palais, ou il trouua vn autre cheual noir preſt & appareillé, ſur lequel, par le commandement dudict homme incongnu, il monta incontinent: & ſubitement ledict homme print le cheual ſur lequel eſtoit monté ledict Comte: & deuant tous les aſsiſtans illec preſens & regardans, emporta & monta en hault iceluy Comte courant treſlegerement par l'air, & au grand cry & miſerable pleur que faiſoit ledict Comte toute la cité fut eſmeue, & coururent tous les habitans pour la merueille regarder, & ſi longuemẽt le regarderent montant & courant par l'air, comme veue naturelle des yeulx le peut porter: & ouyrent iceluy Comte qui cryoit à haulte voix piteuſement, ſecourez moy citoyens, ſecourez moy. Et voyans leſdicts citoyens qu'ils ne luy pouoyent donner ſecours, quand ils l'eurẽt perdu de veue, ils ſ'en retournerent chacun en ſa maiſon bien effrayez & eſbahis, diſans que moult horrible choſe & doubteuſe eſt de cheoir es mains de la iuſtice de Dieu viuant. Au lieu ou eſtoit le Palais dudict Comte, duquel il fut ainſi emporté, le bon Roy ſainct Louis depuis feit conſtruire & edifier le conuent des freres preſcheurs. Iceluy feu Comte de Maſcon auoit vn fils, nommé Vberido, lequel voyant ce qui eſtoit aduenu à ſon pere renõca au ſiecle, & ſ'en alla, luy, ſa femme & enfans auec trente de ſes cheualiers, qui ſe feirent tous moynes en l'Abbaye de Clugny, ou lors viuoit ſainct Huges, Abbé de ladicte Abbaye: lequel treſpaſſa l'an mil cent neuf: & illec veſquirẽt glorieuſement en ſeruant Dieu deuotement iuſques à leur treſpas. Qui vouldroit veoir vne autre bien merueilleuſe hiſtoire cõtre les expoliateurs des biens des Egliſes, touchant Helidoire qui voulut prendre les biens du temple de Hieruſalem, liſe en la Bible au troiſiéme chapitre du ſecond liure des Machabees.

Le palais du Comte de Maſcon fut cõuerty en un conuent de freres preſcheurs.

Du Roy Louis,* ſixiéme du nom.

* Force eſt de le cõpter ſixiéme, et mettre Louis Faineant en cõpte, ſ'il veut accorder aux autres & à ſoymeſmes cy apres.

Louis ſixiéme de ce nõ, dict le Gros, fils de Philippe le premier, commença à regner l'an de grace mil cent huict, viuant ſon pere, & treſpaſſa au vingtneufiéme an de ſon regne, & treſpaſſa l'an mil cent trenteſept. Ceſtuy Roy Louis, qui eſtoit ieune enfant, tantoſt apres le treſpas de ſon pere fut ſacré à Orleãs, par l'Archeueſque de Sens, du conſeil de pluſieurs des Princes & Seigneurs de Frãce, par ce qu'il y auoit pluſieurs deſdicts Seigneurs qui luy vouloyẽt contrarier, & qu'il n'eſtoit en ſeur acces pour aller à Reims ſe faire ſacrer. Quand l'Archeueſque & ceulx de l'egliſe de Reims ſceurẽt

que

DV ROY LOVIS, VI. DE CE NOM, DICT LE GROS. F.lxxviij.

que l'on vouloit sacrer ledict Roy à Orleans, ils y enuoyent hastiuement, pour le cuider empescher: & maintenoyent qu'il n'appartenoit à nul de faire l'office du Sacre des Roys de Fráce, qu'à l'Archeuesque de Reims, & en l'eglise dudict lieu: mais quand leurs messages arriuerent, le Sacre du Roy estoit ia faict, & s'en retournerent sans riés faire, sauf qu'ils feirent leurs protestations, dont ils eurent instrument. Ledict roy Louis eut à femme Aeliz, fille de Hubert Comte de Vertus, de laquelle il eut six fils & vne fille: c'est à sçauoir Philippe, qui fut Roy deux ans, viuát ledict le Gros son pere, & fut tué par vn pourceau en cheuauchát par Paris, come il sera dict cy apres. Le second fut Robert, qui fut incensé, & apres fut Comte de Dreux. Le tiers fut Louis, qui fut Roy apres son pere. Le quatriéme fut Henry, qui fut Euesque de Beauuais. Le cinquiéme fut Philippe qui fut Archediacre de Paris, & le sixiéme fut nómé Pierre, seigneur de Courtenay. La fille fut nommee Constance, qui fut femme de Remond, Comte de Toulouze.

Comment les Princes & seigneurs de France s'esleuerent contre le Roy Louis le Gros.

A Lencontre dudict Roy Louis le Gros plusieurs des Princes & seigneurs de son sang, & autres de son royaume, s'esleuerent, & ne luy vouloyét obeir ne faire hómage: & tellement le presserent qu'il n'osoit bonnement partir de Paris, & ne sçauoit ou aller à sauueté: mais en la fin, à l'ayde de Dieu, il les mit en subiection, & partie des plus grands desherita à perpetuité. En l'an mil.c.x. l'Empereur Henry d'Alemagne print à femme Mathilde fille de Héry, roy d'Angleterre: & apres ledict mariage faict ledict Roy d'Angleterre passa la mer & vint en Normandie, dont il estoit Duc, à grád' compagnie de gens: & feit forte guerre au Roy, parce qu'Helie, Comte du Maine (qui auoit espousé la fille de Fouques, Côte d'Aniou, lequel estoit allié au Roy de France) tenoit ladicte Comté du Maine contre ledict Roy d'Angleterre: quoy le roy Louis le fauorisoit & aydoit: mais ledict roy Louis le vainquit plusieurs fois: & aduint qu'vne fois le roy Louis estant en champ de bataille contre les Anglois, se trouua si seul & eslongné de ses gens qui s'en estoyét fuys, qu'vn Cheualier Anglois, vint prendre son cheual par la bride, & commença à crier: le Roy est prins: mais ledict roy Louis, de vaillant & vertueux courage fiert sur luy, & d'vn seul coup d'espee le tua mort à terré, en disant: au ieu d'eschez le Roy ne s'en prét poit seul. Il eut plusieurs autres batailles contre les Anglois, mais tousiours eut victoire. En l'an mil cent xj. la fouldre tomba au mont sainct Michel, brusla & fouldroya l'eglise & tous les edifices.

Brocard du roy Louis le Gros à un Anglois.

En l'an de grace mil.c. & xij. mourut Robert, Comte de Flandres, *qui in expeditione Hierosolymitana clarissimus extiterat*, lequel auoit espousé la sœur du pape Calixte: & luy succeda Baudoyn son fils, qui estoit ieune & hardy, mais il ne vesquit gueres: car en l'an mil cét dix neuf il mit sus vne grand' armee, pour vouloir ayder à Guillaume, fils du feu Duc Robert de Normandie, à le remettre en sa Duché, dót le roy Henry d'Angleterre l'auoit deiecté: & apres plusieurs guerres, & qu'il auoit ia prins grand' partie de ladicte Duché, il fut blecé en vne bataille dont il mourut: & apres sa mort fut Comte de Flandres son cousin Charles, fils de Cunet, Roy des Danois. En l'an mil cent & treze, sainct Bernard au vingtdeuxiéme an de son aage, auec trente de ses compaignons en vn iour se rendirent religieux de l'ordre de Cisteaux: & depuis ledict temps ledict ordre, qui parauant estoit pauure, commença à florir & augmenter en vertus & biés: & estoit lors Abbé vn nommé Estiéne: & tantost apres l'eglise & Abbaye de Clereuaux fut fondee sur la riuiere d'Aulbe en Champaigne, & en fut ledict sainct Bernard premier Abbé.

L'an mil cent & xii.

Mil cét & xiii. S. Bernard premier Abbé de Clereuaux.

De la guerre que les Comtes de Corbeil & de Mótlehery, & autres Seigneurs, feirent au Roy Louis.

E N ce temps auoit vn Comte à Corbeil, vn autre à Montlehery, & vn autre à Chasteaufort, pres Paris: lesquels estoyent prochains parens, & fort enlignagez, & auoyent faict, & faisoyent chacun iour plusieurs confederations & trahisons contre le Roy, dont s'estoyent ensuys de grands maulx & inconueniens au royaume de France: car ils estoyent fort puissans & alliez, & tenoyent toute la frontiere d'entour Paris, si que nul n'y osoit seurement venir ne conuerser. Ces Comtes & Seigneurs tendoyent à vouloir faire le Roy d'Angleterre Roy de France: car ils voyent que ledict Roy Louis estoit encores ieune & demouré seul: & pour ceste cause à leur persuasion vint le Roy d'Angleterre en France: mais quand il veit qu'il n'en pourroit bonnement à chef venir, par le moyen des dessusdicts il laissa la guerre & s'en retourna: & à tous ceulx qui luy auoyent aydé & fauorisé en France, il mescheut prochainement de leurs personnes & biés & treuue l'on que tousiours en est ainsi aduenu à ceulx qui ont faicte aucune conspiration & entreprinse contre les Roys, ou le royaume de France: lequel nostre Seigneur a reserué à luy, & en sa main la en garde & protection. Ledict roy Louis pour cuider attraire ses aduersaires par amour, traicta le mariage de la seule fille dudict Comte de Montlehery, auec Philippe son frere bastard, que son pere auoit engendré de la Comtesse d'Angers: & en faueur dudict mariage luy donna le chastel & seigneurie de Meun sur Loire: mais tantost apres ledict Philippe bastard, en ensuyuant sa mauuaise nature, & à l'instigation des dessus nommez s'esleua contre le Roy son frere, & feit plusieurs maulx. Parquoy ledict Roy alla en ost contre luy, & le chacea, & asiegea audict chasteau de Meun, ou il fut prins. Semblablement subiuga Hugues, Seigneur du Puiset en Beaulse, & luy feit raser sa place: & ausi, Thibault Comte de Blois & de Chartres, qui estoit moult puissant: Eude, Comte de Corbeil, Hugues de Crecy, Guy de Rochefort, & Thomas de Marle, Seigneur de Concy: & semblablement Aymond Noire vache, Seigneur de Bourbon, & autres qui luy estoyent desobeissans: & toutes les places des dessusdicts il reuoca & attribua à luy & à sa iurisdiction: & en recongnoissance de la victoire qu'il auoit obtenue contre ses ennemis, en l'honneur de monseigneur sainct Victor, auquel il auoit singuliere deuotio, il fonda & feit edifier l'eglise & Abbaye de sainct Victor, lez Paris, & y mit religieux de l'ordre sainct Augustin.

La fondatio de sainct victor lez Paris.

De la guerre que Louis le Gros feit au seigneur de Pomponne, pour les exactios qu'il faisoit aux marchans.

L'an mil cent xiiii.

EN l'an mil.c.xiiij. on rapporta audict roy Louis le Gros que Hugues de Pomponne, seigneur de Crecy en Brye & de Gournay sur Marne, faisoit plusieurs grands exactions & ranconnemens sur les marchans & marchandises qui passoyent audict lieu de Gournay, tant par terre que par ladicte riuiere de Marne. Le Roy incontinent y alla, & estoyt dedans le chastel ledict Hugues de Pomponne, & Guy le rouge, seigneur de Rochefort: lesquels se meirent en fuyte: & fut prins & destruict le chastel, lequel depuis ne fut reedifié. En l'an de grace mil.c.xx. apres vne descofiture d'Anglois, Guillaume & Richard, enfans dudict roy Henry d'Angleterre, vne sienne fille & sa niepce, auec moult de nobles d'Angleterre, voulans passer & eulx en retourner en Angleterre, vn iour de feste de Nostre Dame, la mer estat paisible furet tous noyez & periz: & disoit on ce estre aduenu par punition diuine: car on disoit qu'ils estoyent tous sodomites, & ainsi ils n'euret point de sepulture, & demoura Matilde l'Emperiere seule fille & heritiere dudict royaume d'Angleterre. Tantost apres ledict Henry, roy d'Angleterre, espousa Adelle, fille du Duc de Louuain, qui estoit moult belle femme.

Le chasteau de Gournay sur Marne fut abatu.
L'an mil cent & xx.

Incident du Pape Gelasius.

ENuiron ce temps le Pape Gelasius, qui auoit esté debouté du siege par l'Empereur Henry, par despit de ce que ledict Empereur n'auoit pas esté appelé à son election, s'en alla en Grece auec les Cardinaux: & apres s'en vint en France se mettre en la protection du Roy Louis, ainsi que ses predecesseurs ont tousiours fait: parquoy ledict Empereur suscita vn autre Antipape, qui fut nommé *Benoist. Ledict Gelasius assembla vn Concile à Reims, durant lequel il mourut & fut enterré en l'Abbaye de Clugny. Les Cardinaux esleurent le fils du Comte de Bourgongne, nommé Guy, qui estoit Archeuesque de Vienne, qui fut nommé Calixte. Il paracheua de tenir ledict Concile à Reims: mais ledict Henry Empereur luy contraria en soustenant ledict Benoist: & par ce ledict Claixte l'excommunia auec ses fauteurs, qui auoyent expulsé ledict Gelasius son predecesseur. Audict Concile furent excomuniez les simoniacles, & ceulx qui exigent argent pour les sepultures, cresme & baptesme, & deffendit les côcubines aux prestres, diacres & soubzdiacres. En l'an cent xxiij. apres ce que ledict Calixte fut retourné à Romme il assembla vn Concile, auquel la paix d'entre les Roys & l'Eglise, touchant la question de l'inuestiture des Eueschez & benefices fut reformee, & fut cassé le priuilege que ledict Henry Empereur auoit extorqué du temps du Pape Pascal des inuestitures. En celle anneel'eglise sainct Martin de Tours, & le chasteau dudict lieu, furent bruslez pour certaines questions & debats qui se meurent entre les gens d'Eglise, & les gens laiz de ladicte cité. En l'an mil cent xxiiij. ledict Henry Empereur, qui gendre estoit du Roy d'Angleterre, fut moult courroucé côtre le Roy

* Plat. dit Gregoire.
Le pape Gelasius fut enterré à Clugny.

L'an mil cent xxiij.

L'an mil cent xxiiij.

Louis

DE LOVIS, VI. DE CE NOM, DICT LE GROS. Fueil.lxxix.

Louis de Frāce, de ce qu'il auoit recueilly en son royaume ledict feu Pape Gelasius, & souffert eslire Calixte, & aussi souffert que le Cōcile, auquel il auoit esté excōmunié, auoit esté tenu en son royaume: si feit moult grād' assemblee de gēs, pour courir sus en France. Quand ledict Roy Louis le sceut, il assembla son armee, & alla vertueusement au deuant de l'Empereur, & le rebouta & chacea honteusement, & delibera d'aller apres luy pour gaster sa terre: mais à la grand' priere des Prelats, Archeuesques, Euesques & Abbez de Frāce, à grād' difficulté il s'en deporta. *Le roy Louis le Gros chacea l'Empereur hors de France.*

En l'an mil cēt xxvj. ledict Henry Empereur, qui auoit espousé Mathilde, fille du Roy d'Angleterre, abandonna l'Empire, & se muſſa & abſenta de la preſence des gens, tellemēt que depuis ne peut estre veu: toutesfois aucuns veulent dire que long temps apres il fut trouué cōme mort en l'hospital des pauures à Angers, & y fut trouué par sa fēme qui le sceut apres sa mort, par celuy qui l'auoit confeſſé: neantmoins on lit ailleurs qu'vn iour de Pentecouſte il mourut de peſte en la cité du Trec. Quand ledict Empereur fut ainsi perdu ou mort, ladicte Mathilde, qui n'auoit nuls enfans s'en retourna deuers Henry, Roy d'Angleterre, son pere, qui lors eſtoit en Normādie, & n'auoit nuls autres enfans: lequel en l'an enſuyuant mil cent xxvij. la mena en Angleterre: mais les Anglois ne la voulurent receuoir pour leur Dame, & iurerent fermement qu'ils ne la recueueroyent point: parquoy ledict Roy d'Angleterre ramena sadicte fille en Normandie, & aucun temps apres la maria à Geoffroy, qui fut surnōmé Plantegeneſt, pour ſa ſimpleſſe, fils de Fouques, Comte d'Angers. *L'an mil cent vingt & six. L'Empereur Hēry s'abſenta, et depuis ne fut veu.*

En l'an mil cent xxvij. Charles, Cōte de Flandres, qui fils eſtoit de Cunet, Roy des Danois, qui auoit ſuccedé au Comté de Flandres, à cauſe de ſa mere, vn iour de Kareſme, eſtant à genoulx en l'egliſe ſainct Donaſt de Bruges, oyant la meſſe fut tué en trahiſon: par vn nommé Bouchart. Laquelle mort fut rigoureuſement vengee par le Roy Louis, contre tous ceulx qui en eſtoyēt coulpables: & par l'ayde dudict Roy, fut faict Comte de Flandres Guillaume, fils du feu Duc Robert de Normandie, que ſon oncle Henry, Roy d'Angleterre, auoit deietté de ſa terre: contre lequel Guillaume ledict roy Henry feit & feit faire par les parens dudict feu Comte Charles forte guerre. *L'an mil cent vingt & sept.*

En l'an de grace mil cent xxviij. Fouques, Comte d'Angers, laiſſa ſa Comté d'Aniou à Geoffroy, ſon fils, & s'en alla oultre mer, en Sirie, & print à femme Miliſande, la fille aiſnee de Baudouyn, Roy de Hieruſalé, & fut Roy apres ledict Baudouyn. *Mil cent vingt & huict.*

En l'an mil cent xxix. ledict roy Louis le Gros, qui ſe ſentit affoiblir, feit en ſa preſence couronner Roy de France, en l'egliſe de Reims, le iour de Paſques, Philippe, ſon fils, qui eſtoit ieune enfant: & y fut preſent au ſacre le roy Henry d'Angleterre. *Mil cent xxix. Louis le Gros feit en ſa preſence couroner roy de France, ſon fils Philippe.*

En celle annee Mathilde l'Emperiere, fille de Henry Roy d'Angleterre, premier de ce nom, fut mariee à Geoffroy, Comte d'Aniou, du Maine & de Touraine: lequel engēdra d'elle Henry, qui depuis fut Roy d'Angleterre, Guillaume Longue eſpee, & Geoffroy auſſi ſurnommé Plantegeneſt, qui eſpouſa la fille de Conan, Comte de Bretaigne, & en fut Comte à cauſe d'elle.

En ce temps fut Hugues de ſaint Victor, treſexpert es ſept ars liberaux, plus que nul autre: tellement qu'on diſoit que c'eſtoit vn autre S. Auguſtin: & feit le liure des ſacremens, qui eſtoit fort neceſſaire, & pluſieurs autres belles eſcriptures. Enuiron ce temps tous les meſeaux qui eſtoyent en France, dont il y en auoit grand nombre, furent bruſlez: par ce qu'il fut trouué & prouué cōtre eulx qu'ils auoyent faict vne conſpiration d'empoiſonner tous les puits & fontaines, & vouloyent faire en maniere & affin que tous les autres fuſſent meſeaux comme eulx. *Les ladres & meſeaux furent tous bruſlez en France.*

Audict an mil cent * vingt & neuf ledict roy Louis le Gros aduerty que Thomas de Marle, ſeigneur de Crecy & de Montagu, pilloit & opprimoit les egliſes, & les marchans qui paſſoyent par le pais deſroboit, & leur oſtoit leurs marchādiſes, & qu'il auoit bruſlé l'egliſe noſtre Dame de Laon, martyriſé l'Eueſque, & pluſieurs autres, & les heritages oſtez à l'egliſe S. Iehā, les places de Crecy & Nogent, & les auoit fortifiees & cloſes à murs & foſſez, & y entretenoit larrons & robbeurs, qui faiſoyent moult de maulx, & à ceſte cauſe eſmeut guerre contre luy: & manda à Raoul, Comte de Vermendois, venir en ſon ayde, qui y vint, & print ledict Thomas en bataille, & tout bleſcé l'amena deuers le Roy, qui le feit pendre ſans reſpit. * Autres diſent l'an deuant.

Audict an, les nonnains d'Argenteuil, furent deiettees dudict lieu, pource qu'elles ne viuoyent pas religieuſement, mais lubriquemēt: & fut l'egliſe donnee à Suger Abbé de S. Denis, qui y meit moynes, ainſi que parauant auoit eu en ſa premiere fondation: leſquels en auoyent eſté oſtez par puiſſance, pour y mettre vne des ſœurs de Charlemagne. *Les nōnains furent oſtees du prieuré d'Argenteul.*

Du ieune Roy Philippe, fils de Louis le Gros, qu'vn pourceau tua en cheuauchant par la ville de Paris.

PHhilippe, deuxiéme, fils de Louis le Gros, fut couronné Roy ieune enfant, viuant ſon pere, & depuis veſcut enuiron deux ans, & treſpaſſa enuiron l'an mil cent xxxj. & giſt à S. Denis en France. Ceſtuy roy Philippe, ainſi qu'il cheminoit par la cité de Paris, par vn pourceau qui ſe meit ſoubdainement entre les iambes de ſon cheual, *L'an mil cent trente & vn.*

LES CHRONIQVES ET ANNALES DE FRANCE.

tomba sur le pauement si impetueusement qu'il se brisa toute la teste, tellemēt qu'il mourut tātost: dont ledict roy Louis, son pere, & les Francois, furent fort courroucez & esbahis. On lit en la vie S. Bernard q̄ par aucun temps le roy Louis le Gros, pere dudict Philippe, infesta & feit plusieurs griefs aux gens d'Eglise, & deiecta aucuns de leurs sieges & citez: pour lesquelles causes ledict S. Bernard alla plusieurs fois vers luy, en luy demonstrant le mal qu'il faisoit, dont il ne tenoit pas grand cōpte: parquoy vn iour ledict S. Bernard, meu d'vn vray courage & zele de religion, increpa & reprint plus durement que iamais ledict roy Louis le Gros, & luy dist en plaine assemblee de gens des trois estats de France, q̄ la mort dudict Philippe, son fils, luy auoit esté reuelee, & que s'il ne cessoit de persecuter & de faire exactions sur ses subiects, mal aduiēdroit à luy & à sa lignee. Cestuy S. Bernard fut natif de Chastillon, en Bourgongne, & fut vn venerable & deuot homme & grand clerc, & feit de moult belles escriptures, mesmement à la louenge de la glorieuse vierge Marie, & est appelé son secretaire. Il fonda l'Abbaye de Clereuaux: & fut pere de cent soixante monasteres, qui furēt fondez des son viuāt, & par son moyē, soubs le ioug de religion, & viuant religieusement. Dieu feit moult de beaux miracles à son intercession, tellement qu'en son temps il estoit reputé cōme vn autre Moyse. En ce mesme temps auoit vn moyne en l'Abbaye S. Laurens, hors les murs de Romme, qui doubtoit de la resurrectiō de Iesus Christ: lequel fut lyé, & puis sans main d'homme deslié, & ouyt vne voix qui va dire: *Sic po tuit Christus clauso prodire sepulchro*. Enuiron ce tēps commencerent les ordres des Tēpliers & des Charteux: & lors estoit sainct Girard, Archeuesque de Bourges, & sainct Encelyne, Euesque de Laon, lequel fit les gloses du Psaultier. Audict an mil cent trente & vn, viuant encores ledict roy Louis le Gros, Innocent, pape de Romme, estant venu en France requerir ayde, par ce que les Rommains vouloyent faire vn Pape, nommé Pierre, qu'ils nommoyēt Leon, celebra vn Concile en là cité de Reims: & la oignit & sacra Roy de Frāce, Louis, tiers fils dudict Louis le Gros: par ce que ledict Philippe, son premier fils, estoit mort, cōme dict est. Apres ledict Cōcile, le Pape s'en retourna par Lorraine: & le receut l'Enpereur * Linthier à grand honneur, en la cité du Liege. Combien que ledict roy Louis le Gros eust vn autre fils, nommé Robert, second en geniture, aisné fils dudict Louis, toutesfois pource qu'il estoit ignare, & de trop simple entendement, il fut par ledict Louis le Gros, son pere, & par les Francois, declaré non apte ne habille à porter la couronne de France: & luy fut dōnee la Comté de Dreux: & par ainsi fut debouté des armes, & de la couronne de France: & pour armoirie luy fut baillé vn escu eschanqueté des couleurs des armes de Frāce: c'est à sçauoir, d'or & d'azur, sans fleurs de liz. Ce Comte de Dreux fut marié, & eut plusieurs enfans, qui depuis feirent moult de moleste en France. De luy descendirent les Comtes de Bretaigne, par le moyen de Pierre Mauclerc, qui en espousa l'heritiere, & en descendirent aussi les Seigneurs de Concy: desquels l'vn, c'est à sçauoir celuy qui edifia le chastel de Concy, se voulut faire Roy, disant qu'il estoit descendu de l'aisné fils de Frāce. En celle mesme annee deceda Baudouyn, Roy de Hierusalem: & luy succeda Foulques d'Angers, son gēdre, qui pere estoit de Geoffroy, Comte dudict Angers. En ce temps aduint en la cité d'Arras que deux menestriers auoyent par deuotion accoustumance d'aller iouer chacun Samedy au soir de leurs instrumens deuant l'image nostre Dame: & vn iour apres qu'ils eurent longuement continué, la vierge Marie s'apparut à eulx, & leur presenta vne grand' chādelle de cire qu'elle tenoit en sa main: laquelle a depuis tousiours esté & encores est conseruee: & est souuent allumee, & dit on qu'elle ne se diminue point, & qu'on y a veu souuent aduenir de grands miracles, à gens qui y vont par deuotiō, pour auoir guarison de leurs maladies, mesmement à ceulx qui ont aucun membre espris de feu, en le lauant de l'eaue où est distillee & fondue la cire de ladicte chandelle.

En l'an de grace mil cent trente & cinq, mourut le Roy Henry d'Angleterre, en Normādie, & fut porté son corps enterrer en Angleterre: & luy succeda Estiēne, son nepueu, de par Adelle, sa sœur, qui estoit fils d'Estienne, Comte de Chartres & de Blois, frere de Thibault, Comte de Champaigne: lequel Estienne, Roy, estoit nommé Comte de Boulongne & de Mortaigne, de par Mathilde, sa femme, fille d'Eustace, Comte de Boulongne. Iceluy Estiene passa tantost en Angleterre, & se fit couronner Roy, & si print & saisist toute Normandie: mais l'Emperiere Mathilde, qui estoit fille dudict Henry, laquelle estoit remariee à Geoffroy, Comte d'Angers, fils de Foulques, Roy de Hierusalem, luy fit forte guerre, par l'espace de cinq ans. Enuiron ce mesme temps, & l'an mil cent trente & six, furent veuz si grands vents, & si impetueux, qu'ils abbatirent tours, chasteaux, maisons, arracherent arbres & forests, feirent en Angleterre la mer passer les limites, & du costé de Flandres rompre les digues & deffenses de la mer, tellement qu'elle submergea & noya grand' partie dudict pais de Flandres, & les habitans qui y estoyent.

Audict an, vn peu auant le trespas du feu roy Louis le Gros, il aduint que Guillaume, Duc de Guyenne,

S. Bernard estoit appelé le secretaire de la vierge Marie.

Les ordres des Templiers & Chartreux commencerent en ce temps.

Couronnement de Louis fils du Roy.

* Autres le nōmēt Lutherius, & Lotaire.

La chādelle nostre Dame de Arras.

L'an mil c.xxxv.

Des vents qui furent si impetueux qu'ils feirent desborder la mer en plusieurs contrees.

DE LOVIS, VII. DE CE NOM, DICT LE PITEVX. Fueil.lxxx.

Guyenne & Comte de Poitou, qui auoit deux filles, c'est à sçauoir Alienor & Peronnelle, se mit en voye pour aller en pelerinage à sainct Iaques en Galice: & auant son partement feit son testament, & ordonna que s'il aduenoit qu'il mourust auant son retour qu'Alienor sa fille, fust mariee audict ieune roy Louis, fils de Louis le Gros, s'il la vouloit prendre, auecques ladicte Duché de Guyenne: & aduint que ledict Guillaume mourut le iour de Pasques, en l'an mil cent trente sept, luy estant en Galice, & fut son corps enterré en l'eglise S. Iaques. Et quand ledict Louis le Gros sceut sa mort il enuoya ledict ieune roy Louis, son fils, en la cité de Bordeaux, espouser ladicte Alienor, fille & heritiere dudict Duc de Guyenne. Ladicte Peronnelle, sa soeur, fut apres mariee à Raoul, Comte de Vermendois: & huict iours apres ledict mariage, au moys d'Aoust, mourut ledict roy Louis le Gros, & fut son corps enterré en l'eglise sainct Denis.

Guillaume, duc de Guyène, & Cōte de Poitou mourut en Galice.

Du Roy Louis septiéme: de la belle lignee du Comte Thibault de Champaigne: & autres matieres diuerses.

LOuis, septiéme de ce nom, dict le *Piteux, fils de Louis le Gros, fut couronné Roy l'an mil cent trente & vn, viuant encores son pere: & apres son trespas regna encores iusques à quarâte trois ans, & trespassa l'an mil cent quatre vingts. Cestuy pour la grand' debônaireté & charité qui estoit en luy, fut appelé le Piteux: au temps duquel auoit vn vaillant Comte de Champaigne, nommé Thibault, qui fut moult preud'homme & charitable enuers les paures, & gens d'Eglise, pere & conseruateur des orphelins, & femmes veufues: & feit construire & edifier plusieurs eglises & monasteres: & entre autres l'Abbaye sainct Florent, pres Saumur, & l'Abbaye de l'aumosne de Cisteaux: & auoit à femme vne moult noble Dame, nommee Mathilde, ex genere *Teuthonicorum*, en laquelle il engendra plusieurs enfans: c'est à sçauoir Henry, qui fut apres luy Comte de Champaigne, & espousa Marie, vne des filles dudict Roy Louis, & de ladicte Alienor. Thibault, second fils, fut Comte de Blois: & espousa l'autre desdictes filles du Roy, nommee Alix. Le tiers, nommé Estienne, fut Comte de Sancerre: lequel fut tant deuot, qu'il renonça le siecle, & se rendit chartreux. Guillaume, qui premierement fut Euesque de Chartres, puis Archeuesque de Sens, & apres de Reims. Vne de ses filles fut Royne de France: l'autre fut Comtesse de Parthois: l'autre de Bar: & l'autre Duchesse de Bourgongne. On recite que le Roy de France fut vne fois mal content dudict Comte Thibault, par ce qu'il auoit recueilli & souffert en ses terres l'Archeuesque de Bourges, que le Roy auoit deiecté de son siege, à l'appetit d'aucuns malings esprits, qui estoyent autour de luy, comme sera dict cy apres: & feit tant ledict Comte, à qui il ennuyoit d'auoir question au Roy, que sainct Bernard s'entremit d'en faire la paix: & ainsi qu'on le menoit deuers le Roy, en vne charrette, ledict sainct Bernard veit visiblement que le Diable, qui est perturbateur de paix, pour empescher son allee vint rompre vne des roues de la charrette: & quand il l'apperceut il appela ledict Diable, & luy commanda en la vertu de Dieu, qu'il luy seruist de roue, & soustint ladicte charrette iusques à ce qu'il fust au logis. ce qu'il feit: & puis sainct Bernard luy commanda qu'il s'en allast sans mal faire. En l'an mil cent trente & neuf mourut vn nommé Iehan d'Estampes, qui auoit vescu trois cens soixante & vn an, depuis le temps de Charlemagne, duquel il auoit esté homme d'armes. En l'an mil cent quarante, Henry, frere dudict roy Louis, de France, renonça le monde, & se rendit moyne de *Clereuaux, & apres fut faict Euesque de Beauuais. Semblablement Guillaume, Comte de Neuers, se rendit chartreux, & vescut en grand' deuotion. En celle mesme annee mourut maistre Hugues de sainct Victor. Audict an Mahault l'Emperiere, fille du Roy d'Angleterre, à l'ayde du Roy de France conquist toute Normandie: puis passa de France en Angleterre, & feit forte guerre à Estienne, Comte de Boulongne, son cousin, qui s'estoit faict Roy, & le print prisonnier: mais tost apres il eschapa, & luy refeit forte guerre. Il aduint lors qu'on chargea & accusa vn nommé Pierre Abayelard, maistre souuerain en l'art de Dialectique, d'enseigner mal, & contre la foy Chrestienne: & pource fut par l'admonnestement de sainct Bernard appelé pour en respondre par deuant plusieurs Euesques & Abbez, assemblez en vn Concile à Sens, mais il appela de leur Concile au Pape de Romme. Cest Abayelard auoit esté premierement marié, puis moyne de sainct Denis, & apres Abbé d'vne Abbaye en Bretaigne, dont il estoit natif: & pource qu'au commencement il auoit esté separé de sa femme, qui auoit

Autres le nōment aussi le ieune.

La fondatiō de l'Abbaye de sa Florent pres saumur.

D'vn diable que s. Bernard contraignit à luy seruir d'une roue à sa charrette, qui estoit rompue.

*L'an mil. c. xl. *Parauant la fait chartreux.*

o ij

LES CHRONIQVES ET ANNALES DE FRANCE.

nom Eloys (laquelle auant l'espouser il auoit tenue comme sa concubine) & qu'apres ladicte separation elle s'estoit rendue religieuse au monastere d'Argeteul, ou auoit lors nonnains, qui estoyent pres de sainct Denis, & que les nonnains qui estoyent audict Argenteul en furent mis *De l'Abbaye du* hors, par l'admonnestement de Suger, lors Abbé de sainct Denis, par ce qu'elles ne viuoyét pas *Paraclit, pres* chastement ne religieusement, comme dict est dessus, iceluy Pierre Abayelard feit construire, & *Nogēt sur seine* fonda vne Abbaye au diocese de Troyes, pres Nogent sur Seine, qu'on appelle le Paraclit, & en *L'an mil.c.xlii.* feit Abbesse sadicte femme Eloys. En l'an mil.c.xlij. Raoul, Comte de Vermendois, laissa & abandonna sa femme qu'il auoit espousee: & print à femme Peronnelle, qui soeur estoit d'Alienor, Royne de France: pour laquelle cause, à la poursuite de Thibault, Comte de Champaigne, Yues, Legat du Pape vint en France, & excommunia ledict Comte de Vermendois, & suspendit les Euesques qui auoyent fait ledict diuorce.

En celle mesme annee, ledict roy Louis estant encores ieune, aduint vne grand' discension entre le Pape Innocent & le Roy de France, dont eut grand trouble en l'Eglise: par ce qu'apres qu'Alberic, Archeuesque de Bourges fut mort, le Pape donna l'Archeuesché, & sacra Archeues- *Du priuilege* que vn nommé Pierre, & l'enuoya a Bourges pour prendre sa possession: mais le Roy ne vou- *d'eslire qu'ont* lut souffrir qu'il fust receu n'entrast en la ville, par ce qu'il auoit esté faict sans son assentement, *les chanoines de* & auoit donné liberté aux chanoines de Bourges, en ensuyuant leur priuilege, d'eslire vn Ar- *l'eglise de Bour-* cheuesque tel qu'ils verroyent estre idoine & suffisant, excepté ledict Pierre: & auoit iuré en leur *ges.* presence que iamais tant qu'il vesquist ne seroit Archeuesque n'Euesque de là, ne d'ailleurs en son royaume: & ce dist à l'appetit d'aucuns qui estoyent autour de luy: mais ce neantmoins lesdicts chanoines esleurent ledict Pierre, comme idoine, & fut l'election confermee par ledict pape Innocent: mais ne neatmoins le Roy ne le voulut laisser receuoir, parquoy ledict Pierre s'en alla, & se retira deuers ledict Thibault, Comte de Champaigne, qui le receut en sa terre, & fut obey en toutes les eglises qui y estoyent dependans dudict Archeuesché: pour lesquelles causes *L'ā mil. c.xliii.* le Roy fut moult courroucé contre iceluy Thibault. En l'annee ensuyuant mil cent xliij. auec grand' armee entra en sa terre, & prindrēt ses gens le chastel de Victry, là ou fut l'eglise bruslee, & mil trois cens personnes qui estoyent dedans ladicte eglise, tant femmes qu'hommes. Apres le feu estaint, le Roy entra en l'eglise: & quand il veit la pitié que c'estoit, luy meu de misericorde & de pitié, commença à plorer. Apres ce que ledict chastel de Victry fut prins, le Roy le donna *L'ā mil.c.xliiii.* Odon, nepueu dudict Comte Thibault: & l'annee ensuyuant mil cent xliiij. par le moyen de S. ** Autres mettēt* Bernard la paix fut faicte entre le Roy & ledict Comte Thibault. En l'an mil cent xlv. apres le *Celestin & Lu-* trespas dudict * Innocent fut faict pape Eugene troisiéme de ce nom, natif de Pise, qui auoit esté *ces entre deux.* moyne à Clereuaux, & disciple de S. Bernard, & apres Abbé de S. Anastasie, hôme de grād' memoire & saincteté: mais les Rommains en susciterent vn autre, parquoy ledict Eugene vint en France, & passa deuers l'Empereur Conrad par Alemagne, & alla sainct Bernard au deuant de luy iusques en la cité de Spire, en Alemagne: & là affluoit tant de peuple pour veoir sainct Bernard, pour les grands faicts & miracles qu'il faisoit sur les malades, qu'il conuint vn iour que l'Empereur, qui là estoit present, le couurist de son manteau, & l'emporta sur ses espaules, pour l'oster hors de la presse. Ledict sainct Bernard escriuit audict Eugene vn moult beau liure, intitulé *de Consideratione*. Ledict Empereur Conrad & plusieurs Princes d'Alemagne, à la predication sainct Bernard, se croiserent pour aller oultre mer, à la deffense de la terre saincte. Apres ces choses, ledict pape Eugene s'en vint en France, & tint Concile general en la cité de Reims, ou furent faictes de belles ordonnances: & audict Concile fut par sainct Bernard confuté l'erreur de maistre Gilbert Poree, Euesque de Poitiers, qui soustenoit mal en la foy, lequel desdist & obtint pardon: & à son admonition le Roy & plusieurs Princes de France se croise- *L'eglise de Tour-* rent, pour aller audict voyage d'oultre mer: toutesfois on disoit que le Roy entreprint ledict *nay fut erigee* voyage pour l'inuasion qui auoit esté faicte audict chastel de Victry. En l'an mil cent qua- *en Euesché.* rāte & six, fut l'eglise de Tournay par ledict pape Eugene erigee en Euesché: laquelle auoit tous- *L'an de grace* iours parauant esté subiecte à l'Euesque de Laon. En celle annee, apres que le Concile, qui *mil cent xlvi.* auoit esté tenu à Reims, fut faict, & que le Pape estoit sur son partement pour s'en retourner, il celebra messe en l'eglise de Reims: & aduint que ie ne sçay par quel meschef, par la negligence de ceulx qui le seruoyent à l'autel, ainsi qu'il est de coustume, & qu'on luy apportoit le calice pour vser le sang de Iesus Christ, ledict sang tomba sur le tapiz qui estoit deuant l'autel: laquelle chose esmerueilla & espouenta beaucoup de gens sages, disant, que iamais vne telle chose n'aduenoit à vn diocese, que ce ne fust vn mauuais presage & signification, & qu'il n'aduint tost apres quelque grand inconuenient: & attendu que ceste chose estoit aduenue au siege Apostolique, il estoit à doubter que de brief n'aduint aucun grand scandale & inconuenient ** Autres disent* à la Chrestienté. * Audict an, le iour de la feste sainct Martin, Fouques, Roy de Hierusalem, *mil cent 43.*

pere de

pere de Geoffroy, Comte d'Angers, eſtant allé à la chace, & en courant apres vn lieure, ſon cheual tomba, & ſe rompit le col: & diſoit on que c'eſtoit aduenu par punition diuine, par ce qu'iceluy Fouques eſtant Comte d'Angers, infeſtoit & trauailloit par diuers moyés l'egliſe de móſeigneur S. Martin de Tours. Apres ſon trespas fut Baudouyn, fils de luy & de Miliſande, ſa ſeconde femme, faict Roy de Hieruſalem.

En l'an mil cent quarante & ſept, partit par mer vne grand' armee d'Angleterre, Flandres, & Lorraine, pour aller contre Sarrazins oultre mer: & en paſſant par Eſpaigne, appliquerent & meirent le ſiege deuant la ville de Liſbonne en Eſpaigne, que tenoyent Sarrazins: & apres qu'ils eurent eſté quatre moys deuant, ils la prindrent de force par la vertu de Dieu: & combien qu'ils ne fuſſent que quatorze mil à l'aſſaillir, ils deſconfirent & tuerent deſdicts Sarrazins deux cens mil & cinq cens: & feirent dedier le temple, & ſacrer, & y fut ordonné vn Eueſque & des chanoines: & alors trois Chreſtiens, qui eſtoyent muets, receurent l'vſage de parler. *Conqueſte ſur les infidelles.*

En celle annee l'Empereur Conrad auecques grand' multitude de pelerins & de nauires, au moys de May partit pour faire le voyage. La mer paſſa, & voulut mettre le ſiege deuant † Acon: mais il fut mal conſeillé & mal conduict: & auſſi tous viures leur faillirent, tellement que pluſieurs de ſa compagnie moururent de faim: parquoy il fut contraint de s'en fuyr. Les Turcs le ſuyuirent, & tuerent grand nombre de ſes gens: & quand les nouuelles en vindrét en France, on diſoit que c'eſtoit la ſignification ou preſage de ce qui eſtoit aduenu du ſang de Ieſus Chriſt reſpandu à la meſſe du Pape à Reims. En l'an de grace mil cent quarante & ſept, la quatrième Caléde de Iuin, apres ce que le roy Louis eut preparé ce qui luy eſtoit neceſſaire pour faire ledict voyage de Hieruſalem, qu'il auoit voué, comme dict a eſté, ſe meit à chemin, & mena auecques luy Alienor, ſa femme: & laiſſa le Roy l'adminiſtration de tous les faicts & affaires du royaume à Suger, Abbé de ſainct Denis, qui eſtoit ſon principal Conſeiller. Tant errerent les pelerins qu'ils arriuerent en la terre de † Aymon, Prince d'Antioche, qui les receut à grand' ioye: & eſtoit ledict Aymon oncle de ladicte Alienor, & frere de Guillaume, Duc de Guyenne, ſon pere: & eſperoit bien auoir grand' ayde du Roy, pour conquerir villes & chaſteaux: & pource que le Roy eſtoit allé ſeulement pour ſondict voyage de Hieruſalé, il ne voulut illecques arreſter iuſques à ce qu'il l'euſt faict: parquoy ledict Prince, qui n'en fut pas content, ſuborna Alienor, ſa niepce, tellement qu'elle diſt au Roy, ſon mary, qu'elle ne paſſeroit point plus auant: & pource qu'il la voulut contraindre à aller en Hieruſalem, elle diſt & declara qu'entre luy & elle auoit cognation & lignage en quart degré, tellement qu'ils ne pouoyent auoir l'vn l'autre en mariage, dont n'auoit eſté obtenue diſpéce: & requiſt eſtre ſeparee. Le Roy fut moult eſbahy & courroucé: car il l'aymoit d'vne affection non moderee: toutesfois il diſt qu'apres ſon retour en France, s'il eſtoit trouué par ſon conſeil, & que les Prelats & Nobles de France le conſentiſſent, il eſtoit content d'eſtre ſeparé: & pource qu'il eſtoit aduerty que ledict Aymon, Prince d'Antioche, luy vouloit faire deſplaiſir, il s'en partit par nuict de la cité d'Antioche, & emmena ſa femme, & allerent iuſques en Hieruſalem: ou ils trouuerent l'Empereur Conrard, & le Roy Baudouyn de Hieruſalem, & aſſemblerent leurs oſts pour faire guerre aux Turcs infidelles, & furent bien vn an en ladicte cité. Puis vindrent mettre le ſiege deuant Damas, & par trois iours y feirent de grands aſſaulx: & prindrent les premiers murs, qui enuirónoyent les iardins & le fleuue: mais ceulx de la cité par grands dons feirent tát par moyen d'aucuns Princes de Syrie, que le ſiege fut leué de là ou il eſtoit pour le remettre de l'autre coſté: & donnerent à entendre que là ou auoit eſté mis ledict ſiege, eſtoit le plus fort de la cité: & quand ils ſe furent leuez, il congnurent qu'ils eſtoyent trahis, & leuerent du tout le ſiege: & puis voulurent aller aſſaillir la cité d'Aſcalon, mais Manuel l'Empereur de Grece, auecques grandes nauires leurs contraria. *† al. Icon.* *L'an mil xlvij.* *† al. iij.* *† al. Raymõ & mieulx.* *Du Roy Louis ſixiéme, qui mena la Royne Alienor ſa femme en Hieruſalem.*

Aucuns dict que la royne Alienor, s'eſtoit follemét enamouree d'vn Sarrazin, nómé Salladin, & en auoit receu de gráds dons, s'eſtoit miſe ſur mer pour s'en aller auecques luy, mais qu'elle fut reſcouſſe par vn Cheualier Francois: toutesfois, comme dict eſt, le Roy & elle allerét enſemble en Hieruſalé. Apres ce que le Roy eut fait ſon pelerinage, & eſté par dela enuiron vn an, & fait guerre aux Sarrazins, il ſe meit ſus pour s'en retourner, & vindrét iuſques à Paleſtine: & là furent rencontrez par aucuns nauires que les Grecs auoyent miſes pour les eſpier, & amener deuers Manuel, Empereur de Grece: mais il ſuruint vn nómé George, qui auoit la conduicte des nauires de Roger, Roy de Cecille, qui faiſoit lors la guerre auſdicts Sarrazins, qui courut ſus aux nauires deſdicts Grecs: & tellement les chacea qu'ils furent contraincts d'abandonner le Roy de France & ſes nauires, & par ainſi furent reſcoux, & s'en vindrét le Roy & la Royne par Rôme, pour veoir le Pape Eugene, & auoir ſa benediction: puis s'en retournerent en Fráce. *Le Roy de France & la Royne ſa femme, furét prins des ſarrazins, & puis reſcoux.*

En ce temps Roger, roy de Cecille, eſtoit paſſé en Affrique, & print la cité & le païs, & forteresses,& remit l'Archeuesque,qui en estoit expulsé,en son siege.Cõrad,Empereur des Rõmais, & Manuel,Empereur de Grece,feirent conspiration & grand' armee contre ledict roy Roger, pour luy courir sus:mais ils eurent tant d'afflictions de faulte de viures,& de fortunes d'air & de mer,que ledict Conrad fut contrainct de repasser la mer,& retourner en ses païs.

Comment le Roy conquist Normandie, & la bailla à Henry, fils du Comte d'Angers, qui auoit espousé Mathilde l'Emperiere, fille du Roy d'Angleterre.

* Ausctīs mettẽt cecy deuant son uoyage, & est plus uray semb.

TAntost apres que le Roy fut * retourné de Hierusalem,vindrẽt deuers luy Geoffroy,Comte d'Angers,qui auoit espousé Mathilde l'Emperiere,fille du feu Roy d'Angleterre,& Henry,son fils,eulx complaignant qu'Estienne,qui estoit Comte de Boulongne,à cause de Mathilde,fille de feu Eustache Comte de Boulongne, & de Mortaigne, & estoit fils du Comte de Chartres, & d'Adelle, sœur du feu Roy Henry d'Angleterre,& frere de Thibault,Comte de Champaigne,leur cousin,qui leur auoit osté & detenoit par force le royaume d'Angleterre,& s'en estoit fait couronner Roy,& la Duché de Normandie,qui appartenoit à ladicte Mathilde l'Emperiere : & luy requirent qu'il leur voulsist ayder à recouurer ladicte Duché,ainsi que le Seigneur doit faire ayde à son vassal.

Le Duc de Normandie, donna au Roy de Frãce tout le païs du Veuxin à perpetuité.

Quand le Roy eut ouy leur complaincte, il assembla son armee, & en briefs iours print toute Normandie:& la liura audict Henry fils du Comte d'Angers,qui luy en feit hommage:lequel Henry,du conseil & consentement de sondict pere,pour le benefice que le Roy luy auoit fait, luy transporta & donna tout le païs de Veuxin le Normant,qui est entre les riuieres d'Epte & Andelle,pour le tenir perpetuellemẽt.Auquel païs sont les chasteaux de Gisors,Neaufle,Estrepigny,Gamaches,Aruille,Chasteauneuf,Vaudemont,Braye,Cornicy,Aumalle,Nogent,& autres.Tantost apres ladicte conqueste de Normandie,mourut Geoffroy,Comte d'Angers,au chastel de Monstereulbelloy,qu'il auoit prins sur messire Girard du Bec:& fut enterré en l'eglise sainct Iulien du Mans : & luy succeda audict Comté d'Aniou ledict Henry,son fils, auquel le Roy auoit aydé à conquerir Normandie. Audict an de la mort dudict Geoffroy,qui

L'an mil c.li.

fut mil cent cinquante & vn,mourut aussi Thibault,Comte de Champaigne : & fut son corps enterré à Liury.

De la separation du mariage du Roy Louis, dict le Piteux, & Alienor, Duchesse de Guyenne: & comment Henry, Duc de Normandie, l'espousa.

L'an mil c.lii.

ENl'an mil cent cinquante & deux,ledict roy Louis,qui auoit en son courage les paroles que ladicte Alienor, sa femme, luy auoit dictes eulx estans en Antioche, feit le mardy deuant Pasques fleuries assembler vn Concile à Baugency sur Loire,par l'auctorité du Pape:ou furent les Archeuesques de Reims,Sens,Rouen,& Bordeaux,& plusieurs Euesques & Prelats,& grand nombre de Barons & clercs.Et là fut suffisammẽt prouué le lignage qui estoit entre luy,& ladicte royne Alienor:& aussi qu'elle auoit esté accoinctee

De la Royne de France qui fut separee d'auec le Roy, pour deux raisons biẽ peremptoires.

dudict Salladin Sarrazin:parquoy ils furent separez,& là renuoya le Roy,apres ladicte repudiation,pour viure & soy tenir en son païs de Guyenne,sans riens tenir de ses terres,combien qu'il l'eust bien fait punir corporellement,& confisquer ses terres,si faire l'eust voulu. Ce qu'il ne voulut pas faire,pour l'honneur de la lignee,& de deux filles qu'il en auoit eues.Ainsi qu'apres ladicte repudiation icelle Alienor s'en alloit en son païs de Guyenne,pour viure,ledict Henry, Duc de Normandie, & Comte d'Aniou, fils de Mathilde l'Emperiere, empris du vice d'ingratitude enuers le Roy son souuerain seigneur (qui luy auoit nagueres fait si grãds seruices,comme conquis & rendu Normandie) print ladicte Alienor,femme trescorrompue, & l'espousa:dont sourdit grand discord & content entre le roy Louis & luy.La principale cause & raison pourquoy ledict roy Louis en fut dolẽt & courroucé,estoit par ce qu'il auoit lesdictes deux filles d'elle,qui par les autres enfans qu'elle pourroit auoir,seroyent hors de la succession d'icelle.Iceluy Henry,Duc de Normandie,eut de ladicte Alienor plusieurs enfans:c'est à scauoir Héry,qui fut Roy du viuant de son pere,Richard & Iehan,qui apres sa mort furent tous Roys de Angleterre l'vn apres l'autre:& Geoffroy, Comte d'Aniou, qui fut aussi Comte de Bretaigne à cause de sa femme, & Connestable de France:& si en eut iiij.filles:dõt l'vne fut mariee au Roy de Castille, & d'elle issit Blanche royne de France,mere de S.Louis.L'autre fut mariee à l'Empereur de Constantinoble,nommé Alexis.La tierce fut mariee au Duc de Saxongne,& en vint Othon,qui fut Empereur des Rommains.La quarte fut mariee au Comte de Thoulouze,& en vint Raymond,qui fut pere de la femme d'Alphons, Comte de Poitiers, frere de S.Louis. Ladicte Mahault l'Emperiere,fille de feu roy Henry d'Angleterre, & ledict Henry, son fils, Duc de Normandie,

DE LOVIS, VII. DE CE NOM, DICT LE PITEVX.

de Normandie, passerent en Angleterre, & feirent moult grand guerre audict Estienne, Comte de Boulongne, qui s'estoit faict couronner Roy d'Angleterre, comme dessus a esté dict: & soy voyant vieil & cassé, & qu'il n'auoit nul hoir masle, n'esperance d'en auoir, il feit appoinctement auec eulx, par lequel il adopta ledict Henry, pour son fils, & heritier au royaume d'Angleterre, moyennant qu'il en iouyroit sa vie durant, & en fut couronné Roy ledict Henry. Ce pendant que ladicte Mahault & ledict Henry son fils faisoyent guerre en Angleterre, ledict Roy de France entra en Normandie, & print le chastel & ville de Vernon. Audict an mil cent cinquante deux mourut Raoul Comte de Vermandois, & luy succeda audict Comté Philippe, Comte de Flandres, par le moyen & ayde du Roy. En l'annee mil cent cinquante trois le venerable & digne de memoire le benoist Abbé de Clereuaux monseigneur sainct Bernard, qui tant auoit faict de beaux faicts & escriptures, & gaigné tant d'ames, edifié cent lx. monasteres de son ordre, faict plusieurs grands signes & miracles, alla de vie à trespas en ladicte Abbaye de Clereuaux, ou il fut enterré: & combien que plusieurs de ses disciples fussent paruenuz & esleuez à estre les vns Papes, les autres Archeuesques & Euesques, toutesfois combien qu'il y eut plusieurs fois esté esleu & appelé, iamais ne le voulut estre. A son trespas il pria & ordonna que les reliques de sainct Thadee Apostre, auquel il auoit singuliere deuotion, fussent mis en son tombeau, affin qu'il se peust trouuer auec luy au iour de la generale resurrection. *Mil cent liij. Le trespas du glorieux sainct Bernard Abbé de Clereuaux.*

L'an mil.c.liiij. mourut ledict Estienne, roy d'Angleterre: & fut Roy apres luy ledict Henry Duc de Normandie, Comte de Poictou & d'Aniou: lequel peu de temps apres mit en sa subiection ceulx de la principauté de Galles & Ibernie: & enuiron trois ou quatre ans apres feit son Chancelier de Thomas, lors Archediacre, & depuis & Archeuesque de Cantorbie. Audict an le Roy Louis de France par l'enhortement de ses Barons, pource qu'il n'auoit nul hoir masle pour luy succeder, print à femme Constance, fille d'Alphons, Roy d'Espaigne, & l'espousa en la ville d'Orleans: & fut couronnee par Hugues Archeuesque de Sens: dont Sanson Archeuesque de Reims, ne fut pas content, disant, qu'à luy, & non à autre, appartenoit de sacrer & couronner les Roys & Roynes de France. En l'an mil.c.lvj. ledict Louis, Roy de France, excepta & affranchit l'eglise metropolitaine de Sens, des exactions qui auoyent accoustumees d'estre leuees à la mort des Archeuesques. De ladicte royne Constance, ledict roy Louis eut vne fille, nommee Marguerite: laquelle en l'an mil cent.lvij. dispensee fut du Pape, & par certain appoinctement de paix, qui fut fait audict an sur le debat qui suruint entre lesdicts Roys de France & d'Angleterre, à cause de ladicte Alienor, icelle Marguerite, estant ieune enfant, aagee de trois à quatre ans, fut mariee au ieune Henry, fils dudict roy Henry d'Angleterre: par lequel traicté & appoinctement de paix ledict Roy de France reballa & transporta, pour le douaire de ladicte Marguerite, sa fille, lesdicts chastel de Gisors, & tout le pais de Veuxin, que ledict Henry luy auoit parauant transporté à luy & aux siens: & soubs telle condition que si ladicte Marguerite mouroit sans hoirs, ledict pais de Veuxin retourneroit au Roy de France: & aucun temps apres feit icelu Henry couronner Roy d'Angleterre sondict fils Henry: lequel quand il se veit esleué en si haulte seigneurie, & qu'il estoit autant ou plus puissant que le Roy de France, proposa de denier l'hommage qu'il luy deuoit, à cause des pais de Normandie, Guyenne, Aniou, le Maine, Touraine, & Poictou. L'an mil soixante & vn mourut Guillaume Comte de Neuers, & luy succeda Guillaume son fils audict Comté de Neuers: lequel fut moult infesté par les Comte de Sancerre & de Ioigny, & desquels il eut victoire: & tantost apres esmeut guerre à Geoffroy, Comte de Gien: & pource que ledict Comte de Neuers, estoit plus puissant, & que ledict Comte de Gien ne pouoit resister à sa puissance, il traicta le mariage d'vne fille auecques le fils dudict Comte de Neuers, & luy donnoit sadicte Comté, au preiudice de Hervé, fils dudict Comte de Gien: lequel par ce moyen en eust esté exheredé. Si s'opposa ledict Hervé par plusieurs fois: mais non pourtant son pere en bailla & liura la possession audict Comte de Neuers: dont ledict Hervé appela, & vint à plaincte au Roy, luy requerant ayde. Le Roy, apres cognoissance de cause, assembla gens d'armes, & alla demollir le chastel de Gien. Ceulx dedans se deffendirent fort & longuement: mais à la fin ils se rendirent & s'en allerent leurs vies sauues, & en fut baillee la possession & iouissance audict Hervé. Audict an mil cent lxj. Raymond Comte de Toulouze, qui auoit espousé la sœur du Roy, feit sçauoir au Roy que Henry le ieune roy d'Angleterre, Duc de Guyenne & de Normaudie, enuahissoit sa terre, & vouloit asieger la cité de Toulouze. Le Roy y alla, & se mit dedans ladicte cité pour la deffendre: & quand le Roy d'Angleterre sceut qu'il y estoit il s'en retourna. *Mil cent liiij. Mil cent cinquãte six. Mil cent cinquãte sept. L'an mil cent lxj.*

En l'an mil cent lxij. le Pape Alexandre vint en France, pour auoir conseil & ayde touchant aucunes extortions que lux faisoyent les Rommains. En celle annee sainct Thomas fut faict Archeuesque de Cantorbie. En l'an mil cent lxiij. pource que Henry, roy d'Angleterre, eut imagination que ledict S. Thomas fauorisoit contre luy le Roy de Frāce, & aussi pource qu'il *L'an mil cent lxiij.*

o iiij

sainct Thomas de Catorbie fut banny d'Angleterre. le reprenoit des grāds exactions qu'il faisoit sur les gens d'Eglise d'Angleterre, il le feit exiler, & bannir d'Angleterre: lequel s'en vint en France deuers le Roy, & deuers ledict Pape Alexandre, lesquels le receurent moult honnorablement: & tint ledict Pape Alexandre Cōcile à Tours: & puis s'en alla à Sens, ou il sacra l'eglise saincte Coulombe, & y furent bien vn an: & ledict sainct Thomas se tint au couuent de sainct Esme de Pontigny, par deux ans: & puis à saincte Coulombe de Sens ou le Roy le feit entretenir à ses despens: dont ledict Héry, Roy d'Angleterre fust tant despit & courroucé, qu'il feit bannir & exiller de ses terres tous les parens & affins dudict sainct Thomas iusques à la quarte generation, tans hommes que femmes & enfans, & print tous leurs biens: & leur faisoit on faire serment qu'ils s'en iroyent eulx mōstrer & presenter audict sainct Thomas, d'auantage pour luy faire encores plus grād despit. En l'an mil cent lxix. ledict Henry, Roy d'Angleterre, en hayne dudict sainct Thomas, feit sacrer & couronner roy d'Angleterre Henry son fils, *per Rogerium Eboracensem episcopum*: lequel Sacre appartient à faire à l'Archeuesque de Cantorbie, qui pour lors estoit en exil en Frāce: mais enuirō sept ans apres ledict Archeuesque S. Thomas, à la priere du Pape & du Roy de France, fut reuoqué d'exil & retourna en Angleterre: toutesfois le iour qu'ils denoyēt prendre la paix, ledict Henry feit chanter vne messe de Requiem, pource qu'il ne vouloit point prendre la paix par les mains de sainct Thomas. Enuiron le temps que dessus contens & debats se meurent entre messire Milles de Pierrefons & Dreux de Marle Cheualiers, qui auoyent espousé les deux sœurs, filles de Dreux de Moussay, par ce que ledict de Pierrefons auoit osté par armes audict de Marle, la moytié dudict chasteau de Moussay, qui luy appartenoit à cause de sa femme. Iceluy de Marle en vint à plaincte au Roy, qui y alla, & feit assaillir le chastel. Ceulx de dedans le deffendirēt: & puis se rendirent eulx & la place au plaisir & volonté du Roy, qui les amena en la ville de Paris pour en faire iustice: & bailla audict de Marle la moytié qui luy deuoit appartenir audict Chasteau, & l'autre moytié feit demollir & abatre en signe d'inobedience. Semblablement les Euesques de Clermont & du Puys manderent & feirent scauoir au Roy que le Comte dudict Clermont, le Comte du Puys son nepueu, & le Vicomte de Pollignac, faisoyēt moult de larcins & de grandes rapines aux eglises, monasteres, & subiects desdicts païs: prenoyent les pelerins & passans, & les mettoyent à rancon, & faisoyent tout ce qu'vn ennemy eust peu faire à son ennemy. Le Roy incontinēt partit, & alla sur eulx, & leur mena forte guerre, tellement qu'ils furent prins & amenez prisonniers, & longuement detenuz à Paris: & à la fin ils furent deliurez, moyennant ce qu'ils restituerent ce qu'ils auoyent mal prins.

Comment le Roy Louis le Piteux espousa Aelix, fille du Comte de Champaigne, & en elle engendra Philippe Dieu donné, autrement dict le Conquerant.

Vand ledict Louis approcha de l'aage de vieillesse, voyant que la Royne Constāce sa femme estoit morte, & n'auoit nul hoir masle pour luy succeder, dont luy & tous ceulx du royaume estoyēt desplaisans, par le conseil de ses Barōs il espousa
† *al. Adelle,* † Aelix, fille de Thibault, Comte de Champaigne & de Blois: & comme bon & vray catholique il eut recours à Dieu, & feit faire processions, grands prieres, & oraisons en son royaume: & à la parfin Dieu, congnoissant sa bonne affection, au moys
L'an mil cent lxv. d'Aoust l'an mil cent lxv. luy donna vn fils, qui fut baptizé, & nommé Philippe: lequel, comme sembloit à la plus part de ses subiects, estoit venu miraculeusement: & à ceste cause fut appelé Philippe Dieu donné: & fut tant preux & vaillant, qu'il est autrement surnommé le Conquerant. Semblablement en eut vne autre fille nommee Agnes: laquelle en l'an mil cent lxxix. fut
* *autres disent à Alexis fils de Manuel.* mariee à Manet * Manuel fils de l'Empereur de Constantinoble, lequel fut Empereur apres la mort de son pere. Ledict Roy Louis pour recōgnoissance du benefice que Dieu luy auoit faict de luy donner lignee, fonda l'Abbaye de Barbeau sur Seine pres Melun, ou il gist: & sem-
fōdatiō de l'Ab baye de Barbeau pres Melū blablemēt fonda les Abbayes du Neufport, & de Dunes sur la mer: & à la fin deuint malade d'vne maladie, nōmee Paraliste: parquoy de son viuāt il feit courōner Roy ledict Philippe son
* *autres mettēt cy l'an 117. & 73.* fils. * En ce temps se meut guerre entre le roy Henry d'Angleterre & ses trois fils, Henry, Richard & Geoffroy: lesquels par l'ayde du Roy, & des Nobles de France, feirent forte guerre à leur pere, & dommagerent fort Normandie: puis ils s'appoinctererent, & reconcilierent auec luy. En l'an mil cent soixante & huict, auoit vn Francois, nommé Guillaume, qui estoit Chācelier du Roy de Cecille, en hayne duquelles Princes & Seigneurs du païs, qui naturellement hayoyent les Francois, enuoyerent lettres par toutes les villes & lieux du païs de la Pouille & Calabre, mandant que tous les Francois, qui seroyent trouuez fussent mis à mort. ce qui fut faict: toutesfois ledict Roy de Cecille feist faire punition des conspirateurs qui l'auoyent pourchassé. Enuiron ce temps estoyent trois freres moult excellens clers. Le premier fut Gratian,

DV ROY PHILIPPE AVGVSTE, II. DE CE NOM,

Gratian, moyne qui compilla le Decret, qu'aprouua Pape Eugene. Le second fut Pierre Lóbard, qui compilla les quatre liures des Sentences, & la Glose sur les epistres sainct Paul, & du Psaultier: & mourut l'an mil cent soixante & quatre: & le tiers fut Pierre le Mengeur qu'on dit en latin *Petrus comestor*, Euesque de Paris, qui fut enterré en l'eglise sainct Marcel: lequel feit les quatre liures des histoires Scolastiques, & plusieurs autres belles escriptures, cõe recite *Fasciculus temporum*. On dit qu'iceulx trois freres furent bastards, & que quãd il aduint que leur mere deut mourir, on luy demanda si elle se repentoit point de les auoir engendrez hors mariage: laquelle dist que non, consideré la grãdeur de leurs faicts: & lors on luy conseilla qu'à tout le moins elle eust desplaisance de ce qu'elle n'en pouoit auoir repentance & cõtrition du mal & peché qu'elle auoit en ce commis. Sur la tombe dudict Pierre le Mengeur, qu'on dit Comestor, est escript cest Epitaphe:

Petrus eram, quem petra tegit dictúsque Comestor:
Nunc comedor: viuus docui, nec cesso docere
Mortuus: Vt dicat, qui me videt incineratum,
Quod sumus iste fuit, quandoque erimúsque quod hic est.

De trois freres bastards qui estoyent moult grãds clercs en diuerses sciéces

En l'an mil cent *septante deux les ministres du Roy Henry d'Angleterre, & de son expres commandement, tuerent sainct Thomas de Cantorbie aupres de l'autel, la quatriéme Calende de Ianuier, le trentiéme iour apres qu'il fut retourné en Angleterre, enuiron l'heure de vespres: & ainsi finit ses iours par glorieux martyre, duquel les merites & miracles furent moult grands, comme les faicts le tesmoingnent. En l'annee ensuyuant fut iceluy sainct Thomas canonizé par le Pape Alexandre accompaigné de Cardinaux & grand nombre d'Euesques. Tátost apres la mort dudict sainct Thomas, pour le bruit qui en couroit par toute Chrestieté, ledict roy Henry enuoya ses messagers à Romme, pour s'en excuser vers le Pape Alexandre: lequel Pape enuoya deux Cardinaux en France deuers ledict Henry, qui lors se tenoit à Chinon en Touraine, pour faire information sur son innocence: lequel Henry iura & afferma par serment solennel, presens lesdicts Cardinaux, en soy pariurant, que ledict sainct Thomas n'auoit point esté tué par son conseil, de son sceu, ne commandement: & par tant ne fut faicte autre poursuite contre luy. En ce temps vn nommé Iehan du Pin feit vn liure en François, par maniere de fiction, qu'on appelle Mandeuille: mais il ne dit riens qui soit approuué.

* autres disent 71.

sainct Thomas de Cantorbie.

Du Roy Philippe Dieudonné, qui est appelé le Conquerant.

PHilippe deuxiéme de ce nom, qui fut surnommé Dieudonné, autrement le Cõquerãt, ou Auguste, fils de Louis le Piteux, commença à regner du viuãt de son pere l'an mil cent septante neuf en l'aage de quatorze ans: & trespassa l'an mil deux cens vingt & trois, & gist à sainct Denis en France. Cestuy Philippe fut appelé Dieudonné, par ce que son pere estant veuf cõme hors d'aage de soy marier, & d'espoir de generation, dont luy & les Barons & subiects de son royaume estoyent moult desplaisans, par le conseil de ceulx du royaume il print femme comme nous auons dit: & apres plusieurs prieres & oraisons faictes à Dieu par luy, & par tous ceulx de son royaume, Dieu luy enuoya ledict Philippe: lequel pour les haulx & grands faicts qu'il feit en son viuant, fut ainsi appelé Auguste, ou le Conquerant. Le roy Louis son pere au temps de sa natiuité, qui fut au moys d'Aoust, mil cent soixante & cinq eut vne merueilleuse aduision en son dormant: car il luy sembla qu'il voyoit son fils qui tenoit vn calice d'or en sa main, lequel estoit tout plein de sang humain, & en donnoit à boire à tous les Princes & Barons qui estoyent autour de luy: laquelle aduision ledict Roy Louis ne declara poit en sa vie, fors à son beau frere, qui estoit Archeuesque de Reims, & Cardinal du tiltre de saincte Sabine, Legat en Frãce: lequel ne la publia iusques apres sa mort, ainsi que ledict roy Louis luy auoit prié. Aucun peu de temps auant le trespas du feu roy Louis, luy voyant estre fort affoibly, pour son grand aage, & griefuemeut detenu de ladicte maladie de Paralisie, qui estoit incurrable, attendu son antiquité, par le conseil de ses Barons il enuoya à Reims ledict Philippe son fils, qui n'auoit que l'aage de quatorze ans, en moult belle compaignie, pour estre courõné Roy de Frãce: & fut sacré par sondict oncle Guillaume Archeuesque de Reïs, Cardinal de saincte Sabine, lors Legat en Frãce, le iour de la feste de Toussaincts, mil c. lxxix. & y fut present le ieune Héry Roy d'Angleterre, qui auoit fiãcé madame Marguerite sa sœur: lequel comme son Per & subiect tint & porta au Sacre la couronne: & ausi y furent les autres Pers de France, grãd nombre de Princes, Seigneurs & Barons. Iceluy roy Philippe au cõ

De la vision merueilleuse cui uit au Roy Louis, dict le Piteux, en son dormant

L'an mil cent lxxix.

Aymer Dieu et le craindre est le vray commencement de sapiéce.

mencement de son adolescence fut de bonnes mœurs & conditions, & eut tresbeau commencemét:car il ayma & craignit Dieu, qui est le vray commencemét de sapiéce, & feit deffendre tous iuremens & blasphemes de Dieu & des Saincts, qui se font communément es cours des Princes, es ieux, tauernes, & lieux dissolus : & quand aucuns, fussent Cheualiers ou autres, estoyent trouuez blasphemans le nom de Dieu, incontinét les faisoit punir, de quelque estat ou vacation qu'ils fussent, & les faisoit ietter & plonger en lac ou es riuieres, ou faire autre publique punition. A ma volonté que les Roys, Princes & Seigneurs gardassent ceste honnesteté & bonne coustume en leurs cours & maisons, il n'y auroit pas tant de blasphemateurs de Dieu.

Comment le Roy Philippe, le Conquerant, feit chacer les Iuifs hors du royaume.

Antost apres le Sacre & couronnement du Roy Philippe, qui estoit ieune, il s'en vint à Paris:& pource qu'il luy souuint qu'il auoit ouy reciter aux ieunes enfans qui estoyét nourriz auec luy en la court de son pere qu'il estoit plusieurs fois aduenu que les Iuifs, dont il y auoit plusieurs en France, prenoyent chacun an le iour du Grand vendredy, à tel iour que IesusChrist fut crucifié, vn ieune Chrestien & le mettoyent en vne caue soubs terre, & en despit de IesusChrist le tourmentoyent & crucifioyent, & au dernier l'estrangloyent, & mesmement estoit ainsi aduenu de sainct Richard, dont le corps en est en l'eglise de sainct Innocent à Paris, pour lequel nostre Seigneur a fait maints beaux miracles, & semblablement l'auoyent lesdicts Iuifs ainsi fait en celle mesme annee en la ville de Pons, en Xaintonge, d'vn ieune Chrestié, nommé Iehã de Vendosme: le Roy s'en feit enquerre, & trouua par la cõmune renommee du païs que ce estoit vray:parquoy il alla audict Pons, & feit mourir tous lesdicts Iuifs qui y estoyent : & apres * feit vn edict general, par lequel il bannit tous lesdicts Iuifs hors du royaume de France, & leur donna terme de vuider & de vendre leurs biens. Les aucuns desdicts Iuifs se feirent baptizer, plus de paour d'estre exilez & de perdre leurs biés, que pour l'amour de Dieu:& à ceulx la demeurerent leurs biens : *alij ab errore antiquo excæcati, in perfidia sua remanentes*, cuiderent tant faire vers le Roy par le moyen d'aucuns Princes , ausquels ils feirent de grands dons, qu'ils demourassent:mais le Roy n'en voulut riens faire, & conuint qu'il s'en allassent:& feit le Roy edifier & consacrer en l'honneur de IesusChrist, des eglises en plusieurs de leurs Synagogues, & mesmement à Paris, à Orleans, à Estampes, & ailleurs. Et est encores de present le corps dudict Iehan de Vendosme conserué en chair & en oz audict lieu de Pons en Xaintonge, en vn hospital qui est es faulxbourgs de ladicte ville, du costé de Bordeaux. Il feit aussi destruire les heretiques Albigeois:& pource que Raymond lors Comte de Toulouze, son cousin le Cõte de Besiers, & autres: furent trouuez chargez & coulpables de ladicte heresie, & auoyent fauorisé & aydé ausdicts heretiques contre le Roy qui leur faisoit guerre, ils furent banniz & habandonnez, & leurs terres appliquees au fief du Roy : & furent eulx, & les leur, *per consilium Lateranense* interdicts & excommuniez, cõme sera dict cy apres. En ce temps mourut Manuel, Empereur de Constantinoble, & luy succeda son fils, qui auoit espousé madame Agnes, sœur du roy Philippe, soubs la garde & tution d'vn nommé Andronicus.

Le corps S. Richard est en l'eglise S. Innocēt à Paris.

* Aucuns mettent cecy en l'an 1182. et 3.

Les heretiques Albigeois.

Comment le Roy Philippe Dieudonné fut marié à la fille du Comte de Henault.

L'an mil quatre uingts.

'An mil cent quatre vingts, combien que ledict roy Philippe fust ieune d'aage, par le conseil de son pere, qui encors viuoit, & des Barons & Prelats du royaume, il print à femme madame Isabeau, fille du Comte de Henault, nómé Baudouyn, & niepce de Philippe Comte de Flandres:& par le traicté dudict mariage ledict roy Philippe eut la Côté d'Artois, & tout le païs du long de la riuiere du Liz:laquelle Isabeau estoit descendue de par sa mere de la lignee sainct Charlemagne:& de rechef se feit ledict Roy couronner le iour de ses espousailles : & pareillement fut couronnee ladicte Isabeau, sa femme, en l'eglise sainct Denis en France, par Guy Archeuesque de Sens. En celle mesme annee ledict roy Louis le Piteux, pere dudict Philippe, espris de la maladie de Paralisie, trespassa:& en grand honneur & reuerence fut son corps porté enterrer en l'Abbaye, nommee du Sainct port, autrement dicte du Barbeau sur Seine, de l'ordre de Citeaux, pres Meleun, qu'il auoit fondee, comme dict est. Dieu par sa grace en vueille auoir l'ame:car ce fut vn bon, sage & vaillant Prince, louable & honneste, qui traicta bien & doulcement ses subiects, sans faire exactions sur eulx. Il ayma paix, & soubs luy s'edifierent & reparerent en France moult de villes, places, chasteaux & eglises . Les terres se defricherent & meirent en labour, & viuoyent ses subiects en grand' paix & tranquillité. En *celle mesme annee

Trespas du roy Louis le Piteux

* autres l'an 1185. et 6.

annee trespassa Baudouyn Roy de Hierusalé, *qui iuuenis lepræ contagio deformatur.* En l'an mil cent quatre vingts & vn ainsi que Henry, Comte de Champaigne, s'en retournoit de Hierusalem, il fut prins prisonnier par les Turcs: mais il fut par l'Empereur Manuel de Grece deliuré: & quand il fut retourné mourut tost apres. En celle annee eut grand' guerre entre Federic Empereur de Romme, & le Duc de Saxongne, qui s'estoit voulu faire Empereur, lequel auoit espousee la fille du Roy d'Angleterre: mais par le moyen du Pape ils s'appointerent, par tel conuenant que ledict Duc seroit exilé sept ans de sa terre: & par ce s'en vint luy & sa femme, qui fille estoit de Henry, Roy d'Angleterre, deuers ledict Henry, son pere, en Normandie, ou ils se tindrent longuement.

l'an mil cent iiii.xx. & vn.

Comment ledict ieune Roy Philippe Dieudonné punissoit ceulx qui persecutoyent les eglises.

Nuiron quatre moys apres le couronnement dudict Roy Philippe, vn nommé Hebur de Charenten, se print à persecuter les eglises & les Abbayes de Bourges, & du païs de Berry, & à prendre leurs biés & terres. Les gens d'Eglise le feirent sçauoir au Roy, qui incontinent y enuoya son armee, & contraignit ledict Hebur à restituer tout ce qu'il auoit vsurpé. Semblablemét en l'annee premiere de son regne, qui fut le quinziéme an de son aage, vn nommé Imbert de Beauieu, & le Comte de Chaalô, se prindrent à persecuter les eglises de leurs terres, contre les immunitez que les Roys leur auoyent donnees, & faisoyent plusieurs exactions & pilleries. Quand le Roy le sceut il alla contre eulx à grand ost en personne, & print & abbatit de leurs places & chasteaux iusques à ce qu'ils vindrent à mercy, & qu'ils restituassent aux eglises ce qu'ils leur auoyét osté. Audit an mil cent quatre vigts & vn, Philippe, Comte de Flâdres, le Duc de Bourgongne, Guillaume, Archeuesque de Reïs, oncle du roy Thibault, Comte de Blois, & Estienne, Comte de Sancerre, machinerent & feirent coniuration contre le ieune Roy Philippe, & s'esleuerent contre luy, & luy feirent grâd' guerre, dont le Roy fut fort troublé & dommagé. Ledict ieune Roy s'allia des Brabancons, & à leur ayde courut & gasta les terres dudict Philippe, Comte de Flandres, & d'Estiéne, Comte de Sancerre. Federic, Empereur d'Alemagne, voulut ayder aux aduersaires du Roy, & esmeut en armes presque tous les subiects de son Empire: mais le roy Henry d'Angleterre, en hayne dudict Empereur, qui auoit chacé le Duc de Saxongne, son gendre, vint en l'ayde dudict ieune roy Philippe de Frâce, & ses enfans aussi: & par son moyen paix fut reformee entre ledict Roy & ses Barons.

L'an mil cent iiii.xx. & vn.

De plusieurs choses dignes de memoire que feit le Roy Philippe Auguste.

L'An mil cent quatre vingts & deux ledict Philippe achepta vn marché que les malades de sainct Ladre auoyent droict de faire tenir hors Paris, l'espace de quinze iours, & le feit venir dedans la ville au lieu qu'on appeloit Champeaux, pres l'Eglise sainct Innocent: & affin que les marchans peussent tenir leurs marchandises à couuert & en seureté, il feit bastir les halles, & est encores appelé ledict marché la foire sainct Ladre. Il feit aussi clorre le cimetiere de sainct Innocent, dont ledict lieu, & celuy ou sont lesdictes halles, estoyent lors vuydes & vagues. Il feit semblablement en ce temps clorre le parc du boys de Vincennes, de belle & haulte muraille de durcé, telle qu'on voit encores à l'œil. Le ieune Roy d'Angleterre, qui auoit fiancé madame Marguerite, sœur dudict roy Philippe, qui sceut la closture dudict boys de Vincennes, que le Roy auoit fait faire, feit chacer & prédre es forests de Normandie & d'Aquitaine plusieurs cerfs, biches, daings, & autres sauuagines, & les feit mettre & enclorre en vne grâd nef, & les enuoya audict roy Philippe par la riuiere de Seine iusques à Paris: & le Roy, qui en fut bien ioyeux, les enuoya au boys de Vincennes. En l'an mil cens quatre vingts & trois, ledict ieune roy Henry d'Angleterre alla de vie à trespassement, en vn chastel, appelé Martel en la prouince de Cahors: & fut son corps porté enterrer en l'eglise nostre Dame de Rouen: & demoura madicte dame Marguerite de France, sa fiâcee, encores ieune enfant, es mains dudict vieil roy Henry d'Angleterre, son pere, en la garde duquel elle auoit esté baillee par le feu roy Louis de France, son pere.

L'an mil cent iiii.xx. & ii.

Le boys de Vincennes fut clos de murailles.

L'an mil cent iiii.xx. & iii.

Des inhumanitez qu'aucuns meschans Costereaux faisoyent en Berry: & des heretiques qui furent bruslez en Flandres.

L'an mil cent iiii.xx. & iii.

EN l'An mil cent quatre vingts & trois se meit sus vne maniere de gens, appelez Costereaux, qui auoyent fait alliance auecques les heretiques: & tirerent au païs de Berry, & vers la cité de Bourges, ou ils feirent de grands maulx & inhumanitez: car ils tuoyent gens, prenoyent les hommes prisonniers, forçoyent femmes, & couchoyent auecques elles, en la presence de leurs marys: *& quod deterius est*, pilloyent, brusloyent les eglises, prenoyent le corps Iesus Christ, qui y estoit reserué pour les malades, le iectoyent contre terre, & marchoyent dessus, emportoyent custodes, calices, & les corporeaux, & autres draps des eglises, desquels ils faisoyent coeuurechefs & drappeaux deshonnestes & prophanes à leurs meschines, & autres cruautez & inhumanitez. Ceulx de Bourges hastiuement le manderent au Roy, qui incontinent leur enuoya aydes & gensd'armes: & furent lesdicts Costereaux destruicts & desconfits, & en mourut bien sept mil: & pource qu'il feit diligemment ses premieres batailles pour la deffence des eglises, il eut apres Dieu propice en ses affaires. En celle annee furét faicts brusler en Flandres plusieurs heretiques, par le iugement de Philippe, Comte de Flandres, & de Guillaume, Archeuesque de Reims, Cardinal, Legat en France. *Hi dicebant omnia æterna à Deo creata: corpus autem hominis, & omnia transitoria à Luciabello creata. Baptismum paruulorum, & Eucharistiam reprobabant. Sacerdotes missas celebrare ex auaritia & oblationum cupiditate dicebant.* En celle annee ledict Roy Philippe feit destruire toutes les Synagogues des Iuifs, & en plusieurs d'icelles feit faire & consacrer des eglises, & bannir lesdicts Iuifs, qui ne vouloyent estre baptisez.

Heretiques brus-lez en Flandres.

De la guerre que feit le Roy au Comte de Flandres, pource qu'il luy detenoit la Comté de Vermendois.

L'an mil cent iiii.xx. & iiii.

EN l'an mil cent quatre vingts & quatre, se meut debat & questiõ entre ledict Roy Philippe, & le Comte de Flandres, pour raison de la Comté de Vermendois, qui deuoit appartenir au Roy, que ledict Comte occupoit iniustemét & sans raison. Le Roy feit sommer iceluy Comte qu'il luy voulsist rendre, mais il n'en voulut riens faire: parquoy le Roy par le conseil des Princes & Barós de France, assembla merueilleusement grand' armee & alla vers Amyens. Quand ledict Comte sceut la grãde puissance de l'ost du Roy, il se conseilla à ses Barós & subiects: puis enuoya deuers le Cardinal Guillaume, Archeuesque de Reims, & oncle du Roy, & Thibault de Blois, Mareschal & conducteur de l'ost du Roy, ausquels il auoit commis toute la besongne (car ils estoyét ses oncles, & auoyent la conduicte de ses affaires) & leur pria qu'ils feissent sa paix deuers le Roy, & qu'ils prinssent ladicte Comté de Vermendois, mais que son plaisir fust qu'il iouyst sa vie durant des villes de sainct Quentin & Perõne: laquelle offre & requeste le Roy accepta, & par ainsi fut la paix faicte.

Des messagers de Hierusalem, qui apporterent au Roy Philippe le Conquerãt, les clefs du sainct Sepulchre.

SVr ces entrefaictes que le Roy estoit occupé en sa guerre contre ledict Comte de Flandres, vindrent deuers luy Eracle, Patriarche de Hierusalé, & le grand Prieur de l'hospital de Rhodes, qui luy apporterét les clefs de la cité & du sainct Sepulchre de Hierusalem, luy requerant qu'il luy voulsist donner secours & ayde contre vn peruers Sarrazin, nommé Salladin, qui en merueilleuse puissance estoit entré en la terre de Hierusalem, & ia auoit gasté plusieurs païs, & tué & prins prisonniers moult de Chrestiens: & disoyent que si de brief le Roy ne leur faisoit secours, ladicte cité de Hierusalem estoit en voye de briefue subuersion. Sur ceste matiere le Roy eut conseil aux Barons & Prelats de son royaume: lesquels par ce qu'il n'auoit encores nul hoir de son corps, pour luy succeder, ne furent pas d'oppinion qu'il y allast en personne, combien qu'il en eut grand desir: toutesfois il feit faire grand' armee de gens, à ses despens, & feit prescher par tout le royaume la croysee, & y allerent plusieurs tant de se royaume que d'ailleurs. Enuiron ce temps vn Prince, nõmé Andronicus, ayant fait par trahison prédre Cõstantinoble, & Manuel Empereur, son seigneur (lequel auoit espousé madame Agnes de France fille du Roy Louis, & sœur du Roy Philippe) & l'ayant fait noyer & submerger en la mer feit mourir plusieurs des Princes du païs, & se feit Empereur: & tantost apres s'esleua vn nommé Isaac, qui estoit de la lignee dudict Manuel, & vint à Constantinoble, & par le Patriarche fut couronné Empereur: & feit prendre ledict Andronicus, & le feit trencher par toutes les ioinctures des pieds,

Le Roy feit publier la croisade contre Salladin.

des

DV ROY PHILIPPE AVGVSTE, II. DE CE NOM. Fueil.lxxxv.

des mains,& des autres membres, & le fit monter sur vn chamel & mener par la cité,& apres luy fit creuer les yeulx.

Comment le Roy ordonna que la cité de Paris fust pauee: & de la guerre qu'il fist au Duc de Bourgongne, qui opprimoit le seigneur de Vergy, son vassal.

LE Roy, qui moult estoit curieux d'accoustrer & donner ordre à la police de la chose publique du royaume, vn iour audict an mil cent quatre vingts & quatre, s'aduisa, voyant que la ville & cité de Paris, qui anciennement estoit appelee Lutece (qui vault autant à dire comme baueuse, ou pleine de boue) estoit souuent à l'occasion des immundices, qui estoyent par les rues, par ce qu'elles n'estoyent point pauees, si puante & orde que c'estoit grand' pitié, & n'y pouuoit on bonnemét aller par temps de pluye, n'à pied n'à cheual, pour les puátises, boues & ordures, il paracheua ce que ses predecesseurs auoyent encommencé: car ils auoyét changé le nó de Lutece en Paris, mais ils n'auoyent pas osté l'effect, & la cause de son premier nom. Si máda les Preuost & Bourgeois de ladicte ville, & cómanda & ordonna que toutes les rues d'icelle fussent pauees de gros carceaux de gres, & ainsi fut faict. En l'an mil cent quatre vingts & six, Guy, seigneur de Vergy, auoit vn chastel, qui est asis es marches de Bourgongne, & au fief du Roy, enuoya deuers le roy Philippe, par ce que le Duc de Bourgongne luy faisoit trop forte guerre, & l'auoit asigé dedans sondict chastel. Le Roy, pour ayder à son vassal, comme bon Seigneur doit faire, incontinent y enuoya grand' armee, & côtraignit ledict Duc de Bourgongne à leuer ledict siege: mais aucun temps apres il le rendit audict Guy de Vergy, qui luy en fit hommage & serment de fidelité. En celle mesme annee mourut à Paris Geoffroy, qui estoit de par sa femme, nommee Constance, Duc de Bretaigne & Comte de Richemont, troisiéme fils du roy Henry d'Angleterre: dont ledict roy Philippe, qui moult l'aymoit, fut moult desplaisant. Si le fit enterrer deuant le grand autel de l'eglise nostre Dame de Paris, moult honnorablement, & pour l'amour de luy fonda en ladicte eglise quatre chapelles sacerdotales. Il laissa vn fils nommé Artus, qui luy succeda audict Comté, & vne fille. En ce temps frequentoyent en la court dudict Philippe, & des Princes qui estoyent autour de luy, plusieurs menestriers, iangleurs, & farceurs: lesquels pour complaire aux grands & riches gés disoyent parolles à leurs louenges, affin de tirer argent d'eulx, & qu'ils leurs donnassent robes ou argent: & voyant ledict roy Philippe que c'estoyent toutes choses vaines & contraires au salut de l'ame, & que des robes, habillemens, & sommes de deniers, que l'on donnoit ausdicts menestriers & iangleurs, plusieurs pauures en eussent esté entretenus & reuestuz par bien lóg temps, promit & voua que toute sa vie ses robes & habillemens, & sommes de deniers, que l'on donnoit ausdicts menestriers, seroyent donnez & distribuez aux pauures gens, pour les reuestir: & affin que les autres pauures & riches gens n'en donnassent ausdicts menestriers & iangleurs, il les fit mettre hors, & bannir de sa court.

L'an mil cent iiii.xx. & iiii.

L'an mil cent iiii.xx. & six.

Trespas de Geofroy, duc de Bretaigne, fils du roy d'Angleterre, & de la fondation pour luy faicte en l'eglise de Paris.

Nota des iangleurs et menestriers qui furét bannis de la court.

De l'emotion de guerre que fit le Roy Philippe, contre Richard d'Angleterre: & du miracle de nostre Dame du Bourgdieux en Berry.

EN l'an de grace mil cent quatre vingts & sept, Henry le vieil Roy d'Angleterre, sub quo passus est beatus Thomas Cantuariensis, comme dict a esté, donna à son fils Richard la Comté de Poitou: parquoy tantost apres ledict Philippe fit sommer ledict Richard qui luy en vint faire hommage, comme raison estoit, & faire le deuoit: mais iceluy Richard, qui estoit introduit de la malice Angloise, par l'introduction de son pere, queroit fuytes & simulations de iour en iour de non luy faire l'hommage. Semblablement ledict Philippe demádoit audict Henry Roy d'Angleterre, qu'il luy restituast Gisors, & maintes places estát au pais de Veuxin le Normát, qui auoyét esté baillees pour le dot de madicte dame Marguerite, au traicté de mariage dudict feu ieune roy Henry, fils dudict vieil Henry, Roy d'Angleterre, estant faict leur traicté par telle condition que se ledict ieune Henry, ou ladicte Marguerite mouroyent sans hoirs de leurs corps, iceluy pais retourneroit audict Roy de Fráce: laquelle códition estoit aduenue par la mort dudict ieune roy Henry: & toutesfois ledict vieil Henry, son pere, ne vouloit restituer ledict pais. Sur ces deux questions ledict Henry & Richard, son fils, eurent moult de dilations & subterfuges: & voyant ledict roy Philippe que ce pourroit tourner à la grand' honte & dommage de luy & des siens, proposa à ce les contraindre par puissance d'armes, s'autrement ils ne vouloyent faire ce qu'ils deuoyent: & pour ceste matiere, apres sommation iuridique faicte ausdicts Roy

mil cent quatre vingts & sept.

P

LES CHRONIQVES ET ANNALES DE FRANCE.

Henry & à Richard son fils (lesquels d'eulx mesmes ne voulurent faire raison) le Roy assembla son ost, & tira à Bourges, & enuahit leurs terres deuers Aquitaine. Et premierement print les villes d'Yssouldun, Graffay, & plusieurs autres places: & gasta & depopula le païs iusques Chasteauroux, ou estoit le Roy d'Angleterre. Puis alla mettre le siege deuant la ville du Bourgdieux (ou a vne moult belle eglise & Abbaye, de grad' & ancienne fondatiõ) en laquelle ville pour la garder & deffendre contre le Roy de France, ledict Richard, Comte de Poitiers, auoit enuoyé grand nombre de Costereaux & gens paillards amassez. Et aduint que durant ledict siege ainsi que les gens dudict Richard en grand nombre estoyent en vne place, qui estoit pres de ladicte eglise & Abbaye, & y en auoit aucuns qui iouoyét aux dez, il y en eut vn qui estoit courroucé de ce qu'il auoit perdu son argent, lequel commenca à renier & blasphemer le nom de Dieu & sa mere: puis leua les yeulx contremont, du costé de ladicte Abbaye, & veit qu'en vn pillier qui tient vn des arcs boutans hors & contre la muraille de ladicte eglise auoit vne image de nostre Dame, qui tenoit son enfant en son giron, print vne pierre, & comme forcené, en maulgreant le nom de Dieu & la vierge Marie, la ietta contre ladicte image nostre Dame, qui estoit bien haulte: & attaingnit vn des bras de son enfant, de si grand' randon qu'il le cassa, & cheut à terre tout ensanglenté: & de celle rompure courut & sortit sang en grand' abondance, tellement qu'il en tomba tout au long du mur iusques à terre: lequel sang fut honnestement recueilly, & en furent gueris plusieurs malades de diuerses maladies: & ce malheureux Costereau, qui auoit ietté ladicte pierre, fut incontinent tourmenté du maling esprit, tellement qu'en ce iour mesmes il fina miserablement sa vie. A celle heure que ce aduint vn des fils du roy Henry d'Angleterre, qu'on appeloit Iehan sans terre, estoit venu en ladicte ville pour la deffendre: lequel print le bras rompu dudict image, & l'emporta & garda dignement pour reliquaire: & depuis ce temps nostre Seigneur a fait en ladicte eglise du Bourgdieux, au lieu ou estoit leur image, plusieurs grands & euidens miracles, & y a moult grand apport & voyage de pelerins.

D'un Costereau qui ietta une pierre contre la vierge Marie, dõt mal luy aduint.

De la prinse de Hierusalem.

L'an mil cent iiii.xx. & vii.

SVr ces entrefaictes & audict an mil cent quatre vingts & sept, vindrent messagers d'oultre mer, qui rapporterent de certain que Salladin, Roy d'Egypte, & ses Sarrazins auoyent prins grand' partie des villes & places de la terre saincte, mesmement la cité de Hierusalem, & prins le Roy prisonnier, & aussi auoyent prins le fust de la vraye Croix. Les Suriens sauuerent l'eglise du sainct Sepulchre, par grand pris d'or & d'argent qu'ils le racheterent. Auant que ledict Salladin voulsist entrer au sainct Temple de Salomon, il le fit lauer d'eaue rose dedans & dehors, par tout hault & bas. Plusieurs des Suriens, Iacobites, & Grecs, qui estoyent Chrestiens, demouroyent en ladicte cité, en faisant tribut audict Salladin: c'est à sçauoir qu'ils payoyent pour la rancon de chascun homme dix besans d'or: pour chascune femme cinq besans, & pour chascun enfant vn besant: toutesfois ledict Salladin en deliura grand nombre de ceulx qui n'auoyent dequoy payer, & les malades fit penser de ses deniers, & fit conduire en seureté la Royne, nommée Sibile, & Heracle Patriarche de ladicte cité, & plusieurs Templiers & Hospitaliers, & plusieurs prisonniers iusques en Antioche. Les autres s'en allerent par mer, les vns en Alexandrie, les autres en Cecille: & depuis ce téps n'a esté ladicte cité de Hierusalem recouuerte par les Chrestiés: qui est grãd' pitié. Le sixiéme iour de Septembre, audict an mil cent quatre vingts & sept, nasquit en la ville de Paris monseigneur Louis, aisné fils du roy Philippe de France: dont luy & tous ceulx de son royaume firent moult grand' ioye, & par toutes les villes & lieux en furét faicts les feux de liesse, & rendues graces à nostre Seigneur.

Salladi fit lauer le téple de Salomon en Hierusalé, d'eaue rose.

Natiuité de Louis de Mont pensier fils de Philippe Auguste.

De l'appoinctement des Roys de France & d'Angleterre: & comment ils se croiserent pour aller au voyage d'oultre mer, contre Sarrazins qui auoyent prins Hierusalem.

L'an mil cent iiii.xx. & viii.

L'An mil cent quatre vingts & huict, le roy Henry d'Angleterre, & Richard, Comte de Poitiers, son fils, assemblerent grand ost, pour resister à la puissance du Roy, & vindrent iusques aupres du Bourgdieux, lors q̃ le Roy y tenoit le siege: mais quand ils sceurent la grand' puissance du Roy, & qu'ils n'estoyent pas puissans pour le combatre & leuer ledict siege, il ne l'oserent assaillir: & pour le trõper faignirent qu'ils vouloyent faire appoinctemét auecques luy, & baillerent caution iuratoire, & que de toute la querelle ils se mettoyent à l'ordonnance, & au iugement de la court du Roy de France: & soubs ceste couleur furent faictes treues, & s'en retourneren-

DV ROY PHILIPPE AVGVSTE, II. DE CE NOM. Fueil.lxxxvj.

tournerent les parties chacun en ses païs. Apres aucuns téps, en celle mesme annee, lesdicts Roys de France & d'Angleterre s'assemblerent, & eurent parlement ensemble, pour traicter paix, au lieu de Trie, pres Gisors: & quãd ils furẽt là assemblez auecques plusieurs Princes & Seigneurs, par le moyé d'vn Legat q̃ le Pape y auoit enuoyé pour les admonnester de faire paix, & faire ay-de à la terre saincte, il aduint qu'ils firent appoinctemẽt & paix finale: & comme par inspiration diuine iceulx deux Roys d'vn commun accord se croyserẽt, pour aller au voyage d'oultre mer, pour la deliurance de la terre saincte. Auecques eulx se croyserent le Duc de Bourgongne, le Cõte Richard de Poitiers, Philippe, Comte de Flandres, Thibault, Comte de Blois, les Comtes du Perche, de Beaumont, de Rochefort, de Champaigne, de Dreux, de Cleremont, d'Auenes, de Neuers, & plusieurs autres Princes & Seigneurs, les Archeuesques & Euesques de Rouen, Cantorbie, Beauuais, Chartres, & plusieurs autres: & en signe d'icelle croysee lesdicts deux Roys firent illec faire & fonder vne eglise, & appelerent celle place de Sainct champ. Semblablemẽt en celle mesme saison Federic, Empereur de Romme, *eodem peregrinationis voto se obligat*: & fit crier & publier ladicte croysee par tout son Empire.

Croysade faicte par les Roys et princes, pour aller en Hierusalem.

Comment le voyage d'oultre mer fut rompu, par la mauuaisté du Roy d'Angleterre, & Richard, son fils, Comte de Poitiers: & d'vne source d'eaue qui aduint miraculeusement en l'ost du Roy.

AV moys de Mars audict an mil cent quatre vingts & huict fit le Roy assembler à Paris tous les Prelats de son royaume, & aussi tous les Princes & Barõs: & en icelle assemblee se croyserẽt moult grãd' multitude de Barons, Cheualiers, Escuyers, Nobles, & gens de pied. Le roy, qui moult grãd desir & affection auoit d'accomplir le sainct voyage, fit prendre la decime des biés meubles sur ses subiects: & requist ausdicts Prelats & gens d'Eglise la disme du reuenu des eglises d'vne annee seulement: laquelle ils luy octroyerent liberalemẽt: & fut icelle disme appelee la disme Salladin, par ce q̃ c'estoit pour aller combatre ledict Salladin, Roy d'Egypte: & furent ordonnez gens & cõmissaires pour la leuer: lesquels, cõme on disoit, firent plusieurs griefs & violences aux eglises. Au moyen duquel peché, cõme on croyoit piteusement, ledict sainct voyage fut rompu: car il aduint *par la suggestion du Diable, qui est ennemy de la Chrestienté, lequel se mit es cœurs desdicts Henry, Roy Anglois, & Richard, son fils, qu'ils rompirent les treues qu'ils auoyent parauãt accordees & iurees: & fut la prophetie du Roy Dauid là accomplie: *Effusa est contentio, & errare fecit eos in via*. Car lors ledict Richard, qui estoit es parties de Bordeaux, enuahit les terres du Comte Raymond de Toulouze, qui fit incontinent sçauoir au Roy, son seigneur & cousin, l'oultrage que ledict Richard, Comte de Poitiers, luy auoit faict. Le Roy fut de ceste nouuelle moult desplaisant. Si assembla son ost, & se mit en voye pour enuahir la terre d'Aquitaine, du costé de Berry: & print les villes de Chasteauroux, Brezançois, Argenton, & autres places d'enuiron qu'il destruist & brusla. puis mit le siege deuant Leuroux en Berry, où il fut assez longuement: & durant iceluy siege aduint vn miracle & chose digne de memoire. Car pres & deuant ladicte ville auoit vn maraix, où tousiours auoit grand' abondance d'eau, & n'estoit pas memoire que iamais homme l'eust veu à sec, mais la saison fut si chaulde, & aussi l'ost du du Roy estoit si grand que tantost ledict maraix vint à sec, si que les gens & les cheuaux auoyent moult grand' defaulte d'eau, & n'en sçauoyent ou trouuer que ce ne fust bien loing: mais soubdainement il aduint, sans ce qu'il pleust ou tombast eaue du ciel, qu'en celuy maraix l'eaue saillit des entrailles de la terre, en si grand' abondance que les gens & cheuaux de l'ost en eurent en grand' abondance. Tantost apres ledict chasteau de Leuroux fut prins: & le donna le Roy Louis à son cousin, fils du Comte Thibault de Bloys: & sitost que le Roy fut party & son ost leué dudict siege, ledict maraix se retourna cõme deuant: & s'en retournerent les eaues en terre, ne onques puis on ne les peut voir en cest endroit. Puis alla le Roy à Montrichard, qu'il print par force, & cinquante Cheualiers qui estoyent dedans, apres qu'il eut prins aussi & mis en sa subiection Montresor, le Blanc en Berry, Culant, Molignon & tout le païs d'Auuergne. Le roy Henry d'Angleterre, & le Comte Richard, son fils, qui sceurent ces choses, en furent moult dolens. Si firent cheuaucher leur ost parmy Normandie, tirant vers Gisors, où ils destruisirent maintes villes & places au païs du Veuxin: puis se mirent à chemin pour aller là où estoit le Roy. Quand le Roy sceut qu'ils venoyent contre luy, il alla contre eulx, & en passant print Vendosme: & quand ils sceurẽt que le Roy alloit droit à eulx, ils s'enfuyrent, retournans en Normandie: & en passant ils ardirent Dreux, & autres villes champestres: & tant cheuaucherent qu'ils vindrent à Eureux, dont le Roy les chaça, & de là s'en allerẽt à Gisors, fuyant de place en place deuant le Roy de France: & au lieu de Gisors, pource que

L'an mil.c.iiii. xx. & huict.

De la disme leuee en France appelee la disme salladin.

P. Emil. & pol. Verg. cõptent ces guerres cy un peu autrement.

Miracle qui aduint en l'ost du Roy de France, des eaues sortant de la terre.

p ij

L'anee des grã-des seicheresses la saison de l'yuer estoit venue, furent accordees treues entre lesdicts deux Roys. En celle annee fut si grand' seicheresse en France, que la pluspart des riuieres, fontaines & puits seicherēt: & par l'ardeur de la seicheresse la pluspart des villes de Tours, Chartres, Beauuais, Auxerre, Troyes, Prouins, & plusieurs autres furent bruslees.

Comment Richard Comte de Poitiers, fils du Roy Henry d'Angleterre, s'allia au Roy de France, & luy fit hommage.

Vrant lesdictes treues ledict Richard, Comte de Poitiers, requist audict vieil Henry, Roy d'Angleterre, son pere, qu'il le voulust faire couronner Roy d'Angleterre, comme il auoit fait ledict feu Henry, son frere aisné, & ainsi qu'il luy auoit promis faire: laquelle chose ledict Roy d'Angleterre ne voulut faire: & à ceste cause ledict Richard, Comte de Poitiers, laissa & abandonna sondict pere, & se retira deuers ledict roy Philippe, & luy fit hommage de sa Comté de Poitou, comme tenu y estoit, & s'allia à luy par serment de fidelité. En celle annee l'Empereur Federic, & Federic, Duc de Suaue, son fils, se mirent sus en grand' puissance pour aller au sainct voyage de Hierusalem, au recouurement de la terre saincte. Ils passerent par Hongrie, ou le Roy les receut honnorablement: puis passerent le fleuue Danube, & entrerent en Thrace, ou l'Empereur de Constātinoble leur empescha le voyage: parquoy ils tirerēt en la Grece, & prindrent plusieurs des villes dudict Empereur, & y demourerent aucun temps. Pour aller audict voyage partirent cinquante nauires du pais de Frise & de Dace: de Flandres trente & sept, lesquels passant *Siluie en Espaigne prinse par les Chrestiens & pillee.* par Espaigne prindrent sur Sarrazins la cité de Siluie, & plusieurs autres, & tuerent tous les habitans de quelque aage ou sexe qu'ils fussent: & partirēt entre eulx les biēs & richesses qu'ils y trouuerent: & quarante iours apres laisserent lesdictes villes & pais en garde au Roy de Portugal, qui estoit Chrestien.

Comment le roy Philippe Auguste passa à gué la riuiere de Loire deuant Tours miraculeusement auec son armee: & de la mort de Henry Roy d'Angleterre.

L'an mil cent iiii.xx. & ix. N la nouuelle saison de l'année ensuyuāt, qui fut mil cent quatre vingts & neuf le Roy assembla son armee pour guerroyer ledict roy Henry d'Angleterre: & tira vers les pais d'Auuergne, & mit en sa subiectiō toutes les places que le Roy d'Angleterre y auoit: dōt ledict roy Henry fut moult courroucé: & par le pais du Maine traversa & fit tirer son armee vers Gisors, & en passant destruisit plusieurs villes & villages. Le roy Philippe le suyuit, & alla asieger la ville d'Eureux, de laquelle il le chaca laydement: puis vint apres luy passant vers Nogent le Roy, & la Ferté Bernard: puis alla le Roy vers la cité du Mans, ou estoit ledict Roy d'Angleterre: lequel, quand il sceut sa venue, s'enfuyt honteusement, & s'en alla à Chinon. Le Roy print ladicte cité du Mans & Vendosme, en passant, puis alla vers Tours: & quand il fut à l'endroit de la ville, sur le bort de la riuiere de Loire, les eaues estoyent moult grandes, & si estoyent tous les ponts abbatuz, & les basteaux effondrez, tellement qu'il ne pouoit trouuer facon de passer la riuiere. Iceluy vaillant roy Philippe, comme Prince de hault courage, ardant de poursuyure son ennemy, appela Dieu en son ayde en sa iuste querelle: &, ce dit-on, congnut visiblement que l'eaue de ladicte riuiere se retira & appetissa: & ce voyant le Roy, il monta sur son cheual, & print vne lance en sa main, & luy seul se mit dedans ladicte riuiere de Loire, tastant le gué auecques ladicte lance au deuant de luy: & ainsi qu'il alloit en auant mettoit aucuns signes de branches, *Du Roy Philippe Auguste, lequel passa la riuiere de Loire à gué miraculeusement.* affin qu'en cest endroict les autres passassent apres luy. Si trouua passage, & adressa ses gens en telle maniere que tous passerent apres: & n'est pas memoire q̃ iamais en nulle saison on eust veu personne passer ladicte riuiere de Loire en cest endroict. Quand l'ost du Roy fut entierement passé, incontinent ladicte riuiere recreut aussi grande qu'elle estoit parauant. Quand le Roy fut passé il print ladicte cité de Tours: & y seiourna luy & son ost pour eulx rafreschir par l'espace de douze iours: & ce pendant alloyent & venoyent messages de Tours à Chinon, pour faire & traicter paix entre les deux Roys: laquelle paix estoit presque faicte, & ne restoit que l'accorder, quand il aduint qu'vne griefue maladie print audict roy Henry d'Angleterre, qu'il deuint comme insensé: & disoit l'on que ce luy estoit aduenu par punition diuine: par ce qu'il auoit fait tuer & martyrer sainct Thomas de Cantorbie. Autres disoyent qu'il auoit esté cause de rompre le voyage de Hierusalem: & les autres disoyent que c'estoit de despit: par ce que toute sa vie il auoit esté heureux en ses affaires, & que lors sur sa vieillesse il se voyoit abandonné dudict Richard, son fils, & chacé si villainement par ledict roy Philippe.

De ladicte maladie le roy Henry mourut au chasteau dudict Chinon: & fut son corps enterré en l'Abbaye des nonnains de Frôteuaux: apres ce qu'il eut regné vingt & cinq ans, en laquelle il auoit esleu sa sepulture en son viuant, & donné moult de rentes & dommaines.

Trespas du roy Henry d'Angleterre à Chinon.

De l'appoinctement faict entre le Roy Philippe Auguste & le nouueau Roy Richard d'Angleterre: & comment lesdicts deux Roys entreprindrent le voyage de Hierusalem.

Antost apres le trespas dudict roy Henry, qui fut l'an mil cent quatre vingts & neuf, fut Roy d'Angleterre ledict Richard, son fils, parauant Comte de Poitiers, qui fut surnommé coeur de Lion: lequel passa & accorda auecques ledict roy Philippe l'appoinctement qui auoit esté pourparlé auecqs son feu pere le roy Henry, durant sa maladie. Par ledict appoinctement ledict roy Richard promit espouser madicte dame * Marguerite, soeur du Roy, qui auoit esté femme à Henry, son frere. Par ce moyen ledict roy Philippe rebailla audict Richard les cité de Tours & du Mâs, qu'il auoit conquises sur son pere, moyennant qu'il espouseroit madicte dame Marguerite: & ledict Richard luy rebailla Yssouldun, Cressac, & autres places & seigneuries: & iura de rechef ledict Richard faire & garder audict Roy feaulté: & illec fut par lesdicts deux Roys de rechef promis & iuré faire ledict voyage de Hierusalem: & ordonnerent quand, & comment ils partiroyët: & leur fut la croisee baillee par vn Legat du Pape, qui estoit present audict appoinctement. Aussi se croiserent auec eulx Eude, Duc de Bourgongne, Philippe, Comte de Flandres, Henry, Comte de Champaigne, Thibault, Comte de Blois, Estienne, Comte de Sancerre, & plusieurs Archeuesques, Euesques, Barons, Cheualiers & populaires, tant de France que d'Angleterre comme en nombre incredible. Apres ledict appoinctement ledict roy Richard s'en alla à Rouen: & là receut les hommages de ses vassaulx de Normandie: puis passa en Angleterre, ou il fut couronné Roy. On dit que les Princes d'Alemagne, Electeurs de l'Empire l'esleurét pour estre Empereur: mais il ne le voulut pas accepter, pour les grandes terres qu'il tenoit par deca: car il estoit Roy d'Angleterre, Duc de Normâdie & d'Aquitaine, seigneur de Gascongne, Côte d'Aniou, du Maine, & de Poitou. Il fonda l'Abbaye nostre Dame de Bonport, pres le pont de l'Arche: & donna aux chanoines de Rouen quatre cens muys de vin de réte chacun an, sur la Vicomté de l'eaue, & vingts neuf ans seulement. En l'annee cent quatre vigts & * dix au moys de May, mourut madame Ysabeau, Royne de Frâce, femme dudict roy Philippe, & fille du Côte de Henault: le corps de laquelle fut honorablement enterré en l'eglise nostre Dame de Paris par l'Euesque Maurice: leql pour elle establit vn autel en vne chapelle d'icelle eglise, en laqlle ledict roy Philippe fonda & ordonna depuis deux chapelains, ausquels il dôna & assigna rentes sur son thresor, pour l'entretenemet des messes & du seruice. En la premiere annee du regne dudict Richard, coeur de Lion, Roy d'Angleterre, luy aduindrët deux merueilleuses & laides aduentures: car ainsi qu'il entra dedans Gisors, la ville & le chastel furent tous bruslez: & puis quand il s'en voulut sortir de ladicte ville, ainsi qu'il passoit par dessus vn pont de boys ou tous ses gens estoyent passez, ledict pont fondit soubs luy, & tomba luy seul dedans l'eaue des fossez, & se cuida noyer.

Le Roy Henry d'Angleterre, appelé coeur de Lion.

* P. Verg. et P. Em. la nôment Adelle, & celle de son frere Henry Marguerite.

Mil cent quatre vingts & dix.
* Autres disent neuf.

Diuerses auentures auenues en un mesme iour, au ieune Roy d'Angleterre.

Du voyage de Hierusalem que fit Philippe le Conquerant: & des belles ordonnances qu'il fit auant son partement: & comment il ordonna faire clorre Paris du costé saincte Geneuiefue.

EN ladicte annee mil cent quatre vingts & dix, ledict bon roy Philippe, qui auoit singulier desir & affection d'accomplir ledict voyage de Hierusalem qu'il auoit voue, fit apprester tout ce qui luy estoit necessaire pour sondict voyage: puis dôna ordre au faict de la conduicte & gouuernemét de Louis, son fils, & de la police de son royaume: & en bailla & laissa principalemét la charge à Guillaume, Archeuesque de Reims, Cardinal, Legat en France, son oncle, & autres sages personnes: & fit & ordôna son testamét par lequel il fit plusieurs beaux statuz & ordonnances. Entre autres, il mit vn article qui est bien digne de memoire & de recommandation, touchant la prouision des benefices qui vaqueroyent durant son absence, contenant la forme qui s'ensuyt: *Si fortè contigerit sedem Episcopalem, vel aliquam Abbatiâ in Regalia vacare, volumus vt canonici ecclesiæ vel monachi monasterij vacātis, veniant ante Reginam & Archiepiscopum, sicut ante nos venirent, & liberè ab eis electionem petant. Nos voulumus quòd sine contradictione eis concedant: vos verò tam canonicos quàm monachos monemus vt talem pastorem eligant, qui Deo placeat & vtilis sit regno, &c.*

Ordonnance du Roy Philippe auguste touchât les benefices.

Semblablement pource que la cité de Paris n'estoit point close du costé de petit Pont, tirāt vers le mont saincte Geneuiefue, & que si durant son absence y fussent suruenuz aucuns aduersaires, ils l'eussent peu facilemēt prēdre & piller, il manda venir deuers luy les sept personnes, ausquelles il auoit baillé le gouuernement de ladicte ville, & les nomma Escheuins: & leur ordōna & commanda faire clorre & fermer la ville de gros murs, portaux, & fossez. ce qu'ils firent: & est ce qui se comprent à encommencer par bas depuis la riuiere de Seine, à l'hostel de Neelles, pres les Augustins, en tirant & comprenant tout le circuit des portes sainct Germain des prez, sainct Michel, sainct Iaques, à retourner à ladicte riuiere de Seine, par le hault de ladicte ville au lieu appelé la Tournelle, à l'endroit des Celestins. Apres ces ordonnances faictes, la veille de la feste sainct Iehan baptiste, audict an de l'incarnation nostre Seigneur mil cent quatre vingts & dix, se partit de Paris, & alla prendre congé aux martyrs sainct Denis & ses compagnons, qui sont gardes & protecteurs des Roys & de la couronne de France, ainsi que les Roys de toute ancienneté ont eu de bonne coustume faire toutes les fois qu'ils ont entreprins aucun grand affaire ou voyage: & illec à l'exemple de S. Charlemagne, *qui primùm Auriflāmam, seu vexillum sancti Dionysii contra hostes Crucifixi deferens terram sanctam liberauit*, print ladicte Auriflamme en grand' deuotion, & la bailla à porter au Comte de Clermont: & receut l'escharpe & le bourdon, comme pelerin, par les mains dudict Guillaume, Cardinal, Archeuesque de Reims, son oncle. puis se mit à chemin: & tant cheuaucha qu'il arriua au port de Gennes. D'autre part le roy Richard d'Angleterre fit ses preparatoires: & alla monter en mer au port de Marseille. Quand lesdicts deux Roys furent sur la mer ils eurent moult de tourmens & de tēpestes: toutesfois tant firent qu'ils arriuerēt en Cecille, au port de Messine, au moys d'Aoust ensuyuāt, ou le Roy de Cecille, nommé Tancre, les receut & festoya honnorablement: & cuidoit tant faire que le roy Philippe, ou Louis son fils, prinssent vne de ses filles en mariage: mais ledict Philippe, qui n'estoit pas allé pour ceste matiere, n'y entendit point. Ledict roy Tancre, & ledict roy Richard d'Angleterre, eurent aucune question ensemble, touchant ce que ledict Richard luy demandoit le douaire d'vne de ses sœurs qu'il auoit eu espousee: mais ledict Philippe les appoincta, par tel conuenant que ledict Tancre paya & bailla audict Richard quarante mil onces d'or: dont ledict Philippe eut le tiers, qu'il donna & distribua à ceulx de sa compagnie, pour leur ayder à faire les fraiz en leur voyage.

Institution des Escheuins de la ville de Paris.

Mil cent quatre uingts & dix.

autres disent Guillaume son predecesseur, et comptēt ce reste vn peu autrement.

De la question qui fut en Cecille entre les Roys de France & d'Angleterre, touchant le passage d'oultre mer.

Pource que la saison d'yuer s'approchoit, & que pour celle annee lesdicts Roys n'eussent contre les ennemis gueres ou riés peu exploicter, aussi qu'vn nōmé Ioachin, Abbé d'vne Abbaye qui est en Calabre (lequel lesdicts Roys enuoyerēt querir, pource qu'on disoit quil parloit de choses à aduenir) leur dist & dōna à entēdre que le tēps n'estoit encores pas venu q̄ la cité de Hierusalē & terre d'oultre mer deuoyēt estre deliures, pour ceste cause seiournerēt illec tout l'yuer, & eurēt moult grād charté de viures. Quand la nouuelle saison s'approcha, le Roy fit dire & prier audict roy Richard d'Angleterre qu'il se pparast en maniere qu'il fust prest au moys de Mars, pour passer auec luy, pour deliurer la terre saincte des mains des Sarrazins: mais ledict Richard, *imbutus malitiæ Anglicanæ*, & qu'il auoit cōceu zizanie & maltalent cōtre ledict Roy Philippe, refusa de passer, pēsant que s'il passoit auec luy, qu'il y seroit nō pas egal, mais moindre q̄ luy: & aussi qu'on disoit qu'il auoit receu aucunes lettres de Salladin, Roy d'Egypte (qui autresfois auoit esté accoité d'Alienor mere dudict Richard, du tēps qu'elle alla audict voyage d'oultre mer, auec le roy Louis, pere du Roy Philippe, qui l'auoit espousee, & lequel la repudia pour iuste cause, comme dessus a esté dict) & luy fit respōse qu'il ne pourroit estre prest iusques au moys d'Aoust. Parquoy ledict Philippe, voyant le grand dōmage & deshōneur qui se pourroit ensuyuir, si ledict voyage estoit retardé, le fit sommer cōme son vassal & subiect, & par la vertu des sermens & promesses que luy & ses Barons auoyent faictes. Semblablemēt fit sommer tous les autres Barōs & Seigneurs qui estoyent en la cōpagnie: lesquels dirent qu'ils seroyent tous prests de passer audict moys de Mars: dont ledict Richard fut courroucé cōtre eulx, & menassa fort ceulx de sa terre qui les desheriteroit, comme il fit par apres les aucuns: toutesfois fut il cōtrainct de passer la mer comme les autres, autremēt il fust demouré seul: & deslors commencerent aucunes rancunes & maltalens entre lesdicts deux Roys, tant pour ceste cause, qu'aussi pource que ladicte Royne d'Angleterre Alienor, mere dudict Richard, là estoit allee, & auoit mené auec elle la fille du roy de Nauarre qu'elle luy vouloit faire espouser, & vouloit qu'il abandonnast madame Marguerite de France, sœur dudict roy Philippe, qu'il auoit promise & conuenancee.

L'abbé Ioachin lequel a prophetizé.

Le roy d'Angleterre faulsa sa foy au Roy de France.

Comment

DV ROY PHILIPPE AVGVSTE, II. DE CE NOM.

Comment le Roy Philippe print d'assault la cité d'Ascalon, sans l'ayde du Roy Richard d'Angleterre.

Qvand le moys de Mars fut venu, le Roy Philippe & sa compagnie monterent sus mer, & tant allerent qu'ils arriuerent & prindrent terre droictemēt en l'ost que les Chrestiens tenoyent deuant la cité * d'Ascalon: lesquels Chrestiens, qui longuement auoyent esté au siege, de sa venue furent moult resiouis: & firent si grand' ioye de sa venue qu'il sembloit à voir que les Anges fussent descenduz du ciel. Incontinent que le Roy & ceulx de sa compagnie eurent descendu leurs besongnes, ils firent tēdre pauillons, en contr'attendant la venue dudict roy Richard d'Angleterre, qui pas fort ne se hastoit: & n'estoit pas encores arriué: car auec son armee il estoit allé descendre en l'isle de Cypre, ou il trouua vn faulx † Prophete, qui illec tenoit sa seigneurie, lequel il print prisonnier: & mit ladicte isle en sa subiection, & y mit officiers de par luy. puis se mit en voye, & alla vers Ascalon, ou estoit ledict Roy Philippe. Quand il fut venu, le Roy luy dist que tous les Barons estoyent d'oppinion qu'on deuoit assaillir ladicte cité: & ledict Richard, qui auoit le coeur remply de trahison: & qui auoit desdaing d'y estre soubs le Roy de France, son Seigneur, dist qu'il en estoit donc d'oppinion. Si fut ordōné que le lendemain on dōneroit l'assault, & que chacun y enuoyeroit le plus de gens qu'il pourroit. Si fit ledict Roy Philippe apprester ses gens & engins, esperant que le roy Richard le feroit pareillement de sa part: mais quand ce vint à lendemain, iceluy Richard deffendit à ses gēs que nul d'eulx ne fust si hardy d'aller à l'assault, ne de combatre auec ledict Roy Philippe de France: & semblablement le deffendit à ceulx de Pise, & autres qui estoyent de son alliance: en quoy ledict Richard commit trahison & felonie enuers Dieu, & ledict Roy Philippe, son naturel & souuerain seigneur. Pour ceste occasiō demoura l'assault à estre faict pour celle fois: mais tantost apres ledict Roy Philippe fit assaillir ladicte cité d'Ascalon, & fut prinse d'assault sans l'ayde dudict Richard, le toisiéme de Iuillet, apres ce que le siege eut duré deux ans: de laquelle prinse Sarrazins eurent grand' terreur, tellement qu'ils abandonnerent & laisserent la cité d'Ascalon, & plusieurs autres villes à l'enuiron ou les Chrestiens se mirent dedans.

Autres disent Acon & Ptolemaide.

† al. Empereur.

La trahison du Roy Richard d'Angleterre.

De la mort de l'Empereur Federic & de son fils, & de plusieurs Princes d'oultre mer.

En ce mesme temps Federic, Empereur de Romme & d'Alemagne, s'estoit semblablement croisé, & estoit allé audict voyage d'oultre mer, ou il auoit eu en diuers lieux plusieurs victoires & belles conquestes sus Sarrazins: mais il aduint qu'en passant vn fleuue il tomba & fut noyé, qui fut grand dommage: & disent aucuns qu'en ses histoires on lit *quòd fatum ei erat in aqua mori*. Apres sa mort Federic son fils, Duc de Suaue, luy succeda pour capitaine en l'armee, & fit ensepuelir son corps honnorablemēt en la cité de Thir: & apres s'en retourna audict siege des Chrestiens, deuant Ascalon: ou il mourut tantost apres de maladie du flux de ventre. Aussi y mourut Philippe Comte de Flandres, Thibault Comte de Blois, Estienne Comte de Sancerre, & plusieurs autres nobles Cheualiers, Barons, & autres de diuerses prouinces, par la defaulte dudict Roy d'Angleterre qui ne voulut faire ayde aux Chrestiens. Apres la mort de l'Empereur Federic, surnommé Barberousse, estant aussi mort son fils de mesme nom, Duc de Suaue, fut Empereur Héry son fils, qui estoit demouré en Alemagne pour la garde du pais. Aucuns disent qu'au temps dudict Federic Barberousse les corps des S. trois Roys Gaspard, Balthasar & Melchior, qui allerent adorer Iesus Christ tantost apres sa natiuité, furent translatez de Milan, ou ils estoyent lors, en la cité de Coulongne sur le Rin, par Raymondin, ou Reinauld, Archeuesque dudict lieu. Ces trois corps Saincts furent premierement par Helene, mere de Constantin, rauis & apportez de Iudee en Constantinoble: lesquels furent depuis rapportez à Milan par Eustorg, Euesque de ladicte cité, ou ils auoyent esté iusques à ce temps q̄ ledict Empereur Federic assiegea Milan, & la print par force & destruisit. Parquoy ledict Raymondin, Archeuesque de Coulongne, qui estoit en la cōpagnie dudict Emperur, impetra à grand' priere les dessusdicts corps, & les apporta audict lieu de Coulongne.

Trespas de l'empereur Federic, lequel se noya.

Comment le Roy partit d'oultre mer, pour retourner en France, & passa par Romme pour voir le Pape: & comment les Iuifs furent de rechef bannis de France.

LES CHRONIQVES ET ANNALES DE FRANCE.

Retour du Roy Philippe d'oultremer.

LE Roy Philippe,voyant & fachant la malice & malle volonté,dont ledict Richard Roy d'Angleterre eſtoit plein,& meſmement qu'il fut aduerty qu'il auoit intelligence &ꝓprins alliance audict Salladin, Roy d'Egypte,& luy auoit promis faire tant qu'il luy liureroit ledict roy Philippe en ſes mains, & ſoubs ceſte couleur auoit prins & receu dudict Salladin quarante mil onces d'or Sarrazinois, & que ſouuent luy enuoyoit lettres & meſſages ſans le ſceu dudict roy Philippe:iceluy Philippe conſiderant le dangier ou il eſtoit,& que piteuſe & dangereuſe choſe eſtoit d'eſtre en guerre en pais eſtrangier en la cõpagnie de gens de qui on ſe doubte,meſmement qu'il ſcauoit que ledict Richard ſ'eſtoit eſſayé de le faire tuer par vn Arſacide ſarrazin,par le cõſeil de ſes Barons & Princes delibera de ſ'en retourner en France: & laiſſa la charge & conduicte de ſon armee à Eude, Duc de Bourgongne,& ſe mit en voye pour ſ'en venir.Apres ce qu'il eut donné ordre aux affaires de pardela,& pourueu à ceulx qui demouroyent,cõbien qu'il fuſt fort malade,il monta ſus mer auec trois galees ſeulement,qu'vn Geneuois luy auoit appareillees: & tant fiſt qu'il arriua en la terre de la Pouille, ou il ſeiourna aucun temps,par ce qu'il eſtoit trauaillé & laſſé de ſa maladie:puis ſe mit au chemin,& paſſa à Romme pour viſiter les Apoſtres,ſaincts lieux, & ſtations de Romme,& auſſi pour voir le Pape & les Cardinaux,qui le receurent honnorablemẽt, & luy donnerent benediction Apoſtolique. Quand il les eut viſitez il ſe mit à chemin,& ſ'en vint en France,ou il arriua enuiron la feſte de la natiuité noſtre Seigneur:& ſi toſt qu'il fut arriué il alla rẽdre graces aux martyrs S.Denis & ſes compagnõs,puis ſ'en alla pour ſoy ſolatier en ſon chaſtel de S.Germain en Laye:& là luy vindrent nouuelles que la dame d'vn chaſtel qui a nom Braye,auoit eſté deceue par dons qu'elle auoit prins d'aucuns Iuifs,& leur auoit baillé & liuré vn ieune Chreſtien, qui eſtoit en ſa priſon, pource qu'on l'auoit accuſé d'aucun larrecin.Quand les faulx Iuifs eurent ledict Chreſtien en leurs mains,ils le deſpouillerent tout nud, & l'emmenerent batant parmy les rues de la ville: & apres en deſpit de noſtre ſeigneur Ieſus-Chriſt, & de la foy Chreſtienne,le tourmenterent de diuers tourmens, & à la fin le crucifierent ainſi que fut IeſusChriſt, au temps de ſa piteuſe paſſion. Quand le Roy ſceut ceſte nouuelle incontinẽt monta à cheual,ſans en dire mot à perſonne,& cheuaucha droit à Braye. Quand il y fut,il y fit mettre gardes aux portes de la ville & du chaſtel,en maniere q̃ nul n'en peuſt iſſir, & fit cercher les maiſons des Iuifs, & en fut prins iuſques à quatre vingts:tous leſquels il fit ardoir & mettre en vn feu, en vengeance de la piteuſe mort dudict Chreſtien : & le ſurplus des autres Iuifs,qui eſtoyent en France,fit de rechef bannir & ietter hors du royaume.

D'un enfant que les Iuifs crucifierent, et firent mourir en la croix.

Comment le Roy d'Angleterre fut prins priſonnier en retournant d'oultre mer: & du Comte de Champaigne qui fut faict Roy de Hieruſalem.

L'an mil cent quatre vingts & treze.

EN l'an de grace mil cent quatre vingts & treze,apres ladicte executiõ faicte par le Roy,il ſ'en alla à Pontoiſe:& là luy vindrent nouuelles que le roy Richard, qui eſtoit encores oultre mer,auoit enuoyé vn Arſacide par deca pour le tuer: dont le Roy fut en grand eſmoy.Si enuoya meſſagers oultre mer:pour enquerir la verité:mais on n'en ſceut riens auerer:touteſfois le Roy, qui en demoura en grand doubte,eſtablit gens & ſergens, qui touſiours portoyent maſſes & baſtons de guerre, pour la garde & defence de ſon corps, & en y auoit aucuns qui le veilloyent par nuict les vns apres les autres. Ledict Richard,Roy d'Angleterre, qui eſtoit demouré oultre mer,depuis le partement dudict Philippe,vendit à Guy,Roy de Hieruſalem,l'iſle de Cypre qu'il auoit conquiſe: & en fut ledict Guy couronné Roy, puis delibera ſ'en retourner en ſes païs: ſi bailla à Henry, Comte de Champaigne à gouuerner l'oſt des Chreſtiens Francois,par ce que depuis le partemẽt du roy Philippe, Eude Duc de Bourgõgne eſtoit treſpaſſé:lequel le Roy auoit laiſſé à gouuerner les gens qu'il laiſſoit en la terre qui auoit eſté conquiſe par les gens Chreſtiens par delà. Ce faict, le Roy d'Angleterre ſe mit ſus la mer. le vent luy fut contraire, & chaca ſes nefs deuers les parties d'Autriche, & fut ſon nauire pery : touteſfois il ſe ſauua, & ſe mit en vn autre nauire. Quand ceulx du païs ſceurent qu'il eſtoit là arriué ils allerent pour le prendre, cõbien qu'il paſſaſt cõme pelerin, & qu'il fuſt dict que tous pelerins paſſeroyent ſeurement par toutes les terres des Chreſtiennes:mais ceulx du païs ſcauoyent la deſloyauté qu'il auoit faicte au Roy de France ſon ſeigneur, & aux Chreſtiẽs en la terre d'oultre mer,qui eſtoit tourné à la foulle & dommage de la Chreſtienté. A la parfin il fut prins par le Duc d'Autriche, nommé Leopold, qui couſin eſtoit de Henry l'Empereur : lequel le liura audict Empereur,qui le tint bien vn an en priſon.puis compoſa à luy par rançon à deux cent mil marcs d'argent qu'il paya, & ainſi eſchapa:& quand il fut hors de priſon,il ſe paſſa en Angleterre le plus diligemment & ſecretement qu'il peut : car il doubtoit que le roy Philippe de France le fiſt prendre ſ'il approchoit

Le Roy d'Angleterre vendit l'iſle de Cypre.

Prinſe du Roy d'Angleterre en Autriche.

choit de France, pour le meffaict qu'il auoit enuers luy commis. En celle annee, Henry Comte de Châpaigne, qui nepueu eſtoit des deux Roys de France & d'Angleterre (lequel eſtoit demouré en la terre d'oultre mer, pour la conduicte de l'oſt des Chreſtiés) s'employa en la matiere de tout ſon courage & de toute ſa puiſſance, tellement que le maiſtre du téple de Hieruſalé, & tous les Seigneurs & Barons, tant du païs que de ceulx de France, l'eſleurent, le couronnerét, & ſacrerent Roy de Hieruſalem, moyennant qu'il eſpouſaſt la femme de feu Conrad le Marquis, qui auoit eſté tué par les Arſacides, à laquelle ledict royaume deuoit appartenir par ſucceſſion: & de ce firent tous grand' ioye & louenge à Dieu, qui leur auoit donné Roy, ſeigneur, & deffenſeur, de la noble lignee des Roys de France. Tantoſt apres audict an mourut ledict Salladin, Roy d'Egypte: & ordonna que quand on le porteroit en terre, ſon Côneſtable allaſt par la cité d'Aſcalon, portant vn linceul au bout d'vne lance, criât & diſant telles paroles: Le Roy de toutes les parties d'Orient eſt mort, & n'emporte non plus de tous ſes biens: & dit on qu'il eſtoit en ſa loy moult preud'homme, & tenoit ſes promeſſes. Il laiſſa deux fils, qui partirent ſon royaume, auſquels Safadin frere de leurdict feu pere fit grand' guerre.

Hen y Comte de Châpaigne fut faict Roy de Hieruſalem.

Notable ordonnance de Salladin, Roy d'Egypte.

De la guerre que fit le Roy de France, au Roy d'Angleterre.

EN celle meſme annee mil cent quatre vingts & treze, ledict roy Philippe, pour auoir reparation & vengeance de la trahiſon & deſloyauté qu'auoit faicte & cômiſe enuers luy ledict Richard, Roy d'Angleterre, mit ſus & aſſembla grâd nombre de gens de guerre, pour prédre & ſaiſir en ſa main les fiefs que tenoit de luy ledict Richard Roy d'Angleterre (car il les reputoit à luy acquis & côfiſquez par forfaicture) & entra au païs de Veuxin, & print Giſors, & toutes les autres places qui ſont au Veuxin le Normant, les vnes par force, les autres par compoſition, & pluſieurs en fit demolir & bruſler. puis ſ'en retourna rendre graces à Dieu, & à ſainct Denis: & reſtitua à l'Abbaye de ſainct Denis le chaſtel de Neufchaſtel ſur Epte, que le feu roy Henry d'Angleterre, & ledict roy Richard auoyent violemment occupé par force ſus ladicte egliſe.

L'an mil.c.iiii. xx. & xiii.

De la guerre que le Roy Philippe Auguſte fit de rechef au Roy d'Angleterre.

L'An mil cent quatre vingts quatorze, ledict roy Richard, apres ſa deliurance de priſon, vint en France, & reprint pluſieurs des places que le roy Philippe auoit prinſes ſus luy. puis alla à Tours, & deiecta les chanoines de l'egliſe S. Martin, & print & appliqua à luy tous leurs biens & threſors: parquoy ledict Roy de France entra en Normandie, pour greuer ſon ennemy le Roy d'Angleterre, & print Vernueil & la cité d'Eureux, qu'il fit bruſler & deſtruire, le Neufbourg, & le Val de Rueil, ou il mit garniſon. puis alla mettre le ſiege deuant Rouen: mais il veit qu'il n'y pouoit de long temps riés faire: ſi ſ'en retourna pour le ſainct temps de Careſme: & lors vint deuât luy Iehâ ſans terre, frere dudict Richard, Roy d'Angleterre: lequel s'allia auec luy faictemét, cöme la ſaincte le demôſtra. *En ce meſme téps ledict roy Richard renuoya audict roy Philippe ſa ſœur Marguerite, qui lôg téps parauât, elle eſtât ieune enfant, auoit eſté fiâcee au feu ieune Roy Henry d'Angleterre, frere dudict Richard, qui apres l'auoit encôuenancee: laquelle ledict roy Philippe receut, & la maria au Côte de Pôthieu. Puis quâd vint à la nouuelle ſaiſon le Roy aſſembla de rechef ſon oſt, & alla mettre le ſiege deuât Vernueil: & là luy vindrent nouuelles que les Normás auoyêt reprins la cité d'Eureux, en laquelle il auoit mis ſes garniſons, & tué ſes gés. Incontinêt il print partie de ſes gés, qui tenoyêt le ſiege deuât Vernueil, & les emmena auec luy à Eureux, & chaca ceulx qui l'auoyent prinſe honteuſement: & de courroux & de maltalét bruſla & deſtruiſit ladicte cité & les egliſes, & tout ce qu'il y auoit. Quand ceulx qui eſtoyent demou rez au ſiege de Vernueil, ſceurét les nouuelles de la guerre que faiſoit le Roy vers Eureux, partie d'eulx y allerêt: & quand ceulx qui eſtoyent dedans Vernueil, l'apperceurent, ils ſaillirent ſus les Francois, qui eſtoyent demourez audict ſiege en petit nombre, & les chacerêt, & prindrent leurs viures, & les mirent dedans leurs places, auecques pluſieurs autres biens. Ledict roy Richard, qui ſemblablemét auoit aſſemblé grand oſt du Comté de Poitou, mit le ſiege à Loches, & le print. Puis vint à Tours, que ledict roy Philippe auoit prins ſur luy, & le print, & chaca les chanoines de S. Martin de Tours, qui y auoyent eſté remis de rechef, & print tous leurs biens violentement. En ce temps, à l'occaſion des guerres & diuiſions, commenca vne grand' famine en France, qui dura quatre ans: dont le peuple fut ſi appruury q̃ ceulx qui parauant eſtoyêt riches & opulens en biens, mendioyent publiquement leur vie.

L'an mil.c.iiii. xx. & xiiii.

*Autres diſent l'an 1193. et aũtres 95. & la nomment Adele, diſant que Marguerite fut remariee au Roy de Hôgrie

Eureux prinſe & bruſlée.

Famine en France, qui duraqua tre ans.

LES CHRONIQVES ET ANNALES DE FRANCE.
D'aucunes exactions que fit le Roy Philippe Auguste.

Qvand le roy Philippe sceut les nouuelles que le Roy d'Angleterre auoit ainsi chacé les chanoines de sainct Martin de Tours, & prins leurs biens, *versa vice omnes ecclesias subiectas in Normania ad Episcopatus & Abbatias pertinentes hostiliter circuiuit*: & deiecta pareillement aucuns clercs & religieux, qui estoyent en icelles eglises: & à la poursuyte d'aucunes gens de male volonté, qui estoyét autour de luy, aussi qu'il estoit irrité contre les Prelats, qui auoyent consenty l'interdict qui auoit esté faict, *proprias ecclesias in regno suo constitutas, grauibus exactionibus insolitis vexauit*: & print plusieurs thresors desdictes eglises & ailleurs de leur dommaine, tellement qu'ils en estoyent demourez pauures, & n'auoyent que donner ne departir à leurs seruiteurs, & autres qui leur seruoyent en leurs terres: & des biens desdictes eglises assembla moult grand thresor. Toutesfois dit la Chronique que combié qu'il semblast à plusieurs lesdictes choses estre mal faictes, *tamen principalis huius Regis intentio erat, vt fertur*, de garder lesdicts thresors & biés, & les employer en téps & lieu à la deliurance de la terre saincte, & des prisonniers de son royaume, qui estoyét detenuz oultre mer par les infideles. Et côbié qu'il ne retournast depuis audict voyage d'oultre mer, si n'appliqua il pas lesdicts thresors à son proffit particulier, mais au bien & faict de la chose publique de son royaume: *quòd in munitionibus ciuitatum, & murorum reparationibus, & castrorum munitionibus, imminere manifeste declaratur*. Vn iour passoit le Roy & son ost cheuauchant parmy la terre du Comte Thibault de Blois: mais le roy Richard d'Angleterre, qui estoit embusché en vn boys auec grand' compagnie de Cheualiers, saillit sur les gens du Roy, & prit plusieurs de ceulx qui portoyét ses deniers, sa vaisselle, ses robes & ioyaux: en quoy le Roy eut grand' perte. Tandis que ses choses se faisoyent Iehan sans terre, frere dudict roy Richard, qui parauant s'estoit allié au roy Philippe, & puis s'en estoit retourné vers ledict Richard son frere, & auec luy le Comte de Vvaruich, le Comte d'Arondel, à l'ayde des bourgeois de Rouen & de plusieurs Normans, allerent mettre le siege deuant le val de Rueil, que le Roy de France auoit prins l'annee precedente, & y auoit mis garnison. Quand le Roy le sceut il tira deuers eulx pour secourir ses gens, & y arriua huict iours apres que lesdicts Normans auoyent assis leurdict siege, au poinct du iour: & frapa sur eulx auec ce peu de gens qu'il auoit (car ils estoyét venuz si hastiuement qu'on ne les pouoit suyuir) & tellement les assaillit qu'il les mit en desarroy, & en furent plusieurs tuez, & prins prisonniers: & les autres s'en fuyrent honteusement, & abandonnerent leurs artilleries, tentes, pauillons, & viures. Apres, par le moyen d'aucuns Seigneurs, furét octroyees treues entre lesdicts deux Roys, soubs esperáce de paix, iusques au moys d'Octobre ensuyuant, & s'en retourna le Roy à Paris. En celle annee mourut le Côte Raymond de Toulouze, qui estoit cousin du Roy de France, de par la Comtesse Constáce, qui auoit esté sœur au feu roy Louis, pere de cedict roy Philippe.

Trahison du Roy d'Angleterre uers le roy de France.

Trespas de Raymond Comte de Toulouze.

Guerre entre François & Anglois.

Av moys de Iuillet mil.c.iiii.xx.xv. le roy Richard rompit les treues qu'il auoit auec le roy Philippe: parquoy la guerre recommenca. Le roy Philippe, sachant que le val de Rueil estoit pres de ses ennemis, & qu'ils tachoyent fort à le prendre, & pour ceste cause luy failloit tenir grosse garnison, fit raser, abatre, & demolir la place. Iceluy roy Richard alla mettre le siege deuant le chastel d'Arques, ou le Roy auoit mise grosse garnison de gensdarmes: mais quand le Roy le sceut il alla incontinent au secours, & d'arriuee, combien que luy & ses gens fussent bien lassez, si frapperét ils sur ledict siege si vertueusemét qu'ils en chacerent ledict roy d'Angleterre & ses gens, & en furent plusieurs morts & prins: & les autres s'enfuyrent iusques à Dieppe, ou les Francois les suyuirent, & prindrent la ville & le chastel, & le destruisirent: & furent ceulx de ladicte ville amenez prisonniers: & toutes les nauires du Roy d'Angleterre, qui estoyent au port, furét bruslees, & mises en fons: & s'en retournoit le Roy à grád' victoire: mais, aisi qu'il passoit par le pais d'Auge, le Roy d'Angleterre fit vne embusche en vn bois, dont les Francois ne scauoyent riens: & coururent Anglois sur la queue de l'armee du Roy, & tuerent aucuns Francois. En ce mesme temps le Roy d'Angleterre fit esleuer, & mettre sus vne armee de gens, qu'on appelle Costereaux, dont estoit chef & conduiseur de par luy vn nommé Mercadier: lesquels enuahirent la terre du Roy du costé de Berry, & prindrent & destruisirent la ville d'Yssouldun, & mirent garnison dedans le chastel de par le Roy d'Angleterre: & par le moyé d'aucuns furent de rechef prinses & accordees treues entre lesdicts deux Roys, lesquels par ce moyen cesserent de guerroyer.

Mil.c.iiii.xx. quinze.

Les Anglois en Normandie.

La ville de Dieppe prinse par les Francois.

Treues entre les Francois & Anglois.

Comment

DV ROY PHILIPPE AVGVSTE, II. DE CE NOM. Fueil.xc.

Cōment le Roy d'Angleterre mit ius les armes, & fit hommage au Roy de France.

AV moys d'Octobre mil.c.iiij.xx.xv.que les trefues d'entre les deux Roys de Frāce & d'Angleterre furent faillies, la guerre recommenca comme deuant. Le roy Philippe assembla grād ost qu'il conduisit alencontre de Richard, pres d'Yssouldun, le roy Richard semblablement contre luy, & furent vn iour les batailles rēgees & serrees prestes à cōbatre: mais ne sçay par quel bon admonnestement ledict roy Richard mit ius les armes, & contre l'oppinion de tous ses gens s'en vint tout desarmé deuers le roy Philippe, & luy fit foy & hōmage lige des Duchez de Normandie & Comtez de Poitou, & d'Aniou: & iurerent tous les deux Roys qu'ils garderoyēt la paix d'illec en auant, & prindrent iour pour parlemēter ensemble au lieu du val de Rueil, ou de Chasteaugaillard, dedans le iour de la Typhaine ensuyuāt: & ainsi se departirēt lesdictes deux armees, & s'en retourna chacun en ses pais. Quand vindrēt lesdictes octaues lesdicts deux Roys se trouuerent ensemble audict val de Rueil, & firent & cōfermerent paix & appoinctement final, & baillerent lettres & instrument l'vn à l'autre : & illec, en la presence de tous, ledict Richard, Roy d'Angleterre, fit & recita, ledict hōmage audict roy Philippe, du Duché de Normandie, & des Comtez de Poitou & d'Aniou. En celle mesme annee Baudouyn, Comte de Flandres, fit hommage lige & serment de fidelité audict roy Philippe de ladicte Comté de Flandres.

Mil.c.iiij.xx. & quinze.

Hommage de la Cōté de Flandres, au Roy.

Comment le Roy se fit separer de ma dame Ysamberge, sœur du Roy de Hongrie, dont le royaume fut interdict, & print à femme Marie fille du Duc de *Moriane & de Boesme.

EN ces entrefaictes ledict roy Philippe, par le conseil des Barons & Prelats de son royaume, delibera de soy marier: si enuoya deuers Iehan Roy de Hongrie, luy demander madame *Ysamberge sa sœur, pour prēdre à femme. Ledict Roy de Hōgrie la luy accorda, & enuoya moult volontiers & à grād ioye, si fut la dame amenee, & l'espousa le Roy en l'eglise de Paris: & là fut ladicte dame courōné par Guillaume, Archeuesque de Reims, Cardinal, Legat en Frāce, & oncle dudict Roy: mais ne tarda pas grammēt, & (cōme l'on dict) des le premier iour qu'il l'espousa, le Roy la print en hayne, tellemēt qu'il ne la vouloit voir, ne ouyr, & disoit on qu'il auoit esté enforcelé: & fit tāt le Roy qu'il fut par aucuns des Prelats du royaume aucun temps apres separé, & desioinct de ladicte Ysamberge, par proximité de lignage, qui estoit entre elle & feu Ysabeau, premiere femme dudict roy Philippe, dont n'auoit esté obtenu dispēce. Apres ladicte separatiō, ledict roy Philippe print à femme madame Marie, fille du Duc de Moriane & de Boesme: de laquelle il eut vn fils, nōmé Philippe, qui apres fut Comte de Boulongne, & vne fille, qui fut mariee au Comte de Louuain: mais ce neantmoins la bonne dame Ysamberge ne voulut oncpuis retourner en son pais, & se delibera de viure en continēce & en chasteté. Et pource qu'on vouloit dire que la separation auoit esté faicte cōtre Dieu & raison, le Pape, à la requeste du Roy de Hongrie, son frere, enuoya deux Cardinaux Legats en Frāce, qui assemblerēt à Paris conseil de tous les Prelats & Abbez du royaume, & fut longuement traicté de la reformation dudict mariage, mais la besongne ne fut pas mise à fin, par ce qu'iceulx Cardinaux furent craintifs de desplaire au Roy. Quād le Pape, qui lors estoit nommé Celestin, le sceut, il interdit le royaume de France, pour ceste cause: dont le Roy fut moult courroucé cōtre les gens d'Eglise, qui l'auoyent consenty, & à cause de ce leur fit plusieurs griefs. Puis tantost mourut ledict pape Celestin, & fut apres luy esleu & sacré vn autre, qui fut nommé Innocent le tiers: lequel fit edifier l'hospital du sainct Esprit, & l'eglise de sainct Sixte à Romme: & fit le liure De miseria humanæ conditionis, & plusieurs autres beaux traictez.

Morauie plustost.

Aucuns mettēt cecy en l'an 1196. et l'interdict l'ā d'apres & la fōt secur du Roy des Dannois.

Le royaume de France interdit par le Pape Celestin.

Comment le Roy Richard d'Angleterre rompit l'appoinctement qu'il auoit iuré au Roy Philippe, & s'esleua contre luy,

L'Annee ensuyuant mil cent quatre vingts & seize, combien que ledict roy Richard d'Angleterre fust deuenu homme lige dudict roy Philippe de France, & luy eust fait hommage & serment de fidelité, & iuré la paix, ce neantmoins iceluy imbut de malice Angloise, qui iamais ne tint riens de promesse qu'elle fist, brisa tantost la paix, & s'esleua contre le Roy son souuerain Seigneur: & par trahison print la ville & le chastel de Viarron en Berry, & les destruisit & acrauanta, iaçoit qu'il y fust entré par composition, & eust promis & iuré au Seigneur du lieu qu'il n'y messeroit en aucune maniere. Quand le Roy le sceut, il assembla son ost, & tira vers Normādie, & alla met-

L'an mil.c.iiij. xx.& seize.

Trahison du Roy Anglois.

LES CHRONIQVES ET ANNALES DE FRANCE.

tre le siege deuant Aumalle: & ce pendant le roy Richard en trauersant païs, & s'approchant de luy vers Normandie, passa par Nonencourt, pres Eureux, & luy fut vendu & liuré par trahison, par ceulx qui le gardoyent, moyennant grand' somme d'argent qu'ils en receurent, & y mit gens & viures pour le garder pour luy. Puis s'en alla ledict roy Richard auec grãd nombre de Normans & de Costeraux qu'il auoit assemblez, & subitement tira vers Aumalle, ou le Roy tenoit siege des François, qui n'estoyent pas aduertis de sa venue: mais incontinent ils coururent aux armes, & se defendirent si vertueusement qu'ils contraignirent leurs ennemis à eulx mettre en fuyte: & à la poursuyte fut prins Guy, Vicomte de Touars, & plusieurs autres Seigneurs du party d'Angleterre. Depuis lesdicts François se r'assemblerent, & retournerent à leur siege, & si aigrement assaillirent la ville, & le chasteau d'Aumalle, que ceulx qui estoyent dedans furent si espouentez qu'ils rendirent la place es mains du Roy, leurs personnes & harnois saufs. Quand les François furent dedans, le Roy fit demolir le chastel, & combler de terre les fossez: puis s'en vint à Gisors, & de là alla mettre le siege deuant Nonencourt, que le Roy d'Angleterre auoit prins sur luy, & le print par force & d'assault, & furent prins plusieurs Anglois: & en iceluy mit garand' garnison de viures & de gens: & puis bailla le Roy à garder ladicte place à Robert, Comte de Dreux.

Rencontre des François & Anglois.

De l'Euesque de Paris, nommé Maurice, du temps duquel fut reedifiee l'eglise nostre Dame de Paris.

L'an mil cent quatre vingts & seize.

AVdict an mil cent quatre vingts seize, mourut Maurice le venerable Euesque de Paris, duquel on lit moult de biens: car il estoit moult grand clerc, & de bonne vie. Iceluy Euesque estoit extraict de pauure lignee, & luy estant ieune enfant queroit l'aumosne pour viure ses pere & mere, qui estoyent malades au lict. Quelqu'vn, qui le veit bel enfant, luy dist que c'estoit honte à luy, qui estoit si bel enfant, de mendier & coquiner. L'enfant luy compta la necessité de ses pere & mere: & ainsi que celuy hõme raisonnoit à luy, il luy dist qu'il estoit personnage pour estre Euesque de Paris, ou grand Seigneur, s'il vouloit apprendre, & soy faire bon homme. L'enfant, qui estoit debonnaire, luy dist qu'il auoit bon vouloir, & que ce pourroit bien aduenir: Donc (dist l'autre) tu ne vouldrois pas renõcer à l'Euesché de Paris? Vrayement non, dist il. Lors celuy homme luy voulut donner vne aumosne d'argent, & qu'il y renonçast: mais ledict Maurice, ieune enfant, ne la voulut accepter, ne prendre, soubs telle cõdition, & s'en alla: & depuis se mit à seruir & estudier: & si bien estudia, & vescut en bõnes mœurs, qu'il paruint, & fut esleu par ses merites Eusque de Paris: & fit plusieurs beaux traictez de liures de son tẽps: & à sa poursuyte fut reedifiee l'eglise nostre Dame de Paris de moult somptueux ouurage, ainsi qu'on voit à l'œil: de laquelle parauant luy les fondemens auoyent esté faicts, & esleuez iusques au rez de terre. Il fonda les Abbayes de Hermaux, Hermeries, Yerre, & Gif, ou il mit nonnains pour Dieu prier: & les doua à ses despens de grands rentes & reuenus, & donnoit aux pauures tout ce qu'il pouoit auoir & recouurer: & à la parfin il donna tous ses meubles. Et pource que ledict Maurice sceut qu'aucuns faisoyent doubte de la resurrection des corps, il fit ce respond: *Credo quòd redemptor meus viuit, & in nouissimo die de terra surrecturus sum: & in carne mea videbo Deum saluatorem meum. Quem visurus sum ego ipse, & non alius, & oculi mei conspecturi sunt. Reposita est hæc spes mea in sinu meo*: & quand il mourut il ordõna lesdicts respõs estre mis par escript en vn rollet sur son corps. ce qui fut faict, & s'allerent voir plusieurs: & à l'exemple de luy la pluspart des prebstres, qui lors mouroyent, long temps le firent mettre sur leurs corps mors. Ledict Euesque laissa vn chapelain, nommé Foulques, par les preschemens & admonnestemens duquel plusieurs femmes demourans à Paris, mal conditionnees, qui auoyent mal vsé & abusé de leurs corps, se conuertirent à deuotion & à viure solitairement: & en l'an mil cent quatre vingts dixhuict pour elles fut fondee & edifiee l'Abbaye de sainct Antoine des Champs, pres Paris. En ce mesme temps plusieurs villes & lieux du royaume de France furent bruslez par feu de fouldres & de tempestes, qui tombèrẽt du ciel: & mesmement l'eglise, & toute la cité de Chartres. * Lors vindrent nouuelles en Frãce que Henry, Comte de Champaigne, qui estoit demouré oultre mer, & auoit esté faict Roy de Hierusalem, estoit trespassé, & estoit tombé d'vne fenestre de son palais: & escheut ladicte Côté de Champaigne à son frere, qui Thibault auoit nom: lesquels Henry & Thibault estoyẽt nepueux dudict roy Philippe, & enfans de madame Marie de France, sa sœur: laquelle quand sceut la maniere de la mort de son fils, tantost apres mourut de courroux. En ce teps par l'Euesque de Mayance, & le Duc de Saxe, fut faicte vne grand' cõmotion & assemblee de gens, pour aller en ayde de la terre saincte: en laquelle plusieurs Euesques & Prĩces se vouerent & croiserent. L'Empereur Henry pour y aller fit grands appareils de ses gens & de viures.

Maurice pauure enfant, pour vne aumosne ne voulut quitter l'esperance qu'il auoit à l'Euesché de Paris.

L'eglise de Paris edifiee puis le rez de chaussee.

Trespas de Maurice, Euesque de Paris.

Fondation de s. Antoine des lez Paris.

* plusieurs disent en l'an 1197

Trespas de Henry, Comte de Chãpaigne, & Roy de Hierusalem.

Comment

DV ROY PHILIPPE AVGVSTE, II. DE CE NOM. Fueil.xcj.

Cóment les Comtes de Flandres, de Boulongne, & autres s'esleuerent contre le Roy.

AVdict an mil cent quatre vingts * & seize, ledict roy Philippe, en venant contre l'e- *autres 17.
dict qu'il auoit parauant faict, & contre l'oppinion de tous ses Conseillers, Iudæos, Iuifs rappelez
quos reiecerat, Parisius reduxit, & Ecclesias Dei grauiter persecutus est : sed multa en France.
post pœna secuta est : & en voulut nostre Seigneur prendre vengeance. Car en l'an- L'an mil.c.iiii.
née ensuyuant mil cent quatre vingts dixsept, Baudouyn Côte de Flandres, qui nagueres auoit xx.dixsept.
fait hommage audict roy Philippe, de sa terre, se departit manifestement de la feaulté, & se ioignit & allia audict Richard, Roy d'Angleterre: si fit semblablement Regnauld, Comte de Bou
longne, fils du Comte de Dampmartin: lequel le Roy auoit tant aymé qu'il luy auoit fait dôner & espouser la Comtesse, & donné la Comté de Boulongne, & plusieurs autres grands biés
luy auoit faicts. Et au moys de Septembre ensuyuant, ainsi que ledict roy Philippe n'estoit de
riens pourueu, & qu'il ne s'en doubtoit point, ledict roy Richard, auec mil & cinq cés Cheualiers, & plusieurs Costereaux, gens de pied, entra au Veuxin, & gasta tout le pais d'entour Gisors, & abbatit Courcelles, & plusieurs autres forteresses & villes champestres. Quand le Roy
le sceut, & qu'ils auoyent assiegé le chastel de Gisors, il fut enflambé de grand' ire: si monta hastiuement à cheual, & alla à tout dix cheualiers, & cinq mil hommes de pied seulement, cuidant
entrer dedans Gisors, pour secourir ceulx qui estoyent dedans, & leur donner courage. Ses en- Magnanimité
nemis, qui en furent aduertis, vindrent au deuant: il se ferit dedans eulx de hault & magnanime du Roy Philip
courage, & par grand' hardiesse, & se combatit vertueusement, frappant à dextre & à senestre, pe Auguste.
comme tout forcené: & tant fit qu'il trauersa lesdicts ennemis, & entra audict chastel de Gisors
auec peu de ses cheualiers: & en ce conflict moururent plusieurs gens dudict roy Philippe, & y
gaignerent les Anglois moult de biens des François: mais toutesfois lesdicts Anglois furent
contraincts de leuer ledict siege.

Guerre entre Francois & Anglois.

LEdict Philippe, Roy de France, qui moult fut deplaisant & courroucé de l'iniure qui luy auoit esté faicte par les Anglois, & n'auoit pas deuant les yeulx que ce
luy pouoit estre aduenu par punitiõ diuine, par ce qu'il auoit opprimé les eglises,
& r'appelé lesdicts Iuits, delibera de soy venger côtre ledict Roy Anglois: & trou Le roy Philip-
ua facon de saillir hors de Gisors, & assembla moult grand' armee, & entra en pe persecuta
Normandie iusques au Neuf Bourg, & destruisit le pais iusques à Beaumont le Roger : & ce moult la Nor-
faict, pource que l'yuer approchoit, il s'en retourna en France, & donna côgé à ses gens d'armes mandie.
pour icelle annee. Quand le Roy d'Angleterre sceut qu'il auoit ainsi rõpu son armee, il assembla ses gens & ses Costereaux, & courut & gasta tout le pais de Veuxin, & Beauuoysin, & emmena grand nôbre de prisonniers, & plusieurs biens & proyes. L'Euesque de Beauuais, & messire Guillaume de Marle les suyuirent, pour recouurer les prisonniers, & proyes qu'ils emmenoyent: mais les Anglois, qui en furent aduertis, se mirent en aguet, & les prindrét prisonniers.
En celle mesme saison ledict Comte de Flandres, qui estoit allié audict roy Richard d'Angleterre, print sur le roy Philippe la ville de S. Omer, lez Flandres. Le pape Innocét, qui fut aduerty des guerres & discors qui estoyent lors entre lesdicts deux Roys: enuoya deux Cardinaux,
Legats en Frãce, pour trouuer moyen d'en faire paix, & les admonnester d'aller en ayde du recouurement de la terre saincte: mais ils n'en sceurét venir à bout pour la pertinacité dudict Richard, Roy d'Angleterre: toutesfois firent ils tant q̃ treues furent accordees entre lesdicts deux
Roys, & iournee prinse & assignee pour traicter de paix. Philippe le Duc de Suaue, qui frere e-
stoit à Henry Empereur, nagueres trespassé, tascha à soy faire Empereur, & eut l'assentement
de la plus grand' partie de ceulx de l'Empire: & s'allia auec le Roy, en esperãce que le Roy luy
aydast à son affaire : mais Othon, fils du Duc de Saxongne, qui estoit en Alemagne, fut couronné Empereur à Aix la chapelle, par l'ayde du Roy Richard son oncle, du Comte de Flandres, & de l'Archeuesque de Coulongne.
En celle annee vn Cheualier du pais de Vermandois, qui estoit mort, resuscita, & predit, & D'vn Cheua-
parla de plusieurs choses aduenir : & postea sine cibo & potu longo tempore vixit. lier mort &
resuscité.

Du grand thresor trouué en Limosin: & de la mort du roy Richard d'Angleterre.

EN l'an mil cent quatre vingts dix neuf il aduint au pais de Limosin qu'vn Cheua- *Poli.Verg.ne
lier trouua en sa terre vn moult grand * thresor: & estoit comme on disoit, vn Empe- met rien de ce
reur, sa femme, ses fils & ses filles, qui estoyent de leur grãdeur & grosseur, assis à vne thresor, & dit
table : & estoyent lesdicts personnages, table, & treteaux, de fin or massif: & y auoit que Rich. mou
rut l'an 1200.

q

lettres escriptes qui donnoyent à entendre les noms, & le temps qu'auoit regné ledict Empereur, qui ce auoit fait faire. Le roy Richard d'Angleterre, qui en fut aduerty, le voulut auoir, disant qu'il estoit souuerain audict païs de Limosin, & par ce luy deuoit appartenir par droict de Aubeine: mais le Cheualier, qui l'auoit trouué en sa terre, qui estoit du fief du Vicomte de Limoges, ne luy voulut bailler, & l'emporta, & se retira deuers ledict Vicôte de Limoges: parquoy ledict Richard les alla asieger dedās vn chastel appelé *Chaulus de Capreol, auquel ils s'estoyēt retirez. Et ainsi que ledict Richard tenoit le siege, & qu'vn iour il alloit à l'entour de la place, aduint qu'vn de ceulx qui estoyent dedās ladicte place, d'vne arbalestre qu'il auoit tira vn traict à l'aduenture, & à la volee, sans regarder, ou, ne à qui il tiroit. Il aduint qu'iceluy traict tomba sus le pied dudict roy Richard d'Angleterre: & le bleça vn peu: & dudict coup aucuns iours iceluy Richard mourut, & fut apres porté enterrer en l'Abbaye de Fronteuaux, aupres du Roy Henry, son pere, & fut son cœur porté enterrer en l'eglise nostre Dame de Rouen. Iceluy Richard fut en son viuant homme vaillāt en armes, large donneur, cault & subtil en ses affaires, fort aymé de ses gens: & à ceste cause, pour la magnanimité de son courage, fut surnommé cœur de lion: mais il se monstra trop de fois desloyal, rebelle, & contumax au Roy de France, son souuerain & naturel Seigneur, sans cause raisonnable: & luy rompit plusieurs fois sa foy & son alliance, tellement que de son viuant & iusques à ores la haine s'en est enracinee aux coeurs des Francois & des Anglois, les vns contre les autres, plus qu'elle n'estoit parauant.

*Autres le nōment Caulac, simplement.

Trespas du Roy Richard d'Angleterre.

La cause de l'inimitié des Frācois et Anglois

Comment Iehan sans terre fut Roy d'Angleterre.

Apres la mort d'iceluy Richard, Roy d'Angleterre, luy succeda son frere, qui parauant estoit appelé Iehan sans terre: lequel s'en alla hastiuement en Normandie, & print les sermens des vassaux, & mit garde es places du païs (car il se doubtoit que son nepueu Artus, fils de Geoffroy son frere aisné, s'en voulsist ensaisiner) puis passa en Angleterre: & le iour de la feste de l'Ascension nostre Seigneur ensuyuant mil cent* quatre vingts dixneuf fut couronné Roy d'Angleterre, en l'eglise de Cantorbie. Quand ledict Roy Richard fut mort, l'estat des choses fut changé: parquoy le roy Philippe de France assembla ses gensdarmes, & entra en Normandie, & print par force la cité d'Eureux, & les places d'Aprilly, Aquiny, & toutes les autres d'enuiron: lesquelles il garnit de ses gens, & de viures: & puis passa oultre, & gasta toute la terre iusques au Mans. Semblablement Artus le ieune, Comte de Bretaigne, nepueu dudict Roy Iehan d'Angleterre, entra en Aniou & au Maine, & se saisit des païs qui luy deuoyent appartenir à cause de sa mere, qui auoit eu espousé Geoffroy, frere du Roy Iehan: & puis vint iceluy Artus iusques au Mans, deuers ledict roy Philippe. Tantost apres aussi vint deuers luy en la cité de Tours, Alienor, iadis Royne d'Angleterre, mere dudict Iehan: laquelle luy fit hommage des Duchez d'Aquitaine, & Comté de Poitou, qui luy appartenoit par droict d'heritage. Apres ce, le Roy s'en retourna à Paris, & emmena auec luy ledict Artus, Duc de Bretaigne: & furent prinses treues entre lesdicts deux Roys, Philippe de France, & Iehan d'Angleterre, & le Comte de Flandres, iusques à la sainct Iehan ensuyuant.

*Pol. y er. suyuant tousiours son compte dit 1201.

Comment le royaume de France fut interdict pour le faict du mariage du Roy Philippe, & d'Ysamberge sa femme.

Enuiron la feste sainct Michel audict an mil cent quatre vingts & dixneuf, Pierre de Chappes, l'vn des Cardinaux enuoyez Legats en France, pour le faict de la reformation du mariage dudict roy Philippe, qui auoit laissé Ysamberge, sa femme, soeur du Roy de Hongrie, assembla conseil à Dyon de tous les Prelats, Archeuesques & Euesques, Abbez, Prieurs conuentuels, & autres gens de l'Eglise du royaume de France. Le Roy, qui estoit bien aduerty que ledict Cardinal vouloit interdire son royaume, y enuoya ses messagers, & fit appeler de luy: mais ledict Legat ne voulut point surseoir ne differer, & nonobstant ledict appel ietta sa sentence: mais il ordonna qu'elle ne seroit point publiee iusques au vingtiéme iour apres la natiuité nostre Seigneur ensuyuant. Quand ledict iour fut escheu, icelle sentence fut publiee, & l'interdict mis par tout le royaume: qui fut piteuse chose. Quand ledict Philippe sceut que les Prelats, Euesques, Abbez, & gens d'Eglise de son royaume auoyent consenty audict interdict, il fut moult courroucé & irrité contre eulx, tellement qu'il les bouta & chaça tous hors de leurs sieges, & fit prendre tous les biens des chanoines, prebstres & clercs: mesmement de ceulx qui estoyent es eglises parochiales: & commanda qu'ils fussent tous deiectez & mis hors de son royaume: & fit prendre & enclorre prisonniere, en son chastel d'Estampes, ladicte Royne Ysamberge sa femme & espouse, qui estoit vne moult noble & saincte dame.

Mil cent quatre xx. & xix.

Le Roy Philippe fit chacer les prelats & gēs d'eglise de leurs benefices.

dame. Et luy eſtant en ce colere & maltalent fit violentement prendre la tierce partie des biés des gens Nobles de ſon royaume, & fit pluſieurs grandes & exceſſiues tailles & exactions ſur tous les Bourgeois & populaire.

D'vn appoinctement final faict entre le Roy Philippe Auguſte, & Iehan d'Angleterre, en l'iſle d'Andely, pres Vernon.

LE iour & feſte de l'Aſcenſion enſuyuant, qui fut l'an de grace mil deux cens, leſdicts Philippe & Iehan, Roys de France & d'Angleterre, s'aſſemblerent en vn lieu qui eſt entre Vernon & l'iſle d'Andely: & illec fut faicte & reformee entre eulx paix finale: & fut faicte diuiſion & ſeparation de leurs terres & ſeigneuries, ainſi qu'il eſt contenu es lettres qu'ils baillerét l'vn à l'autre: & en faiſant ladicte paix fut faicte deſlors, & audict lieu, le mariage de monſeigneur Louis, aiſné fils du Roy de France, & de madame Blanche, fille d'Alphons, Roy de Caſtille: laquelle eſtoit niepce dudict Iehã, Roy d'Angleterre, & apres fut mere de ſainct Louis. Par le traicté dudict mariage ledict Roy Iehan donna & quitta audict Louis & à ſadicte niepce, & à leurs heritiers perpetuellement, toutes les terres, villes, places & ſeigneuries que ledict roy Philippe auoit prinſes ſur luy, durant les guerres precedentes: c'eſt à ſcauoir Giſors, & tout le Veuxin, iuſques à la riuiere d'Andely, Vernon, Pacy, & la Comté d'Eureux, Parmoy, Ailly, & autres païs que ledict roy Philippe auoit prins ſur les Roys d'Angleterre, & qu'il tenoit lors: & ſemblablement donna toutes les terres qu'il poſſedoit & tenoit deça la mer, s'il aduenoit qu'il mouruſt ſans hoirs de ſa chair. Ceſte paix fut iuree & confermee par leſdicts deux Roys, & par tous les Seigneurs, Princes & Barons qui eſtoyent d'vn coſté & d'autre, & en furent faictes lettres & chartres. puis s'en alla ledict Roy d'Angleterre en Gaſcongne, contre aucuns Barons & Seigneurs ſes ſubiects, qui luy eſtoyent rebelles: & luy bailla le Roy de France de ſes genſdarmes, ce qu'il en voulut demander. En ce temps Hugues le Brun, Comte de la Marche, auoit fiancé la veufue du Comte d'Angouleſme: & en paſſant par le païs ledict Roy Iehan d'Angleterre ſceut qu'elle eſtoit en vn chaſtel, ſi y alla, & l'eſpouſa, dont iceluy le Brun, & pluſieurs Seigneurs, ſes parens, furent moult courroucez.

Mariage de Louis de Montpenſier, fils du Roy, auec la fille du Roy de Caſtille.

Comment le Roy Philippe Auguſte reprint Yſamberge ſa ſeconde femme qu'il auoit repudiee, dont Marie ſa tierce femme mourut de dueil.

L'Annee enſuyuant mil deux cens & vn, le pape Innocent enuoya de rechef Octouian, Eueſque d'Oſtie, & Iehan de ſainct Paul, Eueſque de Velletry, Cardinaux, Legats en France, pour admonneſter ledict roy Philippe de reprendre ladicte Yſamberge, ſa femme, & abandonner celle qu'il tenoit. Leſquels Legats preallablement abſolurent le Roy, & pour ladicte cauſe aſſemblerent vn moult grand conſeil à Soiſſons, ou le Roy alla en perſonne: & y furent tous les Princes, Barons, Prelats, Abbez, Iuriſtes, & grands clercs de ce royaume: & là furent longuement à conſeiller & debatre la matiere: à ſcauoir ſi le mariage dudict Roy & de ladicte Yſamberge deuoit eſtre confermé ou infirmé. Apres ce qu'ils eurent eſté l'eſpace de quinze iours, ou plus, ſus ceſte matiere, ſans y prendre concluſion, le Roy à qui il ennuyoit de tant attendre, vn matin au poinct du iour s'en partit de la ville de Soiſſons, ſans dire à Dieu, & emmena auecques luy ladicte Yſamberge, ſa femme: puis manda auſdicts Legats par ſes meſſagiers, qu'il emmenoit ſa femme, & qu'il ne requeroit plus en eſtre ſeparé. *Quo audito ſolutum eſt conſilium, & abſoluerunt*, leſdicts Legats totalement le royaume, qui eſtoit interdict: & s'en retournerent les Prelats de France chacun ſur ſon lieu. Ledict Iehan de ſainct Paul, Cardinal, s'en alla à Romme: mais ledict Octouian, Eueſque d'Oſtie, demoura Legat en France. Quand madame Marie, fille du Duc de Boeſme, que ledict Philippe auoit eſpouſee lors qu'il repudia ladicte Yſamberge, ſceut les nouuelles qu'elle eſtoit ſeparee du mariage dudict Roy Philippe, *dolore anxia apud Potiacum moritur*: & pource qu'elle auoit eu dudict Roy Philippe deux enfans, l'vn nommé Philippe & l'autre Iehan, ledict pape Innocent, à la requeſte dudict Roy de France les legitima. En ce temps mourut Thibault, Comte de Champaigne: lequel eſtoit fils de feu Henry, Comte de Champaigne, qui auoit eſté faict Roy de Hieruſalem, comme deſſus a eſté dict. Iceluy Thibault auoit eſpouſé la ſoeur du Roy de Nauarre, de laquelle en ſon viuant il eut vne fille: & quand il mourut il la laiſſa groſſe d'vn fils, qui eut nom Iehan, mais il ne veſcut pas longuement. Ledict Roy Philippe apres ſon treſpas print en ſa garde ladicte Comteſſe de Champaigne, ſa veufue, & ſa fille, auec leurs terres qu'il tint en ſa main. Enuiron ce

Mil.ii.c. & vn.

Croisée de plusieurs Princes. temps Louis Comte de Blois, & Baudouyn, Comte de Flandres, & plusieurs Nobles & Prelats se croiserent, & entreprindrent le voyage de Hierusalem, pour la defence de la terre saincte.

De la venue de Iehan d'Angleterre à Paris: & comment tantost apres il refusa à faire hommage des Duché d'Aquitaine, & Comtez de Poitiers & Angers, qui luy estoyent escheues par le trespas d'Alienor, sa mere.

AV moys de Iuillet audict an, le roy Iehan d'Angleterre vint à Paris pour voir ledict roy Philippe & son fils, qui auoit espousé madame Blanche sa niepce: ou le Roy le receut moult ioyeusement & honorablement, & par tout ou il passa, par l'ordonnance du Roy, luy fut faict honneur & reuerence, côme on eust fait à la propre personne du Roy: & fut en plusieurs lieux à Paris grandement festoyé: & furent vins & viandes abandonnez à tous ses gens en la maison du Roy. Quand il s'en voulut retourner, le Roy fit de grâds dons à luy & à ses gens: & partirent les deux Roys l'vn de l'autre en bône paix & amour.

Mil deux cens & deux trespassa Alienor, mere du Roy Iehan d'Angleterre. Et l'an mil deux cens & deux Alienor, Royne d'Angleterre, mere dudict roy Iehan, qui estoit Duchesse de Guyenne, & Comtesse de Poitiers & d'Aniou, trespassa: & escheurent lesdictes seigneuries audict roy Iehan d'Angleterre: parquoy aucun temps apres ledict roy Philippe, voyant qu'iceluy Iehan ne venoit point deuers luy, pour luy faire hommage desdictes seigneuries, comme il estoit tenu de faire, le fit par diuerses fois sommer, semondre, & adiourner à comparoir par deuant luy à Paris, à certain iour pour respondre, tant sur ce que dict est, que sur ce qu'il vouldroit proposer contre luy, touchant lesdicts pais de Guyenne, Poitou & Aniou: mais iceluy Iehan *vento superbiæ inflatus*, n'y vint, n'enuoya. Parquoy le Roy eut conseil à ses Barons, & luy fut conseillé qu'il asignast à son fief, & saisist lesdictes seigneuries: & à ceste cause assembla son ost, & entra en la terre dudict roy Iehan d'Angleterre, par Normandie: & print & acrauanta les places de Boulauant, Argueil, Conches, Andely, Gournay, Val de Rueil, & toute la terre que tenoit Hue de Gisors.

D'vn Legat qui vint en France pour faire paix: & comment le Comte de Bretaigne fit hommage lige au Roy.

SVr ces entrefaictes le pape Innocent enuoya de rechef deuers lesdicts deux Roys de France & d'Angleterre, pour les admonnester & commander qu'ils fissent paix ensemble, & qu'ils restablissent les Abbayes qu'ils auoyent destruictes, à cause de leurs guerres & diuisions, & les missent en l'estat qu'elles estoyent: duquel commandement le roy Philippe, lors estant à Mante, se porta appelant: & par deliberation des Prelats de France, la cause fut commise au Pape. Puis le Roy partit dudict lieu de Mante, & mit le siege & print par force d'armes Radepont & Chasteaugaillard, ou il tint six moys le siege deuant, iusques à ce que ceulx de dedans fussent affamez: & dudict Chasteaugaillard le Roy s'en alla à Gournay, en Normandie: & là fit Cheualier Artus, Comte de Bretaigne à cause de Constance, sa mere, qui fils estoit de Geoffroy, en son viuant Côte d'Aniou & *Mil deux cens & deux.* de Poitou, frere dudict Iehan, Roy d'Angleterre: lequel Artus au moys de Iuillet mil deux cens & deux se fit homme lige audict roy Philippe des Comtez de Bretaigne, d'Aniou & de Poitou, promettant le seruir enuers & contre tous, qui peult viure & mourir. Ce faict le Roy luy fit fiancer vne sienne fille, & luy bailla charge de deux cens Cheualiers, pour aller faire la guerre en Aquitaine, contre ledict roy Iehan d'Angleterre, son oncle & aduersaire.

Comment le Roy d'Angleterre fit tuer son nepueu Artus, Comte de Bretaigne: & comment son successeur Duc fit hommage au Roy, dudict Duché de Bretaigne.

AVdict an mil deux cens & deux, apres qu'iceluy Artus, qui estoit ieune, preux & hardy Cheualier eut prins congé dudict roy Philippe, il se mit à chemin vers Aquitaine, & alla iusques à Mirebeau en Poitou, combien qu'il eust petite compagnie: mais le Roy d'Angleterre, qui fut aduerty de sa venue, & sçauoit sa volonté, assembla plusieurs gensdarmes, & enuoya contre luy: lequel se defendit vaillamment, mais à la parfin fut prins prisonnier. De ces nouuelles fut le roy Iehan moult lyé, & abandonna le siege qu'il tenoit deuant le chastel d'Arques, & amena son armee en Touraine: & par *Inhumanité cruelle du Roy d'Angleterre, commise en la personne du Côte de Bretaigne son nepueu.* tentation dânable *contra ius naturæ*, iceluy roy Iehan tua secretement ledict Artus, qui estoit son nepueu, fils de son frere: & apres sa mort il enuoya Alienor, sœur dudict Artus, en Angleterre, en prison, ou elle fut dixhuict ans prisonniere, affin qu'elle n'eust lignee qui luy peust tollir lesdictes

DV ROY PHILIPPE AVGVSTE, II. DE CE NOM. Fueil.xcvij.

lir lesdictes seigneuries: & ainsi fut estaincte la lignee dudict Comte Geoffroy d'Angleterre.
Tantost apres ledict roy Iehan print prisonnier le Vicomte de Limoges, Geoffroy de Luzignen, & autres, qui estoyent ses hômes liges, mais ils s'estoyent alliez au roy Philippe de France, par ce qu'iceluy roy Iehan auoit osté à Hue le Brun, Comte de la Marche, sa femme, qui auoit esté femme du Côte d'Angoulesme, & pour autres griefs qu'il faisoit aux autres Poiteuins. Aucuns temps apres Constance, Comtesse de Bretaigne, veufue de feu Geoffroy d'Angleterre, Comte d'Angers, frere dudict roy Iehan d'Angleterre, mere desdicts Artus & Alienor, apres le trespas dudict Geoffroy print à mary en secondes nopces le Côte Randol, qui ne vesquit gueres: si se maria à Guy pour la tierce fois, frere du Vicomte de Touars, qui quelque temps apres mourut *squalore lepræ*: mais auant son trespas engêdra en elle deux filles, l'vne nômee Aelis, & l'autre Katherine. Aelis fut Comtesse de Bretaigne apres sa mere, & fut mariee à Pierre de Dreux, dict Mauclerc, fils de Robert, Côte de Dreux, qui fils auoit esté du roy Louis le Gros, côme dessus a esté dict: lequel Mauclerc à cause d'elle fut * Comte de Bretaigne, & en fit hômage audict roy Philippe: & ladicte Katherine fut mariee à André, seigneur de Vitre. Iceluy Pierre Mauclerc fit depuis plusieurs grands maulx & guerres en France: car il pretendoit droit à la couronne de France, à cause de son pere, qui auoit esté fils dudict roy Louis le Gros, & estoit premier en geniture que Louis le Piteux, son frere, qui auoit esté couronné Roy, comme a esté dict en l'an mil cent trente & vn.

* long temps a qu'il en a fait une Duché: & seroit mieulx ce me semble.

De la prinse de Constantinoble par les François: & comment Baudouyn, Comte de Flandres, en fut faict Empereur.

Nuiron ce temps les Barons de France, qui estoyent nouuellement allez en la terre d'oultre mer, comme Baudouyn, Comte de Flandres, Louis, Comte de Blois, le Côte du Perche, le Marquis de Montferrat, & plusieurs autres, auec l'ayde du Duc de Venize, prindrent la cité de Constantinoble, & restituerent l'Empire à vn ieune Prince, nommé Alexis, auquel elle appartenoit de droit heritage: & pource que ledict Alexis fut tantost tué en vne bataille, les Barons de France & de l'Empire esleurent concordamment ledict Baudouyn, Comte de Flandres, & le firent Empereur de Constantinoble: lequel ne vescut q iusques enuiron l'an mil deux cens & huict: & apres luy les Barons de Frâce, qui estoyent oultre mer, firent Henry son frere Empereur.

De la prinse & destruction de Tours: & comment les Barons d'Aquitaine & Poitou vindrent à plainte au Roy de France.

Vand le roy Philippe sceut les nouuelles de la mort dudict Artus, Côte de Bretaigne, il en fut merueilleusement courroucé: si mit sus son armee, & alla à Tours que tenoit ledict Roy d'Agleterre. la cité print, gasta, & destruisit par feu la pluspart: & quâd il fut party ledict roy Iehan d'Angleterre y alla, & la print sus les gês dudict roy Philippe, & la paracheua du tout de destruire & brusler, & fit raser la ville & le chastel: & la pluspart des habitâs, qui s'estoyent retraicts es eglises, fit par Costereaux & satalites mettre à occision, si que c'estoit pitié de voir la cruauté des corps, & du sang qui estoyent es eglises & es rues. Et pource que le temps d'yuer estoit venu, ledict roy Philippe mit garde es places qu'il auoit prinses sur ledict Roy Anglois, & s'en retourna en France sans faire aucun appoinctemêt ne treues: & tantost apres vindrent deuers luy lesdicts Hue le Brun, Comte de la Marche, le Vicomte de Touars, Sauary de Mauleon, Geoffroy de Luzignen, & le Vicomte de Limoges, qui auoyêt esté prisonniers auec ledict Roy Artus par ledict Roy d'Angleterre: mais ils auoyêt esté deliurez par rancon, côbien qu'ils fussent hômes liges de la terre d'Angleterre, côme dict a esté.

Cruauté du Roy d'Angleterre.

En l'an de grace mil.cc.&.iiij. ledict roy Philippe recommenca sa guerre, & entra en Aquitaine. Les Poiteuins & les Bretons s'adioignirêt auec luy, & mainte forte place il print. A luy s'allia aussi le Comte d'Alencon: & mit toute sa terre en sa garde. Quand il eut toute celle Côté, il print son chemin par Normandie, & print Conches, le Val de Rueil, & l'isle d'Andely.

L'an mil deux cens & trois.

De la sentence & priuation qui fut donnee contre le roy Iehan d'Angleterre, par l'assemblee des Pers de France, en l'an mil deux cens & trois.

Estuy Iehan d'Angleterre fut si crimineux, & coulpable de tant de maulx, qu'il ne deuoit pas tant seulemêt estre priué par confiscation iuridique de toutes ses seigneuries, mais encores pour sa desloyauté & cruauté execrable: mesmemêt pour la mort par luy commise *contra ius naturæ* de son propre nepueu Artus, Comte de Bretai-

q iij

gne. Car les Barons dudict païs de Bretaigne, pourſuyuans ſelon droict à auoir vengeance de la mort de leur ſeigneur, le firent appeler à droict par deuant ledict roy Philippe, ſon ſouuerain, en la court des Pers de France: & leur plaincte declaree, & leurs cóclusiós illec faictes, luy deuement appelé, & par ſuffiſans edicts & interualles attendu, & non comparāt, fut faict ſon proces ſolennellement: & par icelle court des Pers, en l'an mil deux cens & trois fut donnee contre luy ſentence & arreſt diffinitif: par lequel il fut dict & declairé que pour ſadicte deſloyauté, & pour ſon crime de patricide, & leſe maieſté, toutes & chacunes ſeigneuries qu'il tenoit du Roy eſtoyent & ſeroyent confiſquees & deuolues à la couronne de France, & y furent vnies. Et lors ledict roy Philippe, vaillant en armes, comme vertueux executeur d'icelle ſentēce, fit pourſuyte contre le Roy Iehan, dont il n'auoit peu auoir l'obeiſſance qu'il luy deuoit, & ſ'en entra dedans la Normandie, & conquiſt pluſieurs citez, villes & chaſteaux, qui eſtoyēt reputez comme imprenables: & meſmement les citez d'Eureux, Cóſtances, Bayeux, Auranche, Liſieux, Caen, Falaiſe, Dampfront, auec les chaſteaux & forterſſes voyſines iuſques au mont ſainct Michel: leſquelles ſe rendirent les vnes par force, les autres par compoſition audict roy Philippe: lequel tellement precipita la cité de Rouen, que les habitans d'icelle luy demanderētt treues iuſques à ſoixante iours, pour aller en Angleterre vers le roy Iehan, requerir & demander ſecours, leſquelles le Roy leur octroya: & quand ils vindrent deuers luy il n'en tint pas grand compte, &, iouoit aux eſchez, & leur diſt qu'il leur feroit reſponce quand il auroit acheué ſon ieu, dont ils furent mal contens. Quād il eut parachevé il leur diſt qu'il ne leur ſçauroit faire ſecours ſi bref qui le demandoyent: ſi ſ'en retournerent à Rouen, & voyans qu'ils eſtoyent ſi oppreſſez qu'ils ne pouoient eſchaper de la puiſſance du Roy de France, luy baillerēt ladicte ville en ſon obeiſſance: lequel promit les garder en leurs franchiſes, libertez, & couſtumes: & d'illec alla prendre & aſſaillir le Chaſteaufort de Vernueil, qui par pluſieurs Roys de France, es temps precedens, auoit eſté aſſailly, & non prins: & pluſieurs autres grands chaſteaux & forterſſes de grand' reſiſtence, qui iuſques alors ſ'eſtoyent defendues, luy furent auſſi baillees: & tant & tellement fit qu'il retourna en ſes mains toute la Normandie entierement: laquelle par la vertu de la ſentence & execution deſſuſdicte, qu'il en fit, il adioignit au patrimoine de ſa couronne, trois cens quinze ans ou enuiron, apres que ſon predeceſſeur Charles le Simple l'auoit baillee en douaire à ſa fille Gille, qu'il auoit mariee à Rou, qui en fut le premier Duc, apres ce qu'il eut eſté baptiſé, & nommé Robert, comme a eſté dict deſſus es geſtes dudict Charles le Simple. En iceulx iours preſque toute la Duché d'Aquitaine, auec les Comtez de Poitou & d'Aniou, ſe ſubmirent audict roy Philippe, qui d'illec en auant ſe trouua obey par tout ou il paſſoit. En l'an mil deux cens cinq, le Roy qui l'annee precedente n'auoit peu auoir les chaſteaux de Loches & Chinon, en Touraine, qui eſtoyent fors à merueilles, & bien garnis de gés, viures & artilleries, & autres baſtons de traict defenſables, aſſembla ſon armee, & alla deuant, & y mit le ſiege, & les print par force: & y eut pluſieurs Cheualiers & Eſcuyers du party des Anglois prins priſonniers, & pluſieurs tuez. Apres ladicte prinſe, la cité de Poitiers, & la pluſpart de la terre d'Aquitaine ſe ſubmit à l'obeiſſance dudict Roy de France. Puis ſ'en retourna le Roy, & alla rendre graces à ſainct Denis, ou il donna pluſieurs belles reliques, que l'Empereur Baudouyn auoit prinſes à Conſtantinoble, en la chapelle des Empereurs. L'annee enſuyuant, mil deux cens & ſix, mourut la Royne Adelle, mere dudict roy Philippe: & fut enterree en l'Abbaye de Pontigny, près Thibault Comte de Champaigne & de Blois, ſon pere, qui icelle Abbaye auoit fondee. En ce temps mourut Hubert, Archeueſque de Cantorbie, & pource que ledict roy Iehan d'Angleterre ne voulut receuoir maiſtre Eſtienne Langtonne, Cardinal de S. Griſogone, que le Pape Innocent en auoit ſacré à Romme Archeueſque, fut le royaume d'Angleterre mis en interdict: & apres ledict roy Iehan d'Angleterre fit grand' armee d'Anglois, & vint deſcendre en Aquitaine, & à la Rochelle. Quand le roy Philippe ſceut qu'il eſtoit là arriué, il aſſembla ſon armee, & d'arriuee reprint Chinó, Loches, & toute Touraine, & apres Lodun, Mirebeau, Poitiers, & autres places qu'il garnit de gens & de viures. Quand le Roy d'Angleterre ſceut que le roy Philippe eſtoit là arriué, il recula & ſ'en alla à Angers, & la cité print & deſtruiſit: & en ces entrefaictes, le Vicomte de Tours & ſes adherens briſerent la feaulté qu'ils auoyent iuree au Roy de France, & vint ledict roy Iehan à Tours. Quand le Roy le ſceut il vint haſtiuement en Poitou, pour le combatre, & gaſta & deſtruiſit la terre dudict Vicomte de Touars. A la parfin les deux Roys donnerent treues l'vn à l'autre iuſques à deux ans. En l'an mil deux cens & ſept: apres les treues faillies ou rompues, le Roy aſſembla ſon armee, & alla en Poitou, la terre d'Emery Vicomte courut & gaſta, le chaſtel de Partenay print, & pluſieurs forterſſes, dont les aucunes fit abatre, les autres il bailla en garde à Guillaume des Roches, Mareſchal de France. En l'annee enſuyuant mil deux cens & huict, le Vicomte de Touars & Sauary de Mauleon, firent vne courſe ſur les terres du Roy. Ledict Guillaume des Roches le ſceut, & aſ-

ſembla

DV ROY PHILIPPE AVGVSTE, II. DE CE NOM. Fueil.xciiij.

sembla trois cens Cheualiers, & surprint & desconfit ledict Vicomte & ses gens prindrent prisonniers plus de cinquante Cheualiers Poiteuins: & entre autres furent prins Hue de Touars,frere dudict Vicõte Emery de Luzigné, fils du seigneur de Partenay:lesqls & biẽ quarante autres, ledict Mareschal enuoya deuers le Roy: & tantost apres ledict Vicõte se recõcilia auec le Roy, par le moyen de Guy de Touars, frere dudict Vicomte Emery, Comte de Bretaigne: & donna le Roy audict Vicomte la seigneurie de Lodun, & la seneschaucee de Poitou.

En l'an mil deux cens & neuf le Roy fut aduerty qu'aucuns souspeconnez auoyent faict fermer en la basse Bretaigne vn fort chastel appelé * Poliamel: & là receuoyent & recueilloyent les Anglois ses ennemis. Il enuoya son armee, dont auoit la conduicte le Comte de sainct Paul, qui assaillit la place, & la print par force. Puis y mit garnison pour le Roy, & en fit capitaine vn nommé Michel.

Mil.cc.et neuf
* Autres Grapil.

De la conspiration qui fut faicte contre le Roy par plusieurs Princes de France: lesquels cuiderent bien departir le royaume entre eulx, & faire mourir le Roy.

Apres ce que ledict roy Philippe eut recouuré & reduit au domaine de sa couronne toute la Normandie, & la plusgrand' part d'Aquitaine, le roy Iehan d'Angleterre fit vne alliance & coniuration clandestine, & farsie de trahison, auec Othon Empereur son nepueu, & Ferrand, Comte de Flandres, & Regnauld de Dampmartin, Comte de Boulongne (lequel Regnauld estoit excommunié par le Pape pour les exactions & pilleries qu'il auoit faictes sur les eglises, femmes vefues & orphelins, pour laquelle cause le Roy auoit prins & mis en ses mains les Comtez de Boulongne & Dampmartin, Mortaigne, Aumale, & autres seigneuries qu'il tenoit & possedoit, & estoit bany du royaume de France, & s'en estoit allé deuers le Comte de Bar, qui estoit son cousin) & aussi auoit ledict roy Iehan atiré à luy plusieurs autres Princes & Barõs du royaume de Frãce. Par laquelle coniuration ils conspirerent de faire mourir ledict roy Philippe, & diuiserent secretement son royaume entre eulx: & promirent l'vn à l'autre de lassaillir tout en vn temps, en diuerses parties de France: & pour paruenir à leurs fins, ledict roy Iehan d'Angleterre assembla grand ost, garny de tous habillemens de guerre, & se tira deuers Aquitaine: & en y allant print & occupa la cité d'Angers & la Comté d'Aniou: & attrahit à luy les Nobles du pais, enuoya ses coureurs oultre Loire, & prindrent Robert fils du Comte de Dreux, qui venoit en layde de Louis fils du Roy, & mit le siege deuãt le chastel de la Roche au Moyne, sur Loire. D'autre part Othõ l'Empereur, le Duc de Braban auec le Cõte de Sallebery, Anglois, & les Comtes de Flandres, de Bourgongne, de Dampmartin, & plusieurs autres Princes assemblerent osts terribles vers les parties de Flandres: & s'en allerent à Valenciennes: & quãd le roy Philippe sceut que luy & son royaume estoyent ainsi menassez & inuadez cruellement, il ne fut pas pourtant esbahy n'espouenté: mais de courage magnanime s'appareilla ioyeusemẽt, comme s'il deust aller à vnes nopces: & constitua deux osts: dont il commit l'vn à monseigneur Louis, son fils aisné, pour aller contre ledict roy Iehan d'Angleterre, du costé d'Aquitaine: & de l'autre il fut luy mesmes chef & cõducteur contre ledict Othon Empereur, & ceulx de sa secte. Adonc ledict Louis de France, fils du Roy, print son chemin vers Aquitaine, & alla à Chinon, ou il se tint aucuns iours attendant sçauoir des nouuelles de la venue dudict Roy d'Angleterre. Quand il eut nouuelles qu'il auoit assiegé ledict chastel de la Roche le Moyne, il se hasta d'y aller, pour secourir ceulx qui estoyẽt dedãs. Quand ledict roy Iehã sceut les nouuelles de sa venue de paour qu'il eut il s'enfuyt hõteusemẽt: & y laissa & abandõna ses pauillõs, artilleries, viures & gẽs, & s'en retourna en Angers: & illec le poursuyuit ledict Louis, & l'enchaça, & print la ville: parquoy il reduit ledict pais d'Aniou à l'obeissance dudict Philippe son pere, & entra en Poitou, ou il print plusieurs places. Durant le temps que ledict Louis faisoit la guerre audict roy Iehã d'Angleterre en Aniou & Poitou, ledict roy Philippe, son pere, entra auec son armee en la terre du Comte de Flandres iusques à l'Isle, gastat le pais. Quãd Othon Empereur, depuis deposé par le Pape, qui estoit nepueu du Roy d'Angleterre, lequel estoit venu à Valenciennes, en layde dudict Ferrand Comte de Flandres, le sceut, luy & ledict Ferrand, & le Cõte de Dampmartin firent marcher leur armee iusques au pont de Bouines, pour cuider surprendre à despourueu ledict roy Philippe à son retour de l'Isle: & quãd il sceut leur venue il fit arrester son armee, cuidãt qu'ils le deussent aller assaillir oultre la riuiere: mais ils n'oserẽt pour la ferme contenãce qu'il tint. Apres il fit preparer ses gẽs, & fit passer la moytié de son armee audict pont à Bouines, ou ses ennemis l'attendoyent: lesquels pour ce que ce iour il faisoit grãd' chaleur, se tirerẽt au costé pour cuider bailler aux Frãcois le soleil en l'œil, mais les Francois y pourueurent sagement. Quãd le Roy & son ost furent passez, il admõnesta

Du royaume de France qui fut secrettemẽt party & diuisé entre les ennemis d'iceluy.

Le Roy Philippe à tout grosse armee entra en la Cõté de Flãdres.

La iournee de Bouines.

q iiij

ses Cheualiers à bien faire,& deffendre la courône de Frâce:& le mesme iour que son fils Louis auoit eu la victoire côtre le Roy d'Angleterre, à la Roche au Moyne en Aniou, ledict Roy Philippe eut bataille contre lesdicts Empereur & Comtes, pres Tournay, en vn lieu apelé Mortaigne, si aspremẽt que l'espace d'vn iour ou plus fut combatu sans sçauoir qui en obtiẽdroit:& si vaillamment se porta de sa persõne iceluy roy Philippe de France, qu'il se mit si auant dedãs ses ennemis, & fut en telle presse, qu'il fut rué ius de son cheual par terre, entre les pieds des cheuaux. Et apres ce qu'il eut appelé Dieu en son ayde, & à grand' difficulté recouurit son cheual, il fit de merueilleuses armes, & occist grand' multitude de ses aduersaires, tellement que tous fuyrent deuant luy: & s'en fuyt honteusement ledict Othon Empereur, le Duc de Louuain, le Comte de Lambourg, & plusieurs autres, en delaissant les signes imperiaux: mais lesdicts Ferrand Comte de Flandres, Regnauld Comte de Boulongne & de Dampmartin, Guillaume Côte de Sallebery, & son frere, auec deux autres Comtes d'Alemagne, & vn appelé Bertran Hucquemange, qui estoit principal Conseiller dudict Empereur, & plusieurs autres Nobles & gens de renommee, & moult grand nombre d'autres y furent prins prisonniers & amenez en France:& le nombre des mors de la partie dudict Empereur & ses complices fut estimé mil cinq cẽs Cheualiers,& cent cinquante mil hommes armez,& de pietons innumerablement:& Dieu se monstrant misericordieux enuers le Roy de France,& les siens, accomplit le cantique: car vn seul poursuyuoit mille,& deux en chacerent dix mille.

Glorieuse victoire qu'eut le Roy Philippe contre l'Empereur Othon & ses alliez, au pais de Flãdres.

Des remonstrances que fit le Roy à Regnauld, Comte de Boulongne: & comment il l'enuoya prisonnier à Peronne, & amena à Paris le Comte de Flandres.

APres celle glorieuse victoire eue par ledict roy Philippe le Conquerãt, en laquelle il desconfit, tua, & mit en fuyte tant de haulx Princes & Seigneurs, qui auoyent entre eulx party & diuisé son royaume, il fit apres sa bataille serrer & amasser ses gens, & retourner aux tentes: & fit deuant luy amener les haulx hommes qui auoyent esté prins prisonniers en la bataille, qui estoyent en nombra trente, portant chacun propre baniere en bataille, sans autres Cheualiers & nobles gens, qui estoyent de moindre estat & dignité: & quand ils furent deuãt luy, il leur donna à tous leurs vies, combien qu'il en y eut plusieurs qui selon les droits auoyent bien merité à perdre les testes. Puis les fit lier, & mettre en charrettes, & mener en diuerses prisons, & auec luy emmena à Bapaumes le Comte Ferrand de Flandres, Regnauld, Comte de Boulongne & Dampmartin, & plusieurs autres: & là fut dict que ledict Regnauld, depuis sa prinse, auoit secretement enuoyé vn messagier à l'Empereur Othon, & luy mandoit qu'il se retirast à Gand, & amassast gens pour courir sus au Roy, dont le Roy fut moult mal content. Si monta en la tour ou lesdicts Ferrand & Regnauld estoyent, & commença à remonstrer audict Regnauld la grand' trahison qui estoit en luy, & cõmença à luy reprocher les grands benefices qu'il luy auoit faicts, & luy dist ainsi: Tu sçais Regnauld que de ta naissance tu es mon subiect & homme lige: Tu sçais aussi que ie t'ay prins au commencement en moult grand' amour, & te feis Cheualier, & moult te donnay de biens & de richesses: neantmoins Aubery, Comte de Dampmartin, ton pere, & toy, vous esleuastes contre mon royaume, & contre moy, & vous ioignistes au roy Henry d'Angleterre: mais ce neantmoins ie te pardonnay, & donnay la Comté de Dampmartin, qui m'estoit escheue par droit iugement & forfaicture: car ton pere estoit mort en guerre contre moy: & nonobstant ces benefices tu t'allias de rechef contre moy au roy Richard d'Angleterre, apres la mort duquel ie te receu de rechef en grace. Oultre ce te donnay trois Comtez: c'est à sçauoir Mortaing, Aumalle, & Varennes: mais, tous ces benefices oubliez, tu as esmeu contre moy Angleterre, Alemagne, Flandres, Haynault, Braban, & plusieurs autres seigneuries: & fuz cause de prendre mes nefs au port du Dan. Tous ces maulx m'as tu rendus pour retribution de mes benefices: & encores que tu as mandé à l'Empereur qu'il se r'allie pour me faire guerre: non pourtant ne t'osteray ie pas la vie (car ie le t'ay octroyé) mais ie te mettray en telle prison q̃ tu n'eschaperas pas sans estre puny. Si le fit lier & enferrer de grosses chaines de fer, & mener à Peronne, ou il fut mis en forte prison: & le Roy fit amener quand & luy le Comte Ferrand, & le fit mettre en vne grosse tour qu'il auoit nouuellement fait edifier, appelee la tour du Louure: & fit mener les autres prisonniers qui auoyent esté prins en la bataille en diuerses prisons. Les ennemis du roy Philippe seulement n'auoyent pas fait conspiration contre luy, mais l'auoyent semblablement faicte secretement plusieurs grands Princes du royaume, par dons que les autres leur auoyent faicts: comme le Comte de Neuers, le Vicomte de Touars, & tous les Seigneurs d'oultre Loire, les Seigneurs & Barons, Poitcuins, Angeuins & Manceaux, excepté Guillaume des Roches, Seneschal d'Aniou: lesquels auoyent promis donner faueur & ayde au Roy d'Angleterre:

Des reproches que fit le Roy Philippe le Cõquerant au Cõte de Dãpmartin qu'il tenoit prisonnier.

La tour du Louure fut bastie par le Roy Philippe le Cõquerant.

mais

DV ROY PHILIPPE AVGVSTE, II. DE CE NOM. Fueil. xcv.

mais ils ne s'estoyent point encores manifestez, pour la doubte du Roy, en attendant que la bataille fust faicte, esperans que le Roy la perdroit. On pourroit dire que lesdicts Comtes de Flandres & de Boulongne seroyent pourmenez & mis aux fins ausquels il tendoyent. Car par le departement du royaume qu'ils auoyent fait entre eulx, ledict Ferrand deuoit auoir Paris, & les citez & païs de France à l'enuiron, & ledict Regnauld deuoit auoir Peronne & Vermandois, & aussi les eurent ils, non pas à leur honneur n'ainsi qu'ils l'entendoyent. Quand les Seigneurs & Barons de Poitou eurent ouy la nouuelle de la grand' victoire dudict roy Philippe, ils furent espouentez: car le Roy estoit aduerty & acertené de leur conspiration & mauuaistié. A ceste cause ils enuoyerent messages pour eulx reconcilier vers luy : mais il n'y voulut acquiescer: & pource que le roy Iehan d'Angleterre s'estoit retiré audict pais de Poitou, le Roy fit tirer son armee vers Tours. Ledict Vicomte par le moyen du Comte de Bretaigne, son frere, qui auoit espousé Constance, trouua façon de soy recócilier au Roy: & lors ledict Iehã, Roy d'Angleterre, qui estoit pres dudict Tours, enuoya deuers ledict roy Philippe le Legat du Pape, qui estoit en France pour la question desdicts Roys requerir treues, lesquelles ledict roy Philippe, de sa benignité accoustumee, luy octroya. Il n'est pas aussi à mettre en oubly que la vieille Comtesse de Flandres, mere dudict Baudouyn qui vsoit de sort, vn peu auant ladicte bataille s'aduisa & voulut sçauoir & enquerre par sort & par art magique quelle deuoit estre à la fin & aduenture de la bataille, que lesdicts Princes preparoyent contre ledict roy Philippe : & fit ses sors en la maniere de ceulx d'Espaigne, dont elle estoit extraicte, qui fort vsent d'iceluy art: & par son sort elle eut telle responce: c'est à sçauoir que l'on se combatra & sera le Roy abatu, & sera ledict Roy foullé des pieds des cheuaux, & si n'aura point de sepulture, & Ferand sera receu à Paris en grand triumphe & procession apres la victoire. Toutes ces choses peuuent bien estre exposees selon verité à celuy qui bien l'entend : car tout ainsi aduint il que le sort le rapporta en double entendement, selon la coustume du Diable, qui tousiours en la fin decoit ceulx qui adherent à luy en paliant ses promesses par falaces amphibologieuses & doubteuses. Car les aduersaires du Roy se combatirent contre luy, & fut le Roy abatu entre les pieds des cheuaux: mais il n'eut pas sepulture, car il ne mourut pas: & si fut ledict Ferrand, fils de ladicte Cótesse receu à Paris en triumphe: car le Roy l'amena à grand' procession & triúphe: mais ce fut à grand' confusion, & non pas ainsi que ladicte Comtesse l'interpretoit à sa gloire & auantage.

Du sort que fist la vieille Comtesse de Flãdres

De la reception du Roy Philippe le Conquerant apres la victoire qu'il eut en Flandres: & des derisions que l'on disoit par les chemins à Baudouyn Comte de Flandres.

Difficile est de reciter & mettre par escript la grãd' ioye & liesse qui aduint en France apres ceste glorieuse victoire, & commét les gens d'Eglise, bourgeois & habitans, tãt des villes que des lieux chãpestres, receuoyent à grand hõneur & triúphe leur Roy à son retour à Paris. Toutes manieres de gés accouroyét par les carrefours & chemins par ou il deuoit passer, tant pour luy faire honneur, que pour voir ledict Côte Ferrand, qu'il faisoit mener quãt & luy, lyé & enferré: & à l'occasió des fers qu'il auoit aux iãbes & es pieds, il estoit porté en vne litiere sur deux cheuaux. Tous ceulx qui le voyoyét, le regardoyét par derisió, & en eulx mocquát de luy, & pour luy faire despit par equiuocque de son nom, pource q̃ deux cheuaux qui estoyent ferrez le portoyent, ils luy disoyét q̃ deux Ferrands, portoyét le tiers Ferrãd, & que Ferrand estoi tenferré, qui deuãt estoit trop engressé, tellemét qu'il s'estoit rebellé cõtre son seigneur naturel. Tant cheuaucha le Roy qu'il vint à Paris, ou les Bourgeois, l'Vniuersité, les colleges, les eglises, religiõs & conuens allerent au deuãt à grands triumphes, chãtant louenges: & trompettes, clerons, menestriers, toutes les cloches de la cité sonnans: les rues tendues de tapisseries, & tous autres signes de triumphe & ioye: & toute la nuict estoyent alumees torches, fallots, flambeaux, & lanternes, tellemét qu'on voyoit clair cóme de iour: & tindrét table róde à tous venans par l'espace de sept iours, à grands fraiz & despés. Le Roy fit mettre ledict Ferrãd estroictement prisonnier, & soubs bónes gardes, en la tour du Louure, lez Paris, qu'il auoit nouuellemét fait edifier. Pour cõsideration & recõgnoissance des belles victoires que ledict roy Philippe & ledict Louis son fils auoyent eues en vn mesme iour contre leurs aduersaires en diuers lieux, ledict roy Philippe en attribuant la gloire à Dieu & à nostre Dame, fit construire & edifier vne belle eglise & Abbaye pres la cité de Senlis, laquelle pour memoire perpetuelle il nomma & appela nostre Dame de la Victoire, & en icelle mit religieux de l'ordre sainct Augustin, qu'il print en l'Abbaye de sainct Victor lez Paris.

Du Comte de Flandres que le Roy amena prisonnier à Paris, au Louure.

Fõdatiõ de l'abbaye nostre Dame de la victoire pres senlis.

LES CHRONIQVES ET ANNALES DE FRANCE.

Declaration des païs & seigneuries que le Roy Philippe Auguste conquist &
ioignit à la couronne de France.

A courageuse constance qu'eut ledict roy Philippe à deffendre son païs, & les droits de sa couronne, chastia si bien la malice & pertinacité des Roys d'Angleterre qu'il les reduit par armes au ioug de la feauté qu'ils luy deuoyent: ny onques ledict roy Philippe ne mena guerre contre ses vrays & obeissans vassaux, & ne voulut rien vsurper de leurs droits, mais seulement contre ses rebelles & desobeissans fit il aspre guerre, & batailla vertueusement pour les droits & souueraineté de sa couronne conseruer, & à la felonnie de leur desloyauté repugna. Il fit tant de vaillances qu'il en retira les terres deuolues à sa souueraineté: car l'orgueil d'Angleterre estoit si fier, qu'il n'auoit pas fiance en iustice diuine, dont procede toute victoire, mais seulement se fioit en sa puissance humaine, soy voulant tousiours exempter du ioug de la subiection Françoise, sans y espargner effusion de sang humain, ne considerer la fin de leurs mauuaises œuures. Et pour ce aduint il que lesdicts Anglois, precipitez de leur fol desir, aymerent plus cher submettre leurs corps au mortels perils de guerre, que daigner confesser de bouche ce à quoy leur propre foy & propre iustice droicturiere les obligeoit: mais aussi en eurent ils le salaire que deception & grand orgueil ont acoustumé rendre aux orgueilleux pour la retribution de leur folie: car ledict vaillant roy Philippe les chaça par force d'armes tant vertueusement qu'il leur osta d'entre les mains les Duchez de Normandie & d'Aquitaine, & les Comtez du Maine, de Touraine, Aniou, Poitou, Auuergne, & les ioignit au patrimoine de sa couronne. D'autre part il ioignit les Comtez de Vermandois, Vallois, Clermont, Beaumont, Ponthieu, Alencon, Limosin, Vendosme, Dampmartin, Mortaigne, & Aumale. Ainsi peut on icy voir quâts labeurs de corps ledict glorieux roy Philippe soustint en son temps, & quelle constâce de courage il eut pour amplier, deffendre, & accroistre les droits & souueraineté de la couronne de France. Car en ce est la souueraine felicité quand le Prince garde bien la souueraineté de sa dignité, & il veult venger ses iniures publiques, sans opprimer ses subiects, lesquels il deffend & tient en bonne iustice, & retribue les bons, & punit les mauuais.

Toutes victoires procedét de iustice diuine.

Les terres & seigneuries que le roy Philippe conquist sur les Anglois.

Comment le Roy Iehan d'Angleterre fit ledict royaume d'Angleterre & la
seigneurie d'Ibernie tributaire au Pape, en mil marcs d'argent chacun an.

Qvand le roy Philippe de France, & Louis son fils, eurent vaillamment gaigné les deux batailles, dont parlé est cy dessus, iceluy roy Philippe print & tint possession paisible des terres & seigneuries que ledict roy Iehan d'Angleterre auoit perdues en ce royaume de France, & dont il estoit deietté par sa desloyauté. Et pource que ledict roy Iehan redoubta plus qu'onques n'auoit fait la magnanimité du courage dudict roy Philippe & de son fils, il s'en alla par necessité à refuge deuers le Pape innocent, tiers de ce nom: & deuant qu'il fust absouls des sentences & interdicts qu'il auoit parauant encourues comme sacrilege, pour moult de grands biens qu'il auoit tollus & ostez aux eglises de ses païs & seigneuries, & autrement, il fut contrainct à les restituer, & r'appeller les Prelats & gens d'eglise qu'il auoit deiettez de leurs benefices: & fit alors le royaume d'Angleterre & la seigneurie d'Ibernie tributaire de mil marcs d'argent pour chacun an aduenir au sainct siege Apostolique, & si en fit la foy au sainct Pere, qui lors estoit. Quand il fut absouls dudict sainct Pere, ledict sainct Pere fit paix & appoinctemét entre lesdicts deux Roys: par lequel appoinctement ledict roy Philippe bailla au roy Iehan vne petite partie d'Aquitaine, outre la riuiere de Gironde, en hommage, & dont il se constitua homme lige de la couronne de France, & en fit hommage au Roy: & tout le surplus des principales terres & seigneuries qu'iceluy roy Philippe auoit conquises par la vertu de la sentence des Pers de France, dont deuant est parlé, demourerent au roy Philippe de France, & à ses successeurs: & par tant fut ledict appoinctement iuré à tenir de chacune desdictes parties, & confermé par le sainct Pere. En l'an mil cent quatorze mourut Guy de Touars, qui auoit euë espousée Constance, Comtesse de Bretaigne, & depuis le trespas d'elle auoit gouuerné la seigneurie pour ses filles, Aelis & Katherine.

Le royaume d'Angleterre tributaire au pape.

Mil deux cens quatorze.

Comment les Nobles d'Angleterre appelerent monseigneur Louis de France en
ayde contre leur Roy Iehan: & comment ledict Louis y alla, mais lesdicts No-
bles luy faulserent leurs promesses: & de la mort dudict Roy Iehan.

En l'an

DV ROY PHILIPPE AVGVSTE, II. DE CE NOM. Fueil.xcvj.

EN l'an mil.cc.xv.sourdit tresaigre debat entre ledict roy Iehan d'Angleterre & les Nobles d'Angleterre, pour aucunes coustumes qu'il ne vouloit pas garder ausdicts Nobles, combien qu'il les eut iurees. Surquoy les populaires, & la plus part des citez d'Angleterre, tindrét le party desdicts Nobles du pais: & pource qu'ils doubtoyent qu'ils ne peussent sur ce resister audict roy Iehan iusques à la fin, les Nobles dessusdicts appelerent en leur ayde monseigneur Louis de France, aisné dudict roy Philippe: lequel fils estoit vaillant entre tous les Chrestiens, qui lors viuoyent: & fut ledict roy Iehan par eulx bouté hors du royaume. Lesdicts Nobles d'Angleterre auoyent promis bailler la monarchie & possession audict Louis: & pour ladicte cause il receut les enfans de plusieurs Barons en ostages, lesquels il emmena en France. Ledict roy Iehan d'Angleterre enuoya en Flandres, pour auoir secours contre ses subiects. Plusieurs Flamés, Brabancons, Hanuyers, & autres, se mirent sus en armes, & monterent sur mer pour passer en Angleterre: mais ils furent tous noyez & naufragez, dont les Anglois furent bien ayses : & disoyent que la main de Dieu estoit en toutes choses contre ledict Iehan leur Roy: & furent plus animez d'eulx rebeller contre luy que parauant. Ces choses venues à la congnoissance du Pape, il enuoya deuers ledict roy Philippe, & Louis son fils, les admonnester qu'ils ne fissent point de guerre audict roy Iehá d'Angleterre, disant qu'il auoit prononcé sa sentence contre tous ses aduersaires: mais neantmoins ledict Louis enuoya en Angleterre grand' force de gensdarmes : & tantost apres luy mesmes en sa personne passa la mer, & descendit en Angleterre, au port de Sandouic, sans resistance y auoir, combien que ledict roy Iehan fust lors pres dudict port sur la mer, accompaigné de grands nauires, & forte cheualerie, qui s'en departirent sans coup ferir: & fut receu ledict Louis de Fráce, cóme Roy d'Angleterre, par les Nobles d'iceluy pais, qui en leur ayde l'auoyét appelé, & desquels il receut les foy & hommage. Tantost apres, c'est l'an mil deux cens *xviij. mourut soubdainement ledict roy Iehan d'Angleterre, dont il aduint merueilles: car quand son corps, qui tant auoit fait de maulx, fut enterré en l'Abbaye de Vvestmonstier, vne voix la plus horrible qu'oncques mes auoit esté ouye, s'escria à heure de minuict enuirō son sepulchre: à laquelle voix vindrent les gardes d'icelle eglise, & plusieurs autres: lesquels y virét vn ombre tresespouentable: & disoit ceste voix en criant treshorriblemét, que c'estoit Iehan, nagueres Roy d'Angleterre, qui tresdurement estoit tourmété de diuers tourmés, & que iamais ne cesseroit tát qu'il seroit leans ensepuely: & pource le deterreroiét d'illec l'Abbé & les moynes d'icelle Abbaye, & le porterent hors du lieu sainct, dont s'esuanouyrent l'ombre & la voix dessusdicte: parquoy Iehan recouura son premier nom, de Iehan sans terre, qu'il auoit eu au parauant qu'il fust Roy d'Angleterre: car la terre saincte le refusa, comme indigne d'y estre ensepuely. Apres la mort d'iceluy roy Iehan, Henry troisiéme de ce nom, son fils, lors aagé de neuf ans ou enuiron, fut couronné Roy d'Angleterre, par vn nommé Galon, qui estoit Legat du Pape, pendát ce que mōdict seigneur Louis de Fráce estoit hastiuemēt venu en Fráce, pour querir secours: lequel tátost apres Pasques retourna en Angleterre & mena grád' cópaignie de gensdarmes, tát à pied comme à cheual: & apres Pasques, quand il y fut retourné, il fut tresmal cótent de ce qu'aucuns des Princes & Nobles d'Angleterre, en son absence, & en rompant la foy qu'ils luy auoyent promise, l'auoyent abandonné, & s'estoyent tournez & rendus du party dudict ieune roy Henry, fils dudict feu Iehan, lequel, comme dict est, ils auoyent fait couróner Roy d'Angleterre. Apres la mort dudict Iehan son pere, cestuy eut deux fils, c'est à sçauoir Edouard, premier de ce nom, surnommé aux longues Iambes, & *Ernoud au dos courbe, qui fut Comte de Lenclastre. En celuy temps furent occis trahistreusement en vne cité d'Angleterre, nómee *Luicerne, Thomas Comte du Perche, & plusieurs autres Nobles de France: & quand monseigneur Louis sceut la verité d'icelle trahison, il leua son siege qu'il tenoit lors deuant Douure, & bouta soy & son ost dedans la cité de Londres: dont quand la nouuelle fut sceue en France, il fut enuoyé de France grand nombre de nauires par mer, garnies de gensdarmes & autres choses necessaires pour le secourir : mais ils furent rencontrez des Anglois sur la mer, & durement s'entrebatirent, tant qu'il y eut plusieurs des Anglois occis, & les autres se sauuerent par suyte.

marginalia: L'an mil deux cens quinze. — *autres 16 De l'horrible visiō du Roy d'Angleterre apres son enteriemēt. — *P. Verg. Edcolne. — *P. Verg. Lincolne. — Les Anglois traistres à Louis de France.

Comment monseigneur Louis de France s'en partit d'Angleterre, pour retourner en France.

POur ladicte trahison ledict Louis fut ardant d'issir de Londres, pour courir sus aux trahistres desloyaux pariures, qui s'estoyent contre luy tournez: mais il trouua par conseil que s'il issoit hors d'icelle cité, qu'il seroit en peril qu'on luy cloist à son retour les portes de Londres, & qu'en iceluy cas ledict nauire de France qui là estoit venu, ne luy pourroit secourir à son besoing extreme: & par tant se départit de sondict propos: & tantost, pource que pour la grand' multitude qui y estoyent, se trouua ladicte cité de Londres affamée de viures, ledict Galon deuant nommé, fit appoinctement entre ledict Louis de France d'vne part, & lesdicts Princes d'Angleterre d'autre. Par lequel appoinctement iceluy Louis & ses Cheualiers s'en retournerent en France, sans estre prisonniers, moyennant qu'il promit & iura obeir aux commandemens de saincte Eglise: & si y eut aucunes autres promesses secretes, qui lors ne furent point reuelees. Mais si lesdicts faulx & desloyaux Barons d'Angleterre luy eussent gardé la foy, comme promis & iuré l'auoyent, iceluy Louis en eust obtenu glorieusement la victoire, & le royaume.

Comment le Roy Philippe exhereda le Comte d'Auuergne, pour les maulx qu'il faisoit.

De la côté d'Auuergne iointe à la couranne.

EN ce mesme téps ledict roy Philippe fut aduerty que Guy, Côte d'Auuergne, faisoit plusieurs griefs, pilleries & violences à ses subiects & voisins, & imposoit & leuoit sur sesdicts subiects plusieurs grandes exactions & sommes de deniers, sans le gré, vouloir, ne consentement dudict Roy, & ne s'en vouloit abstenir ne chastier: & combié que le Roy l'en eust plusieurs fois corrigé par ses lettres, mádemens & messages: neantmoins iceluy Guy persista en sa damnable volonté: & qui pis est, il destruisit violentement vn monastere & Abbaye royale, & si print & emprisonna l'Euesque de Clermont. A ceste cause le Roy, qui estoit conseruateur des eglises de son royaume, & des supposts d'iceluy, qui ne vouloit souffrir tels malefices impuniz, assembla son armee, & alla contre ledict Guy, Comte d'Auuergne, lequel estoit obstiné: & combien qu'il ne fust puissant de resister à la puissance du Roy, si ne vouloit il recongnoistre son mal, & venir à mercy, parquoy le Roy, du côseil de ses Barons, l'exhereda: & par force d'armes print sa terre en sa main, & la ioignit au patrimoine de la couronne de France. En l'an mil deux cens seize, & la troisiéme Ide de Iuin, Henry, Empereur de Côstantinoble, mourut en la cité de Thessalone, au dixiéme an de son Empire. Apres son trespas les Grecs, Francois & Latins, qui estoyent ensemble oultre mer, esleurent Pierre de Courtenay, Comte d'Auxerre, cousin germain dudict roy Philippe, & *serourge dudict feu Empereur Henry, & l'enuoyerét querir par solennels Ambassadeurs: lequel apres qu'il eut ouy leur legation, se mit à chemin pour y aller, & mena sa femme nommee Yolant, Comtesse de Namur, & allerent à Romme, & laisserent Namur à deux fils qu'ils auoyent.

* Autres disent gendre.

De la guerre que fit ledict Roy Philippe contre les heretiques d'Albigeots.

* pour suyure l'ordre des ans cecy deuoit estre mis apres l'an 1205. mais pource que c'est quasi comme un incidét deduit au long, ie le laisse icy.

ENtre les autres faicts & gestes dignes de memoire que fit ledict roy Philippe, qui est appelé Auguste, & non pas sans cause, ne sont pas à oublier les grandes guerres & faicts d'armes qu'il fit à l'encontre des hereses & ennemis de la foy Chrestienne. Car il est vray qu'en ce temps l'heresie des Bulgares, plus execrable que toutes les autres heresies, pululoit en maints lieux, & mesmement en la terre du Comte Raymond de Toulouze, & des prouinces & des pais voisins: c'est à sçauoir es pais d'Albigeois, Cahors, Narbonne, Carcassonne, Bigorre, Prouence, & autres. Les habitás d'iceulx estoyent entachez du vice execrable de Sodomie, & contemnoyent & deprisoyent les cômandemés de saincte Eglise, & la foy & communication des Chrestiens, muoyent, peruertissoyent, & interpretoyent autrement qu'à point tous les articles de la foy, & la blasphemoyent, & disoyét que soubs icelle nul ne pouoit estre sauué: & à ceste cause ledict roy Philippe, tresChrestié, de ce aduerty, enuoya deuers le pape Innocent à conseil, lequel enuoya Legat en France le Cardinal *sanctæ Mariæ in Porticu, iurisperitum, bonis operibus ornatum.* Et par son conseil en l'an mil deux cens sept furent enuoyez en iceluy pais l'Abbé de Cisteaux, & treze autres Abbez dudict ordre, gens tres sçauans, & approuuez: lesquels se mirét sur la riuiere de Saosne, & descédirent en celle du Rosne à petis despens & sans mener aucuns cheuaux: & puis tout à pied s'en allerent preschant la foy Chrestienne, par iceulx pais ou ils trouuerent peu de vrais Chrestiens: & les autres qui estoyét en nombre innôbrable estoyent obstinez en leurs maulx & pechez, tellemét qu'ils ne vouloyent acquiescer à aucuns bons enseignemens, ains comme vn aspic ils estoupoyét leurs aureilles, affin que leurs mauuais vouloirs & pensees ne fussent enclins à ouyr la verité de la foy Chrestiéne, qu'on leur preschoit. Et quand lesdicts Abbez, Prescheurs, eurent esté aucune espace de téps en iceulx pais, voyans qu'ils n'y proffitoyent gueres, ils s'en retournerent.

L'an mil deux cens & sept.

Comment

Comment ledict Pape enuoya excommunier le Comte de Toulouze, par vn Legat, lequel ledict Comte fit tuer.

EN l'an mil deux cens & huict, ledict pape Innocét enuoya Pierre de Chasteauneuf, moyne, Legat en la terre d'Albigeois: lequel excommunia ledict Raymond, Comte de Toulouze, par ce qu'il estoit entaché dudict crime d'heresie: & ce voyát ledict Comte il manda audict Legat qu'il s'en retournast en la ville de sainct Eloy, & que là il parleroit à luy, & viendroit à amendement de ses faultes. Ledict Legat y alla, & y trouua ledict Comte: lequel toutesfois ne voulut satisfaire, ne soy corriger, ains le menassa, & dist publiquement qu'il le feroit mourir de malle mort: & ainsi que ledict Legat partit de ladicte ville de sainct Eloy, apres ce qu'il eut le matin chanté messe, deux des seruiteurs dudict Comte, que ledict Legat ne congnoissoit pas, se mirent & cheuaucherent en sa compagnie, & logerent auec luy à la repue du disner: & apres cheuaucherent tousiours auec luy, iusques à ce qu'ils vindrent au fleuue de Rhodez: & quand ils furent là venuz, l'vn d'eulx luy passa le fer d'vne lance, ou d'vne iaueline entre deux costes, lequel Legat tomba à terre: & en regardant ledict meurtrier ne disoit autres paroles, fors Dieu te pardoint, ie le te pardonne: & icelles paroles reitera par plusieurs fois. Quand le Pape en sceut les nouuelles, incontinent il assembla son conseil: & suyuant iceluy enuoya en France vn autre Legat, nommé Gallon, Cardinal du tiltre saincte Marie *in porticu*: & manda audict roy Philippe, & à tous les Barons & populaires de France, que comme bons Chrestiens & vrais enfans de saincte Eglise, ils enuoyassent contre lesdicts heretiques, & terres dudict Comte de Toulouze, d'Albigeois, de Narbonne, & autres terres voisines qui en estoyent entachees, & que tous iceulx heretiques ils extirpassent & destruisissent: & donna ledict Pape planiere absolution à tous ceulx qui iroyent contre lesdicts heretiques, de tous les pechez qu'ils auoyent faicts & commis depuis l'heure qu'ils estoyét nayz, s'il aduenoit qu'ils mourussent, fust en voye ou en bataille.

L'absolutiō planiere que dōna le Pape à ceulx qui iroyent contre les heretiques Albigeois.

De la croysee qui fut preschee contre les heretiques d'Albigeois, & le Comte de Toulouze.

QVand ledict Legat eut declaré au Roy, aux Barons, Prelats, & peuple de France, la charge de sa legation, le Duc de Bourgógne, le Comte de Neuers, & le Comte de Toulouze, qui par crainéte s'estoit reduiét à la foy, les Archeuesques de Sens & Rouen, les Euesques de Lisieux, Bayeux, Chartres, & plusieurs autres Euesques, Barós, Cheualiers & populaire se croyserent, & se mirent sus en armes pour aller contre lesdicts heretiques. puis se mirent en chemin: à Besiers vindrent, dont la cité & le pais estoit tout plain de bougres, dont estoit seigneur vn mauuais homme, nommé Roger, & en tuerent bien soixante mil hommes, femmes & enfans, & accrauanterent la cité, & ledict Roger fut prins prisonnier, & sa terre confisquee. Puis allerent à Carcassonne, ou tous les habitás du pais, hommes, femmes, & enfans s'estoyent retraicts: le siege y mirent, & apres aucuns iours la cité leur fut rendue, & fut dict que ceulx qui estoyent dedans s'en sortiroyent tous nuds, leurs natures descouuertes. Quand les Princes & Prelats eurent ces choses faictes, ils delibererét d'eulx en retourner en France: & baillerent la charge de l'armee à Messire Simon, Comte de Montfort, qui estoit vn sage, preux & vaillant Cheualier: lequel pour l'honneur de Iesus Christ l'accepta volontairemét: & fit par long temps forte guerre ausdicts heretiques, & ennemis de la foy: tellement qu'il print toutes les places qui estoyent illec autour, & fit mourir tous ceulx qui estoyent dedans, de malle mort.

La croysee qui se fit pour aller contre les heretiques & bougres & Besiers.

D'aucuns heretiques qui s'esleuerent à Paris, lesquels furent bruslez, & leur autheur deterré & bruslé.

EN l'an mil deux cens & dix, en la ville de Pris s'esleuerent aucuns heretiques, dőt il y auoit aucuns prestres: & disoyent & soustenoyent *quòd potestas Dei Patris durauit, quamdiu viguit lex Mosaica: & quia scriptum est, Nouis superuenientibus abiicientur vetera, postquàm Christus venit absoluta sunt omnia testamenti veteris sacramenta, & viguit noua lex vsque ad illud tempus, quo videlicet talia praedicabant. Illo ergo tempore dicebant noui testamenti sacramenta finem habere, & tempus sancti spiritus aduenisse. Ideo confessionem, baptismum, Eucharistiam, & alia sacramenta, sine quibus non est salus, locum decaetero non habere: sed vnumquenque per gratiam sancti spiritus, tantum interius, sine aliquo exteriori actu, inspiratum posse saluari: charitatis virtutem sic ampliabant, vt*

Mil cc. & x.

id quod alias peccatum esset, si fieret in charitate, iam non esse peccatum dicebant: stupra etiam & adulteria, cæterásque corporis voluptates in charitatis nomine committebant: mulieribus, cũ quibus peccabant, & simplicibus quos dicipiebant, impunitatem peccati promittentes, Deum tã tummodò bonum, & non iustum prædicantes. Ces erreurs furent prouuees & adueerees à l'encontre d'eulx, & furent leurs proces faicts par l'inquisiteur de la foy, & autres grands clercs de l'vniuersité, à ce commis: & apres ce ils furent baillez & liurez à la iustice seculiere dudict roy Philippe, qui les fit tous brusler: toutesfois le Roy fit grace & pardon aux femmes, & simples gens, qui auoyent en ce que dict est failly & peché, par l'enhortemét & seduction desdicts clercs hereses. Et pource qu'on disoit que lesdicts hereses tenoyét ceste opinion d'vn clerc, qui nagueres estoit mort, & auoit nom Amaulry, iceluy Amaulry tout mort fut excómunié, & son corps deterré, & ietté hors terre saincte, puis bruslé & mis en cendre. En l'an mil.cc.& xj. iceluy messire Simon de Montfort s'en vint en France, pour auoir secours & ayde, & fit tant qu'il assembla & emmena bien auec luy si grand nombre de gens qu'il fut suffisant à mettre le siege deuát la cité de Lauaur en Languedoc: & durant ledict siege vne compagnie de Francois vint deuát le chastel de † Moytieuse: & ainsi qu'ils alloyent à l'enuiron indiscrettement, ceulx de dedans saillirent sur eulx, & en tuerent plusieurs: & pour declarer & approuuer leurs merites fut veue la lumiere du ciel & vn gros ploton de feu descendre sur les corps de ceulx qui auoyent esté tuez audict lieu. Parquoy les Euesques & Abbez, qui là estoyent, y dedierent vn cimetiere, auquel ils enseuelirent les corps des mors: & apres fut prinse ladicte cité de Lauaur, & vn fort chastel, qu'on appelle Pennedaguenes, ou furent trouuez septante quatre hommes: desquels, pource qu'ils ne voulurent laisser leur erreur, en furent pendus & tuez vne partie. Aux autres fut baillé leur option & choix de laisser leur erreur, ou qu'ils fussent bruslez: mais ils aymerent mieulx estre bruslez que de laisser leur mauuaise secte. La dame de Chasteaugiraud, laquelle comme on disoit communément auoit conceu de son frere & de son fils, fut iettee en vn puits: puis apres accrauenté de pierres qu'on ietta sur elle. Enuiron ceste saison, ou peu apres, fut congnu & proué que Raymond, Comte de Toulouze, fauorisoit lesdicts heretiques: parquoy fut declaré ennemy de la foy, & fut abandonné. Cependant q̃ ledict messire Simon de Montfort fit ainsi là guerre, le Roy d'Arragon, le Comte de sainct Gilles, & le Comte de Foix, qui parauãt s'estoyent confederez à noz gens: & auoit ledict Roy d'Arragon baillé en ostage vn seul fils qu'il auoit, le laissa, & s'en retournerent audict crime d'heresie, & vindrent auec moult grand' & puissante armee de gens, & assiegerent Simon de Montfort, qui estoit dedans le chastel de * Mirebeau, ou il n'y auoit auec luy que deux Cheualiers, soixante hommes de cheual, & sept cens hommes de pied. Iceluy messire Simon vn matin ouit la messe, & appela Dieu en son ayde: & quand il veit son aduantage, il saillit sur ses ennemis luy & ses gens, & les combatirent si vaillamment & vertueusement, qu'ils les mirent en desarroy & suyte: tellement que par la grace de Dieu, & miracle, plus que par puissance humaine, ils tuerent ledict Roy d'Arragon, & bien dixsept mil de ses gens: & les combatirent si vaillamment & vertueusement qu'ils les mirent, comme dict est, à desconfiture. ce qui fut en l'an mil deux cens & treze. Apres ladicte bataille & victoire ceulx de Montfort trouuerent qu'ils n'auoyent perdu que huict de leurs gens de pied, & ne fut iamais trouué bataille auoir esté plus miraculeuse que ceste cy. Pour occasion de laquelle desconfiture les Arragonnois firent de la en auant plusieurs griefs assaulx audict Simon de Montfort & à ses gens qui estoyent audict pais.

En l'an mil deux cens quinze le pape Innocent assembla vn Concile à Romme, qui fut appelé le Concile de Latran: auquel furent faicts plusieurs beaux statuts & ordonnances, & y furét assemblez quatre cens & douze qu'Archeuesques qu'Euesques, & les Patriarches de Constantinoble & de Hierusalem. Celuy d'Antioche y enuoya, & n'y peut venir, par ce qu'il estoit malade. Cestuy d'Alexandrie n'y peut venir aussi, par ce qu'il estoit en la subiection des Sarrazins. Il y auoit aussi lxxj. Metropolitains & Primats, huict vingts Abbez, & plusieurs Prieurs conuentuels: les Legats des Empereurs de Romme & Constantinoble, des Roys de France, de Hierusalem, d'Angleterre, de Cypre, d'Espaigne, & d'autres Roys, Ducs, & grands Princes & Seigneurs de la Chrestienté. Et en iceluy Concile ledict Comte Raymond de Toulouze, & Raymond son fils, furent declarez excommuniez, & plusieurs autres heretiques leurs complices.

En l'an prochain d'apres mourut à Perouse le pape Innocent, qui auoit presidé en la chaire sainct Pierre dixhuict ans * quatre moys & vingt quatre iours, & fut moult magnifique & de grand' louenge: & composa le liure *De miseria humana conditionis* & plusieurs autres. Apres luy fut faict Pape Honorius, qui tint le siege dix ans. * huict moys & vingthuict iours. Il fit edifier l'eglise qui s'appele Sancta sanctorum. Il fit plusieurs Decretales, & conferma les ordres des quatre mendiens, les Carmes & Augustins, qui sont les premiers, & les Iacobins & freres Mineurs apres.

De la

DV ROY PHILIPPE AVGVSTE, II. DE CE NOM. Fueil.xcviij.

De la mort meſsire Simon de Montfort deuant Toulouze.

Antoſt apres ledict vaillant Cheualier Simon de Montfort vint en France pour auoir secours contre les Arragonnois, qui pour la mort de leur Roy luy faiſoyẽt grand' guerre à l'entour de Carcaſſonne : & aſſembla bien ſix vingts mil hommes, qu'il mena en la terre d'Albigeois & de Toulouze, ou toutes les villes & places luy furent rendues, & luy firent hommage pour le Roy, & luy iurerent feauté: mais ceulx de Toulouze en briſant leurs ſermens garnirent leur cité, & ſe rebellerent contre luy, parquoy ledict Comte enuoya deuers le Roy pour auoir nouueau ſecours, qui luy fut enuoyé, & aſiegea ladicte ville, & la fit aſſaillir merueilleuſement: & en ceſt aſſault il fut frappé d'vn coup de pierre de canon, par ceulx de la cité: & ainſi le bon & vaillant Comte de Montfort fina ſa vie glorieuſement, comme Martyr, en combatant pour la foy Chreſtienne: & luy ſucceda audict Comté & en la terre d'Albigeois Guy ſon fils, en l'an mil deux cens dixhuict. Apres le treſpas dudict meſſire Simon de Montfort, ledict roy Philippe le Conquerant fit aſſembler grand nombre de gens d'armes, & par monſeigneur Louis, ſon fils, les fit conduire contre leſdicts heretiques d'Albigeois & Toulouzains : & à ſon arriuee print le chaſteau de Nurmande, & pluſieurs autres. puis mit le ſiege deuant Toulouze : mais il ne peut la cité prendre : parquoy il ſ'en retourna en France : & apres ſon retour, leſdicts heretiques reprindrent pluſieurs des places qui auoyent eſté gaignees ſur eulx : & firent moult de maulx & inhumanitez à ceulx qui auoyent eſté laiſſez pour les garder : & entre autres Guy, fils de feu meſsire Simon de Montfort, fut par le Comte de ſainct Gille tué ignominieuſement, & luy ſucceda Amaulry ſon frere.

simon de Mont fort fut tué d'vne pierre de canon deuãt la cité de Toulouze.

Du treſpas du Roy Philippe le Conquerant, & des belles ordonnances & teſtament qu'il fit.

EN la ville de Mante, print audict roy Philippe vne griefue maladie de fieures quartes, dont il fut longuement trauaillé & malade: & quand le bon Roy cõgnut qu'il ſ'aſſoibliſſoit, & qu'il luy conuenoit mourir, il fit ſon teſtament & ordonnance de derniere volonté: par lequel il fit pluſieurs beaux ſtatus & ordonnances, legs & aumoſnes: & entre autres choſes il departit de ſes threſors & richeſſes, ou il luy ſembla que bon eſtoit, & que charité l'admonneſtoit. Car premierement il donna & laiſſa en l'ayde de la terre ſaincte, cent mil liures Pariſis, qu'il ordonna eſtre baillees : c'eſt ſcauoir au roy Iehã de Hieruſalẽ, qui lors eſtoit venu en France, requerir & demander ayde contre les infideles: aux Cheualiers du Temple, cent mil liures pariſis: & à l'hoſpital de ſainct Iehan de Hieruſalem, cent mil liures pariſis: & pareillement donna vingt mil liures pariſis, pour la deliurance d'Amaulry de Monfort, ſa femme & ſes enfans, qui eſtoyent detenuz priſonniers par les heretiques, en la terre d'Albigeois. Puis ordonna cinquante mil liures tournois, pour eſtre diſtribuez aux paures indigens: & ordonna que tous ſes riches habillemens fuſſent baillez & liurez aux egliſes, combien qu'il leur en euſt donné aſſez de neufs : & deffendit que nuls n'en fuſſent baillez aux meneſtriers & aux iangleurs. Tant preſſa la maladie qu'il luy conuint rendre ſon eſprit à Dieu, la premiere Ide de Iuillet, au poinct du jour, l'an mil deux cens vingt & trois en ladicte ville de Mante: & fut ſon corps enterré en l'egliſe ſainct Denis en France, à moult grand honneur & belle compagnie, par le Cardinal, Eueſque du Port, qui eſtoit Legat en France, pour le faict des heretiques d'Albigeois, preſent Iehan, Roy de Hieruſalem, qui s'y trouua, Louis ſon fils aiſné, qui fut Roy de France apres luy, & Philippe ſon maiſné fils, & grande multitude de Barons & Seigneurs, les Archeueſques de Reims & de Sens, & bien vingt & quatre Eueſques, & autant d'Abbez, qui lors eſtoyent venuz à Paris, pour vn Conſeil qu'on auoit aſſemblé pour le faict des heretiques d'Albigeois. L'on dit que le Pape Honorius, qui lors preſidoit, fut miraculeuſement aduerty du treſpas dudict roy Philippe, & ledict iour qu'il treſpaſſa luy & ſes Cardinaulx, qui lors eſtoyent en vne ville champeſtre, en la Champaigne d'Italie, firent le ſeruice de ſes obſeques & funerailles à grand' ſolennité : & manda ledict Pape les faire par toutes les Egliſes dudict païs d'Italie. En la fin de la Chronique des faicts & geſtes dudict roy Philippe, eſtant à ſainct Denis, eſt contenu vn article, diſant ainſi: & n'eſt pas à oublier qu'apres ſa mort pluſieurs virent venir à ſa ſepulture des hommes boiteux, qui cheminerent droict, & des aueugles qui recouurerent leurs veues.   En ce temps *Henry, Comte de Neuers, fut empoiſonné, en retournant du voyage d'oultre mèr, & fut ſon corps premierement enterré à ſainct Aigné, en Berry, & depuis porté en l'Abbaye de Põtigny. Il laiſſa vne ſeule fille, qui fut mariee à Guy Comte de ſainct Paul.   En ſon temps ledict roy Philippe fit vne cõſtitution generale par tout

le Roy Philippe le Cõquerãt mourut en la uille de Mante

Notable.

*Autres diſent l'an precedent, & le nommẽt Herué.

r ij

LES CHRONIQVES ET ANNALES DE FRANCE.

Ordonnance cōtre les vsuriers.

le royaume, touchant les vsures que faisoyent les Iuifs sur les Chrestiens: & deffendit qu'ils ne prinssent en gage aucuns ornemens d'eglise, & que nul Iuif prestast aucun argent à vn religieux, sans l'assentement de son Abbé & chapitre. Item que nul Chrestien ne fust contrainct à vendre ses heritages & rentes, pour les debtes des Iuifs: mais bien que les deux pars du reuenu du debteur & de ses pleiges, fussent assignees aux Iuifs, & q̃ lors de ladicte assignation les debtes ne courussent plus: & aussi q̃ les vsures desdicts Iuifs ne courussent qu'vn an apres le prest faict, & pour liure ils ne prinssent que deux deniers par moys: & aussi q̃ pour debtes que deussent les Chrestiens aux Iuifs, leurs corps ne peussent estre emprisonnez: mais on voit de present que plusieurs Lombards & autres vsuriers, qui conuersent en ce royaume, combien qu'ils soyēt & se dient Chrestiens, font de plus grandes & manifestes vsures sur les autres Chrestiens, que ne faisoyent lors lesdicts Iuifs. A quoy le Roy & les iustices, tant de Parlement qu'ordinaires, deuroyent auoir regard, & y donner prouision.

Incident de la prinse & destruction de Hierusalem.

Hierusalem demolie.

EN l'an mil cent dixhuict la cité de Hierusalem, qui lors estoit moult forte, fut destruicte & demolie, par Conradin, fils de Saphadin, Roy d'Egypte, & Souldan de Babylonne, qui la fit brusler, abatre & raser les murs, tours & fossez, tellemēt qu'il n'y demoura pierre sus autre, reserué le Tēple de nostre Seigneur, la tour de Dauid: & au regard du S. Sepulchre de Iesus Christ, iceluy Conradin eut conseil par lettres de ceulx de Damiette, qu'il le deuoit destruire: mais à icelle temerité n'y eut celuy qui osast apposer les mains, car ils sçauoyent bien qu'il estoit escript en l'Alcoran, qui est le liure de leur loy, que Iesus Christ fut conceu & né de la vierge Marie, & qu'il auoit vescu sans peché, & qu'il estoit Prophete & plus que Prophete, & lequel auoit enluminé les aueugles, & guery les lepreux, & resuscité les morts, & qu'il estoit finalement monté es cieulx. Et dit l'on que durant le temps d'vnes treues, qui furent accordees ce pendant que les Sarrazins tenoyent le siege deuant ladicte cité de Hierusalem, plusieurs d'eux qui entroyent en icelle, alloyent visiter l'eglise & le sainct Sepulchre, & requeroyent & se faisoyent monstrer les liures ou estoyent escriptes les Euangiles de Iesus Christ, & les baisoyent & reueroyent pour la mundicité & netteté de la loy, que nostre Seigneur enseignoit, & mesmement pour l'Euāgile de sainct Luc, qui se commence *Missus est ei Angelus*, laquelle ils lisent souuent.

s. Dominique Espaignol, & s. François Italien florissoyent en ce temps.

Enuiron ce temps, & soubs le Pape Innocent troisiéme, commença sainct Dominique, qui estoit Espaignol, l'ordre des freres Prescheurs: & sainct François, qui estoit Italien, commença l'ordre des Cordeliers: lesquelles ordres furent confermees par le Pape Honorius, qui presida apres ledict Innocent: & lors estoit saincte Claire, qui vescut sainctement, selon l'ordre dudict sainct François: & gist son corps au couuent des freres Prescheurs de Toulouze. Lors estoit semblablement viuant Vincent de Beauuais, qui composa le miroer historial, & plusieurs autres belles escriptures. Peu apres ce temps frere Raymond, de l'ordre des freres Prescheurs, composa les Decretales, du commandement de Gregoire Pape, neufiéme de ce nom, lesquelles approuua & enuoya pour lire es estudes.

Du Roy Louis huictiéme de ce nom.

Mil.cc.xxiii.

Louis, huictiéme de ce nom, fils de Philippe Auguste, dict le Conquerant, ou Dieudonné, commēça à regner l'an mil deux cens vingt trois, & regna enuiron trois ans, & trespassa l'an mil deux cens vingt six, & gist à sainct Denis en France. Cestuy Roy Louis ensuyuit en toutes bonnes mœurs & louables gestes le bon roy Philippe son pere: & gouuerna le royaume en souueraine equité, iustice, & force de courage. Il eut à femme madame Blāche, fille du Roy de Castille, & niepce du roy Iehā d'Angleterre: laquelle fut femme tresprudente, & auecques elle vindrēt tous biens au royaume, & d'elle eut * quatre fils & vne fille. Le premier fils fut sainct

* il en nomme encores un philippe en la fig. qui mourut ieune, cōme il dict.

Louis, qui fut Roy apres luy: le second Robert, qui fut Comte d'Artois, & qui fut perdu & tué à la Moree oultre mer, au voyage de Hierusalem. Le tiers Alphons, Comte de Poitiers: & le quatriéme fut Charles, Comte d'Aniou, lequel fut depuis Comte de Prouence, de par sa femme, & apres Roy de Hierusalem & de Cecille. Ladicte fille fut nommee Ysabeau: laquelle fut de moult bonne vie, & vescut en cōtinēce en l'Abbaye de l'humilité nostre Dame, dicte Longchamp, pres Paris, que sainct Louis fonda pour l'amour d'elle. La huictiéme Ide du moys d'Aoust,

DV ROY S. LOVIS, HVICTIEME DV NOM. Fueil.xcix.

d'Aouſt,apres le treſpas dudiĉt Roy Philippe le Conquerát,& ſes obſeques faiĉtes,lediĉt Louis ſon fils,qui ia eſtoit en aage de xxxvj.ans,fut couronné Roy de France,en l'egliſe de Reims, & auec luy ladiĉte Blanche ſa femme, & enoingt Royne preſent Iehan, Roy de Hieruſalem, qui eſtoit venu pour demander ſecours contre Sarrazins au Roy,& preſens pluſieurs haulx Princes du royaume. En ce Roy retourna la lignee de Charlemaigne,qui eſtoit faillie par ſept generations,depuis le temps de Hue Capet,fils de Hue le Grand,Comte de Paris. Car ceſtuy Roy eſtoit engédré de dame Iſabeau, fille de Baudouyn,iadis Comte de Haynault.Lediĉt Baudouin eſtoit deſcendu de Hermengarde, iadis Comteſſe de Namur : laquelle fut fille de Charles, Duc de Lorraine, auquel Charles Hue Capet oſta le droit du royaume de France, & le fit mourir priſonnier à Orleans,comme a eſté diĉt & recité par cy deuant, es geſtes & faiĉts dudiĉt Hue Capet. Quand lediĉt Roy Louis fut couronné il cheuaucha par ſon royaume, & print les ſermens, & receut les hommages de ſes vaſſaux. En celle annee mil deux cens xxiiij. A maulry Comte de Montfort retourna d'Albigeois en France,& par faute de viures abandonna Carcaſſonne,& pluſieurs villes & chaſteaux en Languedoc,qui auoyent eſté conqueſtez par le feu Roy Philippe, à grands deſpens,ſus les heretiques d'Albigeois. En l'an mil deux cés xxiiij.le troiſiéme iour de May le Roy tint vn general Parlement,ou Cócile, en la cité de Paris:auquel Concile le pape Honoré fit par Conradin Cardinal de Prouence, Legat en France, r'appeler & reuoquer la ſentence d'excommuniment qui auoit eſté prononcee en l'an mil deux cens & quinze, *in Concilio Lateranenſi*, contre Raymond le Comte de Thoulouze & leſdiĉts heretiques d'Albigeois,& leur donna induces d'eux repentir & retourner à la loy:& fut le Comte de Toulouze,qui auoit eſté interdiĉt, reputé pour bó Chreſtié, par ce qu'il ſe retourna en l'obediéce de ſainĉte Egliſe. Apres ladiĉte aſſemblee lediĉt Iehan,Roy de Hieruſalé, qui eſtoit venu en France pour demáder aide, & auquel furent deliurez cent mil liures que le Roy Philippe auoit par teſtament laiſſees en aide de la terre ſainĉte, comme deſſus a eſté diĉt,ſe partit pour aller en pelerinage à S.Iaques en Galice, & paſſa par S.Martin de Tours, pour faire ſes offrandes: & en ſ'en retournant paſſa par Bourgues en Eſpaigne, ou eſpouſa Berangere, fille du Roy de Caſtille. En icelle annee le Roy aſſembla en la ville de Tours, ſon oſt, pour aller contre ſes deſobeiſſans vaſſaux, qui fauoriſoyent lediĉt Roy Henry d'Angleterre, es marches de Poitou: & alla iuſques à Monſtreubellay qu'il print : & apres par le moyen d'aucuns oĉtroya treues d'vn an,à Emery,Vicomte de Touars:puis paſſa oultre. Ceulx de la ville ſe deffendirent vaillamment, & enuoyerent deuers le Roy affin d'auoir ſecours. Quand il en ſceut les nouuelles il enuoya diligemmét à leur ſecours ſon Mareſchal, & grand nombre de genſd'armes : mais ſi toſt que les Anglois ſceurent leur venue, ils abandonnerent le ſiege qu'ils tenoyent deuant S. Macaire, & vindrent au deuant iuſques à la riuiere de Dordonne:& pource que les Francois ne pouoyent paſſer la riuiere, ils prindrent vn chaſtel, qui à nom Lumeil ſur Dordonne, & vn autre nommé Bergerac en Perigort:leſquelles places tenoyét pour le Roy d'Angleterre,& les meirent en ſubieĉtion & obeiſſance du Roy de Fráce:parquoy Richard Comte de Cornouaille,qui les gardoit, fut eſpouenté,& ſ'en retourna à Bordeaux.

L'an mil deux cens xxiii.

L'an mil deux cens xxiiii.

Iehan, Roy de Hieruſalem,eſpouſa Berangere, fille du Roy de Caſtille.

D'vn homme qui ſe faignoit & diſoit eſtre Baudouyn, Comte de Flandres, & le fit la Comteſſe de Flandres pendre & eſtrangler.

EN l'an mil deux cens vingt & cinq, enuiron Paſques, il aduint qu'vn homme vint en Flandres, & diſoit qu'il eſtoit le Comte Baudouyn de Flandres, iadis Empereur de Conſtantinoble, pere de Iehanne, Comteſſe de Flandres, qui auoit eſté prins priſonnier oultre mer, & qu'il eſtoit eſchapé par miracle de la priſon des Grecs. Pluſieurs gens grands & petis de la Comté de Flandres veirent qu'il reſſembloit merueilleuſement audiĉt Comte Baudouyn, & diſoyent que c'eſtoit il ſans autre, & le congnoiſſoyent par ſes diĉts, & par les ſignes qu'ils auoyent iadis veuz au Comte. Et pource qu'ils auoyent en haine ladiĉte Comteſſe Iehanne, fille dudiĉt Comte Baudouyn, ils la deietterent, & adherent audiĉt homme, & diſoyent qu'elle faiſoit moult grand peché qu'elle ne receuoit & congnoiſſoit ſon pere, & laiſſaſt iouyr de ſa terre. Quand la Comteſſe ſe veit ainſi opprimee, & deiettee de ſa terre, elle vint deuers le Roy, & luy pria qu'il la ſecouruſt:lequel eut pitié d'elle, & alla iuſques à Peróne, & manda illec venir celuy qui ſe faignoit eſtre le Comte Baudouyn:lequel y vint par ſaufconduit, & cuidoit bien auoir gaigné ſa cauſe:& amena pluſieurs grands Seigneurs qui ia ſ'eſtoyent ioingts auec luy, & tenoit contenance moult fiere & orgueilleuſe. Quand il fut venu à Peronne deuant le Roy, il l'interrogua de pluſieurs choſes, deſquelles au commencement il reſpondit aſſez peremptoirement, par ce qu'il eſtoit introduiĉt & forgé. A la parfin le Roy luy demanda auquel lieu il auoit fait hommage de la Comté de Flandres au feu roy Philippe, ſon

L'à mil cc.xxv.

Des interrogations que fit le Roy de France à un quidam qui ſe faignoit eſtre Comte de Flandres.

r iij

pere,& ou il auoit esté faict Cheualier,& par qui:mais il ne sceut de ce respondre,& commença à vaciller & elongner ses parolles, & respondre par ambages, & aussi par orgueil, en disant qu'il luy demãdoit de trop de choses, qui n'estoyent point de besoing:& par ce le Roy & ceulx de son conseil congnurent sa malice & folie,& luy manda le Roy que dedãs trois iours il vuydast hors de son royaume,& luy donna congé de s'en retourner.Iceluy doubtant le cõmandement du Roy s'en retira droit à Valenciénes,& là fut laissé seul de tous ceulx qui le suyuoyẽt. Quand il se veit ainsi seul,il se meit en estat de Marchant, & s'en tira vers Bourgongne : mais en chemin il fut prins, en vne tauerne, par vn Cheualier qui l'amena à ladicte Comtesse de Flandres:laquelle le fit emprisonner,& apres diuers tourmens le fit pendre & estrangler.

De la guerre que fit le Roy aux heretiques: & comment il print la cité d'Auignon par force.

Mil deux cens vingt & cinq.

EN celle annee mil deux cens vingt & cinq,le Pape enuoya de rechef vn Cardinal Legat en France,pour le faict des heretiques d'Albigeois, qui s'estoyent retournez à leurs premieres erreurs:lequel Legat alla auecques le Roy iusques à Benon,qui est du bas Poitou, ou le Roy auoit assemblé son armee, pour faire guerre au Vicomte de Touars,qui s'estoit diuerty. Et par le moyen,& à la requeste dudict Legat,furent prorogees les trèues dudict Vicomte:& par ce le Roy retourna à Paris : & illec vint tantost apres ledict Vicomte de Touars:lequel,soy repentant & congnoissant sa faute, fit hommage au Roy,present ledict Legat, & les Ambassadeurs du Roy d'Angleterre:& illec es mains dudict Legat,le Roy, & plusieurs grands Princes & Seigneurs,Archeuesques,Euesques, & autres se croiserent contre lesdicts heretiques d'Albigeois. Puis en l'an mil deux cens vingt & six s'assemblerent en la cité de Bourges,& tirerent vers Lion, & de là allerent deuant la cité d'Auignon,par ce que ceulx de ladicte cité,qui tenoyent ladicte heresie, estoyent interdicts du Pape,sept ans auoit & plus.Le siege y meirent les Francois,qui dura longuement. Et deuant icelle cité y furent plusieurs tuez des gens du Roy, & entre autres Guy de sainct Paul:dont il fut moult courroucé,& fit serment qu'il ne partiroit de deuant ladicte cité iusques à ce qu'il l'eust conquise & subiuguee. Quand ceulx de dedans sceurent que le Roy s'estoit si fort irrité contre eulx,& le serment qu'il auoit fait, ils eurent paour, & enuoyerent messages & ostages au Roy,& iurerent qu'ils feroyent la volonté de l'Eglise,à l'ordonance de luy & dudict Legat: & ainsi le Roy & ses gens entrerent dedans ladicte cité,& fit le Roy raser les murs & combler les fossez:puis fit le Roy abatre trois cens maisons fortes des plus grãds & puissans gens de ladicte ville.Et ce faict,le Roy & ledict Legat feirent illec plusieurs belles ordonnances, & fit le Roy sacrer Euesque de ladicte cité vn moyne de Clugny,nõmé maistre Pierre de Corbie. Durant le siege de ladicte cité Thibault,Comte de Champaigne, s'en retourna en ses païs,sans la licence du Roy ne du Legat,dont il ne fut pas content:& apres ce le Roy auec son armee cheuaucha par Languedoc & par Prouence, ou ceulx desdicts païs estoyent entachez dudict crime d'heresie. Toutes les villes,chasteaux, & fortresses d'iceulx païs se meirẽt en son obeissance,iusques à quatre lieues pres de Toulouze.

Le Roy Louis huictiéme, conquist la cité d'Auignon.

De la mort dudict Roy Louis, pere de sainct Louis, qui mourut à Montpensier.

Le Roy Louis huictiéme, pere de S.Louis mourut à Montpensier en Auuergne,l'an mil cc. xxvi.

QVand le Roy eut ce faict, il establit son lieutenãt pour la garde du païs vn vaillant Cheualier, nommé Ymbert de Beauieu, qui estoit de son lignage. Puis se meit en chemin pour retourner en Frãce, & cheuaucha tant qu'il vint iusques à Mõtpensier en Auuergne:& là luy print vne griefue maladie, de laquelle il mourut, le ieudy deuant la feste de Toussaincts,l'an de grace mil deux cẽs vingt & six, au troisiéme an de son regne exclusiuement. Dieu en ait l'ame:car ce fut vn moult bon Prince, & de grand' vaillance:& là fut accomplie la prophetie de Merlin,ou il dit: *In monte morietur Rex pacificus*: & entre les autres vertus qui furent en luy,il garda continence : & ne sceut on point que iamais eust cõpaignie charnelle à autre femme qu'à celle qu'il eut espousee. Apres son trespas son corps fut aorné & mis en estat de Roy, cõme il appartenoit,& apporté en grãd honneur en l'eglise sainct Denis en France,pres de son pere Philippe Auguste.

Du bon Roy sainct Louis: & comment il fut sacré à quatorze ans.

Fueil.c.

Monseigneur S. Louis, neufiéme du nom, cōmenca à regner l'an mil cc. xxvj. aagé de xiiij. ans. Il eut plusieurs belles victoires contre les Turcs, ou il fut prins prisonnier, & paya grosse rancon. Il prohiba &

Sainct Louis.

deffendit en son royaume iurer le nom de Dieu, n'achepter offices de iudicature. Il fit bastir la saincte chapelle, & les couens des Mendians à Paris, ausquels fit moult de biens. Apres auoir regné xliiij. ans vertueusemēt trespassa à Thunes, mil cc. lxx. & gist à S. Denis.

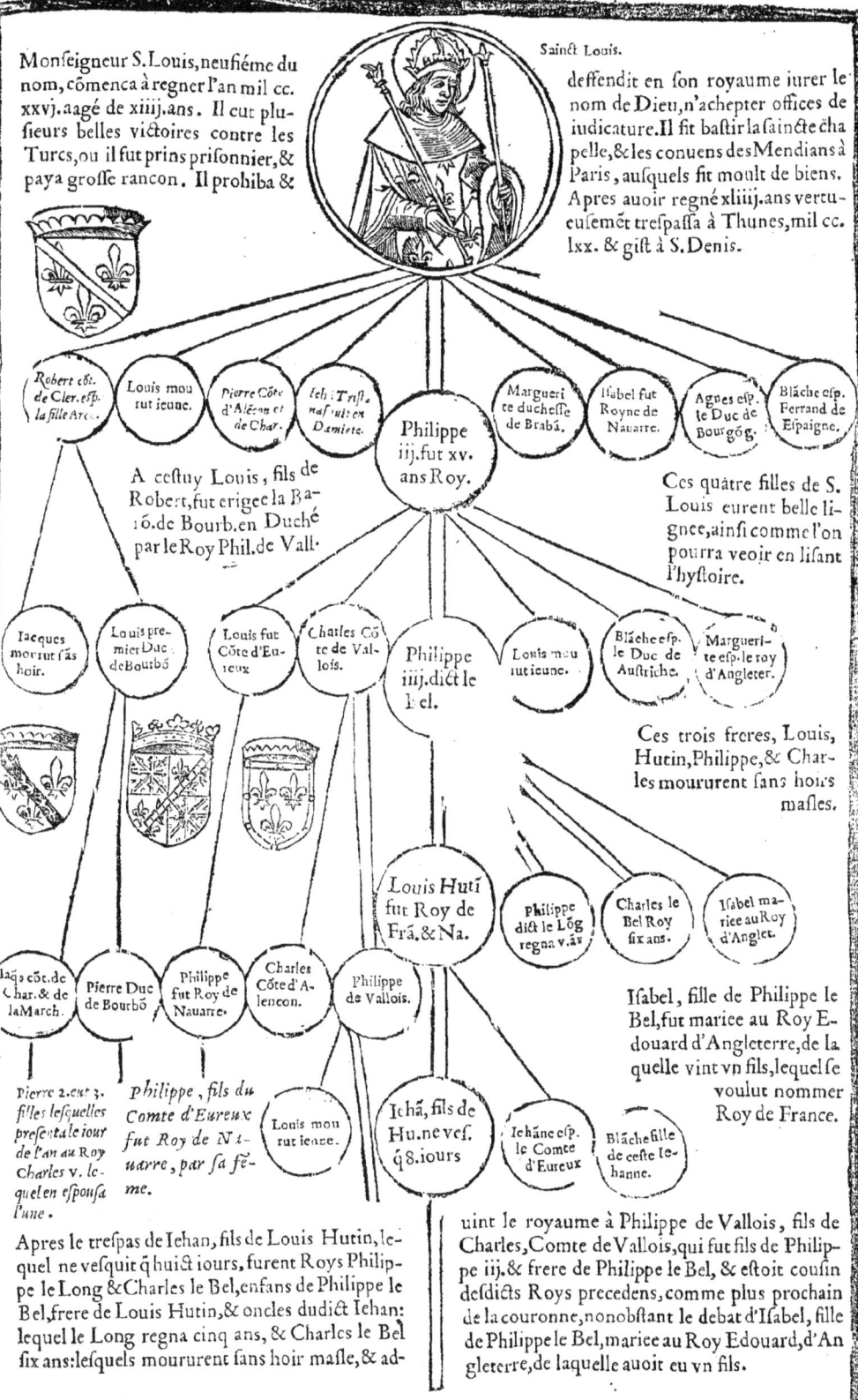

A cestuy Louis, fils de Robert, fut erigee la Barō. de Bourb. en Duché par le Roy Phil. de Vall.

Ces quatre filles de S. Louis eurent belle lignee, ainsi comme l'on pourra veoir en lisant l'hystoire.

Ces trois freres, Louis, Hutin, Philippe, & Charles moururent sans hoirs masles.

Isabel, fille de Philippe le Bel, fut mariee au Roy Edouard d'Angleterre, de laquelle vint vn fils, lequel se voulut nommer Roy de France.

Pierre 2. eut 3. filles lesquelles presentale iour de l'an au Roy Charles v. lequel en espousa l'une.

Philippe, fils du Comte d'Eureux fut Roy de Nauarre, par sa fēme.

Apres le trespas de Iehan, fils de Louis Hutin, lequel ne vesquit q̄ huict iours, furent Roys Philippe le Long & Charles le Bel, enfans de Philippe le Bel, frere de Louis Hutin, & oncles dudict Iehan: lequel le Long regna cinq ans, & Charles le Bel six ans: lesquels moururent sans hoir masle, & aduint le royaume à Philippe de Vallois, fils de Charles, Comte de Vallois, qui fut fils de Philippe iij. & frere de Philippe le Bel, & estoit cousin desdicts Roys precedens, comme plus prochain de la couronne, nonobstant le debat d'Isabel, fille de Philippe le Bel, mariee au Roy Edouard, d'Angleterre, de laquelle auoit eu vn fils.

L'an mil deux cens uingt six.

SAinct Louis, Roy de France, neufiéme de ce nom, fils de Louis huctiéme, commença à regner l'an mil deux cens vingt & six, & regna quarante quatre ans entiers: & trespassa l'an mil deux cens septante. Au temps que le feu Roy Louis, pere de monseigneur sainct Louis, partit pour aller en Auignon, il auoit laissé le gouuernement de son royaume, & de ses enfans, à madame Blanche d'Espaigne sa femme, qui estoit vne moult bône & deuote dame. Si tost que les obseques & funerailles dudict feu Roy Louis furent acomplies, par le côseil de la Royne Blanche, qui fut femme tresprudente, & de laquelle vindrent tous biens au royaume de France, auec elle mena mondict seigneur S. Louis, lequel n'auoit point encores l'aage de xiiij. ans acomplis, en la ville de Reims: & là le premier Dimenche de l'aduent, fut sacré & oingt Roy, par l'Euesque de Soissons, le siege de Reims lors vaccãt, presens plusieurs grans gens de son royaume de France. Quand l'enfant fut amené à Paris sa mere le bailla à endoctriner & conduire en bonnes mœurs: & furent ordõnez sages & prudẽs hommes, tant clercs comme Cheualiers & gens laiz, pour les besongnes du royaume gouuerner auec ladicte Royne. En celle annee Ferrand Comte de Flandres, qui par douze ans auoit esté detenu prisonnier en la tour du Louure à Paris, fut deliuré, moyennant grand finance qu'il paya pour sa rancon. En celle annee le Roy Iehan de Hierusalé se partit de France, & s'en alla en Lombardie, ou se tint vne espace de temps à Boulongne la Grasse: & ce pendant mourut Pape Honoré, & fut esleu Pape Gregoire, qui enuoya querir ledict Roy de Hierusalem, & le fit Connestable & deffenseur des terres de l'Eglise de Romme.

La mere du roy s. Louis print grand' peine à ce que le royaume de France fust regy & gouuerné par gens prudens & sages.

Comment plusieurs Princes de France s'esleuerent contre le ieune Roy S. Louis, incontinent apres son Sacre.

EN l'an mil deux cens vingt & sept, ledict ieune Roy sainct Louis, par le conseil de la Royne sa mere, & des Barõs, enuoya plusieurs Euesques, Princes & Chenaliers contre les heretiques d'Albigeois (qui puis aucun temps auoyent esté absouls, mais ils estoyent retournez à leur damnee opinion) & prindrent les gens du Roy la cité & toute la Comté de Toulouze. En celle mesme annee s'esleuerent & machinerent contre le ieune Roy sainct Louis, Hue Côte de la Marche, Pierre de Dreux, dict Mauclerc, † Comte de Bretaigne, de par sa femme, & Thibault Comte de Champaigne, & autres leurs alliez, qui estoyent venuz deuers le Roy à l'assemblee des estats qui auoyent esté tenuz pour donner ordre aux affaires dudict ieune Roy & du royaume: & parlerent & murmurerent ensemble secretemẽt, disant que tel enfant n'estoit pas pour gouuerner le royaume en l'aage ou il estoit, & que celuy seroit bien fol qui à luy obeiroit, tant côme il seroit si ieune, mesmemẽt soubs la garde & conduite d'vne femme. Si s'en partirent d'auec luy: & tantost apres ledict Comte de Bretaigne fit garnir saincte Iame de Beuuron & Belesme (qui sont deux fors Casteaux, lesquels le feu roy Louis, pere dudict sainct Louis, luy auoit baillez en garde quand il alla contre les Albigeois) & se meirent dedans lesdicts Comtes de Bretaigne, de Champaigne & de la Marche. Quand ces nouuelles vindrent à la congnoissance du Roy, par le conseil de sa mere & de ses Barons il assembla ses gensd'armes en nombre comme incroyable, & se meit en voye pour aller contre eulx: mais quand ledict Thibault, Comte de Champaigne, sceut la venue du Roy, & sa puissance, il se doubta que s'il tenoit longuement contre luy il luy en pourroit meschoir: si dist que les plus courtes folies sont les moins manifestes, & vn matin se leua & abandonna secretement ses compaignõs, & s'en vint vers le Roy, & luy pria qu'il luy pardonnast la faulte qu'il auoit contre luy faicte. Le Roy, qui estoit enfant debonnaire, luy pardonna volontiers: & apres manda le Roy ausdicts Comtes de Bretaigne & de la Marche, qu'ils vinssent deuers luy à amendement, ou qu'ils vinssent contre luy en bataille, & ils luy manderent que volontiers ils feroyent paix à luy. Quand le Roy eut ouy les messages il fit retourner son ost, & alla à Chinon, pour là les attendre & ouir: mais au iour assigné ils n'y vindrent n'enuoyerent. Si les fit le Roy semondre pour la seconde fois, & ils n'y vindrent point. Puis les fit semondre la tierce fois, & lors ils manderent que volontiers iroyent vers luy à Vendosme, s'il luy plaisoit y aller. Le Roy, qui estoit debonnaire, leur enuoya ses messagiers, & ses lettres de paix & d'amour, mais qu'ils se gardassent desormais de mesprendre. L'annee ensuyuant mil deux cens vingthuit, par le conseil desdicts Côtes de Bretaigne & de la Marche, qui auoyent affection de gouuerner les faicts du royaume, plusieurs des Barons de France murmurerent, & s'esleuerent de rechef contre le Roy, pour le gouuernement du royaume: & disoyent que la Royne Blanche, sa mere, ne deuoit point gouuerner si grande chose comme la monarchie du royaume de France, & qu'à femme n'appartenoit point de ce faire. Le Roy disoit qu'il estoit ia assez grand & en aage pour gouuerner le royaume,

† al. Duc,

Côspiration de plusieurs seigneurs & Barons de France contre le Roy s. Louis & sa mere.

Les plus courtes folies sont les moins manifestes.

L'an mil deux cens xxviii. La Royne Blanche mere du roy s. Louis eut le gouuernement du Royaume.

le royaume, par l'ayde & par le conseil des sages & bonnes gens qui estoyent autour de luy. Si se mirēt sus lesdicts Seigneurs & Princes, cōme en nombre infiny, & se mirent en aguet commēt ils pourroyēt prendre la personne du ieune Roy, qui s'en retournoit de Touraine à Paris. Quand le Roy fut pres d'Orleans on luy rapporta que lesdicts Princes & Seigneurs estoyent sus les champs à grād' puissance, & le guettoyent en chemin pour le prendre: parquoy il se hasta de cheuaucher, & fit tant qu'il vint iusques à Mōtlehery, pres Paris. Quand il fut là il n'osa oultre passer, pource que lesdicts Seigneurs auec grand nombre de gens de guerre, estoyent illec prests & deliberez de le prendre. Si demoura là le Roy, & manda à la Royne Blanche sa mere qui estoit à Paris qu'elle luy enuoyast secours, & gēs pour le conduire, & mener iusques à Paris: laquelle incontinent assembla grand nombre de gens, & puis sortirent de Paris à baniere desployee, & en bataille rengee. Quand lesdicts Seigneurs sceurent la multitude des gēs qui venoyent de Paris à l'ayde & conduicte du Roy, ils se departirent, & s'en allerent chacun en sa maison: & fut le Roy mené iusques dedans Paris, en belle bataille rengee.

De la guerre que les Comtes de Bretaigne & de la Marche firent au Comte de Chāpaigne, par ce qu'il auoit abādōné leur alliāce, & s'estoit retiré vers le Roy.

LEsdicts Comtes de la Marche & de Bretaigne, & autres Barons de France, conceurent grand maltalent contre Thibault Comte de Champaigne, pourtant qu'il s'estoit pacifié auec le Roy, & les auoit abandonnez, & ne les vouloit ayder. Si s'assemblerent grand nombre, & luy coururent sus, & gasterent par feu & par glaiue partie de sa terre du costé d'Alemagne, & mirent le siege deuant vne ville nōmee Cahource. Et à ceste cause ledict Comte de Champaigne enuoya hastiuement deuers le Roy demander ayde: & quand le Roy le sceut il enuoya ses messagers deuers lesdicts Seigneurs & Barons, à ce qu'ils voulsissent cesser de guerroyer contre ledict Comte de Champaigne, son vassal: mais ils firent la sourde oreille, & mirent le siege deuāt le chastel de Bar sur Seine: & par ce le Roy assembla son armee, & se mit à chemin pour aller contre eulx: & quand ils sceurent sa venue ils s'en departirent, & s'en allerent chacun en son hostel: parquoy le Roy s'en retourna à Paris.

* Lisez s'il uo9 plaist la Croni. du seigneur de Ionuille, nagueres mise en lumiere à Poitiers

Comment Pierre Meuclerc, Comte de Bretaigne, pourchaca tant qu'il fit venir le Roy d'Angleterre en France.

CElle mesme annee ledict Pierre Mauclerc, Cōte de Bretaigne, par l'enhortement d'aucuns des Princes de Frāce, passa la mer, & alla deuers Henry Roy d'Angleterre, & luy donna à entēdre que s'il vouloit il pourroit facilement auoir la Duché de Normandie, que le feu roy Philippe Auguste auoit tollue au feu roy Iehan d'Angleterre: & disoit que le Roy estoit enfant, & qu'il auoit esté couronné contre le gré des Princes & Seigneurs de Frāce, & que s'il y vouloit mettre peine il luy ayderoit de tout son pouoir, & qu'il sçauoit bien que nuls desdicts Princes & Seigneurs de France n'ayderoyent audict ieune Roy sainct Louis. Tant persuada que le Roy d'Angleterre le creut, & assembla plusieurs gensdarmes. Si se mirent sus mer, & vindrent descendre en Bretaigne: & commenca à courir & gaster la terre du Roy, en rompant la paix, qui de l'auctorité Apostolique auoit esté parauant faicte & cōfermee entre les deux royaumes. Sitost que le Roy en sceut les nouuelles il assembla grand armee, & se mit à chemin pour aller contre eulx, & tira droict au chastel de Belesme (que le feu roy Louis son pere auoit baillé à garder audict Comte de Bretaigne, qu'il ne luy vouloit rendre) & y mit le siege, qui y fut longuement, nonobstant l'yuer qui estoit grand. Tant de fois fut assailly le chastel que ceulx de dedans furent contraincts de le rendre à la mercy du Roy: & quand le Roy d'Angleterre en sceut les nouuelles, & qu'il veit que le Roy de France auoit si grand' puissance, il dist audict Pierre, Comte de Bretaigne, que la chose alloit tout autrement qu'il ne luy auoit donnee à entendre. Si remonta ledict roy Henry d'Angleterre sur mer, & s'en retourna auec sa courte honte. Pour ladicte cause ledict Pierre Mauclerc fut appelé en droict, & par le iugemēt des Pers de France fut declaré banny, & ses terres confisquees. Apres la prinse de Belesme le Roy enuoya deuant la place de Haye Penel, qui s'estoit mis es mains dudict Comte de Bretaigne. Ceulx de dedans rendirent tantost la place à la mercy du Roy: aussi firent semblablemēt les chasteaux de Redon & de Chantoceaux, & plusieurs autres. Quand ledict Comte de Bretaigne veit la grande puissance du Roy, & qu'il estoit ia entré si auant en sa terre, il abaissa son orgueil, & manda à son frere Robert, Comte de Dreux, & à ses autres parens qui estoyent auec le Roy, en les requerant qu'ils fissent sa paix enuers le Roy, & qu'il ne gastast pas sa terre. Ledict Comte de Dreux

Le Roy d'Angleterre descendit en Bretaigne contre le Roy sainct Louis.

Le Duc de Bretaigne fut banny & tout son biē confisqué.

LES CHRONIQVES ET ANNALES DE FRANCE.

Le Duc de Bretaigne fit hōmage au Roy sainct Louis.

fut ioyeux de ceste nouuelle:car il auoit grand paour que ledict Comte de Bretaigne perdist & confiscast sa terre & seigneurie, par sa follie. Si fit tant que le Roy luy pardonna: & vint ledict Comte deuers le Roy, & luy fit hommage lige & serment de fidelité à cause dudict pais de Bretaigne:& pour ceste cause les Barons en furēt plus simples & humiliez: & depuis le Roy gouuerna le royaume sans guerre ne aduersitez l'espace de quatre ans. En l'an mil deux cens vingt neuf, le Roy d'Arragon conquist le royaume de Valence la grand' & de Maillorgue sus les Sarrazins, & furent faicts les habitans Chrestiens. En ce temps florissoyent en saincteté Elizabeth, fille du Roy de Hongrie, & sainct Anthoine de Pade, de l'ordre des freres Mineurs. *Pareillement en celle annee le Roy sainct Louis fonda l'Abbaye de Royaumont, pres Beaumont sur Ayse, au diocese de Beauuais, & y mit religieux de l'ordre de Cisteaux.

L'an mil deux cens uingt neuf.

sainct Anthoine de Pade.
* Autres disent l'an d'apres.

Comment & pourquoy le Pape excommunia l'Empereur Federic.

Gregoire, lors Pape, fit admonnester l'Empereur Federic de Romme qu'il voulsist accomplir le veu qu'il auoit fait d'aller au voyage d'oultre mer, pour la conqueste de la terre saincte. Ce que ledict Empereur promit faire dedans certain iour & lieu auec les autres , & les conduire : & soubs ceste couleur le Pape fit prescher la croisee, & s'assemblerent plusieurs gens pour aller en la cōpagnie dudict Empereur, & se trouuerent en Cecille sur le riuage de la mer, au lieu qui estoit dict. Mais quand l'Empereur eut mis en sa subiectiō aucunes villes de Cecille, il ne voulut point passer oultre mer, & s'en retourna:& à ceste cause le Pape l'excommunia, & fit publier à l'encontre de luy sa sentence par toute la Chrestienté:lequel Empereur enuoya Ambassadeurs, & fit alliance auec le Souldan de Babylonne:lesquelles furent moult suspectes au Pape & à toute la Chrestieté:mais tantost apres ledict Souldan trespassa, & furent treues octroyes aux Chrestiens, par ce qu'il n'auoit que deux ieunes enfans. En ladicte annee mil deux cens *vingt neuf, mourut Iehāne, Cōtesse de Flandres & de Henault, & luy succeda sa sœur Marguerite, femme de Bouchart, Seigneur d'Auennes. * Semblablement mourut Philippe Comte de Boulongne, fils de Philippe le Conquerant:& oncle du Roy sainct Louis, & fut enterré à sainct Denis.

* Autres disent uingt huict.
* Autres l'an 1233.

Comment ceulx de l'Vniuersité voulurent abandonner Paris : & du blason des armes de France.

L'ā mil.cc.xxx.

En l'annee mil deux cens trente fut vne grande discorde entre les Bourgeois de Paris & les escoliers de l'Vniuersité, qui disoyent qu'ils n'auoyent pas eu souffisante reparation & amende d'aucuns exces, qui leur auoyent esté faicts, & tellement qu'ils vindrent de verbis ad verbera, & y eut plusieurs de ceulx de l'Vniuersité tuez. A l'occasion dequoy ils delibererent eulx en aller, abandonner & du tout abolir l'Vniuersité de Paris:& cesserent les lectures par long temps, & s'en departirent plusieurs. Le Roy d'Angleterre en sceut la nouuelle, qui leur manda que s'ils vouloyent aller vers luy, il leur bailleroit ville, & leur dōneroit lieux & maisons pour demourer, & grāds priuileges tels qu'ils vouldroyent demander. Mais le bon Roy (qui ne vouloit point perdre la fontaine de clergie & le thresor de sapiéce, affin que de Dieu ne luy fust dict:Pource q̄ tu as repellé & debouté science, ie te repelleray) les pacifia tellement qu'ils demourerent, & ceulx qui s'en estoyent departis retournerent. Iadis en l'ancien temps le clergé demoura à Athenes, & la Cheualerie en Grece:mais il s'en departirent, & allerent à Romme, & tant qu'ils y furent les Rommains florirent & prospererent. Apres ils se departirent de Romme, & par le moyen de Charlemagne vindrent en France, ou estoit la fleur de la foy Chrestienne. Et ce est figuré es fleurs de lys, qui sont les armes des Roys de France, lesquelles leur furent transmises miraculeusement du ciel. Car en vne fleur de lys y a trois pampes, ou fleurons:dont le grand meillieu signifie la foy Chrestienne:& les deux autres, qui sont plus bas aux deux costez, signifient le Clergé & Cheualerie, qui doyuent estre tousiours prests à garder la Foy : & ainsi si l'Vniuersité eust esté ostee de France, les armes des fleurs de lys eussent esté imparfaictes.

Le roy d'Angleterre s'efforça d'attirer à luy l'Vniuersité de Paris.

Blasō des fleurs de lis.

De l'eglise sainct Denis en France, qui fut de nouuel reedifiee.

L'an mil deux cens trēte et un

En l'an mil deux cens trente & vn, Eude, lors Abbé de S.Denis en Frāce, pour le grād zele qu'il auoit aux saincts martyrs sainct Denis, sainct Rustic, & sainct Eleuthere, fut moult angoisseux comment il pourroit decorer l'edifice de ladicte eglise sainct Denis : les voultes & murailles de laquelle estoyent moult pourries & gastees,

pource

DV ROY S. LOVIS, NEVFIEME DE CE NOM. Fueil.cij.

pource qu'elle n'auoit pas esté amendee depuis que le Roy Dagobert l'auoit premierement fait faire & edifier, & n'y auoyent ses predecesseurs osé, ou voulu toucher, à cause du mystere de la dedication de ladicte eglise, qu'on disoit auoir esté faicte par Iesus Christ. Ledict Abbé s'en conseilla audict Roy S. Louis, qui en escripuit au Pape: lequel considerant que toutes choses qui sont soubs le ciel sont corruptibles, & ne peuuent tousiours demourer en vn estat, consentit & commanda que ladicte eglise fust refaicte, en maniere que le seruice diuin y peust estre honorablement faict, à la gloire & louenge de Dieu & des saincts martyrs: & la fit ledict Abbé refaire & edifier de l'ouurage & edifice dont elle est à present. *L'eglise de s. Denis en France fut de nouuel bastie & refaicte.*

En l'annee mil deux cens trente & trois, sourdit vne discention entre les grands Bourgeois d'vne part, & les menuz populaires, ou plebeiques de la ville de Beauuais, d'autre: au moyen de laquelle y eut plusieurs des grands tuez. La chose venue à la congnoissance du Roy, qui est superieur par sa iustice, fit par preuention prendre & emprisonner plusieurs desdicts plebeiques: à cause de quoy Mil, Euesque & Comte de ladicte cité de Beauuais, qui pretendoit la reparation deuoir estre faicte par sa iustice, & non par autre, mit l'interdict en ladicte ville: & pour ceste matiere ledict Euesque se mit à chemin pour aller à Romme, & mourut en chemin. En son lieu fut faict Euesque vn nommé Geoffroy, qui persista en ladicte cause & matiere: mais il ne prospera point de sa personne, & mourut tátost apres: & au lieu de luy fut faict Euesque vn nommé Robert, qui sur ledict different fit appoinctement au Roy, & osta ledict interdict.

Du mariage S. Louis auec madame Marguerite, fille du Comte de Prouence.

L'An mil deux cens trente quatre fut le Roy conseillé de soy marier. Si enuoya ses messagers l'Archeuesque de Sens, & messire Iehan de Nesle, deuers le Comte de Prouence, demander madame Marguerite, sa fille. Le Comte fut moult ioyeux, & la luy enuoya: & quand elle fut venue le Roy l'espousa, & la fit couronner Royne en l'eglise nostre Dame de Paris, par ledict Archeuesque de Sens. Ledict S. Louis eut de ladicte Marguerite plusieurs enfans: c'est à sçauoir Louis, qui mourut ieune: Philippe, qui fut Roy: Iehan surnomé Tristan, Comte de Neuers: Pierre Comte d'Alencon: Robert, Côte de Clermont, dont sont descenduz ceulx de la noble maison de Bourbon. Iceluy Robert eut deux fils: l'vn nommé Louis, qui fut premier Duc de Bourbon, l'autre nommé Iaques, & fut Comte de Charolois. Ledict Duc Louis eut vn fils, nómé Pierre, qui fut Duc. Iceluy Pierre eut vn fils, nommé Louis le second, qui fut Duc, & vne fille nommee Iehanne, qui fut Royne de France, femme de Charles le quint. Ledict second Louis eut vn fils, nommé Iehan Duc de Bourbon, qui fut prins à la bataille d'Agincourt, & mourut en Angleterre. Ledict Iehan eut vn fils, nommé Charles, qui fut Duc apres luy, qui mourut sans hoirs, & luy succeda Pierre, son frere, qui eut à femme madame Anne, fille du roy Louis de France, xj. de ce nom: & si eut Charles, qui fut Cardinal, Archeuesque de Lion, & Iehan, Euesque du Liege. Iceluy Roy S. Louis eut aussi plusieurs filles, c'est à sçauoir Blanche, qui fut femme de Ferrád, aisné fils du Roy d'Espaigne, Ysabeau, femme de Thibault, Roy de Nauarre, Comte de Cháp aigne & de Brie: Marguerite, Duchesse de Braban, & Agnes, femme de Robert Comte de Bourgógne. *L'an mil deux cens xxxiiii.*

Genealogie de la maison de Bourbon.

S. Louis eut plusieurs enfans.

En celle annee mourut le Roy de Nauarre, & luy succeda au royaume Thibault, Côte Palatin de Champaigne & Brie, qui estoit son nepueu de par sa sœur: lequel tantost apres (ie ne sçay quel esprit le menoit, sinon par son arrogáce) s'esleua contre le Roy, & luy courut sus. Le Roy incôtinent manda le Côte de Poitiers, son frere, & Robert d'Artois, & assembla son ost, & alla côtre luy. Quand ledict Comte de Cháp aigne, Roy de Nauarre, sceut la puissance q̃ le Roy menoit côtre luy il fut moult esbahy, si pensa que ce n'est pas chose layde n'à depriser de muer par raison le mauuais conseil, & enuoya deuers le Roy luy requerir & demander grace: & affin qu'il la luy voulist octroyer, il luy donna & transporta deux villes, c'est à sçauoir Bray sur Seine, & Montereau faultyonne. La Royne Blanche, qui là estoit, dist & remonstra audict Comte Thibault l'offence qu'il auoit faicte enuers luy, & que c'estoit mal recôgnu la bonté du Roy son fils, qui estoit venu secourir en personne, lors que les Barons luy auoyent couru sus. *Mauuais cóseil qui est mué par raison, n'est pas à depriser.*

Comment aucuns Arsacides vindrent en France pour tuer le Roy S. Louis.

EN l'annee mil deux cens trente six, le Roy des Arsacides, nommé le † Vau des Montaignes, qui habitoit es prouinces d'Antioche & Damas, qui estoit Payen d'oultre mer, enuoya en France aucuns de ses Arsacides (qui sont gens nourris & introduits pour tuer ceulx que leur Roy leur commandé) ayans charge de tuer le Roy sainct Louis: & leur commanda leur Roy ainsi le faire, & vindrent

L'an mil deux cens trente six.

† al. le Vieil lard

en France:mais tantost apres nostre Seigneur mua le courage dudict Roy des Arsacides, & en enuoya d'autres apres eulx:ausquels il chargea venir dire au Roy sainct Louis, qu'il se donnast garde de ses premiers messages qui le deuoyent tuer. Quand le Roy le sceut il se tint sus ses gardes:puis apres, par le moyen des derniers messages, les premiers furent trouuez, dont le Roy fut bien ioyeux:& ausdicts messagers tant premiers que derniers, fit de grands dons & presens: puis les enuoya vers leur Seigneur, auquel il escripuit lettres d'amytié, & luy enuoya plusieurs beaux & grands dons, & choses precieuses. En celle annee Yolant, fille de Pierre Mauclerc, Comte de Bretaigne, fut mariee à Hugues, fils du Comte de la Marche, & luy fut donnee toute la Comté de Ponthieure, exceptee la seigneurie de Iugon.

D'vn voyage que firent aucuns Princes de France oultre mer.

L'an mil deux cens trête sept.

L'An mil deux cens trente & sept le Pape enuoya plusieurs freres Prescheurs & Mineurs en France, pour prescher & publier le voyage d'oultre mer: par l'admonnestement desquels se croiserent plusieurs Seigneurs & Barons: & entre autres le Duc de Bourgongne, Henry, Comte de Bar, Pierre Mauclerc, Comte de Bretaigne, le Comte de Neuers, Amaury, Comte de Montfort, Iehan, Comte de Mascon, & plusieurs autres: & pour les guider & conduire esleurent sur eulx Thibault, Comte de Champaigne, nouueau Roy de Nauarre. Quand ils furent oultre mer, ledict Pierre Mauclerc, Comte de Bretaigne, auec sa bende, print & pilla vne terre sur les Sarrazins:& pource qu'il luy en estoit bien prins, Amaury, Comte de Montfort, Henry, Comte de Bar, & autres Cheualiers voulurent faire comme luy, & coururent vers Iaphe, & vers Gazan: mais les Turcs en furent aduertis, & mirent leurs embusches, & furent les Chrestiens de celle bende presque tous tuez:& furent lesdicts Comte de Bar & de Montfort prins prisonniers, & depuis furent deliurez par rancon, reserué le Comte de Bar, duquel on ne peut sçauoir qu'il estoit deuenu:& en eulx retournant mourut à Romme ledict Comte de Montfort, & fut enterré en l'eglise sainct Pierre honnorablement.

Mil deux cens trente & huict.

En l'an mil deux cens trête & huict, ledict Roy sainct Louis, estant à Compiegne, fit Robert, son frere, nouueau Cheualier, & luy donna la Comté d'Artois, & ses appartenances:& le maria auec madame Mahault, fille du Duc de Braban. Ainsi que le Roy faisoit la solennité & feste des nopces de sondict frere, ou estoyent grand' partie des Barons de France, Federic Empereur de Romme (que le Pape auoit excommunié, pour la faulte qu'il auoit faicte au voyage d'oultre mer, & auoit fait alliance au Souldan) manda au Roy qu'il auroit volontiers à luy parlement:& luy pria qu'il allast à luy iusques en la ville de Vaucouleur, & qu'il s'y trouueroit. Apres la feste paracheuee le Roy donna congé à ses Barons, & se mit à chemin, & mena auec luy aucun nombre des Princes & Barons, & autres en grand' honnesteté, tellement qu'en sa compaignee estoyent bien deux mil hommes d'armes, & grand nombre de gens de pied.

De la trahison que machina l'Empereur Federic contre le Roy s. Louis.

Quand l'Empereur, qui auoit machiné contre luy de trahison, sceut que le Roy amenoit auec luy si grâde compagnie, il luy contremanda qu'il ne pourroit venir ne cheuaucher à Vaucouleur, au iour qu'il luy auoit mandé, par ce qu'il estoit malade:& ce fit il, par ce qu'il cuydoit que le Roy deust aller deuers luy audict lieu à petite compagnie, & auoit deliberé de le prendre prisonnier & emmener. En celle annee mourut, apres son retour d'oultre mer, Pierre Mauclerc, Comte de Bretaigne, & homme lige & subiect du Roy, qui auoit esté Comte trente quatre ans:& laissa Iehan, son fils, nommé le Comte Roux, son successeur audict Comté, & vne fille nommee Yolant.

* Autres disent 1239. & le dit sent fils de simô Capitaine côtre les Albigeois.

* En celle mesme annee messire Simô de Montfort (qui fils estoit d'Amaury, Comte de Montfort, qui estoit mort à Romme au retour du voyage d'oultre mer) pour la crainte de Royne, mere de sainct Louis, qui l'auoit prins en hayne, s'enfuyt en Angleterre deuers le roy Henry, qui le receut honnorablement, & luy donna sa sœur en mariage.

Comment le Roy sainct Louis fit edifier la saincte Chapelle du Palais, à Paris, & apporta la saincte Couronne d'espines de Iesus Christ.

L'an mil deux cens trête neuf.

La saincte Chapelle du palais à paris fut bastie par le Roy sainct Louis.

EN l'an mil deux cens trente & neuf, le bon Roy S. Louis, voyât que par la grace de Dieu il auoit ia tenu depuis quatre ans son royaume moult paisiblement, & sans inquietation, ne mettant pas en oubly n'en nonchaloir les graces & benefices que nostre Seigneur luy auoit faictes, en recognoissance d'iceulx fit bastir & edifier la saincte Chapelle en son Palais royal à Paris, de moult bel, subtil, & magnifique ouurage, ainsi qu'on peut voir à l'œil, & moult la decora & enrichit depuis. Or auoit il tant requis, demandé, & pourchacé, de si grand' affection enuers Iehan de Hierusalem,

depuis

depuis Empereur de Constantinoble, qui au viuant du feu Roy, pere de sainct Louis, estoit venu en ce royaume demander ayde contre les Sarrazins, qui luy auoit octroyé le chapeau de la saincte Couronne d'espines, dont nostre seigneur Iesus Christ voulut estre couronné en sa passion, pour la reparation de l'humain lignage. Parquoy apres ledict octroy, estant ledict Iehã, depuis Empereur, party de France pour aller en voyage à S. Iaques en Galice, qu'il auoit entreprins, comme dessus a esté dict, & s'en retournant en son païs, le Roy enuoya solennels messagers en Constantinoble aueclui : & quand ils furent là venuz, ledict Empereur leur bailla & liura ladicte Couronne en grand' reuerence & honnorablement : & quand ledict Roy sceut qu'elle estoit dedans son royaume, il alla au deuant iusques en la cité de Sens, & en grand' deuotion, honneur & reuerence la fit apporter iusques au boys de Vincennes, & s'en vint à Paris, & le *vendredy apres l'Ascension nostre Seigneur audict an mil deux cens trente neuf, ledict Roy & ses freres l'apporterent en l'eglise nostre Dame de Paris. Semblablemẽt allerent au deuant tous les colleges & processions des eglises de Paris, & celle de S. Denis & des enuirons, portans tous les assistens chacun vn cierge de cire en leur main, & moult beaux reliquaires, richement habillez de chappes de drap d'or & de soye : & estoyent le Roy & ses freres tous nuds pieds & nues testes, & la pluspart du peuple pareillement : & ainsi solennellement & reueremment fut apportee ladicte saincte Couronne en ladicte saincte Chapelle du Palais.

La couronne d'espines de nostre seigneur, enuoyee au roy sainct Louis.

* *Autres disent le iour d'apres l'Assumptiõ nostre Dame.*

Comment le Roy S. Louis racheptta des mains des Venitiens la vraye Croix, l'Esponge, le fer de la Lance de nostre seigneur Iesus Christ, que l'Empereur de Constantinoble auoit engagees, & les fit apporter en ladicte saincte Chapelle.

PEu de iours apres ledict Roy sainct Louis sceut que ledict Iehan de Constantinoble, qui auoit esté oppressé par plusieurs de ses aduersaires, par grand' pauureté & faulte d'argent auoit emprunté grand' somme de ducats de ceulx de la seigneurie de Venise, ausquels il auoit baillé en gaige grand' partie du fust de la vraye Croix, l'Esponge à quoy Iesus Christ fut abbreué le iour de sa passion estant en croix, & le fer de la Lance dont Longis le frappa au costé dextre. Si se pensa cõment il les pourroit auoir & recouurer, pour en aorner la saincte Chapelle à Paris : & pour ceste cause il enuoya expres messagers deuers ledict Empereur de Constantinoble : lequel & Baudouyn son gendre, cõsentirent que le Roy les racheptast : & les luy donnoit, si les fit le Roy rachepter & apporter en France, en grand' deuotion & reuerence, & assemblee de processions, & les fit mettre en sadicte saincte Chapelle du Palais, ainsi qu'il auoit fait ladicte Couronne.

Le fust de la vraye croix nostre seigneur fut apporté en la saincte Chapelle à Paris.

Comment les heretiques d'Albigeois s'esleuerent, & le Roy y enuoya grand' armee, qui les fit reduire.

EN ce temps les heretiques de Toulouze & d'Albigeois, Chrestiens reniez, s'esleuerent de rechef contre les bons Chrestiens, qui estoyent esdicts païs : & mesmement contre ceulx qui auoyent la garde de par le Roy, pour entretenir la Chrestienté, & leur firent moult de griefs. Si le manderent au Roy, lequel y enuoya diligemment messire Iehan de Beaumont, auec plusieurs gensd'armes, qui assiegerent, & prindrent d'arriuee le chastel de Montreal, & autres : & quand lesdicts heretiques veirent la puissance de ladicte armee, ils se mirent en la subiection du Roy & de la Chrestienté. Si pourueut ledict de Beaumont à la garde du païs, & s'en retourna deuers le Roy, qui luy fit bon recueil, & fut moult ioyeux de la victoire.

De la disputation qui fut faicte à Paris, contre les gens qui tiennent plusieurs benefices.

AVdict an mil deux cens †xxxix. fut faicte vne solennelle disputation à Paris, cõtre les gẽs d'Eglise qui tiennent plusieurs benefices : en laquelle fut determiné par les saincts docteurs, que nul ne peut ne doit tenir deux benefices, quand il en a vn suffisant pour la sustentation de sa vie, sans peril de peché mortel. Aucuns y estoyent qui furent aueuglez par auarice, qui soustenoyent le contraire : mais la diuine iustice horriblement de ce les condemna, & de ce sont plusieurs exemples escripts en diuers lieux. Monseigneur S. Hierosme fait vne demande aux Prelats : *Vtrum tam vigiles reperiuntur ad curam, quàm alacres currunt ad cathedram ?* Voulsist Dieu qu'ils en sceussent bien desseruir & administrer vn seul : car ce leur seroit grand' louëge : mais encores ne leur suffit il pas d'auoir vn bon Euesché, ou bõ benefice pour entretenir leur estat, selon leur vacation, s'ils n'ont encores plusieurs Abbayes &

† *al. xxxviij.*

Contre ceulx qui tiennent pluralité de benefices.

f

autres benefices en commande de grand reuenu, pour entretenir leurs pompes & orgueil, & se veulent couurir d'vn sac mouillé, disans à leurs auantage qu'ils sont dispensez de les pouoir tenir: mais (quoy qu'ils en dient) le peché nullement n'est excusé: & s'ils regardent bien en la fin de leurs dispenses, ils trouueront ces mots *Super hoc conscientiam tuam onerantam.* Ie me rapporte de ce au iugement de leurs consciences: car il faudra bien qu'ils respondent estroictement deuant le iuste iuge, qui tout sçait & congnoist, cõment ils auront administré les biens & fruicts des eglises qu'ils ont tenues. Car (comme dit S. Hierosme, & aussi le Decret) *bona ecclesiæ, bona pauperum sunt: & si quidquam præter necessaria reseruasti sacrilegium cõmisisti.* Ie me rapporte à eulx de bien entendre & noter ces parolles: car il fault venir au poinct.

Alexandre, qui cõposa le doctrinal pour les ieunes Grãmairiẽs.

En ce mesme temps fut à Paris vn venerable docteur en Theologie, nommé Alexandre de ville Dieu, qui composa, pour l'introduction des ieunes enfans, le liure qu'on appelle le doctrinal: qui est le droict fondement de l'art de Grammaire: car parauant on lisoit aux enfans vn autre liure, qu'auoit fait vn nõmé Maximien, lequel ne contenoit que fallaces, mensonges, & choses de mauuais exẽple. Le liure historial, que fit Vincent de Beauuais, fine au xviij. an du regne entier de S. Louis, qui estoit l'an de l'incarnation Iesus Christ, mil deux cens xliiij.

De l'acquisition faicte par le Roy de la Comté de Mascon: & comment l'Empereur tint long temps prisonniers plusieurs des Prelats de France.

Mil.cc.xxxix.

AV moys de Feurier l'an mil deux cens xxxix. Iehan, Comte de Mascon, & Aelis sa femme vendirent à tousiours, eschangerent & quitterent au Roy S. Louis, & à ses enfans successeurs, la Comté de Masconnois, & ses appartenãces, moyennant dix mille liures tournois en deniers qu'ils receurẽt, & mille liures tournois en reuenu à auoir en Normandie. En l'annee ensuyuant, pource q̃ Federic l'Empereur de Rõme, fouloit & opprimoit le clergé & les terres de l'eglise de Rõme, & aussi prenoit & ranconnoit ceulx qui alloyent en court de Rõme, le pape Gregoire neufiéme, pour auoir conseil & ayde sur la matiere, enuoya le Cardinal * Blanc, Legat en France, qui assembla vn Concile d'Euesques à Meaux, & excommunia ledict Empereur, & le priua de toute la cõmunauté de saincte Eglise. Outre ce, pourtant que ledict Empereur ne venoit point à amendement, ledict Cardinal Blanc fit commandement de par le Pape à plusieurs des Euesques & Prelats de France, & d'autre païs, que sur peine d'inobedience ils allassent auec luy deuers le Pape: & pource que l'Empereur perseueroit en sa malice, & faisoit garder les passages par terre, ils delibererẽt d'aller par mer: & quand ils furẽt au riuage de la mer, ils sceurent qu'on les y guettoit pareillemẽt: parquoy aucuns des Euesques s'en retournerent, & les autres se mirẽt sur mer auec ledict Cardinal: mais * Mainfroy, fils dudict Empereur, les rencontra sur la mer, ou il les espioit auec plusieurs galees pres de la ville de Pise, qui tous les fit mettre en diuerses prisons, & tenir estroictement. Cependant, ou peu apres, ledict pape Gregoire mourut, ayant deffendu moult bien l'Eglise contre ledict Federic Empereur, & tellement que par sa predication plusieurs Rommains s'estoyent croysez contre ledict Empereur, qui pour ceste cause auoit esté contrainct soy absenter. Au lieu de Gregoire fut esleu Celestin quatriéme, ou troisiéme, selõ aucuns: mais il ne tint le siege que dixhuict iours: & par sa mort vaca la Papauté vingt & sept moys: durãt lequel tẽps lesdicts Prelats de France demourerent prisonniers, & n'y eut personne qui en fit poursuite. Quand ils eurent longuement esté là detenuz prisonniers, le Roy S. Louis en eut pitié, voyant l'Eglise estre destituee d'ayde humain: parquoy il enuoya deuers l'Empereur luy prier qu'il les deliurast: mais il luy manda qu'il ne trouuoit pas par son cõseil qu'il le deust faire: & les enuoya prisonniers à Naples: puis enuoya ses messagers deuers le Roy, qui luy dirent de par luy, que le Roy de France ne s'esmerueille pas si Auguste tient estroictement ceulx qui vouloyent mettre Cesar en angoisse, & qui alloyent à Romme pour le condamner. Le Roy r'enuoya de rechef deuers ledict Empereur, & luy rescriuit vnes lettres sonnans paroles de courage magnanime, & sentans menace: parquoy ledict Empereur, plus par craincte que par amour, deliura & r'enuoya lesdicts Prelats, & laissa vn peu les armes: & lors fut esleu Innocent quatriéme au siege Apostolic. Durant cedict temps cheut en la cité de Cremonne, en Lombardie, grand' tempeste, & moult de grosse gresle: & entre les autres en cheut vne plus grosse que n'estoyent nulles des autres, laquelle tõba droictement en l'eglise & Abbaye de S. Gabriel: en laquelle pierre de gresle y auoit vne croix figuree, & entour d'icelle estoit en lettre d'or escript: *Iesus Nazarenus Rex Iudæorum.* Vn religieux d'icelle eglise recueillit icelle pierre de gresle, & la mit en vn hanap, & elle fondit & deuint eaue, & de celle eaue il laua les yeulx d'vn des religieux, qui estoit en ladicte Abbaye, lequel estoit aueugle, & n'auoit veu de long temps: & incontinent la veue luy fut restituee, plus clere qu'oncques n'auoit eue.

* Autres disent Iaques Euesque de Prenestre, sans parler de ce Cõcile de Meaux: & mieulx.

* L'histoire de Naples, que nous auons mise en François, accordant auec plusieurs, dit Entio Roy de Sardaigne.

Merueille d'vne pierre de gresle qui tõba à Cremonne.

Comment

Comment S. Louis bailla à son frere Alphons la Comté de Poitou, & le maria à la fille du Comte de Toulouze: & comment le Comte de la Marche refusa à faire hommage audict Alphons, dont s'esmeut grand' guerre.

EN l'an mil deux cens †quaràte, le Roy sainct Louis fit faire à Saumur vne moult belle assemblee des Barons & de Prelats: & en icelle fit Alphons, son frere, nouueau Cheualier: & traicta le mariage de luy & de *la fille de Iehan, Comte de Toulouze: & luy donna la Comté de Poitou, & les pais d'Auuergne & d'Albigeois. Puis somma Hue, Comte de la Marche, qu'il fist audict Alphons, son frere, hommage de sa terre, qui estoit tenue du Comté de Poitou: mais ledict Comte de la Marche, qui se fioit au Roy d'Angleterre, duquel il auoit la mere espousee, luy enflé du vent d'orgueil, fut refusant de ce faire: dont le Roy fut moult courroucé à l'encontre de luy: mais pource qu'il n'auoit pas lors gens pour le contraindre à ce, il s'en retourna à Paris: & là eut la Royne, sa femme, vne fille, qui fut nommee Ysabel. Quand le Roy s'en fut retourné, ledict Comte de la Marche se pensa bien qu'il luy feroit guerre: si s'en alla deuers ledict Henry Roy d'Angleterre: & luy donna à entendre que le Roy le vouloit desheriter. Et pour ceste cause assembla ledict Roy Henry d'Angleterre ses Barons, & par vn religieux, frere mineur, leur fit dire, remonstrer & prescher qu'on deuoit mieulx aller en guerre sur le Roy de France, qui ainsi mauuaisement vouloit tollir la terre au Comte de la Marche, & le desheriter, & q̃ ce seroit plus grād merite que d'aller sur les Sarrazins: & dist oultre que par telle maniere auoit le feu roy Iehan d'Angleterre perdu la Duché de Normandie, & lesdicts Barons d'Angleterre leurs terres & seigneuries qu'ils auoyent en France: si deuoyent tous eulx employer en ceste matiere, & tous y mettre peine de recouurer ladicte Duché de Normādie, & les terres que leurs predecesseurs auoyent tenues & possedees audict Duché. Tant persuada lesdicts Barons qu'ils firent responce qu'ils estoyent prests de luy ayder contre le Roy de France, & que iamais ils ne luy fauldroyent. Lors mirent sus ledict Roy Henry & les Anglois grandes nauires, & firent grand' assemblee de gens & de viures, & vindrent & descendirent en France. Semblablement le Roy S. Louis assembla vn Parlement à Paris, ou furent les Pers de France, Barons, Prelats, & gēs des bonnes villes: ausquels il remonstra comment le Comte de la Marche vouloit tenir terre sans seigneur, & que ladicte Côté de la Marche estoit du fief de Frāce, tenue de la Comté de Poitou, & dés le temps du feu Roy †Louis, qui conquist toute Aquitaine, iusques aux monts Pirenés, & que ce neantmoins ledict Comte de la Marche estoit refusant de faire l'hommage audict Alphons, son frere, auquel il auoit baillee la Comté de Poitou, leur demandant sur ce conseil: & ils respondirent que le Seigneur la deuoit & pouoit assigner à son fief, puis que le vassal estoit refusant. Si fit apprester le Roy son armee pour garder le droict de sondict frere. En l'an mil deux cens xlij. le Roy, auec grand' multitude de gensd'armes, entra en la terre dudict Comte Hue de la Marche, & print le chastel de *Monsteruel en Gastine. Apres alla deuant la tour de Berrye, & la fit demolir & abatre. Puis alla & print le chasteau de Fontenay, que tenoit Geoffroy de Luzignen, qui estoit en l'ayde dudict Comte de la Marche: deuant lequel chastel de Fōtenay ledict Alphons, Comte de Poitiers, frere du Roy, fut blecé d'vn traict aupres de la cheuille du pied: dont le Roy fut bien courroucé. Si fit si fort assaillir ledict chastel, qu'il fut prins d'assault: & fut prins dedans le fils dudict Hue, Comte de la Marche, & quarante Cheualiers, & quatre vingts autres combatans, tous prisonniers. Puis apres le Roy vint deuant le chastel de Meruant, qui estoit audict Geoffroy de Luzignen. La Comtesse de la Marche, mere du Roy d'Angleterre, voyāt la grand' puissance du Roy, & que son Seigneur n'estoit pas puissant pour y resister, s'aduisa de mal engin, & suborna par belles paroles & grādes promesses de dōs deux de ses seruiteurs, ausquels elle bailla venin & poison, pour empoisonner le Roy. Les seruiteurs vindrent en l'ost du Roy, & s'approcherent tant de la cuysine de sa bouche, que les officiers les eurent pour suspects: touteffois ils furent sages, & n'en firent pas le semblant, & dissimulerent pour voir leurs contenances, & tellement les espierent qu'ils les prindrent sur le faict, ainsi qu'ils vouloyent mettre leurs poisons sur les viandes, que l'on vouloit seruir deuant le Roy, & les trouuerent garnis. Ils furent prins, & confesserent le cas, si furent pendus & estranglez. Quād la Comtesse sceut que sa mauuaistié estoit descouuerte, de dueil elle se cuida precipiter, & frapper d'vn cousteau en la poictrine, qui ne luy eust osté de la main, & ainsi fut longuemēt malade de despit & de desplaisance. Le Roy cheuaucha tant qu'il print la pluspart des places & chasteaux dudict Comte de la Marche: puis tira vers Xainctes, & Taillebourg, esquels lieux estoyent logez les osts du Roy Henry d'Angleterre, & de Hue Côte de la Marche, & fit faire vn pont sur la riuiere de Charante: & combien que ledict Roy d'Angleterre eust en sa compa-

†al. xlj.

*Autres disent Ichanne, fille du Côte de Toulouze, et mieux

Le roy d'Angleterre fit prescher à ses subiects que c'estoit plº grād merite de faire guerre aux Frācois que contre les Sarrazins.

†al. Clouis,

* ces noms sont vn peu autres en la Chron. S. Louis, & ailleur

La mere du roy d'Angleterre uoulut faire empoisonner le Roy s. Louis.

LES CHRONIQVES ET ANNALES DE FRANCE.

gnie les Côtes de Cornouaille, de Cloceſtre, le Prince de Galles, & grād' planté de Cheualiers, toutesfois quād il ſceut la force de l'oſt dudict Roy de France, qui eſtoit paſſé ladicte riuiere de Charāte, il n'oſa marcher vers luy pour le cōbatre, ains ſ'ē retourna vers Taillebourg: parquoy les auātcoureurs & fourriers du Roy coururēt apres: & lors les gés de l'oſt dudict Roy d'Angleterre, & du Côte de la Marche, qui les apperceurēt venir apres, retournerēt ſus leſdicts coureurs du Roy de France: lequel quand il le ſceut, ſe haſta, & l'aſſemblerēt les deux oſts, & y eut moult aſpre & cruelle bataille: toutesfois les Frācois deſcōfirent & mirēt les Anglois en fuyte. Le Roy d'Angleterre & le Côte de la Marche ſe retirerent dedans Xainctes. Le Seneſchal de Xainctes, qui portoit l'enſeigne dudict Côte de la Marche fut tué, & moult de grāds Seigneurs & Cheualiers, & furēt prins quatorze Cheualiers de leurs gēs, & cinq cens autres priſonniers, ſans les mors. Apres ceſte victoire, le Roy fit amaſſer & retirer ſes gēs, qui eſtoyent eſpanduz: & la nuict enſuyuant, entour l'heure de minuict, leſdicts Roy d'Angleterre & Côte de la Marche ſortirēt hors la cité de Xainctes, & firent entēdant aux habitās qu'ils alloyēt courre ſus l'oſt des Frācois: mais ils ſe mirēt à chemin, & ſ'en allerēt iuſques au chaſtel de Blaye, ſur Gironde, qui eſt ſept lieues au deſſoubs de Bordeaux. Quād ceulx de Xainctes veirent q ceulx qui les deuoyēt ſecourir & deffendre ſ'en eſtoyēt fuyz, ils eurēt conſeil, & baillerent, & liurerēt la ville es mains & obeiſſance du Roy de Frāce. Le lendemain Regnauld, ſeigneur de Pōs, vint deuers le Roy, & fit hōmage de ſa terre audict Comte de Poitiers, frere du Roy. Ce meſme iour vint deuers le Roy l'aiſné fils du Comte de la Marche, & ſ'agenoilla deuāt luy, & luy requiſt paix & pardon pour ſon pere: laquelle paix le Roy luy accorda, par tel conuenant que ladicte cité de Xainctes, & toute la terre que le Roy auoit prinſe ſur le Comte de la Marche, demoureroit en heritage au Comte de Poitiers, ſon frere, & que du ſurplus il ſe mettroit en la mercy du Roy. Ce que ledict fils promiſt faire ratifier à ſon pere, & demoura en oſtage pour ceſte cauſe. Le lēdemain vint ledict Comte de la Marche, & amena ſa femme & ſes enfans, qui ſe ietterent à genoulx aux pieds du Roy, & luy crierent mercy. Le Roy de ſa debonnaireté leur pardonna. Si confirma ledict Comte l'appoinctement que ſon fils auoit fait le iour precedent, & fit hōmage audict Alphons, Comte de Poitou: & le Roy retint à luy les hommages de Pons, Luzignen, & Meruant. Apres vindrent deuers le Roy, les Seigneurs de Mirabel & de Mortaigne, leſquels & tous les autres qui eſtoyent de la la riuiere de Gironde, firent hommage audict Côte de Poitou frere dudict Roy. Le Roy d'Angleterre, qui eſtoit à Blaye, ſ'en retira vers Bordeaux, & enuoya deuers le Roy ſainct Louis: lequel, apres pluſieurs difficultez, de ſa debonnaireté, & par le conſeil de ſes Barons, luy octroya treues iuſques à vn an. L'an mil deux cens quarante & trois, au moys de Mars, naſquit Louis, premier fils dudict ſainct Louis.

De la victoire qu'eurent les Francois contre les Anglois.

L'ā mil.cc.xliii.

De la guerre que fit l'Empereur au pape Innocent, lequel ſ'en vint en France, & l'excommunia & le priua de l'Empire: & commēt ſainct Louis voua le voyage de Hieruſalem.

APres que le ſiege de Rôme eut eſté vacant & vuide l'eſpace de vingt & vn moys, par le treſpas de Celeſtin, qui auoit eſté eſleu apres Gregoire, les Cardinaux eſleurent vn preud'homme, qui auoit nom Sinebald, qu'ils ſacrerent & nommerent Innocent le quart de ce nom. Incōtinēt l'Empereur luy fit guerre, & tāt le perſecuta qu'il fut contrainct abandonner Romme: & en l'an mil deux cens *quarante cinq, ledict pape Innocent vint en France. Quand il fut à Lion, il manda au Roy que volontiers auroit à luy parlement: mais vne griefue maladie print au Roy en la ville de Pontoiſe, de laquelle il fut longuemēt detenu, & cuida mourir: & fut par vne longue eſpace de tēps tellement affligé, que pluſieurs cuidoyent qu'il deuſt rendre l'ame: parquoy il n'y peut aller. Durant icelle maladie luy vindrent nouuelles que les Sarrazins auoyent prins la cité de Hieruſalem, & pluſieurs autres citez & villes que les Chreſtiens tenoyent en la terre d'outre mer. Ledict Pape Innocent, qui eſtoit à Lion, aſſembla vn Concile, & print cōſeil à ſes Cardinaux, & excommunia & anathematiza ledict Empereur Federic, & ceulx qui tenoyent ſa querelle, & le priua de la dignité Imperiale, & abſolut ceulx qui tenoyent ſa querelle qui le vouldroyent abandōner, & ce fit il pour pluſieurs cauſes. La premiere fut par ce que ledict Empereur, auquel les feuz Papes Innocent & Honorius, troiſiéme du nom auoyent donné la terre de Cecille, & ſ'en auoyent receu en hommage, moyennant qu'il deffendroit le droict de l'Egliſe, ce neantmoins luy meſmes l'opprimoit & perſecutoit. La ſeconde, par ce qu'il auoit rompu les conuenances qu'il auoit promiſes à l'Egliſe de Rōme, & auoit diffamé le Pape & ſes Cardinaux par ſes lettres qu'il auoit enuoyees aux Princes de la Chreſtienté. La tierce, pour ce qu'il auoit fait mourir deux Cardinaux & pluſieurs

* Autres 44.

L'Empereur Federic fut priué de la dignité Imperiale.

fieurs Archeuefques & Euefques en la prifon:& la quarte,par ce qu'il auoit commis facrilege, & ofté les biés & terres des Hofpitaliers,Tépliers,& autres gés d'eglife:& aufsi fut attainct d'eftre herefe,& mal fentant de la foy: * & aucun téps apres,comme fi ce fuft par punition diuine, Mainfroy le fils dudict Federic, qu'il auoit fait couronner Roy des Rommains, lequel faifoit guerre en la Pouille contre la terre de l'Eglife,fut fuffoqué & eftainct de chaleur:& peu de téps apres mourut ledict Empereur:& apres fa mort fon fils Conrad,qui eftoit de la fille du Roy de Hierufalem,f'enfaifina du pais de la Pouille, & du royaume de Cecille.

*Combien que cecy foit ainfi au vieil exemp. (excepté qu'il ne nôme point ce fils) ie croy toutesfois qu'il vault mieux entédre que Main fruy le fit eftouffer, & mourir: comme fe peut veoir en l'hiftoire de Naples qu'aucuns le difoyent ainfi.

Le Roy S.Louis,eftant en la ville de Pontoife en grand' extremité de maladie,tellement qu'il ne pouoit bonnemét parler, fceut la nouuelle de la prinfe de la cité de Hierufalé, & terre d'oultre mer, dont il fut fort defplaifant:& incontinent il demanda la croix, & fe voua pour aller au voyage d'oultre mer,pour ayder à la côquefte de la terre fainctte,fi le plaifir de Dieu eftoit qu'il peuft venir à conualefcence:& fi toft qu'il eut faict ledict veu, & promeffe, il comméca à guerir, tellement qu'il reuint à bonne fanté en brief temps.Le Pape qui fceut la volonté q le Roy auoit d'aller oultre mer en fut moult ioyeux, & conftitua tantoft vn Cardinal, nommé Eude de Chafteauroux,pour eftre Legat & prefcher en France la croyfee, & le fainct voyage d'oultre mer. Les Archeuefques de Sens & de Bourges fe croyferent:fi firent l'Archeuefque de Lion, & l'Euefque d'Orleans,monfeigneur Robert de Frâce, Comte d'Artois,frere du Roy, Hue de Chaftillon, Comte de S.Paul,Les Comtes de Blois,de la Marche,de Vendofme,de Môtfort, Raoul feigneur de Torcy, Archambault feigneur de Bourbon, Dreux de Merlo, & plufieurs autres Princes & grand' abondance de peuple. Tantoft apres que le Roy fut guery il fceut que le Pape eftoit venu iufques à Clugny:fi alla deuers luy:& quand ils furent enfemble ils concluré t & ordonnerent de plufieurs befongnes touchant le voyage de Hierufalem : & apres,le Roy luy demanda benediction, & le Pape la luy donna, auec planiere abfolution de fes pechez, moyennant qu'il iroit audict voyage d'oultre mer.

En ce temps la Royne eut vn fils, & ordonna le Roy q̃ pour l'honneur de fon ayeul, Philippe le Conquerant,il fuft nommé Philippe. En l'an mil deux cens xlvj. ainfi que le Roy f'en retournoit de Clugny,de vifiter le Pape,nouuelles vindrent à luy que le Roy d'Arragon eftoit entré en Prouéce, à grand oft,pour prendre & auoir madame Bietris, fille du Côte de Prouéce, & fœur de la Royne fa femme (laquelle Bietris eftoit Comteffe de Prouence (& la vouloit dôner à femme,ledict Roy d'Arragon à fon fils. Si mande le Roy S.Louis audict Roy d'Arragon qu'il ceffaft faire guerre à fa fœur:& celuy luy manda qu'il ne feroit pas volontiers chofe qu'il penfaft qui luy defpleuft:& par ce ceffa la guerre, & f'en retourna en Arragon, & ladicte Bietris f'en vint en France deuers fa fœur la Royne, & mit elle & fa terre en la garde du Roy. A la fefte de Penthecoufte enfuyuant,l'an mil deux cens xlvj.le Roy affembla grand nôbre de Barôs au chafteau de Melun, & fit monfeigneur Charles, fon frere,nouueau Cheualier, luy donnant la Côté d'Angers:puis luy fit efpoufer madame Bietris, Côteffe de Prouence, fœur de la Royne, qu'il auoit fait amener:& ainfi fut ledict wharles womte d'Aniou, & de Prouence. En l'an mil deux cens quaráte & fept,fainct Efme, en fon viuant de l'ordre des whartreux & Archeuefque de Cantorbie,duquel le corps gift en l'eglife de Pontigny, fut à la pourfuite du Roy S.Louis efleué & canonizé, & infcript au cathalogue des faincts.

L'an mil.cc.xlvi.

L'an mil.cc. xlvii. s.Efme de Pôtigny canonizé.

Comment fainct Louis fe mit à chemin pour aller oultre mer, & arriua en Cypre, ou il fut toute la faifon d'huier.

'An mil deux cens xlviij.ledict S.Louis,defirât acomplir fon veu, apres ce qu'il eut fait fes preparatifs, entre les feftes de Penthecoufte & de fainct Iehâ, fe mit en voye,pour aller oultre mer:& mena aueclux la Royne fa fême, & fortit de Paris à grandes procefsions,qui le conuoyerent: & de là en auât ne voulut plus veftir robes de foye,d'efcarlate,de vert,ne autres couleurs de draps haults, n'efperons dorez:& ordonna que les deniers de la fuperfluité des habillemés, qu'il fouloit porter deuant,fuffent par fon Aumofnier departis aux paures. En fa compagnie eftoit monfeigneur Robert Comte d'Artois, & monfeigneur Charles, Comte d'Aniou & de Prouence, fes freres,ledict Cardinal de Romme Legat, & moult d'autres Princes & Prelats. Monfeigneur Alphons, Comte de Poitiers, fon autre frere,demoura en la côpagnie de la Royne Blâche fa mere,pour le gouuernement du royaume.Le Roy & fon oft pafferent parmy Bourgongne, & allerent à Lion,ou il trouuerent encores le Pape & fes Cardinaux:lefquels n'ofoyêt aller à Romme,pour la doubte de l'Empereur Federic.Le Pape leur donna benediction:puis cheuaucherent tant qu'ils vindrent au port d'Aiguefmortes. La Comteffe d'Artois,qui auoit conuoyé fon mary Robert, frere du Roy, iufques là,f'en retourna, pource qu'elle eftoit enceinte

L'an mil.cc. xlviii.

fuperfluité d'habillemés fut oftee par le Roy fainct Louis.

f iij

LES CHRONIQVES ET ANNALES DE FRANCE.

La mortalité se mit en l'ost de s. Louis, quand il fut en l'isle de Cypre.

d'enfant. Le Roy se mit en mer, & la Royne en sa cōpagnie, le lendemain de sainct Barthelemy, qui est au moys d'Aoust, audict an mil deux cens xlviij. Tant singlerent les nefs qu'ils arriuerēt en Cypre, & prindrent toute l'isle: & là, par le coseil de ses Barons, yuerna luy & sa compagnie: & pour la mutation de l'air se mit vne mortalité en l'ost des Chrestiens, dont mourut Robert Euesque de Beauuais, Iehan Comte de Montfort, le Comte de Vendosme, le Comte de Dreux, Archābault Seigneur de Bourbon, Dreux de Merlo, Guillaume Molet, & Guillaume des Barres Cheualiers, & plusieurs autres vaillans Cheualiers iusques à deux cens quarante: & fut mōdict Seigneur Charles, Comte d'Angers, frere du Roy, si malade qu'il cuida mourir. L'on dist au Roy qu'il y auoit plusieurs Sarrazins de celle isle, qui estoyent contens d'eulx faire Chrestiens: si les fit baptizer, & les deliura de seruitude. Le Roy de Cypre, qui auoit sceu l'allee du Roy oultre mer, se croysa auec grand' multitude de Princes & populaire de son royaume, pour aller auec ledict Roy S. Louis. Le Souldan de Babylonne, qui auoit assemblé grād' armee pour venir sur les Chrestiens, quand il sceut l'armee S. Louis par delà, il mua de propos, & alla faire la guerre au Souldan de Damas, à qui il auoit aucun debat.

Comment le Roy de Tharse fit sçauoir à sainct Louis, qu'il s'estoit faict Chrestien: & comment sainct Louis arriua oultre mer, & print d'arriuee la cité de Damiete.

La Cr. S. Louis dit Tartarie

tal. Badach,

LE Roy S. Louis estant encores en Cypre, luy vindrent messagers de par le grād Roy de *Tharse, qui luy fit sçauoir qu'il s'estoit faict Chrestien, & auoit grand desir de sa venue, & qu'en l'attendant il estoit deliberé de mettre le siege deuant la cité de † Baudas, ou se tient le Pape de la loy Mahōmet, qu'ils appellent Caliphe. Le Roy fut biē ioyeux de ceste nouuelle. Apres luy vindrent autres messagers du Roy d'Armenie, qui auoit debat touchant ledict royaume au Roy d'Antioche, deuers lequel Roy d'Antioche le Roy enuoya messagers, & se submirent lesdicts Roys d'Armenie & d'Antioche de leur question au dict & ordonnance du Roy sainct Louis. Le Roy

La Cr. S. Louis semble nommer ce lieu Limesso, combien qu'elle compte cecy vn peu autrement.

sainct Louis & sa cōpagnie en la nouuelle saison de l'annee ensuyuant entrerent en mer, & allerent iusques en vne isle qu'on appelle *Prixons: & quand ils en voulurēt partir le vent leur fut si cōtraire qu'il les rechaça iusques dont ils estoyent partis, & leur conuint là seiourner: & illec arriuerent auec eulx les Princes de la Moree & le Duc de Bourgongne, qui semblablemēt alloyent en l'ayde de la terre saincte. Puis, quand le vent fut appaisé, ils singlerent tant qu'ils arriuerent au port de Damiete, à la gueulle d'vn fleuue qu'on appelle le Nil, qui descent de Paradis terrestre. Les Sarrazins de ce aduertis leur cuiderent empescher le port: car les nauires ne pouuoyent approcher du riuage, pource que la mer estoit plate. Noz gens se mirent en l'eau, & vaillamment approcherent, & tellement firent qu'ils prindrent terre malgré eulx: & à l'arriuee furent tuez l'Apostat de Damiete, deux Admiraux, & plusieurs autres des Princes des Sarrazins, & grand' quantité de Turcs. A celle bataille ne fut pas le Souldan de Babylonne: car il estoit affligé d'vne maladie, & se tenoit à vne lieue pres de Damiete. Les nefs des Chrestiens cloyrent toute la riuiere du Nil, & prindrent plusieurs galees des Sarrazins. Les autres, qui peurent eschaper, s'en fuyrent contremont ladicte riuiere du Nil. Quand le Roy, & ceulx de sa cōpagnie eurent prins terre, ils firent tendre pauillons deuant Damiete, & commanda le Roy que les prouisions qui estoyent es galees fussent descendues à terre. Ce pendant que les Francois entendoyent à faire leurs logis, & descēdre leurs viures, & autres besongnes, les Sarrazins qui estoyēt en la cité de Damiete, diuinement espouentez, s'en saillirent secretement, &

La cité de Damiete fut prinse, & mise en la main du Roy sainct Louis.

mirent le feu dedans. Quand les Francois l'apperceurent ils firent hastiuement vn pont sur basteaux, & passerent la riuiere, & entrerent dedans la cité, qu'ils trouuerēt moult fortifiee, & bien garnie de prouisions, & de viures que les Sarrazins y auoyent laissez, & estaignirent le feu: & quand il fut estainct, le Roy commanda que la cité fust netoyee des charongnes des hommes, des bestes, & autres ordures qui y estoyent: & quād ce fut faict, le Legat & le Patriarche de Hierusalem, le Roy sainct Louis, le Roy de Cypre, & grand nombre de gens d'Eglise, les Princes, Barons, & grand nombre de peuple tous nuds pieds entrerent dedans à belles processions, & en grand' solennité chantans louenge à Dieu.

La mere du roy sainct Louis de moura seulle au gouuernement du royaume de France.

En ce tēps, monseigneur Alphons, Comte de Poitiers, frere du Roy, qui estoit demouré auec sa mere la Royne Blanche, pour le gouuernement du royaume de France, faisant scrupule de conscience de ce qu'il auoit prins la croix & faict le veu du voyage d'oultre mer, comme les autres s'en partit de France, & s'en alla oultre mer auec grād' compagnie de gens: & arriua à Damiete le iour de la feste des Apostres sainct Simon & sainct Iude: & ainsi demoura la Royne Blāche, mere de sainct Louis, seule au gouuernement dudict royaume de France.

Comment

DV ROY S. LOVIS, NEVFIEME DE CE NOM. Fueil.cvj.

Cōment le bon Alphons, Cōte de Poitiers, & Charles Cōte d'Angers furēt prins deuāt la cité de ¹ *Maſſere : & de la natiuité de Iehā Triſtā, fils dudict S.Louis.*

† al. Maſ-ſourre:

Vād le Roy ſainct Louis eut auitaillé & donné ordre aux faicts des viures & au-tres affaires de la cité de Damiete, & que ſes viures furēt rafreſchis apres la deſ-croiſſance de ladicte riuiere du Nil, qui chacun an ſ'eſpand par les terres, le xxj. iour de Nouembre mil deux cens xlix. ſe mirent ſus les champs pour tirer vers la cité de Maſſere, ou les Sarrazins auoyent aſſemblé grand' armee : & deuāt la-dicte ville ſe combatirent moult fort Chreſtiens & Sarrazins. Pluſieurs des Sarrazins ſe mirēt à fuyr vers ladicte cité de Maſſere : & monſeigneur Robert Côté d'Artois, frere du Roy, qui moult eſtoit vaillant & hardy Cheualier, ſe mit à chace apres eulx, & de ſi pres les ſuyuit qu'il ſe mit & entra auec eulx dedās ladicte cité de Maſſere, & ne ſceut on qu'il deuit, car depuis on n'en ouyt parler. Il auoit laiſſé vn ieune fils en France, nommé Robert, qui luy ſucceda à ladi-cte Comté d'Artois. Les Francois, qui moult furent laſſez de combatre & tuer Sarrazins, ſe r'aſſemblerent & retirerent aux lieux ou ils auoyēt retiré leurs garniſons : & le lēdemain ma-tin tendirēt leurs tentes pres de la ville, & aſsirent leur ſiege. Tātoſt vindrēt à l'ayde & ſecours de ceulx de ladicte ville de Maſſere pluſieurs Princes Sarrazins, & vindrent donner & frap-per moult rudement ſur le ſiege des Chreſtiens, qui ſe deffendirent vaillamment, & tellement que les Sarrazins furēt cōtraincts de reculer, & en tuerēt pluſieurs. Ne demoura pas lōguemēt que le ieune Souldā de Babylonne, nōmé Meleth, qui eſtoit allé es parties d'Oriēt, par ce que ſon pere eſtoit mort nouuellement, vint à Maſſere, dont ceulx de la ville furet moult enforcez.

Robert Comte d'Artois, perdu

Vrant ledict ſiege de Maſſere aduint vne merueilleuſe peſtilence & mortalité, qui ſe mit en l'oſt des Francois Chreſtiens, & leur faillirent tous viures, tant pour les gens que pour les cheuaux : car les Sarrazins prindrēt leurs galees qui leurs en appor-toyent de Damiete, par ladicte riuiere du Nil, & leur eſtouperent & cloyrent le paſſage, tellement qu'il mourut pluſieurs Chreſtiens de famine : & furent cōtraincts les Chre-ſtiēs de leuer leur ſiege, pour eulx en retourner. Quand les Sarrazins l'apperceurēt, ils ſaillirēt ſur eulx, & tellement les ſuyuirent & preſſerent que les Chreſtiens furent deſconfits, par ce qu'ils eſtoyent tous malades & affamez de faim, tellement qu'ils ne ſe pouoyent deffendre, ne ſouſtenir leurs eſpees & harnois : & en ceſte deſconfiture furēt prins le Roy ſainct Louis & ſes deux freres, Alphons Comte de Poitiers, & Charles Comte d'Angers, & preſque tous les au-tres Princes, & gens de guerre mors ou prins, ſi qu'il en eſchapa peu : toutesfois le Cardinal Legat eſchapa, & ſ'en vint à Damiete. Les Sarrazins occirent tous les Chreſtiens qu'ils trou-uerent malades & pluſieurs en demembrerent inhumainement, & prindrent toutes les galees qui eſtoyent en la riuiere du Nil. Incontinent apres ceſte deſconfiture faicte ſur les Chre-ſtiens, la Royne, femme de S. Louis, qui eſtoit en la cité de Damiete, accoucha d'vn fils : lequel toſt apres ſa natiuité fut deſrobé en ſon bers, par vn Sarrazī eſclaue, mais il fut recouuert : & le fit la Royne baptiſer & nommer Iehan, & ſurnommer Triſtā, pour raiſon de la triſteſſe, qu'el-le auoit eue à l'heure qu'elle enfanta, de la prinſe de ſon mary, & de malle aduenture des Chre-ſtiens : lequel Iehan Triſtan fut apres Comte de Neuers, comme ſera dict apres.

De la prinſe du Roy s.Louis, et de ſes deux fre-res.

Natiuité de Ie-han Triſtan, fils de ſainct Louis

Comment ſainct Louis & ſes gens furent mis à rancon.

Vrant le temps que le Roy eſtoit es mains de Meleth Souldan, il fut tresgriefue-ment malade : mais ledict Souldan le fit tresbien penſer par ſes medecins : & a-pres qu'il fut guery le fit requerir, comme par menaſſes, de faire appoinctement : à quoy ledict Roy ſainct Louis ſe condeſcendit, & fut faict appoinctement : par lequel ledict ſainct Louis, ſes deux freres, & tous les Chreſtiens qui eſtoyēt pri-ſonniers oultre mer, ſeroyent deliurez, moyennant huict mil beſans d'or Sarrazinois, & que ladicte cité de Damiete ſeroit rendue es mains dudict Souldan. Ledict appoinctement cōclud, deux des Admiraux dudict Souldan, ainſi qu'il ſ'en vouloit aller diſner, vindrent à luy, & en la preſence de ſes autres Admiraux le tuerent : & apres vindrent iceulx Admiraux en la tente du Roy ſainct Louis, & faigniret de le vouloir tuer ſ'il n'accordoit auec eulx ledict appoīcte-mēt, & le iurerēt d'vne part & d'autre. Leſdicts Sarrazīs vouloyēt que ledict ſainct Louis miſt es lettres qu'il renieroit Ieſus Chriſt, au cas qu'il y euſt faulte en ſa promeſſe : & auſi de leur part ils renieroyent le Prophete Mahommet : mais pour riēs le Roy ne le voulut faire : & furēt prinſes & accordees treues entre Chreſtiēs & Sarrazins, iuſques à deux ans : & lors ledict ſaīct Louis alla en la cité * d'Acon, qu'il fit fortifier & auitailler, & pluſieurs places qui eſtoyent

s. Louis pour ſa rancon paya huict mil beſās d'or Sarrazi-nois.

* d'Arre;

f iiij

à l'enuiron: lesquelles les Chrestiens apres tindrent bien l'espace de cinq ans ou enuiron: & enuoya ses deux freres, Alphons & Charles, en France, pour consoler la Royne Blanche sa mere, & pour faire finance de sa rancon. Ledict Roy sainct Louis, estant prisonnier, fut prié par le Souldan de faire vn sien mignon & seruiteur Sarrazin Cheualier: auquel respondit S. Louis, que pour mourir il n'anobliroit Sarrazin de ceincture de Cheualier, au nó de Chrestien. En l'annee* ensuyuant le Pape Innocent ordóna que les Cardinaux portassent rouges chapeaux quand ils cheuaucheroyent, affin qu'ils fussent recongnuz des autres: & pour monstrer qu'en la deffence & persecution de la foy & de iustice, l'Eglise de Romme est le chef, & que deuant tous autres doyuent presenter leur teste à copper, pour soustenir la foy, s'il en estoit necesstité.

Antres 1225. Institution des rouges chapeaux des Cardinaux.

De maistre Vngarie qui donnoit à entendre que Dieu & nostre Dame s'estoyent apparuz à luy, pour la deliurance du Roy sainct Louis & de la terre saincte: & de la mort de la Royne Blanche, mere de sainct Louis.

ENce temps aduint qu'en France vn capitaine de larrons, qui se faisoit appeler maistre Vngarie, s'esleua, & disoit que Dieu & nostre Dame s'estoyét apparus à luy, & luy auoyent commádé qu'il preschast que chacun se croysast pour aller oultre mer ayder à conquester la terre saincte, & deliurer le Roy de France: & assembla grand nombre de simples & menus gens pastoureaux, ausquels il dónoit à entendre que Dieu les auoit esleuz pour deliurer la terre saincte, & le Roy de France: & faisoit porter ses banieres painctes selon la vision qu'il disoit auoir veue, & tousiours en allant par pais croissoyent ceulx de sa compaignie, qui estoyent en si grand nombre, que les iustices des lieux n'osoyent mettre la main sur aucuns mauuais paillars qui estoyent en la compaignie, qui faisoyent plusieurs maulx & larrecins. La bonne dame la Royne Blanche, qui en l'abscéce de son fils estoit demouree seule au gouuernemét du royaume, en fut deceue & abusee, & les laissa passer par Paris, par ce qu'ils donnoyent à entendre qu'ils alloyét pour la deliuráce du Roy son fils. Quand ledict Vngarie & sa cópaignie furent passez par Paris, ou estoit la Royne, & la fontaine de sapience, on ne leur auoit rien contredict, ils cuyderent qu'on ne leur deust plus contrarier en France, & allerent iusques à Orleans, ou ils prindrent guerre & debat aux clercs & habitans, & s'entrebatirét, & en y eut plusieurs tuez d'vne part & d'autre: & de là tirerent à Bourgeois, & en chemin firent des maulx innumerables, & roboyent & pilloyét les sinagogues des Iuifs, pilloyent leurs maisons, & brusloyent leurs liures & autres grads maulx faisoyent, tant aux Chrestiens qu'aux Iuifs indifferement. Se voyant iceulx de Bourges, que c'estoit vn euident abus, quád ils furét partis hors de la ville, ceulx de Bourges se mirent sus en armes, & s'en allerent apres pour les prendre: & pource qu'ils se mirent en deffence, ceulx de Bourges tuerent ledict Vngarie, maistre conducteur desdicts pastoureaux, & plusieurs de ses cópaignons, & les autres s'esuanouyrét cóme fumee, & se disperserent, & s'enfuyrent les vns deca, les autres de la: & apres en y eut grád quantité qui pour les maulx & larrecins qu'ils faisoyent, furent penduz & estranglez. En l'an deux cens *lj. apres que ledict Alphós, & Charles, freres de sainct Louis, venans d'oultre mer, furent arriuez en France enuers leur mere la Royne Blanche, la bonne Dame trespassa, & fut enterree en l'Abbaye de Maubuisson, pres Pontoise, qu'elle auoit fondee, & en icelle mis nonnains, de l'ordre de Citeaux: & semblablement auoit fondé l'Abbaye du Lis, pres Melun, du vouloir & cósentement de sainct Louis son fils. Apres sa mort lesdicts Alphons & Charles prindrent le gouuernement du royaume pour l'abscence dudict sainct Louis (car ses deux enfans, qui auoyét nom l'vn Louis, & l'autre Philippe) n'estoyét pas encores en aage qu'ils peussent ne sceussent mettre les mains à fortes choses. En celle annee fut canonisé sainct Pierre le Martyr, de l'ordre des freres Prescheurs: lequel l'annee precedente auoit esté martyrisé par aucuns heretiques, au territoire de Mian.

De l'assemblee des pastoureaux qui furent en Berry.

Autres 52. et 53. De la mort de la Royne Blanche mere de s. Louis.

Des enfans de la Comtesse de Flandres, qui s'esleuerent contre leur mere: laquelle appela monseigneur Charles, Comte d'Aniou, à son ayde, & luy donna la Comté de Henault.

Lan mil.cc.liiij.

L'An mil.cc.liiij. Marguerite, lors Comtesse de Flandres & de Henault, qui auoit eu deux maris, desquels le premier fut messire Bouchard, Seigneur d'Auênes, duquel elle eut deux fils, Iehan & Baudouyn, & vne fille, fut par ces deux fils pressee de guerre par ce qu'elle les vouloit desheriter: & à son ayde furét deux autres ses fils de son second mary, nommé Guillaume, Seigneur de Dampierre, frere de Archambauld, Seigneur de Bourbon, dont l'vn se nommoit Guy. Apres que lesdicts Iehan & Baudouyn

Baudouyn se furent esleuez contre leur mere, ainsi que ledict Guy & son frere, & autres Seigneurs leurs parens, cheuauchāt indiscrettemēt par les pais de Henault, Vvillequin, ou Guillaume de Holande, frere du feu Comte d'Auennes, lequel estoit venu en l'ayde desdicts Iehan & Baudouyn, print prisonniers lesdicts Guy & son frere, & plusieurs autres: & disoit icelle Comtesse que ledict Iehan & Baudouyn ses enfans estoyent bastards, par ce que ledict feu seigneur d'Auennes, lors qu'il l'espousa estoit promeu es ordres de Prestrise, & estoit ia soubzdiacre, & l'auoit espousee par force, par ce qu'elle estoit ieune, & luy auoit esté baillee en sa garde: & en hayne desdicte Iehan & Baudouyn, icelle Cōtesse appela en son ayde mōseigneur Charles, Comte d'Angers, frere dudict Roy S. Louis: auquel elle donna & trāsporta ladicte Côté de Henault, qui luy appartenoit de son heritage. Si assembla ledict Charles si grād ost qu'on l'estimoit à cinquante mil hommes, & alla en Henault, & print & mit garnison au chastel de Valeciennes, malgré ceulx de la ville: & laissa Hugues de Baucay, vn vaillant Cheualier, pour conduire son armee apres son retour. Puis print ledict de Baucay la ville de Mons, & plusieurs autres villes & places en Henault. Ledict Vvillequin, ou Guillaume de Holande, Roy des Rōmains, qui estoit frere dudict feu Bouchard, Seigneur d'Auēnes, & plusieurs Seigneurs & Nobles des pais de Brabant & d'Alemagne, qui estoyent parens dudict d'Auennes, vindrent vers Valenciennes. Ceulx de la ville cuyderent surprendre le chastel, pour le bailler audict Iehā, mais ils ne peurēt. Quand ledict Hugues de Baucay sceut l'entreprinse, il se doubta de ceulx de Valeciēnes. Le Cōté de Vendosme & plusieurs gensdarmes vindrent & mirent le siege deuant la ville: mais quand ceulx de dedans veirent leurs banieres desployees, ils firent sortir audict Vvillequin, qui estoit illec pres, oultre la riuiere de Lescau, & le mirent dedans la ville: lequel Vvillequin, voyant qu'il ne pouoit pas longuement porter le faix de la guerre, & qu'il n'auoyēt comme point de viures, demanda la bataille aux gens dudict Charles, Comte d'Aniou: mais par le moyen d'aucuns Seigneurs, qui estoyent parens dudict Iehan de Flandres, furent faictes treues: & certain temps apres fut faict appoinctement, par lequel lesdicts deux enfans & autres prisonniers furent deliurez: & ledict Charles, Comte d'Aniou, moyennāt grande finance qu'il en receut, quitta le droict qu'il pretendoit à ladicte ville de Valenciennes, & Comté de Henault, au proffit des enfans de ladicte Comtesse. Tantost apres, ceulx de Marseille, qui tousiours ont esté de ladicte seigneurie de Prouence, s'esleuerent contre ledict Charles, Comte d'Aniou, qui estoit Comte de Prouence, à cause de sa femme: lequel s'en alla à l'encōtre d'eux auec grād armee, & les subiuga, & chastia leur orgueil par deux fois bien rigoureusement.

La Côté de Henault fut dōnee à Charles, Cōte d'Angers, frere du Roy S. Louis

La ville de Marseille subiecte à la Côté de Prouence.

Du retour de sainct Louis en France.

L E Roy sainct Louis, qui estoit encores oultre mer, faisoit diligēce de recouurer & serrer tous les prisonniers, qui estoyent es villes de par dela, qu'on luy deuoit deliurer par appoinctement: & enuoya ledict Roy par toutes les villes d'Egypte, pour r'auoir lesdicts prisonniers: mais les Sarrazins du pais, qui en auoyent bien douze mil, n'en rendirent qu'enuiron trois mil: & les autres qui ne voulurent renier la loy de Iesus Christ, & croire en Mahommet, tuerent & martyriserent cruellement & inhumainement. Quand le Roy eut fait la diligence qu'il peust d'amasser les prisonniers, il alla en pelerinage par la cité de Nazareth, ou nostre Seigneur fut nourry, & arriua le iour nostre Dame en Mars. Quand il eut fait ses oraisons, il s'en retourna par Iaphe: & là luy vindrent messagers de France, qui luy dirent que la Royne Blanche sa mere estoit morte, & que les Anglois s'efforçoyēt d'enuahir & greuer le royaume: si fut conseillé de s'en retourner en France: & laissa pour la garde & deffence, le Cardinal de Romme, Legat, & vn vaillent Cheualier, nommé messire Geoffroy de Sargines, qui si porta vaillamment & loyaument. Lors se mit le Roy sur mer, & tant erra qu'il vint en France. Tantost apres Meleth Elimahen, Souldan de Babylonne, apres ce qu'il eut regné cinq ans, fut par sa femme suffoqué en vn bain: & luy succeda son fils nommé Meleth Emensor: lequel, vn an apres, fut deiecté par vn de ses Admiraux, nommé Sofodus ou Sefedus, lequel se fit Souldan, & fut appelé Meleth Elnahel, ou Elnaech.

De la prinse du Caliphe de Baudas.

E N ce mesme temps *Haalon, Prince des Tartarins, qui s'estoit fait Chrestiē, print la cité de Baudas sur les Sarrazīs, en laquelle estoit le Caliphe, qui est equipolé Pape en leur loy: & pource que ledict Caliphe estoit moult auaricieux, ledict Haalon le fit mourir de faim, & luy faisoit seruir deuant luy grāds vaisseaux plains d'or, & luy disoit: Tien mēge: voicy la chose du monde que plus tu as aymee, prēs & t'en

* Autres Hyalon & Haaron

faoullé, sans luy faire donner & administrer autres viande, tellement que si longuement luy tint ses termes, qu'il mourut en malle famine. En l'annee mil deux cens cinquante & cinq ceulx de la cité de Turin, en Piedmond, qui est aux confines de Sauoye & de Lombardie, par le conseil & ayde de ceulx de la cité d'Ast, prindrent prisonnier Thomas, le Comte de Sauoye, qui estoit leur seigneur. Le Pape les fit admonester de le mettre à deliurāce: mais ils n'en voulurent riens faire: parquoy il les excōmunia, & dōna tous les biens que ceulx de Turin auoyẽt en France, au Roy sainct Louis, pour ayder à payer sa rancon (car lesdicts de Thurin ont esté tousiours grāds banquiers & vsuriers, & pour lors auoyent plusieurs banques de richesses en ce royaume, qu'ils auoyent vsurpees par vsures & mauuais moyens, des Francois) & bannist ledict sainct Louis lesdicts banquiers de son royaume: car par eulx se faisoit grand' euacuation de finances, comme font de present: à quoy on deuroit donner prouision.

L'an mil.cc.lv.

Banquiers furẽt bānis de Frāce.

De la bonne iustice & belles ordonnances que fit sainct Louis, apres son retour du voyage d'oultre mer.

APres ce que ledict sainct Louis fut retourné du voyage d'oultre mer, il se gouuerna moult sagement & deuotement, & auoit moult grand zele à donner ordre au faict de la chose publique de son royaume, & principallement de la iustice, & fit plusieurs beaux statuts & ordonnances : & entre autres il deffendit les iuremens & blasphemes, qui ont accoustumé estre faicts es cours des Princes, es ieux, es tauernes, & es bordeaux, & autres lieux dissolus. Il defit & fit abatre tous les bordeaux publics. Il deffendit tous ieux, reseruez ceulx de l'arc & de l'arbalestre, & qu'on ne fist plus nuls dez, ne nulles cartes, affin qu'on ne iouast plus ausdicts ieux. Il commanda qu'on gardast & entretint les bonnes coustumes & ordonnances faictes par ses predecesseurs. Il commanda aussi que ses Baillifs, Seneschaux, & autres officiers, fissent & administrassent bonne & briefue iustice, tant aux pauures comme aux riches, aux estrangers comme aux priuez indifferemment, sans auoir acceptiō de personne. Il deffendit que nuls Baillifs & Seneschaux ne fissent nulles acquisitions es limites de leurs iurisdictions, ne qu'ils prinssent ne fissent prendre nuls dons ne presens autres que de victuailles, & au dessoubs de la valeur de dix sols tournois: & que lesdicts iuges ne fissent bailler ou donner à leurs enfans aucuns benefices ecclesiastiques, & ne missent leurs filles en religion de leur Bailliages & Seneschaucees, & qu'ils ne prinssent aucunes procurations ne charges, ou administrations d'aucunes iustices particulieres, subalternes d'aucūs Seigneurs, Barons, Cheualiers, Abbayes, Prieurez ou Conuents : & fit plusieurs autres beaux statuts & ordonnāces: & souuent enuoyoit Cōmissaires & Enquesteurs par lesdicts Bailliages & Seneschaucees de son royaume, pour enquerir si lesdicts Baillifs, Seneschaux, ou leurs Lieutenans faisoyent aucuns abbus de iustice, au contraire de ses mandemens & ordonnances : & des delinquans il faisoit faire griefue punition, quand on en trouuoit aucuns. O quelle salutaire constitution ou ordonnance, si elle estoit tousiours bien gardee: Il ordonna que la Preuosté de Paris ne fust plus vendue ne baillee à ferme comme elle auoit esté parauant, dont s'estoyent ensuyuis plusieurs maulx & abus de iustice: & se fit enquerir d'vn preud'home, pour la luy bailler & exercer, & on luy endita & enseigna vn nōmé Estiēne Boyleaue, qui fut moult bō iusticier, & n'y auoit parenté, lignage ne cōperage qui gardast de faire droicte iustice. Parquoy de craicte plusieurs malfaicteurs s'enfuyrẽt hors de Paris, il fit pēdre vn siē filleul, par ce que sa mere luy dist qu'il ne se pouoit tenir d'embler. Il fit ausi pēdre vn siē cōpere qui renioit vne boiste qu'vn sien hoste luy auoit baillee en garde. Le Roy Louis ouyt vne fois vn hōme qui blasphema Dieu, par villain sermēt: incōtinēt il le fit prēdre, & fendre les leures à vn fer chault.

Bonnes et loüables ordonnances du roy sāict Louis.

Du bon Preuost de Paris nōmé Boyleaue, establi par le Roy sainct Louis.

De trois ieunes enfans Flamens que messire Enguerrand, Seigneur de Coucy fit pendre: & de l'amende en quoy il fut condamné, dont le Roy fit edifier l'hostel Dieu de Pontoise.

ADuint vne fois qu'en l'Abbaye de sainct Nicolas pres Laon, auoit trois beaux ieunes enfans de bonne maison, qui estoyent natifs de Flandres, & auoyent esté enuoyez deuers l'Abbé de ladicte Abbaye, qui estoit leur parent, pour leur faire apprendre les coustumes de France, & à parler Francois. Vn iour, ainsi que lesdicts enfans s'en alloyent esbatant, chacun vn arc au poing, parmy les boys de l'Abbaye dudict sainct Nicolas, ils leuerent aucune proye: & la suyuirent: & d'aduẽture aduint qu'en la suyuāt ils entrerent ou boys de messire Enguerrand, Seigneur de Coucy, & furẽt les enfans prins par les Forestiers dudict Seigneur de Coucy, & amenez deuant luy : lequel à ceste occasion les fit incontinent

incontinent pendre & eſtrangler. Le Roy le ſceut, & fit appeler ledict Seigneur de Coucy, qui eſtoit grand Seigneur, & fort apparenté des Seigneurs qui eſtoyết en court pres du Roy: lequel de Coucy declina, & ne vouloit reſpondre, diſant qu'il n'eſtoit tenu reſpondre ailleurs que deuant les Pers de France: mais il fut dict par le conſeil du Roy qu'il reſpondroit deuant luy. Le Roy auoit bien intẽtion d'en faire grieſue & rigoreuſe punitiõ, ainſi dict de Coucy auoit fait des ieunes enfans: mais les Barons, & ſes parens, firent tant que le Roy luy eſlargit miſericorde: toutesfois ledict de Coucy fut condãné à l'amende de dix mille liures Pariſis, & aller demourer trois ans oultre mer, pour deffendre la terre ſaincte contre les Sarrazins. Si y alla, & paya leſdicts dix mille liures Pariſis: mais le Roy ne les voulut point embourſer, n'appliquer à ſon proffit, & ordonna qu'on en fiſt baſtir vn hoſtel Dieu à Pontoiſe. ce qui fut faict. *Le baſtiment et fondation de l'oſpital de Pontoiſe.*

D'vne remiſsion que S. Louis auoit accordee à vn malfaicteur, laquelle il reuoqua: & des bonnes vertus qui eſtoyent en luy touchant l'exercice de iuſtice.

VN iour, ainſi qu'on lit dudict ſainct Louis, comme il eſtoit en ſon oratoire à genoulx, diſant ſon Pſaultier, comme il auoit de bonne couſtume, on luy vint demãder grace pour aucun malfaicteur, qui auoit commis aucun grief cas: laquelle grace apres pluſieurs difficultez, & argumens faicts contre ceulx qui la requeroyent, leſquels mettoyent peine par leur langage de palier & couurir la grieſueté du cas, il leur octroya. Quand ils furent hors de deuant luy, il ſe remit à genoulx, pour paracheuer de dire ſon Pſaultier: & ainſi qu'il ietta l'œil ſur ſon liure il ſe trouua à l'endroit de ce verſet, qui dit ainſi: *Beati qui faciant iudicium & iuſtitiam omni tempore*: lors il penſa à la grieſueté du cas, dont il auoit octroyé la grace, & fit r'appeler ceulx qui la pourſuyuoyết, & leur diſt que le proces du malfaicteur fuſt faict, & qu'il n'octroyoit pas la grace ſi le cas n'eſtoit remiſsible: & pource que ceulx, qui faiſoyent ladicte pourſuyte, auoyent la choſe affectionnee, ils requirent au Roy importunément qu'il preferaſt ſa miſericorde à rigueur de iuſtice: & il reſpondit: Punir vn criminel n'eſt pas commettre crudelité, ains eſt exercer l'œuure pitoyable, & qui peut corriger les crimes, & il ne les punit, il vault autant que s'il les auoit commis. Quand les Barons & le peuple de France congnurent le grand ſens & la bonne iuſtice que faiſoit le Roy S. Louis, il n'y eut plus celuy qui oſaſt aller contre ſes cõmandemens, & qui ne l'aymaſt & craigniſt, *& non immeritò*: car luy meſmes aymoit & craignoit Dieu. *Qui timet Deum, omnia timent eum: qui verò non timet Deum, omnia timere debet.* Quand le Roy ſcauoit qu'il y auoit aucun qui auoit malle volonté contre luy, il ne faiſoit point ſemblant de le congnoiſtre, & le diſsimuloit ſagement, & mettoit peine de l'attraire par amour & belles parolles. Il aymoit verité ſur toutes choſes. Il auoit touſiours en ſa maiſon ſeruiteurs paiſibles & de bonnes mœurs: car il ſcauoit *quòd in diſcipulis magiſter videtur*: & par la grand' & bonne iuſtice qu'il faiſoit faire, & pour la bonne vie qu'il menoit durant ſon temps, la paix a regné en France: & finalement iceluy bon Roy auoit en luy toutes les bonnes graces & vertuz qui rendent & font vn Prince digne de gloire & louenge. Il eſtoit charitable aux pauures, & chacun iour en auoit & nourriſſoit grand nombre en ſa maiſon, & ſouuentesfois luy meſmes les ſeruoit & adminiſtroit viandes à la table: & meſmement chacun Samedy, ſecrettement en grand' humilité, il lauoit les pieds à trois & quatre pauures, à genoulx deuant eulx: puis les baiſoit, & leur faiſoit donner de l'argent & des viures: & s'il eſtoit malade, ou occupé en vn grand affaire, pour le bien de la choſe publique de ſon royaume, il faiſoit faire ladicte charité par ſon Conſeſſeur ou Aumoſnier. Il auoit touſiours ſes Conſeſſeurs, & toutes gens d'Egliſe en grand' reuerence, & moult les honnoroit. Quand il vaquoit aucun benefice il ſe faiſoit enquerir de perſonnage idoine & ſuffiſant à le tenir & exercer, & lors le luy donnoit: & iamais n'en donnoit à aucun qui en tint vn autre, ſi premierement il ne l'auoit reſigné. On ne trouue pas que mondict ſeigneur ſainct Louis euſt iamais compagnie d'autre femme, que de ſon eſpouſe: & encores s'abſtenoit il de coucher auec elle tous les iours de l'aduent & de kareſme: & les iours de Dimenche & feſtes ſolennelles, quand il deuoit receuoir le corps de Ieſus Chriſt, lequel il prenoit ſouuent. Et ſi aucun deſdicts iours qu'il s'abſtenoit, pour la proximité de ſa femme, & pour la fragilité humaine il euſt ſenty aucun eſguillon & mouuement de la chair, il ſe leuoit de ſon lict: & parmy ſa chambre il cheminoit iuſques à ce que leſdicts eſguillons ou mouuemens luy fuſſent paſſez: & à ceſte cauſe Dieu par ſa grace luy donna belle & plantureuſe lignee. Il faiſoit introduire ſes enfans en bonnes mœurs, & vouloit que tous les iours ils ouiſſent meſſe, matines, veſpres, & toutes les heures du iour, & qu'ils diſſent chacun iour les heures noſtre Dame & ſept Pſeaulmes. Il ſe confeſſoit ſouuent, & au plus tard tous les Vendredis. Il eſtoit moult charitable aux pauures & aux Egliſes, & ſouuentesfois à pluſieurs iours de ieuſ-

S. Louis eſtoit aux pauures charitable.

De la cõtinence de ſainct Louis auec ſa femme.

nes il nourrissoit deux cens pauures, & luy mesmes les seruoit & administroit, & plusieurs autres aumosnes faisoit faire : & enuoyoit viandes & habillemens par les hospitaux & maladeries des Ladres, & aux pauures Gétilshommes souffreteux, qui estoyent tombez en mendicité, par les fortunes de la guerre, ou autres accidens: & leur donnoit plusieurs sommes de deniers, en telle quantité & abondance qu'à peine le scauroit on dire ne racompter : & tellement qu'il surmonta, quant à donner & faire aumosnes, la gloire & la largesse de l'Empereur Titus, que les histoires narrent auoir esté si grand donneur, qu'il luy sembloit qu'il auoit perdu la iournee quand il n'auoit donné aucune chose.

La largesse & aumosne du roy sainct Louis.

Des belles fondations que fit S. Louis en son viuant.

Ondict seigneur S. Louis fonda & augméta durant sa vie plusieurs belles eglises, monasteres, & autres lieux : mesmement il fit faire des le commencement de son regne le monastere de Royaumont, pres Beaumont sur Ayse, & assez pres de Lusarche. Il fit encommencer aucuns conuens de religieux Mendians, & paracheuer plusieurs qui estoyent cómencez, tant à Paris qu'en diuerses citez de son royaume. La maison Dieu de Paris *cum magnis sumptibus ampliauit, & redditibus augmentauit.* Il fit & fonda les hospitaux de Pontoise, Cópiegne & Vernon. Il fonda l'Abbaye de S. Matthieu, pres Rouen: l'Abbaye de l'humilité nostre Dame, dicte Longchamp, sur Seine, pres S. Clou, pour l'honneur de madame saincte Ysabeau, sa sœur, qui se rendit religieuse de l'ordre *S. Dominique en ladicte Abbaye. La royne Blanche de son vouloir & cósentement fit faire les Abbayes de Maubuisson pres Pótoise, ou elle gist, & celle du Lis pres Melun. Il fit faire & fonda la maison des quinze vingts aueugles à Paris, pour nourrir & loger trois cés Cheualiers qu'il ramena d'oultre mer, ausquels les Sarrazins auoyent creué les yeulx. Il fonda aussi celle des filles Dieu & des Beguines, des Blancs Manteaux, S. Croix en la Bretónerie à Paris, les Chartreux au lieu de Vauuert es faulxbourgs de Paris, hors la porte S. Michel: & souuent visitoit lesdicts lieux & conuens, & incitoit & prioit les religieux d'iceulx à prier Dieu pour luy, & pour la prosperité de son royaume.

Fondation de plusieurs eglises faictes par le Roy S. Louis.

* Il me semble que ceste Abbaye est maintenant de sainct Francois.

Fondation des quinze vingts aueugles de Paris.

Du signe de la croix que sainct Louis adioignit à faire la guerison des malades des escrouelles.

LEdict S. Louis fut né à Poissy, & pour ceste cause il ayma le lieu, & le visitoit souuét. Vn iour qu'il estoit audict Poissy, & ainsi qu'il se deuisoit auec ses familiers, il dist qu'audict lieu il auoit receu le plus grád hóneur que iamais il receut: dont plusieurs s'esmerueillerent, & disoyét que le plus grand hóneur q̃ iamais il receut fut quád il fut faict & sacré Roy à Reis: & il se print lors à soubzrire, & dist qu'il auoit esté baptizé à Poissy, & q̃ c'estoit le plus grand' hóneur qui peust aduenir à hóme, q̃ d'estre faict Chrestien. Il auoit vne facon de faire quád il escriuoit à aucuns de ses familiers, ou à aucuns autres, pour cause de deuotion, il se soubzescriuoit en ses lettres, & se nommoit Louis de Poissy. Il guerissoit volontiers & charitablement les malades de la maladie, *quæ vulgò Sodolæ vocatur*, & qu'en Francois on appelle les Escrouelles, ainsi q̃ de ce faire Dieu a donné la grace aux Roys de Fráce: toutesfois, pource que ses predecesseurs en faisant la guerison de ladicte maladie ne faisoyent seulement que toucher le lieu de ladicte maladie, en disant aucunes paroles à ce propices & introduictes, iceluy S. Louis oultre l'anciéne maniere de faire de ses predecesseurs, y imprimoit par attouchement de sa main le signe de la Croix, affin que la curation qui s'en ensuyuoit fust pluftost attribuee au signe de la Croix qu'à la maiesté royale. Plusieurs autres choses dignes de louenge se pourroyent dire de luy, que ie laisse pour cause de briefueté.

S. Louis fut né à Poissy, et partant il s'appelloit Louis de Poissy.

De l'ordonnance que fit sainct Louis, touchant les elections des benefices, & exactions qui se faisoyent sur l'Eglise.

ENcores n'est pas à oublier qu'entre les autres belles ordonnances & statuts que fit ledict sainct Louis, il en fit vne touchant la prouision des Dignitez, Abbayes, & autres benefices du royaume de France, en ensuyuant les saincts Canons, Decrets & ordonnances faictes, tant du temps de Clouis, premier Roy Chrestien, que par l'Empereur Charlemagne ses predecesseurs: & contient ladicte ordonnance la forme qui s'ensuyt: *Statuimus & ordinauimus vt ecclesiarum nostri regni Prælati, Patroni, Beneficiorum Collatores ordinarij, ius suum plenarium habeát, & vnicuique sua iurisdictio seruetur debite. Item ecclesiæ cathedrales, & aliæ regni nostri, liberas electiones, & earum effectum habeant*

habeant integraliter. Item promotiones Prælaturarum, Dignitatum, & aliorum quorumcunque beneficiorum & officiorum ecclesiasticorum regni nostri, secundum dispositionem, ordinationē & determinationem iuris communis sacrorum Conciliorum Ecclesiæ Dei, atque antiquorū sanctorum Patrum statuta fieri volumus, atque ordinamus. Item exactiones & onera grauissima pecuniarum, per curiam Romanam Ecclesiæ regni nostri imposita, vel impositas, quibus regnū nostrum miserabiliter depauperatum existit, siue etiam imponendas aut imponenda, leuari aut colligi nullatenus volumus, nisi pro rationabili, pia, & vrgētissima ineuitabili necessitate, & de spontaneo expresso consensu nostro & ipsarum ecclesiarum regni nostri, &c. Vtinam que ladicte ordonnāce, qui est iuste, saincte, & canonique, fust bien gardee: à laquelle les iuges en France doyuent bien auoir l'œil, & mesmement les gens des cours de Parlement.

Les electiōs des prelatures de ce royaume doyuent estre liberalles sans aucun obstacle.

Comment le Roy Henry d'Angleterre renonça au droict qu'il pretendoit au royaume de France: & comment il fit hommage de la Duché d'Aquitaine au Roy sainct Louis.

EN l'an mil deux cens † soixante Henry Roy d'Angleterre vint en France, & amena auec luy Roger Comte de Cloceftre, & plusieurs des autres Princes, Barons, & Prelats du royaume d'Angleterre: lesquels le Roy receut & festoya moult honnorablement, & les fit loger en son Palais de Paris: & fut faicte & accordee paix finale entre lesdicts deux Roys & royaume de France & d'Angleterre. Et pource que ledict Roy sainct Louis faisoit aucun scrupule de conscience des Duché de Normādie & Côté d'Aniou, Touraine, le Maine & Poitou, que le roy Philippe le Conquerant, son ayeul, auoit conquises, par droict iugement des Pers de France, sur Iehan lors Roy d'Angleterre, iceluy Roy S. Louis fit bailler & deliurer audict Roy d'Angleterre certaine grand' somme de deniers: par le moyen de laquelle iceluy Roy d'Angleterre ceda, quitta, & transporta audict Roy S. Louis, & aux siens perpetuellement, tout le droict & action qu'il pouoit pretēdre & auoir audict royaume de France, & expressément y renonca de son vouloir & consentement, en la presence de Richard, roy des Romains, Empereur d'Alemagne, son frere, & dudict Duc de Clocestre, & des Seigneurs, Barons & Prelats d'Angleterre, en grand nombre: & ce neātmoins le Roy luy donna grands terres es pais de Limosin, Agenois, Perigort, & Xainctonge, soubs condition que luy & les siens les tiendroyent, ensemble les pais de Bordelois, Bayonne & Gascongne, en fief & hommage du Roy de France: & seroyent appelez, inscripts, & intitulez es registres de Frāce Duc d'Aquitaine, & Per de Frāce: lequel hommage iceluy Henry fit, & promit estre loyal vassal à son seigneur le Roy de France, & aux siens. Apres ces choses faictes ledict Roy Henry print son congé du Roy, & alla à sainct Denis, où il fut en moys, & auant son partement y fit de beaux dons. Auant londict partement il fit le mariage de Bietris, sa fille, auec *Iehan, fils du Comte de Bretaigne, qui apres fut Comte, & appelé le Comte Roux. En ce temps que ledict Henry estoit à S. Denis, trespassa Louis, aisné fils du Roy S. Louis. Son corps fut porté à S. Denis, & là fit lon le seruice solennellement. Apres ledict seruice, ledict Roy Héry, & les plus Nobles, qui là furent, prindrent le corps, & le porterent parmy la ville de S. Denis, & bien demie lieue dehors sur leur espaules: & apres fut porté iusques en l'Abbaye de Royaumont, & là fut enterré en la presence dudict Roy d'Angleterre. En ce mesme temps mourut Philippe Archeuesque de Bourges: lequel on disoit estre sainct, & lequel fit de grands miracles apres sa mort. Pape Alexandre canoniza lors saincte Claire, de l'ordre de sainct François. En l'an mil deux cens lxj. Baudouyn Empereur de Grece, & plusieurs Francois & autres Chrestiens, qui estoyent auec luy, furent mis hors & chacez de Constantinoble, par les Grecs: & à leur ayde estoyent les Geneuois, qui auoyent guerre contre les Venitiens, & en fut faict Empereur vn Grec, nommé Paleologus. Audict an vn Pelerin, qui alloit en vn voyage de nostre Dame, fut rencontré pres de Lion par vn larron qui le tua, & puis laissa son couteau tout sanglant: lequel fut trouué, & par plusieurs fois essuié, laué & escuré: mais ledict couteau ne cessa de distiller gouttes de sang iusques à ce que le corps du Pelerin fust trouué, & le larron prins & pendu. En l'an mil deux cens lxij. fut faict & traicté le mariage de monseigneur Philippe, fils du Roy S. Louis, & de madame Ysabel, fille du Roy d'Arragon, en la ville de Clermont en Auuergne: & par le traicté dudict mariage fut faicte alliance & paix finale entre les deux moys de France & d'Arragon: par lequel ledict Roy d'Arragon quitta audict Roy de Frāce, & à ses successeurs, le droict qu'il pretendoit es citez de Carcassonne, Besiers & *Milan: & semblablement le Roy sainct Louis donna au Roy d'Arragon le droict qu'il pretendoit es Comtez de Roussillon, Barcelonne, Cathelogne, & † Beseau en la Pouille. En celle annee ceulx de Marseille en Prouence s'esleuerent contre mōseigneur Charles, Comte d'Angers, frere de sainct Louis,

† al. lix.

La renonciatiō que fit le Roy d'angleterre au droict qu'il pouoit pretendre au royaume de France à perpetuité.

*La Cro. de Br. dit Iehā de Richemōt, fils de Iehan surnōmé le Comte Roux

Mil. cc. lxij

*Autres disent Amilian. *Le vieil exē. dit Besau, & la Poulhe: & autres Besand & Ampurie, que P. Em. nomme Emporiese.

qui estoit aussi Comte de Prouence, de par sa femme: laquelle à ceste cause fit grād' assemblee de Francois, & s'en alla en Prouéce, & les subiugua par armes, & tous les autheurs de la trahison fit publiquement decapiter: en quoy il augmenta fort son nom & sa renommee.

D'vne motion d'Anglois, contre leur Roy.

Ource que le Roy Héry d'Angleterre, par sa legiereté voulut faire aucuns nouueaux status & ordonnances, apres son retour de Fráce en Angleterre, cōtre l'ancienne coustume du pais, se mit grand discord entre ledict Henry & les Barons d'Angleterre, dont estoit principal autheur Simō de Montfort: & eurent bataille, en laquelle ledict Héry, Roy d'Angleterre, fut prins prisonnier par messire Simō de Montfort: pour lequel discord appaiser le Pape Vrbain enuoya le Cardinal de sainct Sabine, Legat: lequel on ne voulut onc laisser entrer en Angleterre. Et par ce vint ledict Legat deuers le Roy sainct Louis, & eulx deux allerent iusques à Boulongne sur la mer: là firent venir ledict messire Simon de Montfort, qui estoit le principal qui menoit ceste matiere: mais ils ne peurent faire appoinctement auec luy, & s'en retourna en Angleterre, & le Roy en Fráce. Tātost apres Edouard, aisné fils du Roy d'Angleterre, s'eschapa d'Angleterre, par le moyé du Cōte de Clocestre, & assembla gens, & eut bataille contre ledict Simon de Montfort, qui y mourut, & vn de ses enfans, & l'autre fut nauré: & fut ledict Roy Héry son pere, & plusieurs autres prisonniers auec luy, tous deliurez: & apres ledict Edouard print cruelle vengeáce cōtre ceulx de Londres, des vns par mort, des autres par exil.

L'aisné fils du Roy d'Angleterre par force d'armes deliura son pere de prison.

Cōment messire Charles, Comte d'Angers & de Prouence, frere de S. Louis fut faict Senateur de Romme: & comment le Pape luy donna le royaume de Cecille.

N l'an mil deux cens soixante quatre le pape Vrbain, voyant qu'il ne pouoit venir à bout de la mauuaistié de Mainfroy, fils bastard de feu Federic Empereur, oppresseur & inuaseur de l'Eglise, qui detenoit le royaume de Cecille, & les autres terres appartenantes à l'Eglise de Romme, enuoya Simon, Cardinal du tiltre de saincte Cecille, deuers le Roy sainct Louis, pour auoir ayde: & luy pria qu'il luy enuoyast monseigneur Charles, Cōte d'Angers & de Prouéce, son frere, en ayde de l'Eglise, & qu'il luy donneroit ledict royaume de Cecille, & les Duchez de la Pouille & de Calabre, s'il s'esleuoit cō tre ledict Mainfroy. Ec Roy fut content que mondict seigneur Charles y allast: si fit ses apprestes, & assembla gens, & fit tant qu'il alla iusques à Rōme, dont le Pape & les Rōmains furent tresioyeux & esbahis: car ledict Mainfroy, & vn nómé Paluoisin, son Lieutenát & Cōnestable, l'espioyét par mer & par terre à grand' puissance. Quand il fut à Rōme, il fut retenu Senateur, & luy donna le Pape ledict royaume de Cecille, & les Duchez de la Pouille & Calabre, pour les tenir & posseder iusques à sa quarte generation, & le couronna Roy. Puis enuoya le Pape vn Legat en France, pour prescher la croix contre ledict Mainfroy, comme heresé & ennemy de l'Eglise & de la Foy, & y alla grād' assemblee de gens: & quād ledict Mainfroy le sceut il attrahit à luy grand' partie des citez d'Italie, par dons, promesses, & autrement. Quand les Francois eurent passez les monts, ledict Paluoisin, qui conduisoit l'ost dudict Mainfroy, vint contre eulx iusques à vne cité qui a nom Cremonne, & là eurent bataille, & fut ledict Paluoisin & ses gens desconfits, & les Francois prindrēt les villes & citez du pais, & allerent iusques à Romme deuers mondict seigneur Charles, nouueau Roy de Cecille. Tantost apres qu'ils furent arriuez & rafreschiz, ledict Roy de Cecille & les Francois entrerēt en la Pouille, & eurent bataille contre les gens dudict Mainfroy, qui estoyēt en la Comté de Beneuent, & fut l'ost dudict Mainfroy desconfit, & luy tué. Si prindrent les Frácois toutes les places, & plusieurs des Princes du pais, qui tenoyent le party dudict Mainfroy, prisonniers: & quand il les eut detenuz vn an ou enuiron, ledict Charles les laissa aller, & leur restitua leurs terres, dont il fit follie, car ils luy firent apres moult de maulx. La femme & les enfans dudict Mainfroy apres sa mort s'en vindrent audict Charles, Roy de Cecille. Quād Henry, frere du Roy d'Espaigne, lequel despieca s'en estoit fuy d'auecques son pere, & s'estoit tenu auec le Roy de Thunes, sceut que mondict seigneur Charles, Comte d'Angers, estoit à present Roy de Cecille, luy & plusieurs Cheualiers d'Espaigne allerēt deuers luy: lesquels ledict nouueau Roy receut honnorablemēt, par ce qu'il estoit son cousin, & aussi qu'il estoit vaillant en armes, & auoit affaire de gens pour garder ledict royaume de Cecille: & le fit son Lieutenant au gouuernemēt de la Senatorie de Rōme, dōt apres il rapporta tresgrand' perte & dommage. En ce temps florissoyent en saincteté à Paris deux notables Docteurs: c'est à scauoir sainct Thomas d'Aqui, de l'ordre des freres Prescheurs, & Eustace

L'an mil. cc. lxiiii.

Le pape Vrbain donna au Comte d'Aniou le royaume de Cecille.

* Lisez s'il uo9 plaist le quatrié me des hist. de Naples, et uous uerrez ceste cōqueste bien au long.

s. Thomas d'A quin, & sainct Bonauenture.

DV ROY S. LOVIS, NEVFIEME DE CE NOM. Fueil.cx.

& Euſtace Bonauenture, de l'ordre des freres Mineurs: lequel Bonauenture a depuis eſté cano- *p lat n'en met
niſé par le pape Calixte *quatrieſme. Semblablement eſtoyent lors maiſtre Alexandre des Hal- que iij. en tout.
les, Albert le Grãd, maiſtre Robert de Sorbonne, grand docteur en Theologie: lequel fonda vn
college à Paris, qu'on appelle à cauſe de luy le college de Sorbonne, & y mit eſcoliers, auſquels Fondatiõ du col
il acquiſt rentes. En ce temps, apres le pape Vrbain, fut faict & eſleu pape Clement quatrieſme lege de Sorbõne
de ce nom: lequel eſtoit François, & auoit eſté homme lay, ayant femme & enfans, aduocat &
Conſeiller du Roy en ſa court de Parlement: & apres le treſpas de ſa femme fut pour ſa louable
vie eſleu Eueſque du Puits en Auuergne, & apres Archeueſque de Narbonne, apres cree Cardinal du tiltre de ſaincte Sabine, & finalement fut eſleu Pape de Romme.

Du pardon q̃ dõna le Pape, à la requeſte de S. Louis: & de la cõfederatiõ des Suiſſes.

Ape Clement, quatrieſme de ce nom, de la nation de France, inſtitua lors la feſte du   Inſtitutiõ de la
ſainct Sacrement, & donna pluſieurs grandes indulgences à ceulx qui aſſiſteroyent feſte du ſainct
aux veſpres, meſſes, & toutes les heures & vigiles du iour, & octaues de ladicte feſte: ſacrement de
& apres, à la requeſte dudict S. Louis, il donna & octroya trois cens ans de vray par- l'autel.
don & indulgence, tous ceulx qui diroyẽt ce qui ſ'enſuyt, & par chacune fois qu'ils le diroyẽt:
Benedictum ſit nomen domini noſtri Ieſu Chriſti, & glorioſiſſimæ Mariæ matris eius in æter-
nũ, & vltra. Amen. Nos cum prole pia, benedicat Virgo Maria. Enuiron ce temps les populai- Le cõmencemẽt
res de cinq villes & cinq Quantõs, ou villages des hautes Alemagnes, que nous appelons Suiſ- de la confede-
ſes, ſ'aſſemblerent en grand nombre, & tuerent & chacerent tous les Princes, Seigneurs, Barõs, ration de li-
Cheualiers, & gens Nobles qui eſtoyent en iceulx païs & lieux, parce qu'ils leur faiſoyent de gues des ſuiſſes
grãds griefs, oppreſſiõs & exactiõs iniuſtes. Apres firẽt iceulx populaires vne confederation &
alliance fraternelle enſemble, qu'on appelle les anciénes ligues des hautes Alemagnes: deſquelles les cinq villes & cinq Quantons, ou villages, les noms ſ'enſuyuẽt: c'eſt à ſcauoir deſdictes villes
Suric, Berne, Lucerne, Fribourg, & Saloure: & deſdicts villages, Suiz, Clariz, Oudreual, Sench,
& Vre: & ont depuis encommencé ainſi touſiours bien gouuerner leurs ſeigneuries, & fait &
gaigné de belles & grandes batailles, pour la defence de leurs terres, franchiſes, & des droicts
des egliſes, femmes veufues & orphelins de leurs païs, dont ils ſont grandement renommez &
recommandez par tout le monde: & ſont gens ſi belliqueux & vſitez aux armes, qu'ils ſont ſouuent requis & appelez en ayde par les nations eſtranges.

*Comment ſainct Louis fit monſeigneur Philippe, ſon fils, Cheualier, & pluſieurs au-
tres: & comment il fit mettre par ordre les ſepultures des Roys de France en l'e-
gliſe ſainct Denis en France.*

LE iour de la feſte de la Pentecouſte mil deux cens ſoixante & ſept, le Roy ſainct L'an mil.cc.
Louis fit grand' aſſemblee de Prelats & Barons en la ville de Paris: & fit nou- lxvij.
ueaux Cheualiers, monſeigneur Philippe, ſon filz, & Robert ſon nepueu,
Comte d'Artois, fils de Robert, Comte d'Artois, qui fut perdu à la Maſſere, au
voyage d'oultre mer. Le lendemain les mena en pelerinage, rendre graces à S.
Denis: & furent les rues de Paris toutes tendues, pour la ſolennité de la feſte, &
ne ceſſerent point les habitãs de faire ioye & feſte par huict iours, ſans faire œuure de leurs me-
ſtiers. Parce que dict eſt, ſemble eſtre erreur en ce que dient aucuns, q̃ les enfans des Roys ſont
Cheualiers des leurs natiuité. En l'annee enſuyuant mil deux cens lxviij. madame Yſabeau L'an mil.cc.
fille du Roy d'Arragon, femme de mondict ſeigneur Philippe, fils aiſné de mondict ſeigneur lxviij.
S. Louis, eur vn fils, qui fut nommé Philippe, comme ſon pere, & ſurnommé le Bel. En l'annee d'apres madame Blanche, fille de S. Louis, fut mariee à Ferrand, aiſné fils du Roy de Caſtille: & pource que ledict ſainct Louis pretendoit droict audict royaume de Caſtille, fut accordé q̃
ſi ledict Ferrand decedoit, & laiſſaſt aucuns enfans auant le treſpas de ſondict pere, qu'iceulx
enfans ſuccederoyent audict royaume, en repreſentant leur pere. *En celle annee ledict Roy *Autres 1267.
ſainct Louis fit tranſlater de lieu en autre les corps & ſepultures des Roys de France, qui ſont
enterrez en l'egliſe monſeigneur ſainct Denis en France: & à pluſieurs fit faire des ſepultures   La ſituation des
& repreſentations: meſmes à ceulx qui eſtoyent, tant des Roys que des Roynes, deſcenduz de ſepultures des
la lignee de Charlemagne, & les fit mettre à la dextre partie de l'egliſe: & les autres qui eſtoyẽt Roys de France
deſcenduz de la lignee de Huc Capet, fit mettre à la ſeneſtre. à ſainct Denis.

*De la grand' guerre qu'eſmeut Henry d'Eſpaigne, contre monſeigneur Char-
les, Roy de Cecille.*

t ij

LES CHRONIQVES ET ANNALES DE FRANCE

Charles Comte d'Aniou, tranſporta l'eſtat de ſenateur à Henry d'Eſpaigue.

NE tarda gueres qu'aucuns Barons du royaume de Cecille, & meſmement ceulx que monſeigueur Charles Comte d'Aniou, & Roy de Cecille, auoit deliurez des priſons, ſ'eſleuerent contre luy, & firent eſmouoir des plus grands du pais de Cecille: & d'icelle machination fut principal autheur Héry d'Eſpaigne, ſon couſin, auquel il auoit nagueres fait moult de biens & honneurs, & l'auoit fait Senateur de Romme en ſon lieu: mais iceluy Henry, remply du vice d'ingratitude, pour plus auoir couleur de le greuer, enuoya querir Conradin, nepueu dudict feu Mainfroy, qui auoit eſté tué

Autres diſent Henry aiſné fils de Federic 2. Empereur.

en la bataille, & fils de feu * Conrad, auquel ledict royaume de Cecille deuoit appartenir par droict heritage: lequel Conradin pour la doubte dudict feu Mainfroy, qui le chaca hors dudict royaume, ſ'en eſtoit fuy ieune enfant deuers le Duc de Bauiere, qui eſtoit ſon oncle: & aſſemblerent grand oſt: & eulx ſachans que le Roy Charles eſtoit embeſongné ailleurs, contre aucuns qui ſ'eſtoyent rebellez contre luy, ils entreret en la Pouille, & de leurs gens firent deux batailles: l'vne menoit ledict Conradin, & l'autre ledict Henry d'Eſpaigne. Ledict Roy Char-

Luceria pluſtoſt, autrement nommee Noceradi ſarracenii.

les de Cecille, qui ces nouuelles ſceut, abandonna le ſiege qu'il tenoit deuant la ville de * Moucheres: & à tout ſes gens vint contre ſes ennemis, & deconfit la premiere bataille, que menoit ledict Conradin: lequel ſ'enfuyt, & la pluſpart des Seigneurs, qui eſtoyent auec luy, furent prins priſonniers, & leurs gens mors & prins. Puis vindrent apres ceulx de la bataille que menoit le-

De la belle victoire qu'eut le Roy Charles de Cecille contre ſes ennemis en la Pouille.

dict Henry d'Eſpaigne: leſquels furent pareillement deconfits, & ſ'en fuyt ledict Henry, & autres Seigneurs ſa compagnie, iuſques en l'Abbaye de ſainct Benoiſt, du mont de Caſſin: & dirent à l'Abbé qu'ils auoyent deſconfit ledict Roy Charles: mais l'Abbé, qui eſtoit ſage, & aymoit ledict Charles, ne les en creut pas, & les fit prendre & mettre priſonniers en ſon Abbaye: & puis manda audict Roy Charles qu'il les tenoit, & les luy bailleroit en ſes mains, ſ'il les vouloit auoir, ſoubs telle condition qu'il ne les feroit point mourir. ce que ledict Charles luy octroya. ſi les enuoya l'Abbé au Roy. Semblablement ledict Conradin, qui ſ'en eſtoit fuy de la premiere bataille, vint à vn port de mer: & ainſi qu'il cuida monter au nauire pour paſſer oultre, il fut prins par vn Cheualier qui l'amena au Roy Charles. Apres ces choſes aduenues le roy Charles enuoya ſeſdicts priſonniers à Naples pour en faire iugement: & aſſembla les Barons, qui les condamnerent tous à receuoir mort, & auoir les teſtes coppees. Aucuns y en y eut qui diſoyent qu'ils n'eſtoyent pas d'oppinion que ledict Conradin deuſt mourir, & qu'il eſtoit venu pour cuider recouurer ledict royaume de Cecille, qui luy appartenoit de droict heritage: mais ceulx de Naples empeſcherent, & ne voulurent conſentir à ſa deliurance: par ce q̃ Conrad ſon pere auoit fait raſer & abbatre les murs & les tours de leur cité, & pluſieurs de leurs maiſons, places & chaſteaux. Si fut dict qu'il ſeroit decapité comme les autres.

les noms ſont autres en l'hiſtoire de Naples

Lors les priſonniers furent menez en vne chapelle, & deuant eulx on chanta les vigilles, & le ſeruice des treſpaſſez, & furent confeſſez, & puis furent ſix decapitez: * c'eſt à ſcauoir le Comte Gauuain, & le Comte Iourdain, le Comte Barthelemy, & ſes deux fils, & le ſixieme fut ledict petit Conradin: dont pluſieurs auoyet moult grand pitie. car il eſtoit bel enfant & aduenãt: combien que ledict Henry d'Eſpaigne euſt bien deſſeruy ſemblable mort, toutesfois ne mourut il pas, par ce que ledict roy Charles de Cecille l'auoit ainſi promis à l'Abbé de Montcaſſin, qui le luy auoit enuoyé priſonnier: mais il fut mis & enclos en vne chaire de fer, vne chaiſne au col, & en ceſt eſtat fut mené par toutes les citez & villes de la Pouille, & de Beneuent: & deuant luy on racomptoit la mauuaiſtié de luy, qui auoit tant pourchacé de mal audict Roy Charles, ſon couſin: lequel luy auoit fait tant de biens & honneurs, tellement qu'il l'auoit fait Senateur de Romme. Ainſi demoura iceluy Roy Charles paiſible du pais de la Pouille, & de Beneuent: mais il y auoit vn Cheualier, nommé Conrad Capuche, qui eſtoit en l'iſle de Cecille, & occupoit toutes les villes & places, reſerué les villes de Palerme & Meſſine, qui tenoyent

La deconfiture de Conrad Capuche.

pour le Roy Charles. Si enuoya ledict Roy meſſire Guy de Môtfort, Thomas de Côcy, Guillaume l'Eſtandart, & Guillaume de Beaumont, auec pluſieurs gens d'armes: & tellement guerroyerent ledict Conrad Capuche qu'il ſ'enfuyt deuant eulx de place en autre. A la parfin ils le prindrent par force en vn chaſtel, & luy creuerent les yeulx, puis le firent pendre: & par ainſi

L'an mil.cc.lxviii

ledict Charles eut tout le royaume de Cecille entierement, & le tint paiſiblement iuſques à ce que Conſtance d'Arragon recommença à luy faire guerre. L'an mil deux cens ſoixante & huict, mourut Pape Clemẽt, & vacqua le ſiege Apoſtolique, pour la diſſentiõ des Cardinaus, par deux ans: & ce voyant ceulx de Viterbe, ou ſe tenoit la court, ils encloyrent leſdicts Cardinaux iuſques à ce qu'ils euſſent eſleu vn Pape.

Comment ſainct Louis alla la deuxiéme fois oultre mer, pour la redemption de la ſaincte terre.

Souuentesfois

DV ROY S. LOVIS, NEVFIEME DE CE NOM. Fueil.cxj.

Ouuentesfois monseigneur S. Louis reduisoit en son entendement & memoire le voyage qu'il auoit fait oultre mer, dont il n'estoit pas cótent, & en auoit grand remors de cósciece, quand il luy souuenoit des grands fraiz & dómages q le royaume de France en auoit soustenu: & auec ce que sondict voyage & son retour auoyent esté sans profit, & estoyent plus au desauantage & deshonneur du royaume, qu'en l'honneur, par ce qu'ils ne s'en estoyét ensuyuis aucuns profsits. Si se pourpesa en son courage d'y retourner, principalemét pour l'ayde de la deliuráce de la terre saincte, & aussi pour véger le deshóneur de luy & de son royaume: mais il ne voulut pas faire subitemét l'entreprinse de son propre mouuemét: parquoy il enuoya secretement deuers le Pape pour de ce auoir conseil: lequel Pape benignè consensit, *ac propositum ipsius Regis probauit*: & enuoya messire Simon, Cardinal de Saincte Cecile, Legat en France, pour prescher la croysee, & inciter ceulx qui vouldroyent aller audict voyage auec le Roy: leql Cardinal, en sa presence du Roy, fit vn moult bel & solénel Sermon, touchát ceste matiere, en la ville de Paris. Apres lequel finy le Roy auec ses trois fils, c'est à sçauoir móseigneur Philippe l'aisné, móseigneur Iehan Tristan le secód, & monseigneur Pierre, Comte d'Alencon le tiers, son frere monseigneur Alphós, Comte de Poitiers, & son nepueu Robert, Comte d'Artois, Guy Cóte de Flandres, & Iehan fils du Comte de Bretaigne se croyserent, & firent le veu dudict voyage: aussi firent pareillemét Thibault, Roy de Nauarre, Cóte Palatin de Champaigne & de Brie, & plusieurs Barons, Cheualiers, Euesques & Archeuesques desdicts royaumes. Quand le Roy eut fait ses preparatoires, au moys de Mars l'an mil deux cens soixante neuf, il se delibera de partir, & alla prendre congé aux martyrs sainct Denis & ses compagnons, qui sont patrons, gardes & dessenseurs des Roys & du royaume de France: & en ladicte eglise, par les mains de l'Abbé, print l'Auristambe auec la mallette & le baston de pellerinage: & laissa la charge & le gouuernement des affaires de son royaume à Matthieu, Abbé de ladicte Abbaye sainct Denis, & à messire Simon de Clermont Cheualier, Seigneur de Nelle, qui estoyent deux moult sages & prudens hommes. De là s'en alla au boys de Vincennes, ou estoit la bonne Royne Marguerite sa femme, de laquelle le lendemain print congé, à grands pleurs & larmes d'elle & de ses gens. Puis s'en alla, & passa par Clugny & par Bourgongne, iusques à Lion, ou il monta sur la riuiere du Rosne, & alla iusques au port d'Aisguemortes.

L'an mil deux cens lxix.

S. Denis & ses cópagnons sont deffenseurs du royaume de France.

De l'armee de Sainct Louis deuant Thunes oultre mer, ou il mourut: & de la mort de Iehan Tristan son fils.

Vand les nauires & victuailles & tout l'ost du Roy S. Louis fut appresté audict lieu d'Aiguesmortes, il se mit en mer le mardy apres la feste S. Pierre & sainct Paul, l'an mil deux cens soixante neuf: mais ils eurent moult d'orages & fortunes sur mer: & mesmement à l'endroict qui est appelé la mer du Lion, pour l'impetuosité d'icelle mer: & tant errerent qu'ils arriuerent en la terre du Roy de Thunes, en vne isle ou il y a vn chastel qui est appelé Cartage, ou souloit auoir vne moult belle grand & puissante cité, que fit iadis faire Dido la Royne de Cartage: & estoit la royale & principale cité de toute Afrique: & furét ladicte Royne Dido, & les habitans d'icelle anciennement de si grand' puissance qu'ils desconfirent les Rommains par plusieurs fois, ainsi qu'on peut voir au liure de Valere. Sainct Louis, qui attédoit la venue de son frere Charles, Roy de Cecille, qui deuoit aller oultre mer, comme il luy auoit fait sçauoir, luy estant pres de la cité de Thunes, fit fermer son ost de fossez pour la doubte des Sarrazins, qui fort les guerroyoyent, & se tindrent les Barons & Cheualiers Francois d'aller deuers Thunes. Quand le Roy de Thunes & ses Sarrazins sceurent que le Roy S. Louis se parquoit illec en sa terre pour y seiourner, il le cuiderent empescher, & luy manda la bataille: & vindrent Sarrazins à si grand' & merueilleuse puissance qu'ils estoyent comme innumerables, & vindrent par diuerses batailles iusques au riuage de la mer, ou les nefs du Roy estoyent, faignans de les vouloir enclorre. Lors monseigneur Alphons, Comte de Poitiers, frere du Roy, auec vne bataille de Francois, & Pierre le Chábellan auec vne autre bataille cheuaucherent vers la mer, si auant qu'ils encloirent chacun vne bataille de Sarrazins, & les assailliret si fermement & vaillamment qu'ils en tuerent la plus part, & les autres s'en fuyrent: & prindrét les Francois toute ladicte isle: toutesfois furent tuez en ladicte assemblee le Chábellan de Beaucaire, & messire Iehan de Roussiliers. Le Roy fit retirer ses gens: car il ne trouuoit pas par consil qu'il deust tirer plus auant iusques à ce que son frere le Roy Charles de Cecille fust venu, & luy vindrent nouuelles qu'il deuoit arriuer là, dedans quatre iours: pendát lequel temps aduint que monseigneur Iehan Tristan, fils de sainct Louis, qui estoit Comte de Neuers, à cause de madame Yoland sa femme, qui fille estoit d'Ode Duc de Bourgongne, fut frappé d'vne maladie, & fut porté en sa nef, & là mourut tantost. Ladicte dame Yolád fut apres femme de Ro-

L'an mil deux cens lxix.

La mort de Iehan Tristan, fils de S. Louis, & Comte de Neuers.

t iij

bert, aisné fils du Comte de Fládres, qui fut Comte de Neuers, à cause d'elle. Aussi mourut semblablemét le Legat, & plusieurs autres Barõs, Cheualiers, & autres, pour le mauuais aer dõt ils estoyent enuirõnez, & pour les mauuaises eaues qu'ils auoyent beues. Semblablement print au Roy vne maladie de flux de ventre auec fieure, & sentit bien en luy qu'il luy côuenoit payer le tribut de nature: si fit appeler monseigneur Philippe son aisné fils, qui deuoit regner apres luy: auquel, en la presence de plusieurs Barõs, il fit & dist plusieurs beaux enseignemens, en disant:

Des beaux enseignemens que le Roy S. Louis fit à son fils, auant sa mort.

Les belles & fructueuses doctrines & enseignemens que le Roy s. Louis donna à son fils deuant que rẽdre l'ame.

CHer fils, moy qui suis ton pere naturel, congnoissant ma fragilité, & qu'il me fault de bref mourir, & que de moy tu ne pourras plus auoir aucun enseignement, auant ma mort en ensuyuant le vouloir & cõmandement de Dieu le createur, qui est ton pere & le mien, eternel, spirituel & temporel, ie te cõmande & charge que tu aymes & craignes Dieu de tout ton pouoir & de toute ta force, & te garde de faire chose qui soit cõtre son cõmandement, pour quelq̃ chose qui t'en aduienne. Garde toy, & faiz garder tes subiects de villains sermens. Si Dieu t'enuoye quelque aduersité, pres la patiemment, & cõgnois que ce te vient par tès deffaulx. S'il te vient aucune bonne fortune, donne luy en la gloire, & cõgnois que ce ne vient pas de tes merites, mais seulement par sa bonté. Confesse souuent tes pechez, & esliz confesseurs preud'hommes, qui sachent discerner & corriger la grauité de tes deffaulx, & te remettre en la voye de bien faire. Oy volontiers & deuotement le seruice de saincte Eglise. Ayes le cœur piteux & charitable aux pauures gens, & les conforte & ayde de tes biens. Fais garder les bõnes loix & coustumes de ton royaume. Ne prens point tailles n'aydes sur tes subiects, si vrgente necessité & euidente vtilité ne le te fait faire, & pour iuste cause, non pas volontairement: car si tu le fais autremẽt tu ne seras pas reputé pour Roy, mais tenu & reputé pour Tyran. Garde sus toutes choses qu'ayes sages Conseillers & d'aage meur, & que tes seruiteurs soyent prudens gens, secrets & paisibles, & qu'en autres choses ils ne soyent point auaricieux, ne facent ou disent villennie à autruy: car cõme dit Senecque: *Ex claritate seruientium fama consueuit crescere dominorum.* S'il en ya aucuns rioteux garde qu'incontinent tu les enuoyes hors de ta maison: car ils pourroyent gaster les autres, & estre cause d'y faire scandales.

Iustice est celle par qui les roys regnent.

Fais & garde iustice sur toutes choses aux pauures comme aux riches, aux estrangers cõme aux priuez, sans auoir acception de personnes: car iustice est celle par qui les Roys regnent. Ayes bons Iuges, Baillifs & Seneschaux, & leur cõmande que toy ne tes Procureurs en tes faicts ne soyent pas fauorisez autrement que la raison le veult, plus q̃ seroit vn autre. Enquiers souuent si lesdicts Iuges, Baillifs & Seneschaux font aucunes faultes & abus: & s'ils les fõt faiz les punir sans dissimulation: car ils sont plus punissables qu'autres gens. Trauaille & mets toute ta cure que tes subiects viuent soubs toy en paix & trãquillité, & leur garde leurs statuts & priuileges, dont ils ont raisonnablemẽt iouy par l'octroy de tes deuanciers. Ayme & honore l'Eglise &

A quelles gens doyuent estre donnez & cõferez les benefices ecclesiastiques.

les ministres d'icelle, & ne faiz nulle exaction sur iceulx. Donne les benefices qui sont en ta collation par le conseil de preud'hommes, à gens de bonne vie & pure conscience, qui ne soyẽt point luxurieux, n'auaricieux, & qui n'ayent point d'autre benefice: car autrement tu les rendrois mauuais & vicieux, & participerois en leur mal & peché. Garde toy de prendre guerre contre nul Chrestien, s'il ne t'à forment meffaict: & s'il vient à toy à mercy, tu luy dois pardonner, en prenant amende raisonnable & moderee. Mon fils, si tu fais ces choses tu auras en ce monde Dieu fauorable: & pour toy en tes affaires, & seras cause de donner bon exemple à tous tes subiects: car les Roys, Princes, Prelats, & autres qui sont constituez es haulx estats & dignitez, sont cõparez au soleil, par lequel toutes choses sont enluminees: car tous leurs subiects ont regard à leurs faicts & dicts: & quand ils les voyent de bon zele & de bõnes mœurs, cela les incline à bien faire: & trouue l'on souuent que les bonnes mœurs des Princes & des Prelats ont edifié & incliné plus de gens à bien faire & bien viure, que leurs preschemens & parolles. Entre autres choses ie te conseille que tu aymes, serues & honores ta mere, tant comme elle viura, & entretiens tes parens en amour: & si ainsi le faiz tu en viuras plus longuement, & en seureté de ta seigneurie, & en la fin de tes iours Dieu t'en retribuera en sa gloire eternelle.

Du trepassement du bon Roy S. Louis.

APres ces belles parolles & enseignemens, ainsi proferez par mondict seigneur sainct Louis audict Philippe son fils, sentãt que la maladie le greuoit, & que sa mort approchoit tellement que plus ne pouoit soustenir le mal sans mourir, il cõmanda qu'on luy baillast tous ses derniers sacremens. ce qu'on fit, & les receut en grand' reuerẽce & deuotion:

DV ROY S. LOVIS, NEVFIEME DE CE NOM. Fueil.cxij.

& deuotion:& quand on faisoit deuant luy le seruice,il respōdoit à tous les vers aux Prelats qui luy administroyent,ayant tousiours la croix en la main,& les yeulx vers le ciel.Puis appeloit en son ayde Dieu & tous les saincts de Paradis,ausquels il auoit en son viuāt eu sa singuliere affection & deuotiō: & mesmemēt au glorieux martyr S.Denis,S.Iaques,& autres,& disoit moult de belles oraisons, & entre autres *Tribue nobis quæsumus domine prospera mundi despicere*, & en priāt pour le peuple qu'il auoit mené auec luy disoit: *Esto domine plebi tuæ sanctificator & custos,&c.* Et regardant au ciel disoit: *Introibo in domum tuam,adorabo ad templum sanctum tuum,& confitebor nomini tuo:* & quād le glorieux Roy & amy de Dieu sentit la mort qui approchoit,il se fit leuer du lict ou il estoit couché,& se fit mettre à terre sur vn lict de cedre: puis mit ses mains en croix sur son piz,& leua ses yeulx en hault au ciel, *& obdormiuit in domino*, à icelle heure que Iesus Christ mourut en l'arbre de la croix pour la redemptiō de nature humaine,le iour de la feste S.Barthelemy au moys d'Aoust, mil deux cēs lxx. Digne & deuote chose est raconter la vie & les faicts que le glorieux Roy S.Louis a faicts durant ce qu'il a esté sur terre,& encores plus sa maniere de mourir,qui fut si catholique:& bien heureux est le royaume Francois,& les habitans d'iceluy, d'auoir eu vn tel Roy, qui en sa maniere de viure & mourir,a esté miroer & exēplaire à ses successeurs de bien sçauoir viure & gouuerner leurs subiects, en l'amour & crainte de Dieu,& en paix & tranquillité,si à eulx ne tient:car durāt sa vie, oultre ce que dict est cy dessus de luy, il fit & redigea par escript moult de beaux statuts & ordonnances royaux : lesquels sont inscripts & enregistrez es cours de Parlement, & chambres des Comptes à Paris,& qui les vouldroit ensuyuir, on ne pourroit faillir à bien faire.

Les belles & deuotieuses parolles que le roy s.Louis proferoit auant que rendre l'esprit.

Mort de sainct Louis.

Le roy s.Louis a esté le miroer & exemplaire de bien uiure et mourir à tous les autres Roys ses successeurs.

Comment monseigneur Charles, Roy de Cecille, frere de S.Louis, arriua à Thunes, à l'heure du trespas dudict S.Louis.

Roictement à l'heure que monseigneur sainct Louis labouroit à la fin,& qu'il estoit *in agone mortis*, arriua par mer mondict seigneur Charles son frere, Roy de Cecille, Comte d'Aniou & de Prouence: lequel, quand il approcha du port de Thunes, ou estoit l'armee des Francois, & qui ne sçauoit encores riens de la maladie de son frere sainct Louis, commanda à ses gens, que pour esiouyr l'ost des Chrestiens,& donner terreur & esbahissement aux ennemis,on fist par toutes ses fustes & galeres sonner trōpettes & clairons, tirer canons & bombardes, & autres signes de demonstrance de ioye:mais les paures Francois qui estoyent moult douloureux de leur Roy,ne s'en esiouyrent gueres. Toutesfois ils le receurent le plus honnorablement qu'ils peurent : car si ne fust sa venue, les Francois fussent demourez bien desolez & esbahis,par ce que l'ost de France estoit ia fort diminué, tant pour les batailles qu'ils auoyent eues contre les Sarrazins, que pour la grād' mortalité qui s'estoit mise en leur ost. Si alla ledict Roy de Cecille, quand il eut mis pied à terre, droict à la tente dudict Roy sainct Louis son frere, & trouua qu'il auoit rendu l'esprit:& luy tasta les mains qu'il auoit encores toutes chaudes. Son corps fut hōnestemēt ensepuely en baume, & mis en vn cerceuil de plomb, pour l'apporter en France.

De plusieurs miracles que fit sainct Louis.

E bon Roy S.Louis a tant aymé les Francois, que non pas seulemēt en sa vie il les a aydez & secouruz:mais aussi il les a secouruz & aydez depuis sa mort, & ceulx qui ont eu leur recours à luy,& qui de bō cœur l'ont requis pour aucunes necessitez:a fait Dieu à son intercessionplusieurs beaux & cuidés miracles, ainsi que ce fut, & a esté monstré & deuement verifié lors que le corps de mondict seigneur S.Louis, à la requeste & poursuite du roy Philippe, son successeur, fut esleué de terre, canonizé & inscript au catalogue des saincts. Et pour en reciter aucuns qui sont dignes de memoire, il est vray qu'en vne isle, qui est en la riuiere de Seine, demouroit vne femme nōmee Tiphaine, laquelle lon temps parauant, & des le temps de sa ieunesse, ainsi qu'elle gardoit les bestes auec vn sien frere, s'endormit accostee sus le bras : & quand elle s'esueilla, elle se trouua griefuement malade, tellement que la teste, les bras, les iambes, le nez & leures, & tous les autres mēbres du corps luy trembloyent merueilleusemēt fort:& quand elle estoit debout,il sembloit qu'elle fust grosse, & quand elle estoit couchee, il sembloit que le vētre luy tint au dos:& en cest estat & misere vesquit la pauure femme xlvij.ans. Ceste Tiphaine, oyant la nouuelle qui couroit par le pais qu'en l'eglise de sainct Denis, au lieu ou auoit este enterré le bō Roy sainct Louis, se faisoyent plusieurs miracles, eut propos & affection de l'aller visiter, & en grand'deuotion s'y fit amener, & illec fit ses prieres & oraisons par aucuns iours : & tantost

Miracle d'une femme, qui auoit esté xlvij. ans malade,laquelle fut guerie par les merites de s.Louis.

t iiij

apres ladicte Tiphaine, qui si longuement auoit esté malade de si griefue maladie, en sorte q̃ medecins ne luy auoyent sceu donner remede, s'en retourna en sa maison toute seine & guerie.

Autre miracle.

SEmblablement vne ieune fille de bouchier, qui demouroit à Grolay, ayant à sa natiuité apporté du ventre de sa mere vne tache, aupres du bout de l'œil, large comme vn petit tournois (laquelle tache ainsi que ladicte fille croissoit engrossissoit, tellement que quand elle eut l'aage d'vn an & neuf moys, elle estoit grosse cõme vn œuf de geline, & occupoit presque tout l'œil de ladicte fille) fut ses parens apportee à sainct Denis, au tombeau dudict S. Louis: & quand ils eurent fait leurs oraisons & offrandes, tantost ladicte tache, qui estoit grosse & endurcie comme chair, tomba à terre, & se sepera d'elle mesmes sans qu'on y touchast.

Autre miracle.

D'vn autre beau & euident miracle que fit mõseigneur sainct Louis.

VN homme demourant à Paris, nommé Guillaume, lequel auoit vne fistulle en la iambe aupres de la cheuille du pied, dont il auoit esté malade par trois ans, si griefuement qu'à cause de la putrefaction de la maladie il auoit neuf grands pertuis, par ou on eust bien passé la main tout au trauers de la iambe, dont les os luy cheoyẽt par pourriture, voyant que medecins ne cirurgiens ne luy auoyent sceu dõner remede, oyant la grand' renommee des miracles de S. Louis, se fit mener en vne charrette, à son tombeau, en ladicte eglise S. Denis, & là fit sa neufueine, & ses offrandes: & auant icelle parfaicte, il se trouua tout guery nettement de sadicte maladie, que chacun disoit incurable: & s'en retourna en sa maison, tout à pied, & sans ayde.

Autre miracle.

Autre beau miracle faict par ledict s. Louis.

AVssi vne bonne femme, nommee Amelot de Chambly, qui demouroit en la ville de sainct Denis, auoit esté moult griefuement malade par trois ans: & tellement que par la griefueté de sa maladie, tous les nerts luy estoyent restrainsts, en maniere que quand elle vouloit aller & marcher elle estoit toute courbee, & auoit la teste iusques à demy pied pres de terre, & les rains plus haulx que la teste: & s'aydoit d'vn petit baston qu'elle portoit en ses mains, enuiron de pied & demy de long, voyant le grand apport & les malades qui affluoyent à la sepulture de mondict seigneur S. Louis, qui y recouuroyẽt guerison de toutes maladies diuerses, y alla semblablement faire sa neufueine & oraison : & aucun peu de temps apres elle fut toute guerie de sadicte maladie, & delà en auant alla aussi droict qu'elle auoit iamais fait.

Autre miracle.

ET aduint aussi qu'il y auoit vne ieune fille d'vn Bourgeois de Paris, moult belle, de l'aage de neuf ans ou enuiron, laquelle estoit malade d'Epilepsie, qui est maladie caduque, tellement que souuentesfois selon ses saisons elle tomboit de ladicte maladie, huict, neuf, douze, ou vingt fois par iour: & quand ladicte maladie la tenoit, elle escumoit, elle estraignoit les dents, & crioit horriblement, en destordant ses membres & le corps: & d'icelle maladie fut trauaillee l'espace de deux ans. Sa mere l'aduisa & l'enuoya au sepulchre de mondict seigneur S. Louis, deuant lequel en peu d'espace elle tomba, & fut par deux fois malade de ladicte maladie, en la presence de plusieurs: mais par l'intercession dudict S. Louis, aucuns peu de iours apres elle fut guerie d'icelle maladie, & s'en retourna toute saine, & depuis n'en fut malade.

Autre miracle.

D'vn autre beau miracle faict par ledict sainct Louis en l'apportant à sainct Denis en Frãce.

OVltre plus il est vray qu'au temps qu'on apportoit le corps du glorieux Roy monseigneur S. Louis, des marches d'Afrique, ou il estoit decedé, pour le mettre en l'eglise sainct Denis, ou il auoit esleu sa sepulture, il y auoit vne bõne femme de village, qui auoit vn enfant, lequel estoit malade, & auoit vne grosse apostume au dessoubs de l'oreille, aussi grosse comme vn œuf d'oye, ou de paon, & n'en auoit poit trouué remede de guerison, par l'espace de deux ans, que ledict enfant auoit esté malade: lequel enfant sa mere auoit porté en voyage à monseigneur S. Eloy, & autres saincts, mais riens n'auoit proffité, car Dieu luy auoit reserué vn autre medecin. La pauure femme cherchant la voye par ou ledict S. Louis deuoit passer, l'alla attendre soubs vn orme, qui estoit emmy la voye d'entre Boyssi & Creteil, pres Paris: & quand elle veit venir le sainct corps, elle s'agenouilla en grãd deuotion, & pria ceulx qui portoyẽt la littiere qu'ils voulsissent arrester, & souffrir que son enfant baisast ladicte littiere, & ils arresterent: & lors y eut vn des gentilshommes qui estoit en la compagnie, qui descẽdit de dessus son cheual, & print ledict enfant malade par dessoubs le bras, & luy fit baiser & toucher à l'endroict de ladicte maladie à la fierte ou estoit ledict corps S. Louis, & incõtinent subitement toute l'apostume se creua, & en issit merueilleusement grand' quantité de boue & d'ordure, dont plusieurs furent esbahis. Si s'agenouillerent tous ceulx qui là estoyent presens en louant Dieu, pour vn si grand miracle. Plusieurs autres miracles sont aduenuz à l'intercession de mondict seigneur S. Louis, & par ses merites, au lieu de son tombeau, qui ailleurs se pourront reciter: lesquels ie laisse pour cause de briefueté.

Du Roy

DV ROY PHILIPPE, TROISIEME, DICT LE HARDY. Fueil.cxiij.

Du Roy Philippe le Hardy, fils de sainct Louis.

PHilippe, troisiéme de ce nom, qui est appelé & surnommé le Hardy, fils de sainct Louis, cōmença à regner l'an mil deux cens septante, & regna quinze ans entiers, & trespassa mil deux cens quatre vingts & cinq. Cestuy eut deux femmes, la premiere, qu'il espousa du viuant de son pere, fut Isabel, fille du Roy d'Arragon, & en eut trois fils : c'est à sçauoir Louis qui mourut ieune, Philippe qui fut Roy, & surnommé le Bel, & Charles Comte de Vallois, d'Alencō & du Perche, qui fut pere du roy Philippe sixieme, nommé Philippe de Vallois. Sa secōde femme fut Marie fille du Duc de Brabā, & en eut vn fils & deux filles : c'est à sçauoir Louis, premier Comte d'Eureux, Marguerite, qui fut mariee au roy Edouard d'Angleterre, * premier de ce nom, & Blanche, qui fut Duchesse d'Austriche.

Mil. cc. lxx.

il s'entēd apres Guillaume le Bastard.

De la deconfiture que firent Chrestiens sur Sarrazins, apres la mort de sainct Louis : & comment le Roy de Thunes fut faict tributaire.

LE lendemain de la mort dudict Roy S. Louis, & que ledict Charles son frere & ses gens furent arriuez en l'ost des Chrestiens, ils eurent bataille contre les Sarrazins, & en tuerent moult grand nombre. Le Roy de Thunes, auec grand nombre de Sarrazins vint en bataille contre les Chrestiens : mais tous les Sarrazins furent desconfits & mis en fuyte : & prindrent les Chrestiens tous les biens desdicts Sarrazins, & bruslerent leurs heberges & tētes : & fut ledict Roy de Thunes prins prisonnier, & faict tributaire au Roy de Cecille. puis fut faict appoinctemēt & treues iusques à deux ans, & accordé que le Roy de Thunes rendroit au Roy de France, en fin or, tous les despens qu'ils auoyent faicts au voyage : & que les marchans, qui par delà viendroyent passeroyent franchement (car parauant ledict Roy de Thunes faisoit de merueilleuses exactions sur les marchās) & eurent les Prescheurs liberté de prescher au royaume de Thunes, & y faire le diuin seruice par toute la terre : & fut dict que ceulx qui vouldroyent estre baptisez le seroyent. Tantost apres plusieurs grandes & merueilleuses maladies se mirent en l'ost des Chrestiens, pour les trauaux qu'ils auoyent euz, & estoit leur ost moult afoibly : parquoy voyans les Chrestiens que bonnement ne pourroyēt passer oultre, ne là demourer longuement, ils delibererent eulx en retourner, en faisant toutesfois serment de retourner en la terre Sarrazine, pour icelle expugner, & se mirent en mer pour retourner : mais culx estans en mer furēt moult trauaillez d'orages & de tourmēs, & tellement que dixhuict de leurs grandes nauires furent cassees & peries, sans les petites qui estoyent pleines de seruiteurs & de cheuaux, & y eut bien quatre mil hōmes noyez pres d'vn port nōmé * Trappes. Le Roy Charles de Cecille print illec terre pour seiourner son ost : & y mourut Thibault le Roy de Nauarre, qui estoit Comte Palatin de Chāpaigne & de Brie, & qui auoit espousé la fille dudict sainct Louis, lequel estoit moult sage & vaillant Prince, & luy succeda * Thibault son fils. Son corps fut apporté auec les corps sainct Louis, & monseigneur Iehan Tristan, en France : & la femme dudict Roy de Nauarre mourut à Marseille, & fut aussi son corps apporté auec celuy de son feu mary, en France. Apres s'en vint l'ost des Francois en Cecille : & en cheuauchant madame Isabeau, femme dudict roy Philippe, & fille du Roy d'Arragon, qui estoit enceincte, tomba de dessus son cheual, & se froissa le corps, tellement qu'elle mourut le Mercredy deuant la purification nostre Dame, mil deux cens septāte, & fut là enterree : mais depuis ont esté ses os apportez à sainct Denis en France. puis apres s'en vindrent le Roy & les Francois à Rōme, & de là à Viterbe, ou ils trouuerent les Cardinaux qui estoyent en grand discord, pour faire eslire vn Pape, & ne se pouoyent accorder. A la parfin ils esleurent vn nommé Gregoire, qui estoit seulement soudiacre, & estoit absent : car il estoit allé oultre mer, par deuotion.

La deconfiture des sarrazins pres Thunes.

Des Chrestiens qui par orages et tempestes furent noyez.

* *autres le nōment Trepani.*

* *p.e mil. dit Hēry son frere.*

Lā mil. cc. lxx.

De la guerre que fit le Prince de Galles oultre mer.

EDouard aux longues iambes, fils du roy Henry d'Angleterre, qui estoit allé oultre mer, au siege de Thunes, plus tard que les autres, arriua apres le trespas de sainct Louis, & ne s'en voulut pas retourner sans riens faire. Si s'en alla en la cité d'Acre pour la deffendre contre les Sarrazins, & fut bien vn an dedans, par l'ayde de ceulx de la ville & des Templiers : & ce pendant vint vn messager Sarrazin Arsacide, qui requist qu'on le fist parler audict Edouard, lequel fut mené en sa chambre : & quand il y fut secrette-

LES CHRONIQVES ET ANNALES DE FRANCE

Groſſe temerité d'un Sarrazin.

ment tira vn couteau, & en cuida frapper ledict Edouard droict au cœur: mais iceluy Edouard tint le coup, & tua ledict Sarrazin: toutesfois fut il blecé au costé, & en fut longuement malade. Apres luy vindrent nouuelles que ledict roy Henry d'Angleterre *quatrième de ce nom, son pere, lequel auoit regné lvj. ans, estoit trespassé: & pour cette cause se mit en mer pour s'en retourner, & passa par Cecille, ou le Roy Charles de Cecille le receut honnorablement, & luy fit de grands presens, & apres s'en vint en Gascongne, qu'il tenoit en fief du Roy de France. Puis s'en alla en Angleterre, & se fit couronner Roy: iacoit ce qu'il eut vn frere aiſné, qui e-stoit appelé *Aymond, au dos courbé, par ce qu'il estoit boſſu. Cestuy Edouard aux longues iambes, print à femme dame Alienor, & eut d'elle Edouard Carmenean, qui regna apres luy, le Comte *Marc, Emond Comte de Kent, & la Comteſſe de Cloceſtre: & apres eut pour ſecō-de femme Marguerite, fille du roy Philippe le Bel. Il conquist Eſcoce, & fit de grands guerres en France.

P.Verg.ne le fait que 3.

Emūd p.ver.

P.Verg.nōme ces maſles autrement.

Du retour du Roy Philippe, apres le treſpas de ſon pere : & de la mort monſeigneur Alphons, Comte de Poitiers & de Toulouze, & de ſa femme.

Vand le Roy de France fut party de Romme, luy & ſa compagnie, ils cheuaucherent tant qu'ils paſſerent les Alpes, & vindrent à Boulongne la Graſſe, qui eſt par deca. A là fin deſdicts monts ſe repoſerent: mais monſeigneur Alphōs, Comte de Poitiers & ſa femme, par laquelle il eſtoit Comte de Toulouze, & la pluſpart de ſes gens demourerent malades en vn chaſtel, qui eſt à la fin des Alpes de Boulongne, nommé Coruet, & là moururent luy & ſa femme: & furent apportez leurs corps en France, & luy enterré à S. Denis: & ſadicte femme en l'Abbaye de Gercy pres Melun, ou elle eſleut ſa ſepulture: & pource qu'ils n'auoyēt nuls hoirs, leſdictes Côtez de Poitiers & de Toulouze reuindrent audict roy Philippe. Le Roy & ſa cōpagnie paſſerent par Milan, & par toute la plaine de Lōbardie, ou ils furent par tout honnorablement receuz, reſerué en vne cité, qui a nō Cremōne, ou les habitās de la ville, qui ſont orgueilleux & villains, & de toute ancienneté hayēt les Francois, refuſerent l'entree de ladicte ville, & de leur bailler logis ne viures, voire meſmemēt pour la perſonne du Roy: & luy cōuint loger au conuent des freres Mineurs, hors ladicte ville. Puis cheuaucherent le Roy & ſa cōpagnie, tant qu'ils vindrent iuſques à Lion, & ſ'en paſſerent par Bourgongne & Champaigne, & vindrent à Paris. En l'egliſe noſtre Dame fit le Roy apporter les corps S. Louis, ſon pere, & Iehan Triſtan, ſon frere, Comte de Neuers, & des autres qui eſtoyent mors: & le lendemain furent portez enterrer en l'egliſe S. Denis en grand ſolennité.

Ceulx de Cremonne de toute āciōneté hayēt les Francois.

Du ſacre du Roy Philippe, fils du Roy ſainct Louis, & de la guerre qu'il fit au Comte de Foix.

L'ā mil.cc.lxxi.

Vand les obſeques & funerailles furent accomplies, ledict roy Philippe fut mené à Reims, & illec couronné Roy de France, le lendemain de la decollation ſainct Iehan, au moys d'Aouſt, l'an mil deux cens ſeptante & vn, preſens les Princes, & Seigneurs de France en grand nombre & en grand triumphe. Apres ce qu'il fut couronné, il n'oublia pas ce que ſon pere luy auoit enchargé & commandé. Il s'eſtudia à enſuyre les bonnes mœurs & vertus de ſondict pere tant qu'il peut, & faiſoit adminiſtrer iuſtice à ſes ſubiects: & pource qu'il eſtoit veufue, & n'auoit pas lors de femme, il faiſoit moult d'abſtinence, & comme l'on dit, ſouuent veſtoit la haire. Il eſtoit plein de belles parolles, ſi que chacun ſ'en alloit content de deuant luy, ſans bombans & ſans orgueil: & pour les bonnes vertus qui eſtoyent en luy, il tint ſon royaume en bonne paix & tranquillité tous les iours de ſa vie. Audict an mil deux cens ſeptāte & vn mourut *Thibault Roy de Nauarre, Comte Palatin de Chāpaigne & de Brie, & fut enterré ſon corps à Prouins: & luy ſucceda eſdicts royaume & Côtez Henry ſon frere, qui eſpouſa la ſœur de Robert Côte d'Artois, niepce du feu Roy S. Louis: en laquelle il engendra Iehanne, qui depuis fut Royne de France, & femme de Philippe le Bel. En l'an mil deux cens lxxij. ledict roy Philippe fut aduerty que Raymond Bernard, Comte de Foix, ſon ſubiect, auoit fait pluſieurs exces & deſobeiſſances à aucūs de ſes ſubiects, ou officiers du Comte de Toulouze: ſi aſſembla ſon armee & alla ſur luy, mais quād le Côte de Foix le ſceut il vint à mercy. Le Roy par la deliberatiō de ſon cōſeil le fit prēdre priſonnier, & mener à Beaucaire, ou il fut vn an: & fut ſa terre, ſa fēme, & ſes enfans, mis en la maī du Roy. * Gaſcō, vn puiſſāt Barō de Berry, qui auoit eſpouſé la fille dudict Côte de Foix, fut aduerty qu'ō l'auoit accuſé vers le Roy qu'il eſtoit cauſe q̄ ledict Côte ſ'eſtoit eſleué: ſi ſ'en vint

Aucūs ne ſōt qu'vn de ceſtuy cy, et de l'autre qu'il a mis en la page precedēte.

Autres Gaſtō & le diſent de Biard, & que le Côte de Foix auoit eſpouſé ſa fille.

vint incontinent vers le Roy, & luy pria à genoux, & les mains ioinctes, qu'il ne le voulsist pas ainsi croire, & offroit à s'en purger par son corps à l'espee & à la lance, ou autrement ainsi que le plaisir du Roy & de son côseil seroit, & fit tant que le Roy luy pardonna, & en osta son imagination: & apres l'an passé, & qu'on veit que ledict Comte de Foix recongnoissoit sa faulte, le Roy de sa misericorde le deliura, & luy rendit sa terre, le fit Cheualier, & s'en seruit de luy en sa court. Audict an mil deux cens lxxij. monseigneur Pierre, Comte d'Alencon, fils de sainct Louis, & frere du roy Philippe, fut marié auec Iehanne, fille de Iehan, Côte de Blois.

En l'an mil deux cens lxxiiij. le pape Gregoire vint en France, & assembla & tint vn Conseil solennel en la cité de Lion, ou le Roy l'alla voir, & s'entrefirent de grâds hôneurs, & parlerent de plusieurs matieres: puis le Pape luy donna sa benediction, & le Roy s'en retourna en Frâce, & laissa le Pape pource qu'il auoit à tenir son Côcile: & pour la garde & seureté de sa psonne luy bailla & laissa grand' compagnie de Cheualiers & Sergens d'armes: & luy fit bailler trois de ses chasteaux & fortes places pour se retraire si besoing estoit. Audict Concile estoyent cinquante Euesques, soixante grands Abbez, & enuiron mil autres menuz Prelats, & en ce Concile enuoyerent les Grecs & Tartarins, & confesserent ce qu'ils n'auoyent encores iamais confesse: c'est à sçauoir le sainct Esprit proceder du Pere & du Fils: & en signe de ce châterent au Concile, auec les autres, le Symbole d'Athanaise: *Quicunque vult saluus esse, &c.* & furent abolies aucunes des ordres de Mendians: & fut dict que les Bigames ne porteroyent plus *signum clericale*, ne ne iouyroyent du priuilege de clericature. Aussi fut ordonné que deslors en auant le Pape fust esleu des Cardinaux en peu de temps, ou qu'on les mist en prison fermee, & qu'on leur donnast peu de viandes, iusques à ce qu'ils se fussent accordez, & fait election.

L'an mil. cc. lxxiiij.

La confession des Grecs & Tartarins, quât du S. Esprit.

Du second mariage du Roy Philippe: & de la mort du Roy de Nauarre, Comte Palatin de Champaigne.

AVdict an mil deux cens lxxiiij. ledict roy Philippe, du côseil des Prîces & Seigneurs de France, print à seconde femme madame Marie, fille du Duc de Brabant: laquelle, le iour de la feste sainct Iehan Baptiste, fut couronnee & ointe Royne en la chapelle du Roy, à Paris, par Pierre Archeuesque de Reims: dont Gille Archeuesque de Sens, ne fut pas content, & s'en complaignit, disant, que c'estoit au grand preiudice de son Eglise, par ce que c'estoit en sa prouince, & qu'audict Archeuesque n'appartenoit point l'onction des Roys ne des Roynes de France, hors la prouince, qui est dicte & appelee la prouince de Belge. Surquoy fut allegué de la partie du Roy de France, que ledict Archeuesque de Sens ne se deuoit point complaindre de chose qui eust esté faicte: & que la chapelle & maison du Roy estoit exempte de luy, & que par ce à cause du lieu, l'onction appartenoit audict Archeuesque de Reims. De ladicte Royne Marie le Roy eut Louis, qui fut premier Comte d'Eureux (lequel espousa Marguerite, fille de Philippe d'Artois: au moyen de laquelle luy vindrent les seigneuries de Conches, Dampfront, & de Mehun sur Yeure) & si eut semblablement vne fille, nommee Marguerite, qui fut mariee à Edouard, Roy d'Angleterre. En celle annee mil deux cens septante & quatre mourut en la cité de Pampelune Henry Roy de Nauarre, Comte Palatin de Champaigne, & de Brie. Sa femme, qui pour tous enfâs en auoit vne petite fille, nommee Iehanne, qui estoit en mammelle, pour la doubte des Nauarrois, qui luy faisoyent plusieurs griefs, s'en vint en France: & amena sa fille en la garde dudict roy Philippe, son cousin germain, qui la fit nourrir honnorablemêt & en grand' doulceur, ainsi que ses propres enfâs: & enuoya en Nauarre messire Eustace de Beaumarez, Cheualier, pour garder & gouuerner le pais en paix: mais pource qu'il voulut changer aucunes des coustumes du pais, ceulx du pais s'esleuerent contre luy, & l'asiegerent au chastel de Pampelune: parquoy pour le deliurer le Roy y enuoya monseigneur Robert, Comte d'Artois, son cousin, auec grand' armee, qui le deliura: & punit & corrigea ceulx qui estoyêt cause de ladicte emotiô, & receut les hômages des Barons de Nauarre. Ledict Côte d'Artois estât audict pais de Nauarre, le Roy d'Espaigne, qui auoit guerre au roy Philippe, pour le douaire de sa sœur, le manda pour parler à luy. Iceluy Comte du congé du Roy, son cousin, y alla. Ainsi qu'il fut là, vindrent messagers de France au Roy d'Espaigne, & dist ledict Roy d'Espaigne audict Côte, qu'il auoit de bôs amys en la court du Roy de France, qui luy faisoyêt sçauoir de toutes nouuelles de ses affaires, dont ledict Côte fut esbahy, & doubta que ce ne fust Pierre la Breche, qui estoit principal Conseiller du Roy.

L'an mil. cc. lxxiiij.

Mil. cc. lxxiiij.

Trahistres en la court du Roy.

De la trahison de Pierre la Breche, premier Chambellam du Roy.

LES CHRONIQVES ET ANNALES DE FRANCE.

L'an mil. cc. lxxvi.

* Autres disent de la Broche.

L'An mil deux cens septante & six mourut Louis premier fils dudict roy Philippe, & d'Ysabeau d'Arragon, sa premiere femme: & disoit on qu'il auoit esté empoisonné, & en souspeçonnoit ledict Pierre de la * Breche, premier Chambellan du Roy: lequel, pour se descharger, dist que c'auoit fait la Royne Marie lors femme du Roy, fille du Duc de Braban, & qu'elle auoit intention de faire mourir tous les autres enfãs du premier mariage du Roy, affin de faire regner les siens: mais toutesfois ladicte Royne s'en excusa & purgea honnestement. Aucun temps apres vn messager, qui portoit vnes lettres, accoucha malade en vne Abbaye, & luy conuint mourir: mais auant il bailla ses lettres à ceulx de l'Abbaye, & leur fit promettre qu'ils ne les bailleroyent pour riens à autre qu'au Roy de France. Apres qu'il fut mort l'Abbé les enuoya à Melun, les lettres ouurit le Roy, & trouua que c'estoyẽt lettres que ledict Pierre la Breche, qui sçauoit tous ses secrets, escriuoit à aucuns des ennemis & maluueillans du Roy, & mesmement au Roy d'Espaigne: & estoit ledict la Breche grand Chambellan du Roy, & gouerneur des finances, & de tous les faicts & affaires dudict Roy, & dudict royaume, & ne se faisoit riẽs en France que par luy. Si faisoit iceluy la Breche sçauoir aux aduersaires du Roy toute sa volonté & affaires, en les aduertissant de ce qu'ils deuoyent faire au contraire. Lors se partit le Roy de Melun, & vint à Paris. Pierre la Breche fut prins prisonnier, & par iugement condamné à estre pendu & estranglé, au commun gibet des larrons, dont les grands Princes & Seigneurs de France furent moult ioyeux. Car ils auoyent grand enuie sur luy, par ce qu'à cause de luy, il n'auoyent nulle authorité aupres du Roy: & quand ils vouloyent faire, ou impetrer aucune chose vers le Roy, il conuenoit qu'ils s'adressassent vers ledict de la Breche, & luy fissent de grands dons. Pour le voir pendre allerent iusques au gibet les Ducs de Bourgongne & de Braban, le Comte d'Artois, & plusieurs autres, comme ceulx qui en estoyent ioyeux. Si ne se fie nul à dame fortune, n'entrepreigne plus grand' authorité, qu'à luy n'afsiert autour des Princes.

Icy appert qu'il ne se fait pas bon trop fier à fortune, ne trop entreprendre d'authorité autour du Prince

De la question qui fut entre les Roys de France & d'Espaigne.

Mil deux cens septante & six

Ferrand, aisné fils d'Alphons, Roy d'Espaigne, qui auoit espousé madame Ysabeau de France, fille de sainct Louis, & sœur dudict Roy Philippe, en ladicte annee mil deux cens septante & six alla de vie à trespassement, & laissa deux fils: mais combien que par le traicté de leur mariage eust esté expressément accordé entre le feu Roy sainct Louis & ledict Alphons, que si dudict mariage venoyent enfans, & ledict Ferrand mouroit auant ledict Alphons, son pere, lesdicts enfans succederoyent audict royaume d'Espaigne, auquel ledict feu roy S. Louis auoit droict de par sa mere, qui estoit fille d'Espaigne, ce neantmoins, ledict roy Alphons, qui encores viuoit, en venant contre la promesse qu'il auoit faicte, du conseil & consentement expres de ses Barons & Prelats, ne la voulut pas entretenir: ains priua lesdicts deux ieunes enfans de sa succession, & fit couronner Roy d'Espaigne vn autre sien fils, nommé *Sausse: & qui plus est traictoit tresmal & deshonnestement madame Ysabeau de France, veufue dudict feu Ferrand, & ses enfans, & ne luy vouloit asigner douaire ne bailler ses necessitez. A ceste cause le roy Philippe enuoya querir sa sœur & ses enfans: mais ledict Alphons retint lesdicts enfans, & renuoya seulemẽt madicte dame Ysabeau, en bien pauure estat & compaignie. Aucuns des Barons d'Espaigne, qui à tenir ledict traicté s'estoyent obligez, & en auoyẽt baillé leurs sigilles, ne furent pas côtens de ce que le Roy faulsoit ses promesses qu'il auoit faictes au traicté du mariage dudict Ferrsnd, son premier fils, & s'en vindrent en France, auec ladicte Royne Ysabeau, & aussi pource qu'ils ne vouloyent pas aduouer ledict Sausse, que son pere vouloit faire Roy: car il estoit homme de mause vie, & auoit tiré vne Nonnain de son Abbaye, & l'auoit espousee, & d'elle eut deux enfans. A ceste cause ledict roy Philippe assembla grand nombre de gensdarmes, & alla iusques à vne ville qui est es landes en Gascongne, appelee le mont de Marian: & le Roy d'Espaigne vint semblablemẽt auec grand' armee iusques en Bayonne, & cuiderent auoir grand' guerre: mais le Pape leur mãda par vn Legat qu'ils fissent paix: parquoy la guerre cessa. En l'an mil deux cens septante neuf mourut Baudouyn l'Empereur de Constantinoble & Roy de Hierusalem, qui comme a esté dict auoit esté deiecté de Constantinoble: lequel auoit à femme *la fille de Charles, Roy de Cecille, frere de sainct Louis, & de laquelle il auoit engendré vne seule fille, nommee Katerine: laquelle bailla & transporta audict Roy de Cecille le droict qu'elle auoit audict royaume de Hierusalem, soubs condition qu'il luy asigneroit quatre mil de rente sur sa Comté d'Aniou, pour son viure, car elle s'en estoit venue en France. Audict an mil deux cens septante & neuf, Philippe & la Royne sa femme,

* Autres disent sanxe.

D'un fils d'Espaigne qui tira vne Nonnain hors de religiõ & l'espousa.

L'an mil. cc. septante neuf.

*Les autres parlent diuersemẽt de tout cecy.

DV ROY PHILIPPE, TROISIEME, DICT LE HARDY. Fueil.cxv.

femme, acquirent de Gaucher de Crecy le Chastel ville & chastellenie de Crecy en Brie, & luy baillerent en eschange la Seigneurie de Chastillon sur Marne. Item acquist de messire Baudouyn de Mortaigne la terre de Mortaigne, Tournay & Tournesis, qui estoyent tenuz en hommage de l'Euesque dudict Tournay, lequel hommage il achepta dudict Euesque. *Acquisitions du du Roy Philippe le Hardy.*

En l'an mil.cc.iiij.xx. fut la riuiere de Seine si grande que du costé de la porte S. Denis on ne pouuoit entrer dedans, que par basteaux. En l'an mil.cc.iiij.xx. Pierre, Roy d'Arragon, appareilla grandes nauires pour aller contre Charles le Roy de Cecille, par l'admonnestemēt des Cecilliens, & de sa femme, qui fille auoit esté de Maintroy, vsurpateur dudict royaume de Cecille: & assin qu'il ne fust apperceu de sa malle volōté, il enuoya solennels messages deuers le Pape, luy signifier qu'en grand appareil il vouloit aller au seruice de l'eglise à l'exaltation de la foy Chrestienne, vers Afrique, contre les Barbarins: mais quand son appareil fut prest il alla audict royaume de Cecille, ou il fut receu par plusieurs Seigneurs & habitans, qui auoyent fait ceste conspiration, & le firent couronner Roy contre la deffence du Pape. *Seine debordee*

Comment ceulx du royaume de Cecille tuerent en vne nuict tous les Francois qui y estoyent, & firent plusieurs inhumanitez.

L'An mil deux cens quatre vingts & vn, ceulx des citez de Palerme, de Mesine & autres de Cecille, pour enuie & maltalent qu'ils auoyent contre ledict Roy Charles de Cecille, frere du Roy sainct Louis, & oncle dudict roy Philippe, occirent tous les Francois qu'ils trouuerent audict royaume de Cecille, hommes, & femmes, ieunes & vieulx: & qui pis est, ouurirent les costez des femmes, qu'on disoit estre enceincte du faict des Francois, pour en faire mourir le fruict. La principalle cause de leur mouuement fut par la luxure desdicts Francois, dont grand' guerre sourdit entre lesdicts roy Charles de Cecille, & le roy Pierre d'Arragon, qui ce auoit fait faire. Ceste chose venue à la congnoissance dudict Charles, Roy Cecille, il fut bien courroucé, & enuoya en France son fils Charles, Prince de Salerne, pour requerir ayde: & à son ayde allerent Pierre Comte d'Alencon, frere du Roy Robert, Comte d'Artois, son nepueu, le Comte de de Boulōgne, Iehan Comte de Dampmartin, & Helin Comte de Bourgongne, le Comte Soigny, & plusieurs autres Nobles, & grand' multitude de gens de guerre Francois. *L'an mil.cc.iiij. xx. & vn.* *Les Francois estans en Cecille furēt tous tuez à cause de leurs luxures.*

Quand ils furent en Calabre ledict Prince de Salerne laissa Lieutenant dudict païs ledict Robert, Comte d'Artois, & se mit sur mer pour faire guerre aux aduersaires de sondict pere, mais il fut combatu & prins prisonnier. Semblablement mourut en la Pouille, Pierre Cōte d'Alencon, frere du Roy, & fut son corps enterré audict païs, en l'Abbaye de Montreal, & ses os apportez aux freres Mineurs de Paris, & demoura veufue madame Iehanne Comtesse de Blois sa femme. En l'annee ensuyuant ledict Charles Roy de Cecille mourut le *sixiéme iour de Ianuier: & apres son trespas le Pape Martin bailla à messire Robert, Comte d'Artois, la charge & deffence dudict royaume de Cecille, & la tuition des enfans, par ce que le Prince de Salerne estoit prisonnier. Quand ledict Robert, Comte d'Artois, eut longuement esté en Calabre, il luy print volonté de s'en retourner en France. Il passa par Romme pour voir & visiter les saincts Apostres, & voir le Pape. Là print vne maladie à sa femme, dont elle mourut, & fut enterree en l'eglise sainct Pierre de Romme: de la mort de laquelle le Comte fut moult courroucé, car elle estoit bonne dame, & de grand lignage. Deux enfans laissa audict Comte, vn masle, nommé Philippe, & vne fille, qui depuis fut femme d'Othelin, Comte de Bourgongne. Auant le retour dudict Comte Robert d'Artois, le roy Philippe fit le mariage de la sœur d'iceluy Robert, veufue de feu Henry, Roy de Nauarre, Comte de Champaigne auec Aymond frere du Roy d'Angleterre Edouard, dont ledict Comte ne fut pas content. Pendant que ses choses se faisoyent les Cecilliens, qui contre la deffence du Pape auoyent faict couronner Roy de Cecille Pierre, Roy d'Arragon, pour ceste cause furent excommuniez par le pape Martin, & le Roy, & sa mere, & son frere aussi, & sa terre d'Arragon interdicte, & luy priué d'icelle: laquelle terre & royaume d'Arragon par l'Eglise de Romme fut donnee au frere dudict Roy Philippe de France, nommé Charles, Comte de Vallois: & à ceste cause le Roy de France tira vers Bordeaux, & de là s'en alla en Arragon pour conquerir le royaume, & print le païs de Roussillon. puis s'en alla à *Gennes, que le Roy d'Arragon auoit ostee au Roy de Maillorque, qui tenoit le party du Roy de Frāce: & fut ladicte cité prinse d'assault, pillee & destruicte, & tous les gens de guerre, qui estoyent dedans, tuez, reserué vn, appelé le Bastard de Roussilon, qui se retrahit au clocher de l'eglise, & se deffendit vaillamment, tellement que le Roy le fit respiter de mort, moyennant qu'il luy fit le serment. Apres ce le Roy passa les monts Pirenés, & alla tirant vers Gironne, ou il tint le siege trois moys. Quand le Roy d'Arragon, qui estoit en Cecille, en sceut les nouuelles, il s'en *L'histoire de Naples dit le septiéme de Febvrier. 1284.* *Le royaume d'Arragon donné par interdict à Charles de Vallois.* *N'entēdez pas de celle d'Italie*

v

LES CHRONIQVES ET ANNALES DE FRANCE.

Le Roy d'Arragon fut tué par les Francois, auec cinq cēs hōmes de cheual.

vint en Arragon, pour deffendre fa terre, & fit amener foubs bonnes gardes le Prince de Salerne, fils dudict feu roy Charles de Cecille, qui eftoit fon prifonnier : & fut ledict roy Pierre d'Arragon tué à vne courfe, ou il eftoit venu en habit diffimulé, auec cinq cens hommes de cheual pour cuider furprendre les Francois, durant qu'ils tenoyent le fiege deuant Gironne, & qu'ils eftoyent allez querir des viures au port de Rofes, ou eftoit le nauire du Roy : & luy fucceda fon fils Alphons au royaume d'Arragon, & Iaques fon autre fils, & Conftance fa mere, occuperent le royaume de Cecille, & f'en fit couronner Roy contre le commandement du Pape, qui pour cefte caufe l'excommunia. En l'an mil deux cens iiij.xx. & iiij. ledict roy Philippe fit mōfeigneur Philippe, fon aifné fils, Cheualier nouueau, le iour de la fefte de l'Affumption noftre Dame, & luy fit efpoufer madame Iehanne, fille du feu Roy de Nauarre, Comte Palatin de Champaigne & de Brie, & de par elle luy vindrent lefdicts royaume & Comtez.

En l'an mil deux cens quatre vingts & cinq trefpaffa le pape Martin, & luy fucceda le pape Honoré, qui confirma la fentence proferee contre Pierre Roy d'Arragon, fa mere, & fon frere. Icelui Honoré * vefquit iufques à Pafques feulement : & luy fucceda Nicolas, quatriéme de ce nom.

* Plat. dit qu'il tint le fiege 2. ans fept iours.

De la mort du Roy Philippe le Hardy.

Antoft apres vne maladie print audict roy Philippe: parquoy, & auffi que la faifon d'yuer f'approchoit, il fut contrainct f'en retourner en Frāce: & fe mit à chemin & tira vers Narbonne. Si toft qu'il fut party ceulx de Gironne fe remirent es mains du Roy d'Arragon. Quand le Roy fut venu à Parpignan, il fut fi preffé de fa maladie qu'il trefpaffa au moys d'Octobre, mil deux cens quatre vingts & cinq, au quinziéme an de fon regne entier, & le quarātiéme de fon aage, ou enuirō. Sa chair & fes entrailles furent enterrees en la grand'eglife de Narbonne, & fes os furent apportez & enterrez à fainct Denis en France, & fon cœur mis es Iacobins de Paris: & ladicte Royne Marie fa derniere femme demoura & vefcut veufue apres luy trente & fix ans. Il laiffa deux fils: c'eft à fcauoir Philippe le Bel, qui fut Roy, & Charles Comte de Valloys: & de fa premiere vne fille, mariee au Duc d'Auftriche: & de cefte derniere Louis Comte d'Eureux, & Marguerite Royne d'Angleterre. En ce temps eftoyent Iehan l'Efcot & Iehan André, deux grāds Docteurs à Boulōgne la Graffe. Lors furent inftituees les feftes des quatre Docteurs de faincte Eglife, S. Hierofme, Auguftin, Ambroife & Gregoire. Enuiron ce temps les Carmes laifferent les Manteaux qu'ils portoyent barez de diuerfes couleurs, & prindrent chappes blanches. En l'an mil deux cens quatre vingts & cinq frere Gilles de Roimme, de l'ordre des Auguftins, fut fait Archeuefque de Bourges, & eftoit icelui frere Gilles vn grand & folennel Clerc, homme de faincte vie, & fit & compofa plufieurs volumes de liures, tant fur la faincte efcripture, qu'en Philofophie.

L'inftitutiō des feftes des quatre Docteurs de l'Eglife.

Du Roy Philippe le Bel.

L'an mil.cc.iiij. xx. & fix.

† al. Fōtainebleau.

Philippe, quatriéme de ce nom, dict le Bel, fils de Philippe troifiéme dict le Hardy, cōmēca fon regne entier de France & de Nauarre, l'an mil deux cens quatre vingts & fix, & trefpaffa le vingthuictiéme an de fon regne, à † Fontainebeland, en Gaftinois, ou il auoit efté né : & gift fon corps à fainct Denis en France, & fon cœur en l'eglife des Nonnains de Poiffy, qu'il fit edifier de neuf. Cetuy Roy Philippe le Bel fut moult vaillant, preux & hardy. Il eut à femme Iehāne, feule fille & heritiere de Héry Roy de Nauarre, Cōte Palatin de Chāpaigne & de Brie, que fon pere Philippe troifiéme auoit fait nourrir depuis le temps que fa mere veufue l'auoit apportee en France ieune enfant : & par ladicte Iehanne vindrent audict Philippe le Bel lefdicts royaume de Nauarre & Comtez de Champaigne & Brie : & fonda icelle Royne Iehanne, du congé & vouloir dudict roy Philippe le Bel, fon mary, le College de Champaigne, dict de Nauarre, à Paris: & y donna grandes rentes fur fon dommaine de Champaigne, qui eft contre l'erreur du commun prouerbe d'aucuns, qui en deuifant dient : Prions pour la Royne Blāche qui fonda Nauarre: car lors icelle Royne n'eftoit pas veufue, ains eftoit femme dudict roy Philippe le Bel: parquoy elle ne f'appeloit pas la Royne Blanche. Ledict roy Philippe le Bel engēdra en ladicte Iehanne trois fils & vne fille. Lefdicts trois fils furēt tous trois fubfecutiuemēt Roys de Frāce & de Nauarre. Le premier fut Louis Hutin, que ledict Philippe, en fon viuāt fit couroner Roy de Nauarre. Le fecōd fut Philippe le Lōg, qui fut Cōte de Poitou, & apres Roy. Le tiers fut Charles le Bel, qui fut Cōte de la Marche & depuis Roy, & mourūrēt tous trois fans hoirs

La fondatiō du College de Nauarre.

DV ROY PHILIPPE, QVATRIEME, DICT LE BEL.

hoirs maſles, & ne durerent qu'enuiron xiij. ans. La fille fut nommee Iſabeau, & fut mariee à Edouard, Roy d'Angleterre, ſurnommé * de Carmenan ij. de ce nom, fils d'Edouard aux longues iambes: à cauſe de laquelle Iſabel Edouard de VVidepie ſon fils, Roy d'Angleterre, apres le treſpas deſdicts trois Roys ſes freres, voulut pretendre droict à la couronne de France, comme ſera veu cy apres. L'an mil deux cens quatre vingts & ſix, qui fut le premier an du regne du Roy Philippe le Bel, Edouard, le vieil Roy d'Angleterre, vint en France, & fit hommage au Roy pour la Duché d'Aquitaine, & autres terres qu'il tenoit de luy: & à ſon retour alla à Bordeaux, ou il tint grand Parlement: & aſſemblee: & là luy vindrent pluſieurs meſſagers & Ambaſſadeurs, & entre autres les meſſagers des Roys Alphons d'Arragon, & Iaques de Cecille, & auſsi d'Eſpaigne. Pour laquelle cauſe, ioinctes aucunes preſumptiõs, on doubtoit qu'il deuſt machiner aucune choſe contre le Roy, & le royaume de France: touteſfois il procura la deliurãce du Prince de Salerne priſonnier dudict Roy d'Arragon, qui eſtoit ſon couſin. Ledict Alphons, Roy d'Arragon, commenca à regner audict royaume d'Arragon, & Iaques en Cecille, apres la mort d'Alphons ſon pere & occupa * Cecille, & la terre de l'Egliſe, que le Pape Martin auoit dõnee à mõſeigneur Charles, frere du roy Philippe le Hardy: pour laquelle cauſe Pape Honoré, qui fut eſleu apres ledict Martin, cõferma la ſentẽce d'excõmunimẽt proferee cõtre Pierre d'Arragon, Alphons & Iaques ſes enfans, & Conſtance leur mere. L'annee enſuyuant mil deux cens quatre vingts ſept apres le treſpas de Charles, Roy de Cecille, le Roy de Cypre print la cité d'Acre, & ſe fit couronner Roy de Hieruſalem, au preiudice de monſeigneur Charles de Cecille, couſin dudict roy Philippe le Bel: & pource que les Templiers, qui eſtoyent en l'iſle de Rodes, furent à ce conſentãs & aydans, ledict Roy de Cecille fit ſaiſir tous les biens qu'iceulx Templiers auoyent en ſon royaume, parce qu'ils auoyent ſouffert, permis, & adheré à la prinſe de ſondict royaume, comme on diſoit: & ſemblablement ledict roy Philippe le Bel, ſon couſin, en conceut grand' haine contre leſdicts Templiers, comme il leur monſtra bien apres. En ladicte annee le Comte d'Artois, qui eſtoit gouuerneur au royaume de Cecille de par le Pape, & tuteur des enfans du feu roy Charles de Cecille, fit faire grãds appareils pour faire guerre audict Alphons, Roy d'Arragon, & à Iaques ſon frere, & enuoya à Venize & ailleurs, pour auoir pluſieurs nauires: mais eulx cuidans obtenir abſolution du Pape, ſ'enuoyerent excuſer, & firent propoſer deuant luy pluſieurs choſes fruſtratoires: auſquelles le Pape n'adiouſta nulle foy, parce qu'il ſcauoit bien le contraire eſtre vray. Audict an vn des Cheualiers de meſsire Robert d'Artois, auec grãds nauires, ſ'en alla deſcendre en vn port pres de Naples, & print la cité de * Cachine, & la garnit de gens, & renuoya ſes nauires. Tantoſt les gens du Roy d'Arragon le voulurent aſsieger. A ſon ayde voulurent aller meſsire Guy de Montfort, Comte de Vienne, Philippe fils du Comte de Flandres, & autres, leſquels furent prins ſur mer par meſsire Roger de * Laure Cheualier du party d'Arragon: mais aucun temps apres ils furent deliurez, moyennant grand' rancõ, & n'y demoura que ledict Guy de Montfort, que le Roy d'Angleterre ſon aduerſaire & hayneux fit eſtroictemẽt garder par ledict Roy d'Arragon. En ladicte annee mil.cc.iiij.xx. & vij. mourut Iehan Comte de Bretaigne, nommé le Comte Roux, fils de Pierre de Dreux, dict Mauclerc, qui auoit tenu * la Duché quarante neuf ans, & auoit eu à femme Blanche, fille de Thihault de Nauarre, Comte de Champaigne & de Brie, & Iſabeau, fille du Roy S. Louis: de laquelle il eut ſix fils, Iehan, Pierre, Thibault, & Thibault, Nicolas & Robert, & deux filles Aelis, & Alienor. Alienor mourut ieune, Aelis fut mariee au Comte de Blois, & fonda l'Abbaye de la Guiche, pres Blois. Apres ſon treſpas fut Comte de Bretaigne ſon aiſné fils, Comte de Richemont, qui auoit à femme Bietris, fille du Roy Henry d'Angleterre: de laquelle il eut Artus, qui fut Comte apres luy, & Iehan, Comte de Richemont. En l'annee mil.cc.iiij.xx.viij. Charles Prince de Salerne, fils du feu roy Charles de Cecille, fut deliuré de la priſon du Roy d'Arragõ, moyẽnãt grãd² fiãce qu'il paya, & auſsi qu'il promiſt procurer & faire la paix dudict Roy d'Arragon, entre le Pape & le Roy de France, & ſ'il ne la faiſoit il ſeroit tenu de ſoy rendre & retourner priſonnier dedans trois ans: & ainſi le iura faire, & en bailla oſtage trois de ſes enfans, & dix des plus nobles de ſa compaignie: & quand il fut à Romme le Pape couronna Roy de Cecille, & le diſpenſa du ferment qu'il auoit fait. En l'an mil.cc.iiij.xx. & x. fut faict certain appoinctement entre leſdicts Roys de Cecille & d'Arragon, par lequel monſeigneur Charles Comte de Vallois, frere du roy Philippe le Bel, à la requeſte dudict roy Charles de Cecille quitta le droict qu'il auoit es royaumes d'Arragon & Valence, qui luy auoit eſté donné par le Pape: & eſpouſa ledict Comte de Vallois, vne des filles du roy Charles de Cecille: lequel à ce moyen luy donna & trãſporta les Cõtez d'Aniou & du Maine. En l'annee enſuyuant mil.cc.iiij.& xj. mourut Iehãne Cõteſſe de Blois: & luy ſuccederẽt Hugues Cõte de S. Paul, & ſes freres, & Gaultier Seigneur de Chaſtillon ſes couſins, & eut ledict Hugues à ſa portion ladicte Côté de Blois, moyennant qu'il

*parauant dit Carmenean ſimplement.

*n'entẽdez que l'Iſle.

Lan mil.cc.iiij. xx. & vij.

Le Roy de Cypre ſe fit courõner Roy de Hieruſalem.

*Catania ſe nõme au lãgage du païs.

*Loria ſe nommoit.

*parlãt de Bretaigne il la faiſt & Duché & Comté ſans difference.

Lan mil cc.iiij. xx. & viij.

Lan mil.cc.iiij. xx.& x.

Lan mil.cc.iiij. xx. & xi.

LES CHRONIQVES ET ANNALES DE FRANCE.

L'an mil.cc.iiii. xx. & xii.

cruauté du roy d'Angleterre descendu en France.

laissa à Guy son frere la Comté de S.Paul.   L'an mil.cc.iiij.xx. & xij. Edouard Roy d'Angleterre, d'vne malice ia pieça conceue, comme l'on disoit, combien qu'il eust fait au Roy hommage & serment de fidelité, fit grand appareil de nauires tant en Bayonne qu'en Angleterre, soubs ombre qu'il donnoit à entendre à ses subiects qu'il vouloit aller oultre mer sur les Sarrazins: mais il fit bien autrement, car il descendit en Fráce en diuers lieux: c'est à sçauoir, à Bayóne, à la Hogue S. Vvast, & autres lieux en Normandie, à la Rochelle, & firent ses gens plusieurs maulx, & innumerables, en rauissant les biés, bruslant villes & villages: tuant & captiuāt par feu, par glaiue, & par prison hommes, femmes & enfans. Apres s'en retourna en Angleterre, souillé du sang humain, & chargé de la proye du larrecin qu'il auoit fait: & pource q̃ ledict Roy Anglois n'en voulut faire reparatiõ, apres deue sommatiõ le Roy fit par messire Raoul de Nelle son Connestable, saisir toute Gascongne, & adiourner ledict Edouard à comparoir en son Parlement: mais ledict Roy d'Angleterre l'annee ensuyuant, meu de fier & orgueilleux courage, selon la nature du pais, manda audict Roy de France par grand desdaing, qu'il renõcoit, & luy quittoit entierement toutes ses seigneuries & droicts qu'il tenoit de luy & de la couronne de France, en hommage, & que son intention estoit en brief les reconquester par armes auec d'autres au royaume de France, sans ce qu'il daignast riens tenir de luy: & deslors luy fit signifier deffiances, nõ point de iuste guerre, mais de depopuler son pais, y rauir tout ce qu'il pourroit, brusler villes & champs, & d'y exercer toute maniere de guerre à feu & à sang.

Exclamation contre le Roy d'Angleterre: & des beaux & fructueux propos proposez par l'acteur de ce liure.

Cruelle felonnie d'Angleterre. O rebellion damnable, faicte de subiect à son naturel & souuerain Seigneur en abomination de Dieu & des hommes, quelle resuerie te meut de te vouloir par desobeissance despouiller de si riches seigneuries que tu tenois en paix, & sans debat, pour les cuider recourer par fureur de glaiue, en piteuse subuersion de la chose publique? O presumption intollerable, aymes tu mieulx te soubsmettre aux perilleux dangiers de guerre, & perilleuse perdition de ton ame, & abandonnement de ton honneur, que de garder par vraye obeissance, plaisante à Dieu, la foy & loyauté que tu as volontairement iuree & promise? O cruel Tyran, à ceste fois tu te despouillas de la belle robbe de iustice, & bannis ton cœur de toute pitié quand sans raison rõpis l'alliance que tu deuoys entretenir auec ton souuerain Prince, & luy denias rendre l'obeissance que iuree luy auoys: & qui plus est, tu as plustost choisy à toy exposer à perdre corps & ame, auec tous les autres biens, que d'accomplir le deuoir de ton obligation, par laquelle tu estois tenu de deffendre l'honneur & la vie de celuy, dont sans le t'auoir desseruy tu t'es en trahison constitué persecuteur. Soyes certain que de ce ne se tairont pas les liures qui en parleront apres tes iours, en ton ignominieux opprobre & reproche perpetuelle de toy & des tiens.

Ie te demande Edouard, qui reparera les dommages que ta cruauté a fait en empeschant, rompant, & retardant le recouurement de la terre saincte, & la reduction d'vn peuple infiny à la saincte foy de Iesus Christ? Certes il n'est pas à croire que Dieu vousist souffrir tant de maulx longuemét impuniz: & pource, quiconques desormais se cõstituera aduersaire de toy, & des tiens, pour punir soubs la puissance diuine tes malices, & affin que les pais tu as opprimez puissent demourer en paix, sera digne de loyer souueraĩ. Car il n'est riés plus salutaire aux hõmes, ne plus acceptable à Dieu, que de persecuter vn Tyran, comme toy Edouard, qui t'es constitué pirate de mer, gasteur de pais, rauisseur publique, violateur d'eglises, depopulateur des cháps, embraseur des villes, & des Chasteaux, meurdrier cruel, & captiueur des gens sans mercy.   Que feis tu en Normandie? que feis tu vers la Rochelle? que feis tu vers l'Isle de Re, prochaine d'illecques que tu bruslas & emportas les biens? que feis tu à Bayonne, & en plusieurs autres lieux, dont les rapines & dommages que tu y perpetras furent innumerables? Et

Du gros tribut que le Roy de France fut contrainct d'imposer sur le peuple de France.

que s'ensuyuit il? Certes le roy Philippe, affin de deffendre ses subiects desdictes tyrannies, fut cõtrainct imposer certain tribut: c'est à sçauoir pour la premiere fois le centiéme, & puis apres le cinquantiéme de tous les biens, tant du clergé que de son autre peuple, indifferemment: dont le peuple pour si grand charge fut seduit, & de faict s'esleua, & tua à Paris, à Rouen, à Orleans, ceulx qui y cueilloyent les imposts, dont les aucuns furent capitallement puniz. Iceluy roy Philippe le Bel fut mal content de ce que le Pape Boniface ne luy voulut donner auctorité de leuer ledict impost sur le clergé: & pource fut iceluy Pape tenu en France pour suspect d'heresie, & simonie: & en l'assemblee des Prelats & Nobles de France, fut il aussi reputé pour coulpable de la mort de ceulx qui en cueillant lesdicts imposts auoyent esté tuez, comme dict est: & en icelle assemblee fut conclut qu'on n'obeiroit plus aux mandemens d'iceluy Pape, iusques

à tant

à tant qu'il se fust purgé au Concile general de l'Eglise militante, des crimes qui luy estoyent imposez. Auec ce ledict roy Philippe le Bel & ses Prelats de son royaume, craignans qu'iceluy Pape ne les voulsist greuer par censures iniustes, & affin qu'il ne le fist, appelerét de luy au sainct Concile aduenir: mais ledict pape Boniface, craignant l'impetuosité des Cardinaux de la Coulonne, & d'aucuns autres, lors ses ennemis capitaux, ne voulut pas conuoquer ledict general Concile, aincois quand il sceut que ledict Roy & sesdicts Prelats estoyent indignez côtre luy, il enuoya vn Legat, affin qu'il excômuniast les desobeissans à luy, & qu'il mist l'interdict ecclesiastique au royaume de France: lequel Legat, venu à Troye en Champaigne, fut emprisonné durémét par les officiers du Roy, & tellemeut iniurié qu'il en deuint frenatique, dôt iceluy Pape mourut de courroux au chastel de S. Ange à Rôme: & fut Benoist, onziéme, son successeur, qui declaira par sentence ledict Roy & ses adherés n'estre point coulpables: mais en tât que mestier estoit leur donna le benefice d'absolution, à l'humble requeste d'iceluy Roy. *Vn Legat du pape prisonnier à Troye.*

Ledict pape Benoist, onziéme, ne dura que huict moys & quelques iours au siege: & apres sa mort, & que le siege eut vaqué enuiron vn moys, fut esleu l'Archeuesque de Bordeaux, & nommé Clement cinquiéme.}

Du Comte de Henault, qui s'esleua contre le Roy.

EN ce temps le Comte de Henault infestoit & faisoit aucuns exces & molestes sur les subiects & terres du Roy à luy voisines, & aux eglises qui estoyent en la garde du Roy, & n'en vouloit faire reparation par les prieres ne mandemét du Roy: parquoy tantost apres ledict Roy enuoya côtre luy son frere môseigneur Charles de Vallois, qui alla iusques à sainct Quentin en Vermâdois, auec grâd ost. Et quand ledict Comte de Henault sceut la nouuelle de la grand' puissance du Roy, il vint deuers mondict seigneur Charles, sans armeures, audict sainct Quentin: & de là ledict Charles l'amena à Paris deuers le Roy, & son à plaisir amenda ce qu'il auoit meffaict. En l'an mil deux cens quatre vingts & quatorze, le Pape Celestin, qui fut apres Pape Nicolas quatriéme, & lequel parauant auoit vescu comme hermite, apres que le siege eut vaqué deux ans trois moys, par ce que les Cardinaux ne se pouuoyent accorder, en fin fut esleu: mais enuiron six moys apres audict an, en plein consistoire, *nescio quo spiritu ductus*, resigna la Papauté: & au lieu de luy fut mis Boniface huictiéme. Ledict Celestin s'en voulut aller & retourner au lieu dont il estoit venu, mais ledict Boniface ne le voulut pas souffrir, mais le fit garder en vn lieu seur. En celle mesme annee, au moys de Feurier, monseigneur Octe, Côte de Bourgongne, & depuis d'Artois, Seigneur de Salins, ceda & transporta audict roy Philippe le Bel lesdicts Comtez de Bourgongne & de Salins, soubs certaines pactions: & mesmement que l'vn des fils du Roy espouseroit Iehanne, fille dudict Octe & de Mahault sa femme, par laquelle il fut Côte d'Artois, & moyennant la somme de cinquante cinq milliures, dont le Roy luy paya trente mil liures, & l'aquita enuers aucuns ses crediteurs de vingt & cinq mil liures, & moyénant cestuy transport & appointement ladicte Iehanne, fille desdicts Comte & Comtesse, fut depuis mariee à Philippe, second fils dudict roy Philippe le Bel: lequel traicté & appointement fut apres confermé & approuué par ladicte Comtesse Mahault, mere de ladicte Iehanne, & par Robert son fils, & aussi apres par madame Blanche sa fille, qui mariee fut à môseigneur Charles, Comte de la Marche, tiers fils du roy Philippe le Bel. *L'an mil.cc.iiii. xx.xiiii.* *La Comté de Bourgongne et de Salins furent transportees au Roy Philippe le Bel.*

De la descente que firent les Anglois en France, & d'vne grand' desconfiture que fit sur eulx monseigneur Charles de Vallois.

AVdict an mil.cc.xx.iiii. & xiiij. le Roy d'Angleterre de rechef vint en Frâce à grâd' puissance par mer & par terre. La Rochelle prindrent les Anglois, & la destruisirent par feu & par glaiue. De là tirerent deuers Bordeaux. les Chasteaux de Bloye, Bourg, & autres places, qui sont sur les riuieres de Gyronde & Dordonne, prindrent, & en chacerent les Francois: mais à Bordeaux ne peurent ils entrer, pour la resistence qu'y fit messire Guy Comte de Neelle, Connestable de Frâce, qui estoit dedans: parquoy lesdicts Anglois allerent & tirerét deuers Bayonne, qui par la trahison d'aucuns des habitans leur fut baillee: mais ce neantmoins les gens de guerre tindrent apres long téps le chastel, puis s'en departirét & s'en allerent par mer: & par ce ledict roy Philippe, monseigneur Charles de Vallois, auec plusieurs gens d'armes, allerent en Gascongne, ou ils prindrent plusieurs places. Iceluy monseigneur Charles de Vallois mit le siege deuant vne forte place, qui à nô la Reolle sur Gironde, & y fut huict iours sans le pouoir prendre: parquoy ledict Connestable alla à son ayde. Ceulx de dedans, qui estoyent grand nombre d'Anglois & Gascōs, se deffendoyēt moult fierement. A la fin fut faicte cōpositiō q̄ les Anglois bailleroyēt la ville, & s'en iroyēt leurs vies sauues: mais ledict messire Charles fit pēdre tous les Gascons.

Lan mil.cc.iiii. xx. & xv. En l'annee ensuyuāt mil.cc.iiij.xx. & xv.ledict mōseigneur Charles de Vallois alla de rechef auec grand'armee en Gascongne contre les Anglois: & mit le siege deuant la Reolle sur Gironde, qui s'estoit remise en l'obeissance des Anglois: & dedans la place estoyēt pour la deffendre Iehan de S.Iehan, & Iehan de Bretaigne, & grād nōbre d'Anglois & Gascons, & tint longuemēt ledict siege. Apres luy alla à son ayde monseigneur Raoul de Neelle, Connestable de France: lequel en allant mit le siege deuant la place de Podansac sur Dordonne, & la print par composition que ceulx de dedans auroyent la vie sauue. Apres la prinse, la place fut demolie, & s'en alla ledict Connestable deuers mōdict seigneur Charles de Vallois, au siege de la Reolle, & mena auec luy quarante desdicts Anglois, prins dedās Podansac, à sa volonté, des principaux: & pource que ceulx de dedans la Reolle ne vouloyent rendre ladicte place, mondict seigneur de Vallois fit pendre tous lesdicts quarante Anglois: & tost apres ceulx de la ville de la Reolle eurent debat contre les Anglois, parce qu'ils n'auoyent plus de viures: & eulx voyans desesperez de secours ledict de sainct Iehan & Iehan de Bretaigne s'en saillirent de nuict secrettement, & s'en allerent par la riuiere de Gironde. Le lendemain fut donné l'assault à ladicte ville, & fut prinse par les Francois: & apres mōdict seigneur Charles de Vallois, & son armee, passa la Gironde, & alla mettre le siege deuant la ville de S.Seuer, qu'il print par composition, apres qu'il l'eut longuement tenue asiegee, puis s'en retourna en France: mais apres ce qu'il s'en fut retourné ceulx de ladicte ville de sainct Seuer en reprenant l'esprit de rebellion, se mirent de rechef es mains des Anglois. Durant ledict siege de sainct Seuer, iceluy mōseigneur Charles de Vallois, auec plusieurs Francois, fit vne course sur les Anglois, qui vouloyent aller auitailler Bayonne, & autres places d'enuiron: & pour conduire leurs chariots & viures estoyent bien sept cens hommes de cheual, & cinq mil hommes de pied Anglois & Gascōs. En *autres disent qu'il mourut de sa mort naturel le 1296.* ladicte course fut *tué Emond au dos courbe, frere dudict Roy d'Angleterre, & plusieurs autres prins, & chacez le Comte de Lincolle & Iehan de Bretaigne: & aussi y furent prins prisonniers Iehā de S.Iehan, & Guillaume de Mortemer, & plusieurs autres seigneurs d'Angleterre, qui furent enuoyez en France: & ne fust la nuict qui entreuint, il n'y fust nul demouré: mais il s'en sauua es boys plusieurs, & furent tous leurs viures, chariots & habillemens prins: & par ce cessa l'esmotion desdicts Anglois pour celle fois. En celle annee fut par le Pape Boniface faict Archeuesque de Bourges frere Gilles de Romme, de l'ordre des Augustins, lequel fit plusieurs beaux liures & escripts, tant sur la saincte escripture que sur Philosophie.

autres 15.

Charles de Vallois descend en Angleterre.

EN l'anee mil.cc.iiij.xx. * xvj. ledict Charles de Vallois auec grād nōbre de nauires fit vne course en Angleterre, & destruisit la ville de Douure, & le pais d'enuiron: & si fust bien allé plus auant, qu'il l'eust voulu croire, mais il en fut descōseillé par Matthieu seigneur de Mōtmorency, & Iehan de Harecourt, qui estoyent Admiraux en celle armee. En ladicte annee les Escossois, qui estoyēt alliez au Roy de France, firent plusieurs courses en Angleterre & destruisirent grands pais: & ainsi qu'ils s'en retournoyent Iehan leur Roy par trahison & prodition d'aucuns de ses gens fut prins, & mené prisonnier au Roy d'Angleterre. *autres disent l'an deuant.* * En celle mesme annee mourut madame Marguerite, Royne de Frāce, qui auoit esté femme de S.Louis, & fut honnorablemēt enterree en l'eglise de S.Denis, aupres de son mary. En icelle annee Alphons & Ferrand, enfans de feu madame Blanche de France, fille du Roy S.Louis, & de Ferrād, aisné fils du Roy Alphons d'Espaigne, estās lors en France, par ce que ledict vieil Alphons leur grād pere, les auoit deiectez du droict qui leur deuoit appartenir, à cause de leur pere, assemblerent gens, & par son moyen & intelligence entrerent en Espaigne, & firent alliance auecques Iaques Roy d'Arragon, & tant firent qu'ils prindrent le royaume de Leon: lequel ledict ieune Alphons bailla à vn sien oncle, nōmé Iehan, à le tenir en seage de luy, leq̄l tātost apres le trahit & s'allia audict Roy Sausse leur oncle. En icelle annee eut graud trouble en l'eglise de Rōme, parce que le Pape Celestin mourut, lequel auoit esté parauāt deposé, & en son lieu mis Boniface huictiéme, qui auoit fait garder ledict Celestin estroictement en vn chastel: & Pierre & Iaques de Coulonne, Cardinaux, affermerent que la depositiō dudict Celestin auoit esté faicte indeuement, & que l'election dudict Boniface estoit iniuste: & par ce tenoyent la court de Romme estre en erreur: & pour ceste cause ledict Pape Boniface conceut grand'hayne contre eulx, & les deposa de la dignité d'estre Cardinaux. Tāst apres le Pape Boniface enuoya à Paris deux Cardinaux, pour traicter paix entre les Francois & les Anglois. Iceluy Pape Boniface aussi contre la volonté du Roy separa la cité de Palmiers de l'Archeuesché de Toulouze, & y fit & mit vn nouuel Euesque: lequel quand il se veit esleué

L'eglise de Palmiers fut erigee en Euesché.

eſleu é en la dignité Episcopale, fut moult orgueilleux, & diſt & propoſa pluſieurs malles, contumelieuſes & iniurieuſes parolles de la perſonne dudict Roy Philippe le Bel, à la grand' charge de ſon honneur: & fit, comme l'on dit, contre luy pluſieurs conſpirations: & diſoit iceluy Eueſque qu'il ne tenoit rien du Roy, mais eſtoit neuement ſubiect au Pape *in ſpiritualibus & temporalibus*: parquoy le Roy fit ſaiſir ſon temporel, & le fit appeler pour ſ'en purger, & pour faire le ſerment de fidelité au Roy: & combien qu'il fuſt trouué chargé & coulpable, & que le Roy fuſt incité par pluſieurs fois d'en faire rigoureuſe punition, touteſfois il ne voulut point qu'il fuſt moleſté en ſa perſonne, ſachāt & diſant que plus glorieuſe choſe eſt à vn Prince de magnanime courage de pardonner à ceulx dont il ſe pourroit bien venger, que ce n'eſt de prendre vengeance contre eulx: mais bien fut iceluy Eueſque de ſon conſentement arreſté, & mis en la garde de l'Archeueſque de Narbonne. En ce temps fut faicte par le royaume de Frāce, pour le faict de la guerre contre les Anglois, vne grande exaction non accouſtumee, qu'on appelle Maletoſte, premierement ſur les marchans & gens lays ſeulement, & apres ſur le centieme, & puis le cinquantieme de tous les biens, tant des lays que des clercs: mais ledict Pape Boniface ne voulut conſentir qu'on la leuaſt ſur les clercs & gens d'Egliſe: & fit vn Decret contre tous les Roys & Princes terriens de Chreſtienté, qui leueroyent aucunes exactions ſur gens d'Egliſe, qu'ils encourroyent ſentence d'excommuniment *ipſo facto*: de laquelle ſentence ils ne pourroyent eſtre abſouls, *niſi in mortis articulo*, ſinon par le Pape, *vel mandato ipſius ſpeciali*: & à ceſte occaſion ſourdit grand different entre le Pape & le Roy.

La malletoſte qui fut leuee en France.

Comment les Comte de Flandres & de Bar, & autres, s'eſleuerent contre le Roy, qui leur fit guerre.

EN celle meſme annee mil.cc.iiij.xx. & xvj. Guy Cōte de Flādres, ſ'allia au Roy d'Angleterre, par l'enhortemēt de Robert ſon fils, touteſfois il vint à Paris, ou il amena ſa fille qu'il vouloit ſecrettemēt enuoyer pour eſpouſer auec ledict Roy d'Angleterre: mais le Roy, qui fut aduerty de ſa machination, le fit arreſter, & detenir en garde: & apres ce la fille demoura, & fut nourrie auec les enfans du Roy: & ledict Comte aſſez toſt apres fut deliuré, & ſ'en retourna en Flandres: & aucun temps apres ledict Comte de Flandres, par l'enhortement dudict Robert ſon fils, en la faueur dudict Roy d'Angleterre, ſ'eſleua de rechef contre le Roy, & luy māda qu'il le deſauouoit à Seigneur, & tenir aucune choſe de luy. Auſsi *Raoul Empereur d'Alemagne, ſ'allia audict Roy d'Angleterre, moyennant certaines grands ſommes de deniers qu'il luy promit: & enuoya iceluy Empereur lettres de deffiance au Roy de Frāce, qu'il receut: & apres icelles veues, le Roy, par deliberation de ſon conſeil bailla au meſſager vne fueille de papier cloſe en forme de lettre, en laquelle n'auoit riens eſcript. Apres ce que le Roy eut fait quelque gracieux preſent, il porta à ſon ſeigneur l'Empereur leſdictes lettres cloſes, comme ſi le Roy euſt voulu dire qu'à folle demande ne fault point de reſponce. Ledict Empereur par defaulte d'argent, ne peut lors finer de gens d'armes, & par ce ne fit nulle guerre au Roy, & aucun tēps apres ſ'allia à luy. Semblablement ſ'eſleua contre le Roy de France Henry Duc de Bar, qui auoit eſpouſé la fille du Roy d'Angleterre, & auec grand' multitude de gens d'armes, il entra en la Comté de Chāpaigne, qui appartenoit au Roy de France, à cauſe de ſa femme, gaſtant & deſtruiſant le pais. Si toſt que le Roy le ſceut il y enuoya meſſire Gaultier de Crecy, Cheualier, ſeigneur de Chaſtillon, auec l'armee des Champenois, qui entrerent en Barroys, ou ils firent de grāds maulx par feu & par glaiue: parquoy ledict Comte de Bar fut contrainct de laiſſer ſa prinſe, & d'abandonner Chāpaigne, pour aller garder ſon pais. En celle annee, vers la fin, fut la riuiere de Seine ſi grāde que toute la cité de Paris en fut couuerte, & la ville circuite de toutes pars, tellemēt que du coſté des portes ſainct Anthoine, ſainct Martin, ſainct Denis & ſainct Honoré, on n'y euſt ſceu entrer ſans bateau. L'an mil deux cens quatre vingts dixſept, le Roy aſſembla ſes eſtats à Cōpiegne: & illec fit pluſieurs Cheualiers: c'eſt à ſçauoir monſeigneur Louis ſon frere, Comte d'Eureux, & Louis aiſné fils de Robert, Comte de Clermont (duquel ſont deſcenduz les Ducs de Bourbon) & pluſieurs autres, iuſques au nombre de ſix vingts: & apres ce, du conſeil de ſes Barons, alla auec grand' armee contre ledict Guy de Flandres, qui de ſa feauté ſ'eſtoit departy, & entra au pais de Flandres par diuers lieux. Meſſire Guy Comte de ſainct Paul, meſſire Raoul Comte de Neelle, Conneſtable de France, & ſon frere, en vne rencontre pres la ville de Commines, tuerent & deſconfirent cinq cens Flamens & plus: & prindrent pluſieurs Cheualiers & grands Seigneurs d'Alemagne, qui à leur ayde eſtoyent venuz, & en amenerent au Roy iuſques au nombre de cinquante Cheualiers. En l'oſt du Roy de France, qui tenoit le ſiege deuant l'Iſle, arriua lors monſeigneur Robert Comte d'Artois, couſin du Roy, lequel venoit de Gaſcongne, de faire la guerre aux Anglois: & tantoſt apres ſon arriuee, il

L'an mil.cc.iiij. xx. & xvj.

* autres le nōment Adulphe

La riuiere de Seine qui fut ſi grande qu'elle circuit & enuironna quaſi toute la ville de Paris.

v iiij

LES CHRONIQVES ET ANNALES DE FRANCE.

La desconfiture des Flamés faiête par le Comte d'Artois. inuada la terre de Flandres du coſté d'Artois. Quand le Comte de Flandres le ſceut il enuoya contre luy ſix cens hommes de cheual, & ſeize mil hommes de pied, leſquels le gentil Comte d'Artois deſconfit aupres de la ville de Furnes, & furent tous mors ou prins. Il print ladicte ville de Furnes, & ſemblablement la ville & toute la vallee de Caſſel: & furent enuoyez en France à grands charettes pluſieurs Cheualiers, Seigneurs, & autres priſonniers à Paris, & ailleurs: entre leſquels furent Guillaume, Comte de Iulliers, & Henry Albimond, Comte en Alemagne, & portoit l'on deuant eulx la baniere dudict Robert, Côte d'Artois. Ce voyans

L'Iſle en Flandres ſe rédit en l'obeiſſance du Roy Philippe le Bel. les Bourgeois de la ville de l'Iſle qui auoyent auec eulx au chaſtel Robert, fils dudict Comte de Flandres, ſe rendirent en l'obeiſſance du Roy, moyennant qu'ils auroyent leurs vies & biens ſaufs: & ledict Robert de Flandres s'en alla à peu de gens deuers ledict Comte de Flandres ſon pere, qui eſtoit à Bruges. Auec luy trouua le Roy d'Angleterre, qui eſtoit là venu à ſon ayde, parce qu'il luy auoit mandé contre verité, qu'il auoit prins & tenoit priſonnier Robert Comte d'Artois, & monſeigneur Charles de Vallois, frere du Roy. Quand le Roy de France ſceut que le Roy d'Angleterre eſtoit à Bruges, il meit bône garniſon à l'Iſle, & alla deuât Courtray & le print: puis s'en partit pour aller mettre le ſiege à Bruges: mais leſdicts Roy d'Angleterre & Comte de Flandres, quand ils ſceurent ſa venue abandonnerent la ville de Bruges, &

La uille de Bruges ſe rendit en l'obeiſſance du Roy Philippe le Bel. s'en allerent à Gand. Parquoy ceulx de Bruges, voyans que ceulx qui les deuoyent garder s'en eſtoyent fuyz, ils enuoyerêt meſſages deuers le Roy de Frâce à grâd' humilité, & ſe mirêt en ſa puiſſance & ſubiectiô: & incôtinent le Roy, auec ſon armee, entra en ladicte ville de Bruges, & y ſeiourna aucuns iours pour rafreſchir ſes gens: & apres s'en partit pour aller mettre le ſiege à Gand: mais en y allant vindrent meſſagers de par le Roy d'Angleterre, pour requerir & demâder treues pour luy, & pour ledict Côte: leſquelles, tât à l'occaſiô de la ſaiſon d'yuer qui s'approchoit (car c'eſtoit vers la Touſſaincts) qu'auſſi pource que le Roy de Cecille ſon parêt venoit en Frâce deuers luy, il leur octroya pour deux ans: & de toute la queſtion leſdicts Roy de France & d'Angleterre & le Comte de Flandres, ſe ſoubzmirent audict & ordonnance du pape Boniface, qui eſtoit lors: & ce faict ledict roy Philippe le Bel s'en retourna en Frâce. Apres le retour du Roy à Paris, il fit aſſembler audict Paris les Prelats de France, & leur môſtra lettres & bulles, par leſquelles le Pape octroya à luy & à ſon fils aiſné, qu'ils peuſſent prêdre & leuer vn decime ſur tous les benefices du royaume, toutes les fois que leur conſcience iuge

Publication du ſixiéme liure des Decretales. roit qu'il en ſeroit beſoing: & auſſi qu'ils peuſſent prendre & leuer deuant leurs guerres toutes les rentes des egliſes d'vn an apres la vacation, qu'on appelle la Regalle. En celle annee ledict Pape Boniface auctoriſa & fit publier le ſixiéme liure des Decretales.

L'an mil.cc.iiij.xx.xviij. mourut Philippe, fils ſeul de Robert, Côte d'Artois, qui auoit eſpouſé Blanche, fille de Iehan Duc de Bretaigne, & laiſſa deux fils & deux filles. L'vne des filles fut mariee à Louis, Côte d'Eureux, frere du Roy, & l'autre à Gaſcô, fils de Remôd Bernard, Côte de Foix. En celle annee ledict Robert, Côte d'Artois, eſpouſa ſa tierce femme, la fille de Ie

* Autres Caſſahan. Du grand Cam & ſa femme, leſquels miraculeuſement ſe firent Chreſtiês. han, Côte de Henault. En celle meſme annee * Caſſin, le Roy des Tartares, que nous appelôs le grâd Cam, miraculeuſemêt luy & ſa gêt, ſe fit Chreſtien, à l'inſtigation de ſa femme, qui fille eſtoit du Roy d'Armenie: & tâtoſt aſſembla grand' armee, de laquelle il fit Conneſtable le Roy d'Armenie, & courut ſus aux Sarrazins, & prindrent premieremêt les citez de Halappe & Camila, & tous les païs d'enuiron: puis vint à Damas, ou eſtoit le Souldâ, & ſon armee, qu'ils côbatirêt & tuerêt bien cêt mil Sarrazins & plus. Le Souldâ eſchapa, & s'enfuyt en Babylone, & ainſi fut tout le royaume de Syrie & la cité de Hieruſalem deliuree: & à la feſte de Paſques enſuyuant fut faict & celebré par les Chreſtiens le diuin ſeruice en ladicte cité de Hieruſalem: mais l'annee enſuyuant ledict Souldan, *reſumptis viribus*, reprint ladicte cité de Hieruſalê, & ledict royaume de Syrie. En celle dicte annee môſeigneur Louis Comte d'Eureux, frere du Roy, eſpouſa Marguerite, arriere fille de Robert, Côte d'Artois, & furêt les nopces à Pôtoiſe.

En celle meſme annee le priuilege, qui auoit cité doné aux freres Preſcheurs d'ouyr les côfeſſiôs, & abſouldre fut irrité & aboly par ledict pape Boniface: & ordôna q ceux qui ſe ſeroiêt

L'an mil.cc.iiij. xx.xix. côfeſſez à eulx, ſe côfeſſaſſent de rechef à leurs Curez ou Vicaires. L'an mil.cc.iiij.xx.xix. fut faict certain traicté & appoinctement de paix entre les Roys Philippe de France, & Edouard d'Angleterre: & moyênât iceluy ledict Edouard eſpouſa en l'egliſe de Câtorbie, madame Marguerite, ſœur dudict roy Philippe: de laquelle il eut vn fils l'annee enſuyuant, qui eut nô Thomas. Audict an à la requeſte & pourſuyte dudict Philippe le Bel, ledict pape Boniface fit

S. Louis fut inſcript au Cathalogue des ſaicts. eſleuer le corps de môſeigneur S. Louis, qui en l'annee de deuât auoit eſté canonizé & inſcript au Cathalogue des benoiſts Saincts. En ladicte annee mil deux cês quatre vingts dixneuf, Albert Empereur d'Alemagne, qui auoit eſpouſé la ſœur du Roy d'Angleterre, & Philippe le Bel Roy de France, s'aſſemblerent pour parler enſemble en la ville de Vaucouleur, & firent appoinctement, & confermerent les anciênes alliances, qui autresfois auoyent eſté faictes en

tre

DV ROY PHILIPPE, QVATRIEME, DICT LE BEL.

En ce temps viuoyent en France deux bonnes dames Roynes veufues: c'eſt à ſcauoir Blanche fille de ſainct Louis, *in ſancta conuerſatione Deo vacans*: & Marguerite ſeconde femme de feu Charles Roy de Cecille: laquelle ſe tenoit en l'hoſtel Dieu, aumoſniere de Tornuz, en Bourgogne, qu'elle fit faire & edifier à ſes deſpens: & illec ſeruoit & adminiſtroit de ſes propres mains, ſans le faire faire par ſes ſeruiteurs, les neceſsitez des pauures paſſans: leur lauoit leurs pieds, gueriſſoit leurs playes, & habilloit & couſoit leurs veſtemens, & tous autres menuz ſeruices.

Des deux bōnes royues veufues

Comment le Roy fit mettre priſonnier le Comte de Flandres & ſes deux fils.

APres que le terme des treues octroyees par le Roy au Comte de Flandres fut finé, le Roy enuoya de rechef monſeigneur Charles, Comte de Vallois, ſon frere, auec grand' armee en Flandres, & d'arriuee print les villes de Douay & Bethune: puis tirerent vers Bruges, & prindrent la ville du Dan, & autres places. Robert, fils dudict Comte de Flandres, vint contre luy auec grand' armee: mais les Flamens furent deſconfits, & ſe retrayrent à Gand ceulx qui peurent eſchaper, ou ledict Comte de Vallois le voulut aller aſsieger: mais quand ledict Comte en fut aduerty, ayant congnoiſſance de ſon grand orgueil & oultrecuidance, & voyant qu'il ne pouoit reſiſter à la puiſſance du Roy, ſ'en vint auec ſes deux fils Robert & Guillaume deuers ledict monſeigneur Charles de Vallois, frere du Roy, qui les amena à Paris: & requirent pardon au Roy, lequel les fit mettre & detenir priſonniers: c'eſt à ſcauoir ledict Guy, Comte, à Compiegne, ſoubs bonne garde, & ſes fils en autres priſons. Puis alla le Roy par toutes les villes de Flandres, & print les ſermēs & hommages des Nobles, & mit garniſon es places: & laiſſa gardien & gouuerneur dudict païs de Flandres meſsire Charles, Comte de ſainct Paul. Tantoſt apres ledict monſeigneur Charles, Comte de Vallois, quand ſa premiere femme fut morte, il print à femme madame Catherine, fille de Philippe, fils de feu Baudouyn, iadis Empereur de Grece, qui en auoit eſté expellé & debouté: à laquelle Catherine appartenoit par droict heritage le droict dudict Empire de Grece & de Conſtantinoble. Apres ledict mariage, ledict Charles de Vallois, & pluſieurs des Nobles de France, du vouloir & congé du Roy, allerent à Romme, pour deliberer de faire la guerre, & conquerir ledict Empire de Conſtantinoble, ſi le Pape conſeilloit. Quand ledict Charles fut là, le Pape & les Cardinaux le receurent en grād honneur, & le firent Vicaire & deffenſeur de toutes les terres de l'Egliſe de Romme: & toute icelle annee il fit guerre pour le Pape en Tuſcane & ailleurs contre les aduerſaires de l'Egliſe. En celle annee auant que les treues octroyees audict Comte de Bar fuſſent expirees, il recognut ſa faulte, & demanda pardon au Roy de ce qu'il ſ'eſtoit allié contre luy auec le Roy d'Angleterre: & pour l'amende il offrit au Roy d'aller ſeruir mondict ſeigneur Charles de Vallois, ſon frere, & luy ayder à conquerir ledict Empire de Conſtantinoble, & de luy ſouldoyer deux cens lances à ſes deſpens, l'eſpace de deux ans, ou tel autre temps qu'il plairoit au Roy. En l'an mil trois cens & vn Louis Comte d'Eureux, frere dudict roy Philippe le Bel, eſpouſa, en la ville de Pontoiſe, la fille de Philippe fils de Robert Comte d'Artois.

Le Roy Philippe le Bel cōquiſta entierement toutes les villes & places de la Coſte de Flādres

Mil trois cens & un.

De la bataille de Courtray contre les Flamens, & de la trahiſon de ceulx de Bruges.

EN l'an mil trois cēs & deux, pource que * Charles, Cōte de ſainct Paul, que le Roy auoit commis & laiſſé gardien de Flandres, faiſoit leuer aucunes nouuelles malletoſtes contre la couſtume dudict païs de Flandres, ſur les nauires qui arriuoyent à Courtray, & autres haures de mer, le peuple dudict païs de Flandres enuoya à plaincte deuers le Roy, pour les faire rabatre: mais ils ne peurent auoir audience, par ce que les parens dudict Cōte de ſainct Paul l'empeſcherēt. A ceſte cauſe ils ſ'aſſemblerent au marché de Bruges, & ſ'eſmeurent contre les gens dudict Comte, & y eut bataille, ou il mourut treſgrand' quantité de peuple deſdicts Flamens. Apres ledict Charles, Comte de ſainct Paul, auec bien mil hommes Nobles, & autant de genſd'armes, allerent en ladicte ville de Bruges: ou ceulx de la ville les receurent par crainte en grand' reuerēce, en diſant qu'ils eſtoyent preſts, & deliberez d'obeir à ſon commandement: mais iceluy meſme iour, quād ils furent logez, & couchez par nuict lors qu'ils dormoyent en leurs licts, comme ceulx qui cuidoyent eſtre à ſauueté, & qui de riens aucunement ne ſe doubtoyent, ceulx de ladicte ville de Bruges (qui auoyent machiné & fait conſpiration, par ce qu'ils auoyent entendu que ledict Charles de ſainct Paul eſtoit là venu pour le lendemain en faire pendre pluſieurs des plus grands de ladicte ville) com-

* P. E M. le nōme Iaques, & pluſieurs autres auſſi.

De la trahiſon de ceulx de la ville de Bruges

me tous defefperez tuerent par grand' trahifon prefque tous les Francois, qui eftoyent entrez en ladicte ville de Bruges: toutesfois ledict Charles, Comte de fainct Paul, f'efchapa, & f'enfuyt à tout petite compaignie. Apres ceulx de ladicte ville de Bruges, & du pais, fe mirent fus en grand nombre, & quifrent & pourchacerent ayde & alliance de toutes pars contre le Roy, & firét leur Seigneur, gardian, & deffenfeur Guy, Comte de Namur, fils de leur Comte Guy. Tantoft apres ceulx de la ville du Dan, & autres de Flandres, enchacerent les gens du Roy, qui eftoyent dedans les villes. Ces chofes venues à la congnoiffance du Roy, il enuoya Robert, Comte d'Artois, auec grand nombre de gens de cheual & de gens de pied contre lefdicts Flamens: & tant allerent les Francois qu'ils tendirent leurs pauillons entre Bruges & Courtray (car ils ne peurent paffer la riuiere de l'Efcau, pour vn empefchement que les Flamens auoyent fait) & fut iour de batailler prins & afsigné entre eulx, auant lequel iour lefdicts Flamens fe confefferent, & receurent le corps de Iefus Chrift, comme ceulx qui eftoyent deliberez de mourir pour iuftice, & pour deffendre la liberté du pais, & firent porter en leur compaignie plufieurs reliquaires & corps faincts. Les Seigneurs & Cheualiers de France, qui fe confioyent en la grand' quantité & nombre de gens qu'ils eftoyent, auoyent defpit de ce que plufieurs menuz gens de pied, comme foullons, tifferans, & d'autres meftiers mecaniques alloyét deuant eulx en l'auantgarde: fi les firent reculer, & fans tenir ordre de bataille affaillirent lefdicts Flamens: lefquels auec grand' quantité de picques fe mirent en bel ordre, & vindrent cótre lefdicts Francois, lefquels tantoft fe mirent en defarroy & confufion: & y eut plufieurs grands Princes, Barons, Seigneurs, Cheualiers, & autres du party du Roy mors: comme Robert le noble & vaillant Comte d'Artois, fon coufin Godefroy de Braban, & fon fils feigneur de Viezon, les Comtes d'Aumalle, & d'Auge, Iehan fils au Comte de Henault, Raoul feigneur de Neelle, Conneftable de France, Guy fon frere, Marefchal de l'oft, le Comte de Tancaruille, Iaques de fainct Paul, Regnault de Trie, Cheualier, Emery le grand Chambellan, Pierre flote, & bien deux cens autres Cheualiers, & plufieurs gensd'armes, & autres. De cefte defconfiture fut moult efiouy ledict Guy de Namur, que les Flamens auoyent efleu fur eulx: & tantoft apres f'efforca de ce vouloir enfaifiner de tout ledict pais de Fládres, & en print plufieurs villes & places, les vnes par force, les autres par emblee & compofition, & vindrent fes coureurs iufques à l'Abbaye du mont fainct Eloy, pres Arras. Là chofe venue à la congnoiffance du Roy, il fut moult defplaifant: & affembla merueilleufemét grand nombre de gensd'armes, plus qu'onquefmais de memoire d'homme on n'auoit veu, & alla à Arras. Là aupres fit tendre fes pauillons, & tenoyent fes gens & fon oft deux lieues de long, & autant de large: mais, ne fcay par quel confeil, il ne voulut onques que fes gens fiffent courfes n'entreprinfes fur fes ennemis, & fe tint là emparqué bien deux moys, ou plus, & puis donna treues aufdicts Flamens, & f'en retourna fans autre chofe faire. parquoy ceulx de Flandres attirerent à eulx les villes prochaines, & gafterent le pais d'Artois: & difoit on que le Roy Philippe le Bel fut craintif de les guerroyer, par ce que le Roy d'Angleterre, qui à celle heure faignoit eftre fon amy, auoit dit en la prefence de fa femme, qui eftoit fœur dudict Roy Philippe le Bel, affin qu'elle luy mandaft, qu'il fcauoit bien que le Roy feroit liuré es mains des Flamens f'il auoit bataille contre eulx: laquelle chofe la Royne d'Angleterre, cuidant que ce fuft voir, en aduertir le Roy de France fon frere, pour le garder de l'inconueniét: toutesfois auant que le Roy partift d'Arras, il mit garnifon es villes & places du pais, pour faire la guerre aufdicts Flamens. puis faifit & mit en poffefsion Othelin, le Comte de Bourgongne, de la Comté & feigneurie d'Artois, qui luy appartenoit à caufe de Mahault fa féme, qui eftoit fille dudict feu Robert Cóte d'Artois, qui auoit efté tué, fauf le droict que pretendoyent en ladicte Comté les enfans de feu Philippe fon frere: lequel Othelin mourut l'annee enfuyant.

De la defconfiture des Francois faicte par les Flamens à Courtray.

D'vne grand' defconfiture de Flamens pres la ville de S. Omer, & ailleurs.

Mil.ccc.ii.

AVdict an mil trois cens & deux, quand ceulx de Bordeaux, qui iufques à lors f'eftoyent tenuz foubs la puiffance du Roy de France, fceurent la nouuelle de la defconfiture que les Flamens auoyent faicte fur les Francois, ils mirent hors de ladicte ville ceulx que le Roy auoit commis à les garder, & tindrent pour le Roy d'Angleterre: & aucun temps apres ledict roy Philippe le Bel, pour garder que le Roy d'Angleterre n'aydaft aufdicts Flamens, fit certain appoinctement de paix auec luy, & luy reftitua les terres qu'il auoit prinfes fur luy en Gafcongne. puis alla le Roy vifiter fes pais de Gafcongne es parties de Toulouze & d'Albigeois, & attrahit à luy les courages des Barons, Cheualiers & populaires defdicts pais, qui eftoyent incitez contre luy par mauuais confeil, & fe vouloyent efleuer contre luy. En celle mefme annee le ieudy de la fepmaine Saincte, vne bende

bende de gens du Roy, qui eſtoyent en Artois, eurent bataille contre les Flamens pres de la ville de ſainct Omer, ou ils en tuerẽt quinze mil:& auſsi le ieudy apres Quaſimodo ceulx de Tournay deſconfirent aupres de la ville de l'Iſle, en Flandres, deux cens hommes de cheual, & trois cens hommes de pied tous Flamens, qui couroyent à vne entrepriſe qu'ils auoyent ſecrettement faicte: & firent les gens du Roy diuerſes courſes, & par tout ou ils trouuoyent leſdicts Flamés ils les tuoyent. En ce temps Iſabel, fille du roy Philippe le Bel, fut promiſe & fiancee à Edouard, fils du roy Edouard d'Angleterre, qui fut Roy d'Angleterre apres ſon pere. En l'annee enſuyuant ledict roy Philippe le Bel aſſembla de rechef grand oſt, pour aller ſur les Flamens, & alla iuſques à Peronne, ou il ſeiourna par aucun temps. Aucuns Flamens ſe meirent ſur les champs, & vindrent deuant ſainct Omer: mais les gens du Roy, qui eſtoyent dedans, en tuerent bien quatre mil: parquoy ils tirerent vers Therouenne, & le prindrent & bruſlerent: & toſt apres par l'admonneſtement & circonuention, comme on diſoit, du Duc de Sauoye, dõna le Roy treues auſdicts Flamẽs, puis ſ'en retourna en France. L'an mil trois cens & trois mourut Guy, Comte de la Marche: lequel donna & laiſſa audict roy Philippe le Bel la Comté d'Angouleſme. En celle annee Guy Comte de Flandres, & Guillaume ſon fils, que le Roy faiſoit tenir & garder priſonniers, furent eſlargis & enuoyez en Flandres de par le Roy, pour eſſayer ſ'ils pourroyent appaiſer le peuple d'iceluy païs, & le reduire en l'obeiſſance du Roy: mais pource qu'en haine des Frãcois la ſotie & orgueil des Flamens montoit touſiours, ils n'y peurent riens faire: parquoy ils ſ'en retournerent, & furent remis en leurs priſons, & gardez. Quand monſeigneur Charles de Vallois, qui eſtoit en Cecille, faiſant guerre pour le Pape, ſceut la deſconfiture qui auoit eſté faicte l'annee precedente ſur les Francois, & la mort de ſes amis, il fut moult courroucé: ſi fit appoinctement auec Federic, ſon aduerſaire, & luy permit que ſa vie durant il peuſt iouir de l'Iſle de Cecille, ſans touteſfois qu'il en portaſt nom de Roy, & ſ'en vint en France deuers le Roy pour le ſecourir. En celle meſme annee Guillaume, fils du Comte de Henault, & Guy, Eueſque du Trect, ſon oncle, en la faueur du Roy aſſemblerent grand' armee, & coururent contre les Flamens, es Marches de Zelande, & en meirent à mort grand nombre: touteſfois à la premiere courſe fut tué ledict Eueſque du Trect, & ledict Guillaume ſe ſauua par fuyte, & depuis en prenant courage par trois fois les combatit & vainquit. En celle annee le Dimenche auant la feſte ſainct Iehan Baptiſte, ledict roy Philippe le Bel meit Nonnains de l'ordre ſainct Dominique, au monaſtere de Poiſſy, au dioceſe de Chartres: lequel monaſtere il auoit fait conſtruire & edifier de neuf, en l'honneur du bon Roy ſainct Louis, ſon ayeul, combien que parauant il y euſt egliſe, que Conſtance, femme du feu roy Robert, auoit fait faire & fonder en l'honneur de noſtre Dame: & en icelle mis religieuſes de l'ordre ſainct Benoiſt.

L'an mil trois cens & trois.

Du monaſtere de Poiſſy qui fut cõſtruict de nouueau par le Roy philippe le Bel.

Cõment le Roy Philippe le Bel retourna contre les Flamens, pour la tierce fois: & de la grand' deſconfiture qu'il en fit à Mons en Pouille.

L'An mil trois cens & quatre ledict roy Philippe aſſembla de rechef grãd oſt, pour aller contre les Flamens, & diſoit on qu'il auoit bien quatre cens mil hõmes armez: & y eut bataille aſsignee à Mons, en Pouille: & au lieu ou deuoit eſtre la bataille, les Flamens, qui eſtoyent en grãd nombre, ſe parquerent & enuirõnerent de toutes pars, preſts à combatre: mais au moyen d'aucun parlement ils ſe tindrent de frapper iuſques au veſpre, & cuidoit on que la paix fuſt faicte. Leſdicts Flamens apperceuans le Roy, qui eſtoit à l'eſcart tout deſarmé, attendant qu'ils vinſſent vers luy à mercy, comme ils auoyent parlamenté & promis, voyans auſsi que les Francois, qui ne cuidoyent point batailler, à cauſe deſdicts parlemens, ſ'eſtoyent eſpandus ça & là, & ſe pourmenoyẽt vacabondans, vne grand' compaignie deſdicts Flamens acourut ſubitement au lieu ou eſtoit le Roy, tellement qu'ils le ſurprindrẽt ſans armeures, & vindrẽt tuer iuſques aupres de luy meſſire Hue de Boulhe, Cheualier, & vn nommé Iaques Gencien, Bourgeois de Paris, qui portoit ſa cotte d'armes, & pluſieurs autres qui deffendoyent le Roy, pendant qu'il ſ'armoit: & à peine eut le Roy loyſir de monter à cheual: mais quand il fut monté il fit merueilleuſement grand deuoir de cõbatre, de raſſembler, adreſſer & renger ſes gés, qui ia eſtoyent en deſordre, ſi n'euſt eſté la grand' diligence qu'il en fit. En ſa compaignie eſtoyent ſes freres: c'eſt aſſauoir monſeigneur Charles, Comte de Vallois, qui eſtoit retourné de Romme, & monſeigneur Louis Comte d'Eureux, Guy, Comte de ſainct Paul, & Iehan, Comte de Dãpmartin: leſquels firent ſi bien & vaillamment, que finalement leſdicts Flamens, par la vaillance & diligence dudict Roy, furent deſconfits, & y en demoura de mors bien trente ſix mil, & pluſieurs qui furent prins priſonniers. En ladicte bataille le Comte d'Auxerre, qui eſtoit vn vaillant Che-

Mil. ccc. iiii.

La deſconfiture des Flamés par le le Roy Philippe le Bel.

ualier, & plusieurs autres, furent estains de soif, pour la grand' chaleur qui estoit. En vne autre bataille en fut tué six mil, aupres de l'Isle, & plusieurs prins prisonniers, & les autres en fuite. Apres ladicte bataille plusieurs villes se remeirent en l'obeissance du Roy: & pour la saison d'yuer qui s'approchoit, le Roy octroya tréues ausdicts Flamens, & s'en retourna en France à grand'victoire, enuiron la feste sainct Denis: & auant son partement meit garnisons par les places, qui toute la saison gasterent & destruisirent tous les païs de Flandres, & chacerent le Comte de Henault iusques en Zelande, & prindrent prisonnier Guy, Comte de Namur, & plusieurs autres qu'ils emmenerent à Paris. Le Noel ensuyuant fut tenu vn Parlemét, pour cuider faire la paix du Roy & desdicts Flamens: mais riens n'y fut conclud. En celle annee

Dissentió entre l'Vniuersité & le Preuost de Paris, pour un Escolier qu'il auoit fait pēdre.

s'esmeut grand' discention entre les Recteurs, Maistres & Escoliers de l'Vniuersité de Paris, & le Preuost dudict lieu, par ce que ledict Preuost auoit fait pendre vn Clerc de ladicte Vniuersité, nommé Pierrele Iumel. Adonc cessa la lecture de toutes Facultez, iusques à tant que ledict Preuost l'amenda, & repara grandemét l'offence: & entre autres choses fut condamné ledict Preuost à le dependre, & baiser: & conuint que ledict Preuost allast en Auignon, vers le Pape, pour soy faire absouldre. Au Karesme ensuyuant, le second iour d'Auril, mourut la Royne Iehanne, femme dudict roy Philippe le Bel, au boys de Vincennes, & fut enterree aux Cordeliers de Paris, ou elle esleut sa sepulture, par l'enhortement de son confesseur, qui estoit Cordelier: lequel luy fit vn testament qu'on disoit estre faulx. En celle annee les Bourgeois

La cómune de Beauuais qui s'esleua contre l'Euesque dudict lieu.

& la commune de Beauuais s'esleuerent contre leur Euesque, qui est leur Seigneur temporel, *propter quasdam consuetudines, quibus eos grauabat,* & brulerent l'hostel episcopal: & n'osoit aller ledict Euesque, ne conuerser en ladicte ville, & bruslerent les faulxbourgs: & apres ce les gens de la iustice dudict Euesque en firét pendre plusieurs, & les autres punir de diuerses peines & amendes.

De la mort du Comte de Flandres: & du mariage de la fille du Roy, au ieune Edouard, d'Angleterre, & soubs quelles conditions.

L'ā mil.ccc.iii.

EN ladicte annee mil trois cens & quatre ledict Guy, Comte de Flandres, qui long temps auoit esté prisonnier à Compiegne, fut mené au chastel de Pontoise, auec ses trois fils, Robert, Guillaume, & Guy de Namur: & y mourut le huictiéme iour de Mars, & fut enterré au couuent des freres Mineurs dudict lieu de Pontoise, & depuis du congé du Roy fut emporté son corps en Flandres, auec ses predecesseurs. En ce temps aussi le vieil Edouard, Roy d'Angleterre, premier de ce nom, qui fut surnommé aux longues iambes, fit le traicté du mariage encommencé, entre Edouard de Carmenean, son fils, & madame Isabeau de France, fille du roy Philippe le Bel: & en faisant ledict mariage, le Roy donna à sadicte fille, & restitua la Duché de Guyenne qu'il auoit cōquise sur son pere, par ce qu'il en auoit denié l'hommage: & par iceluy traicté ledict Edouard par

Renonciatiō de l'Anglois au droict du royaume de France.

singuliere conuention ceda & quitta tout le droict qu'il pretendoit ou pouoit auoir en la couronne de France, en la Duché de Normandie, & es Comtez d'Aniou, du Maine, de Touraine, & Poitou: & conferma l'appoinctement que son pere auoit fait auec le Roy sainct Louis. Et par ainsi appert euidemment que les Anglois ne peuuent plus pretendre, ne iamais auoir droict au royaume, n'esdictes Duchez & Comtez.

D'vne assemblee que le Roy fit à Paris des Euesques & Prelats de France, pour auoir vn dixiéme, que le Pape luy auoit octroyé.

EN ce temps le Roy estant à Paris fit assembler en l'eglise nostre Dame plusieurs Euesques, Abbez, Barons & Cheualiers, & leur monstra vn rescript que le Pape Benoist, qui auoit esté esleu apres Boniface, luy auoit enuoyé, lequel il fit lire: & par iceluy ledict Pape absoluoit le Roy, la Royne, ses enfans, & son royaume, de la sentēce d'excommuniment que le Pape Boniface huictiéme, auoit prononcee contre eulx, combien que le Roy n'eust de ce fait aucune poursuyte, ainsi que le Pape l'attestoit par lesdictes lettres. Et pour faire ayde au Roy, affin qu'il peust reduire sa monnoye à la valeur ancienne, il luy octroya le reuenu d'vn an des prebendes de ceulx qui mouroyent en son royaume, & les dismes des benefices de deux annees: & excommunia tous les aduersaires dudict Roy & de son

La Chancelerie de Paris fut restituée.

royaume: & auec ce restituoit au Chancelier de Paris, la faculté de la licéce de tous les maistres de Theologie & Decret: laquelle faculté ledict feu Pape Boniface luy auoit ostee, & icelle retenue à luy & à ses successeurs.

De l'appoincte-

DV ROY PHILIPPE, QVATRIEME, DICT LE BEL. Fueil.cxcvij.

De l'appoinctement faict auec les Flamens, & l'election du Pape Clement, qui fut sacré à Lion, present le Roy, ses freres & autres, ou mourut par accident le Duc de Bretaigne.

EN celle annee fut faicte certaine composition & appoinctemēt entre le Roy & les Flamens, & moyennāt icelles Robert de Bethune & Guillaume son frere, enfans de feu Guy, Comte de Flandres (qui estoit mort l'annee precedēte en la prison du Roy) lesquels le Roy tenoit encores prisonniers, deuoyēt estre mis hors desdictes prisons, & eux en aller en Flandres: & par iceluy appoinctement les Flamens deuoyent asigner au Roy en la Comté de Rethel, & lieux voisins, vingt mil liures de rente, & luy payer quatre cent mil liures en deniers, en quatre annees, chacun an cent mil. Item luy fournir & souldoyer durant vne annee six cens hommes d'armes, pour le seruir en ses guerres, ou bon luy sembleroit. Item fut ordonné que le Roy pourroit punir quatre mil personnes de la ville de Bruges les plus coulpables des meffaits passez, en les enuoyant en voyage & pelerinage: c'est assauoir les mille oultre mer, & les deux mil de deca la mer, iusques à tel tēps qu'il luy plairoit. Item que le Roy pourroit faire abatre aux despens desdicts Flamens les fortresses de Douay, l'Isle, Ypre, Bruges & Gand, sans iamais estre refaictes, & plusieurs autres grādes reparations & amendes. Pour lesquelles acomplir tous les Barons, Seigneurs & communautez desdictes villes de Flandres, se submeirent par censures, fulminations & interdicts ecclesiastiques: & de ce furēt iuges & executeurs les Euesques de Therouēne & de Tournay. En ensuyuant lequel appoinctement le Côte de Flandres, par certain autre traicté faict l'an mil trois cēs & douze, par ses lettres donnees à Pontoise l'onzième iour de Iuillet, pour asignation de deux mil liures de rente, faisant partie desdicts vingt mil liures de rente, transporta au Roy les villes, chasteaux, chastellenies & seigneuries de l'Isle, Douay & Bethune & leurs appartenances.

Appoinctement entre le Roy de Trance & les Flamens.

En l'an mil trois cens & cinq, à la poursuyte dudict roy Philippe le Bel, messire Bertrād Archeuesque de Bordeaux, qui estoit natif de Limosin, apres le trespas du Pape Benedic, ou Benoist, qui estoit mort en Auignō, & n'auoit duré q̄ huict moys, fut esleu Pape en la ville de Peruse: & pource q̄ les Cardinaux ne vouloyent entēdre à eslire Pape, en ensuyuātles constitutiōs du Pape Gregoire, ils furent enclos iusques à ce qu'ils en eussent esleu vn. Apres ladicte election, ledict messire Bertrād se disposa de venir à Lion, & y vint auec plusieurs des Cardinaux: & illec, en la presence du Roy, & de ses freres les Comtes de Vallois & d'Eureux, de Iehan, Côte de Bretaigne, & moult d'autres Seigneurs & Prelats, qui allerent en ladicte ville de Lion, fut couronné & sacré ledict Pape: & fut nommé Clement cinquième, en l'eglise sainct Iust, au mōt de la ville: & apres ladicte consecration ledict Pape descendit en la ville à cheual. Le Roy estoit aupres de luy & ses deux freres, tenans les resnes du cheual ou hacquenée du Pape, à pied, estās en procession à grand' assemblee de peuple. Il aduint que pour la grand' multitude de gens, qui estoyent montez sur vn vieil mur, pour veoir cheuaucher ledict Pape, par ladicte ville de Lion, le mur tomba, & fut le Pape blecé au pied, & luy tomba la couronne de la teste. Semblablement furent blecez les deux freres du Roy, & plusieurs tuez: entre lesquels fut Iehan Comte de Bretaigne, qui auoit tenu la seigneurie dixsept ans: & auoit eu espousé la fille du Roy Henry d'Angleterre, nommée Bietris, de laquelle il eut deux fils, Artus & Iehan, & vne fille nommée Blanche, qui fut femme de Robert Comte d'Artois. Audict Iehan, Comte de Bretaigne, succeda ledict Artus son fils, qui eut à femme Aelis, fille du Vicomte de Limoiges, Dame d'Auennes, & d'elle eut trois fils, Iehan, Guy & Pierre. Apres le trespas de ladicte Bietris, ledict Iehan print à femme Ioland, Comtesse de Montfort, dont il eut vn fils nommé Iehan, & quatre filles. Apres ladicte consecration le Roy fut long temps à Lion auecques le Pape, & parloyent tous les iours familierement ensemble, & prindrent entre eulx grand' intelligence, tellement que ledict Pape faisoit de là en apres tout ce que le Roy pouoit ou vouloit demander. Iceluy Pape octroya au Roy qu'il peust faire apporter le chef sainct Louis, qui estoit à sainct Denis auecques le corps, pour mettre en sa saincte chapelle du Palais, à Paris: ou il fut apporté en grand' solennité, & aussi vne coste, qui fut mise en l'eglise nostre Dame de Paris: & si luy octroya auecques, pour la recompēse de la despēce qu'il auoit faicte pour sa guerre de Flādres, la decime des benefices, & les annuels de trois ans, & que luy & ses successeurs peussent pourueoir leurs chapelins des benefices qui seroyent vacquans au royaume. Apres ce ledict Pape feit douze Cardinaux, oultre le nombre ancien, & en enuoya deux à Romme, pour garder de par luy la dignité Senatoriale: & restitua les Cardinaux de la Coulomne, que pape Boniface auoit priuez: puis s'en partit de Lion, & alla vers Bordeaux, dont il estoit natif, & par luy & par ses ministres furent faicts (comme l'on dit) moult de griefs tant à gens laiz comme d'Eglise: & entre autres choses iceluy Pape Clement suspendit Gaultier, Euesque de Poitiers,

L'an mil. ccc.v. Bertran Archeuesque de Bordeaux fut esleu Pape de Rome.

Mort casuelle de Iehan de Bretaigne.

Translation du chef s. Louis.

x ij

en hayne de ce que ledict Pape estant Archeuesque de Bordeaux, iceluy Gaultier l'auoit excommunié, par vn mandat de l'Archeuesque de Bourges, comme Primat d'Aquitaine: & fut mis(comme l'on dict)frere Milles l'Augustin, Archeuesque de Bourges, pour ladicte cause, en telle necessité qu'il n'auoit autre chose dequoy viure, que les distributions quotidianes, comme vn simple chanoine de ladicte Eglise.

*P. Verg. & autres disent qu'il mourut l'an 1370. sans parler de ceste maniere de mort.

Vdict an le vieil Edouard, Roy d'Angleterre, qui à cause de son ancien aage se faisoit porter en vne littiere, en entrant en vne ville acourut grand' multitude de peuple pour le voir: & pource qu'il ne se monstroit point, le peuple commenca à murmurer, & dire qu'il estoit mort: & à ceste cause ledict Edouard pour se monstrer vif fit amener vn cheual, & monta dessus, & du trauail qu'il en print tátost apres alla de vie à trespas, & luy succeda Edouard, son aisné fils. En celle dicte annee mourut soubdainemét Pierre, Euesque d'Auxerre, confesseur du Roy: & disoit on que c'estoit pource qu'il auoit conseillé au Roy faire translater le chef sainct Louis. Semblablement en chaceant le Roy tomba, & se bleça & froissa vne iambe, tantost apres ladicte translation.

En celle annee Louis Hutin, aisné fils du Roy, en la ville de Vernon espousa Marguerite, aisnee fille de Robert Duc de Bourgõgne: lequel Robert mourut tantost apres en ladicte ville de Vernon: & fut son corps porté en Bourgongne. En l'annee d'apres en la ville de Corbeil Philippe le Long, Comte de Poitiers, frere dudict Louis, espousa Iehãne, fille de feu Othelin, Comte de Bourgongne, & de Mahault, fille de feu Robert, Comte d'Artois: & aucun téps apres Charles, Comte de la Marche, puisné fils du Roy, espousa l'autre fille dudict Othelin, Comte de Bourgongne, & de ladicte Mahault, nommee *Blanche.

*P.Em. la nõme Blande.

Des abus que faisoyent aucuns Iacobins, qui estoyent vers Toulouze & Albigeois, touchant le faict des heresies.

N rapporta au Roy qu'aucuns religieux de l'ordre des freres Prescheurs, qui auoyent esté enuoyez es marches de Toulouze, pour abatre l'erreur des Albigeois, faisoyent plusieurs abus: & qu'ils faisoyent accuser & accusoyent souuentesfois aucuns Nobles & autres du païs, disans qu'ils estoyent entachez de ladicte heresie, & d'eulx prenoyent & exigeoyent grand' sommes de deniers. De ce cas le Roy commit la charge au Vidame d'Amiens, seigneur de Picquigny, pour en faire la reparation: lequel en fit prendre & emprisonner aucuns: mais iceulx religieux le poursuyuirent en court d'eglise, & le firent publier excommunié à Paris & ailleurs, dont il appela à Romme: mais en allant poursuyure son appellation deuers le Pape, il mourut. En ladicte annee ledict Roy Philippe le Bel, qui auoit plusieurs plainctes des maux que faisoyent les Iuifs, qui demouroyent au royaume de France, & des grandes vsures qu'ils vsurpoyent, ordonna que les gaiges qu'ils auoyent des Chrestiens fussent renduz en payant le sort principal, & mit en sa main tous leurs biens. En celle mesme annee vindrét deuers le Pape & deuers le Roy, les Ambassadeurs du Roy d'Armenie, pour requerir ayde contre les Sarrazins, qui ia auoyent fait faire plusieurs entreprinses sur la Chrestienté. Tantost apres le Pape enuoya trois Cardinaux, pour moyenner appoinctement entre lesdicts Roys de France & d'Angleterre, qui auoyent encores quelque peu de discord, pour raison des limites du païs de Gascongne: aussi pour ce que les Prelats de France se plaignoyent & murmuroyent contre ledict Pape, pour les extorsions qu'il faisoit: & firent lesdicts Cardinaux plusieurs assemblees & Parlemens: & puis s'en retournerent les deux, & le troisiéme qui estoit Espaignol, alla en Angleterre.

confiscatiõ des biens des Iuifs usuriers estãs en France.

D'vne grande commotion de peuple de Paris, pour la mutation des monnoyes.

L'an mil.ccc. & vi.

N l'an mil trois cens & six eut vne grand' commotion du menu peuple à Paris, à l'occasion des monnoyes que le Roy auoit changees & affoiblies, & pillerent les maisons de ceulx qu'on disoit qui en estoyent cause, & qui l'auoyét cõseillé: & mesmement la maison d'vn nõmé Estiéne Barbette, qu'il auoit au lieu dict la Courtille pres Paris, qu'ils bruslerent & abatirent, & copperét les arbres fruictiers des iardins, les seps des vignes, & autres choses, tellement qu'ils n'y laisserent riens. apres allerent en la maison dudict Barbette en la rue sainct Martin à Paris, & rompirent les portes, huis, fenestres & coffres, pillerent les meubles, getterent la plume des licts au vent, desfoncerent les vins es caues, descouurirent la maison, & firent plusieurs autres dommages. puis s'en allerét deuant la maison du Téple, ou estoit logé le Roy: & illecques se tindrét tout le iour en grand

D'Estienne Barbette qui fut pillé par le menu peuple de Paris

DV ROY PHILIPPE, QVATRIEME, DICT LE BEL. Fueil.cxxiij.

en grand nombre, côme s'ils l'eussent voulu assieger, voire en si grád' fureur que le Roy mes- *Philippe le Bel* mes ne nuls de ses officiers n'osoyent saillir hors, n'entrer dedans ledict hostel du Temple. Et *tenu côme assie* ainsi qu'aucun des officiers & seruiteurs du Roy apportoyent la viande pour son mãger, le- *gé par le le peu* dict populaire de folie & par desdaing la prenoit & iectoit en la boue en mettant les pieds des- *ple de Paris au* sus: & firent beaucoup d'autres insolences, que le Roy, comme sage, dissimula pour l'heure: *Temple.* mais trois ou quatre iours apres que ledict populaire fut retraict & appaisé, apres informatiõs faictes, en furent par le Preuost de Paris prins, & apres leurs proces deuement faicts en furent plusieurs penduz deuant leurs maisons, les autres es portes de Paris, iusques au nõbre de xxviij. affin que ceulx qui viendroyent à Paris de diuerses Prouinces, la peine d'vn tel crime les espouentast. Audict an le Pape Clement & les Cardinaux allerent à Poitiers, & y tindrent leur siege bien seize moys: & alla deuers luy le roy Philippe le Bel, & là furent ordonnees plusieurs choses, & entre autres du faict des Templiers: & manda iceluy Pape au grãd Maistre du Tẽ- ple, qui estoit oultre mer, qu'il vint & se comparust deuant luy à certain iour: mais il estoit em- pesché au siege de Rodes, si s'enuoya excuser: & tantost apres l'isle de Rodes fut prinse & re- couuree. Adonc vint ledict grand maistre deuers le Pape.

Comment Louis Hutin, fils de Philippe le Bel, fut couronné Roy de Nauar- re: & des Templiers qui furent ars & bruslez, pour les detestables cas par eulx commis.

L'An de grace mil trois cens & sept le Roy enuoya son aisné fils Louis, surnom- *Mil.ccc.vij.* mé Hutin, en Nauarre, & en fut couronné Roy en la cité de Pampelune: lequel royaume luy appartenoit à cause de madame Iehanne sa mere, fille du feu Roy de Nauarre: & mena ledict Louis Hutin en sa cõpaignie le Comte de Boulon- gne, & messire Gaultier de Chastillon, Connestable de France, & grand com- paignie de Nobles & gẽs de guerre: car il y auoit vn nõmé Fortin, qui s'en vou- loit dire & faire Roy, & seigneur: mais il en fut dechacé & mis en subiection. En celuy an au moys d'Octobre, du commandement dudict roy Philippe, & du consentement dudict Pape Clement, qui estoyent lors à Poitiers, furent prins prisonniers tous les Templiers, qui estoyẽt en ce royaume, & en diuerses prisons emprisonnez, au pain & à l'eaue: & fut ordonné par le Pape & les Cardinaux, que le Roy ne procederoit à leur relaxation, n'à leur punitiõ, sans mã- dement ou licence du siege Apostolique. Aucun temps apres furent lesdicts Templiers *Les Templiers* tous bruslez: les aucuns à Paris, les autres à Senlis, pour aucuns horribles, detestables, & enor- *bruslez en France* mes cas, dont ils furẽt accusez, cõme de Sodomie, Heresie, & Idolatrie (desquels cas toutesfois Iehan Bocace, *Poeta Laureatus*, Florentin, au vingtvniéme chapitre de son dernier liure des *Iehan Bocace* cas des Nobles infortunez, s'efforce de les excuser, à la charge de l'honneur du Pape, & dudict *poete Florentin* roy Philippe le Bel) & manda ledict Pape au Roy, par deux Cardinaux, qu'il print & disposast à son bon plaisir de tous les biens desdicts Tẽpliers: & par ce le Roy s'en saisist, & establist le *Le Tẽple à Pa-* lieu de sa demourãce, en l'hostel du Tẽple, à Paris, & de là en auãt il y tint son thresor, & tou- *ris fut ordonné* tes ses lettres, chartes, & registres. Lors trespassa madame Catherine, femme de Monseigneur *et establiy pour* Charles de Vallois, Empericre de Constantinoble, par heritage: & fut enterree aux Iacobins *estre le logis du* à Paris: & fut le Roy à son enterrement en personne: & tous les grands Princes qui estoyent *Roy.* en court. En l'an mil trois cens & huict, Aubert, Roy & Empereur des Rommains, fut tué par vn sien nepueu: & apres luy fut faict Roy des Rommains Henry, Duc de Luxembourg: lequel tantost apres fut courõné Empereur à Aix, ou auoit grand Cheualerie: & fut son ele- ction approuuee par le Pape Clement, & ses Cardinaux: & fut iceluy Henry moult hardy & *L'Empereur Hẽ* cheualereux: lequel apres ce qu'il eut regné cinq ans ou enuiron fut empoisonné, en prenant *ry fut empoison* l'ostie sacree, par vn Iacobin, & par vn nommé Bernardin de Montpellican, comme recite Fa- *né en prenãt la* sciculus Temporum: mais toutesfois ceulx dudict ordre disent en estre excusez, par aucunes *saincte ostie.* lettres testimoniales qu'ils ont deuers eulx. Audict an mil trois cens & huict fut faict cer- tain appoinctement entre les Roys Philippe de France, & Edouard d'Angleterre, deuxiéme de ce nom, surnommé de Carmenean, & selon le traicté de mariage qui auoit esté faict entre luy & madame Isabeau, fille dudict roy Philippe le Bel, & de Iehanne, Royne de Nauarre sa fem- me, auec iceluy Edouard, Roy d'Angleterre, fut conclud la luy enuoyer: & deuant son parte- ment alla faire ses oblations, & prendre congé des martyrs sainct Denis & ses compaignons: & fut ladicte Isabeau honnorablement conduicte, & enuoyee audict Roy d'Anglois, & la conduisit le roy Philippe le Bel son pere, iusques à Boulongne sur la mer.

En ce temps ledict Pape s'en partit de Poitiers auec ses Cardinaux, & s'en alla tenir son siege à Bordeaux. En celle annee Guy, aisné fils du Comte de Blois, espousa la fille de Char-

x iij

LES CHRONIQVES ET ANNALES DE FRANCE.

les, Comte de Vallois, frere dudict roy Philippe le Bel, & estoit ladicte fille de petit aage.

L'an mil. ccc. xi. En l'annee mil trois cens & vnze, le Roy fut aduerty que l'Archeuesque de Lion nommé Pierre de Sauoye, auoit dit de luy & de ses enfans plusieurs parolles iniurieuses & malsonnãs, & auoit esmeu & esleué le peuple de ladicte ville contre le Roy, en si grãd' tumulte qu'ils s'en allerent à vn chasteau, nommé sainct Iust, qu'ils ardirent & destruisirent du tout. Quand le Roy le sceut il enuoya Louis Hutin, Roy de Nauarre, son aisné fils, auec grand armee, qui assiegea la cité de Lion, ou estoit ledict Archeuesque, & fut huict iours deuant: mais iceluy Archeuesque, voyant qu'il n'eust peu resister à sa puissance, s'en vint deuers ledict Roy de Nauarre, qui l'amena à son pere, & repara ce qu'il auoit meffait. Enuiron ce temps les Anglois prindrent en indignation leur Roy, par ce qu'à l'appetit d'vn Cheualier, nommé *Pierre de

*P. Ver. dit Pierre Ganeston.
* Autres 1309.

Gascongne, il faisoit aucunes nouuelles coustumes: & l'eussent priué de l'administration du royaume, si n'eust esté pour la crainte du Roy de Frãce, duquel il auoit espousé la fille. En * celle annee les Hospitaliers, auec grand' compaignie de Cheualiers, passerẽt en l'Isle de Rhodes, de laquelle isle les Chrestiens auoyent esté dechacez par les Sarrazins, & la conquirent, & firent de beaux faicts d'armes sur eulx (qui leur vint à tresgrand' louenge par toute Chrestiẽté) & l'ont tousiours tenue iusques à la derniere expulsion faicte par les Turcs, & la tiennent * encores lesdicts Hospitaliers.

* Ils l'ont depuis perdue, et la tient encor le grand Turc Solimã en c'est an 1553.

En l'an mil trois cens & douze eut aucune commotion de peuple en Flandres, dont Robert Comte de Flandres, fut souspeçonné. Si fut appelé à Paris pour se purger du faict, & y vint, & Louis son fils, Comte de Neuers: lequel fut trouué chargé de la cõspiration, & par ce fut prins prisonnier, & mené à Moret, & apres ramené à Paris en prison, dont il eschapa, par ce qu'il se doubtoit de punition: & pour ceste cause par le conseil des Nobles fut dict qu'il estoit priué de sa Comté. En celle dicte annee le pape Clement octroya aux escoliers d'Orleans priuileges, pour illec establir Vniuersité, pourueu que le Roy s'y consentist: & pource que le Roy en fit difficulté, lesdict escoliers firent cessations, & s'en allerent: mais apres il les fit rappeler, & les contenta, & leur donna beaux priuileges: parquoy ils retournerent.

Institutiõ de l'vniuersité d'Orleans.

Audict an le Pape fit assembler vn Cõcile à Viẽne au Dauphiné, ou il vint en personne: & y allerent le Roy, ses freres, & ses fils, & grand nombre de Princes & Barons: & fut le Roy assis à la dextre du Pape, vn peu plus bas q luy, & là fut parlé de plusieurs choses, & entre autres du voyage d'oultre mer, pour l'ayde de la Chrestienté: & octroya le Pape au Roy, qui promit y aller, pour luy ayder & supporter les fraiz dudict voyage, la disme des eglises iusques à six ans. Auant le partement du Pape, le Roy & les Prelats, estans audict Concile, consentirent que les biens des Templiers fussent deuoluez au freres de l'Hospital de sainct Iehan de Rhodes, à ce qu'ils fussent plus puissans à la saincte terre recouurer & deffendre. Iceluy pape Clement, cinquiéme de ce nom, compila le liure des Decretales, qu'on appelle les Clementines, que pape Iehan, son successeur, fit publier par les vniuersitez. Apres ledict Concile paracheué, le Roy s'en retourna en France.

Les biẽs des Tẽpliers furent dõnez aux freres de l'Hospital de Rhodes.

Audict an mil trois cens & douze trespassa Artus, Duc de Bretaigne, apres ce qu'il eut tenu la seigneurie six ans: & gist aux Cordeliers de Vennes. Il fut marié en premieres nopces à Bietrix fille du Vicomte de Limoges, dame d'Auennes en Haynault, de l'Egle & de Noyon, & en eut * deux enfans: Iehan qui fut Duc, & Guy. Apres fut ledict Artus marié en secondes nopces à Ioland, Comtesse de Montfort, qui auoit espousé le Roy de Syrie: & l'espousa ledict Artus en Angleterre, apres ce qu'on eut apporté que ledict Roy de Syrie estoit mort au voyage d'oultre mer: & l'amena en Bretaigne: & d'eulx issit Iehan, tiers fils dudict Duc, lequel fut Comte de Montfort, & espousa vne fille de Flandres: & ledict Guy lequel fut Comte de Põthieure, fut marié à la dame de Dauaugourt, & de Gourtelou: & eurent vne fille seulement, qui fut boiteuse: laquelle fut mariee à Charles Comte de Blois, fils de Marguerite, sœur d'iceluy roy Philippe de Vallois: & recongnut ledict Iehan sa niepce son heritiere audict Duché, en reiettant ledict Iehan Comte de Montfort.

* la Cron. de Bret. met Pierre pour le 3. qui mourut ieune.

Comment le Roy Philippe le Bel, deux de ses fils, plusieurs grands Seigneurs, & autres de France se croiserent pour aller oultre mer.

L'an mil. ccc. et xiii.

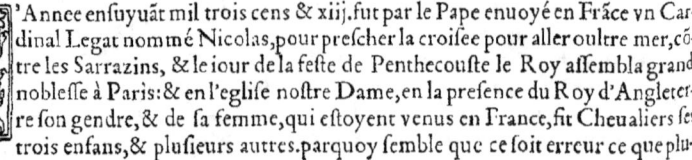'Annee ensuyuãt mil trois cens & xiij. fut par le Pape enuoyé en Frãce vn Cardinal Legat nommé Nicolas, pour prescher la croisee pour aller oultre mer, cõtre les Sarrazins, & le iour de la feste de Penthecouste le Roy assembla grand' noblesse à Paris: & en l'eglise nostre Dame, en la presence du Roy d'Angleterre son gendre, & de sa femme, qui estoyent venus en France, fit Cheualiers ses trois enfans, & plusieurs autres. parquoy semble que ce soit erreur ce que plusieurs

DV ROY PHILIPPE, QVATRIEME, DICT LE BEL.

fieurs dient communément, que les enfans des Roys foyẽt Cheualiers des leur naiſſance. Le mecredy enſuyuant ledict roy Philippe & ſes deux ieunes fils, Philippe & Charles, ledict Roy d'Angleterre, & pluſieurs Seigneurs, Barons, Cheualiers, deſdicts royaumes, ſe croiſerẽt pour aller oultre mer cõtre les Sarrazis: & pour ceſte cauſe, & affin de publier ledict voyage d'oultre mer, fut faict vn preſchemẽt en l'iſle noſtre Dame à Paris, en la preſẽce dudict Cardinal à ce deputé: & pour entrer en ladicte iſle fut faict vn pont ſur baſteaux, pour la multitude du peuple qui y affluoit: & toute la ſepmaine des feriers de Penthecouſte fut faicte moult grãd' ioye & feſte à Paris, & fut toute la ville tendue de tapiſſerie iour & nuict: & tous les gens de meſtier de Paris habillez de diuerſes liurees chacun: & fut la feſte tenue au Palais de Paris que ledict roy Philippe auoit de nouuel fait edifier de treſbel & ſumptueux œuure, par vn Cheualier Normant, qui eſtoit Comte de Longueuille, nommé meſſire Enguerrand de Marigny, ſage Cheualier, qui eſtoit du tout ſon gouuerneur, & auoit la charge de ſes finances & grands affaires du royaume: & eſtoyent en ladicte feſte leſdicts trois Roys de France, d'Angleterre, & de Nauarre. En celle meſme annee fut faicte la paix des Flamens en la ville de Courtray, par telle maniere que leſdicts Flamens ſatisferoyent au Roy d'vne bien grand' ſomme d'argent, & qu'ils feroyent abbatre leurs fortreſſes à leurs deſpés (qui leur fut choſe griefue à porter) & feroyent commencer à Bruges & à Gand, & de ce faire bailleroyent oſtages: & oultre fut appoincté qu'ils rendroyent à Robert, Comte de Flandres, toute la chaſtellenie de Courtray, & ſes appartenances, que tenoyent leſdicts Flamens. Tantoſt apres Iehan, Duc de Brabã, qui eſtoit de l'alliance des Flamens, vint deuers le Roy, & ſe reconcilia auec luy: lequel Iehan mourut tantoſt apres, & luy ſucceda Guillaume ſon fils, qui eſpouſa vne des filles de Charles de Vallois frere du Roy. En ce meſme temps, ſoubs ombre de la guerre que le Roy auoit eue, on voulut mettre vne exaction de ſix deniers pour liure, de toutes denrees vendues: ce que iamais n'auoit eſté faict. Ceulx de Normandie & de Picardie iurerent les vns aux autres qu'ils ne le ſouffriroyent point & deffendroyẽt qu'elle ne fuſt leuee iuſques à le mort incluſiuemẽt: parquoy le Roy manda qu'on ceſſaſt de plus la leuer.

Du beau ſermõ qui fut faict en l'iſle noſtre Dame à Paris touchãt la croiſade

Baſtimẽt du palais à Paris.

L'an mil. ccc. & xiiij. deux Cheualiers, l'vn nommé Gaultier d'Aunoy, & l'autre Philippe d'Aunoy, vn premier iour de May, en l'Abbaye de Maubuiſſon pres Pontoiſe, furẽt trouuez en adultere, l'vn auecques Marguerite, femme de Louis Hutin, Roy de Nauarre, & aiſné fils du Roy (laquelle eſtoit fille de Robert Duc de Bourgongne) & l'autre auec Blanche, femme de Charles le Bel Comte de la Marche, auſſi fils du Roy: laquelle Blanche eſtoit fille de feu Othelin Comte de Bourgongne & d'Artois. Pour lequel crime leſdicts deux Cheualiers eurent premierement les genitoires coppez: puis furent tous vifs eſcorchez, & apres trainez & penduz. Semblablemẽt fut pendu au gibet de Pontoiſe, l'huiſſier de ladicte Marguerite, Royne de Nauarre, qui le ſcauoit biẽ: & au regard des deux dames, c'eſt à ſcauoir Marguerite, femme de Louis Hutin Roy de Nauarre, & Blanche, femme de Charles Cõte de la Marche, pour tant qu'elles furent trouuees coulpables, elles furent condamnees à perpetuelle priſon au Chaſteaugaillard d'Andely, ou elles furent menees. Quand au regard de Iehanne, femme de Philippe Comte de Poitiers, qu'on diſoit auſſi eſtre coulpable, elle fut empriſonnee au chaſtel de Dourdan: & apres deue inquiſition faicte, & qu'elle ne fuſt point trouuee chargee: elle fut rẽdue à ſon mary, duquel cas fortunable le Roy & ſeſdicts enfans furent moult troublez & ſcãdaliſez. Enuiron ce temps mourut le Pape Clement, & y eut grand diſcenſcion entre les Cardinaux qui eſtoyent aſſemblez en la ville de Carpantras, pour eſlire vn autre Pape: mais le feu fut mis en ladicte ville: parquoy ils ſe partirent: & vacqua le ſiege Apoſtolique deux ans & trois moys.

L'an mil. ccc. & xiiij.

Punitiõ de deux cheualiers trouuez en adultere auec deux grãdes dames.

D'vne grand' taille qui fut miſe au royaume de France, par l'enhortemẽt d'Enguerrand de Marigny.

L'An mil trois cens & quatorze ledict roy Philippe le Bel aſſembla pluſieurs Princes, Seigneurs, Barons, & populaire des villes de ſon royaume, à Paris: & illec en la court de ſon Palais fit dreſſer vn eſchaffault ou il mõta: & par ledict Enguerrand de Marigny, Cheualier Normant, ſon principal conſeiller, & gouuerneur de toutes ſes finances, eſtant debout aupres de luy, fit remõſtrer les grandes deſpences qu'il auoit faictes, à l'occaſion des guerres & autrement: & qu'encores luy conuenoit faire, par ce que le Comte de Flandres & les Flamens ne vouloyent entretenir n'accomplir le contenu ou traicté & appoinctement qu'ils auoyent iuré & promis, & leur requiſt qu'ils luy voulſiſſent aider. Adonc Eſtienne Barbette, Bourgeois de Paris, ſe leua, & parla pour ladicte ville, & diſt qu'ils eſtoyent tous preſts & appareillez de luy aider de corps & de biens, en tout

Mil trois cens quatorze.

Enguerrand de Marigny Cheualier Normãt.

ce qu'ils pourroyent. Apres lesdictes parolles semblable respóce firent tous les autres deleguez & enuoyez à ladicte assemblee par les bonnes villes du royaume: & soubs ombre de ladicte responce, qui estoit en termes generaux, tantost apres le departement de ladicte assemblee, fut faicte & imposee par tout le royaume vne grãde & excessiue taille, dõt le royaume fut fort endõmagé & apauury: & de ce dõna l'on toute la charge & la coulpe audict Enguerrand de Marigny, pour laquelle chose, il cheut en grãd' hayne enuers le peuple de Frãce: & disoit on qu'il auoit imposé plus grand' somme qu'on n'entendoit, & qu'il n'auoit esté octroyé.

Du quatriéme voyage que le Roy Philippe le Bel fit en Flãdres, & de son trespas à Fontainebleau.

L'an mil.ccc. & xiiii.

AVdict an mil trois cens & quatorze, pource que le Comte de Flandres & les Flamens ne vouloyent tenir les conuenances qu'ils auoyent iurees, & s'estoyent leuez & rebellez contre le Roy pour la quatriéme fois, il assembla grand' armee, en laquelle il alla en personne, & ses trois fils, & son frere Charles de Vallois, le Comte d'Eureux, le Comte de sainct Paul, Enguerrãd de Marigny, & plusieurs autres Princes & Seigneurs, & firent marcher l'armee iusques à Lisle: & estoyent si grand nombre qu'en brief temps peussent auoir conquesté ladicte Comté de Frandres, s'ils se fussent à droict gouuernez & conduicts: mais par ledict Enguerand de Marigny, qui auoit intelligéce secrette, comme on disoit, au Comte de Flandres, & aux Flamens, & aussi par le Comte de Neuers, qui fils estoit dudict Comte de Flandres, il furent tellement abusez de parolles qu'ils ne combatirent point: & apres qu'ils eurent là esté aucun temps, ils s'en retournerent sans riẽs faire. Apres leur retour le moys de Nouembre audict an ledict roy Philippe le Bel, estant à Fontainebellant, en Gastinois, ou il estoit allé pour soy deporter & esbatre es chaces, par ce qu'il aymoit le lieu, pour ce qu'il y auoit esté né, luy print vne maladie, de laquelle il alla de vie à trespas, au vingthuictiéme an de son regne: & fut son corps mené en l'eglise sainct Denis en France, & illec enterré en grand honneur & reuerence, & son cœur porté au conuent de Poissy. Aucun peu de temps auant son trespas mourut Marguerite, femme de Louis Hutin son aisné fils, Roy de Nauarre: laquelle estoit prisonniere au Chasteaugaillard, pour la cause dessusdicte, & fut enterree en l'Abbaye de Maubuisson.

Le Roy Philippe le Bel fut né à Fõtainebellãt, ou bleau, ou il deceda.

Comment & parquoy Enguerrand de Marigny fut pendu & estranglé au gibet de Paris.

INcontinent apres le trespas dudict roy Philippe le Bel, ledict Enguerrand de Marigny, Comte de Longueuille, qui fort estoit enuié des Princes & Seigneurs de France, & principalement dudict Charles, Comte de Vallois, frere du feu roy Philippe le Bel, du Comte de sainct Paul, & de messire Ferry de Piquigny, & autres, à l'occasion de la grand' authorité qu'il auoit prinse & eue, tãt enuers le Pape qu'enuers ledict feu Roy, & aussi qu'il estoit fort en la hayne du menu peuple (car du temps d'iceluy feu roy Philippe le Bel, il faisoit des affaires & finances du royaume du tout à son plaisir, & autre chose ne s'en faisoit sinon ce qu'il en ordonnoit: & auoit si grand' authorité qu'il auoit fait vn de ses freres Euesque de Cambray, & l'autre Euesque de Beauuais, Per de France, & vn sien cousin auoit il aussi fait Cardinal: & estoyent tous les officiers du royaume mis à sa poste, car il auoit esté cause de les mettre en leurs offices) fut mãdé venir en la maison du nouueau roy Louis Hutin, au fossez S. Germain, ou est de present l'hostel de Bourbon. Et en la presence du Roy & de ses deux freres, & plusieurs autres, luy fut demandé ou estoyet le thresor & les grandes richesses du roy Philippe (car il n'y auoit riens esté trouué) lequel Enguerrand fit responce qu'il en repondroit & rendroit bon compte quand besoing en seroit: & lors ledict Charles de Vallois luy dist: rendez le doncques maintenant: & il dist que volontiers: Mais à vous, monseigneur de Vallois, ie vous en ay baillé la plus grand' partie, & le demourant i'ay mis au payement des debtes du feu Roy vostre frere, & des affaires du royaume: desquelles parolles ledict Charles de Vallois fut irrité, & luy dist qu'il le chargeoit de son honneur, & qu'il auoit menty: & ledict Enguerrand luy dist, par Dieu monseigneur, mais vous: & lors ledict de Vallois fut esmeu, & saillit contre ledict Enguerrand, & le cuyda prendre & frapper d'vne dague, & comme l'on dit, l'eut deslors tué ou fait tuer par ses gens: mais aucuns illec presens le destournerent, & fut ledict Enguerrand prins, & mené prisonnier au chastel du Louure. Apres ce ledict Comte de Vallois fit crier & publier que s'il y auoit nul qui se voulsist plaindre dudict Enguerrand, qu'il vint auant & qu'on luy en feroit raison:

& pour-

& pource que ledict Enguerrand estoit Capitaine dudict chasteau du Louure, ledict de Vallois le fit mener en la tour du Temple, & en le menãt alloit moult de peuple apres luy pour le voir. Le Samedy de Pasques flories fut iceluy Enguerrãd mené deuers le Roy au boys de Vicénes: & en sa presẽce furẽt proposees cõtre luy plusieurs charges, & entre autres, qu'il auoit desrobé le thresor dudict roy Philippe le Bel, durant ce qu'il estoit au lict de la mort. Item qu'il auoit esté cause de la grand' taille qui auoit esté mise sus au royaume, dont le peuple en estoit moult apauury, & en auoit appliqué à luy la pluspart des deniers. Item que ledict feu roy Philippe auoit dit que ledict Enguerrand l'auoit plusieurs fois deceu, & par ce ne l'auoit il point voulu faire son executeur. Item que le Roy auoit enuoyé par luy au Pape trente mil escus, qu'il ne luy auoit point baillez, & les auoit retenuz. Item aussi quinze mil florins que le Roy enuoyoit à mesire Edmond Goth: lequel il trouua mort, & ne les restitua point au Roy. Item que le Roy luy donna à deux fois quarante milliures de deniers du decime que le Pape auoit octroyé, dont ledict Enguerrand auoit fait la poursuyte. Item qu'il s'estoit fait donner & desmembrer le dommaine du Roy. Item qu'il auoit fait seeller au Chancellier huict paires de lettres en blanc, & ne sçauoit on qu'il en auoit fait: & plusieurs autres charges furent alleguees à l'encontre de luy: mais il ne luy fut point donné d'audience pour soy iustifier, fors que son frere, Euesque de Beauuais, demanda la coppie desdicts articles pour y respondre: & apres ce fut amené ledict Enguerrand en ladicte tour du Louure prisonnier: & combien que ledict nouueau roy Louis n'eust point droictement vouloir de faire mourir ledict Enguerrand, toutesfois pource qu'on luy dist que la femme d'iceluy Enguerrand, & autres, auoyent fait aucuns veux & charmes pour l'ensorceler, il consentit qu'on en fist ce qu'on vouldroit. Parquoy par la diligence & poursuite dudict Charles de Vallois, qui l'auoit merueilleusement en grãd' haine, & le chaceoit & poursuyoit tant qu'il pouoit, le Mecredy deuant l'ascencion nostre Seigneur ensuyuant mil trois cens & quinze, par le iugemẽt d'aucũs Seigneurs & conseillers assemblez au boys de Vincennes, iceluy Enguerrand fut pendu & estranglé au gibet de Paris.

Emprisonnemẽt d'Enguerrand de Marigny.

De plusieurs articles dont Enguerrãd de Marigni estoit chargé & accusé vers le Roy.

L'an mil trois cens quinze.

Du Roy Louis Hutin, dixiéme du nom, fils du Roy Philippe le Bel.

LOuis, dixiéme de ce nom, dict Hutin, aisné fils de Philippe le Bel, commença à regner Roy de France & de Nauarre l'an mil trois cens * & xv. & trespassa au boys de Vincennes, au deuxiéme an de son regne, l'an mil trois cens seize. Cestuy fut homme courageux, hardy, & cheualereux de sa personne: mais il ne dura gueres. Tantost apres le trespas de son pere il rappella les Iuifs, que sondict pere auoit chacez & bannis du royaume. Il eut au commencement à femme Marguerite, fille de Robert, Duc ne Bourgongne, Per & Chãbrier de France, & de dame Agnes, fille de mõseigneur S. Louis, sa cõpaigne: de laquelle Marguerite il eut vne fille, nõmee Iehanne, laquelle fut mariee à * Philippe, fils de Louis premier Comte d'Eureux, frere de Philippe le Bel: & mourut icelle Marguerite estant prisonniere pour la cause dessusdicte, au Chasteaugaillard. Tantost apres le trespas d'icelle il print à femme madame Clemence, fille du Roy de Hongrie. Audict an le Dimenche apres la My aoust fut ioingt & sacré Roy ledict Hutin, & ladicte Clemence couronnee Royne en l'eglise de Reims, en grand solennité, presens les grands Princes, Seigneurs, Barõs, & Cheualiers du royaume. En celle mesme annee enuoya ledict roy Louis, Girard, Euesque de Soissons, le Comte de Bourgongne, & Pierre de Blaine, ses Ambassadeurs, par deuers les Cardinaux, à ce qu'ils procedassent à l'election d'vn Pape, par ce q̃ le siege auoit ia esté lõguemẽt vacquãt, par le trespas du Pape Clement. Tantost apres le Sacre dudict Roy, pource que Robert, Comte de Flandres, & les Flamens, ne vouloyent pas approuuer & tenir les conuenances qu'ils auoyent promises au feu roy Philippe le Bel, iceluy roy Louis assembla grand' armee, & alla acõpaigné de ses deux freres, Philippe & Charles, & de ses oncles, les Cõtes de Vallois, & d'Eureux, le Marquis Damptonne, le Duc de Bretaigne, & plusieurs autres iusques à Courtray, sur la riuiere du Liz: mais à l'occasion des grands pluys & inundations des eaues, qui furent celle annee, il ne peut passer, & luy conuint s'en retourner sans riens faire: dont il fut moult desplaisant, en disant que s'il viuoit iusques à l'esté ensuyuant, iamais Flamens n'auroyent appoinctement à luy, s'ils ne se submettoyent à sa volonté: mais ce pendant vindrent à Paris tantost apres aucuns messages de Flandres, auec lesquels fut faict certain appoinctement, qu'ils promirent faire ratifier par lesdicts Flamens.

En celle mesme annee le roy Louis enuoya de rechef deuers les Cardinaux, monseigneur

P. Em. Gag. & autres disẽt 14. & que sõ pere mourut 1313. et luy l'ãs 1315.

P. Em. dit à Louis mesme.

Philippe de Poitiers, son frere, & monseigneur Charles, Comte de Vallois son oncle, en Auignon, pour iceulx Cardinaux faire assembler, qui encore depuis le trespas de Clemét n'auoyét point esleu de Pape, & estoyent reffusans & delayans de ce faire: & estans lesdicts Philippe Comte de Poitiers, & Charles de Vallois en Auignon, ils parlerent ausdicts Cardinaux, & firent tant qu'ils vindrent à s'assemblerent à Lion, & tant pourchacerent vers eulx que Iehan Cardinal, Euesque d'Auignon, fut esleu Pape, & fut sacré à Lion, & nommé Iehan *vingt deuxiéme, presens lesdicts Comtes de Poitiers, & de la Marche, & leurs oncles, Charles de Vallois, & Louis, Comte d'Eureux.

*plut. le fait 23. & le dit Euesque du port.

Du trespassement dudict Roy Louis Hutin.

Mil. ccc. xvi.

EN l'an de grace mil trois cens & seize, au moys de Iuin, ledict roy Louis estát au boys de Vincennes, luy print vne maladie soudaine, dont il trespassa le lendemain qu'elle l'eut prins, qui fut le iour de la Trinité: & fut son corps enterré en l'eglise sainct Denis, honnorablement, comme il appartenoit. Au temps du trespas dudict roy Louis, lesdicts Philippe, Côte de Poitiers, son frere, & Charles de Vallois, son oncle, estoyent encores à Lion, pour l'election du Pape. Quand ils sceurent les nouuelles de la mort dudict roy Louis, ils s'en reuindrent hastiuement à Paris, ou ledict Charles fut grandement & honnorablement receu: & pource que la Royne Clemence, veufue dudict feu roy Louis, qui fille estoit du Roy de Hongrie, estoit demouree grosse, ledict Comte de Poitiers eut le gouuernemét du royaume, & se porta & nomma Regent: & durant la grossesse de ladicte Royne Clemence, elle fut malade de fieures quartes. Quand vint au terme elle accoucha d'vn fils, qui eut nom Iehan, & ne vescut que huict iours: parquoy icy n'en est faicte autre mention. Apres le trespas d'iceluy Iehan les Princes, Seigneurs, Barons, & Prelats du royaume, & les habitans de Paris, & de l'Vniuersité firent couronner Roy ledict Philippe le Long, parauant Comte de Poitiers: car il auoit le Duc de Bourgongne, & aucuns autres, qui vouloyent soustenir que Iehanne, fille dudict Louis Hutin, & de Marguerite, sa premiere femme, niepce dudict Duc de Bourgongne, deuoit venir au royaume: mais en vain y trauaillerent (car il ne se peut ne doit faire par la loy de France) & fut ladicte Iehanne deboutee: & fut ledict couronnement approué en vne assemblee faicte à Paris: en la presence d'vn Cardinal, pour ceste cause enuoyé par le Pape: & firent tous les Barons du royaume hommage audict nouueau Roy Philippe le Long. En celle annee messire Robert d'Artois, qui fut fils de Philippe, fils du vaillant Robert Comte d'Artois, qui mourut à Courtray, auec grand' compaignie de Cheualiers, & autres ses alliez, entra en la ville d'Arras: & païs d'Artois, prenant & voulant vsurper par force & violence la Comté d'Artois, au preiudice de madame Mahault, Comtesse de Bourgongne & d'Artois, mere de Iehanne, femme dudict roy Philippe le Long.

Filles ne succedent point, & ne doyuent succeder à la couróne de France.

Du Roy Philippe le Long, cinqiéme de ce nom, fils du Roy Philippe le Bel.

L'an mil. ccc. & seize.

PHilippe, cinquiéme, dict le Long, Roy de France & de Nauarre, & parauant Comte de Poitiers, frere du feu roy Louis Hutin, prochain precedent, commença à regner audict an mil trois cens & seize, & trespassa au sixiéme an de son regne. Cestuy en premieres nopces eut à femme madame Iehanne, fille d'Othelin, Comte de Bourgongne, & de madame Mahault, Comtesse d'Artois, qui succeda à sa mere audict Comté d'Artois: de laquelle Iehanne il eut quatre filles: c'est assauoir la premiere, nommee Iehanne, qui fut femme au Duc de Bourgógne: la seconde, nómee Marguerite, qui fut femme au Comte de Neuers, nommé Louis, fils aisné du Comte de Flandres: la tierce, nommee Marie, qui fut femme du Dauphin de Viennois: la quatriéme fille, nommee Blanche, fut donnee & vouee à sainct François, & depuis reuestue religieuse au monastere de l'humilité nostre Dame, appelé Longchamp, pres Paris. Ledict Philippe, apres le trespas de Louis Hutin, son frere, par ce que la Royne Clemence, veufue d'iceluy, estoit demouree enceincte, gouuerna les royaumes de France & de Nauarre, comme Regent: & apres que la Royne fut accouchee, & que son enfant fut trespassé, il s'ensaisina desdicts royaumes de France & de Nauarre, comme à luy appartenans: à quoy luy vouloit contrarier *Robert, Duc de Bourgongne, & sa mere, disant que la fille dudict feu Louis Hutin, & de sa premiere femme, sœur dudict Duc de Bourgongne, deuoit heriter au royaume: mais

Lõgchamps est appelé le monastere de l'humilité nostre Dame.

P. Em. le nóme Odo

il fut

il fut dict que femme n'heriteroit pas à la couronne de France: & pour ceste cause ledict Philippe conceut grand' haine contre ledict Duc de Bourgongne, & le fit tenir prisonnier, & malgré luy fut ledict Philippe couronné Roy de France & de Nauarre. Tantost apres son couronnement il fit sommer les Flamens de confermer leurs articles qu'ils auoyet accordez par l'appoinctement qui fut faict auec le feu roy Philippe le Bel, son pere. ce qu'ils ne vouloyent faire, dont ledict Roy enuoya à plaincte au Pape, qui y enuoya ses Legats & messagers: & pource que lesdicts Flamens ne se voulurent condescendre à la raison, le païs de Flandres fut interdict & excommunié. En celle mesme annee le Roy fit appeler à son Parlement messire Robert d'Artois, qui par force vouloit vsurper la Comté d'Artois, & en icelle s'estoit intruz sans authorité de iustice, par voye de faict: & fut iceluy messire Robert constitué prisonnier, & puis sur la question fut faict appoinctement, par lequel ledict messire Robert renoncoit au droict qu'il pretendoit en ladicte Comté d'Artois, moyennant qu'on luy donnast la Comté de Beaumont, en Normandie: & furent treues prolongees aux Flamés iusques à vn an. Apres ce le Roy, à l'humble priere des parens de feu Enguerrand de Marigny, octroya que son corps fust dependu du gibet, & fut enterré premierement en l'eglise des Chartreux, auec le feu Archeuesque de Sens, son frere: & depuis fut ledict corps porté en l'eglise nostre Dame d'Escouis, en Normãdie, qu'il auoit fondee & fait edifier, & en icelle mis rentes & chanoines. En l'an mil trois cens xviij. le Roy fit appeler à son Parlement de Paris, le Comte de Neuers, tant pour luy venir faire hommage des Comtez de Rhetel, & Baronnie de Douzy le pré, comme pour plusieurs cas, dont on l'accusoit: lequel Comte s'estoit tourné en rebellion, & allié au Comte de Flandres: parquoy le Roy fit saisir ses terres en sa main: mais par le moyen dudict Duc de Bourgõgne, ledict Comte de Neuers vint deuers le Roy à Gisors, & se reconcilia enuers le Roy, qui luy pardonna, & rendit ses terres.

Ordõné fut que femme ne succederoit point à la couronne de France.

Enguerrand de Marigny, fondateur de nostre Dame d'Escouis.

En ce temps la Royne Clemence, veufue du feu Roy Louis Hutin, partit de Frãce, & alla en Auignon, cuidant trouuer son oncle, le Roy de Cecille, mais il n'y estoit pas: parquoy elle s'en alla saluer le Pape, qui là estoit: & esleut ladicte Royne son domicile en l'hostel des soeurs de sainct Dominique, audict lieu d'Auignon, & illec demoura.

De l'appoinctement faict entre le Roy & les Flamens.

EN l'an mil trois cens dixneuf, le Pape enuoya vn Cardinal, nommé Ioseran, Legat, pour traicter la paix du Roy & des Flamens. Quand il fut à Paris il fit l'obseque de Louis, frere de Philippe le Bel, Comte d'Eureux, qui estoit trespassé: & l'enterra en l'eglise des Iacobins, aupres de sa femme. Apres ce que ledict Cardinal eut ce fait, il alla vers Tournay, & manda à l'Euesque de Tournay qu'il fist sçauoir sa venue aux Flamens: mais ledict Euesque n'y osa aller. Si enuoya deux freres Prescheurs, qui furent emprisonnez, par le commandement du Comte de Flandres, qui s'appareilloit pour venir en armes contre le Roy, & assieger l'Isle: & auoit aueques luy gens du cõmun de Gand, qui le conduisirent iusques à la riuiere du Liz: mais quand ils furent là, ils luy dirent qu'ils auoyent iuré de garder les treues faictes entre le Roy & luy, & qu'ils ne le suiuroyent point plus auant: parquoy ledict Comte fut moult courroucé, & condãna ceulx de ladicte ville de Gand à grand' somme d'argent, laquelle ils ne voulurent payer: & par ce fit garder les passages, si que nul n'y pouoit entrer, ne sortir de la ville de Gand. Ledict Cardinal pourchaça tãt que ledict Comte de Flandres, & son fils, vindrent parler à luy, & aux messagers du Roy, à Tournay: & fut ordonné que ledict Comte viendroit à Paris deuers le Roy, & luy feroit hõmage, & seroyent confermez les conditions de la paix: mais ledict Cõte n'y vint point, & trouua friuolles excusations: toutesfois en l'an mil ccc.xx. apres plusieurs allees & venues dudict Cardinal, ledict Comte de Flandres vint à Paris deuers le Roy, & luy fit hommage. Et pource que les procureurs de la communauté de Flandres dirent qu'ils n'auoyent point pouoir de cõfermer les conditions de l'appoinctement, que le Roy demandoit, fut assigné iournee pour ce faire: à laquelle iournee ledict Comte dist qu'il n'en feroit riens, sinon qu'on luy rendist les villes, chasteaux, & chastellenies de l'Isle, Bethune, & Douay, que son pere auoit baillez à feu Philippe le Bel, en attendant qu'il eust assigné douze mil liures es terres qu'il luy auoit promises: lequel bail sondict pere auoit fait soubs ombre de ce qu'Enguerrand de Marigny luy dist & promist qu'il les luy feroit apres restituer par ledict roy Philippe le Bel, dont il n'auoit riens fait. Quand le Roy veit ce, il iura, & fit iurer à son oncle Charles de Vallois, & à son frere, que ledict Comte n'auroit iamais lesdictes chastellenies: & quand le Comte sceut ledict serment, il s'en partit de Paris pour s'en retourner: mais les procureurs des communautez de Flandres ne s'en voulurent pas aller, & enuoyerent apres, disant que iamais ne parti-

Là mil ccc.xix.

L'an mil ccc.xx.

La paix fut conclue entre le Roy de France Philippe le Lõg, & le Comte de Flãdres, royent de Paris, que l'appoinctement ne fust conclud: car ils scauoyent bien la volonté des villes de Flandres, & que s'ils s'en alloyét sans faire la paix, on leur copperoit à tous les restes. Quand le Comte entendit ces choses, sachant qu'il ne pourroit riens faire si ceulx des villes de ses païs n'estoyent auecques luy, il retourna à Paris, & fut la paix faicte & conclue : & fut faict le mariage de madame Marguerite secôde fille du Roy, auec Louis, Comte de Neuers, fils dudict Côte de Flandres, qui parauant auoit fiancé la fille de feu Louis, Comte d'Eureux.

D'vn Preuost de Paris, qui fut pendu & estranglé.

EN ce temps auoit vn Preuost de Paris, nommé Henry Capperel, né de Picardie, qui detenoit es prisons de Chastelet vn riche homme, digne de mort, & qui estoit condamné à mourir. Quand le iour approcha qu'on deuoit faire l'execution dudict riche hôme, ledict Preuost, moyennant grands dons & promesses qui luy furent faicts, fit prédre dedans les prisons de ce Chastelet vn pauure homme, qui y estoit detenu prisonnier, & luy supposa le nom dudict riche homme, & fit deliurer le riche homme, soubs le nom du pauure innocent : duquel cas ledict Preuost fut accusé & conuaincu : & pour ceste cause fut pendu & & estranglé.

De l'esmeute des Pastoureaux : & comment tous les meseaux & ladres furent bruslez : & des Iuifs qui furent constituez prisonniers, dont il y en eut quarante qui s'entretuerent en prison.

EN ce mesme temps le roy Philippe fit brusler & mourir tous les meseaux qui estoyent en ce royaume, par ce qu'il fut sceu & trouué qu'ils auoyent entreprins d'empoisonner tous les puis & fontaines : & ce faisoyent ils (comme on disoit) par l'enhortement des Iuifs, qui leur auoyent baillé poisons pour ce faire : parquoy plusieurs Iuifs furent à ceste cause emprisonnez & bannis, & leurs biens confisquez au Roy, & moult en fut ars : & aduint vne merueilleuse aduenture à Vitry en Partois : car comme il y auoit quarante desdicts Iuifs emprisonnez pour ladicte cause, lesquels entendirent bien que briefuement deuoyent mourir, ils appoincterent entre eulx, par telle maniere que l'vn d'eulx tueroit tous les autres, affin qu'ils ne fussent mis à mort par la main des Chrestiens : & ordonnerent que le plus ancien feroit l'execution : mais il ne s'y voulut accorder s'il n'auoit vn des ieunes Iuifs auec luy. Ainsi les deux tuerent tous les autres : & apres le vieil fit tant au ieune qu'il le meit à mort, & demoura le ieune seul : lequel apres qu'il eut fait ladicte execution, & qu'il se veit seul, il essaya à eschaper par vne fenestre le long d'vne corde : mais ladicte corde rompit, par ce qu'il auoit prins sur luy tout l'or & l'argent de ses compaignons, & tomba es fossez, & se rompit la iambe. Quand il fut apperceu, il fut prins & mené à la iustice, qui le condamna à mourir & estre bruslé, & tous les autres corps des Iuifs furent pareillement bruslez.

D'vne merueilleuse que firent les Iuifs à Vitry en Partois.

Comment par mauuais Conseillers, le Roy voulut faire de grandes exactions au royaume de France.

Mil ccc.xx.

L'An mil trois cens vingt, le roy Philippe le Long, combien qu'il fust homme frâc & debonnaire, toutesfois par l'enhortement des mauuais Conseillers & auaricieux qui estoyent autour de luy, il voulut faire grosses exactions sur le peuple de son royaume : car il vouloit auoir le quint denier du vaillât de chacun de ses subiects : mais le peuple ne voulut pas endurer ceste chose, ains demâdoit le peuple de France audacieusement au Roy qu'estoyent deuenues les rentes & gros reuenuz du royaume, dont ses predecesseurs auoyent grandement & honnorablement vescu, & aussi l'argent qu'il auoit eu des dismes & des annuels des benefices & gens d'Eglise qu'il auoit leuez, & les biens des confiscations des Lombars, des Iuifs, dont il auoit leuees grandes sommes, & si ne payoit point ses officiers, ne les fiefs & aumosnes assignees par ses predecesseurs sur le thresor, aux gens d'Eglise & de religion, dont il estoit moult à blasmer. Oultre disoit le peuple que ceulx qui estoyent entour luy, en auoyent embourcé les deniers, car il n'auoit point eu de guerres, ne fait cheuauchees, ne grand' despese, comme auoit fait son pere : & encore soubs ombre du passage d'oultre mer, il auoit requis au Pape le dixieme des benefices, qui luy auoit accordé, pourueu que les Prelats s'y consentissent : lesquels Prelats apres ce qu'ils eurent assemblé les gens d'Eglise de leurs dioceses, firent responce que le passage d'oultre mer

De la plainete que feirent les François au Roy, qui les vouloit fouller par intollerable exaction.

n'estoit

n'eſtoit pas ſi preſt que l'on deuſt leuer lediƈt dixieme, & que quand ils verroyent que beſoing en ſeroit, ils oƈtroyeroyent volontiers lediƈt dixieme, ou iroyent en perſonne auec luy, & ſoubs celle diſſimulation ne fut point leué. En ce temps Louis Comte de Neuers, qui auoit eſpouſé la fille du Roy, fut acculé enuers le Comte de Flandres, ſon pere: & diſoit que Ferry de Piquegny auoit enuoyé à ſondiƈt pere vn garſon, qui luy diſt: Si voſtre fils de Neuers m'a commandé que ie feiſſe ce que frere Gaultier, ſon confeſſeur, me diroit: lequel m'a baillé poiſons pour mettre ſur voſtre viande, ie ne l'ay pas voulu faire. Si fut lediƈt frere Gaultier prins priſonnier & gehenné, mais il ne voulut riens confeſſer. Sondiƈt pere meit garde ſur lediƈt Comte de Neuers, & fut prins & mis priſonnier en vn chaſtel, vers les marches d'Allemagne, en la garde du ſeigneur de Fiennes, de Ferry de Piquegny, & du ſeigneur de Roucy, par le commandement de ſondiƈt pere, & de Robert ſon frere: auquel Robert lediƈt pere vouloit deſlors donner ladiƈte Comté de Neuers. Quand le Roy de France ſceut qu'il eſtoit priſonnier, il enuoya deuers le Comte de Flandres, luy dire qu'il le feiſt deliurer: mais il fit reſponce qu'il auroit ſur ce conſeil: & ainſi n'en fut plus faiƈt pour celle fois, car ſes gardes ne le vouloyent deliurer: toutesfois à la parfin ſeſdiƈtes gardes le meirent à ſon liberal arbitre, moyennant qu'il leur pardonnaſt ſon empriſonnement, & promiſt non iamais leur en faire, ne faire faire dommage ne deſplaiſir. En ce meſme temps le Roy eut en penſee d'ordonner que par tout ſon royaume n'auroit qu'vn poix, vne aulne, vne meſure, & vne monnoye: laquelle monnoye tant d'or que d'argent ſeroit miſe à pris ſi egal que l'or acheteroit l'argent, & l'argent l'or: qui euſt eſté & ſeroit œuure moult proffitable au Roy, & à toute la choſe publique du royaume: mais il ne ſe peut parfaire, parce qu'vne maladie de fieure quarte & flux de ventre le ſurprint, de laquelle il alla de vie à treſpas, le troiſiéme iour de Ianuier, l'an mil trois cens vingt & vn: & fut ſon corps enterré en l'egliſe ſainƈt Denis, auec les autres Roys, & ſon cœur mis es freres Mineurs de Paris, & ſes entrailles aux freres Preſcheurs, & ne laiſſa nul hoir maſle de ſon corps: & par ce aduindrent leſdiƈts deux royaumes de France & de Nauarre à Charles, pour lors Comte de Poitiers, ſon frere.

Bonne ordonnance s'elle fuſt gardee et obſeruee.

De pluſieurs Seigneurs d'Angleterre qui furent decapitez par le moyen de Hue le Deſpenſier.

L'An mil trois cens vingt & vn, pource que le Roy Edouard d'Angleterre, deuxiéme de ce nom, gouuernoit diuerſement ſon royaume, par le conſeil d'vn Cheualier, nommé Hue le Deſpenſier, qui eſtoit ſon principal Gouuerneur & Conſeiller, & qu'il faiſoit moult de griefs aux Seigneurs & au peuple d'Angleterre, & vouloit faire aucunes nouuelles conſtitutions contre la couſtume du païs, pluſieurs deſdiƈts Seigneurs d'Angleterre s'eſleuerent contre luy: parquoy lediƈt Roy, ſoubs ombre d'y vouloir donner ordre & prouiſion fit par le conſeil dudiƈt Hue le Deſpenſier aſſembler vn Parlement à Londres des grands Barons du royaume: auquel Parlement il fit prendre tous leſdiƈts Seigneurs qui eſtoyent ſes aduerſaires, & en fit decoler iuſques au nombre de vingt & deux, dont le Comte de Lanclaſtre fut le premier, & pluſieurs autres en fit pendre & eſtrangler.

L'an mil. ccc. xxi.

Du Roy Charles quatriéme, fils de Philippe le Bel.

Charles, quatriéme de ce nom, fils de Philippe le Bel, & frere deſdiƈts Roys Louis Hutin & Philippe le Long, commença à regner l'an mil trois cens vingt & vn, & treſpaſſa ſans hoir maſle, au ſeptiéme an de ſon regne l'an mil trois cens xxvij. & giſt à ſainƈt Denis en France. Ceſtuy Charles eut pour premiere femme Blanche, fille d'Othelin, Comte de Bourgongne, & de Mahault Côteſſe d'Artois: laquelle Blanche eſtoit vne des plus belles dames du monde. Elle ſe forfit en ſon mariage auāt q̃ lediƈt Charles fuſt Roy, & fut long tēps priſonniere au Chaſteaugaillard: & depuis fut de luy par le Pape ſeparee, à cauſe de cognatiō ſpirituelle, cōme fut declaré en plain conſiſtoire: car ladiƈte*Mahault, mere de ladiƈte Blanche, auoit leué lediƈt Charles ſur fons de baptesme, & de ce n'auoit obtenu diſpenſe: & au tēps de ladiƈte ſeparation eſtoit encores icelle Blāche priſonniere au Chaſteaugaillard, pour la cauſe qui a eſté diƈte icy deuant. Apres ladiƈte ſeparation, lediƈt Charles eſpouſa Marie, fille de Henry de

L'an mil. ccc. xxi.

**p. Em. dit que Charles auoit tenu ſur fons ſa diƈte femme.*

y

Luxembourg, iadis Empereur de Romme, & sœur de Charles Roy de Boesme: de laquelle il eut vn fils, lequel tantost apres qu'il fut baptisé mourut, & aucuns iours apres l'accouchement d'icelle Marie elle mourut aussi, en la ville d'Issouldun, ainsi que le Roy s'en retournoit des marches de Languedoc: dont aucuns furent soupsonnez, & fut son corps enterré au monastere des Nonnains, pres Montargis, ou elle auoit esleu sa sepulture: & depuis ce ledict Roy espousa par dispense du Pape, madame Iehanne, fille de feu monseigneur Louis, premier Comte d'Eureux, frere du feu Roy Philippe le Bel, & estoit icelle Iehanne, sa cousine germaine: laquelle Iehanne au temps du trespas dudict Charles le Bel demoura grosse d'vne fille qu'elle enfanta auant le temps de son terme. Apres le trespas dudict Roy Philippe le Long, ledict Charles le Bel, son frere, luy succeda, comme dict est dessus, ausdicts deux royaumes de France & de Nauarre, & fut couronné Roy paisiblement & sans contredict.

Comment la Comté de Flandres fut adiugee au Comte de Neuers, gendre du feu Roy Philippe le Long.

EN ce temps estoit proces en la court de Parlement à Paris, pour raison de la Comté de Flandres, entre Louis, Comte de Neuers, gendre du feu Roy Philippe le Long, d'vne part, & son oncle messire Robert de Flandres d'autre: laquelle Comté par arrest fut adiugee audict Louis Comte de Neuers, & d'icelle le Roy le receut en hommage, & fut mis en possession, & fut honnorablement receu en Flandres: toutesfois les Flamens ne furent pas contens de ce que ledict Comte n'vsoit du conseil de ceulx du païs, & qu'il se gouuernoit du tout par le conseil de l'Abbé de Vezelay, qui estoit fils de feu messire Pierre Flotte, qui estoit mort en guerre contre les Flamens, auec le Comte d'Artois, deuant Courtray: & reputoyent ledict Abbé ennemy du païs, tellement que ledict Comte fut contrainct de le renuoyer viure en ladicte Abbaye. Tantost apres, pource que ledict Comte fit mettre sus au païs vne taille plus grande qu'il ne luy auoit esté octroyé, ceulx du plat païs s'esleuerent, & entrerent dedans Bruges, ou estoit ledict Comte, & tuerent plusieurs de ses principaux officiers. Ledict Roy Charles par mauuais conseil fit mutation de sa monnoye, & la mua de forte à foible, ainsi qu'auoit fait son pere, dont plusieurs dommaiges s'en ensuyuirent au royaume.

De Iourdain de l'isle qui fut pendu au gibet de Paris: lequel auoit espousé la mere du Pape Iehan vingtdeuxiéme de ce nom.

L'an mil ccc. xxiiii.

L'An mil trois cens vingt & quatre, vn des plus grands Seigneurs de Gascongne, & du plus grand lignage, nommé Iourdain de l'Isle, auquel Pape Iehan, pour la haultesse de Noblesse de son lignage, auoit donné sa mere en mariage, fut accusé deuers le Roy de plusieurs crimes, homicides, larrecins, efforcemens de femmes, vierges & pucelles, & d'estre rebelle & desobeissant au Roy, & à ses officiers (car mesmement vn sergent d'armes, du Roy, qui portoit vne masse aux armes du Roy, faisant aucun exploit contre luy (il l'auoit tué & mis à mort de sa mesme masse) & aussi par ce qu'il entretenoit auec luy grand nombre de mauuais garsons, larrõs & meurdriers: & auquel Iourdain le Roy, à la requeste du Pape Iehan, auoit parauant donné grace de dixhuict cas & articles, dont il auoit esté attaint, pour chacun desquels il auoit desseruy la mort. Ce neantmoins, apres ladicte grace ainsi à luy faicte par le Roy, il ne se peut abstenir de sa mauuaise & damnee accoustumance, ains fit pis que deuant. A l'occasion dequoy il fut adiourné à comparoir en personne deuant le Roy, en son Parlement à Paris, pour soy venir purger, lequel y vint à grãd orgueil & compaignie, & auec luy vindrent plusieurs Comtes & Barons, qui le supportoyent & l'excusoyent enuers le Roy, tant qu'ils pouoyent: & là se trouuerent le Marquis d'Amptonne, qui estoit nepueu du Pape Clement, & plusieurs autres, qui proposerent plusieurs tors faicts & maluersations contre ledict Iourdain: lequel pour toute respõce dist que le Roy luy auoit tout pardonné: mais pource qu'il fut trouué contre luy qu'il auoit commis plusieurs cas depuis la grace & remission que le Roy luy auoit faicte, il fut enuoyé au Preuost de Paris pour luy faire son proces, & fut mis prisonnier dedans le Chastelet, & tellement contre luy procedé que par sentence dudict Preuost de Paris, il fut condamné à estre trainé, & apres pendu & estranglé, dõt il appela en Parlement: & par la court de Parlement fut dict qu'il auoit esté bien iugé, mal appelé: & fut renuoyé ledict Iourdain audict Preuost, pour executer sa sentéce: lequel le fit trainer & pendre au plus hault du gibet de Paris.

En celle

tous armer, & coururent fus au Comte de Flandres, & à fes gens, & en tuerent plufieurs: & fut ledict Comte prins, & auec luy cinq Cheualiers, & autres gentilshommes, lefquels furent baillez à ceulx de Bruges, qui les meirent en prifon: & lors les plus grands de Bruges, & ceulx du païs d'enuiron, referuez les Ganthois, fe meirent fus, & efleurent pour leur Seigneur & gouuerneur ledict mefsire Robert de Flandres, qui eftoit oncle, & le plus grand ennemy dudict Comte: lequel, fi toft qu'il eut la feigneurie de Flandres, meit hors de prifon le Chancelier de fondict nepueu, & l'honnora moult: car par luy il eftoit efchappé de mort. Lefdicts Ganthois f'armerent contre ceulx de Bruges qui tenoyent en prifon ledict Comte, & auoyent auec eulx les communes de Flandres, & requeroyent qu'il fuft deliuré: & y en eut de ceulx de Bruges bien cinq cens tuez: mais neantmoins ne fut pas le Comte deliuré: dont il aduint que le Roy enuoya grand' Ambaffade deuers ceulx de Bruges, affin qu'ils deliuraffent ledict Comte, mais non pourtant n'en feirent riens.

le Comte de Flandres prifonnier.

En celle annee fut l'yuer moult long & diuers, & fut la riuiere de Seine tellement glacee, que chariots & charettes paffoyent par deffus la glace, & au degel les glaçons rompirent les deux Ponts de Paris: en quoy plufieurs eurent grand dommage. En celle annee, enuiron la fefte de la Magdaleine, print vne griefue maladie à monfeigneur Charles Comte de Vallois, oncle du Roy, & perdit la moytié de luy, de laquelle il mourut à Paray pres Chartres, enuiron dix iours deuant Noel: & fut fon corps apporté, & enterré aux freres Prefcheurs à Paris, & fon cœur mis aux Cordeliers: & veult on dire qu'il fit fcrupule de confcience de la mort de feu maiftre Enguerrand de Marigny, qui auoit efté pendu à fa pourfuyte, par ce que durant fa maladie il fit faire vne aumofne generale parmy la ville de Paris, à tous ceulx qui la vouldroyent prendre: & difoyent ceulx qui la diftribuoyent: Priez Dieu pour l'ame de feu monfeigneur Enguerrand de Marigny, & pour la fanté de monfeigneur Charles de Vallois, & nommoyent ledict de Marigny le premier.

Charles Comte de Vallois à fa mort fit fcrupule d'auoir fait pendre Enguerrand de Marigny.

Du retour de la Royne d'Angleterre audict pays d'Angleterre: & comment elle print prifonnier fon mary, & fit couronner fon fils Roy d'Angleterre.

L'An mil trois cens vingt fix, madame Iehanne d'Eureux Royne de France, fut couronnee moult folennellement à grand honneur, en la fainte chapelle du Palais à Paris. En celle annee fut rapporté au Roy, que le Roy d'Angleterre auoit fait prendre tous les François qui eftoyent en Angleterre, & confifquer tous leurs biés: parquoy le Roy comanda ainfi eftre fait aux Anglois qui eftoyét en France: mais depuis fut fceu que de ce n'auoit efté riens en Angleterre, & qu'on auoit mal rapporté, & qu'aucuns qui auoyent fait ledict rapport, l'auoyent fait affin qu'ils euffent occafion de prendre les biés defdicts Anglois, qui fut malfaict: car leurfdicts biens ne leur furent pas rendus, dont les preud'hommes, principalement les marchans du royaume, furent courroucez. En ladicte annee ladicte Yfabel, Royne d'Angleterre, fille de Philippe le Bel, fœur dudict Roy Charles de France, doubta que fi elle demouroit plus longuemét en France, qu'elle encouruft l'indignation de fon feigneur & mary: parquoy elle print congé du Roy fon frere, & f'en partit de Paris, & alla iufques à la Comté de Ponthieu qu'elle poffedoit lors (car elle luy auoit efté baillee en mariage) & illec feiourna, attendát auoir des nouuelles du Roy d'Angleterre fon mary: mais elle fceut que mefsire Hue le Defpenfier, gouuerneur de fondict mary, luy auoit fait aucuns mauuais rapports d'elle, & qu'il eftoit tellement mal meu contre elle & fon fils, qu'il faifoit garder les ports d'Angleterre, pour la prendre prifonniere f'elle venoit. Plufieurs des Barons d'Angleterre, ennuyez du gouuernement de leur Roy, & dudict Hue le Defpenfier, manderent à la Royne qu'elle f'en allaft hardiment en Angleterre, & menaft fon fils, & qu'ils luy aideroyent. Ces nouuelles ouyes elle f'en partit, & en fa compaignie mefsire Iehan de Henault, feigneur de Beaumont, qui frere eftoit de Guillaume Comte de Henault, qui auoit efpoufé madame Iehanne, fille de Charles de Vallois, oncle du Roy: lequel Iehan de Henault ledict Roy Charles, fon frere, luy bailla, auec trois cens hommes d'armes pour l'accompaigner, & arriuerent à vn port d'Angleterre. Ceulx qui gardoyent ledict port voulurent faire fecrettement ce que leur feigneur leur auoit mandé, mais la Royne, qui eftoit fubtille, les appaifa de belles parolles, & leur manda qu'ils veinffent parler à elle. Quand ils furent venus, elle print fon fils Edouard entre fes bras en leur monftrant, & dift: Beaux feigneurs, voyez ceft enfant, il eft pour eftre voftre feigneur fi Dieu plaift: ne cuidez pas que ie

L'an mil trois cens uingt fix.

y ij

vienne auec gens d'armes pour greuer mõseigneur le Roy ne le royaume d'Angleterre, mais viens pour le bien d'iceluy, & pour extirper aucuns mauuais cõseilliers qu'il a autour de luy. Ce venu à la congnoissance du Roy d'Angleterre, il manda à la Royne qu'elle luy desplaisoit en toute maniere d'estre entree en Angleterre auec gens d'armes: si se print la Royne garde de son faict, & tascha à gaigner de son costé les Barons, & populaires, & especialement ceulx de Londres: & tellement fit qu'elle les gaigna & attrahit, & s'armerent pour elle, & allerent auec ledict messire Iehan de Henault contre le Roy Edouard d'Angleterre, le combatirent, & fut prins ledict Hue le Despensier: & le Roy s'en alla, & sauua par suyte à peu de compaignie, & se vouloit retraire en vn chastel es marches de Galles: mais en chemin il fut prins d'aguet par aucuns Barons, qui le baillerent au frere du Comte de Lanclastre, que ledict Roy auoit fait decapiter: lequel le garda en prison iusques à la mort. Le Roy ainsi prins, & mis en prison, assemblee se fit à Londres des gens des trois estats d'Angleterre: & de commun assentement fut ledict Roy Edouard, le vieil, priué de la dignité royale, & fut son fils le ieune Edouard, surnommé de Vvindesore, aagé de seize ans ou enuiron, couronné le iour de Noel au Palais de Vvestmonstier: & par l'aide & conduicte de messire Iehan de Henault gouuerna ledict royaume d'Angleterre auec sa mere: laquelle vsoit fort du conseil d'vn Cheualier, nommé messire Roger de Mortemert. Puis fut prins Hue le Despensier l'aisné, aagé de quatre vingts dix ans, & au moys d'Octobre, deuant le chastel de Bristo, fut tout vif ouuert comme vn pourceau, & ses entrailles bruslees deuant luy, & les voyant. Puis eut la teste coppee, & mis en quartiers, & plusieurs autres de ses complices faicts mourir en diuerses manieres: & entre autres vn Euesque qui estoit coulpable de la mauuaistié dudict Hue, eut la teste coppee. Iceluy vieil Edouard Roy d'Angleterre estant prisonnier, fut faict le mariage d'vne de ses filles à Dauid Roy d'Escosse: & aucun têps apres mourut iceluy vieil Edouard, deposé d'estat de Roy d'Angleterre, en prison: & disoit on que ledict messire Roger de Mortemert, Cheualier, l'auoit fait tuer, & par ce fut prins prisonnier: tant à ceste cause qu'aussi pource que ladicte Ysabel, Royne d'Angleterre, estoit moult diffamee de la grande familiarité qu'elle luy monstroit deuant tous: lequel de Mortemert confessa qu'il auoit procuré la mort dudict feu Roy Edouard: & par ce fut trainé, pendu, & estranglé, & la Royne, du commandement de son fils, ieune Roy, fut enserree en vn chastel soubs bonnes gardes. En celle annee ceulx de Bruges, qui tenoyent le Côte de Fãldres, leur Seigneur, prisonnier, par les poursuytes des Ganthois le deliurerent, moyennant qu'il iura les tenir en leurs libertez, & que pour occasion de sa detention & prison ne feroit mal à eulx n'à autres, & qu'il feroit doresnauant les grosses besongnes par leur conseil. Audict an mil trois cens vingt & six fut accordé, entre tous les Roys Chrestiens, que de royaume à autre on pourroit seurement & sans saufconduit porter toutes manieres de marchandises, & fut crié & publié par tous royaumes.

Hue le Despensier, gouuerneur du Roy d'Angleterre, fut cruellement mis à mort.

Appoinctement faict entre les Roys Chrestiés.

De la mort dudict Roy Charles le Bel: & comme sa femme demoura grosse, parquoy Philippe de Vallois print la regence & gouuernement du royaume.

L'an mil trois cens vingt sept.

EN l'an de grace mil trois cens vingtsept ledict Roy Charles le Bel, manda au ieune Edouard, nouueau Roy d'Angleterre, son nepueu, qu'il luy vint faire hommage de la Duché d'Aquitaine, & autres terres qu'il tenoit de luy: lequel s'excusa sur la mort de son pere. Enuiron ce temps le Pape, qui estoit fort appauury d'argent, à l'occasion d'vne guerre qu'il auoit longuement menee en Lombardie contre les Guibelins, enuoya en France, affin que les gens d'Eglise luy fissent aide pour soustenir sa guerre: mais le Roy de prime face ne le voulut souffrir ne conseiller, disant que iamais n'auoit esté faict en son royaume: parquoy le Pape luy escriuit lettres gracieuses, & luy octroya le decime des eglises iusques à deux ans ensuyuans, & par ce moyen le Roy donna son consentement: & ainsi fut dict Donne men ie t'en donneray.

Le Roy de France permit au Pape de leuer vne decime, affin que luy mesmes en leuast vne autre.

En celle annee le iour de Noel, à heure de minuict, print vne griefue maladie audict Roy Charles le Bel, dont il s'acoucha au lict: & fut si pressé que la veille de la Chandeleur ensuyuãt il trespassa au chastel du boys de Vincennes, & fut son corps enterré en l'eglise sainct Denis, aupres de son pere & freres. Au temps du trespas d'iceluy Roy Charles madame Iehanne d'Eureux, sa femme, demoura enceincte: parquoy Philippe de Vallois, fils dudict feu messire Charles, Comte de Vallois, & cousin germain desdicts trois Roys, prochains precedens, c'est assauoir Louis Hutin, Philippe le Long, & Charles le Bel, print le gouuernement de ladicte Royne

DV ROY CHARLES, QVATRIEME DV NOM. Fueil.cxxix.

En celle mesme annee fut canonizé S.Thomas d'Aquin, de l'ordre des freres Prescheurs, & inscript au catalogue des Saincts, & sa feste ordonnee estre & solennizee le quinziéme iour de Iuillet : & gist son corps au conuent des freres Prescheurs à Toulouze. En ce temps le seigneur de Partenay fut accusé d'heresie enuers le Roy, par vn frere Prescheur, nommé maistre Morice, lequel se disoit inquisiteur de la Foy. Le Roy le fit prendre prisonnier, & proposa ledict frere contre luy plusieurs cas d'heresie, ausquels ledict seigneur de Partenay ne voulut respondre deuant la iustice laye, & au contraire proposa plusieurs autres cas contre ledict frere Morice, & qu'il n'estoit pas digne d'exercer ledict office d'inquisiteur : si fut la cause renuoyee à Romme, ou le Roy fit mener ledict seigneur de Partenay, soubs bonne garde, & là demoura la cause.

sainct Thomas d'Aquin fut canonizé enuiron l'an mil trois cens xxiiii.

Comment le Roy Charles le Bel esmeut guerre contre le Roy d'Angleterre, pour occasion de la place de Montpesat.

EN ce temps monseigneur de Montpesat, en Gascongne, voulut faire fermer & fortifier vn sien chastel, qui estoit assis en la limite & separation des païs & terres des Roys de France & d'Angleterre : & pource qu'il estoit question de ladicte limite entre les officiers desdicts deux Roys, les officiers du Roy de France empescherent que ledict Montpesat ne fist ladicte fortification : & sur ladicte question fut donnee sentence, & fut appliquee ladicte place au proffit du Roy de France, qui la garnist de gens pour la garder & deffendre : mais ledict seigneur de Montpesat, de ce courroucé, se tira vers Bordeaux deuers le Seneschal dudict Roy d'Angleterre, qui vint à son aide auec plusieurs gens de guerre : & assaillirent la place, & la prindrent par force, & l'abbatirent & ruerent par terre, & tuerent tous ceulx qui auoyent esté mis dedans pour la garder pour le Roy de France. Ce venu à la congnoissance du Roy, combien qu'il se fust bien peu venger par voye de faict & par puissance d'armes : neantmoins manda doulcement au Roy d'Angleterre qu'il fist faire reparation de l'exces & iniure qui luy auoit esté faicte, & à ses gens & officiers. Le Roy d'Angleterre, apres ce qu'il eut ouy la nouuelle, enuoya en France vn sien frere, nommé * Aymé, qui estoit cousin germain du Roy de France, de par sa mere, & luy donna pouoir de traicter & appoincter de ceste matiere auec le Roy. Quand ledict Aymé & ceulx de sa compaignie furent venuz, le Roy persista en sa demande, requerant que ledict seigneur de Montpesat auec le Seneschal de Bordeaux, & autres qui luy auoyent fait l'exces, luy fussent baillez, & que le chasteau luy fust rendu : & quand les Anglois veirent que le Roy estoit si ferme en son propos sans s'en vouloir desmouuoir, ils s'accorderent fainctement à sa volonté. Quand ils s'en voulurent retourner le Roy leur bailla vn Cheualier, nommé messire Iehan d'Arablay, pour les connoyer & veoir faire en sa presence l'execution & reparation de ladicte amende & exces : mais quand lesdicts Anglois veirent qu'ils furent pres de leur terre, & hors de la subiection du Roy, ils dirent audict d'Arablay qu'il s'en retournast, s'il ne vouloit auoir mauuaise compaignie, & perdre la teste : lequel incontinent s'en retourna en grand crainctè, & compta le cas au Roy : & luy dist comment les Anglois l'auoyent moqué, & qu'ils se preparoyet de tout leur pouoir de luy faire guerre. Les choses ouyes le Roy reputa Gascongne, & les terres que tenoit de luy à hommage le Roy d'Angleterre, à luy acquises & confisquees : & par ce enuoya monseigneur Charles Comte de Vallois, son oncle, auec Philippe & Charles enfans dudict Cõte, ses cousins, les Comte d'Artois & Beaumont, & Roger, frere du Comte de Henault, auec grand' armee en Gascongne, & tirerent droit en Agenois. A eulx se rendit tantost la cité d'Agen sans guerre, combien que ledict Aymé, frere du Roy d'Angleterre, qui estoit allé en ladicte cité, les eust fort persuadez & encouragez à eulx tenir contre le Roy : & ce feirent ils pource qu'il s'en partit mal content d'eulx, pour deux causes : l'vne, car il auoit leué vne grãd' taille en la cité : l'autre, car il auoit prins & emmené vne moult belle fille & gracieuse de la ville, & de bon parenté contre le gré d'elle & de ses amis. Apres ladicte prinse d'Agen tira mondict seigneur Charles, Comte de Vallois, & son armee, audict chastel de Montpesat, & le prit, & le fit abatre & raser : dont tantost apres le seigneur mourut de dueil. puis s'en alla ledict Comte d'Artois vers la Reolle, ou s'estoit retiré ledict Aymé, frere du Roy d'Angleterre, lequel quand il sceut sa venue s'en voulut aller, & partir de la ville : mais ceulx de ladicte ville le retindrent, & fut dedans assiegé par les Francois, si vertueusement qu'il conuint audict Aymé, & à ceulx de la ville venir à composition : qui fut telle que la ville seroit mise es mains du Roy de France, & que ce que ledict Aymé auoit promis au Roy pour faire faire la reparation desdicts exces seroit faict & acõply, & ladicte bastille, qui auoit esté abatue, refaicte : & iroit ledict

* P.Em. le nõme Almeric,

Trahison des Anglois.

Montpesat en Gascongne fut prins & rasé sur les Anglois.

Aymé en Angleterre deuers son frere, sçauoir s'il vouloit tenir l'appoinctement & le confermer, & s'il ne vouloit tenir ledict Aymé retourneroit deuers ledict mõseigneur Charles de Vallois, qui le meneroit au Roy: & de ce faire bailla quatre Cheualiers Anglois en ostage, soubs condition que s'il ne retournoit on leur copperoit les testes: & fut toute la Gascongne deca les riuieres de Garonne & Gironde mise en la main du Roy de France, reserué Bordeaux, Bayonne & sainct Seuer, & par ce moyen tréues furent par mondict seigneur Charles de Vallois donnees iusques à Pasques, ensuyuantes. Si s'en alla ledict Aymé à Bordeaux, puis passa en Angleterre. Quand la feste de Pasques, de l'an que l'on commença à compter mil trois cens vingt cinq fut venue, iusques auquel iour tréues auoyent esté donnees entre François & Anglois le Roy fit apprester son ost, pour retourner en Gascongne: mais madame Ysabeau de France Royne d'Angleterre, vint en France, du commandement de son mary, & amena auec elle Edouard de *Vvindesore son fils aisné: & fit tant que lesdictes tréues furent prolongees, soubs esperance d'appoinctement: & promit ladicte Royne faire venir le Roy d'Angleterre, son mary, deuers le Roy dedans certain temps: & combien que ledict Roy d'Angleterre mandast & promist par plusieurs fois qu'il viendroit faire hommage au Roy, toutesfois par mauuais conseil il mua propos: & pour s'en exempter donna audict Edouard de Vvindesore, son aisné fils, qui ia estoit en France auec sa mere, toutes les terres qu'il auoit en Aquitaine, Ponthieu, & autres deca la mer: lequel Edouard de Vvindesore, à la requeste de sa mere, le Roy receut à hommage.

Le pays de Gascongne fut mis es mains du roy de France, reseruees aucunes villes.

* parauant le nõme Vuidepie

Comment la Royne d'Angleterre, sœur du Roy, qui estoit venue en France, y fut long temps, & ne s'en osout retourner en Angleterre: & du Comte de Flandres, qui voulut faire tuer messire Robert son oncle.

Apres ces choses ladicte Royne d'Angleterre fut aduertie que Hue le Despensier, qui estoit tout le gouuerneur & principal Conseiller de son mary le Roy d'Angleterre, auoit fait à sondict mary aucuns mauuais rapports d'elle: parquoy elle ne s'en osoit retourner en Angleterre, & fut long temps en France, elle, son fils, & tous ceulx de sa compaignie, à grands fraiz, & aux despens du Roy son frere.

En ce temps Louis, Comte de Flandres, qui hayoit grandement messire Robert de Flandres, son oncle, pour cause du proces qu'il auoit eu contre luy, & l'auoit soupsonneux, fit faire vnes lettres par lesquelles il mandoit aux habitans de la ville de Vvarescon, ou sondict oncle estoit, pres de l'Isle, qu'incontinent ils le meissent à mort, comme ennemy & aduersaire de luy & de ses païs: mais auant que lesdictes lettres fussent seellees, le Chancelier dudict Comte en auertit ledict messire Robert de Flandres, lequel incontinent s'absenta: parquoy lesdictes lettres ne sortirẽt point d'effect. Ledict Comte sceut que sondict Chancelier auoit fait ledict aduertissement, & descouuert son secret, & luy en demanda sa responce: & iceluy Chancelier fit responce: Voirement ie l'ay fait, affin que vostre honneur ne fust pery, & vous diffamé perpetuellement: mais nonobstant ladicte responce, qui estoit vraye & honneste, ledict Comte fit mettre son Chancelier en prison.

De la guerre d'entre le Comte de Flandres & les Flamens: & de la mort de monseigneur Charles de Vallois.

Tost apres ces choses ainsi faictes, pourçe que ceulx de Flandres estoyent tenuz payer au Roy, par la composition faicte auec eulx, vne grand' somme d'argent, il la leur commit mettre sus: mais ledict Comte de Flandres en fit mettre & leuer beaucoup plus grand' somme qu'il n'en deuoyent, dont les Flamens furent mal contens, & aussi qu'il ne leur estoit point apparu qu'ils en eussent esté acquitez enuers le Roy: si s'esmeurent & demanderent que ceulx qui auoyent fait les receptes de ladicte composition, rendissent compte, & lesdicts receueurs machinerent auec ledict Cõte qu'il failloit rabatre ladicte commotion: & sachans qu'ils seroyent en danger, si leur cas estoit congnu, appoincterent: & fut ordonné qu'ils iroyent rendre lesdicts comptes en la ville de Tournay: & delibererent lesdicts receueurs, auec le Comte de Flãdres, de tuer tous ceulx qui y viendroyent de par les villes & communautez: & affin qu'ils peussent mieulx executer leur deliberation, ils conclurent qu'ils brusleroyent les faulxbourgs. ce qu'ils feirent: mais auec ce la pluspart de la ville fut bruslee: laquelle chose voyans ceulx de la ville, ils s'allerent

tous

DV ROY CHARLES, QVATRIEME DV NOM. Fueil.cxxx.

Royne & des royaumes de France & de Nauarre, comme regent, & s'en aquitta grandement & honnorablemét iusques au terme d'enfanter, que ladicte Royne estoit au Chasteauneuf sur Loire, pres Orleans: & le Vendredy, premier iour d'Auril, eut vne fille, qui fut appelee Blanche: parquoy lors ledict Philippe de Vallois, comme plus prochain heritier desdicts Roys en ligne masculine, se porta & nomma Roy de France.

De la mort de Pierre Remy, gouuerneur des finances de France, qui fut pendu & estranglé.

EN ce temps Pierre Remy, qui du téps dudict Roy Charles le Bel estoit principal gouuerneur, conseiller & administrateur des finances de France, fut trainé, pendu & estranglé au gibet de Paris (que luy mesmes auoit fait reedifier de neuf) par ce qu'il fut trouué qu'il n'auoit pas bien administré lesdictes finances, & n'en scauoit rendre bon compte, & qu'il n'auoit pas fait payer le fief, aumosnes & gages des officiers de sa charge, & s'estoit fait donner les deniers qu'il en auoit retenuz & recueilliz: & fut trouué que la valleur de ses biens montoit à trois cens mil francs & plus. Enuiron ce temps, c'estassauoir l'an mil trois cens trente, fut maistre Nicole de Lira, docteur en Theologie, de l'ordre des freres Mineurs à Paris: lequel glosa & commenta sur la Bible, & fit plusieurs autres belles escriptures à l'introduction des Chrestiens. Les aucuns dient qu'il estoit Hebrieu, & qu'il fut de la nation des Iuifs, & puis conuerty à la foy. Les autres dient qu'il fut Brabancon, & de parens Chrestiens, & que pource qu'il estoit pauure, il conuersa aux escolles des Iuifs, ou il apprint la langue Hebraique. Car en ce temps en ce royaume les Iuifs conuersoyent communément auec les Chrestiens, & les Chrestins auec les Iuifs.

L'an mil trois cens trente.

De maistre Nicole de Lire, glosateur de la saincte Bible.

☙Fin du premier Volume des Annales & Chroniques de
France, reueues, corrigees, & augmentees oultre
les precedentes impressions.

Le second Volume des Croniques & Annales de France, augmentees, en la fin dudict Volume, d'aucuns faicts dignes de memoire, des feuz Roys Charles, huictiéme, Francois premier, & Henry, deuxiéme du nom, iusques en l'an mil cinq cens cinquante & trois.

Nouuellement reueu & corrigé, comme le premier, sur les vieulx Exemplaires, & suyuant les bons Auteurs, par D.S.de Fontenailles en Brie.

1 5 5 3

LA TABLE DV II. VOLVME DES ANNALES DE FRANCE.

Table des matieres contenues au second Volume des presentes Annales & Croniques de France.

Remieremét cómment le roy Philippe de Vallois bailla à messire Philippe, fils de Louis, côte d'Eureux, le royaume de Nauarre: & comment le Comte de Flandres fit hommage au Roy, & se plaignit à luy des Flamens. fueillet.j.

Comment le Roy meit sus vne armee, pour aller aider au Côte de Flandres, qui l'en auoit requis côtre les Flamens, & y porta l'Oriflambe. f.ii.

De la grand' guerre que Roy fit aux Flamens: & comment il restitua le Comte en sa Comté de Flandres. f.ii.

Comment au retour de Flandres le Roy retourna à Paris, & presenta son cheual & harnois en l'eglise nostre Dame. f.ii.

Comment les Flamens s'esleuerent de rechef côtre leur Comte: & comment l'Antipape fut excommunié. f.ii.

Comment le Roy d'Angleterre vint à Amiens deuers le Roy, & luy fit hommage de la Duché de Guyenne. f.iii.

Comment le roy Philippe de Vallois fit abatre les murs & portaux des villes d'Ypre, Courtray, & autres villes de Flandres. f.iii.

Comment le Roy alla en Auignon voir le Pape: & cómment l'Antipape vint requerir pardó. f.iii.

De l'arrest de Parlement touchant la Comté d'Artois, donné contre messire Robert d'Artois: & des faulses lettres que fit vne Damoyselle: & comment ledict Robert esmeut guerre contre le Roy. f.iii.

Comment messire Robert d'Artois fut declaré banny, & ses biens confisquez: & du mariage de monseigneur Iehan, fils du Roy, à la fille du Roy de Boesme. f.iiii.

Commét le Roy alla visiter le Pape: & d'vn Preuost de Paris qui fut pendu. f.iiii.

Commét au pourchas de messire Robert, Comte d'Artois, le Roy d'Angleterre descendit en France. f.v.

Comment les Flamens s'allierent aux Anglois, par le moyen d'Arteuelle. f.v.

Comment les Flamens retindrent leur Comte: & cóment il s'en partit de Flandres secrettement: & cómentle païs de Flandres fut interdict. f.v.

Comment le roy d'Angleterre alla en Allemaigne, ou il fit alliance auec l'Empereur, & plusieurs Princes, contre le roy de France, à la poursuyte de messire Robert d'Artois: & comment le Roy d'Angleterre print les armes de Fráce, escartelees auec celles d'Angleterre. f.v.

Comment les Flamens feirent hommage au roy d'Angleterre, parquoy le Roy luy fit guerre: & de la grand' descófiture qui fut sur le nauire du Roy de France. f.vj.

Comment l'armee des Flamens, que conduysoit messire Robert d'Artois, fut desconfite deuant sainct Omer. f.vij.

Comment le Roy d'Angleterre meit le siege deuant Tournay: & des lettres qu'il escriuit au Roy de France. f.vij.

De la responce que fit le roy Philippe de Vallois, aux lettres du Roy d'Angleterre. f.vij.

De l'appoinctement qui fut faict deuant Tournay, entre les Roys de France & d'Angleterre, par le moyé de la Comtesse de Henault. f.vij.

De la guerre qui se meut entre messire Charles de Blois, & messire Iehan de Montfort, pour la Duché de Bretaigne. f.viij.

Comment le Roy d'Angleterre & les Flamens, ne voulurent entendre à faire appoinctemét au mandement du Pape: & de l'emotion de ceulx d'Orleans touchant les bleds, dont furent penduz plusieurs aux goutieres. f.viij.

De la mort de messire Héry de Malestroit: & du mariage de Philippe, Duc d'Orleans, fils du Roy. f.ix.

De la venue du Roy d'Angleterre auec grád armee en France: & comment il print d'assault la ville de Caen, & gros nombre de grans Seigneurs qui estoyent dedans ladicte ville. f.ix.

De la bataille de Crecy, pres Abeuille, ou mourut la fleur de la cheualerie de France. f.x.

Comment le Roy d'Angleterre meit le siege à Calais. f.x.

Des dommages que fit en Poitou, Xainctonge, & Perigort, le comte d'Erby, Anglois: & comment le Roy voulut auoir le crucifix d'or estát en l'eglise sainct Denis en France. f.x.

Comment messire Geoffroy de Harecourt vint à mercy au Roy, & comment les Lombards, banquiers, & vsuriers, furent prins en France, & banniz hors du royaume. f.x.

De la prise de Calais p le Roy d'Angleterre. f.xj.

De la guerre de Bretaigne d'entre messire Iehan de Montfort, & messire Charles de Blois, qui fut prins prisonnier deuant d'Arian. f.xj.

De l'acquisition du païs de Dauphiné. f.xj.

Des mariages du Roy & de son fils: Duc de Normandie, & du comte de Foix. f.xj.

Du trespas du roy Philippe de Vallois. f.xij.

Du roy Iehan. f.xii.

Comment le comte d'Eu, Connestable de France, fut decapité, & fut faict Connestable messire Charles d'Espaigne. f.xii.

De la prinse de Guynes par les Anglois sur les Francois. f.xii.

Comment le Roy de Nauarre, comte d'Eureux, qui auoit espousé la fille du roy Iehan, fit tuer messire Charles d'Espaigne, Connestable de France. f.xii.

Commét apres le pardon que le Roy eut fait au Roy de Nauarre, il machina côtre luy: parquoy

aa ij

LA TABLE DV SECOND VOLVME

le Roy fit faisir ses terres. f.xiii.
Des courses que feirent les Anglois en Fráce: & comment le roy Iehan offrit au roy d'Angleterre se combatre à luy corps à corps, pour leur querelle. f.xiii.
D'vne grand' assemblee que le Roy fit à Paris. fueil.xiiii.
Comment le roy Iehan fit decapiter & pendre à Rouen le comte de Harecourt, les Seigneurs de Grauille, de Preaux, & autres. f.xiiii.
De la prinse du roy Iehan, deuant Poitiers. f.xiiii.
Comment le prince de Galles enuoya le roy Iehan prisonnier à Bordeaux. f.xv.
De l'assemblee faicte à Paris des gés des trois Estats de Fráce, apres la prinse du roy Iehá, pour le faict de sa deliurance. f.xv.
De l'aide qu'octroyerent ceulx de Languedoc, & du refuz de ceulx de Paris. f.xvj.
Comment le Duc de Normandie, Regent, alla deuers l'Empereur, son oncle, & de l'emotion de ceulx de Paris. f.xvj.
De l'assemblee des trois estats de Fráce, faicte de rechef à Paris. f.xvij.
Des tréues entre le Roy & le prince de Galles, & d'vne assemblee des trois Estats rópue. f.xvij.
Comment le roy Iehan fut mené par le prince de Galles, en Angleterre. f.xvij.
Comment le roy de Nauarre fut mis hors de prison, par vn cheualier qui l'auoit en garde: & cóment il voulut seduire le peuple contre le Roy. f.xvij.
Des maulx que les Nauarrois faisoyent autour Paris. f.xviij.
Comment le roy de Nauarre fit despédre du gibet de Rouen le corps du seigneur de Grauille, & autres. f.xviij.
Des remonstrances que fit monseigneur le Duc de Normandie, Regent, à ceulx de Paris. f.xix.
Des esmeutes de ceulx de Paris: & comment ils tuerent au Palais, en la chábre du Regent, deux des Mareschaux de France: & comment ledict Regent, pour la seureté de sa personne, porta vn chaperon de leur liuree. f.xix.
Du gouuernement que ceulx de Paris entreprenoyent. f.xx.
Du retour du roy de Nauarre à Paris. f.xx.
De l'authorité que vouloit prendre en France le roy de Nauarre: & comment monseigneur le Duc de Normandie, aisné fils Roy, fut declaré Regent. f.xx.
De la responce des gens des Estats de Champaigne: & comment ceulx de Paris faisoyent plusieurs entreprinses. f.xx.
De l'assemblee du Regent & du roy de Nauarre: & comment ceulx de Paris voulurent faire ledict roy de Nauarre leur capitaine. f.xxj.
Des grands maulx que le roy de Nauarre & ses gens faisoyent en France. f.xxj.
De la Iaquerie de Beauuoysin. f.xxj.
Comment le roy de Nauarre fut faict capitaine de Paris. f.xxij.
Des maulx que faisoyent les Nauarrois, au royaume de France. f.xxij.
De plusieurs emotiós qui furent faictes à Paris: & cóment ceulx de Paris se declarerent du party du Regent, & tuerét le Preuost des Marchás & autres. f.xxiij.
Comment le Regent entra à Paris: & comment le roy de Nauarre le defia: & des maulx que faisoyent les Nauarrois & Anglois. f.xxiij.
Comment le Chancelier de Nauarre fut tué: & commét messire Iehan de Picquiny cuida surprendre Amiens. f.xxiiij.
De la course de Robin Canolle, Anglois: & cóment les Anglois & Nauarrois pillerent le païs d'Auxerrois. f.xxiij.
De l'assemblee faicte à Paris par le Regent, pour veoir le pourparlé d'appoinctement faict par le Roy en Angleterre. f.xxiij.
De l'appoinctement de Bretigny, pour la redemption du roy Iehan: & de la course des Anglois par France. f.xxv.
Comment le roy Iehan fut ramené en France. fueillet.xxv.
Des ostages qui furent baillez pour la reste de la rancon du Roy. f.xxvj.
De la venue du Roy à Paris, apres son retour d'Angleterre: & comment il alla en Auignon deuers le Pape. f.xxvj.
De la mort du roy Iehan en Angleterre: & de la guerre que faisoit messire Bertrád du Guesclí, contre les Anglois. f.xxvj.
Du roy Charles cinquiéme de ce nom, qui est surnommé le Sage. f.xxvij.
Comment messire Bertrand du Guesclin, pour deliurer le royaume de Fráce des gens d'armes vagabons, les mena en Espaigne côtre les Sarrazins. f.xxviij.
Comment le Duc de Bretaigne fit hommage au Roy, le máteau & le chapeau ostez, les genoux flechis, cóme à son souuerain Seigneur. f.xxviij.
Comment le Roy de Nauarre, par fiction & trahison, se fit prendre prisonnier en Espaigne: & comment Bertrád du Guesclin fut prisonnier, & apres deliuré. f.xxviij.
Des appellatiós que le côte d'Armignac, & autres Seigneurs de Guyenne feirent en Parlement, contre le prince de Galles. f.xxx.
Comment le Roy alla à Tournay, pour traicter le mariage du Duc de Bourgongne, son frere, & de la fille du comte de Flandres. f.xxx.
De la natiuité & baptesme de Charles, premier fils du roy, Charles cinquiéme. f.xxx.
Cómét plusieurs villes de Guyenne, Pôthieu, & ailleurs, se reduisirét es mains du Roy. f.xxxj.
Des appellatiós que les Seigneurs & cómunautez de Guyenne auoyent interiettees contre le prince de Galles, Duc de Guyenne. f.xxxj.

Du ma-

duc de Bourgongne qui s'enfuyt d'aupres de Mondidier, ou il estoit parqué. f.lviii.
Comment ceulx de Paris tenoyent le party du duc de Bourgongne, qui leur enuoya pour secours le comte de sainct Paul: lequel le Roy fit Connestable: & de la venue dudict duc de Bourgongne, à Paris, ou il fut crié Noel. f.lviii.
De la sentence d'excommuniment que fit proferer le duc de Bourgongne contre les Seigneurs. f.lix.
Comment le Roy d'Angleterre enuoya son fils & son frere à l'aide du duc d'Orleans: & du siege de Bourges. f.lix.
D'vne commotion q̃ les bouchers & escorcheurs de Paris feirent par l'enhortement du duc de Bourgongne, & prindrent prisonniers les Officiers des Ducs de Guyenne, d'Orleans, & de Bourbon. f.lx.
Comment le duc de Bourgongne fit copper la teste à messire Pierre des Essars, Preuost de Paris, à messire Iaques de la Riuiere, & autres: & fit mettre les damoyselles de la Royne, & de madame de Guyenne en prison. f.lx.
De l'esmotion qui fut de rechef faicte à Paris par les bouchers: & comment le duc de Bourgõgne s'enfuyt hors Paris. f.lx.
Du siege de Compiegne & Soissons, qui tenoyent pour le duc de Bourgongne. f.lxi.
Comment le duc de Guyenne, Dauphin, print le gouuernement du royaume. f.lxi.
De la bataille d'Agincourt. f.lxi.
Comment le comte d'Armignac fut faict Connestable de France: & du duc de Bourgõgne, qui vint deuers le Roy en armes. f.lxii.
De la mort du duc de Guyenne, & Iehan son frere, aisnez fils du Roy. f.lxii.
De la venue de l'Empereur à Paris: & de la mort du duc de Berry. f.lxii.
De la guerre que fit le duc de Bourgongne contre monseigneur le Dauphin: & comment il prit la Royne & sa fille en ses mains: & du Dauphin lequel vint à Paris. f.lxii.
De la prinse de Caen par les Anglois. f.lxiii.
Comment le seigneur de Lisleadam entra à Paris, criant, viue Bourgongne: & comment monseigneur le Dauphin se retrahit en la Bastille: & comment le Connestable de France fut tué, & plusieurs autres, à Paris. f.lxiii.
Comment les gens de monseigneur le Dauphin faillirent à recouurer Paris: parquoy il s'en alla à Bourges, & à Saumur. f.lxiiii.
Des capitaines Poton & la Hire. f.lxiiii.
Cõmẽt le duc de Bourgongne traicta le mariage du roy d'Angleterre à la fille du roy de Frãce. f.lxv.
Des libertez de l'Eglise de France. f.lxv.
Du parlement qu'eurent ensemble, à Corbeil, le Dauphin & le duc de Bourgongne: & de la prinse de Rouen par les Anglois. f.lxv.

De l'assemblee de Monstereau, ou fut tué le duc de Bourgongne. f.lxv.
Du mariage du Roy d'Angleterre à madame Katherine de France: & commẽt le Roy d'Angleterre se porta & nomma Roy de France. f.lxv.
Des sieges de Melũ & Cõpiegne, mis par les Anglois: & cõmẽt le Roy d'Angleterre emmena sa femme, & laissa le duc de Clarẽce, son frere, lieutenãt en Frãce: & de plusieurs seigneurs d'Escosse qui vindrent au secours du Dauphin. f.lxv.
De la bataille de Baugé, ou fut tué le duc de Clarence: & comment le comte de Bouchan, Escossois, fut faict Connestable de France. f.lxvi.
De la venue du Roy d'Angleterre en France, apres le trespas du duc de Clarence. f.lxvi.
De la mort du Roy Henry d'Angleterre: & comment le duc de Bethfort fut Regent en France pour le ieune Roy d'Angleterre. f.lxvi.
De la mort du seigneur de Partenay: & commẽt la Seigneurie en vint au Roy, cõme heritier du duc de Berry, qui l'auoit acquise. f.lxvii.
Du trespas du roy Charles, sixiéme. f.lxvii.
Du roy Charles, septiéme. f.lxvii.
Comment Henry le ieune Roy d'Angleterre fut nommé Roy de France: & comment on seella de ses seaux à la Chancellerie à Paris. f.lxviii.
Du siege de Crauant, & de la bataille de la Granelle. f.lxviii.
Des sieges de Sedane, & du mont sainct Michel. f.lxix.
De la bataille de Vernueil. f.lxix.
Des sieges du Mans & de la Ferté Bernard. f.lxix.
Comment le comte de Richemond fut faict Connestable de France. f.lxix.
Comment les gouuerneurs du Roy furent chacez de court. f.lxx.
Comment le duc Bretaigne fit hommage & aliance au Roy. f.lxx.
Du siege de Montargis, tenu par les Anglois, & leué par les Francois: & de la conspiration d'aucuns Princes. f.lxx.
Cõment la ville du Mans fut reprinse par les Frãcois, puis rescousse par Talbot Anglois. f.lxxi.
De la prinse de Pontorson, par les Anglois. f.lxxi.
Comment le comte de Salbery se meit en chemin pour aller assaillir Orleans, & en y allant print toutes les places de Beaulse. f.lxxi.
De la prinse des villes de Baugency, Iargeau, & Suilly, par les Anglois. f.lxxi.
Du siege d'Orleans du costé de la Soulongne & Beaulse, & de la bataille des Harens. f.lxxii.
De l'Ambassade que ceulx d'Orleans enuoyerent au duc de Bourgongne. f.lxxiii.
De la venue de la Pucelle vers le Roy de France. f.lxxiii.
De l'auitaillement d'Orleans par ladicte Pucelle. f.lxxiii.
Du siege d'Orleans, leué par la Pucelle. f.lxxiiii.

aa iiij

TABLE DV SECOND VOLVME

De l'allee de la Pucelle vers le Roy: & de la prinſe de Iargueau & Baugency. f.lxxiiii.

De la bataille de Patay, & prinſe de Talbot. f.lxxv.

Comment le Roy ſe meit à chemin, pour aller à Reims, ſoy faire ſacrer. f.lxxv.

Du ſacre du Roy, à Reims. f.lxxvi.

Comment le Roy, apres ſon Sacre, tira vers Paris, & ſe meirent pluſieurs villes & fortreſſes à ſon obeiſſance. f.lxxvi.

Comment le Roy, Iehanne la Pucelle, & pluſieurs Seigneurs, vindrent deuant Paris. f.lxxvii.

De la prinſe de Laigny, & du partement du Roy, pour aller en Touraine. f.lxxvii.

Comment le Duc de Bourbon s'en alla en ſes païs, pour la pillerie que faiſoyent les gens du Roy. f.lxxviii.

La prinſe de ſainct Pierre le Monſtier, par la Pucelle. f.lxxviii.

Rencontre d'Anglois: & des ſieges de ſainct Scelerin, & Laigny. f.lxxviii.

De la prinſe de la Pucelle deuant Compiegne. f.lxxviii.

De la reductiõ de Meleũ, Moret, Corbeil, le boys de Vincennes, & autres places. f.lxxix.

D'vne grand' deſconfiture d'Anglois, pres Chaalons. f.lxxix.

De la iournee d'Authon, au Dauphiné. f.lxxix.

De la venue du ieune Roy d'Angleterre, & de ſon couronnement, à Paris. f.lxxx.

Du grãd ſiege de Laigny, par le duc de Bethfort, qui fut leué par les Francois. f.lxxx.

D'vne belle entrepriſe que fit le ſeigneur de Lore, ſur Caen. f.lxxxi.

Deſconfiture d'Anglois faicte de rechef par le ſeigneur de Lore. f.lxxxi.

De la queſtion & debat des ducs de Bretaigne, & d'Alencon. f.lxxxi.

De pluſieurs places prinſes par les Anglois. fueillet.lxxxi.

De la bataille de Gerberoy. f.lxxxii.

De la prinſe du ſeigneur de la Trimouille. fueillet.lxxxii.

Comment le peuple de la baſſe Normandie s'eſleua contre les Anglois. f.lxxxii.

De l'eſmeute du commun du païs de Caux. fueillet.lxxxii.

Du ſiege de ſainct Denis. f.lxxxiii.

Du ſeigneur de Vilby, qui fut capitaine de Paris, & de la reduction de Pontoiſe. f.lxxxiii.

Du traicté d'Arras. f.lxxxiii.

De la mort de la Royne de Frãce, Yſabeau de Bauiere: & d'vne deſcõfiture d'Anglois pres ſainct Denis. f.lxxxiiii.

De la reduction de Paris. f.lxxxv.

Du mariage de monſeigneur le Dauphin, & de madame Marguerite, fille du Roy d'Eſcoſſe. f.lxxxv.

De la prinſe de Pontoiſe, par les Anglois. fueillet lxxxvi.

De la prinſe de pluſieurs places, d'emblee, par les Anglois, & autres par les Francois: & de la venue du Roy à Paris. f.lxxxvi.

Comment le duc de Bourgongne meit le ſiege deuant Calais. f.lxxxvi.

De la grande famine & mortalité de Paris. fueillet.lxxxvii.

De la Pragmatique Xanction. f.lxxxvii.

Du mariage de madame Katherine, fille du Roy, au fils du duc de Bourgongne. f.lxxxvii.

De la Praguerie. f.lxxxvii.

Comment, apres le diſcord appaiſé, le Roy meit le ſiege deuant la Charité. f.lxxxviii.

De la deliurance de monſeigneur Charles, duc d'Orleans. f.lxxxviii.

Du ſiege de Creil & Pontoiſe. f.lxxxix.

De la prinſe de Beaumont le Rogier, & de Beaumeſnil: & de la deſcõfiture d'Anglois. f.lxxxix.

De la prinſe d'Eureux, par Floquet. f.lxxxix.

Du voyage de Tartas, & pluſieurs autres matieres. f.xc.

Prinſe de la Baſtille de Dieppe, par monſeigneur le Dauphin. f.xc.

Comment le Roy enuoya ſaiſir en ſes mains les païs d'Armignac. f.xcj.

Des tréues prinſes entre les Roys de France & d'Angleterre: & commẽt monſeigneur le Dauphin conduict les genſd'armes en Allemaigne. f.xcj.

Du treſpas de madame Marguerite, femme de monſeigneur le Dauphin. f.xcii.

Comment meſſire Gilles de Bretaigne fut prins priſonnier, par le commandement du duc de Bretaigne, ſon frere: & comment ceulx de Gennes ſe donnerent au Roy. f.xcii.

Cõment les Ambaſſadeurs des Electeurs de l'Empire, & ceulx du Roy d'Angleterre, vindrẽt deuers le Roy, à Bourges. f.xciii.

De l'Ambaſſade que le Roy enuoya vers le pape Nicolas: & comment il trauailla grandement pour le faict de l'vnion de l'Egliſe. f.xciii.

De la prinſe de Fougieres. f.xciiii.

De la reſpõce du Roy d'Angleterre: & de la prinſe du pont de l'Arche, & autres places, par les Francois. f.xciiii.

De la reduction de la ville de Rouen par les Frãcois. f.xcv.

Comment le duc d'Alencon meit le ſiege deuant Beleſme. f.xcvi.

La bataille de Formigny. f.xcvi.

Du ſiege & prinſe de Caen, par les Francois. f.xcvii.

Du ſiege & prinſe de Falaize, par les Francois. f.xcvii.

De la prinſe de pluſieurs villes en Guyenne: de l'inſtitution du Parlement de Bordeaux: & de la totale

Du mariage du Duc Philippe de Bourgongne, à la fille du Comte de Flandres. f.xxxxi.
D'vne defcente d'Anglois en France. f.xxxi.
De la courfe de Robi Canolle, & autres Anglois: & comment meffire Bertrand du Guefclin fut faict Conneftable de France. f.xxxi.
De l'appoinctement du Roy de Nauarre: & commét meffire Bertrád du Guefclin meit es mains du Roy le païs de Poictou, de Xainctonge, & auffi prefque tout le païs de Bretaigne, par ce q̃ le Duc s'en eftoit allé en Angleterre. f.xxxij.
D'vne courfe que feirent Anglois tout au trauers du royaume de France. f.xxxii.
Comment le Roy eut cinq grandes armees en vn mefme temps fur les champs. f.xxxiii.
Commét l'Empereur & le Roy des Rommains, fon fils, vindrent veoir le roy Charles, à Paris. f.xxxiiii.
De l'entree de l'Empereur & de fon fils, Roy des Rommains, en la ville de Paris. f.xxxiiii.
Comment le Roy de Nauarre voulut faire empoifonner le Roy. f.xxxiiii.
De l'arreft donné contre meffire Iehan de Montfort, duc de Bretaigne. f.xxxv.
De la rebellion que feirent ceulx de Montpeflier, & de la griefue punition qui en fut faicte. f.xxxv.
De la mort de meffire Bertrád du Guefclin, Conneftable de France. f.xxxv.
D'vne defcente d'Anglois, qui trauerferent au trauers du royaume, de Calais iufques en Bretaigne, fans eftre combatus, & de la mort du Roy Charles le Quint. f.xxxvi.
De l'ordonnance que fit le roy Charles, cinqiéme, deuant fon trefpas: & de la confirmation de l'appoinctemét de Iehan de Montfort, duc de Bretaigne. f.xxxvi.
Des bonnes meurs & vertus qui eftoyent au roy Charles le Quint. f.xxxvi.
Du roy Charles vj. appelé le bien aymé. f.xxxvi.
Commét le roy Charles, fixiéme, fut mené facrer à Reims: & comment le duc d'Aniou print les threfors du roy Charles, le Quint. f.xxxvii.
De l'efmeute de ceulx de Paris, pour les aides : & comment ils pillerent les maifons des fermiers defdictes aides, & celles des Iuifs. f.xxxvii.
Des courfes que faifoyent les Anglois, en France, & apres fe retiroyent en Bretaigne: mais en fin les Barons ne les voulurent plus fouffrir. f.xxxvii.
Du Scifme qui eftoit en l'Eglife, touchant la Papauté. f.xxxviii.
Comment le duc de Berry fut faict gouuerneur de Languedoc. f.xxxviii.
Comment Hugues Aubriot, Preuoft de Paris, fut declairé heretique, & condamné à perpetuelle prifon. f.xxxix.
De l'efmeute des Flamés, côtre leur Côte. f.xxxix.

Comment monfeigneur Louis, duc d'Aniou, fut faict Roy de Cecille, par l'adoption de la Royne Iehanne. f.xxxix.
De l'efmeute qui fut à Paris, pour les aides q̃ l'on vouloit mettre fus : & cômment le populaire meit hors de prifon Hugues Aubriot. f.xxxix.
Comment on voulut de rechef mettre fus les aides, dont aduindrent plufieurs commotions en France. f.xl.
Comment monfeigneur Louis, duc d'Aniou, fut couronné Roy de Cecille, par le Pape Clement: & comment il conquift Prouence, & apres alla en Lombardie. f.xl.
De la guerre du Côte de Flandres contre les Gádois & Flamens, qui s'allierent auec les Anglois. fueil.xl.
De l'aide que fit le Roy au Comte de Flandres, côtre les Flamens. f.xl.
De plufieurs rencontres & defconfitures, faictes par les Francois, fur les Flamens. f.xl.
De la bataille qui fut entre le Roy & les Flamens, à Rofebec, ou il mourut bien quarante mil Flamens. f.xlj.
Comment la ville de Courtray fut pillee & brufflee. f.xlj.
Comment apres la guerre de Flandres le Roy s'en retourna à Paris, mal content de ceulx de la ville. f.xlj.
Comment le Roy fit faire vn fiege en la court du Palais: & de la propofitiõ qu'il fit faire par meffire Pierre d'Orgemont, fon Chancelier. fueil. xlij.
De la commotion que feirent ceulx de Rouen, pour les aides que l'on vouloit mettre fus. fueillet xlij.
D'vne defcéte d'Anglois, que les Flamens recueillirent, & de la rebellion de ceulx d'Orleans, pour le faict des aides. f.xliij.
Du voyage que le Roy fit contre les Anglois, & Flamens, ou il porta l'Oriflambe. f.xliij.
Du voyage que le duc de Bourbon, & autres Seigneurs de France, feirent en Barbarie, fur les Sarrazins. f.xliij.
Des maulx que plufieurs gens du commun d'Auuergne faifoyent, & de la punition que le duc de Berry en fit. f.xliiij.
D'aucuns docteurs Iacobins, qui voulurent fouftenir la Vierge Marie auoir efté conceue en peché originel, & pourquoy on les appela Huets. f.xliiij.
De la mort du Roy de Cecille, duc d'Aniou : & commét le Roy de Nauarre voulut faire empoifonner les ducs de Berry & de Bourgógne, oncles du Roy. f.xliij.
De la guerre que feirent les Anglois: & du grand nauire qu'affembla le Roy, pour leur faire guerre. f.xliiij.
De la mort du Roy de Nauarre. f.xlv.

TABLE DV SECOND VOLVME

Commēt le duc de Bretaigne fit prendre prisonnier, par trahison, le Connestable Clisson, qui alloit faire guerre en Angleterre, dont il fut adiourné à comparoir en personne deuāt le Roy, à Paris. f.xlv.

Comment le duc de Gueldres enuoya deffier le Roy, dont apres il se repentit. f.xlv.

Comment en vn conseil, tenu à Reims, le Roy fut mis hors du gouuernement de ses oncles, & fut dict qu'il estoit en aage pour iouyr de ses droicts. f.xlv.

Comment la Preuosté des Marchans, & Escheuinage, fut restituee à ceulx de Paris. f.xlvi.

De l'entree de la Royne à Paris. f.xlvi.

Comment le Roy alla visiter le Pape en Auignō. f.xlvi.

Comment le Roy osta au duc de Berry, son oncle, le gouuernement de Languedoc: & du Scisme qui fut en l'Eglise par le trespas du pape Vrbain. f.xlvi.

De l'armee q̄ le Roy enuoya contre les Sarrazins, dont estoit chef le duc de Bourbon. f.xlvi.

De l'appanage de monseigneur Louis, duc d'Orleans, frere du Roy. f.xlvii.

Des doleances que le Connestable Clisson fit au Roy, du duc de Bretaigne. f.xlvii.

Comment le seigneur de Craon cuida tuer, à Paris, le seigneur de Clisson, Connestable de France. f.xlvii.

Comment le Roy deuint malade en la ville du Mans. f.xlviii.

Comment apres la maladie du Roy, es Ducs de Berry & de Bourgongne entreprindrēt le gouuernement. f.xlviii.

Du dixieme qui fut leué en France. f.xlviii.

Des accusations qui furent faictes contre maistre Iehan Iuuenel, Preuost des Marchans de Paris. f.xlviii.

Des Iuifs qui furent chacez: & d'vne course de Sarrazins. f.xlix.

Du Scisme qui fut en l'Eglise pour la Papauté. f.xlix.

Du mariage du roy Richard d'Angleterre & de madame Ysabeau de France, fille du roy Charles sixieme: & comment ceulx de Gennes se dōnerent au Roy. f.xlix.

Du traicté de paix faict entre les Roys de France & d'Angleterre, moyennant le mariage de madame Ysabeau de France. f.l.

De la piteuse desconfiture, qui fut faicte par les Turcs sur les Chrestiens, en Hongrie. f.l.

Comment la Seigneurie de Nemours fut erigee en Duché, & baillee au Roy de Nauarre, en recompense de quelques terres. f.l.

De la mutation de plusieurs Officiers: & des haynes secrettes qui estoyent entre les Ducs d'Orleans & de Bourgongne. f.l.

Comment Henry de Lanclastre, banny d'Angleterre, se retira en France. f.lj.

Comment ledict Héry de Lānclastres en retourna en Angleterre, pour faire guerre au roy Richard, qu'il print prisonnier, le fit mourir, & se fit Roy. f.lj.

De la venue de l'Empereur de Constantinoble, à Paris. f.lj.

Commēt la hayne secrette d'entre les ducs d'Orleans & de Bourgongne, se manifesta. f.lij.

Du debat qui estoit entre les Princes, pour le gouuernement des finances. f.lij.

De la descōfiture de sept Anglois, qui cōbatirent en champ contre sept Francois. f.lij.

Du mariage de la duchesse de Bretaigne au Roy d'Angleterre: & des deffiances du duc d'Orleās audict Roy d'Angleterre. f.lij.

D'vne course que fit en Guyēne, sur les Anglois, le Connestable d'Albret. f.liij.

De l'appoinctemēt faict sur le debat des ducs d'Orleans & de Bourgongne, touchant le gouuernement du royaume. f.liij.

Du trespas du duc Philippe de Bourgongne. f.liij.

Des condamnations faictes contre Sauoisy. f.liij.

D'vn autre appoīctemēt faict entre les ducs d'Orleans & de Bourgongne. f.liij.

De l'ordōnance faicte sur les priuileges de l'Eglise de France. f.liiij.

Comment le duc de Bourgongne fit tuer le duc d'Orleans, en trahison. f.liiij.

Commēt le duc de Bourgongne s'en fuyt apres la mort du duc d'Orleans. f.lv.

De deux Escoliers que le Preuost de Paris par hastiueté fit pendre, parquoy fut condamné à les faire despendre, & baiser en la bouche. f.lv.

Touchant les priuileges de l'Eglise de France. fueil.lv.

Cōment le duc de Bourgongne vint à Paris, pour soy excuser de la mort du duc d'Orleans, voulāt soustenir qu'il auoit biē fait, & en obtint remission. f.lvj.

D'vne desconfiture de Liegeois. f.lvj.

De l'appoinctement faict à Chartres entre le ieune duc d'Orleās, & ses freres, & le duc de Bourgongne present le Roy. f.lvj.

Du Roy de Nauarre, qui s'allia au duc de Bourgongne: & du desappoinctemēt de plusieurs officiers, & du seigneur de Montagu, qui eut la teste coppee. f.lvij.

De l'assemblee de plusieurs Princes, qui tenoyēt le party du duc d'Orleās, pour venir deuant Paris, ou estoit le duc de Bourgōgne, qui tenoit le Roy en ses mains. f.lvij.

Commēt messire Pierre des Essars, Preuost de Paris, tenant le party du duc de Bourgongne, esleua les bouchers & escorcheurs de Paris, & en fut capitaine vn nommé Caboche. f.lvij.

Des defiances du duc d'Orleās & ses freres, & du duc de

la totale reduction de Guyenne, pour les Frãcois. f.xcvii.
Comment le fire de l'Efpaire, & autres, allerent querir les Anglois, affin qu'ils fuffent encores leurs Seigneurs en Guyenne. f.xcix.
Cõment le roy Charles.vij. meit en fa main toutes les fortreffes, villes, chafteaux du Dauphiné, que tenoit fon fils Louis, Dauphin. f.xcix.
Cõment le roy Charles.vij. mourut à Meun. f.c.
Du roy Louis, onziéme du nom. f.c.
Cõment le roy d'Arragõ enuoya au roy de Frãce, requerir aide cõtre ceulx de Barcelõne. f.cj.
Comment le Roy degaigea les terres de Picardie du Duc de Bourgongne. f.cj.
De la confpiration que les Seigneurs de France feirent contre le Roy, pour le gouuernement du royaume. f.cj.
De la mort du duc d'Orleans: & commẽt le Roy cuidoit retirer le duc de Berry, fon frere, par doulceur. f.cj.
Tréues entre le Roy de France & d'Angleterre. f.cii.
Comment le roy d'Angleterre enuoya Ambaffade au roy de France, pour traicter appoinctement. f.cii.
Comment le roy enuoya fon armee en Normãdie. f.cii.
De l'appoinctement faict entre le Roy, & monfeigneur Charles, fon frere. f.cii.
Du fecours que les Seigneurs d'Angleterre vindrent demander au roy de France. f.cii.
De la natiuité du roy Charles.viij. du nõ. f.cii.
Comment le Roy print en fes mains les terres engagees de Picardie, qu'il auoit vne fois racheptees du duc de Bourgongne: & de la guerre qu'ils eurent. f.ciii.
De l'armee que le duc de Bourgongne fit pour venir à Amiens. f.ciii.
Comment le duc de Bourgongne vint à grand' armee deuant la ville de Neelle. f.ciii.
Comment la ville de Parpignan fut baillee par aucuns au roy d'Arragon. f.ciiii.
Comment le Roy alla à Vernon: & comment le Cõneftable, oultre les fermẽs qu'il auoit faicts, manda le Roy d'Angleterre pour defcendre en France. f.ciiii.
Appoinctement faict entre le roy de France & d'Angleterre. f.ciiii.
Comment le roy de Portugal vint requerir fecours & aide au roy de France. f.cvi.
La prinfe de Hedin. f.cvi.
Comment le Roy fit hõmage de la ville de Boulongne, à la glorieufe vierge Marie, d'vn cœur d'or, pefant deux mil efcus. f.cvii.
Comment ceulx d'Arras eftoyent mal contens d'eftre en l'obeiffance du Roy: & comment ils cuiderẽt aller en Ambaffade deuers la comteffe de Flandres, pour auoir fecours. f.cvii.
Comment meffire Iaques d'Armignac, duc de Nemours, & comte de la Marche, fut decapité aux Halles de Paris. f.cviii.
Des Ambaffadeurs de l'Archeduc Maximilian, qui vindrent au Roy, pour traicter appoinctement. f.cviii.
Comment ceulx de Cambray fe meirent en l'obeiffance de l'Archeduc d'Auftriche: & comment le Roy enuoya fon armee es païs de Bourgongne. f.cviii.
Comment le roy d'Angleterre enuoya Ambaffade vers le roy de France, & auffi comment le Pape enuoya le Cardinal, ad Vincula, Legat en France. f.cix.
Comment le Roy fut malade. f.cix.
Commẽt le Roy fit faire vn beau & grand camp de guerre. f.cix.
De la mort de madame Marie de Bourgongne, femme de l'Archeduc d'Auftriche. f.cix.
Trefpas du roy Louis, onziéme du nom. f.cx.
Trefpas de la royne Charlote, femme dudict roy Louis. f.cx.
Des faicts & geftes du roy Charles huictiéme du nom. f.cxi.
Comment les trois Eftats furent tenuz à Tours: & de ce qui fut ordonné. f.cxi.
Comment Louis, duc d'Orleans, f'enfuyt de la ville de Paris, craignant d'eftre pris. f.cxi.
Comment l'armee du Roy entra en Bretaigne, en pourfuyuãt le duc d'Orleans, qui eftoit illec retiré. f.cxii.
Comment le roy de France gaigna la bataille cõtre les Bretons, pres fainct Aubin du cormier, ou fut pris le duc d'Orleans. f.cxiii.
Comment le mariage fut faict entre le roy Charles, & madame Anne de Bretaigne. f.cxiii.
Comment la comté de Rouffillon fut rendue au roy d'Efpaigne. f.cxiiii.
Comment le roy Charles fe partit de Lion, pour aller cõquefter fon royaume de Naples. f.cxiiii.
Comment Picus Mirandula mourut à Florence, lors que le roy Charles y paffa. f.cxv.
Comment le Roy fe partit de Romme, pour tirer vers Naples. f.cxv.
Comment le roy Charles entra en la ville de Naples, fans aucunes folennitez. f.cxvi.
Comment le roy Charles fit fon entree triumphante en la ville de Naples. f.cxvi.
Comment le roy Charles, maugré fes ennemis, paffa triumphamment Fournoue. f.cxvi.
Comment la maladie de Naples fut apportee en France. f.cxvii.
Du roy Louis, douziéme du nom, & comment il conquift la Duché de Milan, qui luy appartenoit. f.cxviii.
Comment le roy Louis, douziéme, au commencement de fon regne vendoit les offices pour auoir argent. f.cxviii.
Comment le roy Louis. xij. alla cõquefter fa Duché de Milã, qu'occupoyent les Sforces. f.cxix.

LA TABLE DV SECOND VOLVME

Comment apres que le Roy eut donné ordre à sa Duché de Milan s'en retourna en Frãce. f.cxx.

Comment Louis Sforce fut mené à Lion, puis en la tour de Bourges. f.cxx.

Comment vn Escolier arracha la saincte Hostie d'entre les mains du Prestre, en la saincte chapelle, à Paris. f.cxxi.

Comment le roy Francois, premier de ce nom, fiança madame Claude, fille du roy Louis, douziéme. f.cxxii.

Du concile de l'Eglise de France, tenu à Tours, à cause du discord du pape Iulius, & du roy Louis. f.cxxii.

Comment la maladie de la Coqueluche fit mourir moult de gens en France. f.cxxii.

Comment les Espaignols, & leurs alliez, furent desconfits par les Francois, à Rauenne, ou fut occis le Duc de Nemours, lieutenant du Roy. f.cxxiii.

Comment les Anglois descendirent en France, & de la desconfiture par mer desdicts Anglois. f.cxxiiii.

Comment le roy Louis, douziéme, fut marié en secondes nopces à madame Marie d'Angleterre, & de son trespas peu apres. f.cxxiiii.

Du roy Francois, premier du nom. f.cxxv.

Comment le Roy se partit de France, pour aller conquester la Duché de Milan. f.cxxv.

Commét les Suisses, qui auoyent faulsé leur foy au Roy, furent tous mis à sac, pres saincte Brigide. f.cxxvi.

Comment le Roy se trouua auec le Pape à Boulongne la Grasse, & du Concordat qui y fut pourparlé. f.cxxvi.

Comment Maximilian, qui voulut inuader la Duché de Milan, fut vaillamment repoulsé par seigneur de Bourbon. f.cxxvii.

Du traicté faict par madame la Duchesse d'Aniou, auec l'Esleu Empereur, pour la deliurance du Roy estant en Espaigne. f.cxxx.

Comment le seigneur de Bourbon fut tué, voulant entrer dedans Romme, & cõment le Pape se retira au chasteau de sainct Ange. f.cxxx.

Des placards affichez par les rues de Paris: & de la procession, ou le Roy assista en personne. f.cxxxiiii.

Du commencement des guerres de Piedmont, & de Sauoye:& d'autres matieres. f.cxxxv.

De l'assemblee de Nice, ou furent accordees tréues pour dix ans entre le Roy & l'Empereur. f.cxxxvii.

Du partement de l'Empereur du royaume de Frãce, & de l'execution qu'il fit contre les Gandois : de la fortification de la ville d'Ardre: du mariage du Roy d'Angleterre, à la sœur du Duc de Gueldres, laquelle depuis a repudiee. f.cxxxviii.

Des Edicts & Ordonnances que le Roy fit sur le faict de la gabelle du sel. f.cxxxviii.

Des armees que le Roy fit dresser pour la tuition & defense de son royaume, en diuers lieux. f.cxxxviii.

Des Bourguignons deffaicts en plusieurs lieux par les Francois, & de la guerre faicte à Landresy, & es enuirõs, qu'au païs de Boulonnois. f.cxxxix.

Du voyage de Carignan, dont estoit chef le seigneur d'Enghien: des prinses de Luxembourg & Ligny, & des sieges de Montereul & Boulongne par les Anglois, de la guerre de Champaigne : & de la paix entre le Roy & l'Empereur. f.cxl.

Du preparatif de guerre faict pour recouurer Boulongne, & du trespas du Duc d'Orleans: & de la deffaicte des Anglois en diuers lieux, & de la mort du seigneur d'Enghien. f.cxlii.

De la paix faicte & publiee entre les Roys de Frãce & d'Angleterre:& de la mort du roy d'Angleterre. f.cxlii.

Du trespas du roy Francois, premier du nom, de ses obseques & funerailles : ensemble de feu mõseigneur le Dauphin, & du Duc d'Orleans, ses enfans. f.cxliii.

Du roy Henry, deuxiéme du nom. f.cxliii.

L'entree, Sacre & couronnement du roy Henry, deuxiéme du nom, en la ville de Reims. fueillet.cxliiii.

Debat entre les Escoliers de l'Vniuersité de Paris, & les &eligieux sainct Germain des Prez, pour raison du Pré aux clercs. f.cxliiii.

L'entree du Roy & de la Royne en la ville de Lion. f.cxlv.

Commotion de la commune du païs & Duché de Guyenne, pour raison de la Gabelle du sel, & de l'arrest contre eulx donné. f.cxlv.

L'entree du Roy & de la Royne à Paris, auec le Tournoy faict audict lieu, pour la celebration de leur ioyeux aduenement. f.cxlvi.

La procession solénelle, faicte à Paris par le Roy, pour l'extirpation des heresies, & augmentation de la foy chrestienne. f.cxlvii.

Addition oultre les precedétes impressions iusques en l'an mil cinq cens cinquante & trois. f.clxvi.

L'entree du Roy & de la Royne en la ville de Rouen. f.cxlvii.

¶ Fin de la table du second & dernier Volume des Annales & Croniques de France.

Aux Lecteurs debonnaires.

MEsseigneurs, pour entendre mieulx la figure suyuante, & la bien accorder auec le texte du premier & second Volume, ie vous vueil bien aduertir que ne trouuerez en icelle figure Iehan, sixiéme Duc de Bourbon : car il n'est pas aussi au texte de la genealogie de Bourbõ.f.cij. du premier Volume : qui là est vn peu corrompu : & le fault remettre ainsi, ou il parle de Louis, second du nom, & troisiéme Duc. *Ledict second Louis eut vn fils, nommé Iehan, Duc de Bourbon, qui fut prins à la bataille d'Agincourt, & mourut en Angleterre : & ce Iehan eut vn fils, nommé Charles, qui fut Duc apres luy : lequel Charles eut aussi Iehan, sixiéme Duc, qui mourut sans enfans, & luy succeda Pierre, son frere, &c.* La raison pour laquelle ie pése que ce Iehan, sixiéme Duc de Bourbõ, n'a esté mis en la figure, est qu'il mourut sans enfans, & que son frere luy succeda, & eut des enfans. Oultre ce, en ceste figure suyuante, sur la fin de la genealogie de Nauarre, ou il met Blanche, aucuns mettent *Iehanne: à laquelle sa sœur Alienor succeda.* Ie vous vueil biẽ aussi aduiser que, cõbien que la figure semble faire Iehan, Philippe Marie & Valẽtine (de laquelle vint le droit de Milan à la maison d'Orleãs) tous trois enfans de Iehan Galeas, & d'Ysabeau de France, neantmoins la Cronique de Milan, faicte par vn Donato Bosso, met les deux fils au second mariage de ce Iehan Galeas, auec Catherine, fille de Bernabo, son oncle. à quoy ceulx, qui ont adiousté le regne du Roy Louis douziéme, à ce present Volume, semblent accorder. Encores entẽdrez vous, s'il vous plaist, qu'en ceste ligne d'Orleans, là ou il met Iehanne, femme du Duc d'Alencon, autres mettent Marguerite, femme de Richard, Comte d'Estampes. Au reste ne vous esmerueillez si en cestedicte figure il donne plus de filles à Charles, sixiéme, qu'il n'en met au texte du fueillet trentesix de ce Volume second : car celuy, qui à fait les figures est vn autre que Nicolas Gilles, qui ne sest pas dressé sur luy : aussi que Catherine se trouue apres mariee à Héry cinquiéme du nõ, Roy d'Angleterre, au fueillet soixantecinq de ce present Volume. Item, si vous ne trouuez point Louis troisiéme, fils de Louis d'Aniou, second du nom en la figure (comme à la verité ne l'y trouuerez, ny au texte mesme) estimez, comme ie croy, que la raison est qu'il mourut sans enfans, ainsi que nous auons dit de Iehan sixiéme Duc de Bourbon. Quand au reste, nous auõs corrigé & ceste cy, & les autres, suyuãt les bons auteurs, nº accordãt le plus qu'auõs peu auec nostre Annaliste ou Croniqueur, nõ sans grãde peine & trauail, cõme estant le tout fort depraué, ainsi que pourra congnoistre tout iuste iuge de telles matieres : qui pourtant nous excusera si quelquesfois se rencontre autre chose qu'à point en ces presens Volumes : Dequoy ie supplie aussi humblement la debonnaireté de vous autres mes bons Seigneurs, me recommandant tousiours à voz bõnes graces.

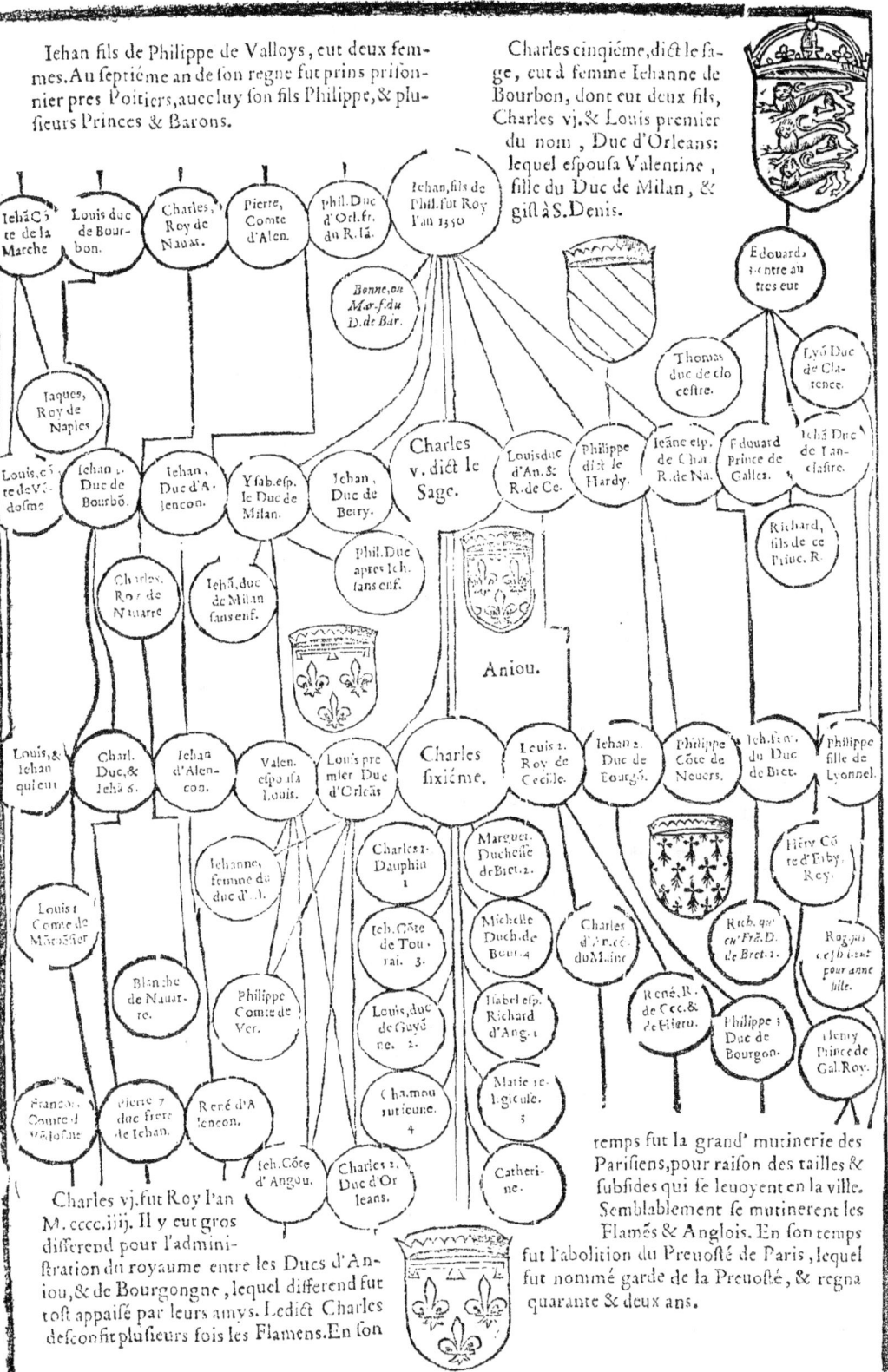

DV ROY PHILIPPE SIXIEME, DICT DE VALLOIS. Fueil.j.

Hilippe, sixiéme de ce nom, qui est surnommé de Vallois, fils de monseigneur Charles, en son viuant Comte de Vallois, lequel Charles auoit esté frere du Roy Philippe le Bel: & lequel Philippe de Vallois estoit cousin germain desdicts trois Roys precedens, Louis, Philippe, & Charles, enfans dudict Philippe le Bel, commença à regner l'an mil trois cens vingt & sept, & deceda au vingt & troisiéme an de son regne, à Nogent le Roy, l'an mil trois cens cinquante, & gist à sainct Denis en France. Comme il a esté dict au chapitre precedent, au temps du trespas du Roy Charles le Bel, madame Iehanne d'Eureux, sa femme, estoit grosse d'enfant, & estoyent plusieurs qui vouloyent auoir le gouuernement d'elle & du royaume: & entre autres le Roy Edouard d'Angleterre, qui estoit fils d'Ysabel, fille du roy Philippe le Bel, & soeur germaine des trois Roys de France derniers trespassez, & maintenoit qu'il deuoit auoir le gouuernement du royaume : & disoit encores qu'en deffaulte de ligne masculine il deuoit succeder au royaume de France, & pour ceste cause enuoya grands Ambassades en France: mais pource que ledict Roy d'Angleterre estoit subiect & vassal de la couronne de France, à cause des terres qu'il tenoit deça la mer, & que iamais le royaume de France ne fut gouuerné par Anglois, n'autres estrangiers, attendu aussi que la proximité de lignage, que disoit auoir iceluy Roy d'Angleterre, venoit par femme, & que *ab omni auo*, tant par la loy Salique que par les coustumes, loix, ordonnances & edicts du royaume de France, faicts & confermez des le temps de Pharamond, premier Roy de France, Payen, Clouis, premier Roy Chrestien, Charlemagne, & autres Roys de France, femme ne succede point, & ne doit succeder, à la couronne n'au regne

L'an mil ccc. xxvii.

Le Roy d'Angleterre vouloit estre regent en France, ce qui fut empesché.

A

Les femmes ne succedent à la couronne de France.

de France, il fut debouté de sa demãde, & fut dict qu'il ne fut onques veu qu'elle y succedast, ne donnast lieu de succeder à personne quelconque, soit masle ou femelle, quelque faute de directe ligne masculine qui soit interuenue en France: & quand ainsi seroit que femme y deust succeder (que non) si ne deuoit ledict Roy Anglois venir à ladicte succession: car plus tost y fussent venues les filles des Roys Louis Hutin, & Charles le Bel. Car les filles eussent plus tost succedé à leurs peres, que le fils de la soeur d'iceulx: les maris desquelles filles semblablement y pretendoyent & demandoyent droict: & furent d'vne part & d'autre alleguees & debatues plusieurs raisons, tant de droict diuin qu'humain: & n'est aucun qui peust soustenir à dire le contraire, que les Roys de France & les Francois n'ayent peu faire ladicte loy, ordonnance & constitution. Car le Roy de France est iuge en sa cause: *quia exemptus ab Imperio, vt dicit Bald. cap. Inuestitura in maritum facta*: & par ce seul mot Roy, est entendu Roy de France, qui est le bras dextre de l'Eglise, combien que Boniface de Amannatis solennel Docteur es droicts Canon & Ciuil, dit que les Anglois ne le confessent pas: mais attendu leur ancienne inimitié, on ne doit tenir compte de chose qu'ils en dient. Finalement à la tresgrand' poursuyte de messire Robert d'Artois, Comte de Beaumont, qui auoit espousé la soeur germaine dudict roy Philippe, & qui estoit l'vn des plus puissans Princes, & mieux enlignagé qui fust en France, lequel fit moult grands diligences de ceste matiere: & moyennant le bon droict, fut dict par les gens des Estats de France, que ledict Philippe de Vallois, comme plus prochain lignagier, en ligne masculine, auroit ledict gouuernement & regence desdicts royaumes, durant que ladicte Royne seroit grosse, parquoy il se porta regent desdicts royaumes de France & de Nauarre: & comme tel fit prendre & receuoir les hommages de France: & s'acquitta tresbien de la personne de la Royne, grosse, & des affaires du royaume: & mettoit en son tiltre, Philippe, fils du Comte de Vallois, oncle des Roys de Frãce, Regẽt des royaumes de Frãce & de Nauarre, à tous les iusticiers, &c.

Quand vint le premier iour d'Auril, elle eut vne fille, au boys de Vincennes, qui fut appelee Blanche: laquelle fut depuis par dispense mariee auec Philippe Duc d'Orleans, fils de ce roy Philippe de Vallois: apres la natiuité de laquelle Blanche ledict roy Philippe de Vallois, parauant appelé Regent, fut appelé Roy.

Comme le Roy Philippe de Vallois bailla à messire Philippe, fils de Louis, Comte d'Eureux, le royaume de Nauarre: & coment le Comte de Flandres fit hommage au Roy, & se plaignit à luy des Flamens.

LEdict Roy Philippe de Vallois eut deux femmes. La premiere fut Iehanne, fille du Duc de Bourgongne, laquelle fut moult humble & vertueuse: & recite *Fasciculus temporum* (vt piè creditur) *quòd sit sancta*: de laquelle il eut Iehan, qui fut Duc de Normandie, & apres Roy de Frãce, & vn autre Iehan qui mourut ieune, & Philippe Duc d'Orleans, qui espousa ladicte fille dudict Charles le Bel, dont la mere estoit demouree grosse. La seconde femme dudict Philippe de Vallois, fut Blanche, fille du Roy de Nauarre, & de Ichanne fille du feu Roy Louis Hutin. Ledict roy Philippe de Vallois, tantost apres son aduenement à la couronne, en ensuyuant le bon conseil des Seigneurs, Barons, & anciens du royaume, en approuuant la coustume & l'ordonnance du royaume de Nauarre, restitua ledict royaume de Nauarre à messire Philippe, fils de Louis, Comte d'Eureux, qui luy deuoit appartenir à cause de madame Ichanne, sa femme, fille du feu Roy Louis Hutin: & en recompense des Comtez de Champaigne & de Brie, qui semblablement deuoyent appartenir à ladicte Iehanne, luy bailla autres terres & seigneuries en la Comté de la Marche, pres Angoulesme.

Le Cõte de Flãdres fit hõmage au Roy de Frãce, de sa Comté.

En ce temps Louis, Comte de Flandres, vint deuers le roy Philippe, & luy fit hommage de sa Comté, & se complaignit au Roy de la malice & rebellion des Flamens, mesmement de ceulx de Bruges & d'Ipre: & luy supplia qu'il luy voulsist aider à ce besoing, pour extirper & abbatre leur orgueil & desobeissance. ce que le Roy luy promit faire, dont apres s'en ensuyuirent de grandes guerres, tant en France qu'en Flandres. Apres que le Roy eut disposé d'aucuns affaires, il se delibera d'aller à Reims, soy faire sacrer, & là furent faicts de grands preparatoires: puis s'en partirent le Roy & la Royne, & allerent à Reims, ou ledict Roy en grand' triomphe & assemblee de Prin ces fut sacré, & la Royne sacree, par la main de messire Guillaume de Trye, lors Archeuesque de Reims.

DV ROY PHILIPPE, SIXIEME, DICT DE VALLOIS. Fueil.ij.

Comment le Roy mit sus vne armee pour aller ayder au Côte de Flandres, qui l'en auoit requis contre les Flamens, & y porta l'Oriflambe.

INcontinent apres le Sacre du Roy, il s'en retourna & alla à S. Denis, & de là à Paris, ou il fut receu en grand' triuphe & honneur. puis tint parlement de mettre sus vne armee, pour aller ayder au Comte de Flâdres, qu'il l'en auoit requis. ce que plusieurs luy desconseilloyent, disans, que le temps n'estoit opportun, & que bonne chose seroit à luy qu'il demourast en son royaume iusques à vn an: lequel conseil il ne print pas bien en gré, & luy en despleut: & lors demâda le Roy à messire Gaultier de Crecy, seigneur de Chastillon, Connestable de Frâce, son oppiniô: lequel voyât l'affection, & plus pour complaire au Roy, que pource qu'il luy semblast estre bon de ce faire, fit ceste responce: Qui à bon cœur à la bataille, tousiours trouue temps conuenable: de laquelle responce le Roy fut bien ioyeux. Lors ledict Roy se lieue du conseil, ou il estoit assis, & embrassa ledict messire Gaultier, Connestable, & dist aux autres: Qui m'aymera si me suyue: & fit crier son bâ par tout son royaume, & que ses gens de guerre se rendissent à Arras, à la feste de la Magdaleine ensuyuant. Apres ladicte assemblee le Roy alla à S. Denis, & fit ce qu'on n'auoit pas accoustumé de veoir faire: car il fit ouurir les chasses ou sont les corps S. Denis & ses compaignons, & celle de monseigneur S. Louis: & luy mesmes print & apporta lesdicts corps saincts sur l'autel, & y fit dire la messe par l'Abbé de ladicte Abbaye: & apres la messe fit apporter par ledict Abbé l'Oriflâbe, & par ses mains la receut en la presence de plusieurs Seigneurs & Barons, & icelle bailla en la garde à vn Cheualier, nommé messire Milles de Noyers: & ce faict, remeit & apporta luy mesmes lesdicts corps saincts en leurs lieux & chasses.

Qui à bô cœur à la bataille tousiours trouue têps côuenable.

De la grand' guerre que le Roy fit aux Flamês: & comment il restitua le Comte en sa Comté de Flandres.

QVand son armee fut preste il partit & s'en alla à Arras, & passa oultre, & tira vers le Mont de Cassel, ou les Flamens estoyent assemblez, & là fit mettre ses tentes pres de celles des Flamens, & fut le païs d'entour moult gasté: & quand les Flamens veirent l'ost du Roy approcher, ils vindrent contre luy à moult grand' & puissante armee, & firent vn grand coq de toille taincte, & par derision meirent vn escripteau au dessus, auquel estoit escript: Quand ce coq icy chantera le Roy trouué cy entrera: & appelloyent ledict roy Philippe, le Roy trouué: laquelle mocquerie leur tourna apres à grâd meschef. Lors le Roy ordonna ses batailles. La premiere bataille conduisoyent les Mareschaux de France, & le grand Maistre des Arbalestriers: & auoyent six bannieres, & estoyent auec eulx les gens de pied, & tout le charroy & bagage. Quand les Mareschaux vindrent aux champs, ils baillerent aux Fourriers places pour les Maistres. La seconde bataille menoit le Comte d'Alencô, frere du Roy, en laquelle auoit vingt & vne bânieres: & print son tour pres du môt de Cassel, & illec se tindrent en bataille iusques à ce que les tentes & pauillons fussent tendus. La tierce bataille conduisoit le Maistre de l'hospital d'oultre mer, & Seigneur de Beauieu, & y estoyent ceulx de Languedoc. La quatriéme conduisoit Gaultier de Chastillon, Connestable de France. En la cinquiéme estoit le Roy en personne, & y auoit vingt neuf bânieres: & en sa compaignie estoit le roy Philippe de Nauarre, le Duc de Lorraine, & le Comte de Bar: & y auoit vne aesle de six bannieres, que messire Milles de Noyers conduisoit, & portoit l'Oriflambe. La sixiéme bataille conduisoit le Duc de Bourgongne, & y auoit xviij. bânieres. La septiéme conduisoit le Dauphin de Vienne, & y auoit douze bannieres. La viij. conduisoit messire Robert d'Artois, Comte de Beaumont, ou il y auoit dixhuict bânieres: & y auoit vne aesle des gens du Roy de Boesme, qui faisoyent l'onziéme. Tous s'en allerêt loger es lieux q̃ les Mareschaux leur auoyêt ordonnez: puis vint l'arrieregarde, ou auoit vingt & deux bannieres, & enuironna tout l'ost, & tira vers le mont Cassel, & s'alla loger en vne petite Abbaye, qui est là aupres. Le Roy enuoya ledict messire Robert d'Artois tenir la fontiere à sainct Omer: & commanda au Comte de Flandres qu'il allast tenir frontiere vers l'Isle. Le lendemain arriua le Seigneur de Bourbon, en l'ost du Roy, auec grand nombre de gens. Les Flamens, qui estoyent au mont de Cassel, veirent la grand' puissance du Roy, & la belle ordonnance de son armee: mais pourtant ne s'effrayerent ils point, & meirent leurs tentes hors la ville, & se logerent sur ledict mont de Cassel, affin que les Francois les peussent veoir. Là furent les osts trois iours sans rien faire. A la quatriéme iournee le Roy approcha, & vint loger à vne demye lieue pres d'eulx sur vne petite riuiere qui s'apelle la Pienne. Adonc vint là messire Robert de Flandres, & amena aucunes bannieres qui estoyent à luy. Lors le Roy print conseil comment

D'un coq que les Flamens firêt faire par derision du Roy Philippe, et des parolles qu'ils disoyent de luy

L'ordonnance de l'armee des Francois, pour aller contre les Flamens.

A ij

il pourroit tirer lefdicts Flamens hors dudict mont, & les faire defcendre en la vallee: & pour ce cuider faire enuoya lefdicts Marefchaux & leur bande de gens fourrager & mettre les feux: mais pourtant ne fe remuerent ils point:& quand lefdicts Marefchaux furent retournez ainfi qu'ils fe defarmoyent, & que les Francois de l'oft, & mefmement le Roy & fes Seigneurs eftoyent tous en leurs robbes, comme ceulx qui ne doubtoyent riens, les Flamens defcendirēt haftiuement aual le mont contre les Francois, qui eftoyent en la vallee, cuidant les prendre en defarroy:& lors lefdicts Marefchaux & leurs gens qui encores n'eftoyent pas defarmez, allerent au deuant, & les firent arrefter. Cependant le Roy & fes gens f'armerent haftiuement, & coururent fus aufdicts Flamens:& fut la bataille fi grāde & fi aspre qu'il en fut tué defdicts Flamens, bien xix.ou vingt mil:& entre autres fut tué * Colin Rezequins, qui eftoit le principal mutin, conducteur & Capitaine defdicts Flamens. Les gens du Roy, chaceans leurs ennemis, entrerent en la ville du Mont de Caffel, & pillerent & bruflerent la ville, la veille de la fefte S.Barthelemy, au moys d'Aouft, l'an mil trois cens vingt & huit. Apres celle defconfiture aucuns Flamens fe vindrent rendre au Comte de Flandres, qui eftoit auec le Roy, au chāp ou auoit efté la bataille, auquel le Roy fe tint quatre iours: lefquels Flamens le Roy cōdāna à diuerfes peines. Puis reftablit ledict Comte en fa Comté, en luy difant telles parolles: Beau coufin, gardez que deformais, par deffaulte de faire iuftice ne nous faille plus par deca retourner. Puis f'en partit le Roy, & paffa la ville de l'Ifle, lez Flandres, & f'en retourna en France.

*Froiffard le nomme Colin Dannequin. L'an mil.ccc. xxviii.

*p.Rm. l'attribue à philippe le Bel.

Qui mit la reprefentatiō d'ū Roy à cheual en l'eglife noftre Dame de Paris

Comment au retour de Flandres, le Roy retourna à Paris, & *prefenta fon cheual & harnois en l'eglife noftre Dame.

VAnd le Roy fut retourné à Paris, il f'en alla remercier Dieu & noftre Dame, en la grand eglife d'icelle, & fe fit armer, & entra en ladicte eglife tout le long de la nef, armé à cheual, iufques deuant le crucifix: & prefenta fon cheual & fes armeures à noftre Dame, en luy attribuant l'honneur & la gloire de fa victoire: & en figne de ce eft encores fa prefentation tout à cheual en la nef de ladicte eglife de Paris: & donna à icelle eglife cent liures de rente perpetuelle, qui leur acquift & affigna en Gaftinois. Enuiron celle faifon la guerre, qui longuement auoit duré entre les Anglois & les Efcoffois, fut appaifee par appoinctement, & fut faict le mariage de la fille du Roy d'Angleterre auec le fils du Roy d'Efcoffe: lequel promift ayder audict Roy d'Angleterre, en toutes fes guerres & armees, le Roy de France excepté. En ce temps pape Iehan, qui auoit octroyé au feu roy Charles le Bel, en fon viuant, deux dixiémes, les conferma de rechef audict roy Philippe de Valloys: & apres ce furent trouuees des cedulles attachees aux portes de plufieurs eglifes de Paris, qui furēt attachees par nuict: par lefquelles eftoit cōtenu que l'Empereur, le Duc de Bauiere, & autres leur complices tenoyent le pape Iehan pour heretique, & auoyent à leur pofte fait eflire à Romme vn Antipape, de l'ordre des freres Mineurs, nommé frere Pierre *Ramuche, Cordelier, & fut à fa confecration nommé Nicolas le quint: & pour le facrer firēt & promeurēt plufieurs Cardinaux, prefque tous mendians. Lefdicts Empereur & Antipape furent aucun tēps à Romme, à grands defpens des Rommains, qui f'en ennuyerent, & ne les voulurēt plus porter ne fouftenir: & par ce furent contraincts eulx en partir hors de Romme, & alloyēt vaguans par les villes d'Italie: & auoit efté faict ledict Antipape, en haine de ce que ledict pape Iehan fe tenoit es marches de France, & obtemperoit trop aux volontez du Roy de France.

*p.Rat.et autres difent Reati ou de Reate, & mieulx.

Comment les Flamens f'efleuerent derechef contre leur Comte: & comment l'Antipape fut excommunié.

LE Côte de Flandres que le Roy auoit reftably à fa feigneurie n'oublia pas ce que le Roy luy dift à fon partemēt, c'eftaffauoir qu'il fift iuftice des malfaicteurs: car dedans trois moys apres il fit mourir des cōpirateurs & principaux mutins des villes de Flandres, bien dix mil ou enuiron: parquoy vn des principaux Capitaines defdicts Flamens, nommé Guillaume le Chanu, de Bruges, eut paour, & f'en alla au Duc de Braban, luy requerir ayde pour les Flamens contre ledict Comte de Flandres, leur Seigneur, & luy faifoit grands promeffes de gens, d'argent, armeures, cheuaux, & autres chofes: mais ledict Duc fut fage, & dift qu'il ne le feroit pas fans l'affentement du Roy de Frāce. Apres, iceluy Duc enuoya, par aucuns de fes gens, ledict Guillaume Chanu deuers le Roy: al'encontre duquel Chanu furent faictes informatiōs & enqueftes: & luy trouué coulpable fut tourné au pillory, coppé les deux poings, & puis mis fus vne roue: & quand on veit qu'il f'enclinoit à mourir, il fut trainé à la queue d'vne charette, & puis apres pendu au gibet de Paris.

En ce

DV ROY PHILIPPE, SIXIEME, DICT DE VALLOIS. Fueil.iij.

En ce temps le Pape Iehan fit publier à Paris aucun proces contre ledict Antipape, nommé Pierre Ramuche, qui se faisoit appeler pape Nicolas le quint: & estoit contenu qu'iceluy Ramuche auoit esté marié auant que d'estre Cordelier, & auoit abandonné sa femme: & que sadicte femme, nommee Iehanne Mathie, viuoit encores, & l'auoit fait semondre & citer: mais en contemnant les constitutions & commandemens de l'Eglise il ne vouloit point retourner à elle: parquoy l'excommunioit. En ce mesme temps le Roy, enuoya ses messagers en Angleterre, pour sommer le Roy Edouard d'Angleterre, de luy venir faire hommage de la Duché d'Aquitaine: lesquels messagers ne peurent trouuer façon de parler à luy: mais parlerent à madame Ysabeau de France, sa mere, seulement: laquelle leur fit vne responce ambigue & impertinente, comme femmes ont accoustumé de faire: & ce faict lesdicts messagers s'en retournerent en France, sans autre chose faire. Quand le Roy les eut ouys, il y en renuoya d'autres, *La Duché de* signifier audict Roy Anglois, que s'il ne vouloit faire ledict hommage, il procederoit à l'en- *Guyenne saisie* contre de luy, par voye iuridique: & ce pendant fit saisir ladicte Duché de Guyenne. *pour le Roy.*

Comment le Roy d'Angleterre vint à Amiens deuers le Roy, & luy fit hommage de la Duché de Guyenne.

L'An mil trois cens vingt & neuf, apres lesdictes sommations, le Roy Edouard Mil ccc.xxix. d'Angleterre se meit sur mer pour venir en France, & vint descendre à Boulógne. Quand le Roy sceut sa venue il alla auec grand compaignie iusques à Amiens, & enuoya au deuant de luy des plus grands de son lignage. Le Roy d'Angleterre vint à Amiens, ou le Roy le receut grádemét & honnorablemét. Puis parlerent de la matiere pour laquelle ils estoyent assemblez, requerant le Roy que ledict Roy Anglois luy fist hommage pour la Duché d'Aquitaine, & Comté de Póthieu, qu'il tenoit. Le Roy d'Angleterre allegua que feu messire Charles de Vallois, pere du Roy, quand il alla en Guyenne contre le feu Roy d'Angleterre, son pere, il l'auoit despouillé d'vne grand portion de ladicte Duché d'Aquitaine, & qu'il n'estoit tenu faire hommage iusques à ce qu'il fust reintegré de ladicte portion. Le Roy dist au contraire que ledict feu Roy d'Angleterre auoit confisqué celle partie d'Aquitaine, & plus. Finalement fut dict que le Roy d'Angleterre feroit hommage lige de la portion qu'il en tenoit, & que ce que le Roy en tenoit demourroit à la couronne de France: laquelle portion auoit esté forfaicte par le feu Roy d'Angleterre, son pere: toutesfois si le Roy d'Angleterre se sentoit de ce greué, vint à Paris, & là *Hõmage faict* luy feroit faict droict par le iugement des Pers de France: & ainsi ledict Roy d'Angleterre fit *par le roy d'An* hommage de ladicte portion, & de la Comté de Ponthieu, en la maniere dessus declaree. Ce *gleterre au roy* faict, furent faictes ioustes & esbatemens, & grands honneurs audict Roy d'Angleterre: & a- *de France, de la* pres se departirent lesdicts Roys. Le Roy s'en vint en France, & le Roy d'Angleterre s'en re- *Duché d'Aqui*tourna: & enuoya ledict Roy d'Angleterre, les lettres dudict hommage, donnees à Eselin, le *taine.* trentiéme iour de Mars, mil trois cens & trente: lesquelles lettres d'hommage Iehan Froissard auroit incorporees de mot à mot en sa Cronique, sur ladicte annee. En ce temps le Roy de Chipre, ayant desir que son royaume fust anobly de la semence de France, enuoya solennelle Ambassade deuers monseigneur Louis, Comte de Clermont, luy requerir sa fille en mariage, pour son aisné fils: laquelle luy fut octroyee, & l'emmenerent le Patriarche de Hierusalem, vn Euesque, & autres messagers dudict Roy de Chipre, honnestement accompaignee. En ce mesme temps le Duc Iehan de Bretaigne, fils d'Artus, espousa en l'eglise nostre Dame de Chartres, la sœur du Comte de Sauoye, le Roy de France present: & parauant auoit eu deux femmes. La premiere auoit esté sœur dudict roy Philippe de Vallois, & la seconde, nommee Blanche, fille du Roy de Castille: de toutes lesquelles il n'eut aucuns enfans. Il auoit vn frere nommé Guy, qu'il maria à la dame d'Auaugour, & luy donna la seigneurie de Ponthieure: & desdicts Guy & dame d'Auaugour issit vne fille, nommee Iehanne, qui fut boyteuse. Ledict Guy trespassa l'an mil trois cens trente, delaissant sadicte fille: laquelle sondict oncle maria à mesire Charles de Blois, fils puisné de Guy Comte de Blois, & de la sœur du roy Philippe de Vallois: & luy fit faire par les Barons hommage, & prindrent le nom & les armes de Bretaigne: & par le traicté dudict mariage la fit son heritiere audict Duché, par le consentement des Barons dudict Duché, reiettant à son pouuoir Iehan Comte de Montfort, soubs couleur du mariage d'elle, combien que ledict de Montfort fust son frere de pere, & fils d'Artus, & de la Comtesse de Montfort, nommee Yoland, qui auoit autrefois espousé le Roy.* d'Escosse, cóme * *parauant au* dict a esté dessus. *fueil.125 pag.2*
dit roy de Sirie

A iij

LES CHRONIQVES ET ANNALES DE FRANCE.

Comment le Roy Philippe de Valloys fit abbatre les murs & portaux des villes d'Ipre, Courtray, & autres villes de Flandres.

Mil ccc.xxix. La seigneurie de Bourbon fut erigee en Duché.

APres ces choses, le Roy, congnoissant le grand orgueil qui estoit es cœurs des Flamens, qui ne vouloyent obeir à leur Comte, enuoya en Flandres aucuns commissaires, qui feirent abbatre & desmollir les portes, tours & fortifications des villes d'Ipre & Courtray, & autres villes & fortresses, dōt les Flamés eurent grand despit: car iamais n'auoit esté faict en Flandres vn tel exploict. Audict an mil trois cens vingt & neuf, fut la seigneurie de Bourbō erigee en Duché: & en fut messire Louis, Cōte de Clermont, & de la Marche, seigneur de Bourbon, premier Duc. En celle annee l'Euesque de Paris, accompagné de plusieurs Prelats, au paruy de deuant la porte nostre Dame de Paris, de l'authorité du Pape Iehan excommunia publiquemēt frere Pierre Ramuche Antipape, Louis de Bauiere Empereur, & frere Michel, General de l'ordre des freres Mineurs. En ce temps le roy Philippe fit appeler tous les Prelats du royaume, pour corriger les abuz qu'eulx & leurs Officiaux faisoyent, touchant les iustices: & cuiderent aucuns qu'il voulsist oster ausdicts gens d'Eglise leursdictes iustices, mesmement tēporelles, mais non fit. En icelle mesme annee le Roy fit nouuelle monnoye, foible, par le conseil de Raymond de Bediers, comme on disoit: lequel Bediers tantost apres se desespera, & se pendit. En celle mesme saison pource qu'Aymon, frere du feu Roy d'Angleterre, ne vouloit obeir au Roy Edouard, son nepueu, & disoit que le vieil Edouard, son frere, n'estoit point mort, & qu'il viuoit encores, ledict Edouard, son nepueu, luy fit copper la teste.

Comment le Roy alla en Auignon veoir le Pape, & comment l'Antipape vint requerir pardon.

Mil ccc. trente.

EN l'an mil trois cens trente la Royne de France, sœur du Duc de Bourgongne, eut vn fils, qui fut nommé Louis: & pour ceste cause, cōme l'on disoit, se partit le Roy pour aller en voyage à S. Louis de Marseille, son oncle, de par sa mere: mais ledict enfant xv. iours apres sa natiuité trespassa, & fut enterré en l'eglise des freres Mineurs à Paris. Le Roy en s'en retournant visita le Pape Iehan, qui estoit en Auignon, qui le receut honnorablement & familierement: puis s'en retourna le Roy en France: & tantost apres ledict Pierre Ramuche Antipape, qui se nommoit Nicolas, congnoissant son mal, vint & entra en Auignon en habit seculier & dissimulé, pour la craincte du peuple: & le lendemain se monstra en l'eglise, en la presence dudict pape Iehan, en habit de Cordelier, criant, & disant: Pere i'ay peché & erré, & suis indigne de pardon, toutesfois ie viens au giron de saincte Eglise. Lors le Pape monta en chaire, & fit vn preschement, & dist entre autres choses que l'Aigle esgaree ne doit pas aux chiens estre liuree: & quand le Pape eut finé son sermon, l'Antipape se ietta à ses pieds vne corde au col. Lors le Pape luy osta le lyen du col, & le leua, & le receut à trois baisers: c'est assauoir aux pieds, à la main, & à la bouche: dōt plusieurs s'esbahirēt: puis fit chanter *Te Deum Laudamus, te dominum confitemur.* En celle annee mōseigneur Philippe, Comte d'Eureux, fut en la cité de Pampelune courōné Roy de Nauarre, dōt le royaume luy appartenoit à cause de sa femme, qui fille estoit du Roy Louis Hutin, cōme dict est dessus.

De l'arrest de Parlement, touchant la Comté d'Artois, donné cōtre messire Robert d'Artois: & des faulces lettres que fit vne Damoyselle: & comment ledict messire Robert esmeut grand' guerre contre le Roy.

* Doresnauant uous pourrez lire auec Froissard, pource qu'il estoit de ce temps là, ou peu apres.

† al. Dyuō,

EN ce tēps messire Robert d'Artois Comte de Beaumont, qui auoit espousé la sœur du Roy, & le gouuernoit paisiblemēt, recōmença proces cōtre madame Mahault, Comtesse d'Artois, si comme il auoit autresfois fait, & en auoit esté faict & donné contre luy arrest en Parlement, & maintenoit que les lettres de conuenāce du mariage d'entre monseigneur Philippe d'Artois, son pere, & dame Blanche de Bretaigne, sa mere, par lesquelles ladicte Comté d'Artois luy appartenoit, auoyent esté par fraude mussees: si les auoit de nouuel trouuees, & les produisit en iugement contre le Duc de Bourgongne, frere de la Royne, qui tenoit ladicte Comté à cause de sa femme, fille du Roy Philippe le Long, & de la Royne Iehāne, fille de ladicte Cōtesse Mahault: mais lesdictes lettres par luy produictes furēt trouuees faulces, & nonobstant icelles par arrest de ladicte court de Parlement, ladicte Cōté fut adiugee audict Duc de Bourgōgne: & fut aduerré qu'vne Damoyselle de Bethune, appelee la Damoyselle de † Dunon, auoit esté cause de faire lesdictes faulces lettres: & elle mesmes, qui estoit

DV ROY PHILIPPE, SIXIEME, DICT DE VALLOIS. Fueil.iiij.

estoit fort subtile, & ingenieuse, y auoit placqué le seel d'vne autre lettre: pour laquelle cause i- | *Vne Damoyselle faulsaire bruslee à Paris.*
celle damoyselle fut bruslee au marché aux pourceaux à Paris. Tantost apres, durât ledict pro-
ces, ladicte dame Mahault trespassa à Paris: & fut son corps enterré au conuent des freres Mineurs, à Paris, & par sa mort ladicte Comté escheut à sa fille la Royne Iehanne de Bourgôgne,
veufue de feu Philippe le Long, Roy de France. Quand ledict messire Robert d'Artois, Comte
de Beaumont, veit comme les choses alloyent côtre luy, il fut moult courroucé, & dist telles paroles du Roy: Par moy, & par mes poursuytes & diligences fut faict Philippe Roy de France,
mais par moy en sera desmis. Tantost apres iceluy messire Robert fit secrettement mener ses
cheuaux & besongnes à Bordeaux, & se meit sur mer, & s'en alla vers le Roy d'Angleterre: &
depuis se retira ledict messire Robert à Guillaume, Comte de Haynault, & deuers son cousin le
Duc de Braban, ou il se tint aucun temps. Quand le Roy sceut son partement, il fit saisir ses terres, & luy manda qu'il se vint purger personnellement des cas qu'on luy imposoit, deuant les
Pers de France, mais il n'en tint compte. Et est à sçauoir que ledict messire Robert s'estoit grâ-
dement allié, se retirant vers le Comte de Haynault. Car il auoit marié ses filles, l'vne au Roy
d'Angleterre, l'autre à Louis de Bauiere, Empereur d'Alemagne, l'autre au Duc de Iuilliers, &
la quarte estoit fiancee au fils du Duc de Braban: tous lesquels Princes, & autres, ledict messire
Robert esmeut côtre le Roy, au moyen dudict Comte de Haynault leur beau pere: mais le Roy
fit rompre le mariage du fils du Duc de Braban, & luy donna Roy l'vne de ses filles, & par ce
allia à luy le Duc de Braban. Puis trouua façon le Roy de France d'attirer à son alliâce le Roy
de Boesme, qui se disoit aussi Empereur d'Alemagne, Princes & Seigneurs de diuers païs, l'E-
uesque du Liege, & plusieurs autres: tous lesquels vindrent deuers luy à Côpiegne, & là le Roy
donna à son aisné fils Iehan la Duché de Normâdie. En l'an mil ccc.xxxj. se meut guerre en- | *Mil ccc.xxxi.*
tre messire Iehan de Challon, & le Duc de Bourgongne, en laquelle fut tué messire Charles
d'Eureux, Comte d'Estampes: mais le Roy print la question en sa main, & ne côbatirent point:
toutesfois les Bourguignons de la Comté feirent hommage audict Duc, & le retindrent pour
leur seigneur, à cause de sa femme.

Comment messire Robert d'Artois fut declairé banny, & ses biens confis-
quez: & du mariage de monseigneur Iehan, fils du Roy, à la fille du Roy de
Boesme.

LEdict messire Robert d'Artois, Comte de Beaumont, fut si courroucé, qu'onques puis ne cessa de brouiller & contrarier au Roy, & à la couronne de France: & apres ce qu'il eut esté cité & appelé par plusieurs iournees, en la presence d'aucuns des messagers qu'il auoit enuoyez (lesquels toutesfois n'auoyent
point de pouoir de luy, sinon de l'excuser) fut par le Roy, tenant son siege, en la
presence des Pers de France, declairé banny du royaume, & ses biens côfisquez.
Apres ladicte sentence le Roy partit de Paris, & s'en alla à Melun, & là fit faire les nopces de
monseigneur Iehan son fils, & de la fille du Roy de Boesme, & puis s'en retourna à Paris: &
le iour de la feste sainct Michel, en la chapelle du Palais, en la presence des Roys de Boesme,
de Nauarre, des Ducs de Bourgongne & de Braban, & de plusieurs Prelats, Barons, Cheualiers & Nobles, fit proposer qu'il auoit intention d'aller oultre mer en l'aide de la saincte terre,
& qu'il laisseroit Iehan, son aisné fils, Duc de Normandie, pour gouuerner le royaume (lequel
estoit encores en l'aage de quatorze ans) & fit iurer lesdicts Prîces & Prelats, illec presens, qu'ils
luy feroyent obeissance durant son absence, & que s'il aduenoit qu'il trespassast audict voyage,
ils le couronneroyent Roy de France.

En l'an mil trois cens trente deux, frere Pierre de Paluer, de l'ordre des freres prescheurs, | *Mil ccc.xxxii.*
fut faict Patriarche de Hierusalem: & l'enuoya le Roy vers le Souldan en Ambassade, à ce qu'il
cessast de faire guerre aux Chrestiens. A son retour il fit relation de la grand' obstination du-
dict Souldan: parquoy pape Iehan ordonna le passage d'oultre mer, & commanda audict Pa- | *Le Roy de France fut faict Capitaine general de l'armee pour aller oultre mer*
triarche prescher la croysee, & fit le Pape, le Roy Capitaine general de ladicte armee & voya-
ge. parquoy apres ladicte feste sainct Michel, par ledict Patriarche fit le Roy faire vn Sermon
au pré aux clercs, pres Paris, pour prendre la croix pour aller oultre mer, & luy mesmes se croi-
sa le premier, & grand' quantité de Nobles, & autres, en la presence des Roys de Boesme &
de Nauarre, les Ducs de Bourgongne, de Braban, & de Lorraine: & ce mesme iour fit le Roy
de France le mariage de madame Marie, sa fille, au fils dudict Duc de Braban. Apres commanda ladicte croysee estre preschee par tout le royaume. ce qui fut faict, & se croyserent plusieurs
personnes, mais non pas tant qu'on cuidoit qu'il s'en deust croyser: car plusieurs eurent imagination que ladicte croysee se faisoit seulement pour auoir occasion de leuer argent sur le

A iiij

royaume, ainſi qu'autresfois on en auoit eſté abuſé. Tantoſt apres le Roy enuoya meſſire Raoul d'Eu, Conneſtable de France, & l'Eueſque de Beauuais, ſes Ambaſſadeurs, en Angleterre, pour traicter de paix, dont le Pape l'auoit fait admōneſter: & requirēt leſdicts Ambaſſadeurs au Roy d'Angleterre de par le Roy de France, que pour la reuerence de Ieſus Chriſt il vouſiſt entreprendre ledict voyage d'oultre mer. Ledict Roy d'Angleterre fit reſpōce que moult luy ſembloit eſtrange choſe que le Roy de Frāce entreprint ledict voyage d'oultre mer, & touteſ-fois il ne luy tenoit pas les choſes qu'il luy auoit promiſes: & chargea leſdicts meſſagiers qu'il luy diſſent que quād il luy auroit accomply ſes promeſſes, qu'il luy auoit faictes, il ſeroit pluſtoſt preſt d'aller audict voyage que luy: & ſ'en retournerent les meſſagiers ſans riens faire: & par ce fut renouuelee la guerre entre les deux Roys: & pource q le Roy fut aduerty qu'il y auoit pluſieurs Anglois au chaſteau de Xainctes, il enuoya le Comte d'Alencon, ſon frere, qui fit raſer ledict chaſteau.

De l'erreur & damnee oppinion du pape Iehan, touchant les ames de ceulx qui treſpaſſent en eſtat de grace.

En ce tēps, pource que le pape Iehan auoit preſché en Auignon, publiquement, que les ames de ceulx qui treſpaſſoyent en eſtat de grace ne verroyent point Dieu iuſques apres le iour du iugement, & auoit enuoyé ledict Pape deux freres, l'vn Preſcheur, & l'autre Mineur pour publier ſadicte oppinion, dont ſourdit grād murmure entre les clercs de l'Vniuerſité de Paris. la choſe venue à la congnoiſſance du Roy, il fit aſſembler grand nombre de Docteurs Theologiens, & autres de ladicte Vniuerſité, & par leur oppinion fut trouué que le contraire de ce q diſoit ledict Pape eſtoit vray, & les oppinions deſdicts Theologiens fit le Roy rediger par eſcrit, & mettre en trois lettres, contenant chacune vne forme, ſellees de trēte des ſeaux deſdicts Docteurs, & les enuoya au Pape, & luy manda qu'il corrigeaſt ceulx qui croyent au contraire: & aucun temps apres ledict Pape treſpaſſa en Auignō: & luy eſtāt malade au lict de la mort, il appela & reuoqua ledict erreur qu'il auoit voulu tenir. Apres luy fut eſleu le Cardinal de

*Plat. dit Priſque.

ſaincte *Praxede, qui auoit eſté moyne de Ciſteaux, qui fut appelé Benedic xij. de ce nom: lequel Benedic eut grand' guerre contre ceulx de Milan, & contre les Guibelins, qui deſconfirent ſes gens, dont il fut moult appauury: & par ce enuoya en France requerir aux gens d'Egliſe du royaume, qu'ils luy feiſſent aucun aide pour ſa guerre: mais le Roy luy contrediſt & empeſcha, par ce que *iamais n'auoit eſté faict en France: & voyant le Pape qu'il ne pouoit auoir

*il dit ſemblable choſe de Iehan, Pape precedēt, et de Charles Roy precedent auſſi.

aide deſdicts gens d'Egliſe de France, ſans la faueur du Roy, il luy eſcriuit vnes lettres de belles paroles, & ottroya au Roy la decime de deux annees, ſur leſdicts gens d'Egliſe de ſon royaume: parquoy le Roy ſe conſentit que leſdicts gens d'Egliſe de ſon royaume feiſſent aide au Pape: par ce voyla comment il en alla: Donne men, ie t'en donneray. Iceluy pape Benedic fut dur à donner benefices à nulles gens, ſ'ils n'eſtoyent dignes de les auoir, & n'en vouloit dōner aucun à ſes parens, & diſoit que les Papes n'ont aucuns parens, & priua pluſieurs des benefices qu'ils tenoyent, par ce que les vns n'eſtoyent capables, & les autres en tenoyent trop: & affin q doreſnauant on ne donnaſt aucun benefice aux indignes, il fit vne Decretale, qui ſe commence par ſon nom: Benedictus Deus in donis ſuis. Oultre ce fit le Roy de grandes exactions ſur ſes ſubiects. Lors vindrent en l'aide du Roy de France quarante galees Geneuoiſes, qu'il auoit enuoyé querir par meſſire Hue †Queuret, ſon Admiral, & en eſtoit conducteur vn nommé †Barbenoire, & prindrent moult de nauires du Roy d'Angleterre, & coururent & prindrent les iſles de Gaze, & autres ports d'Angleterre, & luy feirent moult de dommage. En

†al. Guyeret, & Quieuret,
†al. Barbenaire,

celle ſaiſon les gens du Roy prindrent auſſi ſur les Anglois le chaſtel de Monttendre, & autres fortreſſes en Xaintonge. En ce temps fut adiugee au Roy, par forfaicture, vne belle maiſon appelee le Moncel, pres le pont ſaincte Maxēce, en laquelle il fonda vne moult belle Abbaye, ou il meit Nonnains pour Dieu prier. En ce temps auſſi la ſœur dudict Roy Philippe, femme de meſſire Robert d'Artois, qui eſtoit banny, fut ſoupeſonnee d'auoir fait aucuns veuz & charmes: parquoy elle fut prinſe, & miſe priſonniere à Chinon, & ſes enfans auſſi enuoyez priſonniers à Nemours.

Comment le Roy alla viſiter le Pape: & d'vn Preuoſt de Paris qui fut pendu.

*autres ſix,

L'An mil trois cens trente *cinq, le Roy ſe meit en chemin pour aller vers le pape Benedic, en Auignon: mais en chemin luy print vne maladie, parquoy il n'y peut aller, & luy enuoya ſes Ambaſſades pour obtenir certaines requeſtes ſur le faict du voyage d'oultremer, leſquelles le Pape octroya liberalement. Apres ce que le Roy fut guery, luy & monſeigneur Iehan Duc de Normandie, ſon fils, allerent viſiter les villes & citez des loingtaines parties de ſon royaume: & en ſ'en retournant paſſa en Auignon, ou ledict pape Benedic eſtoit, qui le receut honnorablement, & parlerent de pluſieurs matieres, & entre autres des choſes neceſſaires & vtiles pour ledict voyage d'oultremer.

DV ROY PHILIPPE, SIXIEME, DICT DE VALLOIS. Fueil.v.

tremer. Puis print le Roy auec le Pape grand familiarité & accointance:& apres se mit au retour,& passa par Marseille & Prouence,pour voir & visiter ses nauires qu'il auoit fait apprester,pour faire ledict voyage d'oultremer,& enuoya dedans aucunes gallees messire Iehan de †Sepay,Almiral,oultre mer,pour voir & espier la côtenance des Turcs. Puis passa par Lion,& vint par Bourgongne, ou il trouua que le Duc & Comte de Bourgongne, & messire Iehan de Chaalô, auoyent grād' guerre ensemble, pour le faict du reuenu des païs de Salins, & ne les peut pour ceste fois appoincter, mais prindrēt seulemēt vne tréue:& l'annee ensuyuāt le Roy les fit venir vers luy:& les appoincta du tout. Enuiron celle saison tresgrandes & solennelles alliances furent confermees entre les Roys & les royaumes de France, & d'Espaigne.

 Enuiron la Magdaleine, mil trois cens trente six, messire Hugues de Coucy, Cheualier de Bourgongne, Preuost de Paris, qui auoit esté President en Parlement, fut accusé & attaīct de plusieurs crimes, abus, & iniustices qu'il auoit commises en son office : & fut condamné à estre pendu & estranglé au gibet de Paris:laquelle sentence fut executee.

† al. Sepoy.

Le Preuost de Paris fut pendu au gibet de Paris.

 Audict an Iehan Duc de Bretaigne, voyant qu'il ne pouoit auoir hoir de son corps, voulāt euiter les discords qui pouuoyent venir entre les siens, à cause de sa succession, par ce que les vns disoyent desia luy viuant, que madame Iehanne, iadis fille de feu Guy, de Bretaigne, Vicomte de Limoges, frere dudict Duc, deuoit estre son heritiere, & que les autres disoyent que monseigneur Iehan de Bretaigne, Côte de Montfort, son frere puisné, le deuoit estre, octroya au Roy de France qu'il eust sa Duché apres sa mort, en telle maniere que s'il aduenoit qu'il eust hoir de sa femme, qu'il eust la Duché d'Orleans:mais aucuns Bretons l'empescherent, & ne sortit point la matiere d'effect. Les gens du Roy d'Angleterre prindrent par trahison le chastel de Paracourt, en Xaintonge, & le leur liura vn gentil homme de Languedoc : lequel pour ceste cause eut la teste coppee, à Paris.

Comment au pourchats de messire Robert d'Artois, le Roy d'Angleterre descendit en France.

MEssire Robert d'Artois, qui comme dict est dessus, auoit esté banny du royaume de France, estoit lors en Angleterre, & par tous les moyens qu'il pouoit animoit le Roy d'Angleterre, & tous les Princes auec lesquels il auoit alliance & affinité, à eulx esmouuoir contre ledict roy Philippe de Vallois:& tant fit & pourchacea que ledict Roy d'Angleterre fit vne grand' armee par mer & par terre, & descendit en Xaintonge, ou il fit plusieurs maux. Pour laquelle cause le Comte d'Eu, Connestable de France, les Comtes de Foix, & d'Armignac, prindrent plusieurs villes en Gascongne, que tenoit le Roy d'Angleterre. Semblablement Nicolas Buschet, Thresorier de France, assēbla plusieurs nauires, & fit vne course en Angleterre, & brusla vn port, & plusieurs bourgs à l'enuiron:& en s'en retournant ses gens pillerent & bruslerent les Isles de Iarre:parquoy le Roy d'Angleterre, pour resister aux Francois, enuoya en Gascongne messire Verard d'Alebret:& aussi enuoya pour auoir l'alliance du Comte de Flandres, & des Flamens. Si s'assemblerent pour ceste cause le Comte & les Flamens, en la ville de Bruges:& pource que le Comte, qui à celle heure estoit bon Francois, sceut qu'vn Cheualier Gantois, qui là estoit, auoit machiné contre le Roy, il le fit prendre & amener deuers le Roy, dont ceulx de Gand furēt courroucez:si enuoyerent à ceulx de Bruges, à ce qu'ils leurs voulsissent ayder contre leurdict Côte:& pource que le Comte sceut qu'aucuns de Bruges se vouloyent accorder & adherer ausdicts Gantois, il alla en personne à Bruges, pour les punir:mais quand ceulx de la ville sceurent sa venue, ils s'armerent, & allerent au marché:& lors le Comte & messire Robert de Fiénes vindrent contre eulx à bannieres desployees, audict marché, & s'entrebatirent tresbien, & y eut moult de gens tuez:mais à la fin il conuint audict Comte qu'il se reculast:& tantost apres s'en vint ledict Comte deuers le Roy.

Le roy d'Angleterre suscita les Flamens à luy ayder à faire la guerre contre le Roy de France.

Comment les Flamens s'allierent aux Anglois, par le moyen d'Arteuelle, Capitaine des Flamens.

APres ce le Roy d'Angleterre, par le moyen d'aucunes intelligences qu'il auoit, enuoya en Flandres grand nombre d'Anglois, en la faueur des Flamens, contre ledict Comte: lesquels Anglois firent beaucoup de maux, & puis s'en retournerent. Apres ce que le Roy sceut que les Flamens s'estoyent ainsi esmeuz, il enuoya deuers eulx pour les appoincter auec ledict Comte, & les attraire & allier de sa part, mais ils n'y voulurent entendre: & semblablement y enuoya le Roy d'Angleterre: lequel par grands promesses & persuasiōs attrahit à soy vn nommé Iaques d'Arteuelle, qui estoit de Gād, qui autresfois auoit esté auec feu messire Charles de Vallois, en Lombardie, & en l'isle de Rodes, & apres auoit esté varlet fruictier du feu Roy Louis Hutin, & depuis s'estoit retraict à Gand, dōt il estoit natif, & auoit espousé la femme d'vn brasseur de ceruoyse, & depuis nagueres les Flamens l'auoyent fait leur Capiraine: & par le moyen d'iceluy Arteuelle, qui donnoit à entendre que sans la communication de marchandise, & bienvueillance des Anglois, ceulx de Flandres ne pouuoyent bonnement viure, n'eulx entretenir: apres plusieurs preschemens & persuasions lesdicts Flamens s'allierent audict Roy d'Angleterre.

Arteuelle capitaine des Flamens.

Comment les Flamens retindrent leur Comte: & comment il s'en partit de Flandres secrettement & d'emblee: & comment le pais de Flandres fut interdict.

Vand le Comte de Flandres, qui estoit auec le Roy de France, sceut ces nouuelles, il alla en Flandres, pour veoir s'il les pourroit demouoir de leur mauuais propos: mais quand il fut par dela ils le retindrent cōme prisonnier: parquoy il faignit d'estre de leur partie, & luy baillerent vn habillement de leurs couleurs, qu'il porta. Vn iour le Comte, à qui il greuoit moult d'estre en la subiection desdicts Flamēs, ses subiects, pour trouuer façō d'eschaper de leurs mains, s'aduisa de prier des dames & damoiselles de Gand à disner auec luy, & feit faire grands preparations: mais quand il eut ouy la messe, il dist qu'il vouloit aller voller vn heron auant que disner. Il monta à cheual & s'en vint hastiuement deuers le Roy, sans retourner, & ainsi faillit la feste. Quand ledict Comte fut venu deuers le Roy, au moyen des censures esquelles iceulx Flamens s'estoyent obligez & soubsmis, le Roy feit mettre l'interdict en Flandres, & excommunier lesdicts Flamens: lesquels à ceste cause furent vn peu refroidiz de leur malle volonté.

Bonne cautelle dont vsa le Cōte de Flandres.

Comment le Roy d'Angleterre alla en Alemaigne, & fit alliance auec l'Empereur, & plusieurs Princes, contre le Roy de France, à la poursuyte de messire Robert d'Artois: & comment le Roy d'Angleterre print les armes de Frāce escartelees auec celles d'Angleterre.

N l'an mil ccc.xxxviij. le Roy d'Angleterre passa la mer, & amena auec luy sa femme, qui estoit fille de messire Guillaume, Comte de Haynault, & niepce de Iehā de Haynault susdict, & allerent en Braban, & en Alemagne, ou ils feirēt plusieurs alliāces: & entre autres feirent alliance auec Louis de Bauiere, qui se disoit Empereur (combien qu'il fust excōmunié de par le Pape) & autres Seigneurs d'Alemagne: & les prenoit ledict Roy d'Angleterre comme souldoyers, à certaine somme de deniers, au cas que si faulte de payemēt y auoit, lesdictes alliances estoyent nulles: & vint ledict Empereur & ses Alemans iusques à Anuers, à tout bien *xxxij. mil hommes de cheual, & deux cens mil de pied: & fit ledict de Bauiere, ledict Roy Anglois Vicaire de l'Empire: & par le conseil des dessusdicts ledict Roy d'Angleterre changea ses armes, & les porta escartelees des armes de France & d'Angleterre, & se nomma & intitula Roy de France & d'Angleterre. ce qu'il n'auoit iamais fait. Quand le Roy sceut ces choses, il assembla grand ost par mer & par terre, & estoit son armee bien à xxxiiij. mil hommes de cheual, & cc. mil hommes de pied, & alla à Amiens, attendant le retour d'Alemagne dudict Roy d'Angleterre, pour le cōbatre, & le prēdre au passage: & fit le Roy sçauoir à Iehan, Duc de Braban, & Guillaume de Haynault, qu'il n'estoit pas content de l'aide & faueur qu'ils donnoyent contre luy au Roy d'Angleterre, comme on luy auoit rapporté: si s'en vindrent excuser vers luy. Pour faire ladicte armee fit le Roy de grandes exactions sur son peuple, mesmement sur les gens d'Eglise (car il auoit requis le Pape Benedic, qu'il luy octroyast le decime de deux annees) & en la compaignie du Roy estoyent les Roys de Nauarre, & de Boesme, & son fils Iehan, Duc de Normādie, le Duc d'Alencon, son frere, & plusieurs autres Princes, & y furent long temps: & quand le Roy veit sa longue demoure, & qu'il sceut qu'il ne venoit point, il s'en retourna en France.

L'an mil ccc. xxxviii.

*le vieil exēpl. ne met rien du nombre.
Quand le Roy d'Angleterre print premierement le tiltre de Roy de France.

Audict an mil trois cens trentehuict, monseigneur Iehan, Duc de Normandie, eut vn fils, qui fut nommé Charles, lequel apres luy fut Roy, cinquiéme de ce nō. Enuiron ce tēps, en ensuyuāt le priuilege

L'an mil ccc. xxxviii.

DV ROY PHILIPPE, SIXIEME, DICT DE VALLOIS. Fueil. vj.

le priuilege de Louis Hutin Roy de France & de Nauarre, fut cōclud par les gens des Estats de France, present ledict roy Philippe de Vallois, qui s'y accorda, que l'on ne pourroit imposer ne leuer taille en France sur le peuple, si vrgente necessité, ou euidente vtilité ne le requeroit, & de l'octroy des gens des Estats. En ce temps le Roy erigea en Comté la seigneurie de Harecourt. En celle mesme annee mil trois cens xxxvij. trespassa Guillaume, Comte de Haynault, qui auoit espousé Iehanne de Vallois, sœur dudict Philippe de Vallois: & luy succeda son fils, nommé Guillaume, audict Comté de Haynault, de Hollande, & de Zelande: lequel espousa Iehanne fille du Duc de Braban: & ladicte Iehanne de Vallois sa mere, sœur du Roy, s'en vint demourer à Fōtenelles, sur Escau, & vsa ses jours en l'Abbaye: & alors le Comte de Blois auoit espousé Iehanne fille de messire Iehan de Haynault, seigneur de Beaumont, oncle dudict ieune Guillaume, Comte de Hayhault.

De ne leuer taille en Frāce, sans appeler les Estats.

En l'an mil trois cens trente neuf, furent par les Geneuois, qui estoyent venuz à l'aide des Frācois, à grand' quantité de nauires, & par les autres nauires de Frāce, prins les chasteaux de Blaye, & Bourg, sur Gironde: parquoy enuiron la sainct Michel audict an, le Roy d'Angleterre, qui estoit encores en Braban, esperāt auoir l'aide du Duc de Bauiere, Empereur, assembla grand ost d'Anglois, Brabancons, Alemans, & autres souldoyers, pour destruire France: & vindrēt à Valenciēnes, & en Cābresis, du costé de *Therasse. Pour obuier à leur entree, le Roy de France semblablement assembla grand nombre de gens de guerre, & alla à Noyon, & à sainct Quentin en Vermandois: & là attendit vne piece, quelle contenance tiendroyent ses aduersaires: & ne voulut point le Roy qu'on entrast ne courust es terres de l'Empire, qui sont fort prochaines de ladicte ville de sainct Quentin, & attendoit pour voir si par aucuns moyens il pourroit pacifier sans faire guerre, affin d'euiter effusion de sang humain, & autres inconueniens qui se peuuent ensuyuir, à cause de la guerre: mais il fut aduerty qu'il couroit vn bruyt par le royaume, qu'il ne faisoit cela que pour faindre, & qu'on l'imputoit & arguoit de lascheté: parquoy incontinent qu'il le sceut il s'arma, & fit armer ses gens, & se meit en voye droict vers l'ost des Anglois, & cheuaucha cinq grands lieues en bataille, iusques à vn lieu appelé Bunoris fosse, en intention de cōbatre ses ennemis: mais aucuns des Seigneurs de France qui estoyent auec luy (lesquels, cōme on disoit, auoyent aucune secrete intelligence au Roy d'Angleterre) luy desconseillerent, & dirent que pour ce iour il ne deuoit batailler, car il estoit Vendredy, & estoit basse heure, & que ses gēs auoyēt ia cheuauché cinq grosses lieues en bataille, & n'auoyēt point repeu, eulx ne leurs cheuaux. Aussi disoyēt ils qu'il y auoit vn mauuais pas entre les deux osts, & luy conseillerent qu'il attendit iusques au lendemain: & tant fut le Roy persuadé qu'il les creut (qui luy vint à grand dommage & deshonneur) & ordonna que chacun fust prest à batailler le lendemain: mais le Roy d'Angleterre, qui fut aduerty de ces choses, & de la grand' puissance qu'auoit le Roy, s'en partit subtilement à l'heure de minuyt, & s'en retira en Braban, & de là à Anuers: & ainsi fut le Roy fraudé, dont il fut moult courroucé le matin quand il le sceut: parquoy il s'en retourna en France.

L'an mil. ccc. trenteē neuf.

* Froissard dit Thierache.

† al. Bunōfosse & Buronfosse, & Viroufosse,

Remonstrance de non cōbatre faict au Roy de France par aucuns trahistres.

Comment les Flamens firent hommage, & s'aillierent au Roy d'Angleterre, parquoy le Roy leur fit guerre: & de la grand' desconfiture qui fut sur la nauire du Roy de France.

Antost apres les Flamens, par l'enhortement de Iaques d'Arteuelle, se rebellerēt contre le Roy, & s'allierent, & firent hommage au Roy d'Angleterre, qui estoit venu à Gand comme Roy de France, & tel le nōmoyent & appeloyent lesdicts Flamens: & comme faux & desloyaux laisserent leur Roy souuerain & naturel seigneur. Apres ce le Roy d'Angleterre s'en passa par Bruges, & par le Dan, & alla en Angleterre pour assembler gens & argent pour faire guerre au Roy de France, & laissa la Royne sa femme, qui lors acoucha en l'Abbaye de S. Bauon, de Gand. Vn nōbre de nauires du Roy d'Angleterre, en la saison d'yuer, vint soudainement, & descendirent à Boulongne, & là ardirent la plus part des maisons, qui estoit sur le port: mais ils furent reboutez hastiuement, & perdirent bien deux cēs hōmes de leurs gens: puis allerēt à Dieppe. Au moys d'Auril, audict an, six mil Flamens & quarante Cheualiers Anglois auec le Comte de Salbery, & vn autre Comte, vindrent courre deuant l'Isle, lez Flandres: car lors ledict roy Philippe possedoit ladicte ville de l'Isle, Douay, & Bethune. Les gens du Roy, qui estoyent en garnison à petite compaignie, saillirent au deuant, & les combatirent, & firent tellement qu'il n'en demoura que douze, dont ledict Comte de Salbery estoit l'vn, lequel fut prisonnier, & enuoyé

* Ie ne doute pas que ne trouuiez les guerres suyuātes vn peu autremēt dedās Froissard, et autres: mais nous ne uoulons pas changer nostre autheur, ainsi seulement reueoir ou on luy à fait tort, et l'accorder à soy mesme à nostre pouoir.

LES CHRONIQVES ET ANNALES DE FRANCE.

de sa part, mais ils n'y voulurent entendre: & semblablement y enuoya le Roy d'Angleterre: lequel par grands promesses & persuasiós attrahit à soy vn nommé Iaques d'Arteuelle, qui estoit de Gád, qui autresfois auoit esté auec feu mesire Charles de Vallois, en Lombardie, & en l'isle de Rodes, & apres auoit esté varlet fruictier du feu Roy Louis Hutin, & depuis s'estoit retraict à Gand, dót il estoit natif, & auoit espousé la femme d'vn brasseur de ceruoyse, & depuis nagueres les Flamens l'auoyent fait leur Capitaine: & par le moyen d'iceluy Arteuelle, qui donnoit à entendre que sans la communication de marchandise, & bienvueillance des Anglois, ceulx de Flandres ne pouuoyent bonnement viure, n'eulx entretenir: apres plusieurs preschemens & persuasions lesdicts Flamens s'allierent audict Roy d'Angleterre.

Arteuelle Capitaine des Flamens.

Comment les Flamens retindrent leur Comte : & comment il s'en partit de Flandres secrettement & d'emblee : & comment le pais de Flandres fut interdict.

Vand le Comte de Flandres, qui estoit auec le Roy de France, sceut ces nouuelles, il alla en Flandres, pour veoir s'il les pourroit demouoir de leur mauuais propos: mais quand il fut par dela ils le retindrent cóme prisonnier: parquoy il faignit d'estre de leur partie, & luy baillerent vn habillement de leurs couleurs, qu'il porta. Vn iour le Comte, à qui il greuoit moult d'estre en la subiection desdicts Flamés, ses subiects, pour trouuer façó d'eschaper de leurs mains, s'aduisa de prier des dames & damoiselles de Gand à disner auec luy, & feit faire grands preparations: mais quand il eut ouy la messe, il dist qu'il vouloit aller voller vn heron auant que disner. Il monta à cheual & s'en vint hastiuement deuers le Roy, sans retourner, & ainsi faillit la feste. Quand ledict Comte fut venu deuers le Roy, au moyen des censures esquelles iceulx Flamens s'estoyent obligez & soubsmis, le Roy feit mettre l'interdict en Flandres, & excommunier lesdicts Flamens: lesquels à ceste cause furent vn peu refroidiz de leur malle volonté.

Bonne cautelle dont usa le Cóte de Flandres.

Comment le Roy d'Angleterre alla en Alemaigne, & fit alliance auec l'Empereur, & plusieurs Princes, contre le Roy de France, à la poursuyte de messire Robert d'Artois : & comment le Roy d'Angleterre print les armes de Fráce escartelees auec celles d'Angleterre.

N l'an mil ccc. xxxviij. le Roy d'Angleterre passa la mer, & amena auec luy sa femme, qui estoit fille de messire Guillaume, Comte de Haynault, & niepce de Iehá de Haynault susdict, & allerent en Braban, & en Alemagne, ou ils feirét plusieurs alliáces: & entre autres feirent alliance auec Louis de Bauiere, qui se disoit Empereur (combien qu'il fust excómunié de par le Pape) & autres Seigneurs d'Alemagne: & les prenoit ledict Roy d'Angleterre comme souldoyers, à certaine somme de deniers, au cas que si faulte de payemét y auoit, lesdictes alliances estoyent nulles : & vint ledict Empereur & ses Alemans iusques à Anuers, à tout bien *xxxij. mil hommes de cheual, & deux cens mil de pied : & fit ledict de Bauiere, ledict Roy Anglois Vicaire de l'Empire: & par le conseil des dessusdicts ledict Roy d'Angleterre changea ses armes, & les porta escartelees des armes de France & d'Angleterre, & se nomma & intitula Roy de France & d'Angleterre. ce qu'il n'auoit iamais fait. Quand le Roy sceut ces choses, il assembla grand ost par mer & par terre, & estoit son armee bien à xxxiiij. mil hommes de cheual, & cc. mil hommes de pied, & alla à Amiens, attendant le retour d'Alemagne dudict Roy d'Angleterre, pour le cóbatre, & le prédre au passage: & fit le Roy scauoir à Iehan, Duc de Braban, & Guillaume de Haynault, qu'il n'estoit pas content de l'aide & faueur qu'ils donnoyent contre luy au Roy d'Angleterre, comme on luy auoit rapporté: si s'en vindrent excuser vers luy. Pour faire ladicte armee fit le Roy de grandes exactions sur son peuple, mesmement sur les gens d'Eglise (car il auoit requis le Pape Benedic, qu'il luy octroyast le decime de deux annees) en la compaignie du Roy estoyent les Roys de Nauarre, & de Boesme, & son fils Iehan, Duc de Normádie, le Duc d'Alencon, son frere, & plusieurs autres Princes, & y furent long temps: & quand le Roy veit sa longue demoure, & qu'il sceut qu'il ne venoit point, il s'en retourna en France.

L'an mil ccc. xxxviij.

*le uieil exépl. ne met rien du nombre. Quand le Roy d'Angleterre print premiere ment le titre de Roy de France.

Audict an mil trois cens trentehuict, monseigneur Iehan, Duc de Normandie, eut vn fils, qui fut nommé Charles, lequel apres luy fut Roy, cinquiéme de ce nó. Enuiron ce téps, en ensuyuát le priuilege

L'an mil ccc. xxxviij.

DV ROY PHILIPPE, SIXIEME, DICT DE VALLOIS.   Fueil.vij.

Comment l'armee des Flamens, que conduisoit messire Robert d'Artois, fut desconfite deuant S. Omer.

LEdict messire Robert d'Artois (par l'enhortement duquel s'estoit meue ceste grand' guerre, & qui menoit vne des batailles du Roy d'Angleterre) estant au mont de Cassel voulut venir vers S. Omer: mais la plus part des Flamens qui estoyent auec luy, mesmement ceulx de Furnes & de Bruges, disoyent qu'ils ne passeroyent point le Neuf fossé, & ne sortiroyet des limites de leur païs, & qu'autrefois on les en auoit tirez hors, mais qu'oncques ne leur en estoit bien prins. parquoy iceluy messire Robert parla à eulx, & les incita à aller auant, disant qu'ils se tinssent tous asseurez, & que si tost qu'ils arriueroyent deuát la ville de S. Omer, on leur ouuriroit les portes, & leur liureroit on le Duc de Bourgogne, le Comte d'Armignac, & autres qui estoyent dedans, & que de ce auoit receu deux paires de lettres: & fit tant qu'ils passerent outre. Le Roy, qui souuent estoit aduerty de ce que faisoyent ses ennemis, se meit en voye pour aller vers S. Omer. Quand messire Robert d'Artois le sceut, soubs ombre de ce qu'il donna à entendre à ses gens, que pour certain ladicte ville de S. Omer luy seroit liuree, ils s'armerent, & s'en allerent mettre en bataille deuant ladicte ville S. Omer: mais le Duc de Bourgógne, le Comte d'Armignac, & leurs gens, saillirent sur eulx, & fort se combatirent, & fut tué bien trois mil Flamens, & plusieurs prins prisonniers, & les autres mis en fuite, & abandonnerent leurs tentes & pauillons. Ledict messire Robert mesmes y perdit son escu, son heaume, & sa banniere: mais il eschapa par fuite: & fut ceste bataille faicte le vingtiéme iour de Iuillet, l'an mil trois cens quaráte. Apres ce furét faictes plusieurs courses & entreprinses, ou il y eut plusieurs gens tuez d'vne part & d'autre.

L'an mil trois cens quarante.

Comment le Roy d'Angleterre meit le siege deuant Tournay: & des lettres qu'il escriuit au Roy de France.

QVand le Roy d'Angleterre sceut la desconfiture de la compaignie de messire Robert d'Artois, le lendemain il fit passer tous ses gés la riuiere de l'Escau, & fit assieger la ville de Tournay, & y fut onze sepmaines, trois iours moins. Le Roy de Fráce, qui auoit la plus grand' assemblee de gens qu'on auoit iamais veue en France, s'alla loger pres d'Ipre, & là luy apporta l'on vnes lettres de par le Roy d'Angleterre, desquelles la teneur s'ensuyt: De par le Roy de France & d'Angleterre, seigneur d'Irlande. Sire Philippe de Vallois, par long temps vous auós poursuiuy par messagiers: & en plusieurs autres manieres, afin que vous nous fissiez raison, & que vous nous rendissez nostre droict heritage au royaume de France, lequel vous nous auez long temps occupé à force. Et pource que nous voyons bien que c'est à grand tort, & que vous entédez perseuerer à nostre iniurieuse detenue, & sans nous faire raison droicturiere, nous sommes entrez en la terre de Flandres, comme souuerain Seigneur d'icelle terre, & passez parmy le païs: & vous signifions que prins auons l'aide de nostre seigneur IesusChrist, & du droit, auec le pouuoir dudict païs: & auec noz gens & alliez, regardant le droit qu'auons en l'heritage, que vous nous detenez à grand tort, nous nous retirons deuers vous, pour mettre fin à nostre droicturiere demande & calenge: si nous voulons approcher. Et pource que si grand' multitude de gensd'armes, qui viennent de vostre paty, ne se pourroyent mie tenir si longuement ensemble, sans faire grand' destruction au peuple, & à tout le païs (laquelle chose chacun bon Chrestien doit euiter, & especialemét Prince à autre Prince, qui se tient pour gouuerneur & principal Capitaine de gensd'armes) nous desirerions moult qu'à briefs iours se print la fin, pour euiter mortalité, & occision ne gens (aussi que la querelle est apparoissante à vous & nous, à la destruction de nostre calenge) & se cessast entre nous deux: laquelle chose nous vous offrons pour les choses dessusdictes: combien que nous pensons bien la grand' noblesse de vostre corps, sens, & vostre aduisement. Et au cas que ne vouldriez ceste chose, qu'adonc fut mis en nostre calége, pour affermer bataille de vous mesmes, auec cent personnes de vostre part, des plus suffisans, & nous mesmes à autre, tout pareillement: & si vous ne voulez vne voye ou l'autre, que vous nous assignez certain iour deuát la ville de Tournay, pour combatre puissance contre puissance, dedans dix iours apres le date de ces presentes lettres. Et les choses dessusdictes voulons estre cógnues parmy tout le monde, & qu'en ce est nostre desir, non pas par orgueil, ne par oultrecuidance, mais à celle fin que nostre Seigneur mette repos de plus en plus, entre les Chrestiens: & la voye que sur ce vouldriez eslire des offres dessusdictes, rescriuez nous par le porteur de ces lettres, en luy faisant hastiue deliurance. Donné soubs nostre grand seel, à Lesclin sur l'Escau, pres Tournay, en l'an de grace mil trois cens quarante, le vingtiéme iour de Iuillet.

Lettres enuoyees par le roy d'Angleterre, au roy de France, estant à Ipre.

B

De la responce que fit le Roy Philippe de Vallois aux lettres du Roy d'Angleterre.

Quand le Roy de France & son conseil eurent veu ses lettres, tantost enuoyerent responce au Roy d'Angleterre, en ceste forme. Philippe, par la grace de Dieu Roy de France, à Edouard Roy d'Angleterre. Nous auons veu vnes lettres enuoyees à Philippe de Vallois, apportees en nostre court, esquelles lettres estoyent aucunes requestes. Et pource que lesdictes lettres ne venoyent pas à nous, lesdictes requestes ausi n'estoyent pas faictes à nous, comme il appert par la teneur desdictes lettres: & pourtant ne vous en faisons aucune responce: toutesfois, pource que nous auons entendu, tant par lesdictes lettres, qu'autrement, que vous estes embatu & entré en nostre royaume de France, en portant grand dommage à nous & à nostredict royaume, & au peuple, meu de volonté, sans point de raison, & non regardant ce qu'homme lige doit regarder à son droit Seigneur (car vous estes entré en nostre hommage, en nous cognoissant (sicomme raison est) Roy de France, & promis obeissance, telle qu'on la doit promettre à son Seigneur lige, sicomme il appert par voz lettres patentes, seellees de vostre grand seel: lesquelles nous auons par deuers nous) nostre entente est telle quand bon nous semblera de vous chacer hors de nostre royaume, à l'honneur de nous, & de nostre maiesté royale, & au profit de nostre peuple: & de ce faire nous auons ferme esperance en Iesus Christ, dont tous biens nous viennent. Car par vostre entreprinse, qui est de volonté, non pas raisonnable, a esté empesché le sainct voyage d'oultre mer, & grand' quantité de Chrestiens mis à mort, & le seruice de Dieu apetissé, & saincte Eglise aornee de moins de reuerence. Et de ce que vous cuidez auoir les Flamens à vostre aide, nous cuidons estre certains que les bonnes villes, & communes, se porteront en telle maniere par deuers, & enuers nous, & nostre cousin, le Comte de Flandres, qu'ils garderont leur honneur, & loyauté: & de ce qu'ils ont mespris iusques à ceste heure cy, a esté par mauuais conseil de gens, qui ne regardoyent le proffit du commun, mais au proffit d'eux seulement. Donné sur les champs, au Prieuré S. Andry, pres Aire, soubs le seel de nostre secret, en la l'absence de nostre grand seel, le trentiéme iour de Iuillet, l'an mil trois cens quarante.

Le Roy d'Angleterre fut cause d'empescher le voyage d'oultre mer, dot plusieurs maux sōt aduenus.

De l'appoinctement qui fut faict deuant Tournay, entre les Roys de France & d'Angleterre, par le moyen de la Comtesse de Haynault.

Sur ces entrefaictes ceulx de Tournay, qui estoyent asiegez, enuoyerent deuers le Roy, que pour Dieu il les voulsist secourir: & tantost apres le Roy enuoya le Duc d'Athenes, le Vicomte de Thouars, le Vicomte d'Aaunay, le seigneur d'Auxerre, le seigneur de Craon, le Dauphin d'Auuergne, le seigneur de Clisson, le seigneur de Beaulieu, le seigneur de sainct Venand, & plusieurs autres Princes & Barons, auec bien deux mil hommes, & tirerent vers le mont de Cassel: mais les Flamés l'auoyent ja reprins. Si bouterent le feu par tout, & cuiderent les Francois par les fumees faire leuer le siege qui estoit deuant Tournay: mais pource ne s'en leuerent lesdicts Anglois. Lors le Roy se conseilla s'il entreroit dedans le païs de Flandres, ou s'il iroit à Tournay: mais aucuns amis du Comte de Flandres qui estoyent auec le Roy, pour euiter que son païs ne fust gasté, conseillerent au Roy qu'il allast vers Tournay. Si tira le Roy vers là, iusques à trois lieues pres, & là se logea pres de ses ennemis, & n'y firent d'vn costé ne d'autre pas de grands armes. Lors madame Iehanne de Vallois, Comtesse de Haynault, femme du feu Comte Guillaume de Haynault, laquelle estoit sœur dudict Roy Philippe de France, & auoit sa fille mariee audict Roy d'Angleterre, alla & vint par tant de diuerses fois deuers l'un & deuers l'autre desdicts Roys, pour trouuer quelque appoinctement, que iour fut asigné pour parlementer entre eulx: & lors ledict Iaques d'Arteuelle, Capitaine des Flamens, dist au Roy d'Angleterre que s'ils n'estoyent comprins en l'appoinctement qui seroit faict, que ia de là ne bougeroit, & ne le quiteroyet point du sermēt qu'il leur auoit fait: mais ladicte Comtesse de Haynault, qui auoit grād' paour que l'appoinctement ne se fist, dist au Roy d'Angleterre, que ce seroit bien grand' pitié & dommage que pour le dict d'vn villain, tel qu'estoit ledict Arteuelle, le sang de la plus grand' noblesse du monde fust en danger d'estre respandu: & furent commis plusieurs grands Princes d'vn costé & d'autre, pour debatre les articles de l'appoinctement: c'est assauoir de la part du Roy de France, le Roy de Boesme, le Comte d'Armignac, le Comte de Sauoye, mesire Louis de Sauoye, le seigneur des Noyers, & autres: & de la partie du Roy d'Angleterre, messire Guillaume de Thihonne, l'Euesque de Lincole, Iehan de Haynault, le seigneur d'Anthoyn & autres. Et pource que la chose seroit longue à traicter, furent prinses tréues iusques à certain iour.

Des allees & uenues que fit la Comtesse de Haynault pour traicter la paix d'entre le Roy de France & le Roy d'Angleterre.

Apres

DV ROY PHILIPPE, SIXIEME, DICT DE VALLOIS.

Apres icelles accordees, le Roy s'en retourna en Fräce, & le Roy d'Angleterre, qui auoit tenu le siege deuant ladicte ville de Tournay onze sepmaines, moins trois iours, s'en alla en Flandres, & auec luy alla le Comte de Flandres, & s'entrefestoyerent plusieurs fois: mais ne sceut ledict Roy d'Angleterre tant faire qu'il attirast à luy le Comte de Flandres, ne qu'il voulsist abandonner l'obeissance du Roy de Fräce, & par ce s'en retourna en Angleterre: & messire Robert d'Artois, à qui le Roy d'Angleterre auoit donné la Comté de Richemont, demoura par deca la mer, & s'en alla deuers Iehan, Duc de Braban: puis, aucun teps apres, s'en passa en Anglererre. Tantost apres, le Comte de Flädres, qui estoit demouré en son païs, pource qu'on luy faisoit peu d'obeissance à son gré, par maltalét s'en partit d'auec les Flamés, & s'en vint deuers le Roy de France: & furent lesdictes tréues prolongees, & continuees à diuerses fois.

En l'hiuer ensuyuant le Roy poursuyuit que les alliances qui estoyent entre le Duc de Bauiere, Empereur, & le Roy d'Angleterre, fussent mises à neant, & meit peine d'attirer à luy iceluy Duc, & les Alemäs: & pource enuoya ledict Duc son Chancelier, & autres messagers, qui furent en France tout l'yuer: & promeit le Roy audict Duc qu'il luy aideroit à le reconcilier enuers le Pape, qui l'auoit excommunié: dont le Pape fut fort esmeu contre les Prelats du royaume, qui auoyent esté de ce conseil: & dit on qu'il sceut bö gré au Roy de Nauarre, qui audict conseil auoit esté d'oppinion qu'audict Duc on ne pouoit faire accord, que premierement il ne fust reconcilié à l'Eglise. En icelle annee iceluy Duc, cöme Empereur, erigea la seigneurie de Gueldres en Duché: laquelle parauant n'estoit q Comté, & le Marquisat de Iuilliers en Cöté. *La Comté de Gueldres erigee en Duché.*

De la guerre qui se meut entre messire Charles de Blois, & messire Iehan de Montfort, pour la Duché de Bretaigne.

EN l'an mil ccc.xlj. Iehan, Duc de Bretaigne, qui auoit esté auec le Roy en l'armee de Flandres, trespassa en chemin, en s'en retournant en son païs, sans hoirs de son corps, & gist son corps à Plermel: parquoy s'esmeut grosse discention entre messire Charles de Blois, fils du Comte de Blois, & nepueu dudict Roy de France, de par sa mere, qui auoit espousé la fille de feu Guy de Bretaigne, Vicomte de Limoges, premier frere dudict feu Duc de Bretaigne, de par ses pere & mere d'vne part, & messire Iehä, Comte de Mötfort, aussi frere puisné, de par mere, dudict feu Duc, lequel de Mötfort auoit espousé la sœur dudict Comte de Flandres, pour raison dudict Duché, d'autre part: laquelle succesion de Bretaigne chacun d'eulx pretendoit luy appartenir: & fut la cause debatue en Parlement, disant ledict de Montfort, que par la generale coustume de Bretaigne, puis qu'il y auoit hoir masle, la Duché ne deuoit point aller en ligne de femme. Tant fut procedé en la matiere, que par arrest dönné au moys de Septembre audict an, ladicte Duché fut adiugee audict messire Charles de Blois, à cause de sadicte femme, fille dudict feu Guy de Bretaigne, Vicöte de Limoges: lequel messire Charles de Blois en fit hommage au Roy, & le Roy l'en reuestit, & si le fit Cheualier. Ce voyant ledict messire Iehan de Montfort, auquel sembloit bien que le Roy & sa iustice fussent fauorables audict Charles de Blois, son nepueu, s'en alla incontinent mettre dedans la cité de Nantes, & autres villes de Bretaigne, pour resister & obuier audict messire Charles de Blois, & empescher que l'arrest döné à son profit ne fust executé: & pour auoir alliäce au Roy d'Angleterre, enuoya Iehan de Mötfort, son fils, lequel fiäca & accorda vne des filles du Roy d'Angleterre: & voyant le Roy que ledict de Montfort estoit desobeissant, & resistoit contre le iugement de son Parlement, & s'alloit des Anglois, ses anciens ennemis, il fit saisir la Comté de Montfort, & toutes ses autres terres qu'il auoit en France: & enuoya monseigneur Iehan, Duc de Normandie, son fils, le Comte d'Alencon, son frere, en Bretaigne, pour faire mettre ledict arrest à execution par main forte: lesquels allerét deuant ladicte cité de Nantes, ou estoit ledict de Montfort, & y meirét le siege. Ceulx de la cité, sachans & congnoissans le Roy de Fräce estre leur souuerain Seigneur, & que ladicte Duché est tenue de la couronne de France, & les subiects d'icelle ressortissans au iugement de ladicte court de Parlemét, & que par ce ils estoyét tenuz obeir aux iugemens de ladicte court de Parlement, meirent ladicte cité en l'obeissance du Roy: & fut deliuree audict messire Charles de Blois, qui là estoit, & la bailla lon en garde au Comte de Blois, son frere: & baillerent ledict Iehan de Montfort, ausdicts Ducs de Normandie & d'Alencon, lesquels l'amenerent à Paris deuers le Roy, & fut mis en prison au Louure, & apres fut deliuré, ou, comme disent aucuns, eschapa par subtils moyens: & apres s'en alla en Bretaigne, ou il ne vesquit gueres, & est enterré aux freres Prescheurs de Kemperle: & dient aucuns qu'auant son trespas s'apparurent à luy de mauuais esprits: & quand il mourut, il fut veu sur le lieu ou il mourut, & es enuirons, si grand nombre de Corbeaux, qu'on ne cuidoit point qu'en tout le monde y en eust tant. Il eut vn fils, nommé Iehan, de sa femme, fille de

L'an mil ccc.xli.

Arrest de parlement, touchät la Duché de Bretaigne.

La Duché de Bretaigne est tenue de la couronne de Fräce.

B ij

LES CHRONIQVES ET ANNALES DE FRANCE.

Louis, Comte de Flandres, qui luy succeda en ses seigneuries. Or nonobstāt la prinse, la Comtesse sa femme, auec ses alliez, pour son fils continua la guerre en Bretaigne, & elle mesme estoit armee sur vn coursier, & ses damoyselles qui estoyent dedans † Hannebont, ou les gens du Roy tenoyent siege, portoyent pierres, & autres choses pour ietter sur leurs aduersaires: & vindrent d'Angleterre en son aide ledict messire Robert d'Artois, lors Comte de Richemont, qui estoit retourné en Angleterre, & le Comte de Salsebery, auec plusieurs Anglois:& audict voyage en la prinse de Vannes, ledict messire Robert d'Artois, Comte de Richemont fut nauré d'vn traict en la cuisse, & fut mené en Angleterre, & mourut à Londres, & fut son corps là enterré, & luy fort regretté du Roy d'Angleterre & des Anglois aussi.

† al. Henbét & Hánibét,

L'an mil trois cens xlii. De l'imposition de la gabelle du sel au royaume de France.

L'an mil trois cens quarante & deux les treues prinses entre le Roy, & le Roy d'Angleterre, & ses alliez, furent prolongees iusques à la sainct Iehan. En celle annee ledict Roy Philippe meit sus la gabelle du sel, & fit sa monnoye tellement empirer, que le denier en valloit cinq, dont le peuple murmura fort contre luy. Au moys de May, audict an, trespassa le pape Benedict, deuxieme, en Auignon. Si enuoya ledict Roy en Auignon, deuers les Cardinaux monseigneur Iehan, Duc de Normandie, son fils, & le Duc d'Alencon son frere, afin de faire eslire Pierre Roger, Cardinal, Archeuesque de Rouen, natif de Limosin, religieux de l'ordre S. Benoist, homme fort lettré, & grand Prescheur: mais auant qu'ils fussent en Auignon, ils auoyent desia esleu ledict Roger, comme lesdicts Ducs eurent nouuelles, toutesfois ils allerent iusques en Auignon deuers luy, & il les receut moult honnorablement, & fut sacré Clement, sixieme de ce nom: lequel premierement auoit esté simple Moyne, & en moins de seize ans parauant esté Prieur de saincte Babile, apres Abbé de Fescamp, apres Euesque d'Arras, & puis Archeuesque de Sens, apres translaté à Rouen, & faict Cardinal.

L'an mil trois cens xlii.

Sainct Yues natif de Bretaigne

En ce temps, c'est assauoir le trentieme de Ianuier mille trois cens quarante & deux, trespassa monseigneur Louis Duc de Bourbon, Comte de Clermont, & de la Marche: & luy succeda Pierre, son fils, qui mourut en la bataille de Poitiers. En ce temps fut sainct Yues en Bretaigne, lequel fut directeur & deffenseur des querelles des femmes veufues, orphelins, & pauures gens. Et notte qu'en sa legende est faicte mention des exploits faicts par les gens de la iustice du Roy, au païs de Bretaigne: par lesquels apert que ledict païs de Bretaigne est du fief de la couronne de France. Enuiron celle saison le Roy d'Angleterre fit & ordonna au chasteau d'Vvindesore vne feste à tenir chacun an, ou il y auroit quarante Cheualiers preux, qui se nommeroyent les Cheualiers du bleu Iartier, à l'exemple & semblance des Cheualiers de la table Ronde, que le Roy Artus iadis fit faire audict lieu d'Vvindesore, qu'il auoit fait construire & edifier.

Les Cheualiers du bleu iartier.

Comment le Roy d'Angleterre & les Flamens ne voulurent entendre à faire appoinctemēt au mandement du Pape: & de l'emotion de ceux d'Orleans, touchant les bleds, dont furent pendus plusieurs à leurs gouttieres.

Tantost apres le couronnement dudict pape Clement, & durant lesdictes treues d'entre les Roys de France & d'Angleterre, iceluy Pape enuoya deux Cardinaux, pour signifier ausdicts deux Roys, de Frāce & d'Angleterre, & leurs alliez, qu'ils fissent paix finale entre eulx. Lesdicts deux Cardinaux parlerent au Roy de France, qu'il leur fit responce qu'il entendroit volontiers à faire ladicte paix: parquoy ils s'en partirent pour vouloir aller en Angleterre: & quand le Roy d'Angleterre sceut qu'ils vouloyent passer la mer, il leur manda qu'ils n'y entreroyent ia: mais qu'il entendoit en brief visiter son royaume de France, & illec pour la reuerence du siege de Romme, il orroit volontiers ce qu'ils vouldroyent dire. Apres, lesdicts Cardinaux allerent en Flandres, pour traicter de paix auec les Flamens, qui estoyent excommuniez: mais lesdicts Flamens, comme gens obstinez, dirent qu'ils n'entenderoyent point à appoinctemēt, s'ils n'estoyent premierement absouls: toutesfois feirent tant lesdicts Cardinaux, qu'ils feirent aucun appoinctement auec le Roy, les Brabancons & les Hanuyers, sauf l'alliance qu'ils auoyent au Roy d'Angleterre. Durant ce temps faisoyent forte guerre en Bretaigne ceulx qui tenoyent le party de messire Iehan de Montfort, combien qu'il fust detenu prisonnier au chasteau du Louure, à Paris, a l'encontre de messire Charles de Blois: & au moys de Septembre audict an, descendit en Bretaigne, en propre personne, ledict Roy d'Angleterre auecques grand'armee, pour aider à Iehan de Montfort, fils dudict Messire Iehan de Montfort, qui auoit sa fille fiancee, & meit le siege à Vannes, & partie de ses coureurs deuant Nantes, & bruslerent les faulxbourgs. Quand le Roy de France sceut la venue & descente en Bretaigne, dudict Roy d'Angleterre, & qu'il auoit ia mis le siege à Vannes, & que ses gens couroyent deuant Nantes, il tira droict là auec grand

La responce que Roy d'Angleterre fit faire aux Ambassadeurs du Pape.

grand'armee: mais lesdicts deux Cardinaux, Legats, firent plusieurs allees & venues, pour traicter la paix entre eulx, & furent faictes vne tréues iusques à trois ans: & deuoyent enuoyer lesdicts deux Roys, leurs Ambassades en Auignon, deuers le Pape, pour traicter de paix: parquoy le Roy d'Angleterre s'en retourna en Angleterre. Audict an mil trois cens quarâte & deux, *L'an mil ccc.xlii.* s'en partit de France le bon Roy de Nauarre, pour aller à l'aide du Roy de Castille, qui continuellement auoit guerre contre les Roys de Grenade, & de belle Marine, Sarrazins, qui opprimoyent la Chrestienté: & passa ledict Roy de Nauarre par deuers le Pape, qui luy octroya pardon, & planiere remission, pour luy, & generalement pour tous ceulx de sa compaignie: & alla sur les Sarrazins, ou il fit de grands vaillances, luy & ses gens: mais par la volonté de Dieu, luy print vne griefue maladie, dont il mourut, & ne dura pas grandement, & fut son corps enterré en l'eglise nostre Dame, en la cité de Pampelune. En ce temps eut vne grand'commotion de *De la mauuaise* peuple, en la cité d'Orleans, à cause de la cherté des bleds, & ne vouloyent ceulx de ladicte ville en aider à leurs voisins, combien qu'en eussent grand'abondance, ainsi qu'ils ont communément de mauuaise accoustumance, quand le cas y eschet, & n'en voulurent bailler pour nul argent qu'on leur offrist, ne souffrir qu'on en emmenast. Quand le Roy le sceut, & aussi qu'ils auoyent fait plusieurs iniures & desobeissances à ses officiers, qui auoyent voulu faire deliurer lesdicts bleds, par leur ordonnance, à ceulx qui en auoyent vrgete necessité, il y enuoya aucuns Commissaires & gens de guerre, & en furent plusieurs des coulpables penduz & estranglez à leurs goutieres. En l'annee mil trois cēs quarâte & trois, messire Oliuier de Clisson, messire *L'an mil ccc.* Geofroy de Malestroit, & son fils, & plusieurs autres Cheualiers & Nobles, tant de Bretaigne *xliii.* que de Normandie, furent decapitez es Halles de Paris, pour trahisons qu'ils auoyent machinees contre le Roy, & porté faueur au Roy d'Angleterre, estant dedans Bretaigne, & audict messire Iehan, Comte de Montfort, pource qu'on disoit qu'ils le vouloyent faire Duc de Normandie. Geofroy de Harecourt, par ce qu'il ne peut estre apprehendé, en personne, fut par arrest de Parlement, pour ladicte cause, banny de France. Semblablement fut bannie du royaume de France la femme dudict Oliuier de Clisson, qui estoit dame de Belleville, laquelle estoit chargee desdictes trahisons. Aussi fut banny Oliuier de Clisson, son fils. Audict an les Roys de Frâce, & d'Angleterre, enuoyerent leurs Ambassades en Auignon, deuers le Pape, pour traicter paix, comme il estoit conuenu.

En l'an mil trois cens quarante & cinq, enuiron la Pentecouste, les Gascons & Bordelois rō- *L'an mil ccc.xlv.* pirent les tréues entre les Roys de France & d'Angleterre, & firêt plusieurs courses, & moult de maulx, au païs du Roy: & lors le Roy d'Angleterre enuoya lettres au Pape, en Auignon, en luy donnant à entendre, contre verité, que le Roy auoit rompu les tréues, à l'occasion des sususdicts de Clisson, Malestroit, & autres: & par icelles lettres deffioit le Roy: lesquelles lettres le Pape enuoya au Roy de France: lequel quand il en fut aduerty, & qu'il sceut que ledict Roy d'Angleterre venoit contre luy, par mer, du costé de Flandres, & ia estoit descendu à l'Escluse, en grande diligence il assembla ses gens, & alla droict à Arras. Ledict Roy d'Angleterre vint deuant l'Escluse, par l'enhortement de Iaques d'Arteuelle, qui luy auoit promis faire faire hômage par les Flamens, & faire son fils Edouard, Prince de Galles, Duc de Flandres, & eriger la Comté en Duché, & en priuer Louis, Comte de Flandres, & Louis, son fils, moyennât que ledict Prince de Galles espouseroit la fille du Comte de Flandres: & pour ceste cause auoit ledict Roy d'Angleterre amené sondict fils, Prince de Galles, qui estoit aagé de treze ans seulement: mais lesdicts Flamens, voyans que ledict Arteuelle ne les faisoit que brouiller & mutiner, s'esleuerent contre luy, & le tuerent villainement. Quand le Roy d'Angleterre le sceut, & voyant *Les Flamēs tuer-* que son entreprinse estoit rompue, il s'en retourna en Angleterre, & enuoya son armee vers *rent Arteuelle,* Bordeaux, au deuant du Duc de Normâdie, que le Roy son pere auoit enuoyé en Gascongne, *qui les tenoit* auec grand'armee de gens d'armes. Au moys d'Aoust audict an mil trois cens quarante & *en mutinerie cō-* cinq, ledict Iehâ de Bretaigne, Comte de Montfort, s'en retourna en Bretaigne auec vne grâd *tre leur Seigneur, & con-* armee d'Anglois, & meit le siege deuant la ville de Quimpercorentin: lequel siege les gens de *tre le Roy de* messire Charles de Blois leuerent, & encloirent ledict de Montfort, au chasteau: mais on luy *France.* fit voye, & s'en fuyt par nuict. En ce temps le Roy enuoya grand'armee à monseigneur Iehan, Duc de Normandie, son fils, en Gascongne, contre les Comtes d'Erby & de Lanclastre, Anglois, qui y estoyent descenduz, & ia auoyent prins la place de Bergerat, ou estoit dedans pour le Roy messire Aymond de Poitiers, Comte de Valentinois, qui fut tué à l'assaut, & le Comte de l'Isle qui fut blecé: & s'en retourna ledict Duc de Normandie: mais le Roy l'y r'enuoya de rechef auec grand'armee, & meit le siege deuant Aguillon, ou il fut iusques au moys d'Aoust l'ensuyuant.

B iij

De la mort de meſsire Henry de Maleſtroit: & du mariage de Philippe, Duc d'Orleans, fils du Roy.

EN ce temps maiſtre Henry de Maleſtroit, frere dudict Geofroy de Maleſtroit, qui auoit eſté decapité, & lequel maiſtre Henry eſtoit Maiſtre des requeſtes de l'hoſtel du Roy, apres la mort de ſon frere s'en alla au Roy d'Angleterre, & ſe porta Capitaine de Vannes: mais il fut prins & emmené deuers le Roy. Et pource qu'il ne ſe peut excuſer, il fut conſtitué priſonnier, & mis en la tour du Temple, à Paris, & apres rendu & mené à l'Eueſque de Paris, en vn tombereau aſsis ſur vn aiz mis au trauers: & par vertu d'vne commiſsion du Pape, que le Roy auoit impetree, s'efforçoit de le faire degrader, toutesfois il ne le fut pas: mais par le iugement de l'Egliſe il fut par trois fois mis en l'echelle, au paruy noſtre Dame de Paris, ou les ſergens & menus gens luy feirent de grands opprobres en luy iettant de la boue & des pierres, dont il fut blecé iuſques au ſang, nonobſtant la defence que faiſoyent les officiers de l'Eueſque, ſur peine d'excommuniement. Puis il fut condãné à perpetuelle chartre, ou il fut encloſ, & aſſez toſt apres il mourut, & fut porté en la court du Palais, pour monſtrer au peuple. En celle meſme annee le Roy donna à monſeigneur Philippe, ſon ſecond fils, la Duché d'Orleans, & traicta le mariage de luy & de madame Blanche, fille du feu Roy Charles le Bel: & n'auoit ledict Philippe que dix ans, & ladicte Blanche en auoit dixſept: & le lendemain furent faictes grandes iouſtes. En celle meſme annee Guillaume, Comte de Haynault, fils de feu meſsire Guillaume de Haynault, & nepueu dudict roy Philippe, de par ſa mere, mourut en vne guerre qu'il auoit en Frize: & auoit eſpouſé Iehanne, aiſnée fille du Duc de Braban, de laquelle il n'auoit nuls enfans: & par ce vint ladicte Comté de Haynault à Marguerite ſa ſœur, femme de meſsire Louis de Bauiere, Empereur & Roy d'Alemagne.

puniti̇õ de maiſtre Hēry Maleſtroit, Maiſtre des requeſtes de l'hoſtel du Roy.

De la venue du Roy d'Angleterre auec grand' armee en France, & comment il print d'aſſaut la ville de Caen, & gros nombre de grands Seigneurs qui eſtoyent dedans ladicte ville.

L'Annee mil trois cens quarante & ſix, le Roy d'Angleterre vint en France, auec bien † douze nefs ſur mer, & à grand' armee deſcendit à la Hogue ſainct Vvaſt, en Conſtentin, & cheuaucha par Normãdie, & gaſta le païs à feu & à ſang, & vint iuſques deuant la ville de Caen qu'il print d'aſſaut, & moult y moururent de gens d'vne part & d'autre: & furent prins dedans le Comte d'Eu, Conneſtable de France, le Seigneur de Tancaruille, cent Cheualiers, & douze cens hommes armez, dont le Roy d'Angleterre enuoya les meilleurs priſonniers en Angleterre, & ardit grand' partie de la ville. Apres cheuaucha vers Falaiſe & Liſieux: & pource qu'il n'y eut là qui les guerroyaſt, ils vindrent vers Rouen, & ſceurent que le Roy de France alloit contre eulx à grand' armee, du coſté d'oultre Seine: parquoy ils vindrent au Pont de l'arche, ou le Roy de France leur eſcriuit & offrit bataille: mais le Roy Edouard d'Angleterre le refuſa, diſant, qu'il ſe combatroit à luy deuant Paris, & non ailleurs. Si paſſerent les Anglois la riuiere de Seine, du coſté Chartrain, & apres s'en vindrent à Vernon, Mente, & Meulanc, & de là à Poiſſy, & ſe logea le Roy d'Angleterre audict lieu de Poiſſy, & ſon fils à ſainct Germain en Laye: & touſiours meſsire Geofroy de Harecourt, qui auoit eſté banny du royaume de France, pour la cauſe deſſus declaree, & lequel auoit pourchacé la venue des Anglois, en France, alloit deuant, & menoit les auantcoureurs, bruſlans & gaſtans le païs. Le Roy de France, qui auoit grand' armee auec luy, & entre les autres eſtoyent venuz à ſon mandement Eude, Duc de Bourgongne, & ſon fils, qui eſtoit Comte d'Artois, & de Boulongne, coſtoya touſiours l'armee du Roy d'Angleterre, tout du long de la riuiere de Seine, de l'autre part de l'eaue. Tandis que le Roy d Angleterre eſtoit à Poiſſy, & ſon fils à ſainct Germain en Laye, ou ils furent par ſix iours, leurs coureurs gaſterent & bruſlerent tout le païs du Vau en Gallie & d'enuiron, iuſques à ſainct Cloud: & veult on dire que par diuerſes fois ils meirent le feu en la maiſon de Rueil, qui appartenoit à l'egliſe ſainct Denis, par don du feu Roy & Empereur Charles le Chauue: mais par les merites de ſainct Denis elle demoura ſans eſtre dommagee: & ſcachant ledict roy Philippe les maulx que faiſoyent leſdicts Anglois, il ſe meit hors de Paris, & ſe logea & parqua à ſainct Germain des prez, pour attendre le Roy d'Angleterre, qui luy auoit mandé qu'il ſe combatroit à luy deuant Paris, & non ailleurs, & luy manda qu'il y vint. Et pource q̃ le Roy de France veoit que le Roy d'Angleterre ne venoit point, il delibera de l'aller combatre iuſques à Poiſſy, ou il eſtoit: mais nouuelles luy vindrent que

† *al. douze cés, & deux cens.*

Du Roy d'Angleterre qui prït d'aſſaut la ville de Caé, & gros nõbre de grãds Seigneurs qui eſtoyent dedans ladicte ville.

ledict

DV ROY PHILIPPE, SIXIEME, DICT DE VALLOIS.

ledict Roy Anglois auoit fait faire reparer le pont de Poiſſy (qui parauant auoit eſté abatu par les Francois, affin que les Anglois ne s'en peuſſent aller ſans cōbatre) pour paſſer & s'enfuir, & que luy & ſes gens s'en eſtoyent allez, & à leur partement auoyent bruſlé l'hoſtel du Roy à Poiſſy, & tout le bourg, reſerué l'Abbaye: auſſi auoyent bruſlé les chaſteaux & egliſes de ſainct Germain en Laye, la maiſon du Roy en la foreſt de Raiz, Montioye, & autres lieux qui eſtoyét lors tenuz & reputez les plus beaux, ſinguliers & pricipaux domicilles, pour le duduit & ſoulas des Roys, qui fuſſent en France. Puis tira ledict Roy d'Angleterre vers Beauuais: & pource qu'il ne peut entrer en la ville, il bruſla les faulxbourgs, & l'Abbaye de ſainct Lucien: & apres s'en tira vers Picardie, bruſlant, pillant, & gaſtant le païs, tuant & prenant priſonniers hommes & femmes, & pluſieurs autres inhumanitez. Quand le Roy de France ſceut que le Roy d'Angleterre s'en eſtoit allé, il s'en partit de Paris, pour le ſuyuir, & alla apres luy en grand diligence: & tant cheuaucha qu'il arriua ainſi que le Roy d'Angleterre vouloit diſner à vn lieu appelé † Rames. Le Roy d'Angleterre ſceut que le Roy de Fráce auoit ce iour cheuauché deux lieues, & eſtoit pres de luy, dont il eut ſi grand paour qu'il abandóna ſon diſner, & s'en partit ſubitement, & alla loger au plus pres de la foreſt de Crecy: & les Francois qui là arriuerent moult las, repeurent, eulx & leurs cheuaux, du diſner que les Anglois auoyét appreſté, à Rames. Depuis s'en alla le Roy d'Angleterre à vn lieu qu'on appelle la Blancquetaque, & illec paſſa la riuiere de Sōme: & le Roy paſſa à Abbeuille, & fit reparer le pont, qui eſtoit trop foible pour ſon oſt & charoy, ou il demoura tout le iour de Vēdredy, pour aſſembler ſon oſt: & le Samedy matin s'en alla à la † Braye, vn lieu aſſez pres de la foreſt de Crecy: & là luy vindrent nouuelles q̃ ſon ennemy le Roy d'Angleterre eſtoit à quatre ou cinq lieues pres d'illec, & toutesfois il n'en eſtoit qu'à vne lieue.

Montioye pres Ioyēual fut bruſlee par les Anglois, et la maiſon de Raiz.

† al. Arenes

† al. Broye.

De la bataille de Crecy pres Abbeuille, ou mourut la fleur de la Cheualerie de France.

Nuiron l'heure de veſpres & iour du Samedy audict an mil trois cens quarante & ſix, ledict roy Philippe, qui eſtoit deſirant de combatre ſon aduerſaire, moult fierement & de grand & ardāt courage, ſans vouloir croire le conſeil de ſes gens de les laiſſer repoſer iuſques au lendemain, ſe delibera d'aller aſſaillir ſes ennemis. Si ſe meit à voye pour aller apres, & cheuauchoit en bien petite ordónance, & les trouua en vn lieu qu'on appelle Crecy, ou il y eſtoyét: & ſi toſt qu'il les apperceut fit crier alarme, & les aſſaillit: leſquels ſi roidement ſe deffendirent que la iournee fut pour eulx, & François deſconfits: là ou moult vaillamēt de ſa perſonne ſe porta le roy Philippe en celle bataille, & ſe taſchoit qu'à trouuer le Roy d'Angleterre en perſonne pour cōbatre à luy main à main: & ſi auant ſe bouta qu'à grand peine le peut on retirer, & fut en grand danger de ſa perſonne: toutesfois il fut retiré, & ſe ſauua. En ladicte bataille mourut la fleur de la Cheualerie de Fráce, & fut la plus grande perte & cōfuſion que iamais fuſt aduenue, dōt il fuſt memoire: & principalement en ladicte bataille moururent Iehan de Luxembourg, Roy de Boeſme, fils du feu Henry de Luxembourg, Empereur, le Comte d'Alencon, frere dudict roy Philippe de France (lequel auoit vn fils nommé Pierre, qui luy ſucceda) le Duc de Lorraine, le Comte de Blois, nepueu du Roy, de par ſa mere, les Comtes de Flandres, de Harecourt, de Sancerre, de Vienne, & autres pluſieurs Barons, Cheualiers & Eſcuyers, iuſques au nombre de quinze cens. Apres cele Roy auec ſi peu de gens qu'il auoit autour de luy ſe tira à Amiens: & le lendemain iour de Dimenche, bien matin, pluſieurs Francois qui s'en eſtoyent fuiz de la bataille les vns ça les autres là, & ne ſcauoyent comme il eſtoit allé de la beſongne, ſe rendirent audict lieu de Crecy, ou auoit eſté la bataille, & apperceurent les bannieres du Roy de France, que les Anglois auoyent gaignees, & les tenoyent debout au champ. Si cuiderent leſdicts Francois que le Roy fuſt là demouré victorieux, & s'approcherent, & ſe meirent en l'oſt des Anglois, qui de rechef en tuerent preſque auſſi grand nombre qu'ils auoyent fait le iour precedent. Et cōbien qu'aux hommes n'appartienne point de propoſer raiſon ſur les iugemens de Dieu, par ce qu'ils leur ſont incōgnuz, toutesfois il eſt vray ſemblable à croire que celle malle aduenture aduint ſur les Francois par punition, pour l'enormité de leurs pechez. Car lors eſtoit en Fráce moult grand orgueil, & couuoytiſe de richeſſe, & diſſolution, & ſuperfluité d'habillemens difformes, tant es hommes comme es femmes. Le corps dudict Roy de Boeſme fut porté à Luxembourg, & celuy du Comte d'Alencon à Paris, enterrer aux Iacobins: & furent apportez les enfans de cinquante Cheualiers de ſa terre, qui eſtoyent mors auec luy, leſquels ſont figurez autour de ſa ſepulture.

L'an mil. cccc. xlvi.

En la bataille de Crecy mourut la fleur de Cheualerie de Fráce

Orgueil, couuoytiſie, diſſolution, & ſuperfluité d'habillemens, cauſēt de grads maux.

LES CHRONIQVES ET ANNALES DE FRANCE.

Comment le Roy d'Angleterre meit le siege à Calais.

L'an mil.ccc. lvii.

APres ces choses ainsi faictes le Roy d'Angleterre, moult ioyeux de la victoire qu'il auoit eue, s'en alla à Montereul sur la mer, à Boulongne, & deuant Calais: ou il meit le siege, qui dura toute celle annee. De ladicte ville estoit chef & Capitaine, pour le Roy de France, vn vaillant Cheualier, nommé messire Iehan de Vienne, en Bourgongne: & y fut depuis le troisiéme iour de Septembre iusques au troisiéme iour d'Aoust ensuyuant: & auoit le Roy d'Angleterre iuré que iamais ne partiroit de là iusques à ce qu'il eust ladicte ville à sa volonté, & luy administroyent lesdicts Flamens, durant ledict siege, viures & argent. En l'annee mil.ccc.xlvij. durant ledict siege, fut faict certain appoinctement auec lesdicts Flamens: & par iceluy receurent pour leur seigneur & Comte, le fils du feu Comte de Flandres, qui estoit mort en ladicte bataille de Crecy: & luy promeirent & iurerent loyauté: mesmement qu'ils ne le contraindroyent point à prendre femme contre sa volonté, n'à faire chose qui fust contre la loyauté qu'il deuoit au Roy de France, son seigneur: & par ce cesserent iceulx Flamens de mener viures ausdicts Anglois, qui tenoyent siege deuant Calais.

Des dommages que fit en Poitou, Xainctonge, & Perigort, le Comte d'Erby, Anglois: & comment le Roy voulut auoir le Crucifix d'or estant en l'eglise sainct Denis en France.

QVand monseigneur Iehan, Duc de Normandie, fils du Roy, sceut la guerre que son pere auoit en Picardie, il abandonna le païs de Gascongne, ou il faisoit la guerre, & le siege qu'il tenoit deuant Aguillon, & se meit à chemin pour s'en venir vers le Roy son pere: & quand le Comte d'Erby, qui estoit à Bordeaux, pour le Roy d'Angleterre, sceut le partement dudict Duc de Normandie, il esmeut son ost, & vint iusques à Xainctes, à sainct Iehan d'Angely: & tira à Poitiers, & toutes icelles villes print sans resistence, & les pilla, gasta, & ardit tout le plat païs, & print tous les thresors & richesses qui estoyent en ladicte ville de Poitiers, tant des eglises comme autres, & emmena les Bourgeois, Marchans, & Chanoines prisonniers, & ardit la pluspart d'icelle ville, & le Palais du Roy. Puis s'en retourna à Bordeaux, auec grandes richesses: & en s'en retournant alla deuant Bergerat, qu'il print. Tantost apres s'en alla ledict Comte d'Erby en Angleterre, par ce que la Duché de Lancastre luy estoit escheue, par le trespas de son pere: & puis s'en retourna au Roy d'Angleterre, qui tenoit le siege deuant Calais.

Du Roy Philippe de Val'ois, qui uoulut auoir le Crucifix d'or estant en l'eglise s. Denis en France.

En ce temps le Roy fit mander au conuent de sainct Denis en France, qu'ils luy voulsissent prester & aider d'aucune somme, pour le faict de ses guerres: & entre autres choses demandoit le grand Crucifix d'or: mais l'Abbé remonstra comment le Pape Eugene auoit proferé sentence d'excommuniment sur ceulx qui le descouriroyent, ou y feroyent domage, si comme il est escript au pied de la croix dudict Crucifix: parquoy le Roy s'en deporta. En ce mesme temps, pource qu'on ne scauoit ou trouuer argent pour fournir aux guerres du Roy, Pierre des Essars, de la nation de Normandie, Thresorier, garde & dispensateur des thresors du Roy en partie, fut prins prisonnier, & mené en diuerse prison de l'vne en l'autre: & apres moult de reproches qui luy furent faictes & dictes, pour eschéuer la mort fut condamné en la somme de cent mille florins, qui apres à la priere du Comte de Flandres luy fut moderee à cinquante mil, & fut deschargé de la Thresorerie. Apres ce les Abbez de Marmoustier, & de Corbie, furent establiz gouuerneurs des finances de France: & aucun temps apres leur furent adioincts auec eulx, pour gouuerneur lesdictes finances, quatre Euesques & quatre Cheualiers.

Deux Abbez furent establiz pour gouuerner les finances de France.

Comment messire Geofroy de Harecourt vint à mercy au Roy: & comment les Lombars, banquiers, & vsuriers, furent prins en France, & bannis hors du royaume.

L'an mil.ccc. xlvii.

AVdict an mil trois cens quarante & sept, messire Geofroy de Harecourt, cognoissant la faulte qu'il auoit faicte & commise enuers le Roy de France, son naturel & souuerain Seigneur, se vint presenter en la presence du Roy, & se getta à genoux à ses pieds, vne touaille au col, disant: Ie confesse que i'ay esté trahistre au Roy & au royaume, dont i'en requiers misericorde & pardon: laquelle misericorde le Roy de sa grace luy octroya. En ce temps aussi furent prins tous les Lombars, banquiers, & vsuriers qui estoyent

DV ROY PHILIPPE, SIXIEME, DICT DE VALLOIS. Fueil.xj.

estoyent en France, & furent chacez & banniz du royaume, pour la grande euacuation qu'ils faisoyent des finances de France, dont le royaume estoit apauury: & par proces faict contre eulx fut ordonné que quiconque seroit tenu enuers eux en aucunes vsures, en baillant au Roy le sort principal, ils ne payeroyent riens des arrerages. Et qui feroit de present ainsi ce seroit bien faict, car ils font beaucoup de mal en France: & quand ils y viennent iamais n'y apportent vn ducat, mais seulement vne fueille de papier en vne main, & vne plume en l'autre, & ainsi tondent aux Francois la laine sur le dos, & leur font gabelle de leur propre argent. Il fut lors trouué que les debtes qu'on leur deuoit montoyent oultre vingt & quatre cens mil liures d'vsures, desquelles le sort principal ne montoit point oultre douze vingts mil liures. *Les maux que font les Banquiers Lombars en France par leur subtilité et vsures.*

De la prinse de Calais par le Roy d'Angleterre.

LEdict Roy de France fit si grande diligence qu'il assembla gens, or, & argent: & enuiron la Pentecouste audict an, alla à sainct Denis, & print l'Oriflambe, & la bailla à porter à messire Geofroy de Charny, vaillant Cheualier, du païs de Bourgongne: & puis se meit en voye, pour & en intention d'aller leuer le siege que le Roy d'Angleterre tenoit deuant Calais. Cependant se rendit deuers luy le Comte de Flandres, fils du Comte, qui estoit mort en la bataille de Crecy: lequel les Flamens contre leurs promesses & sermens auoyent voulu, & de faict vouloyent, contraindre par menaces de mort à prendre & fiancer à femme la fille du Roy d'Angleterre, ce qu'il n'auoit voulu faire, dont le Roy de France, & la mere dudict Comte, furent bien ioyeux, & luy en sceurent bon gré. Tantost apres du vouloir du Roy fut marié iceluy Comte à la fille du Duc de Braban. Le Roy alla iusques à Hesdin, & illec attendit ses gens, & moult luy enuoya à les attédre. Quand ils furent venus il tira vers Calais, & presenta au Roy d'Angleterre la bataille, mais il ne la voulut accepter. Ledict Roy d'Angleterre, & le Duc de Lanclastre, parauant Comte d'Erby, & les Anglois qui estoyent nouuellement retournez d'Angleterre, auoyent tellement enuironné ladicte ville de Calais par mer & par terre, que les viures ne leur pouuoyent estre menez, & ne les peut le Roy secourir, pource que le lieu ou estoit le Roy d'Angleterre estoit inuasible: & furent en telles necessitez qu'ils mangerét leurs cheuaux, chats, chiens, & cuirs de beufs. Finalement ceulx qui estoyent dedans ladicte ville de Calais, par faute de viures & necessité de faim, furent contraints rendre la ville es mains du Roy Edouard d'Angleterre par composition, leurs vies sauues, & les robes qu'ils portoyent tant seulement. Cela faict, ledict Edouard s'en retourna en Angleterre: & ce voyant le Roy de France, il s'en retourna à Paris, & là se rendirent à luy à refuge les paures gens de Calais, ausquels les Francois feirent de grâdes aumosnes & humanitez: & fut ordonné que tous les offices qui vacqueroyent fussent donnez ausdicts gens de Calais, selon leurs vacations. Le Roy, estant à Paris, fit grand' assemblee de Prelats, & Nobles, pour auoir conseil comment il pourroit mener à fin ses guerres: lesquels luy conseillerent qu'il fist grand' armee par mer & par terre, & luy offrirent faire aide de gens, & d'argent. Le Roy fit Capitaine de par luy es marches de Picardie monseigneur Geofroy de Charny, lequel eut en sa compaignie le seigneur de Montmorency, & autres, auec bien quinze cens lances, & allerent audict païs: & là eurent intelligence sur le Chastel de Calais par vn Geneuois, qui en estoit Chastelain, & au iour qui leur estoit assigné allerent deuant ledict Calais: mais ledict Geneuois auoit reuelé l'entreprinse au Roy d'Angleterre, qui estoit dedans: lequel, & le Prince de Galles saillirent à grand' puissance sur les Francois, qui se combatirent vaillamment: mais en la fin leur conuint mettre en fuyte, & y fut prins ledict seigneur de Charny, monseigneur Eustache de Richemont, & autres. *Ceulx de Calais par extreme necessité de viures furent côtraints d'eux rendre au Roy d'Angleterre.*

De la guerre de Bretaigne d'entre messire Iehan de Montfort & messire Charles de Blois, qui fut prins prisonnier deuant d'Arian.

L'An mil trois cens quarante & huict, furent donnees tréues aux Flamens pour trois ans: & furent le Duc de Braban, l'Archeuesque de Trefues, & monseigneur Iehan de Haynault, commis à traicter l'appoinctement desdicts Flamens: & pource que les Anglois tenoyent plusieurs places en Bretaigne, & entre autres la Roche d'Arian, & faisoyent moult de maux, & gastoyent le païs, & la Duché, messire Charles de Blois, Duc de Bretaigne, assembla plusieurs Barons, & gens de guerre, & alla assieger ladicte place, & là eut moult grand' bataille *. Et combien que ledict messire Charles de Blois eust le plus grand nombre de gens, toutesfois pource que la bataille fut de nuict, ses gens ne s'entrecongnoissoyent point, ains s'entretuoyent l'vn l'autre par grâd desor- *L'an mil trois cens xlviii. * La Chron. de Breta. & Froissard, disent que cecy aduit l'an 1347.*

dre : & en la parfin l'oſt dudict meſſire Charles fut deſconfit, & luy prins par meſſire Robert du Chaſtel, & fort naurè, & fut menè au chaſteau d'Aulroy: & de là fut apres menè à Vannes, ou il fut bien vn an, attendant qu'il fuſt guery de pluſieurs playes qu'il auoit eues en la bataille: & fut apres menè au chaſteau de Breſt: car la mer eſtoit ſi bien gardee par les François, que les Anglois ne l'oſoyent mettre ſus, pour le mener en Angleterre: toutesfois à la fin ils le menerent: mais auant ſon partement la Ducheſſe ſa femme eut congé des Anglois d'aller viſiter le Duc ſon mary. En icelle bataille furent preſque tous les Barons de Bretaigne mors ou prins. Quand les Anglois meirent ledict Duc es nauires, ils luy baillerent pluſieurs ioueurs de vielles & guiternes, & à luy meſmes en baillerent vne, & le contraignirent à en iouer par deriſion.

Horrible & cruelle inhumanité cômiſe par les Anglois.

Apres la bataille gaignee par les Anglois deuant la Roche d'Arian, iceulx Anglois prindrent ladicte ville, & tuerent hommes, femmes & petis enfans, de quelque aage, ſexe ou condition qu'ils fuſſent: mais le lendemain les Barons & populaires du païs de Bretaigne ſe meirent ſus pour ladicte Ducheſſe, & prindrent ladicte ville: & apres ce enuoyerent deuers le Roy pour requerir ayde: lequel leur enuoya le ſeigneur de Cran, & meſſire Anthoine d'Aurie, Cheualier, auec grand' armee: leſquels reprindrent pluſieurs villes ſur les Anglois, & tuerent tous ceulx qu'ils trouuerent: toutesfois à la prinſe de ladicte ville de la Roche il auoit eſté accordé que les Anglois, qui eſtoyent dedans, auroyent leurs vies & habillemens ſaufs, & leur furent baillez aucuns Capitaines pour les conduire, mais on ne peut garder que le menu populaire ne les tuaſſent.

D'un Côſeiller de parlement, qui fut pêdu et eſtranglé au gibet de Paris.

Le vingtiéme iour de Iuillet, audict an, meſſire Halain de Hourdery, Cheualier, Conſeiller du Roy en ſa chambre des enqueſtes en ſon Parlement, fut pendu & eſtranglé au gibet de Paris, par iugement contre luy donné en ladicte court de Parlement, pource qu'en vne commiſſion, ou il auoit eſté commis par ladicte court auec meſſire Iehan de Thoronde, auſſi Cheualier, Conſeiller en icelle court, en vne cauſe contre Geruais le Comte, Aduocat en Normandie, iceluy de Hourdery auoit enregiſtré la confeſſion d'aucuns teſmoings, auſquels il n'auoit point parlé, & dont les aucuns eſtoyent mors, & auoit corrompu le dire des autres teſmoings, en la faueur de l'vne des parties.

L'an mil trois cens quarante & huict.

La ſepmaine deuant Paſques flories, audict an mil trois cens quarante & huict, mondictſeigneur Iehan, Duc de Normádie, en la ville de Sens fit l'appoinctement entre la Comteſſe mere de Louis, lors Comte de Flandres, & Iehanne Côteſſe de Boulongne, qui auoit eſté femme de feu Philippe de Bourgôgne, fils du Duc de Bourgongne, & de la ſœur de ladicte Comteſſe, ſur ce que ladicte Comteſſe de Flandres vouloit auoir le bail dudict Philippe, & de ladicte Comteſſe de Boulongne, entant que touchoit la Comté d'Artois, & autres queſtions qu'ils auoyent enſemble.

De l'acquiſition du pays de Dauphiné.

L'an mil ccc. xlix.

L'Annee mil trois cens quaranteneuf ledict Roy de France Philippe de Vallois acquiſt de ſes propres deniers, & moyennant certaine compoſition, le païs du Dauphiné, d'vn nommé meſſire Imbert Dauphin, & luy en paya le pris de quarante mil eſcus, pour vne fois, & dix mil florins chacun an ſa vie durant, & autres pactions faictes entre eulx: lequel Imbert le vendit ſoubs telle côdition que les Roys de France ne le pourroyent aliener, & que l'aiſné fils de France, incôtinent apres ſa natiuité, en auroit & prendroit le nom & tiltre de Dauphin: & ce fit il tant par deſpit de ceulx qui luy deuoyent ſucceder, qui auoyent fait pluſieurs choſes contre ſa volonté, qu'auſſi pource qu'il vouloit vſer paiſiblement & ſolitairement le demourant de ſes iours en religion. Et de faict apres ladicte vendition, ſe rendit de l'ordre de S. Dominique, au conuêt de Lion: & ladicte acquiſition ainſi faicte, ledict Roy Philippe, à la requeſte de monſeigneur Iehâ, ſon fils, Duc de Normandie, donna iceluy païs du Dauphiné à Charles, aiſné fils du Duc Iehâ: lequel Charles alla iuſques à Vienne, audict païs de Dauphiné, & là receut les hommages des vaſſaux d'iceluy païs, & en print poſſeſſion & ſaiſine.

Des mariage du Roy, & de ſon fils Duc de Normandie, & du Comte de Foix.

L'an mil ccc. xlix.

AVdict an mil trois cens xlix. mourut à noſtre Dame des Champs, pres Paris, madame Iehanne, Royne de France, qui fille auoit eſté de monſeigneur le Duc de Bourgongne, & fut enterree à S. Denis: & le troiſiéme iour d'Aouſt audict an ledict Roy Philippe de France eſpouſa pour ſeconde femme, en la ville de Bray, madame Blanche, fille du feu Roy de Nauarre, qui eſtoit mort côtre les Sarrazins, en Eſpagne: laquelle Blanche eſtoit aagee de dixſept ans ou enuiron, & eſtoit moult belle Dame: & audict

DV ROY IEHAN, PREMIER DV NOM. Fueil.xij.

& audict an le Côte de Foix print à femme vne autre fille d'iceluy Roy de Nauarre & de madame Iehâne sa femme, fille du feu Roy Louis Hutin, fils de Philippe le Bel: & furét les nopces au Louure, à Paris: & au moys d'Octobre ensuyuant trespassa ladicte Iehanne. En celle mesme annee trespassa ausi madame Bonne, femme de monseigneur Iehan, Duc de Normandie, fille du feu Roy de Boesme, qui mourut à la bataille de Crecy: & fut son corps mené & enterré en l'Abbaye des Nonnains de Maubuisson, pres Pontoise. En ceste dicte annee le Mardy onziéme iour de Feurier, iour de Karesme prenant, ledict Duc de Normandie espousa Iehanne, Comtesse de Boulongne, qui femme auoit esté de monseigneur Philippe, fils du Duc Eude de Bourgongne, & en auoit vn fils, aussi nômé Philippe, qui deceda en l'aage de treze ans, au chastel de Rouure pres Dyion. En ce temps se combatit monseigneur Raoul de Caours, & plusieurs autres Cheualiers, estans enuiron six vingts hommes d'armes, qui estoyent pour le Roy en Bretaigne, contre messire Thomas * d'Argonnee, Cheualier Anglois, Lieutenant du Roy d'Angleterre, audict païs, deuant le chastel d'Aulroy: & fut ledict messire Thomas mort, & de ses gens bien cent hommes d'armes, & les autres desconfits & prins. En celle anne mil trois cens quaranteneuf, au moys d'Auril, ledict Philippe acquist de ses deniers de Iaques de Mallorgue, la Comté de Roussillon & Sardaigne, les Baronnies, villes, chasteaux & chastellenies de Montpellier, & leurs appartenances, le pris de six vingts mil escus d'or, de poix, lors courans.

Froissard, dit d'Agorne, & nomme le chasteau Aulion.

Du trespassement du Roy Philippe de Vallois.

EN celle mesme annee furent faictes & accordees tréues entre lesdicts Roys de France & d'Angleterre, soubs esperance d'appointement, & se soubzmeirent de leur question au Pape: deuers lequel le Roy enuoya grans Ambassades: mais le Roy d'Angleterre n'y enuoya point, ne faisoit que dissimuler: parquoy le quatorziéme iour de Iuin l'an mil trois cens cinquante furent lesdictes tréues prolongees: & durant icelles, au moys d'Aoust, le Roy estant à Nogent le Roy pres * Coulon, luy prit vne griefue maladie, de laquelle, le Diméche xxiij. dudict moys, il alla de vie à trespas au lieu de Nogent, en l'an de son aage cinquantesept, & de son regne xxiij. & fut le Ieudy ensuyuant son corps amené à nostre Dame de Paris, & le Lundy ensuyuant fut enterré en l'eglise S. Denis en France, à moult belle ordonnance. Son cœur fut porté enterrer à Bourgfontaine en Vallois, en l'eglise des freres Chartreux, & ses entrailles aux Iacobis de Paris. Dieu par sa grace luy face pardon à l'ame: car ce fut vn moult vaillant Prince & bon catholique, qui en son temps eut moult de guerres & de persecutions par ses aduersaires: & est par aucuns appelé Philippe le bon catholique, & par les autres le bien fortuné: car ce fut à luy vne grand' & moult belle fortune de paruenir à la couronne de France, attendu qu'il y auoit auant luy trois hoirs masles, enfans de feu Philippe le Bel, qui tous moururent sans hoirs masles, & ne durerent enuiron que treze ans: & si eut plusieurs victoires contre ses ennemis & aduersaires, qui moult le trauaillerent toute sa vie. En ce téps fut vne si grand' mortalité, qui estoit auec crachat de sang, & estoit si contagieuse que non pas seulement par communication de l'vn à l'autre, mais aussi pour regarder l'vn l'autre, l'vn mouroit, & mourut bien les trois pars du monde.

L'an mil trois cens cinquâte.

Troisard, dit Coubois.

Grosse maladie, dont moururêt les trois parties du monde.

Du Roy Iehan.

IEhan, premier de ce nom, fils dudict Philippe de Vallois, comméca à regner l'an mil trois cens cinquante, & trespassa au quatorziéme an de son regne, l'an mil trois cens soixante quatre. Cestuy au commencemét eut à femme madame Bonne, fille du Roy de Boesme, dôt il eut quatre fils, & trois filles : c'estassauoir Charles, qui fut Roy apres luy, & fut appelé Charles le quint, Louis, qui fut Duc d'Aniou, & Côte du Maine, Iehan, qui fut Duc de Berry & d'Auuergne, & Philippe qui fut Duc de Bourgongne. L'vne des filles fut mariee au Roy de Nauarre, l'autre au Duc de Bar, & la tierce au Duc de Milan : laquelle dame Bonne trespassa l'onziéme iour d'Aoust, mil ccc.xlix. & apres eut à femme madame Iehanne, Comtesse de Boulongne, veufue de feu Philippe de Bourgongne, fils aisné d'Eude, Duc de Bourgôgne, & pere de Philippe Duc de Bourgongne, qui deceda à Rouure pres Dyion, le xxj. iour de Nouembre l'an mil trois cés lxj. comme sera dict sur ledict an. Le Dimenche xxvj. iour de Septembre l'an mil ccc. cinquâte, ledict roy Iehan, & madame Iehanne, sa femme, furent solennellement couronnez en l'eglise de Reims, & là fit le Roy plusieurs nouueaux Cheualiers : c'estassauoir Charles son aisné

L'an mil ccc.l.

fils, Dauphin de Viennois, Louis son second fils, Duc d'Aniou, monseigneur Philippe, Duc d'Orleans, son frere, Philippe, Duc de Bourgongne, fils de madame Iehanne sa femme, & de feu Philippe, Duc de Bourgongne, son premier mary, les Comtes d'Alencon, d'Estampes, de Dampmartin, messire Iehan d'Artois, & plusieurs autres, puis s'en vint le Roy à Paris, ou il fit son entree le dixseptiéme iour d'Octobre ensuyuant, qui fut moult belle & honnorable : & estoyent tous les gens des mestiers de Paris habillez de liurees de diuerses couleurs, & dura la feste vne semaine : & illec demoura le Roy iusques à la S.Martin, d'yuer, pour donner ordre à sa court de Parlement, & au faict de la Iustice, & aux autres affaires de son royaume.

L'entree triomphante du Roy Iehã, en la ville de Paris.

Comment le Comte d'Eu, Connestable de France, fut decapité, & fut faict Connestable messire Charles d'Espaigne.

LE mardy seziéme iour de Nouembre ensuyuãt, messire Raoul de Neelle, Comte d'Eu, & de Guynes, Cõnestable de Fráce, qui nouuellemet estoit venu d'Angleterre de prison, ou il auoit esté depuis l'an mil teois cens quarantesix, qu'il fut prins par les Anglois en la ville de Caen, ou il estoit, lequel auoit esté par plusieurs fois eslargy par lesdicts Anglois, pour venir en France, fut prins en l'hostel de Neelle à Paris, par le Preuost de Paris : & par commãdement du Roy fut mis en prison audict hostel, & le Vendredy ensuyuant, bien matin, en la prison mesme ou il estoit, fut decapité : & là estoyent presens, du commandemẽt du Roy, qui estoit logé au Palais, le Duc de Bourgongne, le Comte d'Armignac, le Comte de Montfort, Monseigneur Iehan de Boulongne, & autres : & auoit esté mis prisonnier pour plusieurs trahisons, qu'il cõfessa volontairemẽt, en la presence du Duc d'Athenes, & des dessusdicts, auoir faictes & machinees auec les Anglois al'encontre du Roy, & du royaume : & fut son corps enterré aux Augustins, hors le monstier. Au moys de Ianuier ensuyuãt, le Roy fit messire Charles d'Espaigne, Connestable de Fráce, & luy donna la Cõté d'Angoulesme, & fit le mariage de luy, & de la fille de messire Charles de Blois, en son viuant Duc de Bretaigne. Le premier iour d'Auril ensuyuãt fut faicte vne rencontre entre Francois & Anglois en Xaintonge, & furent desconfits les Francois, & y fut prins messire Guy de Neelle, son frere messire Raoul *d'Audenchan, & plusieurs autres : & au moys de Septembre apres la ville de S.Iehan d'Angely, que les Anglois auoyent tenue cinq ans, fut recouuerte par les Francois : mais apres elle fut rendue aux Anglois, parce que les Francois ne peurent auoir viures, & valoit lors le septier de bled à Paris, huict liures Parisis. En ce temps estoit Chancelier de France, messire Pierre de la Forest, Archeuesque de Rouen.

Connestable de Fráce decapité.

* Froissard, dit d'Aigrchen.

Grand' cherté de bleds à paris.

De la prinse de Guynes par les Anglois, sur les Francois.

EN l'an mil ccc.lj. la ville & le chastel de Guynes furent prinses par trahison, par les Anglois, nonobstant les treues qui estoyent lors, & la leur liura vn nommé Guillaume de Beaucouroy, Lieutenant du Capitaine dudict lieu, lequel pour ladicte cause fut prins & decapité, & apres pendu. En l'annee ensuyuant mil trois cens lij. le xiiij. iour d'Aoust, ledict Guy de Neelle, Mareschal de France, combatit contre les Anglois en Bretaigne, & fut ledict Mareschal occis en la bataille, & semblablement le Seigneur de Bricquebec, & le Chastelain de Beauuais, & plusieurs autres. En celle annee le Duc de Lanclastre *fils du Roy d'Angleterre, & vn Duc de Boesme, Alemant, se deuoyent cõbatre à oultrance à Paris, deuant le Roy de France, par deuãt lequel ledict Duc de Boesme l'auoit appelé pour aucunes paroles que le Duc de Lanclastre auoit dictes, touchant son hõneur : & comparurent les parties deuant le Roy hors Paris, au pré aux Clercs, pres sainct Germain des prez : & apres qu'ils eurent fait les sermens & montez à cheual, l'espee au poing, prests de combatre, le Roy print leur question en ses mains, & les appoincta sans bataille. En iceluy an mourut Pape Clement sixiéme, en Auignon, & fut esleu vn Cardinal du tiltre d'Ostie, natif de Limosin, qui en son propre nom estoit appelé Estienne Aubert, & auoit esté Euesque de Clermont, & fut sacré, & appelé Innocent.

L'an mil ccc.li.

L'an mil ccc.lii.

* ie ne trouue point allieurs qu'il fut fils du Roy d'Angleterre.

Comment le Roy de Nauarre, Comte d'Eureux, qui auoit espousé la fille du Roy Iehan, fit tuer messire Charles d'Espaigne, Connestable de France.

EN l'an mil trois cens cinquãte & trois le Roy Charles de Nauarre, Comte d'Eureux, qui auoit espousé la fille du roy Iehan, estant lors à Eureux, dont il estoit Comte, monta à cheual, & en sa compagnie estoit messire Philippe de Nauarre, son frere, messire

L'ã mil ccc.liii.

DV ROY IEHAN, PREMIER DV NOM.

meſsire Iehan, Comte de Harecourt & ſes freres, meſsire Geofroy de Harecourt, leur oncle, & pluſieurs Cheualiers, & autres, tant Normans que Nauarrois, allerent à l'Aigle ou eſtoit lors meſsire Charles d'Eſpaigne, Conneſtable de France: & quand ils furent aux faulxbourgs le Roy de Nauarre s'arreſta en vne grange, & fit entrer ſes gens dedans la ville: leſquels allerent au logis dudict Conneſtable qu'ils trouuerent encor' au lict, & là le tuerét. puis s'en vindrét audict Roy de Nauarre, qui les attendoit en ladicte grãge aux faulxbourgs. Ce faict s'en retournerent en ladicte ville d'Eureux, ou icelui Roy ſe fortifia & ſe garnit, & auec luy s'allierent pluſieurs Nobles de Normãdie, & meſmemét ledict Seigneur de Harecourt, le Seigneur de *Hanebuye, meſsire Iehan *Mallet, ſeigneur de Grauille, le ſeigneur de *Meléne & pluſieurs autres. Apres eſcripuit ledict Roy de Nauarre lettres aux bônes villes du royaume, & aux gés du grand conſeil du Roy: eſquelles lettres eſtoit côtenu qu'il auoit fait mettre à mort ledict Conneſtable, pour pluſieurs grands meffaicts que ledict Conneſtable luy auoit faicts. puis enuoya ledict Roy de Nauarre le Comte de Namur deuers le Roy à Paris, pour s'excuſer dudict faict: & aucun temps apres le Roy enuoya deuers luy pluſieurs grands perſonnages, c'eſtaſſauoir monſeigneur Guy de Boulongne, Cardinal, Robert le Coq, Eueſque de Lion, le Duc de Bourbon, le Comte de Vendoſme, & pluſieurs autres, auſquels le Roy de Nauarre, à qui ne ſuffit pas de demander que le Roy luy pardonnaſt ſon meffaict, fit pluſieurs grandes demandes de quelques choſes qu'il vouloit auoir du roy Iehan, & fut la choſe deſlors en danger de faire grand' guerre entre leſdicts deux Roys: car ledict Roy de Nauarre auoit fait de grãdes alliãces & grandes ſemõces en diuers païs, & ſi garniſſoit ſes villes & places, qu'il auoit en Normãdie & ailleurs: toutesfois finalement fut faict vn appoinctement, par lequel entre autres choſes le Roy de France promit au Roy de Nauarre, & luy aſsigna xxxviij. mil liures de rente, tãt pour acquiter certaine rente que ledict Roy de Nauarre prenoit ſur le threſor du Roy, qu'auſsi pour autre rente que le Roy luy deuoit aſsigner par aucuns traictez faicts long temps parauant entre les predeceſſeurs des deux Roys, pour cauſe des Comtez de Chãpaigne & Brie, à cauſe du mariage du Roy de Nauarre, Comte d'Eureux, ſon pere, qui eſpouſa la fille du roy Louis Hutin, fils de Philippe le Bel, à laquelle leſdicts royaumes & Comtez de Chãpaigne & de Brie deuoyent appartenir: & pour l'alſiete deſdicts xxxviij. mil liures tournois de rente luy furent baillez les Vicomtez de Beaumont le Roger, Bretueil, Conches, Orbec, le Ponteaudemer, le Bailliage & païs de Conſtantin. Oultre ce luy fut accordé que ſeſdicts alliez de Normandie luy feroyent hommage de leurs terres, ſe faire le vouloyent, autrement nõ: & qu'il tiédroit toutes leſdictes terres, auec celles qu'il tenoit parauãt, en Perrie, & qu'il pourroit tenir s'il vouloit en ſeſdictes terres ſon Eſchiquier, auſi noblement comme le Duc de Normandie: & pardõna le Roy auſdicts de Harecourt, de Grauille, & à tous ceulx qui eſtoyét conſentans & aydans à la mort dudict feu Conneſtable. Nonobſtãt tout cela, auant que le Roy de Nauarre vouſſiſt venir deuers le Roy, il cõuint au Roy luy liurer vne grãd' ſomme d'eſcus, & bailler en oſtage monſeigneur Louis, Duc d'Aniou, ſecond fils du Roy: & lors vint à Paris, à grand orgueil: & grand' compaignie de gensd'armes: & le quatriéme iour de Mars, audict an, fut ledict Roy de Nauarre, en propre perſonne en la chambre de Parlemét, deuant le Roy, tenant le ſiege auec aucuns de ſes Pers, & pluſieurs de ſes Conſeillers, & y eſtoit auſſi le Cardinal de Boulongne, & autres, & pria ledict Roy de Nauarre au Roy qu'il luy pleuſt luy pardonner la mort dudict Conneſtable, en diſant qu'il auoit eu de ce faire bonne & iuſte cauſe, laquelle il eſtoit preſt de dire au Roy vne autrefois, & qu'il ne l'auoit point fait au conténement du Roy, ne de ſon office de Cõneſtable, & qu'il ne ſeroit de rien ſi courroucé cõme d'eſtre en l'indignation du Roy. Lors meſsire Iaques de Bourbon, Comte de Poitou, que le Roy auoit fait nagueres parauant Conneſtable de France, du cõmandement du Roy meit la main audict Roy de Nauarre, & le fit on retirer à part: & lors entrerent en ladicte chambre de Parlement la Royne Iehanne, qui femme auoit eſté de Charles le Bel, ante de la Royne Blanche, & icelle Royne Blanche, qui femme auoit eſté dudict feu roy Philippe de Vallois dernier treſpaſſé, & eſtoit ſœur dudict Roy de Nauarre, & firent la reuerence au Roy, & s'agenouillerét. Et adonc meſsire Regnaul de Trie, dit Patrouillart, s'agenouilla ſubitement, & diſt: Mõt treſredoubté ſeigneur voicy mes dames les Roynes, Iehãne & Blanche, qui ont entendu que mõſeigneur de Nauarre eſt en voſtre malle grace, dont elles ſont moult deſplaiſantes & courroucées, pource ſont venues par deuers vous, & vous ſupplient que voſtre plaiſir ſoit luy pardõner voſtre maltalent, & ſi Dieu plaiſt il ſe portera doreſnauãt enuers vous ſi bien que vous & tout le peuple de France en ſera bien content. Apres leſdictes parolles dictes ledict Conneſtable & l'vn des Mareſchaux de France allerent requerir ledict Roy de Nauarre, & le ramenerent en ladicte chãbre de Parlemét, lequel Roy de Nauarre ſe meit entre les deux Roynes. Et lors ledict Cardinal de Boulongne, en parlant au Roy de Nauarre, diſt telles parolles: Monſeigneur

Fueil. xiij.

Charles d'Eſpaigne, Conneſtable de France, tué en ſon lict.

* *Froiſſard Mauluſe, Malet, Menlanc.*

Du Roy de Nauarre qui requiſt pardon au Roy en plain parlemét d'auoir tué le Conneſtable de France.

C

de Nauarre, nul ne ſe doit eſmerueiller ſi le Roy ſ'eſt tenu mal côtent de vous, pour le cas aduenu, qu'il ne conuient ia reciter, car vous l'auez aſſez publié par voz lettres, & autremēt: & ne
le deuſſiez pas auoir fait, car vous eſtes enuers luy tenu, à cauſe de ce qu'eſtes ſon prochain parent, & eſtes ſon homme & Per, & ſi auez eſpouſé madame ſa fille, & de tant plus en auez vous
meſprins: toutesfois pour l'honneur de mes dames les Roynes, qui tant affectueuſement l'ont
requis, & auſſi qu'il tient que l'auez fait par mauuais conſeil, il vous pardonne de bon cœur,
& de bonne volôté: & lors leſdictes deux Roynes, & le Roy de Nauarre, ſe meirent le genouil
à terre, remerciant le Roy. Apres ce, diſt encores ledict Cardinal, preſens pluſieurs Seigneurs,
qu'aucuns, fuſſent du lignage du Roy ou autres, ne ſ'aduenturaſſent plus de faire doreſnauāt
tels faits & oultrages aux gens & officiers du Roy: car ſ'il aduenoit, & fuſt le propre fils du
Roy, il en feroit faire iuſtice & reparation: & ce dict, le Roy ſe leua: & aucuns iours apres ledict Roy de Nauarre ſ'en retourna en ſes terres de Normandie. Aucun tēps apres ſe recôci-
lierent deuers le Roy de France, le ſeigneur de Harecourt, & ſon frere, qui eſtoyēt alliez parauant auec ledict Roy de Nauarre, & luy reueleren̄t moult de choſes: & lors ſ'en partit de court
ledict Cardinal de Boulongne, & ſ'en alla deuers le Pape en Auignon: & diſoit on qu'il ſ'en
eſtoit allé fort en la malle grace du Roy: & ſemblablement ſ'en partit mōſeigneur Robert de
Lorris, grand Conſeiller du Roy, haſtiuement, par ce qu'on le chargeoit d'auoir ſceu l'entreprinſe de la mort dudict feu Conneſtable en France.

*Comment apres le pardon que le Roy eut fait au Roy de Nauarre, il machina
contre luy, parquoy le Roy fit ſaiſir ſes terres.*

L'ā mil.ccc.liiij.

EN l'an mil.ccc.liiij. au moys de Nouembre, ledict Roy de Nauarre ſe partit ſecretement de Normandie, ſans le ſceu & congneu du Roy, & ſ'en alla iuſques en Auignō, latitāt par diuers lieux, & de là en Nauarre: & fut le Roy aduerty d'aucunes ma-
chinatiōs qu'il auoit faictes côtre luy. Parquoy il alla en Normandie, & fut iuſques à
Caen, & fit prendre & ſaiſir en ſes mains les terres que ledict Roy de Nauarre auoit en ſes
païs de Normandie, reſerué Eureux, Pōteaudemer, Cherebourg, Gauray, Auraches, & Mortaing, par ce que ceulx qui eſtoyēt dedās dirent qu'ils ne les bailleroyēt à autre qu'audict Roy
de Nauarre, qui les leur auoyent bailleés en garde. En celle annee grandes Ambaſſades des
Roys de France & d'Angleterre allerent en Auignon, deuers le Pape, pour traicter la paix:
c'eſtaſſauoir du party de France, l'Archeueſque de Rouen, Chancelier de France, & le Duc
de Bourbon: & pour la part du Roy d'Angleterre, le Duc de Lāclaſtre, & pluſieurs autres: mais
ils n'y peurent riēs faire: & furent par le Pape les trēues d'entre les deux royaumes prologées
ſeulemēt, iuſques au moys de Ianuier. Audict an vint à Paris, de par le Roy de Nauarre, deuers le Roy, meſſire Gaucher de Lorris, leq̄l apres ce qu'il eut parlé au Roy, en emporta ſaufconduict pour ledict Roy de Nauarre, iuſques en Auril enſuyuant. En celle annee le Roy fit
faire florins d'or à l'aignel, & en donnoit on lij. au marc d'or fin: & deffendit le cours de tous

L'ā mil.ccc.lv.

autres florins. L'an mil.ccc.lv. vindrēt aucuns Anglois deuāt le chaſtel de Nantes, & le ſoir de
Kareſme prenāt y en eut lij. qui entrerēt dedās, & le prindrēt d'emblee par eſchelle: mais meſſire Guy de Rochefort, qui en eſtoit Capitaine, lequel eſtoit allé en la ville, hors dudict chaſtel,
fit tāt par aſſault, ou autrement, qu'il le recouura en la nuict meſmes, & furent leſdicts lij. Anglois mors, & prins. Enuirō la feſte de Paſques audict an, le Roy enuoya mōſeigneur Charles, Dauphin de Viennois, ſon aiſné fils, pour eſtre ſon Lieutenant en Normādie, & y demoura tout l'eſté: & luy octroyerent les gens dudict païs deux mil hommes d'armes pour trois
moys: & au moys d'Aouſt enſuyuant ledict Roy de Nauarre, ſ'en retourna de Nauarre, & vīt
en France, & deſcēdit à Cherebourg en Conſtantin, en Normandie, auec bien deux mil hommes: leſquels, & ceulx qui eſtoyent par luy en ſes places, coururent, pillerent, & gaſterent
tout le païs d'enuiron, cōme ennemis, & prindrent le chaſtel Conches, qui eſtoit en la main du
Roy: mais en la fin fut faict appoinctement, & ſ'en vint ledict Roy de Nauarre, le xviij. iour
de Septembre, par deuers mondict ſeigneur le Dauphin, qui eſtoit au chaſtel du Val de Rueil,
en Normandie: & amena mōdict ſeigneur le Dauphin le Roy de Nauarre deuant le Roy, au
chaſtel du Louure, à Paris, en la preſence des Roynes Iehanne & Blanche, ſes tante & ſœur.
Si iura & afferma que depuis la mort du Conneſtable, il n'auoit fait choſe qui d'euſt tourner au

Le Roy Iehan pardōna la ſecō de fois au Roy de Nauarre.

deſplaiſir du Roy, & requeroit que ſ'il y auoit aucuns qui l'euſſent accuſé qu'on les luy nō-
maſt, pour ſoy iuſtifier, requerant au Roy qu'il luy pleuſt pardonner ſon maltalent, & promettoit que doreſnauant à touſiours luy ſeroit bon & loyal, & alors le Roy luy fit dire par le Duc
d'Athenes, Conneſtable de France, qu'il luy pardonnoit tout de bon cœur: mais qu'il gardaſt
de r'encheoir.

Des courſes

Des courses que firent les Anglois en France: & comment le Roy Iehan offrit au Roy d'Angleterre de se combatre à luy corps à corps, pour leur querelle.

Vdict an, au moys d'Octobre, le Prince de Galles, fils du Roy d'Angleterre, vint en France, & descendit à Bordeaux à grand' armee: puis tira vers Toulouze, & passa la riuiere de Garonne: puis cheuaucha vers Carcassonne, & ardit les faulxbourgs de la cité: & apres alla en Narbonne & Besiers: puis s'en retourna en Bordelois, pillant & gastant le païs, & emmena grand nombre de prisonniers, sans contredict: & toutesfois estoyent audict païs de par le Roy, le Comte d'Armignac, qui estoit Lieutenant general du Roy en Languedoc, les Comtes de Foix, & de Ponthieu, Connestable, & autres en plus grand' compaignie que le Prince de Galles, dont on murmura fort contre eulx. En ce mesme moys le Roy d'Angleterre descendit à Calais, auec grand' armee: puis tira vers Hedin, & rompit le parc, & brusla les maisons qui y estoyent: mais il n'entra pas au chasteau n'y en la ville. Lors le Roy de France, qui auoit fait son mandemens, & assemblé ses gens à Amiens, si tost qu'il sceut la nouuelle de la venue dudict Roy d'Angleterre, partit d'Amiens pour aller au deuant: mais quand le Roy d'Angleterre sceut sa venue, il ne l'osa attendre, & s'en retourna à Calais. Si alla le Roy apres luy, le suyuant iusques à S. Omer: & de là ennuoya ledict Roy deuers le Roy d'Angleterre, le seigneur de * d'Eucha, vn de ses Mareschaux: *Froissdit Dan-& luy manda que s'il vouloit il se combatroit à luy corps à corps, ou puissance contre puissan- thin. ce, à quelque iour & en quelque lieu qu'il vouldroit: mais le Roy Anglois, comme lasche & failly de courage, refusa la bataille, & s'en repassa la mer, & retourna en Angleterre: parquoy le Roy s'en reuint à Paris.

D'vne grand' assemblee que le Roy fit à Paris.

Nuiron la feste sainct Andry ensuyuant, le Roy fit assembler en la ville de Paris les gés des trois Estats de son royaume, & par messire Pierre de la Forest, lors Archeuesque de Rouen, & Chancelier de France, leur pria en la chambre de Parlement qu'ils eussent aduis qu'elle aide ils luy pourroyent faire, pour la côduicte de sa guerre: & pource qu'il auoit entendu que ses subiects se tenoyent greuez de la mutation qu'il auoit faicte de la monnoye, il offrit à faire forte monnoye & durable, mais qu'on luy fist aide suffisante: lesquels firent responce, c'estassauoir les gens d'Eglise par la bouche de monseigneur Iehan de Craon, lors Archeuesque de Reims, les Nobles, par la bouche du Duc d'Athenes, & les gens des villes, par la bouche d'Estienne Marcel, lors Preuost des Marchans de Paris, qu'ils estoyent prests de viure & mourir auec le Roy, & de le seruir de corps & de biens, & requirét delay pour deliberer ensemble de quel aide ils le secoureroyét lors. Apres ladicte deliberation firent responce qu'ils feroyent au Roy chacun an trente mil L'offre que firét hommes d'armes, dont le Roy fut bien content, & les mercia: & pour fournir au payement & au Roy les trois soulde desdicts trente mil hommes, fut ordonné que la gabelle du sel & l'imposition du vingt Estats assemblez denier pour liure auroyent cours, & seroyent leuees sur toutes manieres de gens, tant d'Eglise, à Paris. Nobles, qu'autres: mais pource qu'on ne scauoit lors combien lesdictes gabelles & impositions pourroyent monter, & si elles suffiroyent bien audict payemét & soulde desdicts gens de guerre, fut ordonné qu'ils se r'assembleroyent au premier iour de Mars ensuyuant, pour veoir l'estat de la valeur d'iceulx aides. Auquel iour assigné ils trouuerent que lesdictes gabelles & impositions ne pourroyent fournir audict payement: & par ce fut ordonné que toutes manie- Imposition sur res de gens du royaume (fussent du lignage du Roy, Prelats, Religieux, Hospitaliers, Officiers, tous les habitás Marchans, Laboureurs, ou autres quelsconques) qui auroyent cent liures de rente ou de re- de France. uenu en benefices, ou de gaiges d'offices, feroyent aide au Roy de quatre liures, & au dessus, & au dessoubs au feur l'emplaige: & les gens de mestier & Laboureurs, qui n'auoyent nul heritage ou rente, feroyent chacun dix sols.

Comment le Roy Iehan fit decapiter & pendre à Rouen le Côte de Harecourt, les Seigneurs de Grauille, de Preaux, & autres.

E moys de Mars, audict an mil trois cens cinquante & cinq, ledict roy Iehan dô- L'an mil.cccc. na audict monseigneur Charles Dauphin de Viennois, son aisné fils, la Duché lv. de Normandie, & le receut à hommage: puis l'enuoya à Rouen, pour en prendre possession, & en receuoir les hommages des vasseux. Et pource qu'aucun temps apres il fut rapporté au Roy que deuers sondict fils s'estoyent retirez, &

prenoyent gouuernement autour de luy le Roy de Nauarre, le Comte de Harecourt, les Seigneurs de Preaux, de Grauille, & autres: & qu'ils empeschoyẽt que ceulx dudict païs de Normandie ne fiſſent au Roy l'ayde qui luy auoit eſté octroyee par ceulx dudict païs de Normãdie, en l'aſſemblee qui auoit eſté faicte l'annee precedẽte, par mõdict ſeigneur le Duc de Normandie, au val de Rueil, & auſſi auoyent dit pluſieurs iniurieuſes & orgueilleuſes parolles de la perſonne du Roy, de mõſeigneur le Duc, ſon aiſné fils, & de tout le royaume. Le.v.iour du moys d'Auril, audict an, le Roy ſe partit du lieu de Maneuille bien matin, auant le iour, tout armé, & en ſa cõpaignie cent hommes tous armez, entre leſquels eſtoyẽt monſeigneur Louis, Comte d'Aniou, ſon fils, monſeigneur Philippe, Duc d'Orleãs, ſon frere, mõſeigneur *Charles d'Artois Comte d'Eu, & ſon frere, le Comte de Tancaruille, meſſire Arnoul de *Deuchã, Mareſchal de Fráce, & autres iuſques au nombre cent: & cheuaucha tant qu'il vint droict au chaſteau de Rouen, par l'huis de derriere, horsles murs, ſans entrer en la ville, ou l'attédoit le Capitaine, auquel il auoit fait ſçauoir ſa venue. Si entra dedans, & trouua en la ſaile aſſis au diſner mondict ſeigneur Charles, Dauphin de Viennois, & Duc de Normãdie, ſon aiſné fils, Charles, Roy de Nauarre, Iehan, Comte de Harecourt, le Seigneur de Preaux, meſſire Iehan Mallet, ſeigneur de Grauille, le ſeigneur de Clermont, monſeigneur Louis de Harecourt, frere dudict Comte, les Seigneurs, de Fiquault, de Tournebeu, de Clere, de Maubué *Maineſmeres, tous Cheualiers, *Colinet Doublet, & Iehã de *Portalu, Eſcuyers, & aucũs autres, leſquels ne ſe doutoyent pas de ſa venue. Tous leſquels il fit leuer de table, & mettre en priſon, en diuerſes de chãbres audict chaſteau, & leur fit bailler chacun vn cõfeſſeur: & puis s'en alla diſner: & ſi toſt qu'il eut diſné, luy & ceulx qui eſtoyent venus monterent à cheual, & ſortirent par ledict chaſteau hors la ville, en vn chãp, ou le Roy auoit fait faire vn eſchaufault ſur quatre pipes: & là furent amenez en deux charettes, par le commandement du Roy, leſdicts Comte de Harecourt, le Seigneur de Grauille, le Seigneur de Maubué, & Colinet Doublet: & leur furent les teſtes coppees en la preſence du Roy, de ſeſdicts enfans, de ſondict frere, & autres: & puis les corps furent trainez & penduz au gibet de Rouen, & leurs teſtes miſes à des lances ſur le gibet. Le lendemain fit deliurer le Roy les autres priſonniers, qui auoyent eſté prins, reſerué ledict Roy de Nauarre, & leſdicts Friquault & Portalu qui furẽt amenez priſonniers à Paris: & fut mis le Roy de Nauarre au Louure, & les deux autres au Chaſtelet. Pour laquelle cauſe Philippe de Nauarre, frere dudict Roy de Nauarre, & meſſire Geofroy de Harecourt, oncle dudict feu Seigneur de Harecourt, firent garnir les places dudict Roy de Nauarre, qu'il auoit en Normandie, de gens & de viures: & amaſſerent grand nombre de gens, & tindrent long temps le païs de Conſtentin, contre le Roy & ſes gens: & à leur ſuggeſtion & pourſuyte le Duc de Lanclaſtre, Anglois, deſcendit audict païs de Conſtentin, auec quatre mil hommes, & cheuaucherent à Liſieux, *au Berchelouyn, au Ponteaudemer, ou meſſire Robert de *Hocquerot, Maiſtre des Arbaleſtriers de France, auoit ia bien tenu le ſiege par huict ſepmaines: lequel ils ſurprindrent, tellement qu'il fut contrainct, & ceulx de ſa compaignie, s'enfuyr, & laiſſer les engins & artilleries qu'ils auoyent. Depuis cheuaucherent ledict Duc & ſa cõpaignie vers Bretueil, & rafreſchirent le chaſtel de gens & de viures: & pource qu'ils ſceurent que puis naguers la ville & le chaſtel d'Eureux auoit eſté baillé es mains des gens du Roy de France, qui longuement auoyent eſté deuant par les Nauarrois qui eſtoyent dedans, leſquels parauãt auoyent bruſlé la pluſpart d'icelle ville, & la grand' Egliſe, ils tirerent à Vernueil au Perche, & la prindrent, pillerent, & roberent tout, & en bruſlerent la plus grand' partie.

*Froiſ.dit Ichã d'Artois, Comte d'Eu, monſeigneur Charles ſon frere, &c.
*d'Andreghen Froiſ.

*Froiſ.dit de Mameſnars, Oliuier Doublet, et Iehan de Vaubatu.

Le Roy de Nauarre, et autres priſonniers à Paris.

*à Orbec Froiſ.
*Hotetot Froiſ. & Guag. Holecot.

De la prinſe du Roy Iehan, deuant Poitiers.

QVand le Roy, qui auoit aſſemblé ſon armee, ſceut ces nouuelles, il tira vers Vernueil, en grand' diligence: mais en cheminant il ſceut qu'ils en eſtoyent partis, & alloyent vers la ville de l'Aigle, & ne les pourroit acconſuyure: parquoy il print vn chaſteau, appelé Tilliers, que tenoyẽt les Nauarrois. puis alla deuãt Bretueil, ou il tint ſiege par huict ſepmaines, & apres luy fut rendu par cõpoſitiõ: & de là s'en à Chartres, ou luy vindrent nouuelles q̃ le Prince de Galles, aiſné fils du Roy d'Angleterre, eſtoit party de Bordeaux, & auoit cheuauché par les païs d'Auuergne, Bourbonnois & Limoſin, & auoit eſté deuant les villes de Bourges & Iſſouldun, & bruſlé les faulxbourgs, par ce qu'il n'auoit peu entrer dedans. Puis auoit paſſé à Vierzon, pillé la ville, & tous les autres lieux des païs par ou il eſtoit paſſé, & apres eſtoit venu ſur la riuiere de Loire, & paſſé par Romorantin qu'il print d'aſſault, & pluſieurs Cheualiers qui eſtoyent dedans, entre leſquels eſtoit le Seigneur de Cran, meſſire Bouciquault, & l'Hermite de Chaumont. Puis eſtoit tiré à Tours, & lors le Roy de France alla à Tours pour le r'encontrer: mais quand le Prince de Galles

DV ROY IEHAN, PREMIER DV NOM.   Fueil.xv.

Galles le sceut il se voulut retirer, & retourna vers Poitiers, pour cuider retourner à Bordeaux dont il estoit venu: & combien que le Roy n'eust encores tous ses gens assemblez, toutesfois poursuyuoit il ardâment, & de hault courage ledict Prince de Galles, le plus tost qu'il pouoit, pour le r'encontrer & combatre, & auoit grand' paour qu'il ne luy eschapast: & tant cheuaucha que le Samedy dixseptiéme iour de Septembre, mil trois cens cinquante six, il fut à deux lieues pres de l'ost du Prince de Galles. Iceluy Samedy les Comtes d'Auxerre & de Ioigny, le Seigneur de Chastillon sur Marne, grâd Maistre d'hostel du Roy, auec les côpaignies qu'ils conduisoyent, se combatirent auec plusieurs des gens dudict Prince de Galles, qu'ils r'encontrerent: & furent lesdicts deux Comtes, & le Seigneur de Chastillon descôfits & prins. Le Dimenche xviij. iour dudict moys le Roy Iehan ioignit & approcha son ost iusques à vn quart de lieue pres de l'ost dudict Prince de Galles, qui estoit logé es châps de Beauuoir & de Maupertuys. Ledict Prince de Galles n'auoit qu'enuiron huict mil hômes, & les Francois estoyêt bien quarâte mil combatans. Là vint le Cardinal de Perigort, qui auoit esté enuoyé par le Pape, pour traicter la paix desdicts deux Roys de France & d'Angleterre, & aussi du Roy de Nauarre, qui estoit prisonnier au Louure: lequel Cardinal fit plusieurs allees & venues esdicts deux osts, d'vn costé à l'autre: & fit le Prince de Galles de moult grandes offres au Roy. C'est assauoir de rendre tout ce qu'il auoit conquis, & ses gens prins & pillé, depuis son partement de Bordeaux, & de iurer de non soy armer, ne luy ne ses gens, de sept ans contre le Roy: lesquelles offres le Roy ne voulut accepter: & durant ce temps qu'on parlamentoit, les Anglois se fermerent de hayes, buissons, & grands fossez: & voyant ledict Cardinal qu'il ne pouoit riens faire s'en alla à Poitiers, qui estoit à deux lieues pres du lieu, ou le Roy de France auoit logé son ost, deuant celuy du Prince de Galles, es champs de Beauuoir & de Maupertuys, qui estoit pres d'vn chastel nommé Chauuigny, appartenant à l'Euesque de Poitiers, assis en vn fort païs de hayes & de buissons, tellemêt qu'on ne pouoit aborder sur ses gens. Mais ce neantmoins le lendemain matin, qui fut le lundy xix. iour de Septembre, audict an mil trois cens cinquante six, ledict Cardinal, qui estoit moult desplaisant qu'il ne pouuoit faire la paix, retourna, & alla d'vn ost à l'autre, & les cuida par son preschement pacifier: mais il n'y peut donner remede: & luy fut dict par vn Seigneur Francois, qu'il s'en retournast hardiment ou il luy plairoit, & que plus se trauaillast de porter nulles parolles d'appoinctement: car il luy en pourroit mal prendre. Quand ledict Cardinal veit ce, il print congé du Roy, & s'en alla au departir deuers le Prince de Galles, & luy dist: Beau fils faictes ce que vous pourrez: il vous fault côbatre, car ie ne puis trouuer nulle grace d'accord deuers le Roy de France. Le Prince dist: Nous nous sommes mis en nostre deuoir de faire offres, qui nous semblent raisonnables, & puis qu'ainsi est qu'il n'y veult entendre, & qu'il n'y à autre moyen, c'est bien l'intention de nous & des nostres de le côbatre, & Dieu vueille aider au droict. Lors ledict Prince parla & prescha ses gens, & leur remonstra le deuoir en quoy il s'estoit mis pour auoir appoinctemêt: & puis qu'ainsi estoit qu'il ne l'auoit peu auoir, qu'ils se deliberassent de batailler vaillâmêt, & venger leurs vies, & qu'ils estoyent gens pour côbatre les Francois, & les desconfire, & la gaigner honneur & cheuance si à eulx ne tenoit: & moult d'autres parolles leur dist, pour leur dôner courage: & ce dict meit le meilleur ordre qu'il peut en son ost. Lors môseigneur Gaultier, Duc d'Athenes, Côte de Briéne en Champaigne, Connestable de Frâce, môseigneur Arnoul de Duel, & messire Iehan de Clermont, Mareschaux de France, auec leurs batailles enuironnerêt l'ost dudict Price de Galles d'vne part: & môseigneur Charles, Duc de Normâdie, aisné fils du Roy, qui auoit la seconde bataille: môseigneur le Duc d'Orleans, qui auoit la tierce, s'approcherêt d'vne autre part dudict ost: mais les Anglois, estoyent en si fors halliers, buissôs & diuers païs, & de si mal venue, qu'il n'estoit hôme tât fust à droict, à pied ou à cheual qui peust aborder sur eulx: & lors les archiers Anglois, dont il y auoit grand nôbre, cômencerêt à tirer sur les Francois moult fort & vertueusement, eulx deffendans: & de la grâd' quâtité du traict blecerêt à l'arriuee moult de gens & de cheuaux: à l'occasion dequoy grâd nôbre de Francois tournerêt le dos, & se mirêt en fuyte. Les autres se côbatirêt fermemêt, & fut la bataille moult aspre & cruelle: & en icelle furent tuez de la partie du Roy, monseigneur Pierre, second Duc de Bourbon, Côte de Clermont, & de la Marche, qui en son viuât auoit esté faict Per & Châbrier de France, le Duc d'Athenes, Connestable de Frâce, messire Iehan de Clermont, Mareschal, messire Geofroy de Charny, qui portoit l'Oriflâbe, monseigneur Regnault Chameau, Euesque de Chaalons, le Seigneur de Pons, & plusieurs Nobles, Escuyers, Cheualiers, & autres, iusques au nôbre de sept à huict cens: & aussi y furent prins prisonniers le Roy de Frâce, qui en la bataille s'estoit plus vaillâment porté, & côbatu, que nul autre de ceulx de sa compaignie, & fut prins à la retraicte aux portes de Poitiers, par vn Cheualier natif de S. Omer, nommé messire Denis de Morbecque, Cheualier du païs d'Artois, lequel s'estoit retiré au seruice

L'an mil.ccc. cinquante six.

Des offres que fit le Prince de Galles au Roy Iehan.

Les remôstrances que fit le Prince de Galles à ses gens.

De la decôfiture des Francois faicte par le Prince de Galles et ses gens.

Prinse du Roy Iehâ deuât Poitiers, par vn cheualier d'Artois.

C iij

LES CHRONIQVES ET ANNALES DE FRANCE.

du Roy d'Angleterre, pour vn homicide qu'il auoit fait à sainct Omer, en guerre d'amis: auquel mesire Denis, le Roy bailla son dextre gãd pour gage, & luy pria qu'il le menast deuers le Prince de Galles, son cousin: car il voyoit bié que tout estoit perdu par desordre. * Aussi furent prins monseigneur Philippe son quart fils, monseigneur Iaques de Bourbon, Comte de Ponthieu, frere du Duc de Bourbon, mesire Iehan d'Artois, Comte d'Eu, & son frere, Charles, Comte de Longueuille, le Comte de Tancaruille: monseigneur Iehan de Melun, & son fils, l'Archeuesque de Sens, mesire Simon de Dampmartin, le Comte de Vendosme, le Comte de Sallebriche, le Cõte de Nassou, le Mareschal de Suchan, & plusieurs autres Barõs, Cheualiers, Escuyers, iusques au nombre de dixsept cens, ou enuiron, entre lesquels mors & prins y auoit cinquante deux Cheualiers banerets. Et voyant la grand' desconfiture qui venoit sur les Francois, on fit retraire monseigneur Charles Duc de Normandie, aisné fils du Roy, & ses deux autres freres, & aussi le Duc d'Orleans, frere du Roy, & aucuns autres: & finalement il fut trouué qu'il auoit esté prins dixsept Comtes, sans les Barons, Cheualiers, Escuyers: & y furent mors de six à sept mil hommes, & y eut des prisonniers qu'vns qu'autres deux fois autant que les Anglois estoyent.

*Ie sçay que les nõs de ces prisõniers peuuẽt estre autres ailleurs, mais il est mal aisé d'asseurer lesquels sont les plus vrays.

Comment le Prince de Galles enuoya le Roy Iehan prisonnier à Bordeaux.

APres la bataille ledict Prince de Galles se retira en vn pauillon, pour soy rafreschir: & là luy fut par ledict mesire Denis de Morbecque, amené le Roy de France prisonnier: lequel Prince alla au deuant, & luy fit moult grand' honneur & reuerẽce, en le reconfortant, & luy disant que ce qui estoit aduenu n'estoit pas de sa vaillãce: mais qu'à Dieu auoit pleu qu'ainsi se fist, & l'enhortoit de faire bonne hcere: & apres le mena à Poitiers, ou on luy fit ouuerture. Tantost apres le mena à Bordeaux, auec les autres bons prisonniers, reserué le Comte d'Eu, qui estoit fort blecé: lequel fut enuoyé sur sa foy, & plusieurs autres menus prisonniers furent mis à rancon, & laissez aller sur leur foy, pour pourchacer leurs rancons: & tant comme le Roy fut es mains du Prince de Galles, il le traicta moult honnorablement, & luy faisoit tout l'honneur qu'on luy pouoit faire. Mondict seigneur Charles, Duc de Normandie, le Comte de Poitiers, son frere, le Duc d'Orleans, leur oncle, apres ladicte desconfiture s'en vindrent à Paris, pour auoir conseil sur la deliurance du Roy, leur pere.

De l'assemblee faicte à Paris, des gens des trois Estats de France, apres la prinse du Roy Iehan, pour le faict de la deliurance d'iceluy.

LE xv. iour du moys d'Octobre ensuyuant, furent assemblez à Paris les gens des trois Estats de France, qui auoyent esté mandez par mondict seigneur le Duc de Normãdie: lequel par la bouche de l'Archeuesque de Rouen, Chãcelier de Frãce, leur demanda conseil & aide, pour la deliurance du Roy, son pere, & pour la conduicte de la guerre: & furent par les gens desdicts Estats deputez cinquante personnes, qui plusieurs fois s'assemblerent: & apres aucunes iournees firent dire à monseigneur le Duc qu'ils parleroyent volontiers à luy en secret: lequel à ceste cause alla deuers eulx au couuent des Cordeliers: & là ils luy remonstrerẽt que plusieurs des Thresoriers, Maistres des cõptes & des monnoyes, qui auoyent esté du tẽps de son pere, auoyẽt mal administré les deniers des finances, & requeroyent que cõmissiõ fust octroyee a l'encontre d'eulx, & qu'ils fussent puniz, & leurs biens confisquez, & qu'il muast tous officiers, & mesmẽt ceulx dont les noms s'ensuyuent: Monseigneur Pierre de la Forest, Archeuesque de Rouen, Chãcelier de France, mesire Simon Bray, Cheualier, du grand Conseil du Roy, & premier Presidẽt de Parlemẽt, mesire Robert Lorris, Cheualier, Premier Chãbellan du Roy, mesire Nicole de Braque, Cheualier, Thresorier de France, & Maistre des cõptes, Enguerrãd du petit Celier, Bourgeois de Paris, Thresorier de Frãce, Iehan de Pouilleuillain, General des mõnoyes, Iehã Chauueau de Chartres, Thresorier des guerres, qui tous estoyent coulpables: & à ceste cause qu'ils fussent puniz par ceulx qu'ils nõmeroyẽt, & s'ils estoyẽt innocẽs, si vouloyẽt ils qu'ils perdissent leurs biẽs, & demourassent sãs offices. Itẽ luy requeroyẽt qu'il voulsist deliurer ledict Roy de Nauarre q̃ son pere auoit fait emprisonner, en luy disant q̃ depuis qu'il auoit esté prís prisonnier, n'estoit venu biẽ au Roy n'au royaume. Itẽ requeroyẽt q̃ ledict Duc se voulsist gouuerner par quatre Prelats, xij. Cheualiers, & xij. Bourgeois qu'ils luy bailleroyent: lequel Duc leur dist qu'il auroit aduis sur ces choses, auec son cõseil: mais pource que la matiere requeroit celerité, il leur prioit qu'ils luy dissent prompte responce de quel aide ils luy vouldroyẽt faire

Assemblee secrette qui se fit aux Cordeliers de Paris, par les deputez des trois estats.

octroy:

DV ROY IEHAN, PREMIER DV NOM.

octroy: & ils luy dirent qu'ils luy feroyent vn dixième & demy pour vn an, sur les Nobles & gens d'Eglise, & que les gens des bônes villes feroyent pour cent feux vn homme d'armes: lequel aide se montoit bien à trente mil hommes d'armes, lesquels toutesfois ils payeroyent par leurs mains. Sur lesquelles requestes & offres ledict Duc eut conseil par deux ou trois iours, & enuoya par deuers lesdicts deputez, aux Cordeliers, leur prier qu'ils se voulsissent deporter desdictes requestes, & qu'elles touchoyent fort le Roy son pere, sans lequel il ne voudroit besongner, dont lesdicts deputez ne voulurent riens faire. Et pource que mondict seigneur le Duc ne pouoit auoir l'octroy dudict aide, il fut conseillé les leur accorder secretement: mais ils voulurent, que ledict Duc leur promist & dist publiquement en la chambre de Parlemét: & ce faisoyent & pourchaceoyent aucuns particuliers desdicts Estats, qui auoyent bien intention que tous les faicts du royaume fussent par eulx gouuernez: mais mondict seigneur le Duc fut conseillé de ne le faire pas. Et pource qu'à l'heure moult grand peuple estoit assemblé en la chambre de Parlement, & en la sale du Palais, ou deuoyét estre faictes lesdictes requestes audict Duc, par la bouche de maistre Robert le Coc, Euesque de Laon, ledict Duc eut conseil commét il pourroit faire departir le peuple, & par le conseil qu'il eut, il enuoya querir en ladicte chambre de Parlement, pour venir en sa maison, qui estoit à la poincte du Palais, au bout des iardins de la Conciergerie, aucuns de ceulx des trois Estats: & principalement maistre Raymond Sacquet, Archeuesque de Lion, messire Iehan de Craon, Archeuesque de Reims, & ledict Euesque de Laon, pour le clergé: & pour les Nobles y furent messire Vallentin de Luxembourg, messire Iehan de Conflans, Mareschal de Champaigne, & messire Iehan de Picquigny, Gouuerneur d'Artois: & pour les bonnes villes y furent Estienne Marcel, Preuost des Marchans de Paris, Charles Roussac, Escheuí, & autres plusieurs. Et là leur dist ledict Duc aucunes nouuelles qu'il auoit ouyes, tant du Roy son pere, comme de l'Empereur: & leur demanda par conseil s'il leur sembloit qu'il fust bon que lesdictes requestes, qui luy deuoyent estre faictes, & pour lesquelles ouir le peuple estoit assemblé, fussent dilayees iusques à vne autrefois. Surquoy les gens du conseil dudict Duc, & aussi les autres par fiction furent d'oppinion qu'elles fussent differees iusques au Ieudy ensuyuant, & ainsi s'en retournerent en la chambre de Parlement: & incontinent ledict Duc enuoya ledict Duc d'Orleans, & autres, pour dire au peuple qu'il ne pouoit pour ce iour ouir lesdictes requestes, pour aucunes nouuelles qui luy estoyent venues du Roy son pere, & de l'Empereur son oncle, dont il leur fist lors aucunes dire publiquement, & ainsi s'en departirent de ladicte chambre. Apres trouua facon de faire departir de Paris grand' quátité du peuple, qui estoit venu à l'assemblee desdicts Estats, & les enuoyer hors de Paris, chacun en sa maison, & leur dist qu'il les remanderoit, dont plusieurs desdicts Estats, qui auoyét intention de gouuerner le royaume de France, par le moyen desdictes requestes qu'ils auoyent faictes audict Duc, furent moult dolens.

L'offre que feirét les deputez des trois Estats à Paris audict Duc de Normãdie.

De l'aide qu'octroyerent ceulx de Languedoc, & du refus de ceulx de Paris.

Semblablement audict moys d'Octobre les gens des trois Estats du païs de Languedoc, de l'auctorité du Comte d'Armignac, qui estoit Lieutenant du Roy audict païs, s'assemblerent à Toulouze, & liberalement octroyerét vn grand' aide au Roy, & promirent souldoyer pour vn an cinq mil hommes d'armes, mille gens à cheual armez, mille Arbalestriers, & deux mil partisiniers, tous à cheual. Et oultre ordonnerét qu'audict païs, si le Roy n'estoit deliuré durant ladicte annee, homme ne femme ne porteroit en habillemens, or, argent, ne perles, couleurs de verd ne gris, robes ne chaperons decopez, n'autres cointises, & que iangleurs ne menestriers ne ioueroyent de leur mestier durant ledict an. Mondict seigneur le Duc requist par plusieurs fois à ceulx de Paris, qu'ils luy voulsissent faire aucun aide pour le faict de la guerre: mais ils ne le voulurent onques accorder, s'ils ne faisoyent de rechef assembler les gens des trois Estats. ce qu'il ne trouuoit par conseil qu'il deust faire: & par ce enuoya aucuns de ses Conseilliers, par les Bailliages, pour leur requerir aide. Enuiron celle saison messire Robert de Clermont, Lieutenant de monseigneur le Duc de Normandie, desconfit au païs de Constentin bien sept cens des gens du Roy de Nauarre, & fut tué messire Geofroy de Harecourt, qui s'estoit rendu ennemy du Roy de France, deslors que le Comte de Harecourt son frere, fut decapité à Rouen: & furent ses gens, qui peurent eschaper, contraincts se retirer à sainct Sauueur le Vicomte, que ledict de Harecourt auoit vendu au Roy d'Angleterre, auec ses autres seigneuries, pour en iouir apres son trespas: & depuis en la main du Roy de France, & de mondict seigneur le Duc de Normandie, son fils, fut baillé le Ponteaudemer, & prins par composition.

Ordonnance moult louable que feirét ceulx de Languedoc.

Comment ledict Duc de Normandie, Regent, alla deuers l'Empereur son oncle, & de l'emotion de ceulx de Paris.

L'an mil.ccc.lvi.

AV moys de Decembre, audict an mil trois cens cinquantesix, monseigneur le Duc de Normandie partit de Paris, & alla en la cité de Mets, deuers mõseigneur Charles de Boesme, Empereur de Romme, son oncle de par sa mere, pour auoir conseil sur le faict de la detention de son pere, & du gouuernement du royaume: & laissa son Lieutenant durant son absence monseigneur Louis, Comte d'Aniou, son frere: & le dixiéme iour dudict moys fut publiée à Paris nouuelle monnoye, qui auoit esté faicte par l'ordonnance dudict Duc de Normandie. C'estassauoir deniers blancs de six sols huict deniers Parisis, de taille, & de trois deniers d'alloy, & auoit cours chacun denier pour douze deniers: & le mouton d'or fut mis à trente sols tournois: desquelles choses le commun de Paris fut moult esmeu. Car ceulx qui gouuernoyent en ladicte ville ne vouloyent souffrir ledict Duc auoir finance, sans leur congé: & pour ceste cause le Preuost des Marchans, nommé Estienne Marcel, & plusieurs des habitans de la ville de Paris, allerent au Louure en moult grãd nombre deuers ledict Comte d'Aniou, & luy requirent qu'il voulsist faire cesser le cours de la monnoye que monseigneur de Normãdie, son frere, auoit nouuellement faict faire, & luy dirent que pour riens ils ne souffriroyent qu'elle eust cours. Mondict seigneur d'Aniou leur dist qu'il auroit conseil sur ce, & que le lendemain leur en feroit responce: & par ce se departirent pour celle heure: mais le lendemain ils retournerent deuers luy en plus grand nõbre quatre fois qu'ils n'auoyent esté la iournée precedente, & semblablement y retournerẽt la iournée ensuyuant: & voyant le Cõte d'Aniou la grand' assemblée qu'ils faisoyent, leur accorda qu'on cesseroit de faire ladicte monnoye, iusques à tãt qu'il sçauroit la volonté de son frere, deuers lequel il pensoit tantost enuoyer, & luy escrire la requeste desdicts Preuost & habitans: & ainsi se departirent, & ne courut depuis ladicte monnoye.

Nouuelle monnoye publiée à Paris, qui fut cause de cõmouuoir le peuple.

Le vingtseptiéme iour du moys de Ianuier ensuyuant mondict seigneur de Normandie retourna à Paris, de deuers son oncle l'Empereur, ou il estoit allé à Mets: & estoit en sa compaignie l'Archeuesque de Rouen, Chancelier de France, lequel auoit esté nouuellement faict & prononcé Cardinal en court de Romme: & allerent deuers luy lesdicts Preuost des Marchans & habitans de Paris en grand nombre: & pour l'honneur dudict nouueau Cardinal plusieurs ordres & colleges de ladicte ville allerent en procession iusques à sainct Anthoine des champs, hors Paris. Tantost apres que mondict seigneur le Duc de Normandie fut arriué à Paris, il enuoya deuers ledict Estienne Marcel, Preuost des Marchans de ladicte ville de Paris, aucuns de ses Conseilliers qui luy dirent qu'il se trouuast vers sainct Germain de Lauxerrois: car ils luy auoyent à dire aucune chose de par monseigneur le Duc: lequel Preuost à l'heure de disner y alla, auec luy grand' compaignie des gens de ladicte ville, dont y en auoit plusieurs armez à descouuert: & là lesdicts Conseilliers luy requirent qu'il fist cesser ceulx de ladicte ville, qui donnoyent empeschement au cours de ladicte monnoye: mais ils respondirẽt que riens n'en feroyent: & y eut si grand' esmeute par toute la ville qu'ils feirent cesser tous ouuriers d'ouurer, & commanderent que chacun s'armast: & furent en grands dangers les officiers du Roy, qu'on ne fist aucune chose contre eulx. Lors mondict seigneur le Duc, pour fuir à l'inconuenient qui se pouoit ensuir, & de la fureur du peuple, contre sa volonté accorda à ce qu'ils voulurent, & consentit que ladicte monnoye n'eust point de cours, & que les gés des trois Estats fussent assemblez, & que par eulx en fust ordonné: dont ledict Preuost des Marchans requist lettres, que ledict Regent commanda à vn Notaire. Pour laquelle cause plusieurs desdicts officiers s'absenterent: & ledict Chancelier, qui auoit esté faict Cardinal, ne se monstra plus à Paris pour celle fois: & pource que parauant on auoit appoincté que ledict Chancelier, le Seigneur de Macy, & autres, iroyent à Bordeaux, pour les traictez du Roy de France & d'Angleterre, ils requirent qu'iceulx n'y allassent point, & que leur commission fust reuoquée: parquoy conuint que ledict Duc la reuoquast, reserué le Chancelier Cardinal, par ce qu'on dist qu'il conuenoit qu'il y allast, pour rendre au Roy ses seaulx de ladicte Chancellerie. Oultre ce conuint audict monseigneur le Duc, à la requeste dudict Preuost des Marchans, qu'il enuoyast Sergens & gens en garnison es hostels de messire Simon de Bucy, & messire Nicolas Bracque, Maistre d'hostel du Roy, qui longuement s'estoit entremis de ses finances, & aussi es maisons d'Enguerrand du petit Celier, Thresorier de France, & Iehan Pouilleuillain, Maistre des Comptes, & General des monnoyes, & furent leurs biens inuentoriez. Apres à la poursuyte de ceulx de Paris, les gens des trois Estats de tout le royaume furent mandez se r'assembler audict Paris, au cinquiéme iour de Feurier ensuyuant.

Fureur de la cõmune de Paris.

Pendant

Pendant que ces choses se faisoyent à Paris, messire Philippe de Nauarre, qui estoit en Costentin, cheuaucha auec huict ou neuf cens hommes en sa compaignie, iusques au deuant de Chartres, & de là à Bonneual: & puis s'en retourna pillant & gastant tout le païs par ou il passa. Aussi messire Guillaume de Grauille print sur le Roy, par trahison, le chastel d'Eureux, & occist le Chastelain dudict chastel, & le bailla aux Nauarrois.

De l'assemblee des trois Estats de France, faicte de rechef à Paris.

AV iour qui auoit esté establi furent assemblez à Paris les gens des trois Estats, en grand nombre de Prelats, Nobles, & gens des bonnes villes: & par plusieurs iournees conseillerent ensemble au conuent des Cordeliers, & là feirent plusieurs ordonnances: & le troisiéme iour de Mars messire Robert le Coq, Euesque de Laon, en l'assemblee des gens desdicts trois Estats en la chambre de Parlement, present ledict Duc de Normãdie, le Comte d'Aniou, & le Comte de Poitiers, ses freres, & plusieurs autres, en si grand nombre que toute la salle estoit plaine, prescha & dist que le royaume & les finances auoyent par cy deuant esté mal administrees & gouuernees, & que ce procedoit par la faute dudict Cardinal, Chancelier, de messire Simon de Bucy, maistre † Iehan Chauuelart, maistre Pierre d'Orgemont President en Parlement, Nicolas Bracque, Iehan Pouilleuillain, Iaques l'Empereur, Estiene de Paris, messire Robert de Lorris, Iehan Turpin, & autres iusques au nombre de quatorze qu'il nomma: & que les gens desdicts Estats ne le pourroyent plus souffrir n'endurer, & auoyent deliberé ensemble que les dessus nommez, & autres des plus grands & principaux officiers, seroyent priuez de leurs offices royaux: & requist à mondict seigneur le Duc, que dés lors il les voulsist priuer, combien qu'ils n'eussent esté ouyz, & si estoyent la plus part d'eux residens en la ville de Paris. Oultre ce requeroyent que tous les officiers du royaume fussent suspendus, & que reformateurs tels qu'ils nommeroyent fussent enuoyez par tout le royaume, pour enquerir & reformer des abuz qui s'y faisoyent, & plusieurs autres requestes qu'il fit: lesquelles aduouerent messire Iehan de Picquigny, pour l'Estat des Nobles, & Estienne Marcel, Preuost des Marchans, & * Colard le Caucher, pour l'estat commun des villes: & requeroit oultre ledict Euesque que bonne monnoye courust, & telle que lesdicts gens des Estats ordonneroyent: & en ce faisant promettoyent souldoyer trente mil hommes, lesquels ils feroyent payer par les mains de ceulx qu'ils y commettroyent. Monseigneur le Duc, voyant qu'autrement il ne pouoit auoir aide, leur octroya toutes leurs requestes: & furent lesdicts dessus nommez priuez de leurs offices, & tous les autres officiers du royaume suspendus, tellement qu'aucuns iours ne fut point tenue de iurisdiction, iusques à ce que le Preuost de Paris fut restitué en son office. Semblablement, au regard du Parlement, ceulx qui auoyent esté esleuz par les gens desdicts Estats, en ordonnerent & en osterent plusieurs, & n'y en laisserét de ceulx qui y estoyent, que seize: & au regard de la chambre des Comptes ils osterent tous les Maistres & les Clercs qui y estoyent, en nombre de quinze, & en meirent quatre nouueaux, deux Clercs, & deux Laiz: lesquels, pour ce qu'ils n'y congnoissoyent riens, le lendemain requirent qu'on leur baillast aucun de ceulx qui parauant y estoyent, pour leur monstrer le faict de ladicte chambre: & parce y en furent remis quatre: & tantost apres fut la monnoye publiee à Paris, par lesdicts gens des trois Estats.

Des remonstrances que fit l'Euesque de Laõ, en l'assemblee des trois Estats present le Duc de Normandie.

† al. Chamelart,

les grãdes Croniques de Frãce le nõment Nicolas le Chanteur

La plº part des officiers de la court de Parlement & des Comptes, ostez.

Des trèues prinses entre le Roy & le Prince de Galles, & d'vne assemblee des Estats rompue.

LE dixseptiéme iour de Mars ensuyuant, en la ville de Bordeaux, fut pourparlé de faire la paix entre le Roy de France, qui estoit encores à Bordeaux, & le Prince de Galles, au nom du Roy d'Angleterre, son pere: & pour ce qu'il y auoit plusieurs articles, que ledict Prince reseruoit à sondict pere, furent prinses trèues iusques à deux ans, lesquelles trèues furent publiees à Paris, le cinquiéme d'Auril ensuyuant: & aussi fut crié qu'on ne leueroit point le subside, qui auoit esté ordonné par les trois Estats, ne qu'iceulx estats ne se rassembleroyent pas la quinzaine d'apres Pasques, comme ils auoyent ordonné: dont le peuple fut mal content & esmeu, mesmement contre l'Archeuesque de Sens, & les Comtes d'Eu, & de Tancaruille, qui auoyent apporté lesdictes lettres desdictes trèues & deffences, & disoit le peuple que c'estoit vne trahison. Pour ladicte cause lesdicts Archeuesque de Sens, & Comtes d'Eu, & Tancaruille, s'absenterent de Paris, moult courroucez: & disoit on qu'ils auoyent dit qu'ils s'en vengeroyent contre ceulx de Paris: & qu'ils assembleroyent gens d'armes: parquoy on fit faire grand guet & garde à

Bõ guet à Paris

LES CHROIQVES ET ANNALES DE FRANCE.

Paris:& le huictiéme iour dudict moys d'Auril, veille de Pafques, ledict Duc de Normādie, par la contraincte defdicts gens des trois Eftats, ordonna que nonobftant le cry precedēt ledict aide fe leueroit, & que les Eftats feroyent affemblez à la quinzaine enfuyuant de Pafques. Durant lefdictes tréues, le Duc de Lanclaftre, qui auoit tenu huict ou neuf moys le fiege deuant Renes, leua ledict fiege par le commandement du Roy d'Angleterre: mais on luy donna quarante mil efcus, pour fes fraiz.

Comment le Roy Iehan fut mené par le Prince de Galles en Angleterre.

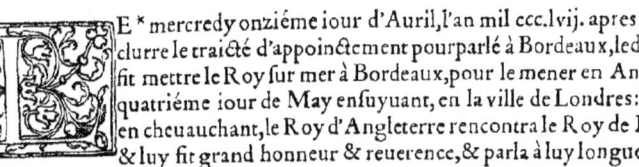

les Cro. de Frāce difent mardy feziéme iour, et que le Roy entra en Londres le uingt quatriéme dudict moys

LE * mercredy onziéme iour d'Auril, l'an mil ccc.lvij. apres Pafques, pour conclurre le traicté d'appoinctement pourparlé à Bordeaux, ledict Prince de Galles fit mettre le Roy fur mer à Bordeaux, pour le mener en Angleterre, & arriua le quatriéme iour de May enfuyuant, en la ville de Londres: & hors ladicte ville, en cheuauchant, le Roy d'Angleterre rencontra le Roy de France aux champs, & luy fit grand honneur & reuerence, & parla à luy longuement: & apres paffa oultre fon chemin, & ledict Roy de France & le Prince de Galles entrerent en Londres, & luy fit on de grands honneurs, & ne fut pas fort detenu ne gardé: car il alloit chacer, voller, & ailleurs efbatre à fa plaifance, toutes les fois qu'il luy plaifoit: & auoit autour de luy telles gēs qu'il demandoit, eftant logé en vn bel hoftel, appelé Sauoye, qui eftoit au Duc de Lanclaftre hors la ville de Londres. Enuiron la fefte fainct Iehan enfuyuant, les Cardinaux de Perigort, Durget, & de Rouen, & l'Archeuefque de Sens, & autres, allerent en Angleterre, deuers le Roy de Frāce, pour faire & conclurre ledict traicté de paix, ou ils demourerent longuement: & difoit l'on en France par plufieursfois que ledict traicté eftoit rompu, & qu'il ne fe feroit point. Tantoft apres l'affemblee defdicts trois Eftats de France, les gens des bonnes villes congnurent que les douze qui auoyent efté commis pour le gouuernement des deniers de l'aide, n'eftoyent pas loyaux, & que les pourfuites qu'ils auoyent faictes eftoyent tendans à leur proffit particulier: parquoy ils ne voulurent plus obeir ne riens faire pour eulx, & furent la plufpart des officiers, qui auoyent efté oftez, remis en leurs Eftats & offices: & lors mondict feigneur le Duc de Normandie dift au Preuoft des Marchans de la ville de Paris & autres, qu'il ne vouloit plus auoir

Le Duc de Normandie dift & declaira qu'il uouloit luy mefmes eftre gouuerneur du royaume.

de Curateur, & vouloit dorefnauāt gouuerner luy mefmes, & qu'ils ne f'entremiffent plus du gouuernement du royaume, lequel ils auoyent lors tellement entreprins qu'on obeiffoit plus à eulx qu'à luy: & commença mondict feigneur le Duc à cheuaucher par aucunes de fes bonnes villes du royaume, & leur faire requefte en fa perfonne, pour auoir aide d'eulx. parquoy ledict Euefque de Laon, qui auoit toufiours conduit, comme le principal, le faict de ceulx defdicts trois Eftats, f'en retourna à Laon, & voyoit bien qu'il auoit tout gafté. Ce voyans ceulx de Paris, au moys d'Octobre enfuyuant, fe reconcilierent enuers mondict feigneur le Duc de Normandie, & feirent tant qu'il retourna en ladicte ville, & luy promeirent fournir vne grād' cheuance pour aider à la deliurance du Roy fon pere: & pour celle heure ne luy requirent riēs contre les officiers du Roy, ne pour la deliurance du Roy de Nauarre, dont parauant ils,luy auoyent par plufieurs fois parlé: mais ils luy requirent que fon plaifir fuft que vingt ou trente bonnes villes fuffent mandees affembler à Paris. ce que ledict Duc leur octroya: & en furent par luy mandez iufques à feptante, combien qu'ils n'en euffent demandé que vingt ou trente. Quand ils furent là venuz ils ne feirent aucune chofe: & allerent deuers le Duc, & luy dirent qu'ils ne pouoyent befongner, fi tous les trois Eftats du royaume n'eftoyent affemblez, & que fans eulx ils ne pourroyent riens faire n'accorder, comme ils difoyent. Si leur octroya ladicte affemblee, au feptiéme de Nouembre enfuyuant, & fut tellement mené mondict feigneur le Duc à ladicte affemblee, par diffimulation, qu'il falut qu'il leur octroyaft tout ce qu'ils vouloyent, car il n'auoit plus de finance.

Comment le Roy de Nauarre fut mis hors de prifon, par vn Cheualier qui l'auoit en garde: & comment par prefchement & autrement il voulut feduire le peuple de France contre le Roy.

Lā mil ccc. lvi.

AV moys de Nouembre audict an mil ccc.lvij. le Roy de Nauarre, qui eftoit prifonnier au chaftel d'Alleux, en Cambrefis, fut par trahifon, & fans le fceu du Duc de Normandie, deliuré par meffire Iehan de Picquigny, Cheualier, lors Gouuerneur d'Artois, auquel le Roy l'auoit baillé en garde: lequel Roy de Nauarre vint à Amiens, & deliura tous les prifonniers, tant de la iuftice d'Eglife, que des prifons du Roy, & feiourna en ladicte ville par aucuns iours: puis par le moyen de la Royne Blanche, fa fœur, &

de la

de la Royne Iehanne, son ante, & autres ses amis, qui pour ceste cause estoyent venus à Paris, luy fut enuoyé saufconduit, par mondict seigneur le Duc de Normandie, tel que les gens du Roy de Nauarre voulurent deuiser, pour amener en sa compaignie tant & de tels gens que bō luy sembleroit, armez ou desarmez: & de ce fut cause & conducteur principal l'Euesque de Laon, qui estoit le principal qui conduisoit le faict des gens desdicts trois Estats, & lequel auoit proietté & procuré lesdictes choses, par la puissance & aide dudict Preuost des Marchans de Paris. Et fut ledict saufconduit porté audict Roy de Nauarre, iusques à Amiens, par vn Clerc, nommé Matthieu de Picquigny, & par vn des Escheuins de Paris, nommé Charles Roussac: parquoy plusieurs des gens des bonnes villes, qui estoyent venus à l'assemblee desdicts trois Estats, especialement des parties de Champaigne & Bourgongne, s'en partirent, & eulx en retournerent sans prendre congé, quand ils sceurent que le Roy de Nauarre deuoit venir, pour ce qu'ils se doubterent qu'on leur voulsist faire aduouer la deliurance d'iceluy Roy. Le penultime de Nouembre audict an, la veille sainct Andry, entra le Roy de Nauarre à Paris: & estoyent allez l'Euesque de Paris, le Preuost des Marchans de ladicte ville, & autres plusieurs au deuant de luy, iusques à sainct Denis, & alla descēdre, & soy loger en l'Abbaye sainct Germain des prez. Lendemain iour de sainct Andry, iceluy Roy de Nauarre, qui auoit fait sçauoir à ceulx de ladicte ville, qu'il vouloit parler à eulx, monta en vn eschauffaut, sur les murs de ladicte Abbaye sainct Germain des prez, du costé deuers le pré aux Clercs, lequel eschauffaut auoit pieça esté faict pour le Roy de France, pour veoir combatre les gages de bataille, qui aucunesfois se faisoyent en vnes lices, audict pré aux Clercs: en laquelle place estoyent venus grand nombre de gens de ladicte ville de Paris, & des autres villes qui estoyent venus à ladicte assemblee, par le commandemēt qu'auoit fait faire ledict Roy de Nauarre, & ledict Preuost des Marchans, à plusieurs quarteniers & cinquanteniers de ladicte ville: & estoyent estimez à dix mil personnes, & plus: & illec ledict Roy de Nauarre prescha, & dist moult de choses, voulant demonstrer qu'il auoit esté prins sans cause, & detenu prisonnier l'espace de dixneuf moys: & contre plusieurs des officiers du Roy, & dudict Duc de Normandie dist aussi plusieurs choses: & combien que contre le Roy, ne contre ledict Duc de Normandie, il ne dist riens appartement, toutesfois en dist il des choses assez deshonnestes, par paroles couuertes. Semblablement auoit presché & publié à Amiens, & estoit son intention de paruenir à estre Roy de France. Le lendemain, premier iour de Decembre, allerent au Palais deuers mōseigneur le Duc de Normandie, ledict Preuost des Marchans, maistre Robert de Corbie, & autres de ladicte ville: & luy requirent de par les bonnes villes, qu'il voulsist faire raison & iustice audict Roy de Nauarre: & lors ledict Euesque de Laon, qui estoit le principal, & presidoit au conseil dudict Duc, & par l'aduertissement duquel lesdicts Roy de Nauarre, Preuost des Marchans, & autres de leur party, faisoyent les poursuites qu'ils faisoyent, respondit pour mondict seigneur le Duc de Normandie, sans luy en demander congé, que ledict Duc feroit au Roy de Nauarre grace & courtoisie, comme bon frere à autre doit faire: & n'auoit lors homme à l'entour de mondict seigneur le Duc, qui osast contredire ledict Euesque de Laon. Le Dimenche ensuyuant mondict seigneur le Duc, par l'enhortement d'iceluy Euesque de Laon, alla en l'hostel de ladicte royne Iehanne, à petite compaignie, pour parler audict Roy de Nauarre, qui n'estoit encores daigné venir par deuers luy: lequel Roy tantost apres qu'il sceut que ledict Duc fut arriué audict hostel, il vint à grand' compaignie de gens d'armes: & à son arriuee les gens dudict Roy osterent de la garde de l'huis de l'hostel les gens dudict Duc de Normandie. Quand il fut entré, ils s'entresaluerent assez laschement, & parlerent aucun peu ensemble: & furent ordonnez aucuns Conseillers pour ouyr les requestes que le Roy de Nauarre vouloit faire: puis se departirent d'ensemble. Le lendemain furent rapportees lesdictes requestes, en la presence de mondict seigneur le Duc de Normandie, & de plusieurs Conseillers, à poste, tels comme le dessusdict Euesque de Laon voulut faire appeler au conseil, tous à la poste dudict Roy de Nauarre: & s'y trouua ledict Preuost des Marchans, maistre Robert de Corbie, Iehan de l'Isle, & plusieurs autres de ladicte ville, soubs ombre d'aller parlamenter d'autres matieres: lesquels furent tous d'oppinion, que mōdict seigneur le Duc accordast audict Roy de Nauarre lesdictes requestes: & en oppinant par ledict Preuost des Marchans, on dit qu'il dist telles paroles: Monseigneur, accordez amiablement au Roy de Nauarre ce qu'il demande: car il conuient qu'il soit ainsi. Comme s'il vouloit dire: Il sera faict, vueillez ou non. Si furent rendues audict Roy de Nauarre toutes les villes & fortresses, & toute la terre qu'il tenoit en Normandie, lors qu'il fut prins: & pardonna mondict seigneur le Duc audict Roy de Nauarre, & tous ses adherens, tout ce qu'ils auoyent mesfait au roy & au royaume de France: & si fut ordonné q̄ les corps du Côte de Harecourt, des seigneurs de Grauille, de Maubué, & Colinet Doublet, que le roy Iehan auoit fait

Du preschemēt que fit le Roy de Nauarre à ceulx de Paris.

Des villes, places, & fortresses qui furent rendues au Roy de Nauarre, qu'il tenoit en Normandie.

LES CHRONIQVES ET ANNALES DE FRANCE.

decapiter, & pendre au gibet de Rouen, seroyent despendus & rendus à leurs parens, pour les mettre en terre saincte, & toutes leurs terres, qui auoyent esté cōfisquees, rendues à leurs enfans ou heritiers. Et pource que ledict Roy de Nauarre demādoit pour les iniures & interests grād' somme de florins, & disoit on à part qu'il s'attendoit bien du moins auoir en recōpense la Duché de Normandie, ou la Comté de Champaigne, il fut ordonné qu'on traicteroit auec luy de continuer ceste requeste iusques à vn autre iour: & apres ladicte conclusion mondict seigneur le Duc enuoya Commissaires, pour faire deliurer audict Roy de Nauarre ses places qui estoyēt tenues au nom du Roy de France: & apres furent lesdicts Duc & le Roy aucuns iours mangeans ensemble souuent, & faisans bonne chere: & cependant vindrent nouuelles à Paris, que l'accord estoit conclud en Angleterre, entre le Roy de Frāce, & celuy d'Angleterre: & disoit on que le Roy seroit de brief de retour en France.

Des maux que les Nauarrois faisoyent autour de Paris.

EN ce temps que ces choses se faisoyent vindrent vers Villepreux, Trappes, & autres lieux, au val de Gallie, plusieurs gens de guerre par diuerses flotes & compaignies, qu'on disoit estre à messire Philippe de Nauarre, & ne sçauoit on qui estoyēt leurs Capitaines, & pillerēt tout le païs iusques à trois ou quatre lieues pres de Paris. Le treziéme iour de Decembre, iour saincte Luce, s'en partit de Paris ledict Roy de Nauarre, auec plusieurs gens d'armes, & s'en alla à Mante: & illec manda & vindrent deuers luy au iour de Noel ensuyuant, la pluspart des Capitaines des places du Roy de France, en Normandie: lesquels il entretint & fit disner auec luy: & disoit on qu'il auoit fait de grandes alliances. parquoy mondict seigneur le Duc de Normandie fit assembler plusieurs gens de guerre, pour estre à Paris, & es villes d'enuiron, pour rebouter les ennemis, qui pilloyent & roboyent le païs: mais ceulx de Paris eurent imagination, que c'estoit pour les greuer, & luy en parlerent plusieurs fois: & il respondit tousiours que c'estoit pour ladicte cause: mais ce neantmoins ne voulurent souffrir que nul homme armé entrast en ladicte ville, & feirent garder les passages & entrees. Semblablement ledict Roy de Nauarre, qui par ledict Euesque de Laon estoit tousiours aduerty de tout ce que faisoit mondict seigneur le Duc, sçachant l'assemblee qu'il faisoit, fit de sa part grand amas de gens d'armes: & doubtoit on que tout le païs deust estre gasté: car les Capitaines qui estoyēt pour le Roy de Frāce es places d'Eureux, Bretueil, Pōteaudemer, & autres, ne les vouloyent rēdre audict Roy de Nauarre, sans mādement du Roy de France: & par ce disoit ledict Roy de Nauarre (qui ne queroit qu'occasion de dire qu'on ne luy tenoit pas les conuenāces, que mondict seigneur le Duc luy auoit faictes) que son intention estoit de pourchacer son droict. La premiere sepmaine de Ianuier audict an, ceulx de Paris qui fauorisoyent du tout le Roy de Nauarre, commanderent que tous ceulx de ladicte ville eussent chaperons mipartis de rouge & de pers: & tousiours estoyent les gensd'armes dudict Philippe de Nauarre autour de Paris, pillant, robant, & ranconnant les paures gens.

Des chaperons mipartis des Parisiens.

Comment le Roy de Nauarre fit despendre du gibet de Rouen, les corps du Seigneur de Grauille, & autres.

LE huictiéme iour dudict moys de Ianuier, mil trois cens cinquāte *& sept, ledict Roy de Nauarre alla à Rouen, auec grand' compaignie de gēs, tant armez que desarmez, ou ceulx de la ville le receurent, & allerent honnorablement au deuant de luy: & iceluy mesme iour les Nauarrois ardirent vn bel hostel, que le Duc de Normādie auoit à trois lieues de Rouen, appelé Courōne. Le Mercredy ensuyuant que fut arriué ledict Roy de Nauarre audict lieu de Rouen, il enuoya despendre les corps des quatre, qui auoyent esté decapitez: mais on ne trouua riens du Comte de Harecourt: car ses parens l'auoyent fait parauant secretement oster: & furent lesdicts corps dudict Seigneur de Grauille, & autres, ensepuelis par trois beguines, & mis en trois coffres, & amenez chacun en vn chariot couuert de noir: & alla ledict Roy de Nauarre en personne iusques au gibet, auec grand nombre de gens: & y auoit cent hommes habillez de noir, qui portoyent cent grandes torches: & furent les corps arrestez au lieu ou ils auoyent esté decapitez, & illec chantees vigilles: & apres furent portez en l'Eglise cathedrale nostre Dame de Rouen: & là furent mis soubs vne grand' chapelle de boys paincte de noir, toute couuerte de cierges de cire, & en vn des chariots, qui amenerent lesdicts corps estoyent les corps des seigneurs de Maubué & Colinet Doublet. Apres ledict chariot auoit deux Escuyers armez de

notez que maintenant il ne cōmence son an qu'apres Pasques.

L'hostel de Courōne pres Roāe, fut brusle par les Nauarrois.

DV ROY IEHAN, PREMIER DV NOM.

armez de leurs armes sur deux cheuaux, & leur amis apres. Au second chariot estoit le corps de messire Iehan Mallet, Seigneur de Grauille, & apres auoit deux hommes à cheual, qui portoyent deux bannieres de ses armes, & deux autres sur deux cheuaux armez, l'vn pour la guerre, & l'autre pour le tournoy. Au troisiéme chariot n'auoit poit de corps, mais il faisoit representation dudict Comte de Harecourt: & apres auoit deux bānieres, & deux hommes armez, & ledict Roy de Nauarre & les amis apres. Le lendemain ledict Roy de Nauarre fit assembler le peuple de ladicte ville de Rouen, deuant l'Abbaye de saict Ouen, & leur fit vn pareil sermon qu'il auoit fait à Paris & à Amiens: & puis parla des quatre decapitez, & les appeloit vrays martyrs. puis alla en ladicte eglise nostre Dame, & fit ce iour seoir à sa table le Maire d'icelle ville, qui estoit vn homme de petit estat, marchant de vin.

Des remonstrances que fit mondict seigneur le Duc de Normandie, Regent, à ceulx de Paris.

LE * Lundy xj. iour dudict moys de Ianuier audict an mil ccc.lvij. modict seigneur le Duc de Normandie, qui loguement auoit esté à Paris, & ne pouoit auoir cheuāce n'argēt, fit sçauoir à ceulx de la ville qu'il vouloit parler à eulx, & qu'ils s'assemblassent aux Halles: mais ledict Euesque de Laon, & le Preuost des Marchās, qui fauorisoyent le Roy de Nauarre, & auoyent le gouuernemēt des fināces, le cuiderent desmouuoir & empescher, disans que grād danger estoit à luy de soy mettre & fier entre si grand nombre de peuple qu'il veoyoit prest & leger à esmouuoir: neantmoins il ne les creut pas, & y alla, & fit plusieurs remonstrances, disant qu'ils ne creussent pas ce qu'on leur auoit donné à entendre: car les gensd'armes qu'il faisoit assembler, n'estoit point pour les greuer, mais pour les garder, & garentir le peuple de France, qui moult auoit à souffrir, & qu'il vouloit du tout viure & mourir auec eulx. Et au regard de ce qu'on leur auoit dit qu'il les faisoit venir pour les piller, il n'y auoit onc pensé: & oultre dist que de toute la fināce qui auoit esté leuee au royaume depuis que ceulx des trois Estats en auoyēt eu le gouuernemēt, il n'en auoit eu denier ne maille, mais il entendoit bien en faire rendre bon compte à ceulx qui auoyēt receu ladicte finance, comme raison estoit, & si estoit son intention de doresnauant gouuerner le royaume, & que s'il eust eu le gouuernement pieça, il eust chacé ses ennemis, & n'eust pas tant attendu à les chacer, & que ceulx qui auoyent eu & prins le gouuernement n'y mettoyent point de remede, & remonstra plusieurs autres choses que le peuple eut moult aggreables, & dont plusieurs se tournerent de son party. parquoy ledict Preuost des Marchās & ses alliez, doubtāt que le peuple ne s'esmeut cōtre luy & sesdicts complices, en la faueur dudict Duc, le Védredy ensuyuant fit vne assemblee en l'eglise S. Iaques de l'Hospital: mais quand ledict Duc le sceut il y alla, & auec luy ledict Euesque de Laon, & fit dire & remonstrer au peuple ce qu'il auoit proposé le iour precedent aux Halles, & qu'il ne tenoit pas à luy si on ne tenoit au Roy de Nauarre ce qui luy auoit esté promis, en s'excusant que ceulx qui auoyent la garde des places, de par le Roy, son pere, ne les vouloyent bailler pour son mandemēt, s'ils n'auoyent mandemēt de sondict pere. Cela dict, mōseigneur le Duc s'en partit par vn grād tumulte, qui s'esleua entre le peuple: & apres son partement ledict Preuost des Marchans, & ses alliez, dirent plusieurs parolles, mal sonnans contre mondict seigneur le Duc: & dit vn nōmé Charles * Roussac plusieurs choses contre les officiers du Roy, & que ledict Preuost des Marchans estoit vn bon preud'homme, & qu'il auoit fait tout ce qu'il auoit peu pour la liberté du peuple, & que s'il cuidoit que ceulx qui là estoyent, & les autres de Paris ne le voulsissent porter & soustenir, il chercheroit ailleurs son sauuememēt ou il pourroit. Alors plusieurs de ceulx qui là estoyēt de leur alliance crierent à haulte voix qu'ils le porteroyent & soustiēdroyent cōtre tous: & ce sachant mōdict seigneur le Duc manda venir en son logis plusieurs des principaux de la ville, & les attrahit à luy tant qu'il peut, leur requerant qu'ils luy voulsissent estre bons subiects, & il leur seroit bon Seigneur, & ils luy promirent qu'ils viuroyent & mourroyēt auec luy, & qu'il auoit trop mis à prendre le gouuernement. En ce tēps s'estoyēt rassemblez les gēs des trois Estats à Paris, & y estoyent venus plusieurs des bonnes villes: mais il n'y vint aucuns Nobles, & peu de gens d'Eglise, & s'assemblerent plusieurs iournees, & ne pouuoyent estre d'accord: Si s'en allerent, & ordonnerent qu'ils retourneroyent l'onziéme iour de Feurier ensuyuant: & par prouision ils ordonnerent qu'on feroit nouuelle monnoye plus foible que celle qui auoit esté faicte, & que ledict Duc de Normandie en auroit du proffit le cinquiéme denier, & les quatre seroyent pour la guerre, & vallut le mouton trente sols parisis. Ce pendant les deux Roynes, Iehanne & Blanche, qui estoyent à Paris, se trauailloyēt fort de traicter l'appoinctemēt d'entre monseigneur le Duc de Normandie & le Roy de Nauarre, qui estoit à Mante:

*Les Cron. de Irāl. disent Ieudy, mais c'est peu de cas pour cela.

Des remōstrāces que fit le Duc de Normādie au peuple de Paris estant assemblé es Halles.

Autre assemblee du peuple de Paris ās. Iaques de l'Hospital.

* Cron. de Frā. disent consac.

Monnoye nouuelle ordonnee de recehef.

D

LES CHROIQVES ET ANNALES DE FRANCE.

mais il y auoit de ſes gens à Paris: c'eſtaſſauoir monſeigneur Iehan de Piquigny, & autres, qui alloyent & venoyent: & touſiours venoyent à Paris, & es enuirons, gens d'armes, tãt que ledict Duc eut bien à la Chandeleur deux mil hommes d'armes, gens de faict. Le ſeiziéme iour du-dict moys de Ianuier monſeigneur Louis, Comte d'Eſtampes, print à femme madame Iehanne, fille de feu Raoul, Côte d'Eu, Conneſtable de France, qui fut decapité en l'hoſtel de Neelle à Paris: laquelle Iehanne auoit eſté femme de monſeigneur Gaultier Duc d'Athenes, Comte de Brienne, en Champaigne, & Conneſtable de France, qui mourut à la bataille de Poitiers: & ce meſme iour les aduerſaires du Roy prindrent & pillerent la ville d'Eſtampes, & emmenerent grand nombre de priſonniers des fortreſſes qu'ils tenoyent en Beauſſe.

Des eſmeutes de ceulx de Paris: & comment ils tuerent au Palais, en la chambre du Regent deux des Mareſchaux de France: & comment ledict Regent pour la ſeureté de ſa perſonne porta vn chaperon de leur liuree.

Iehan Baillet Threſorier de France fut tué en la rue neufue S. Mery par vn changeur.

LE xxiiij. iour dudict moys de Iauier Iehan Baillet, Threſorier de mõdict ſeigneur le Duc, fut tué à Paris en la rue neufue ſainct Mery par vn changeur, nõmé Perrin Marc, lequel incontinent ſ'en alla en l'egliſe S. Iaques de la boucherie: mais mondict ſeigneur le Duc, qui en fut moult courroucé, le fit tirer hors de ladicte egliſe, de nuict, par meſſire Robert de Clermont, ſon Mareſchal, & meſsire Iehã de Chaalon, & le Preuoſt de Paris, nõmé Guillaume Staiſe: & le lendemain fuſt trainé iuſques au lieu ou il auoit frappé le coup, & là eut le poing coppé, & fut mené pẽdre au gibet de Paris: mais l'Eueſque de Paris fit tant que ledict Perrin fut deſpendu, & ſon corps eſtably & rapporté en ladicte egliſe, en laquelle il fut enterré, & à ſon enterremẽt fut preſent ledict Preuoſt des Marchans. En temps le Roy de France, qui eſtoit priſonnier en Angleterre, enuoya meſſagers deuers ſon fils le Duc de Normandie, l'Eueſque de Therouenne, ſon Chancelier, le Comte de Vendoſme, le Seigneur * d'Orual, le Seigneur d'Aubigny, & meſsire Iehan de Saintre, Cheualier, & Iehan de Champeaux, pour luy faire ſcauoir le traicté qu'il auoit fait par dela: lequel fut aggreable à monſeigneur le Duc, & à ceulx de ſon Conſeil. Enuiron le.v. iour du moys de Feurier enſuyuant meſsire Iehan de Piquigny, Cheualier, vint à Paris de par le Roy de Nauarre: & fit à mondict ſeigneur le Duc, preſens les Roynes Iehanne & Blanche, requeſte qu'il tinſt audict Roy les conuenances qu'il luy auoit promiſes, & luy fiſt rendre ſes fortreſſes, & les quarante mil qu'on luy auoit promis l'autre fois qu'il auoit eſté à Paris, & aucuns ioyaux qui luy auoyẽt eſté pris lors qu'il fut faict priſonnier, en diſant deuãt leſdictes Roynes, que ledict Roy de Nauarre auoit tenu de ſa part ce qu'il auoit promis audict Roy & audict Duc, & que ſi aucun à qui il fuſt tenu de reſpondre vouloit dire le contraire, il diroit qu'il mentiroit. Lors ledict Duc, qui eſtoit debonnaire, ſ'agenouilla deuant leſdictes Roynes, qui le firent incõtinẽt leuer & ſeoir, & dit qu'il auoit bien tenu audict Roy de Nauarre ce qu'il auoit promis, & que ledict de Piquigny n'eſtoit pas homme à qui il deuſt reſpondre: & lors ledict Eueſque de Laon diſt que ledict Duc auroit plus grand aduis ſur leſdictes requeſtes, & en reſpondroit tant qu'il ſuffiroit, & ainſi ſe departirent. En celle ſepmaine ceulx de l'Vniuerſité, & le Preuoſt des Marchans de Paris, & ceulx de ſa ſecte, ſ'aſſemblerent, & allerent deuers mõdict ſeigneur le Duc, au Palais: & par vn frere Iacobin, nommé maiſtre Simon de Langres, luy firent dire qu'il rendiſt les places du Roy de Nauarre, ainſi que promis luy auoit eſté, & qu'ils auoyent deliberé qu'ainſi ſe feroit: & au ſurplus qu'il luy pourueuſt ſur ſes autres requeſtes & appointaſt auec luy, autrement ils ſeroyẽt à l'encõtre de celuy qui ne vouldroyẽt venir à appoinctemẽt. L'onziéme iour dudict moys de Feurier audict an mil trois cens cinquante & ſept, ſe raſſemblerent à Paris les gens des trois Eſtats, côme ils auoyent fait parauãt: & ordonnerent que les gens d'Egliſe payeroyẽt demy dixiéme pour vn an, & les villes fermees feroyẽt pour ſeptante & ſix feux vn homme armé. Le quatorziéme iour dudict moys ledict Preuoſt des Marchans fit armer & aſſembler les gens de meſtier de Paris, à ſainct Eloy, deuant le Palais: & eſtoyent bien trois mil hommes armez: & ainſi qu'vn Aduocat, nommé maiſtre Regnault d'Acy, alloit du Palais à ſa maiſon, pres ſainct Landry, il fut tué par leſdicts gẽs de meſtier, deuant l'egliſe de la Magdaleine, en l'hoſtel d'vn paticier, ou il ſe mit pour ſoy cuider ſauuer. Apres ce, ledict Preuoſt & ceulx de ſa cõpaignie entrerent au Palais, & montere̅t en la chãbre ou eſtoit mondict ſeigneur le Duc, auquel ledict Preuoſt diſt telles parolles: Mõſeigneur ne vous eſbahiſſez de choſe que vous voyez: car il eſt ordonné & cõuient qu'ainſi ſoit faict: & ce dict, aucuns de ſa cõpaignie coururent ſus à meſsire Iehan de Conflans, Cheualier, Mareſchal de Chãpaigne, & en la preſence dudict Duc, ioignant ſon lict, le tuerent: & aucuns autres coururẽt ſus à meſsire Robert de Clermõt, Mareſchal de mõdict ſeigneur le Duc

* Les cron. de Frã. diſ. de Der-ual et de Xain-ctes au lieu de ſainctre. nous y prendrez garde ſ'il vous plaiſt, tant pour leſnõs propres que pour les dattes, d'autant que touſiours ne ſ'accordent pas.

Mil. ccc. lvii.

Les gens de me-ſtier de Paris ſe Paris mirẽt en armes.

Homicides faicts dedans le Palais de Paris.

qu

qui se recula tāt qu'il peut, & se retrahit en la chambre du retraict de mōdict seigneur le Duc: mais ils le suyuirent, & là le tuerent:& lors mondict seigneur le Duc, qui de ce fut moult effrayé, pria ledict Preuost qu'il le voulsist sauuer (car tous ses gens & officiers s'en estoyent ia fuys, & l'auoyent abandonné) & adonc ledict Preuost luy dist: monseigneur n'ayez point de paour, car vous n'auez garde. Lors luy bailla ledict Preuost son chaperon, qui estoit miparty de rouge & de pers, à la liuree de ceulx de la ville, leql Duc le mit en sa teste: & ledict Preuost print le chaperon de mondict seigneur le Duc, qui estoit de brunette noire, orfauerizé d'or, & le porta tout le long du iour en sa teste: & lors aucuns de la compaignie prindrent les corps de ceulx qui auoyent esté tuez, & en la presence dudict Duc les trainerent inhumainement, iusques deuant la pierre de marbre, en la court dudict Palais, & là demourerent estenduz & descouuers, iusques apres disner biē tard, & n'estoit nul qui les osast oster. Apres ce ledict Preuost & ses gens s'en allerent en l'hostel cōmun de la ville, en Greue, & dist au peuple que ceulx qui auoyent esté tuez, estoyent faulx & trahistres, & qu'ils auoyent esté tuez & mis à mort pour le bien de la chose publique, & leur requist qu'ils ne l'habandonnassent point: & lors le populaire criant dirent qu'ils aduouoyent le faict, & qu'ils soustiendroyent ledict Preuost iusques à la mort: lequel Preuost apres ces choses faictes s'en retourna, & alla de rechef auec grand cōpaignie de gens armez au Palais, iusques à la chambre dudict Duc, qu'il trouua moult dolent & esbahy de ce qui estoit aduenu: & luy dist qu'il ne s'esbahist de riens des choses qu'il auoit veues: car c'auoit esté faict pour euiter plus grand inconuenient: & requist ledict Preuost que mondict seigneur le Duc voulsist aduouer le faict, & estre tout vn auec eulx: & si mestier estoit d'aucun pardon, le leur donner. ce que ledict Duc leur octroya: & pria audict Preuost qu'il fist tant que ceulx de Paris voulsissent estre ses bons amis, & il seroit le leur: & apres s'en retournerent ledict Preuost & sa compaignie: & tantost apres iceluy Preuost enuoya deux pieces de draps à mondict seigneur le Duc, l'vne rouge, & l'autre perse, pour faire faire des chaperons à luy & ses gens, à la liuree, & tels que ceulx de ladicte ville les portoyent. Ce qu'il fit, & les porterent, aussi firent ceulx de la chambre des Comptes, & tous autres officiers communément.

Le Duc de Normandie qui fut contrainct pour sauuer sa vie de prendre un chaperō miparty de rouge et de pers

Du gouuernement que ceulx de Paris entreprenoyent.

LEs corps desdicts deux Mareschaux mors furēt par l'ordonnance dudict Preuost des Marchans, enuiron l'heure de vespres, enuoyez en vne charette à saincte Catherine du val des Escoliers: & là furent laissez en la court deuant l'eglise, dedās ladicte charette. Les religieux n'y oserēt toucher, & allerēt deuers ledict Preuost des Marchās, pour scauoir qu'on vouloit qu'ils en fissent. Il leur dist qu'ils en fissent ainsi que ledict Duc leur ordonneroit. Si allerēt deuers luy: & il leur dist qu'ils les enterrassent secretement sans solennité: mais assez tost apres l'Euesque de Paris fit deffendre ausdicts religieux qu'ils n'enterrassent le corps dudict mesire Robert de Clermont, par ce qu'il le tenoit pour excommunié, pource qu'il auoit esté à mettre hors du monstier de sainct Iaques Perrin Marc, qui auoit tué Iehan Baillet. Le lendemain dudict cas ainsi aduenu ledict Preuost des Marchans fit assembler les gens des Estats qui estoyent à Paris, au conuēt des Augustins: & leur fit par maistre * Regnault de Corbie, faire des remonstrāces que ce qui auoit esté faict estoit pour le bien de la chose publique, & fit tant que les aucuns aduouerent ledict cas. Et le Samedy vingtquatriéme dudict moys mondict seigneur le Duc alla en la chambre de Parlement, auec aucuns de ses Conseillers, qui luy estoyent demourez: & alla deuers luy ledict Preuost des Marchans, & grand nombre de gens armez & desarmez: & luy requirent qu'il gardast & entretint les premieres ordonnances qui auoyent esté faictes par les gens des Estats, & que leurs commis gouuernassent leurs finances. aussi qu'il mist aucuns en son cōseil qu'ils luy nommeroyent: lequel Duc leur accorda tout ce qu'ils voulurent requerir.

* parauant en nomme un Robert, qui pourroit biē estre cestuy cy.

Du retour du Roy de Nauarre à Paris.

LE lundy vingtsixiéme iour dudict moys de Feurier le Roy de Nauarre vint & entra à Paris, en grand' compaignie de gensd'armes, tant de ses gens, comme ceulx de Paris: & alla descendre à l'hostel de Neelle, qui estoit au Duc de Normandie: & tantost qu'il fut arriué ledict Preuost alla deuers luy, le prier qu'il voulsist porter & fauoriser ceulx de Paris, & soustenir & aduouer ce qu'ils auoyent fait. puis escriuit ledict Preuost des Marchās aux bonnes villes du royaume, pour les allier à ceulx de Paris, & qu'ils prinssent tous chaperons de leur liuree, ainsi qu'ils les auoyent prins, & les portoyent mondict seigneur le Duc de Normandie, le Roy de

Nauarre, monseigneur d'Orleans, frere du Roy, le Côte d'Estampes, & plusieurs autres: mais de la part desdictes villes ils n'eurent oncques responce, n'alliance, & ne prindrent point lesdicts chaperons. Ledict Roy de Nauarre estant à Paris, ledict Duc & luy mangerent souuent ensemble, & s'entrefaisoyent bonne chere, par semblant: & luy donna ledict Duc son hostel de Neelle: mais ce neantmoins ceulx de Paris se mutinoyét, & s'armoyent tous les iours: pour laquelle cause plusieurs des officiers du Roy de Nauarre, & dudict Duc s'absenterent de ladicte ville: & mesmement l'Euesque de Therouenne, Chancelier de France, qui nouuellement estoit retourné d'Angleterre, & auoit laissé ses seaux au Roy, & s'en alla en son païs en † Allemagne, par ce qu'il veit qu'on vouloit vser d'autres seaux, que de celuy du Chastelet, duquel on vsoit en l'absence du grand. Durant que ces choses se faisoient, le Roy manda à mondict seigneur le Duc, son fils, qu'il luy enuoyast en Angleterre deux Prelats, & quatre Cheualiers, pource qu'il estoit par dela petitement accompaigné, & deux bons & habiles notaires, pour dresser les lettres du traicté & appoinctement d'entre luy & le Roy d'Angleterre. Ausi deuant ce temps, le Roy d'Angleterre manda à ceulx qui tenoyent les fortresses en France, lesquelles auoyent esté prinses depuis les tréues accordees à Bordeaux, qu'ils les rendissent: & pour ce faire enuoya deux Cheualiers Anglois: mais plusieurs des Capitaines, qui estoyét dedans n'en voulurent riens faire, mesmement au païs Chartrain: & disoyent qu'ils n'estoyent point au Roy d'Angleterre, & qu'ils les tenoyent pour le Roy de Nauarre, & faisoyent plusieurs maux & pilleries.

† al. d'Auuergne.

De l'authorité que vouloit prendre en France le Roy de Nauarre: & commét monseigneur le Duc de Normandie, aisné fils du Roy, fut declairé Regent.

LEdict Roy de Nauarre estant à Paris, donna plusieurs saufconduits, pour aller & venir par tout le royaume de France, par lesquels il commandoit à tous officiers du royaume, comme s'il eust esté Roy de France, & y obeissoit on plus à luy qu'on ne faisoit à ceulx de mondict seigneur le Duc de Normandie, qui estoit fils du Roy: & le Mardy douzième iour de Mars ensuyuant iceluy Roy de Nauarre s'en partit de Paris, & alla à Mante: & mondict seigneur le Duc de Normádie demoura à Paris: lequel, le quatorzième iour d'iceluy moys, fut publié & declairé Regent du royaume (car parauant il ne s'estoit nommé que Lieutenant, depuis la prinse de son pere) & fut ordonné que doresnauát on ne seelleroit plus du seel de Chastelet ainsi qu'on auoit fait depuis ladicte prinse, mais seelleroit on des seaux dudict Regent. Et es arrests de Parlement, & lettres de Chancelerie, parloit ledict Regent, & estoit son tiltre tel qu'il s'ensuyt: Charles, aisné fils du Roy de France, Regent le royaume, &c. & fut le nom du Roy estainct, & baillez les seaux dudict Regent à maistre Iehan des Dormans, son Chancelier, Euesque de Beauuais: & furent mis au conseil dudict Regent, le Preuost de Paris, maistre Robert de Corbie, Charles Roussac, & Iehan de l'Isle. Tantost apres mondict seigneur le Regent alla à Senlis, & de là à Compiegne, ou il y auoit mandé les Nobles de Picardie: & tousiours y auoit gens d'armes, ou diuisions sur le païs, qui pilloyent & gastoyent tout, & pillerent Montlehery, Chastres, Corbeil, & emmenerent grand nombre de prisonniers. Item, le dixseptième iour dudict moys de Mars, fut prins aupres de sainct Cloud vn Escuyer, nommé Philippot de Repenty, & amené à Paris: & le Lundy matin fut decapité, par ce qu'il confessa estre de la compaignie de plusieurs qui auoyent entreprins de prendre mondict seigneur le Regent, en la noble maison de sainct Ouen, pres Paris, ou il auoit esté trois ou quatre iours deuant.

Du tiltre que le Duc de Normádie, Regent en France, mettoit es lettres qu'il octroyoit.

De la responce des gens des Estats de Champaigne: & comment ceulx de Paris faisoyent plusieurs entreprinses.

LE Lundy apres Quasimodo, neufiéme iour d'Auril, l'an mil trois cés cinquáte & huict, mondict seigneur le Regent se trouua à Prouins, ou il auoit mandé les gens des trois Estats de Champaigne: & combien que le Roy de Nauarre eust promis s'y trouuer, toutesfois n'y alla point, & y allerent de par la ville de Paris messire Robert de Corbie, messire *Pierre de Rosny, Archediacre de Brie. Et illec aux gens desdicts Estats, mondict seigneur le Regent par sa bouche leur dist & remonstra le danger en quoy estoit le royaume de France, & les affaires qu'il auoit, & leur requist qu'ils y voulsissent mettre remede: lesquels luy firent par la bouche de messire Simon de Roussy, Comte de *Brienne, responce, qu'ils estoyent prests de le conseiller, seruir & aider, de corps & de biens, comme bons & loyaux subiects: mais pource que les plus grands

L'an mil. ccc. lviii.

*Cron. de Frá. disent Robert de Roussy,

*Cron. de Frá. disent Bresne en Laonnois,

grands & plus puissans de Champaigne n'estoyẽt pas là, ils requirent qu'ils se peussent assembler en la ville de Vertus: & disoit iceluy de Roussy qu'ils n'iroyent plus à Paris: laquelle requeste fut accordee par ledict Regẽt. puis s'en partit iceluy Regẽt, & alla en l'Abbaye de Prully, & delà à Monstereau Faultionne, dont le chasteau estoit gardé de par la Royne Blanche, sœur du Roy de Nauarre, par vn Cheualier, nommé meisire Toupin, que ledict Regent fit sommer de le mettre entre ses mains: & apres plusieurs difficultez il le rendit audict Regent, qui entra dedãs, & y coucha vne nuict: & là luy vindrẽt nouuelles que ceulx de Paris s'esmouuoyent, & auoyent intention de leur mettre dedans le marché de Meaux, & le faire garder. Pourquoy le Regent vint audict Meaux, ou estoit madame la Duchesse, sa femme, & y auoit enuoyé deuant le Comte de Ioigny, & bien quarante hõmes d'armes, & ainsi qu'il s'en vouloit partir de Meaux pour aller à Compiegne, ou il auoit mandé assembler ceulx de Picardie, & de Vermandois, luy vindrent nouuelles que ceulx de Paris auoyent mis gens de par eulx dedans le chastel du Louure, & y auoyent prins grand' quantité d'Artillerie, que ledict Regent y auoit fait retraire, & icelle auoyent fait mener en leur hostel de ville, en Greue, & si auoyẽt escrit audict Regent vnes bien estranges lettres closes.

† al. Taupĩ

L'Artillerie du Louure mise en l'hostel de lauille, par les mutis de Paris.

De l'assemblee du Regent & du Roy de Nauarre: & comment ceulx de Paris voulurent faire ledict Roy de Nauarre leur Capitaine.

EN ce temps, & depuis que ledict Regẽt estoit party de Paris, peu de Gẽtilshõmes repairoyent à Paris, dont ceulx de la ville estoyent desplaisans: & disoyẽt que les Gentilshommes leur vouloyent mal, & fut vne grãde diuision au royaume. car plusieurs tenoyent le party dudict Regẽt, cõme leur droict Seigneur, en l'absẽce de son pere, & les autres tenoyẽt le party de ceulx de Paris. Autres nouuelles vindrent audict Regent, luy estãt à Cõpiegne, que ceulx d'Amiens auoyent grand discord en leur ville, le menuz contre les grands: si se mit en voye d'y aller, & alla iusques à Corbie: mais pource que sur les champs y auoit plusieurs ennemis gens de guerre, Anglois & Nauarrois, qui gastoyent & pilloyent tout, & emmenoyẽt mesmement ceulx des fortresses d'Esparnon, Chasteaulandon, & plusieurs autres lieux, & emmenoyent gens prisonniers, il n'alla plus auant, & disoit on qu'à celle course lesdicts ennemis auoyẽt bien gaigné cinquante mil moutons d'or, & grãd nombre de prisonniers. Itẽ le Dimẽche xxix. iour d'Auril furẽt les Chãpenois assemblez en la ville de Vertus, pour faire respõce audict Regẽt, ainsi qu'ils auoyẽt promis à l'assemblee de Prouins: mais ledict Regent n'y peut estre, par ce qu'il estoit encores occupé au voyage vers Amiens, & y enuoya monseigneur Simon de Roussy, Cõte de Brienne, qui leur fit par luy semblables requestes qu'il leur auoit fait à Prouins: lesquels de Champaigne luy octroyerent faire vne aide: c'est assauoir de septante feux es bonnes villes vn homme d'armes, & au plat païs, de cent feux vn homme d'armes, & des personnes de mortes mains & formariages, de deux cens feux vn homme d'armes, les gens d'Eglise vn dixieme, les Nobles de cent liures cent sols: lesquels aides ils leu croyent par leurs mains reserué le dixieme des gens d'Eglise, que ledict Regent auroit pour sa despence. Et pource qu'à la derniere assemblee, faicte à Paris, des gens des trois Estats, il auoit esté ordonné qu'ils s'assembleroyent en ladicte ville de Paris, au premier iour de May ensuyuãt, ledict Regent mãda & ordonna que ladicte assemblee seroit faicte à Compiegne: & ainsi se fit, dont ceulx de Paris ne furẽt pas contens, mais ceulx de toutes les autres villes en furent bien aises: & là fut accordé vn subside tel que les Champenois l'auoyent accordé: qui estoit vn dixieme, sur les gens d'Eglise, sur les Nobles de cent liures de terre cent sols, & es bonnes villes, de septante feux vn homme d'armes. Apres s'en alla ledict Regent loger en Clermont en Beauuoysin, tirant vers le Roy de Nauarre, qui estoit logé à Merlo, pour parler à luy, & le deuxième iour dudict moys de May s'assemblerent lesdicts deux Princes au marché dudict Clermont, chacun à grand' compaignie de gẽs d'armes: & là ledict Roy de Nauarre parla fort de ceulx de Paris, affin que ledict Regẽt voulsist accorder à eulx: le Regent dist au Roy de Nauarre, qu'il aymoit la ville de Paris, & sçauoit bien qu'en icelle ville auoit de bonnes gens, mais il y en auoit aucuns qui luy auoyẽt fait de grandes rudesses & villennies, comme tué ses Mareschaux en sa presence, & aussi puis naguere fait prẽdre son artillerie au Louure: & oultre luy dist qu'il n'auoit pas intentiõ d'entrer en Paris, que ses besongnes & affaires du royaume ne fussent autremẽt dressees: & requist audict Roy de Nauarre qu'à les dresser le voulsist aider. ce qu'il promit faire: & le lendemain le Roy de Nauarre s'en partit, & vint à Paris, ou ceulx de la ville le receurẽt, & s'esiouyrẽt grãdement & honnorablement l'espace de dix iours, & deslors le cuiderent faire leur Capitaine.

Plaincte du Reg. au Roy de Nauarre, contre ceulx de Paris.

En ce tẽps la ville de Paris n'estoit point close de murs du costé de deuers la Bastille sainct

Closture des murs de Paris.

Antoine : & pource deflors le Preuoſt des Marchans, & ceulx de ſa ſecte, qui vouloyent tout entreprendre le gouuernement de la choſe publique, au moyen auſſi qu'ils ſcauoyent certainement qu'ils n'eſtoyent point en la bonne grace de mondict ſeigneur le Regent, & qu'on leur diſt que ledict Regét les auoit deffiez, iceluy Preuoſt des Marchans fit fermer ladicte ville de petiz murs ſangles, & de foſſez tout au long depuis la riuiere, du coſté des Celeſtins, & tirant tout oultre les portes ſainct Antoine, le Temple, ſainct Martin, ſainct Denis, Montmartre, ſainct Honoré, & iuſques à la tour du Boys, qui eſt ſur la riuiere pres du Louure : & par ce fit enclorre ledict chaſteau du Louure, qui n'auoit plus d'iſſue hors la ville : & à faire ladicte cloſture y auoit chacun iour quatre mil ouuriers, l'eſpace d'vn an.

Le chaſteau du Louure ſouloit eſtre hors Paris.

Des grands maux que le Roy de Nauarre & ſes gens faiſoyent en France.

Vrant l'aſſemblee de Compiegne fut dict audict Regét que l'Eueſque de Laon, qui eſtoit le principal en ſon conſeil, luy eſtoit faulx & trahiſtre, & que par luy eſtoyent aduenus tous les maux, à cauſe des aduertiſſemens qu'il faiſoit audict Roy de Nauarre, & à ceulx de Paris : pour laquelle cauſe ledict Eueſque fut en danger d'eſtre villenné par aucuns Nobles, qui eſtoyent auec ledict Regent : parquoy ledict Eueſque, qui en fut aduerty, ſ'en partit ſecrettement & haſtiuement dudict Compiegne, & ſ'en vint iuſques à ſaint Denis, & de là manda à Paris qu'on l'allaſt querir. parquoy le Roy de Nauarre, qui encores eſtoit à Paris, & ceulx de ladicte ville, l'enuoyerent querir à grand nombre de genſd'armes, qui l'emmenerent à Paris. Durant ce temps Meſſire Iehan de † Meudan, Chaſtelain d'Eureux, pour le Roy de Fráce, qui n'auoit voulu bailler la place au Roy de Nauarre, mit le feu en ladicte ville d'Eureux, & fut toute arſe & deſtruicte, dont ledict Roy de Nauarre fut moult indigné. Les gens dudict Roy de Nauarre, de la garniſon d'Eſpernon, dont eſtoit Capitaine meſſire Iames Pippes, lequel en ſes ſaufconduicts ſ'appelloit Lieutenant dudict Roy de Nauarre, cheuaucherét par Gaſtinois, & ardirét Nemours & toutes les places & villages d'enuirō, dōt moult de gés ſ'eſbahirét : car ledict païs eſtoit aſſigné en douaire à la Royne Blanche, ſœur dudict Roy de Nauarre. Le quinziéme iour de May audict an mil trois cens cinquante & huict, furent enuoyez d'Angleterre pluſieurs lettres de par pluſieurs Seigneurs de France, & d'ailleurs, qui là eſtoyent : par leſquelles eſtoit faicte mention q̄ la paix des deux Roys de France & d'Angleterre eſtoit faicte & accordee. Ce que pluſieurs ne vouloyent croire, par ce que parauant auoit eſté ainſi mádé par diuerſes fois, dōt n'eſtoit riés, & auſſi que les aucuns ne l'euſſent point voulu : & ce meſme moys ceulx de Paris firent decapiter & eſcarteler le Maiſtre des pōs de ladicte ville, & le Maiſtre des œuures de charpentier, pour le Roy à Paris, pource qu'on diſoit qu'ils auoyent entreprins de mettre par la riuiere les gens dudict Regent, en icelle ville.

† al. Médan, & Meulác.

L'an mil. ccc. lviii.

Des maiſtres des pōs & des œuures de Paris, qui furent decaputez & eſcartelez.

De la Iaquerie de Beauuoyſin.

Vdict moys de May ſ'eſmeurent pluſieurs menus gés populaires au païs de Beauuoyſin, & coururent ſus à tous les Nobles qu'ils peurent trouuer audict païs : & tuerent eulx, leurs femmes, & enfans, pillerent, bruſlerent, & deſmolirent leurs maiſons : & auoyent fait vn Capitaine, nommé Guillaume Caillet. puis allerent à Compiegne : mais ceulx de la ville ne les voulurent pas laiſſer entrer dedans : ſi ſ'en retournerent à Senlis, & firent tant qu'ils entrerent en la ville, & abbatirent le chaſtel d'Armenonuille, & pluſieurs autres places d'enuiron, & allerent à Beaumont ſur Aiſe, & abbatirent partie du chaſtel : & la Ducheſſe d'Orleans, qui eſtoit dedans, ſ'enfuyt, & ſ'en alla à Paris : & ladicte aſſemblee de Beauuoyſin, qu'on appeloit la Iaquerie, par ce qu'ils eſtoyent tous habillez de Iaques, ſe multiplioit tous les iours. Cependant ledict Regent, qui eſtoit à Meaux, ſ'en alla à Sens, ou il fut receu moult hónorablement, par ceulx de la ville. Quand ceulx de Paris ſceurét qu'il eſtoit party de Meaux, ils aſſemblerent gés iuſques à huict cens hommes, dont eſtoit Capitaine vn nommé Pierre Gille, eſpicier de Paris, & vn autre nommé Iehan Vaillant : leſquels le neufiéme iour de Iuin, audict an mil trois cent lviij. allerent à Meaux, & dedans la ville & cité les bouta vn nommé Iehan Soulas, Maire de ladicte ville : combien que ceulx de ladicte ville euſſent promis & iuré audict Regent, à ſon partement, luy eſtre bons & loyaux, & qu'ils ne feroyent ne ſouffriroyent faire choſe qui fuſt contre luy, neantmoins ils receurent iceulx gens de guerre, & dreſſerent tables, vin & viandes par les rues : & quand ils eurent repeu, ils ſ'allerent mettre en bataille deuant le Marché dudict Meaux (qui eſt vne place moult forte, ſeparee de ladicte ville & cité, la riuiere de Marne entre deux) & auecques eulx ſe meirent

Pourquoy les Iaques de Beauuoyſin eſtoyent ainſi appelez.

rent plusieurs des habitans de ladicte ville & cité: auquel marché la Duchesse, femme dudict Regent, & la sœur d'iceluy, nommee Ysabeau, qui apres fut Duchesse de Milan, & Comtesse de Vertus, que le roy Iehan luy donna en son mariage, s'estoit retiree: & auec elles estoyēt le Côte de Foix, le Seigneur d'Angest, & plusieurs autres Gentilshōmes, que ledict Regent y auoit laissez pour les garder: & issirent du Marché le Comte de Foix, & enuiron xxv. hommes d'armes, qui fraperent sur ledict Pierre Gille & sa compaignie, auecques lesquels s'estoyēt mis plusieurs de la ville de Meaux, & les tuerent & desconfirent. Toutesfois il fut tué vn Cheualier dudict Marché, nommé messire Louis de Châbly, qui fut frapé d'vn vireton pres de l'œil: & puis ceulx dudict Marché meirent le feu en ladicte ville & cité, & la pillerent & bruslerent, reserué la grād Eglise, & aucunes maisons des chanoines, & fut bruslé le Chastel, qui estoit au Roy, & y dura le feu bien quinze iours: & fut prins ledict Iehan Soulas, Maire, & autres principaux de ladicte ville, & fut ledict Maire decapité. Ledict monseigneur le Regent, pour obuier aux assemblees desdicts Iaquiers de Beauuoisin, fit grand' assemblee de Gentilshōmes & autres, & leur fit courir sus: & par tout ou on les trouuoit on les mettoit à mort, & tellement qu'auant qu'il fust la S. Iehan, on disoit qu'on en auoit bien tué vingt mille.

De la uille de Meaux qui fut arse, bruslee, et pillee.

Comment le Roy de Nauarre fut faict Capitaine de Paris.

Semblablement ledict Roy de Nauarre courut sus à ceulx de Beauuoisin, & tua plusieurs des communes: & en la ville de Clermont fit coper la teste audict Guillaume Caillet, leur Capitaine. Et pource que ceulx de Paris luy manderent qu'il allast vers eulx, il se retira à sainct Ouen, en la noble maison, & illec alla parlamēter auec le Preuost des Marchās: & le Ieudy quatorziéme iour de Iuin iceluy Roy de Nauarre vint à Paris, & au deuant de luy allerent ledict Preuost des Marchans, & plusieurs autres, qui l'accompaignerent iusques en l'Abbaye de sainct Germain des prez, ou il alla loger. Le lendemain il alla en l'hostel de la ville de Paris, & prescha longuement au peuple: & entre autres choses dist qu'il aymoit moult le royaume de France, & le bien de la chose publiq, & qu'il y estoit bien tenu, car il estoit des fleurs de liz, de tous costez, & eust esté sa mere Royne de France, si elle eust esté homme, car elle estoit seule fille du Roy, & pource estoit prest de viure & mourir auec eulx. Apres ce parla & prescha Charles Roussac, & dist plusieurs choses contre les Officiers du Roy & du Regent, & que le royaume estoit mal gouuerné, & estoit besoing qu'ils fissent vn Capitaine, qui bien les gouuerneroit, & bien luy sembloit que meilleur ne pourroyent ils auoir que le Roy de Nauarre: & tellement les forgea & persuada que plusieurs qui là estoyent à poste, crierent à haute voix Nauarre, Nauarre, mais la plusgrand' partie se teut, & ne l'oserent contredire: & fut ledict Roy de Nauarre tenu & faict Capitaine de Paris: & luy dit le Preuost des Marchans qu'ils escriroyent à toutes les bōnes villes, affin qu'ils consentissent qu'il fust Capitaine vniuersel du royaume de France. Ledict Roy de Nauarre fit le serment à ceulx de Paris, de les garder & deffendre enuers & contre tous: & puis leur dist: Beaux Seigneurs, ce royaume est bien malade, & y est la maladie moult enracinee, & ne peut pas estre si tost guery: si ne vous vueillez mouuoir contre moy, si ie n'appaise si tost la chose, car il faut besongner auec le temps.

Du Capitaine des Iaques de Beauuoisin qui fut decapité à Clermont en Beauuoisin.

Le Roy de Nauarre fut esleu Capitaine de Paris par ceulx de Paris.

Des maux que faisoyent les Nauarrois au royaume de France.

Ledict Roy de Nauarre, qui ne taschoit qu'à gaster & destruire le païs de France, & attraire le populaire à luy, contre ledict Regent, faisoit tousiours courir ses gensd'armes, pillant & gastant le païs, & auoit fait venir en sa compaignie grand nombre d'Anglois, dont il en fit mettre plusieurs dedans Paris: lesquels à vne esmeute qui fut en la ville, furent tuez, & estoit la chose en vne merueilleuse confusion: dont ledict Regēt fut aduerty, lequel auoit esté long temps sur les champs, pour departir les compaignies desdicts Iaques de Beauuoisin, & aussi des Anglois & Nauarrois, qui estoyent sur le païs, es marches de Sens, Prouins, Chasteauthierry, Gandeluz. Il fut aussi aduerty que plusieurs Gentilshommes, qui estoyent auec ledict Roy de Nauarre, l'auoyent habandonné, parce qu'il faisoit courir sus & destruire les autres Gentilshommes du païs, contre lesquels ils ne vouloyent point estre. Durant ces choses la royne Iehanne, tante du Roy de Nauarre, qui estoit à Paris, mettoit grand diligence à trouuer façon de faire appoinctement entre ledict Regent & le Roy de Nauarre: si alla vers ledict Regent qui estoit enuiron Meaux, attendant ses gensd'armes qui venoyent: & tousiours ardoyent les Gentilshommes de sa compaignie les maisons qu'ils trouuoyent estre à ceulx de Paris, s'ils n'e-

D iiij

LES CHROIQVES ET ANNALES DE FRANCE.

Nul homme allant par païs ne se fust osé aduouer estre de Paris

ſtoyent Officiers du Roy ou du Regent:& n'eſtoit hôme qui allaſt par païs, qui ſ'oſaſt aduouer eſtre de Paris. Pluſieurs Gentilshommes, qui ſ'eſtoyẽt tenuz auec ledict Roy de Nauarre, principalement ceulx du païs de Bourgongne, quand ils veirent qu'il eut la Capitainerie de Paris, l'abandonnerent, diſans qu'ils ne ſeroyent point contre le Regent, & ſ'en allerent en leur païs. Le Roy de Nauarre & ſa compaignie allerent vers Gonneſſe, & de là vers Senlis: & ledict Regent, auec grand'compaignie, qu'on eſtimoit bien à trente mil hômes de cheual, ſ'approcha de Paris, & ſ'en vint loger à Chelle ſaincte Baudour: & la royne Iehanne eſtoit à Laigny, qui moult ſe penoit de faire l'appoinctement: mais elle ne pouoit pour l'orgueil de ceulx de Paris. parquoy ledict Regent ſ'en vint loger à Conflans, au pres du boys de Vincennes, & au pont de Charenton, & là fit faire vn pont ſur bateaux, pour paſſer la riuiere de Seine: & tint ledict Regent, qui auoit bien trente mil cheuaux en ſa compaignie, ceulx de ladicte ville de Paris ſi preſſez qu'ils ne pouoyent auoir viures, n'iſſir de ladicte ville: & lors ledict Roy de Nauarre ſ'en retourna, & ſ'en vint loger à ſainct Denis, auec grand'compaignie de gens, ennemis du Roy, & du royaume, Anglois, & autres des garniſons contraires qu'il auoit mandez & amaſſez. En ces entrefaictes ladicte royne Iehanne alloit & venoit chacun iour audict lieu de ſainct Denis, deuers ledict Roy de Nauarre, & audict lieu de Conflans deuers ledict Regent, & ſe penoit & trauailloit moult pour faire l'appoinctement, mais elle n'y pouoit trouuer moyen: toutesfois elle fit tant qu'vn iour huictième de Iuillet ſ'aſſemblerent leſdicts Regent & le Roy de Nauarre en vn pauillon, qui pource fut tendu pres la porte ſainct Anthoine, ou fut chantee vne meſſe, pour confermer l'appoinctement que ladicte Royne auoit pourparlé, & pour bailler le corps de Ieſus Chriſt au deux Princes: mais ledict Roy de Nauarre, qui n'auoit pas vouloir tenir choſe qu'il promiſt, le refuſa, en diſant qu'il n'eſtoit pas à ieun. Durant que leſdicts deux Princes eſtoyent au pauillon, leurs gens eſtoyent tous armez, à cheual, & rengez en bataille, pres à combatre d'vne part & d'autre: toutesfois par certain appoinctement qu'ils feirent fut promis audict Roy de Nauarre, pour toutes choſes qu'il pourroit demander, luy ſeroit baillé dix mil liures de rente, & quatre cens mil florins à l'eſcu, en quatre annees, chacun an cent mil: & par ce promeit ledict Roy de Nauarre aller à Paris, pour les mettre en l'obeiſſance dudict Regent, & luy en faire lendemain reſponce: mais il n'en fit riens, & ſ'en retourna à ſainct Denis, & ledict Regent es carrieres de Conflans, ou il eſtoit logé. Et combien que ledict Roy de Nauarre euſt promis audict Regent luy porter le lendemain ladicte reſpõce de ceulx de Paris, & qu'il feroit tant qu'ils ſe mettroyent en ſon obeïſſance, comme dict eſt, & qu'ils luy payeroyent trois cens mil eſcus, pour aider à la rancon de ſon pere, pourueu qu'il leur quittaſt toute peine criminelle, n'en fit riens ledict Roy, ains pluſtoſt, pour ce que on luy diſt que ceulx de Paris eſtoyent mal contens qu'il auoit fait appoinctement ſans eulx, & diſoyent qu'ils ſe paſſeroyent bien de luy, il vint à Paris, & fit à eulx plus fortes alliances, contre ledict Regent, que iamais: & meit dedans la ville de Paris pluſieurs Anglois, & ennemis du royaume, qu'il auoit auec luy, leſquels il laiſſa en ladicte ville, & ſ'en retourna à ſainct Denis: & ſortirent ceulx de Paris en grand nombre ſur les gens dudict Regent, qui eſtoyent logez iuſques à la Granche aux merciers, pres la porte ſainct Anthoine: leſquels furent tantoſt ſecouruz par l'oſt dudict Regent, & furent ceulx de Paris deſconfits & mis en fuite, & pluſieurs mors. Le lendemain douzième iour de Iuillet, ledict Regent enuoya à ſainct Denis deuers ledict Roy de Nauarre, qui ſ'y en eſtoit allé, pour ſçauoir qu'il auoit volonté de faire, & le fit requerir qu'il vint auec luy (car il auoit promis luy aider) & il diſt que ledict Regent auoit enfraint le traicté, & que ſes gens auoyent couru ſur ceulx de Paris, le iour precedent, combien que le contraire eſtoit vray, car ceulx de Paris auoyent aſſailly ceulx dudict Regent. Le Samedy quatorzième iour dudict moys de Iuillet ceulx de Paris faillirent auec grãd'compaignie d'Anglois, & allerent pour aſſaillir ledict Regent ſecretement, par le pont qu'il auoit fait du coſté de ſainct Victor: & auant que ledict Regent & ſes gens ſ'en apperceuſſent il en y eut pluſieurs qui eſtoyent ia bien auant ſur le pont: mais quand ils furent apperceuz ils furent lourdement reboutez, & en furent tuez pluſieurs: & tantoſt ceulx de l'oſt dudict Regent paſſerent la riuiere, & ardirent Vitry, & autres villages d'enuiron: & ladicte royne Iehanne alloit & venoit ſouuẽt deuers leſdicts Princes, pour renouer ledict traicté. Auſſi ce iour furẽt faictes pluſieurs eſcarmouches du coſté de la Baſtille S. Anthoine, ou les gens dudict Regent allerent courir: & finalement ceulx de Paris, qui ſouſtenoyent de grands pertes & dõmages, voyãs que le baſt les bleſſoit, furent aucunement ennuyez deſdictes guerres & diſcords: & diſoyent que ledict Roy de Nauarre ne faiſoit q̃ brouiller, & qu'il ne tenoit riens de choſe qu'il promiſt. Si commencerent à murmurer contre luy, & à traicter de faire leur appoinctement enuers ledict Regent, par le moyen de ladicte royne Iehanne: & allerent aucuns de par eulx deuers ledict Regent, du coſté de par dela la riuiere de Seine, deuers Vitry: c'eſt aſſauoir ladicte Royne

Le Roy de Nauarre refuſa de receuoir le corps de noſtre ſeigneur Ieſus-Chriſt.

Deſcõfiture des Pariſiens pres la porte de S. Anthoine.

Ceulx de Paris ſe commencerẽt à ennuyer du Roy de Nauarre, leur Capitaine.

Iehanne

Iehanne, l'Archeuesque de Lion, qui estoit enuoyé de par le Pape, l'Euesque de Paris, le Prieur de S. Martin des châps, Iehan † Velot, Escheuin, Colin le Flament, & autres : & auoyent en leur compagnie plusieurs gens armez, & parlerent à luy en vn des bateaux du pont qu'il auoit fait faire pour passer ladicte riuiere de Seine: & fut requis par ceulx de Paris audict Regét qu'il leur vouллst pardonner son maltalent, & qu'ils se mettroyent en sa mercy, par telle côdition qu'il ordonneroit de leur faict par le côseil de la Royne Iehanne, du Roy de Nauarre, & du Duc d'Orleans, concordablement, & non autrement, adioinct auec eulx le Comte d'Estampes : & que les alliances qu'ils auoyent faictes au Roy de Nauarre, auec les bônes villes, & tous autres, demoureroyent en leur vertu. Ce que ledict Regent leur accorda : & aussi de faire ouurir les passages des riuieres, affin que viures & marchandises peussent estre amenees à Paris : & fut ordôné iour au Mardy ensuyuant pour faire les choses dessusdictes en la ville de Laigny sur Marne : & à ceste cause fut leué & departy l'ost dudict Regent : mais ce neantmoins ceulx de Paris ne voulurent laisser entrer en ladicte ville aucuns des gens dudict Regent.

t al. Belot.

De plusieurs esmotions qui furent faictes à Paris: & comment ceulx de Paris se declarerent du party du Regent, & tuerent le Preuost des Marchans & autres.

LA veille de la Magdaleine, vingtvniéme iour dudict moys, estoit le iour asigné pour soy trouuer à Laigny, mais il fut continué & remis à Corbeil vn autre iour : & celuy mesme iour, apres disner, s'esmeut grand discord à Paris, entre ceulx de la ville & plusieurs Anglois, que ledict Roy de Nauarre auoit laissez & mis dedans la ville : & vint le discord pource qu'on disoit qu'aucuns autres Anglois qui estoyent à sainct Denis & à sainct Cloud, pilloyent & gastoyent le païs. Si s'esmeut le commun de Paris, & coururent sus ausdicts Anglois, & en tuerent vingtquatre ou vingtcinq, & si en prindrent quarante sept des principaux de ceulx qui auoyent disné auec ledict Roy de Nauarre, en l'hostel de Neelle, & plus de quatre cens autres en diuers hostels de ladicte ville, & les meirent prisonniers au Louure : dont ledict Roy de Nauarre, le Preuost des Marchans, l'Euesque de Laon, & les autres gouuerneurs, leurs alliez, furent moult courroucez : parquoy le lendemain iour de Dimenche, feste de la Magdaleine, allerent en la maison de la ville, où se rendit moult de peuple enuiron l'heure de Midy, tous armez en la place de Greue : ausquels le Roy de Nauarre dist qu'ils auoyent mal fait d'auoir tué lesdicts Anglois (car il les auoit fait venir soubs son saufconduict pour leur ayder) mais ledict populaire commenca à crier que tous lesdicts Anglois fussent tuez, & qu'ils le vouloyent ainsi : & auec ce qu'ils vouloyent aller à sainct Denis, pour tuer ceulx qui y estoyent, qui auoyent tout pillé & gasté le païs : & dirent audict Roy de Nauarre, & audict Preuost, qu'ils les y menassent. Ce qu'ils leur accorderent, & promeirent qu'ils iroyent auec eulx: mais auant que partir fut bien enuiron l'heure de vespres, dont plusieurs presumerent qu'ils differoyent leur partement pour aduertir lesdicts Anglois, affin qu'ils ne fussent prins à despourueu. Lors se meirent à chemin, & disoit on qu'ils estoyent bien seize cens hommes de cheual, & huict mil hommes de pied. Les vns faillirent par la porte sainct Honoré, & ledict Roy de Nauarre, & le Preuost des Marchans, sortirent par la porte sainct Denis, & se tindrent longuement en vn champ entre Montmartre & le moulin à vent : & furent veuz des coureurs venir du costé deuers Montmartre, qui dirent qu'ils auoyent veu aucuns Anglois au boys de Boulongne. Lors ceulx de Paris, qui estoyent sortis par la porte sainct Honoré, & aucuns autres qui estoyent allez quand & ledict Roy de Nauarre & Preuost des Marchans, se meirent à chemin tirant droit là, & en veirent quarante ou cinquante enuiron le long du boys de Boulongne, & cuidoyent qu'il n'y eust que ceulx qu'ils voyoyent : si les allerent assaillir : & à celle heure vne grand turbe d'Anglois, qui estoit embuschee dedans le boys, sortit sur eulx : parquoy ils se meirent en fuyte vers Paris, & Anglois les chacerent, tuant, & en tuerent bien six cens : mais neantmoins, combien que ledict Roy de Nauarre & Preuost des Marchans les veissent ainsi tuer, ils ne s'en remuerent onques, & ne les secoururent aucunement. Cela faict, ledict Roy de Nauarre s'en alla à sainct Denis, & ledict Preuost des Marchans s'en retourna à Paris, & luy & ceulx de sa compagnie furent moult huyez & blasmez de ce qu'ils auoyent ainsi laissé tuer les autres, sans les secourir : & deslors le peuple de Paris commenca fort à murmurer contre lesdicts gouuerneurs. Ce neantmoins le Vendredy ensuyuant xxvij. iour dudict moys de Iuillet, ledict Preuost des Marchans, & en sa compagnie bien huict vingts ou deux cens hommes armez allerent au chasteau du Louure, & meirét hors lesdicts Anglois, qui estoyent prisonniers, & les enuoyerent par la porte sainct Honoré iusques hors la ville : & s'en allerent lesdicts Anglois deuers le Roy de Nauarre à sainct Denis, & ledict Preuost des Marchans auec eulx, lequel se tint trois iours

Consentemēt de tuer tous les Anglois qui estoyét à Paris.

Occisiō d'un nōbre de Parisiēs par les Anglois.

qu'il n'ofoit feurement retourner à Paris. Le Mardy dernier iour dudiᶜt moys de Iuillet, lediᶜt Preuoſt des Marchans, & autres ſes alliez, allerent difner en la Baſtille, ou boulleuert de la porte ſainᶜt Anthoine, tous armez: & quand ils furent là, lediᶜt Preuoſt commeᶜda à ceulx qui gardoyent ladiᶜte porte, qu'ils en baillaſſent les clefs à Ioſſeran de Maſcon, qui eſtoit Threſorier du Roy de Nauarre: mais leſdiᶜts gardes dirent qu'ils n'en feroyent riens: & ſur celle queſtion ſe meurent groſſes paroles entre eulx, dont vn nommé Iehan Maillart, qui gardoit vn quartier des murs de ladiᶜte ville, pres ladiᶜte porte, ouyt nouuelles, & vint incontinent à ladiᶜte porte: & quand il eut ouy le debat, il diſt audiᶜt Preuoſt des Marchans que les clefs ne ſeroyeᶜt point baillees audiᶜt Ioſſeran: & ſur ce ſe meurent pluſieurs groſſes paroles: & ce voyaᶜt lediᶜt Maillart il print vne baniere aux armes du Roy, & monta à cheual, & coᶜmença à crier à haute voix: Montioye ſainᶜt Denis, & cheuaucha par la ville, & tous ceulx qui le voyoyent allerent apres luy, criant, Montioye ſainᶜt Denis, & alla iuſques aux halles: & vn Cheualier, qui auoit nom Pepin des Eſſars, print vne autre baniere aux armes du Roy, criant ſemblablement par la ville: Montioye ſainᶜt Denis. Quoy voyant lediᶜt Preuoſt ſ'en partit de là: puis print aucunes lettres que luy auoit enuoyees le Roy de Nauarre, & ſ'en alla en la Baſtille, & en ſa compaignie eſtoyent Philippe Guyphart, & Simon Paulmier. Ceulx qui eſtoyent en ladiᶜte Baſtille requirent audiᶜt Preuoſt qu'il leur monſtraſt leſdiᶜtes lettres, & ſ'eſmeut groſſe riote entre eulx, taᶜt qu'aucuns qui là eſtoyent coururent ſus audiᶜt Philippe Guyphart, qui ſe deffendit vaillamment, toutesfois il fut tué: & apres tuerent lediᶜt Eſtienne Marcel, Preuoſt, & lediᶜt Simon Paulmier: leſquels fureᶜt tantoſt deſpouillez, & trainez parmy la rue deuant ladiᶜte Baſtille iuſques à ſainᶜte Catherine du val des Eſcoliers, ainſi qu'ils auoyent fait mettre les Mareſchaulx de Champaigne & de Clermont (car pluſieurs tenoyent que c'eſtoit de l'ordonnance de Dieu, qu'ils eſtoyent mors de pareille mort, qu'ils les auoyent fait mourir) & lors lediᶜt peuple ſ'emeut pour aller querir de leurs complices: & en allant par la rue, on leur diſt que Iehan de l'Iſle, le ieune, eſtoit en l'hoſtel de Tours à la porte Baudet: ſi y entrerent & le trouuerent, & le tuerent, & ſemblablemeᶜt Gilles Marcel, Clerc de la marchandiſe, qui eſtoit auec luy: & tantoſt fureᶜt deſpouillez, & trainez ſur les carreaux, deuant l'hoſtel de la ville, & là laiſſez tous nuds. Semblablement fut tué vn nommé Iehan Pont, & autres vers la porte S. Martin: & fureᶜt prins priſonniers Charles Rouſſac, Eſcheuin de Paris, & lediᶜt Ioſſera de Maſcon, Threſorier de mondiᶜt ſeigneur de Nauarre: & le lendemain fureᶜt leſdiᶜts Rouſſac, & de Maſcon trainez de Chaſtelet iuſques en Greue, & decapitez, & leurs corps ieᶜtez en la riuiere.

Mutinerie de ceulx de Paris coᶜtre le Preuoſt des Marchans.

Le Preuoſt des Marchans, & le Clerc de la uille de Paris furent tuez.

Comment le Regent entra à Paris: & comment le Roy de Nauarre le deffia, & des maux que faiſoyent les Nauarrois & Anglois.

L'an mil ccc. lviii.

AVdiᶜt an mil trois cens cinquante huiᶜt, le Vendredy ſecond iour d'Aouſt, mondiᶜt ſeigneur le Regent vint à Paris, en moult belle compaignie, & fut receut à grand' ioye du peuple de la ville: & le lendemain lediᶜt Roy de Nauarre l'enuoya deffier, & ſe declaira ſon ennemy & aduerſaire. Aucuns iours apres furent decapitez pluſieurs des trahiſtres de ladiᶜte ville: c'eſtaſſauoir vn nommé Pierre Gille, Meſſire Pierre Caillart, Cheualier, natif d'Orleans, qui eſtoit Chaſtellain du Louure, deux Aduocats, & autres pluſieurs: & ce meſme iour mondiᶜt ſeigneur le Regent alla à l'hoſtel de la ville, & parla au peuple, & leur remonſtra les grandes trahiſons qu'auoyent voulu faire contre le Roy ſon pere, & contre luy, les trahiſtres qui eſtoyent morts, & auſſi l'Eueſque de Laon, & pluſieurs autres qui encores viuoyent, & qu'ils tendoyent à vouloir faire Roy de France lediᶜt Roy de Nauarre, ſ'ils fuſſent venuz à leurs attainᶜtes, & mettre les Anglois & Nauarrois dedans la ville de Paris, le iour que le Preuoſt des Marchans auoit eſté tué: & deuoyent piller & mettre à mort tous ceulx qui ſe tenoyent de la partie de ſon pere, & de luy, & auoyent eſté ſignees les maiſons de pluſieurs, de diuers ſignes, dont pluſieurs furent eſbahis. Les Anglois & Nauarrois, qui eſtoyent tout vn, allerent à Meleun, & les meit la Royne Blanche, ſœur dudiᶜt Roy de Nauarre, dedans le Chaſtel, & prindrent vne partie de la ville, deca la riuiere: mais le Regent y enuoya, & fit garder l'autre partie: & gaſterent & bruſlerent leſdiᶜts Nauarrois l'Abbaye du Lis, & tous les lieux d'enuiron, du coſté de la foreſt de Biere, & de Gaſtinois. Leſdiᶜts Anglois & Nauarrois prindrent les forreſſes & places de Poiſſy, S. Germain en Laye, Raix, Creil, & pluſieurs autres, & tous les iours couroyent, pilloyent, & prenoyeᶜt priſonniers, iuſques aupres les portes de Paris, & feirent moult de maux & dommages en France. Audiᶜt moys d'Aouſt, pluſieurs Gentilshommes, & gens de commune de Tournay, & autres villes de Picardie, meirent le ſiege deuant vn chaſtel qui eſtoit à l'Eueſque de Noyon, q̃ les Anglois & Nauarrois tenoyent, & en eſtoit Capitaine meſſire Iehan de Piquigny, qui ſ'eſtoit

Des remonſtrances que fit le Regent au peuple de Paris.

Des fortes places que priᶜdreᶜt en France les Anglois.

s'estoit rend u ennemy du Roy & du Regent, auec ledict Roy de Nauarre: mais lesdictes communes furent desconfites, & s'enfuyrent, & furét prins prisonniers bien six vingts des Gétilshommes. Aussi fut prins ledict Euesque de Noyon, & furent menez prisonniers à Creil, que tenoit ledict de Piquigny, depuis que ladicte place auoit esté prinse.

Comment le Chancelier de Nauarre fut tué: & comment messire Iehan de Piquigny cuida surprendre Amiens.

LA premiere sepmaine de Septembre le Roy de Nauarre, partant de Mante, cheuaucha auec bié deux mil hommes, & alla à Meleun rafreschir ses gens, & veoir ses sœurs la Royne Blanche, & vne autre nommee Iehanne, & en cheuauchāt brusla & pilla Chastres soubs Montlehery, & les autres lieux par ou il passa. Ité le Mercredy douziéme iour dudict moys de Septembre, maistre Thomas de Ladit, Chācelier du Roy de Nauarre, qui auoit esté mis prisonnier au Palais de Paris, des le quatriéme iour d'Aoust, fut par vertu d'vnes bulles de Pape, ordonné estre rendu à l'Euesque de Paris: & ainsi que deux hommes le portoyét dudict Palais en l'hostel dudict Euesque (par ce qu'il estoit enferré, & ne pouoit aller à pied) si tost qu'il fut hors de la porte dudict Palais, aucuns compaignons de Paris le tirerent, & l'abatirét à terre, & le tuerent. Messire Iehan de Piquigny, qui trahistreusemēt s'estoit retiré du Roy de Nauarre, contre le Roy & le Regent, auec grand' compaignie de gensd'armes alla à Amiens, parce qu'il auoit intelligéce à aucuns Bourgeois de ladicte ville, qui auoyét promis la luy liurer: mais il faillit à son entreprinse, par la volonté de Dieu, & aussi par la resistance que feirét les bons Bourgeois de ladicte ville, & le Comte de S. Paul, qui là vint hastiuement, & n'y entrerent point, & bruslerent les faulxbourgs: & lesdicts Bourgeois, qui auoyent voulu faire ladicte trahison furent prins & decapitez par ceulx de ladicte ville. Lesdicts Anglois & Nauarrois cheuaucherent par diuerses fois le païs de Mucian, Dampmartin, Gonnesse, la Ferté sur Marne, & autres lieux, & emmenoyent prisonniers, & tout pillerent & gasterent, & tenoyent en subiection toutes les riuieres d'entour Paris, dont ceulx de Paris ne pouoyent auoir viures tant au dessus comme au dessoubs: & pillerent la ville de Laigny sus Marne, & si gardoyent que ceulx de Tournay, l'Isle, Arras, & autres villes de Picardie n'eussent nuls viures: car ils tenoyent tout le païs de Beauuoisin.

tal. sa sœur

Du Chancelier de Nauarre, qui fut tué en saillant du palais de Paris.

De la course de Robin Canolle, Anglois: & comment les Anglois & Nauarrois pillerent le païs d'Auxerrois.

AV moys d'Octobre mil trois cens cinquantehuict, Robin Canolle, Capitaine de plusieurs fortresses Angloises, en Bretaigne & Normandie, cheuaucha & courut contremont le long de la riuiere de Loire, & print en Orleanois Chasteauneuf, sur Loire, & plusieurs autres places: & tantost apres la ville de Chastillon. Et puis tira en l'Auxerrois * en Puisoye, & print vne place nommee Malicorne, & plusieurs autres: mais les gens du païs s'assemblerent, & auec eulx se meit vn Cheualier, nommé messire Arnault de Ceruolle, autrement dict l'Archeprestre, qui venoit au mandement du Regent, auec gensd'armes, & chacerent honteusemēt ledict Robin Canolle. Si s'en retourna: mais par tout ou il passoit il boutoit le feu, & emmenoit prisonniers. Item le vingtcinquième iour dudict moys furent prins en la ville de Paris, par l'ordonnance dudict Regent, plusieurs des habitans, grands & puissans gens, par ce qu'il auoit esté aduerty qu'ils auoyent conspiré trahisons contre luy enuers le Roy de Nauarre, dont le peuple se cuida esmouuoir, & allerét deuers luy au Louure grand nombre de gens de mestier, & autres, parens & amis desdicts emprisonnez, & feirent par vn Aduocat, nommé maistre Iehan Blondel, luy requerir qu'il les deliurast: & il dist que le lendemain il iroit à l'hostel de la ville, & quand ils l'auroyent ouy parler s'ils vouloyent il les deliureroit. Si alla ledict Regent le lendemain, & monta sur les degrez de la croix, qui est en la place de Greue, & declaira les trahisons qu'ils auoyent machinees, & qu'ils estoyent alliez au Roy de Nauarre: & quand il eut parlé, & que le peuple eut ouy leur cas n'y eut plus nul qui poursuyuist leur deliurance: & ledict Blondel cria mercy audict Regent de la poursuyte qu'il en auoit faicte: toutesfois, pource que leur entreprinse estoit si secrette qu'on ne la peut auerer, aucuns iours apres ils furent deliurez. Au moys de Nouembre ensuyuant arriuerent à Paris les Cardinaux de Perigort & Durget, que le Pape auoit enuoyez pour traicter la paix dudict Regent & du Roy de Nauarre, & allerét à Meulanc deuers le Roy de Nauarre, & apres à Melun deuers la Royne Blanche sa sœur, & par tout ne feirent riens, si s'en

L'ā mil cc. lviii.

*Cr. Frā. disent & en puissāte

D'aucuns habitās de Paris qui adheroyent au Roy de Nauarre.

retournerent en Auignon. Le huictiéme iour de Ianuier les Anglois & Nauarrois qui estoyent à la Ferté sus † Oyze, prindrent la ville de Laigny, & la pillerent, & emmenerent plusieurs prisonniers : & quand ils en furent partis, aucuns brigans, qui estoyent venuz de Milan, s'allerent mettre dedans, & la gasterent, tellement que tous les habitans s'en fuyrent, & l'habandonnerent qu'elle demoura toute gastee : & le douziéme dudict moys enuiron quatre cens Anglois & Nauarrois, qui tenoyent la place * d'Aiz, en Octe, appartenant à l'Euesque de Troyes, coururent deuant la ville de Troyes: mais le Comte de Vaudemont, & ceulx de ladicte ville, sortirent sur eulx, & en tuerent enuiron six vingts, & autant de prins: parquoy les autres brusleret ladicte place d'Aiz, & s'en partirent. Item le iour des Brādons, dixiéme iour de Mars lesdicts Anglois & Nauarrois feirēt vne assemblee à * Rectemiers en Champaigne, & allerent à Auxerre, ou ils ne trouuerent nulle ou petite garde : & par nuict d'emblee prindrent ladicte ville, & monterent par eschelles par dessus les murs, ou ils ne trouuerēt nulle resistence: & y furent faicts Cheualiers Robin Canolle, & Thomelin Fouque, Anglois. Au chastel de ladicte ville fut prins messire Iehan de Chaalon, fils du Comte d'Auxerre, & sa femme: & prindrent lesdicts Anglois & Nauarrois tous les biens des habitans, & faignirent vouloir brusler la ville : mais lesdicts habitans la ranconnerent à quarante mil moutons d'or, & soixante perles, du pris de dix mil moutons: & pour cōtregarde desdictes sommes emporterent les reliques de l'eglise sainct Germain, que les habitans promeirent degaiger : & si feirent abatre les murs, & brusler les portes, & emmenerent grand nombre d'hommes, femmes & enfans prisonniers : & toutesfois n'estoyent pas lesdicts Anglois & Nauarrois plus de mil comme on disoit: & apres allerēt lesdicts Nauarrois à Aubigny sur † Nerre, en Berry, & prindrent la ville d'emblee, par nuict, & la pillerent. En ce mesme moys messire Iames de Pippes, & messire Ote de Hollande, Cheualier Anglois, partirent d'Eureux, pour aller deuers le Roy de Nauarre. Les compaignons du chastel de * Senna, qui estoit aux Seigneurs de Garanciers, en furent aduertis, & allerent au deuant d'eulx, & les prindrent prisonniers auec quinze ou seize de leurs gens. Ainsi que ceulx de ladicte ville d'Auxerre, qui estoyent allez à Paris pour faire la finance de leur rancon, s'en retournoyent pour porter grand' partie de leurdicte rancon, ils furent prins par les Bourguignons, qui leur osterent leur argēt. Item le deuxiéme iour de May mil trois cens lix. fut la ville de Chastillon sur † Louin bruslee par messire Robin Canolle, & ses gens, qui emportoyent leur part & butin de la pillerie d'Auxerre, & s'en alloyent à Chasteauneuf.

† al. yerre, La ville de Laigny sur Marne pillee.

* Cro. Fr. disent Ars en Ore.

* Regēnes Cro. Fran.

† al. Aerre & Mettre.

* Grand senna Cro. Fran.

† al. Loing, & les Cron. de France Louuain.

De l'assemblee faicte à Paris par le Regent, pour voir le pourparlé d'appoinctement faict par le Roy en Angleterre.

LE Dimenche dixneufiéme iour de May, par lettres de mondict seigneur le Regent fut faicte vne cōuocation de peuple à Paris, pour ouir & voir le traicté de paix qui auoit esté accordé en Angleterre entre le Roy de Frāce & celuy d'Angleterre: lequel auoit esté apporté par monseigneur Guillaume de Meleun, Archeuesque de Sens, le Comte de Tancaruille son frere, le Comte de Dampmartin, & messire Raoul * Denchan Mareschal de Frāce, tous prisonniers des Anglois. A laquelle assemblee furent peu de gēs, par ce qu'on ne pouoit venir à Paris de nulle part, pour les dangers des ennemis qui tenoyēt toutes les villes & places d'entour. Audict iour ledict Regent fut au Palais, sur le Perron de marbre, emmy la court, & en la presence du peuple, illec assemblé, fit par maistre Guillaume des Dormans, Aduocat du Roy en Parlement, lire ledict traicté: par lequel le Roy d'Angleterre vouloit auoir tous les païs & Duchez de Normandie, Guyēne, Xaintonge, Agenois, Tarbe, Perigort, Limosin, Cahors, Bigorre, Poitou, Aniou, le Maine, Touraine, les Comtez de Boulongne, Guynes, Ponthieu, Monstreul sur la mer, Calais, & toute la terre de Merq, & toute souueraineté & seigneurie, & les tenir comme voisin du Roy: & vouloit auoir l'hommage & souueraineté de la Duché de Bretaigne, & quatre milliōs d'escus d'or fin, de la monnoye du roy Philippe: & si vouloit auoir la possessiō des villes & Chasteaux de Rouen, Caen, Vernon, le pont de Larche, Goulet, Gisors, Molmeaux, Arques, Gaillart, Vire, la Rochelle, cent mil liures d'Ostrelins, & qu'on luy baillast dix Seigneurs pour ostages: & ce faict, il mettroit le Roy en son royaume: toutesfois loyal prisonnier, iusques à ce que les choses dessusdictes fussent acomplies. Apres ce que les gens des Estats, illec assemblez, eurent ouy le contenu esdictes lettres, & eu sur ce deliberation, ils respondirent que ledict traicté n'estoit point accordable: & pour ce ordonnerent de faire bonne guerre ausdicts Anglois : & pour ce faire offrirent vn grand aide audict Regent: lequel Regent rappela la pluspart de ses Officiers, qui auoyent esté ostez, par les gens des trois Estats.

* parauāt en nōme vn d'Audechan que ie pēse estre cestuy cy.

La rancō que le Roy d'Angleterre demādoit au Roy Iehan.

De l'appoin-

DV ROY IEHAN, PREMIER DV NOM. Fueil.xxv.

De l'appoinctement de Bretigny, pour la redemption du Roy Iehan: & de la courſe des Anglois par France.

AV moys de Nouembre audict an mil trois cens cinquante & neuf, le Roy d'Angleterre, le Prince de Galles, & autres ſes fils, le Duc de Lanclaſtre, & toute la puiſſance & ſeigneurie d'Angleterre arriuerent à Calais, auec grand nombre de nauires & de gens, & cheuaucherent par Artois & Vermendois, vindrent en Champaigne, & meirent le ſiege à Reims, ou ils furent par quarante iours: & auoit intention le Roy d'Angleterre de ſoy faire couronner Roy de France, s'il y fuſt entré: & quand ils veirent qu'ils n'y pouuoyent riens faire, ils ſe leuerent, & paſſa ledict Roy d'Angleterre par deuant Chaalons, ſans y arreſter: & puis trauerſa la riuiere de Marne, au deſſus de ladicte ville. puis paſſerēt les riuieres d'Aulbe & d'Aiſe, & cheuaucherent toute la Champaigne, & tirerent à Sens, à Auxerre, & à Pons, & vindrent deuers luy en la ville d'Aguillon ceulx de Bourgongne, & luy donnerent deux cens mil florins: affin qu'il ne fiſt nul mal à la Duché, & qu'il n'y entraſt point. Puis paſſa la riuiere d'Yonne, à Colanges la vineuſe, & tira vers Neuers: mais ceulx de la ville compoſerent pour le païs de Niuernois & d'Ozois, affin que leſdicts Anglois ne les pillaſſent point. puis tirerent vers Paris par Gaſtinois, & aſſiegea le Prince de Galles, la fortreſſe †d'Vſſeiz, des Tournelles, pres Prouins, en laquelle auoit pluſieurs Cheualiers Frācois qu'il print: c'eſtaſſauoir les Seigneurs de Bonuille, Dorgeuille, Iehan des Barres, Iehan Braque, tous Cheualiers, & pluſieurs autres. Le Mardy dernier iour de Mars, ledict Roy d'Angleterre s'alla loger en l'hoſtel du parc de Chantelou, entre Chaſtres & Montlehery, & ſes enfans en ſa compaignie, & ſon oſt eſtoit à Chaſtres & à Montlehery, à Corbeil, & à tout le païs d'enuiron Paris, iuſques pres de Corbeil & Longiumeau: & fut prinſe iournee pour traicter la paix entre ledict Roy d'Angleterre, & ledict Regent, par le moyen de frere Simon de Langres, General, Maiſtre des freres Preſcheurs, Legat de par le Pape pour ladicte cauſe: & s'aſſemblerēt les deputez des parties, à la maladerie de Longiumeau: mais ils ne feirēt riens: parquoy le Roy d'Angleterre, & tout ſon oſt, ſe deſlogerēt, & vindrent loger pres Paris, à Mōtrouge, à Vāues, à Vaugirard, à Chaſtillō, Gentilly, & autres lieux prochains, & ſe monſtrerēt pluſieurs fois en bataille deuant Paris, mais nul n'en ſortit: & furent illec logez iuſques au iour de Quaſimodo enſuyuant mil ccc.lx. qu'ils deſlogerēt & bruſlerent pluſieurs deſdicts villages, & feirent maulx innumerables. Et voyant ledict Roy Anglois qu'il ne pouoit riēs faire à Paris, s'en partit pour s'en aller vers Normandie & le Maine, & tira deuers Chartres: & quand luy & ſes gens furēt entre Montlehery & Chartres, cheut vne ſi treshorrible & eſpouentable greſle, tonnerre eſpars, & fouldres, qu'il en mourut pluſieurs de ſes gens: & à celle occaſion ledict Roy d'Angleterre fut ſi eſpouenté, qu'il voua à Dieu qu'il feroit paix & appoinctement auec le Roy de France, & ledict Regent, ſon fils. Si manda & fit dire par meſſire Aubery, Abbé de Clugny, qui eſtoit venu de nouuel de par le Pape, q̃ ſi ledict Regent vouloit entendre à appoinctement, il ſeroit content d'y entendre: parquoy par grand' deliberation de conſeil, ledict Regent enuoya grans Ambaſſades à Chartres, ou ledict Roy d'Angleterre eſtoit pres d'illec: & allerēt en ladicte Ambaſſade, meſſire Iehan des Dormans, Eueſque de Beauuais: Chancelier de Normādie, meſſire Iehan de Melun, Comte de Tancaruille, qui encores eſtoit priſonnier aux Anglois, les Seigneurs de Bouciquault, Mareſchal de Frāce, de Montmorency, de Vignay, meſſire Iehan Grolee, maiſtre Simō de Bucy, Eſtienne de Paris, maiſtre Iehan des Mares, Aduocat en Parlemēt, & Iehan Maillart, Bourgeois de Paris: & prindrent lieu pour eulx aſſembler à vne lieue pres de ladicte ville, à vn village appelé Bretigny: auquel iour & lieu les deſſuſnōmez ſe trouuerēt pour la partie dudict Regent: & pour la partie du Roy d'Angleterre furēt le Duc de Lanclaſtre, les Comtes de Norantōne, de Vvaruic, de Suffort, Regnault de Coleſtan, Gaultier de Marigny, Cheualier, & pluſieurs autres: & par tant de iours s'aſſemblerēt, que le viij. iour de May audict an mil ccc.lx. ils vindrent à appoinctement. par lequel fut baillé audict Roy d'Angleterre, pour la rancon du Roy, le païs de Poitou, les fiefs de Touars & Belleuille, les païs de Gaſcongne, Agenois, Perigort, Limoſin, Cahors, Tarbe, Bigorre, Gaure, Rouergue, Angoulmois, & toute ſouueraineté, auec les hommages des Seigneurs eſtans en iceulx, Monſtreul ſur la mer, Ponthieu, Calais, Guynes, le païs de Merq, Saugate, Boulōgne, Hames, Valles, & Oingnies. Et oultre ce fut promis payer la ſomme de trois millions d'eſcus d'or, dont les deux valloyēt vn noble d'Angleterre, & par ce moyen ledict Roy d'Angleterre, & ſon aiſné fils, renoncerēt pour eulx & leurs ſucceſſeurs aux droicts & tiltres qu'ils pretendoyent auoir en la couronne de France, & du royaume, à la ſouueraineté & ordonnance du Duché de Normādie, des païs de Touraine, Aniou & le Maine, à la ſouueraineté & hōmages du Duché de Bretaigne, & Comté de Flandres: & rendroit ledict Roy d'Angleterre le Roy de France à Calais, dedās trois ſepmaines apres la ſainct

L'an mil trois cens lix.

Du Roy d'Angleterre qui mit le ſiege deuant Reims, eſperant de ſoy faire couronner Roy de France.

† al. du Pleſſeis.

Du Roy d'Angleterre qui uit loger ſō oſt pres Paris.

Appoinctement faict entre le Roy d'Angleterre, & le Roy Iehan, touchāt la rācon dudict Roy.

E

Iehan ensuyuãt, aux despens dudict Roy d'Angleterre, hors les frais de l'hostel du Roy de France: & audict lieu de Calais seroyent payez audict Roy d'Angleterre six cens mil escus contens, & cccc.mil dedans l'an prochain ensuyuant, & le surplus de ladicte ville de Calais à certains termes: & ne pourroit ledict Roy de France soy armer contre ledict Roy d'Angleterre, iusques à tant qu'il eust accomply tous les poincts dudict traicté, & demourroyent pour ostages en Angleterre monseigneur Louis, Comte d'Aniou, monseigneur Iehan, Comte de Poitiers, qui apres fut Duc de Berry, enfans dudict Roy de France, monseigneur Philippe, Duc d'Orleans, frere du Roy, le Duc de Bourgõgne, le Côte de Blois, & son frere, le Comte d'Alencon, son frere, le Comte de S. Paul, les Comtes de Harecourt, de Porcian, Valentinois, de grand Pré, Brenne, de Forest, les Seigneurs de Vaudemont, de Coucy, de Fiennes, de S. Venant, de Preaux, Garecieres, de la Roche Guyon, Destouteuille, de Hangest, le Dauphin d'Auuergne, le Seigneur de Montmorency, d'Andrezel, Guillaume de Craon, Louis de Harecourt & autres furent faictes & publiees tréues de la iusques à la S.Michel de l'an suyuant. Lequel appoinctement fut cõfermé par mõdict seigneur le Regent estãt à Paris, ou le Roy d'Angleterre enuoya six Cheualiers, pour luy veoir faire le serment sur le corps de Dieu: & semblablement fit pareil serment & confirmation le Prince de Galles, estant à Louuiers, promettant tenir ledict traicté ferme & estable. Cela faict, le xx.iour de May audict an, le Roy d'Angleterre, ses enfans, & leurs gens, auec les ostages, monterent sur mer à Honnefleu, & s'en allerent en Angleterre: & grand'partie de leurs gens allerent passer la riuiere de Seine, au Pont de l'Arche, du consentement du Regent, & de là tirerent à Calais: & demoura le Comte de Vvaruich en Frãce, pour le Roy d'Angleterre, pour faire tenir les tréues: mais il s'en acquita mal: car les Anglois se meirent à espier les chemins, & roboyent & tuoyent les gens, & faisoyent plus de maux que du temps que la guerre estoit ouuerte. Quand ledict Roy d'Angleterre, ses enfans & ostages furent là arriuez, le Roy Iehan de France les festoya grãdement, à vn disner, en la tour de Londres, & promeirent l'vn à l'autre garder & entretenir le traicté de paix qui faict auoit esté.

Ostages qui furent baillez au Roy d'Angleterre, pour seureté de la paix faicte entre luy & le roy Iehã.

Comment le Roy Iehan fut ramené en France.

LE moys de Iuillet ensuyuant, c'estassauoir le huictiéme iour, le Roy de France fut amené à Calais: & lors mondict seigneur le Regent partit de Paris, & alla à S. Omer, pour accomplir ce qu'il pourroit du contenu audict traicté, affin que sondict pere fust deliuré: & furent faicts de grands emprunts par le royaume, & en presterẽt ceulx de Paris, pour le premier payemẽt cẽt mil royaux: & au moys d'Octobre ensuyuant arriua le Roy d'Angleterre & ses gens audict Calais: & alla le Roy de France(qui trespres de là estoit)au deuant de luy, iusques à sa nef. Aucuns iours apres le Roy de Frãce, qui estoit au chastel, l'alla voir en son logis en la ville: & fit ledict Roy de France la paix d'entre le Roy d'Angleterre & le Comte de Flandres: & apres pria audict Roy d'Angleterre, que luy & ses enfans disnassent le lendemain au chasteau. ce qu'ils feirẽt: & furẽt assis à sa table le Roy d'Angleterre, le premier, au hault bout, le Roy de France le secõd, le Prince de Galles le tiers, & le Duc de Lanclastre le dernier: & eulx estans à table, ledict Côte de Flãdres arriua à Calais, qui alla au chasteau, iusques deuant table ou ils disnoyent, & fit la reuerence, en soy agenouillant deuant le Roy de France, & apres salua le Roy d'Angleterre, sans soy agenouiller: & luy fit le Roy de France tresbonne chere. Apres disner les deux enfans du Roy d'Angleterre partirent de Calais, pour aller en pelerinage à nostre Dame de Boulongne, & deux des enfans du Roy de France les conduirent: & mondict seigneur le Regent, qui estoit à Boulongne, alla au deuant d'eulx enuiron demie lieue. Le lendemain ledict Regent laissa les deux enfans d'Angleterre à Boulongne, & ses deux freres pour leur tenir compaignie, & s'en alla à Calais deuers son pere, ou il fut tout ce iour: & le lendemain il retourna au giste à Boulongne, & quasi au meillieu du chemin il rencontra les enfans du Roy d'Angleterre qui s'en retournoyent à Calais. Le Samedy vingtquatriéme iour dudict moys, lesdicts deux Roys de France & d'Angleterre, ouirent messe en vn oratoire, & iurerent sur le corps de IesusChrist, qu'ils vserent ensemble, qu'ils tiendroyent la paix qu'ils auoyent faicte, ferme & estable, & n'allerent point à l'offrãde, par ce que l'vn ne vouloit point aller deuãt l'autre: & quand vint à la paix, on la presenta premierement au Roy de France, qui ne la voulut prẽdre: & la print en sa main, & la porta audict Roy d'Angleterre, qui ne la voulut prendre de sa main: & par ainsi s'entrebaiserent eulx deux, sans prendre autre paix. En celuy iour fut faict l'appoinctement dudict Roy de France, & dudict Roy de Nauarre, & de messire Philippe de Nauarre, son frere, combien que ledict Roy de Nauarre ne fust pas là presẽt: mais bien y estoit ledict Philippe de Nauarre, son frere, qui se fit fort pour luy, & iura ladicte paix: &

Du gros empr̃ut qui fut faict par le royaume de Frãce pour payer la rançon du Roy Iehan.

Les Roys de Frãce & d'Angleterre s'entrebaiserent l'an autre à la messe, en lieu de prendre la paix.

le Duc

DV ROY IEHAN, PREMIER DV NOM. Fueil.xxvj.

le Duc d'Orleans, frere du Roy de France, la iura pour le Roy. Lors ledict roy Iehan erigea le païs d'Aniou en Duché, qui parauant n'estoit que Comté, & la donna à son fils Louis. A Iehan son autre fils donna les Duchez de Berry & d'Auuergne: & à Philippe le plus ieune de ses enfans, donna la Duché de Touraine. En ce temps messire Berault, Dauphin d'Auuergne, espousa la fille du Comte de Forests, que ledict Comte auoit engendree en la sœur de messire Iaques de Bourbon.

Des ostages qui furent baillez pour la reste de la rancon du Roy.

LE xxv. iour dudict moys d'Octobre, ledict roy Iehan fut totalement mis hors de prison, & à son liberal arbitre. Si s'en partit de Calais, & vint à Boulongne, ou il conuoya le Roy d'Angleterre bien vne lieue hors de Calais: & le Prince de Galles vint auec le Roy iusques à Boulongne: & le Lundy ensuyuant ledict Prince de Galles s'en retourna à Calais: & par ainsi appert que ledict Roy de France fut prisonnier audict Roy d'Angleterre enuirō quatre ans. Le xxix. iour dudict moys d'Octobre le Roy partit de Boulongne, & vint à sainct Omer: & le Samedy ensuyuant, le Roy d'Angleterre m'ōta sur mer pour s'en aller en Angleterre, & emmena auec luy ses ostages qui luy auoyēt esté baillez pour seureté du payement du reste de la rācon du Roy: c'est assauoir mōseigneur Louis, Duc d'Aniou, Cōte du Maine, & monseigneur Iehan, Duc de Berry, & d'Auuergne, enfans dudict Roy de France, monseigneur Louis, Duc de Bourbon, messire Pierre, Cōte d'Alencō, & monseigneur Iehan, frere du Comte d'Estampes, tous des fleurs de liz, Guy, frere du Comte de Blois, le Comte de S.Paul, les Seigneurs de Mōtmorēcy, de Hangest, de S. Venant, d'Andrezel, les Comtes de Brenne, de Coucy, de Harecourt, de grand Pré, & le seigneur de la Roche Guyon. Le Roy de Frāce estant à S.Omer, furent faictes vnes moult belles ioustes, pour l'honneur de luy, & de sa venue. Puis s'en vint à Hedin, & là fit les ordonnances de son hostel: ordōna six Maistres des requestes, trois Clercs & trois Laiz, & six Maistres de ses Comtes, trois Seculiers, & trois Clercs: & apres s'en vint à Compiegne, à Senlis, & à S.Denis: & là le Roy de Nauarre vint deuers luy, & luy fit la reuerence deuant le grand autel de l'eglise sainct Denis, & ramena aucuns ostages qui luy auoyent esté enuoyez: car il ne s'osoit mettre en voye d'y venir sans seureté: toutesfois il se fia du tout aux parolles du Roy, & iura sur le corps de Iesus Christ, que deslors en auant il seroit bon, feal, & loyal subiect du Roy, & du royaume: & apres iurerent pour la partie du Roy, le Duc de Normandie, & messire Philippe de Nauarre, & lors le Roy le print par la main, & l'emmena disner auec luy: puis print congé ledict Roy de Nauarre, & s'en alla. En ce temps moururent l'vne apres l'autre les deux filles du Duc de Normandie: dont il fut moult courroucé (car il n'auoit nuls autres enfans) & furent enterrees à l'Abbaye des Nonnains de sainct Antoine des Champs pres Paris.

De la venue du Roy à Paris, apres son retour d'Angleterre: & comment il alla en Auignon deuers le Pape.

AVdict an mil trois cens soixante, le treziéme iour du moys de Decembre, entra le Roy dedans Paris, ou il fut receu moult honnorablemēt, & furent les rues tendues, & portoit on vn poille de drap d'or sur luy, & luy firent ceulx de Paris present en don de mille marcs d'argent en vaisselle: & lors cōmença à tenir la court de Parlement, qui auoit vaqué par l'espace d'vn an, ou enuiron. En ce temps auoit parmy le royaume, en diuers lieux, mesmement en Champaigne & Brie, plusieurs Anglois & Nauarrois, & autres gens vacabons, qui tenoyent plusieurs fortresses, & pilloyent & gastoyent tout le royaume, & s'appeloit vne bande la grand' compaignie: lesquels quand ils sceurent le retour & deliurance du Roy de France, se reculerent & retirerent vers le païs de Languedoc, & prindrent & pillerent la ville du pont sainct Esprit, & autres. En iceluy an fut faicte l'ordonnance de faire retourner les Iuifs en France. Le vingt & vniéme iour de Nouembre en l'an mil trois cens soixante & vn, mourut à Rouure, pres Dyion, Philippe, Duc & Comte de Bourgōgne, Comte d'Artois, d'Auuergne, de Boulongne, Palatin de Brie, & de Champaigne, de l'aage de treize ans, ou enuiron: lequel Philippe auoit lors espousé Marguerite fille du Comte de Flandres, que Philippe, quatriéme fils du roy Iehan, espousa apres: auquel Duché de Bourgongne ledict roy Iehan luy succeda, à cause de sa femme, qui estoit mere d'iceluy Philippe: & es Comtez d'Artois & de Boulongne luy succeda messire Iehan de Boulongne, son oncle, de par sa mere: & alla ledict roy Iehan prendre la possession dudict Duché de Bourgongne, & de tous les droicts de Champaigne, au desplaisir du Roy de Nauarre, qui s'en disoit heritier &

L'ā mil.ccc. lx.

Le don que firēt ceulx de Paris au Roy Iehan, apres son retour d'Angleterre.

La Duché de Bourgongne escheut au roy de France.

E ij

successeur:& vouloit le Roy d'Angleterre traicter le mariage de mesire * Hemon, son quart fils, & de ladicte Marguerite, veufue dudict Philippe de Bourgongne, & fille dudict Louis, Comte de Flandres. Item audict an mil trois cens soixante & vn se combatit le Comte de Tancaruille, & plusieurs autres Cheualiers & Escuyers pour le Roy, contre ceulx des compaignies, dont a esté parlé, en vn lieu appelé Brignes, pres Lion sur le Rosne, & y furent prins ledict Comte de Tancaruille, le Comte de Sallebruche, le Comte de Ioigny, mesire Iaques de Bourbon, frere du feu Duc de Bourbon, Comte de la Marche, qui tantost apres mourut, pour les playes qu'il auoit receues: & le Comte de Forest, & plusieurs autres Cheualiers moururent sur le champ de la bataille. Aussi mourut tantost apres mesire Pierre de Bourbon, fils dudict feu mesire Iaques de Bourbon. Au moys d'Aoust l'an mil trois cens soixante & deux ledict roy Iehan se meit en voye pour aller en Auignon, pour veoir le pape Innocent, qui lors viuoit: mais il sceut en chemin qu'il estoit trespassé: par la mort duquel fut esleu l'Abbé de Marseille, appelé mesire Guillaume Grimoart, qui parauant auoit esté Abbé de sainct Germain d'Auxeire, & estoit né de Beaucaire: & fut esleu en son absence, & luy manderent les Cardinaux & Prelats qu'il allast en Auignon, ou il alla, & fut sacré, & appelé Vrbain le quint: lequel ledict roy Iehan alla veoir en Auignon, & le receut ioyeusement le Pape, & luy fit moult grand honneur: & fit ledict Pape vn sermon en Auignon, & prescha le voyage general d'outre mer, pour le recouuremēt de la terre saincte, & en fit ledict roy Iehan de Frāce, illec present, Capitaine general, & luy bailla la croix, & aussi au Roy de Cypre, qui y estoit, & plusieurs autres Princes & Seigneurs: & ordonna le Cardinal de Perigort Legat, pour ledict voyage.

En celle annee madame Isabeau de France, fille de feu Philippe le Bel, mourut en Angleterre, & est enterree aux Cordeliers de Londres. Item en celle annee la Princesse de Galles accoucha, en Angoulesme, d'vn fils qui fut nommé Edouard, comme son pere.

*P. Verg. Edmund,
L'ā mil. ccc.lxi.

L'ā mil.ccc.lxii.

Le Roy Iehan fut faict de par le Pape Capitaine general de l'armee d'outre mer.

De la mort du Roy Iehan en Angleterre: & de la guerre que faisoit mesire Bertrand du Guesclin, contre les Anglois.

L'an mil. ccc. lxiii.

L'An mil trois cens soixante & trois, le troisiéme iour de Ianuier, ledict Roy de France par legiere volonté, & contre le cōseil de tous ses Barons, sans besoing qu'il en fust, retourna en Angleterre, & mena auecques luy mesire Iehā d'Artois, Comte d'Eu, & plusieurs autres Seigneurs, pour traicter la deliurance de son frere le Duc d'Orleans, de son fils Iehan Duc de Berry, & des autres ostages qui estoyent demourez en Angleterre (car son fils Louis, Duc d'Aniou, auoit esté deliuré parauant) & fut ledict roy Iehan par ledict Roy d'Angleterre, & par ceulx de Londres, receu moult grandement & honnorablement: & là fut iusques au moys de Mars ensuyuant, qu'il luy prit vne maladie, qui luy dura iusques au huitiéme iour d'Auril ensuyuant, q̄ l'on cōptoit mil trois cens soixante & quatre: auquel iour il alla de vie à trespassement en l'hostel de Sauoye, pres ladicte ville de Londres: & fut son corps amené à Paris, par mesire Iehan d'Artois, & autres plusieurs grands Seigneurs, & honnorablement enterré en l'eglise sainct Denis en France: & audict roy Iehan succeda monseigneur Charles, Duc de Normandie, & Daulphin de Viennois, son aisné fils, qui fut nommé Charles le Quint, surnommé le Sage.

L'an mil.ccc. lxiiii.
Le Roy Iehan trespassa en l'hostel de sauoye pres Londres en Angleterre.

En ce temps mesire Iehan de Montfort, qui pretendoit droict en la Duché de Bretaigne, meit le siege deuant la place de Becherel, qui tenoit pour mesire Charles de Blois, & estoit auec luy mesire Iehan Chandos, Connestable d'Angleterre, Robin Canolle, & autres Chevaliers d'Angleterre. Le Duc Charles assembla grand' Cheualerie pour les combatre. Les Euesques de Bretaigne, desirans les appoincter, traicterent en paix faisant qu'à chacun d'eulx seroyent baillees villes & chasteaux, & se pourroyent dire & nōmer chacun Duc de Bretaigne: & furent baillez ostages pour tenir l'appoinctement. pour la partie du Duc Charles fut baillé Bertrand du Guesclin, au Côte de Mōtfort, auec d'autres: & de la partie au Comte de Montfort furent baillez mesire Guillaume Feleton, Cheualier Anglois, & autres. Ainsi eschaperent sans auoir bataille: mais ledict appoinctement fut rompu par la faute dudict de Montfort: & furent lesdicts ostages deliurez, reserué ledict Bertrand que ledict de Montfort ne voulut deliurer, & le bailla à garder audict mesire Guillaume Feleron, & le garda bien vn an, nonobstant les remonstrances dudict Bertrand, disant qu'il n'estoit ne deuoit estre prisonnier: parquoy il trouua façon vn matin d'eschaper de la maison dudict Feleton, lequel aucun temps apres voulut dire que ledict Bertrand estoit son prisonnier, & le fit conuenir au Parlement de France. Ledict Bertrand fut assez content de venir en France, par ce qu'il sçauoit que les Anglois & Nauarrois y faisoyēt guerre: si y vint, & fut iugé que ledict Bertrād n'auoit au Côte de Mōtfort, n'à Feletō, foy ne prison brisée. Apres ledict Arrest mōseigneur le Regēt trouua

façon

façon d'attirer de son party ledict Bertrand, pour les grands biens & vaillances qu'il auoit ouy dire de luy. Alors la Royne Blanche, qui tenoit la ville de Melun, pour son douaire, la meit es mains du Roy de Nauarre, son frere. Si y alla ledict Regent pour l'enchacer, & en sa compaignie ledict Bertrand du Guesclin, qui fit de grands vaillances, iacoit ce que pour lors il ne fust encores point congnu. Apres ladicte ville de Melun prinse s'en alla ledict Bertrand es marches de Normandie, pour faire guerre aux Anglois & Nauarrois, & print la ville de Mante, qui estoit au Roy de Nauarre:& s'estoit mis ledict Bertrād, luy & ses gens, en guise de vignerons. Puis apres print la ville de Meulanc, & dedans furent prins aucuns de ceulx de Paris, qui tenoyent le party dudict Roy de Nauarre, contre le Roy de France, & le Duc de Normandie: lesquels ledict Messire Bertrand enuoya prisonniers à Paris, & en furent les aucuns decapitez.

*stratageme, ou Ruse de guerre de Bertrand du Guesclin.

Le seiziéme iour de May audict an, ce pendant que le roy Charles cinquiéme estoit allé soy faire sacrer, & couronner à Reims, ledict Bertrand du Guesclin se combatit deuant Cocherel contre le Captau de Buch, Lieutenant pour le Roy d'Angleterre, es marches de Normandie, & fut ledict Captau prins prisonnier, & tous ses gens mors ou prins:& apres ce, le nouueau Roy, pour auoir ledict Captau de *Buch, en sa main, donna audict Bertrand de Guesclin la Comté de Longueuille la Guieffart, qu'il tenoit en sa main, par ce que ledict Roy de Nauarre, auquel elle auoit apparteu, s'estoit declaré son ennemy:& enuoya ledict Captau prisonnier au marché de Meaux:& ledict Bertrand demoura pour le Roy à Rouen, pensant selon sa charge de greuer les ennemis du royaume, & comment il les pourroit extirper de la Duché de Normandie. Si se meit sur les champs, & en brief temps print les chasteaux de Valongnes, Carenten, † Douure, & plusieurs autres en Normandie:& tout le gaing que faisoit ledict Bertrand, il le departoit liberalement à ses Cheualiers & gens, sans riens, ou peu en retenir à luy. Messire Charles de Blois, Duc de Bretaigne, enuoya deuers ledict Bertrand du Guesclin, luy requerir aide, contre Iehan de Mōtfort, qui luy occupoit & greuoit sa Duché:si y alla ledict Bertrand, & sa compaignie.

* Ce mot s'escrit diuersemēt par uns & autres, cōme aussi fait Guesclin.

† al. Ronure

Du Roy Charles, cinquiéme de ce nom, qui est surnommé le Sage.

CHarles, cinquiéme de ce nom, qui est surnommé le Sage, fils du Roy Iehan, commēca à regner l'an mil trois cēs soixante & quatre, & trespassa le dixseptiéme an de son regne, l'an mil trois cens quatre vingts, au chastel de Beauté, pres du boys de Vincennes, & gist à sainct Denis en France. Cestuy Charles & madame Iehanne de Bourbon, sa femme, furent sacrez & couronnez en l'eglise de Reims, à grand honneur & reuerence, par Messire Iehan de Craon, Archeuesque de Reims, le iour de la Trinité, audict an mil trois cens soixante & quatre : & furent presens audict Sacre Louis, Duc d'Aniou, & Philippe, lors Duc de Touraine, ses freres, la Comtesse de Flandres, & d'Artois, le Roy de Cypre, le Duc de Braban, le frere de l'Empereur, frere d'armes dudict Roy Charles, les Ducs de Lorraine, & de Bar, & plusieurs autres. Apres ledict Sacre le Roy & la Royne s'en vindrent à Paris, & firent leur entree le vingt & quatriéme iour du moys de May, ou ils furent receuz en moult grand triūphe & honneur:& fit l'on grādes ioustes au Palais:& y iousta le Roy de Cypre, & plusieurs grands Seigneurs:& le dernier iour d'iceluy moys de May le Roy octroya à son frere Philippe, lors Duc de Touraine, la Duché de Bourgongne, & l'en receut à hōmage, & reprint en sa main ladicte Duché de Touraine. Oultre ce par ses lettres, dōnees au Louure le second iour de Iuin audict an conferma le don & transport que le feu roy Iehā, son pere, auoit fait audict Philippe, Duc de Bourgongne, donné à Germigny sur Marne, le sixiéme iour de Septembre, l'an precedent mil trois cens soixante & trois, de tout le droict qu'il auoit au Côté de Bourgōgne. Le iour de la feste S. Michel audict an mil trois cens soixante & quatre, messire Charles de Blois, Duc de Bretaigne, à cause de sa femme, & Iehan Cōte de Montfort, qui pretendoit droict audict Duché, se combatirent pres du chastel d'Aulroy, en Bretaigne:& fut ledict messire Charles de Blois tué en la bataille:& Bertrand du Guesclin, & le Comte d'Auxerre, qui estoyent allez à son aide, prins prisonniers, par messire Iehan Chandos, Cheualier Anglois, & tous ses gens desconfits, mors & prins:& fut ledict Bertrand du Guesclin mené prisonnier en Angleterre : depuis laquelle bataille ne trouua ledict de Montfort, qui luy resistast audict Duché de Bretaigne. Apres ladicte bataille d'Aulroy, ledict messire Iehan de Montfort voulut veoir le corps de messire Charles de Blois mort entre autres mors: & puis par son ordonnance fut ensepuely & porter inhumer à Guiguāt, & aucū tēps apres fut ledict corps releué & canonizé,

L'an mil. ccc. lxiiii.

Entree du Roy Charles le quit à Paris.

L'an mil. ccc. lxiiii.

Charles de Blois canonizé.

E iij

comme sainct par le pape Vrbain cinquiéme, qui lors regnoit, pour plusieurs grands & euidens miracles qui se faisoyent au lieu ou estoit ledict corps. Et est assauoir que monseigneur Louis, Duc d'Aniou, frere du Roy, lequel apres fut Roy de Cecille, auoit espousé la fille dudict messire Charles de Blois: & oultre ce ledict de Blois delaissa deux enfans masles, l'vn nommé Iehan, l'autre Guy: lesquels furent menez prisonniers en Angleterre. Ledict Iehan fut marié à Marguerite, fille du seigneur de Clisson Connestable de France, & d'elle eut Oliuier, Iehan, Charles, & Guillaume. Oliuier fut Comte de Ponthieure apres la mort de son pere, & Iehan fut seigneur de l'Aigle.

L'an mil.ccc.lxv.

Aucun temps apres, c'est assauoir l'an mil trois cens lxv. ledict messire Iehan de Montfort enuoya deuers le Roy, luy requerir qu'il le voulsist receuoir à homme, & il luy feroit hômage qu'il deuoit à cause dudict Duché de Bretaigne, & le seruiroit tât qu'il viuroit. A ceste cause le Roy enuoya monseigneur Iehan de Craon, Archeuesque de Reims,

* Cron. Fran. di-
sent de Maugre

& messire Iehan le * Mengre, dict Bouciquault, Mareschal de France, en Bretaigne, deuers ledict de Montfort pour traicter appoinctement entre luy & la Duchesse, vefue dudict feu messire Charles de Blois: & fut accordé que ladicte Duché, laquelle vingt & quatre ans, ou enuiron, parauant, viuant le roy Philippe de Vallois, auoit esté adiugee par arrest audict feu messire Charles de Blois, à cause de sa femme, demoureroit en heritage audict messire Iehan de

* Ces nôs sont
tôt peu autres
es Cro. de Bret.

Montfort: & ladicte Duchesse auroit la Comté de Ponthieure, & les seigneuries de * Grelou, Auaugour, Guinguant, Chauerlin sur Trien, Chauerlin en Cornouaille, Duhault, Vvlgohet, Respredô, & autres terres & seigneuries qui auoyêt esté heritages de messire Guy de Bretaigne, son pere: & si se pourroit, sa vie durant, dire, porter & nommer Duchesse de Bretaigne: & si deuoit auoir la Vicôté de Limoges. Et iacoit ce que la Duchesse ne fust personnellement à faire ledict traicté, mais y auoit commis aucuns Procureurs, neantmoins toutes les places & fortresses de Bretaigne furent incontinent deliurees audict de Montfort, auquel fut donné delay de faire hommage qu'il estoit tenu de faire au Roy, à cause dudict Duché de Bretaigne. Et par ledict appoinctement fut messire Bertrand du Guesclin, & le Comte d'Auxerre, qui auoyêt esté prins à la bataille d'Aulroy prisonniers, & semblablemêt les autres prisonniers, deliurez parmy gracieuse rançon: & aussi le Captau de Buch, qui auoit esté prins à la bataille de Cocherel, fut aussi deliuré de prison, & deuint homme du Roy, & de son conseil: & par son moyen fut faict appoinctement en la ville de Vernon, entre les Roys de France, d'Angleterre & de Nauarre, sur la guerre qui estoit encommêcee pour raison de la prinse qu'auoit faicte messire Bertrand du Guesclin, des villes de Mante & Meulanc: & aussi la Comté de Lôgue-

La Côté de Lô-
gueulle fut rê-
due au Roy de
Nauarre.

uille, que le Roy auoit ia donnee audict du Guesclin, pour la rançon dudict Captau, fut rendue audict Roy de Nauarre: & si deuoit oultre auoir ledict Roy de Nauarre les Baronneries de Montpellier & Homelaz, & fut la paix criee. Mais dudict appoinctement ne fut pas content mônseigneur Louis de France, Duc d'Aniou, frere du Roy, qui auoit espousé la fille du feu Duc Charles de Blois, & de ladicte Duchesse, & auoit intention de faire guerre audict messire Iehan de Montfort: & pource faire auoit attrait à luy grand' Cheualerie: mais le Roy, son frere, le luy deffendit: & de la en auant ne s'oserêt trouuer deuant luy ledict Archeuesque de Reims, ne le Mareschal Bouciquault, qui ledict appoinctement auoyent traicté.

Comment messire Bertrâd du Guesclin, pour deliurer le royaume des gens d'armes vacabons, les mena en Espaigne, contre les Sarrazins.

Tantost apres ledict messire Bertrâd du Guesclin, qui estoit vn vaillât Cheualier, & qui moult aymoit le bien du Roy & du royaume, affin de deliurer le païs de plusieurs gens de guerre des compaignies, tant Anglois, Nauarrois, Normans, Gascons, que Francois, qui estoyêt en diuers lieux, & tenoyêt plusieurs fortresses, & gastoyêt le païs, & le royaume, fit tât aux Capitaines, deuers lesquels il alla par saufconduict, qu'il les assembla & les attrahit, & furêt côtens d'aller combatre pour la foy auec luy contre les Sarrazins, qui estoyent en Espaigne, & en l'ayde du Roy d'Arragon, que le Roy Pierre d'Espaigne, fils de feu Alphonse, vouloit côtraindre luy faire hommage de son royaume. Et pour faire ledict voyage le Pape Vrbain, q̂ ledict Bertrâd alla veoir en Auignon, luy fit aide de grand' somme de florins, & si luy octroya deux dixiemes. Aussi ledict Bertrand alla veoir le Duc d'Aniou, qui estoit en Lâguedoc, gouuerneur pour le Roy, son frere: lequel le receut honorablement, & luy fit de grands dons: & partirent tantost apres, allerent à Parpignan, & passerent parmy le royaume d'Arragon: & auec eulx se meit Henry d'Espaigne, frere de Pietre, Roy d'Espaigne: & prindrent plusieurs villes & places en Castille, sans ce que ledict Roy Pietre de Castille, qui toutesfois estoit tenu moult puissant de gens & d'argent, leur fist aucune contrarieté n'empeschement. Si cheuaucherent tant qu'ils vindrent deuant la cité de

Burgues:

Burgues, ou estoit ledict Roy Pietre: lequel, quand il sceut leur venue, s'en partit, & alla à Tollette: & entra ledict messire Bertrand & sa compaignie dedans Burgues, & y tuerét ses gens plusieurs Iuifs & Sarrazins. Ce pendant que lesdictes compaignies estoyent par dela, fut couronné Roy de Castille Henry d'Espaigne, Comte de Tristemare, soubs le nom & tiltre duquel ledict Guesclin, & ceulx desdictes compaignies, estoyent entrez audict royaume (lequel estoit frere dudict Pietre, Roy de Castille) par l'aide dudict de Guesclin, & des Francois de sa compaignie: lequel Henry parauant auoit par ledict Pietre esté mis hors, & banny du païs, par ce qu'il n'auoit voulu consentir qu'il eust la compaignie d'vne sienne prochaine parente: & donna iceluy Henry audict messire Bertrand ladicte Comté de Tristemare, en Espaigne. Lequel Henry tantost apres, à l'aide d'iceluy messire Bertrand, & de ceulx de sa cópaignie, conquesta tout le royaume de Castille, & en chacea ledict Roy Pietre, son frere, en peu de temps: & disoit on que c'estoit aduenu par vengeance diuine: car ledict Roy Pietre auoit esté vn grand Tiran, & auoit meurdry mauuaisement sa loyalle espouse madame Blanche, qui estoit fille de monseigneur le Duc de Bourbon, qui mourut en la bataille de Poitiers: lequel Pietre s'en vint à Bordeaux, ou lors estoit le Prince de Galles, qui tenoit la Duché de Guyenne, par l'appoinctement faict de la rancon du roy Iehan, & donna grands richesses & ioyaux audict Prince de Galles, qui fit alliance à luy, & luy promit qu'il luy aideroit à recouurer son royaume. En ce temps messire Iehan de Montfort, Duc de Bretaigne, estát morte sa premiere femme, sœur du Prince de Galles, print en mariage la fille de messire Thomas de Hollande, qui estoit grand & puissant Seigneur en Angleterre. Item la femme dudict Prince de Galles acoucha à Bordeaux d'vn fils, qui fut nommé Richard, lequel fut depuis Roy d'Angleterre. Item messire Louis de Tarente, espousa lors la Royne de Naples.

Cruauté d'un Roy de Castille enuers sa femme.

Comment le Duc de Bretaigne fit hommage au Roy, le mantel & le chapeau ostez, les genoulx flexis, comme à son souuerain Seigneur.

Enuiron la feste de Pasques mil trois cens soixante & six, messire Iehan de Montfort lors Duc de Bretaigne, enuoya à Paris deuers le Roy, affin qu'il voulsist conferrer l'appoinctement qui auoit esté faict auec la venue de feu messire Charles de Blois, & requerir prorogation du delay de faire hommage: & y vindrent le Seigneur de Clichon, Breton, & messire Guillaume de la Cuuer Anglois: ausquels fut à grand difficulté baillee ladicte cósirmation: toutesfois leur fut elle deliuree close & seellee, & promeirent qu'elle ne seroit ouuerte iusque à ce que ledict de Montfort eust fait au Roy l'hommage de la Duché de Bretaigne, Côté de Môtfort, & autres terres qu'il tenoit de luy: & pour ce faire fut prefix delay iusques à la S. Michel ensuyuant. Lequel Iehan de Montfort vint aucun téps apres à Paris, & fit au Roy hómage dudict Duché de Bretaigne, Côté de Montfort, & des autres terres qu'il tenoit au royaume, le mantel & le chapeau ostez, & les genoulx flexis, côme à son souuerain Seigneur: & lors en la presence du Roy, & de son conseil, ladicte Duchesse veufue dudict feu messire Charles de Blois, ratifia en sa personnne l'appoinctement qui auoit esté faict par ses Procureurs auec ledict de Montfort, par lequel elle renoncoit au droict qu'elle pretédoit à la Duché: lequel appoinctement le Roy conferma en force & vertu d'Arrest, & de chose iugee.

L'an mil ccc.lxvi.

Hommage faict au Roy de France du Duché de bretaigne, & de la Comté de Montfort.

Comment le Roy de Nauarre par fiction & trahison se fit prendre prisonnier en Espaigne: & comment Bertrand du Guesclin fut prisonnier, & apres deliuré.

Av moys de Feurier audict an mil trois cens soixante & six, le Prince de Galles & le Roy Pietre d'Espaigne, qui auoit esté debouté de son royaume, par son frere Henry, à l'aide de messire Bertrand du Guesclin, & de sa compaignie, descendirent en Espaigne auecques grand compaignie d'Anglois: & combien que le Roy de Nauarre eust promis aider audict Henry, qui pour ce faire luy auoit donné grand finance, ce neantmoins il donna passage par son royaume de Nauarre ausdicts Prince de Galles & le Roy Pietre. Et se fit ledict Roy de Nauarre fainctement, par vn Cheualier de leur party, prendre prisonnier, affin qu'il allast auecques eulx en Castille: & tant cheuaucherent qu'ils vindrent pres de la ville de sainct Dominique, en vn lieu appelé Nadres. Et là le sixième iour d'Aoust eurent bataille contre ledict Roy Henry, en laquelle iceluy Henry fut desconfit, & messire Bertrand du Guesclin, messire Arnoul de d'Euchan, Mareschal de France, le Begue de Villaines, & plusieurs autres Francois, Bretons, Castilliens & Arragonnois, furent prins prisonniers, & y eut vingt quatre mil hommes mors: mais ledict Roy Henry eschapa & s'en

L'an mil ccc.lxvi.

vint vers France, & se tint par aucun temps luy & sa femme en la cité de Carcassonne, en laquelle estoit lors madame Marie de Bretaigne, fille de feu messire Charles de Blois, & femme de messire Louis Duc d'Aniou, gouuerneur pour le Roy au païs de Languedoc. Apres ladicte bataille de Nadres, fut deliuré ledict Roy de Nauarre, lequel par fiction laissa son fils en ostage. Et combien que ledict Pietre eust eu ladicte victoire, par le moyen dudict Prince de Galles, ce neantmoins il le laissa en ladicte bataille & l'abandonna, ne depuis ne le veit: parquoy ledict Prince de Galles fut mal content, & luy & le Duc de Lanclastre, son frere, s'en retournerent à Bordeaux, & emmenerent auec eulx prisonnier ledict messire Bertrand du Guesclin : & luy estant ainsi prisonnier ledict Roy Henry d'Espaigne, qui estoit pour lors à Carcassonne, vint secretement à Bordeaux, en guyse de Pelerin, & s'adressa à vn des gens dudict Bertrand qu'il congneut, lequel dist à son maistre la venue du Roy Henry, dont ledict Bertrand fut moult esbahy, comment il s'estoit mis en tel danger : & moyennant cent florins que ledict Bertrand donna au Geolier, il consentit que ledict Henry veist & disnast auec ledict Bertrand. puis s'en retourna ledict Henry en Languedoc, & alla à Villeneufue pres Auignon, ou il trouua monseigneur Louis, Duc d'Aniou, frere du Roy, qui moult le festoya. Apres le disner luy donna toute la vaisselle d'or & d'argent, en quoy ils auoyent esté seruis au disner, dont iceluy Henry fut moult ioyeux: car il en auoit bien besoing : & apres s'en allerent ensemble veoir le Pape en Auignon, & les receut & festoya grandement. Ledict Duc d'Aniou amassa gens de guerre, & bailla audict Roy Henry deux mil hommes, pour courir la terre du Prince de Galles, en Guyenne: lequel Prince, qui attendoit que le Roy Pietre luy eust fait deliurer le payement de luy & de ses gens, comme promis l'auoit, dont il ne fit riens, quand il sceut la nouuelle que ledict Henry gastoit sa terre, bailla la charge de ses gens de guerre à messire Iehan Chandos, pour courir la terre du Roy de France : & retint auec luy messire Bertrand du Guesclin, & autres prisonniers qu'il auoit amenez d'Espaigne. Et pource que ledict Prince estoit pour lors en treues auec le Roy de France, par fiction il bannist tous ses gens de guerre, & se nommoyent la grand' compaignie. Pour la venue dudict Prince, le Duc d'Aniou manda au Roy Henry d'Espaigne aller à luy à Villeneufue pres Auignon, lequel y alla : & ordonna ledict Duc que dedans Espaigne retourneroit ledict Henry. En ces entrefaictes fut deliuré le Begue de Villaines, qui s'en vint deuers le Roy de France. Aucuns familiers du Prince de Galles, qui estoyent à Bordeaux, luy dirent qu'il estoit bruit que ledict Prince detenoit ledict Bertrand, pour la doubte qu'il auoit qu'il luy fist guerre, s'il estoit eschapé : & lors le Prince, par orgueil & despit, fit venir ledict Bertrand deuant luy, & luy dist que s'il luy vouloit promettre que iamais contre luy ne s'armeroit, ne semblablement pour le Roy Henry d'Espaigne, qu'il luy acquitteroit sa rancon & toutes ses debtes, & luy donneroit dix mil florins pour soy môter & armer: mais Bertrand luy dist qu'il aymeroit mieulx mourir en sa prison, que telle chose luy promettre : & soyez certain (dist Bertrand au Prince) que ie seruiray de tout mon pouoir ceulx à qui ie suis tenu, se possible est que ie sorte hors de prison, ou trop longuement m'auez tenu à tort & contre raison : car i'estoye party de France auecques mes compaignons en propos d'aller sur les Sarrazins, & pour faire le salut de noz ames. Et pourquoy n'y alliez vous sans arrester? dist le Prince. Ie le vous diray (dist Bertrand moult asseurement) nous trouuasmes vn Pietre d'Espaigne, qui de Dieu soit maudit, lequel auoit fait meurtrir la bonne dame Blanche de Bourbon, sa femme, extraicte de la noble maison du Duc de Bourbon, & du sang sainct Louis: laquelle estoit de vostre sang, & vostre cousine prochaine du plus grand & merueilleux costé qui soit : & vouloit iceluy Pietre espouser la fille d'vn Iuif, son principal Conseiller & Medecin: si m'arrestay illec pour de luy prendre vengeance, & aider à Henry son frere, lequel ie sçay estre vray heritier du royaume d'Espaigne, & aussi pour destruire Iuifs & Sarrazins, dont ledict Pietre estoit fort accompaigné. Or estes vous venu vous & voz Anglois, pour conuoitisé d'or & d'argent, que ledict Pietre vous donna & promeit, & cuidant tenir le royaume apres luy faulsement : auquel voyage vous auez tout premierement offencé Dieu nostre createur (car vous auez empesché la vengeance des aduersaires de la loy, & si auez greué vostre sang, à soustenir leur querelle par vostre ambition, à la grand' perte de voz nobles Cheualiers, qui par guerre & par famine, & glaiue, y sont morts) & maintenant vous apperceuez à tard comme le desloyal Pietre vous a deceu, dont ie luy sçay bon gré. Quand Bertrand eut acheué sa raison, le Prince de Galles leua la chere & ne se peut tenir qu'il ne dist que Bertrand auoit raison, & les Barons, qui là estoyent, disoyent qu'il auoit dit verité. Or ca Bertrand (dist le Prince) on dit que ie vous tien longuement prisonnier, pour doubte que i'ay de vous, parquoy ie vueil q̃ vous en alliez, mais ce ne sera pas sans payer vostre rancon. Sire, respondit Bertrand, vous sçauez que ie suis vn pauure Cheualier de petite estimation, qui n'ay gueres de terre ne de biens, & si tant peu que i'en ay est engagé pour monture & pour harnois, & si dois en ceste ville mieulx de

dix mil

dix mil efcus,fi me vueillez mettre à gracieufe rancon,& vous ferez voftre honneur.Et ou iriez vous beau feigneur?dift le Prince, qui vous laifferoit aller. Ie m'en iray,dift Bertrand, ou ie pourray tantoft recouurer ma perte: & plus ne vous en dy, & vous prie que plus ne m'en demandez. Or vous aduifez,dift le Prince,combien vous me donnerez:car ie vous fais iuge de voftre caufe mefme.Sire, dift Bertrand,ie vous mercie: & ie croy que ne daigneriez aller contre la parole qu'auez propofee:& puis que de ma rancon m'auez fait iuge, ie vous donneray cent mil doubles d'or. Quand le Prince l'ouyt fi hautement parler,la couleur luy mua, & en regardant fes Barons, dift: Voyez vous pas comment Bertrand fe fcait gaber & mocquer de moy, qui m'offre telle fomme:car ie le quitteroye pour la quarte partie. Sire Bertrand, ie n'en vueil pas tant:car vous ne le pourriez finer:& bien, dift Bertrand, grand mercis:fi en aurez vous foixante mil,ne ia moins,fi pour tant me voulez quiter. Ouy certes,dift le Prince,i'en fuis d'accord. Lors dift Bertrand hautement:Maintenant fe peut bien vanter Héry qu'il mourra Roy d'Efpaigne:car ie l'en couronneray,quoy qu'il doye coufter: & me preftera la moytié de ma rancon, & le Roy de France l'autre. Le Prince s'efbahift du noble courage de Bertrand: & la Princeffe de Galles, qui pour lors eftoit en Angoulefme, qui ouit la renommee de Bertrand, alla à Bordeaux expreffement pour le veoir, & luy donna dix mil doubles en allegement de fa rancon.Si fut Bertrand deliuré pour aller faire finance de fa rancon,par ainfi qu'il promeit ne porter armes tant q̃ payee l'auroit. Bertrand s'en partit de Bordeaux, & s'en alla deuers monfeigneur Louis, Duc d'Aniou, qui tenoit le fiege deuant Tarrafcon, contre la Royne de Cecille,& tant fit Bertrand que par fa conduite & fubtilité, la ville fut prinfe dedans le tiers iour de fon arriuee:& ceulx d'Arle auffi fe rendirent par compofition, moyennant grand' finance. Le Duc dift à Bertrand qu'il luy donnoit vingt mil efcus, & luy en feroit autant donner par le Pape, & que le Roy de France luy en donneroit foixante mil, & fi plus en failloit, il ne luy faudroit point. Bertrand le remercia humblement, & print congé de luy, & s'en vint deuers le Roy,qui honnorablement le receut, & luy donna cent mil florins pour aider à payer fa rancon & fes defpens :puis luy donna congé,mais à fon partement il luy fit promettre que toutes les fois qu'il le manderoit il reuiendroit à fon aide. Apres s'en alla Bertrand en Bretaigne veoir madame Tiphaine fa femme, qui eftoit à la Roche Derien, & paffa par l'Abbaye du mont faint Michel, en laquelle auant fon partement il auoit laiffé,en la prefence de fa femme,cent mil florins, en garde,& les cuidoit bien trouuer, mais fa femme les auoit receuz : & il luy demanda en quoy elle les auoit defpendus : & elle refpondit : Sire fachez que ie les ay baillez & donnez aux Gentilshommes,qui vous ont feruy en la guerre,pour aider à payer leur rancons, & d'eulx pourriez encores eftre bien feruy. Si dift Bertrand que bon gré luy en fcauoit. Les Barons de Bretaigne receurent honnorablement ledict Bertrand,& luy feirent plufieurs dons pour fa rancon payer. Cela faict,s'en retourna Bertrand à Bordeaux, ou tantoft apres fa rancon fut apportee, & rachepta Bertrand tous les autres prifonniers Francois. Apres, ledict Prince de Galles le fit grandement honnorer & conduire par fes Cheualiers,iufques hors de fes terres. Si s'en alla en Languedoc deuers le Duc d'Aniou, qui luy bailla meffire Oliuier de Mannay, & bien douze cens lances de gens de guerre qu'il auoit affemblez, pour aller en l'aide du Roy Henry d'Efpaigne contre le Roy Pietre:lequel comme on difoit, pour auoir aide contre ledict Henry, auoit prins alliance au Roy de Bellemarine,Sarrazin,& efpoufa fa fille:& pour ce faire il renia la loy de Iefus Chrift. Ledict Henry eut cinq batailles contre ledict Pietre:lefquelles, par la conduicte dudict Bertrand,il gaigna toutes. A la fixiéme iceluy Pietre fut prins prifonnier par le Begue de Villaines, Cheualier Francois,duquel ledict Henry l'achepta, & luy fit coper la tefte, & l'enuoya deuat la cité de Sebille:& ainfi fina fes iours miferablemét iceluy Roy Pietre, meurdrier de fa femme, & Apoftat de la loy Iefus Chrift. Apres la mort duquel toutes les citez de Sebille,de Tollette, & les autres villes & chafteaux d'Efpaigne fe rédirent tous en l'obeiffance dudict Henry, qui demoura paifible Roy d'Efpaigne : & par ainfi ledict royaume de Caftille fut gaigné par Henry, recouuert par Pietre, & regaigné par Henry, tout en vn an & demy. Apres ces chofes faictes, le Roy manda à meffire Bertrand du Guefclin par plufieurs meffages, & à la parfin y enuoya le Marefchal de Denehã,luy prier qu'il s'en retournaft en France,pour luy aider contre les Anglois,qui fort le guerroyoyent:& luy promit ledict Marefchal,de par le Roy,l'efpee de Conneftable de France. Si s'en retourna & emmena à fon retour d'Efpaigne cinq cens lances : & fi toft qu'il fut en France, il paffa par Languedoc pour veoir le Duc d'Aniou,qui ioyeufement le receut,lequel faifoit guerre aux Anglois,pour plufieurs torts qu'ils luy auoyent faicts. Apres ce, Bertrand s'en paffa par Perigort, ou le Comte le feftoya fort, & s'en venant plufieurs gens de guerre fe meirent en fa cõpaignie, tellement qu'il eut grand nombre de gens:& en paffant & cheuauchant, print plufieurs villes & places que tenoyent les Anglois.

La rancõ de Bertrand du Guefclin.

Dons de princes à Bertrand du Guefclin, pour fa rancon.

Du Roy Pietre d'Espaigne qui efpoufa la fille d'un Sarrazin, & en ce faifant renonca à la foy de Iefus Chrift.

LES CHROIQVES ET ANNALES DE FRANCE.

L'an mil ccc. lxvii.

L'an mil trois cens soixantesept, apres ce que le Prince de Galles, & son frere, auec leurs compaignies, furent retournez d'Espaigne, ou ils estoyent allez en l'aide du Roy Pietre, côme dessus a esté dict, ils seiournerent vne espace de temps en Guyenne & à Bordeaux, & iusques au moys de Decembre, qu'ils eurent receu la rancon de messire Bertrand du Guesclin, qu'ils se meirent sur les champs, & vindrent & entrerent es païs d'Auuergne, Berry, Bourbonnois, & allerent passer la riuiere de Loire à Marcigny les Nonnains, & seiournerent aucun temps en Masconnois. puis entrerent en la Duché de Bourgongne, ou ils ne trouuerent nuls viures sur les champs: car monseigneur Philippe, Duc de Bourgongne, frere du Roy, auoit tout fait retraire es fortresses qui estoyent bien gardees. Si passerent en Auxerrois, ou ils se rafreschirent de viures & d'habillemens, dont ils auoyent grand mestier, & entrerent en Gastinois, enuiron huict cens hommes d'armes Anglois, & grand nombre de gens de pied, tellemét qu'ils estoyét bien dix mil personnes: & vne autre plus grand'bande, ou ils estoyét bien vingt mil, qui passerent Seine, & allerent vers Troye. Puis passerent la riuiere d'Aulbe, & allerent vers Espernay, & y meirent le siege, & furent ceulx de dedans si pressez qu'ils furent contraincts bailler la ville, & ranconnerent leurs corps & la ville de brusler de deux mil francs d'or, & demourerent dedans aucuns gensd'armes desdictes côpaignies. puis allerent deuant le monstier d'Ay, qui estoit fort, & y auoit vingt hommes d'armes Francois qui le monstier deffendirent, & par tout pilloyent & robboyent, prenoyent prisonniers, & faisoyent autres grands maulx: & ce sachant le Roy, il fit diligence de faire assembler gens pour les combatre: parquoy ceulx qui estoyent venus en Gastinois, repasserent la riuiere d'Yonne à Pons, & passerent Seine à Nogent, sur Seine, & s'en tirerent à Esparnay auec les autres. puis allerent vers Chaalons & Vitry en Partois, & seiournerent en celle marche, iusques enuiron le moys de Iuin: & le Roy auoit grand nombre de gens d'armes es bônes villes pres d'eulx, comme à Sens, Troyes, Chaalons, Prouins, & autres, qui semblablement venoyent sur les champs, & faisoyent de moult grands rudesses. Le Roy fit parler ausdicts Anglois par plusieurs fois pour trouuer moyen de les faire vuider hors dudict royaume: mais ils faisoyent trop grandes demandes: c'estassauoir quatorze cens mil francs d'or. Iceulx Anglois repasserent la riuiere assez pres de Troyes, & s'allerent loger à Marigny, & illec enuiron. Le Duc de Bourgongne estoit lors à Troyes, mais il n'auoit pas assez gens pour les combatre & assaillir. Si s'en allerent passer la riuiere d'Yonne vers Auxerre, & allerent vers Chastillon sur le Loin deuant Montargis, & par tout le Gastinois vers Estampes & Estrechy, ou ils estoyent logez au moys de Iuillet, & bouterent le feu en plusieurs villes & villages. Et pource qu'on disoit qu'ils tiroyent vers Paris, le Roy manda ses gens d'armes venir à Paris, mais il sourdit aucunes deffiances entre les Gascons, qui estoyent auec lesdicts Anglois, & aux Anglois des Gascons. Les Gascons se departirent d'auec eulx, & s'en allerent deuers Baugency, & les Anglois allerent en Normandie, & prindrent d'arriuee en plain iour la ville de Vire: car il en y alla cinquante ou soixante, habillez cômme gens de village sur leurs harnois, & gaignerent les portes, & tuerent les porriers: & puis leurs routes, qui estoyent embuschees, entrerent dedans, mais ils ne prindrent pas le chastel. puis vne partie d'eulx alla en Aniou, & prindrent Chasteaugontier. Les Gascons qui estoyent à Baugency, y seiournerent enuiron trois sepmaines, & alla le Seigneur d'Albret plusieurs fois deuers eulx, pour trouuer moyen de les faire vuider en esperance de certain appoinctement: & combien qu'il ne fust encores accordé lesdicts Gascons passerét Loire du costé de Soulongne: & si tost qu'ils furent passez, la riuiere creut tellement qu'ils ne la peurent repasser, & ainsi demourerent vne piece en attendant le traicté dudict appoinctement, que ledict seigneur d'Albret auoit porté deuers le Roy.

Ceulx d'Esperuay racheteréret des Anglois leurs corps & leur uille.

Des Anglois qui prindrent la uille de Vire, eulx estans habillez comme gens de labeur.

L'an mil ccc. lxvii.

Audict an mil trois cens soixantesept, le Pape Vrbain partit d'Auignon pour s'en aller tenir sa court à Romme, & emmena auec luy les Cardinaux: toutesfois il en demoura quatre qui n'y voulurent point aller, dont le Pape fut mal content d'eulx, & ne leur laissa nulle puissance.

L'an mil ccc. lxviii.

L'an de grace mil trois cens soixante & huict, le sixième iour d'Auril, arriua à Paris messire Lionnel, Duc de Clarence, fils du Roy d'Angleterre, qui alloit pour espouser la fille de messire Galiache, l'vn des seigneurs de Milan, ou le Roy de France le receut à grād honneur: & allerent au deuant de luy iusques à S. Denis, monseigneur Iehan, Duc de Berry, qui auoit eu congé de venir en France, pour vn an (car il estoit l'vn des ostages du feu Roy son pere) & monseigneur Philippe, Duc de Bourgongne, frere germain du Roy: & le menerent descendre au chasteau du Louure ou le Roy estoit logé, & le fit disner & soupper auec luy, & le festoya moult grandement. Le lendemain le fit festoyer par la Royne & par les Dames en l'hostel de sainct Paul: & apres le festoyerent les Ducs de Berry & de Bourgongne, en l'hostel d'Artois, ou ils tindrent maison ouuerte. Apres le Roy fit audict Lionnel, & à ses gens, des dons & presens qui

valloyent

valloyent bien vingt mil florins, & le fit conuoyer iusques hors du royaume, à ses despens.
En celle annee, au moys de Iuin, le Roy fit deux Mareschaux de France, c'est assauoir mesire Louis de Sancerre, & mesire Louis Moton, Seigneur de Blanuille: car le Mareschal Bouciquault estoit mort: & mesire Raoul de *Deuchan, qui ne pouoit plus soustenir la peine laissa l'office es mains du Roy, qui luy bailla l'Oriflambe: & enuiron quinze iours deuant le Roy auoit fait Admiral mesire Francois Perilleux, & en auoit osté le †Baudoan de la Heuze. En ce mesme temps couroyent tousiours plusieurs compaignies d'Anglois, Nauarrois, Gascós, & autres gens assemblez parmy le royaume, & prenoyent & pilloyent les places, boutoyent feu, & forcoyent femmes & pucelles, & faisoyent tant de maux que ce seroit pitié à racompter.

* Il le nomme indiffremment & Denehan et Deuchan.

† al. Bauldran

Des appellations que le Comte d'Armignac & autres Seigneurs de Guyenne firent en Parlement, contre le Prince de Galles.

ENuiron celle saison les Comte d'Armignac, d'Alebret & Perigort, & plusieurs autres Barons, & Nobles de Guyenne & Gascongne, appelerent du Prince de Galles, Duc de Guyenne, pour aucuns griefs qu'il leur auoit faicts: & requirent au Roy d'auoir lettres d'adiournement en cas d'appel: lesquelles, apres plusieurs difficultez, le Roy par la deliberation de son conseil pour ce assemblé en la chambre de Parlement, auquel le Roy, la Royne, tous les Princes, Prelats & gens de communitez des bonnes villes de France estoyent en grand nombre assemblez, leur bailla. car il estoit dict expressément par le traicté de paix faict entre les Francois & les Anglois, que les soueraineter, hommages, & ressors desdicts païs demoureroyent au Roy de France, iusques à ce que lesdicts Roy d'Angleterre & Prince de Galles eussent fait certaines renonciations: & mesmement qu'il eussent baillé lettres de renonciation du droict qu'ils pretendoyent à la couronne de France & au royaume, desquelles bailler ils auoyent esté refusans & delayans, & ne les auoyent point baillees. En celle annee le seigneur d'Albret espousa la fille du Duc de Bourbon, sœur de la Royne & de la Comtesse de Sauoye. Item en ce temps Pierre Comte d'Alencon, l'vn des ostages du Roy Iehan en Angleterre, retourna en France, & depuis n'y retourna, & paya trente mils francs d'or: & semblablement le Duc de Bourbon aussi par certains moyens s'en retourna, & paya vingt mil francs d'or.

Comment le Roy alla à Tournay, pour traicter le mariage du Duc de Bourgongne, son frere, & de la fille du Comte de Flandres.

A Lentree du moys de Septembre audict an mil trois cens soixante & huict, le Roy partit de Paris, & alla iusques à Tournay, ou il auoit mandé venir Louis, Comte de Flandres, le Duc de Brabant, le Comte de Henault, & autres, en esperance de faire le mariage pourparlé de mesire Philippe de France, Duc de Bourgongne, son frere, & de madame Marguerite seule fille & heritiere dudict Comte de Flandres, vefue de feu Philippe de Bourgongne, qui estoit mort en l'aage de treize ans: mais iceluy Comte de Flandres auoit volonté & affection de marier sadicte fille à mesire Aymond, Comte de Cantorbie, l'vn des fils du Roy d'Angleterre: & l'eust fait: mais le Pape ne voulut donner dispence de la proximité du lignage qui estoit entre eulx: & par dissimulation se fit excuser ledict Comte de Flandres, par maladie, & par ce s'en retourna le Roy à Paris: mais madame Marguerite Comtesse d'Artois, mere dudict Comte de Flâdres, qui s'estoit trouuee audict lieu de Tournay, & qui pour celle cause moult desiroit ledict mariage estre accóply, alla par deuers ledict Comte, son fils, à Malines: & furêt faicts & pourparlez plusieurs appoinctemens touchât iceluy mariage, lequel ledict Louis, Comte de Flandres, ne vouloit consentir n'accorder, sinon que le Roy luy baillast & delaississt les villes & chastellenies de l'Isle & de Douay, & leurs appartenances. ce que le Roy promit faire, moyennant ce que ledict Philippe, Duc de Bourgongne, son frere, par ses lettres patentes donnees à Peronne, le douziéme iour de Septembre, audict an mil trois cens soixante & huict, promit que si tost qu'elles reuiendroyent en ses mains apres le trespas dudict Comte, qu'il les rendroit & restitueroit au Roy, son frere: ou à ses successeurs: & à ce obligea luy & ses hoirs, soubs les censures Apostoliques, & fut la matiere mise en surceance. En la fin d'iceluy moys les Anglois, qui estoyent à Vire, en Normandie, moyennant certaine somme qui leur fut donnee, s'en faillirent, & s'en allerent à Chasteaugontier, auec leurs compaignons qui là estoyent, & prindrent plusieurs fortresses illec enuiron, pour eulx loger: & les Gascons, qui estoyent passez Loire (comme dict a esté) allerent

L'an mil trois cens soixante & huict.

L'an mil trois cens lxviii.

en Touraine: & lors plusieurs gens de guerre, tant des ordonnances que sans gages, les suyuirent, en esperance de les combatre, iusques à Faye la vineuse, en Poitou, ou ils se retrahirent, & ne les peurét auoir. Le vingttroisiéme dudict moys aucuns Cheualiers & Escuyers de Bourgongne allerent en Forest apres aucuns Anglois, qui auoyent cheuauché par la Bourgongne, & les combatirent & desconfirent: & y en eut de tuez douze ou quatorze cens: les autres s'en fuyrent, & furent rescoux les prisonniers qu'ils auoyent prins en grand nombre.

De la natiuité & baptesme de Charles, premier fils du Roy Charles cinqiéme.

L'an mil trois cens lxviii.

La pôpe & solennité qui fut faicte du baptesme du premier fils du roy Charles, le Quint, à Paris.

LE Dimenche troisiéme iour de Decembre audict an mil trois cens soixante & huict, nasquit monseigneur Charles, premier fils dudict Roy Charles cinqiéme, en l'hostel de sainct Paul à Paris, dont grand' ioye fut par le royaume. Le Roy alla incontinent rendre graces à Dieu & à nostre Dame, en l'eglise nostre Dame de Paris, & le lendemain alla en pelerinage à sainct Denis, & fit donner aux colleges des Mendiens de Paris bien quatre mil florins. Le Mecredy onziéme iour dudict moys fut ledict Charles baptisé en l'eglise sainct Paul à Paris, & s'y trouua moult grand' multitude de peuple, & y auoit deux cens hommes qui portoyent deux cens torches. Apres estoyent mesire Hue de Chastillon, grand maistre des Arbalestriers de France, qui portoit vn cierge, & le Comte de Tancaruille portoit vne couppe d'or, en laquelle auoit du sel. Apres estoit la Royne Iehanne d'Eureux, qui poroit l'enfant, & mesire Charles de Dampmartin aupres d'elle. Apres l'enfant estoyent monseigneur le Duc d'Orleans, oncle du Roy, & les Duc de Berry & de Bourgongne, ses freres, le Duc de Bourbon, frere de la Royne, & plusieurs autres: & aussi y estoyent la Royne Blanche, la Duchesse d'Orleans & sa fille, la Comtesse de Harecourt, la Dame d'Alebret, & plusieurs autres Dames & Damoyselles, toutes habillees en couronnes, flocars, & autres ioyaux, le plus richement qu'il estoit possible de faire: & en ladicte eglise estoyent attendans la venue de l'enfant l'Euesque de Beauuais, Chancelier de France, lors declaré & prononcé Cardinal (lequel le baptiza) le Cardinal de Paris, nommé maistre Guy de Mignac, les Archeuesques de Lion & de Sens, les Euesques d'Eureux, de Coutances, de Troyes, d'Arras, Meaux, Noyon, & plusieurs Abbez tous habillez en pontificat auec leurs chappes, mitres & crosses: & le tint sur fons mesire Charles, Seigneur de Montmorency, & luy bailla son nom. Apres ce, fut faict vne donnee de vingt deniers Parisis à chacune personne qui y vouloit aller, & y eut si grand' presse que plusieurs femmes y furent estainctes. Le Roy donna à son fils le païs de Dauphiné, affin qu'il fust appelé monseigneur le Dauphin: & tantost apres par bulles du Pape, l'Archeuesque de Sens presenta audict Euesque de Beauuais, Chancelier de France, le Chapeau de Cardinal : & lors maistre Guy de Maignac, Euesque de Paris, s'en partit pour aller à Romme deuers le Pape.

Comment plusieurs villes en Guyenne, Ponthieu, & ailleurs, se reduisirent es mains du Roy.

EN ce temps plusieurs des villes & places dudict Duché de Guyenne, en adherant aux appellations interiectees par les Comtes d'Armignac, d'Albret & Perigort, & autres dessusdicts, se reduirent volontairement es mains du Roy de France, au moyen dequoy se sourdit guerres: & lors print audict Prince de Galles vne maladie, dont il deuint ydropicque: & à ceste cause par le côseil des medecins s'en partit d'Aquitaine, & s'en alla en Angleterre, pour changer l'air, & emmena auec luy la Princesse sa femme, & son fils Richard (car le premier, nomé Edouard, estoit mort à Bordeaux) & laissa son frere le Duc de Lanclastre, pour gouuerner le païs. Tantost apres le Roy d'Angleterre y enuoya son autre fils, nommé Lionnel, Duc de Clarence, auec grand nombre d'Anglois.

L'an mil ccc. lxix.

Le Samedy d'apres Pasques, septiéme iour d'Auril, l'an mil trois cens soixante & neuf, fut accordé le traicté du mariage, qui longuement auoit esté pourparlé d'entre mesire Philippe, Duc de Bourgongne, frere du Roy, & madame Marguerite, fille de mesire Louis, Comte de Flandres. Audict moys d'Auril, les villes d'Abeuille, de Rué, & toutes les autres de la Comté de Ponthieu, reserué Neelle, de leur volonté se meirent en l'obeissance du Roy de France, en moins de dix iours, es mains de mesire Hue de Chastillon, grand maistre des Arbalestriers de France.

Des appel-

DV ROY CHARLES, LE QVINT.

Des appellations que les Seigneurs & communautez de Guyenne auoyent interieƈtees contre le Prince de Galles, Duc de Guyenne.

LE second iour de May, audiƈt an, se presenterent en Parlement lesdiƈts Comte d'Armignac, de Foix, d'Albret, & autres Barons & Seigneurs qui s'estoyēt portez pour appelans à l'encontre d'Edouard Prince de Galles, Duc de Guyenne: & le xxj. iour dudiƈt moys le Roy alla en persóne en Parlemēt : & estoit la Royne Iehāne assise aupres de luy, le Cardinal de Beauuais au dessoubs, les Archeuesques de Reims, Sés, Tours, xv. Euesques, & plusieurs Abbez, les Ducs d'Orleans & Bourgongne, les Comtes d'Alencon, d'Estampes, & plusieurs Barons, Nobles, & gēs de plusieurs bonnes villes, illec assemblez pour ladiƈte cause: & meit le Roy lesdiƈtes appellations, en conseil & deliberation, affin de sçauoir s'il y auoit esté faiƈt autrement que la raison le vouloit: & là estoyent tous les Conseillers en Parlement, lesdiƈts Ducs, Comtes, Barons, Archeuesques & Euesques: lesquels furent tous d'oppinion qu'à bonne & iuste cause le Roy auoit admis & receu les appellations, & qu'il ne les pouoit ne deuoit reffuser, & que si le Roy d'Angleterre vouloit mouuoir guerre pour ceste cause, ce seroit à tort & sans raison. Apres furent leues les respóces qui auoyēt esté aduisees de faire sur vne lettre, ou cedule, qu'il auoit baillee, cō tenant plusieurs desraisonnables demandes, que faisoyēt les Anglois: & pour occasion des choses dessusdiƈtes recommenca la guerre entre Francois & Anglois. En ce temps le Duc de Lanclastre, fils du Roy d'Angleterre, qui estoit demouré à Bordeaux, espousa en vn village, pres Bordeaux, Constance, fille du Roy don Pietre d'Espaigne. Item en ce temps Yuain, fils du Prince Aymond de Galles, que le Roy d'Angleterre auoit fait mourir, pour auoir sa terre, vint en France, & seruit bien le Roy & ses gens contre les Anglois.

La Royne de Frāce estoit asi se aupres du roy en la court de parlement.

Du mariage du Duc Philippe de Bourgongne, à la fille du Comte de Flandres.

LE Mardy dixneufiéme iour du moys de Iuin audiƈt an mil. ccc. lxix. fut celebré & accóply le mariage de mōseigneur Philippe, Duc de Bourgongne, frere du Roy, & madame Marguerite seule fille & heritiere de Louis Cōte de Flādres, d'Artois, de Neuers, & de Rethel: & furēt espousez en l'eglise S. Bauō de Gād, par l'Archeuesque de Tournay: & y allerent plusieurs grands Princes & Seigneurs de France, & y estoyent le Duc & la Duchesse de Braban, oncle dudiƈt Cōte de Flandres: & durant ladiƈte feste furēt faiƈtes ioustes, tournois, & autres grands esbatemens. Ladiƈte Marguerite auoit parauant esté femme de monseigneur Philippe, Duc de Bourgongne, qui trespassa à Rouure, des l'an mil trois cens soixante & vn, & ainsi elle fut Duchesse de Bourgógne deux fois: & par le traiƈté dudiƈt mariage, pource que lediƈt Comte de Flandres, pere de ladiƈte Marguerite, faisoit plusieurs difficultez, le Roy luy promit, & de faiƈt luy bailla les villes, chasteaux, chastellenie, terres & seigneuries de l'Isle, Douay & Orchies, & leurs appartenances, à faculté de les pouoir rauoir & rachepter par luy & ses successeurs, en deffaulte d'hoir masle en ligne direƈte, en baillant dix mil liures de terre: laquelle chose le Roy fit pour auantager lediƈt Philippe Duc de Bourgongne, son frere, & affin que lediƈt traiƈté de mariage sortist effeƈt: mais ce fut soubs telle condition, qu'iceluy Philippe promit, & bailla lettres au Roy, que si tost qu'elles seroyent venues en ses mains, par la mort dudiƈt Comte, son beau pere, ou autrement, il les rendroit & restitueroit au Roy, son frere, ou à ses hoirs, ou ayans cause. Item le quinziéme iour de Iuillet le Roy partit de Paris pour aller en Normandie, veoir vne grand' quantité de nauires qu'il auoit fait preparer, pour faire vne course en Angleterre: & auoit le Roy ordonné que son frere le Duc de Bourgongne y passeroit.

Lā mil. ccc. lxix Marguerite, fille du Comte de Flandres, fut deux fois Duchesse de Bourgongne.

D'vne descente d'Anglois en France.

EN ce temps le Roy fut aduerty que le Duc de Lanclastre estoit descendu à Calais auec grand' compaignie de gensd'armes: & vindrent iusques à Therouenne, & à Aire, & bruslerent & gasterent le païs d'enuiron. Le Roy, qui parauant auoit fait assembler plusieurs nauires à Harfleu, pour enuoyer son frere le Duc de Bourgógne faire vne course en Angleterre, cessa son entreprinse, & enuoya incontinent le Duc de Bourgongne, qui hastiuement alla au deuant du Duc de Lanclastre, & se logea aupres d'Ardre, & Tournehan: & là furent longuement les deux osts sans combatre. puis se leua lediƈt Duc de Bourgongne, & s'en vint à Hedin, dont plusieurs gens murmurerent, & furent mal contens contre luy: car il estoit plus puissant de gens que lediƈt de Lanclastre, & estoit assis son ost à l'a-

F

uantage, & si auoit viures à planté. Quand ledict Duc de Bourgongne fut leué, ledict Duc de Lanclastre se meit à cheuaucher par Ponthieu, vers le païs de Caux, & passerent la riuiere de Somme, à la Blancquetacque, & alerent iusques à Harfleu, en intention de brusler les nauires du Roy de France, qui là estoyent: mais ils ne peurent, parquoy ils ardirent plusieurs villes en la Comté d'Eu, & s'en retournerent par Ponthieu: & aupres d'Abbeuille prindrent messire Hue de Chastillon, & plusieurs Cheualiers, Escuyers, & Bourgeois de ladicte ville, qui estoyent sailliz pour leur courir sus, & les enuoyerent prisonniers à Calais. Le vingt & deuxième iour de Septembre audict an mil trois cens soixate & neuf, madame Marguerite de Fládres Duchesse de Bourgongne, entra à Paris, ou elle fut receue à grand honneur du Roy & de la Royne, & des gens d'Eglise, Nobles, & autres de tous Estats. En ce temps le Roy de Nauarre, qui longuement auoit demouré en Nauarre, vint par la mer & descendit à Constentin: & fit sçauoir au Roy qu'il viédroit volontiers à luy s'il luy plaisoit, mais il auoit à luy faire aucunes requestes, qu'il diroit volontiers à aucús de son conseil auant sa venue: & par ce le Roy luy enuoya à Cherebourg, ou il estoit, le Comte de Sallebruche, le Doyen de Paris, maistre Iaques le Riche, & Pierre Blanchet: & estoyent lesdictes requestes touchant les villes de Mante & Meulanc, que le Roy de France tenoit en sa main: & pour celle cause firent les Roynes Bláche & Iehâne plusieurs voyages deuers lesdicts Roys de Fráce & de Nauarre: mais nóobstant ces choses ledict Roy de Nauarre auoit tousiours ses messagers deuers le Roy d'Angleterre: & disoit communément que s'il eust trouué bon appoinctement auec luy, il n'en eust point fait auec le Roy. En ce temps fut commencee la Bastille à Paris, & assise la premiere pierre par Hugues Aubriot, lors Preuost des Paris, qui la fit faire des deniers du Roy.

En ce mesme téps fut faict le mariage de madame Iehanne de France, fille du feu roy Philippe de Vallois, & de madame Blanche de Nauarre, sa femme, qui encores viuoit, à Iehan, fils aisné du Roy d'Arragon, Duc de Gironne, & fut espousee par procuration: & tantost apres ainsi qu'on la menoit en Arragon, elle mourut à Beziers en Languedoc.

L'á mil.ccc.lxix.

Le bastiment de la Bastille à Paris.

De la course de Robin Canolle, & autres Anglois: & comment messire Bertrand du Guesclin fut faict Connestable de France.

L'á mil.ccc.lxx.

AV moys de Iuillet mil.ccc.lxx. Robin Canolle & messire Thomas Grácó, Anglois, accópaignez de six mil hommes d'armes, & cinq cens Archiers, partirét de Calais, & cheuaucherent vers S. Omer, & Arras, & ardirent les faulxbourgs, & les bleds du païs d'enuiron, qui encores estoyét debout. Apres cheuaucherent vers Noyon, par Vermandois. Puis passerent les riuieres d'Aulbe & de Seine, passerent par Ioigny, Nemours, Gastinois, & vindrent à Corbeil, & Essonne, & iusques deuant Paris, en bruslant & gastant tous les païs par ou ils passoyent, qui ne se vouloyent ranconner, & ne furent point combatuz, sinon qu'aucuns de Paris saillirent sur eulx, & en tuerent pres de sept cens, car ils furent aucuns iours logez par les villages d'entour Paris, & furent vn iour longuement en bataille entre Ville Iuisue & Paris, & coururent iusques à S. Marcel & S. Victor, & apres s'allerent loger au pont d'Antoinis, au Bourg la Royne, & illec enuiron. puis tirerét à Estampes, & s'en retournerent par la Beausse iusques en Aniou, tousiours faisant si rigoureux exploicts de guerre, qu'ennuy seroit de les racompter. Item au moys d'Octobre, audict an, le pape Vrbain, qui estoit allé es parties de Rome, s'en retourna en Auignon, es gallees que le Roy luy auoit enuoyes par l'Abbé de Fescamp, & par vn Cheualier, nómé messire Iehan de Chambly. Item en ce temps fit le Roy conuocation des Prelats, Nobles, & bônes villes de son royaume, pour auoir conseil & aide sur le faict de sa guerre: & apres ces remonstrances faictes luy fut octroyé vn aide, c'estassauoir l'imposition de douze deniers pour liure de toutes denrees védues, la gabelle du sel, & quatre francs pour feu es bonnes villes, & vn franc au plat païs, le quatrieme du vin vendu en broche, douze deniers Parisis pour queue de vin Francois, qui entroit à Paris, & vingt quatre sols pour queue de vin de Bourgongne. Le deuxième iour dudict moys d'Octobre le Roy congnoissant les sens, vaillance & preud'hommie de messire Bertrand du Guesclin, qui nouuellement estoit retourné de la guerre d'Espaigne de l'aide du roy Henry, le fit Connestable de France: lequel tantost apres s'en alla en Aniou, ou estoyent les Anglois, que códuisoit Robin Canolle, & Thomas Grancon, & les cóbatit d'arriuee, & en tua bien six cés, & print ledict messire Thomas prisonnier. Puis alla à Vierzon en Berry, que tenoyét les Anglois, & print la place, & en tua bien trois cés: & apres alla à Ruilly, mais les Anglois abandónerent la place, & s'enfuyrent. Ledict Duc du Guesclin les suyuit iusques à Bressure en Poitou, & là les combatit, & y eut que de mors que de prins quatre cens hommes.

Le vj. iour de Ianuier mil trois cens lxx. ledict Roy achepta de messire Iehan de Chaalons la Comté

Les Anglois se vindrent loger iusques pres Paris.

De l'imposition qui fut faicte sur les denrees et marchandises en France.

Bertrand du Guesclin cree connestable de France.

De l'appoinctemēt du Roy de Nauarre: & cōment meſsire Bertrand du Gueſclin meit es mains du Roy le païs de Poitou, de Xainctonge, & auſsi preſque tout le païs de Bretaigne, par ce que le Duc ſ'en eſtoit allé en Angleterre.

AV moys de Decembre audict an mil trois cens ſeptāte, treſpaſſa le Pape Vrbain en Auignon, au tēps duquel fut ſaincte Catherine de Seine, vierge de grande ſaincteté. Apres ledict Vrbain fut eſleu meſſire Pierre Roger, Cardinal Frācois, qui eſtoit nepueu du feu pape Clement, & l'appelloit on le Cardinal de Beaufort, car il eſtoit fils du Comte de Beaufort en Vallee, & n'auoit que xl. ans, & par aucun tēps ne voulut accepter la charge: mais finalement fut ſacré aux Iacobins d'Auignon & nommé Gregoire, en la preſence du Duc d'Aniou, frere du Roy, Lieutenant en Lāguedoc: lequel Duc ramena ledict Pape, depuis les Iacobins iuſques au Palais d'Auignon, allant à pied, tenāt la reſne de ſon cheual. En ce tēps le Roy eſtant à Vierzon, enuoya meſſire Bertrand du Gueſclin, ſon Conneſtable, pluſieurs fois à Eureux, pour faire venir le Roy de Nauarre, ſon ſerourge, vers luy: lequel differa longuement ſa venue, car il ſçauoit bien qu'il n'eſtoit point en la grace du Roy, par ce qu'il auoit donné paſſage au Prince de Galles, quand il alla en Eſpaigne, en l'ayde du roy Pietre, & auſſi attendoit ſes gens qu'il auoit enuoyez deuers le Roy d'Angleterre. Finalement le xxj. iour de Mars audict an, il vint moyennāt, que Roy enuoya pour oſtages le Duc de Berry, ſon frere, à Eureux: & firent appoinctemēt, par lequel ledict Roy de Nauarre deuoit auoir les Baronnies de Montpellier & Homelaz, qui autresfois luy auoyent eſté promiſes: & ledict Roy de Nauarre fit hōmage au Roy des terres qu'il tenoit de luy, dōt le Roy & le peuple furent tous ioyeux, car on doutoit qu'il ne ſe vouſiſt faire ennemy du Roy: & quād ledict Roy de Nauarre ſ'en partit, il laiſſa ſes deux fils Charles & Pietre, auec le Roy, leur oncle, & ſ'en retourna en Nauarre. En ce temps meſſire Iehan des Dormans, Cardinal, Eueſque de Beauuais, Chancelier de France, rendit au Roy les ſeaux, & remeit ledict office es mains du Roy, & fut maiſtre Guillaume des Dormans, ſon frere, par grād' deliberation faict Chācelier de France, & tint ledict meſſire Iehan des Dormans ledict office de Chancelier trois ans quatre moys, depuis qu'il fut faict Cardinal. En ceſte ſaiſon le pape Gregoire, qui eſtoit en Auignon, enuoya & fit Legats pour traicter la paix des Frācois & Anglois, les Cardinaux de Cātorbie & de Beauuais, & enuoya pour le pouoir audict Cardinal de Beauuais, qui eſtoit à Paris: lequel alla iuſques à Meulanc, au deuant dudict Cardinal de Cātorbie, & là furent enſemble quatre iours. Puis vindrent à Paris deuers le Roy, & luy dirēt leur legation. Le Roy fiſt reſponce que volontiers entendroit à appoinctement, & ne tiendroit point à luy de ſa part. Puis ledict Cardinal de Cantorbie ſ'en alla à Calais, ou le Roy le fit conuoyer, & paſſa en Angleterre, & ledict Cardinal de Beauuais demoura à Paris. Le xiij. iour de Mars, mil. ccc. lxxj. naſquit à Paris meſſire Louis, ſecond fils du roy Charles. En ceſte meſme ſaiſon les Francois recouurerēt pluſieurs villes & places que tenoyent les Anglois en Guyenne, & par eſpecial la cité de Limoges, & le païs de Limoſin. Tantoſt apres les liures des Turelupins furent bruſlez à Paris en la place de Greue, & leur religion condamnee, & du tout abolie. Au moys de Iuillet enſuyuant le Roy enuoya ledict du Gueſclin, ſon Conneſtable, au païs de Poitou, ou il print pluſieurs villes & places, & en diuers lieux deſconfit grand nombre d'Anglois: & furēt preſque tous ceulx qui auoyent couru par le royaume auecques Robin Canolle, ou mors ou prins: & ſemblablement le nauire du Roy Henry d'Eſpaigne vint pour ſecourir le Roy de France deuant la Rochelle, & d'aduenture trouuerent en mer vingt & cinq groſſes nefs Angleſches, leſquelles ils cōbatirent & deſconfirent, & y mourut moult d'Anglois, & y en fut prins priſonniers plus de huict mil, & entre autres le Comte de *Pantbrot, & moult grand' finance ils gaignerent. Aſſez toſt apres mondict ſeigneur le Conneſtable Bertrand, & monſeigneur le Duc de Berry, allerent deuant Poitiers, ou la ville ſe meit amiablement en l'obeiſſance du Roy, & aſſaillirent le chaſtel qu'ils prindrent par force, & les Anglois qui eſtoyēt dedans, & tantoſt apres les Francois combatirent deuāt Soubize le Captau de Buch, Lieutenant du Roy d'Angleterre, en Poitou & Xainctonge: & furent les Anglois deſconfits, & prins ledict Captau de Buch, & pluſieurs Anglois. Ledict Captau de Buch fut amené priſonnier à Paris, & mis en la tour du Tēple, ou il mourut cinq ans apres. Lors ſe trouuerēt leſdicts Anglois moult foibles audict païs, & y eſtoyent les Francois les plus fors: car les Ducs de Bourgōgne & de Berry, freres du Roy, y eſtoyent auec ledict Conneſtable, & pluſieurs gens d'armes. Le ſixiéme iour de Septēbre mil trois cens ſeptāte deux, meſdicts ſeigneurs les Ducs de Berry &

marginalia:
Lā mil. ccc. lxx.

Des Dormans Chancelier de Frāce rendit au Roy les ſeaux.

Lā mil. ccc. lxxi.

Des Turelupins qui furēt abolis

*Pennebroth. Froiſ.

L'an mil. ccc. lxxii.

de Bourgongne, allerent deuant la Rochelle, qui se meit en l'obeissance du Roy, aussi firent tantost apres en ce mesme moys ceulx d'Angoulesme, Xainctes, S. Ichan d'Angely, Touars, & presque toutes les autres villes & places dudict païs. Item, le iour de la sainct Andry ensuyuant lesdicts Ducs de Berry, de Bourgongne, & le Connestable, allerent deuant Touars à tout quatre mil hommes d'armes, laquelle ville estoit encores pour les Anglois, & illec attendirent tout le iour: car parauāt auoit esté traicté entre les gēs du Roy de Frāce, & les Nobles de Poitou, qui encores tenoyent le party du Roy d'Angleterre, que si audict iour ils se trouuoyēt deuant la ville, & Anglois ne les vinssent combatre, ils se mettroyent en l'obeissance du Roy:

Ceulx de Poitou se rendirent en l'obeissance du roy de Frāce. mais nul ne vint pour ledict Roy Anglois. Si fut la ville baillee aux Francois, & se rendirent tous ceulx de Poitou: & firent lesdicts nobles hommage audict Duc de Berry, auquel le Roy auoit donné la Comté de Poitou en heritage, & le païs de Xainctonge à vie, retenue la souueraineté: mais il demoura encores trois fortresses Angloisches: c'est assauoir Mortaigne, Lusignen & Gensay. Et est à noter que durant le siege, qui estoit deuant Touars, le Roy Anglois, qui estoit en Angleterre, se delibera de venir en personne secourir ladicte ville de Touars, & assembla grand nauire, & se meit sus mer pour passer auec quatre mil lances & xj. mil archiers: mais ils eurent vent si cōtraire qu'ils ne peurent prendre terre en Frāce, parquoy il s'en retourna tout despité, & dist telles parolles du roy Charles, v. Il n'y eut oncques mais Roy en France qui moins s'armast que cestuy cy, qui ne bouge de son comptouer à escrire lettres, & si n'y eut onc Roy qui tāt me dōnast à besongner qu'il fait. Enquoy on peut noter la bonne

La prudence du Roy Charles le Quint, qui faisoit toutes ses besongnes par conseil. direction & conduicte dudict roy Charles, qui faisoit toutes ses besongnes par conseil, & qu'es armes ne gist pas du tout la recouurance des royaumes. En ce temps le Roy, qui sentoit le Duc de Bretaigne moult fauorable aux Anglois, & qui auoit espousé Iehanne, fille du Roy de Nauarre, contre son vouloir, enuoya par plusieurs fois deuers luy, dire qu'il fist son deuoir enuers luy, comme son vassal & homme lige, & ne voulsist laisser entrer les Anglois en son païs, ne les fauoriser: lequel tousiours respondit qu'ainsi se feroit il, mais ce neantmoins dedans la feste de Pasques ensuyuant, iceluy Duc, en venant contre ses promesses, fit venir grand nombre d'Anglois en Bretaigne, que les Nobles, ne ceulx dudict païs ne voulurent receuoir: & luy dirent qu'ils ne seroyent la Anglois, & que le Roy de France estoit leur souuerain Seigneur: & requirent audict Duc qu'il voulsist faire vuider lesdicts Anglois hors de Bretaigne. Ce qu'il ne voulut faire: mais les meit en plusieurs villes, & places, & en mettoit hors les Bretons: lesquels à ceste cause enuoyerent deuers le Roy, leur souuerain Seigneur, luy requerir qu'il y mist remede: & par ce enuoya le Roy en Bretaigne ledict messire Bertrand du Guesclin, son Connestable, le seigneur de Craon, le seigneur de Clisson, & autres: & quand le Duc sceut leur venue, il s'en partit, & s'en alla en Angleterre. Si cheuaucha ledict Connestable par tout le païs de Bretaigne, tant Galo comme Bretonnant, & se rendirent à luy, Nobles, gens d'Eglise, bonnes villes, & toutes les places dudict païs, excepté Brest, & Aulroy, & Derual. Si meit le siege deuant Brest, & fut appoincté par ceulx, qui estoyent dedans, que s'ils n'estoyent les plus fors deuant la place dedans vn iour qu'ils nommerent, pendant lequel tēps il enuoyerent en Angleterre, ils rendroyent la place: & de ce baillerent douze ostages, desquels ledict Connestable eslargit les six sur leur foy: mais ce neantmoins au iour escheu, ils ne furēt point cōbatus, & ne rendirent point la place: parquoy les ostages demourerent audict Connestable.

D'vne course que firent les Anglois tout au trauers du royaume de France.

L'an mil. ccc. lxxiij.
AV moys de Iuillet l'an mil.ccc.lxxiij. Iehan, Duc de Lāclastre, fils du Roy d'Angleterre, & le Duc de Bretaigne, qui s'en estoit fuy en Angleterre, descendirēt à Calais, auec grand nōbre de gensd'armes & d'archiers, & tirerent & cheuaucherent vers Hedin, Dourlens, Corbie, ou ils passerent la riuiere de Somme, & allerent à

La ville de Roye bruslee. Roye, & là seiournerent six iours dedans la ville: & pource qu'ils ne peurēt prēdre l'eglise, qui estoit forte, ils bruslerent la ville à leur partement. Apres tirerent en Laonnois, & passerent la riuiere d'Aisne, à Villy, & moult ardirent de villes. puis passerēt la riuiere d'Aulbe, vers Gye, & trauerserent Champaigne, & les riuieres de Marne, Seine, Yonne, & Loire, vers Marcigny les Nonnains: & tousiours les Francois les cheuauchoyent & costoyoyēt, & par tout ou ils en trouuoyent ils en tuoyent, puis s'en retirerent à Bordeaux, sans riens assaillir: car ils estoyent tenus de si pres par le Duc de Bourgongne, & autres gens du Roy, qu'ils n'auoyent ne viures n'habillemens, & auoyent tous perdus leurs cheuaux, tellement qu'il y auoit plus de trois mil Cheualiers allant à pied, & tous deschirez. Et combien que la cheuauchee semblast de prime face leur auoir esté bien honnorable: toutesfois leur fut elle moult dommageable: car auant qu'ils fussent à Bordeaux ils se trouuerent si las, & si trauaillez, qu'il demouroit par tout de

leurs

leurs gens & cheuaux:& ceulx qui tiroyent auant laiſſoyent & abandonnoyent leurs harnois & habillemens:& à la fin, quand ils furent à Bordeaux, ils ne ſe trouuerent que ſix mil hommes bien mal accouſtrez, & ils eſtoyent partis bien trente mil:& apres leſdicts Ducs de Lanclaſtre,& de Bretaigne,s'en retournerent en Angleterre,auec ce peu de gens qui leur eſtoyent demourez:& diſoit on que de ladicte courſe le Roy d'Angleterre,ſon pere,& le Prince de Galles,ſon frere,n'en furent pas contens de luy,ne dudict Duc de Bretaigne,pour la grand' perte de gens & biés qu'ils y auoyent eue : parquoy iceluy Duc de Bretaigne partit,& s'en vint par mer à Bordeaux. puis s'en tira en Bretaigne, ou il trouua encores leſdictes trois fortreſſes qui tenoyent pour luy : c'eſtaſſauoir Derual,Breſt, & Aulroy:& deſcendit premierement à Aulroy, ou eſtoit ſa femme,qui eſtoit ſœur du Roy de Nauarre,& amena pluſieurs Anglois:puis manda pluſieurs du païs, pour venir parler à luy.Quand le Roy le ſceut il y enuoya des gens d'armes,pour ſecourir le païs,combien q̃ le Conneſtable,& le ſeigneur de Cliſſon y eſtoyent la. *De trête mil Anglois qui eſtoyẽt deſcenduz en France ne s'en retourna au pays que ſix mil*

Le vingtiéme iour de May, iour de Pentecoſte, mil trois cens ſeptante & quatre, faillirent les tréues d'entre Francois & Anglois : & le vingt & vniéme iour d'Aouſt enſuyuant, la ville de la Reolle,ſur Gironde,fut rendue au Duc d'Aniou, frere du Roy, apres ce qu'il y eut longuement tenu ſiege:mais le chaſtel ne luy fut pas rendu:& à ceſte cauſe il y meit le ſiege,& fut appoincté entre luy & les Anglois,qui eſtoyent dedans,que ſi le Roy d'Angleterre,ou l'vn de ſes fils,n'eſtoyent deuant ladicte place, puiſſans pour combatre l'armee des Francois, au huictiéme iour de Septembre enſuyuant, iceulx Anglois rendroyent ladicte place au Duc d'Aniou:& pource qu'audict iour, ne ce pendant, leſdicts Anglois ne comparurent point, elle luy fut liuree. En celuy an furent enuoyez par le Pape, l'Archeueſque de Rauenne, & l'Eueſque de Carpentras, pour faire paix entre Francois & Anglois, & s'aſſemblerent à Bruges, ou eſtoyent de par le Roy de France, le Duc de Bourgongne, ſon frere, l'Eueſque d'Amyens, & pluſieurs autres : & pour le Roy d'Angleterre le Duc de Lanclaſtre, ſon fils, l'Eueſque de Londres, & pluſieurs autres. Les Anglois demandoyent les ſouuerainetez & reſſors des terres qu'ils deuoyent auoir par le traicté de paix : mais le Roy fut conſeillé qu'il ne le pouoit faire, & ſeroit contre ſon ſerment & ſon honneur, & au detriment de ſon ame (car il n'eſt qu'adminiſtrateur des biens de la couronne de France) & pour pluſieurs autres raiſons. *L'an mil trois cens lxxiiij.* *Le Roy n'eſt qu'adminiſtrateur des biẽs de la couronne de France.*

Le xxvj.iour de May mil trois cens ſeptante & cinq ledict Roy Charles,le Quint,fit vne Loy & Edict, que les enfans de France ne ſeroyent point couronnez Roys de France, iuſques à ce qu'ils euſſent l'aage de quatorze ans accomplis:laquelle Loy,ou Edict,en la preſence de l'aiſné fils du Roy, des Ducs de Berry & de Bourgongne,ſes freres, & pluſieurs Princes & Seigneurs, Clercs & gens de l'Vniuerſité, fut publiee & approuuee par les gens de la court de Parlement. Audict an mil trois cens lxxv.le iour de la Trinité,ledict Edouard, Prince de Galles, treſpaſſa en Angleterre:& fut faict Prince Richard,ſon fils,qui eſtoit ieune enfant:& eſt à notter q̃ parauant, quand le Roy d'Angleterre voulut partir pour venir en Fráce, ſecourir ceulx de Touars, il auoit eſté appoincté entre ledict Roy d'Angleterre & ledict Prince de Galles ſon fils, que s'il aduenoit que ledict Roy mouruſt par deca auant ſon retour, que ledict petit Richard,ſon fils, qui eſtoit ieune enfant, fils dudict Prince, ſeroit Roy d'Angleterre:nonobſtãt q̃ ledict Roy euſt d'autres enfans:laquelle ordonnance & appoinctement ledict Roy d'Angleterre fit confermer & iurer aux Ducs de Lanclaſtre, au Cõte de *Cantorbie, & à meſſire Thomas, Comte de Bouleigny,ſes enfans, & aux Barons d'Angleterre. Quand le Roy de France ſceut le treſpas dudict Prince de Galles,il fit faire vn honorable obſeque pour l'ame de luy, en la ſaincte Chapelle du Palais de Paris. En ce temps pluſieurs villes & places, tant en Poitou, qu'en Normandie, ſe reduirent es mains du Roy,par la pourſuite & diligence dudict meſſire Bertrand du Gueſclin, Conneſtable,qui eſtoit en Poitou, & de meſſire Pierre de Vienne, Admiral,qui eſtoit en Normandie:& lors retournerent de Flandres monſeigneur le Duc de Bourgõgne, frere du Roy, & pluſieurs Conſeillers qui eſtoyent allez à Bruges, pour ledict traicté de paix, ou ils feirent peu, fors qu'ils prindrent terme ſus eſperance d'appoinctement,iuſques à la Touſſaincts enſuyuant: auquel iour monſeigneur le Duc d'Aniou, & ledict Duc de Bourgongne, freres du Roy, & pluſieurs autres,retournerent & allerent à S.Omer:& pour le Roy d'Angleterre vindrent à Bruges le Duc de Lanclaſtre, & meſſire Aymond, Comte de Cãtorbie, enfans dudict Roy d'Angleterre, & pluſieurs autres. Puis allerent ceulx du party du Roy de France à Bruges, par le moyen des Archeueſques de Rauéne & de Rouen, qui parauant eſtoit Eueſque de Carpétras(leſquels eſtoyẽt là enuoyez de par le Pape, pour traicter ladicte paix) auquel lieu leſdicts freres du Roy de France,de ſon commãdement firent pour l'honneur de Dieu & de la reuerence du Pape, qui là auoit enuoyé, & pour compaſſion du peuple, & euiter à l'effuſion du ſang humain, au Roy d'Angleterre de grands offres de pluſieurs terres & ſeigneuries, & de grands ſommes d'argent, mais touſiours reſeruoyent la ſouueraineté:car ils auoyent miſe la choſe en deliberation, & ne *Mort du Prince de Galles.* *Autres diſent Cantebrige & volengy au lieu de Bruleigny, & le vieil exẽplaire meſme.*

F iij

trouuerent par conseil qu'il peust transporter la souueraineté: lesquelles choses les Anglois ne voulurent accepter, & dirent qu'ils le raporteroyent à leur Roy, & en feroyent responce à Bruges, au moys d'Aoust ensuyuant, à ceulx que le Roy de France enuoyeroit pour celle cause, & furent les treues prolongees de terme en terme, iusques à la S. Iehan mil trois cens lxxvij. & s'en retournerent les François en France, & les Anglois en Angleterre. Et la veille de ladicte feste S.Iehan, audict an mil trois cens lxxvij. trespassa ledict Edouard, Roy d'Angleterre, & luy succeda Richard, fils du feu Prince de Galles, qui estoit mort en l'an mil trois cens lxxv. auant ledict Roy Edouard, son pere, combien qu'iceluy Edouard eust trois autres fils: c'est assauoir Iehan, Duc de Lanclastre, Aymond, Comte de Cantorbie, & messire Thomas: dont moult de gens furent esbahis: car la mere dudict petit Richard auoit esté premierement mariee au Comte de Sallebery, & auoit esté cinq ans en sa compaignie: & apres elle maintint qu'vn Chevalier, appelé messire Thomas de Hollande, l'auoit fiancee auant que ledict Comte de Sallebery l'espousast, & l'auoit congnue charnellement: & pource ledict Comte de Sallebery la laissa, & ledict messire Thomas de Hollande l'espousa, auec lequel elle fut longuement, & en eut plusieurs enfans: & apres la mort dudict messire Thomas, ledict Prince de Galles, aisné fils du Roy d'Angleterre, l'espousa, viuant encores ledict Comte de Sallebery, son premier mary: & de ce mariage nasquit ledict Richard, qui fut faict Roy.

L'an mil trois ces septante sept De Richard qui fut faict Roy d'Angleterre, combien qu'il fust bastard.

Comment le Roy eut cinq grandes armees en vn mesme temps sur les champs.

LE Duc d'Aniou, frere du Roy, & ledict du Guesclin, Connestable, allerent en Guyenne à grand' puissance de gens d'armes: & si y auoit grand nombre de nauires sur mer, dont il y auoit trentecinq gallees, & foison de barques, & autres vaisseaux moult bien armez & auitaillez: & par toutes les frotieres de Picardie auoit grand garnison qui tenoyent les fortes places: & en estoit chef monseigneur Philippe, Duc de Bourgogne. Auec ce auoit grands armees qui tenoyent siege deuant Brest & Aulroy, deux fortes places de Bretaigne, qui tenoyent pour messire Iehan de Montfort, Duc de Bretaigne. Oultre ce monseigneur le Duc de Berry, frere du Roy, tenoit siege deuant Darlat en Quercy, que tenoyent ceulx des compaignies de la partie des Anglois: & ainsi auoit le Roy en vne mesme saison cinq grandes & puissantes armees sur les champs, ou auoit grand nombre de Ducs, Côtes, Princes, Cheualiers, Escuyers, & autres grands personnages: & n'est pas de memoire que iamais feissent si grands exploicts de guerre, que faisoyent lesdicts gens de guerre François. Car premierement au moys d'Aoust, mondict seigneur le Duc d'Aniou, frere du Roy, & en sa compaignie le Connestable, le Mareschal de Sancerre, le seigneur de Coucy, les seigneurs de Montfort, de la Hunaudaye, de Roye, de Montauban, de Rochefort, de Manny, le Begue de Villaines, le seigneur de Chasteaugui, & autres plusieurs iusques à seize cens lances, allerent loger à Nanton, qu'ils prindrent, & semblablement Condac, les Bernardiers, Bordeilles, ou tindrent siege quatre iours: & là vint en ladicte compaignie messire Iehan de Bueil, Seneschal de Toulouse, Lieutenant du Duc d'Aniou, es parties de Rouergue, Quercy, Agenay, Bigorre, Bazades, & amena cinq cens hommes d'armes, & deux cens Arbalestriers: & de là partirent pour aller deuant Bergerat: & pour plus tost la prendre & dommager mondict seigneur d'Aniou enuoya ledict de Bueil à la Reolle, pour querir l'artillerie qui y estoit. Quand le Seneschal de Bordeaux le sceut il assembla plusieurs Anglois, & se meit entre la Reolle & Bergerat, pour garder qu'ils ne retournassent. Quand le Duc d'Aniou le sceut il fit par messire Pierre de Bueil prendre trois ou quatre cens hommes d'armes, pour aller secourir ledict messire Iehan de Bueil, son frere: si alla auec luy le Begue de Villaines, le Mareschal de Sancerre, & autres: & cheuaucherent iusques aupres *d'Aymet, ou ils trouuerent ledict Seneschal de Bordeaux, & plusieurs Seigneurs de Guyenne, pour le Roy d'Angleterre, & se combatirent moult asprement. A la parsin, par la grace de Dieu, furent Anglois desconfits, & y furent prins ledict Seneschal de Bordeaux, les Seigneurs de Langoissan, de Mussidan, de Duras, de Rozan, & plusieurs autres: & les autres furent tuez & mis en fuyte, & s'en noya plusieurs à la riuiere du Dort. Apres ce, messire Verdune d'Albret se meit luy & ses places en l'obeissance du Roy de France: puis prindrent les François Bergerat, Aymet, Castillon, Liborne, sainct Million, Saueterre, Montsegne, Cadoyn, sainct Macaire, Langon, Strandas, Duras, & autres plusieurs places iusques au nombre de six vingts quatorze fortresses. Durant ce temps que mondict seigneur d'Aniou estoit deuant Liborne, furent amenez deuers luy les Seigneurs de Langoissan, de Messidan, de Duras, & de Rozan, qui firent serment d'estre desormais bons & loyaux au Roy de France: mais tantost apres lesdicts Seigneurs de Duras & de Rozan se pariurerent, & se tournerent vers les Anglois, & s'en allerent à Bordeaux: &, apres que les François eurent mis

Du Roy de France, qui en une mesme saison auoit cinq grandes & puissantes armees sur les champs.

Chro. de Frã. disent d'Aymac

Anglois desconfits deuant Bergerat, par les François.

rent mis

eurent mis bonnes garnisons es fortresses, ils s'en retournerent en France, pour la saison d'yuer. En ce mesme temps, c'estassauoir le iour de la my Aoust, ceulx qui tenoyent le chasteau d'Aulroy, en Bretaigne, se rendirent es mains du Seigneur de Clichon, pour le Roy de France, & s'en allerent en Angleterre: & ainsi demoura toute la Duché de Bretaigne es mains du Roy de France, reserué le chastel de Brest, deuant lequel on fit vne Bastille, tellement que ceulx de dedans ne pouoyent saillir. Semblablement le Duc de Bourgongne, auec plusieurs des gens du Roy, fit vne course deuant Calais, & illec enuiron, & print la ville d'Ardre, & plusieurs places que tenoyent les Anglois, & puis s'en retourna. Aussi le nauire du Roy de France fit vne course en Angleterre, ou ils prindrent & pillerent aucunes villes & villages, & en rapporterent moult de biens. Audict moys d'Aoust deuoyent retourner les Ambassadeurs d'Angleterre à Bruges, pour faire leurs responces, mais ils n'y vindrent point, dont il ne chalut gueres au Roy. L'an mil trois cens septante huict, le Roy acquist de monseigneur de Bourbon la Seigneurie de Creil, sur la riuiere d'Aise: & luy en bailla en contr'eschange la Seigneurie de Chasteauchinon.

La Seigneurie de Creil sur Aise, acquise par le Roy

Comment l'Empereur & le Roy des Rommains, son fils, vindrent veoir le Roy Charles, à Paris.

EN l'an mil trois cens septante *huict Charles, Empereur de Romme, oncle dudict Roy Charles, luy escriuit vnes lettres, par lesquelles il luy mandoit qu'il auoit desir de venir en France le veoir, & accomplir aucuns voyages & pelerinages, ou il auoit deuotion, & qu'auec luy ameneroit le Roy des Rommains, son fils, dont le Roy fut moult ioyeux : & quand il sceut qu'il approchoit, il enuoya plusieurs Seigneurs & honnorables personnes au deuant de luy iusques à Cambray, ou ceulx de la ville le receuret moult honnorablement (car c'est ville d'Empire) & là fit la feste de Noel : car l'Empereur a de coustume de dire vne Lecon à matines, habillé de ses habits, & faire autres grands cerimonies. Puis vint & tira vers Paris, & passa par sainct Quentin, à Han, à Noyon, à Compiegne: & par tout ceulx des villes, du comandemet du Roy, le receurent, & allerent au deuant honnorablement, & en grand'reuerece, & luy dirent qu'il fust le tresbien venu en la ville du Roy, & par tout luy fit on de beaux presens : toutesfois à l'entree des villes on ne sonna point les cloches, ny ne porta l'on point de poisl, & autres choses qu'õ a acoustumé faire à la personne du Roy de France, iusques audict lieu de Copiegne, là ou le Roy enuoya à l'encontre dudict Empereur le Duc de Bourbon, frere de la Royne, le Comte d'Eu, son cousin, l'Euesque de Beauuais, l'Euesque de Paris, & plusieurs Barons, Cheualiers, & grands personnages iusques à trois cens cheuaux, & tous leurs gens habillez de liuree, c'estassauoir chaperons mipartis de blanc & de bleu: & luy feirent la reuerence, & luy dirent que bien fust il venu, & que le Roy les auoit là enuoyez pour l'acompaigner, & estoit le Roy moult ioyeux de sa venue : & là ledict Duc de Bourbon festoya au soupper le Roy des Rommains, fils de l'Empereur, & les Cheualiers qui estoyent venus auec eulx, & tous autres qui y voulurent aller. Et dist ledict Empereur qu'il fust allé soupper sans semondre, si n'eust esté vne goutte qui luy estoit prinse en la iambe, dont il ne se pouoit soustenir: & furent là assemblees les Dames & Damoyselles de la ville, & des enuirons. Le lendemain s'en vindrent au giste à Senlins: & là vindrent au deuant pour l'accompaigner à l'entree de ladicte ville les Ducs de Berry, & de Bourgongne, freres du Roy, le Côte de Harecourt, l'Archeuesque de Sens, l'Euesque de Laon, & plusieurs Seigneurs, Cheualiers & Escuyers: & le lendemain, qui estoit iour de Samedy, vindrent à Louures au giste: & là, pource q le Roy sceut la maladie de goutte dudict Empereur, au moyé de laquelle il ne pouoit bonnement cheuaucher, il luy enuoya vn chariot tout doré de fin or, richement appareillé & attelé de beaux grands cheuaux tous blancs. Aussi luy enuoya la lictiere de monseigneur le Dauphin, son fils, richement aornee & attelee de deux grosses mulles, affin qu'il vint plus aise: dont ledict Empereur fut ioyeux, & mercia moult le Roy, & monta en ladicte lictiere, & vint dedans iusques à sainct Denis: & là luy allerent au deuant les Archeuesques de Rouen, Sens, Reims, & les Euesques de Laon, Beauuais, Paris, & autres plusieurs iusques à vingt ou enuiron, qui dirent audict Empereur que le Roy les auoit là enuoyez pour l'acompaigner & honnorer: & ainsi vint à sainct Denis: & pource qu'il ne pouoit aller pour sa goutte fut portee sa lictiere à bras iusques deuant le grand autel, ou il fit sa priere: & luy furent mostrees les reliques & tresors, & voulut veoir les sepultures des Roys, puis fut mené en sa chambre, & luy fit l'Abbé de sainct Denis de grands presens de viures.

† al. vij.

Du beau & riche chariot que le Roy, enuoya à l'Empereur, estant à Louures en Parisis.

De l'entree de l'Empereur & de son fils, Roy des Rommains, en la ville de Paris.

LE Lundy ensuyuant, quatriéme iour de Ianuier, ledict Empereur se leua bien matin, & ainsi qu'il estoit aux fenestres de sa chambre vindrent emmy la court messire Bureau de la Riuiere, premier Chambellan, & le grãd Escuyer du Roy de Frãce, & amenerét deux moult beaux destriers richement habillez & couuers des armes de France: lesquels ils presenterent, l'vn audict Empereur, l'autre au Roy des Rommains, son fils: dont il mercia le Roy, & dist qu'il monteroit dessus, & les enuoya deuant iusques aux villages de la Chapelle, où il alla en sa lictiere: & là vindrent eulx presenter deuant l'Empereur, le Preuost de Paris, le Cheualier du Guet, & leurs Sergens, habillez de liuree, le Preuost des Marchans, les Escheuins, & grand nombre des Bourgeois de Paris, & plusieurs autres tous vestuz de robbes mipartis de blanc & de violet. Quand ledict Empereur fut à la Chapelle, & que ceulx qui estoyent venuz au deuant de luy, luy eurent fait la reuerence, il descendit de sa lictiere, & mõta sur le cheual que le Roy luy auoit enuoyé, & aussi fit le Roy des Rommains: & à celle heure le Roy se partit de son Palais, & en sa cõpaignie son fils aisné, Dauphin de France, les Ducs de Bourgõgne, de Berry, de Bourbon & de Bar, les Comtes de Sallebruche, de Tancaruille, Sancerre, Dampmartin, Porcian, grand Pré, de Fiennes, de Blois, & plusieurs autres grands Seigneurs: & estoyent les gens & Officiers du Roy, & des Princes, tous habillez de liurees de leurs maistres: & alla le Roy iusques hors la ville, & rencontra l'Empereur & son fils entre la Chapelle & le moulin à vent, ou ils firent grand' reuerence l'vn à l'autre. puis se meirent en voye, & fit le Roy mettre l'Empereur à sa dextre (combiẽ que ledict Empereur le refusast longuement) & puis le Roy des Rommains à sa senestre: & ainsi cheuaucherent iusques au Palais en moult grand triumphe. Le lendemain le Roy les festoya, & tint table ronde en la plus grande magnificence & planté de viandes, & autres choses qu'on veit onques: & les autres iours les mena & festoya au boys de Vincennes, à Beauté, & ailleurs. puis leur fit le Roy monstrer par Gillet Mallet, son varlet de chambre, ses couronnes & ioyaux, & en donna plusieurs audict Empereur, & à son fils, & aux Seigneurs qui estoyent auec eulx. Ledict Empereur fit plusieurs dons de ioyaux, & autres choses, à monseigneur le Dauphin, fils du Roy, & le fit Vicaire de l'Empire irreuocable, sa vie durant, & luy donna les chasteaux de Pompes & Chamaux au Dauphiné, & luy en bailla ses lettres seellees en seau d'or. Quand l'Empereur & son fils eurent esté vn temps à Paris, ils s'en allerét, & les fit le Roy conuoyer iusques à Moson, hors le royaume, moult honorablement, & à ses despés. Le Ieudy, quatriéme de Feurier, audict an mil.ccc.septante &* huict, madame Iehãne de Bourbon, femme du Roy, en l'hostel de S. Paul à Paris acoucha d'vne fille, qui fut nommee Marie: & le sixiéme iour dudict moys icelle Royne trespassa, dont fut faict grand dueil: car c'estoit vne moult bonne Dame. Ses obseques & funerailles furent faictes moult honorablemẽt, & fut portee enterrer à S. Denis en Frãce. En iceluy moys de Feurier se remirét sus les deputez ou commis à faire la paix d'entre les Roys de France & d'Angleterre, par le moyen desdicts Archeuesque de Rauenne & de Roue, Legats du Pape, & enuoyerent lesdicts deux Roys leurs messages à Bruges, ou ils furent longuement. Le xxviij.iour de Mars ensuyuant trespassa le Pape Gregoire à Romme, & fut esleu par aucuns des Cardinaux, qui estoyent à Romme, Barthelemy, Archeuesque de Bar, & fut appelé Vrbain: sur laquelle election eut grand' controuersie, & s'en partirent les Cardinaux de Romme, combien que ledict Archeuesque de Bar eust esté couronné & appelé Vrbain: & feirent ladicte election pour la craincte des Rommains, & sans appeler les six Cardinaux qui estoyent en Auignon, lesquels n'estoyent voulu aller à Romme: & depuis fut ladicte election cassee, & fut esleu vn Cardinal, appelé monseigneur de Geneure, & fut nommé Clemẽt septiéme, & se declaira le Roy de sa partie, & qu'il le tenoit à vray Pape.

marginalia:
Le Roy Charles le Quint alla au deuant de l'Empereur et de son fils, hors Paris, uers la chapelle.

Le Dauphin de France fut faict Vicaire de l'Empire.

* al. 7. comme dessus, & mieulx ce me sem ble.

Vrbain Pape.

Comment le Roy de Nauarre voulut faire empoisonner le Roy.

EN ce temps le Roy fut aduerty, par plusieurs grands Princes & Seigneurs de son sang, que le Roy de Nauarre auoit machiné de le faire empoisonner, par vn nommé Iaquet Rue, son Chambellan: lequel fut prins prisonnier & confessa ledict cas & plusieurs autres: & semblablement pour ledict cas, & autres, fut prins maistre Pierre du Tertre, Secretaire dudict Roy de Nauarre, & furent condamnez par le Parlement à estre trainez iusques aux halles, & auoir les testes & les quatre membres coppez.

En celle mesme saison Charles, aisné fils du Roy de Nauarre, qui longuement auoit esté en Nauarre, auec son pere, vint en France, & par sauf conduict vint à Senlis deuers le Roy, qui luy fit remonstrer en la presence de plusieurs Princes & Seigneurs, gens de son conseil, les grands

DV ROY CHARLES, LE QVINT.

les grāds brouillis & maux que le Roy de Nauarre son pere auoit faicts en France, tant du tēps du feu roy Iehan, son pere, que depuis: parquoy le Roy deliberoit de faire mettre en sa main les places qu'il tenoit en Normandie, & de faict y enuoya le Duc de Bourgongne, son frere, qui toutes les print, & dedans la Tour de Bertueil fut prins messire Pierre de Nauarre, & sa sœur: lesquels le Roy fit mener dedans la Tour de Bernay, & commāda qu'on les pensast tresbien, cō me ceulx qui estoyent son nepueu, & sa niepce: mais il les fit tenir en seure garde. Apres ce que ledict Duc de Bourgogne eut prins & mis toutes les places du Roy de Nauarre en l'obeissance du Roy, les vnes par force, les autres par composition, le Roy fut conseillé, pour obuier pour l'aduenir à semblables inconueniens, qui en estoyēt aduenus parauāt, par la malice dudict Roy de Nauarre, de les faire abatre: & fit demolir les chasteaux de Bertueil, Breual, Orbec, Beaumōt le Roger, Vacy, Amiet: & abbattit les clostures des villes, la Tour, & chastel de Nogent le Roy, les chasteaux d'Eureux, le Ponteaudemer, Morraigne, Gauray, & plusieurs autres en Constentin: mais le chastel de Cherebourg demoura entier, par ce que les Nauarrois, qui estoyent dedās ne le voulurent bailler: mais firent venir dedans plusieurs Anglois: lesquels Anglois, quand ils furent dedans, & qu'ils se veirent les plus fors, enchasserent lesdicts Nauarrois. Au moys de Nouembre audict an mil.ccc.lxxviij. trespassa ledict Charles, Empereur de Romme, & Roy de Boesme, oncle du Roy de par sa mere: lequel, & son fils auoyent esté en France: & fut par les Electeurs de l'Empire esleu sondict fils: lequel de son viuant il auoit pourchacé de le faire Roy des Rommains: & disoit l'on qu'il tenoit le party de Barthelemy, appelé Pape Vrbain, nouuellement esleu: aussi faisoit le Roy de Hongrie: & pareillement les Flamens dirent qu'ils ne tiendroyent point à Pape ledict Vrbain, iusques à ce qu'ils fussent plus amplement informez: & fit ledict Barthelemy à Romme trente Cardinaux.

Les fortresses du Roy de Nauarre furēt abatues & demolies.

L'Empereur de Rōme trespassa tantost apres son retour de France.

De l'Arrest donné contre messire Iehan de Montfort, Duc de Bretaigne.

EN ce temps, pour les grands maux & felonnies que messire Iehan de Montfort, soy portant Duc de Bretaigne, auoit commis contre le Roy & le royaume, en fauorisant les Anglois, & cheuauché à trauers du royaume, auec ledict Duc de Lanclastre, & autres ennemis, faisant guerre au Roy, & au royaume, boutant feux, tuant hōmes, rauissant femmes & filles, il fut adiourné par diuerses fois, à comparoir personnellement en Parlement, ou il ne cōparut point: & pource fut il dict par le Roy, seant en son Parlement, garny des Pers de France, & de plusieurs Ducs, Comtes, Archeuesques, Euesques, grands & notables Conseillers, que ledict de Montfort auoit commis crime de leze maiesté, & felonnie enuers le Roy, son souuerain Seigneur: & par ce priué de tous droicts, honneurs, dignitez & noblesse de Pairrie, & son corps ensemble tous ses biēs, terres & seigneuries estans au royaume, tant en la Duché de Bretaigne, comme autres, confisquez. Tantost apres le Roy fit venir de Bretaigne, le Seigneur de Laual, messire Bertrand du Guesclin, Connestable, le Seigneur de Clichon, le Seigneur de Rohan, & plusieurs autres Barons de Bretaigne: & en son Palais, presens plusieurs Princes, Seigneurs, & gens de Conseil, leur remonstra les grands maulx & felonnies dudict de Montfort, & l'Arrest qui auoit esté donné contre luy, leur requerāt qu'ils voulsissent tenir la main, & luy aider à faire mettre les places en son obeissance. ce qu'ils promeirent & iurerent faire: & par ce leur octroya plusieurs requestes qu'ils luy feirent, tant pour eulx que pour ledict païs de Bretaigne, & autres. puis s'en retournerent: mais ce neantmoins ledict Seigneur de Rohan, & plusieurs autres, en venant contre leurs foy & promesse, enuoyerent en Angleterre querir ledict de Montfort, qui vint incontinent auec grand nombre d'Anglois, & prindrent plusieurs places, que les gens du Roy tenoyent. Si enuoya incontinent le Roy monseigneur d'Aniou, son frere, par deuers lequel ledict Rohan & ses adherens, pour contreattendre la venue dudict de Montfort & des Anglois, enuoyerent, faignāt defaire l'appoinctement.

La Duché de Bretaigne fut confisquee au Roy, par la felōnie & forfaict de Iehan de Montfort.

Audict an mil trois cens septante & huict, au moys d'Octobre, ceulx de Gand s'esmeurent contre le Comte de Flandres, leur Seigneur, pour aucuns exces que les gens dudict Comte leur auoyent faicts: & tuerent le Baillif de Gand, & autres ses Officiers, & feirent esleuer grād' partie de ceulx des villes & païs de Flandres, & feirent forte guerre audict Comte: parquoy monseigneur Philippe, Duc de Bourgongne, frere du Roy, qui auoit espousé la fille d'iceluy Comte, y alla, & les appoincta. Item en ce temps le Comte de sainct Paul, qui auoit esté longuement en Angleterre, vint en Flandres, & fut le Roy aduerty qu'il auoit promis aux Anglois leur bailler ses places, pour faire guerre au Roy: si fit le Roy saisir sesdictes places: & quand ledict Comte veit que son cas estoit descouuert, il s'en retourna en Angleterre, & espousa la sœur du Roy d'Angleterre, de par sa mere. Item les Anglois meirent grand' armee

Ceulx de Gand s'esleuerent contre le Comte de Flandres, leur seigneur.

LES CHRONIQVES ET ANNALES DE FRANCE.

sus mer, pour passer en Bretaigne: mais ils eurent si grand' fortune qu'il perit plusieurs de leurs nauires, & bien six cens hommes d'armes, & les autres s'en retournerent en Angleterre.

De la rebellion que feirent ceulx de Montpellier, & de la griefue punition qui en fut faicte.

L'an mil ccc. lxxviij.

De l'esmotiõ de ceulx de Montpellier, contre le Roy & ses gouuerneurs.

AV moys d'Octobre audict an mil. ccc. lxxviij. pour ce qu'on demandoit vn ayde, pour le faict de la guerre, à ceulx de Montpellier, ils se rebellerent contre les Officiers du Roy, & contre ceulx de monseigneur le Duc d'Aniou, son frere, Gouuerneur & Lieutenant en Langüedoc: & y eut si grand' esmotion de peuple qu'ils tuerent messire Iaques Pointel, Cheualier, Chancelier dudict Duc d'Aniou, messire Guy de Scery, Seneschal de Rouergue, Arnault de Laur, gouuerneur de Montpellier, & plusieurs autres Officiers, tant du Roy que dudict Duc d'Aniou, iusques au nombre de quatre vingts personnes, & puis ietterent leurs corps dedãs les puits: lequel quand il en fut aduerty, en fut moult courroucé. Si y alla hastiuement, & entra en ladicte ville auec grand' compaignie de gens d'armes & Archiers, & au deuant de luy allerent tous les Officiers du Roy, qui estoyent en ladicte ville, le Cardinal de la Lune, tous les colleges Mendians, & autres eglises en procession, l'Vniuersité, & plusieurs autres: & par les lieux ou ledict Duc deuoit passer estoit tout le peuple de la ville à genoulx, nuds testes, crians misericorde. Apres estoyent les Consuls de ladicte ville, chacun vn licol au col, & apportoyent au deuant dudict Duc les clefs de ladicte ville, & toutes les femmes en piteux habits, crians misericorde. Lors ledict Cardinal se meit à pied, & requist au Duc pour ceulx de ladicte ville misericorde & grace. Ledict Duc entra en la ville: puis manda des Officiers du Consulat, & fit apporter deuers luy tous les harnois & bastons qui estoyent en icelle ville: & le lendemain ledict Duc monta sur vn eschaufault, en vne des places de ladicte ville, & donna vne sentéce, par laquelle il declaira que ceulx de ladicte ville auoyent perdu leur Vniuersité, leur Consulat, maisons, arches communes, seel,

De la merueilleuse sentéce dõnee par le Duc d'Aniou, contre ceulx de Montpellier.

cloches, & toute la iurisdiction qu'ils auoyent: & les condamna enuers le Roy & luy, en six vingts mil francs d'or, & en ses despens: & qu'il en y auroit six cens hommes Seculiers faicts mourir: c'est assauoir deux cens decapitez, deux cens pendus, & deux cens bruslez, leurs enfans infames à perpetuelle seruitude, & tous leurs biens confisquez, & tous leurs harnois & armeures bruslez: tous les biens desdicts six cens confisquez, & la moytié desdicts biens de tous les autres habitans: les Consuls & plus notables de ladicte ville condamnez à tirer les morts des puits, ou ils auoyent esté iettez, & que l'Vniuersité fonderoit vne eglise, ou il y auroit six chapelles, de chacune soixante liures, & là seroit mis la cloche dont on sonna le tocquesain, & seroyent abbatuz les murs & portaux de ladicte ville. Mais apres ce, à l'intercessiõ du Cardinal & d'autres Prelats, qui là furent enuoyez de par le Pape estant en Auignon, fut ladicte sentence moderee à six vingts mil francs, & de l'execution desdicts six cens condamnez, & aussi que les murs & portaux ne seroyent point abatuz, & si leur rendit leur Consulat & l'Vniuersité. Item, le treziéme iour de Feurier, mil. ccc. lxxix. le Roy estant au boys de Vincennes, le Duc de Iuilliers vint deuers luy, & luy fit hommage lige de sa Duché: auquel le Roy le receut.

L'an mil ccc. lxxix.

De la mort de messire Bertrand du Guesclin, Connestable de France.

L'an mil ccc. iiij.xx.

ENuiron Pasques de l'annee commencant mil. ccc. iiij.xx. ceulx de Languedoc enuoyerent deuers le Roy, luy supplier qu'il leur enuoyast vn Capitaine de par luy pour les deffendre contre les gens d'armes des compaignies, qui gastoyent le païs: & pour ceste cause octroyerent vne grãde aide au Roy, qui leur enuoya pour estre leur Capitaine ledict messire Bertrand du Guesclin, Connestable de France: lequel en y allant meit le siege deuant vne place, appelee le chastel de Rencon, & tant assaillit ceulx de dedans, qu'ils furent sur le point de rendre la place: & aduint qu'vne griefue maladie print audict Connestable, tellement qu'il mourut. Mais ce neantmoins le iour de son trespas (qui fut le treziéme iour de Iuillet) ceulx de ladicte place se rendirent, & furent les clefs apportees & mises sur le cercueil ou estoit le corps dudict Connestable: de la mort duquel fut moult grand dommage: car c'estoit vn moult bõ & vaillant Cheualier, qui auoit aymé & seruy le Roy & le royaume, plus que Cheualier qui fust en son temps: & pour les grands biens & vertuz que le Roy son maistre auoit congnues en sa personne, il fit apporter & enterrer son corps en l'eglise sainct Denis en France, en la chapelle ou il auoit esleu sa sepulture.

D'vne descen-

DV ROY CHARLES, LE QVINT. Fueil. xxxvj.

D'vne descente d'Anglois, qui trauerserent de Calais iusques en Bretaigne au trauers du royaume, sans estre combatus: & de la mort du Roy Charles, le Quint.

L An mil.ccc.iiij.xx. audict moys de Iuillet, messire Thomas, fils de feu Edouard, Roy d'Angleterre, auec six mil Anglois en sa compaignie, descendit à Calais, & fit vne course tout au trauers du royaume, comme autresfois auoit esté faict par le Duc de Lanclastre, & messire Iehan de Montfort, Duc de Bretaigne: & vindrent passer la riuiere de Somme à Clery, pres Peronne, & tirerent vers Soissons, & passerent les riuieres d'Aise, & d'Aisne, & de là vers Chaalons, & passerent Marne, & à Plaucy passerent Aulbe, & allerent deuant Troyes: & de là entre Villeneufue & Sens passerent Seine, & cheuaucherent par Gastinois & Beausse, & allerent à Bonneual, & par tout mettoyent feu, & prindrent & emmenerent plusieurs bons & riches prisonniers, tant nobles qu'autres: & tant cheuaucherent, faisans tous exploicts de guerre, que sans estre combatus ils allerent iusques en Bretaigne, ou ledict messire Iehan de Montfort, qui là estoit, les receut. En ceste saison furent pourparlez plusieurs fois de traicter paix entre les gens du Roy, ledict de Montfort, & les Bretons, & aucunesfois par le moyen du Comte de Flandres, & autresfois par le moyé du Seigneur de *Clisson: mais riens n'y fut conclud. En celle saison les Gantois & les Flamens, de leur alliance, s'esleuerent contre leur Comte, & y alla le Duc de Bourgongne son gendre, pour en cuider faire l'appoinctement: mais il ne peut. Si eurent plusieurs rencontres, en toutes lesquelles ledict Côte eut tousiours victoire, & les fit venir à mercy, & plusieurs en fit decapiter, les autres condamner en grandes amédes. Au moys de Septembre, l'an mil.ccc.iiij.xx. print vne griefue maladie audict Roy Charles le Quint: & ainsi qu'on veit qu'elle s'aggrauoit, & que Medecins n'y pouoyent donner remede, furent mandez ses freres, le Duc d'Aniou, de Berry, & de Bourgongne, & aussi le Duc de Bourbon, frere de la feue Royne, sa femme, lesquels estoyent sur les frontieres des ennemis, occupez à la deffence du royaume, ou ils commeirent des gens à la garde des places, chacun en son esgard au mieulx qu'ils peurent, auant leur partement. Finalemét par la volonté de Dieu ledict Roy Charles, apres qu'il eut disposé moult grandement & sagement du salut de son ame, des faicts & affaires du royaume, faict son testament, & ordonné les executeurs aucuns grands & notables personnes, le seiziéme iour de Septembre audict an mil trois cens quatre vingts, au Chastel de Beauté, pres le boys de Vincennes, rendit son esprit à Dieu: & ledict iour qu'il trespassa fit bailler & deliurer comptant, auant son trespas, à sesdicts executeurs, la somme de lxxx. mil florins d'or, qu'il auoit mis en reserue, pour l'executió de sondict testament: & furent ses obseques & funerailles faictes & accomplies, en la plus grande solennité & honneur, que iamais fust à Roy n'à autre Prince: & fut enterré à sainct Denis, aupres de ladicte Royne Iehâne, sa femme, en la chapelle qu'il auoit fait edifier: en laquelle il auoit aussi fait apporter le corps dudict Bertrand du Guesclin son Connestable, pour les grands vertuz qu'ils auoit congnues en sa personne. Son cœur fut porté en l'eglise cathedrale de Rouen, & ses entrailles à Maubuisson.

L'an mil ccc. iiij.xx.

*Il l'escrit par- auant Clichon.

Esmeute des Fla mens contre le Comte.

Le Roy Charles le Quit, mourut à Beauté, pres le boys de Vincennes.

De l'ordonnance que fit le Roy Charles, cinqiéme, auant son trespas: & de la confirmation de l'appoinctement de Iehan de Montfort, Duc de Bretaigne.

A Vant son trespas il auoit fait vne ordonnance, par laquelle il ordonna qu'apres son trespas en attendant que Charles, son aisné fils, eust l'aage de quatorze ans, & qu'il fust couronné Roy de France, monseigneur Louis Duc d'Aniou, son frere, auroit le gouuernement des faicts & finances du royaume, & que monseigneur Philippe Duc de Bourgongne, son plus ieune frere, & le Duc de Bourbon, frere de feue la Royne Iehanne sa femme, auroyent le gouuernement de la personne dudict monseigneur Charles, son fils, iusques à ce qu'il fust audict aage de quatorze ans: & aussi de Louis son autre fils, qui depuis fut Duc d'Orleans, & semblablement de ses autres enfans: & prendroyent pour leur nourriture & entretenement les proffits ordinaires & extraordinaires, tant de Normandie que du Bailliage de Sens, Meleun, villes & Vicomté de Paris, excepté le Palais, le Parlement, & Requestes, & Officiers du thresor, que ledict Roy vouloit demourer soubs le gouuernement dudict Duc d'Aniou. Et pource qu'apres le trespas dudict Roy, lesdicts Ducs n'estoyent point d'accord touchant ledict gouuernement, & commencoyent à eulx diuiser les vns contre les autres, les Princes, Barons, Prelats, & gens de conseil de France, furent d'oppinion, pour les tenir en vnité, que ledict Charles, aisné fils du Roy, seroit couronné

Roy, receuroit en sa personne les hommages des vassaux, & seroit gouuerné le royaume en son nom. En ce temps furent continuez les traictez pourparlez entre le Roy & messire Iehan de Montfort: lesquels furent conclus la seconde sepmaine de Ianuier ensuyuant: & durant ledict temps ledict messire Thomas, fils du feu Roy d'Angleterre, & ses Anglois furent tousiours en Bretaigne auec ledict de Montfort, & tindrent longuement siege deuant Nantes, qui se tenoit pour le Roy: mais riens n'y feirent, & si y moururent plusieurs de leurs gens & cheuaux: puis s'en allerent aucuns en Angleterre, & emmenerent grand nombre de prisonniers.

Iuifs pillez à Paris.

Le quatrième iour de Nouembre audict an, furent tous les Iuifs, qui estoyent à Paris, pillez par le populaire de Paris, qui s'esleua contre eulx.

Des bonnes mœurs & vertus qui estoyent au Roy Charles le Quint.

Estuy feu Roy Charles cinquième, que Dieu absoulle, dés le têps de sa ieunesse ayma & craignit Dieu, reuera son Eglise & les supposts d'icelle, fut bon catholique, tresamoureux de sciences, & plein de bonnes mœurs & louables vertus, sage en conseil, prudent en armes, & diligent en execution: & eut vn merueilleusement grand zele & affection au faict de la conduicte & direction de la iustice, & police de son royaume. Et ce peut on veoir par plusieurs belles ordonnances & statuz faicts de son temps, lesquelles sont es registres de la court de Parlement, Chambre des Comptes & du Thresor.

Maistre Nicole Oresme instructeur & directeur du Roy Charles le Quit

Il esleut pour son instructeur vn tresnotable & grand Theologien, nommé maistre Nicole Oresme, Euesque de Bayeux, qui fit à sa requeste plusieurs beaux volumes de liures, tant en Latin qu'en François: & entre autres il fit vn traicté contre l'erreur des Iacobins, de la Conception de la glorieuse vierge Marie Marie, qui se commence: *Necdum erant abissi, & ego concepta eram*: & translata Oeconomiques, Ethiques, & Politicques. Il ayma & honnora moult les sages Clercs, vertueux & vaillans hommes, tellement que de son temps & regne, pource qu'on veoyoit qu'il y prenoit plaisir, plusieurs gens de toutes vacations s'estudioyent à qui plus de biê pourroit sçauoir & valoir. Il alloit souuent & assistoit en personne en sa court de Parlement, & en sa chambre des Comptes: & quand il sçauoit aucuns de ses Barons & loyaux Seruiteurs, qui auoyent filles à marier, ou autres affaires à quoy ils ne pouoyent fournir, il les faisoit venir à luy, & secrettement leur donnoit & departoit de l'argent: & luy mesmes oyoit aucuns iours de la sepmaine les requestes de ses subiects, & leur faisoit faire prompte iustice, & reparation des tors faicts. Sur toutes choses il gardoit & deffendoit les droicts des Eglises, femmes veufues, & enfans mineurs. Il laissa son royaume riche, & opulent de biens. Il fit de moult grands biens aux Eglises, & les enrichit de moult beaux reliquaires, sanctuaires d'or & d'argent, paremens, & ornemens, chappes, chasubles de draps d'or & de soye, & decora le royaume de France de moult beaux & sumptueux edifices: & entre autres fit de neuf les chasteaux de Môtargis, Creil, sainct Germain en Laye, le Louure, la Bastille sainct Anthoine à Paris, & plusieurs autres de moult grand' despence: & si laissa moult grand nombre de florins en son thresor: & tellement laboura que pour les grands sens, vertus, conduicte, & bonne prudence qui estoyent en sa personne, ce nom glorieux qui luy demourera perpetuellement, luy est attribué qu'entre tous les autres Roys qui ont esté en France, il estoit dict & appelé Charles le Sage: & doit estre patron & miroer à ses successeurs.

Charles le Quit est appelé Charles le sage.

Du Roy Charles sixiéme, appelé le Bien aymé.

L'an mil ccc. iiii.xx.

Charles sixième de ce nom, fils de Charles le Quint, fut tresdebonnaire, & sage: & est entre les autres Roys de France appelé & intitulé le Bien aymé: & commença à regner l'an mil trois cens quatre vingts, & trespassa au quarante deuxième de son regne: & gist à sainct Denis en France. Il eut à femme madame Ysabeau de Bauieres: de laquelle il eut cinq fils, & quatre filles: lesquels cinq fils furent tous Dauphins, les vns apres les autres, & tous moururent, reserué le plus ieune, qui auoit nom Charles, qui suruescut, & succeda à la couronne de France. L'vne desdictes filles, nommee Marie, fut religieuse, & Prieure de Poissy: l'autre nommee Ysabeau, fut mariee au roy Richard d'Angleterre, ou elle ne fut que trois ans, par ce que les Anglois tuerent ledict Richard: & depuis fut mariee au fils du Duc d'Orleans, son cousin: l'autre fut mariee par dispence au fils du Duc de Berry, & gueres ne vescurent tous deux: l'autre nommee Marguerite, fut accordee à Iehan, Duc de Bretaigne, mais elle trespassa auant la consummation summatiõ du mariage. Au téps du trespas du feu roy Charles le Quint, il laissa ses deux fils ieunes, & en bas aage: c'estassauoir ledict Charles sixiéme, qui fut Roy en l'aage de treze à quatorze ans, & Louis, son frere, qui fut Duc d'Orleans. Quand on congnut la grauité de la maladie dudict feu roy Charles le Quint, & que les Medecins estoyent hors d'esperance de sa guerison, on manda ses trois freres: c'estassauoir Louis, Duc d'Aniou, & Roy de Cecille, Iehan, Duc de Berry, & Philippe Duc de Bourgongne: tous lesquels estoyent es frontieres, à la conduicte des armees en diuers lieux, pour obuier aux entreprinses que faisoyẽt les Anglois, en diuerses parties du royaume: & quand ils furent arriuez à Paris, ils trouuerent le Roy, leur frere, mort. Si assemblerent vn grand Conseil à Paris, touchant l'ordre & gouuernement du royaume: & pource qu'on voyoyt ia sourdre aucunes questiõs & secretes enuies, entre lesdidicts Seigneurs, pour l'affection que chacũ auoit de gouuerner, & auoyent ia subitemẽt esleué & mis sus les chãps plusieurs gẽs de guerre, pour obuier aux incõueniẽs qui s'en pouoyẽt ensuyuir, fut ordõné & appoincté pour plusieurs raisons, en la presence desdicts Seigneurs, & des gẽs des Estats, qui furent alleguees par maistre Iehan des Mares, Aduocat du Roy, en Parlement, hõme fort authorisé, que nonobstãt que le ieune Roy n'eust encore xiiij. ans acõplis, neãtmoins il seroit sacré & courõné Roy, & que les vassaux & subiects luy feroyẽt hõmage. Et entre autres raisons ledict des Mares dist & allegua que plusieurs Roys en moindre aage auoyent eu le gouuernemẽt de leurs royaumes & seigneuries, & mesme le Roy S. Louis: & remõstra que quelcõque loy & ordõnãce qui auroit esté faicte au parauãt, elle se pouoit muer & chãger pour obuier à plus grãds incõueniens, lesquels estoyent taillez de bien grãds en France, pour la diuision des Seigneurs qu'on voyoyt estre euidẽte, & que les faicts & affaires du royaume se conduiroyent en son nom, & par ses lettres & mandemens soubs son seel: & que ledict ieune Roy, & son frere, seroyent mis es mains des Ducs de Bourgongne, & de Bourbon, oncles desdicts enfans, l'vn de par pere, l'autre de par mere, pour les conduire & endoctriner en bonnes mœurs, iusques à ce qu'ils fussent en aage de puberté, & que les affaires, tant de la guerre, que des finances, & autres, se conduiroyent par l'ordonnance dudict Duc d'Aniou, lequel quand à ce vseroit de ce nom de Regent: & fut ladicte ordonnance publiee.

Charles sixiéme fut courõné Roy en l'aage de treze à quatorze ans.

Comment le Roy Charles, sixiéme, fut mené sacrer à Reims: & comment le Duc d'Aniou print les thresors du Roy Charles, le Quint.

Antost apres ladicte cõclusion, fut mis en deliberation de pouruecoir à l'office de Connestable de France: car depuis le trespas de messire Bertrand du Guesclin, n'y auoit esté pourueu, & disoit ledict Duc d'Aniou, qu'à luy, cõme Regent, appartenoit à y cõmettre: mais lesdicts Ducs de Berry, de Bourgõgne, & de Bourbõ, le cõtredirent, disans qu'il auoit esté appoincté ḡ tous les grãds faicts du royaume se deuoyent cõduire & cõmettre au nõ du Roy, & ainsi fut cõclud qu'il se feroit, & pour y pouruecoir fut assemblé grand Conseil des Princes, Seigneurs, Barons & Cheualiers, auquel Conseil fut esleu audict office de Connestable, vn vaillant Cheualier Breton, nommé messire Oliuier, Seigneur de Clisson, & luy fut baillee l'espee de Connestable, auquel seigneur de Clisson incontinent, par l'ordonnãce du Roy, assembla plusieurs gens d'armes, pour le conduire & mener sacrer à Reims. Et passa le Roy par Melun, ou il voulut aller veoir les armeures de son pere, qu'il luy auoit fait mõstrer de son viuãt, & y prenoit grand plaisir, & y estoyent en sa cõpaignie ses oncles, les Ducs de Berry, de Bourgongne, de Bourbon, & de Bar, & ledict Duc d'Aniou demoura aucuns iours à Paris apres eulx, & contraignit vn nõmé Sauoisy, qui auoit esté Thresorier & grand Gouuerneur des finances de France, à luy reueler & bailler le thresor du feu Roy, & pource qu'il en faisoit difficulté, luy voulut faire copper la teste, & tant fit qu'il le luy bailla, & estoit en gros lingots d'or, & grand' quantité de beaux ioyaux & riches bagues. Quãd ledict Duc eut prins ledict thresor, il s'en alla hastiuemẽt apres le Roy à Reims, & fut le Roy couronné & sacré en grand honneur, le Dimenche deuant la Toussaincts, presens sesdicts oncles les Ducs d'Aniou, de Berry, de Bourgongne, de Bar, ledict Connestable & les Pers & Seigneurs de France, en grand nombre, & richement aornez. Il y eut grand' different pour l'asiette desdicts Seigneurs, par ce que le Duc d'Aniou vouloit estre le premier, & le plus prochain du Roy, disant, qu'il estoit Regent en France, & laisné des enfans du feu Roy, & le Duc de Bourgongne disoit qu'il estoit premier Per, & Doyen des Pers de France, & fut par le Roy & son conseil dict qu'au cas present ledict Duc de Bourgongne seroit le premier asis au Sacre, mais ce neantmoins ledict Duc d'Aniou s'alla seoir tout aupres de luy, & quand les Pers & Seigneurs furent tous rengez, ledict Philippe, Duc de Bourgongne, saillit par dessus les bãcs, & s'alla mettre entre le Roy & ledict Louis, Duc d'Aniou, son frere, qui le

Les grãds faicts & affaires du royaume se doyuent cõduire au nõ du Roy, & non pas au nom du Regent.

G

Pourquoy Philippe, Duc de Bourgõgne, fut surnommé le Hardy.

diſſimula pour l'heure:& de là fut appelé le Duc de Bourgongne, Philippe le Hardy. Tantoſt apres le Roy s'en retourna à Paris faire ſon entree, ou il fut receu honnorablement:& y auoit de ceulx de Paris biẽ deux mil perſonnes habillez d'vne liuree,& furẽt faictes iouſtes & tournois dedans la court du Palais. Là fut le Comte de ſainct Paul fort chargé & accuſé de ce qu'il s'en eſtoit allé en Angleterre,& auoit eſpouſé la ſœur du Roy d'Angleterre, ſans le ſceu & cõgé du Roy:& apres aucunes excuſations, qu'il propoſa, ouyes, le Roy luy pardõna ſes deffautes. Auſsi fut chargé meſsire Bureau de la Riuiere d'auoir eſcript aux Anglois,& les faire venir en France:deſquelles charges ledict Cõneſtable de Cliſſon l'excuſa, iuſques à l'expoſitiõ de ſon corps pour le ſien. Le Duc de Bourgongne ſe plaignoit de ce que le Duc d'Aniou auoit ſeul prins les threſors du feu Roy, leur frere, ſans en faire aucune prouiſion au Roy:parquoy auoit conuenu mettre ſus les aides:& pour ceſte cauſe,& autres ſecrettes inimitiez, ſe meurent de grands diuiſions:& eſtoyent les gens d'armes ſur les chãps, que les Seigneurs entretenoyẽt, & gaſtoyent tout le païs d'enuirõ Paris, dont on dõnoit principale charge audict Duc d'Aniou:& pour y donner prouiſion fut faicte vne aſſemblee à Paris, en laquelle maiſtre Iehan des Mares, qui eſtoit Aduocat du Roy en Parlement, loua fort le Duc d'Aniou, de ſes vertus, en taiſant ceulx de ſes freres, dont ils conceurent hayne contre luy.

De l'eſmeute de ceulx de Paris pour les aides: & comment ils pillerent les maiſons des fermiers deſdictes aides, & celles des Iuifs.

Les vſuriers et Iuifs de Paris furẽt pillez par aucuns des habitans.

AVcuns du menu populaire de Paris s'aſſemblerent,& eſleuerẽt,& vindrent deuers le Preuoſt des Marchans,& luy requirent que les aides qui nouuellemẽt auoyent eſté miſes ſus, fuſſent abatues & abolies. Ce qui fut faict, cõme par force, pour euiter à incõueniẽt,& pour appaiſer ledict populaire : lequel apres leurdicte requeſte octroyee requirent encores que les Iuifs & vſuriers fuſſent mis hors de Paris. Surquoy leur fut dict qu'on en parleroit au Roy:mais ils ne furent pas contens:& ſans attendre la reſponce de la volonté du Roy, s'eſmeurent,& coururẽt par la ville, rõpirent les maiſons, cõptoirs,& boiſtes des fermiers deſdictes aides, iettoyent leur argent, biens & papiers par les rues, entrerẽt enuiron en xl. maiſons deſdicts Iuifs, pillerent & emporterent or & argent, vaiſelle, ioyaux, robbes, obligations & autres biens,& en tuerent aucuns : laquelle choſe deſpleut au Roy,& à ſes oncles, qui firent crier que tout fuſt rapporté par deuers le Preuoſt de Paris:mais peu y fut obey.

Des courſes que faiſoyent les Anglois en France, & apres ſe retiroyent en Bretaigne: mais en fin les Barons ne les voulurent plus ſouffrir.

MEſsire Thomas, fils du feu Roy d'Angleterre,& les Anglois, qui eſtoyẽt en Bretaigne, auec meſsire Iehan de Montfort, voyans les diuiſions qui eſtoyent entre les Seigneurs de France, ſe leuerent du ſiege qu'ils tenoyent deuant Nantes, qui tenoit pour le Roy de France,& couroyẽt les païs de Touraine, Aniou, le Maine,& autres circonuoyſins,& apres ſe retiroyent en Bretaigne, cõme auec leurs amis & alliez:parquoy ledict meſsire Oliuier de Cliſſon, Conneſtable de France, eſcriuit à vn notable & puiſſant Cheualier Breton, nõmé meſsire Pierre de Beauuoir, qu'auſdictes choſes il vouſſiſt obuier,& qu'il en pourroit aduenir de grands incõueniens. Lequel tantoſt parla aux Seigneurs de Bretaigne, qui auoyent fait ſerment au feu roy Charles le Quint, leur remõſtrãt les mauuaiſtiez couuertes du Duc de Bretaigne,& d'aucuns Seigneurs du païs,& comment le Roy eſtoit leur ſouuerain Seigneur, deuers lequel il les enuoyeroit tantoſt : & à ceſte cauſe le Roy enuoya ſes Ambaſſadeurs en Bretaigne, l'Eueſque de Chartres, le Seigneur de Cheureuze,& maiſtre Arnault de Corbie, preſident en Parlement:leſquels Ambaſſadeurs en la preſence du Duc & des Barons de Bretaigne, propoſerent leur Legation,& leurent les alliances anciennes, ſubmiſsions,& ſermens faicts par les Ducs de Bretaigne,& les Barons,& Nobles du païs, leurs predeceſſeurs:lequel Duc iura ſolennellement, auſsi firent ſemblablement leſdicts Barons & Nobles,& promeirent garder leſdictes alliances,& ſubmiſsions, combien qu'on diſoit que ledict Duc ne iuroit point volontiers:& firent vn appoinctement, par lequel ladicte Duché de Bretaigne fut rendue audict de Montfort, nonobſtant l'arreſt prononcé contre luy. Quand les Anglois qui eſtoyent en grand' puiſſance en Normandie, ſceurent la nouuelle alliance,& que le Duc & ſes Barons s'eſtoyent tournez,& auoyent fait auec le Roy, ils le porterent impaciémẽt,& en furent moult courroucez: car ils le cuidoyent bien leur amy : & à ceſte cauſe entrerent en Bretaigne,& y firent forte guerre,& coururent parmy iuſques à la baſſe Bretaigne, gaſtant & y faiſoyẽt maux innumerables:mais les Nobles du païs s'aſſemble-

rent &

rent & les rebouterent:parquoy iceulx Anglois allerent deuāt Nantes, & l'assiegerēt:& doutant messire Amaulry de Clisson,Capitaine de Nantes,que ceulx de la ville ne l'abandonnassent,il manda au Roy qui luy enuoyast secours.ce que le Roy fit : & cheuaucherent les Francois si hastiuemēt qu'ils surprindrent les Anglois,en leur siege,auant qu'ils fussent aduertis de leur venue,& frapperent dessus si roidement que lesdicts Anglois furent presque tous mors, ou prins:& durant ces choses les Ducs & Princes qui auoyent le gouuernement des affaires du Roy & du royaume, congnoissans la petite valleur du dommaine du Roy, & qu'il ne pouoit suffire aux affaires vrgens & necessaires du Roy & du royaume,à ceste cause assemblerēt des plus notables de Paris:lesquels furent assez contens qu'on leuast vn aide,de douze deniers pour liure:& fut ledict aide crié & publié à Paris, Rouen,Amyens, & autres villes & lieux: mais le populaire contredirent tous d'vne volonté,tellement que riens n'en fut leué. Apres ces choses le Roy s'en partit de Paris,& alla à sainct Denis,puis tira vers Senlis pour soy deduire & chacer:& en chacant fut trouué & prins au laz, vn cerf qui auoit au col vne chayne, ou collier de cuyure doré,ou auoit escrit en lettre ancienne: Cæsar hoc mihi donauit : & de là en auant le Roy de son propre mouuement voulut porter en sa deuise vn cerf volāt, ayant vne couronne au col : & par tout ou on mettoit ses armes y auoit deux cerfs volans,qui les soustenoyent d'vn costé & d'autre. Semblablement voulut & ordonna que là ou ses predecesseurs Roys auoyent porté en leurs armes vn escu d'azur, tout semé de fleurs de liz, sans nombre, que deslors en auant n'y en eust que trois fleurs de liz seulement.

D'un cerf trouué en la forest de Senlis.

Cōmencemēt de porter trois fleurs de liz en l'escusson de France.

Du Scisme qui estoit en l'Eglise, touchant la Papauté.

EN ce temps,apres le trespas du Pape Gregoire onziéme de ce nom,comme deuant a esté dict,les Cardinaux,par force,& par la crainte des Rommains, esleurent pape Vrbain sixiéme de ce nom:parquoy ils s'enfuyrent en Auignon, & esleurent vn autre nommé Clement,dont sourdit grand Scisme en l'Eglise: & aucun temps apres les Roys d'Espaigne & de Hongrie enuoyerent leurs Ambassades deuers le Roy de France, luy remonstrer que l'election dudict pape Vrbain estoit saincte & Canonique,comme ils trouuoyent par le conseil & Clergé de leurs royaumes, que pour ceste cause ils auoyent assemblez, & auoyent conclud de luy obeir, requerans au Roy qu'ainsi le voulsist faire, autrement ils estoyent deliberez d'eulx departir des alliances qu'ils auoyent au Roy & au royaume, & reputeroyent ceulx qui n'obeiroyent audict Vrbain, Scismatiques,& tels qu'auec eulx on ne deuoit point auoir amour n'alliance. Ausquels Ambassadeurs fut respondu, & recité la maniere de l'election dudict Vrbain, qui auoit esté faicte par force & violence, & l'auoyent les Cardinaux esleu pour euiter l'emotion & fureur des Rommains,qui les vouloit occire : & que tantost apres ils s'estoyent absentez de Rome : & sachant icelle election estre nulle, auoyent esleu Clement, lequel tantost apres son election auoit enuoyé en France trois Cardinaux que le Roy auoit fait ouyr, & pour ce faict assembler le Clergé de son royaume,& trouué que ladicte election de Clement estoit iuste & canonique , & celle d'Vrbain à reprouuer : parquoy le Roy estoit deliberé d'obeir audict Clement,& le tenir pour pape. Ledict Scisme & debat fit de grands maux & inconueniens à l'Eglise de France. Car auec ledict Clement,qui estoit en Auignon,auoit bien xxxvj. Cardinaux, qui embrasserent, & reseruerent à eulx tous les benefices,par reseruations & graces expectatiues,tellement que nul homme graue,n'autre,n'en pouoit estre pourueu, & se faisoyēt de grandes exactions d'argent,tant pour les vaquans, que de dixiémes,& arrerages qu'on demandoit aux heritiers de ceulx qui auoyent tenu les benefices, & disoyent que tous les biens des gens d'Eglise deuoyent estre au Pape. Lesquels inconueniens ceulx de l'Vniuersité de Paris firent remonstrer au Duc d'Aniou, Regent, par vn notable homme Docteur, nommé maistre Iehan Rōce,qui demouroit au college du Cardinal le Moyne. En haine dequoy ledict Duc enuoya par nuict, audict college,prendre ledict Docteur,& fut mis en vne estroicte prison,au Chastelet de Paris.Parquoy l'Vniuersité s'assembla, & allerent deuers le Roy,& ledict Regēt,requerans ledict maistre Iehan Rōce,cōme leur subiect,leur estre rendu, & apres plusieurs delaiz, iceluy maistre Iehan Ronce leur fut deliuré par ledict Regent,pourueu qu'ils obeiroyent audict Clement,comme Pape.Si tost que ledict Ronce fut deliuré, il s'en partit hastiuement de Paris,& s'en alla à Romme, vers ledict pape Vrbain,qui le receut honnestement:& tantost apres iceluy Vrbain escriuit à ladicte Vniuersité de Paris,vnes gracieuses lettres, les remerciāt de la faueur qu'ils luy auoyent faicte, en les exhortant au surplus qu'ils luy voulsissent obeir. Lesdictes lettres furent receues par le Recteur, qui fit assembler l'Vniuersité, & les fit lire en pleine congregation,dont ledict Duc d'Aniou fut mal content,& voulut faire prendre ledict

Scisme en l'Eglise touchant la Papauté.

G ij

Du Recteur de l'Vniuersité de Paris qui s'en alla à Romme secrettement, craignant la fureur du Duc d'Aniou, Regét en France.

Recteur, par ce qu'il ne les auoit presentees au Roy, ou à luy, deuant que de les faire lire en ladicte Vniuersité: mais ledict Recteur, qui en fut aduerty, & doutant sa personne, s'en partit secrettement & hastiuement, & s'en alla à Romme, deuers ledict pape Vrbain. Tantost apres, ceulx de ladicte Vniuersité, voyant ledict Scisme, & les termes qu'on leur tenoit, s'en partit la plus part des grands Clercs & gens de bien: & mesmement vn grand & notable Clerc, nommé maistre Gilles, lequel estoit chantre de Paris, & s'esmeurent plusieurs qui s'en allerent en sa compaignie. Lesquelles choses venues à la congnoissance dudict pape Clement, qui estoit en Auignon, pour tousiours capter la beniuolence dudict Duc d'Aniou, & à ce qu'il tinst la main pour luy, octroya vn dixieme sur toutes les Eglises du royaume, & fut leué par gens Laiz, & par force, nonobstant plusieurs appellations, que plusieurs gens d'Eglise en interiecterent, dōt mal en print audict Duc d'Aniou.

Comment le Duc de Berry fut faict gouuerneur de Languedoc.

LE Duc Iehan de Berry, qui estoit oncle du Roy, voyāt que le Duc Louis d'Aniou auoit esté faict Regét, & auoit toute la charge des faicts & affaires du royaume, & qu'aux Ducs de Bourgongne & de Bourbō auoit esté baillee la charge & conduicte des personnes du Roy & de son frere, n'estoit pas content qu'il n'auoit aucune grand' charge & gouuernemét: & requist audict Duc d'Aniou qu'il luy fist bailler la charge & gouuernement des païs de Languedoc & Guyenne, que tenoit le Comte de Foix, des le viuant du roy Charles cinquiéme. ce qui luy fut octroyé & accordé. Quand le Comte de Foix, le sceut, il assembla le Conseil, & les gens des Estats dudict païs de Languedoc, ou il estoit moult aymé: & fut conclud qu'ils ne receuroyent point gouuerneur ledict Duc de Berry, & qu'ils auoyent vescu & viuroyent en bonne paix & iustice soubs ledict Cōte de Foix, auquel le feu roy Charles cinquiéme l'auoit baillé, & en auoit osté le Duc d'Aniou, pour les grandes exactions qu'il y faisoit, & disoyent que ledict Duc ne vouloit auoir ledict gouuernemét que pour auoir occasion d'y faire de grādes exactiōs, ainsi qu'il faisoit en Poitou, & autres païs qu'il tenoit. Ce sachant ledict Duc de Berry, y alla en personne, à puissance de gensd'armes: & ledict Comte de Foix en assembla de sa part, & s'entrerencontrerent & s'entrebatirent tresbien, & y en eut bien trois cēs hommes dudict Duc de tuez. Quand le Roy sceut la desobeissance que ceulx de Lāguedoc faisoyent de receuoir ledict Duc de Berry, son oncle, il en fut mal content, & delibera d'y aller en personne: & alla à sainct Denis prendre congé des Martirs, & prendre l'Oriflambe, pour porter audict voyage: mais ledict Duc d'Aniou l'en destourna de la porter, disant qu'il en pourroit bien auoir affaire plus pres, & en brief temps, par ce que les Flamens s'esleuoyent. Ce pendant ledict Duc de Berry assembla plusieurs gensd'armes au païs de Languedoc, qui pilloyent & gastoyent tout: & voyant ledict Comte de Foix les grands inconueniens qui estoyent au païs, pour la question dudict gouuernement, & aussi que le Roy tenoit fort la main pour ledict Duc de Berry, s'en departit volontairement, & firent appoinctement. Ainsi demoura ledict Duc de Berry, gouuerneur desdicts païs de Languedoc.

Comment Hugues Aubriot, Preuost de Paris, fut declaré heretique, & condāné à perpetuelle prison.

L'an mil.ccc. iiii.xx. & un.

EN l'an mil trois cens quatre vingts & vn Hugues Aubriot, natif de Bourgōgne, qui parauāt auoit eu grād gouuernemét des finăces de Frāce, & par le moyē du Duc de Bourgōgne auoit esté faict Preuost de Paris, & qui durant son tēps gouuerna tresbien la iustice & police de Paris: & au moyē & cōduicte duquel furent faicts & edifiez plusieurs beaux & sumptueux edifices, comme le pont S. Michel, les murs de deuers la Bastille sainct Antoine, & le long de la riuiere de Seine, le petit Pont & Chastelet de Paris, & plusieurs autres, fut accusé de plusieurs crimes, pource qu'il auoit, comme on disoit, en grand'irreuerence les gens d'Eglise, & principalement estoit fort cōtraire à ceulx de l'Vniuersité de Paris, lesquels auoyent conceu grand hayne contre luy, mesmement à l'occasion de ce qu'il auoit fait edifier la tour du petit Chastelet, sur petit Pont, pour contrarier & obuier aux maulx & courses que faisoyent les Escoliers par nuict, & pour les arrester s'ils couroyent plus par nuict. parquoy à leur poursuyte furent faictes plusieurs enquestes secretes de sa vie, qui estoit orde & deshonneste, & lubrique, à prendre & deceuoir femmes, partie par force, & partie par promesses, dons, authorité & puissance: & disoyent qu'il auoit eu compaignie des Iuifues, & qu'il ne croyoit point au Sacrement de l'Autel, & s'en moquoit

quoit,& ne se confessoit point,& fut trouué chargé par lesdictes informations,tellement qu'il fut emprisonné au Chastelet.Apres fut rendu es prisons de l'Euesque de Paris:& ouye sa cõfession, fut declairé heretique, & qu'il estoit digne d'estre bruslé:mais à la requeste des Princes la sentence fut moderee, & fut presché publiquement au paruy nostre Dame de Paris, cõme heretique,& declaré estre de la loy des Iuifs, & contemneur des saincts Sacremens,& condamné à perpetuelle prison, au pain & à l'eaue : & fut mis en oubliette en la prison de l'Euesque.

La sentēce donnee contre Hugues Aubriot.

De l'esmeute des Flamens contre leur Comte.

Pource que Louis, Comte de Flandres, vouloit leuer sus les Flamens, mesmement sur ceulx de Gand, aucunes aides, par maniere de tailles, contre les priuileges du païs, ils s'esleuerent contre luy,& firent vn nommé *Iaques Arteuelle leur Capitaine,lequel estoit homme de basse condition, mais il estoit grand & beau personnage:lequel Arteuelle en print volontiers la charge (car ledict Comte auoit parauant fait copper la teste à son pere) & assembla grand nombre de Gantois & Flamens, tant des villes que du plat païs, & se meit sur les champs pour guerroyer le Comte, qui auoit fait venir des Anglois,& auoit amassé grand' armee, & se combatirent, & fut desconfit le Comte, & y eut bien cinq mil de ses gens mors.Depuis ledict Comte se retrahit à Bruges:& pour le surprendre,vn iour qu'on a accoustumé faire vne Procession solénelle, & porter le sainct Sang par ladicte ville de Bruges,ou tous les gens du plat païs ont accoustumé se trouuer en grand nombre,iceluy Arteuelle ordonna deux mil Flamens,des plus vaillans de son party, armez secretement soubs leurs robbes,lesquels par diuerses portes à plusieurs fois entrerent en ladicte ville,faignans d'aller à ladicte Procession : & quand ils furent tous entrez, ils se rencontrerent au marché, & crierent alarme. Lors le Comte assembla subitement aucunes gens, ce qu'il peut,& leur courut sus:mais luy & ses gens furent reboutez, & se retrahit ledict Comte en sa maison de ladicte ville, ou lesdicts Flamens le vindrent cercher : mais il s'en estoit sorty par derriere,par vne fenestre,& se meit en l'hostel d'vne bonne femme, ou il fut iusques à la nuict, qu'il trouua façon de soy embler & partir de ladicte ville, & s'en alla à l'Escluse:parquoy lesdicts Gantois dirent que ceulx dudict Bruges estoyent cause que ledict Comte estoit eschapé,& leur coururēt sus,& en tuerent plusieurs,pillerent & roberent leurs maisons, & s'en retournerent auec grand' proye.

Gag.et autres le nōmēt Philippe fils de Iaques

Bruges pillee par ceulx de Gand.

Comment monseigneur Louis, Duc d'Aniou, fut faict Roy de Cecille,par l'adoption de la Royne Iehanne.

Iehanne, Royne de Cecille & de Hierusalem, Comtesse de Prouence, fille de Charles, *Duc de Calabre,fils de Robert, Roy de Cecille, & de Naples: laquelle auoit regné trente ans,& n'auoit peu auoir lignee, adopta son fils, & fit son heritier ledict monseigneur Louis de France, Duc d'Aniou, oncle du Roy, & Regent en France : lequel deslors print le tiltre de Duc de Calabre, dont Charles, Prince de *Tarente, qui auoit espousé la sœur de ladicte Royne Iehanne, fut mal content : & à ceste cause s'allia des plus grands Seigneurs de Cecille,& de Calabre:& principalemēt le pape Vrbain, qui estoit à Romme, luy fit aide : car il scauoit bien que si ledict Duc d'Aniou fust venu au dessus qu'il l'eust debouté, & eust fait obeir au Pape Clement. A ceste cause ledict Duc d'Aniou meit sus grand' armee, & en fit chef messire Philippe d'Artois:auquel semblablement le pape Clement, qui estoit en Auignon, fit aide de gens & d'argent, & alla ledict Philippe d'Artois & ses gens en Lōbardie,& eurent bataille,en laquelle ceulx dudict Duc d'Aniou furēt desconfits:& ladicte Royne Iehanne,& son mary,nommé messire *Charles Breseuich, & ledict messire Philippe d'Artois, & plusieurs autres grāds Seigneurs, Barons & Cheualiers furēt prins prisonniers, & payerent grandes rancons. Apres ladicte victoire ledict pape Vrbain, qui estoit à Romme,fit couronner ledict Charles, Prince de Tarente, Roy de Cecille : & tantost apres ladicte Royne trespassa. Ces choses venues à la congnoissance dudict pape Clement,qui estoit en Auignon,lequel eut grand' doubte que les autres se fortifiassent fort, manda audict Duc d'Aniou qu'il se donnast garde de ses besongnes, & qu'il pensast de se mettre sus, & venger la mort de ladicte Royne Iehanne,sa mere par adoption : lequel delibera d'y aller luy mesme en personne l'annee ensuyuant. En celle annee le Mareschal de Sancerre alla en Limosin,par ce qu'il y auoit grand nōbre d'Anglois, qui faisoyent moult de maulx au païs,& meit le siege deuant la ville de la Soubzterrene,qui luy fut rendue : & lesdicts Anglois s'en saillirent leurs bagues saunes : & pource qu'ils pilloyent & gastoyent tout le païs par la

Les Cron. de Nap.le nōmēt Charles sans terre.

Cro.de Nap. disent de Durazzo, et parlēt vn peu mieulx de cecy.

Cro.de Nap. disent Othō Brũsuich.

où ils passoyent, ledict Mareschal les suyuit, & à plusieurs rencontres les tua & desconfit tous.

Le vingtcinquième iour de Septembre audict an, le Duc de Bretaigne vint deuers le Roy bien honnestement & grandement accompaigné, & luy fit hommage de sa Duché, & autres Comtez qu'il tenoit de luy: auquel hommage le Roy le receut.

De l'esmeute qui fut à Paris, pour les aides qu'on vouloit mettre sus: & commēt le populaire meit hors de prison Hugues Aubriot.

L'an mil. ccc. iiii. xx. et deux.

EN l'an mil trois cens quatre vingts & deux, ledict Duc d'Aniou, & les autres Seigneurs, qui estoyent autour du ieune Roy de France, voulurent de rechef mettre sus certaines aides à Paris & ailleurs: mais le peuple y contraria, & n'y voulurent obeir, quelques remonstrances que leur fissent messire Pierre de Villers, & messire Iehan des Mares, qui fort estoyét en la grace du peuple de Paris: & de faict furent les fermes desdicts aides baillees & liurees au plus offrant, & baillez mandemens & commissions aux fermiers pour les leuer. A cause dequoy s'assemblerent & meirét sus en armes plusieurs marchans & menuz gens de ladicte ville de Paris, & firent tendre les chaines par les rues de Paris, & fermer les portes, & allerét par toutes les maisons de ceulx qu'ils scauoyent auoir prinses lesdictes fermes, & tuerent ceulx qu'ils peurent trouuer, leurs papiers bruslerent, & pillerent, & despecerent leurs maisons, & deffoncerent les vins parmy les caues. Vn desdicts fermiers y eut qui eschapa, & s'en alla en l'eglise S. Iaques de la boucherie, pour estre en franchise: mais ce nonobstant le populaire en grand' fureur y alla, & le prindrent sus le grand autel, tenant l'image nostre Dame entre ses bras, leur criant mercy, ce nonobstant ils le tuerent. Apres allerent au Chastelet, rompirent les prisons, & meirent hors tous les prisonniers: & semblablement par toutes les autres prisons: & principalement allerent es prisons de l'Euesque de Paris, lesquelles ils rompirent, & meirent hors tous les prisonniers qui y estoyent: entre lesquels ils trouuerent ledict Hugues Aubriot, Preuost de Paris, qui estoit condamné à perpetuelle prison, comme dict a esté dessus, & le prierent qu'il fust leur Capitaine. ce qu'il leur accorda, & fut auec eulx tout ce iour: & la nuict ensuyuant, luy voyant le grád tumulte qui estoit à Paris, & le danger qui y estoit, se partit secretemét, & s'en alla à Dyion, dont il estoit natif, dont ledict populaire fut moult courroucé. Semblablement icelle nuict l'Euesque de Paris, les Officiers du Roy, & les plus gens de bien de la ville s'absenterent, & en emporterent secretement de leurs biens ce qu'ils peurent: & le lendemain au matin ledict populaire se r'assembla en grand' fureur, & allerent en l'hostel de la ville, ou ils entrerent par force, & prindrent tous les habillemens de guerre qu'ils trouuerent, & principalement grand' quantité de maillets de plomb, que ledict Hugues Aubriot, luy estant Preuost de Paris, auoit fait faire, pour enuoyer en vne course qu'on auoit fait le feu Connestable sur les Anglois, au moyen desquels maillets on appela ladicte assemblee, l'assemblee des Maillets. Quand la fureur dudict populaire fut passee & rassise, sachant que le Roy en seroit fort courroucé & mal content, & qu'il en prendroit vengeance d'eulx, ils & ceulx de l'Vniuersité enuoyerét Ambassade deuers luy, qui estoit au boys de Vincennes: & firent tant les Ambassadeurs qu'ils implorerent sa misericorde, & que le Roy leur pardonna, & ordonna que lesdictes aides ne seroyent point leuees en ladicte ville, moyénant qu'ils donnerent & payerent au Roy cent mil francs, & qu'il y en auroit quarante executez à la volonté du Roy: & pendant que lesdicts Ambassadeurs estoyent deuers le Roy, le Preuost de Paris en fit prendre plusieurs secretement des plus coulpables, & par nuict en fit executer & noyer quatorze en la riuiere de Seine, dont le peuple se cuida de rechef esleuer: parquoy le Roy manda qu'on cessast, & qu'on laissast la chose en suspens iusques à vne autre fois: & ainsi demourerent les choses en cest estat iusques au dixseptiéme iour de Mars, que le Roy s'en partit du boys de Vincennes, pour aller à Rouen, en laquelle ville y auoit vne semblable esmeute, qu'on appela la Harelle, & pour pareille cause que ceulx de Paris: & par le commandement du Roy, auant qu'il entrast en ladicte ville, furent prins six des plus coulpables de l'esmeute, & fut le batail de la cloche de l'hostel de la ville osté, & toutes les armeures & bastons qui estoyent en ladicte ville, portez au chasteau, & semblablement les chaines de fer qui estoyent es rues, & la porte de la ville, du costé saincte de Catherine, abbatue: & apres ces choses faictes le Roy y entra. Quand il y eut seiourné aucuns iours il s'en retourna: mais pource que ceulx de Paris n'estoyent pas encores bien appaisez, n'en voye d'obeissance, il n'alla point en ladicte ville, iusques à ce que ceulx de ladicte ville le requissent de rechef en grand' instance, & s'en alla à Compiegne, à Meaux, à Melun: & durant que ces choses se faisoyent le Duc d'Aniou estoit en Auignon, le Duc de Berry en Languedoc, & le Comte de Flandres auoit grand' guerre contre les Gantois.

Des fermiers desaides, qui furent tuez par le peuple de Paris & leurs maisons pillees.

De l'assemblee des Maillotins, et pourquoy ils furent ainsi nómez.

De l'esmeute de ceulx de Rouen qu'on appeloit la Harelle.

Comment

Comment on voulut de rechef mettre sus les aides, dont aduindrent plusieurs commotions en France.

LEs gouuerneurs, qui estoyent autour du Roy, qui ne tendoyent qu'à mettre sus les aides, affin qu'ils en peussent mieulx faire leurs besongnes, feirent assembler les gens des trois Estats à Paris: & quand ils furent assemblez maistre Arnault de Corbie, premier President en Parlement, proposa en remonstrant les grãds charges & affaires q̃ le Roy auoit à supporter: lesquels ne se pouoyent conduire sans leuer aide sur le peuple: à ceste cause il requeroit qu'on n'epeschast point que lesdictes aides ne fussent leuees: mais quand les deleguez des villes eurẽt ouye ladicte proposition, ils parlerent ensemble, & pour toute responce ils dirent qu'ils n'auoyent puissance ne charge, sinon d'ouyr ce qu'on leur vouldroit dire, & de le rapporter. Si leur fut ordonné que dedans certain iour ils en feissent scauoir la responce à Pontoise: & combien que les deleguez de la ville de Sens en ladicte assemblee eussent dit comme sots, que ceulx de ladicte ville s'y consentiroyent, toutesfois quand ils furent retournez à Sens, ceulx de ladicte ville dirẽt qu'ils n'en feroyent riens: & pour raison desdictes aides aduindrent au royaume de France de grands maulx, commotions, & inconueniens en plusieurs villes & lieux.

Les gouuerneurs d'étour le prince ne demandent qu'à mettre sus nouueaux aides sur le peuple.

Comment monseigneur Louis, Duc d'Aniou, fut couronné Roy de Cecille, par le Pape Clement: & comment il conquist Prouence, & apres alla en Lombardie.

AVdict an mil trois cens quatre vingts & deux, ledict Louis, Duc d'Aniou, considerant qu'il auoit eu du Roy grandes finances & thresors, delibera d'aller conquester la Comté de Prouence, & lesdicts royaumes de Cecille & de Hierusalem: & pour ladicte cause assembla grand' armee, & print son chemin vers Auignon, ou le Pape Clement le receut en grand honneur & triomphe, & enuoya plusieurs Cardinaux au deuant de luy: & apres le couronna Roy de Cecille & de Hierusalem: & le receut à hommage desdicts royaumes de Cecille, Hierusalem, Naples, Duché de Calabre, & Comté de Prouence: & meit ledict Duc ses gensd'armes en la Comté de Prouence: mais les Prouenceaux se deffendirent, & resisterent, & y dura la guerre bien huict moys. A la fin lesdicts Prouenceaux, qui n'auoyent point de secours, se meirent es mains dudict Duc d'Aniou, nouueau Roy de Cecille, lequel y meit gens, & Officiers de par luy. Tantost apres se meit à chemin luy & son armee pour tirer vers Naples, & passerent la Lombardie, non pas sans grands empeschemens & pertes de gens, cheuaux, & biens: & quãd Charles, qui se disoit Roy de Cecille, sceut qu'il approchoit, il meit sus grand' armee, en laquelle luy aida le Pape Vrbain, qui l'auoit courõné Roy desdicts royaumes. Iceluy Roy Charles s'adressa à vn compaignon qui se faisoit fort d'empoisonner ledict Roy Louis, Duc d'Aniou, s'il vouloit: parquoy ledict Charles le fit habiller en estat de messagier, pour venir empoisonner ledict Roy Louis: mais iceluy Louis en fut aduerty par vn Italien: parquoy ledict messagier auant que venir en la presence dudict Roy Louis, fut prins, & legierement confessa le cas, & fut decapité.

L'ã mil ccc.iiii xx. & deux.

La conqueste de la Cõté de Prouẽce faicte par Loys, Duc d'Aniou.

De la guerre du Comte de Flandres contre les Gantois & Flamens, qui s'allierent auec les Anglois.

ENicelle mesme annee, pource que Louis, Comte de Flandres, vouloit mettre aucunes maletostes sur ses subiects, qui estoyent contre les statuts & priuileges de Flandres, ce que les Flamens ne voulurent consentir ne souffrir, comme dessus a esté dict, & mesmement ceulx de Gand, ils s'esleuerent de rechef contre luy, & s'allierent des Anglois, & feirent Arteuelle leur Capitaine. Le Comte, qui auoit assemblé grand' armee se meit sur les champs, quand il sceut que ledict Arteuelle y estoit, & s'entrerencontrerẽt les deux armees, qui se combatirent: & en ladicte bataille mourut des gens du party du Comte bien dix mil hommes, & de ceulx du party dudict Arteuelle en mourut enuiron quatre mille: & finalement le champ demoura audict Arteuelle, & s'en fuyt le Comte de Flãdres au trauers des boys & chemins communs, iusques à l'Isle. Apres ladicte bataille ledict Arteuelle, qui se doubta que le Roy de France n'aidast audict Comte de Flandres, luy escriuit vnes lettres en paroles arrogantes, par lesquelles il luy mandoit qu'il ne fist aucun aide audict Comte contre lesdicts Flamens, autrement il luy faisoit assauoir que luy & les Flamens s'allieroyent aux Anglois: &

La desconfiture des gens du Cõte de Flandres, faicte par les Flamens.

de faict s'y allierent: & lesdictes lettres il enuoya par vn cheuaucheur ou Herault seulement: lequel les presenta au Roy en la presence des Princes & Seigneurs de son sang: & apres ce qu'elles eurent esté leues, veu que ce n'estoit qu'vn messager, il fut gracieusement enuoyé sans responce. Tantost apres ledict Comte de Flandres, qui se voyoit ainsi oultragé par lesdicts Flamens, ses subiects, s'en vint deuers le Roy, & luy exposa la rebellion de sesdicts subiects, & qu'il estoit son vassal, & Per, à cause de la Comté de Flandres, & des Comtez d'Artois, & d'autres plusieurs terres & seigneuries qu'il tenoit de luy, luy requerant qu'il luy voulsist donner confort & aide: & combien qu'iceluy Comte eust fait plusieurs commotiōs & maulx au Roy, & se fust parauant allié aux Anglois, toutesfois le Roy delibera pour aucunes raisons, lors alleguees: & mesmement en la faueur & requeste du Duc Philippe de Bourgongne, son oncle, qui estoit gēdre d'iceluy Comte, de luy faire aide & secours: & fit diligemment māder & assembler son armee vers Arras. Quand son armee fut preste, il alla à S. Denis, & print l'Oriflambe qu'il bailla à garder & porter à vn vieil & vaillant Cheualier, nommé messire Pierre de Villiers: lequel, auant qu'il la print, receut le corps de Iesus Christ, & fit les sermens en tel cas acoustumez.

De l'aide que fit le Roy au Comte de Flandres, contre les Flamens.

Aucuns des gens de l'armee du Roy, qui estoyent allez les premiers, auant que le Roy y allast, s'allerent mettre dedans la ville d'Audenarde, auec les gens du Comte de Flandres. Quand Arteuelle le sceut, il les alla assieger: mais ils se deffendirent vaillamment, & feirent plusieurs saillies, & tuerent moult desdicts Flamens, qui estoyent en vn merueilleusement grand nombre. Lesdicts François furent si fort lassez & trauaillez qu'ils manderent au Duc de Bourgogne, & audict Comte de Flandres, qu'ils ne pouoyent plus tenir sans secours, & aussi que viures leur failloyent: & aduint vn iour que lesdicts François, qui estoyent dedans Audenarde, veirent vn troupeau de pourceaux, ou il en y auoit bien quatre cens, qui estoyent pour l'auitaillement de l'armee des Flamens, & les faisoyent paistre en la praerie pres de la ville, & pour trouuer façon de les auoir feirent vne assemblee de gens à cheual & de gens à pied, & sortirent hors entre la ville & l'ost des Flamens: & puis aucuns des gens de pied allerent mussémēt & à cachette au lieu ou estoit ledict troupeau de pourceaux, & en prindrent deux seulement: lesquels ils attacherent par les pieds de derriere, pour les entrainer: parquoy lesdicts deux pourceaux se prindrent à crier, & incontinent tout le grand troupeau acourut au cry d'iceulx deux pourceaux, & les suyuirent ainsi crians, tellement qu'ils entrerent tous iusques en ladicte ville, dont lesdicts François furent fort reconfortez.

D'un grād troupeau de pourceaux qui fut subtilemēt pris sur les Flamēs, pres Audenarde par les François.

De plusieurs rencontres & desconfitures faictes par les François, sur les Flamens.

Enuiron la fin d'Octobre ensuyuant, le Roy arriua à Arras, auec moult belle & grande compaignie, & enuoya vn Gentilhomme, qui parloit & entendoit Flament, par deuers Arteuelle & les Flamens, pour les desmouuoir, & leur remonstrer les inconueniens qui leur pouoyent aduenir, à cause de leur entreprinse qu'ils faisoyent. Lesdicts Flamens firent bonne chere au Gentilhomme, & luy firent responce que pour riens ne laisseroyent les armes, & qu'ils poursuyuroyent leur entreprinse: veu que c'estoit pour la liberté du païs, & ainsi s'en retourna le Gentilhomme. Le Côte de Flandres, lequel estoit à Bruges, qui sçauoit que bien difficile chose seroit que l'armee du Roy peust passer la riuiere de l'Escau ailleurs qu'au pont à Bouynes, que lesdicts Flamens occupoyent, y enuoya son armee, pour despescher & ouurir le passage, & se combatirent ses gens & lesdicts Flamens tresasprement & durement, & furent iceulx Flamens desconfits, & la pluspart tuez, & prindrent les gens dudict Comte ledict pont à Bouynes: mais tantost apres iceulx Flamens se rallierent bien huit mil hommes, & regaignerent le pont. Le Roy mit son armee sus champs: & pour auoir passage fut trouué qu'il conuenoit premierement gaigner ledict pont à Bouynes. Si enuoya le Conestable Clichon, & le Mareschal de Sancerre auec deux mil hōmes: lesquels sceurent que du costé de l'armee du Roy lesdicts Flamēs auoyent rompu les arches dudict pōt: parquoy il leur estoit impossible de les venir assaillir par là. Si trouuerēt façon la nuict ensuyuant de passer la riuiere au dessus dudict pont en deux lieux, par les bateaux qu'ils eurent: & le lendemain vindrent deuant les Flamés de l'autre costé de la riuiere: lesquels furēt bien esbahis quand ils les apperceurent estre passez la riuiere, si se mirent en bataille entre ledict pont,

La desconfiture des Flamēs, faicte au pont à Bouynes par le Comte de Flandres.

& les

& les Francois, qui les aſſaillirent & combatirent, & furent Flamens deſconfits, & en mourut pluſieurs: & ainſi les Francois gaignerent ledict pont, qui tantoſt fut reparé, & paſſa le Roy & ſon armee oultre la riuiere. Meſſire Iehan de Vienne, Admiral de France, fut commis à conduire les viures & bagage de l'armee du Roy, & dreſſa ſon chemin vers la ville d'Ypre. Les Flamens, qui eſtoyent dedans, ſortirent ſur leſdicts viures: mais ledict Admiral les combatit & deſconfit, & y en eut plus de trois cens mors, & pluſieurs priſonniers: parquoy ceulx de ladicte ville, voyans ladicte deſconfiture, enuoyerent vn Religieux, & crierēt mercy au Roy. qui leur pardonna, & ſe meirent en ſa ſubiection. Vne compaignie de Francois allerent vers la ville du Dan, qui eſt vn port de mer, & forte place, & y auoit pluſieurs viures, meſmement grand' quātité de vin, & aſſaillirent ceulx de ladicte ville, qui ſe deffendirent: mais ils ne peurent reſiſter, & fut ladicte ville prinſe d'aſſault: & pendant ce temps de guerre, les Francois dommagerent fort de tous coſtez les Flamens: dont ledict Arteuelle ſe commença à eſbahir: mais il eſtoit obſtiné, & n'en oſoit ne vouloit monſtrer le ſemblant. Le Seigneur de Hācelles, qui eſtoit moult puiſſant, lequel par l'induction d'Arteuelle s'eſtoit ioinct auec ſes Flamens, quand il apperceut la puiſſance du Roy, il congnut ſa follie, & le danger ou il eſtoit, & le remonſtra auſdicts Flamens: mais ils n'en tindrent compte: & par ce il monta ſecretement à cheual, & les habandonna: & dient aucuns que pareillement voulut faire Arteuelle, & diſt au peuple deſdicts Flamēs qu'on luy laiſſaſt prendre iuſques à dix mil combatās, & il ſe faiſoit fort de deffaire l'armee du Roy: mais ils reſpondirent qu'ils ne ſouffriroyent point qu'il partiſt d'eulx, comme auoit fait le Seigneur de Hancelles.

Le pont à Boxines fut gaigné par les Frācois.

De la bataille qui fut entre le Roy & les Flamens à Roſebec, ou il mourut bien quarante mil Flamens.

LE vingtvniéme iour de Nouembre, audict an mil trois cens quatrevingts & deux, le Roy voyant que les Flamens eſtoyent en grand nombre ſur les chāps, & pres de luy, ſe delibera de les combatre: & ordonna ſes batailles: & eurēt charge de l'auantgarde le Conneſtable Clichon, le Mareſchal de Sancerre, & le Mouton de Blanuille, auſſi Mareſchal: & auec eulx ſe ioignirēt les Comtes de ſainct Paul, de Harecourt, de grand Pré, de Scines en Alemaigne, de Tonnerre, le Vīcomte d'Aunay, les Seigneurs de Caſtillon, d'Anglade & de Hangeſt: & les Ducs de Berry & de Bourbon, l'Eueſque de Beauuais, & le Seigneur de Paupy faiſoyent les eſles de ladicte auantgarde. En la bataille eſtoyent le Duc de Bourgongne, le Comte de Vallois, & ſes freres, & pluſieurs haulx Princes, & Seigneurs, Barons, Cheualiers, & Eſcuyers: & fut crié de par le Roy que tous ſe meiſſent à pied, & que nul ne ſe meiſt en fuyte ſur peine de perdre la vie, & ne demoura que le Roy ſeul à cheual: & al'entour de ſa perſonne furent ordonnez certains Cheualiers, c'eſt aſſauoir le Begue de Villaines, le Seigneur de Pomiers, le Vicomte d'Acy, meſſire Guy de Bayeux. Semblablement fut ordonné meſſire Robert de Beauuoir auecques quatre cens lances, pour aller eſcarmoucher & eſmouuoir l'armee deſdicts Flamens. ce qu'il fit bien diligemment: & puis s'en retourna auec ceulx de l'auantgarde, & ſe meirent tous à pied, & renuoyerent leurs cheuaux auec les autres. Deux choſes merueilleuſes aduindrent auant la bataille, dont on s'eſbahiſſoit fort: l'vne c'eſtoit qu'il vint ſi grande habondance de corbeaux que c'eſtoit merueilleuſe choſe à regarder, & tant y en auoit qu'ils enuironnerent toutes les deux armees: l'autre fut que par toutes les deux armees, cinq ou ſix iours precedens, le temps fut ſi obſcur & chargé de nuges & de brouillars qu'on ne ſe pouoit veoir n'aperceuoir l'vn à l'autre. Finalement les deux armees s'approcherent l'vne de l'autre: & lors le Roy fit deſployer l'Oriflambe, & tout incontinent le temps deuint bel & cler, & commença le Soleil à luyre, & s'entreuirent les batailles, & marcherent les vnes contre les autres, & tellement approcherent qu'ils vindrent à combatre main à main: & y eut de premiere rencontre moult aſpre & dure bataille, ou les Flamens ſe porterent ſi vaillamment que de prime face ils feirent reculer les Francois: mais les Francois prindrent courage, tellement qu'ils rebouterent & rompirent les Flamens ſi vaillamment & fermement que les Flamens tomberent à grand tas les vns ſur les autres, & furent deſconfits: & à la fin de la bataille on eſtimoit les mors du coſté deſdicts Flamens à bien quarante mil perſonnes, & des Francois n'en mourut que treſpeu: & fut ladicte bataille en vn lieu qu'on appelle Roſebec. Apres ladicte deſconfiture, on doubta fort que les Flamens ne ſe raliaſſent: ſi furent commis les Seigneurs d'Albret & de Coucy à les ſuyuir & chacer. ce qu'ils feirent, tellement que leſdicts Flamens n'eurent loyſir d'eulx r'aſſembler, & s'en fuyrent pluſieurs parmy les boys & mareſts, ou il s'en noya moult grand nombre. Quand les Flamens, qui tenoyent le ſiege deuant Audenarde, ſceurent la deſconfitu-

L'a mil ccc. iiii. xx. & deux.

De la multitude des corbeaux qui ſ'apparurēt ſur l'oſt du Roy de France & des Flamens, āuant la bataille

re de leurs gens, ils leuerent leur siege, comme sans arroy, & s'en alloyent par petites compaignies & tourbes: & lors les Francois, & gens du Comte de Flandres, qui estoyent dedans, saillirent sur eulx, & les chacerent, & y en eut de rechef plusieurs mors & prins. Le Roy & ceulx
de sa compaignie furent ioyeux, & rendirent graces à Dieu de la victoire qu'il leur auoit donnee: & lors ledict Louis, Comte de Flandres, en faisant son deuoir, vint deuant le Roy, & en la
presence des Seigneurs & Princes le remercia de l'aide qu'il luy auoit faicte, & aussi remercia
lesdicts Princes & Seigneurs: & le Roy luy dist, Beau cousin ie vous ay volontiers secouru, &
tellement que, Dieu mercy, voz ennemis sont desconfits, combien que du temps de feu monseigneur mon pere, que Dieu absolue, vous fustes fort chargé d'auoir eu alliance & fauorisé à
noz ennemis les Anglois, si vous en gardez doresnauant, si vous voulez auoir nostre grace: lequel Comte luy promeit & iura qu'à tousioursmais luy seroit vray & loyal seruiteur, vassal &
subiect. Le Roy auoit grand desir de sçauoir si Arteuelle estoit mort ou non: & pource qu'il
y auoit vn des Capitaines desdicts Flamens, qui auoit esté moult fort nauré en la bataille, & e-
stoit prisonnier, on luy demanda s'il n'en sçauoit riens: & il dist qu'il croyoit certainemét qu'il
fust mort, car il estoit embesongné assez pres de luy: lequel Flament fut mené sur le champ, ou
le Roy & les Princes cheuauchoyent pour veoir les mors, & trouua le corps dudict Arteuelle
mort: lequel il monstra au Roy & à ceulx de sa compaignie. Le Roy voulut faire habiller les
playes dudict Flament, prisonnier, & faire guerir: mais il ne le voulut souffrir, & dist que pour
la liberté de son païs il vouloit mourir auecques les autres: & par ainsi, à cause de l'euacuation
de son sang, il mourut tantost apres.

*D'un Flament qui fut si obstiné quil aimamieux mourir pour son païs, que de sau-
uer sa uie.*

Comment la ville de Courtray fut pillee & bruslee.

A Pres ladicte victoire le Roy delibera s'en retourner en France, & de passer par
Courtray, pour faire abatre les portes & murailles. Ceulx de la ville, qui estoyét
fort riches & auitaillez, luy feirent resistence: & à ceste cause les Francois l'assaillirent & la prindrent par force: & combien que le Roy fist crier qu'on n'y tuast personne, & qu'on ne fist desplaisir à nul, neantmoins lesdicts Francois, en despit de
la bataille qui auoit esté audict Courtray, ou les Francois auoyent esté desconfits, tuerent presque tous ceulx de ladicte ville, & les pillerent: & puis bouterent le feu par toutes les maisons de
la ville, ou ils trouuerent plusieurs biens & richesses.

Comment apres la guerre de Flandres le Roy s'en retourna vers Paris, malcon-
tent de ceulx de la ville.

E N ladicte ville de Courtray furent trouuees vnes lettres, comme on disoit, que
ceulx de Paris auoyent escriptes aux Flamens, touchant le faict des aides, dont le
Roy fut bien malcontent d'eulx: parquoy il delibera de s'en venir droit à Paris:
& en s'en venant il passa les villes de Picardie, ou il fut grandement receu, & luy
fit on de beaux dons. puis vint à Compiegne, ou il fut aucun peu de temps, pour
soy solacier à la chace: car il aymoit moult le lieu, pour la delectation de lassiete & beauté de
la ville, & du païs d'enuiron. En ladicte ville de Compiegne les Ducs de Berry & de Bourgongne, oncles du Roy, osterent à l'Euesque de Beauuais les grands seaux de la Chancellerie, & furent mis es coffres du Roy: & fut ordonné que iusques à ce que le Roy eust fait vn
autre Chancelier, on seeleroit du petit seel, qui estoit ordonné en l'absence du grand: duquel
petit seel on bailla la charge & garde à l'Euesque de Laon, & à maistre Roger de Corbie, premier President de Parlement, & à maistre Philippe des Molins, Chanoine de Paris, puis vint
le Roy iusques à sainct Denis, & alla à l'eglise ou il rapporta l'Oriflambe: laquelle, nue teste,
& sans ceincture, il bailla es mains de l'Abbé, & rendit graces & louenges à Dieu & aux Martirs, qui sont conseruateurs des Roys & de la couronne de France, de la grace & victoire
qu'ils luy auoyent donnee, en la presence des Ducs de Berry & de Bourgongne, ses oncles,
& de plusieurs grands Princes & Seigneurs: lesquels feirent de riches dons en ladicte eglise:
& en ladicte ville de sainct Denis le Roy & sa compaignie furent par aucuns iours, tenant côseil, deliberant en toutes manieres de ce qui estoit à faire pour rabatre l'orgueil de ceulx de Paris: lesquels estoyent de ce bien esbahis, & non sans cause. En ladicte ville sainct Denis vindrét
vers le Roy, le Preuost des Marchans, & plusieurs grands & notables personnes de ladicte ville de Paris, pour eulx vouloir excuser: & luy dirent que Dieu mercy tout estoit bien appaisé,
& que seurement il pouoit venir à Paris quand il luy plairoit, & que ceulx de la ville estoyent
bien deliberez de luy obeir & complaire de corps & de biés, en luy priant qu'il les voulsist tenir
& remettre

Le Roy aymoit fort la ville de Côpiegne, & le païs d'enuiron.

*Le Roy delibera d'abatre l'or-
gueil de ceulx de Paris.*

DV ROY CHARLES, SIXIEME. Fueil.xlij.

& remettre en sa bonne grace, & leur pardonner s'aucunes fautes & offences auoyent commises enuers luy. Ce qu'aucuns des Princes ne vouloyent croire, & disoyent que le peuple les desaduouoit, & qu'ils ne leur auoyent point donné ceste charge: & nourrissoyent tousiours lesdicts Princes le Roy, qui estoit ieune, en maltalent côtre ladicte ville, par ce qu'ils ne tachoyêt qu'à faire faire exactions, pour en auoir les deniers: ce neantmoins le Roy bailla iour au Preuost des Marchans pour venir entrer dedans Paris: auquel iour il se trouua en grãd' triomphe, & auec grand nombre de gensd'armes tous armez. Quand il fut à la porte sainct Denis, auant qu'entrer en ladicte ville, il meit & ordonna ses gensd'armes en trois batailles. En la premiere estoit le Connestable Clichon, & le Mareschal de Sancerre. En la seconde estoit le Roy grãdement acompaigné, armé, & monté sur vn beau cheual, & tous ses gens d'armes à pied, reseruez ses oncles le Duc de Berry & de Bourgongne: & à ladicte porte fit rompre les barrieres & les portes de la ville en sa presence: & illec estoyent venuz à pied, & en grand' humilité, le Preuost des Marchans, les Escheuins & Bourgeois de Paris: lesquels luy voulurent faire la reuerence, & aucune briefue proposition de bouche, mais il ne les voulut ouyr n'entêdre, & sans faire semblant de les veoir passa oultre & cheuaucha iusques à nostre Dame de Paris, en laquelle il fit ses oraisons, & y donna la banniere qui auoit esté portee deuãt luy, le iour de la bataille de Rosebec en Flandres. Apres s'alla descendre & loger au Palais: & quand luy & ses gês d'armes furent logez, il fit crier à son de trompe par toute la ville qu'on ne fist aucuns oultrages, ne dist aucunes paroles iniurieuses à ceulx de ladicte ville, & qu'on ne print nuls prisonniers, ne qu'on ne fist mal à personne. Ce neantmoins il y en eut deux de ladicte ville, lesquels vserêt de manieres mauuaises, & dirent du Roy aucunes paroles mal sonnantes: parquoy ils furêt prins prisonniers, & le lendemain furêt penduz aux fenestres de leurs maisons: & incontinent apres ladicte execution, les Ducs de Berry & de Bourgongne cheuaucherent par la ville, & feirent prendre plusieurs de ladicte ville prisonniers: & entre autres, maistre Guillaume de Sens, maistre Iehan Filleul, maistre Martin Doublet, & plusieurs autres, iusques au nombre de trois cens: & n'y auoit celuy de ladicte ville de Paris qui n'eust grand' paour: & emmena les aucuns des principaux aux Halles, & là furent decapitez sans faire long proces, dont la femme de l'vn, voyant passer son mary qu'on menoit executer, se precipita & ietta à bas, par les fenestres emmy la rue, & se tua, & son enfant qu'elle auoit au ventre. Apres ces choses, les dessusdicts Seigneurs allerent par ladicte ville, & feirent arracher toutes les chaines de fer qui sont au trauers des rues de ladicte ville, & les feirent porter au boys de Vincennes: & apres furent par toutes les maisons, & prindrent tous les harnois & habillemens de guerre qu'ils trouuerent, & en feirent porter vne partie au Louure, l'autre au Palais, & l'autre en la Bastille, & disoit on qu'il y en auoit assez pour armer cent mil hommes. La Duchesse d'Orleans, & l'Vniuersité de Paris, vindrent deuers le Roy, luy requerir qu'on procedast seulement à punir ceulx qui estoyent cause de la commotion, & non pas contre la generalité: à quoy le Roy respondit qu'il aduiseroit qu'il auroit à faire. Durant ce tumulte, qui fut à Paris, en l'annee mil trois cens quatre vingts & trois, maistre Iehan des Mares, qui fut Conseiller & Aduocat du Roy en son Parlement à Paris, vn grand sage homme, & qui auoit esté Conseiller du feu Roy Charles le Quint, auquel ledict feu Roy adioustoit grand' foy, fut prins prisonnier, & ne scauoit l'on bonnement pour qu'elle cause (car il n'auoit point esté cause ne consentant desdictes commotions: mais luy desplaisoyent terriblement les brouilleries qui auoyent esté à Paris) & fut mis en Chastelet, & ne luy fit on pas long proces, & à peine print on le loisir de l'examiner: & disoit on que c'estoit pour la haine qu'auoyent conceue contre luy les Ducs de Berry, & de Bourgongne, durant les questions d'entre eulx & leur frere le Roy de Cecille, Duc d'Aniou: si fut condamné à estre decapité: & combien qu'il allegast sa clericature (car il n'auoit esté marié qu'vne fois à vne ieune pucelle) & requist estre ouy en ses iustifications, ce neantmoins il fut mené es Halles de Paris: & fut decapité à la tresgrand' desplaisance de plusieurs, tant grãds comme petis (car il estoit fort aymé à Paris) & en l'y menant disoit tousiours ce Pseaume: *Iudica me Deus, & discerne causam meam de gente non sancta, &c.* & auec luy en furêt decapitez douze autres. Et cõbien que l'entendement humain ne puisse apposer raison sur les iugemens de Dieu, toutesfois plusieurs dirent que cela estoit aduenu audict Aduocat, pource que luy estãt Aduocat il prenoit & acceptoit volontiers charge des causes qui estoyent contre les droicts, priuileges, & immunitez des Eglises, & s'y delectoit fort: & au contraire faisoit, comme on disoit, vn nommé maistre Pierre de Frontbrac, aussi Aduocat en Parlement du temps dudict des Mares, qui estoit zelateur & deffenseur des droicts de l'Eglise: & combiê qu'iceluy de Frontbrac ne fust qu'vn simple Aduocat, & pour tous benefices Chanoine de Chartres, homme ancien, mais vertueux, il fut par le Pape Clement faict & declaré Cardinal, sans ce qu'il en fist aucune poursuite: & par tant Dieu en punist vn, & l'autre il exalta. Apres ces choses ainsi faictes,

Le Roy uoulut entrer dedãs Paris à mal armee

La grosse pitié d'une femme grosse d'enfant.

L'an mil ccc.iiii. xx. & trois.

L'Aduocat du Roy en sa court de parlement fut decapité.

le Roy fit crier, bailler, & liurer les fermes des aides en ladicte ville de Paris: c'estassauoir gabelles & impositions: & fut la Preuosté & Escheuinage de ladicte ville condamnee & abolie: & fut ordonné qu'il n'y auroit plus nul Preuost des Marchans n'Escheuins, & que la iustice du faict de la marchandise de l'eau, qui se souloit faire par ledict Preuost des Marchans, se feroit doresnauant par le Preuost de Paris: & estoyent tous les habitans de Paris en grand' paour & crainte, & non sans cause, pour la grand' perturbation qui estoit en ladicte ville.

La preuosté & escheuinage de Paris abolie.

Comment le Roy fit faire vn siege en la court du Palais: & de la proposition qu'il fit faire par messire Pierre d'Orgemont son Chancelier.

APres ces choses, le Roy fit faire vn siege au hault des degrez du Palais deuant la representation du roy Philippe le Bel, bien notablement paré, auquel il s'asseist, & aupres de luy furent ses oncles assiz, les Ducs de Bourgongne & de Bourbon, & plusieurs autres grands Princes Seigneurs & Conseilliers: & là fit on venir le populaire de Paris, qui estoit en si grand nombre que c'estoit merueilleuse chose à veoir, tous nues testes. Et lors commanda le Roy à messire Pierre d'Orgemont, qui auoit esté nouuellement creé son Chancelier de France, qu'il dist ce qu'il luy auoit chargé de dire: lequel Chancelier commença à parler du feu Roy Charles le Quint, & comment il auoit honnestement traicté & entretenu ceulx de Paris, nonobstant les oultrages qu'autresfois ils luy auoyēt faicts: & comment le Roy, son fils, auoit deliberé de les bien traicter: mais qu'on congnoissoit bien leur ingratitude, & la grande dureté de leurs cœurs, dont ils estoyent dignes de grand' punition, en declarant les matieres qui s'offroyent & les principales: parquoy on ne se deuoit esmerueiller des executions qui auoyent esté faictes: en concluand qu'encores en y auoit il plusieurs qui estoyent bien à punir. Apres ces choses dictes, lesdicts Ducs de Berry & de Bourgongne, oncles du Roy, se meirent à genoulx deuant ses pieds, en luy priant & suppliant qu'il voulsist auoir pitié de son pauure peuple de ladicte ville de Paris: & apres plusieurs Dames & Damoyselles de ladicte ville, qu'on auoit fait venir, lesquelles estoyent toutes descheuelees, en pleurant feirent pareille requeste au Roy, & tout le demourant du peuple se meit à genoulx, & nues testes, & tous commencerent à crier à haulte voix, & par plusieurs fois, Misericorde, qui estoit piteuse chose à veoir & ouyr: & lors respondit le Roy qu'il estoit content que la peine criminelle qu'ils auoyent encourue fust conuertie en ciuile: & par ce furent mis les prisonniers hors de prison, & fut l'amende ciuile imposee sur les coulpables, telle qu'il falloit qu'il baillassent: qui estoit la moytié de ce qu'ils auoyent vaillant: & fut icelle finance baillee aux gens de guerre, affin qu'ils ne feissent nulles pilleries, car pour lors n'estoyent nulles ordonnances de gens d'armes souldoyez. Et combien que lesdicts gens d'armes eussent esté tresbien payez de tout ce qui leur estoit deu, & que par ce ils eussent promis ne faire aucuns exces, ce neantmoins si tost qu'ils furent sur les champs, ils feirent de grands pilleries & roberies, & ranconnoyent tous ceulx de ladicte ville de Paris, qu'ils rencontroyent, & faisoyent maux innumerables.

La proposition que fit le Chancelier d'Orgemōt en la court du Palais, au populaire de Paris

La sentēce donnce contre ceulx de Paris, par le Roy.

De la commotion que feirent ceulx de Rouen, pour les aydes qu'on vouloit mettre sus.

TAntost apres ceulx de Rouen, qui s'estoyent esleuez, & auoyent fait comme ceulx de Paris, ou pis, & auoyent meurtry les fermiers du Roy, sceurent comme ceulx de Paris auoyent esté rudement traictez, enuoyerent deuers le Roy demander pardon & misericorde de leur meffaict. Parquoy le Roy y enuoya messire Iehan de Vienne, Admiral de France, vaillant Cheualier & preud'homme, accompaigné de gens de guerre, & auec luy messire Iehan Pastourel, & le Seigneur de Noniant: lesquels entrerent dedans ladicte ville de Rouen, & feirent abatre aucunes des portes, & prendre grand' quantité des habitans, especialement ceulx qui auoyent contredit à payer lesdictes aides, & qui auoyent esté cause des commotions qui auoyent esté faictes en ladicte ville, & qui auoyent couru sus aux fermiers: & d'iceulx y eut plusieurs executez, & les testes coppees: & lors les habitans demanderēt pardon & misericorde. Et pource que c'estoit pres de Pasques les prisonniers furent deliurez, & l'amende criminelle conuertie en ciuile, & pour abreger ils feirent comme ceulx de Paris.

La punition de ceulx de Rouē.

D'vne des-

DV ROY CHARLES, SIXIEME. Fueil.xliij.

D'vne descente d'Anglois que les Flamens recueillirent: & de la rebellion de ceulx d'Orleans, pour le faict des aides.

L'An mil trois cens quatre vingts, & trois, y eut de grandes commotions en Angleterre: & disoyent les Anglois que le roy Richard estoit lasche de ce qu'il ne faisoit guerre en France: & à vn Parlement à Londres, delibererent de faire la guerre aux Francois. Les aucuns estoyent d'oppinion qu'on deuoit faire paix: & soustenoit fort ceste oppinion l'Euesque de Cantorbie, parquoy il fut tué bien inhumainement, & plusieurs autres de son oppinion. Le fils *du Roy d'Angleterre, Hugues de Carnelay, Cressonnal, & Robin Canolle, Anglois, assemblerent huict cens hommes d'armes & douze mil archiers, & monterent sus mer, pour venir en France: mais ils eurent vent contraire, qui les rechaça, & perirent la pluspart de leurs nefs: mais tantost ils en assemblerent d'autres, & vindrent descendre à Calais, & auoit la charge l'Euesque de Noruuic, auec bien six vingts nefs, & allerent en Flandres, ou les Flamens les receurent lyément, & leur administrerent viures. Le Lundy xxvj. iour de May, se combatirent lesdicts Anglois deuãt Dunkerque, contre aucuns Flamens, qui tenoyent le party du Roy, & du Comte de Flandres, & furent lesdicts Flamens desconfits: & apres allerent lesdicts Anglois mettre le siege deuant Ypre. Le Roy qui estoit à Paris, & rien ne sçauoit de la descente desdicts Anglois, s'en alla en pelerinage par deuotion à nostre Dame de Chartres, ou il fut tresbien receu: & apres ses oraisons faictes, luy vindrent nouuelles que ceulx d'Orleans auoyent fait pareille desobeissance, à payer les aides, & s'estoyent esleuez, comme ceulx de Paris: parquoy le Roy delibera d'y aller: & de faict y alla, & fut notablement receu de ceulx de ladicte ville: mais pourtant ne demourerent pas leurs faultes impunies, car (comme aux autres) il leur fit abatre leurs portes, & oster les chaines, & des principaux fit decapiter grand nombre, & le demourant payerent grand' finance, comme à eulx importable: puis s'en retourna à Paris.

L'an mil.ccc. iiii.xx. et trois

Froiss. & Pol. Verg. ne parlẽt point de ce fils d'Angleterre, et font ces noms vn peu autres

punition faicte côtre ceux d'Orleãs, qui auoyet esté desobeissãs au Roy.

Du voyage que le Roy fit contre les Anglois & Flamens, ou il porta l'Oriflambe.

LE Roy estant à Paris, luy vindrẽt nouuelles que les Anglois, qui estoyẽt desceduz en Flandres, faisoyent maulx infinis es païs de Picardie: si delibera d'y remedier, & manda gens de toutes pars. Les Gantois, qui furent aduertis de l'assemblee que faisoit le Roy, enuoyerent deuers luy Ambassadeurs: mais le Roy, qui bien fut aduerty qu'ils ne vouloyent que l'amuser, affin qu'il n'allast contre eulx, ne les voulut ouyr. Quand l'armee & viures du Roy furent prests, il alla à S. Denis prendre congé des martyrs, conseruateurs de luy & du royaume, & print l'Oriflambe, & la bailla à garder, & porter, à messire Guy de la Trimoille, Cheualier. puis se meit en voye vers Flandres, & alla à Arras, & à Therouenne, & auoit bien vingt mil hõmes d'armes, que Cheualiers qu'Escuyers, sans les gens du Duc de Bretaigne, qui estoyent venus pour seruir le Roy en sa guerre. Les Anglois, qui estoyent en Flandres, à la requeste des Gantois, tenoyent le siege deuant Ypre. Le Roy tira vers là, & le Cõnestable Clisson, & le Duc de Bretaigne, qui menoyẽt l'auantgarde du Roy, les suyuirent. Apres estoit la bataille, ou estoit le Duc de Berry, de Bourgõgne, de Bourbõ, de Lorraine, de Bar, & plusieurs autres, & estoyẽt bien dix mil lãces, & furẽt logez à Blandelle, à deux lieues pres de Cassel, ou estoyent les Anglois, qui meirent le feu dedans, & s'enfuyrent. Si prindrẽt les gens du Roy plusieurs fortresses: & tãtost lesdicts Anglois, qui estoyent au siege deuant Ypre, se leuerent, & meirent le feu dedans leurs tentes, & se retirerent à Grauelines & à Bergues. Ledict Robin Canolle s'en alla à Bergues, ou lesdicts Connestable & Duc l'allerent assieger: mais quãd il le sceut, il s'en alla à Grauelines, & bouta le feu en ladicte ville de Bergues, ou les Francois entrerent, & y auoit encores des Anglois: & pource que ceulx de ladicte ville les auoyent fort fauorisez, les Francois tuerent tous les gens de deffence qu'ils y trouuerent. Puis allerent apres lesdicts Anglois à Grauelines, & y meirent le siege, & y eut de grands armes: mais pource que les Anglois veirent qu'on les chaceoit de pres, ils s'en partirent secretement par nuict, par vne porte qui n'estoit point assiegee: lequel partement les Francois ne voulurent croire. Il y eut aucuns Francois qui prindrent vn bateau, & en petit nombre des plus vaillans, entrerent dedans ladicte ville par eaue. Ceulx de ladicte ville s'assemblerent pour les rebouter, mais les Francois les tuerent: & apres, toute l'armee des Frãcois entra dedans, & pillerẽt & bruslerẽt presque toute la ville. Apres la prinse de ladicte ville de Grauelines: ledict Cõnestable, & le Duc de Bretaigne, menerent leur armee à Bourbourg ou les Anglois s'estoyent retirez, & fut la ville assiegee de toutes pars. Vn iour fut aduisé de

La ville de Grauelines fut prinse & pillee par les Francois.

H

donner l'assault, ou les Francois firent de grandes vaillances: & entre autres, messire Philippe d'Artois, Comte d'Eu, print vne banniere du Roy à fleurs de liz, & mõta iusques sus les murs vaillamment, & dura l'assault iusques à la nuict: & celle iournee fit le Roy plusieurs Cheualiers, & y en eut plusieurs mors. Lors demanderent les Anglois, qui estoyent dedans, à parler au Duc de Bretaigne, qui là estoit, qui leur fut accordé: & en parlant à luy, ils luy ramenerent à memoire les seruices qu'ils luy auoyent faicts, & que s'ils ne luy eussent aidé, il n'eust point esté Duc de Bretaigne, & que ses predecesseurs auoyent tousiours serui la maison d'Angleterre, & que par ce il leur voulsist aider, & trouuer moyen qu'ils s'ent retournassent hõnestement: & le Duc leur promit faire enuers le Roy le mieulx qu'il pourroit pour eulx. si s'en alla deuers le Roy, & parla à luy, non pas par maniere de supplication, mais par admonnestement & remonstrance, disant, que les faicts de guerre sont aduantureux & à doubter, & que les Anglois estoyent puissans, & qu'à les prendre d'assault on pourroit perdre beaucoup de gens de bien, dont apres il seroit courroucé, aussi que l'hyuer s'approchoit, & que le païs de Flandres estoit froid & aquatique: & tant fit par le moyen d'aucuns Seigneurs qu'il attira le Roy à sa cordelle, tellement qu'il fut accordé ausdicts Anglois, qu'ils s'en iroyent leurs biens & vies sauues, & laisseroyent la ville à la volonté du Roy. Si s'en sortirẽt lesdicts Anglois, & vindrẽt deuers le Roy, bien pompeusement, le remercier du gracieux traicté qu'il leur auoit fait: & apres s'en allerent à Calais, & aucuns s'en allerent dedans Grauelines: mais on leur donna de l'argent, & ils s'en sortirent sans siege. Apres leur partement, le Seigneur de Sempy, Capitaine pour le Roy, se meit dedans pour renforcer la ville, & par ce moyen fut clos aux Anglois le passage, de pouoir aller en Flandres. Dudict traicté furent la pluspart des gens de guerre mal contens, & mauldissoyent ledict Duc de Bretaigne, qui en auoit esté cause, & disoyent diuerses parolles mal sonnantes de luy: & les Francois entrerent en ladicte ville de Bourbourg, & y en eut vn qui par force entra en vne eglise, & veit vne image d'argent de sainct Iehan, sur vn autel, qu'il vouloit prendre & emporter, mais l'image luy tourna le dos, & deuint iceluy homme enragé & hors du sens: & à cause de ce, les gens de guerre ne firent nul mal aux eglises, & par la ville se porterent gracieusement. & pource que le temps d'hyuer estoit prochain le Roy s'en retourna à Paris, & le Duc de Bretaigne, qui demoura derriere, print & accorda aux Anglois vne abstinence de guerre soubs esperance de paix, & l'apporta au Roy. Le Roy en s'en retournant ouyt parler aucuns de ses Capitaines, & par leurs parolles congnut la fraude dudict Duc, mais il la dissimula pour l'heure: & quãd iceluy Duc eut parlé au Roy, il s'en retourna en Bretaigne, le plus tost qu'il peut, & furent lesdictes trèues publiees en Guyenne: mais les Anglois couroyent tousiours, & faisoyant maulx innumerables, en guise de brigans, & disoyent les Capitaines Anglois, que ce n'estoyent point de leurs gens. & pource que lesdictes trèues estoyent prinses soubs esperance de paix, le sixiéme iour de Decembre le Roy enuoya le Duc de Berry, son oncle, à Boulõgne: & là le vint le Duc de Lanclastre à Calais, pour le party d'Angleterre, pour cuider traicter paix, & eurent plusieurs parlemens de peu de proffit, sinon vnes trèues qu'ils prindrent, qui ne durerent gueres. Tantost apres, c'est assauoir le trentiéme iour de Ianuier, audict an mil trois cens quatre vingts & trois, trespassa monseigneur Louis, Comte de Flandres: & fut enterré à sainct Pierre de l'Isle, & luy succeda monseigneur Philippe, Duc de Bourgongne, son gendre, & oncle du Roy: lequel fut nõmé Philippe le Hardy, qui auoit espousé madame Marguerite, fille dudict Comte de Flandres, à cause de laquelle luy vindrent les Comtez de Flandres: & lors se leuerent merueilleux vents & tempestes, dont plusieurs gens disoyent ce que bon leur sembloit: car il auoit esté mauuais Francois.

D'un Cheualier qui deuint enragé, pourtãt quil auoit commis sacrilege.

L'an mil.ccc. iiii.xx. et trois. Philippe le Hardy, duc de Bourgõgne, succeda à la Comté de Flandres.

Du voyage que le Duc de Bourbon, & autres Seigneurs de France firent en Barbarie, sur les Sarrazins.

EN ce tẽps partit de France monseigneur Louis, Duc de Bourbõ, deliberé de faire guerre aux Sarrazins, & en sa compaignie le Cõte de Harecourt, le Seigneur de la Trimoille, & plusieurs autres, iusques au nõbre de huict cens Cheualiers, tant de Frãce, que d'autres nations: & descẽdirent en la Barbarie & en Afrique ou ils firẽt plusieurs assaulx & escarmouches ausdicts Sarrazĩs: mais iceulx Sarrazins quand ils sceurent leur venue, ils firent tellement serrer & amasser les viures, & retirer es villes & citez, que les Chrestiens n'en pouuoyent auoir, & y eurent de grandes indigences l'espace de six sepmaines, tellement qu'ils furent contraincts de leuer le siege qu'ils auoyẽt mis & retourner en leur païs.

Des maulx

Des maulx que plusieurs gens du commun d'Auuergne faisoyent, & de la punition que le Duc de Berry en fit.

L'An mil ccc.iiij.xx. & iiij.les tréues qui auoyent esté pourparlees entre les Ducs de Berry & de Lanclastre, furent de rechef publiees par mer & par terre, & assez compétamment gardees: & lors le Duc de Berry se delibera d'aller en Auignon, pour veoir & visiter le Pape, pource que les tréues estoyét prinses entre les François & Anglois, & de rechef publiees, comme dict est. Et en y allant sceut que plusieurs des communes, gens mecaniques & laboureurs d'Auuergne, Poitou, & Limosin, s'estoyent mis sus en armes, & auoyent fait leur Capitaine vn nommé Pierre de Bruyeres, & n'estoit mal au monde qu'ils ne fissent: & entre autres choses quand ils trouuoyét aucuns, fussent Nobles ou Bourgeois des villes, ils mettoyent tout à mort. Il aduint qu'ils trouuerent vn moult vaillant Cheualier, qui estoit d'Escosse, auquel ils meirent vn bassinet sur sa teste, tout ardant, & piteusement le firent mourir. Ils prindrent vn Prebstre, & luy copperent les doigts, luy escorcherent la couronne, puis le bouterent en vn feu & l'ardirent. Ils trouuerent vn Cheualier de Rhodes, & le pendirent à vn arbre par les aisselles: puis luy tirerét traicts d'arbalestres & dards, & d'autres glaiues, & ainsi piteusement le firét mourir, & firét plusieurs autres grãds inhumanitez. Ledict Duc de Berry assembla plusieurs gés Nobles & autres de guerre, & cheuaucha hastiuement vers eulx bien accompaigné, & arriua à vn matin au lieu ou ils estoyent, & illec les assaillit, ou ils ne firent pas grand' resistance: parquoy legerement furent desconfits, & grand' foison y en eut de tuez sur le champ, & le residu furent tous penduz, excepté aucuns qui s'eschaperent, & retournerent en leurs maisons labourer, comme ils auoyent accoustumé, ou ils furent delaissez, & leur fut pardonné: de laquelle execution ledict Duc de Berry eut grand honneur, & grandes prieres du peuple. Apres ce alla deuers le Pape en Auignon, qui le receut, & par plusieurs fois le festoya moult honnorablement, & expedia toutes les requestes qu'il luy voulut demander: & au departir luy dóna moult de beaux ioyaux & de sainctes reliques, & n'y eut si petit des seruiteurs dudict Duc à qui le Pape ne fist faire aucun don.

En ce temps le Roy d'Armenie, qui estoit vaillant & sage Prince, fut si trauaillé des Turcs, qu'il fut contrainct abandonner son royaume, & s'en vint à refuge en France deuers le Roy, qui le receut honnorablement, & ordonna que son estat fust entretenu à ses despens.

L'an mil. ccc. iiii.xx. & iiii.

De l'inhumanité cruelle de ceulx d'Auuergne, de Limosin & de Poictu.

D'aucuns Docteurs Iacobins, qui voulurent soustenir la vierge Marie auoir esté conceue en peché originel, & pourquoy on les appella Huets.

ENuiron ce temps y eut aucuns Docteurs, & autres de l'ordre des freres Prescheurs, qui disoyent, & prescherent publiquement, que la vierge Marie, mere de Iesus Christ, auoit esté engendree & conceue en peché originel: & en eut vn qui dist que s'il ne le scauoit monstrer & prouuer peremptoirement, qu'il vouloit qu'on l'appelast Huet: & en contépt de ce, par derision, quand on voyoyt aucuns desdicts Iacobins aller par la ville de Paris, & passer par les rues, les menuz gens, Escoliers, & enfans, crioyent apres eulx: Aux Huets, aux Huets, tellement que de honte qu'ils auoyent, ils n'osoyent plus aller par la ville: & pour ladicte erreur fut assemblé vn grand conseil de Clercs & notables gens à Paris, & par eulx fut ladicte proposition declairee erronee en plaine assemblee & Procession generale de l'Vniuersité de Paris. En celle mesme annee, à la requeste de ceulx de l'Vniuersité de Paris, fut ordonné que nul or n'argent ne fust transporté hors du royaume: & oultre que la tierce partie du reuenu des benefices de ce royaume fust mise es reparations des Eglises & benefices, l'autre tierce partie à payer les charges, & l'autre tierce partie pour viure les gens d'Eglise, & autres qui feroyét le diuin seruice: & fut faicte ladicte ordonnance par ce que Pape & les Cardinaux faisoyent de grandes exactions sur l'Eglise de France, & prenoyent & emportoyent tout le reuenu des benefices.

Des freres Prescheurs qu'on souloit appeler Huets.

Bonne ordónance, touchant les benefices.

De la mort du Roy de Cecille, Duc d'Aniou: & comment le Roy de Nauarre voulut faire empoisonner les Ducs de Berry & de Bourgongne, oncles du Roy.

L'An mil trois cens quatre vingts & *cinq, le neufiéme iour de Septembre, mourut monseigneur Louis, Roy de Cecille & de Naples, Duc d'Aniou, & oncle du Roy, apres ce qu'il eut passé les montaignes du royaume de Naples, ou il eut de grandes pertes de ses gens, cheuaux, & biés, tellement que ceulx qui estoyent en sa compaignie mouroyét de faim: car Charles, Roy de Cecille, son aduersaire, auoit

* Cro. de Nap. disent 4. le 21. de septembre.

tout fait retraire les viures dedãs les villes, si qu'ils ne trouuoyent que menger sur les champs, & auoyent par necesſité vendu toutes leurs bagues & ioliuetez, & eſtoyent en ſi grand' pauureté, que ledict roy Louis meſmes n'auoit qu'vne cotte d'armes de toille painéte. Apres ſon treſpas ſon corps fut mis en vn coffre de plomb, & luy fit on telles obſeques qu'on peut: & ſes gens ſ'en retournerẽt tous à pied, mal en point, chacun vn baſton au poing: & par ainſi la grãd' cheuance qu'il auoit prinſe du Roy & du royaume de France, fut toute perdue. Aucun tẽps parauant le treſpas dudict roy Louis de Cecille, eſtant en Cecille, il enuoya meſſire Guillaume de Craon, en France, deuers ſa femme, qui fille eſtoit du Comte de Blois, pour auoir argent: laquelle luy bailla tout ce qu'elle peut finer: mais ledict de Craon meit plus à partir qu'il ne deuoit, & alla à Venise orgueilleuſement habillé, & là ſceut la mort du roy Louis, dont il diſt qu'il en eſtoit bien ioyeux: ſi ſ'en retourna en France, & vint à Paris en grands pompes.

De meſſire Guillaume de Craõ, qui retint l'argent qu'on enuoyoit au Duc d'Aniou.

Vn iour monſeigneur le Duc de Berry eſtoit au conſeil du Roy, & quand il le veit ledict de Craon, il luy diſt: Ha faulx trahiſtre, mauuais & deſloyal, tu es cauſe de la mort de mon frere: ſi tu euſſes fait diligence de porter l'argent, que tu auois receu, les choſes fuſſent bien autrement allees, & le voulut faire prendre priſonnier, mais il ne ſe fit point: car il n'apparoiſſoit riẽs de ce qu'il diſoit. Ledict Louis, Roy de Cecille, laiſſa deux fils, l'vn nommé Louis, qui fut couronné Roy aucun temps apres, & l'autre Charles. En celle annee fut en la ville de Cambray faict le mariage du Cõte de Neuers, fils du Duc de Bourgõgne, & de la fille du Comte de Henault, & fut le Roy aux nopces: & le lendemain à vnes iouſtes, qui furent faictes, le Roy voulut iouſter, & de faict iouſta contre vn nommé Colard d'Eſpinay, qui eſtoit grãd & puiſſant, & fort vſité à la iouſte: & combien que ledict Roy n'euſt iamais iouſté, & qu'il fuſt ieune, neantmoins il ſe porta vaillamment & honneſtement à la iouſte, & rompit pluſieurs lances, dont il fut fort loué, & en eſtoit le peuple bien ioyeux. Audict an le Roy de Nauarre enuoya vn Anglois, nommé Iehan d'Eſtuy, en France, pour empoiſonner les Ducs de Berry & de Bourgongne, auquel il bailla grand' finance: mais iceluy Iehan d'Eſtuy en fut attaint, & conſeſſa le cas: parquoy fut fait eſcarteler. En ce temps fut le mariage du Roy & de madame Iſabeau, ſeule fille & heritiere de monſeigneur Guillaume, Duc de Bauiere, en la ville d'Amiens.

En celle meſme ſaiſon les Anglois firent ſcauoir qu'ils eſtoyent contens d'entendre à appoinctement: & vint le Duc de Lanclaſtre, fils du feu Roy d'Anglaſtre, à Calais, & le Roy enuoya monſeigneur le Duc de Berry, ſon oncle, à Boulongne: & furent leurs tentes tendues entre deux villes, affin qu'ils fuſſent plus pres pour parler enſemble: & ce pendãt on faiſoit la proceſſion par tout le royaume, pour la paix: & fit ledict Duc de Berry pluſieurs grands offres, à quoy ledict Duc de Lanclaſtre ne voulut obtemperer, & voyoit on bien que leſdicts Anglois n'auoyent point de vouloir de paruenir à appoinctement: parquoy ledict Duc de Berry ſ'en retourna à Paris deuers le Roy, & apres ſ'en alla es marches de Languedoc & Guyenne, dont il eſtoit Gouuerneur.

De la guerre que firent les Anglois: & du grand nauire qu'aſſembla le Roy pour leur faire guerre.

L'an mil. ccc. iiii. xx. et ſix.

L'An mil. ccc. iiii. xx. & vj. le Roy, qui voyoit bien que les Anglois ne faiſoyẽt que diſſimuler, & n'auoyent pas vouloir de faire ne conclure appoinctemẽt de paix, ſe delibera de deſcendre en Angleterre, pour leur faire guerre, & aſſembla grãd nombre de gens & de nauires: mais le Roy d'Armenie, qui eſtoit venu vers les Roys de France, & d'Angleterre, leur requerant aide contre les Sarrazins, remonſtra au Roy les grandes tyrannies & perſecutions que faiſoyent leſdicts Sarrazins à la Chreſtienté, & qu'ils ne pouoyent eſtre reboutez ſans l'aide deſdicts deux Roys & royaumes, en les admonneſtant qu'ils fiſſent paix enſemble, & qu'ils y allaſſent: leſquels Roys direnrt qu'ils eſtoyent contens de faire appoinctement, & fut faicte vne aſſemblee à Boulongne: mais les Anglois eſtoyent ſi orgueilleux & ſi arrogans, & faiſoyent de ſi exceſſiues demandes qu'il apparoiſſoit bien qu'ils n'auoyent point de vouloir de faire apoinctement: & partant ſe departirent ſans riens faire, & ſe meirent les Anglois ſur mer, & firent grand' guerre aux Francois, pour celle annee, & prindrent Cherebourg, & Breſt en Bretaigne: & fut dict que le Duc Iehan de Bretaigne fauoriſoit auſdicts Anglois, & furent trouuees vnes lettres, qui de ce faiſoyent mention: mais ledict Duc ſ'en enuoya excuſer deuers le Roy, diſant que leſdicts Anglois les auoyent contrefaictes pour luy donner charge enuers luy. Si fut mis par leſdicts Francois & Bretons le ſiege deuant Breſt, par mer & par terre, & y fut longuement, mais ils ne peurent auoir la place. En l'annee enſuynant, mil trois cens quatre vingts & ſept, le Roy fit faire vn moult grand amas de nauires, & mettre ſus pluſieurs gens d'armes

Breſt & Cherebourg, prins par les Anglois.

L'an mil. ccc. iiii. xx. et ſept.

mes pour aller descendre en Angleterre, & y auoit neuf cens nauires: & se mit à chemin vers Picardie, & prit la ville du Dan d'assaut: & le Duc de Berry, son oncle, qui deuoit auoir la principale charge & conduicte de l'armee, demoura derriere à Paris, ou il se tint si longuement sans venir, que la saison de guerroyer se passa pour celle annee, durant sa dissimulation, & ne fit l'on rien pour celle annee, dont on luy donnoit grand charge: car pour mettre sus ladicte armee auoit on faict de grands emprunts, & leué de grands subsides, tant sur gens d'Eglise que sur gens Laiz: & furent les nauires & viures prins & gaignez par les Anglois, qui estoyent sur mer.

De la mort du Roy de Nauarre.

EN celle annee mourut le Roy de Nauarre, qui fils auoit esté de madame Iehanne de France, fille du Roy Louis Hutin: lequel Roy de Nauarre auoit esté cause de faire plusieurs maulx & inhumanitez en France, & demolir, brusler, & ardoir plusieurs villes, chasteaux, & places, es marches de Normandie, & ailleurs: & aduint, comme par punition diuine, qu'vne maladie le print, & disoyent les medecins qu'il auoit les membres refroidis, & ordonnerent qu'il fust bien enuelopé & cousu estroictement en vn drap moillé en l'eaue de vie, qu'on appelle autrement eaue ardant, pour luy reschauffer les nerfs. Celuy, qui le cousoit, auoit vne chandelle de bougie: & pour vouloir rompre le fil, dont il l'auoit cousu, il vouloit brusler le bout du fil de ladicte chandelle, & subitement tout le drap qui estoit moillé de ladicte eaue ardant s'enflamba, & n'y peut on mettre remede: & vescut trois iours en criant en ce martyre. Audict an mil trois cens quatre vingts & sept, les Nobles & gens de guerre, qui estoyent en Normandie, assemblerent grand nauire, & se meirét sus mer pour greuer les Anglois. Les Anglois feirent semblablement leur appareil, & vindrét au deuant pour y resister, & estoit leur chef Hue le Despensier, & se r'encontrerent les deux armees, & y eut cruelle bataille, & furent presque tous les Anglois tuez ou iettez en mer, & leurs nauires, ou il y auoit de grandes richesses prins & butinez. Ledict Hue le Despensier fut prins prisonnier, & par le moyen d'aucuns, tantost apres il fut deliuré à petite rancon. *De l'horrible mort du Roy de Nauarre, qui est de maulx auoit fait en France.*

En celle mesme annee mourut Pierre, Cardinal de Luxembourg, homme de saincte vie, & fut enterré aux Celestins d'Auignon, & y eut aueugles, boyteux, & plusieurs autres malades de diuerses maladies, gueris. *De S. Pierre de Luxembourg.*

Comment le Duc de Bretaigne fit prendre prisonnier par trahison le Connestable Clisson, qui alloit faire guerre en Angleterre, dont il fut adiourné à comparoir en personne deuant le Roy, à Paris.

L'An mil trois cens quatre vingt & huict, le Connestable Clisson & messire Iehan de Vienne, Admiral, sachans qu'en Angleterre auoit de grandes diuisions, delibererent d'y aller, & feirent de grandes apprestes. Ledict Admiral passa par Normandie, & ledict Connestable alla par Bretaigne, pour veoir ses parens, & pour auoir des Nauires & finances. Le Duc de Bretaigne estoit à Vennes, qui manda le Connestable, soubs ombre de le vouloir festoyer, lequel alla deuers luy: & apres qu'il luy eut fait par semblant bonne chere, à l'issue du disner, pour aucunes haines secrettes qu'il auoit contre luy, le fit prendre & mettre en prison estroicte & mauuaise, ou il fut rudemét traicté, & tellement que ledict Connestable attendoit à y mourir: & finalement il fut contrainct à bailler audict Duc de ses places, & apres il fut deliuré, & s'en retira deuers le Roy, qui estoit à Paris: ou il fut conclud & deliberé du Conseil du Roy, que le Duc de Bretaigne seroit adiourné à comparoir en personne deuant le Roy, pour soy venir purger. ce qui fut executé, & audict iour se trouua deuant le Roy bien accompaigné: & apres les doleances prinses pour le Roy, par le Chancelier de France, & ouyes les excusations dudict Duc qu'il fit proposer, en disant qu'il auoit fait prendre le Connestable comme son vassal, & non pas comme Connestable, n'officier du Roy. finalement, apres plusieurs poursuytes & choses alleguees par ledict Connestable, ledict Duc fut condamné à rendre audict Connestable toutes ses places, & cent mil francs pour les interests: & le Roy, à la requeste de ses oncles les Ducs de Berry & de Bourgongne, remeit & pardonna par lettres de remission audict Duc de Bretaigne, le cas, & luy quicta son amende. En celle annee les Princes & Nobles d'Angleterre s'esleuerent contre leur roy Richard, par ce qu'ils disoyent qu'il se gouuernoit par petites gens de basse condition, & eurent la bataille deuant Londres, & fut l'armee du roy Richard desconfite: luy & le Duc d'Ibernie, & aucuns de son conseil, se retrayrét en aucuns prochains chasteaux. Plusieurs Seigneurs, qui estoyent de la bende furent prins & decapitez, & les *L'an mil ccc.iiii. vingt et huict.* *Des Anglois qui eurent guerre côtre leur Roy.*

autres par le conseil dudict Richard, vindrent en France deuers le Roy, qui les receut benignement, & leur ordonna leur estat estre entretenu. Quand le roy Richard le sceut, il en fut bien ioyeulx, & trouua façon d'auoir treues auec le Roy, & pacifia ses Nobles.

En celle mesme annee vn Capitaine, nómé Testenoire, qui tenoit le party des Anglois, print par nuict d'emblee la ville de Montferrant, & la pilla, & print les habitans prisonniers. Quand le Mareschal de Sancerre le sceut, il voulut aller assieger Testenoire dedans ladicte ville: mais il en fut aduerty, & s'en partit hastiuement, & en emmena de grádes richesses, & plusieurs prisonniers. En ce temps vint deuers le Roy vn Hermite, qui bien sembloit homme de saincte vie, & en son bras dextre portoit vne Croix rouge, & faisoit plusieurs abstinéces, & fit tát qu'il parla au Roy, combien que par long temps on l'en auoit gardé: & luy dist & admonnesta qu'il fist cheoir & abbatre les aides, autremét que Dieu le puniroit, & n'auroit ia lignee qui vescust, dont le Roy eut grands imaginations, & voulut faire abatre lesdictes aides: mais les Ducs de Berry & de Bourgongne, ses oncles, l'en garderent & desmeurent, en disant que ledict Hermite n'estoit qu'vn fol.

D'un Hermite qui conseilla au Roy qu'il mist ius, & abatist les aides en son royaume.

Comment le Duc de Gueldres enuoya deffier le Roy, dont apres il se repentit.

En ce temps le Duc de Gueldres, qui auoit espousé la fille du Cóte de Iuilliers, enuoya deffier le Roy de France par ses lettres. Le Roy receut honnorablement le message, & luy fit de beaux dons, puis l'en enuoya: & fut le Roy conseillé pour son honneur qu'il deuoit faire guerre audict Duc de Gueldres. Si assembla son armee, & tira vers Ardenne. Quand il fut à Verdun, il enuoya deuers le Comte de Iuilliers, beau pere dudict Duc, pour sçauoir s'il aduouoit & vouloit soustenir ledict Duc de Gueldres, son gendre: lequel dist que non, & qu'il vouloit estre amy & seruiteur du Roy: & là vint deuers le Roy l'Archeuesque de Coulongne, & amena ledict Comte de Iuilliers, qui parla au Roy treshumblement, & luy promit foy & loyauté, & qu'à son pouoir il feroit humilier son gendre: & alla deuers luy, & luy remonstra sa follie d'auoir si de leger deffié le Roy, qui estoit puissant pour le destruire & chacer de sa terre, dont de prime face le Duc ne tint compte: mais à la parfin ledict Archeuesque de Coulongne, & luy, le reconcilierent auec le Roy, & l'amenerent deuers luy, en sa personne.

Comment en vn Conseil, tenu à Reims, le Roy fut mis hors du gouuernement de ses oncles, & fut dict qu'il estoit en aage pour iouyr de ses droicts.

Tantost apres le Roy s'en retourna par Champaigne, & arriua à Reims: & illec fut tenu vn grand Conseil, auquel estoyent ses oncles, les Ducs de Berry & de Bourgógne, le Cardinal de Laon, l'Archeuesque de Reims, & plusieurs grands Seigneurs, & gens de Conseil en grád nombre. Illec fut mis le Roy hors de tutelle, & du gouuernement de lesdicts oncles: & fut dict qu'attendu son aage & le sens, discretion & beauté qui estoyent en sa personne, il estoit deslors en auát capable à gouuerner son royaume luy mesmes: laquelle deliberation fut à la grande desplaisance de sesdicts oncles. Le Cardinal de Laon, qui fut pressé de parler & deliberer le premier en ladicte assemblee, mourut tantost apres, & fut ouuert, & disoit on qu'il auoit esté empoisonné. Tantost apres lesdicts Ducs s'en allerét: c'estassauoir, ledict Duc de Berry, en Languedoc, dont il estoit gouuerneur, & le Duc de Bourgógne en ses païs. Le Roy tint au pres de luy trois Cheualiers, pour le conseiller en ses affaires: c'est-assauoir le Seigneur de Noniant, lequel il fit son grád Maistre d'hostel, le seigneur de la Riuiere, & mesire Iehan le Mercier, qui estoit Gétilhomme, mais de petit lieu: & bailla audict Mercier, & au fils d'vn sien Secretaire, surnommé Montagu, tout le gouuernement de ses finances, dont le Duc de Bourgongne fut fort desplaisant. Ledict Seigneur de Noniant en peu de téps mesnagea si bien qu'il fit vn grand thresor au Roy, pour subuenir à ses affaires, quand le cas y escherroit: & pource qu'il voyoit le Roy fort liberal & enclin à donner, luy, & autres du Conseil, delibererent qu'on ne garderoit point d'or monnoyé, & aduiserét de le mettre en gros lingots: & apres, ledict Seigneur de Noniant dist qu'il feroit faire vn grand cerf tout d'or massif: & pour le patron fit faire celuy qui est en la salle du Palais, esleué entre deux pilliers, & deslors fut commencé, & en fut faicte la teste & le col, & non plus.

Le seigneur de Noniát bó mesnager pour le Roy.

Du cerf du Palais, & pourquoy il fut fait.

Comment

Comment la Preuosté des Marchans & Eschiuinage fut restituee à ceulx de la ville de Paris.

AVdict an le Preuost de Paris, nommé messire Iehan de Folleuille, lequel auoit esté des Conseillers du Roy en Parlement, & estoit bon Clerc & fort sage, vint deuers le Roy, & luy remonstra en son conseil comment il estoit impossible de pouoir gouuerner seul toute la iustice de Paris: parquoy fut conclud audict conseil qu'on feroit eslire par la court de Parlement, & par Chastelet, vn preud'homme pour estre Preuost des Marchans de ladicte ville de Paris, & qui auroit seulement congnoissance du faict des marchandises de l'eaue, & non point de la iustice: car desia y auoit de grands surprinses, sur les riuieres, de marchandises: & fut esleu maistre Iehan Iuuenel des Vrsins, grand homme de bien, lequel alla demourer en l'hostel commun de ladicte ville de Paris: & puis fit tant iceluy Preuost que les Escheuins d'icelle ville furent remis, lesquels auoyent esté abolis à la commotion de Paris, qu'on appeloit les Maillets.

De l'entree de la Royne à Paris.

An mil trois cés quatre vingts & neuf le Roy, qui auoit espousé, aucun temps parauant, en la ville d'Amiens, madame Isabeau, fille du Duc de Bauieres, voulut qu'elle fist son entree en la ville de Paris. Si furent les choses apprestees: & fut ladicte Royne mise en vne littiere couuerte & toute batue de drap d'or, par ce qu'elle estoit ia grosse d'enfant: & apres elle estoyent plusieurs Dames & Damoyselles, les vnes sur hacquenees blanches, & les autres sur chariots tous dorez: & fut receue à grand'ioye & triumphe. Le Roy estoit à S. Denis le iour de ladicte entree, & sceut qu'on faisoit merueilleux appareil pour ladicte Royne: ce qu'il eut grand desir de veoir: & lors secrettement fit monter vn nommé Sauoisy sur vn cheual, & se deguisa, & semblablement ledict Sauoisy, & monta le Roy derriere luy voulsist ou nó ledict Sauoisy, qui de ce fort s'excusoit: & vindrent veoir les appareils par les carrefours de ladicte ville, & par lesdicts carrefours auoit grand nóbre de Sergens, qui baillerent au Roy & audict Sauoisy, ainsi deguisez, plusieurs coups de boulaye, dont le Roy fut depuis bien farcé.

En celle annee le Duc de Berry fut remarié auec la fille du Cóte de Boulógne, de laquelle il ne peut auoir nuls enfans.

L'an mil. ccc. iiii. xx. & ix.

Du Roy qui se deguisa pour voir l'entree de la Royne sa féme, à Paris.

Comment le Roy alla visiter le Pape en Auignon.

AVdict an furent faictes plusieurs allees & venues & Ambassades entre les Roys de Fráce & d'Angleterre, pour le faict de la paix: mais riés ne peurent faire, & furent seulement prinses vnes tréues pour trois ans. Et pource que le Pape auoit plusieurs fois rescrit au Roy qu'il auoit grand desir de le veoir & parler à luy, le Roy alla en Auignon, ou il fut grandement & honnorablement receu par le Pape & les Cardinaux, & fut au Conclaue du Pape assis pres de luy, non point si hault d'vn peu que le Pape. Deuers le Roy vint en ladicte ville d'Auignon la Royne de Cecille, veufue du feu Roy de Cecille, Louis Duc d'Aniou, qui fille estoit d'vn Comte de Blois, & ses deux enfans Louis & Charles, qui estoyent cousins germains du Roy. Le Pape à sa requeste couronna Louis, aîsné desdicts fils, en Roy de Cecille & de Naples. Apres le couronnement dudict Roy de Cecille le Roy print congé du Pape, qui luy fit de beaux & grands dons, & pareillement à ses gés: & print le Roy son chemin à Montpellier, à Narbonne, & à Toulouze, qui est la principalle ville de Languedoc: & illec luy furent faictes de grandes plainctes & doleances par les habitans dudict païs de Languedoc, du Duc de Berry (son oncle) leur gouuerneur, qui leur faisoit (cóme ils disoyent) de grandes exactions & iniustices. Le Roy excusa le plus honnestement qu'il peut sondict oncle, & leur donna des prouisions, telles qu'ils furent pour lors contens. Au partir de Toulouze le Roy alla veoir le Comte de Foix, qui estoit fort vieil, & fort riche Seigneur: lequel fit de moult beaux & honnestes presens au Roy: & apres plusieurs grands festoyemens, luy fit hommage de la Comté de Foix, & de tout ce qu'il tenoit en France: & dist au Roy qu'apres sa mort il vouloit qu'il fust son heritier: & ce fit il pour les raisons qui s'ensuyuent. Aucun temps parauant ledict Comte, auoit vn fils: duquel, pource qu'il le voyoit de malle inclinatió, il entretenoit l'estat moyennement: toutesfois honnestement, mais non pas si grandement que ledict fils eust bien voulu: & à ceste cause s'en alla ledict fils deuers le Roy de Nauarre, duquel

Le Roy estant en Auignon fut assis aupres du Pape.

Le Cóte de Foix fit le Roy son heritier.

il eſtoit nepueu de par ſa mere, ſoy plaindre de ſon pere, diſant qu'il ne tenoit compte de luy: & fut par aucun temps auec ledict Roy de Nauarre, ſon oncle : lequel luy conſeilla qu'il empoiſonnaſt ſon pere, & par ainſi il ſeroit Seigneur & maiſtre, & qu'il luy bailleroit de ſi fortes poiſons qu'il ne la feroit pas longue : & de faict les luy bailla. Apres ce ledict fils ſ'en retourna deuers ſon pere, & faignoit le bien aymer, ſeruir & honnorer, & ſoubs ceſte couleur alloit plus ſouuent à la cuyſine de ſondict pere qu'il n'auoit accouſtumé, pour trouuer façon de luy bailler deſdictes poiſons : mais il aduint vn iour entre les autres : ainſi que Dieu le permit, que la boiſte ou eſtoyent leſdictes poiſons luy tōba de ſa manche, & fut leuee par vn des Gentilſhōmes de leans, & monſtree aux medecins, pour ſçauoir que c'eſtoit : leſquels congnurent bien que c'eſtoyent poiſons: & par ce fut mōſtree audict Côte, & pour ce eſprouuer ce iour y auoit vn homme que la iuſtice enuoyoit mourir, auquel on bailla à manger deſdictes poiſons, auec d'autre viande, & incontinent il mourut : parquoy ledict Comte fit prendre & empriſonner ſondict fils: lequel ſans grand' contrainēte congnut le cas : parquoy ſondict pere luy fit copper la teſte, & aymoit mieulx le Comte que le Roy euſt ſes terres & biens, que nul autre.

Le fils du Côte de Foix eut la teſte coppee.

Comment le Roy oſta au Duc de Berry ſon oncle, le gouuernement de Languedoc, & du Sciſme qui fut en l'Egliſe, par le treſpas du Pape Vrbain.

L'ā mil. ccc. iiij. xx. & dix.

An mil. ccc. iiij. xx. & dix, apres le retour de Languedoc, le Roy ſ'en vint à Paris: & en ſ'en venant fit ſçauoir à ſon oncle le Duc de Berry, qui eſtoit à Poitiers, les grandes plainētes qu'il auoit eues de luy, es païs de Languedoc: lequel Duc n'en tint pas grand' compte. Quoy qu'il ſoit il fit comme deuant, ainſi qu'on rapporta au Roy: & par les informations, luy eſtant à Paris, veues par le Roy & ſon cōſeil, il deſapointa ſondict oncle le Duc de Berry, dudict gouuernement, & y enuoya pour eſtre Gouuerneur vn ſimple Cheualier, nommé meſſire Iaques de la Capreuſe, homme ſage & prudent: lequel incontinent y alla, & en peu de temps ſi porta tellemēt que le peuple en eſtoit fort content: mais ſi toſt qu'il vint à la congnoiſſance dudict Duc de Berry, que le Roy l'auoit deſapointé, il le porta tres impaciemment, & fut moult mal content de ceulx qui eſtoyent autour du Roy, & principalement du Conneſtable Cliſſon : & manda audict de la Capreuſe, qui eſtoit enuoyé en Languedoc, ſur la vie que dudict gouuernement il ne ſ'entremiſt plus : lequel Cheualier, voyant qu'il n'eſtoit point pour reſiſter contre la puiſſance dudict Duc, ſ'en retourna deuers le Roy. En ce temps mourut le Pape Vrbain à Rōme: mais pourtant ne ceſſa point le Sciſme en l'Egliſe : car les Rommains eſleurent Pierre de Thomaſſelis, Cardinal, & fut appelé Boniface: & fut par ledict Vrbain inſtituee la feſte de la Viſitatiō noſtre Dame, & de ſainēte Elizabeth, & donna de grands pardons & indulgences, à ceulx qui ledict iour, & durant les octaues, iroyent au ſeruice, à l'exemple de la feſte du corps de Dieu.

Feſte de la viſi. N. Dame, et de s. Elizabeth.

De l'armee que le Roy enuoya contre les Sarrazins, dont eſtoit chef le Duc de Bourbon.

Vdict an les Ambaſſadeurs de Genes vindrent deuers le Roy, luy requerir aide cōtre les Sarrazins, qui eſtoyent venus courir iuſques audict Genes, & y enuoya le Roy vne moult belle armee, dont eſtoit chef le Duc de Bourbon, le Comte d'Eu, & meſſire Iehan de Vienne, de Harecourt, & pluſieurs autres Cheualiers, Seigneurs & Eſcuyers: & eſtoyent bien en nombre quinze cens lances, que Cheualiers qu'Eſcuyers, ſans les Archiers, Arbaleſtriers, & gens de pied. Ladicte armee fut publiee & ſceue en Angleterre: parquoy le Côte de Salbery, Anglois, ſ'en partit & ſ'en vint à Paris, auec vne belle cōpaignie, & alla auec ledict Duc de Bourbon, cōtre les Sarrazins, & tant cheuaucherent qu'ils vindrent à Genes, ou ils furent grandement receuz, & illec ſe trouuerent auſſi bien quatre mil combatans, qui ſe meirent ſur mer, & firent vn Capitaine & leur chef vn nommé Iehan d'Outremains, vaillant homme, qui auoit eſté en bataille pluſieurs fois, contre leſdicts Sarrazins, & ſçauoit leur mode & façon de faire, & eurent pluſieurs empeſchemens de vents ſur mer, & de tempeſtes: mais ils ſe meirent tous en oraiſons, & ceſſa le tēps: & tant allerent qu'ils arriuerent au port de Thunes, ou eſtoit grand nombre de Sarrazins, qu'ils combatirent & deſconfirent. Apres les François octroyerent aux Sarrazins vnes treues : & ce faict ſ'en retournerent en France, dont ils eurent grand honneur, & rapporterent de grands richeſſes.

Sarrazins deſfaicts à Thunes par les Fracois.

En ce temps le Duc de Milan faiſoit forte guerre aux Florentins, & ceulx de Boulongne la Graſſe: & pour ce qu'ils ſe ſentoyent les plus foibles, ils enuoyerēt deuers le Roy vne ſolēnelle Ambaſſade,

Ambaſſade,luy ſupplier qu'il les vouſſiſt prendre à ſa ſeigneurie, & qu'ils ſe donnoyent à luy. Le Roy aſſembla ſur ce ſon conſeil,& trouua qu'il auoit grandes alliances iurees audict Duc de Milan,& que ce ne ſeroit pas grand honneur de les prendre en ſa ſeigneurie:ſi leur fut faicte la reſpōce:mais que ſi ledict Duc leur faiſoit aucuns griefs, il leur aideroit. Quand leſdicts Florentins & Boullenois ſceurent la reſponce du Roy,ils prierent le Comte d'Armignac,qu'il les vouſſiſt aider:lequel,apres pluſieurs difficultez,leur promeit de ce faire,& aſſembla pluſieurs gens, qu'on diſoit des compaignies:leſquels n'auoyent nuls gaiges, & gaſtoyent & pilloyent tout en France,& les fit paſſer,& paſſa les monts iuſques à vne cité, nommee Alexādrie,qui eſt en la plaine de Lombardie,ſur la riuiere du Pau,& ſe meirent deuant.Le Duc de Milan, qui en fut aduerty,y enuoya pluſieurs genſd'armes, & eurent bataille, ou ledict Comte d'Armignac fut tué,& tous ſes gens deſconfits.

De l'appanage de monſeigneur Louis, Duc d'Orleans, frere du Roy.

E'An mil ccc.iiij.xx.& xj. mourut Philippe,Duc d'Orleans, & par ſon treſpas ladi- *L'an mil ccc.* cte Duché reuint à la couronne de France : parquoy le Roy,deſirant appanager *iiii.xx.& xi.* monſeigneur Louis,ſon frere, qui eſtoit encores ieune,luy donna ladicte Duché d'Orleans. Ce que ceulx d'Orleans cuiderēt empeſcher:& diſoyent qu'ils auoyēt priuilege que le Roy ne mettroit iamais ladicte Duché hors de la couronne de France,ſ'elle y retournoit.Iceluy Louis,Duc d'Orleans,combien qu'il fuſt ieune d'aage,toutesfois eſtoit ſage,prudent, & bon meſnager, & bien y apparut. car quand il mourut il n'auoit pas quarante ans,& ſi auoit aquis de ſes propres deniers,les Comtez de Blois & Soiſſons, & de Beaumont,la Seigneurie de Coucy, & pluſieurs autres, & par tout fait & encōmencé de grāds & ſumptueux edifices, & auoit de moult beaux meubles, tāt en bagues & ioyaux, qu'en vaiſſelle,librarie,& tapiſſerie. En ce temps mourut le Cōte de Foix,aagé de quatre vingts ans,d'vne appoplexie. Il auoit (comme deſſus eſt dict) donné ſa Comté au Roy : mais le Roy, qui eſtoit fort liberal,la donna à vn baſtard que ledict Comte auoit,bel & vaillant homme,& fort aymé de ceulx du païs,& l'en receurent en foy & hommage:& pareillement luy donna le threſor de ſondict pere,le Comte de Foix, qui eſtoit grand : mais depuis le Roy voulut que le Comte de Cadalle iouiſt dudict Comté de Foix, & le luy bailla. En celle ſaiſon le roy Iehan d'Eſpaigne, *Mort caſuelle* en allant à la chace,courant apres vn lieure,ſon cheual tomba, & il ſe rompit le col. Apres ſon *d'vn Roy d'Eſ-* treſpas,ſon fils enuoya deuers le Roy,pour confermer les alliances, que ſondict feu pere auoit *paigne.* faictes.ce que le Roy fit volontiers.

Des doleances que le Conneſtable de France, Cliſſon, fit au Roy, du Duc de Bretaigne.

Eſſire Oliuier de Cliſſon, Conneſtable de France,ſe plaignit au Roy de ce que le Duc de Bretaigne ne luy auoit point rendu ſes places,ne fourny à l'appoīctement que le Roy auoit fait entre eulx,comme deſſus a eſté dict.Si enuoya le Roy deuers le Duc,luy dire qu'il acompliſt ce qu'il auoit promis:mais il n'en tint cōpte:& par ce ledict Cliſſon aſſembla genſd'armes, & fit forte guerre en Bretaigne:parquoy le Roy enuoya le Duc de Berry, ſon oncle,en Bretaigne deuers le Duc, qui le feſtoya gracieuſement & grandement : & auoit auec luy, de par le Roy, de grands & notables gens,ſes conſeilliers:par leſquels fut expoſé audict Duc de Bretaigne pluſieurs choſes. Pre- *Le Duc de Bre* mierement que le Roy ſe plaignoit de ce qu'il faiſoit forger monnoye d'or & d'argent:& il ne *taigne n'a puiſ* luy appartenoit point, & ne la deuoit faire que noire. Secondement de ce qu'il n'auoit point *ſance de forger* fourny à l'appoinctement donné audict Seigneur de Cliſſon, & autres choſes. Il ſembla bien *monnoye d'or* aux Barons de Bretaigne que les remonſtrances du Roy eſtoyent raiſonnables : mais le Duc *ne d'argent.* n'y voulut entendre, & ſ'en allant du Conſeil diſt qu'il feroit empriſonner tous les Ambaſſadeurs:mais meſſire Pierre de Nauarre,frere de la Ducheſſe,l'en fit deſmouuoir par ladicte Ducheſſe & ſes enfans,diſant,que ſ'il le faiſoit,ils ſeroyent tous perdus. A la parfin le Duc fit reſponce auſdicts Ambaſſadeurs,que luy meſmes viendroit deuers le Roy, & feroit tant qu'il ſeroit content,ſi ſ'en retournerent:& tantoſt apres y vint grandement accompaigné,& ſ'excuſa principalement du faict dudict Conneſtable, diſant qu'il luy faiſoit grand mal que ſon vaſſal ſe portoit ſi orgueilleuſemēt contre luy, & luy auoit fait ſi forte guerre : parquoy on ne ſe deuoit pas eſbahir ſ'il ne luy auoit rendu ſes places. Finalement fut appoincté que ledict Duc fourniroit au premier appoinctement. ce qu'il promeit, & ſ'en retourna. En celle annee le Roy eut vn fils, qui fut nommé Charles, & le baptiza l'Archeueſque de Sens, accompaigné de dix Euesques, & en fut faicte grand' ioye par tout le royaume. En celle mesme annee, le Roy d'Angleterre enuoya le Duc de Lanclastre deuers le Roy, qui estoit vers Amiens: lequel receut ledict Duc honnorablement, & l'amena à Paris, & là fit & dist sa legation. Le Roy d'Angleterre demandoit, pour ce qui restoit de la rançon du roy Iehan, vn milion d'or, & la Duché de Guyenne, & Comté de Poitou, comprenant iusques aux portes d'Orleās: auquel fut respōdu qu'ils rendissent ledict roy Iehan, & les ostages qui estoyent mors en Angleterre, par leur faulte: & aussi apres le traicté, ils n'auoyent pas fait vuider leurs gensd'armes des fortresses de France (comme ils auoyent promis) dont s'estoyent ensuyuis maulx innumerables : pour lesquels il demandoit audict Roy d'Angleterre trois millions d'or: & quand ils auroyent fait ce que dict est, on luy feroit responce à ses demandes qu'il faisoit: lesquelles choses ouyes, ledict Duc print congé, & s'en retourna en Angleterre.

Comment le Seigneur de Craon cuyda tuer à Paris, le Seigneur de Clisson, Connestable de France.

L'an mil ccc. iiij.xx. et xii.

AVdict an mil.ccc.iiij.xx.douze, pource qu'on disoit aucunement que le Duc d'Orleans, frere du Roy, qui estoit ieune d'aage: mais assez de bon sens, beau & gracieux Prince, par le moyen d'aucuns qui estoyent pres de luy, entendoit volontiers parler gens supersticieux, & souspeçonnez d'exercer sortileges: messire Pierre de Craon, qui se tenoit bien son seruiteur, par le meilleur moyen qu'il peut l'en aduertir: dont ledict Duc ne fut pas content, & pensa que ledict Craon le reputoit sortilege, & secrettement pourchaça tant qu'il fut mis hors de court. Iceluy de Craon cuida qu'il eust esté chacé par le moyen & à la poursuyte & conseil du Connestable de Clisson: & pour s'en vouloir venger, vn iour deuers le soir il s'embuscha en vn lieu secret, luy vingtiéme, de gens bien armez à couuert, en vne maison pres le cimetiere sainct Iehan, à Paris, & guetterent ledict Connestable, qui s'en venoit deuers le Roy, qui estoit en son hostel de S. Paul: & quand ils l'apperceurent venir, ils sortirent de ladicte maison, & l'assaillirent, & l'abbatirent de dessus son cheual: mais promptement se releua, & se deffendit vaillamment: car il estoit armé d'vn haubergeon soubs sa robe. Ce nonobstant ils luy feirent plusieurs playes, & se retrahit en vne maison, ou le peuple s'assembla incontinent au bruit, & le sauuerent de mort: & lors ledict Seigneur de Craon & ses complices s'en fuyrent bien hastiuement, pour la doubte dudict peuple: toutesfois ils ne sçeurent si bien fuyr qu'on n'en print trois, & les mena l'on en Chastelet, & ledict de Craon & sa compaignie s'en fuyrét en Bretaigne. Le lendemain les trois, qui auoyét esté prins, furent examinez, & confesserent le cas, & incontinent furent decapitez. Ledict Seigneur de Craon fut appelé à ban, & par contumace declaré banny du royaume de France, & ses biens confisquez. L'Admiral de France, pour executer ladicte sentence, s'en alla en vn chasteau ou l'on cuidoit que ledict Craon se fust retiré: mais il n'y trouua que sa femme, & ses enfans, & s'estoit party. Ledict Admiral print le Chasteau & entra dedans, & trouua bien des meubles qui se montoyent à quarante mil escus: lesquels il print tous, & ne laissa rien à la femme, sinon trois pauures habillemens, & la meit hors du Chasteau, & s'en alla ou bon luy sembla. En celuy temps le Roy bailla à monseigneur Louis, Duc d'Orleans, son frere, en augmétation de son appanage, les Chasteaux de Pierre fons, & de la Ferté Bernard. Tantost apres delibera d'aller en Bretaigne, pour ce qu'il sçeut que ledict Duc auoit recueilly le Seigneur de Craon, & l'entretenoit contre son vouloir & plaisir: & fut aussi aduerty qu'il estoit consentant de la bature & oultrage qui auoit esté faicte au Connestable Clisson: parquoy il fut conclud, & son conseil tenu à sainct Germain en Laye, qu'il iroit en personne, attendu aussi qu'il n'auoit pas obtemperé à la sentence, donnee à Orleans, comme dessus est dict: & pour ceste cause manda les Ducs de Berry & de Bourgongne, ses oncles: lesquels furent tresmal contens de l'entreprinse qui auoit esté faicte sans eulx: & disoyent que c'estoit du conseil de Clisson, des Seigneurs de la Riuiere, & de Noniant, qui ne regardoyent point aux inconueniens qui en pourroyent aduenir, de faire si grande entreprinse, dont se pouoit ensuyuir de grands inconueniés. Et à la verité plusieurs du royaume, tant de gens d'Eglise qu'autres, estoyent mal contens de ce que lesdicts Clisson, la Riuiere, & Noniant, auoyent si grand gouuernement: car ils tenoyent le Roy de si pres, que nul Office n'estoit donné, n'autre chose faicte que par eulx: & leur sembloit qu'ils estoyent perpetuels en leursdictes Offices & gouuernement: & entre autres, ceulx de l'Vniuersité de Paris estoyent tresmal contens d'eulx, par ce qu'ils faisoyent & faisoyent faire aux gens d'Eglise plusieurs maulx, contre les priuileges de ladicte Vniuersité: & affin qu'on n'eust acces à la personne du Roy, ils le tenoyent, & faisoyent tenir à sainct Germain en Laye.

Du seigneur de Craon, qui fut banny du royaume de France.

Trois personnages principalement gouuernoyent le Roy, en sorte que riés ne se faisoit sās eulx.

DV ROY CHARLES, SIXIEME.

Laye. Ceulx de ladicte Vniuerſité enuoyerent deuers le Roy audict lieu, pour luy faire aucunes remonſtrances: mais il ne fut poſsible que leurs deleguez peuſſent auoir audiéce, & s'en retournerent ſans riens faire, dont les ſuppoſts de ladicte Vniuerſité furent treſmal contens.

Comment le Roy deuint malade en la ville du Mans.

AVdict an mil.ccc.iiij.xx. & xij. le Roy, pour executer ce qu'il auoit entreprins d'aller en Bretaigne, ſe partit des marches de Paris, & tant cheuaucha qu'il arriua au Mans, vers la fin de Iuillet, attendant ſes oncles de Berry & de Bourgongne, qu'il auoit mandez, pour aller auec luy: car ledict Duc de Berry eſtoit lors fort occupé à la conqueſte de la Marche de Guyenne, & en auoit conqueſté la grand'partie. Cependant le Roy enuoya à Sablé vn Herault, pour ſommer ceulx qui le tenoyent, de luy rendre la place (& diſoit on que le Seigneur de Craon eſtoit dedans) leſquels feirent les ſourds, & n'y obeirét pas. Quand le Duc de Bretaigne ſceut que le Roy s'en alloit en Bretaigne, à ſi grãd' puiſſance, il enuoya deuers luy vne Ambaſſade, pour rompre le voyage, en luy faiſant de grãds offres: & diſoit qu'il n'eſtoit ia beſoing qu'il allaſt en armes, & que par toute la Duché il luy feroit obeir, & que tout eſtoit ſien, & à ſon commandement, & eſtoit preſt de luy faire tout ſeruice, comme ſon vray & loyal vaſſal & ſubiect. Quand le Roy ſceut le reffus qu'auoyét fait ceulx de Sablé, il fut courroucé & deſplaiſant: & deſlors on congnut qu'il auoit aucune alteration en diuerſitez de langages, non bien entretenans: & diſt qu'il vouloit aller aux champs en armes: & en l'heure commanda qu'on l'armaſt, & qu'on luy amenaſt ſon cheual: & de faict on luy amena & monta deſſus, & tous ſes gens apres ſaillirent de la ville du Mans, & ſe meirent aux champs en armes. Tout auſſi toſt qu'il fut aux champs, hors de ladicte ville du Mans, s'addreſſa vers luy vn pauure meſchant homme de village, mal habillé, & ville perſonne, lequel luy diſt telles paroles: Roy, ou vas tu? ne paſſe plus oultre, car tu es trahy, & te doit on icy liurer à tes ennemis: & de ce le Roy entra ſubitement en vne melancolie, ſi merueilleuſe, qu'il deuint aliené de ſon entendement, couroit ça & là, & frapoit de ſon eſpee qu'il tenoit toute nue, ſur tous ceulx qu'il rencontroit, & tellement qu'illec tua quatre hommes: & lors on fit diligence de le prendre & arreſter, & fut ramené en ſon logis, & mis ſur vn lict, & là fut long téps qu'il ne remuoit ne pieds ne mains, tellement que les Medecins iugerent qu'il eſtoit mort. Tout le monde ploroit, & en ceſt eſtat le voyoit qui vouloit. Les Anglois meſmes, qui eſtoyent venus en Ambaſſade deuers luy, l'allerent veoir, par le moyen du ſeigneur de la Riuiere: dont le Duc de Bourgongne fut treſmal content de luy, & luy diſt qu'il en batroit vne fois ſes paulmes, & s'en repentiroit. Le Roy fut par tout le royaume moult plainct, & fit on pour luy de grandes proceſsions & prieres: & tellement qu'aucunement il recouura ſanté, & ſe voua à noſtre Dame de Chartres, & à monſeigneur ſainct Denis: & lors il fut mené en vne Abbaye de religieux, ou il fit ſa neufueine. puis alla à Chartres faire ſes oraiſons & offrandes, & de là fut ramené à Paris: & touſiours entretenoyent leſdicts Seigneurs de la Riuiere & de Noniant leur authorité le mieulx qu'ils pouoyent.

L'an mil ccc. iiij.xx. & xij.

Le Roy deuint alicné de ſon entendement, & en grãd'y̆r̃. nai ſie, pour les paroles d'un pauure homme ſeulement.

Comment apres la maladie du Roy, les Ducs de Berry & de Bourgongne, entreprindrent le gouuernement.

INcontinent ledict cas aduenu, & que les Ducs de Berry & de Bourgongne furent arriuez deuers le Roy, ils reprindrent le gouuernemét du royaume, & amenerent le Roy vers Paris: & auoyent en grand' haine le Conneſtable Cliſſon, & leſdicts Seigneurs de la Riuiere, & de Noniant. Ledict Conneſtable fut par eulx enuoyé querir, au nom du Roy: lequel n'oſa venir, & diſt au meſſaige que le Roy n'auoit que faire de Conneſtable: & doubtant ſa perſonne (non ſans cauſe) s'abſenta: parquoy il fut deſapointé, & banny: & au lieu de luy fut faict Conneſtable le Cõte d'Eu. Tantoſt apres le Duc de Bourgongne trouua au Palais à Paris, le ſeigneur de Noniant, auquel il diſt: Noniant incontinent trouuez moy pour vn affaire qui m'eſt aduenu trente mil eſcus, & les me faictes apporter à mon logis, ſoit du threſor du Roy, ou autrement, & ie les rendray vne autre fois: lequel Seigneur de Noniant luy reſpondit doulcement que ce n'eſtoit pas à luy à faire, & qu'il parlaſt au Roy & au cõſeil, & que de ſa part il y feroit tout ce qu'il pourroit. Ledict Duc, qui vouloit auoir ladicte ſomme, ſans qu'on n'en ſceuſt riens, luy diſt: Or bien vous ne me voulez pas faire ce plaiſir: mais, ie vous aſſeure que vous en repentirez, & vous deſtruiray. Lors ledict de Noniant alla deuers maiſtre Iehan Iuuenel, Preuoſt des Marchans, duquel auoit eſpouſé la niepce, & luy compta ce que le Duc de Bourgongne luy auoit dit: lequel Iu-

Du Conneſtable qui fut deſapoĩcté & banny du royaume de Frãce.

uenelle reconforta, disant qu'aucunesfois les grands Seigneurs disoyent des paroles qu'ils ne mettoyent pas à execution: & lors ledict Noniant luy dist qu'il congnoissoit bien ledict Duc, & qu'il auoit bien monstré son courage, au faict de maistre Iehan des Mares: & le lendemain furent prins lesdicts Seigneurs de Noniant & de la Riuiere, & mis en la Bastille S. Anthoine, ou nul n'osoit parler à eulx: & vindrent contre eulx plusieurs plainctes & doleances, & disoit on communément qu'ils auroyent les testes coppees: mais ils eurent de bons amis, & mesmement ledict maistre Iehan Iuuenel, Preuost des Marchans, qui estoit parent de tous les deux: lequel s'employa vertueusement à leurs excusations, dont ledict Duc ne fut pas content dudict Iuuenel: & deslors cõmença à machiner contre luy, pour le destruire. Finalement, par le moyẽ d'iceluy Iuuenel, la chose fut tellement cõduicte que lesdicts seigneurs de la Riuiere & de Noniant furent seulement bannis de la court du Roy, à quinze lieues pres, sur peine de la hart. Le Roy estoit souuent malade, & aucunesfois recouuroit santé. Il voulut sçauoir du Connestable Clisson, qu'il estoit deuenu, & luy compta l'on le cas: parquoy il en parla ausdicts Ducs de Berry & de Bourgongne, lesquels feirent casser & adnuller tout ce qui auoit esté faict contre luy: & fut ledict Clisson refaict Connestable, mais tousiours demoura en l'indignation dudict Duc de Berry. Vne espace de temps fut que le Roy auoit recouuert aucunement santé: & pour le resiouir fut faict vn beau souper, en vn hostel qui estoit à la Royne Blanche, hors Paris, aux faulxbourgs sainct Marceau: & là fut faict apres souper vne mommerie d'hommes sauuages, enchainez ensemble, leurs habits veluz & faicts de lin, ou d'estoupes, engressez pour reluyre mieulx, & entrerent en la salle, dansans à torches, de laquelle mommerie le Roy estoit l'vn: & aduint qu'apres qu'ils eurent longuement dansé, le feu desdictes torches se meit dedãs tous leurs habits, qui estoyent bien lassez & cousus ioignans au corps: & là auoit vne Dame, qui auoit vn grand manteau, laquelle en affubla le Roy, & fut incontinent le feu estainct: mais il y en eut deux des autres qui furent si bruslez qu'ils en moururent. Plusieurs diligences furent faictes, pour sçauoir dont ce cas estoit aduenu (car on en parloit en plusieurs manieres) mais ce ne peut estre aduere: toutesfois pour l'enormité du cas, il fut ordonné que l'hostel ou furent faictes ces choses, nommé l'hostel de la Royne Blanche, seroit abatu & demoly. ce qui fut faict. Enuiron ce temps, le Comte de sainct Paul faisoit demande au Roy de Boesme de certaine grand'somme de deniers, qu'il disoit que son pere auoit prestee audict Roy, dont il en auoit obligation: laquelle ledict Comte de bonne foy luy enuoya par aucuns de ses gens. Quand ledict Roy l'eut veue & leue, il la ietta dedans le feu, & dist qu'il n'en payeroit iamais riens: parquoy iceluy Comte esmeut guerre contre luy, & demanda aide au Roy: lequel luy enuoya son Connestable, & huict mil hommes d'armes, lesquels prindrent presque toute la Duché de Luxẽbourg, & y estoit obey. Ledict Roy de Boesme assembla gens, & enuoya droict à eulx, & meirent le siege deuant vne place. Quand les Francois le sceurent, ils y allerent, mais les Boesmes qui sceurent leur venue, leuerent ledict siege & s'en fuyrent, & là gaignerent les Francois de grands richesses.

Du baquet qui fut faict à sainct Marceau, dont suruint gros inconuenient à la compaignie.

Du dixieme qui fut leué en France.

EN ce temps le Pape Clement ordonna en France & ailleurs, par le consentemẽt du Roy, vne decime, pour aider à recouurer le royaume de Cecille, au ieune roy Louis: lequel, comme dessus est dict, il en auoit couronné Roy, & de Naples. A quoy s'opposerent les gẽs d'Eglise, & l'Vniuersité de Paris: mais on leur bailla seulement Apostres reffutatoires, & nonobstant oppositions ou appellations, ils la payerent. Le Roy qui s'estoit voué à S. Denis, y alla en grand deuotion, & fit ses offrandes, & donna deux cẽs marcs d'or, pour faire vne chasse à mettre le corps sainct Louis, & mil liures pour faire vn chapiteau sur ladicte chasse. En ce temps mourut le Roy d'Armenie, à Paris, qui estoit venu en France, ou il auoit longuement esté aux despens du Roy, poursuyuant qu'on luy fist aide contre les Sarrazins, qui l'auoyẽt expulsé de son royaume: & fut enterré en l'eglise des Celestins, à Paris, en grand honneur & solennité.

Le Roy donna deux cẽs marcs d'or, pour faire la chasse sainct Louis.

Des accusations qui furent faictes contre maistre Iehan Iuuenel, Preuost des Marchans de Paris.

EN l'an mil trois cens quatre vingts & treze, aucuns de la ville de Paris, qui se sentoyent du temps passé, prindrent haine contre maistre Iehan Iuuenel, Preuost des Marchans de Paris (lequel estoit vn treshomme de bien) & l'allerent dire au Duc de Bourgongne (pour ce qu'ils sçauoyẽt bien qu'il l'auoit en haine, au moyẽ de ce qu'il auoit
L'an m.l.ccc. iiii.xx.xiii.

auoit pourchacé la deliurance de prison des seigneurs de la Riuiere, & de Noniant) lequel Duc leur presta l'oreille, & leur bailla aucuns Commissaires de Chastelet, qui examinerent trente ou quarante tesmoings, qui leur furent baillez, tous hayneux dudict Iuuenel: & par ladicte information le chargerent de si grand cas, que finalement il fut adiourné à comparoir en personne deuant le Roy au boys de Vincennes: & fut ordonné qu'il seroit là mis prisonnier en vne tour: mais le Roy, qui estoit lors en santé, voulut qu'il se iustifiast en plain Conseil, & fit si bien & si honnestement qu'il fut renuoyé. Aux Pasques ensuyuant par vn Legat, qui estoit à Paris, les faulx tesmoings, qui l'auoyent faulsement accusé, lesquels l'Euesque luy r'enuoya, furent condamnez à aller nuds, vn seul drap sur eulx, le iour du grand Vendredy au matin, à luy, en sa maison, luy requerir mercy & pardon. ce qu'ils firent. En celle mesme annee furét faictes plusieurs collocutions, pour trouuer paix entre Francois & Anglois: & y eut vne grande assemblee à Abbeuille, ou allerent les Ducs de Berry & de Bourgongne: & vne grande & notable Ambassade vint d'Angleterre, & furent côme d'accord: & pour accorder ladicte paix, fut dict que le Roy de France iroit à Abbeuille, & celuy d'Angleterre viendroit à Calais: mais la maladie reprint au Roy: parquoy il n'y peut aller, & ne fut riens conclud: & lors fut le Roy si malade qu'il ne congnoissoit la Royne sa femme, quand on luy amenoit, ne nulle autre personne, reseruee la Duchesse d'Orleans, laquelle il voyoit volontiers, & l'appeloit belle sœur: & disoyent aucunes mauuaises langues que par le moyen du pere de ladicte Duchesse, qui estoit Duc de Milan, on l'auoit fait ensorceler, duquel bruit ladicte Duchesse estoit fort desplaisante, & ne l'eust voulu penser. En ce temps le Connestable Clisson se reconcilia aux Ducs de Berry & de Bourgongne, qui le reprindrent en leur grace: & tantost apres fut enuoyee vne grande Ambassade, pour traicter l'appoinctement du Duc de Bretaigne, & dudict Connestable: mais pour celle fois ne firent riens: parquoy le Duc de Bourgongne alla en personne deuers le Duc de Bretaigne: & fut mãdé Clisson pour aller deuers eulx, qui y alla, & s'humilia vers ledict Duc, & par ainsi fut faict l'appoinctement, & vint ledict Duc de Bretaigne à Paris, & laissa Clisson son Lieutenant general, en Bretaigne.

Du Roy qui fut si malade qu'il ne congnoissoit la Royne sa femme, ni autre.

Des Iuifs qui furent chacez, & d'vne course des Sarrazins.

Vdict an mil trois cens quatre vingts & treize, le Duc de Berry fit tant enuers l'Abbé & conuent de sainct Denis, qu'ils luy baillerent vne partie du chef sainct Hilaire: lequel, & tout le corps, fut entierement apporté en ladicte Abbaye, des le temps du Roy Dagobert: qui destruisit Poitiers, comme a esté dict cy deuant es faicts & gestes dudict Dagobert, & fit ledict Duc faire vn moult bel & riche chef d'or, ou il le fit mettre & porter en l'eglise de sainct Hilaire audict Poitiers, dont il estoit Comte, & en recompense de ce ledict Duc de Berry donna à ladicte eglise de sainct Denis vne partie du chef & du bras de sainct Benoist, qu'il fit richement enchasser. Semblablement fit faire, & donna à l'eglise nostre Dame de Paris, vn beau chef sainct Philippe Apostre: lequel est richement enchassé en or, & enrichy de moult belles perles & pierres precieuses.

L'an mil. ccc. iiii.xx. & xiii.

Du chef S. Hilaire qui fut reporté à Poitiers.

En celle mesme annee les Iuifs, estans à Paris, firent plusieurs inhumanitez à vn Chrestiẽ, & le tuerent en despit de Iesus Christ, & de sa loy: parquoy il en y eut plusieurs prins & emprisonnez, & aucuns faicts mourir, & les autres batuz de verges, & la totalité d'eulx condamnez en dixhuict mil escus, qu'ils payerent, & furent conuertis en l'edifice du petit Chastelet, & de petit pont, à Paris, qui en fut faict tout de pierre. Semblablement en ce temps le Roy enuoya le Comte d'Eu, qui auoit esté faict Connestable de France, au lieu de Clisson, & plusieurs gensd'armes, en aide du Roy de Hongrie, contre les Turcs & Sarrazins: mais quand le Prince desdicts Turcs sceut la venue desdicts Francois, il cessa la guerre qu'il faisoit au Roy de Hongrie: & par ce qu'il ennuyoit audict Comte d'Eu, sans faire quelque chose, il delibera de s'en retourner: & aussi qu'il sceut, & fut aduerty que le Roy de Boesme sentoit mal en aucuns poincts & articles de la foy, & tellement qu'il ne valloit gueres mieulx qu'vn Sarrazin, il s'en entra audict royaume de Boesme, & meit le Roy, & le païs en sa subiection. puis s'en retourna à grand honneur & louenge.

Du Scisme qui en fut en l'Eglise, pour la Papauté.

EN l'annee mil trois cens quatre vingts & quatorze furent prinses & accordees tréues entre les Roys de France & d'Angleterre, iusques à quatre ans ensuyuans, en esperance de paix: & pour mieulx paruenir à appoinctement, fut pourparlé du mariage du Roy d'Angleterre, & d'vne des filles du Roy, combien que l'aisnee desdictes

L'an mil. ccc. iiii.xx. et xiiii.

I

LES CHRONIQVES ET ANNALES DE FRANCE.

filles n'eust que sept ans. En ces entrefaictes le pape Clement, qui tenoit son siege en Auignon, enuoya en France le Cardinal de la Lune, faignant de vouloir entendre au faict de l'vnion de l'Eglise: lequel Cardinal s'accoincta du Duc de Berry, & comme l'on dit, luy fit de grands dons de par le Pape, & fit plusieurs remonstrances, & eut de grandes parolles auec ceulx de l'Vniuersité de Paris touchant leurs priuileges: lesquels de l'Vniuersité, qui congnoissoyent bien que ledict Pape n'auoit point de vouloir d'entendre à ladicte vnion, & leur auoit fait plusieurs griefs contre leursdicts priuileges, luy contrarierent de tout leur pouoir, & pour auoir port, s'accoincterent du Duc de Bourgongne, qui les porta & fauorisa. parquoy ledict Cardinal s'en retourna sans riens faire, & incontinent ledict pape Clement mourut, & fut ensepulturé en Auignon. Auant son trespas il donna & transporta au Roy tous les droicts & souueraineté, & seigneurie temporelle des Ville, Cité, Bourg, & habitans de sainct Malo: & enuoya le Roy en prendre possession messire Robert Brezille, & maistre Guy Chrestien.

Le vingt & troisiéme iour de Ianuier, audict an, semblablement ledict Pape Clement, auāt son trespas, donna & octroya aux Vniuersitez roolles pour auoir benefices. Les Cardinaux, qui là estoyent, voulurent eslire vn autre Pape, en son lieu: mais le Roy leur manda qu'il ne se hastassent pas: ce neantmoins tantost apres ils esleurent Pape, ledict Cardinal de la Lune, & le nommerent Benedic: & par ainsi demoura encores le Scisme en l'Eglise. Ledict Benedic māda au Roy, & à l'Vniuersité qu'il desiroit singulierement l'vnion de l'Eglise, & qu'il estoit prest de faire cession, si on voyoit que faire le deust, dont on fut bien ioyeux: & fit le Roy assembler vn grand conseil à Paris, de tous les Archeuesques, Euesques, Abbez, & Prelats du royaume: & fut mis en deliberation de sçauoir si touchant la matiere on deuoit tendre à fin de cession, ou demander assemblee de Concile general: & fut trouué que la voye de cession estoit meilleure & plus briefue: & pour ceste cause allerent en Ambassade, de par le Roy, deuers ledict Benedic, les Ducs de Berry & de Bourgongne, ses oncles, le Duc d'Orleans, son frere, l'Euesque de Selis, & autres. Aussi y furēt quelques autres Ambassades, de par l'Vniuersité de Paris, & de par le Clergé, qui y allerent, & y furent longuement, & eurent plusieurs audiences: mais ledict Benedic ne leur vsa que de dissimulations, & sans riens faire s'en retournerent à Paris: ne fut pas le Roy content de ce que ledict Pape n'auoit voulu autrement entendre à ladicte vnion, & de ce aduertit plusieurs Princes, & enuoya plusieurs Ambassades, tant en Allemagne, qu'en Angleterre, & ailliers.

Du scisme qui dura lōg temps en l'Eglise.

Du mariage du Roy Richard d'Angleterre, & de madame Ysabeau de France, fille du Roy Charles sixiéme: & comment ceulx de Gennes se donnerent au Roy.

Tantost apres vint vne moult belle & grande Ambassade d'Angleterre, pour le mariage du roy Richard d'Angleterre qui auoit trête ans d'aage, & madame Ysabeau, fille du Roy, qui n'auoit que sept ans: lequel mariage fut accordé, & l'espousa le Cōte Roland de † Corbie, comme Procureur du Roy d'Angleterre: & furēt les nopces faictes au Palais, ou il y auoit trois Roys: c'est assauoir le Roy de France, le Roy de Cecille, & le Roy de Nauarre. Aussi y estoyent les Ducs de Berry & de Bourgongne, d'Orleans, & plusieurs autres Comtes, Barons, Cheualiers, & gens des bonnes villes de ce royaume de France, pour ce assemblez: mais neātmoins ladicte Ysabeau demoura encores en la garde de la Royne sa mere. En ce temps aussi ceulx de Gennes se donnerent au Roy de France, & y fut enuoyé pour gouuerneur messire Iehan le Maingre, dict Boucicquault, Mareschal de France: lequel meit en l'obeissance du Roy, les citez de Plaisance, Pauie, Milan, & plusieurs autres en Lombardie: & alla deux voyages sur les Sarrazins, qui tenoyent le siege deuant Constantinoble, dedans laquelle estoit Capitaine vn Francois, nommé Chasteaumorant: & fit ledict Bouciquault plusieurs grands faicts d'armes, tellement qu'il contraignit lesdicts Sarrazins à eulx leuer dudict siege, & eulx en aller: mais tantost apres ils se r'assemblerent en merueilleusement grand nombre. Quand le Roy de Hongrie le sceut, il assembla gens, & y alla, & y eut vne merueilleuse bataille, en laquelle l'Admiral des Sarrazins, son fils, & son nepueu, & bien cent mil desdicts Sarrazins furent tuez. Quand le Roy en sceut les nouuelles, pour en rendre graces à Dieu, il fit faire processiōs generales par toutes les eglises de Frāce. Le Duc de Milan, qui fut aduerty du bon vouloir que tous les Genuois auoyent au Roy, les cuida desmouoir par belles & blandes parolles, & les attirer à luy: mais ils n'y voulurent entēdre, & se meirent du tout en l'obeissance du Roy, plus fort que deuant.

† al. Cātorbie,

Exploict de guerre du Mareschal Bouciquault, qui se trouue peu ailleurs.

De la grosse desconfiture des sarrazins deuant Constantinoble.

Du traité

DV ROY CHARLES, SIXIEME. Fueil.I.

Du traicté de paix faict entre les Roys de France & d'Angleterre, moyennant le mariage de madame Isabeau de France.

EN l'an mil trois cens quatre vingts & seize, le Roy de France alla à Boulongne, & le Roy d'Angleterre vint à Calais, & s'entreuirent, & parlerent ensemble plusieurs fois, & firent traicté de paix: & là fut menee madame Isabeau, fille du Roy de France, & liuree es mains du Roy d'Angleterre, son mary: & pour la receuoir vindrent au deuant les Duchesses de Lanclastre, & de Clocestre, & grande compaignie de Dames & Damoyselles, venues d'Angleterre: & s'entrefeirent lesdicts Roys & les Princes, qui estoyent en leurs compaignies, de moult beaux grands & riches dons. puis se departirent: & s'en retourna le Roy à Paris, & le Roy d'Angleterre en Angleterre. Tantost apres, le Roy Richard d'Angleterre, soy sentant fort de l'alliance qu'il auoit au Roy de France, commença à leuer de grands subsides, dont les Anglois ne furent pas contes, n'aussi de l'appoinctement qu'il auoit fait auec le Roy de France, & qu'il luy auoit rendu, par ledict appoinctement, les places de Cherebourg & Brest: & pource qu'il sceut que le Duc de Clocestre, & le Comte d'Arondel en parloyent, en voulant esleuer le peuple contre luy, il les fit prendre, & leur fit copper les testes.

L'an mil.ccc. iiij.xx. & seize
Les Roys de France & d'Angleterre parlerent ensemble pres Calais.

De la piteuse desconfiture, qui fut faicte par les Turcs, sur les Chrestiens, en Hongrie.

AVdict an, combien que le Roy de Hongrie l'annee precedente eust eu vne grande victoire contre les Sarrazins, par le moyen & aide des Francois, toutesfois lesdicts Sarrazins s'estoyent assemblez en grand nombre, & luy faisoyent, & aux autres Chrestiens voisins, moult de persecutions & cruautez: & à ceste cause il enuoya deuers le Roy vne solennelle Ambassade: & apres ce qu'elle eut exposé sa creance, en la presence du Roy, & des Princes, il fut conclud de luy faire aide: & le Duc de Bourgongne, qui estoit present, offrit d'y enuoyer pour luy son aisné fils, Iehan, Comte de Neuers. Aussi s'offrirent d'y aller le Comte d'Eu, Connestable de France, le Mareschal Bouciquault, l'Admiral de Vienne, les Seigneurs de Coucy, de Roye, de la Trimouille, & plusieurs autres: & furent assemblez plusieurs gens de guerre, & se meirent à chemin vers les Allemaignes, ou ils trouuerent qu'on leur fit plusieurs gratuitez de viures, & autres choses: & toutesfois ils faisoyent de grands maulx & pilleries par tout ou ils passoyent. Ils passerent le fleuue de la Dunoé, & vindrent en Hongrie. Le Roy de Hongrie conseilloit qu'on meist deuant les gens de guerre du païs, qui congnoissoyent les manieres des Turcs: mais les Francois dirent qu'ils seroyent des premiers. Le *Basaac, Prince des Sarrazins, quand il sceut leur venue, vint alencontre d'eulx, auec grand nombre de gens, & eurent bataille, ou les Chrestiens furent tous mors ou prins. Apres la bataille le Basaac commanda qu'on amenast les prisonniers deuant luy: & on luy amena bien trois cens des Francois. Quand il les veit, il commanda que tous fussent mis à mort, en sa presence, qui fut moult grand' pitié: mais entre les autres fit reseruer de mort le Mareschal Bouciquault, pource qu'on luy dist qu'en guerre il auoit fait autresfois bonne composition à ses gens: & combien que ledict Iehan, Comte de Neuers, fils du Duc de Bourgongne, fust en grand danger d'estre tué, toutesfois il fut reserué, parce que là se trouua vn Sarrazin, grand Nigromancien, deuin, ou sorcier: lequel, apres ce qu'il l'eut regardé, dist qu'on le sauuast, & qu'il estoit bien taillé de faire mourir plus de Chrestiens, que tous ceulx de leur loy ne scauroyent faire. Aussi fit il par les guerres dont il fut depuis cause en France. Il estoit commune renommee que nostre seigneur Iesus Christ souffrit la chose ainsi aduenir, par l'orgueil desdicts Francois, qui n'auoyent voulu croire le conseil du Roy de Hongrie, aussi pour la punition des grandes pilleries, larrecins, ribaudises, dissolutions de ieux, d'habillemens, & autres maulx qu'ils auoyent commis en y allant. Vne chose miraculeuse aduint: car les Turcs ne vouloyent souffrir que les corps des Chrestiens mors fussent enterrez, affin qu'ils fussent deuorez des Loups, bestes sauuages, & oyseaux: si furent treize moys sus terre, tous blancs, sans que beste ny oyseau y touchast. Lesdicts Comtes de Neuers, & le Mareschal Bouciquault, furent mis à rancon, qu'ils payerent: & puis s'en retournerent en France. En celle annee la Duchesse de Brabant vint veoir le Roy, estant à Compiegne, & s'offrit en son seruice: & en sa presence declaira au Duc Philippe de Bourgongne, qu'apres son trespas elle vouloit que ladicte Duché luy reuinst: toutesfois elle le pria qu'il la laissast à Anthoine, son second fils. ce que luy accorda: & lors la Royne eut vn fils, que le Duc d'Orleans leua sur fons, & fut nommé

Les uns le nommet par son propre nō Bayseth, & les autres Bazaites, combien aussi que Bassa soit nom d'Office ou dignité en Turquie.

Punition diuine sur les Francois, à cause des maulx qu'ils auoyent faicts.

I ij

De la fille du Roy qui fut rēdue religieuse à Poissy.

Louis. En ce temps fut faict le mariage de Iehan, fils du Duc de Bretaigne, & d'vne des filles du Roy: & luy fut promis trois cens mil francs. Aussi en celle annee madame Marie de Frāce, fille du Roy, de son gré & à sa requeste fut rendue religieuse au conuent de Poissy, & depuis fut Prieure du conuent. En celle mesme annee, l'Euesque & les manans & habitans de la cité de Verdun enuoyerent deuers le Roy, pource que ladicte cité estoit neutre, & que le Duc de Lorraine, ses officiers & autres Seigneurs, leurs voysins, leur faisoyent plusieurs molestes: & firent requerir le Roy qu'il les voulsist prendre en sa protection, & sauuegarde, & estre leur conseruateur. ce que ledict Seigneur leur promeit & accorda de faire, moyennant ce que lesdicts habitans luy promeirent payer chacun an à ses successeurs, à sa recepte ordinaire de Victry, la somme de cinq cens liures: & ledict Euesque la somme de quarante liures: & sur ce furent baillees lettres, tant du costé du Roy, que par lesdicts Euesque & habitans. Durant ladicte annee l'Empereur, les Roys de France & d'Angleterre, d'Espaigne & de Hongrie, & plusieurs autres Roys & Princes trauaillerent fort pour cuider mettre vnion en l'Eglise, & en oster le Scisme: mais le pape Benedic, qui estoit en Auignon, vsoit tousiours de dissimulations, & luy suffisoit qu'il iouyst de la Papauté, & en print les proffits: parquoy aucun temps apres fut ordonné estre assemblé à Paris vn grand concile general, ou les Cardinaux, tant d'vn costé que d'autre, seroyēt, affin qu'on trouuast façon qu'il y eust vn Pape vnique en l'Eglise. Et pource que ledict Benedic n'y vouloit entendre, il fut ordonné qu'on luy feroit planiere substractiō de toute obeissance, & que l'eglise de France seroit reduicte à ses libertez: c'est assauoir que toutes reseruations, & graces expectatiues, n'auroyent point de lieu, & que les chanoynes & religieux des eglises Collegialles & Conuentuelles esliroyent, & que les elections seroyent confermees par les Diocesains, & que les ordinaires donneroyent tous les autres benefices, sans plus auoir recours audict Benedic: & fut ledict Benedic asiegé dedans le Palais d'Auignon: lequel siege dura bien par cinq ans. car vn nommé Rodigo, de la Lune, son frere, trouuoit façon de luy faire secretement aide de gēs, & de viures: & aussi il y auoit plusieurs qui dissimuloyent de le faire plus aigrement assaillir, doubtant les censures Ecclesiastiques.

Comment la Seigneurie de Nemours fut erigee en Duché, & baillee au Roy de Nauarre, en recompense de quelques terres.

L'ā mil.ccc.iiii. xx. & dixsept.

L'An mil trois cēs quatre vingts dixsept le nouueau Roy de Nauarre, Charles, enuoya l'Euesque de Papelune deuers le Roy, luy requerir qu'il luy voulsist rendre les terres qui luy deuoyent appartenir en Normandie: & fut sur ce assemblé conseil, & disoyent plusieurs qu'on ne les luy deuoit point bailler, veu les horribles maulx & inconueniens que son pere auoit faicts aux païs & royaume de France, & qu'on ne sçauoit la volonté du fils, qui en pourroit faire autant. Les autres disoyent qu'il y auoit eu accord & appoinctement auec le pere, & que par ce on luy deuoit rendre ses terres, ou luy en bailler recompense, sans auoir regard au tēps passé. Finalement fut conclud & ordōné qu'il n'auroit point lesdictes terres de Normandie, attendu qu'elles estoyent trop prochaines des Anglois, & des limites de France: mais qu'on luy en feroit recōpense, iusques à dix mil liures de rēte: & pour icelle recōpēse bailler, le Roy erigea en Duché la seigneurie de Nemours en Gastinois, & y ioignit Nogēt, Pons sur Seine, Colomiers, & autres terres, si prēdre les vouloit, iusques à ladicte valleur. En celle mesme annee le Roy fut malade par plusieurs fois, de sa maladie: & quand il venoit aucunesfois à cōualescence & bō propos, c'estoit pitié des regrets qu'il faisoit, quād il pensoit à la subiectiō en laqlle il estoit d'y deuoir réchoir: & moult deuotemēt reclamoit Dieu, nostre Dame, & plusieurs Saīcts. On prīt par soupsçō son barbier, & deux des seruiteurs du Duc d'Orleās, pour sçauoir si on ne luy auoit point fait de sort, ou autre chose dōt procedast sadicte maladie: mais on ne peut riēs auerer, & furēt trouuez innocēs, & deliurez.

Des regrets que faisoit le Roy quand il pensoit à la maladie qui le prenoit si souuent.

De la mutation de plusieurs Officiers, & des haines secrettes qui estoyent entre les Ducs d'Orleans & de Bourgongne.

*Toutesfois par auant il le dit desia tel.

En ce temps y eut grād' mutation d'Officiers, par ce que plusieurs estoyēt mors vn peu deuant, en vne bataille sur les Sarrazins: & fut faict Connestable de France le Cōte de Sancerre, & messire Iehan le Maingre, dict Bouciquault, fut faict *Mareschal, Iaques de Bourbon, grand Chābellan, & messire Hutin d'Amont ordonné pour porter l'Oriflambe. En ce temps y eut deux Augustins à Paris, qui entreprindrent à guerir le Roy, & luy firent aucunes incisions en la teste, dont il fut en tresgrand danger

danger de sa personne. Il fut enquis de leurs vies, & fut trouué qu'ils n'estoyent qu'abuseurs. A ceste cause ils furent emprisonnez, & fut faict leur proces, & par l'Euesque de Paris furent amenez sur vn eschauffault en la place de Greue: & estoit ledict Euesque habillé *in pontificalibus*, & lesdicts Augustins, cōme reuestuz à chanter messe. Ledict Euesque, en disant aucunes parolles leur osta tous leurs habillemens de prestrise, & furent despouillez nuds en chemises, & leurs couronnes rasees, & apres liurez par ledict Euesque à la iustice laye, qui les mena es Halles de Paris, & là eurent les testes coppees, & leurs corps enuoyez pendre au gibet. On disoit que ledict Duc de Bourgongne pourchaca la mort desdicts deux Augustins, qui s'aduouerét au Duc d'Orleans, par ce que peu parauant ledict Duc d'Orleās auoit pourchacé la mort d'vn nommé maistre Iehan de Bar, grand Clerc, qu'on disoit estre Nigromancien, & inuocateur, qui estoit audict Duc de Bourgongne, & luy auoit promis qui luy feroit venir le Diable, qui luy respondroit de tout ce qu'il luy demāderoit: & luy furēt trouuez plusieurs liures, miroers, & autres choses diuerses, qui en sa presence furent bruslez en la place de Greue: & y auoit deslors de moult grandes & secrettes haynes & inimitiez entre lesdicts Ducs d'Orleans, & de Bourgongne. En celle mesme annee l'Empereur de Constantinoble enuoya de rechef deuers le Roy requerir aide contre les Sarrazins: & combien que le Roy y eust enuoyé l'annee precedente à grands frais, & y eust perdu plusieurs grands personnages, neantmins il delibera d'encores y enuoyer: & lors le Duc d'Orleans, son frere, s'agenouilla deuant luy, & luy supplia qu'il eust la conduicte de l'armee, dont il eut tresgrand honneur: mais le Roy ne voulut pas permettre qu'il y allast. En celle saison le Connestable du Basaac enuoya au Roy de beaux & gracieux dons & choses plaisantes & estranges: lesquelles il receut benignement, & fit de grands dons à celuy qui les apporta. Le Roy de Boesme, qui auoit grand desir de veoir le Roy de France, se meit à chemin pour y venir, & sceut que le Roy estoit allé à Reims en pelerinage, si tira droict là. Le Roy quand il sceut sa venue, alla voller & chacer, pour le rencontrer sur les champs, à deux lieues de là. Si le rencontra, & le receut honnorablement, & puis l'emmena iusques à Reims, ou il le festoya, & honnora grandement.

De deux Augustins qui furent decapitez es Halles de Paris

D'un Nigromācien qui se vātoit de faire venir le Diable qui respondroit à tout ce qu'on luy demāderoit

Comment Henry de Lanclastre, qui fut banny d'Angleterre, se retira en France

EN l'an mil trois cens quatre vingts & dixhuict, tantost apres que le roy Richard eut faict mettre à mort les Ducs de Clocestre & le Comte d'Arondel, s'esleuerent de grandes discentions en Angleterre, & y eut vn Parlement assemblé à Londres, auquel Henry de Lanclastre, Comte d'Erby, dist au Comte Mareschal, que comme trahistre il auoit fait mourir son oncle de Clocestre, & auec ce qu'il auoit emblé les deniers du royaume, & appliqué à son proffit: à quoy ledict Comte luy respondit qu'il auoit menty, & y eut gaige de bataille, & se trouuerent au champ, & coururēt les lances, mais en vn moment tous deux ietterent leurs lances à terre: parquoy ledict roy Richard les fit prendre, & les fit bannir d'Angleterre: c'est assauoir ledict Comte à cent ans, & ledict Henry à dix ans: lequel Henry s'en vint en France deuers le Roy, qui le receut honnorablement, dont le Roy d'Angleterre ne fut pas content: & tantost apres le Duc de Lanclastre, pere dudict Henry, alla de vie à trespas: & cuida ledict Henry que le roy Richard deust appaiser son ire contre luy & le rappeler, & luy rendre les terres & meubles de son pere, qui estoyēt grands, mais riens n'en fit, & les print à son proffit, dont iceluy Henry delibera bien de s'en venger.

L'an mil.cccc. iiii.xx.xviii.

Comment ledict Henry de Lanclastre s'en retourna en Angleterre, pour faire guerre au Roy Richard, qu'il print prisonnier, & le fit mourir, & se fit Roy.

L'An mil trois cens quatre vingts & dixneuf ceulx d'Ibernie se rebellerent cōtre ledict roy Richard d'Angleterre, & par ce alla contre eulx en personne: & apres son partement plusieurs monopoles & conspirations se firent contre luy audict royaume d'Angleterre, tellement qu'aucuns vindrent au lieu ou estoit madame Ysabeau, Royne d'Angleterre, fille de France, qui ieune enfant estoit, & luy osterent tous ses seruiteurs & seruantes, de la langue de France, excepté vne Damoyselle & son confesseur: & luy laisserent aucuns Anglois, qui parloyent Francois, & là meirent en vn chastel bien gardee: qui fut vn exploict bien merueilleux. Laquelle chose venue à la congnoissance dudict Henry de Lanclastre, Comte d'Erby, qui estoit banny d'Angleterre pour dix ans, cōme dict est, & s'estoit retiré en France, pour estre en seureté, s'en partit secrettement, & trouua facon de passer en Angleterre. On dit qu'auant son partement furent iurees &

L'an mil.cccc. iiii.xx.xix.

De la grād' mu-
tatiō qui fut en
Angleterre.

accordees grandes alliances entre mōseigneur Louis, Duc d'Orleans, & luy: & si tost qu'il fut en Angleterre, il se fit le Duc de Lanclastre, au lieu de Iehan de Lanclastre, son pere, & fit plusieurs seditions & entreprinses, & attrahit à luy grand nombre de gens, dont son oncle d'Yort le reprint fort, mais il n'en tint compte: & fit prendre plusieurs Nobles d'Angleterre: c'estasauoir les Comtes de Kent & Sallebery, de Suffort, de Vvermeton, Hue le Despensier, & autres, & leur fit copper les testes, & icelles enuoya à Londres, & se meirent en ses mains plusieurs places. Tantost apres, lesdictes choses vindrent à la congnoissance du roy Richard, qui en fut moult troublé, & non sans cause, & le plus tost qu'il peut s'en partit d'Ibernie, ou il estoit allé faire guerre, & s'en vint vers Londres: mais il fut tantost de tous ses gens delaissé: & qui pis est, ceulx en qui il se fioit le prindrent prisonnier: & le liurerent es mains dudict Henry de Lanclastre, son ennemy: & tantost tout le peuple d'Angleterre, qui est subit, & ne demande que mutation de seigneurie, tant gens d'Eglise qu'autres, crierent à haulte voix qu'on le deuoit desappoincter & priuer du royaume, & mettre en chartre perpetuelle, attendu qu'il auoit fait mourir ses parens, sans cause: & aussi qu'il auoit baillé au Roy de France les places de Cherebourg & Brest, qui estoyent deux entrees aux Anglois, pour venir en France, & auoit fait alliance au Roy de France, sans y appeler les gens des trois Estats d'Angleterre: & qui pis estoit, il auoit leué sur le peuple grandes sommes de deniers, comme dessus est dict, & print on tous ses amis & bienvueillans, & les fit on mourir, & furent leurs hostels pillez. Et lors commença Henry de Lanclastre, à soy nommer & porter Roy d'Angleterre, & se fit couronner, & est appelé Henry le quart. Tantost apres le Roy de France sceut ce qui auoit esté faict en Angleterre, contre ledict roy Richard, son beau fils, dont il fut fort courroucé: car il congnut bien que toutes tréues & alliances estoyent faillies, & qu'on estoit à la guerre cōme deuant: toutesfois ledict Henry de Lanclastre, soy disant Roy d'Angleterre, enuoya deuers luy faire sçauoir s'il vouloit enuoyer gens à Calais, & il y enuoyeroit de sa part pour ouurir aucunes matieres touchant le faict de la guerre. ce qu'il fit: & furent prinses vnes tréues iusques à la Pentecouste ensuyuant, tant seulement.

Mort soubdaine
du Comte d'E-
stampes.

En ce temps le Comte d'Estampes, qui souuent buuoit & mangeoit à la table du Duc de Berry, en disnant mourut subitement d'vne Apoplexie, à la table, & luy tomba la teste sur les bras qu'il auoit ployez sur la table: & quand ledict Duc de Berry l'aduisa, cuidant qu'il dormist, dist en riant: Le beau cousin s'endort, leuez le, mais on trouua qu'il estoit mort. Audict Comte d'Estampes luy succeda ledict Duc de Berry, qui l'auoit parauant achaptee, reseruè à luy à en iouyr, sa vie durant.

Du S. Suaire de
nostre seigneur.

En celle annee aucuns religieux de l'ordre S. Bernard apporterent le Suaire ou nostre Seigneur fut ensepuely au tombeau, & le meirent en vne Abbaye de leur ordre, nommee Cadoyn, au diocese de Cahors.

De la venue de l'Empereur de Constantinoble à Paris.

L'an mil. cccc.

L'An mil quatre cens il vint à la congnoissance du Roy que l'Empereur de Constantinoble vouloit venir vers luy en France, tant pour le veoir que pour luy requerir aide cōtre les mescreans, & aussi pour le remercier des aides qu'il luy auoit faictes le teps passé: & quād le Roy sceut qu'il approchoit, il enuoya au deuant de luy de grands Seigneurs, pour le remercier à l'entree du royaume, & le deffrayer. Quand il fut pres de Paris, il enuoya ses oncles les Ducs de Berry & de Bourgōgne au deuant de luy, & luy mesmes l'alla receuoir à la porte, & furent faictes grandes triumphes à sa reception, en la ville de Paris, & l'amena le Roy à nostre Dame de Paris, & au Palais, & de là au Louure, ou il fut logé, & là tint son estat aux despens du Roy: mais toutesfois il ne fit chose qui touchast droict d'Empire, ne souueraineté contre la courōne de France. Puis s'en partit & s'en alla en Angleterre, ou pareillement il fut honnorablement receu, & de là s'en retourna en son païs.

Le seruice diuin
celebré à Paris,
deuant l'Empe-
reur de Consta-
tinoble.

On chantoit en la chapelle dudict Empereur le seruice à la mode de son païs: c'est à dire en Grec, qui sembloit bien estrange aux gens du royaume, qui par singularité l'alloyent veoir & ouyr. Au commencement de celle annee mourut Iehan de Montfort, Duc de Bretaigne, auquel succeda Iehan, son fils, premier né, qui auoit espousé la fille du Roy de France: parquoy le Duc de Bourgongne alla en Bretaigne prēdre possession de la Duché, pour ledict ieune Duc: laquelle possession luy fut baillee. puis s'en passa par Nātes, pour veoir la Duchesse, veufue, qui sœur estoit du Roy de Nauarre: laquelle, cōme on disoit, auoit ia promis d'espouser le nouueau Roy d'Angleterre, Héry de Lanclastre. En celle mesme annee fut faict & traicté le mariage de Iehan, Comte de Clermont en Beauuoysin, fils de monseigneur Louis, Duc de Bourbon, & de madame Marie, fille de mōseigneur Iehan de Berry, par traicté duquel mariage mōdict Seigneur de Berry, du cōgé & permission du Roy luy dōna la Duché d'Auuergne, & Comté de Montpensier, soubs telle condition que s'il aduenoit que la ligne masculine

masculine deffaillist en ligne directe desdicts Ducs de Bourbon, la Duché de Bourbonnois, & ladicte Comté de Clermont viendroyent au Roy & à la couronne de Fráce. En l'an mil quatre cens & vn, fut mis en deliberation d'enuoyer querir en Angleterre madame Yſabeau de Fráce, laquelle eſtoit encores ieune pucelle (car le roy Richard n'auoit point couché auec elle) & y fut enuoyé le Seigneur de Hugueuille, & vn Maiſtre des requeſtes, nommé maiſtre Pierre Blâchet, auſquels elle fut pour lors refuſee: & fut aucune renommee que les Anglois auoyent fait empoiſonner leſdicts Ambaſſadeurs. quoy que ſoit ledict Blanchet y mourut, & ledict de Hugueuille vomiſſoit iuſques au ſang: toutesfois il gueriſt, & s'en retourna en France: mais tantoſt apres les Anglois, congnoiſſant que ce ne leur ſeroit pas honneur de retenir ladicte Royne, l'amenerent à Calais, & le feirent ſcauoir au Roy, qui y enuoya l'Eueſque de Chartres, meſſire Vvalleran, Côte de ſainct Paul, le Seigneur de Longueuille, & autres, auſquels elle fut baillee & liuree. Auſſi furent enuoyees pour la receuoir honneſtement les Dames de Montpenſier & de Luxembourg: & feirent les Seigneurs d'Angleterre, qui là eſtoyent venus, à ladicte Dame & ſes Damoyſelles & ſeruiteurs de beaux dons. puis ſ'en retournerent, & ladicte Dame fut amenee à Paris, ou le Roy ſon pere la receut: & en venant paſſa par Abeuille, ou le Duc de Bourgongne alla au deuant, & la feſtoya grandement. puis s'en retourna ledict Duc en ſon païs d'Artois.

L'an mil cccc. & vn.

La Royne d'Angleterre, fille de France, fut ramenee vierge à ſon pere.

Comment la haine ſecrette d'entre les Ducs d'Orleans, & de Bourgongne, ſe manifeſta.

AVdict an monſeigneur Louis Duc d'Orleans, frere du Roy, partit de Paris, & alla iuſques à Mozon, accompaigné de bien cinq cens lances: & là fit & iura alliance auec le Duc de Gueldres, qui y eſtoit venu, & auoit bien autant de gens, & l'amena iuſques à Paris: & pource qu'il n'en auoit point parlé aux Ducs de Berry & de Bourgôgne, ſes oncles, ils en furent fort courroucez & malcôtens, & fort en murmurerent, meſmement le Duc de Bourgongne: & y eut de grandes & eſtranges manieres tenues entre eulx, tellement qu'on apperceuoit bien deſlors qu'il y auoit entre eulx de grád' haine mortelle: mais toute la principale haine ne venoit que par l'ambition du gouuernement du royaume, & par eſpecial des finances: & de faict manderent & aſſemblerent chacun d'eulx grâds armees de gens de guerre, qui tous tirerent és enuirôs de Paris, ou ils faiſoyent de grâds maulx. Finalement le Duc de Berry s'entremeit de faire la paix d'entre eulx, & furent r'enuoyez leurs gens d'armes: & les fit tous deux aller diſner en ſon hoſtel de Neelle, & furent d'accord, & baiſerent l'vn l'autre, & feirent promeſſes & grand ſerment d'auoir touſiours bonne paix & amitié enſemble, mais elle ne dura gueres.

Du debat qui eſtoit entre les Princes, pour le gouuernement des finances.

L'An de grace mil quatre cens & deux, y eut de rechef debat entre les Princes de France, meſmement entre les Ducs d'Orleans & de Bourgongne, pour le gouuernement du royaume: car quand le Roy eſtoit en ſanté, il diſoit, qu'il vouloit que ledict Duc d'Orleans, ſon frere, euſt le gouuernemét & adminiſtration de tous les faicts du royaume, tant des finances qu'autrement: lequel Duc, ayât prins ledict gouuernement, fit mettre ſus vne grand' taille & aide, & tellement qu'il vouloit que les gens d'Egliſe payaſſent impoſitiô. A quoy l'Archeueſque de Reims s'oppoſa pour luy & pour tous ſes adherens: l'Archeueſque de Sens excommunia tous ceulx qui le contrediſoyent & empeſchoyent: & y auoit de grands brouilliz. D'autre part les Ducs de Berry & de Bourgongne diſoyent & publioyent qu'ils n'en eſtoyent point conſentans. Le Roy tantoſt apres fut malade: & tout incontinent tous les autres Seigneurs eſleurent le Duc de Bourgongne, pour auoir le gouuernement, diſans, que ledict Duc d'Orleans eſtoit trop ieune d'aage, & qu'il auoit mieulx beſoing d'eſtre gouuerné que de gouuerner. Parquoy ledict Duc de Bourgongne print ledict gouuernement: & incontinent qu'il l'eut, il voulut ſemblablement trouuer façon & maniere d'auoir argent, & meit ſus tailles & aides, & ne voulut ſouffrir que ledict Duc d'Orleans en euſt aucune adminiſtration: & pour trouuer promptement argent il fit leuer & ordonner commiſsions extraordinaires, pour reformer toutes manieres de gens qui auoyent eu gouuernement du Roy, & par eſpecial ceulx qui auoyent gouuerné & manié les finances, iuſques ſur les gens d'Egliſe: & vouloit prendre ſur ceulx qui auoyent eu aucuns dons ou biens faicts du Roy oultre les gaiges, ou prins les gaiges de diuers Officiers. Parquoy en vint de grands plainctes, & iuſques à la chambre du Conſeil: & allerent deuers luy

L'an mil cccc. & deux.

Du Duc de Bourgongne, qui fut eſleu Gouuerneur du royaume de France.

LES CHRONIQVES ET ANNALES DE FRANCE.

meſsire Guy, Archeueſque de Reims, grand notable homme, & autres: lequel Archeueſque ſe vint oppoſer à toutes ces choſes, & apres luy tout le monde s'oppoſa. Quand il veit ainſi tout le monde crier contre luy, il ceſſa de ſon intention, & de faire executer ladicte commiſsion : & *Toute authori-* enuiró le moys de Iuin, le Roy fut de rechef ſurprins de ſa maladie: & pource que toute autho-
tée est impatiête rité eſt impatiente de compaignon, & ne le peut ſouffrir, on craignoit que leſdicts deux Ducs,
d'auoir compai- demenez par les eſguillons d'enuie, ne ſe deſcordaſſent: ſi fut de rechef ordonné au Conſeil, au-
gnon. quel eſtoyent la Royne & des Ducs de Berry & de Bourbon, que leſdicts deux Ducs d'Orleás, & de Bourgongne, ceſſeroyent d'vſer de l'authorité & du gouuernement du royaume, iuſques à ce que le Roy euſt receu ſa ſanté.

De la deſconfiture de ſept Anglois, qui combatirent en champ contre ſept Francois.

Quand le Duc d'Orleans veit qu'il n'auoit plus ledict gouuernement, il fit ſem-blát & publia qu'il ne luy en challoit (combien qu'il luy en fiſt grand mal) & s'en alla à la Duché de Luxébourg, qu'il auoit nouuellement acquiſe du Roy de Boeſ-me, qui l'auoit deuant engagee au Marquis de † Moriane, là ou il fut honnora-
† *al. Mora-* blement receu: & quád il fut là, il trouua qu'il y auoit guerre entre le Duc de Lor-
uie, raine & ceulx de Mets, il y alla, & les meit d'accord, & ſi gouuerna tellement qu'il y eut proffit & honneur. En ce téps vn vaillant Cheualier, nommé meſsire Iehá de Harpedanne, Seigneur de Belleuille, & Seneſchal de Xaintonge, fit ſcauoir au Roy qui eſtoit à Paris, & aux grands Sei-gneurs, qu'il y auoit en Guyenne ſept Anglois fort vaillans gens & renommez en guerre: leſ-quels faiſoyent ſcauoir à tous Francois, que s'il y en auoit autant qui les vouſiſſent combatre ils eſtoyent preſts pour l'amour de leurs Dames de les combatre: & eſtoyent les noms d'iceulx
* tous ces noms Anglois, le ſeigneur de *l'Eſcalle, meſsire Aymond Cloiet, Iehan Haron, Richard Vitenaille,
ſe trouuent un Iehan Flory, Thomas Tahis, & Robert d'Eſcalles. Cecy fut publié par toutes les cours & con-
peu autres au trees de France: & ce venu à la congnoiſſance de ceulx qui eſtoyent en la court de monſeigneur
ueil exē. & ail- le Duc d'Orleans, furent ſept qui entreprindrent ledict voyage, mais à grand' peine peurent
lieurs: mais c'eſt ils auoir congé. Finalement ils y allerent: c'eſtaſſauoir, meſsire Arnault Guillem, Seigneur de
peu de cas pour Barbazan, meſsire Guillaume du Chaſtel, meſsire Colinet de Brabát, meſsire Guillaume Ba-
cela. taille, Archambault de Corroſe, & Champaigne, tous vaillans Gentilshommes, & ſe rendirent deuers ledict Seneſchal de Xaintóge: & eſtoit ledict ſeigneur de Barbazan Chef, & des Anglois le ſeigneur de l'Eſcalle: & fut la iournee prinſe au dixneufiéme iour de May, auſquels tous com-parurent bien ordonnez ainſi qu'au cas appartient. Au matin, apres qu'ils eurent ouy meſſe & receu le corps de Ieſus Chriſt, au moins les Francois, ledict Seigneur de Barbazan les enhorta de bien beſongner & de garder leur honneur, en leur demóſtrant la vraye querelle que le Roy auoit contre eulx, & qu'ils n'euſſent pas regard aux Dames, ne pour acquerir la grace du mó-de, mais ſeulement pour eulx deffendre, auec autres bonnes paroles qu'il leur diſt : & inconti-nent entrerent au champ en grande & fiere maniere, tant d'vn coſté que d'autre: & apres qu'il eut crié par le Herault, par le commandement dudict Seneſchal, ils commencerent à fraper de grans coups de haches: & finalement les Anglois furét deſconfits, & y mourut meſsire Robert d'Eſcalles, & ſe rendirent tous les autres aux Francois.

Du mariage de la Ducheſſe de Bretaigne au Roy d'Angleterre, & des deffian-ces du Duc d'Orleans audict Roy d'Angleterre.

EN ce temps la Ducheſſe de Bretaigne, veufue du feu Duc Iehan, qui fille eſtoit du Roy de Nauarre, ſe maria à Henry de Lanclaſtre, nouueau Roy d'Angleterre, la-quelle auoit trois fils du feu Duc : c'eſtaſſauoir Iehan l'aiſné, qui auoit fiancé vne des filles du Roy Charles, Richard le ſecond, & Artus le tiers, leſquels elle vouloit mener en Angleterre: & ce vint on haſtiuement dire au Roy & au Duc de Bour-gongne, qui auoit eſté ordonné curateur deſdicts enfans: lequel Duc alla incontinent en Bre-taigne, & print leſdicts enfans, & les amena tous trois en France. Audict an, le Duc d'Or-leans enuoya deffier ledict Roy d'Angleterre : & par les lettres de deffiance il luy eſcriuoit les cauſes parquoy: qui eſtoyent en effect qu'il le chargeoit d'auoir occis & fait mourir le roy Ri-chard ſon naturel Seigneur, & n'auoit pas honnoré ſa niepce, veufue dudict Richard, ains l'a-uoit deſnuee de ſon douaire, & deſpouillee de ſes ioyaux : dont ledict Roy fut moult courrou-cé, & luy fit dire qu'il n'eſtoit pas vray ce qu'il diſoit, & qu'il en auoit menty, & enuoya au-dict Duc d'Orleans autres lettres de deffiance. Le vingthuictiéme iour de Feurier audict

an mil quatre cens & deux, fut né monseigneur Charles, fils dudict Roy Charles sixiéme, & *L'an m.cccc.ii.* de dame Isabeau de Bauieres: lequel depuis fut Roy apres la mort de son pere, par ce que ses *De la natiuité* freres aisnez estoyent tous mors, comme sera cy apres declairé. *du Roy Char-*
les vii.

Audict an messire Louis de Sancerre, Connestable de France, mourut: lequel, pour les vaillances qu'il auoit faictes en son têps fut enterré en la Chapelle, & à la dextre main du Roy Charles le Quint, dict le Sage: & apres son trespas fut par election du Roy & des Princes faict Connestable, messire Charles d'Albret, Comte de Dreux, Seigneur de Sully & de Craon: lequel refusa l'office plusieurs fois, mais à la fin il l'accepta: & bailla le Roy de sa main l'espee au Duc d'Orleans, son frere, qui la luy seignit es presences des Ducs de Berry & de Bourgongne & de Bourbon, ses oncles, au jardin de l'hostel sainct Paul à Paris: & là fit ledict d'Albret le serment dudict Office es mains de messire Iehan de Corbie, Chancelier de France. En celle annee le Duc Philippe de Bourgongne, oncle du Roy, fit le mariage d'Antoine, son secõd fils (lequel fils fut depuis Duc de Brabant) auec la seule fille de Vvaleran, Côte de S. Paul, & de Mahault, sœur du Roy d'Angleterre.
Le seigneur d'albret fut faict Cõnestable de Frãce.

D'vne course que fit en Guyenne, sur les Anglois, le Connestable d'Albret.

L'An mil quatre cens & trois, partit le Connestable d'Albret, & vne noble compaignie auec luy, nombree à mil cinq cens Cheualiers, auec les gens de traict, pour aller en Guyéne, faire guerre aux Anglois: & meit siege à vn fort Chastel estant en Limosin, nommé Carbasin, que tenoyêt les Anglois, & faisoyêt moult de mal au païs, & le print par force, & plusieurs autres places en Guyenne: & auoit auec luy les Comtes de Tonnerre, de Bresne, de Roucy, le Seigneur de la Rochefouchault, le seigneur de Belleuille, le Gouuerneur de la Rochelle, messire Iehan de Grauille, Seigneur de Montagu, & plusieurs autres Seigneurs: & ne trouuerent pas ledict Connestable, & ceulx de sa compaignie grand' resistence, par ce qu'en ce temps auoit grand different entre les Seigneurs d'Angleterre, pour la mort du roy Richard, qui auoit esté tué. Apres ledict voyage s'en retourna ledict Connestable deuers le Roy, à Paris. * En celle annee vint vers le Roy vne grande & solennelle Ambassade, de par ceulx de Gennes, & apporterent la carte blanche, pour faire les lettres du don qu'ils faisoyent au Roy de la seigneurie dudict Gennes, en telle forme qu'il plairoit au Roy, & accepta le Roy ladicte donation: & aucun temps apres enuoya messire Iehan le Maingre, dict Bouciquault, Mareschal de France, pour en prendre la possession, & en estre son Lieutenant: car c'estoit vn sage & vaillant Cheualier, & qui gouuerna ledict païs, tellement que l'authorité du Roy y fut grandement gardee, non pas seulement audict Gennes, mais par toutes les Itales, & allerent auec luy plusieurs vaillans Cheualiers & Escuyers Francois.
L'an m.cccc.iiii.

* Le vieil exêplier n'en à riê en ce lieu cy, toutes-fois il me semble qu'il est mieulx que par cy deuant.

De l'appoinctement faict sur le debat des Ducs d'Orleans & de Bourgongne, touchant le gouuernement du royaume.

EN l'an mil quatre cens & quatre, se meut de rechef grand' discention & debat entre les Ducs d'Orleans, frere du Roy, & Philippe de Bourgongne, son oncle, pour cause du gouuernement du royaume, q chacun d'eulx vouloit auoir, mesmemêt touchât l'administration des finances: & feirêt venir lesdicts deux Ducs entour Paris chacun grands armees de tous leurs païs, amis & alliez: & se trouuerent à ceste assemblee des deux costez bien dix mil Cheualiers & Escuyers, tant du royaume de France, que des païs voysins: mais à la bonne aide des Seigneurs du sang, & autres Seigneurs & gens de conseil, furent d'accord les deux parties, parmy ce que le gouuernement du royaume seroit faict & tenu par les Seigneurs du sang tous ensemble, & aussi de la Royne: & ne dura le debat que quinze iours, à la bonne diligence qui y fut mise: & s'en retournerent les gensd'armes chacun en sa maison. Et en faisant ledict accord feirent plusieurs mariages: c'est assauoir le mariage de Charles, fils dudict Louis, Duc d'Orleans, & de l'aisnee fille du Roy, nommee Isabeau, sa cousine germaine (laquelle, comme dessus a esté dict, auoit esté mariee au roy Richard d'Angleterre) & semblablement celuy de monseigneur Louis, Duc de Guyéne, Dauphin de Viennois, aisné fils du Roy de France, à la fille de Iehan, Comte de Neuers, aisné fils du Duc de Bourgongne, nommee Marguerite: & aussi fut faict le mariage du second fils du Roy, nommé Iehan, Duc de Touraine, & de la seule fille du Duc Guillaume de Bauiere, Côte de Henault: & fut aussi faict le mariage du Duc Iehan de Bretaigne, & de la *seconde fille du Roy nommee Marguerite: lequel Duc estoit bien ieune, & l'auoit amené le Duc de Bour-
L'an mil cccc. & quatre.

* au F. 36. il sêble qu'il la face 4. mais là il ne garde pas l'ordre de la naissance.

Du trespas du Duc Philippe de Bourgongne.

L'an mil. cccc. & cinq.

Des Chartreux de Dyjō que fonda le Duc Philippe de Bourgōgne.

L'An mil cccc.v. trespassa ledict Duc Philippe de Bourgongne, qui fut appelé Philippe le Hardy, & fut son corps enterré à nostre Dame de Haulx en Brabāt, & son cœur aux Chartreux de Dyjon, qu'il fonda en son viuant: & tantost apres son fils aisné, nommé Iehā, Comte de Neuers, vint à Paris deuers le Roy, & luy fit hōmage de la Duché de Bourgongne, & autres terres qu'il tenoit de luy: & luy estant à Paris par mauuais raport & cōseil s'engendra grand' haine entre mōseigneur le Duc d'Orleans, frere du Roy, & ledict Duc Iehan de Bourgongne, par ambition de gouuernemēt, dont depuis sont aduenuz grands maulx en France. Item en celle dicte annee le Mareschal Bouciquault, qui estoit gouuerneur de Gennes pour le Roy, s'en partit dudict Gennes, par l'ordonnance du Roy, pour venir en France, & laissa messire Gilbert, seigneur de la Fayette (qui estoit vaillant Cheualier, & fut depuis Mareschal de France) son Lieutenant general: lequel gouuerna tresbien la seigneurie de Gennes, en l'obeissance du Roy, & depuis s'en partit pour aller estre Gouuerneur & Potestat de Milan, pour le Roy: & laissa audict Gennes, en son lieu vn Cheualier d'Auuergne, nommé Chauleton, lequel par sa simplesse fut tué à Gennes, & se rebellerent les Geneuois contre le Roy: & aucuns d'eulx des principaux se feirent Ducs & Gouuerneurs. En celle annee fut par appoinctemēt faict mis es mains du Roy la ville de Cherebourg, q̄ tenoit Charles Roy de Nauarre, qui lors estoit venu à Paris: moyennant qu'on luy promeit bailler recompense de ladicte ville & des Comtez d'Eureux, Mortaigne & Constentin, qu'il pretendoit à luy appartenir: & pour ladicte recompense luy fut baillee la Seigneurie de Nemours en Gastinois, qui fut par ce erigee en Duché, & autres terres & Seigneuries y furent adioustees. En ce temps ledict Duc d'Orleans s'en alla en la Duché de Luxembourg qu'il auoit acquise, & conquist & print certaines places, comme la ville de Mommedie, Yury, Dannillier & Ochimont, en intention d'acquerir terres en Allemagne, pour paruenir à estre Empereur. Puis s'en vint à Paris, & s'en alla en Auignon, pour aider au Pape de la Lune, contre l'Vniuersité de Paris qui le vouloit deposer.

La seigneurie de Nemours est erigee en Duché.

Des condamnations faictes contre Sauoisy.

L'an mil. cccc. & cinq.

AVdict an mil quatre cens & cinq, le Page d'vn Cheualier, nommé messire Charles de Sauoisy, en retournant d'abbreuer vn cheual, cheuauchant le long de la rue, derriere sainct Anthoine de Paris, ainsi q̄ la procession de l'Vniuersité passoit, par son cheual esclabota de la boue contre vn Escolier, qui pour ceste cause frappa ledict Page. ce qu'on alla incontinent dire au gens dudict Sauoisy, en sa maison qui estoit pres ladicte rue: & d'icelle maison en sortit aucuns embastonnez, qui poursuyuirent lesdicts Escoliers iusques en l'eglise sainct Catherine du Val des Escoliers: & y eut vn desdicts seruiteurs qui tira plusieurs flesches, & en tira vne de la porte de ladicte eglise iusques au grand autel, ou on chantoit la messe, dont ladicte Vniuersité fit grand' poursuyte. Et pource que ledict Sauoisy, qui auoit lors grand' authorité, & estoit Thresorier de France, adoua sesdictes gens, & luy sembloit que nul ne luy pouoit nuire, il fut banny du royaume de France, & sa maison rasee & abatue, & luy excommunié: lequel s'en alla en Auignon deuers le Pape Benedic, qui l'absolut, & arma quatre galees, & alla faire guerre aux Sarrazins, ou il gaigna moult grandes cheuances, puis s'en retourna à Paris, & fut sa paix faicte, & rappelé, & fit refaire sa maison: mais elle ne fut pas parfaicte, pour les empeschemens que luy firent ceulx de ladicte Vniuersité de Paris: & fit aussi edifier par les Sarrazins qu'il auoit amenez d'oultremer, vn bel gent chastel, nommé Saignelay, pres Auxerre.

La maison de Sauoisy, derriere s. Anthoine fut abatue, & est celle du Thresorier Morelet.

D'vn autre appoinctemēt, qui fut faict entre les Ducs d'Orleās & de Bourgōgne.

L'an mil. cccc. & six.

ENl'an mil quatre cens & six la Royne Ysabeau de Bauieres, & monseigneur le Duc d'Orleans, à belle cōpaignie se partirent de Paris pour aller à Melun à la chace, & donnerent charge au Duc de Bauieres, frere de ladicte Royne, d'amener apres eulx mōseigneur le Duc de Guyéne, Dauphin, aisné fils du Roy, & madame Marguerite sa femme

DV ROY CHARLES, SIXIEME. Fueil.liiij.

sa femme, qui fille estoit du Duc de Bourgongne. Or fut ainsi qu'aucuns sedicieux de Paris, manderent audict Duc de Bourgongne, hastiuement, que la Royne & le Duc d'Orleans s'estoyent partis de Paris, & emmenoyent auec eulx mōseigneur le Dauphin & madame sa femme, & qu'ils auoyent sceu qu'ils s'en alloyent, & les emmenoyent en Allemagne : & tout incontinent ledict Duc de Bourgongne, qui estoit en la ville d'Arras, à son de trompe assembla ses gens, lesquels monterent incontinent à cheual. Quand il fut à Paris, il trouua que tout estoit party, & tira apres, & trouua à Iuuisy, entre Paris & Corbeil, mondict seigneur le Dauphin, & madame sa femme, que le Duc de Bauiere, le Marquis du Pont, fils du Duc de Bar, le Cōte Dampmartin, & le grand Maistre d'hostel, nommé Montagu, emmenoyent apres la Royne: lesquels il fit ramener à Paris, & les fit loger au Louure, & luy mesmes y logea. De ceste chose sourdit grand murmure pour les parcialitez qu'auoit le peuple de Paris aux deux Princes. Le lendemain ceulx de l'Vniuersité de la ville de Paris, allerent deuers ledict Duc de Bourgongne, & le louerent, & mercierent de ce qu'il auoit fait, & qu'ils sçauoyent bien qu'il procedoit de bonne affection, en le priant qu'il voulsist perseuerer en son propos. Le Dimenche ensuyuant, ledict Duc de Bourgongne se deslogea du Louure & s'en alla loger en son logis d'Artois, qu'on dit l'hostel de Bourgongne pres les Halles: & par les rues fit faire de grandes fortifications de paliz de boys à l'entour de sa maison, affin qu'on ne le peust aysément surprendre : & fit rendre à ceulx de Paris leurs chaines qui parauant leur auoyent esté abatues & ostees, dont il acquist grandement la grace des Parisiens. Le chastel du Louure demoura en la garde de mesire Iehan Dagiennez, & la Bastille sainct Anthoine es mains du grand maistre d'hostel Montagu : & le Duc de Guyenne fut au gouuernement du Duc de Berry, par ordonnance de ceulx du conseil du Roy. Ces nouuelles venues à la congnoissance de la Royne & de monseigneur d'Orleans, ils en furent bien courroucez, non sans cause. Lors ledict Duc d'Orleans manda de toutes pars Seigneurs & gens, ses alliez, & tous ses bons amis, qu'ils veinssent à son secours, en leur faisant sçauoir que le Duc de Bourgongne auoit osté des mains de la Royne, par force & violence, monseigneur le Dauphin son fils, & le vouloit mener ou bon luy sembloit : & tout incontinent vindrent & furent à son aide le Duc de Lorraine, le Comte d'Alencon, le Marquis du Pont, fils du Duc de Bar, le Comte d'Armignac, le Cōte de Clermont, fils aisné du Duc de Bourbon, le Comte du Perche, le Comte de Harecourt, le Vicomte de Chastellerault, le Seigneur de Beaumont & plusieurs Nobles, & grands Seigneurs, iusques au nombre de cinq à six mille Cheualiers & Escuyers : & porterent ceulx du party du Duc d'Orleans, escript au bout de leurs lances, par deuise : Ie l'enuie : & ceulx du Duc de Bourgōgne portoyent semblablement en leurs deuises au bout de leurs lances escript en Flament, Hic houd, qui en Francois est à dire : Ie le tiens. Et auoit ledict Duc de Bourgongne de sa part bien autant de gens, c'estassauoir l'Euesque du Liege, le Comte de sainct Paul, le Prince d'Orenge, le Seigneur de Vergy, Mareschal de Bourgongne, & plusieurs autres, qui tous estoyēt logez en l'Isle de France. Le Duc d'Orleans amena la Royne au boys de Vincennes : & incontinent se meirēt sus les champs, & les gens dudict Duc de Bourgongne s'allerent monstrer en bataille deuant eulx, au dessus de Montfaucon : & ceulx de la ville de Paris s'armerent, & porterent au Duc de Bourgongne toute la faueur qu'ils peurent, tellemēt que les deux puissances estoyent bien pres l'vne de l'autre. Plusieurs se trauaillerent de toutes pars à faire l'appoinctement : car le Duc de Bourgongne auoit gaigné le peuple de Paris, & leur dōnoit à entēdre que iamais ils ne payeroyent nulles malestoltes, aides, ne subsides. Le Chancelier du Roy, & autres gens sages de cōseil voyans le trouble qui estoit, allerent en l'hostel d'Aniou, ou estoit le Roy de Cecille, Duc d'Aniou, les Ducs de Berry & de Bourbon, & tant trauaillerent que l'appoinctement fut faict entre les Ducs : & baiserent l'vn l'autre par alliance. Le lendemain allerent querir la Royne au boys de Vincennes, ou elle estoit venue, & l'amenerent à Paris en grand' triumphe : & estoit le Duc d'Orleans à la dextre de la littiere, & le Duc de Bourgongne à la senestre : & par l'appoinctement faisant le Duc d'Orleans deuoit aller mener la moytié de l'armee contre les Anglois en Guyenne, dont il fut faict Gouuerneur, & l'autre le Duc de Bourgōgne à Calais, & luy fut baillé le gouuernement des païs de Picardie : & fut faicte vne moult grand' taille par le royaume, qui monta en principal deux cens mil vieils escus, dont chacun desdicts Ducs eut cent mil pour la conduicte de la guerre, & alla le Duc d'Orleans en Guyenne, & voulut mettre le siege deuant le chastel de Blaye, sur Gironde : mais à la priere de la Dame, qui luy promeit sa ville rendre si tost que de la ville de Bourg, qui est à deux lieues pres, sur la riuiere de Gironde, auroit obeissance, il passa oultre & meit le siege deuant Bourg, ou il fut long temps. Pendant lequel mesire Clinet de Brabant, Admiral de France, amena grand' nauire de France, sur ladicte riuiere de Gironde, pour empescher que ceulx de Bordeaux n'auitaillassent Bourg, & vn iour les nauires de Bordeaux eurent bataille audict Admiral, qui perdit vne de ses nefs, ou

Des chaines de fer, qui furēt rēdues à ceulx de Paris, pour estre tendues par les rues.

La deuise du Duc d'Orleans, et celle du Duc de Bourgōgne

furent prins les Seigneurs de Bracquemont & de Garancieres: mais à la fin furent les Anglois desconfits, & furent prins le Maire de Bordeaux, & autres grands prisonniers: & pour le temps d'yuer qui fut fort pluuieux, fut ledict Duc contrainct soy leuer & retourner sans riens faire, dont luy despleut forment. Quant au Duc de Bourgongne, si tost qu'il eut l'argent qu'il deuoit auoir, il s'en alla en ses païs, & n'en fit nulles guerres aux Anglois, fors qu'il meit aucunes garnisons: & tantost apres vindrent en France aucuns Ambassadeurs du Roy Henry d'Angleterre, qui requirent & demanderent à auoir tréues marchades entre les deux royaumes, & à grand' instance requirent que madame Ysabel, fille aisnée du Roy, qui parauant auoit esté femme du roy Richard d'Angleterre, qui estoit fiancée à Charles, fils du Duc d'Orleas, leur fust octroyée à femme, pour le fils aisné dudict Roy Henry d'Angleterre, promettant que si tost que ledict mariage seroit consommé, ledict Roy Henry d'Angleterre, laisseroit le royaume à son fils, & le feroit couronner: lesquelles requestes furent longuement debatues au conseil du Roy, mais pour les fraudes qu'on auoit trouuees ausdicts Anglois elles ne leur furent point octroyees: & aussi le Duc d'Orleas auoit ia accordee & fiancee ladicte Ysabel, en mariage, pour ledict Charles son aisné fils: & s'en retournerent lesdicts Ambassadeurs, sans riens faire: si fut guerre ouuerte entre François & Anglois, plus fort que deuant. En celuy an de nuict enuiron huict heures, veille du iour de l'an, en la ville de Paris, messire Iehan de Grauille, Seigneur de Montagu, batit messire Geoffroy le Maingre, dict Bouciquault, pource qu'à semblable iour, l'à preceder, ledict Bouciquault auoit baillé sur la ioue audict de Grauille, par ialousie d'une Damoyselle de l'hostel de la Royne, nommee Charlote la Cochette, de laquelle ils estoyent tous deux amoureux: & tousiours depuis ledict de Grauille disoit qu'il s'en vengeroit auant que l'an fust hors. Audict an furent les Prelats de France assemblez à Paris, pour le discord qui estoit en l'Eglise, à cause des deux contendans à la Papauté: & fut ordonné au conseil du Roy que tous les benefices des royaume & Dauphiné ne fussent donnez par lesdicts contendans, mais fussent donnez par les patrons & collateurs ordinaires: & qu'aucunes finances qu'on auoit accoustumé porter en la chambre Apostolique, n'y fussent portees, ainsi que iadis auoit esté faict auant les reseruations faictes per le Pape Clement, sixiéme du nom. Tantost apres Gregoire, Pape Rommain, enuoya ses Ambassadeurs deuers le Roy, & l'Vniuersité de Paris, disant qu'il estoit prest de ceder la Papauté, & faire tout ce qu'on aduiseroit pour paruenir à l'vnion de l'Eglise, moyennant que Benedic son aduersaire le voulsist semblablement faire: parquoy ledict Roy & ladicte Vniuersité enuoyerent deuers ledict Benedic, qui lors se tenoit à Marseille, luy remonstrer ce qu'offroit ledict Gregoire, & le sommer d'ainsi le faire, autrement s'il estoit desobeissant, ils estoyent deliberez de faire substraction: mais iceluy Benedic, en amusant les Ambassadeurs du Roy, leur vsa long temps de dissimulation.

De l'ordonnance faicte sur les priuileges de l'Eglise de France.

EN ladicte annee mil cccc. & vj. pource que le Pape & les Cardinaux, venans contre les saincts decrets, & ordonnances des tresglorieux Roys de France, s'efforçoyent de faire plusieurs exactions & vsurpations contre les libertez de l'Eglise Gallicane, ledict Roy Charles sixiéme, par la deliberation des Princes & Seigneurs de son sang, & des Prelats & Clergé de France, & Dauphiné, pour ce assemblez, ordonna que ladicte Eglise seroit reduicte, & la reduisit à ses libertez & anciennes franchises, & qu'elle seroit en icelle perpetuellement maintenue & gardee: & fut ladicte ordonnance enregistree en la court de Parlement, en l'annee ensuyuant mil quatre cens & sept.

Comment le Duc de Bourgongne fit tuer le Duc d'Orleans, en trahison.

L'An mil cccc. & vij. s'en retournerent les Ducs d'Orleans & de Bourgongne à Paris: & apres leur retour commencerent secretement à murmurer l'vn contre l'autre, comme deuant, pour raison du gouuernement du royaume: & tatost apres print vne griefue maladie au Duc d'Orleans, lequel se fit porter au chastel de Beauté sur Marne, pres le boys de Vincennes, ou les Seigneurs l'alloyét veoir souuent: & enuiron la Toussaincts recoura guerison, & s'en vint à Paris deuers le Roy, qui à celle heure estoit en bon propos, & demandoit à toute heure à veoir sondict frere, le Duc d'Orleans. Quand il fut deuers luy venu, il dist present le Duc de Bourgongne, qu'il vouloit que ledict Duc d'Orleans eust le gouuernement du royaume, dont ledict Iehan, Duc de Bourgongne, ne fut pas content, combien qu'il n'en monstrast pas le semblant & pour mettre sa haine à execution, aduint qu'vn iour de Mercredy, veille de la feste sainct

Clement,

Clement, vingt & deuxiéme iour de Nouembre, le Duc d'Orleãs enuiron de sept à huict heures de soir se partit de sa maison, pres l'hostel sainct Paul, pour aller veoir la Royne, qui estoit en l'hostel de la Barbette, accouchee d'vn fils, qui ia estoit trespassé: & luy estant audict hostel vint deuers luy vn nommé Thomas de Courtensi, valet de chambre du Roy, qui auoit intelligence au Duc Bourgongne, & luy dist: Monseigneur, venez au Roy, car il vous demande hastiuement. Si s'en partit ledict Duc d'Orleans, & monta à cheual: & ainsi qu'il s'en retournoit, luy estant pres la porte Barbette, deuãt l'hostel du Mareschal d'Eureux, pres vn puys, qui estoit en la rue, saillirent d'vne maison aucunes gens embastonnez, desquels estoit le chef & conducteur vn nommé Raoulet d'Antonuille: lesquels sans mot sonner frapperent sur ledict Duc d'Orleans, & tellement qu'ils le ietterent à terre, de dessus sa mulle, & du premier coup qu'ils luy baillerent luy copperent la main, dont il tenoit l'arson de sa selle: & lors qu'il fut abbatu, vn sien Escuyer Allemant, qu'il auoit, cuidant le sauuer se ietta sur luy, & haultement s'escria, en disant: C'est le Duc d'Orleans: & aucuns d'iceux respondirent: C'est ce que nous demandons: & commencerent à frapper, & à marteler sur luy, tellement qu'ils luy escartelerent la teste, & percerét en plusieurs lieux: & fut ledict Escuyer Allemãt, tué sur luy. Apres le meurtre accomply s'ensuyuirent lesdicts meurtriers, par les rues obliques à l'escart, iusques en l'hostel d'Artois, appartenant audict Duc de Bourgongne: & en fuyant iettoyẽt chaussetrapes apres eulx, affin qu'on ne les peust poursuyure. Tantost le bruit fut grand par la ville: le peuple de la rue s'assembla, & prindrent le corps dudict Duc & l'emporterẽt en vne maison. Tantost apres vindrent illec le roy Louis de Cecille, Duc d'Aniou, les Ducs de Berry, & de Bourbon, qui plorerẽt fort quand ils le veirent: & semblablement y vint le Duc de Bourgõgne, qui monstra ausi semblant de dueil: & apres s'en retournerent chacun en son hostel. Le lendemain au matin fut la main dudict feu Duc d'Orleans, & partie de sa ceruelle, trouuee sur les carreaux emmy la rue, qui fut recueillie, & mise en son sercueil. Tãtost apres le Seigneur d'Albret, Connestable de France, le Preuost de Paris, nommé messire Guillaume de Tignonuille, & autres gens du Cõseil, retournerent en l'hostel ou estoit ledict corps mort, & le firent porter en l'Eglise des Gueillemins, autrement appelez les Blancs manteaux: & fut conduict par lesdicts Roy de Cecille, le Duc de Berry, le Duc de Bourbon, & le Duc de Bourgõgne, tous portans le dueil, & tous les Gentilshommes aussi vestuz de dueil, qui portoyent chacun vne torche en leur main: & fut faict vn seruice. Apres le seruice faict le porterent enterrer en l'eglise des Celestins, en vne chapelle qu'il auoit en son viuant fait faire, moult belle & riche: & à ses pieds fut enterré l'Escuyer, qui auoit esté tué auec luy.

Le Duc d'Orleãs fut tué pres la porte Barbette & son Escuyer sur luy.

Les Blancs mãteaux au parauant souloyẽt estre appelez les Gueillemins.

Comment le Duc de Bourgongne s'enfuyt apres la mort du Duc d'Orleans.

APres l'enterrement faict les Princes dessusdicts s'assemblerent au Conseil en l'hostel du Roy, à sainct Paul, & illec ledict Duc de Bourgongne, & le Chancelier, furent ordonnez Cõmissaires pour faire information dudict crime & meurtre, & le Preuost de Paris, maistre Pierre l'Orfeure, conseiller dudict feu Duc d'Orleans, & maistre Robert de Tuilliers, conseiller du Roy, & Lieutenant dudict Preuost auec eulx: & tãt fut par eulx enquis qu'ils trouuerent qu'à faire ledict meurtre auoit esté vn porteur d'eaue de la cuysine du Duc de Bourgõgne, lequel s'en estoit allé en l'hostel d'Artois, ou se tenoit ledict Duc de Bourgõgne. Or il estoit qu'en ce temps nuls Officiers n'osoyent prendre vn hõme, ne faire quelq́execution en l'hostel d'vn Prince, sans auoir cõgé dudict Prince: parquoy lesdicts Cõmissaires retournerent en l'hostel du Roy, qui estoit lors logé au Louure, ou estoyent lesdicts Princes, pour demander congé audict Duc de Bourgongne de pouoir prendre ledict porteur d'eaue en son hostel: & ainsi qu'ils demandoyẽt le congé audict Duc, le Roy de Cecille, son cousin, apperceut quil rougissoit & muoit de couleur, & cõtenance: parquoy il l'appela à part, & luy demãda s'il sçauoit riẽs de ce faict: lequel, en plorãt, luy dist q́ par mauuais cõseil il auoit ce fait faire: & lors le Duc Berry s'approcha d'eulx, pource qu'il les voyoit plorer: & tout incontinent le Duc de Bourgongne descẽdit de la chãbre, & en descẽdant trouua le Duc de Bourbon, lequel venoit au Conseil, qui luy demanda ou il alloit, & il luy dist qu'il alloit pisser de l'eaue. Quand ledict Duc de Bourbon fut monté en la chambre, il trouua lesdicts Roys de Cecille & Duc de Berry, plorans, qui luy cõpterent tout le faict: lequel leur dist, & pourquoy ne l'auez vous arresté? Le Duc de Berry de rechef se print lors plus fort à plorer, en disant: Helas quelle fortune est ce cy. Ie pers auiourdhuy mes deux nepueux. Lors tous trois se partirẽt d'illec, & l'allerent dire au Roy, en la presence de tout le conseil, & là fut ordonné que le Duc de Bourgongne seroit prins. Ce pendant que ces choses se faisoyent ledict Duc de Bourgongne, qui s'en estoit allé en son hostel d'Artois, mõta hastiuemẽt sur vn bon cheual, & vn sien seruiteur seulement sur vn

Du Duc de Bourgõgne qui ne peut disimuler le meurtre et homicide du Duc d'Orleans

autre, & cheuaucha tellement qu'il alla sans repaistre iusques Bapaumes, ou il dormit vn petit: & de là s'en alla à Arras, ou il y a quarante & quatre grandes lieues de Paris: & puis sans delay s'en alla à l'Isle, lez Flandres: & en passant par dessus le pont saincte Maixance, lequel pont est sur la riuiere d'Oise, il fit par son homme abbatre & ietter en l'eaue aucunes des planches de boys dudict pont, affin qu'on ne le peust suyuir. Aucuns des gens dudict feu Duc d'Orleãs, & autre grand peuple cheuaucherent apres: mais quand ils trouuerẽt ledict pont saincte Maixãce abbatu, & qu'ils sceurẽt le tẽps qu'il y auoit passé, & la diligẽce qu'il faisoit, ils s'en retournerẽt.

Au tẽps dudict meurtre la Duchesse d'Orleans estoit à Chasteauthierry, qui appartenoit audict feu Duc d'Orleans, & auec elle auoit Charles Comte de Vallois, son aisné fils, & madame Ysabeau de France, sa femme, qui parauant auoit esté femme du roy Richard d'Angleterre, & aussi estoyent auec elle Philippe Comte de Vertuz, & Iehan, Comte d'Angoulesme, ses enfans: lesquels enfans elle enuoya incontinent en la ville de Blois pour estre en seureté, reserué ledict Iehã Cõte d'Angoulesme qu'elle retit auec elle, & vint à Paris vers le Roy, demãder iustice & reparation dudict cas. ce qu'on luy promeit faire le plus brief que faire se pourroit: & apres ce qu'elle eut fait hommage au Roy des terres que tenoit son feu mary, elle s'en alla à Blois auec sesdicts enfans. Aucun temps apres le Roy de Cicille & le Duc de Berry, oncles du Roy, allerent de par luy en la ville d'Amiens, ou se deuoit trouuer le Duc de Bourgongne, qui y vint en hault estat, & tenant fieres manieres, disant d'estre aussi content de la guerre que de paix: & firent tant lesdicts Seigneurs que pour trouuer voye de paix le Duc de Bourgongne viendroit à Paris deuers le Roy, accompaigné des gens de son hostel, à certain iour lors ensuyuant. Ce faict, se departirent lesdicts Seigneurs, & s'en vindrent lesdicts Roy de Cecille & le Duc de Berry, à Paris, & ledict Duc de Bourgongne s'en alla en Flandres deux iours apres. Le Roy estant en son Palais, en la chambre de Parlement, accompaigné des Princes & Seigneurs de son sang, fit vn edict, que s'il aduenoit qu'il decedast auãt que son fils le Duc d'Aquitaine, Dauphin, fust en aage competant, ce neantmoins il ordonnoit qu'il gouuernast le royaume en son nom, par la deliberation des gẽs des trois Estats du royaume iusques à ce qu'il fust en aage: & s'il aduenoit que ledict Duc d'Aquitaine decedast auant son aage, il vouloit que Iehan son second fils, Comte de Touraine, luy succedast en ce droict, & pareillement Charles, son fils, Comte de Ponthieu, s'il aduenoit que ledict Duc de Touraine mourust.

Les glaçons ẽ-porterent quasi tous les pons de Paris.

En celle annee fut vn moult grand yuer, qui dura depuis la feste sainct Clement iusques à la Chandeleur, sans desgeler, & au desgeler les glacons emporterent presque tous les põs de Paris (qui fut vn moult grand dommage) & pareillement en toutes les grandes riuieres, ou il fut perdu maints hommes, femmes & enfans: & plusieurs pons, moulins, & edifices abbatuz.

De deux Escoliers que le Preuost de Paris par hastiueté fit pendre, par quoy fut condamné à les faire despendre, & baiser en la bouche.

L'an mil. cccc. & sept.

AV moys de Septembre audict an mil quatre cens & sept, le Preuost de Paris, nommé messire Guillaume de Tignonuille, fit pendre au gibet de Paris deux Escoliers, estudians en l'Vniuersité de Paris, qui auoyent tué vn homme: & par hastiueté, affin que remede ne fust donné à leur faict, les fit pendre de nuict aux torches: dont ceulx de ladicte Vniuersité firent telle poursuyte, qu'au moys de May ensuyuant cõuint que lesdicts deux Clercs fussent despenduz, & que ledict Preuost y fust present en personne, & les baisast en la bouche: & les conuoya luy & ses Sergens iusques aux Mathurins, ou ils furent enterrez.

Touchant les priuileges de l'Eglise de France.

De l'Arrest qui fut donné contre la chambre Apostolique, au proffit de l'eglise de France.

EN celle mesme annee mil quatre cens & sept, pource que le pape Benedic & ses Officiers faisoyent en ce royaume plusieurs exactions de pecunes, les Prelats & gens d'Eglise en firent plaincte au Roy, & fut la matiere ventilee en la court de Parlement: en laquelle comparut l'Vniuersité de Paris, qui proposa grandement & notablement de ladicte matiere, & requist que l'on fist cesser lesdictes exactions. Pareillement le requist le Procureur general du Roy: & oultre requist que les pecunes receues fussent rendues & restituees, & qu'inhibitions & deffences fussent faictes, que doresnauant on ne fist telles exactions en ce royaume: à prendre lesquelles conclusions y estoyent presens les Officiers de la chambre Apostolique, qui requirent ce que bon leur sembla, & parties ouyes furent appoinctees au conseil, & depuis tout veu par ladicte court, fut dict que toutes exactions, annates, vaccans, & aussi decimes, que s'efforçoit de faire leuer en ce

royaume

royaume ledict Pape, cesseroyent: ensemble tous arrerages que l'on s'efforçoit de lever sur tous les subiects du royaume, & que deffence seroit faicte que desdicts arrerages on ne payast aucune chose, & que ceulx qu'on auoit excommuniez, pour ceste cause, seroyent relaxez, comme on pourroit veoir par ledict Arrest, pronocé audict an l'onziéme iour de Septembre. Et depuis, iceluy Roy fit vne Ordonnance conforme audict Arrest: & voulut & ordonna qu'iceluy Arrest fust gardé, comme Loy, Edict, & Ordonnance perpetuelle: laquelle Ordonnance fut publiee & enregistree le quinziéme iour de May, mil quatre cens & huict, & consequemmēt en fut faict vn autre mil quatre cens dixhuict.

L'ā m.cccc.viii.

Comment le Duc de Bourgongne vint à Paris, pour soy excuser de la mort du Duc d'Orleans, voulant soustenir qu'il auoit fait bien & sainctement, & en obtint remission.

AV moys de Feurier ensuyuant, ledict Duc de Bourgongne vint en grand orgueil & triumphe à Paris, ou estoit le Roy, & amena grand' armee: & vn iour alla en l'hostel du Roy, ou estoyent assemblez le Duc de Guyenne, Dauphin, son gendre aisné fils, & representant la personne du Roy son pere, le Roy de Cecille, le Duc de Berry, le Duc de Bourbon, le Seigneur d'Albret, Connestable, le Chancelier, les Presidens & Conseillers de la court de Parlement, l'Vniuersité, le Preuost des Marchans, & plusieurs autres en tresgrand nōbre: en la presence desquels le Duc de Bourgongne, pour vouloir soy couurir & purger de la trahison & meurtre qu'il auoit commis & perpetré en la personne du Duc d'Orleās, fit par maistre Iehā Petit, Docteur en Theologie, homme fort eloquēt, natif de Normandie, faire vne grande proposition, palliee de mensonges, en faisant plusieurs allegations, tant de droit diuin, qu'humain, Canon, & Ciuil, en les appliquant à son propos, contre leur vray sens, & entendement, autrement qu'elles ne se deuoyent entendre contre le feu Duc d'Orleans, le chargeant fort de son honneur, voulant soustenir que de l'auoir fait mourir, il auoit bien & sainctement fait, & que le Roy & le royaume le deuoyent remunerer en biens & honneurs: mais là ne fut nul qui respondist, ne soustint la querelle dudict feu Duc d'Orleans. Apres ledict Conseil departit iceluy Duc de Bourgongne, qui auoit fait escrire vne remission du cas, telle que bon luy auoit semblé, & alla devers le Roy, qui pour l'heure estoit malade, & n'estoit pas en bon propos, & luy requist qu'il luy octroyast ladicte remission, sans riens luy dire ne declairer du contenu: lequel, non sachant qui estoit en ladicte lettre, ne qu'elle parlast de la mort de sondict frere le Duc d'Orleans, ne dequoy il luy parloit, à raison de ladicte maladie dont il estoit à l'heure troublé & affligé, la luy octroya: laquelle chose voyant le Roy de Cecille, les Ducs de Berry & de Bourbon, & autres Princes, & que ledict Duc de Bourgongne auoit reprins du tout le gouuernement, & qu'il commençoit à desappoincter Officiers, & mesmement tous ceulx qui auoyent tenu le party dudict feu Duc d'Orleans, ils se departirent de court, & s'en allerent viure chacun en leurs païs. Semblablement la Royne de France, qui moult estoit esmerueillee de ce qu'elle voyoit faire, elle accompaignee de Louis de Bauiere, son frere, emmena monseigneur le Duc de Guyenne, Dauphin, son aisné fils, & ses autres enfans, & allerent faire leur residence à Melun.

La Royne de Frāce emmena le Dauphī hors de court pour le desordre qui y estoit.

En ce temps vindrent à Paris devers le Roy, & l'Vniuersité, aucuns messagers qui rapporterent que le Pape Benedic, qui estoit en Auignon, & Gregoire, Rommain, ne vouloyent aucunement faire cesser ne delaisser la Papauté, ainsi qu'ils auoyent promis, mais prolongeoyent la besongne par dissimulations frauduleuses, au preiudice de l'vniuerselle Eglise: parquoy le Roy enuoya devers ledict Benedic, luy signifier que s'il ne faisoit, il ne souffriroit plus qu'on luy fit obeissance en son royaume, & Dauphiné. Apres ladicte signification, & les Ambassadeurs retournez, ledict Benedic, enuoya secretement vn messager à Paris, qui vn iour, ainsi que le Roy commençoit à ouyr sa messe, & estoit en son oratoire, luy meit deuant luy lettres, de par ledict Benedic, contenant excommunication contre le Roy, & ses subiects: & apres icelles leues, demanda le messager qui les auoit presentees: mais il ne fut pas trouué, & s'en estoit ia party, le plus secretement qu'il auoit peu: mais ce neantmoins il fut prins aupres de Lion. Tantost apres ceulx de l'Vniuersité de Paris firent, en la presence du Roy, plusieurs conclusiōs, & remonstrances contre ledict Pape: & fut declairé scismatique, voire heretique, & indigne de dignité Papale, & tout ce qu'il auoit fait nul, & qu'à luy ne seroit obey: laquelle chose venue à la congnoissance dudict Benedic, s'en partit de Marseille auec quatre Cardinaux, & s'en alla en Auignon, & Parpignan.

De l'Vniuersité de Paris, qui declara le pape Benedic heretique & indigne de la dignité Papale.

K ij

LES CHRONIQVES ET ANNALES DE FRANCE.

D'vne desconfiture de Liegeois.

L'an mil.cccc. et huict.

Des Liegeois qui depoferent leur Euesque, pource qu'il ne vouloit chanter messe.

Grosse desconfiture des Liegeois par le duc Bourgongne.

L'An mil quatre cens & huict, au moys de Iuillet, ledict Iehan, Duc de Bourgongne, auec ses deux freres, s'en partit de Paris, en grand' indignation de plusieurs des Princes & Seigneurs du royaume: toutesfois la cómune de Paris le fauorisoit tousiours: & s'en alla à Arras, mettre en possession de l'Euesché vn Iacobin, son cófesseur, qu'il en auoit fait faire Euesque. Puis s'en alla à Gád visiter sa féme: & là eut nouuelles du Duc Guillaume de Bauieres, Seigneur de Hollande, & Comte de Henault, duquel il auoit espousé la sœur, que les Liegeois s'estoyent rebellez contre Iehan de Banieres, son frere, qui estoit leur Euesque, pource qu'il ne vouloit chanter messe ne prendre les ordres de prestre: & auoyent les chanoynes esté contraincts à eslire vn autre Euesque, & auoyent esleu vn des chanoynes, fils du Seigneur d'Espernay, & iceluy enuoyerent confermer à Romme, & ia auoyent lesdicts Liegeois poursuyuy ledict Iehan de Bauieres, leur Euesque, iusques en la ville du Tréct, & là l'auoyent afsiegé, & prioit ledict Duc de Bauieres audict Duc de Bourgongne, qu'il allast à son aide. Ledict Duc de Bourgongne incontinent qu'il le sceut assembla grand' armee, iusque au nombre de cinq ou six mil Cheualiers & Escuyers, & ledict Duc de Bauieres autre belle armee: & quand ils furent assemblez ils entrerent dedans le païs du Liege, & bouterent les feux par tout ou ils passoyent: & ce qu'ils rencontroyent de gés, hómes, femmes & enfans, mettoyent tout à sang: & brusloyét les bleds qui estoyent prests à cueillir, & faisoyent tous autres degasts. Quand les Liegeois, qui tenoyent le siege deuant la ville du Tréct, comme dict est, ou estoit ledict Euesque, sceurent l'exploit qu'ils faisoyent, ils leuerent leur siege, & delibererent de les aller combatre aux champs: & de faict le iour sainct Crespin, se meirent en belle bataille rengee contre eulx à pied. Lesdicts Ducs trouuerent façon d'enuoyer par derriere leur bataille enuiron cinq cens lances, qui à l'heure que la bataille commença à frapper, frapperent par derriere tellement que finalement la bataille des Liegeois fut desconfite, & en mourut bien trente mil sur le cháp, & en fut prins prisonniers plus de deux mil. Apres ce faict lesdicts deux Ducs de Bourgongne & de Bauiere, entrerent dedans la ville du Liege, & meirent leurs bannieres sur les portes d'icelle: & entre les mors fut trouué le Seigneur d'Espernay, & son fils, que les Liegeois auoyent fait leur Euesque, & furent condamnez iceulx Liegeois à obeir à leur Euesque, & à payer la somme de cent mil escus vieulx d'or: & firent lesdicts Ducs copper les testes à plusieurs grands Seigneurs, qui auoyent esté prins à la iournee, pource qu'ils auoyent aidé ausdicts Liegeois. puis s'en retournerent lesdicts Ducs en France. La Duchesse d'Orleans & ses enfans vindrent à Paris, & par leur conseil firent proposer deuant le Roy, & les Princes, les excusations du feu Duc d'Orleans, contre les accusations qu'auoit fait proposer contre luy le Duc de Bourgongne: & fut faicte grand' armee & assemblee, pour aller contre ledict Duc de Bourgongne: mais les nouuelles vindrent au Roy & à la Royne, & aux Princes, de la victoire qu'il auoit eue au Liege, & aussi qu'il auoit vne si grande assemblee de gens que merueilles: voyans aussi & considerans que le peuple, & habitans de Paris, qui estoyent fauorables audict Duc de Bourgongne, à toute heure murmuroyent pour l'absence dudict Duc, contre ceulx qui tenoyent le party du Duc d'Orleans, delibererent de mener le Roy & le Duc de Guyenne, son aisné fils, au païs de Touraine: & de fait les y menerent: & pour y aller l'accompaignerent les Ducs de Berry, de Bourbon, de Bretaigne, & plusieurs autres grands Seigneurs, & seiournerent par aucun temps en la ville de Tours. Pendát ledict temps, trespassa la Duchesse d'Orleans, l'aisnee, qui fille estoit au Duc de Milan, & delaissa Charles, son aisné fils, Duc d'Orleans, qui auoit espousé la fille du Roy, & Philippe, Comte de Vertuz, & Iehan, Comte d'Angoulesme, ses fils, soubs bas aage: lesquels elle enuoya deuers le Roy: & eut ledict Charles ses terres, & gouuernemens de ses freres, par octroy & authorité du Roy, combien qu'il ne fut pas aagé: & tantost apres madame Ysabeau de France, femme dudict Charles, le ieune Duc d'Orleans, qui parauant auoit esté femme du roy Richard d'Angleterre, accoucha d'vne fille, au chastel de Blois, & en sa gesine trespassa, & fut son corps enterré à sainct Lomer de Blois.

De l'appoinctement faict à Chartres entre le ieune Duc d'Orleans, & ses freres, et le Duc de Bourgongne, present le Roy.

Vand le Duc de Bourgongne sceut les nouuelles que les Seigneurs auoyét emmené le Roy à Tours, & qu'ils auoyent aussi emmené mósseigneur le Duc de Guyéne, Dauphin, qui auoit espousé sa fille, il pria au Duc de Bauieres, son beau frere, qu'il le voulsist accompaigner pour venir en France, pour les aller querir & ramener à

Paris.

Paris. Le Duc de Bauiere,voyant le feruice que lediƈt Duc de Bourgongne luy auoit fait audiƈt voyage du Liege,ne l'ofa refufer,& s'en vindrent à tout leur armee pres Paris. Puis entrerent dedans,ou les habitans receurent lediƈt Duc de Bourgongne à grand' ioye, & crierent aucuns Noel à fon entree. Lediƈt Duc de Bauiere,congnoiffant & confiderant la proximité du
lignage,qui eftoit entre eulx, & luy mefmes qui eftoit coufin germain de la Royne, & auffi que
mofeigneur Iehan de France fecond fils du Roy, auoit efpoufé fa feule fille, & que ladiƈte guerre eftoit la deftruƈtion du royaume,pria tant lediƈt Duc de Bourgongne qu'il fut content d'en
rendre à appoinƈtement. Si s'en alla lediƈt Duc de Bauiere à Tours,ou eftoit le Roy, & Louis,
Roy de Cecille, & Duc d'Aniou, les Ducs Iehan de Berry, de Bourbon, & de Bretaigne, les
Comtes d'Alencon, & de Clermont, & d'Albret,tous tenans la querelle dudiƈt Duc d'Orleãs:
& fit tant lediƈt Duc de Bauiere qu'ils furent tous contens d'eulx trouuer à Chartres, & là
faire venir le Duc d'Orleans pour traiƈter appoinƈtement, & pareillement que lediƈt Duc de
Bourgongne s'y trouueroit. ce qu'ils firent tous: & fit venir le Roy par deuers luy le Duc
Charles d'Orleans, fon gendre, Philippe, fon frere, Comte de Vertus: & lediƈt Duc de Bourgongne amena en fa cõpaignie le Duc de Brabant, le Comte de Neuers, fes freres,le Côte de
S. Paul, le Prince d'Orenge, & plufieurs autres: & là par le Roy, prefens les Roys de Cecille, &
de Nauarre, les Ducs de Guyenne, de Berry & de Bourbon, de Bar, de Bauiere, le Conneftable d'Albret, les Comtes d'Alencon, de la Marche, de Vendofme, & plufieurs Confeilliers de
Parlement,le Preuoft des Marchans de Paris, & autres plufieurs gens notables,fut faiƈt vn appoinƈtement entre lefdiƈts Ducs d'Orleans & de Bourgõgne:lefquels iurerẽt & promirẽt folennellement deuant noftre Dame de Chartres,le Roy & la Royne, & tous lefdiƈts Princes &
Seigneurs prefens,de iamais ne porter rumeur, noyfe ne debat l'vn à l'autre, & d'eftre bõs vrays
parens & amis:& femblablement tous lefdiƈts Seigneurs iurerent l'appoinƈtement: & fut ordonné que lediƈt Duc de Bauiere, Comte de Henault, qui toufiours tenoit fa banniere en fa
main, feroit conferuateur des deux parties:& par ainfi furent d'accord enfemble (lequel accord
ne dura gueres) & s'en retourna le Roy, la Royne, & fes enfans, à Paris, & tous les autres Princes & Seigneurs pareillement. Tantoft apres la plufpart defdiƈts Princes & Seigneurs s'en allerent chacun en leurs terres:mais le Duc de Bourgõgne demoura à Paris, & entreprint tout le
gouuernement du royaume. En celle annee le Roy & l'Vniuerfité de Paris enuoyerent folennels meffages à Pize en Lõbardie,ou fut affemblé vn Cõcile pour le faiƈt de l'vnion de l'E-
glife:& furent condamnez, & priuez les deux contendans à la Papauté: c'eftaffauoir Pierre de
la Lune, qui eftoit en Arragon, & longuement s'eftoit tenu en Frãce, & fe faifoit appeler le Pape Benedic, & Angle Corronã, Rõmain, qui fe faifoit appeler Pape Gregoire:& au lieu d'eulx
fut efleu Pierre de Candie, Cordelier, de nation Grecque, appelé le Cardinal de Milan, & fut
facré & nõmé Alexandre. En cefte diƈte annee Anthoine, Duc de Brabant, frere du Duc de
Bourgongne, efpoufa la niepce du Roy de Boefme, à laquelle appartenoit la Duché de Luxẽbourg, en la ville de Brucelles. Auffi le grand Maiftre d'hoftel Montagu, pour la grand authorité qu'il auoit,traiƈta le mariage de fon fils, à la fille du feigneur d'Albret, Conneftable:& furẽt
les nopces faiƈtes aux defpens du Roy, dont lediƈt Montagu encourut grand' indignation, &
enuie des Princes & feigneurs de France,tellement qu'en la fin il en eut la tefte coppee.

Appoinƈtement d'entre le ducs de Bourgongne & d'Orleans.

Des deux contẽdans à la Papauté,qui furẽt condãnez et priuez de la dit gnité papalle.

Du Roy de Nauarre, qui s'allia au Duc de Bourgongne:& du defappoinƈte-
mẽt de plufieurs Officiers, & du Seigneur de Mõtagu qui eut la tefte coppee.

L'An mil quatre cens & neuf, le Comte de Sauoye efmeut guerre contre monfeigneur Louis de Bourbon, oncle du Roy, pour raifon d'aucunes places, affifes au
païs de Breffe, appartenant audiƈt Duc, que lediƈt Comte difoit eftre tenues de
luy en feage & hommage:& fit paffer plufieurs gens d'armes la riuiere de la Sofne,
qui fort dommagerent le païs de Beauiolois. Lediƈt Duc affembla plufieurs
gens d'armes, & à fon aide allerent plufieurs Seigneurs, qui reprindrent les villes de Hance, &
de Belleuille, que lediƈt Comte auoit prinfes fur luy:& fut faiƈt appoinƈtemeut, par lequel fut
diƈt, que le Comte de Clermont, fils dudiƈt Duc, feroit hommage defdiƈtes places audiƈt Côte de Sauoye. En ce têps le Marefchal Bouciquault, qui eftoit à Gennes, enuoya au Roy pour
auoir fecours contre le Comte Francifque, & le Marquis de Montferrat, qui gaftoyent la terre
des Geneuois. Le Roy y enuoya mil hõmes d'armes, que conduifoit meffire Raoul de Gau-
cour, & pafferent les mons. Lediƈt Marefchal Bouciquault les mena à Pauie, ou tenoyẽt le fiege lefdiƈts Côte & Marquis, lefquels fe leuerẽt quãd ils fceurẽt leur venue des Frãcois:parquoy
iceluy Marefchal alla à Milan, ou eftoit le Duc, qui frere eftoit de la feue Ducheffe d'Orleans,
lequel alla au deuant de luy, & luy fit hommage au nom du Roy, & faifoit on en ladiƈte ville

L'an mil cccc. & ix.

LES CHRONIQVES ET ANNALES DE FRANCE.

Trahiſon des Geneuois cõtre des Francois.

tous les cris de par ledict Bouciquault, Gouuerneur de Gênes, & de Milan: & ce pendant que ledict Bouciquault & ſes gẽs eſtoyent là, le Marquis de Mõtferrat, & Frãciſque, par le moyen d'aucuns Geneuois, entrerent dedans ladicte cité de Gennes, & tuerent tous les Francois qui y eſtoyẽt. Quand ceulx de Milan ſceurẽt ſes nouuelles, ils cuiderent tuer de nuict tous les Francois, chacun en leurs maiſons: mais, les Frãcois, qui en furent aduertis, ſ'armerẽt, & cheuaucherent toute nuict en bataille par ladicte ville, & le lẽdemain ſ'en partirent, & leur promeit le Duc de tenir ladicte ville pour le Roy: mais, ſi toſt que ledict Mareſchal fut party, il fit prendre aucuns Frãcois, qui là eſtoyent demourez, & les fit manger aux chiẽs. Si ſ'en retourna ledict Mareſchal: & toſt apres, toutes les places dudict païs de Gennes furent abandonnees par les gens du Roy. En celle annee le Roy de Nauarre arriua à Paris, ou il fut bien feſtoyé, & fit hõmage au Roy de la Duché de Nemours. Tantoſt apres ſ'allierẽt luy & le Duc de Bourgõgne, le Cõte de la Marche, & le Comte de S. Paul, & autres, & deſappoincterent de l'eſtat d'Admiral meſſire Colinet de Brabant, & meſſire Guillaume de Tignõuille, Preuoſt de Paris, & firẽt Preuoſt de Paris meſſire Pierre des Eſſars, qui eſtoit vn homme arrogãt, & de grand orgueil & tyrannie: & pour trouuer facon de trouuer argent, ils voulurent reformer tous les Officiers du Roy, & autres qui aucuns biens auoyent eu de luy par leurs ſeruices: & prindrent à machiner pour trouuer moyen de les deſtruire: & firẽt prendre meſſire Iehan de Montagu, Cheualier, Vidame de Laonnois, grand Maiſtre d'hoſtel de France, & luy baillerent Commiſſaires extraordinaires, à leur poſte, plains de tyrannie & cruauté: c'eſt aſſauoir du coſté du Duc de Bourgongne meſſire Pierre des Eſſars, & le Seigneur de Hely, & meſſire Cancher de Ruppes: & pour la partie du Roy de Nauarre meſſire Ruſto, leſquels le gehennerent ſi piteuſement qu'il fut côtrainct

Du ſeigneur de Mõtagu qui fut decapitées Halles de Paris.

de dire ce qu'ils voulurent, & luy firent ſigner ſa confeſſion. Si le firent decapiter es Halles de Paris: & deuant ſa mort, il requiſt mercy au peuple, & afferma qu'oncques il n'auoit cõmis les cas contenus en la confeſſion qu'on luy auoit fait ſigner, & qu'il les auoit confeſſez par force de gehêne: dont le Duc Berry eut grand'deſplaiſance: car il auoit aymé de ieuneſſe ledict Mõtagu, & l'auoit touſiours congnu loyal enuers le Roy. Si print ledict Duc lors cõgé de court & en ſon païs de Berry ſ'en alla: ſi fit pareillemẽt le Duc Louis de Bourbõ: & fut faict grãd maiſtre d'hoſtel meſſire Guichard, Dauphin d'Auuergne: & audict des Eſſars fut baillé le gouuernement deſdictes finances du royaume, & meit iceluy des Eſſars ſes parens en l'hoſtel du Roy,

Meſſire Pierre des Eſſars eut le gouuernement des finances de France.

en deboutant tous ceulx qui y eſtoyent au parauãt, & en la faueur dudict grãd maiſtre de Montagu: & furent les maiſons de pluſieurs pillees, pource qu'ils ſ'enfuyrent, & ſe retirerent deuers mondict ſeigneur le Duc d'Orleans, nonobſtant ledict appoinctement qui auoit eſté faict à Chartres.

De l'aſſemblee de pluſieurs Princes qui tenoyent le party du Duc d'Orleans, & la Royne, pour venir deuant Paris, ou eſtoit le Duc de Bourgongne, qui tenoit le Roy en ſes mains.

L'an mil cccc. & dix.

De l'aſſemblee des Princes qui ſe fit au chaſteau de Viceſtre, pres Paris.

'An mil cccc. & x. les choſes deſſuſdictes venue à la congnoiſſance du Duc d'Orleãs & des Ducs de Berry, Bourbõ, Bretaigne, & autres Princes & Seigneurs de France, & que ledict Duc de Bourgongne faiſoit tout le cõtraire de ce qui auoit eſté promis & iuré au traicté & appoinctemẽt, qui auoit eſté faict à Chartres, ſ'aſſemblerent, & tindrent cõſeil à Gyen ſur Loire, & firent veu qu'ils viendroyent mettre le ſiege à Paris, pour le Roy, la Royne & leurs enfans, que ledict Duc de Bourgongne tenoit en ſa ſubiection & captiuité, en leur liberal arbitre. Si allerẽt pres ledict conſeil, chacun en ſon païs, pour aſſembler gens, & apres ſe rendirent à Tours auec grand'compaignie de genſd'armes, & leuerent la banniere de France: & tant cheuaucherent qu'ils vindrent iuſques au chaſtel de Viceſtre, lez Paris: & là ſe rendirent le Duc d'Alencon, le Comte de Richemont, le Seigneur d'Albret, Conneſtable de France, le Comte d'Armignac, & pluſieurs autres, iuſques au nõbre de quatre mil Cheualiers & Eſcuyers, pour vouloir venger le crime & deſhonneur que ledict Duc de Bourgõgne auoit fait faire aux pauures officiers du Roy, & du Duc d'Orleans: car par l'appoinctement faict à Chartres ledict Duc de Bourgongne auoit iuré & promis qu'aux Officiers, & autres qui auoyent tenu le party & ſeruy le Duc d'Orleans, il ne feroit aucun dõmage ne deſplaiſir, & toutesfois il fit tout le contraire, tellement que pluſieurs ſ'abſenterent de Paris, pour la crainte de luy, & ſ'en allerent à Orleans & ailleurs. Ledict Duc de Bourgongne, qui ſcauoit l'entrepriſe & l'aſſemblee deſdicts Seigneurs, manda auſſi de toutes pars Bourguignons, Flamens, & Picards, & autres alliez: & aueques luy ſe trouuerent grand nombre de genſd'armes: & cheminerent iuſques entre Paris, & Senlis. Anthoine, Duc de Braban, frere dudict Duc de Bourgongne, qui eſtoit fort aggreable aux Seigneurs de France de France,vint iusques à Vicestre deuers eulx,& en sa compaignie le Roy de Nauarre:& fit tãt qu'vn autre appoinctement se fit:par lequel fut dict que lesdicts Seigneurs s'eslongneroyent chacun de sept lieues de la personne du Roy,& que le Roy ne demanderoit point lesdicts Ducs d'Orleans ne de Bourgõgne,l'vn sans l'autre:mais que le Duc de Berry y pourroit venir seul, quand mandé seroit,& s'en retournerent chacun en ses païs:toutesfois il ne demoura gueres de gens autour du Roy,que tous ne fussent fauorables au Duc de Bourgongne:lequel tantost a-pres enuoya le Seigneur de Croy,deuers le Duc de Berry,qui s'en estoit allé en Berry,pour trouuer façon de rompre les alliances entre luy & le Duc d'Orleans. Ledict Duc d'Orleans en fut aduerty,& enuoya son Mareschal au deuant dudict Seigneur de Croy,qui,comme on disoit,auoit esté consentant de la mort du feu Duc d'Orleans son pere:& fut ledict Croy ren-contré en la Soulongne,par les gens dudict Duc d'Orleans,& prins prisonnier,& mené de-uers ledict Duc d'Orleans,au chastel de Blois : mais à la grand'priere dudict Duc de Berry il luy fut enuoyé en son hostel de Meleun,sur Yeure,moyennãt qu'il promeit qu'il luy en feroit iustice.Par ledict appoinctement de Vicestre il fut dict que ledict messire Pierre des Essars,que le Duc de Bourgongne auoit faict Preuost de Paris,se departiroit dudict Office de Preuost,& en fut deschargé:& au lieu de luy fut faict Preuost de Paris vn vaillant & sage Cheualier Bre-ton,nommé messire Tanneguy du Chastel. En iceluy an mourut monseigneur Louis,Duc de Bourbon,lequel estoit vn peu boiteux:& luy succeda monseigneur Iehan son fils,qui parauant estoit Comte de Clermont.Son corps fut porté enterrer au monastere & prieuré de Souigny, qui est de la fondation de ses predecesseurs.Iceluy Duc Louis fonda le cõuent des Celestins de Vichy,en Bourbonnois,& les edifia tout de neuf,& en premier don,leur donna cinq cens liu-res de rente en la siete de Bourbonnois,& plusieurs autres biens.

Le prieuré de Souigny est de la fondation de messigneurs de Bourbon.

Comment messire Pierre des Essars,Preuost de Paris,tenant le party du Duc de Bourgongne,esleua les Bouchiers & escorcheurs de Paris,& en fit Capitaine vn nommé Caboche.

EN l'an mil cccc.& xj. s'en alla le Roy de Nauarre en son païs de Nauarre,& le Duc de Bourgongne en son païs d'Artois:& demoura le Roy,la Royne,mon-seigneur le Duc de Guyenne,Dauphin,& monseigneur Charles de Ponthieu, ses deux enfans,à Paris.Le Duc de Bourgõgne laissa à Paris messire Pierre des Essars:lequel incontinẽt apres l'armee rompue,meit sus à Paris plusieurs Bou-chiers & gens de basse condition,dont estoit Capitaine vn nommé Caboche,qu'on disoit estre escorcheur de la grand'boucherie de Paris,pour estre ses complices & aides à tenir ceulx de Pa-ris en subiection,especialement ceulx qui tenoyent le party du Duc d'Orleans,& ses alliez:& incontinent fit ledict des Essars prendre vn Cheualier,nommé messire Vignet d'Espineuse,& luy fit copper la teste aux Halles,& porter son corps au gibet:dont ledict Duc d'Orleãs fut fort mal content,& manda les Ducs de Bourbon,d'Alencon,les Comtes d'Armignac & de Riche-mont,le seigneur d'Albret,Connestable,& autres accompaignez de six à sept mil Cheualiers & Escuyers,qui vindrent à son aide,& passerent la riuiere de Seine aupres de Moret,& vindrent à Meleun,& cheuaucherent tant qu'ils vindrent en Vallois,Soissonnois,& en la terre de Cou-cy,& de là enuoyerent leur Ambassade à Han,& en Vermandois,pour faire la guerre au Duc de Bourgongne. En ce temps le Duc de Berry,qui estoit venu à Paris,luy estant en son hostel de Neelle,eut grand'paour & effroy de l'assemblee desdicts Bouchiers,lesquels faisoyẽt moult de cruautez:& à ceste cause s'en partit de Paris,& s'en alla à Meleun:& là vindrent deuers luy lesdicts Ducs d'Orleans,d'Alencon & de Bourbon,les Comtes d'Armignac,de Richemont,de Vienne,de Tonnerre,le Connestable,Seigneur d'Albret,& leurs alliez,qui estoyent en nom-bre de six à sept mille Cheualiers & Escuyers,comme dict est,prests & deliberez de faire guerre au Duc de Bourgongne : & passerent la riuiere de Seine,au pont de Samois,& cheuaucherent tirant vers Picardie.

L'an m.cccc.xj.

Des deffiances du Duc d'Orleans & ses freres,& du Duc de Bourgongne qui s'enfuyt d'aupres de Montdidier,ou il estoit parqué.

AV moys de Iuillet audict an,monseigneur le Duc d'Orleãs,& ses freres,enuoye-rent audict Duc de Bourgongne lettres de deffiãce,desquelles la teneur s'ensuyt: Charles, Duc d'Orleãs,de Milan, & de Vallois,Comte de Blois,Philippe, Com-te de Vertus, & Iehan, Comte d'Angoulesme, freres, à toy Iehan, qui te dis Duc de Bourgongne,pour le cruel meurtre par toy commis en trahison,en la person-

LES CHRONIQVES ET ANNALES DE FRANCE.

Lettres de deffiéce, enuoyées au Duc de Bourgongne.

ne de noſtre treſredoubté ſeigneur & pere, le Duc d'Orleans, que Dieu abſolue, ſeul frere de monſeigneur le Roy, ton couſin germain, nonobſtant les alliances, fraternité & compaignie d'armes que tu auois à luy, & pour pluſieurs trahiſons & deſloyautez par toy cômiſes, te mandons & faiſons ſçauoir que de ceſte heure en auant de tout noſtre puiſſance, te ſerôs nuiſans, & contre toy, pour te punir de ta deſloyalle trahiſon, appelons Dieu en aide, & tous les preud'hômes du monde. En teſmoing de ce nous Charles, auõs fait mettre noſtre ſeel à ces lettres, dônées à Iargueau ſur Loire, au moys de Iuillet, l'an mil quatre cens & vnze. Et ſemblable deffiance luy enuoya auſſi Iehan, Duc de Bourbon. Apres leſdictes lettres de deffiance receues, ſe meit pareillement ſur les champs le Duc de Bourgongne: & auoit bien de ſes ſubiects & alliez ſeize mil combatans: & non content de ſon armee, il s'en alla à Calais, & s'allia aux Anglois:

† al. Tain,

& à ſon aide vindrent le Comte d'Arondel, & le Comte de † Tan, les ſeigneurs de Roux & de Gray, auec.ccc.lances, & mil Archiers d'Angleterre: & vindrent iuſques deuãt la ville de Laon, qui appartenoit audict Duc d'Orleans, & peu de reſiſtance y trouuerent. Si prindrent ladicte ville, & la fortreſſe fit demolir: puis s'en alla à Mondidier, & illec ſur vn mont, pres le gibet, ſe parqua, & fit clorre de ſon charroy. Quand le Duc d'Orleans, qui eſtoit à † Chaulmes le ſceut,

† al. Chaulny,

il paſſa ſon oſt oultre la riuiere d'Oyſe, ſur vn pont de boys qu'il auoit fait faire (car Compiegne, & Pont ſaincte Maixance, & les autres paſſages de ladicte riuiere eſtoyent tous en la faueur dudict Duc de Bourgongne) & vint iuſques à Clermont en Beauuoyſin, à vne commanderie, nômee S. Anthoine de Cathenay: & de là enuoya ſon auantgarde iuſques aupres du parc dudict Duc de Bourgongne: laquelle conduiſoit le Comte d'Armignac, le Bernardon de Sorre, Eſcuyer de renom: & demoura luy & ſa bataille es villages d'entour Clermont & Cathenay: & y eſtoyent les Ducs de Bourbon & d'Alencon, les Comtes de Vertus & de Vienne, l'Archeueſque de Sens, meſſire Geofroy Bouciquault, les Seigneurs de Craon & de Môtbaſon, le Seigneur de Hangeſt, Maiſtre des Arbaleſtriers de France, le Seigneur d'Albret, Conneſtable, & pluſieurs autres Seigneurs, Barons, & Cheualiers, qui manderêt bataille audict Duc de Bour-

Honteuſe fuyte du Duc de Bourgongne.

gongne: mais quand il ſceut que ſes ennemis eſtoyent ſi prochains de luy, il fit mettre le feu en ſes tentes & pauillons, & habandonna ſon charroy, viures & marchandiſes, qui eſtoyent en ſon oſt, & s'enfuyt honteuſement.

Comment ceulx de Paris tenoyent le party du Duc de Bourgongne, qui leur enuoya pour ſecours le Comte de ſainct Paul: lequel le Roy fit Conneſtable, & ainſi eſtoyent deux Conneſtables en France: & de la venue du Duc de Bourgongne à Paris, ou fut crié Noel.

Ncontinent apres la fuyte dudict Duc de Bourgongne, le Duc d'Orleans, & les Seigneurs delibererêt de venir vers Paris, & manderent au Roy que ſon plaiſir fuſt leur donner prouiſion de iuſtice contre ceulx qui ſon frere le Duc d'Orleãs auoyent tué: & vindrent iuſques à S. Ouyn, pres Paris, & ſe logerent es villages d'entour: mais meſſire Pierre des Eſſars, qui eſtoit retourné & reſtitué Preuoſt de Paris, ne voulut pas ſouffrir que leurs Heraux entraſſent à Paris, & meit en garniſon à ſainct Denis le Prince d'Orenge, & trois cens hommes d'armes: & feirent ceulx de Paris pluſieurs ſorties ſur l'oſt des Seigneurs, & touſiours furent leſdicts de Paris reboutez & grand nombre de tuez. Si manderent audict Duc de Bourgongne, la neceſſité ou ils eſtoyent, & il leur enuoya meſſire Vualeram de Luxembourg, Comte de ſainct Paul: lequel, à leur requeſte, le Roy fit Cõneſtable à ſa venue, en deboutant dudict Office le ſeigneur d'Albret, qui l'eſtoit parauant: & le Duc d'Orleans print la ville de ſainct Denis, que tenoit ledict Prince d'Orenge, qui la rendit par compoſition, & promeit que luy ne ſes gens ne s'armeroyent de ſix moys cõtre leſdicts Seigneurs. En icelle ville leſdicts Seigneurs ſe logerent: & illec ſeiournant prindrent le pont ſainct Cloud: parquoy vn iour ceulx de Paris ſortirêt en bataille, au coſté de la porte ſainct Denis, ſur l'auantgarde d'Orleans: mais ils furent lourdement reboutez, & en fut tué plus de ſept cens: & cedict iour perdirent toute leur artillerie, dont ils tiroyent d'oultre l'eaue à ceulx qui eſtoyent à ſainct Ouyn. Au moys d'Octobre enſuyuant, à la requeſte de ceulx de Paris, ledict Duc de Bourgongne auec grand' armee vint iuſques à Pontoiſe: & là ceulx de Paris allerent deuers

D'une deſconfiture qui fut faicte au pont S. Cloud par le Duc de Bourgongne.

luy, & tant feirent qu'ils l'amenerent iuſques à Paris: & à ſon entree en ladicte ville, qui fut de nuict, crierent Noel, & là ſeiourna aucuns iours. Et le ix.iour de Nouembre l'armee dudict Duc de Bourgongne alla pour prendre le pont ſainct Cloud, & y eut grãde bataille: en laquelle les gens de mõſeigneur d'Orleans eurêt du pire, & y mourut de neuf cës à mil hômes. Apres

laquelle

laquelle defconfiture le Duc de Bourgõgne fe retira à Paris, & amena fes prifonniers. Le Duc d'Orleans & ceulx de fa compaignie fe retrahirent a fainct Denis: & la nuict enfuyuãt s'en allerent par deffus vn pont de bateaux au trauers de Seine, au droict de fainct Denis, & cheuaucherent tant qu'ils vindrent à Chafteaudun: & en leur chemin prindrẽt Galardon, & autres fortreffes. puis allerent à Iargueau qu'ils prindrent: & de là vint ledict Duc d'Orleans faire fa noble entree en fadicte ville d'Orleãs, ou receu fut en grãd' ioye de fes fubiects. Le Duc de Bourgongne amena le Roy & monfeigneur le Duc de Guyenne, fon fils, deuant Eftapes, ou il meit le fiege, & la print: & dedans fut prins le Duc de Bourbon, qui fut enuoyé prifonnier en Flandres. puis le Duc de Bourgongne enuoya fon auantgarde en Beauffe. Le Seigneur de Barbazan, & le Seigneur de Gaucourt, qui tenoyent le party du Duc d'Orleans, le fceurent, & allerẽt au deuant, & les rencontrerent au Puyfet, & les defconfirent : & y furent prins meffire Iaques de Bourbon, Comte de la Marche, le feigneur de Hambre, & plufieurs autres iufques à douze cens, qui furent menez prifonniers en la groffe tour de Bourges. Apres ladicte defcõfiture le Duc de Bourgongne fe retira, & amena le Roy, & fon fils le Duc de Guyenne, à Paris: & lors le Comte d'Arondel, & les autres Seigneurs Anglois, qui eftoyent venuz en fon aide, fe departirent d'auec ledict Duc de Bourgõgne, & tantoft apres ledict Duc de Bourbon fut deliuré de prifon, en rendant autres prifonniers.

Le Duc de Bourbon qui fut pris par le Duc de Bourgõgne dedans Eftapes, & mené prifonnier en Flandres.

De la fentence d'excommuniment que fit proferer le Duc de Bourgongne, contre les Seigneurs.

A L'encontre des Ducs Charles d'Orleans, Iehan de Berry, Iehan de Bourbon, Iehan d'Alencon, & autres Seigneurs de leurs alliances, fit le Duc de Bourgongne proferer fentence d'excommuniment, qui fut publiee par toutes les villes de fon obeiffance & alliance, à cloches fonnans & chandelles eftainctes, par ce qu'il vouloit dire & maintenir qu'ils auoyent enfraint les traictez & appoinctemens parauant faicts. Et fut ladicte fentence enuoyee par vn des Heraux du Duc de Bourgongne, à l'Euefque d'Orleans: lequel Herault fut prins, & mené audict Duc d'Orleans, qui fit venir l'Archeuefque de Sens, & affembla les Euefques de Chartres, Orleans, & plufieurs autres Prelats, gens d'Eglife, Docteurs & Clercs folennels, qui debatirent la matiere : & fut trouué que ladicte fentence s'adaptoit directement contre ledict Duc de Bourgongne & fes adherens, & non contre autre. Et parce fur vn efchauffault, prefent ledict Herault, fut ledict Duc de Bourgongne, & fes adherens declairez excommuniez en ladicte ville d'Orleans, apres vne predication & proceffion generale : & furent toutes les cloches de la ville fonnans, & chandelles eftainctes, prefens lefdicts Prelats en pontificat. Et apres ce fut ladicte fentente feelee, & baillee audict Herault, qui l'en emporta: & fut mandé par toutes eglifes du païs, & obeiffances defdicts Seigneurs, publier ladicte fentence.

Comment le Roy d'Angleterre enuoya fon fils, & fon frere, à l'aide du Duc d'Orleans: & du fiege de Bourges.

L'An mil cccc. & xij. les Ducs de Berry, d'Orleãs, de Bourbon, & le Comte d'Alencon, eftans à Bourges, tindrent confeil & enuoyerent le Seigneur d'Albret, Connestable de France, en Angleterre deuers le Roy Henry, pour auoir aide: lequel bailla fon fecond fils Thomas, Duc de Clarẽce, & fon frere le Duc d'Yort, & meffire Iehan de Cornouaille, Comte d'Orcet, accompaignez de huict cẽs lances, & quatre mil Archiers, pour aider aufdicts Ducs, pource que luy eftant en Frãce ils l'auoyent bien traicté, moyennant ce qu'ils les feroyent payer & fouldoyer.

L'ã m.cccc.xij.

En celle faifon le Duc de Bourgongne enuoya en Berry, Poitou, & Touraine, le Seigneur de Hely, auec grand' armee & commiffion par lettres du Roy, pour faifir les terres des Ducs d'Orleans, Berry, Bourbon & des autres Seigneurs & Barons, leurs adherens: & auoit bien en fa compaignie.xiiij. cens hommes de cheual, & alla iufques à Linieres en Berry : & quand le Duc de Bourbon le fceut, il fe partit de Bourges, ou il eftoit auec le Duc de Berry, & vint au point du iour audict lieu de Linieres, frapper fur ledict Seigneur de Hely, & fa compaignie, & le defconfit & deftrouffa, & perdit ledict Hely prefque tous fes gens: mais il ne fut point prins, car il fe fauua dedans le Chafteau dudict Linieres, duquel il s'en fuyt d'emblee. Ces nouuelles venues à Paris au Duc de Bourgongne, il fit partir le Roy, monfeigneur de Guyenne, fon aifné fils, les Ducs de Bauieres, & plufieurs Comtes & Seigneurs, pour aller mettre le fiege à Bourges, ou eftoyent les Ducs de Berry & de Bourbon, auec grand' Cheualerie, & prindrent

la ville de Dan le Roy. Puis vindrent mettre ledict siege deuant l'vne des portes de ladicte ville de Bourges, du costé de la grosse tour, ou ils furent six sepmaines sans riens faire. puis se leuerent, & allerent deuant vne des autres portes, nommee la porte sainct Priué, du costé de Soulongne, ou ils demourerent grand temps: & là vint le Roy Louis de Cecille, qui amena à l'aide
du Roy, audict siege, six cens hommes d'armes: & illec fut aduerty le Duc de Guyenne, aisné
fils du Roy, que ledict Seigneur d'Albret, Connestable de France, amenoit au secours desdicts
Ducs d'Orleans, de Berry, & de Bourbon, grande & grosse armee d'Angleterre, & y estoit en
personne le Duc de Clarence, fils du Roy, le Duc d'Yort, & le Comte d'Orcet, & des plus vaillans & grands seigneurs du païs, que ia estoyent au païs du Perche. Parquoy fut tenu Conseil,
& parlerent aux champs lesdicts Ducs ensemble tant d'vn costé que d'autre: & là fut cóclud de
faire paix, & de se trouuer à certain iour ensemble en leur simple estat, en vn lieu nommé les
Roches, pres la Charité. ce qu'ils feirent: & leur remonstroit le Conseil, que les Anglois, s'ils
entroyent plus auant au royaume qu'on ne les chaceroit pas aisement quand on vouldroit, &
se pourroyent fortifier au royaume, & que c'estoit assez pour perdre tout ledict royaume.

Audict lieu des Roches ne peurent tout conclurre ledict appoinctement, & prindrent autre
iournee, en vn lieu nommé Vanterre, pres Auxerre, & là deuoit estre le Roy: & par ce moyen
fut leué le siege de deuant Bourges. Au iour assigné se trouueret tous les Seigneurs en la cité
d'Auxerre, & fut faict appoinctement final, & furent chacun restituez en leurs terres. à quoy se
consentit le Duc de Bourgongne fainctement, mais il le fit pour la crainctre des Anglois. A-
pres ce, le Duc d'Orleás print congé de court: & le Duc de Bourgongne mena le Roy, la Royne, & monseigneur de Guyenne, à Melcun, ou vindrent nouuelles que lesdicts Anglois, qui
n'agueres estoyent venuz en France, en la faueur & aide audict Duc d'Orleans, gastoyent &
destruisoyent les païs du Maine, & Touraine, & prenoyent villes, chasteaux & fortresses, & ia
auoyent prins la tour de Laigle, & pillé la ville, & aussi les villes de Buzencoys, & Beaulieu,
audict païs de Touraine, & prenoyent prisonniers indifferemment, & mesmement auoyent
prins l'Abbé de Beaulieu, & bruslerent l'Abbaye, & faisoyent tous les exces qu'ils pouoyent,
par ce que les Ducs d'Orleans, de Berry, & de Bourbon, qui les auoyent fait venir en France,
auoyent appoincté sans eulx auec ledict Duc de Bourgongne. Et pour ceste cause fut mandé ledict Duc d'Orleans venir deuers le Roy, par ce que lesdicts Anglois disoyent qu'ils ne
s'en retourneroyent point en Angleterre, si ledict Duc d'Orleans n'y estoit, & aussi qu'ils ne
fussent payez de leurs gages du temps qu'ils auoyent esté en France: & fut appoincté à eulx à
la somme de cc. xl. mil escus, dont ils receurent cent xl. mil content: & pour cent mil escus qui
leur restoyent emmenerent en Angleterre, pour ostage, le Comte d'Angoulesme, frere dudict
Duc d'Orleans.

En ce temps fut prins vn Cheualier nommé Iourdain de Salligny, Chambellam du Duc de
Bourgongne, & le fit ledict Duc mener en Flandres, pour ce que le seigneur de Iaqueuille, en
Gastinois, le chargea qu'il vouloit tuer iceluy Duc son maistre, par l'enhortement de la veufue
du feu grand maistre de Montagu, que ledict Duc auoit fait decapiter: & disoit iceluy de Iaqueuille, que ledict Iourdain la maintenoit. Enuiron la fin d'Octobre ensuyuant furent menez le Roy, la Royne, & leurs enfans à Vicestre, pres Paris, accompaignez des Ducs de Berry,
d'Orleans, & de Bourgongne, lesquels se deuoyent trouuer à vne autre iournee assignee à Auxerre, & illec deuoyent ordonner du gouuernement du royaume: lesquels Ducs d'Orleans, de
Berry & de Bourbon, furét aduertis par messire Pierre des Essars, Preuost de Paris, qu'en l'hostel du Duc de Bourgongne auoit esté tenu vn Conseil secret, ou estoyent le Seigneur de Iaqueuille, & ledict messire Pierre des Essars: auquel fut conclud que si on trouuoit lesdicts Ducs
d'Orleans, de Berry, & de Bourbon, apoinct, on les feroit tous mourir. A quoy ledict des Essars
ne voulut donner son consentement, & dit que c'estoit trop grand' chose, & mal fait d'auoir fait
mourir le pere dudict Duc d'Orleans, & puis encores faire mourir le fils, & les autres Ducs &
Comtes, qui deuoyent venir pour faire le traicté de paix: dont ledict Duc de Bourgongne fut
tresmal content dudict des Essars, & delibera de le luy rendre: & fit ledict des Essars hastiuement & secrettement iour & nuict scauoir ausdicts Ducs l'entreprinse faicte sur eulx. Parquoy
lesdicts Seigneurs d'Orleans, de Berry, & de Bourbon, ne vindrent point, & le tindrent entre
eulx le plus secrettement qu'ils peurent: mais en la fin de l'yuer ils sceurent que le Duc de
Guyenne, aisné fils du Roy, auoit prins le gouuernement du royaume: si vindrent lesdicts Seigneurs deuers luy, à Meleun: lequel les receut grandement, & leur fit bonne chere: & print ledict Duc de Guyéne, pour soy seruir, deux des seruiteurs du Duc d'Orleans, l'vn nommé Iaques de la Riuiere, Cheualier, Seigneur d'Anuel, pres Chartres, & l'autre Escuyer, nommé le
petit Mesnil: lesquels n'y demourerent gueres, car on les fit mourir.

En ce temps mourut Henry, quatriéme de ce nom, Roy d'Angleterre, fils de Iehan de Lanclastre,

DV ROY CHARLES, SIXIEME. Fueil.lx.

claftre,lequel eftoit entrepris de maladie de lepre:parquoy Thomas le Duc de Claréce,son fils, qui eftoit venu en France, s'en retourna haftiuement en Angleterre. Apres ledict Henry fut couronné Héry son fils,cinquiéme de ce nom. En cefte saison, à la pourfuyte du Duc de Bourgongne, & de maiftre Iehan de Troyes, Cirurgien, l'vn des Capitaines des efcorcheurs & mutins de Paris, furent mandez de par le Roy les Princes & les gens des trois Eftats du royaume, dont peu y en vint,mefmement des Nobles:parquoy ceulx de Paris ne peurent riens executer de leur entreprinfe. En ces entrefaictes aduint qu'vn Sergent, hoftelier, demourant en la rue de la Harpe,fit par nuict trainer vn cheual qui eftoit mort en sa maifon,iufques au college de Harecourt. Le lendemain les Efcoliers dudict college fceurent que ledict cheual eftoit party de l'hoftel dudict Sergent:fi le luy feirent retrainer deuant sa maifon.Ledict Sergent fut fier & orgueilleux, par ce qu'il eftoit compere de Pierre des Effars, Preuoft de Paris, & alla deuers ledict Preuoft:lequel tantoft vint auec plufieurs Sergés, & print debat aufdicts Efcoliers, qui s'affemblerent en grand nombre, & s'en allerent à plainte audict Duc de Bourgongne, qui auoit conceu haine mortelle contre ledict Preuoft,pour la bonne opinion qu'il auoit eue de garder la paix:& promeit ledict Duc donner toute faueur aufdicts Efcoliers:lefquels pourfuyuirent tellement que ledict Preuoft fut defapoincté de fon Office: & luy conuint foy en aller en fon chaftel de la Mothe de Tilhy, pres Sens:& fut ledict Sergent puny.

Du Roy Henry d'Angleterre, qui fut entreprins de maladie de lepre, dót il mourut.

Des Efcoliers de Harecourt, qui feirent tant que Pierre des Effars, Preuoft de Paris, fut defapoincté de fon office de Preuoft.

D'vne commotion que les bouchiers & efcorcheurs de la boucherie de Paris feirent par le commandement du Duc de Bourgongne: & comment ils prindrent prifonniers des Officiers des Ducs de Guyenne, d'Orleans & de Bourbon.

L'An mil quatre cens & treze, au moys de May, en la faueur & à la pourfuyte du Duc de Bourgongne, de rechef fe meirent fus, & efleueret vn tas de bouchiers, efcorcheurs, & autres gens mecaniques de la ville de Paris, & feirent Capitaine fur eulx, comme autresfois auoyent fait, Simonet Caboche, le Seigneur de Iaqueuille, & aufi vn nommé maiftre Iehan de Troyes, & tout incontinent feirent vne moult grand' affemblee, & fe rendirent tous en armes deuant l'hoftel de la ville de Paris:& illec tous embatonnez au foir, auec torches & lanternes, vindrent deuant l'hoftel du † port aupres la poterne,qui eft deuant l'eglife sainct Paul, ou eftoit logé pour lors monfeigneur le Duc de Guyenne: auquel hoftel eftoit allé vn peu deuant ledict Duc de Bourgongne, qui là les attendoit, & illec lefdicts trois Capitaines demanderent audict Duc de Guyenne, qu'il baillaft & fift deliurer tous ses Officiers, & ceulx defdicts Ducs de Berry & d'Orleans, qu'il auoit recueilliz autour de luy, dont ils auoyent les noms en vn rolle, ou autrement ils les detailleroyent tous en pieces: & entre autres y eftoyent nommez les Ducs de Bar & de Bauieres, le Chancelier de Guyenne, mefire Iaques de la Riuiere, Seigneur d'Anuel, mefire Regnault de Gennes, Guillot du Mefnil, la dame de Guefnay, Ifabeau de Bretaigne, & plufieurs autres Cheualiers, Efcuyers, Dames & Damoyfelles feruans le Roy, la Royne, le Duc de Guyenne & fa femme, dont faifoit grand mal audict Duc de Guyenne:lefquels en la fin leur falut bailler,par ledict rolle, qui leur auoit efté baillé: car ledict Duc de Guyenne congnoiffoit bien que tout ce faifoit faire ledict Duc de Bourgongne, combien qu'il n'en fift pas le femblant. Auant que les bailler, ledict Duc de Guyenne fit iurer ledict Duc de Bourgongne fur la vraye croix, qui là fut apportee en la prefence de la Duchefse de Guyenne sa fille, que lefdicts Officiers n'auroyét nul mal, & qu'ils les renuoyeroit fi toft que le menu peuple feroit appaifé:& quand ils les eurent en leurs mains, ils les meneret prifonniers en l'hoftel d'Artois, qui eftoit fon logis, & apres furent menez en diuerfes prifons. Ces chofes ainfi aduenues, mondict Seigneur de Guyenne manda au Roy de Cecille, aux Ducs d'Orleás, de Bourbon, d'Alencon, de Bretaigne, & fi manda audict mefsire Pierre des Effars, qu'il vint deuers luy à Paris: lequel, fi toft qu'il fut arriué, ledict Duc de Guyenne, fachant la haine qu'auoit contre luy ledict Duc de Bourgongne, pour fa feureté l'enuoya loger en la Baftille.

L'an m.cccc.xiii.

† al. Porc Epi, pres la rue S. Antoine, ou eftoit logé, &c.

Comment le Duc de Bourgongne fit copper la tefte à mefsire Pierre des Effars, Preuoft de Paris, & à mefsire Iaques de la Riuiere, & autres: & fit mettre les Damoyfelles de la Royne, & de Madame de Guyenne, prifonnieres.

Antoft apres, & le mefme iour de fon arriuee, ledict Duc de Bourgongne s'en alla deuant la Baftille S. Anthoine, ou eftoit ledict Pierre des Effars, & vindrent aufsi ceulx de Paris en grand nombre, à eftandars & banieres defployees. Ledict Duc de Bourgongne fit eflongner lefdicts Parifiens, & fit dire audict des Effars, qu'il

parlaſt à luy à ſeureté:lequel, ſoy confiant de ſa foy, faillit hors: & incontinent ceulx de Paris le prindrent & le menerent priſonnier: & tout incontinēt qu'il fut hors de la Baſtille, le Seigneur de la Trimoille, & vn Capitaine, nommé Enguerrād de Bournonuille, entrerēt dedans, & prindrent & pillerent tous les biens, gens & cheuaux dudict des Eſſars, qui dedans eſtoyēt. Le lendemain le Duc de Bourgongne fit publier, par Paris, que ledict des Eſſars auoit prins & tenu pluſieurs Offices, & Capitaineries, dont il auoit eu de grands proffits (qui eſtoit contre les ſtatuts royaux) & qu'il auoit eu proffit de trois ou quatre cens mil eſcus (qui eſtoit contre le Roy & le bien de la choſe publique) & toutes ces choſes faiſoit publier, affin de le faire mettre en la malle grace du peuple, pour le faire mourir: & tout ce luy conſeilloit le Seigneur de Iacqueuille, pour auoir les eſtats & Offices dudict Pierre des Eſſars. Finalement luy feirent copper la teſte aux Halles de Paris: & pareillemēt la feirēt copper à meſire Iaques de la Riuiere, qu'ils trouuerent mort en la priſon, & luy meirēt ſus que luy meſme s'eſtoit tué & precipité, pource qu'on ne luy pouoit ou ſcauoit aucune choſe impoſer. Il auoit vne robbe fouree de Martres: & fut attaché à la queue d'vne charrete, & fut trainé aux Halles: & puis on alla querir le petit Meſnil, à qui on coppa auſſi la teſte: & pluſieurs autres feirēt decapiter, pendre & noyer, tuer & aſſommer. Apres allerent iceulx bouchiers en l'hoſtel de la Royne, & là prindrent toutes ſes Dames & Damoyſelles, & pareillement celles de madame de Guyenne, & les menerent toutes en priſon, & pillerent moult de maiſons, & tuerent beaucoup de gens, tellemēt que nul ſe f'oſoit trouuer par les rues, & ne failloit que dire vn mot, ou auoir quelque haine, qu'on eſtoit incōtinent tué & aſſommé. puis meirent ſus tailles & emprunts, comme importables, tant ſur le peuple que ſur gens d'Egliſe, & autres gens de bien, qui eſtoyent moult deſplaiſans & en grand' doubte: car ils n'auoyent regard à quelque choſe.

Meſſire Pierre des Eſſars, preuoſt de Paris, eut la teſte coppee.

De l'eſmotion qui fut de rechef faicte à Paris, par les bouchiers: & comment le Duc de Bourgongne s'en fuyt hors Paris.

Il aduint vn iour que le premier Preſident de Parlement, nommé meſſire Henry de Marle, & meſſire Iehan Iuuenel des Vrſins, aduocat du Roy, audict Parlement, grands gens de bien, & qui eſtoyent bien & grandemēt alignagez de tous les plus grands de Paris, & fort authoriſez, eulx & leurs amis ſe meirent ſus, auec grand' multitude de peuple, & vindrent en l'hoſtel de ſainct Paul, ou eſtoit le Roy, & monſeigneur le Duc de Guyenne, ſon fils aiſné: & illec, preſent tout le Conſeil & l'Vniuerſité de Paris, remonſtrerent au Roy & à ſondict fils aiſné, les inconueniens ou ils eſtoyent en leurdicte bonne ville de Paris: &, qui plus eſtoit, monſeigneur d'Orleans, auoit grād nombre de gens d'armes, & mandoit de toutes pars ſes alliez, & que ia eſtoyent à Vernon: parquoy le royaume eſtoit en danger d'eſtre perdu du tout. Et lors mondict Seigneur de Guyenne, Dauphin, & le Duc de Berry, ſon oncle, deſplaiſans de la mort de tant de notables gens, ſes bons ſeruiteurs, veu la promeſſe que luy auoit faicte le Duc de Bourgongne, ſon beau pere, conſiderant le peril & danger deſſuſdict, trouuerent façon de gaigner aucuns des principaux de Paris: & vn iour de Vendredy, troiſiéme iour d'Aouſt, s'aſſemblerent pluſieurs Pariſiés de leur intelligence en l'egliſe ſainct Germain de Lauxerrois, & eſtoit chef de l'entrepriſe vn nommé Augier, qui fit deſployer vn eſtandard aux armes du Roy: & au point du iour partirent, allant vers l'hoſtel dudict Duc de Guyenne, en criant à haute voix par les rues, la paix. Ledict Duc de Bourgongne qui en ſceut la nouuelle, alla au deuant, pour cuider empeſcher l'entrepriſe: mais ledict Augier fit touſiours marcher l'eſtandard, criant, La paix: plus fort que deuant, & vindrent iuſques deuant l'hoſtel des Tournelles. Lors ledict Duc de Berry fit monter ſon nepueu le Duc de Guyenne à cheual, & vindrent au deuant dudict populaire, qui luy fit grand' reuerence, & il les receut benignement, & fit deſployer ſon eſtandard, & cheuaucha auec eulx par la ville, & allerent mettre hors de priſon leſdicts Ducs de Bar, & de Bauieres, & tous autres priſonniers, Dames & Damoyſelles: & pour lors leſdicts bouchiers & eſcorcheurs de Paris, & autres menuz populaires, leurs complices, qui eſtoyent du party de Bourgongne, eſtoyent en l'hoſtel de la ville: leſquels quand ils ſceurent & veirent que le Duc de Guyenne venoit & eſtoit le plus fort, ſe muſſerent & s'en fuyrent chacun ou ils pouoyent trouuer ſeureté: & s'en fuyrent la pluſpart es païs du Duc de Bourgongne, & ſe nommoyent les Caboches, & tout incontinent ledict Duc de Guyenne manda le Duc d'Orleans, & ſes alliez, pour venir deuers luy. Quand le Duc de Bourgongne en fut aduerty, il eut paour, doubtant que quand le Duc d'Orleãs ſeroit venu, il ne ſe vouſiſt venger de la mort de feu ſon pere, par iuſtice ou autremēt, ſi penſa en luy de ſoy retirer, & cōment il pourroit emmener auec luy le Roy, & le tirer hors de Paris, & fit & practica à luy vn Cheualier, nommé Charles de Saueuſe, qui gouuernoit le Roy,

De l'aſſemblee des Pariſiés, qui ſe fit en l'egliſe S. Germain de Lauxerrois.

tellement

tellement qu'il le menaſt à la chace, affin qu'il peuſt ſaillir auec luy, & l'emmener. Si alla le Roy iuſques à Bondis, chacer: mais les Seigneurs, & ceulx de Paris, le cōuoyerent ſi fort que le Duc de Bourgongne n'eut la puiſſance: & s'en alla auec luy Enguerrand de Bournonuille, Cheualier, qui eſtoit Capitaine de la garde de mondict ſeigneur le Duc de Guyenne, & cheuaucherēt haſtiuement iuſques à Compiegne, ou ledict Duc meit garniſon, auſſi fit il à Soiſſons. Tantoſt arriuerent les Ducs d'Orleans, de Bourbon & d'Alencon, à Paris, & les autres Seigneurs leurs alliez, que ledict Duc de Guyenne auoit mandez: leſquels ceulx de Paris receu: et à grād' honneur, & allerent au deuant d'eulx en robbes de liurees, & y furent tout l'yuer. Depuis y vint le Roy Louis de Cecille, Duc d'Aniou, qui s'allia au Duc d'Orleans, de Bourbon, & autres Princes de leur alliance, parquoy il r'enuoya audict Duc de Bourgongne, ſa fille: laquelle eſtoit fiancee à ſon fils aiſné, & renonca à l'alliance qu'ils auoyent enſemble: dont ledict Duc de Bourgongne fut fort deſplaiſant & courroucé: & par ladicte alliance fut faict & traicté le mariage de mōſeigneur Charles, dernier fils du Roy, & Comte de Ponthieu, & de la fille dudict Louis, Roy de Cecille, nommee Marie d'Aniou. Les ſeigneurs de France requirent reparation des choſes qu'il auoit mal faictes contre eulx, tant pour les excommunimens, que pour auoir ſaiſy leurs terres, & banny leurs ſubiects, & en tout ce qu'il fut poſſible obtindrent prouiſion du Roy.

Le Duc de Bourgongne cuida emmener le roy auec luy.

Du ſiege de Compiegne & Soiſſons, qui tenoyent pour le Duc de Bourgongne.

EN l'an mil quatre cens quatorze, au moys d'Auril, ſe partit de Paris, le Roy, mōſeigneur de Guyenne ſon aiſné fils, les Ducs d'Orleans, de Berry, de Bourbon, d'Alencon & de Bar, les Comtes de la Marche, de Richemont, d'Armignac, de Vendoſme, le Seigneur d'Albret Conneſtable de France, & pluſieurs grāds Seigneurs & Cheualiers, en nombre de ſix à ſept mil hommes d'armes: & meirent le ſiege à Compiegne, que les gens du Duc de Bourgongne tenoyent: leſquels rendirent la ville par compoſition. Puis alla le Roy à Soiſſons, que tenoit pour ledict Duc de Bourgongne meſſire Enguerrand de Bournonuille, & vn Cheualier de Touraine, nommé monſeigneur Menou: en hayne deſquels, pource qu'ils auoyent tenu ladicte ville contre le Roy, & tué Hector le bon baſtard de Bourbon, ladicte ville fut prinſe d'aſſault & pillee, & les egliſes: dont fut grand pitié & dommage: & là furent decapitez ledict Enguerrand de Bournonuille, & le Seide Menou, & meſſire Guyot du Pleſſis, qui fut prins en l'Abbaye de ſainct Marc, qui eſt hors la ville, & fut enuoyé à Paris, & decapité aux Halles. Tous ceulx de ladicte ville furent prins priſonniers, & leurs maiſons pillees, & y trouuerēt les Francois de grādes richeſſes. De ladicte ville de Soiſſons s'en alla le Roy à Laō: & illec le Cōte de Neuers, frere dudict Iehā de Bourgongne, vint deuers luy faire le ſerment de bien & loyaument le ſeruir enuers & contre tous, & iamais n'ayder au Duc de Bourgongne contre le Roy, ne ſon aiſné fils le Duc de Guyenne. De là s'en alla le Roy à ſainct Quentin, ou il ouyt nouuelles qu'il venoit grand' armee des païs de Bourgongne, pour ſecourir le Duc, & ia eſtoyent au païs de *Thieraſſe: & incontinent mōterent à cheual en armes, par le commandement du Roy, les Ducs de Bourbon, & d'Alencon, & de Bar, le Comte d'Armignac, & le Conneſtable de France, & chacerent iceulx Bourguignons depuis la chapelle Haultereſſe iuſques à noſtre Dame de Haulx en Brabant, & en tuerent pluſieurs, & prindrent grand nombre de priſonniers, & y gaignerent Francois de grands richeſſes. De là tirerent leſdicts Seigneurs à Bapaume, qu'ils prindrent, & en chacerent les Bourguignons. Puis meirent le ſiege deuant la ville d'Arras, ou le Roy vint en perſonne auec leſdicts Princes: & le ſiege durant, le Roy fut grieuement malade. Ledict Duc de Bourgongne ſeiournant lors en la ville de Douay, ladicte ville d'Arras fut fort batue d'Artillerie: & ce pendant la Comteſſe de Hollande, ſœur dudict Duc de Bourgongne, vint pluſieurs fois deuers le Duc de Guyenne, qui auoit eſpouſé ſa fille, pour faire l'appoinctemēt. Ledict Duc de Guyenne fut freſle, & tellement mené & perſuadé qu'il fit leuer ledict ſiege, diſant q̄ ledict Duc de Bourgongne enuoyeroit à Paris meſſages, ayans puiſſance de traicter de paix: & ſe meit à chemin pour venir à Paris: dont les Seigneurs ne furent pas cōtens. Tantoſt apres ledict retour fit ledict Duc de Guyenne aſſembler vn grand Conſeil à S. Denis, ou eſtoyēt les Ducs de Berry, d'Orleans, de Bourbon, de Bar, & autres grands Princes. Le Duc de Bourgongne y enuoya le Cōte de Hollande, qui auoit ſa ſœur eſpouſee, qui fit de grandes remonſtrances, pour auoir prééminence: & les choſes debatues, ledict Duc de Guyēne fit dire à tous leſdicts Seigneurs, par l'Eueſque de Chartres, ſon Chancellier, qu'il vouloit la paix entretenir & garder entre eulx: & à tant ſe departit du Conſeil.

Mil. cccc. xiiii.

La ville de Soiſſons fut prinſe & pillee.

*Aucuneſfois il nōme ce païs Thierache.

Le ſiege mis deuant la ville d'Arras.

L

Comment le Duc de Guyenne, Dauphin, print le gouuernement du royaume.

Antoſt apres le Duc de Guyenne s'en retourna à Paris, & print le gouuernemẽt du royaume, & ſe nomma Regent: & accueillit autour de luy ieunes gens adõnez à plaiſance, en telle maniere que nulles gens, meſmement les Ducs d'Orleans, de Berry, & de Bourbõ, ny autres, ne pouuoyẽt auoir accez à luy pour luy parler des grands affaires du royaume, auſquels failloit dõner prouiſion. Auec ce ne voulut veoir la Ducheſſe, ſa femme, & l'enuoya à Marcoucy, à petit eſtat: & par deſpit de ce q̃ les Princes, qui eſtoyent à Paris, aſſiſtoyent au cõſeil, & expedioyent les beſongnes & affaires ſans luy, par ce qu'il n'y entendoit point, il s'en alla à Melun, & n'en voulut reuenir de long temps: & pour ſon abſence ne pouoit on conclurre es faicts du royaume. La Royne ſa mere, & le Duc de Berry delibererent d'aller à Melun, pour le faire retourner, & allerent iuſques à Corbeil: mais quand il ſceut la venue, il leur manda qu'ils n'allaſſent pluſauant, & que le lendemain il ſeroit à eulx audict Corbeil, & y enuoya ſes Fourriers pour faire ſon logis: mais le lendemain bien matin il partit de Melun, & tint le droict chemin de Paris, ſans paſſer à Corbeil: & quãd luy & ſes gens eurent paſſé le pont de Charenton, il fit leuer le pont, & fermer la porte, & emporta auec luy les clefs. puis vint à Paris: & en entrant fit leuer le pont & fermer la porte ſainct Anthoine. Quand il fut en ſon logis, il enuoya querir les clefs de toutes les portez de Paris, & alla loger au Louure, dont ceulx de la ville furent effrayez: car lors eſtoyent tous les Seigneurs hors Paris, par deuers leſquels il enuoya le lendemain leur dire qu'ils s'en allaſſent viure en leurs Seigneuries, & ne retournaſſent point en court ſans ſon commandement expres: leſquels obeirent & s'en allerent: & tantoſt apres il manda le Duc de Berry, qui aſſiſta au Conſeil, cõme deuant, ou ledict Duc de Guyenne ne ſe trouuoit que peu. Celuy an vint à Paris (par ſaufcõduict) le Duc d'Yort, l'Archeueſque de Vuiceſtre, & le Comte * d'Orſet, oncles du Roy Henry d'Angleterre, pour demander en mariage madame Catherine de France, fille du Roy: & furẽt bien feſtoyez: & apres leur demãde faicte leur fut reſpondu q̃ pour l'heure on n'y pouuoit entendre: & leur fit on ladicte reſponce, par ce qu'on ſcauoit certainement que ledict Roy d'Angleterre faiſoit groſſe armee pour deſcendre en Normandie. parquoy s'en retournerent bien deſplaiſans: & requirent qu'on les menaſt monter ſur mer, pour retourner en Angleterre, & qu'ils vouloyent monter à Harfleu: mais c'eſtoit principalement pour veoir & conſiderer la ville, & comment elle eſtoit fortifiee. En celle annee mil quatre cens quatorze la Comté d'Alencon fut erigee en Duché.

Du Regent en Frãce qui fit apporter en ſon logis les clefs de toutes les portes de Paris.

* Parauant il eſcrit Orcet.

La Cõté d'Alẽcon en Duché.

De la bataille d'Azincourt, dommageable aux Francois.

Mil.cccc.et xv.

EN l'an mil cccc. xv. au moys d'Aouſt, Héry, Roy d'Angleterre, quint de ce nõ, deſcẽdit en Frãce à moult grand' armee, & entra par la bouche de Seine au chef de Caux, & meit le ſiege deuãt Harfleu, ou s'eſtoyẽt retraicts la pluſpart des Barons de Caux: & auec eulx eſtoit le ſeigneur de Gaucourt. Les Ducs de Guyéne & de Berry allerent à Rouen, & aſſemblerẽt gens & viures pour aller ſecourir ceulx de Harfleu: mais ils furent ſi clos, & ſi preſſez de la baterie des Canõs, qu'ils ne peurẽt eſtre ſecouruz, & y en mourut pluſieurs, & entre autres vn vaillãt Cheualier nõmé le Boudeã de la Heuze. Finalement furent les Francois tenuz ſi à deſtroit, tãt par diminution de leurs gẽs, que par bleſſures, & par famine, qu'ils furent cõtrainct bailler ladicte ville, à la volõté du Roy d'Angleterre. Puis cheuaucha toute Normandie, & preſque Picardie, pour tirer à Calais, le lõg du riuage de la mer: & paſſerent la riuiere de Somme, entre Corbie & Peronne, à vn lieu nommé Beauqueſne: & ſe trouuerent deuant leſdicts Anglois preſque tous les Princes, & grands Seigneurs de France, qui auoyent eſté mãdez à Blangy, pres d'Azincourt: c'eſtaſſauoir le Duc d'Orleans, le Duc de Bourbon, le Duc de Bar, le Comte de Neuers, le Duc de Braban, le Cõte d'Eu, le Comte de Vendoſme, le ſeigneur d'Albret, Conneſtable de France, Bouciquault, Mareſchal de France, le Comte d'Aumalle, le Comte de Vaudemont, frere du Duc de Lorraine, le Comte de Roucy & de Vienne. Tous leſquels auoyent en leur compaignie dix mil hommes d'armes, tous Cheualiers, & Eſcuyers. Le Roy d'Angleterre auoit en ſa compaignie ceulx de ſon ſang, & lignage, & mil cinq cens hommes d'armes, & de ſeize à dixhuict mil Archers: leſquels Francois & Anglois eſtoyent bien pres les vns des autres. Le Roy d'Angleterre veit que les Francois eſtoyent en mauuais ordre: car les vns ſe pourmenoyent, & les autres s'alloyent chauffer & repaiſtre, eulx & leurs cheuaux, & ne ſe tenoyent point enſemble en bataille, & ne cuidoyent point que les Anglois les oſaſſent combatre, veu la contenance qu'on leur auoit veu tenir par deux iours. Leſdicts Anglois ſoudainement aſſaillirent, & frapperent

De la ville de Harfleu qui fut contraincte de ſoy rẽdre au roy d'Angleterre.

dessus les Francois, le iour S. Crespin xiiij. iour d'Octobre, mil cccc.xv. & par la permission diuine furent lesdicts Seigneurs, Ducs, & Comtes Francois desconfits, & y moururent les Ducs d'Alencon, de Bar, de Lorraine, & de Brabant, le Côte de Neuers, le Seigneur d'Albret, Conneſtable de France, l'Archeuesque de Sens, & autres pluſieurs grands Seigneurs, Barons, Cheualiers, Escuyers, & autres: & les Ducs d'Orleans & de Bourbon, les Comte d'Eu, de Vendoſme, & de Richemont, fils du Duc de Bretaigne, qui depuis fut Conneſtable de France, & le Mareschal Bouciquault, & pluſieurs autres grands Seigneurs, Barós, Capitaines, Cheualiers, & Escuyers furent prins prisonniers: & de la partie du Roy d'Angleterre y mourut le Duc d'Yort, & enuiron quatre cens Anglois, & des Francois bien quatre mil, q̃ Cheualiers qu'Escuyers. A ce iour eſtoyent le Roy, le Duc de Guyenne, & le Duc de Berry à Rouen: lesquels, deux iours apres sceurent ces nouuelles, dont ils furent fort desplaiſans. Le Roy d'Angleterre meit lesdicts prisonniers à rancon, & les enuoya en Angleterre, ou ledict Duc de Bourbon trespaſſa apres qu'il y euſt eſté prisonnier dixhuict ans, & payé presque toute ſa rácon: & giſt à Londres en l'eglise des Cordeliers. Dieu en vueille auoir l'ame, car c'eſtoit vn bon Prince.

De la groſſe desconfiture des Frãcois, pres Azincourt, par les Anglois.

Du duc de Bourbon qui fut xviii. ans prisõnier en Angleterre.

Comment le Comte d'Armignac fut faict Conneſtable de France: & comment le Duc de Bourgongne vint deuers le Roy en armes.

Tantoſt apres ladicte desconfiture en vindrent nouuelles au Roy, luy eſtant en ladicte ville de Rouen. ſi aſſembla ſon Conseil, & enuoya querir le Comte d'Armignac: lequel vint, & auec luy amena vne groſſe armee: & quand il fut venu, le Roy, par grand' deliberation de conſeil, le fit Conneſtable de France: lequel fut receu au ſerment, & en fit hommage au Roy, & tout incontinent il ſceut que le Comte d'Orſet, Anglois, eſtoit au païs de Caux, & gaſtoit tout le païs, & s'eſtoit parqué en vn lieu appelé Vallemont. Ledict Conneſtable tira droict là, & en ſa compaignie eſtoyent mes ſeigneurs Louis de Longny, Mareſchal de France, & pluſieurs Capitaines: & l'aſſaillirent moult aſprement, & combatirent tout le iour, iuſques à la nuict, & en tuerent bien quatre cens. Quand la nuict s'approcha ledict Comte d'Orſet enuoya deuers ledict Conneſtable, requerir tréues iuſques au lendemain: leſquelles il luy octroya, mais la nuict iceluy Comte s'enfuyt ſi haſtiuemẽt que luy & ſes gens perdirent tous leurs cheuaux: & le lendemain au point du iour, quand ledict Conneſtable s'en apperceut, il courut apres le long de la coſte de la mer, & moult en tua, & fit noyer en la mer, mais ledict Comte d'Orſet ſe ſauua dedans Harfleu. En ce temps le Duc de Bourgongne, qui fut courroucé de la mort de ſes deux freres, qui eſtoyẽt mors à Azincourt, ſe partit de ſes païs à tout grand armee, & s'en vint vers Troyes. Le Roy, qui ſceut ſa venue, luy manda que s'il vouloit aller contre les Anglois, il luy bailleroit le Gouuernemẽt: mais il fit reſponce aux Ambaſſadeurs qu'il s'en venoit pour parler au Roy, & à monſeigneur de Guyenne, ſon gendre: leſquels furent courroucez contre luy, de ce qu'il venoit vers eulx en armes: & manda le Roy aux villes d'entre Paris & Troyes, qu'on ne luy fiſt nulle ouuerture: ce neantmoins ceulx de Laigny le bouterent en leur ville, ou il fut depuis la ſainct Martin d'yuer iuſques à Kareſme prenant, eſperant touſiours qu'en la ville de Paris y auroit quelque cõmotion, & que ceulx de ladicte ville le metteroyent dedans.

De la mort du Duc de Guyenne, & Iehan, ſon frere, aiſnez fils du Roy.

Enuiron la feſte de Noel, audict an mil quatre cens & quinze, alla de vie à treſpas mondict ſeigneur Louis Duc de Guyẽne, Dauphin de Viennois, aiſné fils du Roy, & fut enterré dedans l'eglise noſtre Dame de Paris: lequel ne fut gueres plaint, par ce qu'il eſtoit mal conditionné, & ne vouloit faire les choſes qu'à ſa volõté, ſans croire conſeil. Et lors demourerent à la garde de Paris le Comte d'Armignac, Conneſtable de France, & meſſire Tanneguy du Chaſtel, Preuoſt de Paris, & fut faict Capitaine d'icelle ville monſeigneur Charles Comte de Ponthieu, dernier fils du Roy. Ce voyant le Duc de Bourgongne vint à Laigny, à grand' puiſſance, & y ſeiourna par aucuns iours, eſperant qu'aucune commotion ſe fiſt en la ville de Paris, & que les Bourgeois le mandaſſent: mais tellement y fut pourueu qu'aucun inconuenient n'y aduint: & voyant qu'il eſtoit loing de ſon entente, il fit requerir que ſa fille la Ducheſſe de Guyenne, qui eſtoit veuſue, luy fuſt rendue. ce qui fut accordé, & luy fut menee iuſques à Brie Contrerobert, ou il l'alla querir, & l'en emmena en ſon païs. En icelle annee le Prince d'Orenge, qui tenoit le party du Duc de Bourgõgne, print & ſaiſit preſque tout le païs de Languedoc, & n'y auoit perſonne qui luy reſiſtaſt pour le Roy. Apres le treſpas de mondict ſeigneur de Guyenne, aiſné fils Roy, fut mandé au Duc

L'ã m.cccc.xv.

de Bauiere, Côte de Henault, qu'il amenaft mōſeigneur Iehā de Frāce, ſecōd fils du Roy, qu'il auoit auec luy, par ce qu'il auoit eſpouſé ſa fille, pour prendre la Regence, & auoit le Gouuernement du royaume, & entretenir la guerre: lequel ſe meit à chemin, & vint iuſques à Compiegne, & là mourut: & fut enterré en l'Egliſe S. Cornille : & par ſa mort monſeigneur Charles, Comte de Pouthieu, fut Dauphin.

De la venue de l'Empereur à Paris: & de la mort du Duc de Berry.

L'ā m.cccc.xvi.

EN l'an mil cccc.xvj. le Duc de Bourgōgne enuoya ſecretement dedās Paris meſsire Iehā de Poix, par deuers aucuns ſes fauteurs, qui auoyēt entrepris faire eſmouuoir le cōmū le iour de Paſques deuers le ſoir, & faire tuer tous ceulx qui auoyēt accointāce au Ducs de Berry, d'Orleans, & de Bourbon: mais meſsire Tāneguy du Chaſtel, Preuoſt de Paris, en fut aduerty, & aſſembla & fit armer force gēs, & cheuaucha par Paris, & prindrēt pluſieurs des coulpables priſōniers: mais ledict de Poix ſ'eſchapa & ſ'enfuyt. Entre leſdicts priſōniers fut prins le Doyé de Tours, qu'on appeloit le Boiteux d'Orgemōt, qui fut fils de Pierre d'Orgemont, en ſon viuant Chācelier de France : lequel eſtoit des principaux de la cōſpiratiō : & par ſentēce fut cōdāné, & mené es priſons de l'Eueſque d'Orleans, à Mehun ſur Loire en chartre perpetuelle, apres ce qu'il eut eſté preſché au paruy noſtre Dame de Paris, & là mourut miſerablemēt inſenſé : & pluſieurs des autres coulpables furēt decapitez. En ladicte annee l'Empereur Sigiſmōd vint à Paris, & le feſtoya moult grādemēt le Duc de Berry, ſon oncle : & de là ſ'en alla ledict Empereur en Angleterre, pour cuider trouuer façō de faire appoinctemēt entre les Frācois & Anglois, & pour la deliurāce des priſonniers: mais riēs n'y fit. Tātoſt apres mourut à Paris, le Duc de Berry, en ſon hoſtel de Neelle (leſql auoit d'aage iiij.xx. & neuf ans) dōt fut dōmage de ſa mort: car il eſtoit bō, doulx, & paiſible, Prince de noble courage, liberal, & abādōné, aymāt ioyaux & edifices: & fut ſon corps porté enterrer en ſa ſaincte Chapelle du Palais de Bourges, qu'il auoit fait edifier de moult bel & riche ouurage: & auſsi auoit fait edifier le Palais de Poitiers, l'hoſtel de Neelle à Paris, & de Viceſtre, les chaſteaux d'Uſſon la Nonnette, en Auuergne, Mehun ſur Yeure, en Berry, & autres iuſques au nombre de xvij. Palais & Chaſteaux : & ſi auoit donné en l'Egliſe de Paris le chef S. Philippe Apoſtre, à S. Denis en Frāce le chef S. Benoiſt, & pluſieurs autres beaux, grands, riches, & ſumptueux reliquaires & ornemēs d'egliſe, aornez de riches pierres precieuſes de grand pris : & ſemblablement par toutes les egliſes & villes du royaume, plus que iamais n'auoit fait Prince viuant ſur terre. Aux ſeigneuries dudict Duc ſucceda le Roy, excepté que le Duc de Bourbon, qui auoit eſpouſé ſa fille, ſucceda en la Duché d'Auuergne, & Côté de Montpēſier. Au Kareſme enſuyuāt, en iceluy an, mourut Louis, Roy de Cecille, Duc d'Aniou, en la ville d'Angers, & luy ſucceda mōſeigneur *René, ſon fils aiſné, au royaume de Cecille, d'Arragon & de Hieruſalem, & audict Duché d'Aniou : & mōſeigneur Charles, ſon ſecōd fils, fut depuis Côte du Maine, & eut encores d'autres terres, & ne demoura plus aucuns Princes du ſang du Roy autour de luy: parquoy ledict Côte d'Armignac, Cōneſtable, print tout le gouuernemēt du royaume, tāt des fināces qu'autres affaires, qui ne fut pas à chacun aggreable: car il n'entretenoit que Gaſcōs, & gens de ſon païs. En ce tēps, par l'ordonnāce dudict Comte d'Armignac, fut la Royne, & madame Catherine, ſa fille, menee à Blois, & de là à Tours, par le Preſident de Prouence, meſsire Iehan Louuet : & fit ledict d'Armignac grād' mutatiō d'Officiers, & ſeruiteurs: & pource q̃ ladicte Royne auoit mis de grands threſors & bagues en pluſieurs Egliſes collegialles, & autres lieux, ledict Comte d'Armignac, par mādemēt royal les fit prēdre pour conuertir es affaires du Roy, cōe il diſoit.

Du Doyen de Tours qui fut condāné à perpetuelle priſon.

Baſtimēt du chaſteau de Viceſtre & autres places faictes par le Duc de Berry.

Les Crō. d'Aniou, & autres, mettēt Louis 3. ſon fils deuāt René.

De la guerre que fit le Duc de Bourgongne contre monſeigneur le Dauphin : & comment il print la Royne : & ſa fille, en ſes mains : & comment monſeigneur le Dauphin vint à Paris.

L'an mil. cccc. xvii.

L'An mil cccc. xvij. mōſeigneur le Dauphin Charles, qui parauant eſtoit nommé Côte de Ponthieu, ſ'en partit ſecretemēt de Paris, ou il eſtoit, pour aller à Angers, à l'obſeque du feu roy Louis de Cecille, Duc d'Aniou, ſō beau pere: lequel fut enterré en la grād'egliſe S. Maurice : & luy eſtant en Angers luy vindrent nouuelles que ceulx de la ville de Rouen ſ'eſtoyēt eſleuez, & auoyēt tué le ſeigneur de Gaucourt, qui eſtoit le baillif dudict lieu, nōmé Raoul de Gaucourt, & les Aduocat & Procureur du Roy, & auoyēt mis & tenoyēt le ſiege deuāt le chaſtel, duquel eſtoit Capitaine meſsire Iehā de Bourbō, ſeigneur de Preaux. Si ſe meit à chemin pour y aller & paſſa par Chartres, ou il eut nouuelles que le ſeigneur de Chaſtellū, & meſsire Guy de Bar, le Comte,

Ceulx de Rouē tuerēt leur Bail liſ, Aduocat, et le procureur du Roy.

le Comte de Ioigny, & autres Seigneurs de Bourgongne estoyent venuz mettre le siege deuant sainct Florentin. Si y enuoya mondict seigneur le Dauphin le grand Maistre des Arbalestriers de France, le Mareschal d'Orleans, le seigneur de Vaugour, & autres, auec huict cens hommes d'armes: mais auant qu'ils fussent là arriuez lesdicts Bourguignons estoyent entrez en ladicte ville. Quand ceulx de ladicte ville de Rouen sceurent la venue de monseigneur le Dauphin, en si grand' puissance qu'il estoit, ils allerent au deuant de luy, & luy remonstrerent que ce quils auoyent fait, c'estoit pour les grandes extorsions que leur faisoyent les gensd'armes du Roy, qui estoyent au païs de Caux (desquels estoit Capitaine Iehan Rolet) & non pas pour empescher l'authorité de mondict seigneur le Dauphin, & le receurent dedans la ville honnorablement: parquoy il leur pardonna benignement l'offence qu'ils auoyent faicte: & leur fut baillé pour Capitaine & Gouuerneur de ladicte ville & chastel, le Comte d'Aumalle, pour y demourer auec plusieurs Seigneurs de Normandie. Audict lieu de Rouen mondict seigneur le Dauphin eut nouuelles que le Roy d'Angleterre estoit descendu en Normandie, & ia auoit mis le siege deuant le chastel de Touque, qui luy fut baillé: & tost apres, vne heure ou deux, eut autres nouuelles que le Duc de Bourgongne estoit en Beauuoisin, & venoit à grand' puissance deuant Paris. Si vint iceluy Duc à Pontoise, qui luy fut baillee sans resistence, & passa Seine à Possy. Si eut illec mondict seigneur le Dauphin conseil, pour scauoir s'il demourroit à Rouen, pour resister au Roy d'Angleterre, ou s'il iroit garder Paris contre le Duc de Bourgongne: & illec fut deliberé qu'il iroit à Paris pour le mieulx. ce qu'il fit: & tantost apres qu'il y fut arriué, le Duc de Bourgongne y arriua aussi du costé de Montlehery, & se logea en vn village nommé Vanues, & au Bourg la Royne, & autres villages d'enuiron, à grand' armee, ou il fut trois sepmaines sans en partir: & dedans la ville estoyent auecques mondict seigneur le Dauphin, le Comte d'Armignac, Connestable de France, le Vicomte de Narbonne, messire Tanneguy du Chastel, Preuost de Paris, les Seigneurs d'Arpaion, de Seuerac, & plusieurs autres grands Seigneurs, qui faisoyent tous les iours plusieurs grãdes saillies, & escarmouches, sur lesdicts Bourguignons. De là s'en partit le Duc de Bourgongne, & s'en alla par Montlehery, qu'il print. Puis alla à Corbeil, ou il meit le siege: mais rien n'y fit: car pour defendre la ville y estoit allé le seigneur de Barbazan, & enuoya le seigneur de Tholongon, à tout grand nombre de gens, qui meit le siege deuant la place d'Orsay. Les Seigneurs qui estoyent à Paris y enuoyerent hastiuement des gensd'armes, qui frapperent sur les Bourguignons, & les desconfirent, & en amenerent grand nombre de prisonniers à Paris: & par ce s'en alla en Gastinois. Apres tira ledict Duc de Bourgongne au Puiset, ou il trouua ledict seigneur de Barbazan, & Bertrand de la Tour, fils du seigneur de la Tour en Auuergne, qui luy resisterent si bien qu'il fut contrainct de passer oultre, & s'en alla iusques à Chartres: car la ville s'estoit mise en son obeissance, par le moyen de Helyon, seigneur de Iaqueuille, lequel auoit fait emprisonner plusieurs Bourgeois & Nobles personnes, & tendoit à toutes fins de les faire decapiter, pour auoir leurs biens: & vn iour obtint congé dudict Duc de Bourgongne de ce faire: mais Dieu luy retrencha sa malle volonté: car vn nommé Hector de Saueuse, qui auoit debat à luy, en entrant en l'eglise nostre Dame de Chartres le rencontra. Si le fit prendre par ses varlets, & le fit ietter hors de l'eglise, & tuer, & trayner iusques deuant le logis du Duc de Bourgongne: & à grand' diligence s'en alla ledict Duc de Bourgongne deuers la Royne, qui estoit en Touraine: laquelle l'auoit secrettement mandé, pour aucuns desplaisirs qu'elle disoit que le Comte d'Armignac, & autres des Officiers du Roy, & de mondict seigneur le Dauphin, luy auoyent faicts: & furent prins les Chancelier & secretaires de ladicte Royne, par ce qu'elle disoit qu'ils auoyent descelé les thresors du Roy, qui estoient en aucunes eglises, ou elle les auoit mis en garde, & que ledict Comte d'Armignac, & le President de Prouence, maistre Iehan Louuet, les auoient prins: & alla ledict Duc de Bourgongne iusques à Marmonstier, lez Tours, ou il trouua la Royne, qui ioyeusement le receut, & le mena à Tours, & à sa venue ceulx de la cité crierent Noel. Quand ils eurent là seiourné aucuns iours s'en reuint ledict Duc de Bourgongne, & emmena ladicte Royne, & sa fille Katherine, à Chartres, ou il fut longuement: & ce pendant aucuns trahistres luy cuiderent donner entree à Paris, & y vint ledict Duc secrettement: mais la trahison fut descouuerte, & en furent decapitez aucuns qui en estoyent cause: & par ce s'en retourna ledict Duc à Chartres: & audict voyage perdit grand nombre de ses gens, de trauail & de froidure: & là se print si grand' mortalité sur ses gens qu'ils mouroyent sur les fumiers. Adonc s'en partirent de Chartres, luy, la Royne, & madame Katherine, & les mena à Ioigny, & de là à Troyes: & là constitua vn Parlement, & fit maistre Eustace de Lestre, Chancelier de par le Roy. Le Comte d'Armignac, Connestable de France, auec quinze cens lances suyuit ledict Duc de Bourgongne iusques à Ioigny, mais il ne peut passer la riuiere. Si s'en retourna sans rien faire. Par ce que dict est, on peut bien veoir que le royaume cheut en grand'

Du Roy d'Angleterre qui descendit en Normandie, et prit le chasteau de Touque.

Du duc de Bourgongne qui vouloit entrer à Paris, & se vint loger à Vanues au Bourg la Royne, & aux enuirons.

La venue du Duc de Bourgogne à Tours.

Le royaume de Frãce qui cheut en grosses diuisions.

division: car le Roy Henry d'Angleterre, duquel ledict Duc de Bourgõgne s'estoit allié, estoit en celle saison faisant guerre en Normandie, conquerant villes & chasteaux: & d'autre part ledict Duc meit en son obeissance plusieurs villes, citez & chasteaux, & presque tout Picardie, Champaigne, & Vermendois, dont plusieurs se repentirent. Tantost apres messire Tanneguy du Chastel, Preuost de Paris, print le chastel de Montlehery, sur les Bourguignõs. puis alla mettre le siege à Senlis, qui tenoit pour le Duc de Bourgõgne. Ceulx de la cité promeirent la rendre à certain iour s'ils n'estoyent secouruz, & de ce baillerent ostages: & pource qu'ils ne la rẽdirent pas au iour promis, ledict Preuost fit cõpper la teste aux ostages, & s'en retourna. Puis alla ledict Preuost à Cheureuse, & print & pilla la ville, mais il ne peut prendre le chastel.

De la prinse de Caen par les Anglois.

EN celle saison le Roy d'Angleterre print d'assault la ville de Caen, ou estoit le seigneur de Montenay. puis meit le siege à Falaise, ou estoit messire Oliuier de Manny: & apres print sainct Lo, Bayeux, & plusieurs autres villes & fortresses, les vnes par assault, & les autres par cõposition. En ce temps fut mis es mains des maistres de la foy à Paris, la proposition que le Duc de Bourgongne auoit fait faire, pour vouloir soustenir qu'il auoit bien fait de faire mourir le Duc d'Orleans, & aussi la sentence d'excommuniment qu'il auoit fait prononcer contre les Seigneurs du sang: & apres plusieurs Conseils, furent lesdictes propositions & sentence condamnees, comme erronees, & mal sonantes touchant la foy, & le Duc de Bourgongne prononcé excommunié, à cloches sonnans, & chandelles estainctes. En celle saison messire Iehan de Chaalons, Prince d'Orenge, le seigneur de sainct George, & autres qui tenoyent le party du Duc de Bourgongne, auec grande armee se partit de Bourgongne, & passa par Lionnois: & de là tira le long du Rosne, par le païs de Viennois, iusques en Auignon, & print le pont sainct Esprit. Messire Regnault de Chartres, Archeuesque de Reims, & messire Iehan de Lenis, cheualier, seigneur de Vauuert, assemblerent les Nobles d'Auuergne, & de Viennois, pour luy aller resister: mais auant qu'ils y fussent ledict Prince auoit ia mis toutes, ou la pluspart des citez, villes & places de Languedoc, en obeissance pour ledict Duc de Bourgongne (reseruees les villes de Beaucaire, & de Villeneufue, lez Auignon) & en fut ledict Prince d'Orenge Gouuerneur, pour ledict Duc: & ce faisoit faire iceluy Duc, principalement affin que mondict seigneur le Dauphin ne se peust aider des finances du païs.

Le duc de Bourgõgne fut prononcé excommunié.

Comment le seigneur de Lisleadam entra à Paris, criant Viue Bourgongne: et cõment monseigneur le Dauphin se retrahit en la Bastille: et commẽt le Comte d'Armignac, Connestable de France, fut tué, et plusieurs autres, à Paris.

L'An mil quatre cens dixhuict s'assemblerẽt aucuns des Conseilliers du Roy, & du Duc de Bourgongne, en vn village, nommé la Tumble, pres Monstreau fault Yonne, pour trouuer moyen de faire quelque appoinctement: mais ledict Duc de Bourgongne faisoit de si excessiues demandes, contre l'honneur du Roy & du Dauphin, qu'il sembloit bien qu'il ne vouloit point d'appoinctement: & par ce s'en retournerent sans riens faire. Ceulx de Paris estoyent si lassez & foulez de la guerre desdicts Seigneurs, qu'ils commencerent à murmurer contre ledict Connestable d'Armignac, par la persuasion que leur faisoit faire ledict Duc de Bourgongne: & le vingtneufiéme iour de May, au poinct du iour, messire Iehan de Villiers, seigneur de Lisleadã, à tout trois cens hommes combatans, entra par la porte sainct Germain des prez dedans la ville de Paris, de par le Duc de Bourgongne: & luy ouurit la porte vn nommé Perrinet le Clerc, vendeur de fer, qui auoit emblé la clef de ladicte porte: & fut ledict seigneur de Lisleadam au meillieu de ladicte ville auant qu'on s'en apperceust, cheuauchant luy & ses gens à banniere desployee, en criant: La paix, bonnes gens, la paix, viue Bourgongne. Ceulx qui estoyent du party dudict Duc de Bourgõgne, & qui estoyent en la ville, & demouroyent en icelle, au quartier des Halles, & pareillement tous les bouchiers prenoyent la Croix blanche sainct André, & tant plus alloyent dedans la ville, tant plus croissoyent leurs compaignies: & ceulx qui tenoyent le party du Roy, dudict Duc d'Orleans, de Berry, de Bourbon, d'Alencon, & des autres Seigneurs s'en fuyoyent, & se mussoyent ou ils pouuoyent, & furent leurs maisons pillees. Quand monseigneur le Dauphin, messire Tanneguy du Chastel, le President de Prouence, & messire Iehan Louuet, & autres grands gens de la maison de mondict seigneur le Dauphin, qui estoyent en la ville, sceurent ces nouuelles, ils se retrahirent eu la Bastille sainct Anthoine:

L'an mil cccc. dixhuict.

De l'audace du seigneur de Lisleadam.

Anthoine: & lors iceluy seigneur de Lisleadam vint à sainct Paul, ou estoit le Roy accompaigné de plusieurs qui auoyent esté Officiers du Roy, pendant le temps que le Duc de Bourgongne gouuernoit, & prindrent congnoissance au Roy, & le feirent monter à cheual (car pour l'heure il n'estoit pas en bon propos) & le feirent cheuaucher & aller par la ville. parquoy ils eurent tout le commun pour eulx: & prindrent & pillerent toutes les maisons des Seigneurs, & Bourgeois, qui demouroyent en la ville: c'estassauoir de ceulx qui tenoyent & aymoyent le party du Roy, de monseigneur le Dauphin, & de monseigneur le Duc d'Orleans, & en prindrent plusieurs prisonniers, & en tuerent beaucoup: & entre autres ils tuerent le Comte d'Armignac, Connestable de France, messirs Henry de Marle, Chancelier de France, le Comte de grand Pré, & autres, tant Prelats, Barons, Cheualiers, & Escuyers, qu'Officiers, Bourgeois, & Marchans: & en tuerent dedans les prisons, ou ils les auoyent mis: & estoyent conducteurs de ceste besongne & malfaict le seigneur de Lisleadam, messire Iehan de Luxembourg, messire Charles de Lan, messire Claude des Chastelez, & messire Guy de Bar. Quand ledict Comte d'Armignac, Connestable de France, fut ainsi tué, ils le meirent en la court du Palais, tout nud, sur la pierre de marbre: & pource qu'il portoit en ses liures & deuises vne bande, lesdicts seducteurs luy leuerent vne courroye de sa peau, depuis l'espaulle iusques au genoil, & la luy meirent en bande au trauers de son corps, & plusieurs desdicts prisonniers feirent saillir par les fenestres, & par dessus les murs des prisons, par le Bourreau de Paris, & par plusieurs portefaix & brigans des villages d'entour Paris: & en feirent bien tuer & noyer iusques au nombre de trois mil: car si vn homme eust parlé du sien, ou qu'il eust demandé aucune debte d'or, ou d'argent, son ennemy le faisoit tuer, en donnant vn escu, soubs ombre de luy mettre sus qu'il estoit de la partie du Roy, & du Comte d'Armignac.

De la grosse pillerie qui fut faicte à Paris par les gens du seigneur de Lisleadam.

De l'inhumanité qui fut faicte au Comte d'Armignac, à Paris.

Comment les gens de monseigneur le Dauphin faillirent à recouurer Paris: parquoy il s'en alla à Bourges, & puis à Saumur.

INcontinent, & le lendemain, que ses gens furent entrez dedans Paris, monseigneur le Dauphin fut par messire Tanneguy du Chastel, transporté nuictamment hors de ladicte Bastille, & mené à Meleun, & en passant laisserent garnison au pont de Charenton: & furent mandez audict Meleun tous les gensd'armes de son party, venir autour de luy. Si vindrent deuers luy messire Pierre de Rieux, Mareschal de France, le seigneur de Barbazan, & plusieurs autres Capitaines, & retournerent à Paris, & entrerent dedans par la Bastille sainct Anthoine, cuidans recouurer la ville: & vindrent ses gens par la grand' rue sainct Anthoine, iusques à la porte Baudet: mais pource qu'aucuns se bouterent dedans les maisons, pour les piller & rober, à ceste occasion ils perdirent à recouurer la ville, & furent reboutez & contraincts à eulx retirer. Parquoy s'en retira mondict seigneur le Dauphin, & son armée, à Meleun, & de là alla à Bourges: & ainsi demoura le Roy es mains dudict Duc de Bourgongne: & madame la Dauphine, qui estoit à Paris, se meit en l'hostel de Bourbo, ayant grand' paour, veu les maulx qu'elle veoit faire en la ville de Paris. Mondict seigneur le Dauphin enuoya ses gensd'armes à Meaux, à Coucy, & à Guyse, & es places d'enuiron: & fit son Capitaine & Lieutenant general ledict messire Tanneguy du Chastel, Preuost de Paris, es païs de France, Champaigne, & Brie.

En ce temps monseigneur le Dauphin enuoya au Comte de Foix, lettres pour estre de par luy Gouuerneur des païs de Languedoc, qu'auoit entreprins le Prince d'Orenge, pour le Duc de Bourgongne: si l'accepta ledict Comte: & incontinent fit son armée, & manda tous ses amis & alliez, & mesmement le fit sçauoir aux gens des bonnes villes dudict païs de Languedoc. parquoy en peu de temps il recouura tout le païs de Languedoc, & le meit en l'obeissance de mondict seigneur le Dauphin, & en chacça honteusement ledict Prince d'Orenge, iusques en Bourgongne. En celle saison mondict seigneur le Dauphin alla mettre le siege à Suilly, par ce que le seigneur de la Trimoille, seigneur dudict lieu, auoit prins l'Euesque de Clermont, son Conseiller, lequel s'estoit eschapé de Paris des mains de ses aduersaires, & fut ledict Euesque deliuré. Parquoy mondict seigneur le Dauphin s'en alla droit à Tours, qui tenoit pour le Duc de Bourgongne, & en estoit Capitaine vn Breton, nommé Charles l'Abbé: lequel par composition s'en alla en son païs, & ceulx de la ville demourerent sans riens perdre: puis s'en alla mondict seigneur le Dauphin à Chinon, & de là à Bourges. En ce temps, c'estassauoir enuiron quarante iours apres ledict meurtre, le Duc de Bourgongne vint à Paris: & illec vint deuers luy le Duc de Bretaigne, qui estoit fort son amy, pour cuider trouuer moyen de faire l'appoinctement entre mondict seigneur le Dauphin & luy, & luy pria qu'il luy deliurast madame la Dauphine sa femme. ce qu'il fit: & la mena ledict Duc de Bretaigne à mondict seigneur le Dauphin, son mary, à Saumur. Le Samedy treziéme iour d'Aoust audict an, par le moyen dudict Duc de Bourgongne, & de ses gens & Officiers, le peuple de Paris s'esleua pour la seconde fois en commotion, & commencerent à meurtrir gens de toutes pars: & allerent par toutes les prisons, & puis en la Bastille sainct Anthoine, ou estoyent prisonniers mesire Hector de Chartres, mesire Enguerrand de Merconet, Lancelot d'Harainuillier, cheualiers, Charles Poyart, Argentier du Roy, Iames Tarenne, & plusieurs autres: lesquels ils prindrent pour mener au Chastelet, & en chemin en meurtrirét plusieurs, les autres tuerent sur les carreaux audict Chastelet, & plusieurs en feirent ietter par le Bourreau du hault dudict Chastelet en bas: & ceulx qui estoyent sur le paué les receuoyent à poinctes de lances, iauelines, & autres bastons: & ainsi estoyent meurtris par le moyen & commandement de ce cruel Duc de Bourgongne. De là s'en alla ledict populaire au Louure, & prindrent maistre Charles Cudoc, grand riche homme, Bourgeois de Paris, & le feirent Conter derriere Capeluche, Bourreau, qui estoit à cheual, vestu d'vne robbe de damas, fourree de martres, & tenoit vne doloire en sa main: lequel Bourreau mena ledict Cudoc deuers ledict Duc de Bourgongne, qu'il trouua en chemin, & luy presenta: lequel Duc le fit descendre de derriere ledict Capeluche, & dit à vn sien Cheualier qu'il le luy gardast. depuis, moyennant finance, le deliura. Enuers ledict Duc de Bourgongne furent aucunes notables personnes à qui lesdicts meurtriers ennuyerét moult, & remóstrerent audict Duc qu'en donnant telle authorité audict populaire de Paris, ils pourroyent en brief courrir sur les Nobles & Seigneurs. Si fut aduisé de les faire vuider: & pour auoir occasion fut deliberé de les mener mettre le siege deuant Montlehery, que tenoit pour le Dauphin le Seigneur de Recoerf: & leur fut baillé pour les conduire mesire Gaucher de Rupes, & mesire Gaucher Railhart, qui allerent mettre le siege à Montlehery, & feirent batre & assaillir la place: mais riens n'y feirent. Si y enuoya le Dauphin mesire Tanneguy du Chastel à tout grand nombre de gens, pour secourir ceulx de la place: & eulx venuz à Estampes, ceulx du siege en furent aduertiz, & ne les oserent attendre: si ardirent leurs pouldres, leur traict & viures, & abandonnerent Bombardes, Canons & charroy, & s'en retournerent droit vers Paris: mais on leur refusa l'entree. si furent par plusieurs iours espars par les villages, viuás & faisans plusieurs maulx. Au moys de Septembre, mondict seigneur le Dauphin partit de Bourges, pour aller à Chinon, & arriua à Azay sur Yndre, & fit sommer ceulx de la ville & place de luy faire obeissance, & bailler des viures: mais dedans s'estoyent retirez plusieurs Nobles, & laboureurs du païs, qui le refusoyent, & disoyent aucunes villaines paroles: dót luy en despleut, si fit assaillir la place, & fut prinse d'assault, & y eut plusieurs de ceulx de dedans mors: & ceulx qui furent prins en vie furent par son commandement tous penduz: si s'en alla à Chinon. Lors auoit vn Escuyer vaillant homme, nommé Iehan de Xainctrailles, qui tenoit la ville & le chastel de Coucy, & auoit auec luy cent hommes d'armes, qui estoyent logez à l'entour de ladicte ville. Or est il que ledict Capitaine, Escuyer, auoit vne chambriere, laquelle s'accoincta d'vn prisonnier, qui estoit à la grosse tour, à laquelle il promeit que si elle le pouoit mettre hors de celle prison, il l'espouseroit. A quoy elle s'accorda: & finalement vn iour entre les autres qu'elle estoit couchee auec ledict Capitaine, quand elle veit qu'il fut bien endormy, elle se leua, & soubs le cheuet de son lict, print les clefs de ladicte tour, & là vint bien tost ouurir audict prisonnier, qui tenoit pour grosse rançon, & auec luy en auoit plusieurs, lesquels elle mena au lieu ou estoit ledict Capitaine, auquel ils copperent la gorge: puis tuerent tous ses seruiteurs, & par ainsi furent seigneurs & maistres dudict Chastel & de la grosse tour: & tout incontinent cesdicts prisonniers, qui auoyent, comme dict est, gaigné tout, le manderent à mesire Iehan de Luxembourg, qui tenoit leur party, affin qu'il leur amenast secours. Lesdicts prisonniers gaignerent leans, en or & argent monnoyé cent mil escus: & quand vint au matin, les gens d'armes qui estoyent autour de ladicte place s'appercurent qu'elle estoit perdue: & incontinent monterent à cheual, & s'en allerent à Guyse & à Montagu, & feirét deux Capitaines sur eulx de leur compaignie, lesquels ils congnoissoyent vaillans en armes: l'vn nommé Estienne de Vignolles, dict la Hire, & l'autre nommé Poton de Xainctrailles: lesquels ont depuis bien fait parler d'eulx, cómme on verra cy apres.

Autre commotion des parisiés inhumains.

Cautelle de faire vuider de Paris le populaire sedicieux.

De la chamberiere du capitaine de Coucy, qui ioua vn tres mauuais tour à son maistre.

Des Capitaines Poton & la Hire.

Tantost apres qu'on eut donné ceste charge audict Poton & la Hire, ils se partirét & vindrent vers Soissons, & là sceurent que le seigneur de Longueual estoit pres d'eulx en armes: lesquels Hire & Poton, qui n'auoyent enuiron que quaráte hommes d'armes en leur compaignie, sans auoir regard au petit nombre qu'ils estoyét, frapperent sur ledict de Longueual, qui auoit cccc. lances, hommes d'armes, du
party du

party du Duc de Bourgongne, & les desconfirent, & en tuerent plusieurs, & le demourant prin- *Des promesses*
drent prisonniers. Tantost apres leur compaignie creut, tellement qu'ils auoyent bien deux cēs *& uaillances*
hommes d'armes: & vn iour ils furent aduertis qu'Hector de Saueuze estoit pres de nostreDa- *de la Hire, &*
me de Liesse, qui auoit bien mil cōbatans: ce neantmoins ils frapperēt dessus, en beau plein païs, *de Poton, Capi-*
& les desconfirent, & en meirent à mort la pluspart, & le demourant prindrent prisonniers. *taines Francois*

Comment le Duc de Bourgongne traicta le mariage du Roy d'Angleterre, à la fille du Roy de France.

AVdict an, le Duc de Bretaigne retourna à Paris, pour cuider traicter paix, & alla de-uers le Duc de Bourgongne, à Poilly le Fort, pres Corbeil, & furent faictes treues, & prins iournee à Montereau faut Yonne: mais quād ledict Duc de Bretaigne s'en fut allé, ledict Duc de Bourgōgne mena le Roy, la Royne, & madame Catherine de France, leur fille, entre Pontoise & Meulanc: & là traicteroit du mariage de madicte dame Catherine, & du Roy Henry d'Angleterre, qui estoit à Mante: mais pour lors n'en fut riens conclud: & de là vindrent à Pontoise, ou ledict Duc de Bourgōgne laissa le seigneur de Lisleadam, Capitaine, & emmena le Roy, & la Royne, & leur fille, à Troyes en Champaigne.

Des libertez de l'Eglise de France.

AVdict an mil cccc.xviij. au moys de Mars, *de consilio Prælatorum: & aliarum gen-* *L'an mil cccc.* *tium Ecclesiasticarum Regni, propter hoc congregatorum,* fut faicte vne Ordon- *xviii.* nāce pour entretenir l'Eglise de Frāce & du Dauphiné, en ses prerogatiues, libertez, & frāchises: laquelle estoit conforme à l'Ordonnāce de S.Louis, faicte l'an mil cc.*xlviij. & certaines autres Ordōnances faictes l'an mil cccc.vj. & certains Ar- **Le uieil ex. dit* rests prononcez l'onziéme iour de Septēbre, mil cccc.vij. le quinziéme de May, mil cccc.viij. & *68.mais par cy* par icelle Ordonnāce fut dict que toutes reseruations, graces expectatiues, & toutes exactions *deuant il sem-* de court de Romme cesseroyent. Et pource qu'audict an aucuns par grād' authorité, par lettres *ble la mettre en* de Chancellerie, s'efforcoyēt faire reuocquer ladicte Ordonnance, le Procureur du Roy, Gene- *l'an 1258.* ral, s'opposa formellement en Parlement, à ce qu'aucunes lettres reuocatoires ne fussent faictes ne baillees, sans ce qu'il fust ouy: & fut ladicte opposition enregistree au liure du Conseil de Parlement, le quinziéme iour de Feurier. Et pource q̄ nonobstant ladicte opposition, aucuns de leur grand' authorité (dont on chargeoit le Duc de Bourgongne) feirent de faict publier lesdictes lettres, la Court de Parlement declaira que ladicte telle publication n'auoit point esté faicte de son Ordonnance, deliberation ne consentement, comme appert par ladicte sentence enregistree audict liure du Conseil, le trentiéme iour de Mars, audict an.

Du Parlement qu'eurent ensemble, à Corbeil, monseigneur le Dauphin, & le Duc de Bourgongne: & de la prinse de Rouen, par les Anglois.

L'An mil cccc.xix. ledict Seigneur de Lisleadam, qui estoit Capitaine de Pontoi- *Là m.cccc.xix.* se, liura la ville aux Anglois: & y estoit à la prendre, en personne, le Duc de Clarence, frere du Roy d'Angleterre: & aucun temps apres s'assemblerent mondict seigneur le Dauphin, & le Duc de Bourgonne, à moult grand' difficulté, pour ce que les Conseillers du Duc de Bourgongne estoyent d'oppinion, & luy conseilloyēt les aucuns de mettre le Roy & la Royne es mains du Roy d'Angleterre, & qu'ils s'alliassent à luy: & les autres luy conseilloyent qu'il meist le Roy & la Royne es mains de monseigneur le Dauphin, & qu'il allast à luy: toutesfois par le cōseil de madame de Gyac, & de mōseigneur de Gyac, son fils, de Philippe Iossequin, & de monseigneur de Tholongon, Mareschal de Bourgongne, vint le Duc de Bourgongne d'aupres de Pontoise, ou il estoit allé parlementer à ceulx d'Angleterre, à monseigneur le Dauphin à Poilly le Fort pres Corbeil: & illec parlerent ensemble, & prindrent iournee pour aller parlementer à la fontaine du Pimot pres Meleun, ou ils se rendirent, & parlerent ensemble, & remeirent la matiere à certain autre iour à Monstereau fault Yonne, pour traicter plus à plain des besongnes du royaume, & de faire paix: mais apres le departement, ledict Duc de Bourgōgne mena le Roy, la Royne, & madame Catherine, leur fille, à Pontoise, pour parlementer du mariage de ladicte Catherine au Roy Henry d'Angleterre, qui estoit à Meulanc. Celuy an le Roy d'Angleterre assiegea Rouen, ou il fut sept moys, & *Rouē rēdu aux* par faute de secours & de viures, apres ce qu'ils eurent mangé rats & souriz, rendirent la ville *Anglois, par sa* au Roy d'Angleterre. *mine.*

De l'assemblee de Monstereau, ou fut tué le Duc de Bourgongne.

L'an mil cccc. xix.

Tantost apres, c'est assauoir vn iour de Dimenche au moys de Nouembre, audict an mil quatre cens & dixneuf, monseigneur le Dauphin, & le Duc de Bourgongne s'assemblerent à Monstereau fault Yonne: & fut ordoné que ledict Duc de Bourgongne auroit le Chasteau pour sa retraicte & seureté de sa personne, & monseigneur le Dauphin auroit la ville: & fut faict vn parquet sur le pont & grands barrieres, entre lesquels ne deuoyent estre de chacun costé que dix personnes notables, qui furent nommees. Or aduint que quand ils furent dedans entrez, il sourdit aucun debat entre eulx, par ce que ledict Duc de Bourgongne parloit trop arrogamment & irreueremment à monsigneur le Dauphin: parquoy aucuns de ceulx du party de monseigneur le Dauphin: lesquels secrettement, comme on dist depuis, auoyent iuré la mort de monseigneur le Duc de Bourgongne, luy coururent sus: & fut tué iceluy Duc de Bourgongne, & vn Gentilhomme de ses gens, appelé le Vicomte de Noailles, qui se ietta sur luy pour le sauuer: dont l'effroy fut grand en ladicte assemblee: & incontinent vne partie des Seigneurs, qui estoyent auec luy, furent prins, & les autres s'en fuyrét & se meirent audict Chasteau: & les autres allerét à Bray sur Seine, & les autres à Troyes: & tantost apres ceulx qui s'estoyent retirez audict Chasteau de Monstereau, se rendirent leurs vies & corps sauues.

Des Anglois qui prindrent quasi toute la Normādie, reserué le mont s. Michel.

En ces entrefaictes les Anglois prindrent Meulanc, Poissy, & S. Germain en Laye, & tantost apres Gisors, Gournay, Chaumont, Aumale, & presque toute la Normandie, reserué le mont sainct Michel: & quand Philippe, Comte de Charolois, fils dudict feu Duc de Bourgongne, sceut la mort de son pere, il enuoya vers Paris, & pareillement ceulx de Paris, qui se voyent enclauez de toutes pars, enuoyerét deuers ledict Comte, nouueau Duc de Bourgongne, & luy conseillerent, & par especial ceulx qui tenoyent les Offices du royaume, doubtant la fureur de mondict seigneur le Dauphin, & de perdre leurs Offices, qu'il s'alliast du Roy d'Angleterre. ce qu'il fit: & mit entre les mains des Anglois le Roy, la Royne, & madame Catherine de France, sœur de mondict Seigneur le Dauphin: & conclurent ledict Duc, & ceulx de Paris, le mariage de madicte dame Catherine auec ledict Roy Henry d'Angleterre, par telle condition que ledict Roy d'Angleterre auroit par adoption la proprieté du royaume, & en priueroit mondict seigneur le Dauphin, seul fils, & droit heritier du Roy: mais ils comptoyent sans leur hoste (car il en alla bien autrement ainsi que Dieu le permeit, & que raison le vouloit) &

ceulx de Paris meirent la uille es mains du Roy d'Ang.

meirent es mains dudict Roy d'Angleterre, la ville de Paris, & bien seize citez, & toutes les villes & chasteaux du païs de France, Champaigne, Brie, Vermandois & Bourgongne, que ledict feu Duc de Bourgongne auoit prinses & mises en ses mains durant les diuisions denant dictes, dont y en auoit aucunes, lesquelles il auoit eues soubs ombre de leur faire entendant qu'ils ne payeroyent nulles malletostes.

Du mariage du Roy d'Angleterre à madame Catherine de France: & comment ledict Roy d'Angleterre se porta & nomma Roy de France.

Et tantost apres ladicte matiere conclue, ledict Roy d'Angleterre & le Duc de Bourgongne allerent à Troyes, ou estoit le Roy, la Royne, & madame Catherine de France leur fille, que ledict Roy d'Angleterre espousa, soubs la condition dessus declairee: & apres ledict mariage, & ratification du traicté faict par ledict Roy Henry, se porta Roy de France & d'Angleterre, & seela on de ses seaux.

En ce temps monseigneur le Dauphin alla en Languedoc, & meit le païs en son obeissance, & en meit hors du gouuernemét le Comte de Foix, auquel il auoit baillé ledict gouuernemét,

Du Dauphī de France, qui prit la Regence du royaume.

par ce qu'il ne luy vouloit bailler ne souffrir estre baillez les deniers qui en venoyent: & bailla ledict gouuernement à monseigneur Charles de Bourbon, Comte de Clermont, & s'en retourna en Berry & en Touraine: & lors mondict seigneur le Dauphin print la Regence, & titre de Regent du royaume de France.

Des sieges de Meleun & Compiegne, mis par les Anglois: & comment le Roy d'Angleterre emmena sa femme, & laissa le Duc de Clarēce, son frere, Lieutenāt en Frāce: & de plusieurs Seigneurs d'Escosse, qui vindrent au secours du Dauphin.

L'ā m.cccc.xx.

En l'an mil quatre cens & vingt, en venāt de Troyes à Paris, les dessusdicts Roy d'Angleterre & Duc de Bourgongne, meirent le siege deuant la ville de Meleun, ou estoit le Seigneur de Barbazan, qui vaillamment se deffendit: & tant souffrit en deffendant ladicte ville, esperant d'auoir secours, que luy & ses gens mangerent leurs

cheuaux

cheuaux:& finalement fut la ville rendue par composition,& furent prisonniers ledict seigneur de Barbazan & les autres Seigneurs,qui furent amenez à Paris:& la ville de Meaux par pareil cas fut prinse,& apres allerent mettre le siege deuant Compiegne: mais ils furent reboutez & desconfis par les gens du Duc d'Orleās. Puis le Roy d'Angleterre fit amener de Troyes,le Roy, la Royne,& sa femme,& les mena à Paris,ou ils furent receuz à grand honneur,& y tindrent à Noel haute feste:apres laquelle il fit le Duc de Clarence,son Lieutenant en France,& s'en alla à Rouen,ou il tint ses estats:& apres passa la mer,& amena sa femme en Angleterre,& laissa ledict Duc de Clarence,son frere,Lieutenant general deça la mer,auec les Comtes de †Vvintiton,Sombresset,Salbery,Suffort,& plusieurs autres grands Seigneurs Anglois. En ce temps le Comte de Ponthieure print le Duc de Bretaigne,qui estoit allé au deduict,& le mena à vn sien Chasteau en Limosin:mais tant fit ledict Duc de Bretaigne par belles,& humbles paroles, que ledict de Ponthieure le laissa aller, moyennant certaines promesses qu'il luy fit, dont il ne tint riens:mais,qui pis est,si tost qu'il fut retourné en Bretaigne fit demolir toutes les places que ledict Ponthieure y tenoit,& le bannit de sondict Duché. En France vindrent au secours de mōseigneur le Dauphin plusieurs grands Seigneurs d'Escosse auec grand' armee, dont estoyent conducteurs & Chefs le Comte de Boucan & de Victon,& messire Iehan †Senart, Connestable d'Escosse:lesquels guerroyerent fort contre les Anglois:& fut par ce que leur Roy estoit lors detenu prisonnier en Angleterre:& l'annee ensuyuāt le Roy d'Angleterre amena en Frāce ledict Roy d'Escosse,en intention que lesdicts Escois,qui estoyent auec le Dauphin,se tournassent auec luy:mais ils n'en voulurēt riens faire,& tousiours tindrent le party de mōseigneur le Dauphin,qui pour lors auoit prins nom & tiltre de Regent.

Ceulx de cōpiegne qui se deffēdirēt uaillamment contre les Anglois.

† al. Voitinton,

† al. Stuart, & ainsi le trouue en quelque histoir. d'Esc. combié que ce lieu y soit vn peu autremēt.

De la bataille de Baugé, ou fut tué le Duc de Clarence,frere du Roy d'Angleterre: & comment le Comte de Boucan, Escossois, fut faict Connestable de France.

L'An mil cccc.xxj. en la fin du moys de Mars,le Duc de Clarence, frere du Roy d'Angleterre,& plusieurs autres grands Seigneurs Anglois, partirent de Normandie, & vindrent en Aniou, & se presenterent en bataille deuant Angiers, mais ils n'y feirent riens:& de là s'en allerēt loger à Beaufort en Vallee.Si s'assemblerent les Francois, & Escossois, en vn village,nommé Baugé,audict pais de Vallee.Les Anglois prindrent quatre Escossois en allant au fourrage, & les amenerent deuant le Duc de Clarence:lequel leur demanda en son langage du gouuernement de leur armee,& quels gens y estoyent: lesquels dirent que presentement leur armee estoit arriuee à Baugé en Vallee pres d'illec, & du costé des Escossois y estoyent les Comtes de Boucan & de Victon, le seigneur Deruaille,& plusieurs autres Seigneurs d'Escosse:& que des Francois y estoyent le Vicomte de Narbonne, le Mareschal de la Fayette, le Seigneur de Fontaines, & autres Seigneurs Francois:& tout incontinent ces nouuelles ouyes, se leua de table ledict Duc de Clarence, en disant: Allons leur courir sus, ils sont nostres,& qu'il ne vienne auec nous que les hommes d'armes. Si cheuaucherent lesdicts Anglois tant qu'il vindrent au petit Baugé,pres du grand,ou illec trouuerent vn Cheualier, nommé messire Iehan de la Croix:lequel,quand il apperceut l'armee des Anglois, se retira en l'eglise,& monta luy & ses gens au clocher,& là vaillamment se deffendirent à force de pierres, tellement que les Anglois ne les peurent auoir. Quand ledict Duc de Clarence veit qu'ils s'amusoyent trop illec, ils se partirent pour aller combatre l'armee des Francois, & Escossois, lesquels ils trouuerent en bon ordre : & quand ledict Duc de Clarence les veit il print vn chapeau de fer en sa teste,& dessus vn chapeau d'or, couuert de pierrerie moult riche, & meit ses gens en bataille, & se meit à l'auantgarde. Finalement les deux batailles frapperent l'vne contre l'autre, de grand courage, & furent les Anglois desconfits:& y mourut le Duc de Clarence, le Comte de †Suffort vaillant homme,le seigneur de Grey,le seigneur de †Roours,& plusieurs autres grands Seigneurs Anglois,& autres,iusques au nombre de quinze cens : & furent prins prisonniers les Comtes de Hautmiton,& de Sombresset, † freres,messire Thomas de Beaufort,& plusieurs Cheualiers & Escuyers, Anglois : & fut ceste bataille la veille de Pasques, que l'on commenca à compter mil cccc.xxj. & porta les nouuelles à monseigneur le Dauphin, qui estoit à Poitiers, lequel en fut moult ioyeux.Tantost apres se partit hastiuement de Poitiers, & s'en vint à Tours, & illec se rendit à luy le Comte de Boucan,Escossois,qui auoit esté en ladicte iournee de Baugé:lequel il fit Connestable de France. L'Estandard du Duc de Clarence fut porté à nostre Dame du Puys, par vn Escuyer, nommé Estienne Fragente, qui l'auoit gaigné.Puis s'en alla mondict seigneur le Dauphin, Regent, au Mans: & prindrēt les Francois le chastel de Mont-

L'ā m.cccc.xxi.

† al. Stāfort,
† al. Roors,

† al. son frere messire, &c.

miral, & la ville de Galardon fur les Bourgongnons, qui eſtoyent alliez aux Anglois: & apres ſ'en retourna mondict ſeigneur le Dauphin, à Amboiſe.

De la venue du Roy d'Angleterre, apres la mort du Duc de Clarence, ſon frere.

AVdict an partit le Roy d'Angleterre de ſon païs, apres ce qu'il ſceut la mort & deſconfiture de ſondict frere, le Duc de Clarence, & autres: & deſcendit à Calais auec douze mil hommes, & tira par le païs de Ponthieu, en Normandie: & tant cheuaucha qu'il vint iuſques à Dreux, ou il meit le ſiege, & luy fut baillee par cōpoſition: & de là vint à Chartres, ou il fut receu à grand honneur. puis tira à Baugecy, ou il cuidoit bien paſſer Loire: mais il trouua l'armee de monſeigneur le Dauphin, qui gardoit tous les paſſages de Loire, laquelle il n'oſa aſſaillir: ſi ſ'en alla à Boneual, ou il ſeiourna aucuns iours: puis ſe meit aux chāps, & alla ſoy parquer entre Mehun ſur Loire & la Bruyre, ou les Francois luy feirent de grandes eſcarmouches: & luy faillirēt les viures, & fut cōtrainct de partir, & vint loger deuant Orleans: & d'illec ſe retira par Gaſtinois à Meleun, à treſgrande perte de ſes gēs, charroy, & artillerie. Tantoſt apres ledict Roy d'Angleterre alla deuant Meaux, & y tint le ſie-

Du ſiege qui fut mis par les Anglois, deuant Meaux.

ge ſi longuemēt que ceulx de la ville furēt contraincts, par famine, rēdre ladicte ville: & eſtoyēt lors en ſa compaignie meſſire Artus de Bretaigne, Comte de Richemont, qui depuis fut Conneſtable de France. En ce temps le Seigneur de Rochebaron de Foreſts, qui auoit pluſieurs places fortes, & tenoit le party du Duc de Bourgongne, fit venir le ſeigneur de Sallenonne, & pluſieurs gens d'armes, tant Bourgongnons, Sauoyſiens, que Lombars, & les meit en ſes places: & feirent pluſieurs maux aux ſubiects du Roy, des païs d'Auuergne, Limoſin, Foreſts & Vezelay. Les ſeigneurs d'iceulx païs ſ'aſſemblerent en grand nombre, & feirent leur Capitaine meſſire Imbert de Grollee, Bailiff de Liō, les Seigneurs de Beauchaſtel, & de la Fayette, & meſſire Bernard d'Armignac, Comte de Perdriac, & ſe partirent de la cité du Puy, pour courir ſus aux deſſuſdicts. Quand leurs ennemis le ſceurēt ils ſ'aſſemblerent en vne petite ville fermee, nommee Seruerette. Les Francois allerent deuant, & ainſi qu'ils deliberoyent d'y mettre le ſiege, vn Archier entra en vn moulin, qui eſtoit ioignant la muraille, & y meit le feu. Quand le feu fut allumé, il ſe prit par deſſus les murs aux maiſons de la ville, laquelle en peu d'heure fut toute embraſee, tellement que leſdicts Bourgongnons ne peurent ſaillir à tēps: ſi en furent pluſieurs bruſlez & leurs cheuaux: & les autres ſe iettoyent par deſſus les murs, & ſe venoyēt rendre priſonniers. Quand ledict ſeigneur de Rochebaron veit celle fortune, il trouua façon d'eſchaper à cheual, & ſ'enfuyt par les montaignes, & ſe retira en Bourgongne, & furēt toutes ſes places, dont il auoit pluſieurs, prinſes, pillees, & confiſquees, & ainſi fut du tout deſtruict.

De la mort du Roy Henry d'Angleterre, & comment le Duc de Bethfort fut Regent en France, pour le ieune Roy d'Angleterre.

L'an mil cccc. xxij.

L'An mil cccc. xxij. monſeigneur le Dauphin, Regent, fit aſſieger Coſne ſur Loire. Ceulx de la ville feirent compoſition auec ſes gens d'eulx rendre à vn iour nommé, au cas qu'ils ne ſeroyent ſecouruz, & de ce baillerent oſtages. Le Roy d'Angleterre le ſceut, qui ſe partit de Paris, pour les aller ſecourir: & quand il fut à Corbeil vne maladie le print: parquoy il ſ'en retourna au boys de Vincennes, & enuoya le Duc de Bethfort à Coſne, en grand' puiſſance, & pareillement le Duc de Bourgongne & ſa puiſſance: & quand les Francois veirent qu'ils n'eſtoyent pas aſſez fors, ils rendirent les oſtages. Quand leſdicts Ducs de Bethfort & Bourgongne veirēt que les Francois ne les vouloyent attendre, ſi cheuaucherent cōtremont ladicte riuiere de Loire, & la paſſerent pour aller courir les païs de Berry, deliberez d'aller ou ſeroyent leſdicts Frācois: & iceulx Francois, qui eſtoyent aupres de Sancerre, ſceurent la deliberation, & incontinent feirent leur aſſemblee tant de Francois que d'Eſcoſſois: & là ſe trouuerent le Comte de Boucan, Conneſtable de France, qui eſtoit fils du Duc d'Albanie, le Comte d'Anglats, & le Comte de Victon, tous Eſcoſſois, le Vicomte de Narbonne, meſſire Tanneguy du Chaſtel, Preuoſt de Paris, le Mareſchal de la Fayette, le ſeigneur de la Tour d'Auuergne, le ſeigneur de Torcy, & pluſieurs autres Seigneurs: tous leſquels ſe delibererent d'attendre & cōbatre leſdicts Anglois: & eſtoyent ia les deux puiſſances à vne lieue pres l'vne de l'autre. Lors vindrent

Du Roy d'Angleterre qui mourut plaſ de poulx au boys de Vincennes.

nouuelles auſdicts Anglois que le vingtneufiéme iour d'Aouſt, qui eſtoit le iour ſainct Fiacre, ledict Roy Henry d'Angleterre eſtoit mort au boys de Vincennes, de la maladie dudict ſainct Fiacre: & auſſi auoit eſté tout eſprins de menue vermine de poulx, qui luy ſailloyent par les yeulx,

DV ROY CHARLES, SIXIEME. Fueil.lxvij.

yeulx, par le nez, & par les oreilles, & luy croiſſoyent ſur toutes les parties de ſon corps, & en grand' abondance que Medecins n'y peurent donner remede, qu'ils ne luy mangeaſſent & entamaſſent tous ſes membres, tellement qu'il luy conuint mourir: parquoy, quand les Anglois ſceurent ſa mort, fut leur entrepriſe rompue: ſi ſe departirent leſdicts Anglois & Bourguignons, & s'en retournerent chacun en leur païs. pareillement l'oſt des Francois s'en tira en Berry, & Auuergne. Le corps dudict Roy Henry fut porté en Angleterre, & madame Katherine, ſa femme, demoura groſſe d'vn fils, qu'elle enfanta tantoſt apres, lequel fut nommé Henry, ſixiéme de ce nom: & fut la Regence de France baillee par les Anglois aux Ducs de Bethfort & de Cloceſtre. En celle ſaiſon le Vicomte de Narbonne & le Comte d'Aumalle, & ceulx de leur cõpaignie allerent à Bernay, ou ils entrerent dedans, & y trouuerent de grandes richeſſes. Les Anglois qui eſtoyent là aupres le ſceurent, & y allerent. Les Francois ſaillirent ſur eulx, & les batirent tresbien: & furent les Anglois deſconfits, & y en eut trois cens mors, & pluſieurs priſonniers: parquoy les Anglois, qui eſtoyent es marches de Normandie & du Perche, s'aſſemblerent, & eurent Francois & Anglois rencontre aupres de Mortaigne, & furent les Anglois deſconfits, & y en mourut huict cens, & pluſieurs prins priſonniers. Nouuelles vindrent à monſeigneur le Dauphin, Regent, que le Duc de Bretaigne, qui s'eſtoit allié des Anglois, eſtoit entré en Poitou, & auoit cuidé prendre la Rochelle: ſi y alla, & entra dedans pour obuyer à ſon entrepriſe: & l'onziéme iour d'Octobre, luy eſtãt en ladicte ville, il tint grãd conſeil, aſſis en vne chaire, au dedans du gros mur, dont toute la charpenterie de la maiſon fondit, & y en eut aucuns mors & pluſieurs bleccez, de ceulx qui là eſtoyent: mais par la grace de Dieu mondict ſeigneur le Dauphin n'eut aucun mal, à l'occaſion que ſondict ſiege eſtoit dedãs ledict gros mur. puis s'en partit d'icelle ville, & ſuyuit & rencontra l'armee deſdicts Bretons, au bas Poitou, pres Montagu, & les combatit & deſconfit, & y en mourut grand nombre.

De la deſcõſiture des Anglois, pres Mortaigne

D'un gros danger & inconuenient que le Dauphin eſchapa en la ville de la Rochelle.

De la mort du ſeigneur de Partenay: & comment la ſeigneurie dudict lieu vint au Roy, comme heritier du Duc de Berry, qui l'auoit acquiſe.

AVdict an meſſire Iaques de Harecourt bailla la ville & chaſtel de Crotoy au Cõte de Salbery: & apres s'en alla à refuge deuers le ſeigneur de Partenay, duquel il auoit eſpouſé la ſeule niepce: & vn iour s'efforca à luy tollir ſon chaſtel, & le mettre hors: mais luy & ſes gens ſe meirent ſus auec les Bourgeois & habitans de la ville, qu'ils appelerent à leur aide, & ſe defendirent tellement que ledict Harecourt fut là meurtry: & tantoſt apres ledict ſeigneur de Partenay mourut de mort naturelle, lequel en ſa vie auoit vẽdue ladicte ſeigneurie de Partenay au feu Duc de Berry, à l'auoir apres ſa mort: & par ledict treſpas icelle ſeigneurie de Partenay vint au Roy, comme heritier dudict Duc de Berry.

Du treſpas du Roy Charles ſixiéme.

LE vingt & vniéme iour d'Octobre audict an mil quatre cens vingt & deux, ledict Roy Charles, ſixiéme de ce nom, treſpaſſa en ſon hoſtel de ſainct Paul, à Paris: & fut ſon corps porté & enterré à S. Denis en France, en petite ſolennité, au * quarante troiſiéme an de ſon regne: & delaiſſa madame Yſabeau de Bauieres, ſa femme, veufue: apres le treſpas duquel mondict ſeigneur Charles, Dauphin, ſon ſeul fils, qui parauant ſe diſoit Regent, *ſuſcepit Regni gubernacula*, & fut appelé Charles ſeptiéme: toutesfois il ne fut ſacré ne couronné iuſques à ſept ans, ou enuiron, apres, pour les dures guerres que luy faiſoyent ſes aduerſaires les Anglois, Bourguignons, Bretons, & leurs alliez.

L'an mil cccc. vingt et deux.

* Parauant dit 42. mais la il prend les ans entiers.

Du Roy Charles, ſeptiéme.

M

Charles, septiéme du nom, fut Roy l'an mil quatre cens vingt & deux, & regna trente neuf ans Roy. Il trouua son royaume fort troublé, à l'occasion des Anglois, qui occupoyent la plus grand' part d'iceluy, pour

Henry, sixéme, Roy d'Angleterre: mais par la grace de Dieu luy vint en son aide vne Pucelle, nommée Iehanne, laquelle le mena sacrer à Reims: & apres recouura tout son royaume.

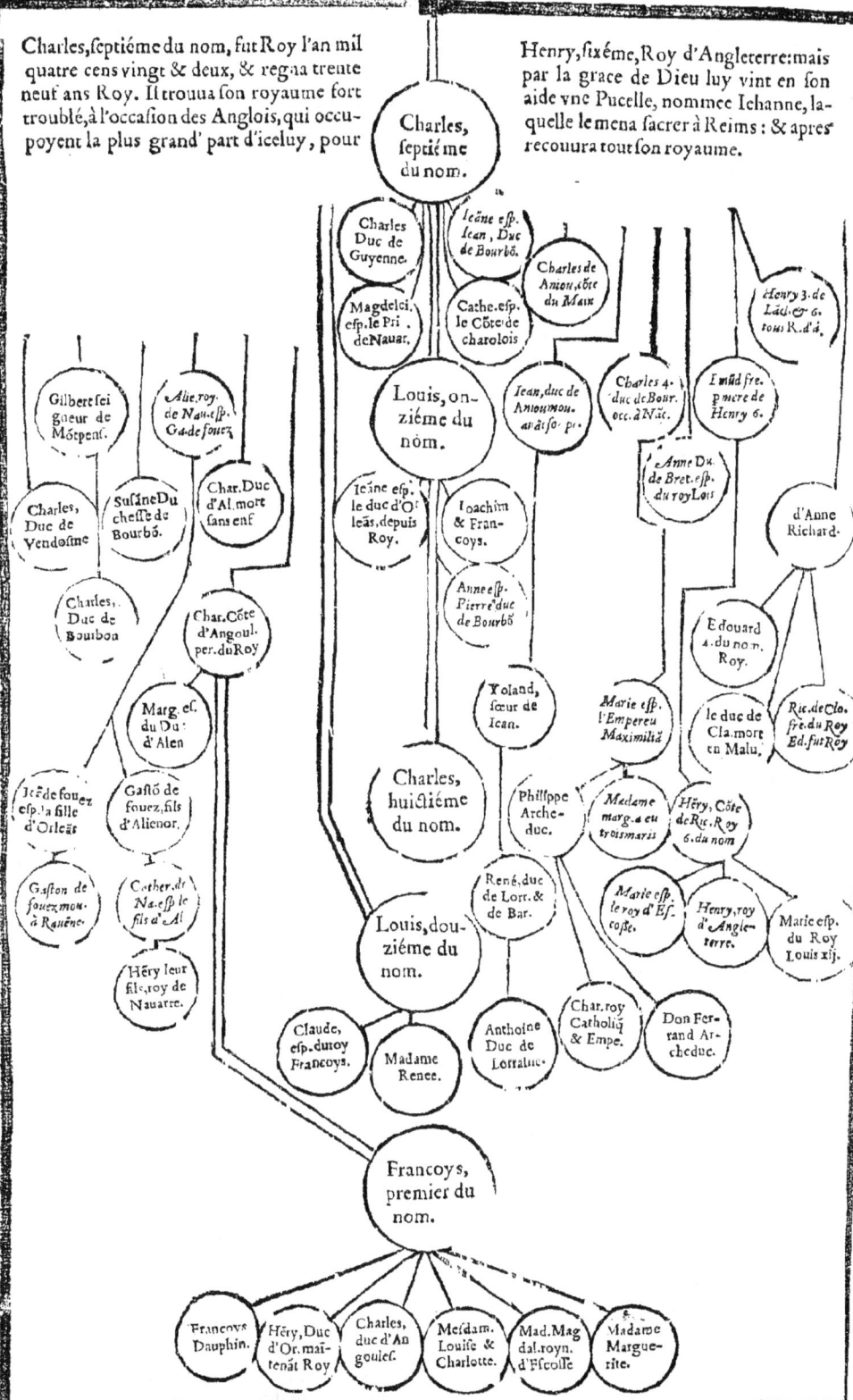

Charles, septiéme de ce nom, fut tresvictorieux & debonnaire, & commença à regner l'an mil quatre cens vingt & deux, & regna tréteneuf ans, ou enuiron: & trespassa à Mehun sur Yure, pres Bourges, le iour de la Magdaleine, xxij. iour de Iuillet, mil quatre cens soixante & vn, & gist à S.Denis en France, en la chapelle ou gisent Charles cinquiéme & sixiéme, ses ayeul & pere. Cestuy eut à femme madame Marie, fille du Roy de Sicile Louis deuxiéme du nō, Duc d'Aniou, de laquelle il eut deux fils (c'estassauoir Louis, qui fut Roy apres luy, & Charles, qui au cōmencement fut Duc de Berry, apres Duc de Normandie, & dernierement Duc de Guyenne) & quatre filles: c'estassauoir Katherine (qui par le traicté d'Arras fut fiancee à Charles, Comte de Charolois, aisné fils de Philippe, Duc de Bourgongne, laquelle Katherine mourut auant la consummation du mariage) * Yoland, qui fut mariee au Comte de Piemont, qui apres fut Duc de Sauoye, Iehanne, qui fut mariee à Iehan, Duc de Bourbon & d'Auuergne, & Magdaleine, qui fut mariee au Prince de Nauarre, aisné fils du Comte de Foix, heritier presumptif du royaume de Nauarre. Par ce que dict a esté cy deuant, des choses aduenues auant le trespas au feu Roy Charles, sixiéme, on peut assez congnoistre & entendre que cedict Roy Charles, septiéme, au commēcement de son regne trouua sondict royaume fort brouillé de toutes pars, & occupé de ses aduersaires, tellement que par aucun temps il fut contrainct soy tenir en sa cité de Bourges, qui tousiours luy fut de vraye obeissance: & par derision lesdicts aduersaires & desobeissans l'appeloyent le Roy de Bourges, & luy fut fortune fort contraire: mais par son sens, bōne conduicte, & moyennant bon conseil, qu'il creut toute sa vie, & la bōne iustice qu'il fit faire & administrer à ses subiects, il subiugua ses ennemis, & laissa à son fils Louis le royaume paisible, & le dilata & eslargit grandement.

L'an mil cccc. xxij.

Charles 7. Roy de Bourges.

*Il ne la met point en la fig. toutesfois elle est au uieil exē.

Comment Henry, le ieune Roy d'Angleterre, fut nommé Roy de France: & comment on seella de ses seaux, à la Chancellerie, à Paris.

EN France fut enuoyé par le conseil d'Angleterre, Iehan, Duc de Bethfort, pour y estre Regent, de par les Anglois: & quand le Duc de Bourgongne sceut sa venue, il alla deuers luy, à Amyens, & en sa compaignie il mena deux de ses sœurs, dont l'aisnee estoit veufue de feu monseigneur le Duc de Guyenne, Dauphin, aisné fils dudict feu Roy Charles, sixiéme, & la fit espouser à messire Artus de Bretaigne, & l'autre donna en mariage audict Duc de Bethfort. Et le douziéme iour de Nouembre, audict an mil quatre cens vingt & deux, le ieune Roy Henry d'Angleterre fut dict, porté & nommé en la ville de Paris, & autres villes & lieux, qui estoyent vsurpez par les Anglois, Roy de France: & fut seellé de son grand seel, en la Chancellerie, à Paris: & intituloit on Henry par la grace de Dieu Roy de France, & d'Angleterre: & en sondict seel estoit engraué vn Roy assis en vne chaire, tenant deux sceptres: & par bas, au costé dextre, estoit l'escu de France, & à senestre estoit l'escu d'Angleterre, escartelé des armes de France, & d'Angleterre: & forgea l'on monnoye blanche, de dix deniers Tournois piece, au nom & aux armes dudict Henry. Pareillement ledict Roy Charles, septiéme, parauant Dauphin, se porta & intitula Roy de France: & faire le pouuoit, & deuoit, comme seul hoir masle & heritier de la couronne de France: & lors commença & esleua forte guerre contre les Anglois, ses ennemis, comme sera veu cy apres: car il eut lors plus grande & apparente couleur, qu'il n'auoit eu parauant, par ce que son pere viuoit, & estoit es mains desdicts Anglois: qui en faisoyent leur escu & targe. Enuiron ce temps messire Ambrois de Lore, Baron d'Iury, & de sainct Andry en la Marche, qui estoit vn bon & vaillant tuheualier, lequel se tenoit en la Carche de Normandie, & estoit Capitaine de saincte Susanne, fit vne entreprinse pour cuider prēdre Fresnoy le Vicomte, que tenoyent les Anglois, & auec luy estoit vn autre Cheualier, nommé messire Iehan du Bellay: & coururent deuant ladicte place, auec vne bonne puissance de gens de guerre: mais ceulx du Fresnoy en furent aduertiz, parquoy il s'en retourna audict lieu de saincte Susanne: & ledict messire Iehan du Bellay, qui estoit auec luy, print le chemin du Mans, & emmena bien deux cens combatans, & furent rencontrez par vn Anglois, nommé Birry, qui auoit quatre vingts bons Archiers, & les Francois les assaillirent, & lesdicts Anglois se meirent à pied, & se rengerent pres d'vne haye, & se defendirent vaillamment, & par force de traict, dont ils tuoyent les cheuaux desdicts Francois, les departirent & meirent en desarroy, tellement qu'ils furent desconfits, & y en eut plusieurs mors & prins. Semblablement Philippe, Duc de Bourgongne, auec plusieurs gens de guerre, rencontra, pres S. Riquier, vne compaignie de Francois, & se combatirent longuement

L'an mil cccc. vingt et deux.

Du Roy Henry d'Angleterre qui fut appelé, à Paris, Roy de France et d'Angleterre.

M ij

& vaillamment:mais à la parfin lefdicts François furent defconfits, & y en eut plufieurs mors & prins. Tantoft apres le feigneur de Gamaches, & mefsire Amaulry de fainct Legier, rencontrerent grand nombre de Bourguignons, en vn lieu nommé la Blanquetacque:lefquels ils affaillirent & defconfirent, & y en eut plufieurs mors & prins. Le feigneur de Fontaines, qui eftoit au païs du Maine, rencontra vne compaignie d'Anglois, en vn lieu apelé la Neufuille, ou il les affaillit, & en tua & print prifonniers bien huict cens.

Bourguignons defconfits à Blanquetacque

Du fiege de Crauant, & de la bataille de la † Granelle.

† al. Grauelle.

AVdict an mil quatre cens vingt & deux les Côtes de Salbery & de Suffort, Anglois, & le feigneur de Tholongon, Marefchal de Bourgongne, auec grand' armee d'Anglois & Bourguignons, allerent mettre le fiege deuant Crauant. Quand les François le fceurent, ils feirent grand' armee pour aller fecourir ceulx de la ville: de laquelle armee eurent la charge mefsire Iehan Senar, cheualier Efcoffois, Conneftable d'Efcoffe, qui eftoit nouuellement venu en l'ayde du Roy de France, auec de quatre à cinq mil Efcoffois, bons combatans: & le feigneur de Seuerac, Marefchal de France, le feigneur de Fontaines, & autres, y allerent haftiuement, & indifcretement affaillirent leurs ennemis, qui tenoyent le fiege: lefquels fe defendirent & combatirent fi vertueufement que les François furent defconfits: & furent prins prifonniers ledict Senar d'Efcoffe, qui y eut vn oeil creué, le feigneur de Belloy, le feigneur de Gamaches, & quarante quatre autres Nobles, qui long temps tindrent prifon: & y en eut iufques au nombre de trois mil, que mors que prins. Tantoft apres le feigneur de Tholongon, Marefchal de Bourgongne, à grand' côpaignie de Bourguignons meit le fiege deuant la Boffiere, en Beauiolois: fur lequel le Baillif de Lion, & le Borgne de Carcafan, auec fix xx. Gentilshommes, allerent frapper, & les defconfirent, & moult en tuerent: & prindrêt ledict Marefchal de Bourgongne, & bien fept cens de fes gens prifonniers. Iceluy Marefchal fut deliuré par la deliurance de mefsire Iehan Senar, Conneftable d'Efcoffe: auquel apres fon retour de prifon le Roy dôna la Comté d'Eureux, & la feigneurie de Concreffault, en Berry. En celle faifon vn cheualier Anglois, qu'on appeloit le feigneur de la Poulle, fe partit de Normandie, ou il eftoit, auec bien deux mil cinq cens combatâs, pour aller courir le païs du Maine & d'Aniou, & alla iufques deuant le chaftel de Segré, audict païs d'Aniou: dont mefsire Ambrois de Lore en fut aduerty: fi le manda à mefsire Iehan de Harecourt, Comte d'Aumalle, qui eftoit Lieutenant du Roy efdicts païs d'Aniou & du Maine, lequel eftoit pour lors à Tours, en intention de faire quelque entreprinfe contre les Anglois, lequel incôtinent f'en partit, & enuoya plufieurs meffagiers pour affembler gens de toutes pars, & tira droict à Laual: & là fe rendirent à luy le feigneur de Lore, mefsire Iehâ de la Hayebaron de Coulonces, & mefsire Louis de Tromargô, qui qui amenerent belle côpaignie. Ils fceurent & furent aduertis que lefdicts Anglois f'en retournoyent de deuant le chaftel de Segré, & emmenoyent les oftages dudict chafteau grand nôbre de prifonniers, & bien dix ou douze mil, que boeufs que vaches, & tiroyent droict à vn chaftel qu'on appelle la Granelle: fi tirerêt celle part: & lors lefdicts Anglois, qui les apperceurêt venir, ficherent grand nombre de pieux ferrez qu'ils portoyent auec eulx, pour garder que les François n'enfondraffent fur eulx de prime face: laquelle chofe empefcha fort lefdicts François, & moult bleffa de gens & de cheuaux. Si allerent les François au cofté & alentour, & tant feirent qu'ils entrerent dedans lefdicts Anglois, & rompirent leur bataille, & meirent en defarroy, & fi vaillâment befongnerent, q̃ finalement lefdicts Anglois furent defconfits, & y en mourut bien quatorze cens, & tous les autres furent prins prifonniers: & furent les oftages prifonniers, & les boeufs & vaches, & autres biens que lefdicts Anglois auoyent pillez, refcoux: entre lefquels prifonniers furent prins par les François le feigneur de la Poulle, frere du Comte de Suffort, mefsire Thomas Abourg, mefsire Thomas Cliffeton, & autres grands perfonnages, qui payerent grands rancons. En celle rencontre furent faicts plufieurs Cheualiers, & entre autres mefsire Andry de Laual, feigneur de Loheac: & apres ladicte bataille, ledict Comte d'Aumalle f'en tira vers Normandie, & alla deuers Auranches, & là laiffa le feigneur d'Auffebouc, pour la cuider mettre en l'obeiffance du Roy, mais il ne peut. Puis tira à fainct Lo, & fe logea es fauxbourgs, ou il fut quatre iours: puis la pilla, & print plufieurs prifonniers, & f'en retourna au païs du Maine. En celle faifon fut la ville de Compiegne recouuerte par les François fur les Anglois. Le feigneur de Lifleadam auec grand' compaignie de Bourguignons vint pour y mettre le fiege. François faillirent fur eulx, & d'arriuee en tuerent bien cinq cens, & les autres meirent en defconfiture, tellement que ledict feigneur de Lifleadam print la fuyte, & y gaignerent les François moult de prifonniers, de biens & viures qu'ils meirent en ladicte ville, & couroyent depuis chacun iour iufques aux portes de Creil, & de Paris.

Defcôfiture des François, à Grauant.

Defaicte de plufieurs Bourguignôs deuant la Boffiere, en Beauiolois.

Defcôfiture des Anglois pres la Granelle en Aniou.

La ville de Côpiegne recouuerte par les François fur les Anglois.

Des

Des sieges de Sedane, & du mont sainct Michel.

EN l'an mil quatre cens vingt & trois le Comte de Sallebery & grand nombre d'Anglois meirent le siege deuant la ville de Sedane, en Champaigne, & dedans estoit le Capitaine, nommé Guillaume Marin, & vn Cheualier de Normandie, nommé messire Roger de Criquetot, auec cent cinquante combatans: & furent les Anglois deuant, depuis Pasques iusques à la sainct Iehan, qu'ils prindrent ladicte ville par armes & par assault, & y furent tuez bien quarante Francois, & bien autant que ledict Comte fit pendre, & les autres prisonniers. Ledict Guillaume Marin, Capitaine, fut tué à l'assault, & ledict Roger de turiquetot fut prisonnier. Apres la prinse de ladicte ville de Sedane, ledict Comte de Sallebery print Montaguillon, Espernay, Vertuz, & la plus part des fortresses du païs de Champaigne, les vnes d'assault, les autres par famine, & par composition. En ce mesme temps les Anglois meirent le siege deuant le mont sainct Michel, & furent ceulx de dedans en grand' destresse de viures: & pour leur faire secours & aide leur fut faict armee par mer à sainct Malo, laquelle conduisoit le seigneur de Beaufort, Admiral de Bretaigne: lequel vint courir sus aux nauires des Anglois, & les print & desconfit, & y eut plusieurs desdicts Anglois mors, & grand nombre de prisonniers, & aussi fut le siege leué: mais lesdicts Anglois firent vne Bastille à Ardenon, & couroyent & faisoyent moult de maulx à ceulx dudict mont sainct Michel. Vn iour messire Iehan de la Haye, Baron de Colonces, qui estoit Capitaine de Maine la Iuhez, sceut que lesdicts Anglois estoyent partis de leur Bastille, & estoyent allez courir es greues, deuant ledict mont sainct Michel. Il y alla, & se meit entre eulx & ladicte Bastille, & les desconfit, & y eut bien deux cens quarante de mors, & plusieurs prisonniers: entre lesquels fut prins vn Cheualier Anglois, nommé Nicolas Bourdet.

L'an mil cccc. xxiii.

La prinse de la ville de Sedane par les Anglois.

Desconfiture des Anglois par les François, au siege du mont S. Michel.

De la Bastille de Vernueil.

L'An mil quatre cens vingt & quatre, le Comte de Glas, auec grande Cheualerie d'Escosse, vindrent en l'aide du Roy de France: & à leur arriuee le Roy donna la Duché de Touraine audict Comte † du Glas. En celle saison vn gentil Escuyer, nommé Girault de la Paillerie, print le chastel d'Iury, sur les gens du Comte de Richemont, qui le tenoit par don des Anglois: car la seigneurie appartenoit à messire Ambrois de Lore. Quand le Duc de Bethfort, qui se disoit Regent en France, pour le Roy d'Angleterre, le sceut, il alla mettre le siege deuant, & y fut bien quatre moys: & fut prins appoinctement entre ledict Duc de Bethfort, & ledict Girault de la *Palliere, par tel si qu'il rendroit ledict chastel & la ville, au cas qu'il ne fust secouru dedans certain iour: & de ce bailla ostages, & ledict appoinctement fit ledict de la Palliere sçauoir au Roy, affin qu'il le fist secourir, autrement il seroit contrainct bailler ledict chastel & ville. Incontinent le Roy enuoya le Duc d'Alencon, le Comte du Glas, Duc de Touraine, le Comte de Boucan, Connestable de France, le Comte d'Aumale, le Vicomte de Narbonne, & plusieurs autres. Puis allerent loger à Nonancourt, pres Dreux: & là eurent nouuelles que lesdicts chastel & ville d'Iury estoyent renduz audict Duc de Bethfort, qui auoit rendu les ostages audict de Palliere: lequel s'en alla, & se retira à Orleans. Si s'en allerent les Francois deuant la ville de Vernueil: laquelle fut incontinent mise es mains du Duc d'Alencon, qui en estoit seigneur, excepté de la tour, qui apres luy fut rendue par composition: & là tindrét Conseil les Seigneurs François, pour sçauoir qu'il estoit de faire, & delibererent de mettre bonne garnison es villes & chastel de Vernueil, & mettre peine à recouurer aucunes fortresses, que tenoyent les Anglois illec entour, combien que les aucuns disoyent qu'on leur deuoit donner bataille: & ainsi qu'ils deuisoyent & debatoyent de la matiere, ils sceurét que ledict Duc de Bethfort estoit à trois ou quatre lieues pres d'eulx. Si fut côclue la bataille: & vn ieudy matin, seizième iour du moys d'Aoust audict an mil quatre cens vingt & quatre, les Seigneurs Francois meirent & rengerent leur bataille sur les champs: & lesdicts Ducs de Bethfort & Comtes de Sallebery, & de Suffort, & autres chefs de guerre, tant Anglois, Bourgongnons, que faux Francois, auec bien grand' armee, se meirent à pied & en bataille deuant les Francois. Si s'entrapprocherent & se batirent fierement & aigrement: & tellement que d'vn costé & d'autre y eut de mors iusques au nombre de quatre mil hommes, & entre autres y moururent des gens de nom du party de France: c'est assauoir le Duc de Touraine, Comte du Glas, son fils, le Comte de Boucan, Connestable de France, le Comte d'Aumale, le Vicomte de Narbonne, le Comte de Vantadour, le Seigneur de Grauille, le Seigneur de Beausault, messire Anthoine de Chourses, Seigneur de Malicorne, messire Guillaume de Lapalu, & plusieurs autres haults & vaillans hommes: & y furent prins

L'an mil cccc. xxiiii.

† al. Donglas.

*Ie trenue indifferent entre alliere & vaillerie.

Mil cccc. xxiiii.

La grosse desconfiture des François, pres Vernueil au Perche.

prisonniers le Duc d'Alencon, le Bastard d'Alencon, le Seigneur de la Fayette, Mareschal de France, & plusieurs autres grands personnages du costé du Roy. Le lendemain ladicte ville & tour de Verneuil furent remises es mains des Anglois, & s'en allerent les Francois, qui s'estoyent retirez, leurs corps & bagues sauues. Deux ou trois iours apres messire Iehan Fastol, Anglois, Capitaine d'Alencon, alla mettre le siege deuant vn chastel, au païs du Maine, nommé Tenuye, qui luy fut rendu, vies & biens saufs, de ceulx qui estoyent dedans.

Le chasteau de Galardon, en Beausse, fut prins des Anglois.

En celle mesme saison les Anglois asiegerent le chastel de Galardon, en Beausse, & le prindrent. Audict moys de Nouembre audict an, vn nōmé Geofroy d'Aleyne, Capitaine de Marchesnay, en Beausse, par trahison meit les Anglois & Bourguignons dedans la place, dont furēt fort greuez les païs de Beausse & Soulongne: car par ce moyen les Anglois, qui estoyent dedans, pouuoyent courir iusques aux portes d'Orleans, & y coururent chacun iour.

Des sieges du Mans, & de la Ferté Bernard.

AVdict an le Comte de Sallebery, Anglois, se meit en chemin pour aller mettre le siege deuant la cité du Mans. Messire Pierre le Porc, Cheualier, Capitaine du Maine la Iuhez, le sceut: si se meit sur les champs, auec huict vingts combatans, & fit vne embusche aupres de la ville de Seez, & frappa sur la queue desdicts Anglois, & en furent plusieurs tuez & prins. Puis s'en retourna ledict le Porc, & emmena grand nombre de prisonniers, sans quelque destourbier: mais ce neantmoins ledict de Sallebery passa outre, & alla mettre son siege deuant le Mans, dont estoit Capitaine le seigneur de Crisse. Ladicte ville fut fort batue de grosses Bombardes & engins, tellement qu'il conuint audict Capitaine faire composition, qui fut telle, que ladicte ville seroit baillee audict Sallebery, & que ceulx qui estoyent dedans auroyent leurs personnes & vies sauues: & qui y vouldroit demourer y demoureroit, & qui s'en vouldroit aller s'en iroit: & eut le Comte pour ses fraiz deux cēs escus. Tantost apres iceluy Comte de Sallebery alla mettre le siege deuant la place de sainete Susanne, qu'il print, & puis la ville de la Ferté Bernard, dont estoit Capitaine vn nommé Dauangour, & & fut bien quatre moys deuant: & apres luy fut ladicte ville rendue par composition: mais ledict Comte retint prisonnier ledict Dauangour, Capitaine: lequel tantost apres trouua facon d'eschapper, pour s'en venir seruir le Roy, son Seigneur. En celle saison le Roy Charles fut si pressé de ses ennemis, qu'il ne sçauoit bonnement ou soy retraire: & estoit en si grand' necessité & faute d'argent, qu'vn iour ą les Capitaines Poton & la Hire le vindrent veoir, pour luy faire reuerence, ils le trouuerent à table, ou il ne fut serui que d'vne queue de mouton, & deux poussins: qui est bien le rebours des despens superflux que font à present les Princes & Seigneurs.

La ville du Mās qui fut prinse par les Anglois.

Comment le Comte de Richemont fut faict Connestable de France.

EN l'an mil quatre cens vingt & cinq messire Artus, Comte de Richemont, frere du Duc de Bretaigne, lequel parauant tenoit le party des Anglois, & lōg temps auoit esté prins prisonnier, en l'an mil quatre cens & quinze à la bataille d'Azincourt, & auoit esté deliuré par certain traicté faict entre ledict Duc de Bretaigne, & le Duc de Bourgongne, moyennant aussi le mariage de luy & de la sœur dudict Duc de Bourgongne, qui parauant auoit eu espousé monseigneur le Duc de Guyenne, Dauphin, aisné frere du Roy Charles septiéme, soubs certaines promesses qu'il auoit faictes au feu Roy Henry d'Angleterre, par crainete & par force, & qu'il luy sembla qu'attēdu que ledict feu Roy d'Angleterre estoit mort, sesdictes promesses cessoyent, s'en vint deuers le Roy, qui lors estoit à Chinon: lequel le receut à grand' ioye & honneur: & voyant sa loyauté & bonne volonté, luy donna l'office de Connestable de France, vacquant par le trespas du Comte de Boucan, qui estoit mort à la bataille de Verneuil, & luy bailla l'Espee, & luy fit faire le serment, en tel cas accoustumé. Tantost apres ledict Connestable fit venir sa femme, qui sœur estoit du Duc de Bourgongne, & l'enuoya à Bourges. Alors le Roy luy donna les Seigneuries de Partenay, Secondigny, Vomiant, Mermant, & Chastellaillon, & autres qui luy estoyent aduenues par la succession du feu Duc de Berry, qui les auoit parauant acquestees de feu messire Iehan l'Archeuesque, par grands sommes de deniers, & icelles vnyes & ioinctes à son dōmaine, pour en iouir par ledict Connestable & ses hoirs, descendans de luy en loyal mariage. En ce tēps les seigneurs de Manny & de Crestain, deux vaillans Cheualiers Francois, assemblerent gens & allerent courir deuant le Parc l'Euesque, pres Auranches, ou auoit plusieurs Anglois, qui saillirent sur eulx, & se combatirent vaillammēt d'vne part & d'autre: mais à la parfin les Francois eurent du pire, & fut prins prisonnier ledict de Manny. Tantost apres ledict Comte de Richemont,

L'an mil cccc. xxv.

Du Côté de Richemont, que le Roy fit Connestable de Frāce.

DV ROY CHARLES, SETPIEME. Fueil.lxx.

Richemont, Conneſtable, fit vn grand amas de gés, & diſoit on qu'ils eſtoyent eſtimez à vingt mil combatans, & alla mettre le ſiege deuant ſaincte Iame de Beuuron, que les Anglois auoyent prins & emparé, & mis dedans bien ſept ou huict mil Anglois, & y fut mené grand nombre d'artillerie: & vn iour donnerent l'aſſault, & ceulx de dedans ſe deffendirent vaillamment, & ainſi qu'ils combatoyent main à main, faillirent les Anglois de dedans la ville, par vne poterne qui eſtoit ſur vn eſtang, & vindrent frapper par derriere ſur les Francois, qui ne ſ'en donnoyent garde, tellement qu'il leur conuint ceſſer ledict aſſault, & en furent que tuez que noyez audict eſtang bien quatre cens. Si ſe retirerent en leurs logis: & la nuict enſuyuant, par le moyen de l'Eueſque de Nantes, qui eſtoit Chancelier de Bretaigne, & parct de ceulx de Maleſtret, ſe ſourdit & eſleua en l'oſt des Francois vn grand deſarroy, tellement qu'ils ſe deſlogerent, & ſ'en allerent chacun ou bon leur ſembla, & abandonnerent ledict Conneſtable: & ainſi fut ledict ſiege leué, dont iceluy Conneſtable fut moult courroucé: mais autre choſe n'en peut faire. Ledict Coneſtable ſ'en vint de là à la Fleſche, & enuoya ſes gens mettre le ſiege deuant vne place, nommée Gaillerande, ou il eut pluſieurs eſcarmouches: & à la parfin les Francois prindrent la baſſe court, d'aſſault, & le Donion, par compoſition. Puis print ledict Conneſtable le chaſtel de Pontorſon, pres le mont ſainct Michel, & le fit abatre parce qu'il eſtoit preiudiciable aux Francois. En ce temps les Anglois prindrent par eſchelle vne place nommée Romefort: & les ſeigneurs de Rays, de Beaumont, & de Lore, ſ'aſſemblerent & allerent loger à ſainct Laurens des Mortiers, pres dudict Romefort: & ce meſme iour ledict de Lore alla courir deuant la place dudict Romefort: & a l'ariuee les Anglois faillirent ſur luy, & y eut forte eſcarmouche: mais iceulx Anglois furent contraincts eulx retirer: & gaigna ledict de Lore le Bouleuert, & ſe logea dedans, & y fut toute la nuict, & le lendemain iuſques à dix heures, que les Anglois, qui eſtoyent dedans le chaſtel, feirent compoſition que ſ'ils n'eſtoyent ſecouruz dedans le lendemain, ils rendroyent la place, & de ce baillerent oſtages: & pource qu'ils n'eurent point de ſecours au iour aſſigné baillerent icelle place: mais tous ceulx qui eſtoyent de ladicte garniſon de la langue de France, furent perdus: car par ladicte compoſition ils eſtoyent reſeruez à la volonté dudict de Lore. Vn Capitaine du païs du Maine, nómé Guyon du Coing, ſe partit de Sablé auec cent ou ſix vingts combatans, pour rencontrer les Anglois ſur les chãps. Il trouua meſſire Guillaume de Hodealle, Cheualier Anglois, entre le Mans & Alencon, & auoit ſeize ou vingt Anglois en ſa compaignie ſeulement. Quand leſdicts Anglois apperceurent leſdicts Francois, ils ſe meirent à pied en vn grand chemin pour eulx deffendre, leſquels Francois les aſſaillirent tous à cheual. Iceulx Anglois ſe defendirent ſi vaillamment qu'ils demourerent maiſtres, & y eut pluſieurs deſdicts Francois mors & prins, & ſ'en alla ledict de Hodealle & ſes gens, & priſonniers, en ladicte ville du Mans. Leſdicts ſeigneurs de Raiz, de Beaumont & de Lore, allerent deuant le chaſtel de Malicorne, que tenoyent les Anglois, & l'aſſaillirent aſprement. Les Anglois qui ſe veirent preſſez parlementerent audict ſeigneur de Lore, & ſe rendirent tous priſonniers de guerre, & ceulx de la langue de France à volonté, leſquels incontinent furent tous pendus.

ſeize ou vingt Anglois deffirent cent ou ſix vingts Francois.

Comment les gouuerneurs du Roy furent chacez de court.

EN l'annee mil quatre cens vingt & ſix le Roy enuoya deuers le Duc de Bretaigne, pour auoir ſecours de gens contre les Anglois, ce que ledict Duc luy refuſa, ſinon qu'il meiſt hors de ſon hoſtel ceulx qui auoyent conſeillé le Comte de Ponthieure à le prendre. Semblablement le Roy enuoya ſes meſſagiers deuers le Duc de Sauoye, à ce qu'il fuſt moyen enuers le Duc de Bourgongne, de venir à quelque appoinctement: à quoy ledict Duc de Bourgongne ne voulut entendre, ſinon que le Roy meiſt hors d'entour luy ceulx qui auoyent conſeillé, & fait mourir ſon pere, leſquels eſtoyent principaux gouuerneurs du Roy: & eſtoyent en ce temps leſdicts principaux & plus prochains du Roy meſſire Tanneguy du Chaſtel, le Preſident de Prouence, nommé maiſtre Iehan Louuet, l'Eueſque de Clermont, maiſtre Iehan Cadart, Medecin, meſſire Robert le Macon, & Guillaume d'Auangour. Et diſoyent aucuns qu'ils gouuernoyent & conduiſoyent treſbien les faicts du Roy, & les autres diſoyent que non: mais, quoy qu'il en ſoit, le Roy faiſoit pour lors de grandes armes & reſiſtences contre les Anglois & Bourguignons: toutesfois, affin qu'appoinctement ſe peuſt trouuer entre le Roy & leſdicts Ducs de Bretaigne, & de Bourgongne, iceulx Conſeilliers en furent enuoyez & mis hors de l'hoſtel du Roy. Ledict Eueſque de Clermont ſ'en alla en ſon dioceſe. Ledict du Chaſtel ſ'en alla à Beaucaire, ou il demoura iuſques à la mort: & leſdicts Louuet, Preſident, & Cadart, Medecin, en Auignon: & iuſques là les conduiſit monſeigneur le Baſtard d'Orleans, qui eut à femme la fille dudict Preſident. Auſſi

L'an mil cccc. uingt & ſix.

Des gouuerneurs d'entour le Roy qui furent deſapoinctez.

M iiij

en fut enuoyee Iehanne Bonnette, femme du Seigneur de Ioyeuse, laquelle auoit esté longuement fort en la grace du Roy, elle estant Damoyselle en l'hostel de la Royne. Lors entra en la grace du Roy le seigneur de Gyac, qui auoit esté au seigneur de la Trimoille, & tellement qu'il gouuernoit tous les grands faicts du royaume: mais aucun temps apres courut si grand' enuie sur ledit de Gyac, qu'vn iour, luy estant couché auec sa femme, au chastel Dissoulduu en Berry, le Roy estant illec, par le conseil (comme on disoit) dudit seigneur de la Trimoille, ledit Connestable le fit prendre, & sans aucune declaration le fit mener & noyer en vne petite riuiere, aupres de Bourges: dont le Roy fut si mal content dudit Connestable, que de long temps ne le vouloit veoir. Tantost apres ledit seigneur de la Trimoille espousa la femme dudit de Gyac: laquelle, & ledit de la Trimoille, furent à ceste cause tous deux souspeconnez plus que parauant de la mort dudit feu Gyac. Apres la mort d'iceluy de Gyac, entra en son lieu en grace, & en gouuernement, vn nommé le Camus de Beaulieu: lequel aussi tost apres fut tué à Poitiers en l'hostel du Roy, par les gens dudit Connestable: & fit faire l'execution messire Pierre de Brosse, seigneur de Boussac, qui apres fut Mareschal de France: mais ce neantmoins ledit Connestable trouua façon de faire son appointement auec le Roy, comme sera dict cy apres: & puis entra audit gouuernement, & en grand' authorité le seigneur de la Trimoille. En ce temps vint au seruice du Roy, & à son mandement, le Comte de Foix, auec grande armee, pour resister par puissance aux Anglois, qui estoyent pres Bonneual: & passa oultre Orleans pres dudit Bonneual, ou estoyent les Anglois à moindre puissance que luy: neantmoins il ne se combatit point à eulx, ains se retira à Orleans sans gloire ne sans honneur: & puis s'en alla vers le Roy, à Saumur.

Le seigneur de Gyac, grād gouuerneur des affaires du Roy, qui fut noyé.

Comment le Duc de Bretaigne fit hommage & alliance au Roy.

L'an mil cccc. uingt & six.

AVdict an mil quatre cens vingtsix, apres ce que le Roy eut fait sçauoir au Duc de Bretaigne, qu'il auoit mis hors de sa maison ceulx qui auoyent esté cause de sa prinse, le Roy s'en alla à Saumur: & là vint deuers luy ledit Duc de Bretaigne & ses freres, qui alliance iurerent: & fit ledit Duc hommage au Roy de sa Duché, & autres de ses terres tenues de la couronne de France, & firent aussi ses freres alliance & appointement au Roy. Semblablement se rendit audit lieu de Saumur le Comte de Foix: & apres plusieurs conseils tenuz, lesdicts Duc & Comte s'en retournerent en leurs pais.

Du siege de Montargis tenu par les Anglois, qui fut leué par les François: & de la conspiration d'aucuns Princes.

ENuiron ce temps les Comtes de Vvaruic & de Suffort, auec grand' compaignie d'Anglois, meirent le siege deuant Montargis, ou ils furent plus de trois moys, & auoyent fortifié & fossoyé leur parc, & fait vne forte Bastille de grans pieux & fossez: & furent les François qui estoyent dedans en grand' necessité, par la baterie des bombardes & canons, que tiroyent les Anglois, & n'auoyent plus nuls viures dedans ladicte ville: dont le Connestable fut aduerty, & assembla les seigneurs Dorual, le bastard d'Orleans, le Comte de Dunois, de Grauille, de Gaucourt, Estienne de Vignolles, dict la Hire, & plusieurs gens de guerre, & les enuoya pour besongner sur lesdicts Anglois, comme ils verroyent estre à faire, sans prendre autre conclusion. Ils y allerent, & de plaine arriuee sans marchander donnerent sur le siege desdicts Anglois, du costé deuers le chastel: & firent tant qu'ils entrerent dedans leur parc, & y eut merueilleuse baterie, & tous les estandards desdicts Anglois iettez par terre, & furent tous lesdicts Anglois desconfits, mors ou prins. Ainsi fut ledit siege leué, & la Bastille demolie: & y gaignerent les François de grans prisonniers, & grand' quantité d'artillerie, & autres biens sans nombre. En celle saison le Comte de Clermont, & de la Marche, fils du Duc de Bourbon, le seigneur de Bossac, & autres de leur alliance, firent conspiration contre le Roy, & allerent en la ville de Bourges, & les meirent dedans ladicte ville aucuns d'icelle ville, qui estoyent à la porte, & estoit allié auec eulx le Comte Richemont, Connestable de France. Quand ils furent dedans ladicte ville, ils meirent le siege deuant la grosse Tour, par dedans & par dehors la ville, en laquelle Tour estoyent les Seigneurs de Prie, & de la Borde: lequel de Prie fut tué d'vn coup de traict. Le Roy sceut celle entreprinse & le seigneur de la Trimoille, qui lors estoit en gouuernemēt: si allerent auec grosse armee, & leuerent le siege, qui estoit deuant la Tour par dehors la ville: & quand les dessusdicts veirent que le Roy estoit en personne en ladicte armee, & qu'il estoit le plus fort, ils firent leur retraicte, & s'en allerent.

Des anglois qui furēt tous desconfits deuant Montargis, que ils auoyent assiegé.

D'aucuns seigneurs de Frāce, cōspirateurs contre le Roy.

En celle

En celle saison messire Ambrois de Lore fut aduerty que messire Iehan Fastol, Cheualier Anglois, estant au païs du Maine, estoit sur les champs auec bien deux ou trois mil combatans, & alloit deuant le chastel de saincte Susanne, dont iceluy de Lore estoit Capitaine pour le Duc d'Aleçon: si se partit de Sablé, ou il estoit lors, auec sept ou huict vingts hommes de guerre seulement. Il sceut qu'en vn village nommé Ambrieres, à demie lieue pres dudict saincte Susanne, auoit vne bande de bié mil ou douze cens desdicts Anglois. Il tira droit là, & de prime face donna hardiment dessus, & en tua bien huict vingts, & n'y eut de prisonniers que Henry Blanche, qui les conduisoit, & vn homme d'armes. Les autres Anglois s'enfuyrent, & se meirent en desarroy: si s'en retourna ledict de Lore, à Sablé, auec plusieurs cheuaux & harnois. Tost apres les seigneurs de Rays, & de Beaumont, & de Lore, feirent vne course & allerent mettre le siege deuant le chasteau du Lude, & tant le battirent d'artillerie, qu'ils le prindrent d'assault: & y eut plusieurs Anglois tuez, & entre autres vn nommé Blanquebourne, qu'on disoit estre vaillant en armes. Enuiron celle saison fut mis hors de prison monseigneur le Duc d'Alencon, qui auoit esté prins à la iournee de Verneuil, & paya bien deux cens mil escus, dont il en bailla cent mil content: & du reste il bailla ostages, qu'il racheta honnestement au iour nommé.

D'une autre desfaicte d'anglois que fit le seigneur de Lore, pres saincte Susanne, et au chasteau du Lude.

Comment la ville du Mans fut reprinse par les Francois, & depuis rescousse par les Anglois, à l'ayde de Talbot.

L'An mil quatre cens vingt & sept les seigneurs Dorual, d'Albret, de Bueil, Estiéne de Vignolles, dict la Hire, & autres Capitaines Francois, feirent vne entreprinse de prédre la ville du Mans que tenoyent les Anglois, par le moyen d'aucuns d'icelle ville, ausquels ils auoyent intelligence. Si assemblerent gens, & y allerent hastiuement & secrettement, & par le moyen de leursdictes intelligences entrerent dedans, & la prindrent. Les Anglois qui estoyent en icelle ville se retirerent en vne grosse Tour, appelee la Tour d'Orbrindelle, là ou les Francois les assaillirent: mais ils se defendirent vaillamment pour tout le iour. Si enuoyerent iceulx Anglois deuers le seigneur de Talbot, qui estoit en la ville d'Alencon, lequel partit incontinent, & si diligemment cheuaucha qu'il arriua au point du iour en ladicte ville du Mans, & entra en icelle par la porte S.Vincent, qui est ioignant ladicte Tour, ou s'estoyent retraicts lesdicts Anglois, & assaillirent les Francois, & y en eut plusieurs mors ou prins, les autres s'en saillirent hastiuement de ladicte ville, laquelle demoura es mains desdicts Anglois, qui feirent decapiter & pendre ceulx qui auoyent esté de l'entreprinse de la bailler aux Fraçois. Peu apres ledict Talbot print d'emblee la ville de Laual, qui estoit moult riche: & y trouuerent & prindrent lesdicts Anglois grád thresor & cheuance.

L'an mil cccc. ningt & sept.

De la prinse de Pontorson, par les Anglois.

EN ce temps le Comte de Richemont, Connestable de France, fit reparer & auitailler le chastel & la ville de Pontorson, contre les Anglois, pres le mont sainct Michel, & y meit Capitaine le sire de Rothelain: lequel vn iour vint courir deuant Auranches, ou il fut prins prisonnier par les Anglois. Apres sa prinse fut enuoyé Capitaine audict Pontorson, Bertrand de Dinan, frere du seigneur de Chasteaubruyát, Mareschal de Bretaigne, auec bien grosse armee: mais tantost apres ledict Cóte de Vuaruic & le seigneur de Talbot, auec grád compagnie d'Anglois, allerent mettre le siege deuant Pontorson, & y furent par long temps, & y fut faict par ceulx de dedás plusieurs saillies, escarmouches, & grands faicts d'armes. Durant iceluy siege, messire Iehan de la Haye, Baron de Coulonces, les Seigneurs de la Hunaudaye & de Chastelgiron, r'encontrerent es greues de la mer, entre Auranches & le mont sainct Michel, le seigneur d'Escalles, Anglois, qui menoit viures à ceulx du siege, & se combatirent fort & ferme: mais finalement les Francois eurent du pire, & furent lesdicts seigneurs de Coulonces, de la Hunaudaye & Chastelgiron mors, & plusieurs de leurs gens prisonniers. Si s'en alla ledict d'Escalles auec ses viures audict siege de Pontorson, & leur fut tost baillee la place par composition. En celle annee le Comte de Sallebery, Anglois, s'en partit de France & s'en alla en Angleterre, ou il fut receu grandement: & tantost apres les Francois recouurerent sur les Anglois les villes & places de la Ferté † Bertrand, Marchesnoir, Nogent le Rotrou, & plusieurs autres fortresses. Aussi en ceste saison Girault de la Paillerie, Escuyer Gascon, qui se tenoit à Thoury en Beausse, dont il auoit la garde, print & empara contre les Anglois, Nogent le Roy, Chasteauneuf en Thune-

La ville de Pontorsó que les Anglois prindrent par composition.

tal. Bernard

rois, Bertrancourt, & autres places es marches d'enuiron, & fort greua les Anglois es enuirōs.

ceulx de Tournay auoyēt tousiours esté loyaux subiects au Roy de France.

En celle saison les Anglois & le Duc de Bourgōgne meirent grand' peine & feirent de grādes diligences de reduire & mettre en leur obeissance la ville de Tournay : mais les habitans, comme vrays & loyaux subiects & obeissans, ne voulurent auoir autre Seigneur que le Roy leur droit naturel & souuerain Seigneur, auquel ils ont tousiours tenu vraye obeissance, dont ils auoyent tousiours esté recommandez.

Comment le Comte de Salbery se meit à chemin pour aller assaillir Orleans: & en y allant print toutes les places de la Beausse.

L'an mil cccc. vingt & huict.

EN l'an mil quatre cens vingt & huict retourna en France, en grand' puissance & appareil de guerre, le Comte de Salbery, qui l'annee precedente s'en estoit allé en Angleterre, & s'en vint à Paris deuers le Duc de Bethfort, qui se portoit Regēt en Frāce, pour le Roy d'Angleterre: & cōbien que par le cōseil d'Angleterre eust esté promis & octroyé au Duc d'Orleās, lors prisonnier des Anglois, qu'on ne toucheroit point à ses villes & païs d'Orleās & de Blois, ce neantmoins iceluy de Salbery, à la poursuite de ceulx de Paris, comme on disoit, fut chargé par ledict Duc de Bethfort, Regent en France pour le Roy d'Angleterre, d'aller mettre le siege à Orleans. car, par ce que ladicte ville d'Orleans estoit Francoise, ceulx de Paris n'auoyent point de passage. Si se partit de Paris iceluy Comte, & en sa compagnie le Comte de Suffort, le Seigneur de Talbot, & grand' compagnie de Cheualiers & gens de guerre d'Angleterre, & autres. Si print son chemin par le païs Chartrain, & alla mettre le siege deuant Nogent le Rotrou, que luy baillerent les gens de Girault de la Pailliere, par composition: & prindrent aussi ses gens Chasteauneuf d'assault, & luy amenerent ceulx qui estoyent dedans: lesquels il fit tous pendre. puis s'en alla à Chartres, ou il fut receu honnorablement par les habitans: & au departir de ladicte ville, qui estoit au moys de Iuillet, il alla mettre le siege au Puiset, qu'il print d'assault, & fit semblablemēt pendre ceulx qui estoyent dedans. Puis enuoya gens d'armes deuant Thoury en Beausse. Quand Girault de la Paillerie le sceut, il s'en partit, & laissa vn peu de gens de guerre dedans, qui tost apres rendirent la place, qui estoit fort garnie de viures que les Anglois feirent mener en leur ost, & feirent raser la fortresse. Quand ceulx qui estoyent dedans Rochefort & Bertrancourt, sceurent les nouuelles de Thoury, ils desemparerent lesdictes places: si alla ledict Salbery deuant Ienuille, & la fit assieger & assaillir de toutes pars. dedās estoit pour la deffence Iehan Progent, messire Simon Dauid, & autres Nobles hommes, & tant pressa ceulx de la ville qu'il la print par puissance. Les gens de guerre se retrahirent au chastel: si les fit le Cōte Salbery assaillir, tellement que le lendemain ils se meirent en sa mercy: si fit lors ledict Comte emmener à grands charretees tous les prisonniers qu'il auoit, à Paris, qui estoyent grand nombre: & ce fit il affin de tousiours entretenir & animer de son party ceulx de ladicte ville de Paris. Quand ceulx de la ville de Mehun sur Loire, sceurent la prinse dudict Ienuille, & que les Anglois vouloyent aller deuant leur ville, sachant qu'ils n'estoyent pas puissans pour eulx tenir ne deffendre contre si grand' puissance, ils enuoyerent deuers ledict Comte de Salbery, & luy offrirēt de mettre ladicte ville de Mehun en ses mains. Si enuoya iceluy Comte gens auec leurs messages, qui entrerent en ladicte ville, & fut le Samedy quatrième iour de Septembre audict an: & y alla en personne ledict Comte, & en chemin receut l'obeissance de Montpipeau, & plusieurs autres menues places de la Beausse, sans resistence. Puis fit reparer le fort dudict Mehun, & y meit foison d'Anglois: lesquels en vne nuict allerent piller l'eglise & bourg de nostre Dame de Clery.

La prinse du Puiset, Thoury, & Ienuille en Beausse par les Anglois.

Nostre Dame de Clery fut pillee en une nuict, par les Anglois.

De la prinse des villes de Baugency, Iargueau & Suilly, par les Anglois.

L'an mil cccc. xxviii.

QVand ledict Comte de Salbery eut ainsi deffriché & mis en sa puissance les places de la Beausse, qui luy pouuoyent nuyre à tenir le siege deuant Orleans, le huictiéme iour de Septembre, audict an mil cccc. xxviij. il se vint monstrer en bataille deuant ladicte cité d'Orleans, du costé de la porte Renard. A sa venue issirent de ladicte ville, monseigneur le Bastard d'Orleans, Comte de Dunois, Estiéne de Vignolles, dict la Hire, Poton de Xaintrailles, & autres Capitaines, & plusieurs gens de guerre, & là eut grande & longue escarmouche, pendant laquelle les chariots, artillerie, viures, & bagages des Anglois passerent, & se rendirent dedans ladicte ville de Mehun. Puis enuiron vespres ledict Comte retira sa puissance, & s'en alla à Mehun. Tātost apres enuoya ledict Comte de Salbery grand' puissance d'Anglois deuant la ville de Baugency, & l'asiegerēt, tant du costé du costé de Beausse que de Soulongne:& furent ceulx de la ville si pressez que le cinquiéme iour d'Octobre furent contraincts eulx rendre par composition ausdicts Anglois. Puis Chasteauneuf sur Loire, & autres places d'illec autour se meirent semblablement toutes en leur obeissance. Semblablemēt ledict Côte de Salbery enuoya le seigneur de la Poulle à grand' puissance de gens deuant Iargueau, & y meit le siege. Ceulx de dedans se defendirent vaillamment iusques au cinquiéme iour d'Octobre:& eulx, voyans qu'ils n'estoyent point puissans pour resister, rendirent ladicte ville. Lors auoit dedans Suilly vn vaillant Capitaine, nommé Iehan de Lesgot, Cheualier, qui auoit grand nombre de gens & garnison : mais il y vint le seigneur de Rochefort, qui estoit parent du seigneur de la Trimoille, seigneur dudict Suilly, qui dedans ladicte ville meit plusieurs Bourguignons, & en meit dehors ledict Lesgot Capitaine: & fut icelui de Rochefort trahistre:car il se rendit, & s'en alla audict Comte de Salbery, pour seruir contre le Roy. Le septiéme iour dudict moys d'Octobre ledict seigneur de la Poulle en soy en retournant de Iargeau, qu'il auoit prins, vint à grand' puissance frapper iusques aux faulxbourgs & aux barrieres du portereau du bout du pont d'Orleans, deuers Soulongne : & lors saillirent au deuant de luy le Comte de Dunois, Bastard d'Orleans, la Hire, Poton, les seigneurs de Villars, de Victry, messire Nicole de Giresme, & plusieurs gens de guerre, & Bourgeois d'Orleans : & combatirent & rebouterent si rudement lesdicts Anglois qu'ils furent contraincts reculer, & eulx retirer iusques à Oliuet (qui est à vne lieue de ladicte ville) ou ils furēt la nuict: & le lendemain bien matin ils s'enfuyrent.

La ville de Dan-
gécy fut prinse
par les Anglois
par compositiō.

Le seigneur de
Rochefort liu-
ra aux Angleis
la place de suil-
ly.

Du siege d'Orleans du costé de la Saulongne.

LE douziéme iour d'Octobre audict an mil quatre cens vingt & huict, enuiron midy, vint ledict Comte de Salbery à grand' puissance deuant le pont dudict Orleans, du costé de Soulongne. A celle heure les habitans d'Orleans, & les Seigneurs qui estoyent dedans, faisoyent paracheuer vn Boulevert deuant la tournelle du bout dudict pont, & faisoyent brusler & abatre les faulxbourgs d'icelle part. Quand on apperceut lesdicts Anglois approcher, les Seigneurs, Capitaines, & gens de guerre saillirent contre eulx, & fort defendirent les barrieres desdicts faulxbourgs & des eglises, tellement qu'il conuint ausdicts Anglois reculer, & se retirerent loing desdicts faulxbourgs, & rendirent leurs trefs & pauillons. Si se retirerent pour la nuict ceulx d'Orleans, qui dehors de ladicte ville estoyent sailliz, & meirent par tout le feu esdicts faulxbourgs. Quand le feu, qui auoit esté mis es maisons desdicts faulxbourgs, fut estaint, lesdicts Anglois approcherent, & y vindrent asseoir leur siege, & dedans l'eglise des Augustins feirent & fortifierent vne forte Bastille, & y asseirent leurs Bombardes, Canons & Artillerie qu'ils feirent tirer iour & nuict, tellement qu'en peu de temps ils dommagerent fort le portereau du bout dudict pont,& commencerent à faire mines en terre pour aller au Boulevert des tournelles. Lors partirent de ladicte ville mondict seigneur le Bastard d'Orleans, & la Hire, pour aller deuers le Roy pour auoir secours:& le vingtvniéme iour dudict moys d'Octobre donnerent lesdicts Anglois vn merueilleux & fier assault audict Boulevert: ou ceulx de dedans se defendirent vaillamment & vertueusement. les Capitaines & gens de la ville vindrent à la defence, & administrerent à ceulx qui estoyent dedās, ce que leur estoit besoing, & en grād' diligence leur apportoyent chaux viue, cendres, gresses, & eaues chauldes, sercles liez en croysee, vin & viandes, pommes, & vinaigre pour les rafreschir, & tous les seruices & gracieusetez qui leur pouoyent faire: & si fort furent les Anglois chargez qu'il en mourut dedās les fossez bien grand nombre audict assault, qui leur fut honteux & dommageable, & fort honnorable aux Francois, dont plusieurs furent fort blessez. Si veirent bien que le portereau estoit trop foible pour longuement tenir contre telle puissance : & par ce feirent faire vne Bastille sur le meilleu du pont. puis meirent le feu audict Boulevert desdictes tournelles & portereau, dont lesdicts Anglois auoyent ia miné bien la moytié, & se retirerent en celuy qu'ils auoyent faict sur le pont:toutesfois il demoura aucuns Francois, qui vouloyent garder lesdictes tournelles: mais ledict Comte Salbery les fit assaillir & leuer eschelles,& tant fit qu'il les print, dont ceulx de la ville en furent esbahis. Incontinent apres ledict Comte de Salbery fit reparer ledict Boulevert des tournelles, & meit dedans vn Capitaine, nommé Guillaume Classidas.

L'an mil cccc.
vingt et huict.

Dur assault que
les Anglois fei-
rent à ceulx
d'Orleans.

Le Lundy, qui fut deux iours apres, arriuerent en ladicte ville, de par le Roy, ledict Bastard d'Orleans, la Hire, les seigneurs de Brosse, de Boussac, de sainct Seuere, Mareschal de France, Iacques de Chabanes, & autres grands Seigneurs & Capitaines, auec plusieurs gens de guerre, dont ceulx de la ville furent fort resiouyz. Lesdicts Anglois feirent quatre Bastilles,

LES CHRONIQVES ET ANNALES DE FRANCE.

tant au deſſus comme au deſſoubs deſdictes tournelles & Bouleuert, le long de la riuiere de Loire, tellement que par eaue ne par terre on n'euſt ſceu entrer dedans ladicte ville du coſté de la Soulongne, & tiroyent nuict & iour de leur artillerie ſur la ville: & lors eſtoit ladicte riuiere de Loire ſi baſſe, & y auoit ſi peu d'eaue qu'on la pouuoit bien paſſer à gué en pluſieurs lieux: parquoy ſouuenteſfois les Francois trauerſoyent ladicte riuiere, & faiſoyent de grandes eſcarmouches ſur le ſiege deſdicts Anglois, & moult en tuerent: & ainſi s'entretint la choſe iuſques au Noel enſuyuant: durant lequel temps ne fut point tué dedans ladicte ville d'Orleans, des coups de l'artillerie deſdicts Anglois, ſix perſonnes. Vn iour, durant ledict ſiege, aduint que le Comte de Salbery dit à Claſſidas, qui auoit la garde de ladicte tournelle, ou Bouleuert du porlereau du bout du pont, qu'il vouloit monter en ladicte tournelle, pour plus ayſeement veoir la ville. Si y alla, & vn Cheualier auec luy: & ainſi qu'il regardoit par vne feneſtre du coſté de ladicte ville, & ledict Cheualier aupres de luy, aduint que par la volonté de Dieu, fut iette vn coup d'vne piece de Canon de ladicte ville (& ne peut on oncques ſcauoir qui l'auoit iettee, ne de quel baſton ladicte pierre eſtoit ſaillie) laquelle alla frapper contre les barreaux de fer de la feneſtre ou regardoit ledict de Salbery, & rompit & eſclata contre leſdicts barreaux de fer de ladicte feneſtre, dont l'vn des eſclas frappa iceluy Comte de Salbery, & luy creua vn oeil, & tout luy froiſſa le corps, & tua ledict Cheualier qui eſtoit auec luy. Ledict

Le Comte de Salbery fut tué d'vn coup d'artillerie deuant Orleans.

Comte cheut à terre ſubitement, & fut toſt releué & emporté en ſa tente. Puis, la nuict, fut mené par eaue à Mehun, ou il mourut toſt apres, & fut ſon corps emporté en Angleterre. Leſdicts Anglois furent bien deſplaiſans de ſa mort, & la celerent le plus longuement qu'ils peurent: mais elle fut ſceue par aucuns priſonniers Francois, qui furent deliurez des mains deſdicts unglois: mais nonobſtant que ledict de Salbery fuſt Chef de ladicte armee, ſi ne ceſſerent point les Anglois de tenir ledict ſiege.

Du ſiege d'Orleans du coſté de la Beauſſe.

Vand meſſire Iehan, Duc de Bethfort, Regent en France, pour le Roy d'Angleterre, ſceut la mort du Comte de Salbery, il fut bien deſplaiſant: ſi s'en partit incontinent, & alla à Chartres auec grande compaignie de gens, & là tint grand conſeil pour pouruecir au faict dudict ſiege d'Orleans, dont auoit la charge ledict feu Comte de Salbery. Si conſtitua chef principal de ladicte armee & ſiege le Côte de Suffort, & auec luy les Seigneurs d'Eſcalles, de Talbot, & de Graiz, qu'il enuoya à Baugency, & à Iargueau, ou pluſieurs iours ſe tindrent. Ceulx d'Orleans ſachans & aduertiz qu'ils vouloyent aſsieger leur ville du coſté de la Beauſſe, abatirent & bruſlerent tous les fauxbourgs: & fut trouué qu'en la demolition deſdicts fauxbourgs, tant d'vn coſté que d'autre, auoyent eſté demolies xxij. egliſes, dont y en auoit de bien notables, comme l'Egliſe collegialle de ſainct Aignan, l'Abbbaye ſainct Yuerte, les quatre ordres des Mendiens, & autres egliſes tant parrochialles qu'autres, & bien trois mil.cc.maiſons. Le iour ſainct Thomas iiij. iour apres Noel,

Des Baſtilles que feirent les Anglois, pres la ville d'Orleans

audict an mil cccc.xxviij. iceulx Anglois vindrent mettre le ſiege deuant ladicte ville du coſté de la Beauſſe, & pour eulx fortifier, & garder les allees & venues, & que nul ne peuſt entrer en ladicte ville, ne frapper ſur eulx, ils rompirent les chemins, & feirent de grands foſſez, & fermerent pluſieurs Baſtilles: l'vne à ſainct Laurés du coſté de Mehun, en vne iſle, appelee l'iſle Charlemaigne, pour garder la riuiere, vne autre grande deuant la porte, qu'ils nommerent Londres, vne autre au preſſouer qu'ils nommerent Rouen, à ſainct † Ponas vne nommee Paris, à ſainct

†al. Pouais, & Priué.

Leu, du coſté de Iargueau, vne autre grand' & forte: & y aſsirent leurs Bombardes & artilleries, & tirerent de toutes pars à grand' force iour & nuict, & abatirent pluſieurs maiſons & cheminees, mais peu de gens tuerent. Chacun iour les Princes & Seigneurs, Capitaines, & gens de guerre Francois, qui eſtoyent en ladicte ville, ſailloyent, & faiſoyent de grandes eſcarmouches ſur les Anglois, qui fort les redoubtoyent: car ils les alloyent aſſaillir iuſques aux barrieres de leurs cloſtures, & moult en tuoyent.

De la bataille des Harens.

E la renommee dudict ſiege courut grand bruit par tout le royaume, ſi q̃ les Princes, Seigneurs, cõmunautez, & gens de tous Eſtats auoyent grand' pitié de ladicte ville, & de ceulx qui eſtoyent dedans fort preſſez de viures & de neceſsitez, & bien voyoyẽt qu'ils ne pouuoyent longuemẽt reſiſter à ſi grand' puiſſance comme eſtoyent leſdicts Anglois, ſi Dieu n'y mettoit ſa grace & aide. Si ſe taillerẽt volontairement pluſieurs citez & villes, pour leur faire ſecours de viures, d'artillerie & de gẽs, & en feirent

feirent grand amas, & pour les conduire eut la chage monseigneur le Comte de Clermont, fils du Duc de Bourbon, auec grand Cheualerie de Bourbonnois, d'Auuergne, de Berry & Poitou. Si vindrēt droiĉt à Blois: & quand ils furēt là, ils sceurent que mesire Iehan Fastol, Chevalier Anglois, estoit party de Paris, & amenoit grand' quantité de viures, artillerie, pouldres & habillemens de guerre, pour le siege renforcer: & entreprindrent mondiĉt seigneur de Clermont, & sa compaignie, de les aller rencontrer & combatre: & feirent secrettement scauoir leur entreprinse au Bastard d'Orleās, & autres Capitaines qui estoyent dedans Orleans, & leur manda qu'ils allassent hastiuement deuers luy, & qu'il le trouueroit pres Ienuille. Si partirent d'Orleans lediĉt Bastard, le Mareschal de Boussac, mesire Louis de Culant, Admiral, & autres Nobles, le Samedy des Brandons, au moys de Feurier. Quand ils furent ensemble ils trouuerent bien six mil hommes en bataille, si se meirent & cheuaucherent tant que leurs ennemis rencontrerent pres d'vn village qu'on appelle Rouuray. Quand les Anglois les veirent approcher ils se meirent de pied, & se cloyrent de leurs chariots & de grands pieux fichez en terre, & ferrez par les bouts, & meirent leurs Archers deuant. Les Francois qui auoyent force de Couleurines, commencerent à tirer sur les Archers Anglois, qui estoyent fort serrez, & peu tenoyent de place: & lors les Francois effondrerent sur le charroy des Anglois, & tuerent plusieurs des marchans, tant de Paris que d'autres, qui conduisoyēt lesdiĉts viures: entre lesquels viures y auoit grand'foison de Harens, pource que c'estoit la saison du Karesme: à l'occasion dequoy ladiĉte bataille est nommee la bataille des Harens. Messire Iehan Stuar, Connestable d'Escosse, vaillant Chevalier, qui moult fut desirant des Anglois combatre, se meit à pied: si fit le Comte de Dunois, Bastard d'Orleans: & autres Cheualiers, iacoit ce qu'il eust esté aduisé que point ne descendroit à terre, & tirerent droiĉt aux Anglois dedans leur cloz, & bien s'attendoyent que des gens de cheual auroyent secours, & tant combatirent que plusieurs se meirent à saillir hors leur closture. Quand les Auuergnois & Poiteuins, qui estoyent de chaual, demourez dehors de ladiĉte closture, veirent sortir les Anglois, ils se meirent à la fuyte vers Orleans: si se r'assemblerent Anglois à bataille contre lediĉt Connestable d'Escosse & son frere, sur lesquels tourna la desconfiture: & y furent tuez lediĉt Connestable & son frere, les Seigneurs d'Orual, de Chasteaubrun, mesire Iehan l'Escot, & plusieurs autres. De ceste bataille qu'on appeloit lors la bataille des Harens, furent ceulx d'Orleans desplaisans, & en grand esmoy: mais ce neantmoins tousiours s'enforcerent de cōtinuer leurs saillies & escarmouches sur les Anglois.

Des uilles et citez qui se taillerent de leur bon vouloir, peur dōner secours à ceulx d'Orleās.

La bataille des Harens.

De l'Ambassade que ceulx d'Orleans enuoyerent au Duc de Bourgongne.

A Cause du siege, qui longuement duroit, ceulx de ladiĉte ville d'Orleās se trouuerēt tous perplex & en grand' necessité, & eussent volontiers trouué moyen de faire cōposition aux Anglois, en leur payant grands sommes d'argēt, sans leur bailler ladiĉte ville en leurs mains, mais remede n'y pouuoyent trouuer. Si s'aduiserēt que cōbien q̄ lediĉt Duc de Bourgōgne tint le party desdiĉts Anglois, ce neātmoins il auoit aucunemēt pitié de la longue detētiō de prison du Duc d'Orleans, & luy eust voulu son biē: & à ceste cause enuoyerēt en Ambassade deuers luy Potō, seigneur de Xaintrailles, & plusieurs notables gēs de ladiĉte ville: lesquels soubs la cōduiĉte & addresse de mesire Iehan de Luxembourg, remonstrerent audiĉt Duc la longue detention de prison de leur Seigneur, & cōment par le Cōseil d'Angleterre auoit esté promis qu'on ne toucheroit ne courroit sus à ses terres & seigneuries, ce neantmoins le Duc de Bethfort, à la parsuasiō de ceulx de Paris, auoit fait mettre le siege deuāt ladiĉte ville d'Orleās, luy requerāt que son plaisir fust ne vouloir du tout permettre la destruĉtion des terres de leurdiĉt Seigneur, & qu'il voulsist prēdre la ville en ses mains, luy offrant la luy bailler: lequel Duc de Bourgōgne, meu de pitié, vint à Paris deuers lediĉt Duc de Bethfort, qui auoit espousé sa sœur: & par tous moyens à luy possibles pourchacea que lediĉt siege fust leué, dōt riēs ne voulut faire lediĉt de Bethfort, & l'en reffusa tout platemēt: & à ceste cause s'en retourna lediĉt Duc de Bourgongne mal cōtēt, & par vn sīē Herault māda q̄rir tous les Nobles de ses païs, qui estoyēt audiĉt siege auec les Anglois: lesquels incōtinēt s'en allerent.

Les Bourguignōs se departitent d'auec les Anglois.

De la venue de la Pucelle vers le Roy de France.

E N ce temps auoit vne ieune Pucelle, pres Vaucouleur, es marches de Barrois, nommee Iehanne, à laquelle (comme elle disoit) s'estoyent apparuz par diuerses fois plusieurs Anges, & aussi madame sainĉte Catherine, sainĉte Marguerite, & autres Sainĉts & Sainĉtes, qui luy auoyent dit & reuelé de par Dieu plusieurs choses: &

mesmement durant ce temps que ledict siege d'Orleans estoit, s'apparurent à elle, en luy disant qu'il luy conuenoit aller deuers le Roy de France, & que Dieu l'auoit ordonnee pour luy faire aide au recouurement de son royaume, pour leuer ledict siege d'Orleans, & le mener sacrer & couronner à Reims : & elle demanda ausdicts Saincts, comment en cela elle se pourroit gouuerner. Si luy fut dict qu'elle s'habillast en habit d'homme, & s'addressast au Capitaine dudict Vaucouleur, & luy requist qu'il luy baillast gēs pour la cōduire iusques deuers le Roy: lequel luy en bailleroit, qui la meneroyent seurement & sauuement: & luy dirent lesdicts Saincts qu'elle dist au Roy, qu'elle estoit enuoyee à luy par Dieu, & au nom de Dieu, pour le secourir luy & son royaume, & autres choses secretes qu'elle ne diroit ne reueleroit fors qu'à luy, & que delà elle viendroit à Orleans, & que par son moyen ledict siege seroit leué: puis meneroit le Roy sacrer & couronner à Reims. Laquelle Iehanne s'addressa à messire Robert de Baudricourt, Capitaine dudict Vaucouleur, & luy cōpta & recita ses aduisions: lequel Capitaine, qui cognoissoit & voyoit ladicte Iehanne estre pauure simple Pucelle, qui iamais n'auoit fait que garder les brebis, née de pauures gens, viuās de labour & de leurs bestes, n'en tint pas grād cōpte, & cuidoit que ce fust fantosme: toutesfois ladicte Iehanne, le pressa par tāt de fois qu'il luy bailla vn Gentilhomme, nommé Villerobert, & autres gens qui la meirent en chemin, & cōme miraculeusement la trauerserent par plusieurs villes & lieux que tenoyent les Anglois, & Bourguignons, sans qu'on leur demandast riens, & tant firent qu'ils vindrent iusques à Chinon en Touraine, ou estoit lors le Roy. Quand ladicte Iehanne fut là arriuee, elle requist qu'on la menast au Roy: si fut amenee en sa chambre, ou il y auoit plusieurs Princes, & Seigneurs, & s'estoit retiré le Roy derriere les autres, qui estoyent plus richement habillez qu'il n'estoit pour lors : mais si tost qu'elle entra en la chābre elle ietta l'œil sur luy, & l'alla saluer derriere les autres, tout ainsi que si elle l'eust veu toute sa vie, sans que nul luy fist addresse par parolles ne par signe : & le Roy luy dist que ce n'estoit il pas qui estoit le Roy, mais estoit vn autre qu'il luy monstra deuant luy, mais elle luy dist: En nom Dieu Gentil Roy c'est vous mesmes à qui ie vueil parler. Si luy dist illec plusieurs choses dont le Roy fut moult esmerueillé, & ne sçauoit que ce pouoit estre. Si ordonna qu'elle fust examinee par les gens de son Conseil, & par Docteurs & Maistres en Theologie : lesquels apres ce qu'ils l'eurent examinee, rapporterēt qu'en toutes ses parolles ne cōgnoissoyēt riēs, qui ne fust bō & digne de louège: & en aucunes de ses responces sembloit qu'elle eust veu les escriptures: sans aucune superstitiō, ne foule de la foy: & estoit icelle Iehanne de belle forme de corps, visage humain, & sachant son estre entre gens de tous estats, & sagement parlant. Apres ce que les Commissaires l'eurent examinee, & qu'ils eurent fait leur rapport au Roy, elle fut menee en la presence du Roy, qui humblement la receut, & l'escouta en tout ce qu'elle luy voulut dire, & luy dist à part qu'il n'y auoit qu'eulx deux aucunes choses secretes qui demourerent entre eulx, & lesquelles le Roy ne voulut iamais reueler: & de celle heure le Roy, qui parauāt estoit fort triste & pensif en courage, fut plus lyé & ioyeux de courage que iamais n'auoit esté.

La Pucelle Iehanne fut amenee au Roy, qui lors estoit à Chinon, & cōment elle le congnut, combiē que iamais ne l'eust veu.

Apres ces choses ladicte Iehanne pria au Roy qu'il luy enuoyast querir par vn de ses Armuriers vne espee qui auoit esté denoncee estre en certain lieu en l'eglise saincte Catherine du Fierboys, en laquelle auoit pour empraincte de chacun costé trois fleurs de lys, & estoit entre plusieurs autres espees roillees. Si luy demanda le Roy si elle auoit autresfois esté en ladicte eglise de saincte Catherine, laquelle dist que non, & qu'elle le sçauoit par reuelation diuine, & que d'icelle espee elle deuoit expeller ses ennemis, & le mener sacrer à Reims. Si y enuoya le Roy vn de ses Sommeliers d'armeures, qui là trouua au lieu, & ainsi que ladicte Iehanne le luy auoit dit, & la luy apporta.

L'espee que la Pucelle Iehanne demāda au roy pour expeller les ennemis de France.

Auitaillement d'Orleans par la Pucelle.

Mil cccc. xxix.

L'An mil quatre cens xxix. apres ces choses ainsi faictes le Vendredy deuant l'Ascension, ladicte Iehanne la Pucelle supplia au Roy luy bailler gens, & donner congé d'aller secourir ladicte ville d'Orleans. ce que le Roy luy octroya: & pour l'accōpaigner māda plusieurs Capitaines, & entre autres les Seigneurs de Raiz & de Lore, & assemblerent grand nombre de gens de guerre, & grand' quantité de viures. Si vindrent à Blois, ou estoyent la plus part des Chefs de guerre, & là fut armee tout en blāc ladicte Iehāne Pucelle: & se meit icelle Iehanne à estendart desployé, & tout les Chefs de guerre, en chemin du costé de la Soulongne, pour venir à Orleans. Si passerent lesdicts Chefs de guerre, à la veue des Anglois, qui n'en feirent aucun semblent, tous les viures par la riuiere, & feirent mener en ladicte ville d'Orleans: puis s'en retournerent lesdicts

La Pucelle armee tout à blāc alla auitailler ceulx d'Orleans

Capitaines

Capitaines à Blois, pour querir le demourant des viures, artilleries & pouldres:& ladicte Pucelle demoura en ladicte ville d'Orleans, ou elle fut honnorablement & ioyeusement receue, & entretenue par mondict seigneur le Comte de Dunois, Bastard d'Orleás, & par les Bourgeois & femmes de bien de ladicte ville, qui fort l'accompaignerent. Lors ledict Bastard d'Orleans manda tous les Capitaines & gensd'armes des villes & chasteau de Montargis, Chasteaudun, & autres fortresses d'enuiron, qui tous vindrent à Orleans:& le quatriéme iour de May, sceut ledict Bastard que l'Admiral, le Mareschal Boussac, les Seigneurs de Raiz, de Lore, de Gaucourt, & autres Capitaines estoyent partis de Blois, pour amener le demourant des viures dedans Orleans, du costé de la Beausse, & prenoyét leur voye droict à vn village nommé Patay: parquoy celle nuict se partirent d'Orleans ledict Bastard, la Pucelle, & les gensd'armes de garnison qui là estoyent venuz & assemblez, & trouuerent leurs gens, & viures qu'ils amenerent, & passerent deuant toutes les Bastilles desdicts Anglois, & entrerent dedans ladicte ville à sauueré, sans ce que les Anglois se monstrassent ne saillissent hors desdictes Bastilles. Celuy mesme iour, sans conduicte de nuls des Capitaines, saillirent d'Orleás plusieurs Arbalestriers, Archers, & gens de pied, & allerent assaillir l'vne des plus fortes Bastilles desdicts Anglois, qui estoyent deuers sainct Lou. Les Anglois se defendirent vertueusement, si que l'assault y fut dur & cruel. La Pucelle le sceut, qui tost & subitement monta à cheual pour y aller, & plusieurs la suyuirent, & fut l'assault plus fort que deuant : & par puissance fut ladicte Bastille honnorablement vaillamment conquise par les Francois, & y eut bien soixante Anglois tuez & vingt & deux prisonniers. Les Anglois des autres Bastilles feirent assez de contenance d'eulx mostrer en bataille, faisant semblant de vouloir aller secourir leurs gens: mais pas si hardis ne furent d'approcher.

ceulx d'Orleás à la côduicte de la pucelle gaignerēt l'vne des plus fortes Bastilles des Anglois.

Le sixième iour de May, audict an mil quatre cens vingt & neuf, à la venue de Clafsidas, Capitaine du Bouleuert & portereau du bout du pont, & aussi des Anglois qui estoyent en diuerses Bastill s, qu'ils auoyent faictes du costé de Soulongne, ladicte Iehâne la Pucelle, & plusieurs Capitaines & gens de guerre saillirent d'Orleans, & trauerserent la riuiere de Loire, & vindrent du costé de Soulongne : & ce voyans grand nombre d'Anglois, qui estoyent en vne forte Bastille, grandement garnie d'artillerie, viures & autres biens, abandonnerent ladicte Bastille & se retirerent en la Bastille que les Anglois auoyent faicte aux Augustins. Ladicte Iehanne mettant ladicte Bastille en abandon passa oultre, & enuoya coureurs à cheual, pour descouurir deuãt le Bouleuert des tournelles, & deuant la Bastille des Augustins vint son estendart planter, & se meit à pied. L'assault fit commencer de toutes pars. Anglois se defendirent vaillamment, & moult y eut de Francois blecez de chaussetrapes qu'ils auoyent semees, & & mesmement ladicte Pucelle qui eut vn coup de traict, qui semblant n'en fit. Lors les Anglois desdictes tournelles, & la Bastille des Augustins, esleuerent vn si merueilleux, & horrible cry, que les Francois en furent espouentez, & cuidoyent que les Anglois, qui estoyent dedans les Bastilles du costé de la Beausse, eussent passé la riuiere pour les venir secourir. Si se prindrent Francois à eulx retirer contre bas la riuiere droict à leurs vaisseaux, pour la riuiere repasser, delaissant la Pucelle à peu de gés: laquelle monta à cheual, & auec vingt hommes de cheual seulement print à poursuyure ceulx qui s'enfuyoyent: & voyãt lesdicts Anglois qu'elle alloit apres, cuidant qu'elle s'enfuyst, issirent hastiuement de leurs Bastilles, & coururent apres à grãds cris, disans grands diffames de sa personne : laquelle ce voyant & oyant, print son estendart en sa main, & tourna son cheual faisant visage ausdicts Anglois: lesquels de sa contenance furent si espouentez que sans resistence s'enfuyrent hastiuement chacun en leurs Bastilles. Si leuerent Francois vn grand cry, & hastiuement retournerent à la Pucelle: laquelle incontinent retourna à ladicte Bastille des Augustins, & fit donner l'assault si grand & si merueilleux, qu'en peu d'heure fut par puissance ladicte Bastille prinse, & moult y eut d'Anglois mors. Et pource que la Pucelle veit que les Francois entendoyent trop au pillage des biens qui estoyent en ladicte Bastille, dont il y auoit moult grand nombre, elle fit mettre le feu dedans, & fut toute ladicte Bastille bruslee, auec tous les biens qui y estoyent : &, ce faict, elle alla planter son estendart sur les fossez du Bouleuert des tournelles, & y voulut mettre le siege: mais pource que la nuict s'approchoit, elle fut conseillee de soy tirer. si s'en alla dedans Orleans, & fit demourer ses gens en vne isle en intention de retourner le lendemain : mais celle nuict les Anglois ardirent & desemparerent l'eglise sainct Iehan le blanc, & leur Bouleuert du champ sainct Priué.

Du siege d'Orleans, leué par la Pucelle.

LES CHRONIQVES ET ANNALES DE FRANCE.

LE Samedy septiéme iour de May fut tenu conseil dedans Orleans: par ce que la Pucelle vouloit à toute force passer la riuiere pour assaillir lesdictes tournelles du pont d'Orleans: mais aucuns furent qui la deconseillerent, mesmement le Seigneur de Gaucourt, qui estoit Gouuerneur d'Orleans. Si vindrent les gens d'Eglise & Bourgeois, qui estoyent tant fatiguez & trauaillez que plus ne pouuoyent deuers la Pucelle & les Capitaines, leur supplier qu'ils poursuyuissent leur bonne fortune, & qu'ils deliurassent le passage dudict pont, autremét ils ne pouuoyét plus durer: & en ce offroyent employer leurs personnes, & tous & chacuns leurs biens, sans riens y espargner: & pource que ledict Seigneur de Gaucourt persistoit côtre leur requeste, ils luy cuiderent courir sus. Finalement à leur requeste il fut conclud qu'on passeroit oultre. Si passerent la Pucelle, le Bastard d'Orleans, les Seigneurs de Raiz, & de Lore, & autres Chefs de guerre, & leurs gens deuers la Soulongne, & laisserent aucuns gensd'armes auec les Bourgeois de la ville, pour côbatre ladicte Bastille, du costé de la ville: laquelle Bastille estoit si fortifiée & si hault de pieux, de terre, & de fagots qu'à peine la pouuoit on veoir. La Pucelle & les Capitaines donnerent l'assault par dehors, & ceulx de la ville iettoyent contre leur Bouleuert, du costé du pont,

La vertueuse bataille et desconfiture que feirét ceulx d'Orleans côtre les Anglois moyennât le bô côseil de la pucelle Iehanne.

fuzees de feu Gregeois, & autres engins pour mettre le feu esdicts fagots. L'assault commença à trois heures deuant midy, & dura iusques à la nuict, si dur & si apre que les Anglois n'en peurent plus, & leur faillit leur traict & leur pouldre. Lors les Francois leuerent eschelles, & par puissance entrerent dedans le Bouleuert, tuant les Anglois de toutes pars. Si se retira ledict Classidas, & plusieurs autres Capitaines Anglois, dudict Bouleuert, & se retirent dedans les tournelles, & saillirent du costé du pont pour aller côbatre ceulx de la ville, qui estoyent dessus: mais ils furent rudement reboutez, & aduint comme par punition diuine, qu'en eulx retirant, le pont qu'ils auoyent reparé, de boys, rompit soubs eulx, & tous armez cheurent en la riuiere, & se noyerent tous: & lors les Francois entrerent dedans lesdictes tournelles, tant du costé de la place de la Pucelle, que du costé de la ville, & là eut grand occision, & y furent prins moult de prisonniers & grands richesses: & entra la Pucelle & sa côpaignie en ladicte ville par dessus le pont (qui tost fut reparé) laquelle auoit esté blecée d'vn traict, mais elle n'en faisoit compte.

Si fut songneusement pensée & habillée de sa blessure, & moult louée de tout le païs & de tout le peuple: & disoyent que Dieu les auoit visitez, & en demonstrant sa puissance les auoit deliurez de si grand danger, par les mains d'vne ieune Pucelle.

Mil cccc. xxix.

Le lendemain Dimenche huictiéme iour de May, mil quatre cens vingt & neuf, le Comte de Suffort, les Comtes d'Escalles, & Talbot, Anglois, voyans la grande desconfiture, qui estoit aduenue sur leurs gens, issirent de leurs Bastilles: & tous armez se meirent aux champs en bataille, & feirent mettre le feu en leursdictes Bastilles: & feirent passer leurs chariots, artillerie, prisonniers & sommages: puis s'en retirerent à Mehun, Baugécy, Iargueau, Ienuille, & autres fortresses qu'ils tenoyent. Aucuns Francois, mesmement ceulx de la ville d'Orleans, vouloyent qu'on allast apres eulx: mais la Pucelle ne le voulut souffrir, & disoit qu'on les trouueroit assez à temps. Quand ils furét si eslongnez qu'on en eut perdu la veue, la Pucelle & ceulx de la ville saillirent aux champs, & emporterent les viures & biens qu'ils trouuerent esdictes Bastilles, dont y auoit grand nombre, & feirent demolir du tout lesdictes Bastilles. Apres s'en retournerent dedans la ville: & fit la Pucelle venir les gens d'Eglise & le populaire, & fit chanter par toutes les eglises: *Te Deum laudamus*, & dire plusieurs Anthiennes & Oraisons, pour rendre graces à Dieu & à la vierge Marie, & sonnerent toutes les cloches de ladicte ville. Les Francois allerent aux Bastilles des Anglois, ou ils trouuerent encores plusieurs biens & viures, & furent incontinent icelles Bastilles demolies & abbatues. A semblable iour, que fut leué ledict siege des Anglois, font ceulx de ladicte ville d'Orleans chacun an solennelles processions, & beau seruice des trespassez, en memoire perpetuelle. Les Capitaines Anglois feirét incontinent sçauoir au Duc de Bethfort, leur aduenture, qui moult desplaisant en fut, lequel estoit lors à Paris: si se retira incontinent au boys de Vincennes, & là tint conseil par plusieurs iours.

De l'allee de la Pucelle deuers le Roy: & de la prinse de Iargueau, & de Baugency.

APres le siege d'Orleans, ainsi leué, Iehanne la Pucelle print congé de monseigneur le Comte de Dunois, Bastard d'Orleans, & des Seigneurs & Capitaines, & aussi des Bourgeois d'Orleans, qui moult la mercierent, & moult grâd' honneur luy porterét: & s'en alla deuers le Roy, qui estoit à Chinon, lequel la receut honnorablemét, & grand' honneur luy porta: car il congnut lors euidemment qu'elle estoit venue diuinement, &

que

que ſes faicts le demonſtroyent. Semblablement vint deuers le Roy monſeigneur le Duc d'Alēçon, apres ce qu'il eut payé & acquité ſes oſtages, de la rançon, de priſon, ou il auoit eſté prins à la iournee de Vernueil. Si tint le Roy, grand Conſeil, pour nettoyer & mettre hors les Anglois des villes & places qu'ils tenoyent à l'entour d'Orleans: & fit ſon mandement, auquel vindrēt grand nombre de haulx hommes, Princes, Barons, & Cheualiers à belles compaignees: & fit chef de celle armee mōſeigneur le Duc d'Alencon, auec ladicte Iehanne la Pucelle. Si ſe meirent à chemin, & allerent droict à Iargueau, ou ils meirent le ſiege, & fort batirent la muraille de Bombardes & Artilleries: & là vindrent le baſtard d'Orleans, les ſeigneurs de Grauille & de Gaucourt & autres Chefs de guerre, qui auoyent eſté dedans Orleans, durant le ſiege: & aucuns iours apres donnerent l'aſſault audict lieu de Iargueau: & dedans ledict Iargueau eſtoit Capitaine & Chef le Comte de Suffort, le Seigneur de la Poulle, ſon frere, & Alexandre de la Poulle, ſon autre frere, & grand nōbre d'Anglois. Le xij. iour de Iuin audict an mil quatre cēs vingt & neuf, les Francois donnerent l'aſſault ſi merueilleux, que les Anglois ne ſcauoyent ou eulx cacher, & firent ſigne de vouloir parlementer: mais la Hire, qui là eſtoit, & fort trauailloit, diſt qu'ils n'auroyēt autre parlemēt qu'à la poincte de l'eſpee: & fut ladicte ville prinſe d'aſſault, & y fut prins priſonnier ledict Côte de Suffort, par vn Eſcuyer, nōmé Guillaume Regnault. auſſi fut prins le Seigneur de la Poulle, ſon frere: mais Alexandre, ſon autre frere, fut noyé, & bien cinq cens Anglois: & prindrent les Francois pluſieurs priſonniers, qu'ils emmenoyēt à Orleans: mais en chemin aucun debat ſe ſourdit entre eulx, à l'occaſion dequoy ils tuerēt preſque tous leſdicts priſonniers: puis ſe retira l'armee des Francois à Orleans. Le quinziéme iour dudict moys, ledict Duc d'Alēcon, & la Pucelle, auec leur armee, partirent d'Orleans, & ſe vindrent mettre en bataille deuant Mehun, ſur Loire, du coſté de la Soulongne: & d'arriuee prindrent le fort du Pont, & y meirent bonne garniſon contre les Anglois, qui tenoyent la ville. Le lendemain enſuyuant ils paſſerent oultre & allerent deuant Baugency, ou ils voulurent mettre le ſiege: mais les Anglois qui veirēt leur puiſſance, & qu'ils n'eſtoyent point pour reſiſter, abandonnerent la ville, & ſe retirerent au chaſteau, à l'entour du pont. Ceulx du pont, qui eſtoyent bien ſix xx. hommes, demanderent compoſition, & ſemblablement ceulx du chaſteau, qui leur fut octroyee, & qu'ils ſ'en iroyent vn baſton au poing, bagues ſauues, & par tel ſi qu'ils ne ſ'armeroyent d'vn moys apres. Audict Baugency arriuerent monſeigneur le Comte de Richemont, Conneſtable de France, & en ſa compaignie le Seigneur d'Albret, auec bien mil ou douze cens hommes, dont l'armee des Francois fut fort reſiouye & renforcee. Durant que ces choſes ſe faiſoyent, le ſeigneur de Talbot alla à Laual, & par eſchelles prindrent la ville d'emblee, & y gaignerent les Anglois moult de biens. Dedās le chaſtel eſtoit meſſire André de Laual, ſeigneur de Loheac, qui compoſa pour luy & les autres du chaſtel à vingt & cinq mil eſcus, & demourer priſonnier iuſques à ce qu'il les euſt payez.

De la prinſe de Iargueau ſur les Anglois, en laquelle fut pris le Comte de ſuffort.

De la bataille de Patay, & prinſe de Talbot.

DE toutes pars cōmencerent lors à arriuer gens en l'oſt des Francois, dont les pluſieurs venoyent ſans mandement: car le courage leur eſtoit creu, pour le ſiege d'Orleans, qui auoit eſté leué, & auſſi pour la venue de la Pucelle, dont la renōmee eſtoit ia moult grande par le royaume, & deſiroit chacun à la veoir: & au cōtraire les Anglois affoibliſſoyent, & ſ'eſbahiſſoyent d'en ouyr parler. Si delibererent ledict Duc d'Alencon, la Pucelle, le Conneſtable, le Comte de Vendoſme, & autres chefs de guerre, d'aller à Mehun: & fut cōmis meſſire Ambrois, Seigneur de Lore, à mettre les Anglois hors de ladicte ville de Baugency, & les conduire à ſauueté: & enuiron vn heure ainſi que leſdicts Seigneurs vouloyent partir, & qu'ils faiſoyent ſaillir leurs gens aux champs, & les mettoyent en bataille, il furent aduertis par cheuaucheurs & auantcoureurs, qu'ils auoyent enuoyez pour deſcouurir, que les Anglois, qui eſtoyent dedans Mehun auoyent abandonné la ville, & qu'ils ſ'en alloyent vers Ienuille, & que là on auoit veu le Seigneur de Talbot, meſſire Iehan Faſtol, & pluſieurs autres Capitaines Anglois, auec bien ſix mil combatans. Si conclurēt leſdicts Seigneurs Francois, qu'ils iroyent haſtiuement celle part pour les combatre: ſi firent marcher leurs batailles, & cheuaucherent le plus diligemment qu'ils peurent, & vindrent vers vne egliſe forte, en vn village de la Beauſſe, nommé Patay. la ſ'entrerencontrerent les batailles & ſ'entreapprocherent, & commencerent à eſcarmoucher: & lors les Seigneurs de Lore, de Beaumont, Poton, & autres Capitaines, qui menoyent l'auantgarde, frapperent hardiment & roidement ſur leſdicts Anglois, tellement que grand' partie de ceulx qui eſtoyent à cheual cōmencerent à fuyr dedans vn petit boys, & dedans le village, qui eſtoit là aupres. Lors commença la bataille des Francois à donner dedans, & firent grand abatiz d'Anglois, qui en peu

La deſconfiture des Anglois, pres Patay en Beauſſe.

d'heure furent defconfits: & y en eut bien quatre mil de mors, & bien trois cens prifonniers, & entre autres furent prins prifonniers les Seigneurs de Talbot (lequel Talbot fut depuis deliuré par la deliurance de Poton de Xaintrailles) d'Escalles, Gaultier de Hongrefort, & plufieurs autres Seigneurs & Capitaines Anglois: & dura la chace apres lefdicts Anglois iufques à Ienuille, qu'ils tenoyent: laquelle ville fut lors prinfe. Si furent aufi prinfes Mehun, la Ferté, & la pluspart des fortreffes de la Beauffe. Mefsire Iehan Faftol, & autres Anglois, qui peurent efchaper de la bataille, s'enfuyrent, & fe rendirent à Corbeil, & les Francois coucherent celle nuict au champ de la bataille.

Comment le Roy fe meit à chemin pour aller à Reims, foy faire facrer.

Mil cccc. xxx.

L'An mil quatre cens trente, quand le Roy fceut les nouuelles de ladicte bataille, il fut bien ioyeux, & en rendit graces à Dieu & à noftre Dame. Meffeigneurs d'Alencon & de Vendofme, & la Pucelle, allerent deuers luy: & lors ladicte Iehannel'admonnefta fort de foy aller faire couronner & facrer à Reims. La chofe fut mife en deliberation, & y auoit plufieurs des Princes, Seigneurs & Chefs de guerre, qui n'eftoyent pas d'oppinion qu'il y deuft encores aller, & qu'il ne fe pouuoit faire: car ladicte ville de Reims, & les villes de Troyes, Chaalons, Auxerre, Laon, Soiffons, & generalement toutes les autres villes & places de Champaigne, Brie, & Gaftinois, par ou il conuenoit paffer, eftoyent en l'obeiffance & puiffance des Anglois. Si eftoyent femblablement celles de Picardie, de l'Ifle de France, & tous les païs d'entre la riuiere de Loire & la mer. Toutesfois

La Pucelle admonneftoit fort le Roy de s'en aller faire couronner & facrer à Reims.

tant le preffa & perfuada ladicte Iehanne la Pucelle, difant qu'elle eftoit enuoyee de par Dieu, pour l'y mener, & que le temps que Dieu auoit ordonné eftoit venu, que ledict Roy delibera d'y aller: & de faict fit mander & affembler à Orleans, au moys de Iuin, toute la Cheualerie & puiffance qu'il peut, & fe meit à chemin, & alla droict à Gyen. Entre les autres eftoyent en fa compaignie les Ducs de Bourbon, d'Alencon, les Comte de Vendofme, de Dunois, & de Richemont, Poton, la Hire, & plufieurs autres grands Princes, Seigneurs, Barons, Capitaines, & Chefs de guerre: & en vindrent plufieurs fans mander pour le feruir, & eftre audict couronnement. En celle faifon le feigneur la Trimoille gouuernoit totalement le Roy, & les faicts du royaume, dont il eftoit fort enuyé du Conneftable & des autres Seigneurs, & Capitaines, qui eftoyent auec luy: lefquels auoyent bien douze cens hommes en leur compaignie, qu'il conuint demourer, par ce que ledict de la Trimoille ne vouloit pas que le Roy receuft en fa compaignie fi grand nombre de gens qui venoyent pour le feruir, pour la doubte qu'il auoit de fa perfonne, dont s'en enfuyuit grand dommage au royaume: car s'il euft fouffert receuoir tous ceulx qui y venoyent, & vouloyent venir, on euft en peu de temps recouuert tout ce que les Anglois occupoyent en France: mais on n'ofoit lors parler contre ledict feigneur de la Trimoille, combien qu'on congnuft bien la faute procedaft de luy. Quand le Roy fut à Gyen, il fut faict vn payement aux gens d'armes, & leur fut baillé à chacun trois francs feulement.

Dudict lieu fe partit Iehanne la Pucelle, & autres Capitaines, qui allerent deuant coucher à à quatre lieues, tirant vers Auxerre: & le lendemain le Roy y alla apres, & fut là tout fon oft enfemble: & pource qu'en la compaignie auoit plufieurs femmes diffamees, qui empefchoyent aucuns gens d'armes d'aller auant, ladicte Iehanne la Pucelle fit crier qu'elles s'en departiffent.

Iehanne la Pucelle fit crier que les femmes diffamees fe partiffent de l'oft du Roy.

Apres le cry faict chacun fe meit à aller auant: & pource que ladicte Iehanne, qui eftoit à cheual, en rencontra deux ou trois en fa voye, elle tira fon efpee, pour les batre, & frappa fur l'vne d'elles du plat de fon efpee fi grand coup qu'elle rompit fadicte efpee, dont le Roy fut fort desplaifant quand il le fceut, & luy dift qu'elle deuoit prendre vn bafton pour les frapper, fans abandonner fadicte efpee, qui luy auoit efté reuelee de par Dieu. Tant cheuaucha le Roy ce iour qu'il vint iufques deuant Auxerre. Ceulx de la ville ne le voulurent mettre dedans de prime face, & difoyent qu'ils auoyent donné argent audict feigneur de la Trimoille, pour demourer en abftinence de guerre, dont on murmura fort contre luy. Ladicte Iehanne vouloit qu'à toute force on affaillift la ville: mais finalement elle demoura en abftinence, moyennant que ceulx de ladicte ville baillerent grand' foifon de viures à ceulx de l'oft du Roy pour leur argent. De là s'en alla le Roy à fainct Florentin, qui luy fit planiere obeiffance. Apres s'en alla deuant la cité de Troyes, en laquelle auoit bien fix cens, qu'Anglois que Bourguignôs, gens de guerre, qui à l'arriuee faillirent fur l'oft du Roy: parquoy il fe logea tout autour de ladicte ville, & y fut enuiron fept iours en parlementant, & cuidant que ladicte ville luy fift obeiffance: & auoyent fes gens grand' neceffité de viures. Si eut le Roy confeil, auec les Ducs d'Alencon & de Bourbon, le Comte de Vendofme, l'Archeuefque de Reims, Chancelier de France, & autres Capitaines: & confideroyent que les gens du

Roy

DV ROY CHARLES, SEPTIEME. Fueil.lxxvj.

Roy n'auoyent ne viures n'argét, ne lieu dót leur en peuft venir, & que ladicte ville de Troyes eftoit fort garnie de gens de guerre & de commune, de viures, d'artillerie, & chofes neceffaires, & fembloit bien qu'ils n'auoyent point de volonté d'eulx mettre es mains du Roy: & fi n'auoit le Roy Bombardes, n'artillerie, pour batre les murs de la ville, ne n'auoit fortreffe ou il y en euft plus pres que Gyen, ou auoit bien trente lieues, & autres chofes que ledict Chancelier remonftra: mefmement que le Roy auoit efté ia refufé à Auxerre: & demanda fur ce les oppinions: & furent les aucuns d'aduis que le Roy retournaft fans demourer plus deuant ladicte ville, n'y aller plus auant. Quand vint à l'oppinion de meffire Robert le Macon, Cheualier, feigneur de Treues, il dift qu'on deuoit enuoyer querir Iehanne la Pucelle, & la faire venir audict Confeil: & que par aduenture elle diroit quelque chofe qui feroit proffitable pour le Roy & fa compaignie: car ledict voyage auoit efté entreprins par l'admonneftement de ladicte Iehanne, & non pas pour puiffance d'argent ne de gens, que le Roy euft. Si fut ladicte Iehanne mandee, & à fon arriuee elle fit la reuerence au Roy: & apres le Chancelier luy remonftra les raifons & remonftrances qu'il auoit dictes, & luy demanda qu'il luy en fembloit: & lors elle ietta fa veue fur le Roy, & luy demanda fi elle feroit creue. A quoy le Roy luy refpondit q̃ fi elle difoit quelque raifon apparente, qu'on la croyroit: & ladicte Iehanne reprint de rechef fa parolle, demandant au Roy fi elle feroit creue, qui luy dift qu'elle dift hardiment ce qu'il luy en fembloit, & que ouy, felon ce qu'elle diroit. Lors dift ladicte Iehanne: En nom de Dieu, gentil Roy, fi vous voulez encores demourer deuant voftre ville de Troyes, auant qu'il foit deux iours entiers elle fera en voftre obeiffance, ou par force, ou par amour, & n'en faictes doubte. Et lors luy dift le Roy: Iehanne, m'amie, qui feroit certain de l'auoir, on attendroit bié fix iours, & plus fe befoing eftoit. A quoy elle refpondit: Gétil Roy, n'en faictes nulle doubte, car ie vous en affeure: & à celle oppinion fut conclud de demourer là. Incontinent ladicte Iehanne s'alla armer, & monter fur vn gros courfier, vn bafton en fa main, & alla par l'oft, & meit en befongne Cheualiers, Efcuyers, & gens de tous eftats, & fit porter huys, feneftres, tables, fagots, & autre boys qu'elle fit prendre es maifons des faulxbourgs, pour faire taudis approchans contre ladicte ville, pour affortir aucun peu d'artillerie qui eftoit en l'oft, & faifoit de merueilleufes diligences, tellement que quand ceulx de la ville apperceurent leurs contenances, ils furent fi efpouentez que l'Euefque, & plufieurs des Bourgeois & Capitaines, qui eftoyent dedans, vindrent parlementer, & feirent compofition que les gens de guerre, Anglois, s'en iroyent leurs bagues fauues, & que ladicte ville feroit mife en l'obeiffance du Roy. Si s'en allerent lefdicts gens de guerre: & le Roy, & les Princes en fa compaignie, y entrerent le lendemain au matin. Les Anglois & Bourguignons vouloyent emmener à leur partement les prifonniers Francois qu'ils auoyent: mais ladicte Iehanne par force les leur ofta reaument, & de faict, à la porte de la ville: & conuint que le Roy les contentaft de leurs finances & ranfons. Le Roy meit Bailly, Capitaines, & autres Officiers de par luy, en ladicte ville de Troyes: & pource que fon oft eftoit demouré hors ladicte ville, & auoit laiffé la garde d'iceluy à meffire Ambrois, feigneur de Lore, quand le Roy fut party d'icelle ville, ledict de Lore, & tout l'oft, paffa & trauerfa par icelle ville. Le lendemain que le Roy fut party de Troyes, il tira vers Chaalons. Quand ceulx de la ville fceurent fa venue, l'Euefque, le Clergé & les Bourgeois & habitans d'icelle, cógnoiffans que c'eftoit leur vray & naturel feigneur, allerent au deuant de luy, & à grand honneur & reuerence le receurent, & luy baillerent les clefs de la ville. Si entra dedans, & y meit vn Capitaine: & au regard des autres Officiers, ils y eftoyent mis de par l'Euefque, qui eft Per de France, Comte & Seigneur temporel & fpirituel d'icelle ville.

La Pucelle Iehanne cótre l'opinion des Princes, fut d'aduis que le Roy deuoit tenir bó deuant la ville de Troyes.

La ville de Troyes fe rédit à l'obeiffance du roy ainfi que la Pucelle auoit predit au Roy.

Du Sacre du Roy, à Reims.

DE Chaalons fe partit le Roy, & fe meit à chemin pour aller en la cité de Reims, qui eftoit occupee par les Anglois, comme aufsi eftoyent toutes les autres villes, & places du païs: & quand il approcha de ladicte ville, le Clergé, & les habitans d'icelle, vindrent au deuant, & luy feirent planiere obeiffance, & luy apporterent les clefs, en difant qu'il fuft le tresbien venu. Si entra le Roy dedans, ou il fut receu à grand honneur & reuerence. Là vindrent deuers luy pour le feruir & honnorer les Ducs de Bar, de Lorraine, & le Seigneur de Commercy, auec grand' compaignie de gens de guerre. Le Dimenche enfuyuant, le Roy alla au matin en la grand' eglife de Reims, & là fut apportee la fainte Ampoulle, qui eft en l'Abbaye de fainct Remy en ladicte ville: & demourerent en ladicte Abbaye quatre Barons en oftage, iufques à ce qu'elle fuft reportee en ladicte Abbaye, ainfi qu'il eft toufiours accouftumé de faire en tel cas. En la compaignie du Roy eftoyent le Duc d'Alencon, de Bourbon, de Bar, de Lorraine, le Comte de Vendofme, d'Albret,

De l'entree du Roy en la ville de Reims.

N iiij

le Bastard d'Orleans, les Mareschaux, les Admiral & Maistre des Arbalestriers de France, & grand nombre d'autres Princes, Seigneurs, Barons, Cheualiers, & gens de tous estats: & fut le Roy oingt, sacré, & couronné Roy de France, par messire Regnault de Chartres, Archeuesque de Reims, & Chancelier de France: & audict Sacre fut tousiours pres & presente ladicte Iehãne la Pucelle, toute armee à blanc, & tenãt son estandart en la main: & bien y deuoit estre, cõme celle qui estoit principalement cause, de l'ordonnance & volonté de Dieu, d'iceluy Sacre. Là fit le Roy le Duc d'Alencon, & le Seigneur de Loheac, & grand nõbre d'autres, Cheualiers. Trois iours seiourna le Roy en ladicte ville de Reims, apres son Sacre: puis s'en partit, & s'en vint au prioré de sainct Marcou, au diocese de Laon, depẽdant de l'Abbaye de sainct Remy de Reims, à six lieues pres de ladicte ville, ainsi qu'ont accoustumé de faire les Roys de France, & leur fait on vn seruice propre, & là leur est donnee de Dieu la puissance de guerir, en la vertu de luy, de la maladie des Escroelles. Puis s'en partit le Roy dudict sainct Marcou, & vint droit à vne ville nommee Velly, que tenoyent les Anglois, laquelle ville appartient à l'Euesque de Reims, & ladicte ville se meit incontinent en l'obeissance du Roy, & si logea le Roy. De là le Roy enuoya ses Heraulx & messages à Laon, pour sommer ceulx de la ville: lesquels luy feirent semblablement obeissance. Au partement de Laon, le Roy vint à Soissons, qui incontinẽt se rendit en ses mains, & y seiourna le Roy, & son ost, par trois iours: durant lesquels luy enuoyerẽt & vindrẽt faire obeissance ceulx des villes de Chasteauthierry, Prouins, Colõmiers, Crecy en Brie, & plusieurs autres places d'illec enuiron.

La Pucelle Iehãne fut presente, & assista au sacre du Roy, armee tout à blanc, tenant son estandard en sa main.

Comment le Roy, apres son Sacre, tira vers Paris, & se meirent plusieurs villes & fortresses en son obeissance.

LE Roy se deslogea de Soissons, & tira droit à Prouins: & lors le Duc de Bethfort, Regent en France, pour le ieune Roy Henry d'Angleterre, sceut le recouuremẽt des villes & places que le Roy auoit fait en Champaigne, & comment il auoit esté sacré & couronné à Reims, dont se trouua moult esmerueillé. Si assembla gẽs, & se partit de Paris auec bien douze mil combatans, en intention de trouuer le Roy sur les champs, pour le combatre. Incontinent que le Roy sceut ces nouuelles il se deslogea de Prouins, & se meit aux champs, & vint au deuant dudict Duc, pour le rencontrer, iusques pres d'vn Chasteau qui est en la Brie, apelé la Motte de Nangis, & sachant le Roy que ledict Duc de Bethfort estoit prochain, il regea ses gẽs en bataille, & se tint aux chãps presque tout le iour, pource que continuellement luy venoyent nouuelles que ledict Duc de Bethfort venoit pour le cõbatre: mais iceluy Duc, qui estoit tout aupres de luy, n'osa marcher, & s'enfuyt, & s'en retourna vers Paris auec son ost. Le Roy de France, tant par l'admonnestement d'aucuns, qu'aussi qu'il estoit trauaillé de la guerre, se delibera de s'en venir, & se retirer es païs qui luy estoyent obeissans sur le long de la riuiere de Loire: & ordonna de passer le lendemain la riuiere de Seine en vne ville nommee Bray, ou ceulx de ladicte ville promeirent luy dõner passage, mais la nuict vindrent les Anglois en icelle ville de Bray, pour deffendre le passage, & y eut aucuns des gens du Roy, qui s'estoyent ia auancez de passer ladicte riuiere, les vns prins, les autres desconfits: & ainsi fut ledict passage rõpu, dont les Ducs de Bar, d'Alencon, de Bourbon, les Comtes de Vendosme, de Laual, Iehanne la Pucelle, & autres Seigneurs, Capitaines, & gens de guerre furent tous ioyeux: car ils estoyent courroucez de ladicte conclusion, & de ce que le Roy s'eslongnoit, & desiroyent que le Roy suyuist la bonne fortune que Dieu luy auoit enuoyee. Et à ceste cause feirent tant que la veille de la Myaoust, le Roy retourna à Chasteauthierry, pour passer la riuiere de Marne, & de là alla à Crepy en Vallois: puis vint vers Dampmartin, tenant les champs. Quand le Duc de Bethfort le sceut, il saillit de Paris auec grãd ost, & tira droit à Mitry en France, au dessoubs dudict Dampmartin: & là, pres d'vn boys, rengea ses gens en bataille, en vn lieu de forte venue, & auantageux pour luy & pour ses gens, & couroyent les auantcoureurs desdicts Anglois iusques au village de Thieux. Le Roy enuoya la Hire, & autres Capitaines, pour veoir la contenance desdicts Anglois, & les escarmoucher, & durerent les escarmouches presque tout le iour: & fut rapporté au Roy que lesdicts Anglois estoyent en vn lieu trop fort & auantageux pour eulx, parquoy il ne fut pas conseillé de les aller assaillir au lieu ou ils estoyẽt. Le lendemain matin ledict Duc de Bethfort se leua, & s'en retourna auec son ost sans riens faire: & le Roy retourna vers Crecy, & enuoya certains messages deuers les villes de Beauuais & Compiegne, qui luy manderent & feirent sçauoir qu'ils estoyent prests de luy faire planiere obeissance, combien qu'on disoit que ladicte ville de Beauuais n'auoit esté es mains des Anglois.

De la ville de Beauuais qui ne fut iamais en l'obeissance des Anglois.

En celle mesme annee fut le ieune Henry couronné Roy d'Angleterre, à Londres.

Tantost

DV ROY CHARLES, SEPTIEME. Fueil.lxxvij.

Tantoſt apres ſe partit le Roy, de Crecy, pour aller à Compiegne, & vint loger à vn village, nómé Barron, pres Senlis: & là le lendemain eut nouuelles que le Duc de Bethfort eſtoit party de Paris auec ſon oſt, & que le Cardinal, oncle du Roy d'Angleterre, luy auoit amené bien trois mil Anglois, qu'on diſoit eſtre ſouldoyez de l'argent du Pape, & que ledict Cardinal les auoit tirez d'Angleterre, ſoubs ombre de les mener contre les Bohemiens, qui erroyent lors en la foy des Chreſtiés. Lors chargea le Roy meſsire Ambrois, ſeigneur de Lore, & le ſeigneur de Xainctrailles, aller au deuant pour en ſçauoir la verité. Si monterent à cheual & prindrent enuiron vingt hommes d'armes, & cheuaucherent ſur le chemin de Paris, tant qu'ils apperceurent gráds pouldres, que faiſoit l'oſt dudict Bethfort en marchant. Si le manderent haſtiuement au Roy, & tirerent plus auant, tant qu'ils veirent à l'œil l'oſt deſdicts Anglois, qui eſtoyent en grand nóbre, & marchoyent fierement & haſtiuement. Si le manderent de rechef haſtiuement par vn autre meſſagier au Roy, qui tantoſt fit mettre ſes gens aux champs, & renger en bataille, & commencerent à marcher vers Monſtier † Pilloc, le chemin de Senlis, pource que les Anglois y tiroyent: & pres de Senlis arriua l'armee deſdicts Anglois à l'heure de veſpres, & ſe meirét à paſſer vne petite riuiere, qui eſt entre Senlis & Barron, & eſtoit le paſſage ſi eſtroict, qu'ils ne pouoyent paſſer que deux à la fois. Quand leſdicts ſeigneurs de Lore & de Xainctrailles apperceurent qu'ils paſſoyent, ils ſ'en retournerent haſtiuemét deuers le Roy, pour luy dire que leſdicts Anglois paſſoyent. Quand le Roy les eut ouyz parler, il fit marcher ſes batailles pour aller combatre audict paſſage: mais auant qu'ils y fuſſent, leſdicts Anglois eſtoyent preſque tous paſſez. Si eſtoyent les deux oſts prochains l'vn de l'autre, & ce iour ſ'entr'eſcarmoucherét fort. A celle heure eſtoit ſoleil couchant: ſi ſe logerent les Anglois ſur le bort de ladicte riuiere, & les Francois pres d'eulx, audict lieu de Monſtier Pilloe. Le lendemain le Roy meit & rengea ſes batailles ſur les champs. Les Ducs d'Alencon, & Comte de Vendoſme conduiſoyent la premiere. La ſeconde conduiſoit le Duc de Bar: les ſeigneurs de Raiz, & de Bouſſac, Mareſchaux de France, vne autre, qui eſtoit en maniere d'vne aeſle, & vne autre conduiſoyent Iehanne la Pucelle, le Baſtard d'Orleans, le ſeigneur d'Albret, & pluſieurs Capitaines: & à la conduicte & gouuernement des Archiers eſtoit le ſeigneur de Grauille, grand Maiſtre des Arbaleſtriers, & meſſire Iehan Foucault. Pres leſdictes batailles ſe tenoit le Roy, & auoit auec luy le Duc de Bourbon, le ſeigneur de la Trimoille, & autres. Les Anglois ſ'eſtoyent embaſtillez & fortifiez celle nuict de foſſez & pieux, & auoyent vn eſtang au dos de ladicte riuiere, & ne ſaillirét point aux champs hors de leur fortification. Pluſieurs fois marcha, & ſe monſtra le Roy deuát iceulx Anglois: & combien que concluſion euſt eſté prinſe de les combatre, ce neantmoins, quand les Capitaines eurent veu & conſideré la place ou ils eſtoyent, & les fortifications qu'ils auoyent faictes, le Roy fut conſeillé de non les combatre en ladicte place. Tantoſt les batailles du Roy ſ'approcherent des Anglois à bien deux traicts d'arc, & leur fit pluſieurs eſcarmouches, & ſouuent ſ'approcherent à pied & à cheual, iuſques à combatre main à main. Enuiron l'heure de ſoleil couchant ſ'approcherent les Francois en plus grand' puiſſance qu'ils n'auoyent fait de tout le iour: & vindrent ſur le parc deſdicts Anglois combatre main à main, & dura celle eſcarmouche iuſques à la noire nuict, & y eut pluſieurs Anglois tuez. Quand la nuict fut venue Francois ſe retrahirent au lieu ou ils auoyent couché la nuict precedente, & les Anglois demourerent en leur parc. Le lendemain matin les Anglois ſe deſlogerent, & ſ'en retournerent à Senlis, & de là à Paris: parquoy le Roy deſlogea ſemblablement, & ſ'en alla vers Creſpy: & le lendemain enſuyuant, le Roy print ſon chemin, & alla à Compiegne, qui luy fit obeiſſance, & y fut huict iours. En celle ville meit vn Capitaine, nommé Claude de Flauy. En ladicte ville vint deuers le Roy meſſire Iehan de Luxembourg, qui luy fit moult de promeſſes de faire la paix entre luy & le Duc de Bourgongne: dont il ne fit riens, ſinon le deceuoir: & luy bailla le Roy ſaufconduit pour ledict Duc de Bourgongne, pour venir à Paris deuers le Duc de Bethfort, pour traicter de paix. Là vindrent deuers le Roy les Bourgeois de Beauuais, qui meirent ladicte ville en ſon obeiſſance. Auſſi feirent ſemblablement ceulx de Senlis: & luy apporterent les clefs l'Eueſque & aucuns Bourgeois de ladicte ville: & tantoſt apres le Roy vint en icelle ville de Sélis. Quand le Duc de Bethfort ſceut ces nouuelles, il ſe partit de Paris auec ſon oſt, & alla vers Normandie, pour garder le païs, pource qu'il ſceut que Beauuais & Aumalle ſ'eſtoyent rendus Francois. Puis departit ſes gens, & les meit à la garde des places qui tenoyent le party des Anglois, & laiſſa à Paris meſſire Louis de Luxembourg, Eueſque de Therouenne, ſoy diſant Chancelier de France pour le Roy d'Angleterre, vn Cheualier Anglois, nommé Iehan Rochelle, & vn autre Francois, nommé Simon Morhier, lors Preuoſt de Paris, & bien deux mil Anglois en leur compaignie, pour la garde de ladicte ville.

tal. Pillouer

De l'oſt des Fráçois, & de l'oſt des Anglois qui furent pres l'un de l'autre, & preſts de combatre.

Du Duc de Bethfort qui n'oſa dóner la bataille au Roy, ains ſ'é retourna à Paris.

Commence

Comment le Roy, Iehanne la Pucelle, & plusieurs Seigneurs Francois vindrent deuant Paris.

Mil cccc.xxx.

EN la fin du moys d'Aoust, audict an mil quatre cens trente, le Roy se partit de Senlis ou il estoit, & s'en vint à sainct Denis, ou il entra sans resistence, & y logea son ost, & illec se tint enuiron quatre iours, & y eut plusieurs escarmouches entre Francois & Anglois, qui estoyent à Paris: car les Francois alloyent chacun iour courir iusques pres de Paris. Si s'en vint Iehanne la Pucelle, les Ducs d'Alencon, & de Bourbon, les Comte de Vendosme, de Laual, les seigneurs d'Albret, de Lore, de Raiz, & autres Capitaines loger à la Chapelle, qui est entre Paris & sainct Denis: & le lendemain y eut de grandes escarmouches. Si allerent les Francois escarmoucher iusques à la porte sainct Honoré, au lieu ou l'on fait le Marché aux pourceaux, & feirent assortir Canons & Couleurines, dont ils tiroyent en la ville: & les Anglois tournoyent tout autour des murailles par dedans la ville, & portoyent leurs enseignes. Les Francois donnerent l'assault au Bouleuert de la porte sainct Honoré: & audict assault se porta vaillamment le seigneur de sainct Vallier & ses gens, & tant feirent qu'ils le prindrent d'assault. Les Ducs d'Alencon, de Bourbon, & le Seigneur de Môtmorency se tenoyent en bataille, derriere la butte de la voirie, pour garder que les Anglois ne saillissent par la porte sainct Denis, ou par vne autre des portes: & vouloit Iehanne la Pucelle à toute force que la ville fust assaillie, car elle n'estoit pas informee de la grand' eaue qui estoit es fossez de ladicte ville, & ne la peut on garder qu'elle & le Mareschal de Raiz, auec grand nombre de gens, ne se vinssent mettre dedans l'arriere fossé, ou elle se tint tout le iour, & y fut naurée d'vn vireton par la iambe: mais ce nonobstant bouger ne s'en vouloit, & faisoit à toutes puissances ietter fagots, boys & pierres dedans le grand fossé, pour le cuider combler, mais possible n'estoit pour la grand' eaue. Quand la nuict fut venue le Duc d'Alencon l'enuoya querir, mais elle n'en vouloit partir. Si y alla ledict Duc luy mesmes en personne & l'emmena, & s'en retournerent à la Chapelle, ou ils auoyent couché: & fut ladicte Iehanne habillee de sa playe: & le lendemain s'en allerent ladicte Iehanne, lesdicts Ducs, & autres, deuers le Roy, à S. Denis. Audict moys d'Aoust, vn Escuyer, nommé Iehan Armengue, & vn nômé Henry de Villeblanche, hommes d'armes de la compaignie du Seigneur de Lore, prindrent & remparerent le Chasteau de sainct Scelerin, pres d'Alencon. Au tiers iour qu'ils y furent entrez, les Anglois de la garnison d'Alencon le sceurent: si le allerent assaillir à grand' puissance: mais si vaillamment se defendirent qu'ils demeurerent maistres de leur place, & s'en retournerent lesdicts Anglois honteusement.

De l'assault qui fut doné par les Francois deuant la porte s. Honoré, au Marché aux pourceaux.

La pucelle fut naurée d'un vireton à la iambe.

De la prinse de Laigny, & du partement du Roy, pour aller en Touraine.

LE vingtneufiéme iour dudict moys d'Aoust, le Roy estant à sainct Denis, le grand Prieur de l'Abbaye de Laigny, vn Escuyer, nommé Artus de sainct Mary, & autres de ladicte ville de Laigny vindrent deuers le Roy, pour luy mettre la ville en son obeissance. Si y enuoya le Roy messire Ambrois de Lore, auquel elle fut baillee, & fit faire le serment à tous ceulx de ladicte ville, d'estre des lors en auant loyaux au Roy. En ce temps le Roy auoit à merueilles grand desir de soy retirer en ses places le long de Loire, pour soy reposer & solacier: car par les paroles que luy auoit dictes messire Iehan de Luxembourg, il s'attendoit bien d'auoir appoinctement auec le Duc de Bourgongne: parquoy le douziéme iour de Septembre, audict an, il tint conseil: & fut aduisé & ordonné que le Duc de Bourbon, le Comte de Vendosme, messire Louis de Culant, & autres Capitaines, iroyent es villes, qui de ce voyage s'estoyent nouuellement reduictes en son obeissance, pour les y entretenir: & y demoura le Duc de Bourbon, Lieutenant General pour le Roy. Puis se meit à chemin le Roy, partant de sainct Denis, & alla coucher à Laigny sur Marne, & là laissa ledict seigneur de Lore, & messire Iehan Foucault: & le lendemain partit le Roy, de Laigny, & s'en alla passer les riuieres de Seine & Yonne, à gué, aupres de Sens: puis tira à Montargis, & passa oultre. Tantost apres le partement du Roy, les Francois, qui estoyent à sainct Denis, l'abandonnerent, & s'en allerent à Senlis. Quand les Anglois & Bourguignons, qui estoyent à Paris, le sceurent, ils vindrent & reprindrent la ville de sainct Denis: & par l'ordonnance de l'Euesque de Therouenne, Chancelier des Anglois, osterent, de ladicte eglise de sainct Denis, les armeures qu'y auoit donnees Iehanne la Pucelle, & les emporterent, sans en faire aucune recompense à ladicte eglise. En celle saison le Duc Philippe de Bourgongne, soubs le saufconduict du Roy, vint deuers le Duc de Bethfort, à Paris: & combien

Des Anglois qui reprindrent la uille s. Denis, et osterent ce que la pucelle y auoit donné.

bien qu'il euſt mandé au Roy, par ledict meſsire Iehan de Luxembourg, qu'il traicteroit l'appoinctement, ce neantmoins il n'en fit riens: & fit plus fortes alliances que deuant, auec ledict Duc de Bethfort, qui auoit eſpouſé ſa ſoeur. En celle meſme annee ledict Philippe, Duc de Bourgongne, eſpouſa la fille du Roy de Portugal. Audict moys les Anglois & Bourguignons qui eſtoyent à Paris, allerent à grand' puiſſance deuant Laigny, pour y mettre le ſiege. Meſsire Ambrois de Lore, & meſsire Iehan Foucault, qui eſtoyent dedans, voyans la foibleſſe de la ville, qui n'eſtoit pas pour attendre ſiege, ſaillirent aux champs, au deuant deſdicts Anglois: & par trois iours & trois nuicts entreſuyuás feirent les eſcarmouches, ſi roidement q̃ les Anglois ne peurent oncques approcher les barrieres, à vn traict d'arc pres d'icelle ville: & voyans iceulx Anglois la grand' vaillance & reſiſtence deſdicts de Lore & Foucault, ils ſ'en retournerét à Paris ſans riens faire.

En ce meſme moys les ſeigneurs de Hommet, du Bouchet, & Bertrand de la Ferriere, feirent vne entrepriſe & aſſemblee de gens ſecrettement: & eſtoyent enuiron trois cens hommes, & allerent vn matin deuant la ville de Laual, laquelle par Talbot auoit eſté prinſe d'eſchelles, par emblee, & ſ'embuſcherét en vn moulin, ainſi que le Meuſnier les auoit aduertis: & ainſi qu'on vint ouurir les portes, ils entrerent dedans ladicte ville, en laquelle eſtoyent bien cinq cens Anglois, leſquels furent tous mors ou prins, reſeruez aucuns qui ſe ſauuerent & ietterent es foſſez par deſſus les murs.

Comment le Duc de Bourbon ſ'en alla en ſes païs, pour la pillerie que faiſoyent les gens du Roy, ſur le peuple.

Durant ce temps, le Duc de Bourbon, qui eſtoit demouré Lieutenant du Roy es marches de France, Champaigne, & Brie, ſe tenoit cõmunément à Beauuais, Sélis, Soiſſons, Laon, & autres villes prochaines, & ſ'acquitoit pour le bien du Roy, le mieulx qu'il pouoit: toutesfois il veit que les Capitaines & gẽs de guerre du Roy, qui eſtoyent eſdicts païs, n'eſtoyent point payez, & à ceſte cauſe ils pilloyent, robboyent & gaſtoyẽt tous iceulx païs, & faiſoit chacun le maiſtre, ſi que pluſieurs maiſons & terres demouroyent inhabitees & ſans labour, dont il luy deſplaiſoit. A ceſte cauſe il delibera de ſ'en aller en ſes païs, & ſ'en alla: & demoura le Comte de Vendoſme, qui principallement eut la charge de la cité de Senlis: & depuis par le Roy fut faict Lieutenant en iceulx païs, & luy enuoya le Roy le Seigneur de Bouſſac, Mareſchal de France, & enuiron mil combatans, dõt eſtoit grand' neceſsité: car les Anglois qui eſtoyent es marches de Normandie, & les Bourguignons qui eſtoyent du coſté de Picardie, leur faiſoyent maintes courſes.

Icy me fault le vieil exemp.

La prinſe de ſainct Pierre le Monſtier, par la Pucelle.

En ce meſme temps le Roy fit vne armee, dont eut la charge Iehanne la Pucelle, & autres Chefs de guerre, & les voulut enuoyer deuant Rouen: mais les Capitaines ne furent pas de ceſte oppinion. Si furent enuoyez deuãt la ville de ſainct Pierre le Monſtier, qu'ils prindrent d'aſſault. Puis allerent deuant la ville de la Charité, ſur Loire, dont eſtoit Capitaine vn nommé Perrinet Graſſet, & y meirent le ſiege, qu'ils tindrent par l'eſpace d'vn moys: mais quand ils veirent qu'ils n'y pouoyent riens faire, ils leuerent le ſiege & ſ'en allerent.

Rencontre d'Anglois: & des ſieges de ſainct Scelerin, & Laigny.

AV moys d'Octobre, meſsire Ambrois, ſeigneur de Lore, meſsire Iehan Foucault, & vn Capitaine Eſcoſſois, nommé Guenedé, qui eſtoit en la garde de Laigny, ſe partirent de ladicte ville, auec quatre ou cinq cens combatans, & ſe vindrent loger à Louures, entre Paris & Senlis: & le lendemain allerent ſur le chemin d'entre Paris & Pontoiſe, pour trouuer certain nombre d'Anglois, qu'on leur auoit dit qui deuoyent paſſer, mais ils ne les trouuerent point. Si ſ'en retournerent audict lieu de Louures, & en retournant, ſur le chemin rencontrerent vn Capitaine Anglois, nommé Ferrieres, acompaigné de deux cens qu'Anglois que Bourguignons: ſi donnerent deſſus, tellement qu'iceulx Anglois furent deſconfits, & y en eut pluſieurs mors, & pluſieurs priſonniers: meſmement ledict Ferrieres fut prins priſonnier: & le lendemain vindrent ledict de Lore & Foucault, courir deuãt Paris, iuſques aux barrieres des portes de S. Denis, & S. Anthoine: puis ſ'en retournerent à Laigny, auec leurs priſonniers. Au moys de Decembre audict an, monſeigneur le Duc d'Alencon manda ledict messire Ambrois de Lore, qui estoit à Laigny, pour aller deuers luy: lequel laissa à la garde dudict Laigny ledict messire Iehan Foucault, Guenede, & Geoffroy de sainct Aubin. Quand ledict de Lore fut arriué vers mondict seigneur d'Alencon, il le fit son Mareschal, & l'enuoya au Chasteau de sainct Scelerin, pres Alencon, qui auoit esté de nouuel reparé. Si fit ledict de Lore besongner en diligence à le fortifier, & garnir de viures & d'artillerie: & tantost apres mes seigneurs d'Escalles, Raoul le Bouteiller, Robert de Roz, messire Guillaume de Hodealle, & autres Capitaines Anglois, à grand ost allerent mettre le siege deuant le Chastel de sainct Scelerin, & auoyent grosses Bombardes, Canös, & artilleries, & si n'estoit pas encores le Chastel bien fortifié: & sembloit bien ausdicts Anglois que puis que le seigneur de Lore estoit enclos dedäs qu'il n'auroit nul secours: & apres que ledict seigneur de Lore eut establi ses gens, & à chacun sa garde & son quartier, il fut requis tresinstamment par ses compaignons, qu'il se voulsist mettre à l'auenture de saillir dehors, pour aller querir secours, autrement ils voyoyent bien qu'ils estoyent perduz. Ledict seigneur de Lore en fit grand' difficulté, & disoit que ce seroit contre son honneur de les abandonner: toutesfois ils feirent tant qu'il s'y accorda, & soubs ombre d'vne grande saillie que ceulx de dedans feirent par nuict sur lesdicts Anglois, il s'en partit luy cinquième, & cheuaucha iour & nuict tant qu'il vint à Chinö, ou il trouua le Roy, & le Duc d'Alencon, ausquels il remonstra la necessité ou estoyent les Fräcois, qui estoyent en ladicte place de sainct Scelerin. Si manderent le Roy & ledict Duc d'Alencon gens de toutes pars, qu'ils feirent tirer au païs du Maine, pour combatre lesdicts Anglois. Quand iceulx Anglois le sceurent, apres qu'ils auoyent esté douze iours deuant la place, ils feirent döner vn merueilleux assault, & dura bien cinq heures, & y en eut plusieurs Anglois & autres Francois tuez (car ils vindrent iusques à combatre main à main) toutesfois à la parfin furent les Anglois reboutez, & le lendemain s'en retournerent honteusement.

En ce mesme temps les Anglois qui estoyent à Paris, retourneret pour mettre le siege à Laigny, & asirent leurs Bombardes & Canons, dont ils tirerent plusieurs iours: mais messire Iehan Foucault, Guenede, & aucuns qui estoyent dedans, se defendirent si vaillamment que les Anglois furent contraincts leuer le siege honteusement, & s'en retournerent sans riens faire. Iehanne la Pucelle, qui pour lors estoit es marches de Berry, sceut la grand' enuie que les Anglois auoyent d'auoir ladicte ville de Laigny: si assembla ses gens, & autres Capitaines, qui vindrent à Laigny: & à leur arriuee furent aduertiz qu'ils trauersoyent trois ou quatre cens Anglois en l'isle de France: si se meit à cheminer pour aller à iceulx, & y allerent aussi messire Iehan Foucault, Guenede, Geoffroy de sainct Aubin, & autres de la garnison dudict Laigny, & vindrent trouuer lesdicts Anglois, qui se meirent tous à pied, contre vne haye. Les Francois, qui n'estoyent point plus que les Anglois donnerent hardiment dessus, & meirent iceulx Anglois en desconfiture, & furent presque tous mors, & ceulx qui demoureret furent prisonniers. Si s'en retournerent ladicte Iehanne la Pucelle, & les Francois, en ladicte ville de Laigny auec leurs prisonniers.

Du siege qui fut mis deuant S. scelerin, par les Anglois.

D'une descösiture d'anglois que fit Iehanne la Pucelle, et ceulx de sa cöpaignie.

De la prinse de la Pucelle deuant Compiegne: laquelle les Anglois feirent mourir.

EN celle mesme saison le Duc de Bourgongne, messire Iehan de Luxembourg, Chef de l'armee des Bourguignons, les Comtes de Hantonne, & autres Capitaines Anglois & Bourguignons, auec grand' compaignie, allerent mettre le siege deuant le Chastel de Soisy, & le prindret. Les seigneurs & Capitaines Fräcois, & la Pucelle les voulurent aller combatre: mais vn Capitaine Picard, qui estoit dedäs Soissons, ne les voulut laisser passer par ladicte ville, & la vendit au Duc de Bourgongne, & la meit es mains dudict de Luxembourg: & par ce moyen allerent mettre le siege deuant Compiegne: & là vindrent à leur aide les Comtes de Suffort & d'Arondel, auec mil & cinq cens combatans, & asirent lesdicts Anglois & Bourguignons leurs Bombardes & Canons, & y feirent plusieurs bastilles: mais messire Guillaume de Flauy, Capitaine d'icelle ville, & ceulx qui estoyent dedans feirent chacun iour de grandes escarmouches sur lesdicts sieges. Iehanne la Pucelle & les Seigneurs & les Capitaines Francois, qui estoyent à Laigny, sceurent que ceulx de la ville de Compiegne estoyent vn peu à destroit: si y alla à grand' diligence, & entra dedans ladicte ville, dont ils furent tous resiouis: mais aucuns iours apres sa venue, à vne escarmouche ou elle estoit saillie hors de la ville, lesdicts Anglois & Bourguignons se rebellerent, tellement que les Francois furent contraincts d'eulx retirer en ladicte ville: & en eulx retirant ladicte Iehanne fut prinse prisonniere, par les gens de messire Iehä de Luxembourg: & disoyent aucuns qu'à ladicte retraicte la presse estoit si gräde à la porte, qu'elle n'estoit

Du siege mis deuant la ville de Compiegne, par les Anglois.

peu

peu entrer. Les autres diſoyent que les barrieres luy auoyent eſté fermees à l'appetit d'aucuns des Capitaines Francois, qui eſtoyent deſplaiſans de ce que de tout ce qui ſe faiſoit es guerres, la gloire eſtoit attribuee à ladicte Iehanne. Ledict meſſire Iehan de Luxembourg vendit ladicte Iehanne aux Anglois, qui la menerent à Rouen, ou durement la traicterent, & apres la feirent mourir, & la bruſlerent publiquement. Le ſiege fut deuant ladicte ville de Compiegne bien l'eſpace de ſix moys, & eſtoyent les Francois de dedans en grande neceſſité de viures. Vn Eſcuyer, nommé Iamet du Tilloy, s'alla mettre dedans ladicte ville, accompaigné de quatre vingts ou cent hommes, dont ceulx de la ville ſe reſiouyrent, & moult vaillamment ſe porta ledict Iamet. Apres fut faicte vne armee de mil & cinq cens combatans, pour aller ſecourir ladicte ville, & en eurent la charge le Comte de Vendoſme, & le Mareſchal de Bouſſac. Si y allerent, & d'arriuee frapperent vertueuſement ſur les Bourguignons & Anglois qui tenoyent le ſiege, & entrerent dedans leurs fortifications, qui eſtoyent faictes à grands foſſes, palliz & pieux, & pluſieurs Baſtilles, & là eut de grands faicts d'armes, & en tuerent moult les Francois, dont pluſieurs d'iceulx Anglois ſe reculerent par deſſus vn pont qu'ils auoyent fait à trauers la riuiere d'Aiſe. A l'heure qu'ils ſe combatirent, ceulx de dedans la ville aſſaillirent vne Baſtille que leſdicts Anglois & Bourguignons auoyent faicte deuant la porte, ou auoit bien cinq cens Picards de la compaignie dudict de Luxembourg, qui tous furent mis à mort en la place: & pource que la nuict eſtoit venue conuint auſdicts Comte & Mareſchal eulx mettre dedans la ville. Toute celle nuict les Anglois, Picards & Bourguignons ſe deſlogerent, & s'en allerent qui s'en peut aller, ſans ordonnance, & en grand deſarroy, les vns en Normandie, les autres en Picardie: & abandonnerent trois groſſes Bombardes & pluſieurs Canons, & autres Artilleries, & grand' quantité de vins, viures, & autres biens. Dedans ladicte ville eſtoit meſſire Philippe de Gamaches, Abbé de ſainct Pharon de Meaux: lequel, comme on diſoit, fut cauſe de tenir ladicte ville ſi longuement contre leſdicts Anglois. Auſſi ſe porta vaillamment ledict de Guillaume de Flauy, Capitaine d'icelle ville. Durant ledict ſiege auoit eſté faict certain appoinctement pour traicter paix, & par iceluy eſtoit accordé que ladicte ville de Compiegne ſeroit miſe es mains dudict Duc de Bourgongne, parce que c'eſtoit paſſaige de riuiere, affin que ledict Duc de Bourgongne peuſt aller & venir de ſes païs à Paris, & ailleurs, pour beſongner au faict du traicté: & pour ceſte cauſe ledict Duc eſtoit venu à Noyon: mais pour quelque mandement que le Roy fit audict de Flauy, il ne voulut point bailler ladicte ville audict Duc de Bourgongne, ſcachant qu'il ne feroit ia bien au Roy ny au royaume: & eſtoit ladicte ville & paſſaige bien gardee, pour entretenir toutes les autres qui eſtoyent en l'obeiſſance du Roy. Quand ledict Duc de Bourgongne, qui eſtoit à Noyon, ſceut que ledict ſiege eſtoit leué, il fut bien courroucé, & s'en alla incontinent en Artois. Enuiron celle ſaiſon Eſtienne de Vignolles, dict la Hire, & aucuns genſd'armes, qui eſtoyent à Louuiers, paſſerent la riuiere de Seine, & par eſchelle prindrent Chaſteaugaillard: par laquelle prinſe le ſeigneur de Barbazan, qui auoit eſté illec detenu priſonnier par les Anglois l'eſpace de neuf moys, enferré en vne baſſe foſſe, fut deliuré, dont le Roy & toutes gens furent bien joyeux: car c'eſtoit vn bon, vaillant & preux Cheualier, & bien aymé de chacun. En celle meſme ſaiſon le Roy alla à Sens, & en chemin fut prinſe la ville de Villeneufue, par le Roy, ou eſtoit Perrinet Graſſet, qui tenoit le party des Anglois: lequel s'enfuyt par deſſus le mur, & s'en alla à la Charité qu'il tenoit. Auſſi ledict ſeigneur de Barbazan, & aucuns Francois qu'il auoit auec luy prindrent pons ſur Seine, par compoſition. En la cité d'Auxerre vint de par le Pape le Cardinal de ſaincte Croix, Legat, pour traicter paix entre les Roys de France & d'Angleterre: & allerent deuers luy audict lieu Ambaſſadeurs, tant de France, d'Angleterre, que de Bourgongne: mais il ne fit riens, car chacun ſe vouloit dire & porter Roy de France.

Les Anglois ſeirent bruſler Iehanne la pucelle.

De la reduction de Melun, Moret, Corbeil, le boys de Vincennes, & autres places.

Elle meſme ſaiſon les Anglois & Bourguignons, eſtans dedans Melun, ſaillirent de ladicte ville pour aller à quelque courſe. Quand ceulx de la ville veirent qu'il n'y en auoit plus gueres, ils s'eſleuerent contre aucuns qui eſtoyent demourez: & lors vn vieil Trompette, qui auoit ſeruy le Roy, comença à ſonner de ſa trompe, & crier, Viue le Roy de France. Lors ceulx de la ville s'eſleuerent & fermerent leurs portes: & ce peu de gens Anglois, qui eſtoyent demourez, ſe retrahirent au chaſteau: parquoy ceulx de ladicte ville enuoyerent querir deux Cheualiers, qui tenoyent aucunes for-

De la fineſſe que ceulx de Melun iouerent aux Anglois.

treſſes pour le Roy illec enuiron, l'vn nommé le Commandeur de Gireſme, l'autre nommé meſſire Denis de Chailly, qui vindrent diligemment auecques ce qu'ils peurent finer de genſd'armes, & aſſiegerent ceulx du chaſteau. Les Anglois, qui eſtoyent à Paris, enuoyerent incontinent pluſieurs genſd'armes, pour les cuider ſecourir: mais ils furent reboutez par leſdicts deux Cheualiers, & par meſſire Iehan Fouquault, & autres de la garniſon de Laigny, qui ia eſtoyent venuz au ſecours de ladicte ville: & tantoſt apres ceulx dudict chaſteau ſe rendirent par compoſition. Apres ladicte prinſe, leſdicts de Gireſme & de Chailly, auecques pluſieurs genſd'armes allerent à Prouins, & prindrent le chaſteau d'aſſault, ou il y auoit de quatre à cinq cens Anglois, auſquels ils feirent tous copper les teſtes. puis allerent à Moret, à Crecy, à Coulommiers: toutes leſquelles places ils meirent en l'obeiſſance du Roy, par compoſition, & prindrent Blandit par ſiege & d'aſſault: puis furent cauſe de rendre la ville de Corbeil, & le chaſtel du boys de Vincennes, & feirent pluſieurs autres grands ſeruices au Roy & au royaume, dont ils ſont à recommander, & dignes de memoire.

D'vne grande deſconfiture d'Anglois, pres Chaalons.

VNe compaignie d'Anglois, & Bourguignons, ſ'aſſemblerent, & eſtoyent bien huict mil combatans, & tirerent vers Chaalons, en Champaigne, pour querir leur aduantage: & quand ils furent entre Chaalons & noſtre Dame de l'Eſpine, ceulx de la ville en furent aduertis, & doubterent qu'ils n'euſſent fait entreprinſe ſur la ville. Si allerent au conſeil vers le ſeigneur de Barbazan, qui eſtoit en ladicte ville, pour le Roy, logé en l'Abbaye ſainct Mauge: lequel, attendu qu'il cognoiſſoit que ladicte ville n'eſtoit pas de grand' force, fut d'oppinion qu'on preuint auſdicts Anglois, & qu'on les allaſt combatre aux champs. Si furent mandez tous les genſd'armes des garniſons, qui eſtoyent prochaines là autour: & auſſi eſtoit en la ville meſſire Euſtace de Conflans, Capitaine de ladicte ville, & vn vaillant Eſcuyer, nommé Verſailles. Quand les garniſons furent aſſemblees, ils ſe trouuerent bien quatre mil, qui eſtoit bien peu au regard de la compaignie deſdicts Anglois: mais ce neantmoins ils ſe meirent aux champs, & allerent courir ſus à leurs ennemis, qu'ils trouuerent en vn village, appelé la Croiſette: & là les aſſaillirent, & y furent faicts de grands faicts d'armes: & tellement ſe porterent Francois, qu'Anglois furent deſconfits, & peu en demoura que tous ne fuſſent mors, ou prins: & y eut de cinq à ſix cens priſonniers, qui furent menez en ladicte ville de Chaalons, & des Francois n'y eut de mors qu'enuiron quatre vingts hommes.

De la iournee d'Anthon, au Dauphiné.

EN celle annee au moys de May, le iour de la Trinité, le Prince d'Orenge, qui tenoit le party du Duc de Bourgongne, alla au Dauphiné, à grand' aſſemblee de gens. Or fut ainſi que le Duc Amé de Sauoye, & ledict Prince auoyent concluds de vouloir auoir ledict païs: c'eſtaſſauoir ledict Prince Viennois, & ledict Duc Grenoble, & les montaignes: & y enuoya le ſeigneur de Varambon, & trois cens lances. Si entra ledict Prince d'Orenge audict païs, & paſſa la riuiere du Roſne à Anthon, qu'il tenoit: & lors le ſeigneur de Gaucourt, qui eſtoit Gouuerneur dicelny païs, pour le Roy, meſſire Himbert de Groſlee, Baillif de Lion, & Mareſchal du Dauphiné, & vn Capitaine Eſpaignol, qui eſtoit vaillant en armes, nommé Rodigo de Villandras, aſſemblerent gens de toutes pars: & ledict iour de la Trinité, les allerent rencontrer entre Colombiers, & ledict lieu d'Anthon, pres la riuiere du Roſne, & les combatirent & deſconfirent. Et ſi furent les gens dudict Prince d'Orenge preſque tous mors ou prins, & ledict Prince, qui eſtoit ſur vn bon courſier, fut ſi preſſé qu'il fit ſaillir ſon cheual du hault bort dedans ladicte riuiere du Roſne: & la trauerſa ſondict cheual, luy armé à blanc, ſa lance en la main, tout au trauers de ladicte riuiere. qui fut vne merueilleuſe aduenture: car ladicte riuiere eſt merueilleuſement parfonde, roide, & impetueuſe. Et là furent prins priſonniers pluſieurs grands Seigneurs du païs de Bourgongne, parens dudict Prince, & y gaignerent les Francois moult de biens: & par celle deſtrouſſe fut tout le païs du Dauphiné remis en l'obeiſſance du Roy: & perdit ledict Prince toutes les places qu'il auoit: mais depuis le Roy, de ſa grace, les luy reſtitua.

Du cheual du prince d'Orenge qui paſſa ſon maiſtre à trauers le Roſne, & le ſauua.

De la venue

De la venue du ieune Roy d'Angleterre, & de son couronnement, à Paris.

EN l'an mil cccc.*xxxj. Héry le ieune Roy d'Angleterre, aagé d'enuiron douze ans, lequel estoit fils de madame Katherine de France, descendit en France, & vint droict à Paris, accompaigné du Cardinal de Vicestre, du Duc de Bethfort son oncle, du Comte de Vvaruic, & autres Seigneurs d'Angleterre, & fut grandemét receu des Parisiens: & fit l'on plusieurs mysteres & personnages par les rues, qui estoyent toutes tendues de tapisseries: & s'en alla loger au Palais. Tantost apres furent faicts en l'eglise de Paris de grands eschauffaux, richement parez & aornez: & le Dimenche ensuyuant, deuant lesdicts Princes & tout le peuple, fut couronné Roy de Fráce par ledict Cardinal de Vicestre, en ladicte eglise de Paris (qui n'est pas le lieu accoustumé pour sacrer les Roys de France) & là auoit deux couronnes, dôt l'vne luy fut mise sur la teste, & l'autre estoit tenue aupres de luy, & signifioyent qu'il estoit Roy de Fráce & d'Angleterre. Apres son sacre il s'en alla disner au Palais, ou il tint estat royal, & court planiere.

*Autres disent 32. et aagé d'enuiron dix ans: qui accorderoit bié auec le f. 67

Couronnement du roy d'Angleterre en Roy de France, à nostre Dame de Paris.

En ce temps vn nommé l'Arragonnois, qui tenoit le party des Anglois, print la ville & chastel de Montargis d'emblee, par le moyen d'vne Damoyselle, chamberiere du Seigneur de Villars, qui en estoit Capitaine pour le Roy, & d'vn sien Barbier, auquel ledict l'Arragonnois auoit fait promettre deux mil escus, dont il ne luy tint riens. En celle saison le Comte d'Arondel, & bien deux mil combatans Anglois, allerent faire vne embusche aupres de Beauuais, & enuoyerent aucuns coureurs: mais le Mareschal de Boussac, & Poton de Xaintrailles, qui estoyent dedans ladicte ville, saillirent sur les coureurs, & allerent apres bien demie lieue. Lors lesdicts Anglois se meirent entre la ville & eulx, & fraperent dessus ledict Poton de Xaintrailles, qui fut prins & emmené prisonnier, & ledict Mareschal trouua façon de soy retirer en ladicte ville de Beauuais. Iceluy Poton fut depuis deliuré, pour la deliurance du Seigneur de Talbot, qui auoit esté prins à Patay. Le Duc de Bar, & le Seigneur de Barbazan allerent mettre le siege deuant Chappes, que tenoyent les Anglois & Bourguignons, pres Troyes en Champaigne. Le Comte de Vaudemont & le Mareschal de Bourgongne, auec plusieurs Anglois & Bourguignons allerent pour aider à leurs gens, mais ils furent lourdement reboutez & descófits, & s'enfuyrét sans riens faire. En celle mesme annee se sourdit debat entre René, Duc de Bar & le Comte de Veudemont, pour raison de leurs terres: & estoyent auec ledict Duc de Bar, de sa partie l'Euesque de Mets, le Seigneur de Barbazan, & plusieurs Frácois: & ledict Cóte auec grád nóbre de Bourguignons, Sauoysiés, & Anglois, qui luy furét enuoyez par le Duc de Bourgongne. Si eurent bataille en vn lieu, nommé Belleuille, pres Nancy, en laquelle ledict René Duc de Bar, fut desconfit, & luy mesme l'Euesque de Mets, & plusieurs autres prins prisonniers: & fut ledict Seigneur de Barbazan tué, & bien douze cens Lorrains & Barrois. En celle mesme annee le Seigneur de Villery, le Bastard de Salbery, le Seigneur de Mathago, & plusieurs autres Capitaines Anglois, allerent mettre le siege deuant la place de sainct Scelerin, en Aniou, à grand'puissance de gens & d'artillerie, & fort longuement assaillirent la place. Dedans estoit vn vaillant Escuyer, nommé Iehan Armagne, Lieutenant de messire Ambrois, seigneur de Lore, Cheualier, qui se defendit vaillamment. Ledict Seigneur de Lore, sachant, & aduerty dudict siege, alla deuers le Duc d'Alencon, & messire Charles d'Aniou, Comte du Maine, Lieutenát & gouuerneur de par le Roy, es marches de par dela, pour auoir secours: lesquels luy baillerent aucuns Capitaines, qui s'allerent loger à Beaumont, à cinq lieues pres dudict sainct Scelerin. Les Anglois le sceurent: si print ledict Bastard de Salbery vne partie des Anglois, qui estoyent audict siege, & passa la riuiere de Sartre sur vn pont, & alla rencontrer vne bande de Francois qu'il assaillit, & meit en desarroy & desconfiture. Tantost apres ladicte bande venoyent le Seigneur de Lore, & le Seigneur de Bueil, qui menoyent vne autre bande, ou auoit seulement de soixante à quatre vingts lances, & enuiron quatre cens Archers. Quand ils sceurent la desconfiture de leurs gens, qui estoyent deuant, ils se hasterent pour les aller secourir, & trouuerent lesdicts Anglois à vn village nommé *Binaiuig, qui estoyent ia au logis, bien embesongnez à garder & lier leurs prisonniers. Si donnerent fermement & hardiment sur eulx, tellement qu'ils les meirent en fuyte, & les contraignirent d'abandonner leursdicts prisonniers, leurs cheuaux, bagues & harnois, & les suyuirent longuement, iusques pres de deux lieues, & en tuerent bien six cens: & y mourut vn Capitaine Anglois, nommé messire Iehan Artus. Aussi prindrent plusieurs prisonniers: & entre autres fut prins ledict de Mathago, & des Francois n'eut que vingt & cinq mors, & trente prisonniers. Durant le conflict de la bataille, ledict de Lore fut desconfit, & prins prisonnier. Quand les Francois le sceurent, ils furent si desplaisans que plus ne pouuoyent: & disoyent les vns qu'il estoit mort: & pour en sçauoir la verité se frapperent si auant en la bataille qu'ils le trouuerent. Lors se combatirent

Guerre entre le Duc de Bar, depuis roy de sic. et le Comte de Vaudemont, ou mourut le Capitaine Barbazan

*Cron. de Fráce Binauig, & autres Aubigny

LES CHRONIQVES ET ANNALES DE FRANCE.

Le Seigneur de Lore fut prins des Anglois, et puis tantost apres rescouz par les François.

moult fort pour le rauoir & recouurer. Les Anglois le defendirent vaillamment, & y eut là des Frãçois naurez & tuez: toutesfois à la parfin il fut rescoux & ramené. Lors s'é retourna ledict Seigneur de Villeby audict siege, qui estoit à sainct Scelerin: & le lendemain au matin lesdicts Anglois leuerent ledict siege, sans aucune ordonnãce, pour eulx en aller vers Alençon. Quand ledict Iehan Armagne, qui estoit dedãs ladicte place, les apperceut ainsi aller, il saillit de la place & leur courut sus, & moult en tua & print prisonniers : & aussi gaigna plusieurs cheuaux, viures, & autres biens & richesses. Ledict Seigneur de Bueil & plusieurs autres Capitaines Francois s'en allerent à Sablé, & emmenerent leurs prisonniers, dont ils auoyent grand nombre: & ledict Seigneur de Lore, messire Iehan de Lore, son cousin, Guillaume de Plassac, & bien vingt cinq autres : qui estoyent blecez, demourerent audict lieu de Beaumont, pour eulx faire penser de leurs playes. Durant le temps dudict siege de sainct Scelerin, le Bastard d'Orleans, Côte de Dunois, & le seigneur de Gaucourt, feirẽt vne entreprinse sur la ville de Chartres, par le moyen de messire Florent d'Illiers, Cheualier: lequel par certaines intelligences meit les Frãcois dedans ladicte ville. Quand ils furent entrez, ledict d'Illiers print la banniere du Roy, & tout à pied armé à blanc, la portoit: & se meit à marcher par la ville, criant viue le Roy: & ainsi alla iusques deuant la porte de la grand'eglise, & là s'arresta. Lors furent enuoyez par les rues & carrefours de ladicte ville gensd'armes François: & pource qu'ils trouuerent aucuns qui se vouloyent rebeller, & esleuer contre eulx, ils en meirent plusieurs à mort, & l'Euesque mesme de ladicte ville, qui estoit Bourguignon: & y fut tué le Baillif, nommé l'Aubespin: & plusieurs autres du party des Anglois & Bourguignons, saillirent par dessus les murs de ladicte ville, & s'enfuyrent.

La uille de Chartres prinse par les François, et l'Euesque tué.

Du grand siege de Laigny, par le Duc de Bethfort, qui fut leué par les François.

Mil cccc.xxxj.

EN celle mesme annee mil cccc.xxxj. le Duc de Bethfort, à grand'cõpaignie de gés, viures, & artilleries, partit de Paris, & alla mettre le siege deuant la ville de Laigny: & du costé de la Brie, tout aupres des murs de la ville, fit faire fossoyer & fortifier vn grand parc, qui contenoit plus que ladicte ville. Puis fit faire vn pont, pour trauerser la riuiere de Marne, du costé de la France: & au bout dudict pont fit faire vn grand & fort Boulleuert. Dedãs icelle ville estoyent trois Cheualiers, Capitaines: l'vn nommé Guenede, l'autre messire Iehan Fouquault, & l'autre Regnault de sainct Iehan, auec plusieurs François: lesquels pour la longueur dudict siege eurent beaucoup à souffrir: parquoy le Roy fit vne armee, qu'il y enuoya pour les secourir: & y estoit le Bastard d'Orleans, le Seigneur de Rieux, Mareschal de France, Poton, la Hire, messire Rodigo de Villandras, Espaignol, les Seigneurs de Culant, & de Gaucourt, Gouuerneur du Dauphiné, & plusieurs autres, qui menerent auec eulx grand'quantité de viures: & cheuaucherent tant qu'ils vindrent à demie lieue pres de ladicte ville de Laigny: & là se meirent d'arriuee en bataille, & enuoyerent escarmoucher les Anglois iusques en leur fortification, pour veoir leur contenance : mais lesdicts Anglois ne voulurent sortir: & pour ce que la nuict vint, ils se logerent en ce mesme lieu. Le lendemain matin se vindrent mettre de rechef en bataille au plus pres des Anglois, & feirent passer par derriere eulx, & emmener grand'quantité de viures, pour mettre audict lieu de Laigny: & feirent lesdicts Francois de grandes escarmouches sur l'ost desdicts Anglois: car leur parc estoit si fortifié qu'ils n'estoyent pas conseillez de les assaillir dedans. Esdictes escarmouches y eut plusieurs tuez, n'aurez, & prins prisonniers: & entre autres y fut tué messire Iehan, Seigneur de Xaintrailles, frere de Poton. Les Francois, qui estoyent dedans la ville, sortirent, & assaillirent vne bande d'Anglois, qui tenoyent siege deuant vne des portes: & ce voyant ceulx de dehors allerent pareillement sur eulx par derriere, tellement qu'iceulx Anglois, qui là estoyent, furent presque tous mors ou prins: & entrerent iceulx Francois tout à leur bandon en ladicte ville, auec leurs viures. A icelle heure le Duc de Bethfort, & grand nombre d'Anglois, se desmarcherent de leur parc, pour cuider aller empescher l'entree desdicts viures & gés: mais les Francois, qui estoyent derriere, s'arresterent tout coy pour les attendre, & se meirent en belle ordonnance, & retournerent courir sus ausdicts Anglois: & là eut forte bataille, & s'entremeslerent François & Anglois, tellement qu'ils ne s'entrecongnoissoyent: & faisoit si iour si grand chault, que plusieurs furent estainctz & mors, sans estre frappez. A la longue lesdicts de Bethfort & ses gens furent contraincts eulx retirer bien en haste dedans leur parc: & les Francois se retirerent semblablement, & se logerent ceste nuict au lieu ou ils estoyent. Le lendemain ledict Seigneur de Gaucourt, auec certain nombre de gens, par deliberation entra en ladicte ville, pour l'aider à garder & defendre: & les autres Capitaines François

Du bon secours qui uit à ceulx de Laigny.

cois

cois prindrent leur chemin, & allerent vers la Ferté foubs Yerre, & là feirent vn pont fur bateaux, pour paffer la riuiere de Marne, pour venir en la France, ou ils prindrent & reduyfirent plufieurs fortreffes qui faifoyent moult de maulx aux Francois. Quand ledict Duc de Bethfort, qui eſtoit audict fiege deuant Laigny, fceut que les Francois eſtoyent paſſez la riuiere de Marne, il fe doubta qu'ils euffent quelque entreprinfe fur la ville de Paris : fi leua fondict fiege haſtiuement, & f'en vindrent luy & fes gens à Paris, fans ordonnance, les vns par la France, & les autres par la Brie: & laifferent leurs Bombardes, viures & autres biens. Lors voyans ceulx de ladicte ville de Laigny, ils faillirent apres eulx & les fuyuirẽt, & en tuerent foifon, & grand nõbre de prifonniers prindrent, & gaignerẽt plufieurs beaux cheuaux, harnois & autres biens. *Des Anglois qui leuerẽt le fiege de deuant Laigny.*

D'vne belle entreprinfe que fit le Seigneur de Lore fur la ville de Caen.

TAntoſt apres que meſſire Ambrois, feigneur de Lore, qui auoit eſté blecé, comme deſſus a eſté dict, fut guery de fes playes, il fit vne entreprinfe fur vne foire, qui fe tient le iour ſainct Michel, es faulxbourgs de Caen en Normandie, deuant l'Abbaye ſainct Eſtienne (laquelle ville tenoyent lors les Anglois) & manda venir deuers luy vn nommé Iallet, & vn autre nommé Ferrebouc, Capitaine de Bommolins, & fe trouuerent bien ſept cens hommes, quand ils furent affemblez. Si fe meirent à chemin, & arriuerent au iour à l'heure que la foire eſtoit aſſemblee, fans eſtre apperceuz : & illec prindrent plufieurs Anglois, & preſque tous les riches gens, & marchans de ladicte ville, & gaignerent plufieurs bagues qu'ils trouuerent en ladicte foire, en & prindrẽt à leur abandon. Lors fe meirent les Anglois à eulx retirer en ladicte ville, mais il y auoit fi grand preffe qu'on ne pouuoit n'enclorre n'ouurir les portes: toutesfois, tantoſt apres les gens de guerre Anglois, qui eſtoyent biẽ trois cens à la garde d'icelle ville, & plufieurs des habitans faillirent, pour cuider refcourre ladicte foire, mais ils furent fi roidement reboutez qu'il conuint leur rentrer en ladicte ville : & y eut plufieurs des gens du Seigneur de Lore, qui entrerent apres eulx bien auant : mais ils eſtoyent trop peu pour y arreſter, & y eut plufieurs Anglois mors ou prins : & en tenant celle eſcarmouche les gens dudict de Lore faifoyent toufiours tirer auant les prifonniers & biens. Quand ils furent affez loing, ledict Seigneur de Lore, auec fes gens, qui eſtoyent demourez auec luy, tirerent apres : & à vn carrefour, ou y a vne Croix, ledict Seigneur de Lore f'arreſta, & fit arreſter toute la compaignie, & crier fur peine de la hart, que tout homme qui auoit aucuns prifonniers gens d'Eglife, hommes & femmes anciennes, pauures gens laboureurs, & petits enfans, ou gens qui euſſent ſauſconduict du Roy, ou d'aucun Capitaine, qu'on les rẽuoyaſt franchement. Au moyen duquel cry furent deliurez plufieurs des conditions defufdictes : lefquels ledict Seigneur de Lore fit conuoyer par fes gens à feureté, affin qu'aucun empefchement ne leur fuſt faict : & eſtoyent bien en nombre mille : & en demourerent encores de prifonniers bien trois mil & plus. Vn Eſcuyer Francois, nommé Guillaume de ſainct Aubin, eſtoit logé à la Fougere, au païs du Maine, auec quarante combatans. Enuiron deux cens Anglois, de la garniſon du Maine la Iuhez, vindrent donner fur fon logis. Ledict de ſainct Aubin & fes gens fe defendirent fi vaillamment qu'ils defconfirent & meirent en fuyte lefdicts Anglois, & plufieurs en tuerent & prindrent prifonniers. Vn homme d'armes Francois f'enfuyt de la meflee, & fe muffa en vn buiffon. Semblablement deux hommes d'armes Anglois f'en eſtoyent fuys celle part, & f'eſtoyent allez muffer audict buiffon. Ledict Francois qui auoit grand paour, en intention de foy rendre à eulx, demanda, Qui eſt là? & lefdicts Anglois refpondirent : My maiſtre, nous nous rendons à vous, fauuez nous la vie. Adonc iffit ledict Francois hors, & les emmena deuers ledict Guillaume de ſainct Aubin, & fes compaignõs qui auoyent vaillamment combatu: lefquels luy oſterent lefdicts prifonniers, dont ledict Francois leur fit proces & queſtion par deuant ledict Seigneur de Lore, foubs qui ils eſtoyent : lequel de Lore iugea que ledict homme d'armes n'auoit riẽs auſdicts prifonniers : & n'euſt eſté la faueur d'aucuns qui le prierent, l'euſt faict griefuement punir: car il f'en eſtoit fuy, & ne les auoit pas prins par fa vaillance.

De leſcarmouche que fit le ſeigneur de Lore, pres la ville de Caẽ, la ou il gaigna gros butin.

De deux fuyars Anglois, qui fe rendirent à un autre fuyart Francois.

Defconfiture d'Anglois faicte de rechef par le Seigneur de Lore.

LE premier iour de May, audict an, les Anglois de la garniſon de Freſnay allerẽt porter & plãter le May deuãt le chaſtel de S. Scelerin, ou eſtoit meſſire Ambrois de Lore, & eſtoyent quatre ou cinq cens Anglois. Ledict de Lore faillit hors pour les cõbatre, mais ils ne l'attendirent pas: parquoy incõtinent enuoya coureurs, qui leur reporterẽt le may qu'ils auoyent apporté, & le planterẽt deuant *Anglois uĩdrẽt planter un may deuãt le chaſtel S. ſceleri, à leur confuſion.*

ladicte place dudict Fresnay: & se meit ledict de Lore en embusche le plus pres qu'il peut de la barriere. Ceulx de dedans saillirent incontinent pour courir sus à ceulx qui auoyent planté ledict May, & marcherét si auant q̃ ledict de Lore saillit de son embusche, & se meit entre eulx & la place, & là eut forte baterie, & furét lesdicts Anglois descôfits, & tous mors ou pris: & entre autres furét prins le Rasle de Hotô, Cheualier, le fils de mesire Thomas Habourg, & plusieurs autres. Vn petit apres les Anglois de la garnison de saincte Susanne allerent courir, & feirent vne embusche contre les Francois de la garnison de Silly, ou furent prins plusieurs Francois. Mesire Ambrois de Lore, qui en fut aduerty, alla à leur aide, auec trois cens combatans rescouyt lesdicts prisonniers, & desconfit lesdicts Anglois, & en print bien deux cens de prisonniers, & les suyuit batant iusques contre les barrieres de saincte Susanne: puis se logea auec ses gens & prisonniers au village dudict Silly.

De la question & debat des Ducs de Bretaigne & d'Alencon.

L'an mil.cccc. xxxii.

EN l'an mil quatre cens trente & deux le Duc d'Alencon fit prendre & arrester l'Euesque de Nâtes, qui estoit de ceulx de Mallestret, Châcelier du Duc de Bretaigne, & le mena à la Flesche en Aniou, par ce qu'il disoit qu'il ne pouuoit estre payé de certaine grand'somme de deniers qui luy estoyent deuz, à cause du mariage de sa mere, sœur dudict Duc de Bretaigne: & furét aucunes parolles d'appoinctement, pendant lesquelles ledict Euesque fut mené à *Ponence. Quand il y fut, ledict Duc de Bretaigne sceut que ledict Duc d'Alencon, sa mere, & sa femme, le Bastard d'Orleans, & le seigneur de S. Pierre, qui estoyent allez, pour faire l'appoinctement estoyent dedans, & qu'il n'y auoit nuls, ou que trespeu de gens de guerre: si y enuoya subitement aucuns Bretons & Anglois, que conduisoyent le Comte de Villy, & mesire Iehan Fastol, Anglois, & y fit mettre le siege: parquoy ledict Duc d'Alencon trouua facon de saillir de la place luy septiéme seulement, & s'en alla à Chasteaugontier. Là eurent mainte paour la mere dudict Duc d'Alécon, sœur dudict Duc de Bretaigne, & sa femme, qui sœur estoit du Duc d'Orleans. Ledict Duc de Bretaigne manda à son ayde son frere le Comte de Richemont, Cônestable de France: & pour luy obeir y alla, combien qu'il fust desplaisant du discord desdicts Ducs: car ledict Duc d'Alencon estoit son nepueu, fils de sa sœur. Si fit venir auec luy vn Escuyer, nommé Guillaume de sainct Aubin, qui estoit dedans ladicte place: & luy dist son intétion: & que bon seroit de trouuer appoinctement: lequel de sainct Aubin alla à Chasteaugontier deuers ledict Duc d'Alencon: lequel enuoya incontinét mesire Ambrois de Lore, son Mareschal, deuers le Duc de Bretaigne, qui estoit à Chasteaubryant: & là fut faict appoinctement, par lequel fut ordonné que ledict Euesque de Nantes seroit deliuré: & que le Duc d'Alencon seroit payé de la somme qu'il demandoit à certains termes: & fut prins iour que lesdicts Ducs s'entre verroyent.

Cron. de Frâce dis. Poence.

L'appoinctemét faict entre le Duc de Bretaigne & le Duc d'Alencon.

De plusieurs places prinses par les Anglois.

EN celle saison, ou tost apres, le Comte d'Arondel, Lieutenant du Roy d'Angleterre, alla mettre le siege deuant la place de Bommolins, qui luy fut rendue, & la fit abbatre. Puis alla deuant le chastel d'Orle, audict païs du Maine, & l'assiegea, & par aucuns iours le fit fort battre de Bombardes & Canons, tellemét qu'il luy fut rendu par composition: & apres print son chemin pour aller vers sainct Scelerin, ou estoit le Seigneur de Lore: lequel, cuidât qu'il y voulsist mettre le siege, se meit sur les champs, & alla au deuant desdicts Anglois auec enuiron deux cens combatans, & les alla rencontrer en vn logis qu'ils ne se doubtoyent point, & d'arriuée frappa sur eulx, tellement qu'il en tua bien quatre vingts ou cent. Les autres se meirent en desarroy & à la fuyte: & fut ledict de Lore & ses gens maistre de leur artillerie, viures & logis, bien vne heure: toutesfois lesdicts Anglois se r'allierent, & retournerent ausdicts logis, & là eut forte baterie, mais à la parsin ledict de Lore & ses gens en emmenerent bien quatre vingts cheuaux, & plusieurs prisonniers, & s'en retournerent. Tantost apres Iehan Armagne, Lieutenant dudict de Lore, partit dudict sainct Scelerin, & alla faire vne escarmouche pres de Fresnay. Anglois saillirent sur luy, mais il les desconfit, & en tua bien six vingts, & print plusieurs prisonniers, & entre autres fut prins vn nommé Monsloel, lors Mareschal dudict Fresnay: &, ce faict, s'en retourna audict sainct Scelerin. En ce mesme temps les Anglois, qui estoyent bien douze mil hommes, allerent mettre le siege deuant la ville de Louuiers: dedâs laquelle estoit le Capitaine la Hire, Amador de Vignolles, son frere, mesire Florent d'Issiers, Girault de la Palliere, & autres, qui moult vaillamment & longuement se defendirent: mais les Anglois estoyent si puissans

D'affaicte des Anglois par le seigneur de Lore, pres s. Scelerin.

DV ROY CHARLES, SEPTIEME. Fueil.lxxxij.

si puissans qu'ils ne peurent point resister. Si feirent composition, & fut ladicte ville mise es mains desdicts Anglois, lesquels la desemparerent & demolirent. Ledict Comte d'Arondel fit vne grand' armee & assemblee de gens & d'artillerie, & alla mettre le siege deuant le Chastel de sainct Scelerin, ou estoit Iehan Armagne, & Guillaume de sainct Aubin, & autres gens de guerre, qui vaillamment se deffendirent : & fut ledict siege deuant la place bien trois moys, & faisoit le seigneur de Lore grand' diligence deuers le Roy, de leur donner secours (car il y auoit dedans sa femme & ses enfans) & tant fit que le Roy assembla vne armee, pour aller leuer le siege: mais les Anglois vn iour donnerent vn si grand assaut par vne bresche qu'ils auoyent faicte, qu'ils cuideret prendre ladicte place: & audict assaut furet tuez lesdicts Armagne, & sainct Aubin, qui estoyent les principaux deffendeurs d'icelle place : parquoy auant que ceulx de dedans peussent auoir secours, ils furent contraincts faire composition, & bailler la place, & eurent les assiegez saufconduict d'eulx en aller à pied, & sans leurs biens. Apres la prinse dudict sainct Scelerin, ledict Comte d'Arondel s'en alla mettre le siege deuant le Chastel de Silly le Guillaume : & tantost apres fut faicte composition à luy, par Mery d'Anthenaise, Capitaine dudict lieu, qu'au cas que dedans quinzaine il n'estoit secouru, ou que ledict Comte ne fust cōbatu par les Francois, il rendroit la place, & de ce bailla ledict Capitaine ostages. Et ce venu à la congnoissance de mondict seigneur d'Alencon, de messire Charles d'Aniou, & du Comte de Richemont, Connestable, & des Mareschaux de France, des seigneurs de Loheac, & de Grauille, qui auoyent assemblé grand' armee, à la poursuyte du seigneur de Lore, pour aller secourir ceulx de sainct Scelerin, se meirent à chemin pour aller secourir ceulx dudict Silly. Quand les Anglois sceurent leur venue, ils allerent au deuant, & les Francois approcherent d'eulx iusques à vn village appelé Lonuel, & auoit seulement entre les deux osts vne petite riuiere, & y eut de grandes escarmouches: mais iceulx Francois, voyans que les Anglois estoyent en vn si fort lieu & auantageux, ne les voulurent point assaillir là ou ils estoyent: & quand vint au soir ils manderent audict Comte d'Arondel, par vn Herault, que le lendemain il vint au chāp pour combatre, ou qu'il rendist les ostages. ce qu'il leur rendit: parquoy les Francois les receurent, & s'en retournerent: & quand les Anglois veirent que les Francois estoyent partiz, ils allerent audict Silly le Guillaume, & y donnerent vn si fort assaut qu'ils prindrent ladicte place, & s'en retournerent au Mans. Vn peu apres ledict Comte d'Arondel print les Chasteaux de Mellay & sainct Laurens des Mortiers, & coururent le païs du Maine, ou ils feirent plusieurs maulx: puis s'en retourna en Normandie.

La ville de Louuiers fut prinse des Anglois, par composition.

Le chasteau de S. scelerin fut prins par les Anglois.

Les Anglois prindrēt la place de silly le Guillaume, au Maine.

De la bataille de Gerberoy.

TAntost apres, Poton & la Hire, deux vaillans Capitaines Gascons, auec enuiron dixhuict cens Francois, partirent de Beauuais, & allerent en vne vieille fortresse, qui de long temps estoit desemparee, nōmee Gerberoy, à quatre lieues pres Beauuais, & remparerent le mieulx qu'ils peurent ladicte place : mais incontinent ledict Comte d'Arondel assembla grand ost, & vint deuant ladicte place. Iceulx Poton & la Hire, voyans que ladicte place n'estoit point assez fort remparee n'auitaillee pour tenir contre toute la puissance dudict Comte d'Arondel, aduiserent que mieulx leur seroit de ne se laisser point enclorre ne enfermer dedans ladicte place, & qu'il valloit mieulx saillir aux champs pour combatre lesdicts Anglois. Si se meirent sur les champs, & allerent trouuer ledict Comte, & le combatirent: lequel resista vaillamment, mais à la parfin il fut desconfit, & y eut de six à sept cens Anglois mors, & plusieurs prisonniers : & entre autres fut prins ledict Comte d'Arondel, & mené à Beauuais: mais il estoit tellement blecé d'vn coup de couleurine en la iambe, que tantost apres il mourut. Aussi furent prins prisonniers les seigneurs Dondeuille & Monteroillé. En celle saison les Francois prindrent la ville de Montargis sur les Anglois: mais cela ne proffita riens, pource que les Anglois, qui tenoyent le chastel, furent tantost secouruz par ceulx de leur party. En celle mesme annee les Francois prindrent le chasteau de Rouen, qui fut rescoux par les Anglois, qui meirent grand garde à la porte des champs. Si s'en retirerent les Francois à la grosse tour, & furent contraincts eulx rendre à volonté, & en feirent les Anglois decapiter six vingts.

La mort du Cōte d'Arōdel, Anglois.

De la prinse du Seigneur de la Trimoille.

ENl'an mil cccc.xxxiij. le Roy estant en son chasteau de Chinon, & en sa compagnie le seigneur de la Trimoille, qui du tout le gouuernoit, fut par nuict ouuerte vne posterne dudict Chasteau, en vn lieu appelé le Couldoin, par vn nōmé Oliuier Festard,

L'an mil cccc. xxxiii.

O iiij

Lieutenant dudict Chasteau pour le seigneur de Gaucourt, qui en estoit Capitaine: & par icelle entrerent les seigneurs de Bueil, de Chaumont, de la Varenne, & de Coytiuy, & grand nombre de gensd'armes: lesquels allerent droit en la chambre dudict seigneur de la Trimoille, qui estoit couché, & le prindrent dedans son lict: & en le prenant fut blecé d'vne espee, qui luy entra bien auant à l'endroit du ventre, tellement qu'on disoit que se n'eust esté la grand' gresse, dont il estoit remply, il fust mort du coup: & incontinent apres fut mené au chasteau de Monttresor, appartenant audict Seigneur de Bueil, qui estoit son nepueu. Le Roy, qui estoit couché audict chasteau de Chinon, entendit aucunemét le bruit des gensd'armes, qui estoyent à ladicte prinse, & eut craincte que ce fussent ennemis: parquoy lesdicts seigneurs de Bueil, de la Varenne, & de Coytiuy vindrent deuers luy, & en humilité luy dirét que ladicte prinse d'iceluy de la Trimoille estoit pour le bien de luy & de son royaume: & disoit on que ladicte prinse estoit faicte à la poursuite de monseigneur d'Aniou, frere de la Royne: lequel print apres tout le gouuernemét de la personne du Roy. Le Roy aduoua icelle prinse en l'assemblee des Estats de son royaume, qui tost apres fut tenu à Tours: & ledict seigneur de Bueil aucun temps apres deliura ledict de la Trimoille, son oncle, moyennant six vingts mil moutons d'or, qu'il luy donna, cóme l'on dit.

*Par cy deuant depuis l'an 1415 quand il parle du Duc de Bourbon en France, entédez du fils.

En ladicte annee mourut prisonnier en Angleterre, monseigneur *Iehan Duc de Bourbon, lequel y auoit esté prisonnier, depuis la iournee d'Azicourt (qui fut l'an mil cccc.xv.) & fut enterré aux Carmes de Londres, & luy succeda Charles son aisné fils.

En celle mesme annee mourut en la ville de Lion, madame Marie sa femme, qui fille auoit esté de monseigneur Iehan Duc de Berry: & fut enterree au prieuré de Sauigny en Bourbonnois, auec les autres Ducs & Duchesses de Bourbon.

Comment le peuple de la basse Normandie s'esleua contre les Anglois.

EN celle annee tout le peuple d'entour les villes de Caen, Bayeux, & autres lieux de la basse Normandie, s'esleuerent contre les Anglois, & s'assemblerent en si grand nombre qu'on disoit qu'ils estoyent bien soixante mil hómes: & auec eulx se meirét plusieurs Cheualiers, Escuyers, & gens Nobles. Quand le Duc d'Alencon le sceut il y enuoya le seigneur de Lore, pour les códuire: lequel en trouua en l'Abbaye du May, pres Bayeux, enuiron cinq mil (car les autres s'estoyent desia separez) si les mena deuant Auranches, ou ledict Duc d'Alencon, & le seigneur de Bueil allerent, & là se tindrent enuiron dix ou douze iours. puis les r'amena ledict Duc au païs du Maine: mais tost apres ceulx de ladicte commune s'en allerent, & trouuerent facon d'eulx reconcilier aux Anglois.

De l'esmeute du commun du païs de Caux.

VN Gentil homme du païs de Caux, nommé le Carnier, esleua, & assembla audict païs bien vingt mil hommes gens de commune, & en y auoit la pluspart qui ne scauoyent s'ils s'esleuoyent pour les Anglois, ou pour les Francois: mais ils se tindrent pour la partie des Francois. Ce venu à la congnoissance de mesire Pierre de Rochefort, Mareschal de France, Gaultier de Bruzac, Charles des Mares, & autres, allerent auec eulx: & par leur aide meirent en l'obeissance du Roy, les villes de Dieppe, Fescamp, Harfleu, Monstrieuillier, Tancaruille, & toutes les autres places dudict païs de Caux, reserué Arques, & Caudebec: dedans lesquelles villes & places furent mis plusieurs Capitaines qui les tindrent: mais ils ne faisoyent riens les vns pour les autres, car ils estoyent chacun maistre, & feirent plusieurs maulx aux gens, tant d'Eglise qu'hommes laiz d'iceluy

De ceux du païs de Caux qui par l'hostilité furent cótraincts de abandonner les champs.

païs, si qu'en brief temps les champs furent abandonnez, & n'y demouroit homme ne femme, sinon aux fortresses: lesquelles aucun temps apres furent de legier prinses par les Anglois, qui tout destruisoyent en despit de ladicte rebellion. Vn Capitaine Anglois, nommé Venables, auec douze cens combatans, s'alla loger en l'Abbaye de sainct Gille en Constentin, & là se tint trois moys. Les seigneurs de Laual & de Loheac, & de Lore, feirent vne entreprinse, & auec sept ou huict cens hommes allerent vne nuict, & par eschelles prindrent partie de ladicte Abbaye, & tuerent bien deux cens Anglois, mais ils ne peurent entrer plus auant, pour la resistence que feirent les Anglois, & y eut aigre bataille. Finalement le surplus desdicts Anglois demoura dedans ladicte Abbaye, & se retirerent les Francois es fauxbourgs de Fougieres. Bien tost apres se deslogea ledict Venables de ladicte Abbaye de sainct Gille, & se meit à tenir les champs: & fut dict vn iour ausdicts Seigneurs de Loheac, & de Lore, qu'il estoit logé en vn village, nommé Lazay: si allerent droit là, auec sept cens combatans ou enuiron, & les rencontrerent sur les champs. il cuida mettre ses gens en ordonnance, mais les Francois ne luy ne luy en donnerent point le loyſir,& ſubitement frapperent ſur luy,ſi roidement que luy & ſes gens furent deſconfits,& en y eut bien trois cens que mors que prins:& cela faict les Francois ſe retirerent à Laual, auec les priſonniers & biens qu'ils auoyent gaignez. Ledict Venables ſ'eſchapa par fuyte,mais toſt apres les Anglois,pour aucunes imaginations qu'ils eurent côtre luy, luy feirent copper la teſte. En celle ſaiſon le Roy enuoya ſes gens d'armes conduicts par le Conneſtable,le Comte de Dunois,& Poton, en Picardie, & prindrent Han en Vermandois, qui depuis fut vendu au Duc de Bourgongne quarante mil ſalus, & apres ſ'en departirent les Capitaines l'vn ça & l'autre là.

Venables Capitaine Anglois, eut la teſte coppée.

En l'an mil cccc.xxxiiij.furent les guerres plus grandes entre les Frâcois & Anglois qu'elles n'auoyent eſté parauant:& premierement le Duc de Bourbon,Lieutenant pour le Roy,par le moyen d'vn nommé Ferrieres,qui tenoit les village & chaſtel de Corbeil, pour les Anglois, le meit en l'obeiſſance du Roy,moyennant certaine ſomme d'argent qu'il donna audict de Ferrieres:auſſi fit vn autre,qui eſtoit Capitaine de Brie Comterobert:& ſemblablement le chaſtel du boys de Vincennes,qui eſtoit tenu par les Anglois,par le moyen d'vn Eſcoſſois, qui faiſoit le guet au dongeon,qui meit les Francois dedans:auquel Eſcoſſois ledict Duc donna ſemblablement gros argent. En celle annee Poton, & la Hire, auec ceulx de leur bande, allerent faire vne courſe es païs de Picardie,qui eſtoyent en l'obeiſſance du Duc de Bourgongne, qui eſtoit contraire au Roy, & prindrent grand nombre de priſonniers & grand nombre de beſtail, tant à corne qu'à laine, & autres biens ſans nombre. Meſſire Iehan du Luxembourg vint pour les cuider recouurer auec grand' compaignie,plus grande,comme on diſoit, que n'eſtoit celle dudict Poton & la Hire, & vindrent iuſques là ou ils eſtoyent:mais il n'oſa les aſſaillir:parquoy ils ſ'en allerent franchement auec ce qu'ils auoyent gaigné.

Du boys de Vincênes recouuré ſur les Anglois.

En celle annee le Duc de Bourgôgne vint à Maſcon,à grand' puiſſance,pour faire guerre au païs de Beauiolois,ou eſtoit le Duc de Bourbon,pour le Roy, & meit le ſiege à Belleuille:contre lequel ſe meit ſus ledict Duc de Bourbon,qui auoit eſpouſé ſa ſœur:mais à la parfin ils ſ'aſſemblerent à Neuers, & parlamenterent enſemble, & ſ'accorderent:& oultre prindrent iournee de faire paix entre le Roy & ledict Duc de Bourgongne:laquelle fut depuis conclute à Arras, côme ſera dict cy apres. Audict an le Roy alla à Vienne en Dauphiné, & là aſſembla les Eſtats du païs de Languedoc & de Dauphiné, & y eſtoyent les Comtes de Clermôt & de Foix, Gouuerneurs de Languedoc, & le Comte de Richemont,Conneſtable de France. Semblablemēt y vint la Royne de Cecille, que le Roy receut à grand honneur. Leſdicts gens des Eſtats feirent & octroyerent au Roy vne aide pour la conduicte de ſa guerre. Durant le temps que le Roy eſtoit à Vienne,ou il ſe tint aſſez longuement,vindrent deuers luy les Cardinaux d'Arle & de Cypre, pour le faict du Sciſme qui eſtoit en l'Egliſe. Le Roy les receut grandement & honnorablement:& quand ils eurent conſeillé enſemble,ils ſ'en allerent à Baſle, ou eſtoit ordonné le Côcile general eſtre tenu:& tantoſt apres le Roy ſ'en vint à Lion.

Du ſiege de ſainct Denis.

L'An mil quatre cens trente cinq,le premier iour de Iuin,mōſeigneur le Baſtard d'Orleans,& le ſeigneur de Rochefort, Mareſchal de France,prindrent la ville de ſainct Denis en Frâce d'eſchelles, & feirent pluſieurs eſcarmouches ſur ceulx de Paris, & chacun iour les chaceoyēt iuſques aux portes. Ledict Baſtard d'Orleans,apres ce qu'il y eut mis groſſe garniſon, ſ'en partit de ladicte ville, & alla deuant Houdan, & print la ville & le chaſtel. Semblablement alla à Ponts ſaincte Maixance, & la print auſſi par compoſition. Pierre Iaillet, Capitaine Francois, & ceulx de ſa compaignie prindrent par eſchelles le pont de Meulanc & la ville, par le moyen de deux peſcheurs qui l'eſchellerent par vne latrine : & tantoſt apres les Anglois allerent mettre le ſiege à grand' puiſſance deuant ſainct Denis.Le Mareſchal de Rochefort, qui y eſtoit demouré, la defendit vaillamment & longuement, & y eut pluſieurs gens mors d'vn coſté, & d'autre, & eſtoyent auecques leſdicts Anglois,le Baſtard de ſainct Paul, le ſeigneur de Liſleadam, & autres de Paris,qui tenoyent le party du Duc de Bourgongne, & donnerent de merueilleux aſſaulx à ladicte ville de ſainct Denis. En retournant de Pont ſaincte Maixance, les Francois meirent le ſiege deuant la place d'Oruille,& la batirent fort.Les Anglois leur promeirent rēdre,ſi dedans vn iour n'eſtoyent ſecouruz.Si ſ'aſſemblerēt les Anglois,en grand nōbre,pour y aller:& lors abandonnerent les Francois la place, & ſ'en vindrent vers ſainct Denis : & pource qu'ils vouloyent paſſer par vne iſle, les Anglois le ſceurent, & y allerent dreſſer vne grand' Baſtille:ſi ſe trouuerent bien ſoixante Francois,qui eſtoyent paſſez en vne nacelle, qui apperceurent ladicte Baſtille,de laquelle ſaillirent bien ſix vingts Anglois,qui frapperēt ſur eulx roi

Mil cccc.xxxv.

La priſe du pōt ſaincte Maixance,par les Francois.

LES CHRONIQVES ET ANNALES DE FRANCE.

dement. Les Francois, voyans qu'ils ne pouuoyent eſchaper, n'auoir ſecours, tindrent ſi fiere maniere & ſi treſuertueuſement ſe defendirent, qu'ils tuerent quarante Anglois, & prindrét ladicte Baſtille en ladicte iſle: de laquelle des Francois eut la charge vn vaillant Eſcuyer, nómé Floquet: & tantoſt apres le Comte de Dunois fit mener cuues & vaiſſelages pour ſecourir les Fráçois, qui auoyent prinſe ladicte Baſtille. Durant iceluy ſiege le Seigneur de Ramboillet, & vn nommé l'Empereur, par aucunes intelligences trouuerent façon d'auoir la ville de Meleun: & y entrerent pluſieurs Francois, qui meirent le ſiege deuant le Chaſteau, que tenoit meſire Richard de Marbury, qui s'en partit luy & ſes gens, leurs vies ſauues ſeulement, & dedans trouuerent les Francois de grands biens & viures. Le Comte de Dunois, Baſtard d'Orleans, faiſoit ce pendant grand' diligence d'amaſſer gens, pour venir ſecourir ceulx de ſainct Denis: ſi ſe meirent en voye pour y venir ledict Baſtard, les Seigneurs de Loheac, de Bueil, & autres: & ſur le chemin eurent nouuelles que Mathago, & meſire Thomas Quiriel, auec bien ſix cens combatans, eſtoyent partis de Giſors, pour venir audict ſiege de ſainct Denis. Si allerent au deuant, & les rencontrerent ſur les champs, & d'emblee les aſſaillirent & deſconfirent, & y en eut pluſieurs mors & prins: & entre autres fut prins ledict Mathago. Et ce faict, leſdicts ſeigneurs Francois retournerent à Meulanc, auec leurs prinſes, & là feirent copper les teſtes à tous les Francois qu'ils auoyent prins en armes auec leſdicts Anglois: & voyant ledict Mareſchal de Rochefort, que leur ſecours ne venoit point, & qu'on demouroit trop lóguement, il fit compoſition: & s'en alla luy & ceulx de ſa compaignie, leurs biens qu'ils pourroyent emporter, ſauues. Si entrerent les Anglois en ladicte ville ſainct Denis, qu'ils feirent deſemparer & abatre la muraille, reſeruee celle de l'Abbaye & la tour de Venin, en laquelle ils meirent vn Capitaine, nommé Brichanteau, nepueu de meſire Simon Morhier, Preuoſt de Paris, & aucuns Anglois pour la garder.

De Mathago, cápitame Anglois qui fut prins en une deſcófiture uers Pontoiſe.

Du Seigneur de Vilby, qui fut Capitaine de Paris, & de la reduction de Pontoiſe es mains des Francois.

LEs habitans de Paris, qui ſe voyoyent fort oppreſſez par les gens du Roy, qui eſtoyent ſur les champs, tout autour de ladicte ville, & auoyent prins pluſieurs villes & fortreſſes, tellement qu'ils ne s'oſoyent bonnement departir, n'aller par les champs, allerent deuers le ſeigneur de Vilby, Anglois, qui eſtoit Capitaine de Pontoiſe, pour le Roy d'Angleterre, & luy requirét qu'il vînt à Paris, pour eſtre leur Capitaine: lequel incontinent laiſſa meſire Iehan du Rupellay, Cheualier Anglois, ſon Lieutenant audict lieu de Pontoiſe, & vint à Paris auec pluſieurs gens de guerre. Tantoſt apres ſon partement de Pontoiſe, durant le pourparlé du traicté d'Arras, les habitans de ladicte ville s'eſleuerent contre les Anglois, & meirent icelle ville en l'obeiſſance du Roy: dont les Anglois, & ceulx de Paris, furent plus deſplaiſans que deuant: car ladicte ville de Pontoiſe eſt vne des clefs du païs de France, & la venue de Paris, pour entrer en Normandie.

Des habitans de Pontoiſe qui ſe meirent en l'obeiſſance du Roy de France.

Du memorable traicté d'Arras faict entre le Roy de France, & le Duc de Bourgongne.

DVrant le temps que les Anglois tenoyent ſiege deuant ſainct Denis, furent faictes pluſieurs allees & venues, pour trouuer moyen de faire quelque bon appointement de paix entre les Roys de Fráce & d'Angleterre, & le Duc de Bourgongne: & tellement y fut beſongné que iournee fut prinſe pour faire appointement, & fut ordonné que les Ambaſſadeurs & gens de chacune des parties, enuoyeroyent leurs deputez à certain iour en la ville d'Arras. Le Pape Eugene & le Concile de Baſle, qui lors ſe tenoit en l'Egliſe pour la Papauté entre ledict Eugene, & Amé, parauant Duc de Sauoye, qui ſe diſoit Pape Felix (lequel aucun temps parauant auoit, comme on diſoit, veſcu ſolitairement, comme Hermite, & auoit eſté le premier Duc de Sauoye, car parauant les ſeigneurs de Sauoye n'eſtoyent appelez que Comtes) ſachans ladicte entrepriſe, & deſirans l'appointement deſdicts Roys & Ducs, pour les grands maulx qui s'eſtoyent enſuys à la Chreſtienté, y enuoyerent grands Ambaſſades : & y vint de par le Pape Eugene, vn bon preudhomme Chartreux, qui eſtoit Cardinal du tiltre de ſaincte Croix : & par ledict Concile fut enuoyé le Cardinal de Cypre, & les Eueſques * d'Areils, d'Arbngeme, d'Exees, d'Auxerre, d'Albanie, de Venegenſis, l'Abbé de Vezelay, les Archediacres de Polaine, & de Mets, Procureurs du Conſeil du Pape, & pluſieurs autres grands ſeigneurs, Clercs & nobles perſonnages: & entre

Pourparlé du traicté d'Arras.

* Tous ces nós ſont un peu autres, ſit au liure de Monſtrelet qu'es grandes Cr. tellemét que nous ſommes cótraincts les laiſſer icy tels quils ſont.

DV ROY CHARLES, SEPTIEME. Fueil.lxxxiiij.

& entre autres eftoit, auec ledict Cardinal de fainct Croix, vn folennel maiftre en Theologie Thomas de Sufanne, qui toft apres fut faict Euefque de Boulongne, apres fut Cardinal, & depuis, apres la mort dudict Pape Eugene, fut efleu Pape, & nommé Nicolas. Pour la partie du Roy de France y furent enuoyez meffeigneurs le Duc de Bourbon, les Comtes de Vendofme, grand Maiftre d'hoftel de France, & de Richemont, Conneftable de France, meffire Regnault de Chartres, Archeuefque de Reims, Chancelier de France, monfeigneur Chriftofle de Harecourt, le Marefchal de la Fayette, les Seigneurs de Moy & de fainct Simon, de fainct Sauin, de Montenay, de Chaunoy, le Paillart d'Vrphe, les Seigneurs de fainct Pirret, de Sancourt, de Motigny, de Gyac, de Maigny, meffire Robinet d'Eftampes, le Doyen de Paris, meffire Adam de Cambray, premier Prefident de Parlement à Paris, maiftre Guillaume Chartier, Euefque de Paris, & autres Confeilliers de Parlement, maiftre Robert de Maillieres, Maiftre des Comptes, & autres gens des Comptes, & plufieurs autres Seigneurs, Cheualiers & Clercs. Les Ducs de Bretaigne, d'Alencon, & de Bar, y enuoyerent femblablement de grands Seigneurs, Cheualiers, Barós, & notables Clercs de leurs terres & feigneuries. Pour la partie du Roy d'Angleterre y furent enuoyez le Cardinal de Viceftre, l'Archeuefque d'Yort, les Euefques de Norbie, & de Sandoich, les Comtes de Hotuiton, de Vvaruic, de Suffort, le Seigneur de Hongrefort, & plufieurs autres Seigneurs, Barons, Clercs, & grands perfonnages. Pour la partie du Duc de Bourgongne, il y fut luy mefme en perfonne aucun temps, & la Ducheffe fa femme, qui fille eftoit du Roy de Portugal (laquelle ayda fort à fon pouuoir à faire la paix) & auec ledict Duc, & pour luy y furent les Euefques du Liege, de Cambray, & d'Arras, maiftre Nicolas Raulin, Chancelier de Bourgongne, le Duc de Gueldres, le Comte de fainct Paul, l'Efcuyer de Cleues, les Comtes de Liury, de Vaudemót, de Neuers, de Nanfol, de Montrefort, de Faulcamberge, de Megne, Thibault de fainct Paul, le feigneur d'Argueil, fils du Prince d'Orenge, les feigneurs de Chaftillon, Dátoing, de Croy, de Charny, de Roye, de Creuecœur, d'Armentieres, de Sauetifes, de Humieres, de Foffeux, & de Himbercourt, Iehan de Hornes, & grád nombre d'autres Barons, Cheualiers, & Clercs. Auec lefquels, ceulx du païs de Flandres, Hollande, & Zelade, & autres Seigneurs dudict Duc de Bourgongne enuoyerét autres Seigneurs, Barons, haulx & grands perfonnages, qui en nombre, par cópte faict, & par le rapport des Marefchaulx & fourriers des logis, fe trouuerent en ladicte ville bien dix mil cheuaux & plus : & fut la plus belle, & grand' conuention qui fut iamais veue en France. Tous lefquels f'affemblerent par plufieurs & diuerfes iournees : mais les gens du Roy d'Angleterre eftoyent fi oultrageux & exceffifs en leurs demandes, qu'il ne fut poffible de moyenner les matieres, n'auecques eulx trouuer aucun appoinctement, combien que le Roy de fa benignité, pour acquerir paix à fes fubiects, leur fift offrir grand' partie de fon heritage, à poffeder perpetuellement par eulx : c'eftaffauoir Normandie, & grand' partie de Guyenne, referué feulement l'hómage : mais ils ne le voulurent accepter, & f'en allerent, & fe departirent de ladicte belle affemblee, fans riens faire ne conclurre, fors qu'il fut prins feulement vn autre iour pour parler auec eulx.

Apres leur partement les Legats du Pape, & dudict Concile, à qui il faifoit grand mal d'eulx en retourner fans riens faire, dirent entre les autres chofes qu'ils auoyent charge de remonftrer le faict de la foy, mefmement pour la reduction des Boefmes, qui tenoyent plufieurs erreurs : auffi fur la reformation du Scifme qui eftoit en l'Eglife, & fur l'interpellation de la paix des Princes : & fut ouuerte la mariere de faire paix finale entre le Roy, & le Duc de Bourgongne : & pour entrer en la matiere ledict maiftre Nicolas Raoulin fit vne grand' propofition contenant plufieurs articles, & demandoit de grandes reparations, principalement touchant la mort du feu Duc Iehan de Bourgongne, qui auoit efté occis à Monftereau fault Yonne, dont y en auoit la plufpart impertinentes, defraifonnables & exceffiues : mais ce neantmoins les Ambaffadeurs du Roy, fachant le grand defir qu'il auoit au bien de paix, accorderent la plufpart defdictes demandes. Et entre autres chofes fut accordé de faire certaine chapelle & fondation de feruice au lieu de Monftereau, ou fut tué ledict Duc. Auffi fut baillé audict Duc certaines terres & feigneuries, les aucunes en heritage, les autres à temps : & mefmement luy furent baillees les terres affifes fur le long de la riuiere de Somme, tant deca que dela : c'eftaffauoir, Amiens, fainct Quentin, Corbye, Abbeuille, & toute la Comté de Ponthieu, Dourlens, fainct Riquier, Creuecœur, Cleues, & Mortaigne, fauf que le Roy les pourroit r'auoir, & r'acheter, en baillant à vn ou à deux termes, la fomme de quatre cens mil efcus d'or, dont les foixante quatre feroyent le marc : & ce pendant ledict Duc prendroit tout le reuenu, tant ordinaire, que des tailles, aydes & fubuentions, & nommeroit aux Offices : lefquelles toutesfois feroyent donnees & confermees par le Roy : & plufieurs autres poincts & articles furent faicts & accordez, contenuz es lettres qui en furent faictes, & paffees,

Ambaffadeurs pour le Roy de France.

Ambaffadeurs pour le Roy de Angleterre.

pour le Duc de Bourgongne

conclufion du traicté d'Arras.

Des terres & feigneuries qui par l'appoincte mết d' Arras fu rết baillees par le Roy, au Duc de Bourgongne

lesquelles lesdicts Ambassadeurs iurerent, & promirent garder d'vne part & d'autre, es mains desdicts Cardinaux. Et combien que ledict traicté & appoinctement d'Arras semblast de prime face estre à la charge & foulle de l'honneur du Roy, & de la couronne de France, toutesfois, consideré le temps qui lors courroit, & les grands guerres & affaires que le Roy auoit de tous les costez de son royaume, il fut grandement proffitable au Roy & à la chose publique: & moyennant iceluy appoinctement s'en ensuyuit le recouurement du surplus du royaume, que les Anglois occupoyent. En ladicte assemblee auoit plusieurs Roys d'armes, Heraux, & poursuyuans desdicts Seigneurs & Princes: lesquels incōtinent apres la conclusion prinse, crierent La paix, à haulte voix par ladicte ville d'Arras: & incontinent s'en partirent iceulx Roys d'armes, Heraux, & poursuyuans: & en grand' diligence l'allerent denoncer & publier par toutes les villes, esquelles on leur fit de grands dons & presens, pour les bonnes nouuelles qu'ils portoyēt. Apres ladicte cōclusion, ledict Cardinal de saincte Croix, l'Archeuesque de Reims, le Chancelier du Duc de Bourgongne, le Duc de Bourbon, le Comte de Vendosme, Christofle de Harecourt, le Mareschal de la Fayette, & autres, vindrent à Reims pour dresser les articles de Paix: & là feirent grand' solennité, qui dura huict iours: & fut remise, es mains du Roy, la ville d'Espernay, que tenoit le seigneur de Chastillon: lequel, nonobstant ladicte Paix, faisoit plusieurs courses, & se disoit Anglois.

La publication de la paix, & appoinctement faict à Arras, entre le Roy de France & le Duc de Bourgongne.

De la mort de la Royne de France, Ysabeau de Bauieres.

Cron. de France disent dernier.

LE vingtcinqiéme *iour du moys de Septembre audict an mil quatre cens trente cinq, mourut en l'hostel du Roy, pres sainct Paul à Paris, Dame de bonne memoire, & vraye catholique, madame Ysabeau de Bauieres, Royne de France, qui femme auoit esté du feu Roy Charles sixiéme, & estoit mere du Roy Charles septiéme: le corps de laquelle Dame fut mis en vne nacelle sur la riuiere de Seine, en petite solennité, & n'y auoit auec elle que quatre personnes & quatre cierges. Quand ledict corps fut arriué iusques pres sainct Denis, les Religieux de l'Abbaye l'allerent querir iusques à la riuiere, le plus honnestement qu'ils peurent: & le lendemain fut enterree en ladicte eglise, en la chapelle, & aupres du corps de son feu mary. Ce fut vne grand' honte aux Anglois qui l'auoyent en leurs mains, de laisser en cest estat conduire le corps de ladicte Dame: à laquelle, par le traicté de mariage de sa fille auec leur feu Roy, ils auoyent promis & au feu Roy son mary, leur entretenir leur estat, comme à Roy & Royne appartenoit: toutesfois ils n'en feirent riens, car ils leur laisserent auoir moult de necessitez: & qui plus est, disoyent à ladicte Royne, que ledict Roy Charles, son fils, estoit illegitime, & n'estoit pas fils dudict Roy Charles sixiéme, parquoy il ne deuoit pas succeder à la couronne de France: dont ladicte Dame eut si grād' douleur au cœur, qu'elle en mourut auant ses iours: & elle viuant estoit petitement accompaignee, fors des Bourgeois & femmes de bien de la ville de Paris, qui l'alloyent souuent visiter.

Des Anglois qui disoyēt à la royne, que le Roy Charles septiéme, son fils, n'estoit point legitime.

En ce mesme an, & moys, mourut en la ville de Rouen le Duc de Bethfort Anglois, qui estoit Regent en France, pour le Roy d'Angleterre.

En ce temps madame Marie d'Aniou, Royne de France, & fille du Roy de Cecille, & sœur de René, Duc de Bar, estant à Chinon, eut vn fils, que le Roy fit leuer sur fons par mōseigneur le Duc de Bourbon, pour le Duc Philippe de Bourgongne: & voulut le Roy que l'enfant eust nom Philippe, comme ledict Duc: mais il ne vescut que quatre moys. Tātost apres ladicte paix d'Arras conclute, le Connestable, le Comte de Vendosme, messire Christofle de Harecourt, le seigneur de la Fayette, & plusieurs autres, vindrent pareillement à Reims, pource qu'illec enuiron au païs de Champaigne, y auoit plusieurs fortresses, comme Seue, Nuechoult, & autres, esquelles plusieurs gens de guerre s'estoyent mis, & les tenoyēt par force sans les vouloir rendre, & estoyent bien trois ou quatre mil hommes. Si y alla ledict Connestable, & les en fit saillir & rendre lesdictes places à ceulx à qui elles estoyent. Quand lesdicts gens d'armes furent dehors, ils se meirent à faire plusieurs maulx sur les champs, comme brigans. Ledict Connestable le sceut, qui en print plusieurs, & en amena aucuns à Reims, qu'il fit tous pendre, reserué vn qui eut sa grace pour pendre les autres.

D'vne desconfiture d'Anglois, pres sainct Denis.

Mil cccc. xxxvi.

EN l'an mil quatre cens trentesix, le Mardy des feries de Pasques, mondict seigneur le Connestable, le Bastard d'Orleans, & les Francois de leurs compaignies, estans à Pontoise, auec lesquels estoyent messire Simon de Lalain, Cheualier, & autres Capitaines que le Duc de Bourgongne auoit enuoyez au seruice du Roy, auec cinq cés combatans,

combatans, delibererent d'eulx venir loger à sainct Denis, qui estoit tout desemparé, reserué la tour de Venin, ou auoit vn Capitaine nommé Brichanteau, & aucuns Anglois. Si se meirent à chemin, & en cheuauchant ils eurent nouuelles que les Anglois estoyent sailliz de Paris, pour les venir combatre: parquoy marcherent tousiours auant: si feirent semblablement lesdicts Anglois, qui estoyent de sept à huict cés: & les côduisoyét Thomas de Beaumôt, & Thomas Pruit, Cheualier Anglois: & s'entrerencontrerent à vn petit Ponceau de pierre, qui est vn peu delà la ville sainct Denis, sur le chemin de Pontoise, & là se combatirent fort & ferme, & furent les Anglois mis en desconfiture, & y eut de mors de trois à quatre cens: & fut prins prisonnier ledict messire Thomas de Beaumont, par vn Escuyer Breton, nommé Iehan de Rosenené, & plusieurs autres: & dura la chace iusques aux portes de Paris: auprès desquelles portes plusieurs Anglois furent tuez par les Francois. Puis s'en retournerent les Francois, & se lôgerent en ladicte ville de sainct Denis, & assiegerent ladicte tour de venin, en laquelle estoit Capitaine Brichanteau, nepueu de messire Simon Morhier, Preuost de Paris, & bien quarante Anglois, qui estoyent eschapez de la bataille: lesquels tindrent ladicte tour, & la defendirét vaillamment, sans la vouloir bailler.

Desconfiture des Anglois pres s. Denis.

De la reduction de Paris.

Nuiron quinze iours apres celle desconfiture, mondict seigneur le Connestable fut aduerty que les greigne rs & principaux Bourgeois, & autres gens plus authorisez de ladicte ville de Paris, auoyent bon amour au Roy de France, & volontiers se mettroyét en son obeissance, c   de leur vray, naturel, & souuerai Seigneur: mais l'Archeuesque de Therouéne,   se disoit Chacelier de France, pour le Roy d'Angleterre, le Seigneur de Vilby, Capitaine de   is, & autres, qui estoyét en ladicte ville, auec bié xv. cens côbatás, les tenoyent en si grand' cru.. é qu'ils ne s'osoyent manifester. Toutesfois ils le feirent scauoir audict Connestable, & parlerent secretement à plusieurs des congnoissans l'vn de l'autre, & remonstrerent comment les gens du Roy tenoyent les villes de Corbeil, Laigny, Pontoise, Meulanc, le boys de Vincennes, sainct Denis, Poissy, & toutes les autres places, dont leur pouuoyent venir viures par eaue & par terre, & le danger ou ils estoyent d'estre affamez & prins d'assault, tellement qu'ils attirerent à leur cordelle le courage de plusieurs, & le feirent scauoir audict Connestable: lequel, auec le Bastard d'Orleans, & autres Capitaines & gens de guerre, qui estoyent à Pontoise, allerent passer la riuiere de Seine au pont de Poissy: & le troisiéme iour d'Auril, iour de Vendredy, apres Pasques, mil cccc. xxxvij. se rendirent deuant Paris auant le point du iour, & se meirent en embusche pres les Chartreux, & de la porte S. Iaques. Messire Michel de Lallier, Iehan de la Fontaine, Thomas Pigache, Nicolas de Louuiers, Iaques de Vergens, & autres Bourgeois de Paris, qui auoyent fait celle entreprinse, se meirent sus, & s'assemblerent par les carrefours, criant sainct Denis, & esmeurent le peuple côtre les Anglois & leurs adherens, & leur coururent sus, & en tuerent & prindrent plusieurs, mesmement desdicts adherens de ladicte ville. Les Anglois cuiderent gaigner la porte sainct Denis, mais les chaines furent incontinent tendues par toutes les rues: & lors hommes, femmes & enfans, se prindrét à ietter & ruer par les fenestres, pierres, busches de mosles, tables, treteaux, & autres choses, pour greuer les Anglois: & par les rues suyuoyent lesdicts Anglois, & les tuoyent par tout ou ils les pouuoyent trouuer: & ce voyans lesdicts Euesque de Therouenne, le Seigneur de Vilby, & Morhier, Preuost de Paris, ils se retirerent en la Bastille S. Anthoine: & ainsi que le Preuost s'en retiroit vn sien compere, boulenger, nommé le Vauasseur, voyant la commotion du peuple, le cuida faire retourner & sauuer, pour pourchacer son appoinctement: mais iceluy Preuost se retourna deuers luy moult courroucé, & luy bailla de sa hache sur la teste, & le tua. Durant ce conflict plusieurs Francois de la compaignie dudict Connestable monterent par dessus les murs de ladicte ville: les autres entrerent par basteaux en icelle ville, par ce que les portes sainct Michel & sainct Iaques estoyent fermees, & en auoit ledict Euesque de Therouenne les clefs: & tantost & apertement fut rôpue ladicte porte sainct Iaques par ceulx de ladicte ville: & par icelle entrerent ledict Connestable, le Bastard d'Orleans, & autres de leurs compaignies, ayans leurs espees traictes, criant sainct Denis, Viue le noble Roy de France: & se logerent en icelle ville gracieusement, sans faire nuls exces. Tantost apres commencerent à sonner toutes les cloches de la ville, & chanter par toutes les eglises *Te Deum laudamus*: & le soir fit l'on feu de ioye & grande solennité, & par les carrefours tenoit on table ronde à tous venans: & fut ordonné bon guet deuant la Bastille, ou estoyent lesdicts Euesque de Therouenne, & le Seigneur de Vilby. Ledict Morhier, Preuost de Paris, s'en alla au pont de Charenton, qui tenoit pour les Anglois, & en estoit Capitaine, ou il fut prins prisonnier par

Du bon vouloir qu'eurent ceulx de Paris de faire rédre la uille és mais du roy.

L'an mil ccccc xxxvij.

Chaines tédues par les varisies en leur uille.

Entree des Francois à Paris.

Reductiô de la uille de Paris.

P

ses gés mesmes, & luy & la place baillez à messire Denis de Chailly, qui en eut grand'rácon. Au lieu dudict messire Simō Morhier, fut faict Preuost de Paris messire Ambrois, seigneur de Lore, qui estoit bon, sage, & vaillant Cheualier. Les nouuelles de ladicte prinse & reduction de Paris furent incontinent sceues à sainct Denis, qui en sonnerent les cloches, & chanterent *Te Deum laudamus* : & fut amenee la mulle dudict messire Simon Morhier, Preuost de Paris, deuant ladicte tour de Venin, en l'Abbaye dudict sainct Denis, que tenoit Brichanteau, son nepueu, pour luy faire croire les nouuelles: lequel Brichanteau, cuidant soy sauuer, comme desesperé, & autres de sa compaignie, saillirent de la tour dedans les fossez : mais il fut incontinent tué par les gés de labeur dudict païs, qui moult le hayoyét, car il leur auoit pillé & bruslé leurs maisons. Aussi furent tous tuez les autres Anglois, qui estoyent en ladicte tour. Le lendemain mondict seigneur le Connestable fit renforcer le guet deuant ladicte Bastille, ou s'estoyét retraicts les dessusdicts Euesque de Therouenne, le Seigneur de Vilby, & Morhier, Preuost de Paris, & feirent aucunes approches, tant par dedās que par dehors la ville, & furét tirez plusieurs coups de Canons. Quand ils veirent qu'on les assailloit, ils parlamenterent, & demanderent qu'on les laissast aller leurs vies & biens saufs. Sur ce fut assemblé conseil, & estoyent plusieurs d'oppinion qu'on ne les laissast point aller: mais toutesfois on les laissa aller vies & biens saufs. A leur partement leur fut baillé saufconduict : mais ils ne voulurent point passer par dedans la ville, doubtant la commotion du peuple, & furent mis hors du costé des champs, & furent conuoyez: & quand ils passerent par deuant la ville sainct Denis, plusieurs des gens qui les alloyent veoir, crioyent apres ledict Chancelier de Therouenne : Au regnard, au regnard, & leur disoyent autres opprobres, & ne les en pouuoit on garder. Tantost apres mōdict seigneur le Cōnestable alla mettre le siege deuant le chastel de Creil, du costé de Beauuoysin, oultre la riuiere d'Aise. Quand le siege fut asis il se partit pour aller à aucuns ses affaires, & laissa le Bastard d'Orleās, le Seigneur de Ialongues, & autres, pour la conduicte dudict siege : lesquels furent deuant bien quinze iours : mais les Anglois de dedans estoyent si fors & si garnis d'artillerie, de traict & de viures, qu'ils n'y peurent riens faire: si s'en reuindrent. En ce mesme temps le chastel de sainct Germain en Laye fut mis en l'obeïssance du Roy de France, moyennant certain argét que ledict Connestable donna au Capitaine qui le tenoit pour les Anglois. En celle annee le Roy alla visiter ses païs de Lionnois, Dauphiné & Languedoc, & fit ses Pasques à Montpellier: & en son retour s'en vint par Berry, & tira en Gastinois pour aller à Sens : car ladicte ville s'estoit mise en son obeïssance.

Messire Ambrois seigneur de Lore fut fait Preuost de Paris.

Le chasteau de S. Germain en Laye fut mis en l'obeïssance du Roy.

Du mariage de monseigneur de Dauphin Louis, & de madame Marguerite, fille du Roy d'Escosse.

EN celle annee fut traicté le mariage de mōseigneur le Dauphin de Viénois, Louis, fils du Roy de France, & de madame Marguerite, fille du Roy d'Escosse : laquelle fut amenee en France, & le iour & feste S. Iehan Baptiste le vingtquatriéme iour de Iuin, arriua en la ville de Tours, grandement & honnestement accompaignee. Au deuant d'elle allerent plusieurs Princes, Seigneurs, Barons, Cheualiers, & Escuyers: & à l'entree de la ville les Seigneurs de Mailly & de Ialongnes, descendirét à pied, & prindrent chacun d'vn costé la bride de la hacquenee, sur laquelle ladicte Dame estoit montee, & la menerent iusques au chasteau. Quand elle fut descendue, le Comte de Vendosme, & vn autre Comte d'Escosse, la prindrent de chacun son costé, & la menerent & monterent iusques en la grand'salle dudict chasteau, ou estoit la Royne de Frāce, la Royne de Cecille, & madame Yoland de France, fille du Roy. Lesdictes Royne de Cecille & Yolād vindrét au deuant d'elle iusques à l'huis de ladicte salle, & l'amenerent iusques à la Royne, qui estoit au grand banc, laquelle se desmarcha quatre ou cinq pas, & la receut honnestement: & incontinent monseigneur le Dauphin, qui estoit en sa chambre, au bas dudict chasteau, vint en ladicte salle grādement accompaigné de Barons & Cheualiers. Et quand ladicte Marguerite apperceut qu'il venoit, elle alla au deuant de luy, & s'entrebaiserent, & puis s'en allerent ensemble iusques à la Royne, & là se deuiserent vne piece. Les besongnes furent toutes preparees pour les espousailles, au lendemain: si vint le Roy, qui estoit party à Chinon, & arriua au matin, & tout fut à la benediction & espousailles de mondict seigneur le Dauphin, & là fut la feste grande & solénelle.

L'entree de madame Marguerite fille d'Escosse, en la ville de Tours.

L'annee ensuyuant le Roy d'Escosse, pere de ladicte Dauphine, estant à son royaume, logé en vn couuent de Mendiens, en vn village, fut tué par aucuns de ses subiects, qui auoyent esté parens & seruiteurs du Duc d'Albanie, son frere, & d'autres Seigneurs ses parens, ausquels il auoit fait copper les testes, & estoit sa femme presente à ladicte mort.

Le Roy d'Escosse fut tué par ses subiects.

De la prinse

De la prinſe de Pontoiſe, par les Anglois.

LE iour de Kareſine prenant audict an, fut par ledict Seigneur de Talbot, & Faucamberge, & pluſieurs Anglois, prinſe d'emblee, & par eſchelle, la ville de Pontoiſe: & paſſerent leſdicts Anglois par deſſus les glaces & nieges qui eſtoyēt es foſſez: car pour lors eſtoit moult aſpre l'hiuer. Il y eut deux freres Eſcuyers, l'vn nommé le Gallois Gurry, & l'autre Indet Gurry, qui ſe meirent es tours d'vn portail, & la defendirent tout le iour, iuſques apres veſpres, pendant lequel temps ils auoyent enuoyé à Paris & ſainct Denis pour auoir ſecours: car ils euſſent bien recouuert la ville par ladicte porte: mais il ne leur vint nul ſecours: parquoy ils furent contraincts prendre compoſition de ſaillir auec ceulx de la compaignie, leurs vies ſauues.

De la prinſe de pluſieurs places d'emblee par les Anglois, & autres par les Francois, & de la venue du Roy à Paris.

L'An mil quatre cens trenteſept, les Anglois prindrent d'eſchelle, & par emblee, les villes de Montargis, Cheureuſe & Oruille, & y meirent Capitaines: mais elles furent tantoſt racheptees & recouuertes par argent, qu'on donna auſdicts Capitaines: c'eſtaſſauoir Oruille, d'vn Capitaine Arragonnois, nommé Francois de Surienne, dict l'Arragonnois, & le chaſteau de Cheureuſe, d'vn Cheualier Francois, nommé meſſire Guillaume de Broulhac: lequel tātoſt apres bailla & liura auſſi les villes & chaſtel de Dreux, que les Anglois auoyent longuement tenuz: & pour leſdictes redditions furent bien baillez quatre vingts mil eſcus, & ſe tourna iceluy de Broulhac du coſté des Francois.   En celle meſme annee le Roy, qui eſtoit à Sés, fit vne grād' armee & enuoya le Conneſtable de France, & le Comte de la Marche deuant Chaſteaulandon en Gaſtinois, que les Anglois occupoyent, & le prindrent par force & d'aſſault, & tuerent & prindrent priſonniers tous ceulx qui eſtoyent dedans. Puis allerent mettre le ſiege deuant Nemours, & le batirent longuement de Canons & de Bombardes, & la rendirent ceulx de dedans par compoſition: & de là ſ'en allerent mettre le ſiege deuant Montereau fault Yonne, ou ils ſe fortifierent de foſſez, & feirent vne belle Baſtille contre la ville au bout du pont: & tantoſt apres alla le Roy audict ſiege en perſonne: & quand le ſiege eut là eſté vn moys, ladicte ville fut prinſe d'aſſault, & y eut pluſieurs Anglois, & autres leurs adherens, tuez, & pluſieurs priſonniers. Meſſire Thomas Guerat, qui en eſtoit Capitaine, ſ'en retira au chaſteau, auec pluſieurs de ſes gens. Auſſi ſ'en retrahit vne partie ſur le fort du pont, mais ils veirent bien qu'ils ne pouuoyent reſiſter, ſi leur fut donné congé d'eulx en aller ou bon leur ſembleroit.   De là ſ'en vint le Roy à ſainct Denis en France: & puis fit ſon entree à Paris, ou il n'auoit point encores eſté depuis ſon couronnement, & eſtoit tout armé ſur vn grand courſier couuert de velours bleu, ſemé de fleurs de lys, & perles: & auoit huict cens Archers, ſans ſes gardes, & grand nombre d'hommes d'armes, & y fut grandement & honnorablement receu: & alla deſcendre à l'egliſe noſtre Dame, & de là loger au Palais: & eſtoyent en ſadicte compaignie mōdict ſeigneur le Dauphin, monſeigneur Charles d'Aniou, frere de la Royne, mōſeigneur le Conneſtable, les Comtes de Vendoſme, de la Marche, de Tancaruille, de Vertuz, de Dunois, & autres grands Princes, Barons, & Cheualiers de ſon royaume. Le lendemain le Preuoſt des Marchans, Eſcheuins, Bourgeois, & habitans de la ville allerent deuers luy. Auſſi feirent ceulx de l'eſtat d'Egliſe & l'Vniuerſité: leſquels il ouyt benignemēt, & leur octroya toutes leurs requeſtes: & aucuns iours apres il ſ'en partit de ladicte ville, & ſ'en alla à Orleans, & de là à Bourges. Audict an le Seigneur de Talbot, Anglois, meit le ſiege deuāt Tancaruille, dont le Capitaine Flocquet ſaillit pour aller deuers le Roy, qui eſtoit lors au ſiege de Montereau, pour auoir ſecours, mais il ne vint pas à temps: & fut ladicte ville rendue audict Talbot.

L'an mil cccc. xxxvii.

Mōtereau fault Yonne fut pris d'aſſault par les Francois, ſur les Anglois.

L'entree du roy Charles ſeptieme à Paris.

La prinſe de Tācaruille par Talbot.

Comment le Duc de Bourgongne meit le ſiege deuant Calais.

EN celle annee le Duc Philippe de Bourgongne, qui en ſes faicts ſe mōſtroit plus Francois que ſon Conſeil ne vouloit, auec grand' compaignie de Nobles, gens d'armes, & grand nombre des communes de Flandres, alla mettre le ſiege deuant Calais, ou il mena grād' quantité de viures & d'artillerie, & y fut bīē deux moys: durant lequel temps les Anglois feirent pluſieurs ſaillies, & grands faicts d'armes, les vns contre les autres, mais leſdicts gens des communes de Flandres, qu'on diſoit bien eſtre trente mil, ſe laſſerent d'eſtre audict ſiege, & abandonnerent ledict Duc, leur ſeigneur,

P ij

LES CHRONIQVES ET ANNALES DE FRANCE.

qui demoura à petite compaignie : & dit l'on qu'ils luy auoyent voulu courir sus, sans sçauoir la cause,ne pourquoy:& tuerent vn de ses Cheualiers, nommé messire Iehan de Hermes. Ledict Duc de Bourgongne demoura tout le dernier, en combatant ceulx qui estoyent sailliz de Calais, pour frapper sur la queue de ses gens, iusques à ce que leurs viures, chariots & bagues fussent retirez. Tantost apres vint par mer grand'armee d'Angleterre, qui venoit pour leuer ledict siege de Calais:& quand ils n'y trouuerent plus personne,ils se meirent en terre, & coururent la terre de Flandres, ou ils feirent moult de maulx:mais les gens dudict Duc les buffeterent & escarmoucherent partout ou ils les trouuerēt, tellement qu'ils en tuerent grand nōbre, & les autres se retirerent à Calais:& de là les vns s'en allerent en Angleterre, & les autres en Normandie. En ce temps auoit plusieurs Capitaines estrages, qui durāt les guerres s'estoyēt mis sus en France,& auoyent amassé plusieurs gens de guerre mauuais garsons,qui tousiours tenoyent les chāps,pilloyent,roboyent, & faisoyent tous les maulx du monde:& mesmement vn Capitaine Arragonois, nōmé Rodigo de Villadras:lequel, cōbien qu'il tint le party du Roy comme il disoit, si faisoit il plusieurs maulx:& desroboyent ses gens tous ceulx qu'ils rencontroyent: & aduint vn iour que le Roy cheuauchoit, iceluy Rodigo & ses gens, qui n'auoyent nuls gages ne souldes rencontrerent les Fourriers & Officiers du Roy, & les destrousserent, tellement que le Roy fut si courroucé cōtre luy, que s'il l'eust peu faire prendre il l'eust fait punir griefuement:& pource qu'il ne peut estre prins,il le fit bannir de son royaume.

Du Roy René d'Aniou, et roy de Cecille, qui fut deliuré de prison.

Audict an René d'Aniou, lors Roy de Cecille, parauant Duc de Bar, frere de la Royne de France Marie, qui estoit prisonnier du Duc de Bourgongne, par ledict traicté d'Arras fut deliuré:& l'allerent querir iusques à Dyion, le Duc de Bourbon, les Côtes de Vendosme, de Harecourt, le Seigneur de la Fayette, & autres grands Seigneurs : & par ce moyen fut faict le mariage de Iehan, son fils, Duc de Calabre, à la fille dudict Duc de Bourbon, niepce du Duc de Bourgongne,à cause de la Duchesse de Bourbon, qui estoit sa sœur, & furent les nopces faictes à Molins, & y estoit le Roy de Cecille en personne. En celle annee mourut la vieille Royne d'Angleterre,fille du Roy de Nauarre,laquelle estoit mere de Iehan, Duc de Bretaigne, & du Comte de Richemont, Connestable de France. Semblablement mourut celle annee la vieille Côtesse d'Armignac, qui fille auoit esté du Duc de Berry, & estoit la mere du Duc de Sauoye, & du Comte d'Armignac,& du Comte de la Marche. En celle mesme annee mourut le vail-

La mort du bō Empereur sigismōd, qui auoit vescu iiij.xx.x. ans.

lant Empereur, nōmé Sigismond, qui auoit vescu iiij.xx.x. ans. sa mere fut fille du Roy Iehan de France, & sœur des Ducs de Berry & de Bourgongne : & fut celuy qui premier erigea le païs de Sauoye en Duché (car parauāt n'estoit que Comté) & en fut premier Duc vn nommé Amé, qui fut homme vertueux, & de bonne vie:lequel abandonna le monde, & vescut par aucun tēps solitairement en hermitage, & pour sa saincteté fut par le Concile de Basle esleu Pape : mais il y eut Scisme en l'Eglise, tellement qu'il ne iouissoit point de la Papauté : toutesfois il demoura Legat en ses païs:& obeirēt tous les Princes Chrestiēs à Eugene, qui auoit esté osté de la Papauté par ledict Concile. Apres Sigismond fut esleu Empereur Albert, Duc d'Austriche, Roy de

L'an mil cccc. xxxvii.

Boesme, & de Hongrie, gendre dudict Sigismond. Audict an mil quatre cens trentesept le Duc de Bourgongne alla à Bruges, là ou ceulx de ladicte ville se leuerent contre luy, pour aucunes noualitez qu'ils luy vouloit faire:& mesmemēt pource qu'il vouloit mettre trop de gēs de guerre dedans ladicte ville:& conuint audict Duc faire rōpre vne porte de ladicte ville, qui estoit fermee, pour s'en venir à grand'haste, & fut en grand danger de sa personne:& tuerent le

Le seigneur de Lisleadam fut tué à Bruges.

Seigneur de Lisleadam, qui estoit son grād Gouuerneur & conseiller, & plusieurs autres:& luy mesmes fut en danger de sa personne, & receut plusieurs coups:mais il fut mis hors par vne poterne.pour lequel exces il en y eut plusieurs executez:& luy payerēt pour l'amēde cc.mil riddes d'or, & plusieurs grands dons qu'ils feirent à la Duchesse, & autres qui estoyent autour dudict Duc, qui feirent leur appoinctement. Iceluy Duc de Bourgongne enuoya ses gensd'armes, deuant la ville du Crotoy:mais les Capitaines de Talbot & Faucamberge, Anglois, qui estoyēt à Rouen, y allerent leuer ledict siege:& n'osa aller ledict Duc de Bourgongne au deuant d'eulx & si estoit à Abbeuille,auecques grand'puissance. En icelle mesme annee Rodigo de Villandras, Capitaine Arragonnois, que le Roy auoit banny de son royaume, print plusieurs villes & places que tenoyent les Anglois au païs de Guyenne, & les meit en l'obeissance du Roy : parquoy il fit sa paix, & fut r'apelé en la grace du Roy. En ce mesme temps monseigneur Pierre de Rochefort, Mareschal de France, se partit de Dieppe, qui l'auoit recouuerte pour le Roy, pour venir à Paris, & alla passer la riuiere d'Aise à Compiegne. Guillaume de Flauy, qui estoit Capitaine dudict Compiegne de par le Roy, le sceut, & enuoya vn de ses gens nommé l'Hermite,& autres en sa compaignie au deuant dudict Mareschal, & le fit prendre & mettre prisonnier audict Compiegne, durant lequel temps il mourut:& disoit iceluy de Flauy, que le Connestable l'auoit autresfois fait mettre hors dudict Compiegne,

en la

en la presence dudict Mareschal, & vouloit contraindre ledict Mareschal, à luy rendre quatre mil escus qu'iceluy de Flauy auoit baillez audict Connestable. Tantost apres, le Seigneur de Lore, Preuost de Paris, fit prendre & decapiter à Paris ledict Hermite, pour ledict cas.

De la grand' famine & mortalité de Paris.

L'An mil quatre cens trente huict, les gens du plat païs se trouuerent si oppressez & appauuriz, qu'ils ne scauoyêt ou aller, n'ou eulx bouter, & n'auoyent dequoy viure, & mouroyent de faim: à l'occasion dequoy vint grand' multitude de pauures gens dedans Paris, en sorte que c'estoit chose pitoyable à veoir: & pource qu'ils ne pouuoyêt labourer aux champs, s'en ensuyuit si grand' famine & apres si grand' mortalité, qu'il en mourut dedans Paris, comme on disoit, bien cinquante mil personnes & plus: & y valloit le septier de bled neuf liures Tournois forte monnoye. car tout le pauure populaire des enuirons se retirerent dedans Paris, tant pour la famine, que pour les courses & oppressions que faisoyent les Anglois, & aussi les gens de guerre Françcois, qui estoyent par les garnisons, qui viuoyêt sur le païs, par ce qu'ils n'estoyent point payez de leurs gages: dont ceulx de Paris estoyent quasi en desespoir: toutesfois ne bougerent de ladicte ville de Paris messeigneurs Ambrois de Cambray, Cheualier, premier President de Parlement, messire Ambrois de Lore, Preuost de Paris, & messire Simon Charles, President des Comptes, qui y furent en grand danger de leurs personnes. Pour lors auoit à l'entour de Paris tât de Loups & de Loupues que c'estoit merueilleuse pitié, tellement qu'ils mangeoyent les gês & deuoroyent iusques dedans ladicte ville de Paris: & disoit on qu'ils y auoyent estranglé à diuerses fois de soixante à quatre vingts personnes, & n'osoit on aller par les rues foraines de ladicte ville de Paris, pour la doubte desdicts Loups.

L'an mil cccc. xxxviii.

La grand' famine & mortalité, à Paris.

Des Loups & Loupues qui estoyent à l'entour de Paris.

De la Pragmatique Xanction, obtenue au Concile de Basle.

AVdict an mil quatre cens trente huict, le Roy assembla en sa cité de Bourges grand nombre de Princes, Barons, Cheualiers, Archeuesques, Euesques, Abbez, Prelats, & grands Clercs, pour auoir conseil sur le faict de l'acceptation d'aucuns articles, qui auoyent esté deliberez au Concile de l'Eglise qui lors se tenoit à Basle, pour le debat qui estoit entre les deux qui se disoyent, chacun Pape: & là vint, de par le pape Eugene, l'Euesque de Florece. Et audict Concile de Bourges, le Roy se declaira pour ledict pape Eugene: & fut faicte & acceptee la Pramatique Xanction, qui est conforme aux anciens Decrets des saincts Peres, & Ordonnances des saincts & glorieux Roys de France. A ma volonté qu'elle fust bien entretenue & gardee: qui seroit le grand proffit & vtilité de l'Eglise Gallicane, du Roy, & de toute la chose publique du royaume de France. A quoy les Presidens, Conseilliers, Aduocats, Procureurs du Roy, & autres Officiers, tant de la court de Parlement que d'ailliers, deuroyent bien auoir l'œil: car ce seroit obuier à l'euacuation des finances de ce royaume, qui par faulte de ce sont tirees en court de Romme, sans cause, & sans esperance de retourner: qui se montent à somme comme innombrable, qui bien le considereroit & entenderoit.

De la Pragmatique Xanction: & comment on en deuroit vser pour le proffit de France.

En celle mesme annee les routiers de guerre, qui lors estoyent en Barrois, enuiron cc. lâces, & ij. mil Archers, allerent en Allemagne sur le Rin, vers Basle, ou ils feirent moult de maulx.

En celle dicte annee le Roy fit monter & habiller de neuf ses gensd'armes, qui en auoyent bien besoing: car la pluspart estoyêt nuds, & n'auoyent nuls habillemés. En celle annee mourut Albret, Duc d'Autriche, Empereur de Romme: lequel, tost apres son election, auoit esté faict Roy de Hongrie, & de Boesme, mais il ne tint l'Empire qu'enuiron vn an & demy, & mourut en Hongrie, par ce que (comme disoyent aucuns) il auoit mangé trop de Pompons: les autres disoyent qu'il auoit esté empoisonné. Apres luy fut esleu Empereur Federic, Duc d'Autriche*, oncle dudict Albret. Iceluy Federic au commencement de son Empire fut fort prisé & honnoré des Princes de Chrestienté: mais apres qu'on eust congnu sa cupidité & nonchallance, on ne tint plus compte de luy. Audict an monseigneur le Connestable de France, par l'ordonnance du Roy, alla mettre le siege deuant la ville de Meaux, & la print d'assault, & y eut plusieurs Anglois mors & prins. Le Marché se tint fort, & fut auitaillé par Talbot, Faucamberge & Escalles Anglois: & apres le Roy y enuoya plus grand nombre de gens, & furent fort assailliz les Anglois dudict Marché, auquel plusieurs s'estoyent retraicts, tellement qu'ils furent contraincts eulx rendre par composition. Apres la prinse de Meaux le Roy vint à Paris, & ordonna que tous les gensd'armes, qui auoyent esté à la prinse de Meaux, iroyent auecques le Connestable en Normandie, pour faire la guerre aux Anglois: & s'en alla le Roy à Angers,

Trespas d'Albret Empereur.

* Autres disent frere de pere.

La ville de Meaux prinse sur les Anglois.

P iij

pour faire mener des viures à ſes gens, & ledict Conneſtable print ſon chemin tirant droict à Auranches, & y meit le ſiege, ou ſe rendit monſeigneur d'Alencon: pendant lequel ſiege les Seigneurs de Lore, de Bueil, & autres de la bende dudict Duc d'Alencon, prindrēt la ville & chaſteau de ſaincte Suſanne, au païs du Maine, qui eſt forte place: & fut baillee par vn Cheualier Anglois, qui la deliura ſoubs ombre d'vne chanſon qu'il auoit baillee pour enſeigne, qu'il cōmença à chanter en faiſant le guet: & furent ſes compagnons tuez, & prins priſonniers. Quand le Roy fut party de la ville de Paris, & qu'il fut à Orleās: pluſieurs des Princes & Seigneurs de ce royaume, auſquels les guerres ennuyoyent moult, enuoyerēt deuers luy grādes Ambaſſades, le prier qu'il fiſt appoinctemēt aux Anglois: lequel fiſt reſpōce qu'à luy ne tenoit point, & qu'il s'en eſtoit mis en ſon loyal deuoir, & n'eſtoit riens q̄ plus il deſiraſt que la paix: & fut cōclud que pour ce faire ſeroit faicte aſſemblee à ſainct Omer, ſi les Anglois y vouloyent entendre. Quand les Francois eurent eſté deuant Auranches enuiron trois ſepmaines, le Comte d'Orcet & les Seigneurs d'Eſcalles, & de Talbot, feirent grand'aſſemblee d'Anglois, & vindrent contr'aſſieger les Frācois: & par aucunes iournees y eut entre les deux oſts de grādes eſcarmouches, mais les Anglois trouuerent facon d'entrer dedans Auranches: & en y entrant les Francois leur oſterent grand nombre d'artillerie, viures, & chariots. Si paſſerent les Francois la riuiere, au pōt au Bault, & allerent loger pres le mont S. Michel, ſur les greues, en tirant deuers Pontorſon.

De la ville & chaſteau de s. Suſanne, qui fut prinſe ſur les Anglois par vne chanſon.

Du mariage de madame Catherine, fille du Roy, au fils du Duc de Bourgongne.

Mil cccc.xxxix.

EN l'an mil quatre cens trente neuf, fut traicté le mariage de madame Catherine de France, fille du Roy (laquelle n'auoit que ſix ou ſept ans) & de Charles, ſeul fils de Philippe, Duc de Bourgongne Comte de Charolois: & fut madicte Dame honneſtemēt accouſtree & menee à Reims, par monſeigneur le Conneſtable, monſeigneur le Chancelier, le Baſtard d'Orleans, & autres grands perſonnages. Auquel lieu ſe rendirent les Ambaſſadeurs dudict Duc de Bourgongne, qui la vindrent receuoir, & l'en emmenerent en grands pompes & honneurs: & fut faict ledict mariage affin de touſiours entretenir en amour ledict Duc de Bourgongne auec le Roy.

De la Praguerie.

EN celle annee le Roy eſtant à Angers, pource que les Seigneurs de France ſe plaignoyent des guerres qui duroyent trop longuement, & des maulx que faiſoyēt les genſd'armes, qui viuoyent ſur les chāps, ſans riens payer, & que leſdicts Seigneurs diſoyent que ce procedoit par l'aſcheté & puſillanimité du Roy, qui ne reprenoit, ne puniſſoit point les maulx que faiſoyent leſdicts gens de guerre, & autres abuz qui ſe faiſoyent en ce royaume, le Roy aſſembla pluſieurs deſdicts Seigneurs, & les gēs de ſon conſeil en ladicte ville d'Angers, pour y donner prouiſion: & y furent faictes aucunes Ordonnances, & donné aucun ordre: & furent enuoyez leſdicts genſd'armes à viure ſur leurs garniſons, à moindre nombre de gens & de cheuaux qu'ils n'auoyent accouſtumé au parauant: & cuidoit le Roy que tout fuſt bien ordonné & appaiſé: mais les Ducs de Bourbon & d'Alencon, les Comtes de Vendoſme & de Dunois, le Seigneur de la Trimoille, Anthoine de Chabanes, Comte de Dampmartin, & autres, feirent vn conſeil ſecret entre eulx, & conſpirerent contre le Roy, tendans à fin qu'ils peuſſent auoir le gouuernement du royaume. Apres lequel conſeil le Duc de Bourbon s'en alla en ſes païs, & le Duc d'Alencon s'en alla à Nyort, ou eſtoit pour lors monſeigneur le Dauphin, qui eſtoit ieune, de l'aage de ſeize ans ou enuiron: auquel il parla, & diſt aucunes parolles treſmal ſonantes de la perſonne du Roy, ſon pere, diſant qu'il ſe gouuernoit trop legerement à l'appetit d'aucuns, ſans vouloir croire le conſeil des Princes & Seigneurs qui luy pouuoyent ſeruir, dont ſe pouuoyent enſuyuir de grands inconueniens au royaume: à quoy on ne pouuoit donner remede ſans l'aide de luy: & luy diſt pluſieurs autres parolles perſuaſiues, & choſes plaiſantes à ſa volonté, tellement qu'il l'attira à leur party. Et depuis celle heure mondict ſeigneur le Dauphin commença à vſer d'auctorité, & ne ſe voulut plus gouuerner à l'appetit du Comte de la Marche, qui eſtoit vn bon Seigneur & Prince: & lequel Roy, ſon pere, luy auoit baillé, pour ſoy donner garde de luy, & le conduire en bonnes mœurs & conditions: & luy diſoit ledict Duc d'Alencon qu'il eſtoit doreſnauant grand aſſez pour ſoy conduire & gouuerner. Pour laquelle cauſe ledict Comte de la Marche le laiſſa & abandonna, & s'en vint deuers le Roy, pour luy en faire remonſtrance. Quand le Roy, qui eſtoit aduerty de la conſpiratiō deſdicts Seigneurs, ſceut qu'ils auoyēt attiré auec eulx

Du conſeil ſecret que tindrēt pluſieurs Princes et ſeigneurs de Frāce, cōtre le Roy.

Du Dauphin de France, qui fut perſuadé par les Princes de ſoy eſleuer côtre le Roy ſon pere.

mondict

DV ROY CHARLES, SEPTIEME.

mondict seigneur le Dauphin, apres qu'il eut ouy parler ledict Comte de la Marche, il fut moult desplaisant : car soubs ombre de ladicte diuision, l'ordre qu'il auoit mise sur les gensd'armes fut interrompue, & se partirent des frontieres lesdicts gensd'armes, & prindrent à piller les bônes gens du plat païs, plus que deuant. Pour obuier à laquelle entreprinse, le Roy promptement assembla grand' armee, & tira vers Poitiers, & manda & escriuit lettres à toutes les citez & bonnes villes, en leur faisant sçauoir qu'il estoit aduerty de la conspiration desdicts Princes, & qu'ils auoyent attiré auec eulx mondict seigneur le Dauphin, son fils, en les exhortant qu'ils ne donnassent ne feissent aucune obeïssance n'entree à sondict fils, n'audict Duc de Bourbon, d'Alencon, Comtes de Vendosme, de Dunois, n'autres leurs alliez : & defendit que nul ne les suyuist : mais neantmoins plusieurs allerent deuers mondict seigneur le Dauphin : & par le moyen de Iacquet Picquet, l'vn des gens de madame de la Roche (laquelle Dame estoit logee, par l'ordonnance du Roy en l'Abbaye de sainct Maixant) qui auoit la garde du chasteau, & moyennant argent qu'ils luy donnerent, ils entrerent audict chasteau, & pillerent les biens d'icelle Dame : mais les habitans & Religieux de ladicte Abbaye, qui estoyent plusieurs, tindrent les portaulx & tours de ladicte ville, iusques à ce qu'ils eussent fait sçauoir ces nouuelles au Roy, qui estoit à Poitiers : lequel, quand il sçeut ses nouuelles, partit incontinét, & fit telle diligence qu'il arriua cedict iour à sainct Maixant, à sept heures du soir : & estoyent en sa compaignie monseigneur Charles d'Aniou, Comte du Maine, le Comte de la Marche, & le Connestable de France, les Seigneurs de Coictiuy, Admiral de France, de Gaucourt, grand Maistre d'hostel, de la Borde, de Bressy, & plusieurs autres, lesquels entrerent premiers en ladicte ville de sainct Maixant, dont ledict Iacquet Picquet estoit ia party, & allé à Nyort. Aucuns de ses complices demourerent au chasteau, auquel furent prins, & y en eut vingthuict qui furent executez : les vns decapitez, les autres pendus, & les autres noyez. Pour recognoissance du seruice que lesdicts habitans & Religieux de l'Abbaye de sainct Maixant feirent lors au noble Roy, à perpetuelle memoire leur donna de grands & beaux priuileges, qu'ils peussent porter fleurs de liz en leur armoirie : c'estassauoir, vn escu de guelles, à vn chef d'asur, & trois fleurs de liz d'or. Et ce faict, le Roy disposa d'aller mettre le siege à Nyort, ou estoit mondict seigneur le Dauphin, & lesdicts Seigneurs de son alliance : lesquels de ce aduertiz s'en partirent diligemment, & s'en allerent à Mollins en Bourbonnois, ou ils trouuerent le Duc de Bourbon, qui les receut & entretint. Le Roy s'en passa par Nyort, ou les habitans luy feirent vraye obeïssance. Dedans ladicte ville fut trouué ledict Iacquet Picquet, qui auoit baillé le chasteau de sainct Maixant, & plusieurs de ses complices, tant dudict sainct Maixant, que dudict Nyort. Ledict Iacquet fut escartelé, & les autres decapitez. Puis apres le Roy commeit bonnes gardes aux places des frontieres des Anglois, & s'en alla tout droit en Bourbonnois : & print son chemin à la Soubsterraine, & à Gueret : & prindrent la ville de Chambon d'assault. Apres alla à Aigue, Perse, Montagu en Combraille, à Cussy, & plusieurs autres villes : dont le païs de Bourbonnois fut fort greué & dommagé par les gens du Roy, à la charge & foulle du Duc de Bourbon & de ses subiects. Mondict seigneur le Dauphin, & les autres Seigneurs, quand ils sçeurent la venue du Roy, auec grand nombre de gensd'armes s'en allerent mettre dedans la ville de sainct Poursain : & le Roy s'en alla à Lion, & Clermont, & dura ceste diuision bien cinq ou six moys. A la parfin, par le moyen du Comte d'Eu, qui estoit nouuellement retourné d'Angleterre, ou il auoit esté longuement prisonnier, & autres bons Princes & Seigneurs, la chose fut moderee & appaisee, tellement que mondict seigneur le Dauphin vint en France, deuers le Roy son pere, & semblablement les autres Seigneurs qui estoyent auec luy : ausquels conuint à chacun prendre pardon & remission, & mesmement ausdicts Ducs de Bourbon, d'Alencon, Comtes, Seigneurs, & Capitaines : & le Roy les receut en sa grace, & fut la chose appaisee. Mondict seigneur le Dauphin demoura auec le Roy son pere, & lesdicts Seigneurs s'en allerent chacun en leurs païs : & fut ladicte assemblee appelee, comme dict est, la Praguerie. Et par ce que dict est, on peut congnoistre coment ledict Roy Charles resista sagemét & diligemment à ladicte entreprinse : car lesdicts Seigneurs auoyent de leur party plus largement de gens de guerre, que n'auoit le Roy du sien : mais on dit en commun prouerbe, qu'vn Seigneur de paille, vainc bien vn subiect d'acier. Parquoy les Princes & Seigneurs qui auroyent vouloir de faire aucune entreprinse contre le Roy, y doyuent bien penser deuant que l'entreprendre : veu aussi que par les choses passees, se bien sont reduictes à memoire, on peut veoir, & cognoistre, que tousiours est mescheu à ceulx qui ont fait aucunes entreprinses sur les Roys & le royaume de France.

Des beaux & excellés priuileges que le Roy Charles septiéme donna à la ville et Abbaye de S. Maixant, en poitou.

Vn seigneur de paille vainc bié un subiect d'acier.

P iiij

LES CHRONIQVES ET ANNALES DE FRANCE.

Comment, apres le discord des Princes appaisé, le Roy meit le siege deuant la Charité: & du Scisme qui estoit en l'Eglise pour la Papauté: & comment le Roy se declaira du party d'Eugene.

L'ã mil cccc.xl.

L'An mil quatre cens quarante, apres ce que le Roy eut appaisé les discords dessusdicts, il s'en vint mettre le siege deuant la Charité, q̃ tenoit vn Capitaine routier, nommé Perrinet Grasset: lequel par cõposition meit ladicte ville en l'obeissance du Roy, & se rendit Francois. Puis apres le Roy s'en alla à Bourges, & là vindrẽt deuers luy les Ambassadeurs du Pape Eugene, & du Pape Felix, Duc de Sauoye: & semblablemẽt y vindrent messagiers de par le Concile, qui auoit esté à Basle, & dura biẽ six ou sept ans: en la presence desquels Ambassadeurs le Roy se declaira du party, & vouloir obeir audict Eugene, & non audict Felix, nonobstant l'election dudict Concile. Aussi se declairerent semblablemẽt les Roys d'Espaigne, d'Escosse, & d'Angleterre, & autres de la pluspart de Chrestienté: & soubs couleur de ce furent moult de dissentiõs en l'Eglise: car les vns obeissoyẽt à l'vn, les autres à l'autre, & se nommoyent chacun Pape. Ledict Eugene, s'en alla à Florence, & là se tint: & ledict Felix se tint en ses païs de Sauoye, & en fin y demoura Legat. Audict

Defẽce de n'imposer tailles sur gens d'Eglise.

Concile de Basle fut defendu que les Princes seculiers, Conseilliers, sur peine de malediction, ne fussent si hardis de greuer ou soubsmettre gens d'Eglise aux tailles, subsides & collectes communes.

En celle saison, messire Pierre de Breze, & Floquet, deux Capitaines Francois, prindrent la ville de Conches sur les Anglois, & la remparerent : & se logerent dedans huict cens ou mil Francois, pour guerroyer & tenir frontiere aux Anglois des places d'enuiron, cõme Eureux, & autres. Semblablement pour tenir frontiere Poton de Xaintrailles, & autres Capitaines, auec huict cens lances, remparerent & se logerent dedans Louuiers: & pour donner aide & secours, se besoing estoit, le Roy s'en alla à Chartres: & aucun temps apres il s'en partit de Chartres, & alla à Troyes en Champaigne, pour corriger, r'adresser, & dõner ordre à plusieurs Capitaines & routiers de guerre, qui auoyent grand nombre de gens, & tenoyent plusieurs forteresses, & faisoyent tous les maulx du monde sur les champs: desquels Capitaines le Roy desappoincta plusieurs, qui faisoyent de grandes pilleries. Le Bastard de Bourbon dist aucunes pa-

Le Bastard de Bourbõ fut noyé à Bar sur Aube, pour aucunes paroles qu'il auoit dictes au Roy.

rolles contre l'authorité & preeminence du Roy, comme de ce il fut deuemẽt informé: si trouua façon le Roy de le faire prendre, & le fit noyer à Bar sur Aube : &, ce faict, le Roy ordonna que deslors en auant n'auroit que certain nombre de Capitaines & gẽs de guerre: c'estassauoir seize cẽs lances: & fut aduisé de faire asseoir & mettre sus par le royaume certaines tailles pour leur soulde & payemẽt, affin qu'ils peussent payer leurs despens, sans viure, ne piller sur le peuple, ne faire grief aux paurues gens : & sur ce furent faictes de moult belles Ordonnances par escript, qui sont mal gardees. Et combien que le Roy eust fait lesdictes Ordonnances, de bon zele, & cuidant bien faire (aussi faisoit il, se la chose se fust entretenue, ainsi qu'ils l'entretenoyẽt de son temps) toutesfois depuis elle est tiree en mauuaise cõsequence: car soubs ombre de mettre sus ledict payement & ordonnance, par chacun an, on a tousiours augmenté & accumulé somme sur autre, à volonté: dont le peuple est fort oppressé, & greué, & si n'en payent leurs gẽs de guerre, aumoins la plus part d'eulx, non plus qu'ils faisoyent auant que ladicte Ordonnance fust faicte.

De la deliurance de monseigneur Charles, Duc d'Orleans.

En celle annee monseigneur Charles, Duc d'Orleãs, qui auoit esté prisonnier en Angleterre l'espace de vingt cinq ans, depuis la iournee d'Azincourt, qui fut l'an mil quatre cens & quinze, fut deliuré par rancon, qui luy auoit bien cousté quatre cens mil escus: & fut cause de sa deliurance le Duc de Bourgongne, moyennãt le mariage de madame Marie, fille du Duc de Cleues, niepce dudict Duc de Bourgongne, que ledict Duc d'Orleans espousa en la ville de sainct Omer: & par ce moyen furent lesdicts Ducs faicts amis, & porterẽt robbes & enseignes de liurees pareilles, en signe d'alliance. En celle mesme annee messire Gilles de Bretaigne, Cheualier, Seigneur de Raiz,

Messire Gilles de Bretaigne, seigneur de Raiz, fut cõdãné estre bruslé

Mareschal de France, fut prins prisonnier, & son proces faict à Nantes de par le Duc, present l'Inquisiteur de la Foy: & fut condamné à estre bruslé publiquemẽt en la presence dudict Duc, par ce qu'il fut attaint & coulpable d'aucuns cas contre la Foy, & qu'il auoit fait mourir plusieurs femmes grosses, pour icelles faire deliurer de leurs enfans, & faire escrire aucuns liures de sortilege, & fait autres maulx execrables & infames, qui ne sont à descripre. Au moys de

Feurier

Feurier audict an, septiéme ou huictiéme iour, les Anglois de la garnison de Mante vindrent courir iusques à Paris & faulxbourgs de la porte sainct Iaques, & prindrēt en chemin, & par les villages, plusieurs prisonniers, bestes, & biens, & se meirent à chemin pour eulx en retourner. Monseigneur le Connestable, qui lors estoit à Paris, enuoya hastiuement apres eulx, de l'autre costé de la riuiere de Seine, messire Gilles de sainct Simon, messire Iehā de Malestret, Geoffroy de Couuran, & autres vaillans hommes, iusques à quatre vingts ou cent, & allerent passer la riuiere au pont S. Clou pour aduancer lesdicts Anglois, & les trouuerent, & sans marchāder frapperent dessus, & les meirent en desarroy, & les desconfirent, & y en eut grand nombre de mors, & plusieurs prisonniers: & rescouirent les prisonniers, bestes, & biens, qu'ils auoyent prins, & s'en retournerent à Paris. En ce temps les Anglois meirent le siege deuant Harfleu, que les Francois tenoyent, & là se fortifierent de fossez & pieux, & y furent bien sept moys. le Roy fit vne armee qu'il bailla à conduire au Bastard d'Orleans, & la Hire, pour aller secourir ceulx de ladicte ville: mais ils n'y peurent entrer: si fut faict appointement qu'icelle ville, & aussi la ville de Monstieruillier seroyent rendues ausdicts Anglois: qui depuis fortifierēt aussi vne place des enuirons, nommee Granduille ou Grauille. *De Harfleu & Mōstieruillier, qui surēt prins par les Anglois*

Des sieges de Creil, & de Pontoise.

L'An mil quatre cens quarāte & vn, apres ce que le Roy eut esté en Champaigne, & mis ordre au faict des gens d'armes, telle que possible luy estoit, il s'en retourna, & passa par Laon: & là vint deuers luy la Duchesse de Bourgongne, à laquelle fit bailler la ville de Marle, ou auoit des gens du Comte de sainct Paul, qui faisoyent moult de maulx. Item vindrent deuers luy le Comte de sainct Paul, & la Comtesse de Ligny: lesquels luy feirent hommage de toutes leurs terres, & promeirent faire cesser les pilleries qui se faisoyent en leurs terres: & fut abatu le chastel de Montagu, qui auoit esté cause de faire moult de maulx. Puis s'en vint le Roy à Senlis, & à sainct Denis, auec son ost. & enuoya le seigneur de Coitiuy, Admiral de France, la Hire, & autres Capitaines, auec gensd'armes & Artillerie, pour mettre le siege deuant la ville & chastel de Creil, du costé de Beauuoysin: & apres enuoya le seigneur de Ialongnes, & Ioachin Rouault, & Poton de Xainctrailles, auec gensd'armes & Artillerie, pour mettre le siege deuant les ville & chastel, de l'autre costé: & ainsi furent enclos de toutes pars. Puis alla le Roy audict siege en personne, & en sa compaignie monseigneur le Dauphin, son fils, Charles d'Aniou, Comte du Maine, monseigneur le Connestable, le Comte de la Marche, & autre grand' Cheualerie: & quand ils eurent esté là par aucuns iours, messire Guillaume Porto, Cheualier Anglois, fit composition de rendre ladicte ville & chastel: & s'en alla luy & ses gens, leurs bagues sauues. Puis s'en vint le Roy à sainct Denis. Tantost apres le Roy s'en partit de sainct Denis, accompaigné des dessusdicts Seigneurs, & s'en alla loger en l'Abbaye de Maubuysson, pres Pontoise: & partie de ses gens allerent loger en plusieurs masures, qui estoyent pres du pont, & de la praerie dudict Pontoise, ou souloyent estre les faulxbourgs: & là trouuerent embuschez bien douze cens Anglois: lesquels incontinent sortirent, & allerent courir deuant ladicte Abbaye faisans merueilleux cry, & là eut grand' escarmouche: mais iceulx Anglois furent reboutez, & leur conuint eulx retirer dedans ladicte ville, & les chacerent les Francois iusques au pont Ieuis, & y en eur plusieurs mors & prins. La nuict ensuyuant, les Francois se logerent deuant le Bouleuert, le long de la praerie & de la riuiere, & se fortifierent & feirent grands fossez, & assortirent Canons, & Bombardes. Pour la conduicte de l'Artillerie estoit messire Iehan Bureau, Thresorier de France, & Maistre de ladicte Artillerie, qui faisoit de grandes diligences: & là furent menez de Paris grand nombre de bateaulx, sur lesquels fut faict vn pont, pour passer au trauers de la riuiere d'Ayse, à l'endroit de l'Abbaye sainct Martin: & fut ledict pont fortifié de chacun costé de la riuiere, de grands fossez & pieux: & passerent oultre ledict pont l'Admiral, le Seigneur de Ialongnes (qui durant ledict siege fut faict Mareschal) Ioachin Rouault, & autres Capitaines, qui se logerent en ladicte Abbaye sainct Martin: laquelle ils fortifierent de grands fossez, iusques au bout dudict pont, & assirent plusieurs Bombardes & Canons. Dedans ladicte ville estoit Capitaine messire Guillaume le Chambellan, & messire Guillaume * Poitou, auec plusieurs Anglois. Tantost apres vint le Seigneur de Talbot, auec bien cinq ou six mille combatans, soy presenter deuant ladicte Abbaye de sainct Martin: mais il ne l'assaillit point, & fit passer & mener en ladicte ville par la porte d'enhault, grand' quantité de viures. Puis s'en retourna à Mante: & en passant pilla l'Abbaye de Poissy: & laissa en ladicte ville de Pontoise le Seigneur de Scalles, auec bien douze cens combatans. Iceluy siege dura bien dix sepmaines: & alloit aucunesfois *La ville & chasteau de Creil, fut recouuerte sur les Anglois, par le roy Charles vii.* *ou Porto.* *Talbot pilla l'Abbaye de Poissy.*

le Roy à S. Denis, autresfois à Conflans, autresfois à Poiſſy: mais touſiours retournoit en l'Abbaye de Maubuiſſon: & chacun iour alloit veoir ledict ſiege, & dônoit courage à ſes gés. Ceulx de la Baſtille & Abbaye S. Martin auoyent grand' faulte de viures: parquoy meſſire Ambrois, ſeigneur de Lore, Preuoſt de Paris, vint à Paris, & fit armer & auitailler aucuns baſteaux, & les mena par la riuiere de Seine, & puis contremont la riuiere d'Aiſe, iuſques audict Pontoiſe, à la veue deſdicts Anglois, & paſſa & môta iuſques à ladicte Abbaye, ſans ce qu'ils luy feiſſent greuance, combien qu'ils luy feirent forte guerre. Icelle ville, durât ledict ſiege, fut par les Anglois auitaillee & renforcee de garniſon par cinq fois, par le ſeigneur de Talbot, & autres Capitaines Anglois: & en l'vne deſdictes fois vint en perſonne le Duc d'Yort, qui eſtoit nouuellement venu d'Angleterre, & ſe diſoit Regent en France, pour le Roy d'Angleterre, & oſta les Anglois qui eſtoyent de la garniſon de ladicte ville, & y en meit & laiſſa d'autres: & meſmemét y laiſſa le ſeigneur de Clipton, meſſire Nicolle Bourdet, & Henry Scandis, auec cinq cens hommes: & faiſoyent iceluy Duc d'Yort, & le ſeigneur de Talbot de grandes diligéces, pour ſecourir & auitailler ceulx de ladicte ville de Pôtoiſe. Quand le Roy & ceulx de ſa compaignie veirent les grandes approches & bateries faictes pres des murailles de ladicte ville, tant deca que dela la riuiere, le ſeiziéme iour dudict moys de Septembre, fit aſſaillir l'egliſe de noſtre Dame de Pontoiſe, es faulxbourgs, que les Anglois auoyent fortifiee, & y auoit dedans quarante Anglois, qui leur auoyent faict beaucoup de mal: & entrerent les Francois dedans, & y eut xxiiij. deſdicts Anglois tuez, & les autres pris: & le dixneufiéme iour d'iceluy moys, fit le Roy aſſaillir ladicte ville de toutes pars: & fut l'aſſault grand & merueilleux, tant du coſté de la riuiere, que du coſté du Veuxin. Les Anglois ſe defendirent à merueilles vaillammét en pluſieurs lieux: mais neantmoins icelle ville fut prinſe d'aſſault, & y eut bien cinq cens hommes Anglois tuez, & les autres priſonniers: & entre autres fut priſonnier ledict ſire de Clipton. le ſeigneur de Iallongnes, comme dict eſt, fut faict Mareſchal de France, durant ce ſiege, & y furent là faicts pluſieurs Cheualiers. Les Comtes de ſainct Paul, de Vaudemont, & de Ioigny, furent aucune eſpace de temps durant ledict ſiege auec le Roy, & ſ'y porterent vaillamment: mais du congé du Roy, ils ſ'en eſtoyent allez auant ledict aſſault. Apres la prinſe de ladicte ville, le Roy, monſeigneur le Dauphin, ſon fils, & les autres Princes & Seigneurs, ſ'en vindrent à Paris, ou ils furét receuz à grand' ioye. En ladicte ville de Paris, môſeigneur Charles d'Aniou, frere de la Royne, fit hommage au Roy, de la Comté du Maine, & autres terres que le Roy René de Cecille, Duc d'Aniou, ſon aiſné frere, luy auoit baillees pour ſon partage.

La uille de Pontoiſe fut par cinq fois auitaillee par les Anglois

De la prinſe de Beaumont le Rogier, & Beaumeſnil: & de la deſconfiture d'Anglois.

Vrant iceluy temps, les Francois de la garniſon de Conches, dont auoit la charge meſſire Pierre de Breze, & Flocquet, prindrét d'aſſault ſur les Anglois, Beaumôt le Rogier, & furét tous les Anglois, qui eſtoyét dedans, mors ou prins. puis allerét deuât Beaumeſnil, en Normandie, & y meirét le ſiege: mais quâd les Anglois veirét les Bombardes, & Canôs, qui eſtoyent aſſutez, ils rendirent la place par côpoſition. En ce meſme téps les Anglois des garniſons du Mans, de Freſnay, de Maine la Iuhez, & autres de leur party, ſ'aſſemblerent iuſques à quatre cés, & allerét courir deuât S. Denis, en Aniou, & ſe logerent au bourg, & prindrent d'aſſault le monſtier, auquel les habitans ſ'eſtoyét retraicts, & en tuerent pluſieurs: & ce venu à la congnoiſſance des Francois des garniſons de Sablé, Laual & ſaincte Suſanne, ſ'aſſemblerent ſoixante ou quatre vingts hômes, & allerent audict lieu de ſainct Denis, ou ils arriuerent tantoſt apres la prinſe dudict monſtier, & trouuerent leſdicts Anglois preſts de monter à cheual, pour eulx en aller, & y en auoit pluſieurs deuant ledict monſtier: & d'arriuee leſdicts Francois ſe meirent à pied, & aſſaillirent iceulx Anglois, & là fut vaillamment combatu: mais en la fin leſdicts Anglois furent deſconfits, & y en eut pres de trois cens de mors, & pluſieurs priſonniers, les autres ſ'en fuyrent à pied ou ils peurent, & des Francois n'y mourut que cinq ou ſix hommes, & gaignerent iceulx Francois pluſieurs biens, & reſcouyrent tous les priſonniers qu'auoyent prins iceulx Anglois.

De la prinſe d'Eureux, par Flocquet.

V moys de Septembre audict an, durant ledict ſiege de Pontoiſe, meſſire Iehâ Flocquer, Cheualier, Capitaine Francois, natif de Normandie, eut entreprinſe & intelligence auecques vn peſcheur de la ville d'Eureux, qui luy fit vn pertuys en la muraille: par lequel, dedans des bateaux, ledict Flocquet & ſes gens y entrerent de nuict

nuict. Quand ils furent dedans la ville, les Anglois en ouyrent le bruict, & s'armerent hastiuement, & s'assemblerent partie en la grand' rue, les autres en la halle de ladicte ville. Les Frãcois allerent à eulx, & les assaillirent, & meirent en fuite, & y en eut plusieurs mors, & prins. Aucuns renoncerent leurs cheuaux subtilement, & s'en fuyrent par vne des portes, & s'en allerẽt à Vernon, & autres lieux qui tenoyent pour eulx. Enuiron ce temps furent plusieurs prisonniers Anglois, qui auoyent esté prins à l'assault de Pontoise, menez en vne fortresse, nommee Coruille, pres Chartres: pour la deliurance desquels en fut enuoyé vn auecques saufconduict, pour finer la rançon des autres: lequel s'en alla pour faire ses diligences, & dist à vn Capitaine, nommé François l'Arragonnois, qui tenoit le party desdicts Anglois, que ladicte place estoit mal fortifiee, & mal gardee. Si fit ledict l'Arragonnois entreprinse pour y aller: & vn iour s'alla embuscher aupres: puis enuoya quatre de ses gens, vestuz de iacquettes blanches, dont l'vn portoit des poix, l'autre des nauets, & autres choses dedans des sacs: lesquels entrerent dedans ladicte place, & ne trouuerent nul qui leur demandast riens, n'ou ils alloyent (car ceulx de la garnison estoyent allez les vns dehors la place, & les autres estoyent encores couchez en leurs licts) si allerent lesdicts quatre hommes iusques en la chambre du Capitaine, & le prindrent au lict: & puis ledict Arragonnois, & ceulx de ladicte embusche, entrerent dedans ladicte place, & prindrent le Capitaine, & le Seigneur, & tous ceulx qui y estoyent, lesquels ils emmenerent à Rouen: & par ce moyen furent deliurez tous lesdicts prisonniers Anglois, qui estoyent en ladicte place. En celle annee, le iour de la Purification nostre Dame, mourut madame Marguerite de Bourgongne, fille du Duc de Bourgongne, qui auoit premierement esté femme de monseigneur Louis de France, Duc de Guyenne, & Dauphin de Viennois, aisné fils du Roy Charles, sixiéme, & lors estoit femme de monseigneur le Comte de Richemont, Connestable de France, & fut enterree en l'eglise des Carmes, à Paris. En ce temps le Roy s'en partit de Paris, & en sa compaignie estoit monseigneur le Dauphin, & grand nombre de Princes & Seigneurs, & s'en alla à Saumur: & là vindrent deuers luy les Ambassadeurs du Duc de Bretaigne, & fut donné ordre pour oster les pilleries que faisoyent les gensd'armes, es païs de Poitou, Aniou, & Xaintonge, dont ledict Duc se plaignoit. Apres s'en alla à Poitiers, & dela à Xaintes, & appoincta auec le seigneur de Pons, qui vint deuers luy, de certaines places qu'il tenoit, appartenantes au Roy: & puis enuoya ses gens deuant Taillebourg, qui entrerent dedans par force: & fit faire execution de ceulx qui y estoyent, pour les grands maulx & pilleries qu'ils auoyent faicts au parauant.

subtilité militaire faicte par vn, nommé François l'Artagonnois.

Du voyage de Tartas, en Gascongne: & de plusieurs autres choses.

EN l'an mil cccc.xlij. le Roy alla à Limoges, & là tint haulte feste, & estoit en sa compaignie monseigneur le Dauphin, son fils, les Ducs de Lorraine, d'Orleans, & la Duchesse sa femme, le Comte du Maine, & plusieurs autres Princes: & là eut nouuelles que les Anglois auoyent mis le siege deuant la ville de Tartas, en Gascongne, qui est assise es lames sur la riuiere, entre sainct Seuer & Bayonne: laquelle ville appartenoit à monseigneur d'Albret, & sceut que les gens dudict seigneur d'Albret s'estoyent vaillamment defenduz: mais par faulte de viures & de secours, ils auoyent fait appoinctement aux Anglois, que si dedans la feste sainct Iehan ensuyuant, ils n'estoyent secouruz, & lesdicts Anglois combatus, ils bailleroyent ladicte place: & de ce baillerent ostages le Capitaine d'Albret, fils aisné dudict seigneur d'Albret, & autres: & fut ladicte ville mise en main neutre, & baillee à vn Cheualier, demourant pres d'icelle ville, qui estoit homme de bonne representation, nommé le Sire de Cosuac. Lesquels de Tartas feirent sçauoir au Roy ledict appoinctement: lequel se delibera de les aller secourir: & pour ce faire manda assembler grand' armee, & pour s'approcher alla à Toulouze: & quand son armee fut preste, il se meit à chemin, & en sa compaignie son fils le Dauphin, & plusieurs autres Seigneurs & Princes: & allerent deuant ladicte ville de Tartas, prests & deliberez de combatre les Anglois: lesquels n'y vindrẽt pas: & par ce fut ladicte ville & ostages deliurez, & mis en main du Roy, comme suffisamment acquitez de leur promesse. De la ville de Tartas le Roy s'en partit, & alla mettre le siege deuant la ville de sainct Seuer, dont estoit Capitaine messire Thomas Ramescon: laquelle il print d'assault, & y eut quatre cens Anglois tuez, & plusieurs des habitans de ladicte ville: laquelle fut pillee, & ledict Capitaine prins prisonnier. Apres alla deuant la cité de Dacqs, & apres qu'elle eut esté assiegee par l'espace de dix sepmaines, mondict seigneur le Dauphin y fit donner l'assault, & luy fut rendue par composition: & se rendirent plusieurs places des enuirons, audict païs de Gascongne, en l'obeïssance du Roy: deuers lequel vindrent eulx rendre les Sires de la Mothe, & de Roquetaillade. En retournant le Roy fit assieger la ville de la Reolle, sur Gironde,

Mil cccc.xlii.

Du siege que les Anglois meirẽt deuant la ville de Tartas, en Gascongne.

qui eſt ſept lieues au deſſus de Bordeaux, & fut prinſe d'aſſault: & s'en alla le Roy à Toulouze, & paſſa par Agen, ou l'on luy fit obeiſſance. Tantoſt apres le partement du Roy, les Anglois & habitans de la ville de Bayonne reprindrent ladicte ville de ſainct Seuer, ſur les gens du Roy: mais elle fut toſt recouuerte pour le Roy, par le Comte de Foix. En ce temps fut faict * Admiral de France, le Seigneur de Coictiuy, qui eſtoit vn vaillant Cheualier: & lors retourna en France René, Roy de Cecille, qui eſtoit au royaume de Naples, par ce que ledict royaume auoit eſté conquis ſur luy, par le Roy Alphonſe, d'Arragon. En celle annee auſſi Flocquet, Bailly & Capitaine d'Eureux, rencontra vne compaignie d'Anglois, entre Eureux & le Neufbourg: & combien qu'il fuſt beaucoup moindre de compaignie que les Anglois: toutesfois il les aſſaillit, & en tua bien trois cens. Le Comte de Dunois alla mettre le ſiege deuant Galardon, pres Chartres. Le ſeigneur de Talbot vint à grād' compaignie, pour leuer ledict ſiege: & voyant ledict Comte la grand' puiſſance dudict Talbot, & qu'il n'eſtoit pas pour reſiſter, ſe leua de ſondict ſiege: parquoy ledict Talbot s'en retourna: & quand ledict Comte ſceut qu'il fut party, il y retourna, & print ladicte ville, & le chaſtel d'aſſault, & les fit demolir. En celle dicte annee le ſeigneur d'Eſtouteuille, Capitaine du mont S. Michel, print Grauille, ſur le Baſtard d'Eſcalles, Anglois.

si eſt ce que cy deuāt ille nō me deſia Admiral.

Mil cccc.xlii. Audict an mil cccc.xlij. treſpaſſa Iehan, Duc de Bretaigne, fils du feu Duc Iehan, que les Bretons nōmoyent le vaillāt: & auoit regné xliij. ans, & luy ſucceda audict Duché, Francois, ſon aiſné fils, qui regna huict ans ou enuiron: lequel auāt qu'il fuſt Duc eſpouſa Yolant, fille de Louis ij. Roy de Cecille, Duc d'Aniou: laquelle mourut ſans enfans: & apres eſpouſa Yſabeau, fille du Roy d'Eſcoſſe, & d'elle eut deux filles, dont l'vne fut nommee Marguerite, & fut mariee à Francois, Duc de Bretaigne, qui eſtoit fils de Richard, Comte d'Eſtāpes, frere dudict Duc Iehan dernier: mais il y eut deux autres Ducs qui furent deuant ce Francois ſecond: c'eſt aſſauoir Pierre, frere de Francois premier, & Artus, Conneſtable de France, ſon oncle, qui n'auoyent nuls enfans. L'autre fille, nommee Marie, fut mariee à Iehan, Vicomte de Rohan: & ladicte Margueri-

De Francois, pere d'Anne deux fois Royne de France.

te Ducheſſe eut dudict Francois vn fils, qui mourut ieune, & deux filles. La puiſnee, nommee Marguerite, mourut ieune, & l'aiſnee, nōmee Anne, fut mariee au Roy Charles huictiéme de ce nom: & depuis fut mariee au Roy Louis douziéme du nom.

Prinſe de la Baſtille de Dieppe, par monſeigneur le Dauphin.

Mil cccc.xlii. ENuiron la feſte de Touſſaincts, audict an mil quatre cens quarante deux, le ſeigneur de Talbot ſe partit de Caudebec, auec grand' compaignie d'Anglois, & d'Artillerie, pour aller mettre le ſiege deuant la ville de Dieppe, qui tenoit pour le Roy, & en eſtoit Capitaine vn vaillant Eſcuyer, nommé Charles des Marets: & en y allant enuoya ſon auantgarde deuant le chaſtel de Charleſmeſnil, que tenoyent les Francois, qui luy fut baillé par compoſition: car ceulx de dedans n'eſtoyent pas puiſſans pour tenir. De là ledict Talbot s'en alla à Arques, qui tenoit ſon party. puis s'en alla loger deuant ladicte ville de Dieppe: & ſur vne montaigne, qui eſt deuant le haure de la mer d'icelle ville, appelee la montaigne du Pollet, fit faire & dreſſer vne moult forte & grande Baſtille, & à l'entour fit faire vn parc, fortifié de foſſez & palliz: & dedans ladicte Baſtille meirent bien deux cens Canons, & quatre Bombardes: & deſlors commencerent à tirer, & batirent fort les murs & maiſons de ladicte ville, & vne belle groſſe tour, qui eſtoit ſur le haure. Au-

Du ſiege que le Capitaine Talbot meit deuāt la ville de Dieppe.

cun temps apres, pource qu'il y auoit trop peu de gens dedans ladicte ville, mōſeigneur de Dunois y alla auecques huict cens ou mil cheuaux, & entra en ladicte ville: & quand Talbot le ſceut, il partit de ladicte Baſtille, & y laiſſa ſes Lieutenans, meſſire Guillaume Pate, meſſire Iehan de Rupelay, & le Baſtard dudict Talbot, auec ſix cens Anglois: & faiſoyent chacun iour de grandes eſcarmouches. Trois iours apres le partement dudict Talbot, ledict Comte de Dunois s'en partit, & laiſſa en ladicte ville auec ceulx qui y eſtoyent, Artus de Longueuille, Thomas Droin, & bien huict vingts combatans, auec force viures. Semblablement Guillaume de Coitiuy, frere de l'Admiral, deſcendit auec pluſieurs nauires de Bretaigne, & mena en ladicte ville grand' foiſon de bleds, vins, chairs ſallees, poix, feues, & autres viures neceſſaires, & auſſi grand' force de traict, de pouldre, & autres choſes neceſſaires: dont ceulx de ladicte ville furent grandement reconfortez. Auſſi apres, au moys de Mars, le Roy y enuoya vn Eſcuyer de Bretaigne, nommé Tudoal Carmoiſien, dict le Bourgeois: lequel fut faict Bailly de Troyes, & le fit ſon Lieutenant en ladicte ville, auec luy Guillaume de Ricaruille, ſon pennetier, auec cent combatans.

Mil cccc.xliii. Apres la ſaiſon de Paſques enſuyuant, mil quatre cens quarante & trois, le Roy eſtant à Poitiers, monſeigneur le Dauphin, ſon fils, ayant deſir de ſoy faire valloir, & d'acquerir los & bruit, ſupplia au Roy ſon pere, que ſon plaiſir fuſt luy bailler gens, & donner congé

DV ROY CHARLES, SEPTIEME.

congé d'aller secourir ceulx de ladicte ville de Dieppe, & leuer ledict siege: dont le Roy fut cōtent, & le fit son Lieutenant general, & Gouuerneur d'entre les riuieres de Seine, & de Somme: & luy bailla en sa compaignie le Comte de Dunois, & l'Euesque d'Auignon, pour le conduire, & plusieurs Capitaines & gens de guerre: lesquels s'en vindrent droict à Paris, en faisant tousiours assemblee de gens. Puis passerent oultre: & en y allant, le long de ladicte riuiere de Somme, se rendirent à luy le Comte de S. Paul, le Damoyseau de Commerccy, les Seigneurs de Gaucourt, de Chastillon, & plusieurs autres, & tellement qu'il auoit bien trois mil combatans: & s'en alla mondict seigneur le Dauphin à Abbeuille, & là manda & fit venir deuers luy ledict Tudoal, dict le Bourgeois, qui estoit Lieutenant du Roy, en la ville de Dieppe, pour scauoir de la contenance des Anglois, & aduiser qu'il seroit à faire. Quand mondict seigneur le Dauphin, & les Seigneurs & Capitaines de sa compaignie l'eurent ouy parler, ils conclurent qu'ils passeroyent oultre: si feirent aller ledict Tudoal, auec trois cens combatans, deuant ladicte Bastille des Anglois, pour garder qu'aucuns viures n'y entrassent: & le Dimenche deuant la my Aoust, mondict seigneur le Dauphin, & les Seigneurs & Capitaines de sa compaignie, allerent en ladicte ville de Dieppe: & quand ses gens furent rafreschiz, enuiron cinq heures du vespre, il enuoya cinq ou six cens hommes des pietons, armez, & les fit aller coucher deuant ladicte Bastille des Anglois, & fit icelle nuict tresfort temps, & saillirent ladicte nuict les Anglois deux fois sur eulx: mais ils furent reboutez tresaprement. Le Lundy matin mondict seigneur le Dauphin, lesdicts Princes, Seigneurs & Capitaines, auec leurs gens, saillirēt de ladicte ville, & allerent loger deuant ladicte Bastille, & s'y tindrent iusques au Mecredy, veille de nostre Dame: auquel iour, enuiron huict heures du matin, mondict seigneur le Dauphin fit sonner trompettes & clerons, pour donner l'assault à ladicte Bastille: & furent amenez six ponts de boys, qui auoyent esté faicts en ladicte ville, & portoyent sur roes, auec deux ou trois grues, pour trauerser les fossez: & adonc se commença trescruel assault: & par le moyen desdicts pōts lesdicts François trauerserent les fossez, & vindrent ioindre à ladicte Bastille, ou les Anglois se defendirent vaillamment, & tuerent bien quatre vingts ou cent François, & en blecerēt plusieurs: parquoy les François furent fort reculez. Lors monseigneur le Dauphin s'approcha, pour donner courage à ses gens, & les enhardit tellement qu'ils y allerent de si grand courage qu'ils prindrent ladicte Bastille d'assault: & y fut mondict Seigneur le Dauphin, iusques à combatre lesdicts Anglois main à main, cōme vn simple homme d'armes: & y eut bien trois cēs Anglois mors, & plusieurs prisonniers: & entre autres furēt prisonniers lesdicts mesire Guillaume de *Poirou, Capitaine de ladicte Bastille, mesire Iehan de Rupellay, le Bastard Talbot, & autres: & tous ceulx de la langue Francoise, qui estoyent dedans, furent pendus, auec certains Anglois, qui auoyent iniurié monseigneur le Dauphin, parauant ledict assault. Apres ladicte prinse, mondict seigneur le Dauphin fit du tout demolir ladicte Bastille, & se retira en ladicte ville: de laquelle aucuns iours depuis, apres y auoir donné ordre, il s'en partit, & laissa dedans ledict Capitaine Charles des Marets, auec suffisante garnison, pour la garde & defence d'icelle ville. Pour recongnoissance & remuneration de la bonne & grande loyauté des habitans d'icelle ville, mondict seigneur le Dauphin leur fit plusieurs graces & priuileges: lesquels furent confermez par le Roy, son pere. Audict assault furent faicts plusieurs Cheualiers, le Comte de sainct Paul, Hector, fils du Seigneur d'Estouteuille, Charles & Regnault de Flauy, & plusieurs autres. Tantost apres descendit en France le Comte de Sombresset, Anglois, auec bien huict mil combatans: & alla mettre le siege deuant la ville de la Guierche, qui luy fut baillee par composition. Puis alla deuant Ponence, & y fut bien deux moys, sans mettre le siege, n'assaillir: & apres s'en retourna en Normandie.

prinse de la Bastille des Anglois, pres Dieppe, par le Dauphin de Frāce.

En la pag. preceden. dit Pate.

Comment le Roy enuoya saisir en ses mains les pais d'Armignac.

AVdict an mil quatre cens xliij. mourut la vieille Comtesse de Cominge, en l'aage de quatre vingts ans, laquelle auoit faict le Roy son heritier de sadicte Comté, s'il aduenoit que sa fille n'eust point d'enfant, comme il aduint: mais ce neantmoins le Comte d'Armignac, qui lōg temps l'auoit tenue prisonniere, s'empara d'icelle Cōté, & print toutes les places pour les vouloir appliquer à luy: dont le Roy ne fut pas content. Aussi n'estoit pas le Roy content de ce que ledict Comte d'Armignac, s'intituloit en ses tiltres & lettres, par la grace de Dieu Comte d'Armignac, cōme s'il n'eust point esté subiect du Roy & du royaume, & luy auoit fait faire defence de non le faire. Semblablement fut ledict Roy aduerty que ledict Comte d'Armignac auoit voulu faire alliance auec le Roy d'Angleterre, & traicter le mariage de sa fille auecques ledict Roy, sans le sceu, vouloir, ne congé du Roy de France, son souuerain Seigneur, & desia auoit attiré à luy vn vaillant Capitaine Espaignol, nō-

Mil cccc. xliij.

LES CHRONIQVES ET ANNALES DE FRANCE.

Meſſire Iehan de Sallezart eſtoit Eſpaignol.

mé meſſire Iehan de Sallezart, & pluſieurs gens de guerre de ſa compaignie, qui eſtoyent au ſeruice du Roy, & les auoit mis en ſes places du païs de Rouergue, ou ils eſtoyent bien ſix cens lances, qui faiſoyent tous les maulx que l'on pouuoit dire aux ſubiects du Roy. Pour leſquelles cauſes le Roy eut conſeil: & apres deue ſommation faicte audict Côte, il aduiſa d'enuoyer audict païs d'Armignac: ſi fit aſſembler grand' armee pour y enuoyer, & en bailla la charge à monſeigneur le Dauphin, ſon fils: & pour le conduire luy bailla pluſieurs vaillans Capitaines. Si ſe meit à chemin, & alla audict païs d'Armignac, de Rhoddéz, de Comminge, & luy furẽt les places miſes en ſes mains, à petite reſiſtence: & feirent practiquer en façon que ledict de Sallezart & ſes gens abandonnerent ledict Comte d'Armignac: lequel ſe retrahit à l'Iſle Iourdain, vn fort chaſteau de ſa Comté, ou mõdict ſeigneur le Dauphin alla, & dedans print ledict Comte, ſa femme, ſon fils puiſné, & ſes deux filles: leſquels il enuoya priſonniers en la cité de Carcaſonne, en Languedoc: mais ſon fils aiſné Iehan, Comte de Lommaigne, ſe retira au royaume de Nauarre, ou ledict Comte auoit aucunes terres, & par ce moyen mondict ſeigneur le Dauphin eut tout le païs en ſes mains, reſeruees les places de Seuerac, & Capdenat. Parquoy il laiſſa iceluy païs à gouuerner à meſſire Theaulde de Valpane, Bailly de Lion, & s'en vint à Toulouze, & de là enuoya mettre le ſiege deuant leſdictes places de Seuerac, & Capdenat, que tenoit le Baſtard d'Armignac, & furent prinſes par compoſition faicte auec ledict Baſtard: & ce faict, mondict ſeigneur le Dauphin s'en retourna vers le Roy, ſon pere, qui eſtoit à Tours.

La Côté d'Armignac fut miſe en la puiſſance du Dauphin de France.

Des tréues prinſes entre les Roys de France & d'Angleterre: & comment monſeigneur le Dauphin conduyſt les genſd'armes en Allemagne.

Mil cccc.xliiii.

L'An mil cccc.xliiii. apres la feſte de Paſques, à la fin du moys d'Auril, le Comte de Suffort, & le ſeigneur de Roz, Anglois, vindrent deuers le Roy en ſa ville de Tours, de par le Roy d'Angleterre, leur maiſtre, pour trouuer moyen de traicter paix: & furent les matieres debatues, mais elles ne prindrent point de cõcluſion: ſi furent prinſes tréues, ſoubs eſperance d'appointement, entre leſdicts deux Roys & royaumes, iuſques à xviij. moys enſuyuant: & là fut pourparlé & octroyé le mariage dudict Roy Henry d'Angleterre, auec madame Marguerite d'Aniou, niepce de la Royne de Frãce, & fille du Roy René de Cecille, Duc d'Aniou: & furent faictes leurs fiãſailles par parolles de futur auec leſdicts Ambaſſadeurs, ayans de ce pouuoir: & ce faict s'en retournerẽt en Angleterre. Apres leſdictes tréues accordees, ledict René, Roy de Cecille, frere de la Royne de France, requiſt au Roy qu'il luy vouſſiſt faire aide, pour mettre en ſon obeiſſance la cité de Metz, & autres villes qui eſtoyent de l'ancien dommaine de ſa Duché de Lorraine, leſquelles ne luy vouloyent obeir: & à ſa requeſte le Roy, accompaigné dudict Roy de Cecille, de monſeigneur le Dauphin, des Comtes du Maine, de Dunois, de Boulongne, & de pluſieurs autres grands Princes, Seigneurs, Barons, Cheualiers, & grand nombre de genſd'armes, ſe meit à chemin pour aller audict païs de Lorraine, & arriua à Nancy, au moys de Septembre: & enuoya ſommer ceulx de ladicte cité de Metz, d'eulx mettre en l'obeiſſance du Roy de Cecille. Et pource qu'ils ſe monſtroyent rebelles, & qu'ils diſoyent qu'ils n'eſtoyent en riẽs ſubiects audict Roy de Cecille, Duc de Lorraine, & que des le temps de Godefroy de Billon, qui en eſtoit Duc, ils s'eſtoyent acheptez, & mis hors de la ſeruitude dudict Duché: le Roy fit aſſieger ladicte cité, & y tint le ſiege plus de cinq moys: & furent ceulx de ladicte cité fort preſſez. Si enuoyerent deuers le Roy, & trouuerẽt façon, par le moyen de meſſire Pierre de Breze, Cheualier, Seigneur de Manny, qui lors fort gouuernoit le Roy, de faire compoſition au Roy, moyennant certain grand nombre de vaiſſelle d'argent doré, & de deux cens mil eſcus d'or qu'ils payerent au Roy pour le deffroy de ſon armee. Si ſe leua ledict ſiege, & demourerent leſdicts de Metz, ſans riẽs innouer de leurs franchiſes: & ne fut pas le debat & diſcord dudict Roy de Cecille, & de ceulx de ladicte cité, du tout determiné pour celle heure: mais par ledict appointement ceulx de ladicte cité de Metz luy quittrẽt cent mil florins, que ledict Roy de Cecille & ſes predeceſſeurs auoyent empruntez par pluſieurs fois. Durant ledict ſiege de Metz l'Empereur Federic enuoya deuers le Roy vn Cheualier, nommé *le Bourg le Moyne, luy requerir qu'il luy vouſſiſt faire ſecours contre les Suiſſes, & contre partie d'Allemagne, qui ne luy vouloyent obeir. Le Roy eut ſur ce conſeil: & pource que lors il auoit tréues au Roy d'Angleterre, conſiderant que par tout le royaume y auoit grand nombre de gens de guerre tant François qu'Anglois, qui faiſoyent moult de maulx par tout les païs, tant de ſon obeiſſance que de l'obeiſſance du Roy d'Angleterre: pour en deſpeſcher le païs, il delibera de les enuoyer viure en Allemagne: & y enuoya monſeigneur le Dauphin, le Capitaine Ioachin de l'Eſcouet, Oliuier de Brout, auec autres Capitaines pour les cõduire. Semblablement y allerent grand nõbre d'Anglois:

Autres le nõmẽt Bourgalemoyne, par vn ſeul mot.

glois : defquels eut la charge & conduite vn Capitaine, nommé Mathago, & les conduifoit tous ledict Bourgu le Moyne, Allemant, qui congnoiffoit tous les païs : & allerent es païs de Montbelliard, de Bafle, de Strafbourg, & autres païs defdicts Suiffes, qui defaduoyent riens tenir de l'Empereur : & trouuerent à vne maladerie, à vne lieue pres de Bafle, enuiron huict cens Suiffes : lefquels lefdicts Francois affaillirent afprement, tellement qu'ils les feirent retraire dedans la clofture & iardins de ladicte maladerie : & veu le petit nombre qu'ils eftoyent, ils fe defendirent moult vaillamment, & tuerent le Cheualier Allemant, nommé Bourgu le Moyne, & plufieurs autres : mais à la parfin ils ne peurent fouftenir le faiz des Francois, & furent tous defconfits, mors ou prins : & de là s'en alla mondict feigneur le Dauphin deuant les villes de S. Ypolite, & du Vaudeliure, qui luy furent obeiffans. Adonc commencerent les gensd'armes Francois & Anglois, à faire plufieurs pilleries & maulx fur le païs : parquoy lefdicts Suiffes s'affemblerent par troupeaux en diuers lieux, & en tuerent plufieurs. Adonc voyant mondict feigneur le Dauphin, & ledict Mathago, que ledict Bourgu, Cheualier Allemant, qui congnoiffoit tous les paffages & contrees du païs, & les conduifoit, eftoit mort, & que le païs eftoit merueilleux & eftrange, & n'y auoyent nulles intelligences ne congnoiffance, il fe meit à chemin, & s'en retourna deuers le Roy, fon pere, qu'il trouua à Nancy : ou eftoyent venues la Royne fa mere, la Royne de Cecille, fa tante, madame la Dauphine, fa femme, & la fille dudict Roy de Cecille : pour laquelle auoir en mariage pour le Roy d'Angleterre, ainfi qu'il auoit efté pourparlé & appoincté, eftoit là venu le Comte de Suffort, auec vne belle & grande cōpaignie en Ambaffade, & luy fut baillee, fi l'emmena en Angleterre : mais auant fon partement furent faictes de grandes feftes, ioustes, & tournois : aufquels eftoyent prefens les Roynes de France, de Cecille, & d'Angleterre, Madame la Dauphine, la Ducheffe de Calabre, la Comteffe de Vaudemont, & la fiancee de mōfeigneur Ferry de Lorraine, fille dudict Roy de Cecille : & la conuoya le Roy de Cecille iufques à Bar le Duc. Incontinent apres que mondict feigneur le Dauphin fut party d'Allemaigne, fe meirent lefdicts Allemans en ladicte ville de fainte Ypolite : & par defpit de l'obeiffance qu'ils auoyent faicte à monfeigneur le Dauphin, ils la pillerent & bruflerent, & pareillement ladicte ville de Vaudeliure : & ledict Mathago, Capitaine Anglois, s'en retourna, & emmena fes gensd'armes es païs de Normandie, qui eftoyent en l'obeiffance du Roy d'Angleterre.

La defconfiture des Suiffes par le Dauphin de France.

Le Roy eftant en ladicte ville de Nancy, affembla fes Princes, Chefs de guerre, & gens de Confeil : & fut mis & donné ordre tant fur le faict du payement, que de la maniere de viure de fes gens de guerre, & en furent faictes de belles Ordonnances, que l'on appelle cōmunément les Ordonnances de Nancy : & furent caffees plufieurs compaignies, & Capitaines : & fut ordōné que pour la garde, feureté, tuition, & defence du royaume y auroit feize cens lances ordinaires, & que leur payement, & non autre chofe d'auantage, feroit mis fur les habitans du royaume, par maniere de taille : & le fit toufiours le Roy Charles ainfi entretenir fa vie durant.

Des Ordonnances de Nancy, faictes par le Roy Charles feptiéme, fur le faict de la guerre.

Du trefpaffement de madame Marguerite, femme de monfeigneur le Dauphin.

L'An mil quatre cens quaráte & cinq, le Roy, à fon partement de Nancy s'en vint auec fa compaignie à Chaalons en Champaigne : & illec trefpaffa haulte & puiffante Dame, madame Marguerite, femme de monfeigneur le Dauphin, qui fille eftoit du Roy d'Efcoffe, & là fut fon corps enterré en la grand' eglife : mais depuis, long temps apres que mondictfeigneur le Dauphin eut efté Roy, il la fit apporter & enterrer en l'eglife & abbaye de S. Laon de Thouars, en Poitou. En ladicte ville de Chaalons la Ducheffe de Bourgongne vint voir & vifiter le Roy, qui la receut grandement, & feftoya honnorablement : & là fut appoincté que le Duc de Bourgongne rendroit au Roy de Cecille, les chafteaux de Neuf chaftel en Lorraine, Clermont en Argonne, & Gondrecourt, que ledict Roy de Cecille luy auoit baillez en gaige, pour partie de fa rancon : & que ledict Duc de Bourgongne auroit à heritage le Val de Caffel : & par ainfi demoura ledict Roy de Cecille acquité de fa rancon. De là s'en vint le Roy en la ville de Chinon, & vint deuers luy Francois, Duc de Bretaigne, & Comte de Montfort. puis s'en retourna en fes païs.

L'an mil cccc. quarante cinq.

Madame Marguerite d'Efcoffe, Dauphine, trefpaffee.

En celle annee, à la requefte des Roys d'Efpaigne, de Portugal, d'Arragon, & de Nauarre, qui tous enuoyerent vers le Roy Ambaffadeurs pour la matiere du Comte d'Armignac, fut faict l'appoinctement dudict Comte d'Armignac : lequel fut mis hors de prifon, & par tant luy furent fa femme, fes enfans, & fes terres reftituees. Le Roy enuoya autres grands Ambaffadeurs en Angleterre, deuers le Roy d'Angleterre, fon nepueu : & furent les treues prolongees iufques au moys de Nouēbre audict an mil quatre cens quarante & cinq : & fut ordonné q̃ lefdicts deux Roys fe verroyent entre Paris & Rouen : & depuis le Roy d'Angleterre enuoya Ambaffade en

France: & furent de rechef lesdictes treues r'alongees iusques au moys d'Auril ensuyuant.

Pourquoy la belle Agnes fut nōmee Damoyselle de Beauté.

En celle saison auoit en la compagnie de la Royne vne moult belle Damoiselle, nommee Agnes Sorelle: laquelle estoit fort en la grace du Roy, & l'appeloit on communément la belle Agnes: & affin qu'elle eust aucun tiltre, le Roy luy donna, sa vie durant, la place & chastel de Beauté, pres le boys de Vincennes: & lors on l'appela madamoiselle de Beauté: & pource que lors on voyoyt que le Roy estoit fort pensif, & imaginatif, & peu ioyeux, & qu'il estoit expedient de l'esiouyr, par la deliberation de son Conseil, sans son sceu, fut dict à la Royne qu'il estoit expedient qu'elle endurast que ledict Seigneur fist bonne chere à ladicte Damoiselle, & qu'elle ne monstrast nul semblant d'en estre mal contente. ce que la bonne Dame fist, & dissimula, combien qu'il luy greuast beaucoup.

Naissance du 2. fils de France.

Le iour & feste des Innocens, audict an, nasquit monseigneur Charles de France: lequel apres le trespas de son pere fut premierement Duc de Berry, apres Duc de Normandie, & apres Duc de Guyenne. En ce temps vindrent en France deux filles du Roy d'Escosse, cuidans trouuer madame la Dauphine, leur sœur, qui les auoit mandees pour les marier: & quand elles furent en Flandres, elles eurent nouuelles que la Royne d'Escosse, leur mere, estoit morte en Escosse, & madame la Dauphine estoit morte à Chaalons: toutesfois elles furent amenees deuers le Roy, qui les receut honnorablement, & leur fit entretenir leur estat à ses despens, iusques à ce qu'elles fussent pourueues.

Comment messire Gilles de Bretaigne fut prins prisonnier par le commandement du Duc de Bretaigne, son frere: & comment ceulx de Gennes se donnerent au Roy.

L'an mil cccc. quarante six.

L'An mil quatre cens quarante & six, messire Gilles de Bretaigne, par le commandement du Duc Francois, son frere, fut prins au chastel de Guilledo, & furent à sa prinse quatre cens lances des gens du Roy, que conduisoyent messire Pregent de Coictiuy, Admiral de France, messire Pierre de Bresse, Seneschal de Poitou, de grand Maistre d'hostel de monseigneur le Dauphin: lesquels le baillerent audict

De messire Gilles, frere du duc de Bretaigne, qui print la iartiere & l'ordre du Roy d'Angleterre.

Duc, son frere, qui le fit prendre, pource qu'on disoit qu'il vouloit mettre les Anglois en France, & en Bretaigne, & auoit prins l'ordre de la iartiere du Roy d'Angleterre, qui l'auoit fait son Connestable: & le fit ledict Duc par diuerses fois persuader par belles parolles, qu'il voulsist laisser la querelle du Roy d'Angleterre, dont il ne voulut riens faire: parquoy sondict frere côceut si grand hayne contre luy qu'il le fit mourir, & estrãgler en la prison. Aucuns estoyēt qui parloyent autrement de la mort dudict messire Gilles, & en chargeoyent vn nommé de Montauban, & ses complices, qui le gardoyent, & y eut aucuns desdicts complices, qui en furent griefuement executez: & ledict de Montauban s'euada & se mussa, & se fit religieux Celestin, & apres fut Archeuesque de Bordeaux. En celle annee ceulx de Gennes enuoyerent deuers le Roy, pour eulx donner à luy, & mettre la seigneurie en ses mains. Le Roy enuoya ses Ambassadeurs pour practiquer la matiere, & allerent iusques à Nice, en Prouence, ou estoit vn nō-

Autres Iehan de Campsregose, ou Fregose, simplement.

mé messire *Ianes de Chanfrigant, Cheualier de ladicte ville de Gennes, qui dist ausdicts Ambassadeurs qu'il auoit en icelle ville tous les plus grands, qui estoyent ses parens & amis: & s'en partit desdicts Ambassadeurs, & s'en alla en vne seule gallee, auec trois cens hommes seulemēt, dedans le port dudict Gennes, & print la banniere du Roy, en criant viue le Roy: & là trouua ses parens & alliez qui l'attendoyent tous en armes, & allerent iusques au Palais, & s'enfuyt vn

Trōperie d'vn Ceneuois faicte au Roy.

nommé messire Barnabé, qui parauant s'estoit faict Duc: & quand iceluy de Chamfrigant se veit saisy de ladicte ville, il se fit Duc, & ne la voulut mettre es mains du Roy. Ces nouuelles sceurent les Ambassadeurs du Roy, qui allerent deuers luy, luy remonstrant les promesses qu'il auoit faictes, & les grands frais ḡ le Roy auoit fait pour la recouurer: mais pour toute respōce il leur dist qu'il auoit cōquesté ladicte seigneurie à l'espee, & à l'espee la defendroit: si s'en retournerent deuers le Roy, qui lors estoit à Bourges. Au moys de Feurier, audict an, mourut pape Eugene, & en son lieu fut esleu pape Nicolas. En celle annee fut traicté & pourparlé du mariage de madame Iehanne de France, fille du Roy, & de mōseigneur Iehan, Comte de Clermont, aisné fils du Duc de Bourbon. Audict an mourut le Comte de Vendosme, qui estoit grand Maistre d'hostel de France: & au lieu de luy fut esleu grand Maistre d'hostel le seigneur de Culant: lequel, tantost apres, pour son mauuais gouuernement, en fut deschargé, & luy con-

Icy hault dit 1445. mais ie n'en trouue nē aillieurs.

uint obtenir remission de plusieurs pilleries & malefices qu'il auoit commis & perpetrez.

Le vingt & huictiéme iour de Decembre, mil quatre cens *quarante & sept, nasquit monseigneur Charles, second fils du Roy.

Comment

Comment les Ambaſſadeurs des Electeurs de l'Empire, & ceulx du Roy d'Angleterre vindrent deuers le Roy, à Bourges, ou il eſtoit.

EN l'an mil quatre cens quarante & ſept, le Roy eſtant à Bourges, vindrent deuers luy les Ambaſſadeurs des Electeurs de l'Empire, & les Ambaſſadeurs du Roy d'Angleterre, pour le faict de l'vnion de l'Egliſe: auec leſquels le Roy enuoya ſes Ambaſſadeurs deuers l'Antipape Felix, Duc de Sauoye, qui ne vouloit ſoy deporter de la Papauté. Puis s'en partit le Roy de ladicte ville de Bourges, & s'en alla à Tours: & enuoya le Seigneur de Preſſigny, & Guillaume Couſinot, en Angleterre, qui prolongerent les trèues iuſques au premier iour d'Auril. Par le traicté du Roy d'Angleterre, & de la fille du Roy de Cecille, eſtoit promis que le Roy d'Angleterre deliureroit & bailleroit à monſeigneur Charles d'Aniou, Comte du Maine, la cité du Mans, & païs du Maine: toutesfois il n'en auoit encores riens voulu faire, & auoit mis en garniſon en ladicte ville du Mans bien deux mil cinq cens Anglois: & auoyent les Anglois differé & mené la matiere par parolles & diſſimulations, par l'eſpace de trois ans ou plus, cōbien que ledict Roy d'Angleterre euſt eſté pluſieurs fois ſommé de ce faire: & à ceſte cauſe le Roy fit mettre le ſiege deuant ladicte ville du Mans, & tant fit faire d'approchemens, & de bateries d'vn coſté & d'autre, que ceulx de dedans ne ſceurent plus que faire, & eſtoyent preſts à eſtre prins d'aſſault: mais à la requeſte de l'Eueſque de Cloceſtre, qui eſtoit fort priué du Roy d'Angleterre, fit tant enuers le Roy, affin que les trèues ne fuſſent rompues, q̃ ceulx de dedans laiſſeroyent ladicte ville, & s'en iroyent leurs bagues ſauues.

En celle annee le Duc de Milan bailla & deliura au Duc d'Orleans, ſon nepueu, la cité & Comté d'Aſt, en Lombardie, qui luy deuoit appartenir, par la ſucceſſion de ſa mere, ſœur dudict Duc de Milan: lequel mourut ſans enfans: parquoy icelle Duché deut appartenir audict Duc d'Orleans: mais ce neantmoins vn nommé Sforce, qui eſtoit de petit eſtat, non Noble, & auoit eſpouſé la baſtarde du feu Duc, la print, & s'en fit Duc par force.

En celle ſaiſon auoit vn Marchant, natif de la ville de Bourges, nommé Iaques Cœur, homme de grand'entrepriſe, lequel par ſa bonne conduicte, prudence & diligence, combien qu'il fuſt de baſſe lignee & pauures gens, s'eſleua fort, & aduança tellement qu'il auoit intelligence & ſocieté à la pluſpart des grands Marchans de toutes les bonnes villes de France, & par ſon bon bruit, le Roy le retint ſon Conſeiller, & le fit ſon Argentier: lequel Iaques Cœur luy fit apres de grands ſeruices, meſmement à la conqueſte de Normandie, pour laquelle il fit finance de grand nombre d'argent, & ſi s'efforcoit ledict Iaques Cœur à faire plaiſir à toutes gens: & pour capter la beniuolence des Princes & Seigneurs, qui eſtoyent autour du Roy, leur preſta grand ſomme de deniers, de denrees, de viures & de marchandiſes, tellement qu'il fut en grand'authorité enuers le Roy, & fit ſon fils Archeueſque de Bourges, ſon frere Eueſque de Luxon, & tous ſes parens pourueut & eſleua en Eſtats, Offices, & Benefices, hautement. Mais fortune, qui iamais ne laiſſe homme en ſeureté de ſon eſtat, luy courut ſus à la parfin, & s'eſleuerent de grands enuies ſur luy, comme ſera dict cy apres: car il faiſoit de trop grands choſes, & acqueroit villes & chaſteaux. Il acquit les ſeigneuries de ſainct Maurice & ſainct Forgeau, au païs de Puyſoye, & autres: & fit baſtir la belle maiſon qui eſt à Bourges, qui luy fut de grand'deſpence. Il fit faire auſſi pluſieurs grandes galees, & faiſoit moult grand faict de marchandiſe par mer & par terre. En ladicte annee le Roy auoit en ſa court vn Conſeiller, nommé maiſtre Guillaume Mariette: lequel, quand il ſe veit eſleué, fut ſi oultrecuidé qu'il ſe meſla de faire & ſigner lettres, qui furent trouuees fauſes: & par ce, affin de donner exemple à ſes autres Conſeilliers, luy fit copper la teſte.

De l'Ambaſſade que le Roy enuoya deuers le Pape Nicolas: & comment il trauailla grandement pour le faict de l'vnion de l'Egliſe.

EN l'an mil cccc.xlviij. le Roy fit ſes Paſques en la cité de Tours: & deſpecha vne Ambaſſade, qu'il enuoya deuers le pape Nicolas, pour luy faire & rendre l'obeiſſance, ainſi que les Roys de France ont accouſtumé de faire d'anciennté, apres l'election deſdicts Papes. En ladicte Ambaſſade eſtoit monſeigneur maiſtre Iaques des Vrſins, Archeueſque de Reims, l'Eueſque *d'Alet, Tãneguy du chaſtel, ſire Iaques Cœur, maiſtre Guy Bernard, Archediacre de Tours (qui depuis fut Eueſque & Duc de Langres) maiſtre Thomas de Courcelles, noble & vertueux Docteur en Theologie de l'Vniuerſité de Paris, & autres: & auec les deſſuſdicts allerent les Ambaſſadeurs de monſeigneur le Dauphin, & du Roy de Cecille: & eſtoyent bien ccc. cheuaux: & allerent tous les deſſuſdicts par terre, reſeruez leſdicts meſſire Tanneguy du whaſtel, & Iaques wœur, qui allerent

LES CHRONIQVES ET ANNALES DE FRANCE.

Portofino possible.

par mer, tant en galeaces que gallees, & allerent auitailler le chaftel de *Final, en la terre de Gennes, que tenoit pour le Roy meffire Galeot du Quarret, feigneur dudict lieu: lequel faifoit guerre aux Geneuois, qui auoyent le fiege deuant ladicte place. Apres ce que les deffufdicts eurent auitaillé ladicte place, ils f'en partirent auec trois gallees, qui eftoyent audict Iaques Cœur, pour aller à Romme, & renuoyerent les autres gallees. Quand le Duc d'Orleans, qui eftoit en Aft, fceut le fiege que tenoyent lefdicts Geneuois, il y alla à grand' armee pour les combatre: mais quand ils fceurent fa venue, ils fe leuerent, & f'en allerent. Quand lefdicts meffire Tanneguy du Chaftel, & Iaques Cœur furent auec l'Archeuefque de Reims, & les autres Ambaffadeurs, ils entrerent à Romme en la plus grand' pompe que iamais furent Ambaffadeurs, & allerent plufieurs au deuant d'eulx. Ledict Archeuefque propofa les caufes de fa legation en beaux & grands termes deuant le Pape, qui en fut fort content: &, tant qu'ils furent à Romme il les entretint & fit entretenir moult grandement: & puis leur donna charge d'aller deuers le pape Felix, & de befongner au faict de l'vnion de l'Eglife: & f'en partirent lefdicts Ambaffadeurs de Romme, & allerent deuers ledict pape Felix, en Sauoye: auquel ils feirent de grandes remonftrances: mais il ne vouloit point faire ceffion: & conuint renuoyer à Romme, & deuers le Roy plufieurs allees & venues, ou le Roy fit de grandes defpences, pour

L'antipape Felix, Duc de Sauoye, renonce à la Papauté.

le bien de l'Eglife. Finalement fut tellement procuré que ledict Felix ceda totalement le droict qu'il pretendoit en ladicte Papauté, moyennant qu'il demoureroit Cardinal, foubs le tiltre de faincte Sabine, & feroit Legat en fes païs: & les Cardinaux, qui eftoyent auec luy, demoureroyét en leurs eftats & dignitez, & f'en iroyent à Rôme auec le pape Nicolas: aufquelles chofes pourfuyure le Roy, & ceulx de fon royaume, trauaillerent & defpendirent moult grád argent. Auffi leur fut vne grand' gloire quant au monde, qui leur fera retribuee, fe Dieu plaift, plus amplement en l'autre monde. En ladicte annee le Roy ordonna & meit fus les Francs Archers,

La premiere inuention des Fracs Archers, au royaume de France, & de leurs franchifes

qu'il voulut eftre armez & habillés par les habitans des paroiffes de fon royaume, en maniere qu'ils fuffent toufiours prefts pour le feruir quand il auroit befoing, & il les manderoit au faict de fes guerres: & affin que les Francs Archers fuffent à ce fubiects, il les affranchit de toutes tailles & impofts quelzconques, qui feroyent mis fus pour le faict des guerres, & auffi du guet & garde des portes, quelque part qu'ils feiffent leur demourance: & enuoya le Roy commiffions adreffans aux Baillifs & Senefchaux, pour eflire les gens qu'ils verroyent eftre idoines & fuffifans, pour feruir au faict de la guerre. Celle annee les Anglois emparerent la place de faincte Iame de Beuuron, en la baffe Normádie, combié que par les tréues euft efté dict qu'aucunes noualitez ne fe feroyent: mais fi feirent, en aucunes places, durát icelles tréues, qui fut vn commencement de rompre les tréues par les Anglois.

De la prinfe de Fougeres.

La prife de Fougeres par les Anglois.

AV moys de Mars, audict an, les Anglois, qui eftoyent enuiron fix cens combatans q̃ cõduifoit vn Capitaine, nõmé Francois de Surenne, autremẽt dict l'Arragonnois, prindrẽt par efchelles de nuict & d'emblee les villes & chaftel de Fougeres, en Bretaigne, qui eftoit directement enfraint & venir côtre les tréues faictes entre le Roy de France & d'Angleterre: car en icelles eftoit comprins le Duc de Bretaigne & fes païs: & pillerent iceulx Anglois toute ladicte ville, qui fut vn merueilleux dommage: car elle eftoit bône, riche, & bien peuplee. A l'heure que le Roy en ouyt des nouuelles, il monta à cheual pour f'en aller de Tours à Bourges. Incõtinẽt il depefcha fes meffagers, pour aller deuers le Duc de Sombreffet, qui fe difoit Lieutenant du Roy d'Angleterre en Normandie, eftant lors à Rouen, luy fommer qu'il vouffift faire rendre lefdictes villes & chaftel de Fougeres, & faire reparer les dõmages: lequel Duc dift qu'il ne fcauoit que c'eftoit, & qu'il defauouoit ceulx qui l'auoyent fait, & ne fe mefferoit point de la matiere. Le Duc de Bretaigne enuoya femblablement deuers ledict de Sõbreffet: lequel fit femblable refponce à fes gens qu'il auoit fait aux gens du Roy. Quád ledict Duc de Bretaigne eut ouy ladicte refponce, il enuoya deuers le Roy luy remonftrer la prinfe, perte, & defolation defdictes villes & chaftel, prinfe fur les tréues, efquelles il eftoit comprins: veu auffi qu'il eftoit homme fubiect, nepueu dudict Roy de France, le fommoit & requeroit de luy aider, ainfi que le Seigneur doit faire à fon vaffal. A quoy le Roy fit refponce que depuis la refpõce qu'il auoit eue dudict Duc de Sombreffet, il auoit enuoyé fes Ambaffadeurs en Angleterre deuers le Roy, ou ils eftoyent encores, pour luy fignifier que f'il ne faifoit rendre ladicte ville & chaftel, & reparer les dommages, qu'il eftoit deliberé d'aider audict Duc: & ce pendant qu'il gardaft bien fes places, & qu'il failloit attendre qu'elle refponce il feroit, & au cas qu'il ne fift rendre lefdictes villes & chaftel, & reparer les dommages, il promettoit à aider audict Duc de Bretaigne, & le fecourir.

De la

De la responce du Roy d'Angleterre: & de la prinse du Pont de l'Arche, & plusieurs autres, par les Francois.

APres la feste de Pasques de l'annee mil quatre cens quarante neuf, retournerent les Ambassadeurs que le Roy auoit enuoyez en Angleterre, pour le faict de Fougeres, & trouuerent le Roy à Chinon: & quand il eut ouy la responce qu'auoit faicte le Roy d'Angleterre(qui estoit vn vray reffuz & dissimulation) il enuoya le Comte de Dunois, le Seigneur de Pressigny, & autres, en Bretaigne, faire scauoir au Duc ladicte responce, & pour prendre de luy & de ses Barons le serment qu'ils le seruiroyent contre ledict Roy d'Angleterre, tant que la guerre dureroit, s'il se mettoit sus en armes pour luy aider à recouurer ladicte ville de Fougeres. ce qu'ils promeirent faire, & en baillerent leurs seellez: & incontinent ledict Duc manda de toutes pars ses subiects, alliez, & bien vueillans, pour venir à son aide: & tantost apres, à la requeste dudict Duc de Bretaigne, messire Pierre de Breze, Capitaine de Louuiers, Robert Floquet, Capitaine d'Eureux, Iaques de Clermont, & Guillaume de Bigats, eurent entreprinse & intelligence sur la ville & chastel du Pont de l'Arche, sur la riuiere de Seine, par le moyen d'vn voyturier, marchant de ladicte ville de Louuiers, qui souuent alloit & venoit, menant charroy par ledict Pont de l'Arche, pour aller à Rouen: lequel voyoit bien qu'audict Pont de l'Arche n'auoit gueres grand' garde, ainsi qu'il en aduertit lesdicts Seigneurs. Si vindrent vn iour lesdicts Seigneurs & Capitaines pour eulx embuscher pres dudict Pont de l'Arche, du costé du port sainct Ouyn: & ledict Robert Floquet du costé deuers Louuiers, auec quatre ou cinq cens cheuaux, se meit dedás vn Boulleuert, du costé deuers Louuiers. Et le iour precedent ledict marchant vint luy troisiéme de la ville de Louuiers, auec vne charette, faignant d'aller à Rouen: & en passant parla au portier du chastel, & luy pria que le lendemain il luy voulsist ouurir bien matin la porte du Pont, quand il viendroit pour s'en retourner audict Louuiers, & luy promist le vin: & ainsi passa ledict marchant: lequel retourna à l'heure de minuict, auec aucuns gens de pied de leur embusche: lesquels se vindrent loger en vne hostellerie pres dudict chastel, du costé dudict port sainct Ouyn: & bien matin vint auec sa charette, auant le iour, appeler ledict portier par son nom (car il le congnoissoit bien) lequel portier vint incontinent tout seul ouurir ladicte porte, & entrerent eulx deux dedans: & lors commencerent à saillir de l'hostellerie aucuns de ladicte embusche: & ledict portier se doubta, & demanda que c'estoit: & ledict marchant dist que c'estoyent des gens de Louuiers: & meit la main à la bourse, pour bailler audict portier le vin qu'il luy auoit promis, & tira trois pieces, c'est assauoir, deux Bretons & vne placque, & les ietta par telle facon qu'ils tomberent à terre, & le portier se baissa pour les amasser: & en soy baissant, ledict marchant, ou voyturier, tira sa dague, ou son espee, & luy en bailla entre deux espaulles, au trauers du corps, & laissa sa cherette sur le pont leuiz dudict Boulleuert. Et lors ceulx du chastel ouirent le bruit, & descendit vn homme tout en chemise, qui voulut leuer ledict pót leuiz, pource que ledict Boulleuert estoit prins: & lors ledict voyturier, ou marchant, vint à luy, & le tua: & lors vindrent ceulx de ladicte embusche, & se saisirent des portes dudict pont, & chastel: & apres entrerent dedans la ville, sans resistence, car tous les habitans estoyent encores tous couchez: & en y eut en icelle ville que tuez que prins, cinq ou six vingts Anglois, qui estoyent dedans pour la garder, & crierent sainct Iues, sainct Iues. Quand ceulx du pont furent dedans la ville, ils ouurirent la porte audict Floquet, & à ses gens, qui estoyent à cheual, lesquels entrerent dedans: & entre autres prisonniers fut prins le seigneur de Faucamberge, Cheualier, qui fut mis à vingt mil escus de rancon.

En ce temps les Anglois, qui estoyent dedans Fougeres, feirent vne saillie sur les gens du Duc de Bretaigne: mais les Bretons les repousserent lourdement, & en tuerent bien six vingts. Tantost apres vn Gentilhomme, nommé Verdun, print les places de Congnac, & sainct Magrin de Bordelois. Semblablement le seigneur de Moy, Gouuerneur pour le Roy en Beauuoisin, print d'eschelle la place de Gerberoy sur les Anglois: & tátost apres ledict Floquet Bailly d'Eureux, print la ville de Conches. L'Archeuesque & les habitás de la ville de Bordeaux enuoyerent deuers le Roy, requerans qu'on restituast lesdictes places de Congnac, & sainct Magrin: & semblablement les Ducs de Sombresset, & le seigneur de Talbot enuoyerent deuers le Roy, à Chinon, luy requerir qu'il fist rendre lesdictes places du Pont de l'Arche, de Conches, & Gerberoy: ausquels le Roy fit responce, que quand ils auroyent restitué les ville & chastel de Fougeres, & les biens qu'ils auoyent prins dedans, on leur restitueroit lesdictes places qu'ils demandoyent. Aussi le Roy fut deuement informé que le Roy d'Angleterre faisoit forte guerre par mer & par terre au Roy d'Escosse, & d'Espaigne, ses amys & alliez: lesquels

L'an mil cccc. xlix.

D'vn voyturier de Louuiers qui fut cause de recouurer le Pont de l'Arche, sur les Anglois.

Cõment le Pont de l'Arche fut recouuert sur les Anglois.

La ville de Gerberoy recouuerte sur les Anglois.

estoyent nommeement & expressément comprins es trèues:& semblablement prenoyent les subiects de la Rochelle, de Dieppe, & autres places desdictes obeissances, & que ceulx qui estoyent es villes de Mante, Vernueil, Laigny, & autres places, pour les Anglois, venoyent courir, & trauerser les chemins entre Paris, Orleans & Chartres, habillez en habits dissimulez, espouentables, & auoyent des faulx visages, si qu'on ne les pouuoit congnoistre, & desrobboyent & coppoyent les gorges des marchans, & autres, & alloyent es maisons des Gentilshommes, les tuoyent, & pilloyent leurs maisons, & faisoyent tous les maulx dont on se pourroit aduiser, tellement qu'il n'estoit homme qui s'osast trouuer sur les champs. A ceste cause le Roy en son Conseil conclud que lesdicts Anglois auoyent rompu leurs trèues:& delibera de leur faire guerre ouuerte par mer & par terre. En ce temps les monnoyes de dix tournois piece furent criez à Rouen à onze deniers tournois, de par le Duc de Sombresset, Regent pour le Roy d'Angleterre, à la poursuite d'vn changeur, nommé Iehan Marcel, qui en auoit bien pour dix mil liures: & pour ce faire en presta audict Duc, sur gaige, quatre mil liures, pour faire vn payement des gens de guerre, Anglois.

Les Anglois vsoyent de faulx visages pour deceuoir les Francois.

En celle saison vn Musnier, qui auoit son moulin ioignant les murs de Vernueil, vn iour qu'il faisoit le guet en ladicte ville, par ce qu'il dormoit fut batu d'vn Anglois, dont il fut courroucé, & delibera de soy venger:& à ceste cause il parla à Floquet, Bailly d'Eureux:lequel assembla plusieurs Francois, qui se trouuerent à luy:& vn iour de Dimenche au moys d'Aoust, en l'an que dessus, apres que ceulx du Guet furent descenduz bien matin pour aller à la messe, lesdicts Francois au droit du moulin dudict Musnier dresserent eschelles, & entrerent dedans ladicte ville, ou auoit bien six vingts hommes de guerre: lesquels se retirerent les vns au chastel, les autres à la tour Grise:& le lendemain ledict Musnier osta partie de l'eaue desdicts fossez dudict Chasteau: lequel les Francois assaillirent, & prindrent d'assault, & y eut plusieurs desdicts Anglois tuez, les autres se retirerent en ladicte tour, qui est moult forte, & comme imprenable:laquelle tour ils assiegerent par dedans & par dehors la ville:& là arriua le Comte de Dunois (que le Roy auoit nouuellement faict son Lieutenant general en ses guerres) & le seigneur de Culant, & messire Florent d'Illiers:& de là departirent lesdicts Comte de Dunois, & le seigneur de Culant:& laisserent ledict d'Illiers, pour gouuerner ledict siege, auec huict cens combatans. En cheuauchant lesdicts de Dunois & de Culant secretement, pendant que le seigneur de Talbot estoit sur les champs, ils meirent peine de le rencontrer, & cheuaucherent toute iour iusques vers Harecourt, ou ils se suyuirent, & approcherent tant qu'ils se voyoyent l'vn l'autre. Ledict Talbot s'arresta, & se fortifia de ses chariots & charrettes, & de pieux fort fichez en terre: & quand vint vers la nuict lesdicts Seigneurs Francois se retirerent vers Eureux, & illec furent faicts Cheualiers Iehan de Bar, seigneur de Baugy pres Bourges, & Iehan Dolon, Escuyer d'Escuyrie du Roy. Audict moys d'Aoust, le Roy vint à Amboise, pour faire passer ses gensd'armes oultre la riuiere de Loire, pour les mener en Normandie: & lors les Comtes de Dunois, les Sire de Culant, de Blainuille, de Breze, de Marigny, le Bailly d'Eureux, & autres Seigneurs & Capitaines partirent d'Eureux, & se meirent sur les champs auec deux mil cinq cens combatans: & semblablement passerent la riuiere de Seine, au Pont de l'Arche, les Comtes d'Eu, de sainct Paul, les Sires de Saueuzes, de Roye, de Moy, & de Râbures, auec trois cens lances, & quinze cens Archers, & tous se rendirent & trouuerent deuant le Ponteaudemer, ou auoit quatre cens & vingt Anglois. Si assiegerent & assaillirent vigoureusement ladicte ville, & les Anglois se defendirent vaillamment:mais à la fin les Francois prindrent ladicte ville d'assault, & les Anglois se retirerent en vne maison forte, ou les Francois entrerent par le moyen du feu qu'ils meirent en ladicte ville:& se rendirent lesdicts Anglois tous prisonniers au Comte de Dunois:& là eut de moult belles armes faictes:& y furent faicts Cheualiers le Sire de Roye, de Moy, les fils du Vidame d'Amiens, de Rambures, & autres de Picardie, iusques au nombre de vingt & deux. Le Roy s'en alla à Vendosme, attendant des nouuelles de ce que faisoyent ses gensd'armes. Le vingthuictiéme iour d'Aoust, les Sires de Loheac, le Mareschal de Belange, Geofroy de Coran, & Ioachin Rouault allerent donner l'assault à saincte Iame de Beuuron, & la prindrent par composition. Le Roy s'en alla à nostre Dame de Chartres, & là eut nouuelles que la tour de Vernueil s'estoit rendue.

D'un Musnier qui fit prendre Vernueil au perche sur les Anglois.

La ville du Ponteaudemer prise d'assault sur les Anglois.

En ce temps le Comte de Dunois, Lieutenant general du Roy, le Comte de sainct Paul, & autres Capitaines de leur bende, auec grand nombre de gensd'armes, s'allerent mettre & presenter en bataille deuant la cité de Lisieux. Quand ceulx de ladicte ville veirent si grand' puissance, ils eurent conseil entre eulx, & feirent l'obeissance au Roy, & meirent la cité en ses mains. Aussi meirent lesdicts Seigneurs la ville de Mante en la subiection du Roy: de laquelle huict vingts Anglois, qui estoyent dedans, s'en partirent cheuaux & harnois saunes: & demoura en icelle ville Capitaine & Gouuerneur le seigneur de Culant, Mareschal de France.

Prinse de la ville & cité de Lisieux.

Le Roy

Le Roy s'en partit de Chartres, & s'en alla à Vernueil: & luy estant en ladicte ville, le Seneschal de Poitou print le chastel de Laigny, par le moyen d'vn Escuyer Normād, qui en estoit Gouuerneur de par François l'Arragonnois, qui s'en disoit Seigneur: lequel bouta les Frācois secrettement dedans par vne poterne du Donion. Les Anglois dededans, qui estoyent deux cens combatans, se voulurent mettre en defence: mais finalement par composition ils furent tous prisonniers à la volonté du Roy: & la femme dudict l'Arragonnois s'en alla ou bon luy sembla, auec ses biens sauues. Lesdicts Seigneurs, qui auoyent mis Mante en l'obeissance du Roy, allerent mettre le siege à Vernon, ou auoit douze vingts combatans Anglois, qui feirent composition en baillant lesdicts ville & chastel, moyennant qu'ils eurent leurs corps & biens sauues. Pendant le siege dudict Vernon, lesdicts Seigneurs Francois enuoyerent par vn Herault sommer la ville & chastel de Gisors: & dedans estoit Capitaine pour le Roy d'Angletere vn nommé Richard de Marbury: lequel parlamenta longuement auec le Seneschal de Poitou: & à la fin rendirent lesdicts ville & chastel, moyennant qu'on luy rendroit deux de ses fils qui auoyent esté prins au Ponteaudemer, & que sa femme, qui estoit de France, iouiroit de ses terres, qui estoyent en l'obeissance du Roy. ce qui luy fut accordé.

Prinse de Gisors sur les Anglois.

De la reduction de la ville de Rouen.

EN ce temps, le Roy estant à Louuiers, arriua deuers luy le Roy de Cecille, bien accompaigné, & lors auoit en sa compaignie grand' Seigneurie & Cheualerie: c'est assauoir les Comte du Maine, de Castres, de Tancaruille, de Dampmartin, de Lommaigne, le Capdet d'Albret, le Sire de Culant, le grand Maistre d'hostel de France, monseigneur Ferry & Iehan de Lorraine, freres, les Sires de Montgascon, de Blainuille, de Pressigny, de Brion, de la Bussiere, d'Aigreuille, messire Theaulde de Valpargne, Louis de la Rochelle, Robinet d'Estampes, le sire de Malicorne, & plusieurs autres Barons, Cheualiers, Escuyers: & en autres quartiers auoit semblablement les armees des Ducs de Bretaigne, & d'Alencon, celle des Comtes de Dunois, d'Eu, & de S. Paul: & lors se partit le Roy de Louuiers, & alla au Pont de l'Arche, & manda gens de toutes pars: car il vouloit mettre sa cité de Rouen en son obeissance. Ce temps pendant le Duc François de Bretaigne, qui auoit laissé messire Pierre de Bretaigne, son frere, à la garde de ses païs, se meit sus à grand' armee, & print les places de Gauray, Thorigny, le Pont d'Oue, la Haye du Puys, de Vallongnes, & plusieurs autres places en la basse Normandie, & païs de Constantin. Quand le Roy eut assemblé ses gensd'armes, il enuoya, le huictiéme iour d'Octobre, sommer par ses Heraux ceulx de ladicte ville & cité de Rouen, qu'ils meissent & rendissent la ville en son obeissance: mais les Anglois, qui dedans estoyent, ne voulurent souffrir que les Heraux parlassent au peuple, ne baillassent ladicte sommation, & les menasserent de tuer: si s'en retournerent à grād' haste. Quand le Roy sceut ces nouuelles, il enuoya ses gensd'armes deuant ladicte ville, & les conduisoyent les Comtes de Dunois, d'Eu, & de sainct Paul, & furent trois iours deuant ladicte ville, ou ils eurent moult à souffrir (car il estoit sur l'yuer, & pleuuoit, & faisoit fort temps) mais toutesfois ils feirent de grandes escarmouches. Au troisiéme iour, lesdicts Francois se meirent tous en bataille, cuidant que ceulx de ladicte cité les meissent dedās, & les enuoyerent sommer de rechef: mais les Anglois ne voulurent souffrir que les Heraux approchassent, & ce voyans lesdicts Seigneurs Francois, & que ce n'estoit pas chose preste qu'ils entrassent en ladicte cité, ils s'en retournerent au giste au Pont de l'Arche: & là vindrent secrettement aucuns des habitans de Rouen, qui se feirent forts de garder vn pan de mur & aucunes tours, & de mettre les gens du Roy dedans. Si y enuoya le Roy: & furent menees & dressees des eschelles secrettement, par nuict, à l'endroit qui auoit esté dict: & par icelles monterent sur les murailles, & se meirent dedans lesdictes tours plusieurs Francois: mais il aduint que le Seigneur de Talbot vint celle part, à grand nombre d'Anglois, & rebouta lesdicts Francois, qui vaillammēt & longuement bataillerent. A cest assault furent faicts Cheualiers Charles de la Fayette, le seigneur d'Esgreuille, maistre Guillaume Cousinot, & autres. Là estoyēt venus les Roys de France & de Cecille: lesquels, quand ils veirent ladicte entreprinse faillie, s'en retournerēt au giste audict Pōt de l'Arche, & les gensd'armes se logerent es villages, le long de la riuiere de Seine. Le Ieudy dix-septiéme iour dudict moys d'Octobre, ceulx de ladicte ville de Rouen, qui auoyent veu la grand' puissance du Roy: & le dur assault qu'ils auoyent fait, eurēt crainte que ladicte ville fust prinse d'assault, & pillee: si enuoyerent l'Official de ladicte ville, & autres deuers le Roy, pour querir saufconduict pour aucuns des plus notables gens de la ville: lequel saufconduict leur fut octroyé: & le lendemain allerent, pour la partie de ceulx de Rouen, l'Archeuesque dudict lieu, & autres gens d'Eglise & Bourgeois: & de par le Duc de Sombresset certains Cheualiers

Sōmatiō a ceulx de Rouen, de la part du Roy Charles.

L'assault que les Frācois donnerent à ceulx de Rouen, qui bien se deffendirent.

& Efcuyers: & allerent iufques au port sainct Ouyn: & là trouuerent le Comte de Dunois, Lieutenant General pour le Roy, le Chancelier de France, le Seneschal de Poitou, & messire Guillaume Cousinot: & promirent ledict Archeuesque, & les deputez de par la ville, de faire leur loyal deuoir de la mettre en l'obeissance du Roy: dont les Anglois ne furent pas bien côtens. Puis s'en retournerent tous ensemble à Rouen, & fit ledict Archeuesque son rapport à ceulx de la ville, qui delibererent de mettre les Francois dedans. Quand les Anglois apperceurent leur volonté, ils se meirent en armes, & se retirerent dedans le chastel & Palais, & se saisirent des portaux & tours d'icelle ville. Quand ceulx de la ville les veirent faire leur contenance, ils se meirent semblablement en armes, & tout ce iour, & toute la nuict, feirent grand guet sur lesdicts Anglois: & ladicte nuict, enuoyerent deuers le Roy qu'il enuoyast les secourir hastiuement, & qu'ils le mettroyent luy & toute sa puissance en ladicte ville. ce que le Roy fit, & y enuoya hastiuement son armee: & le Dimenche matin ceulx de ladicte ville s'esmeurent tresasprement, & coururent sus ausdicts Anglois, & les chacerent, & feirent desemparer les portaux, tours & murailles: lesquels se retrahirent au Palais & chastel, & sur le fort du pont: & manderent lesdicts habitans venir ledict Comte de Dunois, qui estoit là logé aupres: lequel y vint hastiuement, & en sa compaignie le Bailly d'Eureux, le Seigneur de Manny, ledict Seneschal de Poitou, qui n'auoit eu pas loysir de prendre son harnois de iambe: parquoy il eut la iambe rompue d'vn coup de pied de cheual, en entrant en ladicte ville: si fut ramené au Pont de l'Arche, pour guerir, & laissa la conduite de ses gens d'armes audict seigneur de Manny: & ledict Comte de Dunois se meit en bataille deuant la porte de Martinuille. Quand le Roy sceut ces nouuelles, il partit du Pont de l'Arche hastiuement, & fit charger son Artillerie pour assieger les Anglois qui s'estoyent retirez dedans S. Catherine du mont de Rouen, & estoyent bien six vingts: mais auant que le Roy arriuast, ledict Comte de Dunois les fit sommer: & eulx voyans approcher le Roy à si grand' puissance, & que ceulx de ladicte ville estoyent contre eulx, ils se rendirent, & leur fut baillé vn Herault pour les conduire, & eulx en allant trouuerent le Roy, qui leur dist: Enfans, ne faictes nuls maulx, & ne prenez riens sans payer: A quoy ils respondirent qu'ils n'auoyent dequoy: & lors le Roy leur donna, & fit bailler contant cent francs: & s'en alla le Roy loger audict lieu de saincte Catherine, dont ils estoyent partis. Les gens d'Eglise, Bourgeois, & habitans de ladicte ville, allerent deuers ledict Comte de Dunois, & luy porterent & presenterent les clefs de ladicte ville: & entrerent enuiron trois cens lances dedans la ville, & les autres se logerent aux champs pres d'illec. Ce mesme iour les Anglois rendirent la tour du Pont de ladicte ville: & fut crié que tout homme, grand & petit, portast la croix blanche. Le Duc de Sombresset, qui estoit au Palais, requit à parler au Roy: dont le Roy fut content. Si alla deuers luy, bien accompaigné de Cheualiers & Escuyers Anglois, & fut conduict par les Heraux du Roy, iusques au mont saincte Catherine: & là vint deuant le Roy, qui estoit assis en son grand Conseil, accompaigné du Roy de Cecille, & des Côtes de Clermont, du Maine, d'Eu, de sainct Paul, du Chācelier, & plusieurs Princes de son sang, Barons, Chefs de guerres, & gens notables: & apres qu'il eut fait la reuerence, requit au Roy, que luy, sa femme & enfans, le seigneur de Talbot, & tous les autres Anglois, s'en peussent aller seurement, & qu'ils iouissent de l'abolition qu'il auoit octroyee à ladicte ville. A quoy le Roy respōdit que la requeste n'estoit pas raisonnable, & qu'il n'en feroit riēs: car ils n'auoyent pas tenu l'appoinctement par eulx faict, par lequel ils deuoyent rendre les chastel & pont, mais les tenoyent encores par force contre son gré, & auoyent voulu empescher que ceulx de ladicte ville ne la luy meissent en son obeissance: & pour ces causes, auāt q̄ luy & les autres Anglois partissent, ils luy rendroyēt Harfleu, Honnefleu, & toutes les autres places qu'ils tenoyēt en Caux. Si s'excusa ledict Duc, disant que Harfleu ne rendroit il point: car c'estoit la premiere place que le Roy d'Angleterre, son Seigneur, auoit prinse en Normandie: & sur ces paroles ledict Duc print cōgé, & s'en retourna audict Palais au trauers de Rouen, ou il veit que tout home portoit la croix blanche: & le conuoyerent les Comtes d'Eu, & de Clermont. Tost apres fit le Roy assieger ledict Palais par dedans & par dehors la ville: & quand ledict Duc de Sombresset apperceut les approchemens, & voyāt qu'il ne pouoit estre secouru, apres plusieurs parlemens & tréues continuees de iour en iour, iusques à douze iours, il fit composition: par laquelle fut dict que ledict Duc, sa femme, & les autres Anglois, s'en yroyent leurs corps & biens saufs, reseruez les prisonniers & grosse artillerie, & payeroyent au Roy cinquāte mil escuz, & tout ce qu'il deuoyent en ladicte ville seroit payé: & de ce baillerent ostages le Seigneur de Talbot (auquel le Roy fit moult d'honneur, & l'enuoya à Eureux) le fils du Comte d'Ormont d'Irlande, & autres. Puis s'en allerent ledict Duc & autres à Harfleu, & de là à Caen, & le Roy demoura & fit sa feste de Toussaincts audict lieu de saincte Catherine: & l'onziéme iour ensuyuant, le Roy, accompaigné desdicts Princes, tous habillez en grand' triomphe, fit

son en-

Ceulx de Roué delibererēt rendre la ville es mains du Roy.

Des Anglois qui se partirent de Roué leurs vies et biēs saunes.

DV ROY CHARLES, SEPTIEME. Fueil.xcvj.

tree en ladicte cité de Rouen, ou il fut receu en grand honneur & solennité. Ceulx de ladicte ville tindrent tables rondes par les carrefours, & feirent de grands dons au Roy, & à ses Officiers, Heraux, & Poursuyuans.

L'entree du roy dedans Rouen.

De la prinse de Harfleu, par les Francois, & autres places en Normandie.

Tantost apres que le Roy eut fait son entree à Rouen, il alla mettre le siege deuant Harfleu, ou auoit mil & cinq cens Anglois, & se logea à demie lieue pres: & quãd le siege fut assis, le Roy s'en alla à Monstiuillier. Audict siege les gens du Roy eurent moult à souffrir pour les froidures & gelees: mais ce nonobstant ils feirent de si grandes approches, bateries & diligences, que ladicte ville leur fut rendue par composition: & s'en allerent les Anglois les vns en Angleterre, les autres par les places qu'ils tenoyent encores audict païs de Normandie. Apres ledict siege de Harfleu, le quatriéme iour de Ianuier, le Roy se partit de ladicte ville de Monstiuillier, & s'en alla loger en l'Abbaye de Iumieges, sur la riuiere de Seine. En icelle saison le Duc de Bretaigne faisoit grand deuoir de faire guerre aux Anglois: & auec luy se trouuerent le Comte de Richemont, Connestable de France, son oncle, & Iaques de Luxembourg, Comte de sainct Paul, & allerent mettre le siege deuant les villes de Constãces & de sainct Lo, qui feirent obeissance au Roy: & prindrent Tõbelaine, pres le mont sainct Michel, & plusieurs autres places en la Duché de Normandie : & meirent le siege deuant Fougeres: & apres qu'il y eut esté vn moys, luy fut ladicte ville baillee par Francois l'Arragonnois, qui en estoit Capitaine pour le Roy d'Angleterre: lequel s'en partit luy & ses gens (qui estoyent bien cinq cens) leurs cheuaux, & harnois saufs, & chacun vn petit fardelet deuãt culx. Lors la mortalité se meit en l'ost dudict Duc de Bretaigne, tellemẽt qu'il falut qu'il se retirast en ses païs. Semblablement les Comtes de Foix, & d'Estrac, qui estoyent en Berry, meirent sus grand' armee, & allerent mettre le siege deuant la place de Mauleon: qui est vne moult forte place, reputee quasi imprenable, & assise es extremitez & confins du royaume de France, & de Nauarre. Le Roy de Nauarre cuyda venir pour leuer ledict siege, mais auant sa venue il prindrent ladicte place: puis allerent mettre le siege deuant vn chastel, nommé Guysant, pres Bayonne. Le Connestable de Nauarre, & le Maire de Bayonne assemblerent bien trois mil hommes, tant dudict Bayonne que des autres places que tenoyent les Anglois, pour aller leuer ledict siege. Les Francois le sceurent, & marcherent au deuant, & les combatirẽt, & descõfirent, & y en eut biẽ douze cens de tuez. Vn Capitaine Anglois, nommé Soliton, auec quarante lances, trauersa le siege, & se meit dedans la place: mais tantost apres il veit qu'il ne pouoit estre secouru: si s'en partit luy & ses gens par nuict. Le Bastard de Foix les apperceut, & les poursuyuit, & moult en tua, & print prisonnier ledict Soliton. Lors ceulx de la place, qui en furent moult esbahis, le Lundy ensuyuant rendirent la place : & prindrent semblablement lesdicts Francois plusieurs autres places estant entre la mer d'Acqs & Bayonne. Cependant que le Roy estoit à Iumieges, il enuoya mettre le siege deuãt Honnefleu, par le Comte de Dunois: & y auoit bien quatre cens Anglois, biens combatans, dedans ladicte ville: lesquels furent de si pres assaillis qu'ils promeirent que le dixhuictiéme iour dudict moys de Ianuier, ils rendroyent ladicte place, au cas que ce iour les Francois n'estoyent combatus, & de ce baillerẽt ostages: auquel iour les Anglois ne vindrent point. si fut ladicte ville baillee es mains du Roy, les ostages des Anglois deliurez.

La ville de Harfleu fut rendu au Roy par composition.

La prise de Mauleon, & autres places en Gascõgne.

Audict lieu de Iumieges mourut Madamoyselle de Beauté, qu'on appeloit la belle Agnes, & la fit le Roy honnestement enterrer en l'Abbaye dudict lieu: car elle viuant auoit esté fort en sa grace.

La mort de la belle Agnes, appelee ma Damoyselle de Beauté.

En ce temps le peuple d'Angleterre s'esmeut contre les Seigneurs: & les conduisoit le Maire de Londres (qui auoit grand' authorité en ladicte ville & au païs, & portoit l'on tousiours l'espee deuant luy, quand il alloit par la ville) & prindrent le Comte de Suffort, & le meirent prisonnier à Londres, & disoyent qu'il auoit fait mourir les Ducs de Clocestre & d'Acestre, & estoit cause de la perdition de Normandie : & pour ladicte cause auoyent lesdicts Anglois parauant fait mourir l'Euesque de Clocestre, garde du priué seel d'Angleterre. Le Roy d'Angleterre fit secrettement deliurer ledict Comte de Suffort: lequel se meit sur la mer, pour s'en venir en France à saulueté: mais il fut rencontré par aucuns des gẽs du Duc de Sombresset, qui luy copperent la teste sur le bout de la nauire, & enuoyerent sa teste, & le corps, à ceulx de Londres, qui le feirent escarteler & pendre à leurs portes.

Comment

Comment le Duc d'Alencon meit le siege deuant Belesme: laquelle luy fut rendue, & le Ponteaudemer, & autres places en Normandie.

Deuant Belesme, ou auoit bien deux cens combatans Anglois, alla mettre le siege le Duc d'Alencon, & assaillit ladicte place vertueusement, tellement que les Anglois prindrent iour à la rendre au cas que ledict Duc n'estoit cõbatu, & en baillerent ostages: auquel iour les Anglois ne se trouuerent point. Si fut ladicte place rendue aux Francois, qui deliurerent les ostages. Tantost apres le Roy alla à Honnefleu, à Bernay, à Essay, à Alencon, & enuoya mettre le siege deuãt le Fresnay, qui luy fut rendu par composition le xxvij. iour de Mars: & par ladicte composition s'en allerent leurs biẽs saufs, moyennant qu'ils bailleroyent dix mil saluz, & on leur rendroit leur Capitaine, nommé Montfort, qui auoit esté prins au Ponteaudemer. En ce temps messire Thomas Quiriel, accõpaigné de quatre mil Anglois, partit d'Angleterre, & vint descendre en Normandie, & d'arriuee il alla mettre le siege à Valongnes, par ce qu'il sceut qu'il n'y auoit nulles gardes, & luy fut ladicte ville baillee. puis apres Mathago, & autres Anglois, qui estoyent es garnisons, s'assemblerent, & estoyent bien sept mil combatans, & se meirent à tenir les champs, & passerẽt les guez S. Clement en Constãtin. Messire Geofroy de Couran, Ioachin Rouault, & autres Capitaines, les poursuyuirent les vns ca, & les autres là, & les rencontrerent sur les champs en diuers lieux, & en tuerent & prindrent plusieurs prisonniers. En ce temps furent penduz par arrest de Parlement aucuns coquins & coquines, qui auoyent prins & emblé des petis enfans, & leur creuoyent les yeulx, pour auoir occasion & couleur de les mener coquiner.

Execrable cas d'aucuns belistres ou coquins

La bataille de Formigny, ou furent tuez quatre mil sept cens Anglois.

L'an mil cccc.l.

EN l'an mil quatre cens cinquante, le quatorziéme iour d'Auril, apres Pasques, les Comtes de Clermont & de Castres, le Seigneur de Rieux, lors Admiral de France, le Seneschal de Poitou, le seigneur de Mouy, de Manny, Ioachin Rouault, Robert Comerghan, & autres, iusques à six cens hommes d'armes, sans les Archiers, trouuerent le lendemain lesdicts Anglois pres Formigny, entre Carenten & Bayeux. Quand les Anglois les apperceurent, ils se meirent en bataille, & enuoyerẽt deuers Mathago: lequel estoit party le matin de leur compaignie, pour aller à Bayeux, qui retourna incontinent. Le Connestable, les seigneurs de Laual, de Loheac, & d'Orual, & autres, auec trois cens lances, partirent de sainct Lo, & cheuaucherent iusques à vn moulin à vent, qui estoit pres dudict Formigny, & se meirent en bataille pres du parc qu'auoyent fait la nuict precedente les Anglois: & quand ils apperceurent que les Anglois passoyent vne petite riuiere, lors ledict Connestable & ses batailles passerent semblablement ladicte riuiere sur vn petit pont au grand chemin, & allerent assaillir lesdicts Anglois: & là se combatirent longuement & vaillamment Francois, & Anglois, d'vne part & d'autre: mais à la parfin, les Francois eurent la victoire, & furent Anglois desconfits, & y en eut de tuez par le rapport des Heraulx, des Prestres, & de ceulx qui les enterrerent, quatre mil sept cens septante & quatre, & prins bien pres de quatorze cens prisonniers. Là furent faicts plusieurs Francois Cheualiers, & entre autres les Comtes de Clermont, & de Castres, fils du Comte de la Marche, Geofroy, fils du Cõte de Boulongne, & autres. Apres celle victoire les Francois allerent mettre le siege deuant la ville de Vire: de laquelle estoit Capitaine messire Henry Malbury, lequel estoit pour lors prisonnier des Francois: si la fit rendre, & s'en allerent quatre ou cinq cens Anglois, qui estoyent dedans, leur biens saufs, à Caen. Tantost apres allerent lesdicts Seigneurs Frãcois mettre le siege deuant la cité de Bayeux, ou estoit Mathago, & bien quatorze cens Anglois, qui se defendirent vaillamment, l'espace de quatorze iours: apres lesquels iours passez, les gens de guerre Francois, qui auoyent fait de grandes batteries es murs de la ville, & auoyent desir de gaigner, voyans que ladicte ville estoit preste & aysee à assaillir, sans l'ordonnance, sans le sceu des Seigneurs & Chiefs de guerre, assaillirent ladicte ville: mais ils furent reboutez: & voyant Mathago, & les autres Anglois, le dur assaut qu'ils auoyent soustenu, auquel estoyent morts grand nombre des gens plus de deffence de leur party, & qu'ils n'auoyent pas esperance de secours, & auoyent peu de viures, feirent composition, & s'en allerent tous, vn baton au poing, reseruez aucuns, ausquels pour l'honneur de Gentillesse on laissa des cheuaulx pour porter les Damoyselles. Et auec ce les Seigneurs feirẽt bailler des charrettes pour porter les femmes & enfans des Anglois, qui s'en allerent auec leurs maris, dont il y auoit bien de trois à quatre cens, & estoit pitié de les veoir partir: car telle femme y auoit qui portoit vn enfant au berseau, sur sa teste,

La bataille de Formigny.

teste, l'autre en ses bras, & les autres plus grandelets les amenoyent par la main, les tenans par les robbes. Puis enuoya ledict Comte de Dunois deuant le chastel de Briquebec, qui luy fut rédu: & s'en alla deuant la ville de Valognes, qui gueres ne tint, & s'en saillirent six vingts Anglois, qui allerent à Cherebourg, bagues sauues: & ce pendant les Mareschaux de France allerent mettre le siege deuant sainct Sauueur le Vicomte, & le prindrent par composition.

Du siege & de la prinse de Caen, par les Francois.

Pres ces choses faictes monseigneur le Connestable, le Comte de Dunois, Lieutenant general du Roy, les Mareschaux de France, les Princes & Chefs de guerre, Francois, qui estoyent là enuiron, s'assemblerent, & s'en allerent mettre le siege deuant la ville de Caen: auquel siege vindrét tost apres en personne le Roy de Cecille, les Ducs de Calabre, d'Alencon, les Comtes du Maine de S. Paul, de Neuers, d'Eu, & de Tancaruille, & plusieurs autres grâds Princes, Barons, & Cheualiers, tellemét q̃ de long temps on n'auoit veu si grãd & si belle assemblee de gens de bien, ne si bien rengee n'accoustree, comme estoit ledict siege. Et dedans ladicte ville estoit le Duc de Sombresset, sa femme, ses enfans, & quatre mil Anglois, vaillans & renommez, tous gens de guerre esleuz, qui feirent plusieurs saillies: & là furent faicts par diuerses iournees de beaux & grands faicts d'armes: mais à la fin lesdicts Anglois, voyans qu'ils n'estoyent point puissans pour resister à si noble & puissante armee, côme estoit celle du Roy, ils feirent composition, & s'en allerent leurs bagues sauues, & entra le Roy & sa côpaignie dedans ladicte ville, à grand hôneur & triûphe.

La ville de Caë fut prinse par le roy sur les Anglois.

Du siege de Falaise, & de la prinse d'icelle, par les Francois.

Incontinent apres la prinse de Caen, le Roy enuoya Poton de Xaintrailles, Baillif de Berry, pour mettre le siege deuât la ville de Falaise: & apres y enuoya messire Iehan Bureau, Cheualier & Thresorier de France, qui conduisoit l'Artillerie, auec grand nombre de francs Archers. Dedans ladicte ville estoyent bien mil & cinq cens Anglois, tous gens d'esllite: lesquels quand ils apperceurent approcher l'Artillerie, que conduisoit ledict Bureau, saillirent dehors, & vindrent frapper dessus tresasprement, & tellement que les Francois commencerent à reculer: mais incontinent vint ledict Poton au secours frapper sur iceulx Anglois: lesquels furent reboutez iusques aux portes de ladicte ville, par le moyen desdicts Poton & Bureau, qui se porterent tresvaillamment. Tantost apres le Roy se partit de Caen, pour aller audict Falaise, & alla loger du costé deuers Argenten, en vne Abbaye de sainct Andry, à demie lieue seulement dudict Falaise, & estoit auec luy le Roy de Cecille, & les Ducs, Comtes & Seigneurs dessus nommez. Le Duc d'Alencon & sa bende furent logez en vne autre Abbaye, fondee de saincte Marguerite, & le Comte de Dunois, Lieutenant du Roy, fut logé à la Guibray, & les autres Capitaines auoyent chacun leur quartier, tellement que ladicte ville de Falaise fut assiegee, & enuironnee de tous costez: & furét les murs fort batus d'Artillerie, tellemét que les Anglois se meirent à parlamenter, & promeirent rendre ladicte ville & chastel au Roy le vingtiéme iour du moys de Iuillet, au cas qu'ils ne seroyent secouruz dedans cedict iour, pourueu que leur Maistre, Seigneur & Capitaine, qui estoit le Sire de Talbot, Seigneur de ladicte place, par dô à luy faict par le Roy d'Angleterre (lequel Talbot estoit prisonnier du Roy au chasteau d'Eureux) seroit deliuré, moyennant certaines promesses que celuy de Talbot deuoit faire au Roy: & pour seureté de ce baillerent douze ostages dudict lieu de Falaise: dont depuis fut Capitaine Poton de Xaintrailles, grand Escuyer d'Escuyrie, & Bailly de Berry: & par ainsi fut deliuré ledict Seigneur de Talbot: lequel s'en vint deuers le Roy, & luy dist qu'il vouloit aller à Rôme, au grand pardon de Iubilé: & à son partement le Roy luy fit de grands dons, & le fit conuoyer & deffrayer par tout ou il passa iusques hors de son royaume, & manda par toutes les villes qu'on le festoyast. Le douziéme iour dudict moys de Iuillet se partit le Sire de Culant, grand Maistre d'hostel, le Sire de Blainuille, & autres Chefs de guerre, allerent mettre le siege deuant le chastel de Damfront, & auec eulx estoyent quinze cens francs Archers, & messire Iehan Bureau, qui auoit charge de la conduicte de l'Artillerie. Dedans ladicte place auoit de sept à huict cens Anglois, qui se defendirent vaillamment, iusques au deuxiéme iour d'Aoust, qu'ils feirent composition que moyennant certaine somme, qu'ils promeirent bailler, ils s'en allerent, & de payer la somme au iour nommé baillerent ostages.

La prinse de Falaise, sur les Anglois.

En ce temps mourut de certaine maladie monseigneur Francois, Duc de Bretaigne, nepueu & homme subiect du Roy de France, au manoir de Plaisance, lez Vannes, & gist en l'Abbaye

La mort de Frãcois Duc de Bretaigne.

R

LES CHRONIQVES ET ANNALES DE FRANCE.

de Redon. De la mort de ce Prince fut dommage : car il eſtoit vaillant & ſage, & qui aymoit le Roy & le royaume de France: & le monſtra bien en ladicte conqueſte de Normandie, ou il expoſa ſa perſonne & biens, ſans y riens eſpargner. Il auoit en premieres nopces eſpouſé Yolád, fille de Louis, deuxiéme Roy de Cecille, & Duc d'Aniou, qui mourut ſans hoirs, & giſt aux Cordeliers de Vannes. Apres eſpouſa en ſecondes nopces madame Yſabeau, aiſnee fille du Roy d'Eſcoſſe, de laquelle il eut deux filles, l'vne nommee Marguerite, qui fut mariee à Francois, fils de Richard, Comte d'Eſtampes. La ſeconde fille nommee Marie, fut mariee à Iehan, Vicomte de Rohan. Apres le treſpas dudict Duc Francois, luy ſucceda audict Duché, Pierre, ſon frere, qui eut à femme * Catherine, fille de monſeigneur Louis d'Amboiſe, Vicomte de Thouars, de laquelle il n'eut aucuns enfans: & mourut ledict Pierre l'an mil quatre cés cinquáte & ſept, & giſt en l'egliſe collegiale noſtre Dame de Nantes. Apres la mort duquel luy ſucceda audict Duché monſeigneur Artus, Comte de Richemont, Côneſtable de Fráce, qui veſcut que quinze moys Duc, & mourut en Decébre mil quatre cens cinquáte & huict, au chaſteau de Nantes, & giſt en l'Egliſe des Chartreux, qu'il fonda es faulxbourgs de ladicte ville, ou parauant auoit Chanoines. Iceluy Artus eut trois femmes, deſquelles il n'eut aucuns enfans: la premiere fut fille du Duc Iehan de Bourgongne, laquelle parauant auoit eſté femme de monſeigneur Louis, Duc de Guyenne, Dauphin, aiſné fils du roy Charles ſixiéme: la ſeconde fut fille au Vicomte d'Albret: la tierce fut madame Catherine de Luxembourg, fille du Comte de ſainct Paul.

*Cron.Bret.la nomment Fran coiſe.

L'an mil cccc.l.

En celle ſaiſon audict an mil cccc.l. le Roy fit mettre, par le Côneſtable, le ſiege deuant Cherebourg, anciennement appelé Ceſarboug, ou le Bourg de Ceſar, parce que Iules Ceſar le fit edifier, quand il conquiſt les Gaulles: en laquelle place auoit mil Anglois combatans. Illec eurent Francois moult de peine à faire les approchemens, auſquels faire fut tué d'vne couleurine meſſire Pregent, Seigneur de Coitiuy, & Seigneur de Raiz, Admiral de France, qui fut dommage. Auſſi fut tué Tudoal le Bourgeois, Bailly de Troyes, & y eut vn gros Canon & quatre Bombardes rompues, de force de tirer. A la parfin vn nommé Thomas Gonnel, qui en eſtoit Capitaine pour le Roy d'Angleterre, le treziéme iour d'Aouſt, audict an mil quatre cens cinquante rendit ladicte place, qu'on dit la plus forte de Normandie, parmy ce qu'on luy rendit vn ſien fils, qui eſtoit en oſtage, pour l'argent, qui auoit eſté promis par ledict de Sombreſſet, à la compoſition de Rouen: & s'en allerent les Anglois en Angleterre : car ils ne ſcauoyent plus ou aller. Le Sire de Bueil fut faict Capitaine de ladicte place de Cherebourg, & luy donna le Roy l'Office d'Admiral, vacant par la mort dudict feu Seigneur de Coitiuy, qui auoit eſté tué audict ſiege de Cherebourg. Et par ce que dict eſt peut l'on voir & congnoiſtre que toute la Duché de Normandie fut par ledict Roy Charles, ſeptiéme, conquiſe, & toutes les villes, places & chaſteaux d'icelle, miſes en l'obeiſſance du Roy, en vn an & ſix iours. qui eſt à reputer grand merueille, & comme choſe miraculeuſe: car en iceluy païs y a pluſieurs belles & grandes citez, villes, places fortes: & y a vn Archeueſque, & ſix Eueſques, & côtient ſix grandes iournees de long, & quatre de large: & fault noter que du coſté du Roy de France n'y eut gueres d'occiſion, ne de dommages ſur le peuple. Le Roy fit Meſſire Pierre de Breze grád Seneſchal dudict païs de Normandie, & laiſſa pour la garde & defence des places du païs de Normandie, ſix cens hômes d'armes, & douze cens Archers, qui furent mis en garniſon es villes & places eſtans ſur les ports de mer, en la frontiere des Anglois.

La derniere place que les Anglois perdirent en Normandie.

Petite deſcription du païs de Normandie.

De la prinſe de pluſieurs villes en Guyenne: de l'inſtitution du Parlement de Bordeaux: & de la totale reduction de Guyenne, pour les Francois.

L'án mil cccc.li.

L'An mil quatre cens cinquáte & vn, le Comte d'Angouleſme, frere legitime du Duc d'Orleans, les Comtes de Dunois, & de Longueuille, les Sires de Rochechoart, & de Rochefoucault, maiſtre Iehá Bureau, Threſorier de Fráce, & Pierre de Louuain, accompaignez de quatre cens lances, & quatre mil francs Archers, aſſiegerent en Guyenne le chaſtel de Montguyon, dont eſtoit Capitaine Arnault de ſainct Iulian : lequel chaſtel fut rendu par compoſition le dixiéme ou douziéme iour de May. Incontinent apres, le ſeiziéme de May, les Seigneurs deſſuſdicts meirent le ſiege deuant la ville de Blaye, & auecques eulx ſe ioignirent le Comte de Ponthieure, meſſire Pierre de Beauuau, Seigneur de la Baſſiere, & Lieutenant du Comte du Maine, Geofroy de ſainct Belin, meſſire Iaques de Chabannes, grand Maiſtre d'hoſtel du Roy, Ioachin Rouault, & pluſieurs autres. Ladicte ville fut prinſe le vingt & vniéme iour de May, apres ce qu'elle eut eſté fort batue d'Artillerie, & le chaſteau par compoſition. Finalement en ladicte prinſe furent occis plus de deux cens Anglois. Item les Seigneurs de France deſſuſdicts aſſiegerent & prindrent par compoſition la ville de Bourg en Guyenne le vingt & neufiéme de May:

DV ROY CHARLES, SEPTIEME. Fueil. xcviij.

May: de laquelle fut Capitaine mesire Iaques de Chabannes, grand maistre d'hostel du Roy.

En ce mesme an le Comte d'Albret, les Seigneurs de Tartas, & Dorual, ses fils, le Comte de Foix, le Vicomte de Lantrac, son frere legitime, les Barons de Nouailles, & autres, meirent le siege deuant la ville d'Arques, laquelle fut rendue par composition. *La ville d'Arques prinse sur les Anglois.*

En ce mesme temps le Côte d'Armignac, & le Côte de Xaintrailles, les Seigneurs de Toulouse, & plusieurs autres, meirêt le siege deuant la ville de Rioux. Aussi le Comte de Ponthieure, le Sire de Ialongnes, Mareschal de France, & maistre Iehan Bureau, Thresorier, accompaignez de trois cens lances, & de deux mil francs Archers, assiegerent la ville de Chastillon, en Perigort, qui fut rendue par composition: & en fut Capitaine maistre Iehan Bureau. Pareillement celle de sainct Melion fut prinse, & fut laissee en la garde du Comte de Ponthieure.

Au vingt & quatriéme iour du moys de Iuin, aux Comtes d'Angoulesme, de Dunois, de Clermont, de Vendosme & de Castres, fut rendue par composition vne place, nommee Fronsac, qui est la plus forte des Marches de Guyenne, & de Bordelois: parquoy estoit tousiours gardee par les natifs d'Angleterre, & auoit esté ladicte place assiegee par mer & par terre, le deuxiéme iour precedent. D'icelle place fut Ioachin Rouault faict Capitaine. Aussi leur fut réduë la ville de Liborne, qui fut laissee en la garde du Côte d'Angoulesme. Deuant ledict chastel de Fronsac furent faicts Cheualiers le Comte de Vendosme, le Vicomte de Touraine, le Seigneur de la Rochefoucault, & plusieurs autres iusques à cinquante. *La prinse de Liborne.*

En ce mesme moys fut asiegee la ville & cité de Bordeaux, & reduicte finalement à l'obeissance du Roy de France, par appoinctement faict entre les Seigneurs dessusdicts, & les habitans de ladicte ville: & entre les autres choses le Roy de France donna grandes libertez & franchises audict païs, & fut ordonné qu'il y auroit Parlement & court souueraine à Bordeaux. Le Comte de Clermont en fut faict Capitaine, Ioachin Rouault, Connestable, maistre Iehan Bureau en fut faict Maire (qui n'est pas petit Office) & mesire Oliuier de Coitiuy faict Seneschal de Guyenne. Apres ceste reduction tous les Seigneurs & Capitaines, qui estoyent bien vingt mil combatans, s'en retournerent reposer en leurs maisons: & si fut forte iustice faicte & entretenue: dequoy les habitans en furent moult ioyeux: car, durant le temps des Anglois tousiours les plus fors l'emportoyent. Entre les autres fut faict iustice de cinq garnemens, qui audict lieu naurerent mesire Pierre de Louuain, à la faueur de Raoul de Flauy, pour certain debat meu ia pieça entre eulx. *Institution du Parlement de Bordeaux.*

Le sixiéme iour du moys d'Aoust ensuyuant fut asiegee la ville de Bayonne, en laquelle furent faicts de grands & merueilleux assaux: & les eglises & maisons des faulxbourgs y furent bruslees. Apres lesquelles choses ils se rendirent par composition de Ieudy dixneufiéme dudict moys: & le lendemain, qui estoit iour de Vendredy, vn peu apres soleil leuant, le iour estant bel & clerc, fut veuë au ciel, par ceulx qui estoyent en l'ost du Roy, & mesmement par les Anglois audict Bayonne, vne Croix blanche: laquelle on veit publiquement par l'espace d'vne demie heure: & lors les habitans de ladicte ville osterent leur Croix rouge, disant qu'il plaisoit à Dieu qu'ils fussent Francois, en portant la Croix blanche. *Bayonne reduë Françoyse. Vne Croix blanche apparut au ciel, sur la ville de Bayonne.*

Audict siege estoyent pour le Roy de France les Comtes de Dunois & de Foix, Lieutenans du Roy, & plusieurs autres. Durant ledict siege fit le Comte de Foix quinze Cheualiers: entre lesquels estoyent le fils du grand Maistre d'Hostel, le Seigneur de Tessac, & plusieurs autres. A l'entree de Bayonne fit pareillement le Comte de Dunois aucuns Cheualiers: entre lesquels estoyent Iamet de Saueuse, le Sire de Montguyon, & autres. Apres ladicte reduction de ladicte ville de Bayonne, mesire Martin Gracie en fut commis Maire & Capitaine: de laquelle parauant estoit Gouuerneur mesire Iehan de Beaumont, frere du Connestable de Nauarre, de l'ordre de sainct Iehan de Hierusalem: lequel, par l'appoinctement faict demoura auec d'autres prisonniers, à la volonté du Roy de France. Ainsi par la grace diuine fut reduicte toute la Duché de Guyenne, sans gueres tarder apres la conqueste de Normandie: & generalement fut reduict tout le royaume de France, exceptee la ville de Calais seulement, qui est encores demouree es mains des Anglois, comme anciens ennemis de France. *La reductiõ de Guyenne et de toute France, excepté Calais.*

Et pource qu'en la reduction de plusieurs villes dessusdictes, a esté souuent dict qu'elles ont esté rendues par composition, il me semble fort conuenable de cy escrire vne maniere de faire qu'auoyent les gensd'armes & le peuple aduersaire, es deuantdictes reductions, tant en Normandie qu'audict païs de Guyenne. Et premier ils faisoyêt iustice d'eulx mesmes, maintenoyêt les habitans des villes en leurs priuileges, franchises & libertez, sans les piller ne souffrir manger aucunement. Et s'aucuns des manans & habitans, gens d'Eglise, Nobles, Bourgeois, Marchans, ou gens de guerre desdictes villes vouloyent se retourner du party de France, & faire le serment en estant loyaux & vrays subiects au Roy de France, ils auoyent abolition de tous *Bonne iustice maintenue aux subiects des villes, par les Gouuerneurs d'icelles.*

R ij

LES CHRONIQVES ET ANNALES DE FRANCE.

leurs malfaicts & delicts, retournoyent à leurs benefices, rentes, reuenus, & heritages, ou eſtoyent ſoudoyez ſ'ils ſe vouloyent meſler de la guerre. Et quand ils n'eſtoyent pas totalement de ce faire deliberez, promptement leur eſtoit baillé ſaufconduict à ſeureté pour quatre ou cinq moys, à ſe deliberer & pourueoir à leurs affaires, ſelon l'exigence du cas : durant lequel temps ils ne pouuoyent ne deuoyent faire machineries contre la maieſté Royale de France : & apres ce, ſ'ils ne vouloyent demourer, on les faiſoit conduire eulx & leurs biens ſeurement, iuſques aux lieux declarez & limitez en la compoſition, cōbien que iamais ne reportoyent groſſe Artillerie, mais ſeulement arcs, arbaleſtres, & couleurines à main : & ſi promettoyent communément de non plus ſ'armer contre la couronne de France. Item & auec ce, quand leſdicts aduerſaires, ſe voyans eſdictes villes fort aſſailliz, & congnoiſſans qu'ils eſtoyent les plus foibles (ſ'ils n'eſtoyent ſecouruz) prenoyent certain iour d'accord pour combatre les Francois, ou rēdre la place en attendant ſecours, de ce bailloyent bons oſtages aux Francois : parquoy ſ'en alloyent communément leurs corps & leurs biens ſaufs, ou aucuneſfois ſans cheual ny aſne, vn ſeul baſton en leur poing, ſelon ce qu'ils auoyent merité. Leſquelles couſtumes & manieres de faire vouloit le bon Roy Charles eſtre entretenues, pour euiter l'effuſion du ſang humain, deſtruction de peuple, & depopulation du païs. Entre les autres compoſitions, nous parlerons & dirons aucunes choſes de celles qui ont eſté faictes à deux hommes particuliers apres la prinſe de la cité de Bordeaux. L'appointement de ladicte cité venu à la congnoiſſance de monſeigneur Gaſton de Foix, Comte de Venages, & Captau de Bueſh (lequel eſtoit de l'ordre de la Iartiere, qui eſt du Roy d'Angleterre, ou il vouloit retourner) fit tel accord entre les autres choſes, auec monſeigneur de Dunois, Lieutenant du Roy de France, eſdicts païs. Premierement que ledict Captau & le Sire de Candale, ſon fils, retourneroyent à toutes les terres, chaſteaux, fortreſſes, ſeigneuries & poſſeſſions qui leur competent & appartiennent, tant par la ſucceſsiō de leur pere & mere, comme par dōs à eulx faicts par les Roys d'Angleterre & Ducs de Guyēne, ou par achapt, ou autremēt : & poſé qu'ils en euſſent perdu la poſſeſsion par fortune de guerre, ou autrement, neantmoins le Roy de France les leur fera reſtituer reallement & de faict, par ceulx qui les occupent : & quant aux terres qu'ils tiennent par don, le Roy ſera tenu de recompenſer ceulx à qui elles ſont, iuſques à la ſomme de deux mil liures Tournois de rente, monnoye de Roy. Itē & pource que ledict Captau & le Sire de Candale ſont deliberez de ſeruir le Roy d'Angleterre, le fils dudict Candale, aagé de trois ans ſeulement, iouyra plainement des maintenant de toutes leſdictes terres de ſes predeceſſeurs, ſoubs la cōduicte de monſeigneur le Cōte de Foix, ſon couſin, iuſques à ce qu'il vienne en aage : & ſeront mis Officiers eſdictes terres, qui feront le ſerment de fidelité au Roy de France, & luy venu en aage de diſcretion, fera hommage & tous deuoirs accouſtumez audict Roy, comme ſon vaſſal & ſubiect : mais ſe lors ne vouloit demourer audict party de France ne faire ledict ſerment, ou qu'il allaſt de vie à treſpas, ſans hoirs de ſon corps, tout retourneroit au plus prochain heritier d'iceluy enfant, fuſt

L'an mil cccc.li. maſle ou femelle, demourant audict party du Roy. En l'an mil cccc.lj. l'Empereur Federic, Duc d'Auſtriche, print à femme Leonore, fille du Roy de Portugal, & fut eſpouſé & couronné à Romme auec ſadicte femme par la main du Pape Nicolas, & en ſa compaignie eſtoit Lancelot, Roy de Hongrie & de Boeſme, fils d'Albret, Empereur deſſuſdict. Auſsi auec luy eſtoit ſon frere Albret Duc d'Auſtriche. En ce meſme temps fut grand diuiſion entre le Duc de Bourgōgne & les Gantois, pour la gabelle de ſel qu'il vouloit mettre ſus. Pareillement y eut en Angleterre grand diſcord en tre le Duc d'Yort & celuy de Sombreſſet, pour le gouuernement du royaume. Auſsi eut grand guerre entre le Roy d'Eſpaigne & celuy de Nauarre.

Le Cardinal de Touteuille. Item le Cardinal de Touteuille vint en France, enuoyé de par le Pape Nicolas, pour ceſſer la guerre entre les Roys de France & d'Angleterre : & pour ce faire enuoya pareillement en Angleterre l'Archeueſque de Rauenne, qui eſtoit de ceulx des Vrſins de Romme.

L'ā mil cccc. lii. En l'an mil cccc.lij. Iaques Cœur, Argentier de France, fut faict priſonnier par le commandement du Roy de France, pour certain cas touchant la foy catholique, & crime de leſe maieſté.

Iaques Cœur priſonnier. Il eſtoit accuſé d'auoir adminiſtré aux Sarrazins armeures, & enuoyé armeuriers pour en faire en la forme des Chreſtiens. Item d'auoir rendu auſdicts Sarrazins vn Chreſtien priſonnier, qui eſtoit eſchapé de leurs priſons : & oultre on dict qu'il auoit mal vſé des deniers du Roy : touteſfois aucuns diſoyent qu'on luy impoſoit ledict cas par enuie, & pour auoir ſes biens & ſa finance. Pareillemēt fut arreſtee & empriſonnee la Damoyſelle de Mortaigne, pource qu'elle auoit encoulpé ledict Iaques Cœur d'aucunes choſes, dont il eſtoit innocent.

En ce meſme an le Roy de France enuoya deffier le Duc de Sauoye, pour aucunes extorſions qu'il auoit procurees contre la couronne de France, manda genſd'armes & cheuaux, iuſques au païs de Foreſts, pour entrer en Sauoye : puis fut la paix faicte à Fenos en Foreſts, par le moyen du Cardinal de Touteuille, qui ſ'en retournoit à Romme.

Comment

DV ROY CHARLES, SEPTIEME.

Comment le Sire de l'Espaire, & autres, allerent querir les Anglois, affin qu'ils fussent encores leurs Seigneurs en Guyenne.

En ce mesme an, le vingt & troisiéme iour du moys d'Octobre, Talbot Anglois, retourna en France à tout quatre ou cinq mil hommes, & arriua en l'Isle de Madoc, ou il print deux fortresses. Apres reprint la cité de Bordeaux, & tous les Francois y estans de par le Roy de France, entre lesquels estoit mesire Oliuier de Coitiuy, Seneschal de Guyenne, & mesire Iehan du Puy, soubzmaire de ladicte ville. Auec ce ledict Talbot reprint la pluspart des places de Bordeloys, auant que les gensd'armes de France fussent assemblez. Entre les autres places fut prinse Chastillon, en Perigord, & le fort chasteau de ronsac: pour laquelle chose se porta tresuaillamment monseigneur le Comte de Clermont, Lieutenant general du Roy de France audict païs.   En cedict an descendit d'Angleterre enuiron quatre mil cōbatans Anglois, ayās quatre vingts vaisseaux, que grāds que petis, chargez de farines & de lards, pour auitailler la ville de Bordeaux.   Audict an commenca grand'bataille, en Brutzia, entre les freres de l'ordre de l'hospital de nostre Dame, & ceulx de la cité, pour l'excessif orgueil desdicts freres.

La prise de Bordeaux par Talbot.

Descēte des Anglois, à Bordeaux.

L'an mil quatre cés cinquante & trois, les Turcs tenans le siege deuant Constantinoble bailloyent chacun iour trois fois l'assault, tant par mer que par terre, ayans en leur compaignie trois cens mil hommes, en telle sorte que finalement la gaignerent en soixante & six iours, dōt fut grand'pitié: car ils meurdirent & meirent à mort l'Empereur des Grecs, le Patriarche, & tous les Chrestiens qu'ils y trouuerent, sans auoir d'eulx nulle mercy.   En ce mesme an les Francois meirent le siege deuant Calais en Guyenne, auquel siege estoit mesire Iaques de Chabannes, grand Maistre d'hostel du Roy, & plusieurs autres grands Seigneurs: lequel Calais fut prins d'assault, & y mourut quatre vingts Anglois, & autant de prisonniers prins: lesquels furent decapitez, pource qu'ils auoyent faussé leurs sermens. En apres fut mis le siege deuant la ville de Chastillon, ou Talbot vint pour cuider leuer le siege, à tout cinq ou six mil hommes: lesquels furent finalement tous desconfits, & Talbot occis, & son fils, & plusieurs autres des plus vaillans Cheualiers d'Angleterre. Le troisiéme iour apres ladicte bataille mourut mesire Pierre de Beauuau, & mesire Iaques de Chabannes, grand Maistre d'hostel du Roy de France, qui fut bien plaint & regretté: car il auoit moult bien seruy le Roy en toutes ses guerres. Ne demoura gueres qu'en ce temps l'Isle de Madoc fut recouuerte & prinse par le Comte de Clermont, & plusieurs autres grands Seigneurs: & en apres le dessusdict Comte de Clermont, & le Comte de Foix, & plusieurs autres Cheualiers & Barons assiegerent Candillac, & fut prins & mis en la main du Roy, & aussi fut sainct Machaire, & plusieurs autres places: mais le Capitaine de Candillac, eut la teste coppee. Le Roy en personne y estoit à la prinse des dessusdictes places, accompaigné du Comte du Maine, & plusieurs autres Barons en grand nombre: desquels reprindrent le chasteau de Fonsac, duquel se departirēt les Anglois, vn baston blanc en leur main, & s'en allerent en Angleterre.

Mil cccc.liii.

La prinse de Cōstantinoble, par les Turcs.

Talbot occis et son fils aussi, deuāt Chastillon.

En ladicte annee fut mis le siege deuant Bordeaux, & reduicte pour la deuxiéme fois aux Francois, apres merueilleuses escarmouches: pour laquelle chose le Roy retint à soy vingt ou trente hommes du païs de Bordeloys: lesquels furent bannis: dont le Sire de Duras & de l'Espaire, & plusieurs autres estoyent desdicts bannis.   Ledict Comte de Clermont, Lieutenant du Roy, eut la garde de tout le païs de Guyenne: & en cestedicte annee le royaume de France fut du tout reduict Francois, excepté Calais.   Audict an, la surueille de Noel, maistre Guillaume Edeline, Prieur de sainct Germain en Laye, qui parauant estoit Augustin, fut escharfaudé & presché publiquement en la cité d'Eureux, & condamné es prisons de l'Euesque perpetuellement, pource qu'il cheuauchoit le balay, & estoit Vaudoys.

La 2. reduction de Bordeaux aux Francois.

L'an ensuyuant mil quatre cens cinquante & quatre le Roy de France fit faire à Bordeaux deux chasteaux, pour tenir les habitans de la ville en subiection: l'vn fut assis sur la riuiere, & l'autre sur le costé deuers Bierne.   En ce mesme temps le Duc d'Yort print le gouuernement d'Angleterre, & fit mettre prisonnier le Duc de Sombresset & de Cloceftre.

Mil cccc.liiii.

Item le Comte de Charolois, fils du Duc de Bourgongne, espousa la fille de Charles, Duc de Bourbon: & mourut le Roy d'Espaigne, aagé de cinquante ans.   Item en cedict temps le Sire de l'Espaire fut prins & decapité à Poitiers: pource qu'il estoit retourné en Angleterre, pour la deuxiéme fois, querir les Anglois pour venir en France, & pource qu'il auoit faussé son serment enuers le Roy de France, qui parauant luy auoit pardonné.

Le Cōte de Charolois print à seme la fille du duc de Bourbō.

En l'an mil quatre cens cinquante & cinq, le iour ne l'Annunciation nostre Dame, trespassa le Pape Nicolas, & fut empoisonné, comme l'on trouua par experience quand il fut ouuert. Cestuy Pape Nicolas fut esleu à Romme, mil quatre cens quarante & sept, Pape au lieu d'Eu-

Mil cccc.lv.

R iij

gene, estant encore Scisme: mais petit à petit il obtint obedience par tout, & fut tout le monde esbahy comme vn homme de si basse & petite nation peut preualoir contre vn tant noble & puissant Prince que le Duc de Sauoye, qui estoit affin & amy quasi à tous les Princes de Chrestienté: mais ledict Felix, pour l'vnion de l'Eglise, ceda à la dignité Papale: & ainsi se fut par le bon plaisir de Dieu, de glorifier son nom par les abiectes personnes du monde. Cestuy Nicolas fut maistre en Theologie, & fort actif à conceuoir. il réedifia plusieurs choses destruictes: & autour du Palais de Romme fit construire grand' muraille, & refit faire la muraille d'entour de Romme, pour la crainte des Turcs. Item fut publié vn vers à Romme: *Lux fulsit mundo, cessit Felix Nicolao*. Apres Pape Nicolas fut esleu pape Calixte, troisième de ce nom, natif de Castille qui estoit homme vieil & ancien, aagé de quatre vingts cinq ans. Ce Pape, apres le Dimenche de *Lætare*, enuoya la Rose consacree au tresexcellent Prince Lantgraue de Hessen, qui estoit remply de vertus: lequel estoit le sixième de la lignee de saincte Elizabeth.

Le trespas du pape Calixte.
Il fut premièrement Cardinal de Valence: & pource que tantost apres son election il fut malade, il ne peut parfaire n'acheuer beaucoup de grandes & bonnes besongnes qu'il auoit entreprinses côtre le Turc: si mourut apres qu'il eut regné trois ans cinq moys, le iour sainct Calixte, ou il auoit institué la feste de la transfiguration de nostre Seigneur, apres la grande victoire qui fut donnee de Dieu aux Chrestiens, & la vengeance faicte miraculeusement contre les Turcs, au païs de Hongrie le iour sainct Sixte: ou le grand Turc perdit moult de gens, & s'en fuyt, combien que nul ne le suyuist: car la seule main de Dieu l'espouenta tellement luy & ses gens, & donna tel courage aux Chrestiens, par le moyen d'vn nommé frere Iehan Capistran, que les Turcs disoyent qu'vn si grand nombre de gensd'armes les suyuoyent, qu'à peine osoyét regarder derriere eulx: toutesfois nul ne les suyuoit que les Anges.

La glorieuse et diuine victoire des chrestiens côtre les Turcs.

Le Roy d'Angleterre desconfit du duc d'Yort.
En ce mesme an le Duc d'Yort desconfit le Roy d'Angleterre, pres de Londres, & y mourut le Duc de Sombresset, le Comte de Nortombelland, & autres enuiron cinq cens hommes, & le Roy mesme y fut nauré d'vne flesche, & par ceste maniere demoura le gouuernement du royaume audict Duc d'Yort.

La Comté d'Armignac mise en la maí du Roy pour sa rebellion.
Audict an le Roy de France enuoya le Comte de Clermont, Mareschal de France, en la Comté d'Armignac, & le Mareschal de Loheac, & le Comte de Dápmartin, & le Baillif d'Eureux au païs de Rouergue, pour mettre les terres dudict Comte d'Armignac en sa main, à cause que ledict Côte s'estoit rebellé, en refusant la possessió & iouissance à l'Archeuesque d'Auch, qui par le chapitre auoit esté esleu, mais à force en voulut mettre vn autre nommé Deleustery: & pource fut prinse la cité de l'Estore, & plusieurs autres dudict païs, contre la volonté & puissance dudict Comte. Audict an, le premier iour de Ianuier, Othe Chastelan Florentin, Argétier, & Guillaume Gouffier, premier Chambellan du Roy de France, furent emprisonnez pour aucun cas, dont ils estoyent accusez.

Comment le Roy Charles, septiéme, meit en sa main toutes les fortresses, villes, & chasteaux du Dauphiné, que tenoit son fils Louis, Dauphin de France.

Mil cccc.lv.
AVdict an mil quatre cens cinquante & cinq, le Roy, voyant que son fils Louis le Dauphin estoit auec le Duc de Bourgongne, outre son gré & volonté, se transporta au païs du Dauphiné, & meit & saisit en sa main toutes les citez, & fortresses, villes, & chasteaux dudict païs de Dauphiné, en escriuant par toutes bonnes villes de son royaume qu'on ne baillast point de passage audict Dauphin, pource qu'il luy sembloit estre trop volage, & plain de sa volonté: car en se departant de son pere ne demanda point de congé, sinon que pour quatre moys, & il demoura presque dix * ans, à la grâd' desplaisance du Roy.

* *Autres disent six ans.*

En ce mesme an fut faict prisonnier à Paris, Iehan Duc d'Alencon, prochain parent du Roy. En celuy an le Pape Calixte donna grands pardons & indulgences, à tous ceulx qui iroyent batailler contre les mescreans.

Cruelle occision des Turcs.
Item les Hongres occirent audict an, à diuerses fois, plus de deux cens mille Turcs: car pour vne iournee seulement, entre soleil leuant & couchant, en furent occis cent mille: & prindrent lesdicts Hongres, en tirant vers Grece & Constantinoble, huict vingts, que citez que villes murees, & cccc. chasteaux. Le principal de ceste conqueste estoit vn Cheualier, nommé Guillaume le Blanc: lequel fut nauré d'vne lance en la derniere bataille, & frere Iehan de Capistran dessusdict, qui donnoit conseil aux Chrestiens, duquel on vsoit, & portoit en la bataille l'image du Crucifix, & crioit à haute voix: O mon Dieu & mó Sauueur, ou sont tes misericordes anciennes? vien aider à ton peuple. Ledict frere Iehan de Capistran auoit esté iadis disciple de sainct Bernardin. Item le païs d'Arragon, de Pouille, & de Molosse, furent si tormentez de si grands mouuemés & tréblemens de terre, par l'espace de sept iours, q̃ ce fut grâd' horreur, en telle sorte que plusieurs villes & chasteaux perirét, & mourent bien xxviij. mil personnes.

En l'an

DV ROY CHARLES, SEPTIEME.

En l'an mil cccc.lvij. mourut Pierre, Duc de Bretaigne, auquel succeda Artus de Richemont, seigneur de Partenay, & Connestable de France: pour laquelle il fit hommage au Roy de France, comme ses predecesseurs auoyent accoustumé. En ce mesme an vindrent les Hongres en France, pour demāder en mariage madame Magdaleine, fille du Roy de Frāce, pour leur Roy, nōmé Lancelot: mais le lendemain de Noel, leur vindrent nouuelles, que leur Roy estoit mort: dont toute la seigneurie de France fut moult dolente. *Mil cccc.lvij.*

Pareillemēt en cedict an Charles, Roy de Suecie, vint en Prutzia, auec grād thresor: parquoy fut esleu le Roy de Dannemarch, à estre Roy de Suecie. L'an mil cccc.lviij. le Duc de Bourgōgne, nommé Philippe, fit son entree en sa ville de Gand, laquelle fut aussi magnifique & triomphante que iamais fut veue. Entre les autres choses y auoit vne image, & figure de Prophetes, tenans en leurs mains roulets, & dicts moult plaisans, fort à propos, & bien prins. En ce mesme an, le Roy de France estant à Vendosme, ou tous les Pers de France estoyent assemblez, fut faict le proces de monseigneur Iehan d'Alencon. Audict an mil cccc.lviij. le Pape Calixte trespassa au moys de Iuillet: auquel succeda *Aeneas, Poeta Laureatus*, & Chancelier imperial, natif de Sienes. Il fut nommé Pius, deuxième de ce nom, & faict Pape deux cens cinq, & vescut six ans Pape. Cestuy Pape fut homme eloquent, grand Orateur, & Poete Laureat, parauant qu'il fust Ambassadeur de l'Empereur au Concile de Basle. Il a escript vn beau traicté de l'authorité d'iceluy. Il canoniza saincte Catherine de Sienes. Cestuy desirant à ordonner le passage d'oultre mer, quand plusieurs Allemans furent venuz, il les r'enuoya, auec sa benediction, pourtant qu'ils n'estoyent suffisans à tant grand' entreprinse. En ce temps s'en alloyent à grandes compaignies petis enfans à sainct Michel, & eut on grand' paour que le mauuais esprit ne les aguetast : mais tantost cessa cecy par l'ennuy du grand chemin, & de la faim qu'ils enduroyent. *Le Roy de Dānemarch, fut Roy de Suecie. Le proces de mō seigneur d'Alēcon. Pape Pius 2. de ce nom.*

En ce temps l'Impression des liures, qui est vne science tresvtile, & vn art qui oncques n'auoit esté veu, fut trouuee en la cité de Magonce. Ceste science est art des arts, sciences des sciēces: laquelle, pour la celerité de son exercice, est vn thresor desiderable de sapiēce, & de sciēce, lequel les hommes desirēt à obtenir par instinct de nature: lequel art est sorty de la profondité des tenebres, & de l'obscurité, & est venu en ce malin monde: lequel enrichit & enlumine la vertu infinie des liures, laquelle iadis estoit à Athenes, & à Paris, & aux autres estudes, & maintenant a esté manifestee aux pauures indigens, estudiens, Escoliers. Ceste multitude est diuulguee entre tous peuples, langues, & nations, tellement que vrayement nous pouons regarder & dire ce qui est escript au premier chapitre des Prouerbes: *Sapientia foris prædicat*, c'est à dire, que par la vertu de ceste science, & art d'Impression, sapience presche par dehors, quand en toutes places donne sa voix, & qu'aux portes des citez profere ces paroles, & dit: Iusques à quand petit peuple aymeras tu enfance, &c. & mespriseras les marguerites? toutesfois en cecy n'est pas blecee l'oppinion du Sage, qui a achapté les marguerites à luy presentees. *Inuentiō de lart d'Imprimerie: qui est tresvtile en la Chrestiēté*

En ce temps Iaques Piceninus, Capitaine de la Cheualerie du Roy Alphonse, gasta & destruisit les * maletostes des Prestres. En cedict an Pierre Fregouse, ayant la seigneurie de Gēnes, quand il veit que plus ne la pouoit tenir, il bailla la cité au Roy Charles, septiéme, de France. En ce temps, le Roy Alphonse, en son temps Roy des Arragonnois, fut saisy d'vne merueilleuse fieure: pour laquelle chose il mourut apres plusieurs iours, en vne montaigne de Naples, sur le riuage de la mer. Le Roy Alphonse mort, son fils Ferrand conquist le royaume de Pouille: lequel Iehan de Calabre, fils de René d'Aniou, vouloit recouurer pour son pere. En ce temps fut le grand yuer sans neige & sans vents. En ce temps trespassa Artus de Bretaigne, Connestable de France: auquel succeda en ladicte Duché le fils de madame d'Estampes, soeur de monseigneur d'Orleans: laquelle en propre personne le mena audict païs de Bretaigne prēdre possession. Item en ce temps commencerent courir paroles & langages d'vne fille de dixhuict ans, nommee la Pucelle du Mans, qui faisoit choses merueilleuses, en abusant Dieu & le monde : & entre les autres abusa grandement l'Euesque de la cité, qui estoit homme de bonne vie, & cuydoit qu'elle fust saincte : mais en la fin fut congnu que toutes les follies procedoyent d'aucuns Officiers dudict Euesque, qui la maintenoyēt. L'an mil quatre cens soixante, y eut vne cruelle guerre ciuile & intestine en Angleterre: car Richard, Duc d'Yorth, meut le commun peuple contre le Roy Henry : lequel fut prins prisonnier par ledict Richard, & mis en la grosse tour de Londres, & furent occis plusieurs Seigneurs parens dudict Roy Henry. Certain temps apres le Duc de Sombresset, cousin dudict Roy Héry, à la requeste de la Royne fille du Roy de Cecille, & Duc d'Aniou, assēbla grosse armee, & print *ledict Richard d'Yort, auec son second fils, & le Comte de Salbery: lesquels il fit apres decapiter, & la teste dudict Richard couronner d'vn chapeau de paille : & meit hors de prison ledict Roy Henry. Depuis, & à la fin de ladicte annee, Edouard le quart de ce nom, qui estoit fils aisné dudict Richard, ** possible Mateste, ennemis d'Alfonse. La mort d'Artus, Duc de Bretaigne. La Pucelle du Mans. Mil cccc.lx. *Pol. Verg. & autres disēt qu'ils furēt eulx deux tuez en la bataille.*

R iiij

Duc d'Yort, fit grand' assemblee de gés, & presenta la bataille au Duc de Sombresset, qui auoit grosse armee: laquelle bataille dura trois iours, & y furent occis plus de trente mil Anglois de costé & d'autre: & à la fin ledict Duc de Sombresset eut du pire, & le Roy, la Royne, ledict Duc, & autres qui se peurent sauuer, s'en allerent en Escosse.

Comment le Roy Charles, septiéme, dict le Victorieux, mourut à Meung, sur Yeure.

Mil cccc.lxi.

L'An mil quatre cens soixante & vn le Roy Charles, septiéme, en l'an trente neuf de son regne, trespassa le iour de la Magdaleine, au moys de Iuillet, à Meung, sur Yeure: & ordonna par testament estre ensepulturé à sainct Denis en France, auec ses predecesseurs, comme il fut: c'est assauoir en vne chapelle au meillieu de ses pere & ayeul, Roys de France. Ledict Roy auoit esté sept iours sans vouloir boire ne manger: pource qu'on luy auoit rapporté qu'aucuns le vouloyent empoisonner: durant lequel temps ses entrailles & conduicts se retrahirent, tellement que quand il voulut manger, il ne peut. Messire Tanneguy du Chastel, & messire Iehan des Vrsins, Cheualier, & Chancelier de France, eurent la charge de l'enterrement, & de la conduicte du corps iusques à sainct Denis. La conduicte fut moult triomphante, & louable, & tressumptueuse. Ledict Roy fut intitulé Charles, septiéme, le Tresuictorieux: & non point sans cause: car il reconquesta en moins de deux ans tout ce que les Anglois auoyent conquesté sur luy, & sur ses predecesseurs en trente ans, és Duchez de Normandie, d'Alencon, & és païs du Maine, & enuirons. Aussi conquesta tous les païs de Guyenne (& par deux fois la cité de Bordeaux) qui par l'espace de deux cens ans n'auoit esté totalemét reduicte à la couronne de France: esquelles choses le souuerain Createur a bien monstré qu'il aymoit ledict Roy. Aussi durát son regne, il releua iustice, & la remeit en nature, qui de long temps auoit esté abaissee & obmise. Il osta toutes pilleries du royaume, pourueut à expeller la diuision & Scisme de l'Eglise vniuerselle, tellemét que par son pourchas, bonne paix, vnion, & concorde y ont esté mis: parquoy est a esperer que l'ame de luy repose en paix en Paradis.

Charles.vij. appelé le Tresuictorieux.

Du Roy Louis, onziéme du nom.

Apres le trespas dudict Roy Charles, de bonne memoire, septiéme de ce nô, luy succeda Louis, son aisné fils, qui est dict onziéme de ce nom, estant lors en l'aage de trentehuict ans, ou enuiron. Cestuy Roy Louis eut deux femmes. La premiere fut madame Marguerite, fille du Roy d'Escosse. La secóde fut madame Charlotte, fille du Duc de Sauoye: de laquelle il eut plusieurs enfans: c'estassauoir monseigneur Ioachin, qui mourut ieune, madame Anne, qui fut mariee à monseigneur Pierre de Bourbon, Duc de Bourbonnois & d'Auuergne, Comte de Clermont en Beauuoysis, de la Marche, de Forets, & Beauiolois, madame Iehanne, femme de monseigneur Louis, Duc d'Orleans, de Milan, & de Vallois, Comte de Blois, de Pauie, de Beaumont, Seigneur d'Ast, & de Concy, qui apres a esté Roy de France, Charles huictiéme de ce nom, Roy de France, & monseigneur Francois, qui mourut ieune, & fut enterré aux Cordeliers d'Amboyse. Au temps du trespas dudict Roy Charles, septiéme, ledict Louis estoit es païs de Flâdres, ou il s'estoit tenu par aucun temps. Si tost qu'il sceut la mort de son pere, il se meit à chemin pour s'en venir prendre possession du royaume, & auec luy vindrent les Ducs de Bourgongne, & de Cleues, le Comtes de Charrolois, fils dudict Duc de Bourgongne, & plusieurs autres gens, & grands Princes desdicts païs de Flandres, qui l'accompaignerent iusques à Reims: & là se rendirent le Duc d'Orleans & de Bourbon, & la plusparts des grands Princes & Seigneurs du royaume. En la presence desquels il fut sacré en l'Eglise de Reims, par monseigneur Iehâ Iuuenel des Vrsins, lors Archeuesque de Reís, le iour de la feste de l'Assumptiô nostre Dame, quinziéme iour d'Aoust: & le dixseptiéme iour dudict moys, ledict Duc Philippe de Bourgongne luy fit hommage en l'Abbaye de sainct Thierry, pres dudict lieu de Reims, du Duché de Bourgógne, Perrie & Doyenné des Pers de France, de la Comté de Flâdres, & Perrie d'icelle, & generalement des autres terres qu'il tenoit de la couronne de France. puis s'en partit le Roy, & s'en vint à Paris, ou il fit son entree le dernier iour dudict moys d'Aoust, en grand' triomphe & honneur: car presque tous les Seigneurs & Barons de France y estoyent.

La Duché de Bourgongne est Doyenné des Pers de France

Au moys d'Octobre ensuyuant, le Roy s'en alla au païs de Touraine, & fit mettre dehors de prison

DV ROY LOVIS, ONZIEME DV NOM.   Fueil.cj.

de prison,du Chasteau de Loches, le Duc d'Alencon, qui y auoit esté mis pour la cause cy dessus declairee. En celle mesme annee,audict moys d'Octobre audict an,il fit venir deuers luy
monseigneur Charles de Frâce,son frere, en la ville de Môtrichard, & luy bailla le païs & Duché de Berry,pour partie de son appanage, & fit assignation de douaire de la Royne, sa mere, à
l'estimation de sondict douaire,les Comtez de Xaintonge,ville & gouuernemét de la Rochelle,les villes, Chasteaux & seigneuries de Chinon en Touraine, & Pezenas, en Languedoc, & au-
tres.puis s'en partit de Touraine, & s'en alla en voyage à sainct Sauueur de Redô en Bretaigne:
ou le Duc le receut grandement, & luy fit hommage dudict Duché, de la Comté de Môtfort, &
autres terres qu'il tenoit de luy.

Comment le Roy d'Arragon enuoya au Roy de France, luy requerir aide con-
tre ceulx de Barcelonne.

EN l'annee mil quatre cens soixante & deux, le Roy d'Arragon manda au Roy   Mil cccc.lxii.
de France que sa cité de Barcelonne, & autres de sa subiectiô & seigneurie, s'e-
stoyent rebellez contre luy, & s'efforçoyent de le priuer & debouter de sa sei-   De la Comté de
gneurie:& le fit semôdre & requerir qu'il luy voulsist faire aide, ainsi que cha-   Roussillô, laquelle
cun Roy & Prince doit faire à autre en tel cas: & pource que ledict Roy d'Ar-   Roy d'Arra.
ragon n'auoit dequoy fournir aux fraiz de la guerre, il vendit au Roy, qui les acquist de luy, les   uendit au Roy
Comtez de Roussillon & Sardaigne, le pris de trois cens mil escus d'or, dont il luy fit bailler   de France.
promptement cinquâte mil escus.parquoy,pour faire aide audict Roy d'Arragon, & aussi pour
prendre possession desdictes Comtez,le Roy fit grâd' armee, de laquelle il fit Chef monseigneur
Iaques d'Armignac, Duc de Nemours, & prindrét la cité d'Eaulne, la ville de Parpignâ, Cou-
lemire, & autres: dont ne fut pas content le Roy d'Espaigne, & enuoya Ambassadeurs en Frâce,disant que c'estoit fait aide à son aduersaire, & que c'estoit venir contre les anciennes alliances de France & d'Espaigne, & fit sçauoir au Roy qu'il auroit volôtiers à luy parlemét. Si deli-   Du parlement
bererét eulx assembler, & alla le Roy vers Bordeaux: & là traicta le mariage de madame Mag-   d'entre le Roy
daleine de France,sa sœur,auec mônseigneur Gaston, aisné fils du Comte de Foix, Prince, & he-   de Frâce, & le
ritier presomptif du royaume de Nauarre.puis alla le Roy iusques à Bayonne: & là vint le Roy   Roy d'Espai-
d'Espaigne, & feirent les deux Roys appoinctement de leur different, & confermerent les der-   gne, à Bayonne.
nieres alliances.puis s'en retourna le Roy vers Paris.

Comment le Roy desengaigea les terres de Picardie du Duc de Bourgongne.

EN l'annee mil quatre cês soixante & trois, ledict Roy Louis desengaigea les terres de Picardie, estans sur le long de la riuiere de Somme: c'estassauoir Amiens,
sainct Quentin, Corbie, Arles, Mortaigne, Abbeuille, Ponthieu, & autres, qui
par le traicté faict en la ville d'Arras, par le feu Roy Charles, en l'an mil quatre
cens trente & cinq, auoyent esté baillees audict Duc de Bourgongne, en gaige
de quatre cens mil escuz d'or, de soixante quatre au marc: laquelle somme fut payee content: &
par ce furent lesdictes villes & seigneuries reioinctes & reunies es mains du Roy, & à la couronne de France.

De la conspiration que les Seigneurs de France feirent contre le Roy, pour le gou-
uernement du royaume.

L'An mil quatre cens soixante quatre, le Roy partit de Paris, & s'en alla visiter en   Mil cccc.lxiiii.
personne les terres & villes de Picardie, qu'il auoit l'annee precedente racheptees, & y fut par aucun temps: puis s'en retira par Ponthieu en la Normandie:
& apres s'en alla en Touraine, & de là à Poitiers (& menoit auec luy monseigneur Charles de France, Duc de Berry son frere) auquel lieu de Poitiers se rédirent plusieurs des Princes & Seigneurs de France: lesquels n'estoyent pas bié   Cause de la con
contens de ce que le Roy ne les appeloit point, & ne se conseilloit à eulx de la conduicte des   spiratiô des sei
grands affaires du royaume: mais se conseilloit & gouuernoit par petites & menues gens de   gneurs, cõtre le
basse condition.Si s'assemblerent, & feirent conspiration contre le Roy d'eulx esleuer ensem-   Roy Louis xi.
ble,soubs couleur de vouloir dôner ordre au faict de la chose publique, & de descharger le peuple de grands charges qu'ils portoyent : & attrahirent auec eulx mondict seigneur de Berry,
qui estoit vn ieune enfant, & luy disoyent que le Roy ne tenoit compte de luy, & qu'il ne luy
auoit pas baillé appanage competant ne suffisant, & autrement, luy donnant à entendre plu-

sieurs choses plaisantes à sa volonté. Et vn iour, que le Roy partit de Poitiers, pour aller à sa deuotion, lesdicts conspirateurs, sur ombre de mener aux champs au gibier mondict seigneur de Berry, ils le feirent amener par vn Gascon, nômé Odet *Dardu, Seigneur de Leslun, qui tousiours auoit eu bien & hôneur du Roy & du royaume: lequel estoit venu en Ambassade deuers le Roy de par le Duc de Bretaigne, & l'en emmena en Bretaigne.

*les Cro. Bret. disent Daidie s. de l'Escun.

De la mort du Duc d'Orleans: & comment le Roy cuydoit retirer ledict Duc de Berry par doulceur.

*lisez doresnauant Commines

La guerre nommee le bien public.

DE ladicte assemblee de Poitiers s'en retournoit monseigneur le Duc d'Orleans, auquel print vne maladie en la ville de Chastellerault, de laquelle il trespassa, & fut son corps apporté & enterré en l'Eglise collegialle de sainct Sauueur, en son chastel de Blois. Quand le Roy fut retourné de son voyage, il fut moult courroucé & desplaisant du partement de son frere, le Duc de Berry. Aussi fut il aduerty de la conspiration qu'auoyent faict les Princes, qui s'en estoyent retournez en leur païs, & tachoyent à attraire à leur bende tous les Seigneurs, Barons, Capitaines, & gens de guerre qu'ils pouoyent: & à ceste cause le Roy manda & escriuit par toutes les bonnes villes de son royaume, qu'ils feissent bon guet, & se donnassent garde, les aduertissans de ce que dict est, & les prians qu'ils luy fussent bons & loyaux. Puis s'en tira le Roy vers Angiers, pour essayer se par doulceur & bons moyens, il pourroit retirer à luy mondict seigneur de Berry, son frere, qui estoit en Bretaigne, mais il ne peut: & par ce laissa audict païs d'Aniou, pour faire frontiere audict païs de Bretaigne, le roy René de Cecille, Duc d'Aniou, & le Comte du Maine, freres, ses oncles de par sa mere, auec grands nombre de gens de guerre. puis s'en retira en Berry, & ne peut entrer en Bourges. Si passa oultre, & alla en Bourbonnois, ou estoyent assemblez les Ducs de Bourbon, de Nemours, le Comte d'Armignac, & le Seigneur d'Albret, qui luy feirent de grands promesses de tenir son party : soubs ombre desquelles, pource qu'il fut aduerty que Charles, Comte de Charrolois, fils dudict Duc de Bourgongne, qui estoit de la conspiration, s'estoit mis sur les champs, & ia auoit passé les riuieres de Somme, & Oyse, auec grand' compaignie de gens de guerre, & estoit venu iusques deuant Paris, du costé de sainct Denis: & aussi que les Ducs de Berry, de Bretaigne, auec grand' armee s'estoyent mis à chemin pour venir vers Paris, pour s'assembler auec ledict Comte de Charrolois, il s'en partit dudict païs de Bourbonnois, & cheuaucha iour & nuict auec son armee, qui estoit grande, tirant vers Paris, pour rencontrer ledict Comte de Charrolois, & le côbatre, auant qu'il s'assemblast auec les autres: & tant cheuaucha qu'il approcha de Paris, & sceut que ledict de Charrolois auoit passé la riuiere de Seine: si le vint rencontrer le vingt & septiéme iour de Iuillet, l'an mil quatre cens soixante & cinq, aupres de Montlehery. Et combien qu'il fust conseillé par aucuns de laisser seiourner & reposer ses gens pour le iour: toutesfois, comme homme d'ardant & grand courage, ne voulut attendre: ains assaillit l'armee dudict Charrolois, & y eut grand' baterie à l'assemblee: mais il mourut par comparaison pour vn François quatre Bourguignons. Apres la bataille le Roy se retira à Corbeil, pour le soir, & le lendemain s'en vint à Paris: & se rendirêt audict Charrolois les Ducs de Berry & de Bretaigne, & le Comte de Dunois, principal conducteur de leur armee, & de la conspiration. Quand ils eurent esté là par aucuns iours, ils sceurent que lesdicts de Bourbon, Nemours, Côte d'Armignac, & d'Albret, estoyêt passez la riuiere de Loire, pour venir vers eulx, & s'assemblerent tous ensemble, & passerent la riuiere de Seine, & vindrent parquer au lieu de Conflans, entre Paris & le pont de Charenton, pendant que le Roy estoit allé en Normandie, pour assembler gens, pour resister à leurs entreprinses: & enuoyerent lesdicts Princes & Seigneurs, gens & messages à la ville de Paris, demandans entree, & donnant à entendre que ce qu'ils faisoyent estoit pour le bien de la chose publique du royaume. Le Roy qui en fut aduerty, se hasta de retourner à Paris: & quand il y fut, luy desplaisant de son peuple qu'il voyoit estre pressé & opprimé par guerre & pillerie, se delibera d'appaiser lesdicts Princes, & Seigneurs, & d'en dissimuler pour l'heure, & en fit par diuers moyens parlamenter auec eulx en general & en particulier : & combien qu'ils eussent tousiours dit & donné à entendre que ce qu'ils faisoyent estoit pour le bien publique: toutesfois, quand ce vint à l'effect, ils monstrerent qu'ils tendoyent bien à autre fin, & qu'il ne leur challoit du bien public: & feirent chacun au Roy de grandes & excessiues demandes à leur proffit particulier: à la pluspart desquelles le Roy fut conseillé obtemperer, & en dissimuler. Si les leur accorda, non pas de son bon vouloir, mais par contraincte: & entre autres choses bailla à mondict seigneur Charles, pour lors Duc de Berry, les païs & Duché de Normandie, auec tout le reuenu des deniers des finances

Le côte de Charrolois uit à tout grosse armee iusques deuant Paris.

La bataille faicte pres de Môtlhery entre le Roy Louis & le Côte de Charrolois.

tant

tant ordinaires qu'extraordinaires(qui estoit vn excessif partage & appanage)& reprint en ses mains les païs & Duché de Berry, qu'il luy auoit parauant baillez. Par ledict appoinctement messire Louis de Luxembourg, Comte de sainct Paul, qui estoit le principal códucteur de l'armee du Comte de Charrolois, fut faict Connestable de France:& soubs ombre desdicts appoinctemens & promesses les armees desdicts Seigneurs & Princes se departirent:& s'en alla mondict seigneur Charles pour prendre possession dudict Duché de Normandie, & en sa compaignie allerent lesdicts Ducs de Bretaigne & Bourbon, pour auoir le gouuernement dudict Duc de Normandie, par ce qu'il estoit jeune: dont le Roy fut aduerty, & fut conseillé de tirer es marches de Normandie, & de remettre ledict païs en ses mains, par ce que(comme dict est) c'estoit trop grand appanage à sondict frere, & aussi qu'il auoit esté comme contrainct de le bailler. Si y alla, & trouua façon d'entrer à Rouen, & recouurer la plus part des villes & places dudict païs: & ce voyans lesdicts Ducs de Berry, & Bretaigne, s'en retournerent en Bretaigne, & le Roy r'appela à luy le Duc de Bourbon, son beau frere.

Du Comte de S. Paul qui fut fait Connestable de France, combié qu'il fust cóspirateur contre le Roy.

Tréues entre le Roy de France & d'Angleterre.

EN l'annee mil cccc.lxvj. le Roy fut aduerty que les Anglois, anciens ennemis de la couronne de France, auoyent deliberé d'enuahir le royaume, & y faire descéte:si fit faire par ledict Comte de sainct Paul, Connestable de France, grand' armee & amas de gens de guerre: mais tantost apres furent faictes & accordees tréues entre lesdicts Roys de France & d'Angleterre. Et en celle mesme annee furent ordonnez plusieurs grands & sages gens, commissaires, pour auiser & donner ordre au faict de la chose publique du royaume, ainsi qu'il auoit esté dict & ordonné par l'appoinctemét faict & ordonné par le Roy auecques lesdicts Princes: de laquelle assemblee & Conseil fut chef & principal le Comte de Dunois: lequel Comte(comme on disoit) auoit esté premier & principal autheur des dessusdictes conspirations.

Mil cccc.lxvj.

Comment le Roy d'Angleterre enuoya Ambassade au Roy de France, pour traicter appoinctement.

L'An mil quatre cens lxvij. le Roy alla en Normandie, & y mena la Royne & ses filles: & là vint deuers luy en Ambassade d'Angleterre, pour traicter appoinctement, le Comte de Vvaruich, que le Roy festoya moult grandement en la ville de Rouen, & le fit festoyer, & entretint le plus honnorablement q̃ faire se peut, l'espace de douze jours à ses despens: puis luy fit le Roy de grands dons: & apres qu'il eut sa descharge & sa responce, il s'en retourna: & auecques luy le Roy enuoya en Angleterre ses Ambassadeurs, le Comte de Roussillon, Admiral de France, l'Euesque de Laon, maistre Iehan de Popier, President en Parlement, & maistre Oliuier le Roux, Maistre de ses comptes: lesquels n'y feirent riens, ou bien peu: & le Roy s'en retourna à Paris, & amena la Royne(qui n'y auoit encores point esté) laquelle y fut receue à grand honneur & triomphe, & luy furent faicts de beaux presens.

Mil cccc.lxvij.

Au moys de May, le Roy fit en sa ville de Tours vne assemblee de gés des Estats de son royaume: & entre autres choses fut parlé du faict de l'appanage, qui auoit esté baillé à mondict seigneur Charles, du Duché de Normandie: & fut dict que ledict appanage estoit excessif, & que le Roy deuoit reprendre Normandie en sa main, & mondict seigneur Charles se deuoit contenter d'auoir douze mil liures tournois de rente en assiette: mais que le Roy luy pouoit bié fournir & parfaire en pension pour l'entretenement de son estat, jusques à soixante mil liures tournois par an: & furent les gens desdicts Estats d'oppinion que le Roy deuoit recouurer Normádie à main forte & par armes, & mesmes les villes de Caen, Auranches, Lisieux, & autres du bas païs de Normádie, q̃ tenoit le Duc de Bretaigne, soubs ombre de módict seigneur Charles, qui estoit lors en ses païs: & disoit on que ledict Duc de Bretaigne auoit intelligence de faire descédre les Anglois en France, & les mettre esdictes villes. Tantost apres ladicte cóclusion, le Roy se retira es marches de Paris.

Des Estats qui furét assemblez à Tours.

Au moys de Iuin, audict an, mourut Philippe, Duc de Bourgongne, en la ville de Bruges, & fut son corps porté en l'Eglise des Chartreux, lez Dyion, auec ses predecesseurs: & luy succeda Charles, Comte de Charrolois, son seul fils.

Comment

LES CHRONIQVES ET ANNALES DE FRANCE.

Comment le Roy enuoya son armee en Normandie.

Mil cccc.lxviij.

EN l'annee mil cccc.lxviij.le Roy,en enſuyuāt ladicte deliberation, enuoya ſon armee es marches de Normandie,& print & remeit en ſa main grand' partie dudict païs,re-ſeruee la ville de Caen,& aucunes autres places que tenoit ledict Duc de Bretaigne. Pour laquelle cauſe Charles, Duc de Bourgongne, ſe meit ſur les champs en armes, pour venir aider auſdicts Ducs de Normandie & de Bretaigne.parquoy le Roy alla à Compiégne, & enuoya deuers luy en Ambaſſade le Comte de S.Paul, Conneſtable de France, & aucuns autres ſes Conſeilliers:& ſ'en tira ledict Duc de Bourgongne à Peronne:ou le Roy alla ſemblablement tantoſt apres,& parlerent enſemble,tellement qu'ils vindrent, qu'ils ſembloyent bien contens l'vn de l'autre:& fut faict vn grād traicté entre eulx,qui ſeroit long à racompter. Apres les concluſions duquel le Duc de Bourgongne alla faire guerre aux Liegeois,qui auoyent debouté leur Eueſque,qui eſtoit ſon frere de par ſa femme,fille de la noble maiſon de Bourbon,& le Roy ſ'en alla en voyage à noſtre Dame de Haux en Allemaigne,& à ſon retour paſſa au Liege,ou eſtoit ledict Duc de Bourgongne:puis ſ'en retourna vers Paris.

Du parlemēt du Roy & du Duc de Bourgongne faict à Peronne

De l'appoinctement faict entre le Roy de France, & monſeigneur Charles,ſon frere.

Mil cccc.lxix.

L'An mil cccc.lxix.le Roy fit appoinctement auec monſeigneur Charles de Frāce, ſon frere,qui eſtoit en Bretaigne:par lequel mondict ſeigneur Charles ſe deſiſta du bail qui luy auoit eſté faict dudict païs & Duché de Normandie:& en recōpenſe, & au lieu d'iceluy,luy bailla le Roy le païs & Duché de Guyenne:& ſ'en alla le Roy à Tours:& là vindrent deuers luy le roy René de Cecille, ſon oncle, & ſa femme,ou le Roy les receut honnorablemēt, & y auoit grand' ſeigneurie:& pour l'amour d'eulx fit le Roy faire iouſtes & tournois.Apres leur retour,& que le Roy ſceut q̃ monſeigneur Charles,ſon frere,auoit prins poſſeſſion dudict Duché de Guyēne, il ſ'en retira en Poitou vers Niort, & en ſa compaignie eſtoit monſeigneur le Duc de Bourbon, & autres grāds Princes & Seigneurs, & ſemblablement mondict ſeigneur de Guyenne ſ'approcha de luy, & vint en vn chaſtel,appelé Charrou,& là ſ'aſſemblerent & parlerēt enſemble ſur vn pont,qui auoit eſté fait ſur la riuiere de la Seure,ſur lequel auoyent eſté faictes barrieres:mais quand ils ſ'entreuirēt ils ſe feirent moult bonne chere l'vn à l'autre, & furent leſdictes barrieres rompues, & paſſa le Roy oultre, & longuement parlerent enſemble.puis ſe departirent, & le Roy retourna en Touraine, & ledict Duc de Guyenne en ſes païs. Enuiron ce temps, meſſire Louis d'Amboyſe,Vicomte de Thouars,tenant pluſieurs belles principautez & ſeigneuries, & lequel auoit fait & inſtitué le Roy ſon heritier, alla de vie à treſpaſſement.

Le Roy heritier de meſ. Louis d'Amboyſe.

Du ſecours que les Seigneurs d'Angleterre vindrent demander au Roy de France, contre le Roy Edouard d'Angleterre.

Mil cccc.lxx.

L'An mil cccc.lxx. le Roy fut aduerty que le Roy Edouard d'Angleterre auoit fait grand' armee pour deſcēdre en Frāce,& auoit dechacé madame Marguerite,femme de Héry,Roy d'Angleterre,lors detenu priſonnier par ledict Edouard,laquelle eſtoit fille du roy René de Cecille,& couſine du Roy:laquelle, & auſſi le Prince de Galles,ſon fils,le Duc de Clarence,& les Comtes de Vvaruich, de Vvatſufort, & leurs freres,tous eſtoyent chacez d'Angleterre, & ſ'en vindrent en France auec bien quatre vingts nauires,pour requerir ſecours au Roy,cōtre ledict Edouard.ce que le Roy leur promeit faire:dont le Duc de Bourgongne ne fut pas content, & en eſcriuit au Roy & à la court de Parlement, diſant que c'eſtoit venir contre l'appoinctement que le Roy luy auoit fait à Peronnne, & que la bande deſdicts Anglois eſtoyent ſes ennemis capitaux.

De la natiuité du Roy Charles, huictiéme de ce nom.

LE Samedy dernier iour de Iuin, audict an mil cccc.lxx. enuiron heure de minuict, ou toſt apres, au chaſteau d'Amboyſe, la Royne acoucha d'vn beau fils, qui eut nom Charles, qui depuis fut Roy de France, & fut baptizé en l'Egliſe ſainct Florentin, audict chaſtel d'Amboyſe,& furent ſes parrains monſeigneur Charles de Bourbon, Cardinal & Archeueſque de Lion, le Prince de Galles, fils dudict Roy Héry d'Angleterre, lors priſonnier, & fut ſa marraine madame

Anne

Anne de France, femme de monseigneur le Duc de Bourbon: de laquelle natiuité fut grand' ioye par toute France, & en furent par toutes les villes & citez du royaume, faicts les feux, & rendues graces à Dieu, ainsi qu'il estoit bien raison: car le Roy n'auoit pour l'heure nul hoir masle, pour luy succeder à la couronne: parquoy il n'est pas de merueille si les François s'en esiouyrent: car ce leur fut vne grand benediction de Dieu. Et semble que ladicte natiuité eust esté predicte en esprit de Prophetie, par le prophete Dauid en vn vers du Psaultier, là où il dit: *In stillicidiis eius lætabitur germinans: benedices coronæ, &c.* car à prendre toutes les lettres qui sont en iceluy vers, seruans à nombre, on y trouuera l'an mil quatre cens septante, qui est l'annee de sa natiuité. *Et sequitur: Et campi tui replebuntur vbertate.* Tantost apres ladicte natiuité, le Roy s'en alla à Angers, ou estoit le Roy de Cecille, la Royne d'Angleterre, sa fille, le Prince de Galles, le Comte de Vuaruich, & leur compaignie: & là fut traicté le mariage dudict Prince de Galles, auec la fille dudict Comte de Vuaruich. Apres bailla le Roy audict Côte de Vuaruich gés & viures pour retourner en Angleterre, faire guerre audict Roy Edouard: si s'en partit pour y aller. Semblablement vint à Angers monseigneur le Duc de Guyenne, par le moyen duquel fut faict appoinctemét du differét qui estoit entre le Roy & le Duc de Bretaigne: dont ledict Duc de Bourgongne fut plus mal content que deuant. Apres ce ledict Duc de Guyenne s'en retourna à Bordeaux, & le Roy s'en alla en pelerinage au môt S. Michel, & enuoya la Royne d'Angleterre, la Comtesse de Vuaruich, & la ieune Princesse de Galles, sa fille, à Paris, ou elle fut grandement receue: & estoyent en sa compaignie les Comtes d'Eu, de Vendosme, de Dunois, le Seigneur de Chastillon, & autres Seigneurs, & furent les rues de Paris tédues à sa venue, & fut logee ladicte Royne au Palais.

D'un vers du psaultier, par lequel est descripte la naissance et natiuité du roy Charles 8.

Comment le Roy reprint en sa main les terres engagees de Picardie, qu'il auoit vne fois racheptees du Duc de Bourgongne: & de la guerre qu'ils eurent.

EN celle mesme annee le Roy, pour iustes causes, delibera de reprédre en ses mains les terres engagees de Picardie, qu'il auoit vne fois racheptees, & depuis baillees au Duc de Bourgongne, par le traicté de Peronne. Si fit mettre sus son armee, & vint à Paris. Puis alla à Senlis, à Compiegne, à Beauuais: & manda le Roy à monseigneur le Duc de Guyenne qu'il vint auecques luy en ladicte armee: lequel y vint moult bien en poinct, & amena bien quatre cens lances, pour seruir le Roy en ladicte guerre. Tantost apres se remeirent es mains du Roy les ville d'Amiens, Roye, Montdidier, Abbeuille, & tout le païs de Ponthieu: & le Cônestable alla & se meit dedans sainct Quentin, auec deux cens lances, dont il auoit charge: toutesfois pource qu'il auoit tousiours esté du party du Duc de Bourgongne, le peuple de Fráce n'estoit point bien asseuré de luy, & en murmuroit lon. Le Roy enuoya aussi es marches de Bourgongne vne moult belle & grand' armee, dont estoit chef & côducteur le Comte Dauphin d'Auuergne, fils du Seigneur de Môtpensier, qui moult greua le païs du Duc de Bourgongne.

Du Connestable qui se meit dedans S. Quétin auec deux cens lâces qu'il auoit

De l'armee que le Duc de Bourgongne fit pour venir à Amiens.

SEmblablement ledict Duc de Bourgongne fit faire grand' armee de gens, & se meit sur les champs, & s'en vint parquer entre Amiens & Bapaume, ou les gens de l'armee du Roy les tenoyent fort pressez, tellement qu'ils ne se pouuoyent eslôgner, & y furent iusques enuiron Pasques, que le Roy, par le moyen d'aucuns, octroya tréues audict Duc de Bourgongne: lequel, durant icelles tréues, enuoya ses gens d'armes en l'aide d'Edouard Roy d'Angleterre: lequel eut bataille contre le Roy Henry, & gaigna la iournee: & en icelle moururent les Princes de Galles, le Comte de Vuaruich, & plusieurs des Seigneurs de leur party, dont les nouuelles furent apportees en Fráce. Si s'en retourna le Roy, de Han en Vermandois, ou il estoit allé, & son frere le Duc de Guyenne, & de là vindrent à Paris: & tantost apres ledict Duc de Guyenne s'en retourna en ses païs, & peu apres il recueillit en sa compaignie le Comte d'Armignac, que le Roy auoit chacé hors du royaume, & luy restitua ses terres, qui estoyent en Guyenne, dont le Roy ne fut pas content: & y enuoya cinq cens lances de ses gens de guerre, & plusieurs francs Archers, pour les remettre en sa main. Aucun temps apres vindrent nouuelles au Roy, que le douzieme iour de May, l'an mil quatre cens lxxij. iour de la Trinité, mondict Seigneur de Guyenne estoit trespassé en sa ville de Bordeaux, & fut son corps enterré en l'eglise cahredalle de sainct Andry, de Bordeaux. Quand le Roy sceut la verité de la mort de mondict seigneur de Guyenne, son frere, il alla iusques à la Rochelle, à sainct Iehan d'Angely, & en Xaintonge, pour reprendre en ses

De la mort du Duc de Guyenne, frere du roy Louis XI.

S

mains lesdicts païs de Guyenne: & deuers luy se rendirent grand' partie des Officiers de son-dict feu frere, qu'il recueillit & retint en son seruice. En celle annee le Duc de Bourgongne fit suborner monseigneur Nicolas, Marquis du Pont, fils de monseigneur Iehan, Duc de Calabre, fils du Roy René de Cecille, Duc d'Aniou, & tellement le fit persuader, soubs ombre de grands promesses, qu'il luy faisoit, dont il n'auoit point vouloir de les tenir, que mōdict seigneur le Marquis, auquel le Roy auoit fiancé madame Anne de France, son aisnee fille, s'en alla deuers iceluy Duc de Bourgongne, dont plusieurs s'esmerueillerent: & aduint qu'aucun temps apres ledict Marquis du Pont alla de vie à trespas.

Comment le Duc de Bourgongne vint à grand' armee deuant la ville de Neelle.

EN celle mesme annee le Duc de Bourgongne, nonobstāt les tréues à luy octroyees par le Roy, auecques grand' armee se meit sur les champs, & tira deuant la ville de Neelle, en laquelle auoit enuiron cinq ou six cens Archers, & la fit asieger: contre lequel vn nommé le petit Picard, qui estoit Capitaine desdicts Francs Archers, se defendit moult vaillamment: mais, pource qu'il n'estoit pas puissant pour resister à l'armee dudict Duc de Bourgongne, il fit composition de bailler la ville, leurs personnes & biens sauues: & ainsi qu'ils cuidoyent estre asseurez, lesdicts Bourguignons entrerent dedans, & tuerent tout ce qu'ils trouuerent. Plusieurs se retirerent en l'eglise, qui estoit toute plaine de gēs de ladicte ville & Archers, mais les Bourguignons les tuerent iusques sur les autels, & les autres qui tenoyent embrassez les images pour eulx cuider sauuer: & ledict meurtre ainsi faict, ledict Duc de Bourgongne entra en personne en ladicte ville, & alla tout à cheual iusques dedans ladicte eglise plaine de corps mors, tellemēt que le pauemēt estoit tout couuert de sang humain: & quand il en veit tant de mors, comme hōme Tyran & de felon courage, dist qu'il auoit de bons bouchers: & apres fit mettre le feu & ardoir toute ladicte ville, & puis s'en tira vers Montdidier, & de là deuant la ville de Beauuais, en laquelle n'auoit aucuns gens de guerre ou bien peu pour le Roy, & y asseit son siege. Les habitans d'icelle ville se defendirent de grand courage, & manderent deuers le Roy, à Paris, qu'on leur enuoyast secours. Le Connestable estoit là pres qui gueres ne s'en esmouuoit, & disoit on qu'il auoit aucune intelligence audict Duc de Bourgongne. Tantost apres y allerent plusieurs Capitaines & gensd'armes en ladicte ville de Beauuais, & y arriuerent en vn iour à l'heure que le Duc de Bourgongne y faisoit donner vn assault. Les femmes & enfans de ladicte ville, & autres, qui n'estoyent gens de defence, prindrent leurs cheuaux, & les penserent & establerent moult songneusement: & lesdicts gensd'armes sans repaistre allerent sur les murailles, & tellement se defendirent que lesdicts Bourguignons furent reboutez honteusemēt, & y en eut moult grād nombre de mors. Ceulx de la ville de Paris feirent grand' diligence d'enuoyer viures, canons, couleurines, pouldres à canons, arcs, arbalestres, traict, fil & cordes, & autres choses necessaires à ceulx de Beauuais. Aussi ceulx d'Orleans enuoyerent iusques à ladicte ville de Beauuais cent pippes de vin, qu'ils donnerent ausdicts Capitaines & gens de guerre, & si enuoyerent aussi de l'artillerie, pouldres, arcs, trousses, arbalestres, qu'ils leur donnerent, & semblablement ausdicts gens de guerre, qui vaillamment se defendirent, tellement que ledict Duc de Bourgongne fut contrainct leuer son siege, & s'en aller honteusement: lequel s'en tira & fit vne course vers le païs de Caux, tirant vers Rouen, & par tout ou il passoit il boutoit le feu: dont ledict païs fut fort dommagé: puis s'en retourna en ses païs. Durant que ces choses se faisoyent le Roy estoit es marches de Bretaigne, voyant que le Duc ne luy vouloit rendre aucunes de ses villes de Normandie: mais il luy octroya vne tréue pour luy & ses alliez: & alors le Duc de Bourgongne se declaira estre son allié, & par tant iceluy Duc de Bourgongne accepta ladicte tréue pour luy & ses alliez: & declarerent aussi estre des alliez de l'Empereur, & des Roys d'Angleterre, d'Escosse, de Portugal, Espaigne, Arragō, Cecille, & autres plusieurs Ducs & Princes: mais ils faisoyent ladicte declaration pour donner suspicion au Roy.

En celle mesme annee le Comte d'Armignac print d'emblee la cité de l'Estore, & en icelle print plusieurs grands prisonniers dedans: dont le Roy fut fort desplaisant, si fit asieger ladicte ville & ledict Comte, & fut prinse, & ledict Comte d'Armignac tué. De ladicte surprinse & trahison, faicte par le Comte d'Armignac, fut cause (comme on disoit) le Cadet d'Albret, & vn nommé Iehan Denier: lesquels à ceste cause furent decapitez: c'estassauoir ledict Cadet decapité en la ville de Poitiers, & ledict Denier fut pendu.

La grosse tyrānie que les Bourguignons feirēt en la uille de Neelle.

Le siege de Beauuais par le Duc de Bourgōgne.

De la mort du Cōte d'Armignac.

Comment

Comment la ville de Parpignan fut baillee par aucuns au Roy d'Arragon.

L'An mil quatre cens septante & trois, enuiron la fin du moys d'Auril, le Roy d'Arragon fit vne entreprinse sur la ville de Parpignan: & par le moyen d'aucuns trahistres, ladicte ville luy fut baillee, & y entra luy & son fils: mais le seigneur de Lau, qui là estoit pour le Roy, garda & defendit vaillamment le chastel. Quand le Roy en fut aduerty il fit tirer l'armee, qui auoit esté à l'Estore, à Parpignan, & fut ladicte ville assiegee: & estoyent ledict d'Arragon, & son fils, dedans: & y fut le siege iusques au moys de Iuin, & y eut de grandes escarmouches: mais la chaleur & faulte de viures fut si grande d'vn costé & d'autre, qu'ils furent contraincts de prendre tréues: durant lesquelles le Roy fit renforcer & auitailler sadicte armee, & apres la tréue faillie ils remeirent le siege deuant ladicte ville. Quand le Roy eut fait prouision d'auitailler sadicte armee, il s'en alla en pelerinage au mont sainct Michel. En celle annee mourut le Duc de Calabre & de Lorraine, en sa ville de Nancy: apres la mort duquel vn Comte d'Allemaigne, en la faueur du Duc de Bourgongne print prisonnier le Comte de Vaudemont, qui comme on disoit estoit heritier de ladicte Duché de Lorraine: & pour trouuer moyen de l'auoir, fut prins pour marque vn ieune Escolier, à Paris, lequel estoit nepueu de l'Empereur.

L'an mil cccc. lxxiii.
La prinse de Parpignan par le Roy d'Arragon.

Ledict Duc de Bourgongne, qui desiroit sur toutes choses conquerir ladicte Duché de Lorraine, tira son armee esdictes marches: parquoy le Roy enuoya grande armee es païs de Champaigne: & lors ledict Duc de Bourgongne alla en Luxembourg, & s'assembla auec l'Empereur, & fit tant que ledict Empereur vint iusques dedans la ville de Mets, pour enhorter les habitans qu'ils voulsissent mettre dedans ledict Duc de Bourgongne: mais, comme sages, ils n'en voulurent riens faire: parquoy l'Empereur s'en retourna en Allemaigne.

Le Duc de Bourgongne desiroit fort de conquerir la Duché de Lorraine.

En celle dicte annee se feirent plusieurs assemblees en la ville de Senlis, & ailleurs, entre aucuns deputez de par le Roy, & de par ledict Duc de Bourgongne, pour trouuer moyen de venir à appoinctement: mais ledict Duc, qui pas n'en auoit desir, demandoit tousiours choses desraisonnables: parquoy riens ne se fit. Enuiron ce temps le Comte de sainct Paul, Connestable de France, qui moult estoit suspect au Roy, & au royaume, & non sans cause, comme il apparut apres, print en sa main, d'emblee, la ville de sainct Quentin en Vermandois, & meit hors le seigneur de Curton, & cent hommes d'armes, dont il auoit charge, lesquels le Roy y faisoit tenir pour la garde: mais aucun temps apres ledict Connestable trouua façon de se reconcilier & appoincter au Roy, & furent faictes & prinses tréues auec le Duc de Bourgongne, iusques en May ensuyuant, en esperance d'appoincter.

La prinse de S. Quentin par le Connestable de France.

En l'annee mil quatre cens septante & quatre le Roy s'en alla à Senlis, ou il se tint es enuirons par aucun temps: puis tira vers Compiegne, & à Noyon: & là, en vn village, sur vne riuiere, vint parler ledict Connestable: lequel, comme homme orgueilleux de courage, ne voulut parler au Roy, sinon sur vn pont, & qu'il y eust vne barriere entredeux: & quand ils eurent parlé ensemble, le Roy luy pardonna ses faultes passees, & luy iura ledict Connestable deslors en auant luy estre bon & loyal: dont il ne fit riens. Aucun temps apres, le Roy s'en alla en Aniou, & fit saisir & mettre en ses mains le païs & Duché d'Aniou, appartenant au Roy de Cecille, pour certaines causes qui à ce le mouuoyent: & ce faict, il retourna par le païs de Beausse & Gastinois, & de là à Montereau fault Yonne, tousiours chaceant & soy deduisant, par ce qu'il auoit tréues en icelle saison.

L'an mil cccc. lxxiiii.
Du parlement du Roy & du Connestable ensemble.

En celle mesme annee le Duc de Bourgongne alla mettre le siege deuant la ville de Nuz, qui est au commencement des Allemaignes, sur la riuiere du Rin, pres de Coulongne, & y fut longuement: mais les Allemans enuoyerent secours, & la defendirent si bien que ledict Duc de Bourgongne fut contrainct s'en partir à sa grand' vergongne, confusion, & desesperance.

Durăt icelle annee, Edouard, Roy d'Angleterre, enuoya sommer le Roy par ses Heraux, qu'il luy vousist rendre les Duchez de Normandie & Guyenne, qu'il disoit luy appartenir, autrement il estoit deliberé de les venir conquerir à l'espee: ausquels le Roy fit responce qu'il n'estoit pas conseillé de ce faire, & leur fit de grands dons: si s'en retournerent: & le Roy s'en vint à Paris, & y fit sa feste de Noel: & le lendemain de ladicte feste luy vindrent nouuelles que l'armee du Roy d'Angleterre estoit sur mer, vers le mont sainct Michel, costoyant le riuage de Normădie, si y enuoya hastiuement de ses gens de guerre. Semblablement luy vindrent nouuelles que ses gens, de l'armee qui estoit en Arragon, auoyent prins la cité d'Aulne, & dedans icelle furent prins aucuns Gentilshommes de Parpignan, qu'on voulut faire mourir comme trahistres: mais on differa, pource qu'ils promeirent mettre ladicte ville de Parpignan en l'obeissance du Roy, dont ils ne feirent riens: mais toutesfois bié tost apres fut faict appoinctement, par lequel la Comté de Roussillon fut remise es mains du Roy.

La Comté de Roussillon fut remise es mains du Roy par appoinctement.

LES CHRONIQVES ET ANNALES DE FRANCE.

Comment le Roy alla à Vernon: & comment le Conneſtable, contre les ſermens qu'il auoit faicts, manda le Roy d'Angleterre, pour deſcendre en France.

L'an mil cccc. ſeptante cinq.

L'An mil quatre cens ſeptante & cinq, au moys de May, le Roy partit de Paris, & alla à Vernon, & y vint monſeigneur le Baſtard de Bourbon, Admiral de Fráce, & autres Chefs de guerre: & là tint Conſeil pour donner ordre à la defence & diſcord des Anglois, es places de Normandie, ſur le riuage de la mer: & en bailla la charge audict Admiral. puis ſ'en retourna le Roy à Paris, & alla vers pont ſaincte Maixance, pour illec preparer ſon armee, & fit aſſembler ſes gensd'armes, Artillerie, & choſes neceſſaires pour la guerre, pource que la tréue du Duc de Bourgongne eſtoit faillie: & le Roy alla aſſieger vn fort chaſtel, appelé le Trõquoy, pres Mondidier: auquel auoit pluſieurs pillards, gens amaſſez, tenans pour le Duc de Bourgongne, & fut ladicte place prinſe d'aſſault, & print auſſi les villes de Roye, & Mondidier. En celle ſaiſon ledict Comte de ſainct Paul, Conneſtable de France (nonobſtant les ſermens & promeſſes faictes par luy au Roy) en la faueur du Duc de Bourgongne manda venir le Roy d'Angleterre, pour deſcendre en France (comme dict eſt) & auoit promis ledict Duc de Bourgongne bailler audict Roy d'Angleterre villes & places, pour luy & ſes gens loger: & máda ledict Conneſtable au Roy, faulſement, qu'il eſtoit aduerty que les Anglois deuoyent deſcendre en Normandie, & qu'il y allaſt, & ne ſe ſouciaſt pas des marches de Picardie, & qu'il les garderoit bien, combien qu'il ſceuſt que leſdicts Anglois deuoyent deſcendre du coſté de la Picardie: & ce faiſoit il pour entrerompre l'armee du Roy, & pour le faire eſlongner. Le Roy donc, croyant qu'il fuſt verité alla en Normãdie, & y mena cinq cens lances, & les Nobles & Franҫs Archers dudict païs de Normandie qu'il fit mettre ſus: & quand il y fut, il trouua qu'il n'eſtoit nulles nouuelles deſdicts Anglois en ces marches. ainſi ſ'en retourna le Roy à noſtre Dame d'Eſcouis, & là eut lettres du Conneſtable, qu'il luy enuoyoit, que l'armee d'Angleterre eſtoit en grand' puiſſance deſcendue à Calais, & que le Roy Edouard y deuoit arriuer de brief en perſonne, auec grand' puiſſance, & que le Duc de Bourgõgne ſ'eſtoit leué du ſiege de Nuz, & auoit fait appoinctemẽt auec l'Empereur.

La place du Trõquoy, Roye & Mõdidier prins par les Francois

Enuiron ce temps monſeigneur de Bourbon enuoya par l'Eueſque de Mante, ſon Conſeiller, au Roy de Cecille vnes lettres, que le Conneſtable luy auoit enuoyees, auec les lettres qu'il luy auoit eſcriptes, en l'admonneſtant & ſubornant qu'il vouſiſt eſtre contre le Roy, & luy faiſoit grandes promeſſes, tant de par le Roy Edouard, que par ledict Duc de Bourgongne. Semblablement mondict ſeigneur de Bourbon, tantoſt apres, fit ſcauoir que l'armee du Roy, qui eſtoit es marches de Bourbõnois, le long de la riuiere de Loire, faiſoit frontiere au païs de Bourgongne, de laquelle armee mondict ſeigneur de Bourbon auoit la charge & conduicte, & que le vingtiéme iour de Iuin, audict an, auoit rencontré l'armee des Bourguignons, au lieu de Grey, & frappé ſur eulx, & iceulx deſconfits, & y mourut le Seigneur de Conches, & pluſieurs autres Seigneurs Bourguignons, & bien deux cens lances de Lombards, qui eſtoyent venus à leur aide: & furent prins priſonniers le Comte de Rouſſy, Mareſchal de Bourgongne, le Seigneur de Longny, le Baillif d'Ampoys, le fils du Comte de ſainct Martin, le Comte de Ioigny, & pluſieurs autres mors & prins.

Deſconfiture de Bourguignons.

Le Roy fit ſcauoir à mondict ſeigneur l'Admiral que leſdicts Anglois eſtoyent deſcenduz à Calais: ſi ſe tira luy & ſes gensd'armes, dont il auoit charge, vers Picardie, & fit vne courſe tout au trauers du païs, iuſques à Arras, & pres de la ville fit vne groſſe embuſche: puis enuoya enuiron quarante lances eulx mõſtrer deuant la ville, & ſortirent ſur eulx pluſieurs grãds perſonnnges & Chefs de guerre, qui eſtoyent dedans icelle ville d'Arras, auec pluſieurs gens de guerre. Et lors leſdictes quarante lances ſe retirerent tout bellement, iuſques à l'endroit ou eſtoit ladicte embuſche, qui ſoubdainement ſortit, & ſurprint ceulx d'Arras, & y en eut de quatorze à quinze cens hõmes mors: & là fut prins meſſire Iaques de ſainct Paul, Seigneur de Richebourg, frere dudict Conneſtable, qui tenoit le party du Duc de Bourgongne, & pluſieurs auſſi grands perſonnages, qui furẽt mors & prins. Apres icelle baterie ledict Admiral enuoya ſommer ceulx de ladicte ville d'Arras, & emmena les priſonniers qu'il auoit, en leur diſant que ſ'ils ne ſe rendoyent es mains du Roy, il les feroit decapiter.

La prinſe du ſeigneur de Richebourg frere du Conneſtable

Appoinctement faict entre les Roys de France & d'Angleterre.

AV moys d'Aouſt audict an le Roy d'Angleterre, voyant que le Duc de Bourgõgne & ledict Conneſtable ne luy tenoyent pas ce qu'ils luy auoyent promis (car ils luy deuoyent bailler certaines villes, pour loger & retraire luy & ſes gens, comme dict eſt) enuoya Ambaſſadeurs deuers le Roy, pour faire ouuerture d'appoinctement: &
combien

DV ROY LOVIS, ONZIEME DV NOM.

combien que le Roy eust vne merueilleuse & grand armee, qu'on estimoit bien à cent mil hōmes, bōs cōbatans, assez pour deffaire la puissance dudiƈt Roy d'Angleterre: toutesfois luy, qui estoit debonnaire, voulant euiter l'effusion du sang humain, fut content d'y entendre: & enuoya semblablement Ambassadeurs vers le Roy d'Angleterre, & fut accordé que lesdiƈts deux Roys parleroyēt ensemble, & fut iour assigné pour ce faire au lieu de Piquigny, à *cinq lieues pres d'Amiens, au trente neufiéme iour dudiƈt moys. Auquel lieu & iour iceulx Roys se trouuerent moult grandement accompaignez de Princes & Seigneurs, d'vne part & d'autre: & pour parler ensemble fut faiƈt sur le pont de la riuiere de Sōme, audiƈt Piquigny, deux appantiz, entre lesquels auoit vne separation de boys. Si parlerent longuement ensemble, presens les assistens: & puis feirent tout le monde retirer, & parlerent eulx deux à secret, & tellement qu'ils feirent appoinƈtement ensemble: par lequel lediƈt Roy Edouard s'en retourna en Angleterre, moyennant certaine somme de deniers que le Roy luy promeit, & en fit payer content aucune somme, pour le deffrayer des fraiz qu'il auoit faiƈts pour sa venue: & ainsi s'en retourna lediƈt Roy d'Angleterre, sans aucune gloire & conqueste. qui fut vne grand' œuure faiƈte au Roy, d'ainsi discretement le renuoyer. Apres le departement desdiƈts Roys, la paix fut criee sur le champ: qui estoyent treues marchandes, & estoyent accordees entre les deux royaumes, iusques à sept annees: & fit le Roy de grands dons audiƈt Roy d'Angleterre, & aux Seigneurs qui estoyent en sa compaignie, & aux Heraux & Trompettes, qui tous crierent Largesse, Largesse, au tresnoble & puissant Roy de France. Puis s'en alla le Roy d'Angleterre à Calais: & quand il eut retiré tous ses Anglois & bagage, il s'en passa la mer, & le Roy s'en vint à Amiens, & de là à Senlis. Lediƈt Connestable, qui veit bien que ses besongnes ne venoyent pas à son intention, & que sa trahison estoit descouuerte, se retira es païs du Duc de Bourgongne, & escriuit au Roy d'Angleterre, qui estoit encores à Calais, qu'il estoit vn lasche, paure, & deshonoré Roy, d'auoir fait le traiƈté & appoinƈtement qu'il auoit fait auecques le Roy de France, & que le Roy ne luy tiendroit riens des promesses qu'il luy auoit faiƈtes: lesquelles lettres lediƈt Roy d'Angleterre enuoya au Roy, qui par icelles congnut l'infidelité & mauuais vouloir dudiƈt Connestable. Lors le Roy se partit de Senlis, pour aller en pelerinage à nostre Dame de Liesse, & passa par sainƈt Quentin, & print la ville en ses mains, & en meit hors les gens de guerre que lediƈt Connestable y auoit laissez. Puis s'en retourna le Roy à Senlis, & là vindrent deuers luy les Ambassadeurs du Duc de Bretaigne, & feirent appoinƈtement: par lequel il renonca à toutes promesses & seellez qu'il auoit baillez contre le Roy. Semblablement le Duc de Bourgongne enuoya deuers le Roy: & luy oƈtroya le Roy tréues marchandes, ainsi qu'estoyent celles des Anglois: & fut diƈt que chacun retourneroit au sien, d'vn costé & d'autre: & furent lesdiƈtes tréues & appoinƈtemens publiez. Par icelui appoinƈtement faiƈt par le Roy auec lediƈt Duc Bourgongne, ou ses Ambassadeurs, il auoit promis de bailler, & mettre es mains du Roy, la personne dudiƈt Connestable, moyennant que le Roy donnast audiƈt Duc la confiscation de ses biens. Le Roy, pour l'auoir & recouurer, enuoya l'Admiral, les Seigneurs de Bouchage & de sainƈt Pierre, auec vne compaignie de gens de guerre, iusques aux portes de Peronne: & là leur fut baillé & deliuré, & l'amenerent à Paris, & le meirent prisonnier dedans la Bastille sainƈt Anthoine, ou il trouua le Chancelier, les Presidens, & plusieurs Conseillers de la court de Parlement, qui là estoyent venuz auant son arriuee: ausquels mondiƈt seigneur l'Admiral dist telles, ou semblables parolles: Messeigneurs, veez cy monseigneur de S. Paul, lequel le Roy m'auoit dōné charge d'aller querir, par deuers le Duc de Bourgōgne, qui le m'a fait deliurer. ie l'ay emmené à seureté iusques icy, ie m'ē descharge, & le vous baille & mets en voz mains, pour luy faire son proces, sur les cas dont il est chargé, le plus diligēment q̄ faire le pourrez, & ainsi se m'a chargé le Roy vous dire: & ce faiƈt, il print congé dudiƈt Connestable, & s'en alla: & lors lesdiƈts Chancelier, President & Conseillers dirent audiƈt Connestable: Monseigneur, vous soyez le bien venu: faiƈtes bonne chere: on parlera à vous cy apres plus à loysir, & vous fera le Roy bonne iustice. Puis le laisserent dedans ladiƈte Bastille, & s'en allerent sans autre chose faire pour ce iour: & depuis par plusieurs iournees vaquerent à l'interroguer & faire son proces: tellement qu'Arrest fut donné à l'encontre de luy le Mardy dixneufiéme iour de Decembre, audiƈt an: & fut enuoyé querir par le Seigneur de sainƈt Pierre dedans ladiƈte Bastille, & fut par luy mené au Palais, & se trouua moult grand' multitude de populaire par les rues, que lediƈt Connestable craignoit fort. Quand il fut au Palais, on le mena en la chambre de la tournelle criminelle, & là y trouua monseigneur le Chancelier, qui en le saluant luy dist: Monseigneur de sainƈt Paul, vous auez par cy deuant esté tenu & reputé vn sage Cheualier & constant, il est à present mieulx requis que iamais, qu'ayez ferme constance. Et apres ce luy dist: Monseigneur, il fault qu'ostez de vostre col l'Ordre du Roy q̄ vous y auez mis: & il respondit, volontiers, & lors il l'osta & la baisa, puis la bailla audiƈt Chancelier qui a-

autres trois.

Le partemēt du Roy de France et du Roy d'Angleterre, à Piquigny.

Lettres escrites par le conestable du roy d'Angleterre.

Du Cōnestable qui fut liuré aux gens du Roy à Peronne, et fut amené prisonnier.

pres luy demanda ou estoit l'Espee qui luy auoit esté baillee quand il fut faict Connestable de Fráce:Il fault q̃ vous la rédez:& il respondit qu'il ne l'auoit point sur luy, & que tout luy auoit esté osté quand il fut mis en arrest, dont il fut tenu pour excusé. Et ce dict monseigneur le Chancelier se partit de ladicte tournelle, & l'vn des Presidens de ladicte court vint à luy, & luy recita comme par l'ordonnance du Roy il auoit esté constitué prisonnier pour aucunes grandes charges & crimes, sur lesquels il auoit esté interrogué, & y auoit respondu par sa bouche volontairement, sans ce qu'on peust proceder contre luy par torture & voye extraordinaire, & en auoit dit & declairé ses excusations, & ce qui l'auoit meu : & auoit esté son proces veu à gráde & meure deliberation en ladicte court de Parlement:laquelle par son Arrest le declairoit criminèux de lese maiesté, & comme tel le condamnoit à souffrir mort dedans ce iour, & estre decapité en la place de Greue, deuant l'hostel de la ville, & toutes & chacunes ses terres, seigneuries, & biens, declairez acquis au Roy. desquelles parolles il fut fort effrayé, & non sans cause. Lors dist : O Dieu soit loué, voicy vnes dures nouuelles : & lors tous ceulx, qui là estoyent, s'en sortirent, & luy furent baillez quatre Docteurs en Theologie, pour le confesser & admonnester du salut de son ame. Ausquels il requist qu'on luy baillast le corps de nostre Seigneur Iesus Christ à receuoir : mais on ne le voulut permettre, & fut chantee vne Messe deuant luy, & luy fut baillé du pain beneist dont il mangea, & apres ne voulut manger d'autre viande. Mondict seigneur le Chancelier prononça ledict Arrest, & declaira les cas bien au long publiquement en la chambre dudict Parlement, ou il y auoit moult grand' multitude de peuple: & quand ledict Connestable se fut confessé tout à son loysir, il fut mené du Palais en l'Hostel de la ville de Paris: & là deuant iceluy Hostel, en la place de Greue fut decapité, & son corps porté enterrer en l'eglise des Cordeliers, ainsi qu'il auoit requis à la Iustice.

L'Arrest donné contre le Cōnestable de Fráce.

Au moys de Feurier audict an, le Roy s'en partit d'Amboise, & s'en alla en pelerinage à nostre Dame du Puy, en Auuergne:& audict voyage luy vindrēt nouuelles que le Duc de Bourgongne, qui auoit mené son armee es païs de Suisse, auoit esté combatu & desconfit par lesdicts Suisses, & auoyent esté tuez bien dixsept ou dixhuict mil de ses gens:& en y allant auoit passé par le païs de Lorraine, entré dedans Nancy, & prins toute l'Artillerie & biens appartenans au Duc de Lorraine, & en icelle mis gens de par luy, & presque par toutes les autres places dudict païs:& aussi par lesdicts Suisses auoit perdu son Artillerie, chariots, bahuz, vaisselles, bagues, & autres biens de luy & de ses gens perduz, & luy à grand' peine eschapé par fuyte.

Du duc de Bourgongne qui fut desc̄ofit par les suisses.

Apres ladicte desconfiture, iceluy Duc alla en ses païs, & r'allia ses gens qui s'en estoyent eschapez, & en amassa d'autres & retourna audict païs, & print la ville de Grandson, & deux chasteaux. Quand lesdicts Suisses le sceurent, ils vindrent contre luy, & le Samedy deuxième iour d'Auril, audict an, & le combatirent: & y moururent presque tous ses Capitaines & Chefs de guerre : & au regard de luy, il eschapa de rechef par fuyr, à bien grand' peine, & luy cinquième cheuaucha bien sans descendre quinze ou seize lieues Fráçoyses, & perdit de rechef toute son Artillerie, vaisselles & bagues. Apres ladicte desconfiture lesdicts Suisses reprindrent ladicte ville de Grandson, & chasteaux, & feirent pendre tous les Bourguignons qui estoyent dedans:& desdictes destrousses fut le Duc de Bourgongne moult affoibly : mais il estoit si obstiné en sa volonté desordonnee, qu'il delibera d'y retourner encores, & enuoya en ses païs de Flandres, & ailleurs, requerir aide de gens & d'argent, & leur demandoit le sixiéme de leur vaillant, & de six hommes l'vn : mais ceulx de Gand, Bruges, & Brucelles, feirent responce que si ledict Duc estoit en lieu qu'il ne s'en peust aiséement retourner en seureté de sa personne, qu'ils employeroyent leurs personnes, & biens, à l'aller querir, mais que pour faire guerre aux Allemans, ils n'estoyent point deliberez de luy bailler gens ny argent.

Durant ce temps le Roy, qui apres son voyage de nostre Dame du Puy, s'en alla à Lion, se tint en ladicte ville, & es enuirons, par aucun long temps : & vindrent deuers luy le Roy de Cecille, & le Cardinal de sainct Pierre *Ad vincula*, Legat en France, pour certain different qui estoit entre le Roy & le Pape : pour lequel different le Roy enuoya son armee iusques en Auignon, & entrerent dedans:mais la chose fut appaisee, & s'en retourna ledict Legat content. Semblablement le Roy fit certain appoinctement auec ledict Roy de Cecille, son oncle:par lequel fut appoincté que la Comté de Prouence reuiendroit au Roy, apres la mort dudict Roy de Cecille : & par iceluy le Roy promeit faire deliurer la Royne Marguerite, femme du Roy d'Angleterre, cousine du Roy, & fille dudict Roy Cecille, de la prison ou elle estoit en Angleterre es mains du Roy Edouard. De ladicte ville de Lion se partit d'auec le Roy le Duc de Lorraine, qui auoit sceu que ledict Duc de Bourgōgne auoit fait en son païs:& pour soy venger de luy, auec ce peu qu'il peut amasser de gens, s'alla ioindre auec lesdicts Suisses, & les fit mettre sur les champs, & allerēt ou estoit ledict Duc de Bourgongne,

Soubs quelles cōditions la cōté de Prouence fut baillee au Roy Louis.

DV ROY LOVIS, ONZIEME DV NOM. Fueil.cvj.

gongne, qui estoit deuant vne petite ville, nommee Morats, ou il estoit parqué: si l'assaillirent, & desconfirent du tout, & (comme on rapporta) y mourut vingt deux mil sept cés hommes en la place: & à la fuyte, qui longuement dura, en fut tué autre grand nombre. Apres la desconfiture lesdicts Suisses donnerent au Duc de Lorraine tout le Parc dudict Duc de Bourgógne, & toute l'Artillerie, pour la recompése & aide qu'il leur auoit faicte: & aussi que le Duc de Bourgógne auoit prins la sienne dedans Nancy: & ce faict, pource que le Duc de Romont estoit auec ledict Duc de Bourgongne, lesdicts Suisses coururent, bruslerent & gasterent toute sadicte Comté. *La desconfiture du Duc de Bourgógne, à Morats par les Suisses.*

Comment le Roy de Portugal vint requerir secours & aide au Roy de France.

L'An mil cccc.lxxvj. le Roy de Portugal vint en Fráce, & arriua à Tours, ou estoit le Roy, & requist au Roy aide de gens & d'argent, pour luy aider à cóquerir les royaumes de Castille, & de Leon, qu'il disoit luy appartenir à cause de sa femme. Le Roy le receut moult honnorablement, & fut entretenu tout aux despens du Roy, tant qu'il fut en ce royaume. Puis le Roy l'enuoya deuant pour l'attendre à Paris, & manda qu'on luy fist honneur cóme à luy mesmes. ce qu'on fit: & furét les rues de Paris toutes tendues à son entree, & allerent au deuant de luy les Processions, les gés de Parlemét, des Comptes, du Chastelet, Preuosts, Escheuins, & autres Bourgeois, & habitás de Paris en grand nombre: & fut ledict Roy de Portugal fort festoyé, & longuemét en ladicte ville, & luy furent faictes plusieurs gratuitez & honnestes presens. *Mil cccc.lxxvj.*

Au moys de Decembre, audict an, vindrét nouuelles que le Duc de Milan, qui auoit espousé la soeur de la Royne de France, fille de Sauoye, auoit esté tué en la grand' Eglise de Milan, ainsi qu'il s'en vouloit sortir de ladicte eglise, par vn Gétilhôme de son païs, qui fit le cas par ce qu'il auoit imagination qu'il entretenoit sa femme, & aussi qu'il empeschoit que iustice ne luy fust faicte, touchant vne Abbaye qu'il auoit fait dóner à son parent, & ledict Duc vouloit qu'vn autre l'eust. Audict moys trespassa madame Agnes, Duchesse de Bourbon, qui soeur auoit esté du feu Duc Philippe de Bourgongne: laquelle auoit vescu longuement, & de bonne vie. *Galeace Marie, Duc de Milan, tué en vne eglise*

En ce téps le Duc de Bourgogne assembla grand' armee pour aller mettre le siege deuát la ville de Nancy, qui depuis sa desconfiture s'estoit remise es mains du Duc de Lorraine, leur seigneur naturel. Ledict Duc de Lorraine de ce aduerty alla deuers les Suisses querir & demáder aide. Cependát ledict duc de Bourgogne assit son siege deuát ladicte ville: & pour le leuer, tátost apres, ledict Duc de Lorraine vint, & amena douze ou quatorze mil Allemans, & Suisses: & combien que ledict Duc de Bourgongne fust aduerty de leur venue, & que luy & ses gés eussent grand faulte de viures, parquoy il fust conseillé par plusieurs de ses Capitaines de soy leuer dudict siege, neantmoins, comme homme furieux & obstiné, il n'en voulut rien faire: pour laquelle cause le Comte de Campobache, & Federic, Prince de Tarente, & fils du Roy Fernand de Naples, qui estoyent auec luy, l'abandonnerent: & s'en alla ledict de Campobache deuers ledict Duc de Lorraine, & l'aduertit de la conduicte dudict Duc de Bourgongne, & de ce qu'il deuoit faire: & ledict Prince de Tarente s'en vint deuers le Roy, qui luy fit bonne chere: puis s'en alla à Naples deuers son pere: & ledict Duc de Lorraine vint pour combatre iceluy Duc de Bourgongne, & le faire leuer dudict siege. Aussi n'est pas à obmettre que le Roy, considerant que lors il auoit treues auec le Roy d'Angleterre, son aduersaire, & le Duc de Bourgógne son rebelle subiect, voyant lors qu'il auoit trop grand nombre de gens d'armes à souldes, dont son peuple estoit fort chargé, desiná le descharger, cassa aucun nombre de lances: & sesdicts gés de guerre, se voyans sans gages ne souldes, sachans la guerre qui estoit entre les Ducs de Bourgógne, & de Lorraine, s'en allerét pour seruir & aider ledict Duc de Lorraine, qui les recueillit: & le cinquiéme iour de Ianuier, audict an mil quatre cens septante & six, veille de la feste aux Roys, arriua ledict Duc de Lorraine, là ou estoit le siege dudict Duc de Bourgongne: & donna dessus l'armee dudict Duc de Bourgongne, si asprement & vertueusement, qu'il la meit en desarroy, & ledict Duc de Bourgongne & tous ses gens se meirent en fuyte: & en cuidant iceluy Duc de Bourgógne passer vn fossé, pour s'en fuyr seul, auec vn page, il fut abbatu de gráds coups de piques par aucuns Suisses, qui point ne le congnoissoyent, & tomba audict fossé: & là fut tué: & y fut iusques à lendemain qu'on ne scauoit ou il estoit, & s'il estoit mort ou vif: & le lendemain fut congnu & trouué entre les autres mors, audict fossé, le visaige à demy en l'eaue, qui estoit tellement gelé qu'en le tirant on luy arracha la peau du visaige d'vn costé: & fut porté dedans la ville de Nancy, ou ledict Duc de Lorraine le fit enterrer bien honnorablement: & à ses obseques porta le dueil, luy & tous ses gens. A ladicte desconfiture gaigna le Duc de Lorraine grand honneur & grand cheuance: car il eut plusieurs grands *Mil cccc.lxxvj.* *La desconfiture & derniere calamité du Duc de Bourgongne deuant la ville de Nancy, ou il fut occis.*

S iiij

personnages prisonniers:& entre autres Anthoine & Baudoyn, freres Bastards dudict Duc de
Bourgongne:lesquels le Roy rachepta,& fit payer leur racon à leurs maistres,& les fit amener
deuers luy. Quand le Roy eut les nouuelles certaines de ladicte mort & desconfiture, il s'en
partit de Tours ou il estoit:& apres qu'il eut esté en aucuns pelerinages,à sa deuotio,il s'en vint
vers Paris,& assembla son armee pour reprendre & remettre en ses mains les terres qui luy deuoyent appartenir par le trespas dudict Duc de Bourgongne,qui n'auoit laissé qu'vne fille,qui
n'estoit pas capable de succeder aux terres qui estoyent venues de l'appanage de la courône de
France:& tira droit à Senlis,à Noyon, & à Compiengne:& tantost se remeirêt en ses mains les
villes de Mondidier,Roye,Peronne,Abbeuille,Môstreul,& tout le païs le long de la riuiere de
Somme. Aussi feirent grand' partie des villes de Bourgongne,ou le Roy auoit enuoyé grand'
armee, dont estoit Chef le seigneur de Craon, les aucunes voluntairement, les autres par sieges,& les autres par composition : mais nonobstant les sermens & promesses qu'ils auoyent
faicts d'estre loyaux au Roy,ils se rebellerent de rechef,à la persuasion d'vn Cheualier nommé

Obstination de ceulx de la ville d'Arras.

Claude de Vauldray,& d'vn autre nommé Charnages,qui apres fut prins, & eut la teste cop-
pee.Le Roy s'en partit de Compiengne,& s'en alla à Amies:& par monseigneur le Bastard de
Bourbon, Admiral de France, qui conduisoit deuant son armee, enuoya sommer les habitans
d'Arras,qui ne se voulurêt point mettre en son obeissance,parquoy ledict Admiral fit plusieurs
courses deuât:& fit tant qu'il trouua facon que ceulx de ladicte cité se meirêt es mains du Roy:
mais ceulx de la ville, qui est distincte,separee,& fortifiee côtre ladicte cité, ne s'y voulurêt point
mettre.parquoy le Roy vint en personne dedas ladicte cité, & fit amener son Artillerie, & mettre le siege contre ladicte ville, qui se rebellerent:car ils estoyent fort obstinez, & estoyent parauant ledict siege les habitans d'icelle ville en si grand orgueil, qu'il ne leur sembloit point que
nul hôme viuant leur eust peu nuyre:& durant iceluy siege disoyent les habitans d'Arras,nuict
& iour,plusieurs blasphemes & folles paroles diffamatoires des Francois:nonobstant lesquelles
choses le Roy,qui estoit Debonnaire,& ne vouloit iamais effusiô de sang,combien que s'il eust
voulu lascher la main, à ses gens de guerre, ils eussent prins en vne matinee icelle ville: toutesfois il les voulut auoir par doulceur,& enuoya querir aucuns dedans ladicte ville,auec lesquels

La ville d'Arras se meit en l'obeissance du Roy.

il parlamenta,& fut faict appoinctemêt qu'icelle ville seroit mise es mains du Roy:& que tous
habitans feroyent le serment, pourueu que le Roy ne mettroit dedans icelle ville nulles gens
de guerre. Apres ledict appoinctement conclud entrerent de par le Roy en icelle ville monseigneur le Cardinal de Bourbon, Archeuesque de Lion, qui tenoit l'Abbaye de sainct Vvast de
ladicte ville d'Arras, en commande, môseigneur le Chancelier,messire Guyot Pot,Cheualier,

Cômin. dit des Cordes.

messire Philippe de Creuecœur,seigneur d'Esquerdes,moult bon Cheualier,qui du viuant du
Duc de Bourgongne estoit Gouuerneur de ladicte ville d'Arras (lequel,comme loyal & bien
aduisé, s'estoit retiré au party & obeissance du Roy,comme faire le deuoit)pour par eulx prendre, & receuoir les sermens des habitans d'icelle ville : & eulx estans dedans ladicte ville, ainsi
qu'ils estoyent à table en ladicte Abbaye de sainct Vvast d'Arras, aucuns mutins d'icelle ville
s'assemblerent en grand nombre & tumulte, & vindrent armez & embatonnez dedans ladicte
Abbaye,crians,Tuez,Tuez:dont les dessusdicts furent fort espouentez, & non sans cause.Tou-
tesfois aucunes gens d'entendement de ladicte ville, qui estoyent auec eulx, les appaiserent par
douces paroles,tellement qu'ils se departirent,& s'en allerent chacun en leurs maisons, & feirent lesdicts habitans le serment au Roy.puis lesdicts deputez s'en sortirent d'icelle ville:& tâtost apres le Roy s'en partit de ladicte cité, & s'en alla en la cité de Therouenne,laquelle s'estoit
(tâtost apres le trespas du Duc de Bourgôgne)volontairemêt mise es mains du Roy:& en icelle cité fit le Roy sa feste de Pasques,& laissa en ladicte cité d'Arras, pour la garder, môseigneur
l'Admiral, & autres Capitaines.

De la prinse de Hedin.

Mil cccc.lxxvii.

AV commencement du moys de May, l'an mil quatre cens septante & sept, par le
moyen de messire Philippe de Creuecœur, seigneur d'Esquerdes, le Roy trouua
facon d'auoir la ville de Hedin:& apres que ses gens y furent entrez, il alla en personne en ladicte ville, & fit sommer ceulx qui estoyent dedans le chasteau pour la
Comtesse de Flandres, de luy rendre & mettre la place en ses mains. ce que de
prime face ils refuserent faire:& ceste cause le Roy fit mettre le siege deuant, & par diuers costez fit batre la muraille, & principalement à l'endroit du portail du costé de la ville, & y eut
grand baterie toute vne matinee. Et voyans ceulx qui estoyent dedans, comme ils estoyent
chacez de pres, & que ia leurs defences, auantmurs, & canonnieres estoyent acrauantees &
rompues, tellement qu'ils ne s'osoyent plus bonnement tenir sur la muraille , ne dedans

les

DV ROY LOVIS, ONZIEME DV NOM.   Fueil.cvij.

pluſieurs grands perſonnages priſonniers: & entre autres Anthoine & Baudoyn, freres, Bales iours, vn ieune Eſcuyer, nommé Raoul de l'Aunoy, qui eſtoit dedans, demanda ſeureté pour parlamenter. qui luy fut octroyee, & vint & ſe monſtra à vne des fortreſſes pres le portail, & à ſa contenance ſe monſtra bien vaillant homme de guerre, combien qu'il fuſt letré & gradué, & auoit vn corſet veſtu, & les bras armez de coſte de maille, & eſtoit tout noir, & barboillé de ſueur & de pouldre, pour le trauail qu'il auoit prins la nuict & le iour. A ſa contenance, & au rapport que de luy fut faict, le Roy print plaiſir au perſonnage: & quand il eut parlé aſſez longuement au Roy, & fait ſon rapport à ceulx qui eſtoyent dedans, fut faicte compoſition que ladicte place ſeroit baillee es mains du Roy, les corps & biens de ceulx, qui eſtoyent dedas, ſaufs. Apres ladicte compoſition le Roy retint à ſon ſeruice ledict Raoul de l'Aunoy, & luy donna gages & penſion honneſtes pour ſon entretenement. puis toſt apres luy donna vne chaine, en laquelle auoit vingt chaiſnons, peſant chaſcun chaiſnon cent eſcus d'or fin: & depuis luy fit d'autres grands biens: auſſi il ſ'eſt touſiours porté honneſtement en ſon ſeruice, ſans aucunement varier. Apres la priſe de Hedin le Roy alla à Monſtrueil ſur la mer, qui long temps auoit eſté en ſon obeiſſance. puis ſ'en alla à Boulongne ſur la mer: & fit ſommer ceulx de la haute ville & chaſtel, de luy faire ouuerture & obeiſſance. ce qu'ils ne voulurent faire: & à ceſte cauſe le Roy y fit mettre le ſiege, & fort tirer de ſon Artillerie, tellement que ceulx de dedans furent cōtraincts de bailler ladicte place, & eurent leurs corps & biens ſauues.

Meſſire Raoul de l'Aunoy fut cauſe de faire rendre la ville de Hedi au roy

Comment le Roy fit hommage de la ville de Boulongne à la glorieuſe vierge Marie, d'vn cœur d'or fin, peſant deux mil eſcus.

APres la compoſition faicte, le Roy entra en icelle ville de Boulongne, qui appartenoit à meſſire Bertrand de la Tour, Comte d'Auuergne: & declaira que pour le bien & ſeureté de la choſe publique de ſon royaume, il vouloit mettre ladicte place en ſes mains, moyennant recompenſation ſuffiſante qu'il en bailleroit audict Comte, ainſi qu'il a depuis fait. Et combien que ladicte Comté & Seigneurie de Boulongne fuſt parauant tenue en feage de la Comté d'Artois, le Roy qui à celle heure en deuint nouueau Seigneur, en fit hommage, deſceinct, & à genoulx, à la glorieuſe vierge Marie, reueree en l'egliſe & Abbaye dudict lieu, preſent l'Abbé d'icelle Abbaye: & pour droit & deuoir donna & fit mettre deuant ladicte image vn cœur d'or fin, peſant deux mil eſcus d'or: & ordonna que deſlors en auant luy & ſes ſucceſſeurs Roys de France, tiendroyent ladicte Côté de Boulongne de la glorieuſe vierge Marie: & en faiſant hommage deuant ſon image en icelle egliſe, & à chaſcune mutation de vaſſal, payeroyent vn cœur d'or fin, dudict poix de deux mil eſcus d'or. Puis fonda vne meſſe perpetuelle en ladicte egliſe, & vne autre en l'egliſe S. Martin hors les murs d'icelle ville, pour recongnoiſſance de la victoire que Dieu luy auoit donnee: & ce faict, ſ'en retourna audict lieu de Hedin.

Boulongne ſur la mer tenue en hommage de la glorieuſe vierge Marie.

Comment ceulx d'Arras eſtoyent mal contens d'eſtre en l'obeiſſance du Roy, & comme ils cuiderent aller en Ambaſſade deuers la Comteſſe de Flandres, pour auoir ſecours.

PEndant ce que le Roy fit ledict voyage, ceulx de la ville d'Arras, qui eſtoyent obſtinez en leur follie, & leur deſplaiſoit d'eſtre es mains du Roy, qui les y auoit contraincts, delibererent d'enuoyer les aucuns d'eulx deuers la Comteſſe de Flandres, à ce qu'elle leur enuoyaſt gens pour eulx remettre en ſes mains: & faignirent les deleguez de vouloir aller deuers le Roy en Ambaſſade, pour aucunes requeſtes qu'ils vouloyent faire. Si ſe meirent à chemin: mais les gens du Roy, qui furent aduertiz de leur trahiſon, & qu'ils ne prenoyent point le chemin pour aller deuers le Roy, les prindrent en chemin, & les amenerent tous priſonniers à Hedin, & eſtoyent en nombre vingt deux ou vingt & trois, de ladicte charge: & quand ils furent là ils furent mis es mains du Preuoſt des Mereſchaux de France, qui fit leur proces, & en fit decapiter iuſques à dixhuit: & tous l'euſſent eſté: mais à l'heure qu'on les decapitoit ledict Roy arriua en ladicte ville, & fit ceſſer l'execution, & demanda combien il en reſtoit: & entre autres il demanda ſi vn nommé maiſtre Oudard de Buſſy, eſtoit decapité, & on luy diſt qu'ouy, & que tous les corps des mors eſtoyent ia enterrez & iettez en vne foſſe. Il commanda qu'on trouuaſt & deterraſt la teſte dudict de Buſſy. ce qui fut faict: & fit dreſſer vn hault cheuron au millieu du marché, & ſur iceluy fit attacher ladicte teſte reueſtue d'vn Chaperon rouge, fouré de menu vert, faict à la maniere d'vn des Conſeilliers, de Parlement. Iceluy de Buſſy eſtoit natif de la ville de Paris, mais il eſtoit marié, & habitué

Des mutins & obſtinez de la ville d'Arras, qui furent decapitez à Hedin.

en ladicte ville d'Arras: & pource qu'il estoit homme subtil, le Roy l'auoit voulu attirer à luy, & luy faire de grands biens, & luy offrir donner l'office de Conseiller en son Parlement, qui lors vaqua: mais il s'estoit mis en vne follie & obstination telle qu'il ne la voulut accepter: & depuis, quand ceulx de ladicte ville d'Arras eurent fait le serment au Roy, il luy auoit donné l'office de Maistre de ses comptes, & fait d'autres grands biens: de tous lesquels ledict de Bussy ne tint compte, & perseuera en son obstination, dont luy print mal, comme il deuoit. Apres ces choses le Roy fut aduerty que ceulx de ladicte ville d'Arras auoyent enuoyé deuers ladicte Comtesse de Flandres, pour auoir gens: laquelle leur en enuoya vne grand' cōpaignie: mais les Chefs de guerre, qui estoyent en ladicte cité, allerent au deuant, & les rencontrerent, & frapperent sur eulx, & les desconfirent, & y en eut bien quatre cens de mors, & enuiron trois cens prins prisonniers, les autres se sauuerent par fuyte dedans Douay. Lesdicts prisonniers furent amenez en ladicte cité d'Arras, & fut dict qu'ils seroyent tous decapitez: & fut ladicte execution encommencee, & y en eut bien quatre vingts decapitez. Le Roy s'en partit de Hedin pour venir audict Arras: & ainsi qu'il arriuoit on faisoit ladicte execution: mais il la fit cesser, & fut ce qui en restoit mis à legiere rançon. Quand les habitans de ladicte ville veirent le Roy venir, ils bouterent le feu en aucuns de leurs faulxbourgs, du costé dont il venoit: car ils auoyent parauant bruslé tous les autres faulxbourgs, qui estoyent fort beaux, & y auoit plusieurs belles eglises: c'estassauoir les quatre Ordres des Mendiens, & vne de Nonnains, & autres eglises. Le Roy entra dedans la cité, & fit mettre deux sieges: l'vn au deuant de la cité contre la ville ou il estoit en personne: l'autre dehors ladicte cité, duquel auoit la charge monseigneur l'Admiral: & fit dresser son Artillerie, & fort longuement tirer contre ladicte ville, tellement que les habitans, qui moult estoyent obstinez, veirent bien qu'ils ne pouuoyent plus resister: si se rendirent par composition, & baillerent la ville es mains du Roy, leurs corps, & leurs biens saufs. La muraille de ladicte ville auoit du costé de la cité esté tellement batue que le Roy entra tout à cheual par dessus la muraille demolie, en signe de victoire: & fut aucuns iours dedans ladicte ville, pour donner ordre au faict de sa guerre, & fit fortifier & refaire les murailles abatues: mais il changea l'ancienne fortification: car parauant la ville estoit fortifiee contre ladicte cité, & il fit muer & mettre la fortification & pont leuis du costé de ladicte cité contre ladicte ville: & ordonna faire deux chasteaux pour la garder: l'vn au dedans de ladicte ville, ayant issue sur les champs du costé deuers Douay, & l'autre au dedans de la cité: lesquels chasteaux ont depuis esté faicts, & y eut bonnes & grandes gardes. Ce faict le Roy s'en vint en pelerinage à nostre Dame de la Victoire, pres Senlis, pour rendre grace à la bonne Dame, de la victoire qu'il auoit eue: & là luy vindrent nouuelles que les Flamens s'estoyent assemblez, & auoyent grand' armee, & se vouloyent mettre sur les champs pour courir sus à ses subiects. Si fit hastiuement assembler ses gens de guerre, & crier son arriereban. Puis s'en tira à Peronne, & de là à Cambray, ou les habitans de ladicte ville, sachans qu'ils n'estoyent pas puissans pour resister contre luy, le meirent dedans la ville par composition: & pour soustenir les fraiz de sa guerre luy presterent quarante mil escus: lesquels toutesfois il leur a depuis fait rendre contant: & fit marcher son armee dedans le païs de Henault, & s'en alla à Quesnoy le Comte. puis alla mettre le siege deuant vne petite ville, nommee Condé, que tenoyent les Flamens, entre Tournay & Valenciennes, & gardoyent que les Frāçois ne pouuoyent aduitailler ladicte ville de Tournay, & fut prinse la ville de Condé: & pource qu'il y eut conuenu auoir trop grand' garde de gens, par ce qu'elle estoit au meilieu des terres de la Côtesse, le Roy fut conseillé la faire brusler & demolir, pour euiter au plus grand inconuenient. Les gens du Roy feirent plusieurs courses vers Mons, & autres villes de Henault, & moult greuerent les païs rebelles. En celle saison messire Iehan de Chaalon, Prince d'Orenge, auquel le Roy auoit au commencement baillé la charge & garde des païs de Bourgongne, fut courroucé de ce que le Roy l'en deschargea, & en bailla la charge au seigneur de Craon: & à ceste cause se tourna du party de la Comtesse de Flandres: & luy, & vn Cheualier, nommé Claude de Vauldray feirent diuertir plusieurs des villes dudict païs, & feirent forte guerre contre les gens du Roy: qui vn iour furent aduertis que ledict Prince estoit en vne petite ville nommee Gy. Ledict seigneur de Craon y vint auec son armee, & y meit le siege. Le seigneur de Chauerguyon, oncle dudict Prince, assembla plusieurs gens de guerre, pour le venir secourir. Le seigneur de Craon le sceut, qui s'alla mettre au deuant, & s'assemblerent à combatre, & y eut grand' baterie, & y mourut bien quinze ou seize hommes, des plus gens de bien de la compaignie desdicts Bourguignons: & fut ledict de Chauerguyon prins prisonnier & plusieurs autres, & y payerent de grand' rancon.

De la ville d'Arras qui se rēdit en l'obeissance du Roy, apres qu'il l'eut bien batue d'artillerie.

Claude de Vauldray estoit du party des Bourguignons, contre le Roy.

Comment

DV ROY LOVIS, ONZIEME DV NOM. Fueil.cviij.

Comment messire Iaques d'Armignac, Duc de Nemours, & Comte de la Marche, fut decapité aux Halles de Paris.

LE vingtquatriéme iour d'Aoust, audict an mil quatre cens septante sept, messire Iaques d'Armignac, Duc de Nemours, & Comte de la Marche, qui des l'annee precedente auoit esté constitué prisonnier, pour aucuns cas, fut condamné à estre decapité aux Halles de Paris: & apres l'execution faicte, fut son corps porté enterrer en l'eglise des Cordeliers de Paris, & fut ledict de Nemours fort plainct par le peuple. Audict moys d'Aoust le Roy, qui estoit es marches de Picardie, alla à Therouenne, & fut aduerty que les Flamens estoyent en armes sur les champs en grand nombre, & s'estoyét venuz parquer en vn lieu appelé le Blancfossé: si les enuoya assaillir, mais ils en furent aduertis, & se leuerent: toutesfois à l'arriuee en fut tué bien deux mil. Puis les gens du Roy se meirent à la suyte apres eulx, & les chacerent de pres, & par les chemins en tuerent bien autre deux mil, bien huict lieues dedans le païs de Flandres: & en eulx retournant ils passerent au mont de Cassel, & autres places qu'ils raserent & destruisirent. Apres ces choses le Roy donna ordre à la garde des païs de Picardie, & meit ses garnisons es frontieres de Flandres, & y laissa son Lieutenant general, monseigneur le Bastard de Bourbon, Admiral de France, qui estoit vn vaillant, loyal & sage Cheualier. Puis s'en vint rendre graces à nostre Dame de la victoire, pres Senlis, & s'en vint à sainct Denis, ou il fut le iour de la feste dudict sainct Denis, & fit grace, & deliura tous les prisonniers qui estoyent en ses prisons à Paris. Puis s'en alla au païs de Touraine, pour faire son yuer, & soy reposer. En ce téps les Seigneurs de Flandres, voyans qu'ils n'auoyent point de Chef pour la conduicte de leur guerre & de leurs affaires, traicterent le mariage de leur Comtesse, fille de feu Charles, Duc de Bourgógne, auec Maximilian, Duc d'Austriche, fils de Federic, Empereur d'Alemaigne.

En celle annee aduint que le Roy Edouard d'Angleterre fut aduerty d'aucunes entreprinses que le Duc de Clarence, son frere, auoit faictes contre luy: si le fit prendre, & fut condamné à estre trainé sur la fosse de Londres, iusques au gibet de ladicte ville, & là ouuert, & ses entrailles iectees en feu, & bruslees, & puis auoir la teste, & les quatre membres coppez: mais à la requeste de la mere desdicts Roy & Duc, ladicte sentence fut muee, & fut ledict Edouard contét que ledict Duc de Clarence esleust telle mort, de laquelle il vouldroit mourir: si dist qu'il vouloit mourir en maluoisie: & apres qu'il fut côfessé, il fut iecté la teste la premiere dedans vne pipe de maluoisie defoncee par vn bout, & ainsi mourut.

Au moys de Mars, audict an, apres que l'yuer fut passé, le Roy, pour paracheuer sa guerre de Flandres, partit de Touraine, & vint à Paris. Puis s'en tira à Senlis, à Amiens, de là à Hedin, & autres villes de Picardie, & vindrent deuers luy aucuns Ambassadeurs d'Angleterre, pour certains differens qui estoyent entre les deux Roys.

Des Ambassadeurs de par le Duc Maximilian, & sa femme, & les gens du païs de Flandres, qui vindrent au Roy de France, pour traicter appoinctement.

APres la feste de Pasques, en l'annee mil quatre cens septante huict, vindrent deuers le Roy, qui estoit à Arras, es marches de Picardie, aucunes Ambassades de par le Duc Maximilian, sa femme, & les gens du païs de Flandres, pour traicter d'appoinctement: & aussi y alla vn Legat du Pape, qui fit remonstrance au Roy & audict Duc d'Austriche, & Flamens, des grands maulx que faisoyent les Turcs & infideles à la Chrestienté, les admonnestant de faire paix ensemble, & aller aider à faire guerre contre lesdicts Turcs: mais il ne peut trouuer appoinctement, combien qu'il ne tinst pas à la partie du Roy: lequel, pour y paruenir, fit retirer ses gens des villes de Cambray, Quesnoy le Comte, & autres qu'il auoit parauant à grands fraiz mises en ses mains. Pour raison desquelles choses ne fut gueres fait au voyage de Picardie, celle annee, fors seulement qu'il fut prinse vne tréue iusques à l'annee ensuyuant, soubs esperance d'appoinctement, & s'en retourna. Au moys de Iuin, audict an, les gens de l'armee que le Roy auoit enuoyee es marches de Bourgongne, & de la conduicte d'icelle baillé la charge & fait Gouuerneur messire Charles d'Amboyse, seigneur de Chaumont, reduisirent es mains du Roy plusieurs villes & places en iceulx païs, lesquelles parauant s'estoyét remises es mains du Duc & Duchesse d'Austriche, & entre autres Verdun, Montsancon, Sennier de Lanxois, Chastillon sur Seine, Bar sur Seine, & autres. Puis allerent deuant la ville de Beaulne, & y meirent le siege, & y furent aucuns iours, & y

L'an mil cccc. lxxvii.

De l'occisiõ des Flamés à Blanc fossé.

Du Duc de Clarence qui esleut à mourir dedãs vne pipe de maluoisie.

L'an mil cccc. lxxviii.

LES CHRONIQVES ET ANNALES DE FRANCE.

feirent fort batre ladicte ville, tellement que ceulx de la ville vindrent à appoinctement, & leur fut faicte composition qu'ils auroyent leurs corps & biés saufs, pourueu qu'ils payeroyẽt quarante mil escus: & les gens de guerre, qui estoyent dedans, s'en allerent franchement ou ils voulurent. Enuiron le moys d'Aoust, le Roy, qui estoit esdictes marches de Picardie, octroya tréues audict Duc d'Austriche, iusques à l'annee ensuyuant, soubs esperance d'appoinctement, & s'en vint à Sẽlis, à nostre Dame de la Victoire, & dõna à ladicte eglise deux mil liures tournois, pour faire des lampes d'argent, pour pendre deuant l'image de nostre Dame en icelle eglise: &

De la chasse S. Fiacre, & du treilliz sainct Martĩ de Tours

ordonna la chasse de monseigneur sainct Fiacre, qui est auprès de Meaux, estre toute couuerte d'argent. Puis s'en alla en Touraine, & alla saluer le corps monseigneur sainct Martin, auquel il auoit tousiours eu singuliere deuotion, & ordonna que les treillis de fer, qui estoyent autour & pour la defence & seurté de la chasse, ou ledict corps sainct estoit, fussent ostez & refaicts tout

Le treilliz de s. Martĩ de Tours fait d'argent.

d'argent macif. qui fut faict en brief temps tout de pareille façon qu'estoit cestuy de fer qui y estoit, & pesoit ledict treilliz six mil sept cens septante & sept marcs, deux onces vn gros, qui cousta à raison d'onze liures tournois, pour marc, argent & façon.

En celle annee le Roy, aduerty de la grande euacuation des finances de son royaume, qui se portoyent en court de Romme, pour le vacant des Prelatures, & autres Benefices, & pour les fraiz & propines qu'il conuient faire pour ladicte cause, pour y donner la prouision, selon & en ensuyuant les saincts Decrets, & Pragmatique Xanction, fit assembler grãd partie des Prelats de son royaume en la ville d'Orleans: lesquels s'y trouuerent, & furent assemblez plusieurs iournees, mais peu, ou riens n'y fut conclud qui sortist effect. Aussi en celle annee furent confermees les anciennes alliances des royaumes de France, & d'Espaigne, & par l'ordonnance du Roy furent publiees.

Comment ceulx de Cambray se meirent en l'obeissance du Duc d'Austriche: & comment le Roy enuoya son armee es païs de Bourgongne.

Mil cccc.lxxix.

EN l'annee mil cccc.lxxix. apres les Pasques, les habitans de la ville de Cambray, qui par la tréue prinse l'annee precedente deuoyent estre neutres, se meirent en l'obeissance du Duc d'Austriche, & chacerent dehors les gẽs du Roy, qui estoyẽt dedans ledict chastel. puis allerent assieger la place de Bohain, & la prindrent auant que la tréue fust faillie, dont le Roy fut fort mal content desdicts de Cambray. Si fit le Roy, qui auoit grand desir de reduire à luy le païs de Bourgongne, mettre sus son armee, & mener son Artillerie es marches de Bourgongne deuers Nancy. Charles d'Amboyse, qui là estoit son Lieutenant, alla mettre le siege deuant vne forte place, nommee Rochefort, qui fut prinse d'assault. Puis alla deuant la ville de Dole, & y meit le siege, qui y fut aucuns iours: durant lequel siege les murailles furent fort batues d'Artillerie, & tellement que l'assault y fut donné, & fut prinse ladicte ville & ceulx de dedãs tuez: puis fut icelle ville bruslee & destruicte.

La ville de Dole fut prinse d'assault par les Frãcois.

De ce vindrent nouuelles au Roy, qui estoit à Montagu, lequel se meit à chemin, & s'en alla à nostre Dame de la Victoire, pres Senlis, faire sa deuotion. Puis s'en tira deuers Champaigne, pour aller es marches dudict païs de Bourgongne, & alla iusques à Dyion: à cause dequoy plusieurs des villes & lieux dudict païs, qui s'estoyent parauant rebellez, se reduirent en ses mains & obeissance. Apres ce voyage s'en retourna le Roy en Gastinois, ou il fut vne espace de temps à soy esbatre, & chacer, & puis s'en vint en Touraine.

Au moys d'Aoust, audict an, le Duc d'Austriche, & le Comte de Romont en sa compaignie, & grand nombre de Flamens, qu'on estimoit bien soixante mil combatans, se vindrent parquer en vn village, nommé Guinegathe, entre Therouenne & Aire, à vne lieue pres dudict Therouenne, ou estoyent les gens du Roy, & feirent plusieurs courses & assaulx deuant icelle ville, qui fut vaillamment defendue par les gens d'armes, qui estoyent de la compaignie de mõseigneur le Duc de Bourbon, & autres qui estoyent dedans icelle ville: & ce sachans les Capitaines & gensd'armes du Roy qui estoyent à Arras, Bethune, & autres villes audict païs de Picardie, s'assemblerent vn iour audict lieu de Therouenne, de l'ordonnance du Seigneur d'Es-

De la bataille de Guinegathe, pres Therouẽne

querdes, Lieutenant general du Roy audict païs de Picardie, & saillirent aux champs pour cõbatre lesdicts Flamens, & donnerent vaillamment & hardiment sur eulx, tellement qu'ils meirent en desarroy l'auantgarde dudict Duc d'Austriche. Au moyen dequoy tous ceulx de son armee se meirent en fuyte, & mesmement ledict Duc d'Austriche, & se retirerent dedans ladicte ville d'Aire: & furent tuez, tant sur le champ qu'à la suyte, plusieurs desdicts Flamẽs, qu'on estimoit bien d'onze à douze mil hommes, & furent suyuis iusques dedans les portes d'Aire, & furent prins prisonniers plusieurs grands personnages: & entre autres le fils du Roy de Poulaine, qui estoit en la compaignie dudict Duc d'Austriche, & vn autre grand Comte, Allemãt,

qu'on

qu'on difoit eftre fon grand mignon. Toutesfois pource que les gens du Roy, mefmement fes francs Archers s'amuferent au pillage,& à defpouiller les mors,ledict Comte de Romõt, qui ce apperceut, r'allia vn grand nombre de Piquiers defdicts Flamens, & retourna tout court fur lefdicts francs Archers, & y en y eut plufieurs de tuez:& y furent tuez Iehan le Beauuoyfien,vn vaillant & bon Capitaine des gẽs du Roy, & Ouafte de Montepefdoz, Bailly de Rouë, & autres. Enuiron celle faifon furent prins fur la mer par les mariniers du Roy,dont auoit la conduicte vn nommé Coulon, Viceadmiral, bien quatre vingts nauires des païs de Flandres,qui eftoyent chargez de Harens, & autres marchandifes, & y gaignerent ledict Coulon & fes gens de grãds richeffes & biens. Tantoft apres la rencontre de Guinegathe, le Duc d'Auftriche affembla fes gens, & alla mettre le fiege deuant vne place, appelee Mallaunay, dont auoit la charge pour le Roy vn appelé le Capdet Roymõnet:& fut fort batue ladicte place d'Artillerie, & vaillamment defendue par ceulx de dedans, & tuerent plufieurs des gẽs dudict Duc d'Auftriche: toutesfois ils ne peurent refifter à fi grand' puiffance. Si commenca à parlamenter ledict Capdet, & à feureté fortir de la place: & ainfi qu'il fortoit, lefdicts gens du Duc d'Auftriche entrerent en icelle place, & tuerent ceulx qui y eftoyent:& ledict Capdet fut mené en la prefence dudict Duc d'Auftriche:lequel, combien que feureté luy euft efté dõnee, toutesfois le fit pendre: dont le Roy fut moult courroucé quand il le fceut:& en vengeance de ce, fit pendre plufieurs prifonniers des plus gens de bien de ceulx qui auoyent efté prins, tenans le party dudict Duc: & enuoya bien huict cens lances faire vne courfe en la Comté de Flandres, & autres païs d'iceluy Duc, pour faire le gaft, & y feirent de grands dommages.

Du pillage que feirẽt les francs Archers à Guinegathe, dont mal leur en prit

Comment le Roy d'Angleterre enuoya Ambaffade deuers le Roy de France, & auffi comme le Pape y enuoya le Cardinal de fainct Pierre ad Vincula, Legat en France.

L'An mil quatre cens quatre vingts, le Roy eftant au païs de Touraine, vindrent deuers luy aucunes Ambaffades d'Angleterre, pour pacifier aucuns differens qui eftoyent entre les Roys de France & d'Angleterre: aufquels le Roy fit briefue refponce, par ce qu'on difoit qu'ils fe vouloyent entremettre de la queftion du Roy & dudict Duc d'Auftriche, & les r'enuoya, & leur fit faire de grãds dons. Tantoft apres vint femblablement en France, de par le Pape, le Cardinal de S. Pierre ad Vincula, Legat en France, auquel le Roy fit faire bon recueil:& quand il vint à Paris, les Proceffiõs, gens d'Eglife, Nobles, les Courts de Parlemẽt, Chambre des Comptes, Chaftelet, & l'Hoftel de la ville, allerent tous au deuãt:& furent toutes les rues par ou il paffoit tendues de tapifferie:& fut la caufe de fa venue pour admonnefter le Roy, & le Duc d'Auftriche, de faire paix enfemble, & d'aller faire aide à la Chreftienté, que les Turcs perfecutoyent. A quoy le Roy fit refpõce qu'il eftoit preft d'entendre à tout bon appoinctement. puis ledict Legat tira à Peronne, & es marches de Picardie, & fit fcauoir fa venue audict Duc d'Auftriche & aux Flamẽs: mais ils ne luy voulurẽt dõner entree en leurs païs: & par ce qu'il n'y peut auoir acces, il s'en retourna à Paris, fans riẽs faire. Puis alla iufques à Orleans, & là feiourna aucun tẽps: pendant lequel le Roy fit, à fa pourfuyte & requefte, deliurer maiftre Iehan Balue, Cardinal, qui long temps auoit efté detenu prifonnier pour aucunes machinations qu'on difoit par luy auoir efté cõfpirees contre la perfonne du Roy, à la requefte du feu Duc Charles de Bourgõgne. Pendant lefquelles chofes le Roy fe tint au païs de Touraine la plufpart du temps iufques apres Noel, qu'il s'en alla à Poitiers, & de là retourna à Chinon:& fit abatre tous les frãcs Archers de fon royaume, par ce qu'on difoit qu'ils faifoyent plufieurs griefs au peuple: & delibera d'en lieu d'eulx foy feruir au faict de fes guerres de gens eftrangers: c'eftaffauoir des Suiffes: & en enuoya querir trois mil hommes des plus beaux & efleuz qui fuffent au païs: lefquels il entretint toufiours continuellement à à gages, & fi faifoit donner chacun an plufieurs fommes de deniers aux Seigneurs & communautez des citez, Cantons & villes dudict païs de Suiffe: affin qu'ils ne fouffriffent point que le Duc d'Auftriche, n'autres, en tiraffent aucunes gens, pour faire guerre contre luy.

L'an mil cccc. quatre vingts.

De la venue du Cardinal Petri ad Vincula, en France.

Du cardinal Balue qui fut deliuré de prifon.

Commencemẽt des Suiffes en France, & abolitiõ des francs Archers.

Comment le Roy fut malade.

En celle annee print au Roy, luy eftant en Touraine, vne maladie, de laquelle il fut griefuement malade, & telle fois fut qu'on cuidoit qu'il mouruft: mais par la grace de Dieu, & par l'interceffion de la glorieufe vierge Marie, à laquelle il auoit fa finguliere confiance & recours en tous fes affaires, & auffi de monfeigneur S. Claude, auquel il fe voua, & promeit aller vifiter fon eglife, ou gift & repofe fon fainct corps, il reuint à

LES CHRONIQVES ET ANNALES DE FRANCE.

conualescence. Toutesfois il en fut depuis ce temps tousiours plus lasche, & foible iusques à sa mort : & deuers luy vindrent aucuns Ambassadeurs de Flandres, ausquels il prorogea tréues d'vn an, soubs esperance d'appoinctement final qu'ils requeroyent.

Comment le Roy fit faire vn beau & grand Camp de guerre.

L'an mil cccc. quatre uingts & un.

EN l'annee mil quatre cens quatre vingts & vn le Roy fit faire & preparer vn beau & grand Camp de guerre, pour tenir les champs, tout enuironné de defences de boys, & fit faire plusieurs tentes & pauillons, pour loger les gens de guerre, & s'en aider en temps & lieu, quád besoing en seroit, & le voulut veoir tendu & preparé, pour sçauoir quel nombre de gens & d'Artillerie y seroit besoing, & aussi quelle quantité de viures conuiendroit par moys, pour l'entretenement desdicts gens qui seroyent en iceluy Parc. Et à ce qu'il en fust bruit & renommee, tant en Angleterre qu'en Flandres, & ailleurs, il ordonna faire dresser ledict Camp aupres de la ville du Pont de l'Arche. Si se partit du païs de Touraine ou il estoit, & s'en alla en pelerinage à nostre Dame de Chartres, & de là audict lieu du Pont de l'Arche, ou pres d'illec auoit esté dressé ledict Camp, & tout fossoyé à l'entour, & tendues lesdictes tentes & pauillons, qui faisoit beau veoir : & y auoit fait venir le Roy plusieurs des gens de guerre de son ordónance, & comme on disoit y en auoit bien de douze à quatorze cens lances : & aussi y auoit huict mil hômes de guerre, gens de pied, ayás chacun vne pique ou hallebarde, lesquels ledict Seigneur auoit nouuellement fait mettre sus en armes, pour la garde & defence dudict Camp : & d'iceulx bailla la charge à messire Philippe de Creuecœur, seigneur d'Esquerdes. En celle annee, pource que les gens de guerre du Duc d'Austriche feirent aucunes entreprinses sur les gens du Roy, es marches de Picardie, & rompirent les tréues : lesdicts gens de guerre d'vn party & d'autre recommencerent à faire la guerre guerroyable : qui fut bien estráge & cruelle : car nuls n'estoyent prins à rancon, & faisoyent pendre tous ceulx qui estoyét prins prisonniers, sans nulle remision. Apres ce que le Roy fut retourné de veoir son Camp de guerre, il s'en alla à Touars, ou il fut aucun temps : mais pource ne luy amenda de riens son mal, & enuoyerent faire ses offrandes au chef monseigneur sainct Iehan, d'Angely, en Xaintonge, mes Dames de Bourbon & de Beauieu, ses sœur & fille. Puis s'en partit le Roy, & s'en vint à nostre Dame de Clery, & de là se meit en chemin sur la riuiere de Loire, pour aller faire son voyage à monseigneur sainct Claude, ou il s'estoit voué, & y alla à bien grand trauail de sa personne : car il estoit souuent malade : & deuant ledict corps sainct fit de grands dons & offrandes, & y donna & assigna de grandes rentes & reuenus, en augmentation du Diuin seruice. Puis s'en retourna par ladicte riuiere de Loire à nostre Dame de Clery, ou il auoit sa singuliere affection & deuotion, & tant audict Clery, qu'à Meun sur Loire, qui est pres d'illec, se tint longuement.

Du beau parc, ou Câp de guerre qui fut tendu & preparé pres le pont de l'Arche.

Du pelerinage du Roy Louis à sainct Claude.

De la mort de madame Marie de Bourgongne, Comtesse de Flandres, & femme dudict Duc d'Austriche.

L'an mil cccc. quatre uingts & deux.

L'An mil quatre cens quatre vingts & deux alla de vie à trespassement madame Marie de Bourgógne, Comtesse de Flandres, femme dudict Duc d'Austriche : laquelle laissa deux enfans, vn fils & vne fille. le fils fut nommé Philippe, qui luy succeda à la Comté de Flandres, & autres grands terres & Seigneuries, & fut pere de l'Empereur, à present regnant : & la fille, nommee Marguerite, fut Royne de France, qui est decedee. Aussi au moys de May, audict an, trespassa madame Iehanne de France, femme de monseigneur Iehan, Duc de Bourbonnois & d'Auuergne, & fut enterree en l'eglise nostre Dame de Molins en Bourbonnois. En celle mesme annee le seigneur d'Esquerdes, Lieutenant du Roy es marches de Picardie, print sur le Duc d'Austriche, & les Flamens, la ville d'Aire : laquelle prinse espouenta fort lesdicts Flamens. Au moyen dequoy ils furent plus enclins à venir requerir appoinctement auec le Roy : & feirent dresser vne belle & grand' Ambassade qu'ils enuoyerent deuers le Roy, pour requerir & supplier d'auoir appoinctement, & de demourer en sa subiection & obeissance, ainsi qu'ils deuoyent & sont tenuz. A quoy le Roy de sa benignité entendit volontiers, & delegua ledict Seigneur d'Esquerdes, son Lieutenant, & messire Iehan de la Vaquerie (lequel il auoit de nouuel fait premier President de Parlement) & plusieurs autres grands personnages, pour traicter & deuiser de ladicte paix : & furent pour ceste cause par long temps, en la ville d'Arras, les Abbez de sainct Bertin, & de sainct Pierre de Gand, & autres Ambassades dudict Duc d'Austriche, & du petit Côte de Flandres son fils : & les gens de ses païs s'y rendirent & assemblerent par plusieurs iournees : & finalement
paruindrent

Messire Iehan de la Vaquerie, premier President au parlement de Paris.

paruindrent à appoinctement final: par lequel entre autres choses fut traicté le mariage de mõ- *Le traicté en*
seigneur le Dauphin de France, & de madame Marguerite, fille dudict Duc d'Austriche, & *bref du maria-*
sœur dudict Comte de Flandres: lequel traicté & appoinctement fut confermé par le Roy & *ge du roy Char-*
par les Princes, Euesques, & communitez des citez & bonnes villes du royaume : & sembla- *les 8. & ma-*
blement fut faict du costé du Duc d'Austriche & des Flamens. Et en faueur dudict mariage *dame Margue-*
fut par les dessusdicts Ambassadeurs d'Austriche & de Flandres, ayãs sur ce suffisant pouuoir, *rite de Flãdres.*
baillé & transporté pour le partage & lot de madicte dame Marguerite, les Comtez d'Artois,
& de Bourgongne, les terres & seigneuries de Masconnois, Auxerrois, Salins, Bar, Sens, &
Noyon, pour en iouyr perpetuellement: & s'il aduenoit que le petit Comte de Flandres mourust, madicte Dame Marguerite luy succederoit à toutes les terres & seigneuries qui apparti-
ndrent à leur mere : & recongnurent lors lesdicts Ambassadeurs le Roy estre souuerain en la
Comté de Flandres: & fut donnee abolition generale aux subiects de l'vn & de l'autre, & plusieurs autres choses declairees aux lettres sur ce faictes & passees. Audict an vn Cheualier
Liegeois, nommé messire Guillaume de la Marche, frere du Sanglier d'Ardéne, tendant à faire son fils Euesque du Liege, assembla grand nombre de gens à pied & à cheual, & commenca
à faire guerre à monseigneur de Bourbon, Euesque de ladicte cité du Liege, & alla mettre le
siege iusques aux portes de ladicte cité: & par aucuns trahistres fut ledict Euesque conseillé sortir aux champs, pour combatre ledict de la Marche, & fut tué iceluy Euesque, dont fut dommage. Auant sa mort il auoit mandé & requis aide au Duc d'Austriche, & au Prince d'O-
renge (lequel Prince auoit espousé sa sœur) lesquels s'estoyent mis à chemin pour l'aller secourir, mais ils n'y furent pas assez à temps: si entra ledict de la Marche en icelle ville & cité: & depuis furent faictes aucunes entreprinses par les gens dudict Duc d'Austriche, pour prendre ledict de la Marche, & tant feirent qu'vn nommé le Seigneur de Montigny le print, & fut tantost apres decapité.

En celle mesme annee, le Roy, qui se sentoit affoiblir à cause de sa maladie, alla au chasteau *De la bõne do-*
d'Amboise, auquel estoit nourry monseigneur le Dauphin, son fils, & estoit en l'aage de douze *ctrine et ensei-*
à treize ans, & ne l'auoit point veu le Roy depuis sa natiuité: auquel le Roy fit plusieurs belles *gnement que le*
remonstrances: & entre autres choses luy commanda & ordonna qu'apres son trespas il se gou- *roy Louis bail-*
uernast en tous ses affaires & se conduisist par le conseil de monseigneur Pierre de Bourbon, *la à sõ fils Char-*
seigneur de Beauieu, Comte de Clermont & de la Marche, qui auoit espousé madame Anne *les auant son*
de France, sa fille, sœur dudict Charles: & luy disoit que c'estoit vn bon homme, qui ne le trom- *trespas.*
peroit point : & luy dist aussi qu'il fit conduire ses affaires es marches de Picardie, par le seigneur d'Esquerdes, & que c'estoit vn bon & loyal Cheualier, qui l'auoit bien seruy, & luy recommanda plusieurs de ses seruiteurs, & qu'apres sa mort il entretint tous les Officiers qu'il
trouueroit en leurs offices: & apres ces choses dictes, il s'en alla en sa maison du Plessis du
Parc, pres Tours, ou il se tint la pluspart du temps, par ce qu'il estoit souuent malade, & enuoya
querir par tout, tant en son royaume qu'en Italie, & ailleurs, medecins, & gens pour le guerir,
& pour le desennuyer, & luy faire passer temps. Il fit aussi venir de diuers lieux de son royaume, plusieurs ioueurs de diuers instrumens, qui souuent iouoyent en sa court, ou autre lieu, dõt
il les pouuoit ouyr. Au moys d'Auril ensuyuant le Roy Edouard d'Angleterre mourut d'v-
ne Apoplexie, qui soudainement le surprint.

Du trespas du Roy Louis, onziéme du nom.

EN l'annee mil quatre cẽs quatre vingts & trois au moys d'Auril, apres Pasques, *L'an mil cccc.*
le Roy qui se sentoit affoiblir, à cause de sa maladie, desirãt la perfection du ma- *iiii.xx. et trois.*
riage qu'il auoit fait traicter à monseigneur le Dauphin son fils, auecques ma-
dame Marguerite de Flandres, & le traicté de paix estre accomply, il fit preparer moult grandement & honnestement monseigneur de Beauieu, & madame
Anne de France, sa femme, fille du Roy, & auec eulx les Seigneurs d'Albret, & sainct Vallier,
& autres plusieurs grands Seigneurs, Barons, Cheualiers, & aussi madame l'Admiralle, & plusieurs autres Dames & Damoyselles, & leur commanda aller en la ville de Hedin: & pour icelle receuoir se meirent à chemin, & le dixneufiéme iour dudict moys arriuerent à Paris, ou ils furent
honnorablement receuz: & y fit madicte Dame Anne de France, sa nouuelle & premiere entree, & crea vn Maistre de chacun mestier, ainsi que les enfans de France ont droict & accoustumé de faire d'anciennecté. Puis passerent oultre, & allerent iusques audict lieu de Hedin, auquel lieu vindrent plusieurs grands Seigneurs & Barons, & aussi plusieurs Dames & Damoy-

felles, qui amenerent madicte Dame Marguerite, grandement aornee & accompaignee, & la liurerent es mains de mondict seigneur de Beaujeu, & de madicte Dame sa femme, qui l'amenerēt, & arriuerét à Paris le second iour de Iuin, ou ils furent grandement & honnorablement receuz: & pour l'honneur de madicte Dame Marguerite, qu'on appela des lors Dauphine, furent les rues tendues, & faicts plusieurs sainctes & personnages ioyeux, & fit & crea à son entree semblablemēt vn Maistre de chacun mestier en icelle ville, & par toutes les autres villes ou elle passa. Puis s'en partirent de ladicte ville de Paris, & fut madicte Dame la Dauphine menee à Amboise: & au moys de Iuillet, audict lieu d'Amboise, le Roy fit faire & solenniser, en face de saincte Eglise, le mariage de mondict seigneur le Dauphin, son fils, & de celle Dame Marguerite : & affin que la chose fust solennisee & publiee, le Roy manda venir & y estre presens aucun nombre des plus notables gens des citez & bonnes villes de son royaume.

La venue de madame Marguerite de Eladres, en la ville de Paris.

En celle mesme annee, le Roy, qui se sentoit affoibly, comme dict est, pour aucunes imaginations qui luy vindrent à l'entendement: & croy que ce fut plus par deuotion qu'autrement, enuoya querir la saincte Ampole, qui est en l'eglise & Abbaye de sainct Remy de Reims, de laquelle tous les Roys de France ont tousiours esté oingts & sacrez, & laquelle des le temps de Clouis, premier Roy Chrestien, fut enuoyee du ciel, & depuis lequel temps n'est pas memoire qu'elle eust esté transportee d'icelle Abbaye : & ausi enuoya querir les verges de Moyse & Aaron, & le fust de la vraye Croix, appelee la Croix de Victoire, qui pieça fut dōnee par l'Empereur & Roy de France Charlemagne (lesquelles estoyent en la saincte Chapelle du Palais à Paris) & le tout fit apporter deuers luy en son chastel du Plessis du Parc, lez Tours, & les fit mettre & garder reueremment.

La S. Ampole fut portee au roy Louis au Plessis lez Tours.

Le Lundy vingtquatriéme iour du moys d'Aoust, le Roy, estant en sondict hostel du Plessis, fut fort pressé de sa maladie, & tellement qu'on cuida par aucune espace de temps la pluspart du iour qu'il fust mort, & tel en estoit le commun bruit en ladicte ville de Tours. Plusieurs allerent en diuerses parties du royaume, qui tous disoyent, & affermoyent de vray qu'il estoit mort, & ainsi le croyoyent: toutesfois nature s'esuertua aucunement en luy, & luy reuint la parolle : mais il se trouua si las & trauaillé qu'il congnut bien qu'il ne pouuoit point viure longuemēt. Si enuoya mondict seigneur de Beaujeu, & madame sa femme, le Comte de Dunois, messire Guyot Pot, Cheualier, & autres qu'il sentoit & congnoissoit feables & bons, & leur dist qu'ils s'en allassent à Amboise, deuers leur nouueau Roy, & que de luy n'estoit plus riens, en leur priant qu'ils eussent pour recomm andee la personne de mondict seigneur le Dauphin, & la conduicte de sa personne & de ses affaires, & qu'en eulx il auoit parfaicte fiance : & y allerét: & de ceste heure le Roy fut tousiours malade iusques au Samedy ensuyuāt, penultime iour dudict moys d'Aoust, mil quatre cens quatre vingts & trois, qu'il rendit son esprit à Dieu, & mourut Catholique enuiron l'heure de huict heures du soir, qui estoit le iour sainct Fiacre. Si fut son corps ouuert & embaumé ainsi qu'il appartenoit & est accoustumé de faire aux Roys: puis habillé le corps mort d'habits royaux, & mis sur vn grand lict de parement, couuert de fleurs de liz, ou il fut le iour de lendemain à la veue d'vn chacun qui le voulut aller veoir. puis apres fūt mis en vn sercueil de plomb, & amené en l'eglise nostre Dame de Clery, qu'il auoit fait faire de nouuel edifice, & en icelle auoit esleu sa sepulture : & furent les obseques & funerailles faictes moult honnorablement & en grand' solennité ainsi qu'il appartenoit.

Le trespas du Roy Louis xi. fut le penultime iour d'Aoust, mil cccc. quatre vingts et trois.

Du trespassement de la Royne Charlotte, femme dudict Roy Louis, onziéme.

Vdict an trespassa au chastel d'Amboise la Royne Charlotte, veufue dudict feu Roy Louis, & mere du Roy Charles huictiéme: laquelle auoit esté fille du Duc de Sauoye, & estoit vne moult bonne & sage Dame: le corps de laquelle fut semblablement porté enterrer en ladicte eglise nostre Dame de Clery, aupres dudict feu Roy Louis, son mary. Dieu par sa saincte grace & misericorde leur vueille, & à tous autres trespassez, pardonner leur defaultes. Amen.

DuRoy

Du Roy Charles huictième du nom.

APres le deces dudict Roy Louis, Charles huictième de ce nom, son fils vnique, luy succeda en l'aage de treize ans deux moys ou enuiron: toutesfois son couronnement fut differé iusques au moys de Iuin de l'an ensuyuant, qu'il auroit quatorze ans, au moyen de quelque different qui fut entre le Seigneur de Bourbon, qui estoit Prince de grand' aage, prudent & vertueux, & Louis, Duc d'Orleäs, qui ieune estoit, & le plus prochain à succeder à la couronne: lesquels aspiroyêt à la Regence du royaume secrettement: & mesmement ledict Duc d'Orleans, à la persuasion du Comte de Dunois, nommé Francois, fils de Iehan, Bastard d'Orleans, homme de subtil engin & de grand entreprinse, à la raison de ce que ledict Roy Charles estoit fort ieune & de petite qualité, & par le commandement de son feu pere auoit esté nourry grossement, sans vouloir qu'il occupast son facil engin aux lettres ne choses subtiles, doubtant qu'il eust corrompu sa nature qu'il congnoissoit debile & delicate, combien que depuis ayma la lecture des liures moraux & historiaux en langue vulgaire. En attendant son couronnement les Princes du sang, qui auoyent esté tant de fois iniuriez & mesprisez par Oliuier le Dan, Daniel son seruiteur, & Iehan d'Oyac, qui auoyent entierement gouuerné ledict feu Roy Louis, feirent faire informations secrettes contre eulx, des homicides, pilleries, concussions, & autres crimes qu'ils auoyent soubs l'authorité royale, commis: & les informations veues par la court de Parlement, furent constituez prisonniers, & leur proces faict peu à peu.

Charles 8. de ce nô fut Roy l'an mil cccc.iiii.xx. & quatre.

Emprisonnemêt d'Oliuier le dan & autres.

De l'autre part messire Guillaume Chauuin, Chancelier de Bretaigne, mourut miserablement & en grand pauureté au chasteau de l'Hermite, ou le Duc l'auoit fait mettre à la requeste de son Thresorier Pierre Landois, fils d'vn Chausfetier de Tours, qui gouuernoit ledict Duc, aussi bien & mieulx que n'auoit iamais fait Oliuier le Dan ledict feu Roy Louis: dont les Barons & Seigneurs de Bretaigne ne furent contens, & mesmement le Prince d'Orége, & le Mareschal de Rieux, qui lors estoyent à Nantes, si delibererent prendre au corps ledict Landois, quelque part ou ils le pourroyent trouuer, fusse aupres du Duc: & pource faire entrerent dedans le chasteau de Nantes, ou ils se renfermerent, mais n'y trouuerent ledict Landois, qui le soir precedent s'en estoit allé pour son plaisir à sa maison de la Pabotiere, distant de Nantes, d'vne lieue, contremont la riuiere de Loire: & voyant le Duc, qui estoit audict chasteau, que lesdicts Prince d'Orenge, Mareschal de Rieux, & autres Seigneurs de leur entreprinse, parloyêt à luy autrement qu'ils n'auoyent accoustumé, & en arrogance, fut tresesmeu, & ceulx qui gardoyêt le chasteau fort esbahis: l'vn desquels saillit sur les murs du chasteau criant à haulte voix, A la force, & que les Barons vouloyent tuer le Duc. Le peuple s'esmeut si tresfort que s'ils eussent peu entrer au chasteau eussent occis lesdicts Princes d'Orenge, Mareschal de Rieux, & autres: lesquels, pour faire leur paix, furent contraincts prendre du Duc lettres d'abolition dudict cas, & s'en allerent au païs d'Aniou. Ledict Landois se retira au Duc, qui le meit en sa grace plus que iamais: & rescriuit audict Louis, Duc d'Orleans, que son plaisir fust aller veoir ledict Duc de Bretaigne, son cousin germain. ce qu'il fit, par le conseil du Côte de Dunois, qui tendoit à le marier auec madame Anne, fille aisnee dudict Duc de Bretaigne: & arriua à Nantes auec le Duc d'Alencon, au moys d'Auril ensuyuant, mil quatre cens quatre vingts & quatre, ou ils furent honnorablement receuz par iceluy Duc de Bretaigne, & ledict Landois, qui luy faisoit faire tout ce qu'il vouloit: & apres auoir fait bonne chere ledict Duc se cômplaignit ausdicts Duc d'Orleans, & d'Alencon, de l'outrage que lesdicts Prince d'Orenge, & Mareschal de Rieux, luy auoyent fait, les priant qu'ils luy aidassent à soy venger. ce qu'ils luy promeirent en termes generaux. Puis partirent pour aller à Reims, au Sacre dudict Roy Charles: & luy sacré & couronné s'en alla faire son entree à Paris, accompaigné desdicts Duc d'Orleans, d'Alencon, & Bourbon, du Seigneur de Beauieu, & de madame son espouse, sœur dudict Roy Charles, & de plusieurs autres Princes. puis furent les trois Estats assignez à Tours, au moys de Iuillet ensuyuant.

La mort du châcelier de Bretaigne.

Le Duc d'Orleans en Bretaigne.

Comment les trois Estats furent tenus à Tours: & de ce qui fut ordonné.

AVdict an mil quatre cens quatre vingts & quatre, furent les estats tenus à Tours, ou se trouuerent gés deleguez de toutes les villes royales du royaume: les aucuns pour l'Eglise, & les autres pour la Noblesse & Iustice, & les autres pour le peuple commun: & esdicts Estats furent ordonnees plusieurs vtiles & necessaire choses: & fut

L'an mil cccc. iiii.xx. et quatre

aduisé, pour oster tout different, qu'il n'y auroit aucun Regent en France, mais que ladicte Dame de Beauieu, sœur du Roy, qui estoit sage, prudente & vertueuse, en ensuyuant la volonté du feu Roy Louis, auroit seulement le gouuernement de la personne dudict Roy Charles, tant qu'il seroit ainsi ieune. Le Duc d'Orleans, non content de ce que les estats auoyent ordonné que madame de Beauieu auroit le gouuernement de la personne du ieune Roy, nonobstant ladicte Ordonnnance se tint long temps à Paris, alloit au conseil en Parlement en l'Hostel de la ville, & ailliers, comme celuy qui vouloit congnoistre & entendre tout ce qu'on y faisoit, dót madame de Beauieu n'estoit contente: & de ce aduertis lesdicts Prince d'Orenge, Mareschal de Rieux, & autres Barons fugitifs de Bretaigne, se retirerent par deuers ladicte Dame, & s'offrirent au Roy & à elle: dont ledict Duc d'Orleans fut bien despit. Audict temps par Arrest de la court de Parlement Oliuier le Dan, Barbier tresfamilier dudict feu Roy Louis, & son seruiteur Daniel, pour certains crimes, dont furent attaincts & conuaincus, furent par Arrest de la court de Parlement penduz & estranglez au gibet de Paris: & touchant d'Oyac, il eut les oreilles coppees, & la langue percee. L'vn des cas, pour lequel ledict Oliuier fut ainsi executé, estoit comme vn Gentilhomme par le commandement du Roy fust detenu prisonnier, & sa femme, qui belle & ieune estoit, se fust abandonnee audict Oliuier, moyennant ce qu'il luy promeit faire deliurer son mary, le lendemain le fit ietter en vn sac en la riuiere, par Daniel son seruiteur. En ce temps Henry d'Angleterre, Comte de Richemont, qui parauant auoit esté chacé par Edouard le quart, & s'estoit retiré au Duc de Bretaigne, qui l'auoit songneusement gardé, par ce que ledict royaume d'Angleterre luy appartenoit, par le moyen de Pierre Landois se meit en poinct de retourner en Angleterre: car voyant ledict Pierre Landois que si par son moyen ledict Henry recouuroit ledict royaume contre Richard, qui l'vsurpoit, iceluy Henry mettroit peine à le venger de ses ennemis, fit tant enuers ledict Duc de Bretaigne (qu'il gouuernoit entierement) qu'il bailla audict Henry trois gros nauires, chargez de gensd'armes, qui se meirent en mer: &, comme il fut pres du Haure de Pluuic, fut aduerty que ledict Richard auec grosse armee, l'attendoit illec pres: parquoy fit destourner ses nauires, & cuidant recouurer la coste de Bretaigne, la tempeste le ietta à la costé de Normandie, ou il fut contrainct descendre: & de ce aduertie madame de Beauieu l'enuoya querir pour aller parler au Roy, ce qu'il fit, ou il fut tresbien recueilly. puis s'en retourna à Vannes en Bretaigne faire sa residence comme deuāt, en attendant meilleure fortune: & voyant ledict Landois qu'il estoit frustré de son intention, entreprint liurer ledict Henry audict Richard, & le mettre entre ses mains, ce qu'on rapporta à iceluy Henry: lequel à ceste cause, faignant vn iour aller à la chace, auec dix ou douze cheuaux se retira en Frāce, audict Roy Charles: lequel, bien tost apres, bailla à iceluy Henry, nauires, & si bon nombre de gens de guerre, que ledict Henry, par l'aide des Francois, & d'aucuns Anglois, ses parens qui tenoyent son party, recouura le royaume d'Angleterre, & en appella ledict Richard.

Le Duc d'Orleans alloit au conseil en Parlement.

Oliuier & son seruiteur furent pendus.

d'Oyac eut les oreilles coppees.

Henry 7. de ce nō fut roy d'Angleterre par le secours des Francois.

Comment Louis, Duc d'Orleans (lequel depuis a esté Roy de France) s'enfuyt de la ville de Paris, craignant d'estre prins.

ENuiron ledict temps, & ce pendant qu'on faisoit les choses susdictes, voyant madame de Beauieu que ledict Duc d'Orleans, qui residoit à Paris, gaignoit les gens constituez en authorité, & taschoit par ce moyen auoir la Regence du royaume, par la deliberation du conseil enuoya gens à Paris, pour prendre au corps ledict Duc d'Orleans: lequel, de ce aduerty, comme il iouoit à la paume entre deux Halles. Et faignant aller en son logis, & en la compaignie de Guyot Pot, & de Iehan de Louen, l'vn de ses Gentilshommes de sa maison, que fort il aymoit, s'en alla loger dedans Pontoise, & le lendemain à Vernueil, & de Vernueil à Alencon, ou il fut quelque temps: pendant lequel fit practiquer le Comte d'Angoulesme, le Duc de Bourbon, & le Seigneur d'Albret, qui se declarerent ses amis, pour le secourir en son entreprinse: lesquels Seigneurs à la raison de ce furent incontinent cassez, & desappointez de leurs charges, biens faicts & gensd'armes: mais neantmoins ne laisserent à mettre sus grosse armee de gens de leurs pais, & trouuerent moyen de gaigner le Duc de Lorraine, le Prince d'Orenge: & le Comte de Foix: & soubs l'asseurance de tous ces Princes & Seigneurs le Duc d'Orleans assembla son armee à Blois, pour aller à Orleans: mais ceulx de la ville s'excuserent, & ne le voulurent receuoir: parquoy auec grosse armee de quatre cens lances, & de grand nombre de gens de pied, s'en alla à Baugency, & en sa compaignie le Comte de Dunois, le Comte de Foix, Carqueleuant, & autres Capitaines de France, ou ils furent quelque temps, & les enuoya assieger le Roy Charles: & voyāt que ladicte place n'estoit pour resister, feirent vne paix fourree: par laquelle fut accordé que ledict

Le duc d'Orleās fugitif.

Les Princes cōtre le Roy.

DV ROY CHARLES, HVICTIEME DV NOM. Fueil.cxij.

que ledict Duc d'Orleans se retireroit vers le Roy (ce qu'il fit) & que le Comte de Dunois, coducteur de toute son entreprinse, vuideroit hors du royaume. ce qu'il fit semblablement, & s'en alla demourer en Ast: mais tout ce nonobstant les Ducs de Bourbon, & Comte d'Angoulesme, qui auoyent preparé leurs armees, pour secourir ledict Duc d'Orleãs, marcherẽt vers Bourges, ou alla le Roy Charles bien accõpaigné, & ledict Duc auec luy, qui fut cõtrainct s'armer contre ses alliez & confederez. Toutesfois, par la sage conduicte du Mareschal de Gié, & du Seigneur de Grauille, qui auoyent grosse authorité en la court du Roy, soubs madame de Beaujeu, fut trouué quelque expedient, par lequel tous ces Princes furent d'accord, auquel le seigneur d'Albret fut cõprins: & par ce moyen se departirent toutes leurs armees sans mal faire: & s'en alla le Roy à Amboyse & ledict Duc d'Orleans, à Orleans, le Côte de Foix, & le Cardinal son frere, se retirerent à Nãtes, par deuers le Duc, & la Duchesse, qui estoit leur sœur, qui fut en l'an mil quatre cens quatre vingts & cinq. Audict an, par la menee de Pierre Landois, le Duc de Bretaigne fit assembler grosse armee, pour aller abatre Ancenix, ou estoyent le Prince d'Orenge, & le seigneur de Comminge: lesquels, de ce aduertis, par l'aide de leurs parens & alliez, dresserẽt vne autre grosse armee qu'ils menerẽt à l'encontre de celle du Duc: mais ils ne frapperẽt point: car les Barons d'vne part & d'autre se ioignirent, & s'en allerent lesdicts Prince d'Orenge, & le seigneur de Comminge vers le Duc: duquel ils recouurerent la grace, & le gouuernement: dont Pierre Landois ne fut pas content, voulant faire expedier par le Chancelier, maistre François Chrestien, lettres par lesquelles le Duc declairoit tous les Barons, qui estoyent vnis auecques lesdicts Prince d'Orenge, & seigneur de Comminge, coulpables de crime de leze maiesté, & confisquoit leurs terres & Seigneuries estãs en sa Duché. Apres toutes ces choses le Comte de Dunois retourna d'Ast, & s'é alla en sa ville de Partenay en Poitou, qui lors estoit vne forte ville, bien renfermee de doubles fossez & triple muraille: & de ce aduerty le Roy, & qu'il se fortifioit en ladicte ville, sachant que ledict Comte de Dunois estoit inuentif, & de grand' entreprinse, manda audict Duc d'Orleans, qui se tenoit en sa ville d'Orleans, ou il faisoit ioustes & tournois, qu'il allast vers luy à Amboyse: & apres trois ou quatre messages, le dernier desquels fut le Mareschal de Gié, le Duc d'Orleans s'en alla à Blois, & le lendemain, qui estoit la vigile de la feste des Roys dudict an, mil quatre cens quatre vingts & cinq, partit de Blois bien matin à tout ses oyseaux, faignant voller par les champs, & d'vne traicte, tira au giste à Fronteuaux, dont sa sœur estoit Abbesse, & depuis fut Abbesse de l'Abbaye & monastere saincte Croix de Poitiers. De Fronteuaux s'en alla à Clisson, & de Clisson à Nantes, ou il fut recueilly par le Duc, & mieulx que iamais: & de ce aduerty, le Roy delibera d'aller assieger le Comte de Dunois en sadicte ville de Partenay: toutesfois, auant qu'en faire aucun bruit, trouua moyen de gaigner & allier auec luy le Mareschal de Rieux, & autres Barons de Bretaigne, qui s'estoyent retirez à Chasteaubriand, ou estoit la Dame de Laual, qui en estoit Dame, par ce que le Duc de Bretaigne, par le moyen desdicts Duc d'Orleans, & Comte de Dunois, taschoit de leur faire de l'ennuy, & se venger de la mort de feu Landois, par l'exhortation d'vn Capitaine, nõmé Iaques Guibe, qui estoit nepueu dudict feu Landois.

Accord entre le Roy & lesdits.

Mil.cccc.iiij.xx. & cinq.

Le comte de Dunois à Partenay

Le Duc d'Orleans en Bretaigne.

Comment l'armee du Roy entra en Bretaigne, en poursuyuant le Duc d'Orleans qui s'estoit illec retiré.

L'Annee apres, le Seigneur de sainct André, auec quatre cens lances, & cinq ou six mil hommes de pied, entra pour le Roy en Bretaigne, d'vn costé, & le Comte de Montpensier, à tout grand nombre de gens, par vn autre, & messire Louis de la Trimouille, Vicomte de Touars, qui auoit espousé madame Gabrielle de Bourbon, sœur dudict Comte de Montpensier, auec grand nombre de gẽs d'armes, par vn autre endroict, tellement que le païs de Bretaigne fut tout plain de gens de guerre de France, auec lesquels y auoit plusieurs Barons de Bretaigne. Quoy voyant le Duc de Bretaigne fut fort esbahy: mais le Duc d'Orleans, le Comte de Dunois, & le Seigneur de Comminge, qui estoyent auec luy, le consolerent: & soubs ombre de marier madame Anne, fille aisnee dudict Duc de Bretaigne, auec le Seigneur d'Albret, qui auoit cent lances, & grand nombre d'autres gens de guerre, par la conduicte dudict Comte de Dunois gaignerent iceluy Seigneur d'Albret, qui laissa la confederation & seruice du Roy: & neantmoins le Duc de Bretaigne laissa la ville de Nantes entre les mains du Prince d'Orẽge, & s'en alla au chasteau de Malestroit, qui est vne forte place, ou il assembla vne armee de six cens lances & seize mil hommes de pied: & de ce aduertis les François allerent assieger Ploermel, qui est à trois ou quatre lieues de Malestroit: laquelle ville de Ploermel fut prinse & pillee le troisiéme iour, & ceulx qui estoyent dedans mis à rancon. Les Ducs de Bretaigne, & d'Orleas, &

T.iiij

LES CHRONIQVES ET ANNALES DE FRANCE.

Milcccc.iiii.xx. & sept.

vênes prinse par les François, & Bretõs deffaicts.

autres Seigneurs, qui estoyent à Malestroit, auertis de ladicte prinse, s'en allerent à Vennes, la vigille de Penthecouste mil quatre cens quatre vingts & sept, ou ils furent suyuis de si pres qu'à peine eurent loysir de se sauuer par mer, & s'en aller au Croisic, & du Croisic par la riuiere de Loire, à Nantes, & furent contraincts de laisser partie de leur bagage en ladicte ville de Vennes, qui fut assiegee & prinse par les Francois: lesquels à vne rencontree, quinze iours apres, desfeirent vne grosse bende de Bretons, que messire Amaulry de la Mossaye menoit à Nãtes, au lieu de Ioue, entre Chasteaubriand, & Nantes, auquel temps le Roy estoit à Ancenix.

Apres la prinse de Vennes l'armee du Roy s'approcha de Nantes, & fut la ville assiegee la vigille de la feste Dieu, qui fut le dixneufiéme iour de Iuin, dudict an mil quatre cens quatre vingts & sept: en laquelle estoyent le Duc de Bretaigne, & ses deux filles Anne & Ysabeau, le Duc d'Orleans, le Prince d'Orenge, la Dame de Laual, & de Chasteaubriand, l'Euesque de Nantes, du Chauffault, homme de saincte vie, le Comte de Comminge, & plusieurs autres Seigneurs qui tous deslogerent du chasteau, & le Duc de premier, & sesdictes filles, & logerent en la ville: & par ce qu'on ne se fioit totalement audict Euesque de Nantes, n'en ladicte Dame de Laual, furent mis en garde d'aucunes gens de la ville. En ce siege y auoit dix mil hommes Francois & vn bon nombre d'Artillerie, dont la ville fut fort batue, tãt le chasteau que les tours & auãtmurs: mais ceulx de dehors furẽt bien seruis de ceulx de dedans, tant de traict que coups d'Artillerie, & de saillies de gens hardis, ou furent faictes mainctes belles armes d'vne part & d'autre: & pour secourir la ville, le Comte de Dunois, qui estoit en basse Bretaigne, ou il estoit allé pour d'illec prendre voyle en Angleterre, à ce qu'il eust secours des Anglois (ce qu'il ne peut faire) amena en ladicte ville de Nantes plus de cinquante mil Bretons de commune, que les Francois laisserent passer, pensans que ce n'estoyent gens de deffence: & voyant le Roy la vehemence du chauld, & qu'il ne pouuoyent rien faire, leua ledict siege le sixiéme iour d'Aoust audict an mil quatre cens quatre vingts & sept. Et marcha l'armee des Francois vers la ville de Dol, qu'ils prindrent sans resistence, & la pillerent: & les Bretons & autres gens de guerre, qui estoyent dedans, furent prins prisonniers. Apres toutes ces choses le Mareschal de Rieux, qui tenoit Ancenix pour le Roy, le liura au Duc de Bretaigne: & en allant à Nantes, vers ledict Duc, print semblablement Chasteaubriand, qui tenoit pour le Roy, & en chacea les Francois subtilement & par trahison: & le vingtcinquiéme iour de Feurier ensuyuant alla mettre le siege deuant la ville de Vennes, que tenoyent les Francois soubs Gilbert de Grassay, & Philippe du Moulin, vaillans Capitaines, qui rendirent ladicte ville par composition le tiers iour de Mars ensuyuant dudict an mil quatre cens quatre vingts & sept. De l'autre costé l'armee du Roy print le Chasteau & place d'Ancenix, qui appartenoit audict Mareschal de Rieux: laquelle place fut abbatue & mise par terre, tant maisons, tours, qu'autres edifices, par le commandemẽt du Roy, tellement qu'il n'y demoura que la matiere, dont elle auoit esté bastie. D'illec l'armee du Roy marcha vers Chasteaubriand, & fut la ville prinse par les Francois, & le chasteau abbatu au cõmencement de l'an mil quatre cens quatre vingts & huict. Apres la prinse de Chasteaubriand, l'armee du Roy tira vers Fougeres, qui est place de frontiere, forte & de bonne resistence, & tant feirent que la ville fut assiegee: & en ce temps le Seigneur d'Albret, qui auoit longuement residé en la court du Roy d'Espaigne, passa la mer, & descendit en la basse Bretaigne auecques quatre mil hommes de guerre. Ces gens allerent à Rennes, & il se retira en la ville de Nantes, par deuers le Duc, ou il voulut des l'entree conclurre le mariage de luy & madame Anne, fille aisnee du Duc, ou elle ne voulut entendre: dont son pere fut mal content, qui ne sçauoit pas qu'elle vouloit bien le Duc d'Orleans: à quoy le Comte de Dunois s'attendoit: & à ceste cause ledict Comte de Dunois, de paour de reproche, eust volontiers recouuert son seelé, qui estoit entre les mains de madame de Laual, sœur dudict seigneur d'Albret, auecques tous les autres seelez des Seigneurs touchant ladicte entreprinse & mariage. Ce qu'il fit subtilement, moyennant ce qu'il donna à entendre à ladicte Dame, que iamais ledict mariage ne se pourroit conduire si on n'auoit le seel dudict Duc de Bretaigne, dont il luy auoit parlé, & luy auoit respondu qu'il le vouloit bien bailler, mais qu'il fust escrit & dicté de mot à mot, comme celuy dudict Comte de Dunois: & que si elle luy vouloit bailler, il feroit faire à son Clerc Iohannes Herouet, celuy dudict Duc, tout ainsi que ledict Herouet auoit escrit le sien. ce que fit ladicte Dame de Laual, croyant que ledict Comte de Dunois luy tint promesse, mais depuis ne rendit son seellé: car incontinent apres ledict Comte de Dunois, & aucunes gẽs de Iustice, allerẽt en Ambassade vers le Roy qui estoit à Angers, pour sçauoir qu'il demãdoit en la Duché de Bretaigne, & pourquoy il faisoit abatre les chasteaux & places dudict païs. D'autre part sortirẽt de Nãtes ledict Duc d'Orleãs & autres Seigneurs, & allerẽt à Rẽnes, ou ils assemblerent leurs armees pour aller leuer le siege du Roy, qui estoit deuant Fougeres.

Le siege de Nantes leué.

La trahison du Mareschal de Rieux.

vênes prinse par les Bretons.

Milcccc.iiii.xx. & huict. Fougeres assiegee par les Francois.

La uenue du seigneur d'Albret à Nantes.

Le Cõte de Dunois retira subtillemẽt so seelé.

Puis

DV ROY CHARLES, HVICTIEME DV NOM. Fueil.cxiij.

Puis se meirent aux champs en bon ordre lesdicts Ducs d'Orleans, le Seigneur d'Albret, le Mareschal de Rieux, le seigneur de Chasteaubriand, le Comte d'Escalles Anglois, le seigneur de Leon, fils aisné de Rohan, le seigneur de Crenettes, le seigneur du Pont l'Abbé, le seigneur du Plessis, le seigneur de Baliues, le seigneur de Montigny, le seigneur de Montuel, & generalement toutes les compaignies desdicts Seigneurs: & se trouuerent en vn village, appelé Andoille, le Mercredy vingtroisiéme iour de Iuillet l'an dessusdict mil quatre cens quatre vingts & huict: & fut trouué qu'en ceste armee y auoit huict mil hommes de pied, sans y comprendre huict cens Alemans, & trois cens Anglois, auec quatre cens hommes d'armes, & vne bonne quantité d'Artillerie. Tous logerét audict village, & la nuict y eut quelque alarme par les folles testes des Gascons, dont il cuida auoir mutinerie entre ledict Duc d'Orleans & ledict Seigneur d'Albret: mais cela fut bien tost pacifié. Ce pendant les François prindrent par composition ladicte ville de Fougeres, dont vindrent nouuelles certaines ausdicts Ducs d'Orleás, seigneur d'Albret, & autres Seigneurs dessus nommez, qui encores estoyent audict village d'Andoille, le Samedy vingtsixiéme iour dudict moys de Iuillet assez matin, & que les Bretons, qui auoyent tenu ladicte ville de Fougeres, s'en venoyent leurs bagues sauues: mais tout ce nonobstant lesdicts Seigneurs, auec l'armee de Bretaigne, marcherent contre les François, pour aller assieger la place de sainct Aubin, qui estoit en leur main: & arriuerent au village d'Orenge, qui est à deux lieues dudict sainct Aubin, le Samedy au soir, ou furent aduertiz q̃ sans point de faulte seroyent rencontrez par ceulx de l'armee de France, lesquels estoyent bien deliberez de les combatre.

L'an mil cccc. iiii.xx. & viii.

La ville de Fougeres prise par les François.

Comment le Roy de France gaigna la bataille contre les Bretons, pres sainct Aubin du Cormier, ou fut prins le Duc d'Orleans.

LE Dimenche matin fut aduisé de l'ordre de leur bataille: & par ce que les gens de pied se doubterent des gens de Cheual François, qui estoyent en l'armee des Bretons, & mesmement dudict Duc d'Orleans, fut aduisé que luy & le Prince d'Orenge se mettroyent à pied en la bataille, auec les Alemans. L'Auantgarde fut baillee au Mareschal de Rieux, la bataille au seigneur d'Albret, & l'Arrieregarde au Seigneur de Chasteaubriand. Sur vne de leurs aesles fut ordóné le charroy de leur Artillerie, & de leurs bagages: & pour monstrer qu'il y auoit grand nombre d'Anglois, iacoit ce qu'il n'en y eust que trois cens, que conduisoit le Comte de Talbot, luy furent baillez dixsept cens Bretons, gens de pied, vestuz de hocquetons à croix rouges: & le Lundy matin se meirent en bataille, selon ceste ordonnance, hors le village d'Orenge, ioignant vne touche de boys, attendant l'armee des François. L'armee des François, dont messire Louis de la Trimoille, Vicomte de Touars, estoit Lieutenant general pour le Roy, en l'aage de xxv. ou xxvj. ans, sortit de Fougeres en bon propos & vouloir de combatre les Bretons, & menoit l'Auátgarde Adrian de l'Hospital. Gabriel de Montfaulcois, & dix ou douze hardis Cheualiers François s'auancerent pour regarder la contenance des Bretons, dont il veirent le bon ordre. Puis se retirerent à leur compaignie, & tous ensemble en bataille bien rengee approcherent de l'armee des Bretons, & d'vne part & d'autre tirerent Artillerie: qui grandement endommagea les deux armees. Puis marcherent François à puissance, & donnerent à trauers l'Auantgárde, ou le Mareschal de Rieux soustint le faix, & luy & sa compaignie s'acquitterent si bien que les François laisserent l'Auantgarde, & tirerent droit à la bataille, ou les gens de cheual reculerent. Ceulx de l'Arrieregarde eurent paour, & se meirent en fuyte. Les François chargerent dessus, & tuerent tous les gens de pied qu'ils peurent attaindre. Quand les Bretons de l'Auantgarde veirent cest desordre, tendirent à se sauuer, l'vn ca, l'autre la. Finalement les François eurent la victoire, & tuerent tous ceulx qui portoyent la croix rouge, cuidans qu'ils fussent tous Anglois: auec douze ou treze cens autres Bretons, tant gens de pied que de cheual. Le Duc d'Orleans fut prins par les gens de pied, & semblablement le Prince d'Orenge, qui s'estoit mis contre terre, & auoit deschiré sa croix noire, entre les gens mors, ou il fut congnu par vn Archer François: & furent ces deux Seigneurs menez en bonne & seure garde, à sainct Aubin. Le Mareschal de Rieux se sauua ainsi qu'il peut, & tira à Dinan. Le seigneur de Leon, le seigneur du Pont l'Abbé, le seigneur de Montfort, & plusieurs notables Bretons y furent occis, & de tous leurs gens, iusques au nombre de six mil personnes. Et de la part des François fut tué Iaques Galiot, vaillant & bien renommé Capitaine, & plusieurs autres iusques au nombre de mille ou douze cens: & fut ceste rencontre le Lundy vingthuictiéme iour de Iuillet, audict an mil cccc.iiii.xx. & huict. Tantost apres ledict Duc d'Orleans fut mené au chasteau de Luzignen, & apres il passa par Poitiers, ou il fut detenu par certain temps:

La rencontre de s.Aubin, ou les François curêt ui ctoire, mil cccc. iiii.xx. & vii.

Victoire des François, contre les Bretons.

Le Duc d'Orleans pris à la tournee s.Aubin.

L'an mil cccc. iiii.xx. & viii.

LES CHRONIQVES ET ANNALES DE FRANCE.

Sommation de par le Roy, à ceulx de Rênes, & la responce qu'ils feirent.

puis on le transporta en la grosse Tour de Bourges. Des le lendemain de ladicte rencontre le Seigneur de la Trimouille enuoya quelques Heraux à Rennes, pour sommer ceulx de dedans de mettre la ville en la main & obeissance du Roy: & apres leur conseil tenu, feirent remonstrer auscdicts Heraux que le Roy n'auoit aucun droit en ladicte ville, & qu'à tort & sans cause il faisoit la guerre au païs de Bretaigne, & si ores il auoit grosse armee, ne seroit pourtant le maistre: car Dieu, qui garde le bon droit des Bretons, luy pourroit faire comme il fit au Roy Iehan, deuant Poitiers, & au Roy Philippe de Vallois à Crecy, & declarerent qu'ils ne bailleroyët leur ville, & que si le Seigneur de la Trimouille y alloit, trouueroit quarante mil hommes en ladicte ville, dont il en y auoit vingt mil de bonne resistence. Ceste responce fut rapportee audict Seigneur de la Trimouille, qui fut long temps sans dire mot: puis en aduertit le Roy, qui estoit à Angiers, par lesdicts Heraux mesmes. Sur quoy fit assembler le Conseil pour sçauoir qu'on deuoit faire. Aucuns, & presque tous, furent d'oppinion on deuoit aller assieger ladicte ville de Rennes: mais messire Guillaume de Rochefort, Chancelier de Fráce, fut d'autre oppinion: & se fonda premierement sur le droit qu'on disoit appartenir au Roy en la Duché de Bretaigne, au moyen de quelque transport que messire Iehan de Brosse, Seigneur de Boussac, mary de madame Nicole de Bretaigne, fille & heritiere de Charles de Blois, Côte de Ponthieure, auoit fait aux predecesseurs du Roy, & autres tiltres qui n'estoyent encores verifiez, & que si le Roy n'y auoit aucun droit, ce seroit chose trop damnable, & ouurage de Tiran, d'vsurper le païs qui ne luy appartiendroit, & qu'à ceste raison il estoit d'aduis qu'on deuoit premieremét, en ensuyuant la charge des Ambassadeurs de Bretaigne, qui estoyent à Angiers, commettre gens pour visiter les droicts de l'vn & l'autre party. Ceste oppinion fut trouuee la plus saine & meilleure: & en ensuyuant icelle, le Roy accorda ausdicts Ambassadeurs de Bretaigne, que luy & le Duc commettroyent de chacune part gens sçauans, lettrez & entenduz de leurs Côseils, qui se transporteroyent en vne ville neutre, auec leurs chartres, & tiltres, pour aduiser en saine conscience à qui appartenoit la Duché de Bretaigne, auec plusieurs autres articles. Le Duc de Bretaigne voulut cest accord: & par ce qu'ils se mouroyent de peste en la ville de Nâtes, s'en alla de ladicte ville auec mes Dames ses filles, la Dame de Laual, le Seigneur d'Albret, le Comte de Dunois, le Mareschal de Rieux, le Comte de Côminge, & autres Seigneurs, & se retirerent au lieu de Coiron, sur la riuiere de Loire, au dessoubs, & à trois lieues de Nantes: ou tantost apres, le Mercredy septiéme de Septembre dudict an mil quatre cens quatre vingts & huict, ledict Duc alla de vie à trespas d'vne maladie qu'il eut à cause d'vne cheute: & ordôna Gouuerneur de la Duché de Bretaigne, & garde de ses filles, ledict Mareschal de Rieux, & luy bailla pour aide le Comte de Comminge. Son corps fut porté enterrer en l'eglise des Carmes de Nantes.

Bône oppinion de messire Guillaume de Rochefort, Chancelier de France.

Le trespas de François, Duc de Bretaigne.

Comment le mariage fut faict entre le Roy Charles huictiéme, & madame Anne de Bretaigne, seule heritiere dudict Duché.

APres le deces & trespas dudict Duc de Bretaigne, les Seigneurs dudict païs & les Princes de France tendirent (comme Dieu voulut) à paix finale, & la demandoyent tresfort les Bretons, par ce qu'ils auoyent esté frustrez du secours que Maximilian, Duc d'Austriche, & Roy des Rômains, fils de l'Empereur Frederic, leur auoit promis donner & faire. Et ce pendant l'Archiduc faisoit guerre en Picardie contre ledict Roy Charles: ou le Seigneur d'Esquerdes, Philippe de Creuecœur, Gouuerneur dudict païs, se gouuerna tresbien à son honneur, & au proffit du royaume de France: & ce voyant le Roy Charles, & que ledict Maximilian tendoit espouser madame Anne, fille aisnee de Bretaigne, & ne vouloit que madame Marguerite de Flandres, sa fille, espousast ledict Roy Charles, auquel elle estoit promise, iceluy Roy Charles fit paix finale auec les Bretons, & Seigneurs de France qui tenoyët leur party: par laquelle paix il espousa ladicte dame Anne de Bretaigne, qui lors estoit seule heritiere, par ce que sa sœur Ysabeau estoit decedee. Par le traicté duquel mariage la Duché de Bretaigne fut vnie à la couronne de France, en l'an mil quatre cés quatre vingts & neuf: & peu de temps apres le Comte de Dunois, qui auoit esté le principal conducteur de ladicte paix, & par ce moyen reconcilié auec le Roy, mourut soubdain en cheuauchant, par faulte de manger, ainsi qu'on disoit. Quand le Roy eut mis ordre au païs de Bretaigne, il vint en France, & ordonna que madame Marguerite de Flandres se tiendroit au chasteau de Melun, sur la riuiere de Seine, & auec elle la Princesse de Tarente.

L'an mil cccc. iiij.xx.& ix. La mort du Cô te de Dunois.

Le Roy Henry d'Angleterre, septiéme de ce nom, aduerty dudict mariage faict du Roy Charles auec la Duchesse de Bretaigne, auec grosse armee assiegea par mer la ville de Boulongne sur la mer: & pour empescher qu'il ne print terre, le Seigneur d'Esquerdes, & le Bastard de Car-

DV ROY CHARLES, HVICTIEME DV NOM. Fueil.cxiiij.

de Cardone, Capitaine d'Arras, y allerent auec petite armee. Ce pendant aucuns de la ville d'Arras trouuerent moyen d'auoir falufes clefs des portes de ladicte ville d'Arras, au deſceu de Carqueleuant, qui eſtoit demouré Lieutenant dudict de Cardonne, pour liurer icelle ville entre les mains des gensd'armes de l'Archiduc, qui n'en eſtoyent pas loing: & pour leur faire ſcauoir l'heure qu'ils deuoyent reculer ou approcher, leſdicts trahiſtres, qui eſtoyent quatre ieunes galans, chantoyent ſur les murailles chancons: Quelle heure eſt il? il n'eſt pas heure, qu'elle heure eſt il? il n'eſt pas iour. Et à l'heure de la prinſe: Marchez la duron duraine, marchez la duron dureau. Auquel chant leſdicts gensd'armes s'approcherent, & trouuerent les portes ouuertes. Ainſi fut prinſe la ville d'Arras, & les Francois trahiz. Le Capitaine Carqueleuant laiſſa le chaſteau trop toſt, car il euſt eu ſecours incontinent: dont il ne fut pas loué. La ville fut toute pillee, ſans eſpargner les egliſes, ne les maiſons des trahiſtres. Peu de temps apres, les gensd'armes dudict Archiduc voulurent prendre de nuict, & à l'emblee, la ville d'Amiens, qui eſt la capitale de Picardie, & y arriuerent enuiron minuict: deſquels vne femme ouit le bruit, & incontinent s'alla dire au guet, qui fit ſonner la petite cloche du guet, & ſoubdain la groſſe cloche du Beffroy, dont le peuple fut tout eſmeu, & ſe meit chacun en armes, & ſe retirerent tous à leurs dixeniers & cinquanteniers, es quartiers qui leur auoyent eſté au parauant aſſignez, ou les femmes ne s'eſpargnerent pas: car elles portoyent les baſtons & armeures auec leurs maris: & feirent leſdicts habitans ſi bonne diligence, que par la conduicte du ſeigneur de Rubembre, & d'Anthoine Clabault, lors Maire de ladicte ville, que les ennemis ne peurent entrer dedans, & s'en retournerent confus. Enuiron lequel temps l'Empereur Federic treſpaſſa, & occupa le lieu de l'Empire ſon fils, Duc d'Auſtriche: mais iamais ne peut eſtre couronné Empereur. Le ſeigneur d'Eſquerdes eſtoit lors de la prinſe bien empeſché contre les Anglois, audict lieu de Boulongne: toutesfois, apres qu'il eut parlé au Roy Henry (qui eſtoit tant tenu audict Roy Charles, par ce qu'il l'auoit fait couronner Roy d'Angleterre) ſceut que ledict Roy Henry demandoit ſeulement quelque groſſe ſomme de deniers, qu'il diſoit auoir preſtee au feu Duc Francois de Bretaigne: laquelle luy fut payee: & par ce moyen s'en alla auec ſon armee. Incontinent apres ledict ſeigneur d'Eſquerdes traicta paix entre ledict Archiduc, & ledict Roy Charles: par lequel traicté madame Margueriṭe de Flandres fut rendue audict Archiduc, ſon pere, auec la Comté d'Artois: par le moyen dequoy tout le royaume de France fut paiſible: & s'en alla ledict Roy Charles viſiter ſon pais de Picardie, ou il fut honnorablemét receu, & fit faire monnoye d'argent nouuelle, de dix deniers la piece, qu'on appelle Carolus. Enuiron ledict temps aduint vn grád ſcandale en l'egliſe noſtre Dame de Paris, d'vn Preſtre, nommé maiſtre Iehán l'Anglois, lequel vn lendemain de la feſte Dieu, comme vn autre Preſtre celebroit meſſe en la chapelle ſainct Creſpin, le ſaiſit aux cheueulx, le ietta par terre, print la ſaincte Hoſtie & le calice, qu'il ietta ſemblablement par terre, le tout en ſi grand' fureur & haſtiueté, que ceulx qui oyoyent la meſſe n'eurent loyſir de l'empeſcher: toutesfois fut prins & conſtitué priſonnier, & diſt qu'il auoit fait ledict cas par le conſeil d'vne Iuifue, de laquelle il auoit eſté abuſé, par ce qu'elle luy auoit donné à entendre que s'il pouoit faire ce cruel & vilain exploict, qu'il paruiendroit à groſſe fortune, comme auſſi fit il, mais elle fut mauuaiſe pour ſon ame, & auſſi pour le corps: car il fut degradé & bruſlé au Marché aux pourceaux. Vn notable Docteur & Penitencier de l'egliſe de Paris, nommé maiſtre Iehan Standon, Flament, qui luy auoit eſté baillé pour le conuertir, preſcha depuis qu'auant qu'on le meiſt au feu, baiſa la croix, & recongnut ſon peché. ce qui aduint l'an mil quatre cens quatre vingts & onze: auquel an le Roy d'Eſpaigne conquiſt ſur les Maures, Sarrazins, la fameuſe ville de Grenade.

La ville d'Arras priſe par trahiſon contre les Francois.

La bonne garde de ceulx d'Amiens.

Paix auec les Anglois.

Paix auec l'Archiduc, & ſa fille rendue.

Mil cccc.iiii. xx. & xi.

Comment la Comté de Rouſſillon fut rendue au Roy d'Eſpaigne.

L'An mil cccc.iiij.xx. & xij. le Roy Charles, par ſa grand' liberalité, & à la perſuaſió de ſon maiſtre Louis d'Amboyſe, Eueſque d'Alby, & de frere Oliuier Maillard, grand Predicateur, de l'ordre des Obſeruantins, freres Mineurs, remeit entre les mains du Roy d'Eſpaigne les Comtez de Rouſſillon & Parpignan, que le feu Roy Louis, onzième, auoit achaptees, comme il a eſté dict deſſus, & luy dóna l'argent qui en auoit eſté baillé: ſcauoir eſt cinquante mil eſcus: moyennant que ledict Roy d'Eſpaigne promeit pour luy & ſes ſucceſſeurs eſtre touſiours loyaux à la couronne de France: laquelle promeſſe n'a eſté tenue, cóme nous verrons cy apres. L'an mil quatre céns quatre vingts & treze, apres ce que ledict Roy Charles eut mis en paix & tranquilité ſon royaume de Fráce, & deliuré de la priſon le Duc d'Orleans, & luy eſtár en l'amitié de tous les Princes de ſon ſang, par leur cóſeil, & de tous les principaux Seigneurs & Barons de ſon royaume, entreprint aller

Mil cccc.iiii. xx. & xii.

Mil cccc.iiii. xx. & xiii.

conquerir le royaume & isle de Cecille, & païs de Naples, à luy appartenans à cause de ses predecesseurs: & auant que le faire voulut bien sçauoir s'il y auoit iuste tiltre. A ceste cause assembla les Presidens de ses courts de Parlement, auec son Chancelier & les Princes du royaume, ou fut deduicte la genealogie des Roys de Cecille: par lesquels fut trouué le Roy auoir iuste tiltre audict royaume de Naples, & de Cecille: & deslors, pour iceluy recouurer, prepara grosse armee, & partit d'Amboise audict an mil quatre cens quatre vingts & treize, pour aller à Lion, ou il arriua tantost apres, & premierement y fonda Mineurs obseruantins, es faulxbourgs de ladicte ville, sur le Rosne, au nom de Dieu & de nostre Dame des Anges, par le conseil de frere Iehan Bourgeois, religieux dudict ordre, de saincte vie: lequel Bourgeois auoit vn compaignõ, nommé frere Iehan Tisserrant, qui à sa predication conuertit la plusgrand'partie des filles perdues de Paris, qui viuoyent en lubricité, & iusques au nombre de deux cens ou enuiron, des plus ieunes & belles, dont a esté dressee vne religion en ladicte ville de Paris, appelee la religion des filles repenties: & depuis y en ay veu plus de trois cens.

Entreprise pour aller conquerir le royaume de Naples.

Fondation des filles penitētes, à Paris.

Comment le Roy Charles se partit de Lion, pour aller conquester son royaume de Naples.

APres toutes ces choses, & que le Roy eut ordonné de tous ses Capitaines, tant de son armee de mer que par terre, s'en alla en la ville de Vienne, au Dauphiné, ou il arriua le vingtiéme iour du moys d'Aoust, audict an mil quatre cens quatre vingts & treize: & luy estant en ladicte ville, par l'oppinion & du vouloir de tous les Princes, monseigneur Pierre, Duc de Bourbon, mary de madame Anne de France, sœur du Roy, fut ordonné general Regent du royaume de France, tant que le Roy seroit absent: le Comte d'Angoulesme, Gouuerneur de Guyenne: le Seigneur de Baudricourt, Gouuerneur de Bourgongne: l'Admiral de France, Seigneur de Grauille, Gouuerneur de Picardie, & de Normandie: le Seigneur d'Orual, Gouuerneur de Champaigne: & les Seigneurs de Rohan, & d'Auaugour, Gouuerneurs de Bretaigne: & le vingtdeuxiéme iour dudict moys le Roy & la Royne s'en allerent à Grenoble, ou ils feirent triomphante entree. Le vingtneufiéme iour dudict moys la Royne print congé du Roy, & s'en retourna en France: & le Roy alla au giste à Bry, qui est audict pais de Dauphiné. Les Princes & Seigneurs qui feirent ledict voyage auec le Roy, estoyent le Duc d'Orleans, le Comte de Montpensier, le Seigneur de Ligny, Louis de Luxembourg, le seigneur de la Trimouille, le seigneur de Silly, le seigneur de Piennes, le Mareschal Baudricourt, le seigneur de Guyse, le seigneur de Chadenyer, le seigneur de Mauleon, messire Emard de Prie, le seigneur de Camincan, le Capitaine Odet, le Côte de Neuers, le Comte de Boulongne, le Duc de Vendosme, le grand Bastard de Bourgongne, le grand Bastard de Bourbon, le Mareschal de Bourgongne, le Comte de Fouez, le seigneur Gracien, le Bailly de Lion, le seigneur de Montaison, le seigneur d'Alegre, le seigneur de Chaulmont, le seigneur de Chastillon, le seigneur de la Palice, le seigneur de Vergy, André de l'Hospital, le seigneur de Beaumõt, le Seneschal d'Armignac, le Vidasme de Chartres, le seigneur de Myolàs, le seigneur de Cressol, le Capitaine Claude, & plusieurs autres grands Seigneurs, qui allerent sans auoir gages du Roy: & estoit l'armee de terre de trois mil six cens hommes d'armes, six mil Archers de pied, six mil Arbalestriers, huict mil hommes de pied, portant picques, & huict mil d'autres, ayans hacquebutes & espees à deux mains. L'Artillerie deux mil quarante pieces grosses, cent quarante Bombardes, mil deux cens Vascadeurs: & pour la conduicte deux cens Maistres expres, six cens Maistres charpentiers, Maistres pour abatre murailles trois cens, & autres gens pour faire pierre de fonte, charbon, & cordes: quatre mil charretiers pour conduire huict mil cheuaux, qui portoyent ladicte Artillerie. le seigneur d'Esquerdes, Creuecœur, ne fut audict voyage: car il mourut à la Bresle, à trois lieues de Lion, & fut son corps porté à Boulongne sur la mer. Ce fut vn des bons, loyaux & prudens Capitaines qui fut onc en France, & qui iamais n'eut reproche. Pour retourner au voyage, le Roy Charles s'en alla de Bry à Bonnet, de Bonnet en la ville de Gap, de Gap à Sorpes, de Sorpes à nostre Dame d'Ambrun, d'Ambrun à Briancon, de Briancon à Suse, en Sauoye, ou fut honnorablemēt receu par les Duc & Duchesse de Sauoye: de Suse, alla à Iousset, & Vilaigne, & au païs de Piemont, ou il fut bien receu par la Noblesse dudict païs. Puis alla faire son entree à Thurin, qui fut triomphante: de Thurin alla à Quiers, ou il fit aussi entree gorgiase: de Quiers alla à Ast, ou il luy fut faussement rapporté que le Duc d'Orleans, qui auoit la charge de l'armee de mer, auoit esté prins & desconfit par vn nommé Federic: mais c'estoit le contraire: car ledict Duc d'Orleans auoit desconfit ledict Federic & toute son armee, pres la riuiere de Gennes: pour laquelle victoire tous les ennemis de France, estans sur la mer, furent mis en crainte iusques à Naples,

L'armee par terre pour le voyage de Naples.

L'Artillerie & son equipage.

Victoire des François sur mer, par le Duc d'Orleās.

DV ROY CHARLES, HVICTIEME DV NOM. Fueil.cxv.

Naples, & par dela: & tantost apres ledict Duc d'Orleans fut malade d'vne fiéure, & retourna iusques en Ast. Le Roy fut en Ast depuis le neufiéme iour de Septembre iusques au sixiéme d'Octobre, ou le Seigneur Ludouic & sa femme, fille du Duc de Ferrare, le furent veoir. D'Ast le Roy s'en alla à Moncal, de Moncal en la ville de Cassal, appartenant à la Marquise de Monferrat, qui estoit veufue, & se meit elle & son fils en la protection du Roy, de Cassal, ou le Roy fut trois iours, s'en alla à Cousse, & au giste à Mortaire, qui est vne ville appartenant au Duc de Millan, & à son entree fut crié, Viue le Roy. De Mortaire alla à Vigene, qui est vne petite ville, ou y a beau chastel, de Vigene le seigneur Ludouic & sa femme le menerent disner au lieu appelé les Granges, à culx appartenant: qui est vn Parc sumptueux de toutes bestes seruans à la vie de l'homme, & ou sont faicts les bons & grands fromages de Millan. des Granges le Roy s'en alla en la ville de Pauie, ou il feit entree comme Roy, soubs le poile, les rues tendues, le peuple cryant, Viue le Roy. De Pauie alla faire vne autre entree en la ville de Plaisance, ou il fut aussi bien receu comme à Pauie. De Plaisance alla au giste à Floresolles, qui est vne bonne petite ville. Le lendemain alla faire entree en vne autre ville, appellee S. Denis, ou il fut honorablement receu. Dudict lieu s'en alla disner à Fournoue, qui est vn village, auquel y a vne Abbaye, & est le commencement des Alpes & monts. De Fournoue le Roy passa Terete, dict Terentois, en la montaigne, & alla au giste à Casse, ou il fut estroitement logé. Le lendemain le Roy alla à Bellee, & le lendemain à Petremola, oultre les Alpes & mötaignes, ou se transporta Pierre de Medicis, Seigneur principal de Florence, qui offrit au Roy ses villes & Seigneuries, iacoit ce qu'il y eust aucuns Florentins contraires au Roy: cötre lesquels le Seigneur de Montpensier, le Seigneur de Guise, le Mareschal de Rieux, & autres bons Capitaines, qui estoyent à l'Auantgarde, auoyét ia prins plusieurs places. Au departir de Petremola y eut quelque discord entre vne bende d'Allemans, & ceulx de la ville, qui en tuerent aucuns, dont les Allemans se vengerent au retour. De Petremola le Roy alla en la ville de *Saisigne, appartenant aux Florentins, ou il laissa garnison. De ladicte ville alla à Petresainct, qui est ausdicts Florentins, & y laissa semblablemét garnison. De Petresainct alla faire entree en la cité de Lucques, ou il fut receu honnorablement, & crierent les habitans, Viue le Roy de France, Auguste. Le Roy s'en alla de Lucques disner à Primart, & coucher à Pise, ou il fit semblable entree qu'il auoit faict à Lucques: & là se trouuerent les Ambassadeurs de Venise, de Sienes & de Florence, qui se declairerent tous amys du Roy: & le dixseptiéme iour de Nouembre, le Roy, qui auoit disné au pont du Cyue, alla faire triumphante entree en la riche & belle ville de Florence, qui fut la plus gorgiase & triumphate qu'on veit onc pour entree en armes, & pour reception, & y fut iusques au vingthuictiéme dudict moys. De Florence le Roy alla coucher à sainct Cassant, & d'illec à Pondibond, qui est vne petite ville, ou les habitans crierent à son entree, Viue le Roy.

villes ou passa le Roy d'Ast a Florence.

Le commencement des Alpes

* sarzanne, ou serzanne, Cômines.

Le chemin que tint le Roy, de Florence à Rôme.

Comment Picus Mirandula mourut à Florence, lors que le Roy Charles y passa.

ENuiron ledict temps Iehan Picus, Comte de Mirandule, issu de noble sang, tresrenommé Orateur, grãd Philosophe & souuerain Theologien, alla de vie à trespas à Florence, le trentiéme an de son aage: & vn peu deuant estoit mort aussi à Florence Ange Policiã, homme treseloquent en toutes langues, & illustrateur de langue Latine. De Pondibond le Roy alla au giste à Sienes la Vicille, ou fut receu comme Roy, & feirent les habitans de ladicte ville oster les portes des gons. Trois iours apres le Roy alla à sainct Clerico, & le lendemain disner à Recourre, & au giste à la Paille, ou y a seulement quatre Hostelleries, & lieux dangereux de Brigans. De la Paille alla au giste à Aiguependente, qui est vne ville de la terre du Pape, ou il fut receu honnorablement, & logea en l'hostel du Pape. D'illec alla disner à Bressaigne, & au giste à Montflacon, ou sont les bons vins Muscadets, & y fut honnorablement receu par les Citoyens, crians Viue le Roy. De Montflacon alla en la ville de Viterbe, aussi en la terre du Pape, & y fut honnorablement receu par les Citoyens, qui meirent entre ses mains le chasteau, auquel il laissa garnison, & y fut depuis le neufiéme de Decembre iusques au quinziéme dudict moys: pendant lequel il enuoya le Seigneur de la Trimouille, Vicomte de Touars, par deuers le pape Alexandre, sixiéme: lequel enuoya semblablement vers le Roy certains Cardinaux. De Viterbe le Roy alla disner à Roussilon, & au giste à Neple, qui est vne petite ville, ou il demoura iusques au dixneufiéme dudict moys. Puis alla au giste à Bresangne, qui est vne bonne petite ville, & y a chasteau: ou il fut iusques au trentiéme iour dudict moys: pendant lequel temps le Pape enuoya ses Ambassadeurs: auec lesquels fut conclud & deliberé le passage du Roy à Romme, & de toute l'affaire du Pape. Aussi durant ce temps le Seigneur de Ligny, & autres, menerent les Allemans iusques à Hostie, qui est vne bonnee petit ville oultre le Tibre, sur le port de la mer. Quoy voyant le

Ange Policiã mourut en ce temps.

V

Duc de Calabre, & qu'vne partie des murailles du chasteau sainct Ange estoyent tresbuchees à Romme (ou les Rommains prindrent pour eulx mauuais presage) se retira auec son armee, & s'en alla hors de Romme. Le Mecredy dernier iour dudict moys de Decembre dudict an mil quatre cens quatre vingts & treze, le Roy entra en la cité de Romme par la porte Flamine, & alla loger au Palais de sainct Marc: en la court duquel il fit mettre & dresser son Artillerie (qui donna grand' crainte aux Rommains) & seiourna à Romme iusques au vingt & huictiéme iour de Ianuier ensuyuant: pendant lequel temps visita les Saincts lieux, & fit plusieurs autres choses: car au moyen d'vne question qui fut en la rue des Iuifs, dont il y en eut plusieurs occis, & leur Synagogue pillee, & deux Caprions de ceulx de Romme tuez, auec vn Archer de la garde, & autres gens du Roy, le Roy commanda que iustice en fust faicte. ce que fit le Mareschal de Gié, qui en fit pendre six aux fenestres d'vne maison, dont il y auoit deux Mores, & vn de Tours. les autres trois estoyent d'autre païs: & pour donner crainte à les gês, & à ceulx de Romme, fit dresser trois Iustices en la cité de Rôme, dont l'vne fut mise au meillieu de Campe de fleur, qui est le plus beau lieu de Rôme. Le xv. dudict moys le Roy alla ouyr la messe à S. Pierre de Romme, & ce iour parla au pape Alexandre, & se declairerent amys: & fut faict & creé Cardinal l'Euesque de sainct Malo. Trois iours apres le Pape fit monstrer au Roy, & à ses gens, la saincte Face de nostre seigneur Iesus Christ, dicte la Veronique, qui est en l'eglise sainct Pierre, ou fut crié à haulte voix: par les voyans, Misericorde. Le lendemain fut tenu le consistoire du Roy & des Cardinaux. Le lendemain apres, le Roy se confessa en la chapelle des Roys de France, & guerit & sana plusieurs malades des Escrouelles: dont les Rommains furent fort esbahis. Ce mesme iour le Pape dist la messe en solennité, ou le Roy assista, & seruit le Pape, comme premier enfant de l'Eglise: & apres la messe dicte, le Pape fut porté deuant l'Eglise, au lieu general, pour donner sa benediction: & illec donna planiere remission au Roy, à ses gens, & tous autres assistans, tout ainsi qu'au Iubilé: & en ce propre iour il esleut le Roy pour Empereur de Constâtinoble. Le Dimenche vingtcinquiéme dudict moys le Pape & le Roy, comme bons amys, cheuaucherent ensemble moult triumphamment par la ville de Romme, & allerent à l'eglise sainct Paul, hors les murs.

L'entree du Roy à Romme, & de ce qu'il y fit.

Iustice faicte à Romme, par le commandemét du Roy.

Le Roy guerist des Escrouelles dedans Rôme.

Comme le Roy se partit de Romme, pour tirer vers Naples.

LE vingthuictiéme iour dudict moys de Ianuier, apres auoir ouy messe, le Roy accôpaigné de ses pensionnaires, ses cent Gentilshommes, ses Archers de la garde, deux cens Arbalestriers, six mil Allemans en vne bende, & dixhuict cens lances, qui se marchoyent par les rues de Romme, alla prendre congé du Pape, en son Palais: lequel luy bailla, pour l'accôpaigner iusques à Naples, son fils Cesar, Cardinal de Valence la grande, & luy donna * Zaliab, frere du Turc Zezun, lequel auoit esté en Frâce, & en la tour de Bourganeuf, en la marche de Limosin, appartenât à vn Cômandeur de Rhodes, des l'an mil quatre vingts & deux, lequel Zaliab le Roy auoit au parauant fait bailler au Pape, dont depuis se repentit: car lors que le Pape luy redonna ledict Zaliab, il estoit empoisonné, & mourut tantost apres. Il eust peu estre cause dont le Roy Charles eust recouuert Constantinoble. Ledict iour le Roy alla au giste à * Marignen. Le lendemain à * Belestor, ou le fils du Pape se desroba de nuict, & s'en retourna à Romme. Le Vendredy sixiéme de Feurier le Roy entra dedans Verlic: & ce pendant qu'il y alloit les François prindrent d'assault la ville & chasteau de Montfortin. Les habitans de Verlic receurent en grand honneur le Roy, & apporterent au deuant de luy le chef de saincte Marie Iacobé. De Verlic le Roy alla disner à Bahut: puis alla veoir le siege qu'il auoit fait mettre deuant le mont sainct Iehan, forte place, laquelle fut prinse, & sept cens six hommes ennemis tuez, sans perdre que trente de noz gens: & d'illec, suyuant son chemin, passa par plusieurs bourgs & villes, fuyant tousiours deuant luy Ferdinand, Duc de Calabre, & fils d'Alphons, vsurpateur de Naples, & arriua en la ville d'Acquin, dont estoit natif sainct Thomas, de l'ordre des freres Prescheurs. D'illec passa à sainct Germain, moult forte ville & fort chasteau, auquel iadis le Roy Charlemaigne s'estoit tenu: qui est en frôtiere, & le passage de toutes parties de la fin de la terre de par dela. Le troisiéme iour apres le Roy alla * Cappe, ou il fut receu, & la ville à luy liurée par les Capitaines que le Duc de Calabre y auoit laissez, pour tenir contre le Roy. Le lendemain alla disner, & au giste à Versé: auquel lieu la plusgrand' partie des Nobles de la cité, & du païs de Naples vindrent le lendemain par deuers le Roy, & luy declairerent comment le Roy Alphons, & le Duc de Calabre estoyêt en fuyte, & hors de Naples. La verité estoit telle: car ledict Roy Alphôs, des ce qu'il sceut que le Roy Charles venoit à si grosse puissance, se retira en l'Isle de Cecille, en la ville de Montroyal, en laquelle il vsa de vie monasticque: & y fut deux ans moyne,

* Autres disent zizim, frere de Bayseth. 2.

* Autres à Miguagno.
* Belisire & Belestol.

* Capua.

moyne, apres lesquels il mourut. Le Roy Charles, en l'asseurance des Nobles de Naples, print les clefs de la ville, qui luy furent par eulx presentees: & deslors y allerent le Mareschal de Gié, & autres grands Seigneurs, pour faire & ordonner du logis du Roy & de sa court: & ce iour fut prins & mis à rançon le seigneur Virgile, Comte de Petilane. Le Samedy vingt & vniéme dudict moys de Feurier, le Roy alla disner à Pogeroyal: qui est vn beau lieu de plaisance pres de Naples, ou sont plusieurs belles choses à veoir, comme maisons, escuyeries, belles fontaines enleuees en riches pierres, de toutes manieres d'oyseaux, tãt de la mer, que de la terre: & dedans y auoit vn Parc aussi grand que celuy du boys de Vincennes, tout plain d'arbres fructiers, d'herbes, & arbres aromatisans, & tout autour grãds vinobles des plus excellens vins qu'on sçauroit boire, & grand' quantité de toutes bestes cheualines arables priuees & sauuages, & grand nombre de gens tous constituez en Offices pour la conduicte, nourriture, & entretenement dudict lieu.

Comment le Roy Charles entra en la ville de Naples, sans aucunes solennitez.

LE Diméche vigt & deuxiéme iour dudict moys de Feurier, apres la messe ouye à Pogeroyal, le Roy entra en la ville de Naples, sans solennité, par ce qu'aucuns chasteaux d'icelle ville estoyent encores tenuz & occupez par aucuns du party d'Alphons: toutesfois fut honnorablement receu par les Seigneurs d'icelle ville, & fut logé au chasteau de *Capóne. Et cõuient noter qu'audict Naples y a quatre chasteaux: sçauoir est ledict chasteau de Caponne, *chasteau Noue, qui est asis en terre & en mer, auec la Citadelle ioignant ledict chasteau, le *chasteau de Loue, qui est sur vn roc en la mer, & vne grosse tour nommee Prince Faulay: entre lesquels chasteaux y a vn fort sur vn grand roc en la mer, auec vne forte tour de bonne defence: & au dessus de Naples y a vne Abbaye assez forte, en maniere de chasteau, qui regarde en la ville, & est assez pres des Chartreux. Chasteau Noue fut asiegé le vingtdeuxiéme iour de Feurier. Le lendemain fut donné l'assault à la Citadelle, qui fut prinse le iour apres, & chasteau Noue fut rendu le sixiéme iour de Mars ensuyuant par ceulx qui estoyent dedãs. Le quart iour dudict moys de Mars ledict chasteau de Loue fut asiegé: & pendant le siege, le Prince de Tarente parlementa auec le Roy deux ou trois fois: puis retourna en sa gallee sur mer: & vingt iours apres ledict chasteau fut rẽdu. On l'apele en Frãcois le chasteeu de l'Oeuf, dont l'vne des grosses tours fut abatue par l'artillerie du Roy, auant qu'il fust rendu. Apres que tous les chasteaux eurent esté prins & renduz en l'obeissance du Roy, il receut les fidelitez & hommages des Princes & Gentilshommes du royaume de Cecille, païs de Naples, & autres terres dudict royaume, comme l'Abbruzzo, Calabre, & la Pouille, depuis le vingt cinquiéme dudict moys de Mars iusques au vingtneufiéme. Aussi establit & ordonna Chancellerie, Chambre des Comptes, & monnoyes, ou d'vn costé estoyẽt les armes de Frãce, & de l'autre part les armes de Cecille, qui sont croix potencees: & si donna plusieurs Offices à plusieurs Seigneurs. Audict tẽps le païs & ville de Gayete furẽt prins pour le Roy, & y enuoya le Seigneur de Beaucaire, pour en prendre possession. Le dixneufiéme d'Auril, le Roy Charles toucha les malades des Escrouelles. Le xxij. dudict moys cõmencerẽt les ioustes, qui furent tenues par les seigneurs de Chastillon, & Bourdillon, grands mignons du Roy. Le cinquieme de May ensuyuant fut par sentence decapité vn Italien, qui auoit occis vn page Francois, tiré le cœur de son corps, & iceluy mangé.

Le huictiéme dudict moys le Roy Charles alla au mont de la Crotte, qui est vne montaigne assez haute, pres la mer, & n'y a point d'autre chemin selon le train d'icelle mer, fors par le pertuys ou cauerne de ce lieu, qui a plus d'vne lance de haulteur, & autant de large à y entrer, & contient enuiron vn quart de lieue de long. Oultre ceste Crotte, ou cauerne, que le Roy passa, y a beau païs & plain, vn peu eslongné de la mer, & assez pres des montaignes, qui est tout plain d'orengers, & si est fertile à bleds: & illec pres y a vne petite ville sur le bort de la mer, qui est pres d'vne autre petite ville, en partie perie par la mer. Vn peu plus loing est le lieu ou on fait le souffre, en vne haulte & longue montaigne: laquelle brusle tousiours: & est à coniecturer que c'est le mont d'Ethna, dont font mention les Histoires. En la plaine de celle montaigne y a deux fontaines ou sources d'eaue, l'vne est chaude, & noire comme ancre, & boult comme si elle estoit sur le feu: & l'autre est blanche, & froide, combien qu'elle semble bouillir. En la vallee y a vn trou hydeux à merueilles, duquel vient si merueilleux & impetueux vent qu'il soustient les pierres, le boys, & tout ce qu'on iette dedans ledict creux, sans y affondrer ne brusler, combien que le vent soit chaud & ardent, dont le Roy veit l'experience, & aussi faire le souffre. Apres alla le Roy en vn autre lieu d'excellence, ou l'on faict l'Alun de roche, lequel il veit faire en vne chaudiere, & conuertir en forme de sel: & de ce lieu alla en vn autre lieu, ou

*Capoana.
*Castel nouo.
*Castel Dellouo

Le Roy receut les hõmages de Naples, & y meit Officiers.

Gayete prinse par les Francois

Grand' cruauté d'un Italien.

De la mõtaigne d souffre, dicte Ethna.

Des fontaines sulphurees, & creux merueilleux.

y a vn lac profond & large, aupres duquel font eſtuues chaudes & ſeiches, & ſans aucun feu, fors de la chaleur de la montaigne. Et finalement on monſtra au Roy vn autre creux, ou trou, tout rond dedans vne de ces montaignes, pres dudict lac, qui ſemble eſtre vn gouffre infernal: car incontinent que l'on y met quelque beſte, ou oyſeau, il expire & meurt tout ſubit.

singularitez pres la ville de Naples.

Comment le Roy Charles fit ſon entree triumphante en la ville de Naples.

INcontinent apres toutes ces choſes veues, le Roy alla faire ſon entree ſolennelle en la ville de Naples, en habit Imperial, & y fut receu comme Roy de France & de Cecille, & Empereur de Cõſtantinoble, auec tous les Seigneurs de Frãce, & d'aillieurs, en ordre comme les Roys ont accouſtumé faire à Paris quant à l'ordre, mais trop plus triumphante: & ce fut le Mardy douziéme iour dudict moys de May, mil quatre cens quatre vingts & quatorze. Et au dedans de huictaine expedia les Ambaſſadeurs de Calabre & autres païs dudict royaume de Cecille. puis receut les ſermens des villes & ſeigneuries. Le vingtiéme iour dudict moys de May, apres qu'il eut laiſſé pour Regent & Viceroy audict royaume de Naples le treſnoble Prince & ſeigneur Gilbert, Comte de Montpenſier (qui fut accepté de tous) & qu'il eut mis ordre à tous ſes affaires, & prins congé de chacun (qui ne fut ſans regret) partit de la ville de Naples, & s'en alla au giſte à Verſé, bien accompaignié: non toutesfois comme il eſtoit en allant audict Naples: car il laiſſa vne partie de ſes Seigneurs & de ſes gens d'armes audict royaume de Naples, pour le garder ſoubs le Viceroy de Montpenſier. Le Roy arriua à Romme le premier iour de Iuin audict an mil quatre cens quatre vingts & quatorze, & y fut deux iours, le Pape Alexandre abſent de Romme. puis alla en la ville de Viterbe, ou il ſeiourna trois iours: & ce pendant les gens d'armes de ſon Auantgarde, qui eſtoyent paſſez deuant, pillerent vne petite ville, appelee *Touſannelle, appartenant au Pape, par ce que les habitãs ne leur voulurent donner paſſage, & y entrerent par force, ou pluſieurs deſdicts habitans & grand nõbre furẽt occis, dont le Roy fut mal cõtẽt: lequel au departir de Viterbe deliura le chaſteau aux gens du Pape. De Viterbe le Roy paſſa à Sienes la Vieille, ou luy vindrent nouuelles que le Duc d'Orleans auoit gaigné la ville de Nouarre, & eſtoit dedans, oultre le gré de Ludouic & ſes alliez. De Sienes la Vieille le Roy alla à Piſe, de Piſe à Lucques, de Lucques à Sarſague, ou il arriua le vingtſeptiéme iour du moys de Iuin: & là fut aduerty que le Pape, les Venitiens, les Italiens & Lombards, le Seigneur Ludouic, les Vrſins, le Comte de Petillanne, & autres dudict païs, qui s'eſtoyent au parauant declairez amis du Roy, auoyent dreſſé vne groſſe armee de ſoixante ou quatre vingts mil hommes, les mieulx armez & accouſtrez qu'on veit iamais, combien que l'armee du Roy ne fuſt que de dix à douze mil hommes: mais c'eſtoyent tous gens de cœur, hardis, & de bonne experience. A la raiſon dequoy le Roy ne s'en eſbahit aucunement, & s'en alla es Alpes le vingtneufiéme iour dudict moys de Iuin, & print giſte au pied d'icelles, ou il fit parquer ſon Camp, iuſques à ce que toute l'Artillerie fuſt paſſee: en quoy furent faictes pluſieurs grandes diligences, tant par Iehan de la Grange, maiſtre de l'Artillerie, que par Claude de Salins, & par pluſieurs gros Seigneurs, meſmement par monſeigneur Louis de la Trimouille, Vicomte de Touars: lequel pour donner courage aux gens de pied, & aux autres, pour pouſſer à l'Artillerie & porter les boullets & pierres, ſe meit à en porter, tout en pourpoint, ou chacun meit apres les mains. Le Roy demoura en ce champ iuſques au tiers iour de Iuillet, & l'Auantgarde paſſee, que conduiſoit le Mareſchal de Gié, le Roy le ſuyuit, & paſſa les Alpes: & le Dimenche, cinquiéme dudict moys alla diſner au lieu de Fournoue, & à vne lieue pres de ſes ennemis. Le Camp du Roy fut aſſis en vne belle place plaine de ſauſoye, prayeries & fontaines, ioignant vne montaigne, ſur laquelle y auoit vn petit chaſteau, garny de tous biens, qui appartenoit au Comte Galeace.

L'an mil cccc. iiii. xx. et xiiii.

Les lieux ou paſſa le Roy à ſon retour.

* Autres Toſcanelle,

Comment le Roy Charles, maulgré ſes ennemis paſſa triumphamment Fournoue.

AV ſixiéme iour dudict moys, qui eſtoit vn Lundy matin, apres la meſſe ouye, marcha l'armee du Roy en bon ordre. L'Auantgarde eſtoit cõduicte par le Mareſchal de Gié, & le Seigneur Iehan Iaques: & aſſez pres d'eulx marchoyent les Suiſſes en bel ordre, conduicts par le Comte de Neuers, le Bailly de Dyion, & le grand Eſcuyer de la Royne. Les Aeſles de l'armee eſtoyent aux deux coſtez bien equipees. Apres alloit l'Artillerie bien accouſtree: de laquelle eſtoyent Capitaines Guyot de Louuiers, & Iehan de la Grange. Conſequemment marchoit la Bataille, ou le Roy eſtoit en perſonne,

DV ROY CHARLES, HVICTIEME DV NOM.

personne, armé en Prince de renom: car il auoit sur son riche harnois bien complet vne riche iaquette à courtes manches, de couleur blanche & violet, semee de croisettes de Hierusalem, faictes de fine broderie & orfauerie. Son cheual estoit de poil noir, que le Seigneur de Sauoye luy auoit donné, & bardé de mesmes ses habits. Les Seigneurs de Ligny & de Piennes, & le Bastard Matthieu de Bourbon, estoyent à l'entour de luy, vestuz de sa sorte. Apres l'armee alloit l'Arrieregarde bien ordonnee: de laquelle estoyent Chefs & Capitaines ledict messire Louis de la Trimouille, Vicomte de Touars, & le Seigneur de Guyse, chacun d'eulx bien habituez, auec le guet ça & la. La bataille ainsi ordonnee, chacun marcha en son ordre, pour combatre leurs ennemis, qui estoyent Lombards, Milannois, Venitiens, Estradiots, & autres ia fierement partis de leur Camp, pour donner sur les Francois: & commencerent à tirer vne piece d'Artillerie contre l'Auantgarde, qui ne s'en esmeut, & passa oultre: mais l'Artillerie des Francois tira si bien contre les ennemis, que le principal Canonnier fut occis, & le surplus contrainct se retirer ailleurs: & eulx voyans le bon ordre des Francois, enuoyerent certain gros nombre d'Albanois & Estradiots, de la partie de la montaigne, en passant par deuant Fornoue, qui frapperent sur ceulx du bagage, qu'ils trouuerent en desordre, ou ils feirent gros dômage & perte, plus par aucuns paillards de l'armee du Roy, que des parties aduersaires. Non pourtant ne fut la bataille interrompue: mais demourerent tousiours les Francois en vne merueilleuse hardiesse, par l'admonnestement que le bon & hardy Roy leur faisoit, en si bôs termes qu'il n'y auoit homme qui ne fust deliberé de le seruir iusques à la mort. Les ennemis furent aduertis du lieu ou estoit le Roy, & de son vestement: parquoy les plus grands Capitaines & Seigneurs d'entre eulx vindrent en grand' fierté donner sur la bataille, & au lieu ou le Roy estoit, qui se defendit si vaillammét que par son preux & hardy courage, moyennant l'aide de Dieu, apres grãd'tuerie des ennemis, & des principaux d'iceulx, demoura victorieux, & se sauuerent des ennemis ceulx qui peurent fuyr seulement: & comme Dieu voulut, tant que dura la bataille, ou ne fut tué que sept cens de l'armee du Roy, ne cessa de gresler, plouuoir & tonner, & tellement qu'au ruisseau, ou les ennemis auoyent passé à gué, plusieurs d'iceulx se noyerent au retour en fuyât. Le Roy souppa & coucha au lieu ou auoit esté la bataille, mais il fut mal pésé, au moyé du desroy qui auoit esté faict sur le bagage. On trouua par les lettres, que les ennemis enuoyoyent au seigneur Ludouic, que leurs gens de pied estoyent presque tous mors, & les noms de plusieurs Comtes, Marquis, & Seigneurs occis, tant de ceulx de Venise que d'Italie & Lombardie. Le lendemain le Roy tint Camp à demie lieue dudict lieu ou auoit esté ladicte bataille. Tant fit le Roy par ses iournees qu'il arriua en la ville d'Ast, le quinziéme iour de Iuillet ensuyuât, ou il fut iusques au vigt septiéme dudict moys: & là receut nouuelles de toutes parts, tant de ceulx de Naples, qui s'estoyent reuoltez contre luy pour receuoir le Roy Fernãd, que du Pape, que des Venitiens, de Ludouic, & de la grand' assemblee de gens qu'ils auoyent faicte contre le Duc d'Orleans, à Nouarre: à toutes lesquelles choses pourueut sagement.

Magnanimité du roy Charles.

D'Ast le Roy alla à Quiers, ou la fille de son hoste, maistre Iehan Solier, qui estoit vne ieune Pucelle, luy fit vne harengue à son honneur & louenge touchant son voyage, aussi bien qu'hôme pourroit faire: en quoy le Roy print tresgrand plaisir. De Quiers le Roy alla à Thurin, ou il fut quelque piece: puis retourna de Thurin à Quiers, ou le vingt & deuxiéme iour d'Aoust le Seigneur de Cernon, du païs de Prouence, arriua, & compta au Roy comment il auoit pillé & mis à sac vne petite ville de la Seigneurie de Gennes, en hayne de ce que le iour precedent ils auoyent fait vn Roy de France en vne chaire de papier collé, & puis luy auoyent mis le feu au cul. Le trente & vniéme iour du moys d'Aoust, fut faict Chancelier de France monseigneur Briçonnet, Archeuesque de Reims. Le Roy s'en alla à Verseil ou estoit son Camp, contre Ludouic & les Venitiens, qui tenoyent le Duc d'Orleans assiegé en la ville de Nouarre: & apres plusieurs allees & venues d'vn Câp en autre, le Roy fit & traicta paix auecques ses ennemis, à leur requeste: par lequel traicté laisseret ladicte ville de Nouarre audict Duc d'Orleans, leuerent leur Camp & siege, & s'en allerent, comme aussi fit le Roy & toute son armee, le neufiéme iour d'Octobre audict an mil quatre ces quatre vingts & quatorze: & tant fit le Roy qu'il arriua & entra en la ville de Lion, le Samedy septiéme iour de Nouembre ensuyuant, & logea en l'hostel de l'Archeuesque dudict lieu, ou il trouua la Royne, accompaignee de madame Anne, Duchesse de Bourbon, sœur du Roy, & autres nobles Dames.

Le Duc d'Orleans en Ast.

De la deliurãce du Duc d'Orleans, faicte par le Roy Charles a Nouarre.

En ce temps viuoit à Venise vne Pucelle, nommee Cassandre, fille du Sire Ange Fideli, laquelle estoit tresexperte es sept ars liberaux, & lisoit publiquement: elle estoit aussi grand' theologienne.

De la Pucelle Cassandre Venitienne.

Comment la maladie de Naples fut apportee en France.

AV retour dudict voyage de Naples, plusieurs Gentilshommes, & autres, vindrent infects & maculez d'vne maladie, de laquelle on n'auoit iamais ouy parler en Frãcé, qu'on appela lors la maladie de Naples, par ce qu'ils l'apporterent dudict païs, depuis fut appelee la grand'Gorre, par ce qu'elle se prenoit aux plus gorgias: & autrement est appelee la grosse Verolle. C'est (comme il est à coniecturer) vne punition de Dieu, pour le commun peché de luxure : car elle ne se prent que par paillardise cõmunément, fors es petis enfans, qui aucunesfois l'apportent du ventre de leurs meres, qui en sont infectees, ou le prennent de leurs nourrices. Aucuns dient que Iules Cesar en fut perscuté, & à veoir Suetone on le iugeroit ainsi: par ce qu'il a escrit que Iules Cesar auoit sur soy grand'quantité de cicatrices, faictes en façon d'estoilles rouges. Apres que le Roy, & toute sa court, fut retourné en France, & qu'il fut vn peu refreschy de tant de grands & incroyables trauaux & labeurs, mesmement luy, qui estoit petit de corps, mais magnanime d'esprit, & grand de cœur, pour n'estre ingrat de tant de biens que Dieu luy auoit faicts, à la priere, comme il est à croire, de nostre Dame & des benoists martyrs saincts Denis, patron des Roys de France, & ses compaignons sainct Eleuthere & sainct Rustic, alla visiter l'Abbaye de sainct Denis en France, ou estoyent & sont les corps desdicts Saincts, & rendre graces à Dieu, à nostre Dame, & ausdicts Saincts, de ses victoires & ioyeux retour: & ne voulut entrer en la ville de Paris, ne visiter les Citoyens, desquels il estoit tresmal content, par ce qu'ils luy auoyent refusé de prester cent mil liures tournois, pour sa guerre de Naples : & passa par sainct Anthoine des Champs, le pont de Charenton, puis s'en alla à Amboise: ou il fit faire le chasteau qui y est de present. Tantost apres son retour en France, il sceut comment les Neapolitains s'estoyent reuoltez contre luy, pour Ferdinand, fils dudict Alphons: & apres le trespas de mõseigneur Gilbert, Côte de Montpensier, qui estoit Viceroy audict païs, tous les Capitaines se retirerent en France: & à ceste raison le Roy Charles delibera y retourner: & en attendãt l'opportunité vescut en grand'paix en son royaume, & changea la forme de viure de sa ieunesse, durant laquelle il auoit fort aymé le passetemps des Dames, & la compaignie des belles filles, & deuint treschaste & loyal à son espouse, qui luy produisit trois enfans, lesquels moururent ieunes, dont il fut tresdeplaisant. Il se delecta à faire Iustice, & fut content de se mettre en siege deux fois la sepmaine, pour ouyr toutes plainctes & requestes, à ce que raison fust à chacun faicte: & cõbien qu'il fust mal contẽt de ceulx de Paris, & qu'aucuns Princes pres de sa personne pensassent bien que pour se venger il erigeroit vn Parlement à Potiers, & osteroit à ceulx de Paris les ressors de Poitou, Aniou, Touraine, le Maine, la Marche, Angoulmois, & le païs d'Aunys, dont aucuns des Citoyens de Poitiers furent vers luy à Lion, au moys d'Auril l'an mil quatre cẽs quatre vingt & seize, * ou i'estoys, toutesfois à la requeste du Chancelier Briconnet (cõbien qu'vne fois eust octroyé ledict Parlement desdicts ressors audict Poitiers) en remeit l'execution à vne autre fois. Au moys de Septembre audict an, le Roy partit de Tours pour aller à Lion, esperant d'illec marcher à Naples : mais le voyage fut rompu, dont ie n'ay peu sçauoir la cause, & retourna à Amboise: & le septiéme iour d'Auril, l'an mil quatre cens quatre vingts dixsept, qui estoit vn peu deuant Pasques, ainsi qu'il regardoit de sa gallerie dudict chasteau d'Amboise, en la compaignie de la Royne, iouer à la paume, vne foiblesse & esuanouisson le surprint, dont il perdit le parler, & ledict iour trespassa, sans hoirs procreez de sa chair. Ce fut vn Roy humble, & le plus estimé qui fut cent ans au parauant, large & liberal, & le plus riche, bon Catholique, sans hipocrisie, iuste sans fiction ne mauuaise cautelle, & bien aymé & regretté de tout son peuple. Le dernier iour dudict moys d'Auril ce bon Roy, qui n'auoit que vingt sept ans, fut porté de Paris en l'Abbaye sainct Denis, l'an quatorziéme de son regne, pres de ses predecesseurs Roys de France. Les obseques duquel furent treshonnorables & triumphantes (comme ie vey) & qui les vouldra veoir par escrit regarde la fin de la Cronique du treslouable Croniqueur messire Robert Gaguin, Docteur es droicts, & grand Ministre de son ordre des Mathurins, eloquent sur tous les autres Croniqueurs Francois. Or estoit en ce temps là le royaume de Naples possedé par ledict Ferdinand, qui mourut incontinent apres en l'aage de vingt & vn ou vingt deux ans, & laissa le royaume à Federic, son oncle paternel, qui en iouyt depuis par six ans ou enuiron.

Le Roy Charles a sainct Denis en France.

Les mœurs du Roy Charles.

* *Bouchet use de ces mesmes mots en ses Annal. d'Aquit.*

L'an mil cccc. iiii.xx.dixsept. Trespas du roy Charles 8.

Fin des faicts du Roy Charles huictiéme du nom.

Du Roy

Du Roy Louis, douziéme de ce nom: & comment il conquist la Duché de Milan, qui luy appartenoit.

LA ligne directe des Roys de France, descenduz de Philippe de Vallois, faillit audict Roy Charles, huictiéme: par ce q̃ les trois fils qu'il auoit euz decederent auant luy: & à ceste raison tomba la couronne en ligne collateralle, & fut Roy de France Louis, Duc d'Orleans, & de Vallois, comme le plus proche. Et pour l'entendre, iaçoit ce qu'il en ait esté parlé cy dessus, le Roy Charles, cinquiéme, eut deux enfans: c'estassauoir Charles, sixiéme, duquel vint Charles, septiéme, qui engendra Louis, onziéme, & ledict Louis, onziéme, Charles, huictiéme. L'autre fils dudict Charles, cinquiéme, fut Louis, Duc d'Orleans, qui espousa Valentine, fille de Iehan Galeace, Comte de Vertuz, & premier Duc de Milan: de laquelle il eut trois fils, Charles, qui fut Duc d'Orleans apres luy, Iehan, qui fut Comte d'Angoulesme, & Philippe, Comte de Vertuz. Ledict Charles vescut longuement: & apres qu'il fut deliuré d'Angleterre, ou il estoit prisonnier, il eut de son espouse, madame Marie de Cleues, ledict Louis, douziéme de ce nõ, auquel par ce moyẽ par faulte d'hoir masle en droicte ligne, a appartenu le royaume de Frãce. Ledict Louis, Duc d'Orleans, & de Vallois, fut sacré à Reims le vingtseptiéme iour de May l'an mil cccc.iiij.xx. dixhuict, & print la couronne en l'Abbaye sainct Denis en France, le premier iour de Iuillet ensuyuant: & le lendemain fit son entree à Paris fort triomphante, comme ie vey. Peu de temps apres, le Seigneur de Vergy, de la Comté de Bourgongne, cuida faire quelque esmotiõ de guerre en la Duché de Bourgongne, mais ce ne fut rien.

Genealogie du Roy Louis xii. de ce nom.

Le couronnement du Roy Louis xii. mil cccc.iiij. xx.xviii.

Au moys d'Octobre ensuyuant le Duc de Valentinois vint en France, de par le Pape Alexandre, sixiéme de ce nom: ou il fut bien receu par le Roy, qui le maria auec la fille du Seigneur d'Albret, qui estoit l'vne des belles & bonnes Dames de France: duquel mariage est issue vne autre noble Dame, nommee Loyse, qui a esté mariee auec monseigneur Louis de la Trimouille, Vicomte de Touars, apres le trespas de madame Gabrielle de Bourbon, sa premiere espouse. L'on doit entendre que ledict Roy Louis, lors qu'il estoit simple Duc d'Orleans, fut contrainct par le Roy Louis, onziéme, d'espouser madame Iehanne de France, sa fille, & que le iour des espousailles declaira en presence de Notaires, & autres gens de bien, qu'il n'entendoit contracter aucun mariage, & que ce qu'il faisoit de ladicte solennité estoit pour complaire audict Roy Louis, qui estoit merueilleux & cruel à ceulx de son sang: & quelques espousailles qui eussent esté, iamais n'auoit voulu congnoistre madame Iehanne charnellement: & aussi quand il couchoit auec elle par le commandement du Roy Louis onziéme, ou du Roy Charles huictiéme, son frere, auoit des tesmoings secrets toute la nuict, pour deposer de son abstinence: & pour ces causes, & qu'à la verité ladicte madame Iehanne n'estoit sa vraye femme, par ce que mariage est contracté par mutuel consentement seulement, & qu'il sçauoit bien par l'oppinion de grãds Medecins & Philosophes, qu'il ne pourroit auoir lignee d'elle, à la raison de ce qu'elle estoit contrefaicte, & aussi que les Princes congnoissoyent, que si la veufue dudict feu Roy Charles, huictiéme, qui estoit Duchesse de Bretaigne, se marioit auec autre, seroit desvnir ladicte Duché de Bretaigne de la couronne de France, fut trouué par le conseil des Princes, & autres gens de lettres que le Roy deuoit faire declairer le premier mariage nul, & qu'il se deuoit marier auec ladicte Duchesse de Bretaigne. Surquoy le Roy obtint vn bref du Pape Alexandre, adressant à certains Iuges, pour cognoistre de ladicte matiere: lesquels en l'an mil cccc.iiij. xx.xix. donnerent la sentence qui s'ensuyt, apres auoir ouy ladicte madame Iehanne. Au nom de Dieu, de la saincte Trinité, pere, fils, & sainct esprit, Amen. Veu le proces pendant par deuers nous Philippe en tiltre de sainct Pierre, & Marcelin, Cardinal de Luxembourg, & Euesque du Mans, Louis, Euesque d'Alby, & Ferrand, Euesque de Cepte, Iuges deleguez en ceste partie de nostre sainct pere le Pape, entre Louis, douziéme, Treschrestien Roy de France, demãdeur d'vne part, & illustre Dame, Dame Iehanne de France, defenderesse d'autre part: Veu le rescrit Apostolique, la demande dudict demandeur, la litiscontestation de ladicte defenderesse, & ses respõses, exceptions, repliques, positions, & responses sur icelles d'vn costé & d'autre, les tesmoings produicts par ledict demandeur, & leurs depositions obiectees au contraire, & autres documens, conclusion faicte en cause, & assignation pour ouyr droit, eu communication de conseil auec Cardinaux, Archeuesques, Euesques, Docteurs en Theologie, & en Droit, en grand nõbre. Auons & disons par nostre sentence diffinitiue, ayant Dieu deuant les yeux, declairons, & prononçons le mariage faict entre lesdictes parties estre & auoir esté nul, & donnons congé

Pour quelle cause le Roy se maria auec madame Anne Duchesse de Bretaigne.

L'an mil cccc. iiij.xx.xix.

Sentence pour le Roy Louis contre Dame Iehanne de France.

V iiij

& licence audict demandeur, entant que besoing seroit par authorité Apostolique, de pouoir prendre femme telle que bon luy semblera par mariage, & sans despens de ladicte cause. Au moyen de laquelle sentēce, dont ne fut appelé ne reclamé, ledict Roy Louis, douziéme, par dispēse du Pape espousa madame Anne, Duchesse de Bretaigne, vefue du feu Roy Charles, huictiéme: & bailla à madame Iehanne de France, pour appanage, la Duché de Berry auecques vn beau & honneste train que tousiours luy entretint à ses despēs: & elle se tint en la ville de Bourges en toute saincteté, tellement (qu'ainsi qu'on dit) Dieu à sa requeste & par ses prieres à fait plusieurs miracles depuis son trespas, au lieu ou son corps repose.

Le mariage du Roy auec la Duchesse de Bretagne.

Comment le Roy Louis, douziéme, au commencement de son regne vendoit les Offices, pour auoir argent.

LE Roy Louis, au commencement de son regne eut de grands affaires, tant pour acquicter les debtes du feu Roy Charles, huictiéme, que pour recouurer sa Duché de Milan contre le seigneur Louis Sforce, vsurpateur d'icelle: & pour auoir deniers, sans les prendre par creues de tailles ou emprunts, print argent des Offices royaux (fors de iudicature) dont il retira grandes pecunes. Et pour la reformation de la Iustice & des priuileges des Vniuersitez, dont plusieurs abusoyent à la foulle du pauure peuple, fit certaines belles Ordonnances, qui furent publiees en la Court de Parlemēt, dont les suppots de l'Vniuersité de Paris ne furent contens, & plusieurs d'iceux se meirent en armes, pour empescher la publication, tendans mutiner le commun populaire. ce qu'ils ne peurent faire: car la Court de Parlement y obuia prudemment.

Inuentiō de leuer deniers, par nēditiō d'Offices.

Estans telles esmeutes appaisees, le Roy delibera de mettre sus vne armee, pour oster des mains de Ludouic Sforce, sa Duché de Milan. Et pour entēdre le droit que ledict Roy Louis auoit en la Duché de Milan, que Louis Sforce tenoit par force, est à presupposer ce qui est contenu par les Histoires de Paule Diacre, qui fit l'himne, *vt queant laxis*. de Sigisbert, d'Anthoine Sabelic, Volaterre, maistre Vincent de Beauuais, & autres: c'est à sauoir que l'an de nostre salut cinq cens soixante & dix, les Vuinnules, depuis appelez Lombards, au moyen de leurs lōgues barbes (qui par plus de quarante deux ans se tindrent en Panonnie) vsurperēt Italie, & la tindrent iusques en l'an sept cens septante quatre, comme nous auons veu cy dessus en parlant du Roy Charlemagne: auquel an le royaume desdicts Lombards print fin: & depuis en Lombardie, dont Milan estoit vne des principales villes, n'y eut Roy, mais a esté le païs gouuerné par Vicomtes comptables, soubs la main de l'Empereur, tant que les Roys & ceulx de la maison de France tindrent l'Empire, voire iusques à ce que Milan fust erigé en Duché. Et au tēps du regne de Philippe le Bel, qui commēca à regner l'an mil deux cens quatre vingts & six, vn nommé Matthieu, tenoit la Vicomté de Lombardie: & eut cinq fils: c'est à sauoir Iehan Galeas, *Marphe, Luchin, Iehan le second, & Estienne. Apres le trespas de Matthieu, Iehan Galeas, son fils aisné, fut Vicomte, qui tantost mourut, & laissa vn fils nommé *Artus, qui fut bien tost apres empoisonné par son oncle Luchin, pour auoir la Seigneurie: de laquelle il sempara, par ce que ses deux freres, Marphe, & Estienne, estoyent decedez, & chacea Galeas Marie, & Bernabo ses deux nepueux, enfans dudict Estienne, qu'ils enuoya en exil: mais il ne dura gueres: car, pour son mauuais gouuernement fut occis secrettement par aucun de ses subiects. Au regard de Iehan le second, qui estoit son frere, lors Archeuesque de Milan, il s'empara de ladicte Seigneurie, & appela ses deux nepueux Galeas Marie & Bernabo, pour la conduicte de la Cheualerie & des guerres, ou il se gouuerna tresbien. Ledict Iehā Archeuesque & Vicomte de Milan, alla de vie à trespas, & auant luy estoit decedé ledict Galeas Marie, qui laissa vn fils, nommé Iehan Galeas le Vicomte: lequel, apres le trespas de sondict oncle l'Archeuesque, voulut auoir la Seigneurie de Milan: & pour à ce paruenir, faignāt aller veoir son oncle Bernabo à Pauie, ou il se tenoit, le print prisonnier, sa femme, & ses enfans, & par prisons les fit mourir, fors l'vn des enfans dudict Bernabo, nommé *Mascrin, qui euada de ses dangers, sans qu'il ait esté depuis veu, n'aucuns enfans de luy: neantmoins ledict Iehan, craignant son retour, espousa vne fille dudict Bernabo, nommee Catherine: parquoy demoura paisible possesseur de ladicte Seigneurie, & s'en fit Vicomte, soubs l'authorité Imperiale, à laquelle il estoit comptable. Ledict Galeas quist l'amitié & bien vueillance du Roy Iehan, lors regnant en France: au moyen dequoy demoura paisible par son support, & trouua moyen enuers l'Emperenr *Othon, de prendre de luy à foy & hommage ladicte Seigneurie de Lombardie, à tiltre de Duché, & fut le premier Duc, & de sa Duché la ville & la cité de Milan fut le Chef, & ne fut plus ledict païs gouuerné par Vicomtes, nonobstant que tous ceulx qui sont venuz dudict Matthieu ayent prins le surnom de Vicomtes: & encores en y a de present plusieurs en Lombardie.

Lombards pour quoy ils sont ainsi appelez.

Des vicomtes de Milan.

*La Cro. de Milan, par Donat. Boss. dict Marc, et *Azo, comptant le reste vn peu autrement.*

Cron. de Mil. Mastin.

vne ce a esté plustost.

DV ROY LOVIS, DOVZIEME DV NOM. Fueil.cxix.

bardie, qui se surnomment ainsi, & dient à ce moyen y auoir droit. qui ne peut auoir lieu: car ledict Matthieu, & ceulx qui sont de luy descenduz iusques à ce Iehan Galeas, qui print la Seigneurie à foy & hommage de l'Empereur, n'estoyent que commis à gouuerner le païs soubs la main de l'Empereur.

Ce Iehan Galeas, premier Duc de Milan, apres auoir vescu en grand honneur & reputatiõ auec Catherine son espouse, par long temps, alla de vie à trespas, laissant deux fils, Iehã Marie le Vicomte, & Philippe Marie son frere. Ledict Iehan fut le second Duc, & en fit l'hommage à l'Empereur: mais il fut mal conditionné: car soubs luy commença en Lombardie ce detestable peché de Sodomie, & la fascheuse bende des Guelphes & Gibelins, qui ia estoit commécee à Romme: & fut tant hay du peuple qu'vn iour, luy estant à l'eglise, fut par les siens mis à mort, & ne laissa aucuns enfans: *parquoy luy succeda Philippe Marie, son frere, & fut le tiers Duc de Milan, qui mourut aussi sans enfans legitimes: parquoy Louis d'Orleans, Roy, douzième du nom, luy deuoit succeder, comme estant arrierefils de Valentine, sœur dudict Philippe, iadis mariee auec Louis Duc d'Orleans, fils du Roy Charles, cinquième, qui estoit fils du Roy Iehan: duquel mariage estoit venu Charles, pere dudict Roy Louis, douzième. Bien est vray que ledict Philippe entre autres enfans illegitimes laissa vne Bastarde, nommee Blanche, qui fut mariee auec vn sien Capitaine, nommé Francisque Sforce, fils d'vn Aduanturier, nommé Sforce Attendulle: mais par ce moyen la Duché de Milan ne laissoit pas d'appartenir par droit successif audict Louis, Duc d'Orleans, à cause de ladicte Valentine son ayeulle, fille aisnee dudict Galeas, premier Duc. Dudict Louis, Duc d'Orleans, qui fut occis à Paris par l'adueu du Duc de Bourgongne, comme nous auons veu cy dessus, vindrent quatre enfans: Charles, qui fut Duc d'Orleãs apres luy, Iehan, Comte d'Angoulesme, Philippe Comte de Vertuz, & Marguerite qui fut mariee à Richard, fils du Duc de Bretaigne, & fut Comte d'Estampes: mais ledict Louis, Duc d'Orleans, ne ses enfans, ne peurent recouurer ladicte Duché de Milan contre ledict Francisque Sforce, qui l'vsurpa: & ce au moyen des grandes guerres qui commencerent en France pour l'homicide dudict Louis, Duc d'Orleãs, & de ce que ledict Duc de Bourgongne fut par apres occis à Monstereau fault Yonne: lesquelles guerres durerent tant que regnerent Charles, sixième, & Charles, septième. Et touchant le Seigneur de Montauban, qui auoit espousé vne autre fille de ce premier Duc de Milan, il eut d'elle deux fils, & vne fille. Le premier fut messire Iehan de Montauban, Admiral de France, l'autre Artus, Archeuesque de Bordeaux, & la fille, nommee Marie, espousa le Seigneur de Grauille: desquels est issu Louis de Grauille, Admiral de France. Or donc ledict Francisque Sforce, qui auoit esté Capitaine dudict Philippe Marie, apres son trespas trouua moyen enuers les Seigneurs de Milan d'auoir le gouuernement de tout le païs en absence des enfans d'Orleans, & s'empara des thresors desdicts Iehan Galeas, & de Philippe, qu'il distribua aux Seigneurs dudict païs, par le moyen dequoy s'intitula & nomma Duc, & fut vsurpateur de ladicte Duché: & voyãt que Louis, Dauphin de France, & fils aisné du Roy Charles, septième, estoit fugitif, & auoit encouru la malle grace de son pere, pour laquelle cause auoit plusieurs grands affaires en Bourgongne, ou il s'estoit retiré, trouua moyen d'auoir sa grace, moyennant quelque argent qu'il luy donnoit par chacun an, & tellement qu'il fut tousiours supporté de luy: & quand il fut paruenu à la couronne de France, fit bailler en mariage à Galeas Marie, fils aisné dudict Francisque Sforce, Madamoyselle Bonne de Sauoye, sœur germaine de madame Charlotte, seconde femme audict Roy Louis, onzième: & par le moyen de ces alliances les enfans d'Orleans demourerent sans secours, & furent contraincts escouter & attendre vn autre temps. Desdicts Francisque Sforce & Dame Blanche, Bastarde dudict Philippe Marie, Duc de Milan, vindrent cinq fils, & deux filles. Le premier fut ledict Galeas Marie, qui espousa ladicte fille de Sauoye, desquels vindrent deux fils, & vne fille, dont l'aisné eut nom Iehan. le second fils dudict Francisͬ que fut *Iehan Marie, le tiers Marie, le quart Ascaigne, qui fut Cardinal, & le v. Louis, qui en ce tẽps tenoit & vsurpoit ladicte Duché de Milan. Ledict Francisque Sforce alla de vie à trespas selon aucuns, l'an mil quatre cens soixante & six, auquel temps son fils aisné Galeas estoit en France auec le Roy Louis, onzième, qui luy bailla gens pour prendre possession de ladicte Duché de Milan. ce qu'il fit: & enuiron dix ans apres fut occis en vne eglise de ladicte ville de Milan, comme il a esté dict dessus, & laissa vn fils, nommé Iehan, duquel ledict Louis Sforce, son oncle, eut la tutelle, & depuis le fit mourir, & s'empara par ces moyens de ladicte Duché de Milan. Et au regard des deux filles dudict Francisque, l'vne fut mariee à Alphonse, fils aisné de Fernand le Bastard, qui vsurpa le royaume de Cecille, Pouille, & Calabre, sur la maison d'Aniou, de laquelle les Roys de France sont vrays heritiers. l'autre fille fut mariee à Guillaume, Marquis de Montferrat. Et sur ce est à entendre que presque en vn mesme temps que ledict Philippe Marie trespassa, Alphonse, fils du Comte de Medine de Campo, qui sur-

*Ce passage estoit fort corrõpu, n'e deplaise au bon homme Bouchet, qui l'a pris d'icy, ou de qui on l'auoit prins, & mis en ce lieu.

*La Cro. de Milan en met six, & les nomme aussi Galeas, Philippe, Sforce, Louis, Ascanio, & Octauian.

print le royaume d'Arragon, & de Cecille, ſur la maiſon d'Aniou, alla de vie à treſpas à Naples, & laiſſa ledict Fernand le Baſtard, ſon Heritier de Cecille, & le royaume d'Arragon à ſon frere Iehan, qui eſtoit pere de Fernand à lors Roy d'Eſpaigne. Or leſdicts Fernand le Baſtard, & le Duc Franciſque ſ'allierét enſemble, & eurent la faueur dudict Louis, onziéme, lors qu'il eſtoit Dauphin, & celle du Pape Pie, qui auoit inueſtit ledict Fernand le Baſtard du royaume de Cecille, & ledict Franciſque de la Duché de Milan, au preiudice des maiſons d'Orleans, & d'Aniou. ce que ne pouoit faire le Pape, car il appartenoit à l'Empereur à faire l'inueſtiture de ladicte Duché de Milan: mais ledict Louis Sforce, ſe couure & dit qu'il ſ'eſt fait inueſtir par Maximilian Empereur. qui eſt vray, par le moyen de ce qu'il contraignit ledict Iehan, fils de Galeas, de marier ſa ſœur auec ledict Maximilian: mais ledict Maximilian ne le pouoit faire, par ce qu'il ne fut iamais couronné Empereur: & auſſi ne pouoit priuer les enfans d'Orleans de leur droit, ſans forfaicture. Or donc appert que leſdicts Sforces n'ont droit vallable en ladicte Duché de Milan, & qu'elle appartient au Roy Louis, douziéme, fils vnique de Charles Duc d'Orleãs, qui eſtoit fils aiſné dudict Louis, Duc d'Orleans, & de madame Valentine ſon eſpouſe, ſœur aiſnee dudict Philippe Marie, vray Duc de Milan.

Comment le Roy Louis, douziéme, alla conqueſter ſa Duché de Milan, long temps occupee par les Sforces.

OR ſe voyát ledict Roy Louis en puiſſance de chacer ce Louis Sforce de ſadicte Duché de Milan, & qu'il y auoit tresbon droit, & non ledict Louis Sforce, que les Hiſtoires appellent le ſeigneur Ludouic, alla faire ſon entree à Lion, le dixiéme iour de Iuillet, audict an mil quatre cens quatre vingts dixneuf. Puis fit paſſer ſon armee iuſques en Aſt, ſoubs la conduicte du ſeigneur Iehan Iaques, & du ſeigneur d'Aubigny. D'entree prindrent & meirent à ſac deux petites villes, Non & Roque, qui furent raſees: puis allerét en Alexandrie, & l'aſſiegerent. Ceulx qui eſtoyent dedans pour Louis Sforce ſe defendirent longuement, mais à la fin la ville fut prinſe par les Francois, & en partie abatue, non ſans grád dommage des noſtres: &, de ce aduertis ceulx de Pauie rendirét leur ville à l'obeiſſance du Roy de France: au moyen dequoy Louis Sforce, troublé en ſon courage, & doubteux de la foy des Milannois, laiſſa Milan, & ſe retira, & vn de ſes enfans, accompaignez de peu de ſes gens, par le lac du Layre, au Roy des Rommains Maximilian, qui les receut amiablement. Incontinent apres, ceulx de Milan ſe rendirent aux Francois, qui prindrent la ville, dont ils feirét ſcauoir les nouuelles audict Roy Louis: lequel à diligence alla faire ſon entree en ladicte ville de Milan, ou il fut honnorablement receu. Peu de temps apres trouua moyen de recouurer le Chaſteau de Milan, du Capitaine qui le tenoit pour ledict Louis Sforce, moyennant ce qu'il donna audict Capitaine (lequel eſtoit auaricieux) la moytié des meubles qui eſtoyent dedans ledict Chaſteau, qui conſiſte en ſix groſſes tours encloſes de larges foſſez, cõblez d'eaue permanente: & au circuit dudict Chaſteau y a vne autre tour dicte la Roquete, qui eſt preſque imprenable, icelle bien munie & gardee: & en icelle tour y a trois conuiuiers, qui ſont voultez deſſoubs terre, iuſques à la tierce pierre, par leſquels on peut franchement & en liberté iſſir aux champs. Il y auoit dedans le chaſteau, que fit faire Francois Sforce, prouiſion de viures pour deux ans, & armeures pour armer deux mil hommes, auecques deux mil pieces d'Artillerie, oultre quatre groſſes Bombardes.

Apres la reception des ville & chaſteau de Milan, tous les autres chaſteaux & villes du païs ſe rendirent liberalement à l'obeiſſance du Roy: & vindrent vers luy les Geneuois, auſquels le Roy bailla pour Capitaine Philippe de Rauaſtain ſon proche parent du coſté maternel.

Auſſi vindrent les Venitiens, auſquels le Roy fit bailler les villes de Cremonne, & autres qu'ils tenoyent engagees, & leſquelles auoit tenues par force ledict Louis Sforce. En ce meſme temps les gallees & nefs des Turcs, que Louis Sforce auoit appelez en ſon aide, furent deſtruictes, ou la pluſpart d'icelles, par les Francois & Venitiens. Le Capitaine des galees Venitiennes eſtoit Anthoine Griman: lequel, comme il eut preſque gaigné la victoire contre les Turcs, entrerent à Lempale & la raſerent à fleur de terre: mais les Francois touſiours nageant occuperent les Salamines, mettant tout à feu & à ſang, & à la parfin les Turcs eſchaperent par les montaignes inacceſſibles à gens de cheual. Le quatorziéme iour d'Octobre audict an mil quatre cens quatre vingts & dixneuf, la royne Anne enfanta vne belle fille, nommee Claude. Et le pont de noſtre Dame de Paris, quatre vingts & deux ans apres qu'il eut eſté conſtruit, tomba dedans l'eaue de Seine, & ſoixante maiſons qui eſtoyent deſſus, le vingtcinqiéme iour dudict moys d'Octobre audict an mil quatre cens quatre vingts dixneuf, vne heure auant midy: dont le Preuoſt des Marchans & les Eſcheuins de ladicte ville furent chargez, &

condam-

Mil cccc.iiii.xx. xix.

La ville de Milan fut priſe par les Francois.

La deſcriptiõ du chaſteau de Milan.

La force du chaſteau de Milan.

Obeiſſãce des Geneuois & Venitiens.

Natiuité de la Royne Claude.

Ruyne du pont noſtre Dame.

condamnez à certaines amendes, par ce que ladicte ruyne aduint par la leur negligéce. Vn peu deuant le fils auoit tué sa mere sur ledict pont: & disoyent aucuns que ce nephandissime peché auoit esté cause d'icelle ruyne. Depuis ledict pont a esté restauré, & refaict sur belles arches de pierres, & garny de maisons, sans comparaison beaucoup plus belles que les premieres, qui estoyent seulement de boys & plastre, & le pont assis sur poteaux & pilloris de boys.

Comment apres que le Roy eut donné ordre en sa Duché de Milan, il s'en retourna en France.

LE Roy seiournant à Milan donna ordre en la cité, & diminua les tailles & tributs de la ville: car ils estoyent à huict cens mil liures ou enuiron, & le Roy les remeit à six cens vingtdeux mil. Puis fit Gouuerneur de ladicte Duché de Milan le Seigneur Iehan Iaques, qui estoit natif dudict païs, & luy commanda d'habiter en l'hostel du Palais de Milan. A Quentin l'Escossoys bailla le Gouuernement & Capitainerie de la Roquete, & la garde du Chasteau au Seigneur de Stepy. Il meit Capitaine à Gennes le Seigneur de Rauastain, & Yues d'Alegre, Capitaine de Sauonne. Puis s'en retourna le Roy à Lion, & de Lion alla à Orleans, & à Loches, & puis à Paris: & en passant par Orleás appoincta le discord d'entre Charles, Duc de Guldres & le Duc de Iulliers, qu'ils auoyent eu pour leurs armoiries: & fut par le Roy ordonné que Charles de Gueldres s'abstiédroit de plus porter les armes du Duc de Iullliers, & que ledict Duc de Iulliers rendroit audict Charles la ville d'Arclzles qu'il auoit surprinse sur luy: & pour les frais pretendus par ledict Duc de Iulliers, le Roy luy donna quatre mil escus d'or, & luy ordonna pension par chacun an, pour estre de son alliance. *Grand' liberalité du Roy Louisdouzième.*

L'an mil cinq cens fut le grand Pardon & Iubilé de Romme, celebré par le Pape Alexandre, sixiéme: & le tiers iour de Ianuier, audict an, ledict Louis Sforce, accompaigné de grand nombre d'Allemans, par la faction des habitans de Milan reprint ladicte ville, & en chacea les Francois, & d'aucunes autres villes, lesquelles se reuolterent contre le Roy: mais les chasteaulx demeurerent tousiours en la possession des Francois: & par le moyen de ladicte prinse plusieurs pelerins de France, qui alloyent audict Iubilé, furent destroussez, pillez, & occis par les Hosteliers, & autres gens dudict Louis Sforce, qui donnoit ausdicts Hosteliers vn Ducat pour chacune teste de Francois, dont le Roy fit depuis faire bonne iustice, & brusler plusieurs desdictes Hosteleries, & les Hostes dedans auec leurs femmes & enfans. Audict reuoltement le Comte Galiace & sa femme se retirerent en France par deuers le Roy, lequel enuoya grosse armee à Milan, pour le recouurer, soubs la conduicte de deux Lieutenans: lesquels ne se pouuoyent accorder: car ce que l'vn ordonnoit, l'autre ne vouloit qu'il fust executé: & pour ceste cause le Roy y enuoya messire Louis, Seigneur de la Trimouille, Vicomte de Tours, sachant qu'il estoit prudent, hardy, & heureux en ses entreprinses: en quoy il perseuera, car incontinent qu'il fut arriué en l'ost des Francois deuant Milan, accorda lesdicts deux Lieutenans, & tous trois ensemble meirent si bonne ordre en l'ost & en toute l'armee, que de ce aduerty ledict Louis Sforce, s'enfuyt de Milan, auec cent cheuaux seulement, en la ville de Nouarre, & abandonna toute son armee & Artillerie. Les Lieutenãs & armee des Francois suyuirét ledict Louis Sforce, & son armee, iusques deuant Nouarre: & des ce qu'ils en approcherent, vn Capitaine des Bourguignons, sortit de ladicte ville luy & ses gens, & se rendirent aux Francois. Puis furent pratiquez les Suisses, qui estoyent du party dudict Louis Sforce, iusques au nombre de quatre mil, par le Bailly de Dyion: lesquels estoyent mal contens par ce qu'ils n'auoyent esté payez: toutesfois ne voulurent laisser ledict Louis Sforce, si promptement: & au regard des Lansquenets, les Suisses du Roy ne les vouloyent prendre à mercy. A ceste cause l'armee dudict Louis Sforce sortit de la ville, & ledict Louis auec eulx, qui se meirent au Camp contre les Francois: mais ils se rendirent ausdicts Francois sans coup frapper, fors ledict Louis Sforce: lequel pour euader print l'habit d'vn Cordelier, en sorte qu'on ne le pouoit congnoistre: toutesfois ledict seigneur de la Trimouille, aduerty qu'il s'estoit desguisé, trouua moyen de faire passer toute l'armee dudict Louis Sforce, soubs la picque, l'vn apres l'autre, ou ledict Louis fut cõgnu & prins, & amené prisonnier à Lion. Tous ceulx de son armee s'en allerent leurs bagues sauues, & ne demoura aux Francois que la personne dudict Louis & son Artillerie. ce qui fut le Ieudy ou Vendredy deuãt Pasques fleuries dudict an mil cinq cens: dont le Roy eut nouuelles à Lion, la vigile de ladicte feste, & en fit faire les feux de ioye, & processions generales en toutes les Eglises Cathedrales de son royaume, pour rendre graces à Dieu. Le Cardinal Ascaigne, frere dudict Louis Sforce, sceut à Milan la prinse de sondict frere, & incontinent fit sauuer ses enfans en Allemaigne: & quant à luy, print fuyte auec six cens cheuaux *L'an mil cinq cens. Milan prins par Louis Sforce. L'armee de Louis sforce se rend aux Francois. La prinse de Louis Sforce. Mil cinq cens.*

vers Boulongne: mais Soncin, Capitaine Venitien, qui eſtoit frere du Marquis de Mantue, le rencontra, & luy bailla la fuyte iuſques au chaſteau de Ryuolle, ou il fut prins priſonnier, a-uec cent mille ducats, ſans les bagues, & depuis mis entre les mains des Francois. Le Cardinal meſſire George d'Amboyſe, qui eſtoit Lieutenant du Roy audict païs, s'en alla de Verſé à Milan, & au deuant de luy allerent les principaux de la ville de Milan ſe ſoubzmettre eulx, leurs femmes, enfans, & biens, à ſa mercy & miſericorde. à quoy ils furẽt finalement receuz, moyennant certaine grand' ſomme de deniers.

Comment Louis Sforce fut mené à Lion, puis mis en la tour de Bourges.

LE quatorziéme iour de May dudict an mil cinq cés, ledict Louis Sforce fut mené de Lion en la groſſe tour de Bourges, ou depuis mourut priſonnier: & en ſon lieu fut mis à Liõ au chaſteau de Pierre ſize, ſondict frere le Cardinal Aſcaigne: & tantoſt apres en fut mis hors, & fit enuers le Roy qu'il eut le royaume de France pour priſon. Le vingtiéme iour de Iuin enſuyuant leſdicts Cardinal d'Amboyſe, & Seigneur de la Trimouille, arriuerent à Lion, & auec eulx le Seigneur Iehan Iaques & ſa femme, ou ils furent ioyeuſement receuz. L'an prochain apres le Pape Alexandre donna vn Iubilé & permiſſion de leuer vn decime pour aller contre les Turcs. Monſeigneur Philippes, Archeduc d'Auſtriche & Prince d'Eſpaigne, à cauſe de Madame la Princeſſe ſa femme, fille aiſnée de domp Ferrand, Roy d'Arragon & de Donne Yſabel, Royne de Caſtille, fit ſon entrée à Paris par la porte ſainct Denis, le vingtcinquiéme iour de Nouembre, feſte ſaincte Catherine, audict an mil cinq cens & vn, & fut recueilly du Preuoſt des Marchans, & Eſcheuins, accompagné de notables Bourgeois de Paris, qui allerent au deuant. Hors ladicte porte furent iouez myſteres, & les rues tendues par le commandement du Roy. il ſeiourna à Paris quelque temps, pendant lequel ledict Archeduc aſſiſta en la court de Parlemement, comme Comte de Flandres, Per de France. Au partement de Paris il alla à Blois, ou le Roy & la Royne eſtoyent, qui le receurent treſamyablement, & le logerent au chaſteau, & eurent enſemble pluſieurs familiers & bons propos, & entre autres du mariage de leurs enfans: & ledict Archeduc fit requeſte au Roy de faire tenir en la ville de Bruges la reſidence des marchans Francois, qui eſtoyent es païs d'iceluy Archeduc, & faire tenir à l'Eſcluſe & au Dam l'eſtape des denrées & marchandiſes de France, qu'on enuoye par mer ou riuieres eſdicts païs, comme auparauant les guerres: & ſe fondoit ſur ce que la commodité deſdicts marchans Francois eſtoit plus de reſider en vn lieu, & que leſdictes villes de Bruges & de l'Eſcluſe ſont au Comté de Flandres, ſoubs la ſouueraineté & ſubiection de la couronne de France: toutesfois le Roy ne voulut octroyer ladicte requeſte, ſans ſcauoir l'aduis de ceulx auſquels le faict pouoit toucher. Et à ces cauſes, par lettres eſcriptes à Blois le treziéme iour de Decembre, manda en Flandres, meſmement auſdictes villes de Bruges & de l'Eſcluſe, & ſemblablement aux bonnes villes de France, enuoyer à Paris leurs deputez en notable nombre dedans le huictiéme iour de Feurier enſuyuant, pour communiquer enſemble, & aduiſer ſur le faict de ladicte requeſte. Auquel iour deuers le matin les deputez de Flandres remonſtrerent au Roy tous les moyens qu'ils entendoyent pour obtenir ladicte requeſte, tendans principalement à fin d'auoir ladicte eſtape deſdictes marchandiſes à l'Eſcluſe & Dam. Auſquels fut ordonné s'aſſembler ledict iour apres diſner auecques les deputez deſdictes villes de France, pour en conferer & conclurre en l'Hoſtel de la ville de Paris. à quoy ils vacquerent pluſieurs iours: & finalement arreſterent qu'vn Cheualier, nommé meſſire Seguyn Gentil, Seigneur de l'Enfernau, deputé pour le païs de Xainctonge, villes de la Rochelle & de ſainct Iehan d'Angely, feroit les articles de la concluſion à bailler au Roy pour leſdictes villes de France: car il auoyent maintenu & euidemment donné à congnoiſtre qu'il vaudroit mieulx au Roy donner grãd' partie de ſon royaume qu'octroyer ladicte requeſte. parquoy les articles de ladicte concluſion veuz, le Roy ordonna à monſeigneur le Chancelier de Rochefort, faire la reſponce pertinente auſdicts deputez de Flandres: & neantmoins enuoya ledict Gentil, ſeigneur de l'Enfernau, en Flandres cõtenter le païs, & pour quelques differens particuliers, qui eſtoyent entre les Flamés & leſdictes villes de la Rochelle & S. Iehan d'Angely. L'an mil cinq cẽs & deux, apres Paſques, le Roy enuoya groſſe armée ſoubs la conduicte du Seigneur d'Aubigny, ſon Lieutenant General, à Naples, pour recouurer le païs. ce qu'il fit facilement: car Domp Federic, qui auoit vſurpé ledict païs apres le treſpas de Ferdinand, Duc de Calabre, ſon nepueu, ſe rendit lors qu'il veit n'y pouoir faire reſiſtence, & fut amené en France: ou luy, ſa femme, & ſon fils furent bien traictez par ledict Roy Louis: & au moys d'Octobre enſuyuant, ledict Cardinal d'Amboyſe, comme Legat du Pape, fit ſon entrée à Lion. Incontinent apres le recouurement du royaume de Cecille, le

L'Archeduc Philippe, pere de l'Empereur fit ſon entrée à Paris.
L'an mil cinq cens & vn.

L'ã mil cinq cẽs & deux.

Les Francois recouurerẽt le royaume de Cecille

Roy enuoya partie de son armee contre les Turcs, soubs la conduycte de monseigneur Philippe de Rauastain, qui assiegerent la ville de Magdalain, à la fiance des Venitiens, qui auoyent promis auitailler l'armee des François. ce qu'ils ne feirent: mais au contraire donnerent passage à l'armee des Turcs, lesquels endommagerent par ce moyen lesdicts Francois, dont ils prindrent trentedeux prisonniers: & pour les recouurer, & payer leur rancon, le Pape donna de grands pardons & indulgences: & par la faulte desdicts Venitiens, fut l'armee desdicts Francois rompue, & s'en retournerent à leur grosse perte.

Le vingt & troisiéme iour de Mars, en l'an mil cinq cēs & trois, à cōmencer l'annee à l'Annunciation nostre Dame, ledict Archeduc, venāt d'Espaigne, alla à Lion, ou il fut bien receu, par ce qu'il auoit charge de faire & traicter paix entre les Roys de France & d'Espaigne. ce qu'il fit: & fut ladicte paix criee, ledict Roy de France, & la Royne estans à Lion, le quart iour d'Auril ensuyuant, entre ledict Roy de France, ledict Roy d'Espaigne, le Roy des Rommains, & ledict Archeduc, & leurs allies: & d'illec s'en alla ledict Archeduc à Bourg en Bresse: veoir madame Marguerite, sa sœur, femme de monseigneur Philebert, Duc de Sauoye: laquelle auoit esté en ses ieunes ans fiancee auec le Roy Charles, huictiéme, comme il a esté dict cy dessus: & ledict Archeduc, estant audict lieu de Bourg, le Roy d'Espaigne, en venant contre ledict traicté de paix qu'il auoit promise & iuree, enuoya grosse armee à Naples, contre les François, soubs la conduicte de Gonssalle Ferrande, qui print la ville de Naples, & conquist le païs, par l'intelligence qu'il auoit au Pape Alexandre. qui ne fut pas sans grand resistence du Seigneur d'Aubigny, & du Duc de Nemours, de la maison d'Armignac: lequel y fut occis en la Bataille: ou se porta tresbien le Seigneur de la Palice, & autant vaillamment que iamais fit homme en guerre: mais par la faulte des Tresoriers, qui desroboyent les deniers du Roy, les François furent affamez, & demourerent sans secours: dont maistre Iehan Herouet, Tresorier, qui estoit soubdain monté à gros honneur, & grands richesses, fut desappoincté, & assez mal traicté. Le seigneur de la Trimouille, par le commandement du Roy se meit au chemin, pour aller au recouurement dudict païs de Naples, mais il fut si griefuement malade qu'il fut contraict retourner demy mort.

L'an mil v.cēs & trois.

Paix entre les Roys de France & d'Espaigne.

Les François perdēt Naples.

Comment vn Escolier arracha la saincte Hostie d'entre les mains du Prestre, en la saincte Chappelle du Palais, à Paris.

AV moys d'Aoust audict an mil cinq cens & trois, le iour sainct Louis, qui est le vingtcinquiéme dudict moys, vn ieune Escolier de Paris, nommé Hemon de la Fosse, natif du païs de Vimeu, pres Abbeuille, luy aydant à dire messe en la saincte Chapelle du Palais de Paris, auquel ledict iour les quatre Médians ont accoustumé aller en procession, ainsi qu'on auoit consacré la saincte Hostie, & que le Prestre la mōstroit, ce pauure sol print furieusement la saincte Hostie entre les mains du Prestre, & en fuyant l'emporta iusques au bout des degrez de ladicte saincte Chapelle, ou pressé de grand nombre de gēs, qui le suyuoyent, la meit en pieces, & la laissa tomber à ses pieds. Iamais ne cuyda euader qu'il ne fust occis sur le lieu, par aucuns Gentilzhommes, qui luy auoyēt veu commettre le cas: mais vn Conseillier de la Court de Parlement le sauua pour l'heure, affin qu'il fust plus griefuement puny, & fut mené prisonnier en la Cōciergerie dudict Palais. Les pieces de ladicte saincte Hostie furent recueillies, & vn drap d'or estendu sur le paué, auec grād luminaire, qui tousiours y brusla iusques à ce qu'on eust osté ledict paué, qui fut mis en reliquaire, non sans grand' solennité & deuotion, ou les Parisiens se monstrerent fort bons Chrestiens: car on y alloit à grand' presse, nuds pieds, plorans, & crians, Misericorde. Ce pauure Heretique fut ouy par aucuns des Conseilliers de ladicte Court, qui ne trouuerēt pas grand propos en luy, & penserent qu'il estoit hors du sens: parquoy le feirent visiter par les Medecins, & trouuerent qu'il estoit manyaque, & frappé en vne partie de son entendement: neantmoins par ce qu'il auoit mis furieusement les mains en ladicte saincte Hostie, fut par Arrest condamné à auoir le poing coppé, & à estre bruslé tout vif, au Marché aux porceaux: & ainsi qu'il sortit de la Chapelle de la Conciergerie, ouyt qu'vn nommé Charronnel, de l'ordre des freres Prescheurs l'exhortoit de se retourner à Dieu, & laisser sa folle oppinion: auquel il fit responce en telles parolles, Ie suis bien marry que ie ne le puis faire: toutesfois quand vint à le brusler iamais ne se voulut conuertir. Enuiron la fin dudict moys d'Aoust, mil cinq cens & trois, le pape Alexandre, vj. alla de vie à trespas à Romme: & le trentiéme iour apres, François, Cardinal de Siene, fut esleu Pape, par trentesix Cardinaux, & nommé pape Pie, troisiéme, & estoit nepueu du pape Pie, deuxieme. S'il eust longuement vescu, eust fait plusieurs grands ennuyz aux François: car ia auoit cōmencé: mais il deceda d'vne fistule qu'il auoit en la cuysse, le tren-

L'an mil v.cēs & trois.

La mort du Pape Alexandre, sixiéme.

Pape Pie, troisiéme.

X

tiéme iour apres son election:& enuiron ledict temps les Francois feirent de gros dommages aux Espaignols, en la terre de Naples, & s'ils eussent esté secourus, les en eussent chacez. Apres le trespas dudict pape Pie, Iuliã, qui estoit nepueu du pape Sixte, le quart, & Cardinal *sancti Petri ad Vincula*, & lequel durant le viuant du Roy Louis, onziéme, auoit esté Legat en France, & fit deliurer des prisons le Cardinal Balue, fut esleu Pape, & nómé Iulius secundus. Il estoit natif de Sauonne, du païs de Ligurie. Au commencement se monstra bon Francois: au moyen dequoy le Roy Louis, douziéme, luy remeit entre ses mains la cité de Boulongne la Grasse, qu'occupoit le Seigneur Bentiuolle, dont il fut tresgrandement ingrat, comme nous verrons.

Le pape Iulius, deuxiéme.

L'année apres le Roy enuoya grosse armee pour recouurer les Comtes de Roussillon & Parpignan: & fut la ville de Saulces assiegee par les Francois, ou le seigneur de Rochepot, fort aymé du Roy, fut occis:& s'en retournerent les Francois sans riens faire, par quelque intelligence qu'aucuns des Capitaines eurent auec les Espaignols: & certain peu de temps apres furent treues accordees entre les Roys de France & d'Espaigne: pendant lesquelles les Espaignols, qui estoyent à Saulces, s'en allerent secretement à Naples, donc ils chacerent les Francois: & furent prins prisonniers le seigneur d'Aubigny, & le seigneur d'Alegre, qui furent depuis rendus, moyennant autres prisonniers, que les Francois auoyent prins: & en ladicte annee y eut tresgrand' cherté de bleds, & famine particuliere, es païs de Lion, & du Dauphiné.

L'an mil cinq cens & quatre saulces assiegee par les Francois.

L'an mil cinq cens & cinq, madame Iehanne de France, Duchesse de Berry, fille du Roy Louis, onziéme, de laquelle a esté escript cy dessus, alla de vie à trespas, au chasteau de Bourges, & fut enterree en vne eglise qu'elle auoit fait edifier, & icelle dotee:& pour sa bóne & vertueuse vie, est reputee & estimee saincte, en Paradis, & comme on dit, depuis son trespas Dieu a fait certains miracles en aucunes personnes, qui s'estoyent à elle recommandez. Audict an, & sur la fin d'yuer, & printemps, ledict Roy Louis, douziéme, fut surpris d'vne soubdaine maladie, si griefue, qu'il fut long temps sans pouoir parler, & tellement qu'on en attédoit plus la mort que la vie: toutesfois, pour la deuotion qu'il auoit au sainct Sacrement de l'Autel, ou il mettoit tousiours son principal espoir, retourna en santé: & pour en rendre graces à Dieu, impetra dudict pape Iulius, pardon de planiere remission, cóme an Iubilé: & Processions qu'il fit expressément faire, par tout son royaume, vers la fin du moys de Iuin, tout ainsi qu'on a accoustumé faire le iour de la feste Dieu. Audict an mourut Domp Federic de Naples, auquel le Roy auoit fait plusieurs grands biens, & en luy finit la lignee d'Alphons d'Arragon, vsurpateur de Naples.

L'an mil cinq cens & cinq. Le trespas de la Duchesse de Berry.

Iubilé en France.
La mort de Domp Federic de Naples.
L'an mil cinq cens & six.

L'an mil cinq cens & six, madame Ysabeau, Royne d'Espaigne, qui s'estoit tant vertueusement portee en la conqueste de Grenade, contre les Turcs, alla de vie à trespas, plaine de vertus, & bon renom: apres lequel trespas ledict Roy d'Espaigne espousa la sœur du Comte de Fouez: par le moyen duquel mariage y eut quelque traicté de paix entre lesdicts Roys de Fráce & d'Espaigne, touchant la Comté de Roussillon, & le royaume de Naples.

Comment Francois de Vallois, Duc d'Angoulesme, depuis Roy de France, fianca madame Claude, fille du Roy Louis, douziéme.

AVdict an mil cinq cens & six, le iour de l'Ascension nostre Seigneur, monseigneur Francois de Vallois, Duc d'Angoulesme, seconde personne de la couronne de France, fiáca en la ville de Tours, madame Claude, fille aisnee dudict Roy Louis, & de madame Anne, Duchesse de Bretaigne: pour lequel mariage faire furent assemblez les Estats en ladicte ville de Tours. En ce mesme an, au moys de Septembre, l'Archeduc Philippe mourut en Espaigne: & ledict pape Iulius, par le secours dudict Roy Louis, douziéme, gaigna Boulongne la Grasse, qui est terre Papalle, contre Iehan de Bentyuolle: & illec dist messe en la principale Eglise, ou il fist plusieurs beaux dons spirituels aux seigneurs de France.

La mort de l'Archeduc Philippe, pere de l'Empereur.

L'an mil cinq cens & sept, les Geneuois se reuolterent contre les Francois, soubs la conduicte d'vn taincturier, nommé Paule de Nouis, qu'ils feirent leur Duc & Capitaine, & ietterent les Francois hors de la ville, dont le Roy Louis fut fort desplaisant, & enuoya grosse armee contre icelle ville de Gennes: laquelle assiegee ne peut resister, & fut incontinét prinse. Ledict Paule de Nouis pour se sauuer se meit sur mer, ou il fut prins d'vne naue Gallicane, & amené à Gennes, ou le Roy le fist decapiter. Certain peu de temps apres, en ensuyuant l'appoinctement faict à Cambray entre le Pape, les Roys de France, des Rommains, & d'Espaigne, ledict Roy Louis entreprint faire guere contre les Venitiens, vsurpateurs de plusieurs villes de la Duché de Milan, & d'autres villes appartenans au Pape, & ausdicts Roys d'Espaigne, & des Rommains: & pour ce faire dressa grosse armee de Francois, Allemans, & Suisses,

L'an mil cinq cens & sept.

Gennes reuoltee, & reprinse par les Francois.

DV ROY LOVIS, DOVZIEME DV NOM. Fueil.cxxij.

& Suisses, laquelle luy mesme mena en Italie, auec toute la Noblesse de France, au printemps de l'an mil cinq cens & neuf: & furent les Venitiens si fiers & oultrecuidez qu'ils oserent bien attendre le Roy & son armee, au lieu d'Aignadel: ou, le Vendredy dixhuictiéme iour de May dudict an mil cinq cens & neuf, la bataille fut grande & merueilleuse: car les Venitiens auoyent autant ou plus de gens que le Roy: toutesfois ils furent desconfits, & leur Duc & principal Capitaine, nommé messire Bartholemy d'Aluiane, prins prisonnier, & amené en France, & ne se sauuerent de l'armee des Venitiens, fors ceulx qui peurent fuyr. Apres ceste glorieuse victoire, obtenue par le Roy, contre les Venitiens, il retira ses villes de Bresse, Bergame, Cremonne, & autres estans des appartenances de la Duché de Milan: & fit rendre au pape Iulius, les villes de Seruie, Rauenne, Imole, Fauence, Forliue & autres terres de l'Eglise: & au Roy des Rommains les villes de Verône, Patauie, ou Padoue, & autres lieux: & audict Roy d'Espaigne, Bróduse & Tarente (toutes lesquelles villes auoyent esté vsurpees par lesdicts Venitiens) & de toutes lesdictes choses furent fort ingrats lesdicts Pape & Roys d'Espaigne, & des Rommains, & en venant contre leur foy & serment par eulx, ou leurs Procureurs, faicts à Cambray, se declairerent demy an apres contre ledict Roy Louis: mesmement ledict pape Iulius, auquel il auoit tant faict de seruices: car il s'allia des Venitiens, contre iceluy Roy Louis, & luy fit perdre certaines villes de sa Duché que depuis il retira: mesmement Mutine & Mirandule. Enuiron ledict temps trespassa George, Cardinal d'Amboise, Legat en France: qui fut vn gros & grand dommage: car tant qu'il vescut ledict royaume de France fut bien gouuerné sans grands tailles, emprunts ne subsides, iacoit ce que ledict Roy Louis eust eu de grands guerres, & obtenu plusieurs grosses & glorieuses victoires es Itales: & au moyen de son trespas, lesdicts Princes & Roys rompirent ladicte alliance de Cambray.

La guerre contre les venitiés.
L'an mil cinq cens & neuf.
Des bons tours que le roy Louis fit aux roys des Rommains, d'Espaigne & au Pape.
Le trespas du Legat George d'Amboise.

Du Concile de l'Eglise de France, tenu à Tours, sur certains articles, à cause du discord du pape Iulius, & du Roy Louis.

Oyát ledict Roy Louis que ledict Pape Iulius luy faisoit la guerre en Italie, & taschoit à luy faire perdre Gennes, & la Duché de Milan, voulut bien trouuer les moyens honnestes, sans offencer l'Eglise, de l'empescher, & le faire vaquer & veiller à la garde de son Parc Ecclesiasticque, & non de s'occuper à guerre, & effusion de sang. Et pour y aduiser fit assembler tous les Euesques & Prelats de son royaume, & les plus grands Docteurs de toutes ses Vniuersitez, tant de la faculté de Theologie, que droict Ciuil & Canon, en la ville de Tours, en l'an mil cinq cens & dix, au moys de Septembre, ou ie me trouuay, à l'issue d'vne merueilleuse maladie, qui vn moys au parauant suruint en tout le royaume de France, tant es villes qu'es champs, & dont peu de gens euaderent qu'ils ne fussent malades, ou mors de ladicte maladie, en moins d'vn moys: laquelle maladie fut appelee par aucuns bons compaignons la Coqueluche, par ce qu'elle saisissoit les gens par la teste, principalement auec vne douleur d'estomach, de reins, & de iambes, & de fieure folle, qui prenoit & laissoit d'heure en heure, auec vn merueilleux degoust de pain, vin, & viande: ou les purgations nuysoyent plus qu'elles ne proffitoyent, & selon les complexions des personnes, les aucuns estoyent moins malades que les autres: & plusieurs gens de bien, & de nom, en allerent de vie à trespas. Or fut faicte ladicte assemblee, ou Concile, en ladicte ville de Tours, ou furent mis en deliberation les articles qui s'ensuyuent. Le premier, S'il estoit licite au Pape faire guerre contre les Princes temporels es terres non estans du domaine de l'Eglise: mesmement d'vn Prince qui en rien n'a offensé l'Eglise, & ou il n'est question de la cause de la Foy, ne des droicts ecclesiastiques, & sans auoir fait ladicte guerre. L'oppinion dudict Concile fut, que le Pape ne le pouuoit, ne deuoit faire. Le second article, S'il estoit licite & permis à vn Prince, ainsi empesché, en defendant luy & ses terres, pour la tuition de ses subiects, & de ses dómainez, non seulement repeller par armes ceste iniure, mais aussi inuader les terres de l'Eglise, possedees par ce Pape, notoire ennemy de ce Prince, non en intétion de retenir lesdictes terres: mais à ce qu'au moyen d'icelles ce Pontife ne fust plus si fort ne puissant pour l'offenser, mesmement que par l'aide de ce Prince ledict Pontife auroit recouuert icelles terres, qui auoyent esté vsurpees par aucuns Tyrans sur l'Eglise, par plus de cent ans, attendu que par icelles terres ledict Pontife auoit grand' faculté d'offencer ce Prince? L'oppinion dudict Cócile fut, que ledict Prince le pouuoit faire, aux códitions & qualitez contenues par ledict article. Le tiers, Si par telle inimitié notoire, & agression manifeste, iniuste, estoit licite à ce Prince se soubstraire de l'obedience de tel Pontife, attendu que ce Pontife auoit incité tous les autres Princes & communitez, voire essayé à les contraindre d'inuader les terres & domaines de ce Prince, qui auoit merité guerdon & beniuolence du siege Apostolique? L'oppion dudict Concile fut, que ledict

Cócile de Tours Mil v. cês et x.
De la maladie nommee la Coqueluche.
Les articles mis en deliberation au Concile de Tours.
second article.
Troisiéme article.

X ij

Prince se pouuoit soustraire de ladicte obedience, non vniuersellement, mais pour la tuition & defence de ses choses temporelles. Le quart, Ladicte substraction ainsi faicte, comme dict est, qu'il seroit de faire par ce Prince & ses subiects, mesmement par les Prelats & gens d'Eglise, es choses pour lesquelles on doit & a l'on accoustumé d'auoir recours au siege Apostolique? L'oppinion du Concile fut, qu'on garderoit le droict commun & ancien, & la Pragmatique Xanction prinse du Concile de Basle. Le cinquième, S'il estoit licite à ce Prince Chrestien defendre auec armes vn autre Prince à luy confederé, & duquel il a legitimement prins la defence, pour les dommaines, terres, & choses lesquelles il possedoit iustement de treslong temps, au cas qu'il soit inuadé & assailly de faict par ce Pontife esdictes terres, dommaines: & choses attendu que ceste confederation a esté faicte du consentement de ce Pontife, & qu'il y estoit aussi comprins, comme Chef, & mesmemét quand ce Prince, par luy inuadé, a donné secours à ce Pontife, & à ses alliez, pour recouurer les terres de l'Eglise, iouxte & selon la forme de ladicte alliance? L'oppinion dudict Concile fut qu'en ces termes ce Prince le pouuoit faire. Le sixième, Si ce Pontife pretend quelque droict à luy appartenir, pour aucuns droicts qu'il dit estre de l'Eglise Rommaine, & le Prince au contraire pretéd estre mouuans de l'Empire, & de ce different le Prince vueille s'en soubzmettre à la diffinition d'arbitres, ainsi qu'il doit estre faict de droict: si audict cas il est licite au Pontife, pour tel cas, & sans autre congnoissance de cause, faire guerre à ce Prince: & au cas qu'il le fera, si le Prince y peut par armes resister, & si les autres Princes le peuuent licitement defendre de telle oppression, mesmement quand ils sont de son alliance, & que ce pretendu droict n'a esté possedé puis cent ans par l'Eglise Rommaine? L'oppinion dudict Concile fut, qu'il estoit licite ausdicts Princes ainsi le faire. Le septième, Si le Pontife ne veult accepter tel offre iuridique & honneste, & de faict au contraire, sans garder l'ordre de droict, donne quelque sentence contre le Prince, qui pretend ne tenir ce droict de l'Eglise, si par ce Prince, & autres, est à obeir à ladicte sentence: & mesmement quand ce Prince n'a seur acces pour aller ou enuoyer vers ce Pontife defendre ses droicts? L'oppinion dudict Concile fut, que ce Prince n'estoit tenu obeir à ladicte sentence. Le huictième & dernier article, Si semblablement le Pontife iniustement, l'ordre de droict non gardé, reaument & de faict, auec main armee procedant, pronóce & publie quelques censures contre les Princes à luy resistans, & leurs subiects & alliez, si on y doit obeir: & par quels moyens on doit remedier à tels cas? L'oppinion du Concile fut, que telle sentence est nulle, & de droict, n'autrement, en quelque maniere, que soit, ne peut lyer. Et la conclusion fut qu'auant que proceder aux choses susdictes, le Roy enuoyeroit Ambassadeurs de la part de l'Eglise Gallicane, vers le pape Iulius, à ce qu'il se desistast des choses par luy cómécees, & qu'il voulsist entendre à paix, concorde, amytié & charité, & à se reconcilier auec lesdicts Princes, & à ce faire seroit admonnesté par fraternelle correction Euangelique: & s'il ne vouloit à ce ouyr les Ambassadeurs, qu'ils le sommassent de conuoquer & celebrer vn Concile, en ensuyuant les Decrets du sainct & sacré Concile de Basle: & toutes choses ainsi faictes, & sa responce ouye, y seroit pourueu comme le droict le vouloit. En ensuyuant laquelle conclusion le Roy Louis enuoya Ambassadeurs vers le Pape Iulius, qui ne les voulut ouyr, n'entendre à faire vn Concile, iacoit ce qu'il en fust sommé, tant de par ledict Roy Louis, que par ledict Roy des Rommains: & à ceste cause ledict Concile fut conuoqué à Pise, à la requeste d'aucuns Cardinaux & desdicts Roys, ou furét faictes aucunes sessions. puis fut transporté à Milan, de Milan à Lion, par l'Eglise Gallicane, ou furent faictes plusieurs sessions, & en icelles aucús beaux Decrets: toutesfois n'y eut aucune cóclusion prinse, au moyen de ce que ledict pape Iulius mourut vn an & demy apres, ou enuiron.

Apres l'assignation dudict Concile, baillee à Pise, le Roy enuoya nouuelle armee à Milan, soubs la conduicte de Gaston, Comte de Fouez, son nepueu, qu'il fit son Lieutenant general audict païs, & estoit Duc de Nemours. Ce ieune Prince estoit hardy, prudent, & auoit bon vouloir de bien & loyaument seruir le Roy, son oncle, cóme il monstra tresbien: car des le commencemét, en voulant monstrer au pape Iulius son ingratitude, meit hors ses Capitaines la cité de Boulógne: laquelle il meit entre les mains du Roy. Le Pape d'autre part gaigna les Suisses, qui feirent donner quelque assault aux Francois, qui estoyét en la ville de Milan: qui saillirent, & furét leurs ennemis chacez, mais non sans perte d'aucunes gens de bien de France: & entre autres de messire Guillaume de Bissipat, Cheualier, Seigneur de Hanaches, & Vicóte de Falaise, l'vn des cent Gentilshommes de l'Hostel du Roy, qui fut vaillamment occis: dont fut gros dommage: car c'estoit vn Cheualier aussi bien accomply qu'il fut onc, fust en art militaire, ou eloquence Grecque, Latine & vulgaire, & qui composoit en aussi bon stil qu'il en fut iamais, oultre l'art de Musique, de bien chanter & dire de tous instrumens: duquel maistre

Guillaume

DV ROY LOVIS, DOVZIEME DV NOM.

Guillaume Cretin, Orateur de grand' renommée, a fait les regrets & Epitaphes. Audict temps les habitans & citadins des villes de Bresse & Bergame se reuolterent contre les Francois, & retournerent à l'obeissance des Venitiens. dont mal leur en print: car les chasteaux tousiours estoyent en l'obeissance des Francois. Ledict Duc de Nemours assiegea Bresse: & durāt le siege fit sommer ceulx de dedans de se rendre au Roy. ce qu'ils ne voulurent faire: mais, cō-me obstinez, se meirent en defence à leur grand' confusion: car leur ville fut prinse & pillée par les Francois, qui s'enrichirent grandement de ce pillage: par ce que Bresse estoit l'vne des riches villes d'Italie, d'or, d'argent, de veloux, soyes, & autres meubles precieux: & incontinent apres ladicte ville de Bergame fut aussi reduicte & remise à l'obeissance du Roy, auec autres villes qui s'estoyent semblablement reuoltees contre luy.

Bresse prinse et pillée par les Francois.

Comment les Espaignols, & leurs alliez, furent desconfits par les Francois à Rauenne, ou fut occis le Duc de Nemours, Lieutenant pour le Roy.

AV temps de Karesme ensuyuant, qu'on disoit l'an mil cinq cens & douze, l'armee du Pape, assemblee à celle des Espaignols & Venitiens, queroyent les moyens de rencontrer les Francois au despourueu, & les chacer d'Italie: & de l'autre part les Francois, soubs le Hardy & vaillant Duc de Nemours, se tenoyent sur leurs gardes, & ne demandoyēt que donner sur leurs ennemis. Et apres s'estre approchez se rencontrerent le iour de Pasques, pres de Rauenne, auecques leurs armees bien rengees & ordonnees, & fut la bataille cruelle, aspre & longue, autant qu'il en fut oncques: car de toutes pars y auoit d'aussi hardis & vaillans gensd'armes & Capitaines, qu'il estoit possible en trouuer, & fut grand' pitié de veoir la cruelle & piteuse occision, tant de noz gens, que des aduersaires: dont toutesfois la victoire demoura aux hardis Frācois, par la sage & prudēte cōduicte dudict Duc de Nemours, & des Seigneurs de la Palice, d'Alegre, & son fils, du Seigneur de Chastillon, du Seigneur Iehan Iaques, & autres bien renommez Capitaines, & mesmement de Louis d'Ast, Berruyer, Capitaine prudent, hardy & de grand' estime. Plusieurs Seigneurs, & bons Capitaines des aduersaires furent occis, & les autres prins prisonniers: & mesmement furent prins Pietre de Nauarre, tenant le party du Pape, Francisque Coulomne, Petre de Nauarradon, Iehan de Cardonne, le Marquis de Pesquiere, Pomare, Espinose, Castanago, Iehan Anthoine Vosmo, le Comte de Montelon, le Marquis de Betonde, le Marquis de l'Estelle, & le fils du Cōte de Cousege. Le Duc du Traict estoit auecques eulx, mais on ne sceut qu'il deuint. Le Viceroy fut sauué au fuyr, & s'en alla par mer à Naples. Le Marquis de la Padulle & le Comte de Populle trouuerent subtille maniere d'eschaper & eulx sauuer, auec onze ou douze cens, tant d'hommes d'armes, que cheuaux legers, & auec mil cinq cens hommes de pied, qui fut le reste de leur armee, ou ils estoyent plus de trente mil hommes. Le Duc de Nemours, plein de cœur, qui desiroit du tout mettre à sac l'armee des aduersaires, se meit apres ceulx qui fuyoyent auec petite compaignie d'aucuns hardis hommes de France, qui ne le voulurent laisser seul, dont mal leur en print : car, voyans les aduersaires que ces Francois estoyent en petit nombre, leur feirent passage: puis les encloyrent, & fut la meslee grande: & tellement que le hardy Duc de Nemours y fut occis, & semblablement le Seigneur d'Alegre & son fils, le Seigneur de Mont Caurel, le Lieutenant du Seigneur d'Hymbercourt, le Capitaine Molard, le Capitaine Iacob, vn Capitaine Allemant, nommé Philippe. Le surplus de l'armee de France les tut secourir: mais ce fut bien tard pour eulx: toutesfois se porterent si vaillamment sur la fin, qu'ils vengerent la glorieuse mort de ces nobles Seigneurs & Capitaines: car ils ne retournerent du Camp que tous les ennemis ne fussent mors & occis. Ledict Duc de Nemours & autres susdicts feirent ceste course oultre & contre le cōseil des anciens Capitaines, qui se contentoyent d'auoir eu le champ & victoire de ceste iournee, qui estoit grande. Apres ceste furieuse bataille les Francois allerent assieger la ville & cité de Rauenne (qui est la terre du Pape) laquelle ils prindrent d'assault, & la pillerent: quoy que soit en partie. Puis fut le corps dudict Duc de Nemours, Comte de Foucz, & des autres Seigneurs Francois occis, apportez en la ville de Milan, & enterrez le xxvj. iour d'Auril, l'an mil cinq cens treize. Il y eut gros triumphe à l'enterrement dudict Duc: & furent menez deuant son corps tous les prisonniers, & toutes les bannieres des aduersaires portees desployees, en signe de triumphe. Le pape Iulius, homme de grand' vindication, & plus martial que diuin, voyāt ceste desconfiture, enuoya gaigner par secrets Ambassadeurs, les Suisses, le Roy des Rōmains, & le Roy d'Angleterre: & par eulx fit assaillir le Roy Louis, & son royaume en plusieurs parties: & touchant les Itales, les Frācois laisserent Milan, & les autres villes, par ce qu'ils n'auoyēt

Mil v. cens xii.

Bataille de Rauenne.

prisonniers de la part des aduersaires.

Le Duc de Nemours occis.

La prise de Rauenne.

Mil v. cēs xiii.

Les Francois laissērēt Milan, & les Itales.

plus de Chef, & auoyent perdu la plus grand' part de leurs bons Capitaines, & auſſi des genſ-d'armes, tant de pied que de cheual: toutesfois les chaſteaux de Milan, de Breſſe, & autres, demourerent touſiours entre les mains des Capitaines Frãcois, qui les garderẽt iuſques à ce que le Roy eut dreſſé plus groſſe armee, & furent les Suiſſes & Eſpaignols maiſtres pour vn peu de partie des Itales, ſauf deſdicts chaſteaux. De l'autre part le Roy d'Eſpaigne, pretẽdent, ſans droict, le royaume de Nauarre luy appartenir, print Pampelune, & partie dudict royaume de Nauarre: ou le Roy Louis enuoya groſſe armee, ſoubs la conduicte de Francois, ſeigneur de Dunois, Duc de Longueuille, ſon Lieutenant general & Gouuerneur de Guyenne : & fut l'armee iuſques à ſainct Iehan Piedeporc, dont il retourna ſans grand' gloire. Enuiron lequel temps ledict pape Iulius alla de vie à treſpas: duquel on fit l'Epigramme qui s'enſuit:

Guerre d'Nauarre & prinſe de Pampelune.

La mort du pape Iulius.

Genua cui patrem, genitricem Græcia, partum
Pontus & vnda dedit, num bonus eſſe poteſt?
Fallaces Ligures, & mendax Græcia, ponto
Nulla fides: in te ſingula ſolus habes.

Comment les Anglois deſcendirent en France, & de la deſconfiture ſur la mer deſdicts Anglois.

Leon, dixiéme, Pape.

APres le treſpas dudict Iulius, qui tint le ſiege dix ans, ou enuiron, Leon, dixiéme de ce nom, fut Pape. Il eſtoit natif de Florence, de la lignee de ceulx de Medicis, fils de Laurens, qui eſtoit fils de Coſme de Medicis. Il ſe monſtra du cõmencemẽt aſſez bon Francois, mais non à la fin. Or eſtoit le Roy occupé à la guerre de Nauarre, & ſon armee arreſtee en Guyenne. Henry Roy d'Angleterre, huictieſme de ce nom, aſſeuré du ſecours du Roy des Rommains, des Flamens, Haynuyers & Brabancons, deſcendit auec groſſe armee à Calais: dont il retourna par contraincte en ſon païs, au moyen de l'armee du Roy d'Eſcoſſe, qui y eſtoit deſcendue: & fut la guerre grande entre les Anglois & Eſcoſſois, & iuſques à entreprendre iournee, ou la bataille fut grande & gaignee par les Eſcoſſois: toutesfois leur Roy y fut occis, qui donna rompture à pourſuyuir leur entrepriſe, & s'en retournerent en leurs païs. Ce pendant fut traictee & faicte paix finale entre ledict Roy Louis, douzieme, & les Venitiens: dont furent faicts les feux de ioye à Paris & ailleurs, & non ſans cauſe: car ledict Roy Louis auoit tous les Princes ſes voyſins contre luy. Ledict Roy Henry d'Angleterre dreſſa armee, par mer & par terre, pour venir en France, & enuoya vne armee iuſques en Guyenne, dont elle retourna ſans riẽs faire. auſſi dreſſa vne armee par mer, qui alla iuſques en Bretaigne: & entre autres nauires d'Angleterre y eſtoit la Regente, que menoit l'Admiral dudict païs: laquelle fut aſſaillie & acrochee à Breſt, par la nef de la Royne de France, Ducheſſe de Bretaigne, qu'on nommoit la Cordeliere, de laquelle eſtoit Capitaine Primoguet, homme prudent & hardy. A ceſt accrochement & approche furent pluſieurs pieces d'Artillerie deſchargees, puis vindrent à ancrer & ioindre l'vn à l'autre, ou la baterie fut grãde: mais quelqu'vn de la Cordeliere, qui eſtoit en la Hune, ietta & meit le feu dedãs la Regente, qui ſe print aux pouldres & ſalpeſtres, non ſeulement de ladicte Regẽte, mais auſſi de la Cordeliere, ou furẽt ceulx du dedans preſque tous bruſlez ou noyez, & entre autres ledict Admiral d'Angleterre: & au regard dudict Primoguet, ſe ietta en l'eaue pour ſe ſauuer: mais ſon harnois le fit noyer, qui fut gros dommage. Ces deux belles nefs furent bruſlees & perdues: les autres s'en fuyrent hault la voille. ce qui aduint le iour & feſte de ſainct Laurens, l'an mil cinq cens & treze. La grand nef de France ſuyuit les Anglois, & alla ſur la coſte d'Angleterre, ou les Francois pillerent certains villages. Ledict Roy Henry d'Angleterre retourna à Calais, & enuoya ſon armee en Picardie, au deuant de laquelle alla le Roy auec groſſe armee: mais d'vne autre part les Suiſſes, qui s'eſtoyent declairez ennemis du Roy & du royaume de France, ſans aucune querelle, s'en allerẽt en Bourgõgne, au cõmencemẽt de Decẽbre dudict an mil cinq cẽs & treze, & aſſiegerent Dyion, ou eſtoit meſſire Louis Seigneur de la Trimoille, Vicõte de Touars, & Gouuerneur dudict païs de Bourgongne, lequel fut bien eſbahy: car il ſe voyoyt mal accõpaigné, & le royaume affoibly & aſſailly de toutes pars: parquoy cõſideroit q̃ leſdicts Suiſſes prenoyẽt Dyion (ce qu'ils pouuoyent facilemẽt faire) ils entreroyẽt facilemẽt par toutes les villes du royaume de Frãce: leſq̃lles eſtoyẽt toutes eſbahyes & effrayees de tãt d'ennemis. ſi trouua moyẽ de pacifier leſdicts Suiſſes, qui demãdoyẽt certain grãd nõbre d'or & d'argẽt, qu'ils diſoyẽt leur auoir eſté promis p̃ ledict Roy Louis, à la priſe de Milã & de Louis Sforce, cõe dict eſt: & pour les cõtẽter leur bailla pour oſtage de ce qu'il leur promettoit, ſon pprepre nepueu le Seigneur de Mezieres, leq̃l eſtoit Cheualier moult prudẽt & hardy: & moyẽnant ce s'en

Le Roy Henry d'Angleterre à Calais.

Le Roy d'Eſcoſſe occis par les Anglois.

La deffaicte de la Regente & Cordeliere, ſur mer, à Breſt.

Mil v. cẽs xiii.

Les Suiſſes aſſiegerent Dyiõ.

ce s'en retournerent lesdicts Suisses en leurs païs: dont le Roy Louis & la Royne, son espouse, furent de prime face mal contens dudict seigneur de la Trimouille, mais ils congnurent bien tost apres que ledict Seigneur auoit fait au Roy & à la Royne le plus grand seruice & proffit qu'on eust lors peu faire: car si lesdicts Suisses eussent prins Dyion (ce qui leur estoit lors facile à faire) ils eussent en deux moys pillé tout le royaume, veue la perplexité ou il estoit, & la crainte qu'auoyent les habitans des villes, voire si grande qu'on disoit bien que c'estoit punition diuine: & depuis ledict Roy Louis côtenta lesdicts Suisses, & deliura ledict seigneur de Mezieres. Lesdicts Anglois assiegerent Therouenne, & iouerent vn merueilleux tour aux Francois: car vn iour vne petite compagnie d'Anglois se meit aux champs, apres lesquels se meirent aucuns Francois, & en trop petit nombre: toutesfois il y en auoit des plus hardis de l'armee du Roy de France: & voyans que par fuyte auoyent perdu de veue les Anglois, se meirent au repos sur les champs, ou incontinent furent surprins & trouuez en desordre par les Anglois, lesquels prindrent plusieurs Francois prisonniers: sçauoir est ceulx qui ne se tournerent en fuyte, & le surplus se sauua à la fuyte, dont ils furent desprisez: & pour ceste fuyte on appela ceste rencontre la iournee des Esprons. Le Duc de Longueuille, frere du seigneur de Dunois, fut prins entre autres à ladicte rencontre, & fut mené en Angleterre: qui fut cause dont il y eut paix traictee, ainsi que verrons cy apres. Ceulx qui estoyent dedans Therouenne, attendant secours, tindrent tant qu'ils peurent contre les Anglois, & l'Empereur Maximilian, & à la fin leur rendirent la ville par composition, telle que ceulx qui voudroyent s'en iroyent leurs bagues sauues, & que les Anglois ne pilleroyent les citoyens: mais ils feirent le contraire: car ils abbatirêt les murailles de ladicte ville, & pillerent la plufpart des habitans. puis s'en allerent les Anglois deuant la ville de Tournay, laquelle ils prindrent semblablement par composition, & sans grande resistence. Apres tous ces grands affaires audict Roy Louis suruenuz, pour le comble de son infortune, madame Anne son espouse alla de vie à trespas, au chasteau de Blois, & fut son corps porté & enterré à sainct Denis en France treshonnorablement. Ce fut vne moult bonne Royne, accomplie de la pluspart des vertuz que pourroit auoir louable Dame : à ceste raison fut tresfort ploree & regrettee, non seulement par les Bretons, mais de tous les Princes & gens de France. La maladie print à ladicte Royne le deuxiéme iour de Ianuier dudict an mil cinq cens & treze, & le neufiéme iour dudict moys trespassa. Dieu vueille auoir son ame. elle laissa deux filles: Claude, mariee au Roy Francois, & Renee au Duc de Ferrare.

Therouenne assiegee.

La iournee des esperons.

Therouëne pris par les Anglois

Tournay prins par les Anglois

Comment le Roy Louis, douziéme, fut marié en secondes nopces à Madame Marie d'Angleterre.

AVdict temps estoit en la court dudict Louis le Duc de Suffort, qui disoit le royaume d'Angleterre luy appartenir, à cause de Richard, que Henry, septiéme, pere dudict Henry, huictiéme, priua dudict royaume, comme il a esté dict dessus au commencement du regne du Roy Charles, huictiéme: & pour recouurir iceluy royaume ledict Roy Louis bailla & souldoya audict Duc de Suffort douze mille Lansquenets, qui furent en Normandie auec ledict Duc le iour de Pasques, de l'an mil cinq cens quatorze: toutesfois ladicte entreprise ne sortit effect, par ce que par le moyen du Duc de Longueuille, qui estoit prisonnier en Angleterre, fut faicte paix entre ledict Roy Louis & ledict Roy Henry d'Angleterre: par laquelle paix madame Marie, sœur dudict Roy Henry, fut promise & accordee audict Roy Louis: & fut ladicte paix criee en la ville de Paris, le seziéme iour d'Aoust audict an mil cinq cens quatorze.

Le dixhuictiéme iour du moys de May precedent monseigneur Francois, Duc d'Angoulesme & de Vallois, espousa madame Claude, fille aisnee dudict Roy Louis, en la Chapelle du Chasteau de sainct Germain en Laye, pres Paris. Madame Marie fut amenee en France bien tost apres ladicte paix proclamee, & entra en Abbeuille le Dimenche huictiéme iour d'Octobre dudict an mil cinq cens quatorze: & au deuant d'elle, à demie lieue de ladicte ville, ledict Roy Louis se trouua, accompaigné de mil cinq cens hommes à cheual, des plus grands & triumphans de sa court, faignans aller voller aux champs: & la Dame rencontree la baisa, & luy dist cinq ou six gracieuses parolles, de bon recueil: puis elle s'en alla faire son entree en ladicte ville, qui fut vne chose triumphante, & le Roy s'en alla d'vn autre costé. Le lendemain le Roy espousa ladicte Dame, qui estoit belle, & gracieuse en parolles: & apres auoir seiourné aucuns iours auec elle en ladicte ville, s'en allerent ensemble à sainct Denis en France, ou le Roy la laissa, & s'en alla à Paris. & le Lundy ensuyuant sixiéme iour de Nouembre audict an mil cinq cens quatorze madame Marie d'Angleterre, Royne de France, fit son entree, comme Royne,

L'an mil cinq cens xiiii.

Entree de madame Marie d'Angleterre, à Paris.

à Paris, en gros triomphe. Iouftes & tournois y furent faicts, qui durerent plus d'vn moys, ou les Seigneurs & Princes de France, & aucuns Seigneurs d'Angleterre monftrerent affez bien ce qu'ils fcauoyent faire, pour acquerir honneur & la grace des Dames. Peu dura cefte tant grande lieffe & ioye: car à la fin du moys de Decembre enfuyuant dudict an mil cinq cens quatorze, ledict Roy Louis fut malade d'vne maladie, de laquelle il alla de vie à trefpas le premier iour de Ianuier enfuyuant, apres qu'il eut regné dixfept ans, en l'aage de cinquante & cinq ans, & laiffa deux filles: madame Claude, femme efpoufe de monfeigneur Francois, Duc de Vallois & d'Angoulefme, & madame Renee. Ledict monfeigneur Francois fut Roy apres fon beau pere, par ce qu'il eftoit le plus prochain de la lignee de ceulx de Vallois en ligne colateralle, car la directe eftoit faillie au Roy Charles, huictiéme. Et pour l'entendre, en repetant ce qui a efté dict deffus, au commencement du regne dudict Roy Louis, douziéme, le Roy Charles, cinqiéme, eut deux enfans: fcauoir eft Charles, fixiéme, duquel vint Charles, feptiéme, pere de Louis, onziéme, qui engendra ledict Charles, huictiéme, auquel faillit la ligne directe de ceulx de Vallois: l'autre fils dudict Charles, cinquiéme, fut Louis, Duc d'Orleans, qui eut trois fils, Charles, qui fut Duc d'Orleans apres luy, pere dudict Roy Louis, douziéme, Iehan, qui fut Comte d'Angoulefme, & Philippe, Comte de Vertuz. ledict Iehan, Comte d'Angoulefme, fut Prince de faincte vie, à la requefte duquel Dieu fait à prefent plufieurs miracles, en l'eglife d'Angoulefme, ou fon corps repofe, & de luy vint Charles fon fils: & dudict Charles ledict Francois, & madame Marguerite fa fœur, Royne de Nauarre, & leur mere fut madame Louife de Sauoye. Ledict Roy Louis, apres fon trefpas fut honnorablement enterré à S. Denis en France, en moult grand' triomphe & honneur.

Le trefpas du Roy Louis xii.

La genealogie de Francois, roy de France, premier du nom.

Fin des faicts du Roy Louis, douziéme du nom.

DV ROY FRANCOIS, PREMIER DV NOM. Fueil.cxxv.

Du Roy Francois, premier du nom.

PAr ce que le feu Roy Louis, douziéme de ce nom, mourut sans hoir masle de son mariage, monseigneur Francois, Duc de Vallois & d'Angoulesme, qui estoit le plus proche en ligne colateralle & masculine, capable de succeder à la couronne (comme nous auons veu cy dessus à la fin du chapitre precedent) fut sacré Roy de France en l'eglise de Reims, presens les deputez, representans les douze Pers de France, à la maniere des autres Roys, le vingtcinquiéme iour de Ianuier l'an mil cinq cens quatorze. Puis en passant par aucunes villes, ou fit son entree, s'en alla prendre la couronne, & rendre graces à Dieu & monseigneur sainct Denis, Patron des Roys Francois. De sainct Denis alla faire son entree en la ville & cité de Paris, qui est capitale ville & cité de son royaume, ou il fut receu triumphamment, & y eut iousstes & tournois en la rue sainct Anthoine, ou il se porta hardy & vaillant. C'estoit le Roy & Prince aussi bien né & qualifié de bonnes & louables complexions & influences qu'il en fut onc, tant en formosité corporelle, eloquence, force, hardiesse, qu'autres vertus, desquelles les Princes & Roys doyuent estre decorez. Le Roy se tint à Paris iusques apres la feste de Pasques, pendant lequel temps y furent faictes plusieurs choses : & mesmement fut traité l'appoinctement d'entre le Roy & l'Archeduc, moyennant ce que madame Renee, sœur de la Royne, fut accordee, & promise en mariage audict Archeduc, par Ambassades d'iceluy Archeduc : entre lesquels estoit le Comte de Nansan : lequel fut aussi accordé, & depuis espousé auec la fille du Prince d'Orenge. Audict an le Seigneur de

Le sacre du Roy Francois, premier du nõ, l'an mil cinq cens quatorze.

LES CHRONIQVES ET ANNALES DE FRANCE.

La Royne Marie efpoufee auec le Duc de Suffort.

Bourbon fut faict Conneftable de France: & la Royne blanche, Marie, veufue du feu Roy Louis, douziéme, fut mariee en fecondes nopces auec vn feigneur d'Angleterre, grand amy Roy d'Angleterre, & auquel, combien qu'il ne fuft extraict de noble race, il auoit donné la Duché de Suffort, de laquelle Duché vn autre Prince dudict païs fe difoit & nommoit Duc, & pretendoit le royaume d'Angleterre luy appartenir, comme nous auons veu cy deffus: & emmena ledict Seigneur ladicte madame Marie en Angleterre: & apres toutes ces chofes le Roy enuoya querir Pietre de Nauarre, qui eftoit prifonnier à Loches, auquel apres plufieurs grands dons, il bailla charge de gensd'armes.

L'an mil cinq cés & quinze.

Le premier iour de May enfuyuant, l'an mil cinq cens & quinze, le Roy, la Royne, Madame mere du Roy, & toute la Seigneurie, partirent de Paris, & s'en allerent à Amboife par Egreuille, Montargis, Blois, & autres petites villes. Tantoft apres le Roy, & la Seigneurie eftans à Amboife, le Duc de Lorraine efpoufa audict lieu la fœur dudict feigneur de Bourbon, Conneftable de France, où il y eut groffe & triomphante fefte.

Comment le Roy fe partit de France, pour aller conquefter fa Duché de Milan.

EN ce mefme temps le Roy delibera recouurir fa Duché de Milan, à luy appartenant à caufe de la Royne fon efpoufe, & de faire la guerre aux Suiffes, qui eftoyent venuz courir iufques pres de Briancon au Dauphiné, & auoyent bruflé vn village pres du chafteau Dauphin: & pour ce faire dreffa groffe armee, qu'il fit rendre à Lion, où il fe trouua: & en y allant fit fes entrees es villes de Bourges & Molins, où il fut honnorablement receu: & le fuyuoyent toufiours madame fa mere, & la Royne, & autres Dames. Apres que le Roy eut fait fon entree à Lion, ordonna de fes affaires pour la guerre qu'il auoit deliberé faire de la les monts, & y aller en perfonne: & apres auoir fait paffer fon armee, & mis ordre à fon royaume (où il laiffa Regente madame fa mere, Ducheffe d'Aniou, & du Maine) s'en alla faire fon entree en la ville de Grenoble, où il fut quelque temps pour laiffer paffer fon armee: pendant lequel temps mourut le fils de Frederic, qui fe difoit Roy de Naples, qui ia commencoit à fuyuir les armes, & donnoit vn bon efpoir à ceulx qui le congnoiffoyent qu'il feroit quelque gros fruict s'il euft vefcu. Au departir de Grenoble, pour paffer les monts, le Roy print fon chemin par noftre Dame d'Ambrun, nonobftãt que la plufpart de l'armee allaft par le bourg Duyffault. d'Ambrun Roy alla à Guelleftre, & à fainct Paul: puis paffa auec fon armee par vn chemin qu'on difoit eftre impoffible de paffer, où les gens de pied, & autres, eurét moult de peine & mifere, & fut partie de l'Artillerie defmontee pour paffer par ledict chemin. Les ennemis ne fe doubtoyent, & iamais n'euffent penfé que le Roy euft prins ce chemin, ne qu'il fuft fi pres d'eulx: car Profpere Coulonne, du païs de Rommanie, qui auoit efté enuoyé par le Pape Leon, auecques quinze cens hommes à cheual, bien armez, & equipez, pour fecourir Maximilian, fils de feu Louis Sforce, qui tenoit Milan, s'en alla raffrefchir auec fa compaignie à ville Franche, qui eft vne petite ville du païs de Piemont, où ils furent furprins, ainfi qu'ils vouloyent difner, par le Seigneur d'Hymbercourt, qui entra en ladicte ville auecques fa compaignie: apres qu'ils eurent tué les portiers qui gardoyent la porte, ils commencerent à crier par les rues de ladicte ville, France, France, & allerent au logis dudict Profpere Coulonne, où ils trouuerent grand' refiftence: & ainfi qu'ils fe batoyent, le Marefchal de la Palice, le feigneur d'Aubigny, & autres Francois,

La prinfe de Profpere Coulonne.

arriuerent au fecours: & apres auoir tué plufieurs des ennemis, prindrent ledict Profpere Coulonne, & pillerent tout leur bagage. Mefmement emmenerent plufieurs beaux cheuaux qu'ils trouuerent par les eftables: & fut ledict Profpere prefenté au Roy, qui l'enuoya en France, foubs bonne & feure garde. Les Suiffes, qui eftoyent à Suze, à Villanne, & à Imole, pour garder les paffages, fceurent les nouuelles de la prinfe de Profpere Coulonne, dont furent trefort efbahis: & incontinent commencerent à marcher à grande diligence vers Milan. Les Francois, qui les fuyuoyent de pres, vindrent iufques à Thurin, où le Duc de Sauoye receut le Roy à grand' triomphe, & le mena auec luy, par ce qu'ils eftoyent prochains parens. Les Suiffes alloyent iour & nuict, & pafferent la riuiere du Pau (qui eft grande) fans bafteau, auec ponts faicts de cordes, fur lefquels ils pafferent l'Artillerie, & allerent à Chinaulx: qui eft vne petite ville, appartenante audict Duc de Sauoye: laquelle ils pillerent en partie, & occirent plufieurs des habitans, en haine de ce qu'ils leur auoyent refufé le paffage, & bailler viures: mais ce ne fut fans la perte d'aucuns Suiffes, lefquels y furent femblablement occis. Le feigneur de Prie, accompagné des Geneuois, fe meit à chemin pour fe rendre à l'armee du Roy, & en y allant paffa par la ville d'Alexandrie qu'il pilla, comme bien l'auoit merité, pour les grands trahifons & ennuiz que ceulx de ladicte ville

auoyent

DV ROY FRANCOIS, PREMIER DV NOM. Fueil.cxxvj.

auoyent au parauant faicts aux Francois. Les Suisses, qui marchoyent (comme il sembloit) deuers Yuree, s'en allerent à Nouarre, & le Roy, qui les suyuoit, s'en alla à Versé: qui est vne petite ville, en laquelle furent parolles de traicter paix entre le Roy & les Suisses: & à ce faire fut commis monseigneur le Bastard de Sauoye, le seigneur de Lautrec, & autres. Ce neneantmoins le Roy faisoit tousiours marcher son armee apres lesdicts Suisses, qui ia estoyent partis de Nouarre, & s'en alloyent vers Milan. Ce pendant vint renfort au Roy d'vne grãd' compagnie d'Allemans, qu'on appelloit la bende noire, fort bien accoustree. Le Roy fit marcher son armee vers Nouarre, qui fut assiegee par Pierre de Nauarre, & incontinent rendue par ceulx de dedans. En ce temps la Royne accoucha d'vne fille à Amboyse, laquelle fut nommee Louise. *Les Frãcis dedans Nouarre.*

Comment les Suisses, qui auoyent faussé leur foy au Roy, furent tous mis à sac, pres saincte Brigide.

LEs Francois partirent de Nouarre, qui ne fut pillee par le commandement du Roy, & s'en allerent à Bufferolle. Ce pendant le Roy eut nouuelles qu'entre luy & les Suisses l'appoinctement auoit esté faict, conclud & accordé, moyennant certaine grosse somme de deniers qu'il fist deliurer pour leur enuoyer par le seigneur de Lautrec, qui en eut la charge: & comme on leur portoit ledict argent, les Suisses furent preschez par le Cardinal de Sion, qui tenoit le party dudict Maximilian, & persuadez par ledict Maximilian, & les citoyens de Milan, en sorte que contre leur foy & promesse qu'ils auoyent dõnee & faicte au gens du Roy, aueuglez de l'ambition qu'ils auoyent de dominer sur les Roys & Princes (comme ils s'attendoyent bien par le moyen de ceste guerre) delibererent de surprendre le Roy & son armee, ce pendant qu'on leur portoit ce qui leur auoit esté promis. Le Roy fut aduerty de ceste trahyson, à l'heure qu'il pensoit que les Suisses comptassent leur argent, & sceut à la verité qu'ils estoyent ia pres de luy, pour luy liurer la bataille, dont il ne s'estonna: & iacoit ce qu'il fust ieune, & en l'aage de dixneuf ou vingt ans seulement, se delibera de les attendre, & d'estre le premier à ce labeur & au dangier, dont il ne s'espargna: & ledict iour (qui fut le quatorziéme iour de Septembre audict an mil cinq cens & quinze) enuiron trois ou quatre heures apres midy, les Suisses, accompaignez des Milannois, vindrent frapper sur l'armee des Francois: lesquels ne s'esbahyrent, fors aucuns qui tournerent le dos, en petit nombre. Les Auanturiers de France se porterent tresbien, & supplierent le deffault des Allemans de la bende noire, qui auoyent tourné le dos, pensans que le Roy eust intelligence auec les Suisses, & qu'on les voulsist deffaire: lesquels incontinent apres, aduertiz de la verité, se meirent à frapper sur les Suisses, desquels les Auenturiers Francois, qui n'estoyent que deux mil, ou enuiron, auoyent defait vne bende de quatre mille Suisses. Les autres bendes se meirent à frapper sur la bataille, ou estoit le Roy, & s'attédoyent bien de mettre en desarroy les Francois, comme ils auoyent fait à Nouarre, l'an mil cinq cens treze: mais l'Artillerie besongna si bien, auec les hommes, que les Suisses ne furent pas les plus fors: & dura la baterie & le combat iusques apres iour couché (par ce qu'il y auoit plaine & clere lune) ou il y eut grand' tuerie: car ils estoyent tant acharnez les vns sur les autres, que iamais ne se departirent tant qu'ils se peurent congnoistre. Voire & si entrerent es champs l'vn de l'autre: & pour abuser les Francois, les Suisses en ceste obscurité de la nuict crioyent, France, France: & neantmoins tuoyent les Francois. Le Roy ne perdit iamais son Artillerie: & si alloit de lieu en autre, donnant tousiours courage à ses gens, en sorte que sans luy & sa presence, les Francois estoyent en grand danger d'auoir du pire. Ceste nuict luy fut dure à passer: car il ne coucha ne dormit ailleurs que sur le timõ d'vne charrette, tout armé, & ne cuida onques trouuer d'eaue pour boire, par ce que les ruisseaux, qui estoyent autour dudict lieu, auoyent perdu leur couleur naturelle, & estoyent tous rouges du sang des occis: & au moyen de la grand' chaleur du soleil, la poussiere auoit esté si grande q̃ souuent on ne voyoit l'vn l'autre. Le lendemain bien matin les Suisses encharnez sur les Francois, retournerent hardiment au Camp saincte Brigide, donner sur noz gens, mais ils furent reculez, & fort endommagez par l'Artillerie, qui fit merueilles de bien tirer soubs la conduicte du Seneschal d'Armignac, maistre de l'Artillerie, ou il acquist gros honneur. Et de l'autre part les Francois, se voyans les plus fors, augmenterent leurs courages, & occirent grand nombre desdicts Suisses: lesquels, voyans leur perte & desarroy, tournerent le doz, & s'enfuyrent vers Milan, & n'eust esté la poussiere iamais il n'en fust retourné cét: toutesfois il en demoura de quinze à seize mille, tant au camp que par les chemins, en fuyant vers Come & Milan, lesquels ne moururent sans en tuer d'autres des nostres. Les Venitiens vindrent au secours soubs la cõduicte de mes- *Premier assault des Suisses contre les Frãcois.* *Magnanimité du Roy de Frãce, Francois.* *La deuxiéme tournee de la bataille des suisses.*

sire Bartholemy d'Aluiane, & aussi le fils du Comte de Petillanne, qui donnerent sur la queue desdicts Suisses, & autres gens qui estoyent venus auecques eulx: car ils estoyent sortis de la ville de Milan trente & six mil combatans tant à pied qu'à cheual. Plusieurs princes de France & d'ailleurs, tenans le party du Roy, furent vaillamment occis en ceste bataille & seconde journee: & entre autres ledict fils du Comte de Petillanne, le Seigneur d'Hymbercourt, qui estoit vn hardy & prudent Capitaine, François monsieur, frere puisné dudict Duc de Bourbon, monseigneur Charles de la Trimouille, Prince de Thalemont, fils du bon Seigneur de la Trimouille, lequel estoit aussi auec le Roy. Aussi furent occis le Comte de Sancerre, le Seigneur de Bussi, le Capitaine Mouy, & autres Capitaines & gens de bien. Vne bende desdicts Suisses, qui s'estoyent retirez à l'Auangarde, comme gens aueuglez, se meirent en vne casine, ou ou ledict Seigneur de Bourbon les fit tous brusler. Le Cardinal de Sion, qui fut cause de la mort de tant de gens, se retira, donnant à entendre audict Maximilia qu'il alloit querir du secours: mais ce fut sans retour. Depuis Iules Cesar ne furent autant de Suisses deffaicts pour vne fois. Incontinent apres ceste furieuse iournee, les Citoyens de Milan enuoyerent au Roy les clefs de la ville, & se soubsmirent à sa misericorde: à quoy les receut, moyennant quelque grosse somme de deniers: & au regard du chasteau que tenoit le Seigneur Maximilian, fut sans demeure assiegé, & myné par Pietre de Nauarre, dont il en fondit grand' partie: qui fut cause dont ledict Maximilan demanda appoinctement au Roy: qui à ce le receut: & fut l'appoinctement tel que Maximilian se rendit à la mercy du Roy, & luy liura le chasteau: duquel les Suisses, qui estoyent dedans, s'en allerent leurs bagues saunes. Ledict Seigneur Maximilian fut enuoyé en France, auecques belle compaignie, & estat de Prince que le Roy luy donna: & quand le Roy eut fait son entree dedans la ville de Milan, & y eut demouré quelque temps, les citadins de Pauye trouuerent moyen par amys & argent de faire leur paix auecques luy, comme aussi feirent aucuns Cantons de Suisses, qui se declairerent amys du Roy & de son alliance, moyennant quelque grosse somme de deniers, que le Roy leur donna. Durant lesquelles choses messire Bartholemy d'Aluiane, Lieutenant general des Venitiens, mourut en son lict, en ladicte ville de Milan.

Gens de nō, occis à Marignan par les suisses.

Le trespas de messire Bartholemy d'Aluiane, Capitaine Venitien.

Comment le Roy se trouua auec le Pape à Boulonge la Grasse: & du Concordat qui y fut pourparlé, & faict entre eulx.

Pres tous ces accords le Pape Leon, dixiéme, & le Roy François, entreprindrent de se veoir & parler ensemble en la ville de Boulongne la Grasse: ou ils se trouuerent fort bien accompaignez, & feirent alliance & paix ensemble, dont chacun se resiouyt. Puis donna le Pape vn chapeau de Cardinal à monseigneur Adrian de Boisy, Euesque de Coutances, frere de messire Artus de Boisy, autrement dict Gouffier, Cheualier de l'Ordre, grand Maistre de France, soubs l'authorité duquel toutes choses passoyent en la court du Roy. Audict lieu de Boulongne le Pape requist au Roy que la Pragmatique Xanction fust abolie en tout, ou en partie, par ce que le Pape disoit icelle estre contre la liberté de l'Eglise, & au preiudice des droicts de la court Apostolique. Surquoy le Roy enuoya depuis Ambassadeurs à Romme: & entre autres maistre Rogier Barme, son Aduocat en Parlemēt, & depuis tiers President. Aussi eurent parolles d'enuoyer vne armee contre les Turcs: & pour ce faire le Pape Leon, octroya depuis au Roy de France vn pardon general, tel comme Iubilé, à ceulx qui se croyseroyent pour aller en ladicte armee, ou bailleroyent certaine somme de deniers pour y frayer. qui fut cause de plusieurs grands abuz commis par aucuns ambicieux, & auaricieux Prescheurs, qui soubs ombre dudict pardon, donnerent occasion à plusieurs laiz d'amasser de grands deniers, dont plusieurs Docteurs & autres notables personnages furent tresfort scandalisez. Et par ce que maistre Martin Luther, du païs d'Alemaigne (homme de grand esprit de l'ordre des Augustins) prescha & escriuit quelque opuscule au contraire dudict pardon, en calumniāt l'authorité de nostre sainct pere le Pape, fut declairé heresie, & excommunié par ledict Pape Leon: en haine de laquelle censure, dont il appela *ad futurum Concilium*, le pauure & imprudent Luther fit vn opuscule, intitulé *De captiuitate Babylonica*, ou il y a inseré plusieurs grands erreurs & heresies, que depuis il s'est efforcé soustenir par autres œuures, en voulant confondre l'authorité & hierarchie de l'Eglise militante, & la pluspart des sept Sacremens. Esquelles folles oppinions plusieurs personnes laines, qui ont seulement veu & estudié le texte des Euangiles & Epistres, ont adheré, voire, dilaté lesdictes erreurs par blasphemes que ie n'oseroye escripre, contre l'honneur que nous deuons porter à la vierge Marie, mere de Iesus Christ, nostre Sauueur & Redempteur, & les Saincts & Sainctes, & dont les bons Chrestiens doyuent auoir aux yeulx les larmes. Au departir de

Du pardon appelé la croysade en France.

De maistre Martin Luther & ses adherens.

tit de Boulongne le pape Leon deliura au Roy de France aucunes villes à luy appartenantes, à cause de la Duché de Milan. puis se departirent bōs amis:& s'en retourna le Roy à Lion, a- pres qu'il eut laissé à Milan Gouuerneur,& son Lieutenant general,le Duc de Bourbō.Il s'en alla par les montaignes à la Baulme, ou estoyent allees en pelerinage madame la Regente, sa mere,& la Royne,son espouse, ou la ioye fut grāde:& d'illec le Roy alla visiter les païs de Pro- uence & Auignon,ou il fit plusieurs triumphantes & riches entrees.Puis s'en retourna à Liō: enuiron lequel temps mourut Ferdinand,Roy d'Arragon. Aussi trespassa Laurens de Medi- cis,frere dudict pape Leon,lequel puis nagueres auoit espousé la sœur de la mere du Roy,Du chesse de Nemours.

Le Duc de Bour bō, gouuerneur de Milan.

Comment l'Empereur Maximilian,lequel voulut inuader la Duché de Milan, fut vaillamment repoulsé par le Seigneur de Bourbon,Lieutenāt pour le Roy.

LE Roy estant à Lion,enuiron la fin du Karesme,dudict an mil ccccc.xv.l'Em- pereur Maximilian, venant contre ses foy & promesse,pratiqua & gaigna à luy vn des Cantons des Suisses,& la ligue grise.Aussi gaigna secretement aucuns citoyēs de Milan,& autres gens:& auec grosse armee,en laquelle il mena le fre re du seigneur Maximilian,qui estoit en France,alla descendre secretement en la plaine de Veronne,& à Laudes:dont le Duc de Bourbon,qui estoit à Milan, fut aduerty : & auec les gensd'armes qu'il peut assembler,s'en alla au deuant des ennemis, iusques à la riuiere de Bade, ou ils estoyent ia descendus : & neantmoins enuoya vers les ligues des Suisses, qui estoyent de l'alliance de France,pour en auoir dix mille.à quoy s'accordere̅t:mais par ce qu'ils ne peurent venir à luy si prōptement, voyant que son armee n'estoit de la moytié si puissante que celle de l'Empereur, se retira auec elle assez tost en ladicte ville de Milan, ou aduerty que de trente & sept Citadins, qui au parauant auoyent party de Milan, pour aller vers le Roy de France à Lion, en estoyent retournez trente trois,pour l'intelligence qu'ils auoyent auec ledict Empereur, les fit pendre & decapiter,ou partie d'iceulx. Voyant ledict Empereur que l'ar- mee des Frācois s'en estoit si soubdain allee,pensa les auoir ia vaincus, & suyuit iusques à Ma- rignan,ou il se logea.qui est assez pres de Milan.Les Suisses, alliez des Francois, s'auancerēt, & par le chasteau entrerent en la ville de Milan, laquelle fut assiegee par ledict Empereur, ou rien ne gaigna:car,par faulte de viures, & autremēt, leua son siege, & sans riens faire s'en alla vers Bergame, & à la ville de Laudes qu'il fist piller & destruyre. Le Duc de Bourbō le suyuit de pres, & l'escarmoucha de telle sorte que l'Empereur ne sçauoit ou il deuoit aller:& se voyāt ainsi pressé, luy coustumier d'vser de simulation, dōna à entendre à ceulx de son armee que le Roy de Hōgrie estoit mort, & que pour ceste cause estoit contraict aller en autre part.Soubs lequel faulx donné à entendre se retira d'auec eulx, sans faire restitution de cinquante mille an- gelots que le Roy Henry d'Angleterre luy auoit enuoyez pour le secourir, cuydant qu'il fust ia possesseur de la ville de Milan:& par ce moyē nos ennemis se separerēt, & s'en allerent loing d'honneur, auec confusion & perte. Le Roy, pour rēdre graces à Dieu des bonnes fortunes qu'il luy auoit dōnees au commencement de son regne, s'en alla de Lion à Chambery, à pied, pour visiter & reuerer le sainct Suaire de nostre Seigneur Iesus Christ,ou se trouua le Duc de Bourbon, Connestable de France, qui s'en retournoit d'Italie, enuirō la feste de Penthecouste.

L'armee de l'Empereur à Milan.

Trahyson d'au cuns Citadins de Milan.

Victoire contre l'Empereur, & son armee.

En l'an mil cinq cens & seize, enuiron ledict temps mourut le Roy de Nauarre, fils du sei- gneur d'Albret, qui auoit esté mis hors de son royaume par Ferdinand,Roy d'Espaigne: & d'Arragon. Enuiron le moys de Iuillet, audict an mil cinq cens & seize, fut traicté paix en- tre le Roy de France, & Charles, Archeduc, Roy d'Arragon, moyennāt le mariage de mada- me Louise, fille vnique du Roy, & ledict Archeduc qui estoit ieune encore:lequel fut cōclud & arresté en la ville de Noyon, ou les Ambassadeurs desdicts seigneurs se trouuerēt:& en entre autres, pour le Roy de France, messire Artus Gouffier, seigneur de Boysi, grand maistre de France, l'Euesque de Paris,le President Oliuier, & autres gens de nom. De laquelle paix, qui fut pro- clamee à Paris le xxiij. iour d'Aoust ensuyuant, les articles sont cy apres declarez & specifiez: & premierement que lesdicts Roys de France & d'Arragon, qui se dit Catholique, serōt vrays & loyaux freres & amis d'amis, & ennemis d'ennemis, pour la garde & tuitiō de leurs royau mes, terres, & seigneuries, tant dela que deca les mons : & si l'vn demande ayde à l'autre, sera tenu le secourir aux despens du demandeur:& pourront guerroyer à tous ceulx que bon leur semblera, exceptez ceulx cy. qui sont alliez desdicts Roys:sçauoir est, de la part du Roy de Frā ce, nostre sainct pere le Pape, & la S. siege Apostolique, le sainct Empire & Electeurs & Prin- ces d'iceluy, les Roys d'Escosse & Hongrie, les Ducs de Sauoye, de Lorraine & Guldres, les huict Cantons de Berne, nagueres entrez en l'alliance du Roy, la ligue Grise, les Venitiens,

La mort du Roy de Nauar re, fils du Sei- gneur d'Albret

Les articles de la paix, conclu- te en la ville de Noyon.

Les alliez du Roy de France.

Floréce & Luques, les Marquis de Môtferrat & de Saluces, l'Euefque du Liege, & le Seigneur de Sedan: & de la part du Roy Catholique, noftre fainct pere le Pape, le fainct Empire, les Roys de Hógrie, de Boefme, de Dannemarche, d'Angleterre, & de Portugal, madame Marguerite, Archeduchefſe, douairiere de Sauoye, tante dudict Roy Catholique, les Ducs de Lorraine, de Sauoye, de Saxe, de Cleues, de Iuiliers, & leurs feruiteurs & fubiects, le Marquis de Bade, l'Euefque & Duc de Cambray, & Comte de Cambrefis, auec la ville & cité de Cambray. Quant au traicté de mariage faict entre ledict Roy Catholique & madame Louife, il y aura fept ans: & l'an viij. de fon ieune aage, elle fera fiancee par parolles de futur audict Roy Catholique: & elle paruenue en l'aage d'onze ans & demy, prendra par parolles de prefent iceluy Roy Catholique, pour fon efpoux & mary legitime: & le mariage faict & accomply, feront tenuz le Roy, & la Royne de France, pour l'accompliffement d'iceluy mariage, faire mener ladicte madame Louife honnorablement, felon fon eftat, à leurs propres coufts & defpens, en la ville de l'Ifle, au cas que le Roy Catholique foit lors en la Comté de Flandres, ou en ces prochains païs: & au cas qu'il fuft en Caftille, ou autre lieu en Efpaigne, icelle Dame fera liuree en la ville de Parpignan. En faueur duquel mariage, le Roy de France tranfporta audict Roy Catholique tout le droict, nom & action, qu'il pretend auoir au royaume de Naples, & fera tenu meubler madame, fa fille, de quelque fomme de deniers, enfemble de ioyaux & bagues, felon fon eftat: & f'il aduenoit que le Roy Catholique allaft de vie à trefpas, auant la confirmation dudict mariage, ladicte Dame prendra pour efpoux, le Seigneur Infant, Domp Fernand de Caftille, fon frere, f'il n'eftoit lors marié à la fille de Hógrie: & aufsi, f'il aduenoit ladicte Dame aller de vie à trefpas, ledict Roy Catholique prendra madame Renee, dont premierement luy auoit efté promeffe faicte: & fi ledict Roy Catholique decedoit auant l'accompliffement du mariage à l'vne defdictes Dames, ledict Seigneur Infant de Caftille entrera en fon lieu, & fera tenu prédre l'vne defdictes deux Dames, fi mariee n'eftoit. Et par ledict traicté ledict Roy Catholique dóne à madicte Dame Louife, ou à l'vne d'icelles deux Dames pronómees, la fomme de cinquáte mil efcus au foleil de rente annuelle, leur vie durant: qui leur eft affignee, trete mil efcus d'or, foleil, en Efpaigne, & vingt mil efcus fur Hedin, & ce non comprins les maifons de l'affignal de Dozere: & eft expreffément accordé que f'il ne vient enfans de ce mariage, qu'en ce cas le royaume de Naples retournera au Roy de France, & chacune des parties demourera en fon endroit. Et pource que le Roy Catholique fait les fruicts fiens de la chofe totale, iufques à ce que le mariage foit accomply (car le droict fe baille pour fouftenir les charges & fraiz du mariage) & qu'il demoure poffeffeur du royaume de Naples, la raifon veult que iufques à l'accompliffement dudict mariage, & que d'iceluy ait enfant, pour les fruicts, que cependát le Roy Catholic en receura, il baille recompenfe audict Roy de Fráce. Ce qui a efté ainfi accordé: & qu'il baillera pour ladicte recompenfe audict Roy de France, par chacun an, la fomme de cent mil efcus d'or au foleil, payables iufques à la deliurance qui fe fera de ladicte Louife, comme deffus eft dict: lefquels cêt mil efcus font affignez fur les royaumes de Naples, Cecille, Efpaigne, Arragon, Comté de Rouffillon, & autres lieux: & en baillera ledict Roy Catholic, bons & fuffifans refpondans.

Les alliez du roy Catholique

Mil v.cês xvi. Le fixiéme iour d'Octobre, audict an mil cinq cens xvj. le Roy de France alla à Paris, & d'illec à fainct Denis en France, pour par luy remettre en leurs lieux les corps Saincts, qui auoyent efté à fa requefte defcenduz, pour le bien & vtilité de fon royaume, ainfi que les Roys de France ont accouftumé faire en gros affaires. En ce temps fut publié le pardon de Iubilé, pour aller contre les Turcs, duquel a efté parlé cy deffus. Auffi fut faict vn Concordat entre le pape Leon, dixiéme, & le Roy de France, touchant certains articles de la Pragmatique Xanction: & fut publié en la Court de Parlement à Paris, le vingtdeuxiéme iour de Mars, l'an fufdict mil cinq cens & feize. qui ne fut fans grand murmure & fcandale des Vniuerfitez, & eglifes cathedrales, & mefmement des fupports de l'Vniuerfité de Paris: lefquels par force & violence f'efforcerent empefcher que la publication n'en fuft faicte par les lieux publiques de ladicte ville: mais ils ne furent les plus fors: & pour f'en venger plantérét par les portes des Colleges, & autres lieux, libelles fameux, en mettres latins, contre aucuns grâds perfonnages du Confeil du Roy, qui fut chofe fcandaleufe, & non tollerable, mefmemét en cité fi fameufe.

Iubilé.

Concordat fur la pragmatique

L'an mil cinq cens dixfept. La natiuité & baptefme de monfeigneur Francois, Dauphin de France

Le dernier iour de Feurier de l'an mil cinq cens dixfept, enuiron fix heures vers le foir, la Royne accoucha d'vn beau fils, premier Dauphin de ce regne: & fut baptizé à Amboife, le vingtcinquiéme iour du moys d'Auril, enfuyant, de l'an mil cinq cens xviij. & nommé Francois. Les comperes furent les Ducs de Lorraine & d'Vrbin, pour & au nó dudict pape Leon: & la commere fut madame la Ducheffe d'Alencon, fœur du Roy. Le baptefme fut triumphant, & f'y trouuerét oultre les Seigneurs & Princes fufdicts, le Duc d'Alencon, le Duc de Bourbon, Conneftable de Fráce, le Duc d'Albanie, le Comte de S. Paul, le Côte de Geneue, le Comte de Vendofme, le Prince de la Rochefuryon, le Vicôte de Touars, le grand Maiftre de France,

France les Seigneurs de Montmorency, Chasteaubriand, Laual, & plusieurs autres : & le Ieudy, dernier iour de Mars, en l'an mil cinq cens dixhuict, auant Pasques, accoucha d'vn fils, qui fut nōmé Henry, & luy fut donné ce nom de la part du Roy Henry d'Angleterre, viij. du nō. *Natiuité du roy Henry 2. du nō.*

L'an mil cinq cēs dixneuf, par ce que l'Empereur Maximilian estoit allé de vie à trespas, & qu'aucuns des Electeurs de l'Empire auoyent enuoyé vers le Roy de France, à ce qu'il voulust tendre à l'authorité Imperialle, commit pour en faire les pratiques messire Artus Gouffier, Cheualier de l'Ordre, Seigneur de Boisy, & grand Maistre de France, auquel il auoit amour & familiarité especiale, & ledict grand Maistre, estant par les chemins pour faire ledict voyage, fut surprins de maladie, en la ville de Montpellier, de laquelle maladie il deceda le premier iour de May, audict an, & fut son corps porté à Chinon. *Mil v. cens xix. Le trespas de Maximilian.*

Autres additions nouuelles, qui defaillent es autres Impressions.

EN l'an mil cinq cens vingt, aucuns notables personnages traicterēt la veue & assemblee des Roys de France & d'Angleterre, qui fut asignee au moys May, en vn lieu, appelé Ardres, appartenant au Roy, pres Guynes, & Hames, terre Anglescle, ou ils se trouuerent en grand' pompe, & au plus grand triumphe qu'on scauroit descrire ou imaginer: & là feirent alliance, & certain traicté de paix, qui ne fut publié, dont les Francois & Anglois monstrerent grāds signes de ioye, esperās que par ce traicté seroit aussi faicte paix entre le Roy de France, & Charles d'Austriche, Roy des Espaignes, touchant la Duché de Bourgongne, & autres choses par luy querellees, comme heritier par representation de feu Charles de Bourgongne, qui fut occis à Nancy.   En ce temps les Aduenturiers feirent plusieurs maulx en France, & tant qu'apres qu'ils eurent bien mangé le pauure peuple des chāps, vindrent pres de Meaux : pour laquelle chose messeigneurs de Meaux, accompaignez du populaire sortirent sur lesdicts Aduenturiers, ayant leur Artillerie seulement chargee de papier, par le conseil d'vn trahistre, fils d'vn boucher de la ville, qui de ce aduertit les Aduenturiers: & quand ils apperceurent ces Aduenturiers deschargerent leur Artillerie: mais iceulx Aduenturiers auoyent des haquebutes chargees de plommees, & desseirent les habitans dudict Meaux: pour laquelle chose fut ledict boucher pendu, puis mis en quatre quartiers. *L'an mil cinq cens vingt. Le roy de France et d'Angleterre se ueirent à Calais. Aduēturiers deuant Meaux.*

L'an mil cinq cens vingt & vn, deceda à Paris monseigneur de Neuers: & cedict an fut par toute France si grand' cherté que le pain valloit vingt deniers tournois, par l'espace de quatorze moys, & continua puis apres à seize deniers tournois iusques à la sainct Iehan, qui fut l'an mil cinq cens vingt & cinq.   En ce temps la tresnoble isle de Rhodes, par la lascheté & tyrannie d'aucuns Princes Chrestiens, fut perdue, rauie & tollue de la main des Chrestiens, par les Turcs diaboliques, ennemis de Dieu & de saincte Foy catholique. Grand' honte & infameté a esté aux Chrestiēs de laisser perdre vn si noble lieu, qui estoit la defence de toute Chrestienté: & notez que i'ay trouué aux anciens Croniqueurs, en Anthoine Florentin, & Vincent l'Historial, que iamais le royaume de France n'a esté assailly des Princes Chrestiens, que les Turcs ne soyent venuz sur la Chrestienté, & d'icelle ont tousiours gaigné, rauy & tollu aucūs royaumes & païs d'icelle.   En ce temps là, du grand Luther, fils de Pluton infernal, les disciples & ministres par nombre infiny descendirent des haultes fins des Allemagnes, lesquels se respandirent par le païs de Lorraine. Ils abbatirent les chasteaux & fortresses, pilloyent & emportoyent tout. Ils contraignoyent les Prebstres, les moynes, religieux & religieuses à se marier, en les menassant à faire mourir: & de faict feirent mourir plusieurs qui à ce ne voulurent entendre.   Ce voyant le tresnoble & vaillant Duc de Lorraine, auec monseigneur le Duc de Gueldres, & monseigneur de Guyse, meit gensd'armes aux champs, tant que par plusieurs rencontres & assaulx ils desseirent (comme tropeaux de brebis) celle damnee assemblee. *Chertez de bleds en France. La prinse de Rhodes par les Turcs.*

L'an mil cinq cens vingt & vn, le premier iour du moys de May, à la requeste & supplication du Treschrestien Roy de France, nostre souuerain Seigneur, sainct Francois de Paule, instituteur de l'ordre des freres *Mineurs, fut canonizé par nostre sainct pere le pape Leon, & escrit au Cathalogue des saincts Confesseurs, & ordonna sa feste estre celebree le second iour d'Auril.   En cedict an eut grand' esmeute de guerre entre les Roys de France & d'Espaigne, en Picardie & en Champaigne, ou se trouua le Treschrestien Roy de France, bien accompaigné, & y eut plusieurs courses & ribleries les vns sur les autres: mais il n'y eut bataille vniuerselle. Vray est que les Espaignols, Haynuyers, & leurs alliez, assaillirent & assiegerent la ville de Mezieres : mais le vaillant & hardy Capitaine Bayard, qui leans estoit, accompaigné des Seigneurs de Montmorency, de Montmoreau, de Lucé, messeigneurs Iehan de la Tour, seigneur de Bremont, Iehan de Dureil, seigneur de la Barbee, Nicolas de Touars, seigneur de Huylle, Mathurin & Charles de Clers, & plusieurs autres vaillans *Mil ccccc. xxi. *Me semble qu'on les nōme Minimes. Guerre deuant Mezicres.*

LES CHRONIQVES ET ANNALES DE FRANCE.

Cheualiers & Escuyers defendirent si bien & vaillamment ladicte ville, que les Espaignols furent contraincts honteusement leuer leur siege, & eulx en aller sans riens faire. En celle mesme saison le Roy de France enuoya grosse armee à Fontarabie, contre le Roy d'Espaigne, de laquelle estoit Conducteur & Chef noble hôme messire *Iaques de Daillon, Seneschal d'Aniou, Seigneur & Baron du Lude: lequel, cöbien qu'icelle ville de Fontarabie fust reputee imprenable, ce neantmoins y entra, & y meit bonne garnison Francoise: en quoy faisant il acquist tresgrand bruit & honneur: & durant ce temps vindrent nouuelles que Dieu nous auoit dôné victoire en trois diuers lieux: cestassauoir es Itales ou les Venitiens se monstrerent vaillans, & bons Francois: en Guyenne contre les Espaignols: & à Mezieres côtre les Haynuyers, & autres qui y estoyent en grand nombre. L'an mil cinq cens. xxiij. enuiron la feste de la natiuité de monseigneur S. Iehan Baptiste, fut en aucuns lieux veue gelee & glace, qui estoit vne chose non accoustumee à veoir: parquoy on ne sçauoit que presupposer, sinon que ce fust vltiô diuine, pour les vices & iniquitez, lors regnans par la Chrestienté: car durant ce temps s'estoyét amassez plusieurs larrons & meurdriers, contrefaisans gens de guerre, lesquels faisoyent maulx inestimables: & auoyent pour leur Capitaine vn nommé Maclou, lequel finalement fut prins auec son Fourier, & incontinent amenez à Paris, ou pour lors estoit le Roy, lequel ordonna au Preuost de son hostel en faire briefue iustice. ce qu'il fit: car le Mercredy xxviij. iour de Iuillet, audict an, furent par ledict Preuost condamnez: cestassauoir ledict Maclou, autrement le Roy Guillot, auoir vne main coppee en la court du Palais, sans bouger du tombereau (ou il estoit mené, auec son Fourrier) puis mené deuant la grand' eglise nostre Dame de Paris (auquel lieu il eut l'autre main coppee) & de la menez deuant l'Hostel de la ville (auquel lieu ils eurent les testes coppees) & ledict Maclou eut le corps mis en quatre quartiers, & mis es quatre principales portes de Paris. Et le Samedy huictiéme iour d'Aoust, audict an mil cinq cens vingt & trois, vn Hermite, qui auoit proposé quelques blasphemes contre l'honneur de nostre Seigneur Iesus Christ, & sa glorieuse Mere, & contre les Saincts, fut bruslé tout vif, en son habit, au Marché aux pourceaux, par Arrest de la court de Parlement, ou assista vne merueilleuse compaignie pour veoir brusler & executer ledict blasphemateur. Peu apres, le Roy estant à Lion, ouyt parler le Herault du Roy d'Angleterre, lequel luy signifia guerre mortelle de par son maistre le Roy d'Angleterre auquel le Roy, comme tressage & prudent, luy fit & donna responce sage & discrette. Enuiron le moys de Septembre mil cinq cens xxij. vint certaines nouuelles que Charles de Bourbon Cônestable de France, toute sa vie tenu & estimé tresconstant & vertueux Prince, auoit l'alliance du Roy, son souuerain & naturel seigneur, delaissee, & s'estoit confederé auec l'esleu Empereur, & auoit contre la personne du Roy fait plusieurs conspirations, & s'estoit retiré à la Franche Comté, appartenant à iceluy esleu Empereur. A ceste cause le Roy, doubtât trahison, manda par toutes les villes de son royaume, qu'ils luy fussent loyaux, & qu'ils se gardassent d'estre surprins, les aduertissant de la rebellion du Connestable Charles de Bourbon, & autres ses alliez: & furent mis prisonniers le Chancelier de Bourbonnois, le Seneschal, seigneur des Cars, & sainct Vallier, auec deux Gentilshommes de la maison dudict Connestable, lesquels le suyuoyent, & portoyent, ainsi que l'on dit, son thresor, & furent amenez en la Conciergerie du Palais, à Paris. Le Mardy xxj. iour d'Octobre, audict an, fut publié à Paris à son de trompe & cry public, que la ou on trouueroit des Aduenturiers, & autres larrons, riblans & mangeans les pauures gens de village, que sur l'heure, & sans appel quelconque fussent penduz & estranglez, tuez & deffaicts, en quelque maniere que ce fust. Item que tous iureurs & blasphemateurs du nom de Dieu, & de sa glorieuse Mere, fussent griefuement punis.

Le Vendredy ensuyuât vindrent nouuelles que les Anglois auoyét passé la riuiere de Sôme pres de Roye en Picardie, & vindrét à Mondidier. Les Gouuerneurs de Côpiegne, & de Senlis, vindrét à Paris, à messieurs de la Court & de ladicte ville, demâder secours, ce qu'on leur octroya liberalemét: & leur fut deliuré quelq quantité de pieces d'Artillerie, pouldres & boullets, auec quelque nombre de gens de guerre, haquebutiers, & autres, tant à pied qu'à cheual. Alors furét deffaicts la plus grâd' part des Anglois, par le Capitaine de Pôt Remy, & autres de sa côpaignie: & le Samedy dernier iour d'Octobre, audict an, & veille de Toussaicts, arriua à Paris monsieur de Brion, lors estant Admiral de France, que le Roy auoit enuoyé pour secourir la ville, & aduiser qu'on feroit contre ceste canaille ramassee, qui estoit descendue en Picardie: & pour aduiser sur les affaires du royaume, especialemét de l'Isle de France. Le Roy enuoya môseigneur de Védosme, auquel il auoit donné le gouuernemét de ladicte Isle: & pour ceste cause, & de paour q la venue dudict Seigneur de Védosme fust trop tardiue, furét cedict iour d'apres disner, en l'Hostel de la ville, assemblez les Prelats, Presidens, Conseillers, Bourgeois & Marchans de ladicte ville de Paris: & en la presence d'iceulx ledict Seigneur de Brion fit lire les lettres que le Roy auoit enuoyees aux dessusdicts: & apres la lecture ledict Seigneur fit

vne

*Autres disent Guillaume Gousfier depuis Admiral.
La prinse de Fôtarabie.

Gelee à la sainct Iehan.

Le Capitaine Maclou executé à Paris.

Milcccc. xxiii. La suyte de Charles de Bourbon.

Edict contre les voleurs.

Edict contre les blasphemateurs

Descête des Anglois en Picardie.

DV ROY FRANCOIS, PREMIER DV NOM.

vne harengue honnorablement & prudemment, disant que le Roy luy auoit donné charge de les mercier de leur bonne foy tenue enuers luy, leur priât l'auoir tousiours ferme, & aussi qu'il enuoyoyt monseigneur de Vendosme, pour plus seurement les garder : & oultre proposa deuant toute l'assemblee, comme le Connestable auoit faussé sa foy. Et apres qu'il eust paracheué sa harengue, il dist, Messeigneurs ie vous congnois loyaux au Roy, & pour ceste cause conuient leuer quelque nombre de gens, pour repousser ceste canaille d'Anglois ramassez, & auec l'aide de Dieu, & de la ville, auant vn moys, il n'y en aura nul. Adonc luy fut accordé deux mil hommes, payez pour vn moys, neantmoins qu'il n'en demandoit que douze cens. Ceste nuict de Toussaincts ne furent sonnees les cloches: & furent les chaisnes tendues es coins des rues : & fut assis guet sur le paué de sainct Denis, & gardes es portes sainct Denis, sainct Martin, & sainct Anthoine. En ce temps les francs Archers furent leuez pour aller dela les monts. Les Anglois ainsi ramassez (aussi à la verité, il n'y auoit nuls gens de bien, ains larrons, & pillars) n'en voulurent manger, & ne scait on qu'ils deuindrent, sinon qu'es villes ou ils auoyent esté on congnut que c'estoit plus pour piller, qu'autre chose. celuy qui les auoit fait passer la riuiere eut la teste coppee à Compiegne. Durant ces entrefaictes, noz gens estoyent deuant Milan, & estoit conducteur de l'armee monseigneur l'Admiral. Le Roy estoit demouré, attendant la deffaicte des Anglois. Les deux mil Aduenturiers de Paris ne furent pas loing, & ne passerent le Bourget, auquel lieu ne furent payez que de chacun vingt sols. On fit faire des trenchees sur les fossez de la ville, depuis la porte sainct Honoré, iusques à la porte sainct Martin.

Le dixseptiéme dudict moys de Feurier, messire Iehan de Poitiers, Cheualier, Seigneur de sainct Vallier, fut deposé de la compaignie & ordre des Cheualiers de l'ordre, que le Roy donne à ses amis & alliez, & condamné par les Commissaires de la tour carree, deputez par le Roy nostre Sire, à auoir la teste trenchee, en la place de Greue, deuant l'Hostel de la ville: & pour le reconseiller luy fut ordonné sage & discrete personne maistre Iaques Merlin, Docteur en Theologie, Penitecier, & curé de la Magdaleine, en la cité de Paris : & cedict iour à trois heures de releuee, furent assemblez messeigneurs les Lieutenāt Criminel, & le Procureur du Roy de Chastelet, accompaignez des Sergens, bien embastonnez de longs bastons : Apres vindrent les Archers, Arbalestriers, Haquebutiers de la ville, le Guet, tant de cheual que de pied, ayans armeures & hocquetons argentez, & embastonnez comme dessus. Lesdicts Lieutenant & Procureur, furent querir ledict sainct Vallier en la Gallerie de la Chancellerie, ou il estoit, & de là fut mené accompaigné des dessusdicts, deuant l'Hostel de ladicte ville de Paris, sur vne mulle, & ledict Penitencier sur la sienne à costé de luy, le reconfortant & le reconseillant le mieulx qu'il luy estoit possible. Quand il fut arriué, & monté sur l'eschauffault, il cria mercy à Dieu, au Roy, & à tout le monde. Apres ce faict comme il se vouloit agenouiller pour estre decolé, & ia l'executeur auoit preparé son cas, & luy auoit crié mercy, luy disant qu'il luy faisoit mal de luy faire perdre la vie, vint le porteur de sa grace, lequel fit tout cesser: & alors luy fut demandé s'il se vouloit aider de la grace que le Roy luy auoit donnee: lequel fit responce qu'ouy. La grace fut portee aux Commissaires & à la Court : laquelle interinee fut apportee & leue deuant tout le peuple, par maistre Matthieu Dolet, Clerc du greffe criminel de la Court de Parlement. Ce faict, ledict Seigneur fut remené en la Conciergerie, & peu de temps apres à Loches. *La paour du seigneur de sainct Vallier.*

En cedict an les bleds gelerent la veille sainct Martin d'yuer, & fit apres si grand' seicheresse qu'ils ne peurent leuer: parquoy le Mardy vingtquatriéme de May fut descendue la chasse madame saincte Geneuiefue, le refuge des Parisiens, & portee en Procession en la solennité accoustumee. Audict temps partie de la ville de Troyes, en Champagne, fut arse & bruslee, & disoit on communément que ce auoit esté par boutefeux que les Haynuers & Espaignols y auoyent enuoyez, & plusieurs autres, en habits dissimulez, par les meilleures villes de France: & audict an, la veille & iour de Toussaincts, pour doubte de ce que dessus, ne furent sonnees les cloches à Paris: & desdicts boutefeux furent aucuns prins prisonniers, qui confesserēt le cas. *Les bleds gelez en terre à la S. Martin.* *La ville de Troyes bruslee.*

En ce mesme temps fut auitaillee Therouenne, & puis le Roy se retira à Blois, auec la bōne Royne, sa femme. En cest an que l'Admiral Boysi estoit Lieutenant general pour le Roy dela les monts, fut tué d'vn coup de hacquebute le bon Capitaine Bayard, par vn cocquin qui tenoit le party de l'esleu Empereur. On tenoit alors (comme dict est dessus) que les Haynuyers & Espaignols, ennemis mortels des Francois auoyent enuoyé gens de petite estime, les vns en habit de Religieux & autres Mendiens, & les autres en facon de pelerins & voyageurs, & autres en habits dissimulez par les bonnes villes de France ausquels auoyent baillé charge, & commandé de mettre le feu secrettement es meilleures maisons, & baillé matiere pour composer ledict feu: qui estoit de telle aspreté qu'il prenoit contre pierres, & murailles, & en tous lieux ou on le iettoit: & furent aucuns de tels prodicteurs & fauteurs prins & questionnez: lesquels (le cas confessé) furent cruellement punis : duquel danger aduertis les Parisiens, & plusieurs *La mort du Capitaine Bayard, & autres.*

Y iij

autres Francois, delibererent y remedier : & pource par toutes les bonnes villes, bourgs & bourgades fut inſtitué guet nocturnal, & ordonnance que par tous les huys des maiſons y auroit des vaiſſeaux pleins d'eaue, affin d'eſtre pourueu de remede, ſe l'inconuenient arriuoit.

Le deces de la bonne Royne Claude.

Le vingt & ſixiéme iour du moys de Iuillet, l'an mil cinq cens vingt & quatre, enuiron heure de midy, de ce ſiecle deceda la perle des Dames, & cler mirouer de bonté, ſans aucune tache, madame Claude, Royne de France, fille du feu Roy Louis, douziéme de ce nom: laquelle fut moult regrettee:& fut ſon corps mis en vn ſercueil en la chappelle du chaſteau de Blois, ou il fut long temps, ſans eſtre inhumé : & pour la grand' eſtime de ſaincteté que l'on auoit d'elle, pluſieurs luy portoyent offrandes & chandelles, & atteſtoyent aucuns auoir eſté gueris & ſanez de quelque maladie par ſes merites & interceſsions : & meſmement vne notable Dame, qui affermoit auoir receu par ſes merites gueriſon d'vne fiéure, qui ia par long téps l'auoit tourmentee. En Septébre, audict an, à Angers fut grád tremblement de terre, grands eſclairs & corruſcations.

Bourbõ deuant Marſeille.

En ce temps vindrent au Roy nouuelles que le Duc de Bourbon, & ſes alliez, auoyent es Itales, Lombardie & Prouence, ſes Seigneuries inuadees, & aſſailly la ville de Milan, & Marſeille, & ia penſoit les auoir conquiſes: dont le Roy aduerty leua groſſe armee, & tira vers ſon païs de Prouence, pour le defendre des incurſions de ſes ennemis: & en ceſt affaire monſtra bié madame Louiſe, mere du Roy, Ducheſſe d'Aniou, &c. la magnanimité de ſon treſnoble cœur: car de ſon auoir & cheuance la gédarmerie ſouldoya, & auanca de marcher. Parquoy le Duc de Bourbon, & les gens de l'eſleu Empereur, leuerent haſtiuement, & à leur confuſion, le ſiege qu'ils auoyent mis deuant la ville de Marſeille, & ſ'en retournerent vers Milan.

Le Roy en Prouence.

Le treſnoble & courageux Roy, voyant ſes ennemis fuyr deuant ſa face, chauldemét les pourſuyuit, & entra es Itales, dont tous ceulx, qui le party à l'eſleu Empereur tenoyent, furent eſbahis. Le Roy Threſchreſtien, ſe voyant en Lombardie auec puiſſante armee, delibera recouurer les villes de ſon Duché de Milan, detenues par les gens de l'eſleu Empereur & de Bourbõ: & auoir reprins & mis en ſes mains ſa Duché de Milan, meit le ſiege deuant Pauie, ville treſpuiſſante, bien fortifiee & garnie de toutes munitions de guerre pour aſſault receuoir : dedans laquelle eſtoit en garniſon, pour l'eſleu Empereur, vn vaillant Capitaine, nommé Anthoine de Laigue, qui ſongneuſement la ville defendit, combien qu'au long aller euſt eſté contrainct de ſe rendre, n'euſt eſté la fortune qui ce pendant aux Francois arriua. Le bon Thibault Baillet, ſecond Preſident en la court de Parlement à Paris (lequel auoit iouy de ladicte Office trois regnes) deceda le Samedy dixneufiéme iour de Nouembre, mil cinq cens vingt & quatre, & fut enterré à ſainct Merry.

An Iubilé par tout le royaume de France.

Au moys de Decembre enſuyuant fut enuoyé par noſtre ſainct pere le Pape, au royaume de France, vn pardon ſemblable & de telle puiſſance que l'an Iubilé : & fut commandé generalement, par tout ledict royaume, le gaigner en la maniere qui ſ'enſuyt: c'eſtaſſauoir que ledict ſainct Pere auoit ordonné qu'apres la publication dudict an Iubilé, tous & vn chacun bons Chreſtiens ieuneroyent le Mercredy, Vendredy & Samedy, & ſe mettroyét en bon eſtat, & le Dimenche receuroyeet le precieux corps de noſtre Seigneur Ieſus Chriſt : & en çe faiſant on gaignoit les pardons ſemblables à l'an Iubilé. qui fut vne choſe de deuotion, & bien ordonnee.

Paix entre les Francois, Venitiens & Florentins.

En ce meſme temps la paix d'entre ledict ſainct pere le Pape, le Roy Treſchreſtien, les Venitiens, & Florentins, fut publiee à Paris: & furent les Haynuyers deffaicts par le Seigneur de Pont de Remy: & à Paris fut faicte congregation contre les Heretiques.

Le Roy, tenant ſon ſiege deuant Pauie, fut par aucuns (ne ſcay par fraude, ou erreur) conſeillé enuoyer partie de ſon armee au royaume de Naples, ſoubs la conduicte de monſeigneur le Duc d'Albanie, qui luy porta groſſe nuyſance: car, le Roy deſirant à ſon entrepriſe paruenir, non eſpargnant ſa perſonne, ne craignant neige, gelee ne froidure, tout l'hyuer à ſon Camp aſsiſta, ou luy & tous ſes genſd'armes endurerent pluſieurs malaiſes, & tát que pluſieurs d'eulx le Camp & ſiege abandonnerent, & ſ'en allerent malades es villes circonuoyſines pour eulx faire guerir, dont noſtre armee eſtoit fort affoiblie. De ce noz ennemis, par leurs eſpies aduertis, apres leur eſtre venu grand ſecours des Allemagnes, delibererent donner la bataille aux Francois: parquoy le iour & feſte de monſeigneur ſainct Matthias, le vingt & quatriéme iour de Feurier, mil cinq cens vingt & quatre, le Viceroy de Naples, le Duc de Bourbon, le Marquis de Peſquiere, auec pluſieurs autres grands perſonnages, & pluſieurs autres bons Capitaines, aſſemblerent leurs armees : laquelle eſtoit de Lanſquenets, Italiens, Lombards, Eſpaignols, Bourguignons, & autres nations, bien montez & bien armez, gens & cheuaux repoſez, & fraiz, & de nuict vindrent aſſaillir l'oſt des Francois, & y eut grand' occiſion d'vn coſté & d'autre: car le treſnoble Roy de France, d'aucuns de ſes bons Capitaines & feaux amis accompaigné, ſ'y trouua des premiers aux coups ruer : qui eſtoit vne choſe qui moult encourageoit ſes genſ.

DV ROY FRANCOIS, PREMIER DV NOM. Fueil.cxxx.

ses gensd'armes:& ne fault doubter qu'il n'y mourust d'vn costé, & d'autre, des plus grands de leurs armees: mais finalement Fortune, qui par plusieurs fois aux Francois auoit fauorisé, leur tourna pour lors son triste & descouloré visaige: car, leur armee deffaicte, en cheuauleruētmēt combatant fut le cheual du magnanime Roy Threschrestien occis, & luy detenu prisonnier, par faute d'estre secouru. qui fut pour le royaume de France perte de trop grand' consequence. De telle inopinee fortune, aux Francois ce iour suruenue, madame, mere du Roy, Regente en Frāce, & Duchesse d'Aniou, pour lors estant à Lion, fut soubdainement aduertie: dōt elle fut moult triste. & non sans cause: toutesfois la vertueuse Princesse, prenant courage viril, & laissant toutes larmes feminines, proposa des l'heure par armes, ou autrement, remedier à tous inconueniēs ia aduenus, & obuier aux futurs: & pource manda aux bonnes villes de France le cas tel qu'il estoit aduenu, en exhortant & priant les habitans d'icelles d'estre tousiours loyaux au Roy & à elle: & par ses lettres on congnut la grand' scandaleuse perte qui estoit aux Francois aduenue à ceste malheureuse iournee: car les Roys de France & de Nauarre, le Prince de Talmont, le seigneur de Craon, le Cōte de sainct Paul, le Mareschal de Montmorēcy, les Seigneurs de Rieux, de Congy, de Florenges, de la Tour Landry, de sainct Marsauld, de Monpesac, Louis monseigneur de Neuers, Francois monseigneur de Saluces, monseigneur le Bastard de Sauoye, grād Maistre de France & Comte de Beaufort en Aniou, les Seigneurs de Monteiean, de Villandry, de Brion, de la Ferté d'Aubigny, de Clermont, de Vassé, de Pommerant, du Cog, de Bonneual, & son frere, de la Roche Iaquelin, le seigneur de Beauuais, le Vidasme de Chartres, le Thresorier Babou, le General de Languedoc, le Baillif de Paris, le Baillif d'Orme, le Gouuerneur de Limosin, & plusieurs autres Cheualiers, & Escuyers: desquels pour brieueté ie laisse les noms, estoyent demourez prisonniers: & estoyēt demourez occis sur camp hault & puissant Seigneur monseigneur Louis de la Trimouille, Vicomte de Touars, messire Pierre de Rohan, seigneur de Fontenay, le seigneur de Boisy, d'Amboyse, le Mareschal de Chabannes, seigneur de la Palice, le seigneur de Lescut, l'vn des Mareschaux de Frāce, messire Guillaume Gouffier, seigneur de Bonniuet, & Admiral de Frāce, le seigneur d'Aulmōt Federic, & plusieurs autres Seigneurs & Gentilshommes: lesquels vigoureusement secourant leur Prince par glorieuse mort ont acquis gloire & renomee immortelle. Dieu par sa grace leur face pardon à leurs ames. Mais il est à noter que si fortune s'estoit contre nous tournee en nous tollissant nostre bon Prince, q̄ Dieu ne permeit le royaume estre aucunement vexé n'affligé de guerres: & durāt l'ennuyeux temps de la captiuité du tresvertueux Roy Treschrestien, guerre a esté endormie par la grace de Dieu, & l'intercession de la vierge Marie, sa benoiste mere, auec le bon moyen de madame la Regente. Le Mercredy vingtneufiéme dudict moys, fut crié à son de trompe, de par le Roy nostre sire & la Court de Parlement, de non iurer, & blasphemer le nom de Dieu, de sa glorieuse mere, ne des Saincts & Sainctes, & qu'on ne portast plus de bastons en la ville de Paris, sur peine de punition corporelle, & confiscation des bastons: & enioinct à tous Hosteliers, Pincipaux des Colleges, & autres ayans charges de gens en leurs maisons en aduertir leurs hostes, & seruiteurs: & defenses de loger gens vacabonds & oisifs, sur peine d'estre pendus & estranglez, & de non tenir ieux de quille, ne boule, & de rompre ceulx qui estoyent pour lors, dedans trois moys. En cedict temps la tresprudente Dame, madame mere du Roy, & Regente de France, ne chommoit, ains de son industrie, par la deliberation de son Conseil, bastissoit choses de grād' affaire & consequence: & premier de tous les ennemis de la couronne de France, pour cinq moys obtint treues. Puis madame Marguerite, Duchesse d'Alencon sa fille, tresnotablemēt accompagnee, en Espaigne vers l'esleu Empereur enuoya, pour par tous licites moyens de son trescher fils & Roy Treschrestien traicter la deliurance: auquel voyage icelle noble & vertueuse Duchesse d'Alencon si prudentement se porta qu'à toutes les Dames Francoises acquist glorieux renom & louenges eternelles: & si bien ouura que son beau parler fut cause de fleschir l'esleu Empereur: & par bonne fortune incita à soy condescendre à appoinctement, & mettre icelui noble Roy Francois à deliurance, soubs certain pact & condition: laquelle chose depuis, Dieu aidant, à sorty plein effect.

La prise du Roy deuāt Pauie.

Defences de ne iurer, ne porter bastons, & ne tenir ieux en la ville de Paris.

Du traicté faict par madame la Duchesse d'Aniou, auec l'esleu Empereur, pour la deliurance du Roy, estant en Espaigne.

AV moys de Feurier, audict an mil cinq cens vingtcinq, au pourchas & instance de tresnoble, tresprudente & tresmagnanime Princesse Madame la Duchesse d'Aniou, Regente en France, fut vers l'esleu Empereur conclud la deliurance du Treschrestien Roy de France, à grand' peine, trauail, cousts & mises d'icelle Dame: car

Mil v.cxxv.

Y iiij

l'esleu Empereur, quand vint à traicter ladicte deliurance, fut trouué si rude & mal traictable, demandant choses si desraisonnables qu'il donnoit assez à congnoistre n'auoir vouloir d'entédre à aucun appointement: & furent contraincts tous ceulx qui auoyent la charge de conclurre ledict traicté, d'accorder à iceluy esleu Empereur, & à son conseil, tout ce qu'ils voulurét demander, combien qu'il n'y eust aucune apparence. Oultre presserent le Roy, & le contraignirent leur bailler ses deux fils en ostage: scauoir est monseigneur Frácois, Dauphin de Viennois, & seconde personne de France, & monseigneur Henry, Duc d'Orleás, son second fils: lesquels en la garde & gouuernement d'vn tresprudent Gétilhomme d'Aniou, nommé messire René de Coce, premier panetier du Roy nostre sire, Gouuerneur d'Aniou, & seigneur de Brochessac, furent enuoyez en Espaigne, & mis es mains de certains Princes & grands seigneurs Espaignols, deputez & commis par l'esleu Empereur, pour iceulx receuoir, & vers luy conduire. Par ce faict fut le Treschrestien Roy deliuré & receu en son royaume de Fráce, en grand' ioye: mais les bons & loyaux Francois, qui rioyent de la ioyeuse deliurance du Roy, iecterent maints souspirs quand ils entendirent la piteuse separation & loingtain voyage qu'il conuenoit souffrir aux cœurs des tresnobles enfans royaux, issus de la meilleure & plus noble extraction de la Chrestienté: lesquels si ieunes, tendres, & delicats, estoyent enuoyez en païs trop loingtain de leur natiuité & aer naturel.

La deliurãce du Roy, hors des Espaigne, mil v.cens xxv.

En ce temps la ville de Mõtargis fut quasi toute bruslee. Le vingtquatriéme iour de Mars audict an retourna en son royaume le tresnoble & magnanime Roy de France, auquel estoit tresdesiré: & fut premier en tressumptueux & triumphant arroy receu en sa ville de Bayonne. Au deuant de luy, en grand' ioye & liesse se trouua madame la Duchesse d'Aniou, sa mere, accompaignee des Princes, Prelats, grands Seigneurs, Dames & Damoyselles du royaume: desquels tous ensemble, à grand desir & consolation, fut humainement receu. Puis, pour luy donner recreation, par plusieurs de ses villes & citez le conduisirent, luy donnant tous les passetéps que possible leur estoit, pour luy oster melencolie, fascherie & tristesse, en luy conceue durant sa longue detention: & s'addonna des lors le tresnoble Prince à penser à ses affaires, & mettre bon ordre par tout: & par especial à la deliurance de noz Seigneurs, ses enfans, tenás pour luy ostage en Espaigne, & n'a eu repos iusques à ce qu'il les ait euz.

Hongrie prinse par les Turcs, mil v.c.xxvi. vne bande d'heretiques Lutheriës desfaicts par le Duc de Lorraine.

Audict an mil cinq cens vingt & six, les Turcs, qui auoyent prins l'Isle & ville de Rhodes, descendirent par mer en Hongrie: & apres dure bataille conquirent le royaume de Hõgrie, ou le Roy fut occis & la Royne prinse prisonniere: & vn peu au parauant vne grand' multitude d'Alemans, qui se disoyét tenir la secte & fausse doctrine de Luther, iusques au nombre de huict ou dix mil hommes, voulurent entrer par force es païs du tresillustre Duc de Lorraine: mais ils en furent virilement chacez, & miraculeusement deffaicts, & presque tous occis par les freres dudict Duc de Lorraine: dont il y a vn liure cõposé en langue vulgaire: & à ceste cause me deporte de plus auant en parler & escrire.

Enuiron ce temps fut defendu par Arrest translater n'imprimer liures qui concernent la saincte Foy catholique, que preallablement la Court ne les eust veuz & permis: & en ce mesme téps fut executé & bruslé tout vif en la place Maubert vn ieune Aduocat de la Rochelle, lequel auoit proferé quelques paroles blasphematoires contre Dieu, & sa glorieuse mere, les benoists Saincts & Sainctes de Paradis.

Comment le seigneur de Bourbon fut tué, voulant entrer dedans la ville de Romme, & comment le Pape se retira au Chasteau de sainct Ange: & d'autres diuerses matieres.

Mil v.c.xxvij.

AV moys de May mil v.c.xxvij. les Ducs de Bourbon & Prince d'Orenge, estans es Itales auec grand' cõpaignie de Lásquenets & Aduenturiers Frácois & Espaignols, feirent plusieurs courses, faignant donner l'assault à aucunes villes & communautez, affin de trouuer moyen de recouurer argent, dont ils estoyent mal garnis: & apres que de Florence & autres citez ils eurent grosses sommes d'argent pour les laisser en paix, ils s'aduiserét d'vne chose assez estrange, & parauant non ouye estre aduenue à la Chrestiété: car auec toute leur puissance, ils allerent assaillir la ville de Rõme, le sainct pere Clement estant dedans: & pour faire le cõpte bref, la prindrét d'assault: mais le iuste iugemét diuin ne voulut permettre ledict seigneur de Bourbõ y entrer vif, ains fut tué d'vn coup de haquebute, sur les murs de la ville, ainsi qu'il s'efforçoit d'y entrer: mais nonobstant sa mort fut la ville prinse. De racõpter les execrables inhumanitez que feirent ces paillars Lansquenets, & Espaignols, dedans la saincte cité de Romme: il n'est homme qui sceust escrire la dixiéme partie: car les eglises & lieux saincts

La mort du Duc de Bourbon à Romme.

saincts furent prophanez & polus, les Dames veufues, mariees, vierges, & mesmes les Nonnains sanctimoniales, prostituees & violees. Les reliques, chappes, & autres aornemens, dediez au seruice de Dieu, & son eglise, pillez & emportez: & generalement toute la ville, ancien Sepulchre des Apostres, & Martyrs, siege & residence du grand Prestre de la Tressaincte Loy Chrestienne, mise en proye, & abandonnee en pillage & rapine de ses Aduenturiers cruels & barbares, gens non craignans Dieu, ne congnoissans ses commandemens. Et ne fault reuoquer en doubte que la main de nostre Seigneur ne visitast lors les Rômains *In virga ferrea*, pour plusieurs vices, desquels ils estoyent notez: & pourtant ne se doyuent orgueillir ceulx qui furent cause de telle prinse, car ils sont seulement *Flagellum Dei*, & executeurs de la Iustice diuine: & deuroyent bien auoir en memoire que quand vn pere veult corriger son enfant qui a failly, il prend des verges & le bat: mais quand il voit son enfant se repentir de son forfaict, & luy requerir pardon, il s'appaise auec luy, & iette les verges dedans le feu: mais, ce propos laisse, retournons à la matiere. Quand le sainct Pere veit la ville de Romme prinse, il se retira en son Chasteau sainct Ange, & aucuns Cardinaux & Ambassadeurs, qui pour lors estoyent auec luy: auquel lieu il fut par iceulx Espaignols & Lansquenets assiegé: & combien que son chasteau fust assez puissant pour tenir long temps contre les ennemis, ce nonobstant le sainct Pere, craignant par prodition, ou autrement, tomber es mains de si effrenez & rebelles souldats, se rendit au Prince d'Orenge, & au Viceroy de Naples: lesquels le meirent en seure garde, & le tenoyent prisonnier en son Chasteau mesmes. Mais peu de temps apres, par punition de Dieu, ou par chaleur de l'aer, & infection des corps mors mal inhumez, se meit en la ville de Romme si grand' mortalité, que c'estoit horreur à veoir, & tant que chacun abandonnoit la ville: parquoy le sainct Pere fut par iceulx, qui l'auoyent en garde, mis hors de Romme, & mené vers le royaume de Naples. qui estoit vne piteuse & lamentable chose, pour tout le bien public de la Chrestienté, de veoir le sainct Pere, tenant le siege sainct Pierre, & ayant en terre le tiltre de grand Vicaire de Dieu, estre captif, es mains des Chrestiens mesmes, qui luy portoyent aussi peu de reuerence qu'eussent fait Iuifs ou Sarrazins. Quand est du corps du seigneur de Bourbon, au grand regret de tous ceulx de son armee, fut apporté en l'Eglise: & furent plusieurs qui s'efforcerent de composer Epitaphes à sa louenge. Peu de temps apres ceste malheureuse prinse & pillerie de la ville de Romme, & captiuité du sainct Pere, les nouuelles en vindrent au Roy de France, qui comme Prince Treschrestien eut grand dueil & compassion de la perte & desolation des sainctes reliques des eglises Rommaines: & pareillement du mal traictement du sainct Pere, & proposa de pouruoir & remedier à tout, & de sa puissance, en conseruant tousiours son tiltre de Treschrestien Roy, donner secours à l'Eglise, pour lors violee & opprimee.

Mortalité en la ville de Rôme.

Le huictiéme iour de Iuin audict an mil cinq cens vingtsept, l'Ambassadeur d'Angleterre, accompaigné des Ambassadeurs de Venise, Portugal, & autres en bel & triumphant ordre vindrent au Palais royal à Paris, ou le Roy estoit logé: & le iour de Penthecouste furent à l'eglise nostre Dame de Paris le Roy nostre sire & ledict Ambassadeur, accompaignez comme dessus, & de plusieurs Cardinaux, Archeuesques, Euesques, Princes & Gentilshommes: auquel lieu bien & deuotement ouyrent la Messe: puis confermerent les accords, fraternitez, & alliances au parauant faictes: & le Mardy ensuyuant le Roy leur fit le festin en la salle sainct Louis, audict Palais, lesquels furent humainement seruis de mets & entremets, & apres plusieurs morisques & esbatemens.

Mil v.c.xxvii.

Ambassade d'an gleterre à Paris.

Enuiron le vingtseptiéme iour de Iuillet, audict an, le Roy partit de Paris pour aller à Amiens: auquel lieu triomphamment receut encores vne magnifique & fort triomphante Ambassade enuoyee par le Roy Henry d'Angleterre, de laquelle estoit Chef le reuerend Cardinal d'Yort: & enuoya le Roy au deuant de luy, pour le festoyer & receuoir, reuerend pere en Dieu Francois de Rohan, Archeuesque de Lion, Primat des Gaulles, & Euesque d'Angers, & monseigneur Charles de Rohan, Cheualier de l'Ordre du Treschrestien Roy, Comte vsufrutier de Guyse, & seigneur du Vergier, en Aniou, auec plusieurs autres Prelats & Seigneurs: desquels il fut honnorablement receu, puis au Roy presenté: lequel en tresbeaux termes exposa le cas pour lesquels il estoit venu: & tant exploicta, en ensuyuant la charge de sa legation, que ferme & stable confederation fut renouuelee & accordee entre les tresnobles Roys de France & d'Angleterre, & s'entrepromeirent aider & secourir vers & contre tous. puis s'en retourna ledict Cardinal trescontent du Treschrestié Roy, de sa noblesse, & du sumptueux recueil qu'on luy auoit fait en sa court.

Le Cardinal d'Yort, Anglois à Amiens.

Le neufiéme iour d'Aoust, veille sainct Laurens, audict an, comme ia pieça Iaques Fournier, de Beaulne, Seigneur de Semblancay, en Touraine, eust esté constitué prisonnier en la Bastille, soubs la garde de noble homme messire Gilles de la Pommeraye, & eussent aucuns Presidés

LES CHRONIQVES ET ANNALES DE FRANCE.

& Conseilliers vacqué par plusieurs iours à faire son proces, apres qu'iceluy eut veu la mort de ses fils puisnez (decedez en leur fleur de ieunesse, lesquels à grands fraiz & mises auoit procuré estre pourueuz, l'vn à l'Archiepiscopalle dignité de Tours, & l'autre à l'Episcopalle de Vannes) finalement fut iceluy de Beaulne, par les commis à faire son proces, condamné à estre pendu & estranglé au gibet de Montfaucon. Mais comme on luy eut prononcé son dicton, cedict iour suruindrent quelques nouuelles: parquoy l'execution fut retardee iusques au Lundy ensuyuant: auquel iour fut accomplie & executee la sentence contre luy donnee: & partit de la Bastille ledict Seigneur, estant aagé de septante cinq ans ou enuiron, lequel tant d'honneurs auoit euz en sa vie, que du Roy estoit appelé compere. Il fut mis entre les mains du Bourreau, & mené au gibet: mais il portoit son aduersité en si merueilleuse constance, que tous ceulx qui le voyoyent en estoyent esmerueillez:& luy estant à l'eschelle publiquement confessa auoir bie la mort desseruie, par ce qu'il auoit plus obey aux hommes & au monde qu'il n'auoit à Dieu.

La mort du seigneur de Semblancay.

Et telle fut la fin du Seigneur de Semblencay, qui auoit vescu en si grande authorité:& oultre furent tous ses biens iugez, confisquez & acquis au Roy. depuis, par permission du Roy, le corps d'iceluy de Beaulne fut osté de la iustice patibulaire, & rendu à ses parens, lesquels le feirent mettre en terre saincte.

Peu de temps apres la mort de Semblancay, le General de Beaulne, son fils aisné, pour lors se tenant à Paris, ou pource qu'il auoit paour que l'on meist les mains sur luy, ou esmeu de iuste douleur pour l'ignominieuse mort de son pere, assembla ce qu'il pouoit auoir d'or & d'argent,& sans aduertir aucun, tant fust son priué, ou amy, se partit de Paris,& abandonna le royaume de France, se retirant es parties de l'esleu Empereur. aussi fit vn nommé *Berthelot, President en la chambre des Comptes, à Paris, qui pareillement s'estoit entremis du faict des Finances:& pour certain fut celle annee moult suspecte pour les Thresoriers, & gens de Finances.

*autres le nom mêt Gilles Bert

En ce temps le Treschrestien Roy de France, voyant nostre mere saincte Eglise tant mal traictee & desolee, & le successeur de sainct Pierre, grand Pasteur d'icelle, es mains de ses ennemis detenu en captiuité, voulut, toutes choses laissees, tout ainsi qu'il appartient à sa celsitude restaurer & remettre tout en bon ordre:& pour ce faire assembla grosse armee, laqlle il enuoya vers Romme soubs la charge & conduicte de tresilluste Seigneur, monseigneur de Lautrect: lequel ioyeusement ceste charge entreprint:& auec son armee passa les monts, & print la ville d'Alexandrie: puis deuant Pauie, ou auoit esté la malheureuse bataille, arriua, & y donna l'assault: lequel tant continua qu'il y entra par force: & en vengeance des nobles Francois, qui y auoyent esté occis & prins, meit ceste ville à destruction, telle que de cent ans ne sera qu'elle ne s'en sente: puis marcha vers Romme.

Le Roy enuoya le seigneur de Lautrect à Rôme, pour dôner secours au Pape

Pauie prinse par les Francois, et destruicte.

En ce temps fut le Pape remis en son siege, moyennant les bons & loyaux Francois, & deliuré des mains de ses ennemis, dont fut moult grand'ioye en France. Apres, ledict Seigneur de Lautrect print son chemin pour aller à Naples. Audict an, enuiron le dixneufieme iour de Ianuier, reuerend pere en Dieu Anthoine du Prat, Archeuesque de Sens, & Chancelier de France, receut le Chapeau & dignité Cardinale, à luy enuoyé par le tressainct Pere, en l'eglise des Augustins, à Paris:auquel lieu assisterêt plusieurs Prelats, Archeuesques, Euesques, Abbez, Prieurs, & Gentilshommes. Le Roy nostre sire, Madame, & le noble sang Royal estoyent à sainct Germain en Laye. Enuiron ce temps le Roy demanda à la ville de Paris vn don de deux cens mil francs pour sa rancon, & deliurance de noz Seigneurs ses enfans: laquelle fut amoderee à cent cinquante mille francs: & fut ordonné à la chambre du Conseil que ladicte somme se leueroit sur les maisons de ladicte ville & faulxbourgs. qui a esté vn bien gros mal aux pauures habitâs,& plus qu'aux riches: car tel auoit mil liures de rête qui n'en payoit autant qu'vn pauure homme de mestier. La raison? car Messieurs de Practique, & autres viuans de leurs rentes, ne sont logez qu'en rues destournees, ou les maisons sont peu estimees: & les pauures Marchans & gens de mestier, qui ne peuuêt gaigner leur vie s'ils ne sont es rues passans, louent les maisons, appartenantes ausdicts Seigneurs, deux fois plus qui ne vallent: & pour ceste cause les pauures, qui tenoyent maisons à louage, ont esté côtraincts, oultre le louage, payer pour ledict don vn tiers de leur louage: comme celuy qui tenoit maison de soixante liures, a payé vingt liures: dont plusieurs, qui estoyent bien empeschez à payer leur quotite, ont esté executez pour ladicte somme. C'est raison d'ayder au Roy : mais on doit asseoir vn impost egalement, & supporter les pauures. En cest an fut abbatue la grosse tour du Loure, à Paris, par l'ordonnance du Roy: laquelle auoit esté iadis edifiee & construicte du temps du Roy Philippe Auguste.

Le don que les Parisiens feirêt au Roy.

En ce temps apparut quelque signe sur la ville de Lion, en guise de feu:& en Italie tomba des pierres semblables au machefer des Mareschaux. Le vingtième iour de May, mil cinq

signes et prodiges aduenus en diuers lieux.

cens

DV ROY FRANCOIS, PREMIER DV NOM.

cens vingt & huict, le ieune Duc de Ferrare arriua à Paris, pour espouser treshaulte & tressage & prudente Princesse, madame Renee, sœur de la bonne Royne Claude, & fille du feu Roy Louis, douzième, & d'Anne, Royne de France, & Duchesse de Bretaigne.

La nuict du Dimenche dernier iour de May audict an, par quelqu'vn pire que chien, mauldict de Dieu, fut rompue & coppee la teste à vne image de la vierge Marie, tenant l'image de Iesus entre ses bras, estant contre vne muraille, derriere le petit sainct Anthoine. qui fut vne grosse horreur à la Chrestienté : & pour prier Dieu qu'il luy pleust appaiser son ire contre nous, & permettre les malfaicteurs heretiques, mauldicts, estre accusez, pour en faire punition : le Roy nostre sire, estant à Fontainebleau, apres auoir ouy les piteuses nouuelles, meu de pitié, de bon cœur deuot, fit crier que quiconques accuseroit celuy qui auoit fait ce crime & grand oultrage, que Iehan de la Barre, Preuost de Paris, luy bailleroit mille escus d'or au soleil : & s'il auoit fait quelque cas, ledict Seigneur luy donneroit grace & remission, de quelque chose que ce fust : & en memoire de ce il fit faire vne image de la vierge Marie, d'argent doré, tenant son fils entre les bras, & faire processions generales, ou il assista. Et le Lundy quinzième iour de Iuin ensuyuant, nasquit en ladicte ville vn enfant mort né : lequel fut porté le Mardy ensuyuant deuant l'image que le Roy auoit là posee, & changea couleur, & tost apres fut encores porté deuant celle qui auoit esté ainsi rompue, estant en l'eglise sainct Geruais, nommee nostre Dame de Souffrance, & alors apperceut on euidemment le miracle de Dieu, par l'intercession de sa glorieuse mere, & fut baptizé en ladicte eglise : & apres qu'il eut rendu l'ame à Dieu, fut enterré au bout de l'œuure, deuant le Crucifix de ladicte eglise.

Le Samedy ensuyuant, vingtième dudict moys de Iuin, maistre Pierre Ledet, Conseiller en la Court de Parlement, à Paris, pour ses demerites fut deuestu & demis de son Office. son arrest luy fut prononcé en la grand' Chambre, en la presence de tous les Presidens & Conseillers, tous vestus de leurs robbes d'escarlate, par monseigneur le President Poliot, & fut declairé inhabille de tenir iamais Office royal. Il fut mené en la court du Palais sur la pierre de marbre, & là luy fut ostee sa robbe d'escarlate, & vestu d'vne robbe de bureau : puis fut condamné à vne grosse somme de deniers, & rendu à l'Euesque de Paris, pour les cas priuilegiez. *Maistre pierre Ledet, Coseiller en la Court, fut priué de son office.*

En ce temps furent publiees par Montioye, Roy d'armes, les tréues pour huict moys, entre le Roy nostre sire, son frere & bon amy le Roy d'Angleterre, l'esleu Empereur, & madame Marguerite, tant sur mer que sur terre, en leurs royaumes, païs, terres & seigneuries : & le lendemain, qui estoit le Samedy, le Roy voulut veoir la monstre des Bazochiens, pource qu'il auoit ouy dire qu'elle estoit triumphante : &, pour ceste cause, le Roy estant au Palais, les veit passer par dedans : & à la verité il n'en fut oncques veues de pareilles.

Le Dimenche ensuyuant, vingthuictiéme dudict moys de Iuin, treshault, & trespuissant, sage & ieune enfant Prince, le Duc de Ferrare, espousa treshaulte, tresprudente & magnifique Dame, madame Renee, fille du feu Roy Louis, douzième, & d'Anne de Bretaigne, & sœur de la bonne Royne Claude, en son viuant tresaymee espouse du Treschrestien Roy de France, Francois, premier de ce nom, en la saincte Chapelle du Palais, à gros & inestimable triumphe. le Roy la conduisit iusques à l'eglise, la tenant par dessoubs les bras : & les Princes & Gentilzhommes de France estoyent moult triumphamment decorez, & semblablement ceulx du Duc de Ferrare. Le Roy auoit vne belle robbe de broderie, & le Duc de Ferrare pareillement vne, ayant vn bord large de deux doigts, chargee de fines pierreries, & le collet tout chargé de pierres de toutes sortes qu'on ne pourroit estimer. Madame la Duchesse en auoit vne de velous cramoisy, & sur la blanche poictrine vne hermine tresfriche. sur son Chef auoit vn chapeau de pierreries, ses blons cheueulx trainans iusques à terre : monsieur le grand Maistre luy portoit la queue, & semblablement vne fort belle Dame, que l'on disoit estre la sœur du Roy de Nauarre. Madame menoit vne des filles de France, accompaignee de la Royne de Nauarre, & autres dames & damoyselles, richement aornees. La salle & la galerie du Palais estoyent tendues de tous costez, & dessus : aussi les autres salles de riches tapis. Peu apres vindrent nouuelles que monsieur de Beaulieu, fils de messire Robert de la Marche, faisoit quelques insolences & ports d'armes es champs : parquoy le Roy y enuoya, & fut deffaict. *Mariage du Duc de Ferrare et de Madame Renee, fille du Roy Louis xii.*

Enuiron la fin du moys d'Aoust, audict an, vindrent nouuelles que monsieur de Lautrect, Lieutenant general pour le Roy es païs d'Italie, & Naples, estoit decedé, dont fut vne grande perte pour France. *Le seigneur de Lautrect decedé.*

Le Ieudy dixiéme iour de Septembre, audict an, vint l'Ambassade de Hongrie au logis du Roy, dedans le Palais, ou elle fut honnorablement receue : & cedict iour, à quatre heures de releuee, le Herault de l'esleu Empereur vint au Palais royal, sur la table de marbre en la grand' salle, ou le Roy assista pour l'ouyr parler : & fut fait vn eschauffault, affin que le peuple peust tout veoir & ouyr. Le Roy estoit accompaigné des Princes de son sang, & autres, de monseigneur le

Chancelier,& son grād Cōnseil,messeigneurs de la Court de Parlemēt,de la ville & des Bourgeois,& notables Marchans d'icelle,les Archiers & Arbalestriers du Roy, ceulx de la ville a-
uec les Hacquebutiers, estoyent en bon ordre, gardant le peuple de monter en la grand' salle,
iusques à ce que ledict Herault y fust entré.Et quand il fut deuant le Roy pour faire sa harengue,les portes furent ouuertes,affin que le peuple entrast dedans.

Le Herault de l'Empereur uint à Paris uers le Roy.

L'an mil cinq cens & neuf,enuiron le sixiéme iour d'Auril,apres Pasques,vn Gentilhomme heretique,nommé Louis Berquin,fut bruslé deuāt l'Hostel de la ville,à Paris. En ceste annee la paix tresdesiree d'entre nostre sainct pere le Pape Clement, septiéme, & le sainct siege
Apostolique, & treshaults & tresexcellens & trespuissans Princes, Francois, par la grace de
Dieu Roy de Frāce,Treschrestien,Charles par la grace de Dieu esleu Empereur,Roy de Ger
manie,& de Castille, Ferrand Roy de Hongrie, & de Boesme,Archeduc, Henry par la grace
de Dieu Roy d'Angleterre, seigneur d'Hybernie, & deffenseur de la Foy, pour la tuition &
deffense de leurs personnes,biens, estats,païs,terres & seigneuries, subiects & vassaulx : & par
le moyen & interuētion de treshaultes,& excellentes Dames,madame Louise de Sauoye,Du-
chesse d'Angoulmois & d'Aniou,mere dudict seigneur Roy Treschrestié,& de madame Mar
guerite, Archeduchesse d'Austriche, Duchesse douairiere de Sauoye, tante dudict Empereur,
fut faicte, conclute & accordee, à Cambray,le cinqiéme iour d'Aoust, l'an mil cinq cens vingt
& neuf,& publiee à Paris en grand' triumphe & solennité,le Mecredy huictiéme iour d'Aoust
audict an:& furent faicts les feux de ioye:& moyennant ladicte paix fut dict que les biens tāt
meubles qu'heritages feroyent rendus au Duc de Bourbō, ou à ses heritiers: & pareillement à
tous autres qui auoyent souffert perte & dommage pour ladicte guerre,tant des païs de France,Espaigne, que d'ailleurs. En cest an le Roy nostre sire fit commencer vn sumptueux edifice,sur la façon de Madrich,pres Longchamp, assis entre le port de Nully & ledict Longchāp,
au bout du boys,pres la riuiere.pareillement fit besongner à Fontainebleau, & au boys de Vin
cennes. En ce temps estoit vn larron & volleur entour Paris, nommé Charles de la Rocque
bastard,lequel faisoit larrecins & meurtres innumerables:& disoit on qu'il auoit vn cheual bor
gne,lequel auoit les quatre pieds blancs,& alloit le plus viste du monde:toutesfois fut il prins,
& amené au Chastelet de Paris, & apres son proces faict, fut condamné à auoir le poing coppé,
& estre bruslé tout vif en la place de Greue, deuant l'Hostel de la ville.

Berquin bruslé à Paris, comme heretique.

Paix entre le Roy de France, l'esleu Empereur,& le Roy d'Angleterre.

Nouueaux edi-fices encommē-cez par le Roy.

En ce temps Iehan de Salua, premier President, deceda de ce siecle enuiron la feste de la
Conception nostre Dame. qui fut vne grosse perte en France, & pour la ville de Paris : car il
estoit bon Iusticier. Le vingtiéme iour de Ianuier, audict an, enuiron neuf heures du soir,
apparut vne comette sur la ville de Paris, & en plusieurs autres villes : mais on ne scait qu'elle
signifioit. Le vingtquatriéme iour du moys de Feurier audict an, fut couronné Empereur par nostre
sainct pere le Pape, en la ville de Boulongne la Grasse,Charles d'Austriche, Roy d'Espaigne.

Le deces du Pre sident de Salua

Couronnement de l'Empereur, à Boulongne.

En cedict an,les moys de Feurier & Mars furent doulx & serains, plus qu'ils n'ont de coustume, en sorte que les bourgeons des vignes estoyent ia grands:& en Auril fit si grosse froidure,especialement iusques à Pasques, qui fut le dixhuictiéme dudict moys, que tout cuida estre
gasté & perdu de gelee, sans la grand' bonté & misericorde de Dieu, qui nous mōstra de beaux
miracles:car on veit la glace pendre aux seps des vignes, & neantmoins les bourgeons ne furent gelez:& furent par toute France faictes les plus belles processions, & en aussi grand' deuotion qu'on veit iamais:& vne nuict de la sepmaine de la Passion, toutes les paroisses de la ville
de Paris furent à nostre Dame des Vertus, place tresdeuotieuse:laquelle est distant de Paris de
deux lieues:& esdictes processions y auoit tant de torches allumees, que ceulx, qui estoyent à
Montlehery,cuidoyent que le feu fust dedans Paris:& par les bōnes prieres, que Dieu a exau-
cees,les vignes & bleds furent sauuez.

Les uignes ge-lees.

Le vingtiéme iour d'Aoust, audict an mil cinq cens vingtneuf, vn Religieux de sainct Pierre de Ferrieres,en Gastinois,au diocese de Sens,nommé domp Louis du Vergier, en reuenant
de complies tua son Prieur, nommé Bertrand de Lassus,pource qu'il le reprenoit de ses fautes:
lequel domp Bertrand estoit party de sainct Martin des Champs,à Paris,pour remonstrer à
aucuns des Religieux leurs deffaultes, & estoit de plusieurs reputé estre iuste & sainct homme. En ce temps au moys de Septembre, vn nommé Christofle Vous, natif d'Angiers, pour
aucuns crimes & exces faicts & commis par luy,auec aucuns autres malfaicteurs, fut cōdam-
né à estre pendu & estranglé en la place Maubert, à Paris : lequel, apres auoir esté pendu longue espace de temps, fut veu remuer, & fut secouru du peuple, & porté en l'eglise des Carmes:
& dict on qu'il auoit tousiours eu grand' fiance à la vierge Marie, & qu'à l'intercession d'icelle fut preserué de mort. Audict an, fut par le Roy de Hongrie obtenue victoire contre les
Turcs:pour laquelle furent faictes processions generales à Paris, en l'eglise sainct Martin des
Champs,

Vn hōme pēdu, eschapa des mains du bou-reau.

DV ROY FRANCOIS, PREMIER DV NOM. Fueil.cxxxiij.

Champs,& furent les ruës tendues, & portez moult de reliques & chaſſes, auec grand triúphe.

L'an mil cinq cens trente,le dixneufiéme iour d'Auril,vn Vicaire, qui eſtoit venu veoir ſon maiſtre,lequel ſe tenoit à Paris,au college d'Autun,ſeant deuãt ſainct Andry des Ars, de nuict tua & occiſt le ſeruiteur de ſondict Maiſtre & Curé,& puis coppa la gorge audict Curé : pour lequel meurtre fut ledict Vicaire degradé au paruis noſtre Dame, le Mercredy quatriéme iour de May dudict an, & habillé en habit de fol, puis deliuré à noble perſonne maiſtre Iehan Morin,Lieutenant criminel : & par ſentence fut condãné auoir le poing coppé, & eſtre attaché à vne potence, auec le braquemart dont il auoit fait ledict meurtre,fiché deuant ledict College, puis eſtre bruſlé tout vif deuant l'Hoſtel de la ville.ladicte ſentence, confermée par Arreſt de la court de Parlement,fut miſe à execution le Ieudy enſuyuant,v.iour dudict moys de May. Et en ce temps eut quelques maiſons bruſlees en la ville de Troyes. En celle annee deceda à Paris le Seigneur Maximilian Sforce,dict le More : & fut enterré en l'egliſe des Carmes le x. iour de Iuin à grand' ſolennité. Les quatre Preſidens portoyent le poille : deux Eueſques menoyent les deux premiers dueils:la Court ſuyuoit apres,& la ville coſte à coſte d'eulx.

Mil v.cẽs trẽte. Vn preſtre occis par ſon Vicaire.

Treſpas du Seigneur Maximilian.

En ce temps Ioigny en Bourgongne fut quaſi bruſlee, & les bateaux qui eſtoyẽt ſur la riuiere bruſlerét. En ce temps,à Chaume en Brie,fut trouué le corps S.Doſme,que l'on dict auoir eſté Eueſque du Mans,& ou ſon chef y repoſe,lequel faiſoit audict Chaume de beaux miracles. A l'egliſe S.Anthoine de *Condy, au dioceſe d'Amiens,vn Preſtre qui chantoit meſſe en la chapelle ſainct Anthoine veit par deuant luy paſſer vne ſouris:& quand il fut à ſon Memento, ayant les yeulx clos, ladicte ſouris vint prendre la ſaincte Hoſtie,ou repoſoit le corps de Ieſus Chriſt,& ne peut eſtre recouuerte,pour quelque choſe qu'elle fuſt cerchee.

* Autres Cõty.

Le Mardy cinquiéme iour de Iuillet audict an mil cinq cens trente,la poſte arriua à Paris, enuiron deux heures apres minuict,apportans lettres que noz Seigneurs les Enfans eſtoyent en Fráce du Védredy premier iour dudict moys : pour leſquelles nouuelles meſſieurs de la Court furent à l'egliſe noſtre Dame de Paris, & pareillement Meſſieurs de la ville:auquel lieu, en la preſence des deſſuſdicts,fut chanté ſolennellement *Te Deum Laudamus*,& puis vne belle meſſe de noſtre Dame. Cedict iour fut ſolennizé de toutes œuures, pour l'amour des bonnes nouuelles: & à toutes les egliſes de Paris fut chanté *Te Deum*.les feux, & pluſieurs eſbatemens furét faicts de ioye: & Meſſieurs de la ville en feirent bien leur deuoir:car ils tindrét Court ouuerte: & pour le menu populaire furent deffoncez muys de vin deuãt ledict Hoſtel:& n'eſt point memoire d'homme auoir veu demonſtrer vne plus grand' ioye au peuple & gens de Paris. Il ne fut cedict iour queſtion à Paris que de rire, & faire grand' chere. Les petis enfans crioyent, Viue le Roy & ſes enfans. Le Mardy enſuyuant,iour des octaues, du bon du cœur du peuple, ſans publication ne commandement feirent de rechef les feux & eſbatemens, demenant grand' ioye. Le Vendredy enſuyuant meſſieurs de la Court, & de la ville, feirent proceſſions à l'Egliſe noſtre Dame de Paris. Le Dimenche proceſſiõs generales:le Lundy meſſieurs des Comptes:le Dimenche d'apres l'Vniuerſité. Le vingttroiſiéme iour de Iuillet, audict an mil cinq cens trente,le village de Seaux,pres Paris,fut bruſlé par cas fortuit. qui fut gros dommage. La Royne Alienor, & noz Seigneurs les enfans, feirent leur entree à Bordeaux l'onziéme iour de Iuillet,& à Angouleſme le vingtdeuxiéme iour:& le dernier iour dudict moys arriua à Paris la Comteſſe de Nanſau,bien accompaignee de Princes,Seigneurs,Gentilshómes, Dames & Damoyſelles d'Eſpaigne. Au moys de Septembre audict an,par le commandemẽt du Roy noſtre ſire,& à la requeſte de noble hóme maiſtre Guillaume Budé, Maiſtre des Requeſtes, & de la Librairie du Roy,& de pluſieurs autres,fut abatue la fauſſe porte S.Martĩ. En ceſt an,au moys d'Octobre,vint à Romme vn grand deluge d'eaue, tellemẽt que noſtre ſainct Pere,les Cardinaux, & la plus grand' part du populaire furent contraincts abandonner la ville.

La deliurance des enfans de Fráce des mains des Eſpaignols.

L'entree de la Royne Alienor au royaume de France, accompaignee de meſſieurs les Enfãs.

Au moys enſuyuant,le neufiéme iour de Nouembre, fut pareillement vn deluge d'eaues en Flandres & en Hollande: & enuiron ce temps mourut madame Marguerite de Flandres. En ce temps mourut en Angleterre le Cardinal d'Yort,lequel on dit ſoy eſtre luy meſmes empoiſonné:& en ce meſme temps mourut aux Tournelles à Paris, le Comte de Carpe, & fut porté enterrer en habit de Cordelier,aux Cordeliers.

Deluge d'eaue.

Treſpas du Cõte de Carpe.

En ceſt an mil cinq cens trente,la vigile S.Thomas,treſreuerend pere en Dieu Anthoine du Prat, Archeueſque de Sens, & Chancelier de Fráce,fit ſon entree de Legation en la ville de Paris, ou fut receu à moult grand honneur & triumphe. Audict an,au moys de Mars,noble Princeſſe madame Alienor,Royne de France,fut couronnee à ſainct Denis en France,le cinquiéme iour de Mars, ou ſe trouuerent pluſieurs Princes, Barons & grands Seigneurs. Puis ſe partirét de S.Denis,pour venir faire ſon entree en la ville & cité de Paris:laquelle ſe deuoit faire le ſeptiéme iour dudict moys:mais pour cauſe du mauuais temps qu'il fit,fut differee iuſques au ſeiziéme iour dudict moys de Mars:& fut ladicte entree faicte à grand' ioye & ſolennité : & fut

L'entree de la Royne Alienor en la ville de Paris.

Z

LES CHRONIQVES ET ANNALES DE FRANCE.

ladicte Royne accompaignee de plusieurs Prelats, Archeuesques, Euesques, Abbez, Princes, Seigneurs, Cheualiers & Barons en grosse quantité & bel ordre, & pareillement de messieurs de Parlement, messieurs de la ville, auec les Officiers de ladicte ville, Marchans, Bourgeois & gens de mestier: & furent les rues tendues, & vne torche allumee en chacune maison, & ainsi fut conduicte & menee iusques à l'eglise nostre Dame de Paris, ou le Recteur de l'Vniuersité la receut honnorablement en la maniere accoustumee. puis fut menee en son logis au Palais royal, aussi richement tendu & tapissé qu'on sçauroit dire & deuiner, ou elle souppa: & y fut faicte & demenee grand' feste & ioye de tous les Princes, Seigneurs & Barons, Dames & Damoyselles. Le xix. iour dudict moys, messieurs de la ville de Paris feirent à ladicte Dame, à leur maison de ville, vn tresbeau & solennel bâquet: & apres disner luy feirent present de deux grands chandeliers d'argent, chacun hault de six pieds en piramide, estimez à la somme de dix mille liures: & sur le hault desdicts chandeliers y auoit vn Phenix (qui est la deuise de la Royne) soubs lequel estoit escrit: *Vnica reuiuisco*, & plus bas: *Eramus olim tenebræ, nunc autem lux in domino*, & encores plus bas: *Ex omnibus floribus orbis, elegisti tibi Lilium vnum*. Les Espaignols & autres gés de natiós estrâges furêt esbahis de tât de richesses & gorgiases choses, & leur sembloit bien (comme ils disent) qu'en tout le demourant des Seigneuries Chrestiénes on n'en pourroit faire autant. Apres l'entree de la Royne de France furent les ioustes faictes à Paris, selon l'edict, ou le Roy iousta aussi bien qu'on veit onc, aussi fit monsieur le Dauphin, son fils aisné, plusieurs Princes & Seigneurs vaillans hommes iousterent semblablement. chacun dônoit le bruit du mieulx à qui il vouloit: & à ceste cause, de peur de mentir & desplaire aux mieulx faisans ie n'en ay riens voulu escrire, iaçoit ce que i'en ay eu l'oppinion par escrit d'aucuns clervoyans, lesquels y assisterent. L'an mil cinq cens xxxj. le xx. iour de May, trespassa de ce siecle tresmagnifique Seigneur monseigneur le Comte de Laual, grand Gouuerneur & Admiral de Bretaigne: lequel a esté moult plainct & regretté de ses subiects. Dieu par sa grace face pardon & mercy à son ame. Enuiron le moys de Iuillet dudict an mil cinq cens trête & vn, les Cheualiers de l'ordre de sainct Iehan de Hierusalem, auec leur grand' nau, & certain nombre de galees, par l'intelligéce qu'ils trouuerent moyen d'auoir auec le gardien du port de Modon, practiquerent de gaigner subtilement, & à l'emblee, la ville de Modon: qui est vne bonne & forte ville, en Grece, que les Turcs auoyent surprinse sur les Venitiens, il y a plus de trente ans. Les Turcs estans en ladicte ville, eulx voyans surprins se retirerent en la Bastille de ladicte ville: qui est vne forte place, que le Turc auoit fait faire depuis qu'il auoit prinse ladicte ville sur les Venitiens: lesquels Cheualiers s'esuertuerent de gaigner ladicte Bastille: mais voyans qu'ils n'estoyent assez de gens, & n'auoyent assez d'Artillerie, n'y peurent rien faire: parquoy apres auoir sacagé ladicte ville, s'en retournerent. On disoit que s'ils eussent eu aide, qu'ils auoyent commencement & fortune pour gaigner Constantinoble.

Pour lors l'Empereur, estant en Germanie, practiquoit tous les moyés à luy possibles pour vnir les Germains en la foy catholique, & nettoyer ledict païs des heresies anciénes, renouuellees par les Lutheriens, congnoissant la future ruyne desdicts païs, pour la diuersité des sectes: & le Roy de France estant en son royaume, considerant que les Roys regnét par Iustice, & que Iustice durât le temps des guerres auoit esté mal reueree par les rebelles, & que puis six ou sept ans aucuns Gentilshommes se vouloyent faire croire de leurs oppinions par assemblees & côbats, faicts sans authorité du Roy, & aussi par forces & violences, sans faire reuerence au Roy n'a Iustice, & que plusieurs, sans tiltre, s'emparoyent de benefices, les tenans par force & violéce, contre ceulx qui en auoyent iouy par plus de xv. & xx. ans à bon tiltre, mesmement es païs du Maine, Aniou, Poitou, Aulny, Angoulmois, & la Marche, de sorte que les bons Iuges royaux n'auoyent plus d'authorité, & n'y auoit Sergent qui osast aller mettre à execution leurs mâdemens, pour les grands & enormes exces que l'on faisoit à leurs recors & tesmoings, ordôna des le moys de Iuillet dudict an mil cinq cens xxxj. que les grands iours de Poitou seroyent tenuz en la ville de Poitiers, par aucuns de messieurs de Parlement: elsquels iours de Poitou sont côprins lesdicts païs d'Aniou, Touraine, le Maine, Aulnis, Angoulmois & la Marche, pour punir lesdicts crimes & delicts: & aussi pour vuider les appellations verbales de quatre ou cinq annees, qui estoyêt encores indecises: & fut ordôné qu'ils cômenceroyét le premier iour de Septébre, & fineroyent le dernier iour d'Octobre: & pour mettre à execution leurs Arrests côtre les criminels, enuoya auec eulx le Seigneur de Chandiou, grand Preuost des Mareschaux, accópaigné de trois ou quatre cens hommes, & fut ladicte Ordônance publiee au moys d'Aoust ensuyuât en la court de Parlemét à Paris: laquelle fut mise à execution. Le xxij. iour dudict moys de Septembre, ainsi que madame la mere du Roy de Frâce, malade d'vne longue maladie, qui des long temps la tenoit, s'en alloit de Fôtainebleau, ou il y auoit grand dâger de peste, à Remorentin, pour muer d'aer, trespassa en vn village, nommé Gres en Gastinois: & fut son corps mené

Ioustes à Paris.

Mil ccccc.xxxj.

Guerres contre les Turcs.

Les grâds iours en Poitou.

Trespas de Madame mere du Roy.

mené à Paris, & de Paris à sainct Denis en France, ou elle a esté inhumee, pres des Roys de France. Ce fut vne bonne, prudente & sage Dame, & qui par sa prudente conduicte (Dieu luy tenant la main) preserua le royaume de France de plusieurs partialitez, mutineries & pragueries, dont on se doubtoit, durant que le Roy fut prisonnier en Italie, & en Espaigne. Dieu par sa saincte grace vueille auoir son ame.

L'an mil cinq cens xxxij. fut abatue la fausse porte S. Honoré. Audict an fut par l'Ordonnāce du Roy, & messieurs les Generaux, & de la Iustice, faicte vne Ordonnāce sur les pieces d'or & d'argent, tant de France, que des autres païs & contrees, à l'occasion que plusieurs marchās, gens de finance, & autres de diuers estats & qualitez, par leur auarice, volonté desordonnee, & proffit particulier, vouloyēt exceder le pris raisonnable: lesquels, faisans encores pis, ont rōgné lesdictes mōnoyes, & diminué de leur pris, bōté & valeur. Et oultre ont trāsporté des païs, terres & Seigneuries du Roy les bonnes monnoyes & matieres de billon, d'or & d'argent. Veu & consideré lesquelles choses a esté mis pris raisonnable sur lesdictes monnoyes, tant d'or que d'argent, au grand soulagement du commun peuple, & de ce baillees & donnees lettres patētes de par le Roy nostre Sire, donnees à Nantouillet, le cinquième iour de Mars : & oultre la dessusdicte Ordonnance, a esté veu & regardé à plusieurs pieces, tant de Flādres, du Liege, de Sauoye, de Lorraine, de Mets, d'Escosse, d'Angleterre, qu'autres: laquelle Ordōnance fut dernierement donnee à Commercy, le vingtième iour de Mars, l'an mil cinq cens trentedeux.

L'an mil cinq cens xxxij.

Mutation des monnoyes.

Au moys de May mil cinq cens xxxij. le Roy, la Royne, & messeigneurs les enfans allerēt en Bretaigne, & visita le Roy les pricipales villes, & la pluspart dudict païs, & y fut iusqs au moys d'Aoust ensuyuant, pendant lequel temps la Royne fit son entree en la ville & cité de Nantes.

Le Roy visita ses pais de Bretaigne.

Au moys d'Octobre ensuyuant, lesdicts Roys de France & d'Angleterre se veirent à Boulongne sur la mer, ou ils confermerent leurs alliances: & fut le Roy de France à Calais, accompaigné de messieurs les Dauphin, Ducs d'Orleans, & d'Angoulesme, ses enfans.

L'an mil cinq cens trente trois ensuyuant, au temps d'esté, le Roy alla visiter ses païs & Seigneuries de Languedoc, & fit son entree triumphante dedans la ville & cité de Toulouse : & luy estant à Mompellier, entreprint par Ambassades parlementer auec nostre sainct pere le Pape Clement, en la ville de Marseille, au moys d'Octobre ensuyuant, ou ledict pape Clement arriua : en laquelle venue & assemblee fut traicté & faict le mariage de monseigneur le Duc d'Orleans, second enfant du Roy de France, auec madame la Comtesse de Boulongne, niepce dudict pape Clement: & feirent plusieurs bonnes deliberations, pour remedier aux scismes & heresies, lors & des long temps au parauant aduenues des Allemagnes, & dont y auoit ia quelque commencement en la ville de Paris, le tout par le moyen d'vn Concile qui se deuoit faire par ledict Pape, bien tost apres. Le Roy, desirant singulierement la conseruation & defence du royaume, fit dresser & mettre sus vne force de gens de pied par les prouinces d'iceluy, en forme de Legions, pour d'icelles forces se seruir & aider, ainsi que l'affaire le requerroit: dont il fit certaines Ordonnances, luy estant à sainct Germain en Laye, au moys de Iuillet mil cinq cens trente quatre: c'est assauoir es païs & Duché de Normandie vne Legion, au païs & Duché de Bretaigne vne Legion, es païs de Picardie vne autre Legion, au païs & Duché de Bourgongne, Comté de Champaigne & Niuernois vne autre Legion, & au païs du Dauphiné, Prouēce, Lionnois & Auuergne vne autre Legion, & au païs de Languedoc vne autre Legion : qui sont sept Legions: & qu'en chacune Legion y auroit six mil hommes de pied qui se leueroyent esdicts païs & prouinces dudict royaume.

L'an mil cinq cens xxxiii.

Le Roy & le pape Clement traictèrent ensemble, à Marseille, le mariage de monsieur d'Orlean, & de la fille du Duc d'Vrbin.

Creation des Legionnaires en France.

Au movs de Septembre ensuyuant, mil cinq cens trente quatre, le Comte de Nansau, & le Prince d'Orenge, son fils, passa par le royaume de France, venant des Espaignes, & retournant en sa maison en Flandres. On disoit qu'il auoit charge de par l'Empereur de traicter le mariage de monseigneur le Dauphin auecques la fille dudict Empereur, & de son fils auec vne des filles de France. Le pape Clement, septiéme de ce nom, alla de vie à trespas à Romme le cinquième iour de Septembre dudict an mil cinq cens trente quatre : & apres son deces fut esleu Pape au conclaue de Romme, vn notable & venerable Cardinal, Rommain, nommé de Frenesis, qui fut nommé Paul, tiers de ce nom. Vers la fin de ladicte annee, l'armee du Turc fut deffaicte en Perse par les gens du Sophy, Roy dudict païs. Le Turc perdit à ceste deffaicte seize mille cheuaux, trente mille hommes de pied, dixhuict mille chameaux, & autre bagage, cent cinquante grands cheuaux, menez en main, auecques leurs accoustremens (qui estoyent les cheuaux du Turc) & quatre vingts pieces d'Artillerie, tant grosses que menues: & de ceulx du Roy de Perse furent tant de mors que defaillans vingt mil, ou enuiron.

L'an mil cinq cens xxxiiij.

Trespas du pape Clement 7. lequel on disoit estre époisonné.

Paul 3. du nom cree Pape.

Au moys de Nouembre ensuyuant, le Roy estant à Chastellerault, y arriua vne Ambassade du Turc Soliman, pour demander alliance, lesquels furent enuoyez à Paris, ou ils furent par quelque espace de temps moult bien festoyez.

Z ij

LES CHRONIQVES ET ANNALES DE FRANCE.

Des placards affichez par les places de Paris: & de la procession, ou le Roy assista en personne, à ceste cause.

N ce temps, & l'an mil cinq cens xxxiiij. ainsi que l'ennemy gaigne les cœurs des mauuais incredules, & alienez de la saincte Foy, & s'en fait maistre, incita vn tas de malheureux siens seruiteurs, de contemner par blasphemes le Diuin & sainct Sacremét de l'autel. Car le Dimenche xviij. iour d'Octobre, audict an mil cinq cés xxxiiij. meirent & afficherent par les carrefours, & lieux apparens de la ville de Paris, certains papiers & libelles pleins d'execrables & damnez argumens & propos, ausquels pendoyent aucuns petis liurets, confirmatifs des pernicieuses heresies, declairez ausdicts placards & affichés: qui estoyent (comme dict est) au scandalle & grosse irreuerence dudict sainct celeste Sacrement: lesquels peruers & damnables supposts de Satan, par la permission de celuy que si griefuement ils auoyent irrité & offensé, & auec la bonne ordonnance de la court de Parlement, & grand' diligence de maistre Iehan Morin, Lieutenant Criminel, furent accusez, emprisonnez, interrogues: & apres auoir confessé le malheureux cas susdict, condamnez au feu, & la pluspart des coulpables executez, plus par diuin iugement, qu'autrement. Le Roy estát en la ville de Blois & aux enuirós, mesmes toute sa court ne fut exempte de telles scandaleuses heresies: car les dessusdicts, ayans entre eulx diaboliques intelligéces, & espars en diuers lieux, attacherent tels & semblables libelles heretiques, iusques aux portes de la chábre du Treschrestien Roy: qui n'en porta pas moins de fascherie que fait en son cœur celuy qui veoit desprifer & mettre à improperer la chose si digne qu'il doit & veult aymer, seruir & honnorer, & craindre: parquoy manda par tout le royaume s'enquerir & informer des malfaicteurs en diligence, & d'iceulx faire bonne, briefue, & exemplaire iustice. De Blois le Roy vint à Paris, en son chasteau du Louure, ou le xiij. iour de Ianuier, audict an, & sur le matin, furent trouuez, & par la ville, liures infames reiteratifs des blasphemes & heresies susdicts, qui reforca au vertueux Roy le dueil & tristesse au parauant conceus, engendrant à luy vn desir affectueux de future vengeance, contre les ennemis de Dieu: parquoy au xxix. iour dudict moys fit publier en la ville de Paris vne Procession generale, pour pacifier l'ire de nostre Seigneur, qui au moyé des choses susdictes, à luy desplaisantes, pouuoit estre offensé & irrité. A laquelle Procession solennelle le Roy en humilité & grand' deuotion, nue teste, à pied, & vne torche ardente en main,

L'ordre tenue à la procéssió notable, à Paris, en laquelle le Roy asista, les Princes, seigneurs, et tous les estats de la ville.

assista, & la Royne, messieurs les enfans de France, & les Princes du sang royal. Et par ce q chose si excellente, & non iamais veue au monde, en la grand' reuerence & dignité qu'elle fust accomplie, merite bien d'estre mise & couchee par escrit, affin que le temps gourmand, qui toutes choses, tant soyent elles de grand' merueille, consomme, preterit, & met en cest abisme d'oubliáce, n'ait le pouuoir de l'adnuller & effacer, nous la redigerons par escrit: parquoy retournant à nostre propos, ledict iour xxix. de Ianuier dudict an, sur l'heure de neuf heures, que les rues de Paris furét tendues de tapisseries, toutes les croix, bannieres & sainctes reliques des paroisses de ladicte ville, qui s'estoyent des le matin assemblees en l'eglise S. Germain de l'Auxerrois, partirét ladicte eglise, pour aller à la grád' eglise nostre Dame, & tenoyét toutes telle ordre que les gens & Archers de ladicte ville, à ce deputez, leur ordonnoyét. Marchoyét apres les quatre ordres Mendiás, la plufpart d'iceulx en chappes, portans reliques en deuotion. Suyuoyét iceulx les Prestres & chanoines des eglises parochiales & collegialles de ladicte ville (en ordre cóme dessus) portás les chasses sainct Landry, sainct Merry, sainct Honoré, saincte Oportune, S. Benoist, & autres corps saincts. Les religieux des monasteres de sainct Germain des Prez, à la main dextre portoyent le corps sainct Germain: & ceulx de sainct Martin des Champs, à l'ordre de Clugny, d'autre part portoyent le chef sainct Martin, & le corps sainct Paxent. apres, ceulx de sainct Magloire le corps sainct Magloire: & ceulx de sainct Eloy le corps saincte Aure: & ainsi les autres suyuans. Furent portez ausi par seize Bourgeois de ladicte ville le chef sainct

Deuotió moult louable.

Philippe, le tableau sainct Sebastien, les chasses sainct Marceau, & saincte Geneuiesue, en la maniere accoustumee, les religieux de saincte Geneuiesue & sainct Victor nuds pieds y assistans. Venoyent apres en bon ordre les Chanoines de ladicte eglise nostre Dame, à main dextre, & le Recteur de l'Vniuersité auec sa suyte à main senestre, tenant chacun vn cierge de cirevierge, ardant en leurs mains. Suyuoyent iceulx les Suisses de la garde du Roy, auec leur fiffres & tabourins. On veit apres les haulxbois, violons, trompettes & cornets d'iceluy Seigneur, iouans de leurs instrumens en grand' melodie, ioignans lesquels marchoyent les chantres de la Chapelle dudict Seigneur, & ceulx de la saincte Chapelle du Palais ensemble, chantans deuots motets, & Cantiques dudict sainct Sacrement. Apres marchoyent les Roys & Heraulx d'armes dudict Seigneur, vestus de leurs cottes d'armes, & iceulx suyuoyent dix

Prestres

DV ROY FRANCOIS, PREMIER DV NOM. Fueil.cxxxv.

Prestres reuestus, & teste nue, portans le chef S. Louis. Estoyent aussi portez en grand' reuerence la saincte vraye Croix de Iesus Christ, son Chapeau d'espines, & le fer de la Lance, dont son precieux costé fut percé, qui par leur grand' excellence & singularité n'auoyent esté transportez depuis qu'ils y furent mis par monseigneur sainct Louis. Suyuoyent lesdictes reliques, sans aucune distance, grand nombre d'Archeuesques & Euesques deux à deux, chappez & mitrez, portans reliques de grand' preciosité, & en grad' reuerence & deuotion, qui puis ledict temps n'auoyent esté descendues, auec autres sacrees reliques d'icelle saincte Chapelle. Apres estoyent au deuant du corpus Domini, & ioignant lesdicts Archeuesques & Euesques, messeigneurs les Cardinaux de Tournon, le Veneur & Chastillon, faisans le parfaict dudict clergé: & les dessusdicts passez, estoit auec vn peu de distance, le vray & precieux Corps de nostre Sauueur & Redempteur Iesus Christ, que portoit monseigneur l'Euesque de Paris, en grand' reuerence, & nue teste, assisté de ses Archediacres, soubs vn poisle de velours cramoisy violet, semé de fleurs de lys d'or, à quatre bastons de mesme, soustenuz & portez par monseigneur le Dauphin, messeigneurs d'Orleans & d'Angoulesme, ses freres, auec monseigneur de Vendosme, nuds testes, & en grand' deuotion. Aux deux costez du Sacrement estoyent les bendes des deux cens Gentilshommes de la maison dudict Seigneur, auec torches allumees. Incontinent apres ledict sainct Sacrement marchoit le Roy seul, tenãt vne torche de cire vierge en sa main, teste nue, en reuerence non petite, & le costoyoit vn peu plus bas monseigneur le Cardinal de Lorraine: & aux costez dudict Seigneur estoyent en ordre vingtquatre Archers, gardes de son corps, vestus de leurs hoquetons blancs argentez, tenans semblablement chacun vne torche ardente: & apres ledict Seigneur marchoyent, le milieu de la rue, grand nombre de Princes, & Cheualiers de son Ordre, tenans comme iceluy Seigneur chacun vne torche allumee en leur main, en la reuerence que dessus. A costé d'eulx marchoyent messieurs de la court de Parlement, les Maistres des requestes, Conseillers de ladicte Court, deux à deux, Mesieurs des Comptes, Generaux de la Iustice des monnoyes, tous Messieurs de ladicte Court, vestuz d'escarlate rouge, & les autres de satin, velours & drap noir: & par le milieu de la rue marchoyent les Princes & Cheualiers de l'Ordre dessusdicte, les Gentilshommes de la chambre dudict Seigneur, & en general toute la maison du Roy, chacun en leur main vne torche allumee, & teste nue, mesieurs les Preuost de Paris & des Marchans, & Escheuins de ladicte ville auec leur suyte, & en general les quatre cens Archers de la garde dudict Seigneur, vestus de leurs hoquetons argentez, conduicts par leurs Capitaines : & le long des rues estoyent les Archers de ladicte ville, pour donner ordre à ce qu'en telle multitude confusion ne se meslast. En ce magnifique ordre fut conduict le sainct Sacrement iusques en ladicte eglise nostre Dame, ou monsieur l'Euesque de Paris celebra en grand' solennité la Messe du sainct Sacrement: & apres icelle dicte, le Roy, messieurs ses enfans, la Royne, Dames, & plusieurs grãds notables personnages du noble sang Royal, disnerent au logis dudict Seigneur, Euesque de Paris, ou apres disner fit le Roy en sa presence venir les Estats de la ville : c'est assauoir ledict Seigneur, Euesque de Paris, auec les plus apparens de son clergé, le Recteur de l'Vniuersité, & les plus notables Docteurs & supposts d'icelle, le Preuost des Marchans de ladicte ville & les Escheuins, auec grand nombre des principaulx Officiers & Marchans de ladicte ville: & luy seant en chaire, en lieu bien à propos, pour estre veu & ouy de toute la compaignie, & ayant autour de soy Messeigneurs ses enfans, & autres Princes & Seigneurs de son sang, Messeigneurs les Cardinaux, Messeigneurs de son Conseil estroict, & auec eulx les Presidens de la Court, puis aussi Messeigneurs les Ambassadeurs de l'Empereur, du Roy d'Angleterre, de la Seigneurie de Venise, & d'autres Princes, Seigneuries & villes, & plusieurs Princes, Ducs, Marquis, Comtes, & Barons estrangers, il fit vne remonstrance publique & particuliere ausdicts Estats, en si grand' affection & vehemence de noble zele, garnie de si excellentes & haultes raisons qu'il en y auoit peu en toute la compaignie à qui il ne tirast les larmes hors des yeulx. Et pour conclusion leur fit requeste oultre les precedentes, que tous vniuersellement & chacun à part & endroict soy eust à denommer tous ceulx qu'ils congnoistroyent estre adherens & complices de ces blasphemes, sans nul esgard d'alliance, lignage ou amytié (iusques à ce que quand à luy, si son bras estoit infect de telle pourriture, il le vouldroit separer de son corps) mais qu'ils eussent deuant leurs yeulx, que c'est grand' meschanceté d'accuser vn personnage à tort. Et en fin tomba ledict Seigneur en si amyables doulceurs en son oraison, que tous les assistés plus qu'esmerueillez de telle prudence royalle, apres auoir humblement respondu & remercié de la bõne amour qu'il pourroit à la Foy & à toute sa ville, s'en retournerẽt chacun en sa chacune, fors côtés de leur Prince: duquel nostre Seigneur vueille auoir l'ame. Et le iour mesmes furent executez en ladicte ville de Paris, apres auoir fait amende honnorable deuãt l'eglise nostre Dame, six heretiques conuaincuz d'auoir esté coulpables desdicts placards & heresies.

La saincte Croix, le Chapeau d'espines, le fer de nostre Seigneur furent ce iour portez à la procession.

Remonstrance du Treschrestiẽ Roy de France à messieurs les Prices et Estats de son royaume le iour de la procession.

Z iij

LES CHRONIQVES ET ANNALES DE FRANCE.

Le Capitaine Ionas decapité à Paris, et mis en quartiers.

Le Lundy premier iour de Mars audict an, le Capitaine Ionas, qui au parauant auoit esté longuement prisonnier à la Bastille, pour raison de crime de leze maiesté, fut decapité aux halles de Paris, & son corps mis en quatre quartiers, & sa teste enuoyee sur le haure de la ville de Marseilles. L'an mil cinq cens trente cinq la fause porte S. Denis, autrement dicte la porte au Painctre, fut abatue, & consecutiuement toutes les autres fauses portes de la ville de Paris.

Pluye en France par long temps

Audict an cinq cens trente cinq, le neufiéme iour de Iuillet, tresreuerend pere en Dieu Anthoine du Prat, Archeuesque de Sens, Chancelier & Legat de France, trespassa en son chasteau de Nantouillet, & fut enterré à Sens. En ceste annee par tout le royaume de France y pleut si continuellement & sans cesser, que les bleds estoyent tous couchez & renuersez, tous pleins d'herbes sans pouuoir meurir: parquoy par l'ordonnance de la court de Parlement, à Paris, la chasse de madame saincte Geneuiefue fut descedue, & portee en procession generale par ladicte ville, en la maniere accoustumee, pour & affin qu'elle fist priere à nostre seigneur Iesus Christ pour conseruer les fruicts & biens qui estoyét en la terre: parquoy ne pleut de lōgs iours apres.

La prinse de la Goulette par l'Empereur.

L'Empereur, qui longuement auoit tenu le siege deuant la ville de Thunis, à l'encontre de Barberousse & son armee, au moys de Iuillet, par l'astuce du Marquis de Gast, & d'Andre Dorie, print & gaigna la Goulette, defence principale de ladicte ville de Thunis, ou furét mors & prins de trois à quatre mille Turcs, & quatre cés Chrestiés renyez: & dedās le port de ladicte Goulette furent prins cent sept voilles, tant galleres, gallions, que fustes, & vn grand nombre de Cheualiers, qui tous estoyent à la garde de Thunis: & depuis ladicte Goulette prinse, ladicte armee de l'Empereur print & gaigna ladicte ville de Thunis, & en chacea ledict Barberousse & Turcs infideles. Delaquelle victoire aduerty nostre sainct pere le Pape, pour en rendre graces au Dieu, duquel toutes victoires procedent, & sont en son pouuoir, ordonna vn an Iubilé par toute Chrestienté, pour le secours & tuition d'icelle: qui fut celebré au moys d'Aoust audict an, en grand' reuerence & deuotion. En ce temps, au moyen que plusieurs personnes, soy sentans suspects d'heresie, & choses dessusdictes, s'en estoyent fuys & absentez du royaume de France, par pardon & remission du Pape, cōfermé par le Roy Treschrestien, furent rapelez & reduicts à leur premiere fame, bruit, renōmee & biés, tous lesdicts fugitifs, exceptez les malheureux qui auoyét mal parlé du S. Sacrement de l'autel. Par ce que par les chāps & es villes de ce royaumē y auoit grand nombre de vacabonds, meurtriers, brigans & voleurs, qui faisoyent & commettoyent innumerables maulx, homicides, destrousses & pilleries sur les Marchans, & autres passans, fut faicte en ce temps vne Ordonnance de par le Roy & sa court de Parlemēt, par mandement de lettres patentes dudict Seigneur, contre lesdicts volleurs, vacabōds & guetteurs de chemins, que ceulx qui seroyent tels, conuaincus, seroyent brisez & rompus bras & iābes, puis mis sur vne roue pour acheuer en telle peine & tourment ce peu de vie qui leur resteroit: qui toutesfois ne destourna point les mauuais vouloirs des obstinez, veu les grands exces qui iournellement s'oyoyent rapporter de telle maniere de gens.

Le Iubilé par toute la Chrestienté.

Ordonnance de la roue, contre les volleurs, et guetteurs de chemins.

Du commencement des guerres de Piemont: & de Sauoye, & d'autres matieres.

Les mōstres de Legiōnaires en diuerses Prouinces.

LE Roy, enuiron ce temps, s'en alla en Normandie & Picardie, pour veoir faire les monstres des Legionnaires desdictes prouinces & païs: & de là se transporta en Champaigne pour aufsi semblable occasion: & puis en fin seiourna longuement en sa bonne ville de Dyion. Peu de temps apres le Roy s'en alla à Lion, pour donner ordre à l'armee qu'il entendoit enuoyer en Italie, ou il fit durant l'yuer grandes preparations de guerre, manda par tout le royaume ses bendes, compaignies, garnisons, Legiōnaires, & Artillerie (mesmes de Paris) qui en partit enuiron la my Ianuier, & fit marcher l'Auantgarde soubs la conduicte de monseigneur l'Admiral son Lieutenant general, deliberé de suyure, si la necessité le requeroit, & conduire la bataille. Ladicte armee en bon poinct, & passant par le païs de Bresse & la Duché de Sauoye, contraignit la plus part des bonnes villes de ladicte Bresse & dudict Duché à soy rendre à l'obeissance du Roy Treschrestien.

L'Empereur fit son entree dedans la ville de Rōmme. L'an mil cinq xxxvi.

Le dixiéme du moys d'Auril, l'an mil cinq cens trente cinq, auant Pasques, entra l'Empereur à Romme en gros triumphe & acclamation d'vn chacun, accompaigné de gros nombre de Gentilshommes Neapolitains, des païs des enuirons, des hommes d'armes & hommes de pied, auec grosse quantité de nombre d'Artillerie. Au moys d'Aoust mil cinq cens trente six, mourut à Tournon, au païs de Prouence, le Dauphin de France, nōmé Francois, aagé de vingt ans, ou enuiron, duquel fut grosse perte audict païs de France, Dieu face pardon à son ame. Audict an trespassa aussi à Lion le Duc d'Albanie.

Le siege de Peronne.

Audict an & moys d'Aoust fut mis le siege deuant la ville de Peronne, par le Cōte de Nāsau,

accom-

accompaigné des Bourguignons, Alemãs, Flamens, & Haynuyers: lesquels y donnerẽt maints assaulx: mais ce nonobstant fut ladicte ville, à l'aide de nostre seigneur Iesus Christ, vaillamment defendue par monseigneur le Mareschal de la Marche, monseigneur le Comte de Dampmartin, & plusieurs Seigneurs, Capitaines, & autres gens de guerre estans dedãs ladicte ville de Peronne: & apres que ledict Comte de Nansau, & les Bourguignons, eurent esté deuant ladicte ville l'espace de deux moys, ou enuiron, se departirent honteusement auec grosse perte de leurs gens, & sans y riens conquester. Le preux & tresvaillant Comte de Dampmartin mourut en ce lieu, dont le dommage fut moult grand: car il estoit de grand' conducte, & es faicts d'armes moult constant. Il fut trouué mort & tout froissé soubs la muraille d'vne mine, ou contremine, qu'il alloit veoir, pour y pouruoir & resister aux aduersaires. Le mesme iour que fut leué le siege de Peronne, l'Empereur se partit de Prouence, où il auoit parqué son Camp, pres celuy du Roy, qui auoit garny le sien de viures, & de toutes choses qui à la guerre sont decentes, le mieulx qu'on veit iamais: & si on s'enquiert de si soubdain depart, ce fut à raison que la mort se meit en son armee, la faim pareillemẽt, & tresgrand' necessité de maintes choses qui y estoyẽt necessaires: & que ses gens pareillement estoyent faschez & ennuyez du grand labeur & des armes, & de la continuation du long temps, ausquels affaires moult auoyent enduré de mal. Et quand est du tresnoble Roy, il monstra en celle expedition sa grand' constance, prudẽce & vertu: car il vainquit, sans coup ferir, son ennemy & aduersaire. qui est vne chose moult à priser, à raison qu'vn bon & vertueux Prince ne doit le sang effus de ses Cheualiers appeter. L'Empereur, ce considerant, & voyant ne proffiter son desir, s'en retourna en son païs d'Espaigne. En celuy temps le Comte Guy de Rangon, Lieutenant pour le Roy en Picmont, print Sauillan, & bien defendit la ville de Quiers côtre le Marquis de Gast, & l'autre Marquis de Saluces, qui le party du Roy de France, sans nulle occasion, comme le commun bruit estoit, auoit laschemẽt delaissé. Le Samedy, qui fut le septiéme iour d'Octobre, le Comte Sebastiano, iceluy meschãt traihistre, qui fainctement auoit empoisonné monseigneur le Dauphin de France, premier fils du Roy, & nommé comme luy Francois, fut par l'Arrest du grand Conseil, tiré tout vif à quatre cheuaux dedans Lion.

La mort du Cõte de Dãpmartĩ dedãs Peronne.

La fuyte de l'Empereur, du païs de Languedoc.

Le sixiéme iour de Nouembre fut publiquement crié à Paris, par l'ordonnance du Roy, que tous Marchans durant les guerres pourroyent loysiblement trafiquer auec les estrangers, tant en son royaume qu'ailleurs. Enuiron ce tẽps partit le Roy de la Prouence, & de la ville de Liõ, & par Berry vint en Poitou. Il fut enuiron vn moys ou trois sepmaines à Chastellerault, pource que c'est vn lieu moult delectable, plaisant, & requis à la chace, des Princes qui ayment l'esbat des boys & forests. Là estoit auec le ieune Roy d'Escosse, Iaques nommé, auquel il fit grãd' chere: & puis s'en vint à Paris, en passant par Blois, & autres lieux, menant auec luy ledict Roy d'Escosse. Le Roy logea en la maison de monsieur de Paris, & fut au iour de Samedy. Ledict Roy d'Escosse fit son entree à Paris, cité principale de Frãce (qui fut au Dimẽche, dernier iour de l'an) accompaigné de plusieurs Princes, Nobles, & Gentilshommes: & y estoit monseigneur le Dauphin present, luy faisant grand honneur. Ledict Roy Escossois partit des Tournelles, & vint par dessus le pont nostre Dame, ou estoyent aucuns beaux theatres enleuez, lesquels contenoyent les armoyries de France, de la Royne, de monsieur le Dauphin & dudict Roy d'Escosse, qui vint à nostre Dame de Paris, Eglise maieur. Ledict Roy descẽdit à pied, & entra dedans ladicte Eglise, pour rendre louenges & mercys à Dieu le createur, & à sa glorieuse Mere, de l'honneur qu'il auoit ainsi tresmagnifiquement receu du Roy, de toute sa Seigneurie, & totalement du peuple de Paris. Les rues par lesquelles il passa, furent tendues de tapisseries moult riches. Apres qu'il eut rendu graces à Dieu, luy sorty de l'eglise remonta a cheual, & le roy l'attendoit au logis de Clugny, pres les Mathurins, & là descendit, souppa & coucha. Au lendemain, qui fut le premier iour de l'an, furent celebrees les nopces, & espousée ledict Roy d'Escosse à madame Magdaleine, fille du Roy de France, en moult grand' pompe, triomphe & honneur. Le Roy amena sa fille par dessoubs le bras, marchant sur vn long theatre, erigé & dressé hault assez, affin d'euiter la foulle du peuple. Apres la messe dicte, le disner fut faict en la grãd' Salle de monsieur de Paris, ou les Docteurs de l'vniuersité prennent le bonnet doctoral. qui ne fut pas sans ieux & esbats, danses & telles choses. Puis fut faict le soupper au Palais en tresgrãd' solennité: car la grand' salle estoit toute tendue richement, & en grand' magnificence: & depuis furent faictes les ioustes au chasteau du Louure, esquelles se porta vaillammẽt ledict Roy. Le huictiéme iour de Ianuier audict an fut tué Alexandre de Medicis, Duc de Florence, par Laurens de Medicis, son cousin. Cestuy Alexandre tenoit le party de l'Empereur, duquel il auoit espousé la fille bastarde, & tenoit à force la Duché de Florence.

L'entree du Roy d'Escosse à Paris.

La solẽnité des nopces du Roy d'Escosse & de madame Magdaleine, fille du Roy.

Le quinziéme iour dudict moys de Ianuier, le Roy tint son siege & liz de Iustice en son souuerain Palais à Paris, accõpaigné des Roys d'Escosse & de Nauarre, de mõseigneur Henry,

Z iiij

DES CHRONIQVES ET ANNALES DE FRANCE.

Dauphin de France, son aisné fils, Duc d'Orleans parauant, & autres Princes & Prelats: auquel lieu la court de Parlement estant assise, mósieur Cappel, du Seigneur Aduocat, au nom de Procureur general, demanda luy estre adiugees les Comtez de Flandres, Artois & Charrolois: & fut ordonné que l'Empereur seroit adiourné es limites de France, pour aux conclusions respódre de l'Aduocat du Roy, & luy enuoyer dire les causes de retention. ce qui fut faict selõ droict & raison. Au moys de Mars en l'an mil cinq cens trente sept, deuant Pasques, le Roy s'en alla en Picardie, & meit son siege deuant Hedin, petite ville: mais le chasteau y est fort & puissant. Ladicte ville fut prinse d'assault, & se rendit au Roy: lequel meit apres son siege deuant le chasteau, qui fut à auoir difficile: toutesfois ses gens y entrerent par force & composition, & n'y eut pas grand meurtre à celle prinse, qui fut au moys d'Auril, mil cinq cens trente sept, auant Pasques. Le Roy le fit fortifier amplement de murs, & autres choses necessaires, & y meit & constitua tresbonnes & fortes garnisons. I'auois oublié à dire comme le Seigneur d'Auscy, Capitaine dudict Hedin, fut là occis. En celuy mesme temps le Roy fit bastir & renforcer la ville de sainct Paul, si qu'elle fust mieulx asseuree des aduersaires, qui y pouuoyét facilement aller, & tout autour le païs degaster. Apres ces choses le Roy, ayant fait tout ce que faire vouloit, & plus asseuréement ordonné son païs de Picardie qu'il n'estoit au parauant, meit bonnes garnisons par tout, & se retira, faisant rompre son camp: dont chacun fut fort esbahy, pour autant qu'en consyderant l'armee qu'il auoit, il eust bien peu, & facilement prendre toutes les villes du païs d'Artois, mais on ne peut pas si tost scauoir & congnoistre la raison, qui si tost le fit cesser, & son armee retirer. Huict iours, ou enuiron apres, en France vindrēt les nouuelles que le ieune prince Iaques, Roy d'Escosse, duquel nous auons parauant parlé, estoit passé la mer, & arriué en son royaume d'Escosse auec la Royne, son espouse, maulgré aucuns contredisans & aduersaires, le cuidant en son chemin empescher: mais au plaisir de Dieu, & aide qu'il auoit du Roy, il passa oultre tous dangers: & y furent, selon le bruit qui en fut, trois ou quatre nauires enfoncees dedans la mer, & sept ou huict rauies. Il fut receu à grand' ioye & liesse, & ne fault doubter qu'on n'ait fait belles & pompeuses entrees à la Royne, sa femme, veue l'origine dont elle estoit extraicte. En cest an mesmement, vn peu deuant Noel, mósieur de Florenges, dict autremēt le Seigneur de la Marche, mourut & trespassa à Longiumeau. qui porta grand dommage en France, à cause des proesses qui en luy estoyent, mesmement de la grand' conduicte & proesse par luy faicte dernierement à Peronne: duquel vueille Dieu l'ame tenir en son royaume par eternel repos. Son corps fut porté enterrer à Sedan. Le mal l'auoit prins au chemin, ainsi qu'il venoit de Court, ou le Roy luy auoit fait bonne chere, selon qu'il l'auoit tresbien deseruy. Quelque peu de temps apres, comme le Roy estoit en Picardie, fut constitué prisonnier en la Bastille de Paris, le President Gentil, Italien. Es moys de Iuin, Iuillet & Aoust, audict an mil cinq cens trente & sept, apres que le Roy eut rompu son camp, comme nous auons dit, l'armee de l'Empereur vint en Picardie, & brusla Monstrueil & sainct Paul, apres auoir laissé les Francois, qui estoyent dedans, leurs bagues saunes. Les ennemis meirent apres cela le siege deuant Therouenne, qui dura enuiron l'espace d'vn moys: durant lequel temps le Roy leua vn autre second camp de quarante mil hommes, ou enuiron, & l'enuoya en Picardie, estant monseigneur le Dauphin conducteur, que monsieur le grand Maistre mena. Cela voyant les aduersaires, les trēues demanderent leur estre donnees pour dix moys: laquelle chose leur fut accordee: & furent icelles trēues publiees au camp, qui alors fut rompu & leué, & fut vne partie des gens de guerre lors enuoyee au païs d'Italie. Les ennemis leuerent leur siege de deuant Therouenne, durant lequel siege plusieurs gros personnages de France auoyent esté prins. Au moys de Iuillet trespassa & mourut de maladie madame Magdaleine, fille du Roy de France, & Royne d'Escosse, à Lislebourg, ville dudict païs Escossois. qui fut vn grand dommage: car elle eust esté tresbonne Princesse, selon les premieres apparences, & móstres de vertu qui en elle moult singulieremét paroissoyent: & en fut le Roy fort desplaisant & marry, pour la bonne alliance ia des long temps commencee entre France & Escosse, par les Roys d'vn & autre royaume, qui par elle (comme l'on peut bien croyre) a tousiours eust esté perpetuelle, & encores sera elle s'il plaist à Dieu, & soit son bon vouloir: car chacun scait quels ont esté les Escossois vers ceulx de France. certes fideles & loyaux, & de tresbon secours, si besoing en eust esté: & ne treuue on point par escrit, ou memoire, que iamais ils feissent trahison encontre les Francois: mais comme de pure & entiere amitié munis & aornez ont tousiours esté voysins & amiables.

Au moys d'Aoust, audict an, fut prinse la ville de Quiers par les Espaignols, en Piemont, sur les Francois, & tuerent les habitans, pour la faueur desdicts Fráçois. En Septembre dudict an mesmemēt, le Roy enuoya son armee vers Italie, soubs la cõduicte de mósieur le Dauphin, pour secourir les villes de Piemót, ou les Fráçois prindrēt d'assault la ville de Suze, ou il y eut enuirõ

quatre

Mil cinq cens xxxvii.
La prinse de la ville de Hedin, & du chasteau par les Fráçois.

Le Roy d'Escossse retourna en son royaume.

Le trespas de monsieur de la Marche, à Lõgiumeau.

La mort de la royne d'Escosse.

Fidelité es Escossois.

quatre mil Espaignols tuez. Noz gens prindrent semblablement le chasteau de Villaine: au moyen dequoy les Espaignols, espouentez, de la riuiere du Pau, se retirerent: & les François, leur entreprinse poursuyuans, prindrent la ville de Moncallier, que les aduersaires abandonnerent. Durant ce temps le Roy s'en alla vers les Itales, & vint en son camp: & lors pour trois ans furent les treues faictes & accordees. En celuy temps aussi furent faictes maintes processions generalles par la Court, Messieurs de la ville, & par le peuple de Paris, pour le bien public, & esperance de la paix. En ces entrefaictes le Roy enuoya le reuerendissime Cardinal de Lorraine, & monsieur le grand Maistre, en la ville de Locace, lez Nice, & là se trouuerent les Ambassadeurs de l'Empereur: c'est assauoir le seigneur de Granduelle, Chancelier d'Espaigne, & le commandeur Cannes, pour traicter de la paix. ce qu'ils ne peurent faire, mais feirent seulement la prorogation & alongement des treues iusques au moys de Iuin ensuyuant. Le pape Paul enuoya aussi deux Cardinaux, de Carpy, & de Iacobassy, l'vn vers l'Empereur, & l'autre vers le Roy, pour vouloir à la paix entendre: & par eulx fut conclud de parlement à Nice.

La prinse de la ville de Moncallier.

En Feurier audict an ensuyuant monsieur de Montmorency fut par le Roy creé & establyConnestable: & les Seigneurs de Monteian & d'Annebault furent faicts grands Mareschaux de France.

Le dixseptiéme iour dudict moys fut faict vn combat, appelé Duelle (qui est quand deux seulement combatent l'vn contre l'autre à oultrance) & ce par l'ordonnance du Roy, en la ville de Molins. ce combat fut entre les Seigneurs de Veniez & Sraray: ou le Roy estoit present: & estoit deux iugez esgaux, & louez du Roy, & furent mis hors du Camp. Ledict seigneur de Veniez trespassa quinze iours apres.

De l'assemblee de Nice, ou furent accordees treues pour dix ans entre le Roy & l'Empereur, par le moyen du Pape.

L'An mil cinq cens trente & huict, au moys de May, selon la deliberation deuant faicte, le Pape vint à Nice, l'Empereur à Villefranche, & le Roy à Villeneufue, au bout de Prouence. Le Roy & l'Empereur, l'vn estant absent, & l'autre seul à seul, & par diuers iours parlerent au Pape: lequel, voyant que les moyens de paix estoyet difficiles, si bien proceda qu'il fit treues entre les deux Princes iusques à dix ans. Ces treues furent publiees audict Nice, le dixhuictiéme iour de Iuin. Le Pape s'embarqua deux iours apres dedans les galeres du Roy, pour faire son retour à Romme, & le conduist l'Empereur iusques à Gennes, & manda au Roy qu'il vouloit parler à luy. ce qu'il fit à Aiguemortes en Prouëce: ou l'Empereur se trouua le quinziéme iour de Iuillet, ou il fut magnifiquemēt par le Roy recueilly. Ledict seigneur Imperial se departit du Roy, apres auoir esté deux iours en bonne amitié d'iceluy Seigneur. qui fut, ou deuoit estre vn grād & bon moyen de paix & concorde: & pour cela furent faicts les grands feux de ioye à Paris le vingtcinquiéme iour de Iuillet. Le dixneufiéme iour dudict moys de Iuillet, en l'an mesme, tomba & cheut la fouldre & tonnerre sus la tour de Billy, derriere les Celestins à Paris: en laquelle tour estoyent les pouldres à canon: au moyen dequoy fut ladicte tour renuersee iusques à terre, & les pieces iettees à vn quart de lieue loing, & le Bouleuert fort endommagé. L'air fut si fort esmeu, par le repoulsement, que les verrieres de sainct Paul, des Celestins, & de sainct Victor, furent quasi toutes rompues & abatues, & les tuilles des maisons prochaines renuersees, & les vergiers destruicts & gastez.

L'an mil v. cens xxxviii.

Le Pape, l'Empereur, & le Roy ensemble à Aiguemortes.

La tour de Billy fouldroyee à Paris.

Enuiron ce temps mourut monseigneur maistre Anthoine du Bourg, Chancelier de France: & en son lieu & estat de Iustice fut mis & constitué monseigneur maistre Guillaume Poyet, parauant President en la court de Parlement à Paris. Quand il eut esté quelque temps ordonné Chancelier, il disposa de l'affaire de la Iustice du Roy: & furent soubs sa conduicte nouuelles Ordonnances faictes & establies touchant les abbreuiations des proces. qui est vne tresbonne chose: car en longs litiges & procedures souuent est le temps en vain perdu & consommé, & maint argent à tort soubdainemēt despendu, & y sont faictes maintes traffiques, fraudes, barats, & deceptions inuentees contre l'honneur de Dieu, proffit de la communité & prosperité de ceulx ensemblément discordans par proces & tels litiges. Le Philosophe dit, que ce qui est tost faict, est le meilleur, & conforme plus à vraye Iustice: & pourtant cecy a esté tresbien faict, & au proffit de la republique, pensé & demené, & n'a peu estre faict, sinon par la diuine motion: car Dieu, qui voit, comme dit le Philosophe, de l'œil de sa prouision, toutes choses futures, n'a voulu plus longuement que son pauure peuple ait esté abusé en longueur de proces, ou plusieurs maulx sont faicts, & maints crimes & pechez inuentez: & encores, qui pis est, plusieurs mettoyent toute leur estudie à inuenter, & cercher nouuelles cauillations, pour la

La mort de l'Empeuriere.

prolongation des causes, quand ils les sentoyent estre douteuses, mauuaises, & venir à mauuaise fin. En l'an mil cinq cens trente neuf, l'Emperiere deceda de ce monde en l'autre, selon l'institution de nature, qui ne pardonne à Roy, n'autre Prince, non plus qu'à la plus pauure creature du monde: car l'Apostre nous dit, qu'il est à tous humains estably & constitué de mourir vne fois.

Seruice fait à nostre Dame de Paris, pour l'ame de l'Emperiere

Quelque bien peu de temps apres sa mort, le Roy, demonstrant qu'il ne vouloit autre chose plus singulierement que le zele & amour de l'Empereur, & reconciliation d'iceluy, fit celebrer vn beau seruice dedans l'eglise nostre Dame de Paris, qui fut merueilleusement solennel, & funerailles deschantees à tresgrands pompes: & auquel seruice estoyét plusieurs Euesques & Abbez, Gentilshommes, & autres y assistans par le commandement du Roy: qui bien demonstroit ne se delecter de la perte de l'Empereur, puis qu'il faisoit prier Dieu pour l'ame de la deffuncte Emperiere, sa femme. Depuis ce temps tousiours a pensé le Roy à la paix, & n'a cessé sans intermission à la persuader auecques l'Empereur, son frere, & si ne fault doubter si maintes Ambassades ont esté de l'vn à l'autre dirigees & enuoyees, pour interposer & admettre ladicte paix entre les nations, leurs royaumes & païs: & ont esté beaucoup de choses pour l'entretien & manutention d'icelle secrettemét traictees: qui est l'œuure de Dieu, selon Lactance, qui ainsi l'appelle, disant, *Pax Dei opus:* & a fait le Roy souuent faire de belles & deuotes processions, pour de plus en plus la bonté de Dieu exciter à pourchacer tous les moyens propices qu'il est possible de trouuer pour auoir cest œuure diuin, qui est la paix, comme i'ay dit. Ie m'estois oublié de dire comment apres la mort de madame Magdaleine, fille du Roy de France, fut menee en Escosse la fille de monsieur de Guyse, pour estre espousee audict Roy d'Escosse. Audict an mil cinq cens trente neuf, au moys d'Aoust, furent faictes par le Roy, en son conseil, certaines Ordonnances sur le faict de la Iustice, pour l'abbreuiation des proces, publiees en la court de Parlement le moys de Septembre ensuyuant.

Description des Edicts du Roy.

En l'an mil cinq cens xxxix. le Roy fit publier vn Edict, par lequel estoit dict, que tous Iuges & Officiers royaux se tiendroyent en leurs Iurisdictions & Offices. En cedict an mesmemét il auoit fait aussi publier vn autre Edict sus la traicte des bleds, vins, & autres marchandises, auec la declaration des mesures. Le x. iour de Mars dudict an, mesmement furent publiees aucunes lettres patentes à son de trompe par les carrefours de la ville de Paris, touchant la reunió des Iustices de la ville, faulxbourgs, & banlieue d'icelle. Publié fut vn autre Edict du Roy nostre sire, en l'an mesme, sur les declarations de tous fiefs, arrierefiefs, & autres terres tenues en main morte. Item plus fut publié en la court de Parlement le cinquiéme iour de Feurier, en l'an comme dessus, vn autre Edict dudict Roy, sur le rachapt des rentes constituees sur les maisons des villes, citez, & fauxbourgs de ce royaume.

L'an mil cinq cens xxxix. l'Empereur uint en France.

Vers la fin de l'an mil cinq cens trente neuf, l'Empereur vint en France, que le Roy long temps deuant attendoit. Il fut par maintes villes & citez, qui luy feirent moult grand honneur. Les principales, mesmement ou il fit ses entrees, par le vouloir du Roy, furét à Poitiers, Orleans, & Paris: & pour plus grand honneur luy faire, le Treschrestien Roy fut au deuant de luy iusques à Chastelleraut: qui est vn beau & plaisant lieu, tant en chaces qu'en autres passetemps, & est à sept lieus, ou enuiron, de Poitiers. Le Roy le fit le plus amiablement traicter qu'il luy fut possible, & croit chacun qu'il n'est chose qui donne, ou peut donner recreation à vn Prince, que le bon Roy ne meditast & pourpensast, pour luy en donner le plaisir: & eust fait d'auantage, si la personne de l'Imperialle maiesté eust esté pour lors acceptable de pompes & magnificences: mais ledict Empereur, à raison que sa femme l'Emperiere estoit morte vn an deuant, ou enuiron, en portoit encores le dueil: parquoy le Roy se desista de proceder plus auant en l'execution de plus grands honneurs. Quand ils eurent esté quelques certains iours à Chastelleraut, ils partirent pour venir à Paris, & marcha le Roy, venant en grand' liesse, deliberé de le receuoir audict Paris en moult grand' solennité. Le Roy adoncques fit faire plusieurs grands apprests à Paris (qui est chose digne de perpetuelle memoire) & n'estoit question d'y espargner or ny argent. L'Empereur fit son entree à Orleans, tresbelle & solennelle, comme il auoit fait à Poitiers. I'eusse mis les estats & diuises de la bonne ville d'Orleans, & dudict Poitiers, mais on les a peu veoir es petis traictez qui en ont esté faicts, & assez patentement escripts: dont ie me tais pour le present, & viens à l'entree de Paris, qui luy fut faicte le plus pompeusement qu'il fut possible de penser. Ledict Seigneur Imperial vint vn soir coucher au boys de Vincennes: & le lendemain, qui fut le premier iour de Ianuier mil cinq cens trente & neuf, partit apres disner, enuiron vne heure ou deux, & entra par la Bastille en grand' magnificence: & alla à nostre Dame de Paris, selon la coustume des Roys, faisans leur entree, affin de venir remercier Dieu, & luy rendre les graces & accoustumees. Il passa par dessus le pont nostre Dame, ou estoyent deux arcs triumphaux, erigez à l'antique, esquels estoyent les armoyries dudict Seigneur, celles du Roy, de la Royne, & de monsieur le Dauphin

L'étree de l'Empereur en la ville de Paris.

phin de France, qu'il faifoit beau veoir. Ie laiffe les eftats & grand ordre de ceulx qui furent au deuant de luy, comme les quatre Mendians en tresbelles proceffions, monfeigneur le Recteur de l'Vniuerfité de Paris, auec toute fa fuyte, comme Docteurs, Licenciers, Bacheliers, & autres tous en general. Ité allerent au deuant de luy, felon l'ancienne couftume, Meffieurs de la court de Parlement, Cōfeillers, & Aduocats, Procureurs, Threforiers, Financiers, & autres. Les Lieutenans Ciuil & Criminel, auec tout leur train, ne deffaillirēt pas à celle nobleffe, ne Procureurs & Aduocats du Chaftelet, Sergés à pied & à cheual, le Guet & Hacquebutiers de la ville, au plus bel ordre qu'on les pouoit renger. Or entendez q̄ Meffieurs de la ville de Paris y feirent trefbien leur deuoir, richement habillez & parez felon leurs eftats & Offices. Affez tard arriua l'Empereur à noftre Dame, eftant accompaigné de Meffieurs les enfans, mōfeigneur le Dauphin au cofté dextre, & à l'autre cofté feneftre monfeigneur d'Orleans: & marchoit en bel ordre monfeigneur le Conneftable, portant l'efpee nue, felon fa dignité, comme fi le Roy euft efté là prefent. Ledict Seigneur Imperial defcendit à pied, & marcha iufques au grand & maiftre Autel, pour rendre graces à Dieu, & fut à long traict chanté *Te Deum Laudamus*, felon la tresbonne couftume: & apres les graces à Dieu rendues, il remonta fus fa mulle, & alla foupper & loger au Palais, ou il fut tresbien feftoyé du Roy, & des plus grands Seigneurs feruy. Le lendemain il s'en alla difner au Louure, ou il ne fut pas moins feruy & receu à grand' ioye. Il fut huict iours, ou enuiron, à Paris: & pendant ce temps luy & le Roy enfemblément parlamēterent, ainfi que croire pouons fermement: & en grand confeil traicterent de maintes chofes, dont on n'a la congnoiffance: mais on eftimoit & iugeoit que leurs principales paroles eftoyent de concorde & de paix finale.

L'ordre qui fut tenue à l'entree de l'Empereur.

Briefue recolection des chofes dignes de memoire aduenues en France depuis l'an mil cinq cens trente neuf iufques en l'an mil cinq cens quarante & huict.

Du partement de l'Empereur, du royaume de France, & de l'execution qu'il fit contre les Gandois: de la fortification de la ville d'Ardre: & du mariage du Roy d'Angleterre à la sœur du Duc de Gueldres, que depuis il repudia.

LE Roy s'attendoit bien, & ainfi l'auoit promis l'Empereur au party des Espaignes, qu'il luy feroit raifon de la Duché de Milan: ce neātmoins, luy eftant à Paris, s'en excufa enuers le Roy, difant qu'il ne le pourroit faire fans parler à l'Archeduc d'Auftriche, fon frere, ce nonobftant le Roy le conduifit iufques à fainct Quentin en Vermandois: & de là Meffeigneurs le Dauphin & Duc d'Orleās le menerent iufques à Valenciennes, accompaignez de Monfieur le Conneftable, & de plufieurs autres Seigneurs & Gētilshommes de France. Quand l'Empereur fut arriué en fes païs, foubs couleur d'auoir pitié de ceulx de Gand, & leur faire entendre qu'il leur pardonneroit leur offence, trouua moyen de faire entrer en ladicte ville le Comte du Reux, accompaigné de deux cens hommes d'armes, & fix mil Lanfquenets, donnant à entendre aux habitans que c'eftoit feulement pour donner ordre & feureté aux debats qui pourroyēt furuenir. Les paures habitans, qui eftimoyent cela eftre veritable, meirēt ius leurs armes: lefquelles leur furent oftees: & l'Empereur entra en ladicte ville, auecques fon frere l'Archeduc d'Auftriche, la Royne de Hongrie, fa sœur, douairiere, le Duc de Sauoye, & force gend'armerie. Au moys de Mars dudict an mil cinq cens trente neuf, auant Pafques, le Roy alla à Boulōgne fur la mer, ou il efperoit que l'Empereur, qui lors eftoit en Flandres, pour punir ceulx de ladicte ville de Gand, luy feroit fcauoir le lieu & le temps qu'il vouldroit entendre à traicter vne paix finale, comme il luy auoit promis au partir de fon royaume. Incontinēt apres le Roy fe partit haftiuement dudict Boulongne, laquelle il auoit enuie de fortifier, & clorre de murailles & bouleuers, la baffe Boulongne auec la ville haute: mais il fut de ce deftourné, & qu'il valloit mieulx reedifier de nouueau & fortifier la ville d'Ardre, pour faire tefte aux Anglois & Bourguignōs.

Le Roy à Boulōgue, fur la mer.

L'Empereur, eftant au deffus des Gandois, au lieu d'en auoir pitié, les traicta comme chacun fcait. Il en fit mourir plufieurs, & entre autres vn Gentilhomme qui auoit deuifé la lettre que lefdicts Gandois auoyent enuoyee au Roy, par laquelle ils difoyent qu'ils fe vouloyēt du tout rendre à luy, comme leur fouuerain. Apres, ledict Empereur fit abatre l'Abbaye de fainct Bauon: & au lieu d'icelle fit faire, aux defpens des Gandois, vn chafteau d'incroyable grandeur: car il a neuf cens pieds de long, & huict cens de large: & non content de la vie d'aucuns, a prins & confifqué leurs biens, & finalement rompu & ofté tous leurs priuileges & franchifes. Au moys d'Auril enfuyuant mil cinq cens quarante, apres Pafques, fut commencee la reedificatiō & fortification de ladicte ville d'Ardre, en extreme diligence: laquelle ville, qui eft diftante de

Mil v. cens xl.

sept lieues de Boulongne, de quatre lieues de Calais, & autant de la ville de S. Omer, fut en l'an mil cinq cens vingt & vn du tout destruicte, bruslee, & ruinee, & les murailles d'icelle abatues & rasees iusques aux fondemés, par les Anglois & Bourguignōs: & y enuoya le Roy, pour Capitaine & Gouuerneur d'icelle, messire Iehan de Senicourt, Cheualier, seigneur de Saisseual, homme de grand' conduicte, vertueux & bien experimenté aux armes.

En ce mesme temps, qui estoit au moys de Iuin dudict an mil cinq cens quarante, le Turc enuoya sommer ledict Archeduc, Roy de Hógrie, de luy payer tribut de son royaume, & qu'en deffault de ce il luy feroit guerre: & de ce aduerty l'Empereur depescha Corneille Sceper, son Ambassadeur, pour le destourner de ce faire, & luy promettoit que bien tost il entreprendroit tel voyage contre ledict Turc, que luy & tous les autres Princes, ses voisins, seroyent remis en liberté. Aussi audict temps l'Empereur, estant en ladicte ville de Gand, alla vers luy soubs bō-*Le Duc de Guel-* ne seureté le Duc de Cleues, duquel l'Empereur estoit mal content, par ce qu'il auoit prins le*dres, vers l'Empereur.* gouuernement du Duché de Gueldres, ou l'Empereur querelloit quelque chose: & se partit ledict Duc de Cleues mal content de l'Empereur, & se retira en France, se declarant amy & confederé du Roy: & soubs ombre de ce trouua moyen de contracter mariage auec madame Iehanne, Princesse de Nauarre, fille vnique & seule heritiere de Henry d'Albret, Roy de Nauarre, & de madame Marguerite, sœur du Roy de France, son espouse. Le Roy de Dannemarc, estant aduerty de ce que dict est, par ce aussi que l'Empereur ne le vouloit de riens asseurer, enuoya en France le Cheualier Bilde, & Pierre Suaue, principaux de son Conseil, qui contracterent alliance, & d'auātage receut l'Ordre du Roy: & traicta aussi auec Gustade, Roy de Suede, qui fit le semblable, partie pour ses remonstrances, & partie pour la commodité de quelques commerces que le Roy luy auoit liberalement accordees, & l'esté ensuyuant receut*Des trois Roy-* son ordre. Audict an mil cinq cens xl. au moys de Decembre, Henry huictiéme du nom,*nes d'Angleter-* Roy d'Angleterre, espousa en quatriéme nopces Marie de Cleues, sœur dudict Duc de Cle-*re, dét l'une fut* ues, & de Iuilliers: laquelle, tost apres ledict mariage consommé, il repudia, ne luy permettant*repudiee & les* de soy retirer auec ledict Duc de Cleues, son frere: ce nonobstant luy fit bailler estat: & quelque*deux autres de* peu de téps apres côuola en cinquiémes nopces auec Catherine de Hauart, petite fille, à la vieil-*capitees.* le Duchesse de Nortfort, excellente en beauté, dont elle passoit toutes les Dames d'Angleterre, comme aussi y ayant esté choysie entre toutes, & cousine à feue Anne Boullanc, espouse en secondes nopces dudict Roy d'Angleterre: laquelle des l'an mil cinq cens trente six il fit decapiter, comme ayant esté conuaincue d'auoir forfait son honneur: laquelle Dame Catherine de Hauart, ledict Roy d'Angleterre au moys de Ianuier mil cinq cens quarante & vn, fit aussi decapiter, pour pareille cause & offence qu'auoit esté decapitee ladicte Royne Anne Boullanc, sa cousine.

Des Edicts & Ordonnances que le Roy fit sur le faict de la Gabelle du sel.

Mil v. cens xli. EN l'an mil cinq cens quarante & vn, le premier iour de Iuin, le Roy fit vn Edict general, par lequel il reduisit tous les païs de son royaume à droict de Gabelle, non tel que le precedent, mais par iceluy vouloit que toutes personnes peussent vendre sel, en payant certaine somme de deniers pour chacun muy pour droict de Gabelle, de quart, & demy quart, quint & demy quint, selon qu'il est cōtenu esdicts Edicts & Ordonnances par luy faictes sur le faict de ladicte Gabelle: dont ceulx de Poitou, Xaintonge, la Rochelle, Isles de Marennes, Oleron, Bordeaux, & des isles y adiacens, ne se contenterent, disans, que le sel leur coustoit pres de deux autāt qu'il auoit accoustumé. Auquel mescontentement furent iusques en l'an mil cinq cens quarante & deux, qu'ils susciterent quelque emotion audict lieu de la Rochelle, à raison de la reformation d'iceluy droict de Gabelle: dont le Roy fut tresmal content: & depuis leur pardona toutes leurs offences, qui estoyét si grandes qu'elles meritoyent confiscation de corps & de biens.

Cesar Fregouze Audict an mil cinq cens quarante & vn, le Roy fit depescher les Seigneurs Cesar Fregou-*& le seign ur* ze, Cheualier de son Ordre, & Anthoine Rincon, ses Ambassadeurs, pour aller à Venize, pour*de Rincon, Am-* aucuns ses affaires: & eulx estans sur la riuiere du Pau, en Italie, furent traditieusemēt & inhu-*bassadeurs du* mainement occis & meurtris, par les gens de l'Empereur: dont il ne fit grand' compte, & re-*roy, occis sur la* scriuit au Roy qu'à son retour d'Afrique, ou il alloit pour le bien de la Chrestienté, il luy en fe-*riuiere du Pau.* roit faire la raison, & aussi du Duché de Milā. En la saison d'yuer dudict an mil cinq cés quarante & vn, ledict Empereur se meit sur mer, auec grand' armee, bien equipee, pour desfaire la*L'Empereur de-* puissance du Turc, tant par mer que par terre, & alla pour mettre le siege deuant Algere, qui*uāt Algere, ou il* est sur la riue de la mer en Afrique: ou il ne fit riens: mais retourna auec grand' confusion:*eut grad' perte* car il aduint si grand' tempeste par mer, & par terre, vents impetueux, pluyes, gresles, & orages si ges si espouentables & merueilleux, que ses nauires estäs sur mer se brisoyent l'vn contre l'autre: qui donna cœur à ceulx d'Algere de repousser l'Empereur & ses gens, de sorte que ledict Empereur, auec grand danger de sa personne, se sauua, & s'en retourna auec grand perte de gens & de biens. Audict an mil cinq cens quarante & vn, le Roy fit publier & proclamer son ban & arriere ban par tout son royaume: toutesfois on ne sçauoit à quelle fin ne pourquoy: car le Roy ne l'auoit declaré, & ne vouloit dresser aucunes armees contre l'Empereur durant sondict voyage d'Algere, contre le Turc, ne le surprendre durant ledict temps. *Ban & arriere ban.*

Des armees que le Roy fit dresser pour la tuition & defence du royaume en diuers lieux.

AV commencement de l'an mil cinq cens quaräte deux, apres que ledict Empereur fut retourné de sondict voyage d'Alger, le Roy enuoya vers luy, pour le sommer de luy faire raison de la mort & oultrage faict à sesdicts Ambassadeurs Fregouze & Rincon, & remettre en ses mains la Duché de Milan, suyuant ses promesses: à quoy ne fit responce, fors par parolles de dissimulation & excuses. A ceste cause le Roy, se voyant iniurié, dressa cinq grosses armees contre l'Empereur, pour les enuoyer, l'vne en Piemont, l'autre en Picardie, l'autre es bas païs de l'Empereur, & les deux autres à Rossillö & Parpignan. Et combien que le Roy eust fait preparer lesdictes armees, ce neantmoins il ne les voulut faire marcher iusques à ce qu'il eust de rechef fait sommer l'Empereur de luy rendre Milan, & luy faire iustice de ceulx qui auoyent ainsi tué sesdicts Ambassadeurs: & pour ce qu'il n'y voulut entendre, le Roy fit publier guerre ouuerte entre luy & ledict Empereur, & ses subiects patrimoniaux. Apres ladicte publication, le Roy fit monseigneur Charles, Duc d'Orleans, son fils, chef & Lieutenät general de l'vne desdictes armees, laquelle il mena au Duché de Luxembourg, acompaigné du Duc de Guyse, du Comte de Sancerre, du Baron de Hedac, du Comte Picquelin, Remigrand, & autres Capitaines Allemans: lesquels prindrent & raserent Danuiller, & la Ferté, Chauancy, Yuoy, Mommedy, Vireton, & Luxembourg, auec plusieurs chasteaux estans es enuirons desdictes villes. Ledict Comte de Picquelin demoura en ladicte ville de Luxembourg, pour le garder, acompaigné de Mandeffel & Remigrand, Capitaines Allemans, ce qu'ils feirent quelque temps: & depuis, apres auoir esté sommez des ennemis, l'habandonnerent: car deslors le camp de Luxembourg estoit rompu, & estoyent partis les Allemans pour aller à Parpignan, & mondict Seigneur d'Orleäs retiré vers le Roy au camp de Languedoc. *Mösieur le Duc d'Orleans, chef de l'armee de Luxembourg.* D'vne autre armee fut aussi Chef & Lieutenant general du Roy Monseigneur Antoine de Bourbon, Duc de Vendosmois, lequel pour acöplir le bon vouloir du Roy, acompaigné des Seigneurs du Bies, de Villebon, Hely, Crequy, & autres Seigneurs de Picardie, fit tirer & marcher son camp, assez pres de la ville d'Aire, en Artois: laquelle il fit semblant d'assieger, mais il fit marcher sondict camp deuant le chasteau de Tournehan, ou il arriua le septième iour d'Aoust dudict an mil cinq cens quarante & deux, heure de nuict: & le lendemain au plus matin fut ladicte place moult fort batue d'Artillerie, de telle sorte qu'enuiron les neuf heures du matin, ceulx de dedans rendirent ledict chasteau par composition, leurs biens & bagues sauues. *Le Duc de Vēdosme chef de l'armee de Picardie.* Audict chasteau fut trouué grand nombre de grosse & menue Artillerie, munitions & vtencilles de guerre. Ce faict fut ledict bourg & chasteau de Tournehan bruslé, & la plus grand' partie des murailles & tours d'iceluy chasteau abbatues & rasees iusques aux fondemens: & autant en fit faire mondict Seigneur de Vendosme des chasteaux de la Montiore, d'Esprelecque, & autres fortresses & eglises, estans le long de la liziere dudict païs d'Artois, & n'y sceut mettre remede le Comte du Ruz, grand Maistre & Gouuerneur dudict païs d'Artois pour l'Empereur: lequel costoyoit nostre armee, acompaigné de quelque nombre de gens de cheual & huict ou neuf enseignes de gens de pied, qu'vne partie de noz gens alla charger, de telle sorte qui y eut des Bourguignons, que tuez que noyez, de six à sept cens hommes, & le gaigna ledict du Ruz, à bien courir. *La prise du chasteau de Tournehan par le seigneur de Vendosme.* Le Seigneur de Longueual, en ce mesme temps partit de France, lors que se faisoyent toutes ces choses à Luxembourg & en Picardie, & s'en alla au païs de Gueldres, ou luy fut baillé, & à Martin Varossen, Mareschal de Cleues, par ledict Duc de Cleues, quatorze mil hommes Cleuois & Gueldrois, dont y auoit dixhuict cens cheuaux, & allererent piller vne partie des païs de Holläde & de Brabät, & tirans par eulx vers la ville d'Anuers desfeirent la compagnie du Prince d'Orenge, ou il estoit en personne: & le gaigna par bien courir iusques en ladicte ville d'Anuers. *Le seigneur de Longueual desconfit la cöpaignie du Prince d'Orenge, pres Anuers.* Audict temps mondict Seigneur de Guyse retourna en ladicte ville d'Yuoy, acompaigné desdicts Gueldrois, & de mil auanturiers Francois, auec cinq cens hommes d'armes. Toute ceste compaignie

AA

sept lieues de Boulongne, de quatre lieues de Calais, & autant de la ville de S. Omer, fut en l'an mil cinq cens vingt & vn du tout destruicte, bruslee, & ruinee, & les murailles d'icelle abatues & rasees iusques aux fondemés, par les Anglois & Bourguignós: & y enuoya le Roy, pour Capitaine & Gouuerneur d'icelle, messire Iehan de Senicourt, Cheualier, seigneur de Saisseual, homme de grand' conduicte, vertueux & bien experimenté aux armes.

En ce mesme temps, qui estoit au moys de Iuin dudict an mil cinq cens quarante, le Turc enuoya sommer ledict Archeduc, Roy de Hógrie, de luy payer tribut de son royaume, & qu'en default de ce il luy feroit guerre: & de ce aduerty l'Empereur depescha Corneille Sceper, son Ambassadeur, pour le destourner de ce faire, & luy promettoit que bien tost il entreprendroit tel voyage contre ledict Turc, que luy & tous les autres Princes, ses voisins, seroyent remis en liberté. Aussi audict temps l'Empereur, estant en ladicte ville de Gand, alla vers luy soubs bonne seureté le Duc de Cleues, duquel l'Empereur estoit mal content, par ce qu'il auoit prins le gouuernement du Duché de Gueldres, ou l'Empereur querelloit quelque chose: & se partit ledict Duc de Cleues mal content de l'Empereur, & se retira en France, se declairant amy & confederé du Roy: & soubs ombre de ce trouua moyen de contracter mariage auec madame Iehanne, Princesse de Nauarre, fille vnique & seule heritiere de Henry d'Albret, Roy de Nauarre, & de madame Marguerite, sœur du Roy de France, son espouse. Le Roy de Dannemarc, estant aduerty de ce que dict est, par ce aussi que l'Empereur ne le vouloit de riens asseurer, enuoya en France le Cheualier Bilde, & Pierre Suaue, principaux de son Conseil, qui contracterent alliance, & d'auátage receut l'Ordre du Roy: & traicta aussi auec Gustade, Roy de Suede, qui fit le semblable, partie pour ses remonstrances, & partie pour la commodité de quelques commerces que le Roy luy auoit liberalement accordees, & l'esté ensuyuant receut son ordre. Audict an mil cinq cens xl. au moys de Decembre, Henry huictiéme du nom, Roy d'Angleterre, espousa en quatriéme nopces Marie de Cleues, sœur dudict Duc de Cleues, & de Iuilliers: laquelle, tost apres ledict mariage consommé, il repudia, ne luy permettant de soy retirer auec ledict Duc de Cleues, son frere: ce nonobstant luy fit bailler estat: & quelque peu de téps apres cóuola en cinquiémes nopces auec Catherine de Hauart, petite fille, à la vieille Duchesse de Nortfort, excellente en beauté, dont elle passoit toutes les Dames d'Angleterre, comme aussi y ayant esté choysie entre toutes, & cousine à feue Anne Boullanc, espouse en secondes nopces dudict Roy d'Angleterre: laquelle des l'an mil cinq cens trente six il fit decapiter, comme ayant esté conuaincue d'auoir forfait son honneur: laquelle Dame Catherine de Hauart, ledict Roy d'Angleterre au moys de Ianuier mil cinq cens quarante & vn, fit aussi decapiter, pour pareille cause & offence qu'auoit esté decapitee ladicte Royne Anne Boullanc, sa cousine.

Le Duc de Gueldres, vers l'Empereur.

Des trois Roynes d'Angleterre, dét l'vne fut repudiee & les deux autres decapitees.

Des Edicts & Ordonnances que le Roy fit sur le faict de la Gabelle du sel.

Mil v. cens xli.

EN l'an mil cinq cens quarante & vn, le premier iour de Iuin, le Roy fit vn Edict general, par lequel il reduisit tous les païs de son royaume à droict de Gabelle, non tel que le precedent, mais par iceluy vouloit que toutes personnes peussent vendre sel, en payant certaine somme de deniers pour chacun muy pour droict de Gabelle, de quart, & demy quart, quint & demy quint, selon qu'il est cótenu esdicts Edicts & Ordonnances par luy faictes sur le faict de ladicte Gabelle: dont ceulx de Poitou, Xaintonge, la Rochelle, Isles de Marennes, Oleron, Bordeaux, & des isles y adiacens, ne se contenterent, disans, que le sel leur coustoit pres de deux fois autát qu'il auoit accoustumé. Auquel mescontentement furent iusques en l'an mil cinq cens quarante & deux, qu'ils susciterent quelque emotion audict lieu de la Rochelle, à raison de la reformation d'iceluy droict de Gabelle: dont le Roy fut tresmal content: & depuis leur pardóna toutes leurs offences, qui estoyét si grandes qu'elles meritoyent confiscation de corps & de biens.

Cesar Fregouze & le seign ur de Rincon, Ambassadeurs du roy, occis sur la riuiere du Pau.

Audict an mil cinq cens quarante & vn, le Roy fit depescher les Seigneurs Cesar Fregouze, Cheualier de son Ordre, & Anthoine Rincon, ses Ambassadeurs, pour aller à Venize, pour aucuns ses affaires: & eulx estans sur la riuiere du Pau, en Italie, furent traditieusemét & inhumainement occis & meurtris, par les gens de l'Empereur: dont il ne fit grand' compte, & rescriuit au Roy qu'à son retour d'Afrique, ou il alloit pour le bien de la Chrestienté, il luy en feroit faire la raison, & aussi du Duché de Milá. En la saison d'yuer dudict an mil cinq cés quarante & vn, ledict Empereur se meit sur mer, auec grand' armee, bien equipee, pour deffaire la puissance du Turc, tant par mer que par terre, & alla pour mettre le siege deuant Algere, qui est sur la riue de la mer en Afrique: ou il ne fit riens: mais retourna auec grand' confusion: car il aduint si grand' tempeste par mer, & par terre, vents impetueux, pluyes, gresles, & orages si

L'Empereur deuát Algere, ou il eut grád' perte

DV ROY FRANCOIS, PREMIER DV NON. Fueil.cxxix.

ges si espouentables & merueilleux, que ses nauires estãs sur mer se brisoyent l'vn contre l'autre: qui donna cœur à ceulx d'Algere de repousser l'Empereur & ses gens, de sorte que ledict Empereur, auec grand danger de sa personne, se sauua, & s'en retourna auec grand perte de gens & de biens. Audict an mil cinq cens quarante & vn, le Roy fit publier & proclamer son ban & arriere ban par tout son royaume: toutesfois on ne sçauoit à quelle fin ne pourquoy: car le Roy ne l'auoit declaré, & ne vouloit dresser aucunes armees contre l'Empereur durant sondict voyage d'Algere, contre le Turc, ne le surprendre durant ledict temps. *Ban & arriere ban.*

Des armees que le Roy fit dresser pour la tuition & defence du royaume en diuers lieux.

AV commencement de l'an mil cinq cens quarãte deux, apres que ledict Empereur fut retourné de sondict voyage d'Alger, le Roy enuoya vers luy, pour le sommer de luy faire raison de la mort & oultrage faict à sesdicts Ambassadeurs Fregouze & Rincon, & remettre en ses mains la Duché de Milan, suyuant ses promesses: à quoy ne fit responce, fors par parolles de dissimulation & excuses. A ceste cause le Roy, se voyant iniurié, dressa cinq grosses armees contre l'Empereur, pour les enuoyer, l'vne en Piemont, l'autre en Picardie, l'autre en bas païs de l'Empereur, & les deux autres à Rossillõ & Parpignan. Et combien que le Roy eust fait preparer lesdictes armees, ce neantmoins il ne les voulut faire marcher iusques à ce qu'il eust de rechef fait sommer l'Empereur de luy rendre Milan, & luy faire iustice de ceulx qui auoyent ainsi tué sesdicts Ambassadeurs: & pour ce qu'il n'y voulut entendre, le Roy fit publier guerre ouuerte entre luy & ledict Empereur, & ses subiects patrimoniaux. Apres ladicte publication, le Roy fit monseigneur Charles, Duc d'Orleans, son fils, chef & Lieutenãt general de l'vne desdictes armees, laquelle il mena au Duché de Luxembourg, acompaigné du Duc de Guyse, du Comte de Sancerre, du Baron de Hedac, du Comte Picquelin, Remigrand, & autres Capitaines Allemans: lesquels prindrent & raserent Danuiller, & la Ferte, Chauancy, Yuoy, Mommedy, Vireton, & Luxembourg, auec plusieurs chasteaux estans es enuirons desdictes villes. Ledict Comte de Picquelin demoura en ladicte ville de Luxembourg, pour le garder, acompaigné de Mandeffel & Remigrand, Capitaines Allemans, ce qu'ils feirent quelque temps: & depuis, apres auoir esté sommez des ennemis, l'habandonnerent: car deslors le camp de Luxembourg estoit rompu, & estoyent partis les Allemans pour aller à Parpignan, & mondict Seigneur d'Orleãs retiré vers le Roy au camp de Languedoc. D'vne autre armee fut aussi Chef & Lieutenant general du Roy Monseigneur Antoine de Bourbon, Duc de Vendosmois, lequel pour acõplir le bon vouloir du Roy, acompaigné des Seigneurs du Bies, de Villebon, Hely, Crequy, & autres Seigneurs de Picardie, fit tirer & marcher son camp, assez pres de la ville d'Aire, en Artois: laquelle il fit semblant d'assieger, mais il fit marcher sondict camp deuant le chasteau de Tournehan, ou il arriua le septiéme iour d'Aoust dudict an mil cinq cens quarante & deux, heure de nuict: & le lendemain au plus matin fut ladicte place moult fort batue d'Artillerie, de telle sorte qu'enuiron les neuf heures du matin, ceulx de dedans rendirent ledict chasteau par composition, leurs biens & bagues saues. Audict chasteau fut trouué grand nombre de grosse & menue Artillerie, munitions & vtencilles de guerre. Ce faict fut ledict bourg & chasteau de Tournehan bruslé, & la plus grand' partie des murailles & tours d'iceluy chasteau abbatues & rasees iusques aux fondemens: & autant en fit faire mondict Seigneur de Vendosme des chasteaux de la Montiore, d'Esprelecque, & autres fortresses & eglises, estans le long de la liziere dudict païs d'Artois, & n'y sceut mettre remede le Comte du Ruz, grand Maistre & Gouuerneur dudict païs d'Artois pour l'Empereur: lequel costoyoyt nostre armee, acompaigné de quelque nombre de gens de cheual & huict ou neuf enseignes de gens de pied, qu'vne partie de noz gens alla charger, de telle sorte qui y eut des Bourguignons, que tuez que noyez, de six à sept cens hommes, & le gaigna ledict du Ruz, à bien courir. Le Seigneur de Longueual, en ce mesme temps partit de France, lors que se faisoyent toutes ces choses à Luxembourg & en Picardie, & s'en alla au païs de Gueldres, ou luy fut baillé, & à Martin Varossen, Mareschal de Cleues, par ledict Duc de Cleues, quatorze mil hommes Cleuois & Gueldrois, dont y auoit dixhuict cens cheuaux, & allererent piller vne partie des païs de Hollãde & de Brabãt, & tirans par eulx vers la ville d'Anuers desfeirent la compaignie du Prince d'Orenge, ou il estoit en personne: & le gaigna par bien courir iusques en ladicte ville d'Anuers. Audict temps mondict Seigneur de Guyse retourna en ladicte ville d'Yuoy, acompaigné desdicts Gueldrois, & de mil auanturiers Francois, auec cinq cens hommes d'armes. Toute ceste compaignie

Mil v. cẽs xlii.

Mõsieur le Duc d'Orleans, chef de l'armee de Luxembourg.

Le Duc de Vẽdosme chef de l'armee de Picardie.

La prise du chasteau de Tournehan par le seigneur de Vendosme.

Le seigneur de Longueual desconfit la cõpaignie du Prince d'Orenge, pres Anuers.

AA

LES CHRONIQVES ET ANNALES DE FRANCE.

fortit contre ledict Prince d'Orenge, qui eſtoit venu pour prendre ladicte ville d'Yuoy : & cóbien qu'il fuſt accompagné de grand nombre de gens de pied & de cheual, fut neantmoins cótrainct ſe retirer à ſa perte & confuſion. En ceſte meſme ſaiſon enuoya le Roy vne autre armee en Piemont, pour amuſer ſes ennemis qui eſtoyent audict païs, à ce qu'il peuſt plus facilement accomplir ce qu'il auoit entreprins faire à Parpignan : & peu de temps apres, ladicte armee retournant de Piemont, fut menee par monſieur le Mareſchal d'Anebault à Parpignan.

Autre armee en Piemont.

Monſeigneur le Dauphin, comme chef & Lieutenant general du Roy, conduiſit & mena vne autre armee deuant Parpignan, ou il arriua le vingtſixiéme iour d'Aouſt audict an mil cinq cens quarante deux : & y fut mondict ſeigneur le Dauphin iuſques vers la fin du moys d'Octobre mil cinq cens quarantedeux, qu'il fut contrainct leuer le ſiege de deuát ladicte ville de Parpignan, tant pour la diuerſité du temps, que pour la carence des viures, dont on ne pouoit recouurer, principalement pour les cheuaux.

Monſeigneur le Dauphin chef de l'armee de Parpignan.

Au moys de Decembre dudict an mil cinq cens quarantedeux, le Roy d'Eſcoſſe qui auoit eſpouſé en ſecondes nopces madame la Ducheſſe douairiere de Longueuille, fille de monſeigneur le Duc de Guyſe, & parauant auoit eu eſpouſé en premieres nopces madame Magdaleine, pour lors aiſnee fille du Roy, alla de vie à treſpas, aagé ſeulement de trentetrois ans ou enuiron, delaiſſant vne ſeule fille, aagee ſeulement de deux ou trois moys : qui fut fort plainct & regretté de ſes ſubiects . Au moys de Feurier enſuyuant dudict an mil cinq cens quarantedeux, le Roy, voyant les grands appreſts de guerre que l'Empereur faiſoit contre luy, ordóna, pour y obuier, outre ſa gend'armerie ordinaire, eſtre leuez cinquante mil hommes de pied, ſouldoyez & payez de certaine groſſe ſomme de deniers, qu'il ordonna eſtre prinſe ſur toutes les villes cloſes & faulxbourgs d'icelles de ſon royaume, nonobſtant quelques priuileges, franchiſes & libertez, par luy, ou ſes predeceſſeurs Roys, donnez à icelles villes.

Treſpas du roy d'Eſcoſſe.

Soulde leuee pour le payemét de cinquante mil hommes de pied.

Des Bourguignons deffaicts en pluſieurs lieux par les Francois : & de la guerre faicte tant à Landreſy, & es enuirons, qu'au païs de Boulonnois.

L'An mil cinq cens quarante & trois, au moys d'Auril, apres Paſques, mondict Seigneur de Vendoſme, accompagné de monſieur le Duc de Neuers, Comte d'Aumalle, des Seigneurs de Crequy, du Bies, & de pluſieurs autres Gentilshommes de Picardie, de quatre à cinq cens hommes d'armes, des Legionnaires de Picardie & Normandie, & quelque nombre de cheuaux legers, fit marcher ſon camp deuant la ville de Liſlers (qui eſt ſituee audict païs d'Artois, entre la ville d'Aire & de Bethune) laquelle il fit batre d'Artillerie, par telle diligence, q̃ la pluſpart de la nobleſſe d'Artois, qui ſ'eſtoit retiree en ladicte ville, pour la garder, furent contraicts la rendre par compoſition. Ce faict, fut ladicte ville pillee & bruſlee, comme furent les villages & egliſes tenans fort, par ou noſtre camp retourna. En ce meſme temps le Roy enuoya le Seigneur de Mompeſat, es païs de Poitou & de Guyenne, leuer dix mil hómes de pied pour la garde du païs de Láguedoc, frontier à ceulx de Parpignan. Auſſi au meſme téps le Duc de Cleues, aduerty que cinq cés hommes d'armes, & cinq ou ſix mil hommes de pied, auoyent ſoubs la códuicte du Prince d'Orenge & du Comte de Buren, prins le chemin de Strabourg, pour venir à Luxembourg, alla copper chemin auſdicts gens de pied : leſquels furent encloz, & ſerrez de ſi pres, & auſſi leſdicts gens de cheual, qu'ils furent deffaicts, & grand nóbre d'entre eulx tuez & prins priſonniers auec leur bagae. Au cómencement dudict moys d'Auril dudict an mil cinq cens quarante & trois, le Roy fit de rechef publier ſon Ban & Arriereban par tout ſon royaume, ſelon qu'il eſtoit mádé faire par ſes lettres patentes, donnees à Fontainebleau, le penultime de Mars precedent, contenant Edict & Ordonnance, declaration, & reformation dudict Ban & Arriereban, ſelon que bien amplement eſt declaré par leſdictes lettres d'Edict. Recours à icelles, pour euiter prolixité.

Mil v. cẽs xliii.

La uille de Liſlers, en Artois, rendue au Seigneur de Vendoſme.

Les gens du Cóte de Buré deſfaicts par le duc de Gueldres.

Ban & arriereban.

Audict an mil cinq cens xliij. le Mardy des feries de Pétecoſte, ledict Côte du Ruz, Lieutenát audict païs d'Artois pour l'Empereur, alla aſſieger le chaſteau de la ville de Surene, en Boulonnois, qu'il print d'aſſault ce meſme iour, apres l'auoir fait batre d'Artillerie : & y furent detaillez & mis en pieces les gens de guerre & habitans de ladicte ville, qui ſ'eſtoyent retirez audict chaſteau, pour ſauuer leurs vies, ſoubs l'eſperance d'eſtre ſecouruz par nos gens de guerre, qui lors eſtoyent eſpanduz audict païs de Boulonnois, mangeans le pauure bon hóme, eſtans du reliqua du camp de mondict Seigneur de Vendoſme : & pouuoyent eſtre de deux à trois mil hómes, tant de pied que de cheual. Ledict Seigneur du Ruz, ſoy retirant à ſainct Omer, fit piller & bruſler leſdicts ville & chaſteau de Surene, auec tous les villages & egliſes de Boulónois, par ou ſondict camp vint & retourna. Le iour ſainct Bernabé, dixiéme iour de Iuin dudict an mil cinq cens

La uille de Surene, en Boulónois, prinſe & ruinee par les Bourguignons.

DV ROY FRANCOIS, PREMIER DV NON. Fueil.cxl.

cinq cens quarante & trois, monsieur maistre François de Montholon, President de la court de Parlement, & Garde des seaux de France, Dauphiné & Bretaigne, homme de vertu & de bonnes lettres, alla de vie à trespas à Villiers coste Raiz, & audict estat de Garde des seaux succeda monsieur maistre François Errault, President de Thurin.   Au commencement dudict moys de Iuin dudict an mil cinq cens quarante & trois, mondict Seigneur de Vendosme, acompaigné desdicts Seigneurs de Crequy, du Biez, & autres Gentilshommes, bruslerent la ville de Bapaume, & plusieurs autres places & fortresses estans es enuirons de ladicte ville de Bapaume, & la ville d'Arras.   Le iour de la feste de monseigneur sainct Iehan Baptiste dudict an mil cinq cens quarante & trois, arriua à Boulongne sur la mer vn Herault d'Angleterre, pour aller sommer au Roy de payer audict Roy d'Angleterre, son maistre, les arrerages de sa pension perpetuelle, ensemble luy rendre les Duchez de Guyenne & de Normandie, auec la Comté de Boulongne, autrement qu'il se declaroit ennemy du Roy.   Aussi audict moys de Iuin dudict an mil cinq cens quarante & trois, les legions & garnisons, ostees des lieux ou elles auoyent passé l'yuer, furent assemblees sur la frontiere de Haynault, ou le Roy alla en personne, & les fit asseoir au lieu de Marolles, qui est vne grosse Abbaye audict païs de Haynault, ou le Roy seiourna vne partie de l'esté, puis fit assaillir la ville de Landresy, que les ennemis quitterent, & s'enfuyrent de nuict: & la fit le Roy fortifier, & y meit pour son Lieutenant & chef le Capitaine la Lande. Ce faict, fit tirer le Roy sadicte armee à Luxembourg, ou l'on disoit que l'Empereur venoit: par deuers lequel fut mené par belles parolles ledict Duc de Cleues, par le Duc de Brunsuig: ou apres auoir demandé, par ledict Duc de Cleues, pardõ à l'Empereur, bailla audict Empereur ladicte Duché de Gueldres, auec la Comté de Zutphen, & les fortresses d'Hensberg, & Sittart, pour en disposer à son plaisir: & fut ledict Duc de Cleues, auquel le Roy auoit tant fait de biens & d'honneurs, reduict en l'estat d'vn homme priué sans domination: dont la mere dudict Duc de Cleues eut tel dueil, que tost apres elle en mourut.   Au commencement du moys de Iuillet dudict an mil cinq cens quarante & trois, ledict Roy d'Angleterre fit descendre au haure de Calais dix mil hommes de guerre Anglois, qu'il enuoyoit au secours dudict Empereur: mais auãt ce faire, & le vingtdeuxième iour dudict moys de Iuillet, vne partie desdicts Anglois vindrent brusler le Bourg de Marquise, & plusieurs autres villages dudict païs de Boulonnois, tuerent & meirent en pieces, hommes, femmes, petits enfans qu'ils trouuoyent encores au berseau, rostirent & bruslerent aucuns hommes d'Eglise, & feirent toutes les cruautez & inhumanitez qu'il est possible de penser.

Au moys d'Aoust ensuyuant ladicte ville de Landresy fut assiegee par les Bourguignons, auec lesquels s'estoyent venuz ioindre lesdicts Anglois, dont cy dessus est parlé. Aussi y amena l'Empereur vne autre grand' armee, dont le Roy, de ce aduerty, fit retourner son armee qu'il auoit enuoyee à Luxembourg, comme dict est, & la fit venir deuant Landresy, pour donner aide & secours aux assiegez: ausquels il fit porter viures, & rafreschir de gens de guerre, pionniers, & autres gens necessaires, à la veue de l'Empereur & de sadicte armee. Ce faict, le Roy considerant l'incertitude d'vne bataille apparente, & que mieulx estoit vser de raison que de fortune, laquelle l'auoit autresfois deceu, delibera apres auoir ce qu'il auoit voulu audict Landresy, de mener son ost vers Guyse: & pour ce faire & amuser les ennemis, leur donna esperance de bataille, par grand bruit & feux, & ce pendant retira son armee du païs de Cãbresis. En quoy faisant le Roy vsa d'vne grand' ruse de guerre: car par cela il rõpit l'entreprinse de son ennemy: lequel, voyant qu'il n'y auoit plus d'esperãce d'auoir bataille, encores moins de reprendre ladicte ville de Landresy: neantmoins, affin qu'il ne semblast qu'il ne voulust combatre, fit suyuir les François, par ceulx de son camp: lesquels furent viuement repoulsez par monsieur le Dauphin. Finalement ledict Empereur, soy voyant frustré de son opinion, donna congé à ses bendes d'Allemans & Anglois, tant pour raison de ce que dict est, qu'au moyen de la peste, flux de ventre, que necessité de viures qui estoyent en son camp, de sorte que de dix mil Anglois, qui estoyent venuz à son aide, n'en retourna point quatre mil. Audict an mil cinq cens xliij. au commencement de l'yuer, le Roy aduerty qu'aucunes villes de Piemont auoyent esté reprinses par les ennemis, affin qu'ils ne les fortifiassent y enuoya vne armee à diligéce, dõt il fit chef & conducteur monsieur François de Bourbon, Seigneur d'Enghien, & frere puisné de mondict Seigneur de Vendosme. Au commencement du moys de Nouēbre dudict an mil cinq cens xliij. les Anglois des garnisons de Calais, Guisnes, & Hames, assiegerēt l'eglise d'Audinghen, en Boulōnois, ou s'estoyēt retirez de cent à six vingts hōmes dudict village, auec leurs femmes & petis enfans, qui se defendirent vaillamment: mais eulx voyans frustrez de secours, demanderent composition, qui leur fut accordee, telle que d'eulx en aller leurs vies sauues tant seulement: laquelle composition, qui en fut tenue, ains lesdicts Anglois, vsans de leur naturel, qui est d'estre inhumains & cruels, monterent en la tour de ladicte eglise, ou ils copperent les

Trespas du President Motholõ, garde des seaux

Bapaume bruslee par le Seigneur de Vendosme.

Le Roy d'Angleterre enuoya sommer le Roy de France qu'il eust à luy rēdre Boulongne.

Le Roy fit fortifier Landresy.

Grands dõmages faicts par les Anglois au pais de Boulonnois.

Le Roy fit auitailler et munir la uille de Landresy.

Le Seigneur d'Enghien chef de l'armee de Piedmont.

AA ij

LES CHRONIQVES ET ANNALES DE FRANCE.

gorges à tous lesdicts paisans, femmes & enfans, & les iettoyent du hault de ladicte tour en ladicte eglise, qui fut vne grand' cruauté & inhumanité par eulx commise: & ne cesserent lesdicts Anglois toute la saison de l'yuer dudict an mil cinq cens xliij. de brusler & ruiner ledict païs de Boulonnois, ou ne leur estoit faicte grand' resistence: par ce que dudict païs de Boulónois auoit esté leué, par l'ordonnance du Roy, pour aller au camp à Landresy, plus de deux mil compaignons de guerre, natifs dudict païs de Boulonnois, qui estoit la principale force d'iceluy païs: dót lesdicts Anglois estoyent bien aduertis: car si ledict païs n'eust esté ainsi desgarny de gés de guerre, lesdicts Anglois n'eussent fait tels efforts, ne mis à executió leurs entreprinses comme feirent. Pendant ce temps le Duc de Lorraine, & le Cardinal de Freneze, nepueu du pape Paule, allerent plusieurs fois deuers le Roy & l'Empereur, les exhortans à paix. Le

Baptesme du premier fils de monseigneur le Dauphin, à Fótainebleau.

Dimenche dixième iour de Feurier, audict an mil cinq cens quarante trois, le fils premier de mondict Seigneur le Dauphin Henry de Vallois, & de madame la Dauphine, qui auoit esté né au moys de Ianuier precedent, au chasteau de Fontainebleau, fut baptizé en la chappelle dudict lieu, par monsieur le Cardinal de Bourbon, auec grand' ioye & triumphe. Le Roy, monsieur Charles, Duc d'Orleans, & madame Marguerite, fille vnique du Roy, le tindrēt sur les fons, & fut nómé Francois: auquel lieu de Fontainebleau les troisiéme & vingtiéme iours dudict moys de Ianuier precedent, le Roy fit de rechef autres Edicts & Ordonnances sur le deuoir que luy doyuent les Nobles de son royaume, subiects au Ban & Arriereban, comme il est contenu esdicts Edicts & Ordonnances. Au moys de Mars dudict an mil cinq cens quarante & trois, le Roy enuoya Commissaires par toutes ses villes de frontiere de Picardie, pour les visiter, & luy faire rapport au vray quelles munitions, tant de guerre qu'autres y auoit esdictes villes, mesmement en ladicte ville de Boulongne.

Du voyage de Carignan, dōt estoit Chef le Seigneur d'Enghien: des prinses de Luxembourg & Ligny: des sieges de Montereul & Boulongne par les Anglois: de la guerre de Champaigne: & de la paix entre le Roy & l'Empereur.

L'an mil cinq cens xliiij.

AV commencement du moys d'Auril de l'an mil cinq cens quarante quatre, mondict Seigneur le Comte d'Enghien estant aduerty au lieu de Carmagnolle, que les Espaignols estoyent en la campaigne, au nombre de dixhuict mil hommes de pied, pour le moins, douze cens cheuaux legers, & seize pieces d'Artillerie, fit sortir de ce lieu tous ses gens de pied, estimez à quinze mil hommes pour le plus, & deux mil cinq cens cheuaux, & onze pieces d'Artillerie, & les fit marcher droict à Syrizolles, ou estoyent noz ennemis: lesquels vindrent les testes baissees, & feirent abandonner aux

Le Seigneur d'Enghien deffit les ennemis à Carmagnolle.

Francois nostre Artillerie, & bruslerent toutes noz pouldres. Quoy voyans les Italiens & Gruerians tournerent visage: mais mondict Seigneur d'Enghien & autres Capitaines Francois, auec les Suisses & gens de cheual, chargerent par telle furie sur les ennemis, qu'en moins d'vne bonne heure noz gens meirent en pieces neuf mil Lansquenets, & la reste de leur camp en route & fuyte: & furent prins enuiron deux mil cinq cens prisonniers: dont les principaux estoyent domp Charles de Gonzaque, Chef de l'Auantgarde, & coronal de leurs gens de cheual, domp Remy de Mandone, coronal des Espaignols, le Marquis de Gast blecé, & non prins, & Cesar de Naples: & des Francois apparens morts, les Capitaines de Molle, d'Escrot, Passin, Moucault, la Mottedante, le Baron d'Oyn, le frere de l'Esleu d'Orne, le nepueu de mõsieur de Chemans, le Seigneur de Coruille, & le seigneur sainct Obin, natif de Boulongne sur la mer, & enuiron quarante hommes d'armes, la pluspart de la compaignie de monsieur d'Assier, le fils duquel fut blecé à mort, & deceda tost apres. Le lendemain de Quasimodo dudict

Les Bourguignons bruslerēt le païs de Boulonnois.

an mil cinq cens quarante & quatre, ledict Comte de Buren & du Ruz, auec grand nombre de Bourguignons, Anglois, Allemans & Cleuois, allerent brusler iusques aux portes de Boulongne, ce que restoit dudict païs, depuis ladicte ville de Boulongne iusques aux terres desdicts Bourguignons & Anglois: & ne furent empeschez de ce faire, parce que les Capitaine & Gouuerneur dudict païs disoyent qu'il ne failloit riens hazarder.

Carignan rendue par cõposition à monsieur d'Enghien.

Le vingtdeuxiéme iour de Iuin audict an mil cinq cens quarante quatre fut la ville de Carignan rendue par composition, & mise entre les mains de mondict Seigneur d'Enghien, qui l'auoit tenue par long temps assiegee. En ce mesme temps l'Empereur auec son armee, estimee au nõbre de quatre vingts à cent mil combatans, passant par Luxembourg, se rendit ladicte ville à luy. Puis alla assieger Ligny en Barrois, qui luy fut quittee sans aucune resistéce, combien qu'elle fust deffensable: & marchant plus auant vint assieger la ville de sainct

S. Disier rendue par compositiõ.

Disier, ou estoit le Comte de Sancerre, & le Capitaine la Lande, qui y fut tué: & finalement ledict Comte de Sancerre, par faulte de viures & de munitions, dont il auroit aduerty le Roy,

la rendit

DV ROY FRANCOIS, PREMIER DV NON. Fueil.cxli.

la rendit par compofition, telle qu'ils s'en allerent la lance fur la cuiffe, leurs bagues fauues: & ne fut la ville pillee: deuant laquelle fut tué ledict Prince d'Orenge, en faifant les approches.

L'Empereur deliberé de laiffer Chaalõs en Chãpaigne, & paffer la riuiere de Marne, pour aller droict à Paris, & pour fonder les paffages, enuoya en habit diffimulé le Comte Guillaume de Fuftéberg, qui auoit laiffé le feruice du Roy, & prins celuy de l'Empereur, lequel fut cõgnu & amené prifonnier à Paris. Le Roy de ce aduerty, affin d'affamer le camp dudict Empereur fit brufler la ville d'Efpernay, auec les viures eftãs tãt en ladicte ville qu'es lieux prochains d'icelle, dont la pitié fut grande, & l'execution biẽ cruelle. Ce temps pendant le Roy d'Angleterre faifoit en toute extreme diligence defcendre à Calais toutes fes munitions, vtencilles de guerre & autres chofes neceffaires & requifes, pour mettre le fiege deuant la ville de Boulongne & Montereul fur la mer: tellement que le quatriéme de Iuin dudict an mil cinq cẽs xliiij. Thomas, Duc de Norfort, acõpaigné de plufieurs Princes & Seigneurs d'Angleterre, de xiiij. à.xv. mil hõmes de pied, de xij. à.xv. cens cheuaux, auec grand nombre & equipage d'Artillerie, vint cãper audict païs de Boulonnois, affez pres de l'Abbaye de Beaulieu, ou il fut iufques à la fin dudict moys de Iuin, que le Roy d'Angleterre, qui eftoit defcendu audict haure de Calais, le xxij. iour dudict moys de Iuin le fit decamper & mener fadicte armee deuant ladicte ville de Montereul: laquelle il fit fommer de par luy, comme Lieutenant general du Roy d'Angleterre, au Seigneur du Biez, auffi Lieutenant du Roy en ladicte ville, ou il s'eftoit venu mettre, fort bien acompaigné de gens de guerre & pionniers, delaiffant ladicte ville de Boulongne en la charge du Seigneur de Veruins, fon gendre: & fut ladicte fommation faicte le Mercredy.ix. iour de Iuillet audict an mil cinq cens xliiij. auec lequel Duc de Norfort fe vint ioindre ledict Comte de Buren, Lieutenant de l'Empereur, acompaigné de xiiij. à.xv. mil hommes, tant de pied que de cheual: & le Samedy xix. iour dudict moys de Iuillet dudict an mil cinq cẽs xliiij. ledict Roy d'Angleterre, acompaigné de Charles Brandon, Duc de Suffort, des Côtes de Herfort d'Arondel, & d'autres Princes & Nobles d'Angleterre & d'Hibernie, & de vingt à vingt deux mil combatans, tant de gens de cheual que de pied, enuoya vn Herault d'armes fommer à Iaques de Coucy, Seigneur de Veruins, Baron de Chemery, Lieutenant pour le Roy en ladicte ville, qu'il euft à rendre au Roy de France & d'Angleterre, fon maiftre, ladicte ville de Boulõgne: apres laquelle fommation ledict Seigneur de Veruins enuoya mettre le feu par toute ladicte baffe Boulongne, affin que les ennemis n'y logeaffent: mais il n'y eut le tiers des edifices & maifons bruflez: auffi n'eftoit ladicte cõbuftion fort neceffaire, cõme l'experience l'a demõftré. Pendant lefdicts fieges de Boulongne & Monftreul, l'Auantgarde de l'Empereur print la ville de Chafteau Thierry: laquelle fut pillee, & aucuns des habitans prins & ranconnez, & les autres occis: dont les habitans de Paris, eftãs de ce aduertis, & voyans les ennemis fi pres de Paris, tomberent en fi grand' crainte & tremeur que plufieurs s'enfuyrent auec leurs meilleurs meubles: les aucuns à Orleans, Blois, Tours Angers, & les autres à Chartres, Vẽdofme, & autres villes nõ eftans en frõtiere: mais le Roy pour les raffeurer fe retira à Paris, auec grand nõbre de fa gend'armerie, ou il fit bonnes remonftrances au peuple, qui luy donna ferme volõté d'attendre la fortune auec luy, fi l'Empereur venoit deuãt Paris: & incontinent furent affemblez tous les meftiers de ladicte ville, qui fe meirẽt en armes, & plufieurs autres iufques au nõbre de xl. mil hõmes, ou plus, bien armez. L'Empereur fe voyant prefque renfermé des Francois, & fon camp affamé, confiderant les remonftrãces que l'on dit que le Roy de Hongrie, fon frere, luy auoit enuoyé faire, amoliît fon cœur, & Chreftiennement eut vouloir de venir à paix: mais il ne la vouloit demander, auffi ne faifoit le Roy, cõbien qu'il fuft auffi vifité de l'efprit de Dieu, lequel de fa grand' & infinie bõté fufcita vn fimple religieux, de l'ordre des freres Prefcheurs, lequel fe transporta vers le confeffeur de l'Empereur: auquel il le prefenta, & fut par luy ouy: & finalemẽt tant alla & vint ledict religieux vers le Roy & l'Empereur, que ces deux puiffans Princes furẽt d'accord, & feirent paix, ou fut cõprins le Roy d'Angleterre: & pour entẽdre de luy s'il auroit en fon regard ladicte paix pour agreable, furẽt enuoyez vers luy monfieur le Cardinal du Bellay, Archeuefque de Bordeaux, & Euefque de Paris, Meffire Iehan d'Eftourmel, Cheualier, General de Picardie, & monfieur de l'Aubefpine, Secretaire des cõmandemẽs du Roy: lefquels ledict Roy d'Angleterre fit feiourner huict iours au chafteau de Hardelot, qui eft à deux lieues de ladicte ville de Boulongne, laquelle il fit ce pendant canonner & batre d'Artillerie iour & nuict, par telle furie, vehemence, & impetuofité (comme il auoit fait faire durant le temps de fept femaines au parauãt) que c'eft chofe incroyable à toute perfonne qui n'a efté audict fiege. Et finalement, apres auoir par les affiegez le Ieudy.xj. de Septembre enfuyuant fouftenu l'affault, que cedict iour lefdicts Anglois leur donnerẽt en trois endroicts, & qui dura depuis douze heures du matin iufques à fix heures du foir ou furent tuez du party des affiegeans que des affiegez, de quatre à cinq cẽs hõmes, ledict Seigneur de Veruins, & autres Ca-

Efpernay bruflé par les Francois.

Le Duc de Norfort defcendu à Calais.

Mõtereul affiegé par ledict duc de Norfort

Boulõgne affiegee par le Roy d'Angleterre.

Chafteau Thierry prins et pillé par l'Empereur

La paix faicte entre le Roy et l'Empereur.

Ambaffadeurs de France vers le Roy d'Angleterre.

Affault donné par les Anglois à ceulx de Boulongne.

AA iij

Boulongne rēduē aux Anglois par le seigneur de Veruins.

pitaines, eſtans en ladicte ville, tindrent la nuict Conſeil, & conclurent, que voyant ladicte ville, ainſi batue, le petit nombre de gens de guerre qui leur reſtoit, & qu'ils auoyent peu ou neāt de pouldres, & autres munitions de guerre, ſans auoir l'aduis & conſentement des Maires, Eſcheuins, & Bourgeois de ladicte ville, obtindrent legerement ſaufconduict dudict Roy d'Angleterre pour deux Gentilzhōmes, pour traicter de la reddition de ladicte ville: laquelle, combien qu'elle fuſt encores munie de viures pour quatre moys, le Dimenche enſuyuant, iour de l'Exaltation ſaincte Croix, quatorziéme dudict moys de Septembre, ledict Seigneur de Veruins la deliura aux Anglois, enſemble leſdicts viures, munitions, & Artillerie. Et ſortirent leſdicts habitans auec ſi peu de biens qu'ils pouuoyent apporter ſur leur col: par ce que, combien que ledict Roy d'Angleterre euſt cedict iour enuoyé auſdicts habitans quatre vingts chariots de Flandres ou enuiron, pour emmener leurſdicts meubles: ce neantmoins ils n'en peurent auoir aucuns, mais leur furent oſtez par leſdicts gens de guerre, qui les chargerent des meubles deſdicts habitās, dont ils feirent leur proffit. qui fut grand' pitié & cruauté: & fut ce deſolé peuple conduict par leſdicts Anglois iuſques en ladicte ville de Rue, que peu parauant ils auoyēt bruſlee, enſemble tous les villages circonuoyſins d'icelle, iuſques aux faulxbourgs d'Abeuille: & les contraignirent de paſſer à gué le haure d'Eſtaples, & la riuiere & pas d'Authie: ou furent noyez beaucoup d'anciens hommes, femmes & petits enfans. qui eſtoit choſe fort pitoyable à voeir.

Ambaſſadeurs de France, auec le roy d'Angleterre à Boulongne.

Le Mardy ſeiziéme iour dudict moys de Septembre enſuyuant, ledict Roy d'Angleterre fit venir vers luy mondict Seigneur le Cardinal du Bellay, & autres Ambaſſadeurs de France, qui eſtoyent audict chaſteau de Hardelot, & les mena auec luy en ladicte ville de Boulongne: de laquelle toſt apres iceulx Ambaſſadeurs retournerent, ſans aucune choſe exploicter.

Audict an mil cinq cens quarante & quatre, au temps d'eſté, alla de vie à treſpas Francois monſieur de Bourbon, Comte de ſainct Paul, & Duc d'Eſtouteuille. Auſſi en ce meſme tēps deceda ledict maiſtre Francois Errault, Seigneur de Cheinés, Garde des ſeaux de France, Dauphiné & Bretaigne, retournant de deuers l'Empereur, pour traicter de la paix: & toſt apres le Roy crea & inſtitua Chancelier de France monſieur maiſtre Francois Oliuier, lors Chancelier d'Alencon.

La paix publiee entre le roy & l'Empereur.

Le.xx. iour dudict moys de Septembre dudict an mil cinq cens xliiij. la paix d'entre le Roy & l'Empereur fut publiee par les carrefourgs de ladicte ville de Paris. En ladicte annee mil cinq cens xliiij. le Roy erigea de nouueau pluſieurs Offices royaux, tant pour l'abbreuiation des proces, que pour auoir argent pour ſubuenir à ſes grands & vrgens affaires: & ſi leua en ladicte annee mil cinq cens xliiij. outre les tailles ordinaires & acouſtumees, ſur toutes les villes cloſes de ſon royaume, la ſoulde de.l. mil hōmes de pied: & ſi furēt faicts quelques emprunts particuliers, cōme l'annee au precedent. Le iour S. Michel. xxix. dudict moys de Septembre dudict an mil cinq cens xliiij. leſdicts Duc de Norfort, & Cōte de Buren, qui tenoyēt ladicte ville de Montereul aſſiegee, aduertis de ladicte paix, deſcamperent de deuant ladicte ville, prenans leur chemin en Boulonnois, ou ledict Comte de Buren print congé dudict Duc de Norfort, & remena ſes Allemans, Bourguignons & Cleuois es païs de l'Empereur. Le Roy eſtant aduerty de la reddition & ineſtimable perte de ſadicte ville de Boulongne, fit en toute diligence marcher ſon armee qu'il auoit en la Champaigne, pour aller deuant ladicte ville de Boulongne: à vne lieue pres de laquelle ville arriuerent meſſeigneurs les Dauphin, & Duc d'Orleans, l'onziéme iour d'Octobre dudict an mil cinq cens xliiij. ou fut deliberé aller aſſail-

Le ſiege leué de deuāt Mōſtreul.

L'armee de Frāce en Boulōnois pour reprendre Boulongne.

lir à l'aube du iour la baſſe Boulongne: & pour ce faire furēt enuoyez ſix mil hommes de pied, ſoubs la conduicte de monſieur de Thais, coronal des gens de pied Francois, du Comte de ſaincte Cigongne, Capitaine Italien, & du Seigneur de Fouqueſolles, Seneſchal de Boulonnois: leſquels apres auoir mis en pieces le guet des Anglois, & entré dedans ladicte baſſe Boulongne, leſdicts Italiens ſe meirent au pillage, & à tuer hommes, femmes, & petits enfans, & ne ſuyuirent leurs Capitaines: meſmement ledict Seigneur de Fouqueſolles, lequel y fut occis. Au moyen dequoy noz gens, eſtans ainſi mis en deſordre auec la pluye & mauuais temps, furent contraincts eulx retirer auec noſtredicte armee: laquelle toſt apres ſe rompit, par ce que les viures ne ſuyuoyent point. qui fut vne grand' faulte, & grand malheur pour France. Au moys d'Octobre dudict an mil cinq cens quarante & quatre le Roy enuoya de rechef mondict Seigneur le Cardinal du Bellay, & maiſtre Pierre Raymond, premier Preſident de Rouen, en la ville de Graueling hues, ou ſe trouuerent les deputez dudict Roy d'Angleterre: qui bien toſt les deſpeſcherent, diſans que s'ils venoyent pour parler de recourer Boulongne, qu'ils s'en retournaſſent: mais s'ils vouloyent traicter de paix, ſans parler dudict Boulongne, qu'ils fuſſent les tres bien venuz. En ladicte annee mil cinq cens xliiij. furent en pluſieurs lieux & villes de ce royaume eſtabliz & aſſis lieux, appelez Magazins, au lieu de greniers à ſel, pour y mettre le ſel & le vendre, par la forme & maniere qu'il eſt contenu es Ordonnances royaux ſur ce faictes au moys de Iuillet dudict an mil cinq cens quarante & quatre, ou furent mis Officiers

La mort du ſeigneur de Fouqueſolles.

Eſtabliſſement de Magazins pour la Gabelle.

ciers,tant pour la diſtribution dudict ſel,que pour conſeruer le droict royal de la Gabelle.

Au moys de Nouembre dudict an mil cinq cens quarante & quatre,la Royne de Frāce,ſœur de l'Empereur,acompagnee de madame la Ducheſſe d'Eſtampes,& de pluſieurs autres Dames de France,allerent vers l'Empereur,eſtant en ſa ville de Bruxelles,en Flandres:auſquelles Dames il fit tresbon recueil: puis retournerent leſdictes Dames en France,ſans grand' concluſion prendre auec ledict Empereur. Durant ce tēps le pauure peuple dudict païs de Boulonnoys,qui ainſi affligé que dict eſt,s'eſtoit retiré es villes d'Abeuille,Montereul,S.Valery, Amiens,& autres villes de Picardie,fut tant perſecuté de la peſte,famine,& pauureté,que l'on eſtime le nombre des mors(en moins de ſix moys)monter à plus de cinquante mille perſonnes.

Du preparatif de guerre faict pour recouurer Boulōgne:& du treſpas du duc d'Orleās, de la deffaicte des Anglois en diuers lieux,& de la mort du ſeigneur d'Enghien.

AV moys d'Auril de l'an mil cinq cens lxv.apres Paſques, mondict ſeigneur le Duc d'Orleans alla vers l'Empereur,qui eſtoit lors en ſa ville d'Anuers,en Brabant, ou luy fut faict tresbon recueil par ledict ſeigneur Empereur,duquel il print congé,& toſt apres vint trouuer le Roy au païs du Perche. Ce tēps pendant le Roy cōgnoiſſant q̃ ledict Roy d'Angleterre demouroit obſtiné,& ne vouloit rendre ladicte ville de Boulōgne,ny entēdre à la paix,fors en luy laiſſant ladicte ville,ou luy & ſes predeceſſeurs Roys n'eurent iamais aucun droict,auroit le Roy au cōmencement de ladicte annee mil cinq cés xlv.pour le recouurement de ladicte ville,fait dreſſer vne armee par terre,pour l'entretenir audict païs de Boulonnoys,tāt pour l'auitaillemēt des villes d'Ardre & Therouenne,q̃ pour faire teſte auſdicts Anglois,& empeſcher qu'ils ne fuſſent ſecouruz de viures,& autres munitiōs à eulx neceſſaires en ladicte ville de Boulongne.& oultre fit preparer,auitailler & equiper grand nombre de gros nauires,gallions,galleres,& autres vaiſſeaux,dont fut dreſſee vne armee de mer aſſez puiſſante, non ſeulement de garder les ennemis de courir ſur la mer,mais auſſi pour faire deſcente es païs d'Angleterre,& le ruyner,auec l'aide des Eſcoſſois: auſquels le Roy auroit enuoyé argent,& quelque petit nombre de gens de guerre,ſoubs la conduicte de monſieur de Lorges.De ladicte armee de mer eſtoit chef & cōducteur mondict ſeigneur l'Admiral d'Annebault:lequel fit faire route vers la fin du moys de Iuillet dudict an mil cinq cens xlv.vers le port ſaincte Heleine,& l'iſle d'Vvicht en Angleterre,ou le Cheualier d'Eaux deſcendit,& quelque petit nōbre de gens, qui bruſlerēt quelques maiſons:& y fut ledict Cheualier d'Eaux occis:& ſe retira ladicte armee de mer au Portel,lez Boulongne,& ſe vint ioindre auec ledict ſeigneur du Biez,auſſi chef & cōducteur de ladicte armee par terre,leq̃l ſeigneur du Biez fit cōmencer vn fort en toute diligēce à Oultreane,diſtāt de ladicte ville d'vne lieue ou enuiron:& ne fut icelle ville de Boulongne aſſiegee ne canōee que dudict fort:& ſi auoyēt les Anglois dudict Boulōgne grand' neceſſité de viures:& y eſtoit la peſte ſi grād' qu'il mouroit bien par chacun iour de xxx.à.xl. Anglois: & furent cōtrains de faire cāper partie de leurs gēs hors de ladicte ville,pour chāger d'aer. Le.viij. iour de Septēbre audict an mil.v.c.xlv.le Roy eſtant en l'Abbaye de Foreſtmonſtier,pres ladicte ville de Rue,monſeigneur Charles, Duc d'Orleans,ſecōd fils du Roy,alla de vie à treſpas d'vne pleureſie,ou fieure peſtilecieuſe,& ſon corps embaulmé,fut mené en l'Abbaye de S.Lucian,lez la ville de Beauuais.Si le Roy & les François furēt marriz de ladicte mort,auſſi fut l'Empereur, lequel auoit promis par le traicté de Chaalōs,luy faire eſpouſer ſa fille ou ſa niepce, fille du Roy dōp Ferrand de Hongrie, frere dudict Empereur. Audict an mil.v.c.xlv.le xij.dudict moys de Septembre,ledict ſeigneur du Biez,par le cōmandement du Roy,acōpagné de meſſieurs les Côtes d'Enghien,d'Aumalle, Ducs de Montpenſier,de Neuers,du ſeigneur de Laual,& de pluſieurs autres grās Seigneurs & chefs de guerre,mena la plus grand' partie de noſtredicte armee en la terre d'Oye,qu'occupent les Anglois deca la mer,ou ils auoyent fait pluſieurs boulleuers, blocuz,grans foſſez & trāchiz,& miſ gēs de guerre pour les defendre:leſquels voyās noſtre force,deſemparerēt incōtinēt,& ſe retirerēt auec quatre ou cinq mil Anglois,qui s'eſtoyēt retirez à Calais,pour la garde d'icelle ville,doutās que noz gēs n'y allaſſent mettre le ſiege:& auant que forcer ledict païs d'Oye furent tuez de ſix à ſept cens Anglois, ſans les païſans, qui furent trouuez cachez aux maiſons,leſq̃lles furent miſes en cēdre,auec les bleds & autres grains qu'ils auoyēt recueilliz ladicte annee audict païs d'Oye, qui leur porta fort grand dōmage:& ſi noſtredicte armee euſt marché iuſques en la terre de Mercq, qui eſt vn peu plus auāt, ce qui eſtoit facile de faire, leſdicts Anglois euſſent eſté affamez. Audict moys de ſeptembre mil.v.c.xlv. Louis monſieur de Neuers,Cheualier de l'Ordre,& Capitaine des Gentilzhōmes de la maiſon du Roy, alla de vie à treſpas en la ville d'Amiens. Audict an mil.v.c.xlv.vers la fin du moys d'Octobre,le Roy enuoya meſſire Francois Oliuier,cheualier, Chancelier de France, & mon-

Mil cinq cens xlv.

Mēſieur le Duc d'Orleans vers l'Empereur.

Preparatifs pour faire guerre aux Anglois, tant par terre que par mer.

Le fort cōmencé deuāt Boulongne.

La mort de mōſieur le Duc d'Orleans.

AA iiij

sieur l'Admiral d'Annebault, par deuers ledict Empereur, lors estât en sa ville de Bruges en Flãdres, de laquelle ils reuindrent tost apres. Aussi au moys de Nouembre dudict an mil v.c.xlv. le Roy enuoya mõsieur Geoffroy de Longueioue, Euesque de Soissons, & maistre Pierre Raymond, premier President de Rouen, iusques en ladicte ville d'Ardre, pour traicter paix auec les Anglois: entre lesquelles villes d'Ardre & Calais se trouuerent & parlamenterent soubs tentes & pauillons, par plusieurs iournees, auec les Ambassadeurs deputez de la part dudict Roy d'Angleterre: & y furent iusques au viij. de Ianuier dudict an ensuyuant, qu'ils se departirent sans pouoir aucune chose cóclure auec lesdicts Anglois. Le v. dudict moys de Ianuier dudict an mil cinq cës xlv. ledict Seigneur du Biez, accõpagné des Côtes de Raincro & du Raingraue, Capitaines Allemans, de quelque petit nombre de gens de cheual, & de trois à quatre mil hômes de pied, se meit à chemin pour aller auitailler ledict fort d'Oultreane, de vins, chairs, farines & plusieurs autres victuailles, desquelles ceulx dudict fort auoyent grand' necessité, dont les Anglois estoyent bien aduertis: & pour ce empescher s'estoyent mis en embusche, assez pres du mont S. Estienne, qui n'est qu'à demie lieue distãte dudict fort, ou apres auoir par eulx laissé passer vne grand' partie desdictes munitions & viures, vindrent furieusement charger sur les conducteurs desdicts viures, dont ils tuerent aucuns, & les autres meirent en fuyte. Ce nonobstant ledict seigneur du Biez ne laissa de marcher vers ledict fort, & de charger sur les ennemis le premier, accompagné seulement de trente ou xxxv. cheuaux: & ce voyans noz Lansquenets chargerët en flans lesdicts Anglois & les rompirent, de sorte que de deux à trois mil Anglois, y furent, que tuez que noyez en la riuiere du pont de Bricque, qui est au dessoubs dudict mont S. Estiéne. Et n'eust esté la nuict qui les separa, il est bien apparent que de cinq à six mil Anglois qu'ils estoyët ne fust eschapé vn seul homme. Au moys de Feurier dudict an mil v.c.xlv. le Roy enuoya le seigneur de Thais en ladicte ville d'Estaples, en Boulonnois (laquelle l'annee precedente auoit esté bruslee, & du tout ruynee par lesdicts Anglois) pour icelle fortifier, & aussi racoustrer & aparfondir le haure d'icelle ville, de sorte qu'vne partie de ses galleres y peussent estre logees en toute saison, & en fit Capitaine & gouuerneur ledict seigneur de Thais. Aussi en ce mesme tëps ordõna le Roy estre faict vn autre fort sur vne haulte montaigne, appelee le mont Hulin, à vn quart de lieue pres ladicte ville de Surene, du costé des Bourguignons: de laquelle montaigne ou mont Hulin, l'on descouure la plus grãd' partie dudict païs de Boulonnois: & ce pendant les Anglois feirent commencer vn fort à Ambletevve, qui est vn petit port de mer, situé à trois lieues pres de ladicte ville de Boulongne, & autant de ladicte ville de Calais. Au commencement du moys de Feurier dudict an mil v.c.xlv. mondict Seigneur d'Enghien, par vn cas fortuit & malheureux, estant à la Roche Guyon, ou le Roy estoit pour lors, se iouant auec les ieunes Princes & Seigneurs de la court, fut tellement blessé d'vn coffre à bahu, qui luy fut ietté sur la teste, d'vne chambre haulte du chasteau dudict lieu de la Roche, que huict iours apres il alla de vie à trespas, audict lieu de la Roche Guyon, qui fut vn grand dommage pour France.

A la fin du moys de Mars mil v.c.xlv. auant Pasques, madame la Dauphine acoucha au chasteau de Fontainebleau de madame Ysabel de France, fille premiere de monseigneur Henry de Vallois, Dauphin de France: dont le baptesme fut differé iusques au Dimenche quatriéme iour de Iuillet ensuyuant mil v.c.xlvj. que ledict Roy d'Angleterre enuoya en France, le Capitaine de Douures, grand Thresorier d'Angleterre, qui la tint sur fons, en la chapelle dudict chasteau de Fontainebleau, auec la Royne de France, & madame Iehãne, Princesse de Nauarre, ses marraines: & tost apres ledict baptesme (qui fut faict par mõseigneur le Cardinal de Bourbon) ledict Thresorier d'Angleterre tomba malade d'vne maladie, de laquelle il alla de vie à trespas en la ville de Paris, au moys d'Aoust ensuyuant, & est inhumé en l'eglise S. Paul.

De la paix faicte & publiee entre les Roys de France & d'Angleterre: & de la mort dudict Roy d'Angleterre.

EN l'an mil.v.c.xlvj. à la fin du moys d'Auril, apres Pasques, le Roy enuoya de rechef mesdicts Seigneurs l'Admiral d'Annebault, le President Raymõd, & maistre Guillaume Bochetel, l'vn des Secretaires de ses commandemens, en ladicte ville d'Ardre, pour traicter de la paix auec ledict Roy d'Angleterre, ou se trouuerent entre icelle ville d'Ardre & Calais, de la part d'iceluy Roy d'Angleterre, Iehan, Vicomte de l'Isle, Baron de Maupas, & de Bomery, grand Admiral d'Angleterre, maistre Guillaume Paget, Cheualier, & Secretaire d'iceluy Roy d'Angleterre, & maistre Nicolas Vvoton, Docteur es droicts, & Doyen des eglises Metropolitaines de Cantorbery, & de Hebrac, ou ils furent iusques au septiéme iour de Iuin ensuyuant, qu'ils feirent, conclurent & accorderent vne paix, laquelle le Roy fit publier par les carrefours de la ville de Paris, le iour de la Pentecoste,

treziéme

Ambassadeurs de France & d'Angleterre, entre Ardre et Calais.

Fortification de la ville & haure d'Estaples, en Boulõnois.

La mort du Seigneur d'Enghien.

Mil cinq cens quarante et six.

La paix publiee à Paris entre le Roy & les Anglois.

treziéme iour dudict moys de Iuin audict an mil cinq cens xlvj. auquel temps fut si grād' cherté de bleds, que le sextier, mesure de Paris, fut vendu douze liures tournois: & ne se trouue es Histoires & Croniques de France auoir esté vendu au parauant plus de neuf liures tournois, dont le pauure peuple eut grandement à souffrir. Apres la publication de ladicte paix se seroit l'armee des François retiree dudict païs de Boulonnois en France: & prindrent noz Allemans le chemin de Brabant & Allemaigne, ou la pluspart d'entre eulx se meirent au seruice de l'Empereur: lequel auoit dressé grād' armee, pour corriger les Protestās & Seigneurs d'Allemaigne. Le sixiéme iour d'Aoust dudict an mil cinq cens xlvj. le tonnerre & fouldre du ciel tomba en la ville de Malynes, en Brabant, au logis du Prince, ou furent bruslez de cinq à six cens caques de pouldre à canon, que ceulx de ladicte ville auoyent preparé pour enuoyer audict Empereur, estant en Allemaigne, comme dict est: & furent bruslees de sept à huict cens maisons, & de seize à dixhuict cens corps, tant hommes, femmes qu'enfans, ars & consummez, qui fut vne grand' pitié. Audict moys d'Aoust, mil cinq cens quarante & six, alla de vie à trespas madame Marie de Luxembourg, Duchesse, douairiere de Vendosmois, grand' mere de monseigneur de Vendosme, aagee de soixante & seize ans, ou enuiron, laquelle a fondé en son viuāt Abbayes, Monasteres, & Hospitaux, & fait beaucoup de biens & aumosnes aux paures. Aussi audict moys d'Aoust audict an, ledict Seigneur d'Anebault, Admiral de France, accompaigné du Seigneur de Canaples, Capitaine des Gentilshommes de la maison du Roy, & de plusieurs autres grands Seigneurs & Gentilshommes de France, alla en Angleterre, ou il ratifia pour & au nom du Roy ledict traicté de paix, par luy faict audict moys de Iuin precedent auec lesdicts Anglois: & ce pendant ledict Roy d'Angleterre enuoya aussi en France ledict Vicomte de l'Isle, grād Admiral d'Angleterre: lequel pour & au nom d'iceluy Roy d'Angleterre, son maistre, ratifia aussi ledict traicté de paix. Au moys de Septembre dudict an mil cinq cens xlvj. le Roy voulut faire faire vn fort audict mont S. Estienne, & vn autre au Portel, distans l'vn de l'autre & de nostredict fort d'Oultreane de demie lieue ou enuirō: mais il en fut empesché par les Anglois de Boulongne, lesquels à vn poinct du iour vindrent chacer les piōniers & castadoux que le Roy y auoit enuoyez: dōt aucuns furent tuez, & quelques autres fort blecez, disant par lesdicts Anglois que par ledict traicté de paix estoit dict que lesdicts Princes ne pourroyent faire nouuelles fortifications, trop bien pourroyent paracheuer celles par eulx encommencees, au parauant ledict traicté. Audict moys de Septembre ensuyuant, monsieur François de Bourbon, Duc d'Estouteuille, & Comte de sainct Paul, aagé de treze ans, alla de vie à trespas. A la fin du moys de Nouembre dudict an mil cinq cens xlvj. le Roy delegua le Seigneur de Hely, frere de madame d'Estampes, le Baron de la Garde, autrement appelé le Capitaine Poullain, & ledict Seigneur d'Estournel, General de Picardie: lesquels se trouuerent au païs de Boulonnois, auec les deputez dudict Roy d'Angleterre, pour bourner le païs de Boulonnois, à eulx delaissé pour quelque temps, depuis la riuiere de Lyaune: mais ils ne se peurent accorder, & alla ledict Seigneur de la Garde, pour ce que dict est, vers ledict Roy d'Angleterre, par le commandement du Roy. Audict moys de Nouembre audict an, ledict Roy d'Angleterre fit mettrre prisonnier en la tour de Londres ledict Duc de Norfort, & Milort Sorel, son fils aisné, chargez d'auoir conspiré alencontre dudict Roy d'Angleterre, & de son fils vnique Edouard, Prince de Galles. Au moys de Ianuier ensuyuant ledict Roy d'Angleterre alla de vie à trespas l'an quaratiéme de son regne, delaissant ledict Edouard, Prince de Galles, aagé de neuf ans, ou enuiron, fils vnique de luy & de sa troisiéme femme, & Marie d'Angleterre aussi sa fille vnique, de Katherine d'Espaigne, sa premiere femme, tāte maternelle de l'Empereur, aagee de trente & quatre ans, ou enuiron, delaissant aussi pour douairiere d'Angleterre Marie de Cleues, sa quatriéme espouse, & vne autre Dame dudict païs d'Angleterre, qui estoit sa cinquiéme féme & espouse: & eut le Roy certaines nouuelles de ladicte mort par son Ambassadeur, le septiéme de Feurier ensuyuant, audict an mil cinq cens quarāte & six, le Roy estant à sainct Germain en Laye. Le treziéme iour de Mars audict an mil cinq cens quarante & six, allerent de vie à trespas deux tresdoctes & scauās hommes, es langues Hebraique, Grecque & Latine: à scauoir maistre François Vatable, natif du païs de Picardie, lecteur du Roy à Paris en ladicte langue Hebraique, & Iaques Tusan, aussi lecteur du Roy en ladicte ville en langue Grecque: lesquels auoyent tous deux en vn mesme iour entrepris ceste charge, & en mesme iour decederent, fort plaincts & regrettez de toutes gens de lettres. Au lieu dudict Vatable fut subrogé pour lire en icelle langue Hebraique, maistre Bertin le Compte, natif de la ville d'Estaples, sus la mer, en la Comté de Boulonnoys, homme tresexpert en ladicte langue: & en la place de Tusan fut mis par l'election des plus scauās de ce royaume, maistre Adrian Tournebus, natif d'Andely en Normandie: si que lon peut dire, que tels successeurs ne degenerent en rien de leurs predecesseurs.

Grād' cherté de bled en France.

La fouldre du ciel tōbee en la ville de Malines

La ratification de la paix.

La mort de Hēry, huictiéme, Roy d'Angleterre.

Hommes doctes es langues Hebraique, Grecque, & Latine.

LES CHRONIQVES ET ANNALLES DE FRANCE

Du trespas du Roy François, premier du nom, de ses obseques & funerailles: ensemble de feu monseigneur le Dauphin, & du Duc d'Orleans, ses enfans.

Mil v.cés xlvi.

LE Ieudy xxxj. & dernier iour dudict moys de Mars audict an mil cinq cens quarante & six, auant Pasques, le Roy estant au chasteau de Rambouillet, aggraué de longue maladie, laquelle se termina en flux de ventre, appelee dissentere. Apres auoir instruict des affaires du royaume, son fils vnique Henry, Dauphin de Viennois, recommandé ses fideles Seruiteurs & Officiers, demandé & receu tous ses derniers Sacremens de saincte Eglise, entre vne & deux heures apres midy audict iour, rendit son esprit à Dieu: Et le lendemain son corps embaulmé fut mis en boys & plomb, puis porté en l'Abbaye de Haultebruyere, pres ledict Rambouillet, ou il fut iusques au Lundy de Pasques, xj. iour d'Auril ensuyuant mil v.c.xlvij. qu'il fut porté au pont S. Cloud, en la maison de

Mil v.c.xlvii.

l'Euesque de Paris, ou il fut gardé iusques au Samedy xxj. de May audict an, qu'il fut porté dudict lieu de S. Cloud, en l'eglise nostre Dame des Champs, es faulxbourgs de Paris, ou le Roy Henry ij. du nom, à present regnāt, meu de charité fraternelle, fit aussi apporter les corps de feu monseigneur, son frere aisné, François, Dauphin de Viennois, Duc de Bretaigne par la succession de la feue Royne Claude, sa mere, decedé à Tournō sur le Rosne, des le dixieme iour d'Aoust mil cinq cens xxxvj. & de feu monseigneur Charles, son frere puisné, en son viuant Duc d'Orleans: lequel trespassa en l'Abbaye de Forestmonstier, pres Abbeuille, le ix. iour de Septembre mil cinq cens quarante & cinq: duquel lieu il auoit esté incontinent transporté & conduict en l'Abbaye de sainct Lucian, lez Beauuais, ou il estoit aussi tousiours demeuré, & iusques au Dimenche ensuyuant, xxij. iour dudict moys de May, audict an mil cinq cens xlvij. qu'ils furent aussi apportez en icelle eglise de nostre Dame des Champs: d'ou ils furēt leuez ce mesme iour, enuiron l'heure de midy: & portez auec le corps du feu Roy leur pere, en l'eglise nostre Dame de Paris: ou furent faictes leurs obseques par monseigneur le Cardinal du Bellay, Euesque de Paris, selon qu'il est accoustumé en tel cas: mais en la plus grande magnificence & pompe funebre dont iamais on ouit parler. Et le lendemain Lundy xxiii. iour dudict moys de May, aussi enuiron l'heure de midy, les processions, & tous autres estats, tant de la ville de Paris, que de la Court, & suytte du Roy, Princes, Cardinaux, Archeuesques, Euesques, & tous autres notables personnages partirent de ladicte eglise nostre Dame de Paris, porterent & conduyrent les corps des trois Princes dessus nommez, iusques en l'eglise & Abbaye de sainct Denis en France: ou le lendemain Mardy xxiiii. iour d'iceluy moys de May, apres leurs obseques & seruices, furent mis & inhumez en la fosse & voulte preparee pour lesdicts trois corps: & ce par monseigneur le reuerendissime Cardinal de Bourbon, Abbé de ladicte Abbaye S. Denis. Dieu vueille auoir pitié & mercy de leurs ames.

Du Roy Henry, deuxiéme du nom.

PAr le trespas d'iceluy Roy François (auquel, par son cry faict en la grand' salle du Palais, & aux carrefours de ladicte ville de Paris, fut baillé tiltre de Prince, clement en Iustice, pere & restaurateur des bons Ars & sciences) succeda à la couronne de France sondict fils vnique, Henry deuxieme du nom, à present regnant. De l'ordonnance verballe, duquel & incontinēt apres le deces de sondict pere, sçauoir est le Mardy, v. iour d'iceluy moys d'Auril, audict an mil cinq cēs xlvi. auāt Pasques, fut faict Edict, & publié ce mesme iour, par les carrefours de sainct Germain en Laye, ou il estoit lors, contenāt inhibitions & defenses à toutes personnes de quelque estat, qualité, ou condition qu'ils fussent, de ne renyer, maulgreer, depiter, blasphemer, & faire autres villains & detestables sermēs, contre l'honneur de Dieu, & de sa tressacree mere, & de tous les Saincts & Sainctes de paradis, sur les peines indictes & contenues en iceluy Edict.

E dict fait par le Roy Henry, ii. contre les blasphemateurs du nom de Dieu.

En l'an ensuyuant mil cinq cens quarante & sept, fit le Roy aussi plusieurs autres Edicts & Ordonnances, tant sur la reformation d'aucuns draps, toilles d'or & d'argent, orfeureries, canetilles, broderies, que sur le reiglement de ses finances, police des pauures, suppression des offices de nouuel erigees, & sur le faict des eaues & forests, le tout au grand entretien de sa Iustice, & soulagement de son peuple.

Pendant ce temps, l'Empereur estant es Alemaignes, empesché alencontre des Princes, villes capitalles, & Imperialles d'iceluy païs, pour les reduire à la foy & vnion de l'Eglise, pour

captifs les Ducs de Vvictemberg, & de Saxe, auec Lantgraue de Heſſen, & leſdictes citez qui a-
uoyẽt pris les armes cõtre luy, mulcta de grãdes ſommes de deniers, pour employer à ſes affaires

L'entree, Sacre & couronnement du Roy Henry, deuxiéme du nom, en la ville de Reims.

EN ce temps, le Roy ayant deliberé de proceder à ſon Sacre, & couronnement, fit apporter deuers ſa maieſté, en ſon chaſteau de ſainct Germain en Laye, les ornemens eſtans en garde en l'Abbaye ſainct Denis en France, deſtinez aux ceremonies en tel cas requiſes : & à raiſon qu'il les veid iauſez, par longue antiquité, & pour auoir ſeruy à pluſieurs Roys, ſes predeceſſeurs, ſadicte maieſté en fit refaire de tous neufs, de precieuſe matiere, enrichie de treſexcellente broderie. Ce faict, procedant ledict Seigneur à l'effect de ſon Sacre & couronnement, le Lundy xxv. iour du moys de Iuillet, mil cinq cens quarante & ſept, apres auoir receu l'obeiſſance, offres, & requeſtes des habitans de Reims en Champaigne, fit ſon entree en icelle ville : ou le lendemain Mardy xxvj. iour dudict moys de Iuillet, ſa maieſté fut oingte, ſacree & couronnee en la grand' Egliſe metropolitaine, en la maniere acouſtumee : & ce par monſeigneur le Cardinal de Guyſe, Archeueſque & Duc de Reims, Pair de France: & ſeiourna ledict ſeigneur Roy, en la ville iuſques au Vendredy enſuyuant, xxix. dudict moys, qu'il en partit pour aller à ſainct Marcoul, ainſi que ont de tout temps de bonne & ancienne couſtume ſes predeceſſeurs Roys de France. *Mil cinq cens quarãte et ſept.*

Incontinent apres ſa maieſté vint faire ſon entree en la ville de Compiegne, qui fut au moys d'Aouſt, audict an mil cinq cens quarante & ſept. Durant lequel moys ſon plaiſir fut d'aller viſiter & faire ſes entrees en ſes villes & places de Picardie: ou ſes ſubiects le receurent à grand' ioye: ſcauoir eſt, à Amiens, Abbeuille, Moſtreul ſur la mer, & autres. Puis alla viſiter les Forts, qui depuis la reddition de Boulongne ont eſté faicts & commencez, pres ladicte ville, & en la Comté de Boulonnois: ou il meit & laiſſa garniſon de quatre mil Lanſquenets, qu'il a touſiours depuis entretenuz à ſa ſoulde, oultre & par deſſus le nombre des ſouldats de ſes vieilles bendes, eſtans en iceulx Forts. Auſſi fut viſiter ſes villes d'Ardres, Therouenne, Hedin, Dourlan, & Corbie: ou ſes ſubiects, habitans d'icelles, feirent tout ce qui eſtoit en eulx, pour le receuoir en toute humilité : & dela (paſſant par la ville de Mondidier) retourna à Compiegne, ou il auoit laiſſé la Royne ſon eſpouſe. *Le Roy en Picardie.*

Le xxviii. iour du moys de Nouembre audict an, fut publié en la court de Parlement à Paris, l'Edict faict par le Roy, au moys d'Octobre precedent: par lequel eſt dict & ordõné, qu'aucuns officiers du Roy en eſtat d'Aduocats & Procureurs, es Preuoſtez, Bailliages, & Seneſchaucees de ſon royaume ne pourront doreſnauãt eſtre promeuz es charges ordinaires de Preuoſts, Maieurs, Eſcheuins, ou autres tels eſtats de ville, ſur les peines declarees en iceluy Edict. *Les officiers du Roy, Aduocats, Procureurs, Seneſchaux, Baillifz, ne pourront eſtre Maires, ny Eſcheuins des villes.*

Au moys de Decembre enſuyuant mil cinq cens quarante ſept, la Royne, eſtant à Fontainebleau acoucha de ſa ſeconde fille: qui fut ſolennellement baptiſee en la chapelle dudict lieu, & nommee Claude. Ses parrains & marraines furent vn delegué par meſſieurs des Cantons de Suiſſe: Madame Marguerite de France, ſœur vnique du Roy: & Madame Iehanne, Princeſſe de Nauarre.

Le Samedy x. dudict moys de Decembre audict an mil cinq cens quarante & ſept, enuiron les deux heures du matin, ſe rompit par le milieu, tout du long, le pont S. Michel, à Paris : de ſorte que tout le flanc qui regarde vers l'hoſtel Dieu, & petit Chaſtelet, fut perdu, & en tomberent les maiſons dedans la riuiere de Seine: & ce par les grandes inundations qui ſuruindrent en ce temps: toutesfois par ceſt accident, combien qu'il aduint de nuict, n'y eut aucun des habitans deſdictes maiſons tué, ne noyé. *Mil v.c.xlvii. La cheute du pont S. Michel, à Paris.*

Le cinquiéme iour de Ianuier audict an, furent publiees en la court de Parlement à Paris, les lettres patentes du Roy, par leſquelles il auoit erigé la Comté d'Aumalle en Duché, & Pairie de France: dont a eſté faict premier Duc & Pair, Monſieur Francois de Lorraine, fils aiſné de monſeigneur le duc de Guyſe. *La comté d'Aumalle erigee en Duché.*

Au moys de May mil cinq cens quarante & huict, le Roy & la Royne, accompaignez de pluſieurs Princes & Seigneurs de Frãce, feirent leur entree en la ville & cité de Troye en Chãpaigne, ou ils furent honorablement, magnifiquement, & à grand' ioye receuz, & feſtoyez de leurs ſubiects habitans de ladicte ville. *Mil v.c.xlviii.*

En ce meſme temps ſortit vn Loupceruier de la foreſt d'Orleans, au païs de Berry, fort cruelle beſte, & ſemblable à celle qui en la ſaiſon d'eſté de l'an mil cinq cens quarante & ſix, ſortit auſſi de la foreſt de la Neufuille en Hez, au Comté de Clermont en Beauuoyſis, qui feirent innumerables maulx eſdicts païs, par ce qu'elles y mutilerent, tuerent, & mangerent plu- *Nota.*

sieurs personnes, tant hommes, femmes, filles, qu'enfans: de sorte que nul n'osoit aller à ses negoces, sans grand peril & danger de sa personne, s'il n'estoit bien acompaigné.

Aussi en cedict moys de May mil cinq cens quarante & huict, plusieurs Gentilshommes Francois, Italiens, & d'autres nations, s'embarquerent en Bretaigne, & Normandie, pour aller en Escosse, au secours & aide des Escossois, ausquels les Anglois, leurs anciens ennemis, faisoyent tresforte guerre: & arriuerent audict païs d'Escosse, deuant la ville de Dompbar, le douziéme iour de Iuin ensuyuant, soubs la conduicte du seigneur d'Esse, Couronnal des gens de cheual: du seigneur Pietro Strossy, parent de la Royne, Coronal des Italiens: ensemble du seigneur d'Andelot, Coronal des gens de pied Francois: du Comte Raingraue, Coronal des Allemans: du Prieur de Cappoa, Coronal des galleres Francois: & autres Capitaines, & gés de nom, ou ils feirent plusieurs beaux faicts de guerre, & de grands dommages ausdicts Anglois.

Guerre en Escosse.

D'autrepart le seigneur de Chastillon fut au temps dessusdict enuoyé par le Roy au païs de Boulenoys, ou il commença à bastir & construire vn nouueau fort, situé pres & sur le hault du haure de la ville de Boulongne sur la mer, vis à vis de la tour d'Ordre: ou tost apres fut mis bon nombre d'Artillerie, munitions, & gens de guerre en garnison: dont les Anglois n'estoyent gueres contens, & le voulurent empescher pour quelque temps, qui fut cause que Francois & Anglois coururent, & s'entrepillerent les vns les autres, aux enuirons de Boulongne, Guynes & Ardres, ou furent plusieurs gens tuez des deux parties: toutesfois cela fut tost appaisé à la requeste & poursuitte de l'Anglois, qui ne se sentoit le plus fort.

vn fort fait par le seigneur de Chastillon, contre les Anglois, deuant Boulongue.

Debat entre les Escoliers de l'Vniuersité de Paris, & les Religieux de S. Germain des Prez, pour raison du Pré aux Clercs.

Mil cinq cens xlviii.

AV commencement du moys de Iuillet audict an mil cinq cens quarante & huict, s'esmeut debat entre les Escoliers de l'Vniuersité de Paris, & les Abbé & Religieux de sainct Germain des Prez, ioignant icelle ville, pour raison de ce que lesdicts Escoliers maintenoyent qu'à eulx appartenoit de tout temps immemorial, vn lieu appelé le Pré aux Clercs, à eulx donné & confirmé par plusieurs Roys de France: partie duquel Pré lesdicts Abbé & Religieux auoyent baillé à cens, à diuers personnages, qui dessus auoyent fait & basty plusieurs maisons & edifices, appliqué le surplus en voyeries, & apporté immundices, chose que lesdicts Escoliers ne vouloyent souffrir ny permettre, disans que ledict Pré leur auoit esté donné par iceulx Roys de Frãce, pour eulx esbatre, & recreer apres l'estude, & qu'ils en auoyent iouy de toute ancienneté: Parquoy s'assemblerent en grand nombre, & auec eulx s'entremeslerent plusieurs gens vagabonds, qui se transporterent sur la piece litigieuse, ou ils abbatirent & desmolirent par force plusieurs belles maisons & edifices, par especial, les murailles d'vn clos de vigne, qu'auoyent fait faire lesdicts Religieux. Et sans se contenter de cela, arracherent les vignes, & arbres fruictiers estans dedans ce clos, & plusieurs autres iardinages, ou ils feirent de grands exces, disans qu'ils vouloyét garder leur possession & iouissance. Pour faire cesser lesdicts oultrages, furent enuoyez par messeigneurs de la court de Parlement, l'vn des Preuosts de l'hostel du Roy, nommé Genton, les Lieutenant criminel, & Cheualier du Guet de la ville de Paris, pour appaiser ladicte emotion. ce qui ne fut faict sans mort & naureure de plusieurs personnages. Au moyen dequoy ladicte Court, pour obuier à plus grands inconueniens qui s'en eussent peu ensuyuir, enioignit au Recteur, & maistres de ladicte Vniuersité: & pareillement ausdicts Abbé & Religieux dudict sainct Germain des Prez, d'apporter leurs lettres & tiltres, pour iceulx par elle veuz, leur faire droict & briefue Iustice. Suyuant laquelle inionction, le Mardy dixiéme de Iuillet audict an mil cinq cens quarante & huict, present à ce ledict Recteur, accompaigné de plusieurs notables personnages de ladicte Vniuersité, fut la cause plaidee pour les Escoliers, & lesdicts Religieux de sainct Germain des Prez. Finalement par arrest donné entre les parties, elles furét par ladicte Court reiglees, selon leurs lettres & tiltres anciens, & commis pour executer l'arrest, borner & limiter les lieux, deux Conseillers de ladicte Court: lesquels pour ce faire se transporterent par plusieurs iours sur lesdicts lieux, en la presence du Recteur, & plusieurs gens de bien de ladicte Vniuersité: Au moyen dequoy le debat & discord s'appaisa.

Le Roy en Bourgongne.

Audict moys de Iuillet mil cinq cens quarante & huict, le Roy voulut aller visiter ses païs de Bourgongne, & villes frontieres des enuirõs: esquelles, en passant, il fit son entree en triumphant & sumptueux appareil: comme à Dyion, Beaulne, Langres, Auxonne, Bourg en Bresse & autres villes desdictes frontieres. Apres lesquelles visitees, le Roy partit pour aller veoir la Sauoye, & païs de Piedmont: & fit semblablement son entree en la ville de Turin, qui est la capitalle dudict païs. Cela faict, & apres auoir congnu la fidelité & amour que ses subiects, en Sauoye,

DV ROY HENRY, DEVXIEME DV NOM.   Fueil.cxlv.

en Sauoye, & Piemont, auoyent enuers sa maiesté: iceluy Seigneur se retira en sa noble ville, & cité de Lion : en laquelle il fit son entree le Dimenche xxiij. iour de Septembre ensuyuant audict an mil cinq cens quarante & huict.

L'entree du Roy & de la Royne en la ville de Lion.

E**T fut ceste entree assez magnifique & superbe, pour estre parangônee aux triô- phes des Scipions, Pompees, & Cesars, tant ventez aux histoires Rommaines: Car oultre la pompeuse sumptuosité des Portaux, Arcades, Obelisques, Téples, Perspectiues, Coulonnes, & Theatres, enrichis d'vne infinité de figures: les vnes esleuees en bosse, les autres couchees en platte painctures, & ornees de deuises, grotesques, escriteaux, & festons, erigez & bastis en irreprehensible symetrie d'Architecture, semees dru par les rues & places de ladicte ville de Lion depuis le faulxbourg de Vaise iusques au logis de l'Archeuesché: Oultre la magnificence des riches tapisseries, faisans tresagreables bordures es maisons assises de part & d'autre des rues, gracieusement ombragees de ciels de delices toilles estendues par dessus: Oultre la chace du Lion, pris par Diane, acôpagnee de ses Nymphes, dedans l'artificielle forest, & presenté au Roy & à la Royne: par elle receut l'vn & l'autre par vn dizain aussi gracieusement prononcé, que furent bien ouys, & mieux receuz les quatrains aussi recitez par Naptune & Pallas, deuant la Perspectiue du Change. Les mestiers & Artisans, les enfans de ville à pied & à cheual, & les Conseillers & Escheuins de ladicte ville espargnerent tant peu les draps d'or, d'argent & de soye, les guypures, recamures, pourfilure, & canetilles, les boutons, fers iaserans, & bordures d'or, en leurs vestemés, caparassons de cheuaux, habillemés de laquais: & enrichissemés d'iceulx, que les natiôs Luquoise, Florentine, Milannoyse, & Alemâde, n'eurent moyen de les surpasser en brauade: côbien que de toutes ces susdictes choses elles fussent prodigalement liberales. Mais encor que les enfans de ville, & nations, eussent retenu les spectateurs en admiration grande, tant du pris & beauté de leurs acoustremens, que du nombre & allegresse des cheuaux, Genets, Turcs, & Barbres, qu'ils menoyêt: toutesfois le Roy, les Princes, & leurs maisons passant apres, feirent veoir à ceulx qui les regardoyent, que tous les Phrygions de la grand' Troye eussent esté empeschez de côpartir en toute leur vie toutes les couleurs ensemble tant proprement & richement, comme les brodures de Lion, en moins de deux moys contreposerent le blanc & le noir sur les acoustremens du Roy & des Princes, & aux croissans, chiffres, & fueillages, des housses, capparassons, & harnois de leurs cheuaux. La magnificence du festin & du bal fut sumptueuse: le combat des Gladiateurs fut superbe, l'appareil & l'action de la Comedie furent merueilleusement ingenieux: mais, sur tout fut magnifique la Naumachie des Galleres, representee sur la Saone, auec grand' compagnie de Fustes, Brigantins, Galliots, & Gondoles, suyuâs deux Galiaces Capitainesses: tellement painctes, pannoncellees, enrichies, & garnies de souldats, braues & fors, que les voiles de pourpre, les rames d'argent, la pouppe d'or du nauire de Cleopatra, ne leur eussent sceu faire honte singulierement accostees au Bucentaure, faict pour la maiesté du Roy & de la Royne. La structure, forme, paincture, & precieuse enrichissure, duquel fut autant agreable aux regardans, comme fut esmerueillable au Roy, aux Princes, aux Dames & aux Seigneurs: la table chargee d'infinies sortes de confitures, descendant en vn instant du lambris de la salle du bal, bastie dans ledict Bucentaure, & la Sommellerie toute preste, montant de la carene du basteau, comme si les Dieux celestes & terrestres eussent miraculeusement enuoyé de hault & de bas la collation aux assistans. En somme fut la brauade & magnificence de ladicte entree tant grande, que la posterité, lisant le liure qui en a esté faict, s'en esmerueillera beaucoup plus tost qu'elle ne le croira.

Le lédemain vingtquatriéme dudict moys fut faicte toute pareille entree à la Royne Catherine, sa compaigne : Puis à tous deux furent faicts de tresbeaux & riches presens, par les Bourgeois & Nobles de la ville. En laquelle le Vendredy xxviij. dudict moys de Septembre, le Roy celebra le chapitre des Cheualiers de l'ordre S. Michel, qui de long temps n'auoit esté celebré en France: & estoyent tous vestuz, tant le Roy que lesdicts Cheualiers de l'ordre, d'vn grand manteau rond iusques à terre, tout de drap d'argent : & portoyent par dessus vn chapperon de velour cramoisy à bourlet, côme portent les Aduocats en Parlement. Monsieur le Cardinal de Guise, côme Chancelier dudict Ordre, aussi vestu par dessus son roquet d'vn pareil manteau de velour blanc, son chapperon de velour cramoisy rouge, & les Huissier, Greffier, & maistre des ceremonies de semblables manteaux de satin blanc, & chapperôs de satin cramoisy rouge.

Mil cinq cens xlviij.

L'entree de la Royne à Lion.

Le chapitre des Cheualiers de l'ordre S. Michel celebré par le Roy.

BB

LES CHRONIQVES ET ANNALES DE FRANCE.

Commotion de la commune du païs & Duché de Guyenne, pour raison de la gabelle du sel, & de l'Arrest contre eulx donné.

Mil cinq cens quarante & huict.

LE Roy estant en ladicte ville de Turin, fut aduerty des rebellions, seditions, & assemblees des communes de ses païs de Xaintonge, Angoulmois, Poictou, Lymosin, Perigort, & autres endroicts du Duché de Guyenne, voulans empescher l'executiõ des Edicts faicts sur la perception de ses droicts de Gabelle du sel : Lesquelles cõmunes auroyent enuoyé remonstrer audict Seigneur, que chacun d'eulx estoit prest de se retirer en sa maison, pourueu que le bon plaisir de sa maiesté fust leur pardonner leur faulte, en vsant de misericorde. Surquoy ledict Seigneur par ses lettres patentes auroit euoqué & retenu à sa personne la cognoissance desdictes rebellions, & seditions, à la charge que les communes & peuples dessusdicts seroyent tenuz d'eulx separer, & retirer chacun en leurs maisons, & de remettre les armes es lieux ou il les auroyēt prises : & ou ils n'obeiroyent & satisferoyent à ce que dessus, ains perseueroyent esdictes assemblees & commotions, lesdictes lettres seroyent de nul effect. Et pource qu'icelles cõmunes auroyent continué de mal en pis, ledict Seigneur auroit esté contrainct enuoyer au païs de Guyenne grand nõbre de gens de cheual & de pied, soubs la charge & conduicte de monsieur le Duc d'Aumalle, & de monsieur le Connestable, qui seroyent entrez esdicts païs : mesmement ledict seigneur Connestable, en la ville de Bordeaux : en laquelle lesdicts gens de commune auroyent peu parauant tué inhumainement le seigneur de Monnengs, Lieutenant du Roy de Nauarre, Gouuerneur pour le Roy d'icelluy païs de Guyenne. Pour raison desquels exces, ledict seigneur Connestable auroit fait

Punition des mutins du païs de Guyenne.

publiquement punir du dernier supplice plusieurs desdicts rebelles & sedicieux en ladicte ville: & au surplus dict, & ordonné par sa sentẽce, ou arrest, que la maison commune de ladicte ville de Bordeaux, seroit rasee, & demollie : & qu'en ce lieu seroit edifiee vne chapelle, pour faire le seruice diuin du feu seigneur de Monnengs, tué meschamment en ladicte ville de Bordeaux (comme dict est) Et oultre furent les Iurats auec six vingts hõmes du Conseil de ladicte ville, condamnez à aller auec plusieurs autres Bourgeoys deuāt le logis dudict seigneur Connestable, ayans la teste nue, & chacun d'eulx tenant en la main vne torche allumee, eulx habillez en dueil : ou estans arriuez, se meirent à genoulx, demandans pardon à Dieu, au Roy, & à Iustice, criās Misericorde. Et de là allerēt en l'eglise des Carmes de ladicte ville, ou fut enleué le corps dudict seigneur de Monnengs, & par les dessusdicts porté en l'eglise de S. André audict Bordeaux, ou il fut inhumé au chœur : & là est ordonné, que tous les ans sera faict seruice solennel, tant à l'eglise qu'à ladicte chapelle, ou assisterõt douze des plus notables Bourgeoys de ladicte ville. Oultre, furẽt iceulx habitans priuez à iamais d'auoir droict de Communauté, & Iurisdiction, Iurats, Conseillers, Bourses, Cloches, Artillerie, ny armes, soit en particulier, ou en general, sur peine de confiscation de corps & de biens. Et oultre ce furent leurs priuileges bruslez en leurs presences : & eulx condamnez à faire fortifier les deux chasteaux de ladicte ville à leurs despẽs, iceulx auitailler pour vne fois de toutes choses necessaires, & les renouueller d'an en an : Aussi d'entretenir & auitailler deux Barques de toutes choses necessaires, pour la tuitiõ & defense de ladicte ville : Pareillement, de rembourser le Roy de tous les fraiz faicts pour l'armee qu'il auoit conuenu à sa maiesté enuoyer audict païs (à raison de ce que dict est) iusques à la misericorde d'iceluy Seigneur : selon que plus à plain le contient ledict Arrest, prononcé à Bordeaux de par ledict seigneur Connestable, le xxvj. iour d'Octobre mil cinq cens xlviij.

Mariage de monseigneur le Duc de Vẽdosmois auec la fille du Roy de Nauarre.

Audict moys d'Octobre. m.v.c.xlviij. le Roy fit son entree en la ville de Moulins en Bourbonnois: ou fut magnifiquement celebré le mariage de mõseigneur Antoine de Bourbon, Duc de Vendosmois, Pair de France, & de madame Iehanne d'Albret, Princesse, & fille vnique de mõseigneur Henry d'Albret, Roy de Nauarre, & de madame Marguerite de France, sœur vnique du feu Roy Francois, que Dieu absolue : qui fut au grand desir & cõtentement du peuple de France.

Defenses de ne porter haquebuttes ne pistollets.

Le xxv. iour de Nouembre audict an. m.v.c.xlviij. le Roy par ses lettres patentes, donnees à S. Germain en Laye, suyuant autres lettres expediees par le feu Roy Francois, premier de ce nom, fit reiterer les defenses de ne porter Haquebuttes ne Pistollets, soubs les peines inditttes par icelles lettres dudict feu Roy Francois, en datte du seizième iour de Iuillet, m.v.c.xlvj.

Defense de ne bastir es faulxbourgs de Paris.

Le xvij. iour de Ianuier, audict an. m.v.c.xlviij. fut aussi publié & enregistré en la court de Parlement, à Paris, autre Edict faict par le Roy au moys de Nouembre, en icelle annee, par lequel est inhibé & defendu à toutes personnes, de quelque estat, qualité, ou condition qu'ils soyent, de ne plus bastir de neuf es faulxbourgs de la ville de Paris, de toutes pars, sur peine de confiscation du fonds & du bastiment, pour les causes à plain contenues & declarees es lettres patentes sur ce donnees par sa maiesté.

Le Dimenche

DV ROY HENRY, DEVXIEME DV NOM. Fueil.cxlvj.

Le Dimenche troisiéme iour de Feurier audict an mil cinq cens quarante & huict, la Roy- *Natiuité de mõseigneur le duc d'Orleans à s. Germain en Laye.*
ne, estant à sainct Germain en Laye, acoucha d'vn beau fils, qui fut nommé Louis, Duc d'Orleans: & baptizé en l'eglise du chasteau d'iceluy sainct Germain, le dixneufiéme iour de May
l'an mil cinq cens quarante neuf ensuyuant: Furent ses parrains Dom Constantin, delegué à
ce faire par Dõ Iehan, Roy de Portugal, auec monseigneur le Duc Guise, tenant le lieu en cest
endroit de monseigneur le Duc de Ferrare : & marraine madame la Duchesse d'Aumalle, en
l'absence de la Royne, douairiere d'Escosse.

L'entree du Roy & de la Royne, à Paris: auec le Tournoy faict audict lieu, pour la celebration de leur ioyeux aduenement.

EN ce temps, le Roy estant en son chasteau de S. Germain en Laye, auec la Royne, Princes, Princesses, & Seigneurs de sa Court: & pouruoyãt à ses affaires, delibera faire son entree, en armes, en sa ville de Paris, capitale de son royaume : & de faict fit publier icelle le Lundy, huictiéme iour d'Auril, mil cinq cens quarãte & huict, au quinziéme de May ensuyuãt: comme aussi le premier iour d'Auril, audict an, il auoit par ses Heraux d'armes fait publier par les carrefours de sadicte ville de Paris les articles du Tournoy, entrepris pour la solennité de son tresheureux couronnement, & triumphante entree, de luy, & la Royne, sa compaigne, pour ouurir le pas d'iceluy au premier iour de Iuin ensuyuant: mais, pour certains affaires suruenus, fut ladicte entree differee iusques au seiziéme iour de Iuin, mil cinq cens quarante & neuf: & par mesme moyen l'ouuerture du Tournoy remise au vingtroisiéme iour dudict moys de Iuin, audict an. Et pendant que chacun se preparoit en son endroit, pour receuoir, accompaigner & assister à sa maiesté, en l'ordre & equipage requis, il partit auec la Royne, & toute sa Court, de S. Germain en Laye, pour venir faire la feste de Pentecoste en la ville sainct Denis en France: en laquelle il fut honnorablement receu par le reuerendissime Cardinal de Bourbon, Abbé dudict lieu, & de tous les habitans d'icelle ville: & led ct iour de Pétecoste toucha les malades, au cloistre de l'Abbaye, ainsi qu'auoyent acoustumé de faire ses predecesseurs Roys de France. *Mil cinq cens xlix.*

Le Lundy de Pentecoste, dixiéme de Iuin audict an, fut tressolennellemẽt celebree la messe dedãs le chœur de ladicte Eglise, par ledict seigneur reuerẽdissime Cardinal de Bourbon: à laquelle, sus eschaffaux expressément dressez & preparez, assisterent tous les Princes, Ducs, Comtes, Barõs, Seigneurs, & Gentilshõmes de la Court, auec Cardinaux, Archeuesques, Euesques, Abbez, & Prelats, en grãd' pompe & magnificence: & sus autres eschaffaux, richemẽt acoustrez, furent aussi presentes madame Marguerite, sœur vnique du Roy, & toutes les Princesses, Duchesses, Comtesses, vestues de leurs manteaux de velous violet, & de leurs courõnes triumphales, pour faire honẽur à la Royne: laquelle sus vn eschaffault au mylieu du chœur, fut en grand magnificence courõnee durãt ladicte Messe, auec armonieuse melodie de Musique, & applaudissement du grand nombre de peuple affluant, tant pour la pompe dudict couronnement, que pour les pardons de planiere remission, octroyez pour cedict iour par nostre sainct Pere le pape Paul, tiers de ce nom, pour l'extirpation des pullulantes heresies, augmentation de la Foy, vnion des Princes, & estats de la Chrestienté. *Le courõnemẽt de la Royne à sainct Denis en France.*

Le Roy & toute sa court demoura à sainct Denis, & lieux circonuoysins, iusques au xvj. iour dudict moys de Iuin, audict an, qu'il vint loger au Prieuré sainct Lazare, lez Paris: là ou se presenta sa maiesté sus vn grand eschaffault, dressé au deuant dudict Prieuré, richement tapissé, & couuert autour du siege de sadicte maiesté, de ciel & tapis de drap d'or frizé: ou il ouit les harengues & gratulations des estats de sa ville de Paris, le venans l'vn apres l'autre saluer, & receuoir, en triomphant ordre & magnificence : puis les harengues finies proceda à l'ordre de son entree, en armes. La magnifique excellence, laquelle fut telle, que peult mieulx iuger celuy qui la veue à l'œil, qu'autre qui en puisse lire la forme descrite : car, encor que la fanterie fust braue, & en grand nombre : comme aussi fut l'Artillerie, qui fit vn continuel tonnerre, pendant que sa maiesté passa : bien que tous les estats de Paris, singulierement les enfans de ville à cheual, fussent en leurs dorures, acoustremens, & cheuaux tant braues, que l'esbahissement des regardans en surmontast l'expectation : combien que l'ingenieuse elegance des Portaux, Spectacles, Arcs triomphaux, & de leurs statues, deuises, & enrichisement, rauissent le spectateur en admiration de l'antiquité, doctement renouuellee : neantmoins la maison du Roy, en armes, & sa maiesté d'icelle ornee, & enuironnee, meslerent tant de merueilles parmy le plaisir des entẽtifs à veoir, qu'ils se trouuoyent empeschez de laisser l'estonnement, pour se renger à la ioye. Aussi à la verité les plus aguerris & experimentez au faict des armes, *L'entree du roy à Paris.*

BB ij

voyans paſſer vn grand nombre de Pages, veſtus de drap d'or & d'argent, la pluſpart cheuauchans Genets, Turcs, & cheuaux de royaume, harnachez de meſmes, ſelon les couleurs de leurs maiſtres: deſquels ils portoyent l'armet en teſte, les gantellets aux mains, & les lances painctes, & pannoncelees de blanc & noir, ſur les cuiſſes : regardans ſuyure les Gentilshommes de la maiſon du Roy, tant bien armez, montez, capparaſſonnez, & bardes, oyans tant de trompettes, clerons & doulcines, moderantes l'aſpreté de l'Artillerie, plus que tonnante : contemplans en fin la maieſté du Roy, couuerte deuant & derriere des Princes, Cheualiers de l'Ordre, Officiers de ſa maiſon, Gentilshommes de ſa chambre, & de ſes quatre cens Archers, auec les cēt Suiſſes, tant diaprez, & capparaſſonnez d'armes dorees & grauees, de draps d'or & d'argēt, broderies, pierreries, perles & pennaches, voltigeans ſus tant remuans cheuaux, & adroicts, s'eſtonnoyent de veoir tant de Princes, Gentilshommes, Capitaines, & hommes d'armes, vaillās, puiſſans, & braues, en extremité de ſuperbe magnificence, dedans le clos d'vne ville.

L'entree de la Royne à Paris. Et ſi ceſte entree en armes donna eſbahiſſement, & plaiſir aux eſtrangers, & citoyens, qui la veoyent, ceulx meſmes ne receurent moins de contentement voyans la Royne le Mardy ſuyuant dixhuictiéme iour dudict moys de Iuin, receue & ſalue en meſme forme que deſſus par les Eſtats de la ville de Paris : puis y entrer acompaignee deuant & derriere de tous les Princes, Ducs, Comtes, & Gentilshommes de France, auec tous les Officiers de la maiſon du Roy, & de la ſienne, les vns à pied, les autres à cheual, tant bien dorez, veſtus, montez, & houſſez de drap d'or, d'argent, & autres parures, qu'il eſt malaiſé le croire ſans l'auoir veu : Mais ſur tout la Royne & madame Marguerite de France, aſſiſes de front en vne littiere deſcouuerte, & ſuyuies des Princeſſes, Ducheſſes, Comteſſes, & Dames de France : meſmes de trois chariots triomphans, plus enrichis des beautez & graces des Damoyſelles qu'ils portoyent, que de la crouſte & drap d'argent qui les couuroyent iuſques en terre, diſtrayoyent les regardans en triple admiration, par leurs dignitez, beautez, & treſprecieux acouſtremens.

Les feſtins des deux entrees furent fort riches en banquets, ſeruices, bals & maſques : Auſſi fut le diſner que le Roy & la Royne prindrent le Mercredy ſuyuāt des Preuoſt, Éſcheuins, & du corps de la ville de Paris, en vne ſalle de l'Eueſché expreſſément & treſſumptueuſement painéte, tapiſſee, & paree : dont leurs maieſtez treſcontentes, tant de l'honneſte ſeruice, & riches preſens, que de la bonne volonté de la ville, partirent apres diſner, pour aller coucher en la maiſon des Tournelles : deuant laquelle, & au long de la grand' rue ſainct Anthoine, eſtoyent les lices magnifiquement dreſſees, faiſans monſtre de part & d'autre de deux grands

Le Tournoy faict à Paris, pour le ioyeux aduencmēt du Roy & de la Royne. arcs, precieuſement & ingenieuſement enrichis de deuiſes, auec ſtatues, & bordures par les coſtes des loges grandes & richement tapiſſees, ou la Royne, & les Dames, les Iuges du Tournoy, & Ambaſſadeurs des Potentats voyſins veirent ouurir le pas dudict Tournoy, le Dimēche vingttroiſiéme iour de Iuin, audict an, par monſeigneur Francois de Lorraine, Duc d'Aumalle : le ſire Robert de la Marche, ſeigneur de Sedan, Mareſchal de Frāce: le ſire Iaques d'Albon, ſeigneur de ſainct André, Mareſchal de France : le ſire Claude Gouffier, ſeigneur de Boiſy, grand Éſcuyer de France : le ſire Gaſpard de Saulx, ſeigneur de Tauennes, Capitaine de cinquāte hommes d'armes : & le ſire Philebert de Marſilly, ſeigneur de Cipierre, Gentilhomme de la chambre du Roy, les ſix tenans contre tous venans, tant Francois comme eſtrangers : & par le Roy, acompaigné de trente hommes d'armes, premier aſſaillant. En ce Tournoy fut procedé les quinze iours ſuyuans par monſeigneur Anthoine de Bourbon, Duc de Védoſmois, & tous les autres Princes & Seigneurs conſecutiuement aſſaillans, ſuyuant la forme des huict empriſes, declarees au long par les articles du Tournoy : auquel les Princes & Gentilshommes de France, & ſingulierement la maieſté du Roy, fit monſtre & preuue ſuffiſante de ſa vaillāce, magnanimité & dexterité aux armes, tant à cheual comme à pied.

Le Mardy deuxiéme de Iuillet, audict an, le Roy, acompaigné des Pairs de France, Princes de ſon ſang, Gentilshommes & Officiers de ſa maiſon, de ſon Chancelier & maiſtres des Requeſtes de ſon Hoſtel, vint tenir le ſiege en ſon Palais, dedans la Chābre doree, ou ſied le Parlement de Paris, ſelon la couſtume obſeruee de toute ancienneté par ſes predeceſſeurs Roys de France.

Guerre nauale & aſſaut du fort de l'iſle de Louuiers à Paris. Le Mercredy ſuyuant, le Roy & la Royne prindrent apres leur ſouper l'eſbat d'vne guerre nauale, entrepriſe par les Princes & Gentilshommes de France, & par meſſieurs de la ville de Paris, pour la recreation de leurs maieſtez. Le Roy & la Royne par vne braue Gondole furent menez dedans le batteau que la ville auoit fait dreſſer, & enrichir de leurs couleurs : duquel ils veirent deſcendre d'amont l'eaue xxxiij. Galleres, painctes de diuerſes couleurs, aux deuiſes des aſſaillans, & autrement bien garnies de forceres, & braues ſouldats : leſquelles

quelles de prinsault passantes à la file deuant le fort, basty au fons de l'isle de Louuiers, le saluerent d'vne espouentable infinité de canonnades, puis escarmouchees de sept Galeaces, serrees dans le port, ioignant le fort, reculerent, faisant semblant de fuyr, pour puis apres venir en foulle donner l'assault furieux: auquel d'entree les tenans meirent le feu dedans l'vne de leurs tours, fermans le haure: par ce qu'ils ne la iugeoyent tenable:& en dura la flamme vne grand' heure pendant que les riues des Celestins, & sainct Victor, couuertes de peuple dru comme sable, & d'vn bouleuert de l'isle aux Vaches, couuerte de souldats, doubles canons, couleurines, & harquebuzes à croc, ostoyent la veue & ouye aux spectateurs de ladicte fumee & tepeste qu'elles faisoyent. Les Galleres esparses sur l'eau de tous les costez du fort, & les souldats Parisiens venans promptement au secours, partie dans autres batteaux & brigantins, assaillirent & eschellerent le fort, auec telles brauades: & furent repoulsez par les tenans, de pots & lances à feu, de coups de picques, d'espees, & haches, de telle constance & roydeur, que le Roy, les Dames, & Seigneurs, ne perdirent le plaisir de ce combat, iusques à dix heures du soir, que l'obscurité de la nuict contraignit les combatans & regardans de se departir, & retirer chacun chez soy, auec indicible liesse & contentement.

La procession solennelle faicte à Paris par le Roy, pour l'extirpation des heresies, & augmentation de la foy Chrestienne.

LE lendemain, qui fut le Ieudy quatriéme iour du moys de Iuillet dudict an, le Roy, meu de deuotiõ, & du tiltre de Treschrestien, affecté par prerogatiue à luy & tous ses predecesseurs Roys de France, fit vne procession solennelle: à fin qu'il pleust à Dieu extirper les heresies, & augmenter & asseurer la foy Chrestienne, qui de toute ancienneté a trouué seur appuy, fondemẽt, & soustenement en son royaume. Pour laquelle celebrer partirent reueremment, & par son commandement, de l'eglise de sainct Paul, les quatre ordres des Mendians de ladicte ville, precedees de toutes les bãnieres des parroisses, & suyuis des Croix & gens d'Eglise desdictes parroisses & colleges, portans comme les Mendians chappes, & grãd nombre de chasses, & reliquaires en grande reuerence & deuotion. Apres lesquels furent portees les chasses de madame saincte Geneuiesue & monsieur sainct Marceau, entourees & suyuies de citoyens nuds en chemise, auec les religieux & Abbé dudict conuent saincte Geneuiesue, aussi pieds nuds, portans tous vn cierge de cire blanche en la main: au dos desquels se voyoyt long ordre de ieunes Escoliers, & de tout le corps de l'Vniuersité, de Paris, d'vn costé des Aumosniers & Chantres du Roy, & des Chanoines & dignitez de nostre Dame, & Saincte chapelle de l'autre, portans aussi reueremment chacun vn cierge de cire blanche en leur main: pressez des trompettes sonnantes, & des Suisses, marchans au son des Tabourins & Fiffres:& apres eulx cent des Gentilshommes de la maison du Roy, portans les Suisses vne torche, garnie des armoiries de France, en la main droicte, la hallebarde en la gauche: les Gentilshommes, la hache d'armes d'vne main, & de l'autre vn gros flambeau ardent. Les Abbez, Euesques & Archeuesques, qui les suyuoyent, portoyent tous en leurs mains des saincts & precieux reliquaires, tant du thresor de la Saincte chapelle, que d'ailleurs: & peu apres estoyent portees reueremment les sainctes reliques, sçauoir est la precieuse Courõne d'espines, la vraye Croix, les Cloux, la verge de Moyse, & autres sacrez reliquaires en grand nombre. Puis les Cardinaux deux à deux, vestus de leurs chappes de camelot violet, marchoyent grauement deuant vn riche ciel, couuert de broderie d'or & de perles, porté par quatre Princes: soubs lequel monsieur le Cardinal de Guyse portoit le sainct Sacrement de l'autel: & estoit de pres suyuy par la maiesté du Roy, acompaigné de monseigneur le reuerendissime Cardinal de Lorraine, de la Royne, & Dames de la court, toutes accoustrees des Princes, Seigneurs, & Gentilshommes, portans tous vn cierge de cire blanche en la main. Apres eulx venoyent monsieur le Chancelier, & Maistres des requestes de l'Hostel, la court de Parlement, en robbes rouges, messieurs les Generaux des Aides, & des Comptes: & les Preuost & Escheuins, suyuis des notables Bourgeois & Marchans de la ville, & fermez par derriere des Archers, portans tous chacun vne torche, garnie des armoiries de France. En tel ordre & venerable deuotion passa la pompe solennelle iusques à la grand'eglise nostre Dame de Paris: ou le Roy, & toute la court, ouyt deuotement la Messe en grand'solennité celebree: puis ayant pris, auec la Royne, le disner au logis de l'Euesché, veit s'en retournant en sa maison des Tournelles, brusler vifs quelques heretiques Sacramentaires, condamnez par sa court de Parlement, à la rigueur des Ordonnances, qu'il & feu de bonne memoire le Roy Francois, son pere, ont faictes, pour l'extirpation & griefue punition de telles pernicieuses & damnables opinions.

Mil cinq cens xlix.

voyans passer vn grand nombre de Pages, vestus de drap d'or & d'argent, la pluspart cheuauchans Genets, Turcs, & cheuaux de royaume, harnachez de mesmes, selon les couleurs de leurs maistres: desquels ils portoyent l'armet en teste, les gantellets aux mains, & les lances painctes, & pannoncelees de blanc & noir, sur les cuisses: regardans suyure les Gentilshommes de la maison du Roy, tant bien armez, montez, capparassonnez, & bardes, oyans tant de trompettes, clerons & doulcines, moderantes l'aspreté de l'Artillerie, plus que tonnante: contemplans en fin la maiesté du Roy, couuerte deuant & derriere des Princes, Cheualiers de l'Ordre, Officiers de sa maison, Gentilshommes de sa chambre, & de ses quatre cens Archers, auec les cēt Suisses, tant diaprez, & capparassonnez d'armes dorees & grauees, de draps d'or & d'argēt, broderies, pierreries, perles & pennaches, voltigeans sus tant remuans cheuaux, & adroicts, s'estonnoyent de veoir tant de Princes, Gentilshommes, Capitaines, & hommes d'armes, vaillās, puissans, & braues, en extremité de superbe magnificence, dedans le clos d'vne ville.

L'entree de la Royne à Paris.
Et si ceste entree en armes donna esbahissement, & plaisir aux estrangers, & citoyens, qui la veoyent, ceulx mesmes ne receurent moins de contentement voyans la Royne le Mardy suyuant dixhuictiéme iour dudict moys de Iuin, receue & salue en mesme forme que dessus par les Estats de la ville de Paris: puis y entrer acompaignee deuant & derriere de tous les Princes, Ducs, Comtes, & Gentilshommes de France, auec tous les Officiers de la maison du Roy, & de la sienne, les vns à pied, les autres à cheual, tant bien dorez, vestus, montez, & houssez de drap d'or, d'argent, & autres parures, qu'il est malaisé le croire sans l'auoir veu: Mais sur tout la Royne & madame Marguerite de France, assises de front en vne littiere descouuerte, & suyuies des Princesses, Duchesses, Comtesses, & Dames de France: mesmes de trois chariots triumphans, plus enrichis des beautez & graces des Damoyselles qu'ils portoyent, que de la crouste & drap d'argent qui les couuroyent iusques en terre, distrayoyent les regardans en triple admiration, par leurs dignitez, beautez, & tresprecieux acoustremens.

Les festins des deux entrees furent fort riches en banquets, seruices, bals & masques: Aussi fut le disner que le Roy & la Royne prindrent le Mercredy suyuāt des Preuost, Escheuins, & du corps de la ville de Paris, en vne salle de l'Euesché expressément & tressumptueusement painéte, tapissee, & paree: dont leurs maiestez trescontentes, tant de l'honneste seruice, & riches presens, que de la bonne volonté de la ville, partirent apres disner, pour aller coucher en la maison des Tournelles: deuant laquelle, & au long de la grand' rue sainct Anthoine, estoyent les lices magnifiquement dressees, faisans monstre de part & d'autre de deux grands arcs, precieusement & ingenieusement enrichis de deuises, auec statues, & bordures par les costes des loges grandes & richement tapissees, ou la Royne, & les Dames, les Iuges du Tournoy, & Ambassadeurs des Potentats voysins veirent ouurir le pas dudict Tournoy, le Dimēche vingtroisiéme iour de Iuin, audict an, par monseigneur Francois de Lorraine, Duc d'Aumalle: le sire Robert de la Marche, seigneur de Sedan, Mareschal de Frāce: le sire Iaques d'Albon, seigneur de sainct André, Mareschal de France: le sire Claude Gouffier, seigneur de Boisy, grand Escuyer de France: le sire Gaspard de Saulx, seigneur de Tauennes, Capitaine de cinquante hommes d'armes: & le sire Philebert de Marsilly, seigneur de Cipierre, Gentilhomme de la chambre du Roy, acompaigné de trente hommes d'armes, premier assaillant. En ce Tournoy fut procedé les quinze iours suyuans par monseigneur Anthoine de Bourbon, Duc de Vēdosmois, & tous les autres Princes & Seigneurs consecutiuement assaillans, suyuant la forme des huict emprises, declarees au long par les articles du Tournoy: auquel les Princes & Gentilshommes de France, & singulierement la maiesté du Roy, fit monstre & preuue suffisante de sa vaillāce, magnanimité & dexterité aux armes, tant à cheual comme à pied.

Le Tournoy faict à Paris, pour le ioyeux aduenemēt du Roy & de la Royne.

Le Mardy deuxiéme de Iuillet, audict an, le Roy, acompaigné des Pairs de France, Princes de son sang, Gentilshommes & Officiers de sa maison, de son Chancelier & maistres des Requestes de son Hostel, vint tenir le siege en son Palais, dedans la Chābre doree, ou sied le Parlement de Paris, selon la coustume obseruee de toute ancienneté par ses predecesseurs Roys de France.

Guerre nauale & assaults du fort de l'isle de Louuiers à Paris.
Le Mercredy suyuant, le Roy & la Royne prindrent apres leur soupper l'esbat d'vne guerre nauale, entreprise par les Princes & Gentilshommes de France, & par messieurs de la ville de Paris, pour la recreation de leurs maiestez. Le Roy & la Royne par vne braue Gondole furent menez dedans le batteau que la ville auoit fait dresser, & enrichir de leurs couleurs: duquel ils veirent descendre d'amont l'eaue xxxiij. Galleres, painctes de diuerses couleurs, aux deuises des assaillans, & autrement bien garnies de forceres, & braues souldats: lesquelles

Addition puis les precedentes Impreſsions iuſques en l'an Mil cinq cens cinquante & trois.

Mil cinq cens quaráte et neuf

LE quatorziéme iour d'Aouſt, mil cinq cens quarante & neuf, fut publié par les carrefours de la ville de Paris vn Edict faict par le Roy ſur la reformation des habits des draps d'or, de ſoye, bordures, paſſemens, tant pour les gens d'Egliſe, Gentilshommes, qu'autres de tous eſtats, pour reprimer & abolir beaucoup de façons d'habits ſuperflus & diſſolus.

Reformatiõ des draps d'or & de ſoye.

Audict an, au païs d'Angleterre y eut grandes diſſentions entre les Nobles du païs, & le cõmun populaire, ſur ce que ledict populaire requeroit les ſaincts Decrets, Statuts de l'Egliſe eſtre obſeruez, reſtituez, & remis en leur priſtin eſtat accouſtumé: & que les Nobles euſſent à rendre & reſtituer es mains des Eueſques & Prelats de l'Egliſe, les poſſeſſions eccleſiaſtiques qu'ils detenoyent, pour les ſuſtenter (ſuyuant l'intétion des fondateurs) ce que les Nobles ne voulurent faire, qui fut cauſe que le commun populaire s'eſmeut. Et furent contraincts les Nobles prendre les armes contre ledict populaire, ou il y eut grande effuſion de ſang des deux parties. Parquoy le ieune Roy Edouard fut contraint enuoyer querir oultre mer ſes armees, tant de Cleuois, Gueldrois, Bourguignons, qu'Allemans, qu'il auoit preparez à l'encontre du Roy de France, qui fut le moyen d'accorder les Nobles auec ledict populaire.

Different entre les Nobles et le populaire du païs d'Angleterre.

Audict moys & an, le Roy fit publier que tous Gentilshõmes, gensd'armes, & autres, euſſent à eulx trouuer le premier iour du moys de Septembre enſuyuant, montez, armez en bon equipage, au camp eſtant lors audict païs de Boulonnois, pour l'acompaigner. Et le ſeiziéme iour dudict moys le Roy partit d'Abeuille pour aller à Monſtreul, ou il trouua monſeigneur le Cõneſtable, & le ſeigneur d'Aumalle, là arriuez pour aller dreſſer le camp audict païs, arriué auec les ſeigneurs ſuſdicts, & autres, fit le lendemain tirer ſon armee vers mont Lambert, diſtant de Boulongne enuiron vne lieue, & fit camper ſondict camp entre ledict mont Lambert & Deſurene, ou il fit faire force tranchees en forme de fort, affin d'euiter l'Artillerie que ceulx de dedãs tiroyent continuellement, pour empeſcher que l'Artillerie du Roy ne paſſaſt. ce voyant le Roy enuoya vne trõpette audict lieu, à ce qu'ils n'euſſent plus à tirer ladicte Artillerie, ou qu'il les feroit ſacager & mettre à feu & à ſang: & par ce moyé ceſſerét leſdicts ennemis: & paſſa l'Artillerie du Roy à ſauueté, & ſans d'anger. Ce faict, le Roy, par le cõſeil de ſes Princes, Seigneurs & Capitaines, fit mener quelque nombre de pieces d'Artillerie deuant le fort de Seuleſque, ou eſtoyent deux enſeignes d'Anglois, qu'il fit ſi rudement canonner, qu'ils furent contraincts à parlamenter à monſeigneur le Conneſtable: pendant lequel parlement les Francois, animez, de force entrerét dedãs, & ſaccagerét tous les Anglois: & fut ladicte prinſe le iour ſainct Berthelemy audict an mil cĩq cẽs quaráte & neuf: & le meſme iour fut aſſailly, par les Frãcois, le chaſteau dudict lieu, ou furent tuez pluſieurs Francois: neantmoins furent ſi bien canonnez qu'ils furent contraincts eulx retirer la nuict au fort d'Ambleteue, ou le Lundy vingt ſixiéme iour dudict moys enſuyuant le canon fut mis deuant ledict Fort, auquel y auoit ſix enſeignes d'Anglois, leſquels furent canonnez, de ſorte qu'ils furent contraincts quitter la place, leurs vies & bagues ſauues. Le Baſtard de la Mirandolle, lequel s'eſtoit tourné du party des Anglois, fut trouué audict Fort, auquel le Roy pardonna ſon offence: mais la pluſpart des Italiens, eſtans de ſa compaignie, auſquels le Roy n'auoit pardonné, furent pendus & eſtranglez. Lors la compaignie du ſeigneur de Chaſtillon entra dedans: & y fut trouué grandes prouiſions, tant bleds, vins, bieres que chair ſallee, auec force Artillerie & pouldres.

Le Roy au païs de Boulonnois.

Pluſieurs Forts pris par les Frã cois au païs de Boulonnois.

Les Anglois ſor tirent de mont Lambert.

Et le xxvij. iour dudict moys, le Capitaine de   , qui eſt vn fort entre ledict Ambleteue & la tour d'Ordre, vint par deuers le Roy luy demãder pardon, & qu'il fuſt ſon vouloir qu'il peuſt ſortir dudict lieu auec deux enſeignes qu'il auoit, les vies ſauues. ce que le Roy luy accorda benignemẽt: auquel lieu fut trouué force Artillerie, pouldres & viures, pour lõg tẽps. Ceulx de mõt Lãbert, voyãs les eſcarmouches que leur faiſoyent les Francois, auſquels ils ne pourroyent reſiſter, feirent conſommer leurs pouldres, & bruſler les maiſons, & de nuict ſe retirerent en la ville de Guines: dequoy le Roy aduerty, fit fortifier ledict lieu, & y fit mettre garniſon. Depuis le ſiege fut mis deuant la tour d'Ordre en aſſiete inexpugnable: au moyen dequoy le Roy fit mettre par tous les Forts, par luy conquis, force garniſons, viures & munitions, pour empeſcher les viures des Anglois. Et apres auoir donné congé à ſa gendarmerie, & ſouldats, ſe retira en en France iuſques en l'an enſuyuant, à raiſon de l'yuer qui eſtoit prochain. Et pour rendre graces à Dieu des belles victoires qu'il auoit obtenues ſur ſes ennemis, furent faictes, tãt à Paris qu'es autres villes, proceſſions, & prieres, ainſi que de bonne couſtume eſt de faire en France.

Le Roy

DV ROY HENRY, DEVXIEME DV NOM.

Le Roy, eſtant à Amiens, au moys de Septembre, vindrét par deuers luy aucuns deleguez des païs de Poitou, Chaſtelleraux, Xainctonge, Gouuernement de la Rochelle, Angoulmois, hault & bas Limoſin, haulte & baſſe Marche, Perigort, & anciens reſſorts d'iceulx, luy requerir pardon des faultes & rebellions qu'ils auoyent faictes contre ſa maieſté, pour raiſon du ſel, & ſallines: à telle condition qu'il luy plairoit les receuoir. Apres pluſieurs remonſtrances par eulx à luy faictes, & à ſon Côſeil, vſant de clemence & bonté, abolit & ſuprima les derniers Edicts, comme eſtans incommodes à la choſe publique: & remeit les habitans deſdicts lieux à l'vſage des precedens Edicts, moyennant les offres par eulx faictes de quelque ſomme de deniers, pour employer au recouurement du Comté de Boulonnois. *Le Roy remeit en leurs franchiſes les habitans des pats de Guyéne tou chãt les ſallines*

Au moys d'Octobre enſuyuant Octouian de Freneze, nepueu du pape Paul, aſſembla grãde compaignie d'Italiens, & aſſiegea la ville de Parme, en Italie. *Mil v.cẽs xlix.*

Le dixiéme iour de Nouembre enſuyuant, le Pape Paul, aagé de quatre vingts ans, & plus, deceda en la ville de Romme au ſeiziéme an de ſon Pontificat. Lequel fit de moult bonnes cõſtitutions en l'Egliſe, homme ſcauant es lettres, treſvertueux & ſage, fort enclin, & prenant peine de moyenner la paix entre les Princes Chreſtiens, & les exciter alencontre des heretiques. Il aymoit fort les pauures, & leur faiſoit moult d'aumoſnes, & n'eſpargnoit le bien de l'Egliſe à leur ſubuenir & ſuſtenter. Dieu luy face pardon. *Treſpas du Pape Paul 3. du nom.*

Apres les funerailles & ſeruice faicts fut le Conclaue ouuert aux Cardinaux, pour proceder à l'election d'vn Pape, ou ils furent iuſques au huictiéme iour de Feurier enſuyuãt: auquel tẽps, le Roy, conſiderant la cherté des viures, & que les pauures gens de labeur eſtoyent ſouuẽt trauaillez par les genſd'armes, fit augmenter les gages d'iceulx. qui fut vn grand ſoulagement pour les pauures laboureurs, à cauſe des oppreſſions qui leur eſtoyent ſouuent faictes durant la guerre par leſdicts genſd'armes. *Augmentation des gages des genſd'armes.*

Le quatorziéme iour de Decẽbre, audict an, treſſage, prudéte & vertueuſe Dame, & Priceſſe, Marguerite de Vallois, eſpouſe de treshault, puiſſant ſeigneur Héry d'Albret, Roy de Nauarre, & ſœur vnique du feu Roy Frãçois, deceda de ce ſiecle au païs de Bretaigne, delaiſſant treſexcellente Princeſſe Iehanne d'Albret, femme du Duc de Vendoſme, ſa fille ſeule enfant. *Treſpas de la Royne de Nauarre.*

Audict an furent publiees en la court de Parlement, à Paris, lettres du Pape & du Roy, cõtenant l'erection de l'Vniuerſité en la ville de Reims des cinq facultez, aſſauoir de Theologie, droict Canon & Ciuil, Medecine & les Ars. *Erectiõ de l'Vniuerſité de Reims.*

En celle meſme annee deceda à Romme le Cardinal de Boulongne, homme de grandes lettres, & de vertu.

Au moys de Ianuier ſuyuant la court de Parlement de Bordeaux fut rehabilitee. Les Conſeillers, qui pour n'auoir donné ordre à la ſedition de la ville, lors & en temps que ſeigneur de Monnengs, Lieutenant & Cõmiſſaire pour le Roy, y fut occis par le cõmun, auoyent eſtez ſuſpendus, furent reuoquez & remis en leurs eſtats: & les Conſeillers de diuerſes cours de Parlement, qui auoyent eſté enuoyez à Bordeaux exercer la iuſtice, furent renuoyez chacun en leurs maiſons. *Le Parlemẽt de Bordeaux & Officiers reſtituez.*

En ladicte annee, & es annees precedentes, le Roy, & ſon Conſeil, eſtant aduerty des rõgneures, faulcetez & mechanſetez qui ſe faiſoyent ſur les Monnoyes. qui eſtoit au deſtriment & dommage du pauure peuple, au moyen que la valleur & poix d'icelles eſtoit fort diminué, & affoibly: auſſi que l'on ne vouloit changer tant l'or que monnoye, pour la diminution & non valleur d'icelles. Deſirant y pouruoir, pour le bien & vtilité de ſon royaume, & pour obuier à l'aduenir à tels crimes & rõgneures deſdictes mõnoyes, & autres faultes cy deſſus. Prohiba & defendit de ne pouuoir mettre ny allouer aucunes monnoyes, tant d'or, d'argent, que blanches, rongnees. Et furent pluſieurs pieces d'or eſtrãges deſcriees, & ordonnees eſtre miſes au billon. Les douzains, & trezains, rõgnez, furẽt mis à quatre liures dixhuict ſols le marc. qui fut grand dommage pour le pauure peuple, pour autant que l'on ne pouuoit allouer leſdictes monnoyes, que ſelon l'Edict du Roy, dont il ſuruint en pluſieurs lieux debats & querelles. Et deſlors ledict Seigneur ordõna de faire forger des pieces d'or, ſoubs ſon nom, de cent ſols tournois piece, de cinquante ſols tournois: & les demies de vingt cinq ſols à l'equipolent. Auſſi peu apres fit forger, ſoubs ſondict nom, en diligéce, en pluſieurs monnoyes de ſon royaume, grande quantité de douzains, pour fournir le peuple: & pour eſtre aux faulx monnoyeurs le moyen de ne rongner. Telle calamité dura plus de deux ans, peu apres fit forger des pieces de deux ſols pariſis, & de douze deniers pariſis en grand nombre. *Reformatiõ ſur les monnoyes.*

Audict an mil cinq cens quarante neuf, le huictiéme iour de Feurier, les Cardinaux, ayans long temps eſté aſſemblez pour l'election d'vn Pape, coucluerent en fin & eſleurent le reuerendiſſime Cardinal Iehan de Maria au parauãt Eueſque de Mantué, & Legat de Boulongne, & ſe nomma Iules tiers du nom. *Creatiõ du Pape Iules troiſiéme du nom.*

LES CHRONIQVES ET ANNALES DE FRANCE.

Le vingtvniéme iour dudict moys receut la couronne Papale: Et le lendemain feste de la chaire sainct Pierre, il ouurit les portes de la grand' Eglise sainct Pierre, pour le grand pardon du Iubilé, acoustumé estre à Romme de cinquante ans en cinquante ans. A son aduenement il fit plusieurs bonnes & louables constitutions en l'Eglise.

Publication de la paix entre les Roys de France et d'Angleterre.

La paix d'entre le treschrestien Roy de France, & le Roy Edouard d'Angleterre, fut publiee en la ville de Paris, ou furent faicts les feux de ioye. Les articles de la paix contenoyent, que le Roy de France deuoit bailler aux Anglois quelque somme d'argent, dedans quelque temps: & à ce moyen deuoyent rendre au Roy la ville de Boulongne, & autres Forts par eulx occupez, auec les Artilleries, & autant de munitions & viures qu'ils y auroyẽt trouué au iour de la prinse d'icelle. Le payement fut faict à deux fois: pour seureté duquel, le Roy voulant tenir la promesse, enuoya en Angleterre le Comte d'Enghien, Louis monsieur de Vendosme, son frere, le Vidame de Chartres, & autres, pour ostages.

Mil cinq cens cinquante.

Le dixhuictiéme iour d'Auril, audict an, trespassa de ce siecle tresvertueux Prince Claude de Lorraine, Cheualier, premier Duc de Guyse, Pair de Frãce, gouuerneur de Bourgõgne, moult plainct & regretté, pour les bonnes vertus qui estoyent en luy.

Le vendredy vingtcinquiéme iour d'Auril, feste sainct Marc, à huict heures du matin, les Anglois meirent en possession les François de la ville, chasteaux & Forts du Comté de Boulõnois, suyuant les conuentions & tiltres de paix, delaissans les Artilleries, munitions & viures, autant qu'ils en auoyent trouué leans lors qu'ils y entrerent.

Le roy de France en la ville de Boulongne.

Le quinziéme iour de May ensuyuant le Roy de Frãce entra dedans ladicte ville de Boulongne, ou il presenta en l'Eglise nostre Dame vne grande image d'argent, qu'il auoit fait faire à l'honneur de ladicte Dame, pour mettre au lieu de celle que les Anglois auroyẽt transportee quand ladicte ville par composition leur fut liuree.

Le vingtseptiéme iour de Iuin, audict an, la Royne de France acoucha de son troisiéme fils, & fut appelé Duc d'Alencon & d'Angoulesme: pour lequel fut faict grand'ioye tant en la ville de Paris, qu'ailleurs: & fut differé le baptesme à sainct Germain en Laye iusques au dernier iour d'Aoust ensuyuant: & furent ses parains Maximilian Roy de Boesme, le Roy de Nauarre, & Renee Duchesse de Guyse.

Au moys de Iuillet audict an, deceda au chasteau de sainct Germain en Laye, le bon seigneur de Humieres, lequel auoit eu par long temps le gouuernement des enfans de France.

La ville d'Afrique prinse par les Chrestiẽs sur les Turcs.

Enuiron lequel temps mil cinq cens cinquante, le grand Lieutenant du Turc fit voile sur mer, pour veoir & visiter le païs d'Afrique, en esperance d'entrer au royaume de Portugal. Dequoy aduerty le seigneur Andridory, auec l'aide du Visroy de Cecille, fit dresser vne grosse armee qu'il cõduit a l'encontre dudict Lieutenãt: lequel, aduerty de ce, se retira, non sans grand' perte & danger qu'il auoit receue des Portugalois, se fortifiant vne ville audict païs d'Afrique pour resister aux Chrestiens. Parquoy le Roy de Portugal, estant aduerty du secours des Chrestiens, fit preparer ses nauires de plusieurs Artilleries, & munitions de guerre, & gensd'armes de son païs: lesquels arriuez auec les Chrestiens, fut aduisé mettre le canon deuant ladicte ville d'Afrique, lieu fort & opulent en marchandise. Apres plusieurs sommations faictes par les Chrestiens aux assiegez, fut dressé quelque nombre d'Artillerie, & si bien canonnez: de sorte qu'il y fut faict breche, & entrerent dedans les Chrestiens, & non sans grande resistence des infideles, ou il mourut plusieurs Cheualiers de Rhodes, Neapolitains, & autres. Et y mourut de la part desdicts infideles, tant Mores, Turcs, que habitans, cinq mil hommes, ou enuiron: de la part des Chrestiens d'onze à douze cens: & fut leurdict port conquis victorieusement à l'honneur & gloire de Dieu. L'on estime ladicte ville auoir de circuit enuiron trois mil huict cens pas. Ladicte prinse fut faicte le septiéme iour de Septembre audict an.

La venue de la Royne d'Escosse en France.

Auquel moys la Royne d'Escosse, fille du feu seigneur le Duc de Guyse, arriua à Diepe: auquel lieu fut par les habitans bien receue: & de là vint à Rouen par deuers le Roy, lequel la receut benignement: auquel lieu le iour & feste S. Michel fit quatre Cheualiers de son ordre.

L'entree du Roy & de la Royne en la ville de Rouen.

Mil cinq cens cinquante.

LE premier iour d'Octobre ensuyuãt, le Roy fit son entree en la ville de Rouen, ou il fut receu par les habitans en toute bonne affection, vouloir, bon ordre & equipage, demonstrans le bon zele qu'ils auoyent à leur Roy & Seigneur. A laquelle entree furent faictes grandes triomphes, tant en la ville, que sur l'eau, par diuers iours: & entre autres choses y auoit quantité de Sauuages, tant hommes que femmes, qu'il faisoit moult beau veoir: lesquels feirent audict Seigneur plusieurs beaux esbatemens. Et le lendemain la Royne fit son entree en ladicte ville, ou fut receue

par les

par les habi[...]es triomphes, auec les Duchesses, Comtesses, & autres Dames de la court. P[...] partit dudict lieu, & s'en alla faire son entree en la ville de Dieppe, & aut[...] ormandie.

Le [...]iéme iour de Nouébre audict an, le pape Iules, tiers du nom, enuoya bulles à tous Prelats, & autres ayás interest: par lesquelles il les admonestoit se trouuer au Concile general en la ville de Trente, pour commancer ledict Concile, audict lieu, le premier iour de May lors ensuyuant. ce qui fut empesché au moyen des guerres qui seroyent suruenues au païs d'Italie, & ailleurs, pendant ledict temps.

Le concile conuoqué à Trête.

Le vingtiéme iour dudict moys de Nouembre, le Roy & la Royne feirent leur entree en la ville de Chartres: & depuis, desirant ledict Seigneur visiter ses villes, alla peu apres faire son entree en la ville de Blois, ou il seiourna es enuirons par quelque temps: puis tira en sa Duché de Bretaigne. Pendant ce il enuoya, en bonne compaigne & equipage, le seigneur de S. André, Mareschal de France, & Seneschal de Lion, par deuers le Roy d'Angletetre, ou il fit peu de seiour, à raison d'vne maladie, appelee la suette, qui lors regnoit audict païs: de laquelle y mourut en peu de temps grand' quátité de peuple. Apres auoir seiourné en Bretaigne, ledict Seigneur se retira à Fontainebleau: & en passant fit son entree en la ville d'Orleans, en laquelle fut receu des habitans en grand' triomphe, honneur & obeissance.

Mil cinq cens cinquante & un.

Le Mareschal de sainct André en Angleterre.

Le Lundy, septiéme du moys de Septembre, furent publiees lettres en la court de Parlement, à Paris, par lesquelles le Roy defendoit ne porter or ny argent à Romme, pour raison des benefices. Auquel temps le Capitaine Poullain, seigneur de la Garde, print sur mer, en la coste de Normandie, quelque quantité de nauires, chargees de marchandises appartenans aux subiects de l'Empereur, allans & venans de Flandres en Espaigne. Enuiron ce téps Montmorency, premiere Baronnie de France, fut erigee en Duché & Perrie. Sur ce mesme temps le seigneur Octauio Farnese meit la ville de Parme en la puissance du Roy de France, contre la volonté du Pape.

Defense de ne p[...] argent à Romme.

Le dixneufiéme dudict moys, le Roy & la Royne estás à Fontainebleau, ladicte Dame acoucha de son quatriéme fils. Le baptesme duquel fut differé iusques à quelque temps apres.

Le cinquiéme iour d'Octobre ensuyuant furent mises & assises bornes hors les portes S. Germain des Prez, S. Iaques, & S. Marcel, en intention d'augmenter & croistre la ville de Paris. Enuiron ce téps aucuns Princes d'Allemaigne entrerent en alliance auec le Roy, pour maintenir leur liberté.

Bournes mises & assises hors les faulxbourgs de Paris.

Le douziéme iour de Nouembre audict an, le Roy, estant à Paris, ouit la messe en la grand' salle du Palais, en la chapelle de messieurs les Presidens, acópaigné de messieurs les Cardinaux, & autres Seigneurs & Gentilshommes: ou assisterent, en la maniere accoustumee, messieurs les Presidens, Conseillers, & Officiers de la court de Parlement. La messe dicte, ledict Seigneur se transporta en la Court, ou en icelle, en sa presence, monsieur Bertrandi, garde des seaux, receut les sermens desdicts Presidens, Conseillers, Aduocats, & Procureurs. ce qu'est ordonné d'estre faict par chacun an ledict iour.

Le Mercredy d'apres le Roy ordóna procession generale estre faicte en ladicte ville, en laquel le fut porté le sainct Sacrement de l'autel, les sainctes Reliques estans en la saincte chappelle du Palais, la chasse madame saincte Geneuieue, & plusieurs autres. Et vindrent lesdictes processions de la grand' Eglise passer par dedans la grand' salle du Palais iusques à la saincte Chapelle, ou le Roy, la Royne, messieurs les Cardinaux, Seigneurs, & Gentilshómes: Aussi messieurs de la court de Parlemét, des Comptes, la Ville, & autres, les attendoyent. Et lors le Roy en grád honneur & deuotion, ensemble la Royne, portans chacun vn cierge blanc en la main. Pareillement tous les Seigneurs & Estats susdicts conduirent & acompaignerent lesdictes processions iusques en la grand' Eglise: en laquelle fut dict & celebré le diuin seruice en grand' deuotion.

Et le Lundy ensuyuant fut par ordonnance du Roy publié en ladicte ville vendre la chair à la liure. ce qu'au parauant n'auoit esté veu. Peu de temps apres ledict Seigneur se retira à Fonteinebleau: auquel lieu vint par deuers luy Ambassadeur de la part de nostre sainct Pere le Pape, Ieronime Verallo, Cardinal du tiltre sainct Martin, es montaignes, Legat en France.

Le Samedy, cinquiéme iour de Decembre, fut baptizé audict lieu monseigneur d'Angoulesme: & furent ses parrains l'Admiral d'Angleterre, Ambassadeur pour & au nó du roy Edouard d'Angleterre son maistre, & monsieur le Duc de Vendosmois: & fut nómé Edouard Alexádre.

Le Mercredy ensuyuant, le Roy meu de deuotion partit dudict lieu, acompaigné de messeigneurs les Cardinaux, Seigneurs & Gentilshommes de sa maison, tous à pied, pour faire son voyage à nostre Dame de Clery. Et le Dimenche d'apres ledict Ambassadeur du Pape fit son entree à Paris: auquel il fut, tant du Clergé, que de messieurs de la court de Parlement, & autres

Estats de ladicte ville bien & honnorablement receu. Apres tout cel[a] Roy dre[ssa] son armee en Champaigne, laissant la Royne Regente en France, pendan[t son v]yage vers les Allemans ses Alliez.

L'an mille cinq cens cinquante & deux.
En l'an mille cinq cens cinquante & deux, la ville de Mets, & le païs de Lorraine recoyuent le Roy & son armee en toute humilité.

Audict an le Roy est receu dedans Haguenau: mais, peu de temps apres, se defsiant de ses Alliez, non sans cause, s'en reuient par la Duché de Luxembourg, & prend sur son chemin Danuilliers, Iuoy, les villes & places de Cymay, Montmedy, Astenay, es moys de Iuin & de Iuillet, sur Charles d'Austriche son ennemy.

Audict moys de Iuillet le Duc de Vendosme, Gouuerneur pour le Roy au païs de Picardie, bien aduerty que le seigneur du Ru, Lieutenant pour l'Empereur, amenoit plusieurs Flamens, Hanuyers, & autres gens de guerre, pour empescher l'enuictuaillement de Terouenne, les rencontra & deffit pres ladicte ville, prenant sur eulx iusques au nombre de treze à quatorze cens prisonniers.

Peu de temps apres, ledict Seigneur de Vendosme, estant allé assieger le chasteau de Côtes, distant de trois ou quatre lieues de Hedin, incontinent le prit & mit en l'obeissance du Roy.

Enuiró ledict temps l'Empereur vint des Allemaignes à Thionuille, place de son obeissance. Puis en tout equipage necessaire, planta son camp deuant la ville de Mets: dedans laquelle estoit Lieutenant pour le Roy le Duc de Guise: qui, entre autres fort sages factions, fit, durant le siege, vne tant heureuse saillie que plusieurs gros Seigneurs de la parenté du Marquis de Brondembourg y furent defsaicts, & aucuns autres prisonniers.

Le seigneur du Ru, Lieutenát pour l'Empereur au païs de Flâdres & d'Artois, durát le siege de Mets tasche à surprédre la Fere sur Oyse, appartenát à mósieur de Védosme: mais elle fut si bien gardee par l'Admiral d'Annebaut, que ledict seigneur du Ru, craignant que s'il venoit encor autre secours à ceulx de la ville, ne se trouuast le plus foible, prit chemin vers la ville de Chauny, & de là à Noyon: lesquelles il pilla & brusla, auec plusieurs villages des enuirons, faisant beaucoup d'autres inhumanitez par tout le païs de Santers, iusques à la v[il]le de Roye: laquelle semblablement il pilla, saccagea & brusla. Puis s'en alla mettre son siege deuant le chasteau de Hedin: qui luy fut rendu en peu de iours: mais, assez tost apres, Monsieur de Vendosme assiegea ledict chasteau, & le batit de telle sorte que force fut aux Imperiaux de le luy mettre entre mains le xxiij. iour de Decembre, l'an mil cinq cens cinquante & deux: & desfors fut baillé en garde, par mondict seigneur de Vendosme, au seigneur de Riou: lequel, quelque temps au parauant, auoit tenu & gardé le fort de Boulongne contre les Anglois.

L'an mille cinq cens cinquante & trois.
L'Empereur, apres auoir long temps seiourné deuant la ville de Mets, & perdu grand nombre de ses gens, & consommé la plusfart de ses viures & munitions de camp, n'ayant esperance de secours de gens ne d'argent, se retira secretement de nuict à Thionuille, le premier iour de Ianuier, à son grand dommage, honte & confusion: & le lendemain bien matin se retira le Duc d'Albe, & le surplus de ses gens, la plusfart en grand desordre & pauureté.

Le quatriéme iour dudict moys, le Roy, estant à sainct Denis en France en habit royal, accompaigné de la Royne, des Prelats, Princes, & Seigneurs de France, fit en toute ceremonie remonter les chasses de sainct Denis & de ses cópaignons: qui auoyent esté descendues quand il voulut partir pour aller vers Allemaigne: & le huictiéme iour dudict moys fit assembler procession generale, à Paris: en laquelle il se trouua, accompaigné comme dessus, pour rendre graces à Dieu le Createur.

Fin du second & dernier Volume des Annales & Croniques de France, verifiees & corrigees selon les anciens & modernes Auteurs, tant Latins que Francois: & continuees iusques en l'an Mille cinq cens cinquante & trois.

www.ingramcontent.com/pod-product-compliance
Lightning Source LLC
Chambersburg PA
CBHW070412230426
43665CB00012B/1337